Diercke
Wörterbuch
Geographie

begründet von Hartmut Leser

Kerstin Anschlag
Gabriele Broll (Hrsg.)
Thomas Büche
Dennis Edler
Heike Egner (Hrsg.)
Kirsten von Elverfeldt
Birgit Leick
Anke Matuschewski
Elisabeth Mayr
Sebastian Norck
Stephan Otto
Eberhard Rothfuß (Hrsg.)
Alexander Ströhl
Hanna Tonn
Mark Vetter (Hrsg.)

westermann

westermann GRUPPE

© 2017 Bildungshaus Schulbuchverlage
Westermann Schroedel Diesterweg
Schöningh Winklers GmbH, Braunschweig
www.westermann.de

Das Werk und seine Teile sind urheberrechtlich geschützt. Jede Nutzung in anderen als den gesetzlich zugelassenen Fällen bedarf der vorherigen schriftlichen Einwilligung des Verlages. Hinweis zu § 52a UrhG: Weder das Werk noch seine Teile dürfen ohne Einwilligung gescannt und in ein Netzwerk eingestellt werden. Dies gilt auch für Intranets von Schulen und sonstigen Bildungseinrichtungen. Für Verweise (Links) auf Internet-Adressen gilt folgender Haftungshinweis: Trotz sorgfältiger inhaltlicher Kontrolle wird die Haftung für die Inhalte der externen Seiten ausgeschlossen. Für den Inhalt dieser externen Seiten sind ausschließlich deren Betreiber verantwortlich. Sollten Sie daher auf kostenpflichtige, illegale oder anstößige Inhalte treffen, so bedauern wir dies ausdrücklich und bitten Sie, uns umgehend per E-Mail davon in Kenntnis zu setzen, damit beim Nachdruck der Verweis gelöscht wird.

16., völlig überarbeitete Auflage

Druck A^1 / Jahr 2017

Umschlaggestaltung: Thomas Schröder
Redaktion: Annette Möhle, Irene Reitmeier
Satz: Satzsystem metiTec, me-ti GmbH Berlin.
Druck und Bindung: westermann druck GmbH, Braunschweig

ISBN 978-3-14-100840-1

Die Geographie erforscht die Beziehungen zwischen Mensch, Gesellschaft, Wirtschaft, Natur, Technik im und vor allem mit dem Raum. Neben der Regionalen Geographie steht die auf Grundlagen und Begriffe ausgerichtete Allgemeine Geographie. Letztere ist Gegenstand dieses Wörterbuches.

Im DIERCKE Wörterbuch Geographie werden ca 15.000 Fachwörter definiert aus den naturwissenschaftlichen (physiogeographischen) Teilgebieten Geoökologie, Geomorphologie, Boden-, Klima-, Hydro- und Biogeographie sowie aus den humanwissenschaftlichen (anthropogeographischen) Teildisziplinen Wirtschafts-, Sozial-, Siedlungs-, Stadt-, Bevölkerungs-, Verkehrs-, Entwicklungs- und Tourismusgeographie. Als fächerübergreifende Bereiche werden die Theorie der Geographie, Landschafts- und Humanökologie berücksichtigt. Eine Begriffsauswahl aus einigen Nachbardisziplinen der Geographie wurde insoweit mit bearbeitet, als es der interdisziplinäre Zusammenhang geographischer Fragestellung gebot. Fachwörterbücher der Nachbardisziplinen werden damit nicht ersetzt. Ebenfalls nur in Auswahl angeboten werden Begriffe der Arbeitsweisen der Geographie, die an sich Bestandteil von Methodenwerken sind. – Die Definitionen wurden so formuliert, dass sie auch der Schülerschaft und dem Laien verständlich sind, ohne die Ansprüche der Fachwissenschaftlerinnen und Fachwissenschaftler zu vernachlässigen. Zahlreiche Abbildungen illustrieren die Definitionen.

Das DIERCKE Wörterbuch Geographie erscheint seit 1984. Die neunte Auflage 1997 war eine vollkommene Neubearbeitung und brachte die Zusammenfassung der beiden Teilbände zu einem Band. 2001 erschien die 12. Auflage. Für die 13. Auflagen (2005) erfolgte wiederum eine Neubearbeitung, welche auch neu die englischen Begriffe enthielt. Die vorliegende 15. Auflage stellt eine grundlegende Neubearbeitung der 13. Auflage (14. Auflage = unveränderter Nachdruck) dar. Die Bearbeitung der 15. Auflage erfolgte mit einem neu formierten und erweiterten Herausgeber/-innen-Team, das den Gründer und langjährigen Herausgeber Hartmut Leser ablöst. Das Team deckt unterschiedliche Themenschwerpunkte ab und kann der stetigen konzeptionellen und theoretischen Ausdifferenzierung der Teilbereiche der Geographie gerecht werden.

Für Anregungen oder Bemerkungen zum DIERCKE Wörterbuch Geographie wende man sich per E-Mail an die Herausgeberinnen und Herausgeber. Für den physiogeographischen Bereich an gabriele.broll@uni-osnabrueck.de und mark.vetter@hs-karlsruhe.de, für den humangeographischen Bereich an heike.egner@aau.at und eberhard.rothfuss@uni-bayreuth.de.

Über die Herausgeberinnen und Herausgeber

Prof. Dr. Gabriele Broll, Professorin für Geoökologie und Bodenforschung am Institut für Geographie der Universität Osnabrück.
gabriele.broll@uni-osnabrueck.de
Fachgebiete im DWG: Bodenkunde, Geoökologie, Geologie, Landschaftsökologie.

Prof. Dr. Heike Egner, seit 2010 Professorin für Geographie und Regionalforschung an der Alpen-Adria-Universität Klagenfurt, Österreich.
heike.egner@aau.at, www.geo.aau.at.
Fachgebiete im DWG als Autorin: Kulturgeographie, Historische Geographie, Geographie des ländlichen Raums, Siedlungsgeographie allgemein, Sozialgeographie, Geographie des primären Sektors, Verkehrsgeographie, Theoretische Geographie, Allgemeine Geographie, Risiko- und Katastrophenforschung, Theoretische Ansätze der Gesellschafts-Umwelt-Beziehungen, Empirische Sozialforschung, Methoden allgemein.
Fachgebiete im DWG als Herausgeberin: Humangeographie und Geomorphologie.

Professor (em.) Dr. rer. nat. Dr. rer. nat. h. c. Hartmut Leser, geb. 1939 in Naumburg a. d. Saale, bis 2006/2007 Ordinarius für Physiogeographie und Landschaftsökologie und Vorsteher des Geographischen Instituts der Universität Basel, Schweiz.
hartmut.leser@unibas.ch, www.physiogeo.unibas.ch
Begründer des DWG und Herausgeber bzw. Mitherausgeber 1984-2017. 1984-2011 (= Erste bis 15. Auflage) Autor der Fachgebiete Abfall allgemein, Biogeographie, Eis, (Die) Erde, Geographie (allgemein), Geologie, Mineralogie, Geomorphologie, Geoökologie, Kernenergie, Klima, Landschaftsökologie, Meer, Naturgefahren, Naturschutz, Ökologie, Petrographie, Stadtökologie, Technischer Umweltschutz, Umweltschutz, Wasser. – 16. Auflage: Redigieren des Gesamtmanuskripts.

Prof. Dr. Eberhard Rothfuß, Professor für Sozial- und Bevölkerungsgeographie, Geographisches Institut der Universität Bayreuth.
eberhard.rothfuss@uni-bayreuth.de
Fachgebiete im DWG: Sozialgeographie, Geographische Entwicklungsforschung, Stadtgeographie

Prof. Dr. habil. Mark Vetter, seit 2013 Professor für Kartographie und Geovisualisierung, Hochschule Karlsruhe.
mark.vetter@hs-karlsruhe.de
Fachgebiete im DWG: Klimageographie, Wasser- und Eis, Hydrologie allgemein, Limnologie, Kartographie, Fernerkundung, Geoinformatik, Natur- und Umweltschutz, Geoökologie, Mensch-Umwelt-Beziehungen, Erde als Himmelskörper.

Über die Autorinnen und Autoren

Dr. rer. nat. Kerstin Anschlag, Wissenschaftliche Mitarbeiterin am Institut für Geographie der Universität Osnabrück.
kerstin.anschlag@uni-osnabrueck.de
Fachgebiet im DWG: Biogeographie

Dr. rer. nat. Thomas Büche, Wissenschaftlicher Assistent am Lehrstuhl für Geographie und Landschaftsökologie des Departments für Geographie der Ludwig-Maximilians-Universität München.
thomas.bueche@lmu.de, www.geographie.uni-muenchen.de
Fachgebiete im DWG: Hydrologie allgemein, Wasser, Klimageographie (A-L), Geoökologie (N-Z)

Dr. rer. nat. Dennis Edler, Akademischer Rat am Geographischen Institut der Ruhr-Universität Bochum. dennis.edler@rub.de
Fachgebiete im DWG: Kartographie, Fernerkundung, Geoinformatik

Kirsten von Elverfeldt, Assoc.-Prof. am Institut für Geographie und Regionalforschung der Alpen-Adria-Universität Klagenfurt.
kirsten.vonelverfeldt@aau.at, www.geo.aau.at
Fachgebiet im DWG: Geomorphologie

Julian Hollstegge, wissenschaftlicher Mitarbeiter an der Professur Politische Geographie, Geographisches Institut, Universität Bayreuth.
julian.hollstegge@uni-bayreuth.de;
Fachgebiete: Politische Geographie, Konfliktforschung, Geographische Entwicklungsforschung

Dr. Birgit Leick, Associate Professor for Business Economics Analysis am Østfold University College in Halden, Norwegen.
birgit.leick@gmx.de
Fachgebiet im DWG: Wirtschaftsgeographie.

Prof. Dr. Anke Matuschewski (im vorgezogenen Ruhestand), Professorin für Wirtschaftsgeographie, Geographisches Institut, Universität Bayreuth.
anke.matuschewski@uni-bayreuth.de
Fachgebiete: Wirtschafts- und Stadtgeographie, Demographischer Wandel, Regionalentwicklung.

Dr. rer. nat. Elisabeth Mayr, Wissenschaftliche Assistentin am Lehrstuhl für Geographie und Landschaftsökologie des Departments für Geographie der Ludwig-Maximilians-Universität München.
e.mayr@geographie.uni-muenchen.de, www.geographie.uni-muenchen.de
Fachgebiete im DWG: Erde als Himmelskörper, Meer, Eis, Klimageographie (M-Z), Geoökologie (A-M)

Sebastian Norck, wissenschaftlicher Mitarbeiter in Lehre und Forschung am Geographischen Institut der Universität Bayreuth tätig.
sebastian.norck@uni-bayreuth.de
Fachgebiete im DWG: Bevölkerungsgeographie, Raumplanung, Raumentwicklung.

Stephan Otto, MSc., wissenschaftlicher Mitarbeiter am Lehrstuhl für Wirtschaftsgeographie der Universität Bayreuth.
stephan.otto@uni-bayreuth.de
Fachgebiete im DWG: Wirtschaftsgeographie (Standorttheorien), Geographie des Tertiären Sektors (Klassische Dienstleistungen)

Alexander Ströhl, wissenschaftlicher Mitarbeiter und Doktorand am Lehrstuhl Wirtschaftsgeographie der Universität Bayreuth.
alexander.stroehl@uni-bayreuth.de
Fachgebiete im DWG: Wirtschaftsgeographie allgemein: Betriebswirtschaftliche Begriffe, Volkswirtschaftliche Begriffe, Moderne Wirtschaftsgeographie, Geographie des tertiären Sektors: Finanzdienstleistungen

Hanna Tonn, B.A. Geographische Entwicklungsforschung Afrika, Bayreuth. Maximilians-Universität München.
H.Tonn@gmx.de, www.geographie.uni-muenchen.de
Themenbereiche: Geographische Entwicklungsforschung

Inhalt

Vorwort 7

Stichwörter von A–Z 9

Literaturverzeichnis 1096

Abkürzungsverzeichnis 1101

Abbildungsverzeichnis 1102

Stratigraphische Tabelle 1107/1108

Legende zu den Synonyma und zum Einsatz der englischen Begriffe

Deutscher Begriff, kein Synonym, englischer Begriff, Verweisstichwort:
automorph *automorphic*: → *idimorph*.

Deutscher Begriff, deutsches Synonym, englischer Begriff:
Eem-Warmzeit (Eem) *Eemian*: jüngste → *Warmzeit* im → *Pleistozän*, die 115 000 J. v. h. endete und...[etc.]

Englischer Begriff als deutsches Fachwort, kein Synonym, keine Übersetzung erforderlich:
ranching system: Strategie der agrarwirtschaftlichen Anpassung an zunehmende Trockenheit ...[etc.]

Deutscher Begriff, mehrere englische Begriffe, mehrere Bedeutungen:
Bank *bank, massive bed, massive layer, measure (1.); bench (2.); shoal (3.)*:
1. eine von Nachbarschichten durch Fugen abgegrenzte Gesteinsschicht. –
2. eine Anhäufung von Lockersedimenten in einem trockenen oder mit Wasser gefüllten Fließgewässerbett. – 3. seichte Stellen im Meer, wo...[etc.]

Deutscher Begriff, mehrere fremdsprachige Synonyma als deutsche Fachwörter, englischer Begriff:
Rampenstufe (Chevron, Flat iron) *flat iron*: auf den Rückhängen von Schichtkämmen liegende unterschiedlich hohe Sekundärstufen ...[etc.]

Deutscher Begriff, kein Synonym, mehrere englische Begriffe, eine Bedeutung:
Randhügel *border hills, [bordering] hill chaine, foothill*:
geomorphographischer Begriff, der Hügelformengesellschaften ...[etc.]

Vorwort

Breite und Tiefe des Wissens wachsen unaufhaltsam, ebenso unaufhaltsam schreitet die Spezialisierung der Fachwissenschaften voran. Von diesen Entwicklungen sind Wissenschaft, Praxis, Schule und Öffentlichkeit betroffen. Demzufolge nimmt der Bedarf an fachlich kompetenter Orientierung zu – besonders auch dann, wenn der Blick über den eigenen „Tellerrand des Wissens" hinaus gerichtet ist. Hier hilft das >DIERCKE-Wörterbuch Geographie<.

Die Geographie hält sich zugute, den Zusammenhang Mensch-Gesellschaft-Natur-Technik-Umwelt-Raum integrativ, also gesamthaft, anzugehen. Diese integrative Sichtweise kann wegen der heutigen Wissensvielfalt keine Fachwissenschaft mehr realisieren. Auch methodisch ergeben sich für diesen Ansatz zahlreiche Fragen. Natürlich kann ein Wörterbuch nicht zu allen Fragen alle Wörter liefern, doch es erleichtert den Zugang, indem es ein breites Angebot an Fachbegriffen aus allen Disziplinen der Geographie und ihr nahestehender Fachgebiete bereitstellt. Sie ermöglichen eine fachübergreifende Verständigung. Zahlreiche Querverweise leisten dabei praktische Hilfe.

Internationale fächerübergreifende Projekte und Programme beziehen zunehmend den Menschen mit ein – auch solche mit naturwissenschaftlicher Zielsetzung, wie zum Beispiel die Earth System Sciences. Die Geographie, seit jeher auf den Zusammenhang Gesellschaft-Umwelt abzielend, fühlt sich von solchen Entwicklungen verstanden. Diese Problematik genießt seit dem „Erdgipfel" – der Konferenz der Vereinten Nationen über Umwelt und Entwicklung (UNCED) im Juni 1992 in Rio de Janeiro sowie auf zahlreichen Folgekonferenzen – in der politischen und wissenschaftlichen Öffentlichkeit immer größeres Interesse.

Dass durch die Spezialisierung in den Wissenschaften – auch aus Gründen durchaus verständlicher fachlicher Profilierung – dem nicht oder in noch nicht genügendem Maße nachgelebt wird, ist eine ebenso unumstößliche wie bedauerliche Tatsache. Umso mehr sollten sich jene Fächer und Fachbereiche aufgerufen fühlen, inter- und transdisziplinär zu forschen und zu handeln, in denen dieser Gedanke traditionell zu Hause ist. Dazu gehört auch die Geographie. Daraus resultieren sowohl große innerfachliche Breite, als auch enge Vernetzungen mit vielen sozial- und naturwissenschaftlichen Nachbardisziplinen. Das >DIERCKE-Wörterbuch Geographie< möchte all dem durch Begriffsvielfalt Rechnung tragen. Dem wurde durch zahlreiche neue Begriffe entsprochen, die nicht zuletzt dem erweiterten Herausgeberkreis zu verdanken sind. Damit wird gegenüber den früheren Auflagen einmal mehr deutlich, dass das >DIERCKE-Wörterbuch Geographie< lebt und auf Dauer gerichtet ist. Das bedeutet aber auch Auswahl und Schwerpunktsetzungen, da der Inhaltsumfang des Werkes nicht vergrößert werden sollte.

Was bringt nun die Neubearbeitung? Sie schließt an das Vorgehen in der 15. Auflage (2015) an, indem der geographisch-raumwissenschaftliche und der klassisch-geowissenschaftliche Sektor des Werkes aktualisiert und weiter ausgebaut wurde. Gleichzeitig wurde der humangeographische Teil einer grundlegenden Aktualisierung unterzogen, indem die sozial- und kulturwissenschaftlichen Aspekte sowie die theoretisch-konzeptionellen Perspektiven der Geographie mit einbezogen wurden. Notwendig war dies auch, weil etwa ab 1980 das integrative Umweltdenken und seit neuer Zeit die Erdsystemwissenschaften und die damit verbundenen interdisziplinären Ansätze zu teils neuen, teils fächerübergreifenden Begriffen führten, die einen starken Gesellschaftsbezug aufweisen.

Seit der 13. Auflage werden für fast alle Begriffe englische Übersetzungen bereitgestellt. Auch in dieser Auflage hat sich bestätigt, dass die Frage der Übersetzung keine einfache ist, da selbst Fachübersetzerinnen und -übersetzer nicht zu allen Begriffen die gleiche Meinung haben. Ein kleiner Teil der im deutschen Sprachraum üblichen und in der Fachliteratur verankerten Begriffe war nur schwer zu übersetzen. Die HerausgeberInnen und AutorInnen sind daher für Hinweise zu den angebotenen englischen Begriffen dankbar. Ein Fachwörterbuch wie das hier vorliegende ist und bleibt eine „Dauerbaustelle", auf der auch die Nutzerinnen und Nutzer helfend und anregend tätig sein dürfen. Rückmeldungen nehmen die Herausgeberinnen und Herausgeber gerne und dankbar entgegen.

Das Team der HerasugeberInnen und AutorInnen hat sich gegenüber der 15. Auflage gewandelt, um neue Ideen in das Werk einzubringen und um das Wörterbuch weiterzuentwickeln. Der Begründer des >DIERCKE Wörterbuches Geographie< und Herausgeber von 1984 bis 2015,

Hartmut Leser, konnte Gabriele Broll und Heike Egner als Mitherausgeberinnen sowie Eberhard Rothfuß und Mark Vetter als Mitherausgeber gewinnen. Zugleich trat er aus dem Kreis der Autoren zurück und wird nach der 16. Auflage auch nicht mehr als Mitherausgeber aktiv sein.

Das Team der HerausgeberInnen und AutorInnen dankt dem Westermann Schulbuchverlag, in erster Linie Geschäftsführer Herrn Thomas Michael, sehr für eine verständnisvolle und konstruktive Zusammenarbeit. Im Verlag waren es vor allem Frau Irene Reitmeier und Frau Annette Möhle, die sich engagiert, geduldig und einfallsreich um das DWG bemühten und durch Herrn Scholz bei der technischen Umsetzung intensiv unterstützt wurden. Die trotz zahlreicher technischer Herausforderungen immer zügige und freundliche Zusammenarbeit mit ihnen haben die Herausgeberinnen und Herausgeber sehr geschätzt und waren für die Fertigstellung des Buches unerlässlich.

Osnabrück/Klagenfurt/Basel/Bayreuth/Karlsruhe, im Sommer 2017
Gabriele Broll
Heike Egner
Hartmut Leser
Eberhard Rothfuß
Mark Vetter

A

a priori-Hypothese *a priori hypothesis*: grundlegende Annahmen eines Forschungsvorhabens, die i.d.R. kein Gegenstand der Untersuchung selbst sind, sondern allgemeine Setzungen, von denen ausgegangen wird. Die a p.-H. wird in einer Untersuchung oftmals nicht genannt, zum Teil bleibt sie auch unbewusst (→ *Blinder Fleck*), nichtsdestotrotz hat sie Einfluss auf die Untersuchung.

AAA-Mittel *measures aimed at incentive, deterrence, adjustment*: zusammenfassender Begriff für Anreiz-, Abschreckungs- oder Anpassungsmittel in der → *Raumordnungspolitik* zur Durchführung von Raumordnungs- und Landesentwicklungsmaßnahmen. Bei den → *Anreiz-* und Anpassungsmitteln handelt es sich um finanzielle Leistungen der → *öffentlichen Hand*, die an bestimmte Bedingungen geknüpft sind, z. B. Steuer- und Abschreibungsvergünstigungen, Investitionsprämien, Zinszuschüsse, Umschulungsbeihilfen. Zu den Abschreckungsmitteln gehören z. B. Sondersteuern und -abgaben.

Aapamoor → *Strangmoor*.

Abbau *exploitation, mining, winning*: bergmännische bzw. industrielle Gewinnung von → *Bodenschätzen* im → *Untertagebau* oder im → *Tagebau* (→ *Bergbau*).

Abbau *decomposition*: Begriff mit verschiedener bio- und geowissenschaftlicher Bedeutung. 1. Vorgang, bei dem höhermolekulare organische Stoffe zu niedermolekularen oder zu anorganischen Grundstoffen abgebaut werden. 2. In Organismen erfolgt A. mittels geeigneter Enzyme in der → *Dissimilation*. 3. im Ökosystem erfolgt A. mittels Bakterien, Pilzen und anderen Kleinorganismen. Es entstehen H_2O, CO_2 und sonstige einfache Verbindungen.

Abbaugebiet *mining area*: Gebiet einer planmäßigen Gewinnung von → *Bodenschätzen* im → *Tagebau* oder unter Tage (→ *Tiefbau*).

Abbaugrenze *excavation border, mining limit*: festgelegte Begrenzungslinie bei der Gewinnung von → *Bodenschätzen*. Die A. wird durch technische, wirtschaftliche, ökologische oder politische Gesichtspunkte bestimmt.

Abbauraum *mining area, quarry*: im → *Bergbau* untertage angelegter Grubenbau. Dort werden → *Bodenschätze* abgebaut und zur Förderung verladen (→ *Tiefbau*).

Abbausee *mining pond, quarry pond*: Wasseransammlung (Baggerseen) in künstlich geschaffenen Vertiefungen, die durch Materialentnahme im → *Tagebau* (→ *Kies*, → *Sand*, → *Braunkohle*) entstehen, die sich mit Grundwasser füllen.

Abbauverfahren *mining technique, mining method*: planmäßige Vorgehensweise beim Abbau von → *Bodenschätzen*. Diese Verfahren sind v.a. beim untertägigen Abbau (→ *Tiefbau*) recht differenziert. So kommt im flachlagernden Flözbergbau der → *Strebbau*, bei stabilen massigen → *Lagerstätten* der → *Kammerbau* zum Einsatz.

Abblasung → *Deflation*.

Abbrand *burn-up [cinder]*: der → *Brennstoff* von → *Kernreaktoren* wird beim Verbrennen physikalisch und chemisch verändert, sodass die → *Brennelemente* ausgewechselt werden müssen. Nur ein Teil des Brennstoffs unterliegt dem A., während nicht verbrauchter Brennstoff und → *Plutonium* der → *Wiederaufbereitung* unterliegen.

Abbruchverfahren *demolition process*: bei bautechnischen Maßnahmen angewandte Methoden zur Abtragung von → *Bauwerken* bzw. Bauwerksteilen.

Abdachungsfluss → *konsequenter Fluss*.

Abdruck *imprint*: Ergebnis der → *Fossilisation*, wobei der ursprüngliche Körper des Organismus durch chemisch verursachte Auflösung zerstört wurde. In einem Sedimentgestein wird seine äußere Form abgezeichnet. Es ging aus einem Lockersediment hervor, in das vor seiner Verfestigung der Körper eingebettet wurde.

Abduktion *abduction*: der Schluss auf die naheliegendste Lösung. Ein Verfahren des logischen Schlussfolgerns, bei dem versucht wird, zunächst über → *Induktion* auf eine Regel zur Erklärung eines überraschenden Befundes zu schließen und anschließend über → *Deduktion* weitere ähnlich gelagerte Einzelfälle zu finden, bis sich schließlich die Regel bestätigt und der überraschende Befund erklärt werden kann.

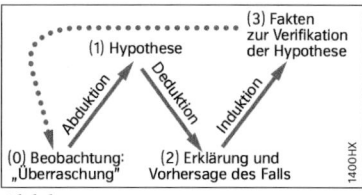

Abduktion

Abendland (Okzident, christliches Abendland, der Westen) *occident, Western World*: im Mittelalter entstandene Bezeichnung für den westlichen Teil Europas, der den west- und mitteleuropäischen Kulturkreis im Gegensatz zu den osteuropäischen Ländern und zum → *Morgenland* (→ *Orient*) meint. Der Begriff A. wird heute nur noch in geistesgeschichtlichem Sinn gebraucht.

Abenteuertourismus *adventure tourism*: Reisen, die Abenteuer und Risiken beinhalten, i. d. R. in → *Destinationen* außerhalb der Ziele des → *Massentourismus* (z. B. Wüsten, Hochgebirge, Urwälder) und häufig verbunden mit der Ausübung extremer Sportarten wie Felsklettern, Wildwasserfahren, Tieftauchen u. ä..

Abfackeln *burn-off (to flare gas)*: Verbrennen von → *Abgasen* beim Austritt aus Rohrleitungen von Raffinerien und chemischen Betrieben. Beim A. tritt nur ein geringer Abgasreinigungseffekt ein. Erst durch Nachverbrennung wird der → *Wirkungsgrad* erhöht. Diese Gase lassen sich nach dem → *„Stand der Technik"* oder bezogen auf die Nachfrage auf dem → *Markt* nicht wirtschaftlich nutzen.

Abfall *waste, garbage, disacrd, refuse, scrap*: Stoffe → *anthropogener* Herkunft, die nicht oder nur wenig lohnend verwertbar sind. A. wird unterschieden nach Konsistenz (fest, schlammig, flüssig), nach Herkunft (privat, kommunal, gewerblich, industriell) und nach Beseitigungsmöglichkeit (Deponieren, Verbrennen, → *Verklappen*, ggf. auch [Teil-]Verwertung). Im → *Stadtökosystem* sind → *Haus-* und *Industriemüll* sowie Gewerbemüll das hauptsächliche Abfallgut. Daneben können im Stadtökosystem auch → *Sonderabfälle* (z. B. Säuren und Säuregemische der Industrie) bzw. → *Sondermüll* (gehört zu Haus- und Gewerbemüll, hat jedoch gegenüber Normalmüll toxische oder sonstige umweltbelastende oder -schädigende Wirkungen) anfallen. A. kann Böden und die Materialien des → *oberflächennahen Untergrundes* kontaminieren und damit das → *Grundwasser* verunreinigen und das Pflanzenleben beeinträchtigen (→ *Verklappung*). Natürlicher A. geht umgesetzt in die Ökosysteme wieder ein. Dazu gehört → *Bestandsabfall*.

Abfallbeseitigung *waste disposal, garbage disposal, refuse disposal*: Sammelbegriff für Verfahren zur Entfernung, Vernichtung oder Verarbeitung von → *Abfall* oder → *Abfallstoffen*. Dazu zählt die Beseitigung von Haushalts- und Industriemüll (→ *Müll*), → *Müllkompostierung* und → *Müllverbrennung*. A. ist teilweise identisch mit Abfallbehandlung.

Abfallentsorgung *waste management*: übergeordneter Begriff der → *Abfallwirtschaft*, der alle Verfahren und Tätigkeiten, die der → *Abfallvermeidung*, → *Abfallverwertung* sowie Abfallbeseitigung dienen, umfasst.

Abfall(entsorgungs)konzept *waste collecting systems*: regelt die Erfassung und Sortierung von → *Abfällen* sowie die anschließende → *Abfallentsorgung* in Abhängigkeit der in den Raumeinheiten vorherrschenden Lebensstile, Aufgeschlossenheit in Umwelt- und Abfallfragen sowie Besiedlungsdichte. Ein zentraler Gesichtspunkt ist die Einrichtung von → *Hol-* oder → *Bringsystemen*. Die Finanzierung erfolgt entweder durch Gebühren für die abgegebenen Abfälle, wobei oft nur der → *Restmüll* zu bezahlen ist, da sich für die anderen → *Abfallfraktionen*, wie z. B. Papier, Glas oder Biomüll Erträge beim Verkauf als → *Sekundärrohstoffe* erzielen lassen. Zum anderen kann die Entsorgung bereits beim Kauf des Produktes mitbezahlt werden, wie z. B. beim → *Grünen Punkt*.

Abfallentsorgungspläne *waste disposal plans*: das deutsche Abfallgesetz fordert für die Länder Pläne zur → *Abfallentsorgung* nach überörtlichen Gesichtspunkten, in denen Standorte für Abfallentsorgungsanlagen festgelegt werden. Die A. der Länder sollen aufeinander abgestimmt sein.

Abfallentsorgungsweg *waste management concept*: gibt die technisch möglichen und politisch gewünschten Wege zur → *Abfallentsorgung* an. Zunächst sollten qualitativ (z. B. durch Substitution) und quantitativ (z. B. durch Reduktion) Abfälle vermieden werden (→ *Abfallvermeidung*). Die trotzdem anfallenden Abfälle sind nach deren Sammlung, Beförderung, Sortierung und Vorbehandlung einer → *Abfallverwertung* zuzuführen. Neben der thermischen Verwertung (Nutzung der Energie, → *regenerative Energien*) ist die stoffliche Abfallverwertung möglich. Diese → *Sekundärrohstoffe* können entweder einer → *Wiederverwendung* bzw. → *Weiterverwendung* oder durch eine physikalisch-technische Veränderung einer Wiederverwertung bzw. Weiterverwertung zugeführt werden. Abfälle, die nicht verwertbar sind, gilt es zu beseitigen (→ *Abfallbeseitigung*).

Abfallfraktionen (-arten) *waste types*: Aufteilung des Abfallaufkommens durch sortenreine Sammlung oder einfache Abtrennung (Sortierung) in Abfälle zur Verwertung also → *Sekundärrohstoffe*, wie z. B. Altpapier, Bioabfall, Verpackungsabfälle (→ *Grüner Punkt*), oder Altmetalle und Elektroschrott, und zur Beseitigung (Restmüll). Als Restmüll wird die Summe aller Abfälle bezeichnet, die wegen Verunreinigung oder Vermischung keiner anderen A. zuzuordnen ist. Originär sind dies, z. B. Tapetenreste, Windeln oder → *Asche*. Darüber hinaus sind auch die besonders überwachungsbedürftigen Abfälle (→ *Sonderabfall*) anzuführen. Zudem kann unterschieden werden nach ungefährlichen sowie gefährlichen Abfällen.

Abfallklassifizierung(skonzept) *waste classification concept*: Aufteilung des Abfallaufkommens nach verschiedenen Gesichtspunkten, um → *Sekundärrohstoffe* von → *Abfällen* zu trennen und so z. B. Mülltourismus zu vermei-

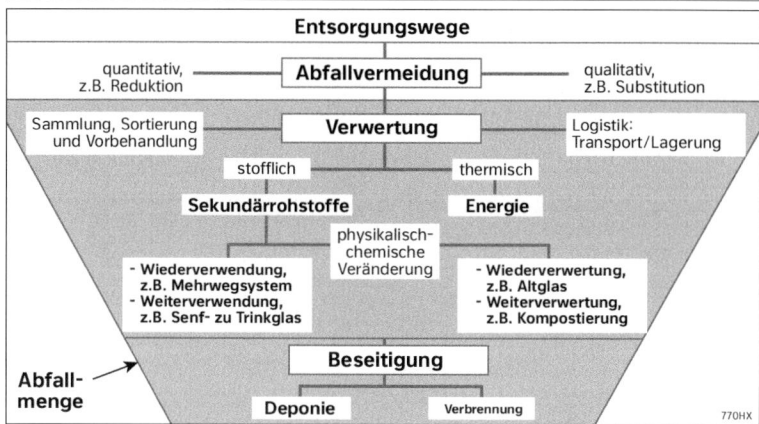
Abfallentsorgung

den oder die → *Abfallentsorgungswege* festzulegen. 1. aus juristischer Sicht ist dies in Deutschland im Kreislauf- und Abfallwirtschaftsgesetz geregelt, wobei Abfälle als bewegliche Dinge, derer man sich entledigen will oder muss, definiert sind. 2. aus technischer Sicht kann die Unterscheidung z. b. nach dem Brennwert erfolgen. Hohe Brennwerte, wie z. B. von Kunststoffen, stehen dann für Substitute fossiler Energieträger und sind Sekundärrohstoffe. 3. eine ökonomische Differenzierung ist anhand des Marktwertes möglich, d. h. sind Erträge zu erzielen, handelt es sich um einen Sekundärrohstoff, muss hingegen für die Abgabe bezahlt werden, handelt es sich um um Abfall.

Abfallstoffe *waste, refuse, residues*: geringwertige (Rest-)Stoffe, die bei der Produktion, aber auch in Dienstleistungsbetrieben oder Haushalten anfallen. Infolge steigender Rohstoffpreise gewinnen A. an Wert (→ *Sekundärrohstoffe*).

Abfallvermeidung *waste prevention*: → *Abfallentsorgungsweg* mit dem Ziel der Verringerung von Stoffflüssen, -umsätzen und Ressourcenverbrauch, z. B. durch Verlängerung der Produktlebensdauer oder Verzicht auf bestimmte Stoffe, Produkte oder Produktionsprozesse. Entscheidend ist, dass diese Einsparungen (= absolute A.) nicht durch Verlagerung oder Ausgleich an anderer Stelle zunichte gemacht werden (= spezifische A.). Zudem ist zwischen der quantitativen (mengenmäßigen Reduktion) sowie qualitativen A. (Substitution giftiger durch weniger giftige Substanzen) zu unterscheiden.

Abfallverwertung *waste recycling, salvage*: → *Abfallentsorgungsweg* der Rohstoffrückgewinnung aus Abfallstoffen (→ *Sekundärrohstoffe*). Diese werden in den Produktionsprozess zurückgeführt und bei der Herstellung neuer Produkte wiederverwendet. Die A. tritt in der Literatur häufig unter der Bezeichnung → *Recycling* auf. Zu unterscheiden ist die thermische (Nutzung der Energie) und die stoffliche V.. Letztere lässt sich in die → *Wiederverwendung* (z. B. Mehrwegsystem) und → *Weiterverwendung* (z. B. Umnutzung des Senf- zum Trinkglas) sowie durch eine physikalisch-chemische Veränderung in die → *Wiederverwertung* (z. B. Altglas) und → *Weiterverwertung* (z. B. → *Kompostierung*) unterteilen.

Abfallwirtschaft *waste management, waste control, recycling*: Gesamtheit aller politischen, rechtlichen und wirtschaftlichen Aktivitäten und Methoden zur Vermeidung, Verwertung und Entsorgung von → *Abfallstoffen* und → *Sekundärrohstoffen*.

Abfallwirtschaftspläne (Abfallentsorgungspläne) *waste disposal plans*: das Kreislaufwirtschafts- und Abfallgesetz (§ 29) fordert für die Länder Pläne zur → *Abfallentsorgung* nach überörtlichen Gesichtspunkten, in denen Standorte für Abfallentsorgungsanlagen festgelegt werden.

Abfluss *runoff, outlet*: 1. allgemein Wasser auf der Erde, das in ober- und unterirdischen → *Gerinnen*, im → *Grundwasser*körper und lokal als flächenhafter Oberflächen-A. unter dem Einfluss der Schwerkraft in tiefer gelegene Gewässer und letztlich ins Meer oder in abflusslose Senken fließt. 2. in der → *Wasserbilanz* jener Anteil des → *Niederschlags*, der über die beschriebenen Transportwege abfließt und als bilanzierbare Wassermenge ein → *Einzugsgebiet* verlässt. 3. Wassermenge,

die pro Zeiteinheit einen bestimmten Querschnitt eines → *Fließgewässers* durchströmt (→ *Durchfluss*, → *Durchflussganglinie*).
Abflussbeiwert → *Durchflusskoeffizient*.
Abflussfaktor → *Durchflusskoeffizient*.
Abflussganglinie → *Durchflussganglinie*.
Abflussgebiet *runoff area, runoff basin*: durch eine kontinentale → *Hauptwasserscheide* abgegrenztes Gebiet eines → *Kontinents*, dessen → *Flüsse* und → *Ströme* in ein → *Meer* oder ein Nebenmeer führen (→ *Einzugsgebiet*, → *Flussgebiet*).
Abflusshöhe *amount of runoff*: → *Gesamtabfluss* in mm eines → *Einzugsgebietes* innerhalb einer bestimmten Zeitspanne (meist Monat, Quartal oder Jahr). Die A. in mm/Jahr entspricht dem Volumen in Liter/m² und Jahr.
Abflussjahr (Hydrologisches Jahr) *hydrological year, discharge year*: Bilanzzeitraum für Untersuchungen des → *Wasserhaushalts*. Das A. ist dem (mitteleuropäischen) jahreszeitlichen Rhythmus des Wasseraufbrauchs (→ *Aufbrauch*) durch → *Verdunstung* und der Wasserrücklage (→ *Rücklage*; als → *Eis*, → *Schnee*, → *Grundwasser*) angepasst und dauert in Mitteleuropa vom 1. November bis zum 31. Oktober des darauf folgenden und zugleich namensgebenden Jahres. In Gebirgseinzugsgebieten, z. B. in der Schweiz, dauert das A. vom 1. Oktober bis zum 30. September des Folgejahres. Dies trägt dem glazialen → *Abflussregime* Rechnung (Gründe: frühes Einschneien; Ende der Periode im Gegensatz zur → *Ablation* Ende September; September ist eher niederschlagsarm).
Abflusskoeffizient → *Durchflusskoeffizient*.
Abflussmenge *discharge quantity*: die Wasserführung eines Baches oder → *Flusses* in m³/s.
Abflussmengendauerlinie *discharge duration curve*: die grafisch dargestellte Beziehung zwischen den verschiedenen → *Abflussmengen* eines Baches oder Flusses und der Zeitdauer (z. B. Anzahl der Tage des → *Abflussjahres*), während derer die entsprechende Wasserführung erreicht wird.
Abflussregime (Flussregime) *drainage system, runoff regime*: das typische, regelmäßig wiederkehrende Abflussverhalten eines Flusses in der jahreszeitlichen Abfolge. – Einfache A. zeichnen sich durch ein Jahresminimum und ein Jahresmaximum der Wasserführung aus und werden durch einfache Jahresrhythmen des Niederschlags-/Verdunstungsverhältnisses oder der wechselnden → *Rücklage* von Schnee und der Schneeschmelze gesteuert. – Komplexe A. zeigen mindestens zwei Maxima und Minima der Wasserführung im Jahresverlauf. Komplexe A. „1. Grades" gehen z. B. auf Winterregen (Nov.-Dez.) und auf Schneeschmelze (April-Juni) zurück.

Komplexe A. „2. Grades" entstehen, wenn große Flussabschnitte eigenständige Regime aufweisen, z. B. der Rhein mit Hinterrhein = glaziales A., Alpenrhein = gemäßigt-nivales A., Hochrhein = nivales A., Oberrhein = nivopluviales A.
In Karstgebieten tritt des Regime des Karstwassers als Sonderfall eines Abflussregimefaktors auf.

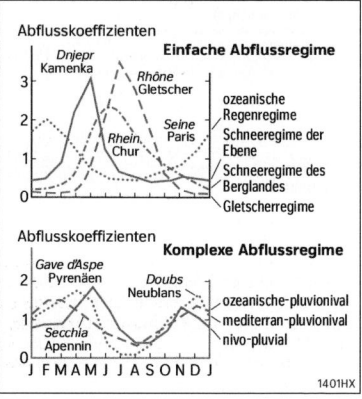

Abflussregime

Abflussspende *yield factor, runoff modulus*: gibt die sekündliche Wasserlieferung einer Einheitsfläche von 1 km² an. Die A. in Liter/s/km² ermöglicht den Vergleich von → *Einzugsgebieten* unterschiedlicher Fläche. Für einen Vergleich der A. mit dem → *Niederschlag* wird sie in mm Wasserhöhe/Stunde umgerechnet.
Abgas *waste gas, exhaust gas*: gasförmiges Abprodukt bei Produktions- und Verbrennungsvorgängen, das beim Eintritt in die → *Luft* verdünnt wird. Zu den A. gehören die → *Rauchgase*.
abgeleitetes Angebot *infrastructural offer*: in der → *Tourismusgeographie* gebrauchte Bezeichnung für die touristische → *Infrastruktur* (z. B. Transportwesen), Suprastruktur (z. B. Beherbergung und Verpflegung), → *Freizeitinfrastruktur* (z. B. Sporteinrichtungen) und spezielle touristische Angebote (z. B. organisieren von Events) im Gegensatz zu dem von der Natur gegebenen → *ursprünglichen Angebot* einer touristischen → *Destination*.
abgeschlossenes System → *isoliertes System*.
Abgrusung *detrition*: Zerfall des anverwitterten → *Festgesteins* (→ *Saprolith*) in kleine runde bis kantige Bestandteile, den → *Grus*, infolge → *Verwitterung*. Die Grusbildung ist

wesentlicher Bestandteil der → *Insolationsverwitterung* und hängt auch vom Material ab, d. h. sie tritt v. a. bei körnigen Gesteinen auf, die aus Mineralien sehr verschiedener Ausdehnungskoeffizienten bestehen.
abhängige Variable *independent variable*: in der Statistik Merkmal(sdimension), das (die) durch eine oder mehrere andere Variablen erklärt bzw. verursacht und durch diese bedingt werden (→ *unabhängige Variable*, → *intervenierende Variable*).
abhängiges Gebiet *dependent territory*: Gebiet, das keine volle Selbstregierung besitzt, weil es der Gebietshoheit eines souveränen Staates untersteht (z. B. → *Kolonie*, → *Protektorat*).
Abhängigkeitsrelation (Abhängigenquotient, Abhängigkeitsverhältnis) *economic dependency ratio*: in der → *Bevölkerungsgeographie* benutzte Maßzahl, die das Verhältnis von junger → *Bevölkerung* (unter 15-Jährige) und alter Bevölkerung (über 65-Jährige) zu derjenigen in den mittleren Jahrgängen (Erwerbsbevölkerung) angibt. Die A. wird, meist für Staaten oder Regionen, nach der folgenden Formel berechnet: [(unter 15-Jährige + über 65-Jährige) : 15-65-Jährige] · 100. Sie liegt insbesondere in den meisten → *Entwicklungsländern* sehr hoch.
Abhängigkeitsverhältnis → *Abhängigkeitsrelation*.
Abholzung *deforestation, logging*: flächenhaftes Fällen der Bäume eines Waldes bzw. Waldbestandes (→ *Rodung*). Großflächige A. stellt einen starken Eingriff in den → *Naturhaushalt* dar.
abiogen *abiogenic*: aus nicht Lebendigem entstanden (→ *biogen*).
abiotisch *abiotic*: die unbelebten Bestandteile („Faktoren") der Umwelt (→ *abiotische Faktoren*).
abiotische Faktoren (abiotische Geokomponenten) *abiotic factors*: nicht belebte Bestandteile des → *Landschaftsökosystems*. Dazu gehören → *Klima*, → *Wasser*, → *Gestein* bzw. → *Oberflächennaher Untergrund* und → *Georelief*. Der → *Boden* ist teilweise belebt, wird jedoch gewöhnlich als a. F. bezeichnet. Auch das Georelief, systemanalytisch eigentlich ein → *Regler* im Landschaftshaushalt, zählt mit zu den a. F..
Abklinganlage *wear off plant*: Einrichtung zur Behandlung und Beseitigung von → *radioaktiven* Abwässern nach den Bedingungen der Strahlenschutzverordnung. Die Abwässer werden durch chemische Verfahren oder Abklingverfahren dekontaminiert, die sich nach der Art und dem Gehalt der radioaktiven Substanz richten (→ *Abklingbecken*).
Abklingbecken *spent fuel pit*: mit Kühlmittel (Wasser) gefülltes Becken, um → *Brennelemente* zu lagern, bis ihre Aktivität abgenommen hat. Die A. gehören zu den → *Abklinganlagen*.
Abklingzeit *radioactive wear off time*: → *Spaltprodukte*, die bei der → *Kernspaltung* entstehen, verleihen abgebrannten → *Brennstäben* eine hohe Strahlungsintensität, verbunden mit Wärmeentwicklung. Wärme und → *Radioaktivität* klingen jedoch rasch ab, weil die Spaltprodukte von vielen kurzlebigen → *Radionukliden* repräsentiert werden. Ausgediente → *Brennelemente* werden mindestens ein Jahr im → *Abklingbecken* von Reaktorgebäuden gelagert, wobei sie ihre Radioaktivität auf ca. 1/100 abklingen lassen.
Abkühlungsgröße *cooling off*: komplexe bioklimatische Messgröße, die den Einfluss von Temperatur, Feuchte und Wind auf den Wärmehaushalt des Organismus darstellt. Die A. wird als Energieverlust einer auf 36,5 °C aufgewärmten schwarzen Kugel bestimmt und in Joule/cm^2/s angegeben. Hierdurch wird v. a. die abkühlende Wirkung des Luftzuges charakterisiert, weshalb sich die A. als Maß für die Reizwirkung eines Klimas auf den Menschen eignet (→ *Bioklima*).
Ablagerung (Sedimentation) *deposition, sedimentation, accumulation*: das Absetzen von Verwitterungsmaterial, das zuvor → *erodiert* und transportiert wurde. Ebenso wird abgestorbenes organisches Material, vulkanisches Material und chemisch Ausgefälltes (Salz, Gips etc.) abgesetzt. Die A. ist Teil des Gesteinskreislaufs: aus den abgelagerten → *Sedimenten* entstehen wiederum → *Gesteine*. Aus dem → *geomorphogenetischen Materialtyp* der Sedimente kann induktiv auf den Verwitterungs-, Transport- und Ablagerungsprozess geschlossen werden. Die A. wird daher überwiegend nach dem Transportagens und dem A.-Raum unterschieden (→ *fluvial*, → *marin*, → *limnisch*, → *äolisch*, → *periglazial*, → *glazigen*). Viele Festgesteine, soweit sie → *Sedimentite* sind, weisen Merkmale des ursprünglichen A.-Milieus auf.
Ablagerungsgestein → *Sedimentgestein*.
Ablation *ablation*: Massenverluste von → *Schnee* und → *Eis*, verursacht durch Schmelze, → *Evaporation*, → *Sublimation*, → *Winddrift*, → *Lawinen*, Kalben.
Ablationsendmoräne → *Satzendmoräne*.
Ablationsgebiet → *Zehrgebiet*.
Ablationsgradient *ablation gradient*: Maß für die Änderung des Massenverlustes eines → *Gletschers* mit zunehmender Höhenlage. Der A. in Meter Wassersäule/100 m Höhenunterschied gibt somit an, um welchen Betrag die jährliche Abschmelzung mit 100 m Höhenzunahme abnimmt (→ *Ablation*).
Ablationsmoräne *ablation moraine, wastage moraine*: → *Moräne* an der Oberfläche eines

→ *Gletschers* oder des oberflächennahen Gletscherkörpers. Der die A. aufbauende → *Schutt* reichert sich im → *Zehrgebiet* durch Wegschmelzen des Gletschereises relativ zum Eis an.

Ablationsvolumen *ablation volume*: die abgeschmolzene Wassermenge eines → *Gletschers* in g/cm^2 oder cm Wassersäule.

ablual *ablual*: kennzeichnet Vorgänge im Bereich des → *Periglazials*, bei denen durch → *Abspülung* das Glazialrelief nivelliert wird, wobei Feinsedimente (→ *Tone*, → *Schluffe*, Feinsande) in der frühsommerlichen Auftauphase abgespült und verlagert werden, wobei das Gröbere zurückbleibt (→ *Abluation*).

Abluation *abluation*: im Bereich des → *Periglazials* ablaufender periglaziär-aquatisch angetriebener denudativer Spülprozess auf vegetationsarmen oder -freien Hängen, der zu feinmaterialreichen Hangfußakkumulationen führt oder diese in den → *Vorfluter* transportiert. A. wird von → *Schmelzwasser* (Schnee, → *Bodeneis*), aber auch Regenwasser, bewirkt. A. wirkt korngrößenselektiv. Ausgespült werden Feinsand, → *Schluff* und → *Ton*; größere Fraktionen bleiben zurück (ablual, → *spülaquatisch*, → *Spüldenudation*).

Abluft *exhaust air, used air, spentair*: bei Produktions-, Verbrennungs- und Verteilungsprozessen in Industrie, Gewerbe und Haushalt werden Gase, Dämpfe und → *Stäube* an die → *Luft* bzw. → *Atmosphäre* abgegeben, mit Qualitätsminderung der Luft.

Abmelkwirtschaft *flying-herd management*: → *Viehhaltung* zur Milcherzeugung. Es erfolgt keine eigene Aufzucht der Rinder. Bei Nachlassen der Milchleistung werden die Kühe verkauft, um nach Anmästung geschlachtet zu werden.

Aborigines *aborigines*: Ureinwohner eines Landes. Mit A. sind heute insbesondere die Ureinwohner Australiens gemeint.

Abplattung (der Erde) *ellipticity (of the earth)*: die Abflachung der Erdkugel im Bereich der Pole. Die Erdkugel weicht von der idealen Kugelgestalt leicht ab (→ *Geoid*). Die Entfernung von einem Äquatorpunkt zum Erdmittelpunkt misst 6378,388 km, die Entfernung von den Polen zum Mittelpunkt dagegen 6356,912 km. Die A. beträgt also etwas mehr als 21 km oder ungefähr 1:297.

Abrasion *abrasion, attrition*: abtragende Wirkung der Prozesse der → *Brandungserosion* bzw. der → *Brandung* an der Küste von großen Seen oder von Meeren. Mit der Brandung mitgeführtes Lockermaterial („Brandungswaffen") wirkt gleichsam als „Schleifwerkzeug" auf das unterliegende Festgestein, wodurch das → *Kliff* zurückgelegt wird und eine Felsschorre (→ *Abrasionsplattform*) entsteht.

Abrasionsebene *abrasion plain, level of abrasion*: senkt sich eine Küste, sodass das Meer transgredieren (→ *Transgression*) kann, verbreitert sich die → *Abrasionsplattform* zur A..

Abrasionsfläche → *Abrasionsplattform*

Abrasionsküste → *Kliffküste*.

Abrasionsplatte → *Abrasionsplattform*.

Abrasionsplattform (Abrasionsfläche, Abrasionsplatte, Brandungsplattform, Schorre, Strandplatte, Strandplattform) *abrasion platform, wave-cut platform, shore platform*: leicht gegen das Meer hin geneigte Fläche an → *Kliffküsten*, die von der → *Brandung* und den durch sie bewegten → *Geröllen* abgeschliffen wurde (→ *Abrasion*). Eine → *rezente* A. reicht so weit in die Tiefe, wie die → *Wellen* am Meeresboden formend wirken können; vorzeitliche A. liegen oft über dem → *Meeresspiegel* (→ *Abrasionsterrasse*).

Abrasionsterrasse *abrasion terrace, coastal terrace*: durch Hebung der Landfläche oder Absenkung des Meeresspiegels der Brandungswirkung nicht mehr ausgesetze → *vorzeitliche* → *Abrasionsplattform*.

Abraum *overburden, rubbish, rubble*: das bei der industriellen Gewinnung von Steinen und Erden sowie generell im → *Bergbau* anfallende, nicht nutzbare und deshalb abzuräumende Material. Im → *Tagebau* bezeichnet es die überlagernde Schicht einer → *Lagerstätte*, die abgetragen werden muss, um zum → *Abbau* zu gelangen. A. wird in der Form von → *Halden* bzw. → *Kippen* abgelagert. A. enthält oft lösliche Schwermetallionen in für Lebewesen giftigen Mengen.

Abraumsalze *waste salts*: die bei der Gewinnung von → *Steinsalz* früher als wertlos erachteten → *Salze*, insbesondere Kalirohsalze. Im genaueren Sinn des Wortes kein → *Abraum*, da die Salze nicht als überlagernde Schicht einer Lagerstätte im Tagebau abgebaut werden, sondern als Nebenprodukt des Abbaus entstehen. Das Gemisch von Kalium-, Magnesium- und Natriumchlorid sowie Magnesiumsulfat wurde früher auf → *Halden* gekippt oder Untertage entsorgt, wird jedoch heutzutage u. a. als Düngemittel (z. B. Staßfurter A.) verwendet.

Abreicherung → *depletion*: Verminderung der relativen Häufigkeit eines anthropogenen oder natürlichen Stoffes (z. B. Radionuklide, Nährstoffe, Humus) im Verlauf eines technischen oder natürlichen Prozesses.

Abrissnische *scarf, landslide scar*: größere oder kleinere Hohlform an → *Steilwänden*, aber auch flacheren Hängen, die durch gravitative Massenbewegungen entsteht, z. B. → *Sturzprozesse* (an Steilwänden) oder → *Rutschungen* (an Hängen). Die A. ist Teil des Abrissgebiets des gesamten Prozessgebiets, das sich hangabwärts weiter in ein Transitgebiet (Sturzbahn

oder Gleitbahn) sowie ein Ablagerungsgebiet (z. B. die → *Sturzhalde*) unterteilen lässt.
ABS → *asset backed security*.
Absanden *to sand*: Entstehung und Herausfallen von → *Sand* bei → *Insolations*-, → *Frostsprengungs*- und → *Salzsprengungsverwitterung*.
Absatz *sales, turn-over, marketing*: Übertragung von Gütern und Dienstleistungen gegen Entgelt. Der A. ist in der → *Wertschöpfungskette* die Endphase des betrieblichen Leistungsprozesses.
Absatzgebiet → *Absatzmarkt*.
Absatzgesteine *sedimentary rocks*: → *Sedimentite*.
Absatzmarkt (Absatzgebiet) *sales market*: Markt, auf dem die Produkte eines Unternehmens verkauft (abgesetzt) werden. Hoch bedeutsamer Faktor für die Standortorientierung von Unternehmen (→ *Absatzorientierung*) und entsprechend wichtig für die → *Standortwahl* (→ *Standort*). Im Rahmen einer exportorientierten Wirtschaft und einer zunehmenden industriellen Arbeitsteilung gilt es für Unternehmen, stets neue A. zu erschließen.
absatzoptimaler Standort *optimal sales location*: der günstigste → *Standort* im Rahmen der betrieblichen Leistungsverwertung. Bestimmungsgründe für den betrieblichen Absatz sind u. a. → *Bedarf*, → *Kaufkraft* und die Konkurrenzsituation.
Absatzorientierung *marketing orientation*: Ausrichtung der → *Standorte* von Handel, Industrie und Handwerk auf die der Abnehmer. Besonders stark absatzorientiert sind Einzelhandelsgeschäfte (→ *Einzelhandel*) des allgemeinen täglichen Bedarfs, die für ein positives Geschäftsergebnis eine Mindestzahl an Kundschaft im engeren → *Einzugsbereich* brauchen.
Absatzproduktion *production for an anonymous market*: Herstellung von Produkten für einen anonymen Markt. Die Abnehmer müssen erst gesucht werden. Im Gegensatz dazu unterscheidet man die Produktion nach Vorliegen der Bestellung (→ *Auftrags*- bzw. Kundenproduktion) und die Produktion auf Lager (Vorratsproduktion).
Absatzverkehr *sales transport*: derjenige Teil des → *Güterverkehrs*, der dem → *Absatz* im weitesten Sinne dient, d. h. dem Transport von Gütern zum Handel, zum Endverbraucher oder zur Weiterverarbeitung. Letzterer ist aus der Sicht des Empfängers → *Beschaffungsverkehr*.
Abschalung → *Desquamation*.
Abschiebung *dip-slip fault*: Vorgang der → *Bruchtektonik*, wobei zwei oder mehrere Teilschollen jeweils gegeneinander bewegt werden. Die niedrige → *Scholle* wird ab- und die erhöhte aufgeschoben.

Abschreibung *depreciation*: buchhalterische, plan- oder außerplanmäßige Wertminderung eines Vermögensgegenstandes.
Abschuppung → *Abschalung*.
Abschwemmung *rainwash, sheet erosion, slope wash, surface wash*: ein abluaier (→ *Abluation*), → *fluvialer* oder → *spülaquatischer* Prozess, bei dem Lockersediment oder Bodenmaterial hangabwärts bewegt wird. Es entstehen Erosionsformen am Hang und am Hangfuß (→ *Schwemmkegel*). Die A. gehört zur → *Bodenerosion*.
Abschwung *downturn*: Phase rückläufiger → *Wachstumsraten* einer → *Volkswirtschaft*. (→ *Konjunktur*, → *Rezession*).
Absenkungstrichter (Entnahmetrichter) *cone of depression*: Einwölbung der Oberfläche des → *Grundwassers* durch das entnahmebedingte Absinken des → *Grundwasserspiegels* im Bereich von Brunnen. Größe und Form des A. hängen von der entnommenen Wassermenge und der Beschaffenheit des Untergrundes (→ *Grundwasserleiter*) ab.

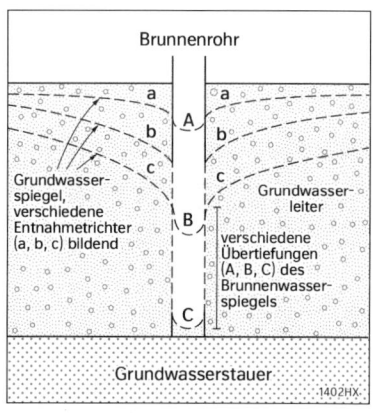

Absenkungstrichter

Absinkinversion *subsidence inversion*: auf eine Schicht oder mehrere Teilschichten begrenzte Temperaturzunahme mit der Höhe (Temperaturumkehr) in der → *Troposphäre*, die im Bereich von → *Hochdruckgebieten* durch dynamische Erwärmung absinkender Luftmassen entsteht. Im Gegensatz dazu stehen die Aufgleitinversionen der Fronten (→ *Inversion*).
absolute Erosionsbasis *absolute erosion level, absolute base level*: → *Erosionsbasis*, welche vom Meeresspiegel gebildet wird, der das Niveau angibt, bis zu welchem die → *Erosion* bzw. sämtliche Abtragungsprozesse wirksam werden können. Der Begriff absolut ist et-

was irreführend, da auch der Meeresspiegel in geologischen Zeiträumen schwankt (→ *lokale Erosionsbasis*).

absolute Luftfeuchtigkeit *absolute humidity*: Wasserdampfgehalt in der → *Luft*, angegeben als Wasserdampfmenge in g/m³ Luftvolumen.

absolute Zentralität *absolute centrality*: Gesamtbedeutung aller an einem → *Zentralen Ort* vorhandenen zentralörtlichen Einrichtungen ohne Berücksichtigung des → *Bedeutungsüberschusses* des Zentralen Ortes (→ *relative Zentralität*).

absoluter Raum → *Containerraum*.

absolutistische Stadt *absolutistic town*: Stadttyp aus der Zeit des Absolutismus, v. a. aus dem 17. und 18. Jh., meist → *Residenzstädte*. Der Wille des regierenden Fürsten zur Machtausübung und Selbstdarstellung zeigt sich im Bau repräsentativer Schlossanlagen und im exakt durchgeplanten Straßennetz (z. B. → *Schachbrettmuster* oder strahlenförmig auf das Schloss zulaufende Straßen).

Absonderung *detachment*: bezieht sich auf Gesteinsentstehung und → *Verwitterung*. 1. die A. erfolgt bei → *Erstarrungsgesteinen* durch Abkühlungsschrumpfung der Gesteinsschmelze (z. B. Säulenbasalt, → *Basalt*). 2. sekundäre A. erfolgt bei → *Sedimentiten* durch Schrumpfung infolge Wasserverlustes sowie bei Sediment- und Erstarrungsgesteinen auch durch mechanische Beanspruchung. 3. ein Verwitterungsprozess, der sich am Gesteinsgefüge orientiert und zur Zerteilung von Gesteinen in kantige, plattige, schalige oder kugelige Komponenten bzw. Oberflächenstrukturen führt. Leitbahnen der Verwitterung sind die bei A. entstehenden Klüfte (→ *Absonderungskluft*).

Absonderungsgefüge *block structure*: typischer Aufbau der Bodenfeinsubstanz aus kantigen Teilen. An wechselfeuchten Standorten führt wiederholte Quellung und Schrumpfung zur Zerteilung von kompaktem tonhaltigen Feinmaterial oder Tongesteinen in verbackene Aggregate mit meist polyedrischen, selten auch prismenartigen Formen verschiedener Ausprägung (→ *Polyedergefüge*, → *Säulengefüge*).

Absonderungskluft *breaking joint*: ein Typ der → *Klüfte*, der fast nur in → *Magmatiten* auftritt. Sie unterscheiden sich von → *tektonischen Klüften* durch räumliche Begrenzung, relative Richtungslosigkeit und bei bestimmten Gesteinen durch eine charakteristische Form, z. B. Säulen des → *Basalts*. Durch → *Absonderung* entstehende dabei sechskantige Säulen, die senkrecht zur Abkühlungsfläche angeordnet sind.

Absonderungsprinzip *principle of detachment*: in Walter Christallers Modell der → *Zentralen Orte* eine der Entstehungsbedingungen für zentralörtliche Systeme. Das A. besagt, dass kein Zentraler Ort auf den Grenzen eines Verwaltungs- oder Marktgebiets liegt.

Abspülung *erosion by water, rainwash, slope wash, surface wash, unconcentrated wash*: → *aquatischer* Abtrag von Feinmaterial an Hängen und Flächen durch Schmelz- oder Regenwasser. Die Abtragung durch Regenwasser setzt sich aus der Wirkung der aufschlagenden Regentropfen („splash") und dem eigentlichen Abrinnen zusammen. Das abgetragene Material bildet die Sinkstofffracht der Fließgewässer. Unterschieden werden → *Flächenspülung* und → *Rillenerosion*. Die A. gehört zur → *Bodenerosion*.

Abstandsziffer (Proximität) *proximity ratio*: in der → *Bevölkerungsgeographie* benutzter Wert zur Angabe des durchschnittlichen Abstands der einzelnen Einwohner eines Landes voneinander unter der Annahme einer gleichmäßigen Verteilung. Zur Berechnung wird von der Konstruktion ausgegangen, dass jeder Einwohner im Mittelpunkt eines regelmäßigen Sechsecks steht. Die A. wird wie folgt berechnet:

$$A. = 1{,}0774 \times \sqrt{Arealitätsziffer}$$

Abstandsziffer

Absterbeordnung *mortality function*: in der → *Demographie* übliche Berechnung der → *Sterbewahrscheinlichkeit* aufgrund der bisherigen → *Sterbeziffern*, die i. d. R. in Form einer → *Sterbetafel* zusammengefasst werden. Die A. gibt an, wie viele Personen eines gegebenen Ausgangsbestandes, i. d. R. von 100 000 Lebendgeborenen ein bestimmtes ganzzahliges Alter erreichen, d. h. wie viele Personen nach Ablauf von ein, zwei, drei usw. Lebensjahren noch leben.

abstrakter Raum *abstract space*: unter Zuhilfenahme allgemeiner mathematisch-geometrischer Gesetzmäßigkeiten deduktiv (→ *Deduktion*) konstruierter Raum.

Abstraktionsgrad *level of abstraction*: Abstraktion bezeichnet den Prozess des Weglassens von Einzelheiten eines Phänomens und des Überführens der Aussagen auf eine allgemeingültigere Regel (→ *Induktion*). Der A. bezeichnet damit das Maß der Abstraktion, der Verallgemeinerung; eine → *Theorie* mit einem hohen A. lässt sich z. B. nicht so einfach auf ein empirisches Beispiel anwenden, weil die Details der Empirie in der Theorie nicht mehr vorkommen.

Abtragung *abrasion, degradation, downwearing, denudation, erosion, removal, truncation, wearing-down*: Zerstörung der → *Oberflächenformen* durch die diversen → *äoli-*

schen, → *fluvialen*, → *glazialen*, → *litoralen* und → *periglazialen* → *Prozesse* sowie durch Prozesse der → *gravitativen Massenbewegungen*. A.-vorgänge hängen ab von Material, → *Frequenz und Magnitude* der Prozesse, → *Hangneigungsstärke*, Vegetationsdecke, → *Klima* und z. T. auch vom Einfluss des Menschen.

Abtragungsebene *erosion plain, gradational surface, plain of degradation, plain of erosion*: Fläche, die durch einen Prozess der → *Abtragung* entstand (→ *Rumpffläche*, → *Schnittfläche*).

Abtragungsform (Denudationsform, Erosionsform) *erosional form*: Formen, die durch → *Prozesse* der → *Erosion* (z. B. → *glazial*, → *fluvial*) oder → *Denudation* (z. B. → *äolisch*) entstanden sind. Aus den → *geomorphogenetischen Materialtypen* kann auf die beteiligten Abtragungsprozesse geschlossen werden. Sowohl der oftmals synonym genutzte Begriff der „Erosionsform" als auch jener der Denudationsform ist unscharf, weil die A. entweder Erosions- oder Denudationsformen sein können.

Abtragungsprozess *erosion process*: Sammelbezeichnung für geomorphologische, also das → *Georelief* bildende Prozesse; wobei die Formzerstörung im Mittelpunkt steht. Dazu gehören sämtliche denudative und erosive Prozesse, z. B. → *Abrasion*, → *Abspülung*, → *Deflation* und → *Glazialerosion* sowie → *gravitative Massenbewegungen* (→ *Abtragungsform*, → *Denudation*, → *Erosion*).

Abundanz *abundance*: Individuenzahl pro Fläche.

Abundanzregel *abundance rule*: eine der → *ökologischen Regeln*; sie besagt, dass in vielseitig ausgestatteten → *Ökosystemen* Arten mit großer Reaktionsbreite, in arm ausgestatteten Ökosystemen hingegen Arten mit geringer, aber oft spezifischer Reaktionsbreite die größere → *Abundanz* erreichen.

Abwägungsgebot *weighing of interests*: in der → *Bauleitplanung* die gesetzlich vorgeschriebene Forderung, dass bei der Aufstellung von → *Bauleitplänen* die → *öffentlichen* und → *privaten Belange* umfassend zu bewerten und gerecht gegen- und untereinander abzuwägen sind. Im Zusammenhang mit dem A. wird zwischen Abwägungsvorgang und Abwägungsentscheidung unterschieden. Ersterer beinhaltet die Zusammenstellung der planungserheblichen Belange, die zunächst gewichtet und dann zueinander in Beziehung gesetzt werden. Ergebnis des Abwägungsvorgangs ist die Abwägungsentscheidung, die im Vor- oder Zurückstellen von einzelnen Belangen besteht.

Abwanderung (Fortzug, Wegzug) *out-migration, emigration*: Verlegung eines → *Standortes*, insbesondere eines Wohnsitzes, auf Dauer aus einem Raum. A. bezieht sich, in Abgrenzung zu → *Auswanderung*, in der Regel auf → *Wanderungen* innerhalb eines Staates. Man spricht v. a. dann von A., wenn aus einem Gebiet längerfristig und kontinuierlich größere Bevölkerungsgruppen fortziehen (→ *Abwanderungsraum*).

Abwanderungsgebiet → *Abwanderungsraum*.

Abwanderungsrate *emigration rate*: Maß für die → *Abwanderung* aus einem Raum, ausgedrückt durch die Zahl der Personen, die den betreffenden Raum in einer bestimmten Zeit verlassen, pro 1 000 Einwohner im Herkunftsgebiet.

Abwanderungsraum (Abwanderungsgebiet) *emigration area, emigration region*: Gebiet, meist im regionalen Maßstab, mit mittel- bis langfristig negativem → *Wanderungssaldo* und häufig dadurch verursachtem Bevölkerungsrückgang. A. entstehen meist aufgrund eines qualitativ oder quantitativ ungenügenden Arbeitsplatzangebotes, die → *Arbeiterwanderung* auslösen.

Abwärme *waste heat*: bei Kraft- oder Wärmeerzeugung sowie chemischen Prozessen jener Teil der Wärmeenergie, der ungenutzt an die → *Luft* der → *Atmosphäre* oder an das Wasser abgegeben wird. Industriebetriebe und Kraftwerke liefern große A.-Mengen, wodurch es zu → *Wärmebelastungen* der Umwelt kommt. Sie ist beträchtlich, weil der → *Wirkungsgrad* eines Wärmekraftwerks (Verhältnis der gewonnenen elektrischen Energie zur erzeugten Wärme) sehr niedrig ist (keine 30% beim → *Leichtwasserreaktor*; um 40% beim → *Hochtemperaturreaktor* der modernen Öl-, Gas- oder Kohlekraftwerken). Umwelteffekte sind Aufwärmung der Umgebungsluft, Nebelbildung und Niederschlagsvermehrung durch Feuchteabgabe der Kühltürme an die Luft oder Aufheizung der Flüsse durch → *Kühlwasser* der Kraftwerke (absinkender Sauerstoffgehalt, Verminderung der → *Selbstreinigungskraft der Flüsse*).

Abwasser *sewage [water], waste water, foul water, effluent, residual water, used water*: durch häuslichen, gewerblichen und industriellen Gebrauch verändertes, meist verunreinigt abfließendes sowie auch von Niederschlägen stammendes, in die → *Kanalisation* gelangendes → *Wasser*. Unterschieden wird Schmutzwasser aus Haushalt, Gewerbe, Industrie und Landwirtschaft (fäkalienhaltiges A.; mit Düngemitteln und Pflanzenschutzmitteln angereichertes Oberflächenwasser), anthropogen verändertes Niederschlagswasser (Umweltschmutz, Landwirtschaft) sowie Mischwasser (Schmutz- und Regenwasser gemischt). Mit dem A. gelangen häufig stark sauerstoffzehrende und giftige Stoffe (z. B. Säuren, → *Salze*, → *Schwermetalle*) in → *Kläranlage* bzw. → *Vorfluter*. Die Selbstreinigungskraft von Flüssen und Seen wird dadurch erheblich beeinträchtigt.

Abwasserableitung *waste water discharge, sewage discharge*: Erfassung und Ableitung von → *Abwasser* in → *Kanalisation*sleitungen über Hausanschlüsse, Neben- und Hauptsammler zu → *Kläranlagen*. Dort erfolgt Abwasserbehandlung. Ziel der A. ist die Rückleitung des genutzten Wassers sowie die Ableitung von Niederschlagswasser in die Gewässer und damit den → *Wasserkreislauf*.

Abwasserbeseitigungsplan *waste water disposal plan*: Planungsinstrument, das Planziele zur optimalen Behandlung von → *Abwasser* im Interesse des → *Gewässerschutzes* festlegt. Im A. sind z. B. Standorte für Anlagen zur Behandlung des Abwassers und ihr Einzugsbereich sowie die Träger der Maßnahmen festgelegt (→ *Abwasserreinigung*).

Abwasserbewässerung (Abwasserbodenbehandlung) *sewage irrigation, sewage watering*: Verfahren der landwirtschaftlichen Abwasserverwertung. Die im → *Abwasser* enthaltenen → *Nährstoffe* kommen dem Boden zugute. Bei vorhandenem Gefälle ist Abwasserrieselung möglich. Wird Abwasser mit einer Beregnungsanlage versprüht, handelt es sich um Abwasserverregnung. Wegen des Bakteriengehalts im Wasser wird A. zunehmend mit gereinigtem Abwasser betrieben.

Abwasserlast *sewage load, waste water load*: von einem → *Fließgewässer* mitgeführte organische Inhaltsstoffe des → *Abwassers*, die den Sauerstoffgehalt infolge oxidativer Abbauvorgänge erniedrigen.

Abwasserlastplan *sewage load plan*: graphische Darstellung der Belastung eines Gewässers mit → *Abwasser*.

Abwasserlastplan *sewage load plan*: graphische Darstellung des → *Abwasserbeseitigungsplans*.

Abwasserreinigung *sewage purification*: Beseitigung der im → *Abwasser* enthaltenen Verunreinigung durch spezifische Klärverfahren. Die A. erfolgt in → *Kläranlagen*. Von dort gelangt das Abwasser in den → *Vorfluter*. Man unterscheidet mechanische, biologische und chemische Reinigungsstufen. Bei mechanischen Verfahren werden grobe → *Schwebstoffe* mit Rechen, Sandfang und Fettfänger abgefangen. Feinere Verunreinigungen setzen sich im Absatzbecken ab. Die biologische A. arbeitet mithilfe physikalischer, bakteriologischer und anderer biologischer Prozesse. Die Reinigung industrieller Abwässer erfordert häufig noch eine chemische Behandlung, da → *toxische* Substanzen die biologische Reinigungsstufe nahezu ungehindert durchlaufen können. Die Reinigungswirkung von Kläranlagen liegt bei 90–95 %, bezogen auf den biochemischen bzw. chemischen Sauerstoffbedarf. Die restlichen Prozente sowie → *Stickstoff*- und Phosphorverbindungen werden bei der weitergehenden Abwasserreinigung entfernt.

Abwassersammler *waste-water collector*: offener Wasserlauf oder unterirdisches Kanalrohr zur Zurückführung des → *Abwassers* in den natürlichen → *Wasserkreislauf*. Das Abwasser wird entweder getrennt vom Niederschlagswasser über eine Trennkanalisation (→ *Trennsystem*) oder zusammen mit dem Niederschlagswasser über eine → *Mischkanalisation* der → *Kläranlage* zugeführt.

Abwrackung *dismantling*: Demontage und Verschrottung von Maschinen, z. B. von Schiffen. Auf die A. spezialisierte Betriebe erzeugen v. a. hochwertigen → *Schrott*, der in der → *Stahlindustrie* weiterverarbeitet wird.

Abyssal *abyss, abyssal, abyssal zone*: der Boden des Tiefseebereiches der → *Meere* unterhalb 1000 m Tiefe (→ *Bathypelagial*).

Achsenkonzepte *axial concepts*: Konzepte der → *Raumordnung*, mit dem die Raumentwicklung vorrangig entlang von → *Bandinfrastrukturen* (insbesondere Verkehrsachsen wie Bahnlinien oder Autobahnen) gebündelt werden soll. Ein Ziel ist die Minimierung von → *Umweltbelastungen*. Wichtigste A. sind die → *Entwicklungsachsen*.

Achtergruppe *village with eight farms*: aus ursprünglich acht Vollbauernstellen bestehende → *ländliche Siedlung* zur Zeit der mittelalterlichen → *Landnahme* in Mitteleuropa.

Achterstufe *cuesta back slope*: Rückseite einer → *Schichtstufe*, deren Rückstufenhang – die A. – in Richtung des Schichtfallens entsprechend geneigt ist. Die A. entstehen wie die → *Frontstufen* durch Zerlegung von → *Schichttafeln* bzw. Schichtstufen. Gewöhnlich sind A. geomorphographisch weniger markant ausgebildet als die Frontstufen. (→ *Schichtstufenlandschaft*).

Ackerbau (Agrikultur) *farming, agriculture, tillage*: systematisch betriebener Anbau von ein- oder mehrjährigen → *Nutzpflanzen* auf kultiviertem Boden. Man unterscheidet zwischen einem pfluglosen A. und dem → *Pflugbau*. Formen des pfluglosen A. sind u. a. der → *Pflanzstock*-, → *Grabstock*- und *Hackbau*. Als intensivste Form des A. gilt der → *Gartenbau*. Der höher entwickelte A. wird nach gewissen Regeln betrieben. Große Bedeutung kommt der → *Fruchtfolge* sowie einer periodischen → *Düngung* des Bodens zu.

Ackerbauer *farmer*: → *Vollerwerbslandwirt* mit einer Ausrichtung der landwirtschaftlichen Produktion auf den → *Ackerbau*. Im Unterschied dazu gibt es auch die Bezeichnungen Viehbauer, Grünlandbauer und Waldbauer.

Ackerbausystem *farming system*: Feld- oder → *Fruchtfolgesystem* als Organisationsform des → *Ackerbaus*. Als A. lassen sich der → *Wanderfeldbau*, die → *Feldgraswirtschaft*, die Körnerbauwirtschaften und die → *Hackfruchtbauwirtschaften* verstehen.

Ackerberg *fieldhead*: anthropogen entstandene, wallartige Bodenaufhöhung auf Ackerland. A. entstehen an der Schmalseite von → *Parzellen*, da dort beim Wenden die Erde zusammengeschoben wird und Reste vom → *Pflug* abfallen. A. können eine Höhe von wenigen Dezimetern bis eineinhalb Metern erreichen.

Ackerbürger *farmer-citizen*: Stadtbürger, der einen eigenen landwirtschaftlichen Betrieb bewirtschaftet. A. waren in Deutschland bis zum Beginn des 20. Jh. in → *Landstädten* stark verbreitet.

Ackerbürgerstadt *town with farmer-citizens*: → *Klein-* oder → *Landstadt*, deren Bewohner zum großen Teil → *Landwirte* sind (häufig Anbau von → *Sonderkulturen*). A. haben meist eine geringe zentralörtliche Bedeutung (→ *Zentralität*) und weisen eine geringe gewerbliche Entwicklung auf. Bis zum Beginn des 20. Jh. waren sie in weiten Teilen Europas verbreitet.

Ackergrünland *rotation grassland*: → *Wiese* oder → *Weide*, die mit Ackerbau in regelmäßiger → *Fruchtfolge* wechselt (→ *Fruchtfolgesystem*). Beispiele für derartige Betriebssysteme sind die → *Feldgraswirtschaft* und die → *Egartenwirtschaft*.

Acker-Grünland-Verhältnis *proportion of arable land to grassland*: das zahlenmäßige Verhältnis von → *Ackerland* zu → *Grünland* in einer Raumeinheit, z. B. einem landwirtschaftlichen Betrieb, einer Gemeinde oder Region. Das A.-G.-V. wird i. d. R. in Prozent ausgedrückt und kann Hinweise auf die landwirtschaftliche Betriebsstruktur geben.

Ackerkrume *top-soil, surface soil*: die oberste, durch organische Abbauprodukte dunkler gefärbte Bodenschicht des Ackers. Ihre Mächtigkeit entspricht der jährlichen Bearbeitungstiefe mit dem → *Pflug*. Die A. zeichnet sich durch lockere Lagerung des Bodenmaterials mit guter Durchlüftung aus. Dies erlaubt hohe Zersetzungsraten der eingepflügten Ernterückstände mit der Folge eines günstigen Nährstoffangebotes.

Ackerland *farmland, cropland*: eine durch → *Ackerbau* genutzte → *landwirtschaftliche Nutzfläche*. Auf dem A. findet eine regelmäßige → *Bodenbearbeitung* statt. Der Anbau von → *Nutzpflanzen* richtet sich i. d. R. nach bestimmten → *Fruchtfolgesystemen*.

Ackernahrung *existential minimum area for subsistence farm*: Mindestgröße der → *landwirtschaftlichen Nutzfläche*, die zur Existenzsicherung eines bäuerlichen Familienbetriebs notwendig ist. Die A. bezieht sich auf → *Haupterwerbsbetriebe* und stellt eine dynamische Größe dar. Sie hängt von den natürlichen Produktionsverhältnissen, dem ausgeübten → *Betriebssystem*, den Eigentumsverhältnissen und dem Lebensstandard des Betriebsinhabers ab.

Ackernutzungsgrad Messziffer in der → *Agrargeographie*. Mit dem A. wird bei Fruchtfolgekulturen der prozentuale Anteil der jährlichen Ernteflächen an der gesamten Anbaufläche ausgedrückt.

Ackerrain *balk strip, field boundary, boundary ridge*: in der Pflugrichtung verlaufende Parzellengrenze. Der A. begrenzt als → *Stufenrain* die → *Ackerterrassen*.

Ackerrandstreifen → *Ackerschonstreifen*.

Ackerschätzungsrahmen eine Bodenbewertungstabelle (→ *Bodenbewertung*), aus welcher die durch die Bodenbeschaffenheit bedingten, relativen Reinertragsunterschiede für verschiedene Ackerböden sowie Garten- und → *Grünland* (Ertragsfähigkeit) herausgelesen werden können. Die Bodenbeschaffenheit wird dabei durch die Körnung des Feinmaterials (→ *Bodenart*), den Ausgangsgesteinstyp und den Entwicklungsgrad definiert. Die besten Böden erhalten die → *Ackerzahl* 100.

Ackerschleppe schmales, hochgeschlepptes Ende (→ *Ackerberg*) eines hangwärts angelegten Ackers. A. sind besonders dann ausgebildet, wenn ein talwärts verlaufender Acker an → *Grünland* (oder an Wege, → *Hecken*) grenzt. Dort wird durch die → *Bodenbearbeitung* aufgelockerte Feinmaterial abgelagert und bewirkt somit eine Geländeerhöhung. Je größer die Hangneigung ist und je extremer die Niederschlagsmengen sind, desto leichter bilden sich A. aus.

Ackerschonstreifen (Ackerrandstreifen) *conservation headland*: Typ der → *ökologischen Ausgleichsflächen*, die als drei bis zwölf Meter breite A. unter extensiver Bewirtschaftung bleiben. Sollen dem Verschwinden der Ackerbegleitflora des Getreide- und Hackfruchtanbaus entgegenwirken und dem ökologischen Ausgleich dienen (→ *Biodiversität*, → *Buntbrache*, → *ökologischer Ausgleichsraum*).

Ackerterrasse *lynchet*: Ackerparzelle, die in stark geneigtem Gelände parallel zum Hang angelegt ist. Sie setzt sich klar erkennbar vom nächsten hangauf- bzw. hangabwärts gelegenen Feld ab. Dabei haben sich die Terrassen im Laufe der Zeit als Folge der kontinuierlichen → *Bodenbearbeitung* selbst herausgebildet.

Ackerweide *field grazing*: Fläche, die bei einer → *Feldgraswirtschaft* für ein oder mehrere Jahre als → *Weide* genutzt wird. Auch versteht man darunter Ackerflächen, die nach der Ernte abgeweidet werden (Herbstweide, → *Stoppelweide*).

Ackerwirtschaft *farming*: ackerbauorientierte → *Landwirtschaft*, d. h. es herrscht ein landwirtschaftliches → *Betriebssystem* vor, in dem der → *Ackerbau* eindeutig dominiert und damit den Charakter eines Agrarraumes oder eines landwirtschaftlichen Betriebs bestimmt.

Ackerzahl *numerical field category*: Bewertungszahl für → *Ackerland*. Die Anforderungen an den Boden und seine Wasserverhältnisse für die Nutzung als Ackerland und für die Nutzung als → *Grünland* sind sehr unterschiedlich. Man setzt die → *Bodenzahl* je nach Nutzungsart als A. oder → *Grünlandzahl* fest. Die Festlegung der A. erfolgt anhand des → *Ackerschätzungsrahmens*.

Acrisols *acrisols*: in der → *WRB* (2014) stark verwitterte saure Böden mit niedriger → *Basensättigung* und niedriger → *Kationenaustauschkapazität*. Sie weisen aufgrund bodenbildender Prozesse (v. a. → *Tonverlagerung*) im → *Unterboden* höhere Tongehalte auf als im → *Oberboden*. A. kommen in feuchten tropischen, subtropischen und warm-gemäßigten Regionen vor. Ihre natürliche Vegetationsform ist Wald. Ackerbau ist nur oberbodenschonend und extensiv möglich. Erosion ist zu vermeiden.

Adaptation (Anpassung) *adaptation*: die Fähigkeit von Lebewesen oder → *Gesellschaften*, je nach Umständen alternativ zu reagieren und sich veränderten Gegebenheiten anzupassen. (→ *Resilienz*).

Adaption(Adaptation) *adaptation*: Annahme, Übernahme von Neuerungen (Innovation). Die A. ist der letzte Sub-Prozess des → *Innovationsprozesses* und folgt auf die Invention und die → *Diffusion* von Neuerungen. A. wird aktuell v. a. im Umfeld des → *Klimawandels* und des globalen Umweltwandels relevant.

Adaptionsfläche → *Akkordanzfläche*.

Adaptor *adaptor*: Person, die eine Neuerung (→ *Innovation*) übernimmt.

ad-hoc-Frage *ad-hoc question*: im Anschluss an eine qualitative → *Befragung* (→ *Leitfadeninterview*, → *narratives Interview*, → *strukturiertes Interview*) zusätzlich spontan gestellte Frage, um jene Themen aufzugreifen, die ein → *Proband* von sich aus während des Interviews nicht angesprochen hat oder um Themen zu vertiefen, die sich als zentral im Laufe des zuvor erfolgten Interviews erwiesen haben.

ad-hoc-Theorie *ad-hoc theory*: eine → *Theorie* mit sehr geringer Reichweite, die nur eine zeitlich-räumlich eingegrenzte Aussage über bestimmte Erscheinungen zu einer bestimmten Zeit, an einem bestimmten Ort (i. d. R. eine Fallstudie) erlaubt. A.-h.-T. haben einen sehr geringen → *Abstraktionsgrad*, da aus der Theorie keine Ableitung allgemeiner Art möglich ist.

ADI → *ausländische Direktinvestition*.

adiabatisch *adiabatic*: Begriff der → *Thermodynamik* für jene Vorgänge in der → *Atmosphäre*, die ohne Wärmeaustausch mit der Umgebung ablaufen: – aufsteigende → *Luftmassen* dehnen sich aus und kühlen sich dabei ab; – absinkende Luftmassen werden zusammengepresst und deshalb wärmer.

adjustment *Anpassung*: alle in einer relativ kurzen Zeitspanne durchgeführten Anpassungsmaßnahmen (→ *Adaptation*) von Lebewesen oder einer Gesellschaft an sich verändernde Umweltbedingungen.

administrative Grenze *administrative boundary*: → *Verwaltungsgrenze*.

Adobe Illustrator proprietäres Vektorgrafikprogramm (→ *Vektordaten*), das als eine Standardsoftware in der praktischen → *Kartographie* gilt.

Adobehaus *mud-cottage*: Haus aus ungebrannten, luftgetrockneten Lehmziegeln. A. kommen v. a. im arabischen und ibero-amerikanischen Raum vor.

Adriatief *adriatic low pressure area*: typischer Tiefdruckwirbel über der nördlichen Adria, der an seiner Ostflanke warme und feuchte Mittelmeerluft nach Ost- und Mitteleuropa führt. Besonders im Frühjahr entstehen beim Aufgleiten auf kalte Polarluft ergiebige Niederschläge.

Adsorption *adsorption*: Anlagerung von organischen und anorganischen Stoffen an Festkörperoberflächen.

Adsorptionswasser *adsorbed water*: das an den festen Bodenteilen haftende Wasser. Von der festen Bodensubstanz ausgehende elektrostatische Kräfte und die Neigung des → *Wassers* zur Herausbildung von Wasserstoffbrücken führen zur Ausprägung eines Films aus Wassermolekülen an den Bodenteilchen.

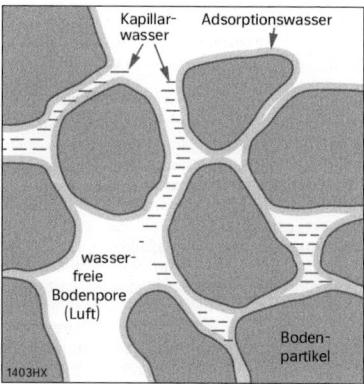

Adsorptionswasser

advanced factory Fabrikgebäude aus vorgefertigten Bauteilen. A. f. werden v. a. in → *Industrieparks* im Rahmen von Industrieförderungsmaßnahmen ansiedlungswilligen → *Unternehmen* angeboten.

Advektion *advection*: horizontale Zufuhr von → *Luftmassen* durch → *Wind*.

Advektionswolken *advectiv clouds*: beim Aufgleiten heranströmender wärmerer → *Luftmassen* über schwerere Kaltluft entstehende → *Wolken*. Durch Abkühlung an der Trennschicht kondensiert der → *Wasserdampf* des wärmeren Luftpaketes.

Advektivfrost *advectiv frost*: → *Frost*, der durch wetterlagenbedingte zufließende Kaltluft mit Minustemperaturen verursacht wird (→ *Wetterlage*).

Adventivbiota *adventive biota*: in einem Gebiet nicht einheimische Arten, die sich in den heimischen Artenbestand eingesellten, meist unter Mitwirkung des Menschen. Unterschieden wird nach Einwanderungszeit (bis Ende des Mittelalters gegen ca. 1492: → *Archäobiota*, hierbei Pflanzen als → *Archäophyten* und Tiere als → *Archäozoen*; seit Beginn der Neuzeit ab ca. 1492: → *Neobiota*, hierbei Pflanzen als → *Neophyten* und Tiere als → *Neozoen*). Ein weiteres Unterscheidungskriterium ist der Einbürgerungsgrad (etablierte Arten wie wild wachsende → *Agriophyten* oder nur an anthropogenen Standorten vorkommenden → *Epökophyten* gegenüber unbeständigen Arten wie wild wachsenden → *Ephemerophyten* oder nur kultiviert vorkommenden → *Ergasiophyten*).

Adventivkrater (Nebenkrater, Parasitärkrater) *adventive bocca, adventive crater, lateral crater, parasitic crater, secondary crater, subcrater*: kleinerer → *Krater* am Außenhang eines → *Vulkans*. A. treten oft in Vielzahl an Hängen hoher → *Stratovulkane* auf, bei denen sich ein größter Teil der Eruptionstätigkeit an den Bergflanken abspielt. Reihenförmig angeordnete A. gehen auf Bruchzonen oder Spalten im Untergrund zurück.

aerob *aerobic*: jene Prozesse und Organismen sind a., die nur im Sauerstoffmilieu ablaufen bzw. dort existieren (→ *anaerob*).

Aerologie *aerology*: Teilgebiet der → *Meteorologie*, das sich mit den physikalischen Vorgängen in höheren → *Schichten* der → *Atmosphäre* beschäftigt.

Aeroplankton (Anemoplankton, Luftplankton) *airplankton, aeroplankton, aerial plankton*: passiv in der → *Luft* der → *Atmosphäre* treibende Kleinorganismen, Pollen, Samen, Bakterien u. a.. Ein Teil des Lebenszyklus verläuft auf oder in der Erde bzw. im Wasser. Mit zunehmender Geschwindigkeit steigt auch der Anteil des A. in den Luftströmungen. A. kann bis in 4000 m Höhe reichen. Ansonsten bestimmen Windrichtung, → *Wetterlage* und gelegentlich → *Lokalwinde* die Fernverdriftung (→ *Aerosol*, → *Drift*).

Aerosol *aerosol*: 1. feste Bestandteile der → *Atmosphäre*, welche als feinste Partikel in der → *Luft* schweben. In höheren Luftschichten handelt es sich v. a. um meteoritische Partikel, die aus dem Weltraum in die Erdatmosphäre gelangen. In den unteren Schichten bildet sich A. aus natürlich vorkommenden, mikroskopischen Salzkristallen und dem mengenmäßig bedeutsamen → *Staub* und → *Rauch*. 2. ein Gas, das kleine, feinverteilte, schwebende, feste oder flüssige Teilchen enthält, die trotz der Schwerkraftwirkung nicht zum Boden sinken, sondern in der Schwebe bleiben. Überwiegend feste Teilchen im Gas sind → *Schwebstaub*; flüssige Teilchen aus Wasser bilden den → *Nebel*.

Aestisilva → *nemorale Wälder*.

Aestival-Aspekt *aestival aspect*: Teil der → *Aspektfolge*. Der A.-A. beschreibt in der nördlichen gemäßigten (→ *nemoralen*) Zone Europas den Sommer von Mitte Juni bis Mitte Juli, d. h. den thermisch günstigsten Jahresabschnitt für Flora und Fauna in → *Jahreszeitenklimaten*.

Affinität → *Verschwägerung*.

Afrikanische Union (AU) *African Union*: Zusammenschluss von 54 afrikanischen Staaten (alle außer Marokko). Die A. wurde 2002 als Nachfolgeorganisation der Organisation für Afrikanische Einheit (OAU) gegründet. Das Mandat der A. erstreckt sich auf alle politischen, wirtschaftlichen und sozialen Bereiche in Afrika. Sitz der A. ist in Addis Abeba, der Vorsitz wechselt jährlich.

Afrikanisierung *africanization*: Prozess der Förderung und Entwicklung nationaler, kultureller, sozialer und wirtschaftlicher Eigenständigkeit in afrikanischen Staaten. Mit der bewussten A. versuchen insbesondere die selbstständig gewordenen ehemaligen → *Kolonien* europäischer Mächte südlich der Sahara koloniale Strukturen zu überwinden.

Agency *agency*: Begriff in den → *Sozialwissenschaften*, der die Handlungsfähigkeit und Wirkmächtigkeit eines Handelnden bezeichnet, aber auch auf der Kreativität und den subjektiven Sinn des Handelns verweist (→ *Handlung*). In der → *Akteur-Netzwerk-Theorie* haben nicht nur Menschen A., sondern auch Dinge (→ *Aktant*).

Agenda 21 (lat. *agenda* = was zu tun ist) auf der UNO-Konferenz für Umwelt und Entwicklung (→ *UNCED*) 1992 in Rio de Janeiro von 179 Teilnehmerstaaten verabschiedetes Aktionsprogramm für das 21. Jh.. Zentrales Ziel ist → *sustainable development*, d. h. eine die soziale, wirtschaftliche und ökologische Dimension berücksichtigende, dauerhaft zukunftsbeständige Entwicklung (→ *Nachhaltigkeit*). Darunter fallen Tätigkeitsbereiche wie Armutsbekämpfung, der Schutz menschlicher Gesundheit und natürlicher Ressourcen, nachhaltige Siedlungsentwicklung, veränderte Konsumgewohnheiten etc.. Nachhaltige Entwicklung wird als neues Paradigma umwelt- und entwicklungspolitischer Zusammenarbeit auf globaler, regionaler und lokaler Ebene verankert. Erstmals werden die globale Partnerschaft und die Verantwortung bei der Lösung ökologischer und sozialer Probleme betont. Die A. ist völkerrechtlich nicht verbindlich und als Konsenspapier in vielen Bereichen unklar, vage und z. T. umstritten. Sie bildet aber die Grundlage der meisten UNO-Konferenzen seit 1992. Kap. 28 ist Grundlage der → *Lokalen Agenden 21*.

ageostrophischer Wind *ageostrophic wind*: Luftbewegung in Bodennähe, welche durch die Bremswirkung der Bodenreibung von der allgemeinen Zirkulation der Atmosphäre bedingten Windrichtung abweicht. Der a. W. wird stärker gegen den tieferen Druck hin abgelenkt (→ *geostrophischer Wind*).

Agglomeration *agglomeration*: - räumliche Ballung und/oder Verdichtung von Bevölkerung, Wirtschaft (besonders Industrie und Gewerbe) sowie technischer Infrastruktur in lokaler bis regionaler Größenordnung. - Bezeichnung für den Prozess der Anhäufung und Verdichtung von Siedlungen und Wirtschaftsbetrieben mit dem Effekt der Ausbildung eines → *Agglomerationsraumes*.

Agglomerationsfaktor *agglomeration factor*: Determinante, die eine räumliche Konzentration von Wirtschaft und Bevölkerung begünstigt und fördert. A. sind z. B. die Vorteile eines großen und qualitativ differenzierten Arbeitsmarktes, → *Fühlungsvorteile* der Wirtschaft, sowie interne und externe Ersparnisse arbeitsteilig (→ *Arbeitsteilung*) und räumlich konzentriert arbeitender Industriebetriebe.

Agglomerationskosten → *Agglomerationsnachteile*.

Agglomerationsnachteile *agglomeration disadvantages*: Nachteile räumlicher Ballung (*urbanization diseconomies:*), z. B. hohe → *Bodenpreise*, Verkehrsprobleme, → *Umweltbelastung*, steigende Lohnkosten oder Fachkräftemangel. Unternehmensinterne A. entstehen z. B. durch Überbeanspruchung von Maschinen. A. führen ggf. zu → *Deglomeration* (→ *Agglomerationsvorteile*).

Agglomerationsraum *agglomeration, agglomeration area*: regionale Konzentration von Wohn- und Wirtschaftsgebäuden, Einwohnern, Arbeitsplätzen und dazugehöriger → *Infrastruktur* mit intensiven → *sozio-ökonomischen Verflechtungen*. A. bestehen i. d. R. aus einer größeren Stadt (monozentrischer A.) oder mehreren solchen Städten (polyzentrischer A.) im Zentrum sowie aus funktional eng mit den Städten verflochtenen → *suburbanen* und Stadt-Umland-Räumen. A. sind durch Größen-, Verdichtungs-, Verflechtungs- und Strukturmerkmale abgrenzbar, z. B. durch → *Einwohnerzahl*, → *Bevölkerungsdichte*, → *Industriedichte* und → *-besatz* oder → *Pendlerverflechtung*, jedoch besteht bisher keine allgemeingültige Definition. Vielfach wird A. auch als Sammelbegriff für Bezeichnungen wie → *Ballungs-*, → *Verdichtungsraum* oder → *Stadtregion* verwendet.

Agglomerationsvorteile *agglomeration economies*: in der industriellen → *Standortlehre* jene Kostenvorteile für die Produktion und die Vermarktung der Produkte, die durch räumliche Nähe (→ *Agglomeration*) entstehen. Merkmale sind z. B. geringe → *Transportkosten*, bessere Absatzchancen, ein differenziertes Arbeitskräfteangebot und → *Fühlungsvorteile*. Unterschieden werden interne Ersparnisse (→ *Economies of Scale*, → *Economies of Scope*) und externe Ersparnisse (→ *Lokalisationseffekt*, → *Urbanisationseffekt*). Einzelne A. können beim Überschreiten eines nicht exakt bestimmbaren Grenzwertes in → *Agglomerationsnachteile* umschlagen.

Aggregat *aggregate*: die Zusammenfassung von Klassen oder Merkmalen (aggregierte Daten) oder der Verbund von bestimmten Elementen (z. B. → *Bodengefüge*) oder Menschen unter bestimmten Gesichtspunkten bzw. nach bestimmten Merkmalen (→ *soziales A.*).

Aggregat *aggregate*: aus mehreren mineralischen Einzelkörnern bestehender, selbsthaftender oder mit → *Humus* oder Mineralsubstanz verbackener Bodenteilchenkomplex. Formen, Größen und Grad der Ausbildung sind je nach Entstehungsart verschieden (→ *Aggregatgefüge*, → *Absonderungsgefüge*).

Aggregatgefüge *aggregate structure*: Anordnung der Bodenfeinsubstanz durch Aneinanderlagerung von Bodenpartikeln mineralischer und organischer Zusammensetzung zu Krümeln, subpolyedrischen oder polyedrischen Teilen. A. ist typisch für tonhaltige Böden und für bearbeitete Bodenhorizonte (→ *Ackerkrume*) mit gleichzeitig intensiver Durchmischung durch Regenwurmtätigkeit.

aggregierte Daten *aggregated data*: Zusammenfassung von Einzelwerten zu größeren Einheiten (→ *Aggregat*), wobei die Detailliertheit der ursprünglichen Informationen verloren geht, aber i. d. R. die Aussagekraft und Übersichtlichkeit erhobener Daten erhöht wird.

Agrar- und Handwerkerstadt *town with peasants and manufacturers*: → *Landstadt* mit überwiegend in Landwirtschaft und Handwerk tätiger Bevölkerung bei geringem Anteil des → *sekundären* und → *tertiären Sektors.* A. u. H. kommen heute fast nur noch im mediterranen Raum vor.

Agrararbeitergemeinde *agricultural community*: → *ländliche Gemeinde*, deren Erwerbstätige zum überwiegenden Teil landlose Agrararbeiter sind. A. sind v. a. in ehemals sozialistischen Ländern und in Gebieten mit Rentenkapitalismus verbreitet.

Agrarbericht *agricultural report*: früher jährlich, seit 2007 von der deutschen Bundesregierung alle vier Jahre vorzulegender Bericht über die Lage der → *Landwirtschaft* in Deutschland (bis 1970 Grüner Bericht und Grüner Plan, ab 2002 Ernährungs- und agrarpolitischer Bericht). Er liefert Daten und Fakten über längerfristige Entwicklungen und Zusammenhänge in der Landwirtschaft sowie der → *ländlichen Räume*. Ferner analysiert er die landwirtschaftliche Einkommensentwicklung und enthält Vorschläge zu deren Verbesserung.

Agrarbetrieb *agricultural enterprise*: Wirtschaftseinheit aus dem Bereich der Urproduktion (→ *Landwirtschaftsbetrieb*). A. stellen die kleinsten Einheiten von → *Agrargebieten*, → *Agrarzonen* oder → *Agrarlandschaften* dar. Zum A. gehören die landwirtschaftlich genutzten Flächen sowie die Wirtschafts- und Wohngebäude.

Agrarbevölkerung *farming population*: Teil der Gesamtbevölkerung, der seinen Lebensunterhalt ganz oder überwiegend aus der → *Landwirtschaft* bezieht. Zur A. gehören neben den in der Landwirtschaft Tätigen auch deren Familienangehörige. Die A. ist in → *Industrieländern* i. d. R. gering, während sie in vielen → *Entwicklungsländern* meist noch immer hoch ist, was einen Indikator für die dort stark agrarisch geprägte → *Wirtschaftsstruktur* darstellt.

agrare Dichte (agrarische Dichte) *density of farmworkers per unit/area*: Zahl der landwirtschaftlichen Berufszugehörigen je km² oder 100 ha → *landwirtschaftlicher Nutzfläche* (→ *landwirtschaftliche Bevölkerung*).

Agrarerwerbsquote (Agrarquote) *agrarian quota*: Messziffer zur Darstellung des Ausmaßes der landwirtschaftlichen Erwerbstätigkeit in einem Gebiet. Die A. gibt den Anteil der der → *Landwirtschaft* zuzurechnenden Erwerbspersonen an der Gesamtzahl der Erwerbspersonen an (→ *landwirtschaftliche Bevölkerung*, → *agrare Dichte*).

Agrarfabrik → *Agribusiness*.

Agrarflächenquote *ratio of cultivated area to total land area*: Messziffer aus der → *Agrargeographie*. Die A. gibt den Anteil der Agrarfläche an der Gesamtlandesfläche an.

Agrarformation *agricultural system/formation*: agrarisch geprägte Wirtschaftsformation. Mit dem Begriff A. lassen sich landwirtschaftliche Systeme darstellen, die einen Raum prägen (z. B. → *Plantagenwirtschaft*, → *Weidewirtschaft*).

Agrargebiet (Agrarraum) *agricultural region/district*: nach agrarwirtschaftlichen Gesichtspunkten abgegrenzte Raumeinheit. Ein A. ist durch die Dominanz der landwirtschaftlichen Funktion gekennzeichnet. Unter A. versteht man im engeren Sinne Verbreitungsgebiete von bestimmten agrarwirtschaftlichen → *Betriebssystemen* bzw. ähnlicher agrarsozialer Struktur.

Agrargemeinschaft *agricultural community*: in Österreich eine zweckgebundene Sach- und Personengemeinschaft, welche – basierend auf urkundlichen oder gewohnheitsrechtlichen Ursprüngen – als historisch gewachsene Nutzungsgemeinschaft landwirtschaftliche Grundstücke verwaltet und nutzt (→ *Allmende*). V.a. in Tirol wurden in den 1950er- und 1960er-Jahren beträchtliche, in Gemeindeeigentum stehende Flächen in den Besitz von A. überführt. Da diese über hohe Immobilienwerte verfügen und – aus Jagdpachten, dem Betrieb von Liften und Seilbahnen, der Verpachtung von Autobahnraststätten, dem Verkauf von Baugründen etc. – auch außerhalb der Landwirtschaft hohe Erlöse erzielen, sind A. Gegenstand von Auseinandersetzungen zwischen den örtlichen Landwirten und der übrigen Bevölkerung. Die Rechtslage erweist sich i. d. R. als kompliziert.

Agrargeographie *agricultural geography*: Zweig der → *Wirtschaftsgeographie*. Die A. beschäftigt sich mit der Struktur und der Entwicklung der → *Agrarwirtschaft* in ihrer räumlichen Differenzierung sowie der Raumwirksamkeit agrarwirtschaftlicher Prozesse. Hierbei kommt den natürlichen Gegebenheiten (u. a. Klima, Bodengüte), der Sozialstruktur der ländlichen Bevölkerung und der betrieblichen Organisationsform bei der Bodenbewirtschaftung große Bedeutung zu. Die A. befasst sich sowohl mit Großräumen, z. B. → *Agrarzonen*, im Rahmen von makrogeographischen Betrachtungen, als auch mit → *Mikrostandorten* (A. einer Gemeinde oder eines landwirtschaftlichen Betriebs).

Agrargeschichte *history of agriculture*: Teildisziplin der Geschichtswissenschaft. Die A. befasst sich mit der Quellenforschung zur historischen Entwicklung der → *Agrargesellschaft*, der → *Agrarwirtschaft* und einzelner → *Agrargebiete*. Den Merkmalen und dem Wandel der → *Agrarverfassung* kommt dabei besondere Bedeutung zu.

Agrargesellschaft *agrarian society*: eine vorindustrielle Gesellschaft, der städtische Lebensformen weitgehend unbekannt sind. Ent-

sprechend wenig differenziert ist die Wirtschaft bzw. die Erwerbsstruktur.
Agrargürtel *agricultural belt*: gleichartige landwirtschaftliche Nutzung der Agrarfläche, häufig in west-östlicher Ausdehnung, entsprechend den → *Klimazonen*. Beispiele sind der Baumwollgürtel (→ *cotton belt*) oder Weizengürtel (wheat belt) in den USA (→ *Agrarzonen*).
Agrarhandel *trade of agricultural commodities*: Kauf und Verkauf von landwirtschaftlich erzeugten Produkten. Der A. kann unterschieden werden nach der Maßstabsebene (z. B. regional, international), dem Handelsgut oder den Handelsstufen (→ *Groß*- und → *Einzelhandel*). Der internationale A. unterliegt großen Risiken (Ernteverluste, Preisschwankungen), die durch internationale Abkommen, → *Handelshemmnisse* und → *buffer stocks* abgemildert werden. Für den internationalen A. wichtigste Institution ist die → *WTO*.
Agrarier *land owner*: im 19. Jh. gängige Bezeichnung für → *Landwirte*, die durch gezielte Maßnahmen ihre wirtschaftspolitischen Interessen durchzusetzen versuchten. Als A. wurden u. a. die preußischen Großgrundbesitzer im Deutschen Reich bezeichnet.
Agrarinterventionismus *agricultural interventionism*: gezielte Eingriffe des Staates in die Produktions- und Vermarktungsprozesse der → *Landwirtschaft* zur Sicherstellung der Ziele der → *Agrarpolitik*, ohne die Marktmechanismen zum Erliegen zu bringen. Aktionsfelder des A. sind die Agrarsozial-, die Agrarstruktur, die Agrarpreis- sowie die Agrareinkommenspolitik.
agrarische Dichte → *agrare Dichte*.
Agrarklimatologie (Agrarmeteorologie) *agrarian climatology*: Fachgebiet der → *Klimatologie* bzw. Teilgebiet der → *Bioklimatologie*, das den Einfluss wichtiger → *Klimafaktoren* sowie von → *Klima*, → *Witterung* und → *Wetter* auf → *Kulturpflanzen* erforscht. Die Kenntnis des Zusammenspiels wichtiger Wachstumsfaktoren wie Wärme, Feuchte, Frost und Wind sowie die Bedeutung des Witterungsverlaufs während der Wachstumsperiode ermöglicht die Auswahl optimaler Anbaustandorte. Dazu gehören auch Angaben über → *Dürre*-, → *Frost*- und → *Windschäden*.
Agrarkolonisation *agricultural colonization*: Erschließung bisher nur wenig oder nicht genutzter Gebiete für die → *Agrarwirtschaft*. A. findet meistens in Verbindung mit Siedlungsneugründungen statt. Die A. ist oft staatlich gelenkt, kann sich aber auch ungelenkt, d. h. relativ unsystematisch auf privater Ebene abspielen. Landerschließung durch A. erfolgt heute noch in den großen Waldgebieten der innertropischen Tiefländer bzw. der borealen Nadelwaldzone der Nordhalbkugel.

Agrarlandschaft *agricultural landscape*: Bereich der Erdoberfläche, der weitgehend von der → *Landwirtschaft* geprägt wird. Eine A. zeichnet sich i. d. R. durch einheitliche, z. T. physiognomisch erkennbare Merkmale aus. Dazu zählen die → *Flur* und die Siedlung, die Art und Weise der Bodenbewirtschaftung sowie die → *Sozialstruktur* der Landbevölkerung.
Agrarmeteorologie → *Agrarklimatologie*.
Agrar-Öko-Audit *EU ecological audit*: EU-Verordnung vor 2001 betreffend Landwirtschaft über freiwillige Beteiligungen von Organisationen an einem Gemeinschaftssystem für das Umweltmanagement und die Umweltsbetriebsprüfung. Das A.-Ö.-A. ist ein modernes Betriebsführungsinstrument für nachhaltiges Wirtschaften in der Landwirtschaft, nach dem der Betrieb eigeninitiativ und mit selbstgesetzten Zielen umweltorientiert geführt wird. Dabei soll sich bezogen werden auf die Grenzen der ökologischen → *Belastbarkeit* bzw. → *Tragfähigkeit* des Raumes, um die negativen Neben- und Folgewirkungen, die mit landwirtschaftlicher Produktion verbunden sind, so gering wie möglich zu halten (→ *Umweltschutz*).
Agrarökologie *agricultural ecology*: das Untersuchungsobjekt der A. ist das Agrarökosystem. Die geoökologische Betrachtungsweise der → *Agrarlandschaft* durch die A. zielt auf → *standortgerechte* und → *nachhaltige*, zugleich ökonomische Landnutzung ab, für die sie die leistungsfördernden und leistungsbegrenzenden natürlichen Eigenschaften der → *Standorte* untersucht.
agrarökologische Standortgliederung *agricultural site classification*: Aufnahme und Bewertung der natürlichen Gegebenheiten für die landwirtschaftliche Nutzung mit den Methoden der → *landschaftsökologischen Standortanalyse* und der → *landschaftsökologischen Raumgliederung*. Es entsteht eine agrarökologische Gliederung, die ähnlich den → *naturräumlichen Einheiten* hierarchisch geordnet ist.
Agrarplanung *agricultural planning*: Fachplanung mit dem Charakter einer Rahmenplanung. Eine A. hat sich an den jeweils geltenden Maßstäben der → *Agrarpolitik* zu orientieren. Die A. bemüht sich um eine optimale Anpassung der → *Landwirtschaft* an die gesellschaftlichen Bedürfnisse in wirtschaftlicher und sozialer Hinsicht. Ein Hauptziel der A. ist es, eine landwirtschaftliche Struktur zu erreichen, die den in der Landwirtschaft tätigen Menschen die Erzielung mit anderen Wirtschaftszweigen vergleichbarer Arbeits- und Kapitaleinkommen unter zeitgemäßen Lebensbedingungen ermöglicht.
Agrarpolitik *agricultural/farm policy*: Summe aller Maßnahmen, die auf die Gestaltung

Agrartechnik

der ordnungspolitischen Rahmenbedingungen im Agrarsektor gerichtet sind und den Ablauf ökonomischer Prozesse in der → *Landwirtschaft* beeinflussen. In der A. spiegelt sich die jeweils herrschende → *Wirtschaftsordnung* eines Landes wider.

Agrarprodukte *agricultural/farm products*: Erzeugnisse der → *Landwirtschaft*. A. lassen sich nach Produktgruppen (Getreide, Gemüse), ihrer Verbreitung (z. B. tropische A.) oder nach ihrer Marktorientierung (Großhandel, Einzelhandel) untergliedern.

Agrarprotektionismus *agricultural protectionism*: Form des staatlichen → *Agrarinterventionismus*, welche die Agrarpreise künstlich verzerrt, mittels → *Handelshemmnissen* den → *Außenhandel* mit Agrarprodukten manipuliert und dadurch ausländische Produzenten auf dem eigenen Markt wie auch auf Drittmärkten bewusst und politisch gewollt diskriminiert. A. ist häufig die Ursache internationaler Handelskonflikte.

Agrarquote → *Agrarerwerbsquote*.

Agrarraum → *Agrargebiet*.

Agrarreform *agrarian reform*: geplante staatliche Maßnahmen zur Veränderung → *Agrarstruktur* eines Landes oder einer Region. Ziel einer A. ist die Verbesserung des Lebensstandards breiter Bevölkerungsschichten auf dem Lande sowie generell eine Produktionssteigerung der → *Landwirtschaft*. Zu unterscheiden sind Maßnahmen einer → *Bodenbesitzreform* sowie solche einer → *Bodenbewirtschaftungsreform*. Vordringliches Ziel von A. ist häufig die Zerschlagung des → *Großgrundbesitzes* und die Aufteilung des Bodens unter der landlosen → *Agrarbevölkerung*.

Agrarsiedlung *agricultural settlement*: → *Siedlungstyp* mit einem hohen Anteil landwirtschaftlich tätiger Bevölkerung.

Agrarsozialstruktur *rural social structure*: auf die → *Agrarbevölkerung* bezogene Aspekte der → *Sozialstruktur* eines Landes oder einer Region.

Agrarsoziologie → *Soziologie des ländlichen Raumes.*

Agrarstaat (Agrarland) *agricultural country/ state*: Staat, dessen → *Wirtschaftsstruktur* überwiegend von der → *Landwirtschaft* geprägt wird. Statistische Merkmale sind ein hoher Prozentsatz der in der Landwirtschaft tätigen Erwerbspersonen, ein entsprechend hoher Beitrag der Landwirtschaft zum → *Bruttoinlandsprodukt* sowie ein hoher Anteil der Agrarexporte an den Gesamtexporten. A. finden sich heute vornehmlich in der Gruppe der → *Entwicklungsländer*, z. T. auch einzelner → *Schwellenländer* (z. B. in Südamerika).

Agrarstadt *agricultural town*: stadtähnliche ländliche Siedlung, v. a. im mediterranen und südosteuropäischen Raum. A. gelten trotz ihres großen Anteils an in der Landwirtschaft tätigen Bevölkerung als → *Stadt*. Der Begriff wird gleichbedeutend mit → *Stadtdorf* gebraucht und gelegentlich im Sinne von → *Agrostadt* verwendet.

Agrarstatistik *agricultural statistics*: amtliche Statistik zur → *Agrarstruktur*. In der Bundesrepublik Deutschland wird sie vom Statistischen Bundesamt zusammengestellt.

Agrarstruktur *agricultural structure*: Gesamtheit der Produktionsbedingungen sowie der sozialen Verhältnisse im Agrarraum. Dazu zählen die Eigentums- und Besitzverteilung, die soziale Stellung der Landbevölkerung sowie die Form der → *Bodennutzung*. Die Entwicklung der A. wird i. d. R. stark von der gesamtwirtschaftlichen Entwicklung beeinflusst.

Agrarstrukturverbesserung *agricultural structural improvement*: Gesamtheit der Maßnahmen zur Verbesserung der → *Agrarstruktur*. Ziel ist es, die Leistungsfähigkeit der → *Landwirtschaft* sowie die Lebensbedingungen der → *Agrarbevölkerung* zu verbessern. Während in → *Entwicklungsländern* v. a. über umfassende → *Agrarreformen* versucht wird, eine A. zu erreichen, werden in Industrieländern wie der Bundesrepublik Deutschland seit Jahren u. a. Maßnahmen der → *Flurbereinigung* (z. B. mit Hofaussiedlung im Rahmen von Maßnahmen zur → *Dorfentwicklung*) betrieben.

Agrarsystem *agricultural system*: die auf das übergeordnete Wirtschafts-, Gesellschafts- und Sozialsystem ausgerichtete Ausprägung und Kombination der institutionellen wirtschafts- und sozialorganisatorischen sowie -ethischen Verhältnisse der → *Landwirtschaft*. A. unterscheiden sich im praktizierten Lebensstil, in der Gebundenheit an einzelne Regionen und in ihrem Auftritt in einem bestimmten zeitlichen Abschnitt der soziokulturellen Entwicklung eines Raums. Folgende Typen von A. lassen sich unterscheiden: – Stammes- und Sippenlandwirtschaft mit Wanderviehhaltung und Wanderfeldbau (→ *Nomadismus*); – Familien- bzw. kleinbäuerliche Landwirtschaft; – kapitalistische Landwirtschaft; – feudalistische Landwirtschaft; – kollektivistische Landwirtschaft (→ *Landwirtschaftliche Produktionsgenossenschaft*, → *Kolchose*, → *Sowchose*).

Agrartechnik *agricultural engineering*: Systematik der Bodenbewirtschaftung. Die A. beschreibt die → *Anbaumethoden*, ferner gibt sie an, in welchem Maße z. B. manuelle oder maschinelle Geräte bei der Bodenbewirtschaftung eingesetzt werden. Die A. ist abhängig von den natürlichen Gegebenheiten (Klima, Böden), von der wirtschaftlichen Entwicklungsstufe der → *Agrarbevölkerung* sowie von

Agrarverfassung

den gesellschaftspolitischen Rahmenbedingungen.

Agrarverfassung *agrarian constitution*: Gesamtheit aller durch Gesetze, Gewohnheiten, Sitten oder Gebräuche bestimmten rechtlichen und sozialen Ordnungen, welche das Verhältnis der → *landwirtschaftlichen Bevölkerung* untereinander, zum Boden sowie ihres Umfelds als Resultat historischer Prozesse regelt. Die A. ist Bestandteil der rechtlichen und sozialen Gesellschaftsordnung. Teilbereiche der A. sind die Grundbesitzverfassung, die Arbeitsverfassung, der Erwerbscharakter, die landwirtschaftlichen Vererbungssitten, die Marktverfassung sowie die Ordnung der landwirtschaftlichen Gütermärkte, das landwirtschaftliche Steuer- und Kreditsystem sowie Tier- und Umweltschutz.

Agrarwirtschaft *farming*: Teil des primären Sektors. Zur A. zählen laut → *Agrarbericht* der deutschen Bundesregierung → *Landwirtschaft*, → *Gartenbau*, → *Weinbau*, → *Forstwirtschaft*, → *Holzwirtschaft* sowie → *Fischereiwirtschaft*.

Agrarzonen *agricultural zones*: weltumspannende Landbauzonen, die sich deutlich an den → *Klimazonen* der Erde orientieren.

Agregado *agregado, worker tenant*: Bezeichnung für → *Arbeiterpächter* in Südamerika. Der Begriff A. ist v. a. in Kolumbien gebräuchlich.

Agribusiness (Agrobusiness, Agrarfabrik) *agribusiness*: agrarindustrielle Organisations- und Produktionsform, die in Ansätzen bereits aus der kolonialzeitlichen → *Plantagenwirtschaft* bekannt ist. Beim modernen, aus den USA stammenden A. handelt es sich um ein weit verzweigtes, komplexes landwirtschaftliches Produktionssystem, das die Gesamtheit aller an einem vertikalen Nahrungsmittelsystem Beteiligter (vom Rohstofflieferanten bis zum Endverbraucher) einschließt und damit von der Inputbeschaffung über die Produktion bis zur Verarbeitung und Vermarktung reicht.

Agriophyten *agriophytes*: nicht einheimische Pflanzenarten, die nach Einschleppung auch ohne → *anthropogenen* Einfluss der → *potenziellen natürlichen Vegetation* angehören können (= „Neueinheimische"; → *Adventivbiota*).

Agriozoen *agriozoa*: nicht einheimische Tierart, die nach Einschleppung auch ohne weiteren anthropogenen Einfluss in → *natürlichen* und → *naturnahen* → *Habitaten* existieren kann (→ *Adventivbiota*).

Agrobiodiversität *agrobiodiversity*: umfasst die direkt oder indirekt mit der → *Landwirtschaft* verknüpften Komponenten der → *Biodiversität* (z. B. genetische Ressourcen der Nutzarten; nicht domestizierte Begleitarten; Arten, die ökosystemare Dienstleistungen erbringen wie Bestäubung, Erhalt der → *Bodenfruchtbarkeit* oder → *Schädlingsbekämpfung*).

Agroforestry *Agroforstwirtschaft*: besondere Form der → *Mischkultur*, bei der Landbau in Verbindung mit → *Forstwirtschaft* betrieben wird. Der Anbau zwischen den Bäumen ist dabei nicht so regelhaft wie beim → *Alley cropping*; die Ziele dieser angepassten → *Bodennutzung* (Ertragssteigerung, verringerte → *Bodenerosion*) sind jedoch vergleichbar.

Agroforstwirtschaft → *Agroforestry*.

agronomische Trockengrenze *agronomic aridity line*: → *Trockengrenze* des → *Regenfeldbaus*, die als Trockengrenzzone in den Tropen zwischen der → *Trockensavanne* und der → *Dornstrauchsavanne* bei ca. 8,5 ariden Monaten und in den Subtropen zwischen den Zonen mit → *Hartlaubvegetation* und → *Dornbuschsteppe* bei etwa acht ariden Monaten verläuft. Die jährliche Niederschlagsmenge liegt zwischen 250 und 1000 mm, bei sehr hohen Verdunstungsraten. Hier sind trockenheitstolerante landwirtschaftliche Betriebsformen gerade noch lebensfähig.

Agroökosystem *agroecosystem*: → *anthropogen* gesteuertes → *Ökosystem* der → *Agrarlandschaft*.

Agroökotop *agroecotope*: räumliche Manifestation des → *Agroökosystems* (→ *Ökotop*).

Agrophysiotop *agrophysiotope*: geoökologische Grundeinheit, die → *anthropogen* umgeformt und ergänzt wurde. Der A. beschreibt die relativ stabilen und in naturgesetzlichen Wechselwirkungen verbundenen → *abiotischen Faktoren* innerhalb dieser Grundeinheit. Wegen des Potenzialcharakters der physischen Eigenschaften der → *Ökosysteme* kommt dem A. in der → *Agrarökologie* eine zentrale Bedeutung zu.

Agrostadt *agricultural town*: in der ehem. Sowjetunion geplanter → *Stadttyp*, in dem die Beschäftigten der landwirtschaftlichen Großbetriebe (→ *Kolchosen*, → *Sowchosen*) wohnen und zentral versorgt werden sollten. Darüber hinaus war beabsichtigt, mit den A. die Unterschiede zwischen städtischer und ländlicher Wohn- und Lebensweise zu verringern, es wurden jedoch nur wenige Planungen realisiert. Gelegentlich werden auch die → *Agrarstädte* oder die → *Stadtdörfer* im mediterranen Raum und den subsaharischen Afrika als A. bezeichnet.

Agrumen *citrus fruits*: Sammelbezeichnung für Zitrusfrüchte (z. B. Apfelsine, Mandarine, Pampelmuse, Zitrone).

Ahaus (Zwischenlager Ahaus) *intermediate storage site Ahaus*: ein → *Zwischenlager* für → *radioaktiven Abfall*, in Nordrhein-Westfalen gelegen. Es dient der Lagerung von Transportbehältern mit → *Brennelemen-*

ten aus deutschen → *Kernkraftwerken* (→ *Asse*, → *Gorleben*, → *Lubmin*, → *Morsleben*).
Ahemerobie *ahemeroby*: → *Hemerobiestufe* ohne → *anthropogene* Beeinflussung eines → *Standortes*.
A-Horizont *A horizon, topsoil*: oberster Bereich des mineralischen → *Bodens*, der auch als → *Oberboden* bezeichnet wird. Der A-H. ist primär der mit Humusstoffen angereicherte Teil des Mineralbodens.
Akklimatisation *acclimatization*: Anpassung eines Organismus speziell an ein anderes Klima oder generell an die Gesamtheit fremder Umweltbedingungen in anderen als den gewohnten Lebensräumen.
Akkommodation *accommodation*: Anpassung von Einzelindividuen an momentan und lokal herrschende Umweltbedingungen, wobei Anpassungen ökophysiologisch kurzfristig möglich sind.
Akkordanz *accordance*: Anpassung jüngerer Gesteinsschichten an bereits bestehende Strukturen wie Gesteinslagerung und Gesteinswiderständigkeit. Im Gegensatz zur → *Konkordanz* ist eine akkordante → *Schicht* nur scheinbar gleichsinnig gelagert, da die vorherige → *Diskordanz* durch beispielsweise → *Abtragung* oder → *Tektonik* beseitigt wurde.
Akkordarbeit *piecework*: Tätigkeit, die auf Stücklohnbasis erfolgt. Die Entlohnung hängt weitgehend vom Arbeitstempo ab, wird aber nach dem Arbeitsergebnis (z. B. gefertigte Stückmenge) vorgenommen.
Akkordlohn *piece work*: leistungsbezogene Entlohnung, wonach die Entlohnung nach Mengenergebnis (Stückakkordlohn) oder Zeiteinheit (Zeitakkordlohn) erfolgt.
Akkulturation *acculturation*: Anpassung eines → *Individuums* in eine kulturelle Umwelt durch Erziehung. A. ist eine Phase der Adoleszenz (→ *Sozialisation*), meint aber auch Prozesse der → *Assimilation* von Erwachsenen, die sich aufgrund von Migration, Flucht, militärischer Besetzung oder Kolonisierungsvorgängen mit einer ihnen fremde Kultur vertraut machen müssen (→ *Enkulturation*, → *Inkulturation*).
Akkumulation (Akkumulierung, Anreicherung) *accumulation*: 1. die Erscheinung, dass Substanzen (Elemente, → *Isotope*, organische Schadstoffe) in einem bestimmten Kompartiment eines → *Ökosystems* in höherer Konzentration auftreten als in einem Anderen. Soweit speziell die Anreicherung in Organismen gemeint ist, spricht man von → *Bioakkumulation*. Die Werte für A. müssen immer die jeweiligen Bezugsparameter (z. B. Trockenmasse, Fett) angeben. 2. in den → *Geowissenschaften* und der → *Geoökologie*, Ansammlung von Verwitterungs-, Abtragungs- und Bodenmaterial mit Veränderung der Reliefformen bzw. der → *Bodenformen* und deren → *Raummuster*.
Akkumulationsform (Aufschüttungsform) *accumulation form, aggradation form, accretion form*: durch → *Ablagerung* von Lockersedimenten entstandene Georeliefformen. Sie sind meist prozess- bzw. agenstypisch. Die A. werden bei Formtypisierungen zwar den → *Abtragungsformen* gegenübergestellt, sie bilden sich aber im Verlauf komplexer geomorphologischer Prozesse, also auch im Verlauf von → *Denudations*- und → *Erosionsprozessen*, sodass A. mit Abtragungsformen abwechseln bzw. vergesellschaftet sind. Beide Grundtypen der → *Oberflächenformen* kommen überwiegend kombiniert vor.
Akkumulationsgebiet (des Gletschers) → *Nährgebiet*.
Akkumulationsprozess *accumulation process*: Sammelbezeichnung für → *geomorphologische Prozesse*, den → *Abtragungsprozessen* gegenüberstehend und der – im Gegensatz zu diesen – das → *Georelief* wieder aufbauend. Unterschieden werden u. a. → *äolische*, → *fluviale*, → *glaziale*, → *spülaquatische* → *Akkumulation* (→ *Akkumulationsform*).
Akkumulationsregime *accumulation regime*: auch Wachstumsstruktur. Begriff aus der → *Regulationstheorie*. Das A. beschreibt die Bedingungen, unter denen gesamtwirtschaftliche Wachstumsprozesse ablaufen. Es setzt sich aus Produktionsstruktur und Konsummuster zusammen, zwischen denen markt- und nichtmarktbedingter Austausch stattfindet. Für das fordistische A. (→ *Fordismus*) kennzeichnend sind Massenproduktion und -konsum, für das postfordistische A. (→ *Postfordismus*) die Flexibilisierung und Spezialisierung von Produktion sowie die Individualisierung der Konsummuster.
Akkumulationsterrasse → *Schotterterrasse*.
Akkumulierung → *Akkumulation*.
Aklé → *Netzdüne*.
AKP-Staaten *African, Caribbean and Pacific Group of States, ACP countries*: diejenigen 78 → *Entwicklungsländer* aus dem afrikanischen, karibischen und pazifischen Raum, die mit der → *EU* (früher EG) durch das frühere → *Lomé-Abkommen* (→ *Präferenzabkommen*) verbunden sind. Über das nicht-reziproke Abkommen wird den A.-S. v. a. der Zugang zum Europäischen Markt erleichtert.
Akratopege *cool spring*: kalte Quelle mit Wassertemperaturen unter 20°C (→ *Akratotherme*).
Akratotherme *acrotherm*: warme Mineralwasserquelle mit Wassertemperaturen über 20 °C und geringem Grad an gelösten Stoffen (→ *Akratopege*).

Akropolislage *castle site*: exponierte Lage einer → *Stadt* auf dem Hügel oder Berges, oft schwer zugänglich (→ *Schutzlage*). Städte in A. entwickelten sich häufig aus Burganlagen und sind besonders im Mittelmeerraum verbreitet (→ *Mediterranis*).

akryogenes Klima (Warmklima) *acryogenic climate*: Klimazustand früherer Epochen der → *Erdgeschichte* ohne → *Vereisung* der Polkappen.

Aktant *actant*: v. a. im Kontext der → *Akteur-Netzwerk-Theorie* nach Bruno Latour. Hier werden auch Dinge als handelnde → *Akteure* aufgefasst, die zusammen mit menschlichen Akteuren in netzwerkartigen Handlungszusammenhängen agieren und so mit diesen zu einem A. verschmelzen. Der Begriff A. bezeichnet so einen Vernetzungszusammenhang von Menschen und Dingen (z. B. ist der Zusammenhang „Mensch-Computer" ein A., der aus dem Zusammenwirken der beiden Einzelakteure Computer und Mensch entsteht, wobei weder dessen Ursprung noch die Konsequenzen nicht auf einen dieser beiden Akteure reduziert werden kann).

Akteur *actor*: allgemein der Urheber einer → *Handlung*. In den → *Sozialwissenschaften* bezeichnet der Begriff A. sozial Handelnde (→ *Handlung*). Ein wesentlicher Begriff in der → *handlungstheoretischen Sozialgeographie* und in der → *Akteur-Netzwerk-Theorie*.

Akteur-Netzwerk-Theorie (ANT) *actor network theory*: eine poststrukturalistische → *Theorie* (→ *Poststrukturalismus*) in den → *Sozialwissenschaften* nach Michael Callon und Bruno Latour, die die Dichotomie zwischen → *Natur* und → *Kultur* aufbrechen möchte und die Bedeutung sowie die Folgen von Wissenschaft und Technologie für die menschliche Gesellschaft untersucht. Die A.-N.-T. geht davon aus, dass Technik/Natur und das Soziale sich in einem → *Netzwerk* wechselseitig Eigenschaften und Handlungspotentiale zuschreiben und sich dadurch gegenseitig herstellen. Sie ist eine der wenigen theoretischen Ansätzen, die das Soziale als etwas versteht, was nicht allein zwischen menschlichen → *Akteuren*, sondern unter der Beteiligung von nicht-menschlichen Entitäten (→ *Aktanten*) entsteht. In der Geographie wird die A.-N.-T. daher gerade in der Interaktion zwischen Gesellschaft, Mensch und Natur eingesetzt.

Aktie *share*: ein dividendenberechtigtes → *Wertpapier*. Mit dem Kauf einer A. werden Eigentumsrechte auf den A.-Inhaber übertragen. A. gelten daher als → *Eigenkapital*.

Aktionsforschung *action research*: Konzept für eine sehr zeit- und arbeitsintensive Form der gemeinschaftlichen Aktions-Reflexions-Forschung, die in den 1930er Jahren in der Sozialpsychologie entwickelt wurde und sich in mehreren Wellen in die → *Sozialwissenschaften*, → *Kulturwissenschaften*, Organisations- und Managementlehre usw. verbreitet hat. Ziel ist es, konkrete Problemen aus der Praxis zu bearbeiten und dabei direktes soziales Handeln für die Betroffenen zu ermöglichen. In der deutschsprachigen Sozialwissenschaft spielt das Konzept seit den 1980er Jahren kaum noch eine Rolle, findet jedoch teilw. durch → *Transdisziplinarität* eine Wiederbelebung. In der Pädagogik und Didaktik dagegen wird A. v. a. für die Behandlung des Forschungsgegenstandes „Unterricht" eingesetzt.

Aktionsradius *radius of action*: häufig anstelle von → *Aktionsreichweite* gebrauchter Begriff.

Aktionsraum (Aktivitätsraum) *action space, activity space*: Raum, in dem eine → *sozialgeographische Gruppe* im Sinne des → *Münchner Konzepts der Sozialgeographie* mit spezifischen → *Aktionsreichweiten* ihre → *Grunddaseinsfunktionen* ausübt. Die Grenzen eines A. werden durch die gruppenspezifischen → *Reichweiten* bestimmt und sind bei Verhaltensänderungen variabel. Verschiedene Gruppen an ein und demselben Wohnstandort können also unterschiedliche A. ausbilden.

Aktionsraumforschung *activity space research*: geographische und sozialwissenschaftliche Erforschung von → *Aktionsräumen* unterschiedlicher Gruppen sowie den Bedingungen ihrer Ausbildung und Veränderung. Insbesondere im Bereich der Arbeits- und Versorgungsfunktion widmet sich die A. auch raumplanerischen Fragestellungen.

aktionsräumliche Gruppe *activity-spatial group*: Anzahl von Personen, die relativ einheitliches aktionsräumliches Verhalten zeigen, d. h. deren → *Aktionsraum* sich von dem anderer Gruppen signifikant abhebt. Determinanten für die Ausbildung a. G. sind insbesondere weitgehende Übereinstimmung von verfügbarem Einkommen, Zeitbudget, raumrelevanten Verhaltensweisen und der Bewertung räumlicher Distanzen (→ *Lebensformgruppe*).

aktionsräumliche Reichweite → *Aktionsreichweite*.

aktionsräumlicher Ansatz *activity spatial approach*: Forschungsansatz der sozialgeographisch orientierten → *Wirtschaftsgeographie* im Sinne des → *Münchner Konzepts der Sozialgeographie*. Hierbei stehen die → *Aktionsreichweiten* (und die dadurch geprägten Raumstrukturen) wirtschaftlich aktiver → *sozialgeographischer Gruppen* im Vordergrund des wissenschaftlichen Interesses.

Aktionsreichweite (aktionsräumliche Reichweite, Aktionsradius) *range of activities, range* *of action, radius of action*: Distanz zwischen Quelle und Ziel räumlicher Bewegungen, die die Mitglieder einer → *sozialgeographischen Gruppe* im Sinne des → *Münchner Konzepts der Sozialgeographie* bei der Ausübung einer bestimmten → *Grunddaseinsfunktion* zurücklegen. Differenzierungen von A. ergeben sich durch die jeweils spezifischen Raumstrukturen, die handelnden Gruppen und die ausgeübten Daseinsfunktionen. Beispiele für A. sind Reichweiten des → *Pendelverkehrs*, der Einkaufs- und Versorgungsbeziehungen oder der Nachbarschaftsbeziehungen im Wohnumfeld.

Aktionszentrum *centre of action*: häufiges, in bestimmten Gebieten immer wieder auftretendes Hoch- oder Tiefdruckgebiet, das ein Steuerzentrum der Luftmassenbewegungen ist und damit Großwetterlagen nachhaltig beeinflusst. So werden Wetterabläufe in Europa z. B. oft vom → *Islandtief* und → *Azorenhoch* gesteuert.

Aktionszentrum *centre of action*: innerhalb eines → *Ökosystems* scharf abgegrenzter Bereich, in dem ein Organismenbestand konzentriert auftritt oder besonders viel Energie umgesetzt wird (z. B. Kadaver, Tierbauten). Auch als → *Biochorion* bezeichnet. Nahrungsplätze werden wegen ihres z. T. vergänglichen Charakters auch „vorübergehende A." dar.

aktive Oberfläche *active surface*: Oberfläche einer Pflanzendecke, Bodenoberfläche oder Baukörperoberfläche, an der Energieaustausch mit der → *Atmosphäre* stattfindet. Die a. O. absorbiert → *Strahlung*, strahlt selbst aus und ist der Ort der größten Verdunstung. An ihr treten die höchsten täglichen und jährlichen Temperaturschwankungen eines Standortes auf (→ *Mikroklima*).

aktives Kliff *active cliff*: → *Kliff*, das der → *Brandungserosion* aktuell ausgesetzt ist, wodurch der Fuß des Kliffs unterschnitten wird, sodass das Kliff „zurückwandert". Am a. K. erfolgen auch → *gravitative Massenbewegungen*, z. B. → *Felsstürze* und → *Rutschungen*, die eine → *Kliffhalde* bilden können.

Aktivismus *activism*: Praktiken politischer Aktion durch Individuen oder Kollektive, z. B. durch soziale Bewegungen, → *NGOs* oder Medien, die diskursiv an verschiedenen Orten produziert werden. A. hat das Potenzial, bestehende Machtstrukturen zu reflektieren und zu konfrontieren sowie zu einer Machtstärkung der aktivistisch agierenden Menschen und ihre repräsentierten Gruppen beizutragen.

Aktivitätsmuster *activity pattern*: artenspezifische oder auch individuelle Reaktion auf wechselnde Habitatbedingungen und den Wechsel der Tages- und Jahreszeiten. Auch das klein- und großräumige Wanderungsverhalten gehört mit zum A.. Dabei wird das A. von zahlreichen tierphysiologischen und verhaltensbiologischen Vorgängen gesteuert.

Aktivitätsphasen *activity phases*: das Verhalten und die Bewegung tierischer Organismen im Zeitverlauf.

Aktivitätsraum → *Aktionsraum*.

Aktivraum *active space*: Teilraum, z. B. → *Provinz* oder → *Region*, in dem das produzierte Wirtschaftsergebnis im Vergleich mit dem Gesamtraum (→ *Staat*), aber auch im Hinblick auf die eingesetzten Arbeits- und Kapitalmittel und den Lebensstandard der Bevölkerung, überdurchschnittlich ist. A. besitzen i. d. R. stark verdichtete → *Agglomerationen* der Bevölkerung und Wirtschaft in günstiger Verkehrslage mit hohem Industrie- und Dienstleistungsbesatz sowie Bevölkerungswachstum.

Aktivsanierung *measures for regional restructuring*: 1. Maßnahme oder Maßnahmenbündel zur Umstrukturierung oder → *Sanierung* von → *Regionen*, z. B. durch Schaffung von Voraussetzungen zur Erhaltung und Neuschaffung von Arbeitsplätzen in der Industrie, im → *Tourismus* und in anderen Dienstleistungen. Häufig werden hierzu Förder- und Entwicklungsprogramme aufgestellt und die entsprechenden Gebiete zu → *Fördergebieten* erklärt. 2. Maßnahme oder Maßnahmenbündel zum Erhalt und funktionsspezifischen Ausbau sanierungsbedürftiger Bausubstanz in einzelnen Stadtteilen oder Baugebieten, häufig auf der Basis von städtebaulichen Sanierungskonzepten und unter Berücksichtigung von Denkmalschutz-Konzepten.

aktual → *aktuell*.

Aktualitätsprinzip *actualism, principle of uniformity, uniformitarianism, uniformity principle*: geo- und biowissenschaftliches angewendetes Vergleichsprinzip, das letztlich schlicht der → *Induktion* (Schluss vom Einzelfall auf eine allgemeine Regel) entspricht. Es findet v. a. in → *Pedologie*, → *Geomorphologie* und → *Geologie* Verwendung und meint dort das prinzipielle Leitprinzip der Uniformität von → *Prozessen*. Oft als „Die Gegenwart ist der Schlüssel zur Vergangenheit, die Vergangenheit ist der Schlüssel zur Zukunft" zusammengefasst. Unterscheidung in starken und schwachen Aktualismus: Starker Aktualismus meint die Gleichförmigkeit von Prozessen und Materialien und gilt als widerlegt. Schwacher Aktualismus meint, dass die → *Naturgesetze* in Raum und Zeit unveränderlich sind und Ursache-Wirkungsbeziehungen somit gleichförmig sind. Das heißt, über → *Beobachtung* und → *Messung* heutiger Prozesse und der von ihnen geschaffenen Materialien und Formen können ähnliche Produkte und Formen der Vergangenheit über ähnliche Prozesse erklärt werden. Beim A.

handelt es sich also um induktive Analogieschlüsse.

aktuell *current*: in den Geowissenschaften Bezeichnung für heute oder jetzt ablaufende Prozesse, überwiegend auf rasch ablaufende → *Prozesse* bezogen, z. B. Sickerwasserbewegungen im Boden, die vom spontan verlaufenden aktuellen Niederschlagsgeschehen bestimmt sind. Langsamere Translokations- und Transformationsprozesse werden mit „gegenwärtig" im Sinne von → *rezent* umschrieben.

aktuelle Vegetation (reale Vegetation) *actual vegetation*: gegenwärtige → *Vegetation*, abhängig vom Grad der → *anthropogenen* Beeinflussung der → *Pflanzengesellschaften*.

AKW → *Kernkraftwerk*.

akzeptiertes Risiko *acceptable risk*: Bereitschaft einer Gesellschaft oder eines Individuums, ein → *Risiko* einzugehen, weil gesellschaftliche oder individuelle Prioritäten (z. B. attraktive Wohnlagen in Rutschgebieten oder auf Steilküstenkliffs) im Vordergrund stehen, meist ohne Einsatz eines → *Risikomanagements*.

Albedo (Rückstrahlung) *albedo*: der von einem Körper oder der Erdoberfläche reflektierte Anteil der einfallenden kurzwelligen Strahlung. Die Werte natürlicher Oberflächen unterscheiden sich stark (dunkles Gestein < 5%, frisch gefallener Schnee bis 90%; → *Strahlungsbilanz*).

Aleutentief *aleutian low*: nordpazifisches → *Tiefdruckgebiet* hoher Konstanz, das neben dem → *Islandtief* das zweite wichtige → *Aktionszentrum* der → *Westwindzirkulation* auf der Nordhalbkugel bildet. Beide Tiefdruckgebiete bestimmen die → *subpolare Tiefdruckrinne*.

Alfisols *Alfisols*: (von *Pedalfa* [amerik.] = entkalkter Boden) in der → *US Soil Taxonomy* (2014) Böden mit einem argillic → *B-Horizont*, d. h. mit einem signifikant höheren Tonmineralgehalt im → *Unterboden*.

Algonkischer Umbruch *algonkian revolution*: nach bestimmten geotektonischen Theorien die Regeneration von versteiften Kontinentalmassen, hier der → *Megagaea*, zu mobilen → *Geosynklinalen*. Der A. U. wird für den Abschnitt zwischen Alt- und Jung- → *Algonkium* angenommen. Er ist einer der beiden großen → *Umbrüche* der geologischen Geschichte der Erde, die globales Ausmaß hatten (→ *Laurentischer Umbruch*).

Algonkium *Algonkian*: veraltete Bezeichnung für das jüngere → *Präkambrium* bzw. → *Proterozoikum*. Es wird als geologische Ära vor das → *Paläozoikum* gestellt. Das A. wurde nach den Algonkin-Indianern benannt.

Alisols *Alisols*: in der → *WRB* (2014) Böden mit höheren Tongehalten im → *Unterboden* als im → *Oberboden* aufgrund pedogenetischer Prozesse (v. a. → *Tonverlagerung*). Basische Kationen werden ausgewaschen (niedrige → *Basensättigung*), → *Tonminerale* besitzen eine hohe → *Kationenaustauschkapazität* (keine fortgeschrittene → *Verwitterung*). A. können einen hellen, ausgewaschenen → *Horizont* aufweisen. Sie kommen unter humiden tropischen und subtropischen Bedingungen und auch in Monsunklimaten vor. Gängig ist der Anbau von an saure Standorte angepassten Feldfrüchten und extensive Beweidung, zunehmend auch Plantagen mit Aluminium-toleranten Kulturen (u. a. Tee, Kautschuk, etc.)

Alkaliböden *alkali soil*: Böden mit hoher Natrium-Sättigung, jedoch niedrigem Salzgehalt. Ihre pH-Werte liegen im Allgemeinen bei 7-8,5. A. weisen im Gegensatz zu den extrem alkalischen Salzböden keine Krusten auf und sind im Oberboden humos (→ *Solonetz*).

Alkaliflat → *Salztonebene*.

Alkalinität (Basizität) *alkalinity*: der Salz- und Basengehalt der Böden. Der Grad der A. hängt von der Menge der im Boden vorhandenen, basisch wirkenden Kationen Natrium, Kalium, Calcium und Magnesium ab (→ *Azidität*, → *Versalzung*).

Alkalipflanze (Basiphyten) *basiphilous plant*: Pflanzenart, die vor allem auf Substrat mit alkalischer Reaktion vorkommt.

Alkalisierung *alkalinisation*: der Prozess der Anreicherung von Salzen im → *Oberboden* und an der Oberfläche des Bodens. A. geschieht durch aufsteigende Wasserbewegung im Boden (Kapillarbewegung), wenn die Verdunstung den Niederschlag bilanzmäßig deutlich übersteigt und im Unterboden → *Grundwasser* vorhanden ist. Die im → *Bodenwasser* enthaltenen Salze werden ausgefällt. Der → *pH-Wert* steigt auf Werte über 8. Die A. ist v. a. ein Prozess → *arider* und → *semiarider* Klimate. Wegen der sehr geringen Niederschlagsmengen und trockener Luft ist eine schwache A. sogar unter polaren Klimabedingungen möglich (negative Wasserbilanz).

ALKIS Automatisiertes Liegenschaftskataster-Informationssystem des amtlichen Geoinformationswesens der BRD. Ein Ziel von A. ist die Zusammenführung der → *Geodaten* aus der Automatisierten Liegenschaftskarte (ALK) und dem Automatisierten Liegenschaftsbuch (ALB).

Alleinerziehender → *Einelternfamilie*.

Allensche Proportionsregel → *Allensche Regel*.

Allensche Regel (Allensche Proportionsregel) *Allen's rule*: bezieht sich auf exponierte Körperteile von Tieren in extrem kalten oder extrem heißen Klimaten. So sind bei For-

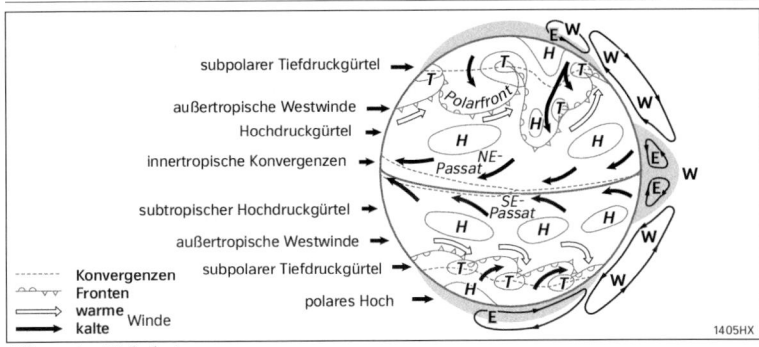
Allgemeine Zirkulation

men einer Verwandtschaftsgruppe, z. B. den Füchsen, in Wüstenklimaten die Ohren am längsten, in Eisklimaten hingegen am kürzesten (→ *Klimaregeln*).
Alleröd-Interstadial *Alleröd, Alleröd interstadial*: Phase (11 400-10 730 v.Chr.) im → *Spätglazial* (Spätwürm) nach der Älteren → *Dryaszeit*. Zweite bedeutende Wärmeschwankung (→ *Interstadial*) der Nacheiszeit und die Waldzeit der zweiten Wiederbewaldung Mitteleuropas nach der → *Würm-Kaltzeit* mit lichten Kiefernwäldern und Birken (→ *Bölling-Interstadial*, → *Holozän*).
Allesfresser *omnivores*: → *omnivore* Tiere.
Alley cropping besondere Form der Mischkultur, Feldfruchtanbau zwischen Gehölzreihen in den → *Tropen*/→ *Randtropen*. Die Gehölzreihen haben einen Abstand bis zu acht Metern. Die Bäume werden jedes Jahr auf max. zwei Meter Höhe zurück geschnitten. Der Baumschnitt liefert Brennholz, Mulchmaterial und Viehfutter. Diese angepasste Landbaumethode wirkt ertragssteigernd und verhindert → *Bodenerosion*.
Allgemeine Geographie *general geography, systematic geography*: im traditionellen Verständis eines der beiden Hauptgebiete der Geographie, der → *Regionalen Geographie* (i.S.v. → *Länderkunde*) gegenübergestellt. Die A. G. gliedert sich in → *Anthropogeographie* (eher traditionell) bzw. → *Humangeographie* (eher aktuell) und → *Physiogeographie*. Erstere gehören den Kultur-, Geistes- bzw. Wirtschafts- und Sozialwissenschaften an, letzteres den Naturwissenschaften. Im traditionellen Verständnis der → *Geofaktorenlehre* arbeiten die Teildisziplinen der A. G., z. B. Sozial-, Bevölkerungs-, Wirtschaftsgeographie oder Geomorphologie, Klimageographie, Geoökologie. Die A. G. zielt auf Grunderkenntnisse des Zusammenhangs von Natur, Gesellschaft und Technik ab, die in der Regionalen Geographie, der → *Schulgeographie* sowie der geographische → *Landschaftsökologie* eingesetzt werden. Durch den Bedeutungsverlust der Länderkunde hat die Unterscheidung zwischen A. G. und Regionaler Geographie ebenfalls an Bedeutung verloren.
Allgemeine Geologie *general geology*: Teilbereich der → *Geologie*, der sich mit → *endogenen* und → *exogenen* Kräften und Prozessen beschäftigt, die an der Bildung und Ausgestaltung der → *Erdkruste* beteiligt sind. Einige Teilgebiete der A. G. sind eng verwandt mit der → *Geomorphologie*.
Allgemeine Systemtheorie *General Systems Theory*: nach dem Biologen Ludwig von Bertalanffy eine für alle Wissenschaften gültige Metatheorie, die er in den 1950er-Jahren entwickelt hat. V. a. in Verbindung mit der → *Kybernetik* hat sich die A. S. mittlerweile als eine allgemein akzeptierte Denkweise in den Wissenschaften und der Alltagswelt etabliert, sodass Begriffe wie → *Input*, → *Output*, → *Regelkreis*, → *Rückkopplung*, Steuerung oder → *Gleichgewicht* allgemein geläufig sind (→ *Systemtheorien zweiter Ordnung*).
Allgemeine Zirkulation der Atmosphäre *atmospheric circulation*: der ständig wiederkehrende Ablauf weltweiter Austauschvorgänge in der Lufthülle der Erde. Dieser mittlere Zirkulationsmechanismus wird durch die erdgeometrisch bedingte unterschiedliche Zufuhr von Strahlungsenergie in Gang gehalten. Er führt zu einem weltweiten horizontalen und vertikalen Austausch von Luftmassen in der → *Troposphäre* und zu einem Ausgleich der Wärme- und Bewegungsenergien. Das Verständnis der A. Z. d. A. bildet die Grundlage der genetischen → *Klimaklassifikationen*.

Allgemeines Dienstleistungsabkommen → *GATS*.

allgemeines Wohngebiet *general residential area*: in der Terminologie der → *Baunutzungsverordnung* im Gegensatz zum → *reinen Wohngebiet* ein vorwiegend dem Wohnen dienendes Gebiet, in dem jedoch neben → *Wohngebäuden* auch sog. wohnverträgliche Nutzungen in Form von → *Läden*, Gaststätten sowie nicht störenden Handwerks- und Gewerbebetrieben zulässig sind, sofern sie der Versorgung des a. W. dienen. Darüber hinaus sind auch Anlagen für kirchliche, kulturelle, soziale, gesundheitliche und sportliche Zweck zulässig. Schließlich können in a. W. ausnahmesweise auch Beherbergungsbetriebe, Verwaltungsbauten, Gartenbaubetriebe und Tankstellen zugelassen werden. A. W. werden in den gemeindlichen → *Flächennutzungsplänen* ausgewiesen.

Allgemeines Zoll- und Handelsabkommen → *GATT*.

Allianz *alliance*: 1. Zusammenleben verschiedener Tierarten zum Vorteil aller Beteiligten, wie z. B. in gemischten Herden in den → *Savannen* oder in gemischten Vogelschwärmen. Die A. erleichtert die Alarmierung vor Feinden und mindert das Risiko des einzelnen Tieres, Beutegreifern zum Opfer zu fallen. 2. → *Verband*.

allitische Verwitterung *allitic weathering*: → *chemische Verwitterung*, bei der silikatische Mineralien zur Gänze aufgelöst und anschließend abgeführt werden. Da nur die Oxide und Hydroxide von Aluminum und Eisen bestehen bleiben und entsprechend angereichert werden (→ *Ferrallitisierung*), haben die Böden eine charakteristische rote Farbe. Die a. V. ist eine Art der Hydrolyse (→ *hydrolytische Verwitterung*), sodass sie bei höheren Temperaturen, geringen ph-Werten und hohem Feuchteangebot besonders intensiv ist und unter entsprechenden Klimabedingungen das Gestein bis zu 100 m tief verwittern kann (→ *Laterit*, → *Lateritisierung*).

Allmende *common land/pasture*: gemeinschaftlich genutztes Land in einer Gemeinde oder in einem gemeindeähnlichen Verband. Im Gegensatz zum individuell und intensiv genutzten Wirtschaftsland wird das A.-Land (Weide, Wald) nur extensiv genutzt und liegt meist am Rande der → *Gemarkung*. Im mitteleuropäischen Bereich sind A. nur noch in Relikten vorhanden. Im globalen Zusammenhang spielt v. a. im Rahmen → *nachhaltiger Entwicklung* die → *Tragödie der Allmende* eine Rolle. (→ *Gemeingut*, → *freies Gut*, → *knappes Gut*).

Allmend(e)aufteilung *division of common land*: besitzrechtliche Aufteilung des in einem Gemeindeverband gemeinschaftlich genutzten Besitzes (→ *Allmende*). In Mitteleuropa wurde das Allmendeland seit dem 17. Jh. zunehmend aufgeteilt. Die A. wurde auch schon davor für eine bestimmte Zeit oder auch auf Dauer unter den Nutzungsberechtigten aufgeteilt, um individuell genutzt zu werden.

Allmendegut → *Gemeingut*.

Allmendeproblematik → *Tragödie der Allmende*.

Allmendewechselland *common land under changing land use*: Gemeinschafts- oder Genossenschaftsland (→ *Allmende*) mit wechselwirtschaftlicher Nutzung und häufiger Neuparzellierung bzw. befristeter → *Parzellierung*.

allochthon *allochthonous*: fremdbürtig (ortsfremd), an einem anderen Ort entstanden oder geboren (→ *autochthon*).

Allokation *allocation*: 1. Zuordnung knapper → *Ressourcen* auf alternative Verwendungsmöglichkeiten. Eine effiziente A. versucht den optimalen → *Nutzen* für eine → *Volkswirtschaft* zu erzielen. In einer → *Marktwirtschaft* erfolgt die A. über den → *Markt*. Kommt es zu einem Marktversagen, wie z. B. durch falsche Preise für → *freie Güter*, kann der Staat regulierend eingreifen (→ *Umweltökonomie*, → *Soziale Marktwirtschaft*). In der Planwirtschaft erfolgt die A. über Pläne. Eine zentrale Instanz regelt dabei welche → *Bedürfnisse* mit den vorhandenen Ressourcen befriedigt werden sollen. Der tatsächliche → *Bedarf* kann dabei nur geschätzt werden, wodurch es zu ineffizienten und unflexiblen A. kommt. Ein selbstverantwortliches und selbstbestimmtes Handeln der Bürger wird stark eingeschränkt. Ferner bedingt der fehlende Wettbewerb einen Mangel an Innovationen. 2. in → *Öko-Bilanzen* steht A. für die Zuteilung der Parameter der Sach- und Wirkungsbilanz auf die bewerteten Einheiten (z. B. Produkte). 3. Die A. ist von → *distributiven Dienstleistungen* zu unterscheiden.

allopatrisch *allopatric*: in geographisch voneinander isolierten Verbreitungsgebieten lebend (→ *sympatrisch*).

Alltag *everyday live*: die routinemäßigen Abläufe von Menschen im Tages- und Wochenzyklus (→ *Zeitgeographie*). In den Sozialwissenschaften unterscheidet man A. von Wissenschaft. Die A.-welt und das A.-handeln (→ *Akteur*) sind Gegenstand vieler Sozialwissenschaften, so auch der modernen Sozialgeographie (→ *alltägliche Regionalisierungen*; → *Alltagskultur*).

alltägliche Regionalisierung *regionalization in daily life*: einer der Grundbegriffe der → *handlungstheoretischen Sozialgeographie* nach Benno Werlen, aus der These folgt, dass wir täglich nicht nur Geschichte machen, sondern auch Geographie machen (→ *alltägliches Geographie-Machen*), beides allerdings nicht unter selbst gewählten Umständen, sondern eingebunden in eine spezifische Strukturiertheit der Gesellschaft. Neben wissenschaftlichen Regionalisierungen entstehen a. R. aus den Praktiken handelnder Subjekte (→ *Akteur*) im Zusammenhang mit deren Raumaneignung und Raum(um)gestaltung.

alltägliches Geographie-Machen *doing geography*: der Begriff bezeichnet im Rahmen der → *handlungstheoretischen Sozialgeographie* nach Benno Werlen das Herstellen von Räumen im täglichen Tun. Demnach untersucht die → *Humangeographie* wie menschliche Handlungen den Raum gestalten (und nicht mehr wie der Raum menschliche Tätigkeiten bestimmt; → *Geodeterminismus*). Nahezu jede Handlung erzeugt oder gestaltet Räume. Räumliche Muster sind also nicht geodeterminiert, sondern werden durch menschliches Handeln (→ *Handlung*) definiert (→ *alltägliche Regionalisierung*).

Alltagskultur *everyday culture*: Forschungsgegenstand der Soziologie, Ethnologie und Volkskunde sowie den Kultur- und Medienwissenschaften. Mit A. werden Praktiken, Gebräuche, Gewohnheiten und Gegenstände des → *Alltags* bezeichnet, die üblicherweise nicht als → *Kultur* im Sinne einer → *Hochkultur* (Kunst, Musik, Literatur) verstanden werden (→ *Subkultur*, → *Populärkultur*, → *Lebenswelt*).

Alluvialböden *alluvial soils*: Schwemmlandböden in Talebenen und an Küsten mit geringer oder unvollständiger Profilentwicklung, die durch frühere oder noch aktive periodische Überschwemmungen geprägt wurden. Die wiederholte Ab- und Umlagerung von Sedimenten bedingt einen schichtigen Aufbau des Bodens und erklärt die phasenweise unterbrochene Profilentwicklung. Die A. zeichnen sich durch Einfluss des → *Grundwassers* und Nährstoffreichtum aus (→ *Gley*, → *Marschböden*, → *Rambla*, → *Vega*, → *Paternia*, → *Tschernitza*, → *Kalkpaternia*).

Alluvialdoline → *Schwemmlanddoline*.

Alluvium *alluvium*: geowissenschaftlicher Zeit- und Materialbegriff. 1. heute nicht mehr übliche Bezeichnung für → *Holozän*. 2. Sammelbezeichnung für Sedimente des Holozäns (Alluvionen), die auf den Talböden sedimentiert wurden, d. h. als → *Schotter*, → *Schutt* und → *Feinsediment*, das auch als → *Auenlehm* bezeichnet wird.

Allzuständigkeit *general competence*: Grundsatz der Kommunalpolitik, wonach in Deutschland die → *Gemeinden* alle Aufgaben innerhalb des eigenen Wirkungskreises erledigen können, die nicht durch Gesetz dem Kreis, Land oder Bund bzw. der EU zufallen. Die A. resultiert aus der grundgesetzlich festgelegten → *kommunalen Selbstverwaltung*, demgemäß die Gemeinden für alle Angelegenheiten der örtlichen Gemeinschaft zuständig sind (→ *Subsidiaritätsprinzip*).

Alm (Alp (1.)) *mountain pasture (1.), lake marl (2.)*: – sommerliches Weideareal in der Mattenzone der → *Hochgebirge* oder → *Mittelgebirge*. Man kann unterscheiden nach A., die staatliches Eigentum (→ *Berechtigungs-A.*) sind und A., die individuell oder gemeinschaftlich (→ *Genossenschaftsalm*) bewirtschaftet werden (Eigentums-A.). – → *Seekreide*.

Almhütte *alpine hut*: periodisch bezogenes Wohn- und Wirtschaftsgebäude im Rahmen der → *Almwirtschaft*. Erfolgt die Almwirtschaft gemeinschaftlich, kann es zu einer Gruppensiedlung, bestehend aus mehreren A. mit jeweils eigenem Personal, kommen.

Almwirtschaft (Alpwirtschaft) *alpine farming*, *alpine dairy*: spezifische Form der Gebirgsweidewirtschaft mit dem Ziel der Vergrößerung der Futterbasis. Die A. zeichnet sich durch die winterliche → *Stallhaltung* und die sommerliche, von den Hofställen getrennt geführte, Beweidung bzw. Bewirtschaftung der → *Almen* aus. Man unterscheidet folgende Betriebstypen: Kuhalm (Milchkühe, Sennereibetrieb); Pferdealm (Pferdezucht); Schaf- und Ziegenalm; → *Galtalm* (Sommerweide für Kälber und Färsen). Bei gemischter Nutzung ist der Begriff Mischalm gebräuchlich. Sobald die Almbereiche im Frühjahr schneefrei sind, wird das Vieh aus den Stallungen in den Talzonen aufgetrieben. Auf den Almen verbleibt es bis zum Spätherbst. Nach dem Abtrieb beginnt die Winterfütterung in den Stallungen des Heimgutes. Während der Zeit der sommerlichen Weidenutzung werden die Almen von Hirten und Melkern (Sennern) selbstständig bewirtschaftet.

Alp(e) *alp*: alte, regionale Bezeichnung für → *Alm*. Der Begriff A. ist heute v. a. noch im alemannischen Sprachgebrauch und in Österreich üblich.

Alphabetisierung *alphabetization*: Verbreitung der Kenntnis des Lesens und Schreibens durch Schulung der → *Analphabeten* in der → *Bevölkerung*.

alpha-Diversität *alpha diversity*: → *Artenreichtum* eines Bestandes oder einer Gesellschaft (→ *Biodiversität*).

alpha-mesosaprob *alpha-mesosaprobic*: Zustand eines Fließgewässerabschnitts mit starker organischer Verschmutzung. Mikroorganismen sind zahlreich, Makroorganismen häufiger. Der a.-m. Abschnitt wird von → *Destruenten* geprägt, während → *Produzenten* und tierische → *Konsumenten* noch zurücktreten. Kennzeichnend ist auch die relativ geringe Gesamtartenzahl. Der a.-m. Gewässerabschnitt ist Bestandteil des → *Saprobiensystems*.

alpidisch *alpidic*: bezeichnet die a. Faltungsära, die gegen Ende der → *Kreide* begann und sich dann hauptsächlich im → *Tertiär* abspielte, wobei es zur → *Alpidischen Gebirgsbildung* mit dem → *Alpidischen Faltengürtel* kam. Der Begriff a. bezieht sich auf Europa. Außereuropäisch handelt es sich um die → *Saxonische Gebirgsbildung*.

Alpidische Gebirgsbildung *Alpine orogeny*: weltweit wirksame Gebirgsbildungsphase, die im → *Mesozoikum* einsetzte und mit mehreren Phasen während des → *Tertiärs* die heutigen → *Hochgebirge* der Erde schuf, die einen weitgehend zusammenhängenden Gürtel von → *Faltengebirgen* bilden (→ *Alpidischer Faltengürtel*).

Alpidischer Faltengürtel *Alpides, Mediterranean belt*: weltumspannender Gürtel der jungen → *Hochgebirge*, in der → *Alpidischen Gebirgsbildung* entstanden. Dazu gehören nicht nur die europäischen Hochgebirge alpidischen Ursprungs, die Alpiden im engeren Sinne, sondern auch deren Fortsetzung nach Asien über den Kaukasus, den Himalaya zu den ost- und südasiatischen Gebirgen. Auch der Faltengebirgsgürtel der Westseite Nord- und Südamerikas gehört zum A. F. (→ *Faltengebirge*).

alpin *alpine*: umschreibt im weiteren Sinn – ausgehend von den Alpen – die landschaftsökologischen Merkmale des → *Hochgebirges*. Mit a. wird im engeren Sinn die → *Höhenstufe* zwischen der oberen → *Waldgrenze* und der subnivalen Höhenstufe bezeichnet. Sie befindet sich daher unterhalb der → *klimatischen Schneegrenze*. → *Polsterpflanzen*, Pionierrasen, a. Rasen und → *Zwergsträucher* kennzeichnen die a. Stufe. Sie kann in hoch-, mittel- und niederalpin gegliedert werden. In der niederalpinen Stufe kommen vereinzelt krüppelwüchsige Bäume vor.

alpine Böden *alpine soils*: Sammelbezeichnung für die oberhalb der → *Waldgrenze* entwickelten Böden unterschiedlicher Ausprägung. Ihre gemeinsamen Merkmale sind die flachgründige Profilentwicklung (→ *Nanopodsol*, alpine Rasenbraunerde, → *Girlandenboden*, Tangelrendzina, → *Pechrendzina*).

alpine Rasenbraunerde *alpine meadow soil*: veralteter Begriff für einen für alpine Verhältnisse tiefgründigen, sauren Verwitterungsboden auf Silikatgestein mit einem bis mehrere Dezimeter mächtigen Verbraunungshorizont und z.T. Podsolierungstendenz. Die Humusdecke entwickelt sich als Mineralboden-Huminstoffgemisch mit guter Zersetzung (→ *Mull*). A. R. sind daher hochwertige Weideböden.

alpiner Formenschatz *alpine landforms, alpine landform ensemble*: der Georelieftyp der → *alpinen* Höhenstufe, in der sich zahlreiche Frostwechsel abspielen, sodass → *physikalische Verwitterung* vorherrscht. Es entstehen scharfkantige Formen, die im Gegensatz sowohl zu den → *glazial* überformten Hängen als auch zu dem fluvialen Zerschneidungsrelief der Hänge und Täler stehen.

alpiner Karst → *Hochgebirgskarst*.

alpiner Rohboden *alpine raw soil*: veralteter Begriff für einen sehr flachgründigen, steinreichen und feinmaterialarmen Boden der alpinen Schutt- und Felsfluren, der durch die dominierende → *physikalische Verwitterung*, insbesondere Frostsprengung, geprägt ist. Wenige, kaum zersetzte Pflanzenreste bilden v.a. im Bereich von Wurzelpolstern lückenhafte Humusansätze. Er ist als Typ in allen → *Hochgebirgen* der Erde bzw. in deren obersten → *Höhenstufen* verbreitet.

alpinotype Faltung *alpinotype folding*: eine → *Gebirgsbildung*, die sich in der → *Geosynklinale* selbst abspielte. Sie steht im Gegensatz zur bruchtektonischen Bewegung der → *germanotypen Gebirgsbildung*.

Alpwirtschaft → *Almwirtschaft*.

Altarm *abandoned: river course, old branch*: → *Oberflächengewässer*, bei dem durch natürliche oder künstliche Abdämmung ein Flussarm vom → *Vorfluter* abgeschnitten wurde. Der A. gilt als ökologischer Sonderraum, der einer allmählichen → *Verlandung* unterliegt. Im Zuge der → *Renaturierung* von → *Auenwaldlandschaften* werden A. teilweise und/oder zeitweise an den Vorfluter wieder angeschlossen. Damit wird die Verlandung verhindert und ein Feuchtbiotop erhalten (→ *Altwasser*).

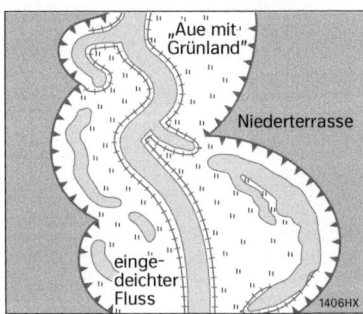

Altarm

Altbauer *retired farmer*: ein → *Vollerwerbslandwirt* im Ruhestandsalter, der seinen Hof zum Teil oder schon ganz an einen Nachfolger übergeben hat, aber unter Umständen noch mit bewirtschaftet.

Altbaumodernisierung *redevelopment/modernization of old buildings*: Maßnahmen zur Anhebung des Wohnstandards eines → *Altbaus*. Darunter fallen sowohl bauliche

Reparaturen als auch Ergänzungs- und Erneuerungsmaßnahmen.

Alte Welt *old world*: geographische Bezeichnung für die den Europäern vor der Entdeckung Amerikas 1492 bekannten Erdteile, also Europa, Asien und Afrika.

Altenteiler *retired farmer*: → *Landwirt*, der seinen Hof mit allen Verfügungs- und Entscheidungsrechten an einen Nachfolger übergeben hat. Der A. erhält dafür auf Lebenszeit eine Wohnung im Hof (Altenteil). Das Altenteil ist häufig ein separat stehendes, kleines Gebäude.

Alter Süden *Old South*: bio- und geowissenschaftliche Kriterien sprechen dafür, dass die Kontinente bzw. Subkontinente Südamerika, Afrika, Asien und Indien sowie Australien und Antarktika einmal zusammengehangen haben und das → *Gondwanaland* bildeten. Durch die → *Kontinentalverschiebung* infolge Bewegungen der → *Plattentektonik* wurde das Gebiet in die heutigen Kontinente bzw. Teilkontinente aufgelöst. Tier- und pflanzengeographische Verwandtschaften zeigen den Zusammenhang der Südkontinente und lassen die → *Biogeographie* vom A. S. sprechen.

Alternativenergie *alternative energy*: ursprüngliche Begriff für → *regenerative Energiequellen*. Sammelbezeichnung für auf nichtherkömmliche Weise (v. a. Öl) gewonnene Energieformen zur technischen Nutzung durch eine Substitution des Energieträgers Öl im Zuge der → *Erdölkrise*. Dazu gehören Sonnenenergie, Windenergie, geothermische Energie, Gezeitenenergie, Biogasenergie, aber auch → *Kernenergie*.

Alternativer Landbau (Biologischer Landbau, ökologischer Landbau, organischer Landbau) *alternative/ecological/green agriculture*: mit natürlichen Einsatzstoffen betriebene → *Landwirtschaft*. Der a. L. stellt das Gegenstück zum → *konventionellen Landbau* dar. Er vermeidet eine Übertechnisierung und entsagt dem Einsatz von Kunstdünger, chemischen Pflanzenschutz- und Unkrautvertilgungsmitteln. Vielmehr werden Naturdünger, eine manuelle bzw. mechanische Unkrautbekämpfung sowie eine biologische → *Schädlingsbekämpfung* angestrebt. Manchmal setzt sich eine → *Biologische Landwirtschaft* wirtschaftlich, technisch und ideologisch vom a. L. ab. Die Begriffe werden nicht einheitlich verwandt.

Alternativplanung *alternative planning*: Planung, die im Gegensatz zur → *Anpassungsplanung* mehrere Wege zu verschiedenen Entwicklungszielen aufzeigt, wobei die Zielrichtungen auch unterschiedlich sein können. Ein Beispiel ist die → *Verkehrsplanung*, die durch unterschiedlichen → *Verkehrsmittel*-Einsatz zu Konzepten unterschiedlicher Zielrichtung kommen kann.

Alternativtourismus *alternative tourism*: in bewusster Abgrenzung zum → *Massentourismus* eine Form des nachhaltigen → *Tourismus*, für die das Bemühen um Umweltverträglichkeit und besseres Verständnis für Land und Leute im Zielgebiet typisch ist. A. wird häufig mit → *Sanftem Tourismus* gleichgesetzt und vollzieht sich i. d. R. in Form des → *Individualtourismus* unter Benutzung landesüblicher Unterkünfte und Verkehrsmittel.

Altersaufbau *age structure*: altersmäßige Zusammensetzung der Bevölkerung eines bestimmten Raumes zu einem bestimmten Zeitpunkt, meist getrennt nach Geschlechtern und nach Jahrgangsgruppen geordnet. Der A. wird oft in Form einer → *Alterspyramide* grafisch dargestellt. Der A. wird synonym oftmals als → *Altersgliederung*, → *Altersstruktur*, → *Altersverteilung* oder Alterszusammensetzung bezeichnet.

Altersgliederung *age structure, age distribution*: Aufgliederung der Bevölkerung eines bestimmten Raumes (oder von Teilen davon) nach der altersmäßigen Zusammensetzung (→ *Altersaufbau*).

Altersindex (Altersstrukturindex) *age index, age ratio*: in der → *Bevölkerungsgeographie* verwendeter Index, der über das Verhältnis der Bevölkerungsanteile in verschiedenen Altersgruppen (junge, mittlere, ältere → *Bevölkerung*) zueinander und somit über die generative Struktur der Bevölkerung Aufschluss gibt. Als A. wird meist das Verhältnis aus der Differenz von jungen und älteren Menschen zu den mittleren, reproduktionsfähigen Jahrgängen bezeichnet, jedoch sind auch andere Indexbildungen möglich (z. B. Anteil der über 60-Jährigen im Verhältnis zu dem der unter 20-Jährigen).

Altersintervall *age interval*: in der → *Demographie* die Bezeichnung für die Zeitspanne zwischen zwei Altersjahren einer Person oder Gruppe.

Altersklasse (Altersgruppe) *age group*: Zusammenfassung von Geburtsjahrgängen zur Kennzeichnung eines → *Altersaufbaus* der → *Bevölkerung* eines Raumes. A. sind häufig angelehnt an Lebensabschnitte, wobei die Grenzen der A. i. d. R. in Beziehung zur Fortpflanzung bzw. zur Entwicklung oder zur → *Erwerbstätigkeit* gesetzt werden, z. B. Kinder (0-15 Jahre), erwerbstätige Bevölkerung (>15-65 Jahre), Rentnerbevölkerung (>65 Jahre). Allgemein umfassen A. Individuen mit annähernd gleichem Alter und gleichen physiologischen und ökologischen Eigenschaften. Die Verteilung der Individuen auf A. bildet die → *Altersstruktur* der Bevölkerung.

Alterspyramide

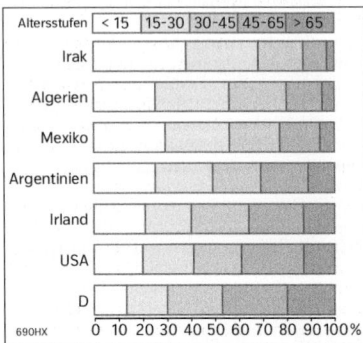

Altersklasse

Alterspyramide *age pyramid*: (→ *Bevölkerungspyramide*) graphische Darstellung der → *Altersstruktur* der → *Bevölkerung* eines Raumes (z. B. → *Staat*, → *Region*, → *Stadt*). In einer A. wird der → *Altersaufbau* der Bevölkerung getrennt nach dem Geschlecht als doppeltes Häufigkeitsdiagramm abgebildet: In einem Koordinatenkreuz werden links der senkrechten Achse, die das Lebensalter der Menschen in aufsteigender Anordnung darstellt, die absoluten Zahlen der männlichen, rechts der weiblichen Bevölkerung nach Altersjahrgängen eingetragen. Dadurch macht eine A. die geschlechtsspezifische → *Altersverteilung* anschaulich sichtbar.

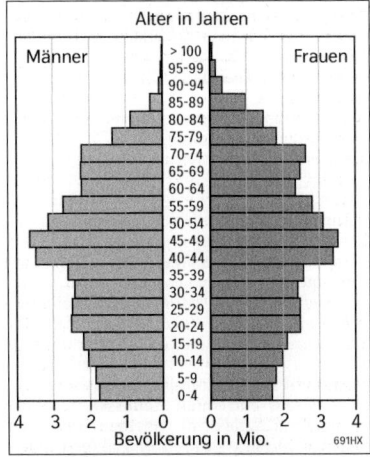

Alterspyramide

Altersstruktur *age structure*: altersmäßige Zusammensetzung der → *Bevölkerung* eines bestimmten Raumes, z. B. → *Gemeinde* oder Land, zu einem bestimmten Zeitpunkt. Die A. wird zahlenmäßig meist durch den prozentualen Anteil der Einwohner angegeben, die auf bestimmte Jahrgänge oder → *Altersklassen* entfallen, häufig 0-15-, 16-65-, über 65-Jährige. Gebräuchlich sind auch geschlechts- oder sozialgruppenspezifische A..
Altersstrukturindex → *Altersindex*.
Altersverteilung *age structure*: Verteilung der → *Bevölkerung* eines Raumes auf die verschiedenen → *Altersklassen* (→ *Altersstruktur*).
Alterung *demographic ageing, population ageing*: Verschiebung der → *Altersstruktur* in einer → *Bevölkerung* hin zu einem relativ höheren Anteil älterer Personen (z. B. Zunahme des Anteils der → *Altersklasse* der Rentnerbevölkerung). A. geht einher mit einer Erhöhung des → *Durchschnitts-* oder → *Medianalters* der Bevölkerung. A. ist eine Komponente des → *demographischen Wandels*, kann kleinräumig aber auch durch die selektive → *Abwanderung* junger Bevölkerungsgruppen ausgelöst werden. Der Prozess der A. setzte in den vom demographischen Wandel betroffenen Räumen teilweise bereits vor mehreren Jahrzehnten ein und wird sich zukünftig aufgrund sinkender → *Geburtenraten* („A. von unten") und einer gleichzeitig steigenden → *Lebenserwartung* („A. von oben") noch beschleunigen (→ *Überalterung*).
Alt(feld)flur *ancient fields*: in Mitteleuropa alte Flurteile von → *Gemarkungen*. Die Flurstücke der A. wurden bereits vor der spätmittelalterlichen → *Rodungsperiode* genutzt.
Altfläche *palaeo- peneplain*: – allgemein die unter → *vorzeitlichen* Bedingungen, in Europa vorzugsweise im → *Tertiär* entstandenen Flächen. – im engeren Sinne → *Rumpfflächen*, die unter geologischen und/oder klimatischen Bedingungen entstanden sind, die nicht den → *rezenten* entsprechen. Meist eher in höheren Bereichen der → *Mittel-* und → *Hochgebirge* erhalten, wegen der dort am stärksten wirksamen Heraushebung, sofern sie nicht nachträglich durch fluviale Zerschneidung oder andere → *geomorphologische Prozesse* zerstört wurde.
Althofsanierung *restoration of old farms*: Maßnahmen im Zuge innerdörflicher Strukturverbesserungen (→ *Dorferneuerung*) nach Auflockerung der Bebauungsdichte aufgrund von Betriebsaufgabe oder → *Aussiedlung*.
Altholz *mature timber*: Altersstufe von Gehölzbeständen. Alter und Durchmesser sind u. a. abhängig von Baumart und → *Standort*.
Altholz *mature timber, old wood*: eine der natürlichen Altersstufen eines Gehölzbestandes, die dem minderwertigen → *Stangenholz*

folgt. Um als A. zu gelten, muss der Stamm einen → *Brusthöhendurchmesser* (BHD) von 20 bis 30 cm aufweisen.
altindustrialisierter Raum → *Altindustrieregion*.
Altindustrieregion *rustbelt/sundown industry area*: Region mit einem Industriebestand aus der Frühphase der → *Industrialisierung* (→ *Industrielle Revolution*) und fehlender Anpassungsfähigkeit an gegenwärtige marktseitige und technologische Entwicklungen. Merkmale: hohe → *Industriedichte*, unterdurchschnittliches Wirtschaftswachstum, strukturelle Arbeitslosigkeit, das Dominieren spezialisierter und unflexibler Großbetriebe, Produktionsstruktur vom Ende des → *Produktlebenszyklus* gekennzeichnet.
Altiplanationsterrasse (Golezterrasse) *altiplanation terrace, altiplanation platform*: unter Bedingungen des Frostwechsel und des Auftauens des → *Permafrostbodens* entstandene „Terrassen"fläche. Die A. sind Ausdruck flächenhaften Abtrags, wobei als Agens der Abtragung der → *Solifluktionsschutt* wirkt, der auch bei geringen Hangneigungen sich bewegt und flächenhaft abtragen kann (→ *Denudation*).
Altlasten *contaminated sites, contaminated areas, old sites, polluted areas*: vorhandene Kontaminierungen bzw. Verunreinigungen von → *Boden*, sonstigem → *oberflächennahem Untergrund* und → *Bodenwasser* durch → *Schadstoffe* bzw. deren Rückstände, die aus früheren Produktionsprozessen oder aus Ablagerungen von → *Abfall* stammen und von denen eine Gefahr für die Lebewesen und die → *Landschaftsökosysteme* ausgeht. Zu den schadstoffliefernden Materialien gehören u. a. Bauschutt, → *Haus-* und → *Industriemüll*, Haldengut, Öle, chemische Stoffe, Treibstoffe, → *Aschen*, → *Schlacken*, → *Klärschlamm*. Von all dem können Gefahren für Lebewesen sowie die Zustände und die Funktionen des → *Ökosystems* ausgehen. Bereiche von A. sind sämtliche Standorte ehemaliger Industrie- und Gewerbebetriebe und von Altmaterialdeponien. Die A. befinden sich an den Altstandorten (→ *Rüstungsaltlastengebiete*).
Altlastengebiete *militärische military contaminated areas, armament contaminated areas*: → *Rüstungsaltlastengebiete*.
Altlastensanierung *clean-up operation*: Sanierung verunreinigter Flächen (→ *Altlasten*). Ziel ist die Abwehr von Gefahren für Mensch und → *Umwelt* (z. B. Gewässerschutz) durch → *Schadstoffe* im Boden und die Nutzbarmachung brachliegender Flächen (→ *Flächenrecycling*). Die A. wird in Deutschland im Bundesbodenschutzgesetz von 1998 geregelt.
Altlastenstandorte *old contaminated sites, old polluted sites*: → *Standorte* von Altlasten sind Areale ehemaliger Gewerbe- und Industriebetriebe, ehemalige Truppenübungsplätze, → *Rüstungsaltlastengebiete*, Verfüllungsgebiete sowie stillgelegte Aufhaldungen und → *Deponien*. Die A. sind Zeugnis sowohl rascher urban-industrieller Entwicklungen als auch des längerzeitigen → *Kulturlandschaftswandels* und somit Ausdruck des jeweils gültigen Umweltbewusstseins.

Altlasten-Syndrom *contaminated land syndrome*: eines der Syndrome Globalen Wandels (→ *Syndromansatz*), die vom Wissenschaftlichen Beirat der Bundesregierung Globale Umweltveränderungen (→ *WBGU*) 1996 entwickelt wurden. Das A.-S. kennzeichnet die lokale → *Kontamination* von Umweltschutzgütern an vorwiegend industriellen → *Produktionsstandorten*.

Altmarsch *old marsh*: Boden aus älteren Anschwemmungen (Sand und Schlick) im Küstenbereich, der im oberen Profilteil entkalkt wurde.

Altmetall *scarp metal*: → *Schrott*.

Altmoräne *old drift, pre-Weichselian moraine*: Sammelbezeichnung für → *Moränen* aus den → *Kaltzeiten* vor der → *Weichsel-* bzw. → *Würm-Kaltzeit*. Fasst man den Begriff zeitlich enger, versteht man darunter die Moränen der vorletzten Vereisungen (→ *Saale-Kaltzeit*, → *Riss-Kaltzeit*).

Altmoränenlandschaft *old drift landscapes*: Gebiet der meist stärker oder stark verwitterten → *Moränen*, die flachwellige Hügel- bis Flächenreliefs bilden. Die A. wirkt infolge → *fluvialer* bis → *solifluidaler* Abtragung „verwaschen". Diesen Vorgängen hat der eisfreie, aber saale- bzw. risszeitlich vereiste Bereich unter den → *periglazialen* Bedingungen der letzten → *Kaltzeit* unterlegen (→ *Weichsel-Kaltzeit*, → *Würm-Kaltzeit*).

Altocumulus *altocumulus*: kleine Haufenwolken (Schäfchenwolken) in mittleren Schichten der → *Atmosphäre* von 3000–5000 m. Sie treten meist in Bänken auf und entstehen v. a. bei der Auflösung einer Wolkendecke. A. gehört zur Familie der mittelhohen → *Wolken*.

Altöl *used oil, waste oil*: → *Sonderabfall*, dessen Behandlung die deutsche Altölverordnung regelt. Die Gefährlichkeit beruht auf dem hohen Anteil von Zusatzstoffen, Lösemitteln, → *Schwermetallen* und → *Polyzyclischen aromatischen Kohlenwasserstoffen*. Ca. 60 % des A. werden verbrannt oder aufgearbeitet, der Rest deponiert. Bei der Verbrennung entsteht u. a. → *Dioxin* (→ *Verklappung*).

Altostratus *altostratus*: dichte Schichtwolke in mittlerer Schicht der → *Atmosphäre* zwischen 3000 und 6000 m. Diese häufigen und oft mächtigen → *Wolken* gehören zu den → *Warmfronten* und bedingen anhaltende → *Landregen*. A. gehört zur Familie der mittelhohen Wolken.

Altpleistozän (Calabrium, kalabrische Stufe) *Calabrian (stage)*: ältester und längster Abschnitt (Stufe) des → *Pleistozäns*, der neben dem → *Holozän* zweiten Untereinheit (Serie) des → *Quartärs*. Das A. war unter dem Namen Calabrium früher die oberste Stufe des → *Pliozäns*, der obersten Serie des → *Tertiärs*. Das A. wird auch als unteres Pleistozän oder - veraltet - als Altdiluvium bezeichnet. Es dauerte ungefähr von 1,8 Mio J. v. h. bis 781 000 J. v. h. an, also mehr als eine Millionen Jahre.

Altrelief *ancient relief, ancient landforms*: – jener Georelieftyp mit → *Altflächen*, für die man eine Entstehung im Sinne der → *Rumpfflächen* annimmt. – känozoisch (→ *Känozoikum*) bis → *rezent* wenig geformte und weitausgedehnte Flachlandschaften, z. B. der Südkontinente, wo alte Gesteinsoberflächen seit Jahrmillionen relativ geringer Abtragung ausgesetzt waren.

Altrohstoffe *waste (raw) material, spent raw material*: → *Abfallverwertung*.

Altschnee *old snow*: körniger, mehr oder weniger verdichteter → *Schnee*, der sich durch die Umwandlung (→ *Metamorphose*) von → *Neuschnee* gebildet hat.

Altsiedelland *old settling area*: im Zuge der → *Siedlungsgeschichte* früh besiedeltes Gebiet. In Mitteleuropa sind damit i.A. jene Räume gemeint, die schon vor der im 8. Jh. beginnenden mittelalterlichen → *Ausbauperiode* kontinuierlich besiedelt waren. Im Gegensatz zu A. wird für jünger besiedelte Gebiete der Begriff → *Jungsiedelland* verwendet.

Altsiedlungsgebiet *settlement type dating from ancient times*: Siedlungsraumtyp altbesiedelter Landschaften (→ *Altsiedelland*). Nach Robert Gradmann konnte sich altbesiedeltes Land aufgrund der Rodungsfeindlichkeit des Waldes nur in Gebieten mit → *Steppenheide* (→ *Steppenheidetheorie*) ausbilden.

Altstadt *old town, old city centre*: historischer, in seinem alten Baubestand erhalten gebliebener Kern einer → *Stadt*. Typisch für A. sind i.d.R. dichte Bebauung mit engen Straßen, häufig sanierungsbedürftige Häuser. Das moderne Geschäftszentrum (→ *City*) entwickelte sich in europäischen Städten meist in der → *Innenstadt*.

Altstadtsanierung *redevelopment of inner/old city area*: Maßnahmen zur Beseitigung städtebaulicher Missstände in Altstadtgebieten. Man unterscheidet zwischen → *Objektsanierung* und → *Flächensanierung*.

Altstoffe *waste (raw) material*: alternative Bezeichnung für → *Sekundärrohstoffe* mit Betonung der vorherigen Nutzung durch die Vorsilbe „Alt". Heute noch gebräuchlich für z. B. Altglas, → *Altmetall* (→ *Schrott*) oder Altpapier (→ *Wertstoffe*).

Altstraße *historic road*: historischer, über lange Zeit (mindestens 100 Jahre) hinweg benutzter Verkehrsweg zu Land oder Wasser.

Alttertiär *Palaeogene*: veralteter Begriff; heute: → *Paläogen*.

Altwasser *dead waters, abandoned stream channel, oxbow*: durch Laufverlegung oder → *Flussbegradigung* vom → *Fluss* abgetrennte Flussarme, die mit stehendem Wasser gefüllt sind (→ *Altarm*, → *Oxbow-See*).

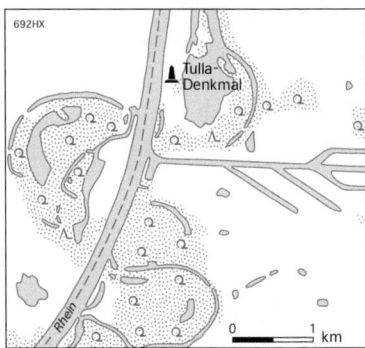

Altwasser

Altweibersommer *indian summer*: 1. mit hoher Regelmäßigkeit auftretende, trockenwarme, 5–10 Tage dauernde Schönwetterperiode in der zweiten Septemberhälfte. Eine breite → *Hochdruckbrücke* zwischen dem → *Azorenhoch* und dem → *Sibirischen Hoch* bleibt dann häufig über West- und Mitteleuropa mehrere Tage stationär. 2. Gespinst verschiedener Jungspinnen, die vom Wind (als temporäres → *Aeroplankton*) bodennah transportiert werden.

Altweiler *old hamlet*: lockere Gehöftsiedlung (→ *Weiler*) im → *Altsiedelland*. Im Laufe der Jahrhunderte sind A. häufig zu → *Haufendörfern* angewachsen.

Aluminiumindustrie *aluminium industry*: → *Industrie*, die das neben → *Eisen* wichtigste Gebrauchsmaterial gewinnt. Das Leichtmetall Aluminium (Al) wird v. a. aus dem Rohstoff → *Bauxit* gewonnen. Die Zwischenproduktionsstufe stellt das Aluminiumoxid-Stadium (Tonerde-Stadium) dar. Durch die hohen Energiekosten bei der Schmelzflusselektrolyse sind die Aluminiumhütten standortgebunden.

ambulanter Handel (Wandergewerbe, Reisegewerbe) *hawking*: im Gegensatz zum „stehenden" Gewerbe (→ *stationärer Handel*) die Gewerbeausübung durch Umherziehen von Ort zu Ort. Der a.H. umfasst nicht nur den → *Hausierhandel*, sondern auch wanderndes Reparaturhandwerk, wie Scherenschleiferei und Korbflechterei. Der a.H. hatte sich v. a. in ärmeren Dörfern entwickelt, in denen die agrarische Basis für die Bevölkerung nicht ausreichend war, z. B. in Gebirgsdörfern (→ *Wanderarbeiter*).

Amelioration (Bodenmelioration) *soil amelioration*: Maßnahmen zur Verbesserung des Ackerbodens in der → *Landwirtschaft*. Eine A. wird mithilfe verschiedener kulturtechnischer Maßnahmen, z. B. Bodenentwässerung, erreicht.

Amersfoorter Stadium *Amersfoortian stade*: die äußerste Eisrandlage des → *Inlandeises* während der → *Saale-Kaltzeit* in den Niederlanden.

amiktisch *amictic*: bezeichnet einen → *See* mit geringer bis fehlender → *Seezirkulation*. Diese Seen sind fast ständig eisbedeckt und kommen in Schnee-, → *Eis-* und → *Hochgebirgsklimaten* vor (→ *Vollzirkulation*).

Ammersee Stadium *Ammerseean stade*: eine der Stillstands- bzw. Rückzugslagen der Alpengletscher am Ende der → *Würm-Kaltzeit*.

Ammonifikation *ammonification*: die erste Stufe der Umwandlung des organisch gebundenen Stickstoffs in anorganische Stickstoffverbindungen. Bei der Zersetzung entsteht unter Bildung von NH_4^+ (Ammonium) NH_3 (Ammoniak). Der A. folgt die → *Nitrifikation*.

amorph *amorphous*: Zustandsform fester Stoffe ohne Kristallstruktur, z. B. Glas.

amphibiont *amphibiont*: 1. jene Organismen, die einen Teil des Lebenszyklus im Wasser verbringen, den anderen Teil in der Luft bzw. am Land. 2. in der Fischbiologie jene Arten, die einen Teil des Lebenszyklus im Meer verbringen, den anderen im Süßwasser.

amphibisch *amphibious, amphibian, semiaquatic*: Lebewesen, die teils im Wasser, teils am Land leben bzw. in semiterrestrischen (halbaquatischen) Lebensräumen, die vom Land-Wasser-Wechsel geprägt sind.

Amphibol *amphibole*: gesteinsbildende Mineralgruppe der → *Hornblenden*.

Amphibolgruppe *amphibole group*: → *Hornblendegruppe*.

Amphigley *Gleysol*: veraltete Bezeichnung für den Übergangsbodentyp der wasserbeeinflussten Böden, der sowohl eine Horizontprägung durch schwankenden → *Grundwasserspiegel* (→ *Gley*) als auch Verfahlungen und Eisenanreicherungen durch → *Stauwasser* aufweist. A. entstehen bevorzugt in lehmigen und tonigen Substraten im Grundwasserbereich, die in Zeiten niedriger Grundwasserspiegels wegen gehemmter → *Sickerung* sehr viel Niederschlagswasser zurückhalten (→ *Pseudogley*). Die Bezeichnung nach der aktuellen deutschen Bodensystematik (→ *KA5*) für A. ist Gley-Pseudogley.

Amsel-Grünfink-Stadtrandgesellschaft *outskirts community of blackbird and greenfinch, urban fringe community of blackbird and greenfinch*: mitteleuropäische(r) Stadtvogel-Lebensbereich und -gesellschaft, mit Arten, deren Brutbeginn im März/April liegt. Es handelt sich ausnahmslos um Standvögel (→ *Stadtökosystem*).

amtliche Statistik *official statistics*: zusammenfassender Begriff für alle statistischen Erhebungen und → *Auswertungen*, die vom Staat und von den Gemeinden bzw. von ihren Organen (Ministerien, Behörden) durchgeführt werden. In Deutschland sind v. a. das Statistische Bundesamt, die Statistischen Landesämter und die Statistischen Ämter der Kommunen Träger der a. S., in Österreich Statistik Austria und in der Schweiz das Bundesamt für Statistik.

Anabolismus → *Assimilation*.

anaerob *anaerobic*: Bezeichnung für Prozesse und Organismen, die im sauerstofffreien Milieu wachsen bzw. existieren (→ *aerob*).

Ana-Front *ana front*: Warm-/Kaltluft-Grenze mit aufsteigender Bewegung der warmen Luft. Hierzu gehören v. a. die Aufgleitfronten (→ *Aufgleitfläche*).

Anaglazial *anaglacial, ice sheet advance*: Vorstoßphase einer → *Vereisung*.

analoge Karte *analog map*: für die Nutzung auf einem festen Träger (z. B. Papier) hergestellte Karte. Eine a. K. wird häufig im Gegensatz zu einer → *digitalen Karte* betrachtet.

Analogiemodell → *Modell*.

Analphabet *illiterate*: erwachsener Mensch, der weder lesen noch schreiben kann.

Analphabetentum → *Analphabetismus*.

Analphabetismus (Analphabetentum) *illiteracy*: Anteil der erwachsenen Menschen in einem Land, die weder lesen noch schreiben können. A. wird unhäufig als Merkmal für den Grad der → *Unterentwicklung* eines Landes genutzt.

Analyse → *Auswertung*.

anastomisierender Fluss *anastomosing river*: Flüsse mit hoher → *Sinuosität* und geringer Fließgeschwindigkeit. Der Flusslauf ist durch große Inseln unterteilt aber im Gegensatz zum → *verwilderten Fluss* ist das → *Gerinne*system durch bewachsene → *Uferbänke* stabilisiert.

Anatexis *anatexis*: Aufschmelzen bereits verfestigter Gesteine durch höhere Temperaturen infolge Aufsteigens in eine größeren Magmakörpers oder durch Absinken von Gesteinspaketen in größere Tiefen. Dabei werden durch metamorphe Vorgänge verschiedene Mineralmobilisierungen bzw. Neu- oder Umkristallisationen wirksam (→ *Diatexis*, → *Metatexis*).

anautark *non-self-sufficient*: Gegensatz zu → *autark*. Bezogen auf die Wirtschaft eines

Landes heißt a., dass es nicht ohne Versorgungslieferungen vom Ausland lebensfähig ist. Im Zuge der modernen arbeitsteiligen Wirtschaft ist heute auf der anderen Seite Autarkie meist keine wirtschaftspolitische Zielsetzung (→ *semiautark*, → *Selbstversorgungswirtschaft*).

Anbaubeschränkung *restriction of cultivated/production area*: Mittel der staatlichen Agrarpreisstützung. Es wird (teilweise unter Zahlung von Prämien) versucht, eine Anbaureduzierung bei bestimmten Agrarprodukten zur Verminderung des Angebots zu erreichen (→ *Flächenstilllegung*).

Anbaufläche *arable area, area under crops*: Teil der → *landwirtschaftlichen Nutzfläche*. Die A. wird unter Einsatz von Betriebsmitteln (Arbeit, Saatgut, Dünger usw.) relativ regelmäßig mit → *Kulturpflanzen* bestellt. Man spricht von z. B. von Getreide-A., Kartoffel-A..

Anbauflächenerhebung → *Bodennutzungserhebung*.

Anbaufolge → *Kultursukzession*.

Anbauformen *cultivation form*: → *Bodennutzungssysteme*, die sich auf den Anbau beschränken. Die A. sind von den physisch-geographischen Rahmenbedingungen (insbes. Klima, Relief, Böden), aber auch vom allgemeinen Kulturstand und den verfügbaren → *Agrartechniken* abhängig.

Anbaugewicht *balance of arable to non-arable farming or between specific crops*: betriebswirtschaftliche Stellung des Anbaus bzw. bestimmter Fruchtartgruppen gegenüber dem → *Nutzviehgewicht* in einem landwirtschaftlichen → *Betriebssystem*. Wichtig ist hierbei die Unterscheidung nach → *Leit-* und → *Begleitkulturen*.

Anbaugrenze *cultivation limit*: Grenzbereich, bis zu dem eine bestimmte → *Kulturpflanze* angebaut werden kann. Man unterscheidet im Wesentlichen nach der Polar-, Höhen-, Trocken- und Nassgrenze des Anbaus. Der Verlauf der Grenzen ist abhängig von den natürlichen Gegebenheiten, vom jeweiligen Stand der → *Agrartechnik* und von der Rentabilität des Anbaus. Häufig weicht die → *Rentabilitätsgrenze* des Anbaus beträchtlich von der physisch-geographisch bedingten A. ab. Differenzierten werden kann nach der Grenze des geschlossenen Anbaus und der des inselhaften Anbaus.

Anbauintensität *cultivation intensity*: Ausmaß an Aufwendung von Kapital und Arbeit beim Anbau von → *Nutzpflanzen*. → *Intensivkulturen* weisen eine hohe A. auf. Durch eine Skala von Intensitätszahlen kann die A. für die einzelnen Feldfrüchte ausgedrückt werden.

Anbauintervall *cultivation interval*: Zeitabstand zwischen zwei Anbauperioden. Diese werden eventuell durch Zeiten der → *Brache* unterbrochen.

Anbaukonzentration *crop concentration*: räumliche Konzentration der → *Anbauflächen* ganz allgemein bzw. konzentrationsbezogen auf ein bestimmtes Anbauprodukt. Gründe können Transportkostenersparnis oder die Verderblichkeit von → *Agrarprodukten* sein. Ein Beispiel ist der Anbau von Zuckerrohr, der sich häufig als Monokulturfläche (→ *Monokultur*) an eine Zuckerfabrik anschließt.

Anbaumethode *cultivation method*: systematisches Vorgehen beim Anbau von → *Kulturpflanzen*. Die A. hängen vom Stand der → *Agrartechnik*, von den physisch-geographischen Bedingungen des Anbaus, vom Kulturstand der → *landwirtschaftlichen Bevölkerung* sowie von der Möglichkeit des Technologie- bzw. Kapitaleinsatzes ab. Die A. können sowohl im Bereich der Feldvorbereitung als auch bei Saat- und Pflegearbeiten unterschiedlich sein.

Anbauverhältnis *crop ratio*: Flächenverhältnis von verschiedenen → *Kulturpflanzen* bezogen auf das gesamte → *Ackerland*. Der Flächenanteil einzelner Kulturpflanzen (→ *Hackfrüchte*, Getreide, → *Futterpflanzen*, → *Sonderkulturen*) wird dabei in Verhältnis- oder Prozentzahlen ausgedrückt. Das A. lässt auch Schlüsse auf die ausgeübte → *Fruchtfolge* zu.

Anbauzwang *forced cultivation*: dirigistische Maßnahme bei der Bewirtschaftung von → *landwirtschaftlicher Nutzfläche*. Es besteht der Zwang zu einer meistens auch das Anbauziel betreffenden Agrarproduktion. Die Erträge sind teilweise oder ganz abzuliefern. Zu A. kann es v. a. während Kriegszeiten kommen. Der Begriff → *Flurzwang* ist vom Begriff A. zu unterscheiden.

Anbieter-Nachfrager-Trennung *separated services*: verweist auf eine standortgebundene Trennung von sowohl Anbieter als auch Nachfrager einer → *Dienstleistung*. Trotz einer beidseitig fehlenden → *Mobilität* und somit auch ohne unmittelbarer räumlicher Nähe können Transaktionen durchgeführt werden, etwa durch moderne Kommunikationsmedien (z. B. Beratungssoftware am PC) oder durch Inanspruchnahme von Transportsystemen (z. B. im Versandhandel → *E-Commerce*) per Post).

Ancyclussee *Ancylus lake*: zeitweise während des → *Boreals* bestehender Binnensee an der Stelle der heutigen Ostsee, der durch Landhebung im skandinavischen Raum die Verbindung mit dem offenen Meer verlor. Der A. wird nach der Brack- und Süßwasserschnecke Ancylus fluviatilis benannt (→ *Postglazial*).

Andengruppe → *Andenpakt*.

Andenpakt *Andean Pact, Pacto Andino*: 1969 gegründete → *Regionalintegration* mit dem Ziel der Liberalisierung des regionalen → *Frei-*

handels, der Harmonisierung gemeinsamer Außenzölle und der Schaffung eines → *gemeinsamen Marktes*. Der. A. ist nach dem → *MERCOSUR* der zweitgrößte Integrationsraum Südamerikas. Seine Ziele wurden nur unvollständig erreicht. Mitglieder sind Bolivien, Chile, Ecuador, Kolumbien und Peru.

Andere, der oder das (Fremde, der oder das) *the other*: sozialwissenschaftliche Bezeichnung für eine (notwendige) soziale Konstruktion zur Herausbildung des Selbst (zur Ich-Werdung im Rahmen der → *Sozialisation*), aber auch für die Differenzierung und Distanzierung, z. B. einer → *sozialen Gruppe*, der sich ein → *Individuum* zugehörig fühlt (→ *Othering*). Der oder das A. kann in Form von dem Fremden (oder das Fremde) die Grundlage für → *Diskriminierung* und → *Rassismus* bilden (→ *Ethnizität*, → *Identität*).

Andesit *andesite*: tertiäres, helles → *Ergussgestein*, dessen glasige Grundmasse mit Einsprenglingen aus → *Plagioklas*, → *Biotit*, → *Amphibol* und → *Augit* durchsetzt ist; sehr verwitterungsbeständig.

Andisols *Andisols*: (von *an* [jap.] = dunkel) in der → *US Soil Taxonomy* (2014) Böden mit andischen Eigenschaften, d. h. leicht verwittertes → *Ausgangsgestein* (i. d. R. vulkanischen Ursprungs) mit einem hohen Anteil junger Minerale, u. a. Allophan sowie Metall-organischer Komplexe. Häufig auch mit Aluminiumsilikaten, z. B. vulkanischem Glas.

Andosols *Andosols*: in der → *WRB* (2014) Böden, entstanden aus vulkanischen Ausgangsmaterialien (v. a. → *Aschen*) mit einer Akkumulation von stabilen → *organo-mineralischen Komplexen*, Allophan und jungen Eisenhydroxiden. A. kommen unter fast allen Klimabedingungen (außer sehr ariden Klimaten) mit einer großen Spannweite von Vegetationstypen vor. A. sind i. Allg. fruchtbare Böden mit hohem Potenzial für die Landwirtschaft, jedoch häufig durch starke P-Bindung beeinträchtigt.

Androkratie *androcracy*: Synonym für → *Patriarchat*, das wörtlich „Herrschaft des Mannes" bedeutet.

Androzentrismus *androcentrism*: eine dominierende Sichtweise in vielen Lebensbereichen und auch den Wissenschaften, nach der Männer im Zentrum stehen und als Norm bzw. Maßstab fungieren, während Frauen nur als das Oppositionelle des Männlichen, und somit nicht der Norm entsprechend, angesehen und behandelt werden. Die → *Gender Studies* und v. a. die feministischen Ansätze (→ *Feministische Theorien*) hinterfragen diesen Zusammenhang kritisch (→ *Feministische Geographie*).

Aneignungswirtschaft *hunter-gatherer economy*: einfachste Wirtschaftsstufe. Die A. nutzt die in der Natur vorkommenden Güter durch Sammeln, Jagen und Fischen. Anbau und Viehhaltung werden nicht betrieben. Eine Vorratswirtschaft fehlt ebenfalls meistens.

Anemoplankton → *Aeroplankton*.

Anerbenrecht *individual property inheritance law*: → *Vererbungssitte* zur Vererbung landwirtschaftlichen Grundbesitzes. Das Hofeigentum geht geschlossen auf einen einzigen Erben – häufig den Ältesten (Majorat), in bestimmten Fällen auch den Jüngsten (Minorat) – über. Das Gegenstück zum A. stellt die → *Realteilung* dar.

Angaral (Angaria) → *Angaria*: ein Urkontinent, der schon vom Präkambrium an im Bereich des heutigen zentralen und nördlichen Sibiriens bestand.

Angebot *offer*: 1. Menge an → *Gütern* und → *Dienstleistungen*, die am → *Markt* erworben werden können. 2. Willenserklärung zur Begründung eines Vertragsverhältnisses (→ *Nachfrage*).

Angehöriger → *Verwandter*.

angepasste Technologie *adjusted technologies*: auf die Bedürfnisse sog. → *Entwicklungsländer* abgestimmte Technologie. Sie berücksichtigt, dass dort weniger Kapital, Knowhow und → *Kaufkraft* für höherwertige Gebrauchsgüter, jedoch viele → *Arbeitskräfte* vorhanden sind.

Anger *green, common*: grasbewachsenes Land oder Dorfplatz in Gemeindebesitz (→ *Allmende*), in der Regel in der Dorfmitte gelegen. Die Form des A. bestimmte in seiner historischen Entstehung die Grundrissform des → *Angerdorfes* (→ *Fortadorf*).

Angerdorf *village situated around a village green*: planmäßig angelegtes → *Platzdorf*. → *Siedlungstyp* der deutschen → *Ostkolonisation* im Mittelalter. Die Gehöfte umschließen einen gemeinschaftlich genutzten Platz (→ *Anger*), der als Gemeindeweide dienen kann oder auf dem öffentliche Gebäude (z. B. Rathaus, Kirche) stehen.

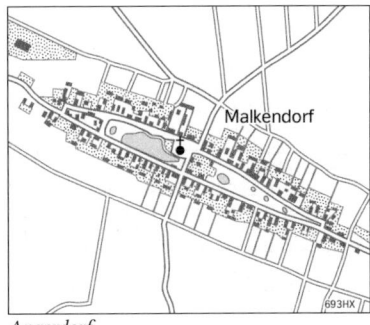

Angerdorf

angereichertes Uran *enriched uranium*: ein → *Uran*, bei dem der Prozentsatz des spaltbaren Isotops → *Uran-235* über den Gehalt von 0.7205% durch → *Anreicherung* gesteigert wurde.

Angewandte Geographie *applied geography*: Teilgebiet der → *Geographie*, das Grundlagenwissen auf raumbezogene bzw. raumfunktionelle Fragestellungen der Praxis anwendet. Die A. G. wird als Stadt-, Landschafts- und Raumstrukturforschung – oft mit planerischer und interdisziplinärer Zielsetzung – für außerwissenschaftliche Bedürfnisse betrieben.

Angewandte Geologie *applied geology*: praxisorientiertes Teilgebiet der → *Geologie*, in verschiedene Untergebiete gliedert. Die A. G. bewegt sich zwischen Ressourcenerschließung im weitesten Sinne (mineralische Rohstoffe, Grundwasser) und einem an → *Landschafts-* und → *Naturschutz* angelehnten → *Geotopschutz*.

Angewandte Geomorphologie *applied geomorphology*: Teilgebiet der → *Geomorphologie*, das deren Methoden anwendet und geomorphologische Grundlagenforschung in die Praxis umsetzt, aber auch selber praktisch-geomorphologische Probleme erforscht. Wie die Geomorphologie auch beschäftigt sie sich mit dem aktuellen Zustand der → *Oberflächenformen*, deren → *geomorphogenetischen* und → *anthropogenen* Materialtypen und dem geoökologischen → *Wirkungsgefüge* (→ *Geoökologie*) des → *Georeliefs*, dies im Hinblick auf praktische Probleme. Dazu gehören auch Prognosen über den künftigen Verlauf geomorphologischer Prozesse und deren Einstufung als → *Gefährdungspotenzial*. Forschungsbereiche der A. G. sind beispielsweise landformenbezogene Umwelt- und Landschaftsnutzung (im weitesten Sinne, also mit → *Raumplanung* und → *Raumordnung*), Land- und Forstwirtschaft, → *Geotop-*, → *Natur-*, → *Landschafts-* und → *Umweltschutz*, Hoch- und Tiefbau sowie Veränderungen durch Nutzung oberflächennaher Rohstoffe (Minerale, Steine, Erden, Wasser).

Angewandte Geoökologie *applied geoecology*: der → *Angewandten Landschaftsökologie* benachbart, jedoch mit geographisch-geowissenschaftlichem Schwerpunkt. Die A. G. bearbeitet praktische Probleme der Nutzung, Beanspruchung und Gestaltung von → *Ökosystemen* (→ *Angewandte Physiogeographie*).

angewandte Karte *applied map*: Alternativbezeichnung für eine → *thematische Karte* und häufig als Gegensatz zur → *topographischen Karte* verstanden. Eine a. K. bildet die Grundlage, auf der ein Thema (z. B. Landformen, Lärmbelastung, → *Klima*, → *Wirtschaft*, → *Verkehr*, → *Waldfunktionen* etc.) mit sachbezogenen Zeichen dargestellt wird. „Anwendung" bezieht sich auf die Nutzung der topographischen Karte als Grundlage für thematische Karten.

Angewandte Landschaftsökologie *applied landscape ecology*: Teilgebiet der → *Landschaftsökologie* und der → *Geographie*, das praktische Probleme der Nutzung und Beanspruchung von → *Ökosystemen* untersucht. Die → *anthropogene* Veränderung der Ökosysteme, deren Raumfunktionalität und ihre Beziehungen zu → *Regionalplanung* und → *Raumordnung* stehen im Mittelpunkt, d. h. auch die Weiterentwicklung von Ökosystemen durch bestehende und künftige Nutzungen, die zu Belastungen, aber auch zu Stabilisierungen führen können.

Angewandte Ökologie *applied ecology*: Teilgebiet der → *Ökologie*, das Erkenntnisse der → *Bioökologie* und → *Geoökologie* in die Praxis umsetzt, d. h. in → *Naturschutz*, → *Umweltschutz*, → *Raumplanung*, → *Raumordnung*, und → *Regionalplanung* sowie bei der → *Umweltverträglichkeitsprüfung*. Dabei bezieht sie sich sowohl auf einzelne → *Ökofaktoren* als auch auf ganze → *Ökosysteme* bzw. → *Landschaftsökosysteme*. Viele raumfunktionale Planungs- und Raumordnungsprobleme erweisen sich als Sachverhalte der A. Ö..

Angewandte Physiogeographie *applied physical geography*: Teilgebiet der → *Geographie* bzw. → *Physiogeographie*, das physiogeographische Erkenntnisse in die Praxis umsetzt. Zu großen Teilen handelt es sich um → *Angewandte Geoökologie*, welche die naturwissenschaftlichen Teile der → *Angewandten Landschaftsökologie* abdeckt.

Angewandte Stadtökologie *Applied Urban Ecology*: geht von integrativer → *Stadtökologie* und dem Modell des → *Stadtökosystems* aus. Versteht sich nicht technisch, sondern hat Mensch-Gesellschafts-Bezug und steht dem Ansatz der → *Humanökologie* nahe, die sich (inzwischen) nicht nur auf Naturwissenschaft (oder Ökonomie), sondern auch auf Humanmedizin, Psychologie und Soziologie abstützt, sodass der Mensch als humanbiologisches und psychisches Wesen und mit seinem Bedürfnis nach einem physisch gesunden und psychisch zuträglichen, also wirtlichen Lebensraum im Vordergrund steht.

Angiospermen (Bedecktsamer) *angiosperms*: höchst entwickelte Pflanzen, die zusammen mit den → *Gymnospermen* (Nacktsamer) die Abteilung der Samen- oder Blütenpflanzen (→ *Spermatophyten*) bilden. Die Samenanlagen der A. sind im Fruchtknoten eingeschlossen, wo sie zu Samen reifen.

Anglozentrismus *anglocentrism*: Bezeichnung für eine Dominanz von Deutungsmustern, kulturellen und sozialen Praktiken,

Sichtweisen, Aspekte der → *Populärkultur* und → *Alltagskultur* usw. aus dem angelsächsischen Raum (v. a. Großbritiannien und USA). Auch in den Wissenschaften lässt sich ein gewisser A. feststellen, durch die Bevorzugung des Englischen als Publikationssprache und der damit verbundenen Orientierung an den dort diskutierten Theorien, Modellen und Ansätzen, sowie nicht zuletzt durch die Vorteile, die Muttersprachler mitbringen.

angrenzende Zone *outer contiguous zone*: im → *Seerecht* die an die → *Hoheitsgewässer* eines → *Staates* anschließende Zone, in der der betreffende Staat noch bestimmte Nutzungs- und Überwachungsrechte besitzt.

Angstraum *place of fear*: ein Ort, an dem viele Menschen Angst empfinden. Meist ein → *öffentlicher* oder → *halböffentlicher Raum*, dem aufgrund seiner Bauweise (z. B. Parkhaus, unübersichtliche und unbeleuchtete Bereiche, dunkle Unterführungen) oder durch vermeintliche Ereignisse (z. B. hohe → *Kriminalitätsrate*) negative Eigenschaften zugeschrieben werden und der ein subjektives Bedrohungsgefühl auslöst.

Anhydrit *anhydrite*: gesteinsbildendes Mineral, das bei Wasseraufnahme in → *Gips* übergeht. Es tritt, oft zusammen mit → *Steinsalz* und Gips, im → *Zechstein* und in der → *Trias* auf.

animierte Karte *animated map*: eine multimediale Darstellungsform raumbezogener Information (→ *multimediale Karte*), in der die Kartenzeichen dynamisch verändert werden. Der Einsatz animierter Karteninhalte dient häufig zur Veranschaulichung raum-zeitlicher Veränderungen. Animierte Karteninhalte werden i. d. R. durch Nutzerinteraktion (→ *interaktive Karte*) ausgelöst.

Ankerland *anchor country*: Bezeichnung für eine besondere Ländergruppe unter den → *Schwellenländern* und → *Entwicklungsländern* (→ *Globaler Süden*). Diese Länder üben allein aufgrund ihrer Größe und Bevölkerungszahl eine zentrale Rolle für die wirtschaftliche Entwicklung und politische Stabilisierung ihrer Region aus. Beispiele für A. sind u. a. China, Indien, Thailand, Iran, Saudi-Arabien, Pakistan, Russland, Türkei, Ägypten, Nigeria, Südafrika.

Ankermieter (Magnetbetrieb) *anchor store*: 1. Haupt-, bzw. Großmieter von Gewerbeimmobilien. 2. bei Einzelhandelsimmobilien wie z. B. → *Einkaufszentren* oder einer → *Mall* verfügt der A. über eine überdurchschnittlich hohe Anziehungskraft, weshalb ihm beim Standort innerhalb der Immobilie und bei seiner Verhandlungsstärke gegenüber dem Centermanagement eine besondere Bedeutung zukommt.

Ankünfte → *Gästeankünfte*.

Anlandungsstreifen *accretion along a bank*: Sedimentstrukturen im Uferbereich von Flüssen, Seen und Meeren. Infolge des jeweils unterschiedlichen → *Bodenwasserhaushaltes* und der Hydrodynamik (Erosion oder Akkumulation) im → *Litoral* entsteht eine Uferzonierung (→ *Uferzone*).

Anleihe *bond*: zinsberechtigtes → *Wertpapier*. A. dienen meist der langfristigen Projektfinanzierung und haben die Eigenschaften von → *Fremdkapital*. Der Käufer tritt in die Gläubiger-, der Verkäufer an die Schuldnerposition. Der Ertrag aus einer A. richtet sich für den Gläubiger nach einem vertraglich fest vereinbarten → *Zinssatz*. Zu A. zählen bspw. Staats- und Industrieanleihen sowie Pfandbriefe.

Anmoor *anmoor*: Humusform andauernd nasser Standorte mit → *Grund-*, → *Stau-* oder Quellwasser. A. besteht aus einer Mischung von mineralischem Material und organischer Feinsubstanz. Die Humusgehalte liegen zwischen 15-30%.

Anmoorgley *humusrich Gleysol*: in der → *deutschen Bodensystematik* (→ *KA5*) ein Boden, der durch anstehendes → *Grundwasser* geprägt ist, das lange nahe der Geländeoberfläche ansteht. Der A. weist einen sehr humosen Oberbodenhorizont und die → *Humusform* → *Anmoor* auf.

Annuelle (Einjährige) *annual plants*: Pflanzen, deren gesamter Lebenszyklus sich von der Keimung über die Fruchtreife bis zum Absterben innerhalb einer → *Vegetationszeit* bzw. eines Jahres vollzieht. Die ungünstige Jahreszeit (Winter bzw. Trockenzeit) wird als Samen überdauert (→ *Bienne*, → *perennierend*).

Anökophyten *anecophytes*: nicht einheimische Arten, die v. a. bzw. nur auf → *anthropogenen* Standorten vorkommen und auf ursprünglichen und → *naturnahen* Standorten offensichtlich nicht vorkommen (→ *Adventivbiota*).

Anökumene *uninhabitable zones*: nicht auf Dauer durch sesshafte Bevölkerung bewohnbarer Teil der festen Erdoberfläche. Zur A. zählen insbesondere Kälte- und Trockenwüsten (→ *Wüsten*) sowie → *Hochgebirge* (→ *Ökumene*, → *Vollökumene*, → *Semiökumene*).

Anomalien *anomaly*: allg. Regelwidrigkeiten geo- und biowissenschaftlicher Phänomene. Besonders häufig wird der Begriff in der → *Geophysik* (Schwere, Magnetismus) und in der → *Klimatologie* (z. B. bei → *Temperatur* und → *Niederschlag*) verwendet (→ *Schwereanomalie*, → *Schwerefeld*).

anorganisch *inorganic*: nicht belebt (→ *organisch*).

Anorthit (Kalkfeldspat) *anorthite*: weiße Kristalle, als Gemengteil ultrabasischer

→ *Ergussgesteine* und → *Tiefengesteine* auftretend.

Anpassungsplanung *adaptation planning, transitional planning*: ähnlich der → *Fortschreibungsplanung* für die → *Regional-* und → *Stadtplanung* den bestehenden Zustand als Entwicklung in die Zukunft fortschreibend, ohne das neuere Erkenntnisse, z. B. die Grundsätze der → *ökologischen Planung*, in den Planungsvorgang eingeführt werden.

Anreicherung *enrichment, (concentration)*: Vorgang und Erscheinung, dass Substanzen (Elemente, → *Isotope*, → *organische* → *Schadstoffe*) in bestimmten Kompartimenten eines → *Ökosystems* in höherer Konzentration auftreten als in einem Referenzkompartiment. Erfolgt die A. in Organismen, so spricht man von biologischer A. (→ *Bioakkumulation*). Andere Formen von A. sind z. B. die A. bestimmter → *Schwermetalle* in Erzgängen (A. gegenüber dem umgebenden Gestein) oder die Schadstoffanreicherung in Böden oder Gewässern im Vergleich zu unbelasteten. Kommt z. B. eine → *Nitrat-A*.infolge Überdüngung und Auswaschung des mobilen Nitrats in den Grundwasserhorizont zustande, bildet die Nitrat-Konzentration vor der Beeinträchtigung die Referenzgröße.

Anreicherung radioaktiver Stoffe *enrichment of radioactive substances*: 1. Lebewesen (Mensch, Tier, Pflanze) nehmen beim Ernährungsvorgang Stoffe auf und speichern diese. Mit der regulären Nahrungsaufnahme werden auch → *radioaktive Isotope* (→ *Radionuklide*) aufgenommen und angereichert. Damit gelangen radioaktive Stoffe in → *Nahrungsketten* und → *Ökosysteme*. Im Gegensatz zu natürlich vorkommenden radioaktiven Stoffen werden künstliche von den Körperorganen in großen Mengen aufgenommen und gespeichert, z. B. Jod, das über die Nahrungskette Gras-Kuh-Milch in den Menschen gelangt und zu Organbelastungen führt. 2. Vorgang, bei dem ein bestimmtes → *Isotop* in einem Element durch aufwändige Anreicherungsverfahren (in der → *Atomwirtschaft* Diffusionstrenn-, Gaszentrifugen- und Trenndüsenverfahren) gesteigert wird.

Anreicherungsketten *enrichment chains*: weil sich → *radioaktive Isotope* eines Elements chemisch wie seine nichtradioaktiven Isotope verhalten, bilden sich zwischen Atmosphäre/Hydrosphäre und Biosphäre verschieden differenzierte A. Durch A. kommen in den Organen höhere → *Strahlenbelastungen* zustande.

Anreicherungsketten *enrichment chains*: 1. in der Boden- und Landschaftsökologie die Anreicherung von Stoffen im Ökosystem bei Umsatz- und Durchsatzprozessen. Dabei wird in verschiedenen Kompartimenten eine unterschiedliche Anreicherung erzielt, die von einer Vielzahl von Randgrößen (Pfade, Stoffgehalte, Speicherfähigkeit des Kompartiments etc.) bestimmt wird.

Anreizmittel *incentive, inducement*: finanzielle Anreize des Staates, um Standort- und Investitionsentscheidungen der Privatwirtschaft in seinem Sinne zu beeinflussen. Positive A. sollen dazu führen, den Adressaten zu einem bestimmten Verhalten anzuregen, wohingegen negative A. ihn von einer bestimmten Handlung abhalten sollen. Positive A. können z. B. in der Form von Investitionszulagen, Steuernachlässen oder Sonderabschreibungen gewährt werden. Als negative A. können z. B. Emissionssteuern aufgefasst werden, die bewirken sollen, dass weniger Schadstoffe in die Umwelt entlassen werden.

Anrufung *invocation*: im Zusammenhang von Ansätzen des → *Poststrukturalismus* und Theorien der Macht jene → *Interaktion*, bei der ein Subjekt bezeichnet wird, i. d. R. als oder verbunden mit einem Ausdruck herrschender Machtverhältnisse. A. sind somit das Medium der Materialisierung von Begriffen und Normen, über die ein Subjekt erzeugt wird (→ *Diskurs*, → *Performanz*).

Anschwemmung → *Auflandung*.

Anschwemmungsküste *prograding coast*: Seichtwasserküste, an der in hohem Maße angelagert wird, d. h. die → *Küste* wächst durch Sedimentanlagerung (→ *Anlandungsstreifen*) ins Meer hinaus, wobei eigenständige → *Küstenformen* entstehen (→ *Delta*, → *Nehrung*).

Ansiedlung *introduction*: gezielte Aussetzung von Tieren in Gebieten, in denen sie vorher nicht vorkamen. A. erfolgte z. B. zur Bereicherung der → *Fauna*, für die Jagd und Pelzgewinnung, zur Verbesserung der Ernährungsgrundlage für die Bevölkerung sowie zur → *biologischen Schädlingsbekämpfung*. A. erfolgte auch zur Bestandesstützung von in ihrer Existenz gefährdeten Tierarten. Zu zufälliger A. kommt es z. B. durch Verdriften von Tieren mit Meeresströmungen oder Winden sowie insbesondere auch durch ausgesetzte oder aus Käfighaltung oder Pelztierfarmen entwichene Tiere, die dauerhafte → *Populationen* aufbauen können. A. hat oft unvorhergesehene Folgen für die → *Biozönosen* und Funktion der → *Ökosysteme*.

Ansiedlungsverbot *land settlement ban*: regionalpolitisches Instrument zur Beschränkung der Bodennutzung bzw. von Agglomerationsprozessen. Das Instrument des A. ist v. a. in Frankreich und Großbritannien bekannt. In Deutschland kennt es ein faktisches A. über den → *Flächennutzungsplan* bzw. den → *Bebauungsplan* durchgesetzt oder aus Gründen des Umweltschutzes z. B. für bestimmte Einrichtungen in → *Schutzgebieten* wie → *Landschaftsschutzgebiete* ausgesprochen werden.

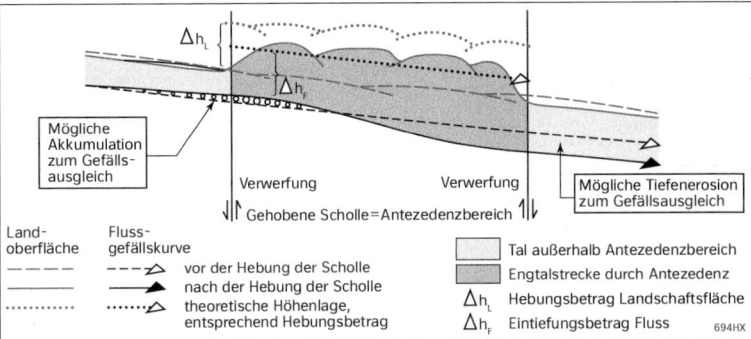

Antezedenz

Anspänner *full-time farmer*: regionale und historische Variante des Begriffs Hofbauer (→ *Vollerwerbslandwirt*).
Anspruchsgruppe → *Stakeholder*.
Anstaltshaushalt *institutional household, non-family household*: Mehrpersonen-Haushalt, der sich zusammensetzt aus den Bewohnern eines Heims, Klosters, einer Kaserne, Anstalt usw., zwischen denen im Gegensatz zu einem gewöhnlichen Ein- oder Mehrpersonen-Haushalt keine verwandtschaftlichen Beziehungen bestehen. Der Begriff wird v. a. in der → *Bevölkerungsstatistik* verwendet.
Anstehendes *bedrock*: mit A. werden alle Locker- und → *Festgesteine* bezeichnet, die am Ort ihrer Entstehung auftreten, ohne dass ihre Struktur durch Verwitterungsprozesse oder → *Massenbewegungen* verändert wurde.
ANT → *Akteur-Netzwerk-Theorie*.
Antarktische Divergenz *antarctic divergency*: eine relativ schmale Zone im Meer vor Antarktika (Zirkumantarktischer Ozean), in der zwischen zwei divergierenden Streifen des Oberflächenwassers untermeerische Kaltwasserströme aufsteigen. Ursache dafür ist die Gegenläufigkeit der vorherrschenden Winde, die nördlich der A. D. aus Westen, südlich davon aus Osten kommen.
Antarktisches Reich *antarctic domain*: eines der → *Floren*- bzw. → *Faunenreiche* der Erde, umfasst den Kontinent Antarktika sowie die subantarktischen Inseln.
antezedentes Durchbruchstal → *antezedentes Tal*.
antezedentes Tal (antezedentes Durchbruchstal) *antecedent valley*: Laufstrecke in einem sich sukzessive hebenden, orographisch zunächst noch nicht in Erscheinung tretenden → *Gebirges*, gegen dessen Heraushebung der Fluss durch → *Tiefenerosion* anarbeitet, weil er eine ausgeglichene → *Gefällskurve* anstrebt. Im Relief zeigt sich das a. T. daran, dass der Fluss aus einem anderen, meist flacheren Relieftyp in ein enges, meist tief eingeschnittenes Tal eines Gebirgsrandes eintritt und es an einem tiefer liegenden Punkt – in Richtung einer angrenzenden Flachlandschaft – wieder verlässt (→ *Antezedenz*).
Antezedenz *antecedence*: das „Vorherschreiten" des Flusses, d. h. der Fluss existierte, bevor sich das → *Gebirge* heraushob und ein → *antezedentes Tal* entstehen konnte. Die Erosionsleistung des Flusses hielt dabei mit der Heraushebung des Gebirges Schritt.
Anthophyten → *Spermatophyten*.
anthropo- *anthropo-*: in Zusammensetzungen gebraucht, im Sinne von „Mensch(en)", „vom Menschen handelnd", „auf den Menschen bezogen".
Anthropogaea *anthropogeae*: die durch den Menschen durch großflächige und/oder intensive Nutzung geprägte und umgestaltete → *Landschaft*. In der A. sind die natürlichen Funktionen der → *Geoökosysteme* verändert, eingeschränkt oder – im Extremfall – zerstört (→ *Landschaftsökosystem*).
anthropogen *anthropogenic, man-made*: durch menschliches Handeln direkt oder indirekt geschaffen, geprägt oder beeinflusst. Der Begriff wird v. a. für Erscheinungen und Formen der → *Kulturlandschaft*, aber auch für vom Menschen verursachte oder beeinflusste geomorphologische (z. B. → *a. Formen*, → *a. Materialtypen*) oder klimatologische Erscheinungen (→ *Klimawandel*) verwendet (→ *Anthropozän*).
anthropogene Böden *anthropogenic soils*: → *Kultosole*.
anthropogene Form *anthropogenic landform*: Oberflächenform im → *Pico*- bis → *Mesorelief*, die an der Erdoberfläche ausschließlich oder überwiegend durch den Menschen direkt oder indirekt geschaffen wurde. Dazu gehören Oberflächenformen der → *Kultur*-

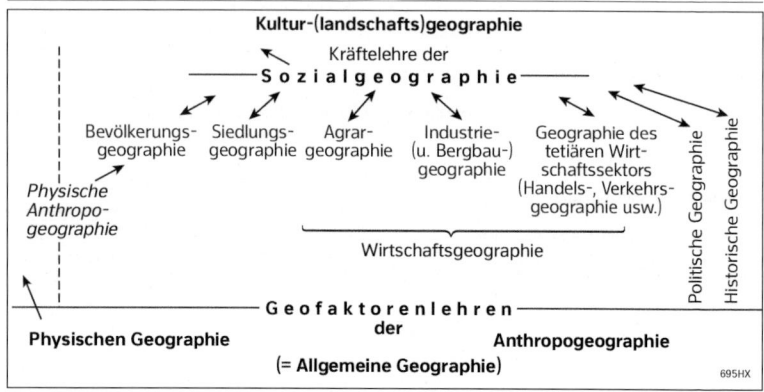

Anthropogeographie

landschaft (z. B. Ackerterrassen, Hochraine, Steinriegel, Lesesteinwälle, Hochbeete etc.), größere → *Vollformen* (z. B. Deponien, Halden, Kippen etc.), große → *Hohlformen* (z. B. Tagebaue, Kiesgruben, Steinbrüche etc.) sowie Bergbaufolge-Hohlformen (z. B. Pingen, Senken, Trichter etc.). Auch alle geformten Aufschüttungen für Straßen, Autobahnen, Flugplätze, Fluss- und Meeresuferbauten gehören dazu. Zeitweise oder dauernd können an den a. F. quasinatürliche Prozesse wirken (→ *anthropogene Materialtypen*).

anthropogene Materialtypen *anthropogenic material*: grundsätzlich ein → *geomorphogenetischer Materialtyp*, jedoch → *anthropogen*, und v. a. als → *oberflächennaher Untergrund* des → *Stadtökosystems* vorkommend, z. B. Bauschutt, → *Aschen*, → *Schlacken* aber auch natürliches Bodenmaterial wie Sand. Sie sind in diesem Zustand entweder überbaut oder bilden das Ausgangsmaterial (→ *Substrat*) für die Bildung von → *Stadtböden*.

Anthropogeographie *human geography*: im traditionellen Verständnis derjenige Teilbereich der → *Allgemeinen Geographie*, der sich mit der Raumwirksamkeit des Menschen und mit der von ihm gestalteten Kulturlandschaft und ihren Elementen in ihrer räumlichen Differenzierung und Entwicklung befasst. Im traditionellen Verständnis wurde die A. vielfach synonym mit → *Kulturgeographie* oder → *Geographie des Menschen*, gelegentlich auch mit → *Sozialgeographie*, verwendet. Eine Untergliederung der A. bzw. die gegenseitige Zuordnung ihrer Teilbereiche ist in mehrfacher Hinsicht möglich. Eine im traditionellen Verständnis häufig vertretene Auffassung zeigt das Schema von Harald Uhlig. Heute spricht man eher von → *Humangeographie*.

Anthropogeomorphologie *anthropo-geomorphology*: Teilbereich der → *Geomorphologie*, in dem die → *anthropogen* geschaffenen oder überprägten → *Oberflächenformen* und → *Prozesse* untersucht werden.

Anthropologie *anthropology*: allgemein die Lehre vom Menschen – – im deutschsprachigen Raum wird die A. v. a. naturwissenschaftlich verstanden. Naturwissenschaftlich gewichtete A. beschäftigt sich u. a. mit der körperlichen Beschaffenheit, dem Verhalten und der Abstammung des Menschen (A. im engeren Sinne). Sie hat auch Beziehungen zur Medizin (bzw. Geomedizin) und Vererbungslehre sowie zur Völkerkunde. – in den Geisteswissenschaften die Wissenschaft vom Menschen und seiner Stellung in der Welt. Zu den geisteswissenschaftlichen Ansätzen der A. zählen z. B. Sozial-A., Kultur-A., philosophische A. und historische A.

Anthroposphäre *anthroposphere*: Betrachtungsgegenstand der → *Humangeographie* (→ *Anthropogeographie*), der als vom Menschen gestalteter mittlerer Raum auf, über und unter der Erdoberfläche definiert wird und in dem sich das raumrelevante Handeln der Gesellschaft und des Individuums abspielt.

Anthroposystem *anthroposystem*: Teilmodell des → *Landschaftsökosystems*, das mit zwei anderen Hauptsubsystemen (→ *Geosystem* und → *Biosystem*) zusammen das Gesamtlandschaftssystem ausmacht.

Anthropozän *anthropocene*: eine vom Meteorologen Paul Crutzen im Jahr 2000 eingeführte Bezeichnung für das aktuelle → *Erdzeitalter*, in dem die Einflüsse des Menschen auf die Umwelt, eine mit den Gewalten der Natur vergleichbare Dimension erreicht haben und damit einen neuen Abschnitt der jüngsten → *Erdgeschichte* markieren. Als Merkmale der gewaltigen Einschnitte in die natürlichen Prozesse gelten z. B. → *Klimawandel*, → *globaler Wandel* und das sog. sechste Massenaussterben (→ *Faunenschnitt*), mit dem wir aktuell konfrontiert sind und das als bisher größtes Artensterben seit der Entwicklung der Arten gilt. Als möglicher Beginn des A. werden unterschiedliche Zeiträume diskutiert: z. b. die Zeit ab ca. 1850 (Beginn der → *Industrialisierung* und → *Verstädterung* der Erde); andere gehen davon aus, das A. könne man bereits ab den ersten flächendeckenden → *Rodungen* und dem Beginn und der Ausweitung des → *Ackerbaus* vor etwa 8000 Jahren ansetzen. Der Begriff A. überlappt sich dann z. T. mit dem des → *Holozän* (= die letzten 11 600 Jahre der jüngeren Erdgeschichte). Neben der Frage nach der erdgeschichtlichen Bedeutung des Begriffs, hat das A. weitreichende Implikationen für die Stellung von uns Menschen in der Welt sowie für die Verantwortung, die daraus erwächst. Die Konzeption des A. schließt zwar an Überlegungen der → *Nachhaltigkeit* an, geht jedoch in seinem Ansatz, wie auch den Konsequenzen zeitlich und räumlich weit darüber hinaus.

Anthropozentrismus *anthropocentrism*: mögliche Betrachtungsweise von → *Ökosystemen* und Umwelt aus Sicht des Menschen mit zwei konträren Perspektiven: – A. argumentiert ethisch und erkennt Ökosystemen, mit Tieren und Pflanzen, ein Eigenrecht der Natur zu. In sie darf der Mensch nicht eingreifen. – Zweite und veraltete Sichtweise ist der stark reduktionistische anthropo-ökonomische Standpunkt gegenüber Umwelt, anderen Lebewesen und Ökosystemen. Danach benötigt die Menschheit nur wenige „wichtige" Tier- und Pflanzenarten für das Überleben. Das schließt Millionen von Tier- und Pflanzenarten, welche die → *Biogeosphäre* ausmachen, aus (→ *Biozentrismus*). – Perspektive der Ethik, bei der sich der Mensch als Mittelpunkt versteht. Auf einer epistemischen Ebene ist dies zunächst einmal richtig, da alle ethischen Modell vom Menschen gemacht wurden und daher nur ausgehend von Menschen zu verstehen sind. Auf einer moralischen Ebene vertritt der A. eine Ansicht, dass den Menschen als wichtigstes Element bewertet und damit anderen Lebewesen sowie der Natur überordnet. In dieser Sicht sind Naturschutz, Tierschutz, Umweltschutz als Normen zu verstehen, die Bereiche regeln, die für den Menschen wichtig sind. Dem A. gegenüber steht der Physiozentrismus, der sich in Biozentrismus und Pathozentrismus untergliedert (Umweltethik, Geoethik).

Anthrosols *Anthrosols*: in der → *WRB* (2014) Böden, die durch menschliche Aktivitäten tiefgreifend verändert wurden (u. a. durch Zufuhr organischer Materialien, → *Bewässerung*, Bearbeitungsmaßnahmen, etc.) und unterliegen meist ackerbaulicher Nutzung. A. kommen überall dort vor, wo Menschen sind. Die menschlichen Einflüsse sind meist auf den → *Oberboden* beschränkt.

Anti-Dumping-Maßnahme *anti-dumping measure*: Maßnahmen, die im internationalen Handel gezielt gegen Dumpingpraktiken (→ *Dumping*, → *Ökodumping*, → *Sozialdumping*) anderer Länder eingesetzt werden. Sie treten meist in Form von → *Zöllen* auf und richten sich entweder gegen Dumpingaktivitäten privater Unternehmen oder sollen als Ausgleichsmaßnahmen die Wirkung von im Ausland staatlich gewährten → *Subventionen* neutralisieren. A.-D.-M. können zu protektionistischen Zwecken missbraucht werden (→ *Protektionismus*). Die Welthandelsorganisation (→ *WTO*) besitzt daher einen verbindlichen Anti-Dumping-Kodex.

Anti-Globalisierung *anti-globalization*: → *Widerstand* bzw. Alternativen zur neoliberalen, kapitalistischen → *Globalisierung*, die durch verschiedene politische Positionen, meist von marginalisierten Gruppen, formuliert werden. Gefordert werden inklusive, demokratische und gerechte Formen der Globalisierung.

Antiklinale (Antikline) *anticline*: geologischer → *Sattel* einer → *Falte*.

Antiklinalstufenland *anticlinal scarped tableland*: um Hebungszentren, wo Schichten flach um einen zentralen Hebungsbereich herum aufgewölbt wurden, zeigen die → *Stufenränder* nach Herausbildung einer → *Schichtstufenlandschaft* zum Hebungszentrum hin. Es entstehen ringförmig angeordnete → *Schichtstufen*.

Antiklinaltal *anticlinal valley, combe*: in eine → *Antiklinale*, also einen Faltenrücken oder → *Sattel*, eingeschnittenes → *Tal*.

Antikline *anticline*: → *Antiklinale*.

Antinatalismus *antinatalism*: Form der → *Bevölkerungspolitik*, die zur Einschränkung eines zu starken → *Bevölkerungswachstums* auf eine Reduzierung der Kinderzahl ausgerichtet ist. Bekanntes Beispiel für A. ist die in China lange Zeit betriebene Ein-Kind-Politik, die es Familien (mit Ausnahmen) erlaubte, nur ein Kind zu haben (→ *Pronatalismus*).

Antipassat *anti trade wind*: in der Tendenz polwärts zur → *Westwindzirkulation* gerichtete, eher schwache Luftströmung in mächtiger Schicht über dem → *Passat* (6000–10 000 m). Der A. wurde früher als Rückstrom der Passatwinde aufgefasst. Neuere Zirkulationsforschung zeigte jedoch, dass derartige Strömungen verschiedene Ursachen haben können und auch in verschiedene Richtungen zeigen. So stellt der A. oft auch einen SW-Ausläufer der Westwindzirkulation dar.

Antipode *antipode*: 1. Bewohner der entgegengesetzten Seite der Erdkugel, z. B. die Australier zu den Europäern oder umgekehrt. 2. Name einer geographischen Fachzeitschrift, die v. a. der → *Radical Geography* verpflichtet ist.

antithetisch *antithetic[al]*: → tektonische Lagebezeichnung für → *Schollen* und → *Verwerfungen*, deren Richtung der tektonischen Hauptbewegungstendenz einer größeren geologisch-tektonischen Baueinheit – z. B. eines aufgestiegenen Gebirges – entgegengesetzt ist. V. a. in → *Gräben*, die durch Raumausweitung (Auseinanderrücken der Grabenränder) entstanden, gibt es a. Schollenverkippungen, die oft zur Grabenmittelachse hin gekippt sind.

Antivergenz *antivergence*: die Kipprichtung von → *Falten*, deren Achsenebenen nach oben zusammenlaufen.

Antizyklone *anticyclone*: quasistationäres oder wanderndes, dynamisches → *Hochdruckgebiet*.

Antwortkategorien *categories for response*: in der empirischen → *Sozialforschung* im Rahmen eines standardisierten → *Fragebogens* vorgegebene Antworten zu einer definierten Frage. Die A. dürfen sich nicht überschneiden und sollen möglichst problemdeckend formuliert sein.

Anwand (Anwender, Querbeet) *headland*: an der Schmalseite eines Feldes quer bearbeiteter Streifen, wenn sich mit Schlepper oder Zugtieren das angrenzende Gelände nicht befahren bzw. betreten lässt (→ *Ackerberg*).

Anwandgrenze *headland boundary/baulk*: diejenige Außengrenze eines → *Gewanns*, die senkrecht zur Pflugrichtung verläuft.

Anwender-Parzelle *turning strip*: schmale, streifige Außenparzelle in der → *Gewannflur*, auf der der Pflug gewendet wird.

Anzapfung → *Flussanzapfung*.

Äolianit *aeolianite*: Gestein aus Windsedimenten, die mehr oder weniger stark verfestigt sein können und welche maximal die → *äolisch* transportierbare Sandkorngröße aufweisen (→ *äolische Fazies*).

äolisch *[a]eolian, aerial, wind-blown*: „vom Wind geschaffen" und bezogen auf → *aktuelle* oder → *vorzeitliche* → *Landformen* und → *Sedimente*.

äolische Abtragung → *Deflation*.

äolische Akkumulation (Windablagerung) *aeolian deposit, wind laid deposit, wind deposit*: geomorphologischer Prozess, der auf Windwirkung beruht und Bestandteil der → *äolischen Geomorphodynamik* ist. Führt zum → *geomorphogenetischen Materialtyp* der → *äolischen Fazies*. Die ä. A. spielt sich dort ab, wo Wind, Oberflächenbeschaffenheit und das Vorhandensein äolisch verfrachtbarer Materialien äolische Georelieformbildung ermöglichen.

äolische Fazies *aeolian facies*: → *geomorphogenetischer Materialtyp*, der durch Windwirkung am → *oberflächennahen Untergrund* und an existierenden → *Oberflächenformen* entsteht. Es sind zunächst unverfestigte (später sich z. T. auch verfestigende → *Äolianite*) Lockersedimente eines engen Korngrößenspektrums (zwischen Ton und groben Sand), das von Windtransportfähigkeit des Materials, Windstärken und geoökologischen Randbedingungen im Auswehungs- und Ablagerungsgebiet bestimmt ist. Ablagerungen der ä. F. (→ *äolische Akkumulation*) sind meist ungeschichtet. Äolisch transportierte Einzelkörner weisen meist mattierte bis schwach polierte Oberflächen auf. Die Zustände der Oberflächenbearbeitung durch Wind an Festgesteinen (ebenfalls zwischen matt und poliert) hängen von den Gesteinseigenschaften und dem geoökologischen Verwitterungsmilieu ab, in welchem der Wind wirkt. Die abgelagerte ä. F. bildet neue Landformen (→ *Dünen*, amorphe Sanddecken) oder gelangt als Staub oder Flugsand in Seen oder Meere.

äolische Geomorphodynamik *aeolian geomorphodynamics*: geomorphologische Gesamtwirkung des Windes und → *oberflächennahen Untergrund* und → *Georelief*, die weitergeformt werden, wobei auch neue, eben äolische Landformen entstehen, von denen die → *Dünen*, die markantesten sind. Einzelprozesse der ä. G. sind → *Erosion* und → *Denudation* durch Wind, die als → *Deflation*, → *Korrasion* und → *äolische Akkumulation* in Erscheinung treten.

Apartheid *apartheid*: in der Republik Südafrika seit 1950 bis Anfang der 1990er-Jahre gesetzlich festgelegte Politik der sozialen, wirtschaftlichen, politischen und räumlichen Trennung der Einwohner nach ethnischer Zugehörigkeit (Weiße, Bantu, Inder, Mischlinge) als Ausdruck von → *Rassismus* (→ *Rassentrennung*). Ziel der A. war die getrennte Entwicklung der Weißen, Schwarzen (Bantu), Inder und „Farbigen" (sog. Mischlinge). Hierzu gehörten insbesondere getrennte Wohnviertel und Lebensräume in den Städten („kleine A.") und die Ausgliederung der Siedlungsgebiete der Bantu (→ *Homelands*) aus der Republik Südafrika und ihre Erklärung zu (teil-)selbstständigen Staaten („große A."; → *Segregation*).

Apartheidsstadt *apartheid town*: Stadttyp, der sich in der Republik Südafrika aufgrund der Gesetzgebung der → *Apartheid* entwickelte. Hauptcharakteristikum der A. ist die ethnische → *Segregation* der weißen und schwarzen Bevölkerung in getrennten Wohngebieten. Seit dem Ende der Apartheid kommt es in den südafrikanischen Städten aus Persistenzgründen der gesellschaftlichen Ungleichheit nur langsam zu einer stärkeren Mischung der Bevölkerungsgruppen.

Apatit *apatite, calcium phosphate*: ein fluor- oder chlorhaltiges Calciumphosphat; als mittelhartes, gesteinsbildendes Mineral Gemengeteil von Magmagesteinen.

APEC (Asia Pacific Economic Cooperation) Asiatisch-Pazifisches Wirtschaftsforum von 21 Staaten, 1989 in Canberra gegründet. Die A. ist vergleichbar mit der → *OECD* und stellt keinen neuen Wirtschaftsblock dar. Ziele der A. sind die → *Liberalisierung* der regionalen Handelsbeziehungen (→ *Freihandel*), die Zusammenarbeit in Bildung und Forschung sowie die sektorale Kooperation auf den Gebieten Telekommunikation, Energie, Transportwesen, Fischerei und Schutz der Meere. Mitglieder sind Australien, Brunei, Chile, China (inkl. Hongkong), Indonesien, Japan, Kanada, Rep. Korea (Südkorea), Malaysia, Mexiko, Neuseeland, Papua-Neuguinea, Peru, Philippinen, Russland, Singapur, Thailand, Taiwan, USA und Vietnam.

aper *bare, snowless, snow-free*: schneefrei.

aperiodisch → *episodisch*.

aphotische Zone *aphotic zone*: lichtloser Bereich, z.B. Tiefenstufe der Gewässer ohne Lichtzutritt wie der Lebensraum der → *Tiefsee*.

Apophyten *apophytes*: einheimische, auf ursprünglichen bzw. → *naturnahen*, aber auch auf → *anthropogenen* Standorten vorkommende Pflanzenarten (→ *indigene Arten*).

Appletonschicht *Appleton layer*: Schicht der → *Ionosphäre* in ca. 300 km Höhe. Sie gilt als deren ungefähre Obergrenze und zeichnet sich durch Unregelmäßigkeiten der Ionisierungsintensität aus.

Apsiden *apsides*: auf der Ellipsenbahn eines Himmelskörpers um den Zentralkörper (in unserem Planetensystem die → *Sonne*) die beiden Punkte der größten und der geringsten Entfernung vom Zentralkörper. Der entfernteste Punkt auf der elliptischen Bahn heißt Aphel und der nächstliegende Punkt Perihel.

aquatisch *aquatic*: das → *Wasser* in → *Ökosystemen* bzw. in der → *Landschaft* betreffend (→ *Landschaftswasserhaushalt*).

aquatische Ökosysteme *aquatic ecosystems*: 1. allgemein alle → *Ökosysteme* mit Wasser, jedoch mit der Unterscheidung zwischen → *marinen* Ökosystemen der → *Meere* bzw. → *Ozeane* und den → *Hydroökosystemen* der festländischen Oberflächengewässer. 2. im engeren Sinne gelten als a. Ö. → *Flüsse* und → *Seen* des → *Festlandes*, die als jeweils eigenständige Ökosysteme betrachtet werden. Sie verfügen über einen spezifischen → *Stoffhaushalt* und eine spezifische → *biotische* Ausstattung.

Äquator *equator*: 1. Erd-Ä.: der Großkreis der Erdkugel (= die längste Umfanglinie), welcher senkrecht auf der Erdachse steht. Er teilt die Erde in die Nord- und Südhalbkugel. Der Ä.-Umfang beträgt 40076,59 km. 2. Magnetischer Ä.: gekrümmt verlaufende Linie, welche die Punkte mit der → *Inklination* Null verbindet. Der m. Ä. ist mit dem Erd-Ä. nicht identisch, weil die → *Magnetpole* und die geographischen → *Pole* voneinander abweichen. → 3. Himmels-Ä.

äquatoriale Tiefdruckrinne *equatorial trough of low pressure*: der Luftdruckgürtel im Bereich des Zusammentreffens der Passatströmungen der Nord- und Südhalbkugel mit niedrigem Bodenluftdruck. Die aufsteigende Luftbewegung führt zu mächtiger Quellbewölkung mit ergiebigen → *Konvektionsniederschlägen*. Die ä. T. wandert im Jahresverlauf über weite Bereiche und entfernt sich im Sommer auf der jeweiligen Halbkugel 20–30 Breitengrade vom → *Äquator* (→ *Innertropische Konvergenzzone*, → *Passat*).

äquatoriale Westwindzone *equatorial westerlies zone*: die in den → *Urpassat* eingebettete Zone zwischen der nördlichen und der südlichen → *Innertropischen Konvergenz*, mit sporadischer Umkehr der Hauptwindrichtung. Sie reicht bis in ungefähr 3000 m Höhe und weist labile Luftschichtung mit → *Bewölkung* und schwächeren → *Niederschlägen* auf. Das Druckgefälle zur nördlichen Konvergenz führt zu einer schwachen Weststrómung, die allerdings häufig durch Umlaufwinde überprägt wird (→ *Mallungen*).

äquatoriales Regenklima *equatorial rain climate*: das Klima der → *inneren Tropen* mit fehlender Trockenzeit (10–12 humide Monate; Niederschlagssummen 2000–4000 mm/Jahr). Die Tagesschwankungen der Temperatur übertreffen die Jahresschwankungen bei weitem. Das kälteste Monatsmittel liegt über 18 °C, und der Unterschied zum wärmsten Monat beträgt lediglich 0,5–1 °C.

Äquatorialluft *equatorial air*: die wärmste, im Ursprungsgebiet labil geschichtete Hauptluftmasse der Erde. Sie stellt eine Variante der Luft in den Innertropen dar und ist sehr feucht (→ *Äquator*).

Äquatorialsubmergenz *equatorial submergence*: vertikale Arealverschiebung kälteliebender Meerestiere im Bereich der Warmwassergebiete der → *Tropen*. Kälteliebende Tiere aus den Oberflächengewässern der Arktis und Antarktis bzw. den gemäßigten Breiten unterwandern im Bereich des Äquators die warmen Oberflächengewässer in den tieferen und damit kalten Wasserschichten.

Aquiclude *aquiclude*: → *Grundwasserstauer*.

Aquifer *aquifer*: → *Grundwasserleiter*.

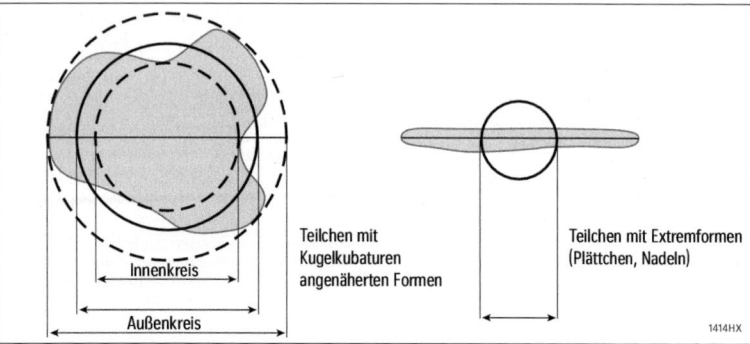

Äqivalentdurchmesser

Äquiglaziale *equiglacial*: Linie gleicher Dauer des Eisverschlusses fließender und stehender Gewässer.

Äquinoktialregen *equinox rain*: die beiden Hauptregenzeiten der → *Tropen* mit doppelter Regenzeit. Die Ä. sind nicht durch eine absolute Trockenzeit getrennt, sondern äußern sich v. a. durch Niederschlagsmaxima im April und November nach der Zeit der Tag-und-Nacht-Gleichen (→ *Äquinoktium*, → *Solstitialregen*, → *Zenitalregen*).

Äquinoktium (Tag-und-Nacht-Gleiche) *equinox*: Zeitpunkt, zu dem die → *Sonne* senkrecht auf dem → *Äquator* steht, sich also im Schnittpunkt zwischen → *Ekliptik* und → *Himmelsäquator* befindet. In diesem Fall sind Tag und Nacht für alle Orte der Erde gleich lang. Das Frühlings-Ä. wird um den 21. März, das Herbst-Ä. um den 23. September erreicht. Die Ä. sind wie die Sonnenwendepunkte Grenzen der astronomischen Jahreszeiten (→ *Solstitium*).

Äquivalentdosis *equivalent dose*: ein → *Dosisgrenzwert* im Strahlenschutz gemäß der Röntgenverordnung bezogen auf eine definierte Person, z. B. einer bestimmten Berufsgruppe und auf ein Jahr der → *Strahlenexposition*. Beim Vorliegen mehrerer Strahlungsarten und -energien ist die gesamte Ä. die Summe ihrer ermittelten Einzelbeiträge, gemessen in → *Sievert* (→ *Sv*).

Äquivalentdurchmesser *equivalent diameter*: der theoretisch aufgefasste Standarddurchmesser eines unregelmäßig geformten Sediment- oder Bodenteilchens. Er gibt die Größe des entsprechend geformten, regelmäßigen Teilchens (Kugel) an, das sich beim Sinken in einer Flüssigkeit oder auf einem Sieb ebenso verhält wie das wirkliche Teilchen.

Äquivalenttemperatur *homotaxial temperature*: klimatische Berechnungsgröße, die das energiehaushaltliche und bioklimatische Zusammenwirken von Temperatur und → *relativer Luftfeuchtigkeit* berücksichtigt. Die Ä. ergibt sich aus der Addition der gemessenen Lufttemperatur und der Temperatur, die frei sein würde, wenn der gesamte in der Luft enthaltene → *Wasserdampf* kondensiert. Sie stellt also ein Maß für die Verdunstungsmöglichkeit dar und eignet sich deshalb, wie auch die anders geartete → *Abkühlungsgröße*, für die Charakterisierung der Klimawirkung auf den Menschen, z. B. beim → *Stadtklima* (→ *Bioklima*, → *Schwüle*).

Äquivalenzeinkommen *income equivalence*: Begriff aus der Wirtschaftsstatistik, der einer besseren Vergleichbarkeit von Einkommen in Haushalten und Lebensformen unterschiedlicher Größe dient. Mit zunehmender Haushaltsgröße treten → *Skaleneffekte* (bspw. gemeinsame Nutzung von Wohnraum und Haushaltsgeräten) ein, weswegen das Ä. durch unterschiedliche Gewichtung der Haushaltsmitglieder diese Einspareffekte im Vergleich zum → *verfügbaren Einkommen* berücksichtigt. Das regionale Ä. kann somit als Kennzahl zur Bewertung des regionalen Wohlstandes herangezogen werden.

Arabische Liga *Arab League*: eine internationale Organisation arabischer Staaten, die 1945 in Kairo gegründet wurde, wo sich auch heute ihr Sitz befindet. Der A. L. gehören 22 Mitgliedsstaaten aus Afrika und Asien an, darunter 21 Nationalstaaten und der international nicht vollständig anerkannte Staat Palästina. Ziel der A. L. ist es, die Beziehungen der Mitglieder im politischen, kulturellen, sozialen und wirtschaftlichen Bereich zu fördern sowie die Außeninteressen der arabischen Staaten zu vertreten.

Aragonit *aragonite*: mäßig hartes Mineral, zur $CaCO_3$-Gruppe gehörend. Im Unterschied zum Kalkspat ist A. nicht spaltbar.

Aralsee-Syndrom *Aral Sea syndrome*: eines der Syndrome Globalen Wandels (→ *Syndromansatz*), die vom Wissenschaftlichen Beirat der Bundesregierung Globale Umweltveränderungen (→ *WBGU*) 1996 entwickelt wurden. Das A.-S. kennzeichnet Umweltschädigungen durch zielgerichtete Naturraumgestaltung im Rahmen von Großprojekten.

Arbeit *labour, work, employment*: planmäßige Tätigkeit des Menschen, die auf ein wirtschaftliches Ziel gerichtet ist. Körperliche und geistige A. können reine Bedarfsdeckung oder Gewinn- bzw. Einkommensmaximierung zum Ziel haben. Im volkswirtschaftlichen Sinne ist A. neben → *Boden*, → *Kapital* und Technologie einer der vier → *Produktionsfaktoren*.

Arbeiter *worker, employee*: Person, die gegen Entlohnung eine Arbeitsleistung erbringt. Den Lohn-A. findet man heute v. a. im industriellen Sektor sowie im Handwerk. Man unterscheidet ungelernte, angelernte und gelernte A. und insgesamt von Angestellten, die eher im → *tertiären* oder → *quartären Sektor* beschäftigt sind.

Arbeiterbauer *worker-farmer*: → *Landwirt*, der nur noch einen kleineren Teil seiner erwerbsmäßigen Tätigkeit in der Landwirtschaft zubringt. Hauptberuflich hat sich der A. der → *Industrie* zugewandt.

Arbeiterbauern-Gemeinde *worker-farmer community*: ländlicher Gemeindetyp. A.-G. sind durch eine starke Durchmischung von landwirtschaftlicher und industrieller Erwerbstätigkeit gekennzeichnet. I. d. R. geht der → *Arbeiterbauer* einer Tätigkeit in der → *Industrie* nach, während er seinen landwirtschaftlichen Betrieb im → *Nebenerwerb* bewirtschaftet.

Arbeiterklasse → *Proletariat*.

Arbeiterkolonie *worke:r settlement/colony*: Heimstätte für Arbeit suchende → *Heimat-* und Arbeitslose. Die Beschäftigung erfolgte früher fast ausschließlich in der → *Landwirtschaft*. 1882 gründete Friedrich von Bodelschwingh bei Bielefeld die erste deutsche A..

Arbeiterpächter *work-tenant*: Landpächter (→ *Pächter*, → *Pacht*), der seinen Pachtzins über die Verdingung seiner Arbeitskraft an den Verpächter entrichtet.

Arbeitersiedlung *worker settlement*: → *Siedlung*, die überwiegend oder ausschließlich von Arbeiterfamilien bewohnt wird. A. liegen oft benachbart zu Industrie- oder Bergbaubetrieben und wurden im Zeitalter der → *Industrialisierung* häufig auf Firmengrund für die Arbeiter und Arbeiterinnen des eigenen Betriebes gebaut.

Arbeiterstadt *working-class town*: → *Stadt* mit überdurchschnittlich hohem Arbeiteranteil an der Wohnbevölkerung und meist gering differenzierter → *Sozialstruktur*. A. entstanden v. a. in Kohlenbergbau- und Schwerindustrierevieren (z. B. Ruhrgebiet) und sind meist im → *tertiären Sektor* unterversorgt. Heute meist in → *Entwicklungs-* und → *Schwellenländern* zu finden, die eine nachholende → *Industrialisierung* durchlaufen.

Arbeiterviertel (Arbeiterwohnviertel) *working-class district*: → *Stadtteil*, dessen Wohnbevölkerung überwiegend aus Arbeiterfamilien besteht. Typische A. sind besonders in alten Industrie- und Bergbaustädten verbreitet. A. liegen in Großstädten häufig benachbart zu → *Industrievierteln* und sind meist durch hohe → *Bevölkerungsdichte*, enge Bebauung und unterdurchschnittlichen Wohnungsstandard gekennzeichnet (→ *Stadt*).

Arbeiterwanderung → *Arbeitsmigration*.

Arbeiterwohngemeinde *working-class community*: → *Gemeindetyp*, der durch überdurchschnittlich hohen Anteil von → *Arbeiterbevölkerung* bei insgesamt geringer sozialer Differenzierung gekennzeichnet ist. A. liegen häufig im → *Pendlereinzugsgebiet* von Industriestandorten.

Arbeiterwohnviertel → *Arbeiterviertel*.

Arbeitgeber *employer, employment unit*: Person bzw. → *Institution*, die mindestens einen → *Arbeitnehmer* gegen Entgelt mit abhängiger Arbeit beschäftigt.

Arbeitnehmer *employee, employed person*: Person, die sich dem → *Arbeitgeber* gegen Entgelt zur vertraglich vereinbarten Leistung von Diensten verpflichtet.

Arbeitnehmerüberlassung → *Leiharbeit*.

Arbeitsaufwand *effort, labour-input*: Ausdruck des Grades der Arbeitsintensität. Der A. ist eine Messziffer, die häufig in der → *Agrargeographie* benützt wird. Der A. wird in Arbeitskraft (AK) pro 100 ha nutzbaren Landes gemessen.

Arbeitsbedarf *manpower requirements*: Ausdruck für den → *Arbeitsaufwand* bei unterschiedlichen Produktionsverfahren. Der Begriff A. ist v. a. in der → *Agrargeographie* gebräuchlich. Der A. wird gemessen in Arbeitsstunden pro Arbeitskraft je Hektar (Akh/ha).

Arbeitsbeschaffung *job creation, work procurement*: Maßnahmen des → *Staates* zur Beschäftigung bzw. Wiedereinstellung von Arbeitslosen. Dazu gehören alle Maßnahmen, die zu einer Belebung des Arbeitsmarktes führen und Arbeitslose wieder in das Erwerbsleben eingliedern.

Arbeitsbevölkerung *working population*:
– derjenige Teil der Gesamtbevölkerung, der seinen Lebensunterhalt durch → *Erwerbstätigkeit* verdient, entweder als Selbstständiger oder als Arbeitnehmer. – bezogen auf einen → *Arbeitsort* die dort wohnenden und die dorthin einpendelnden Erwerbstätigen (→ *Beschäftigter*).

Arbeitsbrauch *traditional working practices*: Sitte bei regelmäßig wiederkehrendem Arbeitsvorgang. A. sind v. a. in der → *Landwirtschaft* und im handwerklichen Bereich üblich. Die Überlieferung hat viele A. bis heute erhalten z. B. Grundsteinlegung und Richtfest beim Bauhandwerk.

Arbeitseinkommen (Erwerbseinkommen) *earnings, employment income*: Einkünfte an Lohn und Gehalt, die aus einer Arbeitsleistung stammen. Gegenüber dem A. unterscheidet man das → *Besitzeinkommen*.

Arbeitsfunktion *working function*: eine der menschlichen → *Grunddaseinsfunktionen* im Sinne des → *Münchner Konzepts der Sozialgeographie*. Bei der Ausübung der A. durch die verschiedenen → *sozialgeographischen Gruppen* ergeben sich besonders starke raumprägende und -differenzierende Wirkungen für die → *Kulturlandschaft* (→ *Bildungsfunktion*, → *Freizeitfunktion*, → *Versorgungsfunktion*, → *Wohnfunktion*).

Arbeitshypothese *working hypothesis*: eine im Rahmen eines Forschungsvorhabens noch zu präzisierende Annahme (→ *Hypothese*), die aufgrund von mangelnder Überprüfung einen vorläufigen Charakter hat.

arbeitsintensiv (arbeitsträchtig) *labour-intensive*: Produktionsvorgang oder → *Dienstleistung*, bei dem/der ein hoher Arbeitsaufwand notwendig ist. Die Lohnkosten sind daher häufig höher als andere Kosten. In der → *Landwirtschaft* sind z. B. → *Sonderkulturen* besonders a. A. ist auch das → *Handwerk* und u. U. der Handel. Demgegenüber bedeutet arbeitsextensiv, dass der Produktionsfaktor Arbeit eine maßgebliche Rolle spielt (→ *kapitalintensiv*, → *lohnintensiv*, → *Flächenintensität*).

Arbeitsjahr *farming year*: Begriff aus der → *Agrargeographie*. Das A. kennzeichnet den zeitlichen Ablauf der Arbeitsschritte in der → *Landwirtschaft*, ausgehend etwa von der Feldvorbereitung für die Einsaat, über die Düngung und Ernte bis zur Vermarktung.

Arbeitskalender *farming calendar*: Abfolge der Zeiten unterschiedlichen Arbeitsanfalls in der → *Landwirtschaft*. Arbeitsspitzen (Zeiten erhöhten Arbeitsanfalls) stehen Arbeitstälern gegenüber. In Zeiten erhöhten Arbeitskräftebedarfs werden → *Wanderarbeiter* für Feldarbeiten eingesetzt. Je ausgeglichener der A. ist, desto gleichmäßiger sind die ständigen Arbeitskräfte eines Betriebes ausgelastet.

Arbeitsklima *labour climate*: Gesamtheit der Arbeitsbedingungen. Hierzu zählen u. a. die Arbeitsplatzgestaltung und das Verhältnis zu Arbeitskollegen und Vorgesetzten.

Arbeitskoeffizient *labour output ratio*: Begriff aus der → *Industriestandorttheorie* von A. Weber. Danach wird der A. definiert als Relation zwischen Arbeitskostenindex und → *Standortgewicht*. Unter Arbeitskostenindex versteht man die durchschnittlichen Arbeitskosten, die aufzuwenden sind, um eine Gewichtseinheit des Fertigerzeugnisses zu produzieren. Das Standortgewicht ergibt sich aus dem Gewicht der lokalisierten Materialien plus das Gewicht der Fertigerzeugnisse.

Arbeitskosten *labour costs, employment costs*: Gesamtheit der Aufwendungen für → *Arbeitgebers* für den → *Produktionsfaktor* Arbeit. Darin sind neben den direkten Kosten für Löhne und Gehälter auch die → *Lohnnebenkosten* für gesetzliche und freiwillige Leistungen (z. B. Sozialversicherungsbeiträge) eingeschlossen. A. können je nach Branche die Produktionskosten dominieren (z. B. bei Dienstleistungen) oder relativ unbedeutend sein (z. B. Energiewirtschaft). Bei einem internationalen Vergleich sind die A. in Beziehung zur → *Arbeitsproduktivität* zu setzen.

Arbeitskraft (AK) *manpower, worker*: Person, die gegen Entgelt beschäftigt ist oder einen Arbeitsplatz sucht. In der → *Landwirtschaft* gilt als eine Arbeitskraft eine vollarbeitsfähige weibliche oder männliche Person mit einer Jahresleistung von 300 Arbeitstagen bzw. 2400 Stunden. Weibliche und männliche Personen im Alter zwischen 16 und 65 Jahren zählen als 1,0 AK, im Alter von über 65 Jahren als 0,3 AK. Jugendliche im Alter von 14 bis 16 Jahren sind mit 0,5 AK einzusetzen.

Arbeitskräftepotenzial (Erwerbspersonenpotenzial) *labour force potential*: Zahl der erwerbsfähigen Personen der Gesamtbevölkerung, die sich aus der Anzahl der → *Erwerbstätigen*, der registrierten → *Erwerbslosen* und der sog. stillen Reserve (d. h. nicht registrierte Erwerbslose) zusammensetzt. Die Bestimmung des A. erfolgt häufig durch die Festlegung von Altersgrenzen, z. B. 15 bis 65 Jahre. Zur Beurteilung des A. sind darüber hinaus insbesondere auch qualitative Aspekte (z. B. Ausbildung oder Berufserfahrung) zu berücksichtigen.

Arbeitskräftewanderung → *Arbeitsmigration*.

Arbeitslosenquote *unemployment rate, jobless rate*: Anteil der bei den Arbeitsverwaltungen registrierten Arbeitslosen an der Gesamtzahl der → *Erwerbspersonen*.

Arbeitslosigkeit *unemployment*: vorübergehende Beschäftigungslosigkeit von Arbeitnehmern. Man unterscheidet nach dem Ausmaß der A. (Voll-A., Teil-A.) und nach der Ursache der A.: – saisonale A.: Abhängigkeit einzelner Berufe von den jahreszeitlichen Gegebenheiten (z. B. Bauberufe). – konjunkturelle A.: bedingt durch konjunkturellen Abschwung oder durch eine meist die gan-

ze Wirtschaft betreffende Wirtschaftskrise.
- strukturelle A.: als Divergenz (*mismatch*:) von Qualifikationsangebot und -nachfrage infolge marktseitiger oder technologischer Entwicklungen (→ *Rationalisierung*, → *Mikroelektronik*). - Fluktuations-A.: bedingt durch einen Arbeitsplatzwechsel (→ *natürliche Arbeitslosenquote*).

Arbeitsmarkt *labour market, job market, employment market*: → *Angebot* an und → *Nachfrage* nach Arbeitskräften in einem marktwirtschaftlichen System. Das Angebot an Arbeitskräften setzt sich aus den Arbeitslosen und den ungekündigten → *Arbeitnehmern* zusammen. Die Arbeitsvermittlung (in D: Bundesagentur für Arbeit (BA), in A: Arbeitsmarktservice (AMS), in CH: Regionales Arbeitsvermittlungszentrum (RAV)) ist bestrebt, einen Ausgleich von Angebot und Nachfrage herzustellen.

Arbeitsmarktregion *labour market region*: nicht-administrative, arbeitsfunktionale Gebietseinheit, die ein Staatsgebiet flächendeckend aufgliedert. Eine A. umfasst den Bereich der → *sozio-ökonomischen Verflechtungen* eines zentralen Arbeitsortes bzw. eines → *Agglomerationsraumes*, wobei der Abgrenzung insbesondere → *Pendlereinzugsgebiete* und regionale → *Arbeitsmärkte* zugrundegelegt werden.

Arbeitsmarktstatistik *labour force statistics*: Teil der amtlichen Statistik. Die A. wird in der Bundesrepublik Deutschland im Wesentlichen durch die Bundesagentur für Arbeit erstellt. Die A. erfasst → *Erwerbstätige*, die sozialversicherungspflichtig beschäftigt sind. Zur A. zählt in der Bundesrepublik Deutschland auch die Erwerbsstatistik des Statistischen Bundesamtes.

Arbeitsmigrant *migrant worker*: Person, die sich auf der Suche nach Arbeit aus einem Gebiet mit qualitativ oder quantitativ ungenügendem Arbeitsplatzangebot saisonal oder auf Dauer in ein Gebiet mit Arbeitskräftemangel begibt (→ *Arbeiterwanderung*, → *Gastarbeiter*).

Arbeitsmigration (Arbeitskräftewanderung, Arbeiterwanderung) *labor migration*: saisonale oder auf Dauer angelegte → *Wanderung* von Arbeitskräften aus Gebieten mit qualitativ oder quantitativ ungenügendem Arbeitsplatzangebot in solche mit Arbeitskräftemangel. Besonders starke A. entwickelte sich zur Zeit der → *Industrialisierung* (z.B. Polen als Bergarbeiter ins Ruhrgebiet) und der Kolonialisierung (z.B. Inder nach Ost- und Südafrika) sowie nach dem Zweiten Weltkrieg vom mediterranen Raum und Südosteuropa in die west- und mitteleuropäischen Industrieländer (→ *Gastarbeiter*).

Arbeitsmobilität *workplace mobility*: Bewegung einer Person zwischen verschiedenen beruflichen Positionen im Lauf des Lebens, z.b. inner- oder zwischenbetrieblicher Arbeitsplatzwechsel, Berufswechsel oder Wechsel im Beschäftigungsstatus. Die A. ist eine Form der → *Intragenerationsmobilität*.

Arbeitsort *place of work*: Gemeinde, in der sich der Arbeitsplatz befindet. Ist der A. mit dem Wohnort der Arbeitskräfte nicht identisch, kommt es zum → *Pendelverkehr*.

Arbeitspendler (Berufspendler) *commuter*: → *Erwerbstätiger*, der außerhalb seiner Wohnstätte arbeitet und regelmäßig, meist einmal täglich, den Weg zwischen Wohnung und → *Arbeitsstätte* zurücklegt. In der Statistik werden nur solche Erwerbstätige als A. gezählt, die auf ihrem Weg eine Gemeindegrenze überschreiten, d.h. deren Wohnung und Arbeitsstätte in verschiedenen → *Gemeinden* liegen. In der → *Stadtgeographie* wird demgegenüber auch von innerstädtischen A. gesprochen. Sonderformen des A. sind z.B. → *Fernpendler* und → *Wochenendpendler*. A. und → *Ausbildungspendler* werden als → *Pendler* zusammengefasst.

Arbeitsplatzexport *job export*: Verlagerung der Produktions- bzw. Arbeitsstätten von meist lohnkostenintensiven → *Standorten* in lohnkostenextensive Länder.

Arbeitsplatzzentralität *workplace centrality*: derjenige Teil der zentralörtlichen Bedeutung eines → *Zentralen Ortes*, der auf das Angebot an Arbeitsplätzen für Einwohner des Ortes selbst und des Umlandes (→ *Einpendler*) zurückgeht. Von manchen Autoren wird A. im Gegensatz zur → *Dienstleistungszentralität* nicht als eigentliche zentralörtliche Funktion gesehen (→ *Zentrale-Orte-Forschung*).

Arbeitsproduktivität *labour productivity*: Verhältnis von Arbeitsertrag zu Arbeitseinsatz. Hierbei wird der Arbeitseinsatz nach dem zeitlichen Arbeitsaufwand bzw. nach der Zahl der eingesetzten Arbeitskräfte, der Arbeitsertrag nach Mengen- oder Werteinheiten gemessen.

Arbeitsrhythmus *work rhythm*: zeitliche Abfolge und Wiederkehr von Arbeitshandlungen des wirtschaftenden Menschen. Der A. kann von verschiedenen Umweltbedingungen vorstrukturiert werden. Z.B. sind die unterschiedlichen physiogeographischen Bedingungen in den jeweiligen geographischen Breiten der Erde und → *Höhenstufen* der → *Hochgebirge* sowie das Wirtschafts- und Sozialsystem maßgeblich.

Arbeitsspitze *labour peak*: zeitweiliger Anstieg des Arbeitsaufwandes bzgl. der Produktion von Gütern oder der Erbringung von Dienstleistungen. Ein erhöhter Arbeitsaufwand kann zu bestimmten Tageszeiten, Wochentagen oder Saisonterminen auftreten. Eine A. ergibt sich mehr oder minder

Arbeitsstätte regelmäßig bei Verkehrsunternehmen, Energielieferanten, saisonabhängiger → *Industrie*, in der → *Landwirtschaft*, im → *Tourismus* und im → *Einzelhandel*.

Arbeitsstätte *place of work, place of employment*: örtliche Einheit in der amtlichen Statistik, die mindestens einen haupt- oder nebenberuflichen → *Arbeitnehmer* (unter Einfluss des Leiters) aufweist (→ *Arbeitsort*).

Arbeitsteilung *specialization of labour, division of labour, work sharing*: organisationale Zerlegung einer Arbeitsaufgabe in mehrere Teilaufgaben mit zunehmender Spezialisierung der ausführenden Arbeitsstelle. A. ist ein Kennzeichen der modernen → *Industriegesellschaft*. Eine besonders hohe Arbeitsteiligkeit wird bei der Fließbandproduktion erreicht (tayloristisch-fordistische A., → *Fordismus*). Unterschieden werden unternehmensinterne und unternehmensübergreifende A. sowie horizontale und vertikale A.. Alle Arten der A. können unter Nutzung komparativer Kostenvorteile (→ *komparative Kosten*) zu räumlicher A. führen. Durch funktionalräumliche A. zwischen → *Zentrum* (z. B. Forschung und Entwicklung, Management) und → *Peripherie* (Produktion) entstehen → *Disparitäten*. Ein Beispiel ist die → *internationale A*. zwischen → *Entwicklungsländern* und → *Industrieländern*. Der Prozess der → *Globalisierung* und günstige → *Transportkosten* fördern die → *neue internationale A*. Steigende Transport- und Qualitätskontrollkosten führen allerdings wieder zu einer teilweisen Rückverlagerung der Produktion zu den Absatzmärkten.

Arbeitsverfassung *employment system*: Normen, nach denen sich das Arbeitsleben bestimmt. Im modernen Rechtsstaat ist die A. durch das Arbeitsrecht definiert. Die Rechtsbeziehungen zwischen → *Arbeitnehmer* und → *Arbeitgeber* sind dort festgelegt (Tarifvertrag, Arbeitsordnung) und werden durch Arbeitsgerichte überwacht.

Arbeitswerttheorie *labour theory of value*: Ansatz aus den klassischen → *Volkswirtschaftslehre*, wonach der Wert einer Ware durch den Wert der zur Produktion eingesetzten Arbeit bestimmt wird.

Arbitrage *arbitrage*: bezeichnet das bewusste Ausnutzen von Preis-, Kurs- oder Zinsunterschieden zwischen verschiedenen Märkten zwecks Gewinnerzielung (→ *Gewinnmaximierung*). A. spielt v. a. bei Bank- und Börsengeschäften eine Rolle (→ *Arbitrageökonomie*).

Arbitrageökonomie *economoy of arbitrage*: bezeichnet ein Geschäftsmodell, dem die bewusste Nutzung von Preis-, Zins- oder Kursunterschieden (→ *Arbitrage*) v. a. zwischen Ländern oder Wirtschaftsräumen zugrunde liegt. Im Zuge der → *Globalisierung* begünstigen die steigende wirtschaftliche Verflechtung von Nationen und Industrien, eine supranationale → *Handelspolitik* und sinkende Transport- und Kommunikationskosten die Entwicklung einer A., wenn globale Akteure wie → *transnationale Unternehmen* durch die Ausnutzung von Unterschieden in nationalen regulatorischen Rahmenbedingungen Arbitrage betreiben (→ *Ressourcenökonomie*, → *Produktionswirtschaft*).

Arboreal *arboreal*: alle Landschaften der Erde mit → *Wald*.

ArcGIS → *Geographisches Informationssystem* des US-Unternehmens ESRI. A. ist weltweiter Marktführer unter kommerziellen → *Desktop-GIS* und gilt somit als Standardsoftware in der digitalen Verarbeitung von → *Geodaten*. Zu A. gehören derzeit vier Hauptprogramme: ArcMap (Hauptkomponente für Geodatenverarbeitung und → *Kartographie*), ArcCatalog (integrierte Komponente zur Verwaltung von Geodaten und deren → *Metadaten*), ArcGlobe (Komponente zur 3D-Visualisierung), ArcScene (Komponente zur 3D-Anzeige und -Analyse).

Archäeuropa *Early Europe*: → *Ureuropa*.

Archaikum *Arch[a]ean*: das älteste geologische System, von 3900-2500 J. v. h., auch Altpräkambrium (→ *Präkambrium*) genannt. Den Zeitabschnitt vor dem A. bezeichnet man als → *Azoikum*.

Archäobiota *archaeobiota*: Sammelbegriff für gebietsfremde, bis zum Ende des Mittelalters (um 1492) mithilfe des Menschen eingeführte und dauerhaft etablierte Sippen, spezifisch betrachtet als → *Archäozoen* und → *Archäophyten* (→ *Adventivbiota*).

Archäophyten *archaeophytes*: bis zum Ende des Mittelalters (um 1492) in einen Lebensraum eingeführte und dauerhaft etablierte Pflanzenarten. (→ *Adventivbiota*.

Archäozoen *archaeozoa*: bis zum Ende des Mittelalters (um 1492) in einen Lebensraum eingeführte und dauerhaft etablierte Tierarten (→ *Adventivbiota*.

Archeuropa *Early Europe*: → *Ureuropa*.

Archiplata *Archiplata*: vermutete Landbrücke während der → *Kreidezeit* zwischen Südamerika und einer südpazifischen Landbrücke, über die es während des → *Tertiärs* zu einem Faunenaustausch zwischen Nord- und Südamerika kam.

Archive der Landschaft → *Geo-Bio-Archive*.

Area Studies → *Regionale Geographie*.

Areal *area of distribution*: Verbreitungsgebiet eines → *Taxons* oder allgemein eines geo- oder biowissenschaftlichen Phänomens. Das A. kann geschlossen (kontinuierlich) oder in Teilgebiete getrennt (→ *Disjunktion*, → *Diskontinuität*) sein.

Arealitätsziffer *splitting up of land holding*: in der → *Bevölkerungsgeographie* benutzter Wert zur Angabe, welche Fläche dem einzelnen Einwohner in einer Raumeinheit (Land, Region usw.) im Durchschnitt zur Verfügung steht. Die A. wird berechnet, indem man die Größe einer Fläche in km^2 durch die Zahl der dort lebenden Bevölkerung teilt. Die A. entspricht dem umgekehrten Wert der → *Bevölkerungsdichte*.

Arealkunde *chorology*: Lehre von der Entwicklung und dem Zustand von → *Arealen*.

Arealsystem *areal system*: die Raum-Zeit-Bindung einzelner Organismen und Populationen aus ökofunktionaler Sicht, eingesetzt zur Kennzeichnung von Arealinhalten im weitesten Sinne. Die Analyse der A. ist ein Forschungsbereich in der → *Biogeographie* und → *Paläoökologie*.

Arealtypen *areal types*: räumliche Einheit, in der einander entsprechende oder ähnliche → *Areale* zu Gruppen zusammengefasst werden. Grundlage eines weltweiten Ordnungssystems, mit dem die großräumigen → *Floren-* und → *Faunenreiche* untergliedert werden.

Arealzersplitterung → *Besitzzersplitterung*.

areisch *areic*: → *Fließgewässer*, deren Ursprungsgebiet und Mündung in einem → *Trockengebiet* liegen.

Arenosols *Arenosols*: in der → *WRB* (2014) sandige Böden aus → *residualen* Sanden oder jungen Sandablagerungen in aridem bis humidem und perhumidem Klima. Häufig wenig oder gar keine Bodenentwicklung, im perhumiden Klima mit Neigung zu einem hellen, ausgebleichtem → *Horizont*. Die Vegetation reicht von Wüste über schüttere Vegetation (meist Gräser) zu lichtem Wald. A. besitzen unterschiedliche landwirtschaftliche Möglichkeiten (je nach Vorkommen), haben aber eine grobe → *Bodenart*, eine hohe Permeabilität und geringe Wasser- und Nährstoffkapazität.

Arge Alp (Arbeitsgemeinschaft Alpenländer) *Association of the Alpine States*: 1972 in Mösern in Tirol gegründete, derzeit zehn Mitglieder umfassender Zusammenschluss von Bundesländern, Provinzen, Regionen und Kantonen in Deutschland, Österreich, der Schweiz und Italien zur grenzüberschreitenden Zusammenarbeit, gemeinsamen Interessenvertretung und Koordinierung der Politik in den Bereichen Raumordnung, Verkehrsplanung, Natur- und Umweltschutz und Kulturpflege.

arid *arid*: Bezeichnung für ein → *Klima*, dessen mittlere jährliche → *potenzielle Verdunstung* die mittlere jährliche Niederschlagsmenge übersteigt. Es gilt also die Beziehung Verdunstung > Niederschlag. Kennzeichen a. Klimate ist ihre Abflusslosigkeit. Die Flüsse verdunsten auf ihrem Lauf oder enden in abflusslosen Seen (→ *Endsee*) oder in → *Pfannen*. Man unterscheidet in: vollarid (10 bis 12 aride Monate) und semiarid (7 bis 9 aride Monate).Der Gegensatz von a. ist humid (Halbwüste, Wüste, xeromorph).

Aridisols *Aridisols*: (von *aridus* [lat.] = trocken) in der → *US Soil Taxonomy* (2014) Böden, die in der Regel sehr wenig entwickelt sind, einen hohen Sandanteil und sehr geringe Gehalte an → *organischer Substanz* aufweisen.

Aridität *aridity*: Ausdruck für das Maß der Trockenheit eines Gebietes. Bei Vollaridität liegen dauernd trockene Klimabedingungen mit weniger als 100 mm Jahresniederschlag vor (→ *humid*, → *semiarid*).

Ariditätsindex *aridity index*: 1. Klimazahl nach E. de Martonne; ermittelt mit der Formel i (Index) Niederschlag (in mm) / Temperatur (in °C) + 10 den Grad der → *Aridität*. Die Formel ist wegen ihrer physikalischen Unsauberkeit umstritten. 2. einfache Verhältniszahl der → *potenziellen Verdunstung* zum Niederschlagsmittel.

arithmetisches Mittel *arithmetic mean, arithmetic average*: am häufigsten angewendeter → *Mittelwert* in der → *deskriptiven Statistik*. Zur Berechnung benötigt man ein hohes → *Skalenniveau*, d.h. Daten mit gleichen Intervallen (→ *metrische Daten*), z.B. zur Berechnung einer Durchschnittsgeschwindigkeit oder einer Durchschnittsgröße (→ *geometrisches Mittel*).

Arktikfront (arktische Luft) *Arctic front*: winterliche Luftmassengrenze im Bereich des nördlichen europäischen Nordmeers. Sie entsteht durch Rücktransport von Polarluft, die über den → *Mittelbreiten* zu gemäßigter → *Kaltluft* erwärmt wurde.

arktischer Rohboden Boden der arktischen Kältewüsten. Der a. R. ist sehr flachgründig, reich an Steinen und nur lückenhaft im Bereich von Wurzelpolstern etwas humushaltig. Bodenfrost lässt → *Frostmusterböden* verschiedener Ausprägung entstehen. Im Gegensatz zu den → *alpinen Rohböden* können a. R. in extrem niederschlagsarmen Gebieten auch Salz- und Kalkanreicherungen enthalten.

arktisches Klima *arctic climate*: das Klima der Polargebiete, die auf der Südhalbkugel ihre Grenze bei ca. 60° S und auf der Nordkugel sehr unterschiedlich zwischen 60° N (Labrador) und 72° N (Nordskandinavien) haben. Die Grenze entspricht der Grenze des geschlossenen Waldes, der → *Taiga*. Beim a. K. unterscheidet man subarktisches und hocharktisches Klima. – Im subarktischen K. der → *subarktischen Zone* mit → *Waldtundra* und → *Tundra* erreicht das Temperaturmittel des wärmsten Monats nicht die 10 °C-Grenze.

Drei Sommermonate liegen jedoch zwischen ca. 5 und 9 °C (im Mittel). Daraus resultiert als wichtiges Kennzeichen des a. K. eine Vegetationszeit von 70–100 Tagen. Hohe absolute Temperaturmaxima sind ausnahmsweise möglich (bis 25 °C); meist liegen sie jedoch nicht über 15 °C. Hingegen wird das Klima der subarktischen Zone durch Ozeanität und Kontinentalität stark variiert. Das niedrigste Monatsmittel erreicht demzufolge Werte zwischen -10 und -40 °C, ebenso treten Jahresniederschlagssummen zwischen 100 und 1000 mm auf, wobei Schneeniederschlag überwiegt. Die subarktischen K.-Bereiche sind teilweise trocken. – Im hocharktischen K. liegen alle Monatsmittel der Temperatur unter 0 °C, der Gefrierpunkt wird nur an wenigen Tagen des Jahres überschritten. Die Niederschläge sind mit 100-200 mm sehr gering. Diese ökologischen Bedingungen reichen für Pflanzenwuchs nur bedingt oder nicht aus, sodass die Hocharktis auch als Eiswüste bezeichnet wird.

Armenkolonie *pauper colony*: planmäßige Ansiedlung mittelloser Landbevölkerung auf → *Großgrundbesitz*, v. a. im Zuge der → *Peuplierung* und des Landesausbaus (→ *Ausbauperiode*) im 17./18. Jh..

Armut *poverty*: Mangel an lebenswichtigen Gütern und Dienstleistungen. Je ausgeprägter die A. einer Gesellschaft ist, desto verwundbarer ist diese gegen äußere Einflüsse (z. B. gegen → *Naturgefahren*) (→ *Vulnerabilität*). Man unterscheidet: – absolute A., bei der einem Individuum laut → *Weltbank* weniger als 1,25 US-$ pro Tag zur Verfügung stehen. – relative A., bei der das zur Verfügung stehende Einkommen deutlich unter dem Durchschnitt eines Staates liegt. – gefühlte A. (auch: sozio-kulturelle A.), die diejenigen betrifft, die sich aufgrund ihrer allgemeinen gesellschaftlichen Ausgrenzung als „arm" betrachten oder diejenigen, die Angst vor einer schlechteren wirtschaftlichen Lage haben und in ständiger Angst vor A. leben. Ferner ist zwischen finanzieller A. (Mangel an → *Einkommen*, → *Vermögen*), sozialer A. (Mangel an engen Familien- und Freundesbeziehungen) sowie materieller A. (Mangel an üblichen Gebrauchsgegenständen) zu unterscheiden.

Arrondierung *land consolidation*: Zusammenlegung von Grundbesitz. A. kann auf privater Basis oder im Rahmen eines amtlich durchgeführten Flurbereinigungsverfahrens (→ *Flurbereinigung*) erfolgen. Eine Total-A. bedeutet, dass alle früher verstreut gelegenen Grundstücke eines landwirtschaftlichen Betriebes zu einer Einheit zusammengefasst werden. Eine → *Aussiedlung* ist dabei nicht zwingend erforderlich.

Arroyo *arroyo*: – Typ des → *Trockentals* der Sonorawüste, zeitweise Wasser führend, mit ungleichmäßigem Längsprofil, das durch Blockanhäufungen gestuft ist, hinter denen sich Fein- und Grobsedimente ansammeln. – in der → *Klimageomorphologie* und der → *Hydrologie* wird die Bezeichnung auf andere Erdräume mit episodischen Fließgewässern gleichen Abflussverhaltens (→ *torrentielles Fließverhalten*) übertragen. Alternativbegriffe sind → *Rivier*, → *Torrente*, → *Wadi*.

Art (Spezies) *species*: Grundeinheit des natürlichen Systems der Pflanzen und Tiere, von der sich alle anderen → *Ordnungsstufen* ableiten. Die A. stellt damit die wichtigste systematische Kategorie dar. Zu einer A. gehören alle jene Individuen, deren wesentliche Merkmale übereinstimmen und die sich i. d. R. miteinander kreuzen lassen.

Art der baulichen Nutzung *way of land use, building use category*: Begriff aus der → *Bauleitplanung*. Im → *Flächennutzungsplan* einer Gemeinde werden mit A. d. N. die verschiedenen Kategorien der → *Bodennutzung* bezeichnet, z. B. → *Wohngebiet* oder → *Gewerbegebiet*.

Artemisia-Steppe → *Salzsteppe* bzw. → *Wermutsteppe*.

Artenarmut *depauperate community*: niedrige Artenzahl in Lebensräumen mit i. d. R. extremen Bedingungen oder Störungen.

Artendichte *species density*: Artenzahl pro definierter Fläche. Wie bei → *Artendiversität* auch als Artenvielfalt bezeichnet (→ *Art*).

Artendiversität *species diversity*: Zahl der Arten. Wie bei → *Artendichte* auch als Artenvielfalt bezeichnet (→ *Art*).

Artengefüge *species composition*: an einer Lebensgemeinschaft (→ *Biozönose*) beteiligte Arten, die meist miteinander durch Nahrungsketten verbunden sind.

Artengruppen *species groups*: Zusammenstellung von Tier- oder Pflanzenarten nach vergleichbaren Ansprüchen an das → *Ökosystem*. Der Ausdruck „funktionale Artengruppe" (bei Tieren auch als Gilde bezeichnet) bezieht sich auf die Funktion im Ökosystem, z. B. Blütenbesucher.

Artenliste *species list*: Zusammenstellung der → *Arten* eines → *Biotops* oder sonstigen Gebietes. Eine A. vermittelt nur ein grobes Bild der biozönotischen Struktur, weil sie keine Angaben zur quantitativen Vorkommen der einzelnen Arten macht.

Artenreichtum *species richness*: hohe Artenzahl in Lebensräumen mit vielfältigen und nicht extremen Lebensbedingungen.

Artenschutz *conservation of species*: alle Maßnahmen zum Schutz seltener oder vom Aussterben bedrohter Tier- und Pflanzenarten (→ *Diversität*, → *Naturschutz*, → *Rote Liste*).

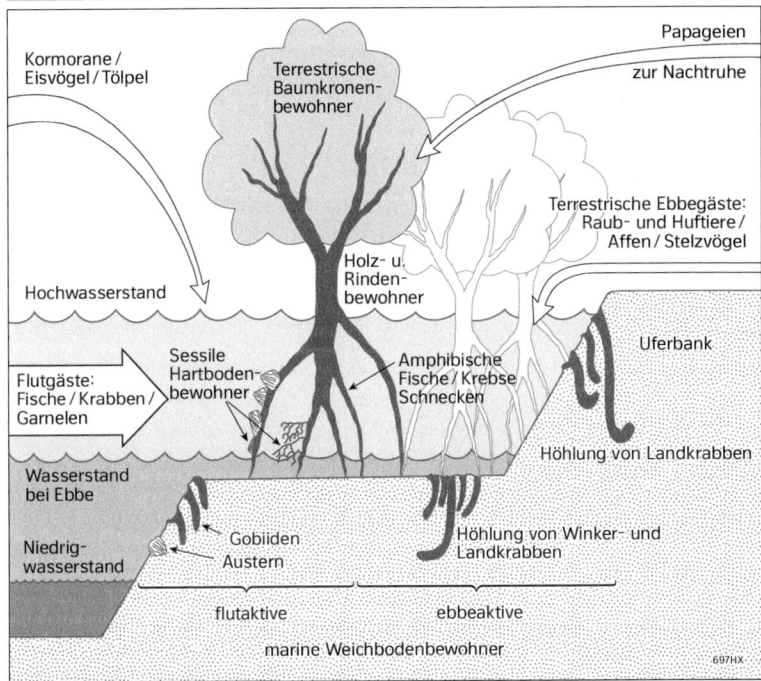

Artengefüge

Artenschutzabkommen *convention on endangered species*: international abgeschlossene Vereinbarungen zum Schutz bedrohter Tier- und Pflanzenarten. Eines der wichtigsten A. war das Washingtoner A. 1973.

Artenschutzprogramm *species protection program*: geplanter → *Artenschutz*, der im Aufgabenbereich des → *Naturschutzes* liegt, wobei A. bestrebt sind, den Gesamtbestand an wildlebenden Tier- und Pflanzenarten innerhalb ihres natürlichen → *Areals* in der typischen Vielfalt so zu erhalten und zu fördern, dass der Fortbestand und die Weiterentwicklung der Arten gesichert sind. Die A., die im Rahmen der → *Raumplanung* und der administrativen Arbeiten realisiert werden, wenden sich inzwischen vom Schutz einzelner, meist seltener oder in ihrem Bestand gefährdeter Tier- und Pflanzenarten ab, und streben einen Gesamtschutz des Lebensraumes und der darin funktionierenden → *Ökosysteme* (Prozessschutz) an.

Artensterben *extinction of species*: Kurzbezeichnung für die Tatsache, dass eine Vielzahl von Tier- und Pflanzenarten vom Aussterben bedroht ist. Durch direkte und indirekte Ausrottung, v. a. durch Vernichten der Lebensräume von Pflanzen und Tieren, hat das A. zwischen 1950 und heute stark zugenommen. Gefährdete Arten werden in der → *Roten Liste* aufgeführt.

Arteser → *artesischer Brunnen*.

artesischer Brunnen *artesian springs*: natürlicher → *Brunnen*, benannt nach der französischen Landschaft Artois. Aus a. B. kommt durch Überdruck → *Grundwasser* an die Oberfläche. Voraussetzung für a. B. ist eine Tallage sowie die Einbindung einer wasserführenden Schicht zwischen zwei wasserundurchlässigen Schichten.

Asche *ash*: – anorganische Stoffe, die bei vollständiger Verbrennung organischer Substanzen zurückbleiben. Es handelt sich überwiegend um Alkalikarbonate, Alkalichloride und Alkalisulfate sowie Erdalkaliverbindungen. Die A. entsteht bei Verbrennung von Kohle, v. a. in Kraftwerken, und verbreitet sich als Flugasche. Sie trägt zur Umweltverschmutzung bei und zu pH-Wert-Veränderungen der Oberböden. – der nicht verbrennbare Rückstand organischen Materials, d. h. von Mensch, Tier und Pflanze. – sehr kleines

Artesischer Brunnen

(kleiner als 2mm) vulkanisches Lockersediment (→ *Pyroklast*) unterschiedlicher Form und Mineralogie, das bei explosivem Vulkanismus (→ *Ejektion*) entsteht, wobei → *Lava* und Gestein zu einem Feinsediment bis maximal Sandkorngröße zerstört wird. Je nach Stärke und Explosivität des Vulkanausbruchs werden die A. unterschiedlich hoch in die → *Atmosphäre*, z.T bis in die → *Stratosphäre*, geschleudert, wovon ihre Klimawirksamkeit abhängt - legendär ist das sog. „Jahr ohne Sommer" 1816 nach dem Ausbruch des → *Vulkans* Tambora in Indonesien. Die vulkanischen A. sind als → *Aschendecken* verbreitet, die aus → *Aschenregen* oder Aschenströmen hervorgehen. Verfestigt sind die vulkanischen A. (→ *Tuffe*).
Aschefall → *Aschenregen*.
Aschendecke *coating of ash*: flächenhafte Akkumulation vulkanischer → *Asche* (→ *Ejektion*).
Aschenregen (Aschefall) *ash fall, ash rain, ash shower*: niederfallende Vulkanaschen, was in Abhängigkeit der Höhe der Eruptionssäule trocken (geringe Höhenerstreckung der Eruptionssäule) oder nass erfolgen kann. Vulkanische → *Aschen* können weite Strecken in der Atmosphäre zurücklegen und sogar bis in die → *Stratosphäre* gelangen (→ *Ejektion*, → *Vulkanausbruch*).
Äschenregion *grayling zone*: Bestandteil der biologischen → *Fließgewässergliederung* in Mitteleuropa, die Flüsse in Teillebensräume gliedert. Dieser Flussabschnitt weist größere Wassertiefen und daher geringere Fließgeschwindigkeiten auf. Die Ä. wurde nach der Äsche (*Thymallus thymallus*; Forellen-Familie) benannt.
Aschenstrom → *pyroklastischer Strom*.
Aschenvulkan → *Tuffkegel*.
ASEAN (Association of Southeast Asian Nations) 1987 gegründeter Verband südostasiatischer Staaten mit dem Ziel der wirtschaftlichen, sozialen und kulturellen Zusammenarbeit in Südostasien. Mitglieder sind Brunei, Indonesien, Kambodscha, Laos, Malaysia, Myanmar, Philippinen, Singapur, Thailand und Vietnam.
Asia Pacific Economic Cooperation → *APEC*.
Aspekt *aspect*: das jahreszeitlich sich ändernde Erscheinungsbild eines von → *Pflanzenformationen* geprägten → *Ökosystems* oder einer → *Biozönose* (→ *Aspektfolge*, → *Jahreszeitenklimate*).
Aspektfolge *sequence of aspects*: die zeitliche, von → *Witterung* und → *Jahreszeitenklimaten* bestimmte Abfolge der → *Aspekte* von → *Biozönosen*, → *Ökosystemen* und/oder → *Pflanzengesellschaften*. In den gemäßigten Klimaten und den Klimaten der Hohen Breiten ist es in erster Linie die durch den Wechsel der thermischen Jahreszeiten bedingte A. (→ *Aestival*-, → *Autumnal*-, → *Hiëmal*-, → *Prävernal*-, → *Serotinal*- und → *Vernal-Aspekt*), während in den Tropen die Abfolge von Regenzeiten und Trockenzeiten die A. steuert.
Asphalt (Erdpech) *asphalt, asphaltum, oil coal, stellar coal, mineral pitch*: Oxidationsprodukt des → *Erdöls*, aus → *Bitumen* und diversen Mineralstoffen bestehend. A.-Vorkommen sind mit Erdöllagerstätten vergesellschaftet. Der A. kann als A.-Sand oder in A.-Seen vorkommen.
Asse (Endlager Asse II) *final disposal site Asse*: Salzbergwerk bei Remlingen (Landkreis Wolfenbüttel), in welchem bis 1964 → *Kali*- und → *Steinsalz* abgebaut wurde. 1967 bis 1978 Endlagerungsversuch schwach- bis mittel → *radioaktiver Abfälle*. Wegen Stabilitätsproblemen, die bereits während des Salzbaus auftraten und der Gefahr von Wassereinbrüchen, erfolgt z. Z. die Vorbereitung der Rückholung. Rückholvolumen ca. 100 000 m^3, bei immer noch unklarem Inventar des eingelagerten radioaktiven Mülls (Ahaus, Gorleben, Lubmin, Morsleben).
Assemblage *assemblage*: ursprünglich ein Begriff aus der bildenden Kunst, von Gilles Deleuze und Félix Guattari als Kernbegriff ihrer Theoriebildung benutzt. A. bezeichnet ein kontingentes (→ *Kontingenz*) Ensem-

ble von Praktiken und Gegenständen, zwischen denen unterschieden werden kann und die entlang den Achsen von → *Territorialität* und Entterritorialisierung ausgerichtet werden können.

asset backed security (ABS) *Asset Backed Security* : durch Vermögenswerte gesichertes → *Wertpapier*, das verzinslich ist (→ *Zins*) und durch → *Verbriefung* von Forderungen entsteht.

Assimilation *assimilation*: – „Angleichung", v. a. in der Pflanzenphysiologie. Die A. stellt den Aufbau körpereigener organischer Stoffe aus anorganischen oder organischen Stoffen dar. Bei ersterem handelt es sich um → *autotrophen* → *Stoffwechsel*, im letzteren Fall um → *heterotrophen* Stoffwechsel (→ *Anabolismus*). – unter A. im engeren Sinne versteht man die Bildung von Stärke aus → *Kohlendioxid* und Wasser unter Mitwirkung der Energie des Sonnenlichts (→ *Strahlung*) und des Blattgrüns, dann als → *Photosynthese* bezeichnet, der → *Dissimilation* gegenüberstehend. – in den Sozialwissenschaften das Einander-Angleichen verschiedener gesellschaftlicher Gruppen (bis hin zur Verschmelzung). In der Debatte um die Integration von ausländischen Einwanderern (Migration) wird häufig A. gemeint, wenn Integration gesagt wird. A. erfordert, dass Unterschiede zu verschwinden haben (i.S.v. Normierung), i.d.R. auf Druck durch die Mehrheit. Hierarchische Unterschiede bleiben bei der A. bestehen, denn A. heißt Einordnung im Sinne von Unterordnung und Anpassung (Exklusion, Inklusion, Separation). – Verschmelzung, Durchdringung, Angleichung von Kulturen oder Völkern. A.-Vorgänge treten insbesondere in Einwanderungsländern zwischen den Angehörigen verschiedener Ursprungsvölker oder -nationen ein (z. B. USA, Israel). A. lässt sich in verschiedene Dimensionen differenzieren, die als Phasen aufeinanderfolgen: kognitive A. (Spracherwerb, Verhaltenssicherheit), strukturelle A. (Integration in den Arbeitsmarkt), soziale A. (Kontakte zwischen Kulturen) und identifikatorische A. (Reflexion der eigenen kulturellen Zugehörigkeit; Akklimatisation).

Association of Southeast Asian Nations → *ASEAN*.

Assoziation *association*: 1. eine → *Pflanzengesellschaft* bestimmter floristischer Zusammensetzung. Als Grundeinheit wird durch bestimmte → *Arten* definiert, d. h. pflanzensoziologisch durch → *Charakterarten* bzw. Kennarten sowie durch → *Differentialarten* (→ *Pflanzensoziologie*). 2. in der → *Zooökologie* beschreibe die A. Organismenkollektive.

Assoziierung *association*: Anschluss eines Landes an eine → *Staatengruppe*, eine Wirtschafts- oder Verteidigungsgemeinschaft usw., ohne die Rechte und Pflichten eines Vollmitglieds zu haben. A. ist häufig eine Vorstufe zur Mitgliedschaft, z. B. in der → *EU*.

Assyntische Gebirgsbildung *assyntic orogeny*: präkambrische → *Faltungsphase* am Endes des → *Proterozoikums*, ca. 600-550 Mio. J. v. h..

Asthenosphäre *asthenosphere*: unter der → *Lithosphäre* (→ *Erdkruste*) der obere, „weiche" Teil des → *Erdmantels* mit ca. 2890 m Gesamtmächtigkeit. Unter den → *Kontinenten* liegt die A. ca. 80 km unter der Erdoberfläche, unter den Meeren 25-30 km. Die A. ist fließfähig. In ihr wirken → *Konvektionsströme*, welche die → *Plattentektonik* in Gang halten.

Astronomie (Sternkunde) *astronomy*: exakte Naturwissenschaft, die sich mit der Verbreitung, Entwicklung und Verteilung der Materie von Himmelskörpern im Weltall beschäftigt.

Ästuar *estuary, tidal river*: trichterförmig erweiterte Flussmündung ins Meer. Die Bildung von Ä. hängt von der Stärke des → *Gezeitenstroms* und der Materialfracht des Flusses ab. Sie entstehen nur, wenn die Materialschüttung geringer ist als die abtragende Wirkung von → *Ebbe* und → *Flut* (z. B. Elbe, St.-Lorenz-Strom). Ä. sind Grenzlebensräume zwischen → *Süßwasser* und → *Meerwasser* mit biolökologischen Besonderheiten, die sich aus den durch Gezeitenbewegung beeinflussten Fließvorgängen, → *Salinitätsgrad* und Stofffrachten aus Meer und Süßwasser ergeben (→ *Marsch*).

Ästuardelta *estuarine delta*: entsteht an Flussmündungen, die stark von den → *Gezeiten* dominiert sind und steht in der Deltasystematik somit sozusagen am anderen Ende gegenüber dem → *Fingerdelta*, in dem die → *Fluvialdynamik* überwiegt. Aufgrund der Gezeitenströmungen kann der Fluss kein → *Delta* vorbauen, sodass Ä. meist eine Arme und eine meerwärts trichterförmig verbreiterten Grundriss haben. Die abgelagerte → *Flussfracht* wird stark umgelagert, sodass sich auch die Schichtung der → *Deltasedimente* stark von anderen Deltas unterscheidet.

Ästuarhafen *estuary harbour*: → *Hafen*, der an einer Ebbe und Flut trichterförmig erweiterten Flussmündung liegt. Je nach → *Tidenhub* ist die Ä. als → *Tidehafen* (z. B. Hamburg, 2 m) mit offener Verbindung zum Meer oder als → *Dockhafen* mit Schleusen gegen hohe Gezeitenunterschiede (z. B. alte Londoner Häfen, 9 m) ausgebildet.

Asyl *asylum*: Begriff des politischen Schutzsuchens. A. wird als Entfernung von → *Flüchtlingen* von einem → *Staat* zu einem anderen, der Suche nach Schutz vor Gewalt, Gefahr und politischer Verfolgung verstanden. A.

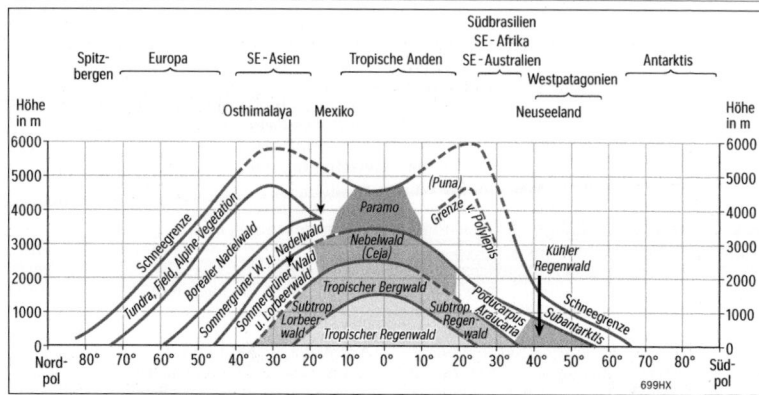

Asymmetrischer Veg.-aufbau

bezeichnet auch einen Zufluchtsort, eine Unterkunft sowie die temporäre Aufnahme der Verfolgten.

Asylbewerber → *Asylsuchender*.

Asylsuchender (Asylbewerber) *asylum seeker*: Person, die ihr Herkunftsland verlassen hat und in einem anderen Land um Aufnahme und Schutz vor politischer, religiöser, weltanschaulicher oder sonstiger Verfolgung nachsucht. Im weiteren Sinne handelt es sich bei A. um Personen, die die Anerkennung als → *Flüchtling* beantragt haben, im engeren Sinne nach dem deutschen Asylrecht um politisch Verfolgte, die Schutz vor unmittelbarer Verfolgung erhalten.

asymmetrischer Vegetationsaufbau der Erde *asymmetrical vegetation structure of the earth*: Anordnung der Vegetationszonen und -stufen auf der Erde. Sie ist bedingt durch die asymmetrische Verteilung der Kontinente und der Ozeane und die daraus resultierenden verschiedenen → *Klimazonen*. Zudem haben Lage, Ausrichtung zu den vorherrschen Luftströmungen sowie die Höhe der Gebirge einen starken Einfluss (→ *Luv-* und → *Lee-Effekte*, → *Massenhebungs-* und der damit verbundene Heizflächeneffekt).

Atemwurzeln (Pneumatophoren) *pneumatophores*: Wurzeln zur zusätzlichen Sauerstoffversorgung des Wurzelsystems bei Pflanzen, die im Schlamm wachsen; oft als Luftwurzeln ausgebildet (→ *Mangrove*).

Äthiopis (Afrotropis) *Ethiopian region*: Tierreich der Erde, Afrika südlich der Sahara und Madagaskar umfassend. Manche Autoren stellen die Ä. zur → *Paläotropis*.

ATKIS Amtlich Topographisch-Kartographisches Informationssystem des amtlichen Geoinformationswesens Deutschlands. Das übergeordnete Ziel von A. ist es, → *Geodaten* (→ *Geobasisdaten*, → *Geofachdaten*) und → *Geoinformation* der topographischen Landesaufnahme und amtlichen → *Kartographie* digital bereitzustellen. A. dient u. a. zur Herstellung topographischer Landeskartenwerke (→ *topographische Karte*) durch automatisierte Ableitungsverfahren. Dazu umfasst A. einen Objektarten- sowie einen Signaturenkatalog. Zudem enthält A. ein digitales Landschaftsmodell (→ *DLM*), das u. a. auf einem digitalen Geländemodell (→ *DGM*) basiert.

Atlantikum *Atlanticum, atlanticum period*: Zeitabschnitt der Erdgeschichte, der in Mitteleuropa das Klimaoptimum des → *Holozäns* mit warm-feuchtem Klima und Sommertemperaturen 2-3°C höher als heute umfasst. Basiert auf der postglazialen Vegetationsentwicklung in der Abfolge → *Präboreal* - → *Boreal* - → *Atlantikum* - → *Subboreal* - → *Subatlantikum*. Mit intensiven Bodenbildungen (z. B. → *Parabraunerden* und in warmen Beckenlandschaften → *Tschernosemen*) und Eichenmischwäldern mit Ulmen, Linden und Hasel. Gegen Ende Zunahme der Buche. Das A. dauerte von 7 400 -4 500 J. v. h.. In der zweiten Hälfte des A. begannen flächenhafte → *Rodungen* und damit großräumig wirksame Eingriffe des wirtschaftenden Menschen in Mitteleuropa (→ *Postglazial*).

Atlantis *Atlantis*: vermutete Landbrücke zwischen der Alten und der Neuen Welt im Bereich des Atlantischen Ozeans, die Tierwanderungen ermöglicht haben soll. Durch die Theorie der → *Kontinentalverschiebung* und das Konzept der → *Plattentektonik* ist die Vorstellung vom Kontinent A. überholt.

Atlantischer Ozean *Altantic ocean*: → *Ozean*.

Atlas *atlas*: zweckorientierte Sammlung von → *Karten*.

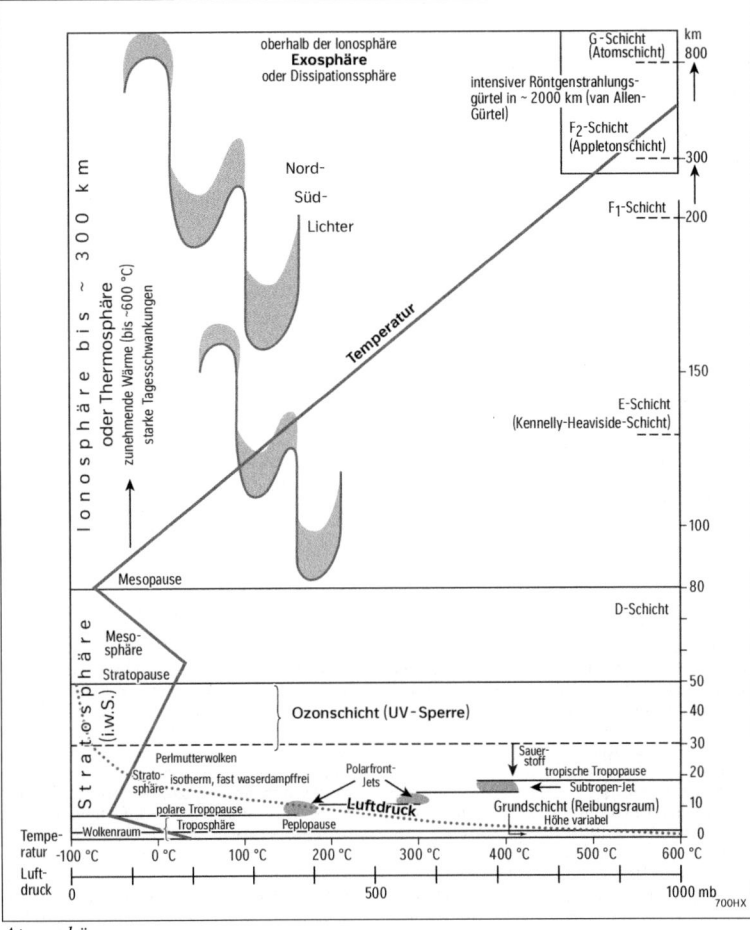

Atmosphäre

Atmosphäre *atmosphere*: die Lufthülle der Erde. Sie besteht aus einem Gemisch verschiedener gasförmiger Elemente und Gase, dessen mengenmäßige Zusammensetzung wegen der ständigen Luftmassenbewegungen sehr konstant bleibt. Die wichtigsten Bestandteile sind → *Stickstoff* (77%), Sauerstoff (20,7%), → *Wasserdampf* (durchschnittlich etwa 1,3%) und Argon (0,9%). Die restlichen 0,1% setzen sich aus → *Kohlendioxid*, Neon, Helium, Krypton, Xenon, Wasserstoff, → *Ozon*, Ammoniak, Wasserstoffsuperoxid, → *Jod* und → *Radon* zusammen (→ *Edelgase*). In den untersten Schichten der A. können noch erhebliche Mengen an festen Schwebeteilchen (→ *Aerosole*) hinzukommen. Der Wasserdampfgehalt schwankt stark von fast 0 bis 4% und verfügt damit über beträchtliche Klimawirksamkeit. Die A. ist geschichtet und erreicht insgesamt eine Mächtigkeit von mehreren 100 km (→ *Luft*, → *Luftdruck*, → *luftfremde Stoffe*).

Atmosphärenkorrektur *haze correction*: Nachbearbeitungsverfahren → *fernerkundlich* erfasster Daten, um Spektraleigenschaften der → *Erdoberfläche* möglichst unverfälscht wiedergeben zu können. Die an der Erdoberfläche reflektierte Strahlung wird auf dem

Weg zum Erfassungssensor (bspw. → Satelliten- oder Flugzeugsensor) in der → Atmosphäre durch Streu- und Absorptionsprozesse (→ Rayleigh-Streuung an Luftmolekülen, Mie-Streuung an → Aerosolteilchen und Gasabsorption) beeinträchtigt. Dadurch werden vom Sensor spektrale Mischsignaturen aufgezeichnet, die anschließend durch Verfahren der A. bereinigt werden. Bekannte Software-Module zur Durchführung von A. sind bspw. ATCOR (implementiert in der Fernerkundungs-Software → ERDAS Imagine) sowie FLAASH (s. Fernerkundungs-Software ENVI).

Atmosphärilien *atmospheric agents, atmospheric elements*: Sammelbezeichnung für die Bestandteile der → Luft.

Atmosphärische Zirkulation *atmospheric circulation*: sorgt für den Transport von fühlbarer und latenter Wärme aus den niederen Breiten, um Defizite in den höheren Breiten auszugleichen (→ Allgemeine Zirkulation der Atmosphäre).

atmosphärisches Fenster *atmospheric window*: Intervall innerhalb des elektomagnetischen Spektrums, in dem elektromagnetische Strahlung nur sehr schwach in der → Atmosphäre absorbiert wird. Diese strahlungsdurchlässigen Bereiche ermöglichen → Fernerkundungssensoren Spektraldaten zur → Erdoberfläche erfassen. Die größten a.F. liegen im Bereich des für den menschen sichtbaren Lichts sowie im Bereich des nahen Infrarots.

Atoll *atoll, lagoon island, circular reef, reef ring*: ringförmiges → Korallenriff, das eine kreisförmige → Lagune umschließt, so gesehen ein → Lagunenriff.

Atomkraftwerk (AKW) *nuclear power plant*: → Kernkraftwerk.

Atommüll *radioactive waste, nuclear waste*: → radioaktiver Abfall.

Atomwirtschaft *nuclear industry*: industrielle und großgewerbliche Nutzung der → Kernenergie für friedliche Zwecke. Das Atomgesetz regelt in Deutschland die Aktivitäten der A. Die Aktivitäten der A. sind in Bevölkerung und Öffentlichkeit umstritten, besonders aus Sicht des → Umweltschutzes und der → Endlagerung von → radioaktivem Abfall.

Attenuation *attenuation*: die Gesamtabschwächung des Lichtes im Wasser durch Absorption und Streuung. Die Streuung steigt mit abnehmender, die Absorption mit zunehmender Wellenlänge des Lichtes. Dadurch erreicht die A. ihr Minimum bei 470 µm im Blau des Farbspektrums. Dies ist gleichzeitig annähernd das Intensitätsmaximum der → Sonnenstrahlung (→ Strahlung), wodurch das Eindringen des Lichts ins Wasser relativ begünstigt wird.

Attraktor → seltsamer Attraktor.

Attribut *attribute*: Übergegriff für Merkmale von Objekten, die eine bestimmte Eigenschaft beschreiben. → Geodaten besitzen geometrische und inhaltliche Attribute, die bspw. in → Geographischen Informationssystemen als Objekteigenschaften erfasst, ergänzt, dargestellt und verändert werden können.

AU → Afrikanische Union.

audiovisuelle Karte *audiovisual map*: spezifische Variante → multimedialer Karten, in der zur Vermittlung raumbezogener Information sowohl grafische als auch akustische Gestaltungsmittel eingesetzt werden. Seit etwa Mitte der 1990er Jahren existieren Kartenbeispiele, in denen abstrakte Töne bzw. Tonfolgen, naturrealistische Aufnahmen, sprachliche Aufzeichnungen und Musik als Ausprägungen der Kartenakustik Einsatz finden.

Aue *flood plain, floodplain, water meadow*: tiefster, ebener Teil des Talbodens, bei Hochwässern bzw. unregulierten Flüssen überflutet. Besteht meist aus dem feinkörnigen Fluvialsediment → Auenlehm, auf welchem sich Auenböden entwickeln. Die A. ist bei ungestörtem Grund- und Oberflächenwasserhaushalt an sich der Feuchtstandort des → Auenwaldes. Nach der Regulierung der Flüsse entstand die Trockenaue, die man für Landwirtschaft und Siedlung nutzt. Bei extremen Hochwässern werden A. auch heute noch überschwemmt.

Auenbraunerde → Vega.

Auenlehm *alluvial loam*: feinkörnige Flussablagerung in der → Aue. Meist sandig-lehmig und teilweise humushaltig. Die insgesamt jungen Auensedimente weisen z.T. mehrere Meter Mächtigkeit auf. Sie werden überwiegend → anthropogen erklärt. Der Beginn der Auenlehmbildung wird mit den großflächig einsetzenden → Rodungen in frühgeschichtlicher Zeit angesetzt.

Auenmäander (Wiesenmäander) *free meander*: Flussschlingen in einem weiten → Tal, das nicht durch die Mäander geformt wurde. A. entstehen in gefällsarmen und von Feinsedimenten bestimmten → Schwemmlandebenen, d.h. bei geringen Fließgeschwindigkeiten und wenig Turbulenz.

Auenrendzina → Borowina.

Auenwald *riparian forest*: Wald im Überschwemmungsbereich größerer Flüsse. Der A. setzt sich aus feuchtigkeits- und nährstoffliebenden Wald- und Sumpfpflanzen zusammen. Beim mitteleuropäischen A. wird die flussnahe → Weichholzaue mit Weiden und Grauerlen von der flussfernen, höher gelegenen → Hartholzaue mit Eschen, Ulmen und Stieleichen unterschieden. In Mitteleuropa sind A. meist durch → Flussausbau bzw. Flussregulierungen und → Rodungen vernichtet.

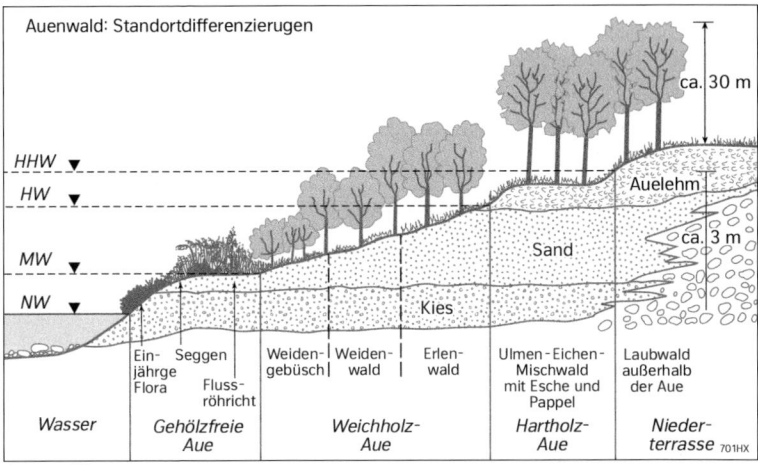

Auenwald

Auenwaldlandschaft *riparian forest landscape*: durch → *Auenwälder* und Auenböden gekennzeichnete Landschaft mit hohem Stand des → *Grundwassers*, Überflutung durch → *Hochwasser*, → *Altarmen* von Flüssen bzw. Altwässern sowie einer spezifischen Flora und Fauna. In Mitteleuropa sind die A. weitgehend zerstört, v. a. durch Absenkungen des Grundwassers infolge → *Flussausbau* und → *Flussbegradigungen*.

Aufbauachse *development axis*: infrastrukturorientiertes Siedlungsband, das von einem höherrangigen zu einem niederrangigen, oft erst im Aufbau befindlichen → *Zentralen Ort* geplant und entwickelt wird. Eine A. entspricht im kleineren Maßstab der großräumiger konzipierten → *Entwicklungsachse*.

Aufbaugefüge *built-up structure*: Zusammenballung von Bodenpartikeln zu → *Aggregaten* durch die intensive Vermischung und Verkittung im Verdauungstrakt von Bodentieren.

Aufbereitung *preparation, processing*: Vorstufe der Veredelung von → *Rohstoffen*. Bei bergbaulichen Rohstoffen ist hierbei u. a. das Zerkleinern und Sortieren des Rohmaterials gemeint. Die A. beinhaltet generell die Trennung nicht benötigter Begleitstoffe vom zu gewinnenden Rohstoff.

Aufbereitungsindustrie *processing industry*: → *Industrie*, die im Zuge der Rohstoffgewinnung bzw. in relativ einfachen Arbeitsgängen säubert, sortiert, vom Nebenmaterial trennt bzw. in anderer Weise aufbereitet. Die A. ist wegen der → *Transportkosten* in ihrer → *Standortwahl* rohstofforientiert.

Aufbrauch *consumptive use*: zusammen mit der → *Rücklage* der Mehrverbrauch durch → *Verdunstung* oder → *Abfluss*, der innerhalb eines Jahres nicht vom Jahresniederschlag ausgeglichen werden kann. Rücklage und A. sind Bestandteile der → *Wasserbilanz* und sie gelten als komplementär, d. h. über längere Zeiträume gleichen sie sich aus. Wenn kein A. erfolgt, sondern nur jahrelang Rücklagen angelegt werden, füllen sich die unterirdischen Wasservorratsräume im Boden und Gestein auf. Die Selbstregelung von Rücklage und A. führt jedoch zu einem (innerhalb der → *kühlgemäßigten* Klimazone) auf 10 bis 20 Jahre datierten Ausgleich. Das Rücklage-A.-Verhältnis und -Verhalten ist in anderen → *Klimazonen* jedoch anders terminiert.

Auffangbetrieb *agricultural holding formed from abandoned land*: → *Landwirtschaftsbetrieb*, der das Land von nicht weiter bewirtschafteten Kleinbetrieben übernimmt. Die so betriebene → *Aufstockung* der Fläche verhindert eine Ausbreitung der → *Sozialbrache*.

Auffangplanung *communal rescue planning*: kommunale → *Entwicklungsplanung*, die bestrebt ist, gegenwärtig ablaufende Entwicklungen, die als Fehlentwicklungen bewertet werden, durch geeignete Auffangmaßnahmen in eine andere Richtung zu lenken.

Auffichtung *coniferous afforestation*: Maßnahme zu → *Aufforstung* mit Fichten. Es handelt sich meist um → *Monokulturen*, die mit der Intention angelegt werden, einen raschen Holzertrag pro Flächeneinheit zu erzielen.

Aufforstung *afforestation*: kulturtechnische Maßnahmen zur Anlage von Waldbeständen auf zuvor nicht bewaldeten Flächen bzw. zur Wiederbestockung von kahlgeschlagenen Waldflächen (→ *Rodung*). Ziel der A. ist nicht allein die Holzproduktion, sondern auch der → *Landschaftsschutz* (→ *Wald*).

Auffrieren *frost heave*: mikrogeomorphologischer Prozess des Anhebens von → *Steinen* an die bzw. an der Bodenoberfläche durch selektiv stärkere Gefrornis im → *oberflächennahen Untergrund*. Das H. ergibt sich aus der höheren Temperaturleitfähigkeit fester Gesteinskomponenten im Vergleich zum lockeren Boden, sodass unter Steinen eine verstärkte Eiskristallbildung möglich ist (→ *Frostmusterboden*, → *Periglazial*).

Aufgabenbereicherung *job enrichment*: Anreicherung manueller Tätigkeiten mit geistigen Arbeitsschritten (Planungs- und Kontrollaufgaben) in einem → *Industriebetrieb* (→ *Humanisierung der Arbeit*).

Aufgabenerweiterung *job enlargement*: eine Erweiterung des Arbeitsfeldes eines einzigen Arbeitnehmers um verschiedene, gleichwertige Arbeitsaufgaben und -inhalte, die zuvor von spezialisierten Beschäftigten ausgeführt wurden (→ *Humanisierung der Arbeit*).

Aufgleitfläche *surface of ascent*: die beim Aufgleiten warmer Luftmassen über Kaltluft entstehende, schräg nach oben verlaufende Luftmassentrennschicht. Sie erreicht Ausdehnungen bis 1000 m und reicht in Höhen bis 10 000 m (→ *Warmfront*).

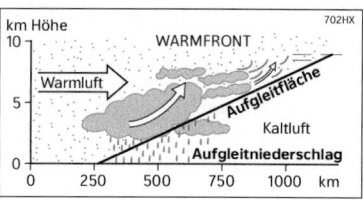

Aufgleitfläche

Aufgleitniederschlag *up wind, convectional rain*: beim Auftreffen warmer Luftmassen auf → *Kaltluft* entstehender → *Niederschlag*. Beim Aufsteigen der warmen Luft über das Kaltluftpaket kondensiert der → *Wasserdampf* in der → *Warmluft* infolge von Abkühlung.

Auflagehumus *organic layer*: die vom → *Mineralboden* weitgehend getrennte, an der Bodenoberfläche angereicherte Lage aus abgestorbenen und mehr oder weniger zersetzten und umgewandelten Pflanzenbestandteilen. A. enthält nur geringe Anteile mineralischer Bestandteile. A. bildet sich, wenn die Nachlieferung abgestorbener Pflanzenbestandteile größer ist als der Abbau der organischen Substanz und die jährlich nachgelieferte → *Streu* nicht innerhalb eines Jahres abgebaut werden kann. Ein Teil des pflanzlichen Materials wird humifiziert (→ *Mineralisierung*, → *Humifizierung*). Die A.-decke wächst jedoch nicht immer weiter, sondern es bildet sich ein standorttypisches Gleichgewicht heraus, welches sich in der → *Humusform* abbildet (→ *Humus*, → *Rohhumus*, → *Moder*, → *Podsol*).

Auflandung (Anschwemmung, Aufschlämmung, Aufschlickung) *aggradation, filling up, silting, siltation*: natürliche oder künstliche Erhöhung von Landflächen über oder unter dem Wasserspiegel durch das Aufleiten von bzw. Überfluten mit sinkstoffreichem Wasser (→ *Schwebstoffe*).

Auflösung *resolution*: Eigenschaft in → *Rasterdaten*, die detaillierte Einzelheiten repräsentiert. In der → *Fernerkundung* wird i. Allg. zwischen vier Ausprägungen unterschieden: → *räumliche Auflösung*, → *spektrale Auflösung*, → *radiometrische Auflösung*, → *temporale Auflösung*.

aufrechte Falte *upright fold*: → *stehende Falte*.

Aufrisselement *elevation element*: ein das vertikale Bild einer → *Siedlung* bestimmendes Gestaltelement, insb. Höhe oder Ausdehnung der Gebäude und ihre Lage zueinander in innerstädtischer Differenzierung.

Aufrissgestaltung *elevation design, elevation shape, skyline*: individuelle Aufrissform (Silhouette) einer → *Siedlung*. Die A. wird durch die → *Aufrisselemente* bestimmt.

Aufschiebung *reverse fault*: räumlich begrenzte, gegenläufige Bewegung von Erdkrustenstücken, bei der – entlang einer → *Verwerfung* – eine → *Scholle* auf eine andere aufgeschoben wird. A. bedeutet Raumverminderung (→ *Abschiebung*).

Aufschlämmung → *Auflandung*.
Aufschlickung → *Auflandung*.
Aufschotterung *aggradation*: → *fluviale Akkumulation*, bei der → *Schotter* abgelagert werden, meist in größerer Mächtigkeit. Die A. kann sich in kürzeren oder längeren Zeitspannen vollziehen. Mächtige A. können auch innerhalb kurzer Zeitspannen erfolgen.

Aufschüttungsebene *aggradation plain, accretion plain*: v. a. durch → *fluviale Akkumulation*, aber auch durch → *glazifluviale* oder periglazial-fluviale Prozesse entstandene Ebene.

Aufschüttungsform → *Akkumulationsform*.
Aufschwung (Hochkonjunktur, Hausse, Boom) *boom*: Phase stark zunehmender, gesamtwirtschaftlicher Aktivität, welche durch hohe Wachstumsraten des → *Bruttoinlandsprodukts* (BIP), einer spürbaren Steigerung der Beschäftigung, aber auch erhöhter Inflationsraten (→ *Inflation*) gekennzeichnet ist (→ *Re-*

zession, → *Depression,* → *Stagnation,* → *Stagflation,* → *Konjunktur*).

Aufstockung *upscaling, upgrading*: Vergrößerung von → *Landwirtschaftsbetrieben* durch Zukauf von Land oder durch langfristige Zupacht. A. zu einem größeren Betrieb ist v. a. bei der Aufgabe von unrentabel gewordenen Kleinbetrieben möglich. Das freigewordene Land wird von den verbleibenden Betrieben aufgekauft bzw. zugepachtet (→ *Auffangbetrieb*). Unter A. fällt auch gegebenenfalls die Vergrößerung des Viehbestandes (→ *Reduktion*).

Auftauschicht *active layer*: die oberflächliche Auftauschicht von Böden, deren Bodenkörper und Untergrund permanent gefroren ist (→ *Permafrost,* → *Permafrostboden*). Die stark wasserdurchnässte Auftauschicht von häufig nur einigen Dezimetern und maximal wenigen Metern Mächtigkeit bildet sich im polaren Sommer. Ihre Mächtigkeit ist von der Art der Vegetationsdecke (Isolierwirkung gegen Eindringen der Strahlung in den Boden) abhängig. Die A. ist Voraussetzung für → *Solifluktion* und → *Kryoturbation* (→ *Strukturboden*).

Auftautiefe *thawing depth*: je nach geographischer Lage des Permafrostgebietes unterschiedlich. Gegen den Pol hin beträgt die A. nur wenige Zentimeter, nimmt jedoch jenseits des Polarkreises – mit Zunahme der sommerlichen Erwärmung – zu (→ *Auftauschicht,* → *Permafrost*).

Auftragsboden *deposited soil*: allgemeiner Begriff für → *Böden*, die durch Anreicherung von lockerem Gesteinsmaterial, Feinerde oder anthropogenem → *Schutt* über einer früheren Bodenoberfläche entstanden sind. A. entstehen als entweder natürlich durch → *Akkumulation* von erodiertem Material oder künstlich durch anthropogene Aufschüttung (→ *anthropogene Materialtypen*).

Auftragsproduktion (Kundenproduktion) *contract production*: → *Produktion* nach Vorliegen der Bestellung.

Auftriebswasser *upwelling water*: das nach Abströmen von Oberflächenwasser aus tieferen Schichten eines → *Meeres* aufsteigende kalte Wasser. A. ist sauerstoffarm und oft nährstoffreich (→ *Nitrate,* → *Phosphate*). Daraus resultiert eine hohe biotische Produktion, v. a. von → *Plankton*, das am Beginn der marinen → *Nahrungskette* steht. Im Bereich von Küsten wirkt sich das kühle Wasser klimatisch aus, wenn der Wasserdampf über der Wasserfläche kondensiert und vor Erreichen des Festlandes abregnet (→ *Küstenwüste*).

Aufwands-Ertragsverhältnis *income/revenue and expenditure ratio*: Verhältnis zwischen Arbeits- und Kapitaleinsatz und der Ertragshöhe in der Wirtschaft. Das A.-E. spielt v. a. in der → *Landwirtschaft* bei unterschiedlichen Klima- und Bodenbedingungen eine große Rolle. Danach bestimmt sich das landwirtschaftliche → *Betriebssystem*.

Aufwind *up wind*: aufsteigende, z. T. heftige Luftströmung. A. entsteht an besonnten Hängen oder in den Hitzeglocken der → *Wärmeinsel* der Städte (→ *Stadtklima*).

Augenstein *Augenstein*: Quarzgerölle ostalpiner → *Altflächen*, die als → *Relikte* vorzeitlicher Verwitterung und Flächenbildung gelten (→ *Residuum*).

Augit *augite*: häufiges Mineral zahlreicher → *Eruptivgesteine*. A. ist ein → *Silikat* und enthält Calcium, Magnesium und Eisen. Er kommt bevorzugt in basischen Vulkangesteinen (z. B. → *Basalt*) sowie in → *Aschen* vor.

Augmented Reality (Mixed Reality) *gemischte Realität:, erweiterte Realität*: Bezeichnung für eine Vermischung von physischer Welt mit → *Virtueller Realität*, wenn z. B. Brillengläser eingesetzt werden, auf deren Innenseite mediale Informationen präsentiert werden.

Ausaperung *free of snow*: das Verschwinden der Schneedecke durch → *Ablation* (→ *aper*).

Ausbaugewerbe *finishing trade, fitting out trade*: Gesamtheit der im → *Baugewerbe* tätigen → *Betriebe*, welche die Arbeitsschritte nach der Erstellung des Rohbaus vornehmen (z. B. Installation, Malen).

Ausbauort *development area, expansion area*: Untertyp des → *Entlastungsortes*. Der A. wird in Anlehnung an bereits vorhandene Siedlungen entwickelt und erhält zusätzliche übergeordnete Aufgaben.

Ausbauperiode *period of settlement extension*: in der Geschichte der Besiedlung die Zeit der → *Binnenkolonisation*, des inneren Siedlungsausbaus. Der Begriff wird teilw. synonym mit → *Ausbauzeit* verwendet, teilw. spezifisch hinsichtlich des Ausbaus des Siedlungsnetzes in der frühneuzeitlichen Ausbauperiode (16./17. Jh.) und in den deutschen Ländern im 18./19. Jh. durch → *Moorkolonisation*, Trockenlegungen, → *Rodungen* usw..

Ausbauzeit *period of settlement extension*: in der Geschichte der Besiedlung Mitteleuropas die Zeit der Siedlungsgründungen im 9. Jh. außerhalb des → *Altsiedellandes*. Teilw. wird darunter auch bereits die Zeit der ersten Siedlungserweiterungen im 5.-8. Jh. im Rahmen der germanischen → *Landnahme* verstanden.

Ausbildungspendler *educational commuter*: Schüler oder Student, dessen Ausbildungsstätte nicht in der → *Wohngemeinde* liegt. Der A. legt regelmäßig, meist zweimal täglich, den Weg zwischen Wohnung und Schule bzw. Hochschule zurück, wobei eine Gemeindegrenze überschritten wird (→ *Pendler*).

Ausblühung *efflorescence*: Anreicherung von Salzen durch Auskristallisieren aus ei-

Ausbreitung

ner Bodenlösung. A. entstehen besonders in ariden Klimaten, wenn die im aufsteigenden Bodenwasser gelösten Stoffe (Salz, Kalk) bei der Verdunstung an der Bodenoberfläche ausfallen (→ *Salzkrusten*, → *Kalkkrusten*).

Ausbreitung *dispersal*: 1. Verteilung von auf Luft, Wasser oder Boden wirkende Schadstoffe (→ *Emissionen*). 2. Prozess der Ausdehnung des Besiedlungsgebietes von Pflanzen- und Tierarten und der Kolonisation von neuen Lebensräumen (→ *Areal*).

Ausbreitung von Luftverunreinigungen *dispersion of air pollution*: die A. von gas- oder staubförmigen → *Luftverschmutzungen* in die → *Atmosphäre* bzw. → *Luft* wird durch Messung und/oder Modellrechnungen (→ *Ausbreitungsmodelle*) für praktische Maßnahmen des → *Klima-* und → *Umweltschutzes* bestimmt. Neben technischen Parametern (emittierte Schadstoffmenge, Schornsteinhöhe, Abgastemperatur, Ausströmungsgeschwindigkeit, Abgasvolumenstrom) spielen meteorologische Parameter (Windrichtung und -stärke, Lokalströmungen, → *Turbulenzen*) eine Rolle.

Ausbreitungseffekt *spread effect*: Effekt, der von → *Wachstumspolen* mit innovativen Zentren ausgehen und in deren → *Peripherie* wirkt. Der A. stellt sich in peripheren Gebieten mit entsprechender zeitlicher Verzögerung ein und löst dort Wirtschaftswachstum aus (→ *Diffusion*).

Ausbreitungsmodelle (Ausbreitungsrechnungen) *dispersion models*: theoretische Vorstellung über die Verbreitungsprozesse und -erscheinungen klimatischer, biotischer oder physikalischer Effekte im Boden, an der Erdoberfläche oder in der Luft (→ *Ausbreitung von Luftverunreinigungen*). Die A. sind in erster Linie Modellrechnungen, die von realen Daten oder errechneten Werten ausgehen, um reale Situationen für einen späteren Zeitpunkt der Entwicklung zu simulieren oder noch nicht bestehende Ausbreitungszustände zu prognostizieren.

Ausbreitungszentrum *centre of dispersal*: Gebiet, von dem aus die Ausbreitung eines → *Taxons* erfolgt(e).

Ausbruchsbeben (vulkanisches Beben) *volcanic earthquake*: → *Erdbeben*, das auf vulkanische Tätigkeit zurückgeht (→ *Vulkane*).

Ausbruchsgesteine *volcanic rocks*: → *Tiefengesteine*, die an der Erdoberfläche erstarren (→ *Ergussgesteine*).

Außenbeitrag *trade balance*: im Rahmen der → *Volkswirtschaftlichen Gesamtrechnung* (VGR) Saldo aus Handels- und Dienstleistungsbilanz, welcher dem → *Bruttoinlandsprodukt* zugerechnet wird.

Außenbereich *outlying parts of a commune, outer zone*: im Gegensatz zum → *Innenbereich* derjenige Teil des Gemeindegebietes, der nicht ein → *zusammenhängend bebauter Ortsteil* oder planerisch für eine Bebauung vorgesehen ist (d. h. im Geltungsbereich eines → *Bebauungsplans*), sondern meist land- oder forstwirtschaftlich genutzt ist. Im A. sind insbesondere nicht-landwirtschaftliche Bauvorhaben sehr starken Beschränkungen unterworfen, da der A. grundsätzlich von jeglicher Bebauung mit Ausnahme bestimmter → *privilegierter Vorhaben* (z. B. Anlagen zur Erzeugung erneuerbarer Energie) freizuhalten ist.

Außenfaktoren *external factors*: die Gesamtheit der von außen auf den → *biotischen* Zustand und die biotischen Bestandteile der → *Ökosysteme* wirkenden Faktoren.

Außenfeld *outer field*: im Gegensatz zum → *Innenfeld* weiter vom Hof entfernte Teile der → *landwirtschaftlichen Nutzfläche*. Das A. wird unter den Bedingungen einer traditionellen → *Fruchtwechselwirtschaft* weniger arbeitsintensiv genutzt.

Außenhandel *external/foreign/overseas trade*: staatsgrenzenüberschreitender Warenverkehr. Der A. ist wichtigster Teil der → *Außenwirtschaft* und zu unterscheiden vom → *Binnenhandel*.

Außenhandelsbilanz *foreign trade balance, balance of trade*: wertmäßige Gegenüberstellung von Wareneinfuhr (→ *Einfuhr*) und Warenausfuhr (→ *Ausfuhr*). Bei wertmäßigem Überwiegen der Exporte gilt die A. als aktiv, wird ein größerer Warenwert importiert, gilt die A. als passiv.

Außenhandelskontingent *foreign trade quota, foreign trade allocation*: Mengen- bzw. wertmäßige Quote zur Steuerung des Warenangebotes im zwischenstaatlichen Warenverkehr (→ *Außenhandel*).

Außenhandelsmonopol *foreign trade monopoly*: außenhandelspolitisches Leitbild von → *Zentralverwaltungswirtschaften* von Staatshandelsländern. Analog zur zentralen Lenkung der Binnenwirtschaft wird auch die Abwicklung des → *Außenhandels* über eine staatliche Behörde zentral gelenkt. A. gab es bereits im → *Merkantilismus*.

Außenhandelspolitik *overseas trade policy*: Teil der Politik der → *Außenwirtschaft*. Die A. beschäftigt sich mit dem über die Staatsgrenzen fließenden Warenverkehr.

Außenhandelsquote *proportion of foreign trade*: Anteil des gesamten Außenhandelsumsatzes (Summe von Export und Import) eines Staates am → *Bruttoinlandsprodukt* (zu Marktpreisen).

Außenhandelsstatistik *foreign/external trade statistics*: amtliche Statistik, die den Zollgrenzen überschreitenden Warenverkehr (→ *Außenhandel*) erfasst. Seit 1954 besteht zur genauen Bezeichnung der Waren ein internationales anerkanntes Warenverzeichnis.

Außenhandelstheorie *external trade theory*: Teil der → *Volkswirtschaftslehre*, dient zur Erklärung der internationalen Wirtschaftsbeziehungen (Import, Export). Dadurch können Umfang, Struktur und Richtung zwischenstaatlicher Güterströme (→ *Außenhandel*) erklärt werden (→ *komparative Kosten*).

Außenhandelsvolumen *export volume*: auf einen bestimmten Raum bezogene Summe von Einfuhr- und Ausfuhrvolumen. Die wertmäßige Berechnung bezieht sich auf einen Basiszeitpunkt, um das Problem der Preisveränderung zu umgehen.

Außensand *sand bar, offshore bar*: ins Meer ausgehende Sandflächen des äußeren → *Watts*, die höher liegen als das mittlere Tidehochwasser. Die → *Sandwatten*, A. und → *Platen* entstehen ausschließlich im tieferen Watt, wo stärkere Strömung nur die Sedimentation von Sand zulässt.

Außenstadt *outer quarters of a town*: Bezeichnung für die um die → *Innenstadt* liegenden äußeren Stadtteile. In historischen → *Städten* liegt die A. vor der ehem. → *Stadtmauer*.

Außenwanderung *external migration*: Wanderung über die Grenzen eines Gebietes (→ *Staat*, → *Region*, → *Landkreis* usw.) hinweg im Gegensatz zur → *Binnenwanderung*. Die A. setzt sich aus → *Einwanderung* und → *Auswanderung* zusammen.

Außenwirtschaft *foreign economy*: Gesamtheit der Wirtschaftsbeziehungen einer nationalen → *Volkswirtschaft* zu anderen Staaten (→ *Außenhandel*, → *Direktinvestitionen*, → *Internationalisierung*).

äußere Reichweite *outermost range, remotest range*: im Modell der → *Zentralen Orte* von Walter Christaller die metrische Distanz zwischen dem Angebotsstandort eines Gutes (→ *Güter*) und dem Wohnstandort desjenigen Konsumenten, für den der Erwerb des Gutes aus Transportkostengründen gerade noch möglich ist.

Außerehelichenquote → *Unehelichenquote*.

äußerer Wohnring *commuters zone, higher class residential district*: im kreisförmigen → *Stadtmodell* von Burgess die äußerste Wohnzone der → *Kernstadt* zwischen Arbeiterwohnzone und Vorortzone. Ein derartiger ä. W. ist in vielen nordamerikanischen, aber auch mittel- und westeuropäischen Großstädten in annäherungsweise ausgebildet und wird dort v. a. von Mittel- bis Oberschicht bewohnt.

außertropische Westwindzone *azoric anticyclone*: der Bereich der globalen → *Westwindzirkulation* im Luftdruckgefälle zwischen den subtropisch-randtropischen → *Hochdruckgebieten* und den subpolaren → *Tiefdruckrinnen*. Das Energiegefälle zwischen niederen und hohen Breiten verdichtet sich zum größten Luftdruckgradienten in der hohen → *Troposphäre* der Mittelbreiten. Nach den Gesetzen des → *geostrophischen Windes* entsteht hier eine starke und im Mittel konstante Westströmung (→ *Jetstream*), welche die an der → *planetarischen Frontalzone* zwischen warmer tropischer Luft und kalter Polarluft entstehenden Störungen westwärts trägt. Die Generalströmung mit der Grundrichtung West wird im Jahresverlauf der → *Witterung* immer wieder von Quer- und Gegenströmungen unterbrochen, was für den Ausgleich des Süd-Nord-Energiegefälles unerlässlich ist. Sie pendelt auch innerhalb der Mittelbreiten rhythmisch hin und her (→ *Wellenzirkulation*).

Ausfallstraße *arterial road*: städtische Hauptverkehrsstraße, die vom → *Stadtzentrum* radial nach außen führt. A. sind meist bevorzugte Standorte für Einzelhandel (im zentrumsnahen Bereich) sowie Großhandel und produzierendes Gewerbe.

Ausfällung *precipitation of...*: das Auskristallisieren eines festen Stoffes aus einer Lösung. A. spielt in der → *Bodenentwicklung* eine wichtige Rolle. Im Boden entsteht A. durch die starke Konzentrationserhöhung gelöster Stoffe infolge Verdunstung (Ausblühung), Bodenwassergehaltsschwankungen oder ständigen Nachlösens während der → *Sickerung* (→ *Konkretionen*, → *Ortstein*) sowie durch Änderungen des pH-Wertes mit der Tiefe.

Ausflaggung *flag of convenience* A:bmeldung eines Schiffes aus dem Schiffsregister des Heimatstaates und Registrierung bei einer sog. → *Billigflagge*. A. werden v. a. von Reedern der westeuropäischen Hochlohnländer vorgenommen, um Personalkosten, Steuern und Abgaben zu sparen.

Ausflugshäufigkeit *excursion frequency*: als statistische Kennzahl zur Geographie des Naherholungsverkehrs die Zahl der Ausflüge pro Kopf der Bevölkerung und Jahr.

Ausflugsintensität *excursion intensity*: statistische Kennzahl, die denjenigen Anteil der Gesamtbevölkerung eines Raumes angibt, der im Kalenderjahr mindestens einen Ausflug unternommen hat. Die A. entspricht im Bereich des → *Tourismus* die → *Reiseintensität*.

Ausfuhr (Export) *export[s]*: Absatz von Waren, Dienstleistungen und Kapital im Ausland. Die A. ist Teil der → *Außenwirtschaft* eines Landes (→ *direkter Export*, → *indirekter Export*).

Ausfuhrüberschuss *export surplus*: ungleiches Verhältnis von → *Einfuhr* zur → *Ausfuhr* eines Landes zugunsten der Ausfuhr. Man spricht in diesem Fall von einer aktiven → *Außenhandelsbilanz* (→ *Einfuhrüberschuss*).

Ausfuhrverbot *export ban*: staatliche Maßnahmen zur Behinderung des Exports. Es erfolgt meist eine Beschränkung des Verbots auf bestimmte Waren. In der Vergangenheit unterlagen in starkem Maße Rüstungsgüter einem A..

Ausgangsgestein *parent material*: das an der Erdoberfläche anstehende → *Locker-* oder → *Festgestein*, in dem sich durch → *Verwitterung* und Bodenbildungsprozesse der → *Boden* entwickelt (→ *oberflächennaher Untergrund*, → *Pedogenese*).

ausgeglichene Funktionsräume *balanced functional areas*: raumordnerisches Konzept, das auf einer innerregionalen funktionsräumlichen Arbeitsteilung beruht. Das Postulat → *gleichwertiger Lebensbedingungen* soll dadurch erreicht werden, dass einkommensschwächere Teilräume verkehrsgünstig mit den Arbeitsplatzzentren in den wirtschaftlichen Siedlungsschwerpunkten verbunden werden, andererseits Freizeit- und Erholungsfunktionen für die → *Agglomerationsräume* in den peripheren → *ländlichen Räumen* angeboten werden.

ausgekohlte Fläche *exhausted coal mining area*: Fläche des → *Tagebaus*, in denen die → *Kohle* bereits abgebaut ist und nur noch → *Halden* und Abraumkippen sowie Tagebaurestlöcher (→ *Abbausee*) vorzufinden sind. In vielen Bergbaugebieten erfolgt auf diesen Flächen eine → *Rekultivierung*.

Ausgleichsflächen *compensation areas*: Landschaftsteile mit ökologischen, sozialen und psychischen → *Ausgleichs-* und → *Regenerationsfunktionen*. Der landschaftsökologische Zustand von A. kann sehr unterschiedlich sein, daher kann ökologischer Ausgleich gegenüber Belastungen v.a. durch → *natürliche* oder → *naturnahe* → *Ökosysteme* möglich sein. Ein sozialer und psychischer Ausgleich wird durch jene A. erzielt, die eine große landschaftliche und biotische → *Diversität*, verbunden mit einer starken räumlichen Durchmischung ihrer ökologischen Funktionen, aufweisen (→ *ökologische Ausgleichsflächen*).

Ausgleichsfunktion *compensation function*: das Vermögen der → *Landschaft* und ihrer → *Ökosysteme*, z.B. durch Stoffaustausche für belastete Nachbarräume eine Ausgleichswirkung zu erzielen (→ *ökologischer Ausgleichsraum*).

Ausgleichskurve (Gleichgewichtsprofil) *profile of equilibrium*: theoretische Vorstellung von einem → *Normalgefälle*, das ein Fluss durch → *Tiefenerosion* anstrebt. Er beseitigt dabei theoretisch über die gesamte Laufstrecke hinweg alle Gefällsbrüche und schafft eine „ideale" parabelförmige → *Gefällskurve* mit starkem Gefälle im Quellgebiet und einem flachen, gestreckten Auslauf im Mündungsgebiet. Nach Erreichen dieses Gleichgewichtsprofils könnte der Fluss keine Erosionsarbeit mehr leisten. Real fehlen jedoch dafür die Voraussetzungen wie lang anhaltende tektonische Ruhe oder eine absolut gleich bleibende Wasserführung. Gewöhnlich herrschen Gleichgewichte nur vorübergehend und nur auf einzelnen Flussabschnitten.

Ausgleichsküste *simplified coast, simplification coast, graded shore line*: buchtenarme bis buchtenfreie „gestreckte/gerade" → *Küste*, die durch küstenparallele Sedimentbewegungen entsteht, aber auch durch → *Abrasion* von Vorsprüngen aus Lockersedimenten, sodass die → *Küstenlinie* verkürzt wird. Bei der A. werden Landvorsprünge durch → *Strandversetzung* miteinander verbunden. Es entstehen → *Nehrungen* mit einer ausgeglichenen Küstenlinie am Außensaum. Voraussetzung für die A. ist ein gezeitenarmes Meer bzw. ein gezeitenarmer Abschnitt des Strandes. Eine Sonderform der A. ist die Inselreihenküste, die eine „unterbrochene" A. darstellt.

Ausgründung *spin-off, disincorporation*: Ausgliederung eines Teilbetriebes aus einem → *Unternehmen* bei gleichzeitiger Neueingliederung in eine neugegründete Gesellschaft. Die A. steht häufig im Zusammenhang mit Kapazitätsabbaumaßnahmen oder Fusionen (→ *Outsourcing*).

Aushagerung *impoverishment*: Abnahme des Nährstoffgehaltes im → *Boden*.

Auskeilen *thinning-out*: vom Sedimentationsmilieu bedingtes Ausdünnen und schließlich völliges Verschwinden einer Lockersediment- oder Sedimentgesteinsschicht zwischen einer Deck- und einer Basisschicht. Das Wiedererscheinen der ausgekeilten Schicht an anderer Seite in gleicher Lagerungsposition bezeichnet man als Aufsetzen.

Ausländeranteil *proportion of foreigners*:
– Anteil der → *Bevölkerung* oder der Beschäftigten mit ausländischer Staatsangehörigkeit an der → *Wohnbevölkerung* oder der Gesamtbeschäftigtenzahl eines Raumes.
– In der touristischen → *Beherbergungsstatistik* Anteil der Gäste mit ausländischem Wohnsitz.

Ausländertourismus (Incoming-Tourismus) *inbound tourism, incoming tourism*: derjenige Teil des → *Tourismus*, der auf einreisende Ausländer als Gäste entfällt. Wegen der Bedeutung des A. für die → *Zahlungsbilanz* eines → *Staates* wird er vielfach besonders gefördert.

ausländische Direktinvestition (ADI) *foreign direct investment, FDI*: Kapitalanlage im Ausland durch einen Investor. Ziel einer a. D. ist der unmittelbare Einfluss auf die Geschäftstätigkeit eines zu gründenden oder bereits bestehenden Unternehmens. Als a. D. gelten Gründung oder Erwerb von Unternehmen (z. B. durch Fusionen oder Übernahmen, → *mergers and acquisitions*), Errichtung oder Erwerb von Zweigniederlassungen, Erwerb von Beteiligungen oder Ausstattung derselben mit Anlagemitteln oder Zuschüssen im Ausland (→ *Auslandsinvestition*).

Auslandsinvestition *foreign/offshore investment*: meist längerfristige Anlage von Inlandskapital im Ausland. Zum Zwecke der Wirtschaftsbelebung oder zur Durchführung gezielter Entwicklungsmaßnahmen werden A. häufig von den Anlageländern begünstigt (→ *ausländische Direktinvestition*).

Auslandskapital *foreign capital/funding*: Geld- und Sachkapital, das von ausländischen Investoren im Inland eingesetzt wird.

Auslandsmarktbearbeitung *foreign market cultivation*: zusammenfassender Begriff für verschiedene Organisationsformen internationaler Aktivitäten von Unternehmen. A. bezieht sich auf → *Außenhandel*, in den ein Unternehmen eingebunden ist, kooperative Formen der Marktbearbeitung im Ausland (z. B. → *Joint Ventures* oder → *Subcontracting*) sowie Kapitalbeteiligung an ausländischen Unternehmen (→ *ausländische Direktinvestition*, → *Portfolioinvestition*).

Auslandstourismus (Outbound-Tourismus, Outgoing-Tourismus) *outbound-tourism, outgoing-tourism*: zusammenfassende Bezeichnung für touristische Reisen, die → *Staatsgrenzen* überschreiten und in das → *Ausland* führen. Die Statistiken über den internationalen Tourismus, z. B. der UNWTO (→ *World Tourism Organization*) beziehen sich immer auf den A..

Auslassgletscher *outlet glacier*: → *Gletscher*, der von einer zusammenhängenden Eismasse (→ *Eisschild*, → *Eiskappe*, → *Plateaugletscher*) ausgehend als Einzelzunge auf das Vorland oder Meer hinaustritt. A. sind in den Polargebieten weit verbreitet.

Auslaufzone der Passate jener Streifen im Bereich des → *Äquators*, in dem die → *Passatwinde* durch allmähliches Auslaufen, Zusammenströmen an der → *Innertropischen Konvergenz* oder durch Übergreifen auf die andere Halbkugel verschwinden und durch andere Luftströmungen abgelöst werden.

Auslaugung *subrosion, leaching, lixiviation, subsurface erosion*: Herauslösen leicht löslicher Substanzen aus dem Gesteinsverband durch → *Sickerwasser*. Es entstehen → *Subrosionsformen* (→ *Subrosion*, → *Karstsuffosion*).

Auslaugungsserie *leaching series*: Massen- und Mächtigkeitsverluste leichtlöslicher Gesteine nach Grad ihrer Löslichkeit. In der ersten Phase löst sich mit schneller Mächtigkeitsabnahme bei hohem Vertikalausmaß die → *Steinsalzgruppe* auf, verbunden mit → *Hydratation* des → *Anhydrits* und der Auflösung des → *Gipses*. In der zweiten Phase erfolgt Hydratation des Anhydrits und weitere Gipsauflösung, jedoch ohne bedeutende Mächtigkeitsverluste. In der dritten Phase erfolgt Gipsauflösung mit allmählicher Mächtigkeitsabnahme bei geringem Vertikalausmaß. Die A. findet man v. a. im Gebiet des → *Zechsteins* Mitteleuropas (→ *Karst*).

Auslegungsstörfall *credible disruptive incident, maximum credible accident (MCA)*: beim Bau und bei der Ausstattung von → *Kernkraftwerken* einkalkulierte Störungssituation, die durch entsprechende Sicherheitseinrichtungen im gegebenen Fall beherrscht werden muss, damit die Auswirkungen des → *Störfalls* unterhalb der → *Grenzwerte* der Strahlenschutzverordnungen bleiben (→ *GAU*).

Auslieger *butte, outlier*: durch → *rückschreitende Erosion* freigestellter Teil eines Randes einer → *Schichtstufe*, bei dem die Deckschicht zwischen der → *Dachfläche* des Hauptstufenrandes und dem Ausliegerberg noch nicht vollkommen zerstört ist. Bei Weiterentwicklung entsteht der → *Zeugenberg* (→ *Schichtstufenlandschaft*).

Auslöser (Trigger) *trigger*: ein einzelnes Ereignis, das in einem entsprechend disponierten Gebiet (→ *Disposition*) einen oder mehrere natürliche Prozesse auslöst, die im Fall von → *gravitativen Massenbewegungen* oftmals → *Naturgefahren* darstellen. A. können beispielsweise → *Starkregen* oder → *Erdbeben* sein.

Ausmärker *absentee landowner or tenant*: auswärts wohnender Eigentümer oder → *Pächter* von Flurstücken in einem Gemeindegebiet. Der ausmärkische Besitz zählt zur Wirtschaftsfläche der Gemeinde des Wohnsitzes (→ *Betriebsprinzip*).

ausmärkisches Gebiet → *gemeindefreies Gebiet*.

Ausnutzungskoeffizient *exploitation rate*: Verhältnis- oder Relativzahl, die Auskunft über die Ausnutzung von → *Rohstoffen*, insbesondere von Energierohstoffen (→ *Wirkungsgrad*) gibt. Der A. ist nach der Energiekrise bei Energierohstoffen weltweit gestiegen.

Auspendler *out-commuter, outward moving commuter*: Person, die regelmäßig, meist täglich, ihren Wohnort verlässt, um ihre Arbeits- oder Ausbildungsstätte in einem anderen Ort aufzusuchen. Jeder → *Pendler* wird in seiner → *Wohngemeinde* als A. und in der → *Gemeinde* seiner Arbeits- oder Ausbildungsstätte als → *Einpendler* gezählt.

Auspendlerquote *out-commuting rate*: Anteil der → *Auspendler* an den in einer → *Gemeinde* wohnhaften → *Erwerbstätigen*. Die A. wird in Prozent angegeben und ist besonders in Randgemeinden von Städten mit → *Arbeitsplatzzentralität* hoch.

Auspendlerüberschuss *out-commuting surplus*: auf eine → *Gemeinde* bezogen der Überschuss der → *Auspendler* über die → *Einpendler*, d. h. ein negativer → *Pendlersaldo*. Ein hoher A. ist für viele Gemeinden im ländlichen Raum und viele → *Stadtrandgemeinden* typisch.

Ausraumbecken *excavation basin*: größere, weitgehend abgeschlossene Hohlform, die durch → *Ausräumung* entsteht, z. B. die geschlossenen längstalartigen Hochbecken im Schweizer Jura (→ *Ausraumzone*).

Ausräumung *excavation*: – Sammelbezeichnung für einen auf mehrere → *geomorphologische Prozesse* zurückgehenden Abtragsvorgang im Bereich geomorphologisch wenig widerständiger Gesteine, die sich in einer Umgebung aus widerständigen Gesteinen befinden (→ *Ausraumbecken*). – verwendet im Sinne von → *Ausräumung der Kulturlandschaft*.

Ausräumung der Kulturlandschaft *cleanout of the cultivated landscape*: gemeint ist „Ausräumung der Landschaft" bzw. „Ausräumung der Agrarlandschaft" durch reguläre, teilweise industriemäßig betriebene → *Landwirtschaft*, → *Meliorationen*, Wege-, Straßen- und sonstigen Infrastrukturbau sowie → *Flurbereinigungen* und → *Flurneugestaltungen*. Dabei werden nicht nur die Besitzstrukturen verändert, also kleinflächige Parzellen zu großen Parzellen oder zu Blöcken zusammengelegt, sondern es erfolgt auch eine Ausräumung von Vegetationselementen (→ *Rainen*, → *Hecken*, → *Gehölzen*), Kleinformen der → *Kulturlandschaft* (→ *Terrassen*, → *Böschungen*, Wällen; z. T. mit Vegetationselementen verbunden) und Kleingewässern bzw. sonstigen Feuchtgebieten. Mit der Kleinstrukturiertheit werden die landschaftliche Vielfalt sowie die ökologische → *Diversität* verändert, sodass eine → *Kultursteppe* entsteht.

Ausraumzone *trough zone*: relativ großräumiger Bereich vor Schichtstufen, wo → *subsequente Flüsse* eine → *Subsequenzfurche* ausgeräumt haben, die zur → *Dachfläche* der nächstniedrigen Schichtstufe keine Flanke besitzt.

Ausregnung *downfall*: die Umsetzung und vollständige Abgabe des → *Wasserdampfes* einer → *Wolke* als → *Regen*. Ausgeregnete Wolken lösen sich auf.

Aussaat *sowing, seeding*: Vorgang des Säens bzw. Ausbringen des Saatgutes beim → *Pflanzenbau*.

Aussiedler Staatsangehörige oder Volkszugehörige deutscher Abstammung, die nach Abschluss der allgemeinen → *Vertreibungsmaßnahmen* nach dem Zweiten Weltkrieg und vor Ende 1992 ihr ehemaliges Wohngebiet in den Staaten Ostmittel-, Ost- und Südosteuropas einschl. der ehem. Sowjetunion verlassen haben und nach Deutschland umgesiedelt sind. Nach 1993 zugewanderte Aussiedler werden als → *Spätaussiedler* bezeichnet.

Aussiedlerhof *relocated farmstead*: landwirtschaftlicher Betrieb, der aufgrund von Maßnahmen zur → *Flurbereinigung* oder → *Dorfsanierung* außerhalb der Dorflage in die → *Flur* verlegt worden ist, i. d. R. zur Verbesserung der Betriebsstruktur (→ *Arrondierung*).

Aussiedlung *forced migration*: Erzwungene Auswanderung von Bevölkerungsteilen aus einem Staat, häufig von nationalen Minderheiten.

Ausspülung *erosion (1.); flushout (2.); leaching (3.)*: 1. erosive Arbeit des fließenden Wassers der → *Flusserosion* an Uferbänken. 2. technischer Einsatz von starken Strömungen, um An- und Ablagerungen in Leitungen, Abwasserkanälen und Behältern fortzubewegen. 3. sich unter der Erdoberfläche abspielender Austrag der kleinsten Substratgrößen bzw. Bodenpartikln aus Bodenhohlräumen durch → *Sickerwasser*, das sowohl aus dem Niederschlagswasser, als auch aus in den Boden eindringendem Oberflächenabflusswasser stammt (→ *Subrosion*).

Ausstattungskatalog *catalogue of centralplace installations*: Zusammenstellung von notwendigen Einrichtungen der öffentlichen und privaten → *Infrastruktur*, die ein → *Zentraler Ort* entsprechend seiner Hierarchiestufe zur Erfüllung seiner Versorgungsaufgaben braucht.

Ausstrahlung *radiation*: die Abgabe von Wärmestrahlung von der Bodenoberfläche oder einer Pflanzendecke (→ *aktive Oberfläche*) in die → *Atmosphäre*, beschrieben durch das Planck'sche Strahlungsgesetz. Sie wächst mit der Temperatur der ausstrahlenden Oberfläche stark an (in der 4. Potenz) und wird vom Bodenzustand nur wenig beeinflusst.

Ausstrahlungstypus der Witterung *radiation*: *type*: → *Wetterlage* mit wolkenlosen Nächten und meist auch geringen Luftbewegungen, die wegen der hohen Wärmeausstrahlung zur Bildung von bodennaher Kaltluft führt (→ *Bodeninversion*, → *Witterung*).

Ausstrich *outcrop*: Bereich, in dem eine Gesteinsschicht an der Erdoberfläche erscheint und von der Erdoberfläche „abgeschnitten" wird, z. B. durch verschiedene geomorphologische Prozesse (→ *Rumpffläche*).

Austauscher *exchanger*: mineralische und organische Bodenpartikel mit großer spezifischer Oberfläche und freien Ladungsplätzen, die an ihren Grenzflächen Ionen und Moleküle (Kationen und Anionen) aufnehmen und wieder abgeben können. Der Austausch funktioniert nach dem Prinzip der elektrostatischen Ladung und des äquivalenten (von der Ladungssumme her gleichwertig) Ersatzes der Ionen an den Austauscherplätzen. Die wichtigsten A. sind → *Tonminerale*, → *Ton-Humus-Komplexe* und → *Huminstoffe*. Sie haben für den Bodennährstoffhaushalt große Bedeutung, weil sie → *Nährstoffe* anlagern und für die Pflanzen verfügbar halten können. Auch → *Schwermetalle* werden z. T. auf diese Weise gebunden (→ *Austauschkapazität*).

Austauschkapazität *exchange capacity*: die Summe der ausgetauschten Kationen oder Anionen eines Bodens in $cmol_c$ pro kg Bodensubstanz ($cmol_c\ kg^{-1}$). Die A. umschreibt die Menge an positiven und negativen Ladungsplätzen, die in einem Boden für das Fixieren von Ionen vorhanden sind (→ *Austauscher*).

Australis (Australisches Reich) *Austral(as)ian region*: das → *Florenreich* der A. umfasst den Kontinent Australien, das → *Faunenreich* A. (→ *Notogäa*) darüber hinausgehend auch viele Inseln bzw. Inselteile in der Nachbarschaft.

Austrocknung *desiccation, exsiccation, drying-up (1.), dehumidification (2.)*: 1. allgemein die A. von Luft, Boden und Vegetation aus Gründen der → *Witterung*, also jahreszeitlich bedingt. 2. unscharfer Begriff im Zusammenhang mit → *Klimaänderungen* und → *Klimaschwankungen*, besonders in den Trockengebieten der Erde, die eine Tendenz zur A. erkennen ließen oder lassen. Die A. kann → *anthropogen* verstärkt werden, z. B. durch → *Desertifikation*.

Auswanderung (Emigration) *emigration*: Wanderungsvorgang über eine Staatsgrenze hinweg zum Zweck der dauernden Wohnsitznahme in einem anderen Staat. Das bisherige Heimatland wird oft aus wirtschaftlichen Gründen oder wegen politischer, religiöser oder sonstiger Verfolgung verlassen (→ *Abwanderung*, → *Einwanderung*).

Auswanderungsland *emigration country*: Land, aus dem über längere Zeiten hinweg größere → *Wanderungsströme* ins Ausland führen (→ *Auswanderung*). A. weisen oft ein zu geringes Arbeitsplatzangebot auf.

Auswanderungsstrom *emigration flow*: länger anhaltende und regelmäßig bedeutende Auswanderungsbewegung aus einem Herkunftsgebiet (→ *Auswanderung*). Ein A. kann durch → *Übervölkerung* oder wirtschaftliche Notlagen entstehen.

Auswaschung *leaching, eluviation*: das Herauslösen und Wegtransportieren von Stoffen im Boden mit dem versickernden Wasser. Die ausgewaschenen Stoffe werden entweder in tieferen Bodenbereichen wieder angelagert (→ *Ausfällung*) oder ins → *Grundwasser* transportiert. Ausgewaschen werden Ionen, Salze, Oxide, Ton und Humuskolloide. Die A. gehört zu den wichtigsten Bodenbildungsprozessen.

Ausweisung *laying down*: Festlegung von → *Gebietskategorien* oder raumbedeutsamen Sachverhalten und Einrichtungen in Plänen (z. B. → *Regional-*, → *Flächennutzungs-*, → *Bebauungsplan*) und Programmen (z. B. → *Landesentwicklungsprogramm*).

Auswertung (Analyse) *analysis*: allgemein die Bezeichnung für die Weiterbearbeitung wissenschaftlich erhobener Daten. In der empirischen → *Sozialforschung* umfasst die A. die Datenbereinigung, → *Kodierung*, Typisierung und Interpretation der oftmals in Textform vorhandenen → *Primärdaten*.

autark *self-sufficient*: hypothetischer Zustand einer geschlossenen Volkswirtschaft, die sich selbst mit Rohstoffen und anderen Gütern versorgt und keinerlei internationale Handelsbeziehungen zu anderen Staaten unterhält. Der a. Zustand eines Landes kommt im Gegensatz zu einer → *semiautarken* oder → *anautarken* Volkswirtschaft in der Realität nicht vor, wird jedoch als Referenzrahmen in der Volkswirtschaftslehre verwendet.

autarkes System *stand-alone system*: ein → *Ökosystem*, das ohne bedeutende Stoffzufuhr aus der Außenwelt zu existieren vermag.

autochthon *autochthonous*: bodenständig, einheimisch, d. h. am Ort des Vorkommens entstanden, am Ort der Geburt lebend (→ *allochthon*).

Autointoleranz → *Selbstunverträglichkeit*.

Autökologie *autecology*: befasst sich mit den → *Wechselwirkungen* zwischen einem Lebewesen, z. B. Tier, und seiner Umwelt.

Automatisierung *automatization*: Prozess der Einrichtung technischer Anlagen mit weitgehend selbstständiger Produktionssteuerung sowie bedienungsfreier Arbeitssysteme (Vorstufe → *Mechanisierung*). Im Zuge einer A. wird menschliche → *Arbeitskraft* ersetzt.

automorph → *idiomorph*.

autonome Arbeitsgruppe *autonomous working group*: v. a. im Produktionsbereich von Unternehmungen wirkende Kleingruppe, die im Zuge der → *Humanisierung der Arbeit* gebildet wurde, um u. a. die Arbeitsmotivation zu erhöhen. Ehemals auf verschiedene Personen aufgeteilte Aufgaben werden einer a. a. übertragen. Diese erstellt weitgehend komplettierte Teilerzeugnisse, mit denen die Gruppe identifizieren kann. Dabei bestimmt sie den Arbeitsablauf zum großen Teil selbst.

Autonomie *autonomy*: Selbstverwaltung von Gebieten oder → *Regionen* innerhalb des → *Staates*, dessen → *Gebietshoheit* sie unterstehen. Die A. bezieht sich meist auf kulturelle, sprachliche, z. T. auch wirtschaftliche und andere Angelegenheiten.

Autopoiesis *autopoiesis*: Selbsterzeugung; in den → *Systemtheorien zweiter Ordnung* ein Begriff der Biologen Humberto Maturana und Francisco Varela, der besagt, dass → *Systeme* alle Elemente, aus denen sie bestehen, selbst herstellen.

Autoritäts-Dependenz-Beziehung *authority-dependency-relation*: Zustand wirtschaftlicher und sozialer Abhängigkeit eines → *ländlichen Raumes* von einem städtischen Wirtschaftszentrum. Der Begriff wird v.a. zur Kennzeichnung von Raumbeziehungen in vorindustriellen Gesellschaften und in sog. → *Entwicklungsländern* benutzt. Mit A.-D.-B. werden teilweise auch die Beziehungen zwischen Industrie- und Entwicklungsländern bezeichnet.

Autotoleranz → *Selbstverträglichkeit*.

autotroph *autotrophic*: sind niedere und höhere Pflanzen sowie Bakterien, die aus anorganischen Verbindungen organische Substanz aufbauen, d.h. Pflanzen durch → *Photosynthese* und Bakterien durch Chemosynthese (→ *heterotroph*).

autozentrierte Entwicklung *autocentric development*: Entwicklungsstrategie, die auf die organisatorische und wirtschaftsräumliche Neuordnung weltwirtschaftlicher Beziehungen abzielt. Im Rahmen dieser neuen politischen Ökonomie wird eine Änderung der Zuteilungsmaßstäbe von → *Rohstoffen* und Wirtschaftsgütern auf der Erde sowie eine gewisse Abkoppelung weltwirtschaftlich peripherer Räume (v.a. im → *Globalen Süden*) vom Weltmarkt zugunsten einer eigenständigen Entwicklung angestrebt.

Autumnal-Aspekt *autumnal aspect*: Bestandteil der → *Aspektfolge*. Der A.-A. beschreibt in der nördlichen gemäßigten (→ *nemoralen*) Zone den Herbst (September bis Ende Oktober), ausgewiesen durch markante phänologische Änderungen wie Laubfärbung und Laubfall.

axiales Modell *axial model*: Raummodell, das von der Bündelung von → *Bandinfrastruktur* (z.B. Verkehrsachsen) in der modernen Raumplanung häufig umgesetzt wird. Meistens handelt es sich um Modelle nach dem punkt-axialen Prinzip, d.h. die axialen Leitlinien, die verdichtete Siedlungsbänder entlang linearer Infrastrukturen darstellen, laufen auf ein dominierendes → *Zentrum* zu.

Azidität *acidity*: → *Bodenazidität*.

Azimut *azimuth*: Winkel zwischen dem Höhenkreis durch einen Punkt am → *Himmel* und der → *Meridian*ebene.

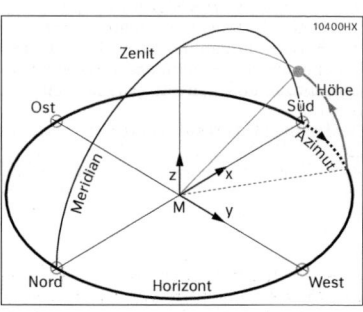

Azimut

Azoikum *azoic age*: jene Teile des → *Archaikums*, für das bisher noch keine Lebensspuren nachgewiesen wurden.

azonal *azonal*: 1. allgemein eine unabhängig von den → *Klima*- bzw. → *Landschaftszonen* vorkommende geo- oder biowissenschaftliche Erscheinung. 2. im Zusammenhang mit den Begriffen → *extrazonal*, interzonal und → *intrazonal* muss der Begriff a. präziser gefasst werden: Er beschreibt dann eine geo- und/oder bioökologische Erscheinung, die an einen, aber in verschiedenen Klimazonen gleichermaßen auftretenden Geoökofaktor gebunden ist und die daher in verschiedenen Landschaftszonen in gleichartiger Form auftritt, z.B. die Halophytenvegetation auf → *Salzböden* in → *Wüsten*, → *Steppen*, → *Marschen* usw., die jeweils unterschiedlichen → *Klimazonen* angehören. 3. der Begriff wird mit teilweise ganz verschiedenen Bedeutungen in allen → *Geo*-, → *Bio*- und → *Sozialwissenschaften* verwandt.

azonale Böden *azonal soils*: junge Böden, deren Profilentwicklung noch nicht die für die betreffende Klimazone typische Ausprägung erreicht hat (z.B. Rohböden auf jungen Flusssedimenten; → *azonal*).

Azorenhoch *azores high*: sehr beständiges → *Hochdruckgebiet* im Bereich der Azoren, das ein → *Aktionszentrum* des → *subtropischen Hochdruckgürtels* bildet. Es ist im Sommerhalbjahr für Mitteleuropa oft wetterbestimmend und kann sich mit seinen Ausläufern bis nach Osteuropa ausdehnen.

B

Bach *stream, creek*: kleines → *Fließgewässer* mit einer mittleren Wasserführung von maximal 10–20 m³/s. B. unterscheiden sich von Flüssen durch ihren stark dem Kleinrelief angepassten Verlauf, das unregelmäßige Längsprofil und den oft schießenden Abfluss.

Background-Aerosol *background aerosol*: die → *natürlichen*, unabhängig von → *Luftverunreinigungen* vorkommenden, festen Feinstpartikelchen in der → *Atmosphäre*. Ihre Konzentration beträgt zwischen 200–600 Teilchen pro cm³. Sie wirken bei der Bildung von Wolken als Kondensationskerne (Aerosol).

Backwash-Effekt (Entzugseffekt) *backwash effect*: zentrengerichteter Vorgang, bei dem → *periphere* oder → *ländliche Räume* zugunsten der Zentren Ressourcen (z. B. Arbeitskräfte, Kapital) abgeben, wodurch ihnen Entwicklungspotenziale verloren gehen. B. E. können in globaler, staatlicher oder regionaler Perspektive beobachtet werden (→ *Zentrum-Peripherie-Modell*, → *Ausbreitungseffekt*).

Bad *spa*: Titel, der einer → *Gemeinde* oder einem → *Ortsteil* verliehen werden kann, wenn bestimmte Kureinrichtungen vorhanden sind. Oft handelt es sich um Orte mit anerkannten Heilquellen (→ *Badeort*, → *Heilbad*, → *Seebad*, → *Luftkurort*).

Badeort *bathing resort*: zusammenfassende Bezeichnung für → *Heilbäder* sowie der Freizeit und Erholung dienenden Orte mit Freibademöglichkeit und entsprechender Infrastruktur (z. B. → *Seebäder*).

Badland *badlands*: durch → *Runsen* und kerbtalförmige → *Tiefenlinien* zerschnittenes Gelände, das kaum noch nutzungsgeeignet ist. B. entstehen in → *semiariden* bis wechselfeuchten Gebieten mit häufigen, stoßweise auftretenden Niederschlägen. Die klimatisch bedingte natürliche Pflanzenarmut bietet für den Boden und → *oberflächennahen Untergrund* keinen Schutz, sodass sich – v. a. in wenig widerständigen Gesteinen und Lockersedimenten – diese hangaquatische bis fluviale Erosionsform bildet. B. entstehen auch in Gebieten, die infolge von → *Überweidung* ihrer Vegetationsdecke beraubt wurden (→ *Grabenerosion*).

Baersches Gesetz *Baer's law*: sagt aus, dass die → *Corioliskraft*, die auf der Nordhemisphäre alle Bewegungen nach rechts und auf der Südhemisphäre nach links ablenkt, sich nicht nur auf Winde und Meeresströmungen auswirkt, sondern auch auf Flüsse und Strömungen in Binnenseen. Das B. G. ist jedoch umstritten.

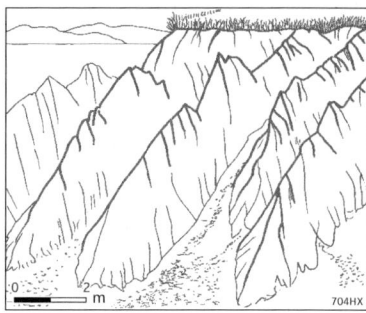

Badland

Bahnbetriebswerk *depot, engine shed*: betriebstechnische Anlage der Bahn, die für den Einsatz, die Überwachung, Pflege und Instandhaltung des → *rollenden Materials* und der stationären Betriebsteile der Bahn verantwortlich ist.

Bahnhofstraße *station road*: Typ einer innerstädtischen → *Geschäftsstraße* in Bahnhofsnähe, meist Hauptzufahrtsstraße zu einem (groß-) städtischen Bahnhof. Durch Lage und Funktion entwickelten sich b. häufig als publikums-intensive Schwerpunkte des Geschäftslebens, häufig auch der Gastronomie und Hotellerie. Heute oftmals baulich degradiert und migrantisch geprägt.

Bahnhofsviertel *station district, area around the main station*: → *Stadtteil*, der seine typische Ausprägung durch die Anziehungskraft und Verkehrsbedeutung eines großen Bahnhofs erhielt. B. haben sich in vielen → *Großstädten* entwickelt und sind → *Standorte* für publikumsintensive Geschäftsfunktionen und Einrichtungen wie Banken, Gastronomie, Beherbergungsbetriebe und Vergnügungsstätten. Heute oft mit Imageproblemen behaftet und migrantisch geprägt.

Baisse → *Rezession*.

Bajado *bajado*: Trockenfluss des mediterranen Winterregengebietes mit breiter Schottersohle, der im Sommer ganz austrocknet. In Spanien wird der Trockenfluss B. genannt, in Italien → *Torrente*. Führt er während der sommerlichen Trockenzeit noch ein schmales Gerinne, wird von Fiumara gesprochen (→ *Rivier*, → *Wadi*).

Bajir *Bajir, alkali flat, playa, salt flat*: → *Salztonebene* meist länglicher Form. Die Bezeichnung ist v. a. in Asien gebräuchlich, wird aber auch überregional verwendet.

Balje *tidal channel*: größere, tiefe (auch bei Niedrigwasser schiffbare) Tiefenlinie im

→ *Watt*, die sich seewärtig den → *Tiefs* bzw. → *Seegats* anschließt und über letztere oder direkt mit dem offenen Meer verbunden sind. Landwärts gelegene, kleinere → *Rinnen* bezeichnet man als → *Priele*.

Balka *balka*: Erosionsschlucht in Lockergesteinen (v. a. → *Löss*) Südosteuropas, die bereits Hangabtragungsprozessen unterlegen hat. Die B. gehen aus den → *Owragi* hervor.

Ballung *agglomeration*: Prozess der räumlichen Konzentration von Einwohnern und Arbeitsplätzen. Der Begriff B. wird auch als Kurzform für → *Ballungsgebiet* oder → *Ballungsraum* verwendet.

Ballungsgebiet *agglomeration, conurbation*: siedlungsgeographischer Begriff für ein größeres Gebiet, in dem Menschen, Gebäude, wirtschaftliche Tätigkeit und technische Infrastruktur konzentriert sind und in dem (nach der in Deutschland üblichen Definition) mindestens 500 000 Einwohner bei einer → *Bevölkerungsdichte* von mindestens 1000 Einwohner pro km^2 leben. Die Abgrenzung erfolgt anhand von Stadt- bzw. Landkreisgrenzen. Die deutschen B. sind teils → *monozentrisch* (→ *Einkernballungen* wie München), teils → *polyzentrisch* (→ *Mehrkernballungen* wie Rhein-Ruhr). In → *Raumordnung* und → *Landesplanung* wurde der Begriff B. meist durch → *Verdichtungsraum* bzw. → *Agglomerationsraum* ersetzt, weil er sich aus ökologischer Sicht mit Negativwertungen verbindet, z. B. → *Lastraum*, für den ein → *ökologischer Ausgleich* nötig ist (→ *Stadtregion*, → *Conurbation*).

Ballungskern *core/centre of an agglomeration*: am stärksten verdichteter Kernraum eines → *Ballungsgebietes*. Der B. kann aus einer einzelnen → *Großstadt* bestehen (→ *monozentrische* oder → *Einkernballung*), aber auch aus zwei oder mehr → *Städten* (→ *polyzentrisches Ballungsgebiet*).

Ballungsrandzone *agglomeration fringe area*: äußerer Teil eines → *Ballungsgebietes*, i. d. R. die Landkreise um den → *Ballungskern*. Die B. hat eine stark verdichtete städtische Siedlungs- und Wirtschaftsstruktur, aber eine geringere Verdichtung als der Ballungskern, dagegen oft aufgrund von → *Suburbanisierung* hohe Zuwachsraten an Bevölkerung und Gewerbe.

Ballungsraum *agglomeration, conurbation*: i. d. R. gleichbedeutend mit → *Ballungsgebiet* verwendet. Gelegentlich wird in der Literatur als B. eine → *Einkernballung* bezeichnet, während Ballungsgebiet für eine → *Mehrkernballung* steht.

Balneologie *balneology*: Teilgebiet der Medizin, das sich mit der therapeutischen Wirkung und Methoden der Anwendung von Wasser und sonstigen Kurmitteln befasst. Die B. analysiert auch die Grundlagen der Ausweisung von → *Heilbädern* und → *Kurorten*.

Baltischer Eisstausee *Baltic proglacial lake*: Vorläufer der Ostsee, der im späten → *Pleistozän* im südlichen Ostseebecken existierte. Die Schmelzwässer der → *Nordischen Vereisung* bildeten in dieser großen Hohlform einen Schmelzwassersee, der bis an die Endmoränen Nordmitteleuropas heranreichte (→ *Eisstausee*).

Baltischer Schild *Baltic shield*: → *Skandinavischer Schild*. Größtes Gebiet präkambrischer Gesteine in Europa, umfasst weite Teile Skandinaviens mit Ausnahme der Skanden (→ *Kaledonisches Gebirge*). Der B. S. und die → *Kaledoniden* zusammen werden → *Fennoskandia* genannt

Bancowald *Banco forest*: → *Dammuferwald* in Südamerika und ein immergrüner → *Galeriewald* der → *Überschwemmungssavanne*, der auf den Feinsedimentuferdämmen von Flüssen der Tropenzone stockt (→ *Uferdamm*).

Bändchenpodsol *Podzol*: podsolierter Boden (→ *Podsol*) mit einer harten wellenartigen Eisenschwarte von 1-5 mm Dicke im Unterboden. Die ortsteinähnlichen Eisenschwarten sind, wie auch der → *Ortstein* selbst, kaum durchwurzelbar und schwer durchlässig. Dadurch bedingtes → *Stauwasser* führt deshalb auch zur Rostfleckung.

Bänderparabraunerde *Luvisol*: Sonderform der → *Parabraunerde*, die sich in überwiegend sandigen, im Untergrund kalkhaltigen Substraten ausbildet. Die Bänderung im → *Unterboden* besteht aus einer Wechsellagerung von wenigen Zentimeter mächtigen Bereichen mit und ohne Anreicherung von → *Ton*.

Bänderton *band clay, banded clay, bandy clay, laminated clay, striped clay, varved clay*: Feinstsediment mit markanten Farb- und Korngrößenunterschieden, die auf wechselnde Sedimentationsbedingungen in → *Eisstauseen* und marinen Becken zurückgehen. Helle Lagen grober Korngrößen entstanden bei lebhafter Schmelzwasserzufuhr, feinerkörnige dunkle Lagen bei schwacher Wasserführung. Die wechselnde Wasserführung geht auf die hydrologischen Jahreszeiten der Glazialgebiete zurück. Die helle Lage entspricht dem Sommer-, die dunkle dem Winterabfluss (→ *Warve*).

Bänderton-Chronologie *varve chronology*: Datierung, die auf den → *glazilimnischen* bzw. → *glazimarinen Bändertonen* basiert. Durch Auszählung der → *Warven* wurde, zunächst für Südschweden, eine absolute Zeitskala für das → *Spätglazial* aufgestellt. Später wurde die Methode auch in anderen Glazialgebieten, außerhalb der Inlandvereisungen, angewandt. Durch Zusammenfassen mehrerer Bänderton-Lokalchronostratigraphien können über-

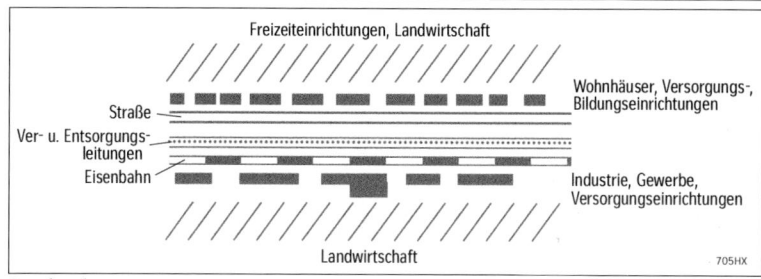

Bandstadt

regionale und größere Zeiträume umfassende Zeitskalen aufgestellt werden (→ *Warvenchronologie*).

Bänderung *lamination, banding, foliation, veining, stratification, striping*: – als Blaublätterstruktur (Blaubänderung) im → *Eis*. Dies meint die Bänderung bzw. den Wechsel von weißen, also luft- und blasenreichen, Lagen mit blauen, also luftarmen Lagen in Gletschern. – im → *Gestein* (v. a. bei den Sedimentgesteinen) weit verbreitet, wodurch Sedimentationsunterschiede Korngrößen, Farben und mineralische Zusammensetzung der einzelnen → *Schichten* wechseln.

Bandinfrastruktur *linear infrastructure*: Sammelbezeichnung für solche Elemente der → *Infrastruktur*, die linien- bzw. bandartigen Verlauf zeigen. Zur B. gehören insbesondere Verkehrswege, Energie-, Ver- und Entsorgungsleitungen. Die B. bildet das Grundgerüst für → *Entwicklungsachsen*.

Bandstadt *linear city*: Stadt oder städtisches Siedlungsgebiet in bandförmiger Anlage, d. h. mit großer Ausdehnung in der Länge und gleichzeitig geringer Breite. B. haben sich teils aufgrund orographischer Gegebenheiten (enge Tallagen), teils als vorstädtische Industrie- und Wohnsiedlungsgebiete entlang von → *Ausfallstraßen* und Bahnlinien entwickelt. Geplante B. (Stadtentwicklung entlang von → *Bandinfrastrukturen*) wurden mehrfach (zuerst um 1880 durch den spanischen Stadtplaner Arturo Soria y Mata) konzipiert, aber nie in reiner Form gebaut.

Bandstruktur *linear structure*: Sammelbezeichnung für bandförmige Strukturen im Siedlungsraum. B. sind → *Straßendörfer*, → *Bandstädte*, → *Verdichtungsbänder*, → *Entwicklungsachsen*, → *Bandinfrastrukturen* u. ä.

Bank *bench (1.); shoal (2.)*: 1. eine Akkumulation von Lockersedimenten in einem trockenen oder mit Wasser gefüllten Fließgewässerbett. 2. seichte Stellen im → *Meer*, wo der Meeresboden nahe dem Meeresspiegel liegt. Diese Untiefen erreichen auch größere räumliche Ausdehnungen.

Bank *bench (1.); shoal (2.); bank (3.)*: – eine Akkumulation von Lockersedimenten in einem trockenen oder mit Wasser gefüllten Fließgewässerbett. – seichte Stellen im Meer, wo der Meeresboden nahe dem Meeresspiegel liegt. Diese Untiefen erreichen auch größere räumliche Ausdehnungen. – eine von Nachbarschichten durch Fugen abgegrenzte Gesteinsschicht.

Bank für Internationalen Zahlungsausgleich (BIZ) *Bank for International Settlements*: → *Organisation* mit Sitz in Basel (Gründungsjahr 1930). Zu den Aufgaben der BIZ zählen die Unterstützung der globalen Geld- und Finanzstabilität, die Förderung der internationalen Zusammenarbeit im → *Finanzsektor* sowie die Übernahme von Bankfunktionen für die Zentralbanken wie die Verwaltung von Währungsreserven oder die Sicherstellung der Bankenaufsicht (→ *Basel III*). In dieser Funktion gilt die BIZ als Bank der Zentralbanken, sodass ihr bei der Bewältigung von globalen Finanz- und Wirtschaftskrisen eine Schlüsselrolle zukommt. Mitglieder der BIZ sind 60 Zentralbanken und supranationale Finanzorganisationen, überwiegend aus den → *Industrie*- und → *Schwellenländern*.

Bankung *banking structure (1.), massive bedding (2.)*: 1. Gliederung der Schichtserie in durch deutliche Fugen getrennte Gesteinskörper (→ *Bank*). 2. auch bei → *Tiefengesteinen*, die durch Fugen gegliedert sind, wird beim Auftreten mächtigerer Lagen von B. gesprochen.

Banlieue *banlieue, suburbs, outskirts of a town*: im französischsprachigen Bereich gängige Bezeichnung für die Vorortzone (Bannmeile) am Rand größerer → *Städte*. Die B. umfasst sowohl eingemeindete → *Vororte* als auch → *Stadtrandgemeinden* und ist durch Großwohnsiedlungen geprägt. Heute meist durch baulichen Niedergang, Kriminalität und migrantische Lebenswelten geprägt, die oft zu Unrecht stigmatisiert und benachteiligt werden.

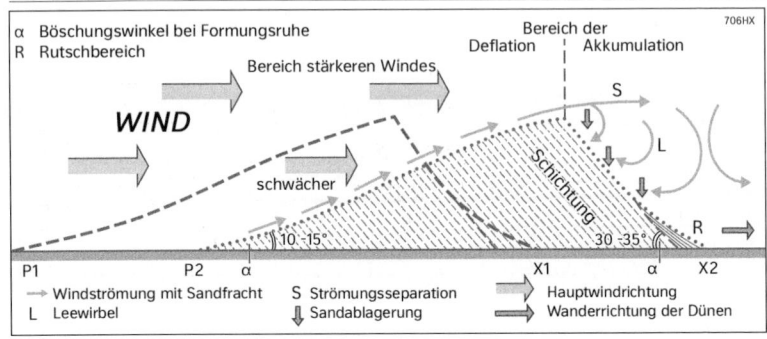

Barchan

Bannmeile *neutral zone (1.); precinct (2.)*:
– ein befriedeter Schutzbereich um Parlamente, Gerichte usw., in dem Demonstrationen u.Ä. verboten sind. – im älteren deutschen Recht das Umland einer Stadt bis zur Entfernung von einer Meile, in dem nur Ortsansässige Handel und Gewerbe treiben durften. Gelegentlich wird der Begriff heute auch im Sinn von Banlieue gebraucht.

Bannwald *protected forest*: → *Wald*, der als Ganzes (oder ein Waldstück) als erhaltenswert unter Schutz gestellt wurde und der nicht gerodet und nur eingeschränkt bewirtschaftet werden darf. Teilweise sollen B. in natürliche Waldstandorte (→ *Naturwald*) rücküberführt werden, oftmals dienen sie v. a. dem Lawinen- und Überschwemmungsschutz, der Luftverbesserung und sichern Wasserschutz- und Naherholungsgebiete. Das B.-Konzept wird in verschiedenen mitteleuropäischen Laub- und Nadelmischwäldern realisiert, um natürliche Waldstandorte als Alternativen zu den → *Forsten* zu schaffen.

Bar *bar, atmosphere*: Messeinheit des Druckes in der → *Meteorologie*. 1 bar entspricht 10^6 dyn/cm² oder 1000 hPa (Hektopascal). In der Praxis wird mit Millibar gearbeitet (1 mb = 1 hPa).

Barbenregion *Barbus zone*: Bestandteil der biologischen → *Fließgewässergliederung* in Mitteleuropa, die Flüsse in Teillebensräume gliedert. Dieser Flussabschnitt weist schnellfließendes Wasser auf, das die Lockersedimente am Flussuntergrund aufwühlt und ist durch das Auftreten der Barbe (*Barbus barbus*) gekennzeichnet.

Barchan (Sicheldüne) *barchan*: Prototyp der → *Dünen* mit steiler Lee- und flacherer Luvseite. Weil auch seitlich starke Sandverlagerung stattfindet, sind die Enden der B. spitz und niedrig, während der Zentralteil die Hauptsandmasse umfasst. Die Längsachse der B. liegt quer zur Windrichtung, sodass auch das Wandern der B. vor dem Wind geschieht. B. sind an sterile Milieus gebunden, d. h. v. a. an → *Vollwüsten*. In Europa kommt der B. nur auf vegetationsfreien und oft trockenliegenden Sandplatten vor.

Barfrost *black frost*: → *Bodenfrost*, der nur die obersten Bodenschichten erfasst.

Barisches Windgesetz *Buys-Ballot's Law*: Regel für den Zusammenhang der Luftdruckverteilung und daraus resultierendem → *Wind*. Die vom Hochdruckbereich zum Tiefdruckbereich strömende → *Luft* wird durch die → *Corioliskraft* in eine umlaufende Bewegung abgelenkt. Auf der Nordhalbkugel der Erde umläuft der Wind ein → *Hochdruckgebiet* im Uhrzeigersinn und ein → *Tiefdruckgebiet* in der Gegenrichtung, auf der Südhalbkugel entsprechend umgekehrt.

baroklin *baroclinic*: Schichtung der → *Atmosphäre*, bei der die Flächen gleichen Drucks, gleicher Temperatur und gleicher Dichte gegeneinander geneigt sind. B. Schichtung entsteht im Grenzbereich warmer und kalter Luftmassen.

barotrop *barotropic*: Schichtung der → *Atmosphäre*, bei der die Flächen gleicher Temperatur und gleichen Drucks parallel zueinander verlaufen.

Barranco *barranco*: Erosionsschlucht (→ *Erosion*, → *Schlucht*), die steile Hänge von → *Tuffkegeln* in ein Schluchtenrelief gliedert.

Barre (Sandbarre) *bar, sand bar, barrier ridge*: Feinsedimentbank aus → *Sand*, die → *submarin* vor Flussmündungen durch Ablagerung → *fluvialer* Sedimente aufgrund von Dichteänderungen des Wassers, Strömungsänderungen und/oder Rauigkeiten des Untergrundes entsteht (→ *Bank*).

Barriada *barriada, shanty town*: lateinamerikanische Bezeichnung für → *Elendsviertel* am Rande von Großstädten. B. bestehen aus

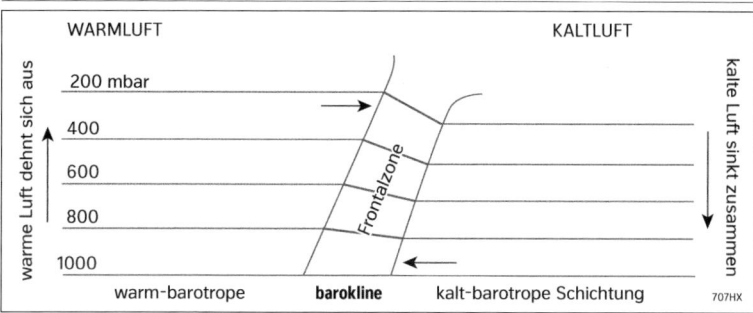
Baroklin

selbst hergestellten Unterkünften, die heute z. T. baulich konsolidiert sind und werden meist von Zuwanderern aus ländlichen Gebieten bewohnt. Der Begriff B. ist v. a. in Kolumbien und Peru üblich und entspricht etwa → *Bidonville*, → *Favela* oder shanty town.

Barriere *spatial barrier*: biogeographischer Begriff, der sich auf die Wirkung von Gebirgszügen, Ozeanen oder festländischen Gewässern als Hindernis für die Ausbreitung und Wanderungen von → *Biota* bezieht.

barrierefreie Karte *barrier-free map*: – thematische Karte, die sich an Kartennutzer mit bestimmten gesundheitlichen Einschränkungen richtet und durch ihr Thema räumliche Orientierung und Navigation für die Zielgruppe erleichtert. B. K. richten sich bspw. an Rollstuhlfahrer, in dem hindernislose Fortbewegungsrouten, Fahrstühle oder Hotels mit behindertengerechten Zimmern eingezeichnet sind. – Der Begriff b. K. bezieht sich ebenfalls auf die Visualisierung von → *Karten* für Nutzergruppen mit bestimmten Sehbehinderungen. B. K. für farbenblinde Nutzer (z. B. Deuteranopen) enthalten speziell aufbereite Farben, die sich durch höhere Unterschiede hinsichtlich Helligkeit und Sättigung unterscheiden. Das Ergänzen, teilweise auch Ersetzen der Kartengraphik durch Gestaltungsmittel der taktilen und auditiven Informationsvermittlung findet ebenso Einsatz in barrierefreier Kartographie (→ *taktile Karte*, → *audiovisuelle Karte*).

Barriereriff *barrier reef*: meist sehr großes, lang gestrecktes → *Korallenriff*, das sich weit vor der → *Küste* befindet und nicht aus einem langsam vom Ufer in Richtung Meer wachsenden → *Saumriff* entstanden ist. → *Meeresspiegelschwankungen* oder Senkungen des Untergrundes erklären die Existenz der B. weit vor der Küste. Das weltweit größte B. ist das Große Barriereriff vor der Küste Ost-Australiens.

Barysphäre (Siderosphäre) *barysphere*: der Nickel-Eisen-Kern (→ *Nifekern*) als innerster Bereich des → *Schalenbaus der Erde*.

Baryt *barite, barium sulphate*: Bariumsulfat, → *Schwerspat*. Häufig vorkommendes → *Mineral*.

basal *basal*: die Lage des untersten Gliedes einer Schichtenfolge.

Basalkonglomerat *basal conglomerate*: → *Transgressionskonglomerat*.

Basalt *basalt*: dunkles, oft schwarzes, kieselsäurearmes (basisches) → *Ergussgestein*, das im Wesentlichen aus Plagioklas und Pyroxen besteht. Häufig sechseckig-säulenförmig abgesondert. Das Gestein ist sehr widerständig und bildet in fast allen → *klimageomorphologischen Zonen* der Erde mehr oder weniger große Massive oder Plateaus bzw. tritt als Verwitterungsrestberg in Erscheinung. Basalt ist auch der Hauptbestandteil der ozeanischen Platten.

Basaltdecke *basalt cover*: deckenförmiger Erguss des → *Basaltes* an der Erdoberfläche von meist sehr großer Ausdehnung, z. B. Dekkan-Plateau in Indien.

Basaltschlot *basalt[ic] pipe*: Ausbruchskanal des → *Basaltes*, der nach Erkalten als stielförmige Vollform herauswitterte und Einzelberge bildet.

Basar (Bazar) *bazaar*: Geschäfts- und Gewerbestraße oder -viertel in einer → *orientalischen Stadt*. Typisch für B. sind die intensive Verflechtung von handwerklicher Produktion, Groß- und Einzelhandel und die Ausbildung von Branchenkonzentrationen. Heute ist die Funktion als wirtschaftlicher Mittelpunkt der Stadt vielfach von den B. auf moderne Geschäftsstraßen westlicher Prägung übergegangen (→ *Suk*).

base surge *base surge*: „Wolke" aus vulkanischen Gasen, → *Wasserdampf* und einem geringen Teil → *Pyroklasten* (v. a. → *Aschen*), die sich mit hoher Geschwindigkeit dicht über den Boden bewegt und bei → *phreatomagmatischen Eruptionen* entstehen kann. B.s. sind aufgrund des Anteils an Wasserdampf weniger heiß als → *pyroklastische Ströme* und haben einen wesentlich geringeren Feststoffanteil.

Basel III *Basel III, Third Basel Accord*: Regelwerk des → *Baseler Ausschuss für Bankenaufsicht*, das seit 2013 gültig ist. B. III löst Basel II ab, das zuvor Basel I abgelöst hat. Mit den Regelwerken werden neue und weitergehende Kapital- und Liquiditätsvorschriften für Bankinstitute beschlossen mit dem Ziel die Stabilität des → *Finanzsektors* zu erhöhen (→ *Eigenkapital*).

Baseler Ausschuss für Bankenaufsicht *Basel Committee on Banking Supervision*: Gremium bestehend aus den Notenbanken und Bankenaufsichten von 27 Nationen und der Europäischen Union (→ *EU*). Der B. sitzt organisatorisch, aber institutionell unabhängig bei der → *Bank für Internationalen Zahlungsausgleich* (BIZ). Die Mitglieder vereinbaren möglichst einheitliche Standards in der Bankenaufsicht und -regulierung, deren Implementierung freiwillig durch die Nationalstaaten vorgenommen wird. Bekannt durch die Vorschriften Basel I, Basel II und → *Basel III*.

Basement Store in den USA entstandene Form des → *Einzelhandels*, deren Kennzeichen der ständige Sonderverkauf von im Preis stark herabgesetzten Waren ist, die nur für eine begrenzte Zeit angeboten werden. Die Verkaufsflächen befanden sich dabei ursprünglich im Kellergeschoss der Einzelhandelsgeschäfte.

Basensättigung *base saturation*: der in Prozent gemessene Anteil der Calcium-, Magnesium-, Kalium- und Natrium-Ionen am gesamten austauschbaren Ionenbelag eines → *Bodenhorizontes*. Die B. ist in neutralen und schwach sauren Böden hoch und in stark sauren Böden niedrig. Sie bildet einen der Charakterwerte für die Nährstoffbeurteilung (→ *Austauscher*, → *Ionenaustausch*).

Basiphyten → *Alkaliphlanze*.
Basis → *Standard*.
Basisabfluss *basis flow (runoff)*: Anteil des Abflusses in Oberflächengewässern, der mit einem Niederschlagsereignis mit erheblicher Zeitverzögerung das → *Gerinne* erreicht und größten Teils aus dem → *Grundwasser* zufließt (→ *Trockenwetterabfluss*, → *direkter Abfluss*)

Basisdistanz *basal distance*: vertikale Entfernung zwischen dem obersten Punkt des Abtragungsgebietes und der → *Erosionsbasis*. Die B. ist entscheidend für das Ausmaß der Abtragung – neben der Horizontaldistanz zwischen Abtragungsgebiet und der Erosionsbasis.

Basisinnovation *basic innovation*: grundlegende technologische Neuerungen (→ *Innovation*). B. treten als → *Produktinnovationen*, welche neue Märkte und Industrien generieren, oder als → *Prozessinnovationen* auf, welche bereits existierende Wirtschaftsbranchen stark beeinflussen. B. sind ein bedeutsames Element der → *Theorie der langen Wellen*.

Basislandterrasse *basal terrace*: Begriff aus der Theorie der → *Schichtstufenlandschaft*. Durch Rücklegung von flachlagernden Sedimentgesteinen in Form der Stufenlandschaft wird in Europa gelegentlich der kristalline Sockel freigelegt. Dieser Rumpf des meist alten und gefalteten → *Variskischen Gebirges* erscheint bei der Abtragung des Deckgebirges als letzte und somit jüngste Fläche. Sie wird als B. bezeichnet, auf die die unterste Stufe des Schichtstufenlandes aufsetzt. Da es sich bei der B. um einen wieder aufgedeckten Rumpf handelt, kann sie – obwohl nicht aus Sedimentgestein – durchaus Flachformencharakter aufweisen (→ *Kristallin*).

Basistafone *basal tafone*: → *Tafoni* an der Basis von Felswänden oder großen Gesteinsblöcken.

Basistechnologie *basic technology*: stellt als allgemein erprobtes und ausgereiftes Verfahren die Grundlage der meisten Produktions- und Dienstleistungsvorgänge dar mit tiefer Integration in → *Produktionsprozesse*. Wegen der geringen Modernität und des mangelnden Entwicklungspotenzials beeinflusst sie den Wettbewerb in nur geringem Maße. Ihr voran stehen → *Schlüsseltechnologien*, die für die zukünftige Entwicklung prägend sind, und ausgereifte → *Spitzentechnologien* (noch im Forschungs- und Entwicklungsstadium).

Basizität → *Alkalinität*.

Basler Konvention *Convention of Basel, Basle Convention*: 1989 abgeschlossen; zielt auf weltweites umweltgerechtes Abfallmanagement und will die grenzüberschreitende Verbreitung gefährlicher Abfälle und ihrer Entsorgung regeln, d.h. sie verbietet den Export von Sondermüll aus den Ländern der OECD in Entwicklungsländer (→ *Rotterdam-Konvention*).

Batholith *batholith*: B. sind große, unregelmäßig geformte → *Intrusivkörper*, die sich in bereits vorhandene Gesteinslagen einpressten, z.B. der Bramscher Pluton bei Osnabrück. Bei Abtragung der Deckschichten kann der B. ein kuppelförmiges Gebirge bilden (→ *Intrusion*).

Bathyal *bathyal zone*: Tiefenstufe des → *Meeres* zwischen 200 und 4000 m Tiefe. Sie umfasst die → *Kontinentalabhänge*.

Bathypelagial *bathyal pelagial*: unterhalb des → *Schelfeis* (Kante bei ca. 200 m) sich anschließender Meeresraum, der nicht mehr genügend Licht zur → *Photosynthese* erhält, damit zugleich etwa die Grenze des Lebensraumes der Pflanzen und zum → *Pelagial* darstellend (→ *Tiefsee*).

Bauabstand *distance between buildings*: Abstand zwischen Gebäuden bzw. → *Bauwerken* sowie Abstand von Gebäuden zur Nachbargrenze. In Deutschland existieren gesundheits- und feuerpolizeiliche Mindestabstände. Im Rahmen der → *Ortsplanung* sind spezifische B.-Beschränkungen möglich.

Baubestand *building stock*: sämtliche Gebäude auf einer bestimmten Fläche. Der B. wird nach funktionalen Gesichtspunkten (Wohn-, Gewerbegebäude usw.), nach dem Grad der baulichen Ausnutzung (z. B. Zahl der Geschosse) sowie nach dem Gebäudealter differenziert.

Baublock *building block/plot*: 1. geschlossene städtische Bauform, die allseitig von öffentlichen Straßen umgeben ist. Durch ungeordnete Überbauung der Blockinnenbereiche (z. B. durch Werkstätten) entstanden früher häufig Probleme in Bezug auf die Wohnqualität (→ *Blockauskernung*). 2. in der amtlichen Statistik kleinste, durch Straßen abgegrenzte Bezugsfläche zur Aufbereitung von Daten.

Baublock

Baudenkmal *historical monument*: Bauwerk von kulturellem Wert, ursprünglich zum Gedenken an eine historische Persönlichkeit oder ein bedeutendes Ereignis, heute allgemein als Zeugnis früherer Baukunst und menschlicher Geschichte. Ein B. kann entweder eine Einzelgebäude oder eine Gesamtanlage (z. B. historischer Straßenzug, Platzanlage) sein. B. werden in Deutschland von den zuständigen Landesbehörden inventarisiert. Sie unterliegen aufgrund des Denkmalschutzgesetzes einem Veränderungsverbot (→ *Denkmalpflege*, → *Denkmalschutz*).

Baudichte *building density*: zulässiges Maß der Überbauung eines Grundstücks nach bebaubarer Fläche und Geschosszahl (→ *Bebauungsdichte*).

Bauernbefreiung *peasant liberation (from feudal servitude)*: Befreiung von Bauern aus grundherrschaftlichen Verpflichtungen und Abhängigkeiten (z. B. → *Leibeigenschaft*, Hand- und Spanndienste, Zehntabgaben usw.). In den meisten europäischen Ländern wurde die B. im 18./19. Jh. durchgeführt, teils durch Revolutionen (Frankreich), teils durch liberale Agrarreformen.

Bauerngarten *farm garden*: ein ländlicher Nutzgarten, der Gemüse, Kräuter, Obst und Blumen in einem eingefriedeten Bereich zusammenfasst. Typische Merkmale sind neben der Nutzungsbreite die formale symmetrische Gliederung, häufig durch Buchsbaumhecken eingefasst; dies lässt sich auf den Vorgänger, den Klostergarten, zurückführen.

Bauernklasse *category/class of farms*: Gruppe von Bauern, deren Höfe i. d. R. durch gleiche → *Betriebsgröße* gekennzeichnet sind. Der Begriff B. ist v. a. in der → *Historischen Geographie* gebräuchlich und bezeichnet die verschiedenen Gruppen von → *Voll-*, → *Klein-* und Zwergbauern, die früher auch häufig rechtlich unterschiedliche Positionen besaßen.

Bauernland *farmer's land*: → *landwirtschaftliche Nutzfläche*, die von bäuerlichen Familienbetrieben bewirtschaftet wird und i. d. R. in deren Eigentum steht.

Bauernland *agricultural country*: Land, dessen wirtschaftliche und soziale Struktur überwiegend bäuerlich geprägt ist.

Bauernlegen *expropriation of the peasantry*: Zerschlagung bäuerlicher Familienbetriebe, Enteignung und Einziehen von Bauernhöfen durch Grundherren, um sie als Gutsland selbst zu bewirtschaften (→ *Gut*). Ebenfalls wird das Aufkaufen freier Bauernhöfe, das oftmals unter Anwendung von Druckmitteln erfolgt, als B. bezeichnet. Das B. wurde insbesondere in England im 15./16. Jh. und in Mittel- und Ostdeutschland im 17./18. Jh. durchgeführt. Das Legen von Bauerngütern hatte i. d. R. den Zweck, die Einkommen der Gutsbesitzer durch unmittelbare Bewirtschaftung der meist nur geringen Ertrag abwerfenden Güter der kleineren Betriebe zu erhöhen.

Bauernregel *country saying*: volkstümliche Formulierung der Kalenderabhängigkeit regelmäßig wiederkehrender Erscheinungen der → *Witterung* und ihrer Abläufe. Die überlieferten B. sind oft ungenau und durch den → *Klimawandel* überholt. Sie enthalten jedoch vielfach einen wahren Kern und können nur bedingt mit wissenschaftlichen Methoden erhärtet werden (→ *Regelfälle der Witterung*).

Bauerschaft *hamlet*: Gruppe von Bauernhöfen in Nordwestdeutschland, die häufig nur aus wenigen, verstreut gelegenen Bauernhöfen besteht und damit dem → *Weiler* entspricht. B. haben seit dem Mittelalter zeitweise wirtschaftliche und rechtliche Funktionen einer → *Gebietskörperschaft* ausgeübt. Im 19. Jh. wurden mehrere B. zu einer politischen → *Gemeinde* zusammengefasst.

Bauerwartungsland *land set aside, land designated for future development*: Vorstufe des Baugebietes, dessen bauliche Nutzung in absehbarer Zeit zu erwarten ist. B. ist im → *Flächennutzungsplan* auszuweisen. Im → *Bebauungsplan* wird daraus das → *Rohbauland*, das nach der → *Erschließung* als → *Baugebiet* bebaut werden kann.

Bauflächen *building land, land for future development*: die für eine allgemeine Bebauungsart bestimmten Flächen. Nach dem → *Baugesetzbuch* unterscheidet man gemäß der allgemeinen → *Art der baulichen Nutzung*: Wohnbebauung, gemischte Bebauung, gewerbliche Bebauung und Sonderbauflächen. Der → *Bebauungsplan* untergliedert diese B. nach der besonderen Art ihrer Nutzung weiter (→ *Baunutzungsverordnung*).

Baufluchtlinie *building line*: → *Baulinie*.

Baugebiet *development area*: für eine besondere Bebauungsart vorgesehene Bauflächen. Im → *Bebauungsplan* wird nach der → *Baunutzungsverordnung* z.B. unterschieden nach → *reinen Wohngebieten* (WR), → *allgemeinen Wohngebieten* (WA), → *Gewerbegebieten* (GE) und nach → *Industriegebieten* (GI).

Baugebot *building decree*: Rechtsmittel der Gemeinde gegen Eigentümer oder Nutzer von Privatgrundstücken. Mit dem B. können innerhalb des Geltungsbereichs eines → *Bebauungsplans* und innerhalb → *zusammenhängend bebauter Ortsteile* Maßnahmen erzwungen werden, die im öffentlichen Interesse liegen. Nach dem → *Baugesetzbuch* fallen darunter das Abbruchgebot von Gebäuden oder das Modernisierungs- und Instandsetzungsgebot. Das B. bietet eine Handhabe, um die im Bebauungsplan vorgeschriebene Bebauung oder Nutzung eines Privatgrundstückes durchzusetzen. Wenn die Umsetzung eines B. aus wirtschaftlichen Gründen einem Eigentümer nicht zuzumuten ist, hat die Gemeinde von dem B. abzusehen.

Baugesetzbuch (BauGB) *federal building code*: das 1987 in Kraft getretene B. stellt das wichtigste Gesetz des Bauplanungsrechts in Deutschland dar. Es ersetzt das → *Bundesbaugesetz* (BBauG) von 1960 mit seinen Regelungen zum allgemeinen Städtebaurecht und das → *Städtebauförderungsgesetz* (StBauFG) von 1971 mit seinen Regelungen zum besonderen Städtebaurecht und fasst diese in rechtsvereinfachter und gestraffter Form zusammen. Bisherige Regelungen des Städtebaurechts wurden verstärkt auf die Gegenwarts- und Zukunftsaufgaben des → *Städtebaus* ausgerichtet und die dazu erforderlichen Instrumente verbessert.

Baugewerbe *building/construction industry*: zusammenfassender Begriff für → *Bauindustrie* und Bauhandwerk. Das B. gliedert sich in das → *Bauhaupt-* und → *Baunebengewerbe*.

Baugrund *building land/site*: Flächen, die für eine Bebauung vorgesehen sind. Mit dem B. werden genauer der → *Boden* bzw. → *Untergrund* einschließlich seiner Inhaltstoffe (z.B. → *Grundwasser*, → *Kontaminationen*) bezeichnet, in und auf dem ein Bauwerk errichtet wird oder der durch eine Baumaßnahme beeinflusst wird. Die B.-Untersuchung stellt fest, ob es sich, gemessen an der Belastbarkeit, um einen guten, mittelguten, schlechten oder sehr schlechten B. handelt.

Bauhauptgewerbe *main contract work, building/construction trades and industry*: Teil des → *Baugewerbes*, der sich beim → *Hochbau* mit der Erstellung des Rohbaus und mit den wesentlichen Tiefbauarbeiten (einschl. Straßenbau) beschäftigt.

Bauherr *principal of a building contract, owner builder*: Eigentümer eines im Bau befindlichen Gebäudes, der rechtlich und wirtschaftlich als Auftraggeber für die Durchführung eines Bauvorhabens verantwortlich ist. Sowohl Einzelpersonen als auch Personengemeinschaften (B.-Gemeinschaft) können als B. gelten. Ferner können auch juristische Personen (z.B. freie oder gemeinnützige Wohnungsunternehmen) B. sein.

Bauhilfsgewerbe *ancillary building trade*: Teil des → *Baugewerbes*, das den Gerüstbau, Baureinigung, Kellertrockenlegung usw. durchführt.

Bauindustrie *construction/building industry*: in der Systematik der → *Wirtschaftszweige* Teil des → *Baugewerbes*. Dieses beinhaltet neben der B. auch das produzierende Bauhandwerk.

Baukörper-Formel *construction formula*: Verfahren zur schnellen Ermittlung von Durchschnittswerten für den gesamten Gebäudebestand einer → *Siedlung*. Jedes Gebäude eines → *Baublocks* wird nach den folgenden Kriterien eingeteilt: Stellung zur Straße, Bauweise längs der Straße, Alter, Höhe, Baumaterial und Bauausführung des Daches. Den Blöcken werden dann für jedes Kriterium, entsprechend der Häufigkeit der Fälle, Kennzahlen zugeordnet, aus denen die Merkmale des → *Baubestandes* abzulesen sind.

Baukosten *building costs, construction expenditure*: Kosten einer Baumaßnahme. Zu den B. zählen auch die Baunebenkosten (z.B. Architekten-Honorar). Die Gesamtbaukosten umfassen ferner die Kosten für das → *Grundstück* und die → *Erschließung*.

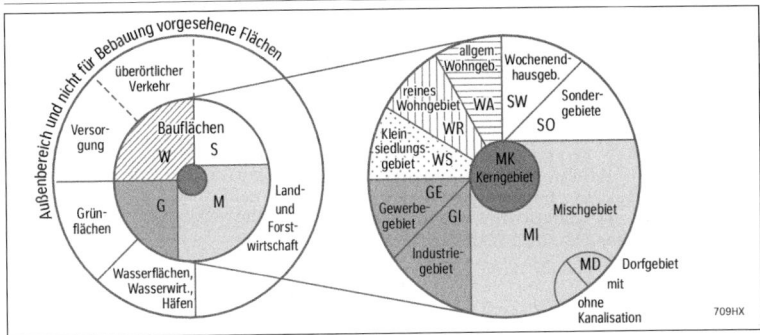

Baugebiet

Bauland *building land, development land*: das für eine Bebauung vorgesehene Gelände. Nach dem Grad der Baureife unterscheidet man das → *Bauerwartungsland*, → *Rohbauland* und → *Baugebiet*.

Baulandumlegung *building/development land transfer*: Grundstückstausch-Verfahren gemäß → *Baugesetzbuch*. Durch den Austausch von Grundstücksflächen werden der Zuschnitt bzw. die Form bestehender → *Grundstücke* verbessert und eine sachgemäße → *Erschließung* von → *Baugebieten* ermöglicht. Gegenstück zur B. ist für land- und forstwirtschaftlich genutzte Flächen die → *Flurbereinigung*.

Bauleitplan *urban land use plan, development plan/guideline*: von der Gemeinde aufgestellte Richtlinie für die bauliche Entwicklung des Gemeindegebietes. Teile des B. sind der → *Flächennutzungsplan* (vorbereitender B.) und der → *Bebauungsplan* (verbindlicher B.).

Bauleitplanung *urban land-use planning*: Planung zur städtebaulichen Entwicklung einer Gemeinde. Aufgabe der B. ist es, die bauliche und sonstige Nutzung von Grundstücken innerhalb einer Gemeinde vorzubereiten und zu leiten. Die B. hat sich dabei an den Zielen der → *Landesplanung* bzw. der → *Regionalplanung* zu orientieren. Zur B. gehören der für das gesamte Gemeindegebiet aufzustellende → *Flächennutzungsplan* (vorbereitender → *Bauleitplan*) mit der Festsetzung der Art der baulichen Nutzung von Bauflächen sowie der für einzelne Teile des Gemeindegebietes aufgestellte → *Bebauungsplan* (verbindlicher Bauleitplan), die die Aussagen des Flächennutzungsplans detailliert konkretisiert.

Baulinie (Baufluchtlinie) *building line*: im → *Bebauungsplan* festgelegte Baurichtlinie, an der sich geplante Gebäude orientieren müssen. Eine Gebäudeseite hat auf der B. zu liegen. Geringfügige Abweichungen von der B. sind mit Genehmigung möglich.

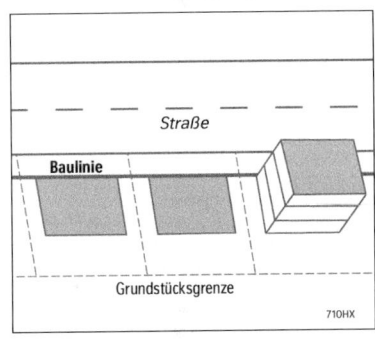

Baulinie

Baumacker *orchard*: mit Obstbäumen bestandener Acker. B. finden sich v.a. in Gegenden mit Erwerbsobstbau und überwiegend landwirtschaftlichen Kleinbetrieben. Wegen des relativ hohen Baumbesatzes erfolgt keine zusätzliche Grünlandnutzung, da die verfügbaren Mineralstoffe im Boden ganz der → *Baumkultur* zugutekommen sollen (→ *Baumweide*).

Baumassenzahl (BMZ) *cubic index, capacity of a building relative to its base area*: Kennziffer zur Darstellung des → *Maßes der baulichen Nutzung* im → *Bebauungsplan*. Die B. drückt aus, wie groß der nach den Außenmaßen ermittelte Rauminhalt eines Gebäudes, bezogen auf 1 m² Grundstücksfläche, ist oder sein darf.

Baumgrenze *tree-line*: Mit diesem Begriff wird heute zumeist der Grenzsaum zwischen dem geschlossenen Wald und der Baumgrenze bezeichnet. Im engeren Sinne wird darun-

Baumkultur

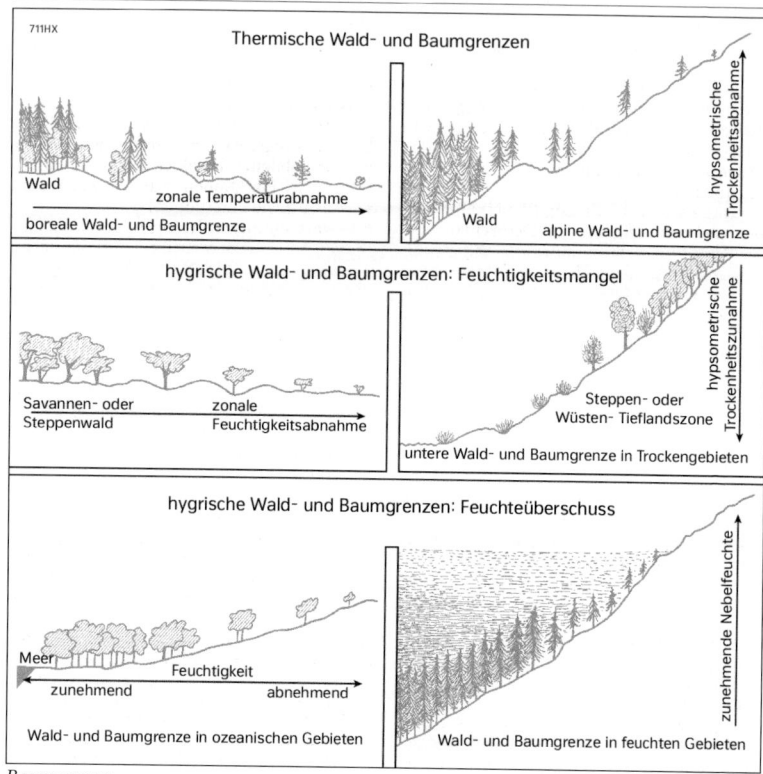

Baumgrenze

ter die durch den mit der Höhe (obere bzw. alpine B.) und der geographischen Breite (polare B.) zunehmenden Wärmemangel bedingte physiologische Grenze des Baumwuchses verstanden (→ *Wärmemangelgrenze*). Die kontinentale B. ist demgegenüber eine Trockengrenze regionaler bis zonaler Größenordnung. Sie tritt als „untere" B. in Erscheinung. Sie ist charakteristisch für wechselfeuchte Gebiete, in denen die Niederschläge in den Hochlagen Waldwachstum erlauben, während dies in der Tieflandstufe wegen Niederschlagsmangels nicht möglich ist.

Baumkultur *arboriculture*: vom Menschen in planmäßige Kultur, Bewirtschaftung und Züchtung genommene → *Nutzpflanzen* von baumhaftem Wuchs (mehrjähriges Holzgewächs mit Stammbildung). Bei der wirtschaftlichen Nutzung der Bäume überwiegt die Holzerzeugung. Ferner ist das Ziel der B. die Gewinnung von Früchten und Samen, Harzen und Kautschuk, Gerbstoffen, Farb- und Bitterstoffen.

Baumschule *tree nursery, aboretum*: gärtnerische bzw. forstwirtschaftliche Aufzucht von Junggehölzen und Sträuchern aus Sämlingen. Die B. schließt die Sortenveredelung mit ein.

Baumweide (Baumwiese, Obstweide, Obstwiese) *orchard meadow, orchard pasture*: mit Bäumen, vorwiegend Obsthochstämmen, bestandene Grünlandfläche. Die B. liefert durchschnittlich um etwa ein Drittel niedrigere Futtererträge als die baumfreie Grünlandfläche und ebenso geringere Obsterträge (→ *Baumacker*).

Baumwiese → *Baumweide*.

Baumwollindustrie *cotton industry*: industrielle Verarbeitung der Samenhaare der Baumwollpflanze zum bedeutendsten Textilrohstoff. Nach dem Pflücken müssen die Fasern entkernt werden (Egrenierung). Die Roh-

Baumwolle wird zu Ballen gepresst und in der B. verarbeitet. Ihren Aufschwung nahm die B. Ende des 18. Jh. durch die Erfindung des mechanischen Webstuhls.

Baunebengewerbe *ancillary building trade*: Teil des → *Baugewerbes*, das im Gegensatz zum → *Bauhauptgewerbe* die Tätigkeiten des → *Ausbaugewerbes* und des → *Bauhilfsgewerbes* umfasst.

Baunutzungsverordnung (BauNVO) *building/land use ordinance*: in Deutschland eine Verordnung des Bundes als Ergänzung zum → *Baugesetzbuch* (BauGB). Sie regelt Art und Maß der baulichen Nutzung, Bauweise und überbaubare Grundstücksfläche in einem → *Baugebiet*.

Bauordnung (BauO) *building regulations/code*: in Deutschland Landesgesetz zur Regelung der öffentlichen Sicherheit und Ordnung bei Bauvorhaben. Neben der formalrechtlichen Regelung des Baugenehmigungsverfahrens sorgt sie u. a. für eine Begrenzung unzumutbarer Belästigungen (Nachbarschutz) sowie für sozialbedingte Mindesterfordernisse an Baugestaltung und -ausführung.

Bauplan (Bauzeichnung) *building/construction plan*: maßstabsgetreue Zeichnung eines → *Bauwerks* im Grundriss, Aufriss und Seitenriss. Baumaße und Himmelsrichtung sind eingetragen. Der Maßstab der Darstellung ist der Größe und Kompliziertheit des Objekts angepasst; Verwendung findet häufig der Maßstab 1:100.

Baurecht *building regulations*: Gesamtheit der gesetzlichen Vorschriften, die in einem Land die Errichtung von Bauwerken regeln. In Deutschland ist das B. im → *Baugesetzbuch*, in der → *Baunutzungsverordnung* und in den → *Bauordnungen* der einzelnen Bundesländer enthalten.

baureifes Land *land ready for building*: diejenigen noch unbebauten, aber grundsätzlich baulich nutzbaren Flächen, die in örtlicher Weise über eine für die sofortige Bebauung ausreichende → *Erschließung* sowie über die notwendigen baurechtlichen Voraussetzungen für eine Bebauung verfügen (→ *Bauerwartungsland*, → *Rohbauland*).

Baustoffe (Baumaterialien) *building material*: Sammelbezeichnung für sämtliche Stoffe, die im Bauwesen Verwendung finden. Es wird nach organischen B. (z. B. Holz) und anorganischen B. (metallische und nichtmetallische B.) unterschieden. Bei der Gruppe der nichtmetallischen anorganischen B. ist die Unterscheidung nach natürlichen B. (z. B. Kies) und nach künstlichen B. (Ziegel) wichtig.

Bauverein → *Wohnungsgenossenschaft*.

Bauweise *construction method*: Art und Weise der Bebauung in einem → *Baugebiet*. Man unterscheidet u. a. offene und geschlossene B.. Der Begriff B. meint aber auch die Baukonzeption und -gestaltung sowie die Verwendung unterschiedlicher → *Baustoffe* (z. B. Massivbau, Skelettbau, Hochhausbebauung, Reihenhausbebauung, Ziegelbau usw.).

Bauwerk *building, structure*: bauliche Anlage mit immobilem Charakter. B. haben unterschiedliche Funktionen (z. B. Wohn-, Wehr-, wirtschaftliche Funktionen).

Bauwerksgeomorphologie *geomorphology of buildings*: Teilgebiet der → *Geomorphologie*, das sich mit der → *Verwitterung* und den Verwitterungsformen an Bauwerken beschäftigt. Infolge der Verarbeitung natürlicher Steine an Bauwerken einerseits und zunehmender → *Luftverschmutzung* andererseits zeigen verbaute Steine meist intensivere Verwitterungserscheinungen als im natürlichen Gesteinsverband. Die Verwitterung verläuft rascher und führt zu zahlreichen Kleinformen, die mit natürlichen Verwitterungskleinformen an Standorten mit extremen Verwitterungsbedingungen vergleichbar sind.

Bauwert *building value*: Teil des Sachwertes eines Gebäudes. Der B. ergibt sich aus den Herstellungskosten des Gebäudes und der Außenanlagen sowie den Baunebenkosten. Er wird beeinflusst durch die technische und wirtschaftliche Wertminderung und die sonstigen wertbeeinträchtigenden Umstände.

Bauwesen *construction/structural engineering*: Sachbereich, der sich mit der Planung, Organisation bzw. Ausführung von Baumaßnahmen sowie mit den Arbeits- und Verfahrenstechniken im Bau befasst.

Bauwirtschaft *building trade/industry*: Teil der Wirtschaft, wozu die Bauindustrie, das Bauhandwerk und der Baustoffhandel zählen. Man unterscheidet das → *Bauhauptgewerbe* und das → *Baunebengewerbe*.

Bauxit *bauxite*: meist intensiv rot gefärbtes Verwitterungsprodukt tonerdereicher Gesteine. Der B. bildet sich v. a. unter wechselfeucht-tropischen Bedingungen. Er setzt sich aus Aluminiumhydroxid- und Eisenhydroxid-Mineralgesellschaften zusammen. Das Eisenhydroxid bewirkt die Rotfärbung. B. ist das wichtigste Aluminiumerz.

Bauxitbergbau *bauxite mining*: Bergbau zur Gewinnung von → *Bauxit* (Ausgangsstoff von Aluminium). Kalk-B. ist wirtschaftlicher, da der SiO_2-Gehalt gering ist. Große B.-Lagerstätten finden sich in Australien, Brasilien, Guinea, Jamaika. Die Aluminiumerzeugung selber erfolgt i. d. R. dort, wo Energie kostengünstig bereitgestellt werden kann.

Bauzeichnung *building/construction plan*: → *Bauplan*.

Bauzone *building zone*: in der Schweizer Raumplanung üblicher Fachbegriff für Landfläche, die überbaut ist, durch bereits erfolgte Erschließung für die Überbauung vorgesehen oder für eine Überbauung als geeignet angesehen wird. B. werden unterschieden nach Wohn-, Arbeits-, Misch-, Zentrumszonen sowie Zonen für öffentliche Nutzungen. In der Schweiz darf nur in B. gebaut werden.

Bazar → *Basar*.

Beamtenstadt *town with a high percentage of civil servants*: → *Stadttyp*, der durch einen überdurchschnittlich hohen Anteil von Beamten und ihren Familienangehörigen an der Wohnbevölkerung gekennzeichnet ist. Funktional gesehen handelt es sich meist um → *Residenz*-, Verwaltungs- oder Regierungshauptstädte mit weitgehend fehlender Industrie- und Gewerbeausstattung (→ *Hauptstadt*).

Beaufort-Skala *Beaufort scale*: von Francis Beaufort (1774–1857) 1806 zunächst für die Segelschifffahrt entwickelte Beobachtungsskala für die Windstärkestufen von 0 (Windstille) bis 12 (→ *Orkan*), die ab 1874 weltweit (und immer noch) im Gebrauch ist (Revision 1939). Jeder Windstärke ist ein Effekt zugeordnet, z.B. Windstärke 0: keine Wirkung, Rauch steigt fast senkrecht auf (→ *Sturm*).

Bebauungsdichte *building density*: Verhältnis von bebauter zu unbebauter Fläche in einem → *Baugebiet* bzw. in einem größeren Siedlungsgebiet.

Bebauungsplan *legally binding land use plan*: verbindlicher → *Bauleitplan*, der die → *Nutzungsart* und das → *Maß der baulichen Nutzung* von → *Baugebieten* festsetzt. Die planerische Vorstufe des B. ist der → *Flächennutzungsplan*, aus dem der B. zu entwickeln ist. Wie dieser wird er von der Gemeinde aufgestellt und als Satzung beschlossen. Die Planinhalte des B. sind für jeden einzelnen Bürger und alle Behörden verbindlich. Es besteht keine gesetzliche Notwendigkeit für die Gemeinde, in B. alle grundsätzlich möglichen Regelungen zu treffen. Für einen sog. qualifizierten B. sind mindestens Art und Maß der baulichen Nutzung, die überbaubaren Grundstücksflächen sowie die örtlichen Verkehrsflächen darzustellen. Fehlt eine dieser Festsetzungen, wird von einem einfachen B. gesprochen, dessen Aufstellung nach demselben Verfahren wie bei einem qualifizierten B. erfolgt.

Becherkristalle *beaker crystals*: bei der Umwandlung von → *Neuschnee* in → *Firn* entstehende körnige Kristalle mit becherähnlicher Form. Sie zeigen hexagonale Struktur und wachsen in Lagen.

Becken (*sedimentary/structural*) *basin*: große → *Hohlform* im → *Georelief*, die oft abflusslos ist und als Sedimentationsraum dient. Becken, die unterhalb des Meeresspiegels liegen, nennt man → *Depressionen*. B. können auf vielfältige Weise entstehen, beispielsweise → *glazial* bedingt (→ *Zungenbecken*) oder als geologische Senkungsgebiete (→ *Tektonik*) oder bei der → *Orogenese*.

Becken-Schwellen-Struktur *structure of basins and ridges*: einzelne Kontinente, v.a. Afrika, sind durch ausgedehnte Schwellen- und Beckenbereiche gegliedert, die bei großräumiger, d.h. kleinmaßstäbiger Betrachtung (z.B. im Satellitenbild) sichtbar werden. Die Schwellen und Becken gehen v.a. auf → *Epirogenese* zurück. Feinere B.-S.-S. finden sich jedoch auch innerhalb der großen Faltengebirgsgürtel (→ *Faltengebirge*) der Erde und gehen dann auf → *Orogenese* zurück.

Becquerel (Bq) *becquerel*: Einheit für die Aktivität eines → *Radionuklides*. Die Aktivität von 1 Bq liegt vor, wenn von der bestehenden Menge eines Radionuklides ein Atomkern pro Sekunde zerfällt. Die Kennzeichnung der → *Radioaktivität* einer Stoffmenge sagt über ihre biologische Wirkung nichts aus. Das B. ersetzt die alte Einheit Curie (Ci; 1 Ci = 3,7 · 1010 Bq).

Bedarf *demand*: objektiv bestehende oder subjektiv empfundene → *Bedürfnisse*, die messbar sind. Auf Märkten zeigt sich ein bestimmter B. in Form von Nachfrage nach → *Gütern* und Dienstleistungen. Zu unterscheiden sind ferner Fremdbedarf sowie Eigenbedarf.

Bedarfsgemeinschaft *community of dependence*: Bezeichnung aus dem deutschen Sozialhilferecht, die regelt, dass Personen, die verwandtschaftliche oder besondere persönliche Beziehungen zueinander haben (z.B. → *eheähnliche Gemeinschaft*, Lebensgemeinschaft) und die in einem gemeinsamen → *Haushalt* leben, in Notlagen gegenseitig materiell unterstützen und ihren Lebensunterhaltsbedarf gemeinsam decken sollen (→ *Familie*).

Bedarfsstruktur *structure of demand*: die Zusammensetzung der Bedürfnisse einer Bevölkerung an → *Gütern* und → *Dienstleistungen*. Die B. hat wirtschaftsgeographische Bedeutung, da sie regional- und sozialgruppenspezifische Unterschiede aufweist und die Verteilung und Ausstattung der → *Zentralen Orte* eng mit ihr zusammenhängt.

Bedarfsverkehr (Gelegenheitsverkehr) *charter traffic, non-scheduled traffic*: Güter- und Personenverkehr, der, im Gegensatz zum → *Linienverkehr*, nicht nach festem Fahrplan und auf festgelegter Route erfolgt, sondern Transportleistungen nach Bedarf bzw. zu bestimmten Gelegenheiten für bestimmte Auftraggeber erbringt. Der B. in der Luftfahrt wird meist als → *Charterverkehr*, in der Schifffahrt als → *Trampschifffahrt* bezeichnet.

Bedarfswirtschaft → *Subsistenzwirtschaft*.

bedeckter Karst *covered kast*: das verkarstungsfähige, also lösungsfähige Gestein liegt unterhalb einer Boden- oder Vegetationsdecke. Dem b. K. gegenüber steht der → *nackte Karst* (→ *Karst*, → *Verkarstung*).
Bedecktsamer → *Angiospermen*.
Bedeckungsgrad → *Bewölkung*.
Bedeutungsüberschuss *surplus of centrality/of importance*: bezogen auf zentralörtliche Einrichtungen, wichtigste Eigenschaft eines → *Zentralen Ortes*, gleichbedeutend mit → *Zentralität*. Der B. kommt der Versorgung des → *Umlands* zugute; je größer er ist, desto größer ist die zentralörtliche Bedeutung der betreffenden → *Stadt*. Gemessen wird der B. i. d. R. durch das Verhältnis von zentralörtlichen Einrichtungen und ihrer Kapazität zur Einwohnerzahl des Zentralen Ortes (→ *relative Zentralität*, → *absolute Zentralität*).
Beduine *Bedouin*: Sammelbezeichnung für nomadisch lebende Wüstenbewohner der Arabischen Halbinsel, Teilen der Sahara, der Syrischen Wüste, des Sinai und dem israelischen Negev. Der Begriff ist eine Fremdbezeichnung und dient der Abgrenzung zu den nichtnomadisch lebendene Bewohnern der Regionen (→ *Fellachen*). In den letzten Jahrzehnten sind viele B. zu Halb-B. geworden, die auch Ackerbau und Handel treiben und z. T. sesshaft wurden.
Bedürfnis *needs*: individueller Wunsch oder Notwendigkeit, der/die aus dem Empfinden eines Mangels herrührt (→ *Bedarf*).
Bedürfnishierarchie *hierarchy of needs*: Rangordnung der menschlichen → *Bedürfnisse* nach der Dringlichkeit, mit der sie nach Befriedigung verlangen. Abraham Maslow hat die B. aufgestellt und argumentiert, dass das jeweils nachfolgende Bedürfnis erst auftaucht, wenn das darunterliegende befriedigt ist. Demnach bilden die physiologischen Elementarbedüfnisse wie Schlaf, Essen, Trinken usw. die Basis, danach folgen die Bedürfnisse nach Sicherheit, nach sozialen Beziehungen, nach Indivualisierung und zum Schluss nach Selbstverwirklichung (→ *Bedarf*).
Beetbau *bed cultivation*: im Gegensatz zur Feldbewirtschaftung gartenbauähnliche Form der → *Bodennutzung* bei geringen Besitzgrößen. Die → *Bodenbearbeitung* erfolgt mit Handgeräten; → *Bewässerung* und regelmäßige Düngung sind meist die Regel. An Hängen wird der B. häufig in terrassierter Form betrieben (→ *Gartenbau*).
Befestigung *fortification*: bauliche Anlage zum Schutz einer Siedlung bzw. von Kulturland vor militärischen Angriffen (Stadt-B., Ummauerung) oder → *Naturgewalten* (z. B. → *See*- oder → *Flussdeich*).
Beförderungsdistanz *transport distance*: metrische oder zeitliche Entfernung, über die Personen, → *Güter* oder Nachrichten mithilfe von → *Verkehrsmitteln* transportiert werden. Die B. spielt eine große Rolle für die → *Transportkosten*.
Beförderungsqualität *transport quality*: Eigenschaft des Transports von Personen oder → *Gütern* bezüglich der Transportzeit, -häufigkeit (z. B. bei → *öffentlichen Verkehrsmitteln*), -sicherheit, -zuverlässigkeit usw.
Befragung *survey*;*, questionnaire*: Methode der Datenerhebung in der empirischen → *Sozialforschung* in mündlicher oder schriftlicher Form. Unterschieden wird auch hinsichtlich der Art des → *Erhebungsinstruments* nach wenig strukturierter B. (z. B. Experteninterview), teilstrukturierter (z. B. → *Leitfadeninterview*) und stark strukturierter Befragung (postalische oder telefonische Befragung) mittels eines standardisierten → *Fragebogens*.
Befragungsform *type of questions*: in der empirischen → *Sozialforschung* die jeweilige Gestaltung der Antwortmöglichkeiten bei einer → *Befragung* (standardisiert, teilstandardisiert, offen) sowie die Art der Befragung (→ *face-to-face-Interview*, postalisch, per Telefon).
Befragungsverfahren *type of survey*: in der empirischen → *Sozialforschung* die Art und Weise, wie die → *Probanden* bei einer empirischen Erhebung befragt werden: mündlich (→ *face-to-face-Interview*), schriftlich oder telefonisch.
Begleitart *accessory species*: Pflanzenart, die nicht an eine spezielle → *Pflanzengesellschaft* oder → *Lebensgemeinschaft* gebunden ist und daher für deren Abgrenzung keine Bedeutung hat.
Begleitgesellschaft *accessory community*: Waldgesellschaft, die flächenmäßig in einem Gebiet seltener vorkommt als die → *Leitgesellschaft*, die aber für den Gesamtcharakter der Vegetation dennoch wesentlich ist.
Begleitkultur *subsidiary crop*: → *Kulturart* bei der landwirtschaftlichen → *Bodennutzung*, die hinter der → *Leitkultur* deutlich zurücktritt. In einer Getreide-Hackfrucht-Wirtschaft ist z. B. die Hackfrucht als B. zu verstehen (→ *Bodennutzungssystem*).
Behausung *habitation*: Sammelbegriff für alle Arten von Unterkünften für menschliches Wohnen (Haus, Hütte, Zelt, usw.). Eine B. kann → *bodenstet* (dauerhaft) oder → *bodenvag* (z. B. Nomadenzelt) sein (→ *Nomadismus*).
Behausungsziffer *occupancy rate, housing rate*: Maßzahl zur Angabe der durchschnittlich in einem Wohngebäude lebenden Menschen (Einwohner pro Haus). Die B. wird fast ausschließlich für → *Gemeinden* oder Gemeindeteile berechnet und ist insb. ab-

hängig von der Gebäudegröße, Stockwerkzahl und → *Bevölkerungsstruktur*. Gelegentlich wird auch die Zahl der Wohnungen pro Wohngebäude als B. bezeichnet.

Behaviorismus *behaviourism*: von John B. Watson begründete Forschungsrichtung der amerikanischen Psychologie, die die theoretische Grundlage der verhaltensorientierten Geographie bildet. Im klassischen B. wird menschliches Verhalten als Reaktion auf wechselnde Umweltbedingungen (Reize) aufgefasst (Reiz-Reaktions-Psychologie). Im B. wird die Beschränkung der Psychologie auf beobachtbares Verhalten und die Anwendung naturwissenschaftlicher Methoden gefordert (→ *Verhaltensgeographie*).

behaviour in space → *Raumverhalten*.

behaviouristische Standorttheorie *behaviourist location theory*: Ende der 1960er-Jahre von Allen Pred begründeter verhaltenswissenschaftlicher Ansatz der → *Standorttheorie*. Im Gegensatz zur → *Raumwirtschaftslehre* fußt die b. S. auf der Annahme, dass jede Entscheidung von subjektiven Präferenzen und vom Informationsstand des Entscheidungsträgers abhängig ist (→ *satisfizer*).

Beherbergung *accomodation, lodging*: Unterbringung von Personen, die sich vorübergehend an einem anderen Ort als ihrem permanenten → *Wohnsitz* aufhalten. Ein Aufenthalt gilt – in Anlehnung an die melderechtlichen Vorschriften – dann als „vorübergehend", wenn er die Dauer von zwei Monaten im Allgemeinen nicht überschreitet.

Beherbergungsgewerbe *accommodation industry*: Gesamtheit der Wirtschaftsbetriebe, die Gästeunterkünfte, vielfach auch Verpflegung und Nebenleistungen, anbieten. Zum B. gehören insbesondere → *Hotels*, Gaststätten mit Fremdenzimmern, → *Pensionen*, → *Motels*, nicht dagegen → *Jugendherbergen*, Sanatorien und Privatvermieter.

Beherbergungskapazität *accommodation capacity*: Anzahl der Gästebetten, die von → *Beherbergungsgewerbe* sowie in → *Privatquartieren* in einem bestimmten Raum (→ *Gemeinde*, Tourismusgebiet, Region usw.) angeboten werden.

Beherbergungsstatistik *accommodation statistics*: als wesentlicher Teil der amtlichen → *Tourismusstatistik* erfasst die B. in Deutschland die Zahl der → *Gästeankünfte* und → *Gästeübernachtungen* und die Aufgliederung der Gäste nach → *Gemeindetypen* und nach Art der → *Beherbergungsstätten*.

Beherbergungsstätte *accommodation facility*: nach der Terminologie der → *Tourismusstatistik* jede Unterkunftsstätte, die Reisende über Nacht beherbergt. Zu den B. zählen somit sowohl Betriebe, bei denen die gewerbliche Gästebeherbergung Hauptzweck ist (z. B. Hotels, Gasthöfe), als auch Sanatorien, Schulungsheime, → *Jugendherbergen* usw. → *Privatquartiere* gehören zwar wirtschaftsgeographisch gesehen auch zu den B., werden aber in der Statistik nicht erfasst.

Beikräuter → *Unkräuter*.

Bekleidungsindustrie *clothing/garment/textile industry*: Zweig der → *Konsumgüterindustrie*, der Erzeugnisse der Textilindustrie zu Konfektionsware verarbeitet. Aufgrund der Arbeitsintensität und des relativ niedrigen → *Lohnniveaus* kam es in den 1960er-Jahren in der Bundesrepublik Deutschland zu zahlreichen Filialgründungen auf dem Lande. In neuerer Zeit bilden die Billiglohnländer der sog. → *Dritten Welt* maßgebliche Standorträume für die B..

Belastbarkeit *tolerance against stress*: → *Ökosysteme* sind nur bis zu einem gewissen Grade belastbar", d. h. vor allem in Abhängigkeit der → *Störgröße*. Geht die Störgröße über ein gewisses Maß hinaus, kann sich das Ökosystem nicht mehr regenerieren. 1. die B. ist die Fähigkeit eines Organismus oder eines → *Ökosystems*, ein gewisses Maß an → *Belastungen* zu ertragen, ohne sich zu ändern bzw. in einen Zustand zu geraten, der die → *Regenerationsfähigkeit* ausschließt. Die B. eines Ökosystems ist demzufolge die Resultierende aus seiner Empfindlichkeit gegen äußere Belastungen und seiner Fähigkeit, den ursprünglichen Zustand wiederherzustellen. 2. die B. ist ein Maß, bis zu dem eine Ökosystemzustandsänderung bzw. die davon bedingte Beeinträchtigung eines Nutzungsanspruchs eines Ökosystems noch zumutbar ist. 3. die B. ist der kritische „Grenzwert einer → *Belastung*, der nicht überschritten werden darf, wenn das betroffene → *System* (d. h. auch Mensch, Tier, Pflanze) seine ökologische Funktionsfähigkeit nicht verlieren soll.

Belästigungen *annoyance, disturbance*: das Empfinden des Menschen bei Veränderungen der → *Lebensraumqualität* bzw. des → *ökologischen Potenzials*, seiner ökophysiologischen Lebensbedingungen. B. werden subjektiv wahrgenommen und bewertet. Sie müssen nicht unbedingt ökologisch wirksam sein. Nicht alle ökologischen → *Belastungen* werden als B. wahrgenommen.

Belastung *stress*: → *Ökosysteme* können durch → *Störgrößen* belastet werden, d. h. es tritt eine Stresssituation ein. Setzt die B. aus, kann das Ökosystem in seinen Ausgangszustand zurückkehren, sofern die Grenze der → *Belastbarkeit* nicht überschritten wurde. 1. eine ökologische B. weicht von einem normativ festgesetzten Sollwert ab, der entweder durch einen definierten Zustand oder einen Toleranzbereich repräsentiert werden kann. Die Festlegung des Sollwerts erfolgt als politische, wirtschaftliche oder sonstige gesellschaftliche Entscheidung. Sie basiert nicht immer auf den Erkenntnissen der → *Umweltwissenschaften*. 2. allgemein die physische oder psychische Einwirkung von ökologischen Randbedingungen auf Individuen, deren ökologische Funktion und Existenz dadurch beeinträchtigt sein kann.

Belastungsgrenze *tolerance limit, maximum stress*: für → *Ökosysteme* sowie Lebewesen (Mensch, Tier, Pflanze) aus politischen, ökonomischen oder sonstigen gesellschaftlichen Gründen festgelegte → *Schwellen*- oder → *Grenzwerte* für externe stoffliche oder energetische Einwirkungen, die eine → *Belastung* des Systems darstellen und den Mechanismus der Selbstregulation sowie die → *Regenerationsfähigkeit* beeinträchtigen.

Belastungspfad *stress path*: in Ökosystemen sowie → *Nahrungsketten* die Wege („Pfade"), auf denen → *Abluft* (Abluftpfad) oder → *Abwasser* (Abwasserpfad) → *Belastungen* der Systeme bzw. Individuen bewirken.

Belastungsraum *burden area, load area*: 1. urban-industrielles → *Landschafts*- bzw. → *Stadtökosystem*, dessen → *natürliche* → *Struktur* → *anthropogen* so stark gestört ist, dass die ökologische → *Diversität* und damit → *Stabilität* über den → *Luft*- und → *Wasserpfad* in benachbarte, weniger gestörte → *Geoökosysteme* getragen werden, sodass eine negative → *ökologische Ausgleichswirkung* stattfindet. 2. in Deutschland nach dem → *Bundes-Immissionsschutzgesetz* ausgewiesene Gebiete, in denen → *Luftverschmutzungen* als → *Umweltschäden* auftreten, die durch Immissionskataster bzw. → *Immissionswirkungskataster* erfasst werden, um – nach dem Aufstellen von → *Luftreinhalteplänen* – Bekämpfungsmaßnahmen zu organisieren. Die → *TA Luft* liefert → *Grenzwerte*, um B. gegenüber den weniger oder nicht belasteten Gebieten abzugrenzen.

Belastungsverhältnis *stress relationship, load[ing] ratio*: Verhältnis zwischen Wasserführung eines Flusses und der Schuttfracht. Ausdruck des B. ist die → *Gefällskurve* des Flusses oder einzelner seiner Fließabschnitte. Das B. spielt, zusammen mit der → *Seiten*- und → *Tiefenerosion*, bei der → *Fluvialdynamik* und ihren flussmorphologischen Wirkungen (Tieferlegung der Sohle, Hanggestaltung, Terrassenbildung, Talformung) eine große Rolle.

Belegenheitsprinzip *principle of location*: ein bei der Auswertung von wirtschaftlichen Einheiten in regionaler Gliederung von der amtlichen Statistik angewandtes Konzept, bei dem räumlich getrennte Unternehmensteile oder Flächen landwirtschaftlicher Betriebe der Gemeinde zugeordnet werden, in deren → *Gemarkung* sie liegen, und nicht dem Sitz des Unternehmens oder Betriebs (→ *Betriebsprinzip*).

Belegungsdichte *room density*: Grad der Belegung von Wohnungen als Ausdruck der Wohnungsversorgungslage der Bevölkerung einer Gemeinde, eines Stadtteils usw. Die B. wird meist durch die → *Belegungsziffer* ausgedrückt, daneben auch durch die Zahl der Bewohner pro Wohnraum, die Zahl der Räume pro Person oder die durchschnittliche → *Wohnfläche* pro Person.

Belegungsziffer *occupancy rate*: in → *Städtebau* und → *Stadtplanung* verwendete Maßzahl zur Kennzeichnung der Wohnverhältnisse. Die B. errechnet sich als durchschnittliche Zahl der Bewohner je Wohnung in einem → *Baugebiet*, → *Stadtteil* usw..

Beleuchtungsjahreszeiten *illumination seasons*: die Zeitperioden im Jahresverlauf mit bestimmten, durch den Sonnenstand gegebenen Lichtverhältnissen. Die B. sind im Polargebiet besonders ausgeprägt, wo Perioden mit ständigem Tageslicht, Perioden mit Tag-und-Nacht-Wechsel, Perioden überwiegender Dämmerung und Perioden ständiger Nacht im Jahresverlauf aufeinander folgen. Die B. spielen für das Leben von Pflanzen und Tiere eine bedeutsame Rolle, z. B. für die → *Langtagpflanzen*.

Belonit → *Stoßkuppe*.

Benthal *benthal*: der Lebensraum des Sedimentes eines Süßwassersees oder Meeres, beim See in → *Litoral* und → *Profundal*, beim Meer in Litoral und → *Tiefsee* gegliedert.

Benthos *benthos*: die auf dem Sediment des Meeres oder sonstiger Gewässer lebenden, festgewachsenen und freien Organismen.

Beobachtung *observation*: zentrale Datenerhebungsmethode in allen Wissenschaftsdisziplinen, bei der mittels Selektion, → *Klassifikation* und → *Kodierung* von Informationen aus sinnlich wahrnehmbaren Tatbeständen und Prozessen Daten erhoben werden. In der empirischen → *Sozialforschung* werden darüber hinaus → *offene*, → *verdeckte* und → *teilnehmende Beobachtung* unterschieden.

Beobachtung *observation*: auf der Ebene der → *Epistemologie* lässt sich zwischen → *Beobachtung erster Ordnung* und → *Beobachtung zweiter Ordnung* unterscheiden (→ *Beobachtungstheorie*). Hier heißt Beobachten die Einheit von Unterscheiden und gleichzeitigem Bezeichnen des Unterschiedenen und ist damit, im Unterschied zur Wahrnehmung, immer ein aktiver Akt.

Beobachtung erster Ordnung *first order observation*: Ebene der → *Beobachtung* der → *Beobachtungstheorie*, bei der auf der „Was"-Ebene unterschieden und gleichzeitig bezeichnet wird. Das bezeichnete „Ding" dient als Ausgangspunkt für weitere → *Beobachtungen* und Aussagen.

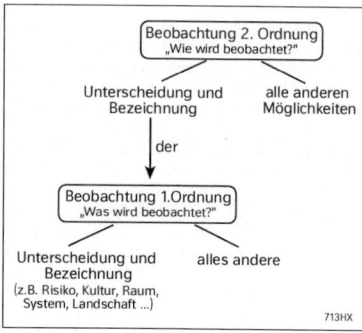

Beobachtung erster Ordnung

Beobachtung, offene → *offene Beobachtung*.
Beobachtung, standardisierte → *standardisierte Beobachtung*.
Beobachtung, teilnehmende → *teilnehmende Beobachtung*.
Beobachtung, verdeckte → *verdeckte Beobachtung*.
Beobachtung zweiter Ordnung *second order observation*: Ebene der → *Beobachtung* der → *Beobachtungstheorie*, bei der auf der „Wie"-Ebene unterschieden und gleichzeitig bezeichnet wird. Wenn jemand etwas beobachtet (→ *Beobachtung erster Ordnung*) und dabei sich selbst oder von jemandem anderen beobachtet wird, wie er beobachtet, spricht man von B. z. O. Sie nimmt die Unterscheidung der Beobachtung erster Ordnung zum Gegenstand und beobachtet, wie auf der Ebene erster Ordnung unterschieden wurde (Beobachtung der Beobachtung).
Beobachtungsprotokoll *observation minutes*: strukturierte Anleitung zum Festhalten der Aspekte einer wissenschaftlichen → *Beobachtung*.
Beobachtungstheorie *theory of observation*: geht auf den Physiker und Kybernetiker Heinz von Foerster zurück und beschreibt den aktiven Beobachtungsprozess, der aus der Einheit der Operation von Unterscheiden und gleichzeitigem Bezeichnen des Unterschiedenen besteht (→ *Beobachtung*). Es lassen sich zwei qualitativ unterschiedliche Ebenen abgrenzen: die → *Beobachtung erster Ordnung* und die → *Beobachtung zweiter Ordnung*.
Berechtigungsalm *rights of alpine land-use*: → *Alm*, die vorwiegend im Eigentum der öffentlichen Hand liegt. Die Berechtigten haben eingetragene Nutzungsrechte. Außer den → *Weiderechten* bestehen häufig noch zusätzliche Rechte (z.B. Holznutzung). Der Begriff geht auf das grundherrliche Lehnswesen zurück.

Beregnung *overhead (rain-like) irrigation*: regenartig-feine Verteilung von Wasser oder → *Abwasser* durch Druckrohrleitungen von Regnern als eine Form der → *Bewässerung* beim landwirtschaftlichen Anbau oder bei Wiederbegrünungen, z.B. von Skipisten oder Hängen. B.-Anlagen sind ortsfest oder beweglich. Das zur B. eingesetzte Wasser kann auch mit gelöstem Mineraldünger angereichert auf das Feld oder die zu beregnende Fläche gebracht werden. B. gilt auch als Schutz gegen Frost. Im Gegensatz zur → *Berieselung* ist die Rate der → *Verdunstung* hoch.

Bereitstellungslager *materials depot*: Materiallager zur Deckung der Nachfrage am Verbrauchsort. B. liegen häufig in der Nähe von Fertigungsstandorten oder verstehen sich als Handlager direkt am Arbeitsplatz (→ *Just-in-time-System*).

Berg *mountain, berg, mount*: → *Vollform* verschiedenster Gestalt, die gegenüber der Umgebung orographisch hervortritt und sich durch stärkere → *Reliefenergie* auszeichnet. Die gegenüber dem Umland anderen Höhen- und Neigungsverhältnisse der B. werden von → *vorzeitlichen* und → *rezenten* → *geomorphologischen Prozessen* bestimmt. Als Gruppenformen bilden die B. → *Gebirge* bzw. → *Hochgebirge*.

Bergarbeiter *miner*: Arbeiter (Bergmann), der im → *Tage*- oder → *Untertagebau* beim Abbau oder bei der Förderung bergbaulicher Rohstoffe eingesetzt ist.

Bergbahn *mountain railway*: Verkehrsmittel zum Transport von Personen oder Gütern in Gebirgsräumen, insbesondere zur Erschließung schwer zugänglicher Ortschaften oder Berggipfel. B. werden, je nach Gelände- und Neigungsverhältnissen, als → *Reibungsbahnen*, → *Zahnradbahnen* oder → *Seilbahnen* gebaut. Die meisten B. dienen primär touristischen Zwecken.

Bergbau *mining*: → *Exploration* und → *Abbau* von → *Bodenschätzen*. Abgebaut werden im Wesentlichen → *Energierohstoffe*, → *Erze* und → *Salze*. Der B. erfolgt entweder oberirdisch (→ *Tagebau*), unterirdisch (Untertagebau oder → *Tiefbau*) bzw. im Bohrlochbergbau oder im → *Tiefseebergbau*. Das zur Anwendung kommende → *Abbauverfahren* hängt wesentlich vom Lagerstättentyp ab. Besonders nach dem Tagebau besteht die Notwendigkeit der → *Rekultivierung* der Landschaft. Obwohl der B. Teil der → *Urproduktion* ist, wird dieser teilweise auch dem → *sekundären Sektor* zugerechnet, da vielerorts Rohstoffgewinnung und -verarbeitung ineinander übergehen. Dem B. sind ferner die Aufsuchung, Erschließung und Aufbereitung sowie das Vermessungswesen, Grubenbewirtschaftung (Bewetterung und Wasserhaltung) sowie Aufsichtsbehörden (Bergrecht) zuzurechnen.

Bergbauer *hill/mountain farmer*: Bauer in Gebirgslagen, meist noch mit starker Selbstversorgung, da in verkehrsferner und häufig isolierter Lage. Viehhaltung und Holzwirtschaft sind die wirtschaftliche Grundlage der B. (→ *Almwirtschaft*, → *Bergflucht*).

Bergbaugeographie *geography of mining*: Zweig der → *Wirtschaftsgeographie*, der sich mit der Gewinnung von → *Bodenschätzen*, den Erscheinungsformen und räumlichen Wirkungen bergbaulicher Aktivitäten (z. B. → *ausgekohlten Flächen* oder → *Bergbausiedlungen*) sowie dem Gesamtcharakter eines vom → *Bergbau* strukturell geprägten → *Wirtschaftsraums* (Bergbauregionen) befasst. Da der Bergbau infolge seiner verfahrenstechnischen Koppelung statistisch und thematisch häufig den nachgelagerten, standortgebundenen Industrien zugeordnet wird, lässt sich die B. auch der → *Industriegeographie* zurechnen.

Bergbaulandschaft *mining landscape, mining region*: → *Kulturlandschaft*, die von der Bergbaufunktion dominiert wird. B. sind beim → *Tagebau* meist stärker physiognomisch wahrnehmbar. Aber auch beim → *Untertagebau* erhält die Landschaft durch funktionsspezifische Anlagen (Fördertürme, → *Halden*, Aufbereitungsanlagen, Verkehrslinien usw.) den Habitus einer B., ebenso durch → *Kippen* und → *Pingen*.

Bergbaurevier *mining district*: 1. Bezeichnung für ein Bergbaugebiet (z. B. Saarrevier). 2. eigenständiger Teil einer größeren Bergwerksanlage.

Bergbausiedlung *mining settlement*: → *Siedlung*, die aufgrund der Bergbaufunktion gegründet wurde bzw. wesentlich durch die Bergbaufunktion bestimmt wird. Heute zumeist in → *Entwicklungs-* und → *Schwellenländern* vorkommend.

Bergbaustaat *mining country*: → *Staat*, dessen Wirtschaft wesentlich auf dem → *Bergbau* basiert. Die Wertschöpfung aus der Gewinnung baulicher → *Rohstoffe* ist vergleichsweise zu anderen Wirtschaftsbereichen am größten. Je nach Art des Abbaus kann der Bergbau weite Landesteile physiognomisch überprägen und die Lebensweise der Bevölkerung bestimmen (→ *Bergwirtschaftsraum*).

Bergbaustadt *mining town*: städtische → *Siedlung*, die im Zuge bergbaulicher Aktivitäten in oder nahe einem Abbaugebiet gegründet wurde (company town). B. sind stark von der Bergbaufunktion geprägt. B. können sich auch aus älteren Siedlungen mit zunächst anderen Funktionen durch das Aufkommen des → *Bergbaus* entwickeln (→ *Stadt*). Zumeist heute in Entwicklungs- und Schwellenländern vorkommend.

Bergfeuchte *inherent moisture*: die im Gestein enthaltene natürliche Feuchtigkeit, nicht zu verwechseln mit der → *Bodenfeuchte*.

Bergflora *mountain flora*: Sammelbezeichnung für jene Floren (→ *Flora*), deren Zusammensetzung und Habitus von den Standortbedingungen im Gebirge (→ *Gebirgsklima*, → *Gebirgswald*, → *Hochgebirge*, → *Höhenstufe*) bestimmt sind. Der mit der Höhe zunehmende Wärmemangel spielt dabei eine entscheidende Rolle (→ *Wärmemangelgrenze*).

Bergflucht *exodus from mountain areas*: Bevölkerungsabwanderung aus Berggebieten und Gebirgslagen. Die B. betrifft i. d. R. landwirtschaftliche Bevölkerung und ist häufig mit der Aufgabe von Betrieben in ungünstig gelegenen Gebieten verbunden. Im Zuge einer neuen Bewertung der Berggebiete und einer entsprechenden Umorientierung der Wirtschaft, etwa in Richtung auf Tourismus, kann sich die B. wieder zu einer Zuwanderung umkehren (→ *Höhenflucht*).

Berghangsiedlung *mountain slope settlement*: in Gebirgsländern häufig anzutreffende Siedlungslage. Sie bietet gegenüber der Tallage oft besseren Schutz vor Angriffen, teilw. auch vor → *Naturgefahren* z. B. → *Lawinen*, → *Naturgefahren*, → *Überschwemmungen*.

Bergmannsbauer *miner and part-time farmer*: → *Arbeiterbauer*, der sein Haupteinkommen durch eine Erwerbstätigkeit im → *Bergbau* erwirtschaftet und gleichzeitig → *Nebenerwerbslandwirtschaft* betreibt. B. waren im Saarkohlen- und im Ruhrkohlenbergbau weit verbreitet.

Bergmannsche Regel (Größenregel) *Bergmann's size rule*: innerhalb eines Verwandtschaftskreises von Tier- oder Pflanzenindividuen kommen in den kälteren Gebieten meist die größeren, in den wärmeren Gebieten jedoch meist die kleineren Arten oder Rassen vor (→ *Klimaregeln*).

Bergmannskolonie *colliery settlement*: Bezeichnung für die Bergarbeiterwohnsiedlung eines Bergbauunternehmens bzw. einer → *Zeche* (→ *Zechenkolonie*). Die B. ist ein (historischer) Siedlungstyp mit geschlossenem Grundriss, einheitlichem Aufriss und gleichförmiger Sozialstruktur mit meist unzureichender → *Infrastruktur*.

Bergnomadismus *vertical nomadism*: im Gegensatz zum horizontalen oder Flächennomadismus auch als vertikaler → *Nomadismus* bezeichnete → *Wanderungen* von den Winterweiden der Täler und → *Steppen* zu den sommerlichen Hochweiden des Gebirges. Der

B. darf nicht mit → *Transhumanz* verwechselt werden, da beim B. die Besitzer der Herden mitwandern.

Bergrutsch *earth slip, fall of rock, [mountain] creep, mountain slide, [rock] slide*: gleitende, → *gravitative Massenbewegung*, die im Vergleich zum → *Bergsturz* eine geringe Bewegungsgeschwindigkeit hat, aber letztlich prozessidentisch ist. Durch die vergleichsweise langsame Geschwindigkeit kann der B. als zusammenhängende Masse erfolgen, was zur Ablagerung einer Schuttzunge führt, die quer zur Bewegungsrichtung verlaufende Stauwülste aufweist. Ursachen können beispielsweise Hanguntersneidungen durch → *Seitenerosion* eines Flusses oder → *Brandungserosion* eines Meeres sein, aber auch → *Erdbeben*.

Bergschäden *mining subsidence, mining damage*: an der Erdoberfläche auftretende Veränderungen als Folge des → *Untertagebaus*. B. entstehen, wenn die Hohlräume des Bruchbaus nicht oder nur ungenügend mit Versatzmaterial verfüllt werden. B. zeigen sich in Form von Rissen an Bauwerken, Rohrleitungen und Verkehrswegen. Teilweise kommt es auch zu empfindlichen Störungen im Wasserhaushalt (→ *Pinge*).

Bergschlipf → *Bergsturz*.

Bergschrund *bergschrund*: die oberste, ortsfeste und sehr mächtige Spalte eines → *Gletschers*, wo sich fließendes vom nicht fließenden Eis trennt. Sie liegt oft am Übergang zwischen den steilen → *Karwänden* und dem flacheren → *Karboden*, wo sich das schneller bewegte Eis der Firnmulde von dem am Karrand haftenden Eis und Firnschnee löst (→ *Kar*).

Bergsturz *fall of rock, landslide, mountain slide, rock avalanche, rock fall*: damit eine → *gravitative Massenbewegung* als B. klassifiziert werden kann, müssen spezifische Kriterien erfüllt sein: – die Bewegung geschieht plötzlich (innerhalb von Sekunden) und weist Geschwindigkeiten von über 100 km/h auf. Wenn sich unterhalb der Bergsturzmasse ein Luftkissen bildet, können die Geschwindigkeiten durch die geringere Reibung sogar mehrere 100 km/h betragen; – die → *Abrissnische* ist markant, die sie durch das Anstehende geht, sodass vor allem das zuvor Anstehende die Bergsturzmasse darstellt; – durch die sehr schnelle Bewegung kommt es zu starken Wechselwirkungen zwischen den einzelnen Bestandteilen der Bergsturzmasse, wodurch das Gestein zertrümmert, zu Feinmaterial zerrieben bzw. sogar aufgeschmolzen wird; – die Bergsturzmasse hat ein Volumen von mindestens 1 Mio. m³.

Die Grunddisposition (→ *Disposition*) ist eine tiefgründige Zerrüttung des Gesteins, beispielsweise durch tektonische Störungen. Diese Klüfte können durch positiven Kluftwasserdruck (variable Disposition) weiter aufgelockert werden. → *Auslöser* sind → *Erdbeben* oder Hanguntersneidung durch z. B. → *Seitenerosion* eines Flusses. Der Unterschied zum → *Bergrutsch* besteht in der wesentlich höheren Bewegungsgeschwindigkeit und der plötzlichen Auslösung. Am Ende der Sturzbahn ensteht oft eine große → *Akkumulationsform*, wobei das kuppige und kesselige Relief der Ablagerung als → *Tomalandschaft* bezeichnet wird. Auch in den Alpen sind B. weit verbreitete Erscheinungen (Flims, Elm, Goldau, Sierre).

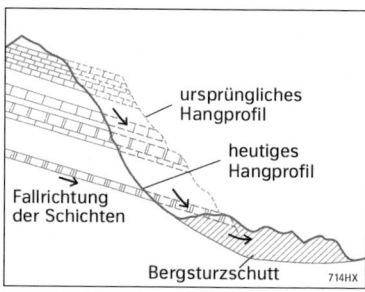

Bergsturz

Bergsturzmoräne *rock fall moraine*: Schutt eines → *Bergsturzes*, der auf die Oberfläche eines → *Gletschers* stürzte und in verschiedene Moränenformen einging. Der Charakter der Bergsturzmasse bleibt länger erkennbar, selbst wenn das Material allmählich gletscherabwärts transportiert wird.

Bergsturzsee *lake due to a landslide, landslide lake*: von einem → *Bergsturz* in einem Tal zu einem See aufgedämmter Fluss oder Bach. Durchbricht der aufgestaute Fluss die Abdämmung, kann es unter Umständen zu einer katastrophalen Überflutung talwärts gelegener Ortschaften kommen.

Bergwald *montane forest*: 1. allgemeine Bezeichnung für Wälder in → *Gebirgen*. Dazu gehören auch die Bergmischwälder der Mittelgebirge Mitteleuropas. 2. im engeren Sinne die Wälder der → *montanen Stufe* in außertropischen Hochgebirgen oder entsprechenden Höhenstufen tropischer Gebirge (z. B. als Bergregenwald).

Bergwerk *mine, pit, colliery*: Anlage zur Gewinnung, Förderung und Aufbereitung bergbaulicher → *Rohstoffe*. B. können sowohl über- als auch untertägige Anlagen (→ *Tagebau*, → *Untertagebau*) sein.

Bergwerkskaverne *mine cavern, cavern storage*: aufgelassenes → *Bergwerk*, das als Spei-

cher für Flüssigkeiten wie Rohöl oder Ölprodukte genutzt wird. Ein Beispiel für eine B. ist die ehemalige Eisenerzgrube May-sur-Orne/St. André in der Normandie (→ *Kavernenspeicher*).
Bergwind *downslope wind, mountain breeze*: die durch nächtliche Abkühlung an höher gelegenen Berghängen entstehende, hang- und talabwärts gerichtete Luftströmung. Es handelt sich dabei um abströmende → *Kaltluft* mit im Vergleich zum → *Talwind* geringerer Geschwindigkeit von max. 2–3 m/s. Der B. setzt abends 1–2 Stunden nach Sonnenuntergang ein und hält bis in den folgenden Vormittag an.
Bergwirtschaftsraum *mining area*: Gebiet, dessen wirtschaftsräumliche Ordnung und Organisation vornehmlich durch den → *Bergbau* bestimmt wird.
Berieselung *sprinkler irrigation*: Art der → *Bewässerung*. Hier wird das Wasser zeitweilig über die gesamte Bewässerungsfläche geleitet oder auch in einem System von Gräben, von wo aus es in den Boden eindringt. B. ist nur bei geringem Gefälle möglich.
Berkeley School wichtiger Ansatz der US-amerikanischen Kulturgeographie, der in den 1920er Jahren von Carl Sauer an der Universität Berkeley begründet wurde und der bis in die 1980er Jahre Gültigkeit hatte. Das Konzept der kulturlandschaftlichen Feldforschung umfasste Forschungen zur räumlichen → *Diffusion* von Kulturelementen, zur regionalen Begrenzung von → *Kulturräumen* über materielle Artefakte und Wertemuster sowie zur Kulturökologie mit der Hypothese, dass die natürliche → *Umwelt* in starkem Maße von der → *Kultur* determiniert ist.
Berner Konvention *Bern Convention*: Übereinkommen von 1979 zur Erhaltung der wild lebenden Pflanzen und Tiere Europas und ihrer natürlichen → *Lebensräume*.
Bernstein *amber*: gelblich bis bräunliches fossiles Harz von Nadelhölzern aus dem → *Tertiär*. Der B. findet sich in marinen und pleistozänen → *Sedimenten* v.a. des Ostseeraumes. In den B. sind häufig tierische und pflanzliche Reste eingeschlossen.
Beruf *profession, job, occupation, vocation*: in Wirtschaft und Gesellschaft ausgeübte → *Erwerbstätigkeit* des Einzelnen, die auf Neigung, Begabung, fachlicher Ausbildung und auf praktischer Erfahrung beruht. Mit zunehmender → *Arbeitsteilung* stieg in der Vergangenheit die Zahl der Berufe an. Neben landwirtschaftlichen, gewerblichen und Handelsberufen unterscheidet man die sog. → *freien Berufe*. In der → *amtlichen Statistik* werden die B. nach der Arbeitsaufgabe und -verrichtung sowie dem Arbeitsmittel und -gegenstand abgegrenzt.

Berufslebensdosis *work life dose*: im → *Strahlenschutz* ein in der deutschen Röntgenverordnung enthaltener Begriff für einen höchstzulässigen Dosiswert (→ *Dosis*). Die Summe der in allen Kalenderjahren ermittelten effektiven Dosen beruflich strahlenexponierter Personen darf den Grenzwert von 400 Millisievert (→ *Sievert*) nicht überschreiten. Die zuständige Behörde kann im Benehmen mit dem Arzt eine weitere berufliche → *Strahlenexposition* zulassen, wenn diese 10 Millisievert effektive Dosis im Kalenderjahr nicht überschreitet und die beruflich strahlenexponierte Person schriftlich einwilligt (→ *Dosisgrenzwerte*, → *Äquivalentdosis*).
Berufspendler *commuter*: Erwerbstätiger, der regelmäßig, unter der Woche meist täglich, seinen Wohnort verlässt, um seine Arbeitsstätte in einer anderen Gemeinde aufzusuchen. Jeder B. wird in seiner Wohngemeinde als → *Auspendler*, in seiner Arbeitsgemeinde als → *Einpendler* gezählt. In einem erweiterten Sinn wird auch von → *innerstädtischen Pendlern* gesprochen (→ *Pendelverkehr*).
Berufsverkehr *commuter traffic*: Personenverkehr zwischen Wohnung und Arbeitsstätte. Der B. findet teils als → *Individualverkehr*, teils mit → *öffentlichen Verkehrsmitteln* statt und führt i.d.R. zu einer morgendlichen und abendlichen Verkehrsspitze (→ *Rushhour*). Zum B. zählt der gemeindegrenzüberschreitende → *Pendelverkehr* (→ *Berufspendler*) sowie der innergemeindliche B..
Besatzziffer *rate*: Kennziffer zur Typisierung von Räumen, bei der ein Ausstattungs- oder Strukturmerkmal in Beziehung zur → *Bevölkerungszahl* gesetzt wird, z.B. die Zahl der Gewerbebetriebe oder der Industriebeschäftigten pro 100 bzw. 1000 Einwohner (→ *Industriebesatz*). B. können Auskunft über → *Wirtschafts-* und → *Sozialstrukturen* eines Raumes, insbesondere im Vergleich mit anderen Räumen, geben.
Beschaffungsverkehr *supply transport*: derjenige Teil des → *Güterverkehrs*, der der Heranführung der für die Produktion benötigten Materialien (→ *Güter*) zum Betriebsstandort dient.
Beschäftigtendichte *employment density*: durchschnittliche Zahl der → *Beschäftigten* pro Hektar. I.d.R. wird die B. auf 1 ha Industrie- oder Gewerbefläche, Großstadtkerne (→ *City*), aber auch auf die Gemeindefläche oder – etwa bei Untersuchungen zur Ermittlung der branchenspezifischen Flächenbedarfs – auf die Betriebsfläche bezogen.
Beschäftigteneinzugsbereich *catchment area of employees*: derjenige Raum, in dem die Beschäftigten eines → *Betriebes* oder ei-

ner sonstigen → *Arbeitsstätte* ihren Wohnsitz haben. Bezogen auf → *Gemeinden* entspricht der B. dem → *Pendlereinzugsbereich*.
Beschäftigter *employee, employed person*: Person, die selbstständig oder unselbstständig (angestellt) erwerbstätig ist. Im Gegensatz zu den → *Erwerbspersonen* als Teil der → *Wohnbevölkerung* einer → *Gemeinde* werden die B. in der Statistik (nichtlandwirtschaftliche Arbeitsstättenzählung) am Arbeitsort erfasst.
Beschäftigungsgrad *employment level*: 1. Maßzahl zur Bestimmung der derzeit gegebenen arbeitskräftespezifischen Auslastung einer Produktionsstätte (Ist-Werte/Soll-Werte) in Prozent zur maximal möglichen Auslastung. Sie verdeutlicht → *Vollbeschäftigung*, → *Unterbeschäftigung* und → *Überbeschäftigung*. 2. volkswirtschaftlich eine Maßzahl zur Angabe der → *Arbeitslosigkeit*.
Beschattung *shading*: die Abschirmung von Geländeteilen vor direkter → *Sonnenstrahlung* durch Bergkämme oder Strukturelemente in der Landschaft (z.B. Wald, Hecken, Bauten). (→ *Sonnenscheindauer*).
beschränkte Rationalität → *bounded rationality*.
besiedelbare Fläche *area suitable for settlement*: diejenige Teilfläche einer → *Gemeinde*, die unter den aktuell geltenden rechtlichen Bedingungen theoretisch besiedelt werden kann. Zur Ermittlung der b. F. werden von der Gemarkungsfläche jene Flächen substrahiert, die aus rechtlichen Gründen nicht zur Besiedlung freigegeben sind (→ *Naturschutzgebiete*, → *Wasserschutzgebiete*, → *Bannwälder* usw.) oder die aus Gründen des Reliefs oder aus wirtschaftlichen Gründen nicht für eine Bebauung in Frage kommen (Gewässer, Steilhänge, Moore, → *Öd- und Unland*, z.T. auch Wälder und Flächen mit Sonderkulturen). Eine allgemein gültige Abgrenzung besteht nicht (→ *besiedelte Fläche*).
besiedelte Fläche *settled area*: derjenige Teil der → *Gemarkung* einer → *Gemeinde*, der nicht land- und forstwirtschaftlich genutzt oder ungenutzt ist. Zur b. F. gehören auch → *Bruttobaugebiete*, Verkehrs- und Versorgungsflächen sowie Erholungs- und Freiflächen (→ *besiedelbare Fläche*).
Besiedlung *settlement, colonization*: Nutzung eines Raumes zur dauerhaften Wohnsitznahme durch menschliche Gruppen. Der Begriff bezeichnet sowohl den Prozess der Besiedlung (Geschichte) als auch den Zustand (→ *Siedlungsgeographie*, → *Ökumene*).
Besiedlungsdichte *population density, settlement density*: bereinigte → *Bevölkerungsdichte*, bei der die → *Wohnbevölkerung* eines Raumes auf die theoretisch → *besiedelbare Fläche* bezogen wird (→ *Siedlungsdichte*).

Besitzeinheit *connected units of farmland*: → *landwirtschaftliche Nutzfläche*, die – im Gegensatz zur → *Gemengelage* – in einem geschlossenen Block um den Hof (→ *Arrondierung*) liegt oder als Streifenparzelle (meist → *Hufe*) direkten Hofanschluss hat.
Besitzeinkommen *income from property*: → *Einkommen* aus dem Besitz von Sparguthaben, Aktien, Obligationen, Immobilien usw. (→ *Vermögen*).
Besitzparzelle *land holding, plot*: besitzrechtlich erfasste Fläche einer → *Parzelle*. Eine B. kann sich aus mehreren → *Betriebsparzellen* zusammensetzen. Ist die B. das Eigentum des Besitzers, handelt es sich um eine Eigentumsparzelle.
Besitzzersplitterung (Arealzersplitterung) *fragmented land holding*: Prozess der besitzrechtlichen Aufteilung von Grundeigentum. In der → *Landwirtschaft* kommt es zu B. durch das Erbrecht der → *Realteilung*. Besonders im deutschen Südwesten führte die B. zu einer ungünstigen → *Agrarstruktur*, die man über → *Flurbereinigung* bzw. → *Dorferneuerung* zu verbessern versucht.
Besonnung *insolation*: die direkte Bestrahlung (→ *Sonnenstrahlung*, → *Strahlung*) durch die → *Sonne*. In der Geländeklimatologie (→ *Topoklimatologie*) wird die B. als Energiesumme aufgefasst, welche ein Geländeteil über eine bestimmte Zeit durch → *Strahlung* erhält. Sie ist der durch Neigung (→ *Hangneigungsstärke*) und → *Exposition* (→ *Hangneigungsrichtung*) verminderte oder erhöhte Wert der mittleren Bestrahlung einer ebenen Fläche.

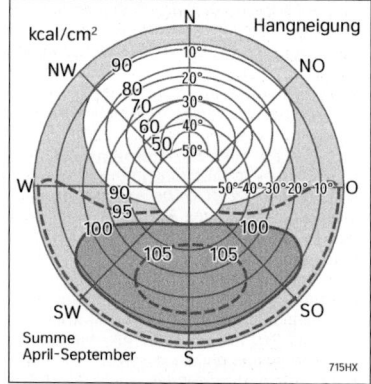

Besonnung

Bestand *stand (1.); population (2.); timber stand, forest land (3.)*: – eine von Pflanzen- oder Tierarten besiedelte Fläche, i.d.R. auf Vegetation bezogen. – Individuenanzahl (z.B.

einer Tierpopulation). – Bezeichnung für ein Waldstück, das aufgrund einer bestimmten Holzartenzusammensetzung und eines typischen Altersaufbaues als Einheit gilt. Unterste Wirtschaftseinheit im Forstbetrieb.

Bestandesklima *micro climate*: die besonderen, vom Freiland oft stark abweichenden Klimabedingungen eines Bestandes (→ *Wald*, → *Forst*) oder einer → *Pflanzengesellschaft*. Das B. dämpft v. a. die Extrema. Es zeichnet sich durch Luftruhe und ausgeglichenere Tagesgänge von → *Temperatur* und → *Luftfeuchtigkeit* aus (→ *Bioklimatologie*, → *Mikroklima*).

Bestandsabfall *crop litter*: die abgestorbenen Blätter, Nadeln, Früchte und Holzteile eines → *Waldes* oder sonstigen Pflanzenbestands, die auf dem Boden fallen und die oberste Lage der → *Streu* bilden. Der B. wird mit der Zeit zersetzt oder in → *Humus* umgewandelt (→ *organische Substanz*).

Bestandsanalyse (Situatiuonsanalyse) *situation analysis*: → *Bestandsaufnahme*.

Bestandsaufnahme (Bestandsanalyse, Situationsanalyse) *situation analysis*: in der → *Raumplanung* der erste Arbeitsschritt, mit dem die zu berücksichtigenden Gegebenheiten festgestellt und beurteilt werden. Je nach Planungsziel und Ausdehnung des Planungsraumes werden bei einer B. in unterschiedlich starkem Maße die naturräumlichen Grundlagen, die Wirtschaft einschließlich der → *Infrastruktur*, die → *Sozialstruktur* der Bevölkerung usw. erfasst.

Bestandsmantel → *Mantelgesellschaft*.

Bestandsstruktur *stand structure, forest land structure*: allgemeine Bezeichnung der → *Wald*- und → *Forstwirtschaft* für die horizontale und vertikale Gliederung von Waldbeständen. Sie ist sowohl Ausdruck der Nutzungsmöglichkeit eines Waldes als auch des aktuellen Nutzungszustandes. Zur horizontalen Gliederung gehören u.a. Mischungsanteile der Baumarten, Bestandesdichte, Gliederung in Gruppen oder Streifen; zur vertikalen Gliederung gehören → *Schichtung* bzw. Art und Zahl der Schichten.

Bestoß *number of cattle stocking on alpine meadows*: Begriff des Almauftriebs, bezeichnet die Zahl der aufgetriebenen Tiere pro → *Alm* bzw. pro Hektar Almfläche (Almbesatz, Bestockungsziffer) ausgedrückt.

beta-Diversität *beta diversity*: Wechsel der Zusammensetzung von Arten an Grenzen der → *Ökosysteme*.

beta-mesosaprob *beta-mesosaprobic*: Saprobitätsstufe des → *Saprobiensystems*. Die b.-m. bezeichnet einen Gewässerabschnitt mit mäßiger organischer Belastung und optimalen Lebensbedingungen für tierische und pflanzliche Organismen. Die → *Produzenten* und → *Konsumenten* überwiegen, → *Destruenten* treten zurück. Die → *Biozönosen* weisen eine hohe Artenkonstanz und -präsenz auf (→ *Hydroökosystem*).

Betrieb *business, firm, enterprise*: → *Wirtschaftseinheit* zur Produktion von → *Gütern* oder → *Dienstleistungen*. Zentrales Kennzeichen ist die Fremdbedarfsdeckung (→ *Bedarf*). Bei privatwirtschaftlicher Organisation spricht man von → *Unternehmen* in Abgrenzung zu öffentlichen B. (z. B. Stadtwerken). Aufbau und Arbeitsweise eines B. erfolgen nach wirtschaftlichen Grundsätzen. Man unterscheidet generell Klein- und Großbetriebe bzw. Betriebe mittlerer Größe. In der → *Landwirtschaft* gibt es den → *Haupt*- und → *Nebenerwerbsbetrieb* (→ *Unternehmensgröße*).

betriebliche Standortplanung *business location planning*: Teil der Unternehmensplanung, der für jedes Unternehmen bei Neuansiedlung oder Verlagerung relevant ist. Es handelt sich um einen individuell abgestimmten, branchenabhängigen Entscheidungsprozess, der in Analyse-, Ziel-, Strategie- und Ausführungsphase unterteilt ist (→ *Standortplanung*, → *Simulationsverfahren*, → *Nutzwertanalyse*, → *Standortranking*, → *Checklistenverfahren*, → *Profilmethode*, → *Scoring-Methode*).

Betriebsaufstockung → *Aufstockung*.

Betriebsaufwand *operating costs*: der betriebsbedingte Aufwand (im Gegensatz zum neutralen Aufwand), der sich in der Kostenrechnung niederschlägt. Zum B. zählen bspw. → *Abschreibungen*.

Betriebsfläche *works/farm area*: landwirtschaftliche Gesamtgrundfläche des Landwirtschaftsbetriebs. Dazu zählen die → *landwirtschaftliche Nutzfläche*, Hof, Garten und Wege.

Betriebsform *form of (business) enterprise*: die Wirtschafts- und Rechtsformen eines → *Unternehmens*. Man unterscheidet Erwerbswirtschaft (privatwirtschaftliche Unternehmen, durch Rentabilitätsstreben und Gewinnmaximierung gekennzeichnet; darunter Einzel- und Gesellschaftsunternehmen), → *Genossenschaft* (Personengemeinschaft mit einem gemeinsamen geschäftlichen Ziel) und öffentlichen Betrieb.

Betriebsgröße *size of the firm/industrial enterprise*: Ausdruck, der in einem Betrieb eingesetzten Menge an → *Produktionsfaktoren* (Arbeit, Kapital sowie Grund und Boden). In der → *Landwirtschaft* spielt der letztgenannte Faktor eine bedeutende Rolle. Hier meint B. das vom → *Landwirt* bewirtschaftete Areal, also einschl. gepachteten, aber abzüglich verpachteten Landes. In der → *Industrie* ist der rechtlich definierte Begriff → *Unternehmensgröße* von der technischen Einheit B. zu unterscheiden.

Betriebsgrößenklassen *enterprise size classes/groups*: Einteilung der landwirtschaftlichen

Betriebe nach Zahl der Beschäftigten, nach dem Umsatz oder nach der landwirtschaftlich bewirtschafteten Fläche. Bei → *Landwirtschaftsbetrieben* sind in Deutschland gebräuchlich: Zwergbetrieb (0,01 bis unter 2 ha → *landwirtschaftliche Nutzfläche*), Kleinstbetrieb (2 bis unter 5 ha LN), kleinbäuerlicher Betrieb (5 bis unter 10 ha LN), mittelbäuerlicher Betrieb (10 bis unter 20 ha LN), großbäuerlicher Betrieb (20 bis unter 100 ha LN), Gutsbetrieb (100 und mehr ha LN).

Betriebsgrößenstruktur *farm size structure*: räumliche Verteilung der → *Betriebsgrößen*, z.B. von → *Landwirtschaftsbetrieben*. Wichtige Einflussfaktoren sind bei der landwirtschaftlichen B. die physisch-geographische Raumausstattung, das Erbrecht, der wirtschaftliche Entwicklungsstand und die politischen Rahmenbedingungen.

Betriebskonzentration *agglomeration of enterprises*: 1. Konzentration bzw. → *Agglomeration* von → *Betrieben* im Raum. Die B. lässt sich über die Zahl der Betriebe bzw. → *Beschäftigten* pro Flächeneinheit messen. 2. Zusammenschluss mehrerer Betriebe zu einem Unternehmen (→ *mergers and acquisitions*).

Betriebsmittel *equipment, operating material*: die in der Produktion eingehenden Sachmittel, wie die Produktionseinrichtungen samt Grundstücken und Gebäuden. B. sind betriebliche → *Produktionsfaktoren*.

Betriebsorganisation *business organisation*: planmäßige Ordnung des Betriebsgeschehens, bezogen auf Einrichtungen, Funktionen und Arbeitsabläufe (→ *Organisation*).

Betriebsparzelle *cultivated plot*: vom → *Landwirtschaftsbetrieb* einheitlich genutzter Flurteil, der von der → *Besitzparzelle* zu unterscheiden ist. Die B. kann mehrere Besitzparzellen umfassen (→ *Zupachtbetrieb*).

Betriebsprinzip *principle of farmstead location*: Prinzip der Flächenerfassung in der → *Agrarstatistik*. Beim B. werden land- und forstwirtschaftliche Flächen derjenigen Gemeinde zugeordnet, in der der bewirtschaftende Betrieb seinen Sitz hat, gleichgültig ob die Flächen innerhalb oder außerhalb der → *Gemarkung* dieser Gemeinde liegen (im Gegensatz zum → *Belegenheitsprinzip*). Die deutsche Agrarstatistik verfährt überwiegend nach dem B..

Betriebssoziologie *sociology of enterprise*: Zweig der → *Sozialwissenschaft*, der sich mit dem Verhalten und den zwischenmenschlichen Beziehungen in einem → *Unternehmen* beschäftigt. Ein zentrales Forschungsfeld der B. sind die Arbeitsbedingungen und ihre Auswirkungen auf die Menschen im Betrieb.

Betriebsstandort *industrial site, plant location*: → *Standort*, der die bestmögliche Realisierung des Unternehmenszieles gewährleistet.

Betriebsstätte *business premises, plant, manufacturing facility*: mit dem → *Standort* verhaftete Einrichtung zur Ausübung eines Gewerbes. B. können Firmensitze, Zweigwerke, Niederlassungen oder auch Warenlager sein.

Betriebsstilllegung *operation closure, operation shut-down*: Beendigung der Produktionstätigkeit bzw. der Leistungserbringung eines Betriebes und ggf. die damit verbundene arbeitsrechtliche Aufhebung des Arbeitsverhältnisses zwischen Betrieb und Beschäftigten.

Betriebsstoff *operating material, bought-in good*: Einsatzstoff bei der Produktion, der nicht unmittelbar in das Produkt eingeht, z.B. Treibstoff oder Schmierstoff (→ *Rohstoff*, → *Werkstoff*, → *Hilfsstoff*).

Betriebssystem *operational/production system, operation system*: Ausdruck der Systematisierung von → *Agrarbetrieben* (→ *Agrarsystem*) nach bestimmten Ordnungsprinzipien, wie Diversifizierungsgrad, Produktionsprogramm und Faktorkombination. Das B. ist das Ergebnis des Ineinandergreifens bzw. des Ausgleichs der nach Vielseitigkeit bzw. Einseitigkeit strebenden Kräfte in der → *Agrarwirtschaft*. B. werden unterteilt in Graslandsysteme, → *Ackerbausysteme* und Dauerkultursysteme.

Betriebstyp *type of plant/company*: Form des Betriebes. Sie bestimmt sich nach der äußeren Erscheinung, der Art der Leitung und der Rechtsform. In der → *Agrargeographie* sind → *Agrarbetriebe* mit ähnlichen → *Betriebsformen*. Je nach den für die Betriebe besonders bezeichnenden Merkmalen kann eine Typisierung unter sehr verschiedenen Gesichtspunkten erfolgen, etwa nach der überwiegenden Form der → *Bodennutzung*, nach agrarsozialen Gesichtspunkten usw. Man kann daher z.B. unterscheiden: Grünlandbetriebe, Weidebetriebe mit betonter Jungrindermast, kleinbäuerliche Hackfruchtbetriebe mit Milchkuhhaltung, Selbstversorgungsbetriebe usw.. Im nicht-landwirtschaftlichen Bereich spricht man von → *Unternehmenstyp*.

Betriebsverlagerung *plant relocation*: räumliche Standortveränderung eines gewerblichen → *Betriebs* (→ *Standort*). Neben der Neugründung und der Zweigbetriebserrichtung ist die B. ein weiterer Ansiedlungstyp. In der Bundesrepublik Deutschland haben vor und nach 1945 die kriegsbedingten B. eine große Rolle gespielt. B. erfolgen aus Gründen der räumlichen Beengung am alten Standort oder aus erfolgswirtschaftlichen Gründen wie der Realisierung von Faktorkostenvorteilen. Je nach individuellem Kontext spricht man von → *Nahverlagerung* oder Fernverlagerung.

Betriebswasser *process water*: ein Brauchwasser ohne Trinkwasserqualität, begrifflich dem → *Brauchwasser* untergeordnet. B. wird in der Industrie und in der Energiewirtschaft (Kühlwasser), in der Landwirtschaft für Bewässerungszwecke verwendet und häufig vom Verbraucher selber gewonnen.

Betriebswirtschaftslehre (BWL) *business economics, management*: Teilgebiet der → *Wirtschaftswissenschaften*. Die B. befasst sich mit dem wirtschaftlichen Handeln in den → *Betrieben* (→ *Unternehmen*), deren Entscheidungsprozesse sowie Aktivitäten in der → *Wertschöpfungskette* und untersucht die Funktionszusammenhänge zwischen Betrieben und anderen → *Wirtschaftseinheiten*.

Betriebszweig *business operations/branch*: Teil der wirtschaftlichen Organisation eines → *Landwirtschaftsbetriebs*, z.B. Feldbau, → *Viehwirtschaft*, Gartenbau, Obstbau, → *Weinbau*. Es wird grundsätzlich zwischen Extensiv- und Intensivbetriebszweigen unterschieden, wobei wachsende Marktentfernung eine zunehmende Extensität der Bewirtschaftung verursacht.

Bett → *Flussbett*.

Bettenauslastung (Bettenbelegung) *bed occupancy*: in der Tourismuswirtschaft eine Maßzahl für die Rentabilität von → *Beherbergungsstätten*. Sie gibt an, in welchem Maße die vorhandenen Gästebetten in einem Betrieb (oder im Durchschnitt aller Betriebe eines → *Tourismusraumes*) im Jahresmittel durch Gäste belegt waren. Die B. errechnet sich als Quotient aus dem Produkt der verfügbaren Betten und der Zahl der jährlichen Betriebstage sowie der Summe der jährlichen Gästeübernachtungen.

Bettenbelegung → *Bettenauslastung*.

Bevölkerung *population*: – Gesamtheit aller in einem fest umgrenzten Gebiet lebenden Menschen. Die B. wird meist nach kommunalen, politischen oder Verwaltungseinheiten gezählt, kann aber auch z.B. für wirtschafts- oder naturräumliche Einheiten angegeben werden. Die Zahl der B. wird gemeindeweise durch → *Volkszählungen* zu bestimmten Stichtagen festgelegt und mithilfe der → *Bevölkerungsfortschreibung* auf dem Laufenden gehalten. Hierbei kann zwischen Wohnbevölkerung, → *wohnberechtigter Bevölkerung*, → *ortsanwesender Bevölkerung* und → *ständiger Bevölkerung* unterschieden werden. Die wichtigsten Wissenschaften, die sich mit der B. befassen, sind → *Anthropologie*, → *Demographie*, → *Bevölkerungsgeographie*, → *Bevölkerungsstatistik* und → *Soziologie*. – Prozess der → *Besiedlung* eines Raumes (→ *Peuplierung*).

Bevölkerungsballung *population agglomeration*: räumliche Verdichtung von → *Bevölkerung*, wie sie z.B. in → *Ballungsgebieten* auftritt.

Bevölkerungsbestand (Bevölkerungsstand) *number/amount of population*: → *Bevölkerung* eines bestimmten Raumes zu einem festgelegten Zeitpunkt, z.B. → *fortgeschriebene Wohnbevölkerung* einer → *Gemeinde* am 31.12. eines Jahres.

Bevölkerungsbewegung *population change*: Prozess der Veränderung der → *Bevölkerung* eines bestimmten Raumes nach Zahl und Zusammensetzung. Die B. setzt sich zusammen aus der → *natürlichen B.* (Geburten und Sterbefälle) sowie der räumlichen B. (→ *Wanderungen*). Da die Letztere häufig alters- und sozialgruppenspezifisch abläuft und i.d.R. ein höheres Volumen aufweist als die natürliche B., beeinflusst sie besonders stark die gesamte B. eines Raumes in quantitativer und qualitativer Hinsicht.

Bevölkerungsdichte *population density*: in der → *Bevölkerungsgeographie* die durchschnittliche Zahl der Einwohner eines Raumes pro Flächeneinheit. Die B. als Maßzahl für die Stärke der Besiedlung eines Raumes wird für → *Staaten* meist in Einwohnern pro Quadratkilometer, für besonders dicht besiedelte Räume wie z.B. → *Städte* auch in Einwohner pro Hektar angegeben. Die Aussagekraft der B. ist, besonders bei größeren heterogenen Räumen, häufig gering, da es sich um einen Durchschnittswert handelt. In stark agrarisch geprägten Räumen kann die → *physiologische Dichte* eine größere Aussagekraft besitzen (→ *Abstandsziffer*, → *Arealitätsziffer*).

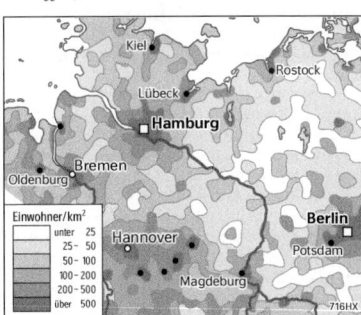

Bevölkerungsdichte

Bevölkerungsdruck *population pressure*: krisenhafte Situation, die in einem Raum eintritt, wenn starkem → *Bevölkerungswachstum* keine entsprechende Vergrößerung des Nahrungsmittel-, Arbeitsplatz-, Wohnungsangebots usw. gegenübersteht. Die Folgen von einem starken B. sind häufig soziale Unruhen oder Auswanderung.

Bevölkerungsdynamik *population dynamics*: Veränderung der Bevölkerungszusammensetzung eines Raumes nach Zahl und Art, die durch die natürliche und räumliche → *Bevölkerungsbewegungen* hervorgerufen wird. Der Begriff B. wird gelegentlich als Synonym für → *Bevölkerungsentwicklung* gebraucht.

Bevölkerungsentwicklung *population development*: Prozess der quantitativen und qualitativen Veränderung der → *Bevölkerung* eines bestimmten Raumes. Häufig wird B. mit → *Bevölkerungsbewegung* gleichgesetzt, jedoch stehen beim Begriff B. i. d. R. die Auswirkungen des Veränderungsprozesses im Vordergrund, während Bevölkerungsbewegung die der B. zugrunde liegenden demographischen Ereignisse (Geburten, Sterbefälle, → *Wanderungen*) umfasst, weshalb die B. eines Raumes durch die natürliche und die räumliche Bevölkerungsbewegung determiniert wird. Durch das unterschiedliche Ausmaß dieser beiden Teilprozesse sowie das regional unterschiedliche Überwiegen der einen oder anderen Komponente ergeben sich spezifische Raumtypen der B. Synonym zu B. wird häufig von → *Bevölkerungsdynamik* gesprochen. Eine positive B. wird als → *Bevölkerungswachstum* oder -zunahme (bei besonders starkem Anstieg auch als → *Bevölkerungsexplosion*), eine negative als → *Bevölkerungsrückgang* oder -abnahme bezeichnet. Bei einer weitgehend konstant bleibenden Bevölkerungszahl wird auch von *stationärer Bevölkerung* oder → *Nullwachstum* gesprochen.

Bevölkerungsexplosion *population explosion*: bildhafter Ausdruck für ein besonders starkes → *Bevölkerungswachstum*. Insbesondere das exponentielle Wachstum in vielen sog. → *Entwicklungsländern* wird als B. bezeichnet.

Bevölkerungsfortschreibung (Fortschreibung des Bevölkerungsstandes) *population update*: fortlaufende Ergänzung der Einwohnerdatei einer Gemeinde. Die B. baut auf Ergebnissen von → *Volkszählungen* auf und führt Geburten und Sterbefälle, Zu- und Fortzüge nach, um für die Zeit bis zur nächsten Zählung aktuelle Bevölkerungsdaten zur Verfügung zu haben.

Bevölkerungsgeographie *population geography*: Teildisziplin der allgemeinen → *Geographie des Menschen* (→ *Anthropogeographie* bzw. → *Humangeographie*), die heute in starkem Maße nach dem Forschungsansatz und der Betrachtungsweise der → *Sozialgeographie* betrieben wird. Die B. untersucht die → *Bevölkerung* oder einzelne Gruppen eines Raumes (von der ganzen Erde bis zu einzelnen Siedlungen) nach Anzahl und Verteilung (→ *Bevölkerungszahl*, → *Bevölkerungsdichte*, → *Bevölkerungsverteilung*), Zusammensetzung (→ *Bevölkerungsstruktur*) und Entwicklung (→ *Bevölkerungsentwicklung*), und zwar jeweils in ihrer räumlichen Differenzierung. Außerdem werden Ursachen und Auswirkungen bevölkerungsgeographischer Sachverhalte analysiert sowie deren Beziehungen mit Naturfaktoren und den → *Funktions-Standort-Systemen* der → *Kulturlandschaft*. Die B. arbeitet eng mit der → *Bevölkerungsstatistik* und → *Demographie* zusammen.

Bevölkerungslehre *demography, population studies*: früher häufiger verwendete Bezeichnung für → *Bevölkerungswissenschaft* bzw. → *Demographie*.

Bevölkerungsmathematik *population mathematics*: Lehre vom Aufbau demographischer Modelle. Die B. liefert Instrumente und Methoden für die Durchführung vieler bevölkerungsgeographischer Untersuchungen, z. B. für → *Bevölkerungsprognosen*.

Bevölkerungsmaximum → *Maximalbevölkerung*.

Bevölkerungsökologie *population ecology*: unscharfe und nur gelegentlich gebrauchte Bezeichnung für den Teil der → *Bevölkerungsgeographie*, der die Einflüsse der natürlichen Umwelt auf den Menschen, insbesondere auf Zusammensetzung und Verhalten der → *sozialen Gruppen* untersucht. Die B. ist nicht mit → *Humanökologie* zu verwechseln, von der sie lediglich Teilgebiete abdeckt.

Bevölkerungspolitik *population policy, demographic policy*: Summe staatlicher Maßnahmen mit dem Ziel, auf die → *Bevölkerungsentwicklung* Einfluss zu nehmen. Quantitative B. versucht, die Einwohnerzahl zu beeinflussen, je nach der Situation durch Anreize zur Geburtensteigerung oder Einwanderung oder aber durch restriktive Maßnahmen zur Geburten- oder Zuwanderungskontrolle. Qualitative B. sucht die → *Bevölkerungsstruktur* in Teilräumen eines → *Staates* zu verändern. Neben dem Staat können auch Gemeinden durch steuerliche oder infrastrukturelle Maßnahmen B. betreiben. Aufgabe der → *Demographie* ist es im Zusammenhang mit B., die Wirksamkeit der Maßnahmen zur Beeinflussung demographischer Veränderungen zu analysieren. Teilweise bilden Erkenntnisse der Demographie auch die Grundlage für staatliche B..

Bevölkerungspotenzial *population potential*: – Tragfähigkeit der Erdoberfläche oder eines Teilraums bezüglich der Bevölkerungszahl. – Maß für die Erreichbarkeit eines Zentralen Ortes von allen anderen Orten eines bestimmten Raumes sowie für die Möglichkeit räumlicher Interaktionen in einem Raum.

Die Berechnung erfolgt nach der folgenden Formel:
Dabei bedeutet P_i = Bevölkerungspotenzial des Ortes i, M_j = Einwohnerzahl des j-ten Ortes und d_{ij} = Entfernung zwischen i und j.

$$P_i = \sum_{j=1}^{n} x \; \frac{M_j}{d_{ij}}$$

Bevölkerungspotenzial

Bevölkerungsprognose *population forecast, demographic forecast*: Vorausberechnung bzw. -schätzung der → *Bevölkerung* (oder von Bevölkerungsgruppen) eines Raumes für eine bestimmte Zeitdauer, wobei i. d. R. kurzfristige Prognosen von fünf bis 20 Jahren angestellt werden. Für eine B. müssen die natürliche und die räumliche → *Bevölkerungsentwicklung* berücksichtigt werden. Die B. ist ein wichtiges Hilfsmittel für die → *Raumplanung*; ihre Zuverlässigkeit nimmt mit der prognostizierten Zeitspanne und der geringer werdenden Größe des Untersuchungsraumes ab. Besonders schwierig sind B. für einzelne Gemeinden wegen der Vielzahl der möglichen Einflussfaktoren (z. B. → *Wanderungen*), die sich bei größeren Räumen gegenseitig aufheben können. Die wichtigsten Methoden der B. sind Extrapolationen oder Trendberechnungen auf der Basis vergangener Entwicklungen und des gegenwärtigen Standes mit Korrekturen durch absehbare Änderungen der Entwicklung, die durch planerische Maßnahmen oder Verhaltensänderungen hervorgerufen werden (→ *Bevölkerungsprojektion*).

Bevölkerungsprojektion (Bevölkerungsvorausberechnung) *population projection, demographic projection*: eine Art der → *Bevölkerungsprognose*, bei der man die zukünftige Bevölkerung aus einem gegebenen Stand und unter Zugrundelegung angenommener Entwicklungstendenzen berechnet, ohne etwaige Trendänderungen der → *Bevölkerungsentwicklung* zu berücksichtigen.

Bevölkerungspyramide *age pyramid, population pyramid*: graphische Darstellung der → *Bevölkerungsstruktur* ähnlich der → *Alterspyramide*, in die zusätzlich zu Alter und Geschlecht weitere Strukturmerkmale der dargestellten → *Bevölkerung* eingearbeitet sind, z. B. die Aufteilung nach sozialen Gruppen, In- und → *Ausländern* usw..

Bevölkerungsraumlehre *spatial demography*: eine nur gelegentlich gebrauchte Bezeichnung für den Teil der → *Bevölkerungsgeographie*, der sich mit der räumlichen Verteilung der → *Bevölkerung* und mit den Veränderungen dieser Verteilung durch → *Wanderungen* befasst.

Bevölkerungsrückgang *population decrease*: absolute Abnahme der → *Bevölkerung* eines bestimmten Raumes in einer bestimmten Zeit. B. geht entweder auf → *Sterbeüberschüsse* (natürlicher B.), auf einen negativen → *Wanderungssaldo* oder eine Kombination beider Faktoren zurück.

Bevölkerungsschere *explosion stage of the demographic transition*: aus der graphischen Darstellung abgeleitete Bezeichnung für die Entwicklung von → *Geburten-* und → *Sterbeziffern* in den mittleren Phasen des → *demographischen Übergangs* von hohen zu niedrigen demographischen Umsatzziffern. Die B. öffnet sich zunächst beim Absinken der Sterbeziffern, während die Geburtenziffern konstant bleiben oder sogar leicht steigen, und schließt sich wieder beim späteren Absinken der Geburtenziffern. Die B. ist damit Ausdruck für ein zunehmendes natürliches → *Bevölkerungswachstum*.

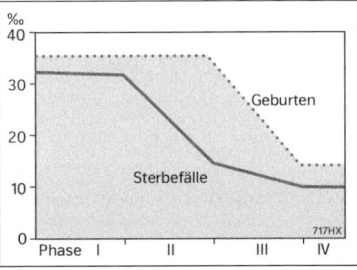

Bevölkerungsschere

Bevölkerungsschwerpunkt *centre of gravity of population, population center*: Mittelpunkt eines Raumes, z. B. eines → *Staates*, bezüglich der Einwohnerverteilung. Der B. wird berechnet als arithmetisches Mittel der Lage der Koordinaten der Mittelpunkte der nach ihrer Einwohnerzahl gewichteten Wohngemeinden.

Bevölkerungsstand (Bevölkerungsbestand) *number/amount of population*: die zu einem bestimmten Zeitpunkt für einen Raum festgestellte → *Einwohnerzahl*. Mithilfe von → *Bevölkerungsfortschreibungen* kann der B. auch für Daten in zeitlichem Abstand von → *Volkszählungen* berechnet werden.

Bevölkerungsstatistik *population statistics*: Teildisziplin der → *Statistik*, die sich mit der statistischen Beschreibung von Bevölkerungen in bestimmten Räumen befasst, entsprechende Daten sammelt, aufbereitet und analysiert sowie Methoden zur Messung demographischer Vorgänge ausarbeitet. Zum Gegenstand der B. gehören → *Bevölkerungsstand* und -→ *verteilung*, → *Bevölkerungsstruk-*

tur und → *Bevölkerungsentwicklung* (natürliche und räumliche → *Bevölkerungsbewegung*).
Bevölkerungsstruktur *population structure*: Zusammensetzung und innerer Aufbau der → *Bevölkerung* eines Raumes. In Geographie und → *Raumplanung* werden zur Kennzeichnung der B. v. a. demographische Merkmale (z. B. Alter, Geschlecht, Familien- und Haushaltsstruktur, ethnische Zusammensetzung) und sozio-ökonomische Merkmale (z. B. Zugehörigkeit zu Wirtschaftsbereichen, Stellung im Beruf, Einkommen) verwendet.
Bevölkerungssuburbanisierung *suburbanization of population*: Teilprozess der → *Suburbanisierung* mit besonderer Betonung der → *Stadtrandwanderung* der Wohnbevölkerung.
Bevölkerungstheorie *population theory, demographic theory*: als Teil der → *Demographie* der Versuch, allgemeingültige Gesetze der → *Bevölkerungsentwicklung* oder einzelner Aspekte davon zu formulieren und Modelle zu entwickeln. B. dienen der Erklärung demographischer Sachverhalte und können zur Vorhersage der Bevölkerungsdynamik und ihrer Folgen Anwendung finden.
Bevölkerungsumsatz *population turnover*: Kennziffer, bei der die Summe von Geburten und Sterbefällen für einen bestimmten Raum und eine bestimmte Zeit auf 1000 Einwohner der mittleren → *Bevölkerung* bezogen wird. Der B. ist ein Maß für die Geschwindigkeit, mit der sich die Bevölkerung erneuert, und differiert z. B. sehr stark zwischen sog. → *Industrie*- und → *Entwicklungsländern*.
Bevölkerungsverschiebung *shift/displacement of population*: räumliche → *Bevölkerungsbewegung*, durch die eine relativ große → *Bevölkerungszahl* betroffen ist. B. stellen eine Veränderung der → *Bevölkerungsverteilung* dar und treten z. B. in Form von Fluchtbewegungen oder durch Ausweisungen (→ *Vertreibung*) nationaler → *Minderheiten* auf.
Bevölkerungsverteilung *distribution of population*: Verteilung der Gesamtbevölkerung eines bestimmten Raumes auf Teilräume. Insbesondere die B. auf → *Gemeinden* unterschiedlicher Größe in einem → *Staat* wird häufig berechnet (→ *Gemeindegrößenklasse*). Die durchschnittliche B. wird durch die → *Bevölkerungsdichte* ausgedrückt, jedoch weicht die tatsächliche B., etwa in → *Agglomerationsräumen* und → *ländliche Räume*, regional oft stark vom Durchschnitt ab.
Bevölkerungsvorausberechnung → *Bevölkerungsprojektion*.
Bevölkerungsvorausschätzung *population forecast*: eine Form der → *Bevölkerungsprognose*, bei der auch Veränderungen von Entwicklungstendenzen bei → *Geburtenhäufigkeit*, → *Sterblichkeit* und → *Wanderungen* berücksichtigt werden und die deshalb einen stärker spekulativen Charakter besitzt als die → *Bevölkerungsprojektion*.
Bevölkerungsvorgang *population process*: Wirkungszusammenhang zwischen den Komponenten der natürlichen und räumlichen → *Bevölkerungsbewegung* und den diese steuernden Bestimmungsfaktoren.
Bevölkerungswachstum *population growth*: absolute Zunahme der → *Bevölkerung* eines bestimmten Raumes. B. geht entweder auf → *Geburtenüberschüsse* (natürliches B.), auf einen positiven → *Wanderungssaldo* oder auf eine Kombination beider Faktoren zurück. Insbesondere bei kleinräumiger Betrachtung (z. B. → *Gemeinden*) spielt i. d. R. für das B. die Zuwanderung die größte Rolle.
Bevölkerungsweise *style of the population process, population manner*: Gesamtheit des → *generativen Verhalten* einer → *Bevölkerung* im geschichtlichen Ablauf. Die B. setzt sich zusammen aus den statistisch messbaren Größen → *Heiratsverhalten*, Fruchtbarkeitsverhalten und Struktur der → *Sterblichkeit*. Sie hängt eng mit der Gesellschafts- und Wirtschaftsstruktur einer bestimmten historischen Epoche in einem → *Kulturraum* zusammen. So haben insbesondere in traditionellen Gesellschaften z. B. Religion und traditionelle Wertvorstellungen einen Einfluss auf die B..
Bevölkerungswelle *population wave*: v. a. in Neubausiedlungen mit homogener → *Bevölkerung* zu beobachtendes Phänomen. Wenn die Bevölkerung eine sehr einseitige → *Altersstruktur* aufweist, folgen Zeiten hoher und geringer Geburtenzahlen wellenförmig aufeinander, was Probleme bei der → *Infrastruktur*-Ausstattung mit sich bringen kann.
Bevölkerungswissenschaft *demography*: Wissenschaft von der menschlichen → *Bevölkerung* insgesamt oder eines bestimmten Raumes mit interdisziplinärem Charakter. Die B. untersucht → *Bevölkerungsstrukturen* und -prozesse, insbesondere unter soziologischen, statistischen, geographischen, wirtschaftswissenschaftlichen und anthropologischen Aspekten. Der Begriff B. wird inzwischen i. d. R. mit → *Demographie* gleichgesetzt.
Bevölkerungszahl *number of inhabitants*: Zahl der → *Einwohner* in einem bestimmten Raum zu einem bestimmten Zeitpunkt (→ *Einwohnerzahl*).
Bewältigungsstrategien *coping strategies*: alle aktiven und passiven Maßnahmen, die die Betroffenen einer belastenden Lebenssituation, einer Krise oder einer → *Katastrophe* ergreifen, um mit den Folgen des Ereignisses umzugehen.
Bewässerung *irrigation, watering*: die künstliche ober- oder unterirdische Zufuhr von

Wasser oder → *Abwasser*, um das Pflanzenwachstum und damit die Ertragssteigerung zu fördern. Die B. ermöglicht den Anbau im → *ariden* → *Klima* und überbrückt in gemäßigten Klimabereichen Trockenperioden der Witterung. B. wird im Regelfall zur Deckung des Wasserbedarfs der Pflanzen eingesetzt, kann aber auch zur Düngung mit den im Wasser gelösten Stoffen, zur Auswaschung von Bodensalzen oder zur Temperaturregulierung aufgeheizter Bodenflächen ihren Einsatz finden. Man unterscheidet als B.-Arten → *Beregnung*, → *Berieselung* (Furchen- und Flächenberieselung), Flächen-B. und unterirdische B..

Bewässerungsanlage *irrigation plant/works*: jede Einrichtung zur Wasserzuführung in der → *Landwirtschaft* (→ *Bewässerung*). Viele B. sind wegen der kostspieligen Bauten für Zuleitungen und Entwässerung vom Staat, von Genossenschaften oder anderen öffentlichen Trägern (teilweise im Rahmen von Entwicklungsprojekten) angelegt worden.

Bewässerungsfeldbau *irrigated farming*: Form der landwirtschaftlichen → *Bodennutzung*, bei der den → *Nutzpflanzen* in niederschlagsfreien oder -armen Zeiten der → *Vegetationsperiode* durch geeignete technische Maßnahmen ausreichende Wassermengen (→ *Bewässerung*) zugeführt werden (→ *Regenfeldbau*).

Bewässerungsoase *irrigation oasis*: → *Oase*, deren Wasser als Quellwasser (→ *Quelle*), → *Grundwasser* oder Wasser eines → *Fremdlingsflusses* zur → *Bewässerung* von → *Kulturland* eingesetzt wird (→ *Oasenwirtschaft*).

Bewässerungssystem *irrigation system*: Funktionszusammenhang zwischen Bewässerungseinrichtungen und der darauf bezogenen Abfolge von Maßnahmen im Vorgang der → *Bewässerung*.

Bewässerungswirtschaft *irrigation agriculture*: Gesamtheit der Maßnahmen und Einrichtungen zur Wasserbereitstellung (Wassererschließung, -speicherung) und Wasserverteilung auf das → *Kulturland* (→ *Bewässerungssystem*, → *Bewässerung*).

Bewegungsraum *mobility space*: in der → *Verkehrsgeographie* Bezeichnung für denjenigen Raum, in dem sich der Mensch entweder ohne Hilfsmittel (B. im engeren Sinn) oder mit → *Verkehrsmitteln* fortbewegen kann. Entsprechend den Verkehrsmitteln zu Land, Wasser oder in der Luft lassen sich spezifische B. unterscheiden.

Bewegungszyklus *mobility cycle*: regelmäßig wiederkehrende und damit raumprägende Verkehrsbewegung zur Erfüllung von → *Grunddaseinsfunktionen*. B. lassen sich z.B. bei der → *Arbeitsfunktion* (→ *Pendelverkehr*), → *Versorgungsfunktion* (Einkaufsverkehr), → *Freizeitfunktion* (Naherholungsverkehr) beobachten.

Beweidung *grazing, pasturing*: im Gegensatz zur Wiesennutzung wird Vieh auf die → *Weide* gestellt, um dort Gräser, Kleearten und Kräuter zu verzehren. B. ist eine der extensivsten Formen der Bodennutzung. An der landwirtschaftlichen Nutzfläche nimmt sie anteilsmäßig dort zu, wo sich die natürlichen Ertragsbedingungen des Ackerbaus verschlechtern und die als Weide genutzten Areale (jenseits der → *Anbaugrenzen*) keine andere landwirtschaftliche Nutzung mehr erlauben (→ *extensive Weidewirtschaft*).

Bewertungszahlen *weighting numbers, weighting factors*: empirisch ermittelte Zahlen, die man bei Landschaftsraumanalysen für die Beurteilung des → *Leistungsvermögens des Landschaftshaushaltes* einsetzt. Den dabei bewerteten „Funktionen" oder „Potenzialen" liegen meist (statische) Landschaftsfaktoren zugrunde, die über Parameter erschlossen werden, die man zweckgerichtet aggregiert (→ *Raumbewertung*).

Bewirtschaftungsgemeinschaft *crofting cooperation of farmers*: Form der Kooperation unter Landwirten, die darauf abzielt, ohne Veränderung der Eigentums- und Pachtverhältnisse die Feldstücke einer → *Gemarkung* über die Grenzen einzelner, bestehender → *Parzellen* und Betriebe hinweg gemeinsam als größere Einheit zu bewirtschaften. Den Kern einer B. bildet die in der Größe der Kooperationseinheit angepasster Maschinenpark (→ *Maschinenring*). Die Gestaltung der → *Fruchtfolge* und alle Bearbeitungsvorgänge werden gemeinsam geplant und durchgeführt, als ob es sich um einen einzigen großen Betrieb handelt. Durch Betriebsgrößenvorteile und Flächenstrukturverbesserungen lassen sich Degressionseffekte bei sämtlichen Kosten des Ackerbaus (Saat-, Dünge-, Pflanzenschutz-, Ernte- und Transportkosten) auch für kleine Betriebe realisieren.

Bewirtschaftungsintensität *farming intensity*: Aufwand an Arbeit und Kapital je Hektar bei ein und demselben landwirtschaftlichen → *Betriebssystem*. Eine Erhöhung der B. kann z.B. durch verstärkten Einsatz von → *Bewässerung*, → *Düngung*, → *Pflanzenschutz* usw. erreicht werden.

Bewölkung (Bewölkungsgrad, Bedeckungsgrad) *clouds, cloud cover*: die Bedeckung der Himmelsfläche mit → *Wolken*. Als meteorologische Größe wird sie in Zehntel oder Achtel geschätzt.

Beziehungsmuster *relational pattern, interaction pattern*: Ausprägung der Beziehungen zwischen den einzelnen Funktionsstandorten eines Raumes nach Qualität und Quantität und unter Berücksichtigung der agieren-

den Gruppen. Spezifische B. ergeben sich bei der Ausübung der verschiedenen Daseinsgrundfunktionen (z. b. Versorgungs-, Handels-, → Pendler-, Freizeitbeziehungen; → Interaktionsmuster).
Bézier-Kurve *Bézier curve*: parametrische Kurve, die standardmäßig in moderner Vektorgrafik-Software (bspw. → *Adobe Illustrator* und → *Inkscape*) implementiert ist. B.-K. dienen zur Modellierung von vektorbasierten „Pfaden". Mit diesen Pfaden lassen sich → *Linien* und → *Flächen* (→ *Polygone*) erzeugen, die bspw. in der → *Kartographie* zur Visualisierung räumlicher Sachverhalte verwendet werden.
Bezirk *district*: 1. allgemein die Bezeichnung für ein Verwaltungsgebiet, d. h. den räumlichen Zuständigkeitsbereich einer Behörde oder eines Gerichtes; z. T. auch von Wirtschaftsunternehmen für die räumliche Untergliederung ihrer Geschäftsbereiche verwendet (z. B. Liefer-B.). 2. in Deutschland wird B. häufig im Bereich der politisch-administrativen Gliederung als Kurzform für → *Regierungsbezirk* oder → *Stadtbezirk* verwendet. In Bayern ist B. außerdem die Bezeichnung für die Selbstverwaltungskörperschaft im Gebiet des Regierungsbezirks. 3. in der ehem. DDR war der B. die staatliche Verwaltungseinheit, die an die Stelle der 1952 aufgelösten Länder trat und in Stadt- und → *Landkreise* gegliedert war. 4. in Österreich ist B. die Verwaltungseinheit unterhalb der Länderebene, die aus jeweils mehreren Gemeinden besteht. 5. in der Schweiz ist B. das Gebiet einer mittleren Verwaltungs- und Gerichtsbehörde unterhalb der Ebene der → *Kantone*.
Bezugs- und Absatzlage *purchasing and sales situation*: material- bzw. marktorientierte Lage des → *Produktionsstandortes* (→ *Absatzorientierung*, → *Standortfaktoren*).
Bezugssystem *reference system*: physikalisches Modell, mit dem räumliche und auch zeitliche Ereignisse Abstände zwischen Erscheinungen gemessen werden können. Aus einem B. mit mind. drei Bezugspunkten, i. d. R. Punkte realer Objekte, kann ein dreidimensionales → *Koordinatensystem*, das jedem Raumpunkt mit einem eindeutigen Koordinatenschlüssel beziffern kann, abgeleitet werden.
BHD → *Brusthöhendurchmesser*.
Bhopal Hauptstadt des indischen Bundesstaats Madhya Pradesh. In B. wurden seit 1977 → *Pestizide* fabriziert. 1984 ereignete sich eine → *Umweltkatastrophe* (bisher weltweit größter → *Chemieunfall*), als eine Gaswolke hochgiftigen Methylisocyanats austrat. Tausende Menschen starben an den unmittelbaren Folgen. Erst 2010 (!) begannen Entschädigungszahlungen an Betroffene.

B-Horizont *B horizon, subsoil horizon*: mineralischer Unterbodenhorizont zwischen dem humushaltigen → *A-Horizont* und dem → *Ausgangsgestein*, geprägt durch Verwitterung, Verbraunung, Verlehmung und Stoffanreicherung (→ *Illuvialhorizont*). Die Prozesse der Neubildung und Anreicherung von Stoffen können je nach Entwicklung jeder für sich allein oder nacheinander stattfinden und sich z. T. auch überlagern. Die B-H. sind also sehr verschieden ausgeprägt und werden bei der Beschreibung entsprechend näher spezifiziert (→ *Verbraunung*, → *Lessivierung*, → *Podsolierung*).
Biber-Kaltzeit *Biber stadial*: vermutlich früheste → *Kaltzeit* (ca. 2,5 Mio. J. v. h. bis ca. 2,2Mio J.v.h) des → *Pleistozäns* und alpines Äquivalent der → *Brüggen-Kaltzeit*.
Bidonville *bidonville, shanty town*: Elendsviertel am Rande von → *Großstädten* der → *Entwicklungsländer* und Schwellenländer. B. bestehen aus Baracken und Behelfsunterkünften mit zumeist unzureichenden sanitären Einrichtungen und besitzen nur eine fragmentarische → *Infrastruktur*. Sie werden meist von Zuwanderern aus → *ländlichen Siedlungen* – häufig nach vorübergehendem Aufenthalt in innerstädtischen → *Slums* – ungeplant errichtet. B. ist v. a. in französischem Sprachraum der übliche Begriff für shanty town, → *Favela* oder → *Barriada*.
Biegefaltung *flexural fold*: → *Knickfaltung*. Gesteinsschichten werden wellenartig verbogen, wobei die einzelnen Gesteinsschichten gegeneinander verschoben werden (→ *Falte*).
Bienenkorbhütte → *Kuppelhütte*.
Bienne *biennial plants*: Pflanzen mit zweijährigem Lebenszyklus, wobei sich im ersten Jahr das pflanzliche Gewebe entwickelt und im zweiten Blüten und Samen gebildet werden (→ *Annuelle*).
Bifurkation *bifurcation*: die Gabelung eines Flusses an einer flachen → *Wasserscheide*, sodass ständig oder nur bei höheren Wasserständen Wasser in zwei verschiedene Flusssysteme abfließt.
Big Data (Massendaten) Sammelbegriff für große Datenmengen, die mit digitalen Technologien einhergehen und die i. d. R. zu groß, zu schnelllebig, zu komplex (d. h. unterschiedlich) oder zu gering strukturiert sind, dass sie mit traditionellen Mitteln der Analyse verarbeitet werden können und daher neue Verfahren zur → *Auswertung* benötigen (→ *data mining*:). In der Geographie eröffnen sich damit viele Forschungsfelder, da die meisten Daten auch eine räumliche Komponente haben.
Bilanz *balance*: in einem allgemeinen Sinne das Ergebnis von Bewegungen oder Prozessen mit unterschiedlichen Richtungen, z. B. von Geldmitteln, Zu- und Abfluss, Energieaufnah-

me und -verausgabungen. In ökologischen Disziplinen meint B. die Gegenüberstellung von Stoff- und/oder Energieaus- und -eingängen in → *Geoökosystemen* oder → *Bioökosystemen*. Auch für landschaftliche Teilsysteme können B. aufgestellt werden, z. B. Abtrags-B. in der → *Geomorphologie* oder → *Strahlungsbilanz* (→ *Meteorologie*) bzw. → *Wasserbilanz* (→ *Hydrologie*).

Bilanzvergleich *balance comparison*: ein Weg, → *Kompartimente* und → *Ökosysteme* quantitativ miteinander in Beziehung zu setzen. Um Ökosysteme miteinander vergleichen zu können, werden die in der → *Bilanz* ermittelten Energie- und → *Stoffumsätze* verglichen.

Bildflug *photo flight*: flugzeuggestütztes Verfahren der → *Fernerkundung* zur Aufnahme analoger oder digitaler → *Luftbilder*.

Bildung für nachhaltige Entwicklung (BNE) *education for sustainable development*: Bildungskonzept der → *UNESCO* im Rahmen der → *Nachhaltigkeit*. Gemeint ist eine Bildung, die Menschen zu zukunftsfähigem Denken und Handeln befähigt: Wie beeinflussen meine Entscheidungen Menschen nachfolgender Generationen oder in anderen Erdteilen? Welche Auswirkungen hat es beispielsweise, wie ich konsumiere, welche Fortbewegungsmittel ich nutze oder welche und wie viel Energie ich verbrauche? Welche globalen Mechanismen führen zu Konflikten, Terror und Flucht? B. f. n. E. ermöglicht es jedem Einzelnen, die Auswirkungen des eigenen Handelns auf die Welt zu verstehen und verantwortungsvolle Entscheidungen zu treffen (→ *UN-Dekade Bildung für nachhaltige Entwicklung*, → *Transfer 21*).

Bildungsfunktion *educational function*: eine der menschlichen → *Grunddaseinsfunktionen* im Sinne des → *Münchner Konzepts der Sozialgeographie*. Bei der Ausübung der B. durch die verschiedenen → *sozialgeographischen Gruppen* ergeben sich besonders starke raumprägende und -differenzierende Wirkungen für ländliche und städtische Siedlungen (→ *Arbeitsfunktion*, → *Freizeitfunktion*, → *Versorgungsfunktion*, → *Wohnfunktion*).

Bildungsgeographie (Geographie des Bildungs- und Ausbildungswesens) *geography of education*: Teilbereich der → *Bevölkerungs-* bzw. → *Sozialgeographie*, der sich mit → *Bildungsstand*, → *Bildungsverhalten* und den → *Bildungsstrukturen* der Bevölkerung in der räumlichen Differenzierung sowie den räumlichen Strukturen des schulischen und außerschulischen Bildungssystems befasst. Es werden dabei u. a. auch Beziehungen zwischen dem Bildungs- und Ausbildungswesen und der wirtschaftlichen Entwicklung verschiedener Länder oder Landesteile analysiert.

Bildungsniveau → *Bildungsstand*.

Bildungsreise *educational trip, study tour*: älterer Begriff für → *Studienreise*, v. a. für entsprechende Reisen jüngerer Adliger im 18./19. Jh. gebraucht.

Bildungsstand (Bildungsniveau) *level of education*: durchschnittliches Niveau der Schul- und Berufsausbildung einer → *Bevölkerung*. Der B. eines → *Landes* ist ein wichtiger Indikator für dessen Wettbewerbsfähigkeit, da Bildung eine zentrale Grundlage für den → *Produktionsfaktor* Arbeit darstellt. Der B. kann z. B. durch den Anteil der → *Analphabeten*, der Einwohner mit Volksschulbildung, der Abiturienten oder Akademiker ausgedrückt werden und ist ein Indikator für die → *Sozialstruktur* der Bevölkerung (→ *Alphabetisierung*).

Bildungsstruktur *educational structure*: Zusammensetzung der → *Bevölkerung* eines Raumes nach ihrem → *Bildungsstand*. Als Teil der → *Sozialstruktur* kann die B. wichtige Hinweise auf Vorhandensein und zahlenmäßige Verteilung → *sozialer Gruppen* in einem Raum geben.

Bildungstourismus *educational tourism*: zusammenfassende Bezeichnung für Reisen, die zum Zweck der Bildung (z. B. → *Studienreisen*) oder Ausbildung (z. B. Sprachreisen) unternommen werden.

Bildungsurlaub *educational leave, e. holiday*: durch den → *Arbeitgeber* bezahlte Freistellung von der Arbeit zum Zwecke der beruflichen, politischen oder allgemeinbildenden Weiterbildung. Programme für B. bieten in Deutschland v. a. Wirtschaftsverbände und -kammern, Gewerkschaften, Kirchen, Stiftungen und Landeszentralen für politische Bildung u. ä. an.

Bildungsverhalten *educational behaviour*: Verhalten der → *Bevölkerung* bzw. von Gruppen bezüglich Bildung, Aus- und Weiterbildung. Das B. lässt sich insbesondere durch die Verteilung der Schüler nach dem Grundschulbesuch auf die verschiedenen Formen weiterführender Schulen, v. a. durch altersspezifische → *Übertrittsquoten* von der Grundschule in Realschulen und Gymnasien (oder auch weiterführend von Gymnasien an Hochschulen), ausdrücken oder durch die Inanspruchnahme von berufsbegleitenden oder berufsvorbereitenden Fort- und Weiterbildungsmaßnahmen kennzeichnen. Das B. kann zur Charakterisierung der → *Sozialstruktur* eines Raumes mit herangezogen werden.

Bildungswanderer *educational migrant*: Person, die überwiegend aus bildungsorientierten Gründen (z. B. Wunsch nach besserer schulischer oder beruflicher Bildung) ihren → *Wohnsitz* wechselt. B. sind z. B. Studenten, die aus ihrem Heimatort an den Hochschulort umziehen.

Billigflagge *flag of convenience*: in der Seeschifffahrt übliche Bezeichnung für ein Land, das Reedern auch ausländischer Nationalität leichten Zugang zu seinem nationalen Schiffsregister ermöglicht (→ *Ausflaggung*), nur geringe Steuern und Abgaben erhebt und oft geringere Anforderungen an Sicherheitsstandards, Lohnniveau und soziale Sicherung der Seeleute als die großen Industrieländer stellt. Bekannte B. sind z.B. Panama, Liberia und Zypern.

Billiglohnland → *Niedriglohnland*.

Bimsstein (Bims) *pumice [stone]*: leichtes Vulkangestein hoher Porosität. B. entsteht, wenn → *Lava* rasch erstarrt, sodass Gase und Dämpfe eingeschlossen bleiben.

Bimssteintuff *pumice tuff*: lockere, meist helle Bimsstein-Auswurfmasse von → *Vulkanen*, die als Lockersediment flächenhaft abgelagert werden kann, z.B. das Neuwieder Becken.

Binäre Nomenklatur *binominal nomenclature*: geht auf Carl von Linné (1753) zurück, ist bis heute gültig und wird in der → *Botanik* und → *Zoologie* verwandt. Der lateinische Name einer → *Art* setzt sich aus einem Substantiv für die Gattung und einem nachgestellten Substantiv oder Adjektiv zusammen, das sich auf eine Eigenschaft der Art bezieht oder einen Forscher ehrt. In taxonomischen Publikationen folgen darüber hinaus der i.d.R. abgekürzte Name des Erstbeschreibers der Art und das Jahr der Beschreibung. So bezeichnet z.B. *Anemone nemorosa* L., 1753 das Buschwindröschen (L. steht für Linné).

Bindigkeit *cohesion*: das halbfeste Aneinanderhaften der Bodensubstanz. Bindige Böden zerbröckeln beim Zerdrücken in → *Aggregate*. Sie weisen also eine halbfeste Stabilität auf; ihre Konsistenz ist weder fest noch plastisch. Die B. hat für den Wasser- und Lufthaushalt von Böden sowie für deren Bearbeitbarkeit wichtige Funktionen. Sie erhöht die Durchlässigkeit, Durchlüftung und Stabilität des Bodenkörpers.

Binnendeich *inland dike, inner dike*: zusätzlich zum Außendeich im → *Polder* errichteter kleinerer → *Deich*. Der B. dient zur Sicherung bei eventuellen Wassereinbrüchen. Manche B. sind ehemalige Außendeiche.

Binnendelta *interior delta*: → *Delta* in semiariden bis ariden Gebieten mit → *Binnenentwässerung*. Dort enden auch große Flüsse, wo sie ihre eigentliche Mündung im Gelände versickern oder verdunsten. Dies kann auch auf einer Laufstrecke eines langen, wasserreichen Flusses geschehen, der mehrere → *Klimazonen* passiert. Beim Eintritt in eine Feuchtzone stellt sich durch Grundwasserquellen und neue → *Tributäre* neuerlich ein Flusslauf ein.

Binnendüne *inland dune*: → *Dünen* im Bereich des ehemaligen nordmitteleuropäischen Vereisungsgebietes, also binnenländische Dünen, die unter → *periglazialen* Bedingungen bzw. im frühen → *Postglazial* entstanden; werden → *Küstendünen* gegenübergestellt.

Binnenentwässerung *inland: run-off, inland drainage, inland draining, inland dewatering, inland unwatering*: Bereiche, die über keinen Abfluss zum → *Meer* verfügen und deren Fließgewässer in → *Binnenseen*, Binnenmeeren oder → *Binnendeltas* enden (→ *endorheisch*).

Binnenfischerei *freshwater fishing*: im Gegensatz zur → *Küsten-* und → *Hochseefischerei* Fischerei in den Gewässern des Festlandes.

Binnengewässer *inland waters*: alle oberirdischen natürlichen sowie künstlichen Gewässer des → *Festlandes*. (→ *Fluss*, → *See*).

Binnengrenze *intra-state boundary*: Grenze innerhalb einer → *Raumeinheit*. Im Gegensatz zur Außengrenze sind B. z.B. Provinz- oder Regionsgrenzen in einem → *Staat*.

Binnenhafen *inland port, river port*: → *Hafen*, der nur der → *Binnenschifffahrt* dient. B. können an schiffbaren Flüssen oder Seen und an Schifffahrtskanälen liegen.

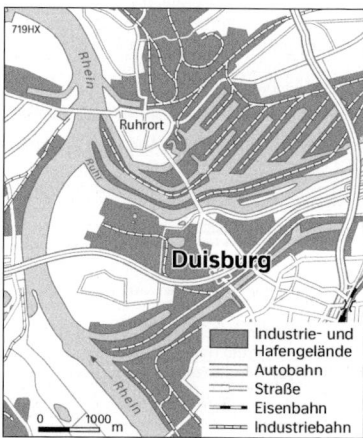

Binnenhafen

Binnenhandel *inland trade*: im Gegensatz zum → *Außenhandel* Handel innerhalb eines Staatsgebietes. Der B. erfolgt i.d.R. mit Erzeugnissen aus der inländischen Produktion, jedoch kann es sich durchaus auch um Importgüter oder um für den Export (→ *Ausfuhr*) bestimmte Produkte handeln.

Binnenland *landlocked country*: Land im Innern eines Kontinents ohne direkten Zugang zum Meer.

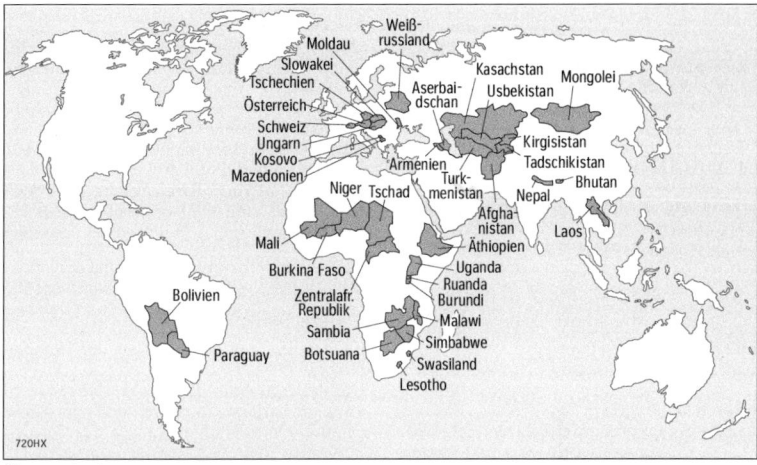

Binnenstaat

Binnenschifffahrt *inland navigation*: Beförderung von Personen und Gütern mit Schiffen auf → *Binnenwasserstraßen*. B. wird auf Flüssen, Binnenseen und Kanälen betrieben. Sie ist kostengünstig und relativ umweltfreundlich, aber langsam und beschränkt sich daher in den Industriestaaten hauptsächlich auf den Transport von → *Massengütern*. Im Personenverkehr ist die B. in → *Entwicklungsländern* weit verbreitet, in Industrieländern meist nur noch auf Fähr- und Ausflugsverkehr beschränkt (→ *Flusskreuzfahrt*).

Binnensee *inland lake*: besonders in → *Hydrologie* und → *Biologie* gebrauchter Begriff für → *Seen*, die man von Küstenseen oder dem → *Meer* als Lebensraum unterscheiden möchte.

Binnenstaat *landlocked state*: → *Staat*, der im Innern eines Kontinents liegt, komplett von anderen Staaten umgeben ist und somit keinen eigenen Zugang zum Meer besitzt.

Binnentourismus (Inlandstourismus) *domestic tourism*: zusammenfassender Begriff für alle Formen des → *Tourismus*, die im Inland stattfinden, bei denen also – im Gegensatz zum → *Auslandstourismus* – keine → *Staatsgrenzen* überschritten werden.

Binnenverkehr *internal traffic*: Transport von Personen oder Gütern, der innerhalb eines Raumes, z.B. einer → *Stadt* oder eines → *Landes*, stattfindet, im Gegensatz zum grenzüberschreitenden Verkehr.

Binnenwanderung *internal migration*: → *Wanderung* innerhalb eines Gebietes (Staat, Region usw.) im Gegensatz zur grenzüberschreitenden → *Außenwanderung*. Die B. setzt sich aus → *Zuwanderung* und → *Abwanderung* zusammen.

Binnenwasserstraße *inland waterway*: für die Schifffahrt verwendetes → *Binnengewässer*. Als B. können natürliche (Fluss, Binnenseen) oder künstliche Gewässer (→ *Kanäle*) dienen. Auch natürliche B. sind meist für die Erfordernisse der Schifffahrt ausgebaut (Begradigungen, Teilkanalisierungen usw.).

Binnenwirtschaft *domestic/internal economy*: im Gegensatz zur → *Außenwirtschaft* derjenige Bereich der Wirtschaft, in dem keine grenzüberschreitenden Aktivitäten (Waren-, Leistungs-, Kapitalströme) notwendig werden (→ *Binnenmarkt*).

Binnenwüste *interior desert*: unscharfer Begriff für → *Wüsten* im Inneren der → *Kontinente*.

Bioabfall *organic refuse (1.); organic waste, detritus (2., 3.)*: – feste und flüssige organische Reste von Tieren und Pflanzen sowie Ausscheidungen von Tieren und auch vom Menschen. – abgestorbene tierische und pflanzliche Biomasse, die in die → *Stoffkreisläufe* von → *Ökosystemen* eingeht. – in Haushalten ist B. ein Rest der Nahrungszubereitung bzw. Ernährung; geht als „Biomüll" in den Hausmüll oder in die „Grüne Tonne" (Abfall, Siedlungsabfälle).

Bioakkumulation *bioaccumulation*: eine Form der → *Anreicherung*, wobei → *Isotope*, Elemente oder Verbindungen in Organismen in höheren Konzentrationen vorliegen als in einem bestimmten Umweltkompartiment. 1. die Eigenschaft lebender Organismen, toxische Stoffe an möglichst unschädlicher Stelle im Körper, z. B. im Fettgewebe, zu speichern, bis die → *Belastungsgrenzen* erreicht sind, der Organismus erkrankt und stirbt. Die Stoffe gehen über die → *Nahrungskette* in den Menschen ein. 2. generell die Anreicherung von → *Schadstoffen* in Lebewesen, über die Nahrungskette sowie durch Haut oder Lunge.

Bioaktivität *bioactivity*: – biologisch bedingte bzw. gesteuerte Intensität von Stoff- und Energieumsätzen in Bioökosystemen oder Landschaftsökosystemen. – Ausdruck der Lebenstätigkeit von Gewässerorganismen, gemessen an der Masse des Sauerstoffs oder eines entsprechenden Äquivalents an organischen Substanzen von der Gesamtheit der Wasserorganismen einer bestimmten Volumeneinheit innerhalb einer gewissen Zeit.

Bioarchiv *bio-archive*: Sammelbezeichnung für Lokalitäten, wo mithilfe von organischen Inhalten → *fossiler Böden*, Fossilien und sonstigen organischen Resten (→ *Pollen*, → *Torf*, Hölzer, Muscheln etc.) in Sedimenten die Landschaftsentwicklung rekonstruiert und datiert werden kann (→ *Geo-Bio-Archiv*, → *Geo-Archiv*, → *Pollenanalyse*).

Biochemischer Sauerstoffbedarf (BSB, Biologischer Sauerstoffbedarf) *biochemical oxygen demand*: eine Messgröße zur Beurteilung des Verschmutzungsgrades von → *Abwasser*. Der BSB wird i. d. R. auf fünf Tage bezogen (BSB5). Der Wert gibt an, wie hoch bei 20°C die Sauerstoffzehrung (Abbau organischer Stoffe) innerhalb von fünf Tagen ist. Normales häusliches Abwasser hat einen biochemischen Sauerstoffbedarf von BSB5 = 50 bis 75 g O_2 pro Einwohner und Tag (Chemischer Sauerstoffbedarf).

Biochore *biochore*: 1. Großlebensraum der Erde mit charakteristischen Bedingungen (v. a. Klima und Vegetation) im Meer und an Land. 2. synonym mit → *Biochorion* (→ *Theorie der geographischen Dimensionen*).

Biochorion (Choriotop) *minor habitat*: innerhalb eines räumlich ausgedehnteren → *Biotops* (→ *topische Dimension*) Bereich mit hoher → *Bioaktivität* infolge punktueller Gunstbedingungen (→ *Aktionszentrum*).

Biochorologie *biochorology*: Lehre von der Verbreitung der Lebewesen.

Biodenudation *biodenudation*: flächenhafte Wirkungen der → *Bioerosion*.

Biodiversität *biodiversity*: die → *Diversität* lebender bzw. → *biotischer* Systeme oder die "Diversität des → *Bios*". Sie drückt sich in der Struktur und der Funktion von Lebensgemeinschaften aus, aber auch in deren Umweltbeziehungen, z. B. zur → *Geodiversität*, welche die → *abiotischen* Bestandteile der Umweltsysteme repräsentiert. Des Weiteren sind die Lebensfunktionen der Organismen selber sowie genetische Differenzierungen durch evolutionäre Vorgänge von Bedeutung. Die B. erfordert die Berücksichtigung der Skalenproblematik geo- und biowissenschaftlicher Methodiken. Die B. ist lediglich ein Teil der → *Landschaftsdiversität*. Als politisches Schlagwort findet der Begriff B. eher unscharf definierte Verwendung.

Biodiversitätkonvention (Übereinkommen zur biologischen Vielfalt, CBD) *Convention on Biodiversity, CBD*: internationales Umweltabkommen, auf der → *Konferenz der Vereinten Nationen über Umwelt und Entwicklung* in Rio de Janeiro 1992 unterzeichnet und damit völkerrechtlich bindend. Die B. hat zum Ziel, die → *Biodiversität* global zu erhalten (→ *Massenaussterben*), sie → *nachhaltiger Nutzung* zu unterstellen und Gewinne aus der Nutzung biologischer Ressourcen gerecht zu verteilen. Die B. verpflichtet die Unterzeichnerstaaten zu einem nationalen → *Monitoring* der Biodiversität und zur Entwicklung von nationalen Strategien und Aktionsplänen zu deren Erhaltung (→ *Klimarahmenkonvention*).

Bioelemente *bioelements*: bezeichnet jene → *Nährelemente*, die als Bestandteil ökologischer → *Stoffkreisläufe* in der lebenden Substanz enthalten sind.

Bioerosion *bioerosion*: Zerstörung und → *Abtragung* von (meist carbonatischem) Gestein durch die Wirkung von Organismen. B. wirkt physikalisch, dies v. a. mechanisch und chemisch wobei der Übergang zur → *Verwitterung* (→ *physikalisch-biogene* und → *chemisch-biogene Verwitterung*) fließend ist. Die Abtragung kann aber auch rein biologisch erfolgen, beispielsweise durch bohrende Organismen. Wird Gestein gleichsam abgeraspelt, spricht man von Biokorrosion oder Bioabrasion. B. ist vor allem an → *Küsten* wirksam. Die kleinen, durch B. geschaffenen Hohlräume sind oftmals Angriffspunkte für weitere erosive Prozesse (→ *Erosion*).

Biofaktor (biologischer Faktor) *biological factor*: – sehr allgemeine Bezeichnung für biologische Faktoren, die im → *Wirkungsgefüge* der → *Ökosysteme* eine bestimmte Funktion besitzen. Überwiegend werden unter B. nur Tiere und Pflanzen verstanden, obwohl auch der Mensch ein B. ist. – Menschen, Tiere und Pflanzen sind zugleich auch Landschaftsfaktoren, die im Ökosystem zusammenwirken. Sie werden auch als → *biotische Faktoren* bezeichnet, als Gegensatz zu den → *abiotischen Faktoren*.

Biogas *biogas, sewer gas, sewage gas*: eine der → *regenerativen Energien*, die in Biogas- und → *Kläranlagen* durch bakterielle Zersetzung (Methanbakterien) organischer Abfälle (Stroh, Laub, Mist, aber auch Papier) unter Luftabschluss entsteht. Hauptbestandteile sind, neben → *Methan*, v. a. → *Kohlendioxid*

und Wasser. Bei der Erzeugung von B. fällt → *Faulschlamm* an, der in der Landwirtschaft als hochwertiger Dünger gilt. (→ *Faulgas*).
biogen *biogenic*: aus Lebewesen bzw. lebender oder toter organischer Substanz kommend. Der Gegensatz ist → *geogen* (→ *anthropogen*, → *phytogen*, → *zoogen*).
biogene Kruste *biogenic crust, biological [soil] crust*: auf Boden oder Sediment von → *Steppen* der trockenen Mittelbreiten sowie → *Wüsten* und → *Halbwüsten* gebildete einige Millimeter bis wenige Zentimeter dünne Krusten aus Blaualgen, Flechten und Pilzhyphen. Versorgen den Boden mit → *Stickstoff* und schützen die (Sand-)böden vor (→ *Wind-*) → *Erosion*.
biogene Verwitterung → *biotische Verwitterung*.
biogener Stoff *biogenic substance, biogenic matter*: einer der Substanztypen der → *Biosphäre*. B. S. entstehen durch den Zerfall toter → *organischer Substanz*, z. B. → *Erdöl*, → *Kohle*, → *Torf*; z. T. gehören auch die Karbonatgesteine zu den b. S. (→ *organogene Ablagerungen*).
Biogeochemie *biogeochemistry*: Lehre von der → *Biogeosphäre* als physikalisch-chemischer → *Umwelt*, die besonders die geochemischen Grundlagen der → *Ökosysteme* untersucht.
biogeochemischer Prozess *biogeochemical process*: Zusammenwirken von geochemischen und biochemischen Prozessen in → *Ökosystemen*, z. B. bei der → *Bodenbildung*. Die b. P. ermöglichen die Modellierung der Energie- und → *Stoffumsätze* im Ökosystem.
Biogeographie *biogeography*: Teilgebiet der → *Biologie* und der → *Geographie*, das sich mit der räumlichen Erscheinung der Lebensgemeinschaften von Tieren und/oder Pflanzen sowie deren funktionellem Mitwirken im → *Ökosystem* beschäftigt. Die B. überwindet die separativen Ansätze von klassischer Tier- (→ *Zoogeographie*) und → *Pflanzengeographie* und zielt auf eine integrative ökologische Betrachtung. Sie bezieht auch den Menschen als Gestalter und Veränderer der Lebensräume in die Betrachtung mit ein. Die B. wird oft untergliedert in die Teildisziplinen Allgemeine B. (Theorien und Methoden), Spezielle B. (Verbreitungsmuster bestimmter Arten bis hin zu Ökosystemen) und Angewandte B. (Nutzung biogeographischer Erkenntnisse in → *Raumbewertung* und → *Umweltschutz*, z. B. → *Bioindikatoren*).
Biogeomorphologie *biogeomorphology*: Teilgebiet der → *Geomorphologie*, das sich mit der Rolle von Organismen bei der Schaffung (→ *Biokonstruktion* und → *Bioakkumulation*) oder Zerstörung (→ *Bioerosion* und → *Biodenudation*) von Oberflächenformen beschäftigt. Weiterer Forschungsgegenstand ist die mittelbare oder unmittelbare Beteiligung von Organismen an → *geomorphologischen Prozessen*.
Biogeosphäre (Ökosphäre) *biogeosphere*: Gesamtlebensraum und Hauptbestandteil der → *Landschaftshülle*, der in seiner räumlichen Struktur von der → *Biogeographie* und in seiner Funktion von der → *Geoökologie* und der → *Bioökologie* untersucht wird. Gesamtbetrachtungen erfolgen transdisziplinär, z. B. mit dem Modell des → *Bioms*, des → *Ökosystems*, des → *Landschaftsökosystems* oder der → *Landschaftszone*.
Biogeozönologie *biogeoc[o]enology*: der → *Geoökologie* verwandter biologisch-räumlicher Ansatz. Die B. vereinigt den bioökologischen und den chorologisch-ökologischen Ansatz, ohne jedoch die Hierarchie der → *Ökosysteme* und deren unterschiedliche Dimensionen zu berücksichtigen (→ *Theorie der geographischen Dimensionen*).
Biogeozönose *biogeoc[o]enosis*: Funktionseinheit von → *Biozönose* und → *abiotischen Faktoren*, für die eine einheitliche „Gestalt" und darauf bezogene → *Wechselwirkungen* modelliert werden.
Bioindikatoren *bioindicators*: Organismen, meist Arten oder Artengruppen, deren Vorkommen, Verhalten, → *Habitus*, Vermehrungsrate (spezifische Zuwachsrate) und Sterblichkeit (→ *Mortalität*) mit definierten Umweltfaktoren so eng korreliert sind, dass sie Zustand, → *Belastbarkeit* oder Veränderung von → *Landschaftsökosystemen* oder von deren Geoökofaktoren anzeigen. Die B. werden als rationelles Instrument zur Bestimmung der → *Umweltqualität* eingesetzt. Unterschieden werden „passive" B., die in der natürlichen Umwelt vorkommen und untersucht werden und „aktive" B., die man speziell für die Untersuchung exponiert. Auch wird unterschieden zwischen Akkumulationsindikatoren, die (Schad-)Stoffe anreichern, und Reaktionsindikatoren, die mit bestimmten Veränderungen auf sich ändernde Umweltbedingungen reagieren (→ *Flechtenmethode*, → *Saprobiensystem*).
Bioklima *bioclimate*: das B. geht auf ein länger- bzw. langfristiges Wirken der Witterungserscheinungen in den untersten Bereich der → *Troposphäre*, v. a. in der → *bodennahen Luftschicht* (= sog. → *Mikroklimabereich*; konventionell innerhalb von 2 m über dem Grund gemessen) zurück. Es ist ein räumlich begrenztes, meist in der → *topischen*, aber auch in der → *chorischen Dimension* ausgebildetes → *Wechselwirkungs*gefüge zwischen Lebewesen (Menschen, Tiere, Pflanzen) und den Standortbedingungen (Bodenbedeckung i. w. S. [z. B. → *Vegetation*], → *Boden*, → *Georelief*, → *Oberflächengewässer*). Es nimmt Einfluss auf → *Bodenentwicklung* (via Bodenle-

ben), Vegetationsentwicklung, →*Arealsysteme* der Tiere und Wohlbefinden des Menschen. In Bezug auf den Menschen werden beim B. besonders die Wirkungen von →*Strahlung*, →*Wärme* und Kälte, →*Luftfeuchtigkeit* und stoffliche Luftzusammensetzung (→*luftfremde Stoffe*, →*Luftverschmutzung*) betrachtet und z. T. durch spezielle Messgrößen (z. B. →*Abkühlungsgröße* und →*Schwüle*faktor) ausgedrückt. Das B. spielt für Krankheiten und Heilungsprozesse eine große Rolle.

Bioklima in der Stadt *urban biclimate*: geht auf Witterungserscheinungen im allerunterstem Bereich der Stadtatmosphäre, der sog. Stadthindernisschicht, zurück, in welcher die →*bodennahe Luftschicht* als unmittelbarer Lebens- und Aufenthaltsraum der meisten Organismen in der Stadt bioklimatisch relevant ist. Das B. i. d. S. ist ein räumlich begrenztes, meist in der →*topischen*, aber auch in der →*chorischen Dimension* ausgebildetes Wechselwirkungsgefüge zwischen Lebewesen (Menschen, Tiere, Pflanzen) und den ökologischen Standortbedingungen (Bodenbedeckung i. w. S. [z. B. →*Vegetation*], →*Boden*, →*Georelief*, →*Oberflächengewässer*), unter diesem v. a. die physikalischen Materialeigenschaften der in der Stadt vorherrschenden →*technogenen* Oberflächentypen. – Das B. i. d. S. nimmt Einfluss auf die Vegetationsentwicklung, die →*Arealsysteme* der Tiere und das Wohlbefinden und die Gesundheit des Menschen. In Bezug auf den Menschen werden die Wirkungen von →*Strahlung*, →*Wärme* und Kälte, →*Wind* (→*Durchlüftung*), →*Nebel* und →*Luftfeuchtigkeit* sowie stoffliche Luftzusammensetzung (Luftbeimengungen und →*Luftschadstoffe*) betrachtet. Die Klimaparameter werden dann durch spezielle Meßgrößen (z. B. →*Abkühlungsgröße* und →*Schwüle*faktor) ausgedrückt. Das B. i. d. S. spielt für das menschliche Gesundheit (Wohlbefinden, Krankheiten, Heilungsprozesse) eine große Rolle.

Bioklimatologie *bioclimatology*: ihr Gegenstand ist das →*Bioklima*. Die B. ist die Wissenschaft vom Einfluss des →*Klimas* auf Lebewesen. Untersucht werden v. a. die Klimawirkungen auf den Menschen, d. h. die B. befindet sich damit im Grenzbereich zwischen →*Klimatologie* und Medizin (→*Geomedizin*). Die wichtigsten bioklimatisch relevanten Einflusskomplexe sind die Zusammensetzung der →*Luft*, die →*Strahlung*, die →*Wärme* und bestimmte atmosphärische Ereignisse. Diese werden zum Teil in Bezug auf die besonderen Bedingungen des menschlichen Organismus mit seiner konstanten Temperatur von 36,5 °C betrachtet. Dazu dienen von Fall zu Fall besonders entwickelte Messgrößen (z. B. die →*Abkühlungsgröße*). Die B. bearbeitet auch den Zusammenhang zwischen →*Wetter* und Krankheit und analysiert die Bedeutung von Heilklimaten und den Problemen des Klimas in Wohnräumen.

Bioklimogramm (Biometeogramm) graphische Darstellung für die Zusammenhänge zwischen bestimmten →*Witterungstypen* und →*Wetter*phasen mit Krankheitsfällen oder Sterbehäufigkeit.

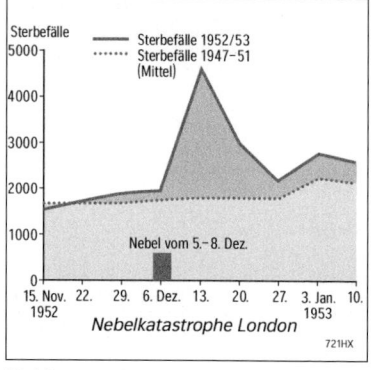

Bioklimogramm

Biokonstruktion *bioconstruction*: aufbauende ("konstruierende") Organismentätigkeit, die zu neuen →*terrestrischen*, →*litoralen* oder →*marinen* Reliefformen bzw. an Küsten zu Festgesteinsbildungen führt (→*Bioakkumulation*).

Biolandwirtschaft →*Biologische Landwirtschaft*.

Biolith *biolith*: →*organogene Ablagerungen*.

Biologie *biology*: 1. Lehre vom Leben und von den Lebewesen. Die B. untersucht die Erscheinungsformen und funktionelle Äußerungen lebender Organismen oder von Organismenkollektiven sowie deren körpereigenes Funktionieren. 2. im engeren Sinne steht B. für die Bionomie, welche die Lebensweise der →*Arten* erforscht.

biologische Abwasserreinigung *biological treatment of sewage*: Verfahren, das den →*Abbau* von gelösten organischen Substanzen im →*Abwasser* durch Mikroorganismen ermöglicht. Die b. A. wird in allen modernen →*Kläranlagen* praktiziert.

biologische Landwirtschaft (Biolandwirtschaft, biologischer Landbau) *organic agriculture*: die Herstellung von landwirtschaftlichen Erzeugnissen unter Berücksichtigung von →*Umweltschutz* und →*Ökologie*. Weitgehender Verzicht auf synthetische Pflanzenschutzmittel, Mineraldünger und →*Gentechnik* sowie auf Geschmacksverstärker, künstliche Aromen und Farb- und Konservierungsstoffe. Die Einhaltung der Kriterien der b. L. wird durch → *Zertifizierung* von staatlichen, halbstattlichen und privaten Institutionen sichergestellt.

biologische Naturgefahren *biological natural hazards*: gemäß ihrer → *ISDR* → *Naturgefahren*, die durch natürliche Prozesse in der → *Biosphäre* mit organischer Ursache oder durch Eingriffe des Menschen in die Natur zustande kommen (z. B. → *Seuchen*, → *Epidemien*, Tier- und Pflanzenkrankheiten etc.) (→ *extraterrestrische Naturgefahren*, → *geologisch-geomorphologische Naturgefahren*, → *glaziologisch-kryosphärische Naturgefahren*, → *hydrologisch-glaziologische Naturgefahren*, → *marin-litorale Naturgefahren*, → *meteorologische Naturgefahren*).

biologische Schädlingsbekämpfung *biological control*: der Einsatz von lebenden Organismen, um → *Schädlinge* (aus Tier- und Pflanzenreich) zu bekämpfen, indem → *Parasiten*, Räuber, Viren etc. oder → *Nützlinge* eingesetzt werden, z. B. durch episodische oder periodische Aussetzung oder Einbürgerung.

biologische Selbstreinigung *biological self-purification*: aerobe → *Zersetzung* organischer Substanzen im → *Abwasser* bzw. in verschmutzten Flüssen und Seen mithilfe von Mikroorganismen und Sauerstoff. Voraussetzung für die b. S. ist, dass das → *biologische Gleichgewicht* im → *Hydroökosystem* noch nicht gestört ist. Die b. S. umfasst mehrere Stufen: Bakterien, Pilze und manche Protozoen verwerten unmittelbar in dem im Abwasser gelösten organischen Verbindungen, während vielzellige Organismen sich wiederum von diesen ernähren (→ *Nahrungskette*).

biologischer Landbau → *Biologische Landwirtschaft*, → *Alternativer Landbau*.

biologischer Sauerstoffbedarf → *Biochemischer Sauerstoffbedarf*.

biologisches Geschlecht → *Sex*.

biologisches Gleichgewicht (Biozönotisches Gleichgewicht) *biological balance*: 1. Begriff der → *Ökologie*, der einen ursprünglichen, → *natürlichen* oder → *quasinatürlichen* langfristig stabilen Zustand eines → *Ökosystems* beschreibt. Wird durch die → *Belastung* des Ökosystems der Zustand verändert, tritt ein neues Gleichgewicht ein. 2. das dynamische Abhängigkeits- und Wirkungsgefüge in einer → *Biozönose*, das trotz Populationsdichteschwankungen der einzelnen Arten oder anderer Störfaktoren die → *Stabilität* des Gesamtsystems erhält, solange nicht grundsätzliche Milieuänderungen eintreten.

biologisches Spektrum → *Lebensformenspektrum*.

Biom (Bioformation) *biome*: großräumige Lebensgemeinschaft als Basiseinheit einer physiognomisch-ökologischen Gliederung der Biosphäre, bestimmt durch Makroklima (→ *Zonobiom*), edaphische Besonderheiten (→ *Pedobiom*) oder orographische Bedingungen (→ *Orobiom*; → *Biomtyp*).

Bio-Macht → *Biopolitik*.

Biomasse *biomass*: Menge der organischen Substanz in einer Raumeinheit bzw. auf einer Flächeneinheit zu einem bestimmten Zeitpunkt. Die B. wird in → *Phytomasse* (Pflanzen) und → *Zoomasse* (Tiere) unterteilt.

Biometeogramm → *Bioklimogramm*.

Biomtypen formale Einheit zur Ordnung der Biome anhand der Ähnlichkeit ihrer Eigenschaften. Beispiele terrestrischer B.: → *Hyläa*, → *Pseudohyläa*, → *Savanne*, → *Semihyläa*, → *Silväa*, → *Skleräa*, → *Steppe*, → *Taiga*, → *Tundra*, → *Wüste*.

Bioökologie *bioecology*: mit der → *Biogeographie* verwandte Wissenschaft, die sich mit dem System Leben-Umwelt aus biologischer Sicht beschäftigt. Gegenstand ist das → *Ökosystem*. Die Darstellung erfolgt in bioökologischen Modellen (→ *ökologische Modelle*).

Bioökosystem *bioecosystem*: Funktionseinheit pflanzlicher und tierischer → *Lebensgemeinschaften* innerhalb eines → *Ökosystems*. Das B. ist ein mögliches Teilmodell des → *landschaftsökologischen Modells*.

biophag *biophagous*: organische Substanz fressende Tiere, untergliedert in → *herbivor*, → *carnivor* und → *omnivor*.

Biopolitik (Bio-Macht) *biopolitics, biopower*: Begriff von Michel Foucault zur Bezeichnung von Machttechniken zur Regulierung der Bevölkerung, d. h. die staatlichen Machttechniken zielen nicht auf das einzelne → *Individuum*, sondern auf eine ganze → *Bevölkerung*. Gemeint sind damit insb. die Regulierung der Fortpflanzung, Gesundheitsniveau, Geburten- und Sterberaten, Wohnverhältnisse usw. (z. B. Ein-Kind-Politik oder Anreize zur Anhebung von Geburtenraten, sozialer Wohnungsbau, Mietregulationen; → *Disziplinarmacht*).

Bios *bios*: Sammelbezeichnung für die Gesamtheit der Lebewesen in einem → *Ökosystem* (→ *Geos*).

Biosphäre *biosphere*: der belebte Raum der gesamten Erde (→ *Geosphäre*). Die B. umfasst demzufolge Teile der festen Erdkruste, des Wassers der Ozeane, der terrestrischen Gewässer und der → *Atmosphäre* (→ *Biogeosphäre*).

Biosphärenreservat *biosphären preserve reservation, biosphere reserve*: großräumige, repräsentative Ausschnitte von → *Natur*- und → *Kulturlandschaften*, die nach abgestuften → *anthropogenem* Einfluss in eine Kern-, Pflege- und Entwicklungszone, gegebenenfalls auch eine Regenerationszone, gegliedert sind. Ein Großteil eines B. enthält anthropogen un-

Biosphäre

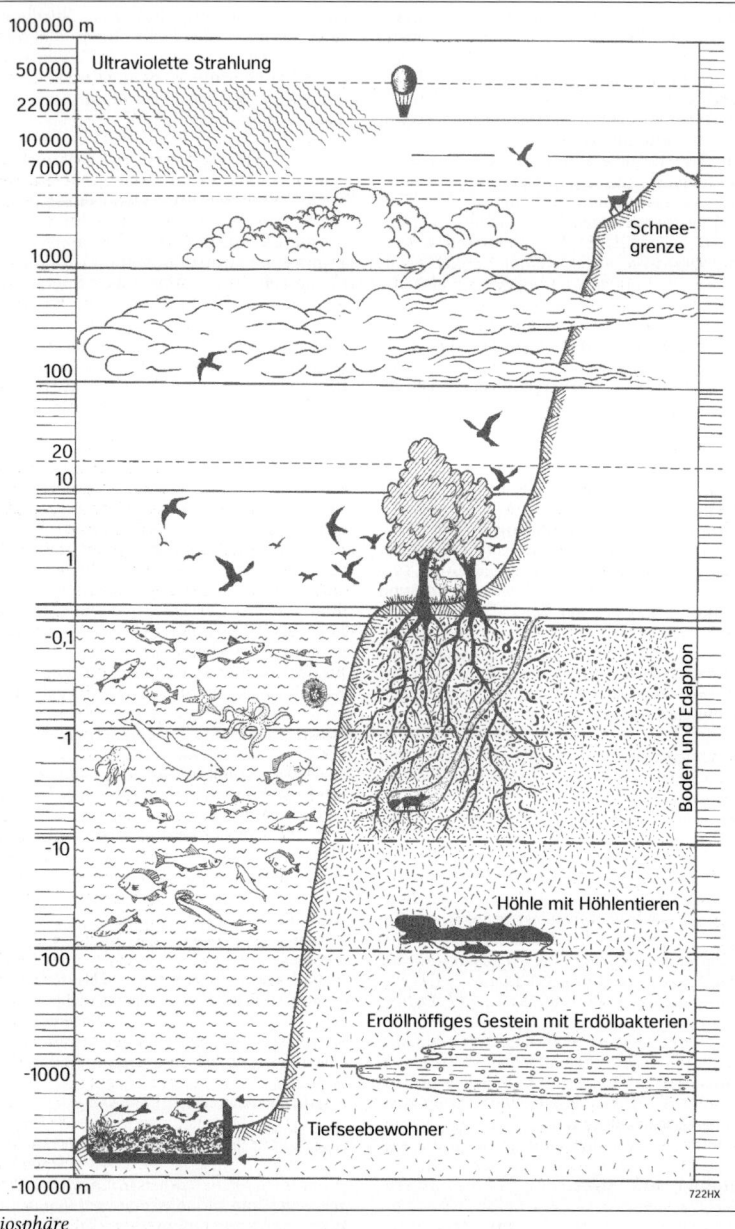

Biosphäre

berührte, also → *natürliche* bzw. → *naturnahe* → *Ökosysteme*, die überwiegend geschützt sein sollen. In den B. wird ein → *Kulturlandschaftswandel* zugelassen, für den der in B. lebende und wirtschaftende Mensch Konzepte zum Schutz, zur Pflege und zur Entwicklung des Gesamtraumes entwickelt (Modellregion). Die weltweite Kontrolle und Vernetzung von B. übernimmt die → *UNESCO*. Die B. dienen der Erforschung der Mensch-Umwelt-Beziehungen. Seit dem B.-Weltkongress in Lima 2016 werden Klimaschutz und internationale Vernetzung als besondere Schwerpunkte für die Arbeit der B. hervorgehoben (→ *Umweltforschung*, → *Umwelterziehung*).

Biostratigraphie *biostratigraphy*: jener Teil der → *Paläontologie* bzw. → *Stratigraphie*, der sich mit der Lage und der stratigraphischen Einordnung von → *Fossilien* im Sediment beschäftigt, jedoch auch mit den Vorgängen vom Beginn des Absterbens bis zur endgültigen Einbettung von Organismen sowie deren verfestigung.

Biosystem *biosystem*: – biotischer Zusammenhang im → *Ökosystem* bzw. → *Geoökosystem*, repräsentiert ein Teilökosystem. – Allgemein ein ökologisches Wirkungsgefüge im Sinne der → *Biozönosen*. – der funktionale Zusammenhang der im → *Biotop* zusammenwirkenden → *Biofaktoren* (Tiere, Pflanzen, aber auch Menschen), die ihrerseits als → *Subsysteme* (→ *Zoozönose*, → *Phytozönose*) modelliert werden können.

Biota *biota*: Lebewesen. Alle → *Arten*, die in einem Gebiet vorkommen (→ *Flora*, → *Fauna*).

Biotechnologie *biotechnology*: Dachbegriff, unter dem sehr verschiedene Bereiche der Grundlagenforschung und der angewandten Biologie angeordnet werden. 1. allgemein: technische Verfahren zur Beeinflussung und gezielten Nutzung biologischer Prozesse. 2. die B. umfasst Verfahren der → *biologischen* und biotechnischen Schädlingsbekämpfung. 3. biologisch-technische Hilfsmittel von → *Landschaftsarchitektur*, → *Landschaftsbau*, → *Landschaftsgestaltung* und → *Landschaftspflege*, mit denen eine bewusste Gestaltung der → *Kulturlandschaft* erzielt bzw. Arbeiten der → *Rekultivierung* ausgeführt werden. Es handelt sich z. B. um Grobgewebe aus Naturmaterialien oder um in Pflanzschulen gezüchtete Gewächse (Sträucher, Büsche, Bäume), von denen optische und physikalische, aber auch biologische Wirkungen in der Landschaft ausgehen sollen (→ *Lebendbau*). 4. Bereich der gezielten Züchtung von Tieren und Pflanzen für definierte Nutzungen. 5. Gentechnik bzw. Gentechnologie. 6. in der Humanmedizin werden unter biotechnologischen Hilfsmitteln technisch beeinflusste bzw. rein technische Hilfsmittel beim Bekämpfen oder Verhüten von Krankheiten verstanden (z. B. Knochennageln, Herzschrittmacher, verschiedene Prothesen).

biotisch *biotic*: „biologisch", lebend, belebt. Der Gegensatz ist → *abiotisch*.

biotische Aktivität *biotic activity*: – allgemein die Aktivität von tierischen oder pflanzlichen Organismen in → *Ökosystemen*. – die Gesamttätigkeit der Organismen im → *Boden* (→ *bodenbiologische Aktivität*). Sie umfasst die mechanische Durchmischung und Zerkleinerung von Bodenmaterial sowie → *Abbau*, Umsetzung und Neubildung von → *Humus*-Substanzen durch Stoffwechselvorgänge. Die b. A. kann nur in ihrer Summenwirkung erfasst werden, z. B. durch Messung der CO_2-Produktion oder durch Bestimmung der Abbauraten von eingebrachten Stoffen (→ *Bodenfauna*).

biotische Faktoren *biotic factors*: – Organismen, Mikroorganismen, Pflanzen, Tiere und Menschen. – die ökologischen Wechselwirkungsbeziehungen zwischen Organismen untereinander, z. B. in → *Nahrungsnetzen*, Räuber-Beute-Verhältnis, Wirt-Parasit-Verhältnis etc.

biotische Verwitterung (biogene Verwitterung) *biotic weathering*: → *Verwitterung*, die entweder auf den direkten (z. B. Wurzelsprengung) oder indirekten Einfluss (z. B. chemische Einwirkung von Ausscheidungsprodukten) von Organismen zurückgeht. Die b.V. ist weder eindeutig der → *chemischen* noch der → *physikalischen Verwitterung* zuzuordnen.

Biotisches Ertragspotential *biotic yield potential*: Bestandteil des → *Leistungsvermögens des Landschaftshaushaltes*, das dessen Fähigkeit bestimmte, die ertragsmäßig verwertbare → *Biomasse* zu produzieren – nach dem Prinzip der → *Nachhaltigkeit* – eine ständige Wiederholbarkeit der Biomasseproduktion zu gewährleisten.

Biotit *biotite, black mica*: schwarzes bis dunkelbraunes oder dunkelgrünes → *Schichtsilikat* (Dunkelglimmer) geringer Härte, das v. a. in → *Magmatiten* und → *Metamorphiten* vorkommt.

Biotop *biotope*: Lebensstätte von Organismen bzw. ihrer → *Lebensgemeinschaften*, Gesamtheit der abiotischen Bedingungen des Lebensraumes einer → *Biozönose*. Im B. sind → *Pflanzengesellschaften* und → *Tiergemeinschaften* funktional miteinander verbunden. Wird nur auf Pflanzen Bezug genommen, spricht man von einem → *Phytotop*, bei Fokussierung auf Tiere von einem → *Zootop*.

Biotopbindung *habitat preference*: Grad der Bindung an einen speziellen Lebensraumtyp durch physikalische, chemische und biotische Randbedingungen. Die Bindung an die Lebensstätte ist unterschiedlich stark. Entsprechend dem Bindungsgrad werden treue, stete, holde, vage und fremde Arten unterschieden.

Biotopreihe *habitat order*: räumliche Abfolge von Lebensgemeinschaften entsprechend der räumlichen Abfolge von Vegetationstypen und der bodenräumlichen Einheiten. Der Begriff geht in Richtung der → *landschaftsökologischen Catena*.

Biotopschutz *protection of habitats*: die verschiedenen Maßnahmen des → *Naturschutzes* bzw. → *Landschaftsschutzes* zur Erhaltung und Gestaltung sowie zum Schutz von Lebensräumen bestimmter → *Biozönosen*.

Biotopverbundsystem (Biotopvernetzung, integriertes Schutzsystem) *biotope network*: System von naturraumspezifisch repräsentativen Ökotoptypen einschließlich ihres biotischen Inventars, das in ausreichender Größe, Verteilung sowie räumlichen und funktionalen Vernetzung die → *Landschaftsökosysteme* stabilisieren und diversifizieren soll, um in der genutzten → *Agrarlandschaft* → *Puffer*- und Kompensationseffekte zu bewirken sowie → *Refugien* zu bilden. Das B. hat Durchdringungs-, Überbrückungs- und Stabilisierungsfunktion, v. a. für die wildlebende Flora und → *Fauna* in der Agrarlandschaft. Die Vernetzung wird durch → *Grünflächen*, → *Raine*, → *Hecken*, Gräben, kleine → *Fließgewässer* und sonstige → *Feuchtgebiete* sowie → *Bann*- und → *Schonwälder* innerhalb der regulär genutzten → *Kulturlandschaft* erreicht. Es stellt somit ein integriertes Schutzsystem dar, das funktional und strukturell der → *Ausräumung der Kulturlandschaft* entgegenwirken soll.

Biotopvernetzung → *Biotopverbundsystem*.

Biotopverschiebung *displacement of biotope*: Änderung eines → *Biotops* durch Änderung der geoökologischen Verhältnisse in kürzeren oder längeren Zeiträumen. So ziehen → *Landschaftssukzessionen* auch B. nach sich.

Biotopwechsel *change of habitat*: Lebensraumwechsel von Tieren in unterschiedlichen räumlichen und zeitlichen Dimensionen, z. B. transzonal, jahreszeitlich oder vertikal, d. h. von einer Gebirgshöhenstufe zur anderen oder von einer Wasserschicht zur anderen.

Biotopzugehörigkeit → *Biotopbindung*.

Bioturbation *bioturbation*: primär die Durchmischung von Ober- und Unterbodenmaterial u. a. durch Regenwürmer, aber auch durch Nager und andere Bodentiere und so Verfrachtung von Unterbodenmaterial in oder an den Oberboden. Die B. kann so einer Verlagerung von Ton oder Nährstoffen, ebenso wie der Entkalkung, entgegenwirken. Gleichzeitig wird humoses Oberbodenmaterial in den Unterboden eingebracht (v. a. → *Nagetierkrotowinen* und Wurmröhren). Sekundär bezeichnet B. die Durchmischung des Mineralbodens mit der Streuauflage und dadurch verwischen der Grenzen zwischen Humus- und Mineralkörper. Es entsteht ein gefügestabiler, humushaltiger A-Horizont (→ *bodenbiologische Aktivität*, → *Turbation*). In Waldklimaten kann Baumwurf durch Wind eine Rolle spielen, wobei Bodenmaterial mit den Wurzeln an die Oberfläche gelangt. Man bezeichnet diese Form der B. als Arboturbation. B. ist auch durch → *Rhizoturbation* möglich.

Biotyp *biotype*: genetisch einheitliche Gruppe von Lebewesen, die jedoch verschiedene Gestalten und unterschiedliche physiologische Vorgänge aufweisen können.

Biowissenschaften *life sciences, biosciences*: in den Naturwissenschaften den → *Geowissenschaften* gegenüberstehend und Sammelbezeichnung für die Teilgebiete der → *Biologie*. Seitens der Geowissenschaften interessieren von den B. v. a. → *Bioökologie* und → *Biogeographie*, die eine Zwischenstellung zwischen → *Geographie* und → *Biologie* einnimmt.

Biozentrismus *biocentrism*: – an sich überholte Denkweise, weil → *Flora* und → *Fauna* nicht → *holistisch* im Zusammenhang mit dem gesamten → *Landschaftsökosystem*, ihrem Lebensraum, betrachtet wurden. Seit den 1990er-Jahren Aufschwung des B. durch politisch getönte umwelt- und naturschützerische Gruppierungen. – eine Perspektive der Ethik, die dem Physiozentrismus zuzurechnen ist und dem Anthropozentrismus gegenübersteht. Der B. spricht allen lebenden Organismen (Fauna und Flora) einen ethischen Stellenwert zu, nicht nur jenen Lebewesen, bei denen eine Leidensfähigkeit offensichtlich ist (Pathozentrismus). Damit sind alle lebenden Organismen moralisch ähnlich zu würdigen wie der Mensch, und der Mensch hat für diese im Sinne eines symmetrischen Anerkennungsverhältnisses Verantwortung zu tragen (→ *Umweltethik*, → *Geoethik*).

Biozide (Pestizide) *biocides*: Sammelbegriff für → *Umweltchemikalien*, die Organismen abtöten und zur Bekämpfung von → *Schädlingen* eingesetzt werden. Zu den B. gehören die → *Fungizide*, → *Herbizide* und → *Insektizide*.

Biozönologie (Biozönotik) *biocoenology*: Lehre von den → *Lebensgemeinschaften* (→ *Phytozönologie*, → *Zoozönologie*).

Biozönose (Biozön) *biocoenosis*: Lebensgemeinschaft von Tieren und/oder Pflanzen, die in einem bestimmten, auf besondere Weise ausgestatteten → *Biotop* bzw. → *Standort* lebt.

In einer B. treten zahlreiche zwischenartliche Wechselbeziehungen auf.
Biozönotik: → *Biozönologie.*
biozönotische Grundprinzipien *biocoenotic principles*: beschreiben die gesetzmäßigen Wechselbeziehungen zwischen Lebensgemeinschaften und den Biotopbedingungen. Vielseitige Lebensbedingungen sind meist mit einer hohen → *Artendichte* bei gleichzeitig meist geringen Individuenzahlen dieser Arten verbunden. Andererseits führen extreme oder einseitige Lebensbedingungen zu → *Artenarmut* bei meist hoher Individuenzahl der Arten.
Biozönotisches Gleichgewicht → *Biologisches Gleichgewicht.*
BIP (Bruttoinlandsprodukt) *GDP, gross domestic product*: zentraler Indikator der wirtschaftlichen Leistungsfähigkeit einer → *Volkswirtschaft* und findet in der Wirtschaftsstatistik (→ *Volkswirtschaftliche Gesamtrechnung*) Anwendung. Der Indikator umfasst die Wertsumme der Jahreswirtschaftsleistung abzüglich der Vorleistungen in einer Volkswirtschaft in der jeweiligen Landeswährung. Das B. gibt hierbei die Verwendungsseite der Jahreswirtschaftsleistung wieder und gliedert sich in private und staatliche Konsumausgaben (→ *Konsum*), die getätigten Investitionen, die Vorratsveränderungen in den Lagerbeständen sowie den → *Außenbeitrag*. Im Vergleich zum Bruttonationaleinkommen (→ *BNE*) erfasst das B. nur diejenigen Leistungen, die innerhalb eines Landes erbracht werden. Das B. beinhaltet demnach die Verwendungen der Ausländer, die im Inland wohnen und arbeiten, aber nicht die Verwendungen der Inländer, die im Ausland wohnen und arbeiten. Ein türkischer Manager, der in Deutschland arbeitet, erhöht also das B., während die Tätigkeit eines deutschen Managers im Ausland keinen Einfluss auf das B. hat. Beim BNE verhält es sich umgekehrt. Zu unterscheiden ist das nominale B. vom realen B. Beim nominalen B. sind die Verwendungen mit den Preisen aktuellen Wirtschaftsjahres (man spricht vom B. zu laufenden Preisen) bewertet. Dem realen B. liegt das Preisniveau eines bestimmten Basisjahres zugrunde (also konstante Preise). Ein Wachstum des B. durch Preiserhöhungen (z. B. durch Benzinpreissteigerungen) bleibt dadurch unberücksichtigt (→ *BSP*, → *Nettonationaleinkommen*, → *Nettoinlandsprodukt*, → *Nettosozialprodukt*, → *Volkseinkommen*).
Bipartition *bipartition*: Zweiteilung eines großen räumlichen Vereisungskomplexes durch Zerfall während der Abschmelzphase. Speziell ist damit die Zweiteilung des nordischen → *Inlandeises* (→ *Nordische Vereisung*) gemeint. Wegen eines → *Eisstausee*-Durchbruchs im Jämtland wurde die Resteisdecke des Inlandeises in Skandinavien zunächst in zwei große Teile zerlegt, bevor ihr weiterer Zerfall fortschritt.
Bise *North east wind in Switzerland*: kalte Nord- und Nordostwinde im südlichen Mitteleuropa, die man in der Schweiz als Bise bezeichnet.
Bitumen *bitumen*: aus → *Kohlenwasserstoffen* bestehende brennbare, braune bis schwarze Stoffe, die bei Umwandlungsprozessen unter Luftabschluss aus organischen Substanzen entstanden sind. Sie können in fester (z. B. → *Asphalt*), flüssiger (→ *Erdöl*) oder gasförmiger Form (→ *Erdgas*) auftreten.
BIZ → *Bank für Internationalen Zahlungsausgleich.*
Blackbox *schwarzer Kasten*: in der → *Betriebswirtschaftslehre* oder auch der → *Umweltökonomie* Messung, Beschreibung und Untersuchung der → *Input-Output-Ströme* und Beziehungen (Bedingungen und Resultate) ohne Möglichkeit der Bezugnahme auf die Entscheidungsfindung (→ *Input-Output*).
Blackbox-Modell *black box model*: vereinfachte gedankliche Konstruktion zur Verdeutlichung von vermuteten Sachzusammenhängen. Die → *Blackbox* wirkt als Verbindungsglied zwischen den wahrnehmbaren Ein- und Ausgangsinformationen (→ *Input* und → *Output*). Die ursächlichen Zusammenhänge (→ *Kausalität*) bleiben dabei jedoch im Dunkeln und werden über die „black box" symbolisch dargestellt (→ *Whitebox-Modell*, → *Greybox-Modell*).
Blackness → *Schwarzsein.*
Blackout bezeichnet den plötzlichen Stromausfall großer Stromnetze. Mit der zunehmenden internationalen Vernetzung werden die großen Stromnetze instabiler und verletzlicher im Hinblick auf Schwankungen. Aufmerksam auf die Möglichkeit eines europaweiten oder anderen großflächigen B., sowie die damit verbundenen katastrophalen Folgen, haben der große Stromausfall 2003 in den USA und der Stromausfall in Europa im November 2006 gemacht.
Blänke *bog pool (1.); pool (2.)*: – offene Wasserfläche in einem Hochmoor, auch → *Kolk* genannt. – allgemein gebrauchte Bezeichnung für ein kleines Flachgewässer. B. werden oft im Rahmen von Ausgleichsmaßnahmen im Naturschutz angelegt.
Blätterung (Blaublätterung) *foliation, blue foliation*: der Druckverteilung angepasste Feinschichtung des → *Eises* von → *Gletschern*. Sie besteht aus einer Millimeter bis Dezimeter mächtigen Wechsellagerung von blau bis blaugrün gefärbten, dichten und luftarmen Blaublättern und weißen lufthaltigen → *Weißblättern*. Wegen der höheren → *Albedo* der Weißblätter schmelzen die Lagen an der Oberfläche selektiv ab.

Blattflächenindex *leaf area index (LAI)*: als Maß für die Assimilationsfläche eines Pflanzenbestandes verwendet und die Summe aller (einseitigen) Blattflächen pro Grundfläche angebend. Wird als Maß für die Lichtabsorption und damit die Energieeinnahme der Blätter sowie für andere Abschätzungen verwandt, z. B. → *Transpiration*.

Blattfrucht *leaf crop*: → *Kulturpflanze* (→ *Feldfrucht*) mit hohem Blattanteil, bei der im Gegensatz zu der → *Halmfrucht* (Hauptgetreidearten, Deckfrucht) nicht die Frucht, sondern Blätter, Knollen oder Wurzeln das hauptsächliche Ernteziel darstellen (z. B. Luzerne, Kartoffeln, Rüben). Ein häufiger Anbau von B. in der → *Fruchtfolge* wirkt sich günstig auf die → *Bodengare* aus.

Blattverschiebung (Horizontalverschiebung) *lateral fault*: horizontale Verschiebung zweier Krustenstücke entlang einer meist tief reichenden Zerreißungskluft. Die beiden verschobenen Krustenstücke heißen Blattflügel oder Blätter und treten meist in Mehrzahl als Blattbündel auf.

Blaublätterung → *Blätterung*.

Blaue Banane (Boom-Banane) *Blue Banana*: bildhafte Bezeichnung für das dicht bevölkerte Agglomerationsband zwischen Irischer See und Mittelmeer, das einen räumlichen Schwerpunkt wirtschaftlich dynamischer Raumentwicklung innerhalb der → *EU* bildet. Das Gebiet der B. B. erstreckt sich von von Mittelengland über den Großraum London, die Rheinmündung mit der Randstad Holland, den → *Ballungsraum* Antwerpen-Brüssel-Gent, die deutschen Ballungsgebiete beiderseits des Rheins, Zürich und das Tessin bis zum oberitalienischen Metropolen-Dreieck Mailand-Turin-Genua. Infolge der Entwicklung in Osteuropa nach dem Fall des Eisernen Vorhangs wurde das ursprünglich 1989 entstandene Konzept der B. B. verschiedentlich ergänzt.

Blauschlick *blue mud*: feinkörniges → *marines* → *Sediment*, das durch organische Substanz und Eisensulfid blaugrau gefärbt ist.

Blei *lead, plumbum*: ein → *Schwermetall*; in der Natur weit verbreitet, jedoch nicht lebensnotwendig. Durch Industrie und Gewerbe nahm seit der Industrialisierung der Gehalt an B. in der → *Umwelt* des Menschen stark zu, mit Schwerpunkt in den Jahrzehnten hohen Verbrauchs an bleihaltigem Kraftstoff durch Kraftfahrzeuge sowie den Batterieverbrauch. B. wird über die Nahrung, aber auch über Atem, Haut und Schleimhäute aufgenommen.

Bleichhorizont *bleached horizon*: hellgrauer bis weißer, stofflich extrem verarmter → *Bodenhorizont* unter der Humusauflage in → *Podsolen*. Er entsteht durch langandauernde Auswaschung von → *Sesquioxiden* in stark saurem Milieu und besteht überwiegend aus chemisch widerstandsfähigem Quarzsand.

Bleiregion → *Brachsenregion*.

Blender freie und quelloffene (Open-Source) Software zur 3D-Modellierung, Texturierung und Animation. In der → *Kartographie* wird u. a. B. zur 3D-Visualisierung (→ *3D-Kartographie*) und zur Erstellung → *animierter Karten* eingesetzt.

Blickbewegungsregistrierung (Eye-Tracking) *eye tracking*: etablierte Methode in der → *Kartographie* zur Messung des Blickverhaltens in der Kartennutzung. Die erfassten Blickverhaltensdaten ermöglichen Rückschlüsse auf visuell-kognitive Prozesse. Eine gängige Annahme im kartenexperimentellen Einsatz der B. ist, dass Kartennutzer die → *Information* kognitiv verarbeiten, die sie im gleichen Moment mit beiden Augen fixieren. Etablierte Messgrößen der B. sind u. a. die Anzahl und Dauer von Fixationen.

blight *urban blight*: Begriff aus der US-amerikanischen → *Stadtforschung*, mit dem bauliche und soziale Degradierung bis hin zum Verfall innerstädtischer Wohn-, Geschäfts- und Industrieviertel bezeichnet wird. Man unterscheidet dementsprechend „residential b." (Verslumung älterer Wohngebiete), „commercial b." (Verfall alter Geschäftszentren) und „industrial b." (Auflösung alter Industriegürtel um die Innenstadt). B. ist häufig eine Folge der Verlagerung von Funktionen an den → *Stadtrand* durch die → *Suburbanisierung* (→ *Stadt*).

Blinder Fleck *blind spot*: – physiologisch die Stelle im Gesichtsfeld des Auges, an der keine Aufnahme von Lichtreizen möglich ist, weil sie auf dem Sehnervenkopf abgebildet werden. – psychologisch und → *erkenntnistheoretisch* der Teil des Selbst einer Person, die von ihr/ihm nicht wahrgenommen werden kann. In der Geographie spielen beide Aspekte eine Rolle, zum einen bei der → *Beobachtung*, zum anderen bei der Erstellung von Forschungsdesign und → *Hypothesen* (→ *Reflexion*).

Blindtal *blind valley*: → *Tal* im → *Karst*, das an einem Gegenhang blind endet, also eine langgestreckte geschlossene → *Hohlform* bildet. B. entstehen durch den Einbruch von → *Flusshöhlen* oder durch kettenartige → *Dolinen*-Bildungen entlang von Klüften mit größerer Längserstreckung. B. können gelegentlich → *Karstwasser* führen, sodass sie auch Merkmale der → *Fluvialerosion* zeigen, allerdings hat das Wasser keinen oberirdischen Abfluss, sondern fließt über einen → *Ponor* unterirdisch ab.

Blitz *lightning*: schlagartiger hell leuchtender Ausgleich elektrischer Ladungsunterschiede in der Atmosphäre sowie zwischen → *At-*

mosphäre und der Erdoberfläche. Am häufigsten tritt der verästelte Linien-B. auf. Die Spannungsunterschiede zwischen dem meist negativ geladenen Erdboden und den im oberen Teil überwiegend positiv geladenen Gewitterwolken beträgt bis zu mehrere hundert Millionen Volt. B.-Entladungen entstehen durch Massenionisationen in Wolkenfeldern, die mit der Vereisung in der hohen → *Troposphäre* ihr Maximum erreichen. (→ *Gewitter*, → *Wolke*).
Blitzröhre → *Fulgurit*.
Blizzard *blizzard*: Eis- und Schneesturm. B. treten im Winter als Folge arktischer Kaltlufteinbrüche in den → *gemäßigten Breiten* Nordamerikas auf.
Block *block field/parcel (1.); block (2.)*: – regelmäßig oder unregelmäßig umgrenzte, landwirtschaftlich genutzte → *Parzelle*, deren Verhältnis von Breite zu Länge unter 1:5 beträgt.
– eckiges oder rundes Felsstück mit mehr als 20 cm Durchmesser, größer als → *Blockkies* (→ *Blockmeer*).
Block- und Streifenflur *field form of blocks and stripes*: → *Flurformtyp* mit einem Gemenge von → *Blöcken* und streifenartigen Parzellen; zuweilen auch kleine Kurzgewanne enthaltend (→ *Kurzgewannflur*). Formal steht die B.- u. S. zwischen der → *Blockflur* und der → *Streifenflur*.

Block- und Streifenflur

Blockauskernung *redevelopment of urban core segments*: Form der → *Stadtsanierung*, eine Übergangsform zwischen → *Objektsanierung* und → *Flächensanierung* in historischen Altstadtkernen, wobei i. d. R. jüngere Hinterhofüberbauungen im Blockinneren beseitigt werden.
Blockbau *log cabin*: Form des → *Holzbaus*, die bis in die Bronzezeit zurückreicht. Hierbei werden Rund- oder Vierkanthölzer waagerecht aufeinandergesetzt und an den Gebäudeecken verschränkt, verblattet oder verkämmt. Der B. ist vorwiegend in den großen Nadelwaldzonen der Erde verbreitet.
Blockbebauung *block building development*: innerstädtische Bebauung in Form von → *Baublocks*. B. war in Deutschland v. a. in der Zeit der → *Industrialisierung* in den → *Städten* weit verbreitet.
Blockbildung *formation of boulders*: allgemein das Entstehen der → *Korngröße* → *Block*. I. d. R. ein Effekt von → *Verwitterung* und jenen → *Abtragungsprozessen*, die zu Grobmaterialsuiten rundlicher Gestalt führen. B. erfolgt z. T. → *subkutan*, d. h. innerhalb einer Verwitterungsgrus- oder -lehmschicht. → *Subaërische* Entstehung ist auch möglich.
Blockflur *block field*: → *Flurformtyp*, dessen → *Parzellen* blockförmig (→ *Block*) sind.
Blockfreiheit *non-alignment*: Begriff aus der Zeit des „Kalten Krieges" bzw. der Ost-West-Konfrontation nach dem Zweiten Weltkrieg. Blockfreie Länder gehörten weder dem westlichen noch dem östlichen Bündnissystem an.
Blockgemengeflur *mixed field block*: → *Flurformtyp*; eine Gemengelage von Nutzungsparzellen, bei der manche → *Blöcke* ungeteilt, andere in kleinere Blöcke und weitere in Blockgewanne zerlegt worden sind (→ *Blockgewannflur*).
Blockgewannflur *parcelled field block*: → *Flurformtyp*, bei dem blockartige → *Urfluren* durch Erbteilung zu Blockgewannen (→ *Kurzgewannflur*) werden (→ *Gewannflur*).
Blockgipfel → *Blockmeer*.
Blockgletscher *rock glacier*: gletscherartig geformte Akkumulationen von Blöcken und Schutt im heutigen Gebiet des → *Permafrostes* und in der → *periglazialen Höhenstufe* rezenter → *Hochgebirge*. Es handelt sich um Hang-, Frost- und/oder Bergsturzschuttkörper, in denen sich Eis aus terrestrischem Zuschuss- und aus Niederschlagswasser gebildet hat, das den Schutt verkittet und zugleich jahreszeitlich beweglich hält. Manche B. haben einen kleinen → *vorzeitlichen* Gletschereiskern oder befinden sich über vorzeitlichem Permafrost (z. B. in den Alpen). Ihre Bewegungsraten liegen im Zenti- und Dezimeterbereich. Es werden aktive, inaktive und fossile B. unterschieden.
Blockhalde *boulder base, scree*: durch → *Blockzerfall* an steilen Felswänden abgestürzte und am Wandfuß akkumulierte Blöcke, die in eine gemeinförmige → *Halde* bilden.
blocking-action Blockierung der planetarischen → *Westwindzirkulation* durch relativ stationäre Hoch- und Tiefdruckzellen, deren Zirkulation sich bis in die obere → *Troposphäre* durchgesetzt hat. Diese blockierenden

Wirbel entstehen aus großräumigen meridionalen Energieaustauschvorgängen, wenn die tropischen Warmluft- und die polaren Kaltluftkeile beim Umkippen der → *Wellenzirkulation* in eine Drehbewegung übergehen und die → *Warmluft* über die → *Kaltluft* gleitet.

Blockkies *block gravel*: Korngrößenbezeichnung für gerundete Gesteinsstücke von 63-200 mm Durchmesser.

Blocklava *block lava*: → *intermediäre*, daher sich langsam bewegende, zähflüssige und gasreiche → *Lava*, die nur kurze Strecken fließt und nach dem Erstarren unregelmäßige, blockige Oberflächenformen bildet.

Blocklehm → *Geschiebelehm*.

Blockmeer (Blockgipfel, Felsenmeer) *blockfall, chaos of rocks*: – formbeschreibender Begriff für regellose, aber gehäuft erscheinende Ansammlung von → *Blöcken* an Hängen im Sinne der → *Blockhalden*. – geomorphogenetische Bezeichnung für unter → *periglazialen* bzw. → *ablualen* Bedingungen bewegte Blockmassen steilerer oder flacherer Hänge. In der → *periglazialen Höhenstufe* sind die Bewegungen der B. heute noch aktiv, in den ehemals unvereisten Periglazialgebieten in Mitteleuropa sind die B. → *Vorzeitformen*. – im Sinne von Blockgipfel die Anhäufung von Blöcken auf → *Vollformen*, z. B. → *Gipfeln* oder → *Kuppen*, wobei das verwitterte Feinmaterial ausgespült oder anderweitig abgetragen wurde.

Blockpackung *coarse-textured moraine*: Anreicherung von → *Blöcken* und grobkörnigem Material in → *glazigenen* Ablagerungen, v. a. in → *Endmoränen*. Aufgrund ihrer Größe wurden die Geschiebe nicht von Schmelzwasser erodiert und abtransportiert.

Blockschutt *block debris, block detritus*: – unscharfe Bezeichnung für → *Schutt* aus → *Blöcken*. – aus kleineren Komponenten bestehende Decke aus → *Wanderschutt*, die unter → *periglazialen* Klimabedingungen entstehen.

Blockstrand *bolder beach, cobble beach*: – allgemein die Ansammlung von → *marinen* → *Geröllen* in der Komponentengröße des → *Blocks* am Strand auch an verschiedenen Flachküsten mit marinen Terrassen. – durch die → *Brandung* und durch Hangabtrag freigelegte → *glaziale* Geschiebeblöcke an Küsten mit vorzeitlichen oder rezenten Glazialsedimenten (z B. → *Grund-* und → *Endmoränen*). Sie bilden am Fuß der → *Kliffs* Blockfelder.

Blockstreu *block scatter*: unregelmäßige, lockere Verteilung von → *Blöcken* an einem → *Blockstrand*, an → *Hängen* oder auf → *Flachformen*. B. entsteht durch → *gravitative Massenbewegungen* nach Freilegen von durch beispielsweise → *Wollsackverwitterung* entstandenen Blöcken aus Sediment- oder Verwitterungsschichten (→ *Blockmeer*).

Blockstrom *block stream, boulder field, boulder stream, boulder strip, boulder train, rock stream, stone river, stone stream*: oftmals in einiger Entfernung vom → *Gipfel* zu findende, hangabwärts gestreckte Ansammlung von Blöcken, häufig mit konvexer und steiler Vorderkante. Unterscheidet sich vom → *Blockgletscher* durch seine geringere Mächtigkeit und das nur am Untergrund des B. enthaltene Feinmaterial. Im Gegensatz zum → *Blockmeer* sind B. von ihrem petrographischen Ursprungsgebiet durch (oftmals → *periglaziale*) → *gravitative Massenbewegungen* in den Bereich anderer → *Gesteine* gelangt. Obschon auch aktive B. außerhalb der Periglazialgebiets zu finden sind, geht man von einer Entstehung unter kaltklimatischen Bedingungen aus. Inaktive B. entstammen der letzten → *Kaltzeit*.

Blockzerfall *block disintegration*: Abtrennung von Gesteinsbrocken aus dem Gesteinsverbund, die entlang von → *Klüften* aufgrund verschiedener Prozesse der → *physikalischen Verwitterung* (z. B. → *Salz-* und → *Frostsprengung*) vonstatten geht. Am Fuß steilerFelswände, von denen die Blöcke abstürzen (→ *Fallen*), kann sich eine → *Blockhalde* bilden.

Blütenpflanzen: → *Spermatophyten*.

Blutregen *blood rain*: mit gelblichem, bräunlichem oder rötlichem → *Staub* angereicherter Niederschlag, der durch weiträumigen Staubtransport mit Luftmassen kontinentalen Ursprungs entstehen kann (z. B. Saharastaub in Mitteleuropa).

Blutschnee *blood snow*: rote Schlieren im Schnee und Eis der → *Hochgebirge* und der Arktis, die durch die Alge *Chlamydomonas nivalis*: verursacht werden.

BNE (Bruttonationaleinkommen) *GNI, gross national income*: neben dem Bruttoinlandsprodukt (→ *BIP*) zentraler Indikator der wirtschaftlichen Leistungsfähigkeit einer Volkswirtschaft und findet in der amtlichen Wirtschaftsstatistik (→ *Volkswirtschaftliche Gesamtrechnung*) Anwendung. Die Kennzahl erfasst die Summe aller in der jeweiligen Landeswährung bewerteten Arbeitnehmerentgelte sowie Unternehmens- und Vermögenseinkommen, die von den Inländern – d. h. mit Unternehmens- und Wohnsitz im Inland – einer Volkswirtschaft in einem Kalenderjahr erwirtschaftet werden. Dazu addieren sich die gesamtwirtschaftlichen Abschreibungen sowie die Produktions- und Importabgaben an den Staat. Das B. gibt demnach eine Übersicht über die Verteilung der nationalen Jahreswirtschaftsleistung zwischen Arbeitnehmern, Arbeitgebern und dem Staat (→ *BSP*, → *Nettoinlandsprodukt*, → *Nettonationaleinkommen*, → *Volkseinkommen*).

BNE → *Bildung für nachhaltige Entwicklung*.
Bö (Böe) *blast, gust*: plötzlicher und heftiger Windstoß, z.B. beim Einsetzen eines → *Gewitters* als B.-Walze.
Boçage-Landschaft *bocage*: Regionaltyp der → *Kulturlandschaft* der nordwesteuropäischen → *Heckenlandschaften*. Die B.-L. ist v.a. für die Streusiedlungsgebiete Nordwestfrankreichs typisch (→ *Hecke*, → *Knick*).
Bodden *Bodden*: eine im → *Holozän* im Zuge des sowohl → *eustatischen* als auch → *isostatischen Meeresspiegelanstiegs* überschwemmte Grundmoränenlandschaft, die heute eine buchtartige → *Flachküste* mit zahlreichen Untiefen und einem unregelmäßigen Umriss bildet. Die Buchten sind oftmals die ehemaligen → *Zungenbecken*.
Boddenküste *bodden-type of coast line*: jener Bereich der → *Flachküste*, in welchem das Meer eine wellige bis kuppige → *Grundmoränen*-Landschaft überflutete und → *Bodden* bilden konnte. Typ der → *Ingressionsküste*.
Boden *soil*: der belebte Naturkörper im Grenzbereich von Lufthülle und festem oder lockerem → *Gestein*. Der B. ist ein durch Umwandlung mineralischer und organischer Substanz entstandenes Gemisch aus festen anorganischen und organischen Bestandteilen, Wasser, Luft und Organismen. Die Bodenbildung wird von allen Naturfaktoren und vom Mensch gesteuert (→ *Bodenbildungsfaktoren*). Durch chemische und physikalische → *Verwitterung* findet ein Ab- und Umbau mineralischer und organischer Stoffe statt, und es werden neue Substanzen gebildet (→ *Tonminerale*, Oxide, → *Huminstoffe*). Viele dieser Stoffe wandern während der Entwicklung mit dem Sickerwasser (→ *Bodenwasser*, → *Sickerung*) in die Tiefe. Dabei bildet sich eine charakteristische Abfolge von → *Bodenhorizonten*, die sich typisieren lässt (→ *Bodentyp*). Die Horizontabfolge bildet das → *Bodenprofil*. Der B. ist in seinem Aufbau und seinen Funktionen ein eigener Naturkörper mit einer eindeutig beschreibbaren morphologischen Organisation und typischen funktionellen Eigenschaften. In Ökosystemen übernehmen die B. die Funktion als → *Standorte* der höheren Pflanzen. Sie speichern und liefern lebenswichtige Stoffe, wie Wasser und → *Nährelemente* und können als → *Puffer* und → *Filter* (→ *Bodenfilter*) in gewissem Umfang auch → *Schadstoffe* absorbieren. Des Weiteren fungieren sie als wichtiges Archiv der Kultur- und Nutzungsgeschichte (→ *Bodenfunktionen*).
Bodenareal *soil unit*: auf → *Bodenkarten* ein abgegrenztes Gebiet mit einer bestimmten Ausprägung des ganzen → *Bodens* (→ *Bodentyp*) oder einer Bodeneigenschaft. Die Aussagekraft von B. ist maßstabsabhängig. In großmaßstäbigen bzw. hoch auflösenden Bodenkarten (1:2000 bis 1:10 000) weisen die B. ziemlich einheitliche Eigenschaften auf. Es kann ihnen eindeutig ein Bodentyp oder eine Klasse einer Bodeneigenschaft zugewiesen werden. Kleinermaßstäbige B. sind dagegen immer heterogen. Nebst der dominanten oder charakteristischen Bodenausprägung befinden sich innerhalb des B. immer noch weitere Bodenvarianten (Begleitböden) (→ *Areal*).
Bodenart (Bodentextur) *soil texture*: prozentuale Zusammensetzung der → *Korngrößengruppen* mineralischer Partikel im → *Boden*. Der Boden stellt ein Gemisch aus Partikeln verschiedener Größe dar, deren Gewichtsanteile bestimmt werden. Die Einteilung der Korngrößengruppen weichen von Land zu Land leicht voneinander ab. Der Feinboden gliedert sich in die Hauptgruppen: → *Sand* (*sand:*) 2,0-0,063 mm, Schluff (*silt:*) 0,063-0,002 mm und Ton (*clay:*) < 0,002 mm. Beim Grobboden oder Bodenskelett (> 2 mm) werden Kiese und Steine verschiedener Größen ausgeschieden.
Bodenazidität *soil acidity*: die saure Reaktion von Böden. Die aktuelle B. wird von der Konzentration der Wasserstoffionen (H$^+$-Ionen) in der → *Bodenlösung* bestimmt. Die Gesamtazidität setzt sich aus der Summe der von der Festsubstanz austauschbaren (→ *Ionenaustausch*) H$^+$-, Al^{3+}- und Fe^{2+}-Ionen und den freien Ionen zusammen. Die pH-Werte der Gesamtazidität liegen deshalb immer tiefer als die in der Bodenlösung gemessenen. Die wichtigsten Säurequellen im Boden sind die durch Atmung und Zersetzung entstehende Kohlensäure, Fulvo- und Huminsäuren, Mineralisierung stickstoff- und schwefelhaltiger Verbindungen, Protonenabgabe der Wurzeln bei der Aufnahme von Nährstoffkationen, Oxidationsprozesse und der Säureeintrag aus der Atmosphäre (Saurer Regen). Die pH-Werte der Böden liegen zwischen 3 und über 8. Die B. gibt Hinweise auf die Nährstoffversorgung der Pflanzen und die Mobilität von Schwermetallen.
Bodenbearbeitung *cultivation*: Bearbeitung des Bodens mithilfe von Geräten mit dem Ziel, für die zum Anbau gelangenden Pflanzen möglichst günstige Wachstumsbedingungen zu schaffen. Dazu zählen Lockerung und Durchlüftung des Bodens, Zerkleinerung der Bodenkrume sowie Vernichtung von → *Unkräutern*, → *Düngung* und Regulierung der Bodenfeuchtigkeit.
Bodenbedeckung *ground cover*: kulturtechnische Maßnahmen zum Schutz des Bodens bzw. der Bepflanzung vor Sonnen- und Schlagregeneinwirkung.
Bodenbelastung *soil contamination*: die Beeinträchtigung, Störung und Zerstörung des → *Bodens* durch Eintrag von Stoffen, mecha-

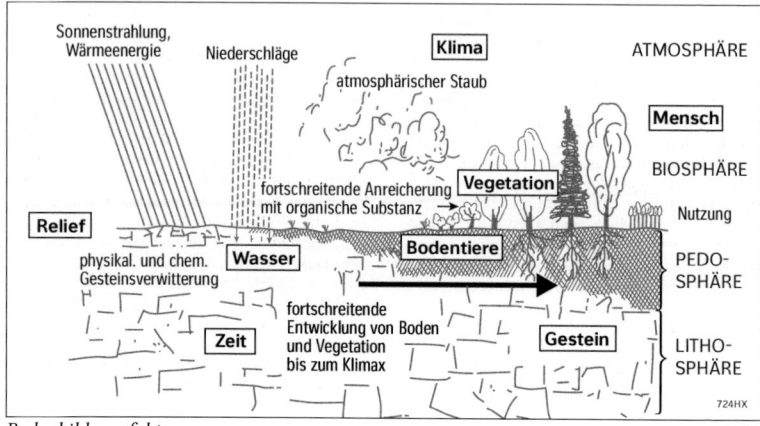

Bodenbildungsfaktoren

nische Einwirkung, Abtrag, Überschüttung und Versiegelung. Die stoffliche Belastung des Bodens entsteht durch den Eintrag vielfältiger anorganischer (v. a. → *Schwermetalle*) und organischer → *Schadstoffe*. Diese stammen aus der Luft, Düngemitteln, → *Klärschlamm*, → *Kompost* und Industrieabfällen, landwirtschaftlichen Hilfsstoffen (v. a. → *Pestizide*), Industriestäuben, Emissionen von Verkehrswegen usw. Organische Stoffe werden im Boden teilweise umgewandelt und es entstehen Folgeprodukte. Viele Schadstoffe bindet der Boden langfristig oder endgültig. Der Boden stellt also eine Senke dar. Die Schadstoffkonzentrationen steigen langsam aber stetig an. Durch die Schadstoffanreicherung werden die → *Bodenfruchtbarkeit*, das Bodenleben und viele Bodenfunktionen (→ *Filter-, Puffer- und Transformationsfunktion*, Standortfunktion) beeinträchtigt. Die physikalische Belastung entsteht durch mechanische Einwirkung beim Befahren und Bearbeiten, → *Bodenerosion* sowie Umlagerung und Überschüttung. Folgen der physikalischen Belastung sind die Zerstörung der → *Bodenstruktur*, Verdichtungen und der Verlust an Bodensubstanz. Dadurch verändert sich der gesamte Wasser- und Lufthaushalt, die Speicherfähigkeit für Wasser und Nährstoffe nimmt ab und alle → *Bodenfunktionen* werden beeinträchtigt (Belastung). Für die Beurteilung des Grades von B. gibt es in mehreren Ländern gesetzlich festgelegte Grenz- und Richtwerte für Schadstoffgehalt, Erosion und Verdichtung (→ *Bodenversiegelung*).

Bodenbesitzreform *land tenure reform*: Teilbereich der → *Bodenreform*, der die Änderung der Eigentums- und Besitzrechte am Boden, d. h. die Umverteilung des Bodeneigentums und ihre politische Durchsetzung umfasst (→ *Agrarreform*).

Bodenbewertung *land appraisal*: wertmäßige Beurteilung des Bodens nach Lage und Verwendungszweck, in der → *Landwirtschaft* v. a. nach der → *Bodengüte* (→ *Bodenpreis*, → *Ackerschätzungsrahmen*).

Bodenbewirtschaftungsreform *land use reform*: Teilbereich der → *Bodenreform*, der die Veränderung von landwirtschaftlichen Nutzungsmethoden umfasst. Die B. koordiniert die agrarpolitischen Begleitmaßnahmen, der die Erhöhung der Produktion dienen, und integriert sie in die → *Bodenbesitzreform* (→ *Agrarreform*).

Bodenbildung (Pedogenese) *soil formation*: eine Sammelbezeichnung für die Entstehung und Weiterentwicklung von → *Böden* aus dem Zusammenwirken der → *Bodenbildungsfaktoren*, einschließlich der Tätigkeit des Menschen in der Landschaft (→ *Bodenentwicklung*).

Bodenbildungsfaktoren *soil-forming factors*: die Gegebenheiten, Prozesse und Einflüsse, welche die Entwicklung der → *Böden* bestimmen und steuern. Dazu gehören Klima, Wasser, Ausgangsgestein, Relief, Vegetation und Tierwelt sowie die Zeit und auch der Mensch.

Bodenbiologie *soil biology*: Lehre von den → *Bodenorganismen* als Bestandteil des → *Bodens*.

bodenbiologische Aktivität *soil biological activity*: eine Art der → *biotischen Aktivität*, die Gesamttätigkeit der Organismen im Boden beschreibend. Sie umfasst die mechanische Durchmischung und Zerkleinerung von Bodenmaterial sowie → *Abbau*, Umsetzung und Neubildung von → *Humus* durch Vorgänge des → *Stoffwechsels*. Die b. A. kann nur in ihrer Summenwirkung erfasst werden, etwa durch Messung der CO_2-Produktion oder durch Bestimmung der Abbauraten von eingebrachten Stoffen (Bodenfauna).

Bodenbiozönose *soil bioc[o]enosis*: Begriff der → *Bodenkunde*, der die Lebewesen des → *Bodens* als spezifische → *Lebensgemeinschaft* beschreibt. Bodenbiologische Prozesse sind grundsätzlich auch Bestandteile des gesamten → *Ökosystems*, daher ist die B. lediglich ein Strukturteil der → *Biozönose* und damit des Ökosystems (→ *Bodenfauna*, → *Bodenflora*).

Bodencatena *soil catena*: die räumlich-regelhafte Abfolge von → *Bodenprofilen* an einem Hang, deren wechselnder Aufbau und besondere Merkmale sich weitgehend aus dem standörtlich-ökologischen Einfluss der verschiedenen Hangpositionen ergeben. Beispiele: Verlagerung von Bodenmaterial vom Oberhang zum Unterhang oder der zunehmende Einfluss von → *Hangwasser* und → *Grundwasser* am Unterhang und in Senken. Die Bodenabfolge wird zudem von der typischen räumlichen Verbreitung von → *Sedimenten* in den einzelnen Landschaften mit bestimmt (z. B. Flusstäler oder die → *Glaziale Serie* in durch Eisvorstöße geprägten Gebieten).

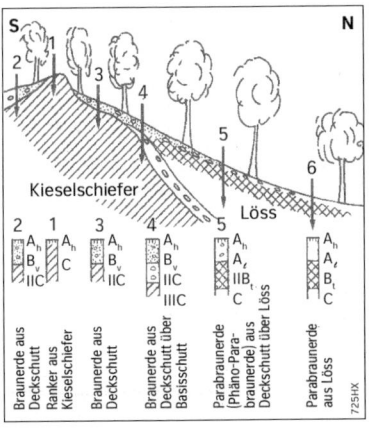

Bodencatena

Bodencharta *soil charta*: → *Europäische Bodencharta*.

Bodendauerbeobachtung *soil monitoring*: → *Bodenüberwachung*.

Bodendecke *soil cover*: das über dem unveränderten Gestein liegende, durch die → *Bodenentwicklung* umgewandelte und vertikal ausdifferenzierte Verwitterungsmaterial (→ *Bodenprofil*) einschließlich der abgestorbenen organischen Stoffe an der Oberfläche.

Bodendegradation *soil degradation*: Verschlechterung des landwirtschaftlich genutzten → *Bodens* durch → *natürliche*, → *quasinatürliche* oder → *anthropogene* Einflüsse. Die B. äußert sich in einer Abnahme der → *Gründigkeit*, einer Verschlechterung der Bodenstruktur (→ *Bodengefüge*) und Störungen des Stoffhaushaltes, letztlich im Nachlassen der → *Bodenfruchtbarkeit*. Hauptursachen der B. sind in der Regel zu intensive oder unsachgemäße Nutzung der Böden.

Bodendurchlüftung *soil aeration*: Luftaustausch zwischen → *Atmosphäre* und → *Boden*. Eine ständige Erneuerung der → *Bodenluft* ist nötig, damit es nicht zu einer starken Erhöhung der CO_2-Konzentration und einer Abnahme des Sauerstoffanteils kommt. Die günstigsten Durchlüftungsverhältnisse weisen grobporenreiche Böden mit guter Gefügebildung auf. In schlecht durchlüfteten Tonböden und vernässten Böden werden die biotische Aktivität beeinträchtigt sowie Wurzelwachstum und Nährstoffaufnahme gehemmt.

Bodeneinheit *soil unit*: ein nach wissenschaftlichen und praktischen Kriterien abgegrenztes → *Bodenareal* mit weitgehender Einheitlichkeit der Entwicklung, des Aufbaus und der Standort- oder Nutzungseigenschaften des jeweiligen → *Bodens*.

Bodeneis *ground ice*: Eis im gefrorenen Boden. Es tritt in dünnen Lagen oder in Form feinverteilter Kristalle auf (→ *Permafrost*, → *Kammeis*).

Bodenentwicklung *soil development*: die Entstehung und vertikale Ausdifferenzierung der belebten Schicht im Grenzbereich von Atmosphäre und Gestein. Die b. basiert auf verschiedenen Vorgängen der → *Verwitterung* und der Tätigkeit der Bodenorganismen im Bereich des → *oberflächennahen Untergrundes* und führt durch das Zusammenwirken von chemischen, physikalischen und biotischen Prozessen zur Herausbildung von → *Bodenhorizonten*, die in einer bestimmten Kombination den → *Bodentyp* ergeben. Die B. vollzieht sich → *natürlich*, kann jedoch auch → *anthropogen* beeinflusst, gefördert oder gehemmt werden. Eine Reihe von → *Böden* ist auch nutzungsbedingt. Viele Böden haben sich im Laufe ihrer Nutzungsgeschichte durch → *Bodendegradierung* von ihrem natürlichen Zustand weit entfernt und bedürfen, um die → *Bodenfruchtbarkeit* zu erhalten, intensiver Bodenpflege- und Konservierungsmaßnahmen (→ *Bodenkonservierung*). Auch die Veränderung anderer Geoökofaktoren, z. B. durch Absenkung des → *Grundwasserspiegels*, → *Rodung* oder → *Desertifikation* führen zur grundlegenden

Veränderung des Bodenzustands (→ *Bodenbildungsfaktoren*).

Bodenerhaltung *soil conservation*: direkte und indirekte Maßnahme z. b. zur Verhinderung und/oder zur Bekämpfung der → *Bodenerosion* und → *anthropogener* → *Bodenverdichtungen*. Dazu gehört auch eine → *standortgerechte Nutzung*. Ziel ist die Erhaltung der natürlichen → *Bodenfruchtbarkeit* und der Bodensubstanz.

Bodenerosion *soil erosion*: weit verbreitete Sonderform der Abtragung des → *Bodens* durch Wasser und Wind, die über den Umfang natürlicher Abtragungsprozesse hinausgeht und welche durch die Bodenbewirtschaftung begünstigt oder ausgelöst wird. B. vermindert nicht nur die → *Bodenfruchtbarkeit*, sondern kann auch zur Vernichtung der Bodensubstanz führen. Die Stärke der B. hängt von einer Vielzahl von Randbedingungen und Faktoren ab, u. a. Gefälle, Oberflächenformenstruktur, → *Körnung*, Bodenstruktur, Niederschlag (Intensität, Menge, jahreszeitliche Verteilung), Pflanzendecke bzw. Art und Weise der Bodenbearbeitung und Parzellengröße. B. durch Wind tritt v. a. auf sand- und schluffreichen Sedimenten und/oder in → *semiariden* bis → *ariden* Landschaften auf, wo von Natur aus eine lichte Vegetationsdecke existiert, die durch → *Überweidung* und andere Effekte der Viehhaltung und Viehzucht noch stärker ausgedünnt wurde, sodass der durch die Vegetation gegebene natürliche → *Bodenschutz* nicht mehr gewährleistet ist. Bodenabtrag durch Wind (Deflation) tritt jahreszeitlich auch in der gemäßigten Klimazone Mitteleuropas auf, wenn die Felder brach liegen und der Oberboden ein Korngrößengemisch aufweist, das durch Wind abgetragen werden kann. Erosion durch Wasser gliedert sich in zwei Teilschritte auf. Zunächst werden Bodenpartikel durch den Aufprall von Regentropfen gelöst und Bodenaggregate gelockert (Splash Effekt), um anschließend mit dem → *Oberflächenabfluss* abtransportiert zu werden. Wassererosion kann linien- oder flächenhaft erfolgen.

Bodenertrag *crop yield, return of land*: der aus einer → *landwirtschaftlichen Nutzfläche* erzielbare Ernteertrag. Der B. hängt von natürlichen Produktionsfaktoren, vom Kapitaleinsatz (Düngemittel usw.) und von der Intensität der → *Bodenbearbeitung* ab.

Bodenertragsgesetz *crop yield principle*: Gesetz vom abnehmenden Ertragszuwachs in der → *Landwirtschaft*. Erhöht man auf dem gleichen Stück Boden den Arbeitseinsatz stetig (Bearbeitungsintensität, Dünger usw.), so nimmt der Ertrag zunächst schnell zu, ab einem gewissen Punkt jedoch nur noch langsam und sinkt schließlich sogar wieder ab. Neben der landwirtschaftlichen Produktion gilt das → *Ertragsgesetz* auch in anderen Produktionsbereichen.

Bodenfauna *soil fauna*: die Tiere im Boden. Sie werden nach ihrer Größe in vier Gruppen geordnet. Zur Mikrofauna (< 0,1 mm) gehören Einzeller und Fadenwürmer, die v. a. in der Bodenlösung leben. Zur Mesofauna (0,1-2 mm Größe) werden die Hauptgruppen der Milben und Springschwänze sowie kleine Borstenwürmer gezählt. Die Gruppe der größeren Bodentiere (Makrofauna 2-20 mm) umfasst als wichtigste Vertreter die Regenwürmer. Auch Käfer, Ameisen, Tausendfüßler, Asseln und Schnecken gehören dazu. Zur Megafauna (> 20 mm) gehören ebenfalls Regenwürmer sowie Wirbeltiere. Es existieren verschiedene Skalen zur Größeneinteilung der Bodenorganismen. Der Gewichtsanteil der Tiere am gesamten Bodenmaterial kann bis auf 40% steigen (Frischgewicht). Die B. durchmischt den Boden, besorgt zusammen mit Bakterien und Pilzen den Abbau der abgestorbenen → *organischen Substanz*, trägt zur Bildung von → *Huminstoffen* bei und schafft eine stabile Bodenstruktur.

Bodenfeuchte *soil moisture*: das im → *Boden* vorhandene Wasser in Gewichts- oder Volumenprozenten.

Bodenfeuchteregime *soil moisture regime*: die rhythmisch wiederkehrenden, jahreszeitlichen Änderungen des → *Bodenwassergehaltes* in verschiedenen Bodentiefen einschließlich der Extrema in besonders trockenen oder feuchten Jahren. Das B. wird von der Verteilung und Menge der Niederschläge, der Durchlässigkeit und Speicherfähigkeit des Bodens sowie vom → *Hang-* und → *Grundwasser* gesteuert.

Bodenfilter *soil filter*: – durch → *Drainage* meliorierte und gleichmäßig eingeebnete Bodenfläche, die – mit oder ohne landwirtschaftliche Nutzung – mit → *Abwasser* beschickt wird, um es durch die Filtereigenschaften des Bodens zu reinigen. Der B. kann Bestandteil der Grundwasseranreicherung sein. – Kann auch verstanden werden als einer der geoökologischen → *Filter* im → *Landschaftshaushalt*, die den Stofftransport durch den → *oberflächennahen Untergrund* regeln und schädliche Stoffe vorübergehend oder dauerhaft aus dem Kreislauf eliminieren (→ *Filter-, Puffer- und Transformationsfunktion des Bodens*).

Bodenfließen → *Solifluktion*.

Bodenform *soil form*: Typisierungseinheit, in die Böden mit dem gleichen Entwicklungszustand (→ *Bodentyp*) und gleichem Ausgangsmaterial eingeordnet werden. Die B. ist also durch weitgehende Einheitlichkeit des Bodenaufbaus und der Körnungszusammensetzung (→ *Bodenart*) charakterisiert.

Bodenfracht → *Geschiebefracht*.

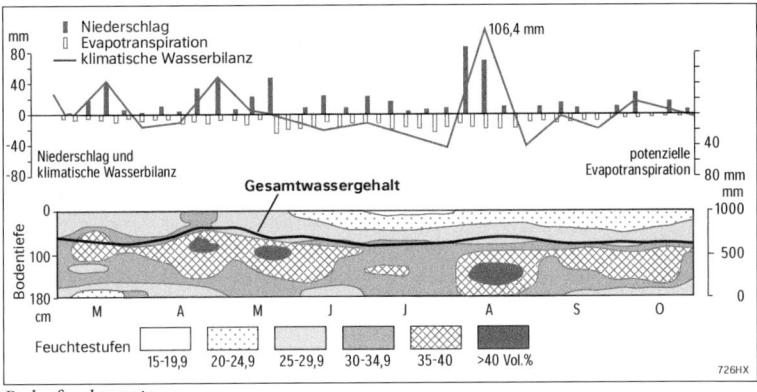

Bodenfeuchteregime

Bodenfrost *ground frost, hoarfrost*: in der → *Meteorologie* der → *Frost* in Bodennähe, wenn die Lufttemperatur in 5 cm über dem Erdboden unter 0 °C fällt. Für die Landwirtschaft herrscht B., wenn der bearbeitete Oberboden oder die oberste Bodenschicht gefroren ist (→ *bodenbiologische Aktivität*, → *Bodenfauna*).

Bodenfrosttafel (Dauerfrostbodenoberfläche) *permafrost table*: Obergrenze des nicht auftauenden → *Permafrostes*.

Bodenfruchtbarkeit *soil fertility*: die Fähigkeit des → *Bodens*, seine ökologischen Funktionen zu erfüllen und ein ertragreiches Wachstum von gesunden Kulturpflanzen zu ermöglichen. Die natürliche B. ergibt sich aus der Mächtigkeit, Zusammensetzung (v. a. → *Körnung*) und Humuszustand (→ *Humus*) und Struktur des Bodens sowie einem reichhaltigen Bodenleben. Nachhaltige Bodenbearbeitung erhält und steigert die B. durch Lockerung, Zufuhr organischer Substanz, Regulierung des Wasserhaushaltes und angepasste Kalkung (→ *Bodenkultivierung*). Die acker- und futterbauliche B. hängt von der Menge und Vielfalt der vorhandenen Nährstoffe und ihrer Verwertbarkeit für die Pflanzenwurzeln ab. Sie wird von einer Fülle von Einzelmechanismen gesteuert (Wasser- und Lufthaushalt, → *Ionenaustausch*, Verlagerungsintensität, Bodenreaktion, Aktivität der Mikroorganismen usw.) und durch geeignete Bodenbearbeitung zur optimalen Entfaltung gebracht (→ *Bodenschutz*).

Bodenfunktionen *soil functions*: im Sinne des Bundes-Bodenschutzgesetzes (BBodSchG) erfüllt der Boden: – natürliche Funktionen, bspw. als Lebensgrundlage und Lebensraum für Menschen, Tiere, Pflanzen und Bodenorganismen. Er spielt außerdem eine wichtige Rolle im Naturhaushalt, v. a. in Wasser- und Nährstoffkreisläufen (→ *Filter-, Puffer- und Transformationsfunktionen*) – Funktionen als Archiv der Natur- und Kulturgeschichte – Nutzungsfunktionen, z. B. als Rohstofflagerstätte, als Fläche für Siedlung und Erholung oder als Standort für Forst- und Landwirtschaft sowie für Industrie, Verkehr etc..

Bodengare (Gare) *tilth*: optimaler Zustand des Bodens (v. a. des Ackerbodens) für den Anbau von → *Kulturpflanzen*. Dazu zählen ein optimaler Besatz an Mikroorganismen, gut durchlüftete Krümelstruktur, hohe Wasserspeicherfähigkeit und → *pH-Wert* von 6-7. Eine günstige → *Fruchtfolge* verbessert die B.. Gute B. ist gegeben, wenn die Poren innerhalb der Bodenkrümel mit Wasser und zwischen den Krümeln mit Luft gefüllt sind.

Bodengefrornis *soil freezing*: der Prozess, der den → *Boden* in gefrorenen Zustand – im Sinne von Frostboden – versetzt.

Bodengefüge (Bodenstruktur) *soil structure*: die räumliche Anordnung der festen, vielfach aus verbackenen Partikeln bestehenden Bodenbestandteile. Es werden verschiedene Gefügearten unterschieden, z. B. → *Absonderungsgefüge*, → *Aufbaugefüge*, → *Krümelgefüge*, → *Subpolyedergefüge*, → *Polyedergefüge*, → *Aggregatgefüge*.

Bodengeographie *soil geography*: Teilgebiet der → *Physiogeographie* und gleichzeitig Grenzgebiet zwischen Physiogeographie und → *Bodenkunde*. Die B. untersucht die Verbreitung der → *Böden* und die Ursachen dieser Verbreitung in regionalem und weltweitem Rahmen. Sie forscht nach den Beziehungen zwischen bestimmten Bodenmerkmalen und Bodenbildungsprozessen und den physischen Umweltbedingungen wie auch den vergangenen und aktuellen Kultureinflüssen. Böden verschiedener Beschaffenheit werden dabei typisiert, systematisch eingeordnet und in ihrer Verbreitung flächenhaft modelliert und auf Karten dargestellt. In besonderem Maß widmet sich die B. dabei den Zusammenhängen zwischen Klimazonen, -stufen und -regionen und den zugehörigen Böden sowie den engen Beziehungen zwischen dem Relief und den Böden. Dabei wird etwa die Regelhaftigkeit der Wirkung langandauernder Abtragungsmechanismen auf die Profilentwicklung oder die Bedeutung der Relief- und Substratentwicklung in der jüngsten Erdgeschichte für die → *Bodenbildung* dargestellt. Zur Lösung dieser Probleme bedient sich die B. der Methoden der Bodenprofilbeschreibung, die sehr weitgehende Laboranalysen einschließen, der Bodenkartierung und der Raumanalyse mit → *Geographischen Informationssystemen*.

Bodengesellschaft *soil community*: regionales Mosaik aus verschiedenen Böden, welches in Bezug auf die Lage, den Einfluss eines bestimmten Bodenbildungsfaktors oder eine typische oder regelhafte Abfolge einen inneren Zusammenhang erkennen lässt. So können z. B. die verschiedenen Böden eines Flusstals, einer glazialen Sedimentabfolge oder einer ausstreichenden Gesteinsserie eine B. bilden.

Bodengüte *soil quality*: Bodenqualität in Bezug auf die Leistungsfähigkeit bei der Pflanzenproduktion. Da die Pflanzen unterschiedliche Ansprüche an die B. stellen, ist es für die → *Landwirtschaft* wichtig, das Anspruchsniveau der → *Nutzpflanzen* zu kennen. Durch → *Bodenmelioration* lässt sich die B. erhöhen (→ *Bonität*).

Bodenhorizonte *soil horizon*: mehr oder weniger parallel zur Erdoberfläche verlaufende Lagen im Boden, welche durch die Prozesse der → *Bodenentwicklung* entstanden. Neben → *A-Horizont*, → *B-Horizont* und → *C-Horizont* existieren weitere Horizonte (z. B. → *G-Horizonte* für grundwasserbeeinflusste Horizonte). Diese untergliedern sich weiter in verschiedenste Ausprägungen. Die Abfolge der B. bildet das → *Bodenprofil*.

Bodeninformationssystem *soil information system*: computerbasierte Bereitstellung flächenhafter Informationen über den → *Boden*. B. bestehen aus den elementaren und aggregierten Bodendaten, Auswertemethoden und Metadaten, welche die Entstehung, Transformation und Klassifikation der Daten und die Methoden beschreiben. Sie dienen der Inventur (→ *Bodenkarte*), → *Bodenüberwachung*, → *Bodenbewertung* und der Abschätzung von → *Bodenfunktionen* und → *Bodenpotenzialen* (→ *Umweltplanung*).

Bodeninversion → *Inversion*.

Bodenkarte *soil map*: flächenhafte Abbildung des Raumordnungsmusters und der Verbreitung der Böden, meistens in Maßstäben zwischen 1:5000 bis 1:25 000, aber auch als → *Bodenübersichtskarte*. Nach ihrem klassischen Verständnis zeigt eine B. Areale, die innerhalb definierter Grenzen einen einheitlichen Aufbau der Bodendecke und gleichartige Bodeneigenschaften aufweisen. Die Bodeneigenschaften werden durch ein Leitprofil beschrieben, das stellvertretend für einen einzelnen Arealtypus steht (→ *Leitform*, → *Leitboden*). In Wirklichkeit variieren die Bodeneigenschaften jedoch oft sehr kleinräumig. Selbst bei großmaßstäbigen B. sind die einzelnen Areale mindestens in Bezug auf einen Teil der Bodeneigenschaften → *heterogen*. Die Areale können also nicht einfach mit einzelnen Bodenprofilen charakterisiert werden. Es ist notwendig, das Werte- und Merkmalsspektrum der einzelnen Bodeneigenschaften anzugeben. Bei den modernen digitalen B. steht ohnehin die Speicherung der Bodenkennwerte der Einzelareale im Vordergrund und nicht mehr die Angabe von → *Bodentypen*. Diese sog. bodenkundlichen Basisdaten werden für die Modellierung von haushaltlichen Prozessen in den Böden und in den → *Ökosystemen* benötigt (→ *Areal*, → *Digitale Bodenvorhersage*, → *Modell*).

Bodenklasse *soil class*: Ordnungseinheit der → *Bodensystematik*. In B. werden → *Bodentypen* mit ähnlichen Grundmerkmalen zusammengefasst, z. B. die Auenböden, die → *Rohböden* usw..

Bodenklima *soil climate*: der mittlere Zustand der Temperatur- und Luftaustauschbedingungen im → *Boden*. Diese werden von den bodenphysikalischen Eigenschaften, → *Bodenart*, Dichte, → *Bodengefüge*, Volumen und Aufbau des Porenraumes, und dem damit zusammenhängenden → *Bodenwasserhaushalt* maßgeblich beeinflusst. Hohe und andauernde Nässe stört den Luftaustausch und lässt wegen der hohen Wärmekapazität nasser Böden die sommerliche Erwärmung weniger tief und langsamer in den Boden eindringen. Die Wärmevorgänge im Boden werden von der Oberfläche aus gesteuert und mit zunehmender Tiefe verzögert und in ihren Schwankungen abgeschwächt. Dem extremen Klima an der Bodenoberfläche und in den obersten Teilen des → *Oberbodens* steht deshalb ein sehr ausgeglichenes Klima im → *Unterboden* gegenüber (→ *Bodenwärmehaushalt*).

Bodenkolloide *soil colloids*: die feinsten Partikel im Boden, die kleiner als etwa 2 μm im Durchmesser sind. → *Tonminerale*, Oxide und → *Huminstoffe* liegen ganz oder teilweise als Kolloide vor. Die B. zeigen sehr hohe bodenchemische Aktivität. Sie verfügen über die im Verhältnis zum Volumen größte Oberfläche und können durch ihre elektrostatischen Eigenschaften Ionen austauschbar binden (→ *Austauscher*), was für die Nährstoffspeicherung von großer Bedeutung ist. Die B. spielen auch bei der Verlagerung von Stoffen mit dem → *Sickerwasser* eine wichtige Rolle, weil sie in feinste Teilchen peptisieren können, bei Änderung des → *pH-Wertes* mit der Tiefe jedoch auch sofort wieder ausflocken und sich so in tieferen → *Bodenhorizonten* anreichern.

Bodenkomplex *soil complex*: eine Abfolge oder ein Areal mit einigen vergesellschafteten Bodenformen oder -typen. Der Begriff des B. wird ähnlich verstanden wie der Ausdruck → *Bodengesellschaft*.

Bodenkonservierung (Bodenpflege) *soil conservation*: Maßnahmen zur gezielten Vorbeugung gegen → *Bodenzerstörung*. Dazu zählen die Hangbepflanzung gegen → *Bodenerosion*, die Anlage von Windschutzstreifen, die Terrassierung und der Bau von Wasserrückhaltebecken. Wichtig für die B. sind zudem alle Methoden der schonenden Bodenbearbeitung (z. B. Mulchsaat, → *Konturpflügen*, → *Bodenkultivierung*).

Bodenkriechen (Versatzdenudation) *soil creep*: langsame → *gravitative Massenbewegung*, ohne dass eine → *Abrissnische* entsteht. Generell entsprechen Kriechbewegungen dem → *Fließen*, der einzige Unterschied besteht in der wesentlich geringeren Geschwindigkeit.

Bodenkultivierung *soil cultivation*: das Bemühen, den Boden in einem Zustand idealer und gleich bleibender Ertragsfähigkeit für die → *Landwirtschaft* zu erhalten. Der Begriff B. umfasst alle Pflegemaßnahmen wie Pflügen, Ent- und → *Bewässerung*, → *Düngung*, günstige → *Fruchtfolge* (→ *Bodenfruchtbarkeit*).

Bodenkunde *pedology*: naturwissenschaftliche Disziplin, die den → *Boden* zum Gegenstand hat. Die B. untersucht die Struktur und die Eigenschaften des Bodens, der Bodenteilchen und der im Boden enthaltenen Stoffe, die im Boden wirkenden Kräfte, die ablaufenden chemischen und physikalischen Prozesse und die ökologischen Bodenfunktionen. Sie stellt diese Grundmechanismen in Beziehung zur Entwicklung und systematisiert die in der Natur feststellbaren Böden mit ihren verschiedenen Ausprägungen. Die angewandte B. befasst sich mit den Grundbedingungen und Maßnahmen zur Erreichung einer bestmöglichen → *Bodenfruchtbarkeit*, mit → *Bodenschutz*, Bodenkonservierung und -sanierung. Bei der räumlichen Betrachtung der Böden gibt es starke Überschneidungen zwischen B. und Physischer Geographie (→ *Bodengeographie*).

Bodenkundliche Kartieranleitung *German field book for soil description*: an der → *deutschen Bodensystematik* orientiertes Regelwerk zur Beschreibung der Böden im Gelände. Die B. K. wird von den Staatlichen Geologischen Diensten der Länder in Zusammenarbeit mit der Bundesanstalt für Geowissenschaften und Rohstoffe (BGR) herausgegeben (→ *KA5*).

Bodenlandschaft *soil-scape*: die Gesamtheit der in einem Landschaftsraum vorkommenden → *Böden*. Die B. ist geprägt durch die gesetzmäßigen Abfolgen der Bodenausprägungen im Relief und das typische → *Raummuster* der Bodenareale (→ *Pedotop*). In der B. werden also die → *Bodentypen* in ihrem räumlichen Zusammenhang dargestellt. B. zeigen, wie die Böden mit Gestein, Relief, Wasserhaushalt, natürlicher Vegetation, früherer und heutiger Nutzung verknüpft sind (→ *Bodencatena*, → *Areal*).

Bodenlawine → *Grundlawine*.

Bodenlösung *soil solution*: das mit löslichen Stoffen angereicherte Wasser im → *Boden*. Die B. steht im Gleichgewicht mit der festen Bodensubstanz und enthält die durch die Wurzeln aufnehmbaren → *Nährstoffe*.

Bodenluft *soil air*: die Luft in den nicht mit Wasser erfüllten Bodenporen. Die B. ist Voraussetzung für die Atmung der Pflanzenwurzeln und Mikroorganismen. Ihre CO_2-Konzentration steigt wegen der verzögerten Austauschvorgänge mit der Luft über dem Boden bis auf das Zehnfache der Atmosphäre an. Die dadurch entstehenden unterschiedlichen Partialdrucke von → *Kohlendioxid* und Sauerstoff führen zur langsamen Erneuerung der B. durch Diffusion.

Bodenmelioration → *Amelioration*.

Bodenmobilität *changing land ownership or use*: Veränderung der Besitz- oder Nutzungsverhältnisse an Grund und Boden durch Kauf, Pacht oder Tausch (→ *Bodenverkehr*).

Bodenmonitoring *soil monitoring*: die langfristige Beobachtung des Bodenzustands durch periodische Laboruntersuchungen, Messungen, Kartierungen, Sicherung von Referenzproben und Auswertung von Flächenstatistiken. Das B. erfasst die Entwicklung von Belastungen, die die → *Bodenfruchtbarkeit* sowie die → *Bodenfunktionen* beeinträchtigen. Wichtige Bereiche des B. sind die Erfassung der Anreicherung von Schadstoffen (→ *Schwermetalle* und organische Schadstoffe), die Beobachtung des Strukturzustands (→ *Bodenverdichtung*), die Langzeitmessung der → *Bodenerosion*, die Beobachtung des biologischen Zustands und die Erfassung der flächenhaften → *anthropogenen* → *Bodenzerstörung* durch Überbauung, Rohstoffabbau,

Überschüttung und Planierung sowie durch → *Bodenversiegelung*. Für das B. werden Dauerbeobachtungsflächen eingerichtet, auf denen eine periodische Beprobung oder regelmäßige Messungen stattfinden. B. kann zudem außer den Veränderungen im Boden an Hand von Indikatoren auch Entwicklungen bei den Boden belastenden Nutzungen erfassen. In Deutschland, Österreich und der Schweiz gibt es ein B. auf nationaler Ebene und in den einzelnen Bundesländern bzw. Kantonen.

Bodenmüdigkeit *soil fatigue*: veralteter Ausdruck für verminderte → *Bodenfruchtbarkeit*. Die B. ist in der Regel das Ergebnis verminderter Anteile der Nährstoffe v. a. infolge ununterbrochener Anbaunutzung (→ *Brache*, → *Bodenkultivierung*, → *Bodenmelioration*).

bodennahe Luftschicht *near-ground air layer*: die unmittelbar über der Erdoberfläche liegende Luftschicht von 0–2 m Höhe. Sie ist der von der Erdoberfläche stark beeinflusste Klimabereich (→ *Mikroklima*) mit großen Temperatur- und Windgradienten. Die b. L. ist für das Pflanzenwachstum, besonders auch der → *Kulturpflanzen*, aber auch für das → *Edaphon*, von großer Bedeutung.

Bodennutzung *land use*: die in der → *Landwirtschaft* nach bestimmten Grundsätzen erfolgende räumliche und zeitliche Verteilung der einzelnen Kulturarten über das gesamte → *Kulturland* (→ *Bodennutzungssystem*).

Bodennutzungsarten (Bodennutzungsformen, Kulturarten, Nutzungsarten) *forms of land use*: B. geben an, wie und wozu der Boden land- und forstwirtschaftlich sowie auf sonstige Weise genutzt wird. Die wichtigsten B. sind: → *Ackerland*, → *Gartenland*, Obstanlagen, Rebland, → *Baumschulen*, → *Wiesen*, → *Weiden*, → *Forste*, → *Wälder*, → *Ödland*, → *Unland*. Gewässer-, Siedlungs- und Verkehrsflächen gelten nicht als B..

Bodennutzungserhebung *land use survey*: in Deutschland regelmäßige, unter Aufsicht des zuständigen Bundesministers durchgeführte Repräsentativerhebung über die Art der → *Bodennutzung* im land- und forstwirtschaftlichen Bereich. Letzterer wird allerdings nur erfasst, sofern forstwirtschaftliche Betriebe → *Ackerland* bewirtschaften. Die B. unterscheidet → *landwirtschaftliche Nutzfläche* und nicht landwirtschaftlich genutzte Fläche. Eine weitere Unterteilung erfolgt nach den jeweiligen → *Bodennutzungsarten*.

Bodennutzungsformen → *Bodennutzungsarten*.

Bodennutzungssystem *land use system*: Schema zur Kennzeichnung der gesamten → *Bodennutzung* eines landwirtschaftlichen Betriebes, einer Gemeinde oder eines → *Agrargebietes*. In den gemäßigten Zonen werden alle vorkommenden → *Kulturpflanzen* einschließlich des Dauergrünlandes in eine der vier Gruppen → *Futterbau* (Dauergrünland und Feldfutter), Getreide, → *Hackfrüchte* (Feldgemüse) und → *Sonderkulturen* (meist Dauerkulturen) eingereiht. Die Bestimmung des B. erfolgt dann nach der → *Leitkultur* und der → *Begleitkultur*. Es wird dabei aber auch der unterschiedliche Arbeitsaufwand berücksichtigt. Die Gewichtung erfolgt mithilfe von → *Intensitätszahlen*, mit denen die Fläche der einzelnen Kulturen zu multiplizieren ist. Wenn das gewogene Verhältnis der Leitkultur zu den jeweiligen Begleitkulturen ein Übergewicht der ersteren von mindestens 2:1 erreicht, wird das B. allein nach der Leitkultur benannt: Getreidewirtschaft, Hackfruchtwirtschaft, Futterwirtschaft. Ist das gewogene Verhältnis von Leit- zu Begleitkultur enger als 2:1, so nennt man auch die erste Begleitkultur in der Typenbezeichnung (z. B. Getreide-Hackfrucht-Wirtschaft).

Bodenordnung *judicial ordering/organization of land*: gesetzliche Bestimmungen zum Zwecke der bestmöglichen Nutzung von Grund und Boden. Dazu zählen neben Festlegungen zu Bodeneigentum und Bodenbesitz, Bodenwirtschaft sowie Bodenbesteuerung insbesondere alle öffentlich-rechtlichen und zivilrechtlichen Maßnahmen, die sich mit der Neuordnung von Grundstücken (→ *Flurbereinigung*, → *Sanierung*, → *Flächenumwidmung* usw.) befassen.

Bodenorganismen *soil organisms*: → *Edaphon*.

Bodenpolitik *land policy*: Formulierung und Umsetzung politischer Programme zur → *Bodenordnung*. Entsprechend der vorgegebenen gesellschaftspolitischen Parameter kann sich die B. unterschiedlich in Bezug auf Eigentumsrecht und Eigentumsverteilung darstellen.

Bodenpreis *land price*: Ausdruck der → *Nachfrage* nach bestimmten Grundstücken in einem marktwirtschaftlichen System. Der B. ergibt sich durch die Bewertung aller auf ein Grundstück oder eine größere Fläche wirkenden Gunst- oder Ungunstfaktoren. In städtischen Räumen ist der B. stark von den Möglichkeiten der Bebaubarkeit abhängig, in agrarischen Räumen von der → *Bodenfruchtbarkeit*. Es wird zwischen Kaufpreis und Pachtpreis unterschieden.

Bodenproduktivität *soil productivity*: Ergiebigkeit des Bodens im landwirtschaftlichen Produktionsprozess. Die B. wird gemessen als Rohertrag je ha → *landwirtschaftlicher Nutzfläche* (LN) (Brutto-B.) bzw. als Betriebseinkommen je ha LN (Netto-B.).

Bodenprofil *soil profile*: eine charakteristische Abfolge von → *Bodenhorizonten*, die in ihrer Gesamtheit einen → *Bodentyp* repräsentieren, der im B. dargestellt wird. Praktisch ist das B. ein aufgegrabener senkrechter Anschnitt im Gelände, der den Bodenaufbau von der Erdbodenoberfläche bis zum unverwitterten Ausgangsmaterial zeigt. Am B. findet die wissenschaftliche Felduntersuchung der Böden statt.

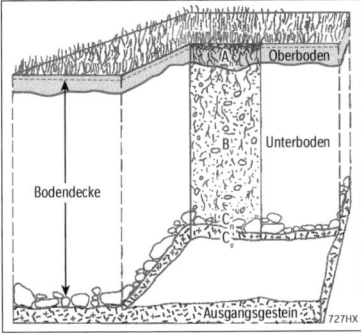

Bodenprofil

Bodenprovinz *soil province*: die Bodendecke eines größeren Raumes. So bilden z.B. die Böden der deutschen Mittelgebirge, des Oberrheinischen Tieflandes oder des Alpenvorlandes eine B..

Bodenreaktion *soil reaction*: die Konzentration der in der Bodenlösung enthaltenen Wasserstoff- und Hydroxidionen (H^+- und OH^--Ionen), welche durch den → *pH-Wert* wiedergegeben wird. Die B. ist eine wichtige Bodenkenngröße. Sie steuert Austauschvorgänge zwischen Festsubstanz und → *Bodenlösung*, beeinflusst die Mobilisierbarkeit von Stoffen und schafft unterschiedliche Voraussetzungen für Neubildungen (z.B. Tonmineralbildung). Die B. wird in der → *KA5* nach dem pH-Wert von extrem sauer (pH <3,3) bis extrem alkalisch (pH >10,7) klassifiziert. pH 7 entspricht dem Neutralpunkt. Tiere und Pflanzen sind oft an einen bestimmten pH-Bereich des Bodens gebunden.

Bodenrecht *land law*: Gesamtheit der rechtlichen Vorschriften in Bezug auf Grund und Boden. Das B. ist die gesetzliche Grundlage für die → *Bodenordnung*.

Bodenreform *land reform*: Gesamtheit der Maßnahmen zur Veränderung des → *Bodenrechts*. Im Agrarsektor (→ *Agrarreform*) ist zu unterscheiden nach Maßnahmen einer → *Bodenbesitzreform* und solchen einer → *Bodenbewirtschaftungsreform*.

Bodenreibung *bottom friction*: der von der Erdoberfläche mit der wechselnden Vegetationsbedeckung (v.a. Wald/Freiland) und dem → *Relief* ausgeübte Widerstand auf die Luftströmungen in Bodennähe (→ *bodennahe Luftschicht*).

Bodenrente *ground rent*: Ertrag pro Flächeneinheit (z.B. Hektar), der sich aus dem Verkaufspreis der (landwirtschaftlich) erzeugten Produkte abzüglich der Kosten für Produktion, Steuern und Abgaben ergibt. Werden zudem die → *Transportkosten* zum Konsumenten berücksichtigt, spricht man von der → *Lagerente*. Übertragen auf den städtischen Bodenmarkt bezeichnet die B. den lagebedingten Erlös durch Verpachtung oder Verkauf eines Grundstücks. Die B. ist im Stadtzentrum am größten (→ *Grundrente*).

Bodenruhe *fallow*: Regenerationszeit des Bodens zwischen dem Anbau zweier → *Hauptfrüchte*. Die → *Fruchtfolge* kann dabei durch ein- oder mehrjährige → *Brachen* unterbrochen sein oder es erfolgt der Anbau einer Zwischenfrucht (→ *Zwischenfruchtbau*). Heute ist zur Steigerung der Betriebsintensität eine zunehmende Einschränkung der B. zu beobachten. Die B. gibt es v.a. noch im → *dry farming*: und im Rahmen von Programmen zur Flächenstilllegung.

Bodenrutschung *soil slip, slump, earth slip, landslide*: flachgründige, kleine → *gravitative Massenbewegungen* von → *Boden*, losem → *Hangschutt* und → *Regolith* an steilen Hängen. Treten nach intensiven Dauerregen aufgrund eines hohen Porenwasserdrucks auf und sind daher typisch für humide und semihumide Klimate. Kommen v.a. auf Tonen und Mergeln vor. B. reichen oft nicht selten über den Hang hinaus, stellen aber aufgrund ihrer zeitlichen und räumlichen Häufigkeit in Gebirgen eine nicht zu vernachlässigende → *Naturgefahr* dar. Der Begriff der B. wird teilweise auch unscharf als Sammelbegriff für Prozesse des Fließens (→ *Erdfließen*) und Rutschens (→ *Rutschung*) verwendet.

Bodenschätze *natural resources, mineral resources*: natürliche Anreicherungen nutzbarer mineralischer → *Rohstoffe* in der Form ober- und unterirdischer → *Lagerstätten*.

Bodenschätzung *land evaluation*: Verfahren zur Klassifizierung des Bodens nach seiner Beschaffenheit (→ *Bodenart*, → *Bodentyp*, → *Bonitierung*) und seiner Ertragsfähigkeit. Man unterscheidet zwei Arten von B.: die Schätzung des → *Ackerlandes* und die des → *Garten*- und → *Grünlandes*. Die Schätzungen werden dabei nach dem → *Ackerschätzungsrahmen* (→ *Ackerzahl*) bzw. dem → *Grünlandschätzungsrahmen* durchgeführt.

Bodenschicht *Bottomset beds*.

Bodenschutz *soil protection*: die Gesamtheit der rechtlichen Vorschriften und praktischen Maßnahmen zur Erhaltung der Böden und der → *Bodenfruchtbarkeit*. B. bedeutet in erster Linie Vorsorge zu betreiben und schädliche Bodenveränderungen von vornherein zu vermeiden. Erst in zweiter Linie sollen bereits eingetretene Schäden saniert werden (Gefahrenabwehr). Die wichtigsten Belastungen des Bodens sind Bodenerosion, mechanische Belastung durch Befahren (Verdichtung), Eintrag von Schadstoffen auf vielfältigen Pfaden, Bodenversiegelung und Flächenverbrauch durch Überbauung. Entsprechend vielseitig sind die Maßnahmen des B. Bodenschutzgesetze und -verordnungen setzen den rechtlichen Rahmen für den B. (in Deutschland: Bundesbodenschutzgesetz und -verordnung). Der B. gliedert sich in den – Substanzschutz (Erhaltung der → *Gründigkeit* und → *Bodenstruktur*), – Funktionsschutz (Erhaltung der Bodenbiozönose, der stofflichen und der wasserhaushaltlichen Funktionsfähigkeit) und – Flächenschutz (haushälterischer Umgang mit der Bodenfläche, Minimierung der → *Bodenversiegelung*). Der vorsorgende B. verlangt von den Eigentümern und Bewirtschaftern generell einen schonenden Umgang mit dem Boden und die Anwendung der „Guten fachlichen Praxis" sowie eine umweltgerechte Nutzungsplanung. Die Stufe der Gefahrenabwehr ist erreicht, wenn unmittelbare Schäden oder Gesundheitsgefährdung drohen oder bereits eingetreten sind. Im stofflichen Bereich gibt es dafür Prüf- und Grenzwerte, bei deren Überschreiten zwingend Maßnahmen vorgeschrieben sind. Im Extremfall bedeutet dies Bodensanierung, d. h. eine vollständige Reinigung oder Entfernung des belasteten Bodens. Ein natürlicher Boden kann dabei jedoch nie wieder hergestellt werden, weswegen die Vorsorge besonders wichtig ist. Die wichtigsten Akteure im B. sind die Bodennutzer, deren Motivation und Kenntnisse über den Boden und die Schutzmöglichkeiten durch Beratung gefördert werden (Bodenbewusstsein). Wichtige praktische Arbeitsbereiche sind dabei z. B. die Landwirtschaftsberatung und die bodenkundliche Baubegleitung.

Bodenschutzkonzept *soil conservation concept*: aus einem Grundlagenteil und einem Maßnahmenteil bestehende Dokumentation zur Problemsituation des Schutzguts → *Boden* in einem durch administrative Grenzen bestimmten Raum (Gesamtstaat, Land, Kreis, Kanton, Kommune). Die hauptsächlichen Ziele sind: – Bestandsaufnahme der Bodenprobleme und → *Bodenbelastungen*, – Formulierung langfristiger Schutzziele, – Skizzierung des gesetzlichen und technischen Handlungsbedarfes, Abstecken eines Handlungsrahmens, – Aufzeigen von allgemeinen und regionsspezifischen Lösungsansätzen und Einzelmaßnahmen, – Darstellung von Instrumentarien für den Vollzug. Die Maßnahmenpläne sind in Bezug auf Inhalte und Akteure unterschiedlich breit und differenziert ausgestaltet. Besonders wünschenswert, aber in den wenigsten Konzepten verwirklicht, ist die Angabe von klaren Prioritäten sowohl im Problem- als auch im Maßnahmenbereich.

Bodensequenz *soil catena*: typische, kleinräumige Abfolge von Böden verschiedener Beschaffenheit, die in ihrer Entstehung einen räumlichen Zusammenhang zeigen oder den unterschiedlichen Einfluss bestimmter → *Bodenbildungsfaktoren* widerspiegeln (→ *Bodencatena*, → *Catena*, → *Toposequenz*).

Bodenskelett *coarse fragments*: die im Boden enthaltenen Gesteinskomponenten, welche größer als 2 mm sind. Dabei werden Grus, → *Steine*, → *Kies* und Blöcke unterschieden.

Bodenspekulation *land speculation*: Grunderwerb mit der Absicht der Gewinnabschöpfung aus Preisveränderungen am Bodenmarkt. Der Bodenspekulant baut auf eine kurzfristige Wertsteigerung des Bodens, ohne dass für ihn besondere Aufwendungen anfallen.

Bodenständigkeit *rootedness*: Standortverhaftung der Bevölkerung oder Wirtschaft über Generationen hinweg. Dabei handelt es sich nicht immer nur etwa um Gewerbe, das von den am → *Standort* vorkommenden Rohstoffen abhängig ist, sondern auch um Betriebe, die mit dem → *Wirtschafts-* und Sozialraum eine historisch gewachsene Verbindung aufweisen (→ *Persistenz*).

bodenstet *durable, long-term settlement*: auf Dauer angelegte → *Siedlung* mit entsprechenden → *Behausungen* (→ *bodenvag*).

Bodenstruktur *soil structure*: identisch mit → *Bodengefüge*.

Bodensystematik *soil systematics*: Gliederungssystem, das die Böden verschiedenster Beschaffenheit nach einem festgelegten Prinzip einordnet. Die in Europa angewendete B. orientiert sich an der Bodengenese und kombinieren diese mit Einzelmerkmalen (sog. kombinierte Klassifikationssysteme) (→ *Deutsche Bodensystematik*). Die Böden werden nach ihrer Entwicklung, ihrem Entwicklungszustand und Merkmalen einzelner → *Bodenhorizonte* hierarchisch in Abteilungen, Klassen, Typen, Subtypen und Varietäten gegliedert. Ein anderes Ordnungsprinzip stellt dagegen das System der US-Bodenklassifikation (→ *Soil Taxonomy*) dar, welches die Böden ausschließlich auf der Basis exakt definierter chemischer, physikalischer und bodenmorphologischer Merkmale einordnet. Der Vorteil dieses Systems ist die relativ einfache standardisierte Anwendbarkeit in ganz verschiedenen Bodenregionen der Erde. Für die weltweite Betrachtung hat die Internationale Bodenkundliche Union die → *WRB* geschaffen.

Bodentextur *soil texture*: → *Bodenart*.

Bodentyp *soil type*: abstrakte Beschreibungseinheit, welche Böden mit ähnlichem Entwicklungszustand und ähnlichen Horizontabfolgen (→ *Bodenhorizont*), die aus dem Zusammenwirken der → *Bodenbildungsfaktoren* am jeweiligen Standort resultieren, zusammenfasst.

Bodenübersichtskarte *soil survey map*: flächenhafte Darstellung der Bodenverbreitung in einem größeren Gebiet. B. werden in Maßstäben von 1:50 000 bis zu 1:1 Mio. erstellt. B. entstehen nicht allein auf der Basis von Aufnahmen des Bodens im Gelände. Sie sind vielmehr interpretierte Karten, d. h. die → *Areale* werden auf der Grundlage geologischer Karten, des Reliefs, der Hauptnutzungen und allen anderen verfügbaren bodenrelevanten Informationen abgegrenzt, heute in der Regel mit Methoden der → *digitalen Bodenkartierung* (→ *Digital Soil Mapping*). Die Areale von B. sind immer → *heterogen*, sie beinhalten also ein Muster von mehreren → *Bodentypen* (→ *Leitboden*).

bodenvag *irrespective of soil*: (1.); *temporary, short-term settlement* (2.): – in der → *Ökologie* relativ unabhängig vom Untergrund, mit unspezifischen Ansprüchen an die Bodenbedingungen. – nicht auf Dauer angelegte Siedlung, z. B. eine Zeltsiedlung von Nomaden.

Bodenvarietät *soil variant*: unterste Einheit der genetisch orientierten Bodenklassifikation (→ *KA5*). Varietäten sind durch bestimmte Detailmerkmale näher gekennzeichnete Bodensubtypen.

Bodenverbesserung → *Amelioration*.

Bodenverdichtung *soil compaction*: Vorgang der Verringerung des Gesamtvolumens des Bodens durch Verpressung oder Setzung sowie der Erhöhung der effektiven Lagerungsdichte durch Einlagerung transportierter Substanz. Als Folge davon steigt der Anteil der Festsubstanz (erhöhte Lagerungsdichte), das → *Porenvolumen* verringert sich und die → *Porengrößenverteilung* verändert sich (Abnahme des Grobporenanteils). Es werden pedogene B. als Folge von natürlichen Bodenentwicklungsprozessen (z. B. → *Tonverlagerung*) und → *anthropogene* B. als Folge mechanischer Belastungen durch unsachgemäße Nutzung unterschieden. B. wirkt sich auf die Bodenwasserbewegung, den Lufthaushalt und das Wurzelwachstum aus. Eine Hemmung der → *Sickerung* und erhöhte Neigung zu → *Vernässung* kann die Folge sein, wodurch u. U. auch der Oberflächenabfluss und damit das Erosionsrisiko ansteigt. Künstliche B. von landwirtschaftlich genutzten Böden sind wegen des zunehmenden Einsatzes großer schwerer Maschinen verbreitet.

Bodenverkehr *ground-based traffic*: zusammenfassender Begriff für alle Transportarten an einem Flughafen, die für die Ermöglichung des → *Luftverkehrs* benötigt werden.

Bodenverkehr *legal land transactions*: Gesamtheit der Rechtsänderungen, insbesondere Eigentumsänderungen, beim Boden (→ *Bodenmobilität*).

Bodenversalzung *soil salinization*: durch → *Verdunstung* bewirkte Anreicherung von Mineralien, besonders Salzen, im → *Oberboden* oder an der Erdoberfläche mit der Möglichkeit der Salzkrustenbildung. Dieser in → *ariden* bis → *semiariden* → *Klimaten* natürliche Prozess wird dort bei der Landnutzung durch → *Bewässerung* begünstigt. In der gemäßigten Klimazone kommt es zu B. durch Verregnung oder Bewässerung von Äckern mit salzhaltigen Abwässern oder im Bereich der Straßen durch Streusalzeinsatz.

Bodenversauerung *soil acidification*: Prozess der Konzentrationszunahme der freien Wasserstoffionen im Boden (→ *Bodenreaktion*). Die B. ist meist fortschreitend und wird durch gleichzeitige Produktion von H$^+$-Ionen und Verluste basisch wirkender Austauschkationen gefördert. Die mengenmäßig größten Verluste erleidet der Boden durch Auswaschung mit dem Sickerwasser. Aktive H$^+$-Ionenproduktion entsteht bei der Atmung (Kohlendioxid bildet mit Wasser Kohlensäure), der Humifizierung (Bildung von Humussäuren) und der Oxidation von Schwefel- und Stickstoffverbindungen oder durch anthropogene Säureeinträge (pH-Wert).

Bodenversiegelung (Versiegelung) *soil sealing*: besonders in der → *Stadt* eine relevante technogene Trennung von → *Pedosphäre* und dem oberirdischen Teil des → *Geoökosystems* durch Abdeckung der Erd- bzw. Bodenoberfläche mit weitgehend impermeablen Materialien wie Beton, Teer, Plattenbelägen, Pflastersteinen und Gebäuden. Der → *Boden* als → *Speicher* mit seiner → *Filter*-, → *Puffer*- und Transformationsfunktion verliert durch die B. seine ökologische Wirkung, weil Wasser-, Gas- und Stoffaustausche zwischen oberirdischen und subterranen Teilen des Geoökosystems unterbrochen sind. Zugleich ist er nicht mehr Pflanzenstandort. Den Grad der Unterbrechung bestimmen Art, Ausdehnung und Mächtigkeit der B.. Unterschieden werden Vollversiegelungen (Gebäude, Straßen, Plätze etc.) und Teilversiegelungen (Deckschichten ohne Bindemittel, Lochsteine, poröse Beläge, kleinräumige Wechsel z. B. gepflasterter und nicht gepflasterter bzw. geteerter und nicht geteerter Flächen) (→ *anthropogene Materialtypen*).

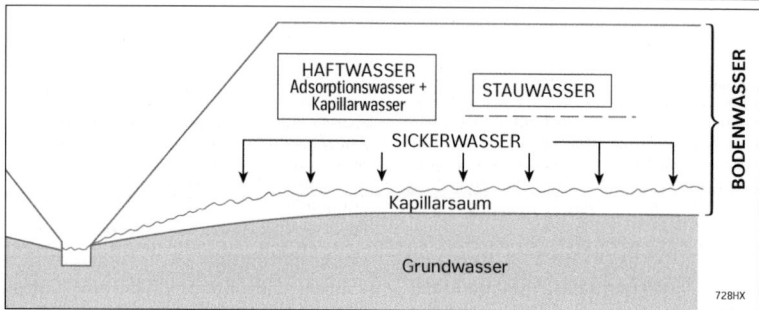

Bodenwasser

Bodenvorratspolitik *land reserve/bank policy*: Formulierung und Umsetzung von Konzepten zur Bevorratung von Grund und Boden für die → *öffentliche Hand*. Zur sinnvollen Durchsetzung von Raumordnungsmaßnahmen (z. B. Verkehr, Wohnungsbau, Industrieansiedlung) muss Boden ausreichend, rechtzeitig und zu einem tragbaren Preis für Bund-, Länder- und Gemeindeaufgaben zur Verfügung stehen. Allerdings ist eine weitreichende B. insofern ineffizient, als Steuergelder langfristig zinslos im Boden gebunden wären, was spätere wirtschaftliche Vorteile wie die Bereitstellung von Bauland für gewerbliche Standorte nicht mehr aufwiegen können.

Bodenwärmehaushalt *soil heat budget*: die Umsetzung von Wärmeenergie im Boden und das daraus resultierende Temperaturverhalten. Die kurzwellige Strahlungsenergie (→ *Strahlungsbilanz*) wird an der Bodenoberfläche in Wärmeenergie umgewandelt. Ein Teil dieser Wärmeenergie gelangt über molekulare Wärmeleitung in den Boden, weil durch die starke Erwärmung der Bodenoberfläche ein Temperaturgefälle zwischen Oberfläche und dem Inneren des Bodenkörpers entsteht. Nachts kehrt sich dieser Prozess wegen Abkühlung der Oberfläche als Folge der Ausstrahlung um: Die Wärmeenergie fließt vom Bodenkörper an die Oberfläche. Die obersten Zentimeter des Bodens sind somit täglichen Schwankungen des Wärmeinhalts ausgesetzt. Mit zunehmender Bodentiefe erfährt der B. eine immer stärkere zeitliche Verzögerung. Unterhalb etwa 1 m Bodentiefe sind nur noch Jahresschwankungen des Wärmeinhaltes messbar. Unterhalb etwa 2 m Tiefe gibt es keine Veränderungen mehr. Wegen der sehr hohen Wärmekapazität des Wassers ist die Temperaturreaktion des Bodens auf die Wärmeflüsse stark vom Wassergehalt abhängig. Trockene Böden erwärmen sich stärker und im Frühjahr schneller als feuchte Böden. Feuchte Böden weisen geringere Tages- und Jahresschwankungen der Temperatur auf und sind kühler. Der B. wirkt sich v. a. auf die biotischen Stoffumsätze (→ *biotische Aktivität*), die Entwicklung von → *Humus* und das Pflanzenwachstum aus.

Bodenwasser *soil water*: das gesamte im → *Boden* enthaltene Wasser mit Ausnahme des mineralisch gebundenen → *Kristallwassers*. Es setzt sich aus dem → *Grundwasser* und dem B. im engeren Sinne, d. h. → *Haftwasser*, → *Stauwasser* und → *Sickerwasser* zusammen. Das Haftwasser wird auch als → *Bodenfeuchte* bezeichnet. Aus der jahreszeitlichen Veränderung des B.gehaltes in den verschiedenen Bodentiefen ergibt sich das → *Bodenfeuchteregime*. Ökologisch besonders wichtig ist das in den Mittelporen gespeicherte Haftwasser, weil dieses durch die Pflanzen aufgenommen werden kann (→ *nutzbare Feldkapazität*).

Bodenwasserhaushalt *soil water budget*: Veränderungen der Bodenwassergehalte in ihren jahreszeitlichen Schwankungen und der Tiefenverteilung von frei beweglichem Wasser und → *Haftwasser* sowie die Umsätze von → *Bodenwasser* durch → *Verdunstung* und → *Sickerung*.

Bodenwert *land value*: Wert eines Grundstücks. Seit Inkrafttreten des → *Bundesbaugesetzes* (1960) entspricht der B. dem Verkehrswert von Grund und Boden. Der Kaufpreis eines Grundstücks (→ *Bodenpreis*) ist das Ergebnis der Wertvorstellung von Käufer und Verkäufer. Er drückt den Wert aus, den beide Parteien dem Grundstück gemeinsam am Markt beimessen.

Bodenwertsteuer *land value tax*: Besteuerung des unverdienten Gewinns an einer Bodenwertsteigerung (→ *Bodenspekulation*). In einigen europäischen Ländern existiert eine derartige Besteuerung von Wertsteigerungen privater Grundstücke aufgrund kommunaler oder staatlicher Maßnahmen, z. B. bei der Umwidmung landwirtschaftlicher Flächen in → *Bauland* im → *Flächennutzungsplan*.

Bodenwind *surface wind*: durch → *Bodenreibung* gebremste Luftströmung in der untersten Luftschicht mit einer ageostrophischen Bewegungskomponente (→ *ageostrophischer Wind*).

Bodenwühler *burrowing animals*: durchmischen den Boden (→ *Bioturbation*), verbessern seine Durchlüftung und reichern durch Eintrag von Nahrungs- und Nestmaterial, durch ihre Ausscheidungen und durch Überdeckung der Vegetation mit Aushubmaterial die → *organische Substanz* im Boden an. Zu den B. zählen z.B. Regenwürmer, Präriehunde, Ziesel und Erdhörnchen.

Bodenzahl *soil category*: relative Bewertungszahl für die Ertragsleistung von Böden, die einen bestimmten Nutzungsstandort dem ertragreichsten Boden Deutschlands – einer Schwarzerde in der Magdeburger Börde, die gleich 100 gesetzt wird – gegenüberstellt (→ *Ackerzahl*, → *Grünlandzahl*, → *Bodenschätzung*).

Bodenzerstörung *soil destruction, soil deterioration*: 1. Vernichtung des Bodens durch Prozesse der → *Bodenerosion*. 2. zu Bodenabtrag führende Tätigkeiten des wirtschaftenden Menschen, meist als → *Raubbau* (Brandrodung, → *Desertifikation*, Kahlschlag, → *Überstockung*, → *Überweidung*).

Bodenzone *soil zone*: das zu einer Klima- und Vegetationszone gehörende, globale Bodenverbreitungsgebiet.

Bogendelta *arcuate delta*: so weit ins Meer vorgebautes → *Delta*, dass aufgrund der wirkenden Meeresströmungen kein weiterer Vorbau mehr möglich ist. Deshalb wird die angelieferte Flussfracht seitwärts als → *Nehrungen* abgelagert. Zwischen den Nehrungen können sich → *Lagunen* bilden, die sich bei vollkommenem seewärtigen Abschluss durch die Nehrungen zu → *Deltaseen* weiterentwickeln können. Bei → *Verlandung* der Deltaseen besteht der Außenrand des Deltas schließlich aus verschiedenen zusammengewachsenen, bogenförmigen Nehrungen.

Bohnerz *pisolitic iron ore*: erbsen- bis bohnenförmige Kugeln aus braungelbem bis ockergelbem Brauneisen, die durch Ton oder Quarzsand verbunden sind. Die B. spielen bei der Datierung alter Landoberflächen in den tertiären und mesozoischen Gesteinen Mitteleuropas eine große Rolle. Sie treten häufig zusammen mit tertiären Faunen auf. Im Mittelalter und in der frühen Neuzeit erfolgte auch B.-abbau, belegt durch Bergbauspuren in vielen Wäldern der Hügel- und Bergländer der Mittelgebirgsschwelle.

Bölling-Interstadial *Bølling, Bölling interstadial*: Phase (11720-11590 v. Chr.) im → *Spätglazial* (Spätwürm) nach der Ältesten → *Dryaszeit*. Erste schwache Wärmeschwankung der Nacheiszeit und damit erste Wiederbewaldung Mitteleuropas mit lichten Kiefern- und Birkenwäldern und Zwergstrauchheiden (→ *Dryaszeit*, → *Interstadial*, → *Würm-Kaltzeit*).

Bolson *bolson*: flaches, → *intramontanes Becken* ohne Abfluss in ariden oder semiariden Gebieten Lateinamerikas, wobei ein Teil der Becken auf tektonische Einbrüche zurückgeht. Zwischen den Randgebirgen und dem Beckeninneren ergibt sich eine Formenabfolge, die am Gebirgsrand mit → *Pedimenten* beginnt, in die → *Bajados* übergeht und schließlich in der → *Playa* endet, wo sich meist eine → *Salztonebene* befindet.

Bombe *volvanic bomb*: gerundetes Lavastück mit einer Größe von über 64mm, das bei einem Vulkanausbruch ausgeschleudert wird und seine rundliche bis längliche Gestalt durch Drehung in der Luft erhält (→ *Lava*, → *Pyroklast*).

Bonität *credit rating*: Maßstab für die Kreditwürdigkeit von Schuldnern. Je besser die Bonität eines Schuldners, desto niedriger sind die Zinsen (→ *Zins*), die als Risikoprämien an den Kreditgeber gezahlt werden müssen.

Bonität *fertility degree*: allgemein die Qualität bzw. Leistungsfähigkeit eines Standortes in Bezug auf Ertrag (Standortgüte). In der Land- und Forstwirtschaft wird die Wuchsleistung damit bezeichnet, in der Pflanzensoziologie die → *Vitalität* der Bäume, weil die Vitalitätsangaben nur für Krautgewächse anwendbar sind. Häufig werden die B.-Werte auch als Ertragsklassen bezeichnet.

Bonitierung *determination of land value for tax purposes*: auch → *Bodenschätzung* bzw. → *Bodenbewertung*, d.h. Feststellen des → *Bodenwertes* als steuerliche Bemessungsgrundlage. Die B. berücksichtigt die → *Bodenarten*, ihre Entstehungsgrundlage, die Einwirkung des Reliefs und den Bodenzustand als Ergebnis der Einwirkung von Klima und Vegetation. Neben den natürlichen Faktoren werden auch Absatz- und Verkehrslage einbezogen. Man bewertet die Böden in Deutschland von den minderwertigen bis zu den besten Böden mit den Ziffern 1 bis 100 (→ *Ackerschätzungsrahmen*, → *Bodenzahl*).

Boolean Datentyp von Variablen, die in der Programmierung i.d.R. zwei Zustände annehmen können (true oder false). Variablen vom Typ B. (auch „Schaltvariablen" genannt, *switching variables:*) werden häufig in bedingten Anweisungen oder Schleifen eingesetzt. Daher sind sie bei der Erstellung → *i*-nteraktiver Kartenanwendungen und → *Web-GIS* von grundlegender Bedeutung. Die Bezeichnung B. geht zurück auf den englischen Mathematiker und Logiker George Boole (1815-1864).

Boom → *Aufschwung*.

Bootsstadt *boat town*: permanente Siedlung von Bevölkerungsgruppen, die überwiegend oder ständig auf Wohnbooten an Fluss- oder Seeufern leben. B. existieren insbesondere in Ost- und Südostasien, meist als → *Stadtteile* dicht besiedelter → *Großstädte*. Sie sind z. T. Folge hoher → *Bodenpreise* und Wohnkosten.

Bora *bora*: kalter und böiger → *Fallwind* an gebirgigen Küsten. Die Bezeichnung leitet sich vom locus typicus an der Dalmatinischen Küste ab. Die B. trifft als kalter Fallwind an der Küste ein, weil der dynamische Erwärmungseffekt (→ *adiabatische* Erwärmung) auf die abströmende kontinentale → *Kaltluft* zu gering ist.

Börde Typ der norddeutschen → *Kulturlandschaft*, bei dem aufgrund der naturräumlichen Ausstattung (→ *Löss*) die landwirtschaftlichen Betriebsformen Hackfruchtbau (v. a. Zuckerrübe) und Getreidebau (v. a. Weizen) landschaftsbestimmend sind. Die fruchtbaren → *Böden* auf → *Löss* (z. T. → *Schwarzerden*) weisen → *Ackerzahlen* bis zu 100 auf. Die bekanntesten deutschen B. sind die Magdeburger, die Braunschweig-Hildesheimer, die Soester und die Jülicher B..

Bore *tidal bore*: hohe, stromaufwärts dringende, gezeitenbedingte Flutwelle in Trichtermündungen (→ *Ästuar*).

Boreal *boreal, boreal zone (1.); boreal, boreal period (2.):* – ein Klima- und Ökosystembereich, der nördlichen kalt-gemäßigten, kontinentalen Klima zugehörig (→ *boreales Klima*, → *boreales Nadelwaldbiom*). – Klimaabschnitt des → *Postglazials* 10120–9250 J. v. h. Das B. ist die frühe → *Wärmezeit* (oder → *Haselzeit*), in der neben Hasel und Birke Kiefern- und Eichenmischwälder auftraten. Die → *Fauna* zeichnete sich durch Zunahme wärmeliebender Arten aus, v. a. bei Kleinsäugern und Schnecken.

boreales Klima *boreal climate*: kaltgemäßigtes bis kaltes, abseits der Küstenlagen eher niederschlagsarmes Klima mit großen Jahreszeitenunterschieden. Die Winter sind extrem kalt (bis -40 °C im Januarmittel), die Sommer dagegen ausgesprochen warm und mit ihren Temperaturmitteln den Verhältnissen in den → *kühlgemäßigten* → *Mittelbreiten* (→ *gemäßigte Breiten*) vergleichbar. Daraus resultieren Jahresamplituden der Temperatur von bis zu 60 °C. B. K. hat auf der Nordhalbkugel weite Verbreitung (von 28° N in Innerasien bis 70° N in Fennoskandien). Entsprechend vielfältig sind die Varianten.

boreales Nadelwaldbiom *boreal coniferous forest biome*: zirkumpolarer, breiter Nadelwaldgürtel der Nordkontinente südlich der arktischen → *Tundren*. Neben zahlreichen Koniferenarten (Fichten, Tannen, Kiefern, Lärchen) treten auch Birken, Pappeln, Erlen und Weiden auf. Das b. N. hat kurze, warme Sommer und lange, kalte und meist schneereiche Winter. In Eurasien wird das b. N. als → *Taiga* bezeichnet (→ *Boreal*). Charakteristischer Bodentyp ist der → *Podsol*.

Borowina (Auenrendzina) *Gleysol*: ältere, nicht mehr gebräuchliche Bezeichnung für eine humusreiche → *Kalkpaternia*.

Börse *stock exchange*: Ort, an dem zu festgesetzten Zeiten regelmäßig zugelassene Personen Geschäfte in Waren und → *Wertpapieren* auf der Grundlage der Börsenordnung abschließen. Man unterscheidet Warenbörsen, Wertpapierbörsen und Devisenbörsen. Die B. wird als der perfekte Markt angesehen, da → *Angebot* und → *Nachfrage* räumlich und zeitlich kongruent auftreten und folglich eine unverzügliche Preisbildung eintritt, die Geschäfte nach einem vorgegebenen Modus abgewickelt werden und in sehr großem Umfang Markttransparenz gegeben ist.

Böschung *slope, bank*: Geländeknick; meist → *anthropogener* Entstehung. Bei natürlicher Entstehung des Geländeknicks spricht man von → *Hang*.

Böschungsschicht → *Foreset beds*.

Böschungswinkel *angle of slope, slope angle, angle of stability (1.); angle of repose, critical slope, slope of equilibrium (2.)*: Neigungswinkel eines Hanges (→ *Hangneigung*). Es wird unterschieden in 1. beim kritischen B. hat die Hangneigung einen kritischen Wert erreicht, oberhalb dessen es zu → *Rutschungen* und anderen → *gravitativen Massenbewegungen* kommen kann. Der kritische B. ist ein Begriff aus der Theorie der selbstorganisierten Kritikalität (self-organized criticality) und beschreibt, wie sich beispielsweise ein Sandhaufen durch fortschreitende Akkumulation einem kritischen Neigungswert annähert und um diesen selbstorganisiert schwankt. 2. – der natürliche B. ist jener maximale Neigungswinkel, bis zu dem kohäsionslose Lockersedimente stabil sind, es also beispielsweise nicht zu → *gravitativen Massenbewegungen* kommt. (→ *Reibungswinkel*).

Botanik (Pflanzenkunde) *botany*: Teilgebiet der → *Biologie*, das sich mit der Organisation und den Lebensfunktionen von → *Pflanzen* beschäftigt. Die B. gliedert sich in → *Morphologie*, → *Physiologie*, Systematik (→ *Taxonomie*) und *Pflanzengeographie* (→ *Vegetationskunde* und → *Chorologie*).

Bottomset bed (Bodenschicht) *bottomset bed*: horizontal abgelagerte → *Schwebfracht* eines in ein anderes Gewässer mündenden Flusses, der dort ein → *Delta* bildet. Zusammen mit → *Topset beds* und → *Foreset beds* bilden die *Bottomset beds*: die charakteristische dreigegliederte Deltaschichtung.

Bottom-up „von unten nach oben": Analyse-, Denk- und Wirkrichtung, die in vielfältigen Sinnzusammenhängen für Analyse- und

Syntheseprozesse verwendet wird, i. d. R. gemeinsam mit dem Gegenspieler → *Top-down*. Beispiele für B.-u. sind → *Induktion*, → *Partizipation* oder → *Selbstorganisation*.

Boulevard *boulevard*: breite innerstädtische Straße, meist als → *Ringstraße* an der Stelle ehemaliger Befestigungsanlagen gebaut. Heute sind B. häufig gehobene Einkaufsstraßen (→ *City*, → *Stadt*).

bounded rationality *beschränkte Rationalität*: ökonomisches Verhalten, wonach ein Individuum (→ *satisfizer*) im Gegensatz zum Modell des → *homo oeconomicus* nur über beschränkte, unvollständige Marktinformation verfügt und lediglich nach Nutzenerfüllung, nicht aber → *Nutzenmaximierung* strebt (→ *verhaltenstheoretischer Ansatz*, → *optimizer*).

Boykott *boycott*: Anwendung einer politisch, sozial oder wirtschaftlich begründeten Zwangsmaßnahme. Im Handel kann sich ein B. als Auftrags- oder Liefersperre äußern. Im Gegensatz zum staatlichen → *Embargo* ist der B. privat(-wirtschaftlich) organisiert.

Brache *fallow*: unbestellt liegendes → *Ackerland*. Durch die B. soll sich der Boden erholen bzw. Wasser speichern. Man unterscheidet – Schwarzbrache, bei der der Boden „schwarz", d. h. durch mehrfaches Umpflügen vegetationslos bleibt; – Grünbrache mit Selbstberasung bzw. Verunkrautung; – Halbbrache (Teilbrache) bei der nach frühen Feldfrüchten kein weiterer Anbau im gleichen Jahr mehr folgt; – Trockenbrache (→ *Dryfarming*), bei der der Boden erst wieder bestellt werden kann, wenn er genügend Feuchtigkeit aufgenommen hat.

In Hochlagen der Gebirge kann die Höhen-B. eine Rolle spielen, da wegen der Kürze der → *Vegetationsperiode* ein B.-Jahr notwendig sein kann. Die Grünbrache wird zur besömmerten B., wenn auf dem B.-Feld → *Futterpflanzen* angebaut werden (verbesserte → *Dreifelderwirtschaft*). Die → *Sozialbrache* ist keine B. im eigentlichen Sinne, sondern weist auf sozialwirtschaftliche Veränderungen in der Landwirtschaft hin.

Brachsenregion (Bleiregion) *bream zone*: Bestandteil der biologischen → *Fließgewässergliederung* in Mitteleuropa. Die B. geht aus der → *Barbenregion* hervor. Sie ist typisch für Flüsse der Niederungen mit geringen Fließgeschwindigkeiten und schlammigem Untergrund. Die Arten sind an trübes, sauerstoffarmes und relativ warmes Wasser angepasst. Die B. wurde nach der Brachse (*Abramis brama*) bzw. der Brasse/dem Blei benannt.

Brachwirtschaft *fallow rotation*: → *Ackerbausystem* mit ein- oder zweijähriger → *Brache* in der → *Fruchtfolge*. Früher war die B. im Rahmen der → *Dreifelderwirtschaft* verbreitet. Das Einschalten von Brachjahren spielt heute nur noch beim → *Regenfeldbau* (→ *Dryfarming*) eine Rolle.

Brackmarsch *brackish marsh*: die im → *Brackwasserbereich* aus → *Schlick* gebildeter → *Marsch*. In der → *deutschen Bodensystematik* (→ *KA5*) bezeichnet die B. Subtypen der → *Rohmarsch*, → *Kalkmarsch*, → *Kleimarsch* und → *Haftnässemarsch*.

Brackwasser *brackwater,brackish water*: Wasser mit einem erheblich geringeren Salzgehalt als → *Meerwasser* (ca. 1 bis 10‰). Das B. entsteht durch Mischung von Meer- und → *Süßwasser* im Mündungsbereich von Flüssen, in → *Strandseen* oder in abgetrennten Meeresbuchten. Auch → *Binnenseen*, in denen → *Salz* angereichert wurde, oder aussüßende Binnenmeere enthalten B.. Es ist ungenießbar und oft bakterienhaltig.

Braindrain (Talentschwund) *brain drain*: Verlust von hochqualifizierten Arbeitskräften durch → *Abwanderung*. Der B. ist ein weitverbreitetes Phänomen in sog. → *Entwicklungsländern*, von wo Ärzte, Techniker, Wissenschaftler und andere hochqualifizierte Arbeitskräfte wegen der beruflich besseren Chancen, teilweise aber auch wegen politischer Verfolgung in die → *Industrieländer* gehen. Der B. geht mit einem Verlust von Bildungsinvestitionen und → *Humankapital* in den Herkunftsländern einher.

Branche *type of industry*: aus dem Französischen stammende Bezeichnung für → *Wirtschaftszweig* oder Geschäftszweig. Bezeichnet eine Gruppe von Unternehmen, die nah verwandte Produkte oder Dienstleistungen herstellen. Die Klassifikation erfolgt durch eine → *Wirtschaftssystematik*.

Brände *fire*: Gegenstand der → *Feuerökologie* und in vielen → *Klima*- und → *Vegetationszonen* der Erde verbreitet. Werden aber meist nur als Waldbrände (tropischer → *Regenwald*, → *boreales Nadelwaldbiom*) wahrgenommen. Kommen jedoch auch großflächig als Gras-, Busch- und Savannenbrände in allen wechselfeuchten Klimaten vor. Entstehen manchmal natürlich (Blitzschlag); meist werden B. durch den Menschen verursacht (→ *Brandrodung*, → *Brandrodungswirtschaft*, → *Feuer*).

Brandenburger Stadium *Brandenburgian stade*: älteste Eisrandlage der → *Weichsel-Kaltzeit*.

Brandkultur → *Brandrodungswirtschaft*.

brand-park *brand park*: ein → *Freizeitpark*, der Attraktionen unter dem Vorzeichen einer bestimmten Marke („brand") bietet, z. B. Legoland.

Brandrodung *slash-and-burn*: → *Rodung* durch Fällen der Baumvegetation und anschließendem Abbrennen der Stämme zusammen mit der Restvegetation, um dann

Anbau zu treiben. Die Böden auf B.-Flächen erschöpfen v. a. in den → *Tropen* sehr rasch.

Brandrodungswirtschaft (Brandkultur) *slash-and-burn farming, shifting cultivation*: Form der Bodenbewirtschaftung. Diese Form des → *Wanderfeldbaus* ist in den tropischen und subtropischen Waldgebieten verbreitet. Es handelt sich um eine flächenextensive → *Landwechselwirtschaft* (→ *shifting cultivation*), da wegen der Erschöpfung des Bodens bereits nach wenigen Jahren das Feld verlassen wird und es zu einer neuen → *Brandrodung* kommt. Auf den alten Kulturflächen entwickelt sich langsam ein → *Sekundärwald* (→ *Rodung*).

Brandung *surf*: die gebrochene und auslaufende oder schlagende Bewegung von Wasser bzw. → *Wellen* (die überkippen und dabei Luft aufnehmen) an der → *Küste*, wobei → *Brandungserosion* bewirkt wird und diverse Formen entstehen, z. B. → *Brandungsgasse*, → *Brandungshöhle*, → *Brandungshohlkehle* und → *Brandungskanal*.

Brandungserosion (Brandungswirkung) *marine erosion, sea erosion*: Abtragungsarbeit, also destruktive Wirkung der → *Brandung* an Küsten aus Lockersediment (→ *Strand*, → *Küstendüne*, → *Marsch*) oder Festgestein (→ *Steilküste*, → *Kliffküste*). Dabei ist die → *Abrasion* flächenhaft wirksam, während lokal in Klüften die Luft zusammengepresst wird, wodurch sich der Druck auf das umliegende Gestein erhöht, dieses geschwächt wird und sich die Klüfte sukzessive vergrößern. Die B. schafft auch das → *Kliff* und verlegt es zurück.

Brandungsgasse *wave-cut recession*: führen dicht gescharte → *Klüfte* in einem → *Kliff* längs (landeinwärts, also quer zur Küstenlinie) in das Gestein hinein, wird in diesen Klüften durch aufschlagende Wellen die Luft zusammengepresst und so der Druck auf das umliegende Gestein erhöht (ein Prozess der → *Brandungserosion*). Mit der Zeit werden die Klüfte vergrößert, → *Brandungshöhlen* entstehen, bis das darüberliegende Gestein ggf. nachstürzt. Es entstehen schluchtartige Einbuchtungen im Kliff, die B. Wird ein vorspringender Bereich des Kliffs durch eine B. vom restlichen Kliff isoliert, ist ein sog. → *Brandungspfeiler* entstanden.

Brandungsgeröll *marine pebbles, marine gravel, marine rubble*: Prototyp der → *marinen* → *Gerölle*, die bei der Brandungsarbeit durch → *Brandungserosion* auf der → *Abrasionsplattform* bewegt werden und dabei als Schleifwerkzeug für die → *Abrasion* wirken. Ihre Sedimentation erfolgt entweder an einem Schotterstrand oder auf der → *Seehalde*. Die B. sind, wegen der intensiven Bearbeitung und heftiger Wellenbewegungen sehr stark gerundet.

Brandungshöhle *sea cave, littoral cave, wave-cut cave*: Abtragungsform der → *Brandungserosion* an → *Steilküsten* in Festgestein, das durch quer zur Küstenlinie gerichtet Kluftscharen gekennzeichnet ist. Der Bildungsprozess ist identisch mit dem der → *Brandungsgasse*, nur dass die Höhlendecke nicht nachstürzt. Die ständig wechselnde Umrißgestalt der B. wird mitbestimmt von → *Klüftung* und → *Schichtung* des Gesteins.

Brandungshohlkehle (Brandungskehle) *wave-cut notch*: kleine → *Hohlform* am Fuß eines → *Kliffs* zwischen dem Mittel- und Hochwasserniveau, in der die → *Brandungsgerölle* erosiv arbeiten.

Brandungskarre *solutional runnel (in coastal limestone)*: eine Lösungsform in (meist) karbonatischen Küstengesteinen, die von Spritzwasser und Wellen erreicht werden können. → *Lösungsverwitterung* bzw. im Carbonatgestein → *Korrosion* durch Salzwasser sowie → *Bioerosion* bewirken die Bildung der B. (→ *Pseudokarst*, → *Pseudokarren*).

Brandungskehle → *Brandungshohlkehle*.

Brandungsnische *cove*: kleinere → *Hohlform*, an → *Steilküsten* durch → *Brandung* entstanden. B. sind Initialformen der → *Brandungshöhlen*.

Brandungspfeiler *marine stack*: durch → *Brandungserosion* an → *Kliffküsten* entstandener, isoliert auf der → *Abrasionsplattform* stehender Pfeiler als Überrest der ehemaligen Klifflinie. Entsteht bei der Bildung von → *Brandungsgassen* oder durch den Einsturz von → *Brandungstoren*.

Brandungsplattform → *Abrasionsplattform*.

Brandungsriff → *Sandriff*.

Brandungsschutt *cliff debris*: von der → *Brandung* auf der → *Abrasionsplattform* zerkleinerte Gesteinsbrocken (→ *Schutt*), die dabei zu kugelförmigen → *Brandungsgeröllen* zugerundet werden und gleichzeitig die Abrasionsplattform weiter abscheuern, d. h. erniedrigen sowie landwärts vergrößern.

Brandungsterrasse *wave-cut platform, shore platform, costal bench*: oftmals nicht ganz präzise Bezeichnung für die Strand-, Brandungs- oder → *Abrasionsplattform*. Eine B. liegt erst dann vor, wenn bei Landhebung im Küstenbereich eine ältere Abrasionsplattform aus dem Wirkungsbereich der rezenten → *Brandung* herausgehoben wurde und sich als → *Terrasse* über die jüngere, rezent aktive Abrasionsplattform erhebt. Durch Meeresspiegelsenkung können aus inaktiven Abrasionsplattformen ebenfalls B. entstehen.

Brandungstor *marine/sea arch, marine/sea bridge*: bogen- bis tortartige Öffnung quer zu den → *Brandungsgassen*, wenn eine → *Klippe* von Brandungswellen durchschlagen wird. Bei weiterem Abtrag können von der Klippe

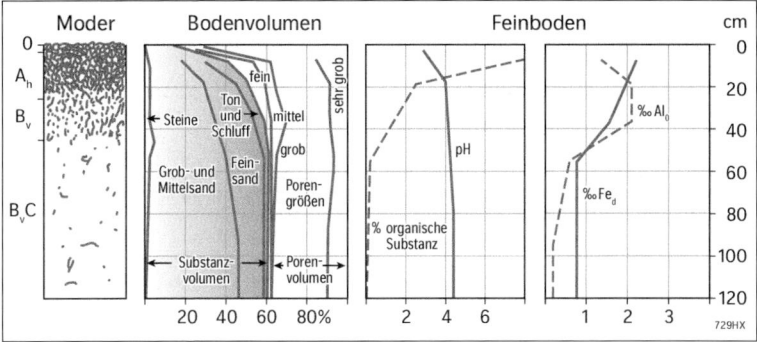

Braunerde

mit B. schließlich nur noch → *Brandungspfeiler* übrig bleiben.

Brandungswirkung → *Brandungserosion*.

Brauchwasser *process water, industrial water, water for industrial use*: für den technischen Gebrauch verwendbares, vorgeklärtes Grund- oder Oberflächenwasser ohne Trinkqualität. B. wird häufig im Umlaufverfahren (ständige Wiederverwendung) genutzt (→ *Betriebswasser*). Die Nutzung von B. ist noch wenig verbreitet, so könnte Badewasser und wenig verschmutztes Haushaltsabwasser dazu dienen, den Verbrauch von → *Grundwasser* bzw. → *Trinkwasser* herabzusetzen.

Braugerste *malting barley*: Sammelbezeichnung für verschiedene Sommergerstesorten, die sich aufgrund ihres hohen Stärkegehaltes und der relativ geringen Eiweißbestandteile besonders zur Malzherstellung eignen.

Braundüne *brown dune*: bezeichnet nach der Farbe jene → *Dünen*, deren Sand durch Eisenumwandlung (Pedogenese) braun gefärbt wird. B. zeigen meist beginnende Bildung des → *Podsols* an.

Braune Waldböden *brown forest soils*: ehemaliger, nicht mehr gebräuchlicher Begriff für Böden, die unter humidem, gemäßigtem Klima unter Laubwäldern entstanden sind.

Brauner Rauch *brown smoke, iron oxide smoke*: bezeichnet eisenhaltige, staubförmige → *Emissionen*, die bei der Eisenverhüttung entstehen. Dieser → *Staub* besteht aus kleinsten rotbraunen Eisenoxidkomponenten, die chemisch zwar indifferent sind, da nur schwach reaktionsfähig, die jedoch die Schadwirkungen gasförmiger → *Luftverunreinigungen* verstärken. Durch Nassfilter und andere Filtertechniken kann man den B. R. reduzieren. Wegen der Kleinheit der Partikel stellt er hohe Anforderungen an die Filtertechnik.

Braunerde *Cambisol*: in der → *deutschen Bodensystematik* (→ *KA5*) ein Boden mit humosem Oberboden (→ *A-Horizont*) und einem durch feinverteilte Eisenoxide gleichmäßig braun gefärbtem → *B-Horizont*, der aus → *Locker-* oder → *Festgestein* entstehen kann. Die B. ist der vorherrschende → *Bodentyp* in Deutschland.

Braunkohle *brown coal, lignite*: ein fossiler → *Brennstoff*, der im → *Tertiär* aus organischer Substanz durch → *Vertorfung* und → *Fäulnis* entstand, wobei die organischen Stoffe zu braunen Humusstoffen umgewandelt wurden. Dieser erste Schritt der → *Inkohlung*, wobei Sauerstoff und Wasserstoff sukzessive verbraucht und als Wasser und → *Kohlendioxid* entfernt werden, führt zur relativen Anreicherung von Kohlenstoff. Unterschieden werden nach Wasser- und Holzgehalten Weich-B. (Wassergehalte von 20-50%) und Hart-B. (niedrigere Werte). Der → *Heizwert* gegenüber der → *Steinkohle* ist um die Hälfte niedriger (im Durchschnitt 200-3000 kcal/kg). Die B. wird in → *Kohlekraftwerken* zu Strom verarbeitet, wobei große Mengen → *Abwärme* und → *Schwefeldioxid* entstehen. Die B. wird auch zur → *Kohlevergasung* eingesetzt. Durch den Abbau der B. im → *Tagebau* ist B. relativ billig. Die großen Tagebaugruben führen zu massiven Umweltschäden, z.B. durch Absenkung des → *Grundwassers* und durch großflächige Veränderungen der Nutzungsarten, verbunden mit Siedlungs- und Gewässerumlegungen. Mit dem Abbau von B. ist nicht nur der → *Landschaftsverbrauch*, sondern auch die Zerstörung der Kulturlandschaft und der → *Ökosysteme* verbunden. Großflächige → *Rekultivierungen* sind erforderlich.

Braunkohlenbergbau → *Kohlenbergbau*.

Braunkohlenformation *brown coal/lignite formation*: rohstoffliche Bezeichnung für das

→ *Tertiär*, in welchem v.a. in Mitteleuropa mächtige Braunkohlenschichten großer horizontaler Verbreitung entstanden (→ *Braunkohle*).

Braunschlammboden → *Dy*.

Braunwasser *brownwater*: – saures Wasser bräunlicher oder gelblicher Farbe, die von kolloidal gelösten und suspendierten → *Huminstoffen* stammt. Das B. findet sich in → *Oberflächengewässern* (B.-Seen, → *Moorsee*). – B. kann auch industrieller Herkunft sein, wenn Ligninsulfonsäuren oder Polyphenole in Oberflächengewässer geleitet werden.

brave westerlies die mit hoher Regelmäßigkeit wehenden, oft stürmischen Westwinde der südhemisphärischen Westwindzirkulation.

break even point *Gewinnschwelle*: Punkt, an dem sich (Gesamt-)Erlöse und (Gesamt-)Kosten erstmals decken. Der b.e.p. trennt bildlich die Verlustphase von der Gewinnphase.

Breitband, *broadband*: Datenübertragungskanäle mit einer hohen Übertragungsgeschwindigkeit; nach Angaben der → *Internationalen Fernmeldeunion* (ITU) ein Dienst oder ein System mit einer Übertragungsrate von über 2048 kBit/s. Als Datenübertragung im Breitband wird die gleichzeitige und unabhängige Übertragung mehrerer Nachrichten über ein Medium bezeichnet.

Breite *latitude*: geographische Breite: der in Grad gemessene Winkel zwischen der Lotrichtung an einem Punkt auf der Erdkugel und der Äquatorebene. Da die → *Erde* keine Kugel, sondern ein an den Polen abgeflachter → *Rotationsellipsoid* ist, schneidet die Lotlinie die Äquatorebene nicht im Erdmittelpunkt. Der Winkel zwischen der Verbindungslinie Oberflächenstandort-Erdmittelpunkt und der Äquatorebene wird deshalb speziell als geozentrische B. bezeichnet. Die B. steigt vom Äquator zum Pol von 0–90°. Alle Punkte gleicher B. verbinden die parallel zum → *Äquator* verlaufenden Breitenkreise.

Breitenverzweigung *braided river*: Typ der → *Flussverzweigung*, der starke → *Geschiebefracht* und instabile Ufer voraussetzt. Bildet sich daher v.a. in gering kohäsiven Schotter- und Sandablagerungen aus, die bei Hochwasser durch → *Seitenerosion* leicht zurückverlagert werden können. Dies setzt eine negative Rückkopplung in Gang: Durch die Verbreiterung verringert sich die Wassertiefe und damit auch die Fließgeschwindigkeit, weswegen die → *Schleppkraft* des Flusses abnimmt und die seitlich erodierten Schotter und Sande zu Sand- und Schotterbänken abgelagert werden. Diese Bänke verlangsamen das über sie hinwegfließende Wasser noch weiter, sodass dort noch mehr der Geschiebefracht abgelagert wird, bis sie schließlich als Inseln über den Wasserspiegel hinausragen. Der Fluss ist in unterschiedliche Arme aufgeteilt.

Breitspur *wide gauge*: → *Spurweite* von Eisenbahnen, die größer ist als die → *Normalspur* von 1435 mm. B. sind z.B. in Russland, Spanien, Indien und Australien verbreitet.

Breitstreifenflur *broad strip field*: → *Flurformentyp*, bei dem breite Streifen (ca. 50–800 m breit) dominieren. Im Mittelalter wurden B. im Rahmen planmäßiger Siedlungstätigkeit angelegt, z.B. als → *Hufenflur* (→ *Schmalstreifenflur*, → *Kurzstreifenflur*, → *Breitstreifenflur*).

Brekzie *breccia*: → *klastisches Sedimentgestein*, in welchem meist eckige, überwiegend kleine Gesteinsbruchstücke verkittet und zu einem neuen → *Sedimentit* wurden. Der Gegenbegriff ist → *Konglomerat*.

Brennelement *fuel element*: Bestandteil des → *Kernreaktors* in → *Kernkraftwerken*, aus einer Vielzahl von → *Brennstäben* bestehend, die den → *Kernbrennstoff* enthalten. Nach ca. drei Jahren ist das B. ausgebrannt und muss erneuert werden. Abgebrannte B. können ohne → *Wiederaufarbeitung* nicht mehr zu Energiegewinnung eingesetzt werden.

Brennerei *distillery*: landwirtschaftlicher oder gewerblicher Betrieb zur Herstellung von Alkohol (Branntwein). Man unterscheidet Obst- und Wein-B., Kartoffel- und Korn-B..

Brennholz *firewood, fuelwood*: Qualitätsbezeichnung für Holz. Als Rund- oder Scheitholz ist es (gemäß Holzmaßanweisung) nicht mehr als → *Nutzholz* zu bezeichnen.

Brennmaterialien *fuels, combustibles, combustible materials*: → *Brennstoffe*.

Brennstab *fuel rod, nuclear fuel element*: eine Vielzahl von B. setzt die → *Brennelemente* des → *Kernreaktors* in → *Kernkraftwerken* zusammen. Im B. ist der → *Kernbrennstoff* mit Hüllmaterial ummantelt, das radioaktive Material vom Kühlwasser trennt. Etwa 200-250 B. bilden ein Brennelement für einen → *Leichtwasserreaktor*.

Brennstoffe (Brennmaterialien) *fuels, combustibles, combustible materials*: – feste, flüssige oder gasförmigem Stoffe, bei deren Verbrennung Wärmeenergie frei wird. Die freigesetzte Wärmemenge wird als → *Heizwert* bezeichnet. Die B. sind organischer Herkunft und bestehen aus Kohlenstoff, Wasserstoff, Sauerstoff, → *Stickstoff*, Schwefel sowie verschiedenen Mineralien, die bei der Verbrennung als → *Asche* zurückbleiben. Schwefelarme B. sind → *Erdgas*, → *FernGas* sowie primär entschwefeltes → *Erdöl*. Sie belasten die Umwelt weniger. – B., deren chemische Energie unmittelbar in mechanische umgesetzt werden kann, bezeichnet man als Kraftstoffe. – radioaktiver B. ist der Kernbrennstoff. – durch Sortieren von → *Müll* wird B. aus Müll gewonnen, der zu ca. 75 % aus Papier und Pappe und ca. 10 % aus Kunststoffen besteht. Der Rest sind andere brennbare Bestandteile. Müll kann bei seiner Verbrennung durch hohe Gehalte an frei werdenden → *Schwermetallen* umweltbelastend sein. Die → *Müllverbrennung* bildet nur bedingt eine Alternative zum Sortieren von Müll und zum → *Recycling* der darin enthaltenen Stoffe.

Brennstoffkreislauf *nuclear fuel cycle*: Abfolge von Verfahren bei der Ver- und Entsorgung von → *Kernreaktoren* mit Kernbrennstoff (→ *Plutonium*, Thorium, → *Uran*). Der B. schließt den Abbau der Erze, deren Aufbereitung und Anreicherung ebenso ein wie die Herstellung von Kernbrennstoff, die → *Wiederaufarbeitung* und die → *Endlagerung*. Im B. fallen auf zahlreichen Verfahrensstufen nicht weiterverwendbare radioaktive Stoffe an, sog. Atommüll (→ *radioaktiver Abfall*). Im gesamten B. kommt es zur Abgabe radioaktiver Stoffe in die Umwelt.

Bretton-Woods-Abkommen *Bretton-Woods Agreement*: am 23.7.1944 in Bretton Woods (New Hampshire, USA) von 44 Staaten unterzeichnetes Abkommen zur Neuordnung der durch den Zweiten Weltkrieg zerrütteten Weltwirtschaft. Hauptbestandteil des Abkommens ist die Schaffung des Internationalen Währungsfonds (→ *IWF*), der → *Weltbank* und des Zoll- und Handelsabkommens → *GATT*. Handlungsziele des B.-W.-A. waren die Stabilisierung und Ordnung des internationalen Zahlungsverkehrs, die Errichtung eines zunächst aus festen Wechselkursen bestehenden Weltwährungssystems (ab 1973 Übergang zu flexiblen Wechselkursen) und die Liberalisierung des → *Welthandels*.

Brikettierung *briquette manufacture*: Herstellung von Formkohle aus → *Braunkohle* und → *Steinkohle* zur Erhöhung der Brenneigenschaften. Bei der B. wird v. a. der Braunkohle Wasser entzogen. Unter Zugabe eines Bindemittels erfolgt das Pressen der Kohle in die handelsüblichen Brikettformen.

Bringsystem *drop of system*: Abfallkonzept, bei dem → *Abfälle* vom Erzeuger zu → *Entsorgungsanlagen*, wie z. B. Wertstoffhöfen, zu bringen sind (→ *Holsystem*).

Brinksitzer *cottager, smallholder*: Besitzer einer landwirtschaftlichen Kleinstelle (→ *Kötter*); früher in Nordwestdeutschland gebräuchlicher Begriff.

Brise *breeze*: leichter, beständig wehender → *Wind*, besonders über offenen Wasserflächen, weil hier der Luftströmung nicht von Geländeeinflüssen gestört wird, also keine → *Bodenreibung* wirksam ist.

Bröckelloch *honeycomb structure*: geomorphologische Kleinstform, die in (nicht durch Krusten gepanzerten) Steinen entsteht, wobei einerseits → *Lösungsverwitterung* durch → *Sickerwasser* erfolgt, andererseits Verfestigungen durch → *Verwitterungsrinden*. Die B.-Entstehung ist Schrittmacher anderer Verwitterungsformungen an → *Wänden* oder → *Blöcken* (→ *Tafone*, → *Wabenverwitterung*).

Brodelboden *cryoturbated soil*: ein Frostboden mit einer ungeordneten Durchmischung von verschieden zusammengesetztem Material infolge der Schubbewegungen durch das jahreszeitliche Auftauen und Wiedergefrieren (→ *Kryoturbation*).

Brørup-Interstadial *Brørup*: eine → *Klimaschwankung* im → *Frühglazial* der → *Weichsel-Kaltzeit*.

Brownfield-Investition *brownfield investment*: Bezeichnung für eine → *ausländische Direktinvestition*, mit dem Ziel, bereits bestehende Teile oder Produktionsanlagen ausländischer Unternehmen oder Anteile an ihnen zu erwerben (→ *Greenfield-Investition*).

BRT = *Bruttoregistertonne*.

Bruch *bog (1.); fault (2.)*: – Bezeichnung für ein tief liegendes → *Feuchtgebiet*, d. h. ein meist mit Vegetation bestandenes Sumpfgelände oder sumpfiges Niederungsgebiet, z. T. mit → *Bruchwald*. – – *tektonische* Lagerungsstörung (Verwerfung), entlang derer zunächst zusammenhängende, syngenetische Gesteinsschichten oder ganze Verbände dieser in Schollen zerlegt und aus ihrer ursprünglichen Lage gebracht werden.

Bruchbau *roof-fall mining, caving*: ein im → *Bergbau* betriebenes → *Abbauverfahren* im → *Untertagebau*, um sogenannte Restpfeiler, die nach erfolgtem Abbau noch stehen geblieben sind und noch genügende Festigkeit besitzen, abzubauen.

Bruchbüschel *fault bundle*: räumlich dichte Folge von mehreren, dann in der Regel kleineren → *Brüchen*, die parallel zueinander verlaufen.

Bruchfaltengebirge *mountains formed of disrupted folds*: ein → *Gebirge* aus gefalteten Gesteinsschichten, die relativ geringe Plastizität und Mächtigkeit aufweisen und sich auf einem starren Sockel befinden. Sie eignen nur schwach gefaltet, wobei zusätzlich Schollenbildung durch eine Vielzahl von → *Brüchen* erfolgt. B. und → *Schollengebirge* werden auch als → *germanotype Gebirgsbildung* bzw. → *Tektonik* bezeichnet.

Bruchfaltung *fault-folding*: erfolgt in Gesteinen, die bereits einer → *Faltung* unterlegen haben und nunmehr stark konsolidierten. Bei neuerlich einsetzender tektonischer Beanspruchung durch Pressung werden die alten Falten zerstückelt.

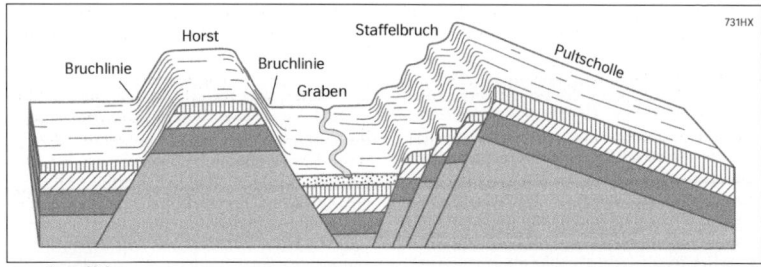

Bruchstaffel

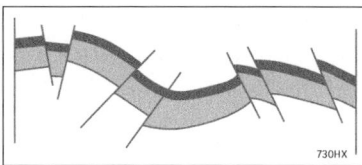

Bruchfaltung

Bruchfläche *fault plane*: – eine Fläche, die bei mechanischer Beanspruchung (z. B. Druck, Schlag, Druckentlastung) in einem Gestein entsteht und die sich dabei an Mineral- oder Gesteinsstrukturen orientiert. – die B. – im Sinne von → *Verwerfungsfläche* – heißt jene Fläche zwischen zwei → *Schollen* eines Gesteinsverbandes, an der sich die gegenläufige Bewegung der Schollen vollzieht. Die B. wird manchmal auch als „Verwerfungsspalte" bezeichnet (→ *Bruch*, → *Verwerfung*).

Bruchhufe *fenland field unit*: Moorhufe auf → *Niedermoor* oder → *Anmoor* (→ *Moorhufendorf*).

Bruchlinie (Verwerfungslinie) *fault line*: eine → *Bruchfläche* bzw. Verwerfungsfläche, die von der Erdoberfläche geschnitten wird.

Bruchscholle *fault block*: Gesteinspaket, das von → *Brüchen* (Verwerfungen) begrenzt ist, wobei die → *Scholle* Hoch- oder Tieflage einnehmen kann. Die B. kommen meist vergesellschaftet vor.

Bruchstaffel *fault steps*: Abfolge von → *Brüchen*, die Gesteinsschollen voneinander trennen, wobei die → *Schollen* treppenförmig gegeneinander angeordnet sind. Solche → *Staffelbrüche* treten am Rande von Gebirgen auf, die Grabenränder flankieren. Dort entstehen parallel verlaufende → *Bruchlinien*, entlang derer die einzelnen Schollen unterschiedlich stark herausgehoben bzw. abgesenkt sein können.

Bruchstufe *fault scarp*: stufenförmige Vollform, meist Mittel- oder Großform, die sich entlang einer → *Bruchlinie* (→ *Bruch*) erhebt. Die Stufenhöhe kann, aber muss nicht in einem aussagekräftigen Verhältnis zum Heraushebungsbetrag der → *Scholle* stehen.

Bruchtektonik *faulting tectonics*: Sammelbezeichnung für → *tektonische* Bewegungen, die an konsolidierten Teilen der → *Erdkruste* ansetzen und die Kruste in → *Schollen* zerbrechen. Die Schollen werden dabei durch → *Bruchlinien* (→ *Bruch*) voneinander getrennt.

Bruchwald *swamp forest*: Busch- und Strauchformationen bzw. → *Wälder* im Bereich hoher → *Bodenfeuchte* und mit günstigem Nährstoffangebot, die sich auf → *Flachmooren* entwickelten. Der B. steht ganzjährig unter dem Einfluss des → *Grundwassers*, im Gegensatz zum → *Auenwald*, der auf Überschwemmungen zurückgeht. B. kommen jedoch auch in Gebieten mit → *Staunässe* vor. Auenwald wird fälschlich auch als B. bezeichnet.

Bruchzone *fracture zone, rift zone*: Vorkommen überregionaler, weiträumiger → *Brüche* bzw. → *Bruchbüschel*. B. sind erdumspannend.

Brückenlage *bridge site*: Stadtlage an einem Flussübergang. Der Begriff wird bei historisch-geographischen bzw. siedlungsgenetischen → *Stadttypisierungen* nach der Verkehrslage verwendet (→ *Brückenstadt*).

Brückenstadt *bridge town*: eine → *Stadt*, die siedlungsgenetisch gesehen in → *Brückenlage* errichtet wurde, i. d. R. an der Überführung einer Fernhandelsstraße über einen Fluss oder Meeresarm.

Brüggen-Kaltzeit *Brueggen stadial*: vermutlich früheste → *Kaltzeit* des → *Pleistozäns*, die unmittelbar auf das → *Pliozän* des → *Tertiärs* folgte. Der Beginn der norddeutschen B.-K. wird auf ca. 2,5 Mio. J. v. h. geschätzt, das Ende wird mit ca. 2,2 Mio J.v.h angegeben. Es folgt die → *Tegelen-Warmzeit*. Im Alpenraum ist das Äquivalent der B.-K. die → *Biber-Kaltzeit*.

Brundtland-Bericht *Brundtland-Report*: Bericht, der von der norwegischen Politikerin Gro Harlem Brundtland von 1983–1987 geleiteten UN-Weltkommission für Umwelt und Entwicklung (WCDE), der die Leitbilder für die → *nachhaltige Entwicklung* der Nutzung der Erde entwarf und die Entwicklungs- und Umweltpolitik weltweit bis heute beeinflusst hat (→ *Nachhaltigkeit*).

Brunizem *Brunizem*: veralteter Begriff aus der → *Soil Taxonomy* für einen aus einem → *Tschernosem* hervorgegangenen, verbraunten Boden, der entkalkt, versauert und teilweise lessiviert ist. Die B. sind z. T. degradierte Tschernoseme. Als eigene, stabile Entwicklungsstadien entstehen sie in den feuchteren und kühleren Randgebieten der → *Steppen* und in Laubwaldinseln innerhalb des Steppengebietes. In der aktuellen Soil Taxonomy (2014) werden B. als → *Mollisols* klassifiziert, in der aktuellen → *WRB* (2014) als → *Phaeozems*.

Brunnen *fountain, well*: künstliche Anlage zur Gewinnung von → *Grundwasser* und uferfiltriertem Wasser (→ *Uferfiltrierung*). Nach der Bauart unterscheidet man Schacht- und Rohrbrunnen (→ *artesischer B.*).

Brunnenfeldsystem *Chinese system of land division*: altchinesisches System der Bodenaufteilung. Acht Felder liegen um das in der Mitte befindliche neunte Brunnenfeld. Die Außenfelder wurden an die Gemeindemitglieder zur Eigenbewirtschaftung übergeben. Das neunte Feld, das ideell auch den für alle nutzbaren → *Brunnen* enthielt, war gemeinsam zu bearbeiten; die Erträge des Brunnenfeldes wurden als Steuer abgeführt.

Brusthöhendurchmesser (BHD) *diameter at breast hight*: in der → *Forstwirtschaft* Maß zur Bestimmung des Stammumfanges (→ *Altholz*, → *Stangenholz*). In Mitteleuropa wird er in einer Höhe von 130 cm über dem Boden gemessen.

Brutreaktor *fast-breeding reactor*: → *Schneller Brüter*.

Bruttobaugebiet *designated development land*: baureife Flächen für bestimmte Funktionen (z. B. Wohnen) einschließlich Zubehörsflächen und interner Verkehrsflächen (→ *Bruttowohnbauland*, → *Nettowohnbauland*).

Bruttoheiratstafel: → *Heiratstafel*.

Bruttoinlandsprodukt: → *BIP*.

Bruttonationaleinkomen: → *BNE*.

Bruttoprimärproduktion *gross primary production*: Produktion → *organischer Substanz* als Ergebnis der → *Photosynthese* innerhalb einer bestimmten Zeit, einschließlich des durch Prozesse des → *Stoffwechsels* verbrauchten Anteils.

Bruttoproduktion *gross production*: in der → *Produktionsbiologie* die Produktion → *organischer Substanz* innerhalb einer bestimmten Zeit, einschließlich des durch Prozesse des → *Stoffwechsels* verbrauchten Anteils. Die → *Nettoproduktion* hingegen stellt die wahre Zunahme an Gewicht – nach Ausschluss des Verbrauches – dar (→ *Primärproduktion*).

Bruttoproduktionswert *gross production value*: statistischer Wert zur Erfassung aller in einer → *Volkswirtschaft* erstellten → *Güter* und → *Dienstleistungen* inklusive ihrer Vorleistungen. Der B. ist folglich das größte Aggregat in der amtlichen Wirtschaftsstatistik (→ *Volkswirtschaftliche Gesamtrechnung*) und gilt hierin als Ausgangsgröße zur Ableitung weiterer, wirtschaftlicher Kennzahlen (→ *Bruttowertschöpfung*, → *BIP*, → *BNE*, → *Volkseinkommen*).

Bruttoraumzahl (BRZ) *gross tonnage, GT*: 1994 eingeführtes Raummaß für Schiffe. Im Gegensatz zur Messung in → *Bruttoregistertonne* (BRT) umfasst die B. die Größe des Schiffes in m³ ab Außenhaut, also einschließlich der Schiffswände.

Bruttoregistertonne *gross register ton, GRT*: Raummaß zur Bestimmung der Größe von Schiffen (1 BRT = 2,8316 m³). Bei der Messung in B. wird der gesamte Schiffsraum einschl. Motor-, Lager-, Betriebsräume usw. gezählt (→ *Nettoregistertonne*). Seit 1982 gilt international statt der BRT die BRZ (→ *Bruttoraumzahl*).

Bruttoreproduktionsrate (Bruttoreproduktionsziffer) *gross reproduction rate*: Kennziffer, die Auskunft über die zukünftige → *Bevölkerungsdynamik* gibt aufgrund der alters- und geschlechtsspezifischen Fruchtbarkeit. Die B. gibt an, wie groß im Durchschnitt die Zahl der von einer Frau während der Dauer ihrer Gebärfähigkeit geborenen Töchter ist, wobei die Sterblichkeit der Frauen vernachlässigt und damit angenommen wird, dass jede weibliche Person bis zum Ende des gebärfähigen Alters überlebt (→ *Nettoreproduktionsrate*).

Bruttoreproduktionsziffer: → *Bruttoreproduktionsrate*.

Bruttosozialprodukt → *BSP*.

Bruttowertschöpfung *gross value added*: gibt die Entstehungsseite der Wirtschaftsleistung einer → *Volkswirtschaft* wieder und ist Teil der amtlichen Wirtschaftsstatistik (→ *Volkswirtschaftliche Gesamtrechnung*). Die Entstehungsseite umfasst die Wertsumme aller Güter und Dienstleistungen differenziert nach → *primärem*, → *sekundärem* und → *tertiärem Sektor*. Die B. zeigt damit den Beitrag der einzelnen → *Branchen* zur jährlichen Wirtschaftsleistung.

Bruttowohnbauland *all-inclusive residential land*: → *Nettowohnbauland* zuzüglich der gemeinsamen Zubehörsfläche (z. B. Spielplätze) und interner Verkehrsflächen für ruhenden und fließenden Verkehr im entsprechenden Bezugsgebiet.

Bruttowohndichte *gross housing density*: in → *Städtebau* und → *Stadtplanung* verwendete Maßzahl zur Messung der kleinräumigen Bevölkerungskonzentration und der Wohnsi-

tuation. Die B. errechnet sich als Zahl der Einwohner je Hektar → *Bruttowohnbauland*.
Bryophyten *bryophytes*: Moose.
BRZ → *Bruttoraumzahl*.
BSB → *Biochemischer Sauerstoffbedarf*.
BSP (Bruttosozialprodukt) *GNI, gross national income*: bis 1999 verwendete Bezeichnung für das Bruttonationaleinkommen (→ *BNE*).
Buchenzeit → *Subatlantikum*.
Bucht *bay, bight, bayou*: zurückspringender Bereich an Seeufern und → *Küsten*, bei dem die Wasserfläche teilweise vom Land umgeben ist, sodass eine eigenständige Georeliefform wahrnehmbar ist.
Buchthafen *bay harbour*: in einer Meeresbucht gelegener → *Hafen*, oft an einer Flussmündung. B. sind i. d. R. gut geschützte → *Naturhäfen* mit guter Verkehrsanbindung an das → *Hinterland*.
Buckelwiese *hummocky meadow, pit and mound microrelief*: Kleinform, in denen sich → *Mulden* mit kleinen Buckeln rhythmisch abwechseln. Es gibt letztlich vier konkurrierende Theorien zur Entstehung des Buckelwiesen-Reliefs: – B. als Phänomen des → *bedeckten Karstes*, bei denen die Mulden durch → *Lösungsverwitterung* vertieft werden (→ *Verkarstung*). Problemhaft an dieser Theorie ist, dass ein Primärrelief vorhanden sein muss, das die stärkere Lösungsverwitterung in den Mulden und die geringere an den Buckeln bedingt. Dies könnte beispielsweise durch einen ehemaligen Wald gegeben sein. – B als Resultat von → *Windwurf*. Das rhythmische Muster von Buckeln und Mulden erinnert an das Muster von Bäumen eines Waldes. Voraussetzung ist also, dass in den Bereichen der B. früher ein Wald gestanden hat, wobei der Buckel ein umgewandelter Wurzeltellerrest ist, die Mulde der aufgerissene ehemalige Wurzelstandort. Bei verkarstungsfähigem Gestein im Untergrund kann hier zusätzlich infolge des Windwurfs die Lösungsverwitterung ansetzen und das B.-Relief manifestieren und verstärken. – B. als → *glaziale* → *Aufschüttungsformen*, die auf das unregelmäßige Ausschmelzen von → *Grundmoränen* zurückgehen. Alternativ werden sie auch als periglaziale → *Strukturböden* angesehen. – B. als fossile Oberflächenform, die auf Frostwirkung im → *Spätglazial* zurückzuführen ist, indem → *Eiskeile* ausschmelzen und das Material durch → *Gelifluktion* verwürgt wird.
Buffer Buffer- oder (ins Deutsche übersetzt und eher ungebräuchlich) Pufferfunktionen zählen zu den elementaren → *Filteroperationen* zur lagebezogenen Analyse von → *Geodaten*. Ein B.-Werkzeug ist in gängigen → *Geographischen Informationssystem*, z. B. → *ArcGIS* oder → *QGIS*, implementiert. Das Ergebnis eines B. ist eine Fläche um oder innerhalb eines verorteten Objekts. B. können um → *Punkte*, → *Linien* und → *Flächen* berechnet werden. In der geographischen Praxis werden B. bspw. zur Bestimmung und Visualisierung von → *Einzugsgebieten* eingesetzt.
buffer stock *Pufferbestand*: Begriff aus der Rohstoffpolitik. Die Einrichtung von b. s. ist eine Maßnahme, die neben dem Exportquotensystem zur Stabilisierung des Weltrohstoffmärkte dient. Durch Ankauf oder Abgabe von → *Rohstoffen* über einen b. s. versucht man, den angebots- und nachfrageabhängigen Rohstoffpreis zu festigen und die Rohstoffversorgung weltweit zu sichern.
Bugor *bugor*: kleine Hügel, die sich auf → *Torf* oder Rasen unterhalb der Strukturbodengrenze (→ *periglaziale Höhenstufe*) gebildet haben. Sie sind verwandt mit → *Thufur* bzw. → *Palsa*.
Bühl-Stadium *Buehl stadial, Buehl stade*: vermutetes Rückzugsstadium des alpinen Würm-Eises. Es entspricht jedoch nicht mehr der modernen Gliederung der → *Würm-Kaltzeit*, da dem B. S. keine → *Endmoräne* zugeordnet werden kann.
Buhne *groyne*: schräg oder senkrecht vom Ufer ausgehender, dammartiger Wall oder Pfahlreihe in einem Fluss (→ *Flussbuhne*), See oder an der Meeresküste. B. dienen der Fahrwasserregulierung und, durch die Erhöhung der Sedimentation, der Küsten- und Uferbefestigung oder der → *Neulandgewinnung*.
Bulten *hummocks*: buckliges Kleinhöckerrelief mit Einzelformengrößen von weniger als 1–2 m Durchmesser auf Oberflächen von → *Mooren*. Die B. entstehen auf während des Winters durchfrierenden Mooren (→ *Hochmoor*).
Bundesartenschutzverordnung (BArtSchV; Verordnung zum Schutz wildlebender Tier- und Pflanzenarten) *Federal species protection decree*: Rechtsverordnung, auf dem deutschen Naturschutzgesetz basierend und gesetzlich geschützte Tier- und Pflanzenarten benennend. Hervorgehoben werden auch die vom Aussterben bedrohten → *Arten* sowie Ausnahmen von einzelnen Verboten definiert. Letztere beziehen sich v. a. auf Speisepilze. Mehrere umfangreiche Anlagen zu BArtSchV umfassen Faunen- und Florenlisten, zusätzliche Vorschriften für EG-Verordnungen betreffend Tier- und Pflanzenarten und Listen von nicht besonders geschützten, jedoch nicht der EG-Verordnung unterliegenden Tier- und Pflanzenarten.
Bundesbaugesetz (BBauG) *(German) Federal Building Law*: 1960 geschaffene Grundlage des Städtebaurechts in der Bundesrepublik Deutschland. Das B. regelte die ordnungsgemäße Eigentumsänderung und Bebauung von Grund und Boden (→ *Stadtentwicklungsplanung*). Es wurde 1987 durch das → *Baugesetzbuch* ersetzt (→ *Städtebau*).

Bundes-Immissionsschutzgesetz *Federal Immission Protection Act*: deutsches Bundesgesetz von 1974 zum Schutz vor schädlichen Umwelteinwirkungen durch → *Luftverunreinigungen*, Geräusche, Erschütterungen und ähnlichen Vorgängen. Das Gesetz dient der Abwehr bestehender oder bevorstehender → *Umweltgefahren*.

Bundesland *federal state, federal land*: Gliedstaat eines → *Bundesstaates*, z. B. der Bundesrepublik Deutschland oder der Republik Österreich.

Bundesnaturschutzgesetz (BNatSchG; Gesetz über Naturschutz und Landschaftspflege; Naturschutzgesetz) *Federal nature conservation law*: deutsches Gesetz, nach dem → *Natur* und → *Landschaft* im besiedelten und unbesiedelten Bereich so zu schützen, zu pflegen und zu entwickeln sind, dass das → *Leistungsvermögen des Landschaftshaushaltes*, die Nutzungsfähigkeit der Naturgüter, Flora und Fauna sowie Vielfalt, Eigenart und Schönheit von Natur und Landschaft als Lebensgrundlagen des Menschen und als Voraussetzung für seine Erholung in Natur und Landschaft nach dem Prinzip der → *Nachhaltigkeit* gesichert sind. Das BNatSchG legt die Grundsätze des → *Naturschutzes* und der → *Landschaftspflege* fest und enthält Vorschriften für die Gesetzgebung der Bundesländer. Es definiert → *Landschaftsplan*, → *Landschaftsprogramm* und → *Landschaftsrahmenplan*. Auch die Schutzgebietstypen werden festgelegt, wie → *Naturschutzgebiet*, → *Nationalpark*, → *Landschaftsschutzgebiet*, → *Naturpark*, → *Naturdenkmal*. Arten- und Biotopschutz werden ebenfalls definiert.

Bundesraumordnung *federal spatial planning*: Bezeichnung für die räumliche Planung auf Bundesebene in Deutschland. Bundesrechtliche Vorgaben zur Raumordnung enthält das → *Raumordnungsgesetz* (ROG). Die Länder können, da die B. inzwischen in den Bereich der konkurrierenden Gesetzgebung fällt und nicht mehr Teil der Rahmengesetzgebung des Bundes ist, in der Raumordnung abweichende Regelungen treffen. Über die B. sollen alle raumwirksamen Planungen und Maßnahmen des Bundes mit den Bundesländern (→ *Landesplanung*) koordiniert werden (→ *Bundesraumordnungsprogramm*).

Bundesraumordnungsprogramm (BROP) *federal regional planning programme*: Programm für die großräumige Entwicklung des Bundesgebietes von 1975. Auf der Grundlage der → *Raumordnungsgesetzgebung* wurden die Zielsetzungen der verschiedenen Fachplanungen der Bundesressorts sowie die der Landesentwicklung in einer Konzeption für das gesamte Bundesgebiet dargelegt, die vorrangig auf den Ausgleich → *räumlicher Disparitäten* abzielte und eher allgemeine Zielvorstellungen der gesamträumlichen Entwicklung des Bundesgebietes enthielt. Das B. blieb in der raumordnerischen Praxis weitgehend wirkungslos. Eine Fortschreibung des B. scheiterte 1983 aufgrund von Kompetenzstreitigkeiten zwischen Bund und Ländern; in den Folgejahren wurden nurmehr orientierende Leitbilder für die Raumentwicklung des Bundesgebietes erarbeitet.

Bundesstaat (Föderation) *federation (1.), federal state (2.)*: – föderativ aufgebauter → *Staat*, in dem mehrere Gliedstaaten zu einem Gesamtstaat vereint sind. Die einzelnen Bereiche der Staatsverwaltung und -regierung können dabei in unterschiedlicher Weise auf Bund und Einzelstaaten aufgeteilt sein. Beispiele sind Deutschland, die Schweiz, Österreich, die USA, Australien. – gelegentlich wird auch ein Gliedstaat einer Föderation als B. bezeichnet, z. B. in den USA.

Bundesverkehrswegeplan *national transport infrastructure plan*: von der Bundesregierung beschlossener mittelfristiger Investitionsplan (zuletzt von 2016 für 2016–2030) zum Ausbau der → *Verkehrsinfrastruktur* in Deutschland (Schienen-, Straßen- und Wasserstraßennetz und öffentliche Verkehrsmittel).

Bungalow *bungalow*: ebenerdiges Wohnhaus. Die Hausform des B. geht auf die Wohnhäuser englischer Kolonialbevölkerung in Indien zurück, die als meist nicht unterkellerte Flachbauten mit kleinen Fenstern, häufig mit umlaufenden schattenspendenden Veranden und in Gärten und Parks gelegen, eine Anpassung an das indische Klima darstellten.

Buntbrache *wildflower strips*: eine der → *ökologischen Ausgleichsflächen*, die nur extensiv bewirtschaftet werden. Soll dem Verschwinden der Ackerbegleitflora des Getreide- und Hackfruchtanbaus entgegenwirken und dem ökologischen Ausgleich dienen. Gegenüber den → *Ackerschonstreifen* (Ackerrandstreifen) handelt es sich um mehrjährige Feldstreifen.

Buntmetalle *non-ferrous metal*: Sammelbezeichnung für die farblich unterschiedlich wirkenden Metalle → *Blei*, Kupfer, Quecksilber, Zinn und Zink.

Buntmetallverhüttung *non-ferrous heavy metal smelting*: industrielle Verarbeitung von → *Buntmetall*-Erzen zu reinen Metallen (→ *Verhüttung*).

Buntsandstein *new red sandstone, variegated sandstone*: unterste Abteilung der germanischen → *Trias* (225 Mio. bis 215 Mio. J. v. h.). Der B. wurde im Germanischen Binnenbecken als überwiegend festländische Ablagerung, vielfach unter ariden Bedingungen, sedimentiert. Bei tektonischer Ruhe entstanden mächtige rote bis bunte Sandsteinschichten, die in den heutigen Abtragungslandschaften → *Schichtstufen* bilden.

Buntschlag *inter-planting, mixed crop*: mehrere Kulturen auf einem Schlag, z. B. in der → *Dreifelderwirtschaft* die mit Brachfrüchten bestandene → *Zelge*. Es stehen → *Feld-Futterpflanzen*, → *Hackfrüchte*, Feldgemüse (→ *Feldgemüsebau*), Ölpflanzen, Mais usw. in buntem Wechsel nebeneinander.

Burdigal *Burdigalian*: eine der unteren Abteilungen im → *Miozän* des → *Tertiärs* (→ *Burdigalkliff*).

Burdigalkliff *Burdigalian cliff*: geomorphologisch-geologische Linie auf der Schwäbischen Alb, wo durch die → *Abrasion* des tertiären → *Burdigal*-Meeres eine → *Steilküste* entstand, die in Relikten heute noch als → *Kliff* zu erkennen ist.

Burg *castle*: befestigtes, oft in → *Schutzlage* (Berggipfel, Wasser) errichtetes Gebäude als Herrschaftssitz oder Militärstützpunkt. In Mitteleuropa bilden B. häufig den Kern einer → *städtischen Siedlung* (→ *Burgstadt*).

Burgenkarte *castle map*: → *thematische Karte*, in der Standorte und Einflussgebiete historischer Wehranlagen eingezeichnet sind. B. sind i. d. R. → *kleinmaßstäbige* Karten.

Burger *citizen*: in der Schweiz eine Person, die in einer Gemeinde nicht nur wohnt, sondern dort auch Heimatrecht (Bürgerrecht) besitzt.

Bürger *citizen*: historisch der freie vollberechtigte Einwohner einer → *Stadt*, der das Bürgerrecht besaß. Heute besteht im deutschsprachigen Bereich nur noch in der Schweiz ein Unterschied zwischen → *Einwohner* und B. (→ *Burger*).

Bürgerbegehren *citizens' initiative*: in einzelnen deutschen Bundesländern unterschiedlich geregelte Form der Bürgerbeteiligung an politischen Entscheidungen. Das B. dient dazu, eine Entscheidung über eine bestimmte Frage durch den Gemeinderat, den Kreistag, den Landtag oder ersatzweise durch einen → *Bürgerentscheid* der wahlberechtigten → *Bevölkerung* herbeizuführen. Das B. muss von einer bestimmten Mindestzahl von → *Bürgern* durch Unterschrift beantragt werden (→ *Gemeinde*).

Bürgerbewegung (soziale Bewegung) *civil movement*: eine emanzipatorisch-politische Organisationsform außerparlamentarischer politischer Gruppierungen, teilweise ein Zusammenschluss von einzelnen → *Bürgerinitiativen* zu einer größeren Bewegung (z. B. Umweltbewegung, Anti-Atomkraft-Bewegung, Friedensbewegung) (→ *Zivilgesellschaft*).

Bürgerentscheid *referendum*: eine durch ein → *Bürgerbegehren* herbeigeführte Abstimmung, bei der die wahlberechtigte → *Bevölkerung* einer → *Gemeinde* anstelle des Gemeinderats bzw. in einem → *Bundesland* anstelle des Landtags entscheidet.

Bürgerhaus *community centre/center (1.); middle-class house (2.)*: – öffentliches, von der Stadt getragenes, Veranstaltungsgebäude. – städtisches Wohnhaus bürgerlicher Bevölkerungsschichten. Der Begriff wird i. d. R. für repräsentative Wohnhäuser in Innenstädten aus der Zeit vor dem Ersten Weltkrieg verwendet.

Bürgerinitiative *citizens' iniative, action group*: – basisdemokratisches Instrument im politischen System der → *EU*, das zu Volkspetitionen führen kann. – die aufgrund eines konkreten (meist lokal-)politischen, ökologischen oder sozialen Anlasses aus der Bevölkerung heraus gebildete Interessensvereinigung mit dem Ziel, Einfluss auf staatliche Entscheidungen, politische Parteien oder die öffentliche Meinung zu nehmen (→ *Partizipation*, Bürgerentscheid, Bürgerbegehren, Bürgerbewegung, Zivilgesellschaft).

bürgerliche Dämmerung *civil twilight*: die Zeit nach dem Sonnenuntergang und vor dem Sonnenaufgang, während der bei klarem Wetter im Freien das Lesen gerade noch möglich ist. Dies entspricht einem Sonnenstand von weniger als 6–7° unter dem → *Horizont* (→ *Dämmerung*).

bürgerliche Familie *genteel family, middle-class family*: im 19. Jh. entwickelte Form der städtischen → *Familie*, v. a. von Kaufleuten und des sich herausbildenden Bildungsbürgertums. Im Gegensatz zu Handwerkern und Bauern, bei denen das Gesinde (Dienstpersonal) zur Familie zählte, zeichnet sich die b. F. durch die Konzentration auf die → *Kernfamilie* bei gleichzeitiger → *Distanz* zum Dienstapersonal aus, auch wenn diese im gleichen Haus wohnten.

Bürgermitwirkung *citizen participation*: in den aktuellen Programmen zur → *Dorferneuerung* spielt die Zusammenarbeit mit den Dorfbewohnern eine wesentliche Rolle, da nicht mehr für die Bewohner, sondern mit ihnen geplant werden soll. B. geht damit über die bloße Bürgerbeteiligung (Anregungen und Bedenken) hinaus. Eine wesentliche Form der B. ist die → *Dorfmoderation*.

Burgstadt *castle town*: historisch-funktionaler → *Stadttyp*. B. entwickelten sich in Erweiterung und zur funktionalen Ergänzung befestigter Herrschaftssitze (→ *Burg*, → *Schloss*).

Bürohausviertel *office district, office-building quarter*: → *Stadtviertel* mit überwiegenden Funktionen im Bereich des → *tertiären* und → *quartären Sektors*, sodass Gebäude mit Büronutzung für private Firmen, aber auch öffentliche Verwaltungen, dominieren (→ *City*, → *Innenstadt*).

Burosem *Burozem*: russischer Begriff für einen hellbraunen, humusarmen und schwach

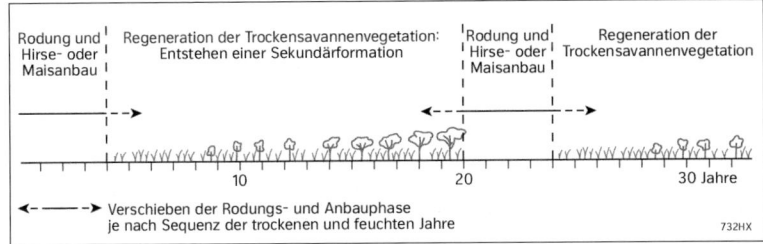

Buschbrache

alkalischen Boden der → *Halbwüsten* mit einem Kalk- und/oder Gipsanreicherungshorizont in Oberflächennähe. B. sind oft mit → *Salzböden* vergesellschaftet. In der → *WRB* (2014) gehören B. zu den → *Calcisols*.
Buschbrache *shrub fallow*: Form der → *Brache* in tropischen Regionen. Auf wenige Jahre fruchtbarkeitszehrenden Anbaus folgt eine längere Brachezeit (10–20 Jahre), während der sich eine mehr oder weniger natürliche (Sekundär-)Vegetation – ohne Hilfe des Menschen – wieder regeneriert (→ *Sekundärwald*).
Buschwald *scrubland*: allgemein ein Wald aus buschartigen, niedrigen und zugleich licht stehenden Bäumen. Im kühl-gemäßigten Mitteleuropa eine Nutzungsform des Waldes, die durch → *Waldweide* bzw. → *Haubergwirtschaft* zustande kommt (→ *Niederwald*).
Büßerschnee *penitent snow*: Abschmelzformen aus gegen die einfallenden Sonnenstrahlen gerichteten Schnee- oder Eiszacken v. a. der → *Hochgebirge* der → *Tropen*, die in regelmäßig in Ost-West-Richtung verlaufenden Reihen angeordnet sind. Die Einzelformen weisen Größen von wenigen Zentimetern bis mehreren Metern auf.
Büßerstein *basset*: sehr niedrige Schichttrippen, die durch Abtragungsprozesse vom → *Regolith* freigelegt wurden, welche Verwitterung und weitere Abtragung schließlich in kleine Monolithe zerlegte. Vergesellschaftete B. werden als „Felsstädte" bezeichnet.
BWL → *Betriebswirtschaftslehre*.

C

Caatinga *caatinga*: laubwerfender → *Trockenwald* in Mittel- und Südamerika (v. a. NE-Brasilien).

Cairns-Gruppe *Cairns Group*: Vereinigung agrarexportierender Länder, in der sich → *Industrieländer* und → *Entwicklungsländer* für Verhandlungen zur Liberalisierung des internationalen → *Agrarhandels* vor dem Hintergrund des → *GATT* bzw. der Welthandelsorganisation (→ *WTO*) zu einer gemeinsamen, starken Interessensvertretung zusammengeschlossen haben. Die C.-G. bezeichnet sich selbst als „nicht subventionierende" Freihändler und gilt als Wortführer in der Kritik an protektionistisch ausgerichteten → *Agrarpolitiken* anderer Staaten, insbesondere der Gemeinsamen Agrarpolitik der → *EU* (→ *Agrarprotektionismus*). Der C.-G. gehören Argentinien, Australien, Bolivien, Brasilien, Chile, Costa Rica, die Fidschi-Inseln, Guatemala, Indonesien, Kanada, Kolumbien, Malaysia, Neuseeland, Pakistan, Paraguay, Peru, die Philippinen, Südafrika, Thailand, Uruguay und Vietnam an.

Calabrium → *Altpleistozän*.

Calaküste *cala coast, ria coast*: Typ der Buchtenküste, bei der breite, halbkreisförmige → *Buchten* nur wenig tief in das Land hineinreichen (→ *Riasküste*).

Calanche → *Runse*.

Calcifizierung → *Carbonatisierung*.

Calcisols *Calcisols*: in der → *WRB* (2014) Böden mit einer deutlichen Akkumulation von sekundärem → *Kalk* in vorwiegend ariden und semi-ariden Regionen. Häufig aus stark carbonathaltigen Ausgangsgesteinen. Schüttere natürliche Vegetation mit xerophytischen Sträuchern, auch einjährige Gräser kommen vor. A. sind häufig durch extensive Beweidung genutzt. Bei trockenheitstoleranten Kulturen ist → *Regenfeldbau* möglich. Mit → *Bewässerung* ist auch der Anbau von Feldfrüchten, die hohe Calciumgehalte tolerieren, möglich.

Calcret (Caliche, Kalkkruste) *calcrete*: im Boden oder in Sedimenten eine Sekundärausfällung aus Calciumcarbonat (→ *Kalkkruste*, → *Krustenbildung*).

Caldera *caldera, giant crater, inbreak crater*: großräumiger und weitgespannter vulkanischer Kessel (→ *Krater*), der entweder durch explosiven Vulkanismus (→ *Ejektion*) (Explosionscaldera) oder durch Einsturz des Gipfels nach Entleerung der Magmenkammer im Untergrund (Einsturzcaldera) entstanden ist. Die beiden C.-Typen sind nicht immer klar voneinander zu unterscheiden bzw. sind oft Explosion und Einsturz in Kombination die Ursache für die Calderenbildung.

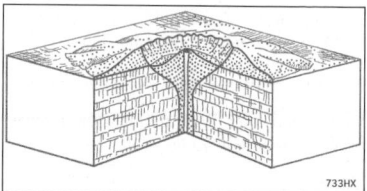

Caldera

Caliche *calcrete*: → *Calcret*.

Calina sommerlicher Hitzedunst mit durch Wärmeturbulenz aufgewirbelten Staubpartikeln. Die C. ist eine typische Erscheinung sommerlicher, lang andauernder Trockenperioden in → *mediterranen Klimaten* (→ *Mediterranis*, → *Staub*).

Call-Center *call center*: Dienstleistungsunternehmen, in denen Kundenkontakte mittels moderner Kommunikationsmittel (z. B. Telefon, E-Mail, Fax, Internet, Brief) abgewickelt werden. Es werden sowohl Kundenanfragen bearbeitet als auch Kunden aktiv angesprochen. C. können selbstständige Unternehmen, die für verschiedene Auftraggeber arbeiten, oder ausgegliederte Organisationseinheiten von Unternehmen sein.

Calmen → *Kalmen*.

Cambisols *Cambisols*: in der → *WRB* (2014) Böden mit zumindest anfänglicher Horizontdifferenzierung im → *Unterboden*. Dies ist erkennbar an → *Gefügebildung*, einer meist bräunlichen Verfärbung, höheren Tongehalten und/oder Carbonatauflösung (→ *Entkalkung*). Nur schwache oder mäßige → *Verwitterung* des Ausgangsgesteins, häufig Fehlen größerer eingewaschener Substanzen (→ *organische Substanz*, Ton, Al-/Fe-Verbindungen). Großes Vorkommen in den gemäßigten und borealen Regionen mit einer großen Bandbreite an Vegetationsformen, in der Regel gutes Ackerland, das intensiv genutzt wird.

Cambridge-Phänomen *Cambridge phenomenon*: technologie- und dienstleistungsorientierte Wirtschaftsentwicklung in einer Region, wie sie am Beispiel der Grafschaft Cambridgeshire (East Anglia, GB) beschrieben wurde. Das C.-P. gilt als typisch für europäische Wachstumsräume, die folgende Merkmale aufweisen: hoher Anteil junger, selbstständiger → *Unternehmen*, Branchenvielfalt wachstumsorientierter Hightech-Unternehmen mit ausgeprägten Kontakten zu Hochschulinstituten, hoher Forschungs- und

Entwicklungsanteil (FuE-Anteil), überdurchschnittliche Auslösefähigkeit lokaler Beschäftigungseffekte (→ *kreatives Milieu*).

Camenchaca → *Garuá*.

Campingplatz *camping site*: Platz mit baulichen und infrastrukturellen Anlagen (Verkehrs-, Versorgungs-, Sanitär- → *Infrastruktur*) zum vorübergehenden oder dauernden (→ *Dauercamping*) Aufstellen von Zelten, Wohnwagen oder Wohnmobilen zum Zwecke des Aufenthaltes und Übernachtens von Reisenden.

Campo *campo-savannah grassland*: Typ der → *Savanne* in Südamerika, v. a. in Brasilien. Mit abnehmendem Baumanteil wird unterschieden zwischen → *C. cerrado*, → *C. sujo* und → *C. limpo*.

Campo cerrado *campo cerrado*: Typ des → *Campo*, hier ein lichter Savannenwald, dessen Vegetationsmosaik von der Nährstoffverteilung in den Böden bestimmt wird. Er weist eine Baum-, Busch- sowie Kraut- und Grasschicht auf und entspricht dem Prototyp der Savannenlandschaft.

Campo limpo *campo limpo*: Typ des → *Campo*, hier eine baumfreie Graslandschaft der südamerikanischen wechselfeuchten Tropen.

Campo sujo *campo sujo*: Typ des → *Campo*, hier eine Graslandschaft der südamerikanischen wechselfeuchten Tropen mit einzelnen Baum- und Strauchgewächsen. Er nimmt eine Zwischenstellung zwischen → *C. cerrado* und → *C. limpo* ein.

Canaliküste *canali coast, ria coast*: durch → *Ingression* überflutete Felssteilküste, die von Flusstälern zerschnitten ist, die petrographischen und tektonischen Strukturen folgen. Die C. entspricht in etwa der → *Riasküste* und ist eine Regionalbezeichnung aus Dalmatien.

Cañon *canyon, cañon*: oft tiefe Talform zerschnittener Tafelländer mit flachlagernden Gesteinen wechselnder Widerständigkeit. Ein C. weist daher oft getreppte Hänge auf. Die tiefen und steileingeschnittenen Täler in den Alpen oder im Jura sind bspw. keine C., sondern → *Schluchten*, in den Alpen z. T. auch → *Klammen*.

Cantonment *cantonment*: überwiegend militärbedingte, einheitlich geplante → *Stadterweiterung* vorderindischer → *Städte* aus der britischen Kolonialzeit. Die C. wurden meist im 19. Jh. angelegt und enthielten Kasernen, Militäreinrichtungen und Wohngebiete für Militärangehörige und -bedienstete. Sie werden heute noch z. T. ähnlich genutzt.

capacity building *Handlungskompetenz aufbauen*: Ansatz in der → *Entwicklungszusammenarbeit* und in der → *Katastrophenvorsorge* mit dem Fokus auf Hinderungsgründe, die Individuen, Regierungen, Organisationen oder → *Nichtregierungsorganisationen* davon abhalten, ihre Entwicklungsmöglichkeiten zu erkennen und erfolgreich zu verfolgen. C. b. soll die Entwicklung eines Problembewusstseins gegenüber sowie die Fähigkeit des Umgangs mit → *Risiken* und → *Katastrophen* fördern.

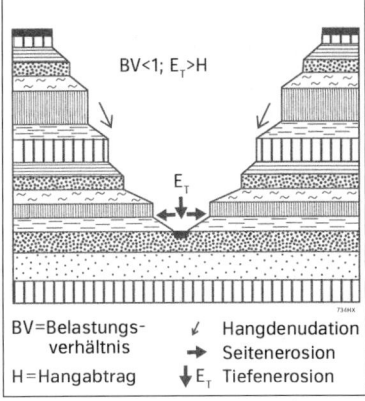

Cañon

Capensis (Kapensis, Kapländisches Reich) *Capensis*: eines der → *Florenreiche* der Erde (ein eigenständiges Tierreich „Capensis" gibt es nicht). Zur C. gehört nur das Kapland an der Südspitze Afrika. Es handelt sich um das räumlich kleinste Florenreich, charakterisiert durch eine Vielzahl endemischer Arten (→ *Endemismus*).

caravaning mobile autogebundene Form des Wohnens in selbst mitgeführten Wohnwagen (Anhänger oder → *Wohnmobile*), die kurzfristig auf eigens dafür eingerichteten „→ *trailer parks*" oder auf → *Campingplätzen* abgestellt werden. Als Freizeitgestaltung ist C. eine Form des → *Camping*; es kann aber auch beruflichen Zwecken dienen (Handelsvertreter, Montagearbeiter usw.).

Carbonate *carbonates*: die Salze der Kohlensäure H_2CO_3. Im Boden sind dies v. a. Calciumcarbonat ($CaCO_3$), Magnesiumcarbonat ($CaMg(CO_3)_2$) und Siderit ($FeCO_3$).

Carbonatisierung *carbonatisation*: Bildung und Anreicherung von Calciumcarbonat im Boden. Der ausgefällte Kalk kann in der Bodenmatrix fein verteilt sein. Oft findet aber eine konzentrierte Anreicherung in Form von Konkretionen und Bändchen oder gar Knollen, Bänken und Krusten statt. Kalk fällt aus, wenn das Gleichgewicht der Bodenlösung durch Verdunstung, Übersättigung oder CO_2-Verlust gestört wird. Das Ausmaß der C.

hängt deshalb primär von der Niederschlagsmenge und der Temperatur ab. Im gemäßigthumiden Klimabereich überwiegt die Auswaschung.
Carbonat-Tschernosem → *Kalktschernosem*.
carnivor (zoophag) *carnivorous*: tier- oder fleischfressend; gilt für Tiere und Pflanzen.
Carsharing *car sharing*: organisierte und gebührenpflichtige Nutzung eines Autos von mehreren Personen (deutsch „Autoteilen" oder „Gemeinschaftsauto"). Anders als bei konventionellen Autovermietungen erlaubt C. ein kurzzeitiges, minutenweises abrechenbares Anmieten von Fahrzeugen. Die Fahrzeuge sind entweder an festen Mietstationen (i. d. R. in der Nähe von Verkehrsknotenpunkten des öffentlichen Verkehrs) oder parken frei im öffentlichen Parkraum (*free floating:*). Die Fahrzeuge werden vorab reserviert und meist in Kombination mit einem gut ausgebauten öffentlichen Verkehr genutzt, um von → *Knotenpunkten* aus abgelegenere Ziele zu erreichen (→ *Mobilitätsmanagement*).
Cartesianismus *cartesianism*: philosophische Lehre nach René Descartes von dem Dualismus von Leib/Köper und Seele/Geist, die teilweise in der Debatte um die Dichotomie von → *Natur*/→ *Kultur* eine Rolle spielt.
cash crop für den Markt erzeugtes Agrarprodukt. C. c. stehen im Gegensatz zu Erzeugnissen, die der Selbstversorgung dienen.
Cash-and-Carry-Lager *cash-and-carry store*: Großhandelsbetrieb, der – im Gegensatz zum üblichen Bedienungsgroßhandel – Waren gegen Barzahlung und Selbstabholung ab Lager verkauft. Wegen ihres großen Flächenbedarfs, auch für Parkplätze, liegen C.-a.-C.-L. meist am Stadtrand oder in Gewerbegebieten. Da sie zu einem hohen Anteil auch an Endverbraucher verkaufen, bilden sie eine Übergangsform vom eigentlichen → *Großhandel* zum → *Verbrauchermarkt*.
Casinoökonomie *casino economy*: Gewinne werden in der C. vermehrt durch Spekulationen mit → *Wertpapieren* und Anlagen und nicht mehr durch Produktionsaktivitäten erzielt.
Catena *catena*: – im engeren Sinne als → *Bodencatena* eine regelhafte Abfolge von → *Böden* an einem → *Hang*, die durch Umlagerungsprozesse differenziert wurden. – Die geoökologische C. zwischen → *ökologischen Raumeinheiten*.
Catena-Prinzip *catena principle*: Haushaltsuntersuchungen und Messungen der landschaftsökologischen → *Komplexen Standortanalyse* entlang eines Geländestreifens, entsprechend der → *Catena*, der den Wandel der → *Partialkomplexe* und ihrer Haushalte repräsentiert. Das C.-P. dient zugleich dem Erkennen von geoökologischen Raumgefügen und → *Raummustern*.
Catering *catering, catering industry*: Form der Gastronomie, bei der verzehrfertige Speisen und Getränke an bestimmten Verbrauchsorte geliefert werden, z. B. zur Verpflegung in Verkehrsmitteln (Flugzeug, Bahn) oder bei Veranstaltungen von Unternehmen.
causa efficiens → *Wirkursache*.
causa finalis → *Finalursache*.
causa formalis → *Formursache*.
causa materialis → *Stoffursache*.
CBD → *Central Business District*; → *Biodiversitätskonvention*.
CBD-Höhenindex *CBD height-index*: von Richard Murphy und James Vance eingeführter Index, mit dessen Hilfe der → *Central Business District* auf Baublockbasis vom übrigen Stadtgebiet abgegrenzt werden kann. Der CBD-H. entspricht dem Verhältnis der gesamten CBD-typisch genutzten → *Geschossfläche* eines → *Baublocks* zur Gebäude-Grundfläche (→ *City*).
CBD-Intensitätsindex *CBD intensity-index*: von Richard Murphy und James Vance eingeführter Index, mit dessen Hilfe der → *Central Business District* auf Baublockbasis vom übrigen Stadtgebiet abgegrenzt werden kann. Der CBD-I. entspricht dem Prozentanteil von CBD-typisch genutzter → *Geschossfläche* an der gesamten Geschossfläche eines → *Baublocks* (→ *City*).
CBU-Import *completely built-up import*: v. a. im Fahrzeughandel verwendeter Begriff. Zunächst durch lokale Händler bzw. Importeure eingeführte Fertigprodukte (z. B. PKWs) werden später, um Handelsrestriktionen auf der Basis hoher Importzölle zu umgehen, aber auch um Entwicklungseffekte auf die nationale Wirtschaft auszulösen, in Form von Einzelteilen eingeführt und im Lande selbst zusammengebaut (→ *SKD-Fertigung*, → *CKD-Fertigung*).
Census Tract *census tract*: bei Volkszählungen ausgewiesener statistischer Zählbezirk in den USA unterhalb der Ebene der kleinsten Verwaltungseinheit. Die → *Großstädte* sind meist in C. T. von ca. 3000 bis 6000 Einwohner aufgeteilt, um eine kleinräumige Datenaufbereitung zu ermöglichen. Ein C. T. setzt sich aus mehreren block groups zusammen, die wiederum mehrere census blocks (i. d. R. Häuserblocks) als kleinste Raumeinheit für statistische Erfassungen im Rahmen von Volkszählungen umfassen (→ *Zählbezirk*).
Center-Park *center park*: US-amerikanische Bezeichnung für großflächige Freizeiteinrichtungen, in denen die Möglichkeit zur Sportausübung und zum → *Freizeitwohnen* gegeben ist.

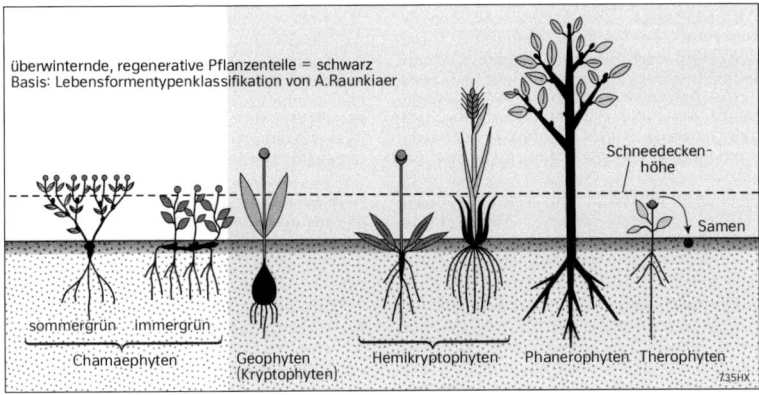

Chamaephyten

Central Business District (CBD) angloamerikanische Bezeichnung für das innerstädtische Einzelhandelszentrum einer → *Großstadt*. Bzgl. der → *Versorgungsfunktion* umfasst der Begriff CBD den in Deutschland üblichen Terminus → *City*.

central city amerikanische Bezeichnung für die → *Kernstadt* einer → *Stadtregion* bzw. eines großstädtischen → *Agglomerationsraums* (→ *City*).

Centre des Affaires: (CDA) *central business district*: französische Bezeichnung für das Einzelhandelszentrum in der Mitte einer → *Großstadt*. Der Begriff entspricht bezüglich der → *Versorgungsfunktion* der in Deutschland üblichen Bezeichnung → *City*.

Cerradao *cerradao*: ausgedehnte Waldinseln mit relativ hohen Bäumen, die in den → *Campo cerrado* eingestreut sind.

Cerrado *cerrado*: Sammelbezeichnung für das Vegetationsmosaik wechselfeucht-tropischer Gebiete Südameriks. Zur C.-Vegetation gehören der → *Campo cerrado* und der → *Cerradao*.

CETA (Comprehensive Economic and Trade) (Agreement) geplantes Freihandelsabkommen (→ *Freihandel*) zur Abschaffung von → *Zöllen*, regulatorischen Zusammenarbeit und Investitionsschutz zwischen der Europäischen Union (→ *EU*) und Kanada (→ *Freihandelszone*). Das Abkommen wird seit 2009 verhandelt und befindet sich aktuell (2016) im Ratifikationsprozess durch das EU-Parlament sowie teilweise die Parlamente in den EU-Staaten. CETA stößt ähnlich wie → *TTIP* auf zum Teil massive Kritik, da im umfassender Liberalisierungsprozess droht, die relativ höheren regulatorischen Standards der EU in verschiedenen Bereichen der → *Wirtschaftspolitik* (Umwelt-, Tier- und Produzentenschutz) abzusenken, und weil sehr weitgehende Klagerechte für ausländische Unternehmen im Rahmen des geplanten Investorenschutzes im Ausland gegeben sind.

Chalkosphäre *chalcosphere*: Zwischenschicht der Erdschalen, die aus Schwermetallsulfiden und -oxiden bestehen soll (→ *Schalenbau der Erde*).

Chamaephyten *chamaephytes*: Pflanzen, deren Erneuerungsknospen sich während der ungünstigen Jahreszeit wenige Zentimeter bis höchstens 25 cm über dem Erdboden befinden. Bei winterlichen Frostperioden sind sie daher oft durch eine Schneedecke geschützt. Zu den C. gehören z. B. Halb- und Zwergsträucher, Polster- und Kriechpflanzen und manche Moose (→ *Lebensformensysteme*).

change detection Methode der → *Fernerkundung* zur Bestimmung von raum-zeitlichen Veränderungen der → *Landnutzung* bzw. Landbedeckung. In der → *urbanen Fernerkundung* dient c.d. bspw. zur Ermittlung und Quantifizierung von Siedlungswachstum.

Chaostheorie *chaos theory*: auch → *Theorie komplexer Systeme* (als Nachfolgetheorie der C.). Die C. befasst sich mit der Erforschung von → *nichtlinearen*, → *dynamischen Systemen*, die ein chaotisches Verhalten aufweisen. Als chaotisch wird ein Zustand dann beschrieben, wenn aus einer kleinen Veränderung einer Anfangsbedingung eine nicht mehr vorhersagbare Änderung in den mittel- bis langfristigen Systemzuständen entsteht (z. B. → *Wetter*, → *Turbulenzen*, Wirtschaftskreisläufe, bestimmte Musterbildungsprozesse wie z. B. bei → *Erosion*, Verkehrsstaus oder neuronalen Netzen). Da diese Dynamik einerseits den physikalischen Gesetzen unterliegt, andererseits aber irregulär erscheint, bezeichnet man sie als → *deterministisches* Chaos. Chaotische dynamische Systeme sind nichtlinear.

Charakterart (Kennart) *characteristic species*: in der → *Pflanzensoziologie* eine Pflanzenart mit enger Bindung an eine bestimmte pflanzensoziologische Einheit (z. B. eine → *Pflanzengesellschaft*). In der → *Tierökologie* eine Tierart (auch Leitart genannt), die an ein bestimmtes → *Biotop* gebunden ist.

Charta von Athen *Charta of Athens*: ein → *Leitbild* der → *Stadtentwicklung*, das durch geplanten Städtebau auf städtische Funktionstrennung (Wohnen, Arbeiten, Erholen, Verkehren etc.) abzielte. Entstand als städtebauliches Manifest des Internationalen Kongresses für Neues Bauen 1933 in Athen. Hauptpromotor war der schweizerische Architekt und Künstler Charles Edouard Jeanneret, genannt Le Corbusier.

Charterverkehr *charter traffic*: im Gegensatz zum → *Linienverkehr* eine nur gelegentlich bzw. zu bestimmten Anlässen betriebene Beförderung von Personen und Gütern (→ *Bedarfsverkehr*). Der Begriff C. ist v. a. im Flugverkehr üblich (z. B. für den → *Urlaubsreiseverkehr*); im Güterseeverkehr wird er meist als → *Trampschifffahrt* bezeichnet.

Checklistenverfahren *checklist method*: Methode der → *betrieblichen Standortplanung*, bei der mithilfe einer Checkliste relevante → *Standortfaktoren* überprüft und ein Gesamturteil über die Alternativen abgeleitet wird.

Chemieunfall *chemical accident*: kennzeichnet durch Technik und/oder Mensch verursachte Unfälle oder → *Katastrophen*, die sowohl für die Lebewesen (Pflanzen, Tiere, Mensch) als auch für die → *abiotischen Faktoren* im → *Landschaftsökosystem* Belastungen oder Schäden, ggf. auch Zerstörungen, bewirken. Der bislang größte C. weltweit war 1984 in → *Bhopal*.

chemisch-biogene Verwitterung *chemical-biogenic weathering*: → *Verwitterung* durch die → *Huminsäuren* der Pflanzen, besonders in feuchtheißen Klimaten, wobei sich Gesteinszersetzung durch Organismen – über Kohlensäure und organische Säuren – direkt vollzieht (→ *biogene Verwitterung*, → *fungale Verwitterung*).

chemische Ablagerung *chemical deposition*: Ausfällung übersättigter Lösungen, wie → *Kalkstein* oder → *Dolomit*, oder durch Eindampfung, wie → *Gips*, → *Steinsalz* oder Kalksalz bzw. als unlöslicher Verwitterungsrückstand von Gesteinen (→ *Residuum*).

chemische Schädlingsbekämpfung *chemical pest control*: Bekämpfung von → *Schädlingen*, vorzugsweise im → *Pflanzenschutz*, v. a. mit → *Pestiziden*, die als Flüssigkeit oder Stäube angewandt werden, oft kombiniert mit → *Herbiziden*. Weil diese Stoffe meist vorbeugend angewandt werden, treten beträchtliche Umweltbelastungen auf, besonders im → *Agroökosystem*. Meist gelangen nur um 40% des Wirkstoffs auf Boden oder Pflanze, sodass große Mengen von ihnen in → *Nahrungsketten* eingehen können.

chemische Verwitterung *chemical weathering*: verschiedene chemische Prozesse (→ *Hydratationsverwitterung*, → *hydrolytische Verwitterung*, → *Kohlensäureverwitterung*, → *Lösungsverwitterung*, → *Oxidationsverwitterung*, tw. → *Salzsprengungsverwitterung*, → *Silikatverwitterung*), bei denen durch Reaktion mit Wasser und den darin enthaltenen Stoffen die chemische Zusammensetzung von Mineralen verändert wird, wodurch diese zersetzt werden. Bei der Kohlensäure- und Lösungsverwitterung können die Minerale komplett aufgelöst werden, bei allen anderen Prozessen bleiben → *Residuate* übrig. Generell steigt die Intensität der c. V. mit der Temperatur, einzige Ausnahme hierbei ist die Kohlensäureverwitterung.

chemischer Bodenzustand *chemical soil quality*: der stoffliche Status des → *Bodens* und der Status seiner wichtigen chemischen und physiko-chemischen Reaktionssysteme. Zum ch. B. gehören der Grad der Auswaschung basischer Kationen (→ *Entbasung*), die → *Bodenazidität* und der Pufferzustand sowie der → *Ionenaustausch*.

Chemischer Sauerstoffbedarf (CSB) *chemical oxygen demand*: ein Verfahren für die Kennzeichnung des Verschmutzungsgrades von Gewässern mit organischen Stoffen. Der CSB kennzeichnet die Menge an gelöstem Sauerstoff, die im Wasser und am Gewässergrund (v. a. im Schlamm) für die Oxidation von Wasserinhaltsstoffen, v. a. von → *anorganischen* Verbindungen, verbraucht wird. Der CSB wird u. a. zur Charakterisierung der Leistung von → *Kläranlagen* eingesetzt (→ *Biologischer Sauerstoffbedarf*).

Chemokline *chemocline*: wenn in stehenden Gewässern keine → *Seezirkulation* eintritt, bilden sich → *Sprungschichten* heraus, z. B. thermische oder chemische, ihre C. Dabei besteht ein vertikaler Stoffkonzentrationsgradient zwischen bewegtem Oberflächen- und stillem Tiefenwasser.

Chernozems (Schwarzerde, Tschernosem) *Chernozems*: in der → *WRB* (2014) Böden mit mächtigen schwarzen Oberbodenhorizonten reich an → *organischer Substanz*. Häufig mit sekundären → *Carbonaten* im Unterboden. Meist aus → *äolischen* Sedimenten (→ *Löss*) im kontinentalen Klima. Typischer zonaler Boden der Langgrassteppen im kontinentalen Russland und Kanada. Gehören zu den produktivsten Böden der Welt und sind gut ackerbaulich nutzbar.

Chicagoer Schule *Chicago School*: eine in den 1920er Jahren etablierte Forschungsrichtung aus dem Institut für Anthropologie und Soziologie der Universität Chicago, deren Forschungsfeld die Stadt Chicago war und mittels → *empirischer Sozialforschung* ihre Erkenntnisse generiert hat. Die C. S. lieferte wegweisende Arbeiten zur → *Stadtsoziologie* und Sozialökologie. Als Begründer gilt Robert E. Park; weitere wichtige Protagonisten waren Ernest W. Burgess, Louis Wirth und William I. Thomas. Besonders bekannt und einflussreich ist das Stadtstrukturen beschreibende Modell von Burgess (1925), in der die → *Stadt* in konzentrische Kreise gegliedert ist, die sich um den Mittelpunkt des → *Central Business District* (CBD) ergeben und durch Kategorien von Ethnie, sozialen Klassen und Unterkünften in Zonen getrennt sind (→ *Zonenmodell*).

Chinatown *chinatown*: → *Stadtteil* mit überwiegend auslandschinesischer Bevölkerung. C. haben sich in vielen nordamerikanischen → *Großstädten* entwickelt, aber auch innerhalb von Großstädten anderer Länder mit chinesischer Zuwanderung. Aufgrund zurückhaltender → *Integration* der Chinesen in die Bevölkerung des Gastlandes, haben die C. sozial, kulturell als auch ökonomisch eine starke Eigenständigkeit.

Chlorfluorkohlenstoffe (CFK) *chlorofluorocarbon*: relativ wenig giftige, stabile und nicht brennbare → *Umweltchemikalien*, verwendet in der Kälteindustrie, bei → *Wärmepumpen*, in Klimaanlagen und in der chemischen Reinigung. Hauptanwendungsgebiet: die inzwischen in vielen Ländern verbotenen CFK-Treibgase für Spraydosen. Sie zerstören die → *Ozonschicht* der → *Atmosphäre* und bewirken die → *Ozonlöcher*.

Chlorierte Kohlenwasserstoffe (CKW) *chlorinated hydrocarbon*: chemische Verbindungen, die aus Kohlenstoff und Wasser bestehen und bei denen ein oder mehrere Wasserstoffatome durch Chlor ersetzt sind. Die sehr stabilen CKW werden in Industrie, Haushalt und Landwirtschaft (z. B. als → *DDT* oder → *Lindan*) eingesetzt. Die CKW finden sich in der gesamten Umwelt, v. a. im → *Trinkwasser*, in der → *Luft*, sowie in den Nahrungsketten. Sie werden auch über die Haut aufgenommen und verursachen zahlreiche organische Schäden. Die CKW-Entsorgung erfolgt durch Verbrennen auf See oder als → *Sondermüll* in → *Sondermüllverbrennungsanlagen*.

Chlorose *chlorosis*: eine Fleckenkrankheit bei → *Pflanzen*, die auf Abbau von Chlorophyll zurückgeht, verursacht durch Licht- oder Nährstoffmangel sowie → *Luftschadstoffe* bzw. → *Luftverschmutzung*.

Chore *chore*: Raumeinheit einer bestimmten Stufe der Dimensionen naturräumlicher Einheiten, die sich aus den niedrigerrangigen Topen bzw. → *Mikrochoren* zusammensetzen und die sich zu höherrangigen → *Meso-*, → *Makro-* und → *Megachoren* aggregieren, die wiederum die → *Zonen* der Landschaften der Erde (→ *Landschaftszone*) bilden (→ *Theorie der geographischen Dimensionen*).

Choriotop: → *Biochorion*.

chorische Dimension *chorologic[al] dimension*: Dimensionsstufe in der → *Theorie der geographischen Dimensionen* für die Betrachtung von → *Landschaftsökosystemen*, um deren → *Ökotopgefüge* im weiteren Sinn herauszuarbeiten, die sich aus homogenen → *topischen Raumeinheiten* zusammensetzen. In der c. D. werden räumliche Gefüge betrachtet, die sich aus → *landschaftsökologischen Grundeinheiten* zusammensetzen. Die Ausweisung der → *Choren* erfolgt nach dem Muster der landschaftsökologischen Grundeinheiten, nach landschaftsgenetischen Merkmalen der Chore und ihres räumlichen Kontextes sowie nach aktualdynamischen Merkmalen des Gesamtbereichs der Chore, z. B. gleichartige Merkmale des → *Mesoklimas* oder des → *Landschaftswasserhaushalts*. Raumeinheiten der c. D. wären Kleineinzugsgebiete, ganze Flusseinzugsgebiete, → *Plateaus*, → *Schichtstufen* etc. (→ *Einzugsgebiet*).

C-Horizont *C horizon*: im → *Bodenprofil* das Ausgangsgestein der Bodenbildung bzw. der mineralische Untergrund. Der C.-H. wird oft in einen bereits etwas angewitterten und aufgelockerten Bereich (Cv-H.) und das unveränderte Gestein (Cn-H.) gegliedert.

Chorologie *chorology*: Lehre vom Raum, auch die räumliche Verbreitung bestimmter Untersuchungsobjekte einer Disziplin (→ *Arealkunde*), so wie die Chronologie die Lehre von der Zeit darstellt. Die C. ist eine ältere Bezeichnung aus der Theorie der Geographie, welche das Fachgebiet gegenüber den historischen und systematischen Wissenschaften als Raumstruktur- und Raumordnungslehre hervorheben wollte.

chorologische Dimension → *chorische Dimension*.

chorologisches Axiom *chorologic[al] axiom*: das Axiom der räumlichen Verknüpfungen, nach welchem alle geographischen Sachverhalte über einen geographischen Ort verfügen, der sich durch seine Lage, insbesondere durch die Lagebeziehungen zu benachbarten geographischen Örtlichkeiten, auszeichnet. Demnach ist kein geographischer Sachverhalt denkbar, der nicht in geographisch-räumliche Beziehungen eingebunden wäre (→ *Chore*, → *Chorologie*).

Choroplethenkarte (Flächenkartogramm) *choropleth map*:: spezifische Variante einer → *thematischen Karte*, in der statistische Daten mit Bezug zu zweidimensional definierten

| Versorgung | Zuordnung | Verkehr |

Christallersches Modell

Flächen als Klassen dargestellt sind. Weit verbreitete Beispiele einer C. sind Karten zur Einwohnerdichte.

Chorosequenz *chorologic[al] sequence*: in der → *Geoökologie* bzw. → *Landschaftsökologie* ein räumliches Ordnungsprinzip für die → *chorische Dimension*, wobei die C. eine Abfolge ausgewählter, repräsentativer chorischer Raumeinheiten darstellt, die man in regionalgeographischen Bestandsaufnahmen einsetzt.

Christallersches Modell *Christaller's: model*: von Walter Christaller 1933 publiziertes Modell der → *Zentralen Orte* zur Erklärung der Verteilung städtischer Siedlungen im Raum. Die Grundaussagen sind: Eine Siedlung, i. d. R. eine → *Stadt*, bietet → *Güter* und → *Dienstleistungen* über den eigenen Bedarf hinaus an. Durch diesen → *Bedeutungsüberschuss* wird sie zum zentralen Ort für das weitere → *Umland*. Entsprechend dem Bedeutungsüberschuss und der Größe der → *Ergänzungsgebiete* ergibt sich eine → *Hierarchie* der zentralen Orte. Im Idealzustand entsteht auf jeder Stufe der Hierarchie eine hexagonale Anordnung der zentralen Orte, da die Sechseckgestalt der Ergänzungsgebiete die rationellste und, im Gegensatz zum Kreis, flächendeckend ist. Das C. M. wurde die Grundlage der → *Zentrale-Orte-Forschung*.

Chronotopos *chronotope*: Begriff aus der Literaturwissenschaft, der von Michail Bachtin eingeführt wurde und auf den Zusammenhang von Zeitverlauf und → *Ort* in einer Erzählung hinweist. Der C. ist eine Art Raum-Zeit-Gesetzlichkeit, bei der der → *Raum* den chronologischen Verlauf einer Erzählung gliedert und dimensioniert und umgekehrt die Zeit den Raum mit Sinn erfüllt. In diesem Sinne ist der C. einerseits die Landkarte, andererseits der Zeitstrahl einer Erzählung.

CIF *cost, insurance, freight*: Handelsklausel bei Überseegeschäften. Sie bestimmt, dass der Verkäufer außer den Verladekosten der Ware auch die Kosten für die Fracht bis zum Bestimmungshafen sowie die Versicherungskosten zu tragen hat (→ *FOB*).

CIPEC (Conseil Intergouvernemental des Pays Exportateurs de Cuivre) 1967 in Lusaka/DR Kongo erfolgter Zusammenschluss wichtiger Kupfer erzeugender Länder mit dem Ziel, die Preisgestaltung auf dem Weltkupfermarkt zu bestimmen. Mitgliedsländer sind Australien, Chile, DR Kongo, Indonesien, Papua-Neuguinea, Peru, Sambia. Die Auflösung erfolgte 1988 (→ *Rohstoffkartell*).

Circulus vitiosus *vicious circle*: geschlossene Verursachungskette sich bedingender Merkmale von → *Teufelskreis der Armut*" bekannte C. v. geht im wesentlichen von den für → *Entwicklungsländer* (→ *Globaler Süden*) bekannten endogenen Verursachungskomplexen aus, die im Verständnis der → *Modernisierungstheorie* nur durch das Eingreifen von außen im positiven Sinne beeinflusst werden können (→ *Armut*).

circumpolar *circumpolar*: geo- und biowissenschaftliche Phänomene, die sich gürtelartig um eine Polkappe bzw. die polaren → *Breiten* herum anordnen, z. B. die borealen Nadelwaldbiome.

Cirrus *cirrus*: Eiswolken von feinfaseriger Struktur in der hohen → *Troposphäre*. Die C. sind häufig streifenförmig angeordnet und können als oberste und vorderste Vorboten einer → *Warmfront* einen Wetterumsturz anzeigen (→ *Wolke*).

City *city centre, central business district, downtown (1.); city (2.)*: – Der ganz überwiegend durch → *Versorgungsfunktionen* mittel- und oberzentraler Art (Kaufhäuser und hochspezialisierte Einzelhandelsgeschäfte und Dienstleistungsbetriebe, Banken, Fachärzte, Anwälte usw.), durch Behörden-, Verwaltungs- und Bürostandorte öffentlicher und privater Art sowie durch kulturelle Einrichtungen geprägte → *Stadtkern* großer Städte. Die Wohnbevölkerung ist aufgrund von Abwanderung und Verdrängung stark dezimiert. Dagegen bilden sich aufgrund starker Arbeitsplatzkonzentration im tertiären Wirtschaftssektor und des großen Versorgungsangebots umfangreiche → *Einpendler-* und Einkaufsströme. Der Verkehr erreicht in der C. seine höchste Dichte. Die Bebauung ist im Allgemeinen relativ hoch und dicht, die Boden- und Mietpreise erreichen innerhalb der → *Stadt* die höchsten Werte. In historischen Städten liegt die C. meist im Bereich der → *Altstadt*. Zum Teil haben sich innerhalb der C. getrennte Geschäftsviertel im Sinn der amerikanischen → *Central Business Districts* sowie Verwaltungs- und Büroviertel gebildet; in europäischen Großstädten sind jedoch die citytypischen Funktionen meist vermischt. Durch die Abwanderung von → *Versorgungs-* und Bürostandorten in Stadtrandlagen oder in das → *Stadtumland* (→ *Suburbanisierung*) ist v. a. seit den 1980er-Jahren in vielen US-amerikanischen, zunehmend auch in europäischen → *Großstädten* ein Bedeutungsverlust von C.-Standorten entstanden. In jüngerer Zeit ist die Tendenz einer nachhaltigen Reurbanisierung der Stadtzentren durch Aufwertungsprozesse zu beobachten. – Im anglo-amerikanischen Sprachraum Bezeichnung für eine größere Stadt mit bestimmten eigenen Verwaltungsfunktionen. Rechtliche Festlegung und Inhalt der Bezeichnung C. wechseln von Land zu Land, etwa zwischen England (hier ursprünglich eine Bischofsstadt) und verschiedenen US-Bundesstaaten.

City

Cityabgrenzung *delimitation of the central business district*: Methode zur Festlegung der Außengrenze der → *City* gegenüber dem umgebenden Stadtgebiet. Zur C. verwendete Indikatoren basieren auf den typischen Kennzeichen der City bzw. auf deren Verdichtung oder Häufung (z. B. Arbeitsplatzdichte im → *tertiären Wirtschaftssektor*, Bevölkerungsabwanderung, → *Bodenpreise*, → *Verkehrsdichte*, city-typische → *Flächen-* und Gebäudenutzung; → *CBD-Höhenindex*, → *CBD-Intensitätsindex*, → *Schaufensterindex*).

Citybildung *development of a CBD*: innerstädtischer Entwicklungsprozess, der durch Funktionswandel zur Ausbildung einer → *City* führt. Mit der C. sind v. a. Abwanderung der → *Wohnbevölkerung* und die Umwandlung von → *Wohngebäuden* in → *Standorte* des tertiären → *Wirtschaftssektors* (Handel, → *Dienstleistungen*) verbunden.

Citygebundenheit *CBD-dependence*: Kennzeichen von städtischen Funktionen und Einrichtungen, deren optimaler → *Standort* in der → *City* liegt und die deshalb ganz überwiegend dort anzutreffen sind.

Citylogistik *city logistics*: überbetriebliche Konzepte zur → *Versorgung* und → *Entsorgung* von → *Ballungsräumen* mit dem Ziel der Optimierung des Liefer- und Abholverkehrs durch die Vernetzung der individuellen Lieferketten von Einzelwirtschaften in der → *Innenstadt*.

Citymarketing *city marketing*: Gesamtheit aller Maßnahmen zur Vermarktung von ökonomischen und soziokulturellen Eigenheiten einer → *Stadt*. Im Zuge der → *Globalisierung* treten Städte zunehmend als konkurrierende eigenständige wirtschaftliche Akteure auf, die ihr Gebiet zum Gegenstand von Marketingaktivitäten machen. In der Praxis bezieht sich C. oft nur auf die → *Innenstadt*, mit dem Ziel, den dortigen → *Einzelhandel* zu fördern.

Citynutzung *commercial urban land utilization*: innerstädtische Flächennutzung durch citytypische Versorgungs- und Dienstleistungsbetriebe. C. tritt nicht nur in der eigentlichen → *City* auf, sondern auch z. B. in → *Subzentren* und → *Innenstadtrandbereichen*.

Cityrand *edge of the CBD, transition area*: äußerer Bereich der → *City* und Übergangszone zu den angrenzenden innerstädtischen Teilräumen. Am C. treten die citytypischen Merkmale und Funktionen in geringerer Dichte und Intensität auf als im → *Citykern*, insb. ist der Anteil der → *Wohnfunktion* an der Gebäudenutzung höher. Häufig findet am C. eine Expansion der City durch Nutzungswandel statt (z. B. Umwandlung von Wohnhäusern in Geschäfts- und Bürohäuser).

civil lines einheitlich geplante → *Stadterweiterung* vorderindischer Städte aus der britischen Kolonialzeit. Im Gegensatz zu den → *Cantonments* enthielten die c. l. Einrichtungen der zivilen Verwaltung und Versorgung sowie → *Wohngebiete* für europäische Zivilpersonen (→ *Stadt*).

CKD-Fertigung *completely knocked-down production*: v. a. im Fahrzeugbau verwendeter Begriff, der das Ausmaß des eigenen Produktionsanteils (→ *Local-Content-Vorschrift*) des Endprodukts im jeweiligen Produktionsland verdeutlicht. Es werden so gut wie alle Einzelteile importiert und am Montagestandort zusammengebaut (→ *SKD-Fertigung*).

Clan → *Klan*.

CLC → *CORINE Land Cover*

Climate Engineering → *Geoengineering*.

cloud cluster nichtzyklonales Wolkengebilde von mehreren 100 km Durchmesser über den feuchten → *inneren Tropen*. C. c. sind unstetig wandernde Schlechtwetterzellen, die sich durch ständiges Einströmen warmfeuchter → *Luft* einige Tage erhalten. Sie bringen ergiebige → *Niederschläge* und erhebliche Abkühlung.

Club of Rome in Rom 1968 von ca. 100 Persönlichkeiten aus rund 30 Ländern gegründete Vereinigung, die sich seitdem mit den „Grenzen des Wachstums" und der Zukunft des Planeten Erde beschäftigt. Dazu wurden u. a. → *Weltmodelle* aufgestellt, die den Grundsätzen der → *Allgemeinen Systemtheorie* und der → *Kybernetik* folgen und das Ziel haben, künftige Entwicklungen der Wirtschaft und des Lebens auf der Erde, sowie deren ökologische Zustände, quasiquantitativ abzuschätzen. Für die → *Prognosen* wurden → *Szenarien* aufgestellt.

Cluster *cluster*: räumliche Konzentration miteinander verbundener Subjekte, z. B. Unternehmen und Institutionen innerhalb eines bestimmten → *Wirtschaftszweiges*. Ein C. kann daneben eine Reihe vernetzter → *Branchen* und weitere für den Wettbewerb relevante Organisationseinheiten (z. B. Forschungsinstitutionen, Hochschulen, Kammern, Behörden) umfassen. (→ *Industriedistrikt*, → *Technologiepark*).

Clusteranalyse *cluster analysis*: ein Verfahren zur Entdeckung von Ähnlichkeitsstrukturen (Gruppen von Daten mit ähnlichen Merkmalen = Cluster), z. B. in großen Datenbeständen. Anders als bei der → *Klassifikation*, bei der Klassen gebildet und die Daten diesen Klassen zugeordnet werden, hat die C. zum Ziel, neue Gruppen in Daten zu identifizieren, ohne vorher ein Vorwissen über etwaige Klassen (Gruppen) zu haben. Die C. ist ein wichtiges Verfahren im → *Data-Mining* (→ *Big Data*);

CMSA → *Consolidated Metropolitan Statistical Area*.

CMYK-Farbmodell *CMYK colour model*: Farbmodell, das auf den Grundfarben der subtraktiven Farbmischung Cyan (C), Magenta (M), Yellow (Y) und den als Key (K) - „Schlüssel" für die Erzeugung von Farbkontrasten - bezeichneten Schwarzanteil basiert. Dieses Farbmodell bildet die farbtechnische Grundlage für den modernen Vierfarbdruck (Vierfarb-Offsetdruck). In der → *Kartographie* wird dieses Farbmodell zur Herstellung → *analoger Karten* sowie weiterer kartographischer Printmedien eingesetzt. In der digitalen Kartographie (→ *digitale Karte*) findet v. a. das → *RGB-Farbmodell* Einsatz.

C/N-Verhältnis *C/N ratio*: Massenverhältnis des organischen Kohlenstoffes und Gesamtstickstoffes in pflanzlichem Material oder im → *Humus* des Bodens. Für die Verhältnisangabe wird der Stickstoff gleich 1 gesetzt. Das C/N-Verhältnis ist ein Maß für die Zersetzbarkeit von organischer Substanz.

Cockpit *cockpit karst*: entstehen im → *Karst* der feuchtwarmen Tropen und sind wie die → *Dolinen* des → *polygonalen Karstes* wesentlich größer als die Dolinen des Karstes in Mitteleuropa. Sie haben meist einen flachen Boden, und die Hänge sind nicht konkav (trichterförmig), sondern als einzelne konvexe Segmente ausgeprägt, was dieser Sonderform der Doline ein sternförmiges Aussehen gibt.

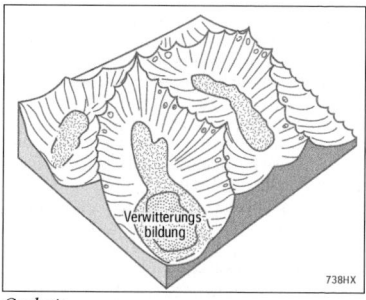

Cockpit

Cockpit-Landschaft *cockpit landscape*: gehäuftes Auftreten wannenförmiger → *Dolinen*, den → *Cockpits*, im → *Karst* die sich in der C.-L. durch gratartige Kalklösungsvollformen voneinander abgrenzen.

Codierung → *Kodierung*.

Coevolution (Koevolution) *coevolution*: wechselseitige Anpassung von Organen bzw. Merkmalen von Tier- und Pflanzenarten im Laufe der Stammesgeschichte.

collective self-reliance *kollektive Eigenständigkeit*: Entwicklungskonzept der kollektiven Eigenständigkeit. Die c. s.-r. sieht eine stärkere Zusammenarbeit der sog. → *Entwicklungsländer*, ein gemeinsames Auftreten gegenüber den → *Industrieländern* und evtl. eine → *Dissoziation* vom → *Weltmarkt* vor (→ *self-reliance*).

Commons *Gemeinschaftsgüter*: die sich einerseits auf endliche, materielle und natürliche → *Ressourcen* wie → *Rohstoffe*, → *Energieträger*, Wasser, Wald u. v. m. beziehen und andererseits auf immaterielle und intellektuelle Ressourcen wie → *Wissen* und Ideen – die codes der Informationsgesellschaft und die codes des Lebens; die Wissensallmende.

Commonwealth of Nations *Commonwealth of Nations*: lockerer Bund unabhängiger → *Staaten*, die fast alle früher als → *Kolonie* dem Britischen Weltreich angehörten und sich heute durch kulturelle und wirtschaftliche Beziehungen untereinander und mit Großbritannien verbunden fühlen. Das C. o. N. umfasst seit dem Austritt der Malediven 2016 noch 52 Mitglieder, von denen einige noch die britische Königin als Staatsoberhaupt anerkennen.

Community based tourism Form des nachhaltigen ländlichen kommunalen → *Tourismus* in → *Entwicklungsländern* (insb. in Afrika) mit dem Ziel, eine einfache dörfliche touristische → *Infrastruktur* anzubieten und damit Arbeitsplätze und Einkommen durch Tourismus zu generieren. C. b. t. wird durch europäische Organisationen der → *Entwicklungszusammenarbeit* unterstützt, verzichtet aber bewusst auf die Einbeziehung ausländischer Tourismusunternehmen.

community development ein v. a. im → *ländlichen Raum* in den → *Entwicklungsländern* seit den 1960er Jahren verfolgter Ansatz zur Mobilisierung der Eigeninitiative der Bevölkerung und der Teilhabe der dörflichen Gemeinschaft an Entscheidungsprozessen. C. d. soll der Verbesserung der lokalen Lebensbedingungen dienen. Der als Hilfe zur Selbsthilfe konzipierte Ansatz geht nur in einer ersten Phase von einer finanziellen, personellen und technischen Unterstützung von außen aus und setzt den Schwerpunkt auf die Förderung der Eigenmotivation und der Fertigkeiten der Bevölkerung (→ *Entwicklungshilfe*).

company housing englischer Ausdruck für Werkswohnungen bzw. das Wohnen in werkseigenen Häusern (→ *Werkssiedlung*).

competitive advantage → *Wettbewerbsvorteil*.

completely built-up import → *CBU-Import*.

completely knocked-down production → *CKD-Fertigung*.

compound *abgeschlossenes Wohngebiet*: für Industrie-, insb. Bergbauarbeiter in Afrika südlich der Sahara. Im C. werden v. a. → *Wanderarbeiter* ohne Familien untergebracht, die sich für eine bestimmte Zeit als Kontraktarbeiter außerhalb ihres Heimatgebietes verdingen.

Comprehensive Economic and Trade Agreement → *CETA*.

Conference of the Parties → *UN-Klimakonferenz*.

Congelifraktion → *Frostsprengung*.

Conrad-Diskontinuität *Conrad discontinuity*: in der kontinentalen → *Erdkruste* befindliche Grenze, an der die sauren Silikate der Granit-Gneis-Schale (→ *Granitschale*) von den basischen Silikaten der Gabbro-Basalt-Schale (→ *Gabbroschale*) abgelöst werden. Über die Lage der C.-D. gibt der → *Schalenbau der Erde* Auskunft.

Conseil Intergouvernemental des Pays Exportateurs de Cuivre → *CIPEC*.

Consolidated Metropolitan Statistical Area (CMSA) neuere Bezeichnung für → *Standard Consolidated Metropolitan Area*.

Container *container*: genormtes, offenes oder geschlossenes, kasten- oder tankähnliches Behältnis zur Aufbewahrung, zum Schutz oder Transport von Waren. Die bekannteste C.-Einheit ist der TEU-Container (Twenty feet Equivalent Unit).

Containerraum (absoluter Raum) *absolute space, container space*: ein Raumkonzept, das den → *Raum* als absolut und gegeben versteht. Der C. gehört zu den realistischen → *Raumkonzepten* (→ *Realismus*). Der C. weist demnach eine eigene ontologische Struktur (→ *Ontologie*) auf und ist Bestandteil der physisch-materiellen Wirklichkeit. Raum wird so als eine Art Container verstanden, der mit Objekten ausgestattet („möbliert") ist. Der C. stellte die Basis der raumwissenschaftlichen Geographie dar (→ *Chorologie*).

Containerschiff *container ship*: Schiff, das speziell für den Transport von → *Containern* konstruiert ist und damit Stückgüter wesentlich rationeller befördern kann als auf herkömmliche Weise. (→ *Containerverkehr*).

Containerterminal *container terminal*: → *Umschlagplatz*, an dem → *Container* von Schiffen oder Eisenbahnwaggons auf LKW verladen werden, um zum Empfänger transportiert zu werden (oder umgekehrt).

Containerverkehr *container transport*: Transport von Stück- oder Schüttgütern in genormten Großbehältern (→ *Container*), die per LKW, Bahn, Schiff oder Flugzeug transportiert werden können. Durch direkten Transport vom Versender zum Empfänger erübrigt sich beim C. ein Umladen der Ware.

Conurbation (Konurbation) *conurbation*: großstädtische Siedlungsagglomeration in Großbritannien, die aus einer oder mehreren → *Kernstädten* und ihrem → *urban* geprägten → *Umland* besteht. Die C. wurden 1951 als statistische → *Raumeinheiten* amtlich abgegrenzt aufgrund funktionaler Verflechtungen und baulichen Zusammenhangs, z. T. auch den → *Bevölkerungsdichte*. Bis zur Gebietsreform 1974 wurden sie fortgeschrieben (→ *Metropolitan County*).

COP → *UN-Klimakonferenz*.

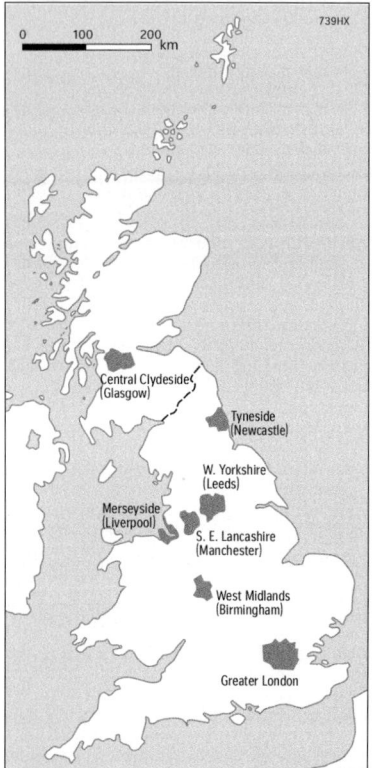

Conurbation

CORINE Land Cover (CLC) Projekt zur europaweiten → *fernerkundlichen* Kartierung der → *Landnutzung*. Die Ersterfassung aus dem Jahre 1990 basiert auf → *Satellitendaten* im Maßstab 1:100.000. Zur Klassifizierung der Landnutzung wurden ursprünglich 44 Landnutzungsklassen definiert (37 mit Relevanz für das Gebiet der BRD). Zuletzt wurden CLC-Daten im Jahr 2012 aktualisiert. Dabei wurden in der BRD für die Ableitung der CLC-Klassen auch → *Geometriedaten* aus dem Amtlichen Topographisch-Kartographischen Informationssystem (→ *ATKIS*) sowie das Digitale Landbedeckungsmodell für Deutschland (DLM-DE) genutzt.

Corioliskraft *coriolis force*: durch die Bewegung eines Massenkörpers in einem rotierenden Bezugssystem (z.B. rotierende → *Erde*) wirkt auf diesen eine ablenkende Kraft (Scheinkraft), die man als C. bezeichnet. Die dadurch verursachte Beschleunigung ist die Coriolisbeschleunigung (c [m/s]). Die C. berechnet sich aus m = Luftmasse [kg], v = Windgeschwindigkeit [m/s], ω = Winkelgeschwindigkeit der → *Erde* (2 π/Erddurchmesser = 7,292•10-5/s), φ = geographische Breite [°]:
$C = 2 m \cdot v \cdot \omega \cdot \sin \varphi$
Die C. ist der Bewegungsgeschwindigkeit proportional, steht senkrecht auf dem Bewegungsvektor und dem Drehvektor der Erdrotation. Die Coriolisbeschleunigung berechnet sich durch Division:
$C/m = c = 2 v \cdot \omega \cdot \sin \varphi$
Luftmassenbewegungen erhalten durch die Coriolisbeschleunigung auf der Nordhemisphäre eine Rechtsablenkung (→ *geostrophischer Wind*) und auf der Südhemisphäre eine Linksablenkung. In den → *inneren Tropen* wird der Einfluss der Ablenkung unbedeutend – sie ist am → *Äquator* = 0. Gegen die → *Pole* nimmt die Ablenkung zu.

corporate behaviour (Unternehmensverhalten) das schlüssige Verhalten eines Unternehmens gegenüber → *Stakeholdern* (→ *corporate identity*).

corporate citizenship (verantwortungsvolles Unternehmensverhalten) Unternehmensengagement zur Linderung oder Lösung gesellschaftlich relevanter Herausforderungen, meist in Kooperation mit externen Partnern (Bildungs-, Kultur-, und Sozialeinrichtungen). Für c. c.-Tätigkeiten werden nicht nur Finanzmittel, sondern auch Mitarbeiterengagement sowie Zugang zu → *Logistik* und → *Netzwerken* bzw. → *Informationen* von Unternehmensseite bereitgestellt (→ *corporate social responsibility*).

corporate communications (Unternehmenskommunikation) Vermittlung des → *Leitbildes* eines Unternehmens (→ *corporate identity*) nach innen und außen. Stärkste Ausprägung der Unternehmenskommunikation sind Werbemaßnahmen oder die Öffentlichkeitsarbeit.

corporate culture (Unternehmenskultur) Gesamtheit gemeinsamer Wert- und Normenvorstellungen sowie geteilter Denk- und Verhaltensmuster, welche die Entscheidungen, Handlungen und Aktivitäten der Organisationsmitglieder in einem → *Unternehmen* prägen und damit eine nach außen wirkende Identität (→ *corporate identity*) erzeugen. Die U. kann sich z. B. durch Mitarbeiter- und Kundenorientierung sowie Aktivitäten im kulturellen Bereich auszeichnen.

corporate design *Corporate Design*: das optisch wahrnehmbare → *Leitbild* (Identität) eines Unternehmens, z.B. durch die Gestaltung von Firmenzeichen, Arbeitskleidung, Formularen oder Onlineauftritten aber auch der Be-

triebsgebäude (corporate architecture) (→ *corporate identity*).
corporate geography → *Geographie der Unternehmen.*
corporate identity (Unternehmensidentität) der schlüssige Zusammenhang von Erscheinung (→ *corporate design*), Werten (→ *Unternehmenskultur*), Verhalten (→ *corporate behaviour*) sowie Kommunikation (→ *corporate communications*) eines Unternehmens nach innen und außen. Ziel ist eine langfristige Unternehmensentwicklung durch Erzeugung eines spezifischen Charakters bzw. Selbstverständnisses des Unternehmens vor dem Hintergrund der Unternehmensgeschichte und -vision sowie Organisationsstrukturen.
corporate social responsibility (CSR, Unternehmensverantwortung) Übernahme gesellschaftlicher Verantwortung durch Unternehmen (u. a. Organisationen), die über gesetzliche Pflichten hinausgeht. CSR umschreibt den freiwilligen Beitrag der Wirtschaft zu einer → *nachhaltigen Entwicklung*. Handlungsfelder dieses verantwortlichen unternehmerischen Handelns beinhalten eine über die normale Geschäftstätigkeit hinaus reichende Einbeziehung der Interessen der → *Stakeholder* :sowie die Berücksichtigung ökologisch und sozial relevanter Bereiche.
Cotonou-Abkommen *Contonou Convention*: das 2000 geschlossene C.-A. regelt die Zusammenarbeit zwischen der → *EU* und der → *AKP-Staaten* und ist als Fortsetzung des → *Lomé-Abkommens* für 20 Jahre lang gültig. Verbunden ist die entwicklungspolitische Zusammenarbeit mit wirtschafts- und handelspolitischer Kooperation, die auf vereinbarten Werten von → *good governance*, geachteten Menschenrechten und Demokratie beruhen. Bei Verstößen gegen diese Grundwerte kann die EU mit einer Einschränkung der finanziellen Unterstützung reagieren.
cotton belt Bezeichnung für die gürtelartige west-östliche Ausdehnung der Baumwollanbauflächen in den USA (→ *Agrargürtel*).
Coulombsches Gesetz *Coulomb's law*: beschreibt die Abhängigkeit der → *Grenzscherspannung* von → *Druckspannung*, innerer Reibung (→ *Reibungswinkel*) und ggf. → *Kohäsion*. Es sagt aus, dass die Grenzscherspannung bei konstantem Reibungswinkel und konstanter Kohäsion eine lineare Funktion der Druckspannung ist. Die Druckspannung wiederum hängt linear von der → *Hangneigung* ab: sie ist umso kleiner, je stärker die Hangneigung. Sowohl Kohäsion als auch innere Reibung sind Materialeigenschaften.
counterpart *Pendant, Gegenüber*: bei Entwicklungsprojekten (→ *Entwicklungshilfe*) in Länder des → *Globalen Südens* beteiligte Trägergesellschaft, mittragende Organisation oder Einzelperson, die vor Ort die Betreuung wahrnimmt und diese auch nach der Förderungslaufzeit fortführt.
counterurbanization Prozess großräumiger Dekonzentration von Bevölkerung und Arbeitsplätzen infolge von → *Abwanderung* aus → *Großstädten* und → *Agglomerationsräumen* bei gleichzeitigen → *Wanderungsüberschüssen* in ländlichen und kleinstädtischen Gebieten. C. ist in Ansätzen in einigen stark urbanisierten → *Industrieländern* zu beobachten und wird als Reaktion auf die Überlastung von → *Verdichtungsräumen* gedeutet.
County *county*: – aus den historischen Grafschaften hervorgegangene Verwaltungseinheit auf der mittleren Ebene in England, Wales und der Republik Irland, bis zur → *Gebietsreform* 1974 auch in Schottland und Nordirland. – in den USA (mit Ausnahme der Bundesstaaten Louisana und Alaska) eine regionale Verwaltungseinheit auf der mittleren Ebene zwischen Bundesstaat und einzelner Ortschaft, die ungefähr den deutschen → *Landkreisen* entspricht.
creative class → *kreative Klasse.*
Critical Geography → *Kritische Geographie.*
critical geopolitics *kritische Geopolitik*: eine Forschungsrichtung, die sich seit ihrer Etablierung in den 1990er-Jahren im anglo-amerikanischen Sprachraum mit der kritischen Analyse und → *Dekonstruktion* von geopolitischen Leit- bzw. Weltbildern in Wissenschaft, Politik, Medien und → *Populärkultur* beschäftigt.
Critical Whiteness → *Weißsein.*
Cromer-Warmzeit *Cromerian interglacial, Cromerian stage*: mittelquartäre → *Warmzeit* zwischen → *Elster-* und → *Menap-Kaltzeit*. Bestandteil der Gliederung des → *Pleistozäns*. Alpines Äquivalent der C.-W. ist das → *Günz-Mindel-Interglazial.*
cross compliance *anderweitige Verpflichtungen*: in der → *Agrarpolitik* der → *EU* die Bindung des Erhalts von → *Direktzahlungen* an die Einhaltung umwelt- und tierschutzrechtlicher Vorschriften.
C-R-S-Strategie → *Lebensstrategie.*
Cryosols *Cryosols*: in der → *WRB* (2014) frostüberprägte → *Mineralböden* unter Permafrostbedingungen. Kryogene Prozesse als dominant bodenbildende Prozesse (u. a. → *Frosthebung*, → *Eiskeile*, Frostmuster, etc.). Vorkommen zirkumpolar in Antarktis und Arktis sowie in subarktischen und borealen Regionen unter → *Permafrost*-Einfluss. Vegetation ist überwiegend Tundravegetation und Nadelwald. Öl- und Gasförderung sowie Bergbau wirken sich lokal auf die C. aus.
Cryosphäre → *Kryosphäre.*
CSB → *Chemischer Sauerstoffbedarf.*
CSR → *corporate social responsibility.*

CSS Akronym für „Cascading Style Sheet". Stylesheet-Sprache zur Erstellung von Gestaltungsanweisungen in Dokumenten, die in einer Auszeichnungssprache (bspw. → *HTML*) geschrieben sind. CSS wurde entwickelt, um Darstellungs- und Inhaltsvorgaben bei der Erstellung von Webseiten zu entkoppeln. CSS wird häufig - in Kombination mit → *HTML* und → *JavaScript* - zur Entwicklung web-basierter → *Karten* und → *Web-GIS* eingesetzt. Die aktuellste Version von CSS ist CSS 3.

Cuesta → *Schichtstufe*.

cultura mista *mixed cultivation*: aus Italien stammende Bezeichnung für → *Stockwerkkultur*.

Cultural Studies eine interdisziplinäre Strömung der Sozial- und Geisteswissenschaften (→ *Kulturwissenschaft*). C. S. untersuchen die Bedeutung von → *Kultur* als Alltagspraxis (→ *Alltag* im Gegensatz zu Hochkultur), wobei die Bedeutungen als sozial konstruiert aufgefasst werden, diese also nicht „natürlich" gegeben sind, sondern im Laufe der Kulturgeschichte aber auch in alltäglichen Aushandlungsprozessen entstehen. Im Gegensatz dazu wurde Kultur traditionell als etwas Wesenhaftes gedacht, das identifizierbar und z.B. für die → *Geographie* im Hinblick auf ihren räumlichen Geltungsbereich abgrenzbar sei. Die C. S. untersuchen einzelne kulturelle Erscheinungen auf ihren Zusammenhang mit sozialstrukturellen Merkmalen, wie z.B. → *Gender*, → *Klasse/*→ *Schicht*, → *Ethnie* oder sexueller Orientierung.

cultural turn (kulturalistische Wende) eine Entwicklung in den Geistes- und Sozialwissenschaften ab der zweiten Hälfte des 20. Jh., bei der es unter größer werdendem Einfluss der → *Kultursoziologie* zu einer Veränderung des Verständnisses von → *Kultur* kam, die traditionell als Hochkultur der Eliten verstanden wurde. Das neue Kulturverständnis umfasst auch Praktiken des Alltags und populäre Ausdrucksformen. In der Geographie bedeutet es ebenfalls eine Hinwendung der Forschungsinteressen zur Populärkultur und räumlichen Bezogenheit der Alltagskultur (→ *Cultural Studies*, → *spatial turn*).

Cumulus (Haufenwolke) *cumulus*: Haufen- oder Quellwolke. Die C. sind → *Wolken* mit teilweise großer Senkrechterstreckung; in den → *inneren Tropen* bis über 20 km. Sie entstehen an warmen Tagen über konvektiven Aufwärtsströmungen der Luft. Die Schönwetterwolken treten in Scharen und mit einer ausgeprägten Untergrenze am Kondensationsniveau (→ *Kondensationshöhe*) auf. Beim Weiterwachsen in höhere Schichten der → *Troposphäre* vereisen die → *Quellwolken* an der Obergrenze und entwickeln sich so zu Gewitterwolken (→ *Gewitter*).

Cyborg (kybernetischer Organismus) *cyborg*: Akronym für ein Mischwesen aus einem Organismus und einer Maschine; ursprünglich aus dem Umfeld der Raumfahrt kommend Bezeichnung für Menschen, deren Körper dauerhaft durch künstliche Teile ersetzt werden. Die Grenzziehung zwischen C. und Nicht-C. ist umstritten. Einige argumentieren, Menschen als Teil eines Mensch-Maschine-Komplexes wären bereits C., d.h. das sich umgeben und die Nutzung von Technik (z.B. Fahren eines Autos, Nutzung eines Kühlschrankes und Computers) macht einen Menschen zum C.; andere verwenden den Begriff erst für einen Menschen mit einem organisch-technischen Leib. Im → *Diskurs* über → *Gender* (→ *Gender Studies*, → *Gendergeographie*) werden C. genutzt, um auf die Konstruiertheit der Geschlechterrollen hinzuweisen und Emanzipierungschancen zu diskutieren (→ *Posthumanismus*).

Cyprinidenregion *cyprinids zone*: Bestandteil der biologischen → *Fließgewässergliederung* in Mitteleuropa, die → *Flüsse* in Teillebensräume gliedert. Die C. fasst jene Abschnitte zusammen, in denen Cypriniden-Vertreter (Karpfen) leben. Zur C. gehören die → *Barben*- und die → *Brachsenregion*. Zur C. gehört aber auch die → *Kaulbarsch-Flunder-Region*, also Nichtkarpfen-Fische.

C-14-Methode → *Radiokarbonmethode*.

D

Dachbegrünung *green roofs*: erfolgt aus klimatischen, bauphysikalischen und stadtökologischen Gründen auf Flachdächern aller Art; wirkt thermisch, hygrisch und biotisch, vergleichbar terrestrischen → *Grünflächen*. Dächer sind trockene Extremstandorte mit hoher direkter Sonneneinstrahlung und starken Temperaturschwankungen. Daher siedeln (oder werden eingebracht) zunächst nur tierische und pflanzliche Spezialisten. Sie müssen trockenheitstolerant, hitze- und frostresistent sowie widerständig gegen Stoffeinträge des → *Luftpfades* sein. In Siedlungen, v. a. Städten, kann D. Einfluss auf das → *Stadtklima* haben, wenn mehr als 10% der Stadtdächer optimal begrünt sind. Standörtlich (z. B. für ein Gebäude) ist die bioökologische Bedeutung groß, ebenso für Wärmedämmung und Minderung der Temperaturschwankungen der Gebäude (→ *Fassadenbegrünung*, → *Splittergrün*, → *Stadtökologie*).

Dachfläche *dip slope*: – Flachform, die mit einer großräumigen → *Hangkante* gegen den Hang der → *Schichtstufe* absetzt. Die D. kann als → *Schichtfläche* und/oder als → *Schnittfläche* ausgebildet. Etwas unscharf auch als „Dachterrasse" bezeichnet. – in der → *Stratigraphie* der → *Geologie* die obere Grenzfläche einer → *Schicht*.

Daja *daja*: flache Felsschüssel in ausräumbaren Untergrund, z. B. in Kalkmergel; kann auf → *äolische Geomorphodynamik* zurückgehen.

Daly-level *Daly level*: postglazialer Meereshöchststand bei +6 m von 4000–5000 J. v. h. (→ *Meeresspiegelschwankungen*, → *Postglazial*).

Dambo *dambo*: im südafrikanischen Sambia Flachmuldensenken, in denen sich in → *Trockensavannen* → *Vertisole* und in → *Feuchtsavannen* → *Gleysole* entwickeln (→ *Mbugas*).

Damm *dam, levee, dike; natural levee, natural dike (1.); dike, levee, sea wall (2.); embankment (3.); dam (4.)*: allgemein eine lang gestreckte, jedoch niedrige künstliche oder natürliche Aufschüttung. 1. natürliche feinkörnige Lockersedimentaufschüttungen im Sinne der → *Uferdämme*, die durch Hochwasser sukzessive aufgehöht werden. 2. anthropogene → *Vollform* aus Lockersedimenten im Sinne des → *Deichs*. 3. lang gestreckte anthropogene Aufschüttung für Wege, Bahnen und Straßen. 4. anthropogenes Bauwerk, auch als Aufschüttung, zum Abdämmen offenen Wassers bzw. zur Wasserspeicherung (→ *Staudamm*).

Dämmerung *dawn, gloaming*: Übergangszeit vom → *Tag* zur → *Nacht* bzw. von der Nacht zum Tag. Die D. ist eine Erscheinung diffuser Lichtstreuung in verschiedenen → *Schichten* der → *Atmosphäre*, wodurch indirektes Licht der nicht allzu weit unter dem → *Horizont* befindlichen → *Sonne* auf die Erdoberfläche gelangt (→ *bürgerliche Dämmerung*). Die D.-Dauer steigt mit dem Flacherwerden der Sonnenbahn, weshalb die D. in hohen Breitengraden (→ *Breite*) viel ausgeprägter ist und polwärts des → *Polarkreises* an den Übergängen zur → *Polarnacht* tage- und wochenlang anhalten kann.

Dammflussverzweigung *avulsion*: durch die bei → *Hochwasser* ggf. stattfindende Überschwemmung von Flussdämmen ausgelöste → *Flussverzweigung* (→ *Dammuferfluss*). Natürliche Flussdämme sind nicht auf ihrer gesamten Strecke gleichmäßig hoch, sodass die niedrigsten Stellen bei Hochwasser überflossen werden können. Da der Wasserfluss an diesen Stellen konzentriert ist, kommt es zu starker Erosion des Dammes und zur Bildung von Überschwemmungsrinnen auf der flussabgewandten → *Böschung* des Dammes, durch die das Wasser in den jenseits des Flusses befindlichen Talbodensumpf abfließt und dem Fluss annähernd parallel flussabwärts folgt. Weiter talabwärts können sich beide Flussarme wieder vereinigen. Bei der Dammflussverzweigung werden nur selten mehr als zwei, maximal drei Flussarme gebildet.

Dammufer → *Uferdamm*.

Dammuferfluss *superelevated river, levee bank river*: ein → *Fluss*, der von natürlichen → *Dämmen* begrenzt wird, die bei sedimentreichen Tieflandsflüssen entstehen, die ihr Bett durch Aufsedimentation im Uferbereich, wo das meiste Sediment abgesetzt wird, über die umgebenden Flussebenen aufhöhen. In Hoch- und Niedrigwasserzeiten bedingen wechselnde Sedimentführung und damit wechselnde Formungsintensität, geregelt vom Wechsel der Regen- und Trockenzeiten, sodass die D. v. a. in den → *Tropen* vorkommen.

Dammufersee *dike bank lake, levee bank lake*: abgeschnittene ehemalige Laufstrecken von → *Dammuferflüssen* tropischer Tiefländer, deren Flussbetten sich verlagerten. D. haben eine lang gestreckte Gestalt und sind i. d. R. sehr flach (→ *Damm*).

Dammuferwald *dike bank wood*: Waldvegetation der höher gelegenen und deshalb relativ trockenen Uferdämme tropischer → *Dammuferflüsse*. Die benachbarten Überschwemmungsauen sind waldlos (→ *Damm*).

Dampfdruck *steam pressure*: jener Anteil des Luftdrucks, der durch den in der Luft enthaltenen → *Wasserdampf* ausgeübt wird. Der D. ist also ein Maß für das in Form von Wasserdampf in der Luft vorhandene Wasser, dessen Maximalmenge temperaturabhängig ist und durch den → *Sättigungsdampfdruck* angegeben wird.

Dampfhunger → *Verdunstungskraft*.

Dampfkraftwerk *steam power station*: → *Kraftwerk*, dessen Turbinen durch Wasserdampf angetrieben werden. Die Dampferzeugung erfolgt durch Verbrennung von Kohle, Öl, Gas, Holz oder Torf bzw. durch Atomenergie (→ *Kernkraftwerk*).

Daniglazial *Danian glacial*: Abschnitt der → *Weichsel-Kaltzeit*, in dem der Rückzug des nordeuropäischen → *Inlandeises* von den baltischen Endmoränen bis zu den südschwedischen Endmoränen in Schonen erfolgte. Das D. dauerte in etwa von 15000 bis 13000 J. v. h.

Darcy-Gleichung *Darcy equation*: Beziehung genannt nach Henry Darcy, welche die Wasserbewegung in flüssiger Phase in einem porösen Medium beschreibt. Sie lautet:

$$Q = k \cdot \frac{d\psi}{dl}$$

Darcy-Gleichung

Q = durch einen Fließquerschnitt perkolierende Wassermenge pro Zeiteinheit, angegeben in $cm^3\ cm^{-2}\ s^{-1}$ oder $m^3\ m^{-2}\ s^{-1}$. k = substrat- bzw. gesteinsspezifischer Proportionalitätskoeffizient (auch genannt Wasserleitfähigkeits-, → *Durchlässigkeitsbeiwert* oder → *hydraulische Leitfähigkeit*). c = antreibendes Potenzial (z. B. Höhendifferenz). l = Fließstrecke. d = Zeiteinheit, i. d. R. ein Tag. Der → *Durchlässigkeitsbeiwert* ist eine Konstante des durchsickerten Materials, also z. B. eines Sediments. Mithilfe der D.-G. lassen sich Bewegungen von → *Grundwasserströmen* und → *Bodenwasser* berechnen → *Wasserleitfähigkeit*).

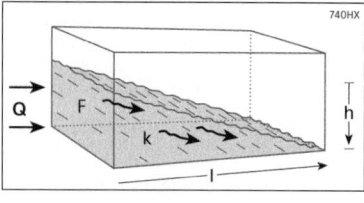

Darcy Gleichung

Darg *reed peat*: tonhaltiger Schilftorf von → *Marschböden* der → *Brackwasserzone*.

Darwinismus *darwinism*: Bündel von Theorien zur Evolution und Erklärung der Transformation der Arten über die Zeit. Der Begriff wird v. a. von Vertretern des → *Kreationismus* oft abwertend eingesetzt (-ismus als Hinweis auf Ideologie), daher sehen einige Evolutionsbiologen den Begriff kritisch.

Daseinsgrundfunktion *basic activity of human existence*: in der → *Sozialgeographie*, v. a. im Sinne des → *Münchner Konzepts der Sozialgeographie* verwendete Bezeichnung für eine geographisch relevante Grundfunktion menschlicher Daseinsäußerung. Dazu zählen: in Gemeinschaften leben, wohnen, arbeiten, sich versorgen, sich bilden, Freizeitverhalten; Verkehr und Kommunikation gelten üblicherweise nicht als D., sondern als notwendige Tätigkeiten, um die D. zu ermöglichen. Häufiger wird jedoch von → *Grunddaseinsfunktion* gesprochen.

Data-Mining auf deutsch in etwa „Wissensentdeckung in Datenbanken"; bezeichnet die systematische → *Auswertung* großer Datenbestände (→ *Big Data*) mithilfe statistischer Methoden mit dem Ziel, neues Wissen (etwaige Trends oder Querverbindungen) zu erkennen. Die Extraktion des D.-M. soll Wissen erzeugen, das gültig (im statistischen Sinne), bisher unbekannt und potenziell nützlich ist, um damit bestimmte Regelmäßigkeiten, Gesetzmäßigkeiten und verborgene Zusammenhänge zu bestimmen.

Data-Mining metaphorisch zu verstehender Begriff, der sich auf das „Graben" neuer Erkenntnisse in großen Daten-„Bergen" bezieht. D.-M. umfasst die Anwendung statistischer Methoden, um aus großen Datenmengen (Big Data) zielgerichtete Effekte und Tendenzen ableiten zu können. In der → *Geoinformatik* und → *Kartographie* wird D.-M. bspw. zur Auswertung und Visualisierung raumbezogener Daten, die in sozialen Medien enthalten sind (v. a. User-Posts), eingesetzt.

Datenbank *database*: System zur organisierten elektronischen Verwaltung von Daten. Ein grundlegender Zweck einer D. ist, gespeicherte Daten effizient abrufen und weiterverarbeiten zu können. In der → *Geographie* wird eine D. insbesondere zur Verwaltung von → *Geodaten* eingesetzt (→ *Geodatenbank*). Sie ist u. a. Bestandteil der technischen Infrastruktur eines → *Geographischen Informationssystems* (→ *GIS*, → *Web-GIS*) und amtlicher Informationssysteme zur Geodatenverwaltung (→ *ALKIS*, → *ATKIS*).

Datenbankmodell *database model*: legt den formellen Rahmen fest, in dem Daten in einer → *Datenbank* abgelegt werden. Man unterscheidet: hierarchische D., Netzwerkmodelle und relationale Datenbankmodelle. Eine vielfach eingesetzte Beschreibungsweise für das D. ist das Entitätsbeziehungsmodell.

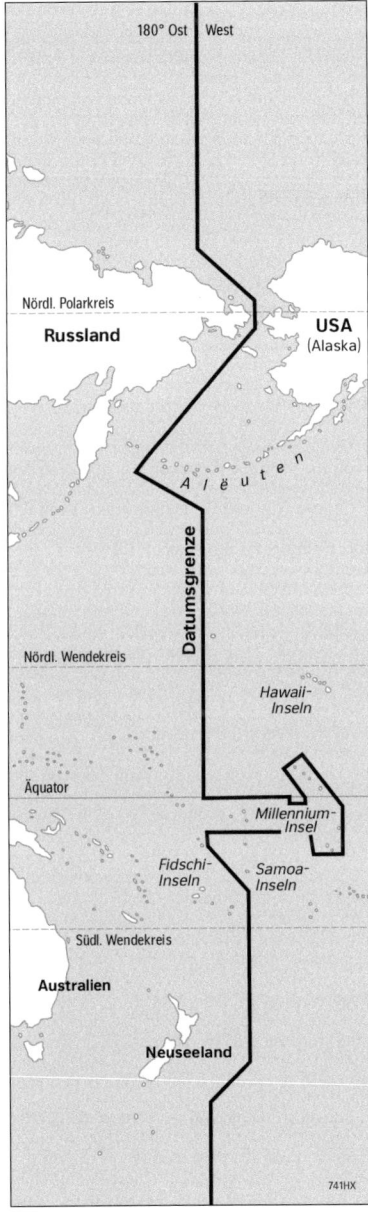

Datumsgrenze

Datenmodell *data model*: → *Datenbankmodell*.

Datumsgrenze *dateline*: international vereinbarte Linie am oder nahe dem 180. Längengrad im Pazifik, an der beim Überschreiten ein Datumswechsel vorgenommen wird: Bei einer Reise in östlicher Richtung – der → *Sonne* entgegen – muss wegen der Erddrehung die Uhr immer wieder vorgestellt werden, um mit der Ortszeit übereinzustimmen. Für eine ganze Erdumkreisung sind dies 24 Stunden. Der Reisende ist also bei der Rückkehr zum Ausgangspunkt der örtlichen Datierung um einen Tag voraus. Aus diesem Grund wird beim W-E-Überqueren der D. das gleiche Datum zweimal gesetzt oder umgekehrt beim E-W-Überqueren ein Tag ausgelassen.

Dauercamping *permanent camping, static camping*: → *Freizeitwohnsitz* in Form eines ortsfest gemachten Wohnwagens. Der Unterschied zum → *Camping* besteht darin, dass keine Mobilität angestrebt wird, sondern der Wohnwagen als Ersatz für ein Wochenend- oder Ferienhaus genutzt wird. Auf landschaftlich attraktiven → *Campingplätzen* macht D. oft mehr als die Hälfte der Belegung aus.

Dauerflüchtling *permanent refugee*: → *Flüchtling*, der selbst oder dessen Aufnahmeland keine → *Integration* in das Aufnahmevolk anstrebt, sodass der Flüchtlingsstatus über längere Zeit erhalten bleibt. Ein Beispiel für D. sind die Palästinenser.

Dauerfrostboden → *Permafrostboden*.

Dauergesellschaft *stable community*: eine → *Pflanzengesellschaft*, die mit den Standortbedingungen, insbesondere den → *edaphischen* Verhältnissen sowie auch mit den → *anthropogenen* Einflüssen im Einklang steht und sich über lange Zeiten hinweg nicht merklich verändert. Die D. entspricht also nicht einer klimatisch bedingten → *Schlussgesellschaft* (→ *Klimax*, → *Sukzession*).

Dauerhumus *slow decomposable organic matter*: veralteter Begriff für die stabilen Humusbestandteile, welche durch mikrobielle Zersetzung nur langsam oder nicht abgebaut werden. Dazu zählen verschiedene → *Huminstoffe* und organo-mineralische Verbindungen. Der D. ist ein wichtiges Strukturelement der Humusdecke, weil sein Wasserbindungs- und Ionensorptionsvermögen sowie seine gefügebildenden Eigenschaften große Bedeutung im Stoffhaushalt haben (→ *Nährhumus*).

Dauersiedlung *permanent settlement*: auf Dauer angelegte und ständig bewohnte menschliche → *Siedlung*. D. stehen im Gegensatz zu temporären oder saisonalen Siedlungen und entstanden im Zuge der Siedlungsentwicklung überall dort, wo eine Bevölkerung auf der Grundlage von Ackerbau, Viehzucht oder Fischfang sesshaft werden konnte (→ *Halbdauersiedlung*).

Dauersiedlungsgrenze *border of permanent settlement*: Grenze des auf Dauer besiedelten Raumes gegenüber der → *Anökumene* bzw. dem nur → *temporär* besiedelten (besiedelbaren) Gebietes. Die Lage der D. hängt einerseits von den natürlichen Grundlagen, andererseits von der technischen und wirtschaftlichen Entwicklung eines Volkes ab. Die D. ist daher keine feste Grenze, sondern verschiebt sich je nach den Bedingungen (→ *Ökumene*, → *Siedlungsgrenze*).

Dauerwaldwirtschaft *permanent forestry*: Form der → *Waldwirtschaft*, die von der Erhaltung des natürlichen Artenreichtums und vom Prinzip der → *Nachhaltigkeit* ausgeht. D. vermeidet Kahlschläge und strebt eine ausgeglichene Altersstruktur des Baumbestandes an.

Daun Stadium *Daun stade*: Rückzugstadium des letzten alpinen Eises der → *Würm-Kaltzeit* in den inneren Alpentälern.

dB → *Dezibel*.

DBG (Deutsche Bodenkundliche Gesellschaft) *German Soil Science Society*: die D. ist ein gemeinnütziger Verein, der sich mit bodenkundlichen Themen auseinander setzt. Auf Basis wissenschaftlicher Arbeit in verschiedenen Arbeitsgruppen und Kommissionen werden bodenkundliche Fragestellungen weiterentwickelt und in mehreren Zeitschriften und Mitteilungsblättern publiziert.

DDT *DDT*: organische Chlorverbindung, weltweit als → *Insektizid* in der Land- und Forstwirtschaft eingesetzt. In Deutschland seit 1972 verboten.

deadweight tonnage (dwt) *Tragfähigkeit*: Tragfähigkeit eines Schiffes, berechnet als maximal zulässiges Zuladungsgewicht (Ladung sowie Wasser, Treibstoff, Vorräte usw.).

dealpine Arten *de-alpine species*: aus Alpentälern und Randalpen in die Mittelgebirge eingewanderte Pflanzen, die auch außerhalb der Alpen adäquate Lebensbedingungen finden.

Decke *nappe, thrust plate (1./2.); lava sheet, lava field (3.) cover (4.); subsoil (5.)*: Überlagerung eines Bodens oder Gesteins mit anderen Materialien des → *oberflächennahen Untergrundes* oder des tieferen Untergrundes. Unterschiedliche Bedeutung und Entstehung: 1. vulkanisch: flächenhafte Lavaergüsse (→ *Deckenergüsse*) von dünnflüssiger Lava (→ *Flutbasalte*). 2. kann sich bilden durch Spalten aus dem Erdinneren ausgetretener Magmagesteine, die flächenhaft eigene Formen bildend die Erdoberfläche überziehen. 3. tektonisch: die bei der Gebirgsbildung entstandene → *Überschiebungsdecke*. 4. geomorphologische D. sind Lockersedimentauflagerungen über bereits bestehende ältere oder jüngere Georeliefformen, z. B. durch → *Schotter*, → *Moränen*, → *Solifluktionsschutt* usw. 5. Verwitterungs- und Bodendecke, die auf einem → *Fest-* und/oder → *Lockergestein* durch → *Verwitterung* bzw. Bodenbildung entstehen; sind geomorphologisch, pedologisch und geoökologisch von Bedeutung. Darauf nehmen die inhaltlichen Differenzierungen des Begriffs Oberflächennaher Untergrund Bezug.

Deckenerguss *lava field, lava plain*: Ergüsse dünnflüssiger, basaltischer (→ *mafischer*) → *Lava* (Flutbasalt), die aus einer oder mehreren Spalten ausfließt und große Flächen überdeckt. Im Laufe der Erdgeschichte wurden so große → *Lavaplateaus* gebildet, z. B. das Dekkan-Plateau in Indien. Fließt diese dünnflüssige Lava aus einem → *Krater*, bildet sich ein → *Schildvulkan*.

Deckengebirge *overthrust mountains, thin-shelled mountains*: aus Teilen von → *Überschiebungsdecken* entstandenes bzw. bestehendes Gebirge (→ *Decke*).

Deckenkarren *karren on stack cave ceiling*: → *Karren*, die an der Decke von → *Fußhöhlen* der → *Karsttürme* in den feuchten Tropen und Subtropen entstehen (→ *Karst*).

Deckenschotter *wash drift terraces in the foothills of the Alps*: meist grobe Schottersedimente des Alpenvorlandes und seiner Umgebung, den Schmelzwässern der → *Günz-* und → *Mindel-Kaltzeit* zugeschrieben und dabei als ältere D. (Günz) und als jüngere D. (Mindel) unterschieden. Die D. bilden die höchsten Teile der → *periglazialen* Terrassenlandschaften (→ *Terrasse*) des Alpenvorlandes. D.-Vorkommen finden sich v. a. um das Hochrheintal und im Raum Basel bis zum Sundgau sowie an zahlreichen Stellen des Schweizer Mittellandes. Vermutet werden auch präjunzzeitliche D., die auf ältere → *Kaltzeiten* zurückgehen.

Deckensystem *nappe system*: Abfolge von → *Decken* verschiedenen Alters, unterschiedlicher Gesteinsausbildung und z. T. auch unterschiedlicher tektonischer Beanspruchung. Die Alpen sind ein klassisches → *Deckengebirge*, in dem sich mehrere D. (→ *Deckentheorie*) ausscheiden lassen.

Deckentheorie *nappe theory*: Vorstellung von der Entstehung der Gebirge aus → *Überschiebungsdecken*. Im klassischen → *Deckengebirge*, den Alpen, werden helvetische, penninische und ostalpine Decken unterschieden. Alle drei lagern übereinander und sind mehr oder weniger mit ihrer Wurzelzone verbunden (z. T. auch davon losgelöst). Deckenteile können sehr weit vom Ursprungsgebiet, das sich in den West- und Ostalpen südlich der zentralalpinen kristallinen Massive sieht, vorkommen. Durch → *Erosion* der hangenden → *Decken* können jedoch auch tiefer liegen-

de Decken oder das → *Grundgebirge* wieder an der Oberfläche in geologischen → *Fenstern* erscheinen.
Deckenvulkan *shield volcano*: in der Regel großflächige Ergüsse dünnflüssiger basaltischer → *Lava*, die aus mehreren Einzelspalten oder aus längeren linearen Spalten ausfließt und Lavaplateaus bildet. D. bezeichnet man auch als → *Lavavulkan* oder → *Tafelvulkan*.
Deckfalte *recumbent fold*: so stark geneigte → *Falte*, dass sie überkippt und schließlich liegt und damit (→ *überkippte Falte*, → *Überkippung*) weite Bereiche des → *Liegenden* überdeckt.
Deckgebirge *roof rock (1.); cap rock (2.)*:
– Bezeichnung im → *Bergbau* für sämtliche Gesteinsschichten (→ *Hangendes*) über einer Lagerstätte. – in Mitteleuropa jene Sedimentgesteine (→ *Sedimentite*) über dem älteren, meist gefalteten Untergrund des → *Grundgebirges*, dem sie gewöhnlich → *diskordant* auflagern, d. h. ohne sedimentologischen Übergang und unter Einschaltung einer Schichtlücke (→ *Hiatus*).
Deckkultur *fen cultivation technique*: Verfahren zur → *Kultivierung* von → *Flachmooren*. Es werden Entwässerungsgräben gezogen und die Mooroberfläche mit Ackergeräten bearbeitet. Durch das Aufbringen einer groben Sandschicht erhalten die → *Kulturpflanzen* besseren Halt; ferner wird die Verdunstung an der Bodenoberfläche reduziert.
Decksand (Geschiebesand, Geschiebedeckensand) *glacial sands*: weitgehend ungeschichtet erscheinendes pleistozänes Sediment des nordmitteleuropäischen Vereisungsgebietes; enthält → *Geschiebe* und → *Windkanter*. Der D. wird polygenetisch erklärt, weil er unter Mitwirkung verschiedener geomorphologischer Prozesse im → *Periglazialgebiet* entstand.
Deckschicht → *Topset beds*.
Deckscholle *[nappe] outlier*: eine → *Scholle* aus Teilen von → *Überschiebungsdecken*.
Deckstein *cover stone, top stone, beaching*: bei der Bildung von → *Erdpyramiden* oben aufliegender Stein; bewahrt die Lockersedimentbasis vor der weiteren Abtragung durch Wassererosion.
Deckungsgrad *cover[age]*: – senkrechte Projektion des Artbestandes auf die Aufnahmefläche, ausgedrückt in Prozent (Gesamtarealfläche = 100%). Der D. drückt den Mengenanteil einzelner Arten in einer → *Pflanzengesellschaft* aus. In mehrschichtigen Gesellschaften (Schichtung) wird der D. für jede → *Schicht* einzeln bestimmt. Zusammen mit der → *Abundanz* ergibt dies die „Artmächtigkeit". – der D. der geoökologischen bzw. → *landschaftsökologischen Grundeinheiten* drückt den Flächenanteil aus, den ein → *Ökotyp* in einer → *Mikrochore* einnimmt.

Deckwalze *surface roller*: rotierende Wasserbewegung (→ *Wasserwalze*) an der Oberfläche eines → *Fließgewässers* mit horizontaler oder nahezu horizontaler Drehachse und flussaufwärts gerichtetem Drehsinn. D. entstehen v. a. unterhalb von → *Stromschnellen*, wo der → *schießende Abfluss* in → *strömenden Abfluss* übergeht (→ *Wechselsprung*)
DED (Deutscher Entwicklungsdienst) *German Development Service*: staatlicher Personalentsendedienst für die → *Entwicklungshilfe*.
Deduktion *deduction*: ein Verfahren des logischen Schlussfolgerns (→ *Schließverfahren*), bei dem aus bereits bekannten Regeln, Phänomenen oder wissenschaftlichen Gesetzen zu erwartende Prozesse in Einzelfällen abgeleitet werden. D. dient i. d. R. der Vorhersage und → *Prognose* (→ *Induktion*, → *Abduktion*).
De-facto-Standard *de facto standard*: Technologie oder Norm, die sich in der Praxis ohne Absprachen als Standard durchgesetzt hat (z. B. Windows, mp3).
defensible space eine auf den amerikanischen Architekten Oscar Newman zurückgehende Idee zur Prävention von Kriminalität in innerstädtischen Räumen durch Einsatz von ausreichender Beleuchtung in der gesamten Wohnumgebung sowie durch Zonierung des Stadtgebietes, um ein adäquates Sicherheitsbewusstsein für einen bestimmten Raumausschnitt zu erreichen.
Deflation (Abblasung, äolische Abtragung) *deflation, wind erosion*: die äolische Abtragung und der Weitertransport von unbindigem Lockermaterial auf Gesteinsoberflächen oder von Lockersedimentdecken durch Wind. Dabei bestehen Übergänge zur → *Windabrasion* an festen, aber verwitterten Gesteinsoberflächen. Die große Wirksamkeit der D. belegen ausgedehnte → *Steinpflaster*. Daneben ist D. an → *Deflationsterrassen*, → *Deflationswannen* und → *Yardangs* sichtbar.
Deflationspflaster → *Steinpflaster*.
Deflationsterrasse *deflation terrace, deflation platform*: eine vom Wind durch → *Deflation* herauspräparierte festere Gesteinsschicht, die Bestandteil einer Abfolge wechselwiderständiger Gesteinsschichten ist, und die Gestalt einer → *Terrasse* aufweisen kann. D. sind in erster Linie → *Kleinformen*.
Deflationswanne *blowout*: durch → *Deflation* entstandene → *Hohlform* (→ *Wanne*), die an das Vorkommen wenig widerständiger Gesteinsschichten gebunden ist. Die Muster von D.-Feldern hängen vom Vorkommen härterer und weicherer Gesteinspartien bzw. Kluft- und Spaltensystemen ab (→ *Daja*).
Deformation *deformation*: von Gesteinen und Sedimenten erfolgt unter hohem Druck und hohen Temperaturen und kann von der

Mineralzusammensetzung des Gesteins begünstigt sein. Einen Sonderfall von D. stellen die → *Kryoturbationen* des → *Periglazials* dar.
Deformationsendmoräne → *Stauchendmoräne*.
Deglomeration *deglomeration*: Auflockerung eines → *Verdichtungs*-, → *Agglomerationsraumes*. Die D. kann durch Bevölkerungsabnahme oder Wirtschaftsabwanderung, aber auch durch überproportionale Flächenerweiterung bei gleich bleibender oder sogar wachsender Einwohnerzahl vor sich gehen.
Dehnungsbruch *tensile failure*: eine → *Verwerfung*, die bei auseinander rückenden → *Schollen* bzw. bei Zerrung der → *Erdkruste* entsteht.
Deich *dike, levee, sea wall*: künstlich aufgeschütteter Damm an Meeresküsten oder Flussufern zum Schutz des dahinter liegenden Landes vor Überflutung oder zur → *Neulandgewinnung* durch Eindeichen des → *Watts* (→ *Wattenmeer*). Die Höhe des D. soll über dem höchsten örtlich bekannten Hochwasserstand liegen, um sicheren Schutz zu gewährleisten. Unterschieden werden → *Flussdeiche* und → *Seedeiche*. Am Meer unterscheidet man zwischen dem niedrigeren Außen-D. (Sommer-D.) und dem Binnen-D. (Winter-D., Sturm-D.), der jeder → *Sturmflut* gewachsen sein soll. Ein Schlaf-D. ist ein durch Neueindeichungen überflüssig gewordener D..
Deichbau *dike building*: → *Deiche* müssen gegen Erosion durch Strömung, Wellenschlag, Wasserdruck, → *Bioerosion* oder andere mechanische Einflüsse gesichert werden. Dazu dienen Pflasterung (nur im unteren Teil der D. und wenn kein → *Vorland* vorhanden ist), Stein- und Schotterpackungen sowie Aussäen von Rasen bzw. Auslegen von Rasenstücken.
Deichkrone *dike crown*: ebene oder schwach gewölbte obere Fläche eines → *Deichs*. Die D. ist meist 3–5 m breit und befahrbar.
Deichsiel *dike sluice, overflow of dike*: meist selbsttätig arbeitende Schleuse zur → *Entwässerung* des hinter einem → *Deich* liegenden Landes, das von Entwässerungsgräben und Kanälen durchzogen ist.
Deichverband *dike association*: Selbstverwaltungskörperschaft zur Instandhaltung und Pflege eines → *Deiches*. Der Vorsitzende eines D. ist der Deichgraf, -hauptmann oder -richter.
Deindustrialisierung *de-industrialization*: Übergang von der industriellen zur → *Dienstleistungsgesellschaft*. Die D. lässt sich mithilfe folgender Indikatoren messen: Abnahme des Anteils der im → *sekundären Sektor* Beschäftigten bzw. Rückgang der → *Bruttowertschöpfung* und des → *Bruttoinlandsproduktes* in diesem Sektor. Auswirkungen der D. zeigen sich u. a. in → *Altindustrieregionen*, aber auch im Aufstieg neuer, eher dienstleistungsdenn industrieorientierter Wachstumsräume (→ *Cambridge-Phänomen*).
Deklination *declination; astronomical declination (1.), magnetic declination (2.)*: 1. astronomische D.: Übertragung der Breitenkreise (→ *Breite*) auf die gedachte Himmelskugel. Entsprechend dazu ist die Rektaszension die Übertragung der → *Längenkreise*. 2. magnetische D.: Abweichung der magnetischen Nordrichtung der auf einer senkrechten Achse drehbaren Magnetnadel von der wahren, geographisch bestimmten Nordrichtung. Die magnetischen Pole sind mit den geographischen Polen nicht identisch. Der Winkel hat an den verschiedenen Orten unterschiedliche Werte und ist auch für den gleichen Ort nicht konstant, da die magnetischen Pole wandern (→ *Magnetpole*).

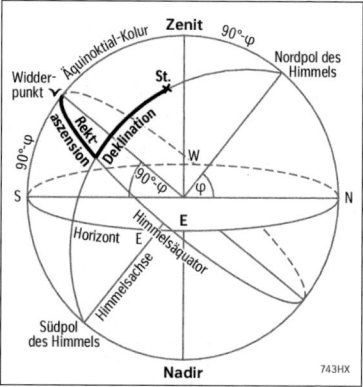

Deklination

Dekolonialisierung *decolonization*: Prozess des politischen Unabhängig-Werdens von → *Kolonien*. Meist als ein langer, von Gewalt begleiteter Prozess, gab es die erste Dekolonialisierungswelle in der → *Neuen Welt* im 18. Jh., zu einer zweiten nach dem zweiten Weltkrieg, die bis 1989 zu einer Unabhängigkeit von etwa 100 neuer → *Staaten* führte. Der Charakter der D. ist von Land zu Land in Länge, Organisationsgrad etc. unterschiedlich und kann als ein vom Kolonialstaat initiiertes Ergebnis oder als ein von der mobilisierten → *Bevölkerung* vollzogener Erfolg gesehen werden.
Dekomposition *decomposition, degradation, decay*: Abbau von Substanzen, v. a. Abbau → *organischer Substanz* im → *Ökosystem*.
Dekonstruktion *deconstruction*: eine zentrale Methode in Ansätzen des → *Poststrukturalismus*, die i. w. S. ein kritisches Hinterfragen

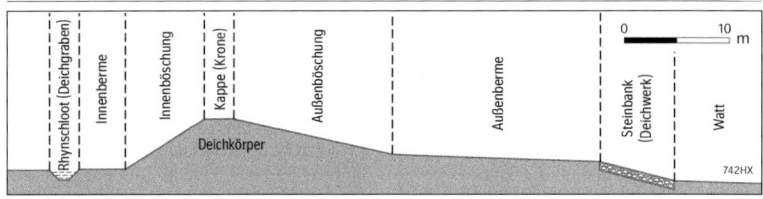

Deich

und Auflösen des Textes im Hinblick auf Machtverhältnisse und hierarchische Dualismen bedeutet. Nach Jacques Derrida geht es bei der D. v. a. darum, die normierenden Identitätskategorien sowie den Anspruch auf vollständige Wahrheit, Objektivität und Universalität in Frage zu stellen und → *Kontingenzen* als Möglichkeit zu erlauben. D. ist ein Analyseverfahren von Texten, dass sich von der → *Hermeneutik* und deren Interpretationspraxis abgrenzt und ihr gleichsam kritisch-distanziert gegenüberstellt.

Dekontamination *decontamination*: durch chemische oder physikalische Verfahren erfolgende Entfernung oder Verminderung von → *Radionukliden*, biologischen oder chemischen Verunreinigungen aus/von Gegenständen, Lebewesen, → *Luft* oder → *Wasser*.

Dekonzentration *deconcentration*: räumlich disperse Verteilung von → *Standorten* im Sinne eines Zustandes oder Prozesses im Gegensatz zur Konzentration von bestimmten Funktionen, die eine Zusammenfassung wichtiger Funktionen an einem Standort bedeutet. Insbesondere die dezentrale Anordnung von Behördenstandorten in einem Staatsgebiet – im Gegensatz zur Konzentration in der → *Hauptstadt* – oder die räumliche Streuung von kleineren und mittleren → *Industriestandorten* wird als D. bezeichnet. Teilweise wird D. synonym zu → *Dezentralisierung* verwendet.

Dekorporation *decorporation*: Entfernung von → *Radionukliden* aus dem Körper, um → *Strahlenschäden* zu verhindern, unter Einsatz mechanischer, physikalisch-chemischer, chemischer und biologisch-therapeutischer Methoden.

Delinquenz *delinquency*: Form der → *Devianz*. Neigung, → *Straftaten* zu begehen, d. h. rechtliche Normen zu überschreiten. D. heißt noch nicht tatsächlich straffällig werden (→ *Kriminalität*, → *Kriminalgeographie*).

Delle *slack*: muldenförmige, langgestreckte → *Flachform* ohne dauerndes Fließgewässer. D. werden durch konvexe → *Wölbungen*, die Wasserscheidenfunktion besitzen, voneinander oder von umgebenden Hangteilen abgegrenzt. D. wirken als Wassersammler (→ *Sickerwasser*) und als Leitlinien der geoökologischen Stoffflüsse sowie der → *Abtragung*. In ihnen können langsame → *gravitative Massenbewegungen* stattfinden, z. B. in Form von → *Gekriech*. Im → *Periglazial* erfolgt in den D. → *Solifluktion*.

Delphi-Methode *Delphi technique*: mehrstufiges Verfahren der → *Befragung* einer Gruppe von Experten, die untereinander i. d. R. unbekannt bleiben. Über die Rückkopplung der Ergebnisse der ersten Befragungsrunde an alle und daran anknüpfende weiterführende Fragen, soll eine Abschätzung oder → *Prognose* zukünftiger Entwicklungen erreicht werden (Namensgeber: "Orakel von Delphi"). Durch die Durchführung mehrerer Befragungsrunden ist eine Konvergenz der Einzeleinschätzungen angestrebt, ohne dass eine gegenseitige Beeinflussung der befragten Personen ermöglicht werden soll.

Delta *river delta*: verzweigte Flussmündung in ein Meer, einen großen See oder einen langsam fließenden Fluss, die in ihrem Grundriss an den griechischen Buchstaben Δ erinnert und daher ihren Namen hat. D. entstehen durch Abnahme der Fließgeschwindigkeit (durch Verbreiterung und Abbremsung durch den Wasserkörper, auf den der Fluss trifft) und der daraus folgenden Aufschüttung von fluvialen Lockersedimenten vor einer Flussmündung, wodurch auch die charakteristische → *Deltaschichtung* der Sedimente entsteht. Der typische Grundriss entsteht durch periodisch wechselnde Verzweigungen des Flusslaufs (→ *Dammflussverzweigung*), wenn der Fluss bei Hochwasser seine aufgeschütteten → *Dämme* durchbricht. Durch weitere Sedimentzufuhr wächst das D. in die Mündungsgewässer hinein, wobei das Wachstum im Meer und in Flüssen durch die abtragenden Kräfte der Strömungen gebremst wird. In strömungsarmen Seen kann das D. schließlich den gesamten See auffüllen (→ *Binnendelta*, → *Fingerdelta*, → *Bogendelta*, → *Ästuardelta*, → *Flügeldelta*, → *Spitzdelta*).

Deltaküste *delta coast*: von Deltabildungen geprägter Küstenabschnitt, wobei es sich entweder um ein großes und reich differenziertes → *Delta* handeln kann (Mittel- oder Großform) oder um eine Abfolge kleinerer Deltas.

Deltaschichtung

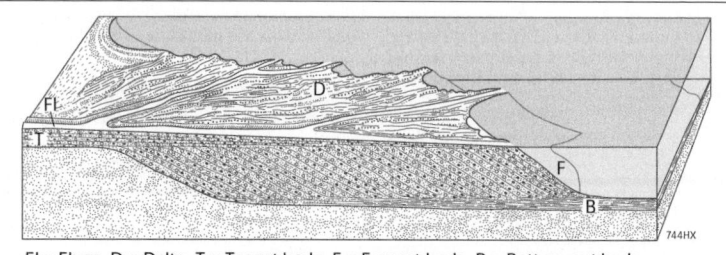

Fl = Fluss D = Delta T = Topset beds F = Foreset beds B = Bottom-set beds

Delta

Deltaschichtung *delta bedding, sedimentary structure of river deltas*: charakteristische Sedimentabfolge in → *Deltas*, die auf die abrupte Abnahme der Fließgeschwindigkeit zurückgeht, wenn ein Fluss mit großer → *Flussfracht* ein Meer mit schwachem → *Tidenhub* oder einen See erreicht oder in einen Fluss geringer → *Schleppkraft* mündet. Die geringe Strömung (durch Tidenhub oder Fließgeschwindigkeit) des Mündungsgewässers ist wesentlich, da ansonsten die angelieferten Sedimente direkt abgetragen werden. Die Geschwindigkeitsreduktion resultiert zum einen aus der plötzlichen Ausbreitung des Stroms, der nicht mehr im Flussbett eingegrenzt ist, und aus dem Widerstand des Wasserkörpers, auf den er trifft. Die vom Fluss mitgeführte Flussfracht wird entsprechend ihrer Korngröße abgelagert: zunächst die Geröllfracht (→ *Geschiebefracht*), dann die → *Schwebfracht*, wobei auch hier die größten Partikel zuerst abgelagert werden. Die als erstes und somit mündungsnah vom Fluss abgelagerte Geröllfracht wird mit der Zeit langsam in das Mündungsgewässer vorgebaut und ist entsprechend des Unterwasser-→ *Böschungswinkels* des abgelagerten Materials geneigt und wird als Böschungsschicht, häufiger jedoch → *Foreset beds* bezeichnet. Die Neigung bleibt entsprechend des Böschungswinkels auch beim Ausbau konstant, ist gleichsinnig und zeigt von der Flussmündung weg. Dieser Ausbau des Deltas durch die Ablagerung der Böschungsschichten ist nur möglich, wenn und solange der Fluss in der Lage ist, ein Gefälle zur Ablagerungsstelle zu schaffen. Dies ist möglich, wenn auf den Böschungsschichten weitere Ablagerung erfolgt, was wiederum eine Verringerung des Flussgefälles bedeutet (Erhöhung der → *Erosionsbasis*), was rückschreitende Sedimentation in den Flusslauf hinein verursacht. Die derart abgelagerten Sedimente werden als Deckschichten (→ *Topset beds*) bezeichnet. Aus diesem Sedimentationsverhalten in Deltas ergibt sich über längere Zeiträume eine charakteristische Abfolge einer Dreischichtung: Foreset beds überlagern die vor ihnen abgelagerten Bottomset beds und werden wiederum von den Topset beds überlagert. Anhand dieser Schichtung sind Deltaschichten gut zu erkennen. – (Deckschicht) *Topset beds topset beds, platform sands*: beim Delta jene flachlagernden Sedimente, die der deltabildende Fluss söhlig aufschüttet und die zugleich die Basis des Deltas und des Flusses sind, an deren Vorderende die Delta-Hangsedimente (→ *Foreset beds*) haldenartig aufgeschüttet werden

Deltaschotter *delta bed load*: Grobanteile der Deltasedimente, die besonders bei glazialen Seen bei Delta-Ablagerung in unmittelbarer Gebirgsrandnähe auftreten (→ *Delta*, → *Deltaschichtung*).

Deltasee *delta lake*: entsteht in → *Bogendeltas*, wenn sich aus der → *Flussfracht* bildende → *Nehrungen* zunächst → *Lagunen* bilden, die bei weiterem Wachstum der Nehrungen schließlich zu D. abgeschottet werden. D. süßen aufgrund wiederholter Hochwasserereignisse des Flusses allmählich aus, bis sie schließlich verlanden. D. entstehen auch, wenn die Deltasedimente unter den → *Grundwasserspiegel* absacken.

Demarkation (Grenzziehung) *demarcation*: Bei der D. wird die durch die → *Delimitation* festgelegte → *Grenze* mithilfe von Grenzsteinen oder -pfählen, Zäunen usw. im Gelände markiert.

Demogeographie *demogeography*: selten gebrauchte Bezeichnung für → *Bevölkerungsgeographie*.

Demographie (Bevölkerungslehre, Bevölkerungswissenschaft) *demography*: interdisziplinär arbeitende Wissenschaft von der → *Bevölkerung*, ihrer Struktur, Verteilung und Entwicklung. Die D. nutzt insbesondere statistische Methoden (→ *Bevölkerungsstatistik*). Sie unterscheidet sich dadurch von der → *Bevölkerungsgeographie*, dass sie dem räumlichen Bezug und der räumlichen Differenzierung weniger Beachtung schenkt. Insgesamt bestehen jedoch enge Verbindungen zur Bevölkerungsgeographie, daneben auch zur → *Soziologie* und anderen Disziplinen, die mit der Behandlung von Bevölkerungsfragen zusammenhängen.

demographische Governance *demographic governance*: erweitertes Verständnis von → *Bevölkerungspolitik*, das sich nicht auf staatliche Maßnahmen zur Beeinflussung der → *Bevölkerungsentwicklung* beschränkt, sondern auch die Aktivitäten wirtschaftlicher und zivilgesellschaftlicher Akteure einbezieht.

demographische Grundgleichung *demographic equation*: Formel zur Berechnung der → *Bevölkerungsentwicklung* zwischen zwei Zeitpunkten aus der → *natürlichen* und der räumlichen Bevölkerungsbewegung (→ *Wanderungen*). Die Einwohnerzahl (P) zu einem Zeitpunkt t1 ergibt sich aus der Einwohnerzahl zu einem früheren Zeitpunkt t0 nach folgender Gleichung:

$$P_{t1} = P_{t0} + (G - S) + (Z - W)$$

demographische Grundgleichung

Dabei steht G für die Zahl der Geburten, S für die Zahl der Sterbefälle, Z für die Zahl der Zuzüge und W für die Zahl der Wegzüge, die jeweils im Zeitraum zwischen t0 und t1 zu verzeichnen sind.

demographische Umsatzziffer *demographic turnover rate*: Summe der Geburten und Sterbefälle eines Jahres in einem Raum. Die d. U. liegen in sog. → *Entwicklungsländern* i. d. R. hoch, in sog. → *Industrieländern* relativ niedrig. Mit ihrer Hilfe lässt sich z. B. die Position eines Landes im Modell des → *demographischen Übergangs* festlegen.

demographischer Übergang (Modell des demographischen Übergangs, Erster demographischer Übergang) *demographic transition*: Modellvorstellung zur Veränderung der generativen Verhaltensweisen (→ *generatives Verhalten*) einer menschlichen Population von der vorindustriellen → *Bevölkerungsentwicklung* mit hohen → *Geburten-* und → *Sterbeziffern* zum industriegesellschaftlichen und postindustriellen Verhalten mit geringen Geburten- und Sterbeziffern. In einem Zwischenstadium des d. Ü. treten noch hohe Geburten- bei schon niedrigen Sterbeziffern auf, sodass sich eine starke Bevölkerungszunahme ergibt (→ *Bevölkerungsschere*, → *demographischer Wandel*).

demographischer Wandel (Zweiter demographischer Übergang) *demographic change*: seit Ende des 20. Jh. gebräuchliche Bezeichnung für die in Deutschland und vielen anderen europäischen Ländern zu beobachtenden Prozesse der → *Bevölkerungsentwicklung*, die eine Veränderung der Bevölkerungszahl und eine Veränderung der → *Bevölkerungsstruktur* umfassen. Komponenten des d.W. sind niedrige → *Geburtenraten*, die unter den → *Sterberaten* liegen und zu einem → *Bevölkerungsrückgang* führen, sofern keine → *Zuwanderung* stattfindet; die Zunahme der durchschnittlichen → *Lebenserwartung*, woraus sich, verstärkt durch das → *Geburtendefizit*, eine Zunahme des Durchschnittsalters der Bevölkerung ergibt (→ *Überalterung*); zunehmende kulturelle und ethnische Internationalisierung und Heterogenisierung der Bevölkerung aufgrund der verstärkten Zuwanderung von Personen anderer Ethnien; Haushaltsverkleinerung (abnehmende Durchschnittsgröße der → *Privathaushalte*) als Folge geringerer Kinderzahlen und des gesellschaftlichen Prozesses der Singularisierung. (→ *demographischer Übergang*).

demographisches Ablaufdiagramm *diagram showing the demographic transition*: in der → *Bevölkerungsgeographie* häufig verwendetes Diagramm, das anhand der Entwicklung der → *Geburten-* und → *Sterbeziffern* für ein Land oder mehrere Länder im Vergleich den Verlauf des → *demographischen Übergangs* von agrar- zu industriegesellschaftlichen Strukturen zeigt.

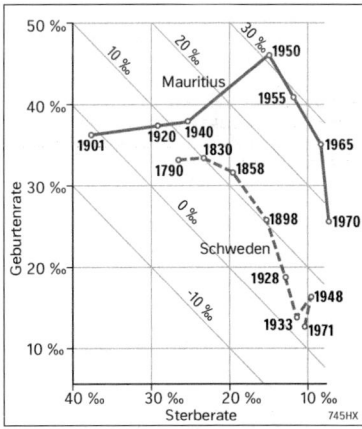

demographisches Ablaufdiagramm

Demökologie → *Populationsökologie*.
Denaturierung *denaturation*: 1. Vorgang, bei dem sich Eiweißstoffe chemisch irreversibel verändern. 2. das Unbrauchbarmachen von Nahrungsgütern durch Zusätze, wie z. B. das

Ungenießbarmachen von Alkoholen durch Vergällung.

Dendrochronologie *dendrochronology*: Methode zur relativen und absoluten Datierung jüngster klimageschichtlicher Ereignisse durch Zählung der → *Jahrringe* → *fossiler*, → *vorzeitlicher* oder → *subrezenter* Hölzer und dem Vergleich unterschiedlicher Jahrringabstände verschiedener Perioden mit geeichten Jahrringdiagrammen (aufgrund historischer Klimaforschung oder Balken aus historischen Gebäuden). Trockene und kalte Jahre ergeben einen wesentlich geringeren Zuwachs an Holzsubstanz als warme und feuchte Jahre. Daraus stammende typische Jahrringabfolgen gestatten z. B. für Mitteleuropa eine Einordnung der Hölzer bis ca. 12000 Jahre zurück (→ *Geochronologie*).

Denkmal *monuments*: Natur- und Kulturobjekt, das als Zeuge historischer Landschaftszustände künstlerische, wissenschaftliche oder allgemeine Bedeutung besitzt (→ *Naturdenkmal*).

Denkmalpflege *preservation of historic buildings and monument:s* Gesamtheit aller Maßnahmen zum dauerhaften Erhalt von → *Denkmalen*. I. d. R. wird der Begriff nur für Kulturobjekte verwendet und oft auf historische Gebäude beschränkt. Die D. bezieht sich jedoch auch auf Bodendenkmale (Ausgrabungen) sowie auf historische Werke der bildenden Kunst. Zur D. gehören neben der Restaurierung und Konservierung auch die Bestandsaufnahme und Katalogisierung von Denkmalen. Neben dem ideellen Wert der D. wird zunehmend auch die ökonomische Bedeutung insbesondere für den → *Städte-* und → *Kulturtourismus* erkannt.

Denkmalschutz *protection of historic buildings and monuments*: Gesamtheit aller Bemühungen um den Schutz von → *Natur-* und → *Kulturdenkmalen* als Teil des natürlichen und → *kulturellen Erbes* vor Beschädigung und Zerstörung. In Deutschland ist der D. durch Gesetze der einzelnen Bundesländer geregelt.

Denudation *denudation*: der „linear", eigentlich aber auf schmalen, bandförmigen Transportbahnen wirkenden → *Erosion* wird die D. („Ent-Blößung") gegenübergestellt. D. bezeichnet die flächenhafte Gesamtwirkung der → *Abtragung* an Hängen oder Wänden, unabhängig von der Art des geomorphologischen Prozesses, der dies bewirkt. Man versteht daher unter D. all jene geomorphologischen Vorgänge, die unter Einwirkung der Schwerkraft flächenhaft Zersatz- und Verwitterungsdecken (einschließlich des so genannten → *Gehängeschutts*) abräumen. Dadurch wird das anstehende Gestein bloßgelegt. Es besteht ein Antagonismus mit der → *Verwitterung* an Wänden und Hängen, die neuen → *Zersatz* bzw. neue Lockersedimentdecken produziert. In D.-Modelle wird oft auch die Art des Abtransportes des Verwitterungsgutes einbezogen.

Denudationsbasis *base level, basis of denudation*: Basis für → *geomorphologische Prozesse*, deren Wirken an ein Gefälle des → *Hanges* gebunden ist. Bei einer theoretisch denkbaren sehr langen Abtragszeit werden alle Relief-unstetigkeiten durch die geomorphologischen Prozesse beseitigt und der D. angeglichen. – Entsprechend der → *Erosionsbasis* unterscheidet man eine lokale D. und eine absolute D. Letztere ist – genau wie die absolute Erosionsbasis – der Meeresspiegel. Flächen unterhalb von Hängen, Verflachungen am Hang selbst, Talböden usw. repräsentieren eine lokale D..

Denudationsform → *Abtragungsform*.

Denudationsmeter *denudation metre/meter*: jener Zeitabschnitt, in welchem durch → *Abtragungsprozesse* eine großräumige Landoberfläche um 1 m erniedrigt wird.

Denudationsniveau *denudation level, base level, basis of denudation*: Niveau, bis zu dem die Denudation voranschreiten kann. Das untere D. ist die → *Denudationsbasis*. Der Begriff des oberen D. spielt v. a. für die Betrachtung der Abtragungsverhältnisse im Gebirge eine Rolle. Dort ist sie jenes gedachte Niveau, das von den Gipfeln, trotz weitergehender Gebirgsheraushebung, eingehalten wird, da die Hänge weiterhin der → *Abtragung* unterliegen und damit ein relativer Ausgleich der Gipfelhöhen erfolgt. Die Höhenlage des oberen D. wird v. a. vom Material der Hänge und damit dem Hangneigungswinkel bestimmt, der materialspezifisch ist. Der Wert kann, auch bei weiterer Zu- oder Wegfuhr von Material, nicht überschritten werden. Die Folge ist das Herausbilden von → *Graten* und → *Kämmen*. Sie weisen dann auch eine ähnliche oder gleiche Höhe auf, sodass von → *Gipfelflur* gesprochen wird.

Departement *département, department*: in Frankreich Bezeichnung für die 101 Verwaltungsbezirke, in die das → *Staatsgebiet* gliedert ist (96 D. in Europa und fünf in Übersee).

Dependenztheorie *dependency theory*: eine → *Entwicklungstheorie*, die die Unterentwicklung von Ländern im → *Globalen Süden* als Folge der Beziehungen zum → *Globalen Norden* ansieht. Diese Beziehungen schaffen wirtschaftliche, politische und kulturelle Abhängigkeiten. Solche Beziehungen entstanden u. a. aufgrund des → *Kolonialismus*. Eine Unterentwicklung liegt also laut der D. aufgrund exogener Faktoren vor.

depletion mid-point → *Peak oil*.

Deponie *disposal site, landfill, refuse dump*: Lagerplatz für → *Abfälle*. Man unterscheidet die rechtswidrige wilde D., die ungeordnete D. und die geordnete D. Bei der Letzteren erfolgt die Ablagerung geordnet nach der möglichen Wirksamkeit von im Abfall enthaltenen → *Schadstoffen*. Die D.-technik geht dahin, die D. gegen das → *Grundwasser* abzudichten, das → *D.-sickerwasser* und → *D.-gas* aufzufangen und zu reinigen und die angefüllte D. abzudecken.

Deponiegas *waste gas from a disposal site, site [digestion] gas*: entsteht durch mikrobiellen Abbau von organischem Abfall in → *Deponien*, aus denen es entweicht und in die Luft oder in den Boden gelangt. Das D. besteht überwiegend aus → *Methan* und → *Kohlendioxid* (Verhältnis 60 zu 40). Wegen des Methangehaltes ist D. brennbar.

Deponiesickerwasser *refuse dump water leak-age*: jenes aus Niederschlägen kommendes → *Sickerwasser*, das in einer → *Deponie* versitzt und meist hochgradig durch → *Schadstoffe* verschmutzt ist (Deponiegas).

Deposition *deposition*: 1. allgemein die Ablagerung von Stoffen; begrifflich meist auf Schadstoffablagerung begrenzt. : 2. die Ablagerung von → *Schadstoffen* im oder am Boden, an Pflanzen oder an Gebäuden. Sie erfolgt nass oder trocken. Das → *Schwefeldioxid* wird v. a. trocken deponiert; → *Schwefel-* und Stickoxide werden als → *Saurer Regen*: nass deponiert (Saurer Nebel, Staub).

Depression *low, depression (1.); depression, depressed area, sag (2.); land below sea level (3.); depression (4.)*: 1. in der → *Meteorologie* Synonym für → *Tiefdruckgebiet*. 2. meist größerräumige, flache → *Hohlform* der Erdoberfläche, die durch → *geomorphologische Prozesse* oder → *anthropogen* entstand. Der Begriff wird ab einer gewissen Mindestgröße, aber vom Umriss sowie der relativen und absoluten Tiefenlage der Form unabhängig, verwendet. 3. unterhalb des → *Meeresspiegels* liegende große → *Flachformen* tektonischen, denudativen oder hydrodynamischen Ursprungs. 4. bezeichnet eine Phase des Konjunkturzyklus, in der die Wirtschaft durch eine hohe Arbeitslosigkeit, geringe Produktions- und Investitionstätigkeit, unterausgelastete Kapazitäten der Unternehmen und sinkende Preise gekennzeichnet ist. Im Gegensatz zur Rezession hält eine Depression typischerweise länger an (Konjunktur, Stagnation, Stagflation, Aufschwung).

Deregulierung *deregulation*: Rückzug des → *Staates* aus der Wirtschaft durch den Abbau oder Vereinfachung staatlicher Eingriffe, Bestimmungen sowie Bürokratie auf den Arbeits-, Güter- und Finanzmärkten mit dem Ziel, die Marktkräfte zu stimulieren und die wirtschaftliche Effizienz zu steigern. Probleme entstehen durch (vorübergehende) negative soziale Wirkungen der D. (→ *Privatisierung*, → *Liberalisierung*).

Desarrollismo *internal development policy*: Entwicklungsstrategie, die auf eine Entwicklung nach innen gerichtet ist und in erster Linie die internen Entwicklungshemmnisse in einem Land zu überwinden versucht (→ *autozentrierte Entwicklung*). Der Begriff wurde von lateinamerikanischen Entwicklungstheoretikern geprägt (→ *Entwicklungstheorien*).

Desertifikation *desertification*: anthropogener Landschaftswandel in Trockengebieten, der zur Verwüstung infolge → *Übernutzung* der → *Landschaft* führt. Durch soziale, wirtschaftliche und politische Entwicklungen ändern sich Nutzungsstil und Wirtschaftsweise, wobei vom Prinzip der → *Nachhaltigkeit* abgerückt wird. Vordergründig erscheinen „Naturprozesse" die D. zu bewirken, obwohl durch Anbau oder Weidewirtschaft der Vegetationstyp und in dessen Gefolge v. a. Boden- und Wasserhaushalt geändert werden. Die D. kann die natürliche → *Desertion* wesentlich verstärken.

Desertion *desertion*: natürlicher, großräumig wirksamer Landschaftswandel in Trockengebieten in Richtung auf wüstenhafte ökologische Verhältnisse, v. a. an der → *Vegetation* und am → *Boden* sichtbar, durch natürliche → *Klimaänderungen* bewirkt (→ *Desertifikation*).

Desilifizierung *desilification*: starke Verarmung des Bodens an Kieselsäure durch → *Lösungsverwitterung* der → *Silikate* und anschließende Auswaschung. Die D. findet besonders typisch und intensivsten unter feuchttropischen Klimabedingungen statt, wo sie auch den äußerst verwitterungsresistenten Quarz angreift. Mit der D. geht eine starke Anreicherung der Fe- und Al-Oxide einher, weil diese weniger mobil sind (→ *Ferrallitisierung*). Sie bildet also einen wichtigen Teilprozess bei der Entstehung der tropischen → *Roterden* (→ *Ferralsols*) und → *Laterite* (→ *Silikatverwitterung*).

Deskription (Beschreibung) *description*: methodisch in den Wissenschaften in erster Schritt, bei dem Phänomene, Daten oder Ergebnisse zunächst beschrieben und erst dann interpretiert werden. Die D. beinhaltet weder noch ersetzt sie analytisch-quantitative oder qualitative → *Analysen* und Interpretation.

deskriptive Statistik *descriptive statistics*: empirisch erhobene Daten werden auf der Grundlage von statistischen Verfahren zur besseren Veranschaulichung übersichtlich in Form von Tabellen, Grafiken oder Diagrammen dargestellt. Typische Kenngrößen der D. sind → *Lagemaße* (wie → *Mittelwert*, → *Median*, → *Modalwert*, → *Quantile* usw.) und → *Streuungsmaße* (wie → *Varianz*, → *Standardabweichung*, → *Range* usw.).

Desktop-GIS *desktop GIS*: → *Geographisches Informationssystem*, das als Software an einem Rechner installiert ist. Weit verbreitete D.-G. sind das kommerzielle GIS ESRI → *ArcGIS* sowie das quelloffene (Open Source) GIS → *QGIS*.

Desorption *desorption*: – Abgabe von Ionen von den Austauschern in die Bodenlösung.
– Abgabe von → *Bodenwasser* aus der Bodenmatrix unter bestimmten Druckbedingungen.

Desquamation (Abschalung, Abschuppung) *desquamation, sheeting*: eine Form der → *physikalischen Verwitterung*, bei der Gesteins-Schalen oder Schuppen unterschiedlicher Dicke (Millimeter bis Dezimeter) abgesprengt werden. Die D. kommt vor allem in warmen, ariden Gebieten vor und wird dort auf die Einzel- oder Zusammenwirkung von Temperaturunterschieden (→ *Insolationsverwitterung*), sowie → *Salzsprengungs-* und → *Hydratationsverwitterung* zurückgeführt. Werden größere Schuppen abgesprengt, spricht man von → *Exfoliation*.

Destabilisierung *destabilization*: Vorgänge (z. B. bei → *Krisen*, → *Katastrophen*), die ein scheinbar geordnetes System (z. B. Gesellschaft, Natur etc.) teilweise oder gänzlich aus dem einen momentanen Gleichgewicht bringen können.

Destination → *touristische Destination*.

Destinationslebenszyklus *life-cycle of tourist destinations*: Übertragung der Theorie des → *Produktlebenszyklus* auf → *touristische Destinationen*. Es wird davon ausgegangen, dass auch diese einen phasenhaften Alterungsprozess durchlaufen, an dessen Ende ein Abstieg in die Bedeutungslosigkeit oder ein „relaunch" steht, der mit neuen wettbewerbsfähigen touristischen Angeboten einen erneuten Aufschwung bringt.

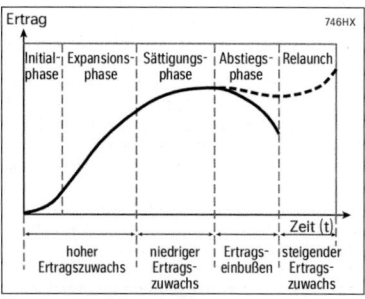

Destinationslebenszyklus

Destruenten: → *Reduzenten*.

Desurbanisierung (Entstädterung) *disurbanization*: Bezeichnung für eine Umkehr des Prozesses der → *Verstädterung*, bei der in einem Raum die Einwohner- und Beschäftigtenzahlen der Städte und → *Agglomerationsräume* stagnieren oder abnehmen, während sich das absolute oder anteilige Gewicht der → *ländlichen Räume* vergrößert. Der Begriff wird z. T. mit → *counterurbanization* gleichgesetzt.

Detergentien *detergents*: synthetische → *Tenside*, als waschaktive Substanzen in Wasch-, Spül- und Reinigungsmitteln enthalten. Sie verfügen über grenzflächenaktive Eigenschaften und über eine große Stabilität, sodass sie v. a. zur → *Gewässerbelastung* beitragen. Harte D. werden in Ökosystemen biologisch nicht abgebaut, weiche hingegen zu einem relativ hohen Prozentsatz, in Einzelfällen bis zu 80%. Die darin enthaltenen → *Phosphate* tragen zur Überdüngung bzw. → *Eutrophierung* bei.

Determinismus *determinism*: Lehre von der Vorbestimmtheit von Ereignissen (→ *Kausalität*). Der D. geht von der Annahme aus, dass alle Ereignisse ursächlich determiniert sind. D. ist weder nachweisbar noch eindeutig zu widerlegen. In den geographischen Wissenschaften spielte der D. v. a. in Form des → *Naturdeterminismus* und des → *Geodeterminismus* eine tragende Rolle. Alle Formen des D. gleichen sich darin, dass sich alle (physischen und sozialen) Ereignisse auf bestimmte Ursachen zurückführen lassen. So geht z. B. der in den Sozialwissenschaften teilweise vertretene Sozial-D. davon aus, dass die menschlichen Handlungen von der sozialen Umwelt, z. B. den gesellschaftlichen Verhältnissen bestimmt werden (→ *Marxismus*, → *Strukturalismus*). Der deterministischen Auffassung entgegengesetzt ist der → *Possibilismus* und der → *Voluntarismus*.

deterministisch *deterministic*: regel- bis gesetzmäßig auftretende Kausalbeziehungen (→ *Kausalität*) in wissenschaftlichen Modellierungen und Systembetrachtungen; so gesehen nicht zufallsabhängig (→ *stochastisch*).

Detersion *detersion*: Schleif-, Schramm- und Kratzwirkung eines → *Gletschers* am Gesteinsuntergrund. Das Abschleifen geschieht durch an der Unterseite des Gletschereises eingefrorene Grobsedimentkomponenten aller Größen. Typische Erosionsformen sind → *Gletscherschrammen*. Neben → *Detraktion* und → *Exaration* dritter Teilvorgang glazialer Erosion.

Detraktion *glacial plucking*: Herausbrechen von Gesteinsstücken des → *Anstehenden*, die von unten her an der Gletscherunterseite angefroren sind und beim Weiterbewegen des → *Gletschers* aus dem Festgesteinsverband herausgerissen werden. Neben der → *Detersion* an der Formung von → *Karschwellen* und → *Rundhöckern* beteiligt.

Detritus *detritus, debris*: – in Geologie und Geomorphologie Bezeichnung für Gesteinsschutt (→ *Schutt*) und Verwitterungsmaterial (→ *Verwitterung*) verschiedenster Art. – in der Gewässerkunde der Sammelbegriff für abgestorbene organische Schwebeteilchen im Wasser. Dort steht der D. oft am Beginn von → *Nahrungsketten*.

Deutsche Bodensystematik *German soil classification system*: Systematik zur Beschreibung der Böden in Deuschland. Im Mittelpunkt stehen der Profilaufbau des Bodens (Horizontabfolge) und spezifische Kombinationen von physikalischen, chemischen und biologischen Eigenschaften. Die D. B. ist hierarchisch in Abteilungen, Klassen, Typen und Subtypen gegliedert. Auf der obersten Ebene (Abteilungen) wird aufgrund des Wasserhaushaltes in terrestrische, semiterrestrische, semisubhydrische und subhydrische Böden sowie Moore unterschieden (→ *KA5*, → *DBG*).

Deutsche Gesellschaft für Internationale Zusammenarbeit → *GIZ*.

Deutscher Entwicklungsdienst → *DED*.

Deutscher Umweltindex (DUX) *German environment index*: vom deutschen Umweltbundesamt errechneter Kennwert, um in einer Zahl den Trend der Umweltentwicklung auszudrücken. Der DUX basiert auf Klima, Wasser, Luft, Boden, Energie und Rohstoffen. Maximal 100 Punkte erhält jeder Bereich, wenn in ihm alle umweltpolitischen Ziele erreicht sind. Referenzjahr ist 1999, bei dem von Null ausgegangen wurde. Minuswerte bedeuten, dass der jeweilige Bereich unter dem Zustand von 1999 liegt. Das Verfahren ist methodisch umstritten, weil mit → *Indikatoren* gearbeitet wird, welche die komplexe Wirklichkeit der → *Umwelt* und der → *Umweltpolitik* nicht präzise wiedergeben.

development corporation private oder staatliche Entwicklungsgesellschaft mit regionalwirtschaftlichen Entwicklungsaufgaben. D. c. können Teil einer Strategie der → *Regionalpolitik* sein. Die d. c. werden v. a. zur Wirtschaftsförderung strukturschwacher Gebiete bzw. stagnierender Regionen eingesetzt. Sie bemühen sich dort um Innovationen, den Import von Ressourcen, Akteuren und Know-how.

Devianz *deviance*: bezeichnet in der → *Soziologie* und Psychologie abweichendes → *Verhalten*, d.h. Verhaltensweisen, die den gesellschaftlichen Erwartungen und Regeln nicht entsprechen. Was als deviant gilt, ist damit kontextabhängig und eine Folge von Zuschreibungsprozessen (→ *Kontingenz*) (→ *Delinquenz*).

Devisenkontrolle, *control of exchanges*: eine auf partielle oder totale Regelung des Zahlungsverkehrs mit dem Ausland gerichtete Währungspolitik des Staates mit dem Ziel, kapitalbilanzwirksame Devisenzu- oder abflüsse zu kontrollieren.

Devon *Devonian*: Formation des Erdaltertums (→ *Paläozoikum*), in der sich zahlreiche → *Geosynklinalen* bildeten, aus denen im darauf folgenden → *Karbon* Gebirge entstanden. Außerdem bestand ein großräumiger Festlandsbereich (→ *Old-Red*), der sich vom späteren Nordamerika bis Osteuropa ausdehnte. Im D. vollzog sich bei Pflanzen und Tieren eine Erweiterung vom marinen zum terrestrischen Lebensraum.

dezentrale Konzentration *dispersed concentration*: mit dem → *Bundesraumordnungsprogramm* 1975 in der Bundesrepublik Deutschland erstmals eingeführtes raumplanerisches Leitbild, das durch die Verlagerung von Funktionen in periphere gelegene → *zentrale Orte* niederiger Rangstufe Agglomerations- und Wachstumseffekte auch im ländlichen Raum ermöglichen soll, ohne zu einer → *Zersiedlung* zu führen. Das Leitbild der d. K. beinhaltet damit einerseits eine Konzentration der Entwicklung auf eine begrenzte Zahl von Zentren, andererseits eine Verteilung auf verschiedene Standorte im näheren oder weiteren → *Umland* einer → *Kernstadt*, die für diese als → *Entlastungszentren* fungieren und gleichzeitig → *Wachstumspole* darstellen sollen.

Dezentralisation (Dezentralisierung) *decentralization*: Auflösung zentralisierter Strukturen in Wirtschaft, Politik oder Siedlungswesen. Als D. wird z. B. die Verlagerung von Dienstleistungsstandorten aus der → *City* in → *Subzentren* einer → *Großstadt* oder die Verlagerung politischer Entscheidungsbefugnisse und Institutionen von der Zentralregierung auf mittlere und untere Verwaltungsebenen bezeichnet.

Dezentralisierung *decentralization*: → *Dezentralisation*.

Dezibel (dB) *decibel*: nach dem Amerikaner A. G. Bell benannte Bezeichnung für den → *Schallpegel*, genauer den Schalldruckpegel. Das D. ist der zwanzigfache Logarithmus des Quotienten aus momentan wirksamen Schalldruck (p1) zum gerade noch wahrnehmbaren Schalldruck (p0). Jede Zunahme von 10 dB entspricht einer Verdoppelung der Lautstärkenwahrnehmung (→ *Lautheit*, → *Lautstärke*).

DGM → *Digitales Geländemodell*.

Diabas *diabase*: basisches → *Ergussgestein*. Es besteht v.a. aus → *Plagioklas* und → *Augit*, manchmal auch aus → *Hornblende* und → *Olivin*. Der D. ist meist dunkel, z. T. auch grün, wenn der Augit in grünlichen Chlorit umgewandelt wurde.

Diagenese *diagenesis*: Umwandlung von → *Lockergesteinen* in → *Festgesteine* bzw. des organogenen → *Torfes* in → *Braunkohle*. D. vollzieht sich unter Druck, wobei das Sedi-

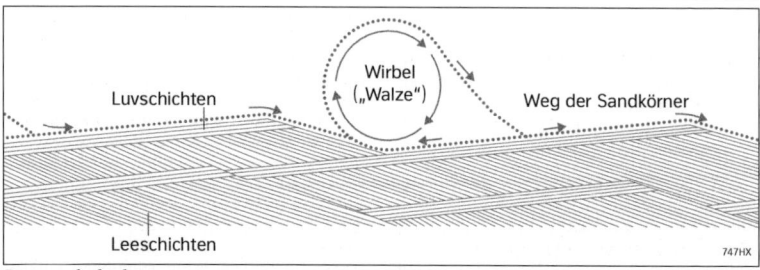

Diagonalschichtung

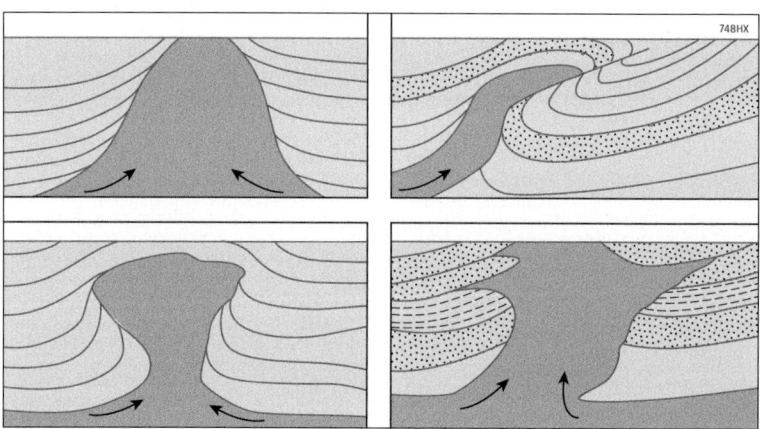

Diapir

ment entwässert wird, umkristallisiert und z. T. neue Verkittungen erfährt. Die Prozesse der D. vollziehen sich vor der → *Metamorphose*.

diagnostischer Horizont *diagnostic horizon*: ein → *Bodenhorizont*, aufgrund dessen charakteristischer Merkmale ein Boden in eine → *Bodensystematik* eingeordnet werden kann. Solch charakteristische Merkmale sind Mächtigkeit, Gehalt bestimmter Stoffe (Kalk, Gips, Salz, Oxide, organische Substanz), Bodenart, Säurezustand, wasserhaushaltliche Zeichen und Weitere. Die Merkmale sind quantitativ und qualitativ definiert.

diagonale Integration → *Integration*.

Diagonalkluft *diagonal joint*: → *Scherkluft*.

Diagonalküste (Schrägküste) *diagonal coast, oblique coast*: spitz- und stumpfwinklig zum → *Streichen* der Gebirgszüge verlaufende Küstenlinie, wobei → *Buchten* mit Landvorsprüngen wechseln (→ *Küste*).

Diagonalschichtung (Schrägschichtung) *cross-stratification*: entsteht bei der → *Ablagerung* von → *Sedimenten* durch Fließen oder Strömen aus einer Richtung, wodurch → *Luv*- und → *Leeschichten* entstehen.

Diaklase *diaclase*: → *Kluft*.

Diapir (Durchspießungsfalte, Injektionsfalte) *diapir*: Typ einer → *Falte*, wobei plastische Gesteine durch Druck in hangende Schichten gepresst werden und diese aufwölben oder durchbrechen. Dieser Schichtfaltungstyp wird als D.-Faltung bezeichnet und kann besonders um die hochgradig plastischen Salzgesteine beobachtet werden (→ *Faltung*, → *Hangendes*, → *Steinsalz*).

diareïsch *diarheic*: Fluss, der in einem → *humiden* Klimabereich entspringt und mündet, aber in einem Laufabschnitt als → *Fremdlingsfluss* ein → *arides* Gebiet durchquert (z. B. der Niger).

Diaspora *diaspora*: der ursprünglich für die Zerstreuung der Juden und seit der frühen Neuzeit auch kirchlich gebrauchte Begriff für ein Gebiet, indem eine Konfession zahlenmäßig nur eine kleine → *Minderheit* darstellt, wird teilweise auch auf sprachliche oder ethnische Minderheiten angewandt, die verstreut in einer andersartigen Mehrheitsgesellschaft leben.

Diatexis *diatexis*: ein gesteinsbildender Vorgang, der zu granitischen Gesteinen bei starker → *Metamorphose* führt, wobei bestimmte Mineralkomponenten mobilisiert werden (→ *Anatexis*, → *Granit*).

Diatomeenerde (Diatomeen-Kieselalgen, Kieselerde, Kieselgur) *diatomaceous earth*: tertiäre Binnenseeablagerung aus Kieselschalen toter Diatomeen, organischen Resten und Sand. Die gelbe bis graue oder braune D. weist Sand- bis Tonkorngröße auf. Sie ist hochporös und saugfähig. Vorkommen unter anderem in Norddeutschland.

Diatomeenschlamm *diatomaceous ooze/mud*: → *marine* → *Ablagerung* des → *Eupelagials*. D. besteht überwiegend, wie die → *Diatomeenerde*, aus Resten der Kieselalgen. Er bedeckt große Teile des Meeresbodens.

Diatrem (Schlotgang, Schusskanal) *diatreme*: Durchschusskanal, der bei vulkanischen Gasexplosionen entsteht, dann mit Magmagestein gefüllt wird und somit einen röhrenförmigen → *Gang* bildet.

Dichte *density*: allgemein die Konzentration von Objekten oder Sachverhalten auf einer bestimmten Fläche. I. d. R. wird die D. durch den Bezug auf km² oder ha ausgedrückt, z. B. bei der → *Bevölkerungsdichte* (Einwohner pro km²), um Belastungen, Intensitäten usw. auszudrücken.

Dichte *density*: in der → *Populationsökologie* die Individuendichte bzw. → *Populationsdichte*, d. h. die Anzahl zählbarer Einheiten pro Fläche oder pro Volumen.

Dichte *density*: relative Dichte (auch spezifische Dichte) als dimensionslose Größe, welche das Verhältnis der Dichte eines Stoffes zur Dichte dieses Stoffes bei seinem Normzustand beschreibt. Für den Normzustand des → *Wassers* ist die Dichte bei 3,98 °C gebräuchlich.

Dichte-Beschreibung *thick description*: eine Methode in der → *qualitativen Sozialforschung*, die auf einem von dem US-amerikanischen Anthropologen Clifford Geertz im Rahmen der deutenden → *Ethnologie* entwickelten theoretischen Konzeptes zum Verständnis einer → *Kultur* und kultureller Praktiken basiert. D. B. ist eine „besondere Form der geistigen Anstrengung", bei der Forschende ihre eigene Rolle und Herangehensweise reflektieren und mit in die Beschreibung und Interpretation der gefundenen Ergebnisse einbeziehen. Nach Geertz gibt es keine „reinen" Daten, vielmehr sind in diese immer schon die vorab strukturierten Erwartungen und das Hintergrundwissen der Forschenden eingeflossen. Eine d. B. hat nicht das Ziel, zu allgemeinen Aussagen zu gelangen, die sich auf verschiedene Fälle beziehen, sondern es werden Generalisierungen im Rahmen eines Einzelfalls (→ *Fallstudie*) versucht.

Dienstleistung *service*: im Unterschied zu materiellen Gütern (→ *Sachgüter*) handelt es sich bei D. um ökonomische Güter mit immateriellem Charakter. Da nicht die materielle → *Produktion*, sondern die in einem bestimmten Zeitrahmen erbrachten Leistungen (→ *immaterielle Güter*) zur Deckung eines Bedarfs im Vordergrund stehen, gelten klassische D. als nicht lagerbar. Ein typisches Merkmal von D. liegt somit in der Gleichzeitigkeit von Produktion und Verbrauch (→ *Uno-actu-Prinzip*, z. B. Taxifahrt). Die zeitliche und räumliche Entkoppelung von Produktion und Verbrauch (ungebundene D.) ist durch den Einsatz technischer Hilfsmittel (z. B. Musik oder Software auf einer CD) möglich. Im Gegensatz zur Urproduktion (→ *primärer Sektor*) und zum verarbeitenden Gewerbe (→ *sekundärer Sektor*) werden D. dem → *tertiären Sektor* der Wirtschaft zugerechnet. Bei ausdrücklich → *wissensintensiven D.* (z. B. Forschung, Beratung) wird zur klaren Abgrenzung von Standarddienstleistungen teils vom → *quartären Sektor* gesprochen. Der Erbringer einer D. wird als Dienstleister bezeichnet (→ *konsumentenorientierte D.*, → *unternehmensorientierte D.*, → *Dienstleistungsgesellschaft*).

Dienstleistungsbetrieb (Dienstleistungsunternehmen) *service industry*: Betrieb, dessen Wertschöpfung auf den → *Dienstleistungssektor* entfällt. D. erstellen und verkaufen demnach → *Dienstleistungen*. Hierzu zählen u. a. Handels-, Verkehrs- und Kommunikationsunternehmen, Banken und Versicherungen, die Gesundheitswirtschaft sowie eine Vielzahl an freien Berufen (Ärzte, Anwälte, Berater, etc.; → *Leistungserstellung*, → *Dienstleistungsgeographie*).

Dienstleistungsbilanz *invisibles, invisibles balance*: Erfassung des internationalen Austausches von Dienstleistungen (→ *Dienstleistungshandel*). Die D. ist Teil der → *Leistungsbilanz* eines Staates. Die Erstellung wirft methodische Probleme auf: So ist nicht immer klar, was unter dem Begriff → *Dienstleistung* zu verstehen ist. Auch die wertmäßige Erfassung grenzüberschreitender Dienstleistungen ist mit Problemen verbunden, da z. T. keine oder länderspezifisch unterschiedliche Meldepflichten bestehen oder weil Abgrenzungen zu anderen Transaktionen, wie z. B. unentgeltlichen Leistungen, fehlen. Zudem werden in die Produktion miteingehende Vorleistungen oft nicht als Dienstleistung erfasst. Darüber hinaus beruhen Statistiken über bestimmte Dienstleistungsbereiche (z. B. → *Tourismus*, Transportleistungen, Finanzdienstleistungen) auf Angaben von Post, Kredit- und Versicherungsanstalten, woraus ein Mangel an international einheitlichen, vergleichbaren, vollständigen und validen Daten resultiert. In Deutschland ist die D. traditionell defizitär, was auf die Reiselust der Deutschen zurückgeht. Die Inanspruchnahme von Tourismusdienstleistungen im Ausland stellt aus Sicht des Inlands einen Dienstleistungsimport dar. Der Saldo von Handels- und D. wird als → *Außenbeitrag* zum Bruttoinlandsprodukt (→ *BIP*) bezeichnet.

Dienstleistungsfunktion *service function*: neben Urbanität wichtigste stadtbildende Funktion. Die D. im Sinne eines Angebots an öffentlichen und privaten → *Dienstleistungen* aller Art ist in jeder Stadt vorhanden, aber in höherrangigen → *Zentralen Orten*, Verwaltungszentren, Einkaufs-, Schul- und Universitätsstädten usw. besonders stark ausgeprägt.

Dienstleistungsgeographie *geography of services*: Zweig der → *Wirtschaftsgeographie*, der mit zunehmender → *Tertiärisierung* der Wirtschaft an Bedeutung gewinnt. Die D. befasst sich mit räumlichen Strukturen und Entwicklungen im → *tertiären* und → *quartären Sektor*. Untersucht werden Lokalisationsformen, Standortbedingungen, Organisationsformen und Raumwirksamkeit der Unternehmen sowie deren Interaktionen und das räumliche Verhalten von Beschäftigten und Kunden. I. d. R. stehen Teilbereiche der D. im Mittelpunkt der Betrachtung (z. B. → *Handels-*, → *Finanz-*, → *Freizeit-* und → *Tourismus-* sowie → *Verkehrsgeographie*, aber auch Nachrichtenwesen, Bildung, Ausbildung, kulturelle Leistungen, medizinische Versorgung, Rechtswesen, Sozialwesen usw.).

Dienstleistungsgesellschaft *service economy, service society*: 1. Gesellschaft, in der mindestens 60% der Beschäftigten im → *tertiären Sektor* arbeiten und dieser den größten Anteil am → *Bruttoinlandsprodukt* hat. 2. Endstufe der Strukturverschiebung vom → *primären* über den → *sekundären* zum → *tertiären Sektor* (→ *Sektor-Theorie*).

Dienstleistungshandel *service trade, trade in services*: Im internationalen Kontext tritt im Gegensatz zum Sachgüterhandel, der durch Überschreiten einer geographisch determinierten Zollgrenze (→ *Zoll*) durch die Ware bestimmt ist, der D. zwischen Ländern in unterschiedlichen Formen auf: – Im Falle einer grenzüberschreitenden → *Dienstleistung* überschreitet nur die Dienstleistung, nicht aber eine Person die Grenze (z. B. Transportdienstleistungen, Informationen und Beratungen via E-Mail). – Bei der Dienstleistungsnutzung im Ausland konsumieren Inländer eine Dienstleistung im Ausland (z. B. sämtliche Tourismusdienstleistungen). – Bei der Dienstleistungserbringung durch Präsenz überschreitet der inländische Dienstleistungserbringer die Grenze (z. B. ambulanter Handel, Versicherungsvertretung, Dauerrepräsentanz durch Niederlassung). Der D. wird über die → *Dienstleistungsbilanz* (→ *Leistungsbilanz*) eines Landes im Rahmen der Volkswirtschaftlichen Gesamtrechnung erfasst. Der globale D. ist neben der → *Internationalisierung* von Unternehmen und den internationalen Warenströmen (→ *Außenhandel*) ein weiterer wichtiger Indikator für sich intensivierende → *Globalisierungsprozesse* der → *Weltwirtschaft*. Niedrigere → *Transaktionskosten* durch die Möglichkeit der Nutzung neuer → *Informations- und Kommunikationstechnologien* sowie internationale Abkommen zur Liberalisierung des D. im Rahmen der → *WTO*-Verhandlungen (→ *GATS*) beförderten den D. parallel zum → *Warenhandel* im globalen Maßstab. Wichtige Sektoren im Rahmen des globalen D. sind Finanzen, Versicherungen, Telekommunikation, Transport und Logistik.

Dienstleistungssektor *service(s) sector*: → *tertiärer Sektor* der Wirtschaft (→ *Sektor-Theorie*, → *Wirtschaftssektor*), in dem die → *Dienstleistungen* zusammengefasst werden.

Dienstleistungssuburbanisierung *suburbanization of the service sector*: Begriff für denjenigen Teilprozess der → *Suburbanisierung*, der sich auf die → *Stadtrandwanderung* von Betrieben des → *Dienstleistungssektors* bezieht.

Dienstleistungstauschbörse *exchange of services*: im Rahmen einer D. sollen unterschiedliche Talente in einem → *Stadtteil* oder in einem → *Dorf* lebenden Menschen untereinander getauscht werden können (→ *Nachbarschaftshilfe*). Eine Form der D. ist das Zeit-Tauschen, bei der als Bewertungsgrundlage für die Dienstleistung die Zeit, die dafür aufgewendet wurde, dient.

Dienstleistungsunternehmen → *Dienstleistungsbetrieb*.

Dienstleistungszentralität *service centrality*: → *Zentralität* im eigentlichen Sinn, die auf der Umlandbedeutung von → *Dienstleistungen* beruht, die in einem → *Zentralen Ort* angeboten werden. Von D. spricht man im Gegensatz zur → *Arbeitsplatzzentralität* (→ *Zentrale-Orte-Forschung*).

diesig *hazy*: Sichtzustand der → *Atmosphäre*, der sich durch schwachen, leicht milchigen → *Dunst* auszeichnet. D. Luft zeigt beginnende → *Kondensation* an und geht beim Wachsen und Dichterwerden der feinen Wassertröpfchen in → *Dunst* über.

Differentialanalyse *differential analysis*: Methode der landschaftsökologischen Forschung zur Charakterisierung der landschaftlichen → *Partialkomplexe* im Rahmen der → *landschaftsökologischen Vorerkundung*.

Differentialarten (Trennarten) *differential species*: in der → *Pflanzensoziologie* Pflanzenarten, die durch ihr Vorkommen oder Fehlen innerhalb von → *Assoziationen* (oder anderen pflanzensoziologischen Einheiten) zur Trennung von Untereinheiten benutzt wird. In der → *Tierökologie* Tierarten, die durch ihr Vorkommen oder Fehlen Varianten eines → *Biotops* kennzeichnen.

Differenzmethode → *Residualmethode*.

Diffluenz *diffluence*: Auseinanderfließen eines → *Gletschers* in zwei Richtungen. Dazu gehört auch das Abzweigen eines Nebengletschers vom Hauptgletscher. D. spielt sich nur im → *Zehrgebiet* ab. Von der D. abgetrennt wird die → *Transfluenz*, das Gegenteil ist die Konfluenz.

Diffluenzstufe *diffluence step*: Geländestufe, die dort entsteht, wo sich durch Abtrennung des Nebengletschers im Zuge einer Teildiffluenz die Eismächtigkeit verringerte. Dadurch wurde an dieser Stelle weniger erodiert. Nach Zurückweichen des → *Gletschers* tritt an dieser Stelle im Talboden eine Stufe auf (→ *Diffluenz*).

Diffraktion *diffraction*: allseitige Streuung von Lichtstrahlen in der → *Atmosphäre*. Durch die D. entsteht das Himmelslicht im Gegensatz zur direkten → *Sonnenstrahlung* (→ *Himmelsstrahlung*).

Diffusion *diffusion*: – Vermischung von verschiedenen, miteinander in Kontakt stehenden Stoffen, die Konzentrationsausgleiche erfahren. Die Geschwindigkeit der D. hängt von Stoffteilchengröße, Umgebungs- bzw. Stofftemperatur und dem Konzentrationsunterschied ab. – Ausbreitung von materiellen und immateriellen Kulturerscheinungen. Die D. kann horizontal (räumlich), aber auch vertikal (zwischen sozialen Schichten) erfolgen. Im engeren Sinn wird mit D. der Vorgang der räumlichen Ausbreitung von Innovationen von einem Zentrum aus verstanden. Insbesondere in der → *Agrargeographie* werden häufig D.-Prozesse untersucht, z. B. die Ausbreitung des Anbaus neuer Früchte. – in der → *Atmosphäre* erfolgende Zerstreuungs- und Vermischungsprozesse von Luftbestandteilen. Die atmosphärische D. beruht weniger auf molekulären Vorgängen, wie in Lösungen, als vielmehr auf den atmosphärischen Turbulenz. Daher wird die „meteorologische" D. auch „turbulente" D. genannt. Die D.-Theorie spielt bei der Ausbreitung von Luftverunreinigungen eine große Rolle.

Diffusionsforschung *diffusion research*: Forschungsbereich der → *Wirtschaftsgeographie*, der sich mit der Beschreibung und Erklärung des raumzeitlichen Ausbreitungsprozesses von → *Innovationen* beschäftigt.

Diffusionsprozess *diffusion process*: Beschreibung des Verlaufs der → *Diffusion* einer → *Innovation*. Der D. ist geprägt vom Grad der Verwertung der Innovation durch andere Hersteller (Imitation) und der Bereitschaft auf Seiten der Nachfrager, die Innovation aufzunehmen (→ *Adaption*). Im Normalfall beinhaltet der D. vier Phasen: Initialphase, Expansionsphase, Verdichtungsphase, Sättigungsphase.

digital divide *digitale Polarisierung*: Unterschied zwischen sog. → *Industrieländern* und → *Entwicklungsländern* in der Nutzung und dem Zugang zur internationalen Kommunikationsinfrastruktur (→ *Informations- und Kommunikationstechnologie*). Der Bevölkerungsanteil mit Zugang zum Internet fällt sehr unterschiedlich aus: Während in Afrika etwa 29% der Bevölkerung das Internet nutzt, sind es in Nordamerika knapp 88% (bezogen auf das Jahr 2015). Die Ursachen für diese globale Wissens- und Informationskluft liegen in den mangelnden technischen Voraussetzungen für Internet-Anschlüsse in den Entwicklungsländern, die in einer häufig nicht gegebenen Stromversorgung mit zahlreichen Ausfällen in den Städten sowie dem oft gänzlichen Fehlen von Elektrizität in ländlichen Räumen sowie der geringen Anzahl von Telefonanschlüssen, insbesondere in ländlichen Räumen, zu Ausdruck kommen. Die – gemessen am Einkommensniveau der Entwicklungsländer – hohen Kosten für Hardware, Internet-Anschluss sowie Telefongebühren, aber auch mangelnde Lese- und Schreibkenntnisse, tragen ihr weiteres dazu bei. Zunehmend ist aber durch Handytechnologien und mobiles Internet eine Aufweichung des d. d. zu beobachten, der aber weiterhin durch finanzielle Mittel erhalten bleibt.

digital divide → *digitale Kluft*.

digital immigrant *digitaler Einwanderer*: bezeichnet eine Person, die nicht mit digitalen Medien und Technologien (z. B. Smartphones, Tablets, Anwendungen wie Apps, soziale Netzwerke) aufgewachsen ist und für die der Umgang damit nicht bereits in der Kindheit angelegt wurde. D. i. haben digitale Technologien typischerweise erst im Erwachsenenalter kennen- und nutzen gelernt und müssen sich anders als sog. → *digital natives* bewusst damit auseinandersetzen.

digital native *digitaler „Ureinwohner"*: Bezeichnung für Personen, die mit digitalen Medien groß werden und deren Sozialisation schon seit der frühen Kindheit vom Umgang mit digitalen Medien geprägt ist. Der Begriff wird oft pauschal auf die Generation der heute unter 30-Jährigen übertragen, für die digitale → *Medien* (Smartphone, Tablet, → *Internet*) alltägliche Praxis sind. Dem gegenübergestellt werden oft ältere Menschen, die den Umgang mit digitalen Medien erst im Laufe des Erwachsenenlebens, oft durch die Berufstätigkeit, erlernen (→ *digital immigrant*, → *digitale Kluft*).

Digital Soil Mapping → *Digitale Bodenkartierung*.

Digitale Bodenkartierung *digital soil mapping*: modellgestützte Erstellung von Bodeneigenschaftskarten und Bodentypenkarten. Die d. B. generiert die → *Bodenkarten* mit unterschiedlichen in → *Geographischen Informationssystemen* integrierten oder an diese angekoppelten Modellansätzen. Dabei werden aus den Standortpunkten mit Feld- und Labordaten die Bodeneigenschaften oder die Bodentypenverbreitung mithilfe von Prädiktoren oder über Interpolation für die ganze Fläche abgeleitet. Es gibt drei hauptsächliche Herangehensweisen: Pedotransferfunktionen, geostatistische Ansätze (Geostatistik) und faktorenbasierte Ansätze. Für den Einsatz geostatischer Verfahren reichen die verfügbaren Stichprobendaten häufig nicht aus. Am bedeutendsten ist deshalb das faktorbasierte Vorgehen. Dabei lassen sich wiederum mehrere Ansätze unterscheiden: Regressionsstatistik, Entscheidungsbäume und fuzzy-theoretische Näherungsverfahren. Diese werden auch kombiniert angewendet. In den Modellen lassen sich zudem rein wissensbasierte Komponenten mit statistischen Komponenten verbinden. Die d. B. kann die klassische Bodenkartierung mit dem Bohrstock nicht völlig ersetzen. Die Auskartierung von → *Bodenarealen* im Gelände ist jedoch sehr zeitaufwändig und teuer. Die d. B. ist deshalb heute vielfach die einzige Möglichkeit, in absehbarer Zeit Bodeninformationen für die ganze Fläche zu erhalten. Sie kann zudem eine Feldkartierung für Bereiche, in denen detailgenaue Informationen benötigt werden, gut vorbereiten. Wichtig ist, dass die d. B. stets mit Feld- und Laborarbeit kombiniert wird. Digitale Bodenkarten sollten zudem auch → *Areale* ausweisen, auf denen z. B. wegen der hohen Heterogenität des Bodens oder zu geringer Stichprobe keine Aussagen möglich sind (→ *Modell*).

digitale Karte *digital map*: strukturierter Satz von → *Vektor-* und → *Rasterdaten* (inkl. Schrift und Zahl), aus dem → *Karten* für die i. d. R. elektronische, aber auch analoge Nutzung erstellt werden können. Eine d. K. wird teilweise auch als direkter Gegensatz zur → *analogen Karte* verstanden und bildet in diesem Verständnis einen Sammelbegriff für alle elektronisch nutzbaren Karten.

digitale Kluft *digital divide*: Bezeichnung für die Unterschiede in der Nutzung digitaler Medien zwischen verschiedenen Bevölkerungsgruppen. Diese beruhen meist auf Alters-, Sozialisations- oder Wohlstandsgründen. In Deutschland nutzten 2014 z. B. 100% der 14- bis 19-Jährigen (→ *digital natives*), aber nur rund 51% der über 60-Jährigen das → *Internet* (→ *digital immigrants*). Auch die Nutzungsdauer und -häufigkeit unterscheidet sich alters- und einkommensbedingt (→ *Onliner*, → *Offliner*).

Digitales Geländemodell (DGM) *digital terrain model*: numerische Speicherung von Höhendaten des → *Reliefs*. Die Höhendaten werden heute meist durch Methoden der → *Fernerkundung*, wie z. B. → *Laserscanning*, erfasst. Aus diesen fernerkundlich gewonnenen Daten werden automatisiert D. G. abgeleitet. Sie können in einem → *Geographischen Informationssystem* (in 2D und 3D) dargestellt und weiterverarbeitet werden. Ein D. G. gehört häufig zu den → *Geobasisdaten*, die zur Untersuchung spezifischer geographischer Fragestellung, z. B. zur → *Hydrologie* oder → *Standortplanung*, eingesetzt werden. Im Gegensatz zu einem → *Digitalen Oberflächenmodell* (→ *DOM*) enthält ein D. G. i. d. R. keine Daten zu Objekten, die sich auf der → *Erdoberfläche* befinden, wie z. B. Bebauung oder Vegetation.

Digitales Landschaftsmodell (DLM) *digital landscape model*: numerische Speicherung der Landschaft. Es umfasst Daten zu Objekten der → *Topographie*, einschließlich Höhendaten zum Relief (→ *Digitales Geländemodell*, → *DGM*). Das D. L. mit dem aktuell höchsten Detailgrad ist das Basis-DLM, das im amtliche Geoinformationswesen einen Teil des Amtlichen Topographisch-Kartographischen Informationssystems (→ *ATKIS*) ist. In geographischen Anwendungen (z. B. → *Kartographie*, Ortung oder → *Navigationssysteme*, → *Standortplanung* und → *Geomarketing*) werden D. L. vielseitig eingesetzt.

Digitales Oberflächenmodell (DOM) *digital elevation model*: numerische Speicherung von Höhendaten der → *Erdoberfläche*, unter Berücksichtigung aller darauf befindlichen natürlichen und künstlichen Objekte. Während sich ein → *Digitales Geländemodell* (→ *DGM*) auf Höhendaten des Reliefs bezieht, sind Referenzpunkte von Höhendaten eines D. O. z. B. die Spitzen von Baumkronen, Häuserdächer und Wasseroberflächen. Die Höhendaten werden heute meist durch Methoden der → *Fernerkundung*, wie z. B. → *Laserscanning*, erfasst. D. O. dienen als Grundlage zur digitalen Weiterverarbeitung in → *Geographischen Informationssystemen* (→ *GIS*).

Digitalisieren *digitizing*: Überführen analoger Größen in elektronische Speicherformate. D. ist ein Standardbegriff und grundlegender Arbeitsschritt in der Arbeit mit → *Geodaten* und → *Geographischen Informationssystemen*.

Arealeinheit bzw. Dimensionsstufe nach	(Verbreitungsgebiete der Geofaktoren)	Topologische Dimension		Chorische Dimension	Regionale Dimension		Geosphärische Dimension		
		Physiotop	Ökotop	Mikrochore	Mesochore unterer Stufe	Mesochore oberer Stufe	Makrochore	Megachore	Georegion	Geosphäre
E. Neef und H. Richter										
Arealeinheit bzw. Dimensionsstufe nach H.-J. Klink und J. Schmithüsen	(Verbreitungseinheiten [der Geofaktoren])	Naturräumliche Grundeinheit		Grundeinheit für die landeskundliche Betrachtung	Naturräumliche Haupteinheit		Gruppen der naturräumlichen Haupteinheiten	Naturräumliche Region	Naturräumliche Großregion	Geosphärische Einheit

Dimensionsstufe

Darunter wird v. a. das Erstellen von raumbezogenen → *Vektordaten* (→ *Punkte*, → *Linien*, → *Flächen*, → *Shapefiles*, → *Feature Classes*) auf der Grundlage von Digitalisiervorlagen verstanden. Digitalisiervorlagen sind häufig ursprünglich analoge Medien mit Raumbezug (z. B. → *Karten* oder → *Luftbilder*), die zunächst zur Vorbereitung für das D. als → *Rasterdaten* gescannt und → *georeferenziert* werden.

diluvial *diluvial*: Bezeichnung für durch große → *Überschwemmungen* entstandene Ablagerungen z. B. bei Ausbrüchen von → *Gletscherseen* oder bei von Gletschern aufgedämmten Seen, die insbesondere im → *Pleistozän* in einigen Regionen regelmäßig auftraten.

Diluvium *Diluvium*: veraltete Bezeichnung für den älteren und gleichzeitig längeren Abschnitt des → *Quartärs*. Das D. ist das → *Eiszeitalter*, also das → *Pleistozän*.

Dimensionen landschaftlicher Ökosysteme *dimensions of regional landscape*: die Größenordnungen von → *Umweltsystemen* bzw. → *Landschaftsökosystemen* bzw. Teilen dieser. Die Hierarchie sieht die → *topische*, → *chorische*, regionale und → *geosphärische Dimension* vor. Den räumlichen Repräsentanten dieser (→ *Ökotop*, → *Mikrochore* usw.) sind die entsprechenden Systeme als jeweils funktionale Einheiten zugeordnet. Kleinste Dimension ist das räumlich vom Ökotop repräsentierte → *Ökosystem* der topischen Dimension (→ *Top*). Das größte System repräsentiert die Gesamterde, d. h. die → *Geosphäre*. Die Gliederung in die vier Hauptdimensionen entspricht zugleich methodisch verschiedenen Vorgehensweisen. Die Begriffe für die den Dimensionen zugeordneten räumlichen Einheiten werden in der Literatur verschieden verwandt, obwohl eine grundsätzliche Übereinstimmung über die Zuordnung herrscht (→ *Theorie der geographischen Dimensionen*).

Dimensionen naturräumlicher Einheiten *dimensions of natural-spatial units*: in der → *Landschaftsökologie* spielte die → *Theorie der geographischen Dimensionen* eine große Rolle. Sie ordnet auch die → *naturräumlichen* Einheiten im Rahmen → *ökologischer Raumgliederungen*, die z. B. in der → *Ökologischen Planung* eingesetzt werden, aber auch in der → *angewandten Landschaftsökologie* und der → *angewandten Geographie*. Die kleinste Dimension ist die der → *Tope*, die topische Dimension (z. B. → *Ökotop*, → *Bioökotop* oder → *Geoökotop*). Es folgen die → *Choren* unterschiedlicher Ränge: Am anderen Ende stehen die → *Landschaftszonen* der Erde, die zusammen die → *Biogeosphäre* bilden (→ *Geosphäre*).

Dimensionsstufe *dimension level*: Größenordnung der Betrachtung landschaftlicher → *Ökosysteme* verschiedener Abstraktionsgrade.

dimiktisch *dimictic*: temperierte → *Seen* in → *Jahreszeitenklimaten*, bei denen zweimal im Jahr (Frühjahr und Herbst) eine Umschichtung des Wassers durch → *Vollzirkulation* stattfindet (→ *Seezirkulation*).

DINK (Double Income No Kids) Akronym für die engl. Bezeichnung für Doppelkarrierepaare, d. h. jüngere (Ehe-)Paare, die kinderlos bleiben und über zwei Einkommen verfügen. Ähnlich wie → *Yuppies*, sind D. i. d. R. der oberen → *Mittelschicht* zuzuordnen und haben einen äußerst → *raumwirksamen* → *Lebensstil* (→ *LOHAS*).

Diorit *diorite*: ursprünglich zusammen mit → *Diabas* – wegen der Farbe – als „Grünstein" zusammengefasst. D. ist ein dunkelgrünes → *Tiefengestein* mit körniger Struktur, aus → *Plagioklas* und → *Hornblende* bestehend. Er kommt als → *Gang* oder → *Stock* vor bzw. in peripheren Bereichen von Granitmassiven.

Dioxin *dioxin*: eine Gruppe von polychlorierten Dibenzodioxinen (PCDD) und polychlorierten Dibenzofuranen (PCDF), kurz als Dioxine und Dibenzofurane bezeichnet. Es sind extrem giftige Substanzen, die krebserregend und gensschädigend sind sowie Missbildungen verursachen können. D. werden über Haut, Atem und Nahrung aufgenommen. Wegen ihrer weltweiten Verbreitung reichern sie sich in → *Nahrungsketten* an. PCDD und PCDF entstehen bei chemischen Prozessen in der Industrie sowie bei Verbrennungsvorgängen aller Art. Der → *Chemieunfall* von → *Seveso* (1976) geht auf D. zurück.

direkter Abfluss *direct runoff*: Anteil des → *Abflusses* in Oberflächengewässern, der nach einem Niederschlagsereignis unmittelbar das Gerinne erreicht und zu einem schnellen Anstieg der → *Abflussganglinie* führt. Er setzt sich aus → *Oberflächenabfluss* und → *Interflow* zusammen (→ *Basisabfluss*).

direkter Export *direct export*: direkte Exportbeziehung (→ *Ausfuhr*) zwischen dem inländischen Exporteur und dem Abnehmer im Ausland. Bei letzterem kann es sich entweder direkt um den Endabnehmer oder einen davor geschalteten, bereits im Ausland befindlichen Handelsmittler, Makler, Agenten oder ein Groß- und Außenhandelsunternehmen handeln. Typisch ist der d. E. v. a. für die → *Investitionsgüterindustrie* sowie den Intra-EU- bzw. EU-USA-Handel. Die Vorteile des d. E. liegen v. a. in seiner hohen Flexibilität und niedrigeren Kapitalintensität, da im Vgl. zum → *indirekten Export* eine Handelsstufe eingespart wird. Allerdings sind gute Kenntnisse über Bedürfnisse und Strukturen des ausländischen Marktes erforderlich.

direkter Import *direct import*: spiegelbildlich zum → *direkten Export* besteht beim d. I. eine Handelsbeziehung (→ *Einfuhr*) zwischen dem Importeur und dem Verkäufer im Ausland. Dabei können auf ausländischer Seite Groß- und Außenhandelsunternehmen oder ein Exporthändler zwischengeschaltet sein. Typisch ist der d. I. für die Einfuhr von → *Rohstoffen* und unfertigen Erzeugnissen. Die Lieferbeziehungen sind langfristig angelegt und zeichnen sich durch große und regelmäßige Liefermengen aus. Das Risiko des d. I. liegt v. a. in der Lieferverlässlichkeit des ausländischen Exporteurs. Derartige Bezugsprobleme lassen sich durch den → *indirekten Import* umgehen.

Direktverkehr → *ungebrochener Verkehr*.

Direktvermarktung *direct marketing*: Verkauf von Erzeugnissen durch einen Produzenten direkt an Konsumenten (z. B. von landwirtschaftlichen Erzeugnissen in Hofläden oder auf Wochenmärkten oder der Verkauf von Strom aus Erneuerbare-Energien-Anlagen durch den Anlagenbetreiber direkt an den Stromabnehmer, also ohne aktiver Beteiligung von Netzbetreibern). In der → *Landwirtschaft* führt D. zur Integration nachgelagerter Produktionsschritte in den Betrieben und erhöht die → *Wertschöpfung*.

Direktzahlungen *direct payments*: Instrument der → *Agrarpolitik* zur Einkommensstützung der Landwirte. In der EU wurden D. im Zuge der Reformen der europäischen Agrarpolitik Anfang der 1990er-Jahre (MacSharry-Reform) als Preisausgleichszahlungen eingeführt, um die Senkung der → *Interventionspreise* abzufedern. D. sind direkte staatliche Einkommenstransfers an die Landwirte und von der Produktionsmenge entkoppelt. Sie sollen die produktionsstimulierende staatliche Stützung der Agrarpreise ersetzen und wurden zur Reduzierung der landwirtschaftlichen Produktionsüberschüsse eingesetzt und durch Maßnahmen zur → *Flächenstilllegung* begleitet. Ursprünglich nur bei Getreide, Ölfrüchten, Eiweißpflanzen und Rindfleisch eingeführt, wurden die D. durch weitere agrarpolitische Reformen bis heute auf immer mehr Marktordnungsbereiche (→ *Marktordnung*) ausgedehnt und sukzessive weiter entkoppelt. Heute ist ihr Erhalt an die Einhaltung bestimmter Standards (Vorschriften für Umweltschutz und artgerechte Tierhaltung u. a.) gebunden, was als → *cross compliance* bezeichnet wird. D. machen den größten Posten des EU-Agrarhaushaltes aus. Auch wird jährlich ein bestimmter Anteil an der landwirtschaftlichen Einkommensstützung in die Förderung bzw. Entwicklung des → *ländlichen Raums* umgeschichtet (→ *Modulation*).

Discounter (Discount-Geschäft, Diskonter) *discount-shop*: Betriebsform im → *Einzelhandel*, bei dem ein auf raschen Umschlag ausgerichtetes begrenztes Sortiment bei einfacher Ladenausstattung und unter weitgehendem Verzicht auf → *Dienstleistungen*, wie Beratung und Bedienung, zu niedrig kalkulierten Preisen (Diskont = Abschlag) z. B. durch geringe Personal- und Lagerkosten sowie Barzahlung angeboten wird. Bevorzugte → *Standorte* von D. liegen in verkehrsgünstiger Lage am Stadtrand (Parkplatzbedarf).

Discount-Prinzip *discount principle*: Summe der Maßnahmen, die dazu geeignet sind, die größtmögliche Warenmenge, die der Konsument zu akzeptieren bereit ist, mit dem Mindest-Service, den der Kunde erwartet, an denjenigen → *Standorten*, die der Abnehmer präferiert, zu möglichst niedrigen Preisen zu verkaufen.

diseconomies of scale Bezeichnung für negative → *Skaleneffekte*, die bei steigendem → *Output* einen proportionalen, über- oder unterproportionalen Anstieg der langfristigen Stückkosten aufweisen. Gründe können dafür beispielsweise bei zunehmender Betriebsgröße steigende Kosten für Unternehmensführung, Rechnungsstelle und -kontrolle sein. Das Gegenteil von den d. o. s. sind die → *economies of scale*.

disharmonische Faltung *disharmonic folding*: ungleichzeitige und ungleichartige → *Faltung*, da in plastischen Gesteinen Faltung früher eintritt als in weniger plastischen. Bei Wechsellagerung von festeren und plastischeren Schichten werden die festeren Schichten von den plastischeren abgeschert.

Disjunktion *disjunction*: Begriff der biologischen → *Arealkunde*. D. bezeichnet die Unterteilung in Teilareale, zwischen denen kein natürlicher Genaustausch möglich ist und die i. d. R. Reste ursprünglich geschlossener → *Areale* sind.
Diskonter → *Discounter*.
Diskontinuität *discontinuity*: – allgemein ungleichmäßige Verteilung oder Verbreitung geo- und biowissenschaftlicher Phänomene.
– in der → *Populationsökologie* die ungleiche Verteilung der Individuen einer → *Population* in ihrem Lebensraum (→ *Dispersion*).
diskordant *discordant*: ungleichförmige Lagerung. Dabei handelt es sich um die lokale oder regionale Auslassung von Sedimentation mit oder ohne Erosion. Sie erscheint als → *Schichtlücke* (→ *Diskordanz*, → *Erosionsdiskordanz*, → *Hiatus*).
Diskordanz *discordance*: Ausdruck gestörter Ablagerung von Gesteinsschichten, wobei nach der → *Schichtlücke* wieder Sedimentation einsetzte. Dabei stoßen die aus verschiedenen Sedimentationsfolgen stammenden Schichten winklig aufeinander. Es wird zwischen einer tektonischen D. (→ *Winkeldiskordanz*), einer → *Erosionsdiskordanz* (→ *Anlagerungsdiskordanz*.) und einer Scheindiskordanz unterschieden.
Diskriminanzanalyse *discriminance analysis*: → *multivariates Analyseverfahren* in der → *Statistik* zur Auswertung von Unterschieden von zwei oder mehr Gruppen. Die → *abhängigen Variablen* identifizieren die Gruppenzugehörigkeit, die → *unabhängigen Variablen* bedingen, welche Elemente zu Gruppen zusammengefasst werden.
Diskriminierung *discrimination*: spezifische Benachteiligung oder Herabwürdigung von Individuen oder Gruppen (z. B. aufgrund Geschlecht, ethnischer Zugehörigkeit, Alter, Religion) und damit ein Teilaspekt von → *Rassismus* (→ *positive Diskriminierung*, → *Redlining*).
Diskurs *discourse*: ein zentraler Begriff der Diskurstheorien, bezeichnet die Gesamtheit der in einer Gesellschaft vorherrschenden, subjektiven und teilweise stereotypischen Kommunikationen, die durch kollektive Regeln, Konventionen oder Bedeutungszuweisungen entstanden sind. In der Geographie wird der Begriff D. aktuell v. a. im Zusammenhang mit der → *Diskursanalyse* nach Michel Foucault verwendet und meint damit das in der Sprache aufscheinende Verständnis von Wirklichkeit in einer bestimmten Gesellschaft in einer bestimmten Epoche. Die Regeln des D. bestimmten für einen spezifischen Zusammenhang was sagbar ist, was gesagt werden soll und was nicht gesagt werden darf sowie von wem zu wem in welcher Form gesagt werden darf (→ *Frames*).

Diskursanalyse *discourse analysis*: Oberbegriff für die sozial-, sprach- oder geschichtswissenschaftliche Analyse von Diskursphänomenen, die nicht allein hinsichtlich ihrer Form (→ *Struktur*), sondern auch bezüglich ihres Inhaltes untersucht werden. In den → *Sozialwissenschaften* (und damit auch in der → *Humangeographie*) wird die D. v. a. dazu benutzt, die Regeln und Regelmäßigkeiten eines → *Diskurses*, seine Möglichkeiten zur Wirklichkeitskonstruktion, seine gesellschaftliche Verankerungen und seine historischen Veränderungen zu untersuchen. Sie fragt nach den sozialen und institutionellen Zusammenhängen (→ *Frames*), in denen Aussagen eines Diskurses auftauchen, sowie nach den Prinzipien der Anordnung der einzelnen Diskursteile.
diskursive Formation *discursive formation*: in der → *Diskursanalyse* die Bündelung von thematisch zusammengehörigen Aussagen oder verwandten Themen zu einem diskursiven Block.
Dislokation *dislocation*: tektonische oder atektonische Verlagerungsbewegung, welche die reguläre und ursprüngliche Lagerung eines Gesteinsverbandes stört. Die Hauptbewegungen der D. sind → *Pressung* und → *Zerrung* (→ *Tektonik*).
Dislokationsbeben *tectonic earthquake*: durch tektonischen Bewegungen verursachtes Beben, daher auch tektonisches → *Erdbeben* genannt. D. machen 90% aller Erdbeben aus. Ursache der D. sind Spannungen in der → *Erdkruste*, die eine Wellenfolge auslösen.
Dislokationsmetamorphose (Dynamometamorphose) *dislocation metamorphism*: jene Art der → *Metamorphose*, die örtlich und in geringer Tiefe wirkt und die bei der Bildung von → *Faltengebirgen* infolge des starken seitlichen Drucks auftritt. Die Gesteine werden v. a. mechanisch verändert, wobei unter Druck- und Temperatureinwirkung → *Kristalline Schiefer* („metamorphe Schiefer") entstehen (→ *Metamorphite*).
Dislokationswoge *dislocation wave*: überstarke Brandungswelle, die durch → *Seebeben* oder durch Beben am → *Kontinentalabhang* ausgelöst wird (→ *Tsunami*). Die geomorphologischen Wirkungen der D. sind stärker als die der gewöhnlichen → *Brandung*.
disloziiert *moved*: verlagert bzw. von seinem ursprünglichen Ort verlegt oder verschoben, z. B. eine (geologische) → *Decke*.
Disparität, soziale *social disparity*: ungleiche Lebensbedingungen von Menschen in sozialer und/oder wirtschaftlicher Hinsicht (z. B. die Verfügbarkeit von Arbeitsplätzen, Dienstleistungen, Infrastruktur) auf regionaler, nationaler oder globaler Ebene.
dispersed city nordamerikanischer Ausdruck für eine Gruppe benachbarter kleinerer

Disjunktion

städtischer → *Siedlungen*, die – da ein übergeordnetes Zentrum in erreichbarer Nähe fehlt – zentralörtliche und sonstige → *städtische Funktionen* auf sich aufgeteilt haben und ein gemeinsames → *Umland* versorgen. D. c. finden sich besonders häufig in alten Bergbaugebieten.

Dispersion *dispersion*: – gestreute Lage von etwas in einem spezifischen Raum, z. B. Siedlungen, Elemente, Wirtschaftsunternehmen, Lebewesen. – die „gestreute" Verteilung einer Population von Lebewesen im Raum, wobei sich unstrukturierte und strukturierte Muster ergeben können.

Dispersionsfaktor *index of dispersion*: in der → *Zentrale-Orte-Forschung* verwendete Maßzahl zur Quantifizierung der → *Zentralität* einer Einrichtung. Der D. gibt den Anteil der Gemeinden mit der betreffenden Einrichtung in Prozent aller Gemeinden an. Je niedriger dieser Anteil liegt, desto stärker ist die Einrichtung auf wenige Standorte konzentriert, d. h. desto höher ihre zentralörtliche Bedeutung.

Dispersität *dispersity*: räumliche Streuung. Der Begriff D. wird insbesondere für die gestreute Verteilung von Siedlungen und Einwohnern im Raum, im Gegensatz zur → *Agglomeration*, gebraucht (→ *Streusiedlung*).

Disposition *disposition*: die Anlage oder Bereitschaft zu natürlichen → *Prozessen*. Hierbei wird unterschieden in – Grund-D., was die über einen längeren Zeitraum gleichbleibende Anlage oder Bereitschaft zu natürlichen Prozessen meint. Dies kann z. B. eine spezifische → *Hangneigungsstärke* sein. – Variable D., d. h. die Anlage oder Bereitschaft zu natürlichen Prozessen, die bei gegebener Grund-D. zeitlich variabel ist und in einem gewissen Umfang schwankt oder sich mit der Zeit entwickelt. Die variable D. schwankt beispielsweise oftmals aufgrund jahreszeitlicher Witterungen, oder ist abhängig von Tageszeiten, z. B. beim → *Steinschlag*, für den die Wahrscheinlichkeit mittags am höchsten ist. Von der D. klar zu trennen ist das auslösende Ereignis (→ *Auslöser*).

Dispositionsmodell *disposition model*: aus Teilmodellen aggregiertes Modell für die raumzeitliche und räumlich-funktionale Modellierung → *gravitativer Massenbewegungen*, um deren potenzielle Startgebiete und mögliche Bewegungsbahnen (Transitgebiet) und Reichweiten (Ablagerungsgebiet) zu ermitteln. Zu den D. gehören Hangstabilitätsmodelle, die Instabilitäten von Hängen definieren, um festzustellen, ob z. B. eine → *Rutschung* möglich ist.

Dispositiv *disposition*: nach Michel Foucault ein heterogenes Ensemble von Gesagtem und Ungesagtem, das historische a priori von sprachlichen Vorentscheidungen und Wissen (→ *Episteme*), das u. a. → *Diskurse*, → *Institutionen*, architekturale Einrichtungen, reglementierende Entscheidungen, Gesetze, administrative Maßnahmen, wissenschaftliche Aussagen, philosophische, moralische oder philanthropische Lehrsätze umfasst. Das D. selbst ist das Netz, das zwischen diesen Elementen geknüpft werden kann (→ *Diskursanalyse*).

Dissimilation (Zellatmung, Katabolismus) *dissimilation*: Abbau von körpereigener Substanz, der → *Energie* liefert, wobei energiearme anorganische Stoffe entstehen. D. ist der entgegengesetzte Vorgang der → *Assimilation*.

Dissoziation *dissociation*: Entwicklungsstrategie, die eine vollständige Abkopplung eines → *Entwicklungslandes* vom → *Weltmarkt* zugunsten einer Entwicklung des Binnenmarktes anstrebt. Mit D. in Verbindung steht das Ziel der → *autozentrierten Entwicklung*, das sich auf die im Land verfügbaren Ressourcen und Entwicklungspotenziale stützt. D. kann – im Gegensatz zu einer selektiven oder zeitweisen Abkopplung vom Weltmarkt – als Extremposition in Bezug auf eine autozentrierte, eigenständige Entwicklung angesehen werden.

Distanz *distance*: räumliche Entfernung zwischen zwei → *Standorten*. Die D. wird in der Geographie nicht nur in Kilometern (metrisch), sondern häufig auch zeitlich, als Zeitaufwand zur Überwindung einer Entfernung, gemessen. Sie ist insofern von der Reliefgestalt, aber auch von der Natur- und/oder Infrastrukturausstattung eines Raumes abhängig.

Distanzempfindlichkeit *distance-sensibility*: Begriff aus der → *Zentrale-Orte-Forschung*. Durch die D. eines Gutes oder der Konsumenten wird die Ausdehnung eines zentralörtlichen → *Einzugsbereiches* begrenzt, wobei generell seltene und hochwertige Güter (z. B. → *Luxusgüter*) und Leistungen eine besonders geringe D. haben.

Distanzüberwindung *covering of a distance*: im allgemeinen Sinne das zielgerichtete Zurücklegen der Entfernung zwischen zwei → *Standorten*. Der Aufwand zur D. hängt neben der räumlichen Entfernung z. B. von der aufzuwendenden Zeit oder der Verkehrsmittelwahl ab und ist wichtig zur Bewertung zentralörtlicher Systeme (→ *Zentraler Ort*) bzgl. der Distanz zwischen Konsumentenwohnort und Versorgungsstandort. In der → *relationalen Wirtschaftsgeographie* werden weitere (relationale) Distanzdimensionen diskutiert, z. B. kognitive, organisationale oder soziale Distanz. Dabei wird angenommen, dass die dimensionsspezifische D. das Interaktionsverhalten von ökonomischen → *Akteuren* beeinflusst.

distributive Dienstleistung *distributive service*: → *Dienstleistungen* mit verteilender und vermittelnder Funktion (Transport und logistische Aufgaben). Zu den d. D. zählen Transportgewerbe, → *Verkehr*, Versandwesen, Nachrichtenwesen und → *Großhandel*. Die d. D. bilden häufig → *Cluster* an Verkehrsknoten.

Distrikt *district*: alte Bezeichnung für einen Verwaltungsbezirk der unteren oder mittleren Stufe (→ *Landkreis*, → *Bezirk* usw.).

Disziplinarmacht *disciplinary power*: ein Begriff von Michel Foucault, der darauf verweist, dass Macht (und mit ihr Repression) nicht nur unterdrückend wirkt, sondern produktiv ist, d. h., dass Subjekte überhaupt erst durch Machtstrukturen konstituiert werden, die dann eine Gesellschaft bilden (→ *Biopolitik*, → *Diskurs*, → *Poststrukturalismus*).

divergente Plattengrenzen *divergent plate boundaries*: nach der Theorie der → *Plattentektonik* die Bereiche jeder geologisch-tektonischen Platten, die sich voneinander weg bewegen (auseinander driften; → *konvergente Plattengrenzen*, → *Subduktion*).

Diversifizierung *diversification*: 1. Auffächerung der Produktions- und Exportstruktur einer → *Volkswirtschaft* oder Region. Handelt es sich um eine Verbreiterung des Produktionsprogrammes auf vor- und nachgelagerte Produkte, so liegt eine D. in vertikaler Richtung vor. Erfolgt eine Verbreiterung der Produktion auf verschiedene Produkte, handelt es sich um eine D. in horizontaler Richtung. Von D. wird in der Wirtschaftsgeographie auch gesprochen, wenn im Rahmen der wirtschaftlichen → *Regionalpolitik* die regionale Branchenstruktur der Unternehmen aufgefächert werden soll. 2. Auffächerung der Produktionsstruktur auf einzelbetrieblicher Ebene. Durch Produktionsvielfalt wird im → *Betrieb* das → *Risiko* einer Spezialisierung zu vermindern versucht. Man unterscheidet dabei horizontale D. (Produktion gleichartiger Erzeugnisse) und vertikale D. (Produktion von Erzeugnissen vor- und nachgelagerter Stufen).

DIVERSITAS ein internationales Umweltprogramm, das die Strukturen und Funktionen der → *Diversität* von Pflanzen und Tieren (auch auf mikrobieller Ebene) auf dem Lande, in den Süßwasserreservoirs der Erde und in den → *Weltmeeren* erforscht (→ *Biodiversität*, → *Geodiversität*, → *Landschaftsdiversität*).

Diversität (Vielfältigkeit) *diversity*: allgemein ein ungleicher Zustand im Sinne von Vielfältigkeit und von Verschiedenheit. 1. in der → *Ökologie* differenziert in genetische D., als D. der → *Arten* in → *Lebensgemeinschaften* bzw. als D. der Lebensgemeinschaften sowie als D. auf der Ebene der → *Ökosysteme*. Die D. der Lebensgemeinschaften dient zur Kennzeichnung des → *Lebensraumes*, für den nicht nur die Artenzahl, sondern auch die Individuenmenge von Bedeutung ist, mit der jede Art auftritt. Arten und Individuenmengen werden dabei zueinander in Beziehung gesetzt. 2. in der → *Geoökologie* und der → *Landschaftsökologie* die strukturelle Vielfalt. Man kann zwischen der visuellen D. und der ökofunktionalen D. (im Bereich der ökologistischen, v. a. auch der abiotischen Prozesse) unterscheiden. Zwischen beiden besteht i. d. R. ein Zusammenhang, d. h. physiognomisch divers erscheinende Ökosysteme weisen meist auch eine hohe ökofunktionale D. auf, d. h. auch komplexe Rauminhalts- und Raumfunktionsstrukturen, in die alle → *Ökofaktoren* einbezogen sind. – 3. Meist, aber nicht immer, spiegelt eine hohe ökologische D. eine gewisse → *Stabilität* der Ökosysteme wider, i. d. R. verbunden mit einer hohen Regenerationsfähigkeit von Ökosystemen (→ *Biodiversität*, → *Geodiversität*, → *Landschaftsdiversität*).

divisionale Organisation *divisional structure*: neben der → *funktionalen Organisation* (u. a. Beschaffung, Produktion, Absatz) die weitere Möglichkeit, ein Unternehmen auf der Ebene nach der Unternehmensführung zu strukturieren. Die d. O. wird durch die Zusammenfassung relativ gleichartiger Objekte in bestimmte Organisationseinheiten (z B. Produkte, Kunden, Regionen) erreicht (→ *Organisation*).

DLM → *Digitales Landschaftsmodell*

Dockhafen *port with docks*: durch → *Schleusen* (Docktore) vom offenen Meer abgeschlossener → *Seehafen*. Ein D. ist, im Gegensatz zum → *Tidehafen*, von den Gezeitenbewegungen unabhängig und wird an Küsten mit hohen Wasserstandsschwankungen zwischen → *Ebbe* und → *Flut* errichtet (→ *Hafen*).

Dogger *Dogger*: Bezeichnung für den Mittleren oder Braunen → *Jura*, von 176-161 Mio. J. v. h., der sich aus einer mächtigen Folge von → *Tonen*, → *Mergeln* und eisenschüssigen → *Sandsteinen* in Wechsellagerung zusammensetzt. Gelegentlich gehen die D.-Gesteine auch in → *Kalk* über.

Doha-Runde *Doha development round*: Neunte Verhandlungsrunde der World Trade Organization (→ *WTO*), die im Herbst 2001 begonnen hat, zwischenzeitlich aber mehrfach an Differenzen zwischen → *Industrie*- und → *Entwicklungsländern* gescheitert ist. Wichtige Verhandlungsgegenstände sind die Liberalisierung des Weltagrarhandels bzw. der Abbau des → *Agrarprotektionismus*, die weitere Liberalisierung des → *Dienstleistungshandels*, der Ausbau des Schutzes geistiger Eigentumsrechte und v. a. die verstärkte Berücksichtigung der Interessen der Entwicklungsländer im → *Welthandel* (Doha Development Agenda).

doing gender eine Verhaltensweise, die in den → *Gender Studies* eine zentrale Rolle spielt und mit der das soziale Geschlecht (→ *Gender*) aktiv hergestellt wird. Das soziale Geschlecht wird somit nicht als natürlich gegeben oder als unveränderliche Eigenschaft aufgefasst, sondern als ein Produkt performativer Tätigkeiten (über → *Anrufung* und → *Performanz*), die in → *Interaktionen* aktiv dargestellt und wahrgenommen werden. Das Konzept von d. g. entstand in kulturvergleichenden Studien, in denen deutlich wurde, dass die sozialen Kategorien „Frau" und „Mann" keineswegs eindeutig, sondern → *heterogen* (und damit → *kontingent*) sind und, dass es sehr wenige geschlechterbezogene Eigenschaften gibt, die interkulturell geteilt werden.

Doline *doline*: für → *Karstlandschaften* typische trichter- oder kesselförmige → *Hohlform* unterschiedlicher Tiefe und Durchmesser. Die D. entstehen durch → *Korrosion* im verkarstungsfähigen Gestein (→ *Karst*). Es können Ponor-, Einsturz-, Lösungs- und Karrendolinen unterschieden werden. Die Begriffe beschreiben Formen der D., die durch Differenzierungs- und Wirkungsgrad der Lösungsprozesse im Gestein und im → *oberflächennahen Untergrund* zustande kommen.

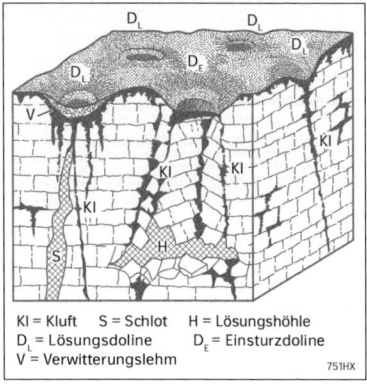

Kl = Kluft   S = Schlot   H = Lösungshöhle
D_L = Lösungsdoline D_E = Einsturzdoline
V = Verwitterungslehm

Doline

Dolinenkarst *sinkhole karst*: eine → *Karstlandschaft*, die überwiegend von → *Dolinen* geprägt ist, z. B. die → *Cockpit-Landschaft*.

Dolinenschwarm *doline cluster*: gehäuftes Auftreten von → *Dolinen* auf Karsthochflächen mit geringen Reliefgegensätzen.

Dolinensee *doline lake, sink pond*: → *episodische* oder → *periodische* Seen in → *Dolinen*, die an Starkniederschläge, Schneeschmelzen und wechselnd hochstehende Karst(grund)wasservorräte gebunden sind. Sie entstehen entweder aus Niederschlagswasser wegen des abgedichteten Dolinenbodens mit Verwitterungslehmen oder durch Auffüllen der Dolinen von ihrem durchlässigen Boden her, wenn in unterirdischen Karsträumen das → *Karstwasser* bis zur Erdoberfläche aufsteigt, sodass sich die Doline füllen kann (→ *Karstwasserspiegel*).

Dolomit *dolomite*: – dichtes Sedimentgestein (→ *Sedimentit*), das sich hauptsächlich aus D. aufbaut und ein größeres spezifisches Gewicht und eine größere Härte als der eng verwandte → *Kalkstein* aufweist. D. entsteht durch Einlagerung von Magnesium in Kalke während der → *Diagenese*. D. ist in zahlreichen Formationen der Erdgeschichte verbreitet und neigt, wie der Kalkstein, zur Bildung von Karst. – Calcium-Magnesium-Karbonat (Doppelsalz) grau-weißer bis gelblicher Farbe mit ähnlichen Eigenschaften wie der Calcit. D. ist ein weit verbreitetes Mineral.

Dom *dome (1.); salt dome (2.); outlier (3.)*: durch Hebung im Zentraum entstandene ausgedehnte runde oder ovale Aufwölbung der Erdoberfläche. Die Hebung wird meist durch Intrusion eines Magmakörpers (Magma) verursacht, aber auch durch aufsteigende Salzschichten in einem Salzstock (Salzdom). 1. Spezialform eines → *Sattels*, der einen rundlichen oder ovalen Grundriss aufweist und auch als Kuppel oder Brachyantiklinale bezeichnet wird. 2. Bezeichnung für kuppelförmige → *Salzstöcke* („Salzdom"). 3. Bezeichnung für kuppelförmige → *Inselberge* bzw. → *Domberge*.

Dom *centrocline, dome,: pericline, salt dome, saline dome*: durch Hebung im Zentraum entstandene ausgedehnte runde oder ovale Aufwölbung der Erdoberfläche. Die Hebung wird meist durch → *Intrusion* eines Magmakörpers (→ *Magma*) verursacht, aber auch durch aufsteigende Salzschichten in einem → *Salzstock* (Salzdom).

DOM *digital surface model*: → *Digitales* → *Oberflächenmodell*.

Domberg → *Glockenberg*.

Domestikation *domestication*: Nutzbarmachung von wildlebenden Tieren und Pflanzen für den menschlichen Gebrauch durch Züchtung und Zähmung. Durch D. werden aus frei lebenden Tieren → *Nutz-* bzw. Haustiere und aus Pflanzen → *Nutz-* bzw. Nahrungspflanzen entwickelt.

Dominanz *dominance*: 1. Ausdruck der im → *Ökosystem* funktional vorherrschenden Ökofaktoren, deren wesentliche, auch physiognomisch wahrnehmbare Strukturen sie prägen. 2. in der → *Ökologie* das Maß für den prozentualen Anteil der Einzelorganismen einer Art je Flächeneinheit in Relation zu den Organismen der übrigen Arten, bezogen entweder auf Individuenzahlen oder → *Biomasse*. Arten, die quantitativ vorherrschen, bezeichnet man als Dominanten. Zusammen mit der → *Artendichte* und der Individuendichte kennzeichnet die D. quantitativ die Populationsverhältnisse einer Lebensstätte. Die Ursache für die D. einer Art liegt in deren → *ökologischer Potenz*. Aus ökologischen Gunstbedingungen ergeben sich hohe D.-Werte. 3. in der Pflanzensoziologie wird die D. durch den → *Deckungsgrad* dargestellt.

Dominion *dominion*: alte Bezeichnung für eine überseeische Besitzung des Britischen Weltreiches. Von 1917 bis Anfang der 1950er-Jahre war D. die Bezeichnung für die selbstständig gewordenen ehemaligen britischen Besitzungen innerhalb des → *Commonwealth*. Hierzu gehörten Australien, Kanada, Neuseeland, Südafrika, zeitweise Neufundland, nach dem Zweiten Weltkrieg auch Ceylon, Sri Lanka, Indien und Pakistan.

Donau-Kaltzeit *Danube glaciation, Donau glaciation*: eine der älteren → *Kaltzeiten* des → *Pleistozäns*. Wurde für das Alpenvorland anhand von Schmelzwasserterrassen nachgewiesen. Die D.-K. liegt zeitlich vor der → *Günz-Kaltzeit* und folgt der Biber-Kaltzeit. Sie ist die älteste pleistozäne Kaltzeit, für die sich Nachweise außerhalb der Iller-Lech-Region finden. Genaue zeitliche Zuordnung ist wie bei allen älteren Kaltzeiten sehr schwierig.

Donner *thunder*: das mit dem → *Blitz* zusammenhängende, rollende oder krachende Geräusch. Die Erhitzung treibt die → *Luft* in der Blitzbahn explosionsartig auseinander und schafft ein Teilvakuum, das schlagartig wieder gefüllt wird.

DOP Digitales → *Orthophoto*.

Doppelfruchtwechsel *repeated crop rotation*: → *Fruchtfolge* mit Doppelfolge gleicher Fruchtarten, z. B. → *Blattfrucht* – Blattfrucht – Getreide – Getreide.

Doppelhof *twin farmstead*: zwei wirtschaftlich selbstständige Agrarbetriebs- und Wohneinheiten unter einem Dach. Der D. stellt den Übergang vom → *Einzelhof* zur → *Gruppensiedlung* dar.

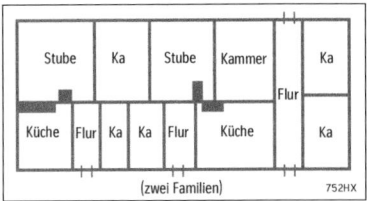

Doppelhof

Doppelsiedlung *twin settlement*: Siedlung im ländlichen Bereich aus zwei Einheiten, z. B. mit zwei Wohnstätten oder landwirtschaftlichen Gehöften (→ *Doppelhof*).

Doppelstadt *twin cities*: zwei selbstständige → *Städte* in enger räumlicher Nachbarschaft. D. können miteinander konkurrieren, i. d. R. ergänzen sie sich funktional, z. B. als → *Zentraler Ort* und → *Industriestadt*.

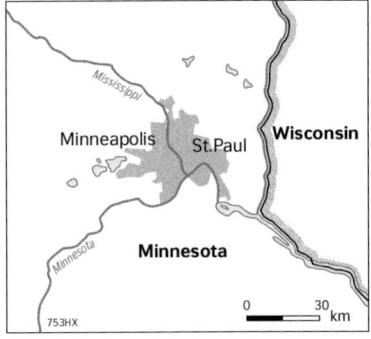

Doppelstadt

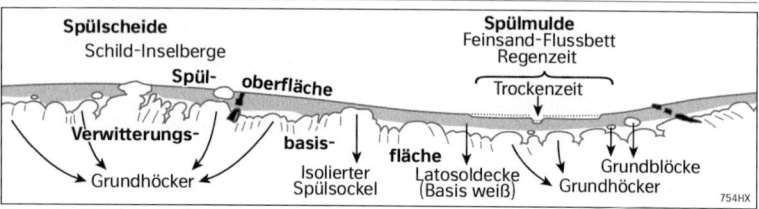
Doppelte Einebnungsfläche

Doppelte Einebnungsfläche *double peneplain*: international ungebräuchlicher Begrif für die theoretische Vorstellung von der Flächenbildung in den wechselfeuchten und feuchten → *Tropen* (nach J. Büdel), wobei ein Zusammenhang zwischen v. a. chemischer Tiefenverwitterung, mit Bildung von → *Regolith*, und flächenhaften Abtragungsprozessen an der Oberfläche des Regoliths bestehen soll. Die Regolithoberfläche stellt die obere Einebnungsfläche dar, auf der sich → *Abspülungsprozesse* vollziehen. Die untere Einebnungsfläche wird von der basal surface gebildet, an der das Festgestein zu Regolith verwittert (→ *Schildinselberg*).

Doppelzentrum *dual centre location*: Zentralitätskonzept der → *Raumordnung*, bei dem die Funktionen des → *Zentralen Ortes* auf zwei benachbarte → *Städte* oder → *Gemeinden* aufgeteilt sind. D. können sowohl als → *Unter-*, → *Mittel-* und → *Oberzentren* auftreten.

Dorf *village*: ländliche → *Gruppensiedlung* mit mehr als 12–15 Wohnstätten. Das D. ist i. d. R. überwiegend durch → *Agrarwirtschaft* bzw. durch eine andere → *Urproduktion* gekennzeichnet. Das D. ist größer als ein → *Weiler* und erreicht bisweilen Ausmaße eines → *Stadtdorfes* (→ *Dorfformen*).

Dorfauflockerung *village: decompaction*: im Rahmen der → *Dorfentwicklung* Maßnahmen zur Verringerung der dichten Überbauung. Nicht erhaltenswerte Gebäude werden abgerissen und Höfe ausgesiedelt (→ *Aussiedlerhof*).

Dorfaußenentwicklung *outer development of villages*: die Programme zur → *Dorferneuerung* unterscheiden zwischen der D. und der → *Dorfinnenentwicklung* (Bauen im Ortskern). Unter D. versteht man v. a. die Entwicklung von Neubaugebieten am äußeren Rand eines Dorfes.

Dorfbewegung *village movement*: zivilgesellschaftliche Form der selbst organisierten Aktivitäten von Dorfgemeinschaften und der Vernetzung zwischen Dörfern. Die D. zeichnet sich dadurch aus, dass dörfliche Gemeinschaften jenseits der kommunalen Ebene die Geschicke ihres → *Dorfes* in die eigenen Hände nehmen. Den Anfang nahm die D. in Finnland Ende der 1970er-Jahre, ausgelöst einerseits durch die Zuspitzung sozialer Problemlagen, die v. a. durch den Rückgang der → *Landwirtschaft*, zunehmende Arbeitslosigkeit, Einschränkungen der kommunalen Daseinsvorsorge (u. a. Zentralisierung sozialer Infrastruktur) sowie durch die politische Maßnahme der Bildung von Großgemeinden, durch die die Dörfer ihre frühere kommunale Selbstständigkeit verloren.

Dorfentwicklung *village development*: 1. dörfliche Entwicklung, von der Vergangenheit bis heute und bis in die Zukunft. 2. Gesamtheit der Entwicklungs- und Gestaltungsmaßnahmen in → *ländlichen Siedlungen*. Die D. befasst sich mit den ländlichen Wohn- und Arbeitsbedingungen, der → *Agrarstruktur* sowie der Erhaltung und Erneuerung des Ortsbildes. D. steht in einigen Bundesländern synonym für → *Dorferneuerung*.

Dorferneuerung *village renewal*: deutsches Förderprogramm zur Unterstützung der → *Dorfentwicklung* durch Beratung und Zuschüsse mit dem Ziel, eine nachhaltige und zukunftsbeständige Entwicklung des Dorfes zu unterstützen und als eigenständigen Wohn-, Arbeits-, Sozial- und Kulturraum zu erhalten und weiterzuentwickeln. Dazu gehört die Gestaltung von Zentren (→ *Dorfinnenentwicklung*), Ortseinfahrten und -rändern (→ *Dorfaußenentwicklung*) sowie die Stärkung der Wirtschaftsstruktur und die Behebung sozialer Spannungen. Die D. ist weitreichender als die → *Dorfsanierung*. Aktuelle Programme der D. beziehen zudem in starkem Maße die Dorfbewohner in den Planungsprozess mit ein (→ *Bürgermitwirkung*, → *Dorfmoderation*, → *Partizipation*).

Dorfformen *types of villages*: in Abhängigkeit von der Kulturlandschaftsgenese formal ausgebildete Typen ländlicher → *Gruppensiedlungen* (→ *ländliche Siedlung*). Man unterscheidet u. a. das organisch gewachsene, meist aus der Zeit der → *Landnahme* stammende → *Haufendorf* und die auf regelhafter Grundrissplanung beruhenden Formen, wie → *Straßendorf*, → *Angerdorf*, → *Wald-*, → *Marsch-* und → *Moorhufendorf*.

Dorfgebiet *village area*: in der deutschen → *Baunutzungsverordnung* Bezeichnung für eine Siedlungsfläche mit weitgehend ländlichem und/oder agrarwirtschaftlichem Charakter. D. sind nicht auf Gemeinden im → *ländlichen Raum* beschränkt, sondern können z. B. auch in eingemeindeten → *Vororten* von größeren Städten ausgewiesen sein.

Dorfinnenentwicklung *inner development of village*:s die aktuellen Programme zur → *Dorferneuerung* und → *Dorfentwicklung* unterscheiden in ihren Maßnahmen zwischen D. und → *Dorfaußenentwicklung* (v. a. Neubaugebiete). Die D. hat zum Ziel, die → *Dorfkerne* lebenswerter zu gestalten. Dies beinhaltet neben den klassischen Ansätzen der Dorferneuerung auch die Umsetzung neuer, aus dem demographischen Wandel heraus notwendig gewordenen Ideen wie z. B. Leerstandsmanagement, einzelne Abrissmaßnahmen oder Umsiedelungen innerhalb des Dorfes, um lebenswerte Wohnräume im Dorfinneren zu schaffen.

Dorfkern *village core*: meist ältester Teil eines gewachsenen → *Dorfes*. Dort finden sich i. d. R. die wenigen Gemeinbedarfseinrichtungen, wie Kirche, Rathaus, Schule oder Backhaus. Die alten D. bilden im dynamischen Stadt-Umland-Bereich der großen → *Verdichtungsräume* meist stagnierende Bereiche, deren demographischen Strukturen, sozialen Verhältnisse und Lebensweisen der Bevölkerung oft in großem Gegensatz zu den benachbarten neuen Wohnanlagen mit aus der → *Stadt* zugewanderten Bevölkerung stehen.

Dorfkonferenz *village conference*: eine Methode zur Initiierung von Prozessen zur → *Dorfentwicklung* unter Beteiligung der Bevölkerung eines Ortes oder auch einer Region (→ *Bürgermitwirkung*), z. B. zur Vorbereitung von Plänen für die → *Dorferneuerung*, zur Auswahl von Orten für die Aufnahme ins Dorferneuerungsprogramm oder zur Teilnahme am Wettbewerb „Unser Dorf hat Zukunft", zur Erarbeitung von Zukunftsperspektiven und eines Leitbildes, als Auftaktveranstaltung von → *Dorfmoderationen* oder der Aufstellung von Dorfentwicklungsplänen, → *SWOT-Analyse* innerhalb der Regionalentwicklung usw..

Dorfmoderation *mediation of village processes*: moderne Form der → *Dorferneuerung*, die unter starker Beteiligung der Dorfbewohner (→ *Bürgermitwirkung*) versucht, Perspektiven zur Lösung ökonomischer, sozialer und ökologischer Probleme für ein spezifisches → *Dorf* zu erarbeiten und die räumlich-kulturelle Vielfalt der Regionen zu stärken. Die D. soll zu einer intensiven Auseinandersetzung der Bürger mit ihrem Ort und im Ergebnis zu möglichst konkreten und umsetzbaren Handlungsansätzen führen. Dafür wird mit verschiedenen Methoden versucht, mit allen Bevölkerungsgruppen ins Gespräch zu kommen und Projekte zu erarbeiten.

Dorfsanierung *restoration of villages*: Maßnahmen zur Behebung baulicher und agrarstruktureller Missstände in ländlichen Siedlungen. Dazu zählt in erster Linie die Auflockerung der Bebauung durch Gehöftaussiedlung (→ *Aussiedlung*) sowie verschiedene Maßnahmen zur Neugestaltung der → *Dorfkerne* und -ränder (→ *Dorferneuerung*).

Dornbaumsavanne *thorn tree savannah*: v. a. von Akazien geprägter Landschaftstyp der → *Trockensavanne* in den wechselfeuchten → *Tropen* und → *Subtropen*, mit hohem Anteil an → *Pyrophyten*. Die D. ist regengrün mit 5–7 humiden Monaten (→ *Savannenklima*).

Dornbusch (Dorngehölz) *thorny scrub vegetation*: unscharfe Bezeichnung für verschiedene Vegetationstypen der Randtropen aus teils regen-, teils immergrünen dornigen Gehölzen, oft mit → *Sukkulenten* vergesellschaftet, etwa dem Typ der Sukkulenten- und → *Dornstrauchsavanne* des Sahel, südlich der Sahara, entsprechend (→ *Savanne*).

Dornbuschsteppe *thorn steppe*: von Dornbüschen unterschiedlicher Größe und in unterschiedlicher Dichte gekennzeichnete wechselfeuchte Trockengebiete außerhalb der Tropen, denen Bäume infolge Wassermangels (7–10 aride Monate) weitgehend fehlen, physiognomisch der tropischen Sukkulenten- und → *Dornstrauchsavanne* entsprechend.

Dornstrauchsavanne (Dornsavanne) *thorn savannah*: von Dornsträuchern unterschiedlicher Größe und Dichte beherrschte wechselfeucht-tropisches Gebiet. In der D. kommen infolge des sehr geringen Niederschlags von 200–700 mm bei ca. 7–10 ariden Monaten nur noch wenige Bäume vor, meist mit → *xeromorphen* Merkmalen. Die Bodenschicht wird von einer um 50 cm hohen regengrünen, aber sehr lichten bis lückigen Grasvegetation (ungleich dem geschlossenen Graswuchs in Feucht- und Trockensavannen) bestimmt (→ *Savanne*).

Dosis *dose*: 1. allgemein Konzentration eines Wirkstoffes (z. B. von Giften, → *Pestiziden*, Arzneien) oder die Intensität eines Organismen schädigenden Einflusses (z. B. → *radioaktive Strahlung*). Die „minimale D." ist die geringste D., die einen Organismus irreversibel schädigt. Die „→ *letale D.*" wirkt tödlich, sie wird als „LD" angegeben, d. h. als die D., bei der 50% der Individuen in einem Versuch abgetötet werden. Die „effektive D." (als „ED" ausgedrückt) bezeichnet die Konzentration oder Intensität, die bei Versuchstieren eine gewünschte oder erwartete Wirkung auslöst. 2. Sammelbezeichnung für verschiedene Dosisgrößen im Strahlungsbereich. Da-

zu gehören → *Energiedosis*, → *Ionendosis* und Äquivalentdosis. 3. D. als Messgröße zur Charakterisierung → *ionisierender Strahlung*, D. beschreibt die Strahlungsenergie, die bei der Wechselwirkung einer Strahlung mit Materie an diese abgegeben wird, wobei physikalische und biologische Wirkungen entstehen (→ *Dosisgrenzwerte*).
Dosisgrenzwerte dose limits: empirisch festgesetzte Werte im → *Strahlenschutz*, die das Maximum innerhalb eines bestimmten Zeitraums darstellen, das an → *ionisierender Strahlung* aufgenommen werden kann, ohne die Gesundheit eines Organismus zu gefährden. Die D. werden als → *Äquivalentdosis* definiert und auf ein Jahr bezogen. Bezugsbasis für die Anwendung von D. ist jene Personengruppe, die beruflich strahlenexponiert ist (→ *Berufslebensdosis*).
Double Begriff aus der Informatik, der für eine Gleitkommazahl steht. In → *Geographischen Informationssystemen* (z. B. → *ArcGIS*) dient D. als Datentyp, der zur Speicherung numerischer inhaltlicher → *Attribute* (bspw. in → *Shapefiles* und → *Feature Classes*) eingesetzt wird. D. kann per Definition eine höhere Genauigkeit erreichen als → *Float* (8 Byte anstatt 4 Byte).
Double Income No Kids → *DINK*.
Downtown downtown: in nordamerikanischen → *Städten* Bezeichnung für die → *City*. Innerhalb der D. bildet der → *Central Business District* das höchstzentrale Einkaufsgebiet. Daneben befinden sich in der D. u. a. Verwaltungs- und Dienstleistungsgebäude sowie Hotels.
DPI Akronym für „Dots per Inch". Maßeinheit zur Bestimmung der Detailgenauigkeit (Punktdichte) von → *Rasterdaten*. Dieses Punktdichtemaß wird bei der Herstellung von Printmedien, bspw. → *analoge Karten*, und in der Bildschirmwiedergabe angegeben.
Draa (Megadüne) draa: ausschließlich in den → *Ergs* vorkommende, von → *Dünen* (Wellenlänge zwischen 5 und 500 m) abgegrenzte größere Sandakkumulationen mit Wellenlängen von > 500 m, oft in der Gestalt aneinandergereihter Sandrücken bzw. -berge, auch den Längsdünen (→ *Longitudinaldüne*) zuzuordnen.
Drainage → *Dränung*.
Drän drain: eine im Boden verlegte, perforierte Rohrleitung zur Aufnahme und Ableitung überschüssigen → *Bodenwassers*.
Dränagewasser drainage water: → *Grund*- oder → *Sickerwasser*, das in Dränagerohren aufgenommen und dem → *Vorfluter* zugeführt wird (→ *Dränung*).
Drängewasser seep: (drainage) water: bei → *Hochwasser* durch Deichwände dringendes Wasser, auch als Kuverwasser bezeichnet. In → *Poldern* der Niederungen hochgedrücktes und zu Tage tretendes D. heißt Qualmwasser.
Dränung (Drainage) drainage: Entwässerung eines Bodenareals mithilfe eines unterirdisch verlegten Rohrsystems, eines Grabennetzes oder einer Unterbodenmelioration (z. B. Einbringen sickerfähiger Bodenschichten). Diese einzeln oder kombiniert eingesetzten Maßnahmen dienen der beschleunigten Ableitung von → *Sickerwasser*. Die D. verhindert Bodenvernässung und lässt den Boden schneller abtrocknen, wodurch günstigere Durchlüftungsverhältnisse und ein größerer nutzbarer Wurzelraum geschaffen werden.
Dränverfahren drainage methods: ermöglichen standortangepasste und auf die Nutzung bezogene → *Dränung*. Sie kann als 1. Grabendränung (Rohrverlegung auf einer geraden Sohle; anschließend Zuschüttung des Grabens), 2. grabenlose Dränung durch Verlegen von Rohren (durch Spezialmaschinen, ohne Gräben auszuheben) oder als 3. rohrlose Dränung („Maulwurfsdränung") durchgeführt werden. Alle haben das Ziel, den Boden zu durchlüften und seine Struktur zu verbessern, Bodenwasser und Nährstoffe besser auszunutzen sowie ein günstigeres Bodenmikroklima herzustellen.
Dreidimensionalität three-dimensionality: theoretischer Strukturraster der → *Landschaftskunde*, der sich sowohl klein- als auch großräumig auf den dreidimensionalen Landschaftsaufbau der Erde bezieht. Die D. ist ein Basispostulat der → *Erdwissenschaften*, der → *Geographie* sowie der → *Landschaftsökologie* und der → *Geoökologie*. Die → *Geoökosysteme* und → *Landschaftsökosysteme* weisen in allen Betrachtungsgrößenordnungen, von der → *topischen* bis zur → *geosphärischen* Dimension, dreidimensionale Gestalt auf. Dies gilt für den einzelnen → *Geoökotop* genau so wie für ein ganzes → *Hochgebirge*, bei der sich die D. in der → *Höhengliederung* besonders deutlich zeigt (→ *Höhenstufe*).
Dreiecksbucht triangular bay: dreieckige → *Stufenrandbucht*, die von einem tieferen Niveau in den Hang einer rückwärtigen → *Rumpfstufe* eingreift (→ *Schichtstufenlandschaft*).
Dreieckshang triangular slope: ein Steilhang, der durch episodische bzw. periodische fluviale Erosion, z. B. → *Grabenerosion*, in kleinere, dreieckige Abschnitte zerlegt wird.
Dreifelderfolge → *Dreifelderwirtschaft*.
Dreifelderwirtschaft (Dreifelderfolge) three-field system: seit der Karolingerzeit in weiten Teilen Europas verbreitetes → *Fruchtfolgesystem*. Bei der „alten D." („reine" D.) folgte auf zweijährigen Getreideanbau (Sommergetreide, Wintergetreide) ein Brachjahr. Es herrschte meist → *Flurzwang* mit Bindung des Anbaus an

die → *Zelgen*. Die Einführung neuer Feldfrüchte wie Kartoffeln, Klee und Luzerne führte vom 18. Jh. an zu einer zunehmenden Bebauung der bisherigen → *Brache* („verbesserte D.").

Dreikanter (Dreikantgehöft) *open-square farmstead*: → *Gehöfttyp*, bei der die Gebäude (Wohnhaus, Stall, Scheune) wie beim → *Dreiseithof* drei Seiten eines (gedachten) Vierecks einnehmen. Sie sind durch einen durchlaufenden, jedoch nicht zwingend gleich hohen First miteinander verbunden.

Dreikantgehöft → *Dreikanter*.

Dreimeilenzone *three mile zone, territorial waters*: vor der Küste liegendes, 3 Seemeilen (= 5556 m) ins Meer hinausreichendes → *Hoheitsgebiet* eines → *Staates*, jenseits dessen internationale Gewässer liegen. Die früher international anerkannte D. wurde in den letzten Jahren entsprechend den Regelungen des Seerechtsübereinkommens der UN von 1982 von vielen Staaten, auch von Deutschland, auf 12 Seemeilen vergrößert. Die USA halten an der D. fest, andere Staaten haben ihre → *Hoheitsgewässer* über 12 sm hinaus in das Meer vorgeschoben (→ *Zweihundertmeilenzone*).

Dreiseiter → *Dreiseithof*.

Dreiseithof (Dreiseiter) *integral open-square farm*: → *Gehöfttyp*, bei dem die Gebäude drei Seiten eines (gedachten) Vierecks einnehmen. Sind diese über einen durchlaufenden First miteinander verbunden, spricht man von einem → *Dreikanter*.

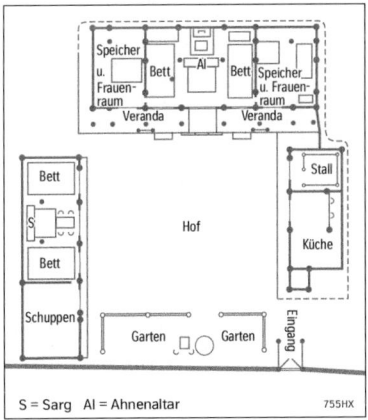

Dreiseithof

Dreistufentheorie *(three) stages of growth theory*: bis ins 20. Jh. herrschende Lehrmeinung zur Entwicklung der → *Agrarwirtschaft*. Demnach waren die Menschen im Paläolithikum Jäger, im Neolithikum Hirten und seit der Bronzezeit Ackerbauern. Die D. wurde u. a. bereits von A. v. Humboldt widerlegt. Nach modernerer Auffassung lassen sich bestenfalls folgende Stufen feststellen: Okkupieren (Aneignen), Exploitieren (Ausbeuten), Kultivieren (Durchführung von Bodenpflegemaßnahmen).

Dreizelgenbrachwirtschaft *crop rotation incorporating fallow*: → *Bodennutzungssystem* im → *Altsiedelland*. Die D. ist eine → *Dreifelderwirtschaft*, bei der jeweils eine → *Zelge* mehrere → *Gewanne* umfassen kann. Die Einteilung der Ackerfelder in Bezirke gleichartiger Frucht (Winterung, Sommerung, → *Brache*) schließt den → *Flurzwang* mit ein.

Drenthe Stadium *Drenthian: stade*: neben dem → *Warthe Stadium* bedeutendster Abschnitt der → *Saale-Kaltzeit*, der in das → *Amersfoorter Stadium* der Münsterländischen Endmoräne, das → *Osning Stadium* und das → *Rehburger Stadium* gegliedert wird.

Drieschwirtschaft *long crop rotation, including natural pasture*: regionale Bezeichnung für → *Feldgraswirtschaft*. Im Westen bzw. Südwesten Deutschlands galt das Drieschland als das zeitweise ruhende, zur Selbstberasung (→ *Weide*) sich überlassene → *Ackerland*.

Drift (seltener: Trift) *drift*: allgemein die gerichteten Bewegungen in bzw. mit dem Wasser oder in bzw. mit der Luft. 1. mehr oder weniger konstant in eine Richtung führende Bewegung von oberflächlichen → *Meeresströmungen* bzw. von Meereis. 2. die gerichtete Verteilung von sehr kleinen anorganischen und organischen Komponenten (→ *Detritus*) in Meeren, Fließgewässern und in der → *Troposphäre*. 3. bei der Kontinentalverschiebung die Bewegung der Kontinente bzw. nach der Theorie der Plattentektonik die Bewegung der Platten.

Driften *to drift, lateral spread*: seitliche Dehnung von kohäsivem Lockermaterial oder von Festgestein auf einem weichen Untergrund. Treten zusätzlich Vertikalbewegungen in Form von → *Setzungen* auf, bilden sich Zugrisse, so dass die bewegte Masse zerbricht.

Driften (driftende Massenbewegung) *drifting,: mass movement*: → *Massenbewegungen*.

Driftschnee (Triebschnee) *drift snow*: durch Windverfrachtung auf der windgeschützten Seite von Gebirgskämmen, in Mulden und in Nischen abgelagerter → *Schnee*. Diese Schneeverfrachtung führt zu großen Unterschieden der Schneedeckenmächtigkeit im Gelände. Beim plötzlichen Abtauen entstehen lokal starke Vernässungen oder es kann → *Erosion* auftreten (→ *Drift*).

Drifttheorie *drift theory*: 1. veraltete Erklärung für das Vorkommen eiszeitlicher, aus Skandinavien stammender → *Sedimente* im nordmitteleuropäischen Raum, die nicht vom Eis, sondern angeblich von im Meer schwimmenden Eisbergen transportiert worden sein sollten. 2. die Theorie der → *Kontinentalverschiebung* von A. Wegener für das Auseinanderrücken der → *Kontinente* (→ *Plattentektonik*).

Dritte industrielle Revolution → *Industrie 3.0*.

Dritte Säule *third pillar*: ein von Peter Weichhart geprägter Begriff für den Schnittbereich von Physio- und Humangeographie (als die beiden anderen Säulen), in dem v. a. Fragen der Gesellschaft-Mensch-Umwelt-Beziehungen (→ *gesellschaftliche Naturverhältnisse*) behandelt werden. Heute spricht man eher von → *Integrativer Geographie*.

Dritte Welt *Third World*: bezeichnet im populärwissenschaftlichen Sprachgebrauch zusammenfassend häufig → *Entwicklungsländer*, und geht aus der Einteilung in → *Erste Welt* (westliche Welt), → *Zweite Welt* (östliche Welt bzw. ehemalige sozialistische Staaten) und → *Dritte Welt* (südliche Welt) hervor. Ärmere Entwicklungsländer werden auch von der d.W. auch als → *Vierte Welt* unterschieden.

Dritter Raum → *Thirdspace*.

Drittes Italien *The third Italy*: Bezeichnung für Teile Mittelitaliens (Toskana, Emilia-Romagna und Venetien), wo sich seit den 1970er-Jahren eine vom altindustrialisierten Nordwesten und dem peripheren Süden Italiens (Mezzogiorno) abweichende → *Wirtschaftsstruktur* in kleinräumig abgegrenzten → *Industriedistrikten* entwickelt hat. Diese ist durch eine flexible Produktionsorganisation von spezialisierten kooperierenden → *Kleinen und Mittleren Unternehmen* (KMU) gekennzeichnet, die sich als relativ unempfindlich gegenüber externen Einflüssen erwiesen hat. Typische Branchen des D. I. sind u. a. Lederwaren, Schuhe, Keramik, Holzmöbel.

drive-in store nordamerikanischer Begriff für einen autokundenorientierten Einzelhandels-, Dienstleistungs- (z. B. Bank) oder gastronomischen Betrieb (Drive-in-Restaurant). Die bestellte Ware wird dem im Auto sitzenden Kunden vom Personal gebracht. D.-i.-s. finden sich v. a. an Hauptdurchgangsstraßen von → *Großstädten*.

Drohne *drone*: unbemanntes Luftfahrzeug (UAV), das für kommerzielle und militärische Zwecke ferngesteuert eingesetzt werden kann. D. werden auch in der → *Fernerkundung* zur Erfassung von → *Geodaten* eingesetzt.

Drubbel *hamlet*: kleine Gruppensiedlung (→ *ländliche Siedlung*) von 3–15 Höfen am Rande von Altackerland (→ *Esch*). Der D. wird auch als Eschdorf bezeichnet. Verbreitungsgebiet des D. ist v. a. Nordwestdeutschland.

Druckentlastungskluft *decompression crack*: → *Kluft*, die mehr oder weniger parallel zur Erdoberfläche streicht. D. entstehen durch Abräumen des hangenden oder seitlich befindlichen Gesteins, wobei zunächst abwärts gerichtete Zugbewegungen auftreten, deren Folge hangparallele Risse und Klüfte sind. Sie führen zur Bildung von → *Dombergen* und → *Felspanzerschalen*.

Druckfläche *pressure surface*: das atmosphärische Druckfeld eines bestimmten → *Luftdrucks*. In der synoptischen → *Meteorologie* ist die Darstellung der 500 hPa (Hektopascal)-D. gebräuchlich. Die D. hat eine unregelmäßig durch Wölbungen und Mulden gegliederte Gestalt, weil in Gebieten auf- bzw. absteigender Luftbewegungen die einzelnen Luftdruckschichten steigen bzw. sinken. Die Form einer D. lässt also die aktuellen Strömungsverhältnisse und ihre unmittelbare Weiterentwicklung unabhängig von Bodeneinflüssen erkennen.

Druckgebilde *pressure shape*: die aus der atmosphärischen Druckverteilung erkennbaren, zusammenhängenden Luftmassenräume mit deutlich hohem oder tiefem → *Luftdruck* (→ *Hochdruckgebiet*, → *Tiefdruckgebiet*).

Druckkluft *compressed cleft*: häufige Form einer → *Kluft*, die parallel zur Streckung des Gesteins oder zur Faltenachse verläuft und senkrecht zur Druckrichtung steht, woher sich auch der Begriff D. ableitet.

Druckröhrenreaktor *pressure tube reactor*: Reaktor, bei dem sich die → *Brennelemente* innerhalb zahlreicher Röhren befinden, in denen ein unter hohem Druck stehendes Kühlmittel zirkuliert. Die Röhren sind von einem Tank umgeben, der unter niederem Druck steht.

Druckschmelztemperatur *pressure melting point*: die durch Auflagedruck überlagernder Massen erniedrigte Schmelztemperatur von → *Eis*.

Druckspannung (Normalspannung) *compressional stress, compressive stress, normal stress*: rechtwinklig nach unten gerichtete Spannung, die der Bewegung von Massen an geneigten Flächen entgegenwirkt (→ *gravitative Massenbewegung*). Da ein Gutteil der → *Erdoberfläche* aus → *Hängen* besteht, ist die Wirkung der → *Schwerkraft* auf die auf dem Hang auflastenden Massen eine Funktion der → *Hangneigung*. Die gravitative Massenbewegung findet meist parallel zum Hang statt, sodass die vertikal nach unten gerichtete Fallbeschleunigung in zwei Vektoren unterteilt werden kann: einmal die rechtwinklig zur Hangfläche nach unten gerichtete D., die sich aus der Multiplikation der Fallbeschleu-

nigung mit dem Cosinus der Hangneigung ergibt und somit umso kleiner wird, je größer die Hangneigung ist. Die D. wirkt also der Abscherung (Bewegung) des Materials entgegen. Der hangparallele Vektor ist die → *Scherspannung*, die umso größer wird, je steiler der Hang ist. Sind Scherspannung und Druckspannung gleich groß, ist die sogenannte → *Grenzscherspannung* ereicht und das Material beginnt, sich zu bewegen (→ *Coulombsches Gesetz*).
Druckwasserreaktor *pressurized water reactor*: Typ eines → *Leichtwasserreaktors*, bei dem der Reaktorkern unter hohem Druck gekühlt wird. Das Kühlwasser gibt in einem Dampferzeuger seine Wärme an den Sekundärkreislauf ab. Der D. ist der gegenwärtig meist eingesetzte Leistungsreaktor und gilt unter den Reaktoren, die mit angereichertem → *Kernbrennstoff* arbeiten, als relativ sicher. Der geschlossene Reaktorkühlkreislauf (Primärkreislauf) ist klar vom Speisewasser-Dampf-Kreislauf (Sekundärkreislauf) getrennt. Dieser bleibt daher von radioaktiven Stoffen frei.

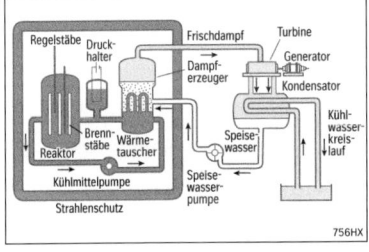

Druckwasserreaktor

drugstore in Nordamerika üblicher Typ eines Geschäfts im → *Einzelhandel*, das neben einer Apotheke auch Drogeriewaren sowie Süßwaren, Schreibwaren, Bücher und Zeitungen, Spielwaren u. ä. führt und das oft auch Imbisse und Getränke anbietet.
Drumlin *drumlin*: stromlinienförmiger Sedimentkörper aus aufgepresstem Material der → *Grundmoräne* in ehemals vergletscherten Gebieten. Kommen oft vergesellschaftet als sog. Drumlinschwärme vor. Das ungefähre Längen-Breiten-Verhältnis beträgt meist etwa 2:1, bei einer Länge von oft mehreren hundert Metern, seltener auch bis über zwei Kilometern. Die Hügellängsachse liegt in Stoßrichtung des Eises. Das Vorderende des D. ist flach, das Hinterende jedoch steil geneigt.
Drumlinlandschaft *drumlin landscape*: Gebiet mit zahlreichen → *Drumlins*, deren massenhaftes Auftreten zur Herausbildung eines hügligen Kuppenreliefs mit Drumlinreihen und -schwärmen führt, wobei die Drumlins meist zueinander versetzt angeordnet sind.
Druse *druse*: → *Geode*.
Dryaszeit (Tundrenzeit) *Dryas*: subarktischkalte Klimaphase im → *Spätglazial* der → *Weichsel-Kaltzeit* bzw. → *Würm-Kaltzeit*, in eine älteste (13 850-13 720 J. v. h.), gefolgt vom → *Bölling-Interstadial*, eine ältere (13 590-13 400 J. v. h., gefolgt vom → *Alleröd*) und eine jüngere D. (12 730 - ca. 11 500 J. v. h., gefolgt vom Holozän) untergliedert. Allerdings gibt es unterschiedliche Zeitangaben für Beginn und Ende der einzelnen → *Stadiale* und → *Interstadiale*. Während der D. auch Besiedlung Nordamerikas aufgrund des abgesenkten Meeresspiegels. Während der D. herrschte eine baumlose Tundra (zunächst nur als Kräuterstruppe mit Gräsern, Wermut und Wachholder = Älteste D.; später lichte Wälder und Steppenheide mit Kiefer, Wachholder und Ericaceen = Jüngere D.) und leitete so, u. a. mit Dryas octopetla, die nacheiszeitliche Ausbreitung der Vegetation in Mitteleuropa ein.
Dryfarming (Trockenfarmen): → *Anbaumethode* in niederschlagsarmen Gebieten (→ *Trockengrenze*). Wegen des zu geringen jährlichen Niederschlags wird das Niederschlagswasser durch Bearbeitung des Bodens, ohne dass jedoch Anbau erfolgt, meist mehrere Jahre im Boden angereichert. Zur Vorbereitung der ein- bis mehrjährigen → *Brache* („Wasserbrache") wird mit dem Ziel der besseren Wasseraufnahmefähigkeit der Boden umgepflügt. Mit Eggen zerstört man nach dem Niederschlag die intakten Bodenkapillaren, um die Verdunstung zu mindern. Das anschließende Walzen des Feldes soll → *Erosion*, z B. durch Wind (→ *Windabtragung*), verhindern.
Dschungel *jungle*: umgangssprachliche Bezeichnung für undurchdringliche immerfeuchte Subtropen- und Tropenwälder, v. a. in Südasien.
Dschunke *junk*: chinesisches Segelschiff für Fluss- und → *Küstenschifffahrt*. D. sind flach gebaut und haben eine Tragfähigkeit bis etwa 500 t.
DSD → *Duales System Deutschland*.
duale Abfallwirtschaft *dual refuse separation*: mit dem Inkrafttreten der Verpackungsverordnung (→ *Verordnung über die Vermeidung von Verpackungsabfällen*) herbeigeführte → *Hausmüll*entsorgung. Die Erfassung und Verwertung von gebrauchten Verpackungen erfolgt durch die private Wirtschaft. Die Verpflichtung zur Entsorgung des Restmülls verbleibt hingegen bei den Gebietskörperschaften (i. a. Landkreise und kreisfreie Städte).
Duales System Deutschland (DSD) *Recycling Society*: Gesellschaft für Abfallvermei-

dung und Sekundärrohstoffgewinnung mbH (DSD). Eine Gesellschaft, deren Eigentümer Unternehmen aus den Bereichen Handel, Konsumgüter- und Verpackungsindustrie sowie der Entsorgungswirtschaft sind. Die DSD GmbH ist Trägerin des privatwirtschaftlichen Zweiges der → *dualen Abfallwirtschaft*. Ihre Aufgaben im Einzelnen sind die Vergabe der Kennzeichnung (→ *Grüner Punkt*) der in das System einbezogenen Verpackungen und die damit verbundene Abrechnung der für die Finanzierung des Systems erforderlichen Mittel. Daneben ist die DSD GmbH für die Organisation von Erfassung und Verwertung der ausgedienten Packmittel sowie für die Öffentlichkeitsarbeit der Gesellschaft zuständig.

Dualismus *dualism*: in der Philosophie Theorien, Lehren oder Überzeugungen, die von der Existenz und Notwendigkeit zweier unterscheidbarer Grundelemente ausgehen, die sich in einem Spannungsfeld oder auch im Gegensatz zu einander befinden. In der Geographie spielen u.a. die D. Natur/Kultur, System/Umwelt, Mensch/Umwelt oder Gesellschaft/Umwelt eine Rolle.

dualistische Struktur *dualistic structure*: durch Gegensätzlichkeit gekennzeichnete wirtschaftliche und gesellschaftliche Struktur in Ländern der sog. → *Dritten Welt*. Sie bildet sich durch die häufig anzutreffende Polarität zwischen zwei deutlich voneinander zu unterscheidenden Wirtschaftsbereichen. Der eine Sektor ist ein moderner marktwirtschaftlicher und in den Weltmarkt einbezogener, der andere ein traditioneller und damit vermeintlich oder tatsächlich wirtschaftlich rückständiger Sektor.

Dumping *dumping*: Verkauf von Waren zu Preisen, die unter den Produktionskosten liegen. Ziel ist meistens die Verdrängung der → *Konkurrenz*. Im internationalen Rahmen wird das D. erleichtert durch staatliche → *Subventionen* (z.B. EU-Agrarpolitik). Zu beachten sind auch → *Sozial-* und Umwelt- bzw. → *Ökodumping*.

Düne *dune, drift hill*: durch → *äolische Akkumulation* geschaffene Feinsedimentablagerung, v.a. in der Korngröße → *Sand*. Die ganz unterschiedlichen Formen der D. hängen in erster Linie vom Wind (Stärke, Richtung, Richtungswechsel, zeitliche Auflösung der Richtungswechsel) ab. Materialart und -zulieferung sowie Untergrundbeschaffenheit (rau – glatt, trocken – feucht), Vegetationsbedeckung der Umgebung und Struktur des Mikro- und Mesogereliefs sind weitere Regler. Die D. treten bzw. traten in Gebieten des → *Periglazials* sowie in allen → *rezenten* und → *vorzeitlichen* Trockenklimaten auf, wo Lockersedimente (→ *äolische Fazies*) für den Windtransport bereitstanden, aber auch an Küsten, wo der Meeressand des Strandes Material liefert. D. werden nach Grund- und Aufrisstyp unterschieden sowie nach vorzeitlicher und rezenter bzw. aktueller Entstehung (→ *Barchan*, → *Draa*, → *Küstendüne*, → *Longitudinaldüne*, → *Parabeldüne*, → *Sterndüne*, → *Transversaldüne*).

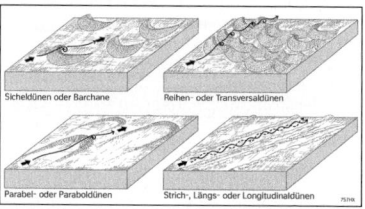

Dünenformen

Dünengasse → *Dünental*.

Dünengestein *dune rock*: verfestigter Sand von → *Dünen* infolge des häufigen Wechsels von Durchfeuchtung und Austrocknung (→ *Äolianit*).

Dünenkette *dune ridge, dune range*: beschreibender Begriff für kettenförmige Anordnungen verschiedener Einzelformen von → *Dünen*. Die D. können von verschiedenen Dünentypen gebildet werden (z.B. → *Barchan*, → *Longitudinaldüne*, → *Parabeldüne*).

Dünenkliff *dune cliff*: durch → *Brandungserosion* geschaffenes → *Kliff* in Sedimenten von → *Küstendünen* (→ *Düne*).

Dünental *dune valley, dune passage, dune slack*: lang gestreckte → *Hohlform* zwischen zwei → *Dünen* bzw. zwischen zwei *Dünenketten*. Die D. sind Auswehungsformen und nicht mit einem → *fluvial* geschaffenen Tal zu verwechseln.

Dünenwall *dune wall, dune dam*: lang gestreckte, kompakte und daher wallförmige → *Düne* unterschiedlicher Höhe.

Düngemittel → *Dünger*.

Dünger (Düngemittel) *fertilizer, manure*: Substanzen, die für die → *Düngung* der → *Kulturpflanzen* eingesetzt werden, um das Wachstum zu fördern und die Erträge zu steigern bzw. die Qualität der Produkte zu verbessern. D. wird klassifiziert nach Art der chemischen Verbindung und Anzahl der → *Nährelemente*, nach Entstehung, nach Herkunftsbereich oder nach Wirkung.

Düngung *fertilization*: die Zufuhr von → *Nährstoffen* (→ *Dünger*) in den Boden, auf direktem Weg oder in Wasser gelöst, um das Pflanzenwachstum zu fördern. D. soll das Pflanzenwachstum fördern und die landwirtschaftlichen Erträge steigern. Verwendet werden → *Naturdünger* (anorganisch oder organisch) und Kunstdünger (meist anor-

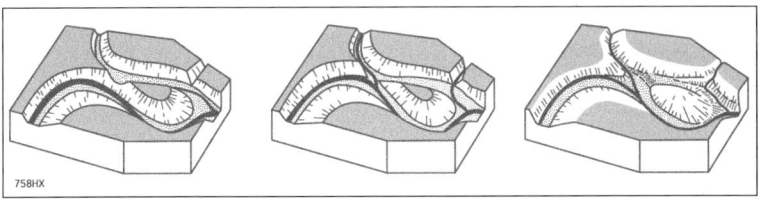
Durchbruchsberg

ganisch) (→ *Bodenfruchtbarkeit*, → *Eutrophierung*, → *Nährstoffe*, → *Nährstoffhaushalt*).

Dünkirchen-Transgression *Dünkirchen transgression*: neben der Calais-Transgression (mit schnellem Meeresspiegelanstieg bis 2000 v. Chr.) zweiter Teil der → *Flandrischen Transgression*. Die D. T. ist relativ schwach und setzt sich vermutlich bis in die Gegenwart hinein fort und bedingt das permanente Ansteigen des Meeresspiegels mit. Ursachen sind die Klimaentwicklung des → *Postglazials* und die globale → *Klimaänderung* der Jetztzeit. Die D. T. begann etwa 2000 v. Chr., verlief langsam und lieferte weitverbreitete Sedimente am Nordseeboden und in den → *Marschen* (→ *Meeresspiegelschwankungen*).

Dunne'scher Oberflächenabfluss (Sättigungsabfluss) *Dunne overland flow*: flächenhaft abfließendes Niederschlags- und/oder Schmelzwasser am Hang, das nicht mehr in den Boden infiltrieren kann, da dieser komplett wassergesättigt ist, d. h. der gesamte Porenraum (→ *Porenvolumen*) ist mit Wasser gefüllt. Im Gegensatz zum → *Horton'schen Oberflächenabfluss*, bei dem zwar noch Infiltration stattfindet, diese jedoch vom nachgelieferten Wasser überstiegen wird, findet beim Dunne'schen Oberflächenabfluss keine Infiltration mehr statt. (→ *Oberflächenabfluss*).

Dunst *exhalation, haze, fume, mist*: Trübung der → *Atmosphäre* durch → *Wasserdampf* und feinste Partikel (→ *Aerosol*). D. bildet sich bevorzugt bei windruhigen Inversionswetterlagen (→ *Inversion*) mit gestörtem oder unterbrochenem vertikalen Luftaustausch und bei starker sommerlicher Erhitzung mit intensiver → *Verdunstung*.

Dunstglocke *layer of smog, pall of smog*: als Phänomen des → *Stadtklimas* ein glockenoder domartiges Gebilde über Siedlungsballungen, das sich als Folge der Erhitzung von Siedlungsflächen und der starken → *Staub*- und → *Rauch*emissionen bei hoher → *Luftfeuchte* und windschwachen → *Wetterlagen* bildet, oft tagelang anhält und als sog. → *Smog* in Erscheinung tritt. Die Stabilität der D. wird durch → *Inversionswetterlagen* begünstigt.

Dünung *[ground]swell*: langwellige, flache Wellenbewegung der → *Meere*, welche unabhängig vom Windeinfluss verläuft. D. kann durch → *Seebeben* verursacht werden oder bildet weiträumige Ausläufer der Wellen abgeflauter Stürme und Winde.

Durchbruchsberg *transverse mountain*: Einzelberg im Bereich flachlagernder Sedimentgesteine und Ausdruck der → *Fluvialgeomorphodynamik*. Im Unterschied zum → *Umlaufberg* entsteht der D. infolge Durchbruchs eines Nebenflusses zum Hauptfluss, wobei ein Bergsporn abgegliedert wird.

Durchbruchstal *transverse valley, water gap*: quer zum Streichen der Gesteine bzw. von → *Vollformen*, die durchbrochen werden, verlaufendes → *Tal*. Die wichtigsten D. sind antezedent (→ *antezedentes Tal*) und → *epigenetisch* entstanden.

Durchfluss → *Abfluss*.

Durchflussganglinie (Abflussganglinie) *hydrograph*: Beschreibung des Verlaufs des → *Abflusses* eines bestimmten Niederschlagsereignisses oder einer Niederschlagsfolge im → *Einzugsgebiet*. Die D. zeigt die abfließende Wassermenge pro Zeiteinheit (m³/s) zu jedem Zeitpunkt.

Durchflusskoeffizient (Abflussbeiwert, Abflussfaktor, Abflusskoeffizient) *drainage ratio, runoff coefficient*: Verhältniszahl von → *Abfluss* und → *Niederschlag* (A/N), die als Dezimalbruch oder in Prozent angegeben wird. Der damit charakterisierte Abflussanteil wird v. a. von der Verdunstungsmenge, der Niederschlagssumme und -verteilung sowie den → *Speichereigenschaften* des → *Oberflächennahen Untergrundes* bestimmt.

Durchforstung *thinning*: planmäßige Entnahme von Bäumen aus geschlossenen Waldbeständen, ohne die → *Bestandsstruktur* aufzulösen. Die Wirkung der D. hängt von Konzeption, Turnus und Art des Holzanbaus ab. Die D. bewirkt eine Veränderung der standortökologischen Bedingungen und gestaltet somit maßgeblich das → *Ökosystem* eines → *Forstes*.

Durchgangshafen *transit: port*: → *Hafen*, dessen Hauptfunktion die Abfertigung und Versorgung von Gütern und Schiffen im → *Transitverkehr* ist. D. liegen insbesondere an Kanälen oder Meerengen oder auf Inseln.

Durchgangsraum *transit region*: Raum mit intensivem → *Durchgangsverkehr*. D. entwickeln sich aufgrund ihrer Lage zwischen sich ergänzenden Wirtschaftsräumen mit regem Handelsaustausch und/oder ihrer natürlichen Lage und Ausstattung, durch die der Verkehr gebündelt wird (z. B. Passregion, Land- oder Meerenge).

Durchgangsverkehr *through traffic, transit traffic*: Personen- oder Güterverkehr, der ein → *Land*, eine → *Stadt*, einen → *Hafen*, Flughafen usw. auf dem Weg zwischen Ursprungsgebiet und Zielgebiet passiert. Der D. nimmt z. T. Beförderungsleistungen, Umsteige- und Verladeeinrichtungen usw. in Anspruch. Im internationalen D. spricht man von → *Transitverkehr*.

Durchgrünung *urban greening*: die Ausstattung stark überbauter Areale mit Grünflächen und Parkanlagen zur Verbesserung des → *Stadtklimas* bzw. Mikroklimas sowie zur Steigerung des innerstädtischen Erholungswertes. Elemente der D. sind im stadtrandnahen Bereich aber auch landwirtschaftliche Nutzungsflächen, Wälder, Weiden und Flussauen.

Durchlässigkeitsbeiwert (kf-Wert) *permeability coefficient*: gesteinsspezifische Konstante, welche die Wasserleitfähigkeit (hydraulische Leitfähigkeit) eines → *Lockergesteins* angibt. Der D. ist Bestandteil der → *Darcy-Gleichung*. Durchlässigkeitsbeiwerte in m/s: – reiner Kies 10^{-1} bis 10^{-2} – grobkörniger Sand 10^{-3} – mittelkörniger Sand 10^{-3} bis 10^{-4} – feinkörniger Sand 10^{-4} bis 10^{-5} – schluffiger Sand 10^{-5} bis 10^{-7} – toniger Schluff 10^{-6} bis 10^{-9} – Ton $<10^{-9}$

Durchlaufwirtschaft → *Input-Output-Wirtschaft*.

Durchlüftung *aeration*: durch abfließende → *Kaltluft* und → *Wind* bewirkte Lufterneuerung und -durchmischung in → *Becken*, → *Tälern* und geschlossenen → *Siedlungen*, besonders in → *Städten*. Die D. ist damit wesentlich für den Zustand der → *Luft* als Faktor des → *Stadtklimas*. Sie trägt zur Auflösung von → *Kaltluftseen* am Ende von → *Inversionswetterlagen* bei (→ *Inversion*, → *Stadtökologie*).

Durchlüftungszahl → *Luftzahl*.

Durchschlämmung *lessivation*: → *Lessivierung*, → *Tonverlagerung*.

durchschnittliche Aufenthaltsdauer *average length of stay*: Kennzahl in der → *Tourismusstatistik*, die sich als Quotient aus der Zahl der → *Gästeübernachtungen* und der → *Gästeankünfte* ergibt. Sie wird in der → *Tourismusgeographie* häufig verwendet, um → *Tourismusgemeinden* nach der Art des → *Tourismus* zu klassifizieren.

durchschnittliche Lebensdauer → *Lebenserwartung*.

Durchschnittsalter *mean age*: → *arithmetisches Mittel* des Alters aller Mitglieder einer → *Bevölkerung* zu einem bestimmten Zeitpunkt. Ein Anstieg des D. ist Ausdruck der → *Alterung* einer Bevölkerung, wie sie für vom → *demographischen Wandel* betroffene Räume typisch ist (→ *Medianalter*).

Durchtränkungsfließen (Übersättigungsfließen) *saturation flow*: Vorgang des → *Bodenfließens* v. a. schluff- und tonreicher Substrate, deren Kohäsion bei starker Durchfeuchtung so stark herabgesetzt ist, dass die Fließgrenze überschritten wird und sich das → *Substrat* als → *Suspension* bewegt. D. kann auch unter Frostbedingungen erfolgen, sodass es sich um einen Prozess der → *Solifluktion* handelt.

Durchwanderung → *Permigration*.

Durisilva: → *Hartlaubwald*.

Durisols *Durisols*: in der → *WRB* (2014) stark verwitterte Böden mit einer harten Lage oder Knollen aus sekundärem Siliciumdioxid. Ausgangsmaterialien sind silikatreiche Materialien beliebiger → *Bodenart*. D. kommen in ariden, semi-ariden und mediterranen Regionen vor und werden vorwiegend für extensive → *Beweidung* genutzt. Ohne Vegetation besteht die Gefahr der → *Erosion* bis zur widerstandsfähigen Siliciumdioxid-Lage. Für weitere Nutzung muss diese zunächst aufgebrochen werden.

Dürre *drought*: Trockenperiode. Bei allenfalls extrem geringem → *Niederschlag* und gleichzeitig hohen → *Temperaturen* mit der Folge starker → *Verdunstung* stellen sich bei Tier, Mensch und Pflanze Wassermangelerscheinungen ein. Die D. ist eine Zeit hoher Defizite der → *klimatischen Wasserbilanz*. Ihre Auswirkungen auf die → *Vegetation* hängen v. a. davon ab, wie lange ein → *Boden* aus seinem Vorrat Wasser zum Ausgleich des Niederschlagsmangels nachliefern kann. Die Erscheinungen der D. sind also nicht nur klimatischer, sondern auch landschaftshaushaltlicher Natur.

Dürregefährdung *drought danger*: die Gefährdung von Pflanzen durch Austrocknung infolge Niederschlagsmangels, extremer Einstrahlung, hoher Bodentemperaturen oder edaphisch bedingter Standorttrockenheit.

Dürrehärte → *Dürreresistenz*.

Dürreresistenz (Dürrehärte, Trockenresistenz) *drought resistance*: Fähigkeit von Pflanzen oder Tieren zum Ertragen und Überdauern von Perioden mit → *Dürre*. D. drückt sich auch in morphologisch-anatomischen Merkmalen der Organismen aus. Obwohl sie artspezifisch und vererbbar ist, kann D. auch durch veränderte Umweltbedingungen beeinflusst werden. Morphologische Merkmale bei Pflanzen sind wasserspeichernde Gewebe (→ *Sukkulente*) sowie die Ausbildung von Verdunstungsschutzeinrichtungen, wie Bedornung, Wachsüberzug der Blätter, Fiederlaubigkeit, Kleinblättrigkeit, Behaarung usw. (→ *Xeromorphe*). Eine weitere Anpassungsstrategie ist die Austrocknungstoleranz → *poikilohydrer* Pflanzen.

Dürreschaden *drought damage*: durch Boden-, Luft- oder → *Frosttrocknis* sowie Windwirkung bei Pflanzen auftretende Wassermangelerscheinungen, die zu reversiblen und irreversiblen Schäden führen.

Düseneffekt *jet effect*: Beschleunigung von bodennahen Luftströmungen an Geländeengstellen wie Talausgängen, Passübergängen, Waldschneisen sowie in Straßenzügen dicht bebauter → *Großstädte*.

Dust-Bowl-Syndrom *dust bowl syndrome*: eines der Syndrome Globalen Wandels (→ *Syndromansatz*), die vom Wissenschaftlichen Beirat der Bundesregierung Globale Umweltveränderungen (→ *WBGU*) 1996 entwickelt wurden. Das D.-B.-S. kennzeichnet die nicht-nachhaltige Bewirtschaftung von → *Böden* und Gewässern.

DUX → *Deutscher Umweltindex*.

Dwog *buried soil horizon in marshes*: fossiler Horizont in → *Marschböden*: mit teilweise hohem Humusgehalt. D. bildete sich während früherer Stillstände der Marschsedimentation aus der aufkommenden Vegetations- und Humusdecke und wurde bei der folgenden Transgression durch Neusedimentation zugedeckt und verdichtet (Marsch).

Dwogmarsch *Gleysol*: in der deutschen Bodensystematik (→ *KA5*) ein Boden im Gezeitenbereich aus überwiegend carbonatfreiem Gezeitensediment. D. weisen in der Regel einen humosen, fossilen Horizont (→ *Dwog*) auf.

dwt → *deadweight tonnage*.

Dy (Braunschlammboden, Torfschlamm) *Dy*: in der → *deutschen Bodensystematik* (→ *KA5*) ein subhydrischer Boden am Grund von Gewässern (→ *Unterwasserböden*). D. weisen einen mit dunkelbraunen → *Huminstoffen* angereicherten Horizont (Braunschlamm) auf. Sie sind meist nährstoffarm und schlecht durchlüftet.

Dyas *Permian*: ältere Bezeichnung für die letzte Formation des → *Paläozoikums*, des → *Perm*. Der Name bezieht sich auf die Zweiteilung der D. im Bereich des Germanischen Beckens, wo das → *Rotliegende* und der → *Zechstein* ausgebildet wurden.

dynamisches Gleichgewicht (Fließgleichgewicht) *dynamic balance*: Zustand eines → *Systems*, in welchem trotz fortwährender Wechsel der aufbauenden Stoffe und Energien, der Systemzustand erhalten bleibt.

dynamisches System *dynamic system*: ein System, das einer dauernden Wandlung unterliegt. Zum d. S. gehören Regulationsmechanismen, die ein von außen gestörtes → *dynamisches Gleichgewicht* wieder herstellen.

dystroph *dystrophic*: bezeichnet die Nährstoffarmut (→ *Nährstoffe*) von Gewässern und nährstoffarmen → *Mooren*. Das Wasser ist braunhumos, humushaltig und kalkarm, bei i. d. R. niedriger → *Primärproduktion*.

E

easterly wave Wellenstörung in den → *inneren Tropen*, die sich in Form lang gestreckter Luftdruckwellen mit trog- und keilförmigen Ausbuchtungen in den Niveaus zwischen 2000–5000 m ausbildet. Ihre Entstehung hängt mit der → *baroklinen* → *Schichtung* polwärts der Zone stärkster Erwärmung bzw. mit außertropischen weit zum → *Äquator* verfrachteten Kaltlufttrögen zusammen. E. w. werden in der Höhe vom → *Passat* durchweht, wodurch an der Vorderseite Divergenz mit Aufströmung und starken → *Quellwolken* entsteht. Die e. w. bilden jedoch keine geschlossene Schlechtwetterfront, sondern zeichnen sich mehr durch kurze Gewitterschauer aus.

Ebbe *ebb, low tide*: die Phase des zurückweichenden Wasserstandes im Gezeitenrhythmus der Meere (→ *Flut*, → *Gezeiten*).

Ebene *plain*: → *Flachform* meist größerer horizontaler Ausdehnung mit geringen vertikalen Reliefunterschieden. Nach den Formungsprozessen werden unterschieden → *Aufschüttungs-* und → *Abtragungsebenen*, nach der Höhenlage → *Hoch-* und → *Tiefebenen*.

Ebenfeldbau *flat bed cultivation*: Feldbau auf → *Flachbeeten* (→ *Hochbeet*, → *Hügelbeet*).

Eburon-Kaltzeit *Eburonian, Eburonian stage*: nach der → *Brüggen-Kaltzeit* die zweite → *Kaltzeit* des → *Quartärs* und zugleich Beginn des mittleren Quartärs, in dem noch keine Vereisung herrschte, aber durch → *Klimaänderung* Verhältnisse von Kaltzeiten deutlicher wurden. Alpines Äquivalent zur E.-K. ist die → *Donau-Kaltzeit*. Sie dauerte von ca. 1,7 Mio. J.v.h bis 1,4 Mio J.v.h..

EC → *EG*.

echte Faltung *folding, flexing*: Verbiegungen und Verschiebungen von/in Gesteinen, bei denen unter Einwirkung der → *Tektonik*, in der Regel im Zusammenhang mit → *Gebirgsbildung*, → *Falten* entstehen (→ *Faltung*).

Echtfarbenbild *true colour image*: Bild, das - im Gegesatz zu → *Falschfarbenbildern* - in den gleichen Farben (Spektralbereichen) wiedergegeben wird, mit denen es ursprünglich aufgenommen wurde. Dadurch wird der Farbeindruck simuliert, den ein gesundes menschliches Auge wahrnehmen würde. In der → *Fernerkundung* ermöglichen E. eine schnelle optische Auswertung zu erfassten Raumausschnitten der → *Erdoberfläche*. → *Luft-* und → *Satellitenbilder*, die in den Nachrichten und anderen Medien eingesetzt werden, sind meist Echtfarbdarstellungen.

Ecofarming *eco-farming*: soziokulturell und ökologisch an den → *Standort* angepasste Form des tropischen → *Landbaus*. E. orientiert sich an traditionellen → *Anbaumethoden* und Kulturen und ist kleinbäuerlich organisiert. E. verzichtet zugunsten organischer Methoden weitgehend auf zugekaufte Produktionsmittel (low-external-input-Strategie). Ziel ist die nachhaltige Steigerung der Bodenproduktivität. Als typisch gilt der waldähnliche Anbau von → *Kulturpflanzen* (→ *Mischkultur*, → *Agroforestry*, → *Nachhaltigkeit*).

E-Commerce (Teleshopping, Onlinehandel) *e-commerce*: Form des → *Versandhandels*, bei dem der Kauf von → *Gütern* oder → *Dienstleistungen* mithilfe interaktiver Medien (z.B. Internet oder Smartphone) erfolgt. Die zunehmende Nutzung stellt eine wachsende Konkurrenz für den stationären → *Einzelhandel* dar und kann u.U. zu einem Bedeutungsverlust → *Zentraler Orte* führen.

Economies of Scale Skalen- bzw. Größenvorteile bei der → *Produktion* durch wachsende → *Betriebsgrößen* oder zunehmende → *Massenproduktion*, welche die Durchschnittskosten senken (Fixkostendegression). Begründet sind diese Vorteile durch produktivitätssteigernde Spezialisierung, Lernprozesse (zunehmende Erfahrung) oder Kapazitätsgrößenvorteile. Unteilbare Anlagen werden besser genutzt, oder → *Produktionsfaktoren* können billiger beschafft werden (→ *Economies of Scope*).

Economies of Scope (Verbundvorteile) Synergieeffekte, die durch eine gemeinsame, im Vergleich zu einer voneinander isolierten Betreuung von z.B. Produkten oder Marktsegmenten entstehen. Möglichkeiten für E. o. S. können bei sich ähnelnden oder überschneidenden Produkten realisiert werden, wie z.B. durch die Nutzung eines gemeinsamen Vertriebs oder vergleichbarer → *Produktionsprozesse* (höhere Auslastung Maschinen; → *Economies of Scale*).

edaphisch *edaphic*: sich auf den → *Boden* beziehend bzw. im Boden lebend (→ *Edaphon*).

Edaphon (Bodenorganismen) *edaphon, soil organism*: Gesamtheit der tierischen und pflanzlichen Bodenorganismen (→ *Bodenfauna*). Je nach der Gunst der Lebensbedingungen am Standort erreicht das E. einen Anteil von 1-10% an der organischen Trockensubstanz. Das Hemiedaphon befindet sich in der → *Streu* sowie im obersten Horizont oder Teilen dessen; das Euedaphon belebt die anschließenden Horizonte bis in den → *Unterboden*.

Edaphotop *edaphotope*: ungebräuchlicher Begriff für Bodenlebensraum im → *Ökosystem*. Er wird vom → *Edaphon* belebt.

Edelgase *inert gas, noble gas, rare gas*: die Gruppe der äußerst reaktionsträgen Gase (8. Hauptgruppe des Periodensystems, Edelgaskonfiguration), welche in der → *Atmosphäre* in geringen bis geringsten Konzentrationen vorkommen. Es sind diese (mit ihrem Prozentanteil in der → *Luft*): Argon (0,93 %), Neon (0,0018 %), Helium (0,0005 %), Krypton (0,00011 %), Xenon (0,000009 %) und → *Radon* (7•10-16, große Variation).

Edelhölzer *noble woods*: meist tropische Hölzer von besonderer wirtschaftlicher Bedeutung. Sie werden für die Möbelherstellung, meist als Furnier, geschätzt, da sie hohe Qualitätsmerkmale besitzen (Härte, gleichmäßige Maserung und ansprechende Farbgebung, Polierfähigkeit). Ihr Einsatz ist aufgrund großflächige → *Rodung* des → *Regenwalds* umstritten. Bekannte E. sind Palisander, Mahagoni, Ebenholz, Teakholz.

Edelstahl *high-grade steel*: Stahl besonders hoher Qualität. Durch die Zugabe von Stahlveredlern wie Mangan, Nickel, Titan, Vanadium usw. erhält der E. besondere Eigenschaften, z. B. Härte.

Edeyen *edeyen, sand desert*: Regionalbezeichnung in der Sahara für → *Sandwüste* mit z. T. großen Dünenzügen (→ *Düne*).

Edge City *edge city*: gibt es als städtisches Phänomen erst seit den 1970er Jahren, v. a. in den USA, und ist eine → *Stadt* in der Stadt als neue → *Downtowns* am Rand urbaner Räume, die v. a. durch den → *tertiären Sektor* gekennzeichnet sind.

Eem → *Eem-Warmzeit*.

Eem-Meer *Eemian Sea*: Meer der → *Eem-Warmzeit*, das sich von den Niederlanden bis in das Gebiet der östlichen Ostsee ausbreitete, wobei die Sandsedimente der Eem-Schichten abgelagert wurden, deren Floren- und Faunenfunde für das Eem auf ein wärmeres Klima als im übrigen → *Postglazial* hinweisen, da boreale (→ *Boreal*) oder arktische Organismen fehlen.

Eem-Warmzeit (Eem) *Eemian*: jüngste → *Warmzeit* des → *Pleistozäns*, die 115 000 J. v. h. endete und in der in Mitteleuropa thermophile Laubhölzer weit verbreitet waren, u. a. Castanea, die heute in Mitteleuropa nur noch unter ökologischen Gunstbedingungen bzw. im Mittelmeergebiet vorkommt. Als Bodentyp waren mächtige → *Parabraunerden* entwickelt.

effektive Grenze *effective agronomic limit/line*: in der Landwirtschaft die Anbaugrenze, bis zu der die landwirtschaftliche Nutzung des Bodens tatsächlich erfolgt (→ *Rentabilitätsgrenze*).

Effektivität *effectivity*: Maß für Wirksamkeit einer Maßnahme. E. dient der Beurteilung zum erreichten Ziel (Ist-Zustand) zum vorab definierten Ziel (Soll-Zustand) (→ *Effizienz*).

Effektivitätsziffer *effectivity rate*: Maßzahl in der → *Bevölkerungsgeographie* zur Bestimmung der → *Wanderungseffektivität*, die das Verhältnis von → *Wanderungssaldo* zu → *Wanderungsvolumen* ausdrückt. Die E. ist bei gleichem Saldo umso geringer, je größer die Zahl der Wanderungsfälle ist.

Effizienz *efficiency*: Maß für die Wirtschaftlichkeit einer Maßnahme. E. dient der Beurteilung des Aufwandes im Verhältnis zum erreichten Ziel (→ *Kosten-Nutzen-Analyse*, → *Effektivität*).

Effloreszenz *efflorescence*: in Gebieten mit starker → *Verdunstung* erfolgende Ausblühungen von → *Salzen* an der Oberfläche von Gesteinen oder Böden. Die Salze werden → *äolisch* herangetragen oder entstammen dem Mineralgefüge und werden in kapillar aufsteigenden Lösungen an die Oberfläche transportiert. Sie bilden im Extremfall auch Krusten (→ *Krustenbildung*).

effluenter Abfluss *effluent flow*: flächenhafter Übertritt von → *Grundwasser* in den → *Vorfluter* (→ *hydraulischer Gradient*, → *influenter Abfluss*)

Effusion *effusion*: Abgabe fester und flüssiger Bestandteile bei → *Vulkanismus*. Die Produkte heißen Effusiva. Es entstehen → *Ergussgesteine* (→ *Ejektion*, → *Exhalation*, → *Lava*, → *Vulkane*).

effusiver Vulkanismus → *Effusion*.

EFTA (European Free Trade Association) Abkürzung für „Europäische → *Freihandelszone*". Die E. entstand durch die Stockholmer Konvention von 1960, das Zollfreiheit für Industriegüter und andere Handelserleichterungen vorsieht. Mitglieder sind (Stand 2015) Island (seit 1970), Liechtenstein (seit 1991), Norwegen und die Schweiz (seit 1960). Dänemark, Großbritannien und Irland traten 1973, Portugal 1986, Finnland, Österreich und Schweden 1995 aus und in die → *EG* ein. 1993 mit der EG zum Europäischen Wirtschaftsraum (→ *EWR*) vereinigt (ohne Schweiz).

EG (Europäische Gemeinschaft(en)) *EC, European Communitie(s)*: Bezeichnung der drei übernationalen europäischen Zusammenschlüsse → *EWG*, → *EGKS* und → *EURATOM*. Diese drei Glieder der EG bestanden zunächst rechtlich als selbstständige Einheiten weiter, besaßen jedoch als Folge des Fusionsvertrags, der 1967 in Kraft trat, gemeinsame Organe (z. B. Europäisches Parlament, Europäischer Gerichtshof) und eine gemeinsame Exekutive (Ministerrat). Am 01.01.1993 trat der gemeinsame EG-Binnenmarkt in Kraft; 1992 wurde in Maastricht der Vertrag über die → *EU* (Europäische Union) unterzeichnet (Inkrafttreten am 01.01.1993). Am 01.12.2009 (Inkrafttreten des Vertrags von Lissabon) wurde die → *EU* die Rechtsnachfolgerin der EG. Gründungsmitglieder der EG sind Belgien, die Bundesrepublik Deutschland, Frankreich, Italien,

Luxemburg und die Niederlande; 1973 traten Dänemark, Irland und Großbritannien bei, 1981 Griechenland, 1986 Spanien und Portugal, 1995 Finnland, Österreich und Schweden, 2004 Estland, Lettland, Litauen, Malta, Polen, Slowenien, Slowakei, Tschechien, Ungarn und Zypern, 2007 Bulgarien und Rumänien. Der EG sind die → *AKP-Staaten* assoziiert.

Egart(en)wirtschaft *ley farming*: heute selten gewordene Form der → *Feldgraswirtschaft* im Süden Deutschlands sowie im deutschsprachigen Alpenraum. Ein- bzw. mehrjähriger → *Getreidebau* wechselt mit Grasland wegen der bei hohen Niederschlägen starken Verunkrautung. Wird die natürliche Population von Gräsern und Kräutern belassen, so spricht man von Naturegart; werden zusätzlich Gräser und Kräuter eingesät, liegt ein Kunstegart vor.

EG-Binnenmarkt → *gemeinsamer Markt*.

Egesen-Stadium *Egesian Stade*: Rückzugsstadium der alpinen Gletscher der → *Würm-Kaltzeit*, durch → *Endmoränen* (i. d. R. am Ende der Alpentäler) belegt. Dem E. folgte ein wärmerer Abschnitt, an welchen sich wiederum ein Gletschervorstoß anschloss, das → *Fernau-Stadium*.

EGKS (Europäische Gemeinschaft für Kohle und Stahl, Montanunion) *ECSC, European Coal and Steel Community*: älteste der drei Europäischen Gemeinschaften (→ *EG*). Die E. wurde durch Vertrag von 1951 durch Belgien, die Bundesrepublik Deutschland, Frankreich, Italien, Luxemburg und die Niederlande gegründet und stellte den ersten Schritt zur europäischen Integration mit supranationalen Institutionen dar. Ziel der E. war insbesondere ein → *gemeinsamer Markt* für Kohle und Stahl, verbunden mit einer gemeinsamen Energie- und Rohstoffpolitik. 50 Jahre nach dem Inkrafttreten (2002) lief der EGKS-Vertrag aus; sie hörte auf, als selbstständige völkerrechtliche Rechtspersönlichkeit zu bestehen.

EGW → *Einwohnergleichwert*.

eheähnliche Gemeinschaft *cohabitation*: Bezeichnung in Deutschland für das Zusammenleben von zwei Menschen mit ähnlichen Rechten und Pflichten wie Menschen, die verheiratet sind. An den Status sind auch Fürsorgeleistungen des Staates sowie Informationsrecht über den Partner geknüpft. In Österreich spricht man von → *Nichtehelicher Lebensgemeinschaft*, in der Schweiz vom → *Konkubinat* (→ *Familie*, → *Bedarfsgemeinschaft*).

Ehehäufigkeit (Heiratshäufigkeit) *marriage frequency*: in der → *Bevölkerungsgeographie* der durchschnittliche Anteil der Personen eines Geburtsjahrganges in einem bestimmten Raum, die im Laufe ihres Lebens die Ehe schließen.

Eheschließungsziffer *marriage rate*: in der → *Demographie* und der → *Bevölkerungsgeographie* benutzte Maßzahl, welche die Anzahl der Eheschließungen pro Jahr bezogen auf 1000 Personen der Durchschnittsbevölkerung angibt und z. B. bei → *Bevölkerungsprognosen* benutzt wird. Die spezifische E. bezieht die Heiraten nur auf die heiratsfähige → *Bevölkerung*, während die rohe E. auch noch nicht heiratsfähige Personen unter 18 Jahren einbezieht. Analog wird auch die Ehescheidungsziffer berechnet.

E-Horizont *plaggic horizon*: durch den Menschen geschaffener Bodenhorizont aus aufgetragenen → *Plaggen* oder Kompost. E leitet sich von Esch ab (→ *Plaggenesch*).

Eigenbehörigkeit → *Leibeigenschaft*.

Eigenentwicklung *endogenous development, organic development (1.); 2. self development (2.)*: 1. Entwicklung einer → *Gemeinde* oder → *Region* aufgrund des ihr innewohnenden Bevölkerungs- und Wirtschaftspotenzials, d. h. ohne Zuzug von außen bzw. ohne staatliche Entwicklungsförderung und Ansiedlungspolitik.: 2. Siedlungsentwicklung entsprechend der → *natürlichen Bevölkerungsentwicklung* und des lokalen Bedarfs hinsichtlich zeitgemäßer Wohnverhältnisse und ortsangemessener Flächenansprüche für Gewerbe und Dienstleistungen. Nach den landesplanerischen Zielen verschiedener deutscher Bundesländer soll die Entwicklung in nicht zentraler Orte außerhalb der → *Verdichtungsräume* im Wesentlichen auf E. beschränkt bleiben, um eine → *Zersiedelung* des Raumes zu verhindern.

Eigenkapital *equity*: Finanzmittel, die zur → *Unternehmensfinanzierung* von den Eigentümern als Einlage oder als erwirtschafteter Gewinn im Unternehmen belassen werden.

Eigenstrahlung *self radiation*: die → *Strahlung*, welche ein fester Körper, eine Flüssigkeit, ein Gas oder ein Gasgemisch nach einer Energieaufnahme abgibt. Im → *Strahlungshaushalt* der Erde ist die E. der Erdoberfläche und der wasserdampfhaltigen untersten → *Schichten* der → *Atmosphäre* im Infrarot-Bereich (→ *Wärmestrahlung*) wichtig (→ *Wasserdampf*).

Eigentransport *transport by the producer*: betriebliche Transportleistungen, die mithilfe verschiedener Verkehrsmittel (LKW, Flugzeug, Schiff) selbst erstellt werden. Der → *Werkverkehr* (Werknah- u. Fernverkehr) ist als Kfz-gebundener E. am weitesten verbreitet.

Eigentümerwohnung *owner-occupied flat*: in der Wohnungsstatistik eine Wohnung, die vom Eigentümer des Gebäudes oder der Wohnung selbst bewohnt wird.

Eigentumswohnung *owner-occupied flat, condominium*: eine Wohnung, für die durch Eintragung im Grundbuch ein Sondereigentum begründet worden ist. Gemeinschaftseinrichtungen des Gebäudes, in dem die E. liegen, gehören i. d. R. den Eigentümern dieser Wohnungen gemeinsam. Werden E. vom Eigentümer selbst bewohnt, zählen sie in der Statistik als → *Eigentümerwohnungen*.

Eigenverkehr von Industrie und Handel → *Werkverkehr*.

Eigenwert der Natur *intrinsic value of nature*: eine Vorstellung des → *Biozentrismus*, die sich auf den Eigen- bzw. Selbstwert von Tieren und Pflanzen bezieht, aus denen das Recht auf Arterhaltung abgeleitet wird, um sie um ihrer selbst willen zu schützen. Argumentation entspricht z. T. dem → *Objektschutz* des älteren → *Naturschutzes*, in welchem die ganzheitliche Betrachtung der Landschaft fast keine Rolle spielte.

Eignungsbewertung *suitability evaluation*: erfolgt im Rahmen der Ermittlung des → *Leistungsvermögens des Landschaftshaushaltes* als ökologische Bewertung räumlicher Strukturmerkmale, Funktionen und Nutzungen der → *Landschaftsökosysteme* im Hinblick auf die Leistungsfähigkeit des → *Naturhaushalts* für Nutzungsansprüche.

Eignungsgebiet *suitable are*: in der Terminologie der → *Raumordnung* ein Gebiet, das sich für eine bestimmte Raumnutzung oder raumbedeutsame Maßnahmen besonders eignet und das als solches in → *Landesentwicklungsplänen* oder → *Regionalplänen* im Sinne raumordnerischer Steuerung festgelegt wird. Die Ausweisung eines E. für eine bestimmte Funktion geht mit dem Ausschluss dieser Nutzung im restlichen Planungsgebiet einher.

Eignungskriterien *suitability criterions*: eingesetzt im Rahmen von → *Eignungsbewertungen* bei der Bestimmung des → *Leistungsvermögens des Landschaftshaushaltes*, um die Nutzungsanforderungen der Gesellschaft an die → *Landschaftsökosysteme* abzuschätzen.

Einbruchsfront *invasion front*: relativ steile Grenze von → *Luftmassen* in → *Zyklonen*, die durch den Einbruch der schwereren → *Kaltluft* entsteht, welche sich auf der Rückseite des Warmluftsektors unter die → *Warmluft* schiebt. Die E. ist also eine nach rückwärts geneigte → *Kaltfront*. Die zum Aufsteigen gezwungene → *Warmluft* bildet → *Konvektionsbewölkung* und führt so zu → *Schauerniederschlägen*. Kompensatorische Absinkbewegungen beschleunigen das Voranschreiten des Kaltluftkeiles, sodass der Warmluftsektor fortschreitend aufgezehrt wird.

Einbürgerung (Naturalisation) *naturalization*: Verleihung der → *Staatsangehörigkeit* an → *Ausländer*.

Einbürgerung (Naturalisation) *naturalization*: bewusstes Einführen von → *Biota* in Räume, in denen sie vorher nicht vertreten waren. Nach erfolgreicher Ansiedlung gelten sie dann als heimisch (Vgl. → *Einschleppung*).

Einebnung *planation*: mehr oder weniger vollkommene Zerstörung und → *Abtragung* von Vollformen durch Prozesse der → *Verwitterung*. Es entsteht ein Flachformenrelief (→ *Ebene*). Die E. kann durch verschiedene → *geomorphologische Prozesse* erfolgen. E. wird v. a. mit → *Kryoplanation* oder → *Flächenspülung* in Verbindung gebracht, wie bei den → *Doppelten Einebnungsflächen*.

Einelternfamilie (Alleinerzieher) *single-parent familie*: im Gegensatz zur → *Kleinfamilie* (zwei Erwachsene und leibliche/adoptierte minderjährige Kinder im gleichen Haushalt) zeichnet sich die E. dadurch aus, dass nur eine erwachsene Person ohne Hilfe einer anderen erwachsenen Person mindestens ein Kind unter 18 Jahren großzieht. E. sind ökonomisch besonders verletzlich, vor allem alleinerziehende Frauen sind neben beruflichen Nachteilen auch von Altersarmut bedoht (→ *Familie*, → *Stieffamilie*, → *Großfamilie*, → *erweiterter Haushalt*, → *Bedarfsgemeinschaft*).

Einfallen *dip*: → *Fallen*.

Einfeld(er)system *one-course system*: Anbau ohne → *Fruchtfolge*. Bei einjährigen Kulturen setzt das E. gute Düngung und Selbstverträglichkeit der Kultur voraus.

Einflussbereich *zone of influence, sphere of influence*: → *Einflussgebiet*.

Einflussgebiet (Einflussbereich) *zone of influence, sphere of influence*: um einen → *Zentralen Ort* gelegenes Gebiet, das zum funktionalen → *Verflechtungsbereich* dieses Ortes gehört. Früher wurde der Begriff E. häufig anstelle der heute gebräuchlichen Bezeichnung → *Einzugsgebiet* verwendet.

Einfuhr (Import) *import*: Gesamtheit der Waren-, Dienstleistungs- und Kapitalbezüge aus dem Ausland (→ *Ausfuhr*, → *direkter Import*, → *indirekter Import*).

Einfuhrbeschränkung (Importbeschränkung) *import restriction*: Maßnahmen zur Begrenzung der → *Einfuhr*. E. werden i. d. R. zum Schutz der inländischen Wirtschaft erlassen (→ *Handelshemmnis*). Die Maßnahmen können → *Zölle*, eine Einfuhrkontingentierung oder ein vollständiges → *Einfuhrverbot* umfassen.

Einfuhrüberschuss *import surplus*: positive Wertdifferenz zwischen → *Ein-* und → *Ausfuhren* (→ *Ausfuhrüberschuss*).

Einfuhrverbot *ban/embargo on imports*: eine außenhandelsspezifische Maßnahme zum Schutz der einheimischen Wirtschaft (→ *Handelshemmnis*). Das E. kann absolut sein oder relativ und dadurch Ausnahmen zulassen (→ *Einfuhrbeschränkung*). Gründe für ein E. können bspw. der Schutz der öffentlichen Sittlichkeit, Ordnung, Sicherheit, Gesundheit, des

Lebens von Menschen, Tieren und Pflanzen, nationalen Kulturgütern von künstlerischem, geschichtlichem oder archäologischem Wert und von gewerblichem Eigentum sein.

Eingemeindung *merger, consolidation, amalgamation*: Eingliederung einer vorher selbstständigen → *Gemeinde* in eine andere, meist wesentlich größere, Nachbargemeinde. Durch die E. verliert die Gemeinde ihre Selbstständigkeit und wird zum → *Stadt-* bzw. → *Ortsteil*. E. kommen, freiwillig oder vom → *Staat* verfügt, v. a. am Rande wachsender → *Großstädte* vor, nachdem die betreffenden → *Stadtrandgemeinden* baulich und funktional mit diesen zusammengewachsen sind (→ *Gemeindegebietsreform*).

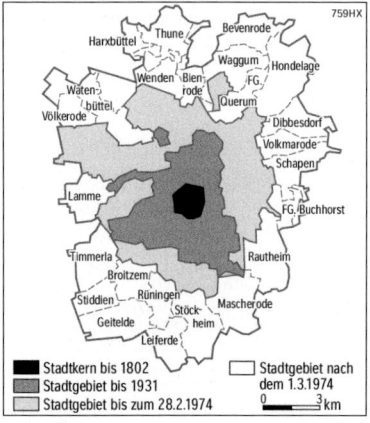

Eingemeindung

Eingrünung *planting with trees and grass*: das Bepflanzen von Bauwerksumgebungen oder → *Freiflächen* zwischen oder in der Nachbarschaft von Bauwerken oder Infrastruktureinrichtungen (z. B. Häusern, Industrieanlagen, Straßen, Bahnen, Sportplätzen). E. bewirkt v. a. eine optische Eingliederung in die landschaftliche oder siedlungsbauliche Situation, aber auch gewisse ökologische Effekte (z. B. → *Lärmschutz* sowie Emissions- und Sichtschutz). Die ökologischen Wirkungen der E. hängen von der Größe der Fläche, ihrer → *Belastung* und der Bepflanzungsstruktur ab.

Einhaus → *Einheitshaus*.

Einheimischenmodell *house building for local residents*: Konzept für verbilligten Erwerb von → *Bauland* aus Gemeindeeigentum für Bürger dieser Gemeinde, die bereits seit längerem dort ansässig sind. E. werden v. a. in Gemeinden mit relativ hohen → *Bodenpreisen* und starker Nachfrage nach Grundstücken durch Auswärtige konzipiert, um auch Einheimischen eine realistische Chance zum Bau eines Eigenheims zu eröffnen; sie sind aber juristisch sehr umstritten.

Einheitsgemeinde *self-governed commune*: Bezeichnung für eine → *Gemeinde* (insbesondere mit mehreren Ortsteilen), die nach den Veränderungen durch eine → *Gemeindegebietsreform* als selbstständige Einheit mit eigener Verwaltung bestehen blieb oder neugeschaffen wurde. Im Gegensatz hierzu stehen die zu → *Verwaltungsgemeinschaften*, → *Ämtern*, → *Samtgemeinden* und ähnlichen Verbänden zusammengeschlossenen Gemeinden.

Einheitshaus (Einhaus) *unitary house*: → *Gehöfttyp*, bei dem alle Funktionen in einem Haus vereint sind. Das E. kann quer- oder → *längsgeteilt* sein. Das → *quergeteilte* E. ist „gestelzt", wenn der Wohntrakt über den Stallungen liegt.

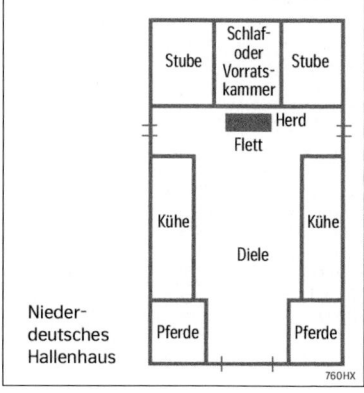

Einheitshaus

Einheitsstaat *centralized state*: einheitlich regierter und verwalteter → *Staat* ohne Eigenständigkeit seiner Teilräume. Im Gegensatz zum → *Bundesstaat* dienen im E. Untergliederungen, z. B. nach → *Provinzen* oder → *Bezirken*, lediglich der zentralen Verwaltung. Ein E. ist z. B. Frankreich (→ *Zentralismus*).

Einjährige → *Annuelle*.

Einkaufsbeziehungen *shopping-relations*: Beziehungen zwischen Verbrauchern und den von ihnen aufgesuchten → *Versorgungsstandorten* zur Deckung des materiellen Bedarfs. → *Reichweiten* und Intensität der E. sind regional und sozialgruppenspezifisch unterschiedlich ausgeprägt und geben wichtige Hinweise auf das räumliche → *Versorgungsverhalten* der Bevölkerung und zur Abgrenzung zentralörtlicher → *Einzugsbereiche*.

Einkaufsorientierung *shopping orientation*: Ausrichtung der Verbraucher auf bestimmte → *Versorgungsstandorte* zur Deckung des materiellen Bedarfs. Die Untersuchung der E. hat für die → *Zentrale-Orte-Forschung* große Bedeutung, da – insbesondere in den → *Agglomerationsräumen* – die Bevölkerung durchaus nicht immer die nächstgelegenen Einkaufsorte in Anspruch nimmt. Stattdessen spielen bestimmte Einkaufspräferenzen eine Rolle, die regional, sozialgruppen- und einkaufsgüterspezifisch differenziert sind.

Einkaufszentrum *shopping centre*: als Einheit geplante räumliche Konzentration von Einzelhandels-, daneben auch Dienstleistungs- und Handwerksbetrieben. E. finden sich besonders häufig in großstädtischen Neubaugebieten. Ihr Kundeneinzugsgebiet reicht aber oft weit darüber hinaus, sodass in aller Regel ausgedehnte Parkplätze zur Verfügung stehen (→ *Shoppingcenter*, → *Mall*).

Einkernballung *monocentric agglomeration*: monozentrisches → *Ballungsgebiet*, das sich um eine dominierende → *Großstadt* (→ *Kernstadt*) entwickelt hat.

Einkommen *income, earnings, revenue*: an eine Wirtschaftseinheit (Person, Unternehmen) innerhalb bestimmter Zeit zufließende Geldbeträge, → *Güter* oder Dienste. Das E. ist eine Gegenleistung für die Beteiligung am volkswirtschaftlichen Produktionsprozess. Man unterscheidet nach → *Arbeitseinkommen* sowie Gewinn- und → *Besitzeinkommen*.

Einkommenseffekt *income effect*: der durch Preisänderungen von → *Gütern* bei konstantem Einkommen der Konsumenten sich einstellende Wandel der Nachfragesituation. Z.B. wirkt die Verbilligung von Gütern wie eine Einkommenserhöhung für den Käufer, aber auch die Veränderung der Nachfrage bei einer Einkommensänderung.

Einkommensschicht *income-class*: soziale → *Schicht*, für welche die Höhe des → *Einkommens* des Einzelnen bzw. der Familie das wichtigste Zuordnungsmerkmal ist.

Einleiter *discharger*: bezeichnet Abwasserproduzenten (Kommunen, Industrie), die → *Abwasser* direkt oder indirekt in den → *Vorfluter* einleiten. Direkteinleiter entrichten nach dem deutschen Abwasserabgabengesetz eine Abwasserabgabe, die mit zunehmender Schmutzmenge steigt. Für ökologisch relevante Abwasserinhaltsstoffe bestehen → *Grenzwerte*. Neben den Direkteinleitern gibt es die Indirekteinleiter.

Einödflur *isolated field*: → *Flur*, die im Gegensatz zur → *Gemengeflur* durch geschlossene Lage des Besitzes der einzelnen Betriebe gekennzeichnet ist.

Einödhof *isolated farm*: → *Einzelhof*, der inmitten geschlossenen Besitzes liegt (→ *Arrondierung*); → *Aussiedlerhöfe* sind i.d.R. E. (→ *Vereinödung*). Der Begriff stammt aus dem süddeutschen Raum.

Einpendler *in-commuter, inward moving commuter*: Person, die nicht am Ort der Arbeit oder Ausbildung wohnt, sondern diesen regelmäßig, meist täglich, im Rahmen des → *Pendelverkehrs* aufsucht. Jeder → *Pendler* wird in seiner → *Gemeinde*, in der sich seine Arbeits- oder Ausbildungsstätte befindet, als E., in seiner → *Wohngemeinde* als → *Auspendler* gezählt.

Einpendlerüberschuss *in-commuting surplus*: bezogen auf einen Raum, i.d.R. eine → *Gemeinde*, ein positiver → *Pendlersaldo*, d.h. ein Überwiegen der Zahl der → *Einpendler* über die Zahl der → *Auspendler*. Ein hoher E. ist v.a. für → *Zentrale Orte* aufgrund der Konzentration von Arbeitsplätzen typisch.

Einpersonenhaushalt *single-person household, one-person household*: → *Haushalt*, der nur aus einer alleinlebenden Person besteht. E. sind insbesondere in größeren Städten häufig und werden überwiegend von unverheirateten jüngeren oder verwitweten älteren Leuten gebildet. Die Zunahme der Zahl von E. ist ein Ausdruck des mit dem → *demographischen Wandel* verbundenen Prozesses der Singularisierung.

Einregelung *alignment, clast lineation*: Ausrichtung fester Körper in eine bestimmte Richtung innerhalb eines bewegten Agens. Dabei kann es sich um → *Magma* handeln, dessen Fließen die Kristalle einregelt, oder um → *Grobsediment* (→ *Geschiebe*, → *Gerölle*), das in fluvialen Sedimentschicht oder in einer Schuttdecke eine Ausrichtung erfährt. Dabei zeigt die Längsachse nicht immer die Fließrichtung an, weil Grobsedimentstücke oft mit der Längsachse quer zur Fließrichtung bewegt werden.

einsatzoptimaler Standort *optimal operational location*: der theoretisch günstige → *Standort* für die → *Produktion*. Es liegen kostengünstige nichttransportierbare Produktionsverfahren (z.B. Baugrund) sowie eine vorteilhafte Lage zu Beschaffungsgebieten für transportable Produktionsfaktoren vor.

Einschichtigkeit *homogenous layer*: in der → *Sedimentologie* sind jene → *Sedimente* einschichtig, die einphasig abgelagert werden und keine Materialheterogenitäten aufweisen. Sedimente mit E. können auch große Mächtigkeiten aufweisen.

Einschichtigkeit *one layer*: beschreibender Begriff für die Physiognomie von → *Pflanzenformationen*, wobei diese im Einzelfall nur eine → *Schicht* bilden können. Normalerweise umfasst → *Schichtung* jedoch mehrere Schichten.

Einschienenbahn *monorail*: eine dem Passagier- oder Gütertransport dienende Bahn, die, im Gegensatz zur üblichen Technik, nur auf einer Schiene geführt wird. Die Schiene kann aus verschiedenen Materialien bestehen und kann auch unterschiedliche Formen annehmen. E. wurden bisher für den Gebrauch im Innerorts- und Kurzstreckenverkehr an einer Schiene hängend (→ *Hängebahn*) oder (mit seitlichen Stützrädern) auf einer breiten Schiene fahrend oder schwebend konstruiert (→ *Magnetschwebebahn*).

Einschleppung *chance introduction*: im Gegensatz zur → *Einbürgerung* die Besetzung neuer Lebensräume durch Arten, die unter unbeabsichtigter Mitwirkung des Menschen erfolgte, sodass → *Taxa* in einem Gebiet erscheinen, in dem sie vorher nicht vertreten waren. (→ *Adventivbiota*). E. führten nicht selten zu ökologischen und daraus resultierenden ökonomischen Problemen.

Einspareffekt: → *Skaleneffekt*.

Einstellungsfrage *attitude question*: → *Fragentyp* der empirischen → *Sozialforschung*, der zum Ziel hat, die Einstellungen, Meinungen oder Wünsche der → *Probanden* zu erheben.

Einstrahlung *insolation*: die eine → *Schicht* der → *Atmosphäre* oder die Erdoberfläche erreichende Gesamtstrahlung, welche teilweise absorbiert und teilweise reflektiert (→ *Albedo*) wird. Der absorbierte Anteil ist der Energiegewinn durch → *Strahlung*.

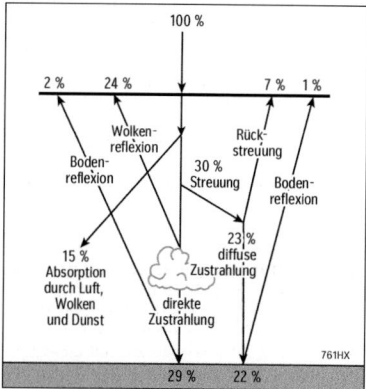

Einstrahlung

Einsturzbeben *collapse earthquake*: durch Einsturz großer unterirdischer Hohlräume ausgelöstes → *Erdbeben*. E. machen die geringste Zahl der Erdbeben aus und weisen nur selten Fernwirkungen auf. Ähnlich wirken Erdkrustenerschütterungen über Hohlformen im Untergrund, die vom → *Bergbau* geschaffen wurden.

Einsturzdoline *collapse dolina, collapse sinkhole*: durch Einsturz des → *Hangenden* über unterirdischen Hohlräumen entstandene → *Doline*.

Einsturzhöhle *collapse cave, collapse cavern*: durch Abstürzen von Gesteinsstücken entlang größerer → *Klüfte* entstandene → *Höhle*.

Eintrittswahrscheinlichkeit *probability of occurence, event risk*: der geschätzte Wahrscheinlichkeitswert, dass ein bestimmtes Ereignis (z. B. eine → *Naturkatastrophe*, Hochwasser etc.) in einem gewissen Zeitraum in der Zukunft eintreten wird.

Einwanderung *immigration*: – Zuwanderung von → *Ausländern* in ein fremdes → *Staatsgebiet* zur dauernden Wohnsitznahme. In den meisten Ländern ist die E. gesetzlich geregelt und nur unter bestimmten Voraussetzungen möglich (→ *Auswanderung*). – in der Biogeographie die Besetzung neuer Lebensräume ohne Mitwirkung des Menschen, allein aufgrund der natürlichen Ausbreitung der → *Biota*.

Einwanderungsland *immigration country*: → *Staat*, der aufgrund seines räumlichen und wirtschaftlichen Potenzials für die → *Einwanderung* ausländischer Bevölkerung offensteht und diese i. d. R. auch fördert. Viele E. regulieren allerdings den Zugang durch Quoten oder beschränken ihn auf Angehörige bestimmter Ethnien, Berufe, Altersgruppen usw. E. der Gegenwart sind z. B. USA, Australien, Brasilien und Israel.

Einwanderungsquote *immigration quota*: gesetzlich festgelegte Höchstzahl von Einwanderern, die von einem → *Einwanderungsland* jährlich aufgenommen werden. Die E. wird in absoluten Zahlen oder in Prozent der schon vorhandenen → *Bevölkerung* (u. U. nach Herkunftsländern aufgeteilt) festgelegt und soll zu starke Integrationsschwierigkeiten vermeiden.

Einwegverpackung *disposable packaging, non-returnable packaging*: Verpackung, die nach einmaligem Gebrauch vom → *Konsumenten* entsorgt bzw. in jüngerer Zeit im Rahmen der → *dualen Abfallwirtschaft* der Wertstoffsammlung und somit dem → *Recycling* zugeführt wird (→ *Mehrwegverpackung*).

Einwohner *inhabitant*: Person, die in einer bestimmten Raumeinheit (z. B. → *Staat*, → *Land*, → *Gemeinde*) ihren ständigen Wohnsitz hat und somit zur → *Wohnbevölkerung* zählt. Voraussetzung zur Zählung als E. ist i. d. R. die Eintragung in das → *Einwohnermelderegister* bzw. eine entsprechende Angabe bei einer → *Volkszählung*.

Einwohner-Arbeitsplatz-Dichte *population-employment-density*: durchschnittliche

Zahl der Summe aus Einwohnern und Arbeitsplätzen (→ *Beschäftigte*) pro Flächeneinheit. Die E.-A.-D. wird i.d.R. auf Quadratkilometer bezogen und v.a. für → *Gemeinden* berechnet. Sie findet insbesondere bei der Abgrenzung von → *Stadtregionen* und → *Agglomerationsräumen* Anwendung, da sie durch die Einbeziehung der Arbeitsplätze ein aussagekräftigeres Verdichtungsmerkmal darstellt als die → *Bevölkerungsdichte*.

Einwohnerdichte *population density*: durchschnittliche Zahl der → *Einwohner* eines Gebietes pro Flächeneinheit. Meist wird statt E. von → *Bevölkerungsdichte* gesprochen.

Einwohnergleichwert (EGW) *inhabitant equivalent, inhabitant value*: gibt die Menge und den organischen Schmutzgehalt von gewerblichen bzw. industriellen → *Abwässern* in Relation zum Normalschmutzwasser eines Einwohners pro Tag an. Dieser wird mit ca. 70 g Sauerstoffbedarf je Einw./Tag angegeben. Der E. erlaubt den Vergleich industrieller, gewerblicher und häuslicher Abwässer. Wird der E. bei überwiegend anorganisch verschmutztem Abwasser eingesetzt, sagt er wenig oder nicht aus (biochemischer Sauerstoffbedarf).

Einwohnergrößenklasse *class of population size*: Zusammenfassung von → *Gemeinden* gleicher Größenordnung der → *Einwohnerzahl* zu Typisierungszwecken. In der → *Siedlungsgeographie* wurde früher häufig mit E. gearbeitet, z.B. bei der Einteilung der → *Städte* in einzelne Typen (→ *Landstadt* 2000 - <5000 Einw., → *Kleinstadt* 5000 - <20 000 Einw., → *Mittelstadt* 20 000 - <100 000 Einw., → *Großstadt* >100 000 Einw.). Inzwischen, insbesondere nach den → *Gemeindegebietsreformen*, haben solche E. nur noch geringe Aussagekraft, da zur gleichen E. völlig verschieden strukturierte Siedlungen gehören können.

Einwohnermelderegister *population register*: in einer → *Gemeinde* geführte Kartei der → *Wohnbevölkerung*, die durch Eintragung der Geburten und Sterbefälle, Zu- und Abwanderungen auf dem Laufenden gehalten wird. Das E. bildet die Grundlage für die amtliche → *Bevölkerungsfortschreibung*.

Einwohnerzahl (Bevölkerungszahl) *number of inhabitants, population*: Zahl, der in einem Raum (→ *Staat*, → *Region*, → *Gemeinde* usw.) wohnhaften → *Bevölkerung*. Die E. wird durch → *Volkszählungen* bzw. die → *Bevölkerungsfortschreibung* festgestellt. Zur → *Wohnbevölkerung* am Hauptwohnsitz zur E. gezählt, jedoch bestehen hier internationale Unterschiede.

Einzelfertigung *individual production*: gleichzeitige Herstellung von (i.d.R.) nur einer Einheit eines Produkts. Die E. ist die typische Form der kundenorientierten Auftragsfertigung (→ *Fertigungstyp*).

Einzelhandel *retail, retail trade*: Absatz von Gütern an den Endverbraucher (→ *Konsumenten*) sowie die Betriebe, die diesen Absatz durchführen. Die → *Wirtschaftsgeographie* beschäftigt sich mit den unterschiedlichen Betriebsformen des E. und ihrer Raumwirksamkeit, z.B. → *Fachgeschäft*, Kaufhaus, → *Einkaufszentrum*, → *ambulanter Handel*. (→ *Großhandel*).

Einzelhandelszentralität *retail-trade-centrality*: derjenige Teil der gesamten → *Umlandbedeutung* eines → *Zentralen Ortes*, der auf der → *Versorgungsfunktion* des → *Einzelhandels* beruht. I.d.R. ist die E. die wichtigste Komponente der gesamten zentralörtlichen Bedeutung.

Einzelhof *isolated farm*: isoliert gelegene Siedlungseinheit. Die Wohn- und Wirtschaftsgebäude des Betriebes liegen getrennt von anderen → *ländlichen Siedlungen* in der → *Flur*. Liegt der E. inmitten zusammengelegten Besitzes (→ *Arrondierung*), so spricht man von einem → *Einödhof*. Treten E. flächenhaft auf, liegt eine → *Streusiedlung* vor.

Einzelhof

Einzelsiedlung *isolated settlement*: ländliche Siedlungsform. Eine E. ist ein isoliert stehendes → *Haus*, eine → *Hütte* oder ein Gebäude mit besonderer Zweckbestimmung (z.B. Bahnhof, Mühle). Ein → *Gehöft* mit mehreren Bauten gilt ebenfalls noch als E. (→ *Gruppensiedlung*).

Einzelzentralität *particular centrality*: → *Zentralität* einzelner Funktionen eines → *Zentralen Ortes*, z.B. die → *Dienstleistungszentralität*. Die Summe aller E. ergibt die Gesamtzentralität, d.h. die gesamte zentralörtliche Bedeutung des betreffenden Ortes.

Einzugsbereich → *Einzugsgebiet*.

Einzugsgebiet *drainage area, catchment area, river basin, drainage basin, catchment ground* (1.); *commuting area, trade area* (2.); *sphere of influence; commuter zone* (3.); *bying area, market area* (4.): 1. eine durch ober- und/oder unterirdische → *Wasserscheiden* abgegrenzte → *orohydrographische Einheit*, die durch einen Fluss oder Bach und deren Nebengerinne entwässert wird. E. stellen Bezugseinheiten für die quantitative Kennzeichnung des Wasserhaushalts sowie für geoökologische und geomorphologische Stoff- und Materialbilanzen dar. In der → *topischen Dimension* werden E. als landschaftsökologische → *Elementarlandschaften* definiert, die an der Basis der → *Hierarchie der naturräumlichen Einheiten* stehen. 2. Gebiet, das von einer bestimmten zentralörtlichen Einrichtung oder von einer Gruppe solcher Einrichtungen, die in einem → *Zentralen Ort* konzentriert sind, versorgt wird. Zwischen Zentralem Ort und E. bestehen also funktionale Verflechtungen auf dem Versorgungssektor. Das E. wird durch die → *Reichweite* der entsprechenden zentralörtlichen Einrichtung begrenzt. Die Summe aller E. eines Zentralen Ortes ergibt dessen zentralörtlichen Bereich. Oft wird der Begriff E. auch mit zentralörtlichem Bereich gleichgesetzt und entspricht dann dem Begriff → *Ergänzungsgebiet* im → *Christallerschen Modell* (→ *Einzugsbereich*) 3. Gebiet, in dem die Erwerbstätigen wohnen, die im Rahmen des → *Pendelverkehrs* in einen Arbeitsort einpendeln (→ *Pendlereinzugsgebiet*) 4. Gebiet, aus dem ein Industriebetrieb mit Rohstoffen versorgt wird (z.B. Belieferung einer Zuckerfabrik aus einem Rübenanbaugebiet).

Eis *ice*: Wasser in festem Aggregatzustand. Unter Normaldruckbedingungen gefriert Wasser bei 0 °C und vergrößert dabei sein Volumen um ca. 1/11. Die dadurch bewirkten Sprengungs- und Durchmischungsvorgänge wirken sich auf → *Verwitterung* und → *Bodenbildung* aus. E. hat eine Dichte von 0,916 g/cm³ und schwimmt daher auf Wasser. Beim Gefrieren setzt das Wasser → *Schmelzwärme* von 79,4 cal/g frei und die gleiche Wärmemenge wird beim Übergang vom festen in den flüssigen Zustand verbraucht. Diese Vorgänge haben im → *Gletscherhaushalt* Bedeutung.

Eisberg *iceberg*: im → *Meer* treibende Eisscholle (mindestens 5 m hoch aus dem Wasser ragend) die sich von einem → *Inlandeis*, einem ans Meer führenden → *Gletscher* oder von einer Meeresvereisung gelöst hat. E. können bis über 100 km² groß sein und treiben während ihres langsamen Abschmelzens weit äquatorwärts bis 36–38°. Wegen des nur geringfügig niedrigeren spezifischen Gewichts (Eis) ragen E. nur etwa mit einem Neuntel ihres Gesamtvolumens aus dem Wasser.

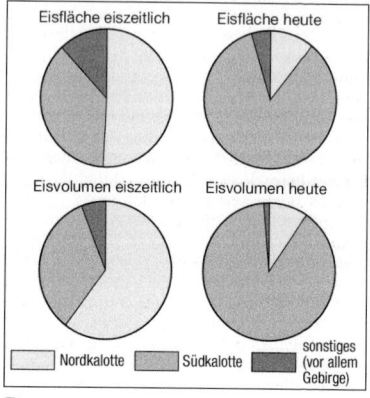

Eis

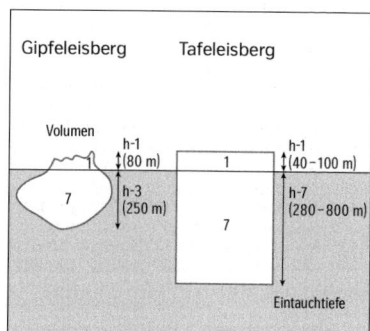

Eisberg

Eisen (Fe) *iron*: das weltweit am häufigsten vorkommende und verwendete (→ *Schwer*-) Metall. Man unterscheidet die sulfidischen E.-Erze (z.B. Pyrit) von den oxidischen Formen (z.B. Magnet-, Rot- und Brauneisenstein) und den E.-Carbonaten (Eisenspat). E. wird in einer Vielzahl von Legierungen verwendet. Als wichtigste Kohlenstoff-Legierung sind Roheisen, Gusseisen und insbesondere Stahl bekannt (→ *Stahlveredler*).

Eisfeld *ice-field*: flächenhafte Vergletscherung geringer Mächtigkeit, die das Untergrundrelief noch erkennen lässt (→ *Gletscher*).

Eisgang *ice boom*: Mitführen von Treibeisschollen durch ein → *Fließgewässer*.

Eisgebläse *ice particle abrasion*: abschleifende Wirkung von durch Wind transportierten Eiskristallen an Pflanzen, die die Schneedecke überragen. An der → *Waldgrenze* im winterkalten → *Hochgebirge* und an der polaren Waldgrenze kann das E. an windexponierten Standorten eine große Rolle spielen.

Eisheilige *ice saints*: volkstümliche Bezeichnung für die im Frühjahr letzten polaren Kaltlufteinbrüche in der ersten Hälfte des Monats Mai, welche noch → *Frostschäden* verursachen können. Die E. sind seit den 1980er-Jahren unregelmäßiger eingetreten. Ihr Eintreten weicht z. T. stark vom in der Überlieferung verankerten Termin ab (12.-15. Mai).

Eishöhle *ice cave*: → *Höhle*, in der stark abgekühltes Wasser beständig Sohleneis, Eissäulen und Eiszapfen bildet.

Eiskappe *ice dome, ice cap*: flächenhafte, dem Relief übergeordnete Vergletscherung. Dem → *Eisschild* ähnlich, jedoch mit max. 50 000 km² deutlich kleiner. E. ist z. B. eine typische Gletscherform von Inseln und tritt hauptsächlich in der Arktis und Subarktis auf (→ *Gletscher*).

Eiskeil (Frostkeil) *ice wedge, frost wedge*: eisgefüllte, senkrechte Spalte im → *Permafrostboden*, die sich bei sehr kalten Temperaturen über viele Jahre hinweg bildet. Sehr tiefe Temperaturen führen zur Kontraktion des Bodens, wodurch sich schmale, senkrechte → *Frostrisse* bilden, die sich mit Eis füllen. Beim Auftauen im Frühjahr dringt weiteres Wasser ein, und wiederholtes Gefrieren und Auftauen führt zur allmählichen Verbreiterung und Vertiefung der Spalten. In Abhängigkeit von den Entstehungsbedingungen und der Bildungsdauer können Eiskeile zwischen 10 cm und mehrere Meter breit werden und eine Tiefe von 1 m bis 25 m erreichen. Bilden sich mehrere E. in enger Nachbarschaft, bilden sich → *E.-Netze*, ein → *Frostmusterboden*. E., in denen die Entstehungsprozesse rezent ablaufen, werden als aktive E. bezeichnet und finden sich v. a. in den heutigen Permafrostgebieten. Inaktive E. bilden sich nicht weiter, können aber über lange Zeiträume unverändert bestehen bleiben. Fossile E. sind ausgeschmolzene E., die mit Sediment verfüllt wurden und finden sich in ehemals vereisten Gebieten v. a. in → *Löss*-, → *Flussterrassen*- und → *Moränenablagerungen*. Die Verfüllung mit → *Sand*, → *Schotter*, → *Geschiebe* und/oder Löss hat diese Formen im Untergrund bis heute konserviert; sie sind oftmals in Kies- und Sandgruben zu finden.

Eiskeilnetz *ice wedge net[work], frost wedge net[work]*: Gruppenform von → *Eiskeilen*, die an der Erdoberfläche durch Substrat- und/oder Feuchteunterschiede ein Polygonmuster entstehen lassen. Die Polygone weisen je nach Häufigkeit und/oder Intensität der Frostwechsel unterschiedliche Durchmesser auf (→ *Polygonboden*, → *Strukturboden*).

Eiskeime (Eiskerne, Gefrierkerne) *sublimation centre, freezing nucleus*: feinste Eispartikel in der → *Atmosphäre*, die als → *Kondensationskerne* wirken. Durch → *Sublimation* von → *Wasserdampf* an E. vergrößern sich die Eispartikel zu festem Niederschlag verschiedenster Struktur und Formen (Eiskörnchen, → *Graupel*, → *Hagel*, → *Schnee*, → *Schneekristalle*).

Eiskernbildung *freezing nucleus development, ice-producing nucleus development*: bei → *Palsa*- und → *Pingo*-Bildung kann entweder kryostatische oder artesische E. erfolgen. Bei Ersterer ist ein Bodenwasserkörper von gefrorenem Boden oder → *Bodeneis* umgeben, der bei weiterem Gefrieren unter kryostatischen Druck gerät und den Boden nach oben drückt und in einer „Bodenbeule" zu einer Eislinse gefriert. Der sich jährlich wiederholende Prozess lässt den Pingo wachsen. Die artesische E. geht auf den durch Druck erzeugten Aufstieg von Grundwasser zurück. Im Boden entsteht Injektionseis, das der Wasserzufuhr wächst und den Boden aufbeult (→ *Thermokarst*).

Eiskerne *ice nucleus*: → *Eiskeime*.

Eisklima *ice climate*: ein Kaltklima, bei dem alle Monatsmittel der Temperatur unter 0 °C liegen.

Eislawine *ice avalanche*: an steilen und überhängenden Gletscherfronten abgehende → *Lawine* bestehend aus Gletschereis, ähnlich einem → *Felssturz*.

Eislinse *ice lens*: linsenartiger Eiskern von buckel- und hügelartigen Aufwölbungen in Moorgebieten, welche durch Frosthebung entstanden (z. B. → *Palsen*). E. sind eine Erscheinung des → *Permafrostes*. Sie bleiben wegen der guten Isolierfähigkeit von Moorböden auch außerhalb der Grenze der geschlossenen Dauerfrostböden den Sommer über erhalten (→ *Pingo*).

Eisloben *ice lobes*: breite rundliche Ausstülpungen oder Ausbuchtungen von → *Eisschilden* und → *Eiskappen*. E. sind im Gegensatz zu den → *Auslassgletschern* nur gering von der ausgehenden Eismasse abgesetzt und bilden keine selbstständigen Gletscherzungen. An den Nahtstellen zwischen den einzelnen E. treten vielfach → *subglaziale* Gerinne aus, weshalb sich hier Ansatzpunkte von → *Sandern* befinden.

Eisnebel *ice fog*: polarer → *Nebel* aus feinsten Eiskristallen, der sich bei Vorhandensein von → *Kondensationskernen* auch bei extrem niedrigen Temperaturen durch die → *Sublimation* von → *Wasserdampf* bildet. Eine ähnliche Erscheinung ist der Frostrauch über offenem Wasser, der in Küstengebieten mit ablandiger → *Kaltluft* entsteht.

Eispressung *compression and bending of coastal sediments by ice sheets*: Stauchung oder faltenartige Verbiegung von Lockermaterial an Küsten durch den auflandigen Druck mächtiger Eisdecken bzw. zusammengeschobener Eisschollen.

Eisrandlage *ice-margin*: – Sammelbezeichnung für den geomorphologisch stark differenzierten → *rezenten* und → *vorzeitlichen* Formenschatz und Eiskörper von Gletschern. – → *Inlandeis*: Endbereich eines Gletschers oder eines Inlandeisgebietes, der sich v. a. durch Moränen ausweist.

Eisregen *sleet*: kalter winterlicher → *Regen*, der auf der unterkühlten Erdoberfläche und an Bäumen, Masten, Drähten usw. sofort gefriert. Der dadurch entstehende schwere Eisbehang kann zu erheblichen Bruchschäden führen.

Eisrestsee (Toteissee) *kettle lake, kettle*: → *See* in einer → *Hohlform*, die sich an der Erdoberfläche bildete, nachdem im Untergrund ein größerer Toteisblock (→ *Toteis*) unter den Lockersedimenten abtaute. Dieser Prozess läuft erst nach Abtauen der zusammenhängenden Eisdecke ab, zu der ursprünglich das Toteis gehörte. Die Hohlform füllt sich nachträglich („postglazial") mit Niederschlagswasser (→ *Toteisform*).

Eisrinde *zone of intense frost weathering in permafrost ground*: Bereich der Gesteinszerlegung durch Tieffröste im → *Permafrost*. Die E. wird tiefer verlegt, wenn der Auftauboden erodiert wird.

Eisscheide *ice divide (shed)*: die durch das → *Relief* vorgegebene Begrenzung zwischen Eismassen oder → *Gletschern*, welche das → *Eis* in verschiedene Richtungen fließen lässt.

Eisschelf *ice shelf*: auf dem → *Meer* schwimmende, bis mehrere 100 m mächtige Eismassen mit kliffartigem Steilabfall (→ *Kliff*) an der Eisfront. E. entstehen weitgehend auf dem Meer selbst durch → *Metamorphose* des festen Niederschlags und in geringerem Umfang auch durch Gefrieren von Meerwasser an der Unterseite. Sie bilden sich i. d. R. in ausgedehnten Buchten und finden ihre große Verbreitung in der Antarktis (→ *Schelfeis*).

Eisschild (Inlandeis) *ice sheet*: Flächenhafte, dem Relief übergeordnete Vergletscherung auf einem Festlandsockel von kontinentalem Ausmaß, welche das Relief bis auf wenige herausragende Gipfel (→ *Nunatak*) völlig überdeckt. Das Eis fließt vom nur sehr leicht geneigten Zentrum in verschiedenen Richtungen zu den stärker geneigten Rändern hin ab. Dort können durch das Relief vorgezeichnete Eisströme mit deutlich erhöhtem Eistransport entstehen. Heute existieren das Antarktische Eisschild und das Grönländische Eisschild. Die maximale Eisdicke des E. beträgt in der Antarktis bis 4000 m (→ *Eiskappe*, → *Gletscher*).

Eisschürze *ice apron*: geringmächtige Eisdecken oder Eisauskleidungen an steilen Gebirgswänden und Hängen.

Eisstausee (Gletscherstausee, Glazialstausee) *glacial lake, glacier lake proglacial lake*: stehendes Gewässer in einer durch Eismassen oder → *Moränen* abgedämmten Hohlform (z. B. durch Abdämmung seitlicher Zuflüsse). Im E. werden → *Bändertone* (→ *Warve*) abgelagert, die oft einziger Indikator für pleistozän-vorzeitliche E. in ehemals vergletscherten Gebieten sind. Der E. kann entweder überlaufen oder, bei zu großem Druck der Wassermassen, die → *Endmoräne* durchbrechen.

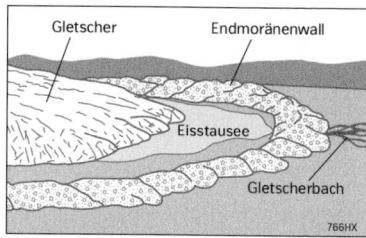

Eisstausee

Eisstromnetz *ice stream, transsection glaciers*: Gletscherstrom aus mehreren vereinigten → *Talgletschern*.

Eistag *ice day*: in der meteorologischen Statistik ein Tag mit einer ständigen Temperatur von unter 0 °C.

Eistektonik *glaciotectonics*: → *Glazialtektonik*.

Eistunnel *ice tunnel*: lineare Hohlform im Gletschereiskörper, die sich – oft stark verzweigt – hinter den → *Gletschertoren* anschließt. Die E. haben für den Sedimenttransport im und unter dem → *Gletscher* große Bedeutung (→ *Oser*).

Eisverschluss *river/bay freezing*: vollständiges Zufrieren eines Flusses oder Stromes.

Eiszeit → *Stadial*.

Eiszeitalter *glacial, glacial epoch, glacial age*: Zeitabschnitt der → *Erdgeschichte*, in dem beide Pole vergletschert sind. Man geht davon aus, dass es mindestens sechs E. gab, und auch die jüngste (heutige) erdgeschichtliche → *Periode*, das → *Quartär*, ist somit ein E. Innerhalb eines E. gibt es klimatische Schwankungen hin zu wärmeren und kälteren Bedingungen, den → *Warmzeiten* (Interglazial) und → *Kaltzeiten* (Glazial). Letztere wiederum können Phasen des Eisvorstoßes beinhalten, den sogenannte → *Stadialen*, aber auch relativ wärmere Phasen, den → *Interstadialen*.

eiszeitlich → *glazial*.

Eiszerfallslandschaft *ice-decay landscape*: entsteht beim endgültigen Abtauen eines

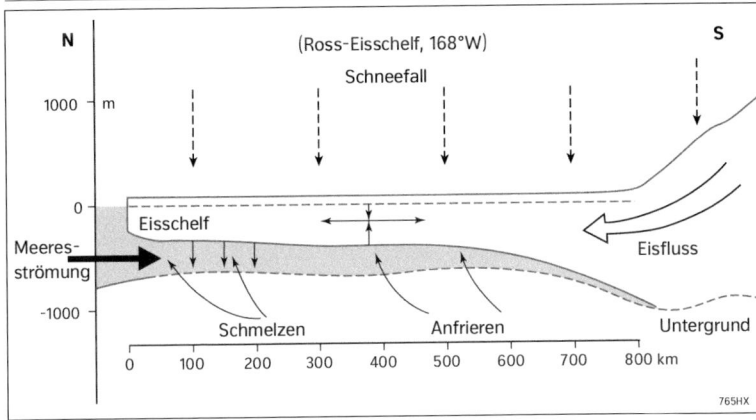

Eisschelf

→ *Gletschers* als unregelmäßig-kuppig-hügeliges und kesseliges Gelände, ähnlich der → *Toteislandschaft*.
Ejektion *volcanic ejection*: Auswerfen fester und/oder glutflüssiger Komponenten bei → *Vulkanismus* (→ *Effusion*, → *Exhalation*).
Ekistik *ekistics*: Wissenschaft von den menschlichen → *Siedlungen*. Entsprechend dem griechischen Architekten und Stadtplaner Konstantinos Doxiadis, dem Begriffsschöpfer, ist das Ziel der E. die interdisziplinäre und anwendungsbezogene Erforschung des städtischen und ländlichen Siedlungswesens und seiner planerischen Probleme.
eklektisches Paradigma *eclectic paradigm*: Erklärungsansatz zur → *Internationalisierung* von J. H. Dunning. Die Tätigkeit einer → *ausländischen Direktinvestition* hängt nach dem e. P. vom gleichzeitigen Vorliegen dreier Vorteilskategorien ab (sog. OLI-Vorteile): – ownership-specific advantages (unternehmensspezifische Wettbewerbsvorteile), – locational-specific advantages (standortspezifische Wettbewerbsvorteile), – internalization advantages (verwertungsbezogene Wettbewerbsvorteile). Liegen nur unternehmensspezifische Wettbewerbsvorteile vor, kommt es zu einer → *Lizenzfertigung*. Treten internalisierungsbedingte Vorteile hinzu, wird der → *Export* als Internationalisierungsform gewählt.
Ekliptik *ecliptic*: die auf einem Großkreis der gedachten Himmelskugel verlaufende scheinbare Sonnenbahn um die → *Erde*. Die Ebene der E. ist identisch mit der Erdbahnebene. Entsprechend zur Neigung der Erdachse gegenüber der Erdbahn ist die E. gegenüber der Äquatorebene gegenwärtig um 23,4° geneigt (→ *Schiefe der E.*, → *Sonne*).

Elastizität *resilience*: – Fähigkeit eines → *Ökosystems*, externe Veränderungen und Störungen zu kompensieren, um schließlich wieder in den ursprünglichen Zustand zurückzukehren. Damit entspricht E. der → *Belastbarkeit* von Ökosystemen (→ *Regenerationsfähigkeit*). – in der → *Geologie* die Eigenschaften von Gesteinskörpern, auf äußere Krafteinwirkung hin eine → *Deformation* zu erfahren, sie jedoch durch innere Gegenkräfte wieder aufzuheben.
Elbe-Eiszeit *Elbe*: vierte Eiszeit der → *Nordischen Vereisung*; entspricht der → *Günz-Kaltzeit* im alpinen Vereisungsgebiet. Nachweise der E.-E. sind umstritten (→ *Pleistozän*).
Elektrizität *electricity*: elektrische → *Energie*, die den wichtigsten Sekundärenergieträger (→ *Sekundärenergie*) darstellt.
Elektrizitätsversorgung *electricity supply*: jederzeit ausreichende Versorgung (Erzeugung, Transport und Handel) eines Landes oder Gebietes mit Strom. Das Hauptproblem der E. ist die Deckung des kurzfristigen Spitzenbedarfs, da es keine wirtschaftlichen Speichermöglichkeiten für Strom in großen Mengen gibt. Von Bedeutung ist dafür der → *Stromverbund*. Vorteilhaft sind → *Wasserkraftwerke*, da diese sofort betriebsbereit sind und bei Spitzenbedarf zugeschaltet werden können.
Elektrizitätswirtschaft *electricity generating industry*: Zweig der → *Energiewirtschaft*. Die E. wird getragen von den Versorgungsunternehmen, die elektrische → *Energie* erzeugen bzw. im Verbund beziehen und an die Verbraucher weitergeben.
Elementarlandschaft *elementary landscape*: – eine → *naturräumliche Grundeinheit* → *topischer Dimension*, sich aus mehreren Topen zu-

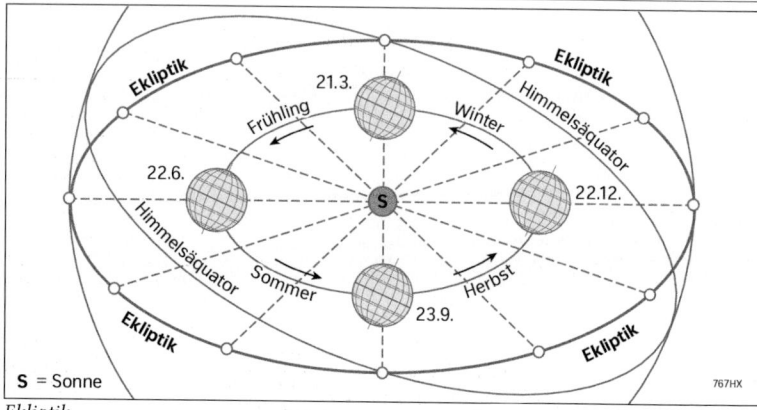

Ekliptik

sammensetzend. – allgemeine Bezeichnung für von → *Wasserscheiden* begrenzte → *naturräumliche Einheiten* ohne Dimensionsbezug, in verschiedenen geowissenschaftlichen Disziplinen als Wasserhaushalts- und Stoffhaushaltseinheiten untersucht (→ *Einzugsgebiet*).

Ellipsoid *ellipsoid*: dreidimensionale Entsprechung einer Ellipse, die in der → *Kartographie* als → *Bezugssystem* zur Ableitung geographischer Koordinaten dient (Referenzellipsoid). Ein E. wird als die geometrische Figur betrachtet, die sich am meisten der Erdfigur (→ *Geoid*) annähert. Bekannte Referenzellipsoiden sind Bessel (Grundlage für das Gauß-Krüger-Koordinatensystem) und WGS84 (Grundlage für das UTM-Koordinatensystem).

Elster-Kaltzeit *Elster glaciation*: älteste der pleistozänen Vereisungen im Gebiet der → *Nordischen Vereisung*, wird der → *Mindel-Kaltzeit* im Alpenraum gleichgesetzt, obschon die genaue Datierung unklar ist. Gegenwärtig ist die E.-K. auf ca. 374 000-337 000 J. v. h. eingeordnet und folgt auf die → *Cromer-Warmzeit* Die E.-K. wird v. a. durch ausgedehnte Grundmoränensedimente nachgewiesen und reichte in ihrer südlichen Begrenzung weiter als die → *Saale-Kaltzeit*. Die charakteristischen Voll- und Hohlformen des glazialen Formenschatzes sind wegen des hohen Alters der Formen und der seitdem möglichen → *Abtragung* kaum noch erhalten (→ *Glaziale Serie*, → *Pleistozän*).

Eluvialhorizont *eluvial horizon*: der Auswaschungshorizont im Bodenprofil, der durch Sickerwassertransport an organischer Substanz, Ton oder Eisen- und Aluminiumverbindungen verarmt ist. Die E. sind stark verfahlt oder (in → *Podsolen*) grau bis grauweiß gefärbt. Sie entstehen im Verlauf der Bodenbildung erst in der Phase starker → *Bodenversauerung* und zeichnen sich vielfach durch hohe Quarzgehalte und Nährstoffarmut aus.

Eluvial-Serir *eluvial serir*: Oberflächenformentyp des geomorphologischen Landschaftstyps → *Wüste*, von Kieskomponenten geprägt (→ *Serir*), die aus Lockersedimentdecken stammen, aus denen feinere Korngrößen durch episodische Regen bzw. → *Schichtfluten* weggespült wurden.

Eluvium *eluvium, residual soil (2.)*: 1. Verwitterungsrückstände, die an Ort und Stelle verblieben sind, wobei lösliche Stoffe ausgewaschen wurden. 2. Boden, der an: Ort und Stelle aus Verwitterungsrückständen entstanden ist.

EMAS → *EU-Öko-Audit*.

Embargo *embargo*: → *Ausfuhrverbot* von Waren in bestimmte Länder. Beispiele waren bzw. sind das Weizen- und Erdgasröhren-E. der USA gegen die ehem. UdSSR, die → *COCOM-Liste* oder das US-Handelsembargo gegen Kuba. Je nachdem ob es sich um den gesamten → *Außenhandel* oder nur einen Teil davon handelt, spricht man von einem Voll- oder Teilembargo. Im Gegensatz zum → *Boykott* ist das E. staatlich organisiert.

embeddedness *Einbettung, Verankerung*: in der → *relationalen Wirtschaftsgeographie* verwendeter Begriff für die Einbettung der ökonomischen Aktivitäten in soziale Beziehungssysteme bzw. eines Unternehmens in sein soziokulturelles Umfeld (→ *kreatives Milieu*).

Emergenz *emergence*: die spontane Herausbildung von neuen Eigenschaften oder Strukturen auf der Makroebene eines → *Systems* infolge des Zusammenspiels seiner Elemente. Die emergenten Eigenschaften lassen sich dabei nicht auf Eigenschaften der einzelnen Elemente zurückführen. Z.B. gilt → *Gesellschaft* als eine emergente Eigenschaft von → *Bevölkerung* (wobei das einzelne Individuum dabei keine Rolle spielt), → *Wald* als eine emergente Eigenschaft von einer Vielzahl von nebeneinander stehenden Bäumen. Damit ist E. ein zentraler Begriff in der → *Systemtheorie*, der spontane Musterbildung im Verhalten von Systemen bezeichnet. E. erschwert die Berechenbarkeit, Prognostizierbarkeit und auch die Modellierung von Systemverhalten.

emerging market *Wachstumsmarkt*: Bezeichnung für einen neuen dynamischen Markt in einem → *Schwellenland* (v. a. Asien und Südamerika) sowie einigen mittel- und osteuropäischen Transformationsstaaten. E. m. gelten zum einen für Kapitalanleger aufgrund möglicher hoher Gewinne, andererseits für → *Konzerne* der Industriestaaten aufgrund eines enormen Nachfragepotentials als aussichtsreich. Zu den bekanntesten e. m. zählen die BRICS-Staaten (Brasilien, Russland, Indien, China und Südafrika). Investitionen in e. m. unterliegen jedoch einem sehr hohen Risiko.

Emersion *emersion*: bei → *Regression* des Meeres infolge epirogenetischer Hebungen (→ *Epirogenese*) oder durch klimatisch bedingte Absenkung des → *Meeresspiegels* erfolgendes Auftauchen des Festlandes.

Emigrant *emigrant*: Person, die aus politischen, religiösen oder weltanschaulichen Gründen ihr Heimatland verlässt, häufig auch unter Zwang oder Gewaltandrohung.

Emigration *emigration*: → *Auswanderung* aus dem Heimatland und Wohnsitznahme in einem anderen Land. Der Begriff E. wird meist für Fälle unfreiwilliger, häufig erzwungener Auswanderung von Einzelpersonen oder Gruppen aus politischen, religiösen oder weltanschaulichen Gründen verwendet. Auch wirtschaftliche Notlagen können zur E. führen.

Emission *emission*: 1. die Aussendung elektromagnetischer Wellen oder von Elementarteilchen. 2. die Aussendung oder Abgabe von festen, flüssigen oder gasförmigen Stoffen, sowie von → *Wärme*, Geräuschen, Lärm oder Strahlen an Luft, Boden oder Wasser des → *Ökosystems*. 3. im Umweltschutz die Aussendung von Schadstoffen über Abluft, Abwasser oder Rauchgase sowie in schadstoffangereicherten festen oder flüssigen Abfällen. 4. im engeren geowissenschaftlichen und biologischen Sinne der Ausstoß von Schadstoffen durch Vulkane sowie die natürliche Abgabe von chemischen Stoffen in die Ökosysteme durch Tiere und Pflanzen. Die Einwirkung von E. auf Organismen, Ökosystemkomponenten (z. B. Boden und Wasser) sowie Bauwerke wird als Immission bezeichnet.

Emissionsgrenzwerte *emission limit values*: festgesetzte (meist) Höchstwerte für durch Rechtsnormen zugelassene Abgabe von → *Schadstoffen* an die Umgebung, geregelt u. a. durch → *TA Luft* oder → *TA Lärm*. Die E. sollen die → *Immissionswirkungen* in der → *Umwelt* begrenzen, um Schäden zu verhindern. E. sind weniger an den Naturgesetzen ausgerichtet, sondern am Stand der Technik oder an Setzungen der → *Umweltpolitik*. Methodisches Problem: E. werden auf den einzelnen → *Emittenten* bezogen, ohne andere Schadstoffquellen im gleichen Bereich mitzuberücksichtigen (→ *Kumulation*).

Emissionskataster *emission register*: 1. Verzeichnis aller Verursacher von → *Emissionen* in einem Gebiet mit Angabe der Mengen. 2. naturwissenschaftlich begründete Bestandsaufnahme von → *Emissionen* innerhalb eines → *Territoriums* oder eines → *Areals*. 3. in Deutschland eine Bestandsaufnahme, die das Bundes-Immissionsschutzgesetz für belastete Gebiete fordert. Der E. beschreibt Art, Menge, Verteilung in Zeit und Raum sowie Austrittsbedingungen von → *Luftverunreinigungen* (Industrie, Gewerbe, Verkehr, Hausbrand).

Emissionsquelle → *Emittent*.

Emittent (Emissionsquelle) *source of emission*: im → *Umweltschutz* meist eine technische Anlage, die Emissionen abgibt, wobei man → *Punktquellen* (Schornsteine, Abgasrohe etc.) und → *Flächenquellen* (Gruppierung von Punktquellen, Lagerplätze von Kohle etc.) unterscheidet. Lagerplätze gelten als undefinierte, Punktquellen als definierte Quellen.

Empire *empire*: kontinent- oder weltumspannendes territoriales Gebilde, welches direkt oder indirekt von einer Person, Institution oder Elite von einem Zentrum aus regiert wird. Insbesondere das Britische Kolonialreich, aus dem das → *Commonwealth of Nations* hervorging und das französische Kolonialreich wurden mit E. bezeichnet.

Empirie *empirism*: eigentlich Erfahrung, Erfahrungswissen; in den Wissenschaften ist damit die Sammlung von Daten durch Einsatz von entsprechenden Forschungsmethoden gemeint, z. B. → *Messung*, → *Beobachtung*, → *Experiment* in den Naturwissenschaften oder → *Befragung*, Beobachtung, → *Gruppendiskussion* usw. in der → *Sozialforschung* gemeint.

empirische Sozialforschung → *Sozialforschung*.

Empirismus *empiricism*: Vorwurf beim wissenschaftlichen Arbeiten, der darauf abzielt, dass die Forschenden das Prinzip der theoriegeleiteten Forschens ignorieren und willkürlich Daten sammeln. Beim E. ist die Beziehung zwischen aufgestellten → *Hypothesen* und der zugrunde gelegten → *Theorie* nicht eindeutig erkennbar; damit sind die gewonnen Ergebnisse weder verlässlich noch gültig (→ *Validität*).

Empowerment *Ermächtigung*: → *Haushalte* und ihre Mitglieder sollen ermächtigt werden, ihr eigenes Leben durch den Einsatz von sozial-politischer und psychologischer Macht wie z.B. → *Wissen*, Fähigkeiten, kollektive Aktionen oder Selbstbewusstsein neu und für sie geeigneter zu gestalten. E. wird von manchen Entwicklungsagenturen zur Effizienzsteigerung in ihren Projekten eingesetzt (→ *Entwicklungszusammenarbeit*), andere sehen in E. den Weg zu einer fundamentalen sozialen Transformation.

Emscher-Park *Emscher park*: → *Landschaftspark* um die Emscher zwischen Ruhr-Mündung bei Duisburg und Mündung der Neuen Emscher in den Rhein bei Dinslaken. Begann als Internationale Bauausstellung (IBA) mit dem Ziel eines langfristigen großräumigen stadtökologischen Umbaus mit → *Grünzügen*, Umnutzung alter Industrieareale sowie → *Renaturierung* der Gewässer, mit Beteiligung zahlreiche → *Städte* und → *Gemeinden*; als Projekt auf viele Jahrzehnte angelegt. Der Begriff E.-P. wird auch als Markenzeichen verstanden und entsprechend vermarktet (→ *Stadtökologie*).

enclosure *Einhegung*: in England im 15. Jh. beginnende Flurneuordnung. Dabei wurden → *Gruppensiedlungen* zugunsten von → *Einzelhöfen* aufgelöst und die → *Flur* mit Hecken eingehegt (→ *Knicklandschaft*).

encomienda *control over land*: im Rahmen des → *Kolonialismus* Übergabe von Land an Kolonisten im kolonialspanischen Amerika, verbunden mit dem Recht, freie indio-Gruppen als Zwangsarbeiter einzusetzen, und der Pflicht, sie zum Christentum zu bekehren.

endemisch *endemic*: in der Tier- und Pflanzengeographie für einen Raum als einheimisch geltende → *Taxa*, für die natürliche Verbreitungsbeschränkungen bestehen. Die Situation wird als → *Endemismus* und die vorkommende Art als → *Endemit* bezeichnet.

Endemismus *endemism*: Beschränkung einer Tier- oder Pflanzenart auf ein begrenztes Gebiet infolge erdgeschichtlich bedingter Entwicklungsprozesse, die das Siedelgebiet abtrennten oder Sonderentwicklungen ermöglichten. E. ist charakteristisch für Inseln, Gebirgstäler, kontinentale Randlagen usw. (→ *Neo-Endemismus*, → *konservativer Endemismus*).

Endemit *endemic species*: Tier- oder Pflanzenart, die im Gegensatz zu den → *Kosmopoliten* nur in einem bestimmten Lebensraum einheimisch ist (→ *endemisch*, → *Endemismus*).

Endenergie *final energy, energy supplied*: die dem Endverbraucher (Industrie bzw. Gewerbebetrieb, Haushalte usw.) z.B. über die Steckdose oder nach Anlieferung im Heizöltank zur Verfügung stehende Energie. Sie wird vom Verbraucher mithilfe von Geräten, Maschinen, Öfen usw. in → *Nutzenergie* umgewandelt.

Endlager *final disposal [site], permanent storage depot*: Lokalität für die → *Endlagerung* von → *Atommüll*, wofür ehemalige Bergwerke, → *Salzstöcke* oder speziell angelegte Kavernen in kristallinen Gebirgen oder im → *submarinen* → *Kristallin* vorgesehen sind.

Endlager Asse II *final disposal site Asse*: → *Asse*.

Endlager Gorleben *final disposal site Gorleben*: → *Gorleben*.

Endlager Morsleben (ERAM) *final disposal site Morsleben*: → *Morsleben*.

Endlager Schacht Konrad *final disposal site Schacht Konrad*: → *Schacht Konrad*.

endlagerfähig *permanently disposable, permanent storable*: jene → *radioaktiven Abfälle* (→ *Atommüll*), die eine Spezialbehandlung erfuhren, die auf Volumenreduktion und Erhöhung der Auslaugungsbeständigkeit gerichtet sind.

Endlagerung *final storage, permanent storage, final disposal*: definitive Lagerung von → *radioaktivem Abfall* ohne Absicht der Rückholbarkeit, woraus kerntechnische Sicherheit (→ *Strahlenschutz*) und Wartungsfreiheit resultieren sollen. Die E. sieht zeitlich keine Befristung vor. Da viele Probleme der E. nicht gelöst sind, erfolgt in der Atomwirtschaft z.Z. ausschließlich die zeitlich begrenzte → *Zwischenlagerung*. Für die E. sind → *Salzstöcke* (Deutschland) oder Felskavernen, z.B. im → *Kristallin* (Schweden) oder in Tonen des → *Jura* (Schweiz) vorgesehen (→ *Asse*, → *Gorleben*, → *Morsleben*, → *Schacht Konrad*).

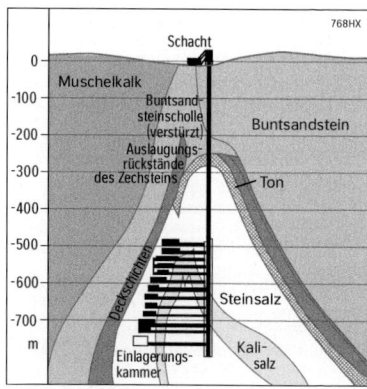

Endlagerung

Endmoräne *end moraine, terminal moraine*: wallartige → *Moräne* vor der Gletscherfront, wobei große E. auf kräftige Vorstöße hinweisen. Die E. markiert die → *Eisrandlage*. Oszilliert der Eisrand, d. h. Stillstandphasen wechseln mit Vorstoß- und Rückzugsphasen ab, bilden sich viele, in unterschiedlichen Abständen gestaffelte und z. T. sehr unregelmäßig ausgebildete Parallelwälle. Die meist hügelkettenartigen E. ordnen sich in bogenförmigen Loben (→ *Lobus*) an.

Endmoränensee (Endmoränenstausee) *postglacial end moraine lake*: ein nach Rückzug des → *Gletscher-* oder → *Inlandeises*, wenn sich das Gewässernetz postglazial stabilisiert, in der Grundmoränenlandschaft (→ *Grundmoräne*) und hinter der → *Endmoräne* entstandener See; nicht mit dem → *Eisstausee* zu verwechseln.

Endmoränenstausee → *Endmoränensee*.

Endogamie *endogamy*: bevorzugte oder vorgeschriebene Eheschließung zwischen Partnern aus der gleichen → *sozialen Gruppe*, wobei es sich um → *Klassen*, → *Kasten*, soziale → *Schichten*, Volks- oder Religionsgruppen usw. handeln kann. Insbesondere in vielen → *Agrargesellschaften* bestehen noch heute strenge Vorschriften bezüglich E. (→ *Heiratsbeschränkungen*; → *Exogamie*).

endogen *endogenous*: – in der Biologie das Körperinnere, z. B. die „innere Uhr", die auch als e. Rhythmik bezeichnet wird. Solche Organismen können sich in ihren Lebensäußerungen auf periodische Umweltänderungen einstellen. – in den Geowissenschaften Vorgänge, Kräfte und Substanzen des → *Tieferen (geologischen) Untergrundes* bzw. des Erdinneren und mit dem Vorkommen von → *Magma* verbunden. E. Prozesse sind → *Erdbeben*, → *Epirogenese*, → *Orogenese*, → *Tektogenese* und → *Vulkanismus*.

endogene Entwicklung *endogenous development*: in der → *Regionalplanung* benutzter Begriff für die Entwicklung einer → *Region*, die in erster Linie nicht auf finanzieller und personeller Hilfe von außen (z. B. Investitionen der Regierung) beruht, sondern auf einer Mobilisierung der eigenen Kräfte und der Durchsetzung von Initiativen, die aus der Region selbst kommen. Gelegentlich wird der Begriff auch mit → *Eigenentwicklung* gleichgesetzt.

endogene Formbildung *endogenous morphogenesis*: im Gegensatz zu der → *exogenen Formbildung* jene Prozesse, die auf innenbürtige Kräfte und Prozesse zurückgehen (z. B. → *Plattentektonik* oder → *Vulkanismus*). Die e. F. schafft zumeist Größtformen des → *Georeliefs*, wie → *Gebirge* oder → *Gräben*.

endogenes Potenzial (regionales Entwicklungspotenzial) *endogenous development potential*: die einer → *Region* innewohnenden Entwicklungsmöglichkeiten, die z. B. aus → *natürlichen Bevölkerungsbewegungen* und Standortvorteilen beruhen und nicht auf Entwicklungsimpulse von außen wie etwa spezielle Fördermaßnahmen aufbauen. Die Nutzung des e. E. dient in der → *Raumordnungspolitik* der Findung „individueller" Lösungen für Probleme der Regionalentwicklung.

endorheischer Fluss *endorheic river*: → *Fluss*, der in einem → *humiden* Klimabereich entspringt und sich in einem → *ariden* Bereich in seinem Lauf verliert oder in einen → *Endsee* mündet, also nicht in die → *Ozeane* entwässern.

Endrumpf *peneplain, old plain*: theoretisches Endstadium in der Theorie des → *Erosionszyklus*, das eine flachwellige bis weitgehend ebene Abtragungsfläche (→ *Rumpffläche*) ist.

Endsee *desert: lake, endorheic basin*: stehendes, oft seichtes Gewässer in → *Trockengebieten*, mit Zuflüssen aus Feuchtklimaten (→ *allochthone* Flüsse), in dem der → *Oberflächenabfluss* endet (→ *endorheisch*). Ein E. ist i. d. R. salzig, weil sich durch die → *Verdunstung* die mit den Zuflüssen eingebrachten → *Salze* anreichern.

Energie *energy*: gespeichertes Arbeitsvermögen innerhalb eines nach physikalischen Gesetzen bestimmten Systems. Energieformen sind mechanische (kinetische oder potentielle), elektrische, magnetische und chemische E., sowie Wärmeenergie bzw. → *Kernenergie*. Energieumwandlung der einzelnen Energieformen untereinander ist möglich. Bei einer globalen Betrachtung des E. wird ein geschlossenes System angenommen, sodass die Summe aller E. konstant ist (Satz von der Erhaltung der E.). In diesem Sinne gibt es keinen → *Energieverbrauch*. Die Betrachtung der E. erfolgt in der → *Energiebilanz* für die Gesamterde (→ *Strahlungsbilanz*) sowie zweckgerichtet, z. B. für einzelne → *Landschaftsökosysteme* oder → *Zonen der Erde* (→ *Energieaustausch*, → *Energiepyramide*).

Energieausfuhr *energy loss*: Verlust von → *Energie* im → *Ökosystem* durch Wärmeabgabe in die Umgebung z. B. infolge → *Migration* der Lebewesen.

Energieaustausch *energy exchange*: allgemein Austausch von → *Energie* (z. B. chemische Energie, elektrische Energie) über Kompartimentsgrenzen hinweg. 1. grundsätzlich als Strahlungsenergie in das → *Ökosystem* eingegebene Energie, die in oder an verschiedenen Geoökofaktoren bzw. Partialkomplexen Umsetzungen erfährt 2. die Aufnahme (Absorption) von Strahlung in ein → *Ökosystem* und die darauf erfolgende Energieweiter-

Energiebedarf

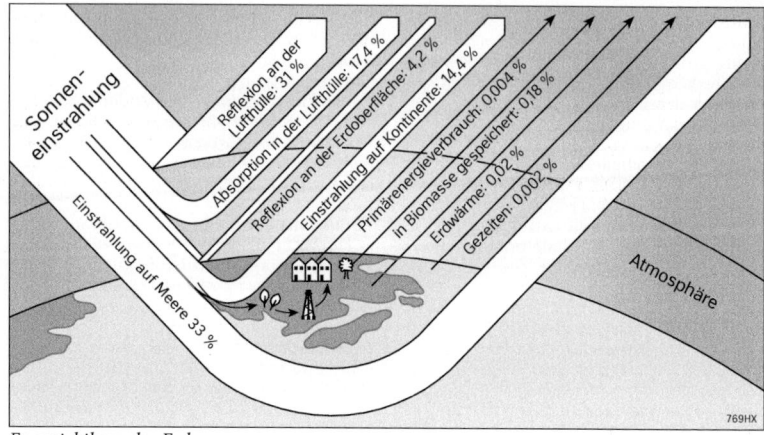

Energiebilanz der Erde

gabe durch → *Energiefluss* (→ *Nahrungsnetz*). 3. Austausch von elektrischer Energie über Landesgrenzen hinweg. Im letzteren Fall ermöglicht ein sog. Stromverbund den Austausch von regional unterschiedlicher Stromnachfrage und Stromerzeugung.

Energiebedarf *energy demand*: 1. in der → *Ökologie* und → *Bioökologie* jene → *Energie*, die für das Funktionieren eines Organismus sowie der → *Ökosysteme* bzw. → *Bioökosysteme* nötig ist. 2. von Bevölkerung und Wirtschaft nachgefragte Energiemenge. Zur Bedarfsdeckung ist diese von den Trägern der → *Energieversorgung* bereitzustellen. Bevölkerungszahl, Lebensstandard, technologischer Wandel sowie ein sparsamer Umgang mit Energie können den E. wesentlich verändern.

Energiebilanz *energy balance*: 1. die E. der Erde schlüsselt die → *Sonnenstrahlung* im Sinne der gesamten → *Einstrahlung* der → *Sonne* auf die → *Erde* und die → *Meere* sowie die → *Atmosphäre* auf. 2. allgemein die Beziehungen in einem ökologischen System (z.B. → *Biosphäre*, → *Ökosystem*, → *Population*, → *Individuum*) zwischen zugeführter → *Energie*, innerer (potentieller) Energie, Arbeit und → *Wärme*. Die E. ist negativ, wenn das Ökosystem mehr Arbeit leistet als dem System Energie zugeführt wird. Ein Mehrverbrauch gegenüber der Energiezufuhr wird dadurch gedeckt, dass auch die innere Energie des Systems in Arbeit und Wärme umgewandelt wird, sodass sich die energetischen Grundlagen der Organisation des Systems vermindern. Aspekte der → *Nahrungsketten* in → *Biosystemen* sind für energetische Betrachtungen besonders geeignet. Energieverbrauch und der → *Energiebedarf* von Mensch und Wirtschaft unterliegen den Prinzipien der E. 3. Gegenüberstellung der eingebrachten und ausgetragenen Energiemengen in einem produktionstechnischen System.

Energiedosis *energy: dose*: Gesamtheit der durch → *ionisierende Strahlung* auf Materie übertragene und dort absorbierte → *Energie*, wobei im Gewebe von Lebewesen biologische Effekte resultieren können. Die Einheit der E. ist → *Joule* (J/kg).

Energiefernversorgung *remote power generation*: Transport von → *Energie* zum Zweck der → *Energieversorgung* über weite Distanzen. E. ist sowohl bei → *Primärenergieträgern* (→ *Erdgas*- bzw. → *Erdöl*pipelines) als auch bei → *Sekundärenergie*trägern (Hochspannungsfernleitungen) üblich.

Energiefluss *energy flow*: die Weitergabe potentieller chemischer Energie in der → *Nahrungskette* bzw. durch verschiedene → *Kompartimente* eines → *Ökosystems* (→ *Energiekaskade*).

Energieform *energy forms*: gespeichertes Arbeitsvermögen eines physikalischen Systems. Die E., wie sie in der Natur vorkommt, wird als → *Primärenergie* bezeichnet. → *Primärenergieträger* können in andere Energiearten oder veredelte Energiestoffe, in → *Sekundärenergien*, umgewandelt werden.

Energiekaskade *energy cascade*: beschreibt den Zusammenhang der unterschiedlichen → *Energieniveaus* in der → *Nahrungsketten* und damit der in der → *Biomasse* der Organismen gespeicherten und von Stufe zu Stufe abnehmenden → *Energie* (→ *Energiepyramide*).

Energiekrise *energy crisis*: weltwirtschaftlich einschneidende Phase der Verknappung von → *Erdöl* sowie extremer Preisanstiege auf dem Rohölmarkt seit 1973. Auslöser waren preispolitische Maßnahmen und Embargos der Ölförderländer (→ *OPEC*), mit dem Ziel, Einfluss auf den israelisch-arabischen Krieg zu nehmen. Die E. gab einen Anstoß zur Neubewertung endlicher → *Ressourcen* sowie zur verstärkten Entwicklung energiesparender Techniken und von → *Alternativenergien*. Weitere bedeutende E.: 1979/80 in Folge des Ersten Golfkriegs sowie 2008/2009 ausgelöst durch eine massive weltweite Nachfrage.

Energieniveau *energy level*: die auf jeder Ernährungsstufe in einer → *Nahrungskette* verfügbare → *Energie*. Dabei arbeitet jedes Glied in der Nahrungskette im Nahrungsnetz der Lebensgemeinschaft aufgrund jener Energie, die es von dem Glied einer niedrigeren Ernährungsstufe gewinnt.

Energiepflanzen *bioenergy crop*: landwirtschaftliche → *Nutzpflanzen*, die ausschließlich für die energetische Nutzung (→ *regenerative Energiequelle*) angebaut werden. E. sind z.B. schnell wachsende Baumarten und einjährige Pflanzen (z.B. Pappeln, Espen, Eukalyptus, Kiefern, Riesenschilfarten, Elefantengras), zucker- und stärkehaltige Ackerfrüchte (z.B. Zuckerrohr, Zuckerrüben, Kartoffeln, Getreide, Mais) für die Umwandlung in Ethanol sowie Ölfrüchte (z.B. Raps, Sonnenblumen) zum Einsatz im Treibstoffsektor. Je nach E. und gewünschtem → *Energieträger* müssen diese mechanische (Zerkleinern, Pressen), thermochemische (Entgasung; → *Biogas*) oder biologische (Fermentation) Aufbereitungsschritte durchlaufen.

Energiepolitik *energy policy*: wesentlicher Teil der Wirtschaftspolitik. Sie steht im Dienst der allgemeinen wirtschafts-, umwelt- und gesellschaftspolitischen Zielsetzungen. Die Funktionsfähigkeit der Wirtschaft sowie die Befriedigung grundlegender Bedürfnisse der Bevölkerung hat von einer sicheren → *Energieversorgung* auszugehen. Diese basiert auf dem institutionellen Rahmen zur Erzeugung, Verteilung und Verwendung von → *Energie*.

Energiepyramide *energy pyramid*: die Verteilung der in der → *Biomasse* der Organismen gespeicherten → *Energie*, wobei das Maximum an gebundener Energie an der Basis und das Minimum an der Spitze der E. bzw. → *Nahrungspyramide* befindet.

Energiereserven *energy reserves*: Summe der für die Zukunft technisch gewinnbaren und wirtschaftlich erzeugbaren Energiemengen. Ein deutlicher Engpass entsteht bei den sich zunehmend erschöpfenden, nicht regenerierbaren → *Energierohstoffen*, z.B. → *Erdöl*, → *Erdgas* und → *Kohle*, aber auch → *Uran*.

Energierohstoff *energy raw materials*: → *Rohstoff* zur Energiegewinnung. E. lassen sich in → *fossile* → *Energieträger* und in → *Kernbrennstoffe* untergliedern. Diesen → *erschöpfbaren Ressourcen* stehen die → *regenerativen Energiequellen* gegenüber.

Energiestruktur *energy structure*: Anteile der verschiedenen → *Energierohstoffe* bzw. → *Energieformen* an der → *Energieversorgung* eines Landes oder auf der Erde.

Energieträger *sources of energy, energy resources*: Stoffe, die Energie in sich speichern. Man unterscheidet → *Primärenergieträger* (→ *Primärenergie*), wie → *Kohle*, → *Erdöl*, → *Wasserkraft*, und Sekundärenergieträger (→ *Sekundärenergie*), wie Strom oder Benzin.

Energieübertragung *energy transfer*: der biologische Energieaustausch in den → *Nahrungsketten*, wobei die Effektivität der E. von der niedrigsten Stufe zum Gipfel der → *Energiepyramide* ansteigt. Auf den Ernährungsstufen erfolgt unterschiedlicher Energieverbrauch, weil die Nahrung auf ihnen unterschiedlich zugänglich ist. Energie durchströmt das Biosystem im Übrigen nur einmal, wobei es auf jeder Ernährungsstufe zu → *Energieverlust* kommt. Es handelt sich hier um jene Energie, die beim → *Stoffwechsel* nur teilweise als arbeitsfähige Energie gespeichert wird. Der Rest geht als Wärmeenergie verloren. Mit dem ständigen Energieverlust ist eine Zunahme an → *Entropie* zu verzeichnen.

Energieverbrauch *energy consumption*: weil das Energiesystem der Erde als → *geschlossenes System* modelliert wird, gibt es auch – genau genommen – keinen Energie„verbrauch", sondern nur eine Überführung von einer Energieform in eine andere. Basis des E. sind die → *Primärenergieträger*, aus denen → *Primärenergie* produziert wird, wobei der Primärenergieverbrauch die tatsächlich verbrauchte → *Energie* repräsentiert. Von der Primärenergie wird ein großer Teil in Sekundärenergie umgewandelt (→ *Erdöl* zu Benzin oder Heizöl, dieses dann in elektrischen Strom). Bei den Vorgängen der Energieumwandlung treten beträchtliche Verluste auf, z.B. als → *Abwärme*, die jedoch im Gesamtökosystem Erde nicht verloren geht, sondern sich in andere Kompartimente (Atmosphäre, Wasser) verteilt. (→ *Energieverlust*).

Energieverbund *energy supply grid*: System einer intensiven gegenseitigen Energiebelieferung und -verflechtung unter Einbeziehung unterschiedlicher → *Energieträger* und → *-formen*. Besonders in industriell durchsetzten

Verdichtungsräumen (→ *Agglomeration*) ist ein E. rentabel. Hier ist v. a. die Nutzung der → *Abwärme* bei der Energieerzeugung in vielfältiger Weise möglich.

Energieverlust *energy loss*: bei der → *Energieübertragung* durch Organismen kommt es bei der Weitergabe von organischer Substanz von einer Ernährungsstufe zur nächsten zu E. (→ *Energiebilanz*, → *Energieverbrauch*).

Energieversorgung *energy supply*: Gesamtheit der Einrichtungen und Vorgänge zur bedarfsgerechten Bereitstellung von → *Energie*. Die E. fällt in den Bereich der staatlichen Daseinsvorsorge und ist gesetzlich geregelt.

Energiewirtschaft *energy industry*: Wirtschaftszweig, der die Gewinnung, Umwandlung und Verteilung der → *Energie* umfasst. Der E. kommt volkswirtschaftlich eine Schlüsselposition zu, da Wirtschaft und Bevölkerung direkt von ihr abhängen.

englazial → *intraglazial*.

Engtal *narrow valley*: Talform, bei der die obere Öffnung gleich oder kleiner als der Betrag der Eintiefung in Metern ist. Der Begriff wird v. a. im Zusammenhang mit → *antezedentem Tal* und dem → *epigenetischem Tal* gebraucht (→ *Klamm*).

Enklave *enclave*: Gebiet eines anderen → *Staates*, das inselartig im eigenen → *Staatsgebiet* liegt und von diesem umschlossen wird. Analog gibt es E. auch auf der Ebene von → *Ländern*, → *Kreisen*, → *Gemeinden* usw. Jede E. ist, vom besitzenden Staat aus gesehen, eine → *Exklave*.

Enkulturation *enculturation*: im Gegensatz zur → *Akkulturation* (Hineinwachsen durch Erziehung) das unmerkliche, nicht intentionale Erziehung gesteuerte Hineinwachsen einer Person oder Personengruppe in eine Kultur im Verlauf des Prozesses der → *Sozialisation*. Der unmerkliche und unreflektierte Kulturerwerb lässt die eigene Kultur als „natürlich", normal oder gar gottgegeben erscheinen und bildet oftmals die Basis für → *Ethnozentrismus*, → *Rassismus* und → *Nationalismus*. Erst im Kontakt mit anderen Kulturen wird die eigene Kulturhaftigkeit erfahrbar (→ *Othering*; → *Inkulturation*).

Entbasung *base depletion*: Auswaschung der basisch wirkenden Austauschkationen im → *Boden* (fast ausschließlich Na, K, Ca, Mg), deren Verlust zu einem Ersatz durch H$^+$-, Al-, und Fe-Ionen führt. Die E. ist der wichtigste Teilprozess der Bodenversauerung und findet in der zeitlichen Verwitterungsfolge nach der Entkalkung statt.

enterprise zone *Unternehmenszone*: in Großbritannien durch den britischen Stadtplaner Peter Hall entwickeltes und seit 1981 angewandtes Konzept einer wachstumsorientierten Raumwirtschaftspolitik, insbesondere zur kleinräumigen Wirtschaftsförderung. Die → *Bauleitplanung* ermöglicht Unternehmen in e. z. eine relativ rasche, unbürokratische Verwirklichung ihrer Ansiedlungspläne, indem bestimmte staatliche Restriktionen wie → *Umwelt-*, → *Bau-* oder Arbeitsrecht außer Kraft gesetzt werden. Außerdem ist dort die Gewährung steuerlicher Erleichterungen möglich (→ *industrial estate*).

Entisols *Entisols*: (von *recent* [engl.] = jung) in der → *US Soil Taxonomy* (2014) unentwickelte Böden ohne erkennbare → *Horizonte*.

Entität *entity*: in der Philosophie ein Grundbegriff der → *Ontologie*, der etwas bezeichnet, was existiert (z. B. Gegenstände, Eigenschaften, → *Prozesse* usw.), ein Seiendes.

entitlement-Theorie *entitlement theory*: eine auf den Wirtschaftsphilosophen Amartya Sen basierende → *Theorie*, wonach Hungersnöte oftmals nicht durch Nahrungsmittelknappheit zustande kommen, sondern aufgrund der Verschlechterung der Tauschbedingungen (höhere Preise) von Lebensmitteln für zahlreiche Armutsgruppen. Diese Theorie wird in der → *Geographie* häufig als Grundlage für die sozialwissenschaftliche Verwundbarkeitsforschung (→ *Vulnerabilität*) herangezogen.

Entkalkung *decalcification*: 1. Kohlensäureverwitterung und Auswaschung der Calcium- und Magnesiumcarbonate im Boden. Ausmaß und Geschwindigkeit der E. hängen in erster Linie von der Menge des den Boden durchsickernden Wassers ab. Die Lösungskraft des → *Sickerwassers* wird dabei durch Anreicherung mit organischen Säuren und Kohlendioxid erhöht. 2. Bildung von Calciumcarbonat in Gewässern durch gelöstem Calciumhydrogencarbonat durch Entzug von CO_2 („Gleichgewichtskohlensäure"). 3. → *biogene* E. durch CO_2-Entzug bei der → *Photosynthese* der Wasserpflanzen.

Entkolonialisierung *decolonisation*: Formelle Auflösung kolonialer Herrschaftsverhältnisse. E. kann durch Umwandlung von → *Kolonien* in unabhängige → *Staaten* vor sich gehen, wie bei der Entwicklung der ehemaligen afrikanischen und asiatischen Kolonien europäischer Staaten nach dem Zweiten Weltkrieg, oder aber durch Eingliederung der Kolonien in das Mutterland (z. B. zentralasiatische Gebiete des Russischen Reiches, Aufnahme von Kolonien als Gliedstaaten in die USA).

Entlastungsort *overspill town*: planmäßig erweiterter bestehender oder neu gegründeter Ort zur Entlastung der Kernzone eines → *Verdichtungsraumes*. Als Ansiedlungsschwerpunkt nach dem → *punkt-achsialen Prinzip* soll dieser in der Randzone der Verdichtung Wohn- und Arbeitsstätten sowie Versorgungseinrichtungen aufnehmen. Man hofft, so der → *Zersiedelung* und dem zunehmenden → *Pendelverkehr* entgegenwirken zu können. E. wurden v. a. in England zu Zeiten des Bevölkerungs- und Wirtschaftswachstums nach dem Zweiten Weltkrieg geplant.

Entlastungsstadt *overspill town*: gelegentlich gebrauchte Bezeichnung für eine → *Neue Stadt* oder eine relativ große Neubausiedlung am → *Stadtrand* bzw. im → *Stadtumland*, die die Aufgabe hat, das Bevölkerungs-, seltener das Arbeitsplatzwachstum der → *Kernstadt* aufzunehmen. Insbesondere → *Satellitenstädte* werden z. T. als E. bezeichnet (→ *overspill town*).

Entleerungsgebiet *depressed area*: Teilraum eines → *Staates*, z. B. eine → *Region*, der langfristig durch demographische und wirtschaftliche Schrumpfungsvorgänge gekennzeichnet ist. Aus einem E. wandern insbesondere die → *Erwerbspersonen* ab und die regionale → *Wertschöpfung* vermindert sich häufig.

Entölungsgrad *oil recovery factor*: in Prozentwerten gemessene Ausnutzung von Erdöllagerstätten. Je nach Lagerstättenausbildung und -druck kann durch die → *Primärförderung* ein E. von 5% (Schweröl) bis 40% erreicht werden. Mithilfe der gegenwärtig im Einsatz befindlichen Technik der Sekundär- und Tertiärförderung kann maximal etwa 60% des sich in den Lagerstätten befindlichen → *Erdöls* gefördert werden (→ *Peak oil*). Dies bezieht Lagerstätten z. B. in der Arktis oder in der → *Tiefsee* mit ein, die man nur unter großem technischen Aufwand sowie hohen → *Risiken* ausbeuten kann.

Entrepreneurship (Unternehmertum) das Ausnutzen unternehmerischer Chancen sowie der kreative und gestalterische unternehmerische Prozess in einer Organisation insbesondere in Phasen des Wandels.

Entrepreneurship-Forschung (Gründungsforschung) *operations research, start-up research*: Teilgebiet der → *Betriebswirtschaftslehre*, welches sich mit der Analyse von Unternehmensgründungen, dem Erkennen und Ausnutzen unternehmerischer Chancen sowie den kreativen Prozessen in Phasen des Wandels im → *Unternehmen* beschäftigt.

Entropie *entropy*: allgemein für den Unordnungs- oder Ordnungsgrad eines → *Systems*, basierend auf der → *Thermodynamik*, deren Gesetze auch für ökologische Systeme gelten, weil hier Wärme produziert bzw. verbraucht wird.

entscheidungstheoretischer Ansatz *decision theory*: in der → *Wirtschafts*- und → *Sozialgeographie* gebräuchlicher Forschungsansatz, der sich v. a. mit dem Ablauf und den im Raum beobachtbaren Wirkungen von Entscheidungsprozessen (→ *behaviour in space*) befasst.

Entsiedlung *depopulation:*, *desettlement*: ein aufgrund der sozialen Belastung der betroffenen Bewohner stark negativ konnotierter Vorgang, bei dem Häuser, Stadtteile oder ganze Kommunen aus den unterschiedlichsten Gründen (z. B. aufgrund von Megaprojekten, → *Naturgefahren* etc.) in andere Räume umgesiedelt werden.

Entsorgung *disposal, removal of refuse*: 1. allgemein die Beseitigung von → *Abgas*, → *Abwasser* und festen Abfallstoffen (→ *Kläranlage*, → *Müll*, → *Müllverbrennung*). 2. in der → *Atomwirtschaft* verwendete Sammelbezeichnung für → *Zwischenlagerung*, → *Wiederaufarbeitung*, sowie → *Endlagerung* radioaktiver Abfälle, um die → *Radionuklide* nicht in die → *Biosphäre* geraten zu lassen. 3. im engeren Sinne bei → *Kernkraftwerken* die Weiterbehandlung verbrauchter → *Brennelemente*.

Entsorgungsanlagen *waste disposal plant, waste management plant*: technische (Groß-)Anlagen, die der Gewinnung von → *Sekundärrohstoffen* oder der Beseitigung von Abfällen dienen. Besonders anzuführen sind → *Müllverbrennungsanlagen* (→ *Müllkraftwerke*) und → *Deponien*.

Entsorgungsgeographie *refuse disposal geography*: Teilgebiet der → *Wirtschafts*- und → *Sozialgeographie*, das sich v. a. mit den raumspezifischen Verhaltensmuster der im Entsorgungsprozess eingebundenen Akteure und den daraus resultierenden Raumstrukturen und Prozessmechanismen befasst.

Entsorgungskonzept *disposal concept*: in Deutschland als „integriertes E." bezeichnetes Verfahren, das Lagerung von → *Brennelementen*, → *Wiederaufarbeitung*, Brennstoffrückführung und -behandlung sowie Lagerung → *radioaktiver Abfälle* in der → *Atomwirtschaft* einschließendes System beschreibt. Ziel ist die Minimierung der Transporte radioaktiven Materials. Das E. sieht für mittel- und schwachaktive sowie hochaktive radioaktive Abfälle unterschiedliche Entsorgungsstrategien vor.

Entstädterung → *Desurbanisierung*.

Entvölkerung *depopulation*: Schrumpfung der Bevölkerung eines Raumes bis hin zur völligen Entleerung. E. ist meist die Folge kriegerischer Ereignisse (Zerstörung von Siedlungen, → *Vertreibung* der Bevölkerung), kann aber auch natürliche Ursachen haben (→ *Klimawandel*, → *Naturkatastrophen* u. ä.).

Entwaldung *deforestation*: vollständiges, großräumiges Verschwinden von → *Wäldern* durch → *Rodung*, Kahlschlag, Wirkungen von extremen → *Naturereignissen* (z. B. → *Windwurf*) oder durch Befall mit → *Schädlingen*.

Entwässerung *drainage (1.); waste water discharge (2.); drainage (3.)*: 1. Ableitung des Überschusswassers bei Bodennässe durch kulturtechnische Maßnahmen, wie → *Dränung*, um Oberflächen-, → *Boden-* und → *Grundwasser* abzuleiten, die das Wachstum von Kulturpflanzen hemmen können. 2. Abführung des → *Abwassers* über die → *Kanalisation*. 3. Trockenlegen von → *Feuchtgebieten*, kleinen → *Oberflächengewässern* und → *Mooren* um sie zu nutzen.

Entwicklung *development*: Begriff, welcher den Pfad einer qualitativen, strukturellen Systemveränderung in gesellschaftlichen und ökonomischen Bereichen beschreibt. E. ist im Sinne einer Verbesserung des Systemzustandes häufig positiv besetzt und umfasst bspw. Prozesse wie Demokratisierung, technische → *Modernisierung* oder Verbesserung von Arbeitsbedingungen. Kritisiert werden an der E. u. a. der autoritäre Duktus und der → *Eurozentrismus*. Dies führt zu einer zunehmenden Infragestellung des Begriffs der E. (→ *post-development*).

Entwicklungsachse *development axis*: bandartiger Gebietsstreifen entlang bereits existenter bzw. noch auszubauender Verkehrs- und Versorgungslinien. In einer E. sollen infrastrukturelle Einrichtungen gebündelt, Betriebe angesiedelt und Wohnungen erstellt werden. Die Ausweisung von E. erfolgt i. d. R. in → *Regionalplänen* (→ *Punkt-achsiales Prinzip*).

Entwicklungsdekade *development decade*: in der Entwicklungspolitik ein Planungszeitraum von 10 Jahren, in dem zuvor in Rahmen der Vereinten Nationen (→ *UNO*) formulierte Ziele erreicht werden sollen. Die erste E. bezog sich auf den Zeitraum 1961 bis 1970, die vierte (und vorerst letzte) E. auf 1991 bis 2000.

Entwicklungsgeschwindigkeit *development speed*: Tempo der Veränderungen in → *Ökosystemen*. E. ist von zahlreichen äußerlichen Faktoren, aber auch → *endogenen* abhängig. Gunst- oder Ungunstverhältnisse in Ökosystemen können die Entwicklung beschleunigen oder verlangsamen.

Entwicklungshilfe *development aid*: Gesamtheit der Maßnahmen zur Unterstützung des wirtschaftlichen Wachstums und der sozialen Entwicklung in sog. → *Entwicklungsländern*. E. ist bilateral, zwischen zwei Staaten, oder multilateral, über internationale Organisationen, möglich. Man unterscheidet Kapitalhilfe, technische Hilfe und Handelshilfe. Der Begriff E. wird zunehmend durch den neueren Begriff → *Entwicklungszusammenarbeit* ersetzt.

Entwicklungsland *developing country*: Ländergruppe, früher auch als → *Dritte Welt* bezeichnet, die im Vergleich zu den → *Industrieländern* weniger weit entwickelt ist (→ *Unterentwicklung*). Zu den strukturellen Merkmalen von E. zählen u. a. ein relativ hohes Bevölkerungswachstum, eine noch stark agrarisch geprägte und wenig diversifizierte → *Wirtschaftsstruktur*, eine unzureichende Nahrungsmittel- und Gesundheitsversorgung, Analphabetismus, Polarisierung traditioneller und moderner Wirtschaftsstrukturen, ein niedriges Pro-Kopf-Einkommen, Kapitalmangel, politische Instabilitäten etc. Eine international verbindliche Liste der E. gibt es nicht. Die Vereinten Nationen (→ *UNO*), die → *Weltbank* und die → *OECD* gehen zwar von ähnlichen Kriterien aus (z. B. BIP/Einw.), bewerten diese jedoch unterschiedlich (→ *less developed countries*). Eine neuere (weniger bewertende und weniger nationalstaatliche) Perspektive sind die Bezeichnungen → *Globaler Süden* und → *Globaler Norden*.

Entwicklungspfad *development path*: Begriff, der die Abhängigkeit der Entwicklung (meist auf regionaler Ebene) von vergangenen Entscheidungen betont. So können suboptimale Entscheidungen der Vergangenheit die Entwicklung bremsen, weil sie nicht rückgängig gemacht werden können (z. B. Standortentscheidungen eines Unternehmens, Wirtschaftsstruktur). E. können folglich individuell sehr unterschiedlich sein (→ *Modell der industriellen Entwicklungspfade*).

Entwicklungsplanung *development planning*: Planung von Entwicklungsmaßnahmen für eine bestimmte räumliche Einheit, z. B. im Rahmen eines → *Landesentwicklungsplans*. Dabei wird der zeitliche Ablauf der Verwirklichung der vorgesehenen Maßnahmen festgelegt und der finanzielle Rahmen für die bereitzustellenden Mittel abgesteckt.

Entwicklungspol *development pole*: → *Wachstumspol*.

Entwicklungspotenzial *development potential*: 1. allgemein die natürlichen Ausstattungsmerkmale eines → *Raumes*, die eine günstige → *Entwicklung* ermöglichen. 2. im wirtschaftlichen Bereich zählen dazu z. B. natürliche Ressourcen wie → *Bodenschätze* oder → *Energierohstoffe*. 3. siehe Entwicklungsfunktion im → *Leistungsvermögen des Landschaftshaushaltes*.

Entwicklungsprogramm *development programme*: zeitlich abgestimmter Katalog von Entwicklungsmaßnahmen für ein bestimmtes Gebiet, z. B. → *Landesentwicklungsprogramm*. Ein E. enthält die → *Entwicklungsplanung* für ein Gebiet.

Entwicklungsraum *development area*: hinter der allgemeinen wirtschaftlichen und infrastrukturellen Entwicklung zurückgebliebener Teilraum eines Landes mit Entwicklungspotenzialen. Die Entwicklung eines sol-

chen Raumes geschieht meist mithilfe einer → *Entwicklungsplanung.*
Entwicklungsreihe → *Sukzessionsreihe.*
Entwicklungsstadientheorie → *Stadientheorie.*
Entwicklungstheorien *development theories*: Theorien zur Erklärung der weltweit unterschiedlichen Chancen für wirtschaftliches Wachstum und der Ursachen von → *Unterentwicklung.* Die E. gehen dabei v. a. auf die Problematik des → *Nord-Süd-Gegensatzes* ein. Sie lassen sich grob in → *Modernisierungstheorien* und → *Dependenztheorien* unterscheiden.
Entwicklungszusammenarbeit *development cooperation*: neuerer Begriff für → *Entwicklungshilfe*, der v. a. den Aspekt der partnerschaftlichen Zusammenarbeit bei dem Versuch, wirtschaftliche → *Unterentwicklung* zu bekämpfen, betont. Teilaspekte der E. sind → *Kapitalhilfe,* → *Nahrungsmittelhilfe,* → *Programmhilfe,* → *Projekthilfe,* → *technische Hilfe.*
Entzugseffekt → *Backwash-Effekt.*
Eophytikum *Eozoic period*: ältester Abschnitt der Florengeschichte der Erde, der vom ersten Auftreten von Pflanzenspuren in → *Archaikum* bis zum Ende des → *Ordoviziums* reicht. Am Ende des E. erfolgte die Besiedlung des Festlandes mit → *Pflanzen.*
Eozän *Eocene*: mittlere Stufe des → *Paläogens*, der ersten Abteilung des → *Tertiärs.*
EPER → *Europäisches Schadstoffemissionsregister.*
ephemer *ephemeral*: vorübergehend, kurzlebig, nur einen Tag lebend; auf bio- und geowissenschaftliche Phänomene bezogen.
Ephemere *ephemere*: Angehörige einer Flora mit sehr kurzer → *Vegetationszeit*, in welcher sämtliche Lebensvorgänge rasch hintereinander erfolgen. Ephemere Floren finden sich in Extremklimaten mit kurzen Sommern (Arktis; oberste → *Höhenstufen* des → *Hochgebirges*) oder in Trockengebieten mit kurzzeitigen periodischen oder episodischen Regenfällen. Dann erfolgen Austreiben, Blühen und Fruchten der Pflanzen innerhalb weniger Tage oder Wochen (→ *Geophyten,* → *Therophyten*).
ephemere Siedlung (Rastsiedlung) *ephemeral settlement*: → *Siedlungstyp*, der sich aus der Benutzungsdauer der Siedlung ergibt. Die e. S. ist eine flüchtige Siedlung und wird nur einige Tage benutzt. Sie ist charakteristisch für Wildbeuter (Sammler, Jäger, Fischer), die in Abhängigkeit vom natürlichen Nahrungsangebot häufig ihren Rastplatz wechseln müssen (→ *temporäre Siedlung,* → *Dauersiedlung,* → *Halbdauersiedlung*).
Ephemerophyten *ephemerophytes*: nicht einheimische Arten auf → *anthropogenen* und → *naturnahen* Standorten, die sich im neuen Lebensraum nur vorübergehend halten können („Passanten"; → *Adventivbiota*).
Epidemie (Seuche, Massenerkrankung) *epidemic, infectious disease, contagious disease*: örtlich und zeitlich gehäuftes Auftreten einer ansteckenden Krankheit. Unterschieden werden – Kontakt-E., wobei die Krankheit durch Personenkontakte übertragen wird, sodass die Zahl der Krankheitsfälle langsam ansteigt; – Explosiv-E., meist als Vergiftungen oder Infektionen auftretend, durch Trinkwasser oder Nahrung ausgelöst. Dabei steigt die Zahl der Krankheitsfälle plötzlich an, bei anhaltend starkem Wachstum der Zahl der Fälle (→ *Pandemie*).
Epidemiologie (Seuchenlehre) *epidemiology*: Untersuchung von Ursache, Verbreitung und Verlauf ansteckender Krankheiten unter Einbezug der geoökologischen Randbedingungen (→ *Geoökosystem,* → *Landschaftsökosystem*). Ziel ist die Abwehr bzw. Bekämpfung von Infektionskrankheiten. Auch die → *Massenvermehrung* z. B. von → *Schädlingen* wird von der E. untersucht (→ *Geomedizin*).
Epigenese *epigenesis*: beschreibt geologische und geomorphologische Phänomene, die sich in Strukturen gebildet haben, die älter sind als das Phänomen. Meist angewandt auf → *epigenetische* Täler oder Täler, die sich in ältere Strukturen, z. B. Faltenstrukturen, eingetieft haben.
epigenetisch *epigenetic*: bezeichnet ein → *Durchbruchstal*, das in ältere Strukturen eingetieft wurde (→ *Epigenese*). Voraussetzung sind im Untergrund wechselnde Lagen aus widerständigem und erosionsanfälligem Gestein, über die der Fluss quer hinweg fließt. Durch → *rückschreitende Erosion*, die an den Flussmündungen beginnt, tieft der Fluss Täler in den alten Faltenstrukturen ein, wobei die weniger widerständigen Gesteine an den entstandenen Hängen durch → *denudative* Prozesse stärker abgetragen werden. Gemeinsam mit der stärkeren Tiefenerosion von → *Nebenflüssen*, die durch das weichere Gestein fließen, gegenüber jenen, die in härterem Gestein fließen, was zu → *Flussanzapfungen* führt, bewirkt dies, dass letztlich nur doch die harten Schichten als → *Rücken* herausragen. Diese werden nur von den → *Hauptflüssen* gequert, da sie genug Erosionskraft haben, sich durch das harte Gestein in die Tiefe zu erodieren.
Epilimnion *epilimnion*: sommerliche, oberflächennahe Erwärmungsschicht des Wassers eines → *Sees.* Sie wird durch die → *Sprungschicht* mit starkem Temperaturabfall vom kühlen Tiefenwasser getrennt. Voraussetzung für die Ausbildung eines E. ist eine genügende

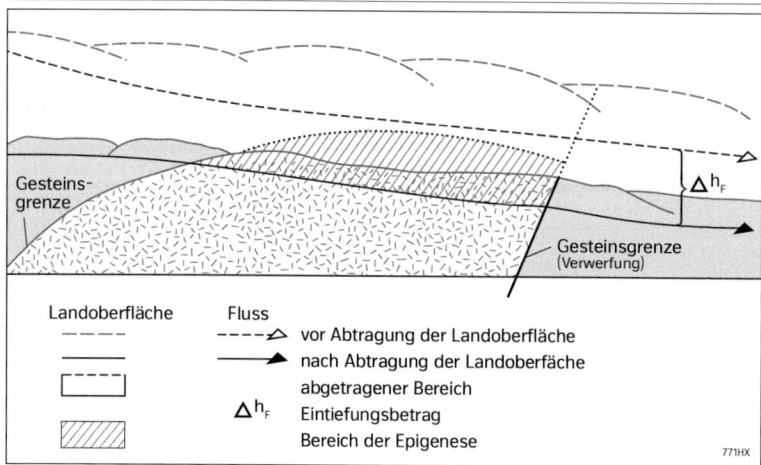

Epigenetisch

Gewässertiefe (→ *Hypolimnion*, → *Metalimnion*, → *Schichtung*, → *Seezirkulation*).

epiphreatische Höhle *epiphreatic cave*: → *Höhle* an der Obergrenze der → *phreatischen Zone*, also des ständig wassergefüllten Gesteinskörpers im → *Karst*. In dieser Zone ist das Wasser meist mit Kalk gesättigt, sodass es zu keiner → *Korrosion* kommt. Da die Höhe des → *Karstwasserspiegels* (Obergrenze der phreatischen Zone) jedoch variiert, kommt es zur Vermischung von ungesättigtem Wasser der → *vadosen Zone* und gesättigtem Wasser der phreatische Zone und damit zur → *Mischungskorrosion*. Dies kann dazu führen, dass in diesem Übergangsbereich ein → *Höhlensystem* entsteht, die e. H.. Ein mehrstöckiges Höhlensystem weist auf mehrfache Stillstände der Höhlenlage des → *Vorfluters* hin, zu dem die → *Karstquellen* hin entwässern.

Epiphyten (Überpflanzen) *epiphytes*: auf anderen Gewächsen, v. a. Bäumen, lebende Pflanzen. E. sind keine parasitären Aufsitzer (→ *Parasit*), weil sie Nährstoffe und Feuchtigkeit aus der Luft bzw. von den besetzten Oberflächen beziehen. E. sind auf günstige Lichtverhältnisse angewiesen, die ihre exponierten Standorte erklären. Neben echten E. gibt es Hemi-E.. Diese keimen und entwickeln sich auf anderen Gewächsen, manche unter Ausbildung von Luftwurzeln, die Bodenkontakt finden und dann Stütz- und Nährfunktion übernehmen.– E. finden sich v. a. im tropischen Regenwald (→ *Hyläa*) sowie im immerfeucht-tropischen → *Bergwald* und → *Nebelwald*.

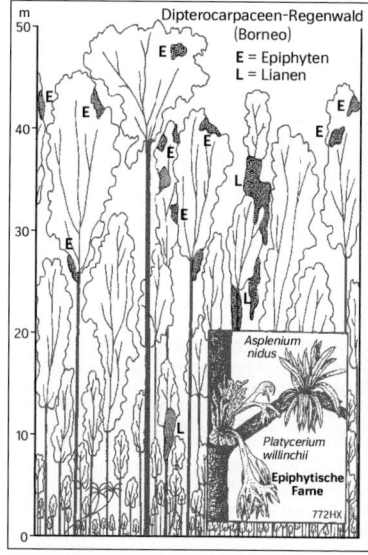

Epiphyten

Epirogenese *epeirogeny*: langzeitige, sehr großräumige Krustenverbiegungen, ohne wesentliche Störung der Lagerung der Gesteine. Ursache epirogenetischer Bewegungen sind Magmaströmungen unterhalb der → *Erdkrus-*

te. Erklärt wird der Mechanismus mit der Theorie der → *isostatischen Ausgleichbewegungen*, die mit der E. verbunden sind. E. erklärt auch großräumige, nicht klimabedingte Verlagerungen der Küstenlinien (mit → *Transgression* und → *Regression* der Meere), ebenso Aufwölbungen (→ *Geoantiklinalen*) subkontinentaler Größenordnung und entsprechende Einwölbungen zu großen Sedimentationsbecken, den → *Geosynklinalen*.

epirogenetisch *epeirogenic*: langzeitig und großräumig wirksamen Bewegungen im Sinne der → *Epirogenese*.

episodisch (aperiodisch) *episodic, aperiodic*: gegenüber der → *Periodizität* Ereignisse, die sich in längeren, aber weitgehend zufälligen Zeitabständen wiederholen. Typische e. Ereignisse sind die → *Niederschläge* in Extremwüsten, deren Gang ohne zeitliche Ordnung ist. E. ist auch die Wasserführung von Flüssen in extremen Trockengebieten, die vom aperiodischen, zufälligen Gang der Niederschläge bestimmt ist.

Episteme *episteme*: allg. „Wissen" oder „Wissenschaft", theoretisches Wissen, ursprünglich Gegenbegriff zu → *Techne* (praktisches Können). Michel Foucault schränkte den Begriff ein auf das historische a priori (→ *Dispositiv*) von Wissen und den daran anknüpfenden → *Diskursen*. E. bezeichne damit die Bedingungen der Möglichkeit von Wissen in einem bestimmten Kontext (z. B. Epoche), wobei mehrere E. durchaus gleichzeitig nebeneinander vorkommen können, als Teile von unterschiedlichen Macht- oder Wissenssystemen.

Epistemologie (Erkenntnistheorie) *epistemology*: Teilbereich der Philosophie, die sich mit den Fragen nach der Möglichkeit von Erkenntnis und Wissen beschäftigt. Die E. fragt danach, wie wahre und gerechtfertigte Erkenntnisse zustandekommen (→ *Wahrheit*) und wie sie als solche erkennbar werden.

Epizentrum *epicentre*: bei einem → *Erdbeben* der unmittelbar über dem im Untergrund befindlichen Bebenherd an der Erdoberfläche gelegene Ort mit den stärksten Erschütterungen.

Epizone *epizone*: die oberste der drei Tiefenzonen der → *Regionalmetamorphose*, bei der → *Phyllite* entstehen.

Epoche *epoch*: in den historischen → *Geowissenschaften* ein definierter Zeitabschnitt.

Epökophyten *epecophytes*: nicht einheimische Arten, nur auf → *anthropogenen* Standorten vorkommend und schon in frühen historischen Zeiten eingewandert („Kulturabhängige"; → *Adventivbiota*).

Equilibrium-Theorie *equilibrium theory*: in der → *Biologie* betrachtetes Gleichgewicht zwischen Neueinwanderern und aussterbenden Arten. Obwohl v. a. an Inseln beobachtet und geprüft, wird die E.-T. auch auf andere → *Ökosysteme* und ihre → *Populationen* übertragen. Neue oder andere Arten können nur dann vom Ökosystem aufgenommen werden, wenn andere, vorhandene Arten aus dem System durch Abwanderung oder Auslöschung verschwinden.

ERAM *final disposal site Morsleben*: → *Endlager Morsleben*.

Erbbaurecht *leasehold: right*: gesetzlich geregeltes Recht zum Bauen auf fremden → *Grundstücken*. Der Grundstücksnutzer zahlt an den Eigentümer einen Erbbauzins für bis zu 99 Jahre. Das E. ist vererbbar und veräußerbar.

Erbengemeinschaft *community of heirs*: Form der Erbfolge, die bei einem Erbfall dann eintritt, wenn der Nachlass nicht aufgeteilt, sondern als Ganzes auf mehrere Erben übergeht, die eine Rechtsgemeinschaft bilden.

Erbkötter *heritable: cottage*: in NW-Deutschland gebräuchlicher Begriff für eine vergleichsweise jüngere bäuerliche Besitzerschicht (→ *Kötter*). Diese stammt von der Altbauernschicht ab, baute aber als so genannte weichende Erben in der gleichen → *Gemarkung* neue Anwesen.

Erbpacht *heritable lease*: dingliches Nutzungsrecht an einem → *Grundstück*, das vererblich und veräußerlich ist. Für die Nutzung wird ein Pachtzins entrichtet. Der Erbpächter erhält häufig ein Vorkaufsrecht. E. tritt am häufigsten in der Landwirtschaft auf, aber auch Wohnbebauungen werden auf E.-Land vorgenommen.

Erbsitte → *Vererbungssitte*.

Erbteilungssitte → *Vererbungssitte*.

Erdaltertum *Palaeozoic*: → *Paläozoikum*.

ERDAS Imagine weltweit weit verbreitete kommerzielle Software zur Analyse und Auswertung von → *Fernerkundungsdaten*, insbesondere → *Rasterdaten*. Die Software ist kompatibel mit gängigen → *Geographischen Informationssystemen* (→ *GIS*) und CAD-Programmen.

Erdbahn *earth orbit*: die kreisähnliche, ellipsenförmige Umlaufbahn der → *Erde* um die → *Sonne* als Fixpunkt. Die Abweichung der Ellipse von der Kreisbahn wird als → *Exzentrizität* bezeichnet. Die E. ist 936 Mio. km lang. Die Umlaufdauer dient als Zeiteinheit für das Jahr. Die Umlaufzeit beträgt 365 Tage 5 Stunden 48 Minuten 46 Sekunden. Da die Sonne nicht genau im Mittelpunkt der Umlaufellipse liegt, beträgt die Entfernung Sonne-Erde im fernsten Punkt der Bahn 152 Mio. km (Aphel) und im nächsten Punkt 147 Mio. km (Perihel) (→ *Apsiden*). Im fernen Punkt bewegt sich die Erde etwas schneller als im nahen Punkt.

Erdbeben *earthquake*: Erschütterungen des Erdbodens durch → *endogene* Vorgänge in der festen → *Erdkruste*. Man unterscheidet – die lokalen → *Einsturzbeben* (durch Versturz unterirdischer Hohlräume; = 3% aller Fälle), – die weitaus am häufigsten auftretenden vulkanische Beben (→ *Ausbruchsbeben*) im Zusammenhang mit Vulkanausbrüchen (etwa 7%) und → *tektonischen Beben* – (etwa 90%). Letztere entstehen durch Gesteinsbewegungen im Untergrund, wenn sich plötzlich hohe Druckspannungen lösen. Die E.-Herde liegen wenige Kilometer bis einige 100 km unter der Erdoberfläche. Sie lösen auch → *Seebeben* (mit der Folge von → *Tsunamis*) aus. Extreme E. wurden auf der ganzen Welt registriert. Insgesamt ereignen sich ungefähr 10 000 E. pro Jahr, wovon der größte Teil allerdings schwach und nur mit Instrumenten registrierbar ist. Zu den aktiven E.-Gebieten gehören die Ketten der tertiären → *Faltengebirge*. E. wirken aktiv auf die Formung der Erdoberfläche. Sie lassen Spalten, Brüche und Senkungen entstehen und lösen u. a. → *Rutschungen* und → *Bergstürze* aus (→ *geologisch-geomorphologische Naturgefahren*, → *Pazifischer Feuerring*).

Erdbebenkunde (Seismologie) *seismology*: → *Seismik*.

Erdbult *hummock*: Erdhügel im Dezimeterbereich, die auf → *Torfmooren*, graswachsenen Böden oder im → *Hochgebirge* aufgrund kleinsträumiger Massenbewegungen und Materialsortierungen im Boden entstehen.

Erde *earth*: von der → *Sonne* aus gesehen der dritte Planet des Sonnensystems, welcher sich in kreisähnlicher Ellipsenbahn um die Sonne bewegt und sich außerdem um die eigene Rotationsachse dreht. Die E. hat eine kugelähnliche Gestalt. Sie verhält sich als schwach plastischer Körper und ist demzufolge durch die größere Fliehkraftwirkung am → *Äquator* leicht ausgebaucht. Dadurch stellt sie eine an den Polen abgeplattete Kugel dar, deren Gestalt durch ein → *Rotationsellipsoid* wiedergegeben wird. Die wahre Gestalt ist das durch Unregelmäßigkeiten der Dichte in der → *Erdkruste*, durch Massenanziehung der Gebirge und Massendefizite infolge unterirdischer Hohlräume gewellte und gewölbte → *Geoid*. Rotationsellipsoid und Geoid weichen maximal 150 m voneinander ab. Die E. dreht sich vom Nordpol aus gesehen von Westen nach Osten um die eigene Achse, wobei eine Umdrehung 24 Stunden dauert (gemessen an der Kulmination der Sonne). Die Rotationsachse ist um 66°33' gegen die Erdbahnebene geneigt (→ *Ekliptik*). Daraus resultiert der beim Umlauf der E. um die Sonne (→ *Erdbahn*) während eines Jahresverlaufs, wechselnde Sonnenstand gegenüber der Äquatorebene. Die Masse der E. beträgt rund $5{,}97 \cdot 10^{27}$ g, die mittlere Dichte 5,52 g/cm³. Die Dichten der die E.-Kruste aufbauenden Gesteine liegen zwischen 2,7 (z. B. Granit) und 3,3 g/cm³ (z. B. Peridotit). Daraus ergibt sich, dass der Erdkern sehr viel höhere Dichten (bis 8 g/cm³) erreicht. Im inneren Aufbau gliedert sich die E. in die äußerst dünne und feste Oberkruste (etwa 70 km dick), die plastische Unterkruste (Asthenosphäre), in den oberen und unteren Mantel und in den äußeren und inneren Kern (Nifekern). Der Erdmantel ist in wechselnden Schichten teilweise verfestigt, der äußere Kern flüssig und der innere Kern nach heutigen Erkenntnissen fest. Die Temperatur nimmt gegen das Erdinnere zu (geothermische Tiefenstufen). Im Innern werden schätzungsweise Temperaturen zwischen 2000 und 4000°C erreicht. Nach heutigen Erkenntnissen ist die E. 4–5 Mrd. Jahre alt. Mit großer Wahrscheinlichkeit ist sie als einziger Planet des Sonnensystems belebt.

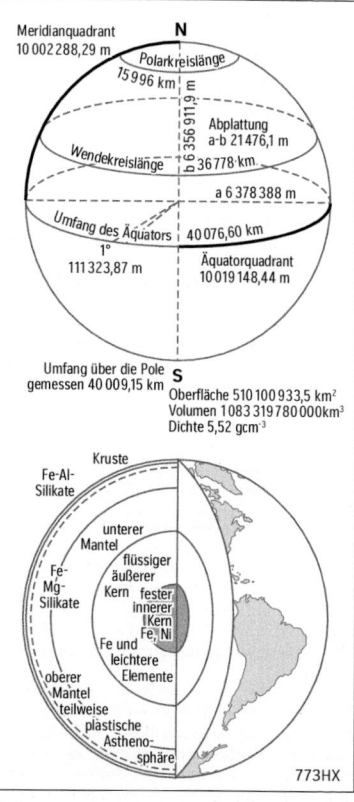

Erde

Erdfall *earth subsidence, landfall, collapse sink, sink [hole]*: unterschiedlich große, meist schüsselförmige → *Mulde* oder → *Senke* an der Erdoberfläche; zu den unterirdischen Karstformen gehörend und im nichtverkarstungsfähigen Deckgestein entstehend, nachdem im verkarstungsfähigen Untergrundgestein durch Lösung ein Hohlraum entstand, der unter der Auflast des Deckgesteins nachbrach (→ *Karst*, → *Lösungsverwitterung*).

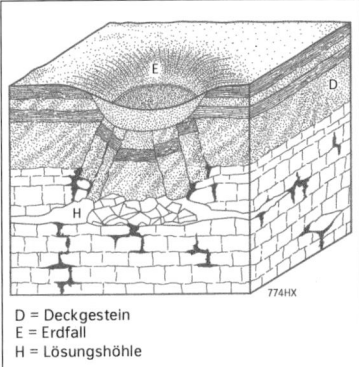

D = Deckgestein
E = Erdfall
H = Lösungshöhle

Erdfall

Erdfließen (Erdschlipf, Erdstrom, Frana) *earth flow, soil flow*: ein den → *Muren* ähnliches, aber im Unterschied zu diesen meist deutlich langsameres und flachgründigeres hangabwärtsgerichtete → *Fließen* des → *Regoliths*. Reicht meist nur über relativ kurze Distanzen. → *Auslöser* ist positiver → *Porenwasserdruck* und aufgrund des hohen Wasseranteils ist die Bewegung bruchlos, im Gegensatz zu → *Rutschungen*. (→ *gravitative Massenbewegung*, → *Solifluktion*).

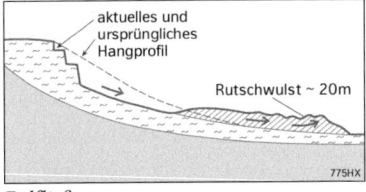

Erdfließen

Erdgas *natural gas*: Sammelbegriff für Naturgas. 1. Austreten von Gas im Gefolge von → *Vulkanismus*, wobei gasspezifische Erscheinungen auftreten, wie → *Fumarolen*, → *Solfatare* oder → *Mofetten*. 2. brennbares Gas, das zu den → *fossilen Brennstoffen* gehört, bei der Erdölbildung entsteht und gemeinsam mit → *Erdöl* in dessen Lagerstätten vorkommt. E. ist geruchlos, leicht entzündlich und hochwertig. Es besteht zu 75-95% aus → *Methan*, daneben aus Äthan, Propan, Butan, CO_2 und Schwefelwasserstoff. Wegen des geringen Gehalts an luftverunreinigenden Stoffen gilt E. als umweltfreundlicher fossiler Brennstoff und wird zur Strom- und Wärmeerzeugung eingesetzt.

Erdgeschichte *geologic[al] history* d:ie → *Geomorphologie* befasst sich mit der Geschichte der Oberflächenformen und arbeitet dabei auch mit einem historischen Ansatz, um die → *Geomorphogenese* zu klären (→ *geomorphologisch-geoökologischer Ansatz*; → *Historische Geologie*).

Erdgipfel → *Konferenz der Vereinten Nationen über Umwelt und Entwicklung*.

Erdgletscher *earth flow, earth glacier*: zungenförmige → *Akkumulation* aus Erde, die durch → *Erdfließen* in Tongesteinen und anderen fließfähigen Substraten entsteht. An der Oberfläche der E. entstehen Längs-, Quer- und Diagonalspalten. In den Alpen und im Schweizer Jura sind v. a. kleinere Formen der E. verbreitet (Deka- bis Hektometerbereich).

Erdhaus (Grubenwohnung) *pit dwelling*: unterirdische Behausung. In der modernen Architektur verfolgt das E. die Idee, weder auf, noch unter der Erde, sondern mit der Erde zu wohnen, um so → *Ressourcen* zu schonen und ein angenehmes → *Raumklima* zu erreichen.

Erdhochmoor *sapric Histosol*: in der → *deutschen Bodensystematik* (→ *KA5*) ein Hochmoorboden, in dem durch Nutzung und → *Entwässerung* pedogenetische Veränderungen in den → *Torfen* ausgelöst wurden. Durch Setzung, Schrumpfung und → *Humifizierung* vererdet der Torf.

Erdkegel → *Erdpyramide*.

Erdkern *earth cor*: → *Nifekern*.

Erdkörnerwirtschaft (freie Körnerwirtschaft) *permanent cereal cultivation*: → *Bodennutzungssystem* mit nahezu ausschließlichem Getreideanbau; in Mitteleuropa vorwiegend in Form des (mit sich selbst verträglichen) „ewigen" Roggenanbaus. Den Nachteilen für die Bodenfruchtbarkeit wird durch Gründüngung, d.h. durch das Unterpflügen von → *Feld-Futterpflanzen*, begegnet.

Erdkruste *earth's crust*: Bestandteil des → *Schalenbaus der Erde*, dessen Untergrenze die → *Mohorovičić-Diskontinuität* bildet, auf die der → *Erdmantel* folgt. Die E. wird durch die → *Conrad-Diskontinuität* in Unter- und Oberkruste gegliedert. Die E. reicht unter Kontinenten (→ *kontinentale Kruste*) bis in 30-50 km Tiefe, unter Hochgebirgen bis 70 km. Unter den Ozeanen (→ *ozeanische*

Kruste) erreicht sie nur eine Mächtigkeit von 5-10 km.

Erdkunde *earth science, geography*: häufig für die → *Geographie* verwendeter Begriff, der bis nach der vorletzten Jahrhundertwende auch für die wissenschaftliche Geographie üblich war. Heute wird in Deutschland meist noch für die *Schulgeographie* umgangssprachlich als E. bezeichnet.

Erdmagnetismus *geomagnetism*: die physikalische Eigenschaft des Erdkörpers, ein magnetisches Kraftfeld zu bilden. Der E. wird auf Bewegungen elektrisch leitender Materie im äußeren → *Erdkern* zurückgeführt. Das Magnetfeld unterliegt ständigen, langsam ablaufenden Veränderungen. Die Lage der → *Magnet-pole*, in denen die erdmagnetischen Feldlinien zusammenlaufen, ist deshalb nicht konstant. Neben dem E., der etwa 94% des erdmagnetischen Feldes ausmacht, existiert ein sog. magnetisches Variantsfeld, welches kurzfristigen Schwankungen unterworfen ist und durch elektrische Ströme in ionisierten Teilen der Atmosphäre induziert wird.

Erdmantel (*earth's*) *mantle*: Teil des → *Schalenbaus der Erde*, der in den oberen und unteren E. gegliedert wird. Die Untergrenze des E. liegt in ca. 700-1000 km Tiefe. Die obere Grenze wird durch die → *Mohorovičić-Diskontinuität* markiert.

Erdmittelalter *Mesozoic*: → *Mesozoikum*.

Erdnadel → *Erdpyramide*.

Erdnaht (Geosutur) *suture*: Grenze in der → *Erdkruste*, die aus einzelnen → *Schollen* besteht, deren Ränder als E. bezeichnet werden und die tektonische Schwächezonen darstellen, die im obersten Teil der Kruste an den → *Lineamenten* auch reliefwirksam sind.

Erdneuzeit *Neozoic*: → *Neozoikum*.

Erdniedermoor *sapric Histosol*: in der → *deutschen Bodensystematik* (→ *KA5*) ein → *Niedermoorboden*, in dem durch Nutzung und → *Entwässerung* pedogenetische Veränderungen in den → *Torfen* ausgelöst wurden. Durch Setzung, Schrumpfung und Humifizierung vererdet der Torf.

Erdoberfläche *Earth's surface*: Außenhülle (→ *Reliefhülle*) der → *Erdkruste*, die teilweise mit → *Meeren* bedeckt ist. An der E. spielen sich → *Abtragungsprozesse* und → *Akkumulationsprozesse* ab, die zu ihrer Umgestaltung führen. Ihre → *subaërische* Gestalt wird durch die Landformen der → *Georeliefs* repräsentiert. Die feinere Gestaltung der E. erforscht die → *Geomorphologie*, die Großstrukturen (→ *Gräben*, → *Gebirge*, → *Lineamenten*, → *Plattentektonik*) die → *Geologie*.

Erdöl *petroleum, mineral oil*: natürlich vorkommendes Gemisch verschiedener Stoffe (z.B. aromatische Kohlenwasserstoffe, diverse Schwefel-, Sauerstoff- und Stickstoffverbindungen). E. entsteht aus organischem Material, überwiegend aus marinem → *Plankton*, das → *Faulschlamm* bildet. Durch bakteriellen Abbau, der unter Sauerstoffabschluss stattfindet, entsteht Bitumen, der Grundstoff des flüssigen E., das aus dem E.-Muttergestein (vorzugsweise → *Ölschiefer*) in poröse → *Speichergesteine* eindringt. E.-Lagerstätten sind nicht nur von der Gesteinsart, sondern auch von der Gesteinslagerung abhängig. V.a. Faltenstrukturen eignen sich als Speicherräume. Beim Eindringen in → *Sättel* von → *Falten* kommt es zur Teilung in → *Erdgas*, E. und Wasser. Die unterschiedlichen Qualitäten des E. führen zu verschieden starken Umweltbelastungen bei Transport, Weiterverarbeitung oder Verbrennung. E. wird weltweit transportiert und sowohl am Ort der Bohrung als auch auf dem Transportweg wie auch bei der Aufbereitung in → *Raffinerien* verarbeitet. Durch Bohrinseln oder Tankerunfälle sowie Raffinerieabwässer gelangt E. ins Meer. Am Land führt das E. zu Boden- und Grundwasserverschmutzungen (→ *Ölkatastrophe*, → *Verklappung*).

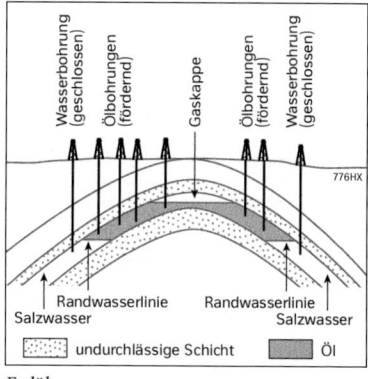

Erdöl

Erdölkrise *Oil Crisis*: → *Energiekrise*.

Erdölländer *oil producing countries*: Länder, die über maßgebliche Erdölvorkommen verfügen und in denen das → *Erdöl* ein dominierender Faktor in der Wirtschaft des Landes ist. In erster Linie sind dies die → *OPEC-Länder*, aber auch Russland, Kanada, Mexiko oder Norwegen.

Erdölprodukt *petroleum: product*: Erzeugnis aus der Verarbeitung von → *Erdöl*. Dazu zählen in erster Linie Treibstoffe (Kerosin, Benzin, Diesel), Schmier- und Heizöle, Raffineriegase und zahlreiche Rückstandsprodukte (Teer usw.).

Erdölprodukte *petroleum products*: Erzeugnisse aus der Verarbeitung von → *Erdöl*. Dazu zählen in erster Linie Treibstoffe (Kerosin, Benzin, Diesel), Schmier- und Heizöle, Raffineriegase und zahlreiche Rückstandsprodukte (Teer usw.).
Erdpech *asphalt*: → *Asphalt*.
Erdpfeiler → *Erdpyramide*.
Erdpyramide (Erdkegel, Erdnadel, Erdpyramide, Erdsäule) *earth pyramid, earth pillar, earth column, chimney rock*: weit verbreitete kleine → *Vollform* in lehm- und tonhaltigen Lockersedimenten und Gesteinen; auf kleinräumige intensive → *fluviale* bzw. → *spülaquatische* Zerschneidung zurückgehend, die wesentlich vom Materialverhalten und -zustand bestimmt ist. → *Substrat* mit hohen Tongehalten trocknet leicht ab und verbäckt und bleibt für längere Zeiträume standfest. Sind im Lockersediment Grobsedimentstücke enthalten (z. B. → *Geschiebe* von → *Moränen*), wird durch sie das leicht abtragbare Basismaterial (zunächst) vor weiterer Abtragung geschützt. Manche E. tragen → *Decksteine*, ohne die dann die weitere Abtragung rasch voranschreitet. Die E. werden zu niedrigeren Erdkegeln. Das E.-Relief ist genetisch verwandt mit den → *Badlands*.

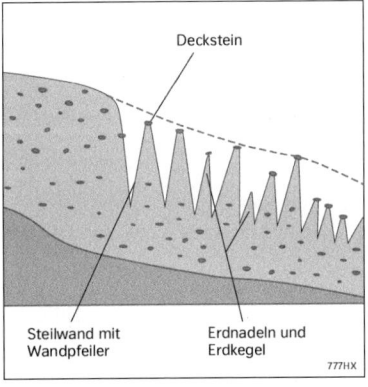

Erdpyramide

Erdradius *earth radius*: der halbe Durchmesser der dem → *Rotationsellipsoid* der → *Erde* inhaltsgleichen Kugel. Er wird als Mittel aus den Pol- und Äquatorradien berechnet und beträgt abgerundet 6378 km.
Erdrutsch → *Rutschung*.
Erdsäule → *Erdpyramide*.
Erdschlipf → *Erdfließen*.
Erdstrom → *Erdschlipf*.
Erdsystemwissenschaften *earth system sciences*: moderne Form der → *Geowissenschaften*, die v. a. fächerübergreifend und interdisziplinär an Fragen der Prozessdynamik komplexer → *Systeme* im Erdsystem forscht.
Erdwärme *ground heat*: Wärme des Erdkörpers (→ *geothermische Energie*).
Erdwendigkeit → *Geotropismus*.
Erdwissenschaften *earth sciences*: auch als → *Geowissenschaften* bezeichnet, obwohl diese umfassender definiert werden können. Der Begriff E. besitzt mehrere Bedeutungen. – Sammelbezeichnung für alle wissenschaftlichen Disziplinen, die sich i. w. S. mit der festen → *Erde* beschäftigen, also → *Geographie*, → *Geologie*, → *Geophysik*, → *Mineralogie*, → *Pedologie* und → *Petrologie*. – i. e. S. umfassen die E. die Geologie, Mineralogie, Pedologie und die geowissenschaftlichen Teile der → *Physiogeographie*.
Erdzeitalter *geological era*: Entwicklungsabschnitte der Erde aufgrund der Mineral- und Gesteinsbildungen, der Lagerstätten, der Entwicklung von Tier- und Pflanzenwelt sowie erdkrustengestaltender Vorgänge, d. h. → *endogener* und → *exogener* Prozesse. Die Darstellung der E. erfolgt in der → *Formationstabelle*. Man gliedert in Hauptabschnitte (Ären), diese wiederum in → *Systeme* (Perioden), Abteilungen und Stufen.
Ereignisstärke (Magnitude) *magnitude*: Maß für die Einschätzung eines Ereignisses (z. B. → *Erdbeben*).
Erfindung: → *Invention*.
Erfordernisse der Raumordnung *requirements of spatial planning*: laut → *Raumordnungsgesetz* zusammenfassende Bezeichnung für → *Ziele* und → *Grundsätze der Raumordnung* sowie sonstige E. d. R., worunter in Aufstellung befindliche Ziele der Raumordnung sowie die Ergebnisse förmlicher landesplanerischer Verfahren wie die → *Raumordnungsverfahrens* und landesplanerische Stellungnahmen gefasst werden.
Erg *erg, sand sea, dune sea*: ursprünglich Bezeichnung für die ausgedehnten und mächtigen Sandgebiete der Nordsahara, mit der Zeit Entwicklung zu einem geomorphologischen Begriff, der heute alle großräumig mit Sand überdeckten → *Wüsten* (→ *Sandwüste*) bezeichnet.
Ergänzungsgebiet *complementary area*: 1. im → *Christallerschen Modell* der → *Zentralen Orte* dasjenige Gebiet, für das ein Zentraler Ort funktionaler Mittelpunkt ist. Zwischen Zentralem Ort und E. bestehen funktionale Verflechtungen, insbesondere aufgrund seiner Versorgung durch den Zentralen Ort. Heute wird das E. meist als → *Einzugsgebiet*, → *Verflechtungsbereich* oder → *Versorgungsgebiet* bezeichnet. 2. im Modell der → *Stadtregion* das unmittelbar um die → *Kernstadt* gelegene und mit ihr auf das engste verflochtene Gebiet. Das E. enthält solche Gemeinden, die der Kernstadt struktu-

rell und funktional stark ähneln und häufig Stadtteilcharakter haben. Kernstadt und E. bilden zusammen das → *Kerngebiet*.
Ergänzungsraum *complementary area*: gelegentlich anstelle von → *Ergänzungsgebiet* gebrauchter Begriff.
Ergasiophyten *ergasiophytes*: nicht einheimische Kulturpflanzenarten, die ausschließlich in Kultur existieren können (→ *Adventivbiota*).
Ergussgesteine (Ausbruchsgesteine, Vulkanite) *extrusive rocks*: Gruppe der Erstarrungsgesteine (→ *Magmatite*), die als → *Magma* bzw. → *Lava* gefördert werden und in Erdoberflächennähe oder an der Erdoberfläche abkühlen und erstarren, wobei ein feines Gefüge entsteht, wie z. B. der → *Basalt*.
Erhaltungssatzung *preservation statute*: baurechtliche Satzung, die eine → *Gemeinde* aufstellen kann, um in einem Ortsteil die städtebauliche Eigenart und die Zusammensetzung der Bevölkerung (sog. Milieuschutz) zu erhalten. Mit einer E. können Hausabbrüche und Zweckentfremdungen von Wohnungen zugunsten alteingesessener Wohnbevölkerung und aus Gründen des → *Denkmalschutzes* verhindert werden.
Erhebungsinstrument *surveying method*: in der empirischen → *Sozialforschung* das Mittel, mit dem die Daten für ein Forschungsprojekt erhoben werden (z. B. → *Befragung*, → *Zählung*, → *Beobachtungsprotokoll*, → *Kartierung*).
Erholung *recovery, recuperation (1.), recreation (2.)*: 1. in der Humanmedizin die Wiederherstellung der körperlichen, geistigen oder psychischen Kräfte des Menschen nach → *Stress*, Arbeit oder Krankheit. 2. im Sinne der → *Humanökologie* auch Freizeitgestaltung i. w. S., soweit sie gesundheitsfördernd ist. Die E. ist oft landschafts- und freiraumbezogen, wofür regenerationsfähige → *Landschaftsökosysteme* erwartet werden. 3. auch Bestandteil der → *Freizeit*, an der die E. nur einen Teilaspekt ausmacht (→ *Freizeitfunktion*, → *Leistungsvermögen des Landschaftshaushalts*, → *Regenerationsfähigkeit*, → *Regenerationsfunktion*).
Erholungsfläche *recreation area*: – innerhalb bebauter Gebiete gelegene Fläche für die allgemeine → *Erholung* der Stadtbewohner (z. B. → *Grünanlage*, → *Park*, Sportanlage, Wasserfläche etc.). – in einem → *Bauleitplan* ausgewiesene Fläche, die der Bevölkerung zu Erholungs-, Freizeit- und Sportzwecken zur Verfügung stehen soll und nicht anderweitig genutzt werden darf.
Erholungsfunktion *recovery function (1.); recreational functions (2.)*: – bezogen auf das → *Leistungsvermögen des Landschaftshaushalts*, dessen physische und psychische Wirkungen eine körperliche und seelische Regeneration des Menschen mitbestimmen können. Die E. kann durch das → *Landschaftsbild* ebenso gegeben sein wie durch das natürliche Angebot erholungsbegünstigender mäßiger Reize. – Aufgabe bzw. Tätigkeit im Bereich der Erholung, z. B. E. einer → *Tourismuslandschaft* oder -stadt. Meist ist der Begriff → *Freizeitfunktion* statt E. treffender, da Erholung nur einen Teilaspekt der Freizeit darstellt (→ *Tourismus*).
Erholungsheim (Ferienheim) *recreation home, rest home*: nicht-gewerbliche Beherbergungsstätte, die im Eigentum von Vereinen, Organisationen, Kirchen, Betrieben usw. steht. Ein E. ist nicht für jedermann geöffnet, sondern bietet längerfristige Unterkunft und Verpflegung nur für Mitglieder der betreffenden Organisation.
Erholungslandschaft (Erholungsraum) *tourist area, tourist landscape*: 1. Raum von mindestens Regionsgröße, der wegen seiner natürlichen Attraktivität und seiner Infrastrukturausstattung in hohem Maße der → *Freizeit*- und → *Erholungsfunktion* dient. In einer E. spielen → *Naherholung* und/oder → *Tourismus* i. d. R. auch wirtschaftlich eine gewisse Rolle, z. B. als Erwerbsgrundlage für einen Teil der Bevölkerung. 2. unscharfe Bezeichnung für Gebiete mit untergeordneter land- und forstwirtschaftlicher Nutzung, aber hoher natürlicher Attraktivität sowie Infrastruktureinrichtungen für Freizeit und Erholung.
Erholungsort *holiday resort*: landschaftlich attraktiver und klimatisch begünstigter → *Ort*, der aufgrund geeigneter Unterkünfte und einer gut ausgebauten → *Freizeitinfrastruktur* gute Voraussetzungen für die → *Erholung* bietet.
Erholungspark *recreational park*: unscharfe Bezeichnung für → *Park* oder parkähnliche Einrichtungen, die zu einem Fremdenverkehrszentrum ausgebaut werden und die der → *Erholung* u. a. dienen. Dazu gehören sowohl Tierparks als auch → *Vergnügungsparks* vom Typ der Disneyland-Parks (→ *Tourismus*).
Erholungsraum → *Erholungslandschaft*.
Erholungswald *recovery forest*: aus ökologischer Sicht können → *Wälder* mit hoher ökologischer → *Diversität* sowie reichhaltigem Tier- und Pflanzenleben als E. betrachtet werden.
Erholungswald *recreational forest*: → *Wald*, der zur → *Erholung* genutzt wird, wobei die Waldbewirtschaftung diese Funktion mitberücksichtigen muss. E. ist meist nicht geplant, sondern wird, wegen seiner Lagemerkmale, seiner visuellen Eigenschaften und seiner Erschließung, von der Bevölkerung i. d. R. spontan genutzt (→ *Wohlfahrtswirkung*).
Erholungswert *recreational value*: empirisch gefundene „weiche", d. h. semiquantitative Kennzeichnung einer → *Erholungslandschaft*,

die der → *Erholung* und → *Freizeit* dient. Die Bestimmung des E. zählt zu den Verfahren der → *Landschaftsbewertung*. Kriterien sind die natürliche Ausstattung sowie das Vorhandensein freizeitorientierter → *Infrastruktur*.
Erinnerungskultur *commemorative culture*: Bezeichnung für alle jene Umgangsformen einer Gesellschaft (oder eines Einzelnen), Aspekte der Vergangenheit aktiv im Bewusstsein zu halten. Für die Geographie interssant sind jene Erinnerungen an Ereignisse, die sich in das → *kollektive Gedächtnis* einer Gesellschaft eingeschrieben haben, i. d. R. einschneidende, oft katastrophale Ereignisse. Dabei ist weniger das historisch-objektive Wissen relevant, sondern die kollektiven subjektiven Wahrnehmungen und Bedeutungen der Ereignisse. Für eine E. ist die regelmäßige Aktivierung über Gedenktage, Archive, Rituale usw. zentral. In der Risiko- und Katastrophenforschung spielt die E. eine große Rolle für die → *Risikokommunikation* und das Bewusstsein über bestimmte Risiken und Gefährdungen. Speziell bei naturgefahreninduzierten Risiken scheint jedoch v. a. das kollektive Vergessen eine Rolle zu spielen (→ *kommunikatives Gedächtnis*, → *kulturelles Gedächtnis*).
Erkenntnistheorie → *Epistemologie*.
Erklärung *explanation*: in der → *Wissenschaftstheorie* die wichtigste Form der Begründung; Versuch, die Ursachen eines beobachteten Phänomens und Sachverhaltes durch Ableitung aus der Logik und mit Bezug auf die kausalen Zusammenhänge (→ *Kausalität*) sprachlich verständlich zu machen.
Erlebnisraum *experienced space*: das wichtigste → *Raumkonzept* der → *handlungstheoretischen Geographie*, da am E. das „→ *alltägliche Geographie-Machen*" untersucht werden kann. Der E. bezeichnet einen konkreten Erdraumausschnitt der Alltagswelt, der subjektiv (→ *Subjektivität*) mit Sinn und Bedeutung aufgeladen ist. Der erlebte Raum erscheint „wirklich" und symbolisiert damit eine „faktische Realität" (→ *Realismus*).
Ernährungsdichte (physiologische Dichte) *physiological density*: Messziffer, bei der die → *landwirtschaftliche Nutzfläche* als Bezugsgröße zur Ermittlung der → *Bevölkerungsdichte* Verwendung findet.
Ernährungskapazität *nutritional capacity*: Anzahl der Menschen, für die auf der Erde eine ausreichende Nahrungsmenge produziert werden kann (→ *Tragfähigkeit*).
Ernährungslage *food/nutritional conditions*: Ernährungssituation einer Staatsbevölkerung. Die E. beschreibt die Versorgung der Bevölkerung mit → *Nahrungsmitteln* und errechnet sich aus der Funktion E. = Nahrungsangebot : (Nahrungsbedarf pro Kopf · Bevölkerungszahl).

Ernährungsregime *nutritional regime*: Begriff der Ernährungswirtschaft, der die gruppenspezifische und raumtypische Kombination selbst gewonnener und gehandelter → *Nahrungsmittel*, die zur Existenzsicherung der Bevölkerung dienen, umschreibt. Unterschieden werden z. b. fetthaltige oder kohlehydrathaltige E..
Ernährungsstandard *nutritional standard*: Verhältnis von Nahrungsverbrauch zu Nahrungsbedarf (E = Nahrungsverbrauch : Nahrungsbedarf · 100). Danach lassen sich unterschiedliche → *Ernährungstypen* aufstellen.
Ernährungsstufe (Trophiestufe) *trophic level*: kennzeichnet ein Niveau im Energiefluss eines Ökosystems (→ *Energiepyramide* der → *Nahrungsnetze* bzw. → *Nahrungsketten*). Die E. beginnen entweder mit anorganischer Substanz oder grünen Pflanzen (→ *Primärproduktion*). Die oberste E. bilden die Fleischfresser.
Ernährungstyp *nutritional type*: Typisierung zur Beschreibung der quantitativen und qualitativen → *Ernährungslage* einer Staatsbevölkerung. Man unterscheidet acht Typen vom Typ 1 der quantitativen und qualitativen → *Überernährung* bis zum Typ 8 der qualitativen und quantitativen → *Unterernährung*.
erneuerbare Ressourcen *renewable resources*: unscharfer Begriff für → *regenerierbare* bzw. → *reproduzierbare Ressourcen*.
Ernteaufbereitung *processing of harvested crop*: Reinigung, Sortierung und Trennung der → *Feldfrüchte* von Schalen, Hülsen usw. Eine weitere Stufe der E. ist die industrielle Weiterverarbeitung.
Ernterisiko *harvest risk*: → *Risiko* von Ernteverlusten durch Ausweitung des Anbaus über die ökologischen Grenzen hinaus sowie durch Schädlingsbefall, Krankheiten, Unkräuter usw.
Ernterückstände *crop residues*: die nach dem Abernten auf dem Acker zurückbleibenden Pflanzenteile (Halme, Blätter, Wurzelstöcke, Stoppeln), welche beim Pflügen in den Boden eingebracht und anschließend größtenteils natürlich abgebaut werden. Die E. sind wichtig für die Ausbildung des → *Humus* in der → *Ackerkrume*.
Erntevolk *gathering peoples/tribes*: ältere Bezeichnung für ein → *Volk* oder Volksstamm, der seine Nahrung v. a. durch das Einsammeln und systematische Ernten wild wachsender Pflanzenarten (Früchte, Samen usw.) beschafft (→ *Handelsvolk*, → *Hirtenvolk*, → *Industrievolk*, → *Kulturvolk*).
Erosion (linienhafte Abtragung) *erosion*: Im deutschsprachigen Raum wird E. v. a. für linearen Abtrag durch fließendes Wasser (→ *Fluvialerosion*) und durch den „linearen" → *Talgletscher* (→ *Glazialerosion*) gebraucht. Dem steht die flächenhaft wirkende → *Denudation* ge-

genüber. Im Englischen wird nicht zwischen E. und Denudation unterschieden, sondern mit E. als Sammelbegriff für sowohl linienhaften als auch flächenhaften Abtrag bezeichnet. Dies würde im Deutschen mit dem allgemeinen Begriff der → *Abtragung* übersetzt werden.

Erosionsbasis *erosion level, base level*: jenes Niveau, bis zu welchem die → *Erosion* wirksam ist. Der → *Meeresspiegel* bildet die → *absolute E.*, der → *lokalen E.* gegenübergestellt. Lokale E. sind z. B. Schwellen im Flussbett, ein vom Fluss durchflossener See, die Mündung in den Hauptfluss oder eine Flachform. Alle Erosions- und Akkumulationprozesse des Flusses oberhalb der E. stellen sich auf die Höhenlage der E. ein: – Wird die E. erniedrigt, z. B. durch Absinken des Meeresspiegels, wird die → *Tiefenerosion* belebt. – Erhöht sich die E., z. B. durch Meeresspiegelanstieg, schüttet der Fluss sein Flussbett auf (→ *Aufschotterung*).
Die E. liegt an sich nicht genau im Niveau des Meeresspiegels, der besser als Abflussbasis zu bezeichnen wäre. An sich stellt die Lage der Flusssohle in → *Normalnull* die E. dar.

Erosionsform → *Abtragungsform*.

Erosionsleistung *erosion efficiency*: beschreibt die Wirksamkeit eines erosiven Prozesses. So ist beispielsweise die E. im Zentrum eines → *Gletschers* am höchsten (→ *Glazialerosion*). In Flüssen hängt die E. von der Fließgeschwindigkeit ab, wenn man gleichbleibendes Material voraussetzt: Je höher die Fließgeschwindigkeit, desto höher die E.. Ansonsten hängt die E. auch von den Materialeigenschaften des zu erodierenden Materials ab (→ *Korngröße*, Widerstandsfähigkeit des → *Gesteins* etc.).

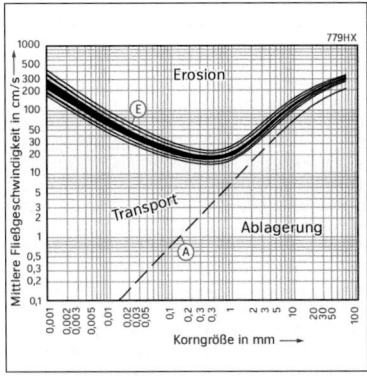

Erosionsleistung

Erosionsschutz *erosion protection*: allgemein der Schutz vor der abtragenden Wirkung durch → *exogene* Kräfte. 1. im Sinne von → *Bodenschutz* Maßnahmen gegenüber der → *Bodenerosion* durch Wasser und Wind, also Erosionsschutzpflanzungen (→ *Hecken*, → *Ackerterrassen*, Feldgehölze, Zwischenfruchtanbau, → *Mulchen*, Bewaldung, Begrünung) sowie hangparalleles Pflügen, Grünstreifen im Acker, Wasserregulierungsmaßnahmen innerhalb und am Rande von Ackerfeldern. 2. E. kann auch Maßnahmen des → *Lebendbaus* sowie der → *Landschaftspflege* umfassen, die gegen Erosion im Hochgebirge, steilen Mittelgebirgen, an Flussufern oder an Küsten gerichtet sind, wo ständig oder zeitweise – und dann katastrophenartig – Wasser stark erodiert (→ *geologisch-geomorphologische Naturgefahren*).

Erosionsschutzfunktion *erosion protection function*: Bestandteil des → *Leistungsvermögens des Landschaftshaushaltes*, wobei das → *Ökosystem* selbst gegen eine über das reguläre Maß hinausgehende Abtragung von Böden oder Hängen durch Wasser, Wind oder mechanische Prozesse entgegenwirkt, ohne dass dies durch Maßnahmen des Menschen unterstützt werden muss.

Erosionsterrasse → *Felsterrasse*.

Erosionsverzweigung *anastomosis, anastomosing river*: ist eine → *Flussverzweigung*, die im Felsbett in Resistenzstrecken des Flusses entsteht, in denen die → *Geschiebefracht* nicht abgelagert wird, sondern das Flussbett ausschürft (→ *Tiefenerosion*). Da das anstehende Gestein i. a. in unterschiedlichen Bereichen durch kleinräumigen Wechsel der Gesteinsart und → *Klüftigkeit* unterschiedliche Widerstände gegen Erosion aufweist, werden Teile des Flussbetts tiefer erodiert als andere. Dies setzt eine positive Rückkopplung in Gang: In den so ausgebildeten Felsrinnen ist die Wassertiefe größer und die Fließgeschwindigkeit höher, sodass noch stärkere Tiefenerosion stattfindet. Entstehen in entsprechend breiten Flüssen mehrere solche Rinnen im Fels, bilden sich in den dazwischenliegenden Bereichen schließlich Inseln, sodass der Fluss in mehrere Arme aufgegliedert wird.

Erosionszyklus *cycle of erosion*: theoretische Vorstellung von einer zyklischen Entwicklung des → *Georeliefs*, die ursächlich durch → *endogene* Prozesse ausgelöst wird, durch die erste Reliefgegensätze geschaffen wurden, als „junges" Relief gelten. Dann folgt → *Abtragung*, die über „reife" zu „alten" Formen führt. Es wird unterstellt, dass – einmal abgesehen von der die → *Erosion* auslösenden → *Hebung* des Gebietes – anschließend die Erosions- und Akkumulationsarbeit bei tektonischer Ruhe verläuft. Der E. ist eine Modellvorstellung von William Morris Davies, die regional verstreut auftretende → *Reliefge*-

nerationen in einen Entwicklungszusammenhang zu bringen suchte.

Erratika (erratisches Geschiebe, erratischer Block) *erratic*: Grobsedimentkomponenten und Blöcke, vom Gletscher → *Geschiebe* transportiert, teils in Eis eingebettet, teils in Lockersedimente, z. B. im → *Geschiebelehm*. Große E. heißen → *Findlinge*. Die E. befinden sich meist weit vom Ursprungsgebiet entfernt, daher auch „Irrblöcke" genannt, weisen dabei aber Charakteristika des → *Anstehenden* ihres Ursprungsgebiets auf. So stammen im Vereisungsbereich der Weichsel-Kaltzeit die E. aus dem Anstehenden Skandinaviens.

erratischer Block → *Erratika*.

erratisches Geschiebe → *Erratika*.

Erreichbarkeit *accessibility*: in der → *Verkehrsgeographie* das Maß für die Anbindung eines Ortes an einen anderen. Die verkehrsmittelspezifische E. hängt ab u. a. von der Distanz, der Qualität und Quantität der zur Verfügung stehenden → *Verkehrsmittel* und -→ *wege*, der Häufigkeit der Verkehrsbedienung (z. B. bei → *öffentlichen Verkehrsmitteln*), aber auch von den Transportkosten (besonders im Güterverkehr).

Ersatzdüngung *substitution fertilizers*: diejenige → *Düngung*, welche die von der → *Landwirtschaft* dem Boden entzogenen → *Nährstoffe* wieder ersetzt (→ *Nährelemente*).

Ersatzgesellschaft *substitute community*: → *Pflanzengesellschaft*, die infolge → *anthropogener* Eingriffe die Stelle der → *natürlichen* Pflanzengesellschaften eingenommen hat. Ursache sind → *Rodungen*, Trockenlegungen von → *Feuchtgebieten*, Ersatz der natürlichen → *Wälder* durch → *Forsten* usw.. Forst-, Grünland- und → *Unkrautgesellschaften* stellen solche E. dar.

Erschließung *release of land for building (1.); exploitation, development (2.)*: 1. Maßnahmen, insbesondere der öffentlichen Hand, die die bauliche Nutzung von Grundstücken ermöglichen. Zur E. gehört v. a. der Anschluss an das öffentliche Straßennetz und an Versorgungsleitungen. 2. Maßnahmen zur → *Kolonisation*.

erschöpfbare Ressourcen *exhaustible, non-renewable resources*: (nicht erneuerbar, nicht nachwachsend) sind i. d. R. Elemente der unbelebten → *Umwelt*, wie z. B. → *Bodenschätze*. Durch ihre Nutzung werden die entsprechenden Elemente entnommen, die dann in dieser Form erschöpft sind. Beispiele sind → *fossile Brennstoffe* und Mineralien. Allerdings kann auch die belebte Umwelt erschöpfbar sein, wenn z. B. einzelne Tier- oder Pflanzenarten ausgerottet werden (→ *regenerierbare*, → *reproduzierbare Ressourcen*).

Erstarrungswärme *freezing heat*: die beim Gefrieren von Wasser freiwerdende Wärme von 79,67 cal/g Wasser. Die gleiche Wärmemenge wird beim Schmelzen des Eises am Übergang vom festen in den flüssigen Aggregatzustand wieder verbraucht.

Erstbesiedler → *Pioniere*.

Erste Welt *First World*: umfasst die westliche Welt bzw. → *Industrieländer*. In Abgrenzung dazu spricht man von der → *Zweiten Welt*, der → *Dritten Welt* bzw. der → *Vierten Welt*.

Erster demographischer Übergang → *demographischer Übergang*.

Erstwohnsitz → *Hauptwohnung*.

Ertrag *profit, output, return (1.); yield (2.)*: – Ergebnis einer wirtschaftlichen Tätigkeit. Der E. aus Arbeit heißt → *Lohn*, aus Grund und Boden Rente, für Kapitalnutzung → *Zins* und für unternehmerisches Engagement → *Gewinn*. – in Ökosystemen die Zunahme der → *Biomasse* eines definierten Gebietes, einer → *Biozönose* oder einer → *Population* über einen bestimmten Zeitabschnitt hinweg als Ergebnis der Produktion.

Ertragsgesetz (Gesetz vom abnehmenden Ertragszuwachs) *law of diminishing returns*: mit zunehmendem Aufwand (z. B. Düngemittel) je Flächeneinheit lassen sich die Roherträge der Feldfrüchte nur bis zu einem bestimmten Punkt lohnend steigern. Jeder weitere Aufwand erhöht den → *Ertrag* nur noch gering, sodass die Spanne zwischen Aufwandskosten und Reinertrag immer mehr abnimmt (→ *Grenzertrag*).

Ertragsleistung *earnings performance*: die auf einem bestimmten Boden erzielten, mittleren Ernteerträge (meist in dz/ha). Die E. wird nicht nur von der Bodenfruchtbarkeit, sondern von einer Reihe weiterer Faktoren wie Klima, angepasste Sortenwahl, Bearbeitungstechnik, Düngung, Schädlingsbefall usw. beeinflusst.

Ertragsmaximierung → *Gewinnmaximierung*.

Ertragsmesszahl *yield index*: Messziffer zur Kennzeichnung der Ertragsfähigkeit des Bodens. Bemessungsgrundlage sind die natürlichen Ertragsbedingungen, insbesondere die Bodenbeschaffenheit, die Geländegestaltung und die klimatischen Verhältnisse. Die E. wird anhand der Ergebnisse der amtlichen → *Bodenschätzung* berechnet und bildet eine der Grundlagen für die Einheitsbewertung zur Besteuerung der land- und forstwirtschaftlichen Vermögens.

Ertragswert (Kapitalwert) *earning power, capitalized income value*: Wert zukünftiger Einnahmen einer Investition zum heutigen Zeitpunkt. Für die Berechnung des E. müssen zukünftige Einnahmen geschätzt und diskontiert werden.

Eruption *eruption*: Empordringen des → *Magmas* aus dem Erdinneren, wobei unterschieden wird, ob das Magma die → *Erdoberfläche* erreicht oder nicht. Ausbruch eines → *Vulkans*.

erweiterter Haushalt *enlarged household*: Bezeichnung für die in einem Haushalt (v. a. im ländlichen Bereich) lebende → *Kernfamilie*, weitere Verwandte und Gesinde (Dienstpersonal; → *Familie*, → *Großfamilie*, → *Bedarfsgemeinschaft*).

Erwerbsgartenbau *intensive market gardening*: intensiver Anbau auf Beeten (→ *Gartenbau*) für die Erzeugung von Produkten für den Markt und nicht allein für die Selbstverstorgung. Erzeugt werden v. a. Feingemüse und Blumen. Der E. erfolgt großenteils als → *Glaskultur*.

Erwerbskonzept *(statistical) employment concept*: statistisches Konzept, das für jede Person feststellt, ob und inwieweit sie am Erwerbsleben teilnimmt. Der Umfang der Arbeitsleistung und die Höhe des Arbeitsertrages spielen keine Rolle. Das E. gliedert die Wohnbevölkerung nach der Beteiligung am Erwerbsleben in → *Erwerbspersonen* und Nichterwerbspersonen. Die Erwerbspersonen setzen sich wiederum aus → *Erwerbstätigen* und → *Erwerbslosen* zusammen.

Erwerbsloser *unemployed person*: Person, die vorübergehend aus dem Erwerbsleben ausgeschieden ist oder sich erstmals um eine Arbeitsstelle bemüht. Die E. gehören zusammen mit den → *Erwerbstätigen* zu den → *Erwerbspersonen*.

Erwerbsperson *working person*: Person, die eine auf Erwerb gerichtete Berufstätigkeit ausübt oder sucht. Zu den E. gehören → *Erwerbstätige* und → *Erwerbslose*. Inwieweit die → *Erwerbstätigkeit* zum Lebensunterhalt beiträgt, spielt bei der statistischen Erfassung keine Rolle. Die E. werden nach der Stellung im → *Beruf* untergliedert in Selbstständige, mithelfende Familienangehörige und Abhängige (Arbeiter, Angestellte, Beamte, Lehrlinge; → *Erwerbskonzept*).

Erwerbspersonenpotenzial → *Arbeitskräftepotenzial*.

Erwerbsquote *level of employment*: Anteil der → *Erwerbspersonen* an der Gesamtbevölkerung eines Raumes in Prozent. In der → *Wirtschaftsgeographie* werden häufig alters- oder geschlechtsspezifische E. berechnet (Anteil der Erwerbspersonen einer Altersgruppe oder eines Geschlechts).

Erwerbsstruktur *employment structure*: Zusammensetzung der → *Wohnbevölkerung* eines Raumes nach dem Grad und der Art ihrer → *Erwerbstätigkeit*. Die E. kennzeichnet einerseits die Beteiligung der → *Bevölkerung* am Erwerbsleben (→ *Erwerbsquote*), andererseits die Zusammensetzung der → *Erwerbspersonen*. Hierbei sind am häufigsten Gliederungen nach der → *Stellung im Beruf* (Selbstständige, → *mithelfende Familienangehörige*, Arbeiter, Angestellte, Beamte, Auszubildende), nach der Berufszugehörigkeit und nach der Zugehörigkeit zu den drei Wirtschaftsbereichen (→ *primärer*, → *sekundärer*, → *tertiärer Sektor*). Die E. eines Raumes hängt eng mit seiner → *Wirtschaftsstruktur* zusammen.

Erwerbstätiger *employed person*: Person, die eine auf Erwerb gerichtete Berufstätigkeit ausübt. Für die statistische Erfassung spielt es keine Rolle, in welchem Maße diese Tätigkeit zum Lebensunterhalt beiträgt. Die E. gehören, zusammen mit den → *Erwerbslosen*, zu den → *Erwerbspersonen*.

Erwerbstätigkeit *gainful employment*: auf Gelderwerb gerichtete Berufstätigkeit, die i. d. R. zur alleinigen oder teilweisen Sicherung des Lebensunterhalts ausgeübt wird. E. kann in selbstständiger oder unselbstständiger (abhängiger) Beschäftigung bestehen (→ *Erwerbskonzept*).

Erwerbsverflechtung *employment linkage*: sozio-ökonomische → *Verflechtung* zwischen zwei Räumen aufgrund der → *Erwerbstätigkeit* der Bevölkerung. Eine enge E. besteht z. B. zwischen den Wohn- und den Arbeitsgemeinden von → *Pendlern* (→ *Pendlerverflechtung*).

Erz *ore*: natürlich vorkommende Minerale und Mineralgemenge, aus denen Metalle gewonnen werden können.

Erzbergbau *ore mining*: bergmännische Gewinnung, Förderung und Aufbereitung von → *Erzen*.

erzgebirgische Richtung (variskische Richtung) *orientation of the Erzgebirge, Variscan*: eine der drei Hauptstreichrichtungen (variskisch, hercynisch, rheinisch) im tektonischen Bau Europas, die auch Richtung und Gestalt der Großformen des Reliefs sowie die Fließrichtungen der Flüsse an der Erdoberfläche mitgestaltet. Die e. R. entspricht dem Verlauf des → *Variskischen Gebirges*, zu dem auch das Nordost-Südwest streichende Erzgebirge gehörte und nach dem diese geotektonische Strukturrichtung benannt wurde (→ *rheinische Streichrichtung*, → *hercynische Faltung*).

Erziehungszoll *protective tariff (for infant industries)*: ein E. wird eingesetzt, um noch junge und sich entwickelnde Branchen (sog. infant industries) vor einer überlegenen Auslandskonkurrenz zu schützen und sie über die Erzielung von → *Skaleneffekten* langfristig wettbewerbsfähig zu machen. Sobald ein hinreichender Grad an internationaler Wettbewerbsfähigkeit erreicht ist, sollten E. wieder abgeschafft werden; häufig werden sie jedoch beibehalten, was zur strukturellen Erstarrung ineffizienter Branchen führt. Das Erziehungszollprinzip geht auf den deutschen Ökonomen Friedrich List zurück (→ *Zölle*, → *tarifäres Handelshemmnis*).

Erzlagerstätte *ore deposit, mineral deposit*: natürliche Anreicherung von Erzmineralen in der → *Erdkruste*, die wegen der Größe oder der besonderen Reinheit der Vorkommen wirtschaftlich abbauwürdig ist (→ *Erz*, → *Lagerstätte*).

ESA Akronym für „European Space Agency". Internationale Weltraumorganisation mit Hauptsitz in Paris, die 1975 zur Koordination und Durchführung europäischer Raumfahrtaktivitäten gegründet wurde. Die → *Geographie* profitiert von der ESA bspw. durch → *Fernerkundungsprojekte* zur langfristigen Aufzeichnung von Klimadaten. U.a. wurden → *geostationäre Satelliten* der Serie → *Meteosat* in enger Zusammenarbeit mit der ESA entwickelt.

Esch *land division of fields, pastures and woodland*: alter, in → *Langstreifen* untergliederter Gemengeflurteil in Nordwestdeutschland, der sich als Dauerackerland aus seiner meist feuchteren Umgebung heraushebt. Der E. ist die Kernflur und wird von jüngeren Flurerweiterungen umgeben. An den E. schließt sich meist ein lockeres E.-Dorf (→ *Drubbel*) an. Die E.-Kerntheorie geht davon aus, dass in jeder gewachsenen → *Gewannflur* ein Langstreifenkern enthalten ist.

Eschboden → *Plaggenesch*:.

Essentialismus *essentialism*: philosophische Strömung, die davon ausgeht, dass jede → *Entität* durch eine bestimmte Anzahl von Eigenschaften bestimmt werden kann. In den essentialistischen Strömungen der → *Frauen- und Geschlechterforschung* (→ *Gender Studies*) wirkt sich der E. dahingehend aus, dass argumentiert wird, dass es Frauen und im Unterschied dazu Männer an sich gibt. Damit wird eine grundlegend unterschiedliche Wesensart von Männern und Frauen betont, und allen kons-truktivistischen Ansätzen (→ *Konstruktivismus*) widersprochen, nach denen nicht nur die Vorstellungen über Männlichkeit und Weiblichkeit (→ *Gender*), sondern auch die Vorstellungen über Frauen und Männer (als → *biologisches Geschlecht*) gesellschaftlich konstruiert sind.

Estancia → *Estanzia*.

Estanzia (Estancia) *extensive farm/estate*: Großfarmwirtschaftsbetrieb mit ausgeprägter Schlachtviehproduktion. Verbreitungsgebiet ist Südamerika, v. a. Argentinien.

Etesien *Etesian: winds*: sehr regelmäßig wiederkehrende, trockene, sommerliche (April-Oktober) NO- bis NW- → *Winde* über dem östlichen Mittelmeer. Die E. werden durch den Ausläufer des → *Azorenhochs* über dem Alpengebiet und das vorderasiatische → *Tief* gesteuert. Es handelt sich also nur beschränkt um antizyklonale Luftströmungen. Die E. gehen teilweise – wie auch weitere Windsysteme über dem mittleren und westlichen Mittelmeer (Gregale, Nortes usw.) ohne Frontstörungen in den NO-Passat Nordafrikas über. Sie können deshalb in gewisser Hinsicht als „Passatwurzeln" angesehen werden (→ *Passat*).

Etesienklima *mediterranean climate*: gelegentlich angewandte, etwas unscharfe Bezeichnung für das Mittelmeerklima, genannt nach den von der Ägäis über Kreta nach Südosten wehenden → *Etesien*(-Winden; → *mediterranes Klima*, → *Mediterranis*).

Ethnie (ethnische Gruppe) *ethnic group*: Begriff aus der → *Ethnologie*, mit dem Bevölkerungsgruppen zusammengefasst werden, die durch Gemeinsamkeiten von Herkunft, Geschichte, Kultur (z. B. Sprache, Religion, Traditionen) und bewohntem Territorium verbunden sind und sich dessen auch bewusst sind, was sich in einem Gemeinschafts- oder Zusammengehörigkeitsgefühl und einer kollektiven Identität ausdrückt. Gegenüber den Begriffen → *Volk* und → *Stamm* besteht keine eindeutige Abgrenzung.

ethnische Gruppe *ethnic group*: durch gleiche Zugehörigkeit zu einer → *Ethnie* gekennzeichnete Bevölkerungsgruppe in einem → *Staat*. Vielfach stellen e. G. → *Minderheiten* in einem → *Staatsvolk* dar, jedoch kann die Bevölkerung eines Staates auch aus mehreren etwa gleich starken e. G. zusammengesetzt sein.

ethnische Säuberung *ethnic cleansing*: bezeichnet das Entfernen einer bestimmten Bevölkerungsgruppe (ethnisch oder religiös motiviert) aus einem → *Territorium*, i.d.R. als Folge von → *Rassismus*. Anders als die „Entmischung" durch Umsiedlung, umfasst die e. S. die massenhafte Vernichtung von Menschenleben und kann die Dimension von → *Völkermord* annehmen. Die Verwendung des Begriffs ist umstritten: In Deutschland war e. S. das Unwort des Jahres 1992, andere halten ihn für einen vertretbaren Begriff.

Ethnizität *ethnicity*: Begriff aus der Ethnologie zur Beschreibung kultureller Identitäten. Eine Ethnie ist demnach die Vorstellung einer Gruppe von Menschen, die sich durch den Glauben an eine gemeinsame Abstammung und gemeinsame Kultur konstituiert und über bestimmte kulturelle Elemente (z. B. Sprache, Brauchtum Kleidung, Religion) eine gemeinsame (homogene) Gruppenidentität ausbildet (→ *Territorialität*).

Ethnographie *ethnography*: beschreibende → *Völkerkunde*, Teilbereich der → *Ethnologie*. Die E. versucht, die materielle und geistige Kultur eines Volkes wissenschaftlich zu erfassen.

Ethnologie *ethnology*: allgemeine → *Völkerkunde*. Die E. analysiert die Ergebnisse der → *Ethnographie*, um allgemeingültige Erkenntnisse zu gewinnen.

Ethnozentrismus *ethnocentricity*: Bewertung kultureller, sozioökonomischer und politischer Strukturen und Prozesse fremder

Gruppen oder Strukturen auf der Grundlage einer Voreingenommenheit eines Individuums oder einer → *Gruppe* gegenüber fremden Individuen oder Gruppen. E. kann auch als „Selbstbezogenheit einer Gruppe" bezeichnet werden, da die Merkmale der eigenen Gruppe als normative Bewertungsgrundlage vorausgesetzt (das Eigene gilt als normal, schön, natürlich, gut oder wichtig) und gegenüber denen von von anderen Gruppen (→ *Fremde*) für überlegen gehalten werden (die dann entsprechend als wild, hässlich, irrational oder ekelhaft gelten). Ein Beispiel für E. ist der → *Eurozentrismus*.

Etter *fence separating settlement from fields*: Zaun, der das → *Dorf* von der → *Flur* trennte. Der E. hatte in der Zeit vom Spätmittelalter bis ins 19. Jh. u. a. im Rahmen der → *Dreifelderwirtschaft* und der → *Zelgenwirtschaft* mit → *Flurzwang* Bedeutung.

Etterdorf *fenced village*: → *Siedlungstyp* aus der historischen Siedlungsgenese. Das E. ist durch den → *Etter* (Zaun) gekennzeichnet, der den bebauten Dorfraum von der → *Flur* trennt. E. waren v. a. in Süddeutschland verbreitet, wo sich → *Haufendörfer* mit → *Gewannflur* ausbildeten.

EU (Europäische Union) *EU, European Union*: völkerrechtlicher Staatenverbund eigener Art (sui generis), der sich durch die 1992 beschlossenen Verträge von Maastricht aus der → *EG* weiterentwickelt hat. Durch das Inkrafttreten des Vertrages von Lissabon am 01.12.2009 erhielt die EU eine eigene völkerrechtliche Rechtspersönlichkeit. Im Zuge des Prozesses der Europäischen Integration teilen die 28 Mitgliedsstaaten (2015) einen gemeinsamen europäischen Binnenmarkt und gemeinsamen europarechtlichen Besitzstand.

EU-Binnenmarkt *EU: internal market*: seit dem 1.1.1993 existierender → *gemeinsamer Markt* (→ *Regionalintegration*) der EU-Staatengemeinschaft (→ *EU*). Der EU-B. zeichnet sich durch vier wesentliche Grundfreiheiten aus: freier Warenverkehr (Abbau von → *Handelshemmnissen*), freier Dienstleistungsverkehr (→ *Dienstleistung*, → *Dienstleistungshandel*), freier Kapitalverkehr, freier Personenverkehr bzw. Freiheit bei der unternehmerischen Niederlassungswahl. Ziel des EU-B. ist ferner die Harmonisierung von Rechts-, Verwaltungsvorschriften und technischen Normen sowie die gegenseitige Anerkennung von nationalen Regeln und Gegebenheiten.

euhalin *euhaline*: bezeichnet → *Brackwasser* mit einer → *Salinität* von 30–40‰.

Euhemerobie *euhemeroby*: beschreibt die stark → *anthropogen* beeinflusste Qualität von Standorten im → *Stadtökosystem*.

Eulitoral *eulitoral*: der Lebensraum von Ufer- und Küstenstreifen von → *Hydrosystemen* bzw. → *Hydroökosystemen* der geoökologisch und biologisch relevanten Wasserstandsschwankungen durch wechselnde Wasserführung oder → *Gezeiten* unterliegt (→ *litoral*).

EU-Öko-Audit (EMAS) *EU eco-audit*: Verordnung der → *EU* zur freiwilligen Teilnahme von Unternehmen oder öffentlichen Institutionen an einem → *Umweltmanagementsystem* (synonym EMAS: Environmental Management and Audit Scheme).

Eupelagial *eupelagial*: der Lebensraum der tieferen Bereiche des → *Meeres*, etwa unterhalb 2500 m. Das E. ist Bestandteil des → *Pelagials*.

eupelagisch *eupelagic*: die tieferen Meeresbereiche unterhalb ungefähr 2500 m und die in diesen Wassertiefen vorkommenden Erscheinungen. E. sind insbesondere die → *Tiefseeböden*.

euphotisch *euphotic*: ausreichende Lichtversorgung in der Zone des Sublitorals, die bis zum Rand des → *Schelfs* (d. h. an die 200-m-Isobathe) reicht. In diesem Tiefenbereich ist das Licht photosynthetisch wirksam (→ *Photosynthese*).

Euregio *Euroregion*: ursprünglich Bezeichnung für die grenzüberschreitende Region zwischen Rhein, Ems und Ijssel, die Strukturprobleme (krisenanfällige Landwirtschaft, Textil- und Bekleidungsindustrie, schlechte Infrastruktur etc.) aufwies. Heute wird das Konzept der E. in Europa mehrfach genutzt. E. steht dabei als Abkürzung für Europaregion oder Euroregion und meint länderübergreifende Regionen im Grenzraum von mindestens zwei kooperierenden Staaten. Ziele einer E. sind es, durch nationale Randlagen entstandenen Rückstände in mehreren Bereichen (z. B. Wirtschaft und Verkehr, Arbeitsmarkt, Technologietransfer, Umwelt, Tourismus, Kultur etc.) aufzuholen sowie die länderübergreifende Zusammenarbeit zu stärken. E. unterscheiden sich in ihrer inhaltlichen Schwerpunktsetzung, der Reichweite ihrer Handlungskompetenzen sowie ihrem organisatorischen Aufbau. Die Mitgliedschaft in E. wird meist von kommunalen Gebietskörperschaften, manchen Ortes auch Kammern oder sonstigen Interessenverbänden ausgeübt, und ist stets freiwillig.

EUREK (Europäisches Raumentwicklungskonzept) *European Spatial Development Perspective*: informelles raumordnerisches Konzept auf Ebene der → *EU*, das erstmals 1999 als Orientierungsrahmen mit Leitbildercharakter für die künftige räumliche Entwicklung des Territoriums der EU beschlossen wurde. Das E. entfaltet keine Rechtswirkung gegenüber den EU-Mitgliedsstaaten, soll jedoch die Kohärenz und Komplementarität ihrer Raumentwicklungsstrategien sicherstellen und eine räumlich ausgewogene, → *nachhaltige Entwicklung* gewährleisten.

Euro (€) *euro*: gemeinschaftliche Währung der europäischen → *Wirtschafts- und Währungsunion*. Der E. ist offizielles Zahlungsmittel in 19 der 28 Staaten der → *EU* (Eurozone). Der Währungsunion nicht angehörig sind Großbritannien, Dänemark, Schweden sowie die meisten der ostmitteleuropäischen Mitgliedsstaaten (Ausnahme Slowenien und Slowakei, Estland, Lettland und Litauen).

Europäische Bodencharta *European Soil Charter*: Grundsatzerklärung des Europarates im Jahr 1972 zum Schutz des Bodens: Die zwölf Artikel umfassende E. B. formuliert die generellen Anliegen des → *Bodenschutzes* ein erstes Mal auf politischer Ebene und spricht fast alle seine wesentlichen Elemente an: – Nutzung des Bodens an seinen Eigenschaften orientieren; – Zerstörung des Bodens vermeiden; – Anwendung von Verfahren in der Land- und Forstwirtschaft, welche die Qualität des Bodens erhalten und steigern; – Schutz des Bodens gegen → *Erosion*; – Schutz des Bodens gegen Verunreinigungen; – möglichst geringer Bodenverbrauch bei Entwicklung der Städte (Flächen sparen). Die E. B. verlangt zudem eine Bestandsaufnahme der Böden, Forschungsarbeiten für eine kluge Nutzung und Erhaltung der Böden, verstärkte Anstrengungen in der Ausbildung und der Öffentlichkeitsarbeit und eine verbesserte → *Raumplanung*. Die E. B. ist Vorläufer der späteren → *Bodenschutzkonzepte* (→ *Weltbodencharta*).

Europäische Bodenschutzstrategie *European Thematic Strategy for Soil Protection*: Dokument der EU, welches die wichtigen → *Bodenfunktionen* benennt und die hauptsächlichen Gefährdungen der Böden in Europa darstellt und begründet. Diese Gefährdungen sind: → *Bodenerosion*, Verlust an organischer Substanz, Bodenkontamination, → *Bodenversiegelung*, → *Bodenverdichtung*, Verlust an Bodenbiodiversität, → *Bodenversalzung* sowie → *Rutschungen* und Überflutungen. Die E. B. war unter anderem die Grundlage für die Ausarbeitung der europäischen Rahmenrichtlinie (European Soil Framework Directive) zum → *Bodenschutz*, die aber bis 2017 noch nicht realisiert wurde.

Europäische Freihandelszone → *EFTA*.
Europäische Gemeinschaft *European Community*: → *EG*.
Europäische Gemeinschaft für Kohle und Stahl → *EGKS*.
Europäische Gemeinschaft(en) → *EG*.
Europäische Metropolregion *European metropolitan region*: → *Metropolregion, Europäische*.

Europäische Union *European Union*: → *EU*.
Europäische Wirtschaftsgemeinschaft → *EWG*.
Europäische Zentralbank (EZB) *European Central Bank*: Notenbank der Eurozone (→ *EU*) mit Sitz in Frankfurt am Main. Die EZB ist verantwortlich für die Geldpolitik im Euroraum mit dem Ziel die Kaufkraft des Euro und die Preisstabilität im Euro-Währungsraum zu gewährleisten.

Europäischer Wirtschaftsraum (EWR) *European Economic Area*: seit dem 1.1.1993 existierender binnenmarktorientierter Zusammenschluss der → *EU* und der Staaten der → *EFTA* ohne die Schweiz (→ *EU-Binnenmarkt*).

Europäisches Raumentwicklungskonzept *European Spatial Development Perspective*: → *EUREK*.

Europäisches Schadstoffemissionsregister (EPER) *European Pollutant Emission Register*: seit dem Jahr 2000 von der → *EU* aufgebautes Register, das die Daten von → *Emissionen* verzeichnet, die große Industriebetriebe, → *Intensivtierhaltungen* und → *Deponien* in Luft, Gewässer und (über die Kanalisation) in externe → *Kläranlagen* direkt oder indirekt abgeben. Die deutschlandweiten EPER-Daten werden vom Umweltbundesamt ständig im Internet veröffentlicht.

Europäisches Währungssystem *European Monetary System*: vor Gründung der Europäischen Wirtschafts- und Währungsunion in der EU eine Zone mit stabilem → *Wechselkurs*. Mitglieder waren die Länder der → *EU*, ausgenommen Großbritannien und Griechenland, die dem → *Europäischen Wirtschaftsraum* assoziiert waren und an der Wechselkurs-Stabilisierung nicht teilnahmen.

Europaschiff *standardized European ship*: im Zuge der Freizügigkeit in Europa entwickeltes Schiff von 1350 t Tragfähigkeit, 80 m Länge und 9,5 m Breite für die → *Binnenschifffahrt* in Europa. Das E. kann auf allen modern ausgebauten europäischen → *Binnenwasserstraßen* verkehren.

Europastraße *European Highway*: internationale Fernverkehrsstraße, die mehrere europäische Länder miteinander verbindet. Das Netz der E. ist einheitlich nummeriert und besteht v.a. aus Autobahnen und sonstigen gut ausgebauten Straßen.

European Free Trade Association → *EFTA*.
Eurostat *Eurostat*: Name des Statistischen Amtes der → *EU*.
Eurozentrismus *eurocentrism*: Form des → *Ethnozentrismus*. E. bezeichnet die Tendenz, Europa und Europäer zum Normalfall zu erklären und damit zum Maßstab der Bewertung anderer Länder, Menschen und Kulturen zu nehmen.

eurychor *eurychoric, eurychorious*: sind Organismen mit einer großen räumlichen bzw. geographischen Verbreitung im Gegensatz zu → *stenochor*.

euryök *euryoecious*: sind Organismen, die große Schwankungen von für sie wichtigen ökologischen Randbedingungen ertragen können. E. Organismen finden sich daher in sehr verschiedenen → *Ökosystemen*. Gegenbegriff ist → *stenök*.

eurytherm *eurythermal*: sind Organismen, die innerhalb eines weiten Temperaturbereichs leben und die zugleich große Temperaturschwankungen ertragen können. Gegenbegriff ist → *stenotherm*.

eurytop *eurytopic*: sind Organismen, die → *abiotisch* sehr unterschiedlich ausgestattete Lebensräume bewohnen. Bezieht sich die Bezeichnung nur auf das Ertragen der Umweltbedingungen durch den Organismus, wird von → *euryök* gesprochen. Gegenbegriff ist → *stenotop*.

Eustasie *eustasy*: bezeichnet → *Landschaftsökosysteme*, in denen die ökologischen Bedingungen langzeitig stabil sind, d. h. relative ökologische → *Stabilität* im Jahrzehnt- bis Jahrhundertmaßstab (→ *eustatische Meeresspiegelschwankung*).

eustatische Meeresspiegelschwankung (Eustasie) *eustatic sea change, eustatic sea-level fluctuation*: – Schwankungen des → *Meeresspiegels* durch Massenverlagerungen des Wassers infolge klimabedingten Verschiebens der Anteile Wasser/Eis im globalen Klima- und Wasserhaushaltssystem. – während der → *Eiszeiten* als sog. → *Glazialeustasie* wirksam, wobei große Mengen Meerwasser als Festlandeis gebunden waren. Folge: globaler Meeresspiegelabfall von maximal 130 m. Durch den Wechsel der → *Kalt-* und → *Warmzeiten* des → *Pleistozäns* wurden Land- und Meeresflächen immer wieder verändert. Der vertikale Anstieg oder Abfall, bedingte eine horizontale Veränderung der Küstenlinien. Die Wiederholung dieser Prozesse ließ die marinen Terrassentreppen an den Küsten entstehen. Die Formung der einzelnen Terrassenniveaus geht auf reguläre marine → *Geomorphodynamik* zurück, d. h. v. a. auf → *Abrasion* und → *Brandungserosion*. – auch Wärmehaushaltsänderungen des Meerwassers können Anstieg oder Abfall im Sinne der e. M. bewirken. Eine Erwärmung der gesamtirdischen marinen Wasserkörper um nur 0,1°C, z. B. durch Überwärmung der Atmosphäre bedingt – unabhängig von eiszeitlichen Klimawechseln – eine Veränderung des Meeresspiegels von 0,6 m.

eutroph *eutrophic*: 1. allgemein nährstoffreich, im Gegensatz zu → *oligotroph*. 2. speziell auf Gewässer bezogen bedeutet e. in erster Linie Reichtum an → *Phosphat* und → *Nitrat*; in Bezug auf den Boden wird unter e. Basenreichtum, also eine hohe → *Basensättigung*.

Eutrophierung *eutrophication*: Nährstoffübersättigung von Gewässern durch häusliche, gewerbliche und industrielle → *Abwässer* und durch Abschwemmen von → *Dünger* aus landwirtschaftlichen Nutzflächen. Die hohen → *Phosphat-* und → *Nitratmengen* im Wasser steigern das Wachstum des → *Planktons*. Die daraus sich ergebende Überproduktion an organischer Substanz führt zu überhöhtem Sauerstoffverbrauch und → *Faulschlamm*bildung. Im Extremfall droht der See wegen akuten Sauerstoffmangels „umzukippen", d. h. er wird zum toten Gewässer. Bei „alternden" Seen kommt auch eine → *natürliche* E. vor.

Evakuierung *evacuation*: Räumung eines Gebietes durch vorübergehende Aussiedlung der → *Wohnbevölkerung* aus militärischen oder Sicherheitsgründen oder wegen Zerstörung der Lebensgrundlagen, z. B. aufgrund eines zu erwartenden feindlichen Angriffs oder einer → *Naturkatastrophe*.

Evaporation *evaporation*: die → *Verdunstung* an freien Wasserflächen und festen Oberflächen des Landes, insbesondere aber an der Bodenoberfläche. Auf Bodenflächen mit Vegetationsbedeckung ist die E. – die direkte Verdunstung des Bodens und – die Verdunstung durch → *Interzeption*, welche unabhängig neben der Verdunstung durch die Pflanzendecke (→ *Transpiration*) erfolgen (→ *unproduktive Verdunstung*).

Evaporit *evaporite*: Verdampfungsgestein, als chemisches Sediment überwiegend in der kontinentalen → *Erdkruste* vorkommend und gebildet durch fortschreitende Verdunstung des Meerwassers in der Reihenfolge zunehmender Löslichkeit.

Evapotranspiration *evapotranspiration*: die gesamte → *Verdunstung* vegetationsbedeckter Bereiche der Erdoberfläche, welche i. d. R. mengenmäßig durch die → *Transpiration*, also die Verdunstung der Pflanzendecke, dominiert wird. Bei dicht geschlossener → *Vegetation* ist der Evaporationsanteil des Bodens sogar vernachlässigbar gering. Die unter ungestörten Bedingungen schwer messbare effektive oder aktuelle E. hängt von → *Strahlung*, → *Temperatur*, → *Sättigungsdefizit*, Ventilation und dem ausreichenden Wassernachlieferungsvermögen des Bodens an einem Standort ab (→ *Wasserbilanz*).

EVAP-Prinzip im deutschsprachigen Raum Akronym für die grundlegenden Funktionalitäten eines → *Geographischen Informationssystems*: Erfassung, Verwaltung, Analyse und Präsentation von Geodaten.

Eventtourismus *event tourism*: kurzfristige Reise (meist 1 bis 3 Übernachtungen) mit dem Ziel, an einem Event teilzunehmen. Als Events in diesem Sinn gelten Großveranstaltungen von seltenem oder einmaligem Charakter mit besonderem Erlebniswert und meist hoher Emotionalität im Kultur-, Musik- und Sportbereich (z. B. Auftritte populärer Musik-Entertainer, Fußballweltmeisterschaftsspiele u. ä.; → *Sporttourismus*, → *Kulturtourismus*).

Evolution *evolution*: 1. allgemein die Entwicklung von schon Vorhandenem mit allmählicher Veränderung. 2. speziell der Verlauf der Stammesgeschichte von niedrigen Organisationsformen des Lebens zu höher organisierten Lebewesen.

evolutionäre Wirtschaftsgeographie *evolutionary economic geography*: ein junges Theoriegebäude in der → *Wirtschaftsgeographie*, wonach wissens- und innovationsbasierter Wettbewerb um neue Produkte und Technologien als zentrale Antriebskraft regionaler Wirtschaftsentwicklung gilt. Das Konzept beruht auf Analogien aus der evolutionären Biologie und vergleicht metaphorisch Unternehmen, Technologien oder Wirtschaftsregionen mit natürlichen Organismen. Die e. W. nimmt eine geschichtliche Perspektive (history matters) ein und betont die → *Pfadabhängigkeit* ökonomischer und sozialer Prozesse. Regionale Entwicklungspfade werden in der e. W. primär mit Unternehmen und deren erfolgreichen, → *organisationalen Routinen* erklärt. Diese firmeninternen Routinen unterliegen durch Erfahrungsgebundenheit und Reflexivität dynamischen Lernprozessen und werden so fortlaufend erzeugt und weiterentwickelt. In Anlehnung an biologische Fachbegriffe setzen sich diejenigen Routinen durch, welche sich durch ‚Variation' und ‚Mutation' an neue Umweltbedingungen anpassen sowie in der Umwelt durch Akzeptanz positiv selektiert (‚Selektion') werden. Auf regionaler Ebene rückt in der e. W. ein maßstabsübergreifender, struktureller Wandel von Branchen (Firmenpopulationen), Netzwerken und Institutionen gepaart mit dessen Auswirkungen auf Erzeugung und Diffusion organisationaler Routinen in den Fokus des Forschungsinteresses.

Evorsion *pothole erosion*: Prozess der → *Fluvialgeomorphodynamik* im Flussbett, wobei → *Hohlformen* – auch in Festgesteinen – durch Strudelwirkung des Wassers unter Mithilfe von Mahlsteinen unterschiedlicher Größen entstehen, z. B. → *Kolke*. E. spielt sich sowohl bei → *subaërisch* als auch bei → *subglazial* fließendem Wasser ab.

EWG (Europäische Wirtschaftsgemeinschaft) *EEC, European Economic Community*: eine der drei europäischen Gemeinschaften (→ *EG*). Die E. wurde 1957 gegründet und zielte auf die Errichtung einer Wirtschafts- und Währungsunion ihrer Mitgliedsstaaten. Erreicht wurden u. a. eine → *Zollunion*, ein gemeinsamer Agrarmarkt und weitgehende Freizügigkeit für Arbeitskräfte, Kapital und Dienstleistungen. Die Weiterentwicklung in Richtung auf eine stärkere Integration erfolgte im Rahmen der → *EG* und der → *EU*.

Ewigkeitskosten *long-term costs*: Folgekosten, die aufgrund des → *Bergbaus* auch nach dessen Beendigung für längere Zeit anfallen werden. Der Begriff wurde im Zusammenhang mit der endgültigen Stilllegung des deutschen → *Steinkohlenbergbaus* geprägt. In den ausgeräumten Bergbaulandschaften hat sich der Boden unter den Siedlungen teilw. bis zu 20 m abgesenkt, sodass ohne ständiges Abpumpen des Grundwassers dort innerhalb weniger Wochen ein See entstünde. In diesen Fällen fallen Pumpkosten an, solange die Siedlungen existieren. Laut einem 2006 im Auftrag des Bundeswirtschaftsministeriums erstellten Gutachten belaufen sich die Ewigkeitskosten des deutschen Steinkohlebergbaus auf mindestens 12,5 bis 13,1 Milliarden Euro. Der Begriff kann auch auf andere großtechnische Eingriffe übertragen werden.

EWR → *Europäischer Wirtschaftsraum*.
EWS → *Europäisches Währungssystem*.

Exaration (Gletscherschurf) *exaration*: ausräumende Wirkung des Gletschers im Lockergestein und Schwächezonen im Festgestein. Neben → *Detersion* und → *Detraktion* einer der Prozesse der → *Glazialerosion*.

Exfoliation (Schalenverwitterung) *exfoliation*: bei → *Insolationsverwitterung* das Abplatzen oberflächenparalleler Platten unterschiedlicher Dicke (Zentimeter bis Meter) in massigen Gesteinen (z. B. Granit) mit gesteinsoberflächenparallelen Lager- und Druckentlastungsklüften als Leitbahnen. S. ist für Gebiete mit starken täglichen Temperaturschwankungen charakteristisch, z. B. Wärmewüsten (→ *Desquamation*).

Exhalation *exhalation*: Gasabgabe bei → *Vulkanismus* (→ *Effusion*, → *Ejektion*).

Exhumierung *exhumation, disintement*: das erosiv-denudative Freilegen (→ *Abtragung*) von Großformen eines älteren → *Georeliefs* (→ *Altrelief*), das zunächst durch → *Sedimente* verschüttet bzw. eingedeckt wurde.

Existenzminimum *subsistence level*: i. e. S. diejenige Nahrungs- und Konsumgütermenge, die ein Mensch zur Lebenserhaltung benötigt. I. w. S. ist das E. die Gütermenge, die zur Aufrechterhaltung des gewohnten Lebensstandards notwendig ist (→ *Daseinsgrundfunktion*).

Exklave *exclave*: Gebiet des eigenen → *Staates*, das innerhalb eines fremden Staatsgebiets liegt und von diesem völlig umschlossen wird, also keine direkte Verbindung zum eigenen Staat hat. Auch auf der Ebene von → *Provin*-

zen, → *Kreisen*, → *Gemeinden* usw. gibt es E. Vom fremden Staat aus gesehen, handelt es sich bei einer E. um eine → *Enklave*.

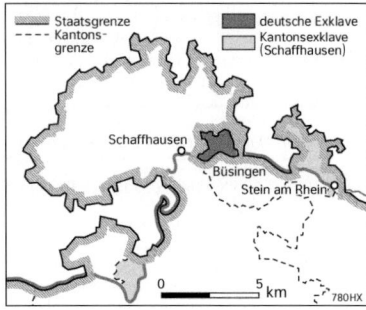

Exklave

Exklusion *exclusion*: dauerhafter oder zeitweiser Ausschluss oder Ausgrenzung eines → *Individuums* oder einer → *Gruppe* aus der → *Gesellschaft*. Gegenbegriff zur → *Inklusion*. Die Folgen einer länger andauernden E. sind v. a. materielle Not, Unsicherheit, Perspektivlosigkeit, Radikalisierung und ganz allgemein das Untergraben der Lebensfähigkeit (→ *Separation*, → *Integration*, → *Assimilation*).

Exogamie *exogamy*: Eheschließung zwischen Partnern aus zwei verschiedenen → *sozialen Gruppen*. Hierbei kann es sich um → *Klassen*, → *Kasten*, → *Schichten*, → *Volksgruppen*, Religionsgemeinschaften usw. handeln. Insbesondere in den westlichen → *Industrieländern* ist E. relativ häufig, während in → *Agrargesellschaften* → *Endogamie* vorherrscht.

exogen *exogenous*: außenbürtig, von außen kommend. Gegenbegriff ist → *endogen*.

exogene Formbildung *exogenic dynamics and forces*: jene → *geomorphologischen Prozesse*, die auf die von außen wirkenden Kräfte zurückgehen. Die e. F. beruht letztlich auf der Sonnenenergie und der Schwerkraft (→ *Gravitation*). Die Hauptagentien der e. F. sind Wasser, Wind und Eis (→ *endogene Formbildung*, → *Skulpturform*).

exorheischer Fluss *exoheic: river*: Fluss, der in den → *Ozean* entwässert.

Exosphäre *exosphere, outer atmosphere*: die in 300-400 km Höhe beginnende oberste Schicht der → *Atmosphäre*. In der E. vollzieht sich der allmähliche Übergang zum luftleeren Weltraum. Sie umfasst in ungefähr 800 km Höhe den intensivsten Strahlungsbereich der Atmosphäre, den → *Van-Allen-Strahlen-Gürtel*, und erreicht in dieser Schicht Temperaturen von mehreren 1000 °C.

Experiment *experiment*: wissenschaftliche Methode zur Erhebung von Daten in einer kontrollierten Umgebung (z. B. Laborexperiment oder soziales Experiment). Die Übertragbarkeit der durch E. erhobenen Daten ist i. d. R. zweifelhaft, da die Laborbedingungen die → *Komplexität* der Phänomene stark reduzieren.

Experimentelle Ökologie *experimental ecology*: Labor- und Freilandversuche zur Analyse der Wirkung von ausgewählten Faktoren und Prozessen bei konstant gehaltenen äußeren Bedingungen oder indem ein einzelner Faktor ausgetauscht wird und die Folgen untersucht werden.

Experteninterview *expert interview*: → *Befragung* eines → *Probanden*, der zu einem Themenfeld Expertenwissen aufzuweisen hat. Üblicherweise werden E. als strukturierte Interviews (z. B. Leitfadenfadeninterview) geführt. Eine Sonderform des E. ist die → *Delphi-Methode*.

explizites Wissen (kodifiziertes Wissen) *codified/explicit knowledge*: → *Wissen*, welches in Form von Regeln oder Formeln niedergeschrieben ist. E. W. kann folglich sehr leicht weitergegeben werden und ist im Prinzip an jedem Ort erhältlich (→ *implizites Wissen*).

Exploitation *exploitation*: in der → *Ökologie* ein Bestandteil der → *Konkurrenz* zwischen Arten um Ressourcen ihres Lebensraumes.

Exploitation *exploitation, exploitative use*: → *Übernutzung* der → *Umwelt* bzw. → *Raubbau* von → *Ressourcen* mit → *Störungen* des → *Leistungsvermögens des Landschaftshaushaltes*.

exploitierende Wirtschaftsformen *exploitative cultivation*: Bodenbewirtschaftung ohne Kultivierungsmaßnahmen. E. W. sind z. B. die → *Steppenumlagewirtschaft*, die → *Moorbrandwirtschaft* oder die → *Waldbrandwirtschaft*.

Exploration *exploration*: im → *Bergbau* alle Tätigkeiten, die mit der Erkundung von → *Lagerstätten* von → *Rohstoffen* zu tun haben.

Exploration *exploration*: in der empirischen → *Sozialforschung* die Phase der Vorstudie zur Herausbildung von → *Hypothesen* und der Entwicklung eines Forschungsdesigns.

Explosionskrater *explosion crater*: trichterförmig → *Hohlform*, die durch explosiven Vulkanismus entsteht, z. B. bei → *phreatomagmatischen Eruptionen*. Der E. weist nur eine schachtartige Röhre auf. Größe und Hangneigung des E. hängen vom Material ab. (→ *Maar*).

explosiver Vulkanismus → *Ejektion*.

Export → *Ausfuhr*.

Exportbasis-Theorie *export dependency theory*: → *Entwicklungstheorie*, die besagt, dass das → *Wirtschaftswachstum* einer → *Region* entscheidend von der Entwicklung ihres Ex-

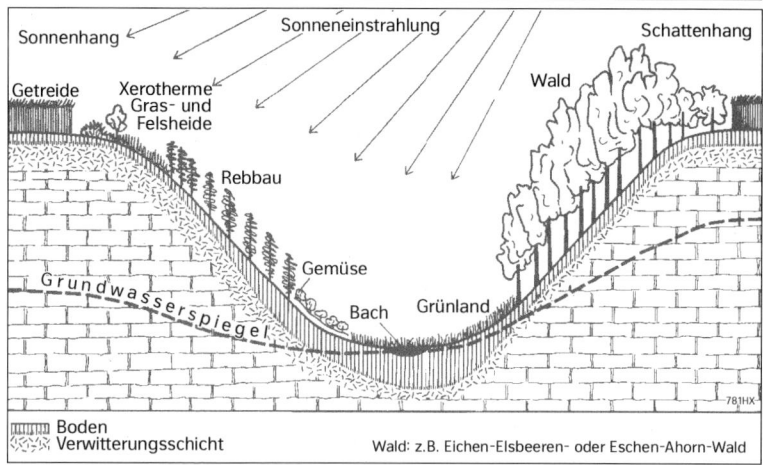

Exposition

portsektors, d.h. von der außerregionalen Nachfrage-Expansion (→ *Ausfuhr*), abhängt.
Exportdiversifizierung *export diversification*: → *Industrialisierungsstrategie*, die der → *Exportorientierung* in einer zweiten Phase der Industrieentwicklung folgt. Es wird versucht, die Produktpalette zu erweitern und eine größere Zahl von Abnehmern und Abnehmerländern für die eigene Produktion zu finden, um ein längerfristiges → *Wirtschaftswachstum* zu erreichen.
Exportenklave → *freie Produktionszone*.
Exportintensität *export intensity*: Ausmaß des Exports (→ *Ausfuhr*) an der Gesamtproduktion eines Unternehmens oder eines → *Wirtschaftszweigs* bzw. am → *BIP* (→ *Exportquote*).
Exportorientierung *export orientation*: Industrialisierungsstrategie mit dem Ziel, → *Industriezweige* aufzubauen, deren Erzeugnisse vornehmlich oder ausschließlich ins Ausland verkauft werden können. In → *Entwicklungsländern* bedeutet dies, dass zunächst nicht eine breite Palette von Produkten erzeugt werden kann, sondern eine Spezialisierung auf wenige, im → *Export* chancenreiche Produkte anzustreben ist. Bei der E. bleibt die Selbstversorgung mit Industrieprodukten daher gering.
Exportquote *export quota*: Verhältnis des Wertes der → *Ausfuhren* zum → *Bruttoinlandsprodukt* (→ *BIP*) einer Volkswirtschaft. Bei hoher E. besteht eine höhere Abhängigkeit von der Wirtschaftsentwicklung im Ausland (→ *Exportintensität*).
Exportrestriktionen *export restrictions*: Ausfuhrbeschränkungen durch → *Zölle*,
→ *Kontingentierungen* oder → *Ausfuhrverbote*. (→ *Embargo*).
Exportsubstitution *export substitution*: Industrialisierungsstrategie v.a. für Länder, die bisher in großem Umfang un- oder nur wenig verarbeitete → *Rohstoffe* exportierten. Die bisher für den Export (→ *Ausfuhr*) bestimmten Rohstoffe sollen dazu verwendet werden, um in der heimischen Volkswirtschaft auf der Basis dieser Erzeugnisse → *Industriezweige* aufzubauen.
Exportsubvention *export subvention*: Maßnahme zur Förderung des Exports (→ *Ausfuhr*). Da E. zur Verdrängung von ausländischen Wettbewerbern auf Drittmärkten führen, sind sie oft die Ursache von Handelskonflikten. Besonders häufig treten E. bei Agrarprodukten auf, um heimische Produktionsüberschüsse zu beseitigen.
Exportzone → *freie Produktionszone*.
Exposition *exposition*: die Ausrichtung eines → *Hanges* oder einer anderen Relieffeinheit auf → *Sonnenstrahlung*, Wind, Regen, Schneeablagerung und andere klimaökologisch wirksame Faktoren. Am wichtigsten davon ist die durch die → *Hangneigungsrichtung* geregelte → *Besonnung*, die durch die → *Hangneigungstärke* variiert wird. Die Differenzierung von Hängen bzgl. einzelner Geoökofaktoren z.B. → *Boden* und → *Vegetation*. Gründet sich i.d.R. in der expositions- und neigungsbestimmten Besonnung.
Expositionszeit *exposure time*: Zeitraum, in dem → *Umweltfaktoren* bzw. → *Schadstoffe* auf experimentell ausgesetzte → *Biota* oder in ihren regulären Lebensbereichen vorkommen-

de Organismen einwirken (→ *Bioindikatoren*, → *Toleranz*).

Exsudation *exudation*: Ausscheidung mineralischer Bestandteile aus Lösungen bei der → *Krustenbildung*.

Extensivbetrieb *extensive farming*: → *Agrarbetrieb*, der den Boden mit geringem Kapital- und → *Arbeitsaufwand* bewirtschaftet. Verschiedene Faktoren, z. B. Klima, Bodengüte, Marktferne, bewirken eine schlechte Ertragslage, sodass eine intensivere Bewirtschaftung nicht rentabel ist.

extensive Weidewirtschaft *extensive: pasture farming*: landwirtschaftliche Betriebsform der → *Beweidung*, die auf der Grundlage einer weniger aufwändigen Viehhaltung beruht und bei der weniger Tieren eine größere Fläche zur Verfügung steht.

Extensivierung *extensification*: bezogen auf die → *Landwirtschaft*, wenn aus ökonomischen oder ökologischen Gründen keine intensive Landwirtschaft möglich ist. Im Zusammenhang mit der Ökologisierung der Landwirtschaft (→ *Biologische Landwirtschaft*) spielt die flächendeckende E. eine große Rolle. Sie zielt auf eine Drosselung des agrarökologischen Durchsatzes an Stoffen und Energie ab. Durch bewussten Verzicht auf die volle Ausschöpfung des → *biotischen* Ertragspotenzials kommt es zu einer allgemeinen Verringerung des Nutzungsdrucks auf die → *Landschaftsökosysteme*.

Externalisierung von Risiken *externalization: of risk*: die Steigerung des → *Schadenpotenzials* eines → *Risikos* durch Entscheidungen von nicht unmittelbar vom Risiko betroffenen Entscheidungsträgern zu Lasten Dritter.

Externalität → *externer Effekt*.

externe Effekte *external effects*: unkompensierte Begleiterscheinungen wirtschaftlichen Handelns auf Dritte. E. E. werden nicht von den formellen Leistungsmechanismen erfasst (Markt- bzw. Staatsversagen), weshalb ggf. Interventionen bei deren Auftreten notwendig sein können. Beispiele: negative e. E. sind Lärmemissionen durch den Straßenverkehr; positive e. E. sind Bienen des Imkers, die eine Obstplantage bestäuben um ihren Honig zu gewinnen.

externe Ersparnisse *external savings*: eine Mischung verschiedener kostensenkender Faktoren, die sich aus der räumlichen Nähe zu anderen Betrieben, zu Infrastruktureinrichtungen (→ *Infrastruktur*), Informationsquellen und zum Arbeits- und Absatzmarkt ergeben. Bei den e. E. wird unterschieden in Lokalisationsvorteilen (→ *Lokalisationseffekt*) und Urbanisationsvorteilen (→ *Urbanisationseffekt*).

externer Effekt *externality*: Auswirkung wirtschaftlicher Aktivitäten auf unbeteiligte Dritte i.S.v. unbeabsichtigten Nebenfolgen. Ein e. E. hat i.d.R. keine Auswirkung auf dessen Verursacher, da zwischen ihm und dem Dritten keine vertragliche Beziehung existiert. Wirkt ein e. E. wohlfahrtsmindernd spricht man von einem negativen e. E.; wirkt er wohlfahrtssteigernd handelt es sich um einen positiven e. E..

Exterritorialität *extraterritoriality*: Einschränkung der Gebietshoheit eines → *Staates*, insbesondere bezüglich der Gerichtsbarkeit, zugunsten bestimmter Personen, Sachen oder Gebäude kraft Völkerrecht. E. genießen v. a. ausländische Diplomaten, ihre Dienstgebäude und -fahrzeuge, ausländische Staatsoberhäupter, meist auch fremde Streitkräfte bei vertraglich vereinbarter Stationierung.

Extinktion *extinction*: Abschwächung der → *Sonnenstrahlung* in der → *Atmosphäre* durch selektive Absorption und diffuse Reflexion.

extraktive Industrie *extractive industry*: Synonym für → *Bergbau*, die industrielle Gewinnung von → *Bodenschätzen*.

extraterrestrische Naturgefahren *extraterrestrial natural hazards*: gemäß der → *ISDR* → *Naturgefahren*, die durch Weltraumeinflüsse zustande kommen können z. B. durch Meteoriteneinschlag (→ *biologische Naturgefahren*, → *geologisch-geomorphologische Naturgefahren*, → *glaziologisch-kryosphärische Naturgefahren*, → *hydrologisch-glaziologische Naturgefahren*, → *marin-litorale Naturgefahren*, → *meteorologische Naturgefahren*).

extrazonal *extrazonal*: geo- und/oder bioökologische Erscheinung, die sich aufgrund eines anderen Geoökofaktors in eine andere Klimazone hineinerstreckt, ohne ihre Ausbildungsform zu ändern, z. B. die „feuchten" → *Galeriewälder* der → *Savannen*, die aus hygrischen und edaphischen Gründen in die Halbwüstenzone hineinreichen können (→ *azonal*, → *zonal*, → *Zone*).

Extrema → *Extreme*.

Extrembiotop *extreme habitat*: Lebensstätte mit extremen → *abiotischen* Umweltbedingungen (Umweltaktoren entweder mit extremen, aber konstanten Werten oder aber mit sehr starken Schwankungen). E. sind die Lebensstätten (→ *Biotope*, → *Habitate*) der Spezialisten und daher meist mit arten- und/oder individuenarmen Lebensgemeinschaften besetzt.

Extreme (Extrema) *extreme*: – allgemein Höchst- und Tiefstwerte eines messbaren Faktors, deren Auftreten innerhalb bestimmter Zeitintervalle beobachtet werden. Man unterscheidet absolute E. (größte oder höchste jemals ermittelte Höchst- oder Tiefstwerte) und mittlere E., die den → *Mittelwert* einer längeren Reihe von Extremwerten wiedergeben. – E. spielen wegen ihrer ökologischen Wirksamkeit eine Rolle, z. B. für das Überleben der Organismen bzw. das Funktionieren des gesamten → *Ökosystems*.

Exurbanisierung *exurbanization*: unscharfer Begriff für eine Form der erweiterten → *Sub-urbanisierung*, bei der die zentrifugale Bevölkerungsverlagerung aus der → *Stadt* bis in den → *ländlichen Raum* hinein erfolgt.

Exzentrizität *eccentricity*: Abweichung der Ellipse der → *Erdbahn* von der Kreisbahn, zurzeit 1,7%. Die E. schwankt im Zyklus von 100 ka zwischen 0,5 und 6% (→ *Milankovic-Zyklen*).

Eye-Tracking → *Blickbewegungsregistrierung*.

EZB → *Europäische Zentralbank*.

F

Fäbodwirtschaft *transhumant woodland pasture farming*: Form der Waldweidewirtschaft (→ *Weidewirtschaft*) in Schweden, Finnland und Norwegen. Dabei wird das Vieh im Sommer auf → *Waldweiden* getrieben, die vom Heimgut so weit entfernt sind, dass sie nicht mehr von diesem direkt betreut werden können.

Fabrik *factory*: gewerbliche Organisationsform zur zentralisierten, arbeitsteiligen Produktion von → *Gütern*. Die F. steht unter Leitung eines Unternehmers, der nach einem Arbeitsplan in größerem Umfang (im Gegensatz zum → *Handwerk*) Menschen und Apparate einsetzt. Technologischer Wandel führt in der F. vielfach zu verstärkter → *Automatisierung* und damit zur Reduktion von Arbeitsplätzen.

Fabrikarbeiter *factory worker*: Arbeitnehmer in einer → *Fabrik*. Mit entsprechender Berufsausbildung kann er als → *Facharbeiter* eingestuft sein. Häufig werden F. berufsfremd als angelernte → *Arbeiter* oder als Hilfsarbeiter beschäftigt. In dieser Gruppe liegt der Anteil der → *Ausländer* besonders hoch.

Fabriktrawler *factory trawler*: → *Trawler*, der mit Einrichtungen zur Fischverarbeitung an Bord ausgestattet ist.

Fabrikverkauf *factory outlet store*: direkter Verkauf selbst produzierter Waren durch den Hersteller an Endkunden. Durch das Weglassen von Zwischenhändlern können die Waren günstiger angeboten werden. Oft wird der F. auch genutzt, um Sonderposten mit Mängeln oder Überschussware anzubieten. Der F. kann direkt am Firmengelände stattfinden oder auch in einem → *Factory Outlet Center*.

face-to-face-Interview (persönliche Befragung) persönliche → *Befragung* (standardisiert, teil-standardisiert oder strukturiert), die im Regelfall bei einem → *Probanden* zu Hause oder am Arbeitsplatz durchgeführt wird.

face-to-face-Kommunikation *face-to-face communication*: Informationsaustausch in persönlicher Begegnung (→ *vermittelte Kommunikation*).

Facette → *Fazette*.

Facettengeschiebe *facetted pebble*: → *Geschiebe*, das durch den Transport seine Formgestalt verändert und Kanten bzw. → *Facetten* bekommt. Oftmals Mehrfachkanter. Durch Art der Facettenbildung vom → *Windkanter* zu unterscheiden.

Facharbeiter *skilled worker*: → *Arbeitnehmer* mit abgeschlossener Lehre in einem staatlich anerkannten Lehrberuf. Der Weg zum F. führt auch über eine mehrjährige erfolgreiche Berufspraxis.

Fächerfalte *fan fold*: → *Falte*, deren Schenkel gegen den Sattelkern eingebogen ist (→ *Sattel*).

Fachgeschäft *specialist shop, speciality shop*: Geschäft des → *Einzelhandels*, das ein branchenmäßig begrenztes, aber nach Tiefe und Breite umfassendes Warensortiment aufweist und den Kunden Bedienung, Beratung und evtl. weitere → *Dienstleistungen* (z. B. Reparatur) anbietet. F. haben ihren → *Standort* v. a. in innerstädtischen → *Geschäftszentren*, zunehmend aber auch in → *Einkaufszentren* am Stadtrand.

Fachinformationssystem *discipline information system*: Informationssystem, das für ein bestimmtes Themenfeld entwickelt wurde, z. B. Altlasteninformationssystem, Gewässerinformationssystem oder Verkehrsinformationssystem. I. d. R. basieren F. auf der technischen Infrastruktur eines → *GIS* oder → *Web-GIS*.

Fachmarkt *discount speciality shop*: Geschäft des → *Einzelhandels*, das ein ähnliches Sortiment führt wie ein → *Fachgeschäft*, jedoch weniger → *Dienstleistungen* anbietet und dafür ein niedrigeres Preisniveau sowie größere Fläche aufweist.

Fachplanung *sectoral/technical planning*: spezialisierte, auf einen sachlichen Schwerpunkt gerichtete Planung innerhalb der → *Regionalplanung*, → *Stadtplanung* oder anderer Planungsbereiche, die der F. übergeordnet sind und denen die F. zuarbeitet. Die F. ist in den Behörden von Bund, Ländern, Kantonen, Bezirken und Gemeinden installiert verfügt meist auch über die zur Ausführung von Maßnahmen in ihrem Sachbereich erforderlichen Finanzmittel. Im Zusammenhang der Raumplanung sind insbesondere die sogenannten *raumbedeutsamen* F. von Bedeutung, die sich dadurch auszeichnen, dass sie Raum in Anspruch nehmen oder auf die Entwicklung eines Raumes Einfluss nehmen. Zu diesen raumbedeutsamen F. gehören z. B. → *Agrarplanung*, → *Verkehrsplanung* oder Wasserwirtschaftsplanung. Aus ökologischer Sicht wird die F. kritisiert, weil Belange von Landbau, Forst-, Wasserwirtschaft, Infrastrukturbau, Landespflege etc. separativ behandelt werden, ohne auf deren Stellung und Wirkung im → *Landschaftsökosystem* zu achten. Nicht koordinierte F. führen zur → *Zufallslandschaft*. Die → *Leitbilder* in der Planung sind i. d. R. zu wenig zieldefiniert, als dass sie die F. unter einem integrativen Aspekt zusammenführen können, z. B. dem Modell des → *Landschaftsökosystems*.

Fachwerkbau *timber-frame construction*: regional unterschiedliche Holzbauweise. Anders als beim Stabbau oder → *Blockbau* wird beim F. ein Rahmenwerk errichtet, dessen offene Gefache mit Flechtwerk und Lehm bzw. Naturstein oder Ziegelstein geschlossen werden.

Factoring *Finanzierung*: Finanzierungsmöglichkeit im Rahmen der → *Unternehmensfinanzierung*. Beim F. verkauft ein Unternehmen Forderungen aus Waren- oder Dienstleistungsgeschäften an ein spezielles Kreditinstitut (Factor) mit dem Ziel der Liquiditätsverbesserung.

Factoring *factoring*: Verkauf einer Forderung, um einen direkten Zahlungseingang auch bei späterer Forderungsfälligkeit zu realisieren und gleichzeitig das Ausfallrisiko der Forderung samt Überwachung abzuwälzen.

Factory Outlet Center Agglomeration großflächiger Verkaufsstandorte verschiedener i.d.R. Markenhersteller, die ihre Waren deutlich günstiger als der → *Einzelhandel* anbieten. Die → *Standortwahl* folgt nicht mehr der Logik → *Zentraler Orte*, sondern überwiegend verkehrslagenorientiert, um ein möglichst breites Einzugsgebiet abzudecken (→ *Fabrikverkauf*).

Fahlerde *Retisol*: in der → *deutschen Bodensystematik* (→ *KA5*) ein Boden aus der Klasse der → *Lessivés*, der durch vertikale Tonverlagerung (→ *Lessivierung*) entstanden ist. Er weist im Vergleich zur → *Parabraunerde* eine stärkere Tongehaltsdifferenz im Ober- und Unterboden auf. Unter einem humosen Oberbodenhorizont folgt ein fahlgrau gebleichter Oberbodenhorizont, der zungenförmig in den Unterboden greifen kann.

Fähre *ferry*: Schiff, das mithilfe besonderer Einrichtungen (z.B. Ladeklappen, Fahrzeugdecks, Gleise) Menschen und Fahrzeuge über Flüsse, Seen, Kanäle, Meerengen oder Meeresarme transportiert. F. verkehren i.d.R. nach festem Fahrplan und werden bei zunehmendem Verkehr, insbesondere über Flüsse, möglichst durch Brücken ersetzt.

Fahrenheit *degrees*: → *Fahrenheit*: Temperaturmesseinheit, die nach dem deutschen Physiker Gabriel Daniel Fahrenheit (1686-1736) benannt wurde. In Ländern mit britischem Messsystem für praktische Zwecke immer noch gebräuchliche Skala zur Temperaturmessung. Umrechnungen: Temperatur °C = 5/9 (Temperatur °F minus 32) Temperatur °F = 9/5 (Temperatur °C plus 32). Beispiele: 0 °F ± -17,777...°C; Gefrierpunkt des Wassers: ± 32 °F; Siedepunkt des Wassers: ± 212 °F.

Fahrgemeinschaft *car pool*: Zusammenschluss von Teilnehmern am → *Individualverkehr* zur gemeinsamen Nutzung eines Autos. Überwiegend sind dies → *Berufspendler*, die zur Fahrtkostenreduzierung gemeinsam die Fahrt zur Arbeit und zurück organisieren.

Fährhafen *ferry terminal*: Fluss- oder Seehafen, dessen Hauptfunktion im Personen- und/oder Güterverkehr mit → *Fähren* besteht. Bedeutende F. liegen z.B. an den Küsten des Ärmelkanals (→ *Hafen*).

failed state *gescheiteter Staat*: Bezeichnung für einen → *Staat*, der seine grundlegende Funktionen (Sicherheit, Wohlfahrt, Legitimität bzw. Rechtsstaatlichkeit) nicht mehr erfüllen kann, da kein Gewaltmonopol seitens des Staates vorhanden ist. F. s. werden jedes Jahr in einem Index erfasst, der seit 2005 Fragile States Index heißt. Kritisiert wird die Bewertung der Staaten nach dem Ideal eines „europäischen Staates".

Fair Trade *fairer Handel*: Handel mit Gütern aus kontrollierter Produktion. Dabei wird durch Mindestpreise und langfristige Partnerschaften sichergestellt, dass die Erzeuger der Güter, die i.d.R. → *Landwirte* und → *Kleinbauern* in → *Schwellen-* und → *Entwicklungsländern* sind, ein angemessenes Einkommen erhalten. F. T. soll ein Gegenmodell eines nachhaltigen Konsums zu den Handels- und Konsumentenbeziehungen zwischen Industrie- und Schwellenländern sein, die Agrarproduzenten in Schwellen- und Entwicklungsländern niedrige Preise und geringe vertragliche Sicherheit bieten. F. T.-Organisationen haben ihren Sitz i. Allg. in Industrieländern und organisieren den Handel mit Agrarproduzenten oder Organisationen in Schwellen- und Entwicklungsländern, die deren Interessen vertreten.

fair value → *Tageswert*.

Fäkalien *excrements, faeces*: die festen Ausscheidungen von Mensch und Tier, welche durch die konzentrierte Lebensweise in → *Agglomerationen* oder in Form der → *Massentierhaltung* zum Problem der → *Entsorgung* und des Oberflächenwasser-, Grundwasser- und Bodenschutzes werden können.

Faktorenanalyse *factor analysis*: → *multivariates Analyseverfahren* in der Statistik mit dem Ziel, viele Variablen, die miteinander korrelieren (→ *Korrelation*), in wenige voneinander unterscheidbare Faktoren (Dimensionen) zusammenzufassen.

Faktorkostenvorteil *factor costs benefit*: finanzieller Vorteil im → *Produktionsprozess*, der aus geringeren Arbeits-, Boden- und/ oder Kapitalkosten resultiert.

Faktorwanderung *movement of factors of production*: Prinzip aus der → *neoklassischen Theorie*, wonach absolute wie relative Preisunterschiede zwischen den → *Produktionsfaktoren* zweier → *Volkswirtschaften* eine, dem niedrigeren Preis folgende Verlagerung dieser Faktoren auslösen. Diese F. trägt folglich zum

Ausgleich unterschiedlicher Preisniveaus bei (→ *Arbitrage*).

Fallen (Einfallen) *dip*: steht dem → *Streichen* gegenüber. 1. die Richtung und der Grad der stärksten Neigung einer Gesteinsoberfläche und/oder Schichtfläche gegenüber der Horizontalen. Der Fallwinkel kann zwischen 0° und 90° betragen. Bei 0° handelt es sich um horizontal (→ *söhlig*) liegende, bei 90° um senkrecht (→ *saiger*) stehende Schichten. 2. der Einfallswinkel einer Fläche bzw. der Erdoberfläche in Richtung des größten Gefälles, im Sinne der → *Neigung* bzw. → *Hangneigungsstärke*. 3. „fallende" → *Massenbewegung*: eine Art der Massenbewegungen.

Fallen → *Stürzen*.

Falllinie *slope line, dip direction, direction of dip, dip line*: Linie des größten → *Gefälles* eines → *Hanges*. Steht somit rechtwinklig zu den Höhenlinien.

Falllinie *line of dip*: in der → *Kartographie*: Linie senkrecht auf → *Isohypsen* in → *geomorphologischen* Karten. Bei älteren Schraffendarstellungen repräsentieren die einzelnen Schraffen die F..

Fall-out (Fallout) *fall-out*: 1. die aus der → *Atmosphäre* auf die Erdoberfläche absinkenden radioaktiven Staubpartikel, welche bei Atomexplosionen oder Reaktorunfällen erzeugt werden. F. ist ein Gemisch von → *Radioisotopen* und sonstigen → *Aerosolen*, an welche die Radioisotopen gebunden sein können. Die Zusammensetzung des F. wird von der Art der Kernreaktion und den klimaökologischen Bedingungen zurzeit der Explosion und der Ausbreitung bestimmt. Die troposphärischen Partikel schwächerer Explosionen schweben zunächst und breiten sich aus. Dann fallen sie innerhalb von 10-30 Tagen auf die Erde zurück. Langlebig ist dagegen die Verseuchung der hohen Atmosphärenschichten durch Wasserstoffbomben. Seit der ersten Explosion 1954 „regnen" jährlich Teilmengen von Strontium-90 aus der → *Stratosphäre* in die → *Troposphäre*, mit weitergehender schwacher → *Anreicherung* radioaktiver Stoffe an der Erdoberfläche. Wegen der unberechenbaren räumlichen Verteilung auch in großen Höhen der Atmosphäre, dem Problem der Ferntransporte des F. sowie der unterschiedlichen Ablagerungs- und Kontaminierungsbedingungen (Haut der Organismen, Nahrungsmittel, Trinkwasser bzw. → *Nahrungsketten* oder → *Anreicherung*), ist die bioökologische Wirkung der vom F. ausgehenden → *Strahlenbelastung* schwer abschätzbar. 2. Sammelbezeichnung für → *natürliche* und → *anthropogene* Stoffe in der Luft der → *Atmosphäre*, die als → *Emissionen* dorthin gelangen, dort als → *Aerosole* existieren und sich als nasse oder trockene → *Deposition* auf Boden, → *Vegetation* und Gewässern absetzen, um in die Stoffkreisläufe der → *Ökosysteme* einzugehen. (→ *Luftverschmutzung*).

Fallstudie *case study*: in der empirischen Forschung wird mit einer F. versucht, ein Verständnis des Untersuchungsgegenstandes unter der Einbeziehung von so vielen als relevant eingeschätzten Variablen wie möglich zu erreichen (→ *Holismus*). Durch F. versuchen Forschende explorativ (→ *Exploration*) und beschreibend (→ *Deskription*) zu Aussagen über den Untersuchungsgegenstand zu gelangen. Die Übertragbarkeit von in F. gewonnen Erkenntnissen ist auch in den Naturwissenschaften i.d.R. eher gering und hängt v.a. davon ab, welches Verhältnis von Allgemeinem und Besonderem zugrunde gelegt wird (→ *Theorie*). In der empirischen → *Sozialforschung* finden F. v.a. Anwendung in der → *Ethnographie*, hier werden v.a. die Methode der → *Dichten Beschreibung* und die → *teilnehmende Beobachtung* eingesetzt.

Fallwasser *falling water*: das bei erhöhtem → *Abfluss* im offenen Gerinne durch den gestiegenen Wasserspiegel zurückgestaute → *Grundwasser*, welches erst beim Pegelabfall als „kurzfristiger Rückstau" in den → *Vorfluter* gelangt. Das F. verlangsamt den Rückgang der Abflusskurve (→ *Abflussganglinie*).

Fallwind *fall*: wind: von einem Gebirgsmassiv herabwehender Wind, der sich beim Absteigen → *adiabatisch* erwärmt und dabei wegen der sinkenden → *relativen Luftfeuchtigkeit* meist sehr trocken wird. Die meisten F. sind deshalb warm und bei hohen Gebirgen für die periodisch durchwehten Gebirgstäler klimatisch von Bedeutung, z.B. als → *Föhn*. Die kalten F. stellen im Prinzip schwach erwärmte F. dar. Diese Konstellation wird bei geringer Fallhöhe kalter kontinentaler Luftmassen, welche in wärmere Klimabereiche wehen, erreicht. Typisch sind die → *Bora* und der Mistral im Mittelmeergebiet.

Falschfarbenbild *false colour image*: Bild, das in anderen Farben (Spektralbereichen) wiedergegeben wird, mit denen es ursprünglich aufgenommen wurde. Dadurch entsteht eine andere - häufig zunächst ungewohnte - Farbkomposition als die, die das gesunde menschliche Auge von dem Motiv erzeugen würde. In der → *Fernerkundung* werden F. eingesetzt, um Informationen zu anderen, dem menschlichen Auge fremden Spektralbereichen (bspw. Infrarotbereichs) darzustellen. Die Einbindung von nahem Infrarot (nIR) in ein Bild liefert, im Vergleich zu einem → *Echtfarbenbild*, eine verbesserte optische Auswertungsgrundlage von Pflanzenvitalität.

Falsifikation *falsification*: die Widerlegung einer Annahme, → *Hypothese* oder → *Theorie*. Besonders stark im → *Kritischen Rationalis*-

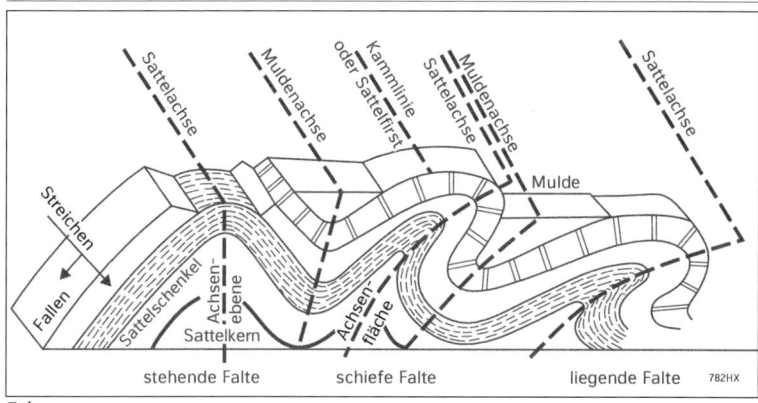

Falte

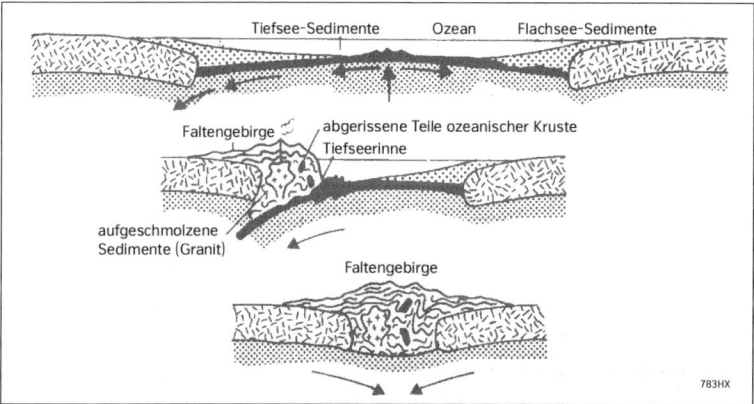

Faltengebirge

mus nach Karl Popper, der die Forderung betont, dass jede Theorie nur so lange als vorläufiges Gesetz gelten darf, bis sie durch andere Befunde falsifiziert wird.

Falte *fold*: Ergebnis der → *Faltung*, bei der durch Hebung, Senkung oder horizontalem Schub von Gesteinen neue Strukturen in der → *Erdkruste* entstehen. Die F. besteht aus dem → *Sattel* und zwei begleitenden → *Mulden*. F. sind nur selten symmetrisch gebaut, sondern meist nach der einen oder anderen Richtung geneigt. Danach werden verschiedene Einzelformen unterschieden, die sich bei der Herausbildung des → *Reliefs* unterschiedlich auswirken.

Faltenbündel *fold bundle*: → *Faltenschar*.
Faltengebirge *fold[ed] mountains*: eine Großstruktur der Erde in Gestalt eines → *Gebirges* und vom Faltenbau bestimmt. F. gab es in allen Erdzeitaltern. Viele davon sind wegen der → *Abtragung*, als Vollform nicht mehr erhalten. Nur die jungen, tertiären F. vom Typ der Alpen, Anden oder Pyrenäen, mit ihren „→ *alpidischen*" Gebirgsstrukturen, treten noch als Vollformen auf (→ *Alpidische Gebirgsbildung*). Sie durchziehen als F.-Gürtel (→ *Alpidischer Faltengürtel*) die Alte und Neue Welt. Die Entstehung der F. wird mit den Erdkrustenbewegungen der → *Plattentektonik* erklärt.

Faltenrumpf *truncated fold*: → *Faltengebirge*, das tektonisch weitestgehend zur Ruhe gekommen ist und durch → *Verwitterung* und Abtragungsprozesse (→ *Abtragung*) eingeebnet wurde. Der F. kann als → *Flachform* ohne jeglichen Gebirgscharakter auftreten.

Faltenschar (Faltenbündel) *fold bundle*: miteinander vergesellschaftete → *Falten*, die sich in gleicher Hauptstreichrichtung anordnen (→ *Streichen*).

Faltenschluss sogenanntes „umlaufendes" → *Streichen* von Gesteinsschichten am Ende eines → *Faltenzuges*. Sind die → *Falten* des F. als Großstruktur an der Erdoberfläche durch → *Verwitterung* und → *Abtragung* angeschnitten, entstehen umlaufende → *Schichtkämme* und → *Becken*.

Faltenstrang *fold line*: → *Faltenzug*.

Faltenzug (Faltenstrang) *fold line*: → *Falte*, die in Richtung der Faltenachse weit ausgedehnt ist und geomorphologisch als Höhenrücken – gegebenenfalls mit zugehörigen parallel verlaufenden und lang gestreckten Becken – in Erscheinung tritt.

Faltung *folding*: → *tektonisch* bedingte Verbiegung von Gesteinsschichten, bei der → *Falten* entstehen. Bei F. entstehen Spannungen, unter denen die Biegefestigkeit der Gesteine überschritten wird, sodass neue (gefaltete) Lagerungsstrukturen entstehen (→ *Faltengebirge*).

Faltungsbruch *disturbance fault*: Bruchbildung (→ *Verwerfung*) bei der → *Faltung*, wobei Bruchfalten bzw. → *Dehnungsbrüche* entstehen (→ *Bruch*).

Faltungsgürtel *fold belt*: → *orogenetische* Zone, in der während verschiedener erdgeschichtlicher Abschnitte mit → *Faltungsperioden* → *Faltengebirge* entstanden, die in späteren Abschnitten der Erdgeschichte oft wieder eingeebnet wurden (→ *Faltenrumpf*, → *Rumpfgebirge*).

Faltungsperiode *period of folding*: längere Zeitabschnitte der Erdgeschichte, in denen bei insgesamt lebhafteren → *tektonischen* Bewegungen → *Faltengebirge* entstanden. In Europa werden drei große F. unterschieden, → *Kaledonische*, → *Variskische* und → *Alpidische Gebirgsbildung*.

Faltungsphase *folding/orogenic phase*: Einzelabschnitt der → *Faltungsperiode* und innerhalb dieser meist in größerer Zahl auftretend. F. sind regional und zeitlich begrenzt. Ihre Bezeichnungen gehen auf jene Bereiche zurück, in denen die → *Faltungen* erfolgten (gelegentlich auch, wo sie zuerst beobachtet wurden).

Familie *family*: eine Hausgemeinschaft, die durch eine Heirat, eine → *eheähnliche Gemeinschaft* oder eine andere Form der Lebensgemeinschaft durch Abstammung oder Adoption begründet wird. Im Unterschied zum → *Haushalt* muss eine eheähnliche Verbindung bzw. ein direktes Abstammungsverhältnis der zugehörigen Personen gegeben sein. Üblicherweise zählt dazu ein Elternpaar mit seinen unselbstständigen Kindern, die in einem Haushalt zusammenleben (→ *Kernfamilie*). Es lassen sich unterscheiden → *Kleinfamilie*, → *Großfamilie*, → *Stieffamilie* (Patchworkfamilie), → *erweiterter Haushalt*, → *Bedarfsgemeinschaft*, → *DINK*.

Familienbetrieb *family business*: meist kleiner → *Betrieb* (→ *Unternehmen*), in dem alle wichtigen Tätigkeiten von Familienangehörigen wahrgenommen werden.

Familienkern → *Kernfamilie*.

Familienplanung *family planning*: bewusste Steuerung von Zeitpunkt und Zahl der Geburten in einer → *Familie*. F. kann direkt von Individuen, z. B. durch Maßnahmen der Empfängnisverhütung, betrieben werden, sie kann aber auch mithilfe indirekter Maßnahmen als Teil staatlicher → *Bevölkerungspolitik* durchgeführt werden (→ *Geburtenkontrolle*).

Familienstand *civil status, marital status*: soziales bzw. rechtliches Merkmal einer Person bezüglich ihrer Stellung innerhalb einer → *Familie*. Der F. wird gegliedert in → *Ledige*, (zusammen oder getrennt lebende) Verheiratete, Geschiedene und Verwitwete. Die Anteile der Personen eines Raumes, die in den verschiedenen Ausprägungen des F. leben, sind für viele bevölkerungsgeographische Untersuchungen von Bedeutung, insbesondere bezüglich ihrer Auswirkungen auf die → *Fertilität*.

Fanger *detritus-covered pediment*: eckige, jedoch kantengerundete → *Grobsedimente* von Fußflächen (→ *Pediment*), die unter Beteiligung von Wasser schiebend und wälzend transportiert wurden. Die F.-Schutt ist teilweise – oft zwischenständig – eingeregelt. Die F.-Komponenten sind abgeplattet, bei geringen Zurundungen (→ *Geröll*, → *Schutt*).

Fanglomerat (Schlammbrekzie) *fanglomerate*: → *Grobsediment* mit allenfalls kantengerundeten und schlecht sortierten Komponenten, das durch → *episodisch* oder → *periodisch* wasserführende Flüsse in semiariden bis ariden Gebieten abgelagert wurde. F. finden sich auch in anderen klimageomorphologischen Zonen, z. B. als → *Wildbach*-, → *Mur*- und → *Hochwassersedimente*. Vergleichbar den → *Geschiebe* weisen die Komponenten der F. Transport- und Bearbeitungsspuren auf, z. B. Schrammen und Schlagmarken.

FAO (Food and Agriculture Organization of the UN) *FAO*: Welternährungsorganisation mit Sitz in Rom. F. ist die größte Sonderorganisation der → *UNO* und hat die Aufgabe, durch Datensammlung, Situationsanalysen, Publikationen, Koordinations- und Beratungstätigkeit für alle Bereiche der Ernährungs-, Land- und Forstwirtschaft und Fischerei zur Verbesserung der internationalen → *Ernährungslage* und der wirtschaftlichen Lage der Landwirtschaft beizutragen. Direkte

Aktionen im Rahmen der → *Entwicklungshilfe* sind nicht ihre Aufgabe.

Farbhölzer *dyewood*: Holzarten zur Farbstoffgewinnung, z.B. Brasilholz und Sandelholz, aus denen roter Farbstoff gewonnen werden kann.

Farm *farm*: landwirtschaftlicher Betrieb (→ *Hof*) im englischen und amerikanischen Sprachgebrauch. Im deutschen Sprachgebrauch sind lediglich zusammengesetzte Begriffe wie „Geflügel-F." oder „Pelztier-F." gängig.

Farnpflanzen (Pteridophyten) *pteridophytes*: durch ca. 9300 Arten in verschieden ausgestatteten Großökosystemen (→ *Biom*) auf der Erde vertreten, besonders an überwiegend feuchten und schattigen Standorten. Ihren → *Habitus* bestimmen Wedel. Erste F. traten bereits im → *Silur* auf. Erst im → *Karbon* und → *Perm* wurden große Vielfalt und Riesenwuchs erreicht.

Faro (Kleinatoll) *faro*: Teile des Riffkranzes eines großen → *Atolls*. Kommen vor allem im Indischen Ozean vor, insbesondere bei den Malediven (→ *Riff*).

Faserpflanze *fibre crops*: Pflanzen, die Fasern als → *Rohstoff* für die Spinnerei, Seilerindustrie sowie die Besen- und Pinselherstellung liefern. Wichtige F. sind Baumwolle, Flachs, Hanf, Sisalagave, philippinische Faserbanane (Manilahanf), Kokospalme, Kapokbaum (Kapok) und Espartogras.

Fassadenbegrünung *green walls, green facade*: erfolgt aus klimatischen, bauphysikalischen und stadtökologischen, aber auch ästhetischen Gründen auf Gebäudewandflächen aller Art; wirkt thermisch, hygrisch und biotisch, vergleichbar terrestrischen → *Grünflächen* oder der → *Dachbegrünung*. Fassaden sind bei entsprechender → *Exposition* trockene Extrem-standorte mit hoher direkter Sonneneinstrahlung und starken Temperaturschwankungen. Daher siedeln (oder werden angebracht) zunächst nur pflanzliche Spezialisten. Sie müssen trockenheitstolerant, hitze- und frostresistent sowie widerständig gegen Stoffeinträge des → *Luftpfades* sein. Die Wirkung der F. hängt von Typ und Struktur der Begrünung ab. Sie hat große bioökologische Bedeutung (Ansiedlung einer Klein- und Vogelfauna), ebenso für die Regulierung der → *relativen Luftfeuchtigkeit* in der nächsten Umgebung sowie für Wärmedämmung und Minderung der Temperaturschwankungen des Gebäudes (→ *Splittergrün*, → *Stadtökologie*).

Fast Food Nahrungszubereitung und -darreichung, die eine rationale, funktionale und möglichst rasche Zubereitung und Aufnahme der Speisen zum Ziel hat. Traditionelle Essensitten werden zum Teil vernachlässigt (→ *Slow Food*)

Fastebene → *Rumpffläche*.

Fata Morgana → *Luftspiegelung*.

Faulgas (Biogas) *sewergas*: Gasgemisch, v.a. → *Methan*, das bei der Zersetzung organischen Materials, z.B. → *Klärschlamm* oder → *Faulschlamm*, unter Luftabschluss entsteht (→ *Sumpfgas*).

Fäulnis *putrefaction*: anaerobe → *Zersetzung* toter → *organischer Substanz* im feuchten oder nassen Milieu bei weitgehendem Sauerstoffmangel und ohne oder fast ohne Lichtzutritt. Bei der F. entstehen als Endprodukte unter anderem → *Methan* und Schwefelwasserstoff, die in die Luft bzw. ins Wasser entweichen. F.-Sedimente sind → *Dy*, → *Gyttja* und → *Faulschlamm* (→ *Sapropel*).

Faulschlamm *sapropel*: fauliges, → *subaquatisches* Sediment aus sich zersetzender und zersetzter → *organischer Substanz* (→ *Sapropel*).

Faulung *decomposition, mouldering*: der technischer Prozess der Gärung, der die → *Fäulnis* steuert.

Fauna *fauna*: die Gesamtheit der in einem definierten Gebiet vorkommenden Tierarten. Es werden Mikrofauna, Mesofauna, Makrofauna und Megafauna unterschieden.

Faunenregion *faunal region*: tiergeographische Raumeinheit, die bei der Untergliederung der großen → *Faunenreiche* der Erde in umfangmäßig nicht genau festgelegte untergeordnete Raumeinheiten entsteht.

Faunenreich *faunal realm*: ranghöchste Einheit in der tiergeographischen Gliederung der Erde anhand taxonomischer Merkmale.

Faunenschnitt *faunal break*: sehr großräumiges, z.T. weltweites Massensterben bzw. Massenaussterben von Floren und Faunen, damit erdgeschichtliche Umbrüche markierend, z.B. an der Grenze → *Perm*/→ *Trias* oder an der Grenze → *Kreide*/→ *Tertiär*. Ursachen können globale → *Klimaänderungen* sein; argumentiert wird auch mit Einschlägen großer Meteoriten.

Favela *favela, shanty town*: brasilianische Bezeichnung für innerstädtische und peripher gelegene Marginalviertel. F. bestehen aus in Eigenbau erstellten Unterkünften und sind z.T. nur prekär mit → *Infrastruktur* ausgestattet. Die Bezeichnung entspricht weitgehend den in anderen Entwicklungsländern üblichen Ausdrücken → *Barriada*, → *Bidonville* oder shanty town, wenngleich viele F. bereits stärker konsolidiert sind.

Favela-Syndrom *favela syndrome, shanty town syndrome*: eines der Syndrome Globalen Wandels (→ *Syndromansatz*), die vom Wissenschaftlichen Beirat der Bundesregierung Globale Umweltveränderungen (→ *WBGU*) 1996 entwickelt wurden. Das F.-S. kennzeichnet die Problematik der Umweltdegradation durch

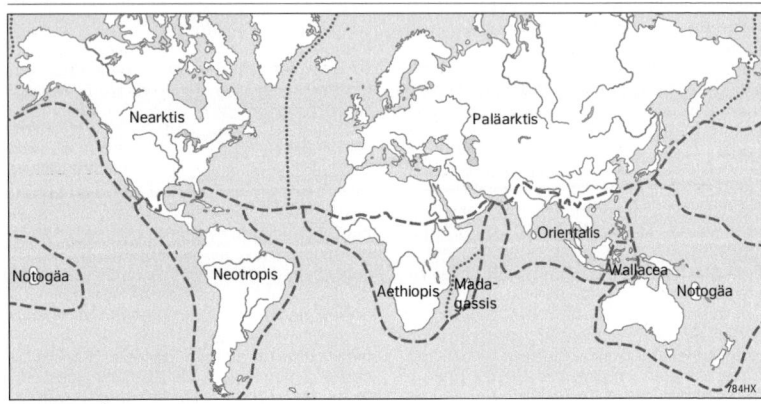

Faunenreich

ungeregelte → *Urbanisierung* mit desolaten sozialen, hygienischen und ökonomischen Bedingungen für die Bewohner.

Fazenda *large farm, estate farm*: landwirtschaftlicher Großbetrieb in Brasilien. In der Kolonialzeit waren F. durch Dauerkulturanbau oder durch Viehwirtschaft gekennzeichnet. In jüngerer Zeit ist die F. stärker diversifiziert (→ *Hacienda*).

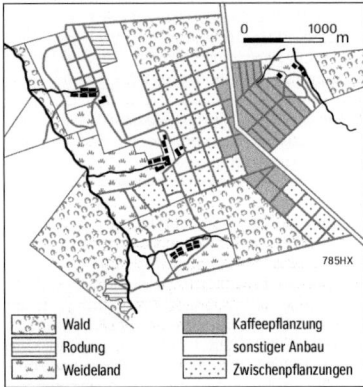

Fazenda

Fazette (Facette) *facet*: – in der Geomorphologie die kleinste geomorphologische Funktions- und Raumeinheit, die hinsichtlich → *Wölbung*, → *Hangneigungsstärke* und → *Exposition* → *homogen* ist. Sie wird nicht weiter untergliedert, weil sie als kleinster Baustein des → *Georeliefs* definiert wird. Ihre habituelle Homogenität setzt eine an ihr ablaufende (oder abgelaufene) homogene → *Geomorphodynamik* voraus. – Begriff der → *Geoökologie* bzw. → *Landschaftsökologie* für die kleinste und in sich homogene landschaftliche Raumeinheit mit einer tendenziell gleich gerichteten geoökologischen Funktionsweise. Der Begriff F. ist nicht genau festgelegt: F. entspricht etwa dem → *Ökotop*. – in der → *Sedimentologie* und Geomorphologie die mechanisch zugeschliffene Seite einer → *Grobsediment*-Komponente (→ *Facettengeschiebe*, → *Windkanter*).

Fazies *facies*: – Begriff der Geologie, Sedimentologie und Geomorphologie für die Gesamtheit aller Merkmale eines → *Sedimentes*, die von den geoökologischen Randbedingungen und den geomorphologischen Prozessen bestimmt sind. Beschränkt sich der Begriff auf den Fossilinhalt, wird von Biofazies gesprochen; steht der Gesteinscharakter im Mittelpunkt, von Petrofazies. Außerdem werden unterschieden terrestrische bzw. kontinentale F. (Land-F.), die man weiterhin nach → *äolischer* und → *glazialer* F. gliedert. Die limnische oder Süßwasser-F. unterscheidet → *fluviale*, → *lakustrine* und → *lagunäre* F. Die → *marine* oder Meeres-F. unterscheiden nach → *litoraler* oder Strand-F., Riff-F., → *neritischer* F. (Flachsee-F.) und abyssischer oder Tiefsee-F. Gleichartige geologische F.-Verhältnisse werden, unabhängig von Altersbeziehungen als isopisch, verschiedenartige als heteropisch bezeichnet. – in der → *Geoökologie* eine geoökologische Raumeinheit, die größtenteils mit dem → *Ökotop*, der homogenen Grundeinheit der Landschaft in der topischen Dimension, identisch ist. – in der Vegetationsgeographie und Geobotanik wird mit F. (Faziation, Soziation) die kleinste pflanzensoziologische Einheit beschrieben, die physiognomisch innerhalb einer definierten und arealmäßig ausgewiesenen → *Assoziation* dominiert. – in der → *Biozönologie* umfasst die F. eine kleine Lebensgemeinschaft innerhalb der → *Biozönose*, definiert durch unterschiedlich auftretende Dominanten und deren Ähnlichkeiten.

Faziesfossil *facies fossil*: ein → *Fossil*, dessen Vorkommen an eine bestimmte → *Fazies* gebunden ist und daher nur räumlich begrenzt auftritt.

Faziesreihe *facies catena, facies sequence*: eine Abfolge von → *Standorten* im Sinne der → *landschaftsökologischen Catena*.

Feature Class Sammlung vektorbasierter raumbezogener Objekte eines bestimmten Geometrietyps (z. B. → *Punkt*, → *Linie*, → *Fläche*) in → *ArcGIS*. F.C. werden als Tabellen innerhalb einer ArcGIS-Geodatabase angelegt. Sie bilden eine Alternative zu → *Shapefiles*, um vektorbasierte → *Geodaten* zu verwalten.

Federgrassteppe (Kurzgrassteppe) *feather grass steppe*: krautarme → *Steppe* mit zahlreichen *Stipa*-Arten auf kastanienfarbenen Böden, den Kastanozemen. Wegen der größeren Trockenheit gegenüber der Wiesensteppe sind die Senken in der F. z. T. salzhaltig und daher Vorposten-Standorte der Wermutsteppe. Mit zunehmender Trockenheit geht die F. in Wüstensteppe über.

Feedback → *Rückkopplung*.

Feedlot (Offenstall) großer, i. d. R. hochtechnisierter, Viehmastbetrieb, der als sog. Offenstall nur einen Wetterschutz hat. In einem F. werden die Tiere zur Schlachtreife gemästet.

Fehlsiedlung *failed/abandoned settlement*: → *Siedlung*, die nach kurzer Zeit ihres Bestehens wieder aufgegeben wird, weil sich der → *Standort* als ungünstig erweist (→ *Wüstung*).

Fehnkultur *fenland cultivation, fen culture*: eine Kulturmethode des 16./17. Jh. in den Niederlanden und in Nordwestdeutschland zur Gewinnung → *landwirtschaftlicher Nutzflächen* auf → *Mooren* mit Moorböden. Dabei wurde die obere Schicht aus → *Weißtorf* mit dem meist sandigen und mineralisch vielfältigen Untergrund vermischt. Die zwischen Untergrund und Weißtorf liegende Brenntorfschicht wurde abgebaut und als Brennmaterial verkauft (→ *Torf*).

Fehnsiedlung *fen settlement*: → *Siedlungstyp* im niederländisch-nordwestdeutschen Bereich. Das primäre Motiv für die Entstehung der F. bildete der Torfabbau. Hierzu waren in den Hochmooren zum Abtransport des Torfes Schifffahrtskanäle erforderlich, durch die regelhafte reihenförmige Gehöftverteilung über die gesamte Gemarkung erzwungen wurde. Den Siedlungen fehlt deshalb ein deutlicher erkennbarer Ortsmittelpunkt (→ *Moorhufendorf*).

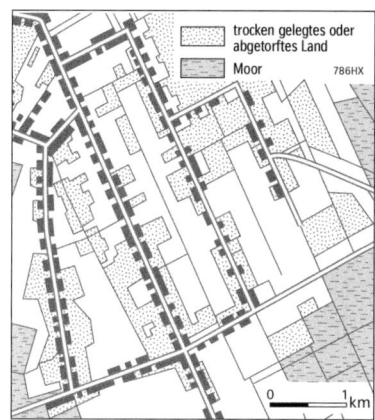

Fehnsiedlung

Feierabendlandwirt (Freizeitlandwirt) *parttime farmer*: → *Landwirt*, der seinen ursprünglichen Beruf nur noch am Feierabend (und am Wochenende) ausübt (→ *Nebenerwerbslandwirtschaft*) und tagsüber einer Tätigkeit in der Industrie oder im Dienstleistungsbereich nachgeht.

Feinboden *fine earth*: die Mineralkörner und organomineralischen Teilchen des → *Bodens*, die kleiner als 2 mm sind.

Feinerde *fine earth*: → *Feinboden*.

feinmechanische Industrie *precision instruments industry*: → *Industriezweig* zur Herstellung mechanisch arbeitender Geräte hoher Präzision (Messgeräte, Büromaschinen, optische Apparate).

Feinporen *micropore*: die Poren des → *Bodens* mit einem Durchmesser unter 0,2 µm. Die F. sind der Porenbereich, in dem das Wasser mit einer Wasserspannung von mehr als 15 000 cm Wassersäule (pF-Wert > 4,2) in Kapillaren gebunden ist. Dieses Wasser kann durch Wurzeln größtenteils nicht aufgenommen werden, ist also für die meisten Pflanzen nicht verfügbar.

Feinsediment *fine sediment*: eine der Hauptgruppen der → *Sedimente* mit Obergrenze bei 2 mm Korndurchmesser. F. werden in → *Pelite* und → *Psammite* gegliedert. Die Hauptkorngrößen der F. sind → *Ton*, → *Schluff* und → *Sand* (→ *Grobsediment*).

Feld *field*: allgemein eine als Acker genutzte → *Parzelle*. V.a. im 19. Jh. wurde ein mit gleicher Frucht bestelltes Flurteil (→ *Zelge*) als F. bezeichnet. Im Bereich der → *Egartwirtschaft* wurden auch die ackerfähigen Parzellen als F. bezeichnet, gleichgültig ob man sie gerade als Wiese oder als Acker nutzte.

Feldarbeit *field work*: Form der empirischen → *Sozialforschung*, bei der die Datenerhebung und -sammlung „vor Ort", am Ort des Geschehens, erfolgt und bei der i. d. R. nur eingeschränkte Mittel zur Verfügung stehen. Klassische Methoden der F. sind u. a. → *Beobachtung*, → *Kartierung*, Vermessung, → *Befragung*.

Feldberegnung *field irrigation*: Form der → *Bewässerung*, bei der Wasser durch Beregnungsgeräte auf → *landwirtschaftlichen Nutzflächen* verregnet (versprüht) wird. Im Gegensatz zur Oberflächenbewässerung ist die → *Beregnung* reliefunabhängig. Der Wasserverbrauch gilt als erheblich geringer. Die Nutzung des Wassers durch die Pflanze ist optimal, da diese Art der Wasserzufuhr in ihrer Wirkung dem Regenfall sehr nahe kommt. Die F. eignet sich besonders zur Überbrückung kürzerer Trockenperioden. Teilweise wird die F. mit der → *Düngung* kombiniert, wodurch sich besonders hohe Wachstumseffekte erzielen lassen.

Feldbereinigung → *Flurbereinigung*.

Feldbrandwirtschaft (Schiffelwirtschaft) *ash-fertilized ley farming*: besondere Art der → *Feldgraswirtschaft* auf dem → *Außenfeld*. Die F. war etwa bis zum Ende des 19. Jh. v. a. in SW- und W-Deutschland verbreitet. Bei der F. dienten die Flurteile nach mehreren Jahren der Weidenutzung für einige Jahre als → *Ackerland*. Dazu wurden die Grassoden abgehoben, zum Trocknen zusammengestellt und dann verbrannt. Die dabei anfallende → *Asche* diente als → *Dünger*.

Felderwirtschaft *crop rotation system*: → *Fruchtfolgesystem* mit einem geringen Anteil des → *Futterbaus* an der Ackerfläche (höchstens 25%). Nach der Art der → *Fruchtfolge* und der Zahl der beteiligten Fruchtarten ergibt sich eine Differenzierung in → *Einfeld(er)system*, Zweifelderwirtschaft, → *Dreifelderwirtschaft* und Mehrfelderwirtschaft.

Feldforschung *field studies*: Methode der empirischen → *Sozialforschung* zur Erhebung empirischer Daten vor Ort (→ *Feldarbeit*) mittels → *Beobachtung*, → *teilnehmender Beobachtung* sowie → *Befragung*.

Feldfrucht *crop, field crop*: ackerbaulich gewonnene Früchte, z. B. Getreide, Kartoffeln oder Rüben, im Unterschied zu Garten- oder Waldfrüchten (→ *Halmfrucht*, → *Blattfrucht*, → *Hackfrucht*).

Feld-Futterpflanzen (Acker-Futterpflanzen) *field forage crops*: Sammelbegriff für die auf dem Acker angebauten → *Futterpflanzen*, im Gegensatz zu den Futterpflanzen, die vom Dauergrünland stammen. F.-F. sind im engeren Sinne Luzerne, Klee, im weiteren Sinne z. B. Futterrüben, Futterkartoffeln, Futtergetreide.

Feldgemeinschaft *communal land, commonage*: der in der → *Agrarverfassung* festgelegte Gemeinbesitz von Grund und Boden. Es erfolgt i. d. R. eine kollektive Bewirtschaftung, teilweise verbunden mit Individualnutzungsrechten (→ *Allmende*, → *Kolchose*, → *Gemeineigentum*).

Feldgemüsebau *vegetable farming*: → *Gemüsebau* im Rahmen eines → *Fruchtfolgesystems*. Im Gegensatz zu dem von Gärtnereien betriebenen Gemüseanbau ist der F. nicht auf die gleichen Flächen beschränkt.

Feldgraswirtschaft *ley farming*: Form der → *Bodennutzung*, bei der ein und dasselbe Grundstück wechselweise für einige Jahre als Acker und dann als → *Grünland* genutzt wird. Die F. ist wahrscheinlich aus einem früher allgemein verbreiteten, durch die → *Flur* wandernden Feldbau hervorgegangen und hat sich dort am längsten erhalten, wo reichliche Niederschläge die natürliche Begrasung der liegengelassenen Äcker begünstigten (→ *Egart(en)wirtschaft*, → *Koppelwirtschaft*).

Feldkapazität (FK) *field capacity*: wichtige Kenngröße für die Wasserspeicherfähigkeit eines → *Bodens*. Die F. ist diejenige Wassermenge, welche ein Boden in ungestörter Lagerung maximal gegen die Schwerkraft zurückhalten kann. Konventionell wird sie 2-3 Tage nach einer Aufsättigung (ausgiebiger Regen, Schneeschmelze) bestimmt. Je nach den lokalen Eigenschaften – z. B. der Gefügebildung und Porosität – entspricht der F. eine → *Wasserspannung* zwischen pF 1,8 und 2,5 (→ *pF-Wert*). Das bei F. gespeicherte Wasser ist nur teilweise pflanzenverfügbar (→ *nutzbare Feldkapazität*).

Feldmark *village field enclosures*: umgrenzte → *Flur* eines Dorfes (→ *Gemarkung*).

Feldspäte *feldspars*: wichtige Gruppe von spaltbaren → *Minerale*, die einen Massenanteil von 50-60% an der → *Erdkruste* haben. Die F. sind Gerüstsilikate und werden wegen des teilweisen Ersatzes von Silicium durch Aluminium auch als Alumosilikate bezeichnet. Sie bilden Mischungsreihen mit Kalium-Natrium (→ *Orthoklas*) und Natrium-Calcium (→ *Plagioklase*). F. entstehen bei der Kristallisation magmatischer Schmelzen verschiedenster Zusammensetzung und bilden sich auch dort durch Ionenaustausch in metamorphen → *Kristallinen Schiefern* und → *Gneisen*.

Feldsystem *field system*: Teil des landwirtschaftlichen → *Betriebssystems*. Es ist gekennzeichnet durch die Vergesellschaftung von → *Nutzpflanzen* und deren zeitliche Folge sowie räumliche Anordnung auf einer Ackerfläche. Es umfasst alle → *Fruchtfolgen* und wird durch das → *Bodennutzungssystem* charakterisiert.

Feld-Wald-Wechselwirtschaft → *shifting cultivation*: Nutzungssystem, bei dem auf einer Fläche langjährige Waldnutzung (über 12 Jahre) mit kurzzeitiger Ackernutzung (1–3 Jahre) wechselt (Haubergwirtschaft, Schwandtwirtschaft, Reutbergwirtschaft, shifting cultivation).

Feldwechselwirtschaft *crop-fallow rotation*: Feldbau mit regel- oder unregelmäßigem Wechsel von Anbau und → *Brache*. Die Zahl der Anbaujahre ist meist geringer als die der Brachjahre. Während der Brachjahre erfolgt u. U. eine Beweidung der Felder (→ *Feldgraswirtschaft*) bzw. es stellt sich → *Sekundärwald* ein (→ *shifting cultivation*).

Fellache *fellah*: Bezeichnung für sesshafte, sehr traditionell lebende und Ackerbau betreibende Landbevölkerung im Vorderen Orient, v. a. in Ägypten. Der Begriff dient der Abgrenzung zu den nomadisch lebenden Bewohnern der Regionen (→ *Beduinen*).

Felsburg → *Felssporn*.

Felsdrumlin *rock drumlin, whaleback*: aus Fels bestehender → *Drumlin*.

Felsenmeer → *Blockmeer*.

Felsfußfläche → *Pediment*.

Felshumusboden *Histosol*: in der → *deutschen Bodensystematik* (→ *KA5*) organisches Material (→ *Auflagehumus*) auf Festgestein. Ehemalige Bezeichnungen für F. sind Polster-, Moder-, Pech- oder Tangelrendzina.

felsisch: Bezeichnung für helle, saure Silikatminerale (z. B. → *Quarz*, → *Kalifeldspat*) und die aus ihnen hervorgehenden → *Magmatite* und → *Magmen*. F. Gesteine haben eine SiO_2-Gehalt von über 65%. F. Magmen sind viskos und gasreich, sodass der damit einhergehende Vulkanismus explosiv ist (Ejektion; intermediär, mafisch).

Felskaverne *rock cavern*: im → *Tieferen (geologischen) Untergrund* (z. B. → *Granit* oder → *Kalkstein*) bergmännisch hergestellter Untergrundspeicher für → *Erdöl* oder → *Erdgas*. F. sind wirtschaftlich dort gerechtfertigt, wo in unmittelbarer Nähe des Hafens oder einer Raffinerie geeignete geologische Voraussetzungen bestehen. F. werden auch für die → *Endlagerung* von → *radioaktiven Abfall* erkundet und eingerichtet (→ *Kavernenspeicher*).

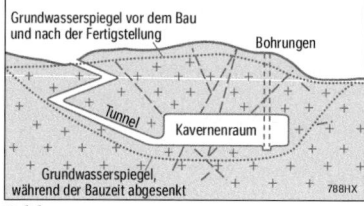

Felskaverne

Felsküste *rocky coast*: → *Küste* mit vorwiegender → *Brandungserosion* und wenig bis keiner → *Sedimentation*, weshalb die Küste direkt im → *Anstehenden* ausgebildet ist. Bezüglich des Erosions- und Sedimentationsverhaltens gegenüberstehend ist die → *Weichbodenküste*.

Felssporn (Felsburg) *spur*: Felsen, der als „Felsnase" aus dem Berg hervorragt. F. sind häufige Verwitterungsform von → *Schiefer-* und → *Massengesteinen*, deren Formgestalt sich am Verlauf von → *Klüften* orientiert. Die → *Verwitterung* kann sich zunächst in einer Verwitterungsdecke vollziehen, die später aus- oder abgespült oder verweht wird, sodass der F. dann freisteht.

Felssturz *rockfall, rock slide*: Sturz eines Gesteinspakets mit einem Volumen zwischen 100 und mehreren 100 000 m³ und damit größer als der → *Steinschlag* und kleiner als der → *Bergsturz*. Die Felsmasse wird während des Sturzes bzw. beim Aufprall in Blöcke und Steine zerschlagen, aber im Gegensatz zum Bergsturz haben die Wechselwirkungen zwischen den einzelnen Bestandteilen keinen oder einen nur sehr geringen Einfluss auf die Prozessdynamik. Nach dem Aufprall bewegen sich die Steine und Blöcke springend, rollend, oder gleitend weiter. Die Grunddisposition (→ *Disposition*) ist eine sehr hohe Hangneigungsstärke (→ *Steilwand*) sowie stark zerklüftetes Gestein. Die variable Disposition ist durch den Poren- und Kluftwasserdruck gegeben. F. werden durch Erschütterungen wie Erdbeben oder durch Niederschläge oder Schneeschmelze ausgelöst (→ *Auslöser*).

Felsterrasse (Erosionsterrasse) *rock terrace, erosion terrace*: stufenartige, flache Geländeform (→ *Terrasse*) im Fels, die auf → *Fluvialerosion* zurückgeht. Auf der F. liegen keine → *Sedimente*, entweder, weil keine hinterlassen wurden oder weil sie nicht mehr erhalten sind. Der synonyme Begriff der Erosionsterrasse ist insofern missverständlich, als die Entstehung von Terrassen immer mit Erosion verbunden ist.

Felswand *cliff, rock face, rock wall*: übersteiler oder senkrechter → *Hang* ohne Verwitterungsdecke. Die Entwicklung der F. orientiert sich an Gesteinsart und -lagerung sowie → *Klüftigkeit*.

Felswüste *rock[y] desert, stone desert, stony desert*: geomorphologischer Landschaftstyp der → *Wüsten*, fast ausschließlich von Felsoberflächen beherrscht. → *Schutthalden* oder → *Schuttdecken* spielen nur eine kleine Rolle, weil sie aus petrographischen Gründen nicht entstehen konnten, die → *Verwitterung* nur mäßig voranschreitet und/oder der Schutt in kleinere Korngrößen zerfiel durch → *äoli-*

sche, → *fluviale* oder → *spülaquatische* Prozesse weggeführt wurde (→ *Hammada*).

Femelschlag → *Femelwirtschaft*.

Femelwirtschaft (Femelschlag) *selective logging*: Forstwirtschaftsstil, bei dem der Bestand sich ausschließlich durch → *Naturverjüngung* erneuert und aus dem man nur einzelne schlagreife Bäume gewinnt. Daher umfasst dieser → *Wald* alle Baumaltersklassen. Einzelne → *Überhälter* bleiben als Samenbäume (Femel) stehen (→ *Plenterwald*).

Feminismus *feminism*: der Begriff F. existiert seit dem 19. Jh. und bezeichnet eine Richtung in der → *Frauenbewegung*, die das vorherrschende Patriarchat und damit die Unterdrückung der Frau beseitigen will. Trotz dieser beiden gemeinsamen Ziele haben sich seither viele versch. Strömungen und theoretische Ansätze entwickelt (Radikal-F., liberaler F., sozialistischer und marxistischer F. usw.), die v. a. in ihren historischen Zusammenhängen zu verstehen sind. Feministinnen werden v. a. die Mitglieder der zweiten Frauenbewegung genannt (→ *Feministische Geographie*, → *Frauenforschung*, → *Gender*, → *Gender Studies*).

Feministische Geographie *feminist geography*: eine Strömung innerhalb der Sozialgeographie, der die Rolle und Bedeutung von sozialem Geschlecht (→ *Gender*) und die geschlechterbezogenen Machtverhältnisse (→ *Feminismus*) im Zusammenhang mit Raum untersucht und darauf abzielt, die gesellschaftliche, wirtschaftliche und soziale Benachteiligung von Frauen zu beseitigen und auf der Forderung nach Gleichberechtigung der beiden Geschlechter in allen Lebensbereichen basiert (→ *Gendergeographie*, → *Frauenforschung*, → *Gender Studies*)

Fennosarmatia *Fennosarmatia*: → *Urkontinent*, der seit dem → *Präkambrium* besteht und das geologische → *Ureuropa* bildete. Bestand aus den Teilen → *Sarmatia* und → *Fennoskandia*.

Fennoskandia (Baltischer Schild) *Fennoscandia*: Teil des → *Urkontinents* → *Fennosarmatia*, der den skandinavischen Raum um die mittlere und nördliche Ostsee einschließlich der Halbinsel Kola umfasste. Dieser Festlandrumpf bildet den geologischen Kern des europäischen Kontinents und besteht überwiegend aus gefalteten → *kristallinen* → *Gesteinen* des → *Präkambriums*. Das → *Hangende* wird z. T. von horizontal liegenden Gesteinen des → *Paläozoikums* gebildet (→ *Ureuropa*).

Fenster *geological window*: → *Geologisches Fenster*.

Ferienclub *holiday club*: Ferienanlage, in der Unterkünfte und gastronomische Einrichtungen mit vielseitiger → *Freizeitinfrastruktur* und Programmangeboten, v. a. im sportlichen Bereich (Animation), verbunden sind. Häufig werden F. in Form geschlossener → *Ferienhaussiedlungen* errichtet; sie stellen eine Urlaubsform der oberen Preiskategorie dar.

Ferienhaussiedlung *holiday home complex*: Siedlung von Ferien-, häufig auch Wochenendhäusern, die von den Eigentümern im Sinne von → *Freizeitwohnsitzen* genutzt oder an Touristen vermietet werden. F. werden teils als selbstständige Siedlungseinheiten, meist in attraktiver natürlicher Lage, teils im baulichen Zusammenhang mit bestehenden → *Städten* oder → *Dörfern* errichtet.

Fernau-Stadium *Fernau stade*: Folge von → *Endmoränen* der Gletschervorstöße um 1600 n. Chr. in den Alpen. Das F. liegt vor den Enden der → *rezenten* → *Gletscher*.

Fernbeben *distant earthquake*: ein → *Erdbeben*, das noch 1000 km und mehr vom → *Epizentrum* entfernt feststellbar ist.

Fernerkundung *remote sensing*: Fachdisziplin zur Entwicklung und Anwendung von Methoden, die ohne physischen Kontakt mit der Oberfläche eines Himmelskörpers dort befindliche Erscheinungen erfassen und speichern. F. umfasst ebenfalls die thematische Verarbeitung, z.B. segmentieren und klassifizieren, Analyse und Interpretation entsprechender Daten (→ *Rasterdaten*) sowie abgeleiteter Bilder (z.B. → *Luftbild*, → *Orthophoto*, → *Satellitenbild*) und Modelle (→ *Digitales Geländemodell*, → *Digitales Oberflächenmodell*). Verfahren der F. sind in den meisten Fällen → *Satelliten*- oder Flugzeug-gestützt. In der → *Geographie* wird F. als Methode zur Beantwortung diverser Fragestellungen der → *Physischen Geographie* und → *Humangeographie* eingesetzt. Beispiele sind → *Wettervorhersagen*, Dürremonitoring, Inventarisierung von Vegetationsbeständen, → *Katastrophenschutz*, Wachstum und Zersiedlung von Städten (→ *urban sprawl*).

Ferngas *long-distance piped gas*: Gas, das über ein längeres Rohrleitungssystem zum Verbraucher gelangt und nicht von einem örtlichen Gasversorgungsunternehmen stammt.

Fernhandelsstadt *centre/center for long-distance trade*: → *Stadt*, deren wirtschaftliche Bedeutung zu einem wesentlichen Teil auf dem Fernhandel beruht. Bei der F. handelt es sich in Europa v. a. um einen historischen (frühmittelalterlichen) Stadttyp in günstiger Fernverkehrslage.

Fernheizung *district heating, long-distance heating*: Beheizung von Wohneinheiten und Gebäuden anderer Funktion von einem zentralen Heizwerk oder von Industriewerken (Nutzung von → *Abwärme*) aus. Die aufgrund der Einführung von F. stattfindende Verminderung von Verbrennungsstellen führt v. a. in dicht besiedelten Gebieten zu einer Reduzierung der → *Luftverschmutzung*.

Fernmeldeverkehr (Nachrichtenverkehr) *communications, telecommunication traffic*: zusammenfassende Bezeichnung für alle Arten der Informationsübermittlung mit drahtlosen und drahtgebundenen elektrisch und elektronisch betriebenen Einrichtungen. Zum F. gehören insbesondere Funk, Radio, Fernsehen, Telefon, Fernschreiber und E-Mail.

Fernpendler *long-distance commuter*: → *Pendler*, der zwischen Wohnung und Arbeits- oder Ausbildungsstätte eine relativ große Distanz zurücklegt. Der Begriff F. ist hinsichtlich der Entfernung zwischen Wohnort und Ort des Arbeits- oder Ausbildungsplatzes nicht eindeutig definiert. Häufig wird F. mit → *Wochenpendler* gleichgesetzt (→ *Arbeitspendler*).

Ferntourismus (Fernreiseverkehr) *long-distance tour, long-distance travel*: → *Urlaubsreiseverkehr* über eine relativ große Distanz von i.d.R. mindestens 14-tägiger Dauer, der meist per Flugzeug, zum Teil als Kreuzfahrt durchgeführt wird. Im Allgemeinen wird der Begriff F. nur mit Reisen in andere Kontinente verbunden, z.B. von Europa nach Afrika oder Ostasien.

Fernvergletscherung *far reaching glaciation, extensive glacier, large valley glacier*: Vergletscherung großer räumlicher Ausdehnung. Da → *Gletscher* Material (→ *Moränen*) aus ihrem gesamten Einzugsgebiet mit sich transportieren, erfolgt der Nachweis einer F. durch das Vorhandensein von → *Erratika* und → *Findlingen*, deren Gesteinsformationen des Ablagerungsortes entsprechen (→ *Lokalvergletscherung*).

Fernwanderung *long-distance migration*: – interregionale → *Wanderung* über eine relativ große Distanz. F. sind häufig berufsbedingt; hierzu zählen z.B. Wanderungen zwischen auch → *Agglomerationsräumen* in Deutschland, aber auch → *Gastarbeiterwanderungen* über die → *Staatsgrenzen* hinweg – Wanderung im Rahmen der → *Fernweidewirtschaft* (→ *Nomadismus*, → *Transhumanz*).

Fernwärme *district heating*: in → *Heizkraftwerken* zentral produzierte Wärme, die über größere Distanzen und weit verzweigte Netze zum Heizen bzw. zum Erwärmen von → *Brauchwasser* eingesetzt wird. Wegen der Distanzen treten bei der F.-Verteilung hohe Verluste auf. Daher muss F. verbraucherunah erzeugt werden. Distanzen <40 km sind ökonomisch sinnvoll. Die in großen Mengen anfallende industrielle → *Abwärme* nutzt man immer noch nicht selten als F..

Fernwasserversorgung *long-distance water supply*: System der Zuleitung von → *Trinkwasser* aus Wasserüberschußgebieten in Wassermangelgebiete. V.a. in Städten und → *Agglomerationen* ist es notwendig, Wasser aus anderen → *Einzugsgebieten* zu beziehen wegen (potenzieller oder realer) Absenkungen und stofflicher Belastungen des → *Grundwassers* oder generellen (klimatisch, hydrogeologisch, gewerblich-industriell und demographisch bedingten) Wassermangels. Problematisch: die F. wird inzwischen weniger als Ergänzung örtlicher Wasserressourcen, sondern als deren Ersatz betrachtet und macht lokalen Grundwasserschutz und Wassersparen scheinbar überflüssig. F. erfordert Druckleitungen mit hohem Energieaufwand für Pumpleistungen zur Überwindung von Höhenunterschieden und die Bedienung der extensiven Verteilungsnetze (v.a. in locker überbauten Stadtrandgebieten). Beispiele großräumiger, z.T. seit über 100 Jahren bestehender F. in Mitteleuropa (Auswahl): Rhein-Ruhr-Gebiet aus dem Bergischen Land; Rhein-Main-Gebiet mit Frankfurt/Main aus Hessischem Ried und Vogelsberg; Mittlerer Neckarraum mit Stuttgart aus dem Donauried, Bodensee und Oberrheinischem Tiefland bei Karlsruhe; Raum Hannover-Braunschweig-Bremen aus dem Harz (und z.T. aus der Lüneburger Heide; → *Stadtökologie*).

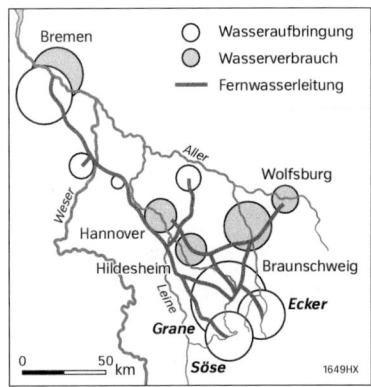

Fernwasserversorgung

Fernweidewirtschaft *transhumance*: Sammelbegriff für Formen der → *Viehwirtschaft*, bei der im Gegensatz zur ortsfesten Herdenviehzucht das Vieh, meist periodisch zu bestimmten Jahres- oder → *Vegetationszeiten*, zu Weidegebieten getrieben wird, die von den sonstigen Aufenthaltsorten weit entfernt liegen (→ *Transhumanz*, → *Nomadismus*).

Fernwirkung *long-distance effect*: – in der → *Landschaftsökologie* allgemein weiträumige Wirkungen von → *Geoökofaktoren* auf die → *Natur*- und → *Kulturlandschaft*. – die Wirkungen von → *Schadstoffen* in der → *Um-*

welt nach → *Luft-* oder *Wassertransport* über größere Distanzen, sodass weit von der Schadstoffquelle entfernt ökologische Effekte auftreten.
Ferrallit *Ferralsol*: → *ferrallitischer Paläoboden*.
Ferrallitischer Paläoboden *Ferralsol*: in der → *deutschen Bodensystematik* (→ *KA5*) ein Boden bestehend aus Resten eines tropisch-subtropischen Verwitterungsbodens des → *Tertiärs* oder älterer Epochen, von dem nur noch der → *Unterboden* erhalten und der von jüngeren Lagen überdeckt ist. Diese Böden weisen ein stabiles → *Aggregatgefüge* auf und sind kräftig rot oder gelb gefärbt.
Ferrallitisierung *ferrallitization*: die starke Anreicherung von Eisen- und Aluminiumoxiden in Böden der → *Tropen* im Zusammenhang mit der Kieselsäureauswaschung (→ *Desilifizierung*). Wegen des erheblichen Auswaschungsverlustes der Kieselsäure und der übrigen Substanzen ist die F. mit einer starken Abnahme des Raumgewichtes verbunden.
Ferralsols *Ferralsols*: in der → *WRB* (2014) tiefgründig verwitterte rote und gelbe Böden der humiden und perhumiden → *Tropen* mit hohen Gehalten an Aluminium- und Eisenoxiden. Häufig mit stabilem Mikrogefüge (Pseudosand) und starker P-Fixierung. F. haben gute physikalische Eigenschaften für die Nutzung, sind jedoch nährstoffarm. Die Versorgung der Pflanzen erfolgt über kurze Nährstoffkreisläufe. Nachhaltiger Ackerbau ist nur mit oberbodenerhaltenden und bodenschonenden Maßnahmen umzusetzen. Ein älterer, nicht mehr gebräuchlicher Begriff für F. ist → *Latosol*.
Ferrelsche Druckgebilde *stationary highs/lows*: die stehenden und langanhaltenden innerkontinentalen → *Hitzetiefs* und → *Kältehochs*, die sich in der unteren → *Troposphäre* als Folge der saisonalen Erhitzung im Sommer und der Abkühlung im Winter bilden. Zu unterscheiden von der Ferrel-Zelle, einer im meridionalen Atmosphärenquerschnitt im Jahresmittel auszumachenden Luftzirkulation der → *gemäßigten Breiten* (→ *Allgemeine Zirkulation der Atmosphäre*, → *Polarfront*).
Ferricret (Eisenkruste) *ferricrete*: Kruste aus Eisenoxiden und Eisenhydroxiden. Zu den F. gehört auch der → *Ortstein* (→ *Podsol*), der in den mittleren Breiten entsteht. In den immerfeuchten und wechselfeuchten → *Tropen* mit >1000 mm Jahresniederschlag ist der F. die Spätphase der Entwicklung von Ferralsolen (→ *Roterden*, → *Latosole*).
Fersiallitischer Paläoboden *Acrisol*: in der → *deutschen Bodensystematik* (→ *KA5*) ein Boden bestehend aus Resten eines tropisch-subtropischen Verwitterungsbodens des → *Tertiärs* oder älterer Epochen, von dem nur noch der → *Unterboden* erhalten und von jüngeren Sedimenten überdeckt ist. Diese Böden weisen hauptsächlich Kaolinit als Tonmineral auf. F.P. sind plastisch, häufig grau, können aber auch gelbbraun, rotbraun oder rot gefärbt sein. Eine ehmalige Bezeichnung für F. P. ist → *Plastosol*.
Fertigungsbetrieb *manufacturing shop*: → *Betrieb*, dessen → *Wertschöpfung* dem → *sekundären Sektor* zugerechnet wird. Ein F. fungiert i.d.R. als → *Zulieferbetrieb* für ein Großunternehmen. Daher liegt die zentrale Kompetenz eines F. auf der Durchführung und Optimierung von Fertigungsabläufen. Tätigkeiten in Forschung und Entwicklung sowie → *Marketing* finden folglich nicht statt (→ *Leistungserstellung*).
Fertigungsprozess → *Produktionsprozess*.
Fertigungssystem (Produktionssystem bzw. -organisation) *production system*: räumliche und zeitliche Organisation von Maschinen und Arbeitsplätzen bei der Güterproduktion. Die eingesetzten → *Fertigungstypen* können dabei unterschiedliche F. bedingen. Ablaufgebundene F. sind die Reihen- und → *Fließfertigung* und nicht ablaufgebundene F. die Werkbank- und → *Werkstattfertigung*. Die → *Gruppenfertigung* ist die Synthese aus Werkstatt- und Fließfertigung. Die objektgebundene Baustellenfertigung ist dadurch gekennzeichnet, dass dort die → *Betriebsmittel* zum Objekt gebracht werden (→ *Fertigungsverfahren*).
Fertigungstiefe *vertical range of manufacture*: Umfang der Wertschöpfung bei einer → *Produktion* (in % der Gesamtwertschöpfung), der am → *Standort* der Endmontage selbst erbracht wird. In der deutschen Automobilindustrie entfallen ca. 70–80% der Wertschöpfung auf Zulieferungen (→ *OEM*; → *lean production*).
Fertigungstyp (Produktions- bzw. Prozesstyp) *production types*: Ergebnis der Einteilung von Fertigungsverfahren nach dem Kriterium der Wiederholungshäufigkeit und Erzeugnismengen. Zu unterscheiden sind: – Einzelfertigung (Herstellung einer Einheit, z.B. Schiff); – Serienfertigung (Erzeugung einer begrenzten Anzahl gleichartiger Produkte, z.B. Möbel); – Chargenfertigung (Menge begrenzt durch das Fassungsvermögen eines Betriebsmittels, z.B. Schmelzofen der Stahlproduktion); – Sortenfertigung (identischer Rohstoff bei verschiedenen Ausprägungen, z.B. Eissorten); – Massenfertigung (Herstellung von großen Mengen gleicher Produkte; Fertigungssysteme).
Fertigungsverfahren (Produktionsverfahren) *production method*: Prinzipien und Organisation der Produktion. F. werden differenziert nach → *Fertigungssystem* (organisatorische Struktur des Produktionsprozesses, wie

z. B. Werkstatt-, Gruppen-, Fließbandfertigung); → *Fertigungstyp* (Produktionsumfang, wie z. B. → *Einzel-*, → *Serien-*, → *Massenfertigung*); Arbeitstechnik (manuell, maschinell, automatisiert) und → *Arbeitsteilung* (verrichtungs-/funktionsorientiert oder objekt-/produktorientierte). Im Zuge einer → *angepassten Technologie* ist es v. a. in → *Entwicklungsländern* sinnvoll, mehr arbeitsintensive F. einzusetzen. In den → *Industrieländern* nimmt demgegenüber als Folge der → *Rationalisierung* der Maschineneinsatz weiter zu.

Fertigware *finished goods*: Produkte von → *Industrie* und → *Handwerk*, die im Unterschied zu → *Halbfertigwaren* keiner weiteren Be- und Verarbeitung mehr bedürfen.

Fertilität (Fruchtbarkeit) *fertility*: – in → *Anthropologie* und → *Zoologie* sowie in der → *Bevölkerungsgeographie* die Fruchtbarkeit, d. h. die Fähigkeit eines Lebewesens, Nachkommen hervorzubringen, bezogen auf die Gesamtpopulation und/oder ein → *Areal* bzw. eine → *Region*. – in der Pflanzenökologie die Anzahl der Samen, die ein → *Individuum* einer Alters-, Größen- oder Entwicklungsklasse produziert.

Fertilitätsrate → *Fruchtbarkeitsrate*.

Festgesteine *hard/solid rocks*: den Lockergesteinen gegenübergestellt. Die F. umfassen die Hauptgesteinsgruppen → *Magmatite*, → *Metamorphite* und → *Sedimentite*.

Festland *mainland, terra firma*: – Landmasse der Erde, die dem Meer und kleineren terrestrischen Gebieten im Meer, den Inseln, gegenübersteht. – im geowissenschaftlichen Sinne die begrenzte Landmasse der → *Kontinente*.

Festlandskern *shield*: jene Bereiche des → *Festlandes*, die man wegen ihres hohen geologischen Alters als „alten Massen", → *Urkontinente* bzw. → *Schilde* bezeichnet. An sie lagerten sich im Laufe der Erdgeschichte jüngere → *Faltungsgürtel* an.

Festlandsschwelle *continental ridge*: Ergebnis von → *endogenen* → *Krustenbewegungen* im Sinne der → *Epirogenese*, die z. T. an den Rändern der Kontinente entstanden, wie die → *Randschwellen* um den afrikanischen Kontinent.

Festnetz *landline*: bezeichnet leitungsgebundene Telefonnetze, die regional eine landesweit verfügbar sein können und den rechtlichen Rahmenbedingungen wie Telekommunikationsgesetzen des jeweiligen Landes unterliegen (→ *Telekommunikation*)

Festungsgürtel *fortifications, defensive wall*: ringförmiger Gürtel von Befestigungsanlagen, der eine → *Festungsstadt* umgibt. In Deutschland wurden nach der Aufhebung der Festungseigenschaft die F. häufig als Grünanlagen ausgebaut, als Raum für die Anlage von Ringstraßen und -bahnen oder als Standorte für öffentliche Gebäude genutzt. Die ehem. F. sind meist noch im heutigen Stadtgrundriss sichtbar (z. B. Köln, Münster, Würzburg, Wien).

Festungsstadt *fortress city*: → *Stadt*, die zu Verteidigungszwecken mit Befestigungsanlagen (Wall und Graben, Mauern, Wehr- und Wachttürme, → *Forts* usw.) umgeben ist. In Deutschland wurde die Festungseigenschaft der meisten F. erst im 19. Jh. bzw. nach dem Ersten Weltkrieg aufgehoben, wobei die Befestigungsanlagen häufig bis auf geringe Reste abgebrochen (geschliffen) wurden. Heute sind F. mit erhaltenen Verteidigungsanlagen beliebte Ziele für den → *Städtetourismus*.

Fettkohle *coking/bituminous coal*: auch als Kokskohle bezeichnete → *Steinkohle*, die fest und gut gebacken ist und 20-33% flüchtige Bestandteile enthält und somit über einen hohen Heizwert verfügt. F. wird für Gas- und Koksgewinnung verwandt (→ *Kohle*).

Fettwiese *rich meadow*: meist stark gedüngte, artenreiche → *Wiese*, mit zwei- bis dreimaliger → *Mahd* pro Jahr, zudem auch beweidet (→ *Magerwiese*, → *Weide*).

feuchtadiabatische (kondensationsadiabatische) Zustandsänderung *saturated adiabatic change of state*: die Änderung des Temperaturzustandes einer aufsteigenden → *Luftmasse*, in welcher der → *Wasserdampf* kondensiert. Die Abkühlung durch das Aufsteigen infolge der Ausdehnung der Luft wird dabei durch die bei der → *Kondensation* freiwerdende → *Verdampfungswärme* teilweise kompensiert, also verlangsamt. Der f. Temperaturgradient ist demzufolge geringer (0,5-0,7 K/100 m Höhendifferenz) als der trockenadiabatische Gradient (ca. 1 K/100 m; → *adiabatisch*).

Feuchteinversion *humidity inversion*: eine Umkehrung der → *Schichtung* der absoluten Luftfeuchte in der → *Atmosphäre*, welche im Normalfall mit der Höhe rasch abnimmt. F. entstehen an kräftigen → *Warmfronten*, wenn warm-feuchte → *Tropikluft* auf vielfach trockenere Polarkaltluft gleitet. Sie sind jedoch viel seltener als Temperaturinversionen (→ *Inversion*, → *Temperaturumkehr*).

Feuchtezahlen *indicator value for moisture*: Gruppierung der Pflanzen nach dem standörtlichen Angebot an → *Bodenfeuchte* (→ *Zeigereigenschaften*, → *Zeigerpflanzen*).

Feuchtgebiet *wetland*: sehr gebräuchlicher, aber unscharfer Begriff für jene → *Ökosysteme*, in denen → *Wasser* kein Mangelfaktor ist und auf den sich spezifische → *Floren* und → *Faunen* ausrichten. Nach der → *Ramsar-Konvention* gelten als F. Ökosysteme mit → *Auen*, Feuchtwiesen, → *Brüchen*, → *Mooren*, → *Sümpfen* oder Gewässern, die natürlich oder künstlich, dauernd oder zeitweilig, stehend oder fließend sind, egal ob → *Süß-*, → *Brack-* oder → *Salzwasser*. Weiterhin gelten

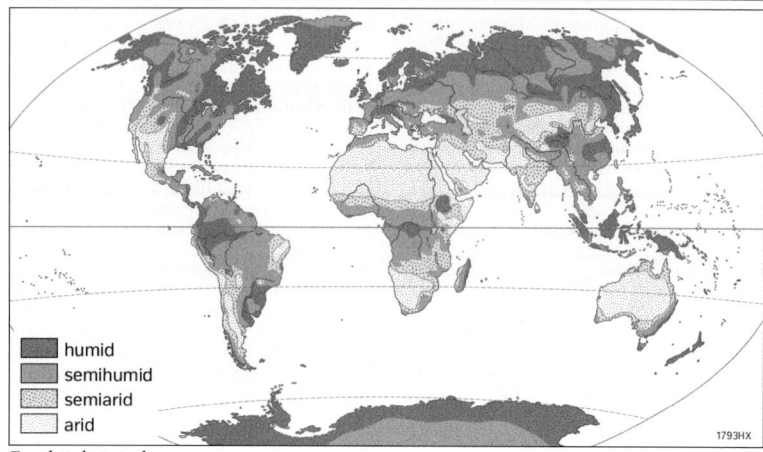

Feuchtigkeitsindex

als F. jene Meeresgebiete, die bei Niedrigwasser eine Tiefe von 6 m nicht überschreiten. Geomorphologisch sind F. meist Hohlformen (Täler, Auen, → *Senken*, → *Becken*) oder niedrig gelegene Flachformen (→ *Litoral*; → *Litoraea*).

Feuchthumus *hydromorphic humus*: unter langanhaltendem Grund- oder Stauwassereinfluss gebildeter → *Humus*, mit andauernder Feuchte und gehemmter Durchlüftung, jedoch nur kurzfristig vollständiger Wassersättigung. F. entwickelt sich in Abhängigkeit vom Nährstoffreichtum des Wassers und der Vernässungsintensität sehr verschieden, z.B. als → *Anmoor*, Feuchtmoder oder Feuchtrohhumus.

Feuchtigkeitsindex *humidizy index*: eine klimatische Wertzahl, die aufgrund einer Berechnungsformel mithilfe von Temperatur und Niederschlag oder Feuchteüberschuss, Feuchtedefizit und Feuchtebedarf den Grad der → *Humidität* bzw. → *Aridität* angibt. Der F. erfüllt die gleiche Funktion wie der → *Ariditätsindex*; beide sind Feuchtefaktoren. Der F. nach Thornthwite berechnet sich normal zu 1m = (100s-60d): n, wobei s = Wasserüberschuss, d = Wasserdefizit, n = Wasserbedarf (→ *potenzielle Evapotranspiration*) >100 ergeben prehumides Klima, Werte < -40 aride Verhältnisse.

Feuchtigkeitszeiger *moisture indicator*: jene Pflanzenarten, die → *Bodenfeuchte* und/oder → *Grundwasserböden* anzeigen (→ *Bodenfeuchteregime*, → *Zeigereigenschaften*, → *Zeigerpflanzen*).

Feuchtsavanne *moist savanna[h]*: Vegetations- und → *Landschaftstyp* der wechselfeuchten → *Tropen* und → *Subtropen* mit ca. 7-10 humiden und 3-5 → *ariden* Monaten. Landschaftshaushaltlich regelnder Hauptfaktor der F. ist das → *Bodenwasser*, das die Standorte pedologisch und floristisch differenziert. Die F. ist nicht nur ein Grasland, sondern kann auch als F.-Wald mit 10-20 m hohen Bäumen ausgebildet sein, mit z.T. immergrünen hydrophilen Gehölzen.

Feuchtwald *moist forest*: halbimmergrüne bis immergrüne → *Regenwälder* der → *Tropen* und → *Subtropen*, die dem → *Trockenwald* gegenüberstehen.

Feuchtzeiten *rainy seasons, humidity times (1.); pluvial (2.)*: 1. in wechselfeuchten Gebieten jene Jahresabschnitte, in denen → *Niederschlag* fällt, also die → *Regenzeiten*. 2. während des → *Pleistozäns* traten in den heutigen → *Trockengebieten* der Erde → *Pluvialzeiten* auf, mit gegenüber dem heutigen Klima größeren Niederschlagsmengen. Ursache war eine Verlagerung der Klimagürtel während der pleistozänen → *Warm-* und → *Kaltzeiten*.

Feudalismus → *Lehnswesen*.

Feudalwesen → *Lehnswesen*.

Feuer (als ökologischer Faktor) *fire*: ökologisch sehr wirksamer Prozess mit Licht-, Wärme- und meist auch Flammenentwicklung, der relativ selten natürlich entsteht (Blitzschlag, Selbsterhitzung), sondern der überwiegend → *anthropogene* Ursachen hat. In → *Steppen* und → *Savannen* sowie in Buschformationen der → *Gariden* entfaltet das F. eine folgenschwere ökologische Wirkung, weil grasreiche → *Pflanzengesellschaften* gefördert und Holzgesellschaften zurückgedrängt werden. Es kommt zur Auslese von → *Pyrophy-*

ten. Ökologische Negativwirkungen sind beträchtlich: längerfristige Zerstörung der bodenschützenden Pflanzendecke, Vernichtung der Lebensstätten der → *Fauna*, Zerstörung der organischen Substanz (bevor sie mineralisiert werden kann), Begünstigung der → *Erosion* durch → *Wind*, → *Wasser* und Viehtritt. In → *Ökosystemen* ohne dem F. angepasste Organismen wirkt das F. ökophysiologisch als → *Stress* (→ *Brände*).
Feuer-Klimax-Gesellschaften *fire-climax communities*: v. a. Strauchformationen, die nicht nur an den ökologischen Faktor → *Feuer* angepasst, sondern feuerbedingt sind. Werden durch Feuer auf ein früheres Entwicklungsstadium zurückversetzt und entwickeln sich im Laufe der → *Sukzession* wieder zu einer → *Schlussgesellschaft* (→ *Brände*, → *Feuerökologie*, → *Feuerökosystem*, → *Klimax*).
Feuerökologie *fire ecology*: transdisziplinärer Bereich der → *Ökologie* bzw. → *Landschaftsökologie*, der sich mit den Erscheinungen und Auswirkungen des natürlichen und des vom Menschen in → *Ökosysteme* eingebrachten → *Feuers* beschäftigt, deren Zusammensetzung, Struktur und Dynamik durch das Feuer verändert wird (→ *Brände*, → *Feuerökosystem*).
Feuerökosystem *fire ecosystem*: → *Ökosystem*, dessen Fortbestehen von regelmäßig auftretenden → *Bränden* abhängt (→ *Feuerökologie*).
Feuerschiff *light ship*: fest verankertes, bemanntes Schiff, das mit Leuchtfeuern, Funk- und Navigationshilfseinrichtungen versehen ist. Es dient als → *Seezeichen* und erfüllt ähnliche Funktionen wie ein → *Leuchtturm*. F. werden an navigatorisch gefährlichen Stellen (Untiefen, Sandbänke, Flussmündungen usw.) stationiert, jedoch neuerdings zunehmend durch unbemannte Leuchtbaken ersetzt.
Feuerstein (Flint) *flint[stone], firestone*: schwarzer, grauer bis gelblich-weißer Chalzedon (mikrokristalliner Quarz), meist in Knollenform; kommt in den Sedimenten der Schreibkreiden (→ *Kreide*) von Nordfrankreich bis um die Ostsee herum vor. Der F. tritt in → *glazialen* Sedimenten (→ *Moränen*) auf, weil er durch das → *Inlandeis* während des Pleistozäns nach Süden verfrachtet wurde (→ *Feuersteinlinie*). F.-Stücke sind scharfkantig und haben muscheligen Bruch. In der Stein- und Bronzezeit war F. ein wichtiger Rohstoff (Werkzeugherstellung), früheste Handelsbeziehungen und → *Besiedlung* beeinflusste.
Feuersteingrenze → *Feuersteinlinie*.
Feuersteinlehm *silty loam with high amounts of chert (flint, firestone)*: vorzeitliche Sedimentdecken und Verwitterungsböden, die → *Feuerstein* enthalten. –

Feuersteinlinie (Feuersteingrenze) *flint line*: Südgrenze der aus dem Ostseeraum stammenden → *Feuersteine* als Bestandteil der → *glazialen* Sedimente (neben anderen nordischen → *Geschieben*) im ehemals durch das → *Inlandeis* der → *Weichsel-Kaltzeit* vereisten Gebiet Mitteleuropas. Da Feuersteine schwer verwittern, sind sie an der Südgrenze der Vereisung (→ *Elster-Kaltzeit*) oft die einzigen Eiszeitzeugen, während andere glaziale Sedimente nicht mehr erhalten sind.
Fichtenwald *spruce forest*: → *Nadelwald* in verschiedenen kühlgemäßigten Zonen der Erde. In den dicht besiedelten Landschaften Mitteleuropas wurde die Fichte (*Picea abies*) als schnell wachsendes Holz in der Forstwirtschaft bevorzugt, sodass die Fichte in vielen Gebieten zur dominierenden Baumart wurde.
Fideikommiss *entail, entail estate*: besondere Rechtsform für Grundbesitz, insbesondere große → *Güter*, die in mehreren europäischen Ländern bestand. Der Inhaber eines F.-Gutes erhielt zwar den Ertrag des Vermögens zur freien Verfügung, durfte aber den Besitz weder teilen noch frei veräußern, sondern nur geschlossen vererben. In Deutschland wurde die Institution des F. durch die Weimarer Verfassung aufgelöst.
Fiederdüne *feather dune, pinnate dune*: Dünenform, die durch Zusammenwachsen der Seitenäste von → *Longitudinaldünen* entsteht.
Fiederspalte *feather joint*: meist in Vielzahl und parallel zueinander auftretende und diagonal zur Bewegungsrichtung angeordnete → *Spalten*, die an der Grenze sich bewegender Gesteinsschollen durch → *Bruchtektonik* entstanden. F. sind charakteristisch für die Umgebung von → *Brüchen* bzw. → *Abschiebungen*.

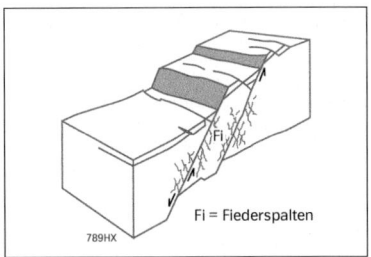

Fiederspalte

Filialbetrieb → *Filiale*.
Filiale (Filialbetrieb) *branch, agency, affiliate*: Zweigniederlassung eines Handels- oder Bankunternehmens. Die F. ist eines aus einer Gruppe gleichartiger Geschäfte, die von einer Zentrale aus geleitet werden. Mithilfe

der F. wird der → *Absatz* des Unternehmens vergrößert, gleichzeitig aber auch die Versorgung der Bevölkerung mit → *Dienstleistungen* verbessert.

Filialisierung *branching out, degree of branching*: → *Standortspaltung* v. a. von Unternehmen im → *Einzelhandel* und von → *Dienstleistungen* zur Gewinnung neuer Absatzgebiete oder zur Ausweitung des Marktanteils an einem Ort. F. beschreibt auch die Entwicklung, dass der Einzelhandel in den → *Stadtzentren* zunehmend von Filialisten dominiert wird und sich die Innenstädte damit immer mehr ähneln (→ *Filiale*).

Filialnetz *branch network*: Standortstruktur der zu einem Unternehmen gehörenden → *Filialen*. Die Ausbildung des F. wird u. a. beeinflusst von Siedlungs- und Verkehrsinfrastruktur sowie von Bevölkerungsdichte und Konsumentenstruktur.

Filière-Konzept *branching concept*: Instrument zur Analyse der organisatorischen und räumlichen wertschöpfungsspezifischen Anordnung von (unternehmensübergreifenden) Produktions- und Distributionsprozessen. Das F.-K. wurde als agrarwirtschaftlicher Ansatz vorwiegend auf Beispiele in sog. → *Entwicklungsländern* angewendet.

Filter *filter*: 1. allgemein eine Einrichtung zum Sondern von Stoffen und Materialien. 2. in Bodenökologie, Sedimentologie und Geoökologie die Wirkung des Bodens bzw. des → *Oberflächennahen Untergrundes* als F. für → *Nähr-* und → *Schadstoffe*. Dabei wirken die Bodenhorizonte eines Profils bzw. die Schichten des Substrats chemisch und physikalisch als ein System von hintereinander geschalteten F.. 3. im Technischen Umweltschutz eingesetzt für die Reinigung von Wasser oder Luft. (z. B. Abgasreinigungsverfahren, Wasserreinhaltung).

Filter-, Puffer- und Transformationsfunktion des Bodens *filter, transformation and buffer function of the soil*: beim → *Leistungsvermögen des Landschaftshaushaltes* speziell das Leistungsvermögen des → *Bodens* bzw. → *Oberflächennahen Untergrundes*, das Substrat und somit das → *Grundwasser* durch geringere Durchlässigkeit vor dem tieferen Eindringen unerwünschter organischer oder anorganischer Stoffe bzw. → *Schadstoffe* zu schützen bzw. solche Stoffe adsorptiv zu binden, unschädlich festzulegen und durch Pufferung im Säure- und Basenzustand konstant zu halten. Das mit dem Filter- und Puffervermögen des Bodens verbundene Transformationsvermögen bezieht sich auf den mikrobiellen Ab- und Umbau von Stoffen im Boden (→ *Abbau*, → *Puffer*).

Filterfrage *screening question*: → *Fragentyp* in der empirischen → *Sozialforschung*, der aufgrund der gegebenen Antworten der → *Probanden* ermittelt, ob der folgende Fragenkomplex in standardisierten Befragungen erhoben wird oder nicht.

Filtergeschwindigkeit *speed of filtration*: in einem Grundwasserkörper jene Wassermenge, welche in einer bestimmten Zeiteinheit einen Querschnitt des → *Grundwasserleiters* durchströmt.

Filteroperationen *filter options*: zählen zu den lage- und attributbezogenen Abfragen (→ *Attribut*) in der Analyse von → *Geodaten* mit einem → *Geographischen Informationssystem* (→ *GIS*). In der GIS-Terminologie wird für F. auch der Begriff „Selektionen" verwendet. In → *ArcGIS* gibt es diverse Werkzeuge und Methoden zu lagebezogenen („Select By Location") und attributbezogenen („Select By Attributes") Filterverfahren. Wenn z. B. in einer ArcGIS-basierten → *Standortplanung* eine Standortempfehlung für den Bau einer neuen Schule nach den beiden Kriterien - i) max. 50 m Entfernung zum bestehenden Straßennetz und ii) mind. 15.000 qm zusammenhängendes Baugrundstück - durchgeführt wird, handelt es sich bei i) um ein lagebezogenes und bei ii) um ein attributbezogenes Analysekriterium. Die nach der ersten F. selektierten Objekte (i. d. R. eines → *Shapefiles* oder einer → *Feature Class*) bilden in diesem Beispiel wegen der Verschachtelung der Bedingungen die Grundgesamtheit für die zweite F..

Filterwirkung *filtering*: die Fähigkeit des → *Bodens*, schädliche anorganische und organische Stoffe zu binden, in unschädliche Verbindungen umzuwandeln oder in elementare Bestandteile abzubauen (→ *Filter-, Puffer- und Transformationsfunktion*). Die F. basiert auf der Rückhaltung von Partikeln, der Anlagerung von Kationen, Anionen und reaktiven Gruppen und der Einbindung von Stoffen in stabile chemische Verbindungen. Die F. hängt v. a. von der Mächtigkeit und Durchlässigkeit des Bodens, dem Bestand an → *Tonmineralen* und → *Huminstoffen* und dem Grad der Bodenversauerung (→ *Bodenazidität*) ab. Durch die Filterung und Transformation von → *Schadstoffen* wirkt der Boden als → *Senke* in → *terrestrischen* → *Ökosystemen*. Die F. ist entscheidend für die Bildung von sauberem → *Trinkwasser*.

finaler Magmatismus *final magmatism*: Form des Oberflächenmagmatismus, der sich im Anschluss an die tektonischen Bewegungen abspielt und das junge, gehobene → *Orogen* durchsetzt (→ *Magmatismus*).

Finalursache (causa finalis) *final cause*: neben der → *Wirkursache*, der → *Formursache* und der → *Stoffursache* eine der vier unterschiedlichen Arten von Wirkkräften (→ *Kausalität*) nach Aristoteles, bei der die Ursache eines Geschehens als deren geplanter Zweck verstanden wird. Die F. ist also die zweck- oder zielgerichtete Ursache. Die F. ist heute in der Wissenschaft neben der Wirkursache die gebräuchlichste Kausalität, bei der das Gegenwärtige mit dem Verweis auf die Zukunft begründet wird.

Finanzderivat *financial derivative*: Finanzinstrument, dessen Preis bzw. Kurs von einem ihm zugrunde liegenden Marktgegenstand (→ *Wertpapier*, → *Rohstoff*, → *Zins*) als Basiswert abgeleitet wird.

Finanzgeographie *geography of finance*: Teilbereich der → *Wirtschaftsgeographie*, der Strukturen und Prozesse sowie Raumwirksamkeit von → *Institutionen* und Organisationsformen im → *Finanzsektor* sowie dessen Wechselwirkungen mit dem Realsektor analysiert und erklärt. Die F. ist ein noch relativ junges Forschungsfeld und erlangte insbesondere mit der Finanzkrise 2007/2008 Bedeutung.

Finanzialisierung *financialization*: Sammelbegriff und Ausdruck eines Prozesses auf nationaler und globaler Ebene, wonach die Erträge im Finanzsektor die des Realsektors zu einem immer größeren Teil übersteigen. Die F. geht einher mit der Bedeutungszunahme von Finanzmärkten und den darin tätigen Institutionen, von Finanzinstrumenten und -produkten sowie einer Priorisierung finanzieller Motive in individuellen Alltagsentscheidungen.

Finanzintermediär *financial intermediary*: Unternehmen, welches Kapital von Kapitalanbietern (z. B. Sparern) zu Kapitalnachfragern (Investoren) weitergibt oder den Handel zwischen diesen Marktteilnehmern erleichtert. Als F. gelten typischerweise Banken und Versicherungen.

Finanzsektor (monetärer Sektor) *financial sector*: Sammelbegriff für Institutionen und Systeme, die finanzielle Leistungen auf nationaler und globaler Ebene erbringen. Hierzu zählen insbesondere Finanzmärkte (Geld-, Kapital- und Devisenmarkt) sowie → *Finanzintermediäre*. Dem F. steht in einer Volkswirtschaft der Realsektor gegenüber.

Finanztransaktionssteuer *financial transaction tax*: Steuer, die auf börsliche und außerbörsliche Finanztransaktionen erhoben wird.

Findling *erratic block, erratic, erratic boulder, [glacial] boulder*: einst von einem Gletscher transportierter Block, der beim Gletscherrückzug abgelagert wurde (→ *Erratika*). Die F. sind überwiegend kristalline Gesteine mit Volumina von über 10 bis maximal mehrere 100 m³.

Fingerdelta (Vogelfußdelta) *bird's foot delta*: trägt seinen Namen, da sich → *Flussdämme* wie Finger in das Meer erstrecken. F. entstehen an Mündungen von Flüssen mit hoher → *Flussfracht* und geringer Brandungs- und Strömungswirkung des Meeres, sodass die → *Fluvialdynamik* überwiegt. Aufgrund dieser sehr spezifischen Bildungsbedingungen eher seltener Grundriss eines → *Deltas*. Zwischen den einzelnen Fortsätzen des F. befinden sich Flachwasserbereiche, in denen → *Schlick* sedimentiert wird.

Finiglazial *Finiglacial*: letzter Abschnitt des → *Spätglazials* in Skandinavien, in welchem sich der Rest der → *Nordischen Vereisung* von den Endmoränen in Mittelschweden bis nach Jämtland zurückzog, wo die → *Bipartition* des Eises eintrat. Das F. begann etwa 10 000 J. v. h., dauerte rund 1300 Jahre und endete ca. 8700 J. v. h..

Firn *firn*: durch Umwandlungsprozesse (→ *Metamorphose*) körnig gewordener und verdichteter mehrjähriger → *Schnee*. Im Verlauf weiterer Umwandlungsprozesse wachsen die zunächst feinen F.-Körner immer weiter und verdichten sich durch einsickerndes Wasser. Während der Umwandlung steigt das Raumgewicht des Schnees von 30–60 kg/m³ (→ *Pulverschnee*) auf 600–800 kg/m³ (nasser F.) an. Der F.-Prozess ist auch mit Eislinsen und Eislagen durchsetzt. (→ *superimposed ice*).

Firneisgrundschutt *firn ice bottom debris, firn ice bottom rock waste*: Schuttsedimente unter → *Firn*, früher als → *glaziales* Material gedeutet, heute als → *Solifluktionsschutt*.

Firnerosion → *Nivation*.

Firnfeld *firn field, névé*: im → *Nährgebiet* eines → *Gletschers* gelegener Flachformenbereich, auf dem sich → *Firn* ansammelt. Der etwas unscharfe Begriff wird entweder für das Nährgebiet eingesetzt oder für jenen Flachbereich im potenziellen Nährgebiet, in dem sich Firn sammeln kann, aus dem der Gletscher entsteht. Wird von → *Lawinen*, Schneefall, und Triebschnee gespeist.

Firnifikation *firnification*: die Firnbildung, d. h. die Prozesse der Umwandlung des → *Neuschnees* zu → *Firn* und Firneis (Schnee → *metamorphose*).

Firnkesselgletscher *Turkestan-type glacier*: → *Gletscher*, der in einer meist tiefen Firnmulde sowohl vom festen Niederschlag als auch von → *Lawinen* ernährt wird.

Firnlinie *firn line*: die → *Schneegrenze* auf dem → *Gletscher*, welche das → *Nährgebiet* vom → *Zehrgebiet* trennt. Im Sommer schmilzt der → *Schnee* des vorangegangenen Winters bis auf ihre Höhe ab. Unterhalb der F. apert das Gletschereis also aus, und es findet deshalb kein Schneezuwachs statt (→ *Ausaperung*).

Firnmuldentyp *névé-type*: dem Relief untergeordneter Vergletscherungstyp, bei dem die Gletschereisbildung über der → *klimatischen Schneegrenze* in → *Flach-* und → *Hohl-*

formen (Senke, Mulde, Nische, → *Kar*, Hangstufe, Hangverflachung) stattfindet. Die alpine Vergletscherung mit den auf die Firnmulden begrenzten → *Kargletschern* und den ausgeprägte Zungen ausbildenden → *Talgletschern* gehört zum F. (→ *Gletscher*).

Firnstromgletscher *Mustagh-type glacier*: → *Gletscher* in einem Gebiet mit tiefer Lage der → *Schneegrenze*, bei dem auch noch im oberen Zungenbereich Bildung von → *Firn* stattfindet. F. haben also ein großes → *Nährgebiet*, und ihre Firnlinie verläuft quer zur Gletscherzunge.

First *crest, top*: – sehr schmaler → *Kamm* eines → *Gebirges* mit Steilabfällen nach beiden Seiten. – der höchste Teil des → *Sattels* einer → *Falte*. – der höchste Teil einer → *Schichtstufe*, der bei einem → *Walmstufenhang* hinter dem → *Trauf* liegt.

Firsthaus *ridge house*: Konstruktionstyp von einfachen Behausungen, wie sie z.B. in den → *Tropen* und → *Subtropen* vorkommen. Dabei wird das Dach von am Boden aufstehenden Firstsäulen getragen.

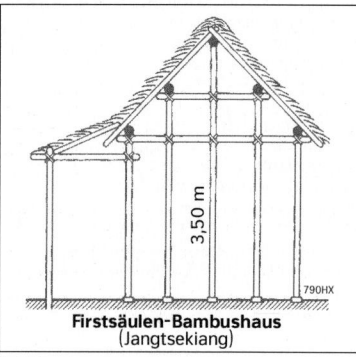

Firstsäulen-Bambushaus (Jangtsekiang)

Firsthaus

Firstkarre → *Rillenkarre*.
Firth → *Fjord*.
Fischereihafen *fishing harbo[u]r*: → *Hafen*, der hauptsächlich Fischereifahrzeugen dient und meist auch Heimathafen einer Fischereiflotte ist. Häufig finden sich in F. auch Fischverarbeitungsbetriebe.

Fischereiwirtschaft *fishery, fishing industry*: Wirtschaftszweig, der sich mit der Nutzung der Meere und Binnengewässer durch die Fischerei befasst. Die F. wird unterteilt in → *Seefischerei* (→ *Hochseefischerei*, → *Küstenfischerei*) und → *Binnenfischerei* (→ *Teichwirtschaft*).

Fischgründe *fishing grounds*: für den Fischfang besonders ergiebige Fangplätze im Ozean. Dies sind in der gemäßigten und der subpolaren Zone die flachen → *Schelfmeere*.

Hohe Erträge sind dort zu erwarten, wo kalte und warme Meeresströmungen zusammentreffen und reich an → *Plankton* sind.

Fischsterben *fish kill*: plötzliches, kurzfristiges Massensterben von Fischen in Seen, kleinen Meeresbuchten oder auf Strecken v.a. kleiner → *Fließgewässer*. Das F. kann auf Sauerstoffmangel infolge zu schwacher → *Seezirkulation*, Überproduktion an sauerstoffzehrender Biomasse infolge → *Eutrophierung* oder auf Einleitung von → *Schadstoffen* zurückgehen.

Fixkosten *fixed costs*: beschäftigungsunabhängige Kosten. F. fallen unabhängig von der Produktionsmenge in gleicher Höhe an (z.B. Mieten und Zinsen).

Fjäll → *Fjell*.

Fjärd *fiard*: gebirgsferne Meeresbucht, die ein ehemals durch → *Glazialerosion* gebildetes Tal ist und zu den durch den nacheiszeitlichen Meeresspiegelanstieg ertrunkenen → *Küsten* gehört. Fjärdar (pl.) weisen oftmals → *Inseln* (→ *Schären*) auf. Sie sind Im Gegensatz zum → *Fjord* weiter und wesentlich weniger tief, und sind wiederum im Gegensatz zu → *Bodden* im Festgestein angelegt.

Fjärdenküste *fiard coast*: → *glazial* überformte wellige Felsenküste ohne große Reliefgegensätze mit vielen kleinen Buchten und zahlreichen vorgelagerten, meist kleinen Inseln. Die kleinen Inseln heißen → *Schären*.

Fjeld → *Fjell*.

Fjell (Fjeld, Fjäll) *field*: skandinavischer → *Landschaftstyp*, der das Gebiet oberhalb und nördlich der → *Waldgrenze* beschreibt und große Teile der Skanden, also der → *Gebirge* der Skandinavischen Halbinsel, einnimmt. Das F. ist eine → *glazial* geformte, höher oder niedriger liegende, wellige bis hügelige Landschaft mit → *Zwergsträuchern*, Flechten und Moosen.

Fjord (Firth) *fiord, fjord, firth (fiard, inlet)*: Meeresarm, der mehr oder weniger weit ins Land hineinreicht und der sehr lang und sehr tief (→ *glazial* übertieft) sein kann. Die Wände sind sehr steil, weil der F. ein glaziales → *Trogtal* ist. F.-Küsten sind in zahlreichen jung vereisten Gebieten verbreitet, u.a. in Norwegen, Kanada, Island und Südneuseeland.

Flachbauweise *low-level, low-elevation building*: gemäß Bauordnung ein- bis zweistöckige Bauweise. Sie ist besonders für Einfamilienhäuser geeignet. Im Gegensatz dazu steht die mehrgeschossige Hochbauweise (→ *Hochbau*).

Flachbeet *flat bed*: ebene Ackerparzelle im Gegensatz zum → *Hochbeet*, → *Hügelbeet* oder → *Wölbacker* (→ *Ackerterrasse*).

Flachdelle *flat slack*: eine der beiden Grundformen der → *Delle*, die im Gegensatz zur → *Hangdelle* auf wenig geneigten Hochflächen vorkommt. Der F. wird eine besondere

geomorphogenetische Wirkung bei der Ausgestaltung von Hochflächen auf → *Schichtstufen* zugesprochen.
Fläche *plain, flat (1., 3.); plane, surface, face (2.)*: 1. eine → *Flachform* dar. Für die Herausbildung der F. werden unterschiedliche Prozesse (→ *Flächenbildung*) angenommen, sodass sich hinter dem Begriff F. geomorphogenetische F.-Typen verbergen, z. B. → *Rumpffläche* oder → *Dachfläche* der → *Schichtstufe*. 2. der Begriff wird (auch ohne weiteren Zusatz) in der Geologie bzw. Sedimentologie im Sinne der → *Schichtfläche* gebraucht. 3. geometrisches Darstellungselement, das in → *Karten* zur Vermittlung raumbezogener Information eingesetzt wird. Flächenhafte Zeichen werden in der → *Kartographie* als Flächensignaturen bezeichnet. Diese dienen in Karten z. B. zur Repräsentation von Verbreitungsgebieten, Grundstücken, Parkanlagen und Stadtgebieten. Der Begriff F. wird im Fachjargon der → *Geomatik* zunehmend durch → *Polygon* abgelöst.
Flächenbedarf *area requirement*: die bei der Ausübung der menschlichen → *Grunddaseinsfunktionen* beanspruchten Flächengrößen. Der F. wird in Deutschland im Rahmen der → *Bauleitplanung* einer Gemeinde gemäß der zu erwartenden → *Bevölkerungs-* und Wirtschaftsentwicklung (nach F.-Richtwerten) für i. d. R. mindestens 10 bis 15 Jahre vorausgerechnet. Er untergliedert sich u. a. in Wohn-F., Grün-F., Verkehrs-F., F. für Gemeinbedarfseinrichtungen sowie den F. für → *Gewerbe*, → *Industrie*, → *Land- und Forstwirtschaft*.
Flächenberechnung *area calculation*: zählt zu den elementaren Analysewerkzeugen in einem → *Geographischen Informationssystem*. Eine F. basiert auf der Grundlage des Lagebezugs und der → *Geometrie* flächenhafter → *Geodaten*. In *ArcGIS* erfolgen F. bspw. über das Tool „Calculate Geometry".
Flächenbildung *plain formation*: Bildung einer ebenen, allenfalls flach gewellten Fläche durch → *Abtragung* (→ *Denudation*, → *Abrasion*, → *Flächenspülung*, → *Kryoplanation*, → *Pedimentation*) oder → *Ablagerung* (→ *Aufschotterung*, Bildung von → *Schwemmlandebenen*). Durch Denudation entstandene Flächen werden als → *Rumpfflächen* bezeichnet.
Flächenbildungszone *zone of plain formation*: → *Flächenbildung* umfasst alle geomorphologischen (erosive und Sedimentations-) Prozesse, die zu ebenen (ggf. flach gewellten) Flächen führen. Nach der Theorie der → *klimageomorphologischen Zonen* der Erde gibt es eine randtropische Zone exzessiver und eine innertropische Zone partieller Flächenbildung. Dies gilt jedoch nur bei kleinmaßstäblicher, also großräumiger Betrachtung.

Die geomorphologisch wirksamen Prozesse in der F. sind vor Ort differenzierter und nicht ausschließlich nur auf Flächenbildung ausgerichtet.
Flächenerhaltung *zone of landform preservation*: nach der Theorie → *klimageomorphologischer Zonen* eine in der ariden bis semiariden Klimazone bestehende Tendenz zur Formerhaltung, d. h. die Prozesse der → *rezenten* → *Geomorphodynamik* wirken nicht flächenzerstörend, z. B. durch → *Erosion*, Zerschneidung oder Talbildung. Allerdings ist die F. auch in Trockengebieten nur eine relative, weil sie auch dort, wenngleich nur sehr langsam, abgetragen wird.
Flächenförderung *indiscriminate development promotion*: im Unterschied zur → *Schwerpunktförderung* flächenhafte Förderung von Räumen, die hinter der allgemeinen Entwicklung zurückgeblieben sind. Die F. wird umgangssprachlich auch als Förderung nach dem „Gießkannenprinzip" bezeichnet (→ *Fördergebiet*).
flächenhafte Verkehrsberuhigung *general reduction of traffic*: Maßnahme zur innerstädtischen → *Verkehrsberuhigung*, die sich nicht nur auf eine Straße bezieht, sondern auf z. B. auf ein → *Stadtviertel*.
Flächeninanspruchnahme *utilization of space*: Nutzung einer Fläche für Bauzwecke (z. B. Wohnungsbau oder für → *Infrastruktur*-Maßnahmen (z. B. Straßenbau). Statt F. wird häufig fälschlich der Begriff → *Flächenverbrauch* benutzt.
Flächenintensität *intensity of land use*: Ausmaß der → *Flächennutzung*. Man unterscheidet flächenintensive (z. B. Bekleidungsindustrie) und flächenextensive (z. B. Ölraffinerie) Wirtschaftszweige. Die F. der Industrie wird gemessen als m^2/Beschäftigten oder Zahl der Beschäftigten/ha. Bei zunehmender Automatisierung der Produktion empfiehlt es sich, die F. durch den Umsatz, den Kapitalaufwand oder das Steueraufkommen je Flächeneinheit auszudrücken. Das Ausmaß der baulichen Nutzung einer Fläche lässt sich durch Grundflächen-, Geschoss- und Baumassenzahl darstellen.
Flächenkartogramm → *Choroplethenkarte*.
Flächenmuster *surface pattern (1.); areal pattern (2.)*: 1. Ökotope, aber auch Areale von Partialkomplexen, ergeben ein landschaftstypisches F., das sich durch Flächenform und -größe definiert. Das F. ist bei der Ausscheidung höherrangiger naturräumlicher Einheiten ein Kriterium. 2. in der Ökologie und Biogeographie methodischer Bestandteil der Betrachtung der Entwicklung von Arealstrukturen und Arealsystemen.
Flächennutzung *land: use*: Art und Weise, wie in einem bestimmten Gebiet, z. B. in einer

Flächennutzungsgrad

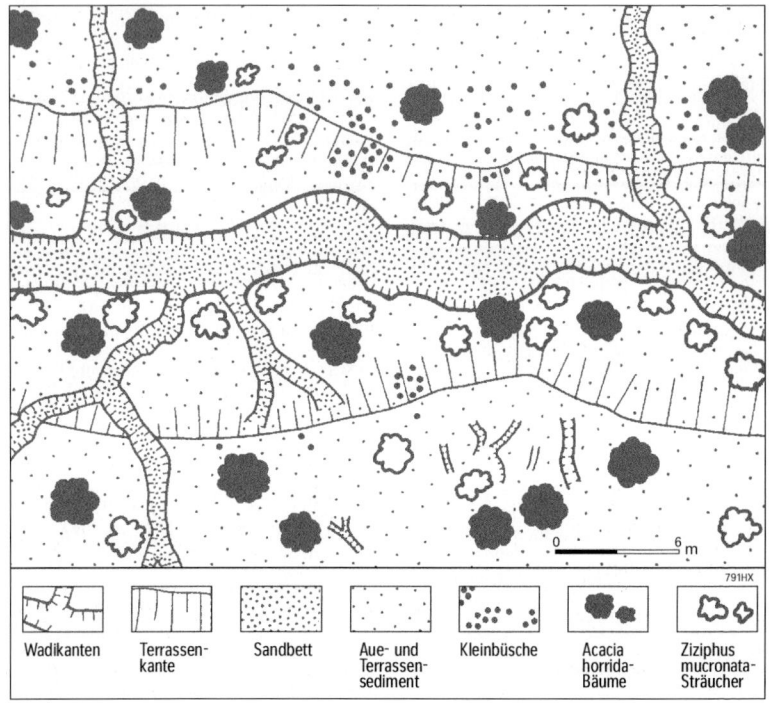

Flächenmuster

Gemeinde oder in einem Staat, die Bodenfläche genutzt bzw. für welche Zwecke sie beansprucht wird. In der deutschen → *amtlichen Statistik* sind die wichtigsten F.-Arten: Landwirtschaftsfläche, Waldfläche, Siedlungs- und Verkehrsfläche, Wasserfläche, Abbauland und Flächen sonstiger oder ohne Nutzung.

Flächennutzungsgrad *area utilization degree*: Verhältnis zwischen gesamter für einen bestimmten Zweck verfügbarer oder vorgesehener Fläche und tatsächlich für diesen Zweck genutzter Fläche in einem Gebäude, einer Gemeinde, einer Region oder einem anderweitig abgegrenzten Gebiet.

Flächennutzungskonkurrenz *land use competition*: Nutzungswettbewerb um Flächen in Räumen, in denen hoher Flächenbedarf besteht. Dies gilt v. a. für die Kerngebiete von → *Verdichtungsräumen*, wo die F. zwischen den Funktionen Wohnen, Arbeiten und Versorgen, aber auch zwischen den Versorgungsfunktionen untereinander ausgeprägt ist.

Flächennutzungsplan *zoning plan*: gemeindlicher Entwicklungsplan, gegebenenfalls unter Einbeziehung von Nachbargemeinden, sofern die städtebauliche Entwicklung wesentlich auf gemeinsamen Voraussetzungen und geteilten Bedürfnissen beruht. Im F. wird für das gesamte Gemeindegebiet entsprechend der beabsichtigten städtebaulichen Entwicklung die Art der → *Flächennutzung* nach den voraussehbaren Bedürfnissen der → *Gemeinde* in den Grundzügen dargestellt. Der F. enthält Vorstellungen zur zukünftigen → *Bodennutzung* und dient der Vorbereitung der baulichen und sonstigen Nutzung der Grundstücke einer Gemeinde; dies betrifft die → *Baugebiete*, die Flächen für den Gemeinbedarf und für Versorgungsanlagen, die Verkehrsflächen, Grünflächen und die Flächen für die Land- und Forstwirtschaft. Der F. wird auch als vorbereitender → *Bauleitplan* bezeichnet, auf dessen Grundlage → *Bebauungspläne* entwickelt werden. Der F. ist ausschließlich behördenverbindlich (im Gegensatz zum Bebauungsplan, der für jedermann rechtsverbindlich ist), d.h. die Gemeinde ist an die Umsetzung der Planinhalte gebunden, während der F. für die Bürger keine unmittelbare Bindungswirkung entfaltet.

Flächenproduktivität *output per unit-area*: in der Wirtschaft, aber auch in der → *Produktionsbiologie*, der Ertrag der Produktion, bezogen auf ein Fläche.

Flächenquelle *areal source*: bei den → *Emittenten* den → *Punktquellen* gegenübergestellt. Zu den F. gehören Gruppierungen von Punktquellen oder Lagerplätze von Materialien, von denen aus → *Schadstoffe* in die → *Atmosphäre* oder den → *Boden* bzw. das → *Bodenwasser* gelangen können. Gegenüber den Punktquellen ist die Erfassung von Emissionswerten bei F. schwieriger, da sie überwiegend als „undefinierte" Quellen gelten.

Flächenrecycling *areal recycling*: Neu- bzw. Umnutzung brachgefallener bebauter Flächen, die für ihre bisherige Nutzung nicht mehr benötigt werden (→ *Brache*). F. findet sich besonders häufig an alten Industriestandorten (aufgelassene Fabrikflächen), aber auch nicht mehr benötigte militärische Flächen, aufgelassene Bahnflächen u. ä. werden zunehmend für neue Nutzungen verwendet (z. B. Umnutzung von Kasernenflächen in Gewerbegebiete). F. hilft, zu starke → *Flächeninanspruchnahme* einzudämmen, jedoch bestehen oft Probleme durch → *Altlasten* aus früheren Nutzungen.

Flächensanierung *land redevelopment, area redevelopment*: Begriff aus → *Stadtplanung* und → *Stadtsanierung*, bei dem durch Totalabriss ganzer Häuserzeilen oder → *Stadtviertel* die → *Stadtstruktur* komplett verändert wird. Genau genommen handelt es sich nicht um eine Sanierung, sondern um einen Abbruch bzw. Abriss mit Neuplanung und Neuaufbau städtischer Teilräume. Die F. steht der → *Objektsanierung* gegenüber. Die Chancen der F. bestünden in einer großzügigeren Stadtplanung, die auch der → *Stadtökologie* (besonders dem → *Stadtklima*) zugute kämen (→ *Ökologische Planung*).

Flächenspülung *sheet erosion, sheet wash*: bei der Bildung von → *Rumpfflächen* ein Abtragungsprozess der subtropischen Trockengebiete bis wechselfeuchten Tropen mit episodischen bis periodischen Niederschlägen. Flächenhaft als dünner Wasserfilm abrinnende Wasser sammelt sich in flachen → *Spülrinnen*, die durch ihre enge Nachbarschaftslage flächenhafte Abtragung (→ *Denudation*) bewirken können. Dabei verschneiden sich ihre flachen, eher als → *Wölbungen* realisierten → *Wasserscheiden* und legen so die Fläche tiefer. Auch die räumlich meist begrenzteren, hydrologisch stärkeren, aber morphologisch nicht unbedingt wirksameren → *Schichtfluten* tragen zur Tieferschaltung und damit auch Kappung der Flächen (→ *Kappungsfläche*) bei.

Flächenstaat *areal state, extensive state*: → *Staat*, dessen → *Hoheitsgebiet* eine größere Fläche einnimmt, auf der, im Gegensatz zum → *Stadtstaat*, eine voll ausgebildete → *Siedlungsstruktur* mit → *städtischen* und → *ländlichen* Siedlungen besteht. Die Bezeichnung F. wird insbesondere in Deutschland synonym zu „Flächenland" gebraucht, um den strukturellen Gegensatz zwischen den drei Stadtstaaten Berlin, Hamburg und Bremen und den übrigen → *Bundesländern* zu kennzeichnen.

Flächenstadt *areal town, extensive town*: → *Stadt*, die eine im Verhältnis zur Einwohnerzahl sehr große Gemarkungsfläche mit nichtstädtischer Nutzung umfasst. In Deutschland entstanden F. in großer Zahl insbesondere im Zuge der → *Gemeindegebietsreform* der 1970er-Jahre durch → *Eingemeindungen* von großflächigen agrarisch strukturierten → *Gemeinden* in → *Klein-* und → *Mittelstädte*.

Flächenstilllegung *set aside land*: ein u. a. durch finanzielle Anreize (Prämien) initiierter Vorgang der Aufgabe einer agrarischen Nutzung bisher in der Nutzung befindlicher Flächen. Ziel der F. ist die Verringerung der Überproduktion sowie flankierend das Auslösen positiver Effekte auf die → *Umwelt* bzw. die ökologischen Verhältnisse eines Agrarraumes. Freiwillige und obligatorische F. wurden v. a. im Rahmen der → *Agrarpolitik* der → *EU* praktiziert, im Jahr 2008 aufgrund stark angestiegener Agrarpreise aber eingestellt.

Flächenumwidmung *re-orientation of land use*: – in der Agrarökonomie ein Instrument der Marktordnung mit dem Ziel, einzelne → *Schläge* temporär oder langfristig anderen – v. a. extensiven – Nutzungen zuzuführen. – im Rahmen der → *Stadtplanung* bedeutet F. eine Änderung im → *Flächennutzungsplan* mit dem Ziel, auf neue planerische Erfordernisse oder Vorstellungen einzugehen und die beabsichtigte Nutzung einer bestimmten Fläche zu ändern, z. B. landwirtschaftliche Fläche in → *Wohnbauland*.

Flächenverbrauch *land consumption*: Begriff, der häufig kritisch wertend mit negativer Konnotation anstelle des neutralen Begriffs → *Flächeninanspruchnahme* gebraucht wird; ist es eigentlich unsinnig, da man Flächen nicht verbrauchen, sondern nur differenziert nutzen kann. F. meint i. d. R. eine Umwandlung naturnaher Flächen (z. B. Wald- und Agrarflächen) in Baugebiete für Wohn-, Gewerbe- und Infrastrukturnutzungen.

Flachform *flat form, flattish landform*: neben → *Hohlform* und → *Vollform* der dritte Grundtyp der Formen des → *Georeliefs*. Er präzisiert den Begriff → *Fläche*. F. sind nach Neigungsrichtung und -stärke einheitlich.

flachgründig *shallow (1.); with shallow layer (2.)*: 1. bezogen auf → *Oberflächengewässer* geringer Tiefe und auf → *Böden* geringer Entwicklungstiefe. 2. bezogen auf Rohstoff-, Gesteins- und Sedimentvorkommen, die sich in

Flachküste

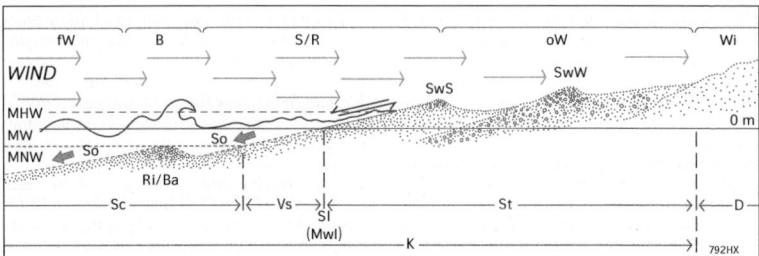

B = Brecher Ba = Barre D = Dünen fW = flache Wellen K = Küste MHW = Mittleres Hochwasser
MNW = Mittleres Niedrigwasser MW = Mittelwasser Mwl = Mittelwasserlinie oW = Obere Grenze
der Wellenwirkung R = Rücklauf Ri = Riff S = Schwall Sc = Schorre Sl = Strandlinie
So = Sogwirkung St = Strand SwS = Sommerlicher Strandwall SwW = Winterlicher Strandwall
Vs = Vorstrand Wi = Windwirkung

Flachküste

geringer Tiefe unter der → *Erdoberfläche* befinden.
Flachküste *low coast, flat coast, alluvial coast*: aus primären → *Flachformen* oder verschiedenen breiten → *Abrasionsflächen* hervorgegangene Küstenform, wobei durch die Brandungswellen andere Formen als an der → *Steilküste* entstehen. Die F. ist in die geomorphodynamischen Bereiche → *Abrasionsplattform*, → *Vorstrand* und → *Strand* gegliedert.
Flachland *flat country, flat ground, flatland, flats, lowland*: Gebiet mit geringen Höhenunterschieden, d. h. geringer → *Reliefenergie*, bei gleichzeitig geringen → *Hangneigungsstärken*. Fehlen die Reliefunterschiede innerhalb des F. ganz, handelt es sich um eine → *Ebene*. Zum F. gehört sowohl das → *Tiefland* als auch das → *Hochland*, die sich lediglich durch ihre Lage über dem Meeresspiegel voneinander unterscheiden.
Flachmeer *flat sea, offshore*: der an den → *Strand* anschließende Meeresbereich oberhalb der Kante des → *Kontinentalabhangs* bis ungefähr 200 m Tiefe. Das F. ist identisch mit dem → *Schelf* und wird auch als → *neritischer* oder → *sublitoraler* Bereich bezeichnet. Die flacheren Meeresböden des F. sind der Wirkungsraum der → *Wellen*, welche hier den Meeresboden umformen und Sand transportieren (→ *Flachsee*).
Flachmoor → *Niedermoor*.
Flachmoorkultur → *Niedermoorkultur*.
Flachmuldental → *Spülmulde*.
Flachsee *epicontinental sea, shallow sea*: umgangssprachlich für Bereiche des → *Meeres* mit niedrigem Wasserstand bzw. Untiefen, z. B. im → *Wattenmeer*.
Flachsee *shallow lake*: ein → *Binnensee* mit geringer Tiefe (höchstens einige Meter), dessen Boden ausreichend Licht erhält, sodass → *Photosynthese* und damit Wachstum von Wasserpflanzen möglich ist.
Flachseefazies → *neritische Fazies*.
Fladenlava → *Pahoehoe-Lava*.
Flandrische Transgression (Tapeszeit, Flandrian) *Flandrian transgression*: eine Abfolge mehrerer Transgressionsphasen (z. T. durch → *Regression* unterbrochen) im → *Holozän*, die der → *Transgression* des → *Litorinameeres* der Ostsee entspricht, wobei die Endformung der Küstenlinien um die Nordsee herum erfolgte. Die F. T. gliedert sich in zwei Hauptabschnitte: → *Calais-Transgression* (mit schnellem Meeresspiegelanstieg bis 2000 v.Chr.) und die → *Dünkirchen-Transgression* (ab etwa 2000 v.Chr.; langsam verlaufend, weitverbreitete Sedimente am Nordseeboden und in den → *Marschen*; → *Meeresspiegelschwankungen*).

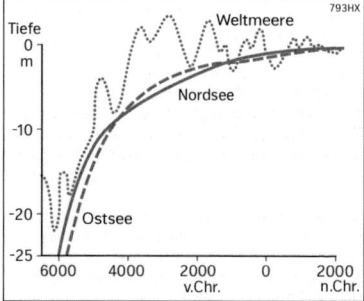

Flandrische Transgression

Flaneur *flaneur*: eine literarische Figur v. a. in Paris des 19. Jh., die sich ziellos und kontemplativ im städtischen Raum bewegt, beobachtet und reflektiert. Der F. wurde als

ein personifiziertes männliches Repräsentativ für Modernität und Urbanität verwendet.
Flankenausbruch *flank eruption, flank outflow, side eruption*: Austritt von → *Magma* am Hang eines → *Vulkans*, also außerhalb des → *Kraters*. Die F. können → *Adventivkrater* bilden.
Flankenvereisung (Wandvergletscherung) *small cold glacier on steep wall*: flachgründige Eisdecke an steilen → *Wänden* und → *Hängen*, die im Gegensatz zum → *Hängegletscher* kein Nährgebiet im höhergelegenen Flachbereichen hat.
Flarke (Schlenke) *hollow*: kleine, meist wassergefüllte runde bzw. längliche Vertiefung im → *Moor*, von runden (→ *Bulte*) bzw. länglichen Erhebungen (→ *Strangmoor*) unterbrochen.
Flaschenbaum *bottle tree*: mäßig → *xeromorphe*, beblätterte Pflanzen, deren wasserspeichernde Stämme die Gestalt von Flaschen oder Tonnen zeigen. Größere Formen werden als Tonnenbäume bezeichnet. Gegenüber den F. gelten die blattlosen Stammsukkulenten als wesentlich → *xeromorpher* (→ *Sukkulenten*).
Flasergneis (Augengneis) *flaser gneiss*: typisches Gefüge des → *Gneises*, das auf seine Herkunft als → *Kristalliner Schiefer* hinweist.
flat *flat*: angloamerikanische geomorphographische Bezeichnung für → *Flachform* mit → *episodischer* oder → *periodischer* → *Überschwemmung*. Dies entspricht dem → *Vley* und der → *Pfanne*.
Flatiron → *Rampenstufe*.
Flechtenmethode *lichen method*: nutzt Flechten als Umweltindikatoren (z. B. für Schadstoffbelastung der Luft; → *Bioindikatoren*, → *Flechtenwüste*, → *Flechtenzonierung*, → *ökologischer Zeigerwert*).
Flechtenwüste *lichen desert*: 1. im Bereich von → *Nebelwüsten* aufgrund der Nebelfeuchte herausgebildete Flechtenflora, physiognomisch oft landschaftsbestimmend. 2. Gebiete (vor allem in Ballungsräumen), die infolge starker Luftverschmutzung flechtenfrei sind (→ *Flechtenmethode*).
Flechtenzonierung *lichen zonation*: bei der Kartierung der Flechtenverbreitung in städtischen oder industriellen Ballungsräumen ein Ausdruck der bioklimatischen Bedingungen und der → *Belastung* des → *Stadtökosystems* durch → *Emissionen*. Unterschieden werden → *Flechtenwüste*, Kampfzone sowie Normalzone. Von der Flechtenwüste zur Normalzone nehmen Arten- und Individuenzahl zu (→ *Flechtenmethode*).
Flecken *small town, market town*: → *Dorf*, dem einzelne städtische Rechte verliehen worden sind. Die Bezeichnung F. sind v. a. in Norddeutschland üblich (→ *Marktflecken*).
Fleckentundra *patchy tundra*: Tundratyp, bei dem kleinräumige Substratunterschiede und das durch Frostwechsel enstandene Kleinrelief (z. B. Frostmusterböden) ein Mosaik von unerschiedlich dicht von Vegetation besiedelten Flecken und offenen Stellen erzeugt haben.
Flexur *flexure*: einfachste Form einer → *tektonischen* → *Lagerungsstörung*, bei der Gesteinsschichten verbogen werden, ohne dass → *Faltung* oder → *Bruchtektonik* auftreten. Es erfolgt lediglich eine Zerrung der Schichten, die jedoch auch in → *Brüche* übergehen kann, wenn die Schichten zu stark beansprucht werden.

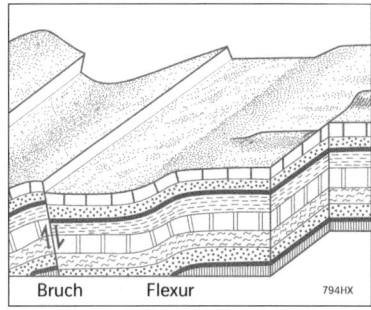

Flexur

Flexurstufe *monoclinal scarp*: endogen-genetische Form des → *Reliefs*, bei der durch Schichtenverbiegung (→ *Flexur*) eine Geländestufe entsteht.
Fließ(band)arbeit *assembly-line work*: Organisationsform der industriellen → *Massenproduktion*, z. B. in der Automobilbranche. Das Erzeugnis wird bei seiner Herstellung ohne Pause auf einer Transportanlage (z. B. Fließband) durch die Fabrikation geleitet. Die → *Automatisierung* ist dabei relativ hoch. Aufgrund der starken → *Rationalisierung* der Arbeit haben die in der → *Produktion* eingesetzten → *Beschäftigten* nur wenige, sich ständig wiederholende Handgriffe zu erbringen (→ *Gruppenfertigung*).
Fliese *landscape cell*: veralteter Begriff für kleinere Raumeinheiten bei der → *Landschaftsgliederung*. Die F. stellt die Grundeinheit der → *Landschaft* in der → *topischen Dimension* dar und entspricht dem → *Ökotop* bzw. → *Physiotop*. Der Begriff F. bezieht sich auf das „fliesenartige" → *Gefügemuster* landschaftlicher Raumeinheiten (→ *Site*).
Fließen *flow, gravity flow*: → *gravitative Massenbewegung*, bei der sich das hangabwärts bewegte Material wie eine Flüssigkeit verhält. Wenn Lockersedimente oder Böden wassergesättigt sind, können sie sich zu einer → *Mure* oder zu einem → *Erdfließen* entwickeln.

Fließerde *periglacial slope deposits*: Material des → *Oberflächennahen Untergrundes*, das im nassen Zustand nach dem Auftauen (→ *Solifluktion*) bewegt wird und überwiegend Feinsedimente umfasst. Voraussetzung für die Entstehung von F. ist → *Permafrost* (Dauerfrostboden) und dessen jahreszeitenklimatisch bedingtes oberflächliches Auftauen.

Fließfaltung *flow folding*: → *Faltung* in sehr plastischen Materialien (z. B. → *Ton*, → *Salz* oder → *Magma*). Wegen der Plastizität dieser Materialien unter bestimmten physikalischen Bedingungen (Feuchte, Druck, Temperaturen) führt F. zu sehr vielfältigen Faltenformen, wobei deren Schichtmächtigkeiten stark wechseln (→ *Falte*).

Fließfertigung *assembly line production, continuous production*: ein → *Fertigungssystem*, bei dem große Produktionsmengen bei räumlich und zeitlich exakt hintereinander folgenden Arbeitsschritten und bei relativ kurzen Durchlaufzeiten bewältigt werden. Die für einen Arbeitsgang benötigte Zeit muss genau auf die Fertigungsgeschwindigkeit abgestimmt sein (→ *Gruppenfertigung*).

Fließgefüge *flow structure*: → *Fluidalstruktur*.

Fließgewässer *running water[s], stream, river, flowing waters, watercourses*: rinnende bis strömende, meist oberirdisch fließende → *Hydrosysteme*, die zentrale Bestandteile des → *Landschaftswasserhaushaltes* und Lebensraum des Bios (→ *Fließgewässergliederung*) sind. Zu den F. gehören → *Bach*, → *Fluss* und → *Strom*, aber auch → *episodisch* bis → *periodisch* fließende Gewässer wie Omuramba, → *Riviere*, → *Torrenten* oder → *Wadis* (→ *Oberflächengewässer*).

Fließgewässergliederung *stream structure, river structure, running water structure, flowing waters structure, watercourses structure*: hydro-ökologische und biogeographische Abfolge charakteristischer Lebensgemeinschaften von der → *Quelle* bis zur → *Mündung* von Bächen oder Flüssen. Ursachen für die F. sind Wasserführung, Klima sowie das gesamte umgebende → *Geoökosystem*. Eine F. kann nur regional bzw. innerhalb einer landschaftsökologischen bzw. klimaökologischen → *Zone* vorgenommen werden.

Fließgewässerregulierung → *Flussbegradigung*.

Fließgleichgewicht *steady state, dynamic equilibrium*: Zustand von → *offenen Systemen* der → *stationär* (d. h. zeitunabhängig) und stabil gegenüber kleinen Störungen ist. F. heißt, dass der Nettounterschied zwischen Zufluss und Abfluss von Substanzen, Teilchen oder Energie in einem System zeitlich konstant nahezu null ist.

Fließlöss → *Solifluktionslöss*.
Flint *flint*: → *Feuerstein*.

Flinz *flinz*: regionalgeologischer Begriff unterschiedlicher Bedeutung: 1. Schiefer- und Kalksedimente des Rheinischen Schiefergebirges, die im → *Devon* abgelagert wurden. 2. sandig-kiesiges Sediment, das während des → *Tertiärs* in der → *Geosynklinale* des Alpenvorlandes abgelagert wurde und zur → *Molasse* gehört.

Float Begriff aus der Informatik, der für eine Gleitkommazahl steht. In → *Geographischen Informationssystemen* (z. B. → *ArcGIS*) fungiert F. als Datentyp, der zur Speicherung numerischer inhaltlicher Attribute (bspw. in → *Shapefiles* und → *Feature Classes*) eingesetzt wird. F. erreicht per Definition eine geringere Genauigkeit als → *Double*.

Flora *flora*: die Gesamtheit aller innerhalb eines Gebietes vorkommenden Pflanzenarten. Die F. unterscheidet sich damit von der → *Vegetation*, welche die Gesamtheit sämtlicher Pflanzen(-gesellschaften) in einem Gebiet darstellt.

Florenelement *floral element*: → *Art* in einer Gruppe von Pflanzenarten mit gleicher Verbreitung (geographisches Florenelement bzw. → *Geoelement*, vgl. → *Arealtypen*), gemeinsamem Ursprungsgebiet (genetisches F. bzw. Genoelement), gleicher Entstehungszeit (Chronoelement) oder gleicher Einwanderungsrichtung in das betrachtete Gebiet (Mikroelement). F. wird teils als Kollektivbegriff für die gesamte Gruppe von Arten verwendet (als Synonym für Arealtyp).

Florengefälle *floral gradient*: die Berechnung des Florenkontrastes auf je 100 Kilometer Entfernung zwischen den zu vergleichenden Florengebieten. Ist eine floristische Einteilung richtig durchgeführt, muss das F. an den Grenzen der Florengebiete steil sein, innerhalb eines Florengebietes jedoch möglichst ganz fehlen.

Florengeschichte der Erde *history of the flora of the earth*: charakterisiert die wichtigen Entwicklungsabschnitte der Pflanzen unter zeitlichem und räumlichem Aspekt.

Florenkalender *floral calendar*: stellt charakteristische Ereignisse, wie Aufblühen, Fruchten usw., in der jahreszeitlichen und vom Klima abhängigen Entwicklung der Pflanzen zusammen (→ *Phänologie*).

Florenregion *floral region*: oberste Gliederungsstufe innerhalb eines → *Florenreiches*.

Florenreich *floristic realm*: ranghöchste Einheit in der pflanzengeographischen Gliederung der Erde anhand taxonomischer Merkmale. F. unterscheiden sich voneinander durch eine jeweils andere Geschichte und Entwicklung der Pflanzensippen, sodass ihr Florenbestand charakteristische Unterschiede aufweist. Die Grenzen der F. werden, je nach Autor, unterschiedlich dargestellt.

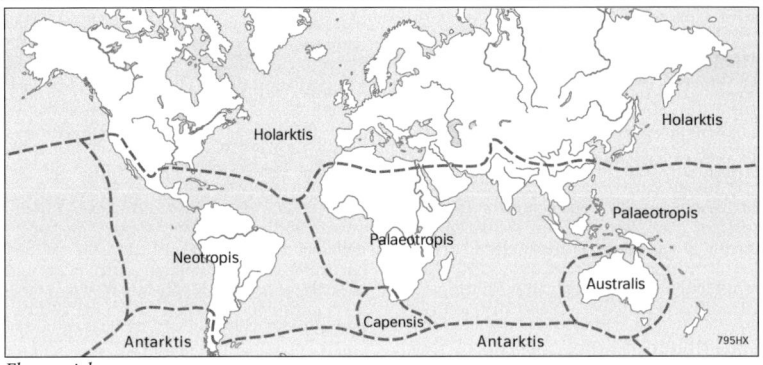
Florenreich

Floristik (Floristische Geobotanik) *floristics*: Teilgebiet der → *Botanik*, das sich mit dem Vorkommen von Pflanzenarten in einem bestimmten Gebiet befasst.

Flößerei *timber rafting*: Form des Holztransportes, evtl. auch des Warentransportes, auf dem Wasser. Die F. tritt als ungebundene F. (Wilddrift, Wildflöße, Schwemme) und als gebundene F. (Floße) auf.

Flottsand → *Sandlöss*.

Flöz *seam, bed*: relativ geringmächtige Schicht wirtschaftlich nutzbaren Materials (z.B. → *Kohle*, → *Erz*), die sich bergmännisch abbauen lässt. F. durchziehen großflächig das nicht nutzbare „taube" Gestein.

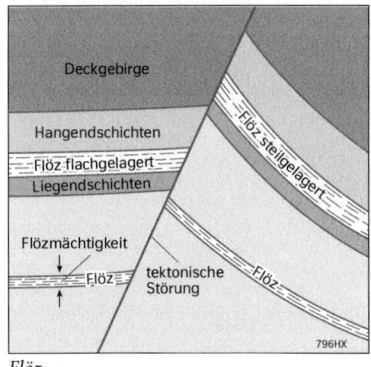
Flöz

Flözgas *seam gas*: → *Schiefergas*.

„Fluch der Rohstoffe" *curse of raw materials*: These, welche den Reichtum an → *Rohstoffen* vieler → *Entwicklungsländer* für Demokratiedefizite und extreme Korruption verantwortlich macht und als Entwicklungshemmnis beim Streben nach wirtschaftlicher Prosperität erscheinen lässt. Meist handelt es sich dabei um strategische Rohstoffe, d.h. → *Energieträger* (z.B. → *Erdöl*, → *Erdgas*, → *Kohle*, → *Uran*) oder industriell genutzte Rohstoffe, welche existenziell für die Funktionsfähigkeit der Volkswirtschaften von → *Industrieländern* sind (z.B. Kupfer, Kobalt, Platin, Mangan, Coltan etc.), aber auch um gewinnträchtige Minerale wie Diamanten, Edelsteine, Gold und mit Abstrichen wertvolle Tropenhölzer. Aufgrund ihres Beutecharakters werden derartige Rohstoffe zu einer bedeutenden Einnahmequelle für einflussreiche Eliten. Die Gewinne aus dem Rohstoffhandel fließen überwiegend in die Errichtung und Aufrechterhaltung klientelistischer Herrschaftssysteme und nur zum Teil in die Entwicklung des jeweiligen Landes. Nicht selten kommt es – wie das Beispiel „Blutdiamanten" in Westafrika zeigt – zu kriegerischen Auseinandersetzungen und demzufolge zu jahrzehntelangen politischen und wirtschaftlichen Instabilitäten. (→ *Holländische Krankheit*).

Flüchtling (Geflüchteter) *refugee*: Person, die unfreiwillig und unter Druck aufgrund von Verfolgung aus politischen, religiösen oder weltanschaulichen Gründen oder aus Gründen der Rasse oder Nationalität ihre Heimat verlässt, oft unter Zurücklassung ihres Eigentums (→ *Zwangswanderung*). Neben Personen, die aufgrund der Bedrohung ihrer Existenz durch Verfolgung ihre Heimat verlassen, wird der Begriff F. auch auf die gegenwärtig zunehmende Zahl von Personen angewendet, die wegen der Verschlechterung der Umweltbedingungen (→ *Umweltf.*) oder aufgrund wirtschaftlicher Not (Wirtschaftsf.) abwandern. In manchen Fällen können F. nach einiger Zeit wieder in ihre Heimat zurückkehren, in anderen Fällen bleiben sie auf Dauer im Gastland, wo sie i.d.R. nach einiger Zeit eingebürgert werden (→ *Dauerflüchtling*).

Flüchtlingsindustrie *industry established by refugees*: → *Industrie*, die von aus politischen oder religiösen Gründen Geflüchteten (→ *Flüchtling*) am neuen Wohnstandort aufgebaut worden ist. Ein frühes Beispiel von F. ist das durch die aus Glaubensgründen geflohenen Hugenotten im Ausland verbreitete Gewerbe. In Deutschland sind insbesondere nach dem Zweiten Weltkrieg zahlreiche F. entstanden. Beispiele sind Gablonzer Schmuckwarenindustrie in Kaufbeuren, Plauener Spitzenindustrie, thüringische Glasindustrie und sächsische Strumpfindustrie.

Flüchtlingslager *refugee camp*: provisorische Unterkunft zur vorübergehenden Unterbringung von → *Flüchtlingen* im Aufnahmeland.

Flüchtlingssiedlung *refugee settlement*: Wohnsiedlung, die zur dauernden Unterbringung von → *Flüchtlingen* im Aufnahmeland errichtet wird. Es gab zu allen Zeiten F.; in Deutschland wurden die für Flüchtlinge und Vertriebene ausgebauten Neusiedlungen nach dem Zweiten Weltkrieg als F. oder als Flüchtlingsstadt bezeichnet (z.B. Espelkamp, Traunreut, Geretsried).

Fluchtlinienplan *alignment plan*: historischer Vorläufer des heutigen → *Bebauungsplans*. Der in Preußen zunächst von der Baupolizei aufgestellte F. legte v.a. die Abgrenzung öffentlicher Flächen gegenüber den Baugrundstücken fest. Es wurde die vordere Gebäudekante durch die Fluchtlinie festgelegt (→ *Baulinie*).

Flugasche (Flugstaub) *fly ash, flue-dust*: feste Rückstände von Verbrennungsprozessen, besonders industrieller Feuerungsanlagen, die als → *Asche* oder → *Schlacke* im Verbrennungsraum anfallen, aber auch als → *Stäube* mit dem → *Rauchgas* in die Luft der Atmosphäre gelangen. Die F. enthält → *Schwermetalle* und → *Dioxine* sowie unverbrannten Kohlenstoff (Flugkoks). Die F. muss durch → *Rauchgasentstaubungsanlagen* abgeschieden werden.

Flügel *limb*: → *Schenkel*.

Flügeldeich *limb levee, side levee, leg levee, wing levee*: ein → *Deich*, der nur an einem Ende an den Hauptdeich angeschlossen ist und der sich in das → *Vorland* hinein erstreckt, um am Meer → *Sturmfluten* zu brechen oder am Fluss → *Hochwässer* zu lenken.

Flügeldelta (Schaufeldelta) *winged delta*: entwickelt sich aus einem → *Spitzdelta*, wenn der Flussdamm so weit ins Meer vorgebaut wurde, dass die Meeresströmung die angelieferten → *Sedimente* zwar noch seitlich versetzt, diese aber nicht mehr bis zur Küste zurücktransportiert. Beidseitig der Mündung entstehen somit → *Sandhaken*, die wie Flügel an der Flussmündung ansetzen. Diese Flügel verlaufen annähernd küstenparallel, wobei die Spitzen wie Haken zur Küste gekrümmt sind

Fluggänsemodell *flying (wild) geese model*: ein auf dem → *Produktlebenszyklus* basierendes Modell zur Beschreibung des wirtschaftlichen Entwicklungsprozesses im ost- bzw. südostasiatischen Raum. Dabei spielt die Außenhandelsentwicklung eine zentrale Rolle beim Aufbau exportorientierter Produktionszweige und arbeitsteiliger Produktion innerhalb der Ländergruppe. Durch die zeitlich nachgelagerte Kombination wirtschafts- und handelspolitischer Maßnahmen wie → *Importsubstitution*, → *Exportsubvention* und Importzölle (→ *Einfuhr*, → *Zoll*) kommt es zu einem wirtschaftlichen Aufholprozess eines Vorreiter-Landes, der zeitlich versetzt auf andere Länder des Wirtschaftsraums übergreift. Im Rahmen zunehmender → *internationaler Arbeitsteilung* überlässt zum Beispiel Japan die Herstellung technologisch „ausgereifter" Produkte aufstrebenden, aber wirtschaftlich schwächeren → *Schwellen*- und → *Entwicklungsländern* (→ *Newly Industrializing Country*) wie den sog. → *Tigerstaaten*.

Flugsand *(a)eolian sand, blown sand, drifting sand, flying sand, sand drift, wind sand, wind-driven sand*: → *Feinsediment* der Sandkorngröße, dass durch Wind transportiert wird, wobei sich bei den Einzelkörnern charakteristische Zurundungen und Oberflächenbearbeitungen (v.a. Mattierung) ergeben können. Der F. wird bei der Ablagerung sortiert. Der F. weist Korngrößen zwischen 0,1 und 0,2 mm auf. Es entstehen sowohl amorphe Sandgebiete vom Typ der → *Flugsandfelder* als auch → *Dünen* (→ *äolische Geomorphodynamik*).

Flugsandfeld *aeolian sand field, windblown sand field, drift[ed] sand field, flying sand field*: → *amorphe* Sandgebiete, d.h. Decken mit geringen Reliefunstetigkeiten, allenfalls kleinen schildförmigen Erhebungen. F. haben das Dünenstadium der äolischen Sandakkumulationen noch nicht erreicht (→ *äolische Akkumulation*, → *Düne*).

Flugstaub *airborne dust, fine dust*: in der Korngröße unter dem → *Flugsand* liegendes → *äolisches Sediment*, v.a. durch den → *Löss* repräsentiert. Ähnlich dem Flugsand besteht ein Zusammenhang zwischen Entfernung zum Auswehungsgebiet und transportierter Korngrößen.

Fluidalstruktur (Fließgefüge) *flow structure*: eine Form des → *Gesteinsgefüges*, welche die Fließbewegung des → *Magmas*, aus dem das Gestein entstand, makroskopisch und mikroskopisch noch bestimmen lässt. Die F. ist an einer welligen bis streifigen Anordnung der Kristalle bzw. Gesteinskörnchen erkennbar, gegebenenfalls auch an Farbunterschieden.

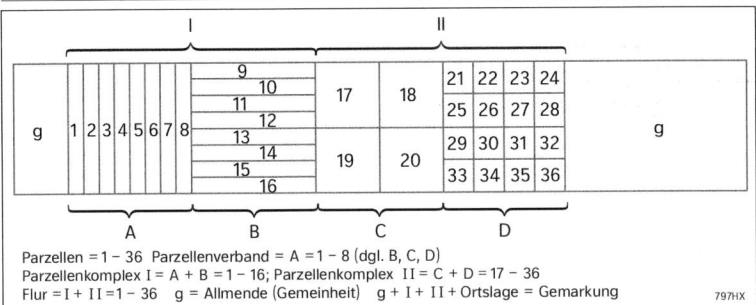

Flur

Fluorchlorkohlenwasserstoffe *chlorofluorocarbon*: gebräuchlich, jedoch nicht korrekte Bezeichnung für → *Chlorfluorkohlenstoffe* (CFK).

Fluorit (Flussspat) *fluorite, fluorspar*: verbreitetes gesteinsbildendes Mineral mittlerer Härte, oft in Erzgängen vorkommend.

Flur *field strip/parcel*: die gesamte parzellierte → *landwirtschaftliche Nutzfläche* einer Siedlung oder Siedlungs- und Wirtschaftsverbandes. Grundelement der F. ist die → *Parzelle*, die die kleinste Besitzeinheit in einer F. darstellt (amtliche Bezeichnung: Flurstück). Form und Anordnung der Besitz- und Wirtschaftsparzellen ergeben eine Flurform, die sich einem → *F.-Formentyp* zuordnen lassen. → *Flurelemente*, wie → *Ackerterrassen*, → *Raine* oder → *Hecken* prägen zudem das Erscheinungsbild der Flur.

Flurbereinigung (Feldbereinigung) *land consolidation*: staatliches Ordnungsinstrument zur allgemeinen Verbesserung der → *Agrarstruktur*. In → *Gemarkungen*, in denen (z. B. aufgrund der → *Realteilung*) Strukturmängel bestehen, kommt es durch die freiwillige oder im Anordnungsverfahren durchgeführte Um- bzw. Zusammenlegung unwirtschaftlicher → *Fluren* zur Neustrukturierung des ländlichen Grundbesitzes. Aus vielen kleinen auseinanderliegenden Feldern eines landwirtschaftlichen Betriebes entstehen ein oder mehrere große Blöcke (arrondierter Besitz, → *Arrondierung*). Die F. macht eine → *Bodenschätzung* notwendig, damit bei ungleicher Bodenbonität ein Wert- bzw. Flächenausgleich erfolgen kann. Dem großen Vorteil einer verbesserten Flächenausstattung stehen die Nachteile einer sich i. d. R. über Jahre hinwegziehenden Klärung der Eigentumsverhältnisse, strenge naturschutzrechtliche Belange (z. B. die Anlegung → *ökologischer Ausgleichsflächen*) sowie hohe Kosten u. a. für die Bodenwertermittlung, den Erwerb von Ausgleichsflächen sowie den Straßen- und Wegebau, an denen die Eigentümer beteiligt werden, gegenüber. Die rechtlichen Grundlagen für die F. bilden in Deutschland das Flurbereinigungsgesetz und das Baugesetzbuch.

Flurelement *[open] fields element, landscape element*: alle außerhalb geschlossener Ortschaften vorkommenden Bestandteile der → *Flur* (Wege, Straßen, Bäume, Hecken, Kies- und Sandabbaustellen, einzeln stehende Wirtschaftsgebäude, Gewässer, Gräben, Teiche, Ödlandstücke, Hohlformen etc.).

Flurform *legal land division*: Grundrissgestaltung der → *Flur*, bezogen auf den Verlauf der besitzrechtlichen Grenzen der → *Parzellen* und → *Parzellenverbände*. Unterschieden wird nach der Form (Block, Streifen), Größe und Anordnung der Parzellen (z. B. gleichlaufend, radial). Ferner sind für die Beurteilung der F. die Lage der Parzellen in der Flur (z. B. → *Gemengelage*) und die genetischen Merkmale (Alter, Art der Entstehung) von Bedeutung.

Flurformentyp *typology of land parcels*: Kennzeichnung der Flurparzellierung. Reine → *Flurformen* werden durch Addition eines einzelnen F. (→ *Streifenflur*, → *Gewannflur*, → *Waldhufenflur* usw.) bestimmt, zusammengesetzte Flurformen durch mehrere F. innerhalb einer → *Gemarkung* (z. B. Langgewannkern mit umliegenden Blöcken, Moorhufen mit Hofanschluss und mit abseits liegendem → *Gewann*).

Flurname *field/local name*: kleinräumige Landschaftsbezeichnung, wie sie in topographischen Karten festgehalten ist. Der F. lässt häufig Schlüsse auf die Siedlungsgenese, die sozialen Verhältnisse oder auf die natürliche Ausstattung eines bestimmten Teilraumes zu.

Flurneugestaltung *fields/land reorganization*: Begriff aus der „Sozialistischen Landeskultur" der früheren Staaten des östlichen Mitteleuropas und Osteuropas zur Verfolgung ideologischer Ziele (→ *Territorialplanung*) in der Landwirtschaft und in der landwirtschaftlichen Produktion. Damit geht die F. über den Begriff

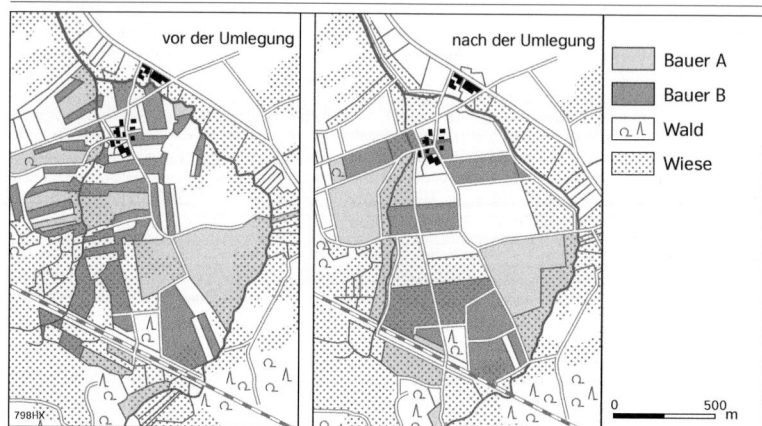
Flurbereinigung

→ *Flurbereinigung* hinaus. Leitgedanke war die Ermöglichung einer industriellen Agrarproduktion, wozu v. a. die Schaffung großflächiger landwirtschaftlicher Bewirtschaftungseinheiten nötig war, die nach Relief, Grundriss und Bodengüte möglichst homogen und von natürlichen und künstlichen „Hindernissen" (→ *Flurelemente*) bereinigt sein sollten.

Flurschaden *land damage (1.); crop damage (2.)*: 1. allgemein in der → *Kulturlandschaft* und an ihren → *Ökosystemen* sowie freilandbezogenen Infrastruktureinrichtungen auftretende natürliche oder anthropogene Schäden, die durch plötzlichen oder dauernden Nutzungsdruck (Erholungsnutzung der → *Landschaft*, → *Wild*, Militärmanöver u. a.) entstehen und die durch Maßnahmen der → *Landespflege* oder der → *Rekultivierung* reguliert werden. 2. im engeren Sinne Schäden an der → *landwirtschaftlichen Nutzfläche*, v. a. auf Feldern und Wiesen, durch extreme Niederschlagsereignisse (Sturm, Hagel, → *Starkregen*), Schneeschmelzen, durch Wild oder den Menschen (besonders Manöverschäden).

Flurwind *field wind*: für das → *Stadtklima* bedeutsame, in der Richtung konstante, aber schwache Ausgleichsströmung bodennaher Luft vom kühleren Freiland in die wärmere → *Stadt*. Die als F. einströmende Luft ersetzt über dem Siedlungskern erwärmte und deshalb aufgestiegene Luftpakete. Der F. besitzt immissionsökologische Bedeutung, weil die einströmende Luft vielfach weniger mit → *Luftschadstoffen* belastet ist als die Stadtluft.

Flurwüstung *land devastation*: total oder partiell aufgelassene → *Flur* (→ *Wüstung*). Als „absolute" F. bezeichnet man eine solche unter Wald oder wenn aus früherem → *Ackerland* → *Ödland* wurde; bei einer „relativen" F. hat sich lediglich die Nutzungsintensität verringert.

Flurzersplitterung *fragmentation of land holdings*: Aufteilung der → *Flur* im Zuge des Erbvorganges in kleinste Besitzflächen. Besonders bei → *Realteilung* führt sie nach wenigen Generationen zu einem betriebswirtschaftlich und agrarpolitisch höchst unerwünschten Zustand der Flur, da bei jedem Erbfall die Ackerstücke unter den Erben erneut aufgeteilt werden. Zur Beseitigung der F. dient die → *Flurbereinigung*.

Flurzwang *binding cultivation agreement*: in der → *Agrarwirtschaft* verbindliche Bewirtschaftungsordnung des → *Ackerlandes*. Diese wurde in den Zeiten der Grundherrschaft von der Obrigkeit erlassen; später war der F. eine freiwillige Übereinkunft der Dorfgenossen, bestimmte, jährlich im Turnus wechselnde Flurteile (→ *Zelgen*, → *Zelgenwirtschaft*) nur mit bestimmten Feldfrüchten zu bestellen. Anbau und Ernte mussten von allen Beteiligten gleichzeitig vorgenommen werden. Die → *Fluren* wurden zu bestimmten Terminen „geschlossen" und wieder „geöffnet". F. gab es im Rahmen der verschiedensten → *Fruchtfolgen*. Der F. wurde mancherorts erst durch die → *Flurbereinigung* im 20. Jh. aufgehoben.

Fluss *river, stream*: ein → *Fließgewässer* (mittlerer Größe; bezogen auf seine Länge) in einem oberirdischen Gerinnebett mit i. Allg. ausgeglichenem Gefälle. Als kleine F. gelten die mit einer Wasserführung von minimal 10–20 bis 200 m³/s, als größere solche mit 200–2000 m³/s. – Die Abgrenzung nach unten, zu den Bächen, und die nach oben, zu den Strömen, ist nicht allgemeingültig festgelegt. Auch die Unterscheidung in Haupt- und Nebenflüsse ist offen: Zu den Hauptflüssen gehören jene, die selbst und direkt das Meer oder einen Endsee erreichen; aber auch die Hauptentwässerungsadern großer Einzugsgebiete, die in einen Strom münden. Nebenflüsse sind sämtliche Zuflüsse eines Hauptflusses. Sie haben verschiedene Ordnungen, d.h. es gibt Nebenflüsse 1., 2., 3. etc. Ordnung.

Flussanzapfung (Anzapfung) *river capture, river beheading, stream capture, stream piracy*: Verlagerung eines Flusses hin zu einem benachbarten Fluss, bei der die → *Wasserscheide* durchbrochen wird, sodass der Nachbarfluss zum → *Nebenfluss* des anzapfenden Flusses wird. Dies kann durch seitliche Anzapfung durch starke → *Seitenerosion* (bei annähernd parallel verlaufenden Flüssen) oder durch → *rückschreitende Erosion* des → *Talanfangs* vor sich gehen. Ausgangsbedingung ist, dass der Fluss stärkere → *Tiefen-* und/oder Seitenerosion als sein Nachbarfluss aufweist, sodass sein Tal tiefer und weiter wird als das seines Nachbarn. Auf diese Weise verschmalert der sich rückverlagernde Hang die Wasserscheide zwischen der beiden Flüssen, die sich somit in Richtung des Nachbarflusses verschiebt und zugleich erniedrigt und somit dessen → *Einzugsgebiet* verkleinert. In der Folge nimmt die Erosionskraft des Nachbarflusses im Vergleich weiter ab, bis es schließlich durch Durchbrechen der Wasserscheide zur F. kommt und den mittlerweile gewinnenden Fluss köpft (→ *geköpfter Bach,* → *geköpftes Tal*). Der anzapfende Fluss hat ab dem Moment der F. eine deutlich erhöhte Wasserführung und Erosionskraft, was zur → *Terrassenbildung* führt. Die zusammenhängenden und sich selbst verstärkenden Prozesse im Laufe der F. sind ein Beispiel für positive Rückkopplung.

Flussausbau *river lining*: menschlicher Eingriff in das Abflussgeschehen eines Flusses im Rahmen des → *Wasserbaus*, wobei andere Effekte des F. im Bereich → *Boden,* → *Grundwasser* und → *Vegetation* nur wenig berücksichtigt werden. Die → *Renaturierung* der Gewässer zielt u.a. darauf, ingenieurtechnischen Maßnahmen des F. teilweise oder ganz rückgängig zu machen (→ *Ingenieurbiologie*).

Flussbegradigung (Fließgewässerregulierung, Flussregulierung) *[artificial] river regulation, watercourse regulation, river realignment, river draining, river works*: vom Menschen vorgenommener hydrologisch-geomorphologischer Eingriff in den Fluss, z.B. durch Durchstechen von einem oder mehrerer → *Mäander*hälsen, um den Flusslauf für die Schifffahrt zu begradigen, zu vertiefen und das → *Flussbett* festzulegen. Ursprünglich zweiter Haupteffekt war, Hochwassergefahren zu mindern. Die ökologischen, hydrologischen und geomorphologischen Folgen der F. stellen sich, wegen der Trägheit des Systems, oft erst nach Jahren oder Jahrzehnten ein und werden dann kaum noch als → *anthropogen* erkannt. F. in der Schweiz, Österreich und Deutschland erfolgten meist im 19./Beginn 20. Jh. Bekanntestes Beispiel: Regulierung des Oberrheins zwischen 1817 und 1870, die bis in die Gegenwart Folgemaßnahmen erzwingt.

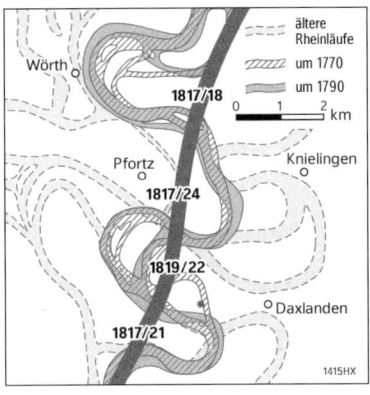

Flussbegradigung

Flussbett (Bett) *river bed, river channel, stream bed, stream channel*: Bereich, in welchem sich das Wasser eines → *Flusses* bewegt. Das F. wird gebildet von der Flusssohle, die selten eben ist, sondern meist unregelmäßige Gestalt aufweist, verursacht durch Rinnen, Lockersedimentakkumulationen und → *Flussufer*. Sowohl an den Flussufern als auch an der Flusssohle erfolgen → *Fluvialerosion* und → *Fluvialakkumulation*, welche die F.-Gestalt bewirken, letztlich auch das → *Talquerprofil* beeinflussen (→ *Fluvialdynamik,* → *Fluvialgeomorphodynamik*).

Flussbewässerung *river irrigation, river watering*: Anzapfung von Flüssen durch → *Kanäle* verschiedenster Größe zur Bewässerung (→ *Fremdlingsfluss,* → *Flussoase*).

Flussbuhne *river groyne*: → *Damm,* der schräg oder senkrecht zum → *Flussufer* gerichtet ist und die Fließrichtung lenkt. Die F. dient der Strömungsminderung bzw. der Zusammenfassung der Strömung in der Flussmitte, der Offenhaltung des Fahrwassers und der Vergrößerung der Wassertiefe. Zugleich werden → *Fluvialerosion* und → *Fluvialakkumulation* an den Ufern gemindert.

Flussdeiche *river levees*: → *anthropogene* Erhöhung seitlich, oft beiderseitig, eines Flusses, entweder am → *Flussufer* oder im Flussvorland, um v.a. vor → *Hochwasser* (Regen-,

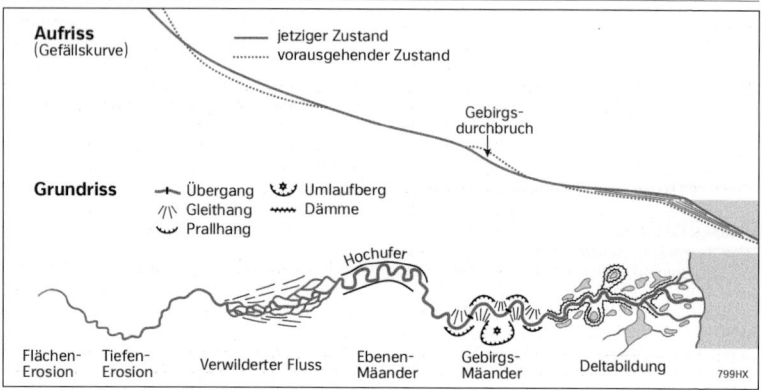
Fluss

Schneeschmelz- und Eishochwässer) zu schützen, aber auch vor Eisstau sowie an Flussmündungen vor → *Sturmflut*- und Tidehochwässern. Im Gegensatz zu → *Dämmen* sind F. nur zeitweise bei Hochwasser eingestaut und markieren gewöhnlich das → *Hochwasserbett*.
Flussdichte *drainage texture*: Vergleichsgröße für → *Einzugsgebiete*, die sich aus der Summe aller Lauflängen bezogen auf die zugehörige Gebietsfläche errechnet. Die Angabe erfolgt meist in km/km². Die unterschiedlichen F. sind ein Ausdruck unterschiedlicher Niederschlags-, Relief- und Gesteinsverhältnisse im jeweiligen Laufgebiet. Deswegen kann die F. im Längsverlauf eines Flusses wechseln (Karstfluss).
Flusserosion *fluvial erosion, river erosion, stream erosion*: tritt als → *Tiefen*- oder → *Seitenerosion* bei Flüssen auf.
Flussfracht *river load*: sämtliches gelöstes und festes Material, das von einem Fluss transportiert wird. Nach Art des fluvialen Transports wird zwischen → *Lösungsfracht*, → *Schwebfracht* und → *Geschiebefracht* unterschieden.
Flussgebiet *river basin*: → *Einzugsgebiet* eines überregionalen → *Flusses* dessen Entwässerung in das Meer erfolgt (→ *Abflussgebiet*). Die Bezeichnung F. ist v. a. bei der Umsetzung der europäischen Wasserrahmenrichtlinie gebräuchlich.
Flussgebietsmodell *river basin model, [river] catchment area model*: in Hydroökologie, → *Hydrologie*, → *Umweltschutz* und → *Wasserwirtschaft* die Darstellung hydrodynamischer und hydroökologischer Prozesse und deren Wechselwirkungen, um eine quantitative, raum-zeitlich differenzierte Vorstellung des → *Wasserhaushalts* und der Wasserbeschaffenheit zu erlangen, die für → *Wasserbewirtschaftung* und → *Landschaftshaushalt* wichtig sind (→ *Landschaftswasserhaushalt*).
Flussgefällskurve → *Gefällskurve*.
Flusshöhle *river cave, river cavern*: unterirdische, meist lang gestreckte Hohlform der → *Karstlandschaft*, in der neben karstmorphologischen Prozessen auch → *fluvial* erodiert und akkumuliert wird. Je nach Gesteinsart und -lagerung werden F. seitlich stark erweitert oder schluchtartig vertieft. In der F. befindet sich der → *Höhlenfluss* (→ *Höhle*).
Flusskreuzfahrt *river cruise*: Kreuzfahrt auf einem → *Binnengewässer* (Fluss oder Kanal), die durch malerische Landschaften führt (z. B. Mittelrhein) oder an dessen Ufern touristisch attraktive Städte liegen. Im Gegensatz zur Seekreuzfahrt wird i. d. R. tags gefahren und nachts geankert.
Flusskunde → *Potamologie*.
Flusslage *river site*: Stadtlage an einem meist schiffbaren Fluss. Der Begriff wird bei verkehrsgeographischen bzw. siedlungsgenetischen → *Stadttypisierungen* verwendet und verweist auf die Verkehrslage der → *Stadt*.
Flusslängsprofil *stream longitudinal profile, stream profile*: jenes Profil, das sich aus der Verbindung aller Höhenpunkte des Flusses (Höhe des Wasserspiegels oder Höhe des → *Flussbettes*) zwischen Quelle und Mündung ergibt. Das F. beschreibt eine flache Halbparabelkurve, deren Scheitel an der Quelle liegt. Theoretisch strebt jeder Fluss auf der Dauer ein solches Ausglättungsprofil an. Normalerweise jedoch weist das Längsprofil verschiedene → *lokale Erosionsbasen* auf, bis zu denen sich jeweils Quasi-Gleichgewichtszustände zwischen → *Fluvialerosion* und → *Fluvialakkumulation* einstellen. Gewöhnlich wird selbst bei kleineren Flüssen die Herausbildung einer gleichmäßig-idealen Parabel für

das F. durch härtere Gesteinspartien (und davon beeinflusster → *Fluvialgeomorphodynamik*) gestört.

Flusslaufverlegung river realingment, river diversion, shift of river course: natürlicher, bei → *Flussbegradigungen* gelegentlich auch anthropogener Vorgang. Bei der natürlichen F. verlässt der Fluss durch Änderung der Gefällsverhältnisse infolge Hochwassers, Veränderung der → *Erosionsbasis*, erosiv bedingten Durchbrüchen von → *Mäandern* oder → *Fluvialakkumulation* bzw. → *Fluvialerosion* (→ *Flussanzapfung*) sein ursprüngliches Bett und wählt einen neuen Lauf.

Flussmäander (freier Mäander, Talbodenmäander) river meander, free meander: bogenförmige Schlingen eines Flusses, die durch seine → *Fluvialgeomorphodynamik* und den Gesteinsuntergrund (Gesteinsart und -lagerung) zustande kommen. F. sind in Lockersedimentgebieten entwickelt und in deren → *Fluvialakkumulationen* mehr oder weniger stark eingetieft. Trotz z. T. hoher Uferkanten erfolgt innerhalb des Locksedimentkörpers eine weitere Verlagerung der → *Mäander*. Die F. „wandern" flussabwärts.

Flussmorphologie river bed morphology: Fachbereich der → *Hydrologie*, → *Flussausbau* und → *Wasserwirtschaft*, der sich mit der Dynamik von Flussbetten, Überschwemmungsgebieten und → *Fluvialgeomorphodynamik* beschäftigt, um Zusammenhänge zwischen → *Abfluss*, → *Erosion*, → *Gerölltrieb*, → *Sedimentation* und dem Transport von → *Schwebstoffen* zu erfassen.

Flussmündungshafen estuary harbour: Typ eines → *Seehafens*, der an der Mündung eines Flusses in das Meer liegt. F. besitzen gute Verkehrslage, da sie häufig eine natürliche Fahrrinne auch für größere Seeschiffe, oft bis relativ weit ins Landesinnere (z. B. Hamburg) bieten. Außerdem sind F. oft wichtige → *Umschlagplätze* zwischen → *Binnen-* und Seeschifffahrt. (→ *Hafen*).

Flussnetz drainage, drainage pattern: ein umfassenderes Flusssystem eines → *Einzugsgebietes* mit → *Flüssen* verschiedener Ordnung. Je nach Verfahren werden vom → *Hauptfluss* oder von den Quellflüssen ausgehend Flüsse 1., 2., 3. und solche niedrigerer bzw. höherer Ordnung ausgeschieden.

Flussoase river oasis: durch einen → *Fremdlingsfluss* bewässerte → *Oase*.

Flussregime → *Abflussregime*.

Flussregulierung → *Flussbegradigung*.

Flussschwinde leach hole,: sinkhole, swallow: die Versickerungsstelle eines Flusses. F. können verschieden ausgebildet sein. Bei der allmählichen Versickerung verliert ein → *Fluss* auf einer kürzeren Laufstrecke einen großen Teil oder sein gesamtes Wasser in den Untergrund (z. B. Donau bei Immendingen). Beim Schlund- oder Schluckloch (→ *Ponor*) verschwindet der Fluss plötzlich und völlig im Untergrund, sodass sein Tal endet. F. sind typisch für Gebiete mit lösungsfähigem Gesteinsuntergrund (→ *Karst*).

Flussspat *fluorite, fluorspar:* → *Fluorit*.

Flussspiegelgefälle → *Spiegelgefälle*.

Flussterrasse *alluvial terrace, bench, fluvial terrace, river terrace:* ehemaliger → *Talboden*, der entsteht, wenn nach einer Periode überwiegender → *Fluvialakkumulation* und → *Seitenerosion* eine Phase der → *Tiefenerosion* eintritt. Ursachen: → *Klimaänderungen* oder → *Krustenbewegungen* (Hebungen/Senkungen; → epirogenetische Bewegungen). Der Fluss schneidet dabei in seine eigenen Sedimente oder in anstehende Gesteine ein neues Flussbett ein, das im Vergleich zum ursprünglichen Talboden niedriger liegt. Bei einem klimabedingten mehrfachen Wechsel von Zeiten mit Seitenerosion/Akkumulation einerseits und Tiefenerosion andererseits (z. B. durch den Wechsel von Kalt- und Warmzeiten) entsteht eine → *Terrassentreppe*. Ihre Einzelniveaus weist man den verschiedenen Warm-Kaltzeit-Wechseln des → *Pleistozäns* zu. Bei der Bildung von F. spielen Gesteinsarten und Tektonik eine Rolle. F. sind ein Zeugnis der erdgeschichtlichen Entwicklung sowie der Klima- und Landschaftsgeschichte – v. a. im Zusammenhang mit datierbaren Decksedimenten (→ *Hangschutt*, → *Löss*, → *Auenlehm*) oder durch Verzahnung mit ebenfalls gut datierbaren Moränenablagerungen (→ *Geo-Archive*, → *Geo-Bio-Archive*).

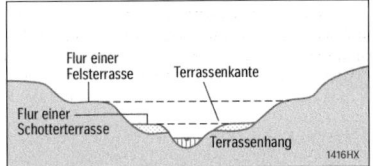

Flussterrasse

Flusstrübe *suspended material (in the river):* die vom Fluss als → *Schwebstoffe* mitgeführten mineralischen und organischen Feinbestandteile. Die F. ist der feine Anteil der Sedimentfracht (→ *Suspensionsfracht*), d. h. v. a. → *Schluff* und → *Ton*. Sie steigt bei starken Niederschlägen meist sprunghaft an, wenn oberflächlich abfließendes Wasser Bodenmaterial abträgt und direkt in die Flüsse schwemmt (→ *Bodenerosion*).

Flussufer *[river] bank, riverside, stream bank:* Bestandteil des → *Flussbettes* mit Wandungen unterschiedlicher Höhe und unterschiedlichen Profils. Die Profile der F. werden von Gesteins- bzw. Lockersedimentart sowie deren Lagerungen bedingt bzw. von → *Fluvialakkumulation* und/oder → *Fluvialerosion*.

Flussverzweigung *stream braiding*: beschreibt Prozesse und Ursachen, durch die die verschiedenen Typen verzweigter Flüsse entstehen: → *Breitenverzweigung*, → *Dammflussverzweigung* und → *Erosionsverzweigung*.

Flusswatten *river tidal flat, river watt*: Übergangsbereich des → *Wattenmeeres* (→ *Watt*) in die großen Trichtermündungen (→ *Ästuar*) von Flüssen an → *Gezeitenküsten*. Zwischen Meeres- und F. besteht der genetische Unterschied, dass an den F. der Fluss mit → *Fluvialgeomorphodynamik* beteiligt ist und durch die brackischen Verhältnisse (→ *Brackwasser*) infolge Salz- und Süßwassermischung andere ökologische Randbedingungen für Tier- und Pflanzenwelt bestehen.

Flut *flood, high tide*: beim → *Meer* die Phase des einströmenden Wassers mit ansteigendem Wasserspiegel im Rhythmus der → *Gezeiten*. Das Gegenteil ist → *Ebbe*.

Flutbasalt → *Lavaplateau*.

Flutkraftwerk *tidal power station, tidal power plant*: → *Gezeitenkraftwerk*.

fluvial (fluviatil) *fluvial*: „vom Fluss geschaffen" bzw. „zum Fluss gehörig" im Sinne der Bildung von Georeliefformen bzw. der Wirkung von → *Fluvialgeomorphodynamik* in der Landschaft.

Fluvialakkumulation *fluvial accumulation*: Ablagerung von Sediment im Gewässerbett oder in der Aue, zu der es kommt, wenn die → *Schleppkraft* des Wassers nicht mehr ausreicht, um die → *Flussfracht* zu transportieren. Die Sedimente werden entsprechend ihrer → *Korngröße* bei unterschiedlichen Fließgeschwindigkeiten abgelagert. Führt zum Sedimenttyp der → *fluvialen Fazies*.

Fluvialdynamik *fluvial dynamics*: Prozesse des in kleineren oder größeren Gerinnebetten fließenden Wassers, den Regeln und Gesetzen der Hydraulik unterliegend (→ *Fluss*, → *fluvial*, → *Fluvialgeomorphodynamik*).

fluviale Akkumulation → *Fluvialakkumulation*.

fluviale Fazies *fluvial facies*: wird anderen Fazien (z. B. → *mariner*, → *limnischer*, → *äolischer*, → *glazialer*, → *periglazialer Fazies*) als jener Sedimenttyp zur Seite gestellt, der durch Prozesse der → *Fluvialgeomorphodynamik* bzw. der → *Fluvialdynamik* entsteht. Die f. F. ist ein Lockersediment mit zugerundeten Komponenten (auch der Grobsedimentstücke, also → *Kies*, → *Steine* und → *Blöcke*, die geschichtet abgelagert wurden. Die Schichtungsart (→ *Diagonal-* oder → *Kreuz-*, seltener → *Parallelschichtung*) hängt vom Fließ- bzw. Sedimentationsmilieu ab.

Fluvialerosion *fluvial erosion, fluvial degradation*: Erosion durch Wasser und die → *Seitenerosion*, → *Sohlenerosion* und → *Tiefenerosion* umfasst und auf die fluvial-erosive Wirkung des fließenden Wassers zurückgeht. Das Ausmaß der F. hängt von der Menge → *Abflusses* und der kinetischen Energie des Flusses ab, da beides die Erosivität des Flusses bestimmt. Weitere wichtige Faktoren sind die der Erodibilität, wie Art und Zusammensetzung des Flussbett- und Ufermaterials, die die Erodierbarkeit des Flussbettes und der Ufer bedingen. Weiters hängt die F. vom Klima, von Flora und Fauna, vom menschlichen Einfluss und vom → *Relief* ab.

fluviales Abtragungsrelief *fluvial denudation relief*: geomorphologischer Landschaftstyp, vorrangig von den Wirkungen der → *Fluvialerosion* geprägt und bei dem → *Fluvialakkumulation* zurücktritt. Das f. A. ist geprägt vom → *Tal*. Als Prototyp des f. A. gilt das Talrelief der gemäßigt-humiden Klimazone der Mittelbreiten. Typische f. A. finden sich auch in den wechselfeuchten und feuchten Tropen, sofern sie Hügel- bis Gebirgscharakter aufweisen.

Fluvialgeomorphodynamik *fluvial geomorphodynamics*: → *aktuelle* oder auch → *vorzeitliche* Wirkungen der Flussarbeit (→ *Fluvialdynamik*) auf die → *Oberflächenformen* an/in Gerinnebetten und deren Rändern (→ *Flussufer*). F. entwickelt das → *Georelief* weiter (→ *Fluviale Fazies*).

fluvioglazial (glazifluvial) *fluvioglacial, glaciofluvial*: von → *Schmelzwässern* des Eises geformte bzw. abgelagerte Formen und → *Sedimente*, die somit sowohl → *glaziale*, als auch → *fluviale* Merkmale aufweisen. F. Formen und Sedimente finden sich nicht nur in der Nähe des Gletscherrandes, sondern auch in größerer Entfernung von den → *Gletschern*, wo der Materialtransport zunehmend fluvial bestimmt sein kann. Charakteristische Formen sind → *Sander*, → *Übergangskegel* und die f. → *Schotterfelder*.

Fluviokarst *fluviokarst*: ein Typ der → *Karstlandschaft*, der noch zu großen Teilen fluvial geformt wird. Dem F. fehlen schroffe Formen und er weist eine größere Taldichte als der Vollkarst auf. F. tritt v. a. im → *Dolomit* auf, der andere Verwitterungsmerkmale und ein anderes Verhalten gegenüber dem Oberflächenwasser (→ *Lösungsverwitterung*) als der → *Kalkstein* aufweist.

Fluvisols *Fluvisols*: in der → *WRB* (2014) junge, azonale Böden in Flussauen oder aus → *marinen* Sedimenten entstanden. Häufig unterliegen F. natürlicher periodischer Überflutung, wodurch sie z. T. Redoximorphiemerkmale im → *Unterboden* aufweisen. F. besitzen eine hohe natürliche → *Fruchtbarkeit*.

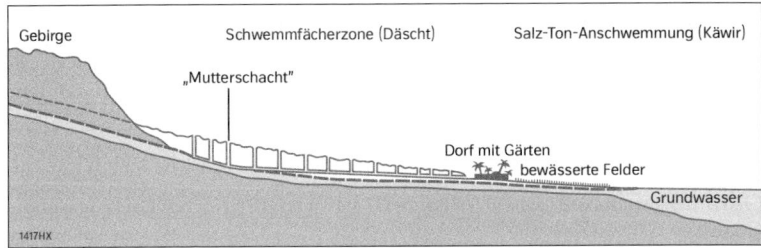

Foggara

Flysch *flysch*: 1. petrographisch eine Folge von z. T. kalkigen, aber v. a. tonigen, mergeligen und sandigen Sedimenten, z. T. als → *Mergel* und → *Tonschiefer* und/oder als → *Sandsteine* ausgebildet, die meist zyklisch abgelagert wurden, oft verformt durch synsedimentäre untermeerische → *Rutschungen*. F.-Sedimente sind in der Regel wenig verfestigt und neigen auch an der Erdoberfläche zu Rutschungen. 2. genetisch ist das Sediment F. das Produkt eines Stadiums der → *Gebirgsbildung* in einer → *Geosynklinale*, in der er akkumuliert wird, bevor sich das Gebirge auffaltet und als Vollform erscheint. Es handelt sich um das F.-Stadium bei der Bildung junger → *Faltengebirge*. Die F.-Gesteine lieferten oft die Gleitmittel für den Transport der → *Decken* bei der Gebirgsbildung. F.-Sedimentation erfolgte bei den Alpen ab Oberkreide bis ins → *Tertiär* hinein.

Flyschzone *flysch zone*: jener randalpine Bereich, der wegen der Eigenschaften des → *Flyschs* weiche, rundliche Formen und keinen kantigen bis gratartigen → *alpinen Formenschatz* aufweist. Die F. bildet die „Grasberge" des Alpenrandes. Die F. tritt auch am Rande anderer junger → *Faltengebirge* auf, z. B. an den Karpaten.

FOB (frei an Bord) *free on board*: im Handel übliche Abkürzung. Der Verkäufer einer Ware muss die Transportkosten einschließlich Verladung und Versicherungskosten übernehmen (→ *CIF*).

Föderalismus *federalism*: Staatsform, bei der einzelne Gliedstaaten einen → *Bundesstaat* bilden, dabei aber eine gewisse Selbstständigkeit in einzelnen Politikfeldern bewahren, z. B. in der Schul- und Kulturpolitik oder bei der → *Raumplanung*. Föderalistische → *Staaten* sind z. B. die Bundesrepublik Deutschland, Belgien, die USA u. a. im Gegensatz zu → *Einheitsstaaten* wie Frankreich. Der F. nimmt dabei teils unterschiedliche Formen und Ausprägungen an.

Föderation *confederation*: → *Bundesstaat*, der nach dem Prinzip des → *Föderalismus* organisiert ist

Foggara (Kanat) *foggara, qanat*: unterirdisch geführter Kanal zur Bewässerung von → *Oasen*. Es wird → *Grundwasser* vom Gebirgsfußbereich (→ *Schwemmkegel*) oder von Wadis über weite Distanzen geleitet. Verbreitet ist diese traditionelle Form der → *Bewässerung* v. a. in Nordafrika und in Vorderasien.

Föhn *foehn*: warmer → *Fallwind* in den Vorländern beidseits des Alpenkamms. Der regionale Begriff wurde auch zum verallgemeinerten Terminus für den Prototyp des warmen Fallwindes. Der F. ist eine durch das regionale Luftdruckfeld gesteuerte Luftmasse, die durch ein Gebirgshindernis zum Auf- und Absteigen gezwungen wird. Die Abkühlung während des Aufstiegs führt zu einer sehr effektiven Ausregnung. Beim Abstieg findet eine größtenteils → *trockenadiabatische* Erwärmung um bis zu 25 °C statt, wobei die → *relative Luftfeuchtigkeit* extrem absinkt. Der F. ist im Eintreffgebiet um einige Grade wärmer als die vorhandene → *Luft* und außerordentlich trocken.

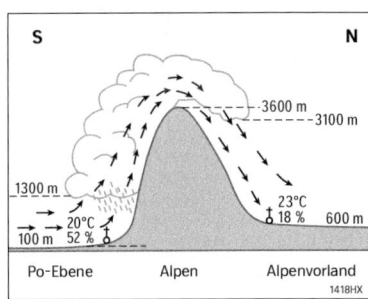

Föhn

Föhrenwald → *Kiefernwald*.

fokales Unternehmen *focal enterprises*: zentrales → *Unternehmen* in einem strategischen → *Netzwerk*, dem die Aufgabe der Selektion bei der Aufnahme von Unternehmen, die → *Koordination* der spezialisierten Aktivitäten der Netzwerkunternehmen sowie die

Steuerung des Wissenstransfers und die Evaluierung der erbrachten Leistungen innerhalb des Netzwerkes zukommt.

Fokusgruppe *focus group*: Erhebungsinstrument in der empirischen → *Sozialforschung*, bei der eine moderierte Diskussion innerhalb einer Gruppe von → *Probanden* über ein vorgegebenes Thema, meist entlang eines Leitfadens, erfolgt, die aufgezeichnet und anschließend ausgewertet wird. F. werden oftmals zur → *Exploration* eines Themenfeldes oder in der → *Marktforschung* eingesetzt.

Folgeflüsse → *konsequente Flüsse*.

Folgeprozesse *resultant processes*: Begriffe des → *Umweltschutzes*, der allgemeinen → *Ökologie* sowie der → *Landschaftsökologie*. Es handelt sich um naturgesetzlich ablaufende Prozesse, die in den → *Ökosystemen* Veränderungen bewirken, die jedoch durch den Menschen ausgelöst sein können, indem in den Ökosystemen Zufuhr oder Entnahme von Stoffen oder → *Energie* erfolgt bzw. chemische oder physikalische (bzw. mechanische) Impulse gegeben werden. Sie führen in der → *Umwelt* zu → *Nebenwirkungen*, da ungeplante bzw. unvorhergesehene → *Belastungen* der Ökosysteme erfolgen.

food deserts Lebensmittel-Versorgungswüsten: Bezeichnung für Regionen (meist ländlich), in denen das Angebot bezahlbarer und gesunder → *Lebensmittel* sehr niedrig und zum Teil ausgedünnt ist.

footloose industry Bezeichnung für → *Industriezweige*, die ihre → *Standorte* weltweit beliebig wählen können. Für die f. i. spielen aufgrund ihres überwiegenden → *Humankapitaleinsatzes* traditionelle → *Standortfaktoren* wie Transportkosten und Materialfundorte keine Rolle. Zur f. i. zählt bspw. die Computer- und Softwareindustrie.

Förde *fjord fjord*: meist schlauchartig-lang gestreckte Meeresbucht in einer nur wenig reliefierten → *glazialen* Aufschüttungslandschaft. Die F. wurden durch landeinwärts fließende Gletscher gebildet und weisen daher in Stoßrichtung des Eises. F. befinden sich im Bereich ehemaliger glazialer → *Zungenbecken* oder gelten als → *subglaziale* → *Schmelzwasserrinnen*, in die später das Meer eindrang. Obwohl sprachlich mit → *Fjord* und → *Fjärd* verwandt, sind F. und Fjorde sowie auch Fjärdar geomorphologisch unterschiedlich. Fjorde sind im steilen skandinavischen Gebirge im → *Anstehenden* entstanden, Fjärdar gebirgsfern im Anstehenden und F. gebirgsfern in Lockersedimenten.

Fördergebiet *assisted area*: Gebiet, das wegen seiner im Vergleich zu anderen Räumen zurückgebliebenen Entwicklung eine besondere staatliche Förderung erhält. Die Förderung besteht in der Gewährung von finanziellen Anreizen für eine Ansiedlung von Gewerbe oder in der Ausstattung der Gemeinden mit zusätzlichen Mitteln zur Verbesserung der → *Infrastruktur*. In der Bundesrepublik Deutschland ist seit 1970 der Rahmenplan der → *Gemeinschaftsaufgabe* „Verbesserung der regionalen Wirtschaftsstruktur" (GRW) in Kraft, der auf der Grundlage statistischer Indikatoren die Abgrenzung der F. sowie die Förderungsmodalitäten festlegt. F. im Rahmen der GRW sind vor allem die neuen Bundesländer und Berlin aufgrund des nach der Wiedervereinigung deutlich gewordenen Nachholbedarfs sowie einzelne → *strukturschwache Räume* in den alten Bundesländern.

Fordismus *Fordism*: Produktionsweise, die auf das von Henry Ford eingeführte Herstellungsprinzip zurückgeht und folgende Merkmale aufweist: → *Massenproduktion*, → *Fließbandarbeit*, ein hohes Maß an → *Standardisierung*, große → *Fertigungstiefe* und → *vertikale Integration*, Produktion für Massenkonsum. Der → *Produktionsprozess* ist in eine Vielzahl von Arbeitsschritten zerlegt, die durch relativ gering qualifiziertes Personal ausgeführt werden können (→ *Postfordismus*).

Fordismuskrise *Fordism crisis*: in der → *Regulationstheorie* verwendeter Begriff für die strukturelle Krise, die in den 1970er-Jahren die seit dem Ende des Zweiten Weltkriegs anhaltende stabile wirtschaftliche Wachstumsphase der → *Fordismus* in den westlichen → *Industrieländern* beendet und seitdem zu einem wirtschaftlichen und gesellschaftlichen Wandel geführt hat. (→ *Postfordismus*).

Forellenregion *salmonid zone*: Bestandteil der biologischen → *Fließgewässergliederung* in Mitteleuropa, die Flüsse in Teillebensräume gliedert. Die F. gehört, zusammen mit der bach- bzw. flussabwärts folgenden → *Äschenregion*, zur → *Salmonidenregion*. Die F. wird nach der Bachforelle (Salmo trutta fario, Familie der Salmonidae) benannt. Das → *Krenal* (Quellbereich) geht in die F., mit → *strömendem* bis → *schießendem Abfluss*, Sauerstoffreichtum und kleinräumig wechselnden Gewässertiefen, über.

Foreset bed (Böschungsschicht) *foreset bed*: charakteristische, entsprechend dem Unterwasser-→ *Böschungswinkel* des Materials geneigte → *Deltaschichten*, die aus der abgelagerten → *Geröllfracht* unterschiedlicher Korngröße eines beispielsweise in ein Meer mündenden Flusses bestehen. Überliegen die → *Bottomset beds* und unterliegen die → *Topset beds*.

Formation *formation*: 1. immer noch gebräuchliche Bezeichnung für einen geologischen Zeitabschnitt aus der Erdgeschichte, die in einer → *F.-Tabelle* dargestellt wird. 2. eine Sedimentfolge, die eine lithostratigraphische Einheit bildet und die sich daher vom → *Liegenden* und → *Hangenden* unterscheidet. 3. Faziestyp, d.h. eine Materialabfolge, die unter gleichen Bedingungen entstand (→ *Fazies*). 4. in der → *Biogeographie* eine Gruppe von Tieren und Pflanzen, die für einen Lebensraum charakteristisch ist oder die einheitliche äußere Merkmale aufweist (→ *Pflanzenformation*).

Formationstabelle *stratigraphic Table*: Abfolge der geschichtlichen → *Formationen* nach der relativen und/oder der absoluten geologischen Zeitskala. In sehr differenzierten F. werden die Abteilungen (zeitlich: Epochen) in Stufen (zeitlich: Alter) und diese in Zonen, Horizonte oder Schichten (zeitlich: geologische Momente) gegliedert.

Formelement → *Reliefelement*.

formeller Sektor *formal sector*: im Gegensatz zum → *informellen Sektor* jener Teil der erwerbstätigen Bevölkerung eines Landes, der in offiziellen, den arbeitsrechtlichen Bestimmungen unterliegenden Beschäftigungsverhältnissen steht. Der f. S. macht in vielen → *Entwicklungsländern* nur die Hälfte des Arbeitsmarktes aus, aber auch in vielen Industrieländern ist der Anteil des f. S. durch → *Schwarzarbeit* erheblich geschwächt (→ *Sektorenmodell*, → *primärer Sektor*, → *sekundärer Sektor*, → *tertiärer Sektor*, → *quartärer Sektor*).

Formenkonvergenz *equifinality*: beschreibt den Umstand, dass nicht allein aufgrund der → *Oberflächenform* auf den Prozess oder die Prozesskombination zurückgeschlossen werden kann, die zur Bildung dieser Form geführt hat, da unterschiedliche Prozesse zu den gleichen Formen führen können.

Formsystem → *morphologisches System*.

Formursache (causa formalis) *structural cause*: neben der → *Wirkursache*, der → *Finalursache* und der → *Stoffursache* eine der vier unterschiedlichen Arten von Wirkkräften (→ *Kausalität*) nach Aristoteles. Die F. ist neben der Stoffursache eine der inneren Ursachen, die sich im Seienden selbst als Form, Struktur oder Muster ausdrückt, sozusagen der Plan, nach dem etwas entsteht. In der heutigen Wissenschaft keine übliche Ansicht.

Forschungsdesign *research design*: Untersuchungsplan oder -anordnung. Das F. beschreibt, wie eine wissenschaftliche Fragestellung empirisch untersucht werden soll und legt fest, welche → *Indikatoren* wann, wie oft, wo und wie an welchen Objekten erfasst werden sollen (→ *Grundgesamtheit*, → *Stichprobe*). Das F. einer Untersuchung ist entscheidend für die Aussagekraft der Untersuchungsergebnisse.

Forschungspark *research park*: → *Standortgemeinschaft* von Unternehmungen, die forschungsorientiert sind bzw. mit Einrichtungen der Forschung (z.B. Hochschulen) in engem (räumlichen) Kontakt sind. Im Gegensatz zum Begriff → *Science Park* bestehen beim F. i.d.R. engere Planungsvorschriften hinsichtlich der Bebauung des Geländes und einer Produktionserlaubnis. (→ *Technologiepark*).

Forst *forest*: Wirtschaftswald. Im Gegensatz zum → *Urwald* oder → *Naturwald* ein nach forstwirtschaftlichen Grundsätzen vorgenommene großflächige Anpflanzung von Bäumen, meist relativ artenarm oder → *Monokultur* (→ *Forstgesellschaft*, → *Forstökosystem*).

Forstgesellschaft *forest plantation community*: künstlich geschaffene → *Waldgesellschaft*, bei der die Holzarten der Baumschicht standortfremd sind. Die Kiefern- und Fichtenbestände Mitteleuropas sind gewöhnlich → *Forste*; sie ersetzen nach der → *Rodung* die → *natürlichen* oder → *quasinatürlichen* Gesellschaften des → *Mischwaldes* oder des → *Laubwaldes*. Die F. ist demnach eine → *Ersatzgesellschaft*.

forstliche Standortaufnahme (forstliche Standorterkundung) *forest site survey*: systematische Beschreibung der geoökologischen → *Umwelt* (v.a. → *Boden*, → *Bodenwasserhaushalt*, → *Oberflächenform*, → *Gelände*- und → *Mikroklima* sowie → *Vegetation*) der → *Forstgesellschaften*, mit dem Ziel einer Optimierung der → *Forstwirtschaft*. Die f. S. geht ähnlich vor wie die → *landschaftsökologische Bestandsaufnahme* bzw. die → *landschaftsökologische Standortanalyse* (→ *Geoökologie*).

forstliche Standorterkundung → *forstliche Standortaufnahme*.

Forstökologie *forest ecology*: die ökologische Betrachtungsweise der forstlichen Standorte und → *Forstgesellschaften* zum Zwecke standortgerechter und ökonomischer → *Forstwirtschaft*. In der F. werden die leistungsfördernden und leistungsbegrenzenden natürlichen Eigenschaften der Standorte erkundet, um Forstwirtschaftsmaßnahmen festzulegen (→ *forstliche Standortaufnahme*).

Forstökosystem *forest ecosystem*: die Funktionseinheit eines real vorhandenen Ausschnittes aus der → *Biogeosphäre* (→ *Forstökotop*), das ein sich selbst regulierendes, aber → *anthropogen* gesteuertes Wirkungsgefüge → *abiotischer* und → *biotischer* (d.h. teilweise „restnatürlicher", teilweise ausschließlich durch Züchtung entstandener) Faktoren bildet, das ein stets → *offenes* stoffliches und energetisches → *System* mit einem → *dynamischen Gleichgewicht* bildet und im Amplituden schwankt, die von der Nutzung durch den Menschen bestimmt sind.

Forstökotop *forest ecotope*: die räumliche Manifestation des → *Forstökosystems*, die von einheitlich verlaufenden stofflichen und energetischen Prozessen bestimmt wird, die trotz ihrer → *anthropogenen* Regelung zu ei-

nem in der → *topischen Dimension* nach Inhalt und Struktur homogenen Grundbaustein der → *Kulturlandschaft* führen, der damit eine abgrenzbare anthropogene forstökologische Raumeinheit darstellt.
Forstwirtschaft *forestry*: unter mehr oder weniger deutlicher Berücksichtigung ökologischer Gesichtspunkte planmäßige pflegerische Bewirtschaftung des → *Waldes* zum Zwecke einer möglichst rationellen Waldnutzung. Dazu zählen die Betriebs- und Ertragsregelung sowie die fortlaufende → *Verjüngung* der → *Forste* und Wälder unter Verwendung erprobter Forstpflanzengesellschaften und auf Grundlage der → *forstlichen Standortaufnahme*.
Fort *fort*: kleine Befestigungsanlage zur Verteidigungszwecken. F. wurden insbesondere als vorgeschobene Posten an wichtigen strategischen Punkten, an gefährdeten Grenzabschnitten und im Vorfeld größerer Festungen erbaut.
Fortadorf *village situated around a village green*: planmäßig angelegtes → *Platzdorf* mit einer rechteckigen Form des → *Angers* (andere Form des → *Angerdorfs*).
fortgeschriebene Wohnbevölkerung *updated resident population*: zahlenmäßiger Bestand der → *Wohnbevölkerung*, der nicht durch eine → *Volkszählung*, sondern mithilfe der → *Bevölkerungsfortschreibung* ermittelt worden ist. Wegen der Fehlerquote, die dieser v. a. durch nicht gemeldete Zu- und Wegzüge innewohnt, unterscheidet sich die f. W. von der tatsächlichen Wohnbevölkerung mit zunehmendem Abstand von der letzten Volkszählung immer stärker.
Fortschreibung *update*: von Zeit zu Zeit erfolgende Anpassung einer räumlichen oder sektoralen Planung an veränderten Daten, wirtschaftliche, soziale und demografische Rahmenbedingungen oder eine geänderte Gesetzeslage. Insbesondere → *Landesentwicklungs-* und → *Regionalpläne*, aber auch gemeindliche → *Flächennutzungspläne* und → *Fachplanungen* müssen nach einigen Jahren fortgeschrieben werden (→ *Bevölkerungsfortschreibung*).
Fortschreibung des Bevölkerungsstandes → *Bevölkerungsfortschreibung*.
Fortschreibungsplanung *follow-up planning*: bezeichnet jene Art von → *Planung*, die bestehende Trends zur Grundlage der weiteren Planung macht. F. wird somit der eigentlichen Planungsfunktion nicht gerecht, den Ist-Zustand zu überprüfen und durch Maßnahmen zu korrigieren.
Planung aufgrund der → *Fortschreibung* meist statistisch ausgewiesener Trends von Wirtschafts-, Verkehrs- oder Bevölkerungszahlen. das „Auffüllen" von Gebieten mit gleicher Nutzung wie in der Nachbarschaft, ohne die Frage zu stellen, ob aus ökologischen oder ökonomischen Gründen nicht eine andere Nutzung als die benachbarte notwendig sei (→ *Ökologische Planung*).
Fortzug → *Abwanderung*.
fossil *fossil*: „begraben" und der Vergangenheit angehörend und bezogen auf Reste von Lebewesen (Menschen, Tiere, Pflanzen), also → *Fossilien*, sowie auch auf Reste von Böden, Sedimenten, Verwitterungsdecken oder Relieformenresten. Die fossilen Objekte befinden sich zumeist nicht an der heutigen Erdoberfläche, sondern sind in geringerer oder größerer Tiefe begraben. Durch spätere großflächige Sedimentation oder Krustenbewegungen können auch Reliefformen fossiliert werden. Manche dieser wurden später durch → *Erosion* und → *Denudation* freigelegt, sodass die Gefahr der Falschdatierung vorzeitlicher Formen und Prozessspuren besteht. Bei der Verwendung des Begriffs f. in der Geomorphologie wird oft vorzeitlich gemeint (f. Düne, f. Karst usw.): Im strengen Sinne müssten diese Formen durch Sedimente überdeckt sein, wenn sie als f. bezeichnet werden; befinden sie sich an der Oberfläche und unterliegen dem Einfluss der heutigen geomorphologischen Prozesse, muss man sie als → *vorzeitlich* bezeichnen.
Fossil *fossil*: Überrest eines → *vorzeitlichen* Organismus (Mensch, Tier, Pflanze), der unter besonderen Ablagerungsbedingungen in Sedimente und/oder Gesteine eingebettet wurde und in seinen fossilisationsfähigen Teilen überdauerte. Die F. sind als → *Versteinerungen*, → *Steinkerne* oder → *Abdrücke* erhalten. Einen besonderen stratigraphischen Wert besitzen die → *Leitfossilien*, die für Einzelschichten charakteristisch sind. Sie erlauben größerräumige Parallelisierungen von Gesteins- oder Sedimentabfolgen. Die F. sind Arbeitsgegenstände der → *Paläontologie* (→ *Bio-Archive*, → *Petrefakt*).
fossile Brennstoffe *fossil fuels*: aus der erdgeschichtlichen Vergangenheit stammende, in → *Lagerstätten* vorkommende → *Energierohstoffe* tierischer und pflanzlicher Herkunft. Dazu zählen → *Torf*, → *Braunkohle*, → *Steinkohle*, → *Erdöl*, → *Erdgas*.
fossile Energiequellen *fossil energy source*: → *fossile* → *Brennstoffe*.
fossiler Boden *fossil soil*: ein überdeckter Boden, dessen Profilentwicklung durch die Überlagerung mit Gesteinsmaterial oder Feinsedimenten gestoppt und mindestens teilweise konserviert wurde. Von Bedeutung sind insbesondere fossile Humusbildungen und Verlehmungen verschiedenster Art, weil sie unter bestimmten Umständen das Herauslesen vergangener Sedimentationszyklen und Klimaabfolgen gestatten. F. B.-Horizonte kön-

nen zudem auch die Spuren früherer menschlicher Besiedlung nachzeichnen. Eine Abfolge f. B. gibt Aufschlüsse über die Landschaftsentwicklung eines Gebietes (→ *fossil*).

fossiles Wasser *fossil water*: → *Grundwasser* und Gesteinskluftwasser, welches in einer → *vorzeitlichen* Klimaperiode angereichert wurde. Das f. W. ist von Natur aus nicht in den aktuellen geosphärischen → *Wasserkreislauf* einbezogen. Dies geschieht erst durch die Nutzung (Erbohren, Pumpen). Dabei wird diese vorzeitliche → *Rücklage* in verschiedene Teile des heutigen Wasserhaushalts der Erde eingegeben, ohne dass sie erneuert wird (→ *fossil*).

Fossilisation *fossilization*: Vorgang der Bildung von → *Fossilien* in bestimmten und dafür geeigneten erdgeschichtlichen Abschnitten. Bei der F. wird die organische Substanz durch Abbauprozesse vernichtet, sodass nur harte, fossilisationsfähige Teile übrig bleiben. Tiere sind, wegen des vermehrten Auftretens von Hartteilen, als Fossilien häufiger als Pflanzen. Die F. erfolgt in Form des → *Abdrucks*, des → *Steinkerns* und der „echten" → *Versteinerung*.

Fracking *fracking*: Gewinnungsverfahren für → *Flöz*- bzw. → *Schiefergas*. Wasser, Sand und Chemikalien werden unter hohem Druck in das gashöffige Gestein gepresst. Es entstehen Risse, durch die das Gas in die Bohrleitung zurückströmt. Es wird an der Erdoberfläche aufgefangen. Die → *Umweltbelastungen* sind noch unklar. Benötigt werden Wassermengen im zweistelligen Millionen-Liter-Bereich; 10-40 % des Wassers gelangen stark verunreinigt als → *Brauchwasser* an die Erdoberfläche, müssen aufgefangen und gereinigt bzw. entsorgt werden. Das Brauchwasser ist mit Benzol, Toluol, Salz sowie natürlichen radioaktiven Stoffen angereichert.

Fragebogen *questionaire*: standardisiertes Daten-→ *Erhebungsinstrument*, das auf eine bestimmte Zielgruppe abgestimmt ist und aus einer Liste von → *offenen*, → *geschlossenen* oder → *hybriden Fragen* zum betreffenden Forschungsthema besteht.

Fragentyp *type of question*: die Art und Weise, wie Fragen (v.a. in standardisierten Befragungen) in der empirischen → *Sozialforschung* formuliert werden (→ *Einstellungsfrage*, → *Überzeugungsfrage*, → *offene Frage*, → *geschlossene Frage*, → *hybride Frage*, → *Filterfrage*).

fragmentierende Entwicklung *development of fragmentation*: ökonomische → *Entwicklung*, die besagt, dass am globalen Wettbewerb (→ *Globalisierung*) und seinen Wohlfahrtseffekten nie Länder und deren Bevölkerung als Ganzes, sondern immer nur bestimmte Orte, wie z.B. → *Global Cities* in den Industrieländern oder → *Exportenklaven* in sog. Entwicklungsländern, und auch dort nur Teile der Bevölkerung teilhaben. Die Grenze zwischen dem „reichen Norden" (→ *Globaler Norden*) und dem „armen Süden" (→ *Globaler Süden*) verschwimmt daher zusehends. Denn auch in den Industrieländern bilden sich von der dynamischen Entwicklung der Wirtschaft abgekoppelte und verarmte Bevölkerungsschichten heraus, die von der Wirtschaft, die dort Standorte aufgibt und weltweit nach günstigeren Produktionsbedingungen (→ *Arbitrage*) sucht, zurück gelassen werden. Gleichzeitig sucht auch in den Entwicklungsländern einzelne Wirtschaftssegmente und -eliten (z.B. → *freie Produktionszone*, Standorte der Billiglohn- und → *Massenproduktion*, der Rohstoffförderung sowie des Freizeit- und Tourismusgewerbes) in das globale Netzwerk der Weltökonomie integriert. Dadurch kommt es zu einer Pluralisierung von → *Entwicklungspfaden* und zur Auflösung alt bekannter entwicklungsökonomischer Raumentitäten.

Fragmentierung der Landschaft (Landschaftszerschneidung) *fragmentation of landscape*: v. a. durch Bau technischer Infrastrukturen, besonders Straßen und Bahnen, erfolgende Auflösung größerer, geschlossener Nutzungsflächen der → *Freiräume*, woraus bei Wald und Ackerland Abnahme der → *Biodiversität* resultiert und zugleich die Wirkungsreichweiten diverser → *Emissionen* zunehmen. Die Folge der F. d. L. ist → *Verinselung* der Landschaft (→ *Zerschneidungsgrad*).

Fraktal *fractal*: Begriff in der Modellierung → *dynamischer Systeme*. Vom Mathematiker Benoît Mandelbrot eingeführte Bezeichnung für natürliche oder künstliche Gebilde mit geometrischen Mustern, die jedoch keine ganzzahlige, sondern eine gebrochene Hausdorff-Dimension aufweisen und sich darüber hinaus durch große → *Selbstähnlichkeit* auszeichnen.

fraktale Fabrik *co-responsible factory production*: unternehmensstrategischer Begriff, der von einer stärkeren Selbstbestimmung und Selbstorganisation bei der Arbeit ausgeht. Die f. F. fördert die Bedeutung und Begabung des einzelnen Mitarbeiters. Dieser soll Sinn und Erfüllung in seinem Beruf finden und nicht mehr der austauschbare Teilchenmonteur am Fließband sein, der zum Endprodukt keinerlei Beziehung hat. Die Fertigung vollzieht sich stärker im Team (→ *Gruppenfertigung*). Die Ziele sind: 1. Ganzheitliche Bearbeitung bzw. Montage von Teilgruppen, 2. Hohe Entscheidungsfreiheit bzgl. möglicher Fertigungsabläufe, Disposition, Budgetsätze, 3. Ausgeprägte Verantwortung für Termine, Bestände und Kosten (→ *Unternehmenskultur*).

Frame im Rahmen der → *Diskursanalyse* die Bezeichnung für eingebürgerte Form des Sprechens sowie stereotype Form des Denkens über die Gesellschaft und ihre sozialräumliche Strukturierung. Innerhalb bestimmter F. sind bestimmte Aspekte sagbar oder auch nicht.

Frana → *Erdschlipf.*

Franchising *franchising*: Form des Kontraktmarketings (→ *Marketing*) zwischen einem Franchise-Geber und einem Franchise-Nehmer. Letzterer erhält das Recht, gegen Vergütung und Einräumung von Kontrollrechten ein Beschaffungs-, Marketing- und/oder Organisationskonzept des Franchise-Gebers zu verwenden. Gegenstand von Franchiseverträgen sind v. a. die Nutzung einer Herstellermarke oder eines Firmennamens, die Herstellung eines Produkts und dessen (exklusiver) Vertrieb sowie die Anwendung eines bestimmten Marketingkonzepts. Als Franchise-Geber treten meist Industrie- oder Serviceunternehmen sowie Großhändler auf.

Frankfurter Schule → *Kritische Theorie.*

Frankfurter Stadium *Frankfurtian stade*: das mittlere der drei Stadien im Hochglazial der → *Weichsel-Kaltzeit*: → *Brandenburger Stadium* (Phase der größten Eisausdehnung), F.S. (heute als Rückzugsstaffel des Brandenburger Stadiums angesehen, geringste Eisausdehnung des Hochglazials) und → *Pommersches Stadium.*

Frauenbewegung *women's movement*: eine Form der → *Bürgerbewegung*, die als Folge der Französischen Revolution 1848 begann, als Frauen feststellen mussten, dass das allgemeine Wahlrecht sie ausschloss. Da die Mitglieder dieser ersten Frauenbewegung (zumindest vordergründig) für das Wahlrecht der Frauen, Recht auf Bildung für Frauen und Recht auf → *Erwerbstätigkeit* kämpften, wurden sie Frauenrechtlerinnen genannt. Die zweite Frauenbewegung ist eine Folge des allgemeinen gesellschaftlichen Werteumbruchs seit den 1960er Jahren. Da die Frauen der zweiten Frauenbewegung erkennen, dass die Teilhabe an männlichen Institutionen durch Erwerbstätigkeit, Wahlrecht und Bildung für Frauen keine politische, rechtliche, soziale usw. Gleichstellung nach sich zog, stellen sie diese Institutionen grundsätzlich in Frage. (→ *Feminismus*, → *Feministische Geographie*, → *Gender*, → *Gendergeographie*).

Frauenforschung *women's studies*: vor dem Hintergrund, dass Frauen und Männer unterschiedliche Erfahrungen machen (→ *Androzentrismus*), hat die F. als Teil der Geschlechterforschung (→ *Gender Studies*) die Untersuchung frauenspezifischer Lebenssituationen zum Ziel. F. verfolgt i. d. R. nicht (oder nicht zwangsläufig) feministische Ansätze (→ *Feminismus*, → *Gendergeographie*, → *Männerforschung*).

Frauenhaus *women's house*: – ein Zufluchtsort für Frauen, die Opfer häuslicher Gewalt geworden sind. – in Bereichen, in denen Geschlechtertrennung notwendig erscheint (z. B. Justizvollzugsanstalten, Wohnheimen usw.), jene Bereiche, in denen nur Frauen untergebracht sind. – in vielen traditionellen Gesellschaften ein abgetrennter Bereich, der Männern verschlossen ist (→ *Männerhaus*).

Frauenüberschuss *female surplus*: Überschuss der weiblichen über die männliche → *Wohnbevölkerung* eines Raumes. Ein F. ist wegen der im Durchschnitt längeren → *Lebenserwartung* der Frau in den meisten Ländern, insbesondere solchen mit einem hohen Anteil älterer Menschen, der Normalfall. In bestimmten Räumen kann ein besonders hoher F. Hinweise auf die → *Sozial-* und → *Erwerbsstruktur* der → *Bevölkerung* geben. Ein F. kann auch aus kriegsbedingten Bevölkerungsverlusten bei der männlichen Bevölkerung resultieren (→ *Geschlechterverhältnis*).

freie Düne *free dune*: entsteht ohne sichtbares Hindernis auf vegetationslosen Flächen als → *Longitudinaldüne* oder als → *Transversaldüne.*

freie Körnerwirtschaft → *Erdkörnerwirtschaft.*

freie Mäander → *Flussmäander.*

freie Produktionszone (Exportenklave, Exportzone, Sonderwirtschaftszone) *duty-free production zone*: industrieller Standorttyp für eine weltmarktorientierte Produktion, meist in sog. → *Entwicklungsländern*. In f. P. werden als Ansiedlungsreiz für einen bestimmten Zeitraum Zollbefreiungen, Steuererleichterungen, günstige Kredite u. a. Vergünstigungen gewährt. Auch wird eine weitgehend komplette materielle Infrastruktur bereitgestellt. F. P. haben einen gewissen Beschäftigungseffekt; echte Entwicklungsimpulse gehen von diesen Zonen jedoch selten aus.

freies Grundwasser → *ungespanntes Grundwasser.*

freies Gut (ubiquitäres Gut) *free good, ubiquitous good*: → *Güter*, die aufgrund ihrer großen Verfügbarkeit keine wirtschaftliche Aktivität auslösen, da sie nicht marktfähig sind (bspw. Luft, Wasser). Diese Einschätzung kann sich jedoch im Falle einer umweltorientierten Betrachtung (z. B. bei Luft) rasch ändern (→ *Gemeingut*, → *knappes Gut*).

Freies Meer *high seas*: derjenige Teil der Meere, die nicht zum Hoheitsgebiet von Staaten gehören. Die Freiheit der Meere basiert auf dem völkerrechtlichem Grundsatz, nach dem das f.M. den Angehörigen aller Nationen für Schifffahrt, Fischerei und sonstige wirtschaftliche Nutzung offen steht. In den letzten Jahrzehnten ist die F. d. M. durch Ausweitung von → *Territorialgewässern* und Hoheitsgebieten zunehmend eingeschränkt worden (→ *Zweihundertmeilenzone*).

Freifläche open land [area], not enclosed land: 1. ganz allgemein eine unbebaute Fläche, die sich entweder noch in natürlichem Zustand – ausgewiesen durch natürliche Vegetation – befindet oder vom Menschen in → *Grünflächen* umgestaltet wurde. Zu F. zählen auch Spielplätze, Sportanlagen, Friedhöfe, → *Kleingartenanlagen*, → *Erholungswälder* usw.. 2. im ökologischen Sinne ist die F. eine unbebaute → *Ausgleichsfläche* und Regenerationsfläche innerhalb, zwischen und am Rande von Siedlungen. Den F. schreibt man zu, einen Beitrag zu Klimaverbesserung, Grundwassererneuerung, Lärmschutz, ortsnaher Erholung und Erhöhung der Diversität des Orts- und Landschaftsbildes zu leisten. 3. allgemein Fläche für öffentliche Belange im Siedlungsbereich, die keine bedeutenderen Bauwerke aufweist.
Freiflächenplan open land plan: → *Grünordnungsplan*.
Freiflächenrahmenplan open land plan: → *Grünordnungsplan*.:
Freihafen free port: Hafengebiet, das nicht der Zollhoheit des betreffenden → *Staates* untersteht (Zollausland). Im F. können Waren zollfrei eingeführt werden, um hier gelagert, verarbeitet oder von hier wieder exportiert zu werden. Die Zollgrenze wird erst beim Verlassen des F. auf dem Landweg passiert. F. bestehen z.B. in Hamburg und Bremen.
Freihandel free trade: durch keine Beschränkung behinderte Freiheit des internationalen Handels. Insbesondere den durch → *Zölle* und → *nichttarifäre Handelshemmnisse* (→ *Protektionismus*) unbeeinflussten → *Außenhandel* bezeichnet man als F.. In reiner Form war und ist F. durch keinen Staat der Welt garantiert. Die → *WTO* und das → *GATT* streben die Schaffung bzw. Verbesserung der Bedingungen für weltweiten F. als Ziel ihrer Tätigkeiten an.
Freihandelszone free trade area: → *Regionalintegration*, bei der die Mitgliedsländer untereinander → *Zölle* und andere → *Handelshemmnisse* abbauen, die einzelnen Mitglieder aber ihre außenhandelspolitische Autonomie gegenüber Drittstaaten aufrecht erhalten. Anders als bei der → *Zollunion* gibt es daher keinen gemeinsamen Außenzoll. Dies erfordert die Anwendung von Ursprungsregelungen, um zu verhindern, dass Drittstaaten ihre Exporte über das Land mit dem niedrigsten Außenzoll abwickeln (→ *Local-Content-Vorschrift*). F. sind z.B. → *NAFTA* oder → *EFTA*.
Freiräume open space: Begriff der → *Landschaftsplanung*, die darunter großflächige Gebiete versteht, die außerhalb einer liegen, für die eine verstärkte Überbauung und Siedlungsentwicklung vorgesehen sind. Zu den F. gehören auch Land- und Forstwirtschaftsflächen sowie → *ökologische Ausgleichsflächen*. In den F. können auch Siedlungen unterschiedlicher Größe liegen. F. mit → *ökologischen Ausgleichswirkungen* werden im → *Regionalplan* als → *regionale Grünzüge* bzw. → *Vorranggebiete* ausgewiesen. Seit den 1970er Jahren hat sich in der Raumplanung die Erkenntnis durchgesetzt, dass der schonende und sparsame Umgang mit den naturnahen F. eine der zentralen Aufgaben der Landes- und Regionalplanung und diese deshalb möglichst von Bebauung freizuhalten sind, um eine → *Fragmentierung* und → *Zersiedelung* der Landschaft.
Freizeit leisure time, free time: freie Zeit des arbeitenden Menschen, die weder durch berufliche oder häusliche Pflichten noch durch Essen, Schlafen, Körperpflege usw. in Anspruch genommen wird. Die geographische Relevanz der F. ergibt sich durch die Raumbedeutsamkeit des → *Freizeitverhaltens*.
Freizeitforschung leisure research: ein interdisziplinärer Forschungsansatz, der sich mit der → *Freizeit* als räumliches, wirtschaftliches, soziales und psychologisches Problem befasst. Sie widmet sich besonders den sozialgruppenspezifischen Ausprägungen menschlichen → *Freizeitverhaltens* sowie den räumlichen, wirtschaftlichen und gesellschaftlichen Auswirkungen der verschiedenen Formen der Freizeitgestaltung. In der F. arbeiten Geographen, Soziologen, Wirtschaftswissenschaftler, Raumplaner, Psychologen u.a. mit.
Freizeitfunktion leisure function: eine der menschlichen → *Grunddaseinsfunktionen* im Sinne des → *Münchner Konzepts der Sozialgeographie*. Bei der Ausübung der F. durch die verschiedenen → *sozialgeographischen Gruppen* ergeben sich besonders starke raumprägende und -differenzierende Wirkungen für die Kulturlandschaft sowie für städtische Siedlungen. Häufig verkürzend anstelle von Freizeitverhalten gebraucht (→ *Arbeitsfunktion*, → *Bildungsfunktion*, → *Versorgungsfunktion*, → *Wohnfunktion*).
Freizeitgeographie geography of leisure, leisure geography: der Begriff wird als prägnante Kurzform zunehmend anstelle von → *Geographie der Freizeit* oder → *Geographie des Freizeitverhaltens* gebraucht, oft auch als Teil der → *Tourismusgeographie* gesehen.
Freizeitinfrastruktur leisure infrastructure: derjenige Teil der → *Infrastruktur*, der der Ausübung der → *Freizeitfunktion* dient. F. wird von der öffentlichen Hand, aber auch von privater Seite einerseits für die Wohnbevölkerung, andererseits für Naherholung Suchende und Touristen vorgehalten und umfasst die freizeitorientierten Einrichtungen, angefangen von Sportplatz, Frei- und Hallenbad, über befestigte Wanderwege und Trimmpfade, bis hin zu Bergbahnen, Skilifts und Vergnügungsdampfern. I.w.S. gehören auch

gastronomische Einrichtungen und die → *Hotellerie* zumindest teilweise zur F..
Freizeitlandwirt → *Feierabendlandwirt.*
Freizeitmobilität *leisure mobility*: die durch das → *Freizeitverhalten* induzierte → *Mobilität.*
freizeitorientierte Infrastruktur → *Freizeitinfrastruktur.*
Freizeitpark *leisure park, amusement park*: größere Ansammlung von Vergnügungseinrichtungen, die auf einem abgegrenzten Areal für ein breites Publikum gegen Entgelt, meist in → *Tourismusgemeinden*, bereitgestellt werden. Typische Bestandteile von F. sind z. B. Spiel- und Sporteinrichtungen, technische Vergnügungsgeräte wie Achterbahnen, Karussells usw., Grünanlagen, Tierschauen, Großmodelle von Bauwerken, gastronomische Betriebe, Verkaufskioske, evtl. auch künstlerische und sportliche Vorführungen. International bekannte F. sind Disneyland oder Legoland (→ *Themenpark*).
Freizeitsport *leisure sport*: sportliche Beschäftigung, die nicht wettkampfmäßig betrieben wird, sondern bei der die Gestaltung von → *Freizeit* und → *Erholung* im Vordergrund stehen.
Freizeitverhalten *leisure pattern, leisure behaviour*: eine der → *Grunddaseinsfunktionen*, deren Raumwirksamkeit die → *Geographie der Freizeit* untersucht. Der Begriff F. ist umfassender als der früher häufiger verwendete Ausdruck Erholung und deckt alle menschlichen Freizeitaktivitäten in Wohnung und Wohnumfeld, im → *Naherholungs-* und im → *Fremdenverkehrsraum* ab.
Freizeitwirtschaft *leisure economy*: jener Teil des → *Dienstleistungssektors*, der sich mit Gastronomie, → *Hotellerie*, der → *Freizeitinfrastruktur* und mit künstlerischen und sportlichen Veranstaltungen beschäftigt. Außerdem gehört zur F. i. w. S. auch der produzierende Sektor im Bereich der Herstellung von Spiel- und Sportgeräten. F. ist somit ein zusammenfassender Begriff für → *Tourismuswirtschaft* sowie die wirtschaftlichen Aspekte des Naherholungsverkehrs und des → *Freizeitverhaltens* in der Wohnung und im Wohnumfeld.
Freizeitwohnsitz (Freizeitwohnung) *holiday home, second home*: → *Zweitwohnung*, die während der Freizeit, insbesondere an Wochenenden und im Urlaub, mehr oder weniger regelmäßig bewohnt wird (Freizeitwohnen). F. konzentrieren sich in → *Tourismusgemeinden*, landschaftlich attraktiven Räumen (Seeufer, Gebirgshanglagen usw.) sowie häufig in → *ländlichen Gemeinden* im Umland von → *Großstädten.* Sie werden wegen der saisonal starken Belastung der gemeindlichen → *Infrastruktur* sowie wegen der befürchteten → *Zersiedlung* von Erholungslandschaften häufig als Problem angesehen.
Fremde, der oder das → *Andere, der oder das.*
Fremdenverkehr *tourism*: → *Tourismus*, → *längerfristiger Reiseverkehr.*
Fremdenverkehrsgemeinde → *Tourismusgemeinde.*
Fremdenverkehrsgeographie → *Tourismusgeographie.*
Fremdenverkehrsintensität → *Tourismusintensität.*
Fremdenverkehrslandschaft → *Tourismuslandschaft.*
Fremdenverkehrsraum → *Tourismuslandschaft.*
Fremdenverkehrsstatistik → *Tourismusstatistik.*
Fremdenverkehrswirtschaft → *Tourismuswirtschaft.*
Fremdimage *external image, external perception*: in der → *Sozialforschung* übliche Bezeichnung für das → *Image* (im Sinne von Vorstellung über etwas) einer Person, einer Gruppe, eines Raumes, einer Stadt usw., das – im Gegensatz zum → *Selbstimage* – von Außenstehenden entwickelt wird.
Fremdkapital (Schulden) *liabilities*: Bezeichnung für die in der Bilanz ausgewiesenen Schulden des Unternehmens (Verbindlichkeiten und Rückstellungen), die rechtlich entstanden oder wirtschaftlich verursacht sind.
Fremdlingsfluss *allogenous river*: Fluss in einem → *Trockengebiet*, der Wasser führt, weil er aus einer niederschlagsreichen → *Klimazone* kommt. Der F. ermöglicht die → *Bewässerung* und → *Bewässerungswirtschaft* weiterer Landstriche (z. B. Niltal und Nildelta).
Fremd-Machen → *Othering.*
Fremdstoffe *foreign substances*: – v. a. → *Schadstoffe*, die durch Ferntransporte (→ *Fernwirkungen*) in → *Ökosysteme* eingebracht wurden und die den → *Stoffhaushalt* der → *Landschaften* beeinflussen. – in der Lebensmittelökologie Bezeichnung für Stoffe, die auf unnatürliche Weise in Lebensmitteln vorkommen oder die darin nicht enthalten sein sollten, bzw. Stoffe, die den Lebensmitteln bei Verarbeitung und/oder Herstellung hinzugefügt werden. Dazu gehören Verunreinigungen wie → *Schwermetalle*, → *Rückstände*, → *Pestizide* oder Zusatzstoffe, wie z. B. Konservierungs- und Farbstoffe.
Fremdwasser *extraneous water, imported water*: 1. Wasser aus einem → *Fremdlingsfluss*. 2. aus der → *Fernwasserversorgung* stammendes Wasser. 3. aus einem hangwärts liegenden Gebiet auf tiefer liegende Parzellen zufließendes Oberflächenwasser (→ *Oberflächenabfluss*). 4. in die → *Kanalisation* eindringendes → *Grundwasser*, unerlaubt eingeleitetes

→ *Dränagewasser* oder Regenwasser sowie einem Schmutzwasserkanal zufließendes Oberflächenwasser. 5. einem Gewässer zur Mehrung des Nutzwassers durch Überleitung zugefügtes Wasser, das nicht aus den Niederschlägen des versorgten Flussgebietes selbst stammt, sondern aus einem anderen → *Einzugsgebiet.*

Frequenz *frequency*: prozentualer Anteil des Vorkommens z. B. einer → *Art* in einer Menge gleichwertiger Proben. So besagt der Begriff F. in der → *Pflanzensoziologie*, auf wie vielen voneinander getrennten Kleinflächen in einem Pflanzenbestand eine Art vorkommt.

Frequenzanalyse *frequency analysis*: Methode zur Untersuchung, wie häufig ein bestimmtes Ereignis in einer Zeiteinheit auftritt. Das Ergebnis sind → *Zeitreihen* und Wiederkehrintervalle (z. B. von geomorphologischen Prozessen) zur Ableitung von Wahrscheinlichkeitsaussagen über das zukünftige Eintreten eines bestimmten Phänomens.

Frequenz-Magnituden-Konzept *concept of frequency-magnitude*: beschreibt die negative Korrelation von Prozessstärke (Magnitude) und Prozesshäufigkeit (Frequenz), d. h. Prozesse kleiner Magnitude treten häufig auf, jene großer Magnitude selten. Die Messung der Magnitude erfolgt entweder über die geleistete Arbeit (Menge des verlagerten Materials) oder über die Prozesseffektivität, d. h. inwiefern Formveränderungen bewirkt werden. Auch die Ermittlung der Prozessfrequenz ist nicht trivial und geschieht meist über Wiederkehrintervalle. Sowohl Frequenz als auch Magnitude werden selten direkt ermittelt, sondern meist indirekt über die Stärke des Auslösers (z. B. ein Niederschlagsereignis). Für die Landschaftsentwicklung scheinen die Prozesse mittlerer Magnitude und mittlerer Frequenz geomorphologisch am effektivsten zu sein.

Friedensbewegung → *Bürgerbewegung.*

Frischluftschneise *fresh air lane*: durch → *Stadtplanung* bzw. → *Regionalplanung* jene freigehaltenen Flächen unterschiedlicher Vegetationsbedeckungszustände (Wiesen, Felder, Parks, lichte Wälder), die durch ihre Lage zu Siedlungen, ihre Vegetationsstruktur und ihr Ausstrahlungsverhalten geeignet sind, Kaltluft („frische Luft") zu erzeugen und/oder sie ungehindert in Orte, bauliche Verdichtungen oder Siedlungsräume einfließen zu lassen. Geneigtes Gelände fördert die Frischluftbewegung in F..

Frischschlamm *fresh sludge (1.); sewage sludge, waste water sludge (2.)*: 1. Schlamm, der aus noch nicht in → *Fäulnis* oder Gärung übergegangenen organischen Substanzen besteht. 2. entsteht bei der mechanischen Klärung des → *Abwassers* oder Wassers und verfügt über einen hohen Gehalt an organischen, faulfähigen Bestandteilen, sodass eine weitere Aufbereitung erforderlich ist (→ *Faulung*, → *Schlamm*).

Frischwasser → *Süßwasser.*

Frittung *fritting*: mineralisch-petrologischer Begriff für die Umschmelzung und Härtung durch Aufschmelzen der kalkigtonigen Bindemittel von Sedimentgesteinen (z. T. Tongestein, Sandstein) infolge → *Magmakontakts*. F. tritt vorzugsweise bei der → *Kontaktmetamorphose* auf. Als Folge der F. werden → *Sedimente* bzw. → *Sedimentite* verfärbt, ggf. glasig-hart und erfahren Gefügeänderungen, indem sie eine säulige Struktur bekommen. Teilweise entstehen → *Gläser* (Gesteinsglas) und porzellanartige Substrate.

Frontalzone *frontal zone*: planetarische Druckgrenze, die durch den unterschiedlichen Wärmeinhalt äquatorialer und polwärtiger Luft entsteht. Der → *Luftdruck* ist äquatorwärts in der Höhe größer, weil die polwärtige kalte Luft zusammensinkt und sich dichter lagert. Dadurch entstehen zwischen 25-30° Breite (→ *planetarische F.*) und 30-65° Breite (→ *Polarfront*) 100-1000 km breite Zonen mit besonders in der Höhe starker → *barokliner* Schichtung, welche polwärts geneigt ist. Selbst bei gleichem Luftdruck am Boden besteht also in der Höhe ein wärmebedingtes Druckgefälle zwischen äquatornahen und polnahen Breiten. Die dadurch in Bewegung gesetzten Luftteilchen wandeln sich unter dem Einfluss der Coriolis-Beschleunigung (→ *Corioliskraft*) in einen starken → *geostrophischen Wind*, d. h. einen Höhenwestwind um (→ *Jetstream*). Die potenzielle thermische Energie setzt sich so in kinetische Energie um und es kommt zum Aufbau großräumiger Luftdruckfelder (→ *außertropische Westwindzone*).

FRONTEX europäische Grenzschutzagentur und Organisation, deren Aufgabe die Durchführung und Koordination von Überwachungs- und Kontrollmaßnahmen entlang der EU-Außengrenze ist.

Frontier *frontier*: historische Pioniergrenze in den USA. In der Besiedlungsgeschichte der USA wurde der Grenzsaum zwischen den Gebieten weißer Besiedlung und den noch unerschlossenen bzw. von indianischen Gruppen besiedelten Gebieten als F. bezeichnet. Die F. wanderte im 19. Jh. von den Appalachen nach Westen zum Pazifik und wurde 1890 offiziell für nicht mehr existent erklärt. Der Begriff F. wird auch in übertragenem Sinn für ähnliche Raumentwicklungen verwendet.

Frontstufe *cuesta front scarp/slope*: im Unterschied zur → *Achterstufe* mit ihrem Abfall, dem → *Trauf*, entgegengesetzt zum → *Fallen* der Schichten exponierte → *Schichtstufe*. Die meisten der landläufigen Schichtstufenränder sind F., deren Hangprofil von der Gesteinsabfolge, v. a. von der Mächtigkeit der stufenbildenden Deckschicht, sowie dem Relief und Gewässernetz in der vorgelagerten Ausraumzone abhängt.

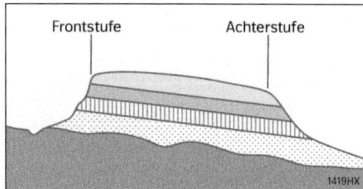

Frontstufe

Frost *frost*: das Absinken der Temperatur auf oder unter den Gefrierpunkt des Wassers. Lang anhaltender F. entsteht durch das Zufließen arktischer Luftmassen (→ *Advektivfrost*). Standortbürtig ist dagegen der Ausstrahlungs-F. klarer Nächte, wenn sich die bodennahe Luft als Folge des starken Wärmeverlustes des Bodens unter den Gefrierpunkt abkühlt.

Frostabhärtung *frost hardiness*: erworbene Eigenschaft gefriertoleranter Arten in den Schnee- und → *Eisklimaten* der Erde. Dabei reichern sich Zucker oder Fette im Plasma der Organismen an. Im Frühjahr wandeln sich die Kälteschutzstoffe in Holz und Rinde von Bäumen oder in den Blättern wintergrüner Pflanzen in Stärke zurück.

Frostaufbruch (Frostbeule) *frost heave*: in → *Geomorphologie*, → *Pedologie* und Straßenbau das Auftreiben des → *Bodens* durch Bildung von winterlichen → *Bodeneis*, das → *Frosthub* bewirkt. Voraussetzung ist gefrorener Boden oder generell ein Klima mit → *Permafrostboden*.

Frostbeule → *Frostaufbruch*.

Frostgare *frost tilth*: günstige Krümelung des → *Oberbodens* von Ackerböden, welche durch die Auflockerung und Zerteilung der Bodenschollen beim winterlichen Gefrieren und Wiederauftauen (Volumenänderung des → *Bodenwassers*) entsteht.

Frostgefährdung *danger of frost*: die Gefahr des Auftretens von Früh- und Spätfrösten. Sie ist in Geländeabschnitten, in denen sich die abfließende nächtliche Ausstrahlungskaltluft sammelt, am größten (→ *Hohlformen*, vor stauenden Geländehindernissen: Wald, Baum- und Gebüschstreifen, Bahndämmen, Gebäuden etc.). Im Einzelnen hängt die F. von der klimatischen Häufigkeit klarer, also wolkenloser Ausstrahlungsnächte, der Größe und Tiefe des Kaltluftsammlers und der Ausdehnung des Einzugsgebietes → *Kaltluft* produzierender Freiflächen ab. Für die landwirtschaftliche Anbauplanung werden Karten mit mehreren F.-Stufen ausgearbeitet, da die → *Frostresistenz* der Kulturarten unterschiedlich ist. Zur F. neigen v. a. Hohlformen im weiteren Sinne (Täler, Mulden, Becken, Senken), in denen sich → *Kaltluftseen* bilden.

Frostgraupel *small hail*: meist runder Festniederschlag aus kleinen, vollständig durchgefrorenen, halbdurchsichtigen Eiskörnern mit Durchmessern von 3-5 mm; stellt eine Vorstufe des → *Hagels* dar (→ *Graupel*).

Frosthebung → *Frosthub*.

Frosthub (Frosthebung) *frost heaving,*: frost heave, frost pull Anhebung des Bodens durch Frost mit zur Erdoberfläche gerichteter Bewegungskomponente, wobei die Intensität der Bewegung von Wasserkapazität, Zusammensetzung des Substrates und → *Frostwechselhäufigkeit* abhängt. Bei häufigen Frostwechseln können entsprechend auch Steine auffrieren, was zur Bildung von → *Frostmusterböden* führen kann. Ursache des F. ist die Verlagerung des Porenwassers in Richtung Gefrierfront, wo es sich sammelt und gefriert (→ *Eislinsen*, → *Kammeis*) und den Boden anhebt. Spielen sich diese Bewegungen lateral ab, weil sich die Gefrierfront seitlich ausbreitet, wird von → *Frostschub* gesprochen.

Frostinhalt *cold content*: das Maß der Kälte, welche in einem → *Gletscher* enthalten ist. Der F. bezeichnet die Summe an negativer Wärmeenergie, welche von der Tiefe der Eistemperatur abhängt und die durch die Zufuhr von Wärme wieder abgebaut werden kann. In polaren → *Gletschern* ist der F. wesentlich größer als in den Gebirgsgletschern der → *gemäßigten Breiten* und der → *Tropen*.

Frostkeil → *Eiskeil*.

Frostlagen → *Frostlöcher*.

Frostlöcher (Frostlagen, Frostseen) *frost hollows*: markante konkave Geländeformen (Mulden, Kessel, Becken, Tälchen etc.), in denen sich häufig und zuerst → *Kaltluft* sammelt. Als F. gelten auch lokale Vertiefungen innerhalb größerer Kaltluftsammelbecken (→ *Kaltluftsee*). Sie enthalten dann die am stärksten abgekühlte Luft (→ *Frostgefährdung*).

Frostmusterboden (Strukturboden) *patterned ground, frozen pattern ground*: durch → *Bodenfrost*, speziell auch Auftauprozesse im Gebiet des → *Permafrostes*, zustande gekommene Materialsortierung in Böden und Lockersubstraten kalter Klimazonen, im → *Periglazial* des → *Pleistozäns* und in der → *periglazialen Höhenstufe* der Hochgebirge der Erde. Durch Volumenänderungen des gefrierenden Bodenwassers entsteht Druck, der die Bodenteilchen bewegt. Besonders in Sub-

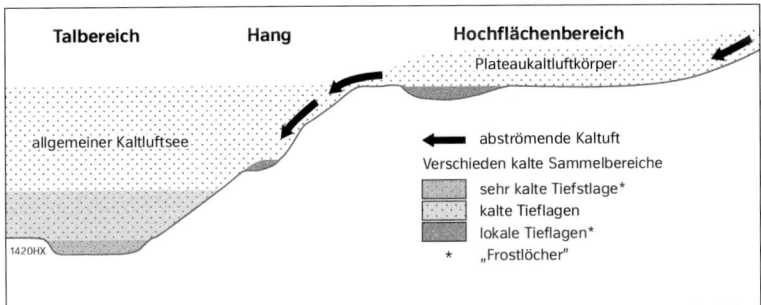

Frostlöcher

stratgemischen (feine Korngrößen mit Steinen bzw. → *Frostschutt*) wird rasch eine Materialsortierung (Feines = innen, Grobes = außen) erreicht. Es entstehen → *Steinringe*, → *Polygonböden*, → *Streifenböden* und → *Steingirlanden*. Die Formengrößen liegen zwischen ein bis zwei Dezimetern und mehreren Metern. In Mitteleuropa finden sich Makroformen nur → *vorzeitlich* bzw. → *fossil*, d. h. aus den pleistozänen → *Kaltzeiten*. In periglazialen Höhenstufen herrschen überwiegend Kleinformen vor (→ *Permafrostboden*).

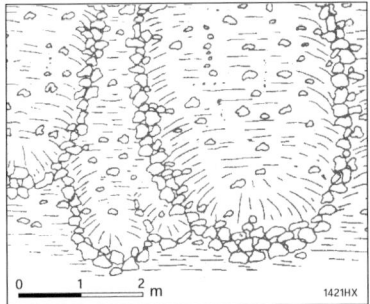

Frostmusterboden

Frostresistenz (Gefrierresistenz) *frost resistance*: Fähigkeit von Lebewesen, bei Temperaturen unter dem Gefrierpunkt zu existieren, ohne dass die Körperflüssigkeiten gefrieren (→ *Frostgefährdung*).
Frostriss *frost crack, ice crack*: lineare Strukturen im Boden, die auf Frostbewegungen zurückgehen. Die F. werden mit anderen Sedimenten ausgefüllt und somit fossilisiert. Die F. bilden die Initialform für → *Frostspalten*, aus denen dann große Formen, die → *Eiskeile* hervorgehen (→ *Permafrostboden*).
Frostschaden *frost damage*: Schädigungen landwirtschaftlicher Kulturen primär durch Spät- und Frühfröste, gelegentlich auch durch extreme späte Kaltlufteinbrüche in tiefen Lagen (→ *Frostgefährdung*), mit der Folge von Ertragseinbußen.
Frostschaden *frost injury*: tritt bei Pflanzen und Tieren mit eingeschränkter oder fehlender → *Frostresistenz* auf. Körper- und Gewebeflüssigkeiten gefrieren, außerdem trocknen die Organismen aus. Rasche Wechsel von Gefrieren oder Auftauen führen zu mechanischen Gewebeschäden.
Frostschub *frost push, frost thrust*: seitlicher Versatz von gefrorenem Boden, meist → *Permafrostboden*, der auf eine lateral zur Oberfläche fortschreitende Gefrierfront zurückgeht und durch dieselben Prozesse wie beim → *Frosthub* verursacht wird.
Frostschutt *frost debris, frost rock waste*: eckig-scherbiges → *Grobsediment* unterschiedlicher Komponentengrößen, das bei der → *Frostsprengung* durch → *Frostsprengungsverwitterung* entsteht. Die Bildung von F. ist besonders intensiv an Fels- und Gesteinsoberflächen, v. a. an der → *Schwarz-Weiß-Grenze*, d. h. wo an Schnee- oder Eisflächen nackte Gesteinsoberflächen angrenzen, sodass häufige Frostwechsel auf engstem Raum möglich sind. In Mitteleuropa kommt F. entweder als → *vorzeitlicher* → *Wanderschutt* oder als → *rezenter* F. in der → *periglazialen Höhenstufe* vor, weiterhin in den polaren Klimaten.
Frostschuttgrenze *lower limit of frost-weathered debris*: die Untergrenze der → *Frostschuttzone* der → *periglazialen Höhenstufe* im → *Hochgebirge*. Die F. weist in den einzelnen Hochgebirgen der Erde unterschiedliche Höhenlagen auf, ist aber generell an die Stufe mit → *Frostwechselklima* gebunden. Während der pleistozänen Kaltzeiten lag die F. in allen Gebirgen tiefer als heute.
Frostschuttzone *frost-weathering zone*: klimageomorphologische Zone, in der sich Verwitterung v. a. durch → *Frostsprengung* abspielt, die zur Bildung von → *Frostschutt* führt,

der den beherrschenden Material- und Oberflächentyp bildet. Die F. schließt sich unmittelbar an das Gebiet des ewigen Eises an und reicht bis an die Zone der subpolaren → *Tundra* an.

Frostschutz *frost protection, frost cover, frost shelter*: Maßnahmen zur Verhinderung oder Milderung von → *Frostschäden* an Kulturpflanzen. Dazu gehören Vorkehrungen des → *Landschaftsbaus* bzw. → *Lebendbaus* (Bau von Dämmen und Anpflanzen von → *Hecken* als Kaltluftbarrieren), Düngungsplanung (Kalidüngung zur Erhöhung der → *Frostresistenz*) und technische Maßnahmen wie Abdecken, Beregnung (Bildung eines schützenden Eispanzers) und Beheizung.

Frostseen → *Frostlöcher*.

Frostspalte *frost crack*: schmale Struktur im Boden, aus dem → *Frostriss* hervorgehend und nach dem Prinzip des → *Eiskeils* entstehend. Die F. kommt meist vergesellschaftet vor und kann horizontale und vertikale F.-netze bilden. In Mitteleuropa kommen sie, wie die Eiskeile, nur fossilisiert vor.

Frostsprengung (Congelifraktion, Frostsprengungsverwitterung, mittelbare Temperaturverwitterung, Spaltenfrost) *congelifraction, frost splitting, frost shattering, frost weathering, frost wedging, gelifraction*: Verwitterungstyp in Kaltklimaten mit bedeutender → *Frostwechselhäufigkeit*. F. wirkt auch in die Tiefe, je nach Gesteinsart und → *Klüftung*. Es wirken gefrierendes Wasser (Volumenzunahme um 11%) und die unterschiedlichen Ausdehnungskoeffizienten der Gesteine und ihrer Mineralien zusammen. In Gesteinshohlräume eindringendes Wasser gefriert zu → *Klufteis*, durch das auf die umgebenden Gesteinswände Druck ausgeübt wird. Sprengwirkung tritt jedoch nur dann ein, wenn die Hohlräume weitgehend geschlossen sind. Die Wirkungen der F. reichen von der Zerstörung der Mineralien eines Gesteins bis hin zum Zerlegen in → *Blöcke* bzw. → *Frostschutt*. Die Wirkung der F. kann bis ca. 2 m Tiefe reichen.

Frostsprengungsverwitterung → *Frostsprengung*.

Frosttrocknis *winter desiccation*: kann auch frostharte Pflanzen beschädigen oder zerstören, wenn der durch Transpiration bedingte Wasserverlust wegen gefrorenen Bodens oder auch wegen teilweise gefrorener Leitgefäße nicht ausgeglichen werden kann.

Frostverwitterung (kryogene Verwitterung) *congelifraction, freezing weathering, frost shattering, frost weathering, gelifraction*: → physikalische Verwitterung durch gefrierendes Wasser (→ *Bodenfrost*), die vor allem im → *periglazialen* Raum auftritt. Wesentlich hierbei ist zum einen die Volumenzunahme von Wasser beim Prozess des Gefrierens (→ *Frostsprengung*), zum anderen der aufgebaute Druck durch Eiskristalle (→ *Kristallisationsdruck*). Aber auch die durch den negativen → *Dampfdruck* über dem Eis ausgelöste Dehydration der umliegenden Gesteinspartien (das Wasser migriert zum Eis) scheint über Schrumpfungsrisse eine Rolle zu spielen. Durch F. entsteht → *Frostschutt*.

Frostwechselhäufigkeit *frequency of frost change*: eine typische Erscheinung des → *Frostwechselklimas* und des Wirkungsbereiches der → *Verwitterung* durch → *Frostsprengung*. Die F. ist umso größer, je häufiger die Temperatur um den Nullpunkt herum schwankt, woraus sich die Intensität ihrer geoökologischen und geomorphologischen Wirkungen ableitet.

Frostwechselklima *frost change climate*: Klima mit häufigen (täglichen) Schwankungen der Temperatur um den Nullpunkt. F. sind für die Subpolargebiete und die höheren Lagen der → *Hochgebirge* oberhalb der → *Waldgrenze* kennzeichnend. Häufiger Frostwechsel begünstigt die → *Solifluktion* und hemmt die Entwicklung und Produktivität der Vegetation stark.

Fruchtbarkeit → *Fertilität*.

Fruchtbarkeitsrate (Fertilitätsrate) *fertility rate*: Kennziffer in der → *Bevölkerungsgeographie*, die das zahlenmäßige Verhältnis von Lebendgeborenen zu Frauen im gebärfähigen Alter (i. d. R. 15-45 Jahre) pro Jahr angibt. Daneben werden altersspezifische F. sowie spezielle F. für einzelne → *soziale Gruppen* und → *Schichten*, für Verheiratete und Ledige usw. berechnet, die durch ihre regional unterschiedliche Ausprägung Hinweise auf die → *Bevölkerungs*- und → *Sozialstruktur* eines Raumes geben können (→ *zusammengefasste Geburtenziffer*).

Fruchtfolge (Rotation) *crop rotation/succession*: eine geregelte mehrjährige Anbaufolge verschiedener → *Feldfrüchte*. Der sog. Fruchtumlauf wird festgelegt aufgrund der Selbstverträglichkeit der Pflanzen, Bodenerschöpfung, Arbeitsaufwand, Saat- und Erntezeiten. Meist wird das → *Ackerland* der F. entsprechend aufgeteilt, sodass eine bestimmte Frucht rundum wandert. Die F. stellt eine an die Klima- und Bodengegebenheiten sowie an die Betriebsstruktur angepasste Kombination des Anbaus dar, welche die → *Bodenfruchtbarkeit* erhält, Schädigungen minimiert und einen hohen Reinertrag gestattet. Von besonderer Bedeutung für die Erhaltung der Bodenfruchtbarkeit ist dabei der Zwischenanbau von → *Leguminosen* (Klee, Luzerne usw.), weil deren Fähigkeit, Luftstickstoff mithilfe einer Wurzelsymbiose mit Knöllchenbakterien zu binden, zu einer natürlichen Stickstofferneuerung im Boden führt.

Fruchtfolgesystem *crop rotation system*: geregelte Anbaufolge der → *Nutzpflanzen* auf einem bestimmten Feld im Ablauf mehrerer Jahre (→ *Felderwirtschaft*).

Fruchtwechselwirtschaft *rotational cropping, crop rotation*: Anbau auf der Basis bestimmter → *Fruchtfolgesysteme*. Es wechseln z. B. jährlich → *Blattfrüchte* mit → *Halmfrüchten*.

Frühglazial *Early Glacial*: allgemein der frühe Abschnitt einer → *Kaltzeit*. Im engeren Sinne jedoch auf den Beginn der → *Weichsel*- bzw. → *Würm-Kaltzeit* bezogen, der sich unmittelbar an das der Kaltzeit vorangehende → *Interglazial* anschloss.

Frühherbst *early; autumn*: die erste Witterungsperiode nach dem Herbstbeginn (→ *Herbst*), welche im Wesentlichen durch den → *Altweibersommer* geprägt ist (→ *phänologische* → *Jahreszeiten*).

Frühjahrshochwasser *springtime flood*: in den mittleren und höheren Breiten der Hochwasserstand der Flüsse und Seen in den Monaten Mai/Juni, der durch die Hauptabschmelzung der winterlichen Schneerücklage im Gebirge entsteht (→ *Hochwasser*).

Frühling (Lenz) *spring, springtime*: die Jahreszeit, die astronomisch um den 21. März (→ *Solstitium*) beginnt und um den 21. Juni (Sommersonnenwende) endet. Die klimatischen F.-Monate sind in Mitteleuropa der März, April und Mai. Der F. wird in einen Vor- und Erstfrühling und den Vollfrühling gegliedert (→ *phänologische* → *Jahreszeiten*).

Frühlingspunkt *vernal equinox*: der Zeitpunkt um den 21. März, in dem die → *Sonne* auf ihrer scheinbaren Bahn den → *Himmelsäquator* von Süden nach Norden überquert und senkrecht über dem Erdäquator (→ *Äquator*) steht (Schnittpunkt der → *Ekliptik* mit dem Himmelsäquator).

Frühwarnung *early warning*: Bestandteil des → *Risiko*- und → *Katastrophenmanagements* im Umgang mit → *Risiken*, → *Gefahren* und → *Katastrophen* und zugleich Bestandteil einer → *Warnkette*.

FTAA *Free Trade Area of the Americas*: im Jahr 2001 unterzeichnetes Abkommen zur Gründung einer transamerikanischen → *Freihandelszone* (→ *Regionalintegration*). Mitglieder sollen alle 34 Staaten in Nord-, Mittel- und Südamerika sowie der Karibik (vorerst mit Ausnahme Kubas) sein. Aufgrund bestimmter, bisher ungeklärter Themen (z. B. Patente und geistiges Eigentum) sowie zwischenstaatlicher Differenzen (v. a. zwischen den USA und Venezuela) ist dieses Abkommen bisher nicht in Kraft.

Fühlungsvorteil (Kontaktvorteil) *localization economies*: → *Standortfaktor* für die Ansiedlung von Unternehmen des gewerblichen Produktions- und Dienstleistungsbereiches. F. ermöglichen schnelle Kontakte zu Zulieferern, Dienstleistungsunternehmen, Behörden, Kunden und zu Betrieben der gleichen Branche (→ *Lokalisationseffekt*, → *Agglomerationsvorteile*).

Fukushima (Fukushima Daiichi, Fukushima I) → *Kernkraftwerk* mit sechs Reaktorblöcken (Baujahre 1971–1979), auf der japanischen Hauptinsel Honshu, ca. 270 km nordöstlich von Tokio. Wegen eines → *Erdbebens*, mit → *Seebeben* der Stärke 8,9 und eines → *Tsunami* beschädigt. Am 11. März 2011 löste der Tsunami Wellen, mit einer Höhe von 11 m an der Küste, direkt vor den Kraftwerksblöchen aus. Auslegung des Kraftwerks nur bis 5,7 m Wellenhöhe. Daraufhin kam zum Stromausfall und zur teilweise Zerstörung technischer Einrichtungen, sodass die Kühlung z. B. der beschädigten → *Brennstäbe* im Reaktor und den → *Abklingbecken* versagte und es zur Kernschmelze kam. Die hohe Belastung mit → *radioaktiver Strahlung* und verschiedene Wasserstoffexplosionen sowie mechanische Zerstörungen technischer Einrichtungen behinderten vor Ort den Umgang mit der → *Katastrophe* (→ *Super-GAU*, → *Harrisburg*, → *Majak*, → *Windscale*).

Fulgurit (Blitzröhre) *fulgurite*: schmale, lang gestreckte, verfestigte und röhrenartige Partien in → *Sedimenten*, v. a. in Sanden. Die Verfestigung erfolgt durch die hohen Temperaturen beim Blitzeinschlag, durch die die Wandungen verglasen.

Fulvosäuren *fulvic acid*: Gruppe stark saurer → *Huminstoffe* gelb- bis rotbrauner Farbe. F. haben ein niedriges Molekulargewicht und sind die am leichtesten löslichen Huminstoffe, weshalb sie hohe Mobilität aufweisen und vielfach in Komplexen mit Fe verlagert werden. F. bilden sich bevorzugt an → *biotisch* wenig aktiven Standorten, also in → *Rohhumusdecken*.

Fumarole *fumarole, smoke hole*: Gas- und Wasserdampfaustritt aus aktiven → *Vulkanen* oder Spaltensystemen vulkanischer Gebiete. Die F. sind unterschiedlich temperiert (100–800°C) und können, je nach Temperatur, verschiedene Stoffe (Chlor, Schwefel) enthalten.

Fundort *locality*: Stelle der Erdoberfläche, auf der eine Tier- oder Pflanzenart vorkommt. Dieser räumlich-ökographische Begriff darf nicht mit dem ökologischen des → *Standortes* verwechselt werden.

Fünffelderwirtschaft *five-crop rotation*: → *Fruchtfolgesystem*, bei dem die → *Fruchtfolge* lautet: → *Blattfrucht* – Getreide – Getreide – Getreide – Getreide.

fungale Verwitterung *fungoid weathering*: → *Verwitterung* durch biochemische Wirkung

mikroskopisch kleiner Pilze. Organische Säuren setzen im oberflächennahen Gestein den pH-Wert herab und leiten die → *chemische Verwitterung* ein (→ *biogene Verwitterung*, → *chemisch-biogene Verwitterung*).
Fungizid *fungicide*: Stoff zum Vernichten schädlicher Pilze und ihrer Sporen. F. sind oft mit → *Schwermetallen* versetzt, um die toxische Wirkung zu erhöhen. Geraten F. in den Wasserkreislauf, werden andere biotische Bestandteile der → *Ökosysteme* vergiftet. F. können auch über die Gewässer in die → *Nahrungsnetze* geraten und daher für den Menschen Folgen haben.
Funktion *function*: Begriff mit vielfältiger Bedeutung. Für die Geographie von Interesse sind z. B. folgende: – F. als Aufgabe und Zweck eines → *Systems*, – F. von Strukturen in Systemen (→ *Strukturalismus*), z. B. in → *Ökosystemen* oder in → *sozialen Systemen*, – F. als abgegrenzter Aufgaben- und Verantwortungsbereich innerhalb der → *Struktur* einer → *Organisation*, – im Münchner Konzept der Sozialgeographie i.S.v. Grunddaseinsfunktion.
funktional differenzierte Gesellschaft *functional differentiated society*: in der Theorie → *sozialer Systeme* nach Niklas Luhmann evolutionär die bislang letzte Form der → *gesellschaftlichen Differenzierung*, historisch nach der → *segmentären Gesellschaft* und der → *stratifizierten Gesellschaft* folgend. In der f. d. G. ist die Gesellschaft im Hinblick auf unterschiedliche gesellschaftliche Funktionen (Politik, Recht, Wirtschaft, Wissenschaft, Kunst, Familie, Sport, usw.) ausdifferenziert. Diese → *Funktionssysteme* unterscheiden sich hinsichtlich ihrer Funktion, stehen jedoch gleichberechtigt nebeneinander.
funktionale Differenzierung → *funktional differenzierte Gesellschaft*.
Funktionale Geomorphologie *functional geomorphology*: ein auf → *geomorphologische Prozesse* ausgerichteter Ansatz der → *Geomorphologie*, der i. d. R. quantitativ ausdrückbare Beziehungen zwischen den Variablen → *aktueller Prozesse* und deren Randbedingungen (z. B. → *Klima*, → *Wasser*, → *Boden*, → *Gestein*) analysiert. Es werden geomorphologische Massenbilanzen erstellt, um die gegenwärtige Tendenz der Entwicklung der → *Oberflächenformen* darzustellen.
funktionale Organisation *functional organisation*: Art der → *Organisation* eines → *Unternehmens*, wonach die Aufgaben nach gleichartiger Verrichtung gegliedert und zu Funktionen (Beschaffung, Produktion, Ansatz u. a.) zusammengefasst sind.
funktionaler Ansatz *functional approach*: eine der Grundperspektiven in der → *Wirtschafts-* und → *Sozialgeographie*, in der die Funktionen im Sinne von Leistungen eines Teils eines räumlichen Systems für andere Teile im Vordergrund stehen, z. B. Wechselwirkungen zwischen Objekten im Raum oder zwischen Objekten und Räumen. Der f. A. ist oftmals Grundlage empirischer Untersuchungen, z. B. in der → *Raumplanung*.
funktionaler Stadttyp *functional type of towns*: Gruppe von → *Städten*, die sich bei einer Funktionstypisierung als zum gleichen Typ gehörig ergeben. F. S. werden hauptsächlich nach ihren wirtschaftlichen und zentralörtlichen Funktionen zusammengefasst, z. B. → *Industriestadt*, → *Hafenstadt*.
Funktionalismus *functionalism*: häufig im Zusammenhang mit soziologischen → *Systemtheorien* gebraucht, aber auch in Politikwissenschaft und Ethnologie verwendet. Versuch, soziale Phänomene (oder → *soziale Systeme*) über ihre Funktion für die Gesellschaft oder eine betreffende Gruppe (oder die Umwelt der Systeme oder andere Systeme in einem Systemzusammenhang) zu erklären.
funktionalräumliche Gliederung *functional space division*: Konzept der → *Raumplanung*, das im Gegensatz zum Konzept der → *wertgleichen Lebensbedingungen* steht. Die f. g. weist den Teilräumen eines Landes unterschiedliche → *Funktionen* zu, z. B. Entwicklungsfunktionen für → *Verdichtungsräume* und → *Ausgleichsfunktionen* (→ *Ökologie*, → *Landwirtschaft*, → *Tourismus* u. a.) für → *ländliche Räume*.
Funktionalreform *functional administrative reform*: Teilaspekt der → *Verwaltungsreform*, der sich mit der Neuordnung der fachlichen Zuständigkeiten bzw. der Aufgabenverteilung zwischen den verschiedenen Ebenen der staatlichen Verwaltung befasst. F. ist in der Praxis meist eng mit einer → *Gebietsreform* verbunden.
Funktionssystem *functional system*: ein Teilsystem der → *funktional differenzierten Gesellschaft* (z. B. Politik, Wirtschaft, Recht, Wissenschaft, Familie, Kunst, Religion), das sich gemäß der Theorie → *sozialer Systeme* nach Niklas Luhmann autopoietisch ausdifferenziert (→ *Autopoiesis*) und nach jeweils eigenen inneren Logik selbstreferentiell (→ *Selbstreferenz*) operiert.
Furchenbewässerung *furrow irrigation*: → *Bewässerungssystem*, bei dem das Wasser mithilfe von Verteilgräben in parallele Furchen oder Rinnen geleitet wird, wo es langsam versickern kann. F. ist nur bei reichlich vorhandenem Wasser möglich.
Fußfläche → *Pediment*.
Fußgängerbereich (Fußgängerzone) *pedestrian area*: Abfolge von Straßen und/oder Plätzen im Bereich von → *Innenstädten* oder → *Subzen-*

tren, die dem Fußgängerverkehr vorbehalten und entsprechend ausgebaut sind. Kraftverkehr ist i. d. R. nur stundenweise für Anlieferzwecke zugelassen. F. wurden v. a. in den publikumsintensiven Geschäftszentren von Großstädten eingerichtet, daneben seltener auch zur → *Verkehrsberuhigung* von Wohngebieten.

Fußgängerstraße *pedestrian street*: dem Fußgängerverkehr vorbehaltene innerstädtische Straße, meist als Teil eines größeren → *Fußgängerbereichs.*

Fußgängerzone → *Fußgängerbereich.*

Fußhöhle *stack cave*: → *Höhle* im tropischen → *Kegelkarst,* die sich am Fuß von → *Karsttürmen* befinden und durch → *Korrosion* erweitert werden. Schreitet der Prozess weit genug fort, kann er zur Zerstörung der Karsttürme führen.

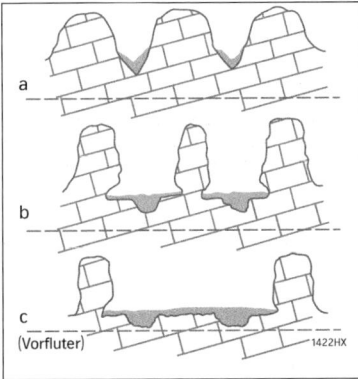

Fußhöhle

Fusion *merger, amalgamation, fusion of firms*: in der Wirtschaft rechtliche und wirtschaftliche Verschmelzung zweier oder mehrerer selbständiger Unternehmen. Unterschieden wird die F. durch Aufnahme bzw. Übernahme (Akquisition) oder Neubildung. Mittlerweile hat sich die Bezeichnung → *mergers and acquisitions* (M&A) etabliert.

Fußknick *nickpoint between slope and valley*: der Aufsetzpunkt einer → *Vollform* auf eine → *Flachform.* In verschiedenen geomorphogenetischen Theorien werden dem F. besondere Funktionen bei der Weiterentwicklung der Formen zugeschrieben, z. B. dass sich dort die Zurückverlegung von → *Wänden* vollzieht und damit die Weiterentwicklung der Flächen gegen die Vollform.

Futterbau *fodder/forage growing*: Anbau von → *Nutzpflanzen* zur Tierfütterung. Das Futter (z. B. Luzerne, Klee, Futterkartoffel, Futterrübe) wird frisch, gesäuert oder getrocknet verabreicht (→ *Feld-Futterpflanzen,* → *Grünland-Futterpflanzen*).

Futterbauwirtschaft *forage farming*: landwirtschaftliches → *Betriebssystem* mit einem Anteil des → *Futterbaus* von mehr als doppelt so viel (Gewicht) wie bei Getreide und → *Hackfrüchten* zusammen. Das bedeutet einen Flächenanteil von über 85% Futterbau an der gesamten → *landwirtschaftlichen Nutzfläche.* In Deutschland finden sich solche Betriebe v. a. in den Alpen, im Alpenvorland, in den Hochlagen der Mittelgebirge und in den → *Marschen.*

Futterpflanzen *forage plants/crops*: Sammelbezeichnung für → *Nutzpflanzen,* die bei der Tierhaltung verfüttert werden. Zu differenzieren ist zwischen → *Feld-* und → *Grünland-Futterpflanzen.*

G

Gabbro *gabbro*: aus → *Olivin*, → *Plagioklas* und → *Augit* bestehendes grobkörniges basisches → *Tiefengestein* brauner bis grünschwarzer Farbe. G. bildet in der Erdkruste → *Gänge* und → *Stöcke*.

Gabbroschale (Gabbro-Basalt-Schale) *gabbro-basalt layer*: Bestandteil des → *Schalenbaus der Erde* im Bereich der kontinentalen → *Erdkruste*. Die basischen Silikate der G. werden von den darüber liegenden sauren Silikaten der → *Granitschale* (Granit-Gneis-Schale) durch die → *Conrad-Diskontinuität* getrennt.

Gaia-Konzept *Gaia, Gaia concept*: benannt nach der griechischen Erdgöttin Gaia (Ge, Gäa). Das G.-K. strebt eine → *holistisch*-organische Betrachtung der Gesamterde – im Sinne der → *Landschaftshülle* – mit Mensch und Gesellschaft als Bestandteile der Umweltsysteme an. Dabei wird die Erde bzw. die → *Ökosphäre* als einheitlicher „Organismus" begriffen, der eine organisch-physiologische Betrachtung erfordert, da beispielsweise → *Umweltschäden*, nach Art einer von der Gesellschaft verursachten „Krankheit", sich auf den Gesamtorganismus der Erde auswirken, woraus eine geophysiologische Betrachtungs- und Verhaltensweise resultieren soll (→ *globale Umweltprobleme*).

Galeriewald *gallery forest*: Vegetationsformation der wechselfeuchten → *Tropen*, die als Waldstreifen entlang von Tälern mit oder ohne fließendes Wasser auftritt und auf → *Boden*- und → *Grundwasser* angewiesen ist. Gegenüber der niederschlagsbedingten zonalen Vegetation der weiteren Umgebung stellt der G. immer eine feuchtere Variante der Vegetation dar. So kommen im Bereich der → *Feuchtsavanne* im G. die Gewächse des immergrünen immerfeucht-tropischen Regenwaldes vor, in den → *Trockensavannen* Gewächse vom Typ der Feuchtsavanne. In der → *Dornstrauchsavanne*, die nur vereinzelt Bäume aufweist, findet sich der einzige geschlossene Baumbestand als G. der Täler und Tiefenlinien.

Galtalm *mountain pasture for young stock*: → *Alm*, die nicht zur Milcherzeugung genutzt wird, sondern auf der im wesentlichen Jungvieh gehalten wird.

Gamma-Diversität *gamma diversity*: die Artenvielfalt eines Vegetationskomplexes oder eines definierten Landschaftsraumes (→ *Biodiversität*).

Gang *vein, dike*: eine → *Spalte* in einem Gesteinskörper, die während der erdgeschichtlichen Entwicklung mit jüngerem Gestein oder → *Mineralien* ausgefüllt wurde. G. sind keine „Adern", sondern plattenförmige Körper großer Längsausdehnung bei geringer Breite. Das umgebende Gestein heißt → *Nebengestein*. Im Gegensatz zum → *Lager* sind die G. meist geneigt oder stehen senkrecht; sie können sich auch gabeln oder netzartig verzweigen. Unterschieden werden Gesteins-, Mineral- und Erz-G. Gesteins-G. sind meist → *Magmatite*, z.B. → *Granit*, → *Porphyr*, → *Basalt* oder → *Diabas*. Mineral-G. werden von → *Quarz*, → *Schwerspat*, → *Flussspat* (→ *Fluorit*) oder Kalkspat (Calcit) gebildet, d.h. aus Mineralien, die aus wässrigen Lösungen entstanden. Verfügen die G. über Mineralien mit abbauwürdigem Metallgehalt, bezeichnet man sie als Erz-G..

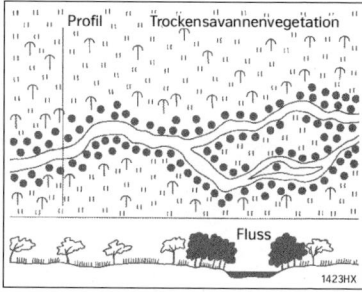

Galeriewald

Gangart *gangue*: nichtmetallische Minerale, die → *Lagerstätten* von → *Erzen* begleiten (→ *Erzlagerstätte*).

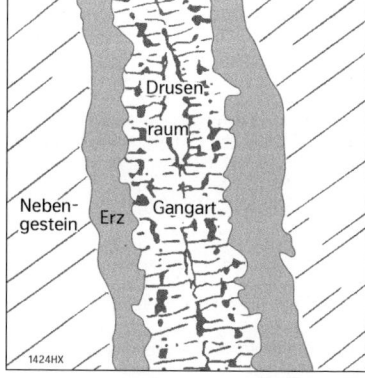

Gangart

Ganggestein *vein/dike rock*: → *Magmatite*, in Spalten- oder Gangform auftretend und aus

Tiefengesteinsmagma entstanden, das in die höhere → *Erdkruste* aufdrang, sodass die G. eine Zwischenstellung zwischen Oberflächen- und → *Tiefengesteinen* einnehmen.

Ganzheit → *Holismus.*

Gare (Bodengare) *tilth:* der Fruchtbarkeitszustand der Ackererde, dessen bestes Kennzeichen ein stabiles → *Krümelgefüge* ist. Die Voraussetzungen hierzu schaffen ein Mindestgehalt an Tonsubstanz und → *Huminstoffen*, eine hohe Basensättigung, gute Pufferung und ein reiches Bodenleben. Der Begriff G. ist also Ausdruck für die Gesamtqualität der die → *Bodenfruchtbarkeit* bestimmenden Bodeneigenschaften.

Gariden *garrids:* Sammelbezeichnung für Felsheiden des warmen und periodisch feuchten Mediterranklimas, u. a. von → *Garigues.*

Garigues (Garrigues) *garigue[s], garrigue[s]:* offene mediterrane Strauchheideformation auf flachgründigen Böden, vermutlich aus degradierten → *Hartlaubwäldern* oder aus degradierter → *Macchie* hervorgegangen. Die G. wird maximal etwa 2 m hoch und weist einen reichhaltigen Florenbestand auf, mit der Kermeseiche (*Quercus coccifera*) als Hauptpflanze. Regionale Bezeichnungen lauten z. B. Tomillares (Spanien) oder Phrygana (Griechenland).

Garten *garden:* eingegrenztes Stück Land, um Pflanzen zu kultivieren, d. h. es gärtnerisch, jedoch nicht land- oder forstwirtschaftlich zu nutzen. Im Bereich der wachsenden → *Agglomerationen* spielen sowohl öffentliche als auch private G. stadtökologisch eine große Rolle. Sie sind Bestandteil von → *Grünzügen* und gelten zugleich als wichtige Stätten der → *Erholung.*

Gartenarchitektur *garden architecture, landscape architecture:* als Fachgebiet heute in der Nähe von → *Landschaftspflege,* → *Grünordnung* bzw. → *Grünplanung.* 1. allgemeine Bezeichnung für die Planung von Gartenanlagen. 2. ursprünglich war G. eine Garten-„Architektur" im engeren Sinne, d. h. sie befasste sich mit Gebäuden und sonstigen Bauwerken in Gartenanlagen. Architektonisch gestaltete Gärten gelten inzwischen als Kulturgut.

Gartenbau *horticulture:* arbeitsintensive, teilweise auch recht kapitalintensive Form des → *Landbaus,* v. a. wenn der G. als → *Glaskultur* auf verbrauchernahem teurem Grund betrieben wird. (→ *Gartenstadtbewegung.*) Zum G. zählen: → *Gemüsebau,* Blumengärtnerei, → *Obstbau,* → *Weinbau,* Samenbau und → *Baumschulen.*

Gartendenkmalpflege *preservation of historic gardens:* Teil der → *Denkmalpflege,* bemüht sich um Erhaltung und Pflege historischer Gärten um Burgen, Schlösser, Güter, Dörfer, Klöster sowie in Städten oder in und um Friedhöfe.

Gartenland *garden land:* Gartenflächen von Haus- und Nutzgärten, auf denen für den eigenen Bedarf Gartengewächse (Obst, Gemüse, Zierpflanzen) oder Kartoffeln u. a. angebaut werden. Nicht zum G. zählen die Flächen des → *Feldgemüsebaus* und des → *Erwerbsgartenbaus,* auch wenn sie eingezäunt sind, sowie private Parkanlagen, Rasenflächen und Ziergärten.

Gartenstadt *garden city:* 1. durchgrünte und mit der Landwirtschaft verbundene → *Mittelstadt,* in der Einwohner aller → *sozialen Schichten* ohne räumliche → *Segregation* in gesunder Umgebung wohnen und arbeiten sollen. G. wurden als Modell seit 1898 in England propagiert. Sie sollten im → *Einzugsgebiet* von → *Großstädten* liegen und deren Überschussbevölkerung sowie andererseits einen Teil der Abwanderung vom Land aufnehmen (doppelte „Pufferfunktion"). Mit der Gründung der Städte Letchworth (1902) und Welwyn Garden City (1919) wurde das Modell der G. in die Praxis umgesetzt. Ansätze des G.-Modells sind bis heute in den → *New Towns* zu finden. 2. → *Vorort* oder Randgemeinde unter einer größeren Stadt mit stark überwiegender Einfamilienhausbebauung auf relativ großen Gartengrundstücken. G. werden i. d. R. von Angehörigen mittlerer und oberer sozialer Schichten bewohnt.

Gartenstadtbewegung *garden city movement:* durch Ebenezer Howard 1898 in England initiierte sozialreformerische Bewegung zur Durchsetzung der → *Gartenstadt*-Idee. Die G. versuchte, die Fehlentwicklungen des Großstadtwachstums im Industriezeitalter zu korrigieren und konnte ihre Vorstellungen in einigen Städten teilweise durchsetzen. Die G. lebt heute in der „Town and Country Planning Association" fort.

Garúa (Camenchaca) *garuá, camenchaca:* nässender Nebel bzw. Feinstaubregen am Rande der Küstenwüste Nordchiles und Perus im Bereich des kalten Peru- oder Humboldtstromes. Auf die Feuchte ist die → *Lomavegetation* eingestellt. Ähnliche Nebelerscheinungen findet man an anderen Kaltwasserküsten, z. B. am Benguelastroms vor Namibia. Die dort lokal auftretende Flechtenvegetation trägt keinen speziellen Namen (→ *Flechtenwüste*).

Gärung *fermentation:* Form der Energiegewinnung, bei der Wasserstoff nicht an Sauerstoff, sondern an organische Substrat, z. B. Kohlenhydrate, gebunden wird. Endprodukte der G. sind z. B. Milchsäure, Buttersäure oder Alkohol.

Gase, radioaktive gasförmige → *Radionuklide,* die durch radioaktive Umwandlung entstehen und einen Teil der natürlichen Strahlen-

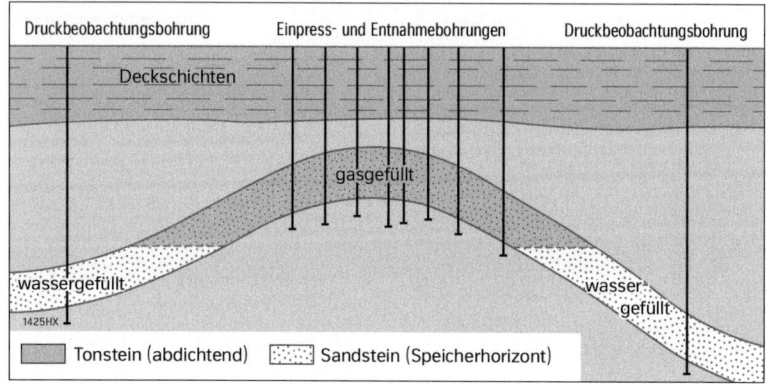

Gasspeicher

exposition ausmachen, der Lebewesen ausgesetzt sind. Bekanntestes radioaktives Gas ist das → *Radon*.

Gaskappe *gas cap*: Ansammlung von → *Erdgas* im Scheitelbogen eines geologischen Sattels (→ *Antiklinale*) über einer Erdöllagerstätte

Gasquelle *gas source*: → *Erdgas* tritt an die Erdoberfläche; unterschieden werden natürliche G. über → *Spalten* und → *Klüften* von künstlichen Gasbohrungen.

Gasspeicher *underground gas storage*: Bevorratung von Gas untertage in porösem Gesteinsmaterial (→ *Porenspeicher*). Das Gas wird in einer natürlichen → *Lagerstätte* entsprechend, durch Ton oder Salze abgedichteten Sandstein gepresst. Häufig werden auch ausgeförderte Erdgasfelder in G. umfunktioniert (→ *Kavernenspeicher*).

Gastanker *gas tanker, LNG tanker*: Spezialschiff zur Beförderung von Flüssiggasen, häufig auch als → *LNG-Tanker* bezeichnet.

Gastarbeiter *foreign worker, guest worker*: ausländischer → *Arbeitnehmer*. Als G. wird jede → *Erwerbsperson* bezeichnet, die ihr → *Heimatland* verlassen hat, um vorübergehend im Ausland zu wohnen und zu arbeiten. I. d. R. kommen G. aus wirtschaftlich weniger entwickelten Ländern mit Arbeitskräfteüberschuss in wirtschaftlich höher entwickelten Staaten. Oft wird aus dem vorübergehenden Aufenthalt ein dauernder, der schließlich zur → *Einbürgerung* führen kann. Der Begriff G. wird zunehmend durch den Begriff → *Arbeitsmigrant* ersetzt (→ *Arbeitsmigration*).

Gastarbeiterwanderung *guest worker migration*: eine Form der internationalen → *Wanderung*, bei der Arbeitskräfte aus meist wirtschaftlich weniger entwickelten Ländern in höher entwickelte Länder mit Arbeitskräftebedarf wandern. G. fand in Europa hauptsächlich in den 1960er und 1970er-Jahren statt; v. a. vom Mittelmeerraum nach Mittel- und Westeuropa gerichtet. Inzwischen besteht in den → *Industriestaaten* kaum noch Bedarf an → *Gastarbeitern* und die G. wird strikt reglementiert, zumal in vielen Fällen aus der G. entgegen der Annahme eines vorübergehenden Aufenthalts im Zielland de facto eine → *Einwanderung* mit dauerhaften Aufenthalt geworden ist. Statt G. wird daher heute meist der Begriff → *Arbeitsmigration* verwendet.

Gästeankünfte *tourist arrivals*: als eine der wichtigsten Kennzahlen der → *Tourismusstatistik* gibt die Zahl der G. an, wie viele Übernachtungsgäste in → *Beherbergungsstätten* aufgenommen wurden.

Gästeübernachtung *guest night, tourist bednight*: wichtige Kennzahl der → *Tourismusstatistik*, die angibt, in wie vielen Nächten die → *Gästebetten* der → *Beherbergungsstätten* belegt waren. Aus der Relation von G. zu → *Gästeankünften* lässt sich die durchschnittliche Aufenthaltsdauer der Touristen errechnen, die Hinweise auf den Fremdenverkehrstyp des betreffenden Ortes gibt.

Gat → *Seegat*.

gated community abgeschlossene und gegen unbefugten Zugang gesicherte Wohnanlage. G. c. werden von wohlhabenden oder privilegierten Bevölkerungsgruppen bezogen, die sich aus Furcht vor Gewalt, aber auch aus dem Wunsch der Abgrenzung gegenüber anderen Sozialgruppen, freiwillig isolieren. G. c. existieren v. a. in den Wohnvierteln der sozialen Mittel- und → *Oberschicht* in Amerika und Westeuropa, vielfach auch in → *Zweit-*

wohnungs-Vierteln von → *Tourismusgemeinden* sowie in den → *Hauptstädten* der meisten → *Entwicklungsländer* in Afrika, Südamerika und Asien als → *Wohnviertel* von ausländischen und einheimischen Eliten.

GATS (General Agreement on Trade in Services, Allgemeines Dienstleistungsabkommen) zusammen mit → *GATT* und → *TRIPs* eines der drei wesentlichen Bestandteile der → *Welthandelsordnung* und ist der → *WTO* untergeordnet. Hauptanliegen des GATS ist die multilaterale Liberalisierung des Dienstleistungsverkehrs, d. h. der Abbau von zwischenstaatlichen → *Handelshemmnissen* im internationalen → *Dienstleistungshandel*.

GATT (General Agreement on Tariffs and Trade, Allgemeines Zoll- und Handelsabkommen) das 1947 abgeschlossene Abkommen hatte zunächst völkerrechtlich nur den Status eines vertraglichen Abkommens. Seit 1995 bildet es neben → *GATS* und → *TRIPs* eine der drei Säulen der → *Welthandelsordnung*, vereint unter der neu gegründeten Welthandelsorganisation → *WTO*. Das G. verfolgt das Ziel der → *Liberalisierung* des weltweiten Warenhandels (→ *Freihandel*). Wichtigste Bestimmungen sind die gegenseitige Meistbegünstigung (→ *Meistbegünstigungsklausel*) im → *Außenhandel* und allgemein der Abbau von → *Handelshemmnissen*.

Gau *district, area*: 1. im frühen Mittelalter Einteilung für eine landschaftlich geschlossene und von natürlichen Grenzen bestimmte politische Siedlungsgemeinschaft der Germanen, insbesondere während der Zeit der → *Landnahme*. 2. in Teilen Deutschlands bis heute gebräuchliche Bezeichnung für eine historische abgegrenzte → *Landschaft* (z. B. Rheingau, Breisgau, Kraichgau). 3. 1933–45 politische Einteilung des Deutschen Reiches durch die NSDAP.

GAU *MCA, maximum credible accident*: Abkürzung für „Größter Anzunehmender Unfall", in der → *Atomwirtschaft* inzwischen durch den Begriff → *Auslegungsstörfall* ersetzt, auf den die Sicherheitssysteme eines → *Kernkraftwerks* ausgerichtet sind. Nach der Reaktorkatastrophe von → *Fukushima* stellte sich auch für die europäischen Kernreaktoren heraus, dass sie den in Zeit, Raum und Wirkungsweise unberechenbaren → *Seltenen Ereignissen* bzw. → *Spontanen Ereignissen* technisch nicht genügen (→ *INES*, → *Super-GAU*).

Gaußverteilung → *Normalverteilung*.

GDI → *Geodateninfrastruktur*.

GE → *Getreideeinheit*.

Geantiklinale (Geoantiklinale) *geanticline*: flache Aufwölbung der → *Erdkruste* aufgrund von → *Epirogenese*. Die Festlandsschwelle der G. steht dem untermeerischen Trog, der → *Geosynklinale*, gegenüber.

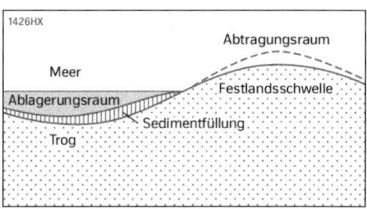

Geantiklinale

Gebäudetypisierung *buildings typology*: methodischer Ansatz zur inneren Differenzierung von → *Siedlungen* anhand der Gebäude. Merkmale können sein: unterschiedliche Funktionen, Größe, Lage, Konstruktion und Baualter der Gebäude. Beispiele für Gebäudetypen sind → *Wohngebäude*, → *Fabrik*, → *Hochhaus*, → *Fachwerkbau*, Renaissancebau.

Gebietsbewertung *areal evaluation, region evaluation*: Sammelbezeichnung für verschiedene Arbeitstechniken und Methodiken, die – einzeln oder kombiniert – einen Erdraum für eine Nutzung bewerten sollen. Nutzungsplanung bewerten sollen. In den Raumwissenschaften, v. a. der → *Geographie*, der → *Raumordnung* und das → *Landesplanung* sollen alle G. sich auf das → *Naturraumpotenzial* einstellen, das über ein bestimmtes → *Leistungsvermögen des Landschaftshaushaltes* verfügt (→ *Raumbeobachtung*, → *Raumbewertung*).

Gebietseinheit *territorial unit*: → *Raumeinheit*, die sich bei der Untergliederung eines Gesamtraums nach bestimmten Gesichtspunkten ergibt. Man unterscheidet insbesondere administrative (→ *Gemeinde*, → *Landkreis*, → *Regierungsbezirk*) und nichtadministrative G. Zu den letzteren zählen deskriptive G., die seit langem von der Geographie abgegrenzt werden (z. B. natur-, wirtschafts-, sozialräumliche Einheiten), und normativ-planerische G. (z. B. → *Fördergebiete*, → *Planungsregionen*, → *Arbeitsmarktregionen* usw.).

Gebietsgliederung *territorial division*: für wissenschaftliche oder praktische Zwecke durchgeführte Gliederung eines → *Raumes* in kleinere → *Raumeinheiten*. Die G. erfolgen v. a. in der Geographie und raumbezogenen Planungswissenschaften (→ *Raumordnung*, → *Landesplanung*). Von ihnen werden Territorien unter geoökologischen, wirtschaftlichen, sozialen und/oder administrativen Aspekten in Teilräume untergliedert. Bekannte G. sind → *naturräumliche*, → *wirtschaftsräumliche*, → *sozialräumliche* und kulturräumliche Gliederungen. Die G. sind oft Bestandteil von → *Gebietsbewertungen*.

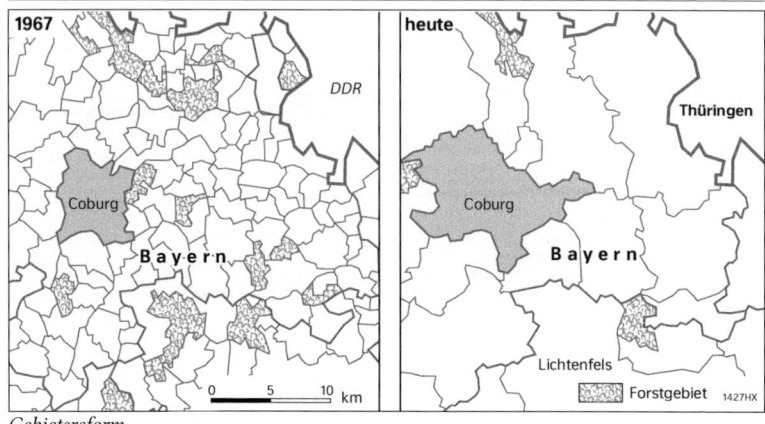

Gebietsreform

Gebietshoheit *territorial sovereignty*: von einem → *Staat* über sein → *Territorium* ausgeübte Staatsgewalt, die Personen, Sachen und Rechtsverhältnisse erfasst. Die G. erstreckt sich neben dem Landgebiet auch über die → *Territorialgewässer* und den Luftraum über dem Land- und Seegebiet.

Gebietskategorie *territorial category, spatial order category*: in der deutschen → *Raumordnung* und → *Raumplanung* planerisch bedeutsame → *Gebietseinheit*. Nach den Vorschriften des → *Raumordnungsgesetzes* soll das Bundesgebiet in G. untergliedert werden, die nach strukturellen und politischen Merkmalen abzugrenzen sind. Als G. gelten z. B. → *ländliche Räume* und → *Verdichtungsräume*. Der Begriff G. wird ähnlich verwendet wie → *Raumkategorie*.

Gebietskörperschaft *local government unit*: Körperschaft des öffentlichen Rechts, die in einem genau umgrenzten Teilgebiet eines → *Staates* die partielle, d. h. auf bestimmte verfassungsmäßig festgelegte Aufgaben beschränkte → *Gebietshoheit* ausübt. G. in Deutschland sind die → *Gemeinden*, → *Landkreise* und sonstige → *Gemeindeverbände* und z. T. auch → *Regierungsbezirke*.

Gebietsniederschlag *regional rainfall (precipitation)*: der gesamte, während eines definierten Zeitraums in einem wasserhaushaltlichen → *Einzugsgebiet* gefallene → *Niederschlag*. Der in Millimeter angegebene G. wird in der Praxis nach verschiedenen Verfahren aus Messungen an verschiedenen Punkten im Gelände ermittelt.

Gebietsreform (Verwaltungsgebietsreform) *regional reorganization, territorial reorganization of administrative units*: Gesamtheit aller staatlichen Maßnahmen, die darauf abzielen, das als veraltet erkannte räumliche Gefüge der → *Verwaltungsgebiete* modernen Erfordernissen anzupassen. G. ist, ebenso wie die mit ihr meist verbundene → *Funktionalreform*, eine Teilaufgabe der → *Verwaltungsreform*. Grundsätzlich kann G. in Grenzänderungen, Zusammenlegungen oder Aufteilungen von administrativen → *Gebietseinheiten* bestehen. In den alten Bundesländern fanden in den 1970er Jahren G. statt, bei denen v. a. durch Zusammenlegungen oder völlig neue Grenzziehungen stark vergrößerte → *Gemeinden*, → *Landkreise* und z. T. auch → *Regierungsbezirke* geschaffen wurden. Daneben wurden die → *Gemeindeverbände* neu geordnet. In den neuen Bundesländern wurde die G. nach der Wiedervereinigung in Angriff genommen und ist bis heute noch nicht beendet (→ *Gemeindegebietsreform*, → *Landkreisreform*, → *Eingemeindung*).

Gebietsverdunstung *regional evaporation*: die gesamte → *Verdunstung* eines wasserhaushaltlichen → *Einzugsgebietes* während eines definierten Zeitraums. Sie setzt sich aus
– der → *Evaporation* vom Boden und offenen Wasserflächen und – der → *Transpiration* der Pflanzenbestände zusammen.
Die G. wird als Wert der → *Wasserbilanz* in Millimeter angegeben. Grundsätzlich stellt die G. eine klimatische Grundgröße dar, die jedoch durch eine Fülle von Relief- und Bodeneigenschaften, die Abflussverhältnisse, die Zusammensetzung der Pflanzendecke und die Nutzungsarten modifiziert wird. Daher stellt die G. nicht nur eine Grundgröße des → *Landschaftswasserhaushalts*, sondern auch eine des gesamten → *Landschaftshaushalts* dar.

Gebirge *mountains, (mountain) range, hills (1./2.); formation, rock formation, strata (3.); bedrock (4.)*: 1. allgemein Gruppe von markanten Vollformen, d. h. von → *Bergen*, → *Tälern* und → *Hochflächen*, die von niedriger gelegenen Bereichen der Erdoberfläche umgeben sind und gegen diese eine orographische Grenze aufweisen. Die G. sind mit charakteristischen Geoökofaktoren ausgestattet. Darauf nehmen die Begriffe → *Hochgebirge* und → *Höhenstufe* Bezug. 2. geomorphologisch werden unterschieden: Mittel- und Hoch-G. nach absoluter und relativer Höhe und den Hangneigungsstärken; → *Kamm*-, → *Ketten*-, Kuppen- und → *Plateau*-G. nach der Form; Vulkang.- und tektonische G. nach der geologischen Entstehung. 3. geologisch sind G. Hochgebiete der Erde, die durch endogene Kräfte eine → *Orogenese* erfuhren. Die dabei entstandene Vollform unterlag oder unterliegt der → *exogenen Formbildung*, v. a. der → *Abtragung*. Geologisch werden unterschieden: → *Falten*-, → *Bruchfalten*-, Bruchschollen- und → *Rumpfschollen*-G., bei letzteren zusätzlich → *Horst*- und → *Keilschollen*-G. 4. mit G. wird im Bergbau das → *anstehende* Gestein bzw. der Gesteinsverband an sich bezeichnet.

Gebirgsbildung (Orogenese) *orogenesis, orogeny*: vorrangig die → *tektonische* Entstehung des → *Gebirges* durch → *endogene* Kräfte, mit grundlegender Änderung des Gefüges der → *Erdkruste*. G. setzt mit geringer Sedimentation in einer → *Geosynklinale* ein. Es schließt sich die → *Tektogenese* an, bei der in der Tiefe durch Raumverengungen der Faltenbau entsteht. In diesem hochorogenen Stadium sind bereits → *Überschiebungen* möglich. In diesem Stadium ist das Gebirge als → *Vollform* noch nicht vorhanden, sondern taucht allenfalls inselhaft aus dem Meer auf. Gleichzeitig lagert sich in der Geosynklinale → *Flysch* ab. Mit Beendigung der Hauptfaltung in der Tiefe wird das → *Orogen* infolge weiterer Bewegungen im → *Tieferen (geologisch) Untergrund* nach oben gepresst und taucht aus dem Meer als Vollform auf und unterliegt damit der → *exogenen Formbildung*. Die → *Abtragung* des aufsteigenden Gebirges führt zur Bildung von → *Molasse*. In diesem Stadium können sich Heraushebung des Gebirges und → *Faltung* fortsetzen. Das belegen die teilweise mitgefalteten Molassesedimente an Hochgebirgsrändern. Während der gesamten G. ist der → *Magmatismus* aktiv und führt im Gebirgskörper zu → *Intrusionen*.

Gebirgsentvölkerung *depopulation of mountain areas*: durch → *Abwanderung* sich vollziehender Bevölkerungsrückgang in Gebirgsräumen. G. tritt v. a. dort auf, wo die Landwirtschaft die ausschließliche oder ganz überwiegende Lebensgrundlage darstellt, und kann bis zur völligen Aufgabe von Siedlungen führen (→ *Wüstung*).

Gebirgsfußfläche *pediment*: schwach geneigte Abdachung im Gebirgsvorland, bestehend aus → *Pediment* und → *Glacis*, die mit deutlichem → *Fußknick* an den Gebirgsrand angrenzen, der durch Verwitterungs- und Abtragungsprozesse rückwärts verlegt wird.

Gebirgsklima (Höhenklima) *mountainous climate*: charakterisiert die in → *Hochgebirgen* herrschenden, v. a. durch den → *Regler* → *Georelief* (→ *Exposition*, → *Hangneigungsrichtung*, → *Hangneigungsstärke*) vielfältig abgewandelten zonenspezifischen Klimabedingungen (→ *Klimazone*). In Abhängigkeit von der zunehmenden Höhe ergeben sich – eine Abnahme der Temperatur und – der → *absoluten Luftfeuchtigkeit*, – eine Zunahme der täglichen Temperaturschwankungen und – der Frosthäufigkeit, – eine Zunahme der → *Einstrahlung*, insbesondere des kurzwelligen Anteils, – eine Zunahme der Niederschlagsmenge und – eine Abnahme der → *Vegetationszeit*.
Differenzierend wirken zusätzlich → *Luv*- und → *Lee-Effekte*, die ausgeprägt feuchte und trockene Gebiete beidseits von Gebirgskämmen entstehen lassen, ebenso die → *Berg*- und → *Talwindsysteme*. Das G. erfährt wegen des generell großen Einflusses des → *Reliefs* auf das → *Geländeklima* bedeutende lokalklimatische Unterschiede auf engstem Raum.

Gebirgsrumpf *mountain remnant*: Abtragungsrest eines → *Gebirges*, der in späterer Abfolge als → *Rumpfgebirge* weiterer Formbildung unterworfen sein kann.

Gebirgssteppe → *Rumpftreppe*.

Gebirgsvorland *piedmont, foreland*: beschreibender Begriff für die Bereiche außerhalb des → *Gebirges*, deren Oberflächengestaltung mit grundsätzlich anderen geomorphogenetischen Prozessen als im Gebirge selber bewirkt wurde.

Gebirgswald *mountain forest*: bezeichnet die unter besonderen Standortbedingungen im → *Gebirge* gedeihenden → *Wälder*, deren Artenzusammensetzung und Produktivität von den sich mit zunehmender Höhenlage verschärfenden Wachstumsbedingungen (in erster Linie Abnahme der Temperatur) abhängt. Je nach den klimazonalen Bedingungen bildet der G. der Wald verschiedene Höhenstufen aus (→ *Höhenstufe, landschaftsökologische*).

Gebirgszuschlag *mountain surcharge*: Preiszuschlag, der Erzeugern landwirtschaftlicher Produkte in Gebirgslagen bezahlt wird. G. werden v. a. in der Schweiz gewährt und stellen eine Subventionierung der Gebirgslandwirtschaft dar, um die Abwanderung aus

diesen peripheren Lagen zu bremsen (→ *Gebirgsentvölkerung*) und um den Selbstversorgungsgrad zu erhöhen.
Geborenenrate *birth rate*: korrekte, aber weniger gebräuchliche Bezeichnung für → *Geburtenrate*.
Gebrauchsgut *durable consumer good*: Erzeugnisse der Güterproduktion (→ *Güter*) mit einer gewissen Lebensdauer (z. B. Haushaltsgeräte) im Unterschied zu → *Konsumgütern* (einschl. Nahrungs- und Genußmittel).
gebrochener Verkehr *split transportation*: Beförderung von → *Gütern* oder Personen zwischen Ausgangs- und Endpunkt mit Wechsel der Transportmittel durch Umladen oder Umsteigen.
Geburtendefizit *deficit of births*: Überschuss der Zahl der Gestorbenen über die der Geborenen in einem bestimmten Raum (z. B. → *Staat*, → *Gemeinde*) während einer bestimmten Zeit, meist während eines Kalenderjahres. Wenn ein G. nicht durch → *Zuwanderung* ausgeglichen wird, führt es zu einem → *Bevölkerungsrückgang* (→ *Sterbeüberschuss*, → *Geburtenüberschuss*).
Geburtenhäufigkeit (Natalität) *frequency of births*: relative Anzahl der Geborenen in einem bestimmten Raum während einer bestimmten Zeit, i. d. R. während eines Kalenderjahres. Die G. wird meist durch die → *Geburtenrate* ausgedrückt.
Geburtenkontrolle (Geburtenregelung) *birth control*: Maßnahme zur bewussten Steuerung von Zeitpunkt und Zahl der Geburten. G. kann individuell in einer → *Familie* oder mithilfe indirekter Maßnahmen als Teil staatlicher → *Bevölkerungspolitik* durchgeführt werden (→ *Familienplanung*).
Geburtenrate (Geburtenziffer) *birth rate*: in der → *Bevölkerungsgeographie* benutzte Maßzahl, welche die Zahl der Lebendgeborenen pro 1000 Einwohner der mittleren → *Wohnbevölkerung* des betreffenden Gebietes in einem bestimmten Zeitraum (i. d. R. ein Kalenderjahr) angibt. Die eigentlich korrektere Bezeichnung → *Geborenenrate* (-ziffer), der zum Ausdruck bringt, dass die Zahl der Geborenen, und nicht die der Geburten gezählt wird (Abweichungen ergeben sich bei Mehrlingsgeburten), ist weniger gebräuchlich.
Geburtenregelung → *Geburtenkontrolle*.
Geburtenstatistik *birth statistics*: Teil der → *Bevölkerungsstatistik*. Die G. registriert und analysiert insbesondere Geburtenzahlen und → *Geburtenhäufigkeit* in ihrer regionalen Differenzierung.
Geburtenüberschuss *surplus of births*: Überschuss der Zahl der Geborenen über die der Gestorbenen in einem bestimmten Raum (z. B. Staat, Gemeinde) während einer bestimmten Zeit, meist während eines Kalenderjahres.
Wenn einem G. nicht ein höherer negativer → *Wanderungssaldo* gegenübersteht, kommt es zu einem → *Bevölkerungswachstum* (→ *Geburtendefizit*).
Geburtenziffer *birth-rate*: entspricht dem Begriff der Geburtenrate in der → *Demographie* und ist auch in der Ökologie gebräuchlich. Die Größe der G. ist genetisch und ökologisch bedingt. Sie wird verstanden als das Verhältnis der → *Natalität* (d. h. der Zahl der Individuen, die während eines definierten Zeitabschnitts geboren werden) zum Bestand der Gesamtpopulation.
Geburtenziffer → *Geborenenrate*.
Gebürtigkeit *origin*: Herkunft einer Person nach ihrem Geburtsort. Die Untersuchung der G. einer → *Bevölkerung* kann Aufschlüsse geben über die Anteile der Einheimischen und Zugewanderten, über → *Wanderungsvolumen* und -ströme, über regionale Unterschiede in der Herkunftsstruktur der Bevölkerung usw..
Geest *geest*: Landschaftstyp des nordwestmitteleuropäischen → *Tieflandes* im Bereich der → *Altmoränenlandschaft*, mit einem über den Niederungen liegenden höheren Hügel- und Plattenrelief und überwiegend sandigen Substraten. In Folge von → *Rodungen* wurden die → *Laubwälder* bzw. Laubmischwälder verdrängt, sodass sich in dem ozeanischen, also relativ niederschlagsreichen und thermisch gemäßigten → *Klima* → *Zwergstrauchheiden* und Kiefernheiden ausbreiteten. Hauptbodentyp ist der → *Podsol*, der als schwer nutzbar gilt. Der Vegetationstyp repräsentiert zugleich den Typ der → *Heidelandschaft*. Heute wird die Geest überwiegend landwirtschaftlich genutzt, da Nährstoffe durch Düngung künstlich zugeführt werden.
Gefahr *hazard*: ein Zustand oder Vorgang, aus dem ein Schaden für Personen, Tiere, Sachgüter oder Umwelt entstehen kann. G. bezeichnet eine Bedrohung durch ein zukünftiges Ereignis, das unter bestimmten Bedingungen eintreten kann (→ *Risiko*).
Gefahrdeich → *Schaardeich*.
Gefährdung *danger*: bezieht sich ganz konkret auf eine bestimmte Situation oder auf ein bestimmtes Objekt und beschreibt die Wahrscheinlichkeit mit der eine potenzielle → *Gefahr* zeitlich oder räumlich auftritt (→ *Risiko*).
Gefährdungspotenzial *potential for danger, risk potential*: Maß zur Bestimmung des möglichen Eintritts sowie der potenziellen Auswirkungen einer → *Gefahr* oder eines → *Risikos* (→ *Eintrittswahrscheinlichkeit*).
Gefahrenkarte *hazard map*: kartographische Darstellung von gefährdeten Gebieten, macht Angaben zur Gefahrenart, zur räumlichen Ausdehnung des Gefahrenbereiches

und zum Grad der →*Gefährdung*. G. werden auf der Basis von →*Digitalen Geländemodellen* zur Erfassung, Darstellung und →*Risikoabschätzung* von sowie zur Vorsorge vor →*Naturgefahren*, aber auch für Klimagefahren oder Vegetationszerstörungen durch Nutzung erstellt. Je nach Einsatzfeld und Zweck geschieht dies in großen, mittleren und kleinen Maßstäben, für die mitteleuropäische Praxis oft in 1:10 000, 1:5000 oder größer (→ *geomorphologische Gefahrenkarten*). Die G. kann als Grundlage für die Bauleitplanung sowie für Projektierungen und Kostenermittlungen von Schutzmaßnahmen herangezogen werden. Gleichzeitig ist die G. ein Mittel zur Erhöhung der gesellschaftlichen →*Risikowahrnehmung*.

Gefahrenstufen *danger level*: Kategorisierung von →*Gefahren* anhand einer Kombinationsmatrix bestehend aus Intensität und →*Eintrittswahrscheinlichkeit*, um auf die Dringlichkeit und Schadensnähe eines Ereignisses hinzuweisen. Die deutsche Rechtsprechung unterscheidet – „gegenwärtige Gefahr", bei der das schädigende Ereignis unmittelbar oder in allernächster Zukunft mit an Sicherheit grenzender Wahrscheinlichkeit bevorsteht bzw. bereits begonnen hat; – „Gefahr im Verzug" verweist auf eine Sachlage, bei der ein Schaden eintreten würde, wenn nicht an Stelle der zuständigen Behörde oder Person eine andere Behörde oder Person tätig wird; – „dringende Gefahr", die dann vorliegt, wenn eine Sachlage oder ein Verhalten bei ungehindertem Verlauf eines objektiv zu erwartenden Geschehens mit hinreichender Wahrscheinlichkeit ein wichtiges Rechtsgut schädigen wird. Die dringende Gefahr setzt jedoch keine zeitliche Dringlichkeit voraus (→ *Risiko*).

Gefahrenzonen *danger zones*: Gebiete mit hohem →*Gefährdungspotenzial*, die per Gesetz auf entsprechenden →*Gefahrenkarten* ausgewiesen werden müssen, um beispielsweise eine Bebauung abzuwenden, dient dem Schutz der Gesellschaft vor →*Gefahren*, z.B. →*Naturgefahren*. (→ *Risiko*).

Gefälle *gradient, incline, slope, descent*: – als absolutes G. der Höhenunterschied zwischen zwei Punkten der Erdoberfläche. – das relative G. oder die Neigung bzw. →*Hangneigungsstärke* ist das Verhältnis des Höhenunterschiedes zwischen zwei Punkten und ihrer waagerechten Entfernung voneinander. – bei Verwendung des Begriffes in der →*Fluvialdynamik* bzw. Hydrodynamik der Fließgewässer werden →*Sohlengefälle* und →*Spiegelgefälle* unterschieden. Beide Begriffe stehen mit der →*Gefällskurve* in Beziehung.

Gefällsbruch *knickpoint*: – bei der →*Fluvialdynamik* eine Unstetigkeitsstrecke in der →*Gefällskurve* eines Flusses. Der G. geht v.a. auf Festgesteinsschwellen auf der Flussbettsohle zurück. – als ein Knick in einem →*Hang*, wo sich das →*Gefälle* durch Änderung von →*Hangneigungsstärke* und/oder →*Wölbungen* ändert.

Gefällskurve (Flussgefällskurve) *gradient curve*: Kurve, die das Längsprofil des Flusses von der Quelle bis zur Mündung bildet. Die G. ist nicht die theoretische (ideale) G., die mit der →*Ausgleichskurve* beschrieben wird, sondern die kurve mit ungleichmäßigem Gefälle, bei dem gefällsärmere mit gefällsreicheren Abschnitten wechseln, die durch Gesteinsbänke, Sedimentakkumulationen im Flussbett bzw. Sedimentzulieferung durch die Nebenflüsse sowie durch die geomorphogenetische Geschichte des Gesamttales verursacht werden. Zu den Gefällsunstetigkeiten gehören →*Stromschnellen* und →*Wasserfälle*.

Geflüchteter → *Flüchtling*.
Gefrierkerne → *Eiskeime*.
Gefrierresistenz → *Frostresistenz*.
Gefüge *texture (1.); structure (2., 3.)*: 1. in der →*Geologie* das →*Gesteinsgefüge*. 2. in der →*Geographie*, v.a. in der →*Landschaftsökologie* und ihren Raumgliederungen, das →*Gefügemuster* bzw. die Gefügeform. 3. in der →*Bodenkunde* das →*Bodengefüge*.

Gefügemuster *structure pattern*: Begriff, der den Terminus →*Raummuster* auf die →*Naturräumliche Gliederung* überträgt. Beim G. geht es um Regelhaftigkeiten in der Anordnung →*naturräumlicher Einheiten*. Dabei wird von einer „inneren Ordnung" größerer naturräumlicher Einheiten ausgegangen, die drei Kriterien definieren: – Inventar der →*Tope*, also der →*topischen Grundeinheiten*; – Mosaik, das ihre charakteristische Anordnung eben im G. darstellt; – Maß, welches die Maßstabsstufen der am G. beteiligten →*landschaftsökologischen Grundeinheiten* ausdrückt (→*Maßstabsstufe*, →*Topengefüge*).

Gegenfluss (Stirnfluss) *obsequent stream, countercurrent [flow]*: Fließgewässer, das aus der →*Schichtstufenlandschaft* entgegen dem →*Fallen* der Gesteinsschichten fließt und als →*obsequenter Fluss* bezeichnet wird. Es fließt in der →*Subsequenzfurche* vor der →*Stufenstirn*.

Gegenöffentlichkeit → *Zivilgesellschaft*.
Gegenstrahlung (der Atmosphäre) *back radiation*: die von der →*Troposphäre* in Abhängigkeit vom →*Wasserdampf*gehalt der →*Luft* mehr oder weniger stark absorbierte und wieder zurückgestrahlte langwellige Ausstrahlung der Erdoberfläche. Die durch G. zurückkommende →*Wärmestrahlung* von ungefähr drei Viertel der ausgestrahlten En-

ergie (→ *Strahlungsbilanz*) ist für die Wärmebilanz der Gesamterde von erheblicher Bedeutung.

Gegenstrom *reverse sea flow*: intensive → *Meeresströmung*, die als ein System von Strom-Gegenstrom wirkt und nichtlineare Effekte als Ursache hat.

Gegenstromprinzip *principle of mutual feedback*: raumordnerisches Grundprinzip in Deutschland, das auf der wechselseitigen Beeinflussung der übergeordneten (z. B. Regierung, Ministerien) und der untergeordneten Behörden (z. B. → *Städte*, → *Kreise*) beruht. Das → *Raumordnungsgesetz* sieht vor, dass einerseits die Entwicklung, Ordnung und Sicherung der Teilräume sich in die Gegebenheiten und Erfordernisse des Gesamtraums einfügen soll und andererseits die Entwicklung, Ordnung und Sicherung des Gesamtraums die Gegebenheiten und Erfordernisse seiner Teilräume berücksichtigen soll. Dadurch soll eine demokratische Planung unter Berücksichtigung von gesamt- und einzelräumlichen Interessen gewährleistet werden.

Gehängelehm → *Hanglehm*.

Gehängeschutt → *Hangschutt*.

Gehöferschaft *communal land holding*: in West- und SW-Deutschland bis ins 19. Jh. anzutreffende agrarische Genossenschaft mit gemeinsamem Eigentum an Äckern, Wiesen, Wildlaudereien und Waldungen (→ *Allmende*). Diese wurden entweder gemeinsam genutzt oder in periodischem Wechsel unter den Erben zur Nutzung verlost. Einige wenige G. mit gemeinsamen Waldbesitz gibt es auch heute noch (→ *Feldgemeinschaft*).

Gehöft (Hof) *farmstead, farmyard-type house*: landwirtschaftlicher Betrieb mit den dazugehörenden Wohn- und Wirtschaftsgebäuden (→ *Gehöfttyp*).

Gehöfttyp *farm type*: → *Gehöft* mit einer bestimmten räumlichen Zuordnung der Funktionsbereiche Wohnung, Stallung und Bergung. Beispiele sind → *Streuhof*, → *Zweiseithof*, → *Dreiseithof*, → *Vierseithof*, → *Streckgehöft*, → *Einheitshaus*.

Gehölze *woods*: Sammelbezeichnung für Baum- und Strauchgewächse, die in kleinen Gruppen bzw. als kleine Waldbestände auftreten, z. B. als Feldgehölze. In ausgeräumten Agrarlandschaften spielt das G. eine wichtige Rolle bei der Erhöhung der → *Landschaftsdiversität* und der → *Biodiversität*.

Geisterstadt → *ghost town*.

Geisteswissenschaften *humanities*: im deutschen Sprach- und Wissenschaftsraum eine Sammelbezeichnung für Wissenschaften, die sich mit kulturellen, geistigen, medialen, sozialen, geschichtlichen und politischen Phänomenen beschäftigen. Ob sich eine wissenschaftliche Disziplin (z. B. Geschichte oder Politikwissenschaft) selbst als Geistes- oder als → *Sozialwissenschaft* versteht, ist oftmals eine Auslegungssache der Forschenden selbst und hängt i. d. R. von der gewählten Methodik zur Bearbeitung der Forschungsfragen ab (→ *Kulturwissenschaft*, → *Cultural Studies*).

geistiges Eigentum *Intellectual Property Rights*: Sammelbegriff für v. a. Copyrights, Patente und Handelsmarken, die durch verschiedene legale Instrumente zeitlich und örtlich begrenzt geschützt werden, sodass es nur exklusive Zugänge gibt. Wie andere Besitzrechte ist das g. E. ein Zeichen dafür, wie → *Gesellschaften* Ansprüche Einzelner und Gruppen valorisieren. Kontrovers werden im Rahmen des g. E. Ansprüche auf biologische → *Ressourcen* diskutiert.

gekapptes Bodenprofil *truncated soil profile*: ein im Horizontaufbau unvollständiges → *Bodenprofil*, dessen obere Horizonte durch → *Bodenerosion* oder sonstige → *anthropogene* Eingriffe teilweise oder ganz abgetragen wurden oder sich nur unvollständig entwickeln konnten.

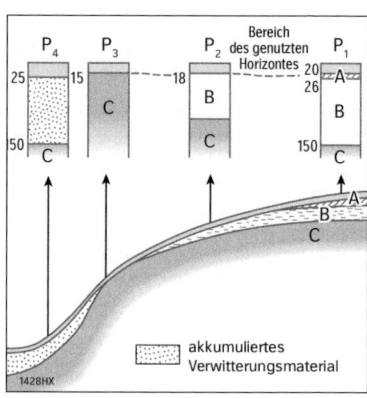

gekapptes Bodenprofil

geköpfter Bach *underfit stream*: Fluss, der durch → *Flussanzapfung* sein ursprünglich größeres → *Einzugsgebiet* verloren hat und der in seiner heutigen Größe somit nicht der Größe des Tals entspricht (→ *geköpftes Tal*).

geköpftes Tal *beheaded valley*: durch → *rückschreitende Erosion* oder → *Flussanzapfung* entstandenes Tal, das frei in die Luft ausstreicht und entweder trockengefallen ist (→ *Trockental*) oder von einem im Verhältnis zur Talgröße viel zu kleinen Fluss durchflossen wird (→ *geköpfter Bach*). In → *Schichtstufenlandschaften* entstehen g. T. durch Zurückverlegung des → *Stufenrandes* einer → *Schichtstufe*, wodurch die oberen → *Ein-*

zugsgebiete von Flüssen auf der → *Dachfläche* der Stufe beschnitten werden.

Gekriech *creepwash, debris rock creep, downcreep, hillside creep, (rock) creeping*: sich hangabwärts bewegender feinerdereicher → *Hangschutt* (→ *gravitative Massenbewegung*). Je höher der Feinerde-Anteil, je größer die → *Hangneigungsstärke* und je feuchter das Substrat, um so wahrscheinlicher ist die Bewegung. Sichtbare Folge ist z. B. das → *Hakenwerfen*.

Gekröselava → *Pahoehoe-Lava*.

Geländeklima (Topoklima) *open country climate*: die durch Reliefgestalt und Oberflächenbeschaffenheit (Bewuchs, Nutzungsarten, Siedlung) lokal abgewandelten Gegebenheiten des regionalen Klimas. V. a. die Reliefformen mit Höhe, → *Hangneigungsrichtung* (Exposition) und → *Hangneigungsstärke* beeinflussen → *Einstrahlung*, Windfeld, Kaltluftfluss und Niederschlagsverteilung. Oberflächenstruktur und Bodenbedeckungstypen (z. B. Wald-Feld-Verteilung, Hecken, Siedlungsflächen) wirken durch → *Bodenreibung* und steuern und hemmen Luftströmungen in Bodennähe und modifizieren damit kleinräumig den Energiehaushalt der → *Landschaftsökosysteme*. Das G. bewirkt lokal sehr starke Abwandlungen der meisten → *Klimafaktoren*, die für Vegetationswachstum und viele Nutzungsarten differenzierte Standortbedingungen bedingen (→ *Klimatope*).

Geländeklimatologie → *Topoklimatologie*.

Gelängeflur *mixed field type*: → *Flurformentyp*, der zwischen der → *Gewannflur* und der → *Hufenflur* einzustufen ist. Die aus längeren Schmal- und Breitstreifen bestehende → *Gemengeflur* besitzt jeweils über eine Parzelle Hofanschluss.

Gelängeflur mit Nebengewannen, Blöcken und Streifen

Gelängeflur

Gelberde *Ferralsol*: eine ehemalige Bezeichnung für gelbe bis ockerfarbene ferrallitisierte Böden auf → *Silikatgestein* hauptsächlich im subtropischen Bereich (→ *Ferrallitisierung*). Sie gehören heute in der → *WRB* (2014) zu den Ferralsols. Die G. bilden eine Gruppe der → *Latosole* und haben den → *Roterden* ähnliche Eigenschaften, besonders auch in Bezug auf die Nutzung. Sie entstehen durch die Anreicherung von Eisen- und Aluminiumoxiden nach der Mobilisierung und Auswaschung der Silizium-Verbindungen. In den G. bilden sich vorwiegend Limonit (wasserhaltiges Fe-Oxid) und Eisenhydroxide und im Allgemeinen mehr Al-Oxide als in den Roterden.

Gelegenheitsverkehr → *Bedarfsverkehr*.

gelid *gelid*: gefroren; z. B. für Boden- und Materialzustand im → *Periglazial* (→ *Gelifluktion*).

Gelifluktion (Gelisoliluktion, Rasenwälzen, subnivale Denudation) *gelifluction*: langsames viskoses → *Fließen* des wassergesättigten Auftaubodens des → *Permafrostbodens*. Wassersättigung entsteht, da der dauernd gefrorene Boden stauend wirkt und nur dann, wenn ausreichend → *Feinboden* in der → *Auftauschicht* vorhanden ist, sodass das Wasser im Porenraum gespeichert wird und nicht hangabwärts abfließt. Die Fließbewegung erfolgt auch bei geringen → *Hangneigungsstärken* und kann auch unter einer Vegetationsdecke (z. B. alpinen Rasen oder Tundra) geschehen, was als gebundene Gelifluktion bezeichnet wird.

Gelisoliluktion → *Gelifluktion*.

Gelisols *Gelisols*: (von *gelare* [lat.] = gefrieren) in der → *US Soil Taxonomy* (2014) Böden mit Permafrost.

Gemarkung *local subdistrict*: Flächeneinheit des → *Katasters*.

Gemarkung *local subdistrict*: das Gebiet einer → *Gemeinde* oder eines → *Siedlungsverbandes*, ohne ausmärkische Besitzanteile (→ *gemeindefreies Gebiet*), das in früherer Zeit mit Markzeichen (z. B. Grenzsteinen) abgegrenzt wurde. Die G. umfasst die Siedlungsfläche, → *Flur*, → *Allmende*, Wald, → *Ödland*, → *Unland*, Wege und Gewässer. Aufgrund von Gebietsreformen umfassen heutige politische Gemeinden oftmals mehrere Siedlungen und damit mehrere ältere G..

gemäßigte Breiten *temperate zone*: verallgemeinernd für die → *Klimazone* der hohen → *Mittelbreiten*. Die Bezeichnung „gemäßigt" leitet sich vom in Mitteleuropa herrschenden, → *ozeanisch* geprägten → *Westwindklima* ab und ist in der Anwendung auf die übrigen Klimaregionen dieser Breitenlage irreführend. Die g. B. sind vom Einfluss der außertropischen Westwinde und der damit verbundenen Zyklonentätigkeit beherrscht, wobei deren klimatische Wirkung gegen das Innere der Kontinente hin stark abnimmt. Charakteristisch für die g. B. ist der jahreszeitliche Wechsel von positivem und negativem Energiehaushalt mit der Ausbildung der typischen vier → Jahreszeiten, deren Temperatur-Jahresamplituden von Ozeanferne oder -nähe bestimmt sind. Sie schwanken in ozeanischen bis kontinentalen Extremlagen von <10°C bis >40°C. Ebenso variieren die Niederschlagssummen von unter 300 mm in kontinentalen bis zu 2000 mm in ozeanischen Lagen. Die g. B. lassen sich grob in drei große Klimaregionen gliedern in – zyklonales Westwindklima an der Westseite der Kontinente, – Kontinentalklima und – in das durch Kaltlufteinbrüche geprägte sonst eher ozeanische Ostseitenklima. Im kontinentalen Klimabereich werden außerdem → Wald- und → Steppenklimate unterschieden.

Gemeinbedarfsfläche *community land use area*: Fläche, die in der → *Bauleitplanung* einer Gemeinde für öffentlich zu nutzende bauliche Anlagen und Einrichtungen (z.B. Schulen, Kirchen, Kulturgebäude, Behörden etc.) vorgesehen ist.

Gemeinde *community, municipality*: im politisch-geographischen Sinn eine → *Gebietskörperschaft* als kleinste sich selbst verwaltende politische Einheit innerhalb eines → *Staates* (→ *Kommune*). Mit geringen Ausnahmen (→ *gemeindefreie Gebiete*) sind in Deutschland alle bewohnten Gebiete einer G. zugeordnet. Nach dem deutschen Grundgesetz ist die kommunale Selbstverwaltung, d.h. die eigenverantwortliche Regelung aller Angelegenheiten der örtlichen Gemeinschaft, garantiert. Daneben stellen die G. die unterste Stufe des staatlichen Verwaltungsaufbaus dar und haben bestimmte ihnen vom → *Staat* übertragene Aufgaben zu erfüllen.

Gemeindealm *communal mountain pasture*: → *Alm*, die Eigentum der Gemeinde ist. Bewirtschaftet wird die G. als → *Allmende* oder durch einen Pächter.

gemeindefreies Gebiet (ausmärkisches Gebiet) *area outside a local administrative unit*: in Deutschland ein Gebiet, das politisch und verwaltungstechnisch keiner → *Gemeinde* zugeordnet ist, sondern direkt der Landkreisverwaltung untersteht. In mehreren Bundesländern gibt es g. G. Meist handelt es sich um größere unbewohnte Gebiete in Staatseigentum (z.B. Staatsforsten, Seen, Hochgebirgsareale).

Gemeindegebietsreform *territorial reorganization of local government units*: jener Teil der → *Gebietsreform*, der sich mit der Neuordnung der Gemeindegrenzen befasst. Dazu gehört auch die Zusammenfassung von → *Gemeinden* zu Amts- oder → *Samtgemeinden*, → *Verwaltungsgemeinschaften*.

Gemeindegrößenklasse *size group of local government units*: Zusammenfassung von → *Gemeinden* gleicher Größenordnung der Einwohnerzahl zu Typisierungszwecken. In der → *Siedlungsgeographie* wurde früher häufig mit G. gearbeitet; heute haben sie jedoch für Deutschland nur noch geringe Aussagekraft, da seit den → *Gebietsreformen* der 1970er-Jahre häufig völlig verschieden strukturierte Gemeinden zur gleichen G. gehören können (z.B. Zusammenfassung ländlicher Kleingemeinden zu neuen Einheiten, die statistisch zu städtischen G. gehören; → *Einwohnergrößenklasse*).

Gemeindeklassifikation → *Gemeindetypisierung*.

Gemeindetyp *type of communities*: Gruppe von → *Gemeinden*, die sich aufgrund von Gleichheit oder starker Ähnlichkeit hinsichtlich bestimmter Merkmale zusammenfassen lassen. Man unterscheidet insbesondere Strukturtypen (Gemeinden mit gleicher → *Bevölkerungs-*, → *Sozial-*, → *Wirtschaftsstruktur* usw.) und Prozesstypen (Gemeinden mit gleicher Bevölkerungs-, Wirtschafts-, Siedlungsentwicklung usw.).

Gemeindetypisierung (Gemeindeklassifikation) *classification of communities*: Klassifikation der → *Gemeinden* eines bestimmten Raumes nach Merkmalen, die i.d.R. durch den Anwendungszweck vorgegeben sind. Das Ziel einer G. ist die Gliederung der Gemeinden nach → *Gemeindetypen*. → *Siedlungsgeographie* und → *Raumforschung* haben eine Vielzahl von G. entwickelt; besonders wichtig sind solche nach der → *Erwerbsstruktur*, der → *Wirtschaftsstruktur*, den vorherrschenden → *Funktionen* usw. G., die nur auf sektoralen Aspekten aufbauen, sind z.B. solche nach der → *Einwohnergrößenklasse* oder Typisierungen von → *Landgemeinden* nach der → *Agrarstruktur*.

Gemeindeverband *municipal corporation*: in Deutschland eine mit Selbstverwaltungsrecht ausgestattete → *Gebietskörperschaft*, in der die → *Gemeinden* ihres Gebietes zusammengeschlossen sind. G. sind → *Ämter*, → *Samtgemeinden*, → *Verwaltungsgemeinschaften* usw. sowie → *Landkreise*. Nicht zu den G. im eigentlichen Sinn gehören die gemeindlichen → *Zweckverbände*.

Gemeindeverkehrsfinanzierungsgesetz (GVFG) *local transport financing law*: Kurzbezeichnung für das „Gesetz über Finanzhilfen des Bundes zur Verbesserung der Verkehrsverhältnisse der Gemeinden". Das G. fördert den Neu- und Ausbau von Gemeindestraßen sowie von Verkehrswegen und -anlagen für den → *öffentlichen Personennahverkehr* mit Finanzmitteln des Bundes.

gemeine Mark *commonage (extensive usage)*: ältere Bezeichnung für Flächen in Gemeinschafts- oder Genossenschaftsbesitz mit meist nur extensiver Nutzung. Man rechnet die g. M. deshalb i. d. R. nicht zu der → *Flur* (→ *Allmende*, → *Feldgemeinschaft*).

Gemeineigentum *collective property*: Kollektiveigentum, das einer Gesamtheit zur gemeinschaftlichen Nutzung zusteht. In früheren → *Agrarverfassungen* war das von einer bäuerlichen Gemeinschaft genutzte Allmendeland (→ *Allmende*) als G. zu verstehen. Aber auch andere Besitztümer wie Immobilien (→ *Genossenschaft*) können im G. stehen und damit gemeinschaftlich bewirtschaftet werden.

Gemeingut (öffentliches Gut, Kollektivgut, Allmendegut) *common property*: im Gegensatz zu einem → *freien Gut* sind G. begrenzt (→ *knappes Gut*), allerdings können aus technischen oder gesellschaftlichen Gründen Einzelne nicht von der Nutzung ausgeschlossen werden (z. B. → *Infrastruktur*, → *Natur*, → *Meer*). Oft kommt es dadurch zu einer → *Übernutzung* von G. (→ *Tragödie der Allmende*).

Gemeinlastprinzip *principle of the common burden*: steht dem → *Verursacherprinzip* gegenüber, indem die Kosten von → *Umweltbelastungen* vom Produkt bzw. Produzenten getrennt und der Gesellschaft übertragen werden.

gemeinsamer Markt *common market*: eine Form der → *Regionalintegration*, die nicht nur – wie bei einer → *Freihandelszone* oder → *Zollunion* – einen freien Warenverkehr durch den Abbau von → *Handelshemmnissen*, sondern drei weitere zentrale Freiheiten vorsieht: ein freier Dienstleistungsverkehr, ein freier Personenverkehr und ein freier Kapitalverkehr. Das wichtigste Vorbild für einen g. M. ist der EG-Binnenmarkt.

Gemeinschaft *community*: im soziologischen und ethnologischen Sinn eine überschaubare → *soziale Gruppe*, die ein ausgeprägtes Zusammengehörigkeitsgefühl als Mitglieder einer G. besitzen, oftmals über Generation. Eine G. kann größer oder kleiner als die politische → *Gemeinde* oder auch identisch mit ihr sein. Die G. gilt als ursprünglichste Form des Zusammenlebens (→ *Vergesellschaftung*) und bildet nach wie vor ein wesentliches Element der → *Gesellschaft*.

Gemeinschaftsressourcen *common property resource, common pool resourcs*: hierbei handelt es sich um kollektiv genutzter → *Güter*, wie z. B. landwirtschaftlichen Nutzflächen, Gewässern oder Waldgebiete, die einer Rechtsform gemeinschaftlichen Eigentums unterliegen.

Gemeinschaftsunternehmen *common business enterprise*: Kooperation mehrerer Unternehmen mittels Gründung einer Tochtergesellschaft, an der diese Anteile haben (→ *Joint Venture*). Im Zuge der Zusammenarbeit werden den G. selbstständige Unternehmensbereiche bzw. bestimmte Unternehmensfunktionen der Muttergesellschaft übertragen.

Gemengeflur *mixed field forms/strips*: → *Flurformentyp*, bei dem der → *Parzellenverband* aus unterschiedlich geformten Nutzungsparzellen besteht. Die G. enthält sowohl → *Blöcke* als auch Streifen (→ *Streifenflur*), evtl. in der Art einer → *Gewannflur*.

Gemengelage *mixed situation*: Verzahnung bzw. unmittelbares Aneinandergrenzen von unterschiedlichen Nutzungsarten in einem Siedlungsgebiet (→ *Siedlung*). Probleme bestehen insbesondere bei G. von gewerblicher Nutzung und Wohnnutzung.

Gemengelage *dispersed agricultural holdings*: im Unterschied zur Besitzeinheit die verstreute Lage von → *Besitzparzellen* in der → *Flur* (→ *Besitzzersplitterung*, → *Gewannflur*, → *Flurbereinigung*).

Gemischte Prärie (Mischgrasprärie) *mixed-grass prairie*: Typ der → *Steppe*, der zwischen der → *Kurzgrasprärie* und der → *Langgrasprärie* steht, mit ca. 500–600 mm Jahresniederschlag.

Gemüsebau *market gardening*: Zweig des → *Gartenbaus*, der sich mit dem erwerbsmäßigen Anbau von Gemüse befasst. Man unterscheidet den → *Feldgemüsebau* und die → *Glaskultur*.

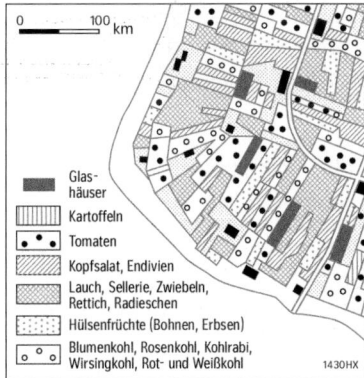

Gemüsebau

Gender (soziales Geschlecht) – zentraler Begriff in den Sozialwissenschaften, insb. der → *Gender Studies* und der → *Gendergeogra-*

phie. Das soziale Geschlecht eines Individuums wird hier als soziokulturelle Konstruktion (→ *soziale Konstruktion*) verstanden, die sich weitgehend unabhängig von dem biologischen Geschlecht (→ *Sex*) einer Person bildet, sondern das vielmehr aus einem Geflecht von gesellschaftlichen Strukturen, familiären und sozialen Anforderungen im Laufe der Sozialisation erworben wird (→ *doing gender*, → *Performanz*, → *Heteronormativität*, → *Transgender*). – seit Mitte der 1970er Jahre etablierter Begriff, der in Abgrenzung zum (→ *biologischen*) Geschlecht diejenigen sozial und kulturell bedingten Bedeutungen bezeichnet, die dem Geschlecht zugeschrieben werden. Eine kategorische Trennung zwischen Mann und Frau führt zu sozialen Konstruktionen, die das Verhältnis zwischen den G. beeinflussen und im Rahmen von → *feministischen* Theorien untersucht werden.

Gender *gender*: seit Mitte der 1970er Jahre etablierter Begriff, der in Abgrenzung zum (biologischen) → *Geschlecht* diejenigen sozial und kulturell bedingten Bedeutungen bezeichnet, die dem Geschlecht zugeschrieben werden. Eine kategorische Trennung zwischen Mann und Frau führt zu sozialen Konstruktionen, die das Verhältnis zwischen den G. beeinflussen und im Rahmen von → *feministischen Theorien* untersucht werden.

Gender Studies (Geschlechterforschung) ein interdisziplinäres Forschungsfeld in den Sozialwissenschaften, das die Geschichte, die Entstehung, die gesellschaftliche Relevanz und die Praxis der Differenz von Geschlechterrollen und Geschlechterrelationen (→ *Gender*, im Unterschied zu → *Sex*) sowie die Handlungsspielräume und Restriktionen durch die Konstrukte „Weiblichkeit" und „Männlichkeit" untersucht (→ *Gendergeographie*, → *doing gender*, → *Feministische Geographie*, → *Frauenforschung*, → *Männerforschung*, → *Transgender*, → *Heteronormativität*).

Gendergeographie *gender geography*: im Gegensatz zur → *Feministischen Geographie*, die v. a. die strukturelle Benachteiligung von Frauen im Blick hat, untersucht die geschlechterbezogene Geographie die raumrelevanten Aspekte von Geschlechterrollen und Geschlechterrelationen, beschreibt und analysiert die Handlungsspielräume und Restriktionen durch die Konstrukte „Weiblichkeit" und „Männlichkeit" und sucht nach Möglichkeiten, diese oft einschränkenden Konzepte zu verändern. Dabei steht nicht das biologische Geschlecht (→ *Sex*) im Zentrum, sondern → *Gender*, das soziale Geschlecht, das als Kategorie diskursiv (→ *Diskurs*) und in der alltäglichen Praxis hergestellt wird (→ *Feministische Geographie*, → *Frauenforschung*, → *Gender Studies*).

Genehmigungsverfahren *application of planing approval, application procedure*: auf verschiedenen Stufen der → *Raumplanung* eingesetztes Verwaltungsverfahren, welches die Zulässigkeit der vorgesehenen Maßnahmen prüft sowie Randbedingungen und Auflagen für die Umsetzung festlegt. G. sind gesetzlich geregelt, ihre Entscheide können in Deutschland beim jeweils zuständigen Verwaltungsgericht angefochten werden.

General Agreement on Tariffs and Trade → *GATT*.

General Agreement on Trade in Services → *GATS*.

Generalisierung *generalisation*: Sammelbegriff für Verfahren zur Reduzierung und Vereinfachung von Karteninhalten. Eine → *maßstäbliche* Verkleinerung der in der → *Karte* repräsentierten → *Topographie* macht G. nötig, um die grundrissbezogenen Merkmale in der Karte in ihren richtigen Relationen zur Realität abzubilden. G. ist i. d. R. mit einer Reduzierung des Karteninhaltes verbunden, um die Karteninformationen maßstabsbezogen noch genügend lesbar und prägnant darzustellen.

Generalist *generalist*: eine Tier- oder Pflanzenart, die hinsichtlich ihrer Ansprüche an die Umweltbedingungen nur wenig spezialisiert ist (z. B. ein breites Nahrungsspektrum hat).

Generalverkehrsplan → *Gesamtverkehrsplan*.

Generation *generation*: – der durchschnittliche Zeitabstand zwischen den Geburtsdaten von Eltern und Kindern in einem bestimmten Raum. Der Zeitraum einer G. dient z. B. zur Berechnung des → *Bevölkerungswachstums*; er wird grob mit 33 Jahren angenommen, schwankt jedoch sozialgruppenspezifisch sehr stark in Abhängigkeit von Heiratsalter, → *Fruchtbarkeitsrate* und durchschnittlicher Kinderzahl je Frau. Umgangssprachlich werden auch diejenigen Menschen als G. bezeichnet, die in der gleichen durch einen bestimmten Zeitgeist oder gewisse Ereignisse geprägten Zeitspanne geboren wurden (z. B. „Nachkriegsgeneration"). – i. S. v. → *Kohorte*: ein Geburtsjahrgang, d. h. die Gesamtzahl der Menschen, die in einem Kalenderjahr geboren wurden.

Generationentreff *get-together of generations*: Projekte und Veranstaltungen, die den Dialog zwischen den Generationen fördern sollen. Ein zentrales Instrument des G. sind → *Mehrgenerationenhäuser*.

generatives Verhalten (Geburtenverhalten) *fertility behavio[u]r*: das Verhalten von Personen in einer Gesellschaft, das auf die natürliche Entwicklung einer Bevölkerung (→ *natürliche Bevölkerungsbewegung*) Einfluss hat, also die Zahl der Kinder beeinflusst, die eine Bevölkerung hervorbringt. Das g. V. entsteht aus dem Zusammenspiel verschiedener gesellschaftlicher (z. b. wirtschaftlicher und politischer) Faktoren (z. B. bewusste Familienplanung, religiöse Wertvorstellungen, Lebensbedingungen, das Alter der Frauen bei der Heirat und damit der durchschnittlichen Zahl der Kinder je Frau). Indirekt gemessen wird das g. V. einer Gesellschaft i. d. R. durch die Totale → *Fruchtbarkeitsrate*.

genetische Vielfalt *genetic diversity*: Variabilität der Erbanlagen zwischen Individuen oder → *Populationen* einer → *Art*.

Genius loci *genius loci*: „Geist eines Ortes", Bezeichnung für die Besonderheit eines → *Ortes*. Ein Konstrukt (→ *Konstruktivismus*), das zwar auch die Lage und Einbettung eines Ortes in seine physische Umgebung meint, darüber hinaus jedoch auf Wissen, Erinnerung, Wahrnehmung und Deutung als interpretative Leistung des menschlichen Geistes verweist und mit dem Ort verschmilzt.

Genossenschaft *co-operative, co-operative society*: Verein ohne geschlossene Mitgliederzahl, der die Förderung der wirtschaftlichen Tätigkeit der Mitglieder und eine sich daraus ableitbare Gewinnoptimierung zum Ziele hat. Es gibt z. B. → *Produktions-*, Absatz-, Verbraucher-, Kredit-, Bau-, Landwirtschafts- und Winzer-G.

Genossenschaftsalm *communal mountain pasture co-operative*: → *Alm*, die nach dem Genossenschaftsrecht Eigentum der Mitglieder ist. Die Bewirtschaftung erfolgt gemeinschaftlich oder durch angestelltes Personal.

Genozid → *Völkermord*.

Gentechnik *genetic engineering*: Verfahren, wodurch Erbgut in Organismen eingebracht und dadurch neu kombiniert wird. Ziel ist die Verbesserung oder Ertragssteigerung von landwirtschaftlichen und tierischen Produkten, der Einsatz von gentechnisch veränderten Mikroorganismen in der → *Landwirtschaft* (Grüne Gentechnik oder Agro-Gentechnik) und die Herstellung von Medikamenten und Chemikalien.

gentrification (Gentrifizierung) soziale Aufwertung von innerstädtischen, insb. zentrumsnahen Wohngebieten durch den Zuzug von Angehörigen der sozialen → *Ober-* und oberen → *Mittelschicht*. G. ist häufig das Ergebnis von Maßnahmen der → *Stadtsanierung*, da durch die höheren Boden- und Mietpreise nach der → *Sanierung* meist einkommensschwächere Bevölkerungsgruppen verdrängt werden.

Gentrifizierung → *gentrification*.

Genussmittel *stimulants, luxury foodstuffs*: Bezeichnung von → *Lebensmitteln*, die nicht ausschließlich zum Zwecke der Sättigung und Ernährung konsumiert werden, sondern auch wegen ihres Geschmacks oder ihrer i. d. R. anregenden Wirkung. Dazu zählen beispielsweise Kaffee, Tee, Kakao, Tabak oder alkoholhaltige Getränke.

Genussmittelpflanzen *stimulant plants*: Sammelbezeichnung für → *Nutzpflanzen*, deren verarbeitete Produkte wegen ihres Geschmacks bzw. ihrer Wirkung auf den menschlichen Organismus z. T. weltweit konsumiert werden. Neben den Gewürzpflanzen zählen dazu z. B. Kaffee-, Tee- und Kakaostrauch sowie die Tabakpflanze, im weiteren Sinn auch Rauschgift (Mohn, Coca usw.).

Geo... *geo:...* in Zusammensetzungen für „Erd...", aber oft auch mit weiterer Bedeutung, wie die Unterschiede zwischen → *Erdwissenschaften* und → *Geowissenschaften* zeigen.

Geoantiklinale *geoanticline*: → *Geantiklinale*.

Geoarchäologie *geoarcheology*: fächerübergreifender Ansatz, der archäologische und geographisch-geoökologische Aspekte zur Erforschung von Lebensraum und Lebensweise früherer Kulturen und deren kulturgeschichtlicher Epochen sowie der → *Landschaftsökosysteme* einsetzt. Basis für diese Betrachtungen der Wechselwirkungen im Mensch-Umwelt-System, das auf die Reaktionen früherer Gesellschaften auf den Umweltwandel abzielt, sind die → *Geo-Bio-Archive* bzw. → *Geo-Archive* und → *Bio-Archive*.

Geo-Archiv *geo-archive*: Sammelbezeichnung für Lokalitäten, wo mithilfe von → *Oberflächenformen* (z. B. → *Moränen*, → *glazifluviale* → *Schotterfelder*), → *fossilen Böden*, → *Tuffen*, → *Travertinen*, → *Tropfsteinen* und → *Sedimenten* die Landschaftsentwicklung rekonstruiert und datiert werden kann (→ *Bio-Archiv*, → *Geo-Bio-Archiv*).

Geobasisdaten *basic spatial data*: → *Geodaten*, mit denen die → *Topographie* interessens- und anwendungsneutral beschrieben wird. G. werden i. W. von der amtlichen Geoinformationsverwaltung bereitgestellt. In Deutschland zählen dazu u. a. G. bspw. Geodaten aus den Informationssystemen → *ALKIS* und → *ATKIS* sowie Digitale Gelände-, Landschafts- und Oberflächenmodelle (→ *DGM*, → *DLM*, → *DOM*). G. gelten auch als Daten zur Verortung von → *Geofachdaten*. Anzumerken ist, dass in der BRD eine genaue Definition des Begriffs G. zwischen Bundesländern abweichen kann, da die Definition der Gesetzgebung der Länder unterliegt.

Geo-Bio-Archiv (Archive der Landschaft, Landschaftsarchiv) *geo-bio-archive*: Sammelbezeichnung für Lokalitäten, wo mithilfe von → *Oberflächenformen*, → *fossilen Böden*, landwirtschaftlichen Kolluvien, anderen → *Sedimenten*, organischen Resten (z. B. Torf) und Kulturspuren von Siedlung und Wirt-

geobiont → *geobiont*: Lebensweise von Organismen, die ihren Lebenszyklus ausschließlich im Boden durchlaufen.

Geobotanik (Pflanzengeographie, Phytogeographie) *geobotany, phytogeography*: Lehre von der Verbreitung der Pflanzen auf der Erde. Die G. untersucht Pflanzen-→ *Sippen* und → *Pflanzengesellschaften* auf ihre frühere und gegenwärtige Verbreitung hin und auf ihre Abhängigkeit von den Standorteigenschaften. Teilgebiete der G. sind: 1. die floristische G. (→ *Arealkunde*, → *Chorologie*), die sich mit der Verbreitung der Pflanzensippen beschäftigt. 2. die historische und genetische G., die sich mit der Entwicklung der Floren- und Vegetationsgeschichte im Laufe der jüngeren erdgeschichtlichen Epochen beschäftigt. 3. die ökologische G., die sich mit den standörtlichen Grundlagen der Pflanzenverbreitung beschäftigt und der → *Landschaftsökologie* nahesteht. 4. die soziologische G. (→ *Pflanzensoziologie*), die sich mit den Pflanzengesellschaften der Erde beschäftigt.

Geocaching Freizeitaktivität, bei der mit einem → *GPS*-Empfänger versteckte Objekte gesucht werden. G. wird häufig als moderne Variante der „Schnitzeljagd" bezeichnet. In der → *Schulgeographie* und Geographiedidaktik gilt G. als Methode der Exkursionsdidaktik.

Geochemie *geochemistry* : – allgemein die Wissenschaft von der Chemie der Erdkörpers und der ihn aufbauenden Substanzen. Sie untersucht die Zusammensetzung und Verteilung der anorganischen Stoffe (Minerale, Gesteine, Erze) und die Gesetzmäßigkeiten ihrer Bildung sowie die chemischen Prozesse bei der Gesteinsumwandlung. – im landschaftshaushaltlichen Sinn die Lehre von Stoffverteilung und → *Stoffkreisläufen* in der → *Landschaft*. Sie untersucht die Stoffe im → *Boden* und im → *Wasserkreislauf* von → *Einzugsgebieten* und charakterisiert das stoffliche Verhalten (z.B. die → *Filterwirkung* gegenüber schädlichen Stoffen) und die → *Stoffbilanz* von Landschaftseinheiten (→ *geochemische Elementarlandschaft*, → *Landschaftshaushalt*).

geochemische Elementarlandschaft *geochemical elementary landscape*: landschaftshaushaltliche → *Stoffbilanzen* werden meist in der → *topischen Dimension* aufgestellt, wobei unter geochemischem Aspekt kleine landschaftliche Einheiten herausgearbeitet werden, die g. E..

geochemische Sperre *geochemical seal*: wegen des eigenständigen → *Stoffhaushaltes* der → *geochemischen Elementarlandschaften* erweisen sich manche dieser als g. S. An dieser kommen → *Migration* bzw. → *Metabolismus* der anorganischen und organischen Verbindungen sowie von Elementen (z.B. Fe, P, Ca, S und → *Spurenelemente*) zum Stillstand.

geochemische Umwelt *geochemical environment*: Begriff der → *Geo*- und → *Biowissenschaften*, der sich auf die chemische Beschaffenheit verschiedener Komponenten der → *Landschaftshülle* der Erde bezieht. Die g. U. kann dabei im Sinne der Gesteins- und Mineralbildung begriffen werden, aber auch als unerlässliche Randbedingung für das Funktionieren der → *Ökosysteme* bzw. der → *geochemischen Elementarlandschaften*.

Geochronologie *geochronology, geochrony, geologic[al] chronology*: in sämtlichen Geowissenschaften generell die Lehre von der Zeitrechnung und der Datierung geowissenschaftlicher Sachverhalte und Gegenstände und deren Einordnung in Zeitskalen (→ *G-Skala*). Datiert werden Formen des → *Georeliefs*, → *reliktische* oder → *fossile Böden*, → *vorzeitliche* Floren und Faunen, Gesteine und Torfe. Relative und absolute geologische Zeitskalen und die dazugehörigen Methoden gehen dabei ineinander über und stützen sich gegenseitig ab.

Geochronostratigraphie *geochronostratigraphy*: jenes geowissenschaftliche Fachgebiet, das sich mit der relativen und absoluten Datierung von → *Sedimenten* und anderen → *Geo-Archiven* befasst (→ *Geo-Bio-Archiv*).

Geodäsie *geodesy, geodetics*: Vermessungswissenschaft, welche die → *Erde*, deren Oberfläche oder auf der Oberfläche befindliche Objekte erfasst. Arbeitsfelder der G. sind sowohl die Gesamterde (Grösse, Figur, Schwere), als auch die Vermessung der → *Topographie* als Grundlage zur Herstellung → *topographischer Karten*. In großen → *Maßstäben* arbeitet die G. auch an der Objektvermessung (Baustellen, Straßen, sonstige Infrastrukturen). Heute nutzt die G. neben hochpräzisen terrestrischen Verfahren ebenfalls moderne Methoden der → *Fernerkundung*, wie z.B. → *Laserscanning*, digitale → *Photogrammetrie* und Vermessung mittels → *Satelliten* (Satellitengeodäsie).

Geodaten *geodata*: Daten mit räumlichem Lagebezug zur → *Erdoberfläche*. G. beschreiben reale Objekte durch geometrische und inhaltliche → *Attribute*. G. können mit → *Geographischen Informationssystemen* erfasst, verwaltet, analysiert und präsentiert werden (→ *EVAP-Prinzip*). Es wird zwischen → *Geobasisdaten* und → *Geofachdaten* unterschieden. Zudem besitzen G. → *Metadaten*.

Geodatenbank *geo database*: → *Datenbank*, in der → *Geodaten* abgelegt sind. G. enthalten spezielle raumbezogenene Datentypen und ermöglichen raumbezogene Abfragen zum effizienten Geodatenmanagement. G. sind Bestandteil der technischen Infrastruktur eines → *Geographischen Informationssystems* (→ *GIS*, → *Web-GIS*).

Geodateninfrastruktur (GDI) *spatial data infrastructure*: Netzwerk zum Austausch von → *Geodaten* und deren → *Metadaten*. Das übergeordnete Ziel einer G. ist es, den Austausch dieser Daten möglichst effizient zu ermöglichen. Eine G. umfasst technische sowie rechtliche und organisatorische Bestandteile. In Deutschland wurde 2003 auf Beschluss von Bund und Ländern die Initiative Geodateninfrastruktur Deutschland (GDI-DE) initiiert, die Aktivitäten zum Aufbau von G. koordiniert. Auf EU-Ebene existiert seit 2007 die Richtlinie → *INSPIRE*, über die der stufenweise Aufbau einer interoperablen europäischen G. geregelt ist.

Geodatenserver *geodata server*: Server, über den → *Geodaten* i.d.R. online zur Verfügung gestellt werden. G. sind grundlegende Bestandteil der technischen Infrastruktur eines → *Web-GIS*. Geodaten und Geodatendienste können über einen G. auch in Desktop-Anwendungen → *Geographischer Informationssysteme* (→ *GIS*, → *Desktop-GIS*) eingebunden werden.

Geode *geode*: Hohlraum im Gestein, in dem Mineralien auskristallisierten und/oder mineralische Lösungen ausfielen. Bei der Ausfüllung mit Kristallen wird von Druse gesprochen.

Geodermis *geodermis*: stellt jenen Teil der → *Landschaftshülle* der Erde dar, die unterhalb der Erdoberfläche folgt und die somit die → *subterranen* Komponenten des → *Geoökosystems* umfasst. Materiell wird die G. vom → *Oberflächennahen Untergrund* repräsentiert. In der G. laufen demzufolge sowohl die Prozesse der Entwicklung des → *Georeliefs* (Akkumulation, → *Erosion*, → *Verwitterung*) als auch die der Entwicklung des → *Bodens* und der → *Bodenzerstörung* ab. Die G. ist damit zugleich auch der Wirkungsbereich des → *Bodenwasserhaushalts* und des → *Stoffhaushalts*, des → *Bodenklimas* und des → *Edaphons*.

Geodeterminismus (Naturdeterminismus) *geodeterminism*: eine theoretische Denkrichtung in der Geographie im 19. und zu Beginn des 20. Jh. mit der vorherrschenden Annahme, dass die naturräumliche Ausstattung eines Raumes über eine eigene Wirkmächtigkeit (eine Art „Naturzwang") verfügt und sowohl das menschliche Handeln als auch alle menschlichen Verhältnisse bestimmt (→ *Determinismus*). Dementsprechend wären die unterschiedlichen ökonomischen, sozialen und politischen Entwicklungen von Gesellschaften an verschiedenen Orten der Erde in erster Linie von der natürlichen Ausstattung bzw. äußeren Einflüssen bestimmt und abhängig. Der G. gilt heute als überholte Denkrichtung, erhält jedoch in der Debatte um den → *Klimawandel* eine gewisse (fragwürdige) Neubelebung (→ *Possibilismus*, → *Voluntarismus*).

Geodiversität *geodiversity*: ein Teilmodell der → *Landschaftsdiversität* und darin die → *Diversität* → *abiotischer* → *Systeme* oder die „*Diversität* des → *Geos*", die sich in den Stoff- und Energiefunktionsmustern der → *Geodermis*, d.h. der Erdoberfläche und dem geoökologisch relevanten Bereich des → *Oberflächennahen Untergrundes* ausdrückt, in/an dem sich das Zusammenwirken der → *Geo-*, → *Klima-* und → *Hydrosysteme* abspielt, also dem → *abiotischen* Funktionsbereich der → *Umweltsysteme*.

Geoelektrik *geoelectrics*: Methoden der geowissenschaftlichen Erkundung, wobei natürliche oder künstliche Erdströme gemessen werden, um aus Anomalien auf Schichtenbau, → *Lagerstätten* oder Vorkommen von → *Grundwasser* zu schließen. Die G. arbeitet v. a. im Bereich des → *Oberflächennahen Untergrundes* (→ *Geomagnetik*).

Geoelement *geoelement*: 1. im Modell des → *Ökosystems* Grundbestandteil, der als → *Speicher*, → *Regler* oder → *Prozess* auftritt. In der Forschungspraxis isoliert man G., damit sie leichter zu beobachten und zu messen sind (z.B. Neigungsstärke des Reliefs, Tongehalt, Niederschlag, Artmächtigkeit). 2. in der → *Geobotanik* und ihrer → *Arealkunde* ein geographisches → *Florenelement*.

Geoengineering (Climate Engineering) zusammenfassende Bezeichnung für planmässige und großräumige Eingriffe mit technischen Mitteln in die geophysikalischen und geobiochemischen Prozesse des Erdsystems mit dem Ziel, die Entwicklungen des → *globalen Wandels* (v. a. → *globale Erwärmung*, Anreicherung der Atmosphäre mit CO_2, Versauerung der Meere) zu verhindern oder zu verlangsamen.

Geoethik *geo ethics*: relativ neuer Begriff aus den 1990er Jahren, der die ethische Vorstellungen und Überlegungen zu Handlungen zusammenfasst. Die Handlungen sind mit Eingriffen in das Erdsystem bzw. die Umwelt verbunden und haben große ökologische oder andere globale Folgen (→ *Erdsystemwissenschaften*, → *globaler Wandel*, → *Umweltethik*).

Geofachdaten *thematic spatial data*: → *Geodaten* aus bestimmten raumbezogenen, häufig auch geographischen Fachgebieten, wie z.B. → *Bodenkunde*, → *Demographie*, → *Geomorphologie*, → *Klimatologie* und → *Umwelt-*

Geofaktor

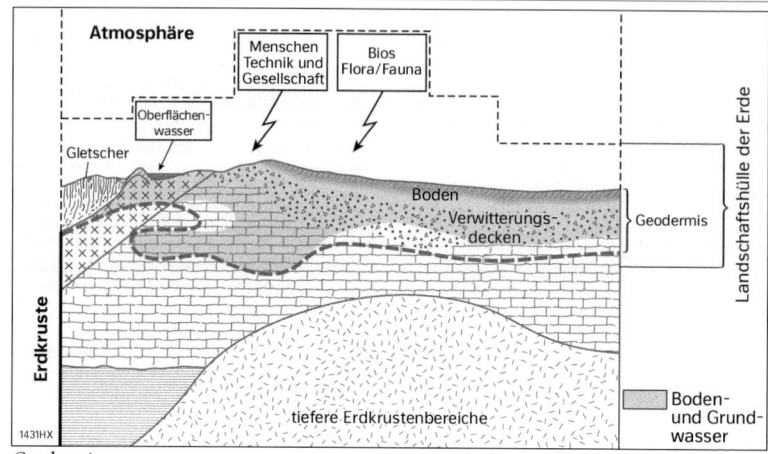

Geodermis

planung. G. erhalten entweder direkt über → *Geobasisdaten* Lagebezug zur → *Erdoberfläche* oder indirekt über Bezug zu administrativen Einheiten, wie z. B. Postleitzahlbezirke oder Landkreise. G. erweitern diesen Raumbezug um thematische Angaben. Aus G. werden → *thematische Karten* abgeleitet, wie bspw. Karten zu Naturschutzgebieten, Jagdbezirken oder zur Bevölkerungsentwicklung und Lärmbelastung.

Geofaktor (geographischer Faktor) *geofactor, geographical factor*: sehr allgemeine Bezeichnung für geographische Sachverhalte, die im Wirkungsgefüge der → *Landschaft* im Sinne eines → *offenen Systems* funktionieren. Überwiegend werden unter dem Begriff G. nur die von der Natur vorgegebenen und bestimmten Landschaftsfaktoren verstanden, gelegentlich jedoch auch jene Faktoren, die in der Landschaft vom Menschen geschaffen wurden (→ *Siedlung*, → *Verkehrsinfrastruktur* usw.).

Geofaktorenlehre *theory of geofactors*: Bezeichnung in der → *Allgemeinen Geographie*, in deren Teilgebieten die einzelnen → *Geofaktoren* behandelt werden, z. B. das → *Georelief* in der → *Geomorphologie*, die → *Vegetation* in der → *Vegetationsgeographie*.

geogen *geogenic*: „geologischer Herkunft"; der Erde entstammend, bezogen auf geologische Prozesse („Geogenese"). Gegenbegriff ist → *biogen*.

geographical economics jüngere Modellansätze der → *Volkswirtschaftslehre*, in denen eine Integration der → *Außenhandels-* mit der → *Standorttheorie* angestrebt wird. Im Mittelpunkt der g. e. steht die Beschreibung und Erklärung von räumlichen Ballungen und Ungleichheiten. Im Gegensatz zur → *relationalen Wirtschaftsgeographie* wird gegenüber der traditionellen Standorttheorie kein Paradigmenwechsel vollzogen, vielmehr stellen die g. e. eher eine Erweiterung der → *Raumwirtschaftslehre* dar.

Geographie *geography*: Wissenschaft von der Erdoberfläche in ihrer räumlichen Differenzierung, ihrer physischen Beschaffenheit sowie als Raum und Ort menschlichen Lebens und Handelns. Wurde die G. in ihrem traditionellen Verständnis eher wörtlich als „Erdbeschreibung" verstanden („→ *Erdkunde*", in Deutschland oft auch die Bezeichnung des Schulfaches), ist sie heute eine moderne Wissenschaft, die fragestellungs- und problemorientiert arbeitet. Die G. bildet in gewisser Weise den → *Dualismus* der Wissenschaften allgemein mit der Spaltung in natur- und gesellschafts-/geisteswissenschaftliche Perspektiven im Kleinen ab, da sie sich einerseits in naturwissenschaftlicher Arbeitsweise mit der Struktur und Dynamik der Erdoberfläche sowie deren Einzelelementen und Prozessen (→ *Physiogeographie*) beschäftigt und andererseits in sozialwissenschaftlichen und kulturwissenschaftlichen Arbeitsweisen mit der Raumbezogenheit menschlichen Handelns sowie der Struktur und Dynamik von Gesellschaft und Wirtschaft (→ *Humangeographie*) befasst. Die beiden Zweige der G. haben sich in den letzten ca. 50 Jahren zu weitgehend eigenständigen Teilbereichen mit eigenen Fragestellungen und unterschiedlichen Methoden entwickelt. Gemeinsam bilden sie die → *Allgemeine G.* (oder thematische G.), die sich mit einem auf allgemeine Gesetzmäßigkeiten gerichteten Erkenntnisinteresse (→ *nomothetisch*) von der der → *Regionalen G.* mit ihrem überwiegend auf die Erklärung individueller Sachverhalte gerichteten Erkenntnisinteresse (→ *idiographisch*) abgrenzt. Die Regional G. war und ist als Länderkunde Schwerpunkt der → *Schulgeographie*. Über aktuelle Problemlagen (Globaler Wandel, Risiko, Migration usw.) entsteht erneut vermehrt die Notwendigkeit der Zusammenarbeit von Physio- und Humangeographie und damit eine stärkere Betonung der → *Integrativen Geographie* (→ *Dritte Säule*).

Geographie der Freizeit *geography of leisure*: Teilbereich der → *Anthropogeographie*, der sich mit der Raumwirksamkeit des → *Freizeitverhaltens* der Menschen befasst. Die G. d. F. verfolgt das Ziel, die raumprägenden Wirkungen aller Arten von Freizeitaktivitäten menschlicher Gruppen und Gesellschaften in die Forschung einzubeziehen im Unterschied zur → *Tourismusgeographie*, die einerseits nur Teilaspekte des Freizeitverhaltens behandelt, andererseits auch die nicht der Freizeitgestaltung dienenden Formen des Tourismus berücksichtigt. Die G. d. F. analysiert das räumliche Freizeitverhalten im → *Wohnumfeld*, die → *Naherholung* und den → *Tourismus* in ihren jeweiligen regionalen Differenzierungen und bezüglich ihrer Strukturen und Entwicklungsprozesse.

Geographie der kulturellen Ökonomie *cultural economies of geography*: jüngerer Ansatz der → *Wirtschaftsgeographie*, wonach im Rahmen des → *cultural turn* kulturwissenschaftliche und symbolische Aspekte zur Erklärung wirtschaftsgeographischer Fragestellungen herangezogen werden.

Geographie der Unternehmen *corporate geography*: Teilgebiet der → *Industriegeographie* bzw. der → *Wirtschaftsgeographie*. Der zentrale Untersuchungsgegenstand ist das → *Standortmuster* eines → *Unternehmens* und dessen Veränderungen.

Geographie des Bildungs- und Ausbildungswesens → *Bildungsgeographie*.

Geographie des Freizeitverhaltens *geography of leisure behavio[u]r*: von einigen Autoren benutzte Bezeichnung für → *Geographie der Freizeit*.

Geographie des Menschen *anthropography*: gelegentlich gebrauchte Bezeichnung für → *Anthropogeographie* bzw. → *Humangeographie*.

geographische Betrachtungsdimensionen *geographical analysis dimensions*: in → *Geo-*, → *Landschafts-* und → *Stadtökologie* wird streng dimensionsbezogen gearbeitet, ebenso in allen naturwissenschaftlichen Teilen der → *Geographie*.

geographische Dimensionen *geographical dimensions*: Maßstabsbereiche in der geographischen Betrachtung, innerhalb derer die untersuchten Objekte eine vergleichbare Größenordnung aufweisen und maßstabsspezifische Untersuchungsmethoden angewendet werden (→ *Theorie der geographischen Dimensionen*).

geographische Entwicklungsforschung *geographical development studies*: interdisziplinäre Auseinandersetzung mit den Ursachen, Aspekten, Kennzeichen und Folgen von → *Entwicklung* und → *Unterentwicklung* in sog. → *Entwicklungsländern*, zur Rekonstruktion der lokalen Probleme und Erarbeitung von passenden Lösungsansätzen.

geographische Homogenität *geographical homogeneity*: die zweckgerichtet definierte → *Homogenität* eines geographischen Raumes basiert auf der gewählten → *geographischen Betrachtungsdimension* bzw. → *Dimension landschaftlicher Ökosysteme*. Homogenität wird durch Begrenzungen in der Betrachtung des jeweiligen Systems erreicht, sodass sowohl z. B. → *Ökotope* als auch → *Ökotopgefüge* jeweils für sich → *homogen* sein können. Für die Homogenität werden, entsprechend dem Untersuchungsziel, Merkmalskataloge festgelegt.

geographische Isolation *geographical isolation*: räumliche Trennung von → *Populationen* einer → *Art* oder nahe verwandter Arten, die den Genfluss verhindert. Aufgrund der g. I. treten Weiter- und Sonderentwicklungen von Arten ein.

geographische Lage → *Lage*.

Geographische Landesaufnahme *geographical land survey, geographical topography reconnaissance*: nach Entwicklung der → *Naturräumlichen Gliederung* war eine systematische Aufnahme des Territoriums unter physiogeographischen Gesichtspunkten geplant. Für die Naturräumliche Gliederung wurde dieses Ziel fast erreicht. Ansätze zur → *wirtschaftsräumlichen* und → *sozialräumlichen Gliederung* blieben Versuche. Zur g. L. kann die Geomorphologische Kartierung der Bundesrepublik Deutschland 1:25 000 (bzw. 1:100 000) gezählt werden, die in Musterblättern die wichtigsten → *geomorphologischen Landschaftstypen* Deutschlands erfasst.

geographische Landschaft *geographical landscape*: allgemein der Gegenstand der → *Geographie*, d. h. → *Naturlandschaft* und → *Kulturlandschaft* gemeinsam. Die g. L. wird definiert als Teil der Erdoberfläche, der nach seinem äußeren Bild und dem Zusammenwirken seiner Erscheinungen sowie den inneren und äußeren Lebensbeziehungen eine Rau-

geographische Landschaftsökologie

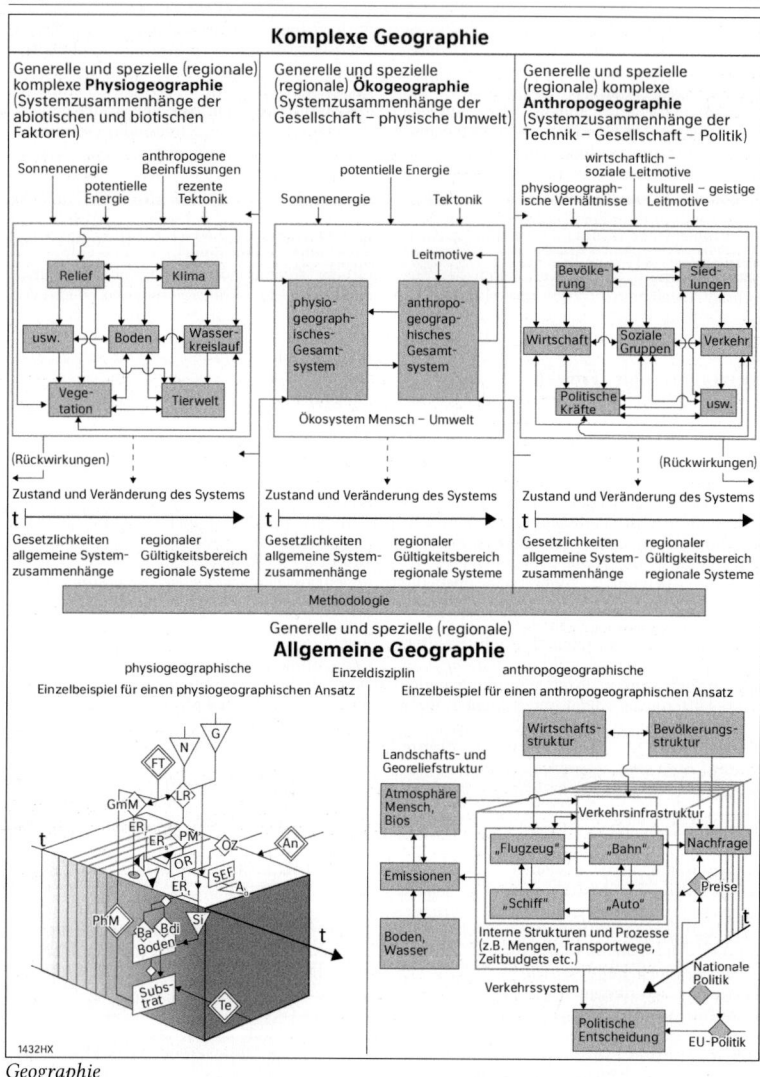

Geographie

meinheit von bestimmtem Charakter bildet (→ *Landschaft*).

geographische Landschaftsökologie *geographical landscape ecology*: in der als Fachbereich umfassender definierten → *Landschaftsökologie* kann, entsprechend dem systemtheoretischen Ansatz, der Arbeitsgegenstand aus unterschiedlichen Perspektiven gesehen werden. Die g. L. stellt dabei die Beziehungen zum Fach → *Geographie* und seinen theoretischen Grundlagen sicher. Die g. L. beschäftigt sich v. a. mit der Weiterentwicklung der Theorie und der Methodik der Landschaftsökologie sowie der Entwicklung von Standards und

Normen, z. B. Kartier- und Bewertungsanleitungen.
geographische Örtlichkeit → *Ort*.
geographische Sphäre → *Geosphäre*.
geographische Standorteinheit → *Top*.
geographischer Faktor → *Geofaktor*.
geographischer Formenwandel *geographic change of forms*: ein Betrachtungsprinzip geographischer Sachverhalte, das die regelhafte Abwandlung der Geoökofaktoren über die Erde hinweg beschreibt. Unterschieden werden (i) → *Hypsometrischer*, (ii) → *Planetarischer*, (iii) → *Peripher-zentraler* und (iv) → *West-östlicher Formenwandel*. Der g. F. ist Ausdruck naturgesetzlicher Ordnungsprinzipien in der → *Geosphäre*. Bei regionalgeographischen Untersuchungen hilft der g. F., Einzelsachverhalte in größere Raumzusammenhänge zwischen der → *chorischen* und der → *geosphärischen Dimension* einzuordnen.
geographischer Komplex (Geokomplex) *geographical complex*: Grundaussage der → *Geographie*, nach der die an einer → *geographischen Örtlichkeit* auftretenden Sachverhalte einen funktionalen Zusammenhang bilden, der als ein an der Erdoberfläche realisiertes materielles → *System* auftritt (→ *Theorie der komplex-geographischen Betrachtung*).
geographischer Ort → *Ort*.
geographischer Possibilismus → *Possibilismus*.
geographischer Raum *geographical area*: bezeichnet das dreidimensional realisierte → *System* des → *geographischen Komplexes*, das nach der → *Theorie der geographischen Dimensionen* und der → *Theorie der komplex-geographischen Betrachtung* in unterschiedlichen Größenordnungen betrachtet werden kann und das sowohl → *physiogene* als auch → *anthropogene* Elemente, Prozesse und Kräfte enthält. Das → *Wirkungsgefüge* des g. R. wird z. B. als → *Modell* des → *Landschaftsökosystems* oder des → *Stadtökosystems* dargestellt (→ *Umwelt*).
geographischer Zusammenhang (Landschaftszusammenhang) *geographical context*: kennzeichnet die kausale Verknüpfung der → *Geofaktoren*, die an allen Punkten der Erdoberfläche besteht und die auf den Geographischen Axiomen beruht. (→ *Landschaftsökosystem*).
Geographisches Informationssystem (GIS, Geoinformationssystem) *geographic information system*: Informationssystem zur Erfassung, Verwaltung, Analyse und Präsentation (→ *EVAP-Prinzip*) raumbezogener Daten (→ *Geodaten*). Ein GIS verfügt über zahlreiche Werkzeuge (Tools), um geographische Fragestellungen, bspw. zur Standort- und Verkehrsplanung, Umweltplanung und hydrologischen Modellierung, untersuchen zu können. Der derzeitige Marktführer unter kommerziellen → *Desktop-GIS* ist → *ArcGIS* der US-Firma ESRI. Im Bereich quelloffener und damit frei verfügbarer bzw. erweiterbarer Desktop-GIS ist aktuell → *QGIS* weit verbreitet. Durch Innovationen im Bereich onlinebasierter Datenverarbeitung gewinnen auch → *Web-GIS* zunehmend an Bedeutung.
geographisches Kontinuum *geographical continuum*: Grundsatz der → *Geographie*, nach dem alle geographischen Erscheinungen und alle regionalen Ausschnitte der Erdoberfläche in einem gesamtirdischen Zusammenhang stehen und erst in diesem als Funktionssystem (→ *Wirkungsgefüge*) verständlich sind. Daraus wird die integrativ-funktionale Betrachtung des Gegenstandes Landschaft, mit einer Einbindung sämtlicher → *biogener*, → *physiogener* und → *anthropogener* Prozesse, Kräfte und Faktoren in das Gesamthaushaltsgeschehen und die Gesamtstruktur der → *Erde* abgeleitet. Aus dem „Satz vom g. K." folgt weiter, dass die geographische Grenze in sämtlichen → *Dimensionen landschaftlicher Ökosysteme* nur in der Ausnahme linienhaft gestaltet sein kann, normalerweise jedoch als Übergangssaum, als → *Ökoton*, in Erscheinung tritt.
geographisches Milieu *geographical milieu, geographical environment*: – der Arbeitsgegenstand der Geographie, also jede naturräumliche und kulturräumliche Situation, die von der Geographie oder anderen Fachwissenschaften untersucht wird, also z. B. auch die → *Kulturlandschaften*. – Gesamtheit der Erscheinungen und Bedingungen in der → *Landschaftshülle* der Erde in ihrer geographischen Realität, d. h. in ihrem durch den Menschen beeinflussten Zustand. Das g. M. beschreibt weder einen Naturzustand der Erde, noch einen potentiellnatürlichen Zustand, sondern die aktuelle Situation des → *Stadt-* und → *Landschaftsökosystems*.
Geohydrochemie *geohydrochemistry*: Wissenschaft von den chemischen Eigenschaften der → *Bodenwässer*, besonders des → *Grundwassers*, unter Berücksichtigung → *anthropogener* Einflüsse durch → *Sickerwasser* (→ *Geochemie*).
Geohydrologie *geohydrology*: Teilgebiet der → *Hydrologie*, auch als → *Hydrogeologie* bezeichnet.
Geoid *geoid*: die wahre, durch Unregelmäßigkeiten der Dichte und Massenzuteilung gewellte und gewölbte Figur der Erde. Das G. ist die Niveaufläche des Schwerepotentials. Seine Oberfläche weicht maximal 150 m vom → *Rotationsellipsoid* ab.
Geoinformatik *geoinformatics*: interdisziplinäres raumwissenschaftliches Fachgebiet zwischen Informatik, → *Geomatik*, → *Geodäsie* und

→ *Geographie*, welches das Wesen, die Funktion und die Anwendung raumbezogener Daten und Information behandelt. Geoinformatiker befassen sich u. a. mit der Erfassung, Vernetzung, Mobilisierung, Speicherung und Analyse von → *Geodaten* und → *Geoinformation*.

Geoinformation *geoinformation*: Information, die in einem konkreten Handlungskontext grundlegende Aspekte zum Raum vermittelt. Im Gegensatz zu → *Geodaten*, die den Raum interessensneutral beschreiben, ist G. zweckgebunden. Ein Beispiel ist der Fall: Wie komme ich von A nach B? Die Lagekoordinaten von A und B bilden zunächst anwendungsneutrale Geodaten. Um im Handlungskontext Navigation von A nach B zu gelangen, ist eine Route als G. notwendig.

GeoJSON Format zur Speicherung von → *Geodaten*. G. ist ein „offenes Format", das ohne rechtliche Restriktionen verwendet werden darf. G. wird insbesondere von quelloffenen (Open-Source) Anwendungen (z. B. → *QGIS*, → *GeoServer*) unterstützt. Zudem findet G. aktuell häufig in der → *JavaScript*-basierten Web-Kartographie Einsatz.

Geokodieren *geocoding:*, *georeferencing*: → *Georeferenzieren*.

Geokomplex → *geographischer Komplex*.

Geokomponente *geocomponent*: 1. stofflicher oder energetischer Bestandteil des → *Geokomplexes* bzw. des → *Geoökosystems*, wie z. B. Klima der bodennahen Luftschicht (→ *Mikroklima*), → *Bodenfeuchteregime* oder → *Georelief*. 2. unscharfe Bezeichnung für → *Kompartiment* des → *Landschaftsökosystems*.

Geologie *geology*: Wissenschaft von der Zusammensetzung, dem Bau und der Entwicklungsgeschichte überwiegend der (auch technisch) zugänglichen Teile der → *Erdkruste* und der gesamten Erde (→ *Schalenbau der Erde*) sowie deren Kräfte und Prozesse, unter deren Wirkung sich die Erdkruste entwickelte. Bei der Untersuchung des → *Tieferen (geologischen) Untergrundes* arbeitet die G. eng mit der → *Geophysik* zusammen. Die G. gliedert sich in verschiedene Teilgebiete: → *Allgemeine (Dynamische) G.*, → *Historische G.*, → *Tektonische G.*, → *Paläogeographie*, → *Paläontologie* sowie → *Paläoklimatologie*. Entsprechend der → *Geographie* erfolgt auch eine regionale Betrachtungsweise. Außerdem bestehen im Bereich der → *Angewandten G.* enge Beziehungen zu Bauwesen (→ *Ingenieurgeologie*) sowie der Erschließung des → *Naturraumpotenzials* durch → *Montangeologie* und → *Hydrogeologie*.

geologische Formation *geological formation*: → *Formation*.

geologische Karte *geological map*: → *thematische Karte*, die im jeweiligen → *Maßstab* die geologischen Verhältnisse eines Raumausschnittes darstellt. Dabei kann es sich um → *Karten* der → *geologischen Formationen* oder um Gesteinskarten handeln, die den Materialtyp darstellen. Die meisten g. K. sind „abgedeckt", d. h. sie stellen den eigentlichen Gesteinsuntergrund ohne (pleistozäne oder holozäne) Lockersedimentdecken und Böden dar, d. h. ohne den landschaftsökologisch wesentlichen → *Oberflächennahen Untergrund*.

Geologische Orgel (Erdorgel) *sand pipe*: unterirdische Verwitterungsform im erdoberflächennahen → *Karst* (→ *bedeckter Karst*). Es wechseln nichtverwitterte säulenartige Festgesteinskörper mit und dazwischen tiefer in das Gestein reichenden Taschen bis → *Schlotten*, die mit Verwitterungsmaterial (Erde, Lehm, Ton, Schutt) gefüllt sind, die sich entlang von → *Klüften* durch → *Lösungsverwitterung* in die Tiefe hinein entwickeln.

Geologisches Fenster *geological window*: durch räumlich begrenzte → *Erosion* in einer Deckschicht freigelegter älterer Gesteinsuntergrund, z. B. Tauernfenster.

geologisches System *geological system*: 1. Schichtenfolge, die während einer bestimmten geologischen Epoche („Periode") entstand. Dazu zählen auch die aus diesem Zeitabschnitt stammenden → *Magmatite*. 2. der Zeitabschnitt, in dem die Schichtenfolge (mit oder ohne Magmatite) entstand, wird ebenfalls als g. S. oder als *Periode* bezeichnet. Zu den g. S. gehören → *Quartär*, → *Tertiär*, → *Kreide* etc., die man in „Serien" bzw. Abteilungen und diese wiederum in Stufen untergliedert. Die g. S. werden zu Ären bzw. Ärathemen zusammengefasst (→ *stratigraphisches System*).

geologisch-geomorphologische Naturgefahren *geological-geomorphological hazards*: gemäß der → *ISDR* → *Naturgefahren*, die durch Phänomene in Verbindung mit der Erdkruste (→ *Lithosphäre*) oder der Erdoberfläche (→ *Reliefsphäre*), bei gleichzeitigem Einwirken endogener (z. B. Tektonik, Erdbeben) oder exogener Kräfte (z. B. Niederschlag), zustande kommen (z. B. Tsunami, Vulkanismus, Bodenerosion, gravitative Massenbewegung). Weitere Beispiele für g.-g. N. sind Sturzfließen, Erosion an Küsten, Flusserosion, Bodenerosion sowie Boden- und Bergsenkungen (→ *biologische Naturgefahren*, → *extraterrestrische Naturgefahren*, → *glaziologisch-kryosphärische Naturgefahren*, → *hydrologisch-glaziologische Naturgefahren*, → *marin-litorale Naturgefahren*, → *meteorologische Naturgefahren*).

Geom *geome*: entspricht dem Begriff des → *Biom* der → *Biogeographie*, d. h. den → *großräumigen* → *Geosystemen*. In der Ordnung der → *Dimension landschaftlicher Ökosysteme* steht das G. zwischen → *chorischer* und regionischer Dimension.

Geomagnetik *geomagnetics*: Teilgebiet der → *Geologie* bzw. → *Geophysik*, das aus magnetischen Anomalien auf geotektonische Strukturen im Untergrund oder auf → *Lagerstätten* schließt (→ *Geoelektrik*).

Geomarketing *geomarketing*: auf → *Geographischen Informationssystemen* basierendes Marketinginstrument, das unternehmensinterne Daten (z. B. Kunden- oder Absatzdaten) räumlich verortet und mit unternehmensexternen Marktdaten (z. B. soziodemographische oder sozioökonomische Strukturmerkmale) in Relation setzt, um eine Grundlage für unternehmerische Entscheidungen zu schaffen. Einsatzgebiete des G. sind u. a. → *Standortplanung*, Zielgruppenanalyse, → *mikrogeographische Marktsegmentierung*, Service und Vertriebsoptimierung.

Geomatik *geomatics*: interdisziplinäre raumwissenschaftliche Disziplin, die Informatik mit → *Geographie* und → *Geodäsie* verbindet. Zur G. zählen u. a. die Fachgebiete → *Kartographie*, → *Fernerkundung*, → *Photogrammetrie* und → *Geographische Informationssysteme*. Innerhalb der Geographie wird G. häufig als methoden- und anwendungsorientiertes Teilgebiet verstanden, in dem zur Untersuchung geographischer Fragestellungen → *Geodaten* und → *Geoinformation* erfasst, verwaltet, analysiert und präsentiert werden (→ *EVAP-Prinzip*).

Geomechanik *geomechanics*: Teilgebiet der → *Geologie*, das sich mit dem mechanischen Verhalten der Gesteine bzw. Gebirge gegenüber der → *Tektonik* befasst. Angewandte G. wird von der Felsmechanik betrieben.

Geomedizin (Medizinische Geographie) *geomedicine, medical geography*: mit den räumlichen und zeitlichen Zusammenhängen zwischen dem Auftreten und der Entwicklung von Krankheiten sowie dem → *geographischen Milieu* sich befassende Wissenschaft, der → *Humanökologie* nahestehend. Das Schwergewicht liegt auf der Krankheiten begünstigenden oder induzierenden klimaökologischen Situation (→ *Klimaökologie*), unter Einbezug des Gesamtzustandes der → *Landschaftsökosysteme*.

Geomer *geosystem*: 1. beliebig abgrenzbarer Ausschnitt der → *Landschaftshülle* der Erde mit einer charakteristischen Funktion im Sinne der → *Landschaftsökosysteme*. So definiert stellt der G. ein allgemeines geographisches System dar (→ *Geokomplex*, → *Geosystem*). 2. in der Landschaftsökologie der osteuropäischen Staaten war G. ein allgemeiner Begriff für homogene Geosysteme aller Ordnungsstufen, beginnend mit der → *Elementarlandschaft*.

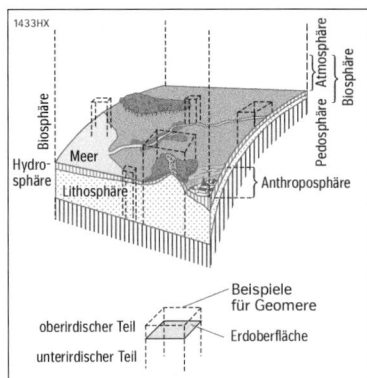

Geomer

Geometriedaten *geometric data*: beschreiben Lage und Form geometrischer Objekte, bauen auf einer Metrik auf und sorgen für eine maßstabsgerechte Abbildung der Objekte. Es können sowohl Raster- als auch → *Vektordaten* für die geometrische Darstellung verwendet werden (→ *Punkt*, → *Linie*, → *Fläche*). G. sind neben → *Sachdaten* elementare Bestandteile von → *Geodaten* und ihrem digitalen Aufbau.

geometrische Auflösung *geometric resolution:, spatial resolution*: → *räumliche Auflösung*.

geometrisches Mittel *geometric mean*: einer der → *Mittelwerte* in der → *deskriptiven Statistik*, die als die n-te Wurzel aus dem Produkt der n beachteten Zahlen berechnet wird. Das g. M. wird v. a. zur Berechnung von Wachstumsfaktoren herangezogen wird (z. B. einer Population, Vermögen mit variablem Zinssatz; – *arithmetisches Mittel*].

Geomorphochronologie (Morphochronologie) *geomorphic chronology*: Teilgebiet der → *Geomorphologie*, das sich mit der Datierung der → *Oberflächenformen* und der → *geomorphologischen Prozesse* beschäftigt. Sie ist Bestandteil der → *Geochronologie*, die in allen Geowissenschaften mit den gleichen Grundprinzipien arbeitet (u. a. → *Aktualitätsprinzip*, → *Stenosche Regel* das Prinzip der → *Korrelate* bzw. korrelativen Sedimente) (→ *Geo-Bio-Archiv*, → *Lumineszenzdatierung*).

Geomorphodynamik *geomorphodynamics, morphdynamics*: alle das → *Georelief* bildenden Prozesse, unabhängig vom Alter der → *Oberflächenformen* und Prozesse. I. d. R. wird der Begriff G. zur Abgrenzung von der → *Geomorphogenese* auf die aktuellen geomorphologischen Prozesse bezogen.

Geomorphogenese (Morphogenese) *geomorphogenesis, morphogenesis*: Teilbereich der → *Geomorphologie*, der sich mit der Genese von → *Oberflächenformen* auseinandersetzt. Im Gegensatz zur → *Geomorphodynamik* wird bei der G. weniger die rezente Formbildung betrachtet, sondern eher die erdgeschichtliche Georeliefentwicklung.

geomorphogenetischer Materialtyp *geomorphogenetic type of material*: bei → *Verwitterungsprodukten* und → *Sedimenten* kann aus allgemeinem Sedimentcharakter, Gehalt, Art und Bearbeitungszustand der Komponenten sowie den Sedimentationsmerkmalen (z. B. → *Schichtung*, → *Lagerungsstörungen*, stratigraphischer Kontext) bei auf den geomorphologischen Entstehungs-, Transport- und Ablagerungsprozess geschlossen werden. Die wesentlichsten geomorphogenetischen Materialtypen basieren auf → *fluvialer*, → *äolischer*, → *glazialer*, → *limnischer*, → *mariner* und → *periglazialer* Entstehung und deren entsprechende → *Fazien*.

geomorphogenetisch-geomorphochronologischer Ansatz *geomorphogenetical-geomorphochronological approach*: geht unter Nutzung des → *Aktualitätsprinzips* von → *vorzeitlichen*, d. h. → *fossilen* oder → *reliktischen* Formen des → *Georeliefs*, der Böden und Sedimente aus, deren Entstehungsprozesse sich aus Prozessspuren (z. B. → *Schotter*, → *Moränen*, → *Schuttdecken*, → *Diskordanzen*, → *Hiaten*) ableiten lassen, weil man die vorzeitlichen Prozesse nicht mehr direkt beobachten bzw. messen kann. Wegen der zentralen Bedeutung des Zeitpunktes der Prozesse spielt die → *Geomorphochronologie* eine große Rolle.

Geomorphographie (Morphographie) *geomorphography*: die Formbeschreibung zur Charakterisierung des → *Georeliefs* bzw. der → *Oberflächenformen* nach Gestalt, Ausmaßen und Vergesellschaftung. Dies geschieht mithilfe der → *Fazetten* und → *Georeliefelemente* und mit deren Einzelmerkmalen, z.B. der → *Wölbung*, → *Hangneigungsstärke* oder den Höhen, Längen und Breiten (→ *geomorphographisch-geomorphometrischer Ansatz*).

geomorphographisches Merkmal *geomorphographical feature, geomorphographical characteristic*: jene Merkmale des → *Georeliefs*, die der "Formbeschreibung" dienen. Beispiele für g. M. sind Hangneigungsrichtung (→ *Exposition*), → *Hangneigungsstärke* (→ *Neigung*), → *Wölbung* sowie Aufriss (→ *Profil*) und Grundriss (Figur).

geomorphographisch-geomorphometrischer Ansatz *geomorphographic-geomorphometric approach*: Basis der → *Geomorphographie* und der Methoden, die das → *Georelief* quantitativ so erfassen, dass auch verschiedene Auflösungen in → *analogen* und → *digitalen Karten* sowie in geomorphologischen Geländemodellen möglich sind. Der Ansatz spielt v. a. bei groß- bzw. größtmaßstäbiger Betrachtung des Georeliefs eine Rolle. Diese Darstellungen erlauben Georelieformenvergleiche und unterstützen die Georeliefformensystematik. Der g.-g. A. besitzt Bedeutung für die Theorieentwicklung der → *Geomorphologie*, die → *Angewandte Geomorphologie* und die → *geomorphologische Kartierung*.

Geomorphologie *geomorphology*: Lehre von den Formen der Erde, also das Teilgebiet der → *Physiogeographie*, das sich mit dem → *Georelief* der Erde beschäftigt, d. h. mit den → *Oberflächenformen* und der festen → *Erdoberfläche* (→ *Festland*, → *Küste*, Meeresboden) und der sie formenden Prozesse. Seit geraumer Zeit wird die G. durch eine planetare G. ergänzt, die sich mit extraterrestrischen Oberflächenformen (z. B. von Mars und Venus) und den sie formenden Prozessen befasst.

geomorphologische Gefahrenkarten *geomorphological hazard maps*: in der Gruppe der → *Gefahrenkarten* die traditionsreichsten. Sie werden auf der Basis von Digitalen Geländemodellen zur Erfassung, Darstellung und → *Risikoabschätzung* zur Vorsorge- und Schutznotwendigkeiten für → *geologisch-geomorphologische Naturgefahren* oder die teilweise damit verbundenen → *hydrologisch-glazialogischen Naturgefahren* erstellt. Je nach Einsatzfeld und Zweck geschieht dies in großen, mittleren und kleinen Maßstäben, für die mitteleuropäische Praxis oft in 1:10 000, 1:5000 oder größer.

geomorphologische Höhenstufe *geomorphological altitudinal zone*: gemäß den landschaftsökologischen → *Höhenstufen* der → *Hochgebirge*, die sich gesamtlandschaftlich ausdrücken, wird auch von geomorphologischen H. gesprochen, die sich durch höhenstufenspezifische geomorphologische Prozesse ausweisen. Die → *periglaziale H.* gilt als „die" g. H..

geomorphologische Karte *geomorphological map*: → *thematische Karte*, die das → *Georelief* in verschiedenen Maßstäben und von verschiedenen geomorphologischen Ansätzen ausgehend darstellt. Der → *geomorphographisch-geomorphometrische Ansatz* führt zu geomorphographischen Karten, der → *geomorphogenetisch-geomorphochronologische Ansatz* führt zu geomorphogenetischen Karten, in denen Formen und Prozesse auch datiert sein können, und der → *geomorphologisch-geoökologische Ansatz* führt zu → *Karten* mit → *morphologisch-ökologischen Raumeinheiten*. Die Karten dienen sowohl der

→ *Geomorphologie*, als auch anderen → *Geowissenschaften* sowie den angewandten Erdraumwissenschaften (→ *Agrar-* und → *Forstökologie*, → *Naturschutz*, → *Landschaftspflege*, → *Naturgefahrenforschung*, → *Raumplanung* etc.). Anwendung erfolgt entweder direkt oder nach Umsetzung in zweckgerichteten Auswertungskarten. In Deutschland entstanden Musterblätter einer komplexen geomorphologischen Detailkarte im → *Maßstab* 1:25 000 (= GMK 25 BRD) und einer geomorphologischen Übersichtskarte 1:100 000 (= GMK 100 BRD) (→ *großmaßstäbig*, → *kleinmaßstäbig*, → *Maßstabsstufen*).

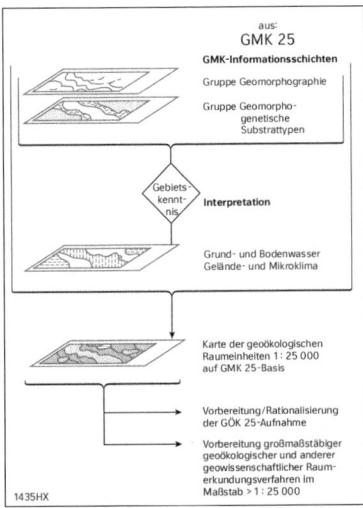

geomorphologische Karten

geomorphologische Kartierung *geomorphological mapping*: Aufnahme und Darstellung geomorphologischer Sachverhalte in kleinen, mittleren oder großen → *Maßstäben*, wobei die → *großmaßstäbigen* → *geomorphologischen Karten* in einem größeren Maßstab, als es der Publikationsmaßstab darstellt, im Felde kartiert werden. Kartiert wird in Informationsschichten, die z. T. geomorphologische Einzelmerkmale (→ *geomorphographische Merkmale* oder → *geomorphogenetische Materialtypen*) enthalten. Die Informationsschichtengruppen sind → *Geomorphographie*, → *Geomorphogenese* und → *Geomorphodynamik*. Die Aufnahme der aktuellen → *geomorphologischen Prozesse* ist eine Augenblicksaufnahme zum Zeitpunkt der Kartierung. Je nach Zielrichtung der geomorphologischen Karten werden die Informationsschichten miteinander kombiniert oder einzeln dargestellt. Die g. K. erfolgt auf einer vollständigen amtlichen → *topographischen Karte* bzw. deren Vergrößerung in einen größeren Maßstab (→ *großmaßstäbig*, → *kleinmaßstäbig*, → *Maßstabsstufen*).

Geomorphologische Systemtheorie *geomorphic system theory*: von Richard Chorley und Barbara Kennedy in den 1970er Jahren für die → *Geomorphologie* adaptierte Variante der → *Allgemeinen Systemtheorie*. Das Potential der G. S. lag zu Beginn v. a. darin, den Fokus weg von der Beschreibung von Details hin zu einer systemaren Analyse zu lenken. In der Geomorphologie können Phänomene, die mit dem Deutungsmuster der geomorphologischen Systeme betrachtet werden, laut Chorley & Kennedy über den Grad ihrer Strukturkomplexität unterschieden und klassifiziert werden: → *morphologisches System* (Formsystem), → *Kaskadensystem*, → *Prozess-Reaktionssystem*, → *Kontrollsystem*. Diese Klassifikation wurde seither nur leicht modifiziert, indem beispielsweise Skalen als weiteres Klassifikationsmerkmal hinzugezogen wurden, sodass die Systemtypen um makro- und mesoskalige morphogenetische Systeme ergänzt wurden. Generell lässt sich sagen, dass in der Geomorphologie, wie in der Allgemeinen Systemtheorie auch, ein System als ein strukturiertes Ganzes angesehen wird, in dem die einzelnen Bestandteile miteinander interagieren. Dem steht heute die Auffassung in sog. → *Systemtheorien zweiter Ordnung* gegenüber, dass ein System mehr als nur ein Zusammenhang sein muss.

geomorphologischer Landschaftstyp *geomorphological landscape type*: Beschreibung einer für ein Gebiet typischen Kombination → *geomorphologischer Prozesse* und ihrer → *geomorphogenetischen Materialtypen* sowie der aus diesen resultierenden → *Oberflächenformen*. Der überregionale Vergleich einer Vielzahl von Landschaftstypen ergeben die klassischen g. L., z. B. → *Karstlandschaft*, → *Glaziallandschaft*, Terrassen-, Wüsten- oder → *Schichtstufenlandschaft* oder → *Rumpfflächenlandschaft*. Die Typenbildung kann nach Prozess, Formgestalt oder Material erfolgen.

geomorphologischer Prozess *geomorphological process*: Vorgang der → *Erosion*, des Transports und der → *Akkumulation* in und durch verschiedene Medien, der zur Entwicklung (→ *Geomorphogenese*) von → *Oberflächenformen* führt. Je nach Agens kann z. B. zwischen → *fluvialen*, → *äolischen*, → *glazialen* Prozessen sowie den diversen Prozessen der → *gravitativen Massenbewegungen* (wie → *Gleiten*, → *Kippen*, → *Fallen*, → *Fließen*) unterschieden werden. G. P., Form und Material beeinflussen sich dabei gegenseitig Auf bestimmten Oberflächenformen, die aus spezifischen Materialien aufgebaut sind, können nur jeweils spezifische g. P. ablaufen (und umgekehrt).

geomorphologisches System *geomorphic system*: aus dem Blickwinkel der → *geomorphologischen Systemtheorie* können geomorphologische Phänomene als → *System* verstanden werden. Hierbei handelt es sich gemäß der → *Allgemeinen Systemtheorie* stets um offene Systeme, die aus mehreren Subsystemen bestehen (können) und selbst wiederum auch ein Subsystem eines größeren Systems sein können. Es werden nach dem Grad der Strukturkompkexität → *Formsysteme*, → *Prozess-Reaktions-Systeme*, → *Kaskadensysteme* und → *Kontrollsysteme* unterschieden.

geomorphologisch-geoökologische Raumeinheit → *morphologisch-ökologische Raumeinheit*.

geomorphologisch-geoökologischer Ansatz (systemanalytisch-geomorphologischer Ansatz) *geomorphological-geoecological approach*: betrachtet das → *Georelief* bzw. eine → *Oberflächenform* als → *System* des → *Landschaftshaushalts*, z. B. als → *Modell* des → *Geoökosystems*. Die Betrachtung gründet sich auf die Ausgangsannahme, dass sich mit dem Ablauf geoökologischer Prozesse mit Stoffumsätzen zugleich die Weiterentwicklung der Oberflächenformen vollzieht. Untersucht werden → *aktuelle* und → *vorzeitliche* Wirkungsgefüge.

Geomorphometrie (Morphometrie) *geomorphometry*: – ursprünglich eine Pseudoquantifizierung des → *Georeliefs* durch Ermitteln von Kennwerten für Formtypenvergleiche, z. B. Taldichte-, Zerschneidungs- und Reliefenergiewerte; – quantitativ-exakte Kennzeichnung der → *Oberflächenformen* und ihrer Formbestandteile (z. B. der → *Reliefelemente*) in verschiedenen Auflösungen, die in → *geomorphologischen Karten* oder in → *Digitalen Geländemodellen* für verschiedene geomorphologische Fragestellungen (z. B. bei → *Naturgefahren*) aufgearbeitet werden.

Geomorphotop *geomorphotope, morphotope*: die für geomorphologische und geoökologische Betrachtungen kleinste, in sich → *homogene* geomorphologische → *Raumeinheit*, die von räumlich und funktional gleich oder ähnlich verlaufenden → *geomorphologischen Prozessen* bestimmt ist.

Geoökologie *geoecology*: Teilgebiet der → *Geowissenschaften*, das sich mit dem → *Landschaftshaushalt* beschäftigt. Das zugrunde gelegte Betrachtungsmodell ist das → *Ökosystem*. Arbeitsfelder sind z. B. → *Bodenerosion* oder sonstige ökologische Zustandsveränderungen der Landschaft und auch → *Ökologische Raumgliederungen*, die in der → *Raumplanung* etc. verwandt werden.

geoökologische Catena *geoecological catena*: nach dem → *Catena-Prinzip* die Abfolge von geoökologischen Raumeinheiten mit einem naturgesetzlichen Wandel des → *Speicher-* und Prozessverhaltens durch → *Regelung* durch die → *geomorphographischen Merkmale* des → *Reliefs*.

Geoökologische Grenzschicht *geoecological boundary layer, geoecological interface*: eine wenige Meter umfassende „→ *Schicht*", die sich um die oberste → *Erdoberfläche* anordnet und einen vertikal begrenzten Ausschnitt aus der → *Landschaftshülle* der Erde darstellt und Teile der → *Geodermis* umfasst. Die vertikale Begrenzung geht i. d. R. vom → *Grundwasserspiegel* bis in die untersten Teile der → *Troposphäre*, d. h. den Wirkungsbereich des → *Mikroklimas*. Die Erforschung der G. G. erfolgt in der → *topischen Dimension* mithilfe der → *Landschaftsökologischen Komplexanalyse*. Die G. G. als → *Regelkreis* des → *Landschaftsökologischen Standorts* modelliert (→ *Prozess-Korrelations-Systemmodell*).

geoökologische Grundeinheiten → *landschaftsökologische Grundeinheiten*.

geoökologische Prozessanalyse *geoecological process analysis*: die Prozessforschung an → *Partialkomplexen* des → *Geoökosystems*, ausgeführt nach den Prinzipien der → *Landschaftsökologischen Komplexanalyse*.

Geoökologischer Regelkreis *geoecological control system, geoecological control circuit*: methodisch-praktische Ausweitung des → *Standortregelkreises* auf die Gesamtfläche eines zu beschreibenden → *Geoökotops*. Der G. R. stellt dessen → *Geoökosystem* dar und beschreibt die innerhalb des Geoökosystems ablaufenden vertikalen und lateralen Stofftransporte. Sein Inhalt wird mit der → *topischen Landschaftsbilanz* charakterisiert.

Geoökosystem *geoecosystem*: die Funktionseinheit eines real vorhandenen räumlichen Ausschnitts der Geobiosphäre, d. h. des → *Geoökotops*, die ein selbstregulierendes → *Wirkungsgefüge* → *abiotischer* und darauf eingestellter → *biotischer Faktoren* bildet, das als ein stets offenes stoffliches und energetisches System mit einem → *dynamischen Gleichgewicht* funktioniert. In der → *Geographischen Realität* sind G. → *anthropogen* stark verändert, besonders in nutzungslabilen Regionen (z. B. Alpen oder Sahel).

Geoökotop *geoecotope*: die räumliche Manifestation des → *Geoökosystems*, die von einheitlich verlaufenden stofflichen und energetischen Prozessen bestimmt wird, sodass der G. in der → *topischen Dimension* der → *land-*

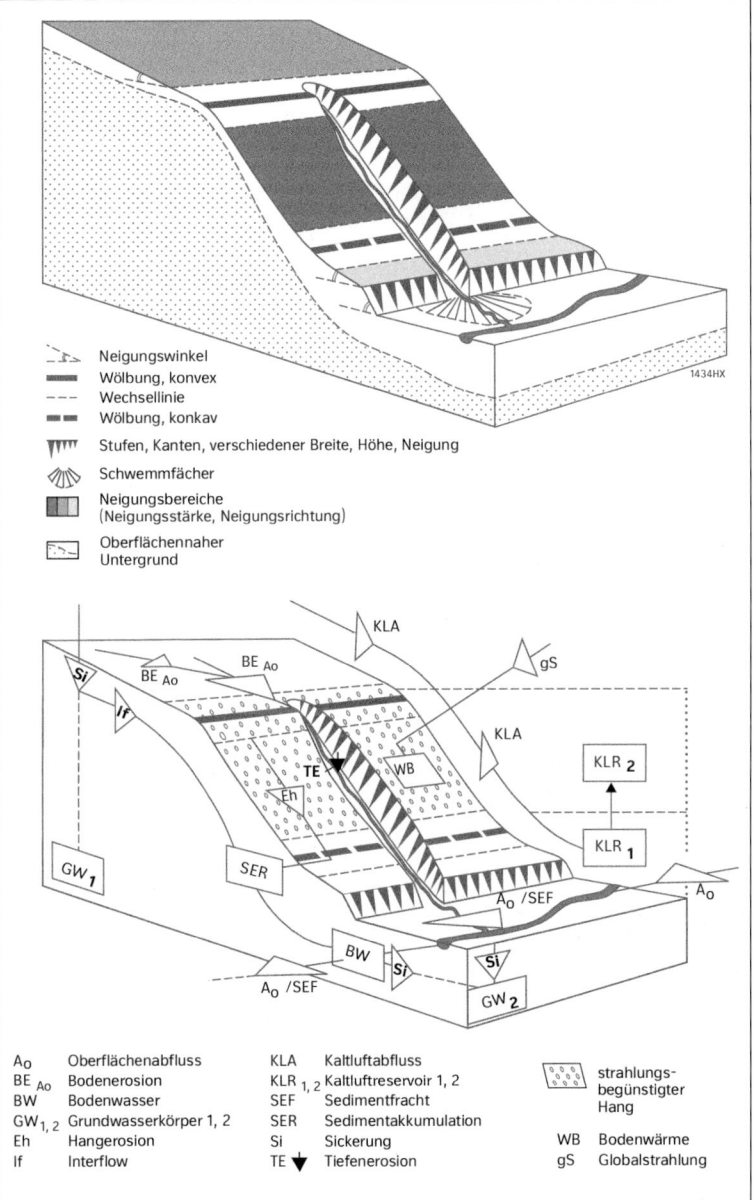

geomorphologisch-geoökologischer Ansatz

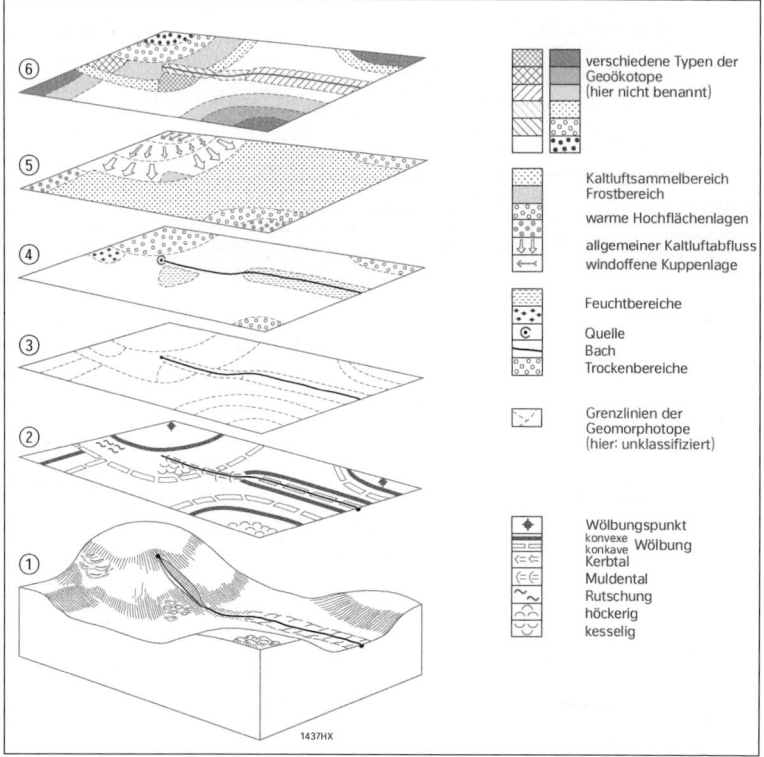

Geomorphotope

schaftsökologischen Grundeinheiten nach Inhalt, Prozessen und Struktur als → *homogen* gilt und damit als abgrenzbare geoökologische Raumeinheit definiert ist. Er ist der Grundbaustein → *ökologischer Raumgliederungen*.

Geoökotyp (Ökotyp, Ökosystemtyp) *geoecotype*: Typus eines geoökologischen Funktionssystems in der → *Landschaft*, der real durch die Vielzahl seiner räumlichen Repräsentanten, der → *Geoökotope*, repräsentiert wird, die entsprechend der → *Typenbildung* weitestgehend ähnliche oder gleiche Merkmale haben.

Geopark *geopark*: meist größere Ausschnitte der → *Kulturlandschaft*, die wegen ihres → *Georeliefs*, ihrer Gesteine, Zeugnissen der jüngeren und älteren Erdgeschichte, aber auch wegen besonderer geomorphologischer Prozesshinterlassenschaften besonderes Interesse genießen. Ähnlich den → *Biosphärenreservaten* sind die G. teilweise geschützt, unterliegen aber auch einer Nutzung durch Tourismus und Wirtschaft. Die im G. enthaltenen geowissenschaftlichen Objekte haben mindestens regionale, manchmal auch nationale Bedeutung. In G. ist → *Sanfter Tourismus* möglich. Sie gelten als Instrument der → *Schulgeographie* und der → *nachhaltigen Entwicklung* ländlicher Regionen.

Geophysik *geophysics*: Wissenschaft von den physikalischen Erscheinungen und Gesetzmäßigkeiten in, auf und über der Erde einschließlich des Einflusses anderer Gestirne auf physikalische Vorgänge an der → *Erde*. Zur G. im weiteren Sinne gehören: – Meteorologie als Wissenschaft von der Atmosphäre der Erde, – Hydrologie, Glaziologie und Ozeanographie (Meereskunde) als Wissenschaften vom Wasser auf der Erde und – die G. im engeren Sinne als Physik der festen Erde („tellurische G.").

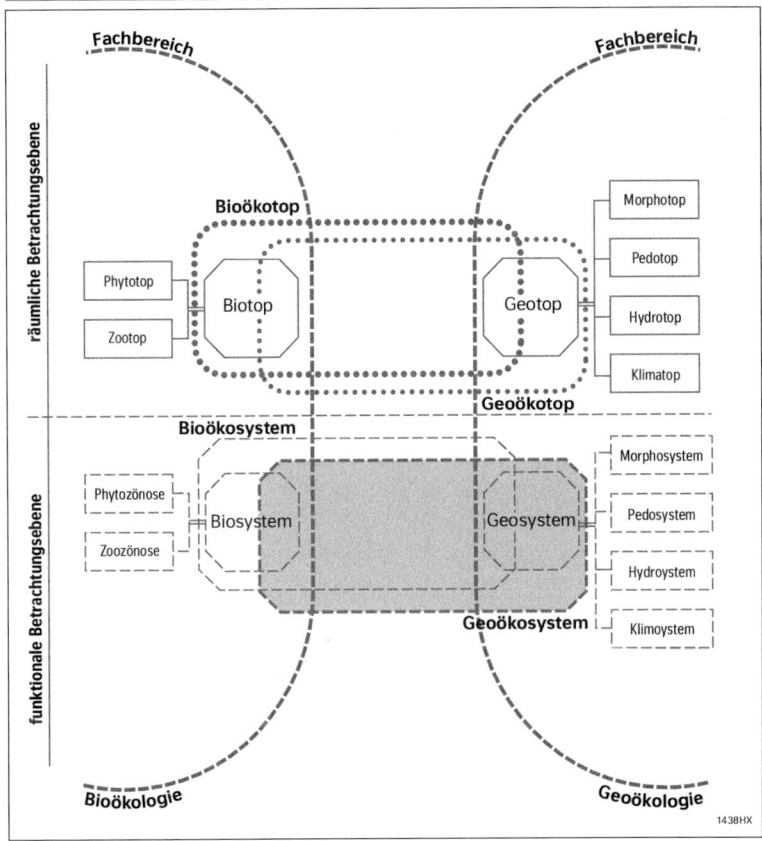

Geoökosystem

Unter dem Begriff G. wird oft nur Letztere verstanden. Die G. des festen Erdkörpers untersucht den Aufbau der Erde (Dichteverteilung, Temperatur usw.), Schwerefeld, Erdmagnetismus und Erdbeben. Die Angewandte G. beschäftigt sich u. a. mit der Suche nach Lagerstätten bzw. Rohstoffen.

geophysikalische Erkundung *geophysical exploration*: → *seismische Methoden*.

Geophyten *geophytes*: → *Kryptophyten*, deren unterirdische Erneuerungsknospen ungünstige Umweltbedingungen (Jahreszeiten mit Kälte oder Niederschlagsmangel) überdauern, während die oberirdischen Pflanzenteile absterben. In den unterirdischen Organen werden zudem Nährstoffe gespeichert. Unterschieden werden Knollen-, Zwiebel-, → Rhizom- und Rüben-G. (→ *Lebensformensysteme*).

Geo-Portal *geoportal*: digitale Kommunikations-, Transaktions- und Interaktionsplattform, die meist als internetbasiertes Anwendungssystem den Zugang zu → *Geodaten* ermöglicht. Zudem ermöglicht ein G. i. d. R. den Zugriff auf weitere Geodatendienste, wie z. B. Analyse, Editierbarkeit, kartographische Visualisierung (vgl. → *EVAP-Prinzip*). Entsprechend erfüllen viele G. die grundlegenden Funktionen eines → *Web-GIS*. G. werden über das Geodatenzugangsgesetz Deutschlands definiert und werden als Internetplattformen des amtlichen Geoinformationswesens geführt.

Geopotenzial *geopotential*: 1. im weitesten Sinne die natürlichen → *Ressourcen* der Erde, die wirtschaftlich nutzbar sind. Dazu zählen → *Lagerstätten* aller Art, → *Primärenergieträger*, → *Grundwasser*, → *Böden*, → *Biomasse* usw. (→ *Leistungsvermögen des Landschaftshaushaltes*, → *Naturpotenzial*, → *Potenzial*). 2. in der → *Geophysik* das Potenzial des irdischen → *Gravitationsfeldes*, dessen Nullpunkt in der → *Geoidfläche* liegt. Das G. ist jene Energie, die eine Masse entgegen der → *Schwerkraft* in eine bestimmte Höhe heben kann.

Georeferenzieren (Geokodieren) *georeferencing, geocoding*: Verknüpfen von Daten (→ *Rasterdaten*, → *Vektordaten*) und Raumbezug. Erfolgreich georeferenzierte Daten sind als → *Geodaten* zu bezeichnen. → *Geographische Informationssysteme* enthalten entsprechende Methoden und Werkzeuge zum G..

Georelief (Relief) *georelief, relief*: Grenzfläche der festen → *Erdkruste* zur → *Hydro-* und → *Atmosphäre*. Das G. repräsentiert die → *Oberflächenformen* und den Bereich ihrer Weiterentwicklung durch → *geomorphologische Prozesse*, die durch die geologischen, klimatischen und geomorphographischen Bedingungen (z. B. → *Hangneigungsstärke*, → *Hangneigungsrichtung*, → *Wölbung*) in Verlauf und → *Frequenz und Magnitude* geregelt werden. Wie fast alle geomorphologischen Phänomene wird auch das G. oft im systemischen Kontext betrachtet (→ *geomorphologische Systemtheorie*).

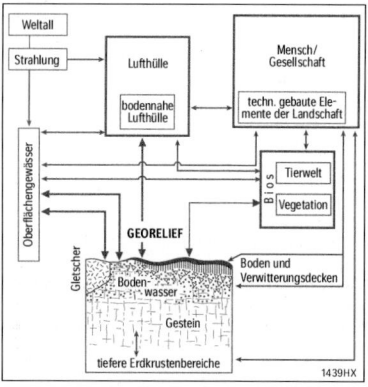

Georelief

Geos *geos*: Sammelbezeichnung für die → *abiotischen Faktoren*, also die unbelebten → *Ökofaktoren*, die im Modell des → *Landschaftsökosystems* das → *Subsystem* des → *Geosystems* bilden.

GeoServer Open-Source-Software, die ermöglicht, dass → *Geodaten* in Webservices (z. B. → *Geo-Portale*) angeboten werden können.

Geo-Skala (G-Skala) *geoscale*: Darstellung der Größenordnungen der geographischen Gegenstände, die sich zwischen der gesamten Erdoberfläche (→ *Landschaftshülle* der → *Erde*) und der Fläche eines → *Ökotops* (oder seiner Teile, z. B. der → *Fazette*) anordnen. Die G.-S. stellt bei einer umfassenderen Naturbetrachtung zwischen dem Weltall und der Einzelzelle eines Organismus das „Geographische Fenster" dar (→ *geographische Betrachtungsdimensionen*, → *Theorie der geographischen Dimensionen*).

Geosphäre (geographische Hülle, geographische Sphäre) *geosphere*: der dreidimensionale Landschaftsraum der Erdoberfläche und sein → *Wirkungsgefüge* von → *Atmosphäre*, → *Hydrosphäre*, → *Pedosphäre* und → *Lithosphäre*. Die G. entspricht damit weitgehend dem Begriff → *Landschaftshülle*.

geosphärische Dimension *geospherical dimension*: Bestandteil der → *Dimensionen* landschaftlicher Ökosysteme, die planetarisch-zonale bzw. planetarisch-kontinentale Größenordnungen umfassen, d. h. die geographischen → *Zonen* bzw. Georegionen bis hin zur gesamten → *Geosphäre* (→ *Theorie der geographischen Dimensionen*).

geosphärische Ordnung *geospherical structure*: die naturgesetzliche Struktur der → *Landschaftshülle* der → *Erde*, die sich im → *Raummuster* der → *Landschaftszonen* ausdrückt und sich auf die geographischen Axiome gründet.

geosphärische Synergismus *geospherical synergism*: das Zusammenwirken der einzelnen zur → *Geosphäre* bzw. → *Landschaftshülle* gehörigen Teilsphären (→ *Anthroposphäre*, → *Atmosphäre*, → *Biosphäre*, → *Hydrosphäre*, → *Lithosphäre*, → *Pedosphäre*), die einen dreidimensionalen gesamtirdischen Funktionszusammenhang bilden (→ *Dreidimensionalität*).

geostationärer Satellit *geosynchronous satellite*: → *Satellit*, der sich etwa 35 000 km auf einer äquatorständigen Umlaufbahn (→ *Satellitenorbit*) über der → *Erdoberfläche* befindet. Beispiele sind Wetter-, Fernseh- und Kommunikationssatelliten.

Geostrategie *geostrategy*: Teilbereich der → *Geopolitik*, bei der es um Strategien der Kontrolle und Macht- bzw. Einflussnahme über bestimmte Regionen geht. Territorialinteressen einzelner → *Staaten* bzw. → *Akteuren* werden sichtbar durch ihr zielgerichtetes Handeln.

geostrophischer Wind *geostrophic wind*: Luftbewegung in höheren → *Schichten* der → *Troposphäre* (oberhalb von mindestens einigen 100 m über der Erdoberfläche) ohne Einfluss der → *Bodenreibung*. Der g. W. weht parallel zu geraden Linien gleichen → *Luftdrucks* und ändert seine Geschwindigkeit und Richtung nicht, weil sich die Kraft des Luftdruckgradienten und die ablenkende Kraft der Erdrotation (→ *Corioliskraft*) gegenseitig aufheben (→ *Gradientwind*).

geosynchron *geosychronous*: Bezeichnung für einen → *Satellitenorbit*, in dem ein → *Satellit* exakt mit der Dauer der Erdrotation die Erde umkreist.

Geosynklinale *geosyncline*: Senkungsbereich der → *Erdkruste* infolge → *Epirogenese*. Durch Ausgleichsbewegungen steigen benachbart meist → *Geantiklinalen* auf, die das Sediment für den sich allmählich senkenden G.-Trog liefern, weil sie der → *Abtragung* durch → *exogene* Prozesse unterliegen. Die in die meist vom Meer erfüllten G. gelieferten Schuttmassen erreichen große Mächtigkeiten, sodass sie durch ihr Gewicht zu einem weiteren Einsinken der G. beitragen. Die G. sind nicht nur große Sedimentationströge, sondern wirken auf benachbarte Bereiche durch seitlichen Druck, der zu Faltungen führt. Die Bildung der G. ist Bestandteil der → *Gebirgsbildung* und kann von → *Vulkanismus* begleitet sein (→ *Orogenese*).

Geosystem (geographisches Stoffsystem, Physiosystem) *geosystem*: ein System der → *Physiogeographie* und der → *Geoökologie*, das beliebig abgrenzbar ist, dessen Rangordnung sich zwischen dem → *Geoökosystem* → *topischer Dimensionen* anordnen kann. Der Begriff hat verschiedene Bedeutungen: 1. das allgemeine Zusammenwirken der → *abiotischen* Geofaktoren bzw. Geoökofaktoren im → *Landschaftsökosystem* bzw. Geoökosystem; 2. → *Physiosysteme*, denen natürliche biotische Geofaktoren fehlen; 3. offenes und zugleich dynamisches System im Sinne des Geoökosystems; 4. die Funktionseinheit der im Geotop zusammenwirkenden Geofaktoren, d. h. von Georelief, Boden, Wasser und Klima, die man als Partialkomplexe der landschaftlichen Realität als Morphosystem, Pedosystem, Hydrosystem und Klimasystem modelliert und die im G. als ein höherrangiges Wirkungsgefüge topischer Größenordnung mit einem dafür charakteristischen Haushalt definiert werden.

Geotaxis (Gravitaxis) *geotaxis*: gerichtete Bewegung (→ *Taxis*) bei Organismen, meist von der → *Gravitation* (Schwerkraft) bestimmt. Bei Tieren wird unterschieden zwischen positiver G. (d. h. zur Erde hin- bzw. in den Boden hineingerichtet) und negativer G. (von der Erde weg bzw. aus dem Boden heraus gerichtet).

Geotechnik *geotechnics*: Sammelbegriff für Aspekte zwischen → *Geowissenschaften* und Bauingenieurwesen, die sich mit der Ermittlung und Beschreibung der technischen Eigenschaften des Baugrundes beim Bauen auf, in oder mit Boden bzw. Fels befassen. Die G. beschäftigt sich mit Grundlagenforschungs- und Anwenderseite her mit geotechnischen und hydrogeotechnischen Problemen.

Geotektonik *geotectonics*: die → *Tektonische Geologie* erforscht den Bau der → *Erdkruste* und die dort erfolgenden → *tektonischen* Bewegungen, z. B. → *Brüche*, → *Faltungen*, → *Epirogenese*, → *Tektogenese* sowie → *Erdbeben*.

Geothermik *geothermics*: Teilgebiet der → *Angewandten Geologie*, das sich mit den Wärmeströmen in der Erde sowie deren Nutzbarkeit beschäftigt (→ *geothermische Energie*, → *geothermische Tiefenstufe*).

geothermische Energie *geothermal energy*: eine natürliche, sich erneuernde Wärmeenergie, die aus der → *Erdkruste* gewonnen werden kann, wo die → *geothermische Tiefenstufe* gering ist. Die g. E. ist latent und entsteht durch → *radioaktiven Zerfall* in der Kruste. Die mittlere Wärmestromdichte der g. E. an der Erdoberfläche beträgt 0.04 W/m2. Die g. E. kann nur in Gebieten mit geologischen Sonderbedingungen genutzt werden, z. B. mit → *Verwerfungen* mit Heißdampf- und Heißwasseraustritten, jungen → *Vulkanismus* sowie trocken-heißen Gesteinsbereiche im → *Tieferen Untergrund* (→ *geologisch*).

geothermische Tiefenstufe (geothermischer Gradient) *geothermal step, geothermal gradient, geothermal degree of depth*: der Tiefenabschnitt der Erde in Meter, in dem in Richtung Erdmittelpunkt gesehen, die Temperatur um 1°C zunimmt. Im Durchschnitt sind dies 33 m. Durch geologischen Bau, Gesteinszusammensetzung, tektonische Aktivität und Vorhandensein magmatischer Wärmequellen kann es von diesem Wert erhebliche Abweichungen geben.

geothermischer Gradient *geothermal step, geothermal gradient, geothermal degree of depth*: → *geothermische Tiefenstufe*.

Geotop *geotope*: – physikalischer Teil des → *Ökosystems*. Komplementärer Begriff aus der → *Bioökologie* ist → *Biotop*. – kleinste physiogeographische Raumeinheit. – G. im Sinne des → *Geotopschutzes*.

Geotopschutz *geotope protection*: ähnlich dem → *Naturschutz* gerichtet auf Ressourcensicherung im weiteren Sinne, hier geo-, erd- und klimageschichtliche Zeugen zu schützen und zu pflegen sowie über Lehrobjekte zu verfügen. Der G. ist im Rahmen der → *Angewandten Geologie* bzw. der → *Umweltgeologie* etabliert. Der G. geht dabei von einem nicht ganz präzisen Geotopbegriff aus. Der G. meint mit „Geotop" schutzwürdige geowissenschaftliche Einzelobjekte oder Landschaftsteile (→ *Naturdenkmal*, → *Objektschutz*).

Geotropismus (Gravitropismus, Erdwendigkeit) *geotropism*: einer der → *Tropismen*. Reaktionsvermögen der Pflanzen hinsichtlich der → *Gravitation der Erde*.

Geowissenschaften *geosciences*: zusammenfassender Begriff für jene (vorwiegend natur-)wissenschaftlichen Disziplinen, die sich mit der Erde als Ganzes oder Teilen davon beschäftigen. Als Hauptdisziplinen sind den G. folgende Fächer zugeordnet: – Geologie und Paläontologie – Mineralogie und Petrologie – Geophysik und Meteorologie – Geographie – Geodäsie, Kartographie und Geoinformatik – Hydrologie, Ozeanographie und Glaziologie. Heute bezeichnen viele Geowissenschaftler ihre Disziplin eher als Erdsystemwissenschaften, vor allem wenn sie die Dynamik und Komplexität der Prozesse im Blick haben.

geozentrisches Weltbild *geocentric world view*: eine bis ins 16. Jh. gültige Vorstellung von der Welt, nach der die → *Erde* im Zentrum des Universums steht, während sie von → *Sonne*, → *Mond* und allen übrigen → *Planeten* in geometrischen Kurvenbahnen umkreist wird (→ *heliozentrisches Weltbild*).

geplante Obsoleszenz (Obsoleszenz) *planned obsolescence*: Produktstrategie eines Herstellers, wodurch die Lebensdauer von Produkten absichtlich verkürzt wird. Der Hersteller verwendet hierzu Lösungen mit kurzer Haltbarkeit und Rohstoffe mit minderer Qualität oder bietet keine Ersatzteile an, damit das Produkt schneller schadhaft wird und nicht mehr in vollem Umfang nutzbar ist (→ *Repair Café*).

Gerbhölzer *tanning woods*: Hölzer, aus denen (organische) Gerbstoffe zur Umwandlung von tierischen Häuten in Leder gewonnen werden. G. sind z. B. der südamerikanische Quebrachobaum, die südafrikanische Mimose und die europäische Eiche und Kastanie.

gerichteter Karst: → *Schichtkopfkarst*.

Gerinne *riverlet, streamlet*: 1. kleines → *Fließgewässer*. 2. landschaftsökologisch bezeichnet das G. einen kleinen → *Bach* in einem → *Einzugsgebiet*, der den Stoffaustrag bewirkt. 3. im geotechnischen Sinne ein kleiner → *Kanal* bzw. ein kanalisiertes kleines Fließgewässer.

Gerinneaufweitung *channel widening*: eingesetzt, um der → *Kanalisierung* von Flüssen und Bächen durch Gerinnebettverbreiterung entgegenzuwirken und um eine → *Revitalisierung* der → *Fließgewässer* zu bewirken.

Germanisches Becken *Germanic Basin*: seit dem → *Zechstein* entstehender, v. a. das spätere Deutschland umfassender Sedimentationsraum, der in der → *Trias* – bei großräumigem Absinken des Beckens – die Sedimente des → *Buntsandsteins*, → *Muschelkalks* und → *Keupers* entstehen ließ. Daher wird die „Germanische Trias" von der „Alpinen Trias" unterschieden. Beide stellen verschiedene Faziesräume dar, die unterschiedliche Sedimentationsbedingungen aufwiesen.

Germanotype Gebirgsbildung *germanotype orogenesis*: erfolgt in sedimentologisch und tektonisch konsolidierten Gebieten, bei der es zur neuerlichen Bruchbildung kommt, sodass Bruchschollengebirge (→ *Bruchscholle*) und → *Rumpfschollengebirge* entstanden. Viele Teile der Mittelgebirgsschwelle in Mitteleuropa weisen G. G. auf.

Geröll *cobble*: Grobsedimentkomponente, beim Transport durch Wasser gerollt und zugerundet. Man unterscheidet → *fluviale*, also Fluss-G., und → *marine* Brandungs-G.. Die Fluss-G. oder auch → *Schotter* bauen die → *Auen* und die → *Terrassen* der Flüsse auf. Große Teile der europäischen Tallandschaften bestehen aus Flussgeröllsedimenten. Die Brandungs-G. kommen als aktueller → *geomorphogenetischer Materialtyp* an der Küste, ansonsten als vorzeitliche Sedimente im → *Flysch*, in den verschiedenen → *Nagelfluhen* und in marinen Terrassen vor. In Hydrodynamik, Ingenieurgeologie und Wasserbau werden G. als → *Geschiebe* bezeichnet.

Geröllfracht → *Geschiebefracht*.

Gerölltrieb → *Geschiebefracht*.

Geröllwüste → *Kieswüste*.

Gesamthärte *total hardness*: die Summe der gelösten Calcium- und Magnesiumsalze im Wasser, welche sich aus den Carbonaten (Karbonathärte) und den Sulfaten, Nitraten und Chloriden (Nichtkarbonathärte) zusammensetzt (→ *Härte*).

Gesamtlast *power demand*: Tages- und jahreszeitlicher Verlauf des Stromverbrauchs, der sich in → *Grundlast*, → *Mittellast* und → *Spitzenlast* unterteilen lässt. Aus Gründen der Versorgungssicherheit sowie eines kontinuierlicheren Verbrauchs können in Schwachlastzeiten Speicherbecken von → *Pumpwerken* gefüllt oder Nachtspeicherheizungen genutzt werden.

Gesamtverkehrsplan (Generalverkehrsplan) *comprehensive transport development plan*: im Rahmen der räumlichen → *Fachplanung* ein planerisches Konzept zur Ordnung des Verkehrs und zum Ausbau der → *Verkehrsinfrastruktur*. Der G. enthält einleitend eine Bestandsaufnahme und umfasst Planungen für den Personen- und Güterverkehr mit allen → *Verkehrsmitteln*. Ein G. kann für ein ganzes → *Land*, aber auch nur für eine → *Region* oder eine → *Gemeinde* aufgestellt werden.

Geschäftsstraße *shopping street*: innerörtliche Straße, in der sich Ladengeschäfte konzentrieren. G. finden sich in größeren Städten flächenhaft im → *Stadtzentrum* (→ *City*), ansonsten v. a. in Form von Haupt- oder Durch-

gangsstraßen in Vororten und Stadtrandgebieten.
Geschäftsviertel *business quarter, commercial district*: räumliche Anhäufung von Ladengeschäften innerhalb einer → *Stadt*. I. d. R. sind in G. auch andere Dienstleistungsbetriebe vertreten. In größeren Städten sind G. entsprechend ihrem → *Einzugsgebiet* hierarchisch geordnet: von der → *City* über → *Subzentren* bis zu kleinen vorstädtischen G. mit lediglich lokalem Kundenkreis (→ *Nachbarschaftszentren*).
Geschäftszentrum *shopping centre*: → *Agglomeration* von Betrieben des Einzel- und Großhandels und des sonstigen → *Dienstleistungssektors*. Der Begriff ist relativ ungenau und kann sowohl → *Einkaufszentren* als auch gewachsene innerstädtische G., wie → *Cities* und → *Subzentren*, bezeichnen.
Geschichtslandschaft → *historische Landschaft*.
Geschiebe *bed load, detrital, drift, moraine, rubble, till*: 1. oftmals Grobsedimentkomponenten, welche die → *Moränen* von → *Gletschern* und Inlandeisen zusammensetzen und die beim Transport Oberflächenbearbeitungen, v. a. Striemungen und Kritzungen (→ *gekritzte Geschiebe*) erfahren. Die Einzel-G. sind meist kantengerundet, mehr oder weniger geschliffen und haben im Idealfall einen angenähert trapezförmigen Umriss. Die glaziale Beanspruchung hinterlässt oft Schrammen („Kritzen"), dann spricht man von gekritztem Geschiebe. Mit Zunahme des Transportweges nimmt der Bearbeitungsgrad zu. Ein charakteristisches G. ist der → *Feuerstein*, der in Mitteleuropa die → *Feuersteinlinie* bildet. 2. Im → *Wasserbau*, der Hydrodynamik sowie in der → *Ingenieurgeologie* werden die → *fluvialen* → *Gerölle* ebenfalls als G. bezeichnet.
Geschiebedeckensand → *Decksand*.
Geschiebefracht (Bodenfracht), (Geröllfracht, Gerölltrieb Geschiebebetrieb) *bed load, bed-material load*: gröbere → *Gerölle* im Gerinnebett, die schleppend, rollend, schleifend, wälzend oder hüpfend vorwärts bewegt werden und somit jener Teil der → *Flussfracht*, der überwiegend am Boden bewegt wird. Durch die Bewegung werden Untergrund (→ *Sohlenerosion*) und Gerölle abgeschliffen.
Geschiebelehm (Blocklehm) *boulder clay, glacial loams, till*: überwiegend sandiges bis schluffiges Material der → *Grundmoräne*, das durch Verwitterung aus → *Geschiebemergel* entsteht und dabei allmählich seinen Kalkgehalt verliert. Die Entkalkung ist nahe der Erdoberfläche am stärksten. Die eher graue Farbe des Geschiebemergels geht bei Verwitterung zu G. in gelb bis braun über.
Geschiebemergel *boulder till, glacial drift, marly till, till*: als → *Grundmoräne*, an der Basis des → *Gletschers* sedimentiertes ungeschichtetes → *glaziales*, mit Blöcken und → *Geschieben* versetztes Sediment. In seiner Matrix überwiegen die → *Korngrößen* → *Sand* und → *Schluff*, aber auch Grobsedimentkomponenten vorhanden. Der G. ist i. d. R. kalkhaltig bis kalkreich und weist graue bis bläuliche Farben auf. Der G. verwittert zu → *Geschiebelehm*.
Geschiebesand → *Decksand*.
Geschiebetrieb → *Geschiebefracht*.
Geschlecht *sex*: biologische Unterschiede zwischen Mann und Frau. G. wird seit den 1970er zunehmend problematisiert und die Trennung zwischen dem biologischen G. und diesem zugeschriebenen Bedeutungen, dem sogenannten → *Gender*, diskutiert.
Geschlechterforschung → *Gender Studies*.
Geschlechterverhältnis (Geschlechtsgliederung, Geschlechterverteilung) *sexual proportion*: in der → *Bevölkerungsgeographie* verwendetes Merkmal zur Charakterisierung der → *Bevölkerungsstruktur* anhand des zahlenmäßigen Verhältnisses der beiden Geschlechter zueinander in einem bestimmten Raum. Das G. wird durch die → *Sexualproportion* ausgedrückt, die angibt, wie viele Männer auf 100 oder 1000 Frauen kommen (teilweise auch umgekehrt angegeben). In etwa ist die Zahl der Frauen und Männer in einer Bevölkerung ausgeglichen. Abweichungen in Form eines → *Frauen-* oder → *Männerüberschusses* ergeben sich großräumig durch unterschiedliche → *Geburtenhäufigkeit* und → *Sterblichkeit* der Geschlechter; kleinräumig können sich durch geschlechtsspezifische → *Wanderungen* starke Abweichungen vom ansonsten in etwa ausgeglichenen G. ergeben.
Geschlechterverteilung → *Geschlechterverhältnis*.
Geschlechtsgliederung → *Geschlechterverhältnis*.
geschlossene Frage *closed-ended question*: → *Fragentyp* der empirischen → *Sozialforschung*; Fragen mit im Vorhinein definierten Antwortmöglichkeiten, aus denen die Probanden auswählen können (→ *offene Frage*, → *hybride Frage*).
geschlossenes Hofgut *compact farm holding*: bäuerliches Anwesen in der Form des geschlossenen Grundbesitzes (→ *Arrondierung*) im Unterschied zu einem Besitz, bei dem sich die → *Parzellen* in Streulage befinden (Splitterbesitz).
geschlossenes System *closed system*: ein → *System*, dass mit der → *Umwelt* nur Energie austauscht, im Gegensatz zum abgeschlossenen oder → *isolierten System*, das mit der Umwelt weder Stoff noch Energie austauscht. Während isolierte Systeme theore-

tisch postulierte Systeme sind, für die sich keine Entsprechung in der Realität finden lassen, können mit g. S. Phänomene beschrieben werden, die empirisch beobachtet werden können. Dem g. S. gegenüber steht das → *offene System*.

geschützte Landschaftsbestandteile *protected landscape components/elements*: in Deutschland rechtsverbindlich festgelegte Bestandteile von → *Natur* und → *Landschaft*, die besonderem Schutz unterliegen, weil sie der Sicherung des → *Leistungsvermögens des Landschaftshaushaltes*, zur Gliederung, Belebung und Pflege des Orts- und Landschaftsbildes oder zur Abwehr schädlicher Einwirkungen bedeutsam sind. Die g. L. werden durch → *Natur-* und → *Landschaftsschutz* bewahrt und geschützt (→ *Geotopschutz*, → *Objektschutz*).

Gesellschaft *society (1./2.); society, association (3./4..); community (5.)*: 1. in soziologischem und sozialgeographischem Sinn die Gesamtheit der zwischenmenschlichen Ordnungen während eines bestimmten Zeitalters in einem bestimmten Raum (z.B. mittel- und westeuropäische Industrie-G.). Sie bestimmt → *Raum* und → *Umwelt* und ist im weiteren Sinne → *ökologisch* wirksam. 2. als → *soziales System* besteht die G., je nach Betrachtungsweise und theoretischem Ansatz, aus Individuen, Klassen, Schichten, Gruppen, Handlungen oder Kommunikationen. Die wissenschaftliche Beschäftigung mit der G. und ihren Formen geschieht durch die Soziologie bzw. die Sozialgeographie, welche die Raumwirksamkeit der G. untersucht. 3. in sozialem, wirtschaftlichem und juristischem Sinn ist eine G. eine Gruppe von Menschen, die sich zu einem bestimmten wirtschaftlichen, kulturellen oder ideellen Zweck in einer → *Organisation* vereinigt. Eine derartige G. kann ein loser Zusammenschluss sein, ist aber i.d.R. als Verein, Verband oder wirtschaftliche G. (z.B. AG, GmbH, wissenschaftliche Gesellschaft) organisiert. 4. in der Botanik die Assoziation. 5. in der Zoologie das Zusammenleben von Tieren der gleichen oder verschiedener Art, die vorübergehend eine Zweckgemeinschaft bilden, z.B. eine Wohn- oder eine Wintergesellschaft. In diesem Sinne keine Lebensgemeinschaft.

gesellschaftliche Differenzierung *social differentiation*: langfristige Veränderungen einer Gesellschaft. Man unterscheidet – horizontale Differenzierung (z.B. → *Arbeitsteilung*, → *Lebensstile*) – vertikale Differenzierung durch Macht- und Herrschaftsstrukturen (→ *stratifizierte Gesellschaft*, d.h. Rangunterschiede durch → *Schichtung*, → *Stand*, → *Kaste*, → *Klasse* usw.) – räumliche Differenzierung (z.B. Zentrum und Peripherie, Stadt und ländlicher Raum, sozialräumliche Differenzierung durch → *soziale Ungleichheit*) – segmentäre Differenzierung (→ *segmentäre Gesellschaft*) – funktionale Differenzierung (→ *funktional differenzierte Gesellschaft*).

gesellschaftliche Naturverhältnisse *social relations to nature*: ein sozialwissenschaftliches Konzept, das die dynamischen Beziehungsmuster zwischen → *Gesellschaft* und → *Natur* in den Mittelpunkt stellt und diese als materiell reguliert, politisch ausgehandelt, kulturell symbolisiert und diskursiv konstruiert versteht. G. N. sind der Untersuchungsgegenstand der → *Sozialen Ökologie*.

Gesellschaftsschicht → *Schicht*.
Gesellschaftsschichtung → *Schichtung*.
Gesellschaftsstruktur → *Sozialstruktur*.
Gesellschaftswissenschaft → *Soziologie*.

Gesetz der großen Zahlen *law of large numbers*: mathematische Sätze aus der → *Stochastik*, deren Konsequenzen in den Wissenschaften Anwendung finden. In vereinfachter Form ausgedrückt, besagt das G. d. g. Z., dass bei einer häufigen Wiederholung eines Zufallsexperiments unter immer wieder denselben Voraussetzungen, sich die relative Häufigkeit eines Zufallsergebnisses in der Regel um die theoretische Wahrscheinlichkeit eines Zufallsergebnisses stabilisiert (sog. → *Normalverteilung*). In der empirischen Sozialforschung hat dies z.B. Auswirkungen auf die Größe der → *Stichprobe*: auch bei einer sehr großen → *Grundgesamtheit* (z.B. die Gesamtbevölkerung Deutschlands) reicht eine Stichprobengröße von ca. 1500 → *Probanden* aus, um verlässliche Ergebnisse zu erzielen (vorausgesetzt die Stichprobe wurde sorgfältig gezogen). In den Naturwissenschaften lassen sich Einflüsse von (nicht systematischen) Messfehlern durch häufige Versuchswiederholungen reduzieren.

Gesetz vom abnehmenden Ertragszuwachs → *Ertragsgesetz*.
Gesetz, wissenschaftliches → *wissenschaftliches Gesetz*.

Gesims (Hangleiste) *cornice*: eine senkrecht zum → *Gefälle* gerichtete, überwiegend längs erstreckte Unstetigkeit in einem → *Hang*, die überwiegend materialbedingt ist, z.B. durch eine am Hang ausstreichende widerständige → *Schicht*.

gespanntes Grundwasser *confined, entrapped groundwater*: unter → *hydrostatischem Druck* stehendes → *Grundwasser*, das unter einer undurchlässigen Schicht gestaut ist (→ *artesischer Brunnen*).

Gestaltgesetze *Gestalt laws*: Satz von Wahrnehmungsprinzipien, die sich auf die Gruppierung von graphischen Elementen beziehen. Diese Gruppierungsphänomene beeinflussen die Wahrnehmung bzw. das Lesen → *karto-*

graphischer Medien. Zu den G. gehören die Gesetze der Kontinuität, Ähnlichkeit, räumlichen Nähe, Geschlossenheit, guten Fortsetzung, Symmetrie sowie des gemeinsamen Schicksals. Kontinuität: verbundene Objekte werden als zusammengehörende Figuren wahrgenommen. Ähnlichkeit: identische oder ähnliche Objekte werden als eine zusammengehörig wahrgenommen. Räumliche Nähe: nahe beieinander befindliche Objekte werden als zusammengehörig wahrgenommen. Geschlossenheit: Objekte, die einen geschlossenen Umriss bilden, werden als zusammengehörig wahrgenommen. Gute Fortsetzung: unterbrochene Liniensegmente werden entsprechend des einfachsten Verlaufs als zusammengehörige Linie wahrgenommen. Symmetrie: symmetrisch zueinander zugeordnete Objekte werden als zusammengehörig wahrgenommen. Gemeinsames Schicksal: Objekte, die in die gleiche Richtung zeigen, werden als zusammengehörig wahrgenommen.

Gestaltungsplan *urban design plan*: in der Schweiz gebrauchte Bezeichnung für Pläne, in denen (vergleichbar mit → *Bebauungsplänen* in der deutschen → *Bauleitplanung*) für bestimmt umgrenzte Gebiete Zahl, Lage, Abmessungen und zulässige Nutzung von Bauten verbindlich festgelegt wird. G. wird in Deutschland auch ein Beiplan zum Bebauungsplan bezeichnet, in dem eine beispielhafte Bebauung und Durchgrünung des überplanten Gebietes dargestellt wird.

Gestein *rock*: die Substanz der → *Erdkruste*, die verschieden stark verfestigte Mineralgemenge darstellt. Die Einteilung der G. erfolgt meist nach der Entstehungsart. Hauptgesteinsgruppen sind → *Vulkanite*, → *Plutonite*, → *Metamorphite* und → *Sedimentite*. 95% der Erdkruste werden von Erstarrungsgestein und den ihnen chemisch verwandten Metamorphiten gebildet. Erstarrungsgesteine bildeten sich durch Abkühlen und Erstarren von → *Magma*, Sedimentgesteine aus der Ablagerung von anorganischen und organischen Materialien. Metamorphe G. entstehen unter Einwirkung von Temperatur und Druck aus bereits vorhandenen G.; Mischgesteine (→ *Migmatite*) entstehen durch teilweises Aufschmelzen vorhandener Gesteine.

Gesteinsaufbereitung *weathering*: Zerlegung der → *Gesteine* durch → *exogene* Prozesse der → *Verwitterung*, wobei die Zerlegung sukzessive in immer kleinere Komponenten erfolgt. Differenziert wird bei der G. in → *Gesteinszertrümmerung* und → *Gesteinszersetzung*.

Gesteinsbeschaffenheit *rock hardness (1.); lithological properties (2.)*: 1. die → *Gesteinshärte* im Sinne der Widerständigkeit gegenüber exogenen Einflüssen (→ *Gesteinsbedingtheit*). 2. allgemeine Gesteinsmerkmale, z. B. die mineralische Zusammensetzung der → *Gesteine* (→ *Minerale*).

Gesteinsgefüge (Gefüge) *rock fabric*: der innere Bau eines → *Gesteins*. Er wird durch die Begriffe – Struktur (Größe, Form und Kristallentwicklung der mineralischen Gemengeteile) und – Textur (Verbindungsart und räumliche Anordnung der mineralischen Gemengeteile) charakterisiert.
Bei → *Magmatiten* werden als Hauptgefügeausbildungen Kristallingefüge (voll-, halb-, makro- und mikrokristallin, körnig, porphyrisch), glasig, fluidal und kugelig unterschieden. Bei den → *Sedimentiten* handelt es sich fast ausschließlich um schichtiges Gefüge. Bei den → *Metamorphiten* werden flaseriges und schieferiges Gefüge unterschieden.

Gesteinsglas *volcanic glass*: → *Glas*.

Gesteinshärte *hardness of rock, rock hardness*: die Widerständigkeit des Gesteins gegenüber → *exogenen* Prozessen, d. h. der → *Verwitterung* sowie den verschiedenen Formen der → *Abtragung*. In Geomorphologie, → *Geologie* und → *Mineralogie* wird die G. nach der → *Härteskala* ausgewiesen.

Gesteinskunde *petrography, petrology*: → *Petrographie*, → *Petrologie*.

Gesteinsschale *rock shell (1.); rock basin (2.); pan (3.)*: 1. die → *Erdkruste* im Sinne des → *Schalenbaus der Erde*; 2. geomorphologische Kleinform im Sinne des Opferkessels; 3. eine G. durch Abplatzen aufgrund verschiedener Verwitterungsprozesse, v. a. → *Insolationsverwitterung* und *Salzsprengungsverwitterung*, aber auch durch Druckentlastung (→ *Druckentlastungskluft*; → *Desquamation*, → *Felspanzerschalen*).

Gesteinszerfall *rock decay*: Sammelbegriff für die ineinander übergehenden Prozesse → *Gesteinszertrümmerung* und → *Gesteinszersetzung* (→ *Gesteinsaufbereitung*).

Gesteinszersetzung *weathering of rock*: durch → *chemische Verwitterung* erfolgende Zerstörung des → *Gesteins*, wobei überwiegend kleine und kleinste (feinste) → *Korngrößen* entstehen, z. B. → *Feinsedimente*.

Gesteinszertrümmerung *weathering of rock*: durch → *physikalische Verwitterung* verursachte Zerstörung an → *Landformen*, wobei sowohl Grob- als auch Feinkomponenten entstehen, die sich zwischen → *Block-* und Grusgröße anordnen.

Getreidebau *cereal growing*: Anbau von Getreidepflanzen (Weizen, Gerste, Hafer, Roggen, Hirse, Mais, Reis). Der G. nimmt weltweit über 80% der Ackerbaufläche ein. Es werden Brotgetreide und Futtergetreide erzeugt. Ferner dient Getreide zur Herstellung von Industriealkohol, Ethanol, Branntwein, Malz und Stärke. Die Getreidehalme finden v. a.

als Streu, Verpackungsmaterial, als Brennstoff oder als → *Rohstoff* zur Zelluloseherstellung Verwendung. Der G. ist im Unterschied zur → *Hackfruchtbauwirtschaft* – entsprechendes Gelände vorausgesetzt – voll mechanisierbar.

Getreideeinheit (GE) *grain equivalent*: Wertzahl von → *Nutzpflanzen* und tierischen Produkten bezogen auf deren unterschiedlichen Kalorien- und Nährwertgehalt. Eine GE (1,0) entspricht dem Wert von 1 dt (Dezitonne = 100 kg) Getreide. 1 dt Kartoffel z. B. hat im Vergleich dazu 0,22 GE, 1 dt Schweinefleisch (Lebendgewicht) 4,20 GE. Auf diese Weise lässt sich eine vergleichbare Gesamtleistung von Agrarbetrieben mit unterschiedlichem → *Betriebssystem* ermitteln.

Getreidegrenze *cereal limit*: → *Anbaugrenze* für Getreide. Sie gilt als wichtigste Grenzlinie für die anbauorientierte → *Landwirtschaft* (→ *Polargrenze des Anbaus*, → *Höhengrenzen*).

Getreidewirtschaft *cereal-growing farm*: → *Landwirtschaftsbetrieb* mit einem Anteil der Getreideanbaufläche von über zwei Dritteln seiner gesamten → *landwirtschaftlichen Nutzfläche*.

Getto (Ghetto) *ghetto*: ursprünglich Bezeichnung für jüdische Wohnviertel in italienischen Städten der frühen Neuzeit, die nach außen abgeschlossen waren. Später wurde der Begriff auch für → *Judenviertel* in anderen Ländern sowie allg. für Wohnviertel ethnischer oder sozialökonomischer → *Minderheiten* verwendet, die zumeist gezwungen von der übrigen Bevölkerung abgegrenzt, häufig auch von dieser diskriminiert werden.

Gewalt, strukturelle *violence, structural*: Strukturen sozialer Ungerechtigkeit bedrohen das Leben Einzelner oder Gruppen in einer → *Gesellschaft*. Neben der strukturellen Gewalt gibt es die direkte Gewalt, die zur Verletzung einer Person oder Gruppe führt, sowie die kulturelle Gewalt, bei der kulturelle Aspekte wie Sprache, Religion, Ideologie etc. zur Legitimation von direkter oder struktureller Gewalt gebraucht werden.

Gewann *furlong, field parcel*: Verband gleichlaufender streifenförmiger Besitzparzellen, deren Besitzer ihr Land in → *Gemengelage* haben und die i. d. R. keinen Hofanschluss besitzen. Man unterscheidet formal Groß-, Klein-, Lang- und Kurzgewanne sowie breit- und schmalstreifige G. (→ *Blockgewannflur*, → *Hufengewann*). Die in der Längsrichtung der Streifenparzellen (d. h. in der Pflugrichtung) verlaufenden Außengrenzen werden als → *Raine* bezeichnet. Senkrecht zur Pflugrichtung befinden sich die → *Anwandgrenze* als Außengrenze. G. können sich in der Größe und ihrer Struktur (blockförmig-kompakt oder streifig-langgestreckt) stark voneinander unterscheiden.

Gewanndorf *village with communal land*: ländlicher → *Siedlungstyp*, der insbesondere in den Landschaften des → *Altsiedellandes* in Mitteleuropa vertreten ist. Das G. hat einen unregelmäßigen Grundriss (→ *Haufendorf*) und wird von einer historisch gewachsenen, heute allerdings durch erfolgte Maßnahmen der → *Flurbereinigung* kaum mehr erhaltenen → *Gewannflur* umgeben.

Gewannflur *cultivated area belonging to a village*: Flurformentyp, bei dem die → *Flur* ganz oder überwiegend aus → *Gewannen* besteht. Man unterscheidet primäre G., die v. a. im Rahmen der deutschen → *Ostkolonisation* entstanden, von sekundären G., die sich mit zunehmendem Getreideanbau im Mittelalter beim Übergang zur → *Dreifelderwirtschaft* (→ *Flurzwang*) aus Altformen (z. B. Blockgemengefluren) entwickelten.

Gewässerbelastung *water pollution, impact of waters, impact on aquatic systems*: Sammelbegriff für die → *anthropogene* Belastung des → *natürlichen* Zustandes der Gewässer durch Verschmutzung und Erwärmung. Die G. wird ausgemacht durch leicht und schwer (oder nicht) abbaubare organische Stoffe (Haus- und Industrieabwässer), Salze (Chloride, → *Nitrate*, Sulfate), → *Schwermetalle* (→ *Blei*, Cadmium, Nickel, Quecksilber) und → *Abwärme* (→ *Gewässererwärmung*).

Gewässerdichte *s. Flussdichte*.

Gewässererwärmung *warming of waters*: erfolgt durch Einleiten von → *Kühlwasser* aus Kraftwerken, besonders → *Kernkraftwerken* sowie Industrieabwässern. Die relativ geringfügige G. wirkt jedoch auf → *Hydroökosysteme* nachhaltig. Die Löslichkeit von Sauerstoff im Wasser nimmt mit steigender Temperatur ab, zugleich erfolgt verstärkte → *Sauerstoffzehrung* durch Zunahme der Organismen. Bei gleichzeitiger Gewässerverschmutzung kann Sauerstoffmangel zur → *Eutrophierung* führen.

Gewässergüte *water quality*: Qualitätszustand von v. a. oberirdischen Gewässern definiert mit biologischen, chemischen und/oder physikalischen Kenngrößen (→ *Biochemischer Sauerstoffbedarf*).

Gewässerkunde *hydrology, hydrography, limnology*: unscharfe Sammelbezeichnung für verschiedene Wissenschafts- und Praxisbereiche vom → *Wasser*, v. a. der → *Hydrologie* (→ *Hydrogeographie*).

Gewässerkundliche Hauptwerte (Gewässerkundliche Hauptzahlen, hydrologische Hauptzahlen) *gauge statistics*: aus kontinuierlichen Messungen an einem → *Pegel* abgeleitete Werte für den → *Wasserstand* (W) und → *Abfluss* (Q) für den Beobachtungszeitraum: Mittelwert (MW, MQ), niedrigster (NW, NQ) und höchster Wert (HW, HQ) eines Jahres, mittlerer niedrigster (MNW, MNQ) und höchster Wert (MHW, MHQ) eines Jahres und niedrigster (NNW, NNQ) und höchster Wert (HHW, HHQ) aller Jahre.

Gewässerkundliche Hauptzahlen → *Gewässerkundliche Hauptwerte.*

Gewässerlandschaft *water system, drainage area, catchment area, river basin, drainage basin, gathering ground, catchment ground, feeding ground (1.); waters, all water bodies; body of water, rivers and lakes (2./3.); water landscape (3.):* 1. durch → *Wasserscheiden* abgegrenztes → *Einzugsgebiet.*: 2. Teil einer Landschaft, der sich durch eine größere Anzahl unter- und oberirdischer Gewässer auszeichnet, die an Gesteine bzw. Materialtypen des → *Oberflächennahen Untergrundes* gebunden sind.: 3. künstlich angelegte Gewässer, vergesellschaftet und räumlich konzentriert auftretend, z. B. Karpfenteichlandschaften.

Gewässersanierung *inshore water renovation, remedial of the waters, rehabilitation of the waters, cleaning up of rivers and lakes:* wegen der mangelnden → *Selbstreinigung der Gewässer* infolge anthropogener Belastung und um die Versorgung mit → *Trinkwasser* zu sichern, werden die Flusssysteme durch → *Kläranlagen* sauber gehalten bzw. Seen durch → *Ringkanalisation* saniert. Oder es erfolgt Einleiten von Sauerstoff zur Sauerstoffanreicherung.

Gewässerschutz *protection of waters, prevention of water pollution, river and lake protection*: Gesamtheit der Maßnahmen zum Schutz gegen → *Belastungen* und → *Störungen* der natürlichen und künstlichen Gewässer sowie des → *Grundwassers* und der → *Meere* durch Siedlungs- und Industrieabwässer, → *Gülle* oder Wassereinleitungen in den Boden, aber auch vor übermäßiger Wasserentnahme und → *Gewässererwärmung.* In Deutschland ist der G. durch das Wasserhaushaltsgesetz des Bundes und die Landeswassergesetze geregelt.

Gewässertypen *water types:* Klassifikation der oberirdischen → *Binnengewässer* in - periodische Gewässer (Tümpel, Hochwasserrückhaltebecken, Hochflutbecken, Karpfenteiche, Gräben) und - perennierende (= ausdauernde) Gewässer, die in - natürliche stehende Gewässer (Seen, Weiher) und - künstliche stehende Gewässer (Talsperren, Deiche) sowie in - natürliche (Bäche, Flüsse) und - künstliche Fließgewässer (Gräben, Kanäle) gegliedert werden.

Perennierenden Gewässer trocknen normalerweise in niederschlagsarmen Jahreszeiten nicht aus. Stehende Gewässer haben, im Gegensatz zu Fließgewässern, eine ausdauernde gerichtete Strömung, außerdem ist die Erneuerungsrate des Wasserkörpers gering.

Gewässerüberwachung *monitoring of water quality*: Kontrolle der → *Gewässergüte* durch Einzeluntersuchungen oder Messreihen entweder an den Gewässern selber oder an den kommunalen und industriellen → *Kläranlagen.*

Gewässerunterhaltung *maintenance of waters:* Maßnahmen des Gewässer- und Landschaftsbaus, um die → *Ufer* von Gewässern festzulegen, Ufer und Sohle bei → *Flusserosion* oder → *Akkumulationen* zu sichern, den → *Abfluss* zu ermöglichen und Pflanzenwuchs im Abflussbereich zu entfernen. Die Maßnahmen der G. sind von Wirtschaft, Wasserversorgung und Schifffahrt bestimmt und liegen nicht immer im Interesse von → *Natur-* und → *Umweltschutz.* Daher spielt bei der G. die → *Renaturierung* der Gewässer zunehmend eine Rolle.

Gewässerversauerung *water acidification:* durch Stoffeinträge, besonders durch → *Sauren Regen* verursachte Erhöhung des Säurezustandes (→ *pH-Wert*) von oberirdischen Gewässern, besonders → *Seen.*

Gewerbe *business, trade, profession:* nach der Gewerbeordnung (GewO) jede einem dauernden Erwerb dienende, gesetzlich zugelassene Tätigkeit. Ausgenommen sind die → *Urproduktion* (Land- und Forstwirtschaft, Fischerei, Bergbau), die freien Berufe, die künstlerisch-wissenschaftliche Berufe, der öffentliche Dienst, die Tätigkeit in gemeinnützigen Betrieben und die Hauswirtschaft (→ *produzierendes Gewerbe,* → *Dienstleistungen*).

Gewerbebetrieb *business enterprise:* Betrieb, in dem (steuerrechtlich) mit der Absicht auf Gewinnerzielung gewerbliche Tätigkeiten (→ *Gewerbe*) ausgeübt werden (v. a. Industrie- und Handelsbetriebe sowie Handwerksbetriebe). Bereits aufgrund ihrer Rechtsform gelten als G. OHG und KG.

Gewerbeförderung *business promotion:* Maßnahmen von Behörden, Selbstverwaltungskörperschaften und Verbänden zur Förderung des → *Gewerbes* insgesamt, in einem Gebiet, bestimmter Gewerbezweige oder entwicklungsbedürftiger Klein- und Mittelbetriebe.

Gewerbefreiheit *economic freedom, business freedom:* gemäß Gewerbeordnung das Recht für jedermann, ein → *Gewerbe* ausüben zu dürfen. Bis ins 19. Jh. gab es in Deutschland keine G. Die Ausübung des Gewerbes galt v. a. im Mittelalter als ein Privileg der Städte. Aber auch dort war die Mitgliedschaft in den entsprechenden → *Zünften* Voraussetzung für die Ausübung eines Gewerbes.

Gewerbegebiet *trading/industrial/commercial zone/area:* nach den Regelungen der → *Baunutzungsverordnung* ein im → *Bebauungsplan* festgelegtes → *Baugebiet* in einer Gemeinde, in dem nicht erheblich belästigende → *Gewerbebetriebe* angesiedelt werden können (→ *Industriegebiet*).

Gewerbehof *industrial courtyard*: Standortkonzept für gewerbliche Kleinbetriebe in → *Kernstadtgebieten*, aber auch zunehmend im ländlichen Raum. Danach werden in einem verkehrsgünstig gelegenen, meist mehrgeschossigen Gebäude, das mit allen notwendigen Infrastruktureinrichtungen ausgestattet ist, von einer Trägergesellschaft standardisierte, gewerblich zu nutzende Räumlichkeiten auf Mietbasis an → *Kleingewerbetreibende*, Handwerker und Händler vergeben. In nicht mehr genutzten G. werden heute oftmals Lofts eingerichtet, die z. B. von Künstlern oder Architekten als Wohn- und Arbeitsräume genutzt werden.

Gewerbeimmobilie, *commercial porperty*: jene → *Grundstücke*, Gebäude oder Gebäudeteile, die ausschließlich oder überwiegend zu gewerblichen Zwecken genutzt werden. Dazu zählen v. a. Büro-, Handels- und Logistikimmobilien. Im engeren Sinne wird der Begriff nur für das nicht-produzierende Gewerbe gebraucht.

Gewerbepark *business park, trade park*: zusammenhängendes und in sich geschlossenes Areal zur Ansiedlung von → *Gewerbebetrieben*. Der G. wird meist von einem öffentlichen oder teilöffentlichen Träger geplant, errichtet und verwaltet. Kennzeichen eines G. ist die gemeinsame kostengünstige Nutzung der dort gebotenen Infrastruktureinrichtungen durch ansonsten unabhängig voneinander operierende → *Betriebe*, die entweder in meist bereits bezugsfertigen Gebäuden als Mieter oder als Käufer freier Grundstücke auftreten (→ *Industriepark*, → *Technologiepark*).

Gewerbesuburbanisierung *suburbanization of trade and industry*: Teilprozess der → *Suburbanisierung*, der durch die → *Stadtrandwanderung* von → *Gewerbebetrieben* charakterisiert ist.

gewerbliche Gemeinde *commercial community*: → *Gemeindetyp*, deren Bewohner Einkünfte vorwiegend aus den Betrieben eines Gewerbes beziehen.

Gewichtsverlustmaterial *weight loss material*: Begriff aus der → *Industriestandorttheorie* von Alfred Weber. Er unterscheidet neben → *Ubiquitäten* und → *Reingewichtsmaterialien* jene Materialien, die bei der Verarbeitung an Gewicht verlieren. Damit rückt der optimale Produktionsort in Richtung Materialfundort.

Gewinn *book profit, earnings, surplus*: Differenzbetrag zwischen Ertrag und Aufwand. Umsatzerlöse stellen dabei die Quelle des G. dar.

Gewinnmaximierung (Profitmaximierung, Ertragsmaximierung) *profit maximization*: wichtiges unternehmerisches Ziel in der freien → *Marktwirtschaft*. Dabei wird die größtmögliche Differenz zwischen Umsatz und Kosten bzw. Abgaben angestrebt.

Gewinnungsbetrieb (Urproduktionsbetrieb) *extraction shop*: → *Betrieb*, dessen → *Wertschöpfung* durch Nutzung der Erde dem → *primären Sektor* zugerechnet wird. Hierzu zählen Betriebe aus der → *Landwirtschaft*, der → *Fischerei* und des → *Bergbaus*. In der Landwirtschaft existiert mit dem → *Veredelungsbetrieb* eine Sonderform des G. (→ *Leistungserstellung*, → *Agrargeographie*, → *Bergbaugeographie*).

Gewitter *thunderstorm*: die von → *Blitz* und → *Donner* und in der zweiten Phase von kurzen → *Starkregen* begleitete luftelektrische Entladung in Haufenwolken (→ *Cumulus*) mit großer Vertikalerstreckung. G.-Wolken (Cumulonimbus) entstehen durch starke konvektive Umlagerungen erwärmter Luft (→ *Konvektion*), in der → *Wasserdampf* in großem Umfang kondensiert. Starke Vertikalströmungen lassen die Wolke bis gegen 10 000 m hoch wachsen, woraus eine Vereisung der oberen Schicht resultiert, mit welcher die Entstehung der Ladungsdifferenzen, die durch den massenhaften Tropfenfall noch verstärkt werden, zusammenhängt. Am häufigsten treten die durch das Aufsteigen erhitzter Luft entstehenden Wärme-G. in Erscheinung. Von der Jahreszeit weniger abhängig und meist weniger ausgeprägt sind die Front-G., die an der Einbruchsfront von Kaltluftmassen entstehen (→ *Wolken*).

Gewölbe *dome*: 1. aufgebogene, räumlich begrenzte Gesteinsstruktur, z. B. → *Antiklinale* (→ *Falte*). 2. großräumige Schichtaufbiegung durch → *Epirogenese* oder sonstige Krustenbewegungen. Ein großräumiges Schicht-G. stellt die Umgebung des südlichen Oberrheingrabens dar, wo um das Hebungszentrum im Bereich von Schwarzwald und Vogesen sich nach außen gebildete → *Schichtstufenlandschaften* entwickelten, deren Entstehung die Hebung eines G. voraussetzt.

Gewölbebau *arched construction*: neben dem Firstbau (→ *Firsthaus*) wichtige Grundform der Baukonstruktion von Behausungen. Ein Gewölbe ist eine gebogene Decke, bei der die aus der Nutzlast und dem Eigengewicht entstehenden Kräfte als Drucklast in die Auflager abgeleitet werden. Weltweite Verbreitung zeigen z. B. → *Kuppelhütten*.

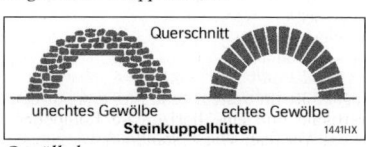

Gewölbebau

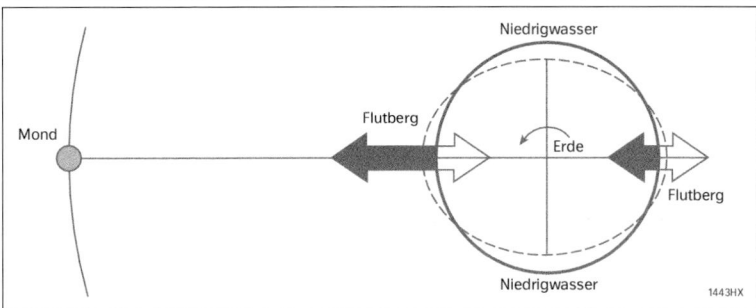

Gezeiten

Geysir *geyser*: durch → *Grundwasser* gespeiste heiße Springquelle, die in z. T. konstanten Zeitabständen springbrunnenartig und mit hohem Druck Wasser ausstößt. G. sind eine typische Erscheinung jungvulkanischer Gebiete, z. B. in Island.

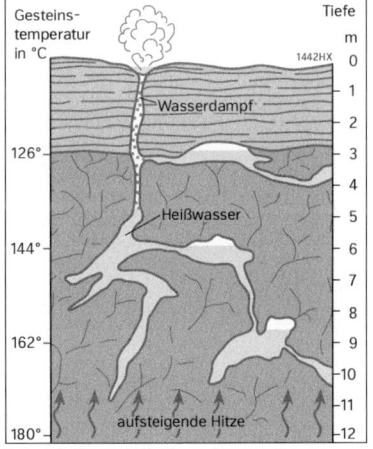

Geysir

Gezeiten (Tiden) *tides*: die in etwa 12½-stündigem Rhythmus ablaufenden Wasserstandsschwankungen der → *Meere*. Das Steigen des Wassers heißt → *Flut*, das Fallen → *Ebbe*. Der Unterschied zwischen Niedrig- und Hochwasserstand beträgt oft 2–5 m. Die fluterzeugende Kraft als Folge der Anziehungskraft des → *Mondes* und der → *Sonne* sowie der Zentrifugalkraft im System Erde-Mond weist eine vertikale und eine horizontale Komponente auf: Vertikale Wasserstandsschwankungen und horizontale Verschiebungen der Wassermassen (→ *Gezeitenströme*) überlagern sich. So werden gewissermaßen Wassermassen von zwei gegenüberliegenden Vierteln der Erdkugel abgezogen und strömen auf die andern beiden Viertel; der Wasserkörper verformt sich elliptisch. Je nach der Stellung der Sonne, deren Anziehungskraft allerdings infolge der großen Entfernung nur 40% des viel näher stehenden Mondes ausmacht, wird dieser Effekt abgeschwächt oder verstärkt (→ *Springflut*, → *Nipptide*). Für die lokale Stärke der G. spielen auch Winde, Wassertiefen und Küstenformen eine Rolle. Der höchste → *Tidenhub* wird in Buchten und trichterartigen Flussmündungen (→ *Ästuar*) erreicht, in denen sich die G.-Welle staut (z. B. Fundy Bay 21 m).

Gezeitenkraftwerk (Flutkraftwerk) *tidal power station, tidal power plant*: Kraftwerk, das die bei Ebbe und Flut (→ *Gezeiten*) entstehende Energie des Meeres in Buchten oder Flussmündungen nutzt. Da für eine wirtschaftliche Inwertsetzung der → *Tidenhub* mindestens 5 m betragen muss, ist die Zahl möglicher Standorte von G. begrenzt. Das erste G. wurde in der Rance-Mündung bei St. Malo (Bretagne) errichtet.

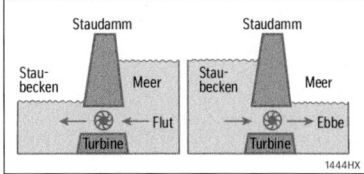

Gezeitenkraftwerk

Gezeitenküste *tidal coast, tide coast*: Küste mit auf die → *Gezeiten* zurückgehender charakteristischer → *Akkumulation* und → *Erosion*, im Unterschied zu gezeitenfreien Küsten, wo Materialbewegung allein durch vom Wind verursachte → *Wellen* erfolgen.

Gezeitenstrom *flow of tides*: die horizontale Bewegung von Wassermassen der → *Meere* als Folge der → *Gezeiten*. G. erreichen an → *Flachküsten* (z. B. → *Wattenküste* der Nordsee) Geschwindigkeiten von 2-3 sm/h. Sie verlagern in großem Umfang → *Sediment*. In Buchten kann die Strömungsgeschwindigkeit bis über 5 sm ansteigen (z. B. St. Malo in Nordfrankreich).

Ghetto → *Getto*.

G-Horizont *horizon: with redoximorphic features*: der durch → *Grundwasser* beeinflusste Bereich in einem Bodenprofil. Durch die Schwankungen des Grundwasserspiegels ergeben sich zwei typische Abschnitte: oben liegt der nur zeitweise grundwassererfüllte, und deshalb durch oxidiertes Eisen rostrot gefleckte Go-H.; unten liegt der annähernd ständig wassererfüllte und deshalb durch reduziertes Eisen grau gefärbte Gr-H (→ *Gley*).

ghost town (Geisterstadt) verlassene Stadt. Als g. t. werden insbesondere → *Siedlungen* bezeichnet, die – oft am Rand der → *Ökumene* – zur Ausbeutung von Naturressourcen angelegt wurden (Bergwerks-, Holzhauersiedlungen usw.) und die nach deren Erschöpfung oder aufgrund von Krisen wieder aufgegeben wurden.

Giffen-Gut *Giffen good*: Gut (→ *Güter*), dessen Nachfrage trotz einer Preiserhöhung relativ zu einem anderen Gut ansteigt und damit im Widerspruch zur Grundannahme der → *Marktwirtschaft* steht, bei der bei einer Preiserhöhung die Nachfrage sinkt.

Giftmüll *toxic waste*: gehört zu den → *Sonderabfällen* und entsteht in erster Linie bei der industriellen Produktion oder Weiterverarbeitung von Chemikalien, Farben, Papieren, Metallen, Ölen und Fetten (→ *Müll*, → *Sondermüll*).

Gilgai (Gilgai-Relief) *gilgai*: → *Mikrorelief* mit einer Abfolge von Mulden und Hügeln, oft als Polygone angeordnet, und daher mit → *Formenkonvergenzen* zu den arktischen → *Frostmusterböden* im Gebiet des → *Permafrostbodens*, jedoch klimazonal anders angeordnet. Das G.-Relief bildet sich in den wechselfeuchten, aber überwiegend trockenen → *Subtropen* und → *Tropen*, sowie in außertropischen → *Steppen*. Es kommt durch den Wechsel von Austrocknung und Befeuchtung zustande und setzt tonreiche Substrate voraus. Die G.-Musterböden weisen eine feuchte- und tonbedingte Dynamik auf. Die Formen werden nach ihrer Gestalt in Rund-, Gitter-, Wellen- und (eckige) Tank-G. gegliedert. Die G.-→ *Strukturböden* liegen im Meter- bis Dekameterbereich.

Gilgai-Relief → *Gilgai*.

Gipfel *summit, peak*: höchster Punkt eines → *Berges*. Die Gestalt der G. wird vom Gestein sowie den Verwitterungs- und Abtragungsprozessen bestimmt. → *Kristalline* Gesteine bilden Pyramidenberge (z. B. Zentralalpen), aber auch steilwandige Nadeln, Hörner, Spitzen und Zähne, wie die beschreibenden Begriffe lauten. In Kalkgebirgen (z. B. Kalkalpen), entstehen entweder Klötze (bei flacher Gesteinslagerung) oder ebenfalls Nadeln und Türme. Rundliche Berg-G. entstehen in Ton- und Schiefergesteinen.

Gipfelflur *accordance of summit levels, concordant summit levels, gipfelflur peak plane, summit accordance, summit plane*: gedachte, angenäherte (tangentiale) Fläche, die benachbarte → *Gipfel* berührt. Beruht auf der Beobachtung, dass sich in vielen Gebirgen die Gipfel in mehr oder weniger gleichen Höhen befinden. Dies wird teilweise als Reste → *vorzeitlicher* Abtragungsflächen (→ *Denudationsniveaus*) zu Beginn der Gebirgsbildung interpretiert. Eine alternative Interpretation ist, dass die ähnlichen oder gleichen Gipfelhöhen → *tertiäre* Landoberflächen (→ *Altflächen*) repräsentieren, die mit der sukzessiven Heraushebung und Abtragung des Gebirges zusammenhängen. In manchen Gebirgen ist die G. in mehrere Stockwerke gegliedert, die auf eine mehrphasige tektonische Heraushebung des Gebirges hinweisen. In Phasen relativer tektonischer Ruhe konnte Flächenbildung erfolgen.

Gips *gypsum*: wasserhaltiges Calciumsulfat ($CaSO_4 \cdot 2H_2O$), das z. T. durch Wasseraufnahme aus → *Anhydrit* entstand. Der G. gehört zu den → *Evaporiten* und tritt als verbreitetes gesteinsbildendes Mineral auf. Er ist wegen seiner Wasserlöslichkeit verkarstungsfähig (→ *Gipskarst*, → *Karst*).

Gipskarst *gypsum karst*: der wasserlösliche → *Gips* lässt typische Formen des ober- und unterirdischen → *Karstes* entstehen. Die Formen entsprechen weitgehend dem → *Kalkkarst*, sind jedoch infolge stärkerer Lösungsfähigkeit des Gipses markanter. Der G. ist, wegen der geringen oberflächlichen Verbreitung von Gips, geomorphologisch und landschaftlich weniger bedeutend als der Kalkkarst.

Gipskruste → *Gypcrete*.

Girlandenboden *group of gelifluction lobes*: Ausdruck der geomorphologischen Prozesse in der → *periglazialen Höhenstufe*, wo im frostbeeinflussten Boden in Hanglage durch beim Gefrieren und Wiederauftauen entstehende Druckkräfte Feinmaterial und Steine streifenförmig sortiert werden (→ *Kryoturbation*). Die girlandenartigen Ausbuchtungen der → *Steinstreifen* und Feinerdestreifen entstehen durch zähes Hangabwärtsfließen der sommerlich aufgetauten obersten Bodenschicht. Bei Vegetationsdecken entstehen → *Rasentreppen*. G. kommen in fast allen Hochlagen jener → *Hoch-*

gebirge vor, die durch intensivere Frostwechsel aufweisen (→ *Gelifluktion*).
GIS → *Geographisches Informationssystem*.
GIS-Funktionen *GIS functions*: Anwendungsmethoden eines → *Geographischen Informationssystems*. Zu den grundlegenden G. gehören Erfassung, Verwaltung, Analyse und Präsentation von → *Geodaten* (→ *EVAP-Prinzip*).
Gitter *lattice*: 1. in der Geomorphologie der Beschreibung der Anordnung von Groß- und Kleinformen, z. B. → *Talnetzen*, → *Frostmusterböden* oder des Gilgai. 2. in der → *Kristallographie*, → *Petrologie* und → *Mineralogie* tritt im Kristall- und Mineralaufbau ein G. auf, d. h. eine räumlich-periodische Anordnung von Atomen, Ionen bzw. Molekülen (→ *Kristallgitter*).
GIZ(Deutsche Gesellschaft für Internationale Zusammenarbeit) *German Federal Enterprise for International Cooperation*: deutsches Durchführungsunternehmen politischer Entscheidungen in Bezug auf → *Entwicklungszusammenarbeit* weltweit. Verschiedene Sektoren wie Wirtschafts- und Beschäftigungsförderungen oder Umwelt-, Frieden- und Sicherheitsthemen werden von dem privat geführten Unternehmen bedient. Hauptauftraggeber ist das Bundesministerium für wirtschaftliche Zusammenarbeit und Entwicklung.
glacier surge (Gletscherwoge) schneller, teils katastrophaler → *Gletscher*vorstoß mit einer Geschwindigkeit von bis zu 1 km pro Monat. G. s. sind Umlagerungsvorgänge, bei dem Eis aus einem höher gelegenen Eisreservoir zur Gletscherzunge transportiert wird, was zu einem schnellen und dramatischen Vorstoß der Gletscherfront und einem Ausdünnen des Eisreservoirs führt. Dieses wird zwischen den G. s. wieder aufgefüllt und der Gletscher fließt nur langsam.
Glacis (glacis d'érosion, Glacisterrasse, Glacistreppe) *glacis*, *pediment*: Flachform im Bereich der → *Gebirgsfußfläche*. Geht in weiterer Entfernung vom Gebirgsfuß aus dem → *Pediment* hervor und besteht, im Unterschied zu dieser → *Felsfußfläche*, aus groben → *Lockergesteinen*. Diese wurden teilweise mit → *Schutt*- und/oder → *Schotter*-Charakter, und über anstehendem Felsuntergrund sedimentiert (→ *Fanger*, → *Fanglomerat*). Im Zusammenhang mit → *tektonischer* Hebung und → *fluvialer* Zerschneidung können Glacisterrassen (Glacistreppen) entstehen.
glacis d'érosion → *Glacis*.
Glacisterrasse → *Glacis*.
Glacistreppe → *Glacis*.
Glas (Gesteinsglas) *[volcanic] glass*: wichtiger, weil häufiger bis vorherrschender Bestandteil von → *Ergussgesteinen*. Es besteht aus Magmaschmelze, die wegen zu rascher Abkühlung nicht auskristallisieren konnte (→ *Magma*).

Glashaus-Effekt → *Treibhaus-Effekt*.
Glashauswirkung *greenhouse effect*: die erwärmende Wirkung der → *Atmosphäre* als Folge der strahlungsabsorbierenden Eigenschaften des → *Wasserdampfes*, des → *Kohlendioxides* und weiterer Spurengase. Diese atmosphärischen Komponenten üben auf die einfallende kurzwellige → *Sonnenstrahlung* nur eine geringe, auf die ausgehende langwellige Erdstrahlung dagegen eine wesentlich größere Absorptionswirkung aus. Erdoberfläche und Atmosphäre werden dadurch im → *Strahlungsbilanzverlauf* auf ein höheres thermisches Niveau gebracht. Eine stetige Erhöhung der Kohlendioxidkonzentration ab Mitte des 20. Jh. verstärkt diesen Effekt (→ *Klimawandel*).
Glasindustrie *glass industry*: → *Industriezweig*, der sich in die Stufen Rohglaserzeugung und Glasverarbeitung untergliedert. Das Schmelzen des Glasgemenges erfolgt in speziellen Öfen (Hafenöfen, Wannenöfen). Die wichtigsten Produktionsrichtungen sind die Flachglasherstellung (z. B. Fensterglas), die Hohlglasherstellung (z. B. Laborgerät) sowie die Herstellung von Sondergläsern (Linsen). Die Herstellung und Verarbeitung von Glasfasern wird der Glasverarbeitung zugeordnet.
Glaskultur (Unterglaskultur) *greenhouse cultivation*: gärtnerischer Anbau von Pflanzen, die in Gewächshäusern (Hochglas) und Frühbeeten (Niederglas) herangezogen werden. G. sind v. a. in Klimabereichen von Bedeutung, wo es jahreszeitlich bedingt zu einem Wachstumsstillstand der Vegetation kommt. G., meist → *Gemüsebau* und Zierpflanzen, werden häufig verbrauchernah produziert, z. B. am Rande von → *Verdichtungsräumen*.
Glatthang *rectilinear slope*: durch intensive → *Verwitterung* und → *gravitative Massenbewegungen* entstandene, wenig gegliederte, typische Mehrzeit-Hangform durch intensive → *Verwitterung* (oft, aber nicht ausschließlich → *Frostsprengungsverwitterung*) und anschließende → *Denudation* (z. B. → *Solifluktion*). Die → *Hangneigungsstärke* des G. liegt im allgemeinen zwischen 25°C und 35°C. G. entstehen auch unter → *rezenten* klimageomorphologischen Bedingungen, werden jedoch auf Abtragung im → *Periglazial* zurückgeführt, ohne ausschließlich periglazialer Entstehung zu sein oder gar als Leitformen periglazialer Prozesse im → *Hochgebirge* zu gelten.
glazial *glacial*: „unter Eisbedingungen entstanden, vom Eis geschaffen". In den Bio- und Geowissenschaften bezogen auf → *Landformen*, Paläoklimate und → *Sedimente*. Weil Letztere → *aktuell* oder → *vorzeitlich* sein können, kann g. nicht als synonym mit „eiszeitlich" oder „kaltzeitlich" übersetzt werden. Be-

glazial

griffsspezifizierungen: – g. begrenzt auf Formen und Sedimente, die unmittelbar vom → *Eis* gebildet wurden, die also → *glazigen* sind. – Von diesen wiederum werden → *glaziäre* Bildungen abgesetzt, die im Eisumland, aber im Eiskontakt, entstanden, ohne → *periglazial* zu sein.
Zwischen g. Form- und Sedimentbildung und anderen geomorphologischen Prozessen gibt es zahlreiche Übergänge, für die Spezialbegriffe existieren: → *fluvioglazial*, → *glaziäolisch*, → *glazilimnisch* und → *glazimarin*.
Glazial → *Kaltzeit*.
Glazialakkumulation (glaziale Ablagerung) *glacial accumulation*: – in → *aktuellen* oder → *vorzeitlichen* Kaltklimaten verbreiteter, in unterschiedlichen Intensitäten wirkender Prozess der → *glazialen Geomorphodynamik*, der auf der → *glazialen* Wirkung (Eiswirkung i.w.S.) von → *Inlandeisen* oder Gebirgsgletschern beruht und zu Formen und Sedimenttypen der → *Glazialen Serie* führt. – ein glaziales Sediment oder eine glaziale Form aus Sediment, die auf Inlandeise oder Gebirgsgletscher zurückgeht. Wichtige G. sind → *Geschiebemergel* und → *Moränen*.
glaziale Aufschüttung → *Glazialakkumulation*.
glaziale Erosion → *Glazialerosion*.
glaziale Fazies *glacial facies*: → *terrestrische Fazies*, die maßgeblich durch → *glaziale* Prozesse beeinflusst wurde und → *Sedimente* bezeichnet, die der → *Glazialerosion* und -→ *akkumulation* unterworfen waren, z.B. → *Moränen*.
glaziale Geomorphodynamik *glacial geomorphodynamics*: beschreibt sämtliche Wirkungen durch → *glaziale* → *Prozesse* und → *Oberflächenformen* und → *Sedimente*, die eine meist sehr intensive Weitermodellierung eines bestehenden → *Georeliefs* bewirken, eigene Formen und Sedimente schaffen, von denen die → *Moränen* die auffälligsten sind. Die g. G. wirkt als → *Glazialakkumulation* und → *Glazialerosion*.
Glaziale Serie *glacial series*: Konzept zur Beschreibung einer meist regelhaften Abfolge von → *Oberflächenformen* und → *glazialen* Sedimenten im Randbereich eines → *Gletschers* und seines Vorlandes, die durch die Eisbewegung selbst und durch → *Schmelzwasser* geschaffen wurden (→ *glaziale Geomorphodynamik*, → *Glazialerosion*, → *Glazialakkumulation*). Die G. S. findet sich vor rezenten Gletschern sowie – gut sichtbar – in den pleistozänen → *Jungmoränenlandschaften*, während sie in der → *Altmoränenlandschaft* während der → *Würm*- bzw. → *Weichsel-Kaltzeit* überformt wurden. Sie erstreckt sich im ehemaligen Inlandeisgebiet der → *Nordischen Vereisung* Europas von den Grundmoränenlandschaften mit ihren → *Zungenbecken* und → *Zungenbeckenseen* über die → *Endmoränen*, und von den Schmelzwassergebieten des → *Sanders* bis zum → *Urstromtal*. Im Bereich der ehemals alpinen Vereisung setzt sich die G. S. aus Zungenbecken mit Grundmoränendecke, Endmoräne und → *fluvioglazialem* → *Schotterfeld* zusammen.
glaziale Terrasse *glacial terrace, glaciofluvial terrace*: → *Terrasse*, die durch → *glaziale* Prozesse wie → *Gletscherschurf* oder → *glazifluviale* Ablagerungen (→ *Kamesterrassen*) gebildet wurde.
glaziale Übertiefung *glacial overdeepening*: die Umgestaltung und Überprägung von vormals → *fluvial* geprägten Tälern und Tiefenlinien im → *Relief* durch Glazialerosion, wobei das Eis v.a. vertiefend, aber auch verbreiternd wirkt. Die g. Ü. wirkt im Haupttal am stärksten, weil dort die Eismächtigkeit gegenüber den Nebentälern größer ist. An Taleinmündungen bildeten sich Geländestufen heraus, z.B. → *Diffluenzstufe* oder → *Konfluenzstufe*. Auch die Geländestufe zwischen dem glazialen → *Hängetal* und dem als → *Trogtal* erscheinenden Haupttal wird mit der größeren Eismächtigkeit und damit dem stärkeren glazialen Tiefenschurf im Haupttal erklärt.
Glazialerosion (glaziale Erosion) *glacial erosion*: formbildender Prozess der → *glazialen Geomorphodynamik* und Sammelbezeichnung für ganz verschiedene abtragende Prozesse des Gletschereises. Zur G. gehören → *Detersion*, → *Detraktion* und → *Exaration*, die hauptsächlich an der Gletscherbasis wirken und zu Oberflächenbearbeitungen wie → *Kritzen*, aber auch zu Formen, z.B. den → *Rundhöckern*, führen. Die G. bildet v.a. in Gebirgen eine charakteristische Glaziallandschaft, zu deren Formen und Merkmalen → *Kar*, → *Trogtal* und – als formende, aber nicht immer sichtbare Wirkung – die → *glaziale Übertiefung* gehören.
glaziales Abflussregime *glacial runoff regime*: Typ des jährlichen Abflussganges (→ *Abflussganglinie*) in einem → *Fluss* mit einem extrem hohen Maximum der Wasserführung während der Gletscherschmelze im Hochsommer und sehr geringem bis fehlendem Abfluss im Winterhalbjahr. Typisch für vergletscherte → *Hochgebirge* (→ *Abflussregime*).
Glazialeustasie *glacial eustatic sea level change*: eiszeitlich bedingte → *eustatische Meeresspiegelschwankungen* durch rhythmisches, im Wechsel der → *Kalt*- und → *Warmzeiten* erfolgendes Binden des Meereswassers im Festlandeis bzw. in dessen Wiederauftauen. Während der letzten Hauptvereisung war der Meeresspiegel weltweit um ca. 90–100 m abgesunken.

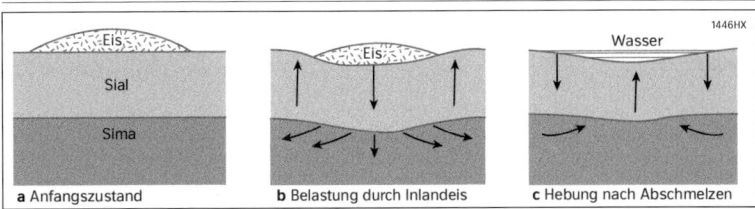

Glazialisostasie

Glazialgeologie *glacial geology*: Teilgebiet der → *Geologie*, das sich überwiegend mit der Entwicklung, Lagerung und Beschaffenheit glazialer Sedimente (→ *Glazialakkumulation*) beschäftigt. Da zwischen Form und Sediment der Glaziallandschaft ein enger Zusammenhang besteht, sind G. und → *Glazialgeomorphologie* zu weiten Teilen identisch. Sie werden überwiegend in der interdisziplinären → *Quartärforschung* betrieben.

Glazialgeomorphologie (Glazialmorphologie) *glacial geomorphology*: Teilgebiet der → *Geomorphologie*, das die Formbildung durch Eis umfasst. Es bestehen enge Beziehungen zur → *Glaziologie*, → *Glazialgeologie* und zur → *Periglazialgeomorphologie*.

Glazialisostasie *glacial isostasy, glacial isostacy*: Vorgang der → *Isostasie* bzw. der → *isostatischen Ausgleichsbewegungen*, der von der Überlegung ausgeht, dass die bis 2000 m mächtigen → *Inlandeise* die → *Erdkruste* belasteten, sodass diese sich senkten. Nach Eisrückgang folgte die gegenläufige isostatische Ausgleichsbewegung, jedoch mit einer zeitlichen Verzögerung.

Glaziallandschaft *glacial landscape*: → *Landschaft*, die überwiegend vom → *Eis* geformt bzw. von glazialen Sedimenten überdeckt wurde. Die G. kann → *vorzeitlich* sein, d.h die Formung fand im → *Pleistozän* statt, oder im Gebiet bzw. Vorland der heutigen → *Gletscher* und → *Inlandeise* → *rezenter* Formbildung unterliegen. Oft als sog. → *Glaziale Serie* ausgeprägt, jedoch kann die G. – je nach Gesteinsvoraussetzungen, Gletscheraktivität, Entfernung vom Vereisungszentrum usw. – sowohl als Ausräumungs- oder als auch als Aufschüttungslandschaft ausgeprägt sein. Erstere findet man in Skandinavien, wo glazial überformte Felsflächen überwiegen und junge Aufschüttungen nur als jüngsten Rückzugssedimente erhalten sind. Den Typ der glazialen Aufschüttungslandschaft findet man v.a. im Randbereich der → *Nordischen Vereisung*, v.a. zwischen Nordwestdeutschland und Polen.

Glazialmorphologie → *Glazialgeomorphologie*.

Glazialrelikt *glacial relict*: Tier- oder Pflanzenart, die an ihrem → *rezenten* Standort, der als → *Refugium* bezeichnet wird, als Überbleibsel von → *stenothermen* und an kältere Klimate adaptierten → *Biota* mindestens seit der letzten → *Kaltzeit* existiert. Dazu gehört z.B. der Alpenbärlapp (*Lycopodium alpinum*).

Glazialsee *glacial lake*: → *See* in einer durch → *Gletscher* gebildeten → *Hohlform*, z.T. auch durch → *Moränen* abgedämmt (→ *Eisstausee*). Glazialstausee → *Eisstausee*.

Glazialtektonik (Eistektonik) *glacial tectonics, glacier tectonics*: Lagerungsstörungen in → *Sedimenten* oder wenig verfestigten oberflächennahen Gesteinen, die durch → *Gletscher* oder → *Inlandeis* verursacht wird, das sich darüber hinwegbewegt und Druck ausübt. Es entstehen Stauchungen, Falten, Überschiebungen, Abscherungen und Aufpressungen. Die G. ist eine Form der → *Pseudotektonik*, weil sie nicht → *endogenen* Ursprungs ist.

Glazialwanne *shallow glacial valley*: durch Schurf des fließenden Eises entstandene flache → *Hohlform* mit unregelmäßiger Gestalt bei meist überwiegender Längserstreckung, aber nicht definierter Größe. Nach Eisrückzug wurden die Hohlformen von Mooren, Sümpfen oder Seen erfüllt, die später verlandeten und die → *Flachformen* der Verlandungsebenen (→ *Verlandung*) bildeten.

glaziäolisch *glacioaeolian*: Sedimente und Formen, die auf den Wind zurückgehen, also der → *äolischen Geomorphodynamik* unterliegen, und zugleich unter kaltzeitlichen Bedingungen stattfinden. Der Wind nimmt ausgeschwemmtes → *Feinsediment* im → *Gletschervorfeld* auf (→ *Winderosion*). Typische g. Ablagerungen sind → *Flugsand* und → *Löss*.

glaziär *glacially influenced*: präzisiert den Begriff → *glazial* für Ablagerungen und Formen, die im Umfeld eines → *Gletschers* oder → *Inlandeises* entstanden, z.B. die Schmelzwasserablagerungen des → *Sander*.

glazifluvial → *fluvioglazial*.

glazigen *glaciogenic*: unmittelbar vom → *Gletscher* bzw. → *Inlandeis* geschaffene Formen und Sedimente, z.B. → *Moränen*. G. präzisiert den Begriff → *glazial*.

glazigener Diamiktit *glacigenic diamictite, tillite*: → *Tillit*.

glazilimnisch *glaciolimnic*: beschreibt Prozesse und Formen in Seen, die mit Schmelzwasser von Gletschern in Zusammenhang stehen. Führen zu Sedimentbildung entweder direkt in einem → *Eisstausee* oder in anderen Seen im Umfeld des Gletschers. Charakteristische Sedimente sind → *Bändertone*, → *Seetone* oder die Sedimente der → *Seekreide*. Insbesondere bei Eisstauseen erfolgen die g. Ablagerungen wegen ausgepräger → *Geschiebefracht* als → *Delta*.

glazimarin *glaciomarine*: vom → *Gletscher* bzw. Gletscherflüssen im → *Meer* abgelagerte Materialien, die in der Fazies den → *glazilimnischen* Sedimenten gleichen.

Glaziologie *glaciology*: beschäftigt sich mit dem gefrorenen Wasser in all seinen Erscheinungsformen: festen → *Niederschlag*, → *Schnee*, → *Gletscher*, Meer-, See- und Flußeis sowie → *Bodeneis*. Untersucht werden Entstehungsbedingungen, Umwandlungsprozesse und Bewegungsmechanismen der verschiedenen Eisformen einschließlich der physikalischen Bedingtheiten ebenso der Haushalt von Schnee- und Eisakkumulationen (→ *Gletscherhaushalt*, Massenbilanz). Die früher mit der G. gleichgesetzte Gletscherkunde gilt heute als der mit den Gletschern befasste Teilzweig der G..

Glaziologisches Thermometer → *Sauerstoff-Isotopen-Methode*.

glaziologisch-kryosphärische Naturgefahren *glacial-cryospherical hazards*: gemäß der → *ISDR* alle → *Naturgefahren*, die in Zusammenhang mit → *nivalen* und → *kryogenen* Ereignissen auftreten und eine Bedrohung für den Menschen und das → *Ökosystem* darstellen können (z. B. Schneelawine, Gletscherabbrüche etc.; → *biologische Naturgefahren*, → *extraterrestrische Naturgefahren*, → *geologisch-geomorphologische Naturgefahren*, → *hydrologisch-glaziologische Naturgefahren*, → *marin-litorale Naturgefahren*, → *meteorologische Naturgefahren*).

Gleichgewicht *equilibrium, balance*: neben Physik und Chemie auch in Geo- und Biowissenschaften häufig gebrauchter Terminus, der sich auf ein Stoffsystem im → *Landschaftsökosystem* und/oder auf → *biotische Faktoren* im → *Ökosystem* bezieht und einen Zustand des → *Systems* beschreibt, in dem verschiedene Prozesse oder Faktoren gegensätzlich wirken und damit einen quasistationären Zustand aufrechterhalten. Dieser wird erst dann gestört, wenn sich die Relationen und Kompartimente des Systems ändern. G. bedeutet demnach nicht zugleich → *Stabilität* eines Systems. Der Begriff G. wird für den jeweiligen Spezialzweck definiert: – in der → *Geomorphologie* das G. von Akkumulations- und Erosionsprozessen bezeichnend und auf die Flussarbeit oder die Prozesse an Hängen bezogen. – in der → *Bioökologie* als → *biozönotisches G.* definiert. – in der Allgemeinen Ökologie als → *Fließgleichgewicht* definiert. – beim → *radioaktiven Zerfall* ist das radioaktive G. der Zustand, der sich bei einer radioaktiven Zerfallsreihe, für welche die → *Halbwertszeit* des Ausgangsnuklides größer ist als die Halbwertszeiten der Folgeprodukte, dann einstellt, wenn eine Zeit vergangen ist, die größer ist als die größte Halbwertszeit der Folgeprodukte.

Gleichgewichtsgefälle *graded river*: in der → *Fluvialgeomorphodynamik* die Überlegung, dass ein Fluss bestrebt ist, ein Gefälle herzustellen, das bei einer bestimmten Wassermenge und einem bestimmten Flussbettquerschnitt gerade ausreicht, um die angelieferten und mitgeführten → *Gerölle* weiterzutransportieren. Dieses theoretische Gleichgewicht wird jedoch durch beständige Veränderungen der Rahmenbedingungen, z. B. Veränderungen von Wassermenge, Flussbettquerprofil, Korngrößen oder Materialmenge, die zur Verringerung oder Erhöhung der → *Fluvialerosion* führen, nicht oder vergleichsweise kurz bzw. nur lokal erreicht. Auch durch Veränderung der → *absoluten* oder → *lokalen Erosionsbasis* kann sich das Gefälle verändern, was entweder → *rückschreitende Erosion* oder → *Sedimentation* bewirkt. Ein G. besteht somit im Normalfall nicht im gesamten Flussgebiet, d. h. von der Quelle bis zur Mündung, sondern nur abschnittsweise (→ *Ausgleichskurve*).

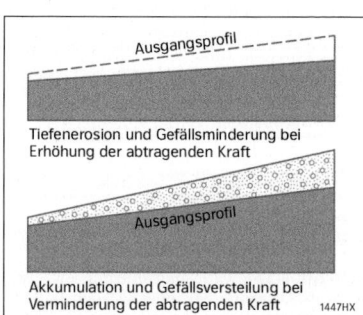

Gleichgewichtsgefälle

Gleichgewichtslinie *equilibrium line*: im Massenhaushalt der → *Gletscher* jene Grenze, welche die Bereiche mit positiver und negativer Massenbilanz (→ *Nähr-* und → *Zehrgebiet*) voneinander trennt. Unterhalb der G. ist der Massenverlust größer als der Zuwachs. In → *temperierten* Gebieten entspricht die G. weitgehend der → *Firnlinie* (→ *superimposed ice*).

Gleichgewichtsprofil → *Ausgleichskurve*.

Gleichgewichtstheorien *equilibrium theories*: neoklassische G. gehen im Gegensatz zu den → *Polarisationstheorien* davon aus, dass sich → *regionale Disparitäten* im Laufe der Zeit durch die Kräfte des frei funktionierenden Marktes ausgleichen. Ein räumliches Gleichgewicht stellt sich demnach durch die Wanderung von → *Produktionsfaktoren* (Arbeit und Kapital) ein, die aus den Unterschieden zwischen zentralen Regionen (mit einem Überschuss an Arbeitskräften) und → *peripheren Regionen* (mit einem Mangel an Kapital und einem Überschuss an Arbeitskräften) resultieren. Die → *Modernisierungstheorien* unter den G. sind in der Entwicklungsländerdiskussion von besonderer Bedeutung.

gleichwertige Lebensbedingungen (wertgleiche Lebensbedingungen) *equal conditions of living*: Konzept der → *Raumplanung*, in allen Teilen eines Landes Lebensbedingungen zu schaffen oder zu erhalten, die sich unter Bezug auf die Gegebenheiten der Teilräume in ihrem Wert entsprechen, also nicht gleich, sondern wertgleich sind. Die Entwicklung von g. L. kommt v. a. dem → *ländlichen Raum* aufgrund der dort oftmals festzustellenden Strukturschwäche zugute und ist der Hauptgrund für → *Strukturpolitik*; allerdings kann sich vor dem Hintergrund des Konzepts der g. L. auch in → *Verdichtungsräumen* bei problematischen Entwicklungen Handlungsbedarf ergeben. In Deutschland ist das Streben nach g. L. im Sinne einer räumlichen Auslegung des Sozialstaatsprinzips durch das Grundgesetz vorgeschrieben, jedoch wird eine weitere Aufrechterhaltung der Leitvorstellung g. L. in der Raumplanung aufgrund knapper öffentlicher Finanzmittel zunehmend diskutiert und alternative Konzepte wie die Förderung von → *Wachstumspolen* vorgeschlagen.

Gleitbahn *landslide track*: bei → *Rutschungen* oder anderen → *gravitativen Massenbewegungen* zwischen dem Abrissgebiet und dem Ablagerungsgebiet der bewegten Materialmassen liegende Bewegungsbahn (Transitgebiet). Mächtige und rasch bewegte, v. a. schuttreiche Rutschmassen führen zu einer → *Striemung* des Untergrunds der G..

Gleitbewegung → *Gleiten*.

Gleiten (Gleitbewegung) *gliding, slide, sliding, slippage*: bei m G. bewegt sich eine Masse oft ohne Veränderung der Struktur und des Zusammenhangs hangabwärts (→ *gravitative Massenbewegung*). Beim G. ist die Reibung im Inneren der Masse größer als an der Gleitfläche. Typische Gleitbewegungen sind → *Rutschungen* (→ *Translationsrutschung*, → *Rotationsrutschung*).

Gleitfaltung *slip folding*: gravitativ (also „atektonisch", d. h. durch → *Schwerkraft*) bewirktes Zusammenstauchen (→ *Faltung*) beweglicher Gesteinsschichten infolge Abgleitens auf geneigten Hang- bzw. Schichtflächen. G. ist auch als → *subaquatische Rutschung* unter Wasser möglich (→ *Scheinfaltung*).

Gleithang *slip-off slope, point bar*: relativ flaches, kurveninneres Flussufer, das dem steileren → *Prallhang* gegenüberliegt. Da der → *Stromstrich* in den → *Mäandern* zur Außenseite des Flusses verlagert wird, herrschen am G. relativ geringe Fließgeschwindigkeiten, weshalb die → *Flussfracht* hier abgelagert wird (→ *Fluvialakkumulation*). Im Gegensatz dazu wird der Prallhang erodiert.

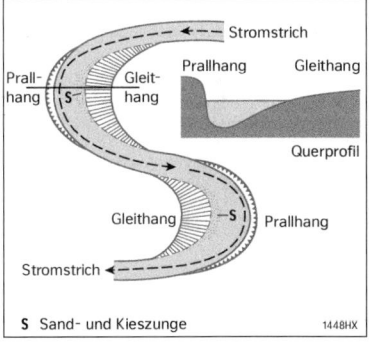

Gleithang

Gleitmäänder *progressing valley meander*: Typ des Talmäänders, der aber aufgrund ausgeprägter → *Seitenerosion* mit Unterschneidung der Talhänge das Profil eines freien Määnders mit einem flachen → *Gleit-* und einem steilen → *Prallhang* aufweist. Dies steht im Gegensatz zum zweiten Typ der Talmäänder, den → *vererbten Määndern*. Charakteristisch für G. ist, dass sich die Amplitude der Määnderschlingen im Zuge der Taleintiefung durch Migration der Schlingen vergrößert. Es kann so zur Bildung eines → *Umlaufbergs* kommen.

Gleitung → *Gleitbewegung*.

Glensches Fließgesetz *power-law fluid model*: Fließgesetz für → *Eis* nach der Formel $dy/dt = k \cdot \tau n$. Die Deformationsgeschwindigkeit (dy/dt) des Eises als plastischer Körper ist von der Schubspannung (τ), einem temperaturvariablen Faktor (k) und einem materialbedingten Exponenten (n) abhängig. Da die Werte für k bei sinkender Temperatur abnehmen, bewegen sich → *kalte Gletscher* bei sonst gleichen Bedingungen langsamer als → *warme Gletscher*. Das G. F. gilt nur für zähes Fließen, nicht dagegen für die Blockschollenbewegungen von Gletschern.

Gletscher *glacier*: Eiskörper, der langsam talwärts fließt und dabei im unteren Teil durch Abschmelzen gleichzeitig aufgezehrt wird. Der G. gliedert sich in → *Nährgebiet* und → *Zehrgebiet*, die durch die → *Gleichgewichtslinie* getrennt sind. Das Nährgebiet oberhalb der → *Schneegrenze* ist im Idealfall ein breites, muldenförmiges Firnfeld (→ *Firn*). Hier findet die Umbildung des gefallenen Schnees zuerst zu körnigem Firn und dann zu Gletschereis statt. Im Zehrgebiet liegt die Gletscherzunge, die als Folge der verstärkten randlichen Abschmelzung gewölbt ist. Im Einzelnen ist die äußere Gestalt der G. von der Struktur des G.-Eises, der G.-Bewegung, dem Gletscherhaushalt und der Gestalt des Untergrundes abhängig. Im → *Wasserhaushalt* ist das Gletschereis eine Form der → *Rücklage* (→ *kalter Gletscher*, → *warmer Gletscher*).

Gletscherabbruch → *Gletschersturz*.
Gletscherbach *glacial stream*: direkt vom Schmelzwasser des → *Gletscher* gespeistes Gerinne mit milchigem Wasser, der → *Gletschermilch*. Die Wassertemperatur des G. ist nur im Winter wärmer als die umgebende Luft; das Jahresmittel der Wassertemperatur liegt also unter demjenigen der Luft.
Gletscherbruch *ice fall*: unregelmäßiges System von eng positionierten → *Gletscherspalten*. Ein G. entsteht, wenn ein → *Gletscher* über eine größere Gesteinsschwelle oder sonstige Unstetigkeit des Untergrundes fließt und dabei zerbricht.
Gletscherflecken *glacier vestiges*: kleine Eiskörper geringer Mächtigkeit, die sich in Hangnischen und -mulden und an strahlungsgeschützten Hängen vielfach aus Ablagerungen des → *Driftschnees* und → *Lawineschnee* gebildet haben. G. zeigen kaum Fließerscheinungen.
Gletscherfließen *glacier flowing*: plastisches Fließen (→ *Glensches Fließgesetz*) des Gletschereises (→ *Eis*) mit nur geringer Geschwindigkeit (wenigen Zentimeter pro Tag). Durch unregelmäßige Bewegung und Geschwindigkeitsverteilung entstehen Rand-, Längs- und Querspalten. In → *Gletschern* mit Blockschollenbewegung ist die Geschwindigkeit größer (bis einige Meter pro Tag). Diese Bewegungen verlaufen oft ruckartig und können katastrophales Ausmaß erreichen (→ *glacier surge*).
Gletschergarten *glacier garden*: in der Schweiz (Luzern) ein ehemals vergletschertes Gebiet, in dem sich besonders typische und vielfältige Erscheinungen v. a. glazialer Abtragungsformen befinden (→ *Rundhöcker*, → *Gletscherschliff*, → *Gletschermühle*).
Gletscherhaushalt *budget of a glacier*: der Verlauf der durch Schneeakkumulation, Eisbildung, Eisrückhalt und → *Ablation* gekennzeichneten Eismassenbilanz eines → *Gletschers*. Der Haushaltsverlauf drückt sich in Veränderungen von Volumen, Länge und Oberflächengestalt des Gletschers aus. Im → *Wasserhaushalt* ist das Gletschereis eine Form der → *Rücklage*.
Gletschermilch (Gletschertrübe) *glacial milk*: das durch suspendierte Feinstoffe hellgrau bis bräunlich gefärbte Schmelzwasser der → *Gletscher*. Die Trübung ist abhängig vom Schmelzwasseranfall und nimmt mit steigenden Wassermengen zu.
Gletschermühle *glacier mill, moulin*: im Gletschereis bzw. in Eisspalten der Gletscheroberfläche gebildeter → *Kolk*, in welchem durch stark strömende Schmelzwässer Steine kreisförmig „mahlend" bewegt werden, die auch den Felsboden unter dem → *Gletscher* formen. Die dort im Felsboden entstehenden Kolke werden Gletschertöpfe genannt.

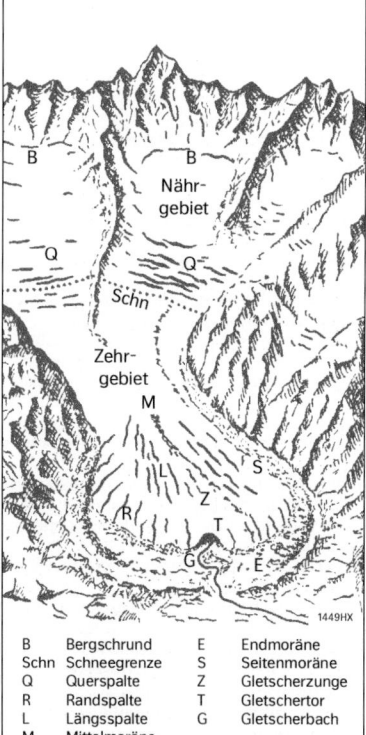

B	Bergschrund	E	Endmoräne
Schn	Schneegrenze	S	Seitenmoräne
Q	Querspalte	Z	Gletscherzunge
R	Randspalte	T	Gletschertor
L	Längsspalte	G	Gletscherbach
M	Mittelmoräne		

Gletscher

Gletscherregime *glacier regime*: typischer Verlauf des → *Gletscherhaushalts*. Je nach dem Überwiegen der → *Ablation* im → *Zehrgebiet* oder der Eisneubildung im → *Nährgebiet* werden negative oder positive G. unterschieden.

Gletscherschliff *glacial polish*: Resultat der → *Detersion* im Gletscherbett und an den Wänden des → *Trogtales*, wobei zunächst raue Felsoberflächen geglättet und poliert werden und in Stoßrichtung der Eisbewegung Schrammen, Kritzer und Furchen erhalten, die man zusammenfassend als → *Striemung* bezeichnet. Auch das → *Inlandeis* hat auf Felsoberflächen durch G. gewirkt (→ *Gletscherschramme*).

Gletscherschramme *glacial striation*: Furche oder → *Kritze*, die der Gletscher auf Felsoberflächen durch die → *Detersion* hinterlässt. Sie sind eine Form der → *Striemung* von Gesteinsoberflächen.

Gletscherschurf → *Exaration*.

Gletscherschwankungen *glacier fluctuations*: die Längen- und Volumenänderungen eines Gletschers über einen längeren Zeitraum. In Abhängigkeit des Verhältnisses von Eisakkumulation und -ablation findet ein Vorstoß oder Rückzug statt. Für das Gebiet der Alpen sind in geschichtlicher Zeit während der → *Kleinen Eiszeit* zwei Maximalstände (um 1600 und um 1850) bekannt. Ab 1850 vollzieht sich ein bis heute anhaltender, klimatologisch und glaziologisch sehr gut belegter starker Rückgang, der Bestandteil des globalen → *Klima*- und → *Umweltwandels* ist (→ *Global change*).

Gletschersee *glacial lake*: Ansammlung von Schmelzwasser als → *Eises* auf der Gletscheroberfläche (supraglaziale → *Seen*) oder in → *Hohlformen* am Gletscherzungenende (proglaziale Seen). Wasseransammlungen unter in Abschmelzung befindlichen → *Gletschern* werden als subglaziale Seen bezeichnet.

Gletscherspalte *crevasse*: Sammelbezeichnung für Spalten, Risse und Klüfte unterschiedlichen Ausmaßes im starren Oberflächenbereich des → *Eises* v. a. mächtigerer → *Gletscher*. Die Spaltenbildung verursachenden Zugspannungen sind besonders an Gefällsknicken, bei Wechsel der Fließgeschwindigkeiten gegen den Gletscherrand hin und im Bereich der auseinanderfließenden Gletscherzunge stark. So entstehen Quer-, Rand-, Längs- und Radialspalten. Die G. reichen höchstens einige Dekameter in die Tiefe. Das plastisch fließende innere Gletschereis ist spaltenfrei.

Gletscherstausee → *Eisstausee*.

Gletschersturz (Gletscherabbruch) *glacier fall*: lawinenartiger Niedergang eines plötzlich losgebrochenen Teils eines → *Gletschers*.

Der G. gehört zu den → *hydrologisch-glaziologischen Naturgefahren* (→ *Lawine*).

Gletschertal *glacier valley, glacial valley*: unscharfe Bezeichnung für ein von einem → *Gletscher* geschaffenes und/oder ausgefülltes → *Tal*. G. im engeren Sinne sind die U-Täler oder → *Trogtäler*.

Gletschertisch *glacier table*: mit einem Gesteinsblock gekrönter Eissockel auf der Oberfläche eines → *Gletschers*. G. entstehen durch im Vergleich zur Umgebung verlangsamte Abschmelzung des → *Eises* unter dem vor direkter Bestrahlung abschirmenden Gesteinsblock.

Gletschertor *glacier mouth, glacier snout*: die oft halbrunde, torartige Austrittstelle des → *subglazialen* → *Schmelzwasserabflusses* am Vorderende der Zunge eines → *Gletschers*.

Gletschervorfeld *glacier forefield*: Gebiet zwischen Gletscherrand und → *Endmoräne*, das durch → *Schmelzwasser* mit → *fluvioglazialen* Ablagerungen überdeckt wurde und entweder ein → *Sander* oder ein glazifluviales → *Schotterfeld* sein kann. Im Bereich des G. können auch → *glazigene* → *Sedimente* vorkommen, wenn es im Bereich eines im Rückzug befindlichen Gletschers liegt.

Gletscherwoge → *glacier surge*.

Gley *Gleysol*: in der → *deutschen Bodensystematik* (→ *KA5*). 1. Klasse der grundwasserbeeinflussten Böden. Zu den G. gehören der Gley, → *Nassgley*, → *Anmoorgley* und → *Moorgley* (→ *Grundwasserböden*). 2. Boden aus der Klasse der Gleye mit einem Ah-Go-Gr-Profil (→ *G-Horizont*). Charakteristisch sind Rostflecken, die im rötlichen Go-Horizont auftreten. Darunter folgt ein grauer, reduzierter Gr-Horizont. Die Bildung von → *Raseneisenstein* im Go-Horizont ist unter bestimmten Bedingungen möglich.

Gley-Podsol ein podsolierter Boden (→ *Podsol*) mit → *Grundwassereinfluss* im Untergrund. Der Transport von Oxiden und → *Huminstoffen* mit dem → *Sickerwasser* wird dabei vom bis in den Einwaschungshorizont reichenden → *Grundwasserspiegel* unterbrochen und durch eine Überprägung mit hydromorphen Merkmalen abgelöst.

Gleysols *Gleysols*: in der → *WRB* (2014) azonale Böden beinahe aller Klimate unter Grundwassereinfluss mit typischem Farbmuster d. h. rötliche, bräunliche oder gelbliche Farben auf den Aggregatoberflächen und/oder im oberen Profilteil und gräulich-bläuliche Färbung innerhalb und/oder im unteren Profilteil. Nutzung undrainierter G. als Dauergrünland, mit → *Drainage* Ackerbau, Milchwirtschaft und Gartenbau möglich.

Glimmer *mica*: Gruppe wichtiger gesteinsbildender Minerale (Aluminiumorthosilikate) wechselnder Zusammensetzung (Kalium, Magnesium, Eisen, Natrium), die am Aufbau vieler → *Silikatgesteine* (→ *Magmatite*, → *Gneise*, → *Glimmerschiefer*) beteiligt sind. Die G. zeigen blättchenartigen Aufbau und sehr gute Spaltbarkeit in einer Richtung (→ *Schichtsilikat*). Die beiden wichtigsten Minerale sind der helle → *Muskovit* (Kali-G.) und der dunkle → *Biotit* (Magnesiumeisen-G.).

Glimmerschiefer *mica schist*: Gruppe von → *Kristallinen Schiefern*, überwiegend aus → *Glimmer* und → *Quarz* bestehend. Charakteristisch sind der vom → *Muskovit* bewirkte silberne Glanz, ebenso das plattige Gefüge. Neben diesem Muskovitschiefer gibt es noch andere G., die je nach vorherrschendem Mineral bezeichnet werden, z.B. Biotitschiefer, Quarzitschiefer, Kalkglimmerschiefer usw..

global *global, worldwide*: weltweit, die gesamte Erde betreffend.

Global change (globaler Wandel) interdisziplinäre, auch in der Öffentlichkeit übliche Sammelbezeichnung für vom Menschen verursachte oder mitbedingte globale Änderungen („Wandel") in der → *Landschaftshülle* der Erde bzw. in der Geobiospäre oder ihrer Teilsphären (→ *Pedo-*, → *Hydro-*, Klima-, → *Kryo-* und → *Biosphäre*).

Global City der Begriff wird häufig anstelle des älteren Begriffs → *Weltstadt* verwendet, um → *Metropolis* mit besonderer Häufung international agierender Unternehmen, besonders aus den Bereichen Finanzen, Versicherungen, unternehmensorientierter → *Dienstleistungen* u. ä. zu kennzeichnen. Der Begriff beschreibt v.a. die Funktion der Kontrolle über Produktion und Märkte innerhalb eines Netzes von Städten und hierarchisch strukturierten Produktionsprozessen. G. C. sind insofern die internationalen Steuerungs- und Kontrollzentren der globalisierten Wirtschaft (z.B. New York, London, Tokio; → *Globalisierung*).

global governance *Weltordnungspolitik, globale Ordnungspolitik*: 1. von der → *UN* seit 1995 verfolgte Weltordnungspolitik mit den Aufgabenbereichen (I) Krisenprävention und -vermeidung, (II) Krisenintervention und (III) Krisennachsorge. Beauftragte Organe sind v. a. Generalversammlung und Sicherheitsrat sowie u. a. das Department of Political Affairs (DPA), das Department of Peace-Keeping Operations (DPKO), das Kinderhilfswerk (UNICEF) und das Welternährungsprogramm (WFP). 2. Bezeichnung für eine globale, multilaterale politische Gestaltung der → *Globalisierung*, die zum Ziel hat, länderübergreifende Entscheidungen dezentral zu treffen und kollegial einen Konsens zu erzielen. Der Begriff „governance" betont in Abgrenzung zu „government" die Abwesenheit einer formalen Hierarchie sowie das Prinzip der kollektive Regulierung von gesellschaftlichen Aktivitäten ohne formales Leitungsorgan. Je nach Begriffsverständnis kann „governance" sowohl komplementär als auch übergeordnet zu „government" verstanden werden. – als Forschungsprogramm untersuchen die Ansätze der g. g. die Zunahme der internationalen Kooperationen und die Transformation des internationalen Systems der → *Staaten*, in dem sich eigentlich souveräne → *Nationalstaaten* augenscheinlich zu einem Mehrebenensystem unter Einbeziehung nicht-staatlicher Akteure verbinden. Grundlegend ist die Annahme einer „governance without government" nach Ernst-Otto Czempiel und James N. Rosenau.

global player *weltweit tätiges Unternehmen*: große → *multinationale Unternehmung*, die im Zuge der → *Globalisierung* der Märkte durch weltweit angesiedelte Produktionsstätten die Weltmärkte beliefert. Im Idealfall befindet sich jede Funktion des g. p. an dem Ort, wo für ihn die besten Rahmenbedingungen gegeben sind. G. p. nutzen alle Wettbewerbsvorteile des → *global sourcing*, der globalen Marktpräsenz, der Skalen- und Synergieeffekte in der internationalen Produktion und Distribution (→ *Economies of Scale*, → *Economies of Scope*).

global sourcing *weltweite Beschaffung*: bezeichnet in der Wirtschaft die strategische Ausrichtung auf internationale Beschaffungsmärkte (→ *multinationale Unternehmung*). Ziel des s. s. ist die langfristige Schaffung strategischer Wettbewerbsvorteile durch die Erschließung neuer Beschaffungsmöglichkeiten für Arbeit, Energie, Rohstoffe, Ausgangsmaterialien und Vorprodukte im Rahmen einer globalen Unternehmensstrategie (→ *single sourcing*, → *modular sourcing*).

Global 2000 eine der ersten Welt-Umweltstudien, vom früheren US-Präsidenten Jimmy Carter 1977 in Auftrag gegeben, um Umweltprobleme, Weltbevölkerungsentwicklung und → *Ressourcen* modellhaft und prognostisch bis zum Jahr 2000 zu beschreiben.

Globale Allmende → *Globale öffentliche Güter*.

globale Dimension *global dimension*: dem Begriff der → *geosphärischen Dimension* in der → *Theorie der geographischen Dimensionen* entsprechend werden die gesamtirdischen bis subkontinentalen Zusammenhänge in der Größenordnung von → *Kontinenten*, Ozeanen (→ *Meeren*) und → *Landschaftszonen* beschrieben. Die g. D. betrifft demnach die Megaregionen der → *naturräumlichen Gliederung*.

globale Erwärmung *global warming*: Bezeichnung für den Anstieg der jährlichen

Durchschnittstemperatur der erdnahen → *Atmosphäre* und der Meere, insbesondere in den letzten ca. 100 Jahren, der erheblich schneller verläuft, als in allen bisher bekannten Erwärmungsphasen der jüngeren → *Erdgeschichte*. 2015 war es um 1,0 °C wärmer als im Durchschnitt während der vorindustriellen Zeit (→ *Industrialisierung*). Der berechnete Erwärmungstrend über die letzten 50 Jahre (1956–2005) in Höhe von 0,13 °C ± 0,03 °C/Jahrzehnt ist fast zweimal so groß wie derjenige über die letzten 100 Jahre (1906–2005) in Höhe von 0,07 °C ± 0,02 °C/Jahrzehnt (→ *IPCC*).
globale Finanz- und Wirtschaftskrise *global economic and financial crisis*: die g. F.- u. W. begann 2007 mit einer krisenhaften Entwicklung der US-amerikanischen Immobilienmärkte, der sog. Subprime-Krise (→ *Subprime-Kredit*). In der Folge gerieten große US-amerikanische Banken und Finanzkonzerne in die Insolvenz. Aufgrund der intensiven weltweiten Handels- und Kapitalverflechtungen zog die ursprünglich lokale und sektoral begrenzte → *Krise* einen Wirtschafts- und konjunkturellen Einbruch in nahezu allen Weltregionen nach sich. Nicht nur die bis dahin überproportional gewachsenen Handels- und Kapitalströme brachen dadurch im globalen Maßstab ein, insb. zwischen 2008 und 2010, sondern die globale Krise zog auch ganze Staaten in eine anhaltende → *Rezession*. V.a. südeuropäische → *EU*-Länder mit hohem öffentlichen Verschuldungsgrad wie Griechenland, Portugal und Spanien, aber auch das bis dahin exportstarke Irland mussten durch konzertierte finanzpolitische Interventionen im Rahmen der europäischen → *Wirtschaftspolitik* (→ *EU*) kurzfristig unterstützt werden. Daneben führten verschiedene Länder nationale Garantien und Investitionen ein, um ihre inländischen Banken vor der Insolvenz zu schützen und die Nachfrage im Inland anzukurbeln. Parallel dazu stieg jedoch in vielen Ländern wie den südeuropäischen EU-Staaten die → *Arbeitslosigkeit* durch die globale Krise stark an und bleibt bis heute unverändert hoch. Nach dem Einbruch der → *Konjunktur* und des globalen Handels vor allem in den Jahren 2009 und 2010 kam es wieder zu einer wirtschaftlichen Erholung, besonders in den → *Schwellenländern* (→ *Globalisierung*).
Globale öffentliche Güter (Globale Allmende) *global public goods, global commons*: ein Konzept, das vom Entwicklungsprogramm der Vereinten Nationen (→ *UNDP*) aufgestellt wurde und das den Referenzrahmen für die Aushandlung globaler Umwelt- und Entwicklungspolitik darstellt. Ein öffentliches Gut (→ *Güter*, → *Allmende*) gilt dann als global, wenn es die nationalstaatliche Grenzen überschreitet und mehrere Bevölkerungsgruppen betrifft (z.B. Gerechtigkeit, Sicherheit, Frieden, → *kulturelles Erbe*, saubere und intakte → *Umwelt*, stabiles → *Klima*, stabile Finanzmärkte, Gesundheit, Kontrolle ansteckender Krankheiten/→ *Pandemien*).
globale Umweltprobleme → *Syndrome des globalen Wandels*.
globale Warenkette *global commodity chain*: → *Netzwerk* von Beziehungen zwischen → *Unternehmen*, das durch bestimmte Transaktionen miteinander verbunden ist. Im Mittelpunkt steht die Funktionsweise des internationalen Handels über die strukturell bedingten Machtverhältnisse zwischen den Akteuren der Warenkette. Neben der Organisation des internationalen Handels ist auch die gesamte Reihe der Wertschöpfungstätigkeiten (→ *Wertschöpfung*, → *Wertschöpfungskette*) von der primären Produktion bis zum Endkonsum und die Verknüpfungen dazwischen zu analysieren. Diese Verbindung der Produktions- und der Handelskette mit den beteiligten → *Akteuren* ermöglicht einen vollständigen Überblick über die Macht- und Regionsstruktur in einer g. W. (→ *globale Wertschöpfungskette*).
globale Wertschöpfungskette *global value chain*: Struktur und Organisation globaler Wertschöpfungsprozesse (→ *Wertschöpfungskette*). Während beim Konzept der → *globalen Warenkette* der Fokus sinnvollerweise auf Waren liegt, da diese als „greifbare" Gegenstände in Untersuchungen einfach zu erfassen sind, bietet es sich an, die Gesamtbetrachtung durch Einbezug weiterer Elemente der → *Wertschöpfung* zu ergänzen. Diese Erweiterung des Warenkettenkonzepts findet in g. W. ihren Niederschlag, welche die Wertschöpfung und nicht mehr die Ware in den Fokus der Betrachtung stellen. Dadurch sind die immer bedeutsamer werdenden → *Dienstleistungen* im Rahmen der voranschreitenden → *Tertiärisierung* besser zu berücksichtigen.
Globaler Norden *global north*: zusammenfassender Begriff für die Gruppe der Industrieländer, Gegenbegriff zu → *Globalem Süden*. Die beiden Bezeichnungen wurden u.a. deshalb eingeführt, weil die bisherigen Begriffe (z.B. → *Entwicklungsland*, → *Schwellenland* oder Erste, → *Zweite* und → *Dritte Welt*) als zu (ab-)wertend erachtet wurden und durch einen neutralen Begriff ersetzt werden sollen. Zugleich wird damit eine globale (anstelle einer rein nationalstaatlichen) Perspektive auf Entwicklungsprobleme berücksichtigt.
Globaler Süden *global south*: zusammenfassender Begriff für die Gruppe der → *Entwicklungs-* und → *Schwellenländern*. Der Begriff

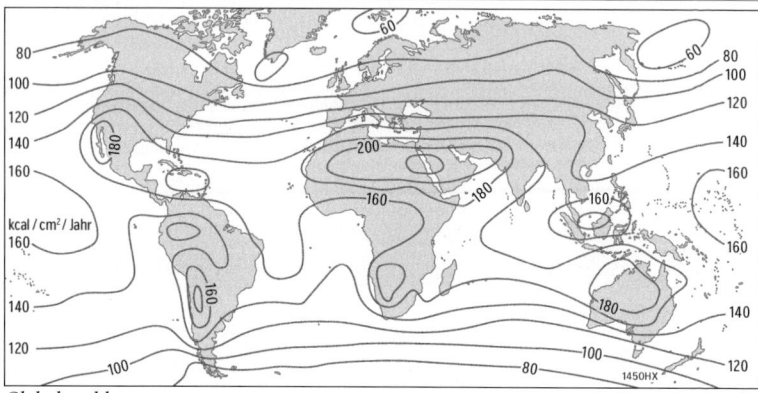

Globalstrahlung

des G. S. wurde u. a. deshalb eingeführt, weil die (ab-)wertenden Begriffe Entwicklungs- und Schwellenland durch einen neutralen Begriff ersetzt werden sollen, der zugleich eine globale (anstelle einer rein nationalstaatlichen) Perspektive auf Entwicklungsprobleme berücksichtigt (→ *Globaler Norden*).

globaler Wandel → *Global change.*

globales Produktionsnetzwerk *global production network*: neuerer Forschungsansatz der → *Wirtschaftsgeographie* zur dynamischen und raumbezogenen Untersuchung wirtschaftlicher Unternehmenstätigkeiten. Er dient der Erfassung der raumzeitlichen Dynamik unternehmerischer Aktivitäten sowie der Analyse der sich daraus ergebenden wirtschaftlichen Beziehungsgeflechte unter Berücksichtigung ihrer Einbettung in politische und ökonomische Zusammenhänge (→ *Netzwerk*, → *embeddedness*).

globales Unternehmen *global business/firm*: ein zentral organisiertes und weltmarktorientiert agierendes Unternehmen, wobei den Auslandsniederlassungen lediglich die Rolle zukommt, Strategien der Zentrale umzusetzen. Entwicklung und Weitergabe von Wissen bleiben auf die Zentrale beschränkt. (→ *internationale Unternehmung*, → *transnationales Unternehmen*).

Globalisierung *globalization*: dynamischer Prozess einer weltweiten Integration von Wirtschaftsbeziehungen, der durch die Veränderung politischer, sozialer, institutioneller, technologischer und ökonomischer Rahmenbedingungen ausgelöst worden ist. Die G. lässt sich durch das Wachstum von Auslandsgegenüber Inlandsaktivitäten messen (→ *Globalität*). Der Bedeutungsverlust politischer Grenzen führt zu einer verschärften globalen Standortkonkurrenz. Ein Merkmal der G. ist auch die → *Regionalisierung* der → *Weltwirtschaft* als Folge der starken Verflechtungszunahme innerhalb der Triade. (→ *Triade-Konzept*).

Globalität *globality*: statische Größe, die das Verhältnis von Auslands- zu Inlandsaktivitäten einer Einzel- oder Volkswirtschaft zu einem bestimmten Zeitpunkt, also den Globalisierungsgrad, angibt. (→ *Globalisierung*).

Globalstrahlung *global radiation*: die an einem → *Landschaftsökologischen Standort* zur Verfügung stehende Gesamtenergie an kurzwelliger Strahlung, d. h. die Strahlungssumme aus der direkten → *Sonnenstrahlung* und der diffusen → *Himmelsstrahlung* (allseitig gestreute, kurzwellige → *Strahlung*), die auf einer definierten horizontalen Fläche einkommt. Der Anteil der direkten Sonnenstrahlung an der G. hängt stark vom Einstrahlungsklima ab. Er liegt im Verhältnis zur Himmelsstrahlung zwischen etwa 6:1 (→ *Subtropen*) bis unter 0,5:1 (→ *Polarzone*; → *Strahlungsbilanz*)

Globus *globe*: kartenverwandtes kugelförmiges Modell eines Himmelskörpers. Ein G. stellt die Oberfläche eines Himmelskörpers maßstabsgebunden und generalisiert dar (→ *Maßstab*, → *Generalisierung*). Zudem wird in einem G. die Oberfläche des Himmelskörpers i. d. R. ohne Verzerrungen, d. h. längen-, flächen- und winkeltreu repräsentiert. Globen werden heute in analoger und digitaler Form hergestellt.

Glockenberg (Domberg, Helmberg) *bornhardt*: kuppelförmiger → *Inselberg* mit steilen Felsflanken. Ein G. mit runder Kuppe wird als Domberg bezeichnet.

Glockenkurve → *Normalverteilung.*

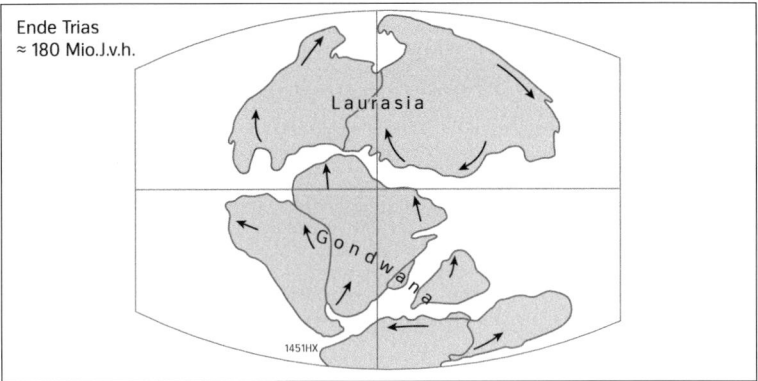

Gondwana

GLOF *glacial lake outburst flood, GLOF*: Ausbruch eines → *Gletschersees*, wenn der den See aufstauende Damm (→ *Endmoräne* oder → *Gletscher*) bricht. Der Durchbruch kann z. B. von zu hohem Wasserdruck, Erdbeben, Erosion ausgelöst werden. Ein dem G. verwandtes Phänomen ist ein → *Jökulhlaup*.

Glogersche Regel (Färbungsregel) *Gloger's rule*: eine → *Klimaregel*, nach der Subspezies in feucht-warmen Klimazonen oft stärker pigmentiert sind als diejenigen in kühleren und trockeneren → *Landschaftszonen*.

Glokalisierung *glocalization*: begriffliche Synthese von → *Globalisierung* und → *Lokalisierung*, die das Verhältnis zwischen der globalen Ausrichtung der Unternehmungen (Beschaffung, Absatz) und der regional begrenzten Verortung der industriellen Produktion innerhalb der Triade (→ *Triade-Konzept*) beschreibt. Die G. äußert sich in Form von lokalen → *Produktionskomplexen* als Knotenpunkte in globalen → *Netzwerken* und lokal angepassten Produktionsstrategien (→ *transnationaler Unternehmen* (→ *Regionalisierung*).

GMT → *Weltzeit*.

Gneis *gneiss*: durch → *Metamorphose* entstandener → *Kristalliner Schiefer* mit weltweiter Verbreitung, v. a. in den alten Kernen der Kontinente (→ *Schilde*). G. besteht aus → *Feldspat* (→ *Orthoklas*), → *Glimmer* und → *Quarz*. Andere Bestandteile können Pyroxen (→ *Augit*) oder → *Hornblende* sein. Nach der mineralischen Zusammensetzung werden verschiedene G.-Arten unterschieden, z. B. Glimmer-G., Hornblende-G., Pyroxen-G.. Nach der Genese werden → *Orthogneis* und → *Paragneis* unterschieden.

Goldgräberstadt *mining town*: besonderer Typ einer rasch aufblühenden, aber oft ebenso schnell vergehenden → *Bergbaustadt*. Das Erschöpfen des Erzes lässt G. häufig zu Geisterstädten (→ *ghost town*) werden. In der → *Stadtgeographie* wird der Begriff auch in übertragenem Sinn für stark bomende Städte verwendet, die „Glücksritter" anziehen.

Golezterrasse → *Altiplanationsterrasse*.

Gondwanaland (Gondwania) *Gondwanaland*:, Gondwana großer Südkontinent, der seit dem → *Präkambrium* bestand und Teile der heutigen Südkontinente zu einer einheitlichen Landmasse zusammenschloss. Dazu gehörten Teile Südamerikas, Afrikas und Vorderindiens sowie Antarktika und Westaustralien. Die Trennung vollzog sich über lange Abschnitte der Erdgeschichte hinweg, v. a. im → *Mesozoikum*. Dabei waren Vorgänge der → *Plattentektonik* wirksam, die zur → *Kontinentalverschiebung* führten. Ein Kriterium für den Zusammenhang der Südkontinente sind Floren- und Vereisungsspuren.

Gondwania *Gondwana, Gondwanaland*: → *Gondwanaland*.

good governance *gute Regierungsführung*: bezeichnet ein gutes Steuerungs- und Regelsystem einer politisch-gesellschaftlich Einheit (bspw. → *Staat*, → *Gemeinde*). Das Konzept der g. g. wurde in den 1990er Jahren als Sammlung von sog. best practice-Beispielen in die entwicklungspolitische Debatte eingeführt und umfasst die effiziente Gestaltung der öffentlichen Verwaltung, die Einbeziehung gesellschaftlicher Gruppen und Minderheiten in die demokratische Entscheidungsfindung, das Eindämmen von Korruption und die Einführung von Rechtsstaatlichkeit und Transparenz.

Gorleben (Endlager Gorleben, Zwischenlager Gorleben) *final disposal site Gorleben*,

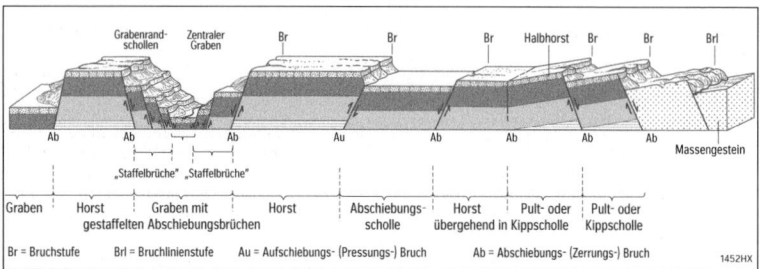

Grabenbruch

intermediate storage site Gorleben: genannt nach dem Dorf G. in Niedersachsen (Landkreis Lüchow-Dannenberg), wo sich eines der beiden zentralen deutschen → *Zwischenlager* für → *Brennelemente* befindet, neben denen auch hochradioaktiver Abfall (→ *radioaktiver Abfall*) aus der → *Wiederaufbereitung* im Ausland gelagert werden darf. Daneben wird der → *Salzstock Gorleben* jedoch auch als → *Endlager* erkundet (→ *Asse*, → *Ahaus*, → *Lubmin*, → *Morsleben*, → *Schacht Konrad*).

Gotiglazial *Gotiglacial*: Abschnitt des → *Spätglazials*, der zeitlich und räumlich den Rückzug der → *Nordischen Vereisung* (→ *Inlandeis*) von der südschwedischen Halbinsel Schonen bis zu den Endmoränen Mittelschwedens beschreibt. Letztere entsprechen den finnischen Endmoränen von → *Salpausselkä*. Das G. dauerte ca. 3000 Jahre (ca. 10 500 v.Chr. bis 8 500 v.Chr).

Gouvernmentalität *governmentality*: von Michel Foucault entwickeltes Konzept, um die Praktiken einer Regierung und deren Folgen über eine Bevölkerung zu beschreiben. G. soll dabei als trianguläres Modell von → *Souveränität*, Disziplin und Regierung verstanden werden, dessen Ziel die biopolitische Kontrolle der → *Bevölkerung* ist und mit wirtschaftspolitischem Wissen und durch Sicherheitsapparate funktioniert.

governance die breitgefächerte Partizipation möglichst vieler Akteure bei Entscheidungsprozessen, als neues Steuerungs- und Regulierungsinstrument in komplexen, politisch-gesellschaftlichen Einheiten (z.B. → *Staat*, → *Gemeinde*, → *Region*, → *Unternehmung*).

GPS *global positioning system*: vom US-Verteidigungsministerium in den 1970er-Jahren entwickeltes globales satellitengestütztes System zur Positionsbestimmung mit Zeitgebung. Der offizielle Namen des Projekts lautet „NAVSTAR GPS". Weitere bekannte Systeme zur globalen Positionsbestimmung durch → *Satelliten* sind das russische „GLONASS" und das chinesische „Beidou". Zudem befindet sich das EU-System „Galileo" derzeit im Aufbau.

Graben (Grabenbruch) *rift valley*: eine Form der → *Bruchtektonik*, bei der zwischen zwei Verwerfungen (→ *Bruch*) ein zentraler Teil einbricht oder sich allmählich absenkt, sodass zwischen zwei höheren oder stehen gebliebenen → *Schollen* eine lang gestreckte, von Verwerfungen begrenzte Hohlform entsteht. Der G. ist ein wichtiges morphotektonisches Strukturelement der Erdoberfläche und ordnet sich meist in längeren G.-Zonen mit subkontinentalen bis kontinentalen Ausmaßen an.

Grabenbruch *rift valley*: → *Graben*.

Grabenerosion (Gully-Erosion) *gully erosion, gullying*: Prozess der → *Bodenerosion*, bei der das Niederschlagswasser vom allgemeinen aquatischen → *Fließen* am Hang zum linearen Fließen und damit Erodieren übergeht. Dabei entstehen v.a. in leicht abtragbaren Gesteinen bzw. bei zerstörter Vegetationsdecke bzw. bei Übernutzung durch Landwirtschaft kleine steilwändige Gräben (→ *Runsen*), auch Gullies genannt (lineare Erosionsform, die tiefer als 40 cm ist, dabei aber immer tiefer als breit; ansonsten wäre es eine Flutrinne). Sie bilden ein dicht verzweigtes Netz von → *Tiefenlinien*, das nicht nur den Boden abträgt, sondern auch das anstehende Lockergestein. Als → *Vollform* entstehen zwischen den Gräben die → *Badlands*.

Grabensee *rift valley lake*: in einem → *tektonischen* → *Graben* entstandener See. G. weisen eine meist lang gestreckte Form auf und sind die tiefsten Landgewässer (Baikalsee als tiefster See 1620 m).

Grabensenke *rift valley*: durch → *Bruchtektonik* entstandenes → *Becken*, das als lang gestreckte Hohlform ausgebildet ist. Die G. entspricht dem tektonischen und geomorphologischen → *Graben*.

Grabstock *digging stick*: zugespitzter Stock, der als Arbeitsgerät dient. → *Jäger und Samm-*

ler gruben damit Knollen und Wurzeln aus. Pflanzer benutzen den G. zur → *Bodenbearbeitung* und als Pflanzhilfe.
Grabstockbau (Pflanzstockbau) *digging stick cultivation*: einfache Form des pfluglosen → *Ackerbaus*. Der G. ist in einem die ganze Erde umspannenden, vorwiegend tropischen Hackbaugürtel (→ *Hackbau*) anzutreffen. Auf diese Weise werden hauptsächlich → *Knollenfrüchte* (z. B. Maniok) und Getreide (Mais, Hirse) angebaut.
Gradation → *Massenvermehrung*.
Gradient *gradient*: stetiges oder nichtstetiges Ändern eines Parameters in Zeit und/oder Raum.
Gradientwind *gradient wind*: die Luftmassenbewegung ohne Reibungseinfluss (→ *Bodenreibung*) im Bereich von Druckfeldern mit zyklonaler Krümmung der → *Isobaren*. Der G. wird wegen seiner kurvigen Bewegungsbahn im Gegensatz zum → *geostrophischen Wind* neben der Gradientkraft der Druckunterschiede und der → *Corioliskraft* auch noch von der Fliehkraft beeinflusst. Die Fliehkraft wirkt im Druckfeld des Tiefdruckwirbels mit der Ablenkungskraft und im Druckfeld des Hochdruckwirbels mit der Gradientkraft gemeinsam.
Gradnetz *graticule, grid of parallels and meridians*: das sphärische Koordinatensystem aus senkrecht aufeinander stehenden Kreislinien, welches der Ortsbestimmung auf der → *Erde* dient. Die durch die → *Pole* gehenden Kreislinien bilden die Längenkreise, die Parallelkreise zum Äquator die Breitenkreise. Ein halber Längenkreis heißt → *Meridian*. Die Einteilung der Breitenkreise erfolgt von 0 bis 90° vom → *Äquator* zu den Polen; die Längenkreise gliedern sich vom Nullmeridian (Greenwich, London) aus in je 180° O und W Länge bis zum 180°-Meridian im Pazifik.
Grand Theory → *Theorie hoher Komplexität*.
Granit *granite*: wichtigstes → *Massengestein* der Erde mit weltweiter Verbreitung. Der G. gehört zu den → *Tiefengesteinen* und setzt sich, bei körniger Struktur und grauen bis rötlichen Farben, vorwiegend aus Kalifeldspat (→ *Orthoklas*), → *Quarz* und → *Glimmer* zusammen. Je nach mineralischen Gemengeteilen und nach → *exogenen* Kräften verwittert der G. zu Blöcken, z. B. in Form der → *Wollsackverwitterung*, oder zu Grus bei feineren → *Korngrößen*, v. a. Sand. Die Formbildung im G. ist wesentlich vom Kluftsystem, v. a. den → *Druckentlastungsklüften*, bestimmt. Es entstehen → *Inselberge*.
Granitisierung *granitization*: die Verwandlung von Gesteinen durch → *Metasomatose*, → *Migmatisierung* oder → *Palingenese* in die Gesteine der Granitgruppe (→ *Metamorphose*).
Granitkarre *granite grike, granite lapiés, solution channel in granite*: eine Form des → *Pseudokarstes* und eine Verwitterungsform in feuchtwarmen Klimaten, in denen günstige Lösungsbedingungen herrschen, sodass die aus dem → *Karst* bekannte Bildung von → *Karren* auch in → *Massengesteinen* auftritt. Massengesteins- bzw. G. reichen in der Größe von feinen, millimeterbreiten Kannelierungen der Gesteinsoberfläche bis in den Dezimeter- bzw. Meterbereich.
Granitschale *granite layer*: Bestandteil der → *Erdkruste* im → *Schalenbau der Erde*. Im Bereich der → *kontinentalen Kruste* wird der oberste, oberflächennahe Teil von der Granit-Gneis-Schale – also sauren → *Silikatgesteinen* – gebildet. Die Untergrenze zur → *Gabbroschale* bildet die → *Conrad-Diskontinuität*.
Granulometrie *granulometry*: Korngrößenmessung bei Sedimenten oder Böden. Die granulometrischen Eigenschaften von Materialien sowie die Mischungsverhältnisse der → *Korngrößen* bestimmen das physikalische Verhalten von Lockersedimenten und Böden.
Graphentheorie *graph theory*: Teilgebiet der Mathematik, aber auch für die → *Komplexitätstheorie*, aber auch für die → *Netzwerkforschung* von Bedeutung ist. Ein Graph ist eine mathematische Abstraktion (Knoten, Ecke), eine Menge von Objekten zusammen mit den zwischen diesen Objekten bestehenden Verbindungen (Kanten, Bögen) repräsentiert. Mit Graphen lassen sich zahlreiche Alltagsphänomene verdeutlichen.
graphische Variablen *graphical variables,: visual variables*: sechs graphische Gestaltungsmittel zur Variation kartographischer Signaturen. Die g. V. sind u. a. Farbe, Form, Größe, Helligkeit, Muster und Orientierung. Sie werden in der → *Kartographie* insbesondere eingesetzt, um qualitative und quantitative Sachmerkmale darzustellen.
Grasbrache *grass fallow*: Form der fruchtbarkeitsmehrenden → *Brache* neben der → *Buschbrache* und der Waldbrache.
Gräser *grass*: weit verbreitete Gruppe, die sich aus → *Sauergräsern* und → *Süßgräsern* zusammensetzt und viele → *Vegetationsformationen* der Erde prägt (→ *Savannen*, → *Steppen*).
Grasfrost *grass frost*: → *Frost* an den Bodenoberflächen bei gleichzeitigen Lufttemperaturen über dem Gefrierpunkt. G. entsteht in klaren, windstillen Ausstrahlungsnächten durch starke Abkühlung der ausstrahlenden Oberfläche.
Grat *arête, crest, ridge*: scharfkantige Vollform in Höhenbereichen v. a. des → *alpinen* → *Hochgebirges* mit nach beiden Seiten steil

abfallenden Hängen. Die G. können auch die Formen von → *Gipfeln* bestimmen. Zahlreiche Landschaftsnamen in den Hochlagen z. B. der Alpen weisen auf diese weit verbreitete alpine Vollform hin.

Graudüne *grey dune*: – Dünen aus gelbem Sand, ohne genetische Zuordnung. – ein Zwischenstadium (als „mittlere Generation") in der Entwicklung v. a. von → *Küstendünen*, von der → *Weißdüne* zur → *Braundüne*. Die Farbveränderung wird durch beginnende Eisenumwandlung verursacht.

Grauer Markt *grey market*: alternativer Absatzweg (insb. bei Markenartikeln), der den Verkauf von Produkten unter geringfügiger Veränderung (z. B. der Verpackung oder der Produktausstattung) über weitere Märkte ermöglicht. Z. B. Automobilsektor oder Arzneimittelmarkt, wo ein G. M. im Ausland entstand, der billigere Re-Importe auslöste. Ein G. M. kann auch Absatzwege, die nicht vom Gesetzgeber autorisiert sind, bedeuten (→ *Schwarzmarkt*).

Graulehm (Grauplastosol) veralteter Begriff, wird in der → *WRB* (2014) den → *Acrisols* (ehemals → *Plastosole*) zugeordnet. Ein G. ist ein grauer, oft rostbraun gefleckter, sehr plastischer und dichter Lehmboden, der reich an Kaolinit ist und oft auch Illit enthält. G. entstehen unter warm-feuchten subtropischen und tropischen Klimabedingungen in anhaltend feuchten Muldenlagen. In Mitteleuropa sind sie also → *fossil* und zudem meist umgelagert. G. neigen zu starker Vernässung und wegen ihres hohen Anteils an beweglicher Feinsubstanz zum Zerfließen.

Graupel *soft hail*: Festniederschlag aus unregelmäßig geformten, lufthaltigen und meist lockeren Eisgebilden von 0,5-8 mm Durchmesser. G.-Niederschlag fällt schauerartig im Herbst, Winter und v. a. im Frühjahr und ist teilweise mit Regen vermischt. Die Ursache sind kräftige Aufwinde, mit schubartiger Vereisung der Wassertröpfchen, welche durch den Einbruch polarmaritimer Kaltluft in feuchtere und wärmere Luftmassen ausgelöst werden (→ *Frostgraupel*, → *Reifgraupel*, → *Hagel*).

Grauschlammboden → *Gyttja*.

Grauwacke *graywacke*: paläozoischer, grauer bis graugrüner → *Sedimentit* der überwiegend aus → *Quarz* (50%) und → *Feldspat* (25-50%) besteht.

Gravimetrie *gravimetry*: in der → *Geophysik* die Bestimmung des Schwerefeldes der → *Erde* mit verschiedenen Instrumenten (→ *Gravitation*, → *Schwereanomalie*, → *Schwerefeld*).

Gravitation (Schwerkraft) *gravitation, gravity, gravitational force*: die Anziehungskraft, die verschiedene Massen aufeinander ausüben, beschrieben mit dem Newtonschen G.-gesetz, nachdem sich punkt- bzw. kugelförmige Körper (z. B. die → *Erde* und andere Himmelskörper) mit einer dem Produkt ihrer Massen proportionalen Kraft und dem Quadrat ihres Abstandes umgekehrt proportionalen Kraft anziehen. Die Schwerkraft der Erde ist demzufolge ein Sonderfall des Newtonschen G.-gesetzes. Sie spielt beim Ablauf aller irdischen ökologischen Prozesse eine Rolle, z. B. in der → *Geomorphologie* bei den → *gravitativen Massenbewegungen* und in der → *Landschaftsökologie* bei den vertikalen und lateralen Stofftransporten.

Gravitationsmodell *gravity model*: methodisches Verfahren zur Erzeugung und Abgrenzung funktionaler → *Regionen*. Im Mittelpunkt eines G. steht die Anziehungskraft (Gravitation) von Kern und Umland, die von den Parametern Populationsgröße und → *Distanz* abhängig ist. Hohe Population in Kern und Umland sowie geringe Distanz zwischen Kern und Umland führen zu einer hohen Anziehungskraft und ermöglichen dadurch eine funktionale Regionsbildung.

Gravitationspotenzial *gravitational potential*: Messgröße für die Schwerkraftwirkung auf Wasserteilchen im Boden. Das G. entspricht der Arbeit, die notwendig ist, um eine Menge Wasser um einen bestimmten Höhenbetrag über die Grundwasseroberfläche hinauszuheben. Im Grundwasserniveau ist das G. Null. Darüber wächst es mit dem Abstand zum → *Grundwasserspiegel* linear. Das G. wird zusammen mit dem → *Matrixpotenzial* zur Beschreibung der Intensität der Wasserbindung im Boden verwendet (→ *Gravitation*).

Gravitationsströmung *gravitational flow*: → *Meeresströmung*, die sich unter dem Einfluss des → *Luftdrucks*, der temperatur- und salzgehaltsbedingten Dichteunterschiede der Wassermassen und der → *Gravitation* in Gang setzt. Mit G. verbunden sein können auch durch Winde und → *Gezeiten* ausgelöste Strömungen.

gravitative Massenbewegung *mass movement, mass wasting, slope movement*: hangabwärts gerichtete Materialtransporte, die unter dem Einfluss der Schwerkraft (→ *Gravitation*) ablaufen. G.M. sind entweder → *Fließ-*, → *Gleit-*, *Kipp-*, → *Sturz-* oder kombinierte Prozesse (→ *komplexe Massenbewegung*), die Festmaterial (→ *Boden*, → *Schutt*, → *Fels*) aus einem Abrissgebiet über eine bestimmte Strecke (Transitgebiet) bis zum Ablagerungsgebiet transportieren. Die → *Disposition* für die einzelnen Prozesse der g. M. hängt von etlichen → *endogenen* (z. B. Materialart und -lagerung, physikalische Eigenschaften des Substrats) und → *exogenen* Randbedingungen (z. B. Durchfeuchtung durch Niederschlag oder Schneeschmelze) ab.

Gravitropismus → *Geotropismus.*
Greenfield-Investition *greenfield investment*: Bezeichnung für → *ausländische Direktinvestition* mit dem Ziel, im Ausland neue Unternehmen, Zweigwerke oder Produktionsanlagen aufzubauen.
Greenpeace unabhängige, überparteiliche und weltweit aktive Umweltschutzorganisation, die 1971 in Kanada ihren Ausgangspunkt nahm und die G.-Stiftung gründete (in Deutschland 1980). Im Internationalen G.-Rat finden sich Vertreter der Ländergruppen, deren nationale Aktionen international koordiniert sind.
Greenwich Mean Time → *Weltzeit.*
GREMI (Groupe de Recherche Européen sur les Milieux Innovateurs) sozialwissenschaftliche französische Forschergruppe, der bei der Entwicklung des Ansatzes des innovativen → *kreativen Milieus* seit Mitte der 1980er-Jahre eine Vorreiterrolle zukommt. Im Mittelpunkt des Interesses stehen sozioökonomische → *Netzwerke*, die das Entstehen von Innovationsprozessen fördern. Im Gegensatz zu früheren Arbeiten zu → *Industriedistrikten* werden nicht die ökonomischen Verhältnisse, sondern das soziokulturelle Umfeld als entscheidend für die regionale Entwicklung angesehen (→ *embeddedness*).
Grenzabstand *border distance, distance from the property line*: der durch Baugesetze und -verordnungen, → *Bebauungspläne* und das Nachbarschaftsrecht festgelegte Abstand, der bei Bauvorhaben von der Grundstücksgrenze einzuhalten ist.
Grenzbetrieb *marginal firm*: → *Betrieb*, dessen Gesamtkosten bei der → *Produktion* mit dem Gesamtertrag identisch sind. Steigen die Kosten bzw. fällt der Ertrag nur geringfügig, ist der Betrieb in seiner Existenz bedroht.
Grenze *border, boundary, line (1.); limit, barrier (2.); boundary layer, interface (3.)*: 1. in der → *Landschaftsökologie* die Darstellung einer Linie, in der Realität ein Übergangssaum (→ *Ökoton*) zwischen verschiedenen Ökotopmerkmalen, jedoch abhängig vom Maßstab der Aufnahme und der Darstellung. Bei Zugrundelegung einer physiogeographisch-geoökologischen Betrachtung wird die G. des → *Ökosystems* von den → *abiotischen Faktoren* bestimmt. 2. bei bioökologischer Betrachtung kann das Ökosystem auch von einzelnen biotischen Faktoren, z.B. → *Pflanzengesellschaften*, begrenzt sein. Bei einer raumbezogenen und zugleich funktionalen Betrachtung biologischer Systeme, v.a. in der → *topischen Dimension*, wird eine Abgrenzung schwierig, weil das → *Nahrungsnetz* einer Lebensgemeinschaft kein abgeschlossenes System ist, sondern → *Nahrungsketten* über die G. in andere → *trophische* → *Strukturen* eingreifen. 3. „Grenze" im Sinne von geoökologischer Grenzschicht.
Grenzertrag *marginal return on capital*: bei einer Erhöhung der Einsatzmenge eines Produktionsfaktors derjenige Ertrag, der durch die zusätzlichen Produkte erzielt wird (→ *Ertragsgesetz*).
Grenzertragsboden *marginal land*: ein Boden, der aufgrund seiner geringen Ertragsfähigkeit und/oder seiner Lage (Höhenlage, Steilhanglage, Lage in spät- und frühfrostgefährdeten Geländeabschnitten) nicht rentabel bewirtschaftet werden kann (→ *Bodenertragsgesetz*).
Grenzertragsbrache *marginal land fallow*: Form der → *Brache*, die nicht der Bodenverbesserung dient, sondern sich bei geringer Ertragskraft des Bodens (→ *Grenzertragsboden*) und steigenden Arbeitskosten bzw. sinkenden Absatzchancen der Produkte ergibt, da zeitweise die Bearbeitung eingestellt wird.
Grenzflächenklima *boundary surface climate*: das Klima der wenige Millimeter bis Zentimeter mächtigen Luftschicht unmittelbar auf klimatisch relevanten Oberflächen, z.B. Erdboden-, Vegetationsdecken- oder Gebäudetypenoberflächen. Das G. weist extreme Temperatur- und Feuchteschwankungen auf (→ *Geoökologische Grenzschicht*).
Grenzgänger (Grenzpendler) *frontier commuter*: → *Arbeitspendler*, der zwischen → *Wohn-* und Arbeitsgemeinde eine → *Staatsgrenze* überschreitet. G. sind besonders häufig im Bereich eng miteinander verflochtener Wirtschaftsgebiete, die sich über das → *Territorium* zweier oder mehrerer → *Staaten* erstrecken (z.B. Regionen Basel, Salzburg, Aachen).
Grenzgebiet *border[ing] area*: → *Grenze*, → *Grenzsaum*, → *Ökoton*.
Grenzgürtel *border zone, border region*: eine Form der geographischen → *Grenze*, an der sich Merkmalsgrenzlinien bündeln, sodass letztlich ein Übergangssaum von einem Landschaftsgebiet zum anderen Landschaftsraum besteht. Der Begriff G. weist auf den für geographische Grenzen gültigen Kontinuumcharakter (→ *Kontinua*) hin, d.h. Grenzen in der Natur sind immer Übergangssäume (→ *Grenzsaum*, → *Ökoton*).
Grenzhorizont *border horizon*: Begriff der → *Moorkunde*. In nordwestmitteleuropäischen Mooren erscheint zwischen dem oberen und dem unteren → *Torfmoos* ein G., d.h. eine hellere, tonarme Sedimentschicht, die weniger Torfmoossporen enthält, stattdessen aber zahlreiche → *Pollen* von Holzgewächsen, Heidekraut und Wollgras. Als der G. entstand, wird ein trockeneres Klima angenommen, als es generell im → *Subboreal* (→ *Postglazial*)

herrschte, in welchem die Ablagerung erfolgte.

Grenzpendler → *Grenzgänger*.

Grenzsaum *border zone, frontier area*: kennzeichnet allgemein den Charakter geographischer → *Grenzen*, die nur in der maßstabsbestimmten graphischen Darstellung als Linien erscheinen, in der Raumrealität jedoch Übergänge zwischen Merkmalsbereichen darstellen. (→ *Ökoton*).

Grenzscherspannung (Grenzschubspannung) *shear stress at failure*: der Schwellenwert, den die → *Scherspannung* übersteigen muss, damit eine Masse auf dem Hang in Bewegung gerät (→ *gravitative Massenbewegung*). In kohäsionslosem Lockermaterial hängt die G. nur von der Konstante der Fallbeschleunigung und von der inneren Reibung ab (→ *Reibungswinkel*). Bei kohäsivem Material muss zudem noch die → *Kohäsion* berücksichtigt werden, die neben der → *Druckspannung* der Bewegung entgegenwirkt (→ *Coulombsches Gesetz*).

Grenzschicht *boundary layer, interface (1.); geoecological boundary layer (2.); boundary layer (3.)*: 1. hydrodynamisch und hydroökologisch eine strömungsarme, meistens nur wenige Millimeter dicke → *Schicht*, die sich im → *Fließgewässer* infolge der Reibung unmittelbar über glatten und festen Flächen – etwa Felssohlen oder → *Steinen* – bildet. 2. die → *Geoökologische G.*, ein Bereich von wenigen Metern bis einigen Dezimetern – je nach → *Klimazone*, in der sich die für das stoffliche, biotische und energetische Geschehen an der Erdoberfläche wichtigen Regler-, Speicher- und Prozesswirkungen abspielen. 3. in der → *Klimaökologie* und → *Klimatologie* eine – Sammelbezeichnung für verschiedene G. an Oberflächen (Gebäuden, Straßen, Vegetationskörpern, Gewässern), die spezielle klimatologische Prozesse (energetische, hygrische, thermische) aufweisen, bzw. – das → *Klima* der bodennahen Luftschicht (Mikroklima), das zugleich ein Subsystem der geoökologischen Grenzschicht darstellt.

Grenzschubspannung → *Grenzscherspannung*.

Grenzübergang *border crossing point*: amtlich festgelegte Querungsmöglichkeit einer → *Staatsgrenze* für den grenzüberschreitenden Personen- und/oder Güterverkehr. An G. finden i.d.R. Grenz- (Zoll- und Pass-) Kontrollen statt.

Grenzverkehr *border traffic*: → *Personen-* oder → *Güterverkehr* über eine → *Staatsgrenze*. Für den G. gelten besondere Vorschriften, die zwischen den betreffenden → *Staaten* vertraglich geregelt sind (→ *Zoll*).

Grenzwerte *limits, limit[ing] values, end values*: aus praktischen und politischen Gründen definierte Werte, welche die Grenze nicht mehr zumutbarer oder zulässiger → *Belastungen* von Mensch oder Umwelt angeben. Die G. sind neben den → *Richtwerten* Entscheidungsinstrumente von → *Umweltpolitik* und → *Umweltrecht*. Im praktischen → *Umweltschutz* sind sie je nach gesetzlicher Regelung verbindlich. Die G. werden i.d.R. von den Betreibern von Anlagen oder Einrichtungen selber überwacht, teilweise auch von Behörden.

Grenzziehung *demarcation, bordering*: → *Demarkation* einer politischen Grenze im klassischen Sinne.

Greybox-Modell *grey box modell*: modellhafte Darstellung (→ *Modell*) eines Phänomens mit dem Ziel der Analyse von → *Input* und → *Output*. Dabei sind → *Struktur*, → *Organisation* und Funktionsweise des dargestellten Phänomens teilweise bekannt (→ *Blackbox-Modell*, → *Whitebox-Modell*).

Greyzem russischer Begriff für einen parabraunerdeähnlichen (→ *Parabraunerde*) Boden mit humusreichem Ah-Horizont und gebleichten Aggregatoberflächen am feuchten Nordrand der eurasischen → *Steppen* im Übergang zur südlichen borealen Zone. Die G. sind auf ursprünglich kalkhaltigem Lockermaterial über Entkalkung, Tonbildung und Tonverlagerung entstanden und durch einen grauen Tonverarmungshorizont geprägt. Sie bilden den Übergang zwischen den feuchteren Schwarzerden und den → *Podsolen* und sind z.T. auch mit letzteren vergesellschaftet.

Griesel (Schneegriesel) *granular snow*: Festniederschlag aus kleinen Ballen schneeartiger Beschaffenheit. Die G. haben weniger als 1 mm Durchmesser und sind die Vorstufe der → *Reifgraupeln* mit entsprechender Entstehung (→ *Graupel*).

Griess *grit*: Trümmerschuttmasse bunter Zusammensetzung, die beim Einschlag von großen → *Meteoriten* entsteht und die sich v.a. aus dem Material des zerstörten anstehenden Gesteines zusammensetzt.

Griserde veralteter Begriff für eine degradierte Schwarzerde (→ *Tschernosem*), in der sich nach Humusabbau, Tonbildung und → *Tonverlagerung* ein fahlgrauer, teilweise lessivierter Ah-Horizont mit hellen Quarzkörnern entwickelt hat. G. sind also mit Parabraunerdemerkmalen überprägte Tschernoseme (→ *Parabraunerde*).

Grobboden *stones, gravel*: Bodenpartikel, die größer als 2mm sind. Dazu gehören Grus, → *Steine*, → *Kies* und → *Blöcke*.

Grobsediment *coarse sediment*: neben dem → *Feinsediment* zweite wichtige Kategorie der → *Sedimente* mit Korngrößen von über 2 mm, welche die → *Korngröße* → *Kies* sowie Brocken und Blöcke zusammenfassen, auch als

→ *Psephite* bezeichnet. Die G. repräsentieren v. a. geomorphogenetisch wichtige Sedimenttypen, die meist charakteristische Bearbeitungsspuren und Lagerungsmerkmale aufweisen (→ *Geröll*, → *Geschiebe*).
Groden → *Koog*.
Grönlandtypus *Greenland glacier type*: Bezeichnung für den Vergletscherungstyp der flächenhaften, mächtigen Inlandvereisung (→ *Inlandeis*).
Großbetrieb *big business*: → *Betrieb*, der unter selbstständiger kaufmännischer Leitung steht und einen für seine Größe angemessenen Umsatz bzw. Gewinn (Aktienvermögen) bzw. eine entsprechend große Beschäftigtenzahl aufweist (→ *Unternehmensgröße*).
Große Fahrt *long-distance navigation*: in der Seeschifffahrt Bezeichnung für die interkontinentale Ozeanschifffahrt (→ *Kleine Fahrt*).
Große Kreisstadt *privileged county town*: amtliche Bezeichnung aus dem deutschen Kommunalrecht zur Bezeichnung eines besonderen rechtlichen Status von → *kreisangehörigen Gemeinden*, die bestimmte zusätzliche Zuständigkeiten innehaben. Das Staatsministerium des Inneren hat bei der Abwägung, ob eine kreisangehörige Gemeinde zu einer G. K. werden soll, zu berücksichtigen, inwieweit die betreffende Gemeinde mit ihrer Leistungs- und Verwaltungskraft diese Aufgaben ordnungsgemäß erfüllen kann. Die G. K. verfügen über eine Reihe von Verwaltungsbefugnissen, die für die übrigen kreisangehörigen Gemeinden das Landratsamt innehat.
Großfaltung *undation*: ausgedehnte größere und flachere Aufwölbungen und Einmuldungen des Reliefs in Form von Großsätteln und Großmulden, mit größeren Horizontalerstreckungen, aber kleineren Vertikalamplituden als sie → *Falten* im landläufigen Sinne haben (→ *Undulation*).
Großfamilie *extended family*: Wohn- und häufig auch Wirtschaftsgemeinschaft von miteinander verwandten Personen über mehrere Generationen hinweg, d. h. Eltern mit leiblichen (und evtl. adoptierten) Kindern sowie Großeltern und evtl. Kindeskindern mit ihren jeweiligen Einzelfamilien (→ *Familie*, → *Kleinfamilie*, → *Stieffamilie*).
Großformenbildung *major landform formation/morphogenesis*: Begriff der → *Geomorphologie* für die grundsätzliche Verteilung und Entwicklung von Land und Meer auf der Erde sowie Höhen- und Tiefengebieten im Bereich der äußersten → *Erdkruste*. Die G. geht auf endogene Vorgänge zurück, die lange erdgeschichtliche Teilabschnitte umfassen und in der Erdgeschichte weit zurückreichen. Das heutige Grundmuster der Erdoberflächenstrukturen bildete sich seit dem → *Mesozoikum* heraus, als der Südkontinent → *Gondwanaland* sich durch → *Kontinentalverschiebung* auflöste, wobei Prozesse der → *Plattentektonik* wirksam wurden. Eine weitere wichtige Phase der G. auf der Erde war das → *Tertiär*, in welchem sich die weltumspannenden → *Faltungsgürtel* mit den → *Faltengebirgen* bildeten.
Großgrundbesitz *large land ownership*: Konzentration umfangreichen Landbesitzes auf einen einzigen Eigentümer bzw. eine einzige Familie. In den großen → *Agrargebieten* Außereuropas (z. B. Argentinien, Australien) beginnt G. i. d. R. erst bei 1000 ha, in Europa bereits ab 100 ha (→ *Agrarreform*, → *Bodenreform*).
Großhandel *wholesale commerce*: 1. gewerbsmäßige Vermittlung von Waren vom Produzenten an den → *Einzelhandel* sowie an Weiterverarbeiter und gewerbliche Verbraucher (Business-to-Business). 2. Bezeichnung für Unternehmen, die einer derartigen Handelstätigkeit nachgehen. Der G. beliefert z. T. den Einzelhandel aus eigener Lagerhaltung, z. T. übernimmt er aber auch nur Vermittlerfunktionen. In → *Cash-and-Carry-Lagern* und ähnlichen Großformen des Handels kommt es zu einer Vermischung von G. und Einzelhandel.
Großinfrastruktur *large-scale infrastructure*: nicht genau festgelegter Begriff für eine volumen- oder flächenmäßig überdurchschnittlich große Infrastruktureinrichtung, insbesondere der → *Verkehrsinfrastruktur* (z. B. Flughafen, Autobahnkreuz), oft auch im Sinn von → *sperriger Infrastruktur* verwendet.
Großmacht *great power, super power*: → *Staat*, der durch sein militärisches, politisches und/oder wirtschaftliches Potential, oft auch durch bewusste Machtpolitik, einen bestimmten Einfluss auf große Teile der Erde ausüben kann, z. B. durch militärische Besetzung, mithilfe wirtschaftlicher Abhängigkeit usw. Der Übergang zur → *Weltmacht* ist nicht klar definiert.
Großmarkt *wholesale market*: Verkaufsveranstaltung, bei der Anbieter größere Mengen von branchenmäßig meist eng eingegrenzten Waren an gewerbliche Wiederverkäufer im → *Einzelhandel*, gewerbliche Verbraucher oder Großabnehmer verkaufen. Typische Waren für G. sind Obst, Gemüse, Blumen, Fische usw.
großmaßstäbig *large-scale*: bedeutet relativ großes, detailreiches Abbild der Geographischen Realität in einer → *Karte*. Große → *Maßstäbe* sind z. B. 1:5000, 1:10 000 oder 1:25 000. Gegenteilig: → *kleinmaßstäbig*. Irrtümer bei der g. und kleinmaßstäbig stellen sich bei der Verwendung des englischen Begriffes → *Scale* mit „small-scale" und „large-scale".

großräumig *large-scale, over a large area*: 1. allgemein großes → *Areal*; ausgedehnter → *Raum*. 2. in Landschafts- und → *Länderkunde* qualitativer Begriff, der sich auf die Möglichkeiten der → *Inwertsetzung* eines Raumes bezieht.
Gegensatz: → *kleinräumig* (→ *großmaßstäbig*; → *kleinmaßstäbig*).

Großschadenslage *large damage situation*: ein Ereignis, das Leben oder Gesundheit einer größeren Zahl Menschen, deren lebensnotwendige Unterkunft und Versorgung, Sachwerte und Umwelt gefährdet oder schädigt, und dessen Bewältigung überörtlich organisiert werden muss. (→ *Katastrophe*).

Großstadt *city, large town*: in der deutschen Gemeindestatistik eine → *Stadt* mit mindestens 100 000 Einwohnern. Geographisch ist diese Definition wegen der Unterschiede der → *Stadttypen*, auch wegen des unterschiedlichen Ausmaßes von → *Eingemeindungen*, wenig aussagekräftig. Hier wird im Allgemeinen eine größere multifunktionale Stadt mit oberzentralen Funktionen, einer deutlich ausgeprägten → *City* und Subzentrenentwicklung in den → *Vororten* als G. bezeichnet, wobei die Einwohnergrenze niedriger, häufig aber wesentlich höher liegen kann (→ *Oberzentrum*).

Großvieheinheit (GVE) *livestock unit*: Wertzahl von Vieh bezogen auf den unterschiedlichen → *Arbeitsaufwand* und Ertrag. Eine Kuh (Lebendgewicht 500 kg) entspricht 1 GVE oder 6 Schlachtschweinen, 10 Schafen oder 250 Hühnern.

Großwetterlage *macro-atmospheric conditions*: ein für mehrere Tage gleichbleibendes charakteristisches Verteilungsbild der → *Luftdruck*gebilde in Meereshöhe und der mittleren → *Troposphäre* mit den zugehörigen Erscheinungen des → *Wetters*. G. werden in kontinentaler Größenordnung betrachtet. Sie kehren mit einer gewissen statistischen Häufigkeit immer wieder und sind für den Witterungsverlauf in Großräumen maßgebend, z. B. das für Mitteleuropa typische → *Westwetter*. G. werden nach feststehenden Klassifikationssystemen eingestuft (→ *Wetterlage*, → *Witterung*).

Großwirtschaftsraum *large-scale economic region*: relativ unbestimmte Bezeichnung für eine große wirtschaftsräumliche Einheit von verhältnismäßig homogener → *Struktur*. Als G. kann man auf nationaler Ebene z. B. das Rheinisch-Westfälische Industriegebiet bezeichnen, auf kontinentaler Ebene die → *EU* oder die USA.

Großwohnsiedlung *large-scale housing estate*: nach einheitlichem Plan errichtete, relativ große Wohnsiedlung im Randbereich von → *Mittel-* und → *Großstädten*. Meist überwiegt in G. die Mehrfamilien- und Hochhausbebauung, jedoch kommen auch Siedlungsteile mit Einfamilien- und Reihenhäusern vor. Heute sind G. oft soziale Brennpunkte und stigmatisierte Quartiere.

Grotte → *Höhle*.

Ground Truth Daten, die zur Verifizierung von Analyseergebnissen aus → *Fernerkundungsdaten* (bspw. → *Luftbilder*, → *Satellitenbilder*) eingesetzt werden. Durch → *Kartierungen* oder Vegetationsbestimmungen unmittelbar vor Ort (in situ) können rein fernerkundlich abgeleitete Landbedeckungs- oder → *Landnutzungsklassifizierung* überprüft und optimiert werden.

Groupe de Recherche Européen sur les Milieux Innovateurs → *GREMI*.

Grubenwohnung → *Erdhaus*.

Grünachse *green axis, green finger*: → *Grünzug*.

Grünanlage *park, green*: nicht bebautes, gärtnerisch oder als → *Park* gestaltetes größeres innerstädtisches → *Grundstück*. G. sind meist im Besitz der öffentlichen Hand und dienen der Erholung der Bevölkerung, der städtebaulichen Gestaltung und der Verbesserung des → *Bio-* bzw. → *Mikroklimas*. Häufig stehen sie in räumlichem Zusammenhang mit → *Freizeitinfrastruktur* wie Spiel- und Sportplätzen.

Grünbrache → *Brache*.

Grundbedürfnis *basic need*: laufender Mindestbedarf an Ernährung, Unterkunft und Kleidung sowie lebenswichtigen → *öffentlichen* → *Dienstleistungen*, v. a. → *Trinkwasser* und sanitären Anlagen, Gesundheitsfürsorge und Bildungsmöglichkeiten (→ *Bedarf*, → *Bedürfnishierarchie*).

Grundbedürfnis-Konzept *basic needs concept*: Entwicklungsstrategie für Länder der sog. → *Dritten Welt* mit dem primären Ziel der Befriedigung von Grundbedürfnissen (→ *Daseinsgrundfunktion*).

Grundbuch *real estate register*: von einer Behörde geführtes amtliches öffentliches Verzeichnis mit Öffentlichem Glauben aller Beurkundungen über die Rechtsverhältnisse von → *Grundstücken*. Insbesondere sind im G. Größe und Eigentümer sowie Angaben über dingliche Belastungen (z. B. Überfahrtsrechte, Baubeschränkungen) und über Grundpfandrechte (Hypotheken, Grundschulden) enthalten. In Deutschland werden Rechtsgeschäfte mit Grundstücken erst nach deren Eintragung im G. wirksam (→ *Liegenschaftskataster*).

Grunddaseinsfunktion (Daseinsgrundfunktion) *basic function of human existence*: zentraler Begriff des → *Münchner Konzepts der Sozialgeographie*. Meint grundlegende Daseinsäußerung bzw. Aktivität des Menschen, die allen → *sozialen Schichten* immanent, massenstatistisch erfassbar, räumlich und zeitlich messbar ist und sich → *raumwirksam* ausprägt. Da die G. jeweils spezifische Raumansprüche stellen und sozialgruppenspezifische sowie regional differenzierte Struktur- und Prozessmuster ausbilden, dienen sie der → *Sozialgeographie*, der → *Humanökologie*, vielfach auch der Geographiedidaktik und der → *Raumforschung* häufig als Ordnungsschema für die inhaltliche Gliederung nach funktionsbezogenen Teildisziplinen. Die Zahl der G. schwankt je nach Kulturkreis und Epoche. In Mitteleuropa gelten derzeit als G.: in Gemeinschaften leben, wohnen, arbeiten, sich versorgen, sich bilden, Freizeitverhalten. Verkehr und Kommunikation sind keine G., sondern notwendige Tätigkeiten, um die G. zu ermöglichen.

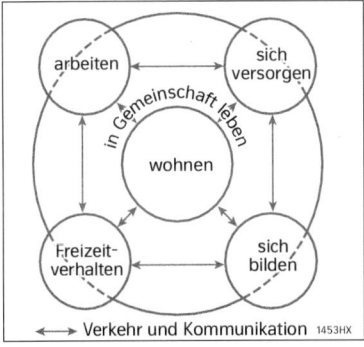

Grunddaseinsfunktion

Grundeigentum *property, real estate*: Eigentum an einem → *Grundstück*. Um rechtsgültig zu sein, muss ein G. in das → *Grundbuch* eingetragen sein. In Deutschland ist das Recht auf persönliches G. durch die Verfassung garantiert.

Grundeis *anchor ice*: das auf der Gerinnebettsohle gebildete → *Eis*. In Flüssen mit starker Strömung beginnt die Eisbildung am Ufer und am Grund (geringste Strömungsgeschwindigkeit). Beim Weiterwachsen bricht das spezifisch leichtere G. wegen des Auftriebs von der Sohle los und schwimmt in Schollen auf.

Gründerzentrum (Inkubator) *business incubator*: Einrichtung zur Unterstützung von (vornehmlich technologie- und wissensintensiven) Unternehmensneugründungen oder jungen Unternehmen, die günstige Rahmenbedingungen für die Startphase eines Unternehmens schaffen soll. G. zeichnen sich durch günstige und flexible Mietflächen sowie gemeinschaftlich genutzte Infrastrukturen (z.B. Veranstaltungsräume) aus, die den Unternehmen kostengünstig zur Verfügung gestellt wird. Durch die Förderung von Unternehmensneugründungen und die Unterstützung junger Unternehmen sollen G. im Sinne der → *Regionalentwicklung* einen Beitrag zur Stärkung des Standortes und zum regionalen → *Strukturwandel* leisten, indem sie die die Überlebensrate von Neugründungen steigern (→ *Technologiepark*).

Grundfalte *basic fold*: → *Falte* in der → *Erdkruste*, meist als großräumige und sehr flache Aufwölbung von Schichten repräsentiert.

Grundfläche *floor space, base surface area*: Baugrundrissfläche, die von einem Bauwerk überdeckt wird.

Grundflächenzahl (GRZ) *proportion of plot permitted for building*: Richtzahl zur Festlegung des zulässigen Maßes der baulichen Nutzung für Teile eines → *Baugebietes* oder für einzelne → *Grundstücke*. Sie gibt an, wie viel Quadratmeter Grundfläche je Quadratmeter Grundstücksfläche zulässig sind, d.h. überbaut werden darf.

Grundgebirge (kristallines Gebirge, Kristallin) *basement complex*: aus älteren → *Magmatiten* oder → *Metamorphiten* bestehende Gesteinsgroßkörper, die durch gebirgsbildende Prozesse aus ihrer ursprünglichen Lagerung gebracht wurden, denen man das → *Deckgebirge* mit jüngeren und weitgehend ungestörten Gesteinsschichtkomplexen gegenüberstellt. Die Begriffe „Kristallines Gebirge" bzw. „Kristallin" sind nicht ganz exakt, ebenso nicht der früher verwandte Begriff → *Urgebirge*.

Grundgesamtheit *population, universe*: in der empirischen → *Sozialforschung* die Menge aller potenziellen Untersuchungsobjekte für eine bestimmte Fragestellung. I.d.R. wird keine → *Vollerhebung* durchgeführt, sondern eine → *Stichprobe* gezogen (→ *Stichprobenerhebung*, → *Repräsentativität*).

Grundgestein *bedrock*: das feste, unverwitterte Gestein unter der → *Verwitterungsdecke* an der Erdoberfläche. Das G. ist in der Regel identisch mit dem → *Ausgangsgestein* der Bodenbildung. Es gehört zum → *Oberflächennaher Untergrund*, nicht jedoch zum → *Tieferen (geologischen) Untergrund*.

Grundgleichungen des Wasserhaushalts → *Wasserhaushaltsgleichungen*.

Gründigkeit *soil depth*: die Gesamtmächtigkeit der lockeren Bodenhorizonte und -schichten, die von Pflanzenwurzeln erreicht werden kann. Von der G. werden wichtige ökologische Eigenschaften wie Bodenwasserspeicherfähigkeit und verfügbare Nährstoffreserven mitbestimmt. Bedeutsam ist dabei die physiologische bzw. pflanzenverfügbare G., d.h. das effektiv durchwurzelbare Bodenvolumen.

Die pflanzennutzbare G. wird durch Steine im Boden eingeschränkt und durch → *Grundwasser* und → *Stauwasser* (fehlende Durchlüftung) oder undurchdringliche Horizonte begrenzt.

Grundlast *base load*: Teil der Leistung von → *Kraftwerken* und Stromnetzen. Die G. wird vom stromverbrauchenden Kunden während einer Zeitspanne (z. B. eines Jahres, eines Tages) ständig mit nur geringen Schwankungen in Anspruch genommen. Zur Deckung des Grundlastbedarfs ist der Einsatz von Braunkohle-, → *Laufwasser*- und → *Kernkraftwerken* am wirtschaftlichsten (→ *Gesamtlast*).

Grundlawine (Bodenlawine) *ground avalanche*: eine → *Lawine*, deren Gleithorizont auf der Bodenoberfläche liegt. Mit einer G. fährt demnach ein gesamtes Schneepaket zu Tal.

Grundmoräne *basal till, basal moraine, ground moraine, till*: Material, das an der Gletschersohle aus dem → *Anstehenden* durch Prozesse der → *Glazialerosion* herausgelöst wurde und das mit → *fluvioglazialem* Material gemischt ist, das durch → *Gletscherbäche* und → *subglaziale* Gerinne herangeführt wurde. Die G. haben sehr verschiedene Komponentengrößen. Charakteristisch sind die → *Geschiebe* in → *Geschiebemergel* bzw. → *Geschiebelehm* eingebettet. Die G. erscheint nach Gletscherrückzug in der Landschaft als kuppiges Relief, das für die eiszeitlichen Moränenlandschaften typisch ist. Die eben frei gewordenen G.-Bereiche der rezenten Alpengletscher weisen ein extrem unregelmäßiges Relief auf, in das oft sehr große Blöcke eingebettet sind.

Grundmoränensee *ground moraine lake*: in ehemals vergletscherten Gebieten verbreiteter Seetyp. G. bilden sich – oft vergesellschaftet – in den meist nicht sehr ausgedehnten, flachen Mulden des Grundmoränengebietes (→ *Grundmoräne*), in denen sich das Wasser über durch → *Geschiebelehm* abgedichteten Untergrund staut.

Grundnahrungsmittel *basic food*: → *Nahrungsmittel*, die in großem Umfang zur Ernährung der Weltbevölkerung beitragen. Wichtige G. sind z. B. Mehl, Kartoffeln, Reis, Zucker, Milch, Fleisch. Die Zusammensetzung der G. unterscheidet sich je nach Region, Klima, Nahrungsangebot und Kultur. Entscheidend ist, dass sie in der Lage sind, den Bedarf der Menschen an essentiellen Nährstoffen zu decken.

Grundquelle *submerged spring*: Austritt von → *Grundwasser* an der Sohle eines Gewässerbettes, also unterhalb des Wasserspiegels.

Grundrente (Bodenrente) *ground rent*: Geldeinkommen für die Vergabe des Nutzungsrechts an einem → *Grundstück*. Die G. steht in engem Zusammenhang mit dem → *Bodenpreis* und mit Nutzungsintensität und -art des Grundstücks.

Grundsätze der Raumordnung *principles of spatial planning*: allgemeine Aussagen zur Entwicklung, Ordnung und Sicherung des Raums, die als Vorgaben für nachfolgende Abwägungs- oder Ermessensentscheidungen dienen (→ *Ziele der Raumordnung*).

Grundschicht *bottom slice, base course (1.); lower classes (2.)*: 1. als → *Peplosphäre* die unterste → *Schicht* der → *Atmosphäre*, welche häufig durch eine → *Inversion*, die → *Peplopause*, von der höheren → *Troposphäre* abgegrenzt wird. Die Mächtigkeit der G. ist wetterlagenabhängig und beträgt einige 100 m bis mehrere Kilometer, meist aber nicht mehr als 1500 m. Die G. ist die Reibungs- und Konvektionsschicht der Atmosphäre, in der sich die Hauptwettererscheinungen abspielen. 2. im Zusammenhang mit der → *sozialen Schichtung* der → *Bevölkerung* neuerdings häufig anstelle von → *Unterschicht* verwendet.

Grundsee *groundswell*: aus dem tiefen Wasser kommende hohe → *Wellen*, die beim Einlaufen in das seichtere Wasser überkippen (branden) und somit eine Gefahr für die Schifffahrt darstellen können (→ *Brandung*, → *Seegang*).

Grundsteuer *land tax*: eine Steuer auf den Besitz von → *Grundstücken*, die in vielen → *Staaten* in verschiedener Form erhoben wird. In Deutschland ist die G. eine Gemeindesteuer; man unterscheidet die G. A (für land- und forstwirtschaftliche Grundstücke) und B (für sonstige Grundstücke). Besteuerungsgrundlage ist der sog. Einheitswert des Grundstücks, der mit der G.-Messzahl multipliziert wird. Sodann erhebt die → *Gemeinde* die G. anhand eines von ihr festgesetzten Hebesatzes.

Grundstoff- und Produktionsgüterindustrien *basic and producer goods industries*: → *Industriegruppe* in der → *Industriestatistik* der Bundesrepublik Deutschland. Dazu zählen diejenigen → *Industriezweige*, die als Grundstoffe und Produktionsgüter eine Weiterverarbeitung erfahren, z. B. eisenschaffende Industrie, chemische Industrie, Industrie der Steine und Erden.

Grundstück *property, plot, real estate*: bebautes oder unbebautes, exakt umgrenztes Stück Land, das eine Eigentumseinheit darstellt und mit seiner Größe und seinem Eigentümer unter einer besonderen Nummer im → *Grundbuch* eingetragen ist. Ein G. kann mit einem Flurstück identisch sein, es kann aber auch aus mehreren Flurstücken bestehen, die zu gemeinsamer Nutzung und/oder gemeinsamem Eigentum zusammengelegt worden sind. Die Nutzung und Bebauung von G. regelt die → *Bauleitplanung* (→ *Bebauungsplan*, → *Flur*).

Grundstücksverkehr *real estate dealing*: Eigentumswechsel von → *Grundstücken*, insbesondere durch Kauf.

Gründungsforschung → *Entrepreneurship-Forschung*.

Gründüngung *green manuring*: Nährstoffanreicherung und Verbesserung der → *Bodengare* durch Unterpflügen von massenwüchsigen Grünpflanzen in grünem Zustand. Eine besondere Stickstoffanreicherung im Boden erfolgt durch die G. mit Schmetterlingsblütlern (z. B. Lupinen, Klee).

Grundversorgung *basic supply*: Versorgung der → *Bevölkerung* mit notwendigen → *Gütern* und → *Dienstleistungen* des täglichen Bedarfs. Die G. erfolgt am Wohnort selbst oder durch einen → *Zentralen Ort* für seinen → *Nahbereich*, und zwar durch private Unternehmer (insb. Einzelhandel) und die → *öffentliche Hand* (z. B. schulische Versorgung, Wasser- und Stromversorgung).

Grundwalze *bottom*: *roller*: rotierende Wasserbewegung (→ *Wasserwalze*) an der Sohle eines → *Gerinnes* mit horizontaler oder nahezu horizontaler Drehachse und flussaufwärts gerichtetem Drehsinn. G. entstehen v. a. unterhalb von → *Stromschnellen*, wo der → *schießende Abfluss* in → *strömenden Abfluss* übergeht (→ *Wechselsprung*).

Grundwasser *groundwater, undergroundwater*: das im → *Oberflächennahen Untergrund* und/oder → *Tieferen* (geologischen) → *Untergrund* angesammelte, die Hohlräume der Lockersedimente und des → *Gesteins* füllende Wasser, welches sich durch Versickern des → *Niederschlags* und das Eindringen von Flusswasser aus dem Gerinnebett bildet. G. unterliegt dem Einfluss der → *Gravitation* und des → *hydrostatischen Drucks*. Ungespanntes G. hat eine freie, ebene oder geneigte G.-Oberfläche, den → *Grundwasserspiegel*. Es fließt im Gefälle der Schichtneigungen des Untergrundes mit Geschwindigkeiten von einigen Zentimetern bis Dekametern, in Ausnahmefällen (z. B. in Grobkies und Gesteinsklüften) auch mehrere Kilometer pro Tag. Die Fließgeschwindigkeit hängt in erster Linie von der Durchlässigkeit (→ *Durchlässigkeitsbeiwert*), also den → *Porengrößenbereichen* des Trägersubstrats ab, also dem → *Grundwasserleiter* (→ *Darcy-Gleichung*). Gespanntes G. wird durch eine obenliegende, undurchlässige Substratschicht gestaut. Es steht also unter Druck und tritt beim Anbohren springbrunnenartig aus (→ *artesischer Brunnen*). G. ist wasserwirtschaftlich außerordentlich bedeutsam, v. a. für → *Wasserversorgung* und → *Wasserwirtschaft*.

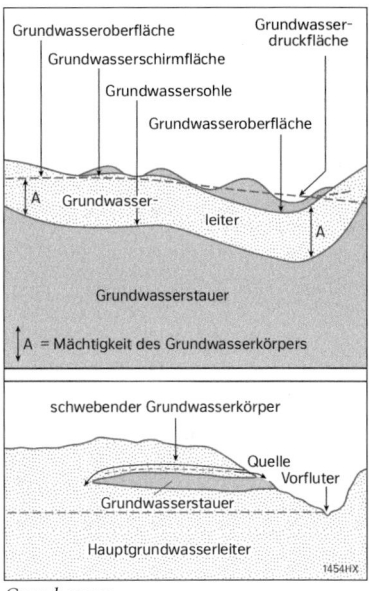

Grundwasser

Grundwasseraufstoß *seepage spring, water table outcrop*: Heraufdringen von → *Grundwasser* an die Bodenoberfläche. Aufstoßen kann insbesondere unter Druck stehendes (gespanntes) Grundwasser an durchlässigen Stellen der stauenden Deckschicht. Aufstöße ungespannten Grundwassers kommen vor in Talböden oberhalb von Verengungsstellen des Fließquerschnittes im Untergrund, bedingt durch eine schwellenartige Aufwölbung der grundwasserstauenden Schicht.

Grundwasserbildung *recharge of the groundwater*: der Zufluss von → *Sickerwasser* in den → *Grundwasserleiter*, wodurch eine Ergänzung bzw. Erneuerung des → *Grundwassers* erzielt wird, was zu einer zeitlich begrenzten Zunahme des Grundwasservolumens führen kann. In der → *Wasserbilanz* des → *Wasserhaushalts* ist die G. Bestandteil der → *Rücklage*.

Grundwasserböden *groundwater soils*: Böden in Mulden und Talauen, deren Profilaufbau z. T. bis an die Oberfläche durch → *Grundwasser* geprägt wurde. Die G. werden bodentypologisch als → *Gleye* bezeichnet. Die durch Grundwasser beeinflussten Horizonte sind die → *G-Horizonte*.

Grundwasserdruckfläche → *Potenzialfläche*.

Grundwasserflurabstand *depth to water table*: lotrechter Abstand zwischen dem

→ *Grundwasserspiegel* und einem Punkt an der Geländeoberfläche.
Grundwassergefälle → *hydraulischer Gradient*.
Grundwasserhöffigkeit *groundwater potentiality*: jene nutzbare Menge an → *Grundwasser*, die innerhalb eines bestimmten Zeitraums einem definierten → *Grundwasserleiter* voraussichtlich entnommen werden kann.
Grundwasserleiter (Aquifer) *aquifer*: ein poröses oder/und mit Klüften durchsetztes wasserdurchlässiges Substrat des → *Oberflächennahen* oder des → *Tieferen* (geologischen) → *Untergrundes*, das von einem → *Grundwasserstauer* unterlagert oder von diesem eingeschlossen wird. In den G. kann das → *Grundwasser* einsickern, einfließen und gespeichert werden. Unterschieden werden Poren-G., Kluft-G. und Karst-G..
Grundwasserneubildungsfunktion *ground water recharge function*: im → *Leistungsvermögen des Landschaftshaushaltes* die Fähigkeit, aufgrund von → *Niederschlag*, → *Versickerung*, Beschaffenheit der Deckschichten des → *Grundwassers* und der Vegetationsstruktur die Grundwasservorkommen zu regenerieren.
Grundwasseroase *groundwater oasis*: → *Oase*, die ihr Wasser aus dem Untergrund durch Hebung des → *Grundwassers* bezieht (→ *artesischer Brunnen*).
Grundwasserregulierung *ground water regulation*: bedarfsgerechtes anthropogenes Einstellen des → *Grundwasserstandes*, damit ein → *Bodenfeuchtewert* zur optimalen Wasserversorgung der Kulturpflanzen erzielt wird. Im einfachsten Fall erfolgt die G. durch → *Bewässerung* und → *Entwässerung* bzw. durch → *Dränung*.
Grundwasserschutzfunktion *ground water protection function*: im → *Leistungsvermögen des Landschaftshaushaltes* der Effekt, dass der → *Grundwasserleiter* wegen der Vegetationsstruktur an der Erdoberfläche sowie den filternden bzw. puffernden Eigenschaften der Deckschichten vor dem Eindringen unerwünschter Stoffe geschützt wird.
Grundwassersee *groundwater lake*: im Untergrund in einer muldenförmigen Vertiefung des → *Grundwasserstauers* ruhendes → *Grundwasser*, welches nur durch Überlauf abfließen kann.
Grundwasserspiegel *groundwater level (table)*: die Oberfläche des → *Grundwassers* begrenzt den Grundwasserkörper. Wird sie durch Meßrohre, → *Brunnen* oder → *anthropogene* → *Hohlformen* (z.B. → *Tagebaue* oder Kiesgruben) angeschnitten, stellt sich der G. ein, der eine beobachtbare, druckmäßig ausgeglichene Grenzfläche des Grundwassers gegen die → *Atmosphäre* darstellt.

Grundwasserstand *groundwater level*: die aktuelle Höhe der Grundwasseroberfläche, die jedoch im jahreszeitlichen Verlauf, bestimmt vom Niederschlagsregime, schwankt. Der G. wird zudem durch Grundwassernutzung (Wasserentnahme) und wasserbauliche Maßnahmen stark beeinflusst.
Grundwasserstauer (Aquiclude) *aquiclude*: wasserundurchlässiges Substrat des → *Oberflächennahen* oder des → *Tieferen* (geologischen) → *Untergrundes*, die einen → *Grundwasserleiter* unterlagert oder diesen einschließt.
Grundwasserstockwerk *groundwater. horizon, multi-aquifer formation*: ein Grundwasserkörper in einem wechselschichtigen, aus mehreren → *Grundwasserleitern* und → *Grundwasserstauern* aufgebauten Untergrund.
Grundwasserstrom *flow of groundwater*: fließendes → *Grundwasser*, das sich vom Scheitel eines Grundwasserkörpers in Richtung tiefer gelegener Untergrundbereiche oder in Gefällsrichtung eines Talbodens bewegt. Das Verhältnis von Höhendifferenz und Fließstrecke ergibt das antreibende Potenzial (→ *Darcy-Gleichung*).
Grüne Charta von der Mainau *Green Charter of Mainau Island*: 1961 auf der Insel Mainau im Bodensee beschlossenes Manifest für → *Landespflege* und naturverbundene → *Raumordnung* als Programm für „Aufbau und Sicherung einer gesunden Wohn- und Erholungslandschaft, Agrar- und Industrielandschaft". Die G. C. bezog sich auf Forderungen des → *Natur-* und → *Umweltschutzes* und führte z. B. zur Gründung des „Deutschen Rates für Landespflege".
grüne Düne *green dune, coastal dune, littoral dune*: geomorphologisch-geoökologische Bezeichnung für → *Küstendünen* an der Nordsee. Die g. D. ist mit Vegetation bewachsen und gilt demzufolge geomorphodynamisch als inaktiv. Die g. D. liegt hinter der → *Vordüne*.
Grüne Finger *green fingers*: → *Grünzug*.
Grüne Revolution *green revolution*: ursprünglich aus der US-amerikanischen Entwicklungszusammenarbeit der 1960er-Jahre stammendes Konzept, das in der Kombination biologisch-technischer Maßnahmen (hochertragreiches Saatgut, Kunstdüngereinsatz, Pflanzenschutz, Bewässerung, moderne Landbearbeitungsmethoden) den Weg zu Produktivitätssteigerungen in der → *Landwirtschaft* (insbesondere bei Weizen, Mais, Reis und Hirse) und damit die Lösung des Hungerproblems in sog. → *Entwicklungsländern* sah (→ *Hunger*), welches v.a. aus dem dramatischen Bevölkerungsdruck bei gleich bleibender Produktionstechnik resultiert. Die Folgen der G. R. sind ambivalent und umstritten. Zwar hat sich die Ernährungssituation vieler Menschen erheblich verbessert, aller-

dings zu dem Preis von gravierenden Umweltschäden (Vergrößerung der Anbauflächen, Pestizideinsatz, Verdrängung von Kleinbauern durch industriell bewirtschaftbare Flächen, Übernutzung von Grundwasservorräten usw.). Heute geht man eher von der Notwendigkeit einer Ökologisierung der Landschaftwirtschaft als von einer Fortsetzung der G. R. aus (→ *Grüne Revolution-Syndrom*).

Grüne Weihnachten *a green Christmas*: mit einer gewissen Regelhaftigkeit auftretende Witterungserscheinung in der zweiten Hälfte des Monats Dezember, welche eine Reihe von frostfreien Tagen bringt, sodass z. b. in → *Hochgebirgen* tiefere Lagen schneefrei bleiben (→ *Witterung*).

Grüner Punkt *green point*: Lizenzzeichen der → *Duales System Deutschland* GmbH für Verpackungen, die im Rahmen des privatwirtschaftlichen Zweiges der → *dualen Abfallwirtschaft* erfasst und verwertet werden sollen. Das auf die Packmittel aufgedruckte oder aufgeklebte Zeichen besteht aus zwei ineinanderlaufenden (meist) grünen Pfeilen, die einen Materialkreislauf signalisieren. Das Entgelt für die Zeichennutzung und damit die Entsorgungsleistung setzt sich aus einem stückzahl- und volumenbezogenen Sockelbetrag sowie aus einem Gewichtsentgelt für die einzelnen Materialfraktionen zusammen, der in den Verkaufspreis eingerechnet ist.

Grüne-Revolution-Syndrom *green revolution syndrome*: eines der Syndrome Globalen Wandels (→ *Syndromansatz*), die vom Wissenschaftlichen Beirat der Bundesregierung Globale Umweltveränderungen (→ *WBGU*) 1996 entwickelt wurden. Das G.-R.-S. kennzeichnet die Degradation der Umwelt durch die Verbreitung standortfremder landwirtschaftlicher Produktionsverfahren (→ *standortgerechte Nutzung*, → *Grüne Revolution*).

Grünflächen *green spaces, lawns, park areas, grassy places, grass-covered areas/places*: den Siedlungen zugeordnete und überwiegend durch Pflanzenbewuchs charakterisierte → *Freiflächen* mit stadtökologischer Multifunktion. Sie dienen: – der Verbesserung des → *Stadtklimas*, – als raumstrukturierendes Element sowie – der Freizeit- und Erholungsfunktion.
Neben allgemeinen öffentlichen G. (→ *Stadtwälder*, → *Parks*, Promenaden, Grünverbindungen, Grünelemente von Straßen, Plätzen und Fußgängerbereichen) unterscheidet man spezielle öffentliche G. (Friedhöfe, Sportflächen, → *Schutzgrün*, Verkehrsbegleitgrün) sowie private G. (→ *Gärten*). G. können auch noch nicht in Anspruch genommene Baulandflächen sein. Jene G., die in einen Teilflächennutzungsplan aufgenommen wurden, sind von Bebauung freizuhalten.

Grünflächenordnungsplan *green/open space development plan*: → *Grünordnungsplan*.

Grünfutter *green forage*: die in frischem Zustand an das Vieh verfütterten → *Futterpflanzen*.

Grüngürtel *green belt*: 1. ringförmig angeordnete → *Grünflächen*, zum Teil in Form eines → *Grünzugs*, die sich um Innen- und Vorstädte zentrisch angeordneter Stadtstrukturen legen. Die G. entstanden meist im Bereich ehemaliger Befestigungsanlagen. 2. einer der Außenbereiche der → *Städte*, die aus → *Parks*, → *Wäldern* (→ *Stadtwäldern*) sowie landwirtschaftlich genutzten Flächen zusammengesetzt ist, der bewusst von Bebauung frei gehalten wurde. Dieser G. im weiteren Sinne dient der städtischen → *Naherholung*, hat aber auch stadtklimatische und landschaftsgestalterische Funktionen (→ *Stadtklima*, → *Stadtökologie*).

Grünkonzeption *green/open space development plan*: → *Grünordnungsplan*.

Grünkorridore *green corridors*: ähnlich den → *Grünzügen* und den → *Grünzäsuren* strukturiert und entsprechend funktionierend. G. werden von der → *Stadtplanung* v. a. bei → *Stadtumbau* geplant. Dienen der Vernetzung innerstädtischer Wasser- und → *Grünflächen*. Verfügen bei größerer Ausdehnung über biotisches und stadtklimatisches Potenzial (→ *Stadtklima*, → *Stadtökosystem*).

Grünland *grassland, grazing*: Sammelbezeichnung für → *landwirtschaftliche Nutzflächen*, die als → *Wiesen* oder → *Weiden* gelten.

Grünland-Futterpflanzen *grassland-fodder crops*: Pflanzenbestand der → *Wiesen* und → *Weiden* mit verschiedenen Süßgräser-, Kräuter- und Kleearten.

Grünlandschätzungsrahmen *grassland classification framework*: entsprechend dem → *Ackerschätzungsrahmen* die Bewertungstabelle für die Ertragsfähigkeit von → *Grünland*, aus der die → *Grünlandzahl* ermittelt werden kann.

Grünlandwirtschaft *grassland farming*: landwirtschaftliches → *Betriebssystem*, das von der → *Futterbauwirtschaft* bestimmt wird. Die G. kann hierbei in der Form der Wiesenwirtschaft, Weidewirtschaft oder Mähweidewirtschaft organisiert sein.

Grünlandzahl *grassland category*: Bewertungszahl für die Ertragsfähigkeit von Grünlandflächen (→ *Grünland*), die aufgrund der Basisfaktoren Bodenart, Bodenentwicklungszustand, Wasserverhältnisse und Jahresmitteltemperatur sowie örtlicher Besonderheiten wie Vegetationsart, Luftfeuchte und Geländegestalt im Rhamen des → *Grünlandschätzungsrahmens* bestimmt wird. Die G. entspricht vom Prinzip her der → *Ackerzahl*, ihre

Ermittlung erfolgt jedoch nach etwas abweichender Gewichtung der Standortfaktoren.

Grünordnung *open space [environmental] planning*: gesetzlich verankerter Vorschriftenkatalog zur Festlegung, Erhaltung und Pflege von → *Grünflächen* und Gartenanlagen im privaten und öffentlichen Bereich.

Grünordnungsplan *green/open space: development plan*: kommunales Konzept zum Schutz der Natur und zur Sicherung der ökologischen Bedingungen im Gemeindegebiet. Im G. sind Standorte, Art und Umfang von Pflanzungen festgelegt. Der G. weist zudem zu erhaltende Landschaftselemente und Gehölzbestände sowie Ausgleichsmaßnahmen für Eingriffe in den Naturhaushalt aus. Der G. kann als Beiplan dem → *Bebauungsplan* hinzugefügt werden. Vorgaben des G., die in den Bebauungsplan übernommen werden, erhalten Rechtswirksamkeit.

Grünordnungsplanung *open space development planning*: im Siedlungsbereich durchgeführte planerisch-gestalterische Maßnahmen der → *Grünordnung* mit Darstellung der Ergebnisse im → *Grünordnungsplan*.

Grünplan *green/open space development plan*: → *Grünordnungsplan*.

Grünplanung *open space planning*: unscharfe Sammelbezeichnung für Planungen der → *Grünordnung*, die teilweise auch als unscharfer Ersatzbegriff für Grünordnung verwendet wird.

Grünrahmenplan *green/open space development plan*: → *Grünordnungsplan*.

Grünverbindung *green axis, green finger*: → *Grünzug*.

Grünzäsur *open space caesura, open space break*: Begriff aus der → *Raumordnung* und → *Landschaftspflege*, der trennende → *Grünflächen* zwischen Siedlungs-, Wirtschafts- und Verkehrsinfrastrukturflächen beschreibt. Die G. bildet keine → *Grüngürtel* im strengen Sinne, also → *Wälder*, → *Parks* usw., sondern werden im Verständnis der Planung auch durch Land- und Forstwirtschaftsflächen repräsentiert. Auch eine „ausgeräumte", d. h. an → *biotischen Faktoren* anthropogen verarmte Agrarlandschaft (→ *Ausräumung der Kulturlandschaft*) gilt als G. Mit diesen → *Freiflächen* im weiteren Sinne soll eine großräumige Strukturierung der Landschaft in der Größenordnung der → *Regionalplanung* erreicht werden.

Grünzug (Grünachse, Grünverbindung)*green axis, green finger*: 1. ein von → *Grünflächen* repräsentiertes Erschließungssystem in Siedlungsbereichen, um funktional unterschiedliche Siedlungsteile miteinander zu verbinden oder den Gesamtsiedlungsbereich zu gliedern. 2. in der → *Stadtplanung* bzw. → *Stadtökologie* eine gewöhnlich bandförmige → *Grünfläche*, welche die Stadt gliedert oder funktional unterschiedliche städtische Bereiche miteinander verbindet und die verschiedene Zusatzfunktionen (Erholung, Stadtklima, Lärmschutz) innehat.

Gruppe *group*: Anzahl von Menschen, Tieren oder Sachen mit gemeinsamen Kennzeichen. In der Humangeographie sind v. a. → *soziale Gruppen* von Interesse.

Grüppen *ditch*: bei der → *Landgewinnung* an der → *Wattenküste* die zwischen den → *Lahnungen* in Reihen angelegten Gräben, welche die aufgelandeten → *Schlick*sedimente bei → *Ebbe* entwässern.

Gruppendiskussion → *Fokusgruppe*.

Gruppenfertigung *team production*: im Gegensatz zur → *Werkstatt*- und → *Fließfertigung* ein → *Fertigungssystem*, bei dem eine Reihe unterschiedlicher Arbeitsschritte parallel von verschiedenen Gruppen erledigt wird. Die Arbeit ist vielseitiger und damit für den Mitarbeiter motivierender, bei einem ähnlichen Produktionsausstoß wie bei der Fließfertigung.

Gruppeninterview *group interview*: die kollektive → *Befragung* von mehreren → *Probanden* zu einem bestimmten Forschungsgegenstand (→ *Fokusgruppe*).

Gruppensiedlung *group: settlement*: → *Siedlung* mit mindestens zwei Wohneinheiten, die nicht weiter als 150 m voneinander entfernt liegen und die über gemeinsam genutzte Infrastruktureinrichtungen verfügen (→ *Weiler*, → *Einzelsiedlung*).

Gruppenstadt *group town*: → *Siedlungsstruktur*, bei der mehrere benachbarte und sozioökonomisch eng verflochtene Einzelsiedlungen, insbesondere → *Kleinstädte*, in ihrer Gesamtheit städtische und zentralörtliche Funktionen ausüben.

Grus *grush, grus(s)*: → *Verwitterungsprodukt*, meist → *physikalischer Verwitterung*, in der → *Korngrößen* → *Sand* bis → *Kies*. Entsteht aus grobkörnigen Gesteinen, genauer des → *Saproliths* kristalliner Gesteine (z. B. → *Gneis*, → *Granit*).

GRZ → *Grundflächenzahl*.

Gschnitz Stadium *Gschnitz stade*: zeitlich zwischen dem inzwischen verworfenen → *Bühl* und dem → *Daun Stadium* verortetes Rückzugsstadium mit Gletschervorstoß des Eises der → *Würm-Kaltzeit*, die den postglazialen Eiszerfall markieren. Während des G. S. war das inneralpine → *Eisstromnetz* (→ *Fernvergletscherung*) bereits in einzelne Talgletscher zerfallen. Dieser Eiszerfall war im Daun-Stadium dann nochmals stärker ausgeprägt (→ *Lokalvergletscherung*). Nach dem Gschnitztal südlich von Innsbruck benannt. Zur Zeit des G.-S. lag die Schneegrenze 600 m tiefer als heute. Die → *Moränen* befinden sich vorzugsweise am Ausgang all jener Täler in die Haupttäler, deren Enden heute noch vergletschert sind.

G-Skala *geoscale*: → *Geo-Skala.*

Guano *guano, ornithocorpus*: als → *Dünger* genutztes organisches Sediment aus → *Fäkalien* von Seevögeln. G. bildet sich im wüstenhaften Küstenklima (→ *Küstenwüste*), z. B. an der Westküste Südamerikas (Peru, Chile), wo der plankton- und fischreiche Humboldt-Strom große Populationen von v. a. auf den vorgelagerten Inseln nistender Seevögeln (in erster Linie Kormorane) zu ernähren vermag. Der Kot wird wegen der Regenarmut nicht abgespült, sondern trocknet aus und reichert sich an.

Gulfhaus *Gulf house*: Bauernhaustyp im Gebiet der Marschen von Westflandern bis Nordfriesland (dort → *Hauberg* genannt), das im 16./17. Jh. aufkam, auch als Gulfhof oder Ostfriesenhof bezeichnet. Das G. ist ein → *längsgeteiltes Einheitshaus* mit einem Holzgerüst in Ständerbauweise. Das Vorderhaus bildet i. d. R. den Wohntrakt, an den sich der Stall- und Scheunentrakt anschließt. Das Zentrum des Stall-/Scheunentraktes bildet der „Gulf", eine Lagerfläche für Heu, Ernetebergung und Gerätschaften (→ *Niedersachsenhaus*).

Gulfhaus

Gülle (Jauche) *manure*: bei Massentier- bzw. Stalltierhaltung anfallendes Gemisch aus Streu, Kot und Harn, z. T. mit Regen- und Sickerwasser gemischt. Die unterschiedlich hohen Gehalte an → *Stickstoff*, Phosphor und Kalium hängen von Tierart, Futtermitteln und Verdünnungsgrad ab. Die G. ist stickstoff- und kalireich, aber kalkarm. Die G. kann verdünnt als → *Dünger* dienen, wird aber durch Ausbringen großer Mengen eigentlich zur Abfallbeseitigung der Massentierhaltung verwendet und trägt so zur Belastung des → *Grundwassers* mit → *Nitraten* bei (→ *Phosphat*).

Gully → *Runse.*

Gully-Erosion → *Grabenerosion.*

Günz-Kaltzeit *Günz glacial stage*: → *Kaltzeit* des → *Pleistozäns*, im klassischen viergliedrigen Eiszeitschema der Alpen als älteste geltend (ca. 1,2 Mio. bis 820 000 J. v. h.), obwohl es Hinweise auf noch ältere alpine Vereisungen im weiteren Alpenvorland gibt (→ *Eburon-*, → *Brüggen-Kaltzeit*). Haupthinterlassenschaft sind ihre → *fluvioglazialen* → *Deckenschotter*, die für die G.-K. als „Ältere Deckenschotter" bezeichnet werden. Moränenreste (→ *Moräne*) als Belege für die G.-K. sind i. d. R. sehr umstrittene Sedimente, weil ihr Erhaltungszustand infolge des Überfahrens durch Gletscher späterer Eiszeiten sehr schlecht ist. Im norddeutschen Raum entspricht der G.-K. die → *Menap-Kaltzeit*.

Günz-Mindel-Interglazial *Günz-Mindel interglacial stage*: eine → *Warmzeit*, welche → *Günz-* und → *Mindel-Kaltzeit* voneinander trennt und in der eine vollständige Wiederbewaldung der → *gemäßigten Breiten* mit thermophilen Laubhölzern erfolgt. Das G.-M.-I. wird vor ca. 820 000 bis 420 000 J.v.h eingeordnet und entspricht in Norddeutschland der → *Cromer-Warmzeit*.

Gurdh → *Pyramidendüne.*

Gut *commodity, property*: 1. Mittel zur Bedürfnisbefriedigung (→ *Güter*). 2. – landwirtschaftlicher → *Gutsbetrieb*.

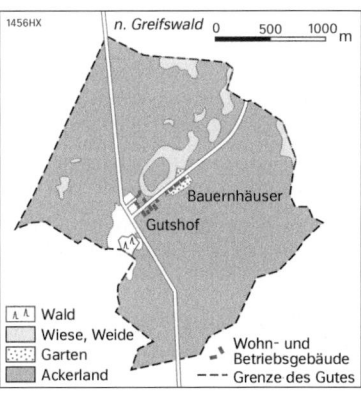

Gut

„Gute Managementpraktiken" (GMP) *(„The Good Practices of Management")*: Vorgehen beim → *Umweltschutz* in Betrieben, geleitet von Handlungsgrundsätzen, die auf Umweltbeeinflussung und → *Umweltbelastungen* abzielen und die Auswirkungen dieser auf den Raum sowie → *Umwelt* und Mitwelt mit einbeziehen. G. M. umfassen auch Verfahren zur Kontrolle der Betriebs- und Produktionsabläufe, die den Vorgaben der → *Umweltpolitik* folgen sollen sowie die Information von Geschäftspartnern, Kunden und Öffentlichkeit über umweltgerechtes Funktionieren des Betriebes sicherstellen.

Güter *commodities, goods*: Mittel zur Befriedigung von → *Bedürfnissen* (→ *Bedarf*). G. lassen sich nach verschiedenen Kriterien unterteilen: – nach der Verfügbarkeit können → *freie G.* (unbeschränkte Verfügbarkeit, z.B. Luft) → *knappen G.* (Wirtschaftsgüter) gegenübergestellt werden, deren verfügbare Menge nicht ausreicht, um die vorhandenen Bedürfnisse zu befriedigen und denen aufgrund der Knappheit ein Wert bzw. Preis beigemessen wird. Einen starken Einfluss auf die Knappheit haben u. a. räumliche und zeitliche Aspekte. – nach dem Kriterium der Ausschließbarkeit kann die Nutzung von privaten G. und öffentlichen G. (→ *Gemeingüter*) unterschieden werden. – eine Rivalität im Konsum liegt vor, wenn die Nutzung eines G. durch mehrere Akteure beeinträchtigt wird. Eine geringe Rivalität liegt z.B. bei einem Radiosignal vor, eine hohe bei der Nutzung der → *Allmende* (Allmendeaufteilung). – nach ihrer physischen Substanz können → *immaterielle G.* (z.B. Dienste, Rechte) oder materielle G. (Sachgüter), – nach ihrer Verwendung → *Konsumgüter* (z.B. Lebensmittel) oder → *Investitionsgüter* (z.B. Maschinen, → *Kapitalgüter*, → *Produktionsgüter*, → *Produktivgüter*) unterschieden werden. – bzgl. der Nutzungsart und -dauer existieren → *Verbrauchsgüter* (z.B. Rohstoffe, Energie) oder → *Gebrauchsgüter* (z.B. Kleidung). – je nach Einordnung in den Produktionsprozess werden G. in Input (z.B. Werkstoffe) sowie erwünschten Output (Güterproduktion) und unerwünschten Output (Abfall, Leergut) untergliedert. – bzgl. ihrer Rolle im Wirtschaftskreislauf in → *Realgüter* (Erzeugnisse) oder → *Nominalgüter* (Geld). – in Abhängigkeit der Nachfrage, die durch den Preis und das Einkommen bestimmt wird, gilt typischerweise, dass die Nachfrage nach G. bei höheren Einkommen bzw. geringeren Preisen steigt. Abweichend davon steigt bei steigenden Einkommen die Nachfrage nach superioren G. (→ *Luxusgüter*) überproportional und sinkt die Nachfrage nach inferioren G. (z.B. geringwertige G.), da diese durch höherwertige ersetzt werden. Auch kann die Nachfrage mit steigendem Preis steigen. Bei Markengütern ist dies auf Prestige-, Exklusivitäts-, Qualitäts-, oder Mitläufergründe zurückzuführen, während bei → *Giffen-G.* eine Verdrängung höherwertiger G. durch niederwertige G. stattfindet. Allgemein weisen (lebens)notwendige G. (z.B. Grundnahrungsmittel) nur eine geringe Nachfrageveränderung auf. → – Substitutionsgüter tragen zur Bedürfnisbefriedigung in ähnlicher Weise bei, z.B. Butter und Margarine, wobei → *Komplementärgüter* sich gegenseitig beim Ge- bzw. Verbrauch ergänzen und somit gemeinsam nachgefragt werden, z.B. Drucker und Toner. – nach der Mobilität in Immobilien (z.B. Infrastruktur) sowie Mobilien. Letztere sind entweder → *handelbare G.* (Handelsgüter, Lagergüter, Massengüter, Stückgüter, Transitgüter) oder → *nicht handelbare G.*, z.B. aufgrund hoher Transportkosten. – bzgl. ihrer Reichweite bzw. Einzugsbereiche gibt es → *zentrale Güter* und → *Nahbedarfsgüter*.

Güterfernverkehr *long hauls*: → *Güterverkehr* über größere Distanzen. Für statistische Zwecke ist G. der gewerbsmäßige Straßengüterverkehr über die Nahzone (75 km Radius um den angemeldeten Standort des Fahrzeugs) und die Regionalzone (bis 150 km) hinaus.

Güternahverkehr *short hauls*: → *Güterverkehr* über geringe Distanzen. Für statistische Zwecke (bis 1988 in Deutschland auch im rechtlichen Sinn) ist G. der gewerbsmäßige Straßengüterverkehr innerhalb eines Radius von 75 km (früher 50 km) um den angemeldeten Standort des Fahrzeugs (Nahzone).

Güterproduktion *manufacturing*: Herstellung von → *Gütern*. Die G. ist Teil der Produktionswirtschaft, die weitere Wirtschaftsbereiche außer der G. einschließt. Zur G. zählen das → *produzierende Gewerbe* und die → *Urproduktion* (→ *Fertigungssystem*).

Güterumschlag *goods handling*: Übergang von Waren auf ein anderes Transportmittel (→ *Umschlagplatz*).

Güterverkehr *goods traffic, freight traffic*: Beförderung von → *Gütern* aller Art durch Kraftfahrzeuge (Straßen-G.), Bahn, Luftfahrzeuge, Schiffe, Rohrleitungen (Pipelines), Transportbänder oder Seilbahnen sowie durch Trag- und Zugtiere. Beim Straßen-G. wird teilweise statistisch zwischen → *Güterfern-* und *Güternahverkehr* sowie → *Werkverkehr* unterschieden.

Güterverkehrszentrum (GVZ) *freight centre*: räumliche Konzentration von Unternehmen mit unterschiedlichen logistischen Dienstleistungsangeboten (Multifunktionalität). G. sind Logistik-Zentren, in denen → *Güter* zwischen unterschiedlichen Verkehrsträgern umgeladen (→ *multimodaler Verkehr*, → *kombinierter Ladungsverkehr*), für Ladungen zusammengestellt und für Transportketten vorbereitet werden.

Gutsbetrieb *farm estate, manor farm*: größerer landwirtschaftlicher Besitz, i.d.R. → *Hof* mit dazugehörigen Ländereien, der mithilfe familienfremder Arbeitskräfte bewirtschaftet wird. G. gehen häufig auf adeligen Grundbesitz zurück und werden oft als Pachtbetrieb geführt bzw. durch einen Verwalter bewirtschaftet (→ *Staatsgut*).

Gutssiedlung *manor-house settlement*: Wohn- und Wirtschaftsgebäude eines → *Guts*. I.d.R. sind G. → *Einzelsiedlungen*; beschäftigt der Gutsbetrieb jedoch eine größere Zahl in der G. wohnhafter Arbeitskräfte, und sich dies im Siedlungsbild niederschlägt, spricht man von einem Gutsweiler. Bei mehr als 15 Familienwohneinheiten auf dem Gut ist die Bezeichnung Gutsdorf üblich.

Gutswirtschaft *manor system*: arrondierter → *Großgrundbesitz* mit meist einheitlicher Bewirtschaftung unter Heranziehung familienfremder Arbeitskräfte. Eine G. hat sich in Großbritannien als Ergebnis der Enclosurebewegung (→ *enclosure*), später in Mittelschweden, in Nordwestdeutschland und in Ostmitteleuropa entwickelt (→ *Gutsbetrieb*).

Guyot *guyot*: → *submariner* Einzelberg der → *Tiefsee*, sich oft Hunderte von Metern über den → *Tiefseeboden* erhebend. Die kegelartige Gestalt des G. weist auf vulkanischen Ursprung hin. Die G. sitzen v. a. tektonisch aktiven Schwellenbereichen im Ozean auf, z. B. den → *Mittelozeanischen Rücken*.

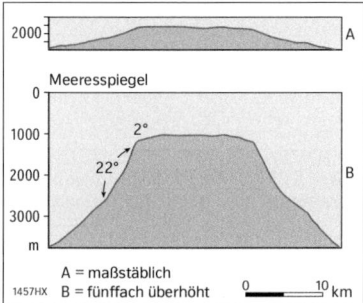

Guyot

GVE → *Großvieheinheit*.
GVFG → *Gemeindeverkehrsfinanzierungsgesetz*.
GVZ → *Güterverkehrszentrum*.
Gymnospermen (Nacktsamer) *gymnosperms*: hochentwickelte Pflanzen, deren Samen frei auf den Fruchtblättern liegen. Zu den G. gehören die → *Nadelhölzer*. Den G. stehen die → *Angiospermen* (Bedecktsamer) gegenüber. Beide zusammen bilden die Abteilung der Samen- oder Blütenpflanzen (→ *Spermatophyten*).
Gypcrete (Gipskruste) *gypcrete, gypsum crust*: mit Gips zementiertes, verbacktes Lockermaterial, also eine → *Krustenbildung* aus CaSO4-reichem Material (→ *Calcret*, → *Ferricret*, → *Silcret*).
Gypsisols *Gypsisols*: in der → *WRB* (2014) Böden mit einer deutlichen Anreicherung von sekundärem → *Gips* (Calciumsulfat) vornehmlich im → *Unterboden*. Sie kommen in den ariden Klimazonen vor. Viele G. werden extensiv beweidet. Junge G. mit geringen Gipsvorkommen können mit → *Bewässerung* und gleichzeitiger Drainage gut landwirtschaftlich genutzt werden. Bewässerungsfeldbau führt rasch zur Auflösung des Gipses und Sackung des Bodens.

Gyttja (Grauschlammboden) *Gyttia*: in der → *deutschen Bodensystematik* (→ *KA5*) ein subhydrischer Boden am Grund von Gewässern (→ *Unterwasserböden*) und entstehen aus organischen und/oder mineralischen limnischen Sedimenten (→ *Mudden*). G. sind in der Regel nährstoffreich, gut durchlüftet, reich an → *organischer Substanz* und haben durch Eisen-Mischoxide eine olivgrüne, graue oder graubraune Farbe.

G-10 (Group of the Ten) 1962 gegründete Gruppe von zehn bzw. nach dem Beitritt der Schweiz elf → *Industrieländern* (Belgien, Deutschland, Frankreich, Großbritannien, Italien, Japan, Kanada, Niederlande, Schweden, Schweiz, USA), die in wirtschafts-, währungs- und finanzpolitischen Fragen zusammenarbeiten, sich zweimal jährlich am Rande der Tagungen des → *IWF* treffen und je nach Bedarf Arbeitsgruppen einsetzen.

G-20 (Group of the Twenty) seit 1999 existierender informeller Zusammenschluss der 19 wichtigsten → *Industrie-* und → *Schwellenländer* plus der → *EU*. Er stellt eine Plattform für die Zusammenarbeit und Beratung bei Fragen des weltweiten Finanzsystems dar.

G-7 (Group of Seven) Bezeichnung für den informellen Zusammenschluss der sieben führenden westlichen → *Industrieländer* (Deutschland, Frankreich, Großbritannien, Italien, Japan, Kanada, USA), die sich seit 1975 jährlich auf Ebene der Staats- und Regierungschefs bei den Weltwirtschaftsgipfeln der → *OECD* treffen, seit 1977 auch unter Einbezug des EU-Kommissionspräsidenten. Neben globalen Wirtschafts-, Entwicklungs- und Währungsfragen werden dabei auch wirtschaftspolitisch relevante Sonderthemen (Terrorismus, Drogen- und Waffenhandel, organisierte Kriminalität, Kernenergie, bewaffnete Konflikte, Umweltschutz etc.) behandelt. Seit 1994 nimmt der russische Präsident an den Beratungen teil, seit 1997 ist Russland als eigenes Mitglied vertreten (→ *G-8*). 2014 wurde Russland nach der Annexion der Krim ausgeschlossen.

G-8 (Group of the Eight) informeller Zusammenschluss der sieben westlichen → *Industrieländer* (→ *G-7*) inkl. des 1997 beigetretenen Russland. Nach der Annexion der Krim wurde Russland im Jahr 2014 von den übrigen Mitgliedern ausgeschlossen, sodass die G-8 aktuell nicht mehr existiert.

H

Habitat *habitat*: → *Lebensraum* oder → *Umwelt*, in der → *Bioökologie* ein bestimmter Platz in einem größeren Lebensraum, an den eine → *Art* ökologisch gebunden ist.

Habitatvernetzung *habitat network*: geplante Vernetzung der → *Habitate* von → *Tiergemeinschaften* im Freiland und in Städten durch → *Trittsteine*, → *Grünflächen* und → *Stadtwälder*, um Habitatwechsel zu ermöglichen und Lebens- und Bewegungsraum zu schaffen, wodurch auch die → *Biodiversität* steigt (→ *Grünzüge*).

Habitus *habitus, habit*: – bezeichnet das Auftreten einer Person mit Erscheinungsbild, Umgangsformen, Vorlieben, Gewohnheiten und Sozialverhalten. In den Sozialwissenschaften haben sich insbesondere Norbert Elias und Piere Bourdieu mit dem H. beschäftigt und als wesentliche Kategorie des Sozialen betont (→ *Segregation*). An ihrem H. lässt sich oftmals Rang oder Status einer Person in der → *Gesellschaft* ablesen, wobei der H. auch bei sozialem Auf- oder Abstieg kurzfristig nicht ändert, sondern länger beibehalten wird (→ *Milieu*, → *Lebensstil*). – in der → *Botanik* und → *Zoologie* die Gestaltmerkmale eines Lebewesens – in → *Mineralogie* und Kristallographie Aussehen und Form von Kristallen.

Hacienda (Hazienda) *hacienda, farm holding*: großer landwirtschaftlicher Betrieb in ehemals kolonial-spanischen Gebiet. Meist handelt es sich um viehwirtschaftliche Großbetriebe (→ *Viehwirtschaft*) mit über 1000 ha Weideland, aber auch um Betriebe mit → *Ackerbau* bzw. Dauerkulturen (→ *Fazenda*).

Hackbau *hoe cultivation*: einfache, weitgehend in den → *Tropen* verbreitete Form der → *Bodenbearbeitung* mit Hacke, gelegentlich auch mit dem → *Grabstock* (→ *Grabstockbau*). Charakteristisch für den H. ist das Überwiegen von → *Knollenfrüchten* (→ *shifting cultivation*).

Hackfrucht *root crop*: → *Nutzpflanze*, die nur gut gedeiht, wenn während der → *Vegetationszeit* der Boden mehrmals gehackt wird. Zu den H. zählen Kartoffeln, Rüben, Feldgemüsearten wie Zwiebeln und Gurken sowie die Tabakpflanze (→ *Hackfruchtbauwirtschaft*, → *Hackbau*, → *Feldfrucht*, → *Blattfrucht*).

Hackfruchtbauwirtschaft *root crop farming*: → *Ackerbausystem* auf der Grundlage des Anbaus von → *Hackfrüchten*. Es handelt sich um Betriebe, bei denen der gewogene Anteil des Hackfruchtanbaus mehr als das Doppelte des Futter- und Getreideanbaus beträgt. Der Flächenanteil der Hackfrüchte liegt bei diesen Betrieben bei über 25% der → *landwirtschaftlichen Nutzfläche*. Die H. ermöglicht höchste Bodenproduktivität. Die höchste Arbeitsproduktivität wird jedoch im Körnerfruchtbau (→ *Halmfrucht*) erzielt.

Hadal *hadal*: Tiefenstufe der → *Tiefseegräben* der → *Meere*, >5500 m unter der Wasseroberfläche.

Hadley-Zellen *Hadley-cells*: nach dem englischen Meteorologen G. Hadley benanntes System des meridionalen kreislaufähnlichen Luftmassenaustausches zwischen der → *innertropischen Konvergenz* und dem → *subtropischen Hochdruckgürtel*. Die an der → *Konvergenz* aufsteigenden Luftmassen fließen in der Höhe polwärts ab, sinken im Bereich des subtropischen Hochdruckgürtels nieder und fließen wiederum in die äquatorwärts gerichtete untere → *Passat-Zirkulation* ein. Das Zirkulationsglied der H. Z. wurde früher stark überinterpretiert und als Hauptbestandteil des Luftmassenaustausches zwischen den → *Tropen* und den → *Mittelbreiten* gesehen (→ *Antipassat*). Nach heutigem Wissen spielt sich dieser Austausch vielmehr in wellenartigen und zellulären Druckgebilden ab, wobei die Hadley-Zirkulation durch Luftzufuhr in der Höhe untergeordnet wirkt.

Hafen *harbo[u]r, port*: Verkehrsanlage in Form eines Wasserbeckens, die dem Personen- und Güterumschlag beim Schiffsverkehr dient und mit der dazu notwendigen technischen und personellen → *Infrastruktur* ausgestattet ist. Je nach den Ufer- bzw. Küstenverhältnissen ist ein H. künstlich angelegt oder bietet sich natürlicherweise an (→ *Naturhafen*). Nach den Hauptfunktionen unterscheidet man insbesondere Personen-, Güter-, → *Fähr*-, → *Fischerei*-, → *Massengut*-, → *Stückgut*-, Container- und Marinehäfen. Nach der Lage an einem Gewässer wird zwischen → *See*-, Fluss-, → *Kanal*- und → *Binnenhafen* unterschieden; bei den Seehäfen gibt es → *Dock*- und → *Tidehäfen*.

Hafenhinterland → *Hinterland*.

Hafenindustrie *port industry*: Industrietyp, der durch seine Standortbindung an einen → *Hafen* charakterisiert ist. Die H. kann als → *Industrieformation* ausgebildet sein. Eine weit verbreitete H. ist der Schiffsbau mit einer Vielzahl zuarbeitender Schiffsausrüster.

Hafenstadt *port city, seaport city*: an einer Küste, einem See- oder Flussufer bzw. Kanal gelegene → *Stadt* mit einem → *Hafen*. I. d. R. besitzt eine H. auch eine gute → *Verkehrsinfrastruktur* (Verbindung zum → *Hafenhinterland*) sowie eine Industrie, die einen Teil der per Schiff beförderten Produkte verarbeitet oder aber vorzugsweise Exportgüter produziert.

Haff *haff, lagoon, bay, gulf, frith*: ehemalige Meeresbucht an einer → *Flachküste*, die durch eine → *Nehrung* vom offenen Wasser abgeschlossen und durch ein → *Tief* mit dem → *Meer* verbunden ist. Einmündende Flüsse lassen das Wasser des H. brackisch (→ *Brackwasser*) werden oder gar aussüßen (→ *Lagune*, → *Liman*, → *Strandsee*).

Haffküste *lagoon coast*: Variante der → *Ausgleichsküste*, an der eine Folge von → *Haffen* auftritt, z. B. zwischen Odermündung und Danziger Bucht. Der H. verwandt ist die → *Limanküste*.

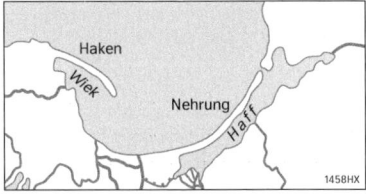

Haffküste

Haftnässemarsch *Gleysol*: in der → *deutschen Bodensystematik* (→ *KA5*) ein Boden im Gezeitenbereich aus schluffreichem, zur Verschlämmung neigendem Gezeitensediment, z. T. carbonathaltig. Feines Sediment neigt zu Wasserstau.

Haftpseudogley *Gleysol*: in der → *deutschen Bodensystematik* (→ *KA5*) ein Boden ähnlich dem → *Pseudogley*. Der H. ist zeitweise vernässt mit meist langen Feuchtphasen, weist jedoch keine Horizontdifferenzierung in einen Stauwasserleiter und eine Stauwassersohle auf.

Haftwasser *adhesive water*: Wasser im Boden, das gegen die Schwerkraft festgehalten wird. Das H. setzt sich aus dem an den festen Bodenteilchen haftenden → *Adsorptionswasser* und dem in den feineren Poren stagnierenden Kapillarwasser zusammen. Der H.-anteil in den → *Mittelporen* bildet die Bodenwasserreserve für die Vegetation. Das H. in den Feinporen tonhaltiger Böden wird mit sehr hohen Spannungen festgehalten, die vom Wurzelsog nicht mehr überwunden werden können (→ *Totwasser*).

Hagel *hail*: fester → *Niederschlag* aus Körnern von mehr als 5 mm Ø, welche aus einem Kern zusammengeballter Eiskristalle und mehreren schalenförmigen Eismantelschichten bestehen. H.-Körner entstehen in mehreren Phasen durch schlagartiges Gefrieren angelagerter Wassertröpfchen. Sie müssen also durch mehrere Wolkenpartien fallen, in denen → *Wasserdampf* in großem Umfang kondensiert, was z. B. besonders bei den hochaufragenden, von starken Aufwinden geprägten Gewitterwolken der Fall ist. (→ *Gewitter*, → *Graupel*).

Hagen (Gehege) *enclosure*: Bezeichnung für Einfriedung um einen Platz durch Gehölz, Buschwerk usw. („umhegter" Ort). H. taucht häufig als Grundwort in Ortsnamen auf (z. B. Buchhagen). In Süddeutschland erfolgte eine Abwandlung in die Namensänderungen -hain und -han (z. B. Lichtenhain, Dietenhan) (→ *Hagenhufendorf*, → *Landwehr*).

Hagenhufendorf *late-mediaeval settlement type*: spätmittelalterlicher, dem → *Waldhufendorf* verwandter → *Siedlungstyp*. Das H. wurde nach dem Hagenrecht (Rodungsrecht) in Verbindung mit einer hufenförmigen Aufteilung der → *Flur* angelegt. Im Regelfall reihen sich einzelne → *Gehöfte* entlang einer Straße, die wiederum oft parallel zu einem Bach verläuft.

Hainbuchenwald (Hagbuchenwald) *hornbeam forest*: Bestandteil des → *Laubwaldes* der gemäßigten Klimazone Europas mit der Hainbuche (*Carpinus betulus*), die aber selten in reinen Beständen vorkommt, sondern v. a. als subatlantischer Eichen-H. (Carpinion). Die H. bzw. Eichen-H. stellen an Nährstoffe und Wasser im Boden hohe Ansprüche.

Haken → *Sandhaken*.

Hakenhof (Zweiseithof) *L-shaped farmstead* → *Gehöfttyp*, der aus zwei im rechten Winkel zueinander stehenden Gebäuden besteht. Dabei besteht meist das Wohnhaus giebelständig zur Straße (→ *Zweikanter*).

Hakenhof

Hakenschlagen → *Hakenwerfen*.

Hakenwerfen (Hakenschlagen) *outcrop bending, tipping downslope of the outcrops*: Erkennungsmerkmal für → *gravitative Massenbewegungen* am Hang, bei der durch Verwitterung losgelöste Gesteinstrümmer, aber auch anstehendes gebanktes oder geschichtetes Gestein in Richtung des Hanggefälles umgebogen werden. Ursache sind in erster Linie Kriechbewegungen der → *Schuttdecken* am Hang. H. kann auch → *vorzeitlich* sein und geht dann auf → *Solifluktion* oder → *Gelifluktion* zurück (→ *Gekriech*).

Halbdauersiedlung (semipermanente Siedlung) *semi-permanent settlement*: charakteristische → *Siedlung* für den → *Wanderfeldbau* in den Tropen. Wegen der ständigen Verlegung der Felder kann es nach einigen Jahren, wenn die Entfernung zur bisherigen Wohnstätte zu groß geworden ist, auch zu einer Verlagerung der Siedlung kommen.

Halbfabrikat *semi-manufacture*: Produkt, das herstellungsmäßig zwischen → *Rohstoff* und Fertigerzeugnis steht.

Halbfertigwaren *semi-manufactured goods*: → *Halbfabrikate*, die als Produkte im Handel auftreten (→ *Halbzeug*).

Halbhöhle *rock shelter*: nischenartige kleinere oder größere → *Hohlformen*, die noch überwiegend zur Außenwelt orientiert sind und eine Form der → *Lösungsverwitterung* des → *Karstes* der feucht-warmen Tropen an → *Steilhängen* oder → *Wänden* darstellen.

Halbhorst (Keilscholle, Kippscholle) *fault wedge*: → *Bruchscholle*, die nur auf einer Seite durch eine → *Bruchstufe* entlang einer → *Auf*- bzw. → *Abschiebung* begrenzt wird, während diese auf der Gegenseite fehlt (→ *Pultscholle*).

halbimmergrüne Wälder (Semihyläa) *semi-evergreen forests*: Waldformation der wechselfeuchten → *Tropen* mit beträchtlichen Sommerregen, in welcher die oberste Baumschicht während der Trockenzeit das Laub abwirft (→ *Monsunwald*).

Halbinsel *peninsula*: im Gegensatz zur → *Insel* nur teilweise von Wasser umgebenes Stück Land, das sehr unterschiedlich gestaltete → *Küsten* aufweisen kann.

Halbkarst (Merokarst) *shallow karst*: ein Gebiet, in dem sowohl verkarstungsfähiges und nicht-verkarstungsfähiges Gestein vorkommt (→ *Verkarstung*). Ursache des Nebeneinanders der verschiedenen Gesteine können beispielsweise → *Faltungen* sein. Folge ist, dass neben Karstformen auch → *fluviale* Formen bestehen, die aber - im Gegensatz zum → *Fluviokarst* - ihre Ursache in unterschiedlichen geologischen Gegebenheiten haben (→ *Karst*).

Halbnomadismus (Seminomadismus) *seminomadism*: im Unterschied zum → *Vollnomadismus* Form des → *Nomadismus*, bei der nicht die ganze → *Sippe* mit den Herden wandert, sondern ein Teil, oftmals Frauen, Kinder und ältere Familienmitglieder, Dauersiedlungen bewohnen, teilweise verbunden mit dort betriebenem Ackerbau.

halböffentlicher Raum *partly public space*: sehr unscharfer Begriff in der → *Stadtplanung* oder der Architektur im Zusammenhang mit Freiräumen oder geschlossenen Räumen, der eine Zwischenform zwischen → *öffentlichem* und privatem Raum bildet, z.B. haben Bahnhöfe zwar einen Eigentümer, der das Hausrecht ausübt (ein Zeichen für einen privaten Raum), gleichzeitig muss der Bahnhof der Öffentlichkeit zugänglich sein.

Halbtrockenrasen *mesoxerophytic grassland*: eine ungedüngte, ein- bis zweimal jährlich gemähte oder gegebenenfalls extensiv beweidete, mehr oder weniger geschlossene Gras-Kraut-Pflanzengesellschaft relativ trockener und warmer Standorte (vgl. → *Trockenrasen*). H. sind oft durch → *anthropogene* Nutzung (→ *Rodung*, → *Beweidung*, → *Mahd*) an die Stelle von Wäldern getreten. Teilweise entstanden sie auch als Brache, d.h. auf aufgelassenen Ackerflächen. Die H. weisen eine große floristische und faunistische Vielfalt auf. Oft sind sie Orchideen-Standorte. Infolge intensiver → *Düngung*, → *Aufforstung* oder Nutzungsaufgabe (→ *Verbuschung* und Wiederbewaldung) hat die Fläche der H. in Mitteleuropa stark abgenommen.

Halbwertszeit *half-life [period], half time, half-value period*: unterschieden werden biologische, effektive und physikalische H.. 1. biologische H.: der Zeitraum, innerhalb dessen die Hälfte einer Substanz, die ein Lebewesen aufnahm, wieder ausgeschieden wird. 2. effektive H.: die Zeit, in der in einem biologischen System die Menge eines → *Radionuklides* auf die Hälfte abnimmt, wobei die Abnahme sowohl durch den → *radioaktiven Zerfall* als auch durch die Ausscheidung aus dem Organismus – im Sinne der biologischen H. – die Abnahme ausmacht. 3. physikalische H.: die Zeit, in der die Hälfte der Kerne eines → *Radionuklids* durch spontan ablaufende radioaktive Kernumwandlungen zerfällt. – Die H. der verschiedenen Radionuklide ist sehr unterschiedlich. Sie kann z.B. zwischen Sekundenbruchteilen und Milliarden von Jahren liegen. Die künstlichen Radionuklide mit großen physikalischen Halbwertszeiten, z.B. im Atommüll (→ *Abfall, radioaktiver*), müssen daher für Zehntausende von Jahren versorgt werden (→ *Endlagerung*).

Isotop	Halbwertszeit in Jahren	Geeigneter Datierungszeitraum in Jahren
Caesium 137	30	bisher ca. 40
Kohlenstoff 14	5 730	bis ca. 50 000
Thorium 230	75 000	bis ca. 200 000
Uran 234	250 000	50 000-100 000
Kalium 40	1,3 Mrd.	100 000 +
Uran 238	4,5 Mrd.	10 Mio. +

Halbwertszeit

Halbwüste *semi-desert*: Übergangsraum zwischen → *Savanne* bzw. → *Steppe* und → *Wüste*, der schon stark vom Vegetations-, Niederschlags- und Bodenwassermangel geprägt ist. Es ergibt sich eine der Wüste angenäherte → *Geomorphodynamik* und eine entsprechend arme Vegetationsausstattung (diffus, Deckung mindestens 25%, Holzgewächse, Halbsträucher und → *Sukkulenten*), auf welche Tiere und wirtschaftender Mensch eingestellt sind.

Halbwüstenböden *semi-desert soils*: Sammelbezeichnung für die unter lockerer krautiger Vegetation entstandenen Böden mit geringmächtigen humusarmen Oberböden und → *Kalkkrusten* im Untergrund.

Halde *scree, talus, mine dump, dump, tailing, tip*: – natürliche → *Vollform*, die aus Verwitterungsmaterial besteht wie die → *Schutthalde*. Bei der → *Geomorphogenese* wurde das Material auf verschiedene Art transportiert, v. a. durch → *gravitative Massenbewegungen*. Die Neigungswinkel der H. hängen von Komponentengröße, Gesteinsart, trockener oder feuchter Aufschüttung sowie Feuchtezustand und Relief des Untergrundes ab. Mit der Korn- bzw. Komponentengröße steigt auch der Böschungswinkel der H. In manchen Substraten kann er über 40° betragen. In Gebirgsländern sind H. charakteristische Formen auch steilerer → *Hänge* und umkleiden die Hangunterteile oder -füße. Die Haldenweiterentwicklung geschieht auch im Rahmen der Prozesse von geologisch-geomorphogischen → *Naturgefahren*. – → *anthropogene Vollform*, dann auch Kippe genannt und Folge von bergbaulicher, industrieller und baulicher Aktivität. Die Abraum-H. des mittelalterlichen und frühneuzeitlichen Bergbaus in den Alpen oder in den europäischen Mittelgebirgen spielen keine landschaftsprägende Rolle. Bedeutsamer sind H. in Kies- und Sandgrubengebieten, wo Bauschutt, Substrataushub aus Baugruben und industrieller Abraum (Schlacken, Aschen) als H. deponiert werden (anthropogene Materialtypen). Auch Müllkippen gehören zu diesen anthropogenen Vollformen, ebenso H. aus Brenn- und Baumaterialien oder zwischengelagerten Produkten (Kohle, Erze, Kali) des Bergbaus.

Haldendüne *blowout dune*: → *Düne*, die sich bei den lang gestreckten → *Longitudinaldünen* am Ende des Dünentals quer zur Windrichtung aus jenem Sand bildet, der zwischen den Dünen vom Wind bewegt wird.

Haldenhang *wash slope, basal slope*: meist durch einen charakteristischen → *Haldenwinkel* gekennzeichneter → *Hang* der → *Halde*. Dem H. kommt in der Theorie der → *Hangforschung* große Bedeutung zu, weil sich dort durch → *Abtragung* die Weiterentwicklung der Form vollzieht, die in Beziehung zur → *Verwitterung* an der dahinter liegenden → *Wand* steht.

Haldenwinkel *dump angle, heap angle, pile angle, scree angle, talus angle, tailings angle*: jener Winkel, den die Oberfläche einer natürlichen oder künstlichen → *Halde* bildet und dessen Größe von der Komponentengröße des Materials (z. B. → *Schutt*) und dessen Rauigkeit bestimmt wird.

Hallenhaus (Niedersachsenhaus) *aisled house*: ein Wohnstallhaus in Fachwerkbauweise im ländlichen Raum, v. a. vom 13. bis zum 19. Jh. im Norddeutschen Tiefland verbreitet. Das H. ist ein → *Einheitshaus*, bei dem Wohnung, Stallraum und Erntelager in einem großen Hauskörper zusammengefasst sind. Heute noch prägen H. das Erscheinungsbild vieler Dörfer Norddeutschlands und des Niederrheins sowie Westfalens (→ *Gulfhaus*).

Hallig *Hallig, holm*: uneingedeichte → *Marschen*-Insel im → *Wattenmeer* vor Schleswig-Holstein, Reste ausgedehnterer Marschgebiete darstellend, die durch → *Sturmfluten* sowie → *Brandungserosion* permanent in ihrer Substanz verringert werden. Die H. gelten als *quasinatürlicher* → *Küstenschutz* für das im Hinterland des Wattenmeeres befindliche Festland. Sie werden zunehmend durch Kunstbauten gesichert.

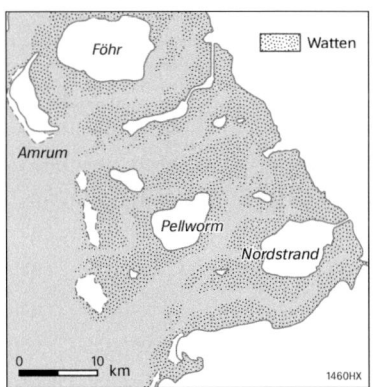

Hallig

Halmfrucht *corn, grain*: Sammelbezeichnung für Getreide. Alle Pflanzen, bei denen die Früchte an einem Halm wachsen, im Gegensatz zu den → *Blattfrüchten*.

Halo *halo*: ringartige atmosphärische Lichterscheinung um → *Sonne* oder → *Mond* als Mittelpunkt. Der H. entsteht durch Lichtspiegelung oder Lichtbrechung an Eiskristallen hoher Cirruswolken (→ *Wolken*).

Halo-Effekt *halo effect*: unerwünschter Effekt in standardisierten → *Fragebögen*, wenn die Formulierung in der vorherigen Frage einen unerwünschten Einfluss auf die Antwort des → *Probanden* auf die nachfolgenden Fragen hat.

Halogenide *halogenide*: chemische Verbindungen von einem Halogen (z. B. Fluor, Chlor, Brom) mit einem anderen Element, z. B. → *Steinsalz* (NaCl).

Halogenkohlenwasserstoffe *halogenated hydrocarbon*: Kohlenwasserstoffverbindungen, welche die Halogene Brom, Chlor, Fluor (→ *Fluoride*) und Jod enthalten, sowie PCB. Besonders gefährlich sind die → *Chlorierten Kohlenwasserstoffe* (CKW). H. sind stabil, in der Umwelt weit verbreitet und gelangen durch → *Nahrungsketten* in den menschlichen Organismus, wo → *Bioakkumulation* erfolgt. H. sind krebserzeugend. Technische Verwendung finden H. als Lösungsmittel, Treibgase (→ *Chlorfluorkohlenstoffe*) und → *Pflanzenschutzmittel*.

Halokinese *halokinesis*: Verformung von → *Salz* bzw. → *Steinsalz* im Untergrund durch Druck und Bewegung von Gesteinskomplexen (→ *Salztektonik*).

halophil *halophilic*: Lebewesen, die salzhaltige Lebensstätten bevorzugen, ohne darauf angewiesen zu sein.

Halophyten (Salzpflanzen) *halophytes*: Pflanzen, die aufgrund ihrer ökophysiologischen Anpassungen einen hohen Salzgehalt ertragen können, z. B. auf → *Salzböden*, im → *Watt*, an der → *Küste*, in → *Salzsteppen* und → *Salzwüsten* sowie um salzhaltige Quellen und als → *Mangrove*. Die Anpassung erfolgt durch – hohe Wasseraufnahme bzw. hohen Wassergehalt, der den Salzgehalt im Zellsaft ausgleicht, – Filtrieren der Bodenlösungen durch die Wurzeln, wobei die Salzaufnahme eingeschränkt wird, – Salzausscheidung über Drüsenzellen oder – Abwurf von Blättern, die zu hohe Salzgehalte aufweisen.

Man unterscheidet obligate und fakultative H.: Erstere kommen ausschließlich auf Salzböden vor und sind auf Salz physiologisch angewiesen, Letztere sind gegen Salz unempfindlich und können auch auf salzfreien Standorten gedeihen.

Halsdurchbruchsberg → *Umlaufberg*.

Hamada → *Hammada*.

Hammada (Hamada) *hammada, hamada*: → *geomorphologischer Landschaftstyp* der → *Wüste*, von eckigem Schutt in Faust- bis Kopfgröße bestimmt. Diese Grobkomponenten liegen auf flachgeneigten oder horizontalen Flächen. Dieser geomorphologische Landschaftstyp wurde zunächst in der Sahara erkannt, der Regionalbegriff H. (arab. = Die Unfruchtbare) dann jedoch auf andere Wüsten mit dem gleichen Verwitterungs- und Oberflächentyp übertragen.

handelbare Austauschbeziehungen *traded interdependencies*: die, in einem regionalen → *Netzwerk* existierenden Interdependenzen wie Lieferbeziehungen und andere Transaktionen, welche auf vertraglicher Grundlage zustande kommen und deren Nutzen infolge der Bepreisung des Austauschgegenstandes (Produkt/Leistung) bewertet werden kann. Folglich unterliegen h. A. der kapitalisitischen Marktlogik und sind daher handelbar (→ *nicht-handelbare Austauschbeziehungen*).

handelbares Gut *tradable good*: → *Güter* (→ *Realgut*), die international gehandelt werden können und deswegen in verschiedenen Ländern, abgesehen von Transportkosten und Handelshemmnissen, denselben Preis aufweisen. Der Preis eines h. G. wird durch → *Angebot* und → *Nachfrage* auf dem → *Weltmarkt* und nicht durch nationale Gegebenheiten bestimmt.

Handelsbarriere → *Handelshemmnis*.

Handelsbilanz *balance of trade*: Gegenüberstellung der Importe (→ *Einfuhr*) und Exporte (→ *Ausfuhr*) von Waren eines Staates in Geldwert im → *Außenhandel*. Bei einem Überwiegen der Ausfuhr besitzt das Land eine aktive H., sonst eine passive. Sind Ein- und Ausfuhr ungefähr gleich verteilt, spricht man von einer ausgeglichenen H. Die H. ist Teil der → *Leistungsbilanz* (→ *Zahlungsbilanz*).

Handelsembargo → *Embargo*.

Handelsflotte *merchant fleet*: Gesamtheit der Schiffe eines → *Staates*, die der Beförderung von Personen und → *Gütern* auf See dienen. Zur H. zählen die Schiffe privater und staatlicher → *Reedereien* in dem Staat, in dem sie offiziell registriert sind.

Handelsgeographie *commercial geography*: Teilbereich der → *Wirtschaftsgeographie*, der sich mit den räumlichen Grundlagen und Auswirkungen des Handels und seiner regional differenzierten Organisationsformen befasst. Insb. wird in Zusammenhang mit der → *Verkehrsgeographie* die raumbedeutsame Rolle des Handels als Verbindung zwischen → *Produzenten* und → *Konsumenten* und ihren → *Standorten* untersucht. Während früher die H. v. a. die Angebotsseite untersuchte, steht heute vielfach auch die Nachfrageseite, d. h. das → *Versorgungsverhalten* der Bevölkerung mit ihren regional- und gruppenspezifischen Möglichkeiten, den Bedarf zu decken, im Vordergrund. Die H. untersucht sowohl den → *Binnen-* als auch den → *Außenhandel*.

Handelsgut *commercial goods*: Ware (→ *Güter*), die im Handel befindlich oder für den Handel vorgesehen ist, die also nicht nur zum

Eigenverbrauch des Produzenten hergestellt wird.

Handelshafen *commercial port*: → *Hafen*, der – im Gegensatz zum Marinehafen – ausschließlich dem zivilen Güter- und Personenverkehr dient.

Handelshemmnis *trade barrier*: sämtliche Maßnahmen und Instrumente, die zu einer Verzerrung der Außenhandelsströme führen und einer Spezialisierung durch Nutzung komparativer Vorteile (→ *komparative Kosten*) entgegenwirken. → *Freihandel* wird dadurch eingeschränkt oder zunichte gemacht. Unterschieden werden muss zwischen natürlichen H. (z. B. geographische und kulturelle Distanzen, sprachliche Barrieren, Kosten und Risiken des Transports) sowie staatlichen H., die im Rahmen der → *Außenhandelspolitik* bewusst zu protektionistischen Zwecken (→ *Protektionismus*) eingesetzt werden und in Form von → *tarifären Handelshemmnissen* bzw. → *Zöllen* und → *nichttarifären Handelshemmnissen* auftreten. Ziel ist die Reduzierung von Importen (→ *Einfuhr*) zum Schutz inländischer Branchen. Auch Aktivitäten von privaten Unternehmen (z. B. Marktaufteilungen, Preisabsprachen) können handelshemmenden Charakter aufweisen. Auf der Exportseite dienen H. der Förderung der → *Ausfuhren*, häufig in Form von → *Exportsubventionen*, und können zur Verdrängung anderer Wettbewerber auf Drittmärkten führen.

Handelskette *chain of stores*: Zusammenschluss von Einzelhändlern der gleichen → *Branche* zum gemeinsamen Einkauf und/oder Verkauf, meist unter einem gemeinsamen Handelsnamen. Fälschlich wird auch gelegentlich ein Großunternehmen des → *Einzelhandels* mit Filialbetrieben als H. bezeichnet.

Handelspolitik *commercial policy*: Politik des → *Außenhandels*. Als Teil der → *Wirtschaftspolitik* soll die H. deren Bestrebungen unterstützen, z. B. in Richtung auf Autarkiebestrebungen oder Wirtschaftsliberalismus (→ *Freihandel*) bzw. um den Außenhandelsumfang zu verändern. Die Maßnahmen der H. zielen dabei v. a. ab auf den Abbau von → *Handelshemmnissen*, aber auch auf den Schutz der nationalen Wirtschaft durch den Aufbau selbiger (→ *Protektionismus*).

Handelsschaffung *trade creation*: wenn sich Länder zu einer → *Regionalintegration* (→ *Freihandelszone*, → *Zollunion*, → *gemeinsamer Markt*, → *wirtschaftliche Integration*) zusammenschließen, sind immer Handelsschaffung und → *Handelsumlenkung* die Folge. Länder bauen untereinander ihre → *Handelshemmnisse* ab, erhalten diese gegenüber Drittstaaten aber aufrecht. Dadurch zahlen bspw. die Konsumenten für die Einfuhren aus den Partnerländern vergleichsweise weniger und werden, so die Hoffnung, verstärkt Waren aus den Partnerländern jenen aus Drittstaaten vorziehen.

Handelsstadt *commercial centre, commercial town*: Typ einer → *Stadt*, in der unter den städtischen Funktionen diejenigen des Handels und der Versorgung besonders stark ausgebildet sind und den Charakter der Stadt und ihrer Wirtschaft prägen. Wegen der Multifunktionalität der meisten Städte sind reine H. in Europa heute selten; häufiger kommen sie in so genannten → *Entwicklungsländern* vor. Oft wird der Begriff H. gleichgesetzt mit → *Fernhandelsstadt*.

Handelsumlenkung *diversion of trade*: für Drittstaaten wohlfahrtstheoretisch negative Auswirkung der Bildung einer → *Regionalintegration* bzw. → *wirtschaftlichen Integration* (→ *Freihandelszone*, → *Zollunion*, → *gemeinsamer Markt*). Während die Integrationsländer in den Genuss einer handelsschaffenden Wohlfahrtserhöhung (→ *Handelsschaffung*) kommen, müssen nicht an der Integration beteiligte Länder eine H. in Kauf nehmen. Denn die Konsumenten werden Einfuhren der Integrationspartner gegenüber denen aus Drittstaaten selbst dann den Vorzug geben, wenn deren Herstellungskosten niedriger sind. Vormals bestehende komparative Kostenvorteile (→ *komparative Kosten*) werden nicht mehr genutzt.

Handelsvolk *trading nation*: ältere Bezeichnung für ein → *Volk*, das sich intensiv dem Fernhandel widmet und aus ihm einen Großteil seines Einkommens bezieht. Zu den H. gehören einige Nomadenvölker des → *Orients*, aber i. d. R. auch die seefahrende Völker der Vergangenheit (→ *Erntevolk*, → *Hirtenvolk*, → *Industrievolk*, → *Kulturvolk*).

„Handelswinde" → *tradewinds*:.

Handlung *action*: im Gegensatz zum → *Verhalten* ist eine H. eine intentionale, bewusste bzw. gezielte Tätigkeit, Arbeit oder Gestaltung (die auch bewusst unterlassen werden kann). Der Verlauf der H. ist (zumindest teilweise) kontrollierbar, woraus sich auch die Konsequenz der Verantwortung für die H. ableitet (→ *Handlungstheorie*, → *handlungstheoretische Sozialgeographie*).

Handlungsbiotop: ein Umweltbegriff der → *Sozialgeographie*, einer integrativ ansetzenden Stadtökologie, der den Lebens- und damit Handlungsraum im alltäglichen und engeren Umfeld des Menschen beschreibt (Umwelt).

handlungstheoretische Geographie: → *handlungstheoretische Sozialgeographie*.

handlungstheoretische Sozialgeographie *actor centered social geography*: ein aktuel-

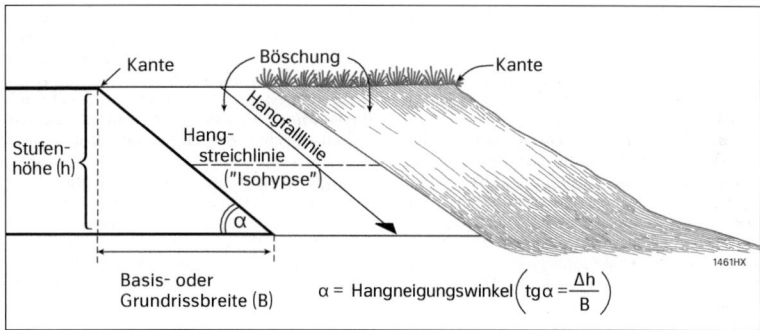

Hang

ler Teilbereich der → *Sozialgeographie*, der seinen Schwerpunkt auf die wissenschaftliche Erforschung menschlicher Tätigkeiten (→ *Handlung*) legt und dabei auf Grundlage der → *Handlungstheorie* untersucht, wie → *Akteure* mit unterschiedlichem Machtpotential den Raum beeinflussen, wie Individuen räumlich verortete Objekte oder Sachverhalte bewerten und in ihrem Bewusstsein abbilden (→ *alltägliche Regionalisierung*, → *alltägliches Geographie-Machen*).

Handlungstheorie *theory of action*: eine mikrosoziologische Theorie, mit deren Hilfe Handlungen von → *Individuen* untersucht und erklärt werden sollen. Eine → *Handlung* unterliegt Motiven und steht im Gegensatz zum rein reaktiven → *Verhalten*. Das soziale Handeln (Tun oder auch Unterlassen) wird in dieser Sicht als eine Äußerung vergesellschafteter Menschen betrachtet, die durch die Elemente der sozialen Ordnung (wie Institutionen, Traditionen, Organisationen) determiniert sind, mit denen und in denen der Mensch zu leben hat und in denen und durch die er zum sozialen Wesen wird.

Handstück *hand sample*: Gesteinsprobe, in der Regel in Handgröße genommen.

Handwerk *trade, handicraft*: gewerbliche Organisationsform und Berufsstand, bei dem die Handarbeit dominierendes Kennzeichen ist. Im Gegensatz zur → *Industrie* ist die → *Einzelfertigung* bzw. die individuelle Dienstleistung nach z. T. kleinen (Privat-) Kundenaufträgen vorherrschend. Der ausgebildete Handwerker (Lehrling – Geselle – Meister) beherrscht alle Handgriffe, die bei der Erstellung von → *Gütern* und → *Dienstleistungen* in seinem speziellen H. anfallen. Arbeitsteiligkeit und → *Massenproduktion* sind daher keine Merkmale des H.. Grob wird unterschieden nach dem produzierenden H. und dem Dienstleistungshandwerk (→ *produzierendes Gewerbe*, → *Dienstleistungen*).

Handwerkerhof *tradesmen's yard*: → *Gewerbehof* der überwiegend aus Handwerksbetrieben besteht (→ *Handwerk*).

Handwerkskammer *Chamber of Handicrafts, trade corporation*: Körperschaft des öffentlichen Rechts, welche die Interessen des → *Handwerks* nach außen vertritt. Sie betreut u. a. auch die Ausbildung der Lehrlinge, organisiert die Prüfungen, führt die → *Handwerksrolle* und vernetzt sich mit städtischen und regionalen Akteuren.

Handwerksrolle *register of craftsmen*: von der → *Handwerkskammer* geführtes Verzeichnis, in dem alle selbstständigen Handwerker des Bezirks eingetragen sind, die ihr → *Handwerk* als stehendes → *Gewerbe* betreiben.

Hang *hill(side):, hill(slope):, slope*: besteht aus einer oder mehreren geneigten Flächen des → *Georeliefs* und weist eine gewisse → *Hangneigungsstärke*, → *Hangneigungsrichtung* und/oder → *Wölbung* auf. Der Begriff H. ist in der Größenordnung nicht festgelegt. Es kann sich bei ihm demnach sowohl um eine → *Fazette* des Reliefs (Georeliefelement), als auch um eine zusammengesetzte größere Form handeln. Nach den Neigungsstärken werden → *Steil*- und *Flach-H.* unterschieden, nach der Lokalität → *Ober-*, → *Mittel-* und → *Unterhang*. H. unterliegen der → *Denudation*, die stark von der Schwerkraft und damit von der → *Hangneigung* abhängt. Es können verschiedene → *Hangformen* unterschieden werden.

Hangabspülung *erosion by rainfall and overland flow*: fasst denudative und erosive, also flächenhafte und linienförmige → *Abtragung* zusammen. H. geht auf Einzelereignisse von Regenniederschlägen und/oder Schneeschmelzen zurück. Durch → *Oberflächenabfluss* wird v.a. flächenhafter (→ *Denudation*), durch Rinn- und Fließprozesse linearer (→ *Erosion*) Abtrag geleistet. Die Fließprozesse führen zu → *Rillen* (→ *Rillenerosion*), ggf.

auch → *Rinnen* und → *Runsen* (→ *Bodenerosion*).

Hangabtragung *hillside denudation*: Prozesse der → *Denudation* (flächenhafte → *Abtragung*) und → *Erosion* (linienhafte Abtragung) am Hang.

Hangdelle *corrasion indent*: spezifiziert den Begriff → *Delle*, der unter Bedingungen des → *Periglazials* eine besondere Rolle bei der Entwicklung des → *Hanges* zukommt. Die H. mit ihrem stärkeren Gefälle wirken gegenüber → *Dellen* auf Hochflächen als (eiszeitliche) Korrosionstäler, in denen die Abtragung durch → *Periglazialschutt* erfolgte. Viele → *vorzeitliche* H. Mitteleuropas entstanden während des → *Pleistozäns*. Die rezente Bedeutung liegt in der Wassersammelfunktion der H., die eigenständige → *Geoökotope* bilden oder Leitbahnen der → *Bodenerosion* sein können (→ *Korrasion*).

Hangdenudation *hillside denudation*: flächenhafte → *Abtragung* am → *Hang*.

Hängebahn *suspension railway*: Verkehrsmittel zum Personen- oder Gütertransport, bei dem der Transportwagen an einer Schiene (→ *Einschienenbahn*) oder an einem Seil hängend (→ *Seilbahn*) durch einen eigenen Motor oder einen Seilzug bewegt wird. Besonders bewährt haben sich H. in Form von Kabinenseilbahnen (→ *Bergbahn*) für touristische Zwecke in gebirgigem oder unwegsamem Gelände.

Hängegletscher *hanging glacier*: kalter, das heißt am Felsuntergrund angefrorener → *Gletscher*, der deshalb an steilen Felswänden „hängen kann. Im allgemeinen befindet sich ihr Nährgebiet in höheren, flacheren Regionen, wodurch sie sich auch von der Flankenvereisung unterscheiden. Typische H. befinden sich am Ausgang von → *Hängetälern* und im → *Trogschluss*.

Hangendes *overlying strata (1.); lidstone (2.)*: 1. jener Teil eines Gesteinsverbandes, der sich über dem → *Liegenden* befindet und der bei ungestörter Lagerung jünger als das Liegende ist (→ *Stenosche Regel*). 2. in der Lagerstättenkunde die Begrenzung der Mineralanreicherung nach oben durch anders zusammengesetztes Material bzw. Gestein.

Hangendes

Hängetal *hanging valley*: – Gletschertal, meist ein (kleines) Trogtal. Das H. ist ein Nebental, das mit einer Stufenmündung, die markant über dem Talbodenniveau des Haupttals liegt, in dieses einmündet. Die Stufe geht auf die geringere glaziale Übertiefung durch den Nebengletscher zurück. In den kristallinen Gesteinen der Zentralalpen sind H. besonders gut ausgeprägt, wohingegen die H. in Ton- und Schieferlandschaften die H.-Formen „verwischt" erscheinen, vorzugsweise durch mächtige postglaziale Schuttdecken an den Hängen. – als formbeschreibender Begriff wird H. auch auf Täler anderer als glazialer Entstehung angewandt, z. B. auf die geköpften Täler im Karst, deren muldenförmige Querprofile am Rande von Schichtstufen in die Luft ausstreichen und dort das Niveau einer vorzeitlichen Landoberfläche markieren.

Hangform (Hangprofil) *slope profile*: beschreibt über die drei Grundformen „gestreckt", „konvex" und „konkav" die vom Hangscheitel bis zum Hangfuß gedachte Falllinie eines → *Hanges*. Unterschiedliche H. entlang der Falllinie gehen meist ineinander über, ohne eine scharfe Grenze zu haben, manchmal ist aber ein deutlicher Hangknick erkennbar. Wichtig ist auch die laterale H., die lateral-konvex (z. B. → *Sporn*), lateral-konkav (→ *Mulde*) oder lateral-gestreckt (z. B. → *Rampenstufe*) sein kann (→ *Wölbung*).

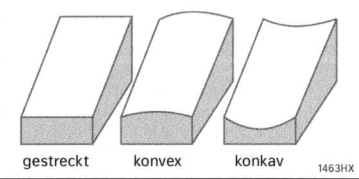

Hangform

Hangfuß *slope toe*: Bereich des → *Unterhanges*, in welchem sich der Übergang zur angrenzenden → *Flachform* (→ *Fläche*) vollzieht, auf die der → *Hang* aufsetzt. Der H. gilt als geomorphogenetisch bedeutsam, weil hier Verwitterungs- und Materialtransporttyp wechseln und Abtransport von Material erfolgen kann, z. B. durch → *spülaquatische* Prozesse oder durch → *Flächenspülung*.

Hangkante *edge of slope*: Bereich des → *Oberhanges*, wo sich der → *Hang* gegen die nächst höhere und angrenzende → *Flachform* absetzt (→ *Dachfläche*).

Hangklima *hillside climate*: die unter dem Einfluss des → *Reglers* → *Relief* (→ *Hangneigungsrichtung*, → *Hangneigungsstärke*) abgewandelten Klimabedingungen an Hängen.

Dazu gehören: 1. der durch Neigung und Exposition bedingte unterschiedliche Strahlungsgenuss (→ *Besonnung*), welcher die Temperatur im und unmittelbar über dem Boden stark beeinflusst; 2. die kalten Hangabwinde nachts und die warmen Hangaufwinde am Tag; 3. die Lage über der kalten Luftschicht im Talboden (→ *Kaltluftsee*); 4. der unterschiedliche Regenfall und die i. d. R. noch wesentlich stärker differenzierte Schneeablagerung an windzu- und windabgewandten Hängen (→ *Exposition*).

Hanglehm (Gehängelehm) *slope loam, slope wash*: sehr gebräuchliche, aber wenig präzise Bezeichnung für Lehmbildungen bzw. Lehmakkumulationen an Hängen, die teilweise auch Steine enthalten können. Meist wird darunter das Verwitterungsprodukt einer periglazialen Decke aus → *Solifluktionsschutt* verstanden, das im Bereich des → *Periglazials* und im → *vorzeitlichen* Periglazialgebiet Mitteleuropas weit verbreitet ist. Beim H. kann es sich sowohl um verwitterte Gesteine des Hanges selbst bzw. seiner unmittelbaren Nachbarschaft handeln, als auch um → *äolische* oder → *aquatisch* herantransportierte Sedimente, die nach der Ablagerung am Hang verwitterten, wie der äolische → *Löss* bzw. der aquatisch umgelagerte → *Schwemmlöss* oder → *Grundmoränenmaterial*.

Hangleiste → *Gesims*.

Hangmure *slope debris flow*: → *gravitative Massenbewegung*, bei der stark durchfeuchtetes Lockermaterial an einem steilen Hang schnell hangabwärts fließt. Oftmals ein Mischprozess aus → *Gleiten* und → *Fließen*, insbesondere wenn eine Gleitfläche vorhanden ist.

Hangneigung → *Hangneigungsstärke*.

Hangneigungsstärke (Hangneigung) *slope, steepness, angle of inclination*: zentraler geomorphographischer Begriff, den der Neigungswinkel, also das Gefälle, in Winkelgraden für ein bestimmtes Hangstück gegenüber einer gedachten Horizontalfläche angibt. Die H. ist eine wichtige Größe für viele → *geomorphologische Prozesse*, v. a. im Zusammenhang mit → *Erosion*, → *Denudation* und → *gravitativen Massenbewegung*. Zusammen mit der → *Exposition* (Hangneigungsrichtung) und der → *Wölbung* bestimmt die H. die Intensität der Sonneneinstrahlung und wird somit auch als ein → *Regler* im Geoökosystem konzeptionalisiert.

Hangprofil → *Hangform*.

Hangrieselung *slope irrigation, slope watering*: Methode der → *Bewässerung*, bei der das Wasser unter Ausnutzung des natürlichen Gefälles der Bodenoberfläche in dünner Schicht (max. 1 cm) über die zu bewässernden Flächen fließt. In → *Gebirgen* als → *Wiesenbewässerung* zur Verlängerung der → *Vegetationszeit* angewandt.

Hangrutschung → *Rutschung*.

Hangschleppe *concave slope toe*: die Definition des → *Hangfußes* erweiternder Begriff; die H. stellt einen sehr allmählichen, konkaven Übergang zur angrenzenden → *Flachform* dar. Der Übergang wird i. d. R. bewirkt durch ein am Hangfuß auslaufendes Hang-sediment (z. B. Hanglehm, → *Hangschutt*), sodass der Formunterschied zwischen → *Unterhang* mit Hangfuß und der angrenzenden Flachform vor dem → *Hang* verwischt wird.

Hangschutt (Gehängeschutt) *hillside waste, slope debris, weathered hillside rock*: weit verbreitete Form der Lockersedimente; hier Schuttsedimentdecke an → *Hängen*, unabhängig von Materialart, Verwitterungsprozessen und Transport des H. Neben dem → *rezenten* → *Schutt* wird damit auch der → *Wanderschutt* bzw. → *Periglazialschutt* beschrieben (→ *Solifluktionsschutt*).

Hangwasser (Hangzugwasser) *upper/top water*: das im Boden und sonstigem → *Oberflächennahen Untergrund* über stauenden Schichten oder → *Bodenhorizonten* hangparallel abfließende Wasser. H. tritt im mittleren und unteren Teil der Hänge oft punkt- oder bandartig an die Oberfläche und bildet Quellaustritte und Vernässungen.

Hangwind *slope wind, ridge lift*: 1. als Hangaufwind die durch die Erwärmung besonnter Hänge entstehende Aufwärtsbewegung der warmen, am → *Hang* anliegenden Luft. 2. im Plural auch Sammelbezeichnung für die in Hanglagen generell entstehenden Luftbewegungen, welche die kalten Hangabwinde und warmen Hangaufwinde einschließt (→ *Bergwind*, → *Talwind*).

Hangzerschneidung *slope dissection*: häufig gebrauchter, aber unscharfer Begriff für → *spülaquatische* bis → *fluviale* Zerschneidung der → *Hänge*. Extreme H. führt zur Bildung von → *Badlands*.

Hangzugwasser → *Hangwasser*.

Harmattan *harmattan*: sehr trockener, heißer und staubreicher NO-Wind der → *Passat-Zirkulation*, der aus der Sahara zur atlantischen Küste weht.

Harmonie der Landschaft *harmony of the landscape*: veralteter Begriff der klassischen → *Landschaftskunde* mit sehr unterschiedlicher Bedeutung. H. d. L. sei gegeben, wenn sich eine Übereinstimmung von Bodennutzung und Infrastruktur mit dem → *Naturplan* ergibt. Die H. d. L. gilt als (optimale) Anpassung der Nutzungsformen und -arten, unabhängig von der kulturellen Entwicklungsstufe, an das → *Naturraumpotenzial* bzw. das → *Leistungsvermögen des Landschaftshaushaltes*. Der Begriff gewann neuerliche Bedeutung im Zusammenhang mit der Planung und Pflege der Landschaft unter dem Aspekt von → *Humanökologie*, → *Landespflege*, → *Raumordnung* und → *Umweltschutz*. (→ *Umwelt*).

Harnisch *slickenside, polished surface*: Bewegungsfläche (Rutsch- bzw. Kluftfläche), die bei (auch geringen) Verschiebungen der Gesteine geglättet und geschrammt wurde. Glänzende H. heißen „Spiegel".

Harrisburg (Three Miles Island-Reaktor) neben → *Tschernobyl* und → *Fukushima* schwerster Störfall bei einem → *Kernreaktor* in Three Mile Island bei Harrisburg (USA) am 28.03.1979. Aufgrund technischer Mängel und Bedienungsfehler fand eine partielle Kernschmelze statt in deren Verlauf etwa ein Drittel des Reaktorkerns fragmentiert wurde oder geschmolzen ist. Es traten radioaktive Spaltprodukte in Gasen und im Wasser aus und gelangten direkt oder indirekt in die Umwelt. Rund 100 t Kernbrennstoff wurden aus dem Reaktor entfernt und radioaktives Wasser dekontaminiert und verdampft. Die Entseuchung dauerte 14 Jahre. Danach begann der Rückbau.

Harsch (Harst) *snow crust*: oberflächliche Vereisung einer → *Schneedecke* durch Antauen bei kurzfristiger Erwärmung und sofortigem Wiedergefrieren. Dieser Vorgang kann sich mehrfach wiederholen und führt dann zu einer Verdickung der H.-Decke. Dünne H.-Schichten, welche beim Betreten brechen, heißen Bruch-H. (→ *Schnee*).

Härte (Wasserhärte) *hardness, water hardness*: die Summe der gelösten Calcium- und Magnesiumsalze im Wasser, welche in mittleren Breiten i. d. R. den Hauptteil der Lösungsfracht ausmachen. Die wichtigsten Anionen der Salze sind Carbonate (CO_3^{2-} bzw. HCO_3^{-}), Sulfate (SO_4^{2-}), → *Nitrate* (NO_3^{-}) und Chloride (Cl^{-}). Die bei CO_2-Abgabe leicht ausfallenden Calcium- und Magsiumcarbonate werden unter der Karbonat-H. zusammengefasst; die Salze der übrigen Anionen bilden zusammen die Nichtkarbonat-H. Die Summe ist die Gesamthärte, welche in H.-Graden angegeben werden kann. Deutsche, englische und französische H.-Grade sind verschieden definiert (1 °DH = 10 mg/l CaO oder 7,19 mg/l MgO). Im englischen Sprachgebiet werden auch Eisen- und Manganionen zur H. gerechnet.

harte Daten *hard data*: Bezeichnung für Daten in der empirischen → *Sozialforschung*, die mithilfe von quantitativ-analytischen Forschungsmethoden (→ *quantitative Sozialforschung*) gewonnen werden und denen deshalb ein hohes Maß an → *Intersubjektivität* unterstellt wird (→ *weiche Daten*).

harter Standortfaktor *hard location factor*: sich direkt auf die Kosten und Erlöse eines Unternehmens niederschlagender, d. h. monetär quantifizierbarer Faktor der → *Standortwahl*. Zu den h. S. gehören z. B. Preise und Verfügbarkeit von Gebäuden, Flächen, Arbeitskräften und Rohstoffen, die verkehrsinfrastrukturelle Ausstattung eines → *Standorts*, die Höhe von Steuern und Abgaben, sowie die Nähe zu Zulieferern und Absatzmärkten, Forschungs- und beruflichen Bildungseinrichtungen. Den h. S. stehen die → *weichen Standortfaktoren* gegenüber (→ *Standortfaktor*).

Härteskala (Mohssche Härteskala) *[Mohs'] hardness scale*: Skala der Widerstände, die ein → *Mineral* einem spitzen, zum Ritzen geeigneten Gegenstand entgegensetzt. Das relativ grobe Verfahren ist als Erstorientierung im Felde sehr geeignet. Da im allgemeinen die Härteunterschiede in verschiedenen Richtungen des → *Kristalls* sehr gering sind, kann man eine mittlere Härte angeben. In der Mohsschen H. ritzt ein Mineral das vorhergehende:

Mineral	Einfachprobe	Härtegrad
Talk	mit dem Finger-	1
Gips	nagel ritzbar	2
Kalkspat		3
Flussspat	mit dem Messer	4
Apatit	ritzbar	5
Feldspat		6
Quarz		7
Topaz	Fensterglas	8
Korund	wird geritzt	9
Diamant		10

Härtegrad

Härtestufe *hard rock scarp/step*: Bereich widerständiges („hartes") Gestein, das als → *Vollform* – z. B. als → *Schichtstufe* – oder als → *Gefällsbruch* in einem Flussbett auftritt. Dort entstehen → *Stromschnellen* oder → *Wasserfälle*.

Hartholzaue *hardwood floodplain forest*: ein nur kurzzeitig bei → *Hochwässern* überschwemmter Bereich der → *Auen* bzw. → *Auenwälder* der Auenlandschaften Ost- und Mitteleuropas mit Esche, Ulme und Stieleiche (→ *Weichholzaue*).

Hartlaubvegetation *sclerophyllous vegetation*: Sammelbezeichnung für eine meist immergrüne Vegetationsformation der subtropischen Winterregengebiete, die stark vom Wasserfaktor geprägt ist und einen → *xeromorphen* → *Habitus* aufweist. Unter den charakteristischen → *Lebensformen* befinden sich auch die → *Sklerophyllen*, die aufgrund ihrer ledrigen Blätter die sommerliche Trockenheit unbeschadet überstehen. Typischer Vertreter der Hartlaubgewächse ist die Steineiche (*Quercus ilex*). Zur H. gehören auch Degradationsstadien des Hartlaubwaldes (Macchie, Garigues).

Hartlaubwald

Hartlaubwald (Durisilva) *sclerophyllous forest*: Vegetationsformation der → *Hartlaubvegetation* in Winterregengebieten mit sommerlicher Dürrezeit, repräsentiert durch immergrüne Laubwälder, die allerdings selten in reiner Form vorkommen. Dazu gehören Korkeichen- und Steineichenwälder. → *Lorbeerwälder* werden teils zum H. gestellt, haben in ihrer typischen Ausprägung aber höhere Ansprüche an die Wasserversorgung und sind dann den immerfeuchten Subtropen zuzurechnen. Durch lang anhaltende anthropogene Nutzung wurde der H. vielerorts durch Degradationsstadien ersetzt (→ *Macchie*, → *Garigues*).

Härtling (Monadnock) *catoctin, isolated hardrock hill, monadnock, relict mountain*: → *Berg* aus widerständigem Gestein, das gegenüber der aus weniger verwitterungsresistenten Gesteinen bestehenden Umgebung weniger stark abgetragen wurde. → *Quarzite*, → *Ergussgesteine* oder harte → *Metamorphite* können H. bilden. Je nach Formgestalt von H. oder Vergesellschaftung mehrerer H. wird von H.-Zügen, H.-Schwellen oder H.-Landschaften gesprochen.

Hartrinde *hard rind, hard crust*: → *Verwitterungsprodukt*, das bei → *Krustenbildung* unter → *ariden* Bedingungen entsteht, wo die → *chemische Verwitterung* von innen nach außen fortschreitet. Durch Verdunstung werden mineralische (auch metallische) Lösungen an die Außenseite des Gesteins gezogen, wo sich die H. ausbildet. Das Gesteinsinnere wird dabei allmählich anmürbt, bis die H. schließlich als Hohlkörper zurückbleiben (→ *Kernverwitterung*, → *Tafoni*, → *Hohlblock*).

Haselzeit → *Boreal*.

Haubarg (Hauberg) *Gulf house type*: bäuerliche Behausung vom Typ des → *Gulfhauses* (→ *Einheitshaus*). Charakteristisch ist die zentral gelegene Heustapelung. Der H. ist vornehmlich in den Marschengebiet von Eiderstedt auf → *Warften* zu finden.

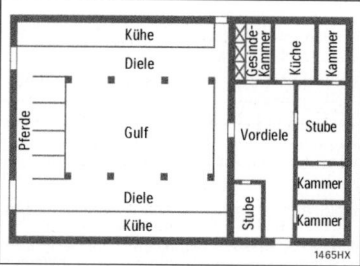

Haubarg

Hauberg → *Haubarg*.

Haubergwirtschaft *field-woodland rotation*: ehemals im Nahe- und Siegerland verbreitete Form der → *Feld-Wald-Wechselwirtschaft*. Bei der H. wechseln → *Niederwald*-, Feld- und → *Weidewirtschaft*. Hauptziel war die Gewinnung der Gerberlohe durch Schälen der Jungstämme (Eichen, Birken). Nach einer kurzen ackerbaulichen Phase folgte weidewirtschaftliche Nutzung (→ *Reutbergwirtschaft*).

Haufendorf *irregularly nucleated village*: ländlicher → *Siedlungstyp*, der insbesondere in den Landschaften des → *Altsiedellandes* in Mitteleuropa vertreten ist. Das H. hat einen ungeregelten Grundriss; die historisch damit verbundene → *Gewannflur* (→ *Gewanndorf*) ist durch Maßnahmen der → *Flurbereinigung* heute größtenteils beseitigt. Genetisch ist das H. als Folge der Entwicklungsreihe → *Einzelhof* – → *Weiler* – H. zu deuten.

Haufendorf

Haufenwolke → *Cumulus*.

Hauptbodenform *regional soil form*: eine Typisierungseinheit, in welche regional häufigere und mit einer gewissen Regelhaftigkeit auftretende Böden zusammengefasst werden. Die Böden einer H. zeichnen sich durch einheitliche Eigenschaften des Substrataufbaus und Entwicklungszustands und eine bestimmte, damit zusammenhängende Kombination der für die Nutzung wichtiger ökologischer Eigenschaften aus. Die H. fasst Grundmerkmale zusammen ohne Berücksichtigung weniger wichtiger Abwandlungen.

Haupterwerbsbetrieb *main/principal farm holding*: landwirtschaftlich, bewirtschafteter Familienbetrieb bei dem der Anteil des betrieblichen Einkommens mindestens 50% des gesamten Einkommens ausmacht (→ *Nebenerwerbsbetrieb*).

Hauptfluss *main stream*: 1. bezogen auf einen geographischen Raumausschnitt das wichtigste → *Fließgewässer*. I.d.R. handelt es sich um den Fluss mit der größten Wasserführung, in den untergeordneten Flüsse (→ *Nebenflüsse*) einmünden. 2. aus ökonomischer Sicht das Gewässer welches die größte wirtschaftliche Bedeutung für eine Region darstellt.

Hauptfrucht *main/principal crop*: bei einjährigem Anbau diejenige Feldfrucht, die den größten Teil der → *Vegetationszeit* beansprucht. Auf den Anbau der H. kann z. B. ein solcher von Herbst- oder Winterfrüchten folgen (→ *Zwischenfruchtbau*).

Hauptgemengeteile *major constituents*: jene → *Minerale*, die ein → *Gestein* zur Hauptsache zusammensetzen.

Hauptgeschäftsstraße *main shopping street*: innerstädtische Straße mit hoher Konzentration von Ladengeschäften, meist auch von Betrieben des → *Dienstleistungssektors*. Die H. einer Stadt liegen v. a. in der → *City*, daneben in → *Subzentren*.

Hauptsaison (Hochsaison) *main season*: diejenige Reisezeit, in der ein Tourismusgebiet den größten Zustrom erfährt und in der seine Kapazitäten am stärksten ausgelastet sind. Beginn und Ende der H. sind abhängig einerseits von den Ferien- und Urlaubsterminen der Herkunftsländer der Touristen, andererseits vom Klima und der Natur- und Infrastrukturausstattung des betreffenden Gebietes. In gewissen Fällen kann eine → *Tourismusgemeinde* auch zwei H. (Sommer- und Wintertourismus) oder keine ausgeprägte H. besitzen (→ *Großstädte* mit überwiegendem Geschäftsreiseverkehr).

Hauptschneeschmelze *main snow melting*: der auf wenige Wochen begrenzte Zeitraum im → *Frühling* oder Frühsommer (je nach der Höhenlage), in dem der größte Massenanteil der winterlichen Schneedecke abschmilzt. Während der H. führen die Flüsse oft → *Hochwasser* (→ *Schnee*).

Hauptstadt *capital, capital city*: → *Stadt*, in der Regierung und/oder Parlament eines → *Staates*, → *Landes* oder einer → *Provinz* ihren Sitz haben. Häufig ist die H. auch die größte Stadt und das wirtschaftliche und kulturelle Zentrum des betreffenden Landes (z. B. Wien, Paris, London), z. T. wurde aber auch aus politischen Gründen oder zur dezentralen Landesentwicklung eine kleinere Stadt zur H. bestimmt oder sogar neu gegründet (z. B. Canberra, Brasilia, Ottawa).

Haupttal *main valley*: in der Hierarchie der Flüsse, Flussgebiete und Landformen jenes → *Tal*, auf welches die Flüsse der → *Nebentäler* ausgerichtet sind. H. sind immer größer als Nebentäler.

Hauptterrasse *main terrace*: „die" H. gibt es nicht, sondern sie wird in den einzelnen Flussgebieten unterschiedlichen Entstehungszeiten zugeordnet. – in einem → *Terras-*

sensystem bzw. einer → *Terrassentreppe* durch Formgestalt oder Ausmaße die bedeutsamste → *Terrasse*. – Bestandteil einer chronologisch geordneten Terrassenabfolge und dort eine meist ältere, höher gelegene und v. a. breit entwickelte, gut erhaltene Terrasse.

Hauptwasserscheide *main divide*: kontinentale → *Wasserscheide* zwischen in verschiedene → *Ozeane* bzw. → *Meere*, → *Nebenmeere* oder kontinentale → *Becken* mit → *Binnenentwässerung* führenden Strom- bzw. → *Flussgebieten*. Die durch die H. abgetrennten Großeinzugsgebiete heißen → *Abflussgebiete* (→ *Einzugsgebiet*).

Hauptwohnsitz → *Hauptwohnung*.

Hauptwohnung (Hauptwohnsitz, Erstwohnsitz) *main residence*: in der → *Bevölkerungsstatistik* bei Personen mit mehreren Wohnungen (z. B. → *Wochenendpendler*) die überwiegend genutzte Wohnung. In Zweifelsfällen ist die H. nach den melde- und steuerrechtlichen Regelungen in Deutschland an dem Ort, der Mittelpunkt der Lebensinteressen oder Lebensmittelpunkt genannt wird. Bei verheirateten Arbeitnehmern ist dies meist am Ort der Wohnung der → *Familie* und bei anderen Arbeitnehmern dort, wo der Schwerpunkt der persönlichen Beziehungen des Einwohners liegt.

Haus *house*: ein Gebäude, bei dem Wände und Dach getrennte Einheiten sind und das – im Gegensatz zur → *Hütte* – eine gewisse Größe und Ausstattung besitzt (z. B. Ver- und Entsorgungseinrichtungen). Mit den verschiedenen H.-Formen und ihrer Verbreitung befasst sich u. a. die → *Siedlungsgeographie*.

Hausfauna *house fauna*: Bestandteil der Stadtfauna. Zur H. gehören Gliedertiere (z. B. Küchenschabe, Termite), die durch Handel und Verkehr z. T. schon vor Jahrhunderten eingeschleppt wurden, ebenso Wirbeltiere (z. B. Hausmaus). Zur H. gehören jedoch nicht domestizierte Haustiere (z. B. Hund, Katze etc.).

Hausfeuerung *domestic firing, domestic heating*: energetisch wichtige Größe des → *Stadtklimas* und der → *Stadtökologie*. H. umfasst Heizsysteme, in denen Gas, Kohle oder Öl direkt zu Wärme verbrannt werden. Die H. ist wegen des geringen → *Wirkungsgrades* (unrationeller Energieverbrauch) und des hohen Ausstoßes an Schadstoffen unökonomisch und umweltbelastend. Abgasreinigung ist wegen der Einzelbrennstellen der H. kaum möglich, es sei denn, → *Erdgas* als sauberer → *fossiler Brennstoff* wird verfeuert.

Hausforschung *house type research*: Wissenschaftszweig, der sich mit dem formalen Gefüge, der kulturlandschaftlichen und ethnologischen Stellung sowie der Funktion des Hauses befasst. Die traditionelle → *Siedlungsgeographie* untersucht darüber hinaus die räumliche Verbreitung der Haustypen und gliedert die Erdräume in verschiedene Hausformengebiete.

Hausgewerbe (Heimgewerbe) *cottage industry*: erwerbsmäßig betriebene Tätigkeiten innerhalb der Wohnung bzw. des Wohnbereiches. Im Unterschied zur → *Heimindustrie* kann es sich hierbei auch um → *Dienstleistungen* handeln. I. d. R. werden die Produkte als Endprodukte und nicht unbedingt gleichförmig (z. B. kunstgewerbliche Produkte) erzeugt.

Haushalt *household, budget*: – alleinstehende und -wirtschaftende Person oder Gruppe von Personen, die eine Wohn- und Wirtschaftsgemeinschaft bilden. Man unterscheidet unter den → *Privathaushalten* → *Einpersonenhaushalte* und Mehrpersonenhaushalte (meist in Form der Familienhaushalts); daneben gibt es → *Anstaltshaushalte*. Meist bestehen eheliche oder verwandtschaftliche Beziehungen zwischen den Mitgliedern eines H., doch sind diese im Falle von Anstaltshaushalten nicht zwingend nötig. Bei → *Volkszählungen* ist der H. die kleinste Erhebungseinheit. – Einnahmen und Ausgaben einer öffentlichen Körperschaft, insbesondere des → *Staates*. – Gesamtheit der Regler, Speicher und Prozesse, die am Landschaftshaushalt beteiligt sind und für die Bestimmung von Struktur und Funktion der Ökosysteme benötigt werden.

Haushaltsabfälle *domestic waste, household waste*: gehören zu den Siedlungsabfällen und setzen sich zusammen aus → *Hausmüll*, Kleinmengen hausmüllartiger Gewerbeabfälle, Sperrmüll, kompostierbaren Bioabfällen (Typ „Grüne Tonne") und Getrenntsammelgütern (Glas, Papier, Kunststoffe, Elektronikteile).

Haushaltsabwasser (häusliches Abwasser) *domestic sewage [water], domestic waste water*: in mitteleuropäischen Ländern fallen täglich ca. 200 Liter an H. pro Einwohner an, dem ein biochemischer Sauerstoffbedarf von 60 g und ein chemischer Sauerstoffbedarf von 60–90 g entspricht (→ *Abwasser*).

Haushaltskrise *fiscal crisis*: Bezeichnung eines mittelfristigen Ungleichgewichts in öffentlichen Haushalten. In einer H. übersteigen die Ausgaben des Haushaltes die Einnahmen, wodurch die Verschuldung stark zunimmt, sowie Ausgabenkürzungen veranlasst und staatliche Handlungsspielräume eingeschränkt werden.

Haushaltsstatistik *household statistics*: Teil der → *Bevölkerungsstatistik*. Die H. erfasst Größe und Struktur der → *Haushalte* und analysiert die verschiedenen → *Haushaltstypen*.

Haushaltstyp *household type*: Gruppe von → *Privathaushalten* mit gemeinsamen Merkmalen. Zur Typisierung von Haushalten kann die Größe dienen (→ *Ein-*, Mehrpersonenhaushalt), daneben die Zahl der in einem Haushalt zusammenlebenden → *Generationen*, die Anzahl der Kinder, der Einkommensbeziehern usw. In der → *Sozialgeographie* werden auch aktionsräumliche H. entsprechend ihrem räumlichen Verhalten und ihrer → *Reichweite* gebildet.

Hausierergemeinde *peddler, hawker community*: → *Gemeinde*, deren Einwohner zum großen Teil vom → *Hausierhandel* leben. Meist wurden durch die reisenden Händler aus den H. die Erzeugnisse benachbarter Heimarbeiter-Siedlungen vertrieben.

Hausierhandel *peddlery, itinerant trade*: Form des Handels ohne feste Verkaufsstätte (→ *ambulanter Handel*, → *Wandergewerbe*). Beim H. bietet ein von Haus zu Haus ziehender Händler eigene und/oder fremde Erzeugnisse zum Verkauf an. Im traditionellen H. werden v. a. Erzeugnisse von → *Hausgewerben* (z. B. Korbwaren, Bürsten) sowie Nahrungs- und Genussmittel (z. B. Obst, Gewürze) feilgeboten. Neuerdings bedienen sich auch Firmen des H. zur Umgehung des → *Einzelhandels* (z. B. Tiefkühlkost, Parfümerie).

Hausindustrie → *Heimindustrie*.

Häusler *cottager*: regionale Bezeichnung für einen bäuerlichen Kleinstellenbesitzer. Der Begriff H. ist v. a. in Südwestdeutschland üblich. (→ *Seldner*).

häusliches Abwasser *domestic sewage [water], domestic waste water*: → *Haushaltsabwasser*.

Hausmüll *household waste, domestic waste, domestic refuse*: Restabfall, der nach dem Abzug von Sammelgut (z. B. Glas, Papier) im Haushalt übrig bleibt und von der kommunalen Müllabfuhr entsorgt wird. Er setzt sich zu ca. 30–25 % aus organischem Material, 25 % Papier und Pappe, 15 % mineralischen Stoffen sowie zu etwa gleichen Teilen aus Kunststoff, Textilien, Glas, Metallen, Leder, Holz, Gummi und Knochen zusammen. Die chemische Zusammensetzung des H. schwankt: Wassergehalt zwischen 30 und 40 %, mineralischer Feststoffgehalt ca. 35 %, organischer Feststoffgehalt ca. 20 bis 25 %. Die Anteile schwanken sehr, besonders zwischen Sommer und Winter.

Hausse → *Aufschwung* (→ *Börse*).

Haustypen, bäuerliche *farmhouse types*: Arten der bäuerlichen → *Behausungen*. Die Kategorisierung von b. H. umfasst nicht nur die Beschreibung der Erscheinungsformen (Größe, Grundriss, Aufriss, Baumaterial), sondern auch weitere wesentliche Merkmale und deren Integration. Dazu zählen Gestalt, betriebswirtschaftliche Funktion, soziale Bedingtheit, natürliche Voraussetzungen und historische Wurzeln.

Havarie *average, accident*: → *Störfall* in einem i. w. S. technischen Prozess, der zu Funktionsminderung oder -ausfall führt. Eine H. kann Umweltbelastungen bzw. Umweltverschmutzungen durch → *Emissionen* bewirken, im Extremfall auch gesundheitliche Schäden bei Mensch, Tier und Pflanze bzw. Störungen in den Ökosystemen (→ *Auslegungsstörfall*, → *Bhopal*, → *Fukushima*, → *GAU*, → *Harrisburg*, → *Ölkatastrophe*, → *Super-GAU*, → *Tschernobyl*).

Havarie-Syndrom *average syndrome, disaster syndrome*: eines der Syndrome Globalen Wandels (→ *Syndromansatz*), die vom Wissenschaftlichen Beirat der Bundesregierung Globale Umweltveränderungen (→ *WBGU*) 1996 entwickelt wurden. Das H.-S. kennzeichnet singuläre anthropogene Umweltkatastrophen mit längerfristigen Auswirkungen, wie die BP-→ *Ölkatastrophe* 2010 im Golf von Mexico vor der Südküste der USA.

Hazard → *Gefahr*.

Hazardforschung *hazards research*: untersucht vorrangig → *Naturgefahren* und naturgefahreninduzierten Risiken. Die H. verbindet → *Physische Geographie* (die ihr Augenmerk vor allem auf die natürlichen Prozesse richtet) und → *Humangeographie* (die als anthropogeographische H. vor allem ihren Blick auf die durch Prozesse in der physischen Umwelt ausgelösten negativen Effekte bei den Menschen und in der Raumstruktur sowie auf die Wahrnehmung von Gefahren richtet).

Hazardscape Gebiet (→ *Landschaft*), dessen → *Landschaftsökosystem* mit allen → *biotischen* und → *abiotischen* Faktoren einschließlich der menschlichen Aktivitäten die Neigung hat, schleichend oder plötzlich durch ein Extremereignis (→ *Katastrophe*) verändert zu werden.

Hazienda → *Hacienda*.

HDI (Human Development Index) *Index für menschliche Entwicklung*: vom → *Entwicklungsprogramm* der Vereinten Nationen (→ *UNO*) jährlich neu berechneter Indikator für die menschliche Entwicklung. Der HDI ergibt sich aus der gewichteten Aggregierung dreier Partialindikatoren (Lebenserwartung in Jahren, Alphabetisierungsrate in % und BIP/Einwohner in US-$) und liegt auf einer Skala zwischen 0 und 1.

Heatmap graphische Darstellungsform großer Datenmengen, die i. d. R. durch einen bestimmten Farbcode die intuitive Erfassung von Auffälligkeiten in Verteilungsmustern raumbezogener Daten ermöglichen. H. werden u. a. in der Geographie zur Visualisierung eingesetzt, bspw. zur kartographischen Darstellung von sozialen Aktionsräumen oder hohen Temperaturdifferenzen. In der experimentellen Kartographie dienen H. zur Visualisierung markanter Strukturen des Blickverhaltens beim Kartenlesen (→ *Blickbewegungsregistrierung*).

Heberquelle *siphon spring*: → *Quelle* mit episodischer Schüttung, die über einen siphonartigen Überlauf aus einem Höhlensystem gespeist wird und sich heberartig entleert, nachdem der Höhlenwasserspiegel den → *Siphon* erreicht hat (→ *Höhle*, → *Karstwasser*).

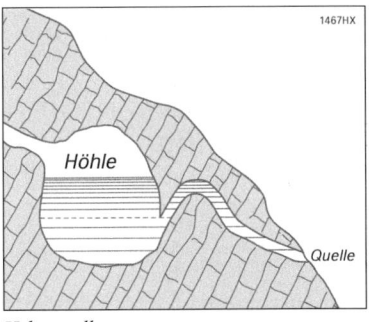

Heberquelle

Hebung *elevation, [up]lift*: langsame H. als Antagonist zu schnellen Senkung von Teilen der → *Erdkruste*, wobei z. B. Küstenabschnitte gegenüber dem → *Meeresspiegel* höher oder niedriger gelegt werden. Hauptmotoren von H. und Senkungen sind → *Epirogenese*, → *Orogenese*, Bewegungen im Zusammenhang mit → *Vulkanismus* und Schollenbewegung im Bereich von → *Brüchen* (→ *Geotektonik*).

Hebungsintensität *uplift intensity*: Maß für die Wirkung der Prozesse der → *Hebung* und Senkung von Teilen der → *Erdkruste*.

Hecke *hedge*: → *anthropogenes* Element der → *Kulturlandschaft*. Die H. ist eine schmale, ein- oder mehrreihige Gehölzpflanzung meist heimischer Bäume und Sträucher, die gepflegt bzw. geschnitten wird und zur Abgrenzung von anderen Kulturlandschaftsteilen (Feldern, Gärten, Weiden oder Siedlungsrändern) dient. H. haben vielfältige ökologische Funktionen (Sicht-, Wind- und Emissionsschutz; Lebensstätten von Kleinlebewesen, Niederwild und Vögeln; Bienenweide). H. tragen zur visuellen Vielfältigkeit, zur → *Bio-* und → *Landschaftsdiversität* und zur Stabilisierung des Landschaftshaushaltes bei, z. B. in Agrar-, Küsten- und Trockengebieten durch → *Wind-* und → *Bodenschutz*. Bioökologische Bedeutung: H. beherbergen parasitoide Insekten, räuberische Arthropoden und Vögel, können aber auch Winterlager oder Lebensbereich von Schädlingen sein (Blattläuse, Rostpilze, Feuerbrand etc.). Einmal etablierte H. sind bald → *quasinatürlich* und regenerieren sich rasch. Sie sind anspruchslos, raschwüchsig und dicht schließend. Neben diesen Freiland-H. enthalten H. in Siedlungen und um Gärten auch exotische Pflanzen (→ *Ausräumung der Kulturlandschaft*, → *Knick*).

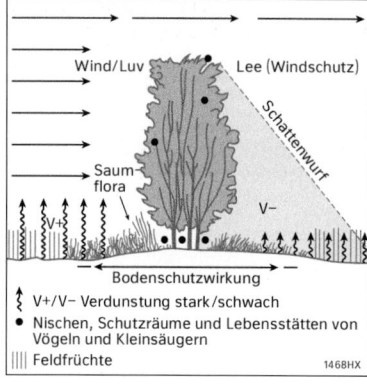

Hecke

Heckenlandschaft *hedge landscape*: ein Typ der → *Kulturlandschaft*, dessen Raummuster von → *Hecken* geprägt ist. Die kleinräumige Landschaftsstruktur steigert die → *Bio-* und → *Landschaftsdiversität* und die → *Stabilität* der Landschaft. Typische H.: die → *Knicklandschaft* Schleswig-Holsteins, die → *Boçage-Landschaft* Nordwestfrankreichs oder die Wallheckenlandschaft Südenglands.

Hedgefonds *hedge funds*: → *Investmentfonds* mit spekulativer Anlagestrategie. Investiert wird in Wertpapiere wie Anleihen, Aktien oder Finanzderivate, aber auch in Immobilien und Devisen. Typische Instrumente, die dabei zum Einsatz kommen, sind Leerverkäufe und Kredite zur Erwirtschaftung höherer Eigenkapitalrenditen unter Ausnutzung des → *Leverageeffektes*. H. gewährleisten bei sehr hohem Risiko entsprechend hohe Renditen. Sitz eines H. ist meist ein → *Offshore-Zentrum*.

Hegemonie *hegemony*: die Übermacht oder Vorherrschaft eines → *Staates*, einer Organisation, einer Gruppe, eines einzelnen → *Akteurs* oder Diskurses in politischer, militärischer, wirtschaftlicher, religiöser oder kultureller Hinsicht (→ *Hegemonie-Theorie*).

Heide *heath*: 1. eine mehr oder weniger lockere Formation aus Sträuchern oder → *Zwergsträuchern*, vorzugsweise auf Standorten, wo infolge Nährstoff- oder Niederschlagsmangels kein → *Wald* mehr gedeihen kann. H. sind vielfach als Folge der Landnutzung entstanden. H. können auch klimatisch bedingt sein, z.B. im nordatlantischen Bereich oder an der Grenze zwischen Wald und → *Steppe* in kontinentalen Regionen. H.-Formationen finden sich auch an der oberen → *Waldgrenze* in den → *Hochgebirgen*. Als echte H. gilt die von immergrünen Gewächsen geprägte Zwergstrauch-H.. Charakterpflanze ist das Heidekraut (*Calluna vulgaris*). Echte H. tritt nur auf nährstoffarmen Sandböden in kühlfeuchten Landschaften auf. Bodentyp ist i.d.R. der Podsol. 2. unscharfe Sammelbezeichnung für xerotherme Vegetationsformationen wie Felsheiden (Felspflanzen), Grasheiden oder Steppenheid→ *e*. 3. in der Literatur auch fälschlicherwei→ *se für manc*→ *he Gesellschaften der* Hartlaubvegetation verwendet.

Heidelandschaft *heath*: Typ der → *Natur-* und/oder → *Kulturlandschaft*, der von der → *Heide* bestimmt ist. In der H. kommen großflächig Charakterpflanzen der Heidevegetation vor. Die H. gilt als extensiver Kulturlandschaftsnutzungstyp. In der kühlgemäßigten Laubwaldzone Mitteleuropas gibt es H. unter den gegenwärtigen ökologischen Bedingungen nur noch in Schutzgebieten, wo durch Schafbeweidung und/oder Grasschnitt die Holzgewächse nicht aufkommen können und die → *quasinatürliche* (klimatisch bedingte) Waldvegetation sich nicht ausbreiten kann.

Heilbad *health resort*: → *Kurort*, der wissenschaftlich anerkannte natürliche Heilmittel (insb. Heilwasser oder Heilmoor) anbietet und infrastrukturell (Sanatorien, Kurheime, Kurmittelhaus, Kurpark, Spiel- und Sporteinrichtungen usw.) und personell (Badeärzte, medizinisches Hilfspersonal) zur Durchführung von Kuren geeignet ist. Die Bezeichnung H. ist in Deutschland geschützt und wird vom Staat verliehen.

heilklimatischer Kurort *climatic health resort*: Ort, der therapeutisch anwendbare klimatische Eigenschaften besitzt, mit geeigneter → *Infrastruktur* ausgestattet ist (z.B. Sanatorien, Einrichtungen zur Krankengymnastik, Kurpark) und entsprechende ärztliche Betreuung gewährleistet. Die Anerkennung als h. K. wird nach wissenschaftlicher Überprüfung der Klimaeigenschaften vom Staat ausgesprochen (→ *Bioklima*).

Heimat *home, home country*: relativ eng, aber meist unscharf umgrenzter → *Raum*, mit der der Einzelne durch Geburt, lange Wohndauer, Lebensumstände usw. emotional verbunden ist. H. kann ein einzelner → *Ort*, eine Region, aber auch eine → *Nation* sein.

Heimatkunde *local studies*: Schulfach, in dem versucht wird, mit kindgemäßen Mitteln und Methoden eine ganzheitliche Einführung in die Struktur des näheren regionalen Umfelds (→ *Heimat*) der Schüler zu geben. Insbesondere werden Sachgebiete wie Geographie,

Geschichte, Wirtschaft, Botanik und Zoologie, Brauchtum usw. behandelt.

Heimatland *homeland, home country*: bezogen auf eine Person derjenige → *Staat*, in dem sie Bürgerrechte genießt und die → *Staatsangehörigkeit* besitzt. Vielfach wird auch allgemeiner als H. das Land bezeichnet, in dem eine Person geboren ist oder das sie als ihre → *Heimat* empfindet. (→ *Burger*, → *Bürger*).

Heimatloser *homeless person, outcast*: alte Bezeichnung für eine Person ohne Bürgerrecht in einer → *Gemeinde*, damit auch ohne Gewerbe- oder Niederlassungsrecht und ohne Anspruch auf → *Sozialleistungen*. Nach dem Zweiten Weltkrieg war H. auch die Bezeichnung für → *Flüchtlinge*, → *Heimatvertriebene* und insbesondere → *Staatenlose*.

Heimatvertriebener *displaced person, expellee*: – Person, die zum Verlassen ihrer → *Heimat* gezwungen wird, meist als Folge militärischer Annektion. – in Deutschland Bezeichnung für deutsche Staats- und Volksangehörige, die vor dem Zweiten Weltkrieg außerhalb Deutschlands in seinen jetzigen Grenzen wohnten und diesen Wohnsitz infolge der Ereignisse im und nach dem Krieg durch zwangsweise Aussiedlung, meist verbunden mit Enteignung, verloren. Die meisten H. kamen aus den heute zu Polen, Tschechien, der Slowakei und zu den Nachfolgestaaten der Sowjetunion gehörenden Gebieten.

Heimindustrie (Hausindustrie) *cottage industry*: die arbeitsteilige Herstellung von gleichförmigen Produkten bzw. Teilprodukten in den Wohnungen von Heimarbeitern im Auftrag und auf Rechnung der Industrieunternehmen (→ *Verlagssystem*). Die H. hat sich v. a. in den Industriezweigen entwickelt, in denen arbeitsintensive Produktionsschritte anfallen und leicht transportierbare Materialien verarbeitet werden. Die H. hat sich dort herausgebildet, wo ein ortsgebundenes, meist weibliches Arbeitskräftepotenzial vorhanden war (→ *Landwirtschaft*), oder wo die abseitige Verkehrslage der Wohnstätte das Pendeln nicht möglich machte.

Heiratsbeschränkung *marriage restriction*: Gesetze, soziale Normen oder Gewohnheiten, die die Freiheit der Eheschließung einschränken. Zu H. gehören z. B. Bestimmungen über ein Mindestalter, aber auch über den Nachweis ausreichenden Einkommens, über Beschränkungen der Partnerwahl auf bestimmte → *soziale Gruppen* (→ *Endogamie*) usw. Zahlreiche H. sind heute v. a. noch in → *Agrargesellschaften* anzutreffen. (→ *Exogamie*).

Heiratshäufigkeit → *Ehehäufigkeit*.

Heiratskreis *marriage space*: räumlicher und sozialer Bereich, innerhalb dessen die Ehepartnerwahl einer Person überwiegend stattfindet. H. sind sozialgruppenspezifisch (→ *soziale Gruppe*) und werden daneben v. a. durch Grenzen von Ethnien, Sprachen, Religionen usw. bestimmt. Sie spielen insbesondere in traditionellen → *Agrargesellschaften* eine große Rolle. Häufig können sich ethnische oder konfessionelle → *Minderheiten* aufgrund ihres geschlossenen H. über Jahrhunderte hinweg in einer andersartigen Umgebung behaupten. Der H. verliert durch → *Globalisierung*, → *Migration* und → *sozialen Wandel* vielerorts drastisch an Bedeutung.

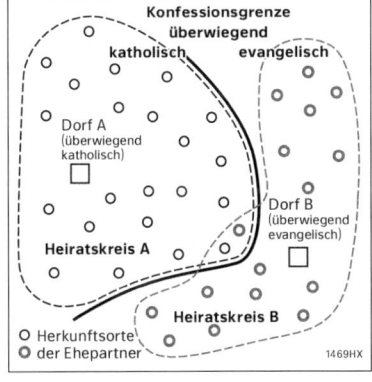

Heiratskreis

Heiratsrate *marriage rate*: demographische Maßzahl für die Häufigkeit von Eheschließungen in einer → *Bevölkerung*. Als rohe H. (allgemeine → *Heiratsziffer*) wird die → *Heiratszahl* pro Jahr bezogen auf 1000 Einwohner der mittleren Bevölkerung bezeichnet. Sie ist abhängig von → *Altersstruktur*, → *Geschlechterverhältnis* und Heiratsneigung der Bevölkerung. Wird die H. nur auf die ehemündige Bevölkerung, auf ein Geschlecht, eine Altersgruppe oder Angehörige eines Familienstandes bezogen, ergeben sich spezifische H. (Heiratsziffern). Die Berechnung der H. ist v. a. für → *Bevölkerungsprognosen* wichtig.

Heiratstafel *marriage order*: statistisches Protokoll über die altersspezifische Heiratswahrscheinlichkeit einer → *Bevölkerung*. Die H. gibt z. B. an, welcher Anteil eines bestimmten Altersjahrgangs in einem bestimmten Lebensalter verheiratet ist bzw. in welchem Alter eine Junggesellin oder ein Junggeselle eines bestimmten Jahrgangs im Durchschnitt damit rechnen kann, verheiratet zu sein. In der Netto-H. wird, im Gegensatz zur Brutto-H., das Todesrisiko (Wahrscheinlichkeit des Todes vor der Eheschließung) einbezogen.

Heiratsverhalten *marriage behaviour*: durchschnittliches Verhalten einer → *Bevöl-*

kerung bezüglich Häufigkeit von Eheschließungen, Heiratsalter und Ehepartnerwahl. Wegen starker regionaler und sozialgruppenspezifischer Unterschiede wird das H. von der → *Bevölkerungsgeographie* untersucht.

Heiratszahl *number of marriages*: Zahl der Eheschließungen in einem bestimmten Gebiet während eines Zeitraums (meist ein Kalenderjahr).

Heiratsziffer *marriage rate*: demographische Maßzahl für die Häufigkeit von Eheschließungen in bestimmten Teilen der → *Bevölkerung* (spezifische → *Heiratsrate*). Insbesondere wird die Anzahl der Heiraten pro 1000 heiratsfähige Personen (Ledige ab 18 bzw. 16 Jahre) und Jahr als H. bezeichnet. Daneben ist auch die Berechnung von alters-, geschlechts-, familienstands- und konfessionsspezifischen H. üblich, die jeweils regional und nach → *sozialen Gruppen* stark abweichen können.

Heizkraftwerk *thermal power station*: → *Dampfkraftwerk*, bei dem die im Turbinenabdampf vorhandene Wärme in ein → *Fernwärmesystem* eingespeist wird. Durch → *Kraft-Wärme-Kopplung* werden Wärme und Strom erzeugt. Moderne Anlagen erzielen hohe → *Wirkungsgrade* (um 80 %). Die Verteilung über Fernwärmenetze führt allerdings zu Leitungsverlusten (ca. 10 %).

Heizöl *heating oil*: wird aus → *Erdöl* und bei der Kohleveredlung gewonnen; unterschieden wird zwischen leichtem und schwerem H.. Leichtes H. dient der Gebäudeheizung, schweres als Industrie- und Maschinenbrennstoff. Bei Herstellung und Verbrennung werden → *Schadstoffe* frei, v. a. → *Schwefeldioxid*, das an den Schwefelgehalt des H. gebunden ist.

Heizung *heating*: wichtiger Faktor der thermischen Belastung der → *Troposphäre* bzw. der chemischen Belastung durch Schadstoffabgabe (→ *Kohlendioxid*, → *Kohlenmonoxid*, → *Kohlenwasserstoffe*, → *Schwefeldioxid*, Stickoxide, → *Stäube*). Je nach Art der Heizung ist der Verbrauch an → *Primärenergie* sehr unterschiedlich. Er hängt vom → *Wirkungsgrad* der Heizungssysteme ab, vom → *Energieträger* selber und von der Art der Verbrennung.

Heizwerk *heating plant*: gewinnt aus verschiedenen Energieträgern durch Verbrennung Wärme (→ *Fernwärme*, → *Nahwärme*, → *Prozesswärme*).

Heizwert *heating value, calorific value*: Energiegehalt eines → *Primärenergieträgers* bei vollständiger Verbrennung, bezogen auf seine Masse, gemessen in kcal/kg, MJ/kg oder in kg → *SKE*.

Hekistothermen *hekisthothermal plants*: Pflanzen der Polargebiete und der hochalpinen Stufe (→ *Hochgebirge*), die mit einem Minimum an Wärme auskommen (Jahresmitteltemperatur <0 °C) und nur eine ganz kurze → *Vegetationszeit* haben.

Hektarertrag *yield per hectare*: Messziffer für die Produktivität einer → *landwirtschaftlich genutzten Fläche* (LF). Der H. ist die meist in Dezitonnen bemessene und auf einen Hektar Anbaufläche bezogene Ertragsmenge.

Heliophyten *heliophytes*: extreme Sonnen- oder Starklichtpflanzen, die intensive → *Strahlung* heißer bzw. trockener Standorte und Lebensräume vertragen. Trotz ihrer Heliophilie wenden die H. die Blätter der Sonne nicht voll zu, die H. sind jedoch mit Strahlungsschutz ausgerüstet, wie z. B. mit einer dicken Epidermis und Cuticula und/oder Behaarung. Die → *Photosynthese* läuft bei starker Belichtung effizienter ab als bei Schattenpflanzen.

Helioregulation *helioregulation*: Zuwenden oder Abwenden des Körpers zur Sonne hin, von gewissen wechselwarmen Tieren vorgenommen, um ihren Wärmehaushalt zu regulieren. H. ist charakteristisch für Lebewesen im → *Hochgebirge*, in → *Steppen*, → *Savannen* und → *Wüsten*, wo starke tageszeitliche Temperaturschwankungen auftreten und hohe Beleuchtungsintensitäten herrschen.

Heliotropismus → *Phototropismus*.

heliozentrisches Weltbild *heliocentric world view*: eine durch die Arbeiten von Nikolaus Kopernikus (1473–1543) im 16. Jh. entwickelte Vorstellung von der Welt, nach sich die → *Erde*, wie alle anderen → *Planeten* auch, um die → *Sonne* bewegt. (→ *geozentrisches Weltbild*).

Heliskiing *heliskiing*: Form des Abfahrt-Skifahrens im Hochgebirge, bei der die Sportler mangels Seilbahnen mit Hubschraubern zum Ausgangspunkt geflogen werden. H. ist v. a. in den USA und in Kanada verbreitet; in den Alpen wird es wegen der starken → *Umweltbelastung* in den meisten Regionen nicht genehmigt.

Helmberg → *Glockenberg*.

Helophyten *helophytes*: Sumpfpflanzen, deren basaler Teil im Wasser stockt, wodurch die Sauerstoffversorgung erschwert ist. Durch → *Atemwurzeln* oder durch Aerenchym (Luftgewebe im Spross) wird Luft oberhalb der Wasserfläche aufgenommen. Ein typisches Beispiel sind → *Mangroven*. (→ *Homoiohydre*).

Hemerobie *hemeroby (1.); hemerobic organism (2.)*: 1. Gesamtheit der → *anthropogenen* Beeinflussung eines → *Ökosystems*; „Naturfremdheit" (→ *Hemerobiestufen*). 2. durch anthropogene Beeinflussung begünstigte → *Art* (→ *Synanthropie*).

Hemerobieindikatoren *indicators of hemeroby*: zur Abgrenzung von → *Hemerobiestufen* der → *Ökosysteme* dienende Kriterien. Als H. finden Verwendung die Vegetation (Anteil von → *Neophyten* und → *Therophyten*), morphologische und chemische Bodenmerkmale sowie Flächennutzungstypen der Landschaft.

Hemerobiestufen *grades of hemeroby*: geben im Vergleich zum → *Natürlichkeitsgrad* eines Lebensraumes oder Standorts unterschiedliche Stufen der → *anthropogenen* Beeinflussung an. Unterschieden werden folgende Stufen: ahemerob (nicht beeinflusst), oligohemerob (naturnah), mesohemerob (halbnatürlich), euhemerob (naturfern), polyhemerob (naturfremd), metahemerob (künstlich).

Hemerochore *hemerochore*: → *landschaftsökologische Raumeinheit*, die inhaltlich durch → *Hemerobieindikatoren* den → *Hemerobiestufen* zugeordnet wurde. H. stellen damit „Kulturökotope" verschiedener Belastungsstufen dar (→ *Belastbarkeit*, → *Belastung*).

Hemerochorie *hemerochory*: Ausbreitung oder Verschleppung von → *Biota* durch den Menschen bzw. durch seine Haustiere.

hemerophil *hemerophilous*: Begriff für Arten, deren Lebensräume infolge anthropogener Eingriffe zunehmen (→ *Kulturfolger*). (→ *hemerophob*).

hemerophob *hemerophobic*: Begriff für Arten, deren Lebensräume infolge anthropogener Eingriffe schrumpfen (→ *Kulturflüchter*). (→ *hemerophil*).

Hemikryptophyten (Erdschürfepflanzen) *hemicryptophytes*: mehrjährige Pflanzen, die ihre oberirdischen Teile in der ungünstigen (kalten oder trockenen) Jahreszeit verlieren, während Erneuerungsknospen und -triebe im Niveau der Bodenoberfläche überdauern. Die Triebe und Knospen werden durch lebende oder tote Schuppen, Blätter oder Blattscheiden vor Austrocknung oder Licht- bzw. Temperatureinflüssen geschützt. Rund die Hälfte aller Samenpflanzen der → *nemoralen* (gemäßigten) → *Landschaftszonen* der Erde sind H. (→ *Lebensformensysteme*).

hemipelagisch *hemipelagic, hemipelagian*: sind die Meeresbereiche der → *Tiefsee* von ungefähr 200 m bis 4000 m Tiefe und die darin vorkommenden → *biotischen* (Tiere) und → *abiotischen* (Sedimente) Erscheinungen.

herbivor (phytophag) *herbivorous*: tierische Organismen, die sich von lebender Pflanzensubstanz ernähren.

Herbizide *herbicides*: Gruppe von → *Umweltchemikalien* zur Bekämpfung von → *Unkräutern*. H. finden weit verbreitete Anwendung und gehen in die → *Nahrungsketten* ein. Wegen ihrer Toxizität können sie auch für den Menschen gefährlich werden. Unterschieden werden – Total-H., die den gesamten Pflanzenbestand vernichten, – Selektiv-H., die v. a. der Unkrautbekämpfung in Kulturpflanzenbeständen dienen, und – Wurzel- bzw. Boden-H., die von den Wurzeln aufgenommen werden und in bestimmten Pflanzenteilen als Zellgifte wirken, wo sie z. B. Zellatmung oder Photosynthese beeinflussen.

Herbst *autumn:*, *fall*: eine der vier → *Jahreszeiten*, welche astronomisch um den 23. September beginnt (Herbst-→ *Tag-und-Nacht-Gleiche*) und um den 21. Dezember endet (Wintersonnenwende). Klimatisch beginnt der H. in Mitteleuropa mit dem Ende der letzten heißen Tage und den ersten kühlen Nächten Anfang September und endet mit der ersten trockenen Kälteperiode Anfang oder Mitte Dezember.

Herbstpunkt (Waagepunkt) *fall point*: der Zeitpunkt um den 23. September, bei dem die Sonne auf ihrer scheinbaren Bahn den → *Himmelsäquator* von N nach S überquert und senkrecht über dem Erdäquator steht (Schnittpunkt der → *Ekliptik* mit dem Himmelsäquator).

hercyn *hercynian*: → *hercynisch*.

hercynisch (hercyn) hercynian bezeichnet eine tektonische Hauptrichtung, vorzugsweise in Mitteleuropa, die mit ihrem NW-SE-Streichen (→ *Streichen*) ungefähr dem Längsachsenverlauf des Harzes entspricht (→ *Variskisches Gebirge*).

hercynische Faltung *Hercynian orogeny*: → *Variskische Gebirgsbildung*.

hercynische Fazies *Hercynian facies*: v. a. in Mitteleuropa verbreitete kalkige → *Fazies* des → *Devon*, der rheinischen Fazies gegenübergestellt, die größere Mächtigkeiten erreicht und von Sandsteinen bestimmt ist.

Hermeneutik *hermeneutics*: die Kunst der Auslegung, Theorie des Verstehens allgemein und über die Interpretation von Texten. H. bildet die Grundlage qualitativen Denkens, die das integrative Verstehen als Erkenntnisinstrument in den Vordergrund setzt.

Hessesche Regel (Herzgewichtsregel) *Hesse's rule*: eine der → *Klimaregeln*, nach den Populationen in kühleren Klimaten ein relativ höheres Herzgewicht aufweisen als Arten in warmen oder heißen Klimaten. Vom Herzgewicht hängen der Stoffwechsel und die Geschwindigkeit des Blutumlaufes ab, wobei ein klimatisch bedingter Verlust von Körperwärme durch intensiveren Stoffumsatz kompensiert wird.

heterarchisch *heterarchic*: komplementär zur → *hierarchischen* Strukturen und Organisationen. In h. Strukturen und Organisationen stehen die einzelnen Elemente nicht in einem Über- und Unterordnungsverhältnis, sondern mehr oder weniger gleichberechtigt nebeneinander. Heterarchie steht für Selbstbestimmung und Selbstbestimmung und betont dezentrale Entwicklungen in → *Systemen* jeglicher Art sowie → *Bottom-up*-Entscheidungen.

heterogen *heterogenic, heterogen[e]ous*: „von verschiedener Art" bzw. „verschiedenartig zusammengesetzt" oder allgemeiner ausgedrückt „uneinheitlich"; z. B. → *heterogener Na-*

turraum, → landschaftsökologische Heterogenität. Gegensatz: → homogen.

heterogener Naturraum *heterogenic natural space*: Begriff aus der Modelltheorie der → *Geoökologie*. Der h. N. setzt sich aus mehreren → *Geoökosystemen* vom Typ des → *homogenen* → *topischen* Naturraums zusammen. Wesentliches Merkmal des h. N. ist das Auftreten systemfremder ökofunktionaler Beziehungen, die sich in horizontalen bzw. lateralen Stoffaustauschen zeigen.

heterolithische Schichtstufe *heterolithic benchland, heterolithic cuesta*: der Normalfall der → *Schichtstufe*, durch den Wechsel von „harten" (geomorphologisch widerständigen) und „weichen" Gesteinen gekennzeichnet. Daneben gibt es noch die in → *homogenen* Substraten entwickelte → *homolithische Schichtstufe*.

Heteronormativität *heteronormativity*: eine Weltsicht, die Hetererosexualität als Norm unterstellt und damit z. B. Homosexualität als Abweichung versteht. Die → *Gendergeographie* weist darauf hin, dass das allgemeine Verständnis von Territorialität (und damit auch von → *Raumplanung* und → *Raumordnung*) von H. und → *Androzentrismus* geprägt ist. (→ *Gender*, → *Transgender*).

heterophag (pantophag), (omnivor) *heterophageous*: selten verwendet für tierische Organismen, die sich sowohl von pflanzlicher als auch von tierischer Substanz ernähren (→ *Allesfresser*).

Heterotopie *heterotopia*: ein Begriff aus frühen Arbeiten von Michel Foucault, der damit → *Orte* bezeichnet, an denen von der Norm abweichendes Verhalten (→ *Devianz*) ritualisiert und lokalisiert wird (z. B. Psychiatrie, Gefängnis, Jugend-, Alten und Erholungsheim, Kaserne, Friedhof, Festwiesen usw.). Durch ihr Anderssein ermöglichen H. die Reflexion und Problematisierung gegebener Normen und erlauben Widerspruch zu den herrschenden Machtverhältnissen (→ *Nicht-Ort*).

heterotroph *heterotrophic*: sind Organismen, die zum Energiestoffwechsel und zum Aufbau ihrer Körpersubstanz organische Verbindungen aufnehmen müssen (→ *Tiere*, Pilze, viele Bakterien) (→ *autotroph*).

Heuristik *heuristic*: der Einsatz von erfahrungsbasierten Verfahren im wissenschaftlichen Forschungsprozess, um mit begrenztem Wissen (unvollständiger Information) und wenig Zeit zu akzeptablen bzw. verwertbaren Lösungen zu kommen. Vielfach angewandte H. sind → *Induktion*, die Auswertung von Stichproben und das schrittweise Ausschließen verschiedener Möglichkeiten.

Heuschrecken *grashoppers*: Insektengruppe; besonders in → *Steppen* und → *Savannen* wichtige Herbivore, die einen großen Teil der oberirdischen → *Phytomasse* vertilgen können (→ *herbivor*). H. sind damit auch an Nahrungsmittelkatastrophen beteiligt, v. a. als Wanderheuschrecken.

H-Horizont eine Lage in Moorböden, die aus mehr oder weniger stark zersetzten Resten von → *Torf* bildenden Pflanzen besteht.

Hiatus *stratigraphic gap/break*: → *Schichtlücke*.

hidden champions *kleine Giganten*: Unternehmen mittlerer Größe (→ *Kleine und Mittlere Unternehmen*) mit bedeutsamer, internationaler Marktposition. H. c. fokussieren stark auf eine spezialisierte Produkt- oder Technologiekompetenz und erlangen folglich eine mächtige Verhandlungsposition in den arbeitsteiligen → *Wertschöpfungsketten*. H. c. verbleiben im Gegensatz zu Großunternehmen stark mit ihren Heimatmärkten und -standorten verbunden (→ *embeddedness*).

Hiëmal-Aspekt *Hiëmal aspect*: Bestandteil der → *Aspektfolge*. Der H.-A. beschreibt in der nördlichen gemäßigten (→ *nemoralen*) Zone den Winter von November bis März, mit einem weitgehend inaktiven → *Bios*, d. h. Pflanzenruhe und Winterruhe zahlreicher Tierarten.

Hierarchie der naturräumlichen Einheiten *hierarchy of the natural-spatial units*: die Beobachtungstatsache, dass kleinere → *naturräumliche Einheiten* (z. B. der → *topischen Dimension*) größere (z. B. solche der → *chorischen Dimension*) zusammensetzen. Danach stehen am unteren Ende der H. die → *landschaftsökologischen Grundeinheiten*, die → *Geoökotope*, und am oberen Ende die naturräumlichen Großregionen subkontinentalen bis kontinentalen Ausmaßes, d. h. die → *Landschaftszonen*. Die verschiedenen Stufen der H. werden naturwissenschaftlich begründet mit den → *Dimensionen landschaftlicher Ökosysteme* bzw. der → *Theorie der geographischen Dimensionen*.

Hierarchieeffekt *hierarchy effect*: H. führen bei der räumlichen Diffusion von → *Innovationen* zu einer Abhängigkeit vom System der → *Zentralen Orte*. Von H. geprägte → *Diffusionen* sind dort eine sprunghafte Ausdehnung von Zentrum zu Zentrum gekennzeichnet.

Hierarchieprinzip *principle of hierarchy*: Ordnungsprinzip der → *Geo-* und → *Biowissenschaften*, z. B. in der → *Hierarchie* der naturräumlichen Einheiten verwirklicht, d. h. der → *Naturräumlichen Gliederung* bzw. → *Naturräumlichen Ordnung*. Das gilt aber auch für andere → *Raumgliederungen*, wie wirtschafts-, kultur- und sozialräumliche Gliederung, in der → *Bioökologie* findet sich das H. z. B. bei den → *Nahrungsketten* oder in der Untergliederung der → *Bioreiche* bzw. → *Florenreiche* der Erde.

hierarchisch *hierarchic*: auf dem Grundsatz der Über- bzw. Unterordnung aufbauende Struktur und Organisation, auch in räumlicher Beziehung. Ein Beispiel für eine h. räumliche Ordnung ist das Modell der → *Zentralen Orte*, bei dem sich die → *Einzugsgebiete* der Zentralen Orte höherer Stufe jeweils aus den Einzugsgebieten mehrerer Zentraler Orte niedrigerer Stufe aufbauen (→ *Hierarchie der naturräumlichen Einheiten*).

Hightech-Branche *high-tech branch*: forschungs- und entwicklungsintensiver, auf modernster Technologie basierender und i.d.R. zukunftsweisender bzw. wachstumsintensiver → *Wirtschaftszweig* (→ *Schlüsseltechnologie*, → *Spitzentechnologie*).

Hilfsstoff *supplementary material*: Teil der → *Werkstoffe*, die nur in geringem Umfang in die → *Produktion* eingehen. Zusammen mit → *Rohstoffen* und → *Betriebsstoffen* machen die H. die Gesamtheit der Werkstoffe aus. In der → *Landwirtschaft* werden → *Dünger* und → *Pflanzenschutzmittel* ebenfalls als H. bezeichnet.

hilfszentraler Ort *partly equipped low-order centre/center*: im → *Christallerschen Modell* der → *Zentralen Orte* ein Ort mit zentralörtlichen Teilfunktionen auf der untersten Stufe der Hierarchie. Der h. O. versorgt lediglich wenige Gemeinden, oft innerhalb des → *Nahbereichs* eines höherrangigen Zentrums, mit → *Gütern* und → *Dienstleistungen* der → *Grundversorgung*.

Himmel *sky*: das scheinbare, halbkugelförmige Gewölbe, welches sich vom Gesichtsfeld des jeweiligen Beobachters aus über der → *Erde* ausbreitet.

Himmelsäquator *equator of the sky*: die Schnittlinie der Ebene des Erdäquators mit der scheinbaren Himmelskugel (→ *Äquator*).

Himmelslicht → *Himmelsstrahlung*.

Himmelsstrahlung (Himmelslicht) *sky radiation*: die in der → *Atmosphäre* durch Luftmoleküle, Wassertröpfchen, Eiskristalle und feste Schwebeteilchen ungerichtet und allseitig gestreute → *Sonnenstrahlung*, deren untere Hälfte die Erdoberfläche erreicht. Der Streuungseffekt an Luftmolekülen ist von der Wellenlänge des Lichts abhängig (umgekehrt proportional zur 4. Potenz der Wellenlänge). Daraus ergibt sich, dass die kurzen Wellenlängen des weißen Sonnenlichts erheblich stärker gestreut werden, weshalb der Himmel blau erscheint, als sogenanntes „Himmelsblau".

Hinterland *hinterland*: Bezeichnung für das wirtschaftliche → *Einzugsgebiet* eines → *Hafens* (→ *Hafenhinterland*), während man das H. von → *Zentralen Orten* als → *Einzugsgebiet* oder → *Umland* bezeichnet.

Hirtenvolk *pastoral tribe*: ältere Bezeichnung für ein → *Volk* oder einen Volksstamm, dessen wichtigste Lebensgrundlage die Haltung und Nutzung von Viehherden ist. I.d.R. sind H. → *Nomaden* oder Halbnomaden (→ *Halbnomadismus*), die mit ihren Herden durch → *Steppen* und → *Wüstensteppen* ziehen. Dabei entstehen oftmals Nutzungskonflikte mit → *Ackerbauern* und Oasenbewohnern (→ *Erntevolk*, → *Handelsvolk*, → *Industrievolk*, → *Kulturvolk*).

Historische Geographie *historical geography*: Teilgebiet der → *Anthropo-* bzw. → *Humangeographie*, das sich mit der Beschreibung und Analyse der Genese von → *Kulturlandschaften* und Ländern als geographischräumliche Gebilde beschäftigt. Die H. G. steht in engem Zusammenhang mit der Geschichte als wissenschaftliche Disziplin. Innerhalb der Geographie ist sie Teil der klassischen → *Kulturgeographie*.

Historische Geologie (Erdgeschichte) *historical geology*: großes Teilgebiet der → *Geologie*, die ihrem Wesen nach eine historische Wissenschaft ist, weil sie sich mit der Entwicklung der Erde von den Anfängen bis in die jüngste Gegenwart beschäftigt, wie die → *Formationstabelle* belegt. Die H. G. – gliedert die Entwicklung der Erde in einzelne Zeitabschnitte, – untersucht die Entwicklung der Tiere und Pflanzen im Rahmen der → *Paläontologie* und – die frühere Verteilung von Land und Meer sowie – die vorzeitlichen Ökosystemzustände im Rahmen der → *Paläogeographie* und → *Paläoökologie* (→ *Geochronologie*, → *Geochronostratigraphie*).

Historische Landeskunde (Geschichtliche Landeskunde) *historical regional geography*: Teilgebiet der → *Historischen Geographie*, die die historisch-geographischen Entwicklungsschritte und Probleme einer Region von der Ur- und Frühzeit bis kurz vor der Gegenwart untersucht.

historische Landschaft (Geschichtslandschaft) *historical landscape*: → *Kulturlandschaft* oder → *Kulturraum* mit ausgeprägter Kulturgeschichte und daraus gestalteter kulturlandschaftlicher Entwicklung, die diesen Raum von benachbarten Räumen unterscheiden lässt. Die Grenzen h. L. fallen häufig nicht mit denen der natur- oder wirtschaftsräumlichen Einheiten zusammen, sie überschneiden sich jedoch oft mit politischen Grenzen.

Historische Landschaftskunde *historical landscape science*: Kulturlandschaftsgeschichte im Sinne der Erforschung der Altlandschaft (→ *Altsiedelland*). Zur → *Historischen Landeskunde* bestehen nur feine Unterschiede, z.B. durch Betonung der physiogenen Grundlagen der Kulturlandschaftsgeschichte. Wie die Historische Landeskunde ist auch die H. L. Bestandteil der umfassenderen → *Historischen Geographie*.

Historische Zeit *historical time*: gegenüberstehend der → *Physikalischen Zeit*. In der historisch-genetischen Geomorphologie der Einordnung des Eintretens und der Andauer erdhistorischer Ereignisse von geomorphologischer Bedeutung dienend, z. B. von Gebirgsbildungen. Sie entspricht der Zeittafel der → *Erdgeschichte* der → *Geologie* (→ *Zeit*).

historischer Materialismus *Historical Materialism*: zusammenfassender Begriff für die Theorien von Karl Marx und Friedrich Engels auf der Grundlage ihrer materialistischen Geschichtsauffassung zur Erklärung von → *Gesellschaft* als abhängig von ihrer Geschichte. Im Gegensatz zu den damals vorherrschenden Vorstellungen von den Ideen als Treiber jeglicher Entwicklung, sahen Marx und Engels die sozio-ökonomischen antagonistischen Widersprüche bestimmter Gesellschaftsformation (→ *soziale Ungleichheit*) als die materiellen Triebkräfte gesellschaftlicher Entwicklung. Der h. M. bildet u. a. den Ausgangspunkt der → *Kritischen Geographie*.

Historismus *historicism*: in der Architektur und der Kunst eine Stilrichtung, bei der vor allem auf ältere Stilrichtungen zurückgegriffen wird und diese kombiniert werden. H. kommt in allen Epochen vor (bis heute), die intensivste Phase im deutschsprachigen Raum war jedoch zwischen 1850 und dem Beginn des Ersten Weltkriegs.

Histosols *Histosols*: – (von *histos* [griech.] = Gewebe) in der → *US Soil Taxonomy* (2014) Böden mit organischem Bodenmaterial. In der → *WRB* (2014) Böden aus unvollständig zersetztem Pflanzenmaterial. H. können in allen Höhenlagen vorkommen, die meisten sind jedoch im → *Tiefland* vorzufinden. Große Vorkommen von H. gibt es in borealen, arktischen und subarktischen Regionen, wo die → *Mineralisierung* der Pflanzenstreu langsam ist und sich das organische Material akkumuliert. Viele H. wurden in der Vergangenheit und z. T. noch heute zum Abbau von → *Torf* für die Energiegewinnung oder zur Herstellung von gärtnerischen Substraten genutzt und zerstört. Eine landwirtschaftliche Nutzung ist nur mit tiefgehender → *Drainage* möglich, wovon jedoch abgeraten wird. Heute ist es wünschenswert H. zu schützen oder zu renaturieren.

Hitzegrenze *high-temperature limit*: thermische Grenze, oberhalb derer die Temperaturen für einen Organismus schädlich bis tödlich sind (→ *Hitzeresistenz*, → *Kältegrenze*).

Hitzeresistenz *heat resistance*: die ökophysiologische Widerstandsfähigkeit von Lebewesen gegen hohe Temperaturen, besonders in → *Wüsten*, → *Steppen* und → *Savannen*. Bei Pflanzen kann sich H. auf einzelne Organe beschränken. H. wird stark beeinflusst vom Wasserhaushalt der Organismen, v. a. bei jenen Pflanzen, die über wasserreiche Gewebe verfügen.

Hitzeschäden *heat damages*: infolge hoher Temperaturen bei Organismen verursachtes Zellsterben, das im Extremfall zum Hitzetod führt. Bevor dieser oder bleibende Schädigungen auftreten, geht meist → *Hitzestarre* voraus. In Verbindung mit den zu H. führenden strahlungsbedingten hohen Temperaturen treten meist noch andere lebensbeeinträchtigende Einwirkungen auf, wie übermäßige Trockenheit (→ *Dürreschaden*) oder zu starke Lichteinwirkungen.

Hitzesprengung → *Insolationsverwitterung*.

Hitzestarre (Wärmestarre) *heat rigor*: bei Organismen das Erliegen von → *Stoffwechsel* und Wachstum aufgrund zu hoher Temperatur. Die Folge sind → *Hitzeschäden*, möglicherweise auch Hitzetod.

Hitzetag *heat day*: ein Tag, dessen Temperaturmittel 25 °C erreicht oder darüber liegt.

Hitzetief *thermal trough, heat low*: thermisch bedingtes → *Tiefdruckgebiet* in der untersten → *Troposphäre*, welches durch das Aufsteigen stark und i. d. R. langanhaltend erwärmter Luft entsteht. Ausgedehnte H. sind eine typische sommerliche Klimaerscheinung im Inneren der → *Kontinente*, im Vergleich zu den dynamischen Tiefdruckgebieten aber wenig wirksam.

Hjülström-Diagramm *Hjülström curve*: veranschaulicht den empirischen Zusammenhang von Fließgeschwindigkeit und → *Korngröße* des erodierten, transportierten und abgelagerten Lockermaterials. Das H.-D. ist durch eine Kurve und ein dickeres Band in drei Felder unterteilt: Das obere Feld wird durch die Geschwindigkeiten und Partikelgrößen definiert, bei denen → *Erosion* vor sich geht und das durch ein Band der kritischen Erosionsgeschwindigkeit vom mittleren Feld des Transports abgegrenzt wird. Das untere Feld ist jenes der → *Ablagerung*, das nach oben hin durch die Kurve der kritischen Transportgeschwindigkeit begrenzt wird. Da die Erodierbarkeit von Sedimenten u. a. lagerungsabhängig ist, ist das obere Erosionsfeld von einem breiteren Band (und keiner Kurve) vom Transportfeld getrennt, was die verschiedenen Fließgeschwindigkeiten wiedergibt, die je nach Lagerung zur Erosion nötig sein können. Zu beachten ist, dass beide Achsen des H.-D. logarithmisch sind.

Hoch → *Hochdruckgebiet*.

Hochacker → *Wölbacker*.

Hochbahn *elevated railway*: überwiegend auf Dämmen, Viadukten u. ä. verlaufende Stadtschnellbahn, z. B. in Hamburg oder Berlin.

Hochbau *building construction*: derjenige Teil des Bauwesens, der sich im Gegensatz zum

→ *Tiefbau* mit der Errichtung von Gebäuden befasst.

Hochbecken *plateau basin*: hoch liegende → *Becken* (unabhängig von deren Größenordnung) in einem Berg- oder Gebirgsland, das mehr oder weniger vollständig von höheren → *Vollformen* umgeben ist (→ *Hochland*).

Hochbeet *raised bed*: neben → *Flachbeet* und → *Hügelbeet* eine Variante der Beetgestaltung, v. a. im naturnahen → *Gartenbau*. Das H. weist einige Vorteile auf: Wegfallen des Bückens bei der Gartenarbeit; eher weniger Unkraut, da der Hauptsamenflug am Boden stattfindet; Nutzung der Verrottungswärme von unten (bei den Wurzeln) durch den schichtweisen Aufbau und damit verbunden ein beschleunigtes Wachstum.

Hochbehälter *high-level tank*: oft in landschaftlich exponierter Lage liegendes Reservoir der → *Wasserversorgung*, dessen Hochlage des Wasserspiegels den Versorgungsdruck eines Wasserleitungsnetzes bestimmt. H. dienen zugleich dem Ausgleich von Bedarfsschwankungen, der Reservehaltung für Löschzwecke und bei → *Havarien*. Unterschieden werden – Durchgangsbehälter (zwischen Pumpwerk und Versorgungsbereich) sowie – Gegenbehälter (Versorgungsbereich liegt zwischen Pumpwerk und H.).

Neben Wassertürmen (Turmbehälter) gibt es auch Erdhochbehälter (auf der Erdoberfläche oder in den Erdboden hineingebaut).

Hochblockade das Unterbrechen der Zugbahnen von → *Zyklonen* durch stationäre → *Hochdruckzellen*.

Hochboden *upper terrace step, high valley floor*: – die höchsten Teile ausgeprägter Terrassentreppen. Die H. sind dort ältere (meist älteste) → *fluvial* geschaffene Flächen oberhalb der nachweislich pleistozänen Taleinschnitte Mitteleuropas. An den H. schließt eine Folge von → *Rumpfflächen* und → *Rumpfstufen* an, für die eine andere als rein fluviale Entstehungsweise angenommen wird. – ausgedehnte → *Flachform* (→ *Fläche*) über einem durch → *Terrassen* gegliederten → *Tal*, welche das Tal über größere Laufstrecken begleitet. H. werden als Vorläufer der pleistozänen Täler gedeutet. – → *Hochtalboden*.

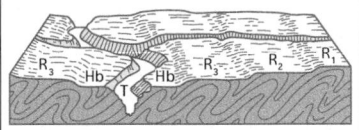

| Hb | Hochboden | R_1-R_3 | Rumpfflächen |
| T | Bereich der Talterrassen | | |

Hochboden

Hochdruckbrücke *high-pressure ridge*: ein lang gestreckter, in der Mitte oft etwas schmalerer Streifen einer Luftmasse höheren Drucks, welche zwei weit auseinanderliegende → *Hochdruckzellen* oder -kerne als Zentren mit den höchsten Druckwerten miteinander verbindet.

Hochdruckgebiet (Hoch) *high pressure area*: eine Luftmasse, in der hoher → *Luftdruck* herrscht (meist über 1000 hPa). H. sind strukturell einfach gebaute Gebilde mit Auflösungstendenz, weil die Luft zum tieferen Druck hin abströmt. Im Innern des H. herrschen schwache Winde und die absinkende Luftbewegung führt zu Wolkenauflösung, weshalb H. Schönwetterlagen verursachen. Von der Entstehung her unterscheidet man:
– thermische H. oder Kältehochs; sie bilden sich innerhalb von Kaltluft, sind geringmächtig und nicht sehr beständig und wegen des Einflusses möglicherweise darüber ablaufender Frontalvorgänge auch nicht unbedingt schönwetterwirksam. – dynamische H. sind nur bodennah kalt, darüber dagegen warm. Sie reichen hoch (mehrere tausend Meter) und sind oft außerordentlich und langanhaltend wetterwirksam. Sie stellen vom subtropischen Hochdruckgürtel abgeschnürte und polwärts gewanderte Zellen dar (Antizyklone).

Hochdruckkeil *wedge of high pressure*: → *Höhenhoch* des → *Luftdrucks* mit einer Aufwölbung der Linien gleichen Drucks in Form eines keilartigen Lappens. H. sind sehr typisch für die instabil gewordene → *planetarische Frontalzone*.

Hochdruckzelle ein abgeschlossenes und klar abgegrenztes → *Hochdruckgebiet* mit konzentrischem Verlauf der Linien gleichen Drucks (→ *Isobaren*).

Hochebene *high plain, [high] plateau, elevated plain, elevated plain*: → *Flachform* in größerer Höhenlage, umgeben von größeren → *Vollformen* (→ *Ebene*).

Hochfläche *plateau, tableland*: Begriff verwandt mit → *Hochebene*, der gegenüber die H. durch Meso- und Mikroformen in sich stärker reliefiert ist.

Hochflutbett *floodplain*: jener, das → *Flussbett* umgebende, leicht terrassierte Bereich des → *Talbodens*, der bei Hochwasser überflutet wird (→ *Aue*). Kann eine Decke aus → *Auenlehm* tragen. Das H. weist oft ein ausgeprägtes → *Mikrorelief* mit zahlreichen Formen der → *Rauheit* auf.

Hochgebirge *high mountains*: Gebirge mit spezifischen Merkmalen: Höhenunterschiede gegenüber der Umgebung von >1500 m, dazu → *Steilrelief* mit aktiven → *Schutthalden* und Hangneigungen von >30°, Gebirgszugcharakter sowie → *Schluchten*, → *Klammen*,

→ *Grate* und Gipfelpyramiden. I. d. R. ist rezente Vergletscherung vorhanden sowie Spuren von Vereisungen aus dem → *Pleistozän*, dann mit Formen wie → *Trogtal*, → *Kar* oder → *Hängetal*. In der → *periglazialen Höhenstufe* wirken rezent u. a. Prozesse der → *Frostsprengung* und → *Solifluktion*. Gegenüber der Umgebung sind H. kühler und feuchter. In der Klima- und Landschaftsökologie wird dem H. ein spezielles → *Hochgebirgsklima* zugeordnet, unter dem Höhenstufen von Vegetation, Klima, Böden sowie der Geomorphodynamik, der Landnutzung und der Siedlung ausgebildet sind. H. sind eine der Großformen der → *hypsographischen Kurve*.

Hochgebirgskarst (alpiner Karst, Hochkarst) *high mountain karst, alpine karst*: → *Karst* oberhalb der → *Baumgrenze* in den verkarstungsfähigen Gesteinen der Kalkalpen und anderer Kalk-*Hochgebirge*. Leitform sind die vegetationslosen, scharfkantigen → *Karren* und → *Karrenfelder*, gestaltet sowohl von → *Lösungsverwitterung* als auch von → *Frostsprengung*. Scharfkantige Georeliefformen und eckiger → *Schutt* entstehen. Der H. unterliegt den Verwitterungsbedingungen der alpinen Höhenstufe des Hochgebirges. H. ist überwiegend postpleistozänen Alters, weil die Verkarstung erst einsetzen konnte, nachdem sich die pleistozänen Gletscher zurückgezogen hatten.

Hochgebirgsklima *high mountain climate*: das → *Klima* höherer Gebirgsbereiche (→ *Hochgebirge*) oberhalb der → *Waldgrenze*. Es ist gekennzeichnet durch 1. hohe → *Strahlungsintensität* bei zunehmendem Anteil der direkten → *Einstrahlung* und → *UV-Strahlung*; 2. hohen Kontrast zwischen den Temperaturen am und im Boden und in den höheren Luftschichten bei extremen hangexpositions- und hangneigungsbedingten Temperaturdifferenzen (→ *Exposition*, → *Hangneigungsrichtung*, → *Hangneigungsstärke*); 3. starke Bodenerwärmung bei direkter Bestrahlung, was von großer ökologischer Bedeutung ist (→ *Bodenwärmehaushalt*); 4. langanhaltende, aber lokal stark variierende Bedeckung mit → *Schnee*; 5. häufige und zum Teil sehr starke → *Winde*.

Hochgebirgswüste *high mountain desert*: Sonderform der → *Wüste* und des → *Hochgebirges*, wo durch → *Hypsometrischen Formenwandel* und → *Aridität* spezielle Verwitterungsbedingungen und extreme Ökosystemzustände bestehen. H. treten nicht nur in → *Trockengebieten* der Erde auf, sondern können auch geländeklimatisch bedingt sein, d. h. wenn → *Gebirge* über die niederschlagsbringende Wolkendecke über längere Abschnitte des Jahres hinweg hinausragen (→ *Höhengrenzen*, → *Höhenstufe*).

Hochgestade (Hochufer) *fluvial terrace, valley floor above the floodplain*: flussnaher Bereich des → *Talbodens*, der jedoch im Gegensatz zur → *Aue* oder zum → *Hochflutbett* von → *Hochwasser* nicht überschwemmt wird. Oftmals wird das H. durch die → *Terrassenkante* der würmzeitlichen → *Niederterrasse* gebildet.

Hochglazial *high glacial*: Zeitabschnitt des größten Eisvorstoßes während einer → *Eiszeit*. Begriff wird v. a. im Zusammenhang mit der → *Weichsel-Kaltzeit* gebraucht, bei der man → *Frühglazial*, H. und → *Spätglazial* unterscheidet. Bei der Weichsel-Kaltzeit gilt als H. der Abschnitt vom Beginn des → *Brandenburger Stadiums* bis zum Ende des → *Pommerschen Stadiums*. Das gegenüber dem Frühglazial relativ kurze H. war durch intensive Eisvorstöße gekennzeichnet.

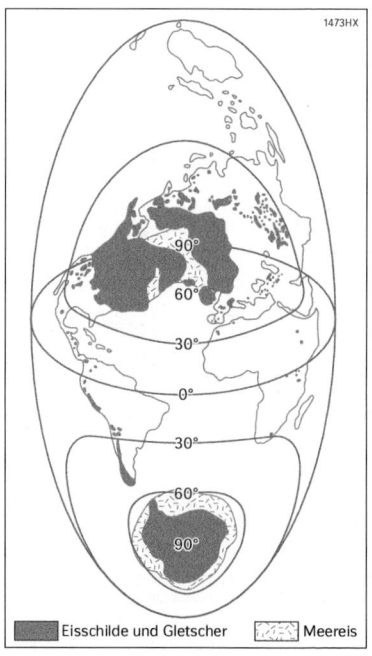

Hochglazial

Hochhaus *high-rise building, skyscraper*: im allgemeinen Sprachgebrauch ein turmartiges Haus von beträchtlicher Höhe mit mehr als ca. 8–10 Stockwerken. Nach der → *Bauordnung* sind H. definiert als Gebäude, bei denen der Fußboden mindestens eines Aufenthaltsraums mehr als 22 m über der Geländeober-

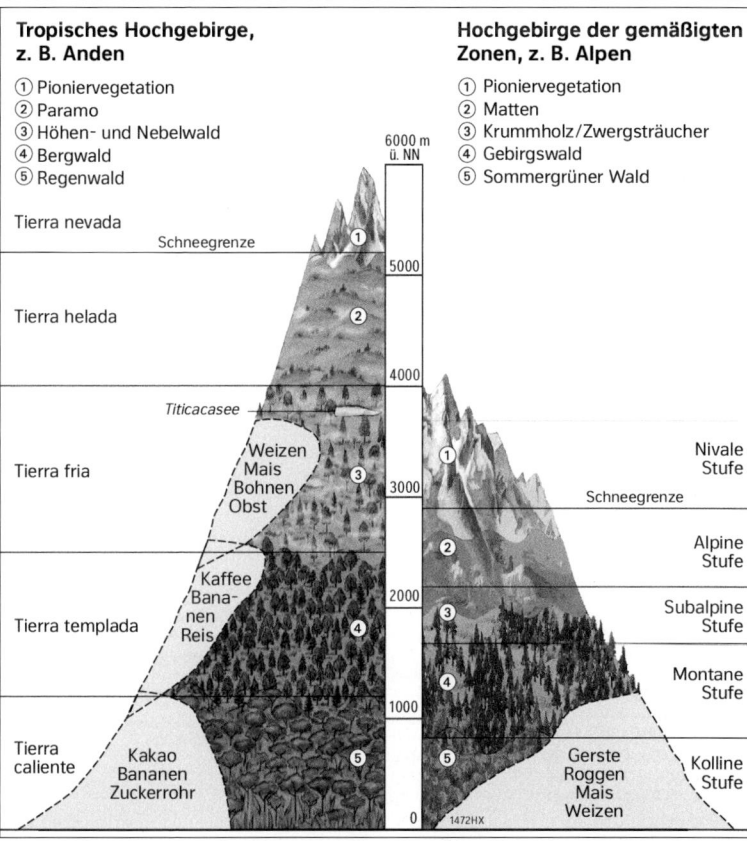

Hochgebirge

fläche liegt. H. sind v. a. in innerstädtischen Bereichen mit hohen → *Bodenpreisen* anzutreffen.

Hochkarst → *Hochgebirgskarst*.

Hochkonjunktur → *Aufschwung*.

Hochkraton *high craton, hedreocraton*: ältere Bezeichnung für die stabilen, längst verfestigten Teile der → *Erdkruste*, die zugleich die Uranlagen der Kontinente bildeten, auch als → *Schilde*, Tafel, → *Urkratone* oder „Blöcke" bezeichnet. Die H. stehen den → *Tiefkratonen*, den Ozeanböden, gegenüber. Tiefkratone gelten als abgesunkene, ehemalige H..

Hochkultur *advanced civilization*: in einem traditionellen Verständnis von → *Kultur* meint H. die als besonders wertvoll eingeschätzten Kulturleistungen und → *Kulturgüter* (Architektur, Musik, Literatur usw.), die von der meinungsbildenden Elite einer Gesellschaft oder des Adels genutzt wird. Historisch-geographisch bezeichnet H. auch eine räumlich abgrenzbare Kultur mit – für das jeweilige Zeitalter – hochentwickeltem Stand der politischen Organisation, des Gemeinschaftslebens, des Rechts- und Bildungssystems, von Philosophie, Literatur und Kunst, Wirtschaft und Technik usw. H. waren bzw. sind z.B. die altägyptische, griechisch-römische Antike und die abendländische Kultur (→ *Subkultur*, → *Alltagskultur*, → *Populärkultur*).

Hochland *highland, high plateau, high plain*: – hochgelegenes Teilstück des → *Georeliefs*, als → *Hochebenen*, → *Hochbecken* oder → *Gebirge* erscheinend. – eingerumpftes Gebirge oder Tafelland großer horizontaler Erstreckung und gegenüber einem → *Vorland* mehr

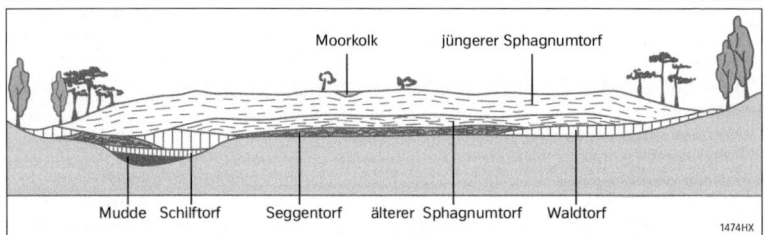

Hochmoor

oder weniger höher liegend (→ *Rumpfgebirge*).

Hochleistungssorten *high yield varieties, hybrid plants*: → *Kulturpflanzen*, die auf Neuzüchtungen zurückgehen und überdurchschnittliche Erträge abwerfen, z. B. Hybridmais.

Hochmoor *bog,: upland moor*: in der deutschen Bodensystematik (KA5) ein Boden aus torfbildenden Hochmoorpflanzen (v. a. Sphagnum Moose). Extrem nährstoffarmes → *Moor* mit niedrigem → *pH-Wert*, aus kaum humifizierten, hellbraun gefärbten Bestandteilen von Sphagnum-Moosen bestehend, d. h. sie wuchsen während ihrer Entwicklung über den → *Grundwasserspiegel* hoch oder entwickelten sich in niederschlagsreichen Klimaten als wurzelechte H. direkt aus → *Rohhumusauflagen* von → *Podsolen*. Sie sind ohne Kontakt zum Grundwasser und Mineralboden und werden nur vom Regenwasser „ernährt". H. weisen ein sehr hohes Porenvolumen von 80–95% auf und sind wegen der schwammigen Konsistenz der Sphagnum-Rückstände sehr wasserhaltefähig und deshalb unter der Oberfläche anhaltend nass. Nach einer Trockenlegung wurden H. im gemäßigten Klimabereich nach kulturtechnischen Maßnahmen landwirtschaftlich genutzt. (→ *Deutsche Hochmoorkultur*, → *Fehnkultur*, → *Sandmischkultur*, → *Torf*). Dabei sacken sie und werden durch → *Mineralisierung* allmählich abgebaut. Heute wird versucht H. aus Gründen des Naturschutzes und der Kohlenstoffspeicherung zu schützen.

Hochmoorkultur *raised bog cultivation upland moor cultivation*: kulturtechnische Maßnahme zur Urbarmachung von → *Hochmooren*. Unterschieden werden → *Moorbrandkultur* und → *Fehnkultur* (→ *Niedermoorkultur*).

Hochnebel *high fog*: bis mehrere 100 m über dem Boden liegende Wolkendecke, die sich an einer durch absinkende und in Bodennähe abgekühlte Luft entstandenen → *Temperaturumkehr*schicht (→ *Inversion*) gebildet hat. H. sind eine typische und mitunter sehr langanhaltende Erscheinung winterlicher Hochdruck-Wetterlagen in Mitteleuropa. – Im → *subtropischen Hochdruckgürtel* bilden sie sich auch über kalten Küstengewässern.

Hochofen *blast furnace*: in der → *Schwerindustrie* metallurgischer Schmelzofen zur Gewinnung von Roheisen aus Eisenerzen (→ *Eisen*).

Hochrain *raised field-border*: pflugfurchenparallele Beetgrenze in Parzellen-Längsrichtung aus Erde oder Lesesteinen. H. bleiben als Zeugnisse früherer Feldeinteilungen oft lange erhalten, z. B. bei prähistorischen Feldern (→ *Kammerflur*, → *Stufenrain*, → *Ackerrain*, → *Ackerberg*).

Hochsaison → *Hauptsaison*.

Hochsee *high sea*: küstenferne Bereiche des → *Meeres* außerhalb der → *Flachmeere* und des → *Schelfs*. In der → *Biogeographie* auch als „ozeanische Region" (→ *Pelagial*) bezeichnet.

Hochseefischerei *deap-sea fishing*: Fischfang auf offener See außerhalb der Küstengewässer (→ *Küstenfischerei*).

Hochseeschifffahrt *ocean navigation*: Schifffahrt auf → *hoher See* im Gegensatz zur → *Binnen*- oder → *Küstenschifffahrt*. Die H. dient dem Personen- und Gütertransport über See zwischen den Kontinenten.

Hochstaudenflur *vegetation formed by tall perennial herbs*: Gesellschaft mehrjähriger krautiger Gewächse mit unverholzten Stängeln, bei Höhen um 1–2 m. Die unterirdischen Organe überdauern die ungünstigen Jahresabschnitte.

Höchstmengen *maximum quantity*: spielen bei der Festsetzung von → *Grenzwerten* und → *Richtwerten* eine Rolle und sind nach gesundheitlichen Aspekten festgesetzte Anteile von Fremd- oder Zusatzstoffen in Lebens- und Futtermitteln. In verschiedenen europäischen Ländern gibt es H.-Verordnungen, z. B. bei Pflanzenschutz- und Schädlingsbekämpfungs- sowie Vorratsschutzmitteln oder Lebensmitteln pflanzlicher Herkunft.

Hochtalboden *high valley floor*: hochgelegene und fluvial entstandene Terrassenflächen, in welche die jüngeren, überwiegend pleistozänen → *Terrassen* eingeschnitten sind. Auch als → *Hochboden* bezeichnet, wenn die Talform nur schwer zu rekonstruieren ist.

Hochtemperaturreaktor (HTR)*high temperature reactor*: → *Kernreaktor*, der schnelle Neutronen mit Helium als Kühlmittel und Graphit als Moderator verwendet. Dabei werden im Primärkühlkreislauf Temperaturen bis zu 1 000°C erreicht, die zur Erzeugung von Strom bzw. → *Prozesswärme* genutzt werden. Als Brennstoff dienen hochangereichertes → *Uran* und Thorium. Der H. kann durch die Erzeugung hoher Temperaturen evtl. kostengünstig bei der → *Kohlevergasung* eingesetzt werden. In Deutschland gab es nur einen H., dessen Leistungen und technische Probleme nicht den Erwartungen entsprachen (→ *Druckwasserreaktor*, → *Leichtwasserreaktor*, → *Schneller Brüter*).

Hochterrasse *high terrace*: – Teil der → *Terrassentreppe* im Periglazialgebiet Mitteleuropas und i. d. R. jene → *Terrasse* bezeichnend, die sich über die würmzeitliche → *Niederterrasse* erhebt. Die H. wird der Riss-Kaltzeit zugeordnet und kann in zwei Teilterrassen gegliedert sein. Ausgeprägte H.-Landschaften finden sich um das Hochrheintal sowie um verschiedene Flüsse des Alpenvorlandes. H. sind überwiegend mit → *Löss* bedeckt (sofern nicht abgetragen) und damit Gunstbereiche der Bodenbildung, deren → *Braunerden* und → *Parabraunerden* sich gut für den Ackerbau eignen. – andere, höher liegende Terrassen einer → *Terrassentreppe*, die nicht während der vorletzten pleistozänen Eiszeit aufgeschüttet wurden. In diesem Sinne findet der Begriff H. auch in außereuropäischen Terrassenchronstratigraphien Verwendung.

Hochufer → *Hochgestade*.

Hochwald *high forest*: in der → *Forstwirtschaft* ein Waldentwicklungszustand und eine forstliche Wirtschaftsform repräsentierend. H. ist hochstämmig und hat einen nach oben geschlossenen Kronenraum. Wegen der hohen Leistungsfähigkeit wird er von der Forstwirtschaft bevorzugt. Seine Reinbestände setzen sich ausschließlich aus dem sogenannten Oberholz zusammen, d. h. aus samengezogenen oder naturverjüngten Bäumen, die man mindestens 50–100 Jahre alt werden lässt. Dem H. stehen → *Niederwald* und → *Mittelwald* gegenüber (→ *Femelwirtschaft*, → *Plenterwald*).

Hochwasser *flood, flood water, high, high tide*: 1. im → *Meer* der Hochstand des Wassers bei → *Flut* (Tide-H. der → *Gezeiten*), das je nach Wasserstand unterschiedlich bezeichnet wird.: 2. allgemein bei Flüssen der Hochstand der Wasserführung, im Extremfall mit → *Überschwemmungen*.: 3. in der → *Hydrologie* zeitlich begrenztes Anschwellen des → *Abflusses* über dem → *Basisabfluss*, also jede hydrologische Messgröße, die eine für jeden Abflussquerschnitt aus der Statistik oder den örtlichen Gegebenheiten zu bestimmende Grenze überschreitet und eine Folge meteorologischer oder anthropogener Ereignisse ist.

Hochwasserbett *high-water bed, high-water channel*: 1. natürlicher Ausbreitungsbereich des → *Hochwassers* um einen Bach oder einen Fluss in natürlich-geomorphologisch vorgezeichneten → *Tiefenlinien*.: 2. künstlich durch → *Flussdeiche* vorgezeichneter Ausuferungsbereich eines Hochwassers.: 3. Hochwasserumleitungskanal, um den natürlichen Flusslauf bei → *Hochwasser* zu entlasten.

Hochwassermarken *high-water marks*: geben den Durchgang eines → *Hochwassers* an und können natürliche, sichtbare Zeichen sein oder nachträglich angebrachte Markierungen um den höchsten Hochwasserstand zu dokumentieren.

Hochwasserschutz *flood protection, flood control*: erfolgt durch den Bau von Hochwasser-*rückhaltebecken*, sonstigen Hochwasserentlastungsanlagen, Hochwasserumleitungskanälen oder den Bau von → *Deichen* um → *Hochwasserbetten*. Neben diesem technischen H. wird angestrebt, die Ursachen der → *Hochwässer* durch natürlichen Rückhalt in der Fläche (→ *Retention*) sowie Bodenschutz und Vegetationsschutz zu bekämpfen. Gleichzeitig kann durch die → *Hochwasservorhersage* eine Reduktion der Schäden bewirkt werden. Diesem präventiven H. steht der aktive H. gegenüber, der mit akuten Notmaßnahmen bei einem katastrophenartigen → *Hochwasser* schützen soll.

Hochwasserstand *high-water level, high-water stand*: – der höchste Wasserstand während der → *Überschwemmung* oder beim Betrieb eines Speicherbeckens. – Zustand der → *Tide* (→ *Gezeiten*), wenn sich das Wasser am höchsten Punkt befindet.

Hochwasservorhersage *flood forecast, flood prediction*: strebt an, die Höhe, die Menge des → *Abflusses*, die Zeit des Auftretens und die Dauer einer → *Hochwasserwelle* nach → *Starkregen* oder Schneeschmelzereignissen vorauszusagen, um Maßnahmen des aktiven → *Hochwasserschutzes* einzuleiten.

Hochwasserwelle *flood discharge*: ein → *Hochwasser* breitet sich im Längsverlauf eines Baches oder Flusses in Form einer H. aus, deren Wassermenge durch den Hochwasserabfluss gekennzeichnet wird. Eine H. wird durch ein Ereignis ausgelöst, z. B. Extremniederschlag oder plötzliche Schneeschmelze (→ *Durchflussganglinie*).

Hochwinter *midwinter*: → *Regelfall der Witterung* der zweiten Januarhälfte, welcher in

Mitteleuropa in acht von zehn Jahren durch eine kontinentale Hochdruck-Wetterlage mit anhaltenden Temperaturen unter dem Gefrierpunkt geprägt ist.

Hof *farmstead, farmyard (1.); court (2.); courtyard (3.):* – landwirtschaftlicher Betrieb (→ *Gehöft*). – fürstliche Hausverwaltung bzw. fürstliche Residenz. – durch Gebäude oder Mauer umgrenzter Platz, auch Synonym für Lichthof.

Hof- und Hausackerflur → *Flurformentyp*, bei dem jeder → *Hof* einen unmittelbar anschließenden Streifen besitzt, außerdem aber noch Streifenparzellen in anderen Flurabschnitten. Die H.- u. H. ist vom Typ her zwischen Streifenmenge- und → *Hufenflur* anzuordnen.

Hofanschluss *fields contiguous with farmstead:* die ganze zu einem bäuerlichen Anwesen (→ *Hof*) gehörende → *Flur* oder ein Teil davon, der sich unmittelbar an das → *Gehöft* anschließt (→ *Einödflur*, → *Hufenflur*).

höffig *promising:* bergmännische Bezeichnung für jene Ablagerungen, in denen man gewinnbare → *Mineralien* und sonstige → *Rohstoffe* vermutet. So werden z. B. Schottersedimente in Talauen der feuchten → *Klimazonen* als grundwasserhöffig bezeichnet.

Höhe *altitude, height (1./2.); elevation, height, hill (3.):* 1. der senkrechte Abstand eines Punktes der Erdoberfläche, bezogen auf den → *Meeresspiegel* (→ *Normalnull*) gilt als absolute H.; 2. der senkrechte Abstand eines Punktes der Erdoberfläche gegenüber einem anderen Bezugspunkt gilt als relative H..

Hoheitsgebiet (Territorium) *territory:* durch eine → *Staatsgrenze* abgegrenztes → *Territorium*, das zum Gebiet eines → *Staates* gehört, d. h. in dem dieser die → *Gebietshoheit* ausübt. Zum H. gehören außer der Landfläche (einschließlich Binnengewässer) auch die → *Territorialgewässer* im Küstenmeer.

Hoheitsgewässer *territorial:* waters die zum → *Hoheitsgebiet* eines → *Staates* gehörenden → *Territorialgewässer*. Als H. galt früher allgemein die → *Dreimeilenzone* vor der Küste; heute werden meist breitere Streifen vor der Küste als H. beansprucht (→ *Zweihundertmeilenzone*).

Höhenflucht *exodus from mountain areas:* Bevölkerungsabwanderung aus Hochlagen, insbesondere aus Regionen des → *Hochgebirges*. Die H. betrifft i. d. R. landwirtschaftliche Bevölkerung und ist häufig mit der Aufgabe von Betrieben verbunden, die unter den gegebenen natürlichen, wirtschaftlichen und sozialen Verhältnissen nicht mehr rentabel zu bewirtschaften sind. Durch eine Umbewertung der Höhenlagen, z. B. durch intensive Nutzung für den → *Tourismus*, kann die H. oft aufgehalten und z. T. wieder in eine Zuwanderung umgekehrt werden.

Höhengliederung landschaftlicher Erscheinungen *altitudinal zonation of land forms:* → *Hypsometrischer Formenwandel*.

Höhengrenzen *upper limits:* 1. von der Höhenlage über dem → *Meeresspiegel* bedingte → *Grenzsäume* in → *Gebirgen*, in denen sich landschaftsökologische Erscheinungen des Klimas und der Vegetation auffällig ändern bzw. das Vorkommen bestimmter Erscheinungen aufhört. H. setzen die → *Höhenstufen* voneinander ab. Wichtige H. sind → *Schnee*-, → *Baum*-, → *Wald*- und → *Anbaugrenze*. H. sind durch komplex zusammenwirkende klimatische Schwellenwerte bestimmt; ihre Lage wird jedoch vom wirtschaftenden Menschen modifiziert. 2. vertikaler Grenzsaum für den Anbau von Nutzpflanzen. Die H. kann man als absolute Anbaugrenze verstehen oder sie auf die Nutzpflanzen beziehen, die aufgrund ihrer divergierenden Temperaturverträglichkeit sehr unterschiedliche H. aufweisen.

Höhenhoch Gebiet relativ hohen Drucks in höheren Luftschichten, das durch Ausdehnung erwärmter Luft mit der Folge einer Hebung der Flächen gleichen Drucks entsteht.

Höhenstrahlung → *kosmische Strahlung*.

Höhenstufe, landschaftsökologische *landscape-ecological altitudinal zone:* mit der Abnahme der Temperatur mit der Höhe (→ *vertikaler Temperaturgradient* um 0,5 bis 0,6 °C/100 m, bei weltweit starken Abweichungen von dieser Faustregel) werden die landschaftsökologischen Prozesse (Bodenbildung, Wasser- und Klimahaushalt, ökophysiologisches Geschehen der Vegetationsdecke, Faunenvorkommen) differenziert, sodass sich für die einzelnen H. spezielle Lebens- und Wirtschaftsräume ausbilden. Mit der Höhe nimmt zugleich der Niederschlag zu (soweit die Hochgebirge innerhalb der Wolkenstufe liegen), ebenso die → *Strahlung*. Die → *Hochgebirge* der Erde lassen untereinander gleiche oder ähnliche H. erkennen. Man vergleicht jedoch nur tropische mit tropischen (→ *Tropen*), → *nemorale* mit nemoralen oder → *boreale* mit borealen Hochgebirgen. Die H.- Differenzierung der Hochgebirge der Erde nimmt von den hohen zu den niederen Breiten (d. h. vom Pol zum Äquator) zu. Wegen der traditionell starken Nutzung vieler Hochgebirge können die Vegetationshöhenstufen stark verändert sein, z. B. → *Weidewirtschaft* und → *Rodungen* senken die → *Waldgrenze*. In Hochgebirgen der gemäßigten Zone werden folgende H. unterschieden: – Kolline Stufe (Hügelstufe): z. B. Alpenvorland und Schweizer Mittelland bis 600 m NN., innerhalb der Alpen und am Alpensüdfuß bis 700-800 m NN., zugleich wichtige Landwirtschaftsgebiete, auch mit

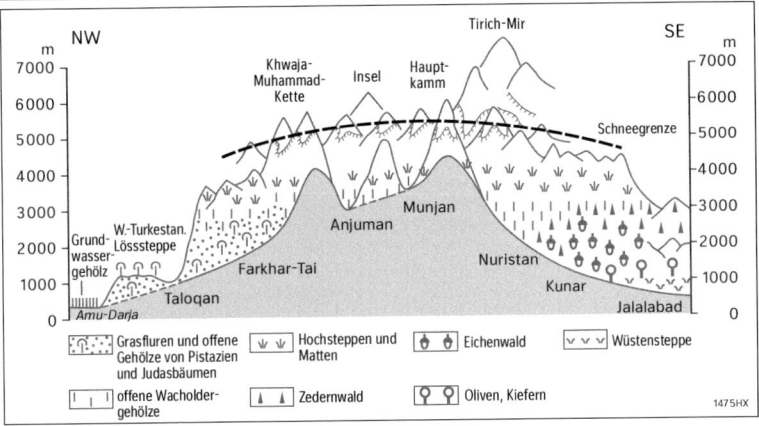

Höhenstufe

anspruchsvollen, wärmeliebenden Kulturen (Reben, Obst, Edelkastanie). Regel: die obere Rebgrenze ist zugleich die Obergrenze der Hügelstufe. Diese H. ist zugleich der Hauptsiedel- und Verkehrsraum des Alpenvorlandes und der Alpen. – Montane Stufe (Bergstufe): In den Voralpen und im Jura 600-1700 m NN. Laubwaldstufe, v. a. Buchen und Weißtannen; oft durch Fichtenforsten ersetzt. Ackerbau tritt gegenüber Viehzucht zurück. Obergrenze dieser Stufe: die Laubwaldgrenze. – Subalpine Stufe (Gebirgsstufe; untere Alpenstufe): Im Jura >1200 m NN., Voralpen 1200-1800 m NN., Zentralalpen 1400-2400 m NN., Südalpen 1700-1900 m NN. Diese Stufe ist die Nadelwaldstufe (Fichtenstufe) oberhalb der Laubwaldgrenze und ist in den Zentralalpen über 1000 Höhenmeter ausgedehnt, am Alpenrand ca. 350-500 Höhenmeter. Obergrenze der Stufe: oft Arven, die zugleich die → *Waldgrenze* markieren. – Alpine Stufe (Hochgebirgsstufe; obere Alpenstufe): Alpenrand im Norden 1800-3200 m NN., Zentralalpen 2200-3200 m NN., Südalpen 2000-2800 m NN. Die Obergrenze wird an der theoretischen sommerlichen → *Schneegrenze* angesetzt, die Untergrenze an der Waldgrenze. Innerhalb dieser H. befindet sich die → *Baumgrenze*, darüber (oft) ein Strauchgürtel (Legföhren, Alpenerlen). Die alpine Stufe ist v. a. die Stufe der Matten (Alpwiesen mit → *Almwirtschaft*). – Nivale Stufe (Schneestufe): bis zu den Gipfeln reichende Region von Schnee, Eis und Fels, die mit ihren alljährlichen Schneedecken einen bedeutsamen Wasserspeicher darstellt.

Höhentief Gebiet relativ tiefen Drucks in höheren Luftschichten, das durch Zusammensinken abgekühlter Luft entsteht.

Höhentrog ein stark ausgeprägtes → *Höhentief* mit trogartiger Einbuchtung der Flächen gleichen Drucks.

Höhenweg *mountain trail*: in der → *Historischen Landeskunde* und der historischen Kulturlandschaftsforschung jene Wege, die entweder auf hochwasserfreien Terrassen verliefen oder außerhalb der Täler über die Scheitelpunkte von Hochflächen oder Plateaus. Topographische Karten verzeichnen v. a. im alemannischen Raum zahlreiche solcher H. (z. T. als „Römerstraßen" bezeichnet). H. sind heute überwiegend Bestandteile des Feldwegenetzes.

Höhenwind *wind at high altitudes*: Luftmassenbewegung in höheren Schichten der → *Troposphäre* (mindestens 1000 m-2000 m über dem Erdboden), auf die kein Reibungseinfluss (→ *Bodenreibung*) der Erdoberfläche wirkt. (→ *Troposphäre*).

Hoher-Schornstein-Syndrom *high chimney syndrome*: eines der Syndrome Globalen Wandels (→ *Syndromansatz*), die vom Wissenschaftlichen Beirat der Bundesregierung Globale Umweltveränderungen (→ *WBGU*) 1996 entwickelt wurden. Das H.-S.-S. kennzeichnet Umweltdegradation durch weiträumige diffuse Verteilung von meist langlebigen Wirkstoffen.

Hohlblock *hollow block, hollow tafoni*: Verwitterungsform von → *Blöcken*, bei der Bildung von → *Tafoni* durch → *chemische Verwitterung* v. a. in → *Massengesteinen*, aber auch in Kalksteinen und Kalksandsteinen gebildet. H. entstehen oft aus den → *Halbhöhlen* der Tafoni bzw. wenn → *Hartrinden* Lücken aufweisen und das verwitterte Gesteinsinnere herausbröckelt.

Höhle (Grotte) *cave, cavern, hollow, grotto*: Hohlraum der → *Erdkruste*, relativ oberflächennah, durch natürliche Prozesse entstanden, ganz oder teilweise vom festen Gestein umgeben und (oft) vom Menschen begehbar. Man unterscheidet: primäre H., d. h. Hohlräume, die bei der Gesteinsbildung entstanden, z. B. Lava-H. (Blasen-H.), natürliche Hohlräume in Korallenriffen (Riff-H.) und Tuff-H; die Mehrzahl der H. sind die sekundären H., die durch geomorphologische Prozesse, v. a. durch → *Lösungsverwitterung* in Gesteinen des → *Karstes* entstehen und sind daher auf → *Gipskarst* und → *Kalkkarst* konzentriert. Lösungs- und Einsturzprozesse miteinander über. Neben Lösungs-H. gibt es → *Einsturz-H.* H. können durch Eis (→ *Eis-H.*) und Tropfsteine charakteristische Ausgestaltungen erfahren. Sind H. an → *Schichtfugen* oder → *Klüften* orientiert, werden sie zusätzlich zu obigen Ansprachen als → *Schichtfugen-H.* oder als → *Kluft-H.* klassifiziert. Andere sekundäre H. sind → *Brandungshöhle* oder Flussuferhöhle, die durch → *Seitenerosion* entsteht.

Höhlenfluss *subterranean river*: unterirdisches Fließgewässer in einer → *Höhle*, das als oberirdischer Flusslauf bereits vorhanden war und in Höhlensysteme eintritt. Ein Teil der H., v. a. kleinere, sammeln sich aus Sickerwässern und entstehen erst im Höhlenbereich. H. haben ein unausgeglichenes, z. T. rückläufiges Gefälle, oft mit Steilstrecken. Sie fließen meist unter → *hydrostatischem Druck* und können somit das ungleichmäßige Gefälle überwinden. Das Wasser des H. wirkt einerseits lösend, trägt also zur → *Lösungsverwitterung* bei, und weitet dabei die Hohlform aus. Zum anderen wirkt es durch reguläre → *Fluvialgeomorphodynamik*. Die H. sind für den → *Karst* charakteristisch.

Höhlenkunde → *Speläologie*.

Höhlenlehm *cave clay*: Verwitterungsprodukt von meist gelber Farbe und oft zähplastisch, das entweder in der → *Höhle* entsteht oder eingeschwemmt wird. H. entsteht aus Sedimenten oder Schutten, die sich in den Höhlen befinden. Der H. kann sowohl als feinsandiger Lehm als auch als schwere Tone auftreten. Der H. mancher Höhlen ist reich an ur- und frühgeschichtlichen Funden oder an Faunen des → *Pleistozäns* oder des jüngeren → *Tertiärs*.

Höhlensee *underground lake*: mehr oder weniger stehendes Gewässer in → *Höhlen*. H. entstehen vor schmalen Durchlässen oder vor Gesteinshindernissen, an denen sich → *Höhlenflüsse* oder gesammelte Sickerwässer stauen.

Höhlensinter *cave sinter*: Sammelbezeichnung für Mineralausscheidungen aus Wässern, die Mineralien in gelöster Form enthalten. Typische Sinterbildungen sind → *Tropfsteine* (→ *Sinter*).

Höhlensystem *cave system*: zusammenhängendes, meist weit verzweigtes Netz von → *Höhlen*, das i. d. R. durch mehrere Tagöffnungen zugänglich ist. Bei größeren H. sind gewisse Abschnitte infolge Engstellen oder → *Höhlenflüssen* bzw. → *Höhlenseen* unpassierbar. H. besitzen eine komplizierte Entstehungs- und Entwicklungsgeschichte, daher enthalten sie oft Zeitmarken der → *Erdgeschichte*, z. B. → *fossile* Floren und Faunen.

Höhlenwasser *cavern water, karst water*: ein Bestandteil des → *Grundwassers* bzw. seiner Sonderform → *Karstwasser*, das in → *Höhlen* steht oder fließt.

Höhlenwohnung *cave dwelling*: → *anthropogene* Form, meist in Fels oder → *Löss* gehauene oder gegrabene Dauerwohnstätte. Weit verbreitet in den Landschaften um das Mittelmeer und in Asien, besonders in China.

Hohlform *hollow mould, negative landform*: bei der H. fallen die → *Hänge* von mehreren Seiten, mehr oder weniger stark geneigt und höchstens engräumig durch Verebnungen und Steigungen unterbrochen, einer Fläche, Linie oder einem Punkt zu (→ *Flachform*, → *Vollform*).

Hohlkehle *cavetto, notch*: kleine Hohlformen, meist am Fuß von → *Vollformen*. H. entstehen unter besonderen Verwitterungsbedingungen oder durch spezielle exogene → *Prozesse*, z. B. durch → *Brandungserosion* (→ *Brandungshohlkehle*) oder → *Lösungsverwitterung*, als Initialstadium der → *Fußhöhle*. Wegen der stärkeren Durchfeuchtung am → *Hangfuß* herrschen Verwitterungsgunstbedingungen, sodass im Bereich von H. die Formweiterentwicklung intensiver als sonst am Hang verläuft (→ *Schliffkehle*).

Holarktis (Holarktisches Reich) *holarctic realm*: eines der → *Florenreiche* der Erde, das ringförmig um die Arktis liegt und große Teile der Nordkontinente Europa, Asien und Nordamerika umfasst.

Holding *holding*: Dachgesellschaft, die Geschäftsanteile oder Aktien von Firmenbeteiligungen verwaltet und häufig Führungskompetenzen von → *Konzernen* übertragen bekommt.

Holismus *holism*: Vorstellung von der Welt als ein in sich Ganzes, z. B. Aristoteles' Ausspruch „Das Ganze ist mehr als die Summe seiner Teile". Aus dieser Perspektive wird oftmals die Wissenschaft kritisiert, die aufgrund ihrer Aufteilung in Disziplinen ein atomistisch-analytisches Vorgehen prägt, viele Phänomene jedoch nur aus einem holistisch-synthetischen Vorgehen heraus zu verstehen seien. Innerhalb der Geographie erlangte der

H. v. a. in der Landschaftskunde, der → *Landschaftsökologie* und → *Geoökologie* zentrale Bedeutung. Die einzelnen Erscheinungsformen der → *Landschaft* oder des ökologischen Systems sollen dabei aus dem Gesamtzusammenhang erschlossen werden, z. B. aus dem Zusammenwirken der → *Geofaktoren*. Eine neuere Form der Ganzheitsvorstellung kommt in den Annahmen der → *Systemtheorien* zum Tragen, wenn z. B. die Summe der Einzelteile zu einer neuen Qualität, d. h. emergenten Eigenschaften (→ *Emergenz*) des Systems führt.

holistisch *holistic*: ganzheitlich, gesamthaft; sich auf Ganzheitlichkeiten bzw. Gesamtheiten beziehend (→ *Holismus*).

Holländische Krankheit *Dutch disease*: bezeichnet ein außenwirtschaftliches Dilemma v. a. rohstoffreicher, exportorientierter Länder. Durch eine starke → *Exportorientierung* in Rohstoffsektoren und eine Aufwertung der heimischen Währung durch die Wechselkursentwicklung (→ *Wechselkurs*) bei steigender Exportüberschüsse (→ *Ausfuhr*) kann es trotz steigender Einkommen und wachsenden Wohlstands in dem Land zu einem Niedergang der ehemals erfolgreichen Exportsektoren kommen, bei einem Fehlen wettbewerbsfähiger Sektoren mit Binnenorientierung zu steigender Arbeitslosigkeit und Wohlstandsverlusten führen kann. Dieses Paradoxon wurde zunächst für die Niederlande, später auch für Entwicklungsländer, die sich ausschließlich auf Rohstoffexporte konzentrieren, thematisiert (→ *Ressourcenökonomie*).

holomiktisch *holomictic*: bezeichnet → *Seen*, deren Wasserkörper während einer → *Vollzirkulation* bis zum Grund durchmischt werden. Den h. Seen stehen die → *meromiktischen* gegenüber (→ *Seezirkulation*).

Holozän (Nacheiszeit) *Holocene*: jüngste erdgeschichtliche → *Epoche* und umfasst ca. die letzten 11 700 Jahre bis heute seit der letzten → *Eiszeit* (→ *Würm-Kaltzeit*). Das H. zeichnet sich durch zunehmende Erwärmung aus, mit Wiederbesiedlung durch Vegetation in den eisfreien Gebieten. In den Alpen vollzog sich der Eisrückzug sehr viel später, sodass das H. für einzelne Teile der Alpen viel später als vor 10 000 Jahren begann. Da das H. an eine Eiszeit anschließt, ist es zugleich ein → *Postglazial*. Gegenwärtig gibt es Diskussionen, dem Holozän das → *Anthropozän* folgen zu lassen.

Holozön *holocoen*: die Gesamtheit der belebten und unbelebten Bestandteile einer → *Landschaft*. In der → *Ökologie* fasst H. die → *Biozönose* und den → *Biotop* als funktionale Einheit zusammen. Dies entspricht dem → *Ökosystem* (→ *Monozön*).

Holstein-Interglazial → *Holstein-Warmzeit*.

Holstein-Warmzeit (Holstein-Interglazial) *Holstein interglacial*: wichtiger Zeitabschnitt des → *Pleistozäns*, über dessen Datierung bis heute große Unsicherheit besteht. Weitgehend einig ist man sich über die Dauer von ca. 15 000 Jahren, wobei die Datierungen aber von ca. 400 000 bis 180 000 J. v. h. variieren. Die Datierungsproblematik kann ggf. darauf zurückzuführen sein, dass es in diesem Zeitraum mehrere → *Interglaziale* gab. Insgesamt war die H.-W. wesentlich wärmer als die geologische Gegenwart, sodass Flora und Fauna beträchtlich von den postglazialen Verhältnissen abwichen. Die H.-W. entspricht zeitlich dem alpinen → *Mindel-Riss-Interglazial*, also dem Zeitabschnitt zwischen → *Elster-* und → *Saale-Kaltzeit*.

Holsystem *pick up system*: Sammelsysteme, die z. B. Tonnen oder Säcke für die verschiedenen → *Abfallfraktionen* (z. B. graue Tonne für → *Restmüll*) bereitstellen und die in einem regelmäßigen Turnus geleert, also beim Abfall-erzeuger abgeholt werden (→ *Bringsystem*).

Holzbau *timber construction*: bauliche Konstruktion mithilfe von Holz. H. ist insbesondere bei der Erstellung von Gebäuden, Brücken und Schiffen gebräuchlich. Im Hausbau wird H. v. a. in Form von → *Fachwerkbau*, Block- und Ständerhausbau angewandt.

Holzeinschlag *annual logging*: die statistisch erfasste jährliche Holzernte innerhalb eines Waldbestandes, eines Forstamtsbezirks bzw. eines Landes. Der H. wird u. a. durch den Holzzuwachs und Holzpreis beeinflusst (→ *Forstwirtschaft*).

Holzgewächse *woody plants*: Pflanzen, die in ihren oberirdischen Dauerorganen Holzgewebe erzeugen, wie Bäume, Sträucher und Zwergsträucher.

Holzindustrie *timber industry*: → *Industriezweig* zur Bearbeitung und Verarbeitung des Rohstoffes Holz. Es zählen hierzu Säge-, Furnierwerke, Faser- und Spanplatten-, Sperrholz- und Möbelindustrie, im weiteren Sinne auch Zellstoff-, Papier-, Pappen- und sonstige holzverarbeitende Industrien.

Holzwirtschaft *timber economy*: Gesamtheit der Wirtschaftsbetriebe, die mit der Holzproduktion (→ *Forstwirtschaft*, → *Holzindustrie*), der Holzbe- und -verarbeitung (Industrie und Handwerk) und dem Handel mit Holz und Holzprodukten befasst sind.

Homeland *homeland*: Gebiete mit vorwiegend schwarzer Bevölkerung, die in der Rep. Südafrika und Namibia im Zuge der → *Apartheid* und vor dem Hintergrund der → *Rassentrennung* aus dem Staatsgebiet räumlich und administrativ ausgegliedert wurden. Die H. erhielten teils den Status unabhängiger Republiken (z. B. Transkei), teils den von sog.

Autonomstaaten (z. B. KwaZulu). Anlässlich des Endes der Apartheidspolitik wurden die H. aufgelöst.

Home-Office (Telearbeit) *home office*: Arbeitsform, bei der Berufstätige sich nicht ständig an einem Arbeitsplatz im Unternehmen befinden, sondern mit Hilfe von → *Informations- und Kommunikationstechnologien* auch teilweise oder permanent von zu Hause, einem Satellitenbüro oder unterwegs arbeiten können. Die Verbreitung mobiler Kommunikationsmittel (z. B. Mobilfunk, Smartphone) und die breite Nutzung des Internets haben dazu beigetragen, dass H.-O. sich stärker verbreitet.

Hominide *hominid*: eine Familie der Primaten, zu der Menschen und Menschenähnliche (Menschenaffen) sowie die → *fossilen* Vorfahren dieser Arten gehören.

homo oeconomicus *homo oeconomicus, economic man*: von den Wirtschaftswissenschaften geschaffenes, modellhaftes Menschenbild. Im Gegensatz zum → *satisfizer* entscheidet und handelt der H. o. stets nach dem → *ökonomischen Prinzip* (→ *Gewinnmaximierung* bzw. → *Nutzenmaximierung*), hat vollständige Information und reagiert ausschließlich auf materielle Anreize. Persönliche, subjektive Präferenzen spielen bei seinen Entscheidungen keine Rolle. (→ *verhaltenstheoretischer Ansatz*, → *entscheidungstheoretischer Ansatz*).

Homo sacer *geweihter und verfluchter Mensch*: geht ursprünglich auf ein römisches Gesetz zurück, das Leben und Tod des H. s. ohne Konsequenzen ansieht. In der aktuellen → *Humangeographie* und Philosophie zunehmender Fokus auf H. s. als Menschen, die straffrei getötet werden können, aber auch nicht als (religiöses) Opfer dienen können, da sie ohne Wert sind. Der Philosoph Giorgio Agamben argumentiert in seinem Versuch totalitäre Ideologien im 20. Jh. zu erklären, dass der H. s. da erscheint, wo die Hoheitsgewalt das Gesetz außer Kraft setzt, der → *Ausnahmezustand* auftritt. Der H. s. ist also ein materialisierter Ausdruck politischer Gewalt, und definiert durch → *Klasse*, → *Geschlecht*, Sexualität und „Rasse".

homogen *homogeneous*: von gleicher Art, aus gleicher Substanz, aber auch: in sich geschlossen, ein Ganzes bildend. Gegensatz: → *heterogen*.

homogener Naturraum *homogenous natural space*: Begriff aus der Theorie der → *Geoökologie* und auf die → *Geoökosysteme* bezogen, bedeutet die gleiche Tendenz der wichtigsten geoökologischen Prozesse.

Homoiohydre *homoiohydric plants*: eigenfeuchte Pflanzen, die ihre → *Hydratur* durch Eigenregulierung steuern, z. B. durch → Wurzeln, Wasserleitungsgewebe und Spaltöffnungen. Die H. gliedern sich in → *Xerophyten* (mit → *Sukkulenten*), → *Mesophyten*, → *Hygrophyten*, → *Helophyten* und → *Hydrophyten* (Gegensatz: → *Poikilohydre*).

Homoiotherme *homoiothermic animals*: Warmblüter; Tiere, die ihre Körpertemperatur unabhängig von der Umgebungstemperatur konstant halten (Gegensatz: → *Poikilotherme*).

homolithische Schichtstufe *homolithic benchland, homolithic cuesta*: → *Schichtstufe*, die im Gegensatz zur → *heterolithischen Schichtstufe* nicht auf die Wechsellagerung widerständiger und weniger widerständiger Gesteine zurückgeht, sondern deren widerständige Deckschicht – im Sinne des → *Stufenbildners* – z. B. durch → *Krustenbildungen* entsteht. H. S. sind z. B. in den wechselfeuchten → *Tropen* verbreitet, wo über tiefgründig verwitterten Substraten Krustenbildung möglich ist.

Homoseisten *homoseismal curve, homoseismal line*: Linien einer → *Karte*, welche die Punkte gleichzeitiger Erschütterungen eines → *Erdbebens* verbinden.

Homothermie *homothermy*: 1. allgemein Gleichmäßigkeit und/oder Einheitlichkeit der Temperaturverteilung in einem Körper. 2. auch als Homoiothermie oder Warmblütigkeit bezeichnete Fähigkeit von Organismen, ihre Körpertemperatur unabhängig von Schwankungen der Umgebungstemperatur konstant zu halten.

Homothermie *homothermy*: bezeichnet in der → *Limnologie* den Zustand eines Sees, bei dem der gesamte Wasserkörper eine einheitliche Temperatur aufweist und somit keine thermale → *Schichtung* vorhanden ist. In den → *gemäßigten Breiten* ist dies i. d. R. bei ca. 4 °C der Fall.

homothetisch *homothetic, synthetic*: Gegenteil von → *antithetisch*. H. sind → *Verwerfungen*, deren Sinn der Hauptbewegung, z. B. der einer aufsteigenden → *Scholle* eines Grabenrandes, gleichgerichtet ist (→ *Bruch*).

Horde *horde, tribe*: urtümliche Form der Sozialorganisation von Menschen in Form umherziehender Gruppen, v. a. bei vorstaatlichen Völkern, z. B. → *Jäger und Sammler*.

Höriger *bondsman, villein*: Person, die in ihrer wirtschaftlichen Existenz von einer anderen Person oder einer → *sozialen Gruppe* abhängig ist und meist auch sonstigen Begrenzungen der persönlichen Freiheit unterliegt. In Deutschland war der Begriff H. v. a. an Bauern geknüpft, die persönlich und dinglich von ihrer Grundherrschaft abhängig waren (→ *Leibeigenschaft*) und denen ein Wechsel des Berufs oder Wohnorts untersagt war.

Horizont *horizon (1.), soil horizon (2.), layer (3.)*: 1. Gesichtskreis; die Linie, an der die Erdoberfläche und der Himmel scheinbar aufeinander treffen. Geometrisch ist der H. die Schnittlinie einer auf dem Lot zum Erdmittelpunkt senkrecht stehenden Ebene mit der Himmelskugel. Die tangentiale Ebene auf dem Beobachtungspunkt bildet dabei den scheinbaren H., die Ebene durch den Erdmittelpunkt den wahren H. 2. im Boden ein durch bodenbildende Prozesse entstandener Tiefenbereich mit bestimmten bodenphysikalischen und bodenchemischen Eigenschaften (→ *Bodenhorizont*). 3. in der Geologie bzw. → *Geochronostratigraphie* die kleinste geologische Schicht- und Zeiteinheit, die durch ein → *Leitfossil* oder ein für den H. charakteristisches Gestein definiert ist.

Horizontalaustausch *horizontal: exchange*: in der → *Klimaökologie* der mehr oder weniger horizontal verlaufende Transport von → *Luftmassen*, → *Wasserdampf*, → *Aerosolen* und → *Wärmeenergie*.

horizontale Integration → *Integration*.

horizontale Mobilität *horizontal mobility*:
– Teilaspekt der → *sozialen Mobilität*. Im Gegensatz zur → *vertikalen Mobilität* bezeichnet man als h. M. Bewegungen, die sich zwischen Positionen mit gleichwertigem Status vollziehen, z. B. Berufswechsel innerhalb des gleichen Ausbildungs- oder Gehaltsniveaus.
– gelegentlich wird h. M. auch im Sinne von → *Wanderung* gebraucht. Hier ist jedoch die Bezeichnung → *räumliche Mobilität* korrekter.

Horizontalverschiebung *horizontal fault*: → *Blattverschiebung*.

Hornblende *hornblende, amphibole*: weit verbreitetes gesteinsbildendes → *Mineral* (Gemengteil) vieler → *Magmatite* und → *Metamorphite*, das zur Amphibolgruppe gehört. H. sind kompliziert zusammengesetzte Kettensilikate von glasglänzender grüner bis grünschwarzer Farbe. Sie sind ein wichtiger Indikator für den Metamorphosegrad → *kristalliner* → *Gesteine*.

Hornblendegruppe (Amphibolgruppe) *hornblende/amphibole group*: die Gruppe der weltweit verbreiteten Silikatminerale mit wechselnder chemischer Zusammensetzung (Mg, Fe(II), Fe(III), Al, K, Ca, Na). Die H. ist Hauptgemengteil vieler Gesteine (→ *Hornblende*, → *Silikate*).

Horst *horst*: bei → *Bruchtektonik* entstandene → *Scholle*, die von zwei parallel laufenden → *Brüchen* begrenzt ist und sich gegenüber tektonisch abgesenkten Nachbarschollen erhebt. Sie kann dabei auch nur stehen geblieben sein, während die Nachbarschollen absanken. Ein nur teilweise gehobener H. wird als → *Halbhorst* bezeichnet. H. können auch auf mehreren als auf zwei Seiten von → *Verwerfungen* begrenzt sein.

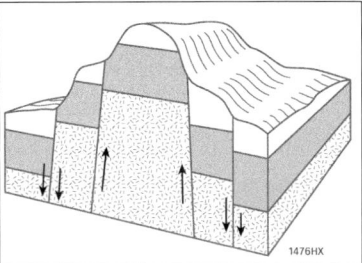

Horst

Horstgebirge *horst mountain, rift-block mountain*: Typ des Bruchschollengebirges (→ *Bruchscholle*), das allseits oder an mehr als zwei Seiten von → *Brüchen* umgeben ist und entlang dieser herausgehoben wurde, z. B. Harz, Thüringer Wald, Sudeten und Kastilisches Scheidegebirge.

Hortisol *Hortic Anthrosol*: in der → *deutschen Bodensystematik* (→ *KA5*) ein durch intensive Gartenkultur, d. h. häufigen Aufbringen von → *organischer Substanz*, intensive Bearbeitung und tiefes Umgraben, entstandener Boden mit einem erhöhten Gehalt an organischer Substanz im Oberboden. Durch Anregung der → *biologischen Aktivität* Entstehung eines mächtigen biogen durchmixten humosen Horizontes.

Horton'scher Oberflächenabfluss *Horton overland flow*: flächenhafter Abfluss von Niederschlagswasser am Hang, wenn die Niederschlagsintensität die Infiltrationsrate des Wassers in den Boden übersteigt. Außer von der Niederschlagsintensität hängt die Infiltrationsrate von der Hangneigung, dem Substrat (hier vor allem vom Anteil der Grobporen am → *Porenvolumen*) und der Vegetationsbedeckung ab. Beim H. O. sind im Boden noch luftgefüllte Poren vorhanden, die im Prinzip das Wasser dränen könnten, es wird also Wasser infiltriert, jedoch geht die Infiltration langsamer vor sich als die Nachlieferung des Wassers durch Niederschlag. H. O. kann auch durch Schneeschmelze ausgelöst werden, wenn die Nachlieferung des Schmelzwassers die Infiltrationsrate übersteigt. Findet → *Oberflächenabfluss* statt, weil der Porenraum des Bodens komplett wassergesättigt ist, spricht man von Sättigungsabfluss oder → *Dunne'schen Oberflächenabfluss*.

Hostel *hostel*: einfache Beherbergungsstätte, v. a. für → *Rucksacktourismus*, mit einem Standard zwischen → *Pension* und → *Jugendherberge*.

Hot spots *hot spots*: 1. im → *Schalenbau der Erde* lokale, ortsstete und über lange geologische Zeiträume bestehende Aufschmelzungspunkte unterhalb der → *Lithosphäre*. An der → *Erdoberfläche* weist → *Vulkanismus* auf H. S. hin. 2. allgemein auch: Schlagwortbegriff für besonders wichtige oder interessante Lokalitäten oder Sachverhalte. 3. besonders im Zusammenhang mit → *Biodiversität* gebraucht, z. B. für Standorte bzw. Räume mit → *Endemismus* oder solche, wo dieser ein hohes genetisches oder anthropogenes → *Gefährdungspotenzial* aufweist.

Hotellerie *hotel trade, hotel business, hotel industry*: Sammelbezeichnung für diejenigen Betriebe des → *Beherbergungsgewerbes*, die für jedermann offen stehen und erwerbsorientiert arbeiten, insb. Hotels, Gasthöfe und Pensionen. Ihnen stehen die Betriebe der → *Parahotellerie* gegenüber.

Hot-spot-Vulkane (Intraplattenvulkane) ozeanische und festländische → *Vulkane*, die nicht an konvergierenden oder divergierenden Plattengrenzen liegen (→ *Plattentektonik*).

Höttinger Brekzie *Hoetting breccia*: mächtiger, verbackener → *Gehängeschutt* aus alluvialen → *Schuttfächern* und Schutthängen, der zwischen zwei → *Moränen* am Nordhang des Inntales bei Hötting – in der Nähe von Innsbruck – abgelagert wurde. Dieses Sediment aus dem → *Riss-Würm-Interglazial* mit → *fossiler* Flora ist Beweis für die Mehrfachvereisungen und für das Auftreten von → *Warmzeiten* während des → *Pleistozäns*.

HTML Akronym von „Hypertext Markup Language". Textbasierte Auszeichnungssprache zur Strukturierung und Darstellung von Webseitendokumenten. In Kombination mit der Stylesheet-Sprache → *CSS* und der clientseitigen Skriptsprache → *JavaScript* wird HTML häufig in der web-basierten → *Kartographie* eingesetzt.

HTR *high temperature reactor*: → *Hochtemperaturreaktor*.

Hub-and-spokes-System „Nabe-Speichen-System": Transport- und Logistiksystem, das v. a. im → *Luftverkehr* angewandt wird. Zur besseren Auslastung der Kapazitäten werden die Passagiere zunächst im → *Kurzstreckenverkehr* entlang von „Speichen" (spokes) zu Großflughäfen gebracht, die als „Naben" (hubs) dienen, und von dort im → *Langstreckenverkehr* zu anderen „hubs" transportiert, von wo aus sie wieder auf kleinere Flughäfen verteilt werden. Auch die Deutsche Post befördert ihre Sendungen mithilfe von Briefzentren nach dem H.-a.-s.-S..

Huckepackverkehr *piggyback transport*: Güterverkehr, bei dem ein beladenes Transportmittel auf einem anderen Fahrzeug befördert wird. H. wird v. a. mit Lastkraftwagen auf Eisenbahnwagen betrieben, um zeitraubendes und kostspieliges Umladen zu vermeiden.

Hudewald *grazeland in a wood*: eine in Europa bis ins Mittelalter praktizierte Methode der extensiven → *Beweidung* eines Waldstückes, das durch Verbiss des Baumjungwuchses, v. a. durch Rinder, Ziegen und Schafe, ein bis heute vorherrschendes, charakteristisches Waldbild mit großkronigen, alten Bäumen und wenig Unterwuchs (Bebuschung) hervorgebracht hat (z. B. Hudewald auf der Insel Vilm → *Hutung*).

Huerta *huerta*: durch Kanäle und Gräben bewässertes, intensiv genutztes → *Gemüse*- und Obstbauland in den bewässerungsfähigen Gebieten Spaniens, den „vegas".

Hufe *hide*: bäuerliche Besitzeinheit, die sich von einem historischen Ackermaß ableitet. Dieses war Grundlage für die planmäßige Anlage von ländlichen Siedlungen. Die H. hatten an Wegen, Flüssen, Kanälen und Deichen aufgereihte → *Besitzparzellen* (→ *Hufendorf*).

Hufendorf *settlement with farms holding one hide each*: Dorfform mit einer ursprünglich regelhaften Aufreihung der → *Gehöfte* und der daran angeschlossenen → *Hufen* (→ *Marschhufendorf*, → *Moorhufendorf*, → *Waldhufendorf*).

Hufenflur *series of hides*: regelhafter → *Flurformentyp*, der sich aus der Aufreihung von Hufenparzellen (→ *Hufe*) ergibt (→ *Marschhufendorf*, → *Moorhufendorf*, → *Waldhufendorf*).

Hufengewann *uniform division of hides*: Sonderform des → *Gewanns*. Bei der Aufteilung wurde die → *Hufe* als einheitliches Maß zugrunde gelegt.

Hufengewannflur *open country divided into hide-sized strips*: ehemals streng geregelte → *Flur* Mittel- und Ostdeutschlands mit Dreifelderbrachwirtschaft. Die H. ist eine Plangewannflur (→ *Gewannflur*) aus drei großen Langgewannen, in der die (je → *Hof* meist mehreren) → *Hufen* von Bauern im Gemenge lagen.

Hufenschlag *parallel field strips*: gleichlaufendes Parzellenbündel innerhalb eines Streifensystems in der → *Hufenflur*, in dem jeder Siedler eine → *Parzelle* besitzt.

Hufenschlagflur *succession of open field strips*: Sonderform der → *Hufenflur*. Dabei handelt es sich um ein mehrere gleiche Abfolgen des Besitzgemenges (Schläge, → *Hufenschlag*) untergliedertes Streifensystem.

Hügelbeet *raised bed*: ein → *Hochbeet* ohne steile Einfassung und daher schräg abfallend. Es bietet gegenüber einem Hoch- oder → *Flachbeet* etwa ein Drittel mehr Anbaufläche.

Hüllfläche → *Reliefhüllfläche*.

Hülsenfrüchte *pulse, legumes*: Sammelbezeichnung für Früchte der → *Leguminosen*. H. stellen ein wichtiges → *Nahrungsmittel* dar, da sie viel Eiweiß, Stärke und z. T. auch Fette enthalten (z. B. Bohnen, Erbsen, Linsen).

Hum → *Karstturm*.
Human Development Index → *HDI*.
human disaster → *man-made disaster*.
human hazard in der → *Hazardforschung* bezogen → *Naturereignisse* oder → *Katastrophen*, die vom Menschen ausgelöst oder mitausgelöst werden.
Humangeographie (Anthropogeographie) *human geography*: neben der → *Physiogeographie* das zweite große Hauptgebiet der → *Allgemeinen Geographie* und befasst sich mit der räumlichen Organisation menschlichen Handelns. Gegenstand der Forschung sind alle Tätigkeiten des Menschen, die den → *Raum* verändern (z. B. Siedeln, Wirtschaften) oder die durch räumliche Bedingungen beeinflusst werden und sich in direkt oder indirekt zu beobachtenden Strukturen und Prozessen niederschlagen. Die H. beobachtet raumbezogene Aspekte von Gesellschaft vor dem Hintergrund der Wechselbeziehungen zwischen natürlicher Umwelt, kultureller Gestaltung und individuellem Handeln und untersucht die Beziehungen, Abhängigkeiten und Unterschiede zwischen → *Regionen* und → *Orten*. Die H. unterteilt sich in viele Teildisziplinen, unter denen traditionellerweise → *Wirtschaftsgeographie*, → *Sozialgeographie* und → *Siedlungsgeographie* (insbesondere die → *Stadtgeographie*) die größte Bedeutung haben.
Humanisierung der Arbeit *humanization of labour*: Programm zur menschengerechten Gestaltung der Arbeitsbedingungen. Durch den Einsatz von Maschinen, neuerdings durch Roboter, wird der Mensch Zug um Zug von Schwerstarbeit (z. B. im → *Bergbau*, in der → *Hüttenindustrie* usw.) befreit. Die H. d. A. durchzusetzen ist Ziel der Gewerkschaften, in jüngerer Zeit auch das von politischen Parteien.
Humanistische Geographie *humanistic geography*: Betrachtungsweise der → *Humangeographie*, die sich v. a. als Gegenbewegung zur → *Quantitativen Geographie* im angelsächsischen Raum entwickelte. Die H. G. versucht, in bewusster Abkehr von jedem Versuch wissenschaftlicher Wertfreiheit, das raum-zeitliche Handeln der Menschen innerhalb ihrer → *sozialen Gruppen* vor dem Hintergrund von Geisteshaltungen, moralischen Wertvorstellungen usw. verstehend zu analysieren. Es wird aber „die soziale Organisation des Raumes" als „die räumliche Organisation der Gesellschaft" untersucht.
humanitäre Hilfe *humanitarian aid*: Maßnahmen z. B. im Nachgang von → *Katastrophen*, die die Not von Menschen lindern soll, z. B. Zelte, Trinkwasser, Nahrung und medizinische Versorgung.
Humankapital *human capital*: personengebundenes → *Wissen* (Know-how), das im → *Produktionsprozess* Eingang findet und sich in den Köpfen der Mitarbeiter befindet. Mithilfe des H. wird die Produktionskapazität einer → *Volkswirtschaft* vergrößert (→ *lernende Region*).
Humanökologie *human ecology*: eine interdisziplinäre wissenschaftliche Disziplin, deren Forschungsgegenstand die Wirkungszusammenhänge und Interaktionen zwischen Gesellschaft, Mensch und Umwelt sind. Ihr Kern ist eine ganzheitliche Betrachtungsweise (→ *Holismus*), die physische, kulturelle, wirtschaftliche und politische Aspekte einbezieht. Anders als die → *Politische Ökologie*, die Umweltprobleme als ein Resultat von sozialen Praktiken versteht, sind Umweltprobleme in der H. das Ergebnis von → *Überbevölkerung*, zu viel und falsch eingesetzter Technologie und unangemessener Bewirtschaftung. Der Begriff H. stammt ursprünglich von den soziologischen Arbeiten der Chicago-Schule um 1920 und verbreitet sich seitdem als Forschungsperspektive in den Natur-, Sozial- und Planungswissenschaften sowie in der Medizin (→ *humanökologisches System*).
humanökologisches System *human ecological system*: der Gegenstand der → *Humanökologie*, überwiegend repräsentiert durch → *anthropogene* → *Strukturen* und → *Prozesse*, repräsentiert durch ein gewachsenes Zusammenleben von Bevölkerungsgruppen unterschiedlicher Kultur, Geschichte, Sprache, ethnischer bzw. religiöser Zugehörigkeit. Die h. S. umfasses sowohl symbiotische Strukturen (→ *Symbiose*) als auch in friedlicher Koexistenz miteinander lebende, jedoch nicht aufeinander angewiesene Gruppen. Das durch beide Funktionsweisen charakterisierte humanökologische → *Gleichgewicht* kann gestört oder verändert werden, z. B. durch → *Migration*, Bürgerkriege, Krankheiten bzw. → *Epidemien*, Pogrome, soziale und administrative bzw. politische Pressionen.
Humanressourcen *human resources*: Gesamtheit des Wissens und der Fähigkeiten der Menschen in einem Raum. H. werden nicht notwendigerweise im → *Produktionsprozess* genutzt (→ *Humankapital*), sondern umfassen auch die Produktion, Allokation und Verteilung von Wissen.
humid → *humid*: Bezeichnung für ein Klima, in dem die gesamten Niederschläge eines Jahres höher sind als potenzielle Verdunstung. Es gilt also die Beziehung Verdunstung < Niederschlag. Unter h. Bedingungen fließt ein Teil des Niederschlagswassers oberflächlich ab, versickert ins Grundwasser und speist die ständig wasserführenden Flüsse. Man unterscheidet – vollhumid (10 bis 12 humide Monate, z. B. innere Tropen und große Teile der gemäßigten Breiten) und – semihumid (6

bis 9 humide Monate). Gegensatz von h. ist arid.

Humidität *humidity*: der Grad der Feuchte eines Gebietes im Sinne eines mehr oder weniger großen Niederschlagsüberschusses im Verhältnis zur Gesamtverdunstung. Die H. wird – wie das Maß der Trockenheit, die → *Aridität*, – mithilfe verschiedener Formeln auf der Basis von Monats- und/oder Jahresdurchschnittswerten von → *Niederschlag* und → *Temperatur* näherungsweise bestimmt. Die daraus gewonnenen Indizes des H.-Grades (oder Ariditätsgrades) heißen je nach Verfahren → *pluviometrischer Koeffizient*, → *Ariditätsindex*, → *Regenfaktor*, pluviothermischer Quotient.

Humifizierung *humification*: im Mechanismus der Zersetzung der abgestorbenen organischen Substanz im Boden der Teilprozess der Huminstoffbildung. Die H. ist ein biochemischer Prozess, bei dem Spalt- und Zwischenprodukte der aus dem Zellverband freigesetzten organischen Stoffe (Proteine, Kohlenhydrate, Pektine, Zellulose, Lignine, Gerbstoffe, Fette) zu den hochmolekularen, stabilen → *Huminstoffen* zusammentreten. Das Ausmaß der H. hängt stark von den Standortbedingungen ab. Sie wird durch ungünstige Lebensbedingungen (Wassermangel, Wasserüberschuss, Luftarmut, niedrige Temperaturen, saures Milieu, schwer zersetzbare Substanz), welche den vollständigen Abbau der organischen Substanz durch Mikroorganismen hemmen, gefördert.

Humifizierungsgrad *humification: degree*: das Ausmaß der Umwandlung der abgestorbenen pflanzlichen Substanz in → *Huminstoffe*.

Huminsäuren *humic acids*: Gruppe der → *Huminstoffe* von brauner bis schwarzer Farbe, mittlerem Säurecharakter und relativ hohem Stickstoffgehalt. Chemisch sind sie als diejenigen Huminstoffe definiert, die in kalter Natronlauge löslich, mit starker Salz- oder Schwefelsäure aber wieder fällbar sind. Sie entstehen im Gegensatz zu den Fulvosäuren vorwiegend biotisch (d.h. durch die Tätigkeit der Bodenorganismen) in schwach sauren nährstoffreichen Böden. Sie bilden mit Calcium schwerlösliche Calciumhumate (Kalkhumate), die eine stabile Krümelstruktur ergeben.

Huminstoffe *humic substances*: braun bis schwarz gefärbte, hochmolekulare organische Stoffe kolloider Größenordnung (< 2 µ), deren vielfältige Zusammensetzung im Einzelnen nicht definierbar ist. Es handelt sich immer um Mischpolymerisate mit saurem Charakter. Die H. lassen sich nach Farbe, Polymerisationsgrad, C- und N-Gehalt und Löslichkeit in drei grobgefasste Stoffgruppen gliedern: → *Fulvosäuren*, → *Huminsäuren* und Humine. Die H. haben eine sehr große spezifische Oberfläche und können Ionen und Wassermoleküle austauschbar anlagern. Sie erfüllen deshalb bei der Nährstoffsorption und Wasserbindung eine bedeutsame Funktion. Daneben beeinflussen sie die Gefügebildung und wegen ihrer dunklen Farbe auch den Wärmehaushalt der Böden.

Humolithe *humoliths*: → *organogene Ablagerungen* („Biolithe") pflanzlicher Herkunft, die überwiegend in → *humiden* Klimaten entstehen, z.B. → *Braunkohle* oder → *Torf*.

Humositätsgrad *humification index*: der mithilfe der Quetschmethode nach L. von Post in einer zehnstufigen Skala beschriebene Zustand von Torfen. Der H. spiegelt das Ausmaß der → *Humifizierung* des Torfes und seine physikalisch-chemischen Eigenschaften wider.

Humus *humus*: die Gesamtheit der abgestorbenen organischen Bodensubstanz, welche aus mehr oder weniger zersetzten, umgewandelten und neugebildeten Stoffen pflanzlicher und tierischer Herkunft besteht. Je nach dem Zersetzungsgrad der beteiligten Stoffe, dem Anteil der Substanz, die vollständig abgebaut wird (→ *Mineralisierung*), ist der H. sehr verschieden zusammengesetzt und mengenmäßig angereichert. Bei hohen Abbauraten und guter Bodendurchmischung durch Bodenlebewesen und Bodenbearbeitung sind die verbleibenden H.-Stoffe vollständig mit dem Mineralboden vermischt (Humusform: → *Mull*). Bei gehemmtem Abbau infolge ungünstiger Wasser- und Durchlüftungsverhältnisse, niedrigen Temperaturen, Nährstoffarmut usw. wächst H. im Mineralboden oder als → *Auflagehumus* über dem Mineralboden an. In Abhängigkeit von allen diesen Vorgängen entwickeln sich typische → *Humusformen*. Der H. erfüllt durch sein Wasserhaltevermögen, seine gefügestabilisierende Wirkung und seine Fähigkeit zur Nährstoffbindung und -nachlieferung zentrale standort-ökologische Funktionen. So wird Stickstoff fast nur und Phosphor zu einem wesentlichen Anteil aus dem H. nachgeliefert. Die Humusdecke bindet auch Schadstoffe und beeinflusst damit das → *Filter-, Puffer- und Transformationsvermögen des Bodens*.

Humusakkumulation *humus accumulation*: die Anreicherung von organischer Substanz in Lagen über dem Mineralboden (→ *Auflagehumus*) oder als Humusstoffe im Mineralboden selbst und mit diesem vermischt. H. über dem Mineralboden resultiert, wenn die jährliche Streunachlieferung größer ist als die → *Mineralisierung*. Der Streuabbau verzögert sich bei schwer zersetzbarer → *Streu*, nährstoffarmem Boden, kühlem Klima, ausgedehnten Trockenzeiten, allgemein kurzer → *Vegetationszeit* und häufiger Nässe. Die H. im Ah-Horizont carbonatischer Böden resultiert aus Trockenheit oder Nässe oder aus einer Kombination langer Kälte- und Trockenphasen (→ *Tschernosem*).

Humusauflage *organic layer*: → *Auflagehumus*.

Humuscarbonatboden *Rendzina*: Bodentypenbezeichnung für die skelettreichen, meist flachgründigen → *Rendzinen* auf harten Kalken oder Kalkschutten.

Humusform *humus form*: charakteristische Erscheinungsform des Humuskörpers des Bodens, die sich aus der Zusammensetzung (Zersetzungsgrad, Huminstoffanteil) und dem Anteil der Humussubstanz in einer Abfolge unterschiedlich entwickelter Lagen ergibt. Nach dem dominierenden Einfluss des Wassers für die Humusentwicklung werden → *terrestrische* (→ *Mull*, → *Moder*, → *Rohhumus*), → *semiterrestrische* (→ *Anmoor*, → *Torf*) und → *subhydrische* H. (→ *Dy*, → *Gyttja*, → *Sapropel*) unterschieden.

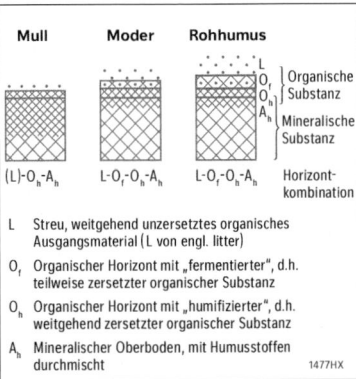

Humusform

Humuspodsol wichtiger Subtyp des Bodentyps → *Podsol* mit vorherrschender Huminstoffverlagerung und Anreicherung im → *Unterboden*.

Hundstage *dog days*: volkstümlich für → *Hitzetage*, die in Mitteleuropa mit einer gewissen Regelmäßigkeit in der zweiten Hälfte des Monats Juli auftreten.

Hunger *hunger*: auf durch mangelhafte Bereitstellung von → *Grundnahrungsmitteln* zurückzuführende chronische → *Unterernährung* (→ *Mangelernährung*). H. ist das deutlichste Sichtbarwerden von → *Armut*, das gegen das Recht auf Nahrung sowie Leben und Menschenwürde verstößt. H. verursacht eine mangelnde körperliche und geistige Leistungsfähigkeit und gesundheitliche Schäden. Weltweit leiden mehr als eine Milliarde Menschen an Hunger (ein Siebtel der Weltbevölkerung).

Hungergebiet *famine area*: Raum, in dem die Bevölkerung ständig oder häufig aufgrund von Nahrungsmittelmangel unterernährt ist (→ *Hunger*, → *Unterernährung*). Die Ursache für das Entstehen von H. liegt v. a. in ungenügend leistungsfähiger Landwirtschaft, einer im Vergleich zu den natürlichen Verhältnissen und agrarischen Möglichkeiten zu hohen → *Bevölkerungsdichte* und/oder Kapitalmangel, der den Import von Nahrungsmitteln verhindert.

Hungerquelle (Hungerbrunnen) *intermittent spring*: → *Quelle*, die nur nach reichlichen Niederschlägen Wasser führt (→ *Karst*, → *Karstwasser*).

Hungerstein *famine rock, large rock only visible at very low water*: Steine und/oder Felsen in Flussbetten, die bei → *Niedrigwasser* während trockener Jahre sichtbar werden. Die volkstümliche Bezeichnung bezieht sich auf die während Dürrezeiten geringen Wasserführung und die daraus resultierende drohende Missernte und Hungersnot. Die H. sind, wie auch die → *Hungerquelle*, typisch für die → *Karstlandschaft* und das → *Karstwasser*, gelten aber auch für nichtkarstische Fließgewässer (→ *Karst*).

Hurrikan *hurricane*: → *tropischer* → *Wirbelsturm* mit Windstärken über 12. Die langlebigen und relativ engräumigen H. entstehen in den meisten Fällen vor der Nordküste Südamerikas oder vor Westafrika und ziehen in gebogener Bahn über die Karibische See ins Gebiet der SO-Staaten der USA, wo sie v. a. im Küstengebiet große Schäden anrichten können. Auf dem Festland verlieren sie ihre Intensität rasch und lösen sich in der → *Westwinddrift* auf. Die Frequenz der H. ist in den Übergangsjahreszeiten am größten.

Hütte *hut (1.); iron/steel works (2.)*: – einfache feste → *Behausung* bei der Wände und Dach eine bauliche Einheit darstellen. Je nach der Konstruktionsform unterscheidet man verschiedene H.-Typen (z. B. Kuppel-H., Kegeldach-H., Giebeldach-H., Spitzbogen-H., Tonnen-H.). – Unternehmen im Bergbau, z. B. Eisenhütte, Metallhütte (Hüttenindustrie).

Hütte

Hüttenindustrie *metal/metallurgial industry*: → *Industriezweig*, der sich mit der → *Verhüttung* von Eisen und anderen Metallen befasst. Dazu zählen die Arbeitsvorgänge an → *Hochöfen* bzw. Schmelzöfen, Stahl- und Walzwerken. Je nach → *Rohstoff* spricht man im Falle von Eisen von Eisen-H., bei → *Nichteisenmetallen* von Metall-H..

Hüttensiedlung *shacks, hutted settlement*: → *Siedlung*, die aus einfachen Behausungen, i. d. R. aus → *Hütten*, besteht. Als H. werden u. a. die randstädtischen → *Elendsviertel* in den so genannten → *Entwicklungsländern* bezeichnet (→ *Bidonville*, → *Barriada*, → *Favela*).

Hutung *rough pasture*: qualitativ weniger gutes Weideland in meist ungünstigen Hanglagen. Die vorwiegend in Gemeinschaftsbesitz befindliche H. ist nicht eingezäunt und wird als Magerweide nur unregelmäßig mit Vieh bestockt.

hybride Frage *hybrid question*: → *Fragentyp* der empirischen → *Sozialforschung*; teiloffene Frage, die die Möglichkeit bietet, zusätzlich zu den zuvor definierten Antwortvorgaben (→ *Antwortkategorien*), auch offene Antworten zu erfassen (→ *offene Frage*, → *geschlossene Frage*).

hybride Systeme *hybrid systems*: in → *Geo-* und → *Biowissenschaften* jene → *Systeme*, in denen neben Naturfaktoren (→ *Geoökofaktoren*) auch soziale und ökonomische Prozesse bzw. Kräfte wirken. Letztlich handelt es sich um eine integrative Betrachtungsweise des komplexen → *Wirkungsgefüges* → *Landschaft* (→ *Geographische Realität*). Beispiele für h. S: das → *Modell der Territorialstruktur*, ebenso das → *Landschaftsökosystem*, wenn es das → *Anthroposystem* als eines der Hauptsysteme enthält.

Hybridität *hybridity*: in den Sozialwissenschaften, insb. im → *Postkolonialismus* ein Begriff zur Bezeichnung von neuen Handlungs- und Denkmustern, die sich aus Situationen kultureller Überschneidung ergeben, d. h. wenn teilweise sich widersprechende Denkinhalte und Logiken aus unterschiedlichen kulturellen, sozialen oder religiösen → *Lebenswelten* neu zusammengesetzt werden.

Hydratation (Hydration, Hydratisierung) *hydration*: Wasseranlagerung im Kristallgitter. Die → *Mineralien* quellen, doch es erfolgt keine erkennbare chemische Umwandlung, sondern lediglich Gefügelockerung und ggf. Sprengwirkung im Gestein. Die H. tritt als Prozess fast überall auf der Erde auf, also ohne wesentliche Klimaabhängigkeit, und spielt bei der → *Hydratationsverwitterung* eine Rolle. Da keine chemische Umwandlung erfolgt, ist die H. weder eindeutig der → *physikalischen*, noch der → *chemischen Verwitterung* zuzuordnen.

Hydratationsverwitterung *hydration weathering*: durch Anlagerung von Wasser im Kristallgitter oder auf der Kristalloberfläche eines Minerals wird eine Vergrößerung des Volumens bewirkt. Durch diese Volumenszunahme kann entweder eine Sprengwirkung im Gestein verursacht werden, oder aber das Kristallgitter des Minerals aufgelockert werden. Ersteres wäre eine → *physikalische Verwitterung*, zweiteres eine → *chemische*, obschon auch dabei die chemische Zusammensetzung des Ausgangsmaterials nicht verändert wird. H. setzt in Gesteinshohlräumen bzw. Rissen und → *Spalten* an und schreitet nach dem Prinzip der Selbstverstärkung fort. Makroskopisch äußert sie sich im Zerfall zunächst fester Gesteine, v. a. silikatischer. Die H. bildet somit die erste Stufe der → *Silikatverwitterung*.

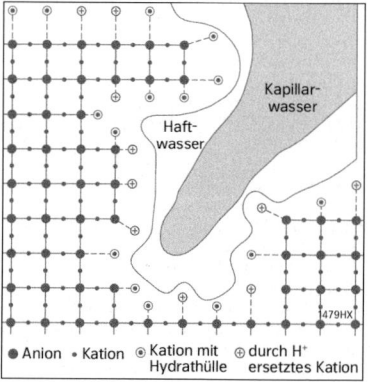

Hydratationsverwitterung

Hydration → *Hydratation*.
Hydratisierung → *Hydratation*.
Hydratur *hydration*: Wasserzustand der Pflanze bzw. irgendeines physiologischen Systems, der ausgedrückt wird im Dampfdruck-Sättigungsdruck-Verhältnis des wasserhaltigen Systems. Die H.-Veränderungen der Pflanzen werden durch die Standortbedingungen verursacht.

hydraulische Leitfähigkeit *hydraulic conductivity*: die Eigenschaft von Gesteinen, Lockersedimenten und Böden, unter bestimmten Druckverhältnissen für Wasser durchfließbar zu sein. Dabei fließt das Wasser in porösem Material laminar; in unregelmäßig klüftigen Festgesteinen herrscht dagegen oft turbulente Strömung. Das laminare Fließen verhält sich nach dem Gesetz von Darcy (→ *Darcy-Gleichung*, → *Durchlässigkeitsbeiwert*).

hydraulischer Gradient (Grundwassergefälle) *hydraulic gradient*: in einem in Fließbewegung befindlichen Grundwasserkörper das Verhältnis zwischen dem Höhenunterschied zweier Punkte und der Fließstrecke, also das Gefälle der Grundwasseroberfläche.

Hydrobilanz *hydrobalance, hydrological budget*: 1. generell eine Bilanzierung der Wassermengen und -formen im → *Wasserkreislauf*. 2. im engeren Sinne eine Bilanzierung des Wassers im → *Geoökosystem* bzw. des → *Hydrosystems* oder → *Hydroökosystem*.

Hydrochore *hydrochore*: → *heterogenes* landschaftliches Areal höherer Ordnung, welches aufgrund seines allgemeinen → *Wasserhaushaltes* ausgeschieden wird. H. bestehen aus einem typischen Muster von → *Hydrotopen*, in denen → *Hydrosysteme* bzw. → *Hydroökosysteme* aktiv sind. Die Eigenschaften der H. weichen bei ökologisch verschieden ausgestatteten → *Landschaften* voneinander ab. Im Allgemeinen werden H. durch eine dominierende Wasserform im → *Boden* und → *oberflächennahem Untergrund* sowie bestimmte, großklimatisch vorgegebene Niederschlags- und Verdunstungsmengen definiert.

Hydrogeographie *hydrogeography*: Teilgebiet der → *Physiogeographie*, welches sich mit den Erscheinungsformen des Wassers als Bestandteil der → *Landschaftsökosysteme* der Landschaften auf der Erde befasst. Die H. basiert auf hydrologischen Gesetzmäßigkeiten und betrachtet → *Wasser* und Gewässer als Ganzheit und als integrierten Teil von → *Landschaften*, also auch die → *Wechselwirkungen* mit der → *Umwelt* (einschließlich des Menschen). Die Betrachtungen ordnen sich größenordnungsmäßig zwischen dem → *Wasserhaushalt* der Erde und den → *Hydroökosysteme* der Landschaften an.

Hydrogeologie (Geohydrologie) *hydrogeology*: Teilgebiet der → *Geologie* und → *Hydrologie*, welches die Erscheinungen des → *unterirdischen Wassers* und deren Zusammenhänge v. a. mit den Gesteinskörpern des → *Tieferen Untergrundes* untersucht. Vorkommen, Eigenschaften und Verhalten des → *Grundwassers* und der damit zusammenhängenden → *Quellen* stehen im Mittelpunkt.

Hydrographie *hydrography*: übernimmt innerhalb der → *Hydrologie* die Beschreibung, quantitative Darstellung und Ausmessung offener Gewässer, einschließlich deren Kartierung für ihre Nutzung als Wasserstraßen.

Hydrolakkolith (Taryn) *frost heaved mound, frost mound*: Aufeishügel im Gebiet des → *Permafrostbodens*, der verschiedene Namen tragen kann, z. B. → *Palsa* (Schweden, Finnland), → *Thufur* (Island) oder → *Naledj* bzw. → *Taryn* (Russland).

Hydrologie *hydrology*: die Wissenschaft von den naturgesetzlich bestimmten Erscheinungsformen des → *Wassers* über, auf und unter der Erdoberfläche, dabei sein Vorkommen, seine Zirkulation und Verteilung, seine chemischen und physikalischen Eigenschaften sowie die → *Wechselwirkungen* mit der → *Umwelt* (einschließlich des Menschen) erforschend.

Hydrologische Grundgleichung *hydrogeological equation*: die für lange Zeiträume gültige Wasserbilanzgleichung N = A + V (Niederschlag = Abfluss + Verdunstung, → *Wasserbilanz*, → *Wasserhaushaltsgleichungen*).

hydrologische Hauptwerte → *Gewässerkundliche Hauptwerte*.

hydrologische Karte *hydrological map*: → *thematische Karte*, in der Eigenschaften des Oberflächenwassers der Erde dargestellt sind. Zu den dargestellten Eigenschaften gehören die Beschaffenheit, Verteilung und Dynamik. Spezifische Ausprägungen h. K. sind z. B. Flusskarten, limnologische Karten und Gletscherkarten.

hydrologischer Kreislauf → *Wasserkreislauf*.

Hydrologisches Jahr → *Abflussjahr*.

hydrologisch-glaziologische Naturgefahren *hydrological-glaciological perils*: gemäß der → *ISDR* alle → *Naturgefahren* der → *Hydrosphäre* und → *Kryosphäre*. Dazu gehören Überschwemmungen, Sturzfluten, Gletscherabbrüche (Gletschersturz), Durchbrüche von Gletscherseen, Schmelzen des Permafrostes, Frosthub und Schneelawinen (→ *biologische Naturgefahren*, → *extraterrestrische Naturgefahren*, → *geologisch-geomorphologische Naturgefahren*, → *glaziologisch-kryosphärische Naturgefahren*, → *marin-litorale Naturgefahren*, → *meteorologische Naturgefahren*).

Hydrolyse → *hydrolytische Verwitterung*.

hydrolytische Verwitterung *hydrolytic weathering*: die h. V. beginnt mit der Anlagerung von Wassermolekülen an Grenzflächen von Kristallen (→ *Hydratation*). Die Kationen werden dabei isoliert und ein freiwerdender Ladungsplatz durch Protonen ersetzt (bei Salzen: Bildung einer Hydrathülle). Anschließend folgt die Reaktion mit H$^+$ und OH$^-$-Ionen des Wassers (Hydrolyse). Die h. V. ist der häufigster und wichtigster Prozess der chemischen Verwitterung.

Hydromechanik (Hydrodynamik, Hydraulik) *hydromechanics, fluid mechanics, mechanics of liquid*: 1. Wissenschaft vom Gleichgewicht und der Bewegung von Flüssigkeiten im Hinblick auf praktische Zwecke. 2. die v. a. als Angewandte H. betriebene H. wird auch Hydrodynamik oder Hydraulik genannt. Sie beschäftigt sich mit den Gesetzen des fließenden Wassers in oberirdischen und unterirdischen Anlagen des Wasserbaus (z. B. Abfluss unter Druck, Rohr-, Gerinne- und Grundwasserhydraulik).

Hydromelioration *hydromelioration*: auf das Wasser bezogene → *Melioration* von → *terrestrischen*, → *semiterrestrischen* und → *aquatischen Ökosystemen* durch Regulierung des Oberflächen- und/oder → *Bodenwassers*. Die H. umfasst überwiegend kulturtechnische Maßnahmen, z.B. Veränderung der → *Bodenfeuchteregime*, der Bodennässe, der → *Vorflut* bzw. → *Vorfluter*, der → *Bewässerung* und → *Entwässerung*, des → *Hochwasserschutzes* sowie der → *Abwasserbewässerung*.

Hydrometeore *hydrometeors*: die Gesamtheit der Ausscheidungen des → *Wasserdampfes* in der → *Atmosphäre* in flüssiger und fester Phase. Die H. lassen sich in vier Gruppen fassen: 1. Niederschläge, 2. direkte Kondensation an Oberflächen (Tau, Reif), 3. schwebender Wasserdampf (Dunst, Nebel, Wolken), 4. vom Boden aufgewirbelter Schnee (Schneedrift).

Hydrometeorologie *hydrometeorology*: Teilgebiet der → *Meteorologie*, das mit Kenntnissen der → *Hydrologie* arbeitet. Es befasst sich mit dem Wasser in der → *Atmosphäre* (→ *Hydrometeore*) und den Auswirkungen der meteorologischen Elemente (→ *Klimaelemente*) auf den → *Wasserkreislauf* (→ *meteorisches Wasser*).

hydromorph *hydrophytic (1.), hydromorph (2.)*: 1. morphologische Merkmale der → *Hydrophyten*. 2. Böden, die von stagnierendem → *Grund-* oder von → *Stauwasser* geprägt sind (→ *hydromorphe Böden*).

hydromorphe Böden *hydromorphic soils*: die Böden, in denen durch starken Wassereinfluss hervorgerufene Merkmale dominieren. Dazu gehören die durch → *Stauwasser* (→ *Pseudogley*) und die durch → *Grundwasser* (→ *Gley*) geprägten Böden.

Hydromorphie *hydromorphic properties*: die durch → *Stau-* und → *Grundwasser* hervorgerufene Gestaltung der Bodenmerkmale, wozu hauptsächlich Fleckungen (v.a. Rostfleckung), → *Eisen-Mangan-Konkretionen* und → *Marmorierung* gehören.

Hydroökosystem *hydroecosystem*: ein Ausschnitt aus dem Modell des → *Landschaftsökosystems* bzw. des → *Geosystems*, der das → *abiotische* → *Hydrosystem* in Beziehung zum → *Bios* im → *Ökosystem* setzt. Der Begriff geht über den des Hydrosystems hinaus, da er für eine betont holistisch-ökologische Betrachtung des Wassers in der Landschaft eingesetzt wird.

Hydrophyten *hydrophytes*: im weiteren Sinne Wasserpflanzen, soweit sie nicht zum → *Plankton* zu rechnen sind. Zumindest die Überdauerungsorgane befinden sich während ungünstiger Jahresabschnitte im Wasser. Das Wurzelsystem der H. ist meist wenig entwickelt oder kann fehlen, es werden daher Wasserschwimmer und Wasserwurzler unterschieden. Nährstoffe, Sauerstoff und Kohlendioxid werden i.d.R. direkt dem Wasser entnommen. Die H. dürfen nicht mit den → *Hygrophyten* verwechselt werden. (→ *Homoiohydre*).

Hydrosphäre *hydrosphere*: die Wasserhülle der → *Erde*, die ca. 71% der Erdoberfläche bedeckt und damit 2,5 mal so groß ist wie der festländische Bereich. Zur H. gehören v.a. die → *Ozeane* (→ *Meere*) und ihre → *Nebenmeere*. Das Wasser des Festlandes (→ *Seen*, → *Flüsse*, → *Grundwasser*) sowie → *Eis* und → *Schnee*, also das → *Süßwasser*, machen nur einen sehr geringen Anteil (3%) des gesamthaft vorhandenen irdischen Wassers aus; 97% sind → *Meerwasser*. Die H. ist ein ständig im Umsatz befindliches, weit verzweigtes → *System*, das die → *Atmosphäre* und die obersten Bereiche der → *Lithosphäre* durchdringt, das als → *Wasserkreislauf* modelliert wird. Biologisch setzt sich die H. aus drei Lebensbezirken zusammen, dem → *marinen* (→ *Meer*), den → *Binnengewässern* (Süß- bis Salzwasserzustände) und dem → *Litoral* mit → *Brackwässern* an Meeren und → *Binnenseen*.

hydrostatische Grundgleichung *hydrostatic equation*: Gleichung, welche die Druckverhältnisse im vollgesättigten Bereich (alle Poren wassererfüllt) des unter der Erdoberfläche befindlichen Wassers beschreibt. Sie lautet: $\rho w = \rho L + h \cdot dw \cdot g$. Dabei sind ρw = Wasserdruck, ρL = Luftdruck, h = Abstand zur Oberfläche, dw = Dichte des Wassers, g = Erdbeschleunigung (→ *Porengrößenbereiche*).

hydrostatischer Druck *hydrostatic pressure*: 1. jener Druck, der sich in einer ruhenden Flüssigkeit (oder in ruhenden Gasen, d.h. er kann sich auch auf den → *Luftdruck* beziehen) unter dem Einfluss der → *Gravitation* einstellt. Diese statische Größe hängt von der Höhe des Flüssigkeitsspiegels über dem gewählten Messpunkt ab. 2. den h. D. kann man auch auf einen im Wasser lebenden Organismus beziehen, auf dem der Druck lastet. Er ist insofern ein wichtiger Umweltfaktor im Wasser, der z.B. begrenzend auf das Vorkommen höherer Pflanzen und Tiere in der Tiefe wirkt.

Hydrosystem *hydrological system*: die Funktionseinheit der im → *Hydrotop* zusammenwirkenden hydrologischen Prozesse, die von Art und Ausbildung des → *oberflächennahen Untergrundes*, den geomorphographischen Merkmalen des → *Georeliefs* und der Dichte und Struktur der → *Phytomasse* geregelt werden und die zur Herausbildung eines räumlich strukturierten → *Wasserhaushalts* führen. Die Betrachtung des H. erfolgt i.d.R. in der → *topischen Dimension* (→ *Landschaftswasserhaushalt*).

hydrothermale Prozesse *hydrothermal processes*: laufen unter hohen Temperaturen (immer >100°C, meist mehrere 100°) unter Beteiligung von Wasser bei der Bildung von → *Gesteinen* und → *Lagerstätten* ab.

Hydrotop *hydrotop*: 1. die für die hydroökologische und geoökologische Betrachtung relevante kleinste hydrologische Raumeinheit, die von einheitlich verlaufenden und einheitlich gerichteten Prozessen des → *Hydrosystems* bestimmt ist und die demzufolge ein einheitliches Wasserhaushaltsregime aufweist. 2. gegenüber dieser auf die → *Theorie der geographischen Dimensionen* bezogenen Definition unter 1. wird der H. auch allgemeiner definiert. Demzufolge ist der H. ein → *Areal*, welches ein einheitliches, aufgrund von Beobachtungen und Messungen definiertes Wasserhaushaltsregime aufweist, das zugleich durch bestimmte Erscheinungsformen des oberflächlichen und oberflächennahen Wassers (→ *Bodenfeuchte*, → *Grundwasser*, → *Stauwasser*) und durch Menge, Tiefenlage, Schwankungshöhe, jahreszeitlichen Rhythmus und Häufigkeiten von Mittelwerten und Extrema der Wasserformen gekennzeichnet ist. Ein „landschaftsökologischer" H. typisiert demnach die in vielfältiger Abhängigkeit zu allen anderen Geoökofaktoren stehenden Verhältnisse im → *Wasserhaushalt*. Er ist daher ein komplexer Ausdruck der Zustände im → *Landschaftshaushalt* (→ *Landschaftswasserhaushalt*).

Hydroturbation (Peloturbation) *peloturbation*: Quellungsdruck v. a. in Böden der → *sommerfeuchten Tropen*, der auf in Trockenrisse eindringendes regenzeitliches Wasser zurückgeht. Die mächtigen Ah-Horizonte der → *Vertisole* entstehen durch H., die eine tiefgründige Umschichtung und Homogenisierung des Bodenmaterials bewirkt und an der Bodenoberfläche das → *Gilgai-Relief* bildet.

hygrisch *hygric*: „in Bezug auf Feuchte und Niederschläge", „feuchtemäßig". Steht → *xerisch* gegenüber.

hygrische Jahreszeiten *hygric seasons*: die niederschlagsbedingten → *Jahreszeiten* in den → *tropischen Klimaten* (des → *Tieflandes*), in denen der weitgehend ausgeglichene Jahresgang der Temperatur ökologisch weniger wirksam ist. Klimaökologische Kennzeichnungen tropischer Gebiete müssen daher v. a. mit den h. J. vorgenommen werden. I. d. R. erfolgt im Jahresverlauf ein einfacher oder doppelter Wechsel von → *Regen-* und → *Trockenzeiten*.

hygrophil *hygrophilous*: Organismen, die feuchte bis nasse Standorte bevorzugen.

hygrophob *hygrophobic*: Organismen, die feuchte bis nasse Standorte meiden.

Hygrophyten *hygrophytes*: jene Pflanzen → *terrestrischer* → *Ökosysteme*, die ökophysiologisch und morphologisch an feuchte bis nasse, meist schattige Standorte angepasst sind. Oft weisen H. Einrichtungen zur Steigerung der Transpiration auf. Hauptlebensräume bilden die tropischen Regenwaldgebiete (→ *Hyläa*) und die schattigen Bereiche von Laubwäldern der gemäßigten (→ *nemoralen*) Zone. Die H. dürfen nicht mit den → *Hydrophyten* verwechselt werden (→ *Homoiohydre*).

Hyläa *hylea*: → *Biomtyp* des immergrünen tropischen → *Regenwaldes*, der sich durch hohe und regelmäßige Niederschläge, hohe und relativ konstante Temperaturen und eine große Artenvielfalt auszeichnet. Hauptvorkommen liegen im Amazonasgebiet, in Südostasien und Zentralafrika. Der Begriff galt ursprünglich nur für den amazonischen Regenwald, wurde später jedoch auf sämtliche immerfeuchttropische Regenwälder übertragen.

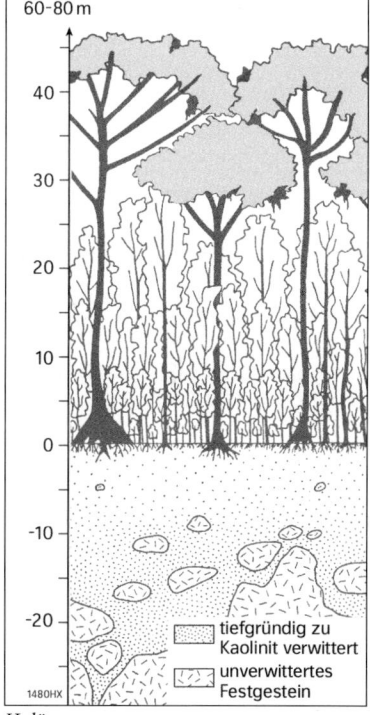

Hyläa

Hyperakkumulatorpflanze (Superpflanze) *hyperaccumulation plant*: Pflanze, die in ihren Blättern so viel → *Schwermetall* speichert, dass man mit ihr Böden entgiften kann

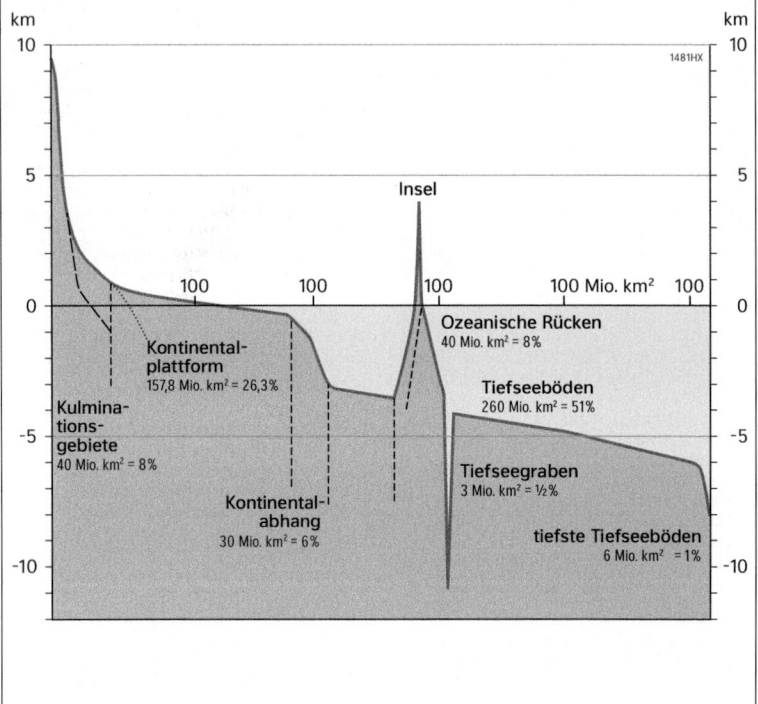

Hypsographische Kurve

($\rightarrow$ *Phytosanierung*) oder mit ihr Rohstoffe gewinnen kann ($\rightarrow$ *Phytomining*).

Hypersalinität *hypersalinity*: überhohe Sättigung des $\rightarrow$ *Meerwassers* mit $\rightarrow$ *Salz* (>50‰ gegenüber 35–36‰ im Mittel). H. besteht z. B. in $\rightarrow$ *Lagunen* mit sehr geringer Wasserdurchmischung in verschiedenen $\rightarrow$ *Klimazonen* der $\rightarrow$ *Subtropen* bei zugleich sehr hoher $\rightarrow$ *Verdunstung*.

hyperspektral *hyperspectral*: Begriff der $\rightarrow$ *Fernerkundung*, der Aufnahmesysteme mit einer sehr hohen $\rightarrow$ *spektralen Auflösung* beschreibt. H. Sensoren erfassen spektrale Signaturen vieler aneinandergrenzender Spektralkanäle mit sehr geringen Spektralintervallen. I. d. R. umfasst ein h. Sensor etwa 16-200 Spektralkanäle. H. Sensoren werden bspw. in der $\rightarrow$ *urbanen Fernerkundung* eingesetzt, um verschiedene Oberflächen- und Bebauungsmaterialien in städtischen Räumen bestimmen zu können. In der $\rightarrow$ *Physischen Geographie* wird h. Fernerkundung u. a. in den Anwendungsfeldern Vegetationskartierung, Gewässermonitoring, Bodenfeuchteüberwachung und Rohstoffprospektion als Methode genutzt.

Hyperurbanisierung $\rightarrow$ *overurbanization*.

hypokristallin *hypocrystalline*: Struktur des $\rightarrow$ *Gesteinsgefüges* der $\rightarrow$ *Magmatite*, die besagt, dass das Gestein zwar größtenteils $\rightarrow$ *Kristalle* enthält, aber auch glasige Gemengeteile, weil die letzten Kristallbildungen in Form von Glas erfolgten.

Hypolimnion *hypolimnion*: der Bereich des kalten $\rightarrow$ *Tiefenwassers* bei sommerlicher Temperaturschichtung in $\rightarrow$ *Seen* der $\rightarrow$ *nemoralen* $\rightarrow$ *Mittelbreiten* mit $\rightarrow$ *Jahreszeitenklima*, welcher durch die $\rightarrow$ *Sprungschicht* ($\rightarrow$ *Metalimnion*) vom erwärmten Oberflächenwasser ($\rightarrow$ *Epilimnion*) getrennt ist.

Hypothese *hypothesis*: ebenso wie die $\rightarrow$ *Theorie* eine Annahme über einen kausalen Zusammenhang ($\rightarrow$ *Kausalität*) von beobachtbaren Phänomenen ($\rightarrow$ *Beobachtung*), jedoch im Vergleich zu diesen „kleinere Sätze", die sich konkret empirisch überprüfen lassen müssen. H. werden eingesetzt, um einzelnen Aspekte einer Theorie oder einer empirischen Untersuchung → *operationalisieren* zu können.

Hypozentrum *hypocentre*: im Erdinneren gelegener Entstehungsort der tektonischen → *Erdbeben*, auch als Erdbebenherd bezeichnet.

Hypsographische Kurve (Hypsometrische Kurve) *hypsographic curve*: stellt die Oberflächenhöhen der Erde (und anderer Planeten) kumulativ als Häufigkeitsdiagramm dar. Die H. K. wird in einem rechtwinkligen Koordinatensystem aufgetragen: Ordinate = Höhen bzw. Tiefen; Abszisse: die diesen entsprechenden Flächen in Prozent und/oder Millionen km^2. Somit gibt die H. K. an, wie viel Prozent der → *Erdoberfläche* jeweils einer bestimmten Höhenlage zugeordnet werden kann. Die Kurve zeigt fünf deutliche, durch Knicke abgegrenzbare Höhenabschnitte, die damit als Groß- und Größtformen ausgewiesen werden können: → *Hochgebirge* (über 2000 m), → *Kontinentalplattform* (200 m bis -200 m), → *Kontinentalabhang* (-200 m bis -4000 m), Ozeanboden (-4000 m bis -6000 m) und → *Tiefseegräben* (unter -6000 m). Der Teil der Kontinentalplattform, der unterhalb des Meeresspiegels liegt, wird als → *Schelf* bezeichnet. Um zu verstehen, wie es zu dieser Höhenverteilung der Erdoberfläche kommt, ist ein Grundverständnis des → *Schalenbaus der Erde* und der → *Isostasie* nötig.

Hypsometrische Kurve → *Hypsographische Kurve*.

Hypsometrischer Formenwandel (Höhengliederung landschaftlicher Erscheinungen) *hypsometric change of forms*: entsprechend der Abnahme der Temperatur mit der Höhe (→ *vertikaler Temperaturgradient*) und – jedenfalls in der Regel – der Zunahme des Niederschlags mit der Höhe ergibt sich eine Differenzierung der landschaftlichen Erscheinungen, die sich in den → *Höhengrenzen* bzw. → *Höhenstufen* der → *Hochgebirge* dokumentieren. Neben dem H. F. → *biotischer Faktoren* (v. a. Vegetation) zeigt sich ein entsprechender Wandel im → *abiotischen* Bereich, z. B. bei Bodenentwicklungs- und Reliefformungsprozessen. Aus dem resultiert eine gesetzmäßige Höhengliederung der landschaftlichen → *Ökosysteme*, die jedoch je nach → *Klimazonen* variiert. In Abhängigkeit vom H. F. des → *Naturraumpotenzials* ergeben sich für den → *Lebensraum* des Menschen unterschiedliche Gestaltungs- und Nutzungsmöglichkeiten, sodass aus der Höhendifferenzierung geographischer Erscheinungen auch im → *Kulturlandschaftswandel* resultiert, dessen Hauptmerkmal die nach oben zunehmende Begrenzungen der → *Ökumene* ist.

I

IATA (International Air Transport Association) die Internationale Luftverkehrsvereinigung. Seit 1945 Dachverband der Fluggesellschaften weltweit zur Förderung der Zusammenarbeit im → *Luftverkehr* und als gemeinsame Interessensvertretung in der globalisierten Wirtschaft. 2017 gehörten dem Dachverband ca. 265 Fluggesellschaften an, die über 90% aller internationalen Flüge durchführen. Die I. kümmert sich u. a. um Tarifgestaltung und Beförderungsbedingungen und aufeinander abgestimmte Flugpläne.

ICAO (International Civil Aviation Organization) die Internationale Zivilluftfahrt-Organisation, eine Sonderorganisation der → *UNO* mit Hauptsitz in Montreal. Ein Zusammenschluss von am zivilen → *Luftverkehr* beteiligten Staaten mit dem Ziel, das Wachstum des globalen zivilen Luftverkehrs zu fördern und die Umsetzung des Flugverkehrs gemeinschaftlich zu regeln.

IDA (International Development Agency) *International Entwicklungsagentur*: 1960 gegründete Tochtergesellschaft der → *Weltbank*. Sie gibt → *Kapitalhilfe* an die ärmsten → *Entwicklungsländer* zu besonders günstigen Konditionen (zinsfrei, Laufzeit 35 oder 40 Jahre, 10 Freijahre, Bearbeitungsgebühr von 0,75% pro Jahr).

ideale Stadtgröße → *optimale Stadtgröße*.

Idealtypus *ideal type*: von Max Weber in die → *Sozialwissenschaften* eingeführtes Konzept der Begriffsbildung. Ein I. stellt ein Gedankenbild oder ideales Leitbild eines Begriffs dar und ist somit ein zielgerichtet konstruierter Begriff, der wesentliche Asepkte der sozialen Realität hervorhebt und teilw. bewusst überzeichnet, mit dem Ziel, Ausschnitte der sozialen Wirklichkeit zu ordnen. Die empirisch erfassbaren Aspekte erreichen i. d. R. den I. nicht, vielmehr dient der I. als Messlatte, an der soziale Geschehen gemessen werden soll.

Identität *identity*: Vorstellung (Konzept) eines Selbst, von einem → *Individuum*, einem → *Kollektiv* oder einer → *sozialen Gruppe*. I. verleiht das Gefühl von Zugehörigkeit und dient als ein Bezugspunkt in dem Verhältnis zwischen Subjekt und dessen Umwelt/Umgebung. Zur Herausbildung von I. werden oftmals Prozesse des → *Otherings* und Konstruktion von „Eigenem" und „Fremdem" herangezogen. In der Sozialgeographie spielt die Frage nach räumlichen I. (im weiteren Sinn von → *Heimat*) eine Rolle.

idiographisch *idiographic*: klassische Unterscheidung in der → *Wissenschaftstheorie* für Forschungsrichtungen, bei denen das Ziel der wissenschaftlichen Arbeit die umfassende Analyse konkreter (d. h. zeitlich und räumlich einzigartiger) Gegenstände ist. Damit verbunden sind i. d. R. Methoden zur Erhebung → *qualitativer Daten*. Aufgrund ihrer landschafts- und länderkundlichen Fokussierung galt die Geographie lange Zeit als eine idiographische Wissenschaft (→ *nomothetisch*).

idiomorph (automorph) *idiomorph[ic]*: mineralische Gemengteile eines → *Gesteins*, welche die ihnen zukommende Kristallform besitzen. I. → *Mineralien* scheiden sich aus der Schmelze des → *Magmas* bei deren Abkühlung aus, sodass sich die Kristallflächen ungestört ausbilden können. Später folgen hypidiomorphe Kristalle, bei denen die Kristallflächen sich nur teilweise ausbilden können. Anschließend folgt die → *xenomorphe* Gesteinsausbildung.

Igapó *igapo*: palmenreicher, praktisch ständig überfluteter → *Galeriewald* um → *Schwarzwasserflüsse*, der vom Fluss meist durch → *Dammufer* getrennt ist und dadurch unter dessen Wasserspiegel liegen kann, mit einer an hoch stehendes → *Grundwasser* angepassten Lebewelt. Standortvariante der amazonischen immerfeuchten tropischen → *Regenwaldes*, der → *Hyläa* (→ *Várzea*, → *Terra firme*).

IGBP → *Internationales Geosphären-Biosphären-Programm*.

Ignimbrit (Schmelztuff) *ignimbrite*: → *Tuff*, der aus Glutaschenwolken entstand und durch Hitze verbacken wurde (→ *Asche*, → *Vulkanismus*).

IHDP → *International Human Dimensions Programme*.

IHK *Chamber of Commerce and Industry*: → *Industrie- und Handelskammer*.

IKT → *Informations- und Kommunikationstechnologie*.

Illuvialhorizont *illuvial horizon*: Bodenhorizont, in den Stoffe eingewaschen und angereichert werden. In → *Parabraunerden* findet als Folge der Tondurchschlämmung eine Anreicherung von Ton im Unterboden statt (Bt-Horizont). In → *Podsolen* führt die sehr starke Mobilisierung und Auswaschung von Eisenoxiden und Humusstoffen zu deren konzentrierten Ausfällung in tieferen Profilteilen (Bs-, Bsh- und Bh-Horizonte). Ein extrem ausgebildetes Beispiel eines I. stellt der → *Ortstein* dar.

Image *image*: das einer Person, einer Gruppe, Sache oder einem Raum zugeordnete Vorstellungsbild, das sich aus der Summe aller Urteile und Vorurteile über das Objekt ergibt. Das I. muss nicht mit den tatsächlichen Verhältnissen übereinstimmen. In der → *Sozialgeographie* findet insb. das I. eines → *Raumes*, einer

→ *Stadt* usw. Beachtung, da es Ursache differenzierten raumwirksamen Handelns → *sozialgeographischer Gruppen* sein kann (z. B. I. einer Tourismusgemeinde; → *Fremdimage*, → *Selbstimage*).

Imagepflege *care for one's image*: Bemühen einer → *Stadt*, Region, Nation ihre Attraktivität gegenüber gewissen Zielgruppen zu festigen und zu erhöhen. I. wird z. B. von → *Tourismuslandschaften* gegenüber gewissen touristischen Zielgruppen oder von Städten gegenüber ansiedlungswilligen Industrieunternehmen betrieben.

imaginative Geographien *imaginative geographies*: der Begriff verweist auf den Zusammenhang von Assoziationen und kulturell bestimmten Vorstellungen, die mit geographischen (Orts-)Angaben verbunden sind und die Handlungen und Diskurse mitbestimmten. Der amerikanische Literaturkritiker Edward Said hat dies beispielhaft am Begriff des „→ *Orient*" herausgearbeitet (→ *Orientalismus*; → *kollektive Stereotype*).

IMF (International Monetary Fund) → *IWF*.

immaterielle Güter → (→ *immaterieller Vermögenswert*) *intangible assets*: Kennzeichen i. G. ist, dass diese körperlich nicht fassbar, aber selbständig bewertbar (wenn auch nicht immer bilanziell aktivierbar) sind. Typische i. G. sind → *Wissen*, Know-How, Marken, Patente, Nutzungsrechte, Produktionsverfahren oder der Kundenstamm (→ *Güter*).

immaterieller Vermögenswert → *immaterielle Güter*.

Immersion (Inundation) *immersion*: sowohl der Zustand als auch die Zeit (Dauer) der Überflutung von Land durch das Meer (→ *Emersion*).

Immigration (Einwanderung) *immigration*: Vorgang der → *Migration*, bei dem Menschen eines Landes in ein anderes Land einwandern und ihren permanenten Wohnort dorthin verlagern. Ursachen dafür können u. a. wirtschaftliche Perspektiven oder Stabilität im neuen Land sein. Dabei leben die einwandernden Personen entweder eher isoliert (z. B. Gastarbeiter in Deutschland), werden zur → *Assimilation* in die nationale Kultur aufgefordert (z. B. USA) oder ihre Kultur soll explizit zu einer gewünschten Multikulturalität im Land beitragen (z. B. Kanada). In der jüngeren Forschung spricht man aufgrund verstärkter I. zunehmend von → *diasporischen* Kulturen, die zwar räumlich zerstreut, aber doch miteinander verbunden sind. (→ *Translokalität*).

Immission *immission, intromission*: allgemein der Eintrag von umweltschädlichen Stoffen oder Einflüssen, z. B. → *Lärm*, in die → *Biosphäre*. 1. Eingabe von Stoffen in gasförmiger, gelöster (mit dem → *Niederschlag*) und fester Form aus der Luft auf die Erdoberfläche oder in die → *bodennahe Luftschicht*. 2. die Einwirkung der → *Emissionen*, also emittierter → *Schadstoffe* auf Mensch, Tier, Pflanze und bauliche Infrastruktur, nachdem in Luft, Wasser und/oder Boden die Schadstoffausbreitung erfolgte, oft verbunden mit chemischen und/oder physikalischen Änderungen der Stoffe.

Immissionsgrenzwerte (MIK-Werte) *immission: limit values*: in der → *TA Luft* enthaltene → *Richtwerte*, die den Begriff → *Emission* lediglich auf das Medium Luft als Transporteur oder Speicher beziehen.

Immissionsmessung *immission measurement*: dauernde oder kurzfristige Erfassung der → *Immissionen* mithilfe stationärer oder mobiler Einrichtungen, um → *Immissionswirkungen* festzustellen und um → *Immissionsschutz* betreiben zu können.

Immissionsschäden im Wald *immission damages in the forest*: im → *Wald* durch gasförmige, flüssige bzw. als → *Staub* oder → *Aerosole* auftretende → *Immissionen* verursachte Schädigungen von Nadeln und Blättern, deren ökophysiologische Funktionen beeinträchtigt werden. Von den → *Immissionswirkungen* sind v. a. die Photosynthese, der Nährstoff- und Wasserhaushalt sowie die Wuchsleistung und Reproduktion der Waldbäume betroffen. Die Widerständigkeit gegen Frost, Trockenheit oder Nässe ist herabgesetzt. Zu den Verursachern von I. i. W. gehören auch → *Saurer Nebel* und → *Saurer Regen*.

Immissionsschutz *immission protection*: alle Maßnahmen, die dem Schutz von Mensch, Tier, Pflanze und materiellen Gütern vor → *Immissionswirkungen* dienen. Der I. vor → *Luftverschmutzung* wird durch die → *TA Luft* geregelt. Viele → *Immissionsgrenzwerte* beziehen sich lediglich auf gesundheitliche Schäden des menschlichen Organismus und berücksichtigen nicht, dass bereits vorher die Ökosystemfunktionen durch die → *Umwelt* gestört sein können.

Immissionsschutzfunktion *immission protection function*: Bestandteil des → *Leistungsvermögens* des Landschaftshaushaltes, gas- und staubförmige Luftverunreinigungen sowie unerwünschte Lärm- und Schalleffekte zu mindern oder abzubauen. Praktisch erfolgt dies durch Ausfiltern der Luftschadstoffe, durch Verdünnung infolge atmosphärischen Transports sowie durch → *Lärmschutz*.

Immissionsschutzpflanzungen *immission protection green, immission protection plantation*: erfolgen, um in der Stadt und der Agglomeration → *Stadtklima* und → *Lufthygiene* zu verbessern durch Filterwirkung der Pflanzen gegenüber → *Staub* und durch Veränderung des lokalen Windfeldes. Angepflanzt werden

Gemische von Laub- und Nadelhölzern. Die Wirkung von I. gegenüber → *Lärm* ist gering. Erst ein 100 m breiter mehrschichtiger, dichter Waldstreifen kann den → *Lärmpegel* um 5 bis 10 dB senken (→ *Dezibel*, → *Staubniederschlag*).

Immissionswirkung *immission effect*: Einwirkung emittierter → *Schadstoffe* als → *Immissionen* auf Mensch und → *Umwelt* in Abhängigkeit von der Stoffkonzentration, den Aufnahmebedingungen in den → *Landschaftsökosystemen* und der Einwirkungsdauer. Die I. gibt man daher als Menge Schadstoff pro Menge Luft, Wasser oder Boden an. Die Werte bezeichnet man als Immissionswerte, die u. a. in → *Immissionswirkungskatastern* aufgenommen und dargestellt werden.

Immissionswirkungskataster *immission [effect] register*: systematische Darstellungen der Verunreinigungen von Luft, Wasser und Boden durch einzelne oder eine Gruppe von → *Schadstoffen*. Dabei werden neben chemischen und physikalischen Messungen auch → *Bioindikatoren* eingesetzt, welche die punkthaften Messungen rationalisieren und auf die Fläche übertragen helfen.

Immobilie *real estate*: zusammenfassende Bezeichnung für eine „unbewegliche Sache", d. h. für ein → *Grundstück*, ein Bauwerk oder eine Wohnung. Statt → *Grundstück* wird auch der Begriff → *Liegenschaft* verwendet, in Österreich heißen I. Realitäten.

Immobilienwirtschaft *real estate industry*: Wirtschaftsbereich, der sich mit der Planung, dem Bau, dem Verkauf oder der Vermietung und der Verwaltung von → *Immobilien* befasst. Dazu gehören private Wohnungsbauunternehmen, → *Wohnungsgenossenschaften*, Vermieter, Makler, Beratungsbüros und öffentliche → *Wohnungsunternehmen* sowie Finanzgeber (z.B. Banken, Versicherungen, Fondsgesellschaften).

Immobilienzyklus *real estate market cycle*: Modell für die zyklische Entwicklung von Immobilienmärkten, die durch eine relativ regelmäßige Abfolge von Phasen eines Überangebotes und eines Nachfrageüberhangs charakterisiert sind. Ursachen des zyklischen Aufs und Abs sind spezifische Eigenschaften von → *Immobilien* und deren Märkten, wie die lange Produktionsdauer (incl. Planung ca. 2 Jahre), die hohe Kapitalbindung und intransparente Märkte. Die Märkte können daher nur zeitverzögert auf Überangebote oder Nachfragedefizite reagieren, z.B. durch Neu-, Umoder Rückbau von Immobilien.

Immobilität *immobility*: Beharren einer Personen in einem einmal erreichten Zustand (z.B. sozialer Status), an einem Wohnort oder generell an einem → *Funktionsstandort* (→ *Mobilität*).

Impaktit *impactite*: Gesteinsglas, das beim Einschlag von → *Meteoren* entsteht und im Gegensatz zu den Tektiten Mineraleinschlüsse aufweist.

Imperialismus-Theorien *theories of imperialism*: Theorien zur Erklärung des → *Imperialismus*. Im Rahmen der entwicklungstheoretischen Diskussion (→ *Entwicklungstheorien*, → *Dependenztheorien*) beschäftigen sich die modernen marxistischen I.-T. mit dem Kapitalismus im Spannungsfeld zwischen → *Industrie-* und → *Entwicklungsländern*. Die I.-T. gehen dabei von der Ausbeutung der Entwicklungsländer durch das ausländische Kapital und die Unausgewogenheit der → *terms of trade* aus.

implizites Wissen (stilles Wissen) *tacit knowledge, implicit knowledge*: → *Wissen*, welches durch Erfahrung und Routinisierung an Personen gebunden ist. Folglich ist eine Weitergabe nur durch zeitaufwändige Lernprozesse sowie i.d.R. durch Kopräsenz möglich (→ *explizites Wissen*).

Import → *Einfuhr*.

Importbeschränkung → *Einfuhrbeschränkung*.

Importquote *import quota*: 1. (Einfuhr) Anteil der → *Importe* am Bruttoinlandsprodukt (→ *BIP*). Bei hoher I. ist die Auslandsabhängigkeit der Inlandsversorgung entsprechend groß. 2. Form eines → *nichttarifären Handelshemmnisses*, bei dem das importierende Land die Importmenge auf ein bestimmtes Niveau beschränkt.

importsubstituierende Industrialisierung *import-substituting industrialization*: → *Industrialisierungsstrategie* mit dem Ziel, → *Importe* durch eigene Industrieprodukte zu ersetzen. Dazu zählt auch die → *Diversifizierung* der Produktionsstruktur. Unterstützt werden kann die Strategie durch den Aufbau von → *Handelshemmnissen*.

Importsubstitution *import-substitution*: Ersatz importierter Produkte (→ *Einfuhr*) durch heimische Erzeugnisse.

in situ *in-situ, indigenous, on the spot, on-site*: an Ort und Stelle gebildet oder umgebildet, an Ort und Stelle vorkommend, an ursprünglicher Stelle; in den → *Geowissenschaften* auch: in natürlicher Lage.

inaktiver Karst *inactive karst*: → *Karst* aus der → *Vorzeit*, der sich unter aktuellen Klimabedingungen nicht mehr weiterentwickelt.

Inbound-Tourismus *inbound tourism*: → *Incoming-Tourismus*, → *Ausländertourismus*.

Incentive-Reise *incentive tour*: in der Tourismuswirtschaft Bezeichnung für eine Reise, die ein Unternehmen für seine Mitarbeiter als Belohnung für besonderen Einsatz in der Firma durchführt. Derartige → *Belohnungsreisen* werden anstelle oder zusätzlich zu einer

Geldprämie als Leistungsanreiz angeboten; sie spielen besonders beim → *Städtetourismus* eine Rolle.

Inceptisols *Inceptisols*: (von *inceptum* [lat.] = Anfang) in der → *US Soil Taxonomy* (2014) schwach entwickelte Böden mit erkennbaren → *Horizonten*.

Incoming-Tourismus *incoming-tourism, inbound-tourism*: 1. i. e. S. jener Teil des → *Tourismus*, der auf einreisende Ausländer als Gäste entfällt. Es handelt sich also um internationalen, d. h. Staatsgrenzen überschreitenden Tourismus aus der Sicht des Ziellandes. Der Begriff wird in diesem Sinn gleichbedeutend mit → *Ausländertourismus* verwendet. 2. i. w. S. wird der Begriff, v. a. von der Tourismuswirtschaft, auch allgemein als Empfang und Aufenthalt von Touristen verstanden, die von auswärts in eine → *Destination* einreisen.

increasing return → *Skaleneffekt*.

Indexierung *indexation*: Bindung nominaler Größen (z. B. Löhne) an bestimmte (Preis-) Indizes (z. B. → *Lebenshaltungskostenindex*), um den realen Wert zu ermitteln.

Indifferenzzone *zone of indifference*: von Fritz Voigt 1960 in die volkswirtschaftliche → *Wachstumstheorie* eingeführte Bezeichnung für eine Region, die von externen Wachstumsimpulsen nicht beeinflusst wird.

indigene Arten *indegenous species*: einheimische Arten.

indigenes Volk *indigenous people, native people*: nationale → *Minderheit*, die sich aus Nachfahren der Erstbesiedler einer Region zusammensetzt, die im Lauf der Geschichte von anderen → *Völkern* unterworfen, häufig aus ihren ursprünglichen Siedlungsgebieten verdrängt und wirtschaftlich, sozial und politisch marginalisiert wurden. Ein i. V. unterscheidet sich durch sprachliche, kulturelle, wirtschaftliche und soziale Andersartigkeit von der Mehrheit der später hinzugekommenen, aber heute als nationale Bevölkerung verstandenen Bevölkerung. Der Begriff ersetzt die früher üblichen Begriffe Ureinwohner, Eingeborene oder Naturvolk, die heute als nicht mehr politisch korrekt gelten.

indigenes Wissen → *traditionelles Wissen*.

Indikator *indicator*: 1. allgemein Zeiger, Anzeiger, Weiser. Der Begriff spielt im Zusammenhang mit → *Bioindikatoren* und → *Zeigerpflanzen* in Bioökologie, Biogeographie und Umweltforschung eine große Rolle. 2. der Einsatz von Elementen oder Verbindungen, die radioaktiv gemacht wurden, sodass sich damit biologische, chemische oder industrielle Prozesse in Organismen, Umwelt, Technik und Ökosystemen leichter verfolgen lassen. Dabei werden → *Radionuklide* eingesetzt, deren → *Strahlung* die Lage und Verteilung des Radionuklids im Objekt anzeigt. 3. Operationalisierung eines empirisch nicht unmittelbar zugänglichen Begriffs (z. B. → *Lebensqualität*, → *Unterentwicklung*), insbesondere in Form von statistischen Merkmalen (→ *Sozialindikator*). In der → *Sozialgeographie* werden als I. solche in der Landschaft sichtbaren oder mit Methoden der empirischen → *Sozialforschung* ermittelbaren Merkmale oder Daten verstanden, mit deren Hilfe man auf indirektem Wege nicht unmittelbar erfassbare Aspekte der Raumstruktur und raumprägende Prozesse ermitteln und analysieren kann. Beispielsweise sind Aufforstungen landwirtschaftlicher Nutzflächen I. für Extensivierungsprozesse der Landwirtschaft oder hohe Anteile an Wahlenthaltungen und Protestwählern I. für sozioökonomische Problemräume.

Indikatororganismen *indicator organisms*: jene Lebewesen, deren Vorkommen oder Fehlen in einem → *Biotop* und dessen → *Ökosystem* bestimmte ökologische Zustände oder Zustandsgrößen anzeigen (→ *Bioindikatoren*).

Indikatorpflanzen → *Zeigerpflanzen*.

indirekter Export *indirect export*: im Gegensatz zum → *direkten Export* wird eine zusätzliche Handelsstufe für die → *Ausfuhr* eingeschaltet. Diese befindet sich z. B. in Form eines Außenhandelsunternehmens im Land des Exporteurs, der seine Tätigkeit auf die reine Bereitstellung der Ware im Inland beschränkt und damit sämtliche Kosten und Risiken (Transport, Kundensuche), die mit einem direkten Export verbunden wären, dem zwischengeschalteten Distributor überlässt. Typisch ist diese Form für klein- und mittelständische Unternehmen (→ *KMU*), die über nur unzureichende ausländische Marktkenntnisse und begrenzte Ressourcen verfügen. Von Nachteil können die Bedarfs- und Marktferne sowie Kosten durch zusätzliche Handelsspannen sein. Zur Anwendung kommt der i. E. v. a. bei problemlosen Seriengütern.

indirekter Import *indirect import*: im Gegensatz zum → *direkten Import* befindet sich im Land des Importeurs ein Zwischenhändler, der die eigentliche Importbeziehung zum Ausland unterhält. Typisch ist der i. I. ist nur sporadischer, breit gestreuter und sich durch schwankende Liefermengen auszeichnender Einfuhrbedarf. Als vorteilhaft erweisen sich die Prüfungsmöglichkeit der Ware am Ort, die Nutzung der Auslandsmarkterfahrung des Zwischenhändlers sowie eventuelle Bündelungseffekte bei der Nachfrage. Von Nachteil sind die zusätzliche Gewinnspanne des Zwischenhändlers, der mangelnde Direktkontakt zum Hersteller sowie die Gefahr einer möglichen Abhängigkeit vom Zwischenhändler.

Indischer Ozean *Indian ocean:* → *Ozean.*
Individualgeographie *geography of individuals:* eine Strömung in der → *Anthropogeographie*, die im Gegensatz zum Selbstverständnis der → *Sozialgeographie*, die Raumwirksamkeit von einzelnen Personen untersucht. Der Ansatz hat allerdings wenig Relevanz in der Geographie.
Individualisierung *individualisation:* zentraler Begriff der → *Soziologie*, der den gesellschaftlichen Prozess eines Übergangs von Fremd- zu Selbstbestimmung von Individuen fasst. Die I. beginnt bereits im 18. Jh. mit der Aufklärung, erhält jedoch im 19. Jh. mit der → *Industrialisierung* und → *Modernisierung* einen deutlichen Schub. Die Industrialisierung und die damit einhergehende → *Arbeitsteilung* sowie die Trennung von Wohnen und Arbeiten führen zu einer Schwächung der familiären Bande (→ *Familie*). Die lohnabhängige Erwerbsarbeit und die Entstehung des modernen Wohlfahrtsstaates ermöglichen erstmals die finanzielle und emotionale Unabhängigkeit junger Familienmitglieder von ihren Familien. Eng mit der I. verbunden ist die Möglichkeit, eigene (individuelle) Entscheidungen zu treffen und ein selbstbestimmtes Leben zu führen. Heute zeigt sich die I. z.B. in den verschiedenen Haushaltsformen (Single-Haushalt, Zweipersonenhaushalt ohne Kinder (→ *DINK*) und in den unterschiedlichen Berufswegen von Familienmitgliedern verschiedener Generationen.
Individualnutzung *individual land use:* im Gegensatz zur Kollektivnutzung (→ *Kollektivwirtschaft*) diejenige Nutzungsberechtigung in der → *Agrarwirtschaft*, bei der die → *Flur* vom einzelnen Landwirt nach den eigenen betrieblichen Zielen bewirtschaftet wird.
Individualtourismus *individual tourism:* von einer Person bzw. → *Familie* oder Kleingruppe individuell durchgeführte Urlaubsreise im Gegensatz zur → *Gesellschaftsreise*. Die Reise kann entweder von einem Reiseveranstalter organisiert worden sein oder aber völlig eigenständig durchgeführt werden.
Individualverkehr *private transport:* jener Teil des → *Personenverkehrs*, der nicht durch → *öffentliche Verkehrsmittel* oder → *Werkverkehr* abgewickelt wird. Beim I. bewegt sich der einzelne mit Fahrrad, Moped, Motorrad oder Personenauto selbstständig fort.
Individuum *individual [person]:* 1. Begriff der → *Biologie*, der ein Einzelwesen beschreibt, das sowohl qualitativ als auch raumzeitlich ein einmaliges Exemplar seiner → *Art* ist. Das I. ist ein substanziell charakteristische Weise abgegrenztes, lebendes Gebilde eigener Gestalt, spezifischer Größe und bestimmter stofflicher Zusammensetzung. Es steht in Wechselwirkung mit seiner → *Umwelt* und wird letztlich von dieser hervorgebracht. Merkmale des I. sind Bauplan, → *Stoffwechsel* und Energiewechsel, Bewegung, Reizbarkeit, Entwicklung, Fortpflanzung sowie Anpassung in bestimmtem Umfang an ein für das I. zuträgliches Milieu (→ *geographisches Milieu*). 2. in der → *Pflanzenökologie* die demographische Zähleinheit. 3. in den → *Sozialwissenschaften* ein einzelner Mensch, der einerseits als Träger von Rechten, Pflichten und Verantwortung und andererseits als Mitglied von sozialen Gruppen sowie in seiner Einbindung in die Gesellschaft von Interesse ist.
Induktion *induction:* ein Verfahren des logischen Schlussfolgerns (→ *Schließverfahren*), bei dem von einem beobachteten Einzelfall auf eine Regel (das Allgemeine) geschlossen wird. I. geht von einer Gleichförmigkeit der Welt aus und ist im Sinne der Logik eigentlich ein ungültiger Schluss, denn ein einziger Fall, der den bisherigen Beobachtungen widerspricht, reicht aus, um die ganze Schlussfolgerung als „induktiven Fehlschluss" zu entlarven. Weitverbreiteter Fehler in den Wissenschaften (→ *Deduktion*, → *Abduktion*).
induktive Statistik → *schließende Statistik.*
industrial estate → *Industriepark.*
industrial farming eine nach industriewirtschaftlichen Prinzipien, d.h. rationell mithilfe moderner → *Agrartechnik* betriebene → *Landwirtschaft* großen Stils. Beim i. f. sind Betriebsgrößen von mehreren 100 ha die Regel (→ *Agribusiness*).
industrial village → *Industriedorf.*
Industrialisierung *industrialization:* Vorgang der Ausbreitung der → *Industrie* und der damit verbundenen Form des rationellen arbeitsteiligen Wirtschaftens. Die I. kann sowohl als historischer Vorgang (→ *Industrielle Revolution*) als auch als gegenwärtig ablaufender Prozess (z.B. in → *Entwicklungsländern*) verstanden werden. Die I. ist ein Vorgang, der sich nicht allein auf den wirtschaftlichen Bereich beschränkt, sondern in starkem Maße soziale Folgeerscheinungen aufweist und zu einer → *Industriegesellschaft* führt.
Industrialisierungsgrad *degree of industrialization:* Ausmaß der in einem Raum erreichten → *Industrialisierung*. Der I. kann mit gewissen Einschränkungen über den → *Industriebesatz* oder die → *Industriedichte* dargestellt werden. Zur Messung des I. in → *Entwicklungsländern* empfiehlt sich die Formel IG = (PKE · IB)/100, wobei IG den Industrialisierungsgrad, PKE das → *Pro-Kopf-Einkommen* und IB den → *Industriebesatz* bezeichnen.
Industrialisierungsindex *index of industrialization:* Index zur Festlegung von Stadien und Typen der → *Industrialisierung*. Der I. wird mithilfe der → *Nettoproduktionswert*-Re-

lation („value added") von Komsumgut- und Kapitalgutindustrie gebildet.

Industrialisierungsprozess *industrialization process*: langfristiger, relativer Wachstumsprozess zunächst des → *sekundären Sektors*, später auch des → *tertiären Sektors*. Der I. wird durch einen im Verhältnis zum Arbeitskräfte- und Bodeneinsatz zusätzlichen und zunehmend überwiegenden Sachkapitaleinsatz bestimmt.

Industrialisierungsstrategie *industrialization strategy*: Handlungskonzept zur → *Industrialisierung* eines Raumes bzw. eines Landes. Die Festlegung der I. hängt davon ab, wie weit die Gebietseinheit bereits wirtschaftlich entwickelt ist und welche → *Ressourcen* vorhanden sind. Die klassischen I., die v. a. in → *Entwicklungsländern* Anwendung fanden, sind → *Importsubstitution*, → *Exportsubstitution*, → *Exportorientierung* und → *Exportdiversifizierung*.

Industrie *industry*: Teilbereich des → *produzierenden Gewerbes* (→ *sekundärer Sektor*), in dem arbeitsteilig unter Einsatz technischer Produktionseinrichtungen und Energie relativ gleichförmig und in großer Menge (Stückzahl) → *Halbfertig*- und → *Fertigwaren* für einen überregionalen Markt erzeugt werden. Durch den technischen Fortschritt (→ *Automatisierung*) sinkt bei zunehmender Leistungsfähigkeit der Bedarf an gering qualifizierten → *Arbeitskräften*.

Industrie- und Dienstleistungsgesellschaft *industrial and service society*: gelegentlich gebrauchte Bezeichnung für die fortgeschrittene Form der → *Industriegesellschaft*, in der der → *tertiäre Sektor* der Wirtschaft (Dienstleistungsbereich) zunehmend das Übergewicht über den produzierenden Bereich gewinnt. Letzterer verliert insbesondere infolge der Automatisierung zunehmend an Bedeutung als Arbeitgeber (→ *postindustrielle Gesellschaft*).

Industrie- und Handelskammer (IHK) *Chamber of Commerce and Industry*: in der Bundesrepublik Deutschland Selbstverwaltungsorganisation der gewerblichen Unternehmen, ausgenommen → *Handwerk* (→ *Handwerkskammer*), Landwirtschaft und freie Berufe, welche die Interessen der gewerblichen Wirtschaft in regional abgegrenzten Bezirken vertritt. Die Dachorganisation der IHK ist der Deutsche Industrie- und Handelskammertag (DIHK). Die Auslandsvertretung erfolgt durch die Deutsche Auslandshandelskammern (AHK) in allen Ländern, die für die deutsche Wirtschaft von besonderem Interesse sind.

Industrie 3.0 (Dritte industrielle Revolution) *industry 3.0*: häufige Bezeichnung für die Entwicklung in der → *Informations- und Kommunikationstechnologie* seit dem Beginn der 1990er-Jahre. Ergebnis ist eine stetig rasch ansteigende Informationsgeschwindigkeit und die damit verbundene Reduzierung von Informationskosten. In der Industrieproduktion schlägt sich diese Entwicklungsstufe in der Ausbreitung der → *Automatisierung* von technischen Prozessen nieder. Die I. 3.0 löst entsprechend komplexe raumwirksame Prozesse aus (→ *Industrie 4.0*).

Industrie 4.0 (Vierte industrielle Revolution, Internet der Dinge) *industry 4.0*: Bezeichnung für die → *Informatisierung* der industriellen Produktionsweise sowie der Logistik durch eigenständige Kommunikation zwischen Maschinen und Anlagen mit dem Ziel einer intelligenten Fabrik (→ *smart factory*). Vorläufer dieser Entwicklung waren die als dritte industrielle Revolution bezeichnete → *Automatisierung* und IT-technische Durchdringung einer → *internet*-basierten Fertigung (→ *Internet der Dinge*).

Industrieabfall *industrial waste*: → *Industriemüll*.

Industrieabwasser *industrial waste-water, industrial sewage, industrial effluent*: alle → *Abwässer*, die bei industriellen Prozessen (Produktion, Verarbeitung) anfallen, mit Ausnahme von → *Kühlwasser*. Oft enthält I. schwer abbaubare organische Stoffe, Öle, Fette, → *Schwermetalle*, Salze, Gifte und ätzende Stoffe. Besonders Chemie-, Textil- und Nahrungsmittelindustrie liefern I. in großen Mengen, meist Vorbehandlungen erfahren, bevor sie in öffentliche → *Kläranlagen* eingeleitet werden. Bei Direkteinleitung von I. in → *Oberflächengewässer* ist mehrstufige Reinigung erforderlich.

Industrieachse *industrial axis*: Aufreihung von → *Industriebetrieben* entlang verkehrssammelnder Landschaftsgrenzen (z. B. Mittelgebirgsrand) oder an Hauptverkehrswegen. Insbesondere bilden sich I. entlang der → *Ausfallstraßen* städtischer Siedlungen.

Industrieansiedlung *industrial settlement*: im Gegensatz zum umfassenderen Begriff der → *Industrialisierung* lediglich der Vorgang der Errichtung von → *Industriebetrieben*. Zu unterscheiden sind neugegründete Hauptbetriebe, verlagerte Hauptbetriebe und Zweigbetriebe. (→ *Industrieförderung*).

Industriearbeitersiedlung *factory/industrial workers settlement*: Wohnsiedlung, v. a. im Bereich der → *Vororte* einer → *Stadt*, die überwiegend von Industriearbeiterfamilien bewohnt wird. I. wurden häufig von Großbetrieben zur Unterbringung ihrer Arbeiter in Werksnähe errichtet (→ *Werkssiedlung*).

Industrieband *industrial corridor*: → *Industriereihe*.

Industriebesatz *industrial density/manning level*: Messziffer zur Beurteilung der Bedeutung der → *Industrie* im Raum. Der I. wird gemessen in Industriebeschäftigten pro 1000 Einwohner (→ *Industriedichte*).

Industriebetrieb *industrial plant/enterprise*: organisatorische Einheit innerhalb der gewerblichen → *Güterproduktion*, die sich der Stoffgewinnung, -veredelung, -bearbeitung und -verarbeitung annimmt.

Industriebrache *industrial fallow*: ehemals industriell genutzte Fläche. Die Industrieanlagen lässt man verfallen oder man baut sie zurück.

Industriebranche → *Industriezweig*.

Industriedichte *industrial density*: Messziffer zur Beurteilung der Bedeutung der → *Industrie* im Raum. Die I. wird gemessen in Industriebeschäftigte pro Quadratkilometer. (→ *Industriebesatz*).

Industriedistrikt *industrial district*: von A. Marshall Anfang des 20. Jh. geprägter Begriff für regionale Produktionsnetzwerke → *kleiner und mittlerer Unternehmen* einer Branche (→ *Netzwerk*). Gründe für den Erfolg der I. sind flexible Spezialisierung und Kooperation der Betriebe, räumliche Nähe, Vertrauen und soziokulturelle Verbundenheit (→ *embeddedness*) sowie ein dichtes Netz sozio-institutioneller Beziehungen und Strukturen. Beispiele gibt es im → *Dritten Italien* (z. B. Schuhe, Keramik, Holzmöbel), aber auch in Deutschland im Raum Albstadt (Wirk- und Strickwaren; → *regionales Milieu*, → *kreatives Milieu*).

Industriedorf *industrial: village*: ländliche, ehemals bäuerlich strukturierte Siedlung, die Standort von → *Industrien* bzw. eines größeren → *Industriebetriebes* geworden ist. Diese neue Funktion im I. bedeutet i. d. R. auch eine Zunahme der Wohnfunktion.

Industriefläche *industrial land*: Fläche, die bei industriellen Einzelstandorten von den jeweiligen → *Industriebetrieben* eingenommen wird. Dazu gehören alle betriebseigenen Flächen, die direkt oder indirekt (Lager-, Parkierflächen) der Produktion dienen. Treten mehrere Industriebetriebe in einem kommunalen → *Industriegebiet* auf, zählen zu den I. nicht nur die Grundstücksflächen der Industriebetriebe, sondern auch Infrastrukturflächen (Verkehrswege, Parkzonen, Trenngrün usw.).

Industrieförderung *industrial development, promotion of industry*: Maßnahmen zur Verbesserung der Bedingungen zur → *Industrieansiedlung* in bisher unzureichend industrialisierten Räumen bzw. Maßnahmen zur Stabilisierung bereits bestehender, aber in ihrer Existenz bedrohter → *Industrien*. Die I. wird i. d. R. im Rahmen staatlicher Programme, die sowohl regional (→ *Fördergebiet*) als auch sektoral (z. B. Mittelstandsprogramm) wirken, betrieben. Darüber hinaus bestehen private Industrieförderungsgesellschaften, die sich um die Ansiedlung von Industrie auf von ihnen verwalteten Flächen (→ *Industriepark*) bemühen.

Industrieformation *industrial formation*: industrieräumliche Einheit, die durch ähnliche Strukturmerkmale und zahlreiche produktionsspezifische Verflechtungen im Raum gekennzeichnet ist (z. B. Montanindustriereviere). I. bilden sich v. a. in monostrukturierten Industrieräumen heraus, wo die industrielle Tätigkeit des Menschen auf ein den Raum deutlich kennzeichnendes Produktionsziel gerichtet ist.

Industriegasse *industrial corridor*: bandartige Verdichtung von → *Industriestandorten* entlang eines Tales. Täler sind Verkehrsleitlinien (Bahn, Straße, Wasser), entlang derer sich die → *Industrie* bevorzugt ansiedelt. Die Nutzung der Wasserkraft hat dort schon früh gewerbliche Ansätze bewirkt. Durch die starke Verdichtung von Industrie und Bevölkerung in I. kann es zu erheblichen Umweltbeeinträchtigungen kommen, denen der → *Raumordnung* durch gezielte Entlastungsmaßnahmen entgegenzuwirken versucht. Ein Beispiel für I. ist das untere und mittlere Filstal im Verdichtungsraum Stuttgart.

Industriegelände *industrial site, trading estate*: Fläche zur Ansiedlung von Industrie und Gewerbe. Das I. ist im → *Bauleitplan* der → *Gemeinde* als Industrie- oder Gewerbegebiet ausgewiesen; es muss verkehrsmäßig so erschlossen werden, dass es für den Schwerlastverkehr zugänglich ist und die Versorgungseinrichtungen (z. B. Wasser, Abwasser, Stromanschlüsse) für → *Industriebetriebe* ausreichend bemessen sind.

Industriegemeinde *industrial community*: Gemeindetyp im Rahmen der → *Gemeindetypisierung*. Die I. zeichnet sich dadurch aus, dass der größte Teil ihrer Erwerbstätigen in der Industrie beschäftigt ist und die Gemeinde selbst eine ansehnliche Zahl an Industriearbeitsplätzen aufweist (→ *Arbeiterwohngemeinde*).

Industriegeographie *geography of industry*: Zweig der → *Wirtschaftsgeographie*. Sie befasst sich mit den → *Lokalisationsformen* und Standortbedingungen, den Organisationsformen, den → *Produktionsprozessen* und den sich daraus ergebenden räumlichen Auswirkungen der → *Industrie*. Ferner untersucht die I. raumwirksame Unternehmerentscheidungen und das räumliche Verhalten der in der → *Industrie* tätigen Menschen.

Industriegesellschaft (industrielle Gesellschaft) *industrial society*: Gesellschaftsform moderner → *Industriestaaten*, in denen das wirtschaftliche und gesellschaftliche Leben weitgehend von nicht-agrarischen Wirtschaftsformen bestimmt wird. Wichtige geographisch relevante Merkmale von I. sind insbesondere: Auflösung traditioneller agrargesellschaftlicher Sozialstrukturen und starke → *soziale Differenzierung*, arbeitsteilige Wirtschaft, Konzentration von Wirtschaft und Bevölkerung in → *Agglomerationsräumen*, Ausbildung urbanisierter Verhaltensweisen und Lebensstile auch im ländlichen Raum.

Industriegrün *industrial green space*: → *Grünflächen* oder Grünelemente, die Industrieanlagen gestalten und in die umgebende Landschaft optisch eingliedern sollen. Außerdem dienen sie dem → *Immissionsschutz*. Je nach Betriebsart und Zweck des I. müssen die Pflanzen rauchhart bzw. industriefest, immergrün und raschwüchsig sein.

Industriegruppe *industrial group*: in der → *Industriestatistik* die Zusammenfassung von → *Industriezweigen* nach der Verwendung ihrer Produkte. So untergliedert die Statistik der Bundesrepublik Deutschland nach vier I.: – Grundstoff- und Produktionsgüterindustrie (Weiterverarbeitung der Produkte), – Investitionsgüterindustrie (Einsatz der Produkte im Wirtschaftsprozess), – Verbrauchsgüterindustrie (Güter des täglichen Lebens für den unmittelbaren Konsum), – Nahrungs- und Genussmittelindustrie (Produkte für die Ernährung).

Industriegürtel *industrial belt*: industrieräumliche Einheit bei einer globalen, d. h. erdumspannenden → *Raumgliederung*. I. sind zonale Konzentrationen der → *Industrie*, etwa in der Form des west- und mitteleuropäischen I. bzw. des industrial belt der USA.

Industriekomplex *industrial complex*: industrielle Standortgruppe auf einem i. d. R. vorgeplanten Areal. Beispiele für I. sind → *Industrieparks*.

Industriekooperation *industrial co-operation*: wirtschaftliche Beziehungen zwischen Industrieunternehmen, die über die üblichen Liefer- und Abnahmebeziehungen hinausgehen. Wichtige Formen der I. sind → *Joint Ventures*, die Erstellung kompletter → *Industriebetriebe* und das → *subcontracting* (z. B. internationale Auftragsfertigung).

Industriekultur *industrial culture*: Kultur des Industrialisierungszeitalters in West- und Mitteleuropa, insbesondere in der zweiten Hälfte des 19. Jh.. V. a. die materielle Kultur jener Zeit wird als I. bezeichnet.

Industrieland (Industriestaat, Industrienation) *industrialized country/state*: im Gegensatz zu → *Entwicklungsländern* Ländergruppe mit einem bedeutenden Anteil der verarbeitenden Industrie am gesamten Wirtschaftsaufkommen, einer lang andauernden Tradition industrieller Produktion, einem weit entwickelten technologischen Niveau sowie einer hohen Effizienz des wirtschaftlichen Systems. Während der Agrarsektor, was seinen Beitrag sowohl zum → *Bruttoinlandsprodukt* als auch zur Erwerbstätigkeit angeht, eine zu vernachlässigende Rolle spielt, nimmt in dieser Ländergruppe die Bedeutung des → *Dienstleistungssektors* ständig zu, sodass die → *Industrie*, auch in den Industrieländern, längst nicht mehr der ökonomisch bedeutende Wirtschaftszweig ist und häufig auch von → *Dienstleistungsgesellschaften* die Rede ist. Eine Ursache dafür liegt im Prozess des sektoralen → *Strukturwandels*, d. h. einerseits in der steigenden Mechanisierung und → *Automatisierung* der industriellen Fertigung, andererseits in der zunehmenden wirtschaftlichen Bedeutung von → *Dienstleistungen*, ausgelöst u. a. durch die Verbesserung der Informations- und Kommunikationstechnik.

Industrielandschaft *industrial region/landscape*: eine wirtschaftsräumliche Einheit, die von der → *Industrie* geprägt ist und in der diese eindeutig dominiert. I. entfalten sich z. B. auf der Grundlage von → *Bodenschätzen* und einer hervorragenden Verkehrslage. Sie sind strukturell und nach ihren äußeren Erscheinungsformen Wirtschaftslandschaften eigenständigen Gepräges. Sie werden nicht nur von den Industrieanlagen selbst und ihren Begleiterscheinungen (z. B. Luftverschmutzung), die ein besonderes Milieu schaffen, bestimmt, sondern durch Verkehrsanlagen, Arbeiterwohnquartiere und charakteristisches Geschäftsleben ergänzt.

industrielle Agglomeration *industrial agglomeration*: Siedlungsverdichtung, die sich vornehmlich aus der → *Standortgemeinschaft* von zahlreichen → *Industriebetrieben* bzw. mehrerer sehr flächenextensiver und damit landschaftsprägender Industrieanlagen (z. B. → *Grundstoff- und Produktionsgüterindustrien*) ergibt.

industrielle Gesellschaft → *Industriegesellschaft*.

industrielle Problemgebiete *regions with industrial problems*: meist altindustrialisierte Gebiete (→ *Altindustrieregion*), deren → *Industriestruktur* sehr einseitig (industrielle → *Monostruktur*) und deren → *Industrie* aufgrund interner und externer Einflüsse nicht mehr wettbewerbsfähig ist. Es kann sich aber auch um Gebiete mit einer ausgewogenen Industriestruktur handeln, die durch konjunkturelle Gründe oder politische Ereignisse (z. B. Kriege) ihrer Absatzmöglichkeiten beraubt wurden.

Industrielle Revolution *industrial revolution*: der durch den wissenschaftlich-technischen Fortschritt ab Mitte des 18. Jh. bewirkte Übergang von der → *Agrar-* zur → *Industriegesellschaft*. Die I. R. nahm in Großbritannien, dem Mutterland der modernen → *Industrie*, ihren Ausgang. Tragende → *Basisinnovatio-*

nen waren die Erfindung des mechanischen Webstuhls, der Dampfmaschine und neuer Transportsysteme (Eisenbahn).

industrielle Standortfaktoren *industrial location factors*: gemäß der traditionellen → *Standortlehre* stellen i. S. wichtige Voraussetzungen und Bedingungen dar, die für die → *Industrieansiedlung* entscheidend sind (→ *Standortfaktoren*). Als i. S. gelten z.B. Rohstoffe, Energie, Arbeitskräfte, günstige Produktionsräume, Verkehrslage oder → *Fühlungsvorteile* (→ *harter Standortfaktor*, → *weicher Standortfaktor*).

industrielle Standortgemeinschaft *industrial agglomeration*: Konzentration mehrerer miteinander verflochtener → *Industriebetriebe* an einem → *Standort*. (→ *industrielle Verflechtung*, → *Lokalisationseffekt*).

industrielle Standortgruppe *concentrated industrial location*: Konzentration mehrerer → *Industriebetriebe* an einem → *Standort*. Eine industrielle Interdependenz ist jedoch im Gegensatz zur → *industriellen Standortgemeinschaft* nicht gegeben (→ *Urbanisationseffekt*).

industrielle Verflechtung *industrial linkages*: das gesamte Beziehungsgefüge, das von der → *Industrie* ausgeht. Dabei handelt es sich nicht allein um produktionsspezifische Verflechtungen (→ *Zulieferbeziehungen*), sondern auch um solche auf anderer Ebene (industrielle → *Dienstleistungen* usw.) und damit auch nicht nur um interindustrielle Beziehungen.

industrieller Sektor *industrial sector*: im Unterschied zum Agrar- und → *Dienstleistungssektor* derjenige Wirtschaftssektor, in dem die gewerbliche → *Güterproduktion* stattfindet (→ *sekundärer Sektor*).

industrielles Verbundsystem *vertically and horizontally integrated industrial system*: System der räumlichen Organisation industrieller → *Mehrwerksunternehmen*. Betriebsverbindung und Unternehmensverbund umfassen mehrere Formen von Beziehungen und Verflechtungen zwischen Betrieben und Unternehmen. Die Zweigwerkindustrialisierung schafft eine besondere Form von i. V..

Industriemüll *industrial waste, industrial refuse*: → *Müll*, der produktionsspezifische Zusammensetzung aufweist und unterschiedliche Aufarbeitungen (Verwertung, Verbrennung, Deponierung) zulässt. Hauptarten des I. sind Bauschutt, Erdaushub, Kunststoffe, Schlämme (Filter-, Galvanik- und → *Klärschlämme*) sowie Bauabfälle (→ *Abraum*). Ein Teil des I. sind → *Sonderabfälle*. → *Recycling* soll die I.-Mengen verringern. Hauptlieferanten des I. sind Bauwirtschaft, chemische Industrie und Bergbau (→ *anthropogene Materialtypen*).

Industrienation → *Industrieland*.

Industriepark *industrial estate, trading estate*: zusammenhängendes, in sich geschlossenes Areal zur Ansiedlung von → *Industriebetrieben*. Der I. weist eine umfangreiche infrastrukturelle Ausstattung (Straßen, Ver- und Entsorgungseinrichtungen, u. U. Gleisanschluss, Feuerwehrdepot, Poststelle, Kantine, Wachdienst, Kindergarten usw.) auf. Der I. wird von einer staatlichen oder privaten Trägergesellschaft verwaltet. In verschiedenen Ländern wird der I. als Instrument der Standortlenkung eingesetzt (→ *Technologiepark*, → *Forschungspark*).

Industriepflanze *industrial crops/plants*: → *Nutzpflanze*, deren Kraut, Wurzeln, Rinde, Früchte oder Saft ganz oder überwiegend als Industrierohstoff verwendet wird. I. finden sich u. a. in der Gruppe der → *Faserpflanzen*, → *Ölpflanzen*, Gewürz- und → *Genussmittelpflanzen*.

Industrieplanung *industrial planning*: → *Fachplanung*, die sich als industrielle Raumplanung innerhalb der Orts-, → *Regional-* und → *Landesplanung* versteht.

Industrieplanung *industrial planning*: die betriebswirtschaftliche Konzipierung der Produktionsabläufe bei der Errichtung eines → *Industriebetriebes*.

Industriepolitik *industrial policy*: Beeinflussung der die → *Industrie* betreffenden staatlichen Rahmenbedingungen durch die Politik sowie die Aktivitäten der Verbände und Selbstverwaltungskörperschaften zur Sicherung und Erweiterung der → *Industriewirtschaft*.

industrieräumliche Einheit *industrial spatial unit*: abgegrenztes Gebiet als Ergebnis einer systematischen industriegeographischen Raumgliederung. Beispiele für i. E. sind → *Industriezentren* oder → *Industriegassen*.

Industrieregion *industrial region*: 1. Stark von der → *Industrie* geprägte räumliche Einheit, die auf der Basis von größeren Verwaltungsräumen (z. B. → *Landkreisen*) abgegrenzt ist. Die I. weist sowohl eine auf die Industrie ausgerichtete → *Erwerbsstruktur* als auch ein allergrößten Teil in der Industrie erwirtschaftetes → *Sozialprodukt* auf. 2. Mehr oder weniger zusammenhängendes, teilweise auch grenzüberschreitendes → *Industriegebiet*, das insgesamt einen großen Industrieraum darstellt. Als Beispiel kann die nordwesteuropäische I. genannt werden, die aus dem rheinisch-westfälischen Industriegebiet und den grenzüberschreitenden → *industrieräumlichen Einheiten* Belgiens und der Niederlande besteht.

Industriereihe (Industrieband) *industrial corridor*: Aufreihung von → *Industriebetrieben* bzw. → *-standorten* entlang von Tälern (→ *Industriegasse*) oder entlang von Verkehrswe-

gen, die teilweise schon in historischer Zeit (z. B. am Rand von → *Mittelgebirgen*) angelegt wurden oder das Ergebnis einer Planung in jüngerer Zeit sind (→ *Industrieachse*).
Industrierevier *industrial district*: stark industrialisierter Raum auf der Basis der → *Montanindustrie* (→ *Bergbau*, → *Hüttenindustrie*).
Industriesiedlung *industrial settlement*: → *Siedlung*, die gänzlich von der industriellen Funktion geprägt ist. Die reinste Form einer I. stellt die isoliert gelegene Fabrikanlage dar.
Industriesoziologie *industrial sociology*: im engeren Sinn jener Zweig der → *Soziologie*, der sich mit den gesellschaftlichen Phänomenen in Industriebetrieben und der industriellen Produktionsweise befasst. Im weiteren Sinn beschäftigt sich die I. daneben auch mit den Wechselwirkungen zwischen Industrie bzw. Produktionssphäre allgemein und der Gesamtgesellschaft.
Industriestaat *developed country*: → *Industrieland*.
Industriestadt *industrial: town*: → *Stadt*, die bezüglich ihrer → *Wirtschafts-* und → *Bevölkerungsstruktur*, aber auch ihrer Entwicklung und ihrer Physiognomie, von der Industrie geprägt ist. Demgegenüber blieb der → *Dienstleistungssektor* i. d. R. unterdurchschnittlich entwickelt. Bei → *Gemeinde-* und → *Stadttypisierungen* werden I. häufig anhand der Daten über → *Industriebesatz* oder die → *Erwerbsstruktur* der Bevölkerung ausgegliedert, jedoch gibt es keine allgemeingültigen Schwellenwerte.
Industriestandort *industrial location*: Ort der industriellen Güterproduktion. Dabei kann es sich um eine oder mehrere (selbstständige) industrielle Fertigungsstätten handeln. Nach der traditionellen → *Industriestandorttheorie* lässt sich jeder I. rational durch Abwägen der am jeweiligen → *Standort* wirksamen → *Standortfaktoren* festlegen.
Industriestandortlenkung *industrial location control*: Beeinflussung der → *Standortwahl* von → *Industriebetrieben*. Die I. erfolgt meist mithilfe staatlicher Mittel; sie hat das Ziel, → *Industrieansiedlungen* dort zu erreichen, wo sie raumordnungspolitisch wünschenswert bzw. zur Strukturverbesserung notwendig sind (→ *Industrieförderung*).
Industriestandorttheorie *industrial location theory*: Theorie zur Bestimmung des optimalen → *Standortes* für ein einzelnes Industrieunternehmen (→ *Standorttheorie*). Die bekannteste I. stammt von Alfred Weber (1909). Die optimale → *Standortwahl* läuft in einem dreistufigen Entscheidungsprozess ab. Zunächst wird auf Grundlage der für die Produktion verwendeten Materialien (lokalisierte Materialien, deren Gewinnung an bestimmte Fundorte geknüpft ist; → *Ubiquitäten*, die aller Ortes verfügbar sind) ein transportkostenminimaler Standort (→ *Transportkostenminimalpunkt*) identifiziert. Dabei wird angenommen, dass Fund- und Konsumorte die Eckpunkte geometrischer Standortfiguren (Standortdreieck, Standortpolygon) darstellen. Die Bestimmung des Transportkostenminimalpunktes kann geometrisch (vermittels Kräfteparallelogramms) oder mechanisch (vermittels des sog. Varignonschen Apparates) erfolgen. Im nächsten Schritt werden die Arbeitskosten und im letzten Schritt Agglomerationseffekte (→ *Agglomerationsvorteile*) in die Analyse miteinbezogen, die ggf. eine Verlagerung des optimalen Standortes bis hin zur kritischen → *Isodapane* opportun erscheinen lassen, wenn Arbeitskostenersparnisse und positive Agglomerationseffekte eine Erhöhung der Transportkosten durch Entfernung vom Transportkostenminimalpunkt überkompensieren. Die → *Transportkosten* sind die zentrale Determinante der Standortbildung, Arbeitskosten und Agglomerationseffekten kommt dagegen ein eher nachgeordneter Korrekturcharakter zu.
Industriestruktur *industrial structure*: den industriellen Standortraum kennzeichnende Merkmalskombination. Strukturbildende Merkmale können u. a. sein: Branchenzugehörigkeit, → *Betriebsgröße*, Standortorientierung, Qualifikationsstandard der Arbeitsplätze, Umweltverträglichkeit.
Industriesuburbanisierung *industrial suburbanization*: Teilprozess der → *Suburbanisierung*, der durch die → *Stadtrandwanderung* von Industriebetrieben gekennzeichnet ist. Die Ursache der I. liegt v. a. am Flächenbedarf der Betriebe, der in der → *Kernstadt* nicht ausreichend befriedigt werden kann.
Industrietourismus *industrial tourism*: Form des → *Kulturtourismus*, bei der Zeugnisse der → *Industriekultur*, aber auch interessante moderne Industriebetriebe besichtigt und fachkundig erklärt werden. Typische Besuchsobjekte des I. sind z. B. Industriemuseen mit Zeugnissen historischer Produktionsverfahren, Schaubergwerke, moderne Autofabriken, Brauereien u. ä.
Industrieviertel *industrial quarter, manufacturing district*: Siedlungsteil, in dem eine deutliche Gruppierung und räumliche Konzentration von → *Industriebetrieben* den Charakter des Viertels prägt (→ *Industrie*).
Industrievolk *industrial nation*: ältere Bezeichnung für ein → *Volk*, dessen → *Wirtschafts-* und → *Gesellschaftsstrukturen* von der → *Industrie* bestimmt sind und das den weitaus überwiegenden Teil des Volkseinkommens aus der Industrie bezieht (→ *Erntevolk*, → *Handelsvolk*, → *Hirtenvolk*, → *Kulturvolk*).
Industriewirtschaft *industrial economy/system*: derjenige Teil der Wirtschaft, der von der

→ *Industrie* getragen wird. In den → *Industrieländern* ist die I. die wirtschaftliche Basis der → *Industriegesellschaft*.

Industriewirtschaftsraum *industrial economic area*: → *Wirtschaftsraum*, in dem sich die produktionsspezifischen Aktivitäten und räumlichen Interaktionen der dort vertretenen → *Industrie* abspielen.

Industriezelle *industrial cell*: mit Gemeindebedarfseinrichtungen ausgestattetes → *Gewerbe*- bzw. → *Industriegebiet* in Gemeinden zur Ansiedlung von → *Gewerbebetrieben*. Die Größe einer I. soll zwischen 20 und 60 ha liegen, keinesfalls jedoch unter 12 ha, da sonst der Erschließungsaufwand unrentabel wird (→ *Industriepark*).

Industriezentrum *industrial centre*: → *Stadt* bzw. Gruppierung mehrerer → *Siedlungen*, die als spezialisierte industrielle Kleinräume eine Konzentration mehrerer (traditioneller) Produktionseinrichtungen aufweisen. Beispiele von I. in Deutschland sind/oder waren Idar-Oberstein (Verarbeitung von Edelsteinen), Offenbach (Lederindustrie), Pirmasens (Schuhindustrie) oder Solingen (Stahlklingenherstellung).

Industriezone *industrial zone*: von der Industriefunktion geprägte Raumeinheit. I. bilden sich bevorzugt in → *Verdichtungsräumen* entlang von Verkehrsinfrastrukturen aus. Im französischen Sprachgebrauch meint „zone industrielle" die im Rahmen der Flächennutzungsplanung (→ *Flächennutzungsplan*) festgelegten und infrastrukturell entsprechenden gut erschlossenen Ansiedlungsflächen für die → *Industrie*.

Industriezweig (Industriebranche) *branch of industry*: in der → *Industriestatistik* die Zusammenfassung von → *Industriebetrieben* gleicher bzw. ähnlicher Produktionsrichtung. Diese Zusammenfassung ist weltweit nicht gleich. Nationale Gliederungen weichen z. T. erheblich von der International Standard Industrial Classification (ISIC), wie sie von der → *UNO* 1968 festgelegt wurde, ab.

INES (Internationale Bewertungsskala für nukleare Ereignisse) *International Nuclear Event Scale*: definiert → *Störfälle* und → *Katastrophen* von kerntechnischen Anlagen, speziell von → *Kernreaktoren*. Schweregrade: 7 = Katastrophaler Unfall (→ *Tschernobyl*/Ukraine 1986; → *Fukushima*/Japan 2011); 6 = Schwerer Unfall (→ *Majak* bzw. → *Kyschtym*/Sowjetunion bzw. Russland 1957); 5 = Ernster Unfall (z. B. → *Windscale*/Großbritannien 1957; → *Harrisburg*/USA 1979); 4 = Unfall (z. B. Bohunice/Slowakei 1977; Tokai/Japan 1999); 3 = Ernster Störfall/Beinahe-Unfall (z. B. Greifswald-Lubmin/DDR 1975; → *Sellafield*/Großbritannien 2005); 2 = Störfall (z. B. Kernkraftwerk Unterweser/Deutschland 1998; Philippsburg/Deutschland 2001; Forsmark/Dänemark, 2006; Leibstadt/Schweiz, 2010); 1 = Störung (z. B. Cattenom/Frankreich 2009); 0 = Ereignis unterhalb der Skala (z. B. Brand im Kernkraftwerk Krümmel/Deutschland). – In Deutschland nimmt der betroffene Kraftwerksbetreiber die Einstufung nach INES selbst vor; danach folgt ein amtliches mehrstufiges interaktives Prüfverfahren unter Beteiligung des jeweiligen Bundeslandes und des Bundesministeriums für Umwelt, Naturschutz und Reaktorsicherheit.

Inflation *inflation*: dauerhaftes Ansteigen des → *Lebenshaltungskostenindex*.

influenter Abfluss *influent flow*: ein Zustand des → *Abflusses*, bei dem wegen des im offenen → *Gerinne* stark angestiegenen Wasserstandes Flusswasser durch die Uferwandungen in den → *Grundwasser*körper absickert. I. A. herrscht i. d. R. nur während kurzer Zeitspannen (→ *hydraulischer Gradient*, → *effluenter Abfluss*)

Information *information*: generell eine verfügbare Nachricht, eine Mitteilung, die Kenntnis über einen Sachverhalt. Die geographische Bedeutung von I. liegt in ihrer Raumbedeutsamkeit, denn das → *raumwirksame* Handeln der → *sozialen Gruppen* wird durch I. vorbereitet und gesteuert. Außerdem gehört die Analyse und Verarbeitung von I. über erdräumliche Sachverhalte zu den wichtigsten Aufgaben geographischer Forschung.

Informations- und Kommunikationstechnologie (IKT) *information and communication technologies*: umfasst Technologien, die Informationen auf elektronischem Wege verarbeiten, übermitteln und darstellen. Durch die Digitalisierung werden die Sektoren → *Medien*, → *Telekommunikation* und Informationstechnologie zusammengeführt, wobei die Erstellung von Informationen (Content Industry) nach einer engen Begriffsauffassung nicht zum IKT-Sektor zählt. IKT ist ein bedeutender technischer Treiber der → *Globalisierung*.

Informationswirtschaft *information economy*: → *Volkswirtschaft*, in der der Erwerb von → *Gütern* und → *Dienstleistungen* durch Such-, Erfahrungs- und Vertrauenseigenschaften (Informationen) geprägt ist.

Informatisierung *computerisation*: soziotechnischer Prozess der Erzeugung und Nutzung von → *Informationen*, um daraus weitere Informationen produzieren zu können.

informeller Sektor *informal sector*: alternativer Beschäftigungssektor der marginalisierten Bevölkerungsteile, v. a. in den Ländern der sog. → *Dritten Welt*. Der i. S. ist durch eine bestimmte Art und Organisation von Produktions-, Vertriebs- und → *Dienstleistungen* gekennzeichnet, die sich von den organisierten und reglementierten Formen wirtschaftlicher

Betätigung im → *formellen Sektor* unterscheiden sowie der staatlichen Kontrolle entziehen. In → *Entwicklungsländern* sind die häufigsten Betätigungsfelder des i. S. Straßenverkauf, Transport (z. B. Rikscha), Herstellung und Verkauf eigener Produkte auf lokalen Märkten und Durchführung von Kleinreparaturen. Der i. S. ist über → *Schwarzarbeit* und → *Schwarzmarkt* auch ein Teil der Wirtschaft in → *Industrieländern*.

Infrarotfenster (der Atmosphäre) *infrared window*: die zwei Wellenlängenbereiche von 4,5 bis nicht ganz 5,5 μm und 8 bis 13 μm, in denen die langwellige Erdstrahlung (→ *Wärmestrahlung*) die → *Atmosphäre* fast ungehindert passieren kann. In anderen Wellenbereichen wird die Infrarotstrahlung dagegen zum größten Teil absorbiert und gelangt als → *Gegenstrahlung* wieder auf die Erdoberfläche zurück. Sehr starken Einfluss auf diese Absorptionseigenschaften der Atmosphäre haben → *Wasserdampf*, → *Kohlendioxid* und → *Ozon*.

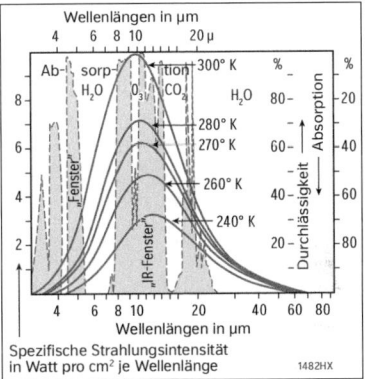

Infrarotfenster

Infrarot-stimulierte Lumineszenzdatierung (IRSL) *infrared stimulated luminescence dating*: eine der → *Lumineszenzdatierungen*, die für → *Feldspäte* angewendet wird und zur Datierung von wenig gebleichtem, rasch oder kurz transportiertem Material genutzt wird, z. B. → *fluviale* → *Sedimente* oder → *Kolluvien* (→ *Optisch-stimulierte Lumineszenz*).

Infrastruktur *infrastructure*: Ausstattung eines Raumes mit materiellen Einrichtungen, die die Grundlage für die Ausübung der → *Grunddaseinsfunktionen* des Menschen innerhalb einer Gesellschaft bilden und die soziale und wirtschaftliche Entwicklung des Raumes ermöglichen. Hierzu gehören insbesondere → *Versorgungs-* und → *Entsorgungseinrichtungen*, → *Verkehrswege* und öffentliche Verkehrsmittel, Kommunikationsnetze, Einrichtungen des Gesundheits- und Bildungswesens. Es handelt sich im Wesentlichen um Einrichtungen der öffentlichen Daseinsvorsorge. Neben diesem engeren Begriff der materiellen I. werden im weiteren Sinn auch privatwirtschaftlich betriebene Versorgungseinrichtungen dazu gezählt sowie politische und wirtschaftliche Organisation (→ *institutionelle I.*), soziale Einrichtungen (→ *soziale I.*) und das notwendige ausgebildete Personal für das Funktionieren von Wirtschaft und Gesellschaft (→ *personelle I.*).

Infrastrukturkosten *infrastructure costs*: Kosten, die der öffentlichen Hand (→ *Staat*) für Errichtung und Betrieb von Einrichtungen der → *Infrastruktur* entstehen.

Infrastrukturplanung *infrastructure planning*: Teil der → *Raumplanung*, der sich mit der Errichtung und räumlichen Situierung von Einrichtungen der materiellen → *Infrastruktur* befasst.

Ingenieurbiologie *engineering biology*: angeordnet zwischen Ingenieurwissenschaften, → *Biologie* und → *Angewandter Ökologie*. Beschäftigt sich mit den technisch-biologischen Problemen von → *Landschaftspflege*, → *Landespflege*, → *Landschaftsbau* und Kulturtechnik bei der → *Rekultivierung* und → *Revitalisierung* von Landschaft, Gewässer und Gewässerumgebungen. Mithilfe biologisch-ingenieurwissenschaftlicher Erkenntnisse sollen Folgen technischer Eingriffe in die Landschaft und ihre Ökosysteme beseitigt oder ökologisch entschärft werden, z. B. durch Anpflanzungen auf Dünen, Kanalufern, Wegböschungen, Hängen etc., um vom Menschen und seiner Wirtschaft ausgelöste → *Naturgefahren* oder → *quasinatürliche* → *Prozesse*, wie die → *Bodenerosion*, zu mindern oder zu verhindern. Eingesetzt werden v. a. Pflanzen, um im Erd- und Wasserbau eine landschaftsökologisch adäquate Gestaltung und Funktion des anthropogen veränderten Raumes zu erzielen. Die I. wendet sich damit vom Hartverbau z. B. mit Steinpackungen oder Beton ab, der lange Zeit technische Eingriffe in die Landschaft kennzeichnete.

Ingenieurgeologie *engineering geology*: Teilgebiet der → *Geologie*, mit praktischen Problemen des Tief- und Hochbaus befasst, z. B. Baugrund, Substrateigenschaften, → *rezenter* → *Geomorphodynamik*, z. T. auch mit dem → *Wasserhaushalt* (im Zusammenhang mit Straßen-, Bahn-, Gebäude-, Tunnel- und Talsperrenbau). Zwischen I. und → *Angewandter Geomorphologie* bestehen enge Beziehungen.

inglazial → *intraglazial*.

Ingression *ingression*: Vorrücken des Meeres aufgrund von Epirogenese oder von → *eusta-*

Ingressionsbucht *ingression bay*: vom Meer überflutete Bucht als Folge der → *Ingression*, also dem Vordringen des Meeres.

Ingressionsküste *coast of submergence, depressed coast, positive coast, sunken coast*: jene Küstenabschnitte, bei denen infolge von → *Ingression* bzw. → *Transgression* eine großräumige Überflutung des festländischen Reliefs erfolgte, sodass verschiedene Küstentypen, je nach vorhandenem → *subaërischen* Relieftyp, entstehen. Typen der I. sind → *Riasküste*, → *Canaliküste*, verschiedene Typen der → *Fjärdenküste* (Fjordküste, Schärenküste) und → *Boddenküste*. Die aufgrund von tektonischer Absenkung der Landmassen entstandene I. wird als → *Senkungsküste* bezeichnet.

Ingressionsmeer *ingression sea*: Meeresraum, der dadurch entstand, dass durch → *Ingression* größere Landteile überflutet wurden. I. breiten sich meist auf dem → *Schelf* aus, z. B. sind Nordsee oder Südchinesisches Meer postglaziale I..

Inhaltsanalyse *content analysis*: eine Methode der empirischen → *Sozialforschung*; regelgeleitete und auf theoretischen Annahmen (→ *Hypothese*) gestützte, systematische → *Auswertung* von Kommunikationsmaterial (v. a. Texte, Bilder).

initialer Magmatismus *initial magmatism*: Form des → *Plutonismus* im Anfangsstadium der Gebirgsbildung, wenn sich die → *Geosynklinale* absenkt und dort die Sedimentation noch in vollem Gange ist. Der i. M. leitet den → *Magmazyklus* ein.

Initialfläche *initial cutting surface*: Begriff aus der Theorie der → *Rumpfflächen*, der eine → *Kappungsfläche* („Kappungsebene") beschreibt, die eine Ausgangsfläche für weitergehende Formbildungen war. Eine I. kann eine → *Schnittfläche* oder eine Rumpffläche sein.

Injektionseis *injection ice*: → *Bodeneis* aus Wasser, das bspw. als unter Spannung stehendes → *Grundwasser* in den Boden eingedrungen und dort gefroren ist. Durch die Volumenausdehnung beim Gefrieren wird die Erdoberfläche oft angehoben (→ *Pingo*). Im Vergleich zu → *Segregationseis* meist sehr klares Eis.

Inklination *inclination*: der Winkel zwischen der → *Hangneigungsrichtung* einer allseitig frei beweglichen Magnetnadel und der Waagrechten (→ *Hangneigungsstärke*).

Inklusion *inclusion*: Begriff der → *Sozialwissenschaften* zur Bezeichnung der Gleichwertigkeit von → *Individuen* und → *Gruppen*. Gegenbegriff zur → *Exklusion*. Soziale I. ist verwirklicht, wenn jeder Einzelne (ungeachtet jeglicher Unterschiede) in seiner Individualität von der → *Gesellschaft* akzeptiert wird und die Möglichkeit hat, in vollem Umfang an ihr teilzuhaben oder teilzunehmen. Das Vorhandensein von Unterschieden wird von der Gesellschaft weder in Frage gestellt noch als Besonderheit gesehen. Inklusion ist ein anzustrebendes Ideal, bei dem sich das Recht zur Teilhabe auf sämtliche Lebensbereiche bezieht, in denen sich alle barrierefrei bewegen können (→ *Integration*, → *Assimilation*, → *Separation*).

Inkohlung *coalification*: Prozess der permanenten Anreicherung von Kohlenstoff unter hohem Druck und bei hoher Temperatur aus Pflanzenresten. Es entsteht → *Kohle*.

Inkommensurabilität *incommensurability*: wissenschaftstheoretischer Begriff nach Thomas S. Kuhn zur Beschreibung von konkurrierenden → *Paradigmen*. I. bezeichnet den Aspekt, dass Theorien aus unterschiedlichen Paradigmen rational nicht vergleichbar und damit auch nicht ineinander überführbar, sondern grundsätzlich verschieden sind.

Inkorporation *incorporation*: 1. der Einbau → *organischer* oder → *anorganischer* Substanzen in das Gewebe von Organismen. 2. Ökofunktionale anorganische Integration von → *biotischen* Substanzen in Teile von → *Ökosystemen*, wie die → *Streu* in den → *Boden* durch die → *Bodenfauna*. 3. Aufnahme von → *Radionukliden* in den Organismus durch Nahrung, Atmung, offene Wunden der Körperoberfläche und Haut.

Inkrustation *clogging, encrustation, incrustation*: durch chemische Ausscheidungen (z. B. von Kalken, Mangan) hervorgerufene Bildung von Krusten (→ *Krustenbildung*).

Inkscape plattformunabhängiges Open-Source-Vektorgrafikprogramm, das in der praktischen → *Kartographie* eingesetzt wird. Es unterstützt u. a. die → *XML*-basierte Spezifikation → *SVG*, die einen einfachen Austausch von → *Vektordaten* mit anderen Vektorgrafikprogrammen, bspw. → *Adobe Illustrator*, und → *Geographischen Informationssystemen* (→ *GIS*), bspw. → *ArcGIS* und → *QGIS*, ermöglicht.

Inkubationszeit → *Latenz*.

Inkubator *incubator*: Einrichtung, die → *Unternehmen* auf den Weg der Existenzgründung bringen und sie dabei unterstützen.

Inkulturation *inculturation*: im Gegensatz zu → *Akkulturation* und → *Enkulturation* das Einbringen von Ansichten einer Kultur, Praktiken und Verhaltensmustern sowie Ansich-

ten über Dinge und Phänomene in eine andere Kultur, z. B. durch enge nachbarschaftliche Beziehungen, → Kolonialismus, → Imperialismus, christliche Missionierung (→ Nativismus).
Inlandeis → *Eisschild.*
Inlandsreise *domestic travel*: im → *Tourismus* eine Reise, die die Grenzen des Heimatstaates nicht überschreitet.
Inlandstourismus → *Binnentourismus.*
Innenbereich *inner zone*: in der Terminologie der → *Stadtplanung* im Gegensatz zum → *Außenbereich* der im Zusammenhang bebaute Bereich einer → *Gemeinde* oder eines Ortsteils außerhalb des Bereichs eines qualifizierten → *Bebauungsplans*, für den im → *Baugesetzbuch* spezielle Regelungen vorgesehen sind. Im I. darf grundsätzlich gebaut werden, während der Außenbereich grundsätzlich von Bebauung freizuhalten ist.
Innenentwicklung *interior development*: bauliche Entwicklung einer → *Stadt* im → *Innenbereich*, z. B. durch → *Nachverdichtung* oder Flächenrecycling. Durch I. soll eine bauliche Ausdehnung unter Inanspruchnahme von → *Freiflächen* verhindert oder reduziert werden.
Innenfeld *in-field*: dorfnaher Teil der → *Flur*, dem in der Zeit der → *Dreifelderwirtschaft* der in nur geringen Mengen anfallende Dung zugute kam. Das I. lieferte dadurch größere Erträge als das → *Außenfeld*. Auch heute existieren z. T. noch unterschiedliche Nutzungen von I. und Außenfeld (→ *Innenrotation*).
Innenmoräne *englacial moraine*: innerhalb des → *Gletschers* transportierte Schuttmasse, weil der Gletscher Material meist von oben, aber auch unten oder der Seite her Material (→ *Schutt*) in den Gletscherkörper inkorporieren kann. Ähnlich wie bei → *Obermoränen* wird auch bei I. der Schutt nur wenig glazial bearbeitet und bleibt grob und scharfkantig.
Innenrotation *rotation of inner fields*: → *Fruchtfolge* auf der dorfnahen → *Flur*. Während bei der Außenrotation verstärkter → *Getreidebau* oder mehrjähriger Kleegras- oder Luzerneanbau vorkommen oder Graswirtschaft betrieben wird, ist für die I. das Hervortreten von Hackfruchtbau (→ *Hackfruchtbauwirtschaft*) oder der Anbau von → *Sonderkulturen* typisch. Die I. beschränkt sich i. d. R. auf sehr große → *Gemarkungen* bzw. auf solche mit wenig ertragreichen Außenschlägen.
Innensenke *interior depression*: Großform von lang gestreckter, trogförmiger Gestalt, die sich zwischen den Ketten eines gerade entstehenden → *Faltengebirges* bildet. Ursache für die Entstehung von I. sind → isostatische Ausgleichsbewegungen. Innerhalb der I. sammelt sich Verwitterungsschutt, der vom aufsteigenden Gebirge abgetragen wird. Den I. stehen die → *Vortiefen* gegenüber (→ *Geosynklinale*).

Innenspalte *interior crevasse, interior glacial crevasse*: bildet sich, wenn in tieferen plastischen Schichten des → *Gletschers* Zugspannungen auftreten. Die I. erreichen jedoch nicht die Oberfläche.
Innenstadt *inner city*: funktionaler und baulicher Kernbereich einer → *Stadt* (→ *Stadtkern*). Die I. umfasst i. d. R. die → *Altstadt* sowie frühe Stadterweiterungsgebiete (meist des 19. Jh.). In größeren Städten lassen sich als wichtige Teilbereiche der I. die → *City* und der → *Innenstadtrandbereich* ausgliedern.
Innenstadtrandbereich *inner city fringe area*: baulich-funktionaler Teilbereich, der sich in größeren → *Städten* innerhalb der → *Innenstadt* ausgliedern lässt. Der I. erstreckt sich als altes Stadterweiterungsgebiet zwischen → *Cityrand* und inneren → *Vororten* und ist bzgl. seiner Funktionen sehr heterogen.
innere Differenzierung *internal differentiation*: Ausdruck v. a. in der → *Sozial*- und → *Wirtschaftsgeographie* für einen Raum, der in sich nicht → *homogen* ist, sondern sich aus → *heterogenen* Teilräumen oder Strukturen zusammensetzt. Man spricht z. B. von der i. D. einer → *Stadt* (→ *Stadtgliederung*) oder einer → *Region*.
innere Tropen *inner: tropes*: die → *Klimazone* um den → *Äquator* mit vorherrschenden (mindestens acht Monate im Jahr) äquatorialen Westwinden und einer unterbrochenen oder nur ganz kurz unterbrochenen → *Regenzeit*. Starke → *Konvektionsniederschläge* prägen die immerfeuchten Bedingungen. Die Monatsmittel der Temperatur schwanken im Jahresverlauf sehr wenig (max. 5°C) und das tiefste Monatsmittel unterschreitet 18°C nicht. Es herrscht demzufolge ein ausgesprochenes → *Tageszeitenklima*. Die i. T. sind das Verbreitungsgebiet des immerfeucht-tropischen → *Regenwaldes* (→ *Westwindzirkulation*).
innerregionale Wanderung → *intraregionale Wanderung.*
innerstädtische Hierarchie *intraurban hierarchy*: Übertragung der Überlegungen vom hierarchischen Aufbau der → *Zentrale-Orte-Forschung* auf innerstädtische → *Versorgungsstandorte*. Der Aufbau einer i. H. beruht i. d. R. auf einer → *City* als höchstrangigem Versorgungszentrum, → *Subzentren* als Stadtteilzentren sowie einer Vielzahl von → *Stadtviertel*- und Nachbarschaftszentren und kleineren → *Ladengruppen* zur → *Grundversorgung*.
innerstädtischer Pendler *intraurban commuter*: Erwerbstätiger, der innerhalb einer → *Stadt* regelmäßig einen Weg zwischen Wohnung und Arbeitsstätte zurücklegt, d. h. dessen Wohn- und Arbeitsstandort räumlich getrennt sind. Im statistischen Sinne zählen i. P. nicht zu den → *Pendlern*, da sie auf ihrem Weg keine Gemeindegrenze überschreiten.

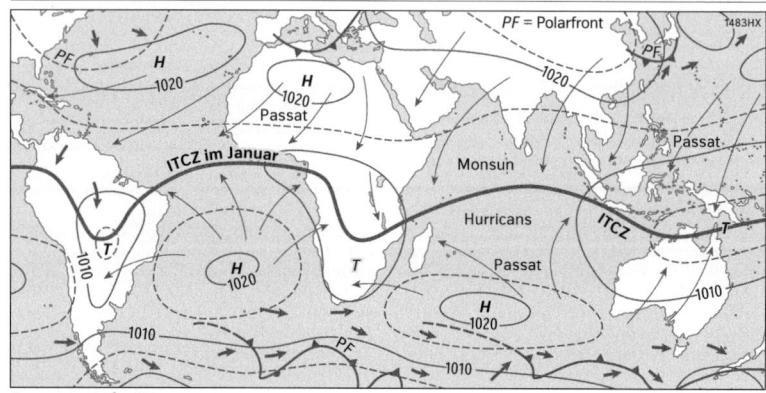

Innertropische Konvergenz

innerstädtisches Zentrum *intraurban centre/center*: zentraler Geschäfts- und Dienstleistungsstandort innerhalb einer → *Stadt*. In größeren Städten sind neben dem höchstrangigen Hauptgeschäftsgebiet (→ *City*) i. d. R. in den → *Vororten* → *Subzentren*, → *Viertelszentren*, Nachbarschaftszentren usw. als niederrangige i. Z. vorhanden.

Innertropische Konvergenzzone (ITCZ) *intertropical convergence zone*: die äquatoriale Tiefdruckrinne zwischen den Passatgürteln. Die i. K. entsteht als Folge der Luftmassenkonvergenz der sich auflösenden NE- und SE-Passate, welche zu aufsteigender Luftbewegung, → *labiler Schichtung* und starker → *Konvektion* führt. In der Bodentiefdruckrinne entstehen die äquatorialen Westwinde, welche sich jedoch mit ausgedehnten, für Konvergenzen typischen Bereichen sehr geringer Luftbewegungen, den sog. Doldrums oder → *Mallungen*, ablösen (→ *Passat*).

Innovation *innovation*: Neuerung, insb. im technologischen Bereich. Im geographischen Sinn werden v. a. → *raumwirksame* Neuerungen, die sich von einem Zentrum oder mehreren Zentren ausbreiten, als I. bezeichnet, z. B. neue Kulturpflanzen in der Landwirtschaft, neue Fertigungstechnologien in der Industrie oder neue raumwirksame → *Verhaltensweisen* in der sozialgeographischen Forschung (→ *Diffusion*).

Innovationsdichte *innovation density*: Zahl der technischen → *Innovationen* je 10 000 oder 100 000 Einwohner in einem bestimmten Raum. Gezählt werden entweder Patente oder Meldungen in Fachzeitschriften.

Innovationsprozess *innovation process*: 1. der im Raum ablaufende Prozess der → *Diffusion* einer → *Innovation*. 2. geplant oder spontan ablaufender Prozess in einer → *Organisation* (→ *Unternehmen*) mit Ziel der Entwicklung einer Neuerung.

Innovationsschub *innovation push*: im geographischen Sinn ein rasch und nachhaltig wirkender → *Innovationsprozess*, der regional zu weitreichenden Veränderungen der → *Kulturlandschaft* führt (→ *Kulturlandschaftswandel*).

Innovationssystem *innovation system*: Bündel aus Systemkomponenten (→ *Unternehmen*, Universitäten, wirtschaftsnahe Organisationen und politische → *Akteure* u. a.) und Beziehungen zwischen Systemkomponenten mit dem Ziel, Innovationsstrukturen zu erzeugen. Je nach räumlicher Maßstabsebene ist zwischen nationalen, regionalen und metropolitanen I. zu unterscheiden. Fokussiert die Analyse auf produktspezifische → *Innovationsprozesse*, spricht man von sektoralen I..

Innovationszentrum *innovation centre/center*: Ort, von dem die → *Diffusion* einer → *Innovation* ihren Ausgang nimmt. Insb. → *Städte* sind häufig I. für neue kulturelle, soziale, technologische u. a. Entwicklungen.

innovatives Milieu → *kreatives Milieu*.

Innovator *innovator*: in der → *Wirtschaftsgeographie* die Person oder → *soziale Gruppe*, die eine raumrelevante Neuerung einführt und an der → *Diffusion* dieser → *Innovation* maßgeblich beteiligt ist.

Input *input*: in → *Systemen* (z. B. → *Ökosystemen*) die Eingabe bzw. der Eintrag von Materie oder Energie, bewirkt durch systeminterne oder -externe Prozesse.

Input-Output *input-output*: 1. Grundprinzip des Funktionierens von → *Systemen* (z. B. → *Ökosystemen*), gedacht als technologisches Modell, wobei die „Produktion" mithilfe der Strahlungsenergie in Gang gehalten wird.

Beim I.-O.-System handelt es sich um ein teiloffenes oder offenes System (→ *Regelkreis*). 2. In der Volkswirtschaft Bezeichnung für eine bestimmte Wirtschaftsform (→ *Input-Output-Wirtschaft*). 3. in der Wirtschaft Analyse des Verhältnisses von Einsatz (→ *Güter* und Leistungen = → *Input*) und Ausstoß (bewertetes Erzeugnis = → *Output*) bei der Produktion in einer bestimmten Branche. Die I.-O.-Analyse untersucht ferner die Auswirkungen einer Output-Veränderung auf den Einsatz und Ausstoß bei anderen Branchen.

Input-Output-Ströme (Stoffströme) *input output flow*: Mengen- oder wertmäßige Erfassung der → *Produktionsfaktoren* sowie erwünschter Produkte und unerwünschter → *Abfälle* bzw. → *Emissionen* (→ *Blackbox*-, → *Greybox*- und → *Whitebox-Modell*, → *Input*, → *Output*).

Input-Output-Wirtschaft (Durchlaufwirtschaft) *input output economy*: kennzeichnet eine Wirtschaft, deren → *Stoffströme* nach dem Einweg- und dem Wegwerfprinzip organisiert sind. → *Rohstoffe* werden der Natur entnommen, erreichen nach verschiedenen Weiterverarbeitungen als Investitions- oder Konsumgüter den Endkunden, die sie nach Ge- oder Verbrauch als → *Abfälle* wieder in die → *Umwelt* entlassen. Somit belastet die I.-O.-W. die Umwelt in doppelter Weise.

Insektizide *insecticides*: zu den → *Pestiziden* gehörende Insekten tötende Stoffe der chemischen → *Schädlingsbekämpfung*, die als Atem-, Fraß- oder Berührungsgifte wirken. Die Anwendung der I. führt meist zu Folgeschäden, weil sie i. d. R. nicht nur die Zielarten ausrotten. Mit der Vernichtung der „Schädlinge" und von Nichtzielarten werden oft auch Glieder der meist sehr komplizierten → *Nahrungsketten* zerstört. I. können indirekt auch dem menschlichen Organismus schaden.

Insel *island*: allseitig von Wasser umgebenes Stück Land im → *Meer* (oder in einem → *See*) in einer Größenordnung, die unter der eines → *Kontinents* liegt. Landnahe („kontinentale") I. sind meist ursprüngliche Festlandsteile, ihre Zusammengehörigkeit mit dem → *Schelf* zeigt. Landferne („ozeanische") I. stehen mit dem → *submarinen* Relief der → *Tiefsee* und → *Ozeane* in Verbindung und gehen meist auf besondere Erscheinungen oder Prozesse zurück (z. B. → *Vulkanismus*, → *Korallenriffe*).

Inselberg *inselberg, monadnock, outlier, relict mountain*: vereinzelt als → *Denudationsrest* auf → *Rumpffläche* stehender Berg. I. sind oft → *Härtlinge*, die auf widerständige Gesteine zurückgehen. Wenn die → *Spüldenudation* die Verwitterungsrate übersteigt, wird der → *Regolith* vollständig abgetragen und das Gestein steht oberflächlich an. Unter Regolith ist die → *chemische Verwitterung* stärker als am → *Anstehenden*, sodass → *Verwitterung* und → *Abtragung* räumlich unterschiedlich wirksam werden. Aus der flachen, zunächst schildförmigen Erhebung, dort, wo das Gestein initial anstand, wird schließlich ein I. Hat er steile Felsflanken, wird er → *Glockenberg* (auch → *Domberg* oder → *Helmberg*) genannt.

Inselberg

Inselbiogeographie *island biogeography*: in der → *Biogeographie* spielen Inseln eine große Rolle. In diesen räumlich isolierten → *Ökosystemen* lassen sich populationsdynamische Vorgänge modellhaft untersuchen, z. B. Ausbreitung, Anpassung, Aussterben, Konkurrenz, Verdrängung. Darauf nimmt besonders die → *Inseltheorie* der Biogeographie Bezug.

Inselbogen *island arc, volcanic arc*: bogenförmig angeordnete Kette von → *Inseln*, oft am Rande von → *Tiefseegräben* gelegen, sowie sich I. durch hohe seismische Aktivitäten und → *Vulkanismus* auszeichnen, z. B. die Aleuten als Fortsetzung von Alaska, oder die Kurilen, als Fortsetzung von Kamtschatka, oder der Bogen der Japanischen Inseln, der an der Insel Sachalin ansetzt.

Inselfauna *insular fauna*: charakteristische → *Fauna* auf → *Inseln*, die infolge ihrer isolierten Lage und ökologischen Abgeschlossenheit zahlreiche → *Endemiten* aufweist. I. haben oftmals eine Sonderentwicklung durchlaufen, sodass sich zwischen ihnen und den Tierarten in den ursprünglichen Herkunftsgebieten (z. B. auf anderen Kontinenten oder benachbarten Festländern) nur noch schwer Beziehungen herstellen lassen.

Inselflora *insular flora*: vgl. → *Inselfauna*.

Inselkarte *insular map*: → *Karte*, bei der nur ein Teil des Kartenfeldes verwendet wird. Eine → *Region* oder ein → *Land* erscheinen innerhalb des Rahmens einer → *Karte* als „Insel"; die angrenzenden Bereiche nicht dargestellt. Gegensatz: die Rahmenkarte, in der das gesamte Kartenfeld mit topographischen und/oder thematischen Inhalten ausgefüllt ist, wie z. B. bei den Blättern amtlicher → *topographischer Kartenwerke*.

Inselkern *initial part of islands built of marine sediments*: geomorphologisch relativ widerständige, also weniger leicht abtragbare

Sedimente oder Gesteine von →*Inseln*, die - im Falle der Sedimente - nicht marinen Ursprungs sind. An den I. lagern sich jüngere →*marine* →*Sedimente* an. Durch solche Sedimentschüttungen können einzelne I., z.B. Aufragungen älteren Untergrundes in →*Flachmeeren*, allmählich zusammenwachsen. I. sind charakteristisch für die Inseln der südlichen Nordsee und der südlichen Ostsee, wo die I. überwiegend von pleistozänen Sedimenten – lokal auch von mesozoischen Gesteinen – gebildet werden.

Inselklima *insular climate*: das → *ozeanische*, durch ausgeglichene Temperaturverhältnisse im Jahresgang, ausreichende bis hohe →*Niederschläge* und Windreichtum geprägte Klima von →*Inseln* im →*Meer*.

Insellage *island position*: Lage einer →*Stadt*, von →*Staaten* oder Teilen davon auf einer →*Insel*. In der →*Siedlungsgeographie* wird der Begriff I. v. a. zur Kennzeichnung der Verkehrslage von Städten im Rahmen siedlungsgenetischer und verkehrsgeographischer →*Gemeindetypisierungen* verwendet. Der Begriff wird auch in übertragenem Sinn in politisch-geographischer Hinsicht verwendet, z.B. bis 1989 für Berlin (West) mit seiner I. innerhalb der DDR.

Inselsee *island lake*: Form der Seenbildungen in →*Schwemmlandebenen* tropischer Flüsse, die sich zwischen den →*Dammufern* vollzieht, wobei sich →*Dammuferseen* bilden. Wenn dort →*Inseln*, die aus Sandbänken entstehen, allmählich von Wällen umgeben werden, bilden sich die tellerförmigen Inseln zu I. um.

Inselstaat *island state*: →*Staat*, dessen Gebiet auf einer →*Insel* oder auf mehreren Inseln liegt. Neben einigen größeren I., z.B. Großbritannien oder Japan, sind es meist →*Mikrostaaten*, insbesondere in der Karibik und im Pazifik.

Inseltheorie *theory of island biogeography*: in →*Ökologie* und →*Biogeographie* eine wichtige Rolle spielende Theorie, die →*Inseln* als (z.B. →*chorische*) Modellfälle für biogeographische Entwicklungen betrachtet, die sich in anderer (z.B. →*zonaler*) Größenordnung, etwa in Kontinentgröße, nicht beobachten lassen. In der I. wird die Artenzahl einer Insel bestimmt durch das Gleichgewicht zwischen Einwanderungs- und Aussterberate in Abhängigkeit von der Inselgröße und der Entfernung vom Ursprungsgebiet (→*Verinselung*).

insequenter Fluss *insequent river*: in der Klassifikation von W. M. Davies jene Flüsse, deren Fließrichtung keine Beziehungen zu Lagerung und geomorphologischer Widerständigkeit des Gesteinsuntergrundes erkennen lassen, wie z.B. →*konsequente Flüsse*, →*obsequente Flüsse* oder →*resequente Flüsse*.

Insolation *insolation*: die direkte Sonnenbestrahlung der Erdoberfläche (→*Sonnenstrahlung*, →*Strahlung*).

Insolationsschutt *insolation debris, insolation waste*: Schutt, der durch die →*Insolationsverwitterung* (→*physikalische Verwitterung*) entsteht und sich durch regellose Vermischung von Fein- und Grobsedimenttrümmern auszeichnet. Im Anfangsstadium des Verwitterungsprozesses überwiegen die Grobkomponenten (→*Block*, →*Stein*), die dann sukzessive in kleinere Partikel zerfallen.

Insolationsverwitterung (Hitzesprengung, Temperaturverwitterung) *destruction by insolation, insolation weathering, temperatur weathering*: auf die →*Insolation* zurückgehende Form der →*physikalischen Verwitterung*, wobei durch den Wechsel von einstrahlungsbedingter Erwärmung und ausstrahlungs- oder anderweitig bedingter Abkühlung von Gesteinen Volumenzu- und abnahmen erfolgen, die eine Mineral- bzw. Gesteinslockerung durch Druck- und Zugspannungen bewirken. I. ist von vielen Randbedingungen abhängig (u. a. Gesteinsfarbe, Wärmeleitfähigkeit des Gesteins, Ausdehnungskoeffizienten der →*Minerale* im →*Gestein*, Mineralbestand und -gefüge). I. ist v. a. in Klimaten mit großen Temperaturdifferenzen und Vegetationsarmut verbreitet, besonders in Wärmewüsten.

INSPIRE (Infrastructure for Spatial Information in Europe) EU-Richtlinie aus dem Jahr 2007, die die EU-Mitgliedstaaten verpflichtet, vorhandene digitale →*Geobasisdaten*, →*Geofachdaten* sowie deren →*Metadaten* interoperabel über Netzdienste bereitzustellen. Das übergeordnete Ziel der Richtlinie ist die Schaffung einer einheitlichen europäischen →*Geodateninfrastruktur*, die einen effizienten Austausch von →*Geodaten* ermöglicht.

Instabilität *instability*: →*Labilität*. (→*Stabilität*).

Instabilitätslinie *instability line*: eine schwach ausgeprägte, meist kurzlebige kaltfrontähnliche Luftmassengrenze in einer →*Warmluft*masse, welche durch lokale Abkühlung infolge →*Konvektionsniederschläge* entstehen kann (→*Kaltfront*).

Institution *institution*: vieldeutig und uneinheitlich verwendeter Begriff. I.Allg. ein bewusst oder ungeplant gestaltetes, stabiles und dauerhaftes Muster sozialer bzw. ökonomischer →*Interaktionen*. I. haben somit regelhaften Charakter, der soziales Verhalten und das Handeln von →*Individuen*, →*Gruppen* und →*Gemeinschaften* formt stabilisiert und lenkt. In diesem Sinne weisen I. normative Geltung auf, d. h. Verstöße können zu Sanktionen führen. I. erzeugen stabile Erwartungen unter interagierenden Akteuren und bilden somit die Basis gegenseitigen Vertrauens. I. können in formelle und informelle Institutionen differenziert werden: – Formelle I. basieren auf schriftlich niedergeschriebene Regeln und Handlungsvorschriften wie dem Grundgesetz der BRD, dem Bürgerlichen Gesetzbuch, Verträgen und Standards (DIN-Normen). Zu dieser Kategorie zählen ferner Organisationen, die auf vertraglicher Grundlage mit Ressourcen wie Verfügungs- und Durchgriffsrechten, Budget und Personal ausgestattet sind (z. B. Behörden, Schulen, Universitäten, Gerichte usw.). – Informelle I. basieren auf nichtformalisierten Werten und Verhaltensweisen, die in der alltäglichen Handlungspraxis entstehen und von den Akteuren wechselseitig anerkannt und reproduziert werden. In diese Kategorie fallen Verhaltensweisen wie die Verbindlichkeit eines Handschlags für Kauftransaktionen oder das Fair Play im Sport.

institutional turn *institutionelle Wende*: jüngerer Ansatz der → *Wirtschaftsgeographie*, der die Rolle von → *Institutionen* für die wirtschaftliche Entwicklung in den Vordergrund stellt. Im Zuge des i. t. werden vermehrt soziale Institutionen im Sinne formeller und informeller Handlungsmuster und Regeln als Einflussfaktor auf Wirtschaftswachstum, Innovationsaktivitäten und die räumliche Verteilung von Unternehmen bzw. Konsumenten herausgestellt (→ *Neue Institutionenökonomik*).

institutionelle Infrastruktur *institutional infrastructure*: neben der materiallen → *Infrastruktur*, die Ausstattung eines Raumes mit Einrichtungen der politischen und wirtschaftlichen Organisation.

institutionelle Wende → *institutional turn*.
Institutionenökonomik → *Neue Institutionenökonomik*.

Instmann *farm worker*: vor dem Zweiten Weltkrieg in Nord- und Ostdeutschland verbreitete Form des Landarbeiters auf einem → *Gutsbetrieb*. Der I. war, im Gegensatz zum Tagelöhner, ständig angestellt und erhielt neben einem, meist geringen, Barlohn eine freie Wohnung, Naturalien und ein Stück Land zur eigenen Bewirtschaftung.

Integer Begriff, der ursprünglich aus der Informatik stammt und einen Datentyp bezeichnet, mit dem ganzzahlige Werte (engl. "integral numbers") gespeichert werden. Im Gegensatz zum Datentyp → *String* unterstützt I., wie bspw. auch → *Float* und → *Double*, das Durchführen von Rechenoperationen. In → *Geographischen Informationssystemen* (z. B. → *ArcGIS*) dient der Datentyp I. u. a. zur Speicherung numerischer inhaltlicher → *Attribute* in → *Shapefiles* und → *Feature Classes*.

Integration *integration*: 1. In → *Bioökologie* und → *Geoökologie* häufig für Systemzusammenhänge untereinander, wobei ein → *System* in den Aktionsbereich eines anderen funktional eingegliedert – also integriert – ist. Die I. selbst kommt durch → *Wechselwirkung* zwischen → *Kompartimenten* der Systeme zustande, weil sie eine Folge von deren Merkmalen ist. Die I. stellt damit den Systemzusammenhang zwischen verschiedenen → *Systemelementen* dar, die durch Koppelung und Rückkoppelung im → *Geoökosystem* miteinander in Verbindung stehen. 2. Vereinheitlichung, Ergänzung, Erneuerung, Verbindung einer Vielheit zu einer Einheit; allgemein ein Vorgang, der zur Bildung eines Ganzen aus Einzelteilen führt. In der → *Sozialgeographie* wird mit I. v. a. die Aufnahme von ethnischen oder sozialen → *Minderheiten* und ihre Eingliederung in die Aufnahmegesellschaft bezeichnet, z. B. die gesellschaftliche Eingliederung von Einwanderern. 3. Politisch-geographisch bedeutet I. die Bildung übernationaler Einheiten auf politischem, wirtschaftlichem oder militärischem Ebene (z. B. die europäische I. durch Schaffung der → *EU*). 4. In der → *Wirtschaftsgeographie* wird mit I. die überbetriebliche Zusammenarbeit in Landwirtschaft, Industrie und Gewerbe bezeichnet, die bis zum Unternehmenszusammenschluss führen kann (I. im engeren Sinn). – Horizontale I. bedeutet Zusammenarbeit von Betrieben gleicher Produktionsstufe, z. B. zum gemeinsamen Einkauf der Rohstoffe oder gemeinsamer Vermarktung. – Bei vertikaler I. arbeiten Betriebe aufeinander folgender Produktionsstufen eng zusammen (z. B. Stahlproduktion und -verarbeitung), – diagonale I. bedeutet betriebliche Ausdehnung in den Produktionsbereich der Hilfsstoffe.

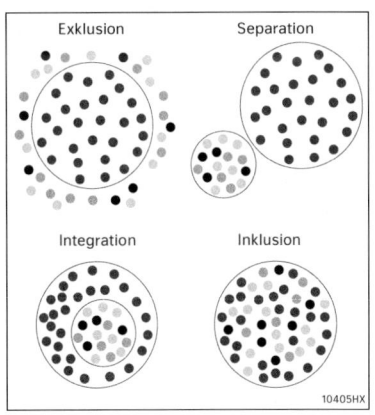

Integration

Integrationsstufen *integration grades, integration levels*: bei der → *Integration* von → *Subsystemen* und → *Systemen* kann es zu verschieden komplexen → *Wechselwirkungen* zwischen diversen → *Bio-* und → *Geosystemen* bzw. → *Geo-* bzw. → *Bioökosystemen* untereinander kommen. Jede I. hat besondere Eigenschaften, die qualitativ von denen der anderen Stufen verschieden sind. Das Modell der I. basiert auf der Vorstellung von der zunehmenden Komplexität bei einer raumfunktional-vernetzten Betrachtung der Systeme der → *Geosphäre* bzw. → *Biogeosphäre* (→ *Theorie des geographischen Komplexes*).

Integrationsstufenlehre *theory of integration levels*: 1. zunächst Bestandteil der → *Landschaftskunde*-Theorie der → *Geographie*. Sie beruht auf dem Begriff → *Integration*. Man nimmt an, dass einzelne und zugleich verschiedene → *Landschaftselemente* bzw. → *Geoökofaktoren* ein übergeordnetes → *Wirkungsgefüge* bilden. 2. Systemtheorie bzw. → *Systemanalyse* und die → *Theorie der geographischen Dimensionen* modellieren die Geoökofaktoren als → *Subsysteme* und zugleich als Teilmodelle des Landschaftsökosystems in einer hierarchischen Ordnung (→ *Hierarchie der naturräumlichen Einheiten*, → *Theorie des geographischen Komplexes*).

integrative Geographie *integrative geography*: relativ neuer Teilbereich der Geographie, der Fragestellungen in den Fokus nimmt, die sowohl Komptenzen aus der → *Physiogeographie* als auch aus der → *Humangeographie* bedürfen, z.B. → *Risikoforschung*, die Beziehungen zwischen Gesellschaft-Mensch-Umwelt, → *Klimawandel*. Eine ältere Bezeichnung für i. G. war der von Peter Weichhart geprägte Begriff der → *Dritten Säule* der Geographie.

integrative Regionalentwicklung *integrated regional development*: Maßnahmen, mit denen die dauerhafte Entwicklung einer → *Region* vor dem Hintergrund von Herausforderungen wie dem → *demographischen Wandel*, der → *Globalisierung* und der zunehmenden → *Verstädterung* durch die Berücksichtigung von ökologischen, gesellschaftlichen und wirtschaftlichen Belangen gewährleistet werden soll. I. R. wird häufig als Synonym für → *nachhaltige Regionalentwicklung* gebraucht.

integrativer Ansatz *integrative approach*: in verschiedenen Wissenschaften, aber auch in der Theorie der → *Geographie* und der → *Landschaftsökologie* eingesetztes Verfahren, in Sinne der → *Systemtheorie* die hochkomplexe (Gesamt-) Landschaft zu erfassen. Ein mögliches Modell ist das → *Modell* des → *Landschaftsökosystems*. Dem i. Allg. gegenübergestellt wird der separative Ansatz, nach welchem „Einzelgegenstände" (z.B. Boden) bzw. Teile dieser (im Fall „Boden" z.B. die Bodenbildungsfaktoren) einzeln betrachtet werden, ohne sie in den real existierenden Zusammenhang der geographischen Systeme zu stellen, in welchem sie in der geographischen Realität vorkommen.

integrierte Abfallverwertung *integrated [waste] recycling, integrated waste utilization, integrated use of waste*: eine kombinierte Form der Abfallbehandlung und → *Abfallbeseitigung*, um → *Abfallverwertung* unter Beachtung ökologischer Grundsätze lokal oder regional gezielt durchzuführen.

integrierte ländliche Entwicklung *integrated rural development*: Entwicklungskonzept für die Länder der sog. → *Dritten Welt* (heute: → *Globaler Süden*). Die i. l. E. versucht, die bisher weitgehend von der Entwicklung ausgeschlossenen Massen der Armen in den ländlichen Gebieten in Wirtschaft und Gesellschaft zu integrieren und dabei deren wirtschaftliche und soziale Situation zu verbessern (→ *Grundbedürfnisse*).

integrierte Wiederaufbauhilfe *integrated reconstruction aid*: → *Wiederaufbauhilfe* unter weitgehender Nutzung des regional vorhandenen oder vor Ort erschließbaren Potenzials (Materialien, Arbeitskräfte). Die i. W. ist Teil eines Gesamtentwicklungskonzepts eines Gebietes.

integrierter Landbau *integrated agriculture, integrated cultivation, integrated farming*: steht zwischen → *Biologischer Landwirtschaft* auf der einen und konventionellem → *Landbau* auf der anderen Seite. I. L. versucht, den Konventionellen Landbau weiter zu entwickeln, dabei marktwirtschaftlich-ökonomischen Grundsätzen und zugleich einigen Grundsätzen des Landschafts- und Ökosystemschutzes sowie des → *Umweltschutzes* zu genügen. Der i. L. wird von Landwirtschaft und Landwirtschaftsministerien propagiert, jedoch gibt es kein verbindliches Konzept.

integrierter Pflanzenschutz *integrated control*: umfassender als die → *biologische Schädlingsbekämpfung*, weil es um zeitlich und örtlich optimale Integration von wirtschaftlichen, technischen, ökologischen und toxikologischen Methoden geht, um Schadorganismen unterhalb der wirtschaftlichen Schadschwelle zu halten. Hierbei stellt die Ausnutzung der natürlichen Begrenzungsfaktoren der Schadorganismen die Basis des i. P. dar. Zum i. P. gehören auch Auswahl von Sorten, Standorten und Kulturmaßnahmen (→ *Bodenpflege*, → *Fruchtfolge*).

integrierter Tourismus *integrated tourism*: gelegentlich gebrauchte Bezeichnung für eine Form des sanften Tourismus, bei der versucht wird, Reisende und die Bevölkerung des besuchten Landes näher zusammenzuführen und zu einem besseren gegenseitigen Verständnis beizutragen.

Integrativer Ansatz

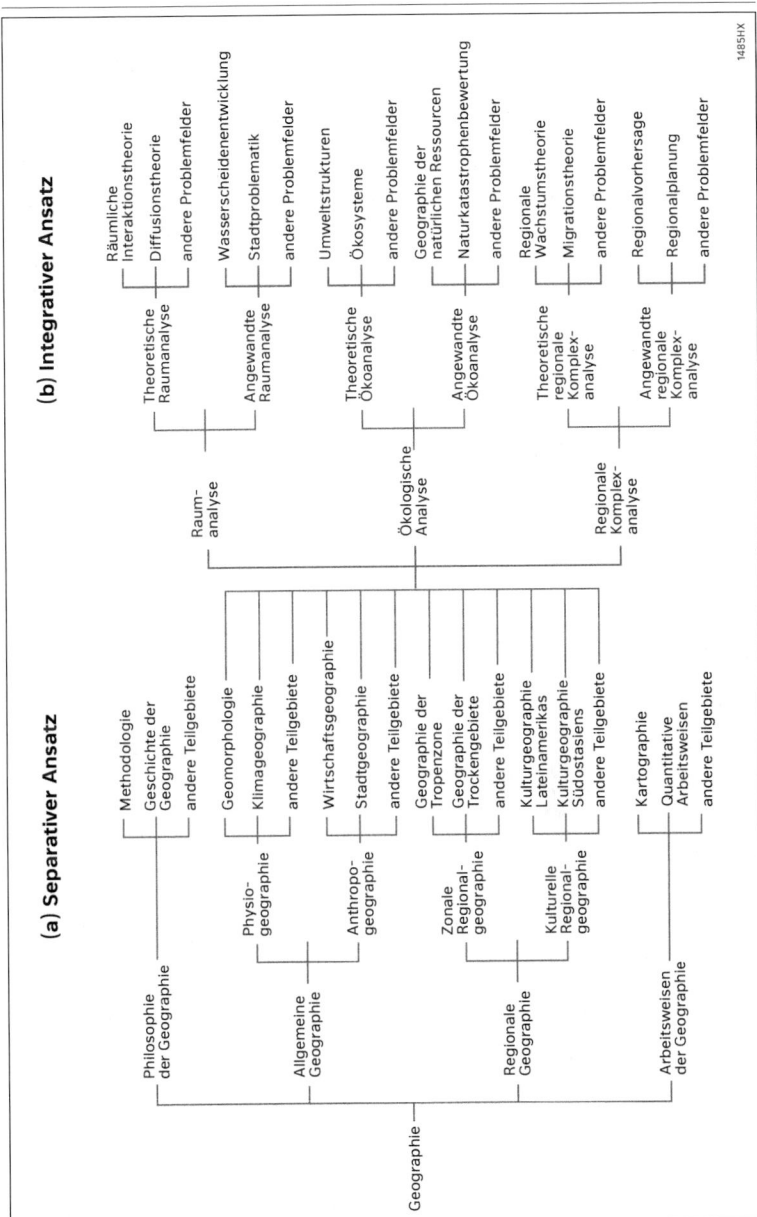

Integrativer Ansatz

integrierter Umweltschutz *integrated pollution control, front of pipe technology*: setzt am Anfang des Produktionsprozesses an. Der i. U. hat die Intention, Produktionsprozesse so aufeinander abzustimmen, dass der Ressourcenverbrauch reduziert und → *Schadstoffe* gar nicht erst entstehen, sondern nach Möglichkeit an der Quelle (z. B. Materialeinsatz, Energiebedarf) vermieden werden. Es sind keine nachträglichen Vermeidungs-, Beseitigungs- oder Verminderungsmaßnahmen notwendig (→ *Substitution*). Neben den technischen Aspekten zählen zum i. U. auch organisatorische und sonstige vorbeugende Präventionsmaßnahmen, die z. B. durch → *Umweltmanagementsysteme* zu erzielen sind.

integriertes Shoppingcenter *integrated shopping-centre/center*: größerer Einzelhandelsstandort innerhalb einer Siedlung, der durch das örtliche Verkehrsnetz erschlossen wird und dessen Dimensionierung den Bedürfnissen der örtlichen Wohnbevölkerung und/oder der zentralörtlichen Bedeutung des betreffenden Ortes entspricht. Im Gegensatz dazu stehen nicht-integrierte Standorte, die ohne Einbindung in einen Ort auf der sog. „grünen Wiese" für ein überörtliches Einzugsgebiet geschaffen wurden (→ *Einkaufszentrum*).

intelligenter Tourismus *intelligent tourism*: eine der Formen des → *Tourismus*, die zwischen dem sogenannten „harten" und dem sanften Tourismus vermittelt, weil sie von den bestehenden Realitäten ausgehen möchte und damit den technisch geprägten Tourismus als existent anerkennt. Der i. T. setzt ganzheitlich an und bezieht sozioökonomische und ökologische Aspekte gleichgewichtig in die Betrachtung ein, sieht deren Zusammenhänge und versucht praktische Problemlösungen aus dem Gesamtzusammenhang des → *Landschaftsökosystems* vorzubereiten. Einzelziele des i. T. sind die Erhaltung der Lebensqualität im Tourismusgebiet, das zugleich den Erholungsuchenden und Touristen optimale Bedingungen bieten soll. Der i. T. strebt eine Vielfalt von Ausprägungsformen an, um den lokalen und regionalen Voraussetzungen des Tourismus besser gerecht zu werden.

Intensität *intensity*: in der Wirtschaft Ausmaß des Einsatzes der Faktoren Arbeit (→ *arbeitsintensiv*, → *lohnintensiv*), Kapital (→ *kapitalintensiv*) und Boden (→ *Flächenintensität*) im Produktionsprozess (intensiv = hoher Aufwand).

Intensitätszahl → *Wägezahl*.

Intensivbetrieb *intensive agricultural enterprise*: landwirtschaftlicher Betrieb, bei dem der Anteil der Intensivbetriebszweige wie → *Hackfruchtbauwirtschaft* oder → *Sonderkulturen* dominiert bzw. generell der Aufwand an Arbeit, Dünger usw. je Hektar hoch ist (→ *Extensivbetrieb*).

Intensivierung *intensification*: in der → *Agrarwirtschaft* die Verstärkung aller Bemühungen um eine Verbesserung der → *Bodennutzung*, v. a. beim Anbau.

Intensivkulturen *intensive crops*: Pflanzenbau, der mit vergleichsweise hohem Kapital- und → *Arbeitsaufwand* in Erwartung entsprechend hoher Erträge betrieben wird. Zu den I. gehören → *Sonderkulturen*, der → *Gemüsebau* und die → *Hackfrüchte*.

Intensivtierhaltung *intensive animal husbandry, factory farming*: → *Massentierhaltung*, meist ein stark automatisierten Stallbetrieb. Zum Zwecke der Ertragsoptimierung unterliegen die Futtergaben genauen Berechnungen. Die I. wird v. a. bei Schweinen, Rindern und Geflügel betrieben.

Intensivweide *intensive grazing*: intensiv bewirtschaftete Weideflächen. I. werden regelmäßig gedüngt, und es wird die Selbstvermehrung der vom Vieh gemiedenen Gräser und Kräuter bekämpft.

Intensivwirtschaft *intensive farming*: landwirtschaftliche Wirtschaftsweise mit hohem Arbeits- und Kapitaleinsatz zur Erzielung des größtmöglichen Nutzens und Ertrags aus den Produktionsfaktoren Boden, Kapital und Arbeit.

Interaktion *interaction*: bezeichnet allgemein die Beziehungen von → *Individuen* und → *Systemen* (in → *Ökosystemen* und → *sozialen Systemen*) sowie das wechselseitige Aufeinandereinwirken. In den → *Sozialwissenschaften* bezeichnet I. die einmalige, regelmäßige oder wiederholt stattfindende wechselseitige Beziehung (als Kommunikation oder Handlung) zwischen zwei oder mehreren Individuen oder zwischen verschiedenen → *Gruppen* innerhalb einer → *Gesellschaft*. In der Sozialgeographie spielen die sich daraus ergebenden räumlichen Muster (→ *Interaktionsmuster*) eine Rolle.

Interaktionsmuster *interaction pattern*: regelhaft ausgebildetes Geflecht räumlicher → *Interaktionen* in einem bestimmten Raum. In der → *Wirtschaftsgeographie* spricht man z. B. von I. in Bezug auf → *Zentrale Orte* oder Liefer- und Absatzbeziehungen von Industriebetrieben.

Interaktionsziel *interaction target*: → *Standort*, auf den räumlich sich auswirkende → *Interaktionen* gerichtet sind und der dadurch insbesondere das Ziel von Verkehrsströmen ist. Beispielsweise ist ein → *Naherholungsgebiet* I. der Erholung suchenden Einwohner einer benachbarten Stadt.

interaktive Karte *interactive map*:: multimediale Darstellungsform (→ *multimediale Karte*) raumbezogener Information, in der Karteninhalte durch Handlungen des Kartennut-

Landschafts- und Vegetationstyp	arktische Tundra	subarkt. Kiefern- Birken- wäldchen, Moore und Heiden	Kiefern- wälder mit Eichen, Ulmen, Erlen	Hasel- Eichen- Ulmen- wälder mit Hain- buchen	Erlen- Ulmen- Hain- buchen- wälder mit Hasel- nuss	Hain- buchen- und Eichen- wälder	nemorale Fichten- Tannen- Hain- buchen- wälder	subarkt., Kiefern- Birken- wälder	arktische Tundra
Chronologie- beispiel	Glazial/ Kaltzeit	z.B. 100 000 aBP	Interglazial bzw. Warmzeit (z.B. Eem-Warmzeit = Riss-Würm-Interglazial)					z.B. 70 000 aBP	Glazial/ Kaltzeit

Interglazial

zers verändert werden. Kartographische Nutzerinteraktion umfasst bspw. Datenexploration, -eingabe und -selektion, Perspektivwechsel (Zoom, Maßstabssprünge) und das Abspielen dynamischer Inhalte in → *animierten Karten*. I. K. sind in Geographischen Informationssysteme (→ *GIS*, → *Web-GIS*), digitalen Atlanten und → *Navigationssystemen* enthalten.

Interbankenmarkt *interbank market*: Markt, auf dem Banken mit anderen Banken Geld, Finanzprodukte und → *Kredite* handeln (→ *Finanzderivat*, → *Wertpapier*).

interdiurn *interdiurnal*: im Sinne von „innerhalb eines Tages". Der Begriff wird auf Tagesgänge von → *Klimaelementen* angewendet, z. B. die i. Temperaturvariation.

Interflow (Zwischenabfluss) *interflow*: unterirdischer → *Abfluss* im ungesättigten Bereich in Oberflächennähe, der nach dem Einsickern in den Boden direkt in den → *Vorfluter* weitersickert, ohne das → *Grundwasser* zu erreichen. I. erfolgt über gering durchlässigen Horizonten und Schichten in und unter der → *Bodendecke*.

Intergenerationsmobilität *inter-generational mobility*: Form der → *sozialen Mobilität*, die sich – im Gegensatz zur → *Intragenerationsmobilität* – im Laufe der Generationenfolge (im engeren Sinne von einer Generation zur nächsten, im weiteren Sinne über mehrere Generationen) in Form von sozialem Aufstieg oder sozialem Abstieg vollzieht. Eine häufige Ausprägung der I. ist das Erreichen einer höheren oder niedrigeren beruflichen Position durch die Kinder gegenüber ihren Eltern.

Interglazial (Warmzeit, Zwischeneiszeit) *interglacial episode, interglacial interval, interval of deglaciation*: Zeitabschnitt zwischen zwei Glazialen bzw. → *Kaltzeiten* bzw. → *Eiszeiten* diesen gegenüber mit deutlich wärmerem Klima, das die Wiederbewaldung ermöglichte und zum völligen Eisabbau führte, verbunden mit dem Anstieg des → *Meeresspiegels* (→ *eustatische Meeresspiegelschwankungen*). → *Klimazeugen* (fossile Tiere und Pflanzen sowie Reliefformen, Sedimente und interglaziale → *Kalktuffe*) belegen dies. Die ökologischen und klimatischen Verhältnisse der I. in den pleistozänen Eiszeiten dürften denen des → *Postglazials* entsprochen haben, auch wenn manche I. deutlich länger, teilweise auch wärmer und feuchter als dieses waren. Das → *Mindel-Riss-I.*, auch „Großes I." genannt, gilt als klassischer Repräsentant der I. (→ *Höttinger Brekzie*, → *Geo-Bio-Archive*).

Intergovernmental Panel on Climate Change → *IPCC*.

Interimslager (für → *radioaktiven Abfall*) *interim storage*: Zwischenlager.

interindustrielle Beziehungen *inter-industrial relations*: Verflechtungen zwischen → *Industriebetrieben*. Es handelt sich um zwischenbetriebliche Kontakte, die sich auf den Gebieten der Entwicklung, Produktion, Vertrieb, Administration und Information abspielen. I. B. ergeben sich sowohl zwischen selbstständigen Betrieben (→ *Zulieferbeziehungen*) als auch zwischen → *Mehrwerksunternehmen*.

intermediär *intermediate*: Bezeichnung für → *Magmatite* und → *Magmen* mit 53-65% SiO_2, die somit weder als sauer (felsisch) noch als basisch (mafisch) einzuordnen sind, sondern „neutral" sind. I. Magmen können jedoch ähnlich wie felsische Magmen zu explosivem Vulkanismus (Ejektion) führen, da das enthaltene SiO_2 zu relativ viskosem Magma führen kann (felsisch, mafisch).

intermittierend *intermittent, interrupted*: „periodisch aussetzend"; v. a. angewandt auf zeitweise Wasserführung oder → *Abfluss*. I. Flüsse kommen in → *Steppen*, → *Savannen* und → *Wüsten* vor. I. beschreibt also das klima- bzw. witterungsbedingte Auftreten von Gewässern, nicht jedoch die aus petrographischen und/oder geomorphologischen Gründen abschnittsweise Wasserführung von Fließgewässern.

intermodaler Verkehr *intermodal transport*: Form des → *multimodalen Verkehrs*. Im → *Personenverkehr* findet dabei eine Verkettung der Verkehrsmittel innerhalb eines Weges statt (z. B. Bus – Bus oder Zug – Zug). Im → *Güterverkehr* werden dazu standardisierte Transporteinheiten (→ *Container*, Wechselbehälter, Sattelanhänger) zwischen verschiedenen → *Verkehrsträgern* in geschlossenen Einheiten umgeladen.

International Air Transport Association → *IATA*.

International Bank for Reconstruction and Development → *Weltbank*.

International Civil Aviation Organization → *ICAO*.

International Development Agency → *IDA*.

International Human Dimensions Programme (IHDP) gehört zu den globalen internationalen Umweltprogrammen und erforscht die global wirksamen Wechselbeziehungen zwischen der menschlichen Gesellschaft und ihren Umwelten.

International Monetary Fund → *IWF*.

internationale Arbeitsteilung *international division of labo[u]r*: in der Produktionswirtschaft Aufteilung von Produktionsaktivitäten auf verschiedene Länder und die Spezialisierung einzelner Länder auf die Produktion bestimmter Güter. Eine weltweite → *Arbeitsteilung* hat sich zwischen den Gruppen der → *Industrie*- und → *Entwicklungsländer* angebahnt. Die i. A. zwischen Unternehmen oder auch innerhalb eines Unternehmens wird auch als → *neue internationale Arbeitsteilung* bezeichnet.

Internationale Bewertungsskala für nukleare Ereignisse *International Nuclear Event Scale*: → *INES*.

Internationale Beziehungen *international relations*: kann zweideutig verstanden werden: 1. I. B. als Beziehungen zwischen → *Staaten*; beinhaltet v. a. politische Angelegenheiten der Verteidigung, der → *Sicherheit* und Diplomatie; 2. Untersuchung der Beziehungen zwischen Staaten und internationaler Politik im Rahmen einer eigenständigen Disziplin, die im Englischen mit IR bezeichnet wird.

Internationale Bodensystematik → *WRB*.

Internationale Fernmeldeunion (ITU) *International Telecommuniation Union*: ist eine Sonderorganisation der Vereinten Nationen (→ *UNO*) mit Sitz in Genf, die sich mit technischen Aspekten zur Telekommunikation und Informationstechnologie beschäftigt. Nach eigenen Aussagen setzt sich die I. F. für Standards bei Kommunikationsnetzwerken und -technologien sowie für die Verbesserung des Zugangs zu → *Informations- und Kommunikationstechnologien* im globalen Maßstab ein.

internationale Unternehmung *international corporation*: Unternehmung mit ständiger grenzüberschreitender Aktivität, d. h. internationalem Transfer von Gütern, Investitionskapital und/oder Mitarbeitern. (→ *globales Unternehmen*, → *transnationales Unternehmen*).

Internationaler Währungsfonds → *IWF*.

Internationales Geosphären-Biosphären-Programm (IGBP) *International Geosphere-Biosphere Programme*: gehört zu den globalen internationalen Umweltprogrammen und erforscht die globalen Wechselbeziehungen zwischen → *biotischen* und → *abiotischen* → *Prozessen* der → *Geo*- und der *Biosphäre*, die die Bewohnbarkeit und → *Produktivität* des Planeten Erde ausmachen.

internationales Management *international management*: Bereitstellung von Problemlösungen, welche die Schwierigkeiten eines Unternehmens, die durch den Prozess der → *Internationalisierung* zwangsläufig auftreten, beheben sollen. Das i. M. beschäftigt sich mit den konstitutiven Merkmalen einer internationalen Unternehmensaktivität und deren Relevanz für betriebswirtschaftliche Fragestellungen. Im Mittelpunkt stehen dabei die speziellen Umfeldbedingungen → *internationaler Unternehmungen*, die v. a. in unterschiedlichen staatlichen und kulturellen Rahmenbedingungen bestehen.

Internationalisierung *internationalisation*: geographische Ausdehnung ökonomischer Aktivitäten über nationale Grenzen hinaus (→ *internationale Unternehmung*). I. ist als Vorstufe bzw. Interimszustand zur → *Globalisierung* zu verstehen.

Internationalisierungsgrad *internationalization level*: aus unternehmerischer Sicht der Umfang bzw. das Ausmaß, in dem ein Unternehmen auf internationalen Märkten (→ *internationale Unternehmung*, → *internationales Management*) agiert. Zur Messung der → *Internationalisierung* werden unterschiedliche Indikatoren herangezogen (u. a. Zahl ausländischer Produktionsstätten, Verhältnis zwischen Auslands- und Gesamtumsatz, Verhältnis zwischen den im Ausland Beschäftigten und den Gesamtbeschäftigten, Höhe der → *ausländischen Direktinvestitionen* (→ *Auslandsinvestition*), Anteil der → *Wertschöpfung* im Ausland, Auslandsorientierung des Managements etc..

interne Ersparnisse *internal savings*: Ersparnisse, die aus der innerbetrieblichen Konzentration von Funktionen an einem Standort und den damit möglichen Kostenvorteilen durch → *Skaleneffekte*, innerbetrieblichem Verbund und Optimierung der → *Organisation* hervorgehen.

interne Seiches → *Temperatur-Seiches*.

Internet *internet*: weltweiter Verbund von Rechnernetzwerken, mit Diensten wie beispielsweise www, e-Mail, FTP. Bedeutender Teil der → *Informations- und Kommunikationstechnologie*. Das I. entstand zunächst in den USA und wurde dort seit den 1960er/70er-Jahren als militärisch genutzter Kommunikationsweg zwischen Computern genutzt. Schnell entwickelte sich das I. zu einem umfassend genutzten Medium. Weltweit nutzten 2016 bereits rund 3,5 Mrd. Menschen das I. (2000 ca. 400 Mio.) zur Informationsbeschaffung, Unterhaltung, Recherche in Datenbanken, → *Kommunikation*, Teilnahme an sozialen Netzwerken, für den elektronischen Handel (→ *E-Commerce*) u.v.m. Die Entwicklung des I. hat technisch wesentlich zur → *Globalisierung* beigetragen.

Internet der Dinge → *Industrie 4.0*.

Interpluvial *interpluvial period, interpluvial phase*: unter den Vorzeitklimaten jener Klimaabschnitt, der die sog. → *Pluviale* des → *Pleistozäns* der heute trockenen → *Tropen* und → *Subtropen* unterbrach. I. müssen (nach neuerer Erkenntnis) nicht unbedingt warm und vollarid gewesen sein, sondern haben die feuchteren Pluviale lediglich durch andere Klimabedingungen abgelöst, z.B. → *semihumide* bis → *semiaride*. Inzwischen werden die Begriffe I. und Pluvial in Paläoklimatologie und Geomorphologie eher mit den Begriffen „geomorphologische Aktivitätszeit" und „geomorphologische Stabilitätszeit" umschrieben.

INTERREG *Interreg*: Programm der → *EU* zur Förderung regionaler → *Strukturpolitik* in grenzüberschreitenden Regionen. I. zielt auf eine Förderung der grenzüberschreitenden Zusammenarbeit. I. soll dafür sorgen, dass Binnen- und Außengrenzen kein Hindernis für eine ausgewogene Entwicklung und die Integration des europäischen Raumes darstellen und Entwicklungshemmnisse in Grenzräumen abbauen. Dafür werden im Rahmen von I. z.B. Infrastrukturmaßnahmen, Kooperationen öffentlicher Versorgungsunternehmen, die grenzüberschreitende Zusammenarbeit von Unternehmen oder Kooperationen in den Bereichen Umweltschutz, Bildung und Kultur gefördert.

interregionale Wanderung *interregional migration*: → *Wanderung* zwischen → *Standorten* in verschiedenen → *Regionen*, z.B. großräumige → *Land-Stadt-Wanderung* oder Wanderung zwischen großstädtischen → *Agglomerationsräumen* (→ *intraregionale Wanderung*).

Interstadial *interstadial*: wärmerer Abschnitt innerhalb einer → *Kaltzeit*, der von zwei kälteren Abschnitten mit Eisvorstoß (→ *Stadialen*) eingegrenzt ist. Im I. erfolgt kein vollständiger Eisabbau, sondern nur ein teilweiser Rückzug des Eises; daher kommt es auch nicht zur Wiederbewaldung wie beim → *Interglazial*.

Intersubjektivität *intersubjectivity*: – in der empirischen Forschung (→ *Empirie*) ein fundamentales Kriterium wissenschaftlichen Arbeitens, wonach andere Wissenschaftspersonen eine aufgestellte Behauptung (→ *Hypothese*), die Ergebnisse eines Experiments oder einen anderen wissenschaftlichen Befund empirisch nachprüfen können sollen. – geht von der Annahme aus, dass ein Sachverhalt für unterschiedliche Beobachtungspersonen gleichermaßen erkennbar und nachvollziehbar ist, diese sich also beispielsweise darüber einig sind, wie sie etwas Bestimmtes wahrnehmen, wie man dies einordnet oder was es bedeutet. I. grenzt sich einerseits von der → *Subjektivität* (was nur einzelnen Individuen zugänglich ist und für das keine Allgemeingültigkeit beansprucht wird) ab, andererseits von der → *Objektivität* (etwas, das direkt beweisbar und unabhängig von Bedingungen, die in den einzelnen Beobachtungspersonen oder deren Kontexten liegen, gilt). Der Begriff I. wird allerdings, wie auch die Begriffe Subjektivität und Objektivität, in vielen Theorien und wissenschaftlichen Zusammenhängen unterschiedlich verwendet und präzisiert.

intervenierende Variable *intervening variable*: Merkmal(sdimension), das/die den Zusammenhang zwischen → *unabhängiger* (bedingender) und → *abhängiger* (erklärter) Variable unter bestimmten Bedingungen beeinflusst.

Interventionspreis *intervention price*: Preisniveau, bei dessen Unterschreitung staatliche Stützungskäufe zur Preisstabilisierung durchgeführt werden. I. sind ein Instrument der → *Agrarpolitik* und im Rahmen der Agrarmarktordnungen der → *EU* (→ *Marktordnung*) z.B. bei Milcherzeugnissen, Zucker, Rindfleisch vorgesehen (→ *Subvention*, → *Protektionismus*).

Interview → *Befragung*.

Interzeption *interception*: 1. der Niederschlagsrückhalt durch die Pflanzendecke. Wegen des Benetzungseffektes bleibt ein von der

Niederschlagsmenge, dem Niederschlagsverlauf und der Gestalt und Struktur der Vegetation abhängiger Anteil des Wassers in der Pflanzendecke hängen und verdunstet von dort, ohne die Erdoberfläche zu erreichen. Der Anteil der I. kann bei wenig ergiebigen → *Nieselregen* bis 100% ausmachen und geht bei intensiven → *Starkregen* auf Bruchteile von Prozenten zurück. In der Jahresbilanz beträgt die I. eines Waldes 15–30%, in Einzelfällen auch mehr.: 2. in der → *Phänologie* von Pflanzen im Vergleich der Abfolge verschiedener Arten klimatisch bedingter regionaler Verschiebungen im Eintritt der Phänophasen, wie der Blüh- oder Fruchttermine. Dies gilt auch für die Reihenfolge phänologischer Ereignisse an ein und demselben Ort in verschiedenen Jahren.

Intra-Block-Handel *intra-bloc trade*: → *Außenhandel* zwischen den Mitgliedsstaaten einer → *Regionalintegration* (intraregionaler Handel). Bspw. entfällt allein auf den Außenhandel zwischen den EU-Staaten (Intra-EU-Handel) etwa ein Viertel des gesamten Welthandelsvolumens (2015).

Intragenerationsmobilität *intra-generational mobility*: Form der → *sozialen Mobilität*, die – im Gegensatz zur → *Intergenerationsmobilität* – im Laufe des Lebens eines Individuums auftritt. Eine häufige Form der I. ist der Berufswechsel zu einer höheren Position.

intraglazial (inglazial, englazial) *intraglacial, englacial*: im Innern eines → *Gletschers* befindlich, auftretend oder stattfindend. Der Begriff bezieht sich sowohl auf Prozesse als auch auf Formen. Als intraglazial teilweise speziell bezogen auf den Sedimenttransport durch → *Schmelzwasser* im Gletscher.

intraglaziär Bezeichnung für das in den Spalten und Hohlräumen eines → *Gletscher*eiskörpers sich bewegende Schmelzwasser (→ *inglazial*).

intrakrustal *intracrustal*: nur zeitweise erfolgende, in der → *Erdkruste* gebildete bzw. abgelagerte → *Gesteine*, → *Minerale* und → *Lagerstätten* (→ *subkrustal*, → *suprakrustal*).

intramontan *intramontane*: zwischen → *Gebirgen* oder → *Bergen* eingeschaltet, z.B. eine → *Ebene* oder ein → *Becken*, sodass man von i. Ebene bzw. → *i. Becken* spricht.

Intraplattenvulkane → *Hot-spot-Vulkane:*.

intraregionale Wanderung (innerregionale Wanderung) *intraregional migration*: → *Wanderung* innerhalb einer → *Region*, z.B. Stadt-Umland-Wanderung (→ *interregionale Wanderung*).

Intra-Unternehmens-Handel *intra-company/firm trade*: Handelsströme, die zwischen den verschiedenen, weltweit verteilten → *Standorten* bzw. Wertschöpfungseinheiten → *multinationaler Unternehmungen* stattfinden. Auf den I.-U.-H. entfällt schätzungsweise ein Drittel des → *Welthandels*.

intrazonal → *intrazonal*: geo- und/oder bioökologische Erscheinungen, die letztlich zwar auch vom Klima der jeweiligen Zone abhängig sind, jedoch von einem anderen Geofaktor in ihrer Ausbildung dominant geprägt wurden.

intrazonale Böden *intrazonal soils*: Böden, die durch Bodenbildungsprozesse geprägt wurden, welche wenig von der betreffenden Klima- und Vegetationszone abhängen. I. B. sind also im Gegensatz zu den → *zonalen Böden* in ihrer Erscheinung wenig klimaabhängig, sondern v. a. von Gestein, Relief und lokalen Wassereinflüssen geprägt. Typische Beispiele bilden die Grundwasserböden, Böden auf Gesteinen, die sich durch Verwitterungsprozesse kaum mehr verändern (z.B. Tongesteine) und die → *Rendzina* Mitteleuropas als Kalkgesteinsböden innerhalb der → *Zone* der → *Braunerden*.

Intrusion *intrusion*: das Eindringen von aus dem Erdinneren aufgestiegenen → *Magma* in die feste → *Erdkruste*, wo es stecken bleibt, abkühlt und → *Intrusivkörper* bildet. Es handelt sich dabei um → *Tiefengesteine*. Bei der I. kann es zur → *Metamorphose* der Nachbargesteine kommen.

Intrusivgestein *intrusive rock*: andere Bezeichnung für → *Tiefengestein*.

Intrusivkörper *intrusive body*: durch → *Intrusion* gebildete Körper von → *Tiefengesteinen*, die innerhalb der → *Erdkruste* erstarren und nicht die Erdoberfläche erreichen wie die → *Ergussgesteine*. I. oder Tiefenkörper werden auch als abyssische Körper bezeichnet. Sie weisen verschiedene Gestalten auf.

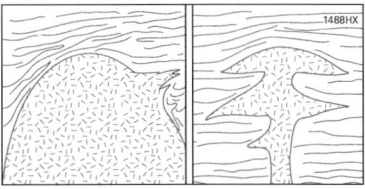

Intrusivkörper

Inundation → *Immersion*.

Inundationssenke *inundation depression*: großräumige → *Depression*, entstanden durch → *Inundation* (Überflutung), in welcher nach der Ablagerung von Inundationssedimenten im Gegensatz zur → *Geosynklinalen* keine gebirgsbildenden Bewegungen mehr stattfinden.

Invasion *invasion*: das Eindringen von Lebewesen in Lebensräume, die von ihnen ursprünglich nicht bewohnt wurden. Auslöser für die I. sind z.B. intraspezifische oder interspezifische → *Konkurrenz* oder Nahrungsverknappung infolge zu hoher, die → *Tragfähigkeit* überschreitende → *Populationsdichten* in den Herkunftsgebieten.

invasive Arten *invasive species*: gebietsfremde Tier- und Pflanzenarten, die sich in neuen Lebensräumen z. B. wegen fehlender natürlicher Feinde rasch ausbreiten und heimische → *Arten* verdrängen. I. A. verfügen über effizientes Ausbreitungsvermögen, hohe Anpassungsfähigkeit und Konkurrenzstärke.

Invention (Erfindung) *invention*: vorgelagerte Stufe einer wirtschaftlichen → *Innovation*, zu der sie durch betriebliche Umsetzung und Gebrauch der I. wird.

Inversion *inversion*: 1. das horizontale Übereinanderführen verschiedener Luftmassen, 2. das Absinken sich erwärmender Luft in Hochdruckgebieten oder 3. die Ansammlung kalter Luft in Bodennähe. Die I. bilden wichtige Luftmassengrenzen in der Atmosphäre (z. B. die Tropopause). Sie wirken besonders als Sperrschichten für den vertikalen Austausch und blockieren Aufwärtsbewegungen der Luft. Staub und Dunst reichern sich an der Umkehrschicht an (Smog). Dabei kondensiert der Dunst wegen der starken Ausstrahlung an der Obergrenze zu einer dichten Wolkenschicht. – Temperaturumkehr in der Atmosphäre, die dadurch in Erscheinung tritt, dass innerhalb einer wenige Dekameter bis wenige hundert Meter mächtigen Luftschicht die Temperatur mit der Höhe nicht ab-, sondern zunimmt. I. entstehen durch – in der Biologie: bei Chromosomenmutationen beschreibt I. das Herausbrechen eines Chromosomenstückes und dessen Wiedereinlagerung in umgekehrter Richtung. – in der Geomorphologie wird mit I. das Prinzip der Reliefumkehr umschrieben.

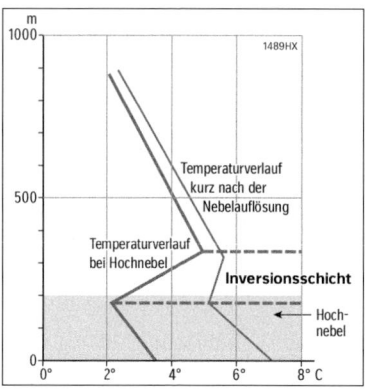

Inversion

Inversionsschicht → *Sperrschicht*.

Inversionswetterlage *inversions site*: eine antizyklonale Wetterlage (→ *Antizyklone*), die durch das Vorherrschen einer vertikalen, austauschunterbindenden → *Inversion* geprägt ist. Dann bildet sich in einigen 100 m Höhe eine tagelang anhaltende → *Hochnebel*decke, die mit der Zeit in Richtung Boden wächst und somit mächtiger wird. In Ballungsgebieten mit ihrem → *Stadtklima* vermischt sich der → *Nebel* mit → *Staub*, → *Rauch* und giftigen Gasen und bildet den gesundheitsgefährdenden → *Smog*. Die I. lösen sich erst mit Änderung der → *Großwetterlage* auf (→ *Hochdruckgebiet*).

Investition *capital investment*: Einsatz von → *Kapital* oder Sachwerten zur Sicherung der Produktion bzw. zur Verbesserung oder Ausweitung der Produktionsanlagen. Neue Arbeitsplätze in einem Betrieb können nur durch I. eingerichtet werden.

Investitionsanreize *investment incentives*: wirtschaftspolitische Mittel zur Förderung der Kapitalinvestitionen, in → *Entwicklungsländern* v. a. von solchen aus dem Ausland. I. werden geboten durch Steuer- und Zollerleichterungen (→ *Zoll*), freien Kapitaltransfer usw. sowie durch Bereitstellung von Infrastruktur, z. B. → *Industrie-* und → *Technologieparks* für die Ansiedlung von Industrie (→ *freie Produktionszone*).

Investitionsgut *capital equipment, investment good, industrial good*: Wirtschaftsgut (→ *Güter*) von langer Lebensdauer, das zur Leistungserstellung in → *Unternehmen* eingesetzt wird. I. sind z. B. Maschinen oder Werkzeuge, mit denen → *Konsumgüter* oder wieder I. erzeugt werden. Auch Kraftfahrzeuge sind I., sofern sie gewerblich eingesetzt werden (→ *Kapitalgut*).

Investitionsgüterindustrie *capital goods industry*: Gruppe von → *Industriezweigen* (→ *Industriegruppe*), die → *Investitionsgüter* herstellen.

Investitionslenkung *investment control*: staatliche Einflussnahme auf die privatwirtschaftliche Investitionstätigkeit. Sie kann als direkte I. erfolgen, bei der den Unternehmen die Investitionsentscheidung ganz abgenommen wird. Es kann sich auch um indirekte I. handeln, bei der z. B. über steuerliche Erleichterungen eine Beeinflussung der Investitionstätigkeit erfolgt (→ *Investitionsanreize*). Schließlich gibt es indikative I., die eine Beeinflussung über Empfehlungen bzw. Orientierungshilfen zu erreichen versucht. Mit I. kann → *Raumdisparitäten* in der regionalen → *Wirtschaftsstruktur* entgegengetreten bzw. bestimmten Wirtschaftszweigen Entwicklungsimpulse gegeben werden.

Investitionsquote *investment quota*: betriebswirtschaftliche Kennzahl, die das Ver-

hältnis der im Geschäftsjahr getätigten → *Investitionen* in das Anlagevermögen zum gesamten Anlagevermögen angibt.
Investitionsrate *ratio of gross investment to GDP*: volkswirtschaftliche Kennzahl, die das Verhältnis der Investitionen einer Periode zum bestehenden Kapitalstock angibt (→ *Bruttoinlandsprodukt*).
Investmentbank *investment bank*: Bank, die als Geschäftsfeld (auch → *Investmentbanking*) v. a. die Vermögensverwaltung ihrer Kunden, der Handel mit → *Wertpapieren* sowie die Unterstützung und Durchführung von Kapitalaufnahmen bei großen → *Unternehmen*, z. B. durch einen Börsengang, betreibt.
Investmentbanking Geschäftsfeld von → *Investmentbanken*. I. umfasst Tätigkeiten in Vermögensverwaltung, Wertpapierhandel sowie der → *Unternehmensfinanzierung*.
Investmentfonds *investment funds*: Finanzprodukt des → *Finanzsektors*. Ein I. sammelt Kapital von Anlegern zum Zweck der Geldanlage (Kapitalsammelstelle). Das Management des I. investiert das überlassene Kapital in verschiedene Anlagebereiche wie → *Wertpapiere*, Rohstoffe oder Immobilien mit dem Ziel der Wertsteigerung. Als spekulativer Typ der I. gilt der → *Hedgefonds*.
Inwertsetzung *valorisation*: veralteter Begriff für die Nutzung eines bisher gar nicht oder nur sehr extensiv genutzten → *Raumes*, insbesondere für Wirtschafts- und Siedlungszwecke durch Einwanderer, Kolonisatoren oder durch die einheimische Bevölkerung im Rahmen des Übergangs zu einer intensiveren Bewirtschaftung und Besiedlung.
Ionenaustausch *ion exchange*: der Vorgang der Bindung und des äquivalenten Eintausches von Ionen aus der Bodenlösung an mineralischen und organischen Bodenpartikeln, insbesondere → *Tonmineralen* und → *Huminstoffen*. Der I. findet an freien Ladungsplätzen der festen Partikel statt. Die reversible Bindung eines Ions heißt → *Sorption*. Das Ausmaß des I. hängt von der Menge sorptionsfähiger Partikel ab und ist eine wichtige Größe im Nährstoffhaushalt, da austauschbare Ionen in der Regel pflanzenverfügbar sind.
Ionendosis *ion dose*: die elektrische Ladung der durch → *ionisierende Strahlung* in der Luft erzeugten, positiv oder negativ geladenen Ionen – bezogen auf die Masse der Luft. Mit der I. errechnet man die → *Energiedosis* für verschiedene Körpergewebe. Die Einheit der I. ist Coulomb pro Kilogramm (C/kg), d. h. 1 C/kg ist gleich der I., die bei der Erzeugung von Ionen eines Vorzeichens mit der elektrischen Ladung 1 C in Luft der Masse 1 kg durch ionisierende Strahlung räumlich konstanter Energieflussdichte entsteht. Bis 1985 wurde die I. in Röntgen (R) gemessen.

ionisierende Strahlung *ionising radiation*: 1. jede Strahlung, die direkt oder indirekt ionisiert, z. B. Alpha-, Beta-, Gamma- und → *Neutronenstrahlung*. 2. eine elektromagnetische Strahlung (Gammastrahlung, Röntgenstrahlung) und Teilchenstrahlung (Alphastrahlung, Betastrahlung), die genügend Energie besitzt, um in Materie Ionenpaare zu erzeugen. Von → *Radionukliden* ausgesandte Strahlung ist → *radioaktive Strahlung*. Die i. S. verliert beim Durchstrahlen von Materie infolge Ionisation Energie und führt zu → *Strahlenschäden* im Organismus. – Merkmale von – α-Strahlung: α-Strahlen bestehen aus Heliumkernen; Wirkungsreichweite im Zentimeterbereich; leicht abschirmbar. – β-Strahlung: β-Strahlen bestehen aus Elektronen; Reichweite: Zehner-Zentimeterbereich; stark wirkend und nur durch dichtes Material wie Blei abschirmbar. – γ-Strahlen: γ-Strahlen liegen nicht als Teilchen vor, sondern sind elektromagnetische Wellen großer Reichweite, die nur durch dicke Mantelungen, z. B. Beton, abschirmbar sind.
Ionosphäre (Thermosphäre) *ionosphere*: die obere → *Schicht* der → *Atmosphäre* ab etwa 80 km Höhe, an deren Untergrenze der → *Luftdruck* schon annähernd Null ist. In der I. herrschen eine hohe Leitfähigkeit aufgrund der Existenz freier Elektronen und Ionen und sehr hohe Temperaturen bis 1000 °C, weshalb sie auch Thermosphäre genannt wird.
IPCC (Intergovernmental Panel on Climate Change) *Weltklimarat der Vereinten Nationen*: zwischenstaatliche Institution und als Ausschuss der Klimarahmenkonvention (UNFCCC) beigeordnet. Der I. wurde 1988 vom Umweltprogramm der Vereinten Nationen (→ *UNEP*) und der Weltorganisation für Meteorologie (WMO) gegründet, um für politische Entscheidungsträger den Stand der wissenschaftlichen Forschung zum → *Klimawandel* zusammenzufassen. Die Aufgaben des I. sind: – das Untersuchen des → *Risikos* der von Menschen verursachten Klimaveränderungen (→ *globale Erwärmung*); – Darstellung des aktuellen Wissensstandes zu den unterschiedlichen Aspekten des menschengemachten → *Klimawandels*; – das Abschätzen der Folgen der globalen Erwärmung für Umwelt und Gesellschaft; – das Formulieren realistischer Vermeidungs- oder Anpassungsstrategien sowie – das Fördern der Teilnahme von Entwicklungs- und Schwellenländern an den IPCC-Aktivitäten.
Die jährlichen Sachstandsberichte (IPCC Assement Reports) gelten – trotz einiger Skandale – als glaubwürdigste und fundierteste Darstellung der Entwicklung des Klimas. Das Sekretariat des I. hat seinen Sitz in Genf (Schweiz).

irreguläre Auslaugung *irregular leaching*: Auslaugungsprozesse im → *tieferen Untergrund*, die an der Erdoberfläche trotz der Tiefe noch reliefwirksam sind, z. B. die Lagerstätte eines löslichen Gesteins (v. a. → *Salz*). Sie kann noch intakt sein, unterliegt aber der → *Auslaugung*, weil Störungs- und Zerrüttungszonen → *vadoses* oder → *juveniles Wasser* eindringen lassen. Dadurch entstehen auch Probleme für die → *Endlagerung* → *radioaktiven Abfalls*, z. B. in → *Salzstöcken* (→ *Asse*, → *Gorleben*).
Irrtumswahrscheinlichkeit → *Signifikanz*.
IRSL → *Infrarot-stimulierte Lumineszenzdatierung*.
ISDR (Internationale Strategie zur Katastrophenvorsorge) *International Strategy for Desaster Reduction*: ein Sekretariat der → *Vereinten Nationen* zur Stärkung der → *Resilienz* (Widerstandskraft) von Gruppen oder Gesellschaften gegenüber → *Katastrophen*, indem das Bewusstsein für → *Katastrophenvorsorge* als integrative Komponente der nachhaltigen Entwicklung gesteigert wird, um in Ernstfällen menschliche Verluste sowie Sachschäden zu reduzieren.
Islandtief *icelandic: low*: sehr konstantes, quasi permanentes → *Tiefdruckgebiet* über dem nördlichen Atlantik. Das I. ist als Aktionszentrum der → *subpolaren Tiefdruckrinne* und durch die Steuerung der Störungsfronten auch für Mitteleuropa wetterbestimmend.
Isoamplitude *isoamplitude*: Linie, die Punkte mit gleichem Schwankungsbereich eines bestimmten gemessenen Elementes miteinander verbindet. Häufig werden I. auf die gleiche mittlere Wärmeschwankung bezogen.
Isobare *isobar*: Linie gleichen, auf ein gemeinsames Bezugsniveau (Meereshöhe) reduzierten → *Luftdrucks*.
Isobathe *isobath*: 1. Linie, die Punkte gleicher zeitlicher Entfernung oder des gleichen zeitlichen Eintreffens eines Ereignisses (z. B. einer Flutwelle) miteinander verbindet.: 2. Linie, die Punkte gleicher Wassertiefe miteinander verbindet.
Isochione *isochion*: Linie, die Punkte mit gleicher Häufigkeit bestimmter Erscheinungen oder gleicher Andauer eines bestimmten Zustandes miteinander verbindet.
Isochrone *isochrone*: – Linie gleicher Verkehrsferne. Eine I. wird konstruiert als Verbindungslinie aller Orte, von einem Zentrum (z. B. ein Stadtmittelpunkt) in der gleichen Zeit zu erreichen ist. Hierbei kann zwischen I. des → *öffentlichen Verkehrs* und des → *Individualverkehrs* unterschieden werden (→ *Erreichbarkeit*). – in der Kartographie Linie gleicher zeitlicher Ausdehnung eines Vorgangs oder Ereignisses, z. B. Reise- oder Transportdauer.

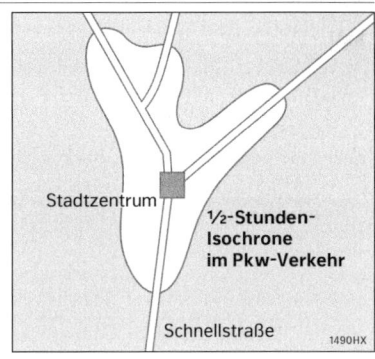

Isochrone

Isochronenmethode *isochrone method*: ältere Methode zur Abgrenzung von → *Stadt* und → *Umland* mit Hilfe von → *Isochronen*. Hierbei wird z. B. von Intensitätsgrenzen der Stadt-Umland-Verflechtung entlang der 0,5-, 1- oder 1,5-Stunden-Isochrone im → *öffentlichen Personennahverkehr* ausgegangen.
Isodapane *isodapane*: wichtiges Element der → *Industriestandorttheorie* nach A. Weber; die I. kennzeichnet den geometrischen Ort aller Punkte mit gleichen → *Transportkosten* im Raum für eine gegebene Produktionseinheit. Auf der kritischen I. befinden sich alle Punkte, an denen bei Entfernung vom → *Transportkostenminimalpunkt* etwaige Arbeitskostenersparnisse oder → *Agglomerationsvorteile* den Transportkostenmehraufwand gerade kompensieren.
Isodense *isodense line*: eine Art von → *Isolinien*. Eine I. ist eine Linie gleicher Dichte. I. werden bspw. in der → *Bevölkerungsgeographie* verwendet und verbinden Punkte gleicher → *Bevölkerungsdichte*.
Isogeotherme *isogeotherm*: Linie gleicher Erdwärme.
Isoglosse *isogloss*: Linie, die eine Grenze zwischen zwei verschiedenen Ausprägungen eines sprachlichen Merkmals anzeigt.
Isogone *isogonic line*: Linie, die Punkte gleicher magnetischer → *Deklination* verbindet.
Isohelie *isohels*: Linie gleicher mittlerer → *Sonnenscheindauer*.
Isohyete *isohyets*: Linie gleicher Niederschlagsmengen für einen definierten Zeitraum.
Isohypse (Höhenlinie) *isohypse*: Linie, die Punkte gleicher Höhenlage miteinander verbindet.
isoklinal *isoclinal*: gleichsinnig einfallende Gesteinsschichten. Die Isoklinalstruktur tritt bei → *Isoklinalfalten* und bei → *Isoklinaltälern* auf (→ *Fallen*).

Isoklinalfalte *isoclinal fold*: Ausdruck der Isoklinalstruktur (→ *isoklinal*), wobei es sich um eng aneinandergepresste → *Falten* handelt, bei denen der Mittelschenkel der Falte durch Auswalzung reduziert oder fast ganz verschwunden ist.

Isoklinaltal *isoclinal valley*: ein Tal mit gleichsinnig einfallenden Talhängen, wobei der Hang, an welchem die → *Schichtköpfe* austreten, der steilere ist (→ *Fallen*).

Isokline *isocline*: Linie gleicher magnetischer → *Inklination* (→ *Erdmagnetismus*).

Isolat *isolated people*: Bevölkerungsgruppe, die als isolierte Population inmitten einer andersartigen Gesellschaft langfristig ihre Eigenart in einem geschlossenen Wohngebiet bewahrt. Häufig handelt es sich um ethnische Gruppen in schwer zugänglichen → *Rückzugsgebieten*. Daneben können z.B. auch geschlossen siedelnde religiöse → *Minderheiten* I. bilden. (→ *Diaspora*).

isoliertes System (abgeschlossenes System) *isolated system*: ein → *System*, das mit der Umwelt weder Stoff noch Energieaustausch vornimmt und daher nur theoretisch postuliert werden kann. Mit → *geschlossenen Systemen* oder → *offenen Systemen* lassen sich hingegen Phänomene beschreiben, die in der Realität vorkommen.

Isolinien (Isarhythmen) *isolines, isopleths, isograms, contour lines*: → *Linien* gleicher Werte, die in → *Karten* zur Wiedergabe von Merkmalen und Eigenschaften räumlicher → *Kontinua* dienen.

Isonephe *isoneph*: Linie gleicher Bewölkungsintensität.

Isoombre Linie gleicher Verdunstungsintensität.

Isopache *isopach, isopacheous line*: Linie gleicher Mächtigkeit von Substrat- oder Gesteinsschichten (→ *Schicht*).

Isophane *isophane*: Linie des zeitgleichen Beginns einer Entwicklungsphase von Pflanzenarten (→ *Phänologie*).

Isoplethe *isopleth*: Linie in flächenhafter Diagrammdarstellung, die gleiche Zahlenwerte einer in zwei Bezügen erfassten Erscheinung miteinander verbindet.

Isoseiste *isoseist*: Linie gleicher Intensität eines → *Erdbebens*.

Isostasie *isostasy*: Theorie vom hydrostatischen Gleichgewicht der → *Erde* bzw. der obersten → *Erdkruste*, nach der die oberirdischen Gebirgserhebungen durch eine darauf eingestellte unterirdische Massenanordnung ausgeglichen sind. Durch → *exogene* → *Abtragung* entstehende Massenverluste werden durch → *Hebungen* (→ *isostatische Ausgleichsbewegungen*) kompensiert. Nach dieser Theorie besteht in der Tiefe der Erdkruste, der sog. Ausgleichstiefe, eine Ausgleichsfläche, auf die alle über ihr ruhenden Erdkrustenteile denselben hydrostatischen Druck ausüben. Man setzt dabei voraus, dass die oberen → *Sial*-Krustenstücke spezifisch leichter sind und auf dem spezifisch schwereren → *Sima*-Teil „schwimmen". Seit dem 19. Jh. gibt es dazu zwei Hypothesen: – Vollformen ragen aus dem Untergrund allein als Folge ihrer Dichteverteilung heraus; – die Krustenstücke haben zwar die gleiche Dichte, jedoch unterschiedliche Mächtigkeiten.

Bei → *Glazialisostasie* wird die Erdkruste durch Auflast des → *Inlandeises* eingedrückt, wodurch sich das hydrostatische Gleichgewicht in der Kruste ändert.

isostatisch (ausgleichend) *isostatic*: jene Ausgleichsbewegungen in der → *Erdkruste*, die als unterirdische Massenbewegungen wirken und sich als oberirdische Verformungen der Erdoberfläche zeigen. Sie basieren auf der Lehre vom hydrostatischen Gleichgewicht der Erde (→ *Isostasie*) und sie werden als → *isostatische Ausgleichsbewegungen* bezeichnet.

isostatische Ausgleichsbewegungen *isostatic compensation*: geologisch-geomorphologische Hypothese, die davon ausgeht, dass Abtragungsmaterial hoher Gebirge einen Massenverlust bedeutet, sodass sich die → *Erdkruste* an der Stelle des Abtrages hebt. Andererseits soll durch Belastung mit Sediment oder Eis im Sinne der → *Glazialisostasie* eine Einsenkung der Erdkruste erfolgen.

isostatische Meeresspiegelschwankung *isostatic sea level fluctuation*: bedingt durch → *Isostasie*, also großräumige Krustenverbiegungen (→ *isostatische Ausgleichsbewegung*, → *Glazialisostasie*, → *Meeresspiegelschwankung*).

Isotache Linie gleicher Geschwindigkeit, z.B. Fließ- oder Windgeschwindigkeit.

Isotherme *isotherme*: Linie, welche Punkte gleicher Lufttemperatur (Mittel-, Extremwerte) miteinander verbindet.

Isothermie *isothermy*: die Erscheinung der → *homogenen* Verteilung gleicher Temperatur in einer Luft- oder Wasserschicht. Mit isotherm wird auch ein gering schwankender Temperaturverlauf während eines definierten Zeitraums bezeichnet.

Isotime *isotim*: wichtiges Element der → *Industriestandorttheorie* von A. Weber; die I. ist eine Linie gleicher → *Transportkosten* für Roh- und Fertigprodukte.

Isotope *isotopes*: Atome eines Elements, deren Kerne bei gleicher Anzahl von Protonen unterschiedlich viele Neutronen enthalten, also chemische Elemente gleicher Ordnungszahl und gleicher chemischer Eigenschaften repräsentieren, aber unterschiedliche Arten der radioaktiven Umwandlungen aufweisen bzw. stabil sind. Im Fall der → *Inkorporati-*

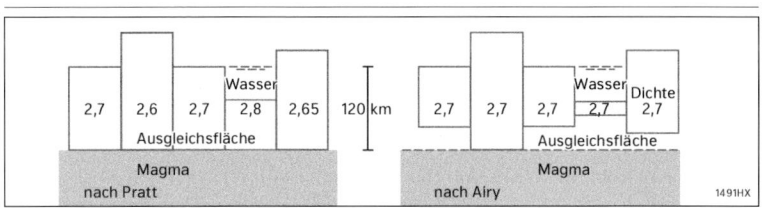

Isostasie

on und der Emission → *ionisierender Strahlung* verursachen sie → *Strahlenschäden*. In der Nuklearmedizin bzw. feldbezogenen Umweltforschung dienen I. auch als radioaktive → *Indikatoren* (→ *Tracer*).

Isotopenanreicherung *isotopic enrichment*: Prozess, bei dem die relative Häufigkeit eines → *Isotops* in einem Element vergrößert wird. So kann aus dem Isotop → *Uran-235* → *angereichertes Uran* gewonnen werden.

Isotopenaustausch *isotopic exchange*: Vorgang, bei dem die Isotopenzusammensetzung einer Substanz verändert wird.

Isotopenhäufigkeit, natürliche *natural isotopic abundance*: der Quotient aus der Anzahl der Atome eines bestimmten → *Isotops* in einem in der Natur vorkommenden Isotopengemisch eines Elements und der Anzahl aller Atome dieses Elements. Elemente, von denen es mehrere Isotope gibt, treten in der Natur als Isotopengemisch auf, das global – von wenigen Ausnahmen abgesehen – gleich ist. Das Mischungsverhältnis der Isotope kann sehr unterschiedlich sein; meist jedoch überwiegt ein Isotop, während die anderen nur in Spuren vorhanden sind, wie z.B. der Sauerstoff zeigt: O-16 = 99,759%; O-17 = 0,0374%; O-18 = 0,2039%.

Isovale *isovale*: Linie gleichen Wertes. I. werden v.a. in stadtgeographischen Darstellungen konstruiert; sie verbinden als → *Isolinien* alle Punkte, die gleichen Bodenwert aufweisen (→ *Bodenpreis*).

Isovapore +: Linie gleichen mittleren → *Dampfdrucks*.

ITU → *Internationale Fernmeldeunion*.

IWF (Internationaler Währungsfonds) *IMF, International Monetary Fund*: autonome Sonderorganisation der → *UN* mit Sitz in Washington. Zu den Aufgaben gehören die Überwachung des internationalen Währungssystems, die Schaffung eines multilateralen Zahlungssystems, die Gewährung von Krediten zum Ausgleich der → *Zahlungsbilanz* (→ *Sonderziehungsrechte*) sowie die Beseitigung von Devisenverkehrsbeschränkungen. Der IWF wurde durch die Weltwirtschaftskonferenz der Vereinten Nationen in Bretton Woods (→ *Bretton-Woods-Abkommen*) 1945 zusammen mit der → *Weltbank* eingerichtet.

J

Jacobs-Externalitäten *Jacobs' externalities*: → *Wissensexternalitäten*, die durch die räumliche Konzentration von Betrieben unterschiedlicher → *Branchen* entstehen. Mit ihrem dynamischen Charakter, der sich aus Lernprozessen und Wissenszirkulation unter den Betrieben ergibt, grenzen sich die nach Jane Jacobs (1969) benannten Effekte von den statischen → *Urbanisationseffekten* ab (→ *Agglomerationsvorteile*, → *MAR-Externalitäten*).

Jagd *hunting*: das Aufsuchen, Verfolgen und Erlegen jagdbarer Tiere, verbunden mit der Hege aufgrund des Jagdrechts und des Jagdbrauchs. Neben der Holzerzeugung als Hauptnutzung des → *Waldes* kommt der J. heute die Rolle einer Nebennutzung zu (→ *Wild*).

Jagdbezirk (Jagdrevier) *hunting district*: ein Gebiet, in dem die → *Jagd* ausgeübt werden darf, entweder als Eigen-J. oder als ein gemeinschaftlicher J..

Jagdgrund *hunting ground, hunting terrain*: Gebiet mit Wildtieren (→ *Wild*), die gejagt werden können. Der J. ist in gesetzlich festgelegte → *Jagdbezirke* (Reviere) eingeteilt.

Jagdkunde *hunting: lore*: Lehre von der → *Jagd* und den jagdbaren Tieren (→ *Wild*).

Jagdreise *hunting travel*: touristische Einzel- oder → *Gesellschaftsreise*, die von einem Veranstalter zur Jagdausübung an entsprechenden Orten organisiert wird. Im Preis einer J. sind auch die Jagdgenehmigung und die Abschussgebühr enthalten.

Jagdrevier → *Jagdbezirk*.

Jäger und Sammler *hunters and collectors*: → *Volk* oder Bevölkerungsgruppe, die als Existenzgrundlage das Jagen und Fischen wild lebender Tiere sowie das Sammeln von Früchten und Wurzeln wild wachsender Pflanzen betreiben. J. u. S. bilden die einfachste Wirtschaftsform der Menschheitsentwicklung, die heute, von wenigen Ausnahmen abgesehen, verschwunden ist.

Jahr *year*: 1. Das siderische J. beginnt und endet mit der Sonnenstellung in einem bestimmten Sternbild auf der → *Ekliptik* (Dauer 365,2564 Tage). 2. Das tropische J. (Sonnen-J.) wird durch den → *Frühlingspunkt* begrenzt und ist infolge der → *Präzession* kürzer als das siderische J. (Dauer 365,2422 Tage). Das tropische J. bildet die Grundlage des Gregorianischen Kalenders und damit unserer Zeitrechnung. 3. Das anomalistische J. beginnt und endet am sonnennächsten Punkt der Erdumlaufbahn (Dauer 365,2596 Tage). – astronomisches J. = die Zeitperiode, während der die → *Erde* die → *Sonne* einmal umkreist und zum Ausgangspunkt zurückkehrt. Mögliche Bezugspunkte: – bürgerliches J. = das Kalenderjahr, welches 365 Tage dauert. Die Differenz zum astronomischen J. wird alle vier Jahre durch Hinzufügen eines Schalttages grob ausgeglichen. Ein Feinausgleich findet periodisch durch Sekundenkorrekturen beim Jahreswechsel statt.

Jahresperiodik → *Jahresperiodizität*.

Jahresperiodizität (Jahresperiodik, Jahresrhythmik) *annual periodicity*: in → *Jahreszeitenklimaten* die Abhängigkeit des Ganges der → *Ökosysteme*, und damit des Lebensrhythmus (→ *Jahrringe*) oder des → *Aktivitätsmusters* von Organismen, von den strahlungsbedingten → *Jahreszeiten*, die sich auch im Abiotischen auswirken, z. B. in der → *Seezirkulation* oder bei der Sedimentation (→ *Jahresschichtung*, → *Warve*).

Jahresrhythmik → *Jahresperiodizität*.

Jahresschichtung *annual layer*: jene Schichtung von → *Sedimenten*, die den jahreszeitlichen Wechsel von Sedimentationsverhältnisse erkennen lassen. Wie bei Baumringen kann durch Auszählen der Jahresschichten (z. B. → *Warven*) das Alter des Sediments (z. B. → *Bänderton*) bestimmt werden.

Jahresspeicher *long-term storage*: → *Langzeitspeicher*.

Jahresuhr (Jahreszeitenfolge) *annual clock*: Bezeichnung für die Einpassung der Lebensweise von Organismen in den ökologischen Jahresablauf, die sich in einer → *Periodizität* äußert.

Jahreszeiten *seasons*: – als astronomische J. die von den → *Sonnenwenden* (weiteste Sonnenabstände vom → *Himmelsäquator*) und den → *Äquinoktien* (Tag-und-Nacht-Gleichen) begrenzten vier Zeitabschnitte. An einem bestimmten Punkt auf der → *Erde* äußern sie sich durch eine Veränderung der Tagbogens der → *Sonne* (Sonnenhöhe und Bogenlänge), eine Folge der gleich bleibenden Neigung und Richtung der Erdachse beim Umlauf um die Sonne. Da sich die Erde im sonnennächsten Punkt der Umlaufbahn schneller bewegt als im sonnenfernsten Punkt, sind die vier a. J. nicht gleich lang. – als klimatische J. der außertropischen Gebiete die infolge der wechselnden Sonneneinstrahlung durch die unterschiedlichen Wärmeverhältnisse geprägten Hauptabschnitte des Jahres (thermische J.). Sie sind als Folge der jahresperiodischen Wechsels der Allgemeinen Zirkulation der → *Atmosphäre* zusätzlich auch durch mehr oder weniger unterschiedliche Niederschlagsbedingungen charakterisiert. Die klimatischen J. gliedern sich in Mitteleuropa in den Winter vom Dezember bis Februar, Frühling vom März bis Mai, Sommer vom Juni bis Au-

gust, Herbst vom September bis November. In Klimaten mit geringen jahreszeitlichen Wärmeunterschieden erfolgt eine Gliederung in → *hygrische Jahreszeiten* (→ *Tageszeitenklima*).
Jahreszeitenfeldbau *seasonal cultivation*: im Gegensatz zum Dauerfeldbau der Tropen der an eine Jahreszeit gebundene Feldbau. Man unterscheidet den → *Sommerfeldbau* in den → *gemäßigten Breiten*, den Winterfeldbau im Winterregengebiet und den → *Regenzeitfeldbau* der wechselfeuchten → *Tropen*.
Jahreszeitenklima *seasonal climates*: im Sinne der → *Klimaklassifikation* von Carl Troll die aus der → *Allgemeinen Zirkulation der Atmosphäre* mit den von ihr bestimmten Windsystemen herleitbaren Klimate mit einer typisch jahreszeitlichen Struktur, bedingt durch → thermisch oder → hygrisch bestimmte Perioden.
Jahrmarkt *fair*: jährlich zu festgelegten Zeiten abgehaltener Warenmarkt (→ *Markt*). J. waren ursprünglich auch in Deutschland ein Teil der ländlichen Versorgungsinfrastruktur, sind aber heute meist nur noch Vergnügungsmärkte mit Schaustellern und demgegenüber stark zurücktretendem Warenangebot.
Jahrringe *growth rings, tree rings, annual rings*: sind „Wachstumsringe", die Baumscheiben erkennen lassen. Sie nützen der → *Geochronologie* als Indikatoren der Umweltfaktorenwirkungen auf einen Baum und sein Wachstum. Beispiel: wenig → *Niederschlag* bedeutet zu trockener Boden und verkürzte Vegetationsdauer (neben anderen ökophysiologisch wirksamen → *Geofaktoren*); dies vermindert die Wuchsstoffwirkung und schränkt die → *Photosynthese* ein; dadurch geringere Zellstreckungen und weniger kambiale Zellteilungen. Daraus resultiert ein schmaler J.. Aus der Abfolge von schmaleren und zugleich dichter angeordneten und breiteren J. können durch Eichung mit anderen geochronologischen Methoden die Umweltbedingungen, speziell das Klima, während des Wachstumszeit des Baumes abgeschätzt werden. Die Analyse von J. wird sowohl auf → *fossile* als auch auf → *rezente* Hölzer angewandt.
Jama → *Karstschacht*.
Jardang (Yardang) *yardang*: kleine (Meterbis maximal Dekameterbereich) schichtstufen- bis tafelartige Erosionsform, deren Gestalt durch die wechselnde Widerständigkeit der Sedimente bedingt wird. J. sind in Lockersedimenten, überwiegend flachgeschichteten lakustrischen → *Sedimenten* durch Zusammenwirken von → *Deflation*, Windschliff (→ *Sandgebläse*) und zeitweiser Wassererosion ausgebildet. Die Regionalbezeichnung aus dem Tarim-Becken Zentralasiens wurde auf andere Trockengebiete der Erde mit ähnlichen Formen übertragen.

Jarowisation (Vernalisation) *yarovisation, vernalization*: Verfahren zur Entwicklungsbeschleunigung, insbesondere zum Vorkeimen des Saatgutes von → *Kulturpflanzen*.
Jauche → *Gülle*.
JavaScript (kurz JS) weit verbreitete Skriptsprache, die u.a. zur Entwicklung dynamischer Web-Anwendungen im Browser dient. Für die Erstellung Browser-übergreifender Anwendungen stehen einige sogenannte „Bibliotheken" (libraries) zur Verfügung. In der Entwicklung von → *Web-GIS* und webbasierter → *multimedialer Karten* wird JS - als Erweiterung zu HTML und CSS - zunehmend eingesetzt, um räumliche Sachverhalte dynamisch, interaktiv und animiert zu visualisieren. In der → *Kartographie* verbreitete JS libraries sind Leaflet, OpenLayers und D3.
Jetstream (Strahlstrom) *jetstream, jet*: starke, bandartige Westwindströmung in der hohen → *Troposphäre*, welche an der → *planetarischen Frontalzone* oder → *Polarfront* infolge des sehr hohen Temperatur- und Druckgefälles entsteht (Mechanismus des → *geostrophischen Windes*). Der J. ist ein wichtiges Glied der Umsetzung des Wärmeenergiegefälles zwischen niederen und hohen Breiten in kinetische Energie. Die Windströmungen erreichen dabei außerordentlich hohe Geschwindigkeiten von 100-500 km/h. Subtropen-J. und Polarfront-J. steuern → *Zyklone* auf ihrer Bahn und beeinflussen deshalb maßgeblich die Wetterabläufe.

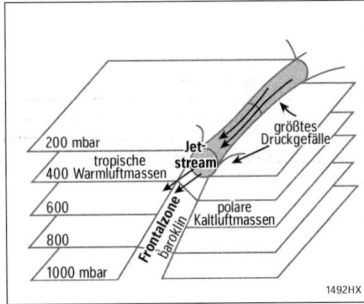

Jetstream

Jetztzeitform *contemporary form, present-time form*: etwas unscharfe Bezeichnung für Formen des → *Georeliefs*, die unter den jetzigen Klimabedingungen geformt werden. Der Begriff „Jetzt" umfasst dabei im wesentlichen die Klimabedingungen seit Ende der letzten Eiszeit. Gegenbegriff: → *Vorzeitform* (→ *aktuell*, → *rezent*).
JIT → *Just-in-time-System*.
job enlargement → *Aufgabenerweiterung*.
job enrichment → *Aufgabenbereicherung*.

Jobkiller *job killer*: moderne Technologien, die als Arbeitsplatzvernichter wirken. Als J. gelten z. B. Industrieroboter.

Jobrotation *job rotation*: im Rahmen der → *Humanisierung der Arbeit* angestrebter Arbeitsplatzwechsel. Nach einem festgelegten Plan tauschen Arbeitnehmer ihren Arbeitsplatz und übernehmen für eine gewisse Zeit die Arbeit von Kollegen. Somit wird die Arbeit für den Einzelnen abwechslungsreicher; zugleich hebt die J. das Verantwortungsbewusstsein des jeweiligen Mitarbeiters für das Gesamtprodukt (→ *Aufgabenbereicherung*, → *Aufgabenerweiterung*).

Jobsharing *job sharing*: Teilung eines Vollzeitarbeitsplatzes in Teilzeitarbeitsplätze. Dadurch können mehr → *Erwerbspersonen* Beschäftigung finden.

Joint Venture *joint venture*: langfristige und vertraglich festgelegte Beteiligung zweier oder mehrerer → *Unternehmen* aus verschiedenen Wirtschaftsgebieten am Kapital eines Unternehmens im Zielland, wodurch ein → *Gemeinschaftsunternehmen* entsteht. Aufgrund des geteilten Kapitaleinsatzes verringert sich das → *Risiko* und die Beteiligung eines lokalen Partners steigert die Akzeptanz im Gastland. Auch lassen sich die Vertriebswege vor Ort nutzen.

Jökulhlaup *Jökulhlaup*: katastrophaler Schmelzwasserausbruch durch → *subglaziale* → *Vulkanausbrüche* oder Geothermie. Mittlerweile wird der Begriff auch für den Ausbruch von subglazialen Seen (→ *Gletschersee*) verwendet.

Jôri-System *jory system*: historisches, auf mittelalterliche Agrarreformen zurückgehendes, System der Landaufteilung und ländlichen → *Siedlungsstruktur* in Japan. Typisch für das J.-S. ist eine Regelmäßigkeit der Flurparzellierung und der Dorfgestaltung, die z. T. bis heute erhalten ist.

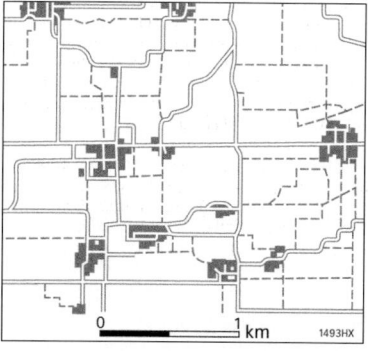

Jori-System

Joule *joule*: Maßeinheit für Arbeit, Energie und Wärme. Diese ist nach James Prescott J. (1818–1889) benannt. In Deutschland wurde bis Ende 1977 für die Wärmeenergie die → *Kalorie* als Maßeinheit verwendet. Ab 1978 gilt offiziell die Einheit 1 Joule (J) = 1 W (Watt) • s (Sekunde) = 0,238 cal (Kalorien).

Judengetto *Jewish ghetto*: als ursprüngliche Form des → *Gettos* ein nach außen abgeschlossenes jüdisches Wohnviertel innerhalb einer → *Stadt*. In vielen europäischen und orientalischen Ländern waren die Juden zeitweise gezwungen, in J. zu leben.

Judenviertel *Jewish quarter*: überwiegend oder ausschließlich von Juden bewohntes Viertel innerhalb einer → *Stadt*. In vielen Ländern waren die J. über längere Zeiträume hinweg in Form von → *Gettos* von der übrigen Stadt abgeschlossen.

Jugendherberge *youth hostel*: einfach ausgestattete → *Beherbergungsstätte*, die in vielen Ländern von speziellen Organisationen v. a. für allein- oder in Gruppen reisende Jugendliche eingerichtet ist. Die Ausstattung von J. kann sehr stark schwanken: von nicht bewirtschafteten Unterkunftshütten für Wanderer bis zu Jugendhotels, die auch für Schullehrfahrten, Studentenreisen, Tagungen usw. benutzt werden (→ *Jugendtourismus*).

Jugendtourismus *youth tourism*: → *Urlaubs*- und → *Bildungsreiseverkehr*, der i. d. R. in organisierter Form durch bzw. für Jugendliche betrieben wird. Zum J. gehören einerseits unter pädagogischer Leitung stehende Jugendreisen, die von Verbänden und Jugendorganisationen in Zeltlagern, → *Jugendherbergen* usw. durchgeführt werden, andererseits von kommerziellen Veranstaltern organisierte Reisen, die sich meist nur im Unterhaltungsangebot und in der Qualität der → *Beherbergungsstätten* von entsprechenden Erwachsenenreisen unterscheiden.

Jungmoräne *Weichelian/Würm/Devensian/Wisconsin moraine, moraine of the last glacial period*: zeitliche Präzisierung des Begriffes → *Moräne*. Die J. wurde in der letzten → *Kaltzeit* des → *Pleistozäns*, d. h. → *Würm*- bzw. → *Weichsel-Kaltzeit*, abgelagert. Es entstand der → *geomorphologische Landschaftstyp* → *Jungmoränenlandschaft*.

Jungmoränenlandschaft *moraine landscape of the last glacial period*: besteht aus den Formen und Sedimenten der → *Jungmoränen*, die während der letzten → *Kaltzeit* (→ *Weichsel-Kaltzeit*, → *Würm-Kaltzeit*) durch Gletscher- und Schmelzwasserakkumulation sowie -erosion entstanden. Die J. zeichnet sich wegen des relativ geringen Alters durch Formenfrische aus. Charakteristisch sind hohe, steile Endmoränenwälle (→ *Endmoräne*), kuppige Grundmoränengebiete (→ *Grundmoräne*) mit einem ungeregelten Gewässernetz aus zahlreiche Rinnen, Becken und Kesseln sowie flachere Grundmoränenplatten, in die → *Rinnenseen* und → *Sölle* eingesenkt und denen → *Oser*, → *Kames* und → *Drumlins* aufgesetzt sind. Die J. steht im geomorphologisch-geomorphogenetischen Gegensatz zur → *Altmoränenlandschaft*.

Jungpräkambrium (Eozoikum, Proterozoikum) *Proterozoic*: oberste Serie des → *Präkambriums*, mit mehreren → *Orogenesen* und den ersten Algen und Wirbellosen.

Jungsiedelland *young settling area*: im Gegensatz zum → *Altsiedelland* das im Zuge der → *Siedlungsgeschichte* erst nach der Zeit der ersten → *Landnahme* besiedeltes Gebiet. In Mitteleuropa sind damit im Allgemeinen die Räume gemeint, die seit der mittelalterlichen → *Ausbauperiode* (ab 9. Jh.) kontinuierlich besiedelt waren.

Jungtertiär (Neogen) *Neogene*: veralteter Begriff für die obere Serie des → *Tertiärs*, die zugleich wichtige Phasen der → *Alpidischen Gebirgsbildung* umfasst. Das J. beginnt ca. 23 Mio. J.v.h. Die jungtertiären Epochen → *Miozän* und → *Pliozän* bilden das → *Neogen*, international inzwischen als eigene Periode definiert.

Junta *junta*: provisorisches Komitee, das während revolutionärer Umwälzungen die Regierungsgewalt in einem Staat übernimmt. Wird die J. vom Militär gestellt, spricht man von einer Militärjunta.

Jura *Jurassic*: von 201-145 Mio. J.v.h. währendes → *System* bzw. → *Periode* des → *Mesozoikums*, nach den mitteleuropäischen Jura-Gebirgen (Fränkischer Jura, Schwäbischer Jura, Schweizer Jura) benannt. Die klassische Einteilung beruht auf Erkenntnissen aus der Schwäbischen Alb (früher: Schwäbischer Jura), der man einen Schwarzen, Braunen und Weißen J. unterscheidet. Die international üblicheren Bezeichnungen → *Lias*, → *Dogger* und → *Malm* stammen aus England. Der J. folgt auf die → *Trias* und brachte einen Wechsel zu überwiegend → *marinen* Verhältnissen. Europa war von den großen → *Geosynklinal*räumen der J.-Meere bedeckt. Aus ihnen stiegen in den nachfolgenden Epochen (v.a. im → *Tertiär*) der (eurasische) Faltengebirgsgürtel auf. Einzelphasen der → *Alpidischen Gebirgsbildung* setzten bereits im J. ein. Die Feingliederung des J. erfolgt durch die ihn kennzeichnenden Ammoniten, die in Lias, Dogger und Malm in charakteristischen Formen auftraten und später zur → *Kreide* überleiteten. Zur Fauna der J.-Meere gehörten u.a. Muscheln sowie die zu den Reptilien gehörigen Saurier. Im J. wurde der Urvogel Archaeopteryx gefunden, vermutlich ein phylogenetisches Bindeglied zwischen Reptilien und Vögeln. Die Flora wird durch Nadelhölzer, Ginkgo-Gewächse und Farnpflanzen repräsentiert. Während des J. wurden v.a. Tone, Sandsteine und weiße Kalke abgelagert, daneben auch Eisenerze und Kohlen.

jurassisch *jurassic*: 1. „zum Jura gehörend", mit dem → *Jura* verbunden. 2. territorialgeographische Bezeichnung, die im Schweizer Jura verwandt wird, v.a. für den Kanton Jura.

Jurte *yurt*: zerlegbares, transportables Wohnzelt zentral- und westasiatischer Nomaden (→ *Nomadismus*).

Just-in-time-System (JIT) *just in time system*: Produktions- und Logistiksystem (dt. „Genau-zur-rechten-Zeit-System"; jap. „Kanban"), das zu Beginn der 1970er-Jahre von japanischen Automobilunternehmen entwickelt wurde. Ziel des J.-i.-t.-S. ist es, die richtige Ware zur richtigen Zeit am richtigen Ort bereitzustellen. Dabei sollen einerseits Flexibilität und Lieferbereitschaft erhöht und andererseits Durchlaufzeiten und Bestände verringert werden. Besonders wichtig ist die Minimierung der → *Lagerhaltung* auf die von der produktionsspezifischen Durchlaufzeit bestimmte Vorratsmenge. Das System ermöglicht einen schnelleren Material- und Fertigungsfluss und macht es dem Unternehmen möglich, rasch auf Marktveränderungen zu reagieren. Dabei verstärkt sich der Trend, immer mehr Einzelteile bei → *Zulieferbetrieben* oder gar komplett montierte Aggregate bei Systemlieferanten einzukaufen und damit die → *Fertigungstiefe* zu senken.

juvenil *juvenile*: – bei Entwicklungen des → *Bios* die Jugendphase des Lebenszyklus betreffend. – bei geowissenschaftlichen Sachverhalten die Frühphase einer Entwicklung (juveniles Magma) oder „ursprünglich" bzw. „neu", wie das → *juvenile Wasser*. – in der → *Anthropologie* die j. Altersstufe, vom 14. bis etwa 20. → *Lebensjahr*.

juveniles Wasser *juvenile: water*: aus dem → *Tieferen* (geologischen) → *Untergrund* mit dem → *Magma* aufsteigendes Wasser, das bei vulkanischen Vorgängen in unbedeutenden Mengen neu in den → *Wasserkreislauf* der Erde gelangt.

K

Kabinenbahn → *Seilschwebebahn*.
Kabotage *cabotage*: ursprünglich bedeutete K. das Erbringen (oder das Recht zum Erbringen) von Transportdienstleistungen innerhalb eines Landes. Heute versteht man unter K. die Transportdienstleistungen innerhalb eines Landes, die von ausländischen Verkehrsunternehmen erbracht werden. Innerhalb der → *EU* wird zwischen großer K. (Transport zwischen zwei EU-Staaten durch den Frachtführer eines dritten Staates) und kleiner K. (Transport innerhalb eines EU-Staates durch einen ausländischen Frachtführer) unterschieden.
Kahlfraß *defoliation*: totales Abfressen von Pflanzenstängeln, Blättern und Halmen, z. B. bei → *Massenvermehrung* von Pflanzenfressern (z. B. Insekten). K. kann eine weitgehende Vernichtung von Pflanzenbeständen (→ *Kalamität*) oder zumindest deren längerfristige Beeinträchtigung zur Folge haben. Insbesondere → *Monokulturen*, aber auch natürliche Reinbestände sind durch K. gefährdet.
Kainit *kainite*: aus → *Kalisalz*, aus Carnallit (Mineral aus der Ordnung der Doppelchloride) sekundär entstanden und als Kalidünger verwendet.
Kaizen *continuous improvement*: japanische Bezeichnung für das Bemühen der Mitarbeiter eines → *Unternehmens* um die kontinuierliche Verbesserung in allen Bereichen und auf allen Ebenen von Produktion und Vertrieb. Es gelten folgende Grundsätze: kleine Dinge besser tun, morgen stets besser sein als heute, immer höhere Standards setzen und halten und alle als Kunden sehen.
Kalabrische Stufe → *Altpleistozän*.
Kalamität *calamity*: ökologischer und ökonomischer Niedergang von Kulturen (Feldfrüchte, Sonderkulturen, Wälder, Forsten) bei → *Massenvermehrung* von → *Schädlingen*.
Kalbungsfront *calving front*: die Stirn der ins → *Meer* oder in → *Seen* führenden Gletscher; von ihnen brechen („kalben") während der Schmelzperiode Eisblöcke bzw. → *Eisberge* ab, sog. Kalbungseis, das wegdriftet (→ *Drift*).
Kaledoniden *Caledonides*: → *Kaledonisches Gebirge*.
Kaledonische Gebirgsbildung *Caledonian orogeny*: → tektonischen Phase, in der die kaledonische → *Faltung* ablief, bei der das Kaledonische Gebirge entstand. Die K. G. begann im → *Kambrium* und dauerte bis zum unteren → *Devon*.
Kaledonisches Gebirge Kaledoniden *Caledonides*: nach Caledonia (lat. Schottland) benannte Gebirgsbildung der K. Ära (→ *Kaledonische Gebirgsbildung*), die vom → *Kambrium* über das → *Ordovizium* bis zum Devon reichte. Vom K. G. sind nur noch Faltengebirgsreste im nördlichen Europa (Irland, Mittel- und Südengland bis Schottland und im westlichen Skandinavischen Gebirge bis Spitzbergen, Grönland und dem Kanadisch-Arktischen Archipel) erhalten. Diese altpaläozoischen → *Faltengebirge* bildeten Paläo-Europa, das sich als ältester Kontinentteil Europas an das → *Ureuropa* von → *Fennoskandia* anlehnte. Das K. G. entstand aus der kaledonischen Geosynklinale, die von Irland im Südwesten über Wales, England und Schottland nach Nordosten in Richtung Westskandinavien mit den Skanden verlief, dann nach Norden umbog und bis über Spitzbergen hinweg nach Nordwestgrönland und Ellesmere-Island reichte. Das K. G. ist in Mitteleuropa nur schwach erkennbar (→ *Faltung*).
Kalifeldspat *potassium feldspar, orthoclase*: → *Feldspat*, z. B. → *Orthoklas*.
Kaliglimmer *moscovite*: das Mineral → *Muskovit*.
Kalisalze *potassium salt*: entstanden während des → *Zechsteins* durch Verdunstung salzreicher Flachmeere, wobei die K. ihrer Löslichkeit nach abgelagert wurden. Auf die schwerlöslichen Kalksalze folgten die älteren Steinsalze, dann das leichtlösliche Chlorkalium und das schwefelsaure Magnesium. Die K. sind überwiegend Kalium-Chlor-Magnesium-Verbindungen. Hauptvertreter ist der Carnallit. Weitere K. sind u. a. Kainit und Sylvin.
Kalium-Argon-Methode (K-40-Ar-60-Datierung) *potassium-argon-dating*: Verfahren der absoluten Altersbestimmung von → *Fossilien*, → *Gesteinen* (v. a. vulkanischer) und → *Mineralien*. Beruht auf dem → *radioaktiven* Zerfall des Kaliumisotops 40 (40-K), dessen → *Halbwertszeit* 1,3 Mrd. Jahre beträgt. Es entsteht das Edelgas Argon, dessen Mengenverhältnis zum noch nicht zerfallenen 40-K das Alter eines Objekts ermitteln lässt. Methodisches Problem: Argon-Zuströme in tieferen Teilen der → *Erdkruste* verfälschen das Alter der Gesteine, ebenso wenn das Argon schon entwichen ist, z. B. bei → *Vulkaniten* (→ *Geochronologie*).
Kalk *limestone*: → *Kalkstein*.
Kalkbraunerde *calcareous Cambisol*: als sekundäre K. eine → *Braunerde*, die nachträglich durch Kalkzufuhr aus dem Hangwasser oder bei der landwirtschaftlichen Nutzung (→ *Kalkung*) erneut schwach kalkhaltig wurde. Primäre K. existieren dagegen in → *Hanglehmen*, in denen lehmiges Verwitterungsmaterial mit Kalkbruchstücken vermischt wur-

de. Durch ständige Nachlösung von Kalk aus dem Bodenskelett findet in der lehmigen Matrix keine Versauerung statt.

Kalkfeldspat *feldspar*: → *Feldspat*.

Kalkgyttja *Calcareous Gyttia*: kalk- und nährstoffreicher Schlamm der Seeböden (→ *Gyttja*).

Kalkkarst → *Karbonatkarst*.

Kalkkonkretion *calcareous concretion*: sekundär ausgefällte, nestartige Anreicherung von Calciumcarbonat im Boden. K. sind 1-2 mm bis mehrere Zentimeter groß und können weiche bis steinharte Konsistenz aufweisen (→ *Lösskindel*, → *Bjeloglaska*).

Kalkkruste *calcrete, caliche, calcium-rich duricrust, hardpan*: während der → *Bodenentwicklung* entstandene verhärtete, dichte, meist wenig wasserdurchlässige Schicht aus Calciumcarbonat im → *Boden*. K. treten vor allem in ariden und semiariden Gebieten auf. Calciumcarbonat im Grundwasser gelöst und wird in Trockenzeiten bei der Evaporation an der Erdoberfläche ausgefällt. Kohlendioxidhaltiges Regenwasser löst diese Ablagerungen wieder auf, transportiert sie mit dem → *Sickerwasser* in den Boden, wo sie an den Oberflächen der Bodenteilchen wiederum ausgefällt werden. Sind auch sämtliche Zwischenräume im Boden mit dem Calciumcarbonat gefüllt, hat sich eine K. gebildet. K. weisen unterschiedliche Mächtigkeiten auf (zwischen Dezimeter- und Meterbereich).

Kalklösungsverwitterung → *Kohlensäureverwitterung*.

Kalkmarsch *Calcaric Fluvisol*: in der → *deutschen Bodensystematik* (→ *KA5*) ein Boden im Gezeitenbereich aus carbonathaltigem, locker gelagertem Gezeitensediment. Durch die rasch fortschreitende → *Entkalkung* geht die K. in die → *Kleimarsch* über.

Kalknatronfeldspäte *soda-lime feldspar*: → *Plagioklas*, → *Feldspat*.

Kalkoolith *oolitic limestone*: häufigste Form des → *Ooliths*, der aus kleinen Kalkkügelchen besteht, die durch Kalkzement verbunden sind. K. kommt besonders häufig im → *Jura* vor. Auch der → *Rogenstein*, ein Oolith des → *Buntsandsteins* mit sandigem Bindemittel, ist ein K..

Kalkpaternia *Gleysol*: in der → *deutschen Bodensystematik* (→ *KA5*) ein Boden im Bereich der holozänen Flussaue aus carbonathaltigem und jungem Flusssediment entstanden.

Kalkpfanne *calcareous pan*: flache Mulde (mit Durchmessern von einigen Dekametern bis zu mehreren Kilometern) in Trockengebieten, in der → *Kalkkrusten* oder → *Kalktuff* großflächig ausgeschieden wurden. Die Entstehung wird mit Vorzeitklimaten erklärt, z.B. mehrmaligen Grundwasserseen über kalkreichen Substraten, aus denen sich dann Kalktuff bzw. Kalkkrusten bildeten.

Kalkpflanzen *calciphytes*: Gewächse calciumcarbonatreicher Standorte. Für K. ist nicht der hohe Calciumgehalt entscheidend, sondern die Wirkung des Carbonats, das wegen der hydrolytischen Spaltung schwach alkalisch reagiert.

Kalksandstein *calcareous sandstone*: → *Sandstein* mit kalkigem Bindemittel.

Kalksinter *calcareous sinter, calcareous tufa, calc-sinter, calc-tufa, fresh-water limestone*: → *Sinter* bildet sich generell durch Abscheiden von Mineralen aus Lösungen. Im Fall von K. wird Calciumcarbonat ausgeschieden, z.B. weil das Wasser durch Erwärmung weniger Kalziumhydrogencarbonat lösen kann. Die bekanntesten Form des K. sind → *Tropfsteine*. Weitere Formen sind → *Kalktuff* bzw. → *Travertin*.

Kalksinterkruste *calcareous sinter crust*: Kalkausscheidungen infolge Kohlensäureabgabe des aus dem Boden austretenden Wassers, das mit Kalk gesättigt ist. Form des → *Kalksinters*, die sowohl in Trockengebieten als auch in tropischen Feuchtklimaten vorkommt. Die K. überziehen die Formen des tropischen → *Kegelkarstes*. Bei fortschreitendem Verkarstungsprozesse werden K. ebenso korrodiert wie anstehender → *Kalkstein*. Gelegentlich werden K.-Bildungen als „Außenstalaktiten" bezeichnet (→ *Tropfsteine*).

Kalksinterstufe *calcareous sinter scarp*: sukzessiv entstehende Barren beträchtlicher Höhen, die in Flussläufen Staustrecken bedingen können und terrestrische Oberflächenform, die bei der Absonderung von → *Kalksinter* entsteht. Geht aus → *Kalktuff* hervor und in tritt in Fließgewässern von Karstgebieten (→ *Karst*) auf.

Kalkstein (Kalk) *limestone*: wichtiges Sedimentgestein (→ *Sedimentite*) mit weltweit großer Verbreitung, das oberirdische und unterirdische Formen entwickelt, z.B. → *Schichtstufenlandschaft* → *Karstlandschaft*. K. besteht hauptsächlich aus Calciumcarbonat (Calcit) und ist überwiegend ein marines Sediment, das entweder direkt durch Ausfällung von Kalk aus dem Wasser entstand oder aus den Kalkschalen und -skeletten von verschiedensten Organismen. Es entsteht aus eben diesem, im Meerwasser enthaltenen Kalk. K. bildet sich auch in Seen und um Quellen. Unterschieden werden poröser K. mit → *Kalksinter* → *Kalktuff*, oolithischer K. oder → *Kalkoolith* sowie dichter und erdiger K.. Der dichte K. ist meist sehr feinkörnig und durch Mineralbeimengungen gelblich, grau, braun oder schwarz gefärbt. Er kommt in allen geologischen Systemen vor und wird in der Regel nach Vorkommen oder Materialeigenschaften unterschieden, z.B. Wettersteinkalk, → *Muschelkalk* oder Korallenkalk.

Weitere Formen sind kristalliner K., auch → *Marmor* genannt, und erdiger K., also die → *Kreide*, sowie der aus K. entstehende → *Dolomit*.

Kalksteinbraunlehm veralteter Begriff für → *Terra fusca*.

Kalksteinrotlehm veralteter Begriff für → *Terra rossa*.

kalkstet *calcicole*: überwiegend pflanzliche Organismen, die ausschließlich auf kalkreichen Böden auftreten und als Kalkzeiger gelten (→ *Bodenanzeiger*).

Kalktschernosem *Chernozem*: in der → *deutschen Bodensystematik* (→ *KA5*) ein Boden aus carbonathaltigem, feinbodenreichem → *Lockergestein* mit einem durch intensive → *Bioturbation* entstandenen mächtigen, humosen und immer noch carbonathaltigen Oberbodenhorizont. Das gesamte → *Solum* weist deutliche Anreicherungen von Sekundärcarbonat auf.

Kalktuff (Tuffkalk, Süßwasserkalk) *calcareous tufa*: zellig-poröser → *Kalkstein*, der leicht und geomorphologisch wenig widerständig ist. K. setzt sich im Wasser, meist um Blätter, Moose oder sonstige Pflanzen ab und schließt oft Molluskenschalen mit ein. Der K. ist je nach Mineralbeimengungen weiß, grau oder gelblich. Werden die Poren des K. nachträglich durch weitere Kalksubstanz aufgefüllt, das Gestein also dichter und fester, bezeichnet man es als Travertin. K. werden häufig als Bausteine benützt, weil sie leicht bearbeitbar sind.

Kalkung *liming*: die düngemäßige Zufuhr von Calciumcarbonat in versauerte Böden zur Erhöhung des → *pH-Wertes* (in der Regel auf Werte 6-7). Die benötigte Kalkmenge hängt dabei nicht nur vom Versauerungsgrad des Bodens, sondern v. a. auch vom Gehalt an organischer Substanz und an Tonen ab, weil diese das → *Sorptionsvermögen* bestimmen. K. ist eine Grundvoraussetzung für eine ertragreiche landwirtschaftliche Nutzung versauerter Böden.

Kalmen (Calmen) *calm, doldrums*: Bezeichnung für Windstille. In der meteorologischen Windstatistik sind jene Perioden K., in denen mit den konventionellen Schalenkreuzwindmesser keine Windströmung gemessen wird. Da diese Windmesser erst bei Strömungsgeschwindigkeiten ab etwa 0,5 m/s ansprechen, sind K. keine Perioden absoluter Luftruhe (→ *Mallungen*).

Kalmengürtel → *Kalmenzone*.

Kalmenzone (Kalmengürtel) *calm belt*: Gebiet häufiger Windstillen und leicht, veränderlicher Winde in der Auslaufzone der → *Passate* am → *Äquator*, in welcher infolge der Luftmassenkonvergenz überwiegend aufsteigende Luftbewegung herrscht. Die K. entspricht dem Bereich der → *Innertropischen Konvergenzzone*.

Kalorie *calorie*: ältere, heute obsolete Maßeinheit für Wärmemengen. Eine cal ist diejenige Wärmemenge, welche notwendig ist, um die Temperatur von 1 g Wasser um 1°C, und zwar von 14,5 auf 15,5 °C zu erhöhen. Einer cal entsprechen 4,186 Joule. Seit 1978 wird nur noch die Einheit Joule verwendet.

Kältegrenze *low temperature limit*: individuell unterschiedliche thermische Grenze, unterhalb der die Temperaturen für einen bestimmten Organismus schädlich bis tödlich sind (→ *Hitzegrenze*).

Kältehoch *cold high-pressure zone*: winterliches kontinentales → *Hochdruckgebiet*, welches durch andauerndes Absinken der durch langanhaltende → *Ausstrahlung* abgekühlten Luft entsteht. Die großen K. der Landmassen der nördlichen → *Kontinente* mit dem → *Sibirischen Hoch* und dem → *Kanada-Hoch* erstrecken sich über die untere → *Troposphäre* bis in 2-3 km Höhe und beeinflussen die Wintersituation der Zirkulation der Nordhalbkugel und damit auch → *Wetter* und → *Witterungen* stark (→ *Kältewelle*).

Kältepflanzen *cryophytes*: Gewächse mit → *Kälteresistenz*, die sich rasch auf wechselnde Temperaturen einstellen können, z. B. durch rasches Umschalten von der Kälteruhe in den aktiven Lebenszustand, wobei sie auch bei niederen Temperaturen den → *Stoffwechsel* aufrechterhalten können. K. kommen in → *Landschaftszonen* und → *Höhenstufen* mit meist sehr kurzer → *Vegetationszeit* vor, die die K. dank ihrer Anpassung jedoch vollständig nutzen können.

Kältepole *cold pole*: jene Gebiete auf der Nord- und Südhalbkugel der → *Erde*, in denen die tiefsten Temperaturen gemessen wurden, repräsentiert durch die meteorologischen Stationen Oimjakon/Ostsibirien 63°10′N, 143°15′O mit minus 69,8 °C und Wostok/Antarktis 79°7′S, 107°O mit minus 89 °C (→ *Wärmepole*).

kalter Gletscher *cold glacier*: ein → *Gletscher*, dessen Innentemperatur z. T. weit unter dem Schmelzpunkt des → *Eises* liegt. K. G. sind für die Polargebiete typisch.

kalter Kontakt *cold contact*: Begriff aus dem → *Plutonismus*, also dem Tiefenmagmatismus. Die nach oben dringende Gesteinsschmelze wird in Erdoberflächennähe zunehmend kühler und stellt – im Gegensatz zum heißen Kontakt – den Bereich des k. K. dar, wobei das Nebengestein der → *Kontaktmetamorphose* unterliegt.

Kälteresistenz (Kältetoleranz) *cold resistance*: allgemein die Widerstandsfähigkeit von Organismen gegen tiefe Temperaturen. Die K. ist von Art zu Art verschieden (→ *Frostresistenz*).

Kälteschäden *cold injury*: bei Pflanzen durch Temperaturen noch oberhalb des Gefrierpunktes verursachte irreversible Schäden, die im Extremfall zum → *Kältetod* führen. K. treten besonders häufig in den Randtropen und Subtropen auf, in denen die Pflanzen sich nicht an unregelmäßige Kaltlufteinbrüche haben anpassen können.

Kältestarre *cold rigor*: Zustand tierischer und pflanzlicher Organismen, der durch niedrigere Umgebungstemperaturen bewirkt wird. Wechselwarme Tiere werden, bei stark herabgesetztem → *Stoffwechsel*, bewegungsunfähig. K. ist hierbei ein Mittel zur Überwinterung. K. kann aber auch den Übergang zu → *Kälteschäden* darstellen und letztlich zum → *Kältetod* führen (→ *Kälteresistenz*).

Kältetod *cold-induced death*: artspezifisches Sterben lebender Organismen bei niedrigen Temperaturen, nach dem Eintreten von → *Kältestarre* und → *Kälteschäden*, z. B. durch intrazelluläre Eisbildung.

Kältetoleranz → *Kälteresistenz*.

Kältewelle *cold wave*: anhaltend starke Abkühlung durch meist in mehreren Staffeln herantransportierte Kaltluftmassen polaren und/oder kontinentalen Ursprungs (→ *Kältehoch*).

Kältewüste *cold desert, polar desert*: Sammelbezeichnung für arktische und antarktische Lebensräume polwärts der → *Biome* der → *Tundra*. In den K. tritt die Pflanzenwelt zurück oder fehlt; die Tierwelt tritt als Küsten- und Eisschollenfauna auf. Terrestrische Primärproduzenten (→ *Primärproduktion*) sind selten; Lebensbasis sind stattdessen → *marine* → *Nahrungsketten*. Die K. werden auch als polare Eis- und Schneewüsten bezeichnet.

Kaltfront *cold front*: die Grenzfläche zwischen warmer und kalter Luft auf der Rückseite des Warmsektors im Tiefdruckwirbel (→ *Zyklone*). Sie äußert sich in einem plötzlichen Temperaturabfall um einige Grad und meist auch in einer Zuname des → *Luftdrucks* am Boden. Unmittelbar hinter der Front setzen aus losen Haufenwolken (Cumulonimbus; → *Cumulus*) schauerartige Niederschläge ein. Die K. des Tiefdruckwirbels rückt rascher vor und engt den Warmsektor bis zum Zusammenschluss mit der → *Warmfront* ein (→ *Okklusion*).

kaltgemäßigt *temperately cold*: die Klimate der höheren → *Mittelbreiten* mit warmen Sommern und kalten bis extrem kalten Wintern, deren kälteste Monatsmittel weit unter 0°C liegen, z.B. in der → *Zone* des → *borealen Klimas*. K. Klimate sind durch eine kontinuierliche winterliche Schneedecke gekennzeichnet.

Kaltluft *cold air*: jede kalte bzw. gegenüber anders temperierter → *Luftmasse* relativ kältere Luft, die entweder durch → *Ausstrahlung* vor Ort entsteht oder durch kältere Luftströmungen herangeführt wird (→ *Warmluft*).

Kaltlufthaut *film of cold air*: geringmächtige Kaltluftschicht an der Erdoberfläche mit i. a. nicht mehr als 200-300 m Mächtigkeit über Tiefländern und Plateaus, die sich meist in winterlichen → *Ausstrahlungs*nächten bildet. Auch nach Wetterumschlag kann sie eine gewisse Stabilität aufweisen und sich unter der sie überströmenden → *Warmluft* noch einige wenige Tage halten (→ *Kaltluftsee*).

Kaltluftherd Fläche im Gelände, auf der sich die bodennahe Luft bei nächtlicher → *Ausstrahlung* besonders stark abkühlt, weil nachts aus dem Boden nur wenig → *Wärme* nachgeliefert wird. Es sind dies z. B. Areale mit lockeren Böden geringer Wärmespeicherfähigkeit unter gut isolierenden Grasdecken oder → *Feuchtgebiete* (Riede, Moore), in denen tagsüber sehr viel Wärme für die → *Verdunstung* verbraucht wird, sodass nur eine geringe Bodenerwärmung erfolgt (→ *Kaltluft*).

Kaltluftinversion *inversion of cold air*: die → *Temperaturumkehr* (die Temperatur nimmt in einer begrenzten Schicht mit der Höhe zu statt ab) in Bodennähe über angesammelter, infolge der starken Abkühlung schwererer → *Kaltluft* (→ *Inversion*).

Kaltluftsee *pool of cold air*: Ansammlung von → *Kaltluft* in einer Senke, Mulde, einer Tiefenlinie, einem ebenen Talboden oder vor einem Hindernis (Damm, Waldrand usw.). Die K. entstehen in klaren Nächten, wenn sich die infolge hoher → *Ausstrahlung* am Boden schwere, abgekühlte Luft auf geneigten Flächen in Bewegung setzt, dann in tiefere Rieflagen abfließt und sich dort sammelt. Gelände mit K.-Bildung ist spät- und frühfrostgefährdet (→ *Frostgefährdung*) und deshalb nicht für kälteempfindliche landwirtschaftliche Kulturen geeignet.

Kaltluftstrom *cold air stream*: von einem → *Kaltluftherd* abfließende → *Kaltluft*.

Kaltlufttropfen *cold pool*: 1. ein isoliertes, kreisrundes oder ovales Kaltluftpaket in der → *Troposphäre*, welches aus einer Kaltluftmasse abgeschnürt wurde. Eine Abschnürung großer und mächtiger K. aus der polaren Kaltluftmasse findet in der Phase der → *Wellenzirkulation* an der → *planetarischen Frontalzone* statt. Diese K. entwickeln sich aus Tiefdruckwirbeln. 2. auch die stabilen Kaltluftpakete der mächtigen → *Kältehochs* werden gelegentlich als K. bezeichnet. 3. in kleinerem Ausmaß entstehen auch schwebende K. infolge Abschnürung und Abhebung vom Boden durch starke → *Warmluft*strömungen.

Kaltmiete *basic rent, net rent*: Mietzins (→ *Miete*) für die Benutzung einer Wohnung ohne Heizung und Warmwasserkosten. Teil-

Kaltzeit

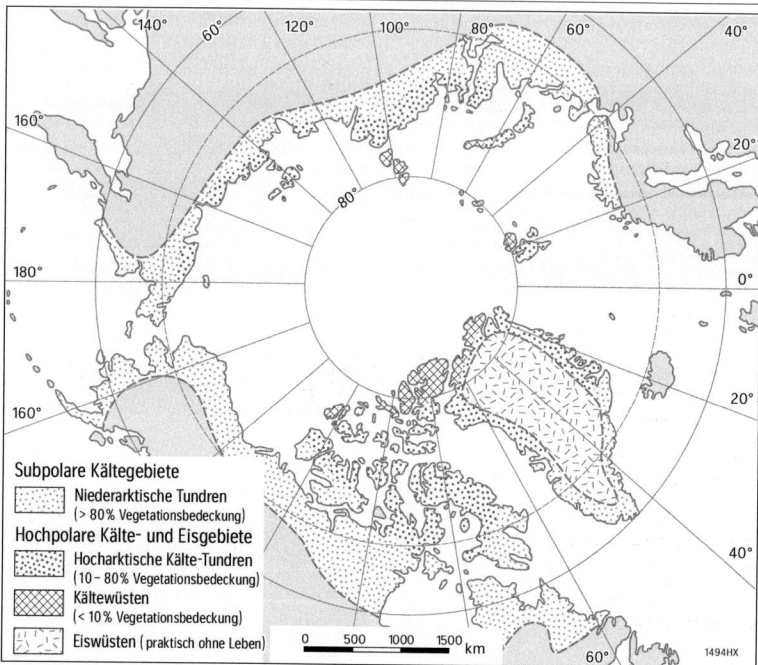

Kältewüste

weise sind aber weitere Nebenkosten in die K. bereits eingeschlossen.

Kaltzeit *glacial period, ice period*: im Gegensatz zum Begriff → *Eiszeit* wird K. umfassender verstanden. Sie umfasst all jene Abschnitte der → *Vorzeit*, in denen kühles bis kaltes → *Klima* herrschte, was nicht unbedingt „Eiszeit" bedeutet und Vergletscherung einschließt. Auch die Gebiete des → *Periglazials* weisen kaltzeitliches Klima auf. Sowohl → *Stadiale* als auch Glaziale müssen als K. bezeichnet werden, ebenso noch kürzere Zeitabschnitte, die das → *Eiszeitalter* gliederten. Durch → *Klimaschwankungen* des → *Postglazials* traten auch kürzere K. auf, belegt durch Veränderungen der Pollenspektren (→ *Pollenanalyse*).

Kalzidithe *calciobiotite*: → *biogene* Kalksedimente warmer Gewässer, z. B. der Kalk von → *Korallenriffen*, sogenannte → *Riffkalke* (→ *Kalkstein*).

Kambrium *Cambrian*: ältestes System des → *Paläozoikums*, benannt nach Cambria (lat. Nord-Wales). Das K., zwischen 540 und 490 Mio. J. v. h., wird in drei Stufen untergliedert (Ober-, Mittel- und Unter-K.). Es entstanden → *Kalk*- und → *Sandsteine*, → *Konglomerate*, → *Tonschiefer*, → *Diabase* und → *Porphyre*. Das K. war tektonisch relativ ruhig und v. a. von epirogenetischen Bewegungen gekennzeichnet. In Nordeuropa entstand die kaledonische → *Geosynklinale*, aus der sich erst im → *Silur* → *Faltengebirge* bildeten. Die Meere neigen zu → *Transgressionen*, und die → *Tethys* entstand. Gegenüber dem vorausgehenden → *Präkambrium* entfaltet sich eine reiche, ausschließlich auf das Meer beschränkte Lebewelt. Alle Stämme des Tierreiches waren vertreten, mit Ausnahme der Wirbeltiere. Die wichtigsten Faunenelemente: Trilobiten und Brachiopoden. Auf den Festländern überwogen aride Bedingungen. Erste Landpflanzen traten auf. Es herrschte → *physikalische Verwitterung* vor.

Kame *kame*: → *glaziäre* → *Aufschüttungsform*, die zwischen größeren Toteiskörpern (→ *Toteis*) als → *fluvioglaziale* geschichtete → *Sedimentation* entstand. Ein K. besteht aus Sanden, Schottern, Kiesen und Moränenschutten. Nach Abtauen der das Sediment umgebenden → *Toteiskörper* bleiben Einzelvollformen (Kuppen, Kegel oder Platten) übrig, oft mit ebener

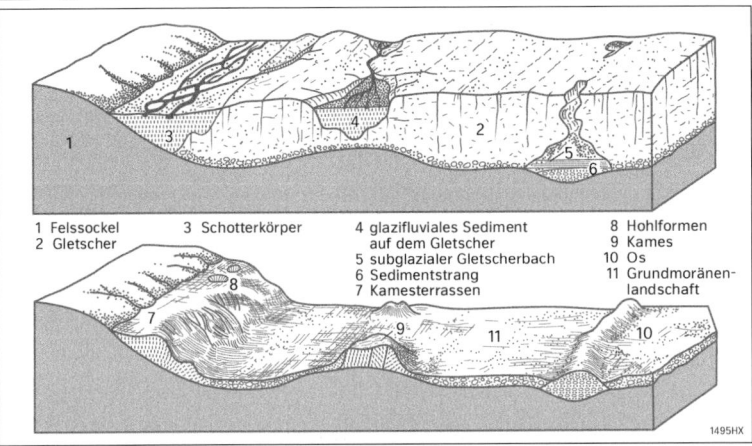

Kame

Oberfläche und relativ steilen Hängen. K. können 10-20 m hoch sein. In den zentralen Teilen der K. ist die → *Schichtung* ungestört, an den Rändern der Formen – wegen des Absackens der Sedimente infolge fehlenden Widerlagers – jedoch schräg geschichtet. In Mitteleuropa finden sich K. in den Moränen- und Schotterlandschaften des Alpenvorlandes und der → *Nordischen Vereisung* (→ *Pseudotektonik*).

Kamesterrasse *kame terrace*: terrassenartiger, geschichteter, sortierter und ebener → *fluvioglazialer* Sedimentkörper, der nach dem Abschmelzen des → *Gletschers* stehen bleibt. Entsteht, wenn seitlich von Talgletschern zwischen Gletscher und Talhang Bäche entlangfließen, deren Wasser aufgrund fehlender Randspalten nicht im Gletscher versickert und die zusätzlich ggf. von → *Schmelzwasser* des Gletschers gespeist werden. Die Fracht besteht nicht nur aus fluvioglazialen Sedimenten, sondern oft auch aus Material der → *Seitenmoräne*. Die K. weisen talwärts randliche Lagerungsstörungen auf.

Kamm *crest, crown, ridge*: steile Bergrücken größerer Längserstreckung, ähnlich dem → *Grat*, der jedoch gegenüber dem K. steilere Abfälle (also größere → *Hangneigungsstärken*) aufweist. Viele → *Gipfel* der Alpen sind entweder als K. ausgebildet oder untereinander durch K. verbunden.

Kammeis (Pipkrake) *mush frost, needle ice*: gebündelt hochgewachsene Eisnadeln auf feuchtem und feinkörnigem höchstens spärlich bewachsenem Boden, welche im Extremfall 20–30 cm lang werden können. K. entsteht nur auf Böden die nicht völlig durchgefroren sind. Die primären Eiskristalle an der Bodenoberfläche wachsen nadelartig in die Höhe, weil die gefrorenen Bodenpartikel das Sorptionswasser selektiv viel stärker anziehen als die weniger wasserhaltigen Bodenteilchen.

Kammeissolifluktion *feather ice solifluction*: Form der → *Mikrosolifluktion*, die das Entstehen von → *Kammeis* voraussetzt und die in Gebieten mit häufigen Frostwechseln auftritt. Dabei werden die obersten Bodenteilchen verlagert, wodurch flächenhafter Abtrag durch → *Denudation* erfolgt.

Kammerbau *chamber construction*: → *Abbauverfahren* in flözartigen und massigen → *Lagerstätten*. Beim K. beruht die Gewinnung des Minerals in der Herstellung von Kammern innerhalb der Lagerstätte, die gleichmäßig über das Baufeld verteilt werden. Zwischen den Kammern müssen zur Abstützung der Kammern Lagerstättenteile von ausreichender Stärke stehen bleiben.

Kammerflur *celtic field form*: vormittelalterliche, teilweise bereits spätbronze- und eisenzeitliche Kleinblockflur (→ *Blockflur*). Die K. ist durch Gräben oder (→ *Lesestein*-) Wälle umgrenzt und in Mittel-, Nord- und NW-Europa verbreitet.

Kammgebirge *ridge[s]*: ein Bruchschollengebirge, das bei schmaler entwickelten → *Bruchschollen* und starker Zertalung entsteht. Das K. ist eine schmale und relativ steile Gebirgszone, wie z. B. der Thüringer Wald.

Kammmoor *ridge bog*: kleines → *Hochmoor* in flacher Kammlage niederschlagsreicher Mittelgebirge.

Kamp *enclosed field*: durch einen Zaun, eine Mauer oder einen (evtl. bepflanzten) Erdwall eingehegte blockförmige → *Parzelle*.

Kampf der Kulturen *clash of civilizations*: umstrittener, auf den US-amerikanischen Politologen Samuel Huntigton zurückgehender Begriff. Dieser vertritt die These, dass sich durch zunehmenden Fundamentalismus die Konflikte zwischen den Gesellschaften einzelner, religiös geprägter → *Kulturräume* (→ *Kulturerdteil*, Kultur) verschärfen. Nach Beendigung des Kalten Krieges geraten nichtwestliche Gesellschaftssysteme durch die allgemein beobachtbaren Tendenzen der → *Globalisierung* in tiefe kulturelle Krisen, während Entwicklungsmodelle, Werte und Normen der westlichen Welt an Bedeutung gewinnen. Es lassen sich drei Möglichkeiten unterscheiden, mit denen nichtwestliche Gesellschaften auf die kulturelle, wirtschaftliche und politische Hegemonie des Westens reagieren können: – Rückbesinnung auf regional-lokale Identitäten, die in Fundamentalismus übergehen können; – Versuch der Anpassung an die westliche Kultur; – Modernisierung ohne Verwestlichung, indem in Koalition mit anderen, nichtwestlichen Gesellschaften wirtschaftliches, politisches und militärisches Wachstum erzielt werden soll.

Kampflur *individually enclosed fields*: → *Flurformentyp*, der aus → *Kampen* besteht und als → *Blockflur* zu deuten ist. Die K. tritt v.a. in NW-Deutschland auf (→ *reine Kampflur*).

Kampfzone *battle zone*: 1. Grenzbereich zwischen verschiedenen Vegetationsformationen aufgrund ungünstiger werdenden Wachstumsbedingungen wie z.B. an der → *Baumgrenze* oder an der → *Waldgrenze*. 2. in Städten und Industriegebieten bilden Flechten in den Gebieten starker Luftverschmutzung hin eine K., in der sie nur noch eingeschränkt vorkommen (→ *Flechtenzonierung*).

Kampgemengeflur *enclosed fields under different ownership*: → *Flurformentyp*; eine → *Kampflur*, bei der die Blöcke eines Betriebs mit Blöcken eines oder mehrerer anderer Betriebe im Gemenge liegen (→ *Blockgemengeflur*).

Kanada-Hoch *Canadian high pressure system*: das häufige und stetige winterliche → *Kältehoch* über der westlichen → *Prärie* Kanadas, welches als → *Aktionszentrum* einen wichtigen Bestandteil des Luftdruckfeldes auf der Nordhalbkugel bildet.

Kanadischer Schild (Laurentia) *Canadian shield*: bereits zu Beginn des → *Präkambriums* bestehender → *Urkontinent* im Sinne eines → *Kratons*, der das Kernstück des nordamerikanischen Kontinents bildet und Zentral- und Ostkanada, Teile der arktischen Inseln und Grönlands umfasste (→ *Fennoskandia*).

Kanal *canal*: 1. schmale Meeresstraße zwischen zwei Inseln oder zwischen Festland und → *Insel*. 2. künstlicher Wasserlauf, der als Schifffahrtsweg oder zur Zu- oder Ableitung von Wasser dient. Man unterscheidet – Abwasser-K. zur Ableitung von Schmutz- und Regenwasser aus Siedlungen und Gewerbebetrieben (→ *Kanalisation*), – Bewässerungs-K. zur Zuleitung von Wasser auf landwirtschaftlich genutzte Flächen, – Entwässerungs-K. zur Ableitung des Wassers aus → *Feuchtgebieten*, Mooren usw., – Werk-K. zur Zu- und Ableitung des Wassers für → *Wasserkraftwerke* bzw. des Brauch- und Kühlwassers von Industriebetrieben und thermischen Kraftwerken sowie – Schifffahrts-K. Unter diesen unterscheidet man wiederum zwischen → *See-K*. und Binnen-K. (Verbindung verschiedener Flusssysteme, Verbindung von Flüssen mit → *Seehäfen* oder Anschluss von Wirtschaftsräumen, die abseits schiffbarer Flüsse liegen, an das Binnenwasserstraßennetz).

Kanalbrücke *canal bridge*: Führung eines Schifffahrts- oder Werkkanals über einen Verkehrsweg oder ein Tal. Die K. besteht aus einem wassergefüllten Trog, der i.d.R. aus Sicherheitsgründen an beiden Seiten abgesperrt werden kann (→ *Kanal*).

Kanalhafen *canal harbo[u]r*: → *Hafen* an einer künstlichen → *Binnenwasserstraße*.

Kanalisation *sewerage, sewage system*: Gesamtheit der Einrichtungen, die der → *Abwasserableitung* dienen, d.h. ein meist unterirdisch verlaufendes, innerörtliches Kanalsystem zum Sammeln und Abführen von → *Abwässern* aus Haushalt, Industrie und Gewerbe sowie von Regen- und Schmelzwasser. Die Abwässer werden im → *Misch*- oder → *Trennsystem* abgeleitet und dem → *Vorfluter* zugeführt. I.d.R. eine → *Kläranlage* zwischengeschaltet. Die K. wird gewöhnlich als Gefälleleitung betrieben und besteht aus Hausanschlüssen, Neben- und Hauptsammelleitungen, die meist unter den Straßen verlaufen. Bei ungünstigem Relief werden Pumpwerke eingesetzt.

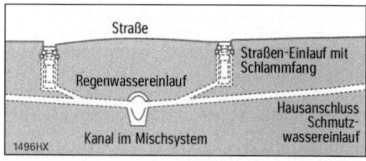

Kanalisation

Kanalisierung *canalization*: Maßnahme des → *Flussausbaus*, um mithilfe von Uferbauungen, Stauwehren, Schleusen etc. einen kanalähnlichen Ausbau eines → *natürlichen* oder → *quasinatürlichen* → *Fließgewässers* zu erreichen. Ziel der K. ist die Schiffbarmachung, aber auch → *Hochwasserschutz* oder die Verbesserung der Voraussetzungen für die Elektrizitätserzeugung durch → *Laufwasserkraftwerke* (→ *Kanal*).

Kanaltunnel *canal tunnel*: Tunnel, durch den ein Schifffahrts- oder Werkkanal geführt wird (→ *Kanal*).

Kanat → *Foggara*.

Kanban-System *just-in-time system*: → *Fertigungsverfahren* mit dem Ziel einer flexiblen und bedarfsorientierten Produktionssteuerung, d. h. das Material wird nicht an nachfolgende Arbeitsgänge weitergeleitet, sondern wird vom nachgelagerten Arbeitsgang in der benötigten Menge und zum benötigten Zeitpunkt (→ *Just-in-time-System*) angefordert. Dies erfolgt durch einen Kaban (jap. Karte, Zettel).

Kannelierung *fluting, furrowing*: bei der Bildung von → *Karren* die oberflächliche Riefelung von lösliichen Gesteinen wie → *Kalkstein*, → *Dolomit* oder → *Sandstein* durch abrinnendes Wasser. Es handelt sich um allerkleinste Bildungen der → *Lösungsverwitterung*, aus denen → *Rillenkarren* hervorgehen.

Känophytikum *Cainophyticum*: → *Neophytikum*.

Känozoikum *Cainozoic*: → *Neozoikum*.

Kantengeschiebe *[wind] faceted pebble*: Spezialform des → *Windkanters*. Aus ehemaligem → *Geschiebe* entstanden, das nach Eisrückzug durch mit Sand beladene starke Winde geschliffen wurde. Verwechslungsmöglichkeiten mit → *Facettengeschieben* sind möglich.

Kap *cape, foreland, headland, promontory*: markanter Vorsprung einer → *Küste*, meist im Festgestein angelegt.

Kapazitätseffekt *additional capacity effect*: bezeichnet die Veränderung des gesamtwirtschaftlichen Kapitalstocks aufgrund von → *Investitionen*. Eine Steigerung der Investitionen erhöht demnach den Kapitalstock und schafft Kapazitäten für die → *Produktion*.

Kapensis → *Capensis*.

Kapheiden *Cape heath*: artenreiche → *Pflanzengesellschaften* bzw. → *Vegetationsformationen* der → *Capensis*, mit Erica-Arten, Rutaceae sowie Proteaceae. Charakteristisch sind auch *Mesembryanthemum*-Arten. Außerdem erscheinen Familien, die auch auf anderen Südkontinent-Spitzen auftreten, z. B. Gunneraceae.

Kapital *capital*: neben → *Arbeit* und → *Boden* einer der drei → *Produktionsfaktoren*. Unter K. versteht man Geld-K. und Sach-K., das einer → *Volkswirtschaft* bzw. einem → *Unternehmen* für investive Maßnahmen zur Verfügung steht (→ *Investition*). Handelt es sich um reale Wirtschaftsgüter (z. B. Gebäude), so wird der Begriff Real-K., bei monetären Werten (z. B. Bankguthaben) der Begriff Finanz-K. gebraucht.

Kapitalflucht *flight of capital*: das Abziehen von → *Kapital* vom nationalen Markt und → *Investition* im Ausland (z. B. → *ausländische Direktinvestition*). Motive für eine K. sind u. a. Steuergründe, höhere Rendite im Ausland oder politische Instabilität im nationalen Land (→ *Steuerflucht*).

Kapitalgut *investment good*: Gesamtheit aller Güterarten (→ *Güter*), die den Kapitalstock einer → *Volkswirtschaft* oder von → *Unternehmen* darstellen. K. sind Bauten, Maschinen und Anlagen (→ *Investitionsgut*).

Kapitalhilfe *capital aid*: finanzielle Unterstützungsmaßnahme, z. B. im Rahmen der → *Entwicklungszusammenarbeit*. Eine K. ist privat und öffentlich, bi- und multilateral, gebunden und ungebunden sowie zu unterschiedlichen Konditionen (Laufzeit, Zins, Freigabe) möglich. Öffentliche K. an sog. → *Entwicklungsländer* besteht u. a. aus Krediten für bestimmte Projekte zu besonders günstigen Konditionen.

kapitalintensiv *capital intensive*: die Wirtschaftszweige, deren Kosten für stehendes → *Kapital* (z. B. Gebäude, Produktionsanlagen) gegenüber den Lohnkosten (→ *Lohn*) überwiegen. Der technische Fortschritt hat die Kapitalintensität stets weiter erhöht. Stark k. ist u. a. der Maschinen- und Anlagenbau (→ *arbeitsintensiv*, → *lohnintensiv*).

Kapitalismus *capitalism*: Bezeichnung für ein Wirtschaftssystem, das auf Privatkapital, Gewinnmaximierung, Eigenverantwortung und → *Risiko* basiert. Güterproduktion, -verteilung und -verbrauch werden durch einen freien → *Markt* geregelt (→ *Marktwirtschaft*). Ein staatlich gänzlich unkontrollierter K. kann zu einer Konzentration wirtschaftlicher Macht in den Händen weniger führen (→ *Liberalismus*, → *Planwirtschaft*, → *neoklassische Theorie*, → *postkeynesianische Theorie*, → *Marxismus*).

Kapitalstrom *flow of funds*: Investitionstätigkeit, die sektorale oder regionale Zielrichtungen aufweist. K. können als staatliche Investitionen erfolgen oder als private K. evtl. auch staatlich gelenkt sein. (→ *Kapital*).

Kapitalwert → *Ertragswert*.

Kapländisches Reich → *Capensis*.

Kappungsebene → *Kappungsfläche*.

Kappungsfläche (Kappungsebene, Schnittfläche) *cut surface:, peneplain*: → *Flachform*, die durch verschiedene denudative Prozesse entsteht, wobei sich die → *Abtragung* nicht an der Gesteinsart und -lagerung orientiert, sondern über die Gesteinsstrukturen hinweggreift und somit die geologischen Strukturen (z. B. → *Schichten*, → *Falten*) kappt. Für die

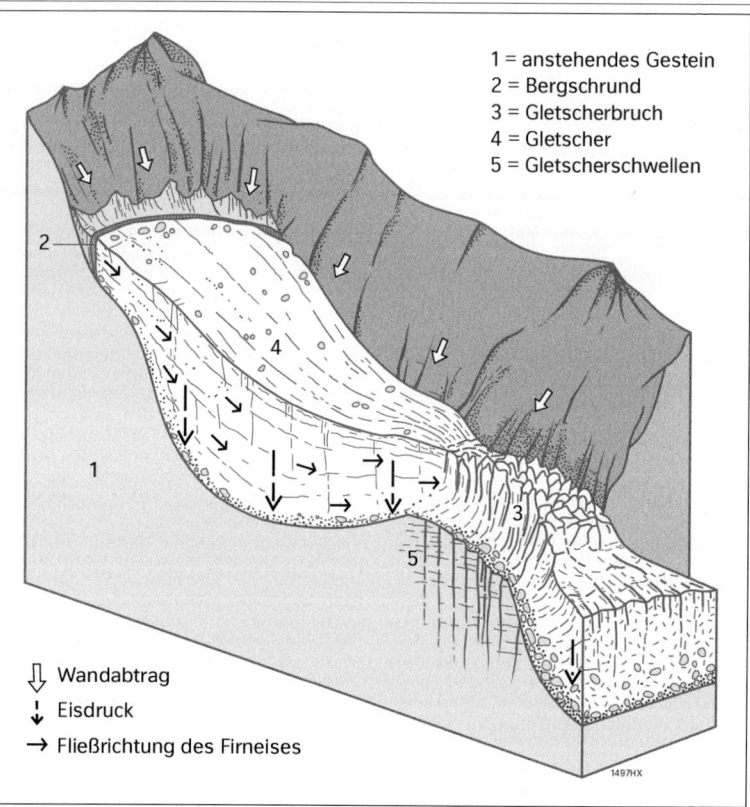

Kar

Bildung von K. wird auch Gesteinsaufbereitung durch mehr oder weniger tief greifende Verwitterung vorausgesetzt. Prototyp der K. ist die → *Rumpffläche* (→ *Denudation*).

Kar *cirque, corrie, cwm*: Ursprungsstelle des → *Gletschers* und im einfachsten Fall eine sesselförmige Felswanne in einem steilen Berghang, mit flach-gewölbtem Boden und einen anschließenden Anstieg zur → *Karschwelle*. Bei Eisfreiheit befindet sich zwischen Berghang und Karschwelle oft ein → *Karsee*. Die K.-Gestalt bestimmen Gesteinsart, -lagerung, -klüftung, aber auch Verwitterung und Eisarbeit. Der Grundriss des K. kann rund, eckig, länglich oder unregelmäßig sein. Das K. ist eine Glazialform, die aus Schneenischen und Firnflecken hervorgeht, aus denen Eis entsteht, das sukzessive wächst. Bei weiterem Belastungsdruck wandert das Eis über die Karschwelle und bewegt sich als Gletscher. In den eisfreien Hochregionen der Alpen und anderer im → *Pleistozän* vergletscherter → *Hochgebirge* ist das K. eine der weitest verbreiteten Glazialformen.

Karavelle *caravel*: Segelschiffstyp des 14. bis 16. Jh. mit relativ hohem Aufbau und geringem Tiefgang und einer Tragfähigkeit von 100–200 t. Mit K. wurden die meisten Entdeckungsfahrten der Spanier und Portugiesen durchgeführt.

Karawane *caravan*: Gruppe von Reisenden, meist von Kaufleuten, Pilgern oder Forschern, die mithilfe von Last- und Reittieren unwirtliche Gegenden, insbesondere → *Wüsten*, durchqueren. K. waren bis ins 20. Jh. besonders in Vorder- und Mittelasien sowie in Nordafrika typisch. K. werden v.a. aus Sicherheitsgründen gebildet (Schutz vor Überfällen oder vor Naturgewalten) und folgen bestimmten K.-Wegen, die oftmals bereits seit

Jahrhunderten bestanden. Seit dem Aufkommen der Motorisierung wurden K. zunehmend durch Autotransporte und Flugverkehr ersetzt.
Karawanenstadt *caravan town*: am Rande einer → *Wüste* gelegene → *Stadt*, die als Ausgangs- bzw. Endpunkt eines Karawanen-Weges wichtige Funktionen zu erfüllen hat, insbesondere als Warenumschlagplatz und bei der Versorgung von → *Karawanen*. Seit dem zunehmenden Ersatz von Karawanen durch Lkw- und Flugtransporte ist die Bedeutung der traditionellen K. stark gesunken.
Karawanserei *caravansary:, caravanserai*: Rast- und Übernachtungsstätte an häufig frequentierten → *Karawanen*-Wegen, in denen Karawanenreisende und ihre Tiere Unterkunft finden und versorgt werden. Zum Teil sind K. auch Warenumschlagplätze. Seit der Zunahme des Kfz.-Transports anstelle von Karawanen wurden viele K. aufgegeben.
Karboden *cirque floor*: oft → *glazial* geschliffener oder geglätteter Boden eines → *Kars* mit meist rückläufigem Gefälle hinter einer → *Karschwelle*. Der K. kann auch mit → *Schutt* oder wenig bearbeitetem Moränenmaterial (→ *Moräne*) bedeckt sein. Auf dem K. ist manchmal ein → *Karsee* ausgebildet.
Karbon *Carboniferous*: System des Paläozoikums. Dauer: 360-300 Mio. J.v.h.. Das K. zeichnet sich durch → *Steinkohle*- und → *Gebirgsbildungen* aus, v.a. die → *Variskische Gebirgsbildung*. Es entstanden die → *Variskiden*, die große Teile des → *Tieferen (geologischen) Untergrundes* Mitteleuropas bilden. Sie sind in einzelnen → *Rumpfgebirgen*, die später wieder herausgehoben wurden, heute noch sichtbar. Die Steinkohlebildung erfolgte in großräumigen → *Geosynklinalen* vor und zwischen den Gebirgszügen, wobei zunächst Torflager (→ *Torf*) entstanden, die später zusedimentiert und unter Druck- und Hitzeeinwirkung zur Steinkohle wurden (→ *Inkohlung*). Steinkohlenflöze führende Sedimente heißen „produktives K.". Die Steinkohlenbildung geht auf üppiges Pflanzenwachstum unter tropisch-warmfeuchten Bedingungen zurück, die auf der Nordhalbkugel herrschten, während es südhemisphärisch zu Vereisungen kam. V.a. Farngewächse gehören zu den vorherrschenden Pflanzen. Bei den Faunen erfolgte die Entwicklung der Lurche und der ersten Kriechtiere. Im K. treten erstmals in der Erdgeschichte in großem Umfang Insekten auf. Neben → *Kohle* wurden → *Kalk*- und → *Sandsteine*, → *Konglomerate*, → *Tonschiefer*, → *Grauwacken* und → *Ergussgesteine* gebildet.
Karbonate *carbonates*: → *Carbonate*.
Karbonatkarst (Kalkkarst) *carbonate karst*: Form der → *Lösungsverwitterung* in CaCO₃ als wichtigste Erscheinung des oberflächlich verbreiteten Karstes (Gipskarst, Salinarkarst, Silikatkarst).
Karez *karez*: unterirdischer Bewässerungskanal (→ *Foggara*).
Kargletscher *cirque glacier*: ein → *Gletscher*, dessen Eisbildung auf das von ihm gebildete und als Sammelbecken für den → *Firnschnee* wirkende → *Kar* beschränkt ist. Dem K. fehlt eine ausgeprägte Zunge (→ *Eis*).
Karling *pyramidal peak, glacial horn*: steiler Berggipfel, oft pyramidenförmig, der gleichsam als „Bergrest" allseitig von → *Karen* umgeben ist. Deren rückwitternde → *Wände* verschneiden sich gegenseitig, sodass der von Karrückwänden gebildete K. entsteht.
Karnische *nivation cirque*: räumlich begrenzte sesselförmige, halboffene Ausgangshohlform des → *Kars*, auch als → *Nivationsnische* bezeichnet.
Karre (Schratten) *grike, gryke*: Klein- bis Kleinstformen der → *Lösungsverwitterung* im Millimeter- bis Dezimeterbereich (auch Meterbereich möglich) in → *Kalkstein*, → *Dolomit* und → *Gips* und in fast allen Karstgebieten verbreitet, daher auch als Karst-K. bezeichnet. Ihr Ursprung sind meist → *Rillenkarren*, die sich durch Lösungsverwitterung, angelehnt an das → *Kluftnetz*, seitlich und in die Tiefe ausweiten. Bei der K.-Bildung entstehen schmale, z. T. scharfkantige und langgestreckte Kleinhohlformen, mit meist kanellierten Oberflächen. K. sind eine Leitform des → *Karstes* (→ *Hochgebirgskarst*, → *Karstgassen*).
Karrendoline *karren doline*: flache Hohlform des → *Karstes*, die durch → *Lösungsverwitterung* dort entsteht, wo → *Kluftkarren* gehäuft auftreten. Die Umrisse der K. sind, wegen des → *Kluftnetzes* und der daran ausgerichteten unterschiedlichen Lösung des → *Kalksteins*, meist sehr unregelmäßig (→ *Doline*).
Karrenfeld *karrenfeld*: größere Fläche im → *Karst* mit ausgeprägter Bildung von → *Karren*, sodass ein ausgedehntes K. entsteht.
Karrenstein *karren stone*: Gesteinsbruchstücke, die bei fortgeschrittener Bildung von → *Karren* von den Graten und Rippen einzeln abbrechen, v.a. durch → *physikalische Verwitterung*, z.B. → *Frostsprengungsverwitterung*.
Karriwald *Karri forest*: starkwüchsiger humidmediterraner Wald in Australien in Gebieten mit relativ hohen Niederschlägen, aus *Eucalyptus*-Arten zusammengesetzt, mit *Eucalyptus diversicolor* als vorherrschender Art. Die geraden und schlanken Stämme erreichen im Mittel 60-85 m Höhe. Wegen des schwachen Kronenschlusses handelt es sich um lichte Wälder. Strauchschicht: ca. 50% deckend und nur von wenigen Arten bestimmt.

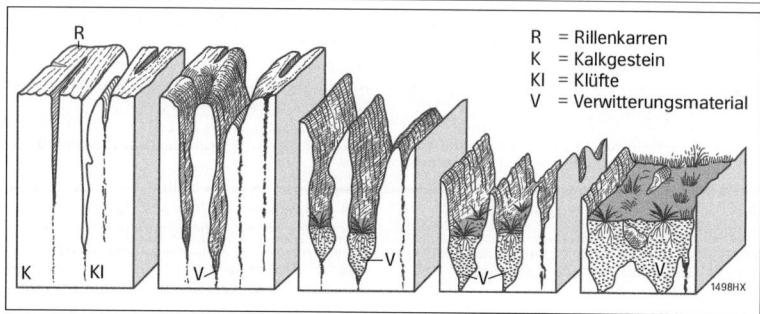

Karren

Karschwelle *cirque threshold*: vordere, im Festgestein angelegte natürliche Abgrenzung des → *Kars* und gegen den → *Karboden* abfallend, sodass sich dahinter ein → *Karsee* bilden kann. Die K. kann auch eine dünne Decke aus → *Grundmoräne* tragen. Sie zeigt auf dem → *Anstehenden* Schleifspuren des darüber gegangenen Gletschers (→ *Gletscherschrammen*).

Karsee *cirque lake, rock basin lake*: meist kleiner → *See*, der sich durch Schmelz- und Niederschlagswasser in der übertieften Bodenmulde, dem → *Karboden*, eines → *Kars* gebildet hat. Zusätzlich kann er durch eine → *Rückzugsmoräne* abgedämmt sein.

Karst *karst [region]*: – synthetische Landschaftsbezeichnung für den Landschaftstyp der kahlen, vegetationsarmen bis bodenfreien → *Kalkstein*gebiete. Die Bezeichnung galt ursprünglich nur für die bodenarme, steinige alpine Landschaft Dinariens, also das Gebirge „Karst" (slowen.: „kras"). Der Begriff wurde auf andere mediterrane K.-Landschaften übertragen, dann auch auf Landschaften in anderen → *Klimazonen*, die als Landschaftstyp nur begrenzt Bodennutzung zulassen. – geomorphologischer → *Landschaftstyp* mit → *Gesteinen* (v. a. → *Kalkstein*, → *Gips* und → *Dolomit*), die der Lösungsverwitterung unterliegen und deren geomorphologische Formbildung man als Verkarstung bezeichnet. Es entsteht der Formenschatz des K. mit → *Dolinen*, Höhlen, Karren und → *Trockentälern*. Der Wasserhaushalt ist gesteinsgeregelt, d. h. → *Oberflächengewässer* bilden die Ausnahme, während im Untergrund komplizierte Karstwassersysteme herausgebildet sind (→ *Karstwasser*, → *phreatische Zone*, → *vadose Zone*).

Karstebene → *Karstrandebene*.

Karstfluss *karst stream*: ein in einem verkarsteten Gebiet (→ *Karst*) mindestens abschnittsweise oberirdisch fließender → *Fluss*. K. sind meist → *allochthon*; sie entspringen also in einem nicht verkarsteten Gebiet und treten erst auf ihrem Lauf in ein Karstgebiet über. Gründe für ihre Existenz können sein: – die → *Verkarstung* ist zu wenig weit fortgeschritten, sodass der K. nur einen Teil seines Wassers in den Untergrund verliert; – der Fluss hat sich bis zum → *Karstwasserkörper* eingeschnitten; – der Fluss hat sich bis auf undurchlässige Schichten eingeschnitten; – das Flussbett wurde nachträglich abgedichtet (durch Einschwemmungen von Bodensubstrat oder Feinsediment, Moränen usw.).

Karstgasse *very deep karren*: Sonderform (im Meterbereich) bei der Bildung von → *Karren*, die dort auftritt, wo sich → *Klüfte* scharen, d. h. eng nebeneinander liegen, sodass die durch → *Lösungsverwitterung* sich ausweitenden → *Kluftkarren* sehr breit und sehr tief werden. Wegen ihrer Durchgängigkeit werden sie als K. bezeichnet.

Karstgeomorphologie (Karstmorphologie) *karst geomorphology*: Teilgebiet der → *Geomorphologie*, das sich mit den Formen und Prozessen sowie der Entwicklung des → *Karstes* beschäftigt.

Karstgrundwasser → *Karstwasser*.

Karsthöhle *cave*: → *Höhle*, die durch → *Lösungsverwitterung* in verkarstungsfähigen Gesteinen entstand. K.-Bildung geht von Fugen und → *Klüften* aus, die Lösungsverwitterung zulassen. Die Geschwindigkeit der Bildung von K. richtet sich nach dem Grad der Löslichkeit des Gesteins und nach dem Kohlensäuregehalt und damit Lösungsfähigkeit des → *Karstwassers*. Besonders effektiv ist die K.-Bildung im Grenzbereich zwischen → *phreatischer* und → *vadoser Zone*, wo es zu → *Mischungskorrosion* kommt. Die Lebensdauer von K. ist in → *Steinsalz*, → *Anhydrit* und → *Gips* geringer ist als in → *Kalkstein* und → *Dolomit*.

Karsthydrographie *karst hydrography*: Spezialgebiet im Überschneidungsbereich von

→ *Hydrogeographie* und → *Geomorphologie* bzw. → *Karstgeomorphologie*, das sich mit dem → *Karstwasser*, den Gesetzmäßigkeiten der Wasserbewegung im → *Karst* und den Karstwasserregimen befasst.

karsthydrographische Wegsamkeit *karsthydraulic permeability*: liegt vor, wenn Gestein wegen der Poren, Risse, → *Klüfte* und → *Spalten* durchlässig ist. Sie bewirken beim dichten und an sich wasserundurchlässigen → *Kalkstein* Durchlässigkeit. Die k.W. definiert sich durch die Hohlräume im verkarstungsfähigen Gestein, die Durchmesser von >0,5-3 mm aufweisen müssen, damit Wasser gravitativ zirkulieren kann. Hohlräume kleineren Durchmessers hingegen zeigen das Verhalten von Kapillaren (→ *Karstwasser*).

Karstinselberg *butte temoine, hum, karst tower*: Einzelberg vom Typ des → *Karstturms*, der inselhaft in → *Karstrandebenen* auftritt und den → *Restberg* der → *Lösungsverwitterung* darstellt (→ *Inselberg*).

Karstkegel → *Karstturm*.

Karstkuppe → *Karstturm*.

Karstlandschaft *karst landscape*: → *Landschaft*, die durch → *rezente* und → *vorzeitliche* Verkarstungsprozesse in Karstgesteinen gekennzeichnet ist. Mit der → *Verkarstung* geht eine spezifische Karsthydrologie einher, die bei voll ausgeprägten K. durch unterirdische Entwässerung gekennzeichnet ist. Generell wird zwischen der K. des dinarischen Karsts und des tropischen Karsts unterschieden. Bei einer K., die sich unter vorzeitlichen Bedingungen gebildet hat und heute keinen Verkarstungsprozessen mehr unterliegt, spricht man von → *Paläokarst*. Weitere Typen von K. sind beispielsweise → *Hochgebirgskarst*, → *Scherbenkarst* und → *unterirdischer Karst*.

Karstmorphologie → *Karstgeomorphologie*.

Karstpediment → *Karstrandebene*.

Karstquelle *karst spring*: → *Quelle* am Rande eines verkarsteten Gebietes, welche aus dem → *Karstwasser* im unterirdischen Gangsystem des → *Karstes* gespeist wird. K. schütten in vielen Fällen sehr kräftig (Stromquellen), zeigen aber i. Allg. große Schwankungen der Wasserführung, weil sich das Karstwassersystem z. B. nach der Füllung durch einen Niederschlag innerhalb einiger Tage wieder entleeren kann.

Karstrandebene (Karstebene, Karstpediment) *karst plain*: weit gespannte, v. a. mediterranen → *Karst* verbreitete → *Flachform*, die teilweise oder ganz von Vollformen umgeben ist, gegen die sie sich mit einem scharfen → *Fußknick* absetzt. K. sind als Vollformen aus nichtverkarstungsfähigem Gestein angelehnte Flächen, die sich unter Aufzehrung des verkarstungsfähigen Gesteins sukzessive in die Tiefe verlegen, intensive Verwitterung vorausgesetzt. Durch → *Lösungsverwitterung* weiten sich K. seitlich aus.

Karstschacht (Jama, Karstschlot, Yama) *jama, sink hole, leach hole, karst chimney*: schmale, fast linienhaft und weit in die Tiefe des verkarstungsfähigen Gesteins hineinreichende Hohlform, die durch → *Lösungsverwitterung* einer langen → *Kluft* entsteht, wobei die Lösungswirkung mehr oder weniger auf die nähere Umgebung der Kluft beschränkt bleibt. K. bilden sich vorzugsweise dort, wo sich zwei Hauptklüfte kreuzen. An der Erdoberfläche erscheinen K. oft nur als kleine Hohlform, etwa als → *Doline*. In Extremfällen werden K. einige hundert Meter lang, bei Querschnitten von einigen Quadratmetern.

Karstschlot → *Karstschacht*.

Karstschwinde → *Ponor*.

Karstsuffosion *karst suffosion, karst elution*: Prozess der → *Auslaugung*, bei dem unterirdisch Feststoffe, z. B. Decksedimente, durch Wasser in Hohlräume des → *Karstes* verfrachtet werden. An der Erdoberfläche treten Sackungshohlformen auf, die als K.-Senken bezeichnet werden (→ *Suffosion*).

Karstturm (Hum, Karstkegel, Karstkuppe, Mosor) *haystack hill, karst tower*: einzeln stehender Karstberg mit meist steilen → *Wänden*, der auch in Gruppen auftreten kann und als → *Restberg* der *Verkarstung* gilt. K. werden durch die seitliche Ausdehnung der → *Karstrandebenen* schließlich aufgezehrt. Charakteristische K. finden sich v. a. in den feuchten Tropen, wo der → *Turm-* oder → *Kegelkarst* als → *geomorphologischer Landschaftstyp* auftritt. Die K. weisen meist ein kompliziertes Hohlraumsystem auf, an dem → *Karsthöhlen*, → *Karstschächte* und → *Geologische Orgeln* beteiligt sind (→ *Karst*).

Karstverebnung *karst planation, karst peneplanation*: → *Flachform* im subtropisch-mediterranen und tropischen → *Karst*, die als → *Karstrandebene* und als → *Poljen* auftreten. Für die Entstehung werden Verwitterungs- und Abtragungsprozesse angenommen, welche die K. nicht nur im Bereich flachlagernder verkarstungsfähiger Gesteine, sondern auch bei Lagerungsstörungen bzw. geneigten Schichten im Sinne einer → *Kappungsfläche* entstehen lassen.

Karstwanne *karst depression, karst valley*: wannenartige Hohlform mit unterschiedlichen Größen, Anordnungen und Grundrissmustern; im → *Karst* durch → *Korrosion* entstanden. K. sind teilweise auch mit → *Verwitterungslehmen* gefüllt, also Rückständen der Lösungsverwitterung, (→ *Doline*).

Karstwasser (Karstgrundwasser) *karst/caven water*: das unterirdische Wasser in den durch Lösung erweiterten → *Kluft-* und → *Gangsys-*

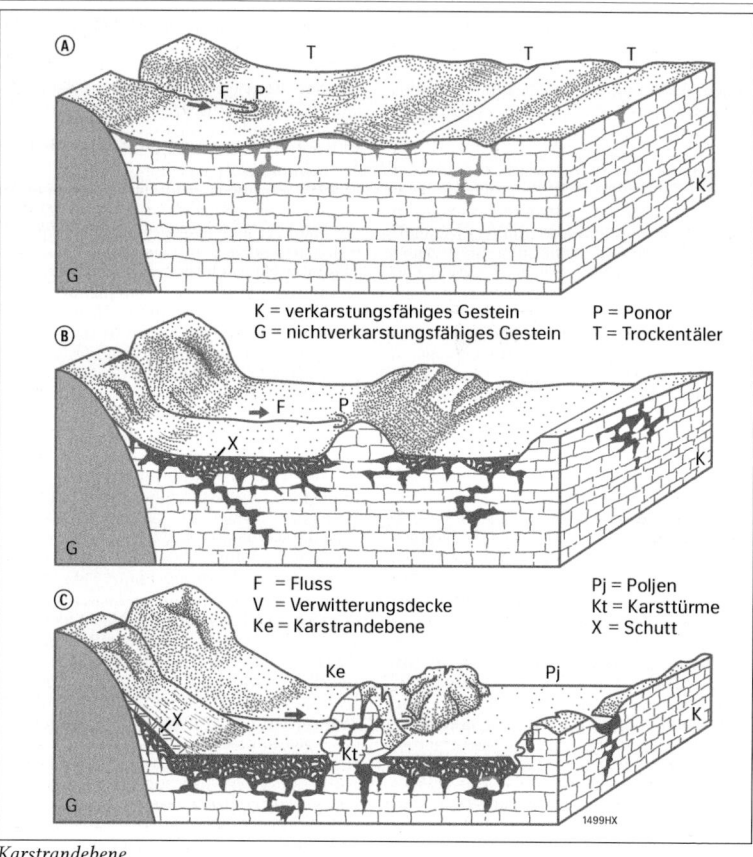

Karstrandebene

temen eines verkarsteten Gebietes und wesentlich die Entwicklung des → *geomorphologischen Landschaftstyps* → *Karst* bestimmend.

Karstwasserspiegel *water level in karst regions*: der → *Wasserspiegel* (→ *Grundwasserspiegel*) im teilweise wassergefüllten → *Kluft*- und → *Gangsystem* eines verkarsteten Gebietes (→ *Karst*, → *Verkarstung*). Ein einheitlicher K. existiert i.d.R. nicht, da das Röhrensystem nur abschnittsweise vernetzt ist. Vielfach herrschen in nebeneinanderliegenden, aber karsthydrographisch unabhängigen Gängen unterschiedliche Druckverhältnisse, sodass das Wasser sehr verschiedene Steighöhen zeigt (→ *hydrostatischer Druck*).

Karstzyklus *karst cycle*: Theorie zur Entwicklung des Oberflächenkarstes, dessen einzelne Formengesellschaften als unterschiedlich alte Entwicklungsstadien einer zeitlich aufeinander folgenden Formenreihe gelten sollen. Demnach beginnt der K. 1. mit einem Jugendstadium mit → *Karren*- und → *Dolinen*-Bildung, die sich durch → *Korrosion* sukzessive vergrößern. Es folgt 2. die Reifephase mit einer stark verdichteten Dolinenlandschaft, in der zwischen den → *Hohlformen* scharfkantige → *Vollformen* mit Graten und Kämmen entstehen, u.a. auch → *Karsttürme*. Im anschließenden 3. Alters- und Greisenstadium werden die Vollformen und die Grate abgerundet, erniedrigt und die Hohlformen mit Verwitterungsschutt und -lehm gefüllt. In der 4. Endphase soll die Landoberfläche mehr oder weniger eingeebnet und nur noch von wenigen → *Karstinselbergen*, als → *Restberge*, überragt sein.

Diese Kontinuität der Karstentwicklung ist in dieser Form und Abfolge nicht realisiert. Sie ordnet räumlich weit voneinander getrennte Formen einer Idee unter.

Karte *map*: Repräsentation der geographischen Realität, in der ausgewählte Merkmale abstrahiert dargestellt sind. Eine K. ist maßstabsgebunden und generalisiert (→ *Maßstab*, → *Generalisierung*). Je nach Zweck einer K. werden von Kartographen verschiedene punkt-, linien- und flächenhafte graphische Zeichen (Signaturen) zur Visualisierung eingesetzt (→ *Punkt*, → *Linie*, → *Fläche*), die häufig in einer → *Legende* erklärt werden. In → *digitalen Karten*, z. B. → *multimediale Karten*, werden ergänzend auch interaktive, animierte und akustische Gestaltungsmittel verwendet (→ *interaktive Karte*, → *animierte Karte*, → *audiovisuelle Karte*). In den → *Raum-* und → *Geowissenschaften* gilt die K. als zentrales Medium zur Darstellung und Vermittlung raumbezogener Information.

Kartell *cartel*: Vereinbarungen zwischen → *Unternehmen* zum Zwecke der Einschränkung des → *Wettbewerbs* am → *Markt*. In der Bundesrepublik Deutschland sind K. durch das „Gesetz gegen Wettbewerbsbeschränkungen" grundsätzlich verboten; das Bundeskartellamt kann jedoch Ausnahmegenehmigungen aussprechen (→ *Monopolmarkt,* → *Polypolmarkt*, → *Oligopolmarkt*).

Kartierung *mapping*: Verfahren der Aufnahme und Darstellung jener Sachverhalte, die in einer analogen oder digitalen → *Karte* dargestellt werden sollen (→ *topographische Karte*, → *thematische Karte*).

Kartographie *cartography*: Fachdisziplin zur Kunst, Wissenschaft und Technologie der Herstellung und Nutzung von → *Karten* (Definition der International Cartographic Association - ICA). In der → *Geographie* wird die K. häufig als Teildisziplin verstanden, die u. a. die Herstellung → *topographischer Karten*, die Visualisierung von Sachverhalten der → *Physischen Geographie* und → *Humangeographie* in → *thematischen Karten* sowie die Konstruktion von Kartennetzentwürfen umfasst. Die K. wird auch als Teildisziplin der → *Geomatik* betrachtet.

3D-Kartographie *3D cartography*: Teilgebiet der → *Kartographie*, das die Visualisierung dreidimensionaler Geoobjekte behandelt.

Kartreppe (Treppenkar, Stufenkar) *cirque stairway, cirque steps*: stufen- bzw. treppenartige Abfolge von mehreren → *Karen*, an Talenden und in verschiedenen Niveaus angeordnet. Den unteren Stufen der S. fehlen oft die für das Kar typischen steilen Rückwände.

Karwand *cirque wall*: Rückwand eines → *Kares*, meist ein → *Steilhang*, an welchem sowohl im Falle der Ausfüllung des Kares mit einem Gletscher als auch nach dessen Rückzug die Produktion von → *Schutt* und Grundmoränenmaterial (→ *Grundmoräne*) erfolgt (→ *gravitative Massenbewegungen*, → *Schwarz-Weiß-Grenze*).

Karzinogenese, strahleninduzierte → *strahleninduzierte Karzinogenese*.

Kaskade *cascade, waterfall*: mehr oder weniger hohe Schwelle oder Geländestufe in einem → *Fließgewässer*, über die das Wasser als → *Wasserfall* oder als Serie von kleinen Wasserfällen abstürzt.

Kaskadensystem *cascading system*: Systemtyp der → *geomorphologischen Systemtheorie*. Ein K. besteht aus mehreren gekoppelten Subsystemen, wobei die Kopplung über geomorphologische → *Prozesse* wie → *Lawinen* oder → *Steinschlag* geschieht, wodurch Masse und Energie in ein anderes Subsystem transferiert werden. Der → *Output* eines Subsystems ist also der → *Input* in ein anderes, oder aber der Input durchläuft das Subsystem direkt als Throughput und bildet dann den Input in ein weiteres Subsystem. Ob und wie lange ein Input in einem Subsystem vollständig oder teilweise zwischengespeichert wird, wird dabei von Regulatoren bestimmt. Wird ein Phänomen als K. betrachtet, stehen also Qualität und Quantität von Input, Throughput und Output im Zentrum der Betrachtung.

Kastanozems *Kastanozems*: in der → *WRB* (2014) dunkelbraune Böden reich an → *organischer Substanz*. K. sind oft aus → *Löss* entstanden und weisen häufig Anreicherungen sekundärer → *Carbonate* auf. Sie sind verwandt mit den → *Chernozems*, jedoch sind die humusreichen Oberbodenhorizonte geringmächtiger und weniger dunkel. Zu ihnen zählen auch die zonalen Böden des Kurzgrassteppegürtels und trockene Graslandböden. K. kommen i. Allg. im trocken-kontinentalen Klimabereich vor und sind potentiell ertragreiche Böden (v. a. mit → *Bewässerung*). Auch extensive Beweidung ist möglich. Versalzung, → *Überweidung*, Wind- und Wassererosion stellen Probleme für diese Böden dar.

Kaste *caste*: eine Form der hierarchischen → *gesellschaftlichen Differenzierung* und → *Sozialstruktur* (→ *Kastenwesen*), i. d. R. religiös begründet und legitimiert, vorrangig aus Indien bekannt. Die Abgrenzung von gesellschaftlichen Gruppen in einzelne K. betrifft v. a. die Arbeitsteilung und bindet die Mitglieder durch Heiratsregeln (→ *Endogamie*). In aller Regel wird das Individuum in eine K. hineingeboren und kann die üblicherweise nicht wechseln.

Kastell *fort*: Bezeichnung für einen befestigten Ort, eine Befestigungsanlage oder befestigtes Militärlager (→ *Burg*, → *Fort*).

Kastental *(vertical) valley*: gesteinsbedingter Sonderfall des → *Tals*, zwischen → *Sohlental* und → *Schlucht* angeordnet. Das K. weist senkrechte Wände und eine ebene → *Sohle* auf, wobei letztere meist eine Felssohle ist. Beim K. ist die → *Talsohle* meist mit dem Gerinnebett identisch. Das K. entsteht bei starker → *Tiefenerosion* und gleichzeitig starker → *Seitenerosion*, die direkt am → *Hangfuß* ansetzt, wobei durch → *Sturzdenudation* die Hänge der flachlagernden Sedimentgesteine steil gehalten werden (→ *Talboden*).

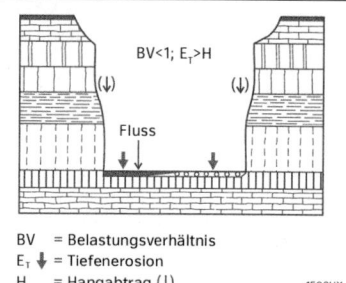

Kastental

Kastenwesen *caste system*: eine Form der hierarchischen → *gesellschaftlichen Differenzierung* und → *Sozialstruktur* basierend auf → *Kasten*. Ein K. im eigentlichen Sinne findet sich insbesondere in Indien und Nepal, auf den Inseln Sri Lanka und Bali, sowie bei den kurdischen Jesiden.

katabatischer Wind (Schwerewind) *katabatic wind*: kalter → *Fallwind* im Sinne des Abströmens lokal (insbesondere über Eismassen) erkalteter und deshalb schwererer → *Luftmassen*. Der k. W. zeigt nur geringe Höhenerstreckung und ist unabhängig vom Druckfeld (→ *Luftdruck*).

Katabolismus → *Dissimilation*.

Kata-Front *katafront*: Grenze einer → *Luftmasse* (→ *Warm-* oder → *Kaltfront*) mit absteigender Luftbewegung. K.-F. sind im Gegensatz zu den → *Ana-Fronten* weniger wetterwirksam, da die Wolkenbildung viel geringere Intensität erreicht.

Kataglazial *kataglacial*: Zeitabschnitt einer → *Kaltzeit* bzw. → *Eiszeit*, in der sich das Eis wieder zurückzieht.

Kataklase *cataclasis*: die Zertrümmerung der Einzelmineralien eines verfestigten → *Gesteins* durch Druckwirkung bei geotektonischen Vorgängen, wobei das Gestein insgesamt erhalten bleibt und die Zerstörung sich nur auf die Mineralkomponenten beschränkt. Es entsteht ein → *kataklastisches Gefüge* (→ *Mineral*).

kataklastisches Gefüge *cataclastic fabric/structure*: Gefüge, bei welchem einzelne Mineralkristalle von feinkörnigen Mineraltrümmern umgeben sind (→ *Kataklase*).

Kataklysmentheorie → *Katastrophismus*.

Katalog der landschaftsökologischen Grundeinheiten *catalogue of the ecological basic units*: die Zusammenstellung der → *landschaftsökologischen Grundeinheiten* eines Gebietes als in der → *topischen Dimension* erhobene Materialbasis für die Typisierung der → *Raumstruktur* zum Zwecke der → *Raumgliederung* und der → *Raumbewertung*. Eine ähnliche Funktion besitzt der → *Standortkatalog*.

Katanga-Syndrom *Katanga syndrome*: eines der Syndrome Globalen Wandels (→ *Syndromansatz*), die vom Wissenschaftlichen Beirat der Bundesregierung Globale Umweltveränderungen (→ *WBGU*) 1996 entwickelt wurden. Das K.-S. kennzeichnet Umweltdegradation durch den Abbau nicht-erneuerbarer → *Ressourcen*.

Katarakt *cataract*: → *Stromschnelle*, → *Wasserfall*.

Kataster *land register, cadaster*: der (österreichisch nur so) oder das K. ist im allgemeinen ein Verzeichnis, ein Register, eine Liste oder eine Sammlung von Sachverhalten mit Raumbezug, in das räumlich bzw. planerisch relevante Sachverhalte für einen bestimmten Verwaltungsbezirk eingetragen werden (z. B. Brand-, Jagd-, Naturschutz-K.). Häufig wird der Begriff K. als Kurzform für → *Liegenschaftsk.* benutzt, das das rechtlich bedeutsamste K. darstellt.

Katastrophe *disaster, catastrophe*: unvorhergesehenes Ereignis mit verheerenden Folgen, oft als zerstörende und/oder viele Leben tötendes Großereignis wirkend, das meist plötzlich auftritt und schnell abläuft. Im Unterschied zu einem Unfall oder einem kleiner dimensionierten Extremereignis übersteigt die K. die Möglichkeiten der betroffenen Gesellschaft oder Region, die Situation aus eigenen Mitteln zu bewältigen (→ *Naturkatastrophe*).

Katastrophenbewältigung (Krisenbewältigung) *disaster response, intervention, emergency management*: Aktivitäten und Maßnahmen während oder direkt nach Eintritt einer → *Katastrophe*, um Notfallhilfe zu leisten und erste Auswirkungen des Extremereignisses zu begrenzen. Wesentlicher Bestandteil der K. ist → *humanitäre Hilfe* (→ *Katastrophenhilfe*).

Katastrophenhilfe *disaster relief*: Soforthilfe während der → *Katastrophenbewältigung*, zum Teil auch den Wiederaufbau nach einer → *Katastrophe* bzw. → *Naturkatastrophe* einschließend (→ *humanitäre Hilfe*).

Katastrophenkreislauf *disaster cycle, disaster management cycle*: Ablauf von Aktivitäten und Maßnahmen vor und nach einer → *Katastrophe*, unter Einschluss der → *Warnkette* mit → *Katastrophenvorsorge*, → *Katastrophenbewältigung* und → *Katastrophenvorbeugung* (→ *Katastrophenmanagement*).

Katastrophenmanagement *disaster management*: die Organisation von politischen, sozialen, wirtschaftlichen und technischen Maßnahmen im Falle des Eintretens von Katastrophen. Das K. umfasst auch → *Katastrophenvorsorge* und → *Katastrophennachsorge* (→ *Katastrophenbewältigung*, → *Katastrophenkreislauf*).

Katastrophennachsorge *disaster aftercare*: Maßnahmen zur Nachbereitung von → *Katastrophen*, dazu gehört die Analyse des Ereignisses, aber auch → *Katastrophenhilfe*, Krisenpsychologie und Traumabehandlung als Teil der → *Katastrophenbewältigung*.

Katastrophenschutz *disaster protection*: die unmittelbare Vorbereitung auf eine zu erwartende oder eintretende → *Katastrophe* und Minderung der Folgen dieser (→ *Katastrophenhilfe*, → *Katastrophenmanagement*).

Katastrophensoziologie *sociology of disasters*: Teilgebiet der → *Soziologie*, die sich mit den soziokulturellen Voraussetzungen und Folgen von → *Katastrophen* sowie dem sozialen Handeln während und nach dem Eintritt von Extremereignissen beschäftigt.

Katastrophenvorbereitung *disaster preparedness, disaster preparation*: kurzfristige Aktivitäten der vorbereitenden bzw. bereitschaftserhöhenden Maßnahmen, um auf die drohende → *Katastrophe* schnell und effektiv zu reagieren, unter Einbezug von Notfallplänen, Rettungsdiensten, medizinischer Notfallversorgung und Kommunikationsmitteln (→ *Katastrophenschutz*, → *Katastrophenmanagement*).

Katastrophenvorbeugung *disaster prevention*: Bestandteil der → *Warnkette* und des → *Katastrophenkreislaufs*, umfasst Maßnahmen, die langfristig den Folgen einer → *Katastrophe* bzw. → *Naturkatastrophe* begegnen sollen (→ *Katastrophenmanagement*).

Katastrophenvorsorge *disaster precaution, disaster reduction, disaster risk reduction*: Teil des → *Katastrophenmanagements*, umfasst → *Katastrophenvorbeugung* und → *Katastrophenvorbereitung*. K. ist langfristig angelegte und geplante politische, soziale und wirtschaftliche sowie technische Vorsorge gegen → *Katastrophen* und → *Naturkatastrophen*.

Katastrophismus *cataclysm theory, disaster theory*: eine überholte Vorstellung, ursprünglich von dem Zoologen und Paläontologen Georges de Cuvier, nach dem in jeder Periode der erdgeschichtlichen Entwicklung das gesamte Leben durch großräumige und tief greifende → *Naturkatastrophen* ausgelöscht wird, sodass sich anschließend neue Arten bilden bzw. in nicht betroffene Gebiete neu einwandern konnten. Dem widerspricht jedoch das → *Aktualitätsprinzip* der → *Geowissenschaften* und → *Paläontologie*.

Katazone *catazone*: in der → *Regionalmetamorphose* die unterste Tiefenstufe mit Temperaturen von 1500-1700 °C, bei gleichzeitig starkem Druck und vorherrschend chemischer → *Metamorphose*. Es entstehen u. a. → *Gneise*, Granulite, → *Marmore* und → *Quarzite*.

Kationenaustausch *cation exchange*: die Fähigkeit eines Bodens, an elektrisch negativen Ladungsplätzen von Tonmineralen und Humuskolloiden Kationen austauschbar zu binden. Die Kationen stehen dabei in einem bestimmten Gleichgewicht mit der Bodenlösung, welches die nährstoffhaushaltlichen Voraussetzungen kennzeichnet (→ *Austauschnährstoffe*).

Kationenaustauschkapazität *cation exchange capacity*: die in cmol pro kg Boden gemessene Summe der basisch wirkenden Kationen Ca, Mg, K und Na an den Austauscherplätzen im Boden (→ *Austauschkapazität*).

Kationenbelag *cation coating*: der Gehalt eines Bodens an austauschbaren Kationen (v. a. Na^+, K^+, Ca^{2+} und Mg^{2+}) (→ *Austauscher*, → *Austauschkapazität*).

Kaufkraft *purchasing power*: Fähigkeit, mittels einer Geldeinheit eine bestimmte Menge an → *Gütern* zu erwerben. Die K. drückt den reellen Geldwert aus. Sie kann regional unterschiedlich sein. Wenn z. B. die Lebenshaltung in der → *Stadt* teurer ist als auf dem → *Land*, ist die K. des gleichen Einkommens in der Stadt geringer.

Kaulbarsch-Flunder-Region (Kaulbarsch-Region) *ruffle-flounder-zone*: Bestandteil der biologischen → *Fließgewässergliederung* in Mitteleuropa, die Flüsse in Teillebensräume gliedert. Sie repräsentiert die z. T. brackige Mündungsgebiete der Flussunterläufe mit Kaulbarsch und Flunder. Die K.-F.-R. entspricht dem Hypopotamal (→ *Potamal*). Oberhalb schließt sich die → *Brachsenregion* an.

Kaulbarsch-Region → *Kaulbarsch-Flunder-Region*.

Kauliflorie (Stammblütigkeit) *cauliflory*: das Hervorbrechen von Blüten und Früchten an bereits verholzten Teilen von Stämmen bestimmter Holzpflanzen. Dabei gelangen schlafende Knospen erst nachträglich zur Entwicklung, zum Blühen und Fruchten, z. B. bei *Theobroma cacao* (Kakaobaum). K.-Gewächse kommen v. a. im immerfeucht-tropischen → *Regenwald* (→ *Hyläa*) vor.

Kauliflorie

Kausalität *causality, causation*: Bezeichnet alle Überlegungen im Zusammenhang mit Ursache und Wirkung von aufeinander bezogenen Ereignissen oder Zuständen. Die Ursache ist eine besondere Art von Bedingung in logischen Argumenten, denn ein kausales Ereignis zeigt immer eine festgelegte zeitliche Richtung: Die Ursache erfolgt vor der Wirkung. Die meisten Phänomene haben jedoch nicht nur eine Ursache (Multikausalität), damit ist die Frage der Kausalität i. d. R. nur eine Annahme (→ *Theorie*, → *Hypothese*). Aristoteles unterschied vier unterschiedliche Arten von K.: die *causa efficiens* (die Wirkursache als Antrieb oder Kraft), die *causa materialis* (das Material, das zur Entstehung von etwas benötigt wird, Stoffursache), die *causa formalis* (der Plan, nach dem etwas entsteht, Formursache) und die *causa finalis* (die Zweck- oder Finalursache, Teleologie). In der heutigen Wissenschaft spielen nur noch die Wirk- und die Finalursache eine Rolle.

Kausalitätsprinzip *principle of causality*: geht davon aus, dass Ursache und Wirkung in einem aufeinander bezogenen Zusammenhang stets folgerichtig (d. h. zuerst Ursache, dann Wirkung) miteinander verknüpft sein müssen („*ex nihilo nihil fit*": aus nichts wird nichts; → *Kausalität*). Lässt sich eine derartige Abfolge nicht feststellen, so gilt der entsprechende Befund als unverstanden und weitere Forschung ist vonnöten.

Kaverne *cavern*: – in den lösungsfähigen Gesteinen des → *Karstes* meist ausgedehnter Hohlraum unbestimmter Größenordnung. – im → *Salzbergbau* untertage entstandener Großhohlraum, der befahren werden kann. Die K. spielen bei der Endlagerung von → *Atommüll* eine Rolle (Kaverne für → *Endlagerung*).

Kaverne für Endlagerung *cavern for final storage*: künstlich geschaffener Hohlraum in → *Steinsalz*formationen oder in ehemaligen Bergwerken im Festgestein für die → *Endlagerung* → *radioaktiver Abfälle*. Die Einlagerung in K. kommt für schwach- und mittelaktive Abfälle in Frage und gilt als billige Methode, die zugleich einfach und sicher sein soll (→ *Abfall*, → *radioaktiver Abfall*, → *Asse*, → *Gorleben*, → *Schacht Konrad*).

Kavernenkraftwerk *underground power station*: → *Kraftwerk*, das sich in einem natürlichen oder teilweise künstlich angelegten unterirdischen Hohlraum befindet.

Kavernenspeicher *cavern storage*: Untergrundspeicher zur (längerfristigen) Einlagerung von Rohöl, Mineralölprodukten oder Gasen (meist → *Erdgas*). Man unterscheidet → *Bergwerkskavernen*, → *Porenspeicher*, → *Felskavernen* und → *Salzkavernen*.

kavernös *cavernous*: in der → *Petrographie* jene Gesteine bezeichnend, die viele primäre oder sekundäre Hohlräume aufweisen, wie z. B. → *Tuffe* oder manche Formen der → *Lava*.

Kavitation *cavitation*: Dampfblasenbildung in strömenden Flüssigkeiten bei Geschwindigkeitsänderung. Der statische Druck einer Flüssigkeit wie Wasser hängt von der Fließgeschwindigkeit ab und nimmt mit zunehmender Geschwindigkeit ab. Sinkt der statische Druck unter den Dampfdruck beispielsweise des Wassers ab, bilden sich Dampfbläschen, die sich dann gemeinsam mit dem strömenden Wasser verlagern und in Gebiete geringerer Geschwindigkeit und/oder höheren Drucks gelangen. Dort kommt es zur plötzlichen Kondensation der Dampfblasen, die mit Druckstößen verbunden ist, weil die Blasen plötzlich zusammenbrechen. Dies bedeutet eine mechanische und damit erosive Beanspruchung des Untergrunds. Dieser Prozess ist technisch, hydrodynamisch und geomorphologisch relevant. – In → *Wasserbau* (Wasserbauwerke, z. B. Kraftwerke) und bei Wasserturbinen, die von der K. beansprucht werden. – in der → *Geomorphologie* das Abplatzen von Gesteinsteilen durch Hohlsogbildung. Dies geschieht bei schnell → *strömendem*, stürzendem und → *schießendem Abfluss* in Gerinnebetten, bei → *Wildbächen* oder Flusshochwässern sowie in der Meeresbrandung. Wasserfallkolke (→ *Kolk*) (kesselförmige Hohlformen im Gestein) erklärt man mit K..

KA5 *German field book for soil description*: fünfte Auflage der → *Bodenkundlichen Kartieranleitung*, welche die deutsche Bodensystematik enthält und alle mitteleuropäischen Bodentypen definiert. Die KA5 ist z. Zt. verbindlich für Bodenkartierungen in Deutschland. Wurde erarbeitet von den Staatlichen Geologischen Diensten und der Bundesanstalt für Geowissenschaften und Rohstoffe.

Unterscheidet sich von der US → *Soil Taxonomy*, deren Bodentypenbezeichnungen anders begründet sind als die deutschen, die auf den äußerlichen (morphologischen), also sichtbaren Horizontmerkmalen beruhen. Die Kartieranleitungen werden fortlaufen aktualisiert und nummeriert. Das Klassifikationsdach für die nationalen Bodenklassifikationen ist die → *WRB* (World Reference Base for Soil Ressources).

Kegel *cone:* geomorphographische Bezeichnung für steilhängigen Einzelberg. Im engeren Sinne v. a. für Einzelformen des → *Kegelkarstes* (→ *Berg*).

Kegeldachhaus *conically-roofed house:* kegelförmiges → *Haus*, meist bei Hackbauern in Afrika zu finden. Im Unterschied zur → *Kegelhütte* sind Wand und Dach deutlich zu unterscheiden. Der kreisförmige Unterbau aus Pfosten ist durch Flechtwerk und Lehm abgedichtet. Das Kegeldach weist eine Stroh-, Rohr- oder Binseneindeckung auf.

Kegelhütte *conical hut:* einfache → *Behausung*, bei der die Äste ein kegelförmiges Gerippe bilden, das mit Blattwerk überdeckt wird (→ *Kegeldachhaus*).

Kegelkarst *cone karst, kegelkarst, cockpit landscape:* → *Karstlandschaft* der feuchten Tropen, der im Gegensatz zum durch → *Hohlformen* wie → *Dolinen* gekennzeichneten → *Karst* Mitteleuropas durch → *Vollformen* charakterisiert ist. Die durch die intensiven Niederschläge hervorgerufene starke → *Korrosion* formt tiefe, sternenförmige Hohlformen (→ *Cockpits*), die durch Kuppen voneinander getrennt sind. Durch die auch seitlich wirkende → *Lösungsverwitterung* werden die Hänge der Kuppen sukzessive steiler, bis sie als → *Karstkegel* stehen bleiben bzw. dann weiter zu → *Karsttürmen* geformt werden.

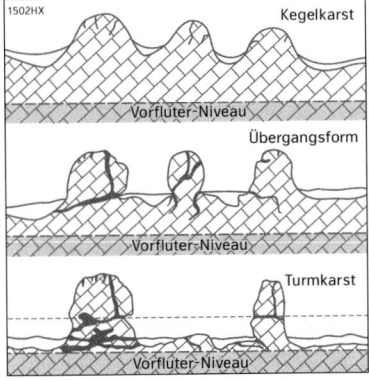

Kegelkarst

Kegelsander *alluvial-cone-like sandur, proglacial alluvial cone:* → *Sander* im Bereich größerer Schmelzwasserströme (→ *Schmelzwasser*), v. a. im Gebiet der ehemaligen → *Nordischen Vereisung.* Der K. stellt einen sehr großen → *Schwemmkegel* dar, dessen Spitze am (ehemaligen) → *Gletschertor* liegt und von dort aus sich fächerförmig mit abnehmendem Böschungswinkel über viele Kilometer sehr weit in das Vorland hinein ausbreitet.

Kehltal *Kehltal:* Talform mit steilen Flankenhängen und einen in das Anstehende eingetieften muldenförmigen Talgrund. Dem K. kommt in der Theorie der → *Rumpfflächen* Bedeutung bei der Zerstörung der Flachformengemeinschaften zu, wobei die → *Tiefenerosion* weniger von Schottern als von → *Feinsedimenten* bewirkt werden soll. Die Wasserführung kann, je nach Klima, → *perennierend* oder → *periodisch* sein. Das K. kann mehrere hundert Meter tief in eine Rumpffläche eingeschnitten sein. Seine Existenz gilt als Zeichen für die abgeschlossene oder noch voranschreitende Zerstörung von Rumpfflächen. Manche Autoren bezeichnen das K. als klimageomorphologisch bedingten Sondertyp des → *Muldentals*.

Kehrtunnel *loop tunnel:* im Bahnverkehr eine zur Überwindung von Steilstrecken notwendige Kehre, die aufgrund beengter Geländeverhältnisse in einem Tunnel geführt wird.

Keilgraben *wedge fault:* tektonischer → *Graben*, entstanden durch lateralen Druck seitlicher → *Schollen*, welche die dazwischenliegende Grabenscholle nach unten pressen. Die begrenzenden → *Verwerfungen* sind meist sehr steil gestellt.

Keilhorst *upthrust wedge:* entsteht durch lateralen Druck zweier → *Schollen*, das das dazwischen befindliche Mittelstück nach oben pressten. Die begrenzenden → *Verwerfungen* sind meist sehr steil gestellt.

Keilscholle *wedge block:* → *Halbhorst*, → *Pultscholle*.

Keilschollengebirge *fault-wedge mountain:* Form des Bruchschollengebirges, bei der die → *Bruchscholle* nur auf einer Seite entlang eines Bruchs gehoben wurde, z. B. beim Erzgebirge.

Keilspalte *wedge fissure:* vorzeitliche Kleinstform in → *Sedimenten* und → *Sedimentiten*, die mit anderen Substraten (→ *Löss*, → *Lehm*, → *Kies* oder → *Sand*) ausgefüllt ist und die als → *Klimazeuge* gilt. Ein Teil der K. sind → *Eiskeile*, andere K. gehen auf Trockenrissbildung zurück. Der Begriff K. ist genetisch nicht festgelegt.

Keiretsu *keiretsu:* japanische Bezeichnung für eine Gruppe bzw. einen Verbund selbstständiger Unternehmen in einer → *Netzwerkbeziehung* mit einheitlich koordinierten Unternehmensstrategien.

Kelvin die auf den absoluten Nullpunkt (0 °K = -273,15 °C) bezogene Temperaturskala mit gleichen Gradabständen wie die Celsiusskala. K. wird allgemein in der Physik angewendet.

Kennart: → *Charakterart*.

KEP *courier, express and parcel delivery service*: Unterteilung von Kurier-, Express- und Paketdienstleistungsunternehmen hinsichtlich Höchstgewicht der zu transportierenden → *Güter*; zwischen den Diensten ist mittlerweile starke Konvergenz gegeben, daher wird oft zusammenfassend von einer KEP-Branche gesprochen, die sich vom traditionellen Speditionswesen durch die niedrigeren Durchlaufzeiten und Höchstzeitgarantien abheben (→ *Logistik*).

Kerbtal *V-shaped valley*: → *Tal* mit steilen, gestreckten → *Hängen*, die beiderseits des Gewässers enden, sodass → *Talboden* und Flussbettsohle praktisch identisch sind. Das K. geht auf starke → *Tiefenerosion* und darauf eingestellten starken Hangabtrag zurück. Letzterer erfolgt durch verschiedene Prozesse der → *Denudation*. → *Seitenerosion* kann direkt am → *Hangfuß* erfolgen. Sie steuert den Hangabtrag zusätzlich.

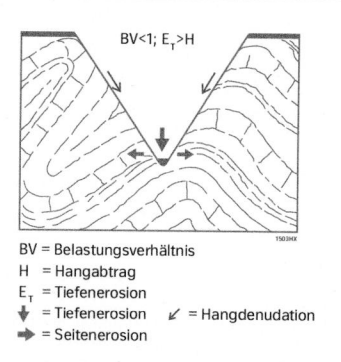

Kerbtal

Kernanlage *nuclear plant*: Sammelbezeichnung für verschiedene Einrichtungen, wie → *Kernreaktor* oder Fabriken, die die → *Kernbrennstoffe* verarbeiten oder aufarbeiten, z. B. solche zur Trennung der → *Isotope* von Kernbrennstoffen, zur Erzeugung oder Bearbeitung von Kernmaterial, zur Aufarbeitung bestrahlter Kernbrennstoffe sowie Einrichtungen für Lagerung von Kernmaterialien.

Kernbohrung *core drilling*: meist als Tiefbohrverfahren eingesetzt, bei dem das erbohrte Gestein in ursprünglicher Schichtung und Struktur als „Kern" erhalten bleibt und damit vielfältige Untersuchungsmöglichkeiten bietet.

Kernbrennstoff *nuclear fuel, reactor fuel*: spaltbare → *Nuklide* (→ *Uran-235*, → *Plutonium-239*) enthaltendes Material, das zur Aufrechterhaltung der Kettenreaktion im → *Kernreaktor* eines → *Kernkraftwerkes* nötig ist.

Kernchemie (Radiochemie) *radiochemistry*: Teilgebiet der Chemie, das sich mit Atomkernen und → *Kernreaktionen* unter Verwendung chemischer Methoden befasst, also Reaktionen, Synthesen und Analysen radioaktiver Reaktionspartner untersucht.

Kernenergie *nuclear energy*: die bei → *Kernreaktionen* freiwerdende bzw. nutzbar gemachte Wärmeenergie. 1938 wurde von O. Hahn, L. Meitner, O. R. Frisch und F. Strassmann die Spaltung des → *Urans* entdeckt. Die auseinander fliegenden Spaltprodukte erzeugen hohe kinetische Energie. Die Nutzung der K. durch Kernfusion (→ *Fusion*), einer Verschmelzung zweier leichter Atomkerne, ist bisher innerhalb der Energiewirtschaft noch nicht gelungen.

Kernfamilie *family core*: Eltern und ihre leiblichen unselbstständigen Kinder, die in einem Haushalt zusammenleben. Angehörige einer weiteren Generation (z. B. Großeltern, Enkelkinder) oder Mitglieder einer → *Stieffamilie* (Patchworkfamilie) gehören klassischerweise nicht zur K.. Soziologisch und sozialgeographisch ist die K. weniger interessant, als andere Formen der → *Familie* (→ *Kleinfamilie*, → *Großfamilie*, → *Stieffamilie*, → *erweiterter Haushalt*, → *Bedarfsgemeinschaft*).

Kernfusion *nuclear fusion*: in der Kerntechnik die Verschmelzung von Wasserstoffen (Deuterium und Tritium) in heißem Gas zu einem schwereren Kern, wobei Bindungsenergie frei wird. Für die Energiegewinnung als günstig gilt eine stufenartig verlaufende Verschmelzung mehrerer Wasserstoffkerne zu einem stabilen Heliumkern. Gegenüber der → *Kernspaltung* entstehen keine radioaktiven Endprodukte. Für die K. sind sehr hohe Temperaturen erforderlich, sodass die Nutzung der K. zur Energiegewinnung noch nicht möglich ist. Bisher wurde nur in einem Versuchsreaktor Energie erzeugt, allerdings unter Aufwendung eines Mehrfachen der gewonnenen Energie.

Kerngebiet *core area*: 1. im Modell der → *Stadtregion* der am stärksten *urban* geprägte Innenraum, der sich aus → *Kernstadt* und → *Ergänzungsgebiet* zusammensetzt. 2. im Sinn der → *Baunutzungsverordnung* das innerstädtische Geschäftsgebiet mit der höchstzulässigen baulichen Nutzung. Das K. dient vorwiegend als → *Standort* für Handelsbetriebe sowie öffentliche und private Verwaltungen. Es entspricht in etwa der → *City*.

Kerngeschäft *core business activity*: Geschäftsbereiche, auf die sich ein → *Unternehmen* konzentriert und in denen es besondere Stärken und spezifisches Wissen besitzt.

Kernkompetenz *core competence*: kennzeichnet den Einsatz selbstgeschaffener, wertschöpfender Fähigkeiten in → *Unternehmen* (→ *Wertschöpfung*). Im Gegensatz zu materiellen Gegenständen nutzen sich K. im Laufe der Zeit nicht ab, sondern nehmen mit dem Gebrauch zu. Gelingt es einem Unternehmen, seine Kernkompetenz für andere → *Wirtschaftssubjekte* schwer kopierbar zu machen, so resultiert daraus der potenzielle alleinige Zugang zu einer Vielzahl von Märkten.

Kernkraftwerk (Atomkraftwerk, AKW) *nuclear power station, nuclear power plant*: Kraftwerk, das mithilfe von → *Kernenergie* Wärme erzeugt. Dabei werden die im → *Kernreaktor* erzeugten → *Kernreaktionen* (→ *Kernspaltung*, → *Kernfusion*) energiewirtschaftlich genutzt. Die meisten K. sind → *Leichtwasserreaktoren*. Daneben gibt es → *Hochtemperaturreaktoren* und → *Schnelle Brüter*. Von den K. gehen Umweltbelastungen aus (Produktion großer Mengen von → *Abwärme* wegen des niedrigen → *Wirkungsgrades* von ca. 30%) und der Möglichkeit radioaktiver Unfälle (→ *GAU*; → *Fukushima*, → *Harrisburg*, → *Kyschtym*, → *Majak*, → *Tschernobyl*, → *Windscale*). Auch beim Normalbetrieb von K. wird radioaktives Material an die Umwelt abgegeben, v. a. an Luft und Wasser. Außerdem geschieht dies bei der Ver- und Entsorgung der K., d. h. beim Transport der → *Brennelemente*, der → *Wiederaufarbeitung* sowie bei der → *Endlagerung* des → *radioaktiven* Abfalls. (→ *Abfall*, → *radioaktiver*, → *Asse*, → *Gorleben*, → *Reaktortypen*, → *Schacht Konrad*).

Kernmaterial *nuclear material*: allgemein → *Kernbrennstoffe* (ausgenommen natürliches und → *angereichertes Uran*) sowie radioaktive Erzeugnisse und → *radioaktive Abfälle* (→ *Abfall*, → *radioaktiver*).

Kernreaktion *nuclear reaction*: Umwandlung von Atomkernen durch verschiedene Zerfallsprozesse oder durch Beschuss.

Kernreaktor (Atomkern, Reaktor) *nuclear reactor*: Einrichtung, mit deren Hilfe sich eine → *Kettenreaktion* einleiten, aufrechterhalten und steuern lässt. Basis ist die Kettenreaktion im Rahmen der → *Kernspaltung*. Zentralteil des K. ist der Reaktorkern, der den → *Kernbrennstoff* als → *Brennelemente* enthält, meist → *Uran-235*. Im Reaktorkern läuft die → *Kernspaltung* ab. Bei dieser entsteht Wärme, die mit einem unter Druck stehenden Kühlmittel abgeführt wird. Daher ist der Reaktorkern von einem Reaktordruckbehälter umgeben, der Druck, Temperatur und Strahlung aushalten soll. Es gibt verschiedene → *Reaktortypen*.

Kernschmelze *meltdown*: ein möglicher Unfall im → *Kernreaktor*, bei dem das Kühlsystem ausfällt, sodass die Temperatur im Reaktorinnern so hoch ansteigt, dass die → *Brennelemente* im Reaktorkern schmelzen. Dabei werden große Mengen → *radioaktiver Substanzen* an die Umwelt abgegeben: Es kommt zum → *GAU* bzw. → *Super-GAU* (→ *Fukushima*, → *Harrisburg*, → *Kyschtym*, → *Majak*, → *Windscale*, → *Tschernobyl*).

Kernspaltung (Abspaltung) *nuclear fission, atomic fission*: Spaltung eines Atomkerns in zwei etwa gleich große Teile unter Freisetzung von Energie und zwei bis drei Neutronen zur Aufrechterhaltung der Kettenreaktion. Es entstehen verschiedene, meist radioaktive → *Spaltprodukte*, die unterschiedliche → *Halbwertszeiten* haben.

Kernsprung *radial crack, heat crack*: das Auseinanderplatzen meist rundlicher Gesteinsblöcke entlang radial verlaufender Fugen oder → *Klüfte*. K. geht auf → *Insolationsverwitterung* zurück, wobei → *Hydratationsverwitterung* beteiligt oder auch die ausschließliche Ursache sein kann (→ *Blockzerfall*).

Kernsprung

Kernstadt *core city*: im Modell der → *Stadtregion* die zentrale Stadt in ihren Verwaltungsgrenzen. Eine → *monozentrische* Stadtregion hat sich um eine einzige K. gebildet, während eine polyzentrische Stadtregion zwei oder mehrere K. haben kann (z. B. Nürnberg/Fürth/Erlangen oder das Rhein-Main-Gebiet).

Kernverwitterung *cavernous weathering*: Verwitterungsform → *semiarider* Klimate, wobei der Name daher herrührt, dass die → *Verwitterung* von innen nach außen fortschreitet: durch den Wechsel zwischen nächtlichem Taufall und Erhitzung steigen während des Tages mineralische Lösungen kapillar auf und bilden → *Hartrinden* an der Oberfläche von

Gesteinen, während die Gesteinskerne zu einem mürben → *Grus* zerfallen. Es entstehen → *Tafoni* und → *Hohlblöcke* (→ *Wabenverwitterung*).

Kernwüste *core desert, desert core*: (fast) vegetationsloses → *Wüste* mit weniger als 100 mm Niederschlag im Jahr und einer hohen täglichen Temperaturamplitude aufgrund von fehlender Bewölkung und Vegetation. Die K. ist ungeben von → *Randwüsten*.

Kessel *basin, bowl, cauldron, [fault] pit, kettle, pot[hole], sink*: – allgemein größere oder kleinere Hohlform, gelegentlich auch als → *Becken* bezeichnet. – ohne Festlegung der Größenordnung meist für kleine Formen verwandt, z.B. → *Dolinen*, → *Sölle* sowie verschiedene Toteisformen (→ *Toteis*).

Kesselfeld *area with several dolinas (1.) or kettle fields (2.)*: Flächen mit zahlreichen kleinen und kleinsten → *Hohlformen* im Meter- bis Dekameterbereich. 1. im → *Karst* Sammelbezeichnung für ein Feld von → *Dolinen*. 2. – in der glazialen Aufschüttungslandschaft (→ *glaziale Aufschüttung*) ein Feld von → *Toteisformen*, das durch Abschmelzen von → *Toteis* entstand. Die → *Kessel* sind z.T. mit Wasser gefüllt.

Kettengebirge *cordillera, mountain chain*: lang gestreckter Gebirgszug, oft ein → *Faltengebirge*, denn jedes vom Faltenbau geprägte Gebirge ist eigentlich ein K. Im engeren Sinne steht der Begriff K. für Gebirge, deren → *Vollformen* sich im → *Streichen* ihres (ursprünglich auch einmal sichtbaren) Gesamtfaltenbaus anordnen. Durch → *Abtragung* wurden die → *Falten* stark zerstört, sodass Denudations- und Erosionsniveaus die Gebirgsgestalt bestimmen. Zum Beispiel werden die Zentralalpen als K. und nicht als Faltengebirge bezeichnet, weil der Faltenbau morphologisch nur noch schwach erkennbar ist.

Kettenhaus *terraced/row housing regularly alternating in height or frontage*: Einzelhaus in einer Folge von aneinandergebauten Häusern, bei der Gebäudetiefe oder Gebäudehöhe bzw. beide gleichmäßig wechseln.

Kettenladen *chain store*: Ladengeschäft des → *Einzelhandels*, das sich einer → *Handelskette* angeschlossen hat und unter deren Namen auftritt.

Kettenmigration *chain migration*: in einer Sequenz ablaufende → *Migration*, bei der wegen einer migrierenden Person andere nachfolgen. K., eine Hauptkomponente von netzwerkbasierten Migrationstheorien, beginnt typischerweise auf Familienebene, bei der eine im neuen Land bzw. Ort bereits etablierte Person Familienmitgliedern die Migration erleichtert. Dies kann zu Immigrantenenklaven und finanziellen → *Rücküberweisungen* führen.

Kettenreaktion *chain reaction*: allgemein eine Reaktion, die sich von selbst fortsetzt. 1. in der → *Kernspaltung* werden pro Atomkern mehr Neutronen frei, als für eine Spaltung gebraucht werden. Weil die Neutronen ihrerseits wiederum durch andere spaltbare Kerne absorbiert werden, Spaltungen auslösen und weitere Neutronen produzieren, kommt es zu einer unübersehbaren Anzahl von Spaltungen, die sich als Explosion des spaltbaren Materials äußern. Da die K. durch gezielte Absorption von Neutronen geregelt wird, lässt sich die K. unter Kontrolle halten, wie es im → *Kernreaktor* geschieht. 2. in der Chemie eine Folge von Reaktionen, wobei die Startreaktion nicht nur ein Endprodukt, sondern auch instabile Zwischenprodukte erzeugt, die Folgereaktionen ermöglichen, aus denen wiederum instabile Zwischenprodukte entstehen und die K. fortsetzen können. Eine Abbruchreaktion kann die K. stoppen.

Keuper *Keuper*: obere Abteilung der Germanischen → *Trias* von ca. 235-200 Mio. J. v.h.. Der K. ist eine Wechselfolge von → *Tonen*, → *Mergeln* und → *Sandsteinen* meist geringer Mächtigkeit und von sehr verschiedenen geomorphologischen Widerständigkeiten. Sie weisen auf stark wechselnde Sedimentationsbedingungen während des K. hin.

Keynesianismus *Keynesianism,: Keynesian economics*: bezeichnet eine ökonomische Denkschule, die durch den britischen Nationalökonomen John Maynard Keynes begründet wurde. Der Begriff K. steht für staatliche Interventionsmaßnahmen zur Steuerung bzw. Beeinflussung der gesamtwirtschaftlichen Nachfrage. Ziel einer keynesianischen Wirtschaftspolitik ist die Sicherung von Vollbeschäftigung und Steuerung der → *Konjunktur* durch eine antizyklische Fiskal- und Geldpolitik (z.B. eine Erhöhung der Staatsausgaben oder eine expansive Geldpolitik). Der K. ist eine zur → *neoklassischen Theorie* entgegengesetzte Denkrichtung in der → *Volkswirtschaftslehre* (→ *postkeynesianische Theorie*).

Kf-Wert → *Durchlässigkeitsbeiwert*.

Kibbuz (Kibbutz) *kibbutz*: Gemeinschaftssiedlung auf landwirtschaftlich-handwerklicher Basis, auch mit Industriebetrieben, in Israel. Typisch für K. sind Freiwilligkeit des Beitritts, Fehlen von Privateigentum an Grund und Boden, Gebäuden, Produktionsgütern usw., gemeinsame Bodenbewirtschaftung, stark ausgeprägtes Gemeinschaftsleben und Formen direkter Demokratie. K. wurden häufig als Neusiedlungen von Einwanderern gegründet, oft als Grenzsiedlungen mit Wehrfunktion (→ *Wehrsiedlung*).

■ ■ Stallungen, Scheunen usw.	▯▯▭ Wohnhäuser
▨▨ Werkstätten, Reparatur- und Serviceeinrichtungen für Fahrzeuge usw.	▭ Sportanlagen
	▭ Kulturland
■ ■ Schule, Kinderheim, Synagoge, Club, Bibliothek, Kleidermagazin, Sportgebäude usw.	▭ davon bewässert
	(Bananenanbau

Kibbuz

KIBS → *wissensintensive Dienstleistung*.

Kiefern-Birken-Zeit *pine-birch-period, pine-birch-epoch*: früher Abschnitt des → *Postglazials*, auch → *Präboreal* genannt, in welchem der Eisrückzug aus Mittelschweden und Südfinnland erfolgte, daher auch → *Finiglazial* genannt. Er stellt den Übergang vom → *Spätglazial* zum Postglazial dar.

Kiefernwald (Föhrenwald) *pine forest*: Wälder der Kieferngewächse (*Pinus*) sind in Europa, Nordamerika und Asien weit verbreitet und kommen bis in die Tropen vor. K. werden auch forstlich kultiviert. Das Hauptverbreitungsgebiet des K. liegt in der borealen Zone (→ *boreales Nadelwaldbiom*). Der K. stockt auf nährstoffarmen Böden und kann auf trockenen und auf feuchten Standorten vorkommen. Wegen des Lichtbedarfs der Kiefer sind die K. meist weitständig, sodass am Boden oft eine dichte Grasschicht aufkommen kann.

Kies *gravel*: 1. Flusssediment aus gerundeten Gesteinskomponenten von 2-63 mm Ø. 2. in der Bodenkunde Korngrößenbezeichnung für gerundete Gesteinskomponenten von 2-63 mm Ø. Der K. wird nach mehreren gebräuchlichen Skalen in Fein-, Mittel- und Grob-K. unterteilt. In anderen Ländern können diese Größen auch abweichen.

Kiesel *pebble*: im Sinne von → *Kies*; abgerollte Quarze oder quarzähnliche Gesteine, die Merkmale des → *fluvialen* Transports aufweisen.

Kieselerde *siliceous earth*: → *Diatomeenerde*.
Kieselgur *kieselgu[h]r*: → *Diatomeenerde*.
Kieselkruste → *Silcrete*.
Kieselschiefer *chert, siliceous shale*: dichtes und sprödes Quarz-Chalzedon-Gemenge grauer bis schwarzer Farbe, aus (verfestigtem) → *Radiolarienschlamm* entstanden und im oberen → *Silur* und unteren → *Karbon* gebildet. Schwarzer K., durch kohlige Substanzen gefärbt, heißt Lydit, rot und grün gefärbter K., der in den Kalkalpen vorkommt, wird Radiolarit genannt.

Kieseltuff *siliceous sinter*: → *Tuff*.

Kieswüste (Geröllwüste) *gravel desert*: geomorphologischer Landschaftstyp der → *Wüste*, von → *Flachformen* beherrscht, die eine Geröll- bzw. Kiesdecke tragen, die z. T. nur als dünner Schleier auftritt. K. sind meist → *fluvialen* Ursprungs und anschließend → *äolisch* überprägt, was zu der Bildung der charakteristischen → *Steinpflaster* führt. Größere Komponenten der K. weisen → *Windschliff* (Sandstrahlgebläse) auf. In der zentralen Sahara werden K. als → *Serir* bezeichnet. Der K. verwandt ist der → *Reg*.

Kiez *quarter*: in Teilen von Nord- und Ostdeutschland verbreitete Bezeichnung slawischen Ursprungs für ein Stadt-→ *Quartier* eines relativ homogenen → *Milieus* sozialer Unter- bis unterer Mittelklasse. Der Begriff ist regional unterschiedlich teils positiv, teils negativ besetzt.

Kimberlit *kimberlite*: Muttergestein der südafrikanischen Diamanten, nach der Stadt Kimberley genannt. Eigentlich ein körniges → *Tiefengestein* (Explosionsbrekzie) grünlicher bis schwarzer Farbe (→ *Glimmer*) aus → *Peridotit*. Der K. befindet sich in den vulkanischen → *Pipes*.

Kindersterblichkeit *child mortality, child death, infant mortality*: Anteil der Personen, die in einem Raum, z.B. einem Staat, bereits im Kindesalter sterben. Die Berechnung der K. aufgrund unterschiedlicher Abgrenzungen der betrachteten Altersklasse ist nicht einheitlich. Üblich ist die Angabe der K. als Anteil der Kinder, die innerhalb ihrer ersten fünf Lebensjahre (teilweise auch im Alter von 1 bis 5 Jahren) sterben, bezogen auf 1000 Lebendgeburten. Die K. kann auch als Anteil der im Alter von 0 bis 15 Jahren Gestorbenen an allen Angehörigen dieser Altersjahrgänge berechnet werden. Sie ist in vielen sog. → *Entwicklungsländern* aufgrund von → *Unter- und Mangelernährung* sowie wegen ungenügenden hygienischen Verhältnissen noch relativ hoch (→ *Säuglingssterblichkeit*).

Kippboden *recultivated soil*: ein rekultivierter Boden auf → *Abraum* einer → *Halde* in einem Bergbaugebiet (→ *Kippe*).

Kippe *dump, tip, landfill*: – im weiteren Sinne eine → *Halde*, also → *Abraum*, der auf bergbaulich „unverritztem" Gelände gelagert wurde. Je nach Lage zum natürlichen Gelände werden Flur-, Überflur- und Unterflur-K. unterschieden. – ansonsten Flächen, die durch Ablagerung von Abraum des → *Bergbaus* entstehen und einer Wiedernutzbarmachung durch → *Rekultivierung* zugeführt werden.

Kippen *topple*: mit einer Rotationskomponente aus einem Hang heraus „kippendes" Lockermaterial. Die Rotation erfolgt um eine Achse, die unterhalb des Massenschwerpunktes des bewegten Materials liegt. Die Grunddisposition besteht in klüftigem Gestein, die variable → *Disposition* ist durch Eis- oder Wassergehalt der → *Klüfte* gegeben. Je nach Beschaffenheit des Hanges kann das Kippen in → *Stürzen* oder → *Gleiten* übergehen (→ *Gravitative Massenbewegung*).

Kippenvegetation *dump vegetation*: 1. spontan auftretende Pflanzen auf Abraumlagern (→ *Halde*, → *Kippe*). 2. angesäte oder angepflanzte Gewächse auf Halden bzw. Kippen.

Kippscholle *tilted block*: Halbscholle, → *Pultscholle*.

Kirchengemeinde (Pfarrgemeinde Kirchsprengel) *parish, diocese*: bei den christlichen Konfessionen die unterste Stufe der kirchlichen Territorialgliederung (→ *Sprengel*).

Kirchspiel *parish*: regionale, besonders in Norddeutschland übliche Bezeichnung für → *Kirchengemeinde*. In einzelnen norddeutschen Landesteilen war K. früher auch die Bezeichnung für das → *Amt* im Sinn eines → *Gemeindeverbandes*.

Kirchsprengel → *Kirchengemeinde*.

Kissenlava *pillow lava*: Lava, die sich unter Wasser (→ *submarin*) aus basischer, mäßigheißer, dünnflüssiger (→ *mafischer*) → *Lava* bildet und zu kissenartigen Gebilden erstarrt. Diese spezifische Form entsteht durch das „Abschrecken" (also die schnelle Abkühlung) mit Wasser, weil sich eine Erstarrungshaut mit darunterliegenden Blasen bildet. Diese verleihen der Lavaoberfläche ein kissenartiges Aussehen. Man findet K. oft an den mittelozeanischen Rücken.

Kittgefüge *cemented structure*: Strukturierung der Bodensubstanz durch Verkittung von Einzelkörnern zu verfestigten Bereichen. Typisch bei → *Ortstein* und → *Raseneisenstein*. Im Unterschied zum → *Kohärentgefüge* ist die Bodenmasse gegliedert.

Klamm *saw cut gorge*: Steilschlucht (→ *Schlucht*) mit fast senkrechten oder überhängenden Wänden bei ganz schmalem, steilem und teilweise mit Blöcken verstopftem → *Talboden*, der aufgrund der Überhänge breiter sein kann als die oberen Bereiche der K. und oft ganz vom Fließgewässer ausgefüllt ist. Ein Teil der Blöcke in der K. stürzt von den überhängenden Wänden ab. Die K. ist eine für Hochgebirge typische Hohlform. Eine K. bildet sich an der Stufenmündung des → *Hängetals* zum → *glazialen* Haupttal (→ *Trogtal*) aufgrund des starken Höhenunterschieds zur lokalen Erosionsbasis (dem Trogtal). Die K. entsteht durch → *rückschreitende Erosion* infolge starker → *Tiefenerosion* in Verbindung mit Strudellochbildung und → *Kavitation*. Der Bach hat meist Wildwassercharakter (→ *Wildbach*).

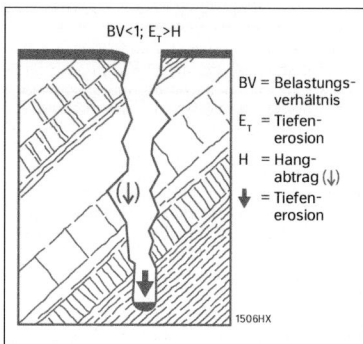

Klamm

Klan (Clan) *clan*: in der Ethnologie oder Völkerkunde eine → *Gruppe* von Menschen, die von einem Ahn abstammen, gleichgültig ob sie zusammenwohnen oder nicht. In der soziologischen Literatur wird K. meist mit → *Sippe* gleichgesetzt. Der K. hat insb. in → *Agrargesellschaften* oder anderen traditionellen Gesellschaften noch eine Bedeutung, v.a. in wirtschaftlicher, oft auch in ritueller Hinsicht.

Kläranlage *clarification plant, purification plant, sewage works, [sewage] water treatment plant, detritus pit*: im Prozess der → *Abwasserreinigung* eine Anlage zur Reinigung des häuslichen, gewerblichen und industriellen → *Abwassers*. Unterschieden werden – mechanische K., die festen Fremdstoffe werden durch Siebe und Rechen sowie die Sink- und Schwimmstoffe in Absetzbecken separiert, was jedoch nur ca. 30% aller Verschmutzungen erfasst. – biologische K. sind der mechanischen Klärung nachgeschaltet und setzen Bakterien ein, um gelöste organische Verunreinigungen abzubauen, sodass bis zu 98% der Schmutzstoffe separiert werden. – biologisch-chemisch-physikalische K. erfasst v.a. Spezialverunreinigungen durch Landwirtschaft, Gewerbe und Industrie, u.a. Pflanzennährstoffe wie → *Phosphate*. Dies verhindert → *Eutrophierung* von Gewässern. Diese auch sog. „Dritte Reinigungsstufe" verbessert die Qualität des Abwassers soweit, dass ohne Schadeinwirkung in den → *Vorfluter* eingeleitet werden kann.

In Wassermangelgebieten wird das Abwasser in K. so intensiv behandelt, dass es → *Brauchwasser-* bzw. → *Trinkwasser*qualität erreicht.
Klärgas *sewer gas*: auch als → *Biogas* bezeichnet; eine → *regenerativen Energien*, die in → *Kläranlagen* durch bakterielle Zersetzung (Methanbakterien) entstehen. K. besteht v. a. aus → *Methan* sowie → *Kohlendioxid* und Wasser.
Klärschlamm *[sewage] sludge*: das bei der → *Abwasserreinigung* in → *Kläranlagen* anfallende Rückstandsprodukt, das hochgradig wasserhaltig ist (bis 95%), zugleich mit einem hohen Gehalt an organischen Stoffen (25-50% der Trockensubstanz). K. wird in beheizten Faulbehältern der Klärschlammausfaulung unterworfen und durch verschiedene Behandlungen (Eindicken, Filtrieren, Trocknen) im Volumen reduziert. Durch die Abwasserreinigung erhöht sich zwangsläufig die Menge des K. (Entsorgungsproblem). K. kann man unter bestimmten Voraussetzungen als Düngemittel verwenden, d. h. K. muss hygienisch einwandfrei sein (durch Vernichtung der allenfalls vorhandenen Krankheitserreger und Parasiten) und darf nur geringe Konzentrationen in größeren Mengen schädlichen Stoffen enthalten, z. B. → *Schwer-* und → *Buntmetalle* (Cadmium, Zink, Blei, Kupfer, Cobalt; → *Faulung*, → *Fäulnis*, → *Klärschlammverwertung*).
Klärschlammverwertung *sewage sludge utilization, sewage sludge recycling, use of sewage sludge*: verschiedene Möglichkeiten für die Verwertung bzw. Verwendung von → *Klärschlamm*. – Weit verbreitet sind die von der Klärschlammverordnung geregelte landwirtschaftliche Verwertung als Dünger, → *Kompostierung*, – Deponierung und – Verbrennung in Müllverbrennungsanlagen. Giftige Klärschlämme werden durch Verklappung im Meer beseitigt.
Klarwasserfluss *oligotrophic river*: Fluss, der sehr wenige → *Schwebstoffe* führt, z. B. in den → *inneren Tropen* mit naturbelassenen immerfeucht-tropischen Regenwäldern (→ *Hyläa*, → *Schwarzwasserfluss*, → *Weißwasserfluss*).
Klasse *class*: in den Sozialwissenschaften eine → *Gruppe* von Menschen mit gemeinsamen → *sozialen Merkmalen*, v. a. ökonomischer Art. Der Begriff K. wurde von Karl Marx (→ *Marxismus*) geprägt, der die Gesellschaft als eine → *Klassengesellschaft* verstand, die aus den einander oppositionell gegenüberstehenden Interessengemeinschaften von Herrschern und Beherrschten besteht und sich über den Klassenkampf weiterentwickelt. Der Begriff K. ist eng mit der → *Industriegesellschaft* verbunden, da sich die Arbeiterklasse (→ *Proletariat*) mit dem entsprechenden Klassenbewusstsein z. B. erst im Zuge der → *Industrialisierung* entwickelt hat. Im deutschsprachigen Raum wird heute eher der Begriff → *Schicht* verwendet, um die → *soziale Differenzierung* der Gesellschaft zu beschreiben, während sich im angelsächsischen Raum die Verwendung des Begriffes K. (class) erhalten hat, ohne dass damit eine Nähe zum Marxismus unterstellt wird.
Klassengesellschaft *class society*: typisches Merkmal einer → *Industriegesellschaft*. Es besagt, dass die Bevölkerung in sozio-ökonomischer Hinsicht in → *Klassen* geschichtet ist, während in → *Agrargesellschaften* die soziale → *Schichtung* auf anderen Merkmalen beruht (z. B. Vererbung, Grundbesitz, → *Kaste*; → *Schicht*).
Klassifikation *classification*: Zuordnungsverfahren, um Objekte, Subjekte, Elemente oder Phänomene nach bestimmten Kriterien für eine → *Auswertung* in Klassen zusammenzufassen. Die Klassenbildung kann nach unterschiedlichen Kriterien und auch mehrstufig erfolgen. Gebräuchliche Verfahren sind die Quader-K., die Minimum-Distanz-K. und die Maximum-Likelihood-K..
klassifizierte Straße *classified road*: in Deutschland Bezeichnung für eine von der öffentlichen Hand gebaute und unterhaltene Straße des überörtlichen Verkehrs. Nach der Klassifizierung unterscheidet man Bundesautobahnen, Bundesstraßen, Landes-(Staats-)straßen, Kreisstraßen und Gemeindeverbindungsstraßen. Nicht zu k. S. zählen innerörtliche Straßen (Gemeindestraßen), mit Ausnahme der Ortsdurchfahrten.
klastisch *clastic*: zerbrochen, trümmerig.
klastische Ablagerungen (klastische Gesteine, Trümmergesteine) *clastic sediments*: → *Sedimentite* aus zertrümmerten älteren Gesteinen, d. h. Aufarbeitungsprodukte aus → *physikalischer Verwitterung*. Die k. A. werden auch Trümmergesteine genannt, bei denen man → *Psephite*, → *Psammite* und → *Pelite* unterscheidet. Außerdem kann man noch trennen zwischen unverfestigten Trümmergesteinen, also → *Lockergesteinen*, und durch → *Diagenese* verfestigten Trümmergesteinen. Zu letzteren gehören → *Konglomerate*, → *Brekzien*, → *Sandsteine*, → *Schiefertone* und → *Tonschiefer*.
klastische Gesteine *clastic rocks*: → *klastische Ablagerungen*.
Klause → *Klus*.
Kleimarsch *Gleysol* (→ *KA5*) ein Boden im Gezeitenbereich aus überwiegend locker gelagertem, nur teilweise carbonathaltigem Gezeitensediment. Im → *Oberboden* sind K. bereits kalkarm. Andere pedogenetische Prozesse (z. B. → *Tonverlagerung*) setzen ein, wodurch sich die K. zu einer → *Knickmarsch* weiterentwickeln kann.

Kleinatoll → *Faro*.
Kleinbauer *small farmer*: → *Landwirt* mit geringem Landbesitz, z. T. als Folge der → *Realteilung*. Das Einkommen liegt i. d. R. in der Nähe des Existenzminimums. Pachtanteil und hoffremde Arbeit verknüpfen sich daher sehr häufig (→ *Zuerwerbsbetrieb*, → *Zupachtbetrieb*).
Kleinbetrieb (Kleingewerbebetrieb) *small firm, family farming*: in der → *Landwirtschaft* üblicherweise Betriebe bis zu 5 ha landwirtschaftlich genutzter Fläche (→ *Kleinstbetrieb*).
Kleine Eiszeit *Little Ice Age*: neuzeitliche Vorstoßphase der → *Gletscher* (von ca. 1500 bis um 1850). Bereits ab Ende des 13. Jh. deutliche Abkühlung, die mit abrupt einsetzenden kühl-feuchten Sommern zwischen 1275 und 1300 begann. Mehrere markante Gletschervorstöße erreichten den Maximalstand von 1850, einige wenige überschritten jedoch diesen. Die K. E. lässt sich nicht nur für die Alpen belegen, sondern auch für Skandinavien, den Kaukasus, Kanada, USA, Anden, Himalaja, Karakorum und die Neuseeländischen Alpen. Als Auslöser werden die → *Ausbrüche* äquatornaher → *Vulkane* angesehen, die zeitlich mit einem Minimum der Sonneneinstrahlung (Minimum der Sonnenfleckenaktivität) zusammenfielen, insbesondere ab Mitte des 17. Jhdts. das → *Maunder-Minimum*.
Kleine Fahrt *short-distance navigation*: in der deutschen Seeschifffahrt Bezeichnung für den Verkehr durch Nord- und Ostsee und die angrenzenden Meeresgebiete (→ *Große Fahrt*).
Kleine und Mittlere Unternehmen (KMU) *small and medium-sized firms*: Unternehmensform, die sich von Großunternehmen durch quantitative Merkmale (Umsatzgröße, Beschäftigtenzahl) sowie qualitative Merkmale (v. a. Einheit von Eigentum und unternehmerischer Verantwortung) unterscheidet (→ *Unternehmensgröße*). Sie sind ein wichtiger Bestandteil des → *Mittelstands*.
Kleine-Tiger-Syndrom *small tiger syndrome*: eines der Syndrome Globalen Wandels (→ *Syndromansatz*), die vom Wissenschaftlichen Beirat der Bundesregierung Globale Umweltveränderungen (→ *WBGU*) 1996 entwickelt wurden. Das K.-T.-S. kennzeichnet die Vernachlässigung ökologischer Standards im Zuge hochdynamischen → *Wirtschaftswachstums*.
Kleinfamilie *nuclear family*: → *Familie* mit wenigen Mitgliedern, i. d. R. zwei Erwachsene und i. d. R. bis zu drei Kindern, die in einem Haushalt zusammenleben. Anders als bei der → *Kernfamilie*, zählen zur K. auch adoptierte Kinder und Stiefkinder. Auch müssen die Erwachsenen nicht zwangsläufig die leiblichen Eltern sein (→ *Stieffamilie*, → *Regenbogenfamilie*). Von der K. wird die → *Einelternfamilie* von alleinerziehenden Müttern oder Vätern mit ihren Kindern unterschieden (→ *Großfamilie*, → *erweiterter Haushalt*, → *Bedarfsgemeinschaft*).
Kleinform → *Mikrorelief*.
Kleingarten (Schrebergarten) *allotment, garden plot*: von einem Pächter nebenerwerbsmäßig oder aus Liebhaberei genutzter Garten. Die K. liegen i. d. R. von der Wohnung getrennt außerhalb der bebauten Flächen und sind mehrere hundert Quadratmeter groß. Als Ersatz für fehlendes Grün im unmittelbaren städtischen Wohnumfeld dienen K. heute zunehmend der → *Naherholung* (→ *Kleingartenkolonie*).
Kleingartenkolonie (Schrebergartenkolonie) *allotment colony*: Anlage mit einer größeren Zahl von → *Kleingärten* bzw. Schrebergärten (genannt nach dem Leipziger Arzt Daniel Schreber). Die K. ist i. d. R. durch Laubenbauten (→ *Laubenkolonie*) gekennzeichnet, die als Wochenend- und Sommerhäuser dienen. K. sind häufig durch Vereine organisiert, die sich auch um den Erhalt bzw. Ausbau der → *Infrastruktur* (Wege, Wasser, Strom) kümmern.
Kleingewerbebetrieb → *Kleinbetrieb*.
kleinmaßstäbig *small-scale*: bedeutet stark verkleinertes, detailarmes Abbild der → *Geographischen Realität* in der → *Karte*. Die → *Maßstäbe* sind z. B. 1 : 500 000, 1 : 1 Mio. oder 1 : 16 Mio.. Gegenteilig: → *großmaßstäbig*. Irrtümer betreffend k. und großmaßstäbig stellen sich ein bei der Verwendung des englischen Begriffes → *Scale*: mit *small-scale*: und *large-scale*:.
kleinräumig *small-scale*: 1. allgemein kleines → *Areal*; wenig ausgedehnter → *Raum*. 2. in Landschafts- und → *Länderkunde* qualitativer Begriff, der sich auf die Möglichkeiten der → *Inwertsetzung* eines → *Raumes* bezieht. Gegensatz: → *großräumig* (→ *großmaßstäbig*; → *kleinmaßstäbig*).
Kleinrelief → *Mikrorelief*.
Kleinsiedlung *planned (part-time) smallholding*: Siedlerstelle, die nach deutschem Recht ein Wohngebäude mit Nutzgarten und landwirtschaftlichen Nebenerwerbsstellen (800–1000 m²) (→ *Nebenerwerbsbetrieb*) ist. Die K. ist dazu bestimmt, den Bewohnern nach Größe, Bodenbeschaffenheit und Einrichtung durch Selbstversorgung aus vorwiegend gartenbaumäßiger Nutzung des Landes eine fühlbare Ergänzung ihres sonstigen Einkommens zu ermöglichen. Die K. sind heute im Sinne des flächensparenden Bauens nicht mehr zeitgemäß.
Kleinsiedlungsgebiet *small residential estate area*: → *Baugebiet*, das vorwiegend der Unterbringung von → *Kleinsiedlungen*, d. h. Wohngebäuden mit Nutzgärten und landwirtschaftlichen Nebenerwerbsstellen, dient.
Kleinstaat *small state*: ein selbstständiger → *Staat*, der bezüglich Größe (Fläche, Ein-

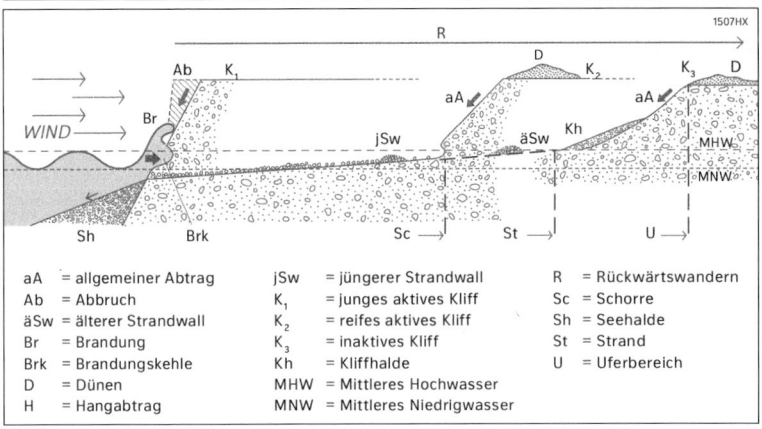

aA	= allgemeiner Abtrag	jSw	= jüngerer Strandwall	R	= Rückwärtswandern
Ab	= Abbruch	K_1	= junges aktives Kliff	Sc	= Schorre
äSw	= älterer Strandwall	K_2	= reifes aktives Kliff	Sh	= Seehalde
Br	= Brandung	K_3	= inaktives Kliff	St	= Strand
Brk	= Brandungskehle	Kh	= Kliffhalde	U	= Uferbereich
D	= Dünen	MHW	= Mittleres Hochwasser		
H	= Hangabtrag	MNW	= Mittleres Niedrigwasser		

Kliff

wohnerzahl) und/oder wirtschaftlichem und militärischem Potential wesentlich unter dem Durchschnitt der anderen Staaten liegt. K. benötigen häufig wirtschaftliche und politische Anlehnung an verbündete Staaten, da ihre → *Ressourcen* oft nicht ausreichen, um im Inneren und im internationalen Verkehr alle notwendigen staatlichen Funktionen zu erfüllen. Extremfälle von K. werden → *Mikrostaaten* genannt.

Kleinstadt *small town*: in der deutschen Gemeindestatistik eine → *Stadt* mit 5000 bis unter 20 000 Einwohnern. Für die → *Siedlungsgeographie* ist diese Definition wegen der Unterschiede der → *Stadttypen* wenig aussagekräftig, auch gibt es große regionale Differenzierungen. Eine K. weist zwar nach Physiognomie und Funktionen, nach der → *Wirtschaftsstruktur* sowie der → *Erwerbs-* und → *Sozialstruktur* der Bevölkerung die Charakteristika einer Stadt auf, jedoch nur in schwacher bis mittlerer Ausprägung. Typisch sind die Konzentration von Geschäfts- und Dienstleistungsfunktionen, die meist zentralörtliche Aufgaben unteren bis mittleren Niveaus erfüllen, in nur einem Zentrum sowie eine noch weitgehend fehlende Verselbstständigung einzelner → *Stadtteile*.

Kleinstbetrieb (Kleinstunternehmen) *micro entity, very small business*: handwerksmäßig (→ *Handwerk*) oder kleingewerbemäßig (→ *Kleingewerbebetrieb*) eingerichtete Betriebe. Dem K. werden mit Rücksicht auf seine Art und seinen Umfang rechtliche Vergünstigungen eingeräumt. So muss er keine Jahresabschlüsse erstellen und hat auch Sonderechte im Umgang mit → *Arbeitnehmern* (z. B. im Kündigungsrecht).

Kleinstunternehmen → *Kleinstbetrieb*.
Kleinzentrum *lowest-order centre*: → *Zentraler Ort*, der auf der untersten Stufe der → *zentralörtlichen Hierarchie* steht und für seinen → *Einzugsbereich* Aufgaben der → *Grundversorgung* erfüllt. Es handelt sich meist um ländliche → *Marktorte*. Zu ihrer Ausstattung gehören z. B. Kindergarten, Grundschule, Post, Arzt und Einzelhandelsgeschäfte zur Deckung des Grundbedarfs (→ *hilfszentraler Ort*).
Kletterpflanzen → *Lianen*.
Kliff *cliff*: Abfall der → *Steilküste*, durch → *Brandungserosion*, v. a. → *Abrasion*, und → *Verwitterung* (z. B. → *Salzsprengung*) in Lockergestein oder Festgesteinen angelegt. → *Hangneigungsstärke* und Höhe des K. hängen auch vom Substrattyp, Lagerungsart des Substrats sowie Dauer und Richtung der Einwirkungen der → *Brandung* ab (→ *Wellen*). Vor dem K. kann eine → *Abrasionsplattform* entwickelt sein. Am Fuß des K., im unmittelbaren Einwirkungsbereich der Brandungswellen, befindet sich die → *Brandungshohlkehle*. Aufgrund von Schwächezonen im Gestein, v. a. der Scharung von Klüften, können sich → *Brandungsgassen*, → *Brandungshöhlen* und → *Brandungstore* ausbilden.
Kliffhalde *cliff talus, scree slope*: → *Halde*, die am inaktiven, → *toten Kliff* durch allgemeinen Hangabtrag entsteht, der einerseits zur Akkumulationsform der K. führt, andererseits das → *Kliff* allmählich abflacht und seine markante Form als → *Steilküste* verlieren lässt. K. können sich auch aus Sturzmassen an → *aktiven Kliffs* bilden, sodass die marine Erosion am Klifffuß, im Bereich der → *Brandungshohlkehle*, temporär gehemmt ist.

Kliffküste (Abrasionsküste) *abrasion coast, cliffed coast*: Bildung der heutigen K. begann mit dem → *postglazialen* Meeresspiegelanstieg, als Hänge der Brandung ausgesetzt wurden. Die Brandungswirkung presst die Luft in → *Klüften* zusammen, wodurch es zur Lockerung des Gesteins kommt, sodass die Bruchstücke vom rückfließenden Wasser abtransportiert werden können. Auch → *Salzsprengung* führt zur Lockerung des Gesteinsverbands. In der entstandenen Verflachung kann die Brandung weiter destruktiv wirken (→ *Abrasion*), es entsteht eine Abrasionsplattform. Der Hang wird weiter unterschnitten (→ *Brandungshohlkehle*), bis er instabil wird und über → *Rutschungen* und Felsstürze weiter versteilt und rückverlagert wird. Die Schuttmassen können am Fuß des → *Kliffs* eine → *Kliffhalde* bilden. Wie schnell ein Kliff rückverlagert wird, hängt u. a. vom Gestein, Brandungsintensität und Breite der Abrasionsplattform ab.

Klima *climate*: die für einen → *Ort*, eine → *Landschaft* oder einen größeren Raum (→ *Region*, → *Zone*) typische Zusammenfassung der erdnahen und die Erdoberfläche beeinflussenden atmosphärischen Zustände und Witterungsvorgänge während eines längeren Zeitraumes in charakteristischer Verteilung der häufigsten, mittleren und extremen Werte (nach Joachim Blüthgen). Das K. eines bestimmten Standortes entsteht also durch eine typische Abfolge des mittleren und summenhaften Zusammenwirkens aller atmosphärischen Einflüsse. Je nach der Dimension der Betrachtung sind dabei die einzelnen → *K.-Elemente* und K→ *.-Faktoren* unterschiedlich gewichtet. Größenordnungen der K.-Betrachtung sind → *Makroklima* (das K. einer Zone, einer Region, eines Kontinentteiles), → *Mesoklima* (das durch Reliefeinflüsse, großflächige Bebauung usw. geprägte K. einer Landschaft oder Geländekammer) und → *Mikroklima* (das K. der → *bodennahen* Luftschicht eines → *Standortes*; → *Hochgebirgsklima*, → *mediterranes Klima*, → *Stadtklima*).

Klimaänderungen *climate change*: der langfristige Wechsel der mittleren Werte wichtiger → *Klimaelemente* und des Ablaufs der Witterungserscheinungen. K. verlaufen im Gegensatz zu den → *Klimaschwankungen* in → *erdgeschichtlichen* Zeiträumen. Wie schnell ein Kliff sind die → *Eiszeiten* des → *Pleistozäns*.

Klimaanpassung *climate accomodation*: unscharfe Bezeichnung für die Anpassungen von Organismen an das → *Klima*, die mit den → *Klimaregeln* definiert werden.

Klimaatlas *climate atlas*: Fachatlas, in welchem für unterschiedliche Bezugsräume (z. B. Staaten, Erdteile oder gesamte Erde) verschiedene → *Klimaelemente* i. d. R. in → *Klimakarten* dargestellt werden z. B. Niederschlags- oder Temperaturverteilungskarten.

Klimadiagramm *climatic graph*: zusammengefasste Darstellung wichtiger → *Klimaelemente* (in erster Linie Temperatur und Niederschlag) zur vereinfachten, aber übersichtlichen Charakterisierung des → *Klimas* einer definierten Örtlichkeit. K. eignen sich v. a. für den Vergleich verschiedener Klimate (→ *Walter-Klimadiagramm*).

Klimaelemente *climatic elements*: die messbaren Einzelerscheinungen der → *Atmosphäre*, die in ihrem Zusammenwirken das → *Klima* ausmachen. Die wichtigsten K. sind → *Strahlung*, → *Luftdruck*, → *Luftfeuchtigkeit*, → *Temperatur*, → *Wind*, → *Verdunstung*, → *Niederschlag* und → *Bewölkung*. Deren Messwerte werden in Monatstabellen gesammelt und für längere Zeiträume von im Regelfall mindestens 30 Jahren (z. B. die sogenannte → *Normalperiode* 1961-1990; → *Makroklima*) nach Mittelwerten, Häufigkeiten, Abfolgen und Extrema ausgewertet. Ihr tendenziell gemeinsamer Gang kennzeichnet das Klima eines bestimmten geographischen Raumes und kann zum Definieren von → *Klimatypen* eingesetzt werden.

Klimaerwärmung *climatic warming*: unscharfer, jedoch vielfach gebrauchter Begriff für die → *anthropogen* bedingte Aufwärmung der → *Atmosphäre*, aus der auch ein *globaler Wandel* aller → *Geofaktoren* in den → *Landschaftszonen* der Erde resultiert (→ *Global change*, → *Globale Umweltprobleme*, → *Klimawandel*).

Klimafaktoren *climatic factors*: 1. im strengen Sinn Eigenschaften eines Raumes, die das → *Klima* beeinflussen (z. B. Breitenlage (geographische → *Breite*), Höhenlage, Talverlauf, → *Exposition*, → *Bodenbedeckung*, → *Siedlungsdichte* usw.). 2. je nach der Betrachtungsweise erhalten auch → *Klimaelemente* die Funktion von K. So haben z. B. → *Wind* und → *Temperatur* für die Ausprägung bestimmter → *Luftfeuchtigkeits*verhältnisse die Funktion von K..

Klimafunktion (bioklimatische Funktion) *climatic function*: im → *Leistungsvermögen des Landschaftshaushaltes* durch Beachtung der räumlichen Lage, des Reliefs, der Vegetationsstruktur oder deren → *anthropogener* Veränderung eine wirksame Verbesserung mikro- bis mesoklimatischer Gebietszustände zu erzielen, die klimatische und physiologische Prozesse zulassen, die auch das → *Bioklima* beeinflussen.

Klimagenetische Geomorphologie *climato-genetic geomorphology*: Forschungsansatz der → *Geomorphologie* mit Höhepunkt zur Mitte des 20. Jahrhunderts, in dem das → *Klima* als → *Geofaktor* für die → *Geomorpho-*

dynamik als zentral angesehen wurde und in dem bestrebt wurde, den → *Klimazonen* entsprechenden Zonen → *geomorphologischer Prozesse* und Formen zu definieren.

Klimageographie *geography of climates*: Teilgebiet der → *Physiogeographie*, welches sich mit dem → *Klima* als Bestandteil der → *Landschaften* befasst. Im Zentrum der Betrachtung steht die Interaktion, also die gegenseitige Beeinflussung und Abhängigkeit, zwischen der → *Atmosphäre* und der Erdoberfläche. Basierend auf den physikalischen Gesetzmäßigkeiten untersucht die K. das Klima als → *Landschaftshaushaltsfaktor* und als Faktor bei der → *Inwertsetzung* der Erde durch den Menschen. Sie bemüht sich dabei insbesondere um eine übersichtliche Fassung und Beschreibung der komplexen Erscheinung „Klima", um deren Typisierung und um die Ausscheidung von klimaräumlichen Einheiten (→ *Raumeinheit*). In Zusammenarbeit mit → *Klimatologie* und → *Meteorologie* untersucht sie dabei die Gesetzmäßigkeiten der → *planetarischen Zirkulation* und der globalen Klimaverbreitungsmuster (→ *Raummuster*).

Klimageomorphologie (Klimatische Geomorphologie) *climatic geomorphology*: Teilgebiet der → *Geomorphologie*, das sich mit der Erklärung der geomorphologischen Prozesse und der daraus resultierenden → *Oberflächenformen* durch das → *Klima* beschäftigt. Ausgangsannahme ist, dass in den → *Klimazonen* der Erde spezifische, vom Klima gesteuerte Verwitterungs- und Reliefformungsprozesse ab, aus denen ein spezifischer Formenschatz resultiert.

Klimageschichte *history of climates*: der durch die → *Paläoklimatologie* erforschte Ablauf des räumlichen und zeitlichen Wechsels der Klimabedingungen in der → *Erdgeschichte*, z. B. die → *Klimaschwankungen* und → *Klimaänderungen* im Verlauf der → *Kalt-* und → *Eiszeiten* des → *Pleistozäns*.

Klimagürtel → *Klimazonen*.
Klimaindikatoren → *Klimazeugen*.
Klimaindizien → *Klimazeugen*.

Klimakarte (klimatologische Karte) *climate map:, climatic chart*: → *thematische Karte*, die die räumliche Verteilung → *klimatologischer* Sachverhalte darstellt. Beispiele in K. thematisierter Klimaparameter sind → *Temperatur*, → *Niederschlag*, → *Luftdruck*, → *Bewölkung* und → *Globalstrahlung*. K. beziehen sich i. d. R. auf längere Zeiträume.

Klimaklassifikation *climatic classification*: die das → *Klima* als Ganzheit erfassende Gliederung der atmosphärischen Verhältnisse eines Raumes, → *Kontinents* oder der gesamten → *Erde*, welche auf einer abstrahierenden Zusammenfassung und Typisierung der Klimaerscheinungen beruht. Man unterscheidet: (i) Effektive K., die auf der Kombination von Mittel-, Andauer- und Schwellenwerten einzelner → *Klimaelemente* beruhen. Es sind dies wegen ihrer weltweit verbreiteten Erfassung in erster Linie → *Temperatur* und → *Niederschlag*. (ii) Genetische K. basieren auf den Gesetzmäßigkeiten und der Verteilung der planetarischen Luftmassenbewegungen (→ *Allgemeine Zirkulation der Atmosphäre*). Sie gliedert also nach dem Prinzip der Ursache. – Die Ansätze der gebräuchlichen K. sind in Wirklichkeit nicht alle scharf getrennt. Besonders verbreitet sind die K. nach Wladimir Köppen und nach Carl Troll & Karlheinz Paffen. Auch in der → *Topoklimatologie* (→ *Geländeklimatologie*) werden K. erarbeitet. Es gehört dabei um die Ausscheidung einheitlicher Klimaareale (→ *Klimatope*) auf der Basis flächenhafter Messungen verschiedener Klimaelemente.

Klimakonferenz → *UN-Klimakonferenz*.

Klimamelioration *climatic melioration*: die Verbesserung der Verhältnisse des → *Geländeklimas* (→ *Topoklimatologie*) eines → *Areals* zur Verhinderung oder Verminderung schädlicher Klimaeinflüsse auf → *Kulturpflanzen*. Maßnahmen der K. sind z. B. die Anpflanzung von → *Windschutzhecken* und der Bau oder die Beseitigung von Kaltluftbarrieren (Dämme, Hecken) zur Ableitung nächtlicher → *Ausstrahlungs-* → *Kaltluft* (→ *Frostgefährdung*).

Klimamodell *climate model*: mathematisches Hilfsmittel zur Vorhersage künftiger klimatischer Entwicklungen des → *globalen* → *Klimas* für Zeiträume von Jahrzehnten bis Jahrhunderten (→ *Modell*).

Klimaökologie *climatic ecology*: im Grenzbereich zwischen → *Klimatologie* und → *Landschaftsökologie* angesiedeltes Forschungsgebiet der → *Meteorologie*/Klimatologie und der → *Geoökologie*. Es untersucht den Einfluss der → *Klimaelemente* und des → *Klimas* auf die → *Landschaftsökosysteme* und ihren Haushalt, einschließlich von Pflanzen, Tieren und Menschen bzw. deren Lebensgemeinschaften, v. a. die Steuerung der ökologisch bedeutsamen bodennahen atmosphärischen Prozesse durch die Geoökofaktoren sowie durch allgemeine landschaftliche Strukturgrößen (→ *Georelief*, natürlicher und künstlicher Bewuchs, Überbauungstypen etc.). Die K. betrachtet die Klimagrößen als Bestandteile der → *Geoökosysteme*. Die K. arbeitet sowohl im → *Klimaökosystem*, als auch im → *Stadtökosystem* (→ *Stadtklima* → *Stadtökologie*).

Klimaoptimum (Wärmeoptimum) *climatic optimum*: in erdgeschichtlicher Zeit ein Klimazustand größter Wärme innerhalb einer Änderungsphase des → *Klimas*, der in einer bestimmten Region eine optimale Entfaltung der Pflanzenwelt ermöglichte, z. B. in einer → *Warmzeit* wie dem → *Atlantikum*, der wärmsten Phase des → *Holozäns*.

Klimarahmenkonvention (UNFCCC) *United Nations Framework Convention on Climate Change*: internationales Umweltabkommen, das 1992 in New York verabschiedet und auf der → *Konferenz der Vereinten Nationen über Umwelt und Entwicklung* in Rio de Janeiro von 154 Staaten unterzeichnet wurde. Die K. hat zum Ziel, eine anthropogene Störung des Klimasystems zu verhindern und die → *globale Erwärmung* zu verlangsamen sowie ihre Folgen zu mildern. Die mittlerweile 195 Vertragsstaaten der K. treffen sich jährlich zu → *UN-Klimakonferenzen* (Conferences of the Parties, COP), um über konkrete Maßnahmen zum Schutz des Klimas zu beraten. Das Sekretariat der K. hat seinen Sitz in Bonn (→ *IPCC*).

Klimaregeln (Ökogeographische Regeln) *climatic rules*: beschreiben das klimaökologisch bedingte Auftreten gleicher morphologischer und physiologischer Merkmale (v. a.) bei verschiedenen Tierarten, die jedoch unter vergleichbaren Klimaverhältnissen leben. K. können aber auch verschiedene Merkmale beschreiben, die bei denselben oder nahe verwandten → *Arten* auftreten, die in verschiedenen → *Klimazonen* leben („zonenspezifische" Merkmale). Als K. gelten die → *Allensche Regel*, die → *Bergmannsche Regel*, die → *Glogersche Regel* und die → *Hessesche Regel*.

Klimaregion *climatic region*: ein Gebiet mit abgrenzbaren, mehr oder weniger einheitlichen Voraussetzungen der allgemeinen, großklimatischen Bedingungen (→ *Makroklima*).

Klimaschutz *climate protection*: 1. unscharfe Bezeichnung für Maßnahmen, die im Rahmen der → *Klimamelioration* in Stadt und Freiland durchgeführt werden, um die → *Klimafunktion* im → *Leistungsvermögen des Landschaftshaushaltes* zu steigern (→ *Geländeklima*, → *Stadtklima*). 2. Maßnahmen, die dem → *Klimawandel* entgegenwirken sollen. Ein Beispiel ist die Reduktion von CO_2-Emissionen (Treibhaus-Effekt)

Klimaschwankungen *climatical fluctuation, climatic oscillation*: die im Vergleich zu den → *Klimaänderungen* eher kurzfristigen, auch → *periodischen* Schwankungen und höchstens Jahrhunderte dauernden Abweichungen vom allgemeinen Klimacharakter eines Gebiets. So sind z. B. die → *Oszillationen* der → *Gletscher* in geschichtlicher Zeit Zeichen von K..

Klimasystem *climatic system*: 1. allgemein das Zusammenwirken der → *Klimaelemente* bzw. → *Klimafaktoren* im Gesamtwirkungszusammenhang des → *Klimas*, des → *Wetters*, und der → *Witterung* mit Bezug auf einen Raum ganz unterschiedlicher Größenordnung. 2. auch als Klimosystem bezeichnet. Die Funktionseinheit der im → *Klimatop* zusammenwirkenden klimatischen Prozesse, die von klimatischen → *In-* und → *Outputs*, von den geomorphographischen Merkmalen des → *Georeliefs*, von den physikalischen Merkmalen des obersten Teils des → *Oberflächennahen Untergrunds* sowie denen der Bodenbedeckungsart bestimmt oder geregelt werden und die zur Herausbildung eines räumlich strukturierten Klimahaushalts in → *topischer Dimension* führen (→ *Geoökotop*).

Klimatische Geomorphologie → *Klimageomorphologie*.

klimatische Schneegrenze (regionale Schneegrenze) *snow line*: in einem → *Hochgebirge* die mittlere untere Grenze der ganzjährig schneebedeckten Flächen. Die k. S. wird auf zwei Arten definiert: (i) als arithmetisches Mittel aller Höhenwerte der gerade noch schneefrei werdenden Flächen eines Gebirges; (ii) als berechnete Höhenlage einer horizontalen Fläche, auf der aufgrund der gegebenen Niederschlagsverhältnisse und Temperaturbedingungen der jährlich gefallene → *Schnee* gerade noch abschmelzen kann.

klimatische Wasserbilanz *climatic water balance*: die Differenz zwischen der Gesamtniederschlagsmenge und der aufgrund der atmosphärischen Bedingungen maximal möglichen → *Verdunstung* (→ *potenzielle Evapotranspiration*) für eine bestimmte Periode an einem → *Standort*. Die Gesamtverdunstung hängt in erster Linie von den Faktoren → *Strahlung*, → *Temperatur*, → *relative Luftfeuchtigkeit* und Luftaustausch ab. Die k. W. stimmt mit der realen → *Wasserbilanz* nur überein, wenn im Wurzelraum während der gesamten Bezugsperiode ausreichend Wasser zur Verfügung steht. Dies wiederum wird von der Verteilung der Niederschläge und den Speichereigenschaften des Bodens bestimmt (→ *Bodenfeuchteregime*).

Klimatologie *climatology*: Teilgebiet der → *Meteorologie*, das sich mit den mittel- und langfristigen Bedingungen und Abläufen der physikalischen Erscheinungen in der → *Atmosphäre* befasst. Die K. untersucht die durchschnittlichen Zustände der Witterungselemente und erklärt den typischen jährlichen Wetterablauf und dessen langfristige Schwankungen mit regionalem Bezug. Im Gegensatz zur eng verwandten → *Klimageographie* legt die K. dabei ein besonderes Augenmerk auf physikalische Zustände in mittlerer und höheren Atmosphäre und ihren Einfluss auf das Klimageschehen an der Erdoberfläche (→ *Wetter*, → *Witterung*).

Klimatop *climatope*: 1. für die klimaökologische und geoökologische Betrachtung relevante kleinste klimaräumliche Einheit (→ *Raumeinheit*), die von einheitlich verlaufenden klimatischen Prozessen des topischen → *Klima-*

systems („Klimosystem") bestimmt sind, sodass dem K. eine einheitliche Ausprägungsform zukommt. 2. in → *Geoökologie* und → *Landschaftsökologie* wird ein K. allgemeiner definiert als ein → *Areal* mit einheitlichen Bedingungen des → *Geländeklimas* im Sinne einer bestimmten funktionellen Wirkungskombination der durch → *Oberflächenformen* und ihre geomorphographischen Merkmale sowie die Bodenbedeckung mehr oder weniger abgewandelten Normalklimawerte des regionalen → *Makroklimas*. Der flächenhaften Ausscheidung von K. liegt eine auf Feldmessungen beruhende Typisierung und Klassifizierung der in einem Gebiet auftretenden Geländeklimavarianten zu Grunde. Die definierten K.-Typen beschreiben allgemein die für Wuchsstandorte oder speziell die für bestimmte Nutzungsarten maßgeblichen Klimabedingungen.

Klimatyp *climatic type*: eine bestimmte, immer wieder auftretende Kombination des Zusammenwirkens wichtiger → *Klimaelemente* des → *Makroklimas* mit ihren absoluten Werten, Schwankungen und Abfolgen. K. sind Varianten der auf der → *Erde* herrschenden → *Klimate* (z. B. → *arid*, → *humid*, → *gemäßigte Breiten*, → *Klimazonen* usw.).

Klimavarianz *climatic variance*: das → *Klima* variiert räumlich und zeitlich, und dies hat Einfluss auf die → *geomorphologischen Prozesse*. Ebenso haben andere Rahmenbedingungen, die raumzeitlich variieren, eine entsprechende Varianz der → *Geomorphodynamik* zur Folge (z. B. → *Petrovarianz*, → *Tektovarianz*).

Klimawandel *climatic change*: Sammelbegriff für die Veränderungen des → *Klimas* in den → *Landschaftszonen* der Erde unter Einbezug der → *Klimaelemente* bzw. → *Klimafaktoren* und → *Klimafunktionen*, auch in Räumen unterhalb der → *geosphärischen Dimension* (→ *Global change*, → *Klimaerwärmung*).

Klimax *climax*: 1. allgemein ein Endstadium einer Entwicklung, Höhepunkt. 2. hypothetisches Endstadium der Entwicklung von → *Lebensgemeinschaften* der Tiere und Pflanzen (auch Bodengesellschaften) in einem Gebiet. Das K.-Stadium würde sich unter den heutigen Klimabedingungen einstellen, wenn der wirtschaftende Mensch nicht in die → *Ökosysteme* eingreift. Dieser Zustand währt solange, bis eine grundlegende Klimaveränderung eintritt. (→ *Schlussgesellschaft*). Die tatsächlich allerdings oft zu findende zyklische Abfolge verschiedener Sukzessionsstadien wird erklärt durch die → *Mosaik-Zyklus-Theorie* (→ *Klimaxkomplex*). 3. in → *Vegetationsgeographie* und Geobotanik wird der Begriff K. auch für jedes verhältnismäßig stabile Stadium der Vegetationsentwicklung verwendet. Dann wird auch von Dauergesellschaft gesprochen (Subklimax).

Klimaxgesellschaft → *Schlussgesellschaft*.

Klimaxkomplex *climax complex*: Begriff für das Gesellschaftsinventar des Gesamtareals einer → *Schlussgesellschaft*, wobei der K. alle Entwicklungsserien der gleichen Schlussgesellschaft umfasst. So sind → *Urwälder* gewöhnlich ein unregelmäßiges Mosaik von Beständen unterschiedlicher Sukzessionsstufen. (→ *Mosaik-Zyklus-Theorie*).

Klimazeuge (Klimaindikator, Klimaindiz) *climatic evidence*, *climate indicator*: → *Oberflächenformen* und → *geomorphogenetische Materialtypen* (z. B. → *Schotter*, → *Verwitterungsdecken*, → *Moränen*, → *Dünen*), → *Moore*, → *Fossilien*, → *Pollen* etc., deren Entstehung von definierten klimatischen Voraussetzungen abhängt und die daher Rückschlüsse auf → *vorzeitliche* → *Klimaschwankungen* und → *Klimaänderungen* machen. K. werden in der → *Paläoökologie*, → *Paläoklimatologie*, aber auch der → *Geomorphologie* eingesetzt.

Klimazonen (Klimagürtel) *climatic zones*: die i. a. gürtelartig angeordneten, im Einzelnen jedoch infolge der unregelmäßigen Land-Wasser-Verteilung und der Lage verschiedener Gebirge in ihrer Ausdehnung und Begrenzung stark variierenden → *Areale* mit typischen allgemeinen Klimavoraussetzungen (→ *Klimatypen*). Die K. sind im Wesentlichen durch die unterschiedlichen → *Einstrahlungs*verhältnisse und die damit zusammenhängenden → *planetarische Zirkulation* (→ *Allgemeine Zirkulation der Atmosphäre*) bedingt. Da sich die → *natürliche Vegetation* dem → *Klima* sehr eng anpasst, weisen K. und → *Vegetationszonen* weitgehende Parallelität auf.

Klinge → *Runse*.

Klingstein *phonolite*: → *Phonolith*.

Klippe *cliff*, *tor*, (1.); *klippe*, [*nappe*] *outlier* (2.): 1. Felsburg, die als kleinere Einzelformen an Berg- und Gebirgshängen bzw. auf Kuppen, Gipfeln oder Kämmen aufsitzt. 2. Bestandteil einer Überschiebungsdecke, die aus dem Verband der Deckensysteme durchtektonische und nachfolgende geomorphologische Prozesse herausgelöst wurde.

Klippenbrandung *cliff surf*: → *Brandung*, die an → *Steilküsten* (v. a. Felssteilküsten) wirkt, wodurch → *Kliff*, → *Brandungshohlkehle* und → *Abrasionsplattform* entstehen. Die K. unterscheidet sich von der → *Strandbrandung* dadurch, dass die Wellen reflektiert werden und sich ankommende und reflektierte Wellen überlagern bzw. interferieren, woraus eine wesentlich größere Wellenhöhe resultiert, die mit hohem Druck auf das Kliff aufprallt und geomorphologische Arbeit leistet. Bei → *Kaps* kommt die → *Refraktion* von Wellen hinzu, die den Angriff der Brandung auf das Kap konzentriert.

Klippenküste *abrasion coast, cliffed coast*: → *Steilküste* mit häufig auftretenden → *Klippen*.

Kloster *monastery, convent*: oft von der Außenwelt abgesonderte bauliche Anlage (teilweise aber auch in Innenstädten), in der Mönche oder Nonnen gemeinsam leben und arbeiten. Zu einem K. gehören i. d. R. außer Wohngebäuden auch Kultstätten und Wirtschaftsgebäude, häufig auch Schulen und Krankenhäuser. K. gibt es v. a. innerhalb der katholischen Kirche, aber auch in anderen Religionen. In Europa spielten K. vielfach eine wichtige Rolle bei der Erschließung und Besiedlung des Landes, z. B. die der Zisterzienser.

Klostersiedlung *monastic settlement*: Siedlung, die aus einer Klosteranlage mit Nebengebäuden sowie evtl. dem Kloster gehörenden landwirtschaftlichen und gewerblichen Gebäuden, den Wohnungen von hier Beschäftigten usw. besteht. Besonders um isoliert liegende → *Klöster* entwickelten sich oft K., die zu Dörfern oder sogar → *Klosterstädten* anwachsen konnten.

Klosterstadt *monastic town (1.), monastery town (2.)*: 1. stadtähnliche Siedlung, die aus einem großen → *Kloster* mit zahlreichen Nebengebäuden wirtschaftlicher und sozialer Art sowie Wohngebäuden der hier Beschäftigten hervorgegangen ist. Derartige K. existieren insbesondere im buddhistischen Bereich Asiens. : 2. Bezeichnung für eine kleinere → *Stadt*, deren Physiognomie und → *Funktionen* durch ein größeres Kloster entscheidend geprägt werden.

Kluft (Diaklase) *chasm, cleft, crack, fissure, joint*: Riss oder Fuge im → *Gestein*, der/die als eine Art Haarriss als feiner, lang gestreckter Hohlraum mehr oder weniger ebenflächig das Gestein durchzieht. K. treten in Mehrzahl auf und sind Leitlinien der → *Verwitterung*, weil sie → *Sickerwasser* und Temperaturwechsel leiten. Dabei werden geschlossene und offene K. unterschieden, diese z. T. auch als → *Spalten* bezeichnet. K. sind bedeutsam für die Entwicklung der → *Oberflächenformen* und die → *Bodenbildung*. K. gehören zum → *Gesteinsgefüge* und entstehen durch Erschütterungen (→ *Erdbeben*, Eisstürze, mächtige → *gravitative Massenbewegungen*), → *tektonische* Zug- und Druckbeanspruchungen bzw. beim Abkühlen des → *Magmas*. Nach Orientierung und Entstehung unterscheidet man → *Querklüfte*, → *Druckklüfte*, Lagerklüfte und → *Scherklüfte*, daneben → *tektonische Klüfte*, → *Absonderungsklüfte* und → *Druckentlastungsklüfte*.

Klüftbarkeit *tendency for jointing*: bezeichnet die Neigung eines → *Gesteins* zur Bildung von → *Klüften* bei Zug- und Druckbeanspruchung sowie Entlastung (→ *Druckentlastungskluft*). Die geomorphologische Wirksamkeit der K. besteht darin, dass die K. die Gesteinsfestigkeit vermindert und das Gestein für das Wasser durchlässiger macht, sodass Verwitterungs- und Formbildungsprozesse rascher und ungehinderter ablaufen können.

Klufteis *chasm/cleft/fissure/joint ice*: das gefrorene Wasser (→ *Eis*) in den oberflächennahen → *Klüften*, Spalten, Rissen und Poren des Gesteins. K. bewirkt wegen der Volumenzunahme gefrierenden Wassers (9–11 %) die → *Frostsprengung* des Gesteins (→ *Frostsprengungsverwitterung*, → *physikalische Verwitterung*, → *Porengrößenbereiche*).

Kluftfugenhöhle *fissure cave*: entlang von → *Klüften* durch → *Lösungsverwitterung* entstehende → *Höhle*.

Kluftgasse *fissure channel*: schmale, tief eingesenkte Hohlform, gebildet durch → *Lösungsverwitterung* im → *Kalkstein* entlang einer → *Kluft*. K. treten oft im → *Karst* auf, v. a. im Zusammenhang mit → *Kluftkarren*.

Klufthöhle *fissure cave*: die K. ist eine tektonisch angelegte Höhle, die entlang von vorgezeichneten Klüften durch → *Massenbewegungen* entsteht. Nach Abrutschen eines Gesteinspakets weiten sich bestehende → *Klüfte* und K. können sich bilden. Die Bezeichnung K. ist nicht eindeutig, weil oft synonym für korrosiv entstandene → *Kluftfugenhöhle* verwendet. Letztlich sind beide K. i. w. S., jedoch unterschiedlicher Entstehungsweise.

Klüftigkeit *jointing*: besagt, ob ein → *Gestein* im Moment der Untersuchung über viele oder wenige → *Klüfte* verfügt. Nicht zu verwechseln mit → *Klüftbarkeit*.

Kluftkarre *solution fissure*: entstehen, wenn sich die Prozesse der → *Lösungsverwitterung* an → *Klüften* im Karstgestein orientieren. K. sind meist keilförmig, d. h. an der Oberfläche breiter als in der Tiefe und können in der Breite Größenordnungen zwischen Millimeter- bis hin zum Meterbereich, in der Länge Zehnermeter und in der Tiefe mehrere Meter erreichen. Aus K. können → *Kluftgassen* entstehen.

Kluftkreuzung *joint intersection*: für → *Verwitterung* und Formbildung wichtiger Bereich mit Kreuzen von zwei oder mehreren → *Klüften*, sodass eine Schwachstelle im Gestein entsteht, an der z. B. → *Lösungsverwitterung* oder andere Prozesse der → *chemischen Verwitterung* leichter ansetzen können als an einfachen Klüften.

Kluftnetz (Kluftsystem) *joint/fracture system/network*: regelmäßiges oder unregelmäßiges Muster von → *Klüften* in → *Gestein*, wobei Verlauf und Dichte des K. für die Entwicklung der → *Landformen* wesentlich sind.

Kluftsystem *joint/fracture system/network*: → *Kluftnetz*.

Klüftung *jointing, cleaving*: allgemein das Auftreten von → *Klüften* im Gestein.
Kluftwasser *joint (fissure, crevice, crack) water*: das in → *Klüften* des Gesteins und in durch Lösung erweiterten Hohlräumen (z. B. im → *Karst*) frei bewegliche unterirdische Wasser. Die wichtigsten K. sind die Wässer der → *Höhlen* (→ *Karstwasser*).
Klus (Kluse, Klause) *chasm*: beckenartige Hohlform, die durch ein → *Quertal* geschaffen wurde, das sich zugleich mit der Faltung der Gesteinsschichten bildete, in denen die K. angelegt ist. K. haben einen schluchtartigen engen Ein- und Ausgang, während im Mittelstück – mit weicheren, geomorphologisch weniger widerständigen → *Schichten* – ein Becken ausgeräumt wurde. Die Form erklärt sich einmal aus der Aufwölbung dieses → *Faltengebirges* und der Entstehung eines → *antezedenten Tales* und zum anderen aus der Wechsellagerung von weichen Schichten in den Faltenkernen und widerständigen auf den Faltenflanken (→ *Falte*).
Kluse → *Klus*.

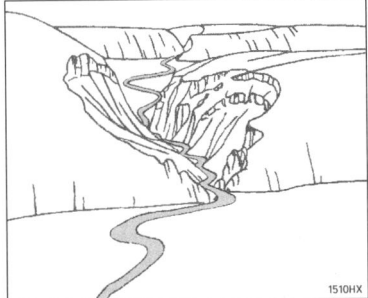

Kluse

KLV → *kombinierter Ladungsverkehr*.
KMU → *Kleine und Mittlere Unternehmen*.
knappes Gut *scarce good*: Bezeichnung für ein Gut (→ *Güter*), dessen Vorkommen begrenzt ist (→ *freies Gut*).
Knappheit *scarcity*: Verhältnis, wonach unbegrenzten → *Bedürfnissen* der → *Wirtschaftssubjekte* lediglich → *knappe Güter* gegenüberstehen. Dieses Prinzip bildet die Grundlage ökonomischen Denkens (→ *Marktwirtschaft*).
Kneippkurort *spa offering Kneipp treatment*: anerkannter → *Kurort*, der von seinen klimatischen Eigenschaften, seinen Kureinrichtungen, den → *Beherbergungsstätten* und der personellen Ausstattung her geeignet ist, Kuren nach der Kneipp-Therapie durchzuführen.
Knick *boundary hedge*: in NW-Deutschland, v. a. in Schleswig-Holstein, eine Wallhecke, die in der Flur zur Begrenzung einer → *Parzelle* eingeplanzt wurde. Dient der Eigentumsabgrenzung und dem → *Windschutz*. Der Name K. weist auf das Umknicken der Laubholztriebe hin, das die Hecke dichter machen sollte, um sie für Vieh unpassierbar zu machen. K. dienten der Einfriedung von Vieh nach der Aufgabe der → *Allmende* im 18. Jh. Heute haben die Hecken eine ökologische Funktion und bieten viele Tierarten einen Lebensraum in der Kulturlandschaft.

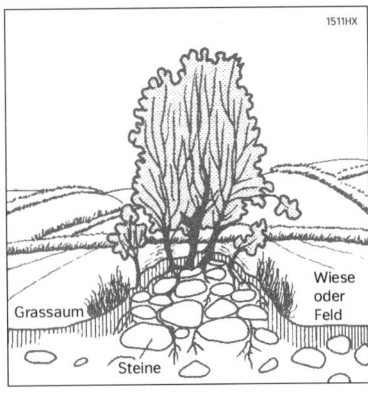

Knick

Knickfalte (Biegefalte) *buckle folding*: ist auf seitliche Einengung zurückzuführen.
Knicklandschaft *landscape of boundary hedges*: regionaler Landschaftstyp der in Westeuropa vertretenen → *Heckenlandschaft* (z. B. Nordwestfrankreich die → *Boçage-Landschaft*).
Knickmarsch *Planosol*: in der → *deutschen Bodensystematik* (→ *KA5*) ein Boden im Gezeitenbereich (→ *Marsch*) aus überwiegend carbonatfreiem Gezeitensediment. Charakteristisch ist der durch Tonmineralneubildung und → *Tonverlagerung* verdichtete Unterbodenhorizont.
Knieholz: → *Krummholz*.
Knöllchenbakterien *nodular root bacteria*: für die Stickstoffversorgung der Böden wichtige Gruppe von Mikroorganismen; leben in Wurzelsymbiose mit Hülsenfrüchtern (→ *Leguminosen*) und anderen Artengruppen. K. binden Luftstickstoff und geben ihn im Austausch gegen Kohlenhydrate an die Pflanzen ab (→ *Fruchtfolge*).
Knollenfrucht *tuber*: stärkehaltige → *Nutzpflanze* mit fleischig verdicktem, meist unterirdischem Stängelorgan. K. sind fast ausnahmslos in den → *Tropen* und → *Subtropen* beheimatet. Zu ihnen gehören die für die Ernährung von Mensch und Tier wichtigen

Pflanzen wie Kartoffel, Maniok, Batate und Yams.

Knotenpunkt *junction, centre, hub*: Ort, an dem sich Verkehrsströme kreuzen und Umsteige- bzw. Umladebeziehungen bestehen (z. B. Bahn-K.). Verkehrs-K. sind meist auch wichtige Handelszentren (→ *Umschlagplatz*) und → *Zentrale Orte*.

Knotenschiefer (Fleckschiefer) *knotenschiefer, nodular shale*: aus → *Tonschiefern* kontaktmetamorph entstanden. Der Name K. bezieht sich auf die knotenförmigen Auskristallisationen (→ *Kontaktmetamorphose*).

Köbler *cottager, smallholder*: Regionalbezeichnung für einen landwirtschaftlichen Kleinstellenbesitzer in Ostfranken (→ *Kötter*, → *Seldner*).

Kodierung (Codierung) *codification, (en)coding*: Vorgang der Umwandlung (Verschlüsselung) von Informationen in die Signalfolge einer bestimmten Sprache. Als wissenschaftliche Methode überall dort eingesetzt, wo → *Beobachtungen* oder anders erhobene Daten statistisch ausgewertet werden sollen. In der empirischen → *Sozialforschung* z. B. wird die K. sowohl bei quantitativen als auch qualitativen Daten als Technik der → *Auswertung* eingesetzt, bei der die erhobenen Informationen (z. B. Antwortvorgaben oder ein transkribierter Text) in Zahlen übertragen wird, um für eigentlich sprachlich erfasste Daten statistische Analysen durchführen zu können.

kodifiziertes Wissen → *explizites Wissen*.

Kodifizierung *codification*: Sammlung von Regeln und Normen in schriftlicher Form zur Regelung des sozialen, wirtschaftlichen, politischen usw. Miteinanders. In Wirtschaftsunternehmen wird seit einiger Zeit damit versucht, personengebundenes, → *implizites Wissen* durch computerbasierte Informationssysteme zu archivieren und zur Recherche in einem Computernetzwerk zur Verfügung zu stellen.

Ko-Evolution *co-evolution*: Prozessbegriff in der → *evolutionären Wirtschaftsgeographie* für die sich gegenseitig beeinflussende Entwicklung unterschiedlicher Systeme oder deren Komponenten. So kann das gemeinsame Aufkommen einer neuen → *Branche* mit den sie unterstützenden → *Institutionen* als K. bezeichnet werden.

Koevolution → *Coevolution*.

Kofferfalte *box fold*: Faltenform mit flacher Scheiteldecke und meist kurzen, steil abfallenden Schenkeln (→ *Falte*).

Kogge *cog*: Segelschiffstyp des 13. bis 15. Jh. mit bauchiger Form und einer Tragfähigkeit von 100–300 t, der v. a. im Nord- und Ostseeraum als Handels- und Kriegsschiff benutzt wurde.

kognitive Karte *mental map*: „geistige Landkarte", mentale Repräsentation (Vorstellung) eines geographischen Raumes oder räumlich vorstellbarer (logischer oder sonstiger) Zusammenhänge, die das räumliche Handeln (→ *Handlung*) von → *Akteuren* in starkem Maße beeinflusst. Dem Begriff liegt die Annahme zugrunde, dass Menschen Informationen aus ihrer Umgebung in ihrem Gehirn in landkartenähnliche Bilder umsetzen (wobei damit nicht gemeint ist, dass jeder ein kartenähnliches Abbild der „realen" Umgebung in sich herumträgt). Jeder Mensch verfügt über eine andere kognitive Karte eines Raumes oder eines Zusammenhanges, da jeder, aufgrund seiner individuellen Erfahrung und geistigen Verfassung, seine Umwelt anders wahrnimmt. Erforschbar werden k. K. über die Methoden der → *Wahrnehmungsgeographie*.

kohärente Wirtschaftsstruktur *balanced economic structure*: Struktur der Wirtschaft, die eine Gleichgewichtigkeit der → *Wirtschaftssektoren* aufweist.

Kohärentgefüge *structure*: eine Form des Grundgefüges im Boden. Die Bodenteilchen bilden eine zusammenhaftende, nicht gegliederte Bodenmasse. Die Partikel sind durch kolloidale Substanzen unterschiedlich stark miteinander verklebt (→ *Bodengefüge*).

Kohäsion *cohesion*: die Bindung zwischen den einzelnen Körnern eines Lockermaterials. K. hängt vor allem von dem → *Wassergehalt*, z. B. eines → *Bodens*, ab: durchfeuchteter Boden hat eine höhere K. aufgrund von Kapillarkräften, wohingegen wassergesättigter Boden durch einen positiven → *Porenwasserdruck* eine geringere K. hat. Trockener Boden ist nahezu kohäsionslos und daher sehr erosionsanfällig (→ *Wassererosion*, → *Winderosion*). Die K. spielt darüber hinaus eine wichtige Rolle bei gravitativen Massenbewegungen, da sie für diese ein Bewegungshindernis darstellt (→ *Grenzschubspannung*, → *Coulombsches Gesetz*).

Kohäsionsfonds *cohesion funds*: → *Strukturfonds*.

Kohle *coal*: Umwandlungs- und Zersetzungsprodukt organischer Substanz brauner bis schwarzer Farbe, brennbar, bei maximal 30% nichtbrennbaren Bestandteilen. K. entstand aus Sumpfwäldern, unter warm-feuchten, meist → *tropischen Klimaten* der → *Vorzeit*, v. a. im → *Karbon* und im → *Tertiär*. Umwandlungsreihe: → *Torf*, → *Braunkohle*, → *Steinkohle*, Anthrazit. Die → *Inkohlung* vollzieht sich zunächst unter Luftabschluss (biochemische Inkohlung zu Torf), dann zunehmend unter Druck infolge Überlagerung mit Sedimenten und schließlich als geochemische Inkohlung zu Steinkohle und Anthrazit, die unter starkem Auflastdruck durch Gestein oder tektonischem Druck und damit verbun-

Kohlenwasserstoffe

denem hohen Temperaturen entstehen. Während des Inkohlungsprozesses treten sukzessiv Sauerstoff- und Wasserstoffverluste ein, sodass sich der Kohlenstoff anreichert.

Kohlechemie *coal chemistry*: chemotechnische Verfahren, denen → *Kohle* als Ausgangsstoff dient (→ *Petrochemie*).

Kohlekraftwerk *coal power plant, coal power station*: thermisches Kraftwerk, das Braunoder → *Steinkohle* als → *Brennstoff* zur Stromerzeugung verwendet. Braunkohlekraftwerke befinden sich wegen des geringeren Heizwertes der Braunkohle in unmittelbarer Nähe des Abbaus. Steinkohlekraftwerke errichtet man relativ verbrauchernah. K. erweisen sich als große Luftverschmutzer, die z. B. in Deutschland bei den Emissionen von → *Schwefeldioxid* mehr als die Hälfte und bei denen von Stickoxiden mehr als ein Viertel ausmachen. Je nach → *Abgasreinigung* und nach Qualität der verbrannten Kohle sind Mengen und Arten der Schadstoffemissionen sehr verschieden. Die Großfeuerungsanlagenverordnung regelt die technischen und rechtlichen Rahmenbedingungen der → *Luftschmutzung* durch K. Sie kann vermindert werden durch → *Rauchgasentschwefelung* und Wirbelschichtverbrennung (→ *Saurer Regen*).

Kohlenbergbau *coal mining*: bergbauliche Gewinnung von → *Braun-* und → *Steinkohle*. Der K. wird sowohl im → *Tagebau* (z. B. Abbau von → *Steinkohle* in den Appalachen) als auch im → *Untertagebau* (z. B. Steinkohlebergbau im nördlichen Ruhrgebiet, → *Tiefbau*) betrieben. In Deutschland erfolgt der Abbau der → *Braunkohle* i. d. R. im → *Tagebau*, z. T. Tieftagebau. Groß angelegter K. hat entsprechende Raumwirksamkeit (→ *Umsiedlung*, → *Rekultivierung*).

Kohlendioxid (CO_2) *carbon dioxide*: geruchloses, ungiftiges Gas, das schwerer als Luft ist, frei in der → *Atmosphäre* vorkommt und bei der Zersetzung organischer Stoffe, der menschlichen und tierischen Atmung sowie bei Verbrennung von organischen Stoffen entsteht. Von den Pflanzen wird es bei der → *Photosynthese* zum Aufbau von Kohlehydraten genutzt, wobei Sauerstoff entsteht, der in die Atmosphäre abgegeben wird. Es besteht ein globales K.-Gleichgewicht, das jedoch durch den Verbrauch → *fossiler Brennstoffe* → *anthropogen* gestört ist. Daher wird auch von einem globalen Kohlendioxidproblem gesprochen (→ *Global change*, → *Klimaerwärmung*, → *Klimawandel*).

Kohlenhydrate *carbohydrates*: Sammelbezeichnung für die wichtige Nährstoffgruppe (neben Fetten und Proteinen) aus der organischen Verbindung von Kohlenstoff, Wasserstoff und Sauerstoff. Zu den K. gehören alle Zucker-, Stärke- und Zellulosearten. Diese sind z. B. in → *Grundnahrungsmitteln* wie Teigwaren und Kartoffeln enthalten.

Kohlenkalk *carboniferous limestone*: Kalksedimente des unteren → *Karbon*.

Kohlenkeuper *black bed*: → *Lettenkohle*.

Kohlenmonoxid (CO) *carbon monoxide*: farbloses, geruchloses, aber sehr giftiges Gas, das bei der Verbrennung organischer Substanzen, also auch → *fossiler Brennstoffe*, entsteht, wenn deren Verbrennung unvollständig erfolgt, also bei zu niedriger Temperatur und unter Sauerstoffmangel. K. steht in einem temperaturabhängigen Gleichgewicht mit → *Kohlendioxid*. In → *Abgasen* hängt demnach der K.-Anteil von Verbrennungs- und Abgastemperatur ab. K. ist Bestandteil von *Rauchgasen* und wesentlicher Bestandteil von Kraftfahrzeugabgasen. In mitteleuropäischen → *Industrieländern* wird K. zu ca. 60-65% vom Verkehr, ca. 20% von Haushalten und ca. 15% von der → *Industrie* emittiert. In der Luft wird K. zu Kohlendioxid umgewandelt.

Kohlensäureverwitterung (Kalklösungsverwitterung) *carbon dioxide weathering*: Weiterführung der → *Lösungsverwitterung* als Prozess der → *chemischen Verwitterung*, wobei die Kohlensäure (H_2CO_3) die unlöslichen Carbonate in die etwa zehnfach leichter löslichen Hydrogencarbonate (frühere Bezeichnung: Bicarbonate) überführt, die mit dem Wasser abtransportiert werden. Gesteinsverunreinigungen, v. a. aus der Tonfraktion, bleiben zurück (Residuum) und bilden Verwitterungslehme bzw. Verwitterungstone. Verlauf der K.: Steigt der CO_2-Gehalt der Luft, wird CO_2 an das Wasser abgegeben. Kaltes Wasser kann viel CO_2 aufnehmen, sodass unter kalten Bedingungen ebenfalls Kalklösung stattfindet. Die Bildung von H_2CO_3 sowie die Dissoziierung des H_2CO_3 und des $CaCO_3$ verlaufen relativ rasch und temperaturabhängig. Die Ca-Ionen und die HCO_3-Ionen führt das Bodenwasser weg. Läuft der Prozess umgekehrt ab, wird Kalk ausgefällt (Sinter). Für die K. ist die Beteiligung des Kohlendioxids (CO_2) unabdingbar. Das CO_2 kommt sowohl in der Luft (auch der Bodenluft), als auch in oberirdischen und unterirdischen Wässern vor. Wegen der CO_2-Produktion durch Pflanzen und Bakterien tritt es in Landschaftszonen mit üppiger Vegetation in größeren Anteilen auf, sodass die Lösungswirkungen in den feuchtheißen Tropen die Intensität der Lösungsprozesse in den Mittelbreiten übertreffen. Das erklärt auch die Unterschiede in der Formbildung des Karstes zwischen diesen Klimazonen.

Kohlenwasserstoffe *hydrocarbons*: aus Kohlenstoff und Wasserstoff bestehende chemische Verbindungen, bei denen man (i) gesättigte (Paraffine), (ii) ungesättigte (Olefine) und (iii) aromatische K. unterscheidet. Durch Austausch von Wasserstoffatomen mit Chloratomen entstehen → *chlorierte K.*. K. verwendet man als Schmier- und Lösungsmittel; sie bilden Ausgangsstoffe für Farbstoffe und werden für Heiz- und Beleuchtungszwecke sowie als Motorentreibstoffe (Benzin) eingesetzt. Die → *Toxizität* der K. steigt von den geringtoxischen Paraffinen über Olefine zu den Aromaten an. Die Brennfähigkeit der K. ermöglicht – zusammen mit Luft – die Bildung explosiver Gemische. Als → *Polyzyklische aromatische K.* (= PAK) sind sie krebserregend. Weiterhin sind die K. bei der Bildung von → *Smog* und → *Photooxidantien* beteiligt. Das → *Methan* gehört ebenfalls zu den K..

Kohlepfennig *coal levy*: die in der Bundesrepublik Deutschland gebräuchliche Bezeichnung für die Ausgleichsabgabe nach dem Dritten Verstromungsgesetz. Die Einnahmen aus dieser Ausgleichsabgabe flossen dem Ausgleichsfonds zur Sicherung des Steinkohleabsatzes zu. Aus den Geldern wurden Kraftwerksbetreibern Zuschüsse zur Verstromung deutscher → *Steinkohle* gewährt, ohne die deutsche → *Kohle* gegenüber anderen Einsatzenergien (z.B. → *Erdöl*, → *Erdgas*) oder Importkohle nicht wettbewerbsfähig gewesen wäre. Der K. wurde 1994 vom Bundesverfassungsgericht für verfassungswidrig erklärt und daher abgeschafft (→ *Subvention*).

Kohlevergasung *coal gasification*: neben Kohlehydrierung und → *Verkokung* drittes Verfahren für die Kohleumwandlung, bei dem → *Kohle* zusammen mit Wasserdampf und Sauerstoff unter hohem Druck zu Synthesegas (Wasserstoff- → *Kohlenmonoxid*-Gemisch) umgewandelt wird. In Folgeprozessen entstehen → *Kohlenwasserstoffe*, aus denen → *Methan* (auch als Ersatz von → *Erdgas*) und Methanol und höhere Kohlenwasserstoffe (Benzin) hergestellt werden.

Kohorte *cohort*: in der → *Bevölkerungsgeographie* Bezeichnung für einen Geburtsjahrgang, d.h. die Gesamtheit aller Personen, die in einem Jahr in einem Land oder einer → *Region* geboren wurden (→ *Generation*).

Kolchose *collective farm, kolkhoz*: russische Bezeichnung für sozialistische → *Kollektivwirtschaft* im Sinne eines landwirtschaftlichen Großbetriebs, der durch → *Kollektivierung* ehemals bäuerlicher Privatbetriebe in der Sowjetunion und den anderen Staaten des sog. „Ostblocks" entstanden ist. Eine K. konnte die → *landwirtschaftliche Nutzfläche* und die Betriebseinrichtungen eines oder mehrerer Dörfer umfassen, deren Bewirtschaftung in genossenschaftlicher Form auf Großblockfluren bzw. in großräumig betriebener Viehzucht erfolgte. Die K.-Bauern durften Gartenland und wenige Stücke Vieh privat nutzen. In der DDR war → *Landwirtschaftliche Produktionsgenossenschaft* (LPG) die Bezeichnung für K. Nach dem Ende des sozialistischen Systems in Ostmittel- und Osteuropa wurden die K. z.T. reprivatisiert, z.T. in andere Rechtsformen überführt. (→ *Sowchose*).

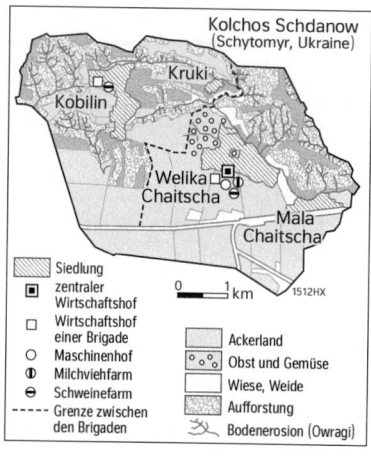

Kolchose

Kolk *pool, pot, pothole, scour*: allgemein eine rundliche topf-, kessel- oder trichterförmige → *Hohlform* kleineren Ausmaßes. Strudeltopf bzw. Strudelloch, oft in → *Festgestein*, entstanden durch → *Fluvialdynamik* (→ *Strudel*, → *Wasserwalzen*) in Flussbetten oder an Uferwänden sowie durch Schmelzwässer unter Gletschern im Felsbett (→ *Evorsion*). Auch → *Brandungserosion* führt (z.B. an → *Kliffs* der Felssteilküsten) zur Bildung von K.. Die Initialform der K. ist die → *Strudelnische*.

Kollektiv → *collective*: im Sinne der marxistischen Weltanschauung eine Gruppe, die, unter Hintanstellung individueller Bedürfnisse und Wünsche und beruhend auf einer Arbeits- und Interessengemeinschaft, gemeinsam handelt. In der Praxis der sozialistischen Länder wurden insbesondere Produktions-, Betriebs-, aber auch Sport- und Freizeitgruppen mit jeweils gleicher Zielsetzung als K. bezeichnet.

Kollektivdosis *collective dose*: Messgröße im → *Strahlenschutz* für die gesamte → *Strahlenbelastung* von „Kollektiven" (Bevölkerung eines Gebiets, Belegschaft eines Betriebs der Atomwirtschaft oder einer Einrichtung der Nuklearmedizin). Die K. dient dem Vergleich verschiedener strahlenbelasteter Gruppen oder der Wirksamkeit von Schutzmaßnahmen. Wegen der nicht ganz klaren Dosis-Wir-

kung-Beziehungen müssen K.-Berechnungen vorsichtig interpretiert werden.
kollektive Stereotype *collective stereotypes*: in einem Kollektiv (z.b. einer Gruppe oder einer Gesellschaft) herrschende Annahmen (i.S.v. Vorurteilen) über einen Sachverhalt (z.b. über die Charakteristika einer anderen → *ethnischen Gruppe*, einer → *Stadt*, einer → *Region* usw.; → *imaginative Geographien*).
kollektiver Konsum *collective consumption*: bezeichnet ein Tauschprinzip zwischen Verbrauchern, wonach nicht mehr individuelle Beschaffung und folglich Besitz von Gebrauchsgegenständen im Vordergrund steht, sondern ihr Teilen, Tauschen und Leihen zwischen Individuen (→ *share economy*, → *Solidarökonomie*).
kollektives Gedächtnis *collective memory*: Bezeichnung für die gemeinsame Gedächtnisleistung eines Kollektivs oder einer Gesellschaft (→ *Erinnerungskultur*), die gleichzeitig die Grundlage für gruppenspezifisches Verhalten bildet, da sie dem Einzelnen ermöglicht, sich Gemeinsamkeiten mit anderen vorzustellen. Das k. G. lässt sich noch in das → *kommunikative Gedächtnis* (eher Kurzzeit, alltagsnah und gruppengebunden) und das → *kulturelle Gedächtnis* (Tradition, Riten, Geschichtsbewusstsein usw.) unterteilen. Das k. G. wurde von Maurice Halbwachs in 1920er Jahren entwickelt und hat mittlerweile in mehreren Disziplinen, auch jenseits der Geschichtswissenschaft, als Analysekategorie Eingang gefunden. In der Risiko- und Katastrophenforschung spielt das k. G. eine große Rolle für die → *Risikokommunikation* und das Bewusstsein über bestimmte → *Risiken* und Gefährdungen. Speziell bei → *naturgefahreninduzierten Risiken* scheint jedoch v.a. das kollektive Vergessen eine Rolle zu spielen.
Kollektivgut → *Gemeingut*.
Kollektivierung (Vergesellschaftung) *collectivization*: Vergesellschaftung, Überführung von Privat- in Gemeinschaftseigentum, insb. bzgl. landwirtschaftlicher und gewerblicher bzw. industrieller → *Produktionsmittel*. V.a. die weitgehende Überführung der Landwirtschaft, aber auch von Industrie und Handwerk in den meisten ehemals kommunistischen Staaten von einzelbewirtschaftetem Privateigentum in landwirtschaftliche Produktionsgenossenschaften (→ *Kolchose*) bzw. Gemeinschaftseigentum (→ *Volkseigener Betrieb*) wird als K. bezeichnet.
Kollektivismus *collectivism*: Theorie der Wirtschafts- und Gesellschaftslehre, die den unbedingten Vorrang der Gemeinschafts- vor den Individualinteressen vertritt. Freiheitsräume des Einzelnen in Wirtschaft und Gesellschaft sind demnach nur in Ausnahmefällen zu gestatten, da das Individuum nur ein unselbstständiger Teil der „Volksmasse" sei. Vorstellungen des K. fanden insb. Eingang in die Wirtschafts- und Gesellschaftsordnung der kommunistischen Staaten und wirkten sich dort sehr stark raumprägend aus, z.B. im Modell der → *sozialistischen Stadt* oder in der → *Agrarlandschaft*.
Kollektivwirtschaft *collective economy*: Wirtschaftssystem, das auf → *Kollektivismus* basiert und dem daher im Wesentlichen → *Gemeineigentum* an den → *Produktionsmitteln* zugrunde liegt. In den ehemals sozialistischen Staaten waren alle → *Wirtschaftssektoren* weitgehend als K. organisiert; individuelles Unternehmertum war nur in Ausnahmefällen gestattet.
Kollisionseffekt *crowding effect*: gegenseitige Beunruhigung und Störung infolge zu hoher Individuendichte, wodurch z.B. → *Übervölkerung* und → *Massenvermehrung* auf natürliche Weise reguliert werden.
Kolloide *colloids*: fein verteilte Stoffe geringster Teilchengrößen (zwischen 1/1 000 und 1/1 000 000 mm Ø). Eingeteilt werden die K. – nach dem Aggregatzustand (fest, flüssig, gasförmig), – ihrer jeweils dispersen Phase und deren – Auftreten in einem K.-System (Nebel, Rauch, Schaum, Emulsion). Die praktische Bedeutung reicht von der Chemie über die Medizin bis zur Bodenkunde.
Kolluvialböden *colluvial soils*: Böden, die in durch → *Abspülung* verlagertem und an → *Unterhängen*, in kleinen Mulden und in → *Tiefenlinien* abgelagertem Verwitterungsmaterial entstehen. In typischer Ausprägung sind K. tiefgründig, feinmaterial-, humus- und nährstoffreich. Sie sind vielfach geschichtet. Bei aktiver Sedimentation wird die Bodenentwicklung immer wieder unterbrochen.
Kolluvisol *Anthrosol*: in der → *deutschen Bodensystematik* (→ *KA5*) Böden aus verlagertem humosem Bodenmaterial (in der Regel Oberbodenmaterial). Das Bodenmaterial kann entweder durch Wasser bspw. von Hängen abgespült und anschließend am Hangfuß oder in Senken wieder akkumuliert werden. Auch anthropogene Bearbeitungsmaßnahmen und Umlagerungen können zur Bildung eines K. führen.
Kolluvium *colluvium*: Sedimentablagerung aus den Prozessen der → *Bodenerosion*. → *Boden*, der beispielsweise von ackerbaulich genutzten Hangflächen abgespült wird, wird auf den → *Unterhängen* oder in den → *Talauen* als K. abgelagert.
Kolmation *colmatage, colmation, filling up*: die Selbstabdichtung des → *Bettes* eines Gewässers durch Verschlammung, Mikroorganismen und Ausfüllungen des Porenraums bestimmter → *Feinsedimente*. K. verringert die → *Uferfiltration*.

Kolonialismus *colonialism*: Beziehung der Dominanz und Modus der Unterwerfung und Ausbeutung, im Regelfall zwischen einer indigenen Mehrheit und kolonisierenden Minderheit. K. ist v. a. in Bezug auf die Aneignung, Beherrschung und Ausbeutung überseeischer Gebiete und weiter Teile Südamerikas, Asiens und Afrikas durch europäische Staaten seit der frühen Neuzeit bis zur Mitte des 20. Jhd von Bedeutung. Der K. diente vielfältigen wirtschaftlichen, militärischen und politischen Zwecken und ist basiert auf den Motiven des Imperialismus. Auch nach der weitgehenden De- bzw. Entkolonialisierung und dem Ende der Kolonialzeit wirken koloniale Muster, Strukturen und Machtverhältnisse auch in unterschiedlicher Art und Weise fort (Postkolonialismus, Neokolonialismus).

Kolonialmacht *colonial power*: Akteur bzw. → *Staat*, der außerhalb seines ursprünglichen → *Hoheitsgebietes* → *Kolonien* besitzt und verwaltet. Bis zur Mitte des 20. Jh. waren Großbritannien, Frankreich, Spanien und Portugal die größten K.

Kolonialstadt *colonial town*: von der → *Kolonialmacht* in einer → *Kolonie* gegründete → *Stadt*. Als K. werden insbesondere die von den europäischen Kolonialmächten in den überseeischen Kolonien errichteten Wohn- und Verwaltungsstädte bezeichnet, die sich in Hausformen, Grund- und Aufriss und Funktionen stark von den einheimischen Siedlungen unterscheiden und durch welche europäische Form- und Strukturelemente nach Übersee verpflanzt wurden. Die heutigen → *Hauptstädte* der aus den ehemaligen Kolonien hervorgegangenen selbstständigen Staaten sind meist K..

Kolonie *colony*: 1. Auswärtige, meist überseeische Besitzung eines → *Staates*, über die die → *Kolonialmacht* (→ *Mutterland*) die → *Gebietshoheit* besitzt bzw. die sie völkerrechtlich vertritt. K. können durch Eroberung, Kauf, Pacht oder durch Landnahme in vorher unbesiedelten Gebieten erworben und nach ihrem primären Zweck in → *Siedlungs-K.*, → *Wirtschafts-K.*, → *Militär-K.* und → *Straf-K.* differenziert werden; häufig sind mehrere Zwecke miteinander verbunden. Vom 16. bis zur Mitte des 20. Jh. war ein großer Teil der außereuropäischen Erdteile in K. der europäischen Mächte aufgeteilt. 2. Außerhalb des → *Heimatlandes* gelegene Niederlassung einer Gruppe von Menschen gleicher Nationalität, die Volkstum und Muttersprache bewahren und häufig nach gewisser Zeit wieder in ihre Heimat zurückkehren. Insbesondere in → *Weltstädten* gibt es zahlenmäßig starke auswärtige K. 3. Neusiedlung, meist auf landwirtschaftlicher Basis, die im Zuge der → *Binnenkolonisation* angelegt wurde, z. B. → *Moorhufendorf*, die bei der neuzeitlichen Urbarmachung von → *Mooren* in Norddeutschland gegründet wurden.

Kolonisation *colonisation*: planvoller Vorgang der Erschließung und Nutzbarmachung eines Raumes für Siedlungs- und Wirtschaftszwecke. K. wird meist durch den → *Staat* betrieben oder zumindest gefördert (→ *Binnenkolonisation*).

Kombinat *combine, collective combine*: in den ehemals kommunistischen Ländern der organisatorische Zusammenschluss von Produktionsstätten verschiedener Produktionsstufen zum Zwecke der rationellen Erzeugung von Industriegütern (→ *Kollektivierung*). Beispiele für K. sind Eisenhütten-K. oder Textil-K..

kombinierter Ladungsverkehr (KLV, kombinierter Verkehr) *combined goods transport*: Bezeichnung für einen Gütertransport, bei dem mindestens zwei verschiedene → *Verkehrsträger* beteiligt sind, aber der Transportbehälter, z. B. ein → *Container*, der gleiche bleibt. Am häufigsten ist im k. L. die Kombination von Bahn oder Schiff im Fernverkehr, verbunden mit Lastkraftwagen zum Zu- und Abtransport zu einem → *Umschlagbahnhof* bzw. -hafen.

kombinierter Verkehr → *kombinierter Ladungsverkehr*.

Kombischiff *combined ship*: Seeschiff, das sowohl der Güter- als auch der Personenbeförderung dient. K. verkehren i. d. R. nach festem Fahrplan; die Güterbeförderung steht bei der Einsatzplanung im Vordergrund.

Komitativwirkung des Waldes *welfare effects of the forest*: → *Wohlfahrtswirkung* des Waldes.

Kommassierung *land consolidation*: in Österreich übliche Bezeichnung für die Zusammenlegung von Grundstücken, insbesondere im Zuge der → *Flurbereinigung*.

kommunale Abfallbeseitigung *municipal waste disposal, municipal garbage disposal, municipal refuse disposal*: die → *Abfallbeseitigung* ist überwiegend kommunale Sache. In Deutschland wurde die durch die Abfallbeseitigungsgesetze des Bundes und der Länder rechtlich den Kreisen oder vergleichbaren Verwaltungseinheiten zugeschrieben. Überwiegend fällt → *Hausmüll* an, der immer noch meist gemischt gesammelt wird. Kommunal organisiert sind auch Sammlungen von → *Sondermüll*, z. B. Metall-, Papier- und → *Sperrmüll*.

kommunale Selbstverwaltung *municipal self-government*: in Deutschland wichtiges, vom Grundgesetz garantiertes Prinzip der öffentlichen Verwaltung. Es besagt, dass → *Gemeinden* und → *Gemeindeverbände* in ihrem Zuständigkeitsbereich bezüglich ihrer eigenen Aufgaben ohne staatliche Bevormundung in eigener Verantwortung entscheiden und handeln können.

kommunaler Umweltschutz *municipal environmental protection*: wegen der Vor-Ort-Wirkung von Planungs- und Umweltschutzmaßnahmen kommt dem k. U. zunehmend Bedeutung zu, obwohl er nicht immer institutionalisiert ist. Durch Umweltämter oder Umweltbeauftragte werden jedoch zunehmend Umweltaufgaben aus → *Fachplanungen* herausgezogen. Bereits → *Bauleitplanung* kann man als Instrument des k. U. handhaben.

Kommunalmarketing (Stadtmarketing) *communal marketing*: zielgerichteter Ansatz einer marktorientierten, also an den Bedürfnissen der verschiedenen → *Stakeholder* ausgerichteten, Führung sowie zielgruppenspezifischen und kooperativen Gestaltung von Beziehungen einer → *Gemeinde*. Ziel des K. ist die erfolgreiche Vermarktung (u. a. Entwicklung, Positionierung und Präsentation) einer → *Kommune* zur Förderung ihrer Entwicklung. Bedeutungszuwachs erhält das K. durch den international zunehmenden Wettbewerb um verschiedene Zielgruppen, wie z. B. Touristen oder Unternehmen (→ *Standortmarketing*, → *Regionalmarketing*).

Kommunalreform *municipal reform*: zusammenfassende Bezeichnung für die verschiedenen Maßnahmen zur → *Verwaltungsreform* auf der Ebene der → *Gemeinden*. Hierzu gehört insbesondere die → *Gemeindegebietsreform*, aber auch die → *Funktionalreform* auf kommunaler Ebene.

Kommunalverband *municipal association*: mit Selbstverwaltungsrecht ausgestattete → *Gebietskörperschaft*, in die der Kommunen (→ *Gemeinden*) ihres Gebiets zusammengeschlossen sind. K. sind z. B. → *Ämter*, → *Verwaltungsgemeinschaften*, → *Samtgemeinden* und → *Landkreise*, teilweise werden auch die gemeindlichen → *Zweckverbände* zu den K. gezählt.

Kommune *community, commune*: 1. Zusammenschluss von Personen – manchmal Kommunarden genannt – zu einer meist ideologisch oder religiös begründeten Lebens-, Wohn- und/oder Arbeitsgemeinschaft. Bekannteste K. waren die chinesischen Volks-K. Auch → *Klöster* stellen K. dar. 2. historische, teilweise noch heute gebräuchte Bezeichnung für → *Gemeinde* im Sinn einer kommunalen → *Gebietskörperschaft*. Der Ausdruck K. ist v. a. in Zusammensetzungen in der Form Kommunal- häufig.

Kommunikation *communication*: Übermittlung von → *Informationen* im weitesten Sinn zwischen → *Individuen* oder → *Gruppen* z. B. zum Zwecke der Belehrung, Unterhaltung, Meinungsbildung, sozialen Orientierung usw. Der K. dienen als → *Medien* gesprochenes Wort, Schrift sowie Bild und graphische/kartographische Darstellungen (→ *face-to-face-K.*, → *Informations- und Kommunikationstechniken*, → *Kommunikationswissenschaft*, → *Massenkommunikation*, → *vermittelte K.*).

Kommunikationswissenschaft *communication science*: interdisziplinäre Forschungsdisziplin in den Sozialwissenschaften, die sich mit der → *Kommunikation* in menschlichen → *Gesellschaften*, aber auch mittels technischer Systeme befasst. Forschungsfragen der K. sind z. B. der Kommunikationsprozess mit seinen Elementen, politische, wirtschaftliche, geographische und rechtliche Rahmenbedingungen und Auswirkungen verschiedener Formen der Kommunikation, Einsatz und Wirkung der Medien, gegenwärtige und künftige Kommunikationstechniken.

kommunikatives Gedächtnis *communicative memory*: nach Aleida und Jan Assmann jener Teil des → *kollektiven Gedächtnisses*, der auf die mündliche Überlieferung von persönlichen Erfahrungen angewiesen ist. Das k. G. ist damit alltagsnah und beschränkt auf eine bestimmte Gruppe. Es überdauert i. d. R. nur maximal drei Generationen (→ *kulturelles Gedächtnis*).

Kommunitarismus *communitarism*: ein Ansatz der politischen Philosophie über die Verantwortung des → *Individuums* gegenüber seiner Umwelt mit einer starken Betonung der Rolle von Familie und sozialer Einbettung. Nur in eine → *Gemeinschaft* eingebetteter (und damit sprachlich, ethnisch, kulturell, religiös sozial eingebundener) Mensch ist in der Lage, sozial gerecht und vernünftig zu verhalten. Der K. spiele v. a. in der anglo-amerikanischen Debatte um Gerechtigkeit eine bedeutende Rolle und nimmt hier eine Gegenposition zum → *Liberalismus* ein.

kompakte Stadt *compact city*: ist die „Stadt der kurzen Wege", dicht besiedelt, nachhaltig und durchgrünt. Sie rekultiviert ihre Brachflächen, macht Innenstadt-Wohnen attraktiv und weist neue → *Gewerbegebiete* flächenschonend aus. Die k. S. entwickelt eine stadtverträgliche → *Mobilität* (z. B. Car-Sharing) und setzt auf den öffentlichen Nahverkehr. Sie besteht aus ökologischen Modell-Stadtteilen und autofreien → *Quartieren*.

Kompaktlager *compact storage basin*: in → *Kernkraftwerken* die Einrichtung von → *Nasslagern* bestrahlter → *Brennelemente* im Reaktorgebäude, dabei dichtere Lagerung in den Nasslagerbecken gegenüber der weniger dichten Normallagerung. Es sind jedoch Zusatzmaßnahmen erforderlich, um die Kritikalitätssicherheit zu wahren (→ *Kritikalitätsstörfall*).

komparative Kosten *comparative costs*: Bezeichnung für das Verhältnis der Produktionskosten von → *Gütern* an verschiedenen → *Standorten*. Die Theorie der k. K. erklärt, welche Nationen mit welchen Gütern vorteilhaft internationalen Handel betreiben sollen (→ *Außenhandelstheorie*). Im Rahmen der → *internationalen Arbeitsteilung* kommt es so zu einer ländertypspezifischen Spezialisierung der → *Güterproduktion*.

komparativer Vorteil *comparative advantage*: relativer Kostenvorteil von Region zu Region aufgrund unterschiedlicher Ausstattung mit Produktionsfaktoren (→ *komparative Kosten*). Diese spezifische Ausstattung bestimmt, auf welche Güter sich eine Region spezialisiert. Kapitalreiche Regionen produzieren überwiegend → *kapitalintensive* → *Güter* z. B. Maschinen für den Export und importieren im Gegenzug → *arbeitsintensive* Güter z. B. Textilien (→ *internationale Arbeitsteilung,* → *neue internationale Arbeitsteilung*).

Kompartiment *compartment*: 1. allgemein ein „Inhaltsraum", eine Abteilung, die durch Inhalt und dessen Struktur definiert ist. 2. in der → *Systemtheorie* ein Bestandteil eines → *Systems* im Sinne des → *Systemelementes*. Ein K. kann in diesem Sinne ein imaginärer oder realer Bereich sein. 3. in Ökologie und Landschaftsökologie eine für Forschungszwecke ausgegrenzte Teilfunktionseinheit des Ökosystems, die für sich allein oder im Zusammenhang mit anderen K. untersucht wird. Die Kompartimentierung erfolgt aus forschungspraktischen oder methodologischen Gründen. 4. in Biologie und Physiologie im Sinne von (1) angewandt auf verschiedenste Gegenstände (z. B. Zellstruktur). Dafür werden K.-Modelle aufgestellt. 5. im engeren Sinne in der Biologie und Ökologie durch strukturelle Barrieren abgegrenzte Reaktionsräume in der Zelle oder in Organismen. 6. bei der Beschreibung von Ökosystemen versteht man unter K. – Struktureinheiten, – Reaktionsräume oder – Pools der Ökosystemmodelle.

Kompasspflanzen (Meridianpflanzen) *compass plants*: Pflanzenarten, die auf starke Sonneneinstrahlung reagieren, indem sich die Laubblätter vertikal aufrichten und in Nord-Süd-Richtung drehen und so die Sonnenstrahlen auf ihre Schmalseite treffen. Dadurch werden zu hohe Blatttemperaturen und Wasserverluste durch → *Transpiration* während des mittäglichen Sonnenhöchststandes vermieden. Weil die Blattbewegungen durch Licht- und Wärmeeinflüsse gesteuert werden, spricht man von → *Phototropismus* bzw. → *Thermotropismus*. Eine bekannte K. ist der Stachel- oder Kompasslattich (*Latuca serriola*).

Kompensationstiefe *compensation low*: die Wassertiefe im → *Meer*, unterhalb derer Kalk ($CaCO_3$) infolge höherer Drucke und geringerer Konzentrationen in Lösung verbleibt. Unterhalb der K. findet deshalb keine Kalksedimentation statt. Die K. liegt regional unterschiedlich zwischen 3000 und 5000 m Wassertiefe.

Kompetenzzentrum *centre of technological competence*: ein auf einen Technologiebereich ausgerichtetes regional hervortretendes → *Netzwerk* von Unternehmen, Universitäten, Forschungseinrichtungen etc.. K. gelten aufgrund ihrer Spitzenleistungen im internationalen Vergleich als Motor einer dynamischen wirtschaftlichen Entwicklung. Resultat ist i. d. R. eine überdurchschnittlich hohe Anzahl von Unternehmensneugründungen.

Komplementärgut *complementary good*: Gut (→ *Güter*), dessen Verwendung zwangsläufig oder gewöhnlich die Verwendung eines anderen Gutes bedingt (Bsp. Kugelschreiber und Kugelschreiberminen).

Komplementarität *complementarity*: ursprünglich von Niels Bohr in der Quantenphysik eingeführter Begriff, der dann auf andere Bereiche übertragen wurde. Allg. heißt K. daher ein grundsätzliches sowohl-als-auch. Konkreter bezeichnet K. in den → *Erkenntnistheorien* zwei Beschreibungsweisen, die sich (zumindest scheinbar) widersprechen, einander ausschließen und nicht aufeinander reduzierbar sind (→ *Inkommensurabilität*), die aber in ihrer wechselseitigen Ergänzung zum Verständnis eines Sachverhaltes notwendig sind. Bei zunehmender → *Komplexität* der Phänomene auch für Geographie von zunehmender Relevanz.

Komplex *complex, coordination compound*: für „Gesamtheit" in Geo-, Bio- und Umweltwissenschaften vielfältig eingesetzter Begriff. 1. K. steht für Raum- or Körperstrukturen, die als funktionale Einheiten oder Ganzheiten auftreten. 2. der Begriff K. dient auch der Kennzeichnung von chemischen Verbindungen.

Komplexanalyse (Partialkomplexanalyse) *complex analysis*: im Geoökologischen Arbeitsgang der → *Geoökologie* eine Methodik zur Analyse geoökologisch-geographischer → *Komplexe*. Sie geht von den → *Partialkomplexen* aus, deren Erscheinung und Funktion bereits vom gesamten → *Geoökosystem* abhängen, sodass sich dies auch in den Messgrößen der Parameter der Partialkomplexe ausdrückt. Die K. geht von den → *Landschaftsökologischen Hauptmerkmalen* wie → *Vegetation*, → *Bodenform* und → *Bodenwasserhaushalt* aus. Die K. wird gelegentlich auch als → *Differentialanalyse* bezeichnet.

komplexe Massenbewegung *complex mass movement*: → *gravitative Massenbewegung*, bei der die Bewegung nicht einer der Typen

- → *Fließen*, → *Gleiten*, → *Kippen*, → *Stürzen*
- zuzuordnen ist, sondern aus einer Kombination verschiedener Prozesse besteht, z. B. Fließen und Gleiten bei → *Hangmuren*.

Komplexe Standortanalyse → *KSA*.

komplexes System *complex system*: ein System, dass komplexe Eigenschaften aufweist, wie das gleichzeitige Vorhandensein → *hierarchischer* und → *heterarchischer* Strukturen, → *Nichtlinearität*, → *Emergenz*, → *Selbstorganisation* oder → *Selbstreferenz*, → *seltsame Attraktoren*.

Komplexität *complexity*: kein eindeutig definierter Begriff, wird je nach Autor und Zusammenhang unterschiedlich verstanden. Die Definitionen von K. reichen von „komplizierter als kompliziert", über das Gegenteil von Einfachheit, Überschaubarkeit und Determiniertheit bis zu dem Verständnis von K. in → *komplexen Systemen* und den → *Komplexitätstheorien*.

Komplexitätsreduzierung → *Prinzip der Komplexitätsreduzierung*.

Komplexitätstheorie → *Theorie komplexer Systeme*.

Kompost *compost, mulch*: hochwertiger Humusdünger, der durch Verrotten verschiedenartiger, überwiegend pflanzlicher und tierischer Wirtschaftsabfälle (Laub, Stroh, Küchenabfälle etc.) unter Zusatz von Kalk, Torf oder Erde entsteht. Vor der Technisierung der Landwirtschaft spielte der K. für die → *Düngung* eine sehr große Rolle. Mit dem Aufkommen des alternativen → *Landbaus* gewinnt er für Düngung und Bodenverbesserung wieder vermehrt an Bedeutung (→ *Humus*, → *organischer Dünger*, → *organische Substanz*).

Kompostierung *composting*: Gewinnung von Humusdünger aus organischen Abfällen. Dabei werden die tierischen und pflanzlichen Abfälle mit Boden und Kalk durchmischt und aufgeschichtet. Gute Durchlüftung, ausreichende Feuchtigkeit und ein mehrmaliges Umsetzen begünstigen die Abbauarbeit der Bakterien. Der in den Kulturboden eingebrachte fertige → *Kompost* fördert die → *Bodengare* (→ *Humus*, → *organischer Dünger*, → *organische Substanz*).

Kompostierungsanlage *composting plant*: technische Vorrichtung zur rationellen Umwandlung → *organischen Materials* in → *Kompost*. K. gibt es z. B. in den größeren → *Kläranlagen*, wo der z. dort anfallende → *Klärschlamm* zur Verrottung abgesetzt wird.

Kondensation *condensation*: der Übergang des → *Wasserdampfes* vom gasförmigen in den flüssigen Zustand, wobei sich in der → *Atmosphäre* → *Wolken* bilden. Die Wasserdampfkapazität der Luft ist temperaturabhängig und steigt mit zunehmender → *Temperatur* exponentiell (→ *relative Luftfeuchtigkeit*). K. tritt also bei Abkühlung ein, wenn die Grenze der Wasserdampfkapazität erreicht wird, also der → *Taupunkt*, d. h. bei 100% relative Luftfeuchte. Luft kühlt sich beim Aufsteigen infolge Ausdehnung (→ *adiabatische Zustandsänderung*), beim Zusammentreffen warmer und kalter Luftmassen, oder am Boden (→ *Kondensationswärme*) durch hohe Wärmeverluste bei der → *Ausstrahlung* ab.

Kondensationshöhe (Kondensationsniveau) *condensation: level*: die jeweilige atmosphärische Höhe, in der der → *Wasserdampf* aufsteigender und sich deshalb abkühlender → *Luftmassen* den gerade gegebenen Bedingungen zu kondensieren beginnt (→ *Kondensation*).

Kondensationskerne (Keime) *nucleus of condensation*: feinste atmosphärische Partikel (→ *Staub*, → *Ruß*, Salzkristalle), an denen sich der kondensierende → *Wasserdampf* anlagert und zu Tröpfchen wächst. K. begünstigen und beschleunigen in der Nähe des → *Taupunktes* die Tröpfchenbildung in der → *Atmosphäre* stark (→ *Aerosole*).

Kondensationsniveau → *Kondensationshöhe*.

Kondensationspunkt *condensation level*: die Temperatur einer → *Luftmasse*, bei welcher der in der Luft enthaltene → *Wasserdampf* zu kondensieren beginnt (→ *Kondensation*, → *Taupunkt*).

Kondensationswärme *heat of condensation*: jene Energiemenge, die beim Übergang des → *Wasserdampfes* vom gasförmigen in den flüssigen Zustand frei wird. Sie beträgt 2253 Joule pro g Wasser. Dieselbe Energiemenge wird für die Verdampfung verbraucht. Die K. ist im Wärmehaushalt kondensierender → *Luftmassen* wichtig, da sie die weitere Abkühlung stark verlangsamt (→ *Kondensation*).

Konditionierung *conditioning*: 1. in der Verhaltensforschung jenes Reaktionsverhalten, das durch bestimmte Reize ausgelöst wird, wobei K. bis zum Lernprozess reichen kann. 2. in → *Kernanlagen* der → *Atomwirtschaft* die Behandlung und Verpackung von → *radioaktivem Abfall* (→ *Abfall*, → *radioaktiv*) vor der → *Zwischenlagerung* oder der → *Endlagerung*, um Transport- und Handhabbarkeitsprobleme zu lösen. Ziel der K. ist die Verminderung des Volumens und der → *Strahlenschutz*. 3. → *Milieubeeinflussung*.

Kondominium *condominium*: 1. gemeinsame Ausübung der → *Gebietshoheit* über ein → *Territorium* durch zwei oder mehr → *Staaten*. K. ist auch die Bezeichnung für ein Territorium, das von mehreren Staaten gemeinsam regiert wird. Beispiele waren das britisch-ägyptische K. über den Sudan (1899–1953) sowie das britisch-französische K. über die Neuen Hebriden (bis 1980, jetzt Vanuatu). 2. gelegentlich gebrauchte Bezeichnung für eine größere Anlage von → *Eigentumswohnungen* mit Nebenanlagen in Gemeinschaftseigentum, insbesondere auch in Form von Ferienhäusern und -wohnungen in einer geschlossenen Anlage.

Kondratieff-Zyklen *Kondratieff cycles*: nach N. D. Kondratieff benannte zyklische Abstände, die zwischen dem Auftreten von → *Basisinnovationen* liegen, die maßgeblich die Wirtschaft verändern und auch Einfluss auf die → *Konjunktur* haben. Seit der Entwicklung der Dampfmaschine, die die → *Industrielle Revolution* eingeleitet hat, gab es vier weitere Basisinnovationen (Eisenbahn, Elektrotechnik, Petrochchemie, Informationstechnologie). Aktuell wird diskutiert, dass wir an der Schwelle zum nächsten K.-Z. stehen, wobei noch unklar ist, worin der Schwerpunkt liegen wird (z. B. Gesundheit, Gentechnik, Quantentechnik). Eng verwandt mit der → *Theorie der langen Wellen* von J. Schumpeter.

Konferenz der Vereinten Nationen über Umwelt und Entwicklung (UNCED, Erdgipfel, Rio-Konferenz) *United Nations Conference on Environment and Development*: fand vom 3. bis 14. Juni 1992 in Rio de Janeiro statt und war seit der Konferenz der Vereinten Nationen über die Umwelt des Menschen in Stockholm (1972) die erste größere internationale Konferenz, die Umweltfragen in einem globalen Rahmen diskutierte. Sie gilt als Meilenstein für die Integration von Bestrebungen im Umweltschutz und der Entwicklung; die Rio-Erklärung über Umwelt und Entwicklung wird vielfach als wesentlicher Impuls für die Debatte um → *Nachhaltigkeit* gesehen. Weitere Ergebnisse sind die → *Agenda 21*, die → *Klimarahmenkonvention* sowie die → *Biodiversitätskonvention*.

Konfliktrohstoff *conflict resource, conflict commodity*: Bezeichnung für natürliche Ressourcen wie z. B. Mineralien und seltene Metalle, die in Konfliktregionen abgebaut und gefördert werden und deren Erlöse aus dem Handel durch beteiligte Akteure zur Finanzierung und Aufrechterhaltung des Konflikts genutzt werden. K. sind v. a. im Kontext von Gewaltökonomien von Bedeutung.

Konfluenz *confluence*: – in der → *Meteorologie* das Zusammenströmen von → *Luftmassen*. – das Zusammenfließen von Eisströmen, die aus mindestens zwei verschiedenen Richtungen kommen und einen großen Gletscher bilden. Klassisches Beispiel ist der Große Aletschgletscher, der am sogenannten „Konkordia-Platz" drei → *Nebengletscher* vereinigt (Konfluenzstufe).

Konfluenzstadt *confluence town*: → *Stadt*, die sich am Ort des Zusammentreffens zweier Flüsse (Flussmündungslage) oder auch wichtiger Verkehrswege entwickelt hat. Es handelt sich um die Bezeichnung eines Lagetyps, die v. a. bei siedlungsgenetischen oder verkehrsgeographischen → *Gemeindetypisierungen* verwendet wird.

Konfluenzstufe *confluence step*: Geländestufe, die manchmal dort auftritt, wo zwei Gletscher zusammengeflossen sind (→ *Konfluenz*), wobei stromabwärts oft übertieft und erweiterte Becken entstehen, die Konfluenzbecken. Eine plausible Erklärung für die K. wurde noch nicht gegeben, weil es auch Konfluenzen gibt, wo Stufen fehlen.

Konföderation *confederation*: → *Staatenbund*. Im Gegensatz zum → *Bundesstaat* ist die K. eine Verbindung mehrerer → *Staaten*, die in Teilbereichen – insbesondere in der Innenpolitik – ihre → *Souveränität* behalten.

Konglomerat *conglomerate*: grobklastisches → *Sedimentit*, das aus abgerundeten Gesteinströmmern, also überwiegend *fluvial* geformten → *Geröllen* besteht, die durch Bindemittel aus Ton, Kalk, Kieselsäure oder Eisen zu einem neuen Gestein verkittet bzw. durch → *Diagenese* verfestigt wurden.

Kongresstourismus *congress tourism, convention tourism*: → *Tourismus*, der auf dem Besuch von geschäftlichen, wissenschaftlichen oder politischen Tagungen und Kongressen beruht. Ziele des K. sind v. a. → *Großstädte* (→ *Städtetourismus*), daneben → *Tourismusgemeinden* mit Tagungsstätten und Kongresszentren. Eine wirtschaftliche Bedeutung des K. liegt für viele Orte in der Auslastung der Tourismusinfrastruktur außerhalb der Saison sowie in vor- und nachgeschalteten Erholungsaufenthalten der Kongressteilnehmer.

Koniferen → *Nadelhölzer*.

Königspfalz *royal palace*: (Wohn-)Stützpunkt für den reisenden König (seltener für einen Bischof als Territorialherrn) im Früh- und Hochmittelalter, bestehend v. a. aus einem großen Gutshof, der Verpflegung und Unterkunft für den König und sein zahlreiches Gefolge (oft hunderte von Personen sowie zahlreiche Gäste und ihre Pferde) bot. Der mittelalterliche König des Heiligen Römischen Reichs regierte nicht allein von einer → *Hauptstadt* aus, sondern musste möglichst auch „vor Ort" sein und den persönlichen Kontakt zu seinen Vasallen halten (so genanntes Reisekönigtum). K. entstanden zumeist im Abstand einer damaligen Tagesreise zu Pferde (ca. 30 km). Die K. wurden je nach deren Ausrichtung im Laufe des Jahres besucht. Besonders wichtig waren die Winterpfalzen und die Festtagspfalzen, wobei das Osterfest das wichtigste Fest darstellte. Größere K. lagen oft in → *Städten* mit → *Reichsfreiheit*, teilw. aber bei Bischofssitzen oder → *Klöstern*.

Konjunktur *trade cycle, economic situation*: die wechselnden Aufwärts- und Abwärtsbewegungen wirtschaftlicher Aktivität in Wirtschaftssystemen auf nationaler und supranationaler Ebene (wirtschaftliche Wechsellagen) während eines meist längeren Zeitraums. Die Messung der K. erfolgt über die → *volkswirtschaftliche Gesamtrechnung*. Die Aufwärtsbewegung wird als → *Aufschwung* (Hausse) oder auch im täglichen Sprachgebrauch als K. bezeichnet, welche im → *Boom* gipfelt. Das Nachlassen der Wirtschaftsaktivität nennt man Baisse oder → *Rezession* (Abschwung) und das Konjunkturtief → *Depression*. → *Stagnation* zeigt den Stillstand der wirtschaftlichen → *Entwicklung* an. (→ Stagflation).

Konkordanz *concordance*: ungestörte, parallele Lagerung von Gesteinsschichten, die zeitlich aufeinanderfolgend abgelagert wurden. Das heißt, konkordant lagernde Gesteine, mit gleichem → *Streichen* und → *Fallen*, können auch geneigte Schichtflächen aufweisen. Gegensatz zur K.: → *Diskordanz*.

Konkretion *concretion*: 1. unregelmäßig geformte Mineralmasse innerhalb eines im Übrigen anders zusammengesetzten Gesteins, die aus einer zirkulierenden Lösung ausgefallen ist, sich um einen Kristallisationspunkt ballt und nach außen weiterwächst. 2. körnchen- bis nussgroße Anreicherung aus Eisen- und Manganoxiden oder Carbonaten, die aus der → *Bodenlösung* ausfallen und in manchen Bodenhorizonten vorkommen. Eisen- und Mangan-K. bilden sich bei Luftzutritt in → *Gleyen*. Kalk-K. finden sich am häufigsten in Böden aus → *Löss*, wo sie in Einzelfällen bis Kopfgröße erreichen (→ *Lösskindel*).

Konkubinat *cohabitation*: schweiz. Bezeichnung für → *eheähnliche Gemeinschaft*.

Konkurrenz *competition*: Wettbewerb zwischen in ihren Lebensansprüchen ganz oder teilweise übereinstimmenden Organismen um lebenswichtige Ressourcen. Sind diese begrenzt, kann die Existenz der konkurrierenden Organismen gefährdet sein. K. ist für das Einzelindividuum manchmal nachteilig, für das Selektionsgeschehen und die → *Evolution* jedoch förderlich. Unterschieden werden intraspezifische K. (innerhalb einer Art) und interspezifische K. (zwischen verschiedenen Arten; → *ökologische Nische*).

Konkurrenzmarkt *competitive market*: → *Markt*, auf dem unter den Anbietern ein → *Wettbewerb* um Käufer herrscht. Ein K. ist Voraussetzung für das Funktionieren von Marktmechanismen (→ *Marktwirtschaft*, → *Kapitalismus*).

konnate Wässer *syngenetic water; connate water*: die ältesten → *fossilen* → *Wässer*, welche mehr oder weniger gleichzeitig mit der Ablagerung in ein Sediment gelangten und seither nicht mehr in den irdischen → *Wasserkreislauf* zurückkehrten.

Konrad *final disposal site Schacht Konrad*: → *Schacht Konrad*.

konsequenter Fluss (Abdachungsfluss, Folgefluss) *dip stream, consequent stream, original stream*: Fluss, der dem → *Fallen* der Schichten einer größeren → *Scholle* folgt. Ihm steht der → *insequente Fluss* gegenüber. In der Systematik der geomorphologischen Flussrichtungen von W. M. Davies gibt es weiterhin → *obsequente*, → *resequente* und → *subsequente Flüsse*.

konservativer Endemismus (Reliktendemismus, Paläoendemismus) *conservative endemism*: die Erscheinung, dass eine früher sehr viel weiter verbreitete → *Art* durch räumliche Isolierung der → *Konkurrenz* von Mitwettbewerbern entzogen oder durch die Standortqualität besonders begünstigt wurde, sodass sie sich in einem räumlich begrenzten Gebiet bis heute erhalten konnte (→ *Endemismus*, → *Neo-Endemismus*).

Konsolidation *consolidation*: Versteifung von Teilen der → *Erdkruste* durch Pressung, → *Faltung* und → *Intrusion* von → *Magma*. So werden die → *Geosynklinalen*, die mobile, weil faltbare Erdkrustenstücke darstellen, in → *Kratone* verwandelt. Dies geschieht durch Zusammenpressung und Faltung der in Geosynklinalen akkumulierten Gesteinsmassen und durch das Eindringen und Erstarren von Magmen aus größerer Tiefe. Konsolidierter Gesteinsbau lässt nur noch → *germanotype Faltung* (→ *Bruch-* und → *Schollenbildung*) zu. Bei Voll-K. kann keine Gebirgsbildung mehr stattfinden.

Konsortium *consortium*: Zusammenschluss rechtlich selbstständiger → *Unternehmen* mit dem Ziel einer gemeinsamen, ggf. zeitlich begrenzten Durchführung eines Geschäfts.

Konstanz *constancy*: 1. allgemein „Beständigkeit", „Dauerhaftigkeit" im Funktionieren von → *Ökosystemen*, wobei K. auch kleine, regelhafte und/oder witterungsbedingte Schwankungen einschließt (→ *Stabilität*). 2. Begriff der → *Synökologie*, der den Grad der Gleichmäßigkeit der Besiedlung eines → *Biotops* angibt. K. gibt dann an, in wie vielen getrennten Beständen innerhalb eines Biotops eine Art in ihrer charakteristischen Lebensumwelt vorkommt, bezogen auf eine definierte Flächeneinheit. Ein verwandter Begriff ist die Stetigkeit, wobei ähnlich dieser bei der K. i. d. R. vier Grade unterschieden werden (akzidentiell – akzessorisch – konstant – eukonstant). Gegenüber der → *Frequenz* liegen die Probeflächen der K. nicht in einem einzigen Bestand.

Konstruktivismus *constructivism*: eine Strömung in den Erkenntnistheorien (→ *Epistemologie*) des 20. Jh., die im Gegensatz zum → *Realismus* und dem → *Positivismus* davon ausgeht, dass die Welt und ihre Gegenständ-

Konsulat

lichkeit von der betrachtenden Person selbst durch den Vorgang des Erkennens konstruiert und damit hergestellt wird (→ *Sozialkonstruktivismus*, → *radikaler Konstruktivismus*).

Konsulat *consulate*: ständige Vertretung eines → *Staates* in einem anderen zur Wahrnehmung von Wirtschafts-, Handels- und Verkehrsinteressen, für kulturelle und für Verwaltungsaufgaben (Visaerteilung, Einwanderungsfragen u. ä.), nicht dagegen für politische Aufgaben, für welche die Botschaft zuständig ist.

Konsum *consumption*: Verbrauch von → *Gütern* und → *Dienstleistungen*. In der → *Wertschöpfungskette* ist K. der letzte Schritt auf dem Weg von der Rohstoffgewinnung über die Verarbeitung und Verteilung von Waren bzw. das Ziel der Erbringung von Dienstleistungen.

Konsum- und Erlebniswelt *consumption and adventure world*: abgegrenzter Ort, an dem ein multifunktionales Angebot an materiellen und immateriellen → *Gütern* oder → *Dienstleistungen* konsumiert und erlebt werden kann; häufig eine Kombination aus Kino, Gastronomie, Freizeitangeboten und Einkaufsmöglichkeiten. Dieser Ort kann künstlich inszeniert oder historisch gewachsen sein. Dabei verfügt i. d. R. ein → *Akteur* über die Verantwortung von Organisation und Betrieb (→ *Freizeitpark*, → *Mall*).

Konsument *consumer*: Nachfrager und Verbraucher von Nahrung, Energie, Stoffen und Gütern. In diesem Sinne in vielen Wissenschaften üblicher Begriff.

Konsumenten *consumers*: Verbraucher von Nahrung, Energie, Stoffen und Gütern. In diesem Sinne in vielen Wissenschaften üblicher Begriff.

Konsumenten *consumers*: in der Ökologie Sammelbezeichnung für Organismen, die von den → *Produzenten* leben, welche die Primärnahrung für → *heterotrophe* Organismen bilden – eben die K.. Unter den K. werden die Primär-K. hervorgehoben, die das erste Glied der K.-Kette sind und Pflanzenfresser sind. Die wiederum bilden die Nahrung für weitere Glieder der → *Nahrungsketten*.

konsumentenorientierte Dienstleistung *consumer-oriented service*: → *Dienstleistungen*, die direkt auf die Versorgung von Endverbrauchern ausgerichtet sind, z. B. → *Einzelhandel* oder Gastronomie (→ *unternehmensorientierte Dienstleistungen*).

Konsumgebiet (Verbrauchsgebiet) *consumption area*: Raum, in dem eine bestimmte Konsumstruktur bzw. bestimmte Verbrauchsgewohnheiten für ein Gut oder eine → *Branche* vorherrschen. Als K. wird auch der Raum bezeichnet, in dem einzelne Waren verbraucht werden (→ *Absatzgebiet*).

Konsumgeographie *geography of consumption*: Teilgebiet der → *Wirtschaftsgeographie*, das sich mit dem räumlich differenzierten Verbrauch von → *Gütern* und → *Dienstleistungen* beschäftigt. Es besteht ein enger Zusammenhang mit der → *Handelsgeographie* und unter Berücksichtigung sozialgruppenspezifischen → *Konsumverhaltens* mit dem → *Versorgungsverhalten*.

Konsumgesellschaft (Überflussgesellschaft, Wegwerfgesellschaft) *consumer society*: Gesellschaft, in der → *Güter* und → *Dienstleistungen* aller Art zum Kauf angeboten werden und deren Wirtschaftsziele weitgehend auf privaten → *Konsum* ausgerichtet sind. Die Bezeichnung hat häufig eine abwertende Bedeutung und wird v. a. für weit entwickelte Länder mit großem Warenangebot angewandt.

Konsumgewohnheit → *Verbrauchergewohnheit*.

Konsumgüter (Verbrauchsgüter) *consumer goods*: Waren, die unmittelbar verbraucht werden, also weder weiterverarbeitet werden noch als → *Investitionsgüter* dem weiteren → *Produktionsprozess* dienen. Man unterscheidet zwischen K. des täglichen Bedarfs (kurzlebige K., z. B. Lebensmittel) und langlebigen K. (K. des periodischen bzw. gehobenen Bedarfs, wie Bekleidung, Möbel usw.).

Konsumgüterindustrie (Verbrauchsgüterindustrie) *consumer goods industry*: → *Industriegruppe*, in der alle → *Industriezweige* zusammengefasst sind, in denen kurzlebige, für den Verbrauch bestimmte Wirtschaftsgüter hergestellt werden.

Konsumhäufigkeit *frequency of consumption*: Häufigkeit, mit der → *Güter* oder → *Dienstleistungen* vom Verbraucher am Angebotsort nachgefragt werden. Die K. für Güter des täglichen Bedarfs ist höher als für langlebige → *Konsumgüter*. Je größer die K. eines Gutes ist, desto disperser sind i. d. R. die Angebotsorte verteilt. Je höherrangiger ein → *Zentraler Ort* ist, desto geringer ist die K. der Güter und Dienste, mit denen der Ort sein Einzugsgebiet versorgt.

Konsumverhalten → *Verbraucherverhalten*.

Kontaktgesellschaft *contact community*: → *Pflanzengesellschaft*, die an eine andere Gesellschaft räumlich direkt angrenzt.

Kontaktgestein *contact [metamorphic] rock*: Gruppe der → *Metamorphite*, die bei der → *Kontaktmetamorphose* im → *Kontakthof* entstehen, wie Hornfelse und → *Knotenschiefer*. K. bilden sich durch Kontakt zwischen vorhandenem Gestein und aus dem Erdinneren aufdringenden heißen Schmelzflüssen unter damit verbundener Einwirkung von Gasen und Lösungen.

Kontakthof *contact [metamorphic] area*: bei → *Kontaktmetamorphose* jener maximal wenige Kilometer breite Bereich in der Nachbarschaft des aufdringenden heißen → *Magmas*, in welchem eine Veränderung des angrenzenden Gesteines zu → *Kontaktgestein* erfolgt. Dabei entstehen im inneren K. andere Gesteine als im äußeren.

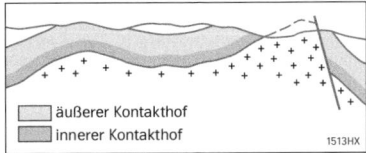

Kontakthof

Kontaktlagerstätte (kontaktmetasomatische Lagerstätte) *contact deposit*: eine → *Lagerstätte*, die im Bereich eines → *Kontakthofes* durch → *Metasomatose* entsteht.

Kontaktmetamorphose *contact metamorphism*: → *Metamorphose* von → *Gesteinen*, die durch aufsteigendes heißes → *Magma* zustande kommt, wobei im Bereich des → *Kontakthofes* die → *Kontaktgesteine* entstehen.

Kontaktvorteil → *Fühlungsvorteil*.

Kontamination *contamination*: allgemein die unerwünschte Verunreinigung und Anreicherung von → *Fremd-* und → *Schadstoffen* an oder in Gegenständen, im Boden, im Wasser, in der Luft sowie in pflanzlichen, tierischen und menschlichen Organismen. Im engeren Sinne bezieht sich der Begriff K. auf radioaktive Stoffe, biologische → *Gifte* und verschiedene chemische Substanzen. 1. bei → *radioaktiven Substanzen* kann es zur K. durch Alphastrahlung und → *Radionuklide* kommen. Sachen oder Personen gelten als kontaminiert, wenn die höchstzulässigen → *Grenzwerte* der → *Radioaktivität*, welche → *Strahlenschutzverordnungen* vorschreiben, überschritten werden. Bei unerwünschter K. ist → *Dekontamination* erforderlich. 2. Verunreinigung und Anreicherung von Fremd- und Schadstoffen in Luft, Wasser, Boden durch → *Rauch*, → *Abgase*, industrielle → *Abwässer*, → *Giftmüll*, → *Detergentien*, → *Pestizide* etc. werden als chemische K. bezeichnet. 3. in der Nahrungsmittelwirtschaft, der häuslichen Versorgung mit Lebensmitteln, biologischen und/oder medizinischen Labors kann es zur mikrobiellen K. kommen. 4. pharmazeutische K. tritt ein, wenn Arzneien durch Fremdstoffe bei Herstellung oder Lagerung verunreinigt werden.

Kontinent *continent, mainland*: 1. eine große zusammenhängende Festlandsmasse. 2. geologisch die Bestandteile der → *kontinentalen Kruste*, die dem Mechanismus der → *Plattentektonik* unterliegen. 3. regionalgeographisch werden die Erdteile Eurasien, Afrika, Amerika, Australien und Antarktis als K. bezeichnet.

kontinental *continental*: – zum Festland gehörig, auf das Festland bezogen, bezüglich eines ganzen → *Kontinentes*. – i. e. S. und als Gegensatz von → *ozeanisch* („maritim") ein extremes → *Jahreszeitenklima* mit Kontinentalität kennzeichnend.

Kontinentalabfall → *Kontinentalabhang*.

Kontinentalabhang (Kontinentalabfall, Kontinentalböschung, Kontinentalhang) *continental slope*: jener Bereich der → *Kontinentalplattform*, an dem sich der Untergrund in geringer Neigung von der Schelfkante zu den Tiefseeböden absenkt. Aufgrund der geringen Neigung kann sich der K. bis zu 200 km erstrecken. In der → *Hypsographischen Kurve* ist der K. der Bereich von -200 bis -2400 m.

Kontinentalböschung → *Kontinentalabhang*.

Kontinentaldrift → *Kontinentalverschiebung*.

kontinentale Fazies *terrestrial facies*: → *terrestrische Fazies*.

kontinentale Insel *continental island*: biogeographischer Begriff für küstennahe Inseln, die einst mit dem Festland in Verbindung standen. Ihre ökologischen Verhältnisse spiegeln die Situation des benachbarten → *Kontinentes* wider, aber infolge der Isolierung ist es zu floristischen und faunistischen Sonderentwicklungen gekommen. Dabei haben u. a. die ökologische Ausstattung, die Inselgröße sowie die Zeit der Trennung vom Kontinent eine entscheidende Rolle gespielt (→ *ozeanische Insel*).

kontinentale Kruste *continental crust*: Bestandteil des → *Schalenbaus der Erde*, die → *Erdkruste* im Bereich der → *Kontinente* beschreibend. Die k. K. steht der → *ozeanischen Kruste* gegenüber, die wesentlich dünner als die k. K. ist, sodass dort der → *Erdmantel* der Erdoberfläche am nächsten kommt (→ *Kontinentalverschiebung*, → *Plattentektonik*).

Kontinentale Tiefbohrung (KTB) *continental deep drilling*: eigentlich „Kontinentales Tiefbohrprogramm der Bundesrepublik", bei dem in der Oberpfalz bei Windisch-Eschenbach eine Tiefbohrung niedergebracht wurde. Die Vorbohrung begann 1987. Sie war auf eine Teufe von 3000 und 5000 m angelegt. 1994 wurde die KTB mit einer Teufe von 9101 m beendet.

Kontinentalfuß *continental rise*: Bereich, in welchem der → *Kontinentalabhang* auf den Ozeanboden aufsetzt (→ *Hypsographische Kurve*).

Kontinentalhang → *Kontinentalabhang*.

Kontinentalklima *continental climate*: das → *Klima* der inneren, meerfernen Festlandsgebiete, das sich durch große Temperaturschwankungen im Tages- und Jahresgang, kalte Winter und warme Sommer, niedrige → *Luftfeuchte* und geringe → *Bewölkung*, geringe Jahresniederschlagssummen mit einem Maximum im Frühjahr oder Sommer durch → *Konvektionsniederschläge*, in höheren → *Breiten* ausdauernde → *Schneedecke* und generell kurze Übergangsjahreszeiten auszeichnet.

Kontinentalplattform *continental shelf*: in der → *Hypsographischen Kurve* der Erde die Bereiche zwischen +1000 und -200 m, also die flachen Festlandsteile (zugleich die größten Flächenanteile an den Kontinente ausmachend) und die Schelfe.

Kontinentalrand *continental margin*: Übergang vom → *Kontinent* zur ozeanischen Lithosphäre, umfasst → *Kontinentalschelf*, → *Kontinentalabhang* und → *Kontinentalfuß*. Stratigraphisch bedeutsam, da hier → *Sedimente* abgelagert wurden und werden. Aktive K. stellen im Gegensatz zu passiven K. gleichzeitig Plattengrenzen dar. An ihnen findet → *Subduktion* statt, sodass ihnen eine Tiefseerinne vorgelagert ist. Passive K. finden sich auf Platten, die aus ozeanischer und kontinentaler Kruste bestehen, durch Spreizung des Ozeanbodens entstanden.

Kontinentalschelf → *Schelf*.
Kontinentalsockel → *Schelf*.
Kontinentalverschiebung (Kontinentaldrift) *continental drift*: eine von Alfred Wegener 1912 begründete Theorie der → *Geotektonik*, die horizontale Verdriftung der → *Kontinente* durch Westdrift und Polflucht postulierte. Sie ging von einer zusammenhängenden, gesamtirdischen Festlandsmasse (→ *Pangaea*) aus. Diese trennte sich in die beiden → *Urkontinente* Laurasia (Nordkontinent) und → *Gondwana* (Südkontinent). Diese wiederum teilten sich in die bekannten Kontinente auf. Die Theorie wird durch den → *Schalenbau der Erde* verständlich, nach dem die aus dem spezifisch leichten → *Sial* aufgebauten Kontinente auf dem dichteren → *Sima* „schwimmen", sodass horizontale Lageveränderungen möglich sind. Die K. konnte erst Jahrzehnte nach A. Wegener geomechanisch und geophysikalisch mit dem Konzept der → *Plattentektonik* erklärt werden. Die gleichen Konfigurationen an den Ost- und Westküsten des Atlantiks sowie gleiche geologische, paläontologische, paläoglaziologische, geotektonische und paläomagnetische Merkmale beweisen, dass eine Verschiebung der Kontinente etwa vom → *Mesozoikum* (vor ca. 150 Mio. Jahren) an erfolgt sein muss. Die Hauptaktivität der K. war vor ca. 50 Mio. Jahren. Man rechnet mit einer aktuellen K. von 1-5 cm pro Jahr.

kontingent vieldeutig, ergebnisoffen (→ *Kontingenz*).

Kontingentierung *allocation, quotation*: wirtschaftspolitisches Instrument zur mengen- oder wertmäßigen Beschränkung beim → *Außenhandel* (→ *Handelshemmnis*). Die K. sieht eine Höchstmenge bzw. ein Wertkontingent bei bestimmten Import- oder Exportgütern (→ *Einfuhr*, → *Ausfuhr*) vor. Eine K. ist nicht im Sinne des → *GATT*. In der Vergangenheit sind jedoch häufig bilateral K. ausgehandelt worden, um den eigenen Markt z.B. vor einer Überflutung ausländischer Billigprodukte zu schützen (→ *Protektionismus*).

Kontingenz *contingency*: entsprechend der formalen Logik ist alles → *kontingent*, was weder notwendig noch unmöglich ist. Einfacher gesagt bedeutet das: Alles, was ist, ist (weil es ist) nicht unmöglich und wäre auch anders möglich (wenn es nicht notwendigerweise so ist, wie es ist). In den → *Sozialwissenschaften* wird mit K. auch die prinzipielle Offenheit und Ungewissheit menschlicher Lebenserfahrungen und sozialer Situationen bezeichnet. Jede Entscheidung z.B. erzeugt K., da sie immer auch anders möglich gewesen wäre. K. ist ein wesentliches Merkmal moderner Gesellschaften (→ *Risiko*).

Kontinua (sing. Kontinuum) *continua*: 1. allgemein „Stetigkeiten", zusammenhängende, ineinander übergehende Sachverhalte. 2. Sammelbegriff für überwiegend geophysikalische und sonstige geotische Phänomene, die sich in ihrer Intensität über den Raum hinweg stetig ändern und die durch Beobachtungen und Messungen flächenhaft erfasst werden müssen.: In diesem Zusammenhang wird gerade bei geographischen Phänomenen von „Kontinuumcharakter" gesprochen. K. sind nicht nur der Zustand der Atmosphäre oder deren Einzelelemente, wie Niederschlags- oder Temperaturfelder, sondern auch Wasser in den verschiedenen Erscheinungs- und Verbreitungsformen oder der Boden. Aus dem Kontinuumcharakter geowissenschaftlicher Gegenstände und Phänomene ergeben sich methodische Probleme für die Erfassung und die Abgrenzung durch → *geographische* → *Grenzen* (→ *Ökoton*).

Kontraktarbeiter *contract worker*: Arbeitskraft, die sich vertraglich verpflichtet, eine zeitlich begrenzte Tätigkeit auszuüben. Oft ist eine Aufenthaltserlaubnis an einen Arbeitsvertrag gekoppelt und nach dem Rechte der K. beschnitten sowie deren Lebensbedingungen als eher niedrig einzustufen. K. haben z.B. in der postkolonialen Phase in den USA eine große Rolle gespielt, als nach der Sklavenbefreiung auf den → *Plantagen* Arbeitskräfte fehlten (→ *Kolonialismus*, → *Postkolonialismus*). Heutzutage sind K. aus Indien, Pakistan

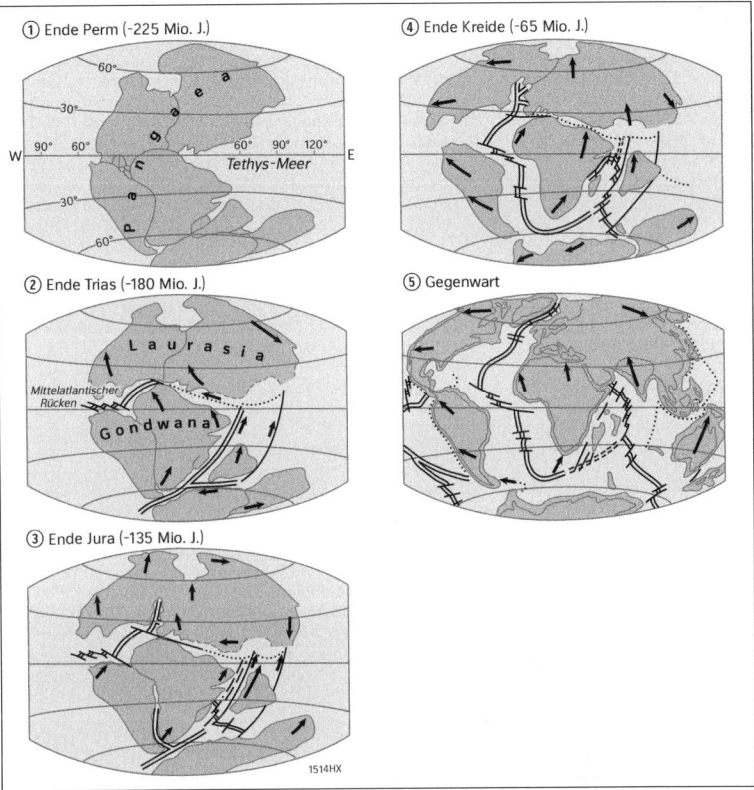

Kontinentalverschiebung

und Bangladesch z. B. in den Vereinigten Arabischen Emiraten anzutreffen und stellen dort die Bevölkerungsmehrheit.

Kontraktion *contraction*: allgemein „Zusammenziehung". In der → *Siedlungsgeographie* wird mit K. der seit Beginn der Industrialisierung zu beobachtende Prozess der Zusammenziehung und Konzentration von Bevölkerung und Wirtschaft in → *Ballungs*- bzw. → *Verdichtungsräumen* bezeichnet. Innerhalb der Verdichtungsräume wird die K., z. B. in → *Entwicklungsachsen*, durch die Regionalplanung gefördert, um eine flächenhafte → *Zersiedlung* zu vermeiden.

Kontrollsystem *control system*: über Regulatoren bzw. ggf. über Schlüsselvariablen bieten → *Prozess-Reaktions-Systeme* dem Menschen die Möglichkeit, in als System verstandene geomorphologische Prozesszusammenhänge einzugreifen, um deren Funktionsweise zu ändern. Sind diese Eingriffe bewusst und kontrolliert, bilden das soziale System (→ *Gesellschaft*) und das Prozess-Reaktions-System ein K.. Dabei wird davon ausgegangen, dass die Einflussnahme bzw. Kontrolle zunehmend so geschieht, dass negative Folge- oder Nebenerscheinungen ausbleiben. Beispiele wären → *Erosionsschutz* (v. a. → *Bodenerosion*) und → *Hochwasserschutz*.

Konturpflügen *contour-ploughing, contour farming*: isohypsenparalleles Pflügen, d. h. Anlegen der Ackerfurchen in hügeligem Gelände parallel zum Hang. Dies mindert die → *Bodenerosion*.

Konurbation *conurbation*: großstädtische Siedlungsagglomeration, die aus einer oder mehreren → *Kernstädten* und ihrem urban geprägten → *Umland* besteht (→ *Großstadt*).

Konvektion *convection, convective*: die vertikal aufsteigende Luftbewegung von → *Luft-*

massen, welche durch → *Einstrahlung* erwärmt wurden.

Konvektionsbewölkung *convection clouds*: jene → *Bewölkung*, die in aufsteigenden → *Luftmassen* infolge → *adiabatischer* Abkühlung entsteht. Da die Wasserdampfkapazität der → *Luft* mit sinkender Temperatur abnimmt, verflüssigt sich der → *Wasserdampf* nach Erreichen des → *Taupunktes* fortschreitend zu Tröpfchen. Die Höhenlage, in welcher → *Kondensation* einsetzt, tritt deutlich als Wolkenniveau in Erscheinung.

Konvektionsniederschlag *convective precipitation*: der aus den durch → *Konvektion* entstehenden Quell- und Haufenwolken fallender → *Niederschlag*, z. B. → *Gewitter*regen.

Konvektionsstrom *convective flow*: 1. allgemein die aufsteigende Bewegung in plastischen Massen, Flüssigkeiten oder Gasgemischen. 2. in der → *Geologie* Bewegungen im zähplastischen Bereich des → *Magmas* unterhalb der → *Erdkruste*, die letztlich zu Erdkrustenbewegungen (→ *Plattentektonik*) und zur Großformenbildung (→ *Gebirge*) führen. Die K. gehen auf Wärmeströme aus dem Erdinneren zurück, die nach außen abgeführt werden. Die Dynamik der K. wird durch die Abkühlung an der Erdoberfläche einerseits und fortgesetzte Zufuhr neuer Wärme aus dem Erdinneren (Wärmeabgabe durch → *radioaktiven Zerfall* und durch das glutflüssige Magma im Erdinneren) andererseits in Gang gehalten.

Konventioneller Landbau *conventional agriculture, conventional cultivation, conventional farming*: wird dem → *Alternativen Landbau* gegenüber gestellt und gilt als „moderne" Art des Ackerbaus, die sich durch Großflächenwirtschaft in → *Monokulturen*, dichte → *Fruchtfolgen*, Einsatz großer Mengen von Agrochemikalien sowie chemischen Mitteln zur → *Schädlingsbekämpfung* auszeichnet. Vom K. L. gehen beträchtliche Belastungen der Umwelt aus, die sich in → *Landschaftsverbrauch*, Belastung des → *Grundwassers* mit → *Nitraten* und → *Bodenerosion* sowie anderen Änderungen und Schäden in den → *Agroökosystemen* auswirken.

konvergente Plattengrenzen *convergent plate boundaries*: nach der Theorie der → *Plattentektonik* die Bereiche jener geologischtektonischen → *Platten*, die sich aufeinander zubewegen bzw. miteinander kollidieren, sodass dort → *Subduktionen* auftreten.

Konvergenz *convergence*: – magnetische K. entspricht der → *Nadelabweichung*. – als Gegensatz von Divergenz in der Geologie die Kipprichtung geneigter Falten, bei denen die Achsenebenen nach oben aufeinander zulaufen. – biogeographische K. ist bei den Lebensformen zu beobachten, die bei Pflanzen und Tieren auch dann übereinstimmen können, wenn systematisch völlig verschiedene Arten unter ähnlichen Umweltbedingungen leben. Diese physiognomische K. kann auch in eine ökophysiologische K. überleiten, bei der sich auch die Körperfunktionen auf die Umweltbedingungen eingestellt haben. – das seitliche Aufeinandertreffen verschiedener Luftmassen- oder Wasserströmungen, welches zur Turbulenz, Durchmischung und Auflösung der Strömungen führt. In der Allgemeinen Zirkulation der Atmosphäre ist die Innertropische K. von großer Bedeutung.

Konversion *conversion*: in der Reaktortechnik der → *Atomwirtschaft* die Umwandlung einer brütbaren in eine spaltbare Substanz, z. B. → *Uran-235* in Plutonium-239 oder Thorium-232 in Uran-233 (→ *Uran*).

Konzept *concept, conception*: in der Schweizer → *Raumplanung* üblicher Begriff für eine Planung in Sachbereichen (Verkehr, Energie usw.) in der Form der Entwicklung allgemeiner Rahmenvorstellungen über Ziele und Maßnahmen hierzu. Beispiele von K. des Bundes sind das Gesamtverkehrskonzept, Gesamtenergiekonzept oder Tourismuskonzept. Gelegentlich wird der Begriff K. auch in Deutschland für ausgearbeitete → *Fachplanungen* oder informelle Steuerungsinstrumente (z. B. Klimaschutz-K., Energie-K.) benutzt.

Konzern *concern, combine, group of companies*: Vereinigung mehrerer rechtlich selbständiger → *Unternehmen* zu einer wirtschaftlichen Einheit mit gemeinsamer Leitung und Verwaltung (→ *Holding*). Die Bildung von K. ab einer bestimmten Größenordnung ist in verschiedenen Staaten wegen der Gefahr einer marktbeherrschenden Stellung zu genehmigen.

Koog (Groden) *diked marsh*: eingedeichtes und vielfach künstlich entwässertes Marschland (→ *Marsch*), das intensiv landwirtschaftlich genutzt wird (→ *Polder*).

Kooperation *cooperation*: Form der freiwilligen, vertraglich geregelten inner- und außerbetrieblichen Zusammenarbeit zur Realisierung von → *Skaleneffekten*.

Koordinatensystem *coordinate system*: System zur eindeutigen Bezeichnung von Positionen in einem geometrischen Raum. Ein K. bildet die Grundlage für den räumlichen Bezug von → *Geodaten*. Entsprechend ist die Festlegung des K. eine grundlegende Einstellung für die Arbeit mit → *Geographischen Informationssystemen*. In Deutschland weit verbreitete K. sind das Gauß-Krüger-K. und das UTM-System. Beide sind kartesische K., mit denen die Erde durch eindeutige metrische Koordinaten (Rechtswert und Hochwert) repräsentiert werden kann.

Koordination *co-ordination*: als Fachausdruck der Schweizer Raumplanung das akti-

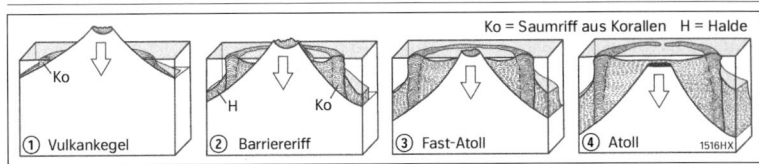

Korallenriff

ve Aufeinander-Abstimmen der raumwirksamen Aktivitäten. Dazu gehören Ausschluss gegenseitiger Behinderungen und Widersprüche, Sicherstellung einer sinnvollen Ergänzung der Tätigkeiten im Raum, Ausrichtung der Tätigkeiten auf eine gemeinsame Grundlage und einheitliche Zielvorstellungen.

Kopfbahnhof *railhead, terminus station*: im Gegensatz zum Durchgangsbahnhof im Bahnverkehr enden im K. die Gleise, für eine Weiterfahrt ist ein Richtungswechsel des Zuges erforderlich.

Koppel *enclosed pasture land*: ein von Zäunen, Hecken oder Mauern eingehegtes Stück Weideland.

Koppelverband *push-boat formation*: in der → *Binnenschifffahrt* eine Schubeinheit, bei der ein Gütermotorschiff zwei bis drei mit ihm starr gekoppelte → *Leichter* schiebt.

Koppelweide → *Umtriebsweide*.

Koppelwirtschaft *ley farming*: in Norddeutschland gebräuchliche Bezeichnung für die → *Feldgraswirtschaft*. Bei der K. wird ein und dieselbe → *Parzelle* zeitweise als Acker, zeitweise als → *Weide* genutzt. Die K. ist im ganzen Ostseebereich verbreitet.

Korallenküste (Korallenriffküste) *coral-reef coast*: Küsten mit → *Korallenriffen*, an denen ein eigenständiger Küstentyp mit wechselvollen Kleinformen entsteht. Charakteristisch für K. sind z. T. breite Strände aus weißem → *Korallensand*.

Korallenriff *coral reef*: aus Korallenskeletten bestehende, meist sehr feste, ungeschichtete Kalkablagerungen im → *Meer*, die nahe an den → *Meeresspiegel* reichen oder diesen ein wenig überragen. K. werden von verschiedenartigen koloniebildenden Korallen (Steinkorallen, Hydrokorallen, aber auch Kalkalgen und Bryozoen) aufgebaut. Die riffbildenden Korallen leben nur in tropischen Meeren, deren Oberflächentemperatur 20 °C nicht unterschreitet, sodass die Bildung von K. nur zwischen 32 °N und 32 °S erfolgt. Weitere Voraussetzungen, neben permanenter Wärme, sind Sauerstoff- und Nährstoffreichtum sowie Licht. Das Korallenwachstum vollzieht sich deswegen nur in den oberflächennahen Bereichen des Riffs und erfolgt auf älteren Teilen, die den Sockel bilden. Das Korallenwachstum spielt sich nur bis in Tiefen von ca. 40 m ab. Die Bauten der Korallen führen, zusammen mit verschiedenen hydrodynamischen Vorgängen in erdgeschichtlichen Dimensionen, zu verschiedenen Riffformen. Das Prinzip ist am deutlichsten bei den → *Atollen*. Andere Formen der K. sind flache Korallenbänke in seichten Wässern, → *Saumriffe*, → *Barriere-Riffe* und die Atoll- bzw. → *Lagunenriffe* (→ *Riff*).

Korallenriffküste → *Korallenküste*.

Korallensand *coral sand*: Erosions- und Abtragungsprodukt des Korallenkalkes, der die Lücken zwischen den Korallenstöcken im → *Korallenriff* auffüllt, aber auch flächenhaft auf dem Meeresboden verbreitet ist, oft als Korallenschlamm.

Kormophyten *cormophytic plants*: Sprosspflanzen, untergliedert in Wurzel, Spross und Blätter.

Korngrößen *particle sizes*: die nach bestimmten Skalen in Klassen geordneten Durchmesser der mineralischen Teilchen eines Lockersedimentes oder Bodens (→ *Bodenart*).

Kornkammer *granary, breadbasket*: umgangssprachliche Bezeichnung für ein fruchtbares → *Agrargebiet* mit vorherrschendem Getreideanbau. K. sind in Deutschland die Gäulandschaften Südwestdeutschlands sowie die → *Börden*. Bekannte K. in anderen Ländern sind z. B. die → *Pampa* (Argentinien), die Great Plains (USA) (→ *Prärie*) und die Ukraine.

Körnung *soil texture*: die Zusammensetzung eines Sedimentes oder Bodens aus mineralischen Einzelkörnern verschiedener Größe (→ *Bodenart*).

Kornverteilungskurve *particle-size distribution curve*: eine graphische Kurve, welche die Zusammensetzung eines Bodens oder Sedimentes nach verschieden großen mineralischen Einzelkörnern aufzeigt (→ *Korngrößen*).

Körperdosis *total body dose*: einer der Dosis-Begriffe, v. a. im → *Strahlenschutz* verwandt. Die K. ist der Mittelwert der → *Äquivalentdosis* über Kopf, Rumpf, Oberarme und Oberschenkel als Folge einer – als homogen angesehenen – Bestrahlung des ganzen Körpers (→ *Berufslebensdosis*).

Körperschaft des öffentlichen Rechts *public corporation*: nach dem öffentlichen Recht ein rechtsfähiger Verband, der öffentliche Aufgaben (→ *Staat*, → *Gemeinde*) im Wege der Selbstverwaltung unter staatlicher Aufsicht wahrnimmt. K. d. ö. R. können Versicherungsträger der Sozialversicherungen, Versorgungsunternehmen, Universitäten und Hochschulen usw. sein. Neben den K. d. ö. R. gibt es privatrechtliche Körperschaften (z. B. eingetragener Verein, Aktiengesellschaft, Gesellschaft mit beschränkter Haftung, → *Genossenschaft*; → *Gebietskörperschaft*).

Körperschaftswald *public corporation woodland*: → *Wald*, der im Besitz von Gemeinden, Zweckverbänden, Körperschaften anderer Art sowie Anstalten und Stiftungen des öffentlichen Rechts ist. Nicht zum K. gehört der Wald von Religionsgemeinschaften, Rechtsverbänden, Hauberggenossenschaften, Markgenossenschaften und Gehöferschaften (Gemeinschaftsforste; → *Privatwald*).

Korrasion *(a)eolin corrasion, corrasion, wind corrasion*: geomorphologischer Prozessbegriff, der allgemein die Beanspruchung von Gesteinsoberflächen bzw. des Untergrundes (Boden- und Sedimentoberflächen) durch bewegte Agenzien beschreibt. – i. e. S. Abtragung des Untergrundes durch bewegte Schuttmassen, z. B. die K.-wirkung von → *Solifluktionsschutt*, die den Gesteinsuntergrund korradiert, d. h. abreibt und abschleift und somit erniedrigt. – Abtragung des Untergrundes oder an Gesteinsoberflächen durch Wind (→ *äolisch*), v. a. durch den Effekt des → *Sandgebläses*. Als Einzelformen entstehen → *Pilzfelsen*, → *Korrasionshohlkehlen* oder → *Windkanter*. – auch → *Schnee* kann – durch Schneeschliff – an Gesteinen K. bewirken (→ *Korrosion*).

Korrasionshohlkehle *corrasion cavetto, corrasion notch*: durch Wirkung des → *Sandgebläses* am Fuß von Einzelfelsen (→ *Pilzfelsen*) sowie an dessen Hängen und an der Basis von Felswänden wechselnd widerständiger Sedimentgesteine entstehende Unterschneidung.

Korrasionstal *corrasion valley*: → *Täler* und → *Dellen*, deren Untergrund vertieft oder abgeschliffen wurde durch bewegten → *Schutt*, also → *Korrasion*. Die K. entstanden im → *Periglazial* durch den kaltzeitlichen → *Solifluktionsschutt* (→ *Korrosion*).

Korrelat *correlate:*, *correlative*: meist als sog. → *korrelates Sediment* gemeint. Hinter dem Begriff K. steht das Konzept, dass Prozess, Form und Material stets zusammenhängen und ein geomorphogenetische Deutung z. B. eines → *Sediments* nur möglich ist, wenn von Form und Material auf den bildenden Prozess rückgeschlossen werden kann. So ist das → *Kolluvium* beispielsweise das korrelate Sediment der → *Bodenerosion* und die Moränenablagerung das korrelate Sediment der → *Glazialerosion*. Damit geben K. materiell oder visuell fassbar ein Zeugnis ablaufender oder abgelaufener geomorphologischer Prozesse.

korrelates Sediment *correlative sediment*: jene → *Sedimente*, die einer spezifschen → *Oberflächenform*, einem → *geomorphologischen Prozess* oder einem Ursprungsmaterial z. B. in den oberen Teilen des → *Einzugsgebietes* zugeordnet werden kann. Ein Beispiel wäre das Kolluvium als korrelates Sediment der → *Bodenerosion* (→ *Korrelat*).

Korrelation *correlation*: statistischer Zusammenhang zwischen zwei Variablen. Der Wert des Korrelationskoeffizienten variiert zwischen +1 und -1. Die stärkste K. ergibt sich aus Zahlenwerten nahe +1 bzw. -1. Werte um 0 zeigen, dass kein statistischer Zusammenhang zwischen den betrachteten Größen besteht. Eine K. sagt nichts darüber aus, ob die beiden Variablen auch kausal (→ *Kausalität*) miteinander verbunden sind (→ *Korrelationsanalyse*).

Korrelationsanalyse *analysis of correlation*: Verfahren der Statistik zur Ermittlung der Güte des statistischen Zusammenhangs von zwei oder mehreren Variablen (→ *Korrelation*).

Korrosion *corrosion*: der Begriff K. wurde ursprünglich nicht vom Begriff → *Korrasion* getrennt, sodass mit letzterem auch Effekte der Lösungsverwitterung beschrieben wurden, wofür man heute ausschließlich K. sagt. – in der → *Geomorphologie* die Gesteinsbeanspruchung bzw. -zerstörung durch → *Lösungsverwitterung* bzw. → *Kohlensäureverwitterung*, d. h. der chemischen Einwirkung des Wassers und der darin gelösten Säuren. Eine Variante dieser Verwitterungsprozesse ist → *anthropogen* ausgelöst infolge → *Luftverschmutzung*, die zu Bauwerkschäden führt. – in der → *Petrologie* die Zerstörung von → *Kristallen* und Einsprenglingen durch Einwirkung von → *Magma* bzw. magmatischer Schmelze.

Korrosionsdoline → *Lösungsdoline*.

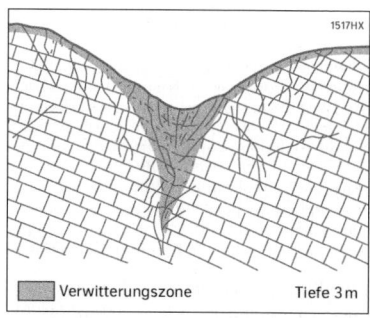

Korrosionsdoline

kosmische Strahlung (Höhenstrahlung) *cosmic radiation*: extraterrestrische, energiereiche → *Strahlung*, die in Wechselwirkung mit der → *Atmosphäre* steht und sich aus der kosmischen Primärstrahlung (93% Protonen) in kosmische Sekundärstrahlung umwandelt, die aus Protonen, Neutronen, Elektronen, Mesonen, Neutrinos und elektromagnetischer Strahlung besteht. Die durch k. S. hervorgerufene → *Strahlenbelastung* hängt von der Meereshöhe ab. Im Meeresspiegelniveau beträgt sie ca. 30 mrem/Jahr, in 1000 m NN. ca. 50 mrem/Jahr. Der vertikale Höhengradient beträgt ca. 1 mrem/Jahr/ auf 50 Meter Höhendifferenz. Die k. S. ist an der natürlichen Strahlenbelastung der Lebewesen an der Erdoberfläche mit ca. 30% (= 30 mrem/Jahr in Meeresniveau) beteiligt.

Kosmographie *cosmography*: Wissenschaft von der Beschreibung der Erde und des Weltalls. Tradionellerweise gehörten zur Kosmographie Geographie, Geologie und Astronomie. Teilw. wurde die K. mit Geographie gleichgesetzt.

Kosmologie *cosmology*: Lehre von der Welt, Weltbeschreibung. 1. als Teilgebiet der Physik beschäftigt sich die K. mit dem Ursprung, der Entwicklung und der grundlegenden → *Struktur* des Universums als Ganzem. 2. als Teilgebiet der Philosophie befasst sich die K. darüber hinaus mit den mythischen und religiösen Erklärungen für die Entstehung und die grundlegende Struktur der Welt.

Kosmopolit *cosmopolitan*: – weltweit verbreitetes → *Taxon*. K. stellen keine spezifischen Ansprüche an Standort und Lebensraum. Neben zahlreichen höheren Tieren und Pflanzen zählen hierzu sehr viele Algen, Bakterien und Pilze zu ihnen. – Weltbürger, Vertreter der Idee einer überstaatlichen Gemeinsamkeit aller Menschen, wobei nationalstaatliche Egoismen abgelehnt werden.

Kosten *cost[s]*: – in Betriebs- und → *Volkswirtschaft* der pekuniäre Wert des Aufwandes für ein Produkt oder eine Leistung (→ *Nutzen*). – Begriff der Biologie für Energieverbrauchsgrößen bei Organismen zur Aufrechterhaltung ihrer Lebensfunktionen.

Kostenmiete *economic rent, cost rent*: diejenige Miete, die zur Deckung der laufenden Aufwendungen (Kapital- und Bewirtschaftungskosten) des Vermieters für die zum Vermieten bestimmten Wohnungen oder anderen Räume eines Gebäudes erforderlich ist.

Kosten-Nutzen-Analyse (Nutzen-Kosten-Analyse) *cost benefit analysis*: mathematisch-statistische Methode zur Ermittlung des wirtschaftlichen → *Nutzens* eines Projektes oder einer wirtschaftspolitischen Maßnahme im Vergleich zu den finanziellen Aufwendungen (→ *Kosten*). K.-N.-A. werden v. a. zur Analyse und Bewertung öffentlicher Investitionsvorhaben bzw. zur sachgerechten Abwägung mehrerer Alternativprojekte durchgeführt.

Kosten-Nutzen-Analyse *cost-benefit analysis*: Verfahren der → *Bioökologie*, um das Verhältnis zwischen energetischen → *Kosten*, z. B. für eine Aktivität, und Nutzen, z. B. Nahrungsmenge für den Stoffwechsel des Organismus, zu bestimmen.

Kötter *cottager*: Regionalbezeichnung für einen landwirtschaftlichen Kleinstellenbesitzer. Die Bezeichnung K. wurde in Nordwestdeutschland seit dem 15. Jh. üblich. Die K. weisen eine geringe Landausstattung auf, sodass ein großer Teil von ihnen als Nebenerwerbslandwirte (Bergmann-K., Industrie-K., → *Nebenerwerbslandwirtschaft*) einzustufen ist.

Kraal (Kral) *kraal*: ursprünglich eine Rundplatzsiedlung v. a. südafrikanischer Halbnomaden (→ *Nomade*), heute i. d. R. nur noch als Bezeichnung für Viehgehege verwendet. Der K. ist durch eine → *Hecke* oder durch Palisaden zum Schutz nach außen abgegrenzt. Den zur Siedlung gehörenden → *Kegeldachhäusern* waren jeweils Viehkrale angeschlossen. Teilweise stehen auch → *Kegelhütten* um einen runden Platz, der dem Vieh als Schlafplatz dient.

Kraftfahrzeugdichte *motor vehicle density*: Maßzahl für die Konzentration von Kraftfahrzeugen in einem Raum. Die K. wird berechnet als Zahl der Kraftfahrzeuge pro 100 Einwohner (in der Haltergemeinde gezählt) oder pro Kilometer Straßenlänge. Sie kann ein Indikator für den Wohlstand der Bevölkerung, aber auch für → *Umweltbelastung* sein.

Kraft-Wärme-Kopplung (Wärme-Kraft-Kopplung) *power-heat combination*: Verwendung von Wärme, die bei der Stromerzeugung oder der Erzeugung mechanischer Energie entsteht, z. B. in Blockheizkraftwerken bzw. → *Heizkraftwerken*. Die K.-W.-K. ist rationell, weil sie Primärenergie zu 75-90% in Strom bzw. → *Fernwärme* umsetzt, während konventionelle Kraftwerke nur ca. 1/3 der Primärenergie als Strom abgeben und ca. 2/3 → *Abwärme* produzieren. Die K.-W.-K. kann wegen der bei der Fernverteilung massiven Energieverluste ökonomisch nur dezentral eingesetzt werden, d. h. in Verbrauchernähe.

Kraftwerk *power station, power plant*: Anlage zur Umwandlung der in der Natur vorkommenden → *Primärenergien* in elektrische Energie. Man unterscheidet → *Wasser*- und → *Wärmekraftwerke*, auch als hydraulische und thermische Kraftwerke bezeichnet, sowie → *Kernkraftwerke*. Zunehmende Bedeutung gewinnen → *Windkraft*- und → *Sonnenkraftwerke*.

Krankheitsgeographie *medical geography*: Lehre von der räumlichen Verbreitung der Krankheiten und ihren Beziehungen zu den

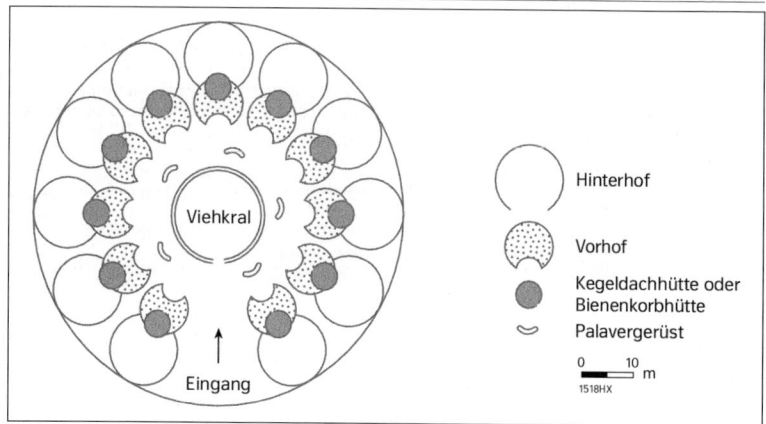

Kraal

natürlichen Umweltbedingungen, den Kultur- und Wirtschaftsformen usw.. Die K. ist der wichtigste Teilbereich der → *Geomedizin*.

Kranzriff → *Lagunenriff*.

Krater *crater*: – vulkanische Form unterschiedlicher Größe, meist in Gestalt eines Trichters oder Kessels, der die Mündung eines Eruptionsschlotes von einem → *Vulkan* bildet. Eine Großform stellt die → *Caldera* dar. K. entstehen sowohl durch Einsturz als auch durch Explosion. Eine Sonderform sind die → *Adventivkrater*. – wall- bzw. ringförmige Einschlagstelle (Astroblem) eines Meteoriten (→ *Meteoritenkrater*).

Kratersee *crater lake*: mit Niederschlagswasser gefüllter → *Krater*, nach längerer Ruhe der vulkanischen Prozesse entstehend (→ *Maar*).

Kratogen *craton*: → *Kraton*.

Kraton (Kratogen) *craton*: auch als „Alte Masse" bezeichnete, verfestigte und nicht mehr faltbare Bereiche der → *Erdkruste*, die bei tektonischen Prozessen infolge Drucks mit → *Bruchtektonik* reagieren. Unterschieden werden → *Hochkratone* und → *Tiefkratone*. Dem K. gegenüber steht das → *Orogen*. Sehr alte K. sind die → *Schilde* oder → *Urkratone*.

Krattwald *coppiced oak woodland*: regionale (norddeutsche) Bezeichnung für → *Niederwald*, i.d.R. auf stark windausgesetzten Flächen.

Krautschicht *herbaceous layer*: die → *Vegetationsschicht* der bodennahen, unverholzten Gewächse; je nach Standortbedingungen v. a. um 1–3 dm Höhe.

Kreationismus *creationism*: christliche Lehre, die sich um die wörtliche Auslegung des biblischen Schöpfungsberichts bemüht und die Ansicht vertritt, dass das Leben auf der Erde sowie das Universum selbst von einem übernatürlichen Wesen (Gott) erschaffen wurden. Der K. ist seit den 1990er-Jahren besonders in den USA eine erfolgreiche Strömung, die dazu führt, dass in vielen Schulen und Universitäten die biblische Schöpfungsgeschichte im naturwissenschaftlichen Unterricht gleichberechtigt neben Darwins Theorie der → *Evolution* dargestellt werden muss (→ *Teleologie*).

kreative Klasse *creative class*: Ansatz von Richard Florida, wonach die kreativen Köpfe einer Gesellschaft, die in wissensintensiven Bereichen arbeiten (Wissenschaftler, Künstler, innovative Unternehmer, etc.) entscheidend für das wirtschaftliche Wachstum (→ *Wirtschaftswachstum*) einer Region sind, eine eigene Akteursgruppe bilden und folglich einer besonderen Analyse bedürfen. So gelten das Niveau des Kulturangebotes und der Lebensqualität sowie die Ästhetik von Städten als wirtschaftliche Erfolgsfaktoren, da diese als Anziehungsfaktoren für die k. K. zählen.

Kreative Stadt *smart city*: das Leitbild der K. S. wurde entwickelt, um den städtischen Strukturwandel von einer Industrie- zu einer Wissens- und Dienstleistungsgesellschaft zu gestalten. Etabliert wurde das Konzept von Richard Florida, der eine „neue Geographie der Kreativität" propagierte. Diejenigen Städte prosperieren, die Talent, Toleranz und Technologie (die drei T's) an sich ziehen, um Innovationen zu generieren und ökonomische Entwicklung im postindustriellen Zeitalter zu stimulieren. Kritik erfuhr das Konzept durch seine einseitige Fokussierung auf die „kreativen Klasse", die zu Lasten der

„Nicht-Kreativen" (z. B. Migranten, Arbeiter, u. a.) geht.
kreative Zerstörung *creative destruction*: ein auf J. Schumpeter zurückgehendes Prinzip des → *Kapitalismus*, wonach → *Innovationen* als zentrale Antriebskraft der Wirtschaft Wachstum auslösen. Von k. Z. wird dann gesprochen, wenn erfolgreiche Innovationen bewährte Produkte, Prozesse oder Technologien ersetzen und sukzessive aus dem → *Markt* verdrängen.
kreatives Milieu (innovatives Milieu) *creative environment*: formelles und informelles Geflecht (→ *Netzwerk*) von Interaktionen zwischen unabhängigen Unternehmen, regionalen Bildungseinrichtungen und weiteren lokalen und regionalen Institutionen. Die Gesamtheit der Beziehungen soll, eingebunden in das soziokulturelle Umfeld, zu einem kollektiven Lernprozess führen. Als Voraussetzung für die Realisierung gelten neben der räumlichen Nähe auch das Vorhandensein von gemeinsamen Wertvorstellungen und Vertrauen (→ *embeddedness*, → *GREMI*).
Kredit *loan*: Finanzprodukt zur Überlassung von Kapital an einen Kapitalnehmer. Als Gegenleistung erhält der Kapitalgeber vertraglich vereinbarte Tilgungs- und Zinszahlungen (→ *Zins*).
Kreide *chalk (1.); Cretaceous (2.)*: 1. erdige Form des → *Kalksteins*; dann weiß, lockerpulvrig und abfärbend; auch als Schreib-K. bezeichnet. Sie bildete sich in der jüngeren K.-Zeit und besteht überwiegend aus kleinen Foraminiferenschalen (Foraminiferen: im Meer lebende Einzeller mit einem Gehäuse aus Calciumcarbonat), zerriebenen Muschelschalen und anorganischen Kalkschlamm. In der Schreib-K. kommen auch die charakteristischen → *Feuersteine* vor, meist als lagig angeordnete Knollen. K. ist ein wichtiger Nutzstein (Kalkbrennen, Schreib-K., Farbherstellung, Düngemittelzusatz). Eine Sonderform ist die → *Seekreide*. 2. Name der K.-Zeit oder K.-Formation, dem letzten System des → *Mesozoikums* mit einer sehr differenzierten geologischen Gliederung. Die K. folgte auf den → *Jura*. Dauer: 145-65 Mio. J. v. h. Neben der Schreib-K. entstanden → *Kalk*- und → *Sandsteine* sowie → *Tone* und → *Mergel*. Typisch waren ausgedehnte Meere und die großräumige → *Transgressionen*. In Europa gegen Ende der K. massiver Meeresrückzug (→ *Regression*). Geotektonisch besitzt die K. ebenfalls Bedeutung, als sich in der Kernzone der Alpen und Dinariden und in Amerika die Anden und das Felsengebirge aufzufalten begannen. Der → *Gondwanaland* zerfiel und die → *Kontinentalverschiebung* wurde wirksam. In der K. begannen sich zunehmend die Umrisse der heutigen → *Kontinente* herauszubilden. Das Klima war insgesamt wärmer. Wüsten-, Steppen- und Savannengürtel der heutigen Kontinente bestanden schon in ihren Grundzügen. In der K. starben einerseits zahlreiche Organismen des Mesozoikums aus, andererseits traten erstmals Blütenpflanzen auf.
Kreis *county, district*: 1. Verwaltungseinheit auf regionaler Ebene. In Deutschland wird der Begriff K. häufig als Kurzform von → *Landkreis* gebraucht (→ *Kreisfreie Stadt*). 2. historisch gesehen seit dem 14. Jh. eine größere Gebietseinheit des Deutschen Reiches, insbesondere für Steuer- und Gerichtszwecke. Hieraus entwickelten sich in verschiedenen deutschen Ländern im 19. Jh. Verwaltungseinheiten, aus denen später die → *(Regierungs-)Bezirke* hervorgingen.
kreisangehörige Gemeinde *rural district commune*: im Gegensatz zur → *Kreisfreien Stadt* eine Gemeinde, die (räumlich und organisatorisch) einem → *Landkreis* zugeordnet ist.
Kreisfreie Stadt (Stadtkreis) *urban district, municipal district, county borough*: größere → *Stadt*, die keinem → *Landkreis* angehört, sondern die beiden unteren Verwaltungsebenen (Kreis und Gemeinde) in sich vereinigt. In Deutschland gibt es K. S. in allen → *Flächenstaaten* außer dem Saarland. Für K. S. gibt es keine allgemein gültige Mindesteinwohnerzahl; i. d. R. handelt es sich um → *Großstädte* und größere → *Mittelstädte*.
Kreisgebietsreform *county reform*: → *Gebietsreform* auf der Ebene der → *Landkreise* und → *Kreisfreien Städte*. In allen Flächenstaaten der Bundesrepublik Deutschland wurden in den 1960er- und 1970er-Jahren K. durchgeführt, die zu einer Vergrößerung der Landkreise bei starker Verringerung ihrer Zahl infolge von Zusammenlegungen und Neubildungen führten. Außerdem wurde die Zahl der Kreisfreien Städte durch → *Rückkreisungen* stark vermindert. Seit der deutschen Wiedervereinigung finden K. auch in den neuen Bundesländern statt.
Kreisläufe *circulations, rotations, successions (je nach Bedeutung)*: in allen Bereichen der → *Geographie* und ihrer Nachbarwissenschaften eine Abfolge sich wiederholender Prozesse, Vorgänge bzw. Stadien, bezogen u. a. auf → *Natur*, → *Gesellschaft*, Technik und → *Wirtschaft*, deren Darstellung in diversen → *Modellen* und in Grafiken, z. B. als → *Regelkreis*, erfolgt. Naturbezogene K. sind u. a. der K. der → *Gesteine*, der → *Magmenzyklus*, → *mineralischer Stoffkreislauf*, Nährstoffkreislauf, → *Stoffkreislauf*, → *Wasserkreislauf*, die auch auf Einzelelemente bezogen sein können (z. B. → *Stickstoffkreislauf*, Kohlenstoff-K., Phosphor-K.). Auch die → *Allgemeine* Zirkulation der Atmosphä-

re oder die Meeresströmungen funktionieren als K.-Systeme. Ähnlich vielfältig treten K. in den Wirtschafts- und Sozialwissenschaften bzw. deren Bereichen in der Geographie auf, z.B. → *Kreislaufwirtschaft* oder → *Wirtschaftskreislauf*. Vorgänge wie das → *Recycling* repräsentieren ebenfalls K.. Zu technischen K. gehören u.a. der → *Brennstoffkreislauf* bzw. der → *Primärkreislauf* der → *Kernreaktoren*.

Kreislaufwirtschaft *recycling economy*: umgestaltete → *Input-Output-Wirtschaft* hin zu Kreisläufen zwischen den verschiedenen → *Produzenten* und → *Konsumenten*, wodurch sich sowohl Input als auch unerwünschter Output reduzieren lassen. Wichtigste Maßnahmen liegen im → *Recycling*. Eine weitere Maßnahme stellt die Auswahl des Inputs, der weitgehend regenerierbar sowie als → *Abfall* weitgehend abbaubar sein sollte, dar.

Kreismodell *concentric zone theory*: → *Ringtheorie*.

Kreisstadt *county town, district town*: → *Stadt*, in der sich der Verwaltungssitz eines → *Landkreises* befindet. Die K. ist i.d.R. eine → *kreisangehörige Gemeinde* des betreffenden Landkreises, sie kann aber auch gleichzeitig → *Kreisfreie Stadt* sein.

Krenal *krenal*: Quellbereich eines → *Fließgewässers*. Seine Lebensgemeinschaft ist das → *Krenon* (→ *Quelle*)

Krenon *krenon*: Lebensgemeinschaft des → *Krenal*, die an das flache, kühle und z.T. unregelmäßig fließende Wasser um → *Quellen* angepasst ist.

kretazisch *cretaceous*: zum System der → *Kreide*(-Zeit) gehörend.

Kreuzangerdorf *cruciform green village*: ländlicher → *Siedlungstyp*; Sonderform des → *Angerdorfes* mit zwei kreuzweise angeordneten → *Angern*.

Kreuzfahrttourismus *crusade tourism*: → *Tourismus* in Form einer mehrtägigen bis mehrwöchigen Kreuzfahrt. Die Zielgruppe des K. waren bis Ende des 20. Jh. hauptsächlich wohlhabende Senioren. Inzwischen wurde durch eine Vergrößerung und Verbilligung des Angebots eine starke Steigerung des K. und eine Verbreiterung des Kundenkreises erreicht. Zielgebiete des K. sind v.a. der Mittelmeerraum, die Karibik und die ostasiatischen Seegebiete.

kreuzlaufende Gewannflur *transverse field strips/parcels*: → *Gewannflur*, bei der die → *Gewanne* im rechten oder schiefen Winkel zueinander verlaufen.

Kreuzschichtung (Schrägschichtung) *cross stratification*: Sedimentstruktur des spitzwinklig Aufeinandertreffens von → *Schichten* mit wechselndem → *Fallen*. K. gilt als Hinweis auf → *exogen* verursachte Richtungswechsel in der Sedimentation, z.B. durch Änderung von Wasserströmung oder Windrichtung (→ *Düne*, → *Rippelmarken*).

Kriechsträucher (Spaliersträucher) *trailing shrubs*: mehrjährige Sträucher mit verholzten Stängeln, die sich in Bodennähe befinden und meist weniger als 10 cm hoch werden. Es handelt sich um → *Lebensformen* wind- und schneereicher Klimate und entsprechender → *Höhenstufen* im → *Hochgebirge*. Charakteristische K. sind die Krautweide (*Salix herbacea*), die Netzweide (*Salix reticulata*) und die Silberwurz (*Dryas octopetala*).

Krieg gegen den Terror *war on terror*: zunächst von der US-Regierung, dann auch von deren Verbündeten verwendetes Schlagwort für die Reaktion auf die Anschläge des 11. Septembers 2001, bestehend aus einem Bündel weltweiter Militäroperationen, umfassender Sicherheitsmaßnahmen und Prozesse der Versicherheitlichung. Die politische Rhetorik, zugrunde liegende geopolitische Leitbilder, Diskurse und Maßnahmen des K.g.d.T. werden vor allem in Arbeiten der critical geopolitics analysiert.

Kriegshafen *naval port*: ein → *Hafen*, als Stützpunkt der Kriegsflotte hauptsächlich oder ausschließlich militärischen Zwecken dient. (→ *Handelshafen*).

Krill *krill*: 1. Sammelbezeichnung für planktische Kleinkrebse. 2. i.e.S. im zirkumantarktischen → *Plankton* vorkommender mariner Kleinkrebs (*Euphausia superba*), der durch sein Massenauftreten ein wichtiges Glied in den marinen Nahrungsketten ist und auch für marine Säuger (Wale, Robben) und Vögel (Pinguine) die Nahrungsgrundlage bildet.

Kriminalgeographie *geography and crime*: Zweig der → *Sozialgeographie*, der sich mit den Beziehungen zwischen → *Kriminalität* und → *Raum* befasst. Die ersten Forschungen der K. untersuchen bereits im 19. Jh., ob der Wohnort etwas mit der Wahrscheinlichkeit, kriminell zu werden, zu tun hat und so die Ursachen von → *Straftaten* zu ergründen (→ *Kriminologie*). Dazu wurden sozialräumliche Aspekte wie → *Armut*, → *Arbeitslosenquote* oder Bildungsgrad in der Gemeinde untersucht, in der ein Täter lebte oder aufwuchs. Der eigentlich Ursprung der K. geht auf die Chicagoer Schule der Soziologie in den 1920er Jahre zurück, die die sozialen Folgen der zunehmenden Verstädterung im Hinblick auf Kriminalität untersuchten (→ *Kriminalitätsziffer*, → *Kriminalstatistik*).

Kriminalität *crime*: im Unterschied zur → *Straftat*, die sich auf eine individuelle Handlung bezieht, bezeichnet K. Straftaten als Gesamtphänomen, basierend auf der Grundlage der jeweiligen Strafgesetzgebung. Die Frage, was als Straftat angesehen wird und was nicht, entscheidet der Gesetzgeber, d.h. die politische Elite des jeweiligen → *Staates*. Daher variieren strafrechtliche Bestimmungen von Staat zu Staat und können teilw. durchaus im Widerspruch zum allgemeinen Verständnis der Bevölkerung von Schuld und Strafe stehen (→ *Kriminalgeographie*, → *Kriminalstatistik*, → *Kriminalitätsziffer*).

Kriminalitätsrate → *Kriminalitätsziffer*.

Kriminalitätsziffer (Kriminalitätsrate) *crime rate, level of crime*: Zahl der verurteilten Personen auf 100 000 strafmündige → *Einwohner* (teilw. inklusive, teilw. exklusive der Militärangehörigen). Teilw. wird die Zahl der Verurteilten auch auf die Gesamtbevölkerung oder auf bestimmte Altersgruppen bezogen, z. B. wenn die Zahl der Strafmündigen nicht bekannt ist. Die undifferenzierte Verwendung von K. ist problematisch, weil hier Straftaten von sehr unterschiedlicher Art (z. B. Eigentumsdelikte, Körperdelikte, Wirtschaftsdelikte), unterschiedlichen Ausmaßes (Übertretung, Vergehen, Verbrechen) und verschiedene Arten des Tatbeitrages (Täterschaft, Mittäterschaft, Beihilfe, Anstiftung) addiert werden (→ *Kriminalität*, → *Kriminalstatistik*, → *Kriminalgeographie*).

Kriminalstatistik *crime statistics*: Statistik, die → *Straftaten* quantitativ erfasst und bezogen auf bestimmte Regionen (Gemeinden, Bundesländer oder Gesamtstaat) zur Verfügung stellt. Die K. gibt Auskunft über Täter, Opfer, Fälle, Verfahren, Schäden und strafrechtliche Folgen (→ *Kriminalität*, → *Kriminalitätsziffer*, → *Kriminalgeographie*).

Kriminologie *criminology*: Lehre von der Erklärung der → *Kriminalität*.

kriminologische Regionalanalyse *criminological regional study*: im Kontext des interdisziplinären Forschungsfeldes der → *Kriminalgeographie* werden zur Verdeutlichung von Ursache, Aufkommen und Veränderung von Kriminalität regionale Analysen vorgenommen, um Präventivmaßnahmen entwickeln und realisieren zu können.

Krise *crisis*: Veränderung einer Situation oder Lage in Form einer Zuspitzung oder eines Wendepunktes, die i. d. R. mit einer dringenden Notwendigkeit einer Entscheidung verknüpft ist. Diese wiederum ist riskant (→ *Risiko*) und mit → *Unsicherheit* behaftet.

Krisenbewältigung → *Katastrophenbewältigung*.

Krisenbranche *crisis-ridden industry*: Wirtschaftszweig, der sich infolge von Problemen am → *Markt* in einem Schrumpfungsprozess befindet. K. müssen in großem Umfang Arbeitsplätze abbauen. Dabei können ganze → *Standorte* aufgelöst werden. Beispiele für K. sind in Deutschland der Steinkohlebergbau, die Stahlindustrie, der Schiffbau und Teile der Textilindustrie (→ *altindustrialisierter Raum*).

Krisenkommunikation *crisis communication*: alle unmittelbar vor einer akuten Krise oder einer → *Katastrophe* ausgesprochenen Warnungen, um die Bevölkerung sowie alle Hilfsorganisationen über das bevorstehende Ereignis zu informieren bzw. zum → *Selbstschutz* aufzurufen (→ *Katastrophenmanagement*).

Kristall *crystal*: aus chemisch einheitlichem Stoff entstandener fester Körper, ebenflächig begrenzt, mit konstanten Flächenwinkeln und mit einer bestimmten dreidimensional-periodischen Anordnung der atomaren chemischen Bausteine (→ *Mineral*).

Kristallgitter *crystal lattice*: das räumliche Anordnungsschema der Atome in einem → *Kristall*.

Kristallin *crystalline*: – – bezeichnet → *Gesteine* aus kristallinen Mineralgemengen.
– bezeichnet → *Minerale* mit Kristallstruktur.
– Gesteinsbereiche, die überwiegend aus kristallinen Gesteinen aufgebaut sind und dem → *Grundgebirge* angehören.

Kristalline Schiefer (Tektonite) *crystalline schist*: Gruppe der → *Metamorphite*, die durch → *Regional-* und Dynamometamorphose aus Sediment- oder Eruptivgesteinen (→ *Sedimente*, Erstarrungsgesteine) entstehen. Zu ihnen gehören → *Phyllite*, → *Glimmerschiefer*, → *Gneise*, → *Marmore* und → *Quarzite*. Die K. S. entstehen infolge Druck- und Temperaturerhöhungen in den → *Geosynklinalen*.

Kristalliner Schild *crystalline shield*: → *Schild*.

kristallines Gebirge *crystalline basement/bedrock*: → *Kristallin*, → *Grundgebirge*.

Kristallinkarren *crystalline karren*: eine Form des → *Pseudokarstes*, z. B. → *Granitkarren*.

Kristallisation *crystallisation*: die Bildung von → *Kristallen* durch das Ausfallen mineralischer Substanz aus einer Lösung, Schmelze oder Gasgemisch.

Kristallisationsdruck *crystallisation pressure*: der durch das Gefrieren des Wassers im Boden entstehende Druck, der Bodenhebung und Durchmischungsvorgänge bewirkt.

Kristallisationswärme *crystallisation heat*: die beim Gefrieren des Wassers freiwerdende Wärmeenergie von 79,4 cal oder 331,9 Joule pro g Wasser.

Kristallklassen *crystal classes*: 32-klassiges Ordnungssystem der → *Mineralogie* bzw. → *Kristallographie*, das auf sichtbaren Symmetriekriterien beruht.

Kristallographie *crystallography*: Teilgebiet der → *Mineralogie*; die Lehre von den → *Kristallen*, deren Struktur, Eigenschaften und Merkmale chemisch, physikalisch und mathematisch untersucht werden.

Kristallwasser *crystal water*: das in mineralischen Substanzen (Salzen) chemisch gebundene Wasser, welches nicht Bestandteil des → *Bodenwassers* ist und nur durch Verwitterungsprozesse frei werden kann.

Kritikalitätsstörfall *critical disruptive indicent:* → *Störfall* in → *Kernreaktoren* durch ungewolltes Entstehen einer kritischen Anordnung spaltstoffhaltiger Materialien, z. B. von → *Brennelementen.* Bei einem K. wird durch die → *Kernspaltung* Energie freigesetzt, ebenso hohe → *Neutronenstrahlung* (→ *GAU*, → *Super-GAU*).

Kritische Geographie: (Critical Geography) *critical geography:* eine Strömung vorwiegend in der → *Humangeographie.* Im deutschsprachigen Raum hat sich die K. G. in Anlehnung an die in den 1980er-Jahren auf der Grundlage links-emanzipatorischer und politisch engagierter Ansätze entstandene angloamerikanische Critical Geography (→ *Radical Geography*) entwickelt. Abgrenzungen zwischen K. G. und Radical Geography sind nicht eindeutig, die deutschsprachige K. T. hat sich jedoch stärker durch poststrukturalistische (→ *Poststrukturalismus*) und postmodernistische (→ *Postmoderne*) Ansätze beeinflussen lassen. Die K. G. hat im Sinne einer kritischen Wissenschaft die fortschrittliche (normative) Veränderung der Gesellschaft zum Ziel und will Ausbeutung, Unterdrückung und Entfremdung entgegenwirken.

kritische Größe *critical distance:* Mindestabmessung einer Brennstoffanordnung, die bei einer bestimmten Geometrie und Materialzusammensetzung den → *Kernreaktor* kritisch macht. (→ *kritischer Reaktor*).

Kritische Theorie (Frankfurter Schule) *Critical Theory:* eine von Hegel, Marx und Freud inspirierte Gesellschaftstheorie mit dem Ziel der kritischen Aufdeckung von Herrschafts- und Unterdrückungsmechanismen und der Entlarvung der Ideologien der bürgerlich-kapitalistischen Gesellschaft zur Entwicklung einer vernünftigen Gesellschaft mit mündigen Menschen. Ihre Anhänger werden auch als Frankfurter Schule zusammengefasst. In der Geographie wird die K. T. aktuell v. a. in Großbritannien verfolgt (→ *Radical Geography*, → *Kritische Geographie*).

kritische Wasserführung *critical aquiferity, critical water-bearing:* jene Wasserführung, die in Bezug auf chemische oder thermische Belastung der Gewässer und/oder nutzungsbedingte Niedrigwasserstände festgelegt wird. Die k. W. spielt bei der Bestimmung der → *Restwassermengen* oder bei Wärmelastplänen eine Rolle.

Kritischer Rationalismus *critical rationalism:* eine von Karl Popper eingeführte Denkweise, die die objektive Realität mit Hilfe von wissenschaftlichen Methoden vernünftig (rational), planmäßig und undogmatisch untersuchen möchte. Bis heute gilt sie in vielen geographischen Teildisziplinen als eine der wesentlichen methodologischen Grundlagen wissenschaftlichen Arbeitens (→ *Falsifikation*). Erkenntnistheoretisch (→ *Epistemologie*) ist der K. R. dem → *Realismus* und → *Positivismus* zuzuordnen.

kritischer Reaktor *critical reactor:* → *Kernreaktor* in kritischem Zustand, d. h. es werden ebenso viel Neutronen erzeugt wie durch Absorption und Ausfluss verloren gehen. Der kritische Zustand eines Reaktors ist der normale Betriebszustand.

Kritze (Kritzen, Kritzer) *striation:* an Gesteinsstücken oder am → *Anstehenden* beim Eistransport entstandene Kleinstform der → *Striemung,* z. B. als → *Gletscherschramme.* Deswegen wird auch von „gekritztem → *Geschiebe*" gesprochen. Entsteht durch den Prozess der → *Detersion.*

Kritzer → *Kritze.*

Kronenauffang *canopy interception:* der temporäre Niederschlagswasserspeicher (→ *Interzeption*) im → *Kronenraum* von Wäldern.

Kronendach *canopy:* unterschiedlich zusammenhängendes Gefüge von Blättern, Ästen und Zweigen eines Baumes, Baumbestandes oder → *Waldes.* Das K. kann einschichtig oder mehrschichtig sein.

Kronendurchlass *throughfall:* der durch die Baumkronen direkt auf den Boden gelangende Niederschlag. K. ist abhängig von je nach Baumart und Bestandesstruktur verschiedenen → *Kronenschluss.* Zudem spielen Niederschlagsform bzw. -intensität eine entscheidende Rolle. K. bildet zusammen mit dem → *Stammabfluss* den Bestandesniederschlag. (→ *Interzeption*).

Kronenraum *canopy space:* jener Bereich im Waldbestand, der von den Kronen der oberen Baumschicht gebildet wird.

Kronenschluss *crown density:* Grad der Überschirmung des Bodens durch Baumkronen. Der K.-Grad ist ökologisch für den → *Kronendurchlass* sowie die Existenz von weiteren Baum-, Strauch- und → *Krautschichten* von Belang.

Krotowina (Krotowine) *krotovina:* mit humosem Material verfüllter Nagetierwühlgang im → *Unterboden* lockerer Steppenböden, insbesondere der → *Tschernoseme* (→ *Steppen*).

Krotowine *krotovina:* → *Krotowina.*

Krümelgefüge *crumb structure:* aus weichen, rundlichen, humushaltigen, 1 bis maximal 5 mm großen Aggregaten aufgebautes → *Bodengefüge.* K. ist überwiegend aus Regenwurmlosung entstanden und charakteristisch für die → *Ackerkrume.*

Krumendegradierung *topsoil degradation:* die Verschlechterung der Humusqualität von Ackerböden durch überhohen Abbau der organischen Substanz, Gefügedestabilisierung infolge Humusabnahme und Kalkverlust sowie durch Bodenabtrag. K. ist ein Teilaspekt der Degradation.

Krummholz (Knieholz) *krummholz*: vom „normalen" aufrechten Baumwuchs abweichende niedrige und zumeist vielstämmige → *Wuchsformen*, die durch Klimaeinflüsse oder erblich bedingt sein können. Zu den erblichen K. gehören z. B. Legföhren (*Pinus mugo* ssp. *mugo*) und Grünerlen (*Alnus viridis*). Sie bilden dichte Bestände in Lawinenzügen sowie auch oberhalb der Waldgrenze (dort oft Sekundärformation nach Bränden). Niedrige Wuchsformen sind oftmals durch die winterliche Schneedecke vor Wind, Frost und Frosttrocknis geschützt.

Krummholzstufe *dwarf scrub zone*: → *Krummholz* oberhalb des geschlossenen Gebirgswaldes, wo hochstämmiger „normaler" Baumwuchs aufgrund der klimatischen Verhältnisse nicht mehr möglich ist. Geschlossene Legföhrenbestände oberhalb der → *Waldgrenze* haben sich oftmals nach Zerstörung des Waldes durch Brände entwickelt.

Kruste *coating (2), crust (1, 2)*: – Erdkruste: Im Modell des Schalenaufbaus der Erde die äußerste feste Gesteinshülle der Erde und im Vergleich zum Erdmantel Gestein geringer Dichte. Die Erdkruste erreicht Mächtigkeiten zwischen 7 und 70 km und wird in kontinentale und ozeanische K. unterschieden: Die kontinentale K. hat einen Anteil am Krustenvolumen von 79%, nimmt aber nur 41% der Krustenfläche ein. Die mittlere Mächtigkeit von kontinentaler K. mit 40 km wesentlich größer als das der ozeanischen K. mit 6 km. Auch in Bezug auf Dichte unterscheiden sich die kontinentale K. und die ozeanische K: Die erstere hat eine Dichte von ca. 2,7 g/cm³, die letztere ca. 3,1 g/cm³, weswegen die ozeanische K. auch an Subduktionszonen unter die kontinentale K. abtaucht. Aufgrund der verschiedenen Bildungs- und Zerstörungsprozesse (mittelozeanische Rücken, Subduktion) ist das Alter der ozeanischen K. mit max. 200 Mio. Jahren wesentlich geringer als das der kontinentalen K. mit 3750 Mio. Jahren. Die Erdkruste gehört gemeinsam mit dem oberen Mantel zur Lithosphäre, wobei die Grenze zwischen Mantel und K. durch die Moho-Diskontinuität ermittelt werden kann. – in der Geomorphologe steht K. für ein „verbackenes" Lockermaterial, das durch die verschiedenen Prozesse der Krustenbildung entsteht. Es werden je nach Mineral, das für die Verbackung verantwortlich ist, verschiedene Krusten unterschieden, beispielsweise Calcrete oder Silcrete. Auch in Böden können sich Krusten bilden (Krustenboden).

Krustenbewegung *crustal movement*: Bewegungstendenzen unterschiedlicher Größenordnungen in der → *Erdkruste* bzw. an der Erdoberfläche. 1. auftretend als → *epirogenetische*, also langzeitige und zugleich großräumige Krustenverbiegungen, bei denen die Lagerungsverhältnisse der Gesteine nicht wesentlich gestört werden; sie gehen auf Strömungen des → *Magmas* in der → *Lithosphäre* zurück. 2. auftretend als → *tektonische* Bewegungen, bei denen das Gefüge und die Lagerungsverhältnisse der Erdkruste linear oder in Linienmustern gestört werden. Dazu gehören → *Brüche* (→ *Störungen*, → *Verwerfungen*) und → *Falten*. Die → *Bruchtektonik* bzw. Faltungstektonik verläuft ebenfalls langsam, gegenüber den epirogenetischen Krustenbewegungen jedoch „rasch(er)".

Krustenbildung *crustification*: Sammelbegriff für die Prozesse, die zur Bildung von teilweise mitteldickem einheitlichem (verbackten) Lockermaterial führt. Die Verbackung kann mit Eisen (→ *Ferricrete*), Gips (→ *Gypcrete*), Kalk (→ *Calcrete*) oder Kieselsäure (→ *Silcrete*) erfolgen. Die entstehenden Krusten sind Vorzeitformen, wobei über die Entstehungsprozesse Uneinigkeit herrscht: sowohl Auf- und Abstieg von Lösungen im Rahmen der Krustenbildung als auch lateral durch Grundwasser zugeführte Mineralien werden diskutiert.

Krustenboden *encrusted soil*: in der → *Bodenkunde* übliche Bezeichnung für → *Krusten*, die an die Stelle des „gewachsenen" → *Bodens* getreten sind.

Krustenriff *ocean bank with coral crust*: im weiteren Umkreis und zwar in gewisser Entfernung vom Festland bzw. Inseln der → *Korallenküste* auftretendes → *Korallenriff*, wobei das → *Riff* auf schon vorhandenen Untiefen aufsetzt. Charakteristisch für seichte tropische Meeresbereiche.

Kryal *cryal*: Lebensraum des Schmelzwassers an Firn- und Eis- bzw. Gletscherflächenrändern, durch ein sehr geringes Nährstoffangebot und niedrige, jedoch gleichbleibende Temperaturen gekennzeichnet. Die Lebensgemeinschaft des K. sind die Kryon.

Kryobiozönose *cryobiosis*: Lebensgemeinschaft von Mikroorganismen, u. a. aus Algen, Bakterien und Pilzen, die in oder auf dem Schnee lebt.

kryogen *cryogenic*: unter Bedingungen des → *Eises* entstandene oder durch Eis veränderte Materialien des → *Oberflächennahen Untergrundes*.

kryogene Verwitterung → *Frostverwitterung*.

kryogenes Sediment *cryogenic sediment*: durch → *Gletscher* zusammengetragene Lockersedimente.

Kryokarst → *Thermokarst*.

Kryoklastik *cryoclastic weathering*: die Zerlegung von Gesteinen in Bruchstücke und einzelne Mineralkörner durch → *Frostsprengung* beim Auftauen und Wiedergefrieren des in der Bodenoberflächenschicht enthaltenen Wassers.

Kryokonit *cryoconite*: dunkelfarbiger mineralischer und organischer Staub auf der Oberfläche des Eises, z. B. von → *Gletschern*.

Kryokonitlöcher *cryoconite holes*: durch verstärkte Abschmelzung unter dunkel gefärbtem, und deshalb sehr wärmeaufnahmefähigem Staub und Schlamm (→ *Kryokonit*) auf Eisoberflächen enstehende Hohlformen; meist wassergefüllt.

Kryolithologie → *Kryopedologie*.

Kryopedologie (Kryolithologie) *cryopedology, cryolihology*: interdisziplinären Bereich zwischen → *Geomorphologie*, → *Glaziologie* und → *Bodenkunde* und jenes Fachgebiet, das sich mit dem Frostboden, seiner Dynamik und seinen Formbildungen beschäftigt (→ *Permafrost*).

Kryophyten *cryophytes*: Pflanzen, die unter kaltklimatischen Bedingungen unter oder in unmittelbarer Nähe von oder im Schnee oder Eis existieren können.

Kryoplanation *cryoplanation*: → *Denudation* unter den Bedingungen des → *Periglazials* und Effekt der → *Solifluktion*, jedoch verbunden mit der → *Erosion* durch sommerliche Schmelzwässer. Dies führt zu intensivem flächenhaftem Abtrag verbunden mit allmählicher Einebnung der Vollformen (→ *ablual*).

Kryoplanationsfläche (Solifluktionsrumpf, periglaziale Einebnungsfläche) *cryoplanation plain*: → *Kappungsfläche*, die sich bei zunehmender Verflachung von Glatthängen bildet. Sie entsteht entweder unter überwiegend → *periglazialen* Bedingungen oder bei Anhalten der Solifluktionsprozesse (→ *Solifluktion*). Die erforderliche → *Denudation* wird durch → *Solifluktionsschutt* bewirkt, der sich als Decke bewegt (→ *Kryoplanation*, → *Pediplanation*).

Kryosphäre *cryosphere*: der Bereich des gefrorenen Wassers auf der Erdoberfläche.

Kryoturbation *cryoturbation*: Durchmischungsvorgang von Material des → *oberflächennahen Untergrunds* bzw. des Bodens im → *Periglazial*, d. h. unter kaltklimatischen periglazialen Bedingungen. K. beruht auf dem Wechsel von Gefrieren und Wiederauftauen des Materials. Durch den Wechsel der Volumina werden Drucke ausgeübt, die zu vertikalen und horizontalen Materialbewegungen führen, die Sediment- und Bodenschichten im Untergrund verformen oder die durch Hebungs- und Sackungsvorgänge frostbedingte Oberflächenformen entstehen lassen, z. B. → *Frostmuster*- und → *Taschenböden*. Die K. spielt als Vorstufe der Bildung arktischer und subarktischer Böden eine große Rolle. K. kommen → *rezent* in der → *periglazialen Höhenstufe* von → *Hochgebirgen* vor, ebenso fossilisiert in Moränen und Terrassen der pleistozänen Sedimente des Alpenvorlandes, des Inlandvereisungsgebietes und des Periglazialgebietes. Im Boden entstehen Verwürgungen (→ *Würgeböden*, Taschenböden, → *Brodelböden*) und → *Frostgare*.

Kryptodom → *Quellkuppe*.

Kryptogamen *cryptogams*: veraltete Bezeichnung für Sporenpflanzen; verborgengeschlechtliche Pflanzen, den → *Phanerogamen* gegenüberstehend. Zu den K. gehören Thallophyten, Moose, Farne und Schachtelhalme.

kryptogen *cryptogenic*: „in der Entstehung ungeklärt".

kryptogene Abschalung → *Sphäroidalverwitterung*.

kryptogene Verwitterung → *Tiefenverwitterung*.

Kryptophyten *cryptophytes*: Pflanzen, deren Überdauerungsorgane sich im Boden (→ *Geophyten*) oder auch unter Wasser (→ *Helophyten*, → *Hydrophyten*) befinden, während ihre oberirdische bzw. in die Luft ragende → *Phytomasse* in der ungünstigen, d. h. trockenen und/oder kalten Jahreszeit abstirbt (→ *Lebensformensysteme*).

Kryptovulkanismus (Subvulkanismus) *cryptovolcanism*: → *Vulkanismus*, bei dem das aufsteigende → *Magma* unterhalb der Erdoberfläche bzw. innerhalb der → *Erdkruste* erstarrt. Ist dem → *Oberflächenvulkanismus* und dem → *Tiefenvulkanismus* gegenübergestellt. Der K. wird repräsentiert von → *Gängen* und → *Schloten* sowie → *Intrusivkörpern*, die bis nahe an die Erdoberfläche gelangen, aber vor dem Durchbruch zur Erdoberfläche erstarren. Zum K. gehören → *Batholithen* und → *Lakkolithen*.

Kryptozoen *cryptozoa*: tierische Organismen, die in Kleinlebensräumen in oder Steinen, Hölzern, Baumrinden oberhalb der Erdbodenoberfläche leben.

KSA (Komplexe Standortanalyse) *complex site analysis*: im Geoökologischen Arbeitsgang der → *Geoökologie* eine Methodik zur Analyse geoökologisch-geographischer → *Komplexe*, zugleich Bestandteil der Methodik der → *landschaftsökologischen Komplexanalyse*, mittels der an dem für eine geoökologische Raumeinheit repräsentativen → *Standort* (→ *Landschaftsökologischer Standort*) geoökologische Prozessparameter in ihrem vertikalen Funktionszusammenhang ermittelt werden. Der Messplatz heißt → *Tessera*. Messziel ist die Ermittlung der gegenseitigen Bedingtheit und der wechselseitigen Beeinflussung der → *Kompartimente*, ebenso der umgesetzten Stoff- und Energiemengen. Art und Maß ihrer

Korrelation werden mithilfe der Erkenntnisse aus der → *Differential-* bzw. → *Komplexanalyse* auf die Fläche übertragen: Sie gelten damit für den gesamten → *Geoökotop*.
K-Stratege *K-strategist*: → *Lebensstrategie*.
KTB *continental deep drilling*: → *Kontinentale Tiefbohrung*.
Kuchenboden *small cryogenic polygons in fine soil*: eine Form des → *Frostmusterbodens* im tropischen → *Hochgebirge* mit fast täglichem Frostwechsel, mit ausgeprägter Materialsortierung zwischen → *Feinboden* und → *Grobsediment*, wobei der Feinboden sich als flache, kuchenartige Gebilde – die gefroren und von Steinringen umgeben sind – akkumuliert. Sie sind deutlich vom nicht gefrorenen, weichen Unterboden getrennt.

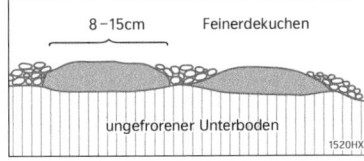

Kuchenboden

Küchentischgespräch *kitchen table interview*: Sonderform des → *Leitfadeninterviews*, um stilleren oder zurückhaltenden → *Probanden* die Möglichkeit zu geben, sich im kleinen Kreis (am Küchentisch, also im privaten Umfeld) zu (meist) lokalen Themen zu äußern. Dabei kann die individuelle Sichtweise der Teilnehmenden auf ihr Lebensumfeld ebenso besprochen werden wie Ideen und Vorschläge für die → *Dorfentwicklung*, die nicht in einem größeren Kreis (Bürgerversammlung o. ä.) vorgebracht werden, sei es aus Scheu vor der Reaktion oder weil sich der Ideengeber nicht sicher ist, ob die Idee Zustimmung finden kann.

kühlgemäßigt *cool temperate*: die → *Klimate* der → *Mittelbreiten* (→ *gemäßigte Breiten*) mit warmen Sommern und kühlen Wintern, deren kältestes Monatsmittel nicht wesentlich unter 0 °C liegt. Die winterliche Schneedecke der k. Klimate ist nicht kontinuierlich und fehlt in manchen Wintern ganz.
Kühlmittel im Kernreaktor *coolant, refrigerant, refrigerating agent*: unterschieden werden Primär- und Sekundär-K., die im → *Kernreaktor* der Wärmeableitung dienen. Verwandt werden leichtes und schweres Wasser, → *Kohlendioxid*, Helium und flüssiges Natrium.
Kühlschiff *refrigerator ship*: Schiff, das dem Transport wärmeempfindlicher und leicht verderblicher Lebensmittel dient (z. B. Obst, Südfrüchte, Fleisch und Fisch) und für diesen Zweck mit Kühlräumen ausgestattet ist.

Kühlteich *cooling pond*: angelegt bei → *Kraftwerken* mit hoher Abgabe von → *Abwärme*. Die K. sind notwendig, um die Kühlwassertemperatur niedrig zu halten. Ein Kraftwerk mit 1 300 MW benötigt einen Kühlteich mit ca. 10 km² Kühlfläche, um z. B. bei einer Feuchtlufttemperatur von 8 °C (d. h. 12 °C trocken; relative Luftfeuchtigkeit 57 %) die Kühlwassertemperatur auf 21 °C (= „Kaltwasser") zu halten. Neben künstlichen werden auch natürliche Teiche oder Seen genutzt, um Wasserrückkühlung vornehmen zu können.
Kühlturm *cooling tower*: in → *Kraftwerken* Turm zur Kühlung des im Kondensator aufgewärmten → *Kühlwassers*, also zur Vernichtung der ca. 60-70% → *Abwärme*, die in Kraftwerken ohne → *Kraft-Wärme-Kopplung* entstehen. Unterschieden werden → *Nass-* und → *Trockenkühlturm*. Der nach oben gerichtete Luftstrom kühlt das nach unten rieselnde Kühlwasser ab. Wegen der Verdunstung muss stets Frischwasser zugeführt werden. Ziel des K. ist es, eine Überwärmung der → *Oberflächengewässer* zu verhindern und in diese nur einen Teil der Abwärmelast einzuleiten.

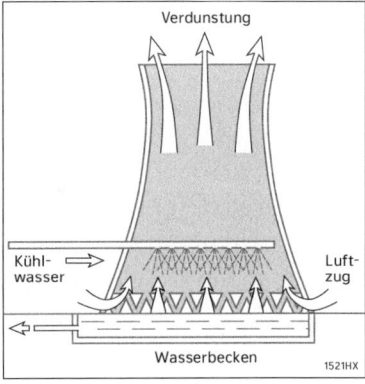

Kühlturm

Kühlwasser *cooling water, coolant water*: dient dem Ableiten überschüssiger, bei technischen Prozessen in der Industrie und Energieerzeugung anfallender → *Abwärme*. Dazu wird unter anderem der → *Kühlturm* eingesetzt.
Kühlwasseraufbereitung *cooling water processing, coolant water processing*: technischer Vorgang, um Kühlwasserkreisläufe in Industrie und Energieerzeugung funktionsfähig zu halten. 1. Säuberung sedimentierbarer Stoffe aus Oberflächenwasser, das als → *Kühlwasser* verwandt werden soll; dies mit modifizierten Techniken der → *Kläranlage* und der → *Trink-*

wasseraufbereitung. 2. Ersatz eines Teil des → *Kühlwassers* durch Frischwasser, um dessen Eindicken durch Salze, Algen, Pilze und sonstige Verunreinigungen zu verhindern. Zusätzlich wird Chlor dem Wasser beigegeben, um Algen- und Pilzwachstum zu verhindern.

Kulissenraum *scenery landscape*: bei einer → *Landschaftsbewertung* für touristische Zwecke Bezeichnung für einen Raum, der durch seine landschaftliche Attraktivität eine große Erholungseignung besitzt und der gleichzeitig ökologisch relativ stark belastbar ist. Der K. eignet sich daher auch für eine verdichtete → *Freizeitinfrastruktur* und eine intensive Erholungsnutzung.

Kulmination *culmination*: allgemein der Durchgang durch den höchsten Punkt. Der Begriff entstammt ursprünglich der → *Astronomie*. Hier: Durchgang eines Gestirns auf seiner scheinbaren Bahn am Himmelsgewölbe durch die größte Höhe über oder unter dem → *Horizont*.

Kultivierung *cultivation*: 1. Urbarmachung und Bewirtschaftung des Bodens durch den Anbau von → *Kulturpflanzen*. 2. die vom Menschen planmäßig durchgeführte Züchtung und Pflege von Kulturpflanzen.

Kultlandschaft *ritual landscape*: Landschaftsraum, dessen Physiognomie und Funktionen wesentlich durch die Ausübung eines bestimmten religiösen Kultes, insbesondere auch durch die Verbreitung entsprechender → *Kultstätten*, geprägt wird. Zu den K. gehören z. B. die „Heiligen Städte" von Religionen mit Sakralbauten, Klöstern, Prozessionsstraßen, Grabanlagen, heiligen Wäldern, Quellen, Flüssen usw. und die gesamte → *Infrastruktur* zur Beherbergung und Betreuung von Pilgern (→ *Pilgerverkehr*).

Kultosole *man-made soils*: die durch menschliche Nutzung völlig veränderten oder durch den Menschen vollkommen neu geschaffenen Böden. Dazu gehören → *Plaggenesch*, → *Hortisol*, → *Rigosol* und rekultivierte Böden aller Art (Aufschüttungen usw.; → *anthropogene Materialtypen*).

Kultsiedlung *religious settlement*: Siedlung, die um eine bedeutende → *Kultstätte* erwachsen ist oder in der Kultstätten einer Religion ortsprägend sind (→ *Wallfahrtsorte*, Begräbnisstätten von Religionsstiftern usw.). Typisch für K. sind große Besucherströme, z. B. von Wallfahrern an Feiertagen (→ *Pilgerverkehr*).

Kultstätte *place of worship*: Ort, an dem gottesdienstliche Kulte einer Religion stattfinden. Besonders wichtige K. sind häufig Orte, die in enger Beziehung zum Gründer oder zu Propheten und Heiligen der betreffenden Religionsgemeinschaft stehen. Es handelt sich z. B. um Kirchen, Tempel, → *Klöster*, → *Wallfahrtsorte*, Begräbnisstätten (→ *Pilgerverkehr*).

Kultur *culture*: Begriff mit vielfältiger Bedeutung. Im Unterschied zur → *Natur* wird allgemein all jenes als K. bezeichnet, das von Menschen erzeugt oder gestaltet wurde. Dazu zählen materielle Dinge und die sie erzeugenden Techniken, aber auch immaterielle Aspekte wie z. B. Sprache, Musik, Wissenschaft, Recht, Moral, Religion. In einem eher traditionellen Verständnis wird K. wird zwischen Hochkultur (als Leitkultur einer Gesellschaft) und Subkultur unterschieden. In einem modernen Verständnis werden auch Alltagspraktiken (Alltagskultur) und massenhaft verbreitete Kulturgüter (Populärkultur) in den K.-Begriff einbezogen.

kulturalistische Wende → *cultural turn*.

Kulturanthropologie *cultural anthropology*: zwischen → *Anthropologie* und → *Ethnologie* liegender Forschungsbereich, der sich v. a. mit rechtsumsbedingten Unterschieden zwischen verschiedenen → *Kulturen* und mit Phänomenen der Kulturübertragung befasst (→ *Akkulturation*).

Kulturart *land use type, type of cultivation*: in der → *Landwirtschaft* die Form der → *Bodennutzung*. Diese hängt von den natürlichen und sozioökonomischen Gegebenheiten ab. Als K. werden in der Statistik z. B. aufgeführt: → *Ackerland*, → *Gärten*, → *Wiesen*, → *Weiden*, Obstanlagen, → *Rebflächen*, → *Wald*.

Kulturartenverhältnis → *Nutzartenverhältnis*.

Kulturbiotop *cultural habitat*: unscharfer Begriff, der auf jene Lebensräume angewandt wird, deren Struktur und Funktion durch den permanenten Einfluss des Menschen geprägt werden. An sich beinhaltet der Begriff → *Biotop* in seiner allgemeinsten Form als → *Lebensstätte* pflanzlicher oder tierischer Organismen auch den Einfluss des Menschen auf den Ökosystemzustand. Der Begriff K. meint jedoch überwiegend die → *anthropogenen* Wirkungen des Menschen im → *Lebensraum* (→ *Kulturbiozönose*).

Kulturbiozönose *cultural biocoenosis*: → *Lebensgemeinschaft* im → *Kulturbiotop*, die unter dem Einfluss des Menschen aus einer → *quasinatürlichen* oder → *natürlichen* Lebensgemeinschaft entstand und ihren Bestand den anhaltenden → *anthropogenen* Einwirkungen verdankt. K. sind gegenüber den vorangegangenen natürlichen oder quasinatürlichen Biozönosen meist ärmer und ökofunktional instabiler (→ *Biogeozönose*).

Kulturboden *arable land*: Sammelbegriff für alle in menschlicher Nutzung (landwirtschaftliche Nutzung im weiteren Sinne) stehenden und durch den Menschen geschaffenen → *Böden*.

Kulturdenkmal *cultural monument*: Objekt, das als Zeuge der menschlichen Kultur und

Geschichte künstlerische oder wissenschaftliche Bedeutung besitzt bzw. dessen Erhalt und Pflege (→ *Denkmalpflege*) als Beispiel des menschlichen Kulturschaffens von allgemeinem Interesse ist. K. stehen unter → *Denkmalschutz*; es handelt sich u. a. um historische Bauwerke (Einzelobjekte oder Ensembles), Zeugnisse der Technikgeschichte, historische Gartenanlagen, Bodendenkmale. K. von globaler Bedeutung können in die → *UNESCO*-Liste des → *Welterbes* aufgenommen werden (→ *Welterbeliste*).

Kulturdörfer Europas *cultural villages of Europe*: ein internationaler Zusammenschluss von zwölf europäischen Dörfern, die am 10. Dezember 1999 in Wijk aan Zee eine Charta unterzeichneten, die das Ziel verfolgt, das dörfliche Leben zu fördern und die Suche nach einer dörflichen Identität in einer v. a. städtisch geprägten Welt zu unterstützen. Die unterzeichnenden Dörfer sind Wijk aan Zee (Niederlande), Mellionnec (Frankreich), Bystré (Tschechien), Pergine Valdarno (Italien), Aldeburgh (Großbritannien), Paxos (Griechenland), Killingi Nomme (Estland), Schachdorf Ströbeck (Deutschland), Palkonya (Ungarn), Porrúa (Spanien), Tommerup (Dänemark) und Kirchheim (Österreich).

kulturelle Distanz *cultural distance*: Unterschiede (oft länderspezifisch) in ethnischer Herkunft, Sprache, Konfession, sozialen Normen und Praktiken (→ *Kultur*), welche Entscheidungen, Kommunikation und → *Interaktion* beeinflussen. Bei der Erschließung und Bearbeitung fremder Märkte beispielsweise schaffen kulturelle Attribute v. a. dadurch Distanz, dass sie über Präferenzen für bestimmte Produktmerkmale die Wahlentscheidung ausländischer Konsumenten zwischen substitutiven Gütern beeinflussen.

kulturelle Evolution *cultural evolution*: Sammelbegriff für Entwicklung der → *Kulturlandschaft* und der technologischen Möglichkeiten des Menschen, in der → *Umwelt* als Gestalter tätig zu sein. Dabei wird das → *Naturpotenzial* beansprucht und das → *Leistungsvermögen des Landschaftshaushaltes* verändert.

kulturelles Erbe (Kulturerbe) *cultural heritage*: Gesamtheit aller → *Kulturgüter*, dazu zählen sowohl dingliche Objekte (z. B. UNESCO-→ *Welterbes*, Weltdokumentenerbes oder als eingetragene Kulturgüter geschützte Archivalien) sowie Güter des immateriellen Kulturerbes einschließlich mündlicher Überlieferungen.

kulturelles Gedächtnis *cultural memory*: nach Aleida und Jan Assmann jener Teil des → *kollektiven Gedächtnisses*, der den schriftlichen, archivierten, archäologischen Nachlass der Menschheit umfasst. Über Tradition und Wiederholung, mit einem hohen Grad an Formalität und Geformtheit, wird das zu Erinnernde gegenwärtig gehalten (→ *kommunikatives Gedächtnis*, → *Erinnerungskultur*).

kulturelles Kapital *cultural capital*: neben dem → *ökonomischen Kapital*, dem → *sozialen Kapital* und dem → *symbolischen Kapital* eine der vier Kapitalarten, die von dem frz. Soziologen Pierre Bourdieu zur Unterscheidung sozialer Ungleichheit eingeführt wurde. Damit wies er darauf hin, dass materieller Besitz nicht das einzige Kriterium für soziale Ungleichheit darstellt. Das k. K. umfasst neben der Bildung und Sprache auch die soziale und kulturelle Prägung durch die Herkunftsfamilie. In dieser Form ist das k. K. körpergebunden, aber innerhalb der Familie weitergebbar. Dazu kommt der Erwerb und Besitz kultureller Güter sowie das Potenzial der Machtausübung durch Erwerb von Titeln oder Positionen.

Kulturerbe → *kulturelles Erbe*.

Kulturerdteil *cultural continent*: historischer Begriff für einen Großraum der Erde, der nicht – wie ein → *Kontinent* – nach physischgeographischen Kriterien abgegrenzt wird, sondern durch die Zusammenfassung von → *Räumen* ähnlicher kulturlandschaftlicher Entwicklung. I. d. R. wird jeder K. durch eine oder mehrere verwandte → *Kulturen* (im traditionellen Sinne von räumlich abgrenzbaren Kulturen) geprägt. K. sind z. B. der abendländische, der anglo-amerikanische, der indische und der ostasiatische. Durch Prozesse der → *Globalisierung* und der damit einhergehenden Transformationen verwischen die Unterschiede zwischen den K..

Kulturflüchter *plant or animal avoiding areas of human activity*: → *hemerophobe* pflanzliche und tierische Organismen, deren → *Areale* bzw. → *Lebensräume* infolge → *anthropogener* Einflüsse (→ *Kulturbiozönose*) schrumpfen (→ *Artensterben*). Gegenbegriff: → *Kulturfolger*.

Kulturfolger *animal or plant settling in cultivated areas*: im Gegensatz zu den → *Kulturflüchtern* jene (v. a. Tier-) Arten, die ihren → *Lebensraum* in den unmittelbaren Wirkungsbereich menschlicher Wirtschafts- und Siedlungstätigkeit verlegen (→ *Synanthropie*). Ursachen: die Struktur des ursprünglichen Lebensraumes hat sich in den anthropogenen Einflussbereich finden die K. ein günstigeres und gleichmäßigeres Nahrungs- und/oder Wasserangebot; das Wohnplatzangebot ist besser; die Nähe des Menschen bietet Schutz vor natürlichen Feinden. – Extreme K. sind in den Städten und Verstädterungsgebieten zu finden (→ *Kulturbiozönose*, → *Stadtfauna*).

Kulturform *cultivar*: zum Zwecke der Nutzung durch den Menschen kultivierte und insbesondere auf höheren Ertrag gezüchtete

Form einer Pflanze im Gegensatz zur ursprünglichen → *Wildform* (→ *Nutzpflanze*).
Kulturgeographie *cultural geography*: traditionell wurde der Begriff K. teilweise als Synonym für → *Humangeographie* oder → *Anthropogeographie* gebraucht. Er leitet sich aus der traditionellen → *Geographie* des 19. Jh. ab, in der → *Kultur* als etwas Wesenhaftes gedacht wurde, das identifizierbar und damit auch von der Geographie lokal abgrenzbar sei. In der zweiten Hälfte des 20. Jh. trat mit der Übernahme von eher sozialwissenschaftlichen Konzepten der Kulturbegriff in der Humangeographie zunehmend in den Hintergrund – anstelle von K. wurde jetzt eher von Humangeographie oder Wirtschaftsgeographie und Sozialgeographie gesprochen. Seit den 1990er-Jahren erlebt die deutschsprachige K. in einer späten Rezeption des → *cultural turn* der → *Kulturwissenschaft* eine neue konzeptionelle Orientierung und damit eine Renaissance. Die → *Neue Kulturgeographie* versteht sich dabei weniger als eine Teildisziplin der Humangeographie, sondern eher als eine aus einer Vielzahl von aktuellen Theorien inspirierte Forschungsperspektive, die der Produktion (das Herstellen oder die Gemachtheit) von Geographien in den Vordergrund stellt (→ *Konstruktivismus*, → *Poststrukturalismus*) und sich dafür interessiert, welche Rolle die Herstellung bestimmter Räume für die Konstruktion bestimmter gesellschaftlicher Wirklichkeiten spielt.
Kulturgut *cultural asset*: im allgemeinen Sprachgebrauch etwas, was als kultureller Wert Bestand hat und bewahrt wird (→ *kulturelles Erbe*). Ein K. muss nicht an Materie gebunden sein, jedoch ist eine Beständigkeit (Tradition) erforderlich. K. sind i. d. R. von historischer, archäologischer, literarischer, künstlerischer oder wissenschaftlicher Bedeutung. Als K. können sowohl Bestände von Bibliotheken, Archiven und Museen als auch Bodendenkmäler und Gebäude gelten (→ *Baudenkmäler* wie Kirchen, Klöster, Schlösser). In jüngerer Zeit werden zunehmende auch technische Werke als K. anerkannt, z.B. historische Produktionsanlagen oder Verkehrsmittel.
Kulturkreis *cultural region*: ein älteres raumzeitliches Modell zur Erklärung der Kulturentwicklung. Ein K. umfasst einen Raum im Makromaßstab, der während einer bestimmten Epoche eine → *Kultur* eigenständiger Ausprägung hervorgebracht hat. Die Grenzen eines K. können durch die Verbreitung spezifischer kultureller Sachverhalte ermittelt werden. Das Verbreitungsgebiet mehrerer verwandter K. ergibt i. d. R. einen → *Kulturerdteil*.
Kulturland *cultivated areas*: das landwirtschaftlich durch Anbaukulturen genutzte Land. Beim K. wird nach → *Kulturarten* unterschieden.
Kulturlandschaft *cultural landscape*: höchste Integrationsstufe der anthropogenen → *Geofaktoren*. Die K. entsteht durch die dauerhafte Beeinflussung, insbesondere auch die wirtschaftliche und siedlungsmäßige Nutzung der ursprünglichen → *Naturlandschaft* durch menschliche → *Gruppen* und → *Gesellschaften* im Rahmen der Ausübung ihrer → *Grunddaseinsfunktionen*. Ihre regional differenzierte Ausprägung ist nicht durch die Natur determiniert, wohl aber von ihr beeinflusst und zwar umso stärker, je geringer die technologische Entwicklung der die K. gestaltenden Gruppen ist. Die K. enthält eine regionale Ausprägung insbesondere durch die → *Wohnfunktion* (Art und Verteilung der menschlichen Siedlungen), die Art der wirtschaftlichen Tätigkeit (agrarische Landnutzung, Rohstoffgewinnung, Industrie und Gewerbe) und die Raum- und Funktionsstruktur des → *Verkehrsnetzes*. Insbesondere ist die K. einem ständigen Wandel unterworfen, am stärksten im Wirkungsbereich der hochtechnisierten Industriegesellschaften. Mit den einzelnen → *K.-Elementen* beschäftigen sich die verschiedenen Teilbereiche der Kulturgeographie (→ *Humangeographie*). Der Begriff K. wird sowohl für die Gesamtheit der vom Menschen überformten Erdoberfläche verwendet als auch für einzelne Teilräume mit spezifischer Ausprägung (z. B. alpine K., mediterrane K.) im Sinne einer Typisierung und im Sinne eines Raumindividuums (z. B. die K. des Rhein-Main-Gebiets, des Ruhrgebiets, der Nordseeküste).
Kulturlandschaftselement *element of the cultural landscape*: meist nach physiognomischen oder funktionalen Kriterien zusammengefügte Gruppe von konstituierenden Bestandteilen der → *Kulturlandschaft*. Der Begriff K. wird in der Literatur für Bestandteile unterschiedlicher Integrationsstufe verwendet; Beispiele für K. sind das Siedlungsnetz, die Städte, die Landnutzung, aber auch → *anthropogene Formen* wie → *Raine*, → *Halden* oder vegetative K. wie → *Hecken*.
Kulturlandschaftsgestaltung *cultural landscape architecture, cultural landscaping*: 1. die sukzessive Veränderung der → *natürlichen Landschaft* zur → *Kulturlandschaft* durch wirtschaftende und siedelnde Tätigkeit des Menschen von den Anfängen der Menschheitsgeschichte bis heute. Es entstanden → *Kulturräume*, die mit der Methodik der → *Kulturlandschaftsgliederung* dargestellt werden. 2. im Sinne der → *Landespflege* eine geplante Umgestaltung und Strukturierung der Landschaft mit technischen Mitteln, um die Nutzung zu erleichtern sowie die → *Landschaftsökosysteme* zu stabilisieren bzw. zu er-

halten und weiterzuentwickeln, um nachhaltige Landnutzung zu ermöglichen (→ *Landschaftsökologie*, → *Nachhaltigkeit*).
Kulturlandschaftsgliederung *cultural landscape classification/structure*: 1. die historisch gewachsene Struktur des → *Kulturraums*. 2. eine Methode – vergleichbar der → *Naturräumlichen Gliederung* – zur Beschreibung und Darstellung der Kulturraumstruktur, basierend auf einer Hierarchie kulturlandschaftlicher Grundeinheiten, den → *Kulturlandschaftszellen*, die sich zu größeren funktionalen Einheiten aggregieren lassen. Je nach Gliederungsprinzip können physiognomische oder sozioökonomische Kriterien im Vordergrund stehen (→ *Raumgliederung*).
Kulturlandschaftspflege *preservation of the cultural landscape*: die Gesamtheit aller Bemühungen zur Erhaltung, Pflege und Entwicklung der historisch geprägten → *Kulturlandschaften*, um die Entwicklung von homogenen, rein funktionalen (Kultur-)Landschaften zu verhindern. Zur Erreichung dieser Zielsetzung ist es notwendig, dass der Schutz der → *Natur-* und → *Kulturlandschaft* (→ *Landschaft*), unter Berücksichtigung der Grundsätze der → *Nachhaltigkeit*, sich mit den jeweiligen Behörden der → *Regionalentwicklung* abstimmt.
Kulturlandschaftswandel *cultural landscape change*: regional differenzierter Prozess der Veränderung der → *Kulturlandschaft*, in Abhängigkeit von Art und Intensität der Ausübung der → *Grunddaseinsfunktionen* der Gesellschaften vor sich geht, die eine bestimmte Kulturlandschaft prägen.
Kulturlandschaftszelle *cultural landscape unit/cell*: angelehnt an den Begriff Landschaftszelle der → *Naturräumlichen Gliederung*. K. bezieht sich auf die → *Kulturlandschaftsgliederung*, nach der die K. die kleinste, für die Betrachtung in der → *Kulturgeographie* relevante räumliche Einheit repräsentiert, die nach Ausstattung und Funktionalität *homogen* ist und den Grundbaustein einer Hierarchie kulturräumlicher Einheiten darstellt. Die K. kann man auch als → *kulturräumliche Grundeinheit* bezeichnen.
Kulturmaßnahmen *methods of cultivation*: in Forst- und Agrarwirtschaft jene Maßnahmen, die dem nachhaltigen Wachstum der Kulturgewächse dienen und die Auswahl und Verbesserung des Pflanzenstandortes, → *Amelioration*, Bodenbearbeitung und → *Düngung* umfassen wie pflanzenhygienische Maßnahmen. Generell dienen sie der Erhaltung oder Steigerung der → *Bodenfruchtbarkeit*.
Kulturökologie *cultural ecology*: Begriff für die funktionale Betrachtungsweise der → *Kulturlandschaft* mit zwei möglichen Aspekten: 1. Betrachtung der Kulturlandschaftsfunktion im Zusammenhang mit dem → *Naturraumpotenzial* bzw. dem → *Leistungsvermögen des Landschaftshaushaltes* und der Funktionalität der diesem zugrunde liegenden → *Geoökosystem*, damit Teilen der später entstandenen → *Humanökologie* entsprechend. 2. eine soziologisch-sozialgeographische Betrachtungsweise der → *Kulturlandschaft*, deren sozioökonomische Funktionalität als → *System* begriffen wird. Beim kulturökologischen Ansatz handelt es sich um einen systemanalytischen Ansatz, der auf die Kulturlandschaft und ihre Prozesse und Kräfte umgelegt wird (→ *Anthroposystem*, → *Systemanalyse*, → *Systemtheorie*). 3. Bündel von Forschungsansätzen in der → *Kulturanthropologie* und → *Ethnologie* sowie der angloamerikanischen Geographie, die die Prozesse untersuchen, durch die eine Gesellschaft sich ihrer Umwelt anpasst. Die K. untersucht, warum zu verschiedenen Zeiten und an verschiedenen Orten der Welt strukturell vergleichbare Formen der Umweltanpassung zu finden sind sowie die Wechselwirkung von Mensch und Umwelt: inwieweit Kulturformen durch die Auseinandersetzung mit ihrer (natürlichen) Umwelt sich entwickeln, aber auch inwieweit die Kulturformen selbst wiederum ihre (natürliche) Umwelt prägen (→ *Geodeterminismus*).
Kulturpflanze *cultivated plant, ergasiophyte*: vom Menschen unter Kultur genommene, planmäßig angebaute und durch Züchtung veränderte Pflanze, die ursprünglich von → *Wildpflanzen* abstammt. Unterschieden werden primäre K., die direkt vom Menschen unter Kultur genommen wurden, und sekundäre K., die zunächst als → *Unkräuter* erschienen und später zur K. wurden. – Bei den K. traten Merkmalsänderungen auf durch Pflege, unbeabsichtigte Kreuzungen, → *anthropogen* bestimmte Standortangebote etc.. Die Kulturpflanzenzüchtung bedient sich zunächst der direkten Auslese, später künstlicher Kreuzung und noch später künstlicher Auslösung von Mutationen. – Die K. unterliegen, so wie natürliche Gewächse, den Prinzipien der botanischen → *Systematik*. Unterste Kategorie ist die Sorte.
Kulturpflanzenbau → *Pflanzenbau*.
Kulturprovinz → *Kulturraum*.
Kulturraum (Kulturprovinz) *cultural area*: Begriff für eine räumlich gedachte Einheit, die aufgrund ihrer eigenständigen historischen Entwicklung im Hinblick auf die Ausprägung ihrer materiellen und geistigen → *Kultur* sich nach außen abgrenzen lässt. Ein K. ist häufig identisch mit einer → *historischen Landschaft* (→ *Raumeinheit*).
Kulturraumforschung *research of cultural areas/space*: geographisch-historische,

auch geistesgeschichtliche Untersuchung von → *Kulturräumen* unter dem Aspekt ihrer spezifischen kulturellen und kulturlandschaftlichen Entwicklung und Eigenart.

kulturräumliche Grundeinheit *cultural-spatial basic unit*: auch als → *Kulturlandschaftszelle* bezeichnet. In Anlehnung an die Prinzipien der → *Naturräumlichen Gliederung* wurde auch der Begriff → *Top* eingesetzt, z. B. Anthropotop oder → *Soziotop*. Die methodische Problematik der k. G. besteht in der von der Definition der Kulturlandschaftszelle geforderten → *Homogenität*, die eine Frage des Betrachtungsmaßstabes ist, sowie des methodischen Filters, bestimmte formale und/oder funktionale Aspekte als Parameter aufzunehmen oder nicht aufzunehmen. Die k. G. wird auch vom Begriff „Funktional" abgedeckt, der eine kulturgeographisch-sozioökonomische Funktionseinheit repräsentiert.

Kulturschock *cultural shock*: menschlicher Verhaltenszustand, der auf der Konfrontation mit Fremdheit (z. B. einer anderen → *Kultur*) beruht und zunächst eine schockartige Verwirrung hervorruft, die v. a. bei weniger fremdheitserfahrenen Menschen in eine emotionale Ablehnung des Fremden (→ *Andere, der oder das*) übergehen kann (→ *Integration*).

Kulturschutt *anthropogenic debris*: gehört zum oberflächennahen Untergrund und ist Hauptrepräsentant der anthropogenen Materialtypen. In der → *Stadt* als Reliefbildner und Ausgangsmaterial für Bildung der → *Stadtböden* bedeutsam. Durch kriegsbedingte und natürliche (→ *Erdbeben*, → *Hochwasser*, → *Tsunami*) Stadtzerstörungen im Laufe der Jahrhunderte bis Jahrtausende und wiederholten Aufbau der Städte häuft sich K. auf, d. h. ehemaliges Mauerwerk oder herantransportiertes Material (Sand, Kies, Schotter, Verwitterungsschutt), z. B. für Wege-, Platz- und Straßenbau. In den ehemaligen Römerstädten am Rhein (z. B. Köln, Bonn, Mainz, Worms, Speyer etc.) überdeckt bis >10 m mächtiger K. das Ursprungsrelief und bietet neue Bedingungen für Bodenbildungen.

Kultursoziologie *cultural sociology*: zusammenfassende Bezeichnung für die Bereiche der → *Soziologie*, die sich mit Religion, Sitte, Recht, Erziehung, Kunst usw., d. h. mit den verschiedenen Ausprägungen der Kultur einer Gesellschaft befassen.

Kultursteppe *cultivated steppe*: 1. eine → *natürliche* → *Steppe*, die durch intensive Landnutzung (→ *Pampa*, → *Prärie*) in eine → *Kulturlandschaft*, eben eine K., umgewandelt wurde. 2. übertragen wird der Begriff auch auf offene, baumlose, in → *Monokultur* genutzte und ausgeräumte → *Agrarlandschaften* (z. B. in Mitteleuropa), die visuell und z. T. ökofunktional mit einer → *Steppe* vergleichbar sind.

Störungen des → *ökologischen Gleichgewichts* der → *Landschaftsökosysteme* sind u. a. die Folge (→ *Ausräumung der Kulturlandschaft*).

Kulturstufe *cultural stage, cultural level*: älterer Begriff für den Entwicklungsgrad der → *Kultur* eines → *Volkes*, der an der materiellen (insbesondere technischen) und immateriellen Entwicklungen und Ausprägungen gemessen wird. Die K. wird v. a. historisierend zur Beschreibung der Entwicklungsgeschichte der Menschheit benutzt. Die Bezeichnung der K. orientiert sich an zentralen Lebens- und Wirtschaftsformen (z. B. → *Jäger und Sammler*; Hackbauern, → *Nomaden*, älteres und jüngeres Stadtwesen).

Kultursukzession (Anbaufolge) *cultural succession*: Abfolge beim Anbau von → *Kulturpflanzen*. Wegen der einseitigen Beanspruchung des Nährstoffgehaltes im Boden und des Schädlingsbefalls ist ein Wechsel der → *Kulturarten* (bei einjährigen Pflanzen i. d. R. jedes Jahr) notwendig.

Kulturtourismus *cultural tourism*: touristische Reisen, denen als Reisemotiv überwiegend kulturelle Aktivitäten zugrunde liegen oder bei denen diese zumindest einen wesentlichen Teil der Reisezeit ausfüllen. Hierzu gehören z. B. Besichtigungen historischer Bauwerke, archäologischer Stätten, von Museen und Galerien, Besuche kultureller Veranstaltungen wie Konzerte, Theateraufführungen, Ausstellungen, Folkloredarbietungen u. ä. (→ *Eventtourismus*). K. wird insbesondere von Personen mittlerer und älterer Jahrgänge mit überdurchschnittlich hohem → *Bildungsstand* durchgeführt und gehört weltweit zu den wachsenden Sektoren des Tourismus. K. tritt in Form längerfristiger Reisen auf (→ *Studienreisen*), findet aber häufiger als → *Kurzzeittourismus* statt, bevorzugt in Städten (→ *Städtetourismus*).

Kulturvolk *civilized race, civilized people*: ältere Bezeichnung für ein → *Volk*, das eine → *Hochkultur* hervorgebracht hat. (→ *Erntevolk*, → *Handelsvolk*, → *Hirtenvolk*, → *Industrievolk*)

Kulturwald *cultural forest*: gegenüber dem → *Naturwald* ein → *Wald*, der → *anthropogen* entstand (→ *Forst*) und der dem ständigen organisierten Einfluss der → *Forstwirtschaft* ausgesetzt ist, die den K. im Sinne der wirtschaftlichen und sonstigen Interessen der Gesellschaft gestaltet (→ *Wohlfahrtswirkung*).

Kulturwissenschaft *cultural studies*: eine interdisziplinäre Wissenschaft, die die materiellen und symbolischen Dimensionen von Kulturen untersucht und dabei die kulturellen Aspekte von Kunstwissenschaft, Literaturwissenschaft, Medienwissenschaft, Sprachwissenschaft, Ethnologie, Philosophie, Theologie, Psychologie und Soziologie aufgreift.

Im deutschsprachigen Raum hat die K. seit den 1960er-Jahren unter dem Begriff → *Cultural Studies* mit dem gleichzeitig verstärkten Fokus auf die Bedeutung von → *Kultur* als Alltagspraxis (→ *Alltag* im Gegensatz zu Hochkultur) stärker an Bedeutung gewonnen (→ *cultural turn*).

Kümmergebiet *problem area, neglected area*: Teilraum eines Staates, der wirtschaftlich gegenüber den anderen Landesteilen zurückgeblieben ist. Die Ursache für das Entstehen von K. sind z. B. Verkehrsabgelegenheit, ungünstige → *Wirtschaftsstruktur*, mangelhafter Ausbau der → *Infrastruktur* usw. Der Begriff wird heute kaum noch verwendet und durch → *strukturschwacher Raum*, → *Passivraum* usw. ersetzt.

Kümo → *Küstenmotorschiff*.

Kumulation *cumulation*: Anhäufung, Häufung, Steigerung, Ansammlung. 1. oft im Zusammenhang mit → *Nähr-* und → *Schadstoffen* in den Kreisläufen der Organismen und der → *Ökosysteme*. 2. konzentriertes Vorkommen von → *Biota* in → *Arealsystemen*.

kumulativ *cumulative*: anhäufend, sich steigernd; oft im Zusammenhang mit Wirkungen von → *Schadstoffen* in den Kreisläufen der → *Ökosysteme*, von Organismen (kumulierte Dosis) oder der → *Atmosphäre* (→ *Kumulation*).

kumulierte Dosis *cumulated dose*: eine D→ *osis* die zustande kommt durch die Summierung einzelner, zu unterschiedlichen Zeitpunkten gegebenen Dosen i→ *onisierender* S→ *trahlung*. Die k. D. führt zu einem kumulativen Effekt der S→ *trahlenwirkungen* in den Organismen.

Kunstegart → *Egartwirtschaft*.

Kunstforst *artificial forest plantation, artificial woodland*: durch Aufforstung, Wiederaufforstung oder → *Naturverjüngung* vom Menschen geschaffener → *Wald* aus Baumarten, die oft nicht am Standort heimisch sind und die deswegen für ihre Entwicklung und Erhaltung besondere biologische und technische Pflegemaßnahmen erfordern. Zum K. gehört sowohl der → *Wirtschaftswald* als auch der Nichtwirtschaftswald. Dem K. gegenüber steht der → *Naturwald*.

Kunstgeographie *geography of arts*: Teilbereich der → *Humangeographie*, Lehre von der räumlichen Verbreitung kunsthistorischer Sachverhalte und Objekte (z. B. → *Denkmalschutz*), insbesondere von Baudenkmälern bestimmter Stile und Epochen, im Zusammenhang mit natur- und kulturgeographischen Raumstrukturen. V.a. historisch- und sozialgeographische Sachverhalte können unter Umständen mithilfe der K. erklärt werden.

Kunsthafen *artificial harbo[u]r*: → *Seehafen*, der durch Baumaßnahmen gesichert und funktionsgerecht gestaltet worden ist. Ab einer gewissen Verkehrsbedeutung und Größe muss jeder → *Naturhafen* mehr oder weniger stark zu einem K. umgebaut werden.

künstliche Verjüngung *artificial rejuvenation*: Bildung eines → *Kunstforstes* durch Saat oder Pflanzung. Der k. V. steht die → *Naturverjüngung* gegenüber.

künstlicher Regen *artificial rain*: durch künstliches Einbringen von Gefrierkernen in unterkühlte → *Wolken* erzeugter → *Regen*. Durch das Einschießen (mit Raketen) oder Absprühen von Silberjodid- oder Kohlensäureeiskristallen bilden sich in der → *Wolke* zunächst eine bestimmte Menge Eiskristalle, welche in der Folge die → *Kondensation* des → *Wasserdampfes* beschleunigen, der dann – nach Tröpfchenbildung – als Regen ausfällt.

Kunststoffe *artificial material, synthetic material, plastic*: in der Natur nicht vorkommende Stoffe, chemisch in komplizierten technischen Prozessen hergestellt und in der Umwelt meist als → *Belastungen* wirkend, weil sie beim Verbrennen giftige Dämpfe abgeben, bei eventueller Zersetzung → *Schadstoffe* freisetzen, teilweise völlig unzersetzbar bzw. nicht abbaubar sind etc.. Die Kunststoffe der K. sind für den Verbraucher i. d. R. nicht definiert.

Kunststoffrecycling *plastics recycling*: Nutzung der thermischen oder stofflichen Eigenschaften von Kunstoffen nach Aufbereitungsschritten als → *Sekundärrohstoffe*.

Kupferschiefer *copper shale*: schwärzlicher Mergelschiefer mit Bitumen, der im → *Zechstein* als → *Faulschlamm* in flachen Meeresbuchten entstand. Durch Reduktionsprozesse fielen fluvial eingetragene Metallsulfate als Sulfide aus. Der K. enthält maximal 3% Kupfer. Er war in Deutschland das wichtigste Kupfererz.

Kuppe *cone, cupola, knoll*: – rundlich gewölbter → *Berg* bzw. → *Gipfel*, der gewöhnlich durch → *Abtragung* entsteht. – eine Form oder Folge des → *Vulkanismus*, z. B. als → *Staukuppe* oder → *Quellkuppe*.

Kuppel → *Dom*.

Kuppelhütte *beehive hut*: runde und halbkugelige Form einer → *Hütte* aus Gras, Stroh, Rinde oder anderen Materialien.

Kuppenkarst *cone karst*: Vorstadium des → *Kegelkarstes*.

Kupste *hummock*: – kleine Vollform (maximal Dekameterbereich), die auf Akkumulation von Lockersediment um und/oder unter einem Busch bzw. Strauch entsteht. Meist mit → *Luv-* und → *Leeasymmetrie*. Das Wurzelwerk der Pflanze hält das Lockersediment fest und bildet einen stabilen K.-Kern. Aufgrund des Bodenfeuchtespeichervermögens des Lockersediments wird die Pflanze ökophysiologisch begünstigt, sodass sie selbst im ariden Klima ständig weiterwachsen kann. – K. entstehen auch durch → *Abtragung*, v. a. → *Flächenspülung* und → *Deflation*, wobei v. a. dort abgetragen wird, wo das schützende Wurzelwerk fehlt. Der Lockersedimentsockel wird solange zusammengehalten, solange die Pflanze lebt.

Kupstendüne *hummocky dune*: unregelmäßig gestaltete, in fortwährender Umbildung begriffene → *Düne*, die mit einer sehr lückigen Vegetation, v. a. Strandgrashorsten, überzogen ist (→ *Vordüne*). Als Sonderform der → *Küstendüne* repräsentiert die K. das Prinzip der Bildung bzw. der Zerstörung von → *Kupsten*.

Kurort *spa, health resort*: Ort, der wissenschaftlich anerkannte natürliche Heilmittel des Bodens, des Wassers und/oder des Klimas (→ *Bioklima*) anbietet und infrastrukturell (Sanatorien, Kurheime, Kurpark, Spiel- und Sporteinrichtungen) und personell (Kurärzte, medizinisches Hilfspersonal) entsprechend ausgestattet ist, um zur Linderung, Heilung oder Vorbeugung von Krankheiten zu dienen. Zu den K. gehören → *Heilbäder* und → *heilklimatische Kurorte*. Die Bezeichnung K. ist in Deutschland geschützt und wird von den → *Ländern* verliehen.

Kurtaxe *spa tax*: Gebühr, die ein → *Kurort* von seinen Gästen erheben darf. Sie dient der Herstellung und dem Unterhalt von Kureinrichtungen.

Kurzarbeit *short-time work*: Reduzierung der betrieblichen Arbeitszeit. K. bietet Unternehmen die Möglichkeit, in schwierigen wirtschaftlichen Situationen Entlassungen zu vermeiden. Der den Beschäftigten entstehende Verdienstausfall wird durch das vom → *Staat* zu zahlende Kurzarbeitergeld zum Teil ausgeglichen. K. ist vom Arbeitsamt zu genehmigen und maximal für zwei Jahre möglich. Die Zahl der Kurzarbeiter dient neben der → *Arbeitslosenquote* als Indikator für die konjunkturelle Entwicklung.

Kurzgewann *short field parcels*: → *Gewann*, deren Parzellen im Mittel unter 200–250 m Länge aufweisen (→ *Langgewann*).

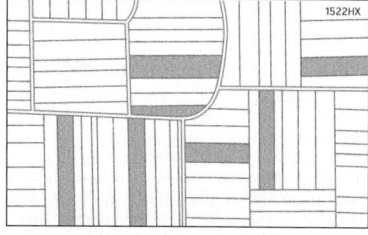

Kurzgewannflur

Kurzgrasprärie *short grass prairie*: Typ der nordamerikanischen → *Prärien*, die sich gegenüber der → *Langgrasprärie* durch geringere Niederschläge (400–500 mm) und Niedriggräser mit geringer Wurzeltiefe und geringer Halmhöhe auszeichnet.

Kurzstreckenverkehr *short-haul traffic*: Verkehrsvorgang mit relativ geringer Reichweite unter Berücksichtigung des benutzten Verkehrsmittels. Der Begriff wird v. a. im → *öffentlichen Personennahverkehr*, aber auch im Flugverkehr benutzt.

Kurzstreifenflur *short field strips*: → *Flurformentyp*, der streifenförmige → *Parzellen* von im Mittel unter 200–250 m Länge aufweist (→ *Langstreifenflur*, → *Breitstreifenflur*, → *Schmalstreifenflur*).

Kurzurlaub *short holiday, short break*: Urlaub von nur wenigen Tagen Dauer, der der → *Kurzzeiterholung*, daneben häufig dem → *Städtetourismus* dient.

Kurzzeittourismus *short-term tourism*: Sammelbezeichnung für Erholungs-, → *Studien-*, Geschäfts-, Kongressreisen u. ä. von kurzer zeitlicher Dauer (1–3 Übernachtungen). Häufige Formen des K. sind Wochenendausflüge mit auswärtiger Übernachtung, → *Städtetourismus* und → *Kongresstourismus*.

Küste *coast, shore, seaside*: dreidimensionaler Grenzsaum (→ *Ökoton*) zwischen → *Festland* und → *Meer*. Sowohl in horizontaler Erstreckung interagieren → *Lithosphäre* (z. B. → *Gestein*, → *Verwitterung*, → *Tektonik*), → *Atmosphäre* (z. B. → *Temperatur*, → *Wind*), → *Hydrosphäre* (z. B. → *Wellen*, → *Gezeiten*) und auch → *Biosphäre* (z. B. → *Bioerosion*), wodurch die K. ständiger Formung und Überformung unterliegt. Seewärtige Grenze der K. ist das Auftreten von → *Brandung*, landseitig die Ausdehnung von Spritzwirkung und/oder → *Sturmfluten*. Eingeteilt wird die K. v. a. nach geomorphologischen Kriterien, z. B. in → *Flach-* und → *Steilküste* oder → *Hebungs-* und → *Senkungsküste*. Aus beiden Typengruppen leiten sich weitere Einzelküstentypen ab. Differenzierend sind biotische Merkmale, z. B. bei der → *Mangroven-* oder der → *Korallenküste* (→ *Ufer*).

Küstendepression *coastal depression, marsh below sea-level*: – flache Hohlform an der → *Küste*, die durch Erosion oder → *marine* → *Geomorphodynamik* entstand. – das Absenken der Küste zu einer → *Senkungsküste* infolge → *tektonischer* oder → *epirogenetischer* Bewegungen, z. T. bis unter den → *Meeresspiegel* (→ *Depression*). – → *Marschen*, die als Folge der Trockenlegung unter den Meeresspiegel abgesunken sind.

Küstendüne *coast[al] dune, littoral dune*: → *Düne*, aus Meeressand am → *Strand* vom Seewind aufgehäuft. Die K. durchläuft eine

Sukzession, die 1. mit der → *Vordüne* beginnt, 2. in die sekundäre → *Weißdüne* übergeht, 3. zur eigentlichen bewachsenen K. führt, deren Vegetation jedoch durch anthropogene oder natürliche Prozesse zerstört sein kann, sodass→ 4. Wanderdünen entstehen. Weitere Stadien bilden dann Abtragungsformen, wie → *Parabeldüne* und → *Longitudinaldüne* bzw. → *Haldendüne*. Im Verlauf der Zeit kann sie sich zur → *Grau-* und zur → *Braundüne* entwickeln.

Küstenebene *coastal plain*: → *Flachform*, die zum → *Meer* hin „geöffnet" bzw. abgedacht ist und die sowohl eine → *Aufschüttungs-* als auch eine → *Abtragungsebene* sein kann.

Küstenfesteis *shore ice*: an der → *Küste* angefrorene, in flachem Wasser auch bis zum Grund reichende kompakte Eisdecke.

Küstenfischerei *inshore fishing*: innerhalb der Küstengewässer betriebene Fischerei. Im Fischereirecht ist festgelegt, dass die K. den Staatsangehörigen des betreffenden → *Küstenstaates* vorbehalten ist (→ *Fischereiwirtschaft*).

Küstenfluss *coast river*: ein → *Fluss*, der schon nach kurzem Lauf ins → *Meer* mündet.

Küstenformen *coastal forms*: die Formen des → *Georeliefs* der → *Küste*. Sie entstehen durch → *Erosion* und → *Akkumulation*, speziell → *Sedimentation*. Die K. resultieren aus einem komplexen Zusammenwirken verschiedener → *mariner*, → *submariner* und → *terrestrischer* Prozesse, Kräfte und Agenzien. Unterschätzt bei Küstenbildung sind z.B. → *gravitative Massenbewegungen* (→ *Rutschung*, → *Steinschlag*). Daneben spielen die ursprüngliche → *Oberflächenform*, tektonische Bewegung, Gesteinsart und -lagerung eine Rolle. Grundkategorien der K. sind → *Flachküste* und → *Steilküste*. Auf tektonische und sonstige Erdkrustenbewegungen gehen → *Regressionsküste* und → *Ingressionsküste* zurück. Zu den K. der Ingressionsküste gehören → *Bodden-*, → *Fjärden-*, → *Rias-* und → *Schärenküste*.

Küstenhüttenwerk (Nasse Hütte) *coastal smelting works*: Standorttyp der → *Hüttenindustrie*. Seit den sechziger Jahren besteht, v.a. in rohstoffarmen → *Industrieländern* wie Italien und Japan, der Trend, Hüttenwerke an der Küste zu errichten, in denen importierte Erze verhüttet werden, weshalb man auch von → *Nassen Hütten* spricht.

Küstenklima *coastal climate*: das charakteristische → *Klima* der → *Küstenlagen*, welches sich gegenüber dem im Landinneren der betreffenden Region herrschenden Klima durch ausgeglicheneren Jahres- und Tagesschwankungen der Temperatur und v.a. sehr viel größere Windhäufigkeit auszeichnet. Küsten stehen zudem unter dem Einfluss des lokalen, an Schönwettertagen in Gang gesetzten Land-Seewind-Systems (→ *Landwind*, → *Seewind*).

Küstenlage *coast site*: Standort z.B. einer Stadt oder eines Unternehmens an einer Küste.

Küstenlandschaft *coastal landscape*: nicht nur ein → *geomorphologischer Landschaftstyp*, sondern eine → *synthetische Landschaftsbezeichnung* für den Raum der → *Küste*, die jedoch über den geomorphologischen Begriff hinausgeht und den gesamten Lebens- und Wirtschaftsraum des → *Bios* und des Menschen mit einbezieht, der sich sowohl auf dem küstennahen Bereich des Wassers als auch auf das → *Hinterland* bezieht.

Küstenlinie *coastline, coastal line, shoreline*: Grenze zwischen Wasser und Land, entsprechend der Definition von → *Küste*, wobei die Wasserlinie permanenten, meist periodischen, zyklischen oder episodischen Veränderungen durch → *Brandung*, → *Gezeiten*, → *Meeresströmungen*, → *Meeresspiegelschwankungen* und → *anthropogene Einflüsse* unterliegt. Der wenig präzise Begriff K. wird besser durch → *Strandlinie* ersetzt.

Küstenmotorschiff (Kümo) *coaster vessel*: kleines Frachtschiff für den Einsatz in der → *Küstenschifffahrt*.

Küstenrückgang *coastal regression*: durch → *exogene* → *Prozesse*, wie → *Brandung*, → *gravitative Massenbewegungen* und Windeinwirkung bewirkter Landverlust, der v.a. bei → *Sturmfluten* bedeutend ist und → *Küstenschutz* erforderlich macht.

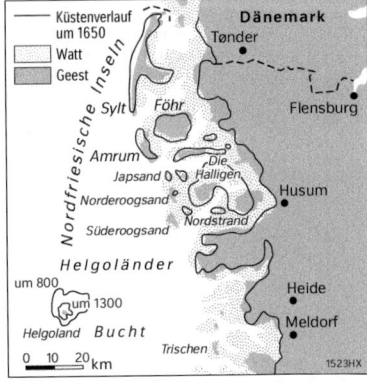

Küstenrückgang

Küstenschifffahrt *coastal shipping*: Güter- und Personenschifffahrt entlang einer Meeresküste, in küstennahen Gewässern oder zu vorgelagerten Inseln, d.h. ohne Überquerung eines Meeres, z.B. zwischen → *Häfen*, die an der gleichen Küste liegen. K. bietet insbesondere in → *Langküstenstaaten* häufig Transportkostenvorteile gegenüber dem Landverkehr. Zur K. gehört auch die Sportschifffahrt bis etwa 12 Seemeilen Entfernung von der Küste.

Küstenschutz *coast[al] protection, shore protection, coastal engineering*: Sammelbegriff für Maßnahmen, die direkt oder indirekt die → *Küste* vor → *Brandungserosion* und damit Abtragung schützen, um Landverluste zu vermeiden. K.-Maßnahmen, die in die geomorphologischen Prozesse an der Küste eingreifen, was – über die Kunstbauwerke der → *Deiche* hinaus – auch zu Veränderungen in den Akkumulations- und Erosionsprozessen im Küstenbereich führt. K. ist meist mit → *Landgewinnung* verbunden und in erster Linie von technischen, in zweiter Linie von biologischen Maßnahmen bestimmt. Vorrangig geht es um das Brechen der Wellen- bzw. der Brandungskraft, aber auch um Küstenströmungen zu lenken und Sedimenttransporte zu beeinflussen. Dem K. dienen, neben den → *Deichen,* → *Buhnen* bzw. → *Lahnungen* oder sonstige → *Längswerke,* aber auch natürliche Formen, wie die → *Küstendüne,* deren Erhaltung durch anthropogenen Erosionsschutz gefördert wird, z. B. durch Bepflanzung.

Küstenschutzwald *coast protection forest*: ein → *Wald,* dessen Lage und Struktur die Meeresküste vor den Prozessen des → *Küstenrückgangs* auf natürliche Weise schützt und → *anthropogene* Maßnahmen des → *Küstenschutzes* ergänzen kann.

Küstenstaat *littoral state*: → *Staat,* der – im Gegensatz zu den → *Binnenstaaten* – mit einem Teil seines Staatsgebiets an das offene Meer angrenzt. Die überwiegende Mehrzahl aller Staaten sind K. Innerhalb der K. können Lang- und Kurz-K. sowie → *Inselstaaten* unterschieden werden.

Küstenterrasse *coastal terrace, shore terrace, beach terrace, wave-cut platform, marine bench*: ehemalige → *Abrasionsplattformen,* die – je nach Entstehungszeit – über oder unter dem heutigen Meeresspiegelniveau liegen. K. können auch → *marine Sedimente* tragen. Die K. stehen zum Weltmeeresspiegel in Beziehung, sind also theoretisch miteinander weltweit vergleichbar. Zahlreiche lokale und regionale Ausnahmen werden durch tektonisch labile Küstenbereiche verursacht, z. B. am Mittelmeer oder in ehemals eisbedeckten Gebieten, wo Land infolge Entlastung isostatisch ansteigt. Generell geht jedoch die Terrassierung der → *Küsten* auf den Wechsel von → *Regressionen* und → *Transgressionen* zurück, also auf → *eustatische Meeresspiegelschwankungen.*

Küstenversatz → *Strandversetzung.*
Küstenversetzung → *Strandversetzung.*
Küstenwüste *coastal desert*: extrem niederschlagsarme, relativ schmale Küstenstreifen im Bereich der subtropisch-randtropischen Hochdruckgürtel an den durch kalte → *Auftriebswasser* gekennzeichneten Westküsten der Kontinente, z. B. Namib und Atacama. K. sind eine Folge der großen Hochnebelhäufigkeit in den antizyklonal absinkenden und über dem kalten Auftriebswasser abgekühlten → *Luftmassen.* Dadurch wird → *Konvektion* unterbunden; es findet keine Bildung von Regenwolken statt. K. weisen sich im Vergleich zu → *Wüsten* im Landesinnern durch höhere Luftfeuchtigkeit und intensive Taubildung aus. Sie sind pflanzenökophysiologisch weniger → *arid* (→ *Nebelküste*).

Kuverdeich *seepage dike*: Sonderform des → *Deiches,* der als zusätzlicher Schutzdeich hinter undichten Deichstellen, die Kuverwasser durchlassen, errichtet wird.

Kybernetik *cybernetics*: Fachgebiet, das sich aus informationstheoretischer Sicht mit der Steuerung und Regelung von Maschinen beschäftigt. Der Begründer der K., Norbert Wiener, wies bereits auf die Übertragbarkeit auf lebende Organismen und soziale Organisationen hin. V. a. in Verbindung mit der → *Allgemeinen Systemtheorie* und bei der Entwicklung von → *Modellen* findet die K. ihre Anwendung, indem → *Systeme* als → *Regelkreise* dargestellt werden und so versucht wird, deren Regelungen, Steuerungen, Gleichgewichtszustände und Rückkopplungsprozesse zu untersuchen.

Kybernetik zweiter Ordnung *second-order cybernetics*: nach Heinz von Foerster Einbindung von Rekursionsprozessen in die → *Kybernetik.* Ähnlich wie in → *Systemtheorien zweiter Ordnung* und → *Beobachtung zweiter Ordnung* muss zumindest der Beobachter eines → *Systems* (der damit als Teil dessen aufgefasst wird), in die Beschreibung und Erklärung des Systems mit einbezogen werden.

Kyschtym *Kyschtym*: Stadt im Südural, in deren Nähe sich das → *Zwischenlager* bzw. die → *Plutoniumfabrik Majak* befindet. Dort wurden → *radioaktive Abfälle* in großen Mengen freigesetzt. Zunächst waren weder der Zeitpunkt (ca. 1957/58) noch Ursache und Verlauf des Unfalls bekannt. Man vermutete eine Behälterexplosion durch Überhitzung, bei der große Mengen Strontium-90 frei wurden, die ein Gebiet von bis zu 1000 km² verseuchten. Die Stadt war auf sowjetischen Karten nicht verzeichnet, ebenso nicht die Atomanlage Majak, von denen man erst seit der politischen Wende weiß (Radioaktivität).

K-40-Ar-60-Datierung → *Kalium-Argon-Methode.*

L

La Hague *Plutonium plant La Hague, reprocessing plant La Hague*: Plutoniumfabrik und → *Wiederaufbereitungsanlage* auf der Halbinsel Cotentin (Normandie). Produzierte seit 1960er-Jahren → *Plutonium* für militärische Zwecke, nach der Ölkrise 1973 auch für zivile Belange; Wiederaufarbeitung von → *Atommüll* (→ *radioaktiver Abfall*) erfolgt seit 1976. Gegenwärtige Hauptverwendung der Wiederaufbereitungsanlage ist die Trennung von Bestandteilen aus abgebrannten → *Brennstäben*. Die umstrittene Umgebungsstrahlung von L. H. soll <20 mSv/p. a. (→ *Sievert*) liegen und der → *Äquivalentdosis* entsprechen, der eine Person auf einem Transatlantikflug unterliegt.

labile Schichtung *unstable stratification*: Zustand in Wasser- und → *Luftmassen*, der als Folge bestimmter Temperaturverteilungen vertikale Austauschvorgänge begünstigt.

labile Unterschicht *labile understorey*: die unterste Luftschicht in der → *Atmosphäre*, in der sich starke vertikale Austauschvorgänge abspielen (→ *Troposphäre*).

labiles Ökosystem *labile ecosystem, unstable ecosystem*: durch → *natürlich*-labile und nutzungslabile → Geoökofaktoren bestimmtes → *Ökosystem*. Die Theorie geht bei → *Labilität* davon aus, dass ein vielfältig ausgestattetes, hochdiverses Ökosystem wegen der → *Diversität* auch über → *Stabilität* verfügt, ein niedrigdiverses hingegen labil sei. Labilität und Stabilität von Ökosystemen hängen wesentlich von der Nutzung der Geoökosysteme ab. Ökosysteme können von Natur aus labil sein (bodenchemisch, bodenphysikalisch und/oder wasserhaushaltlich), sie können aber auch erst durch Nutzungseingriffe bzw. → *Belastungen* labil werden, sodass ein Gleichgewicht der → *biotischen* und → *abiotischen* Faktoren gestört wird. Labilität im Ökosystem wäre somit der reziproke Wert der Widerstandsfähigkeit, also der → *Pufferung*, gegen Gleichgewichtsstörungen infolge → *Belastung* (→ *stabiles Ökosystem*, → *Puffer*).

Labilisierung *destabilization of atmosphere*: Prozess der Umschichtung in einer → *Luftmasse* (z. B. das Einbrechen von → *Kaltluft* in ein wärmeres Luftpaket), welcher zu turbulenten Austauschvorgängen und vertikalen Luftströmungen führt. L. führt zu → *Konvektion*.

Labilität *instability*: 1. allgemein die Instabilität eines → *Systems* (ökologisches System, → *Stabilität*). 2. Begriff der Ökosystemlehre (→ *labiles Ökosystem*), der das Ausmaß und die Geschwindigkeit der Veränderungen in einem → *Ökosystem* meint, die auf → *Belastung* zurückgehen, sodass das → *biologische* → *Gleichgewicht* bzw. das → *Gleichgewicht* von → *Ökosystemen* verändert wird. Die L. ist der reziproke Wert der Widerstandsfähigkeit bzw. Pufferung (→ *Puffer*) gegen Störungen des Gleichgewichts durch Belastung.

Ladangkultur *ladang cultivation*: in den tropischen → *Regenwäldern* Indonesiens weit verbreitete Form der → *Brandrodungswirtschaft* (→ *shifting cultivation*).

Ladefaktor *load factor*: im → *Luftverkehr* Maß für die Ausnutzung des Angebotes. Im Frachtverkehr gibt der Nutz-L., im Passagierverkehr die Sitz-L. an, wieviel Prozent der angebotenen Nutzlast-Tonnenkilometer bzw. Fluggast-Kilometer im Durchschnitt ausgenutzt wurden.

Laden *shop*: Verkaufsraum eines Unternehmens im → *Einzelhandel*, in dem der Händler seine Waren anbietet und in Kontakt zum Kunden tritt. Zum L. gehört i. d. R. ein Schaufenster, das der Werbung und der Präsentation des Angebots dient. Je nach Verkaufsart unterscheidet man Bedienungs- und Selbstbedienungs-L..

Ladengruppe *group of shops*: innerstädtisches → *Versorgungszentrum* unterer Stufe. Eine L., vielfach auch mit den Begriffen → *Nachbarschaftszentrum* oder → *Quartierzentrum* gleichgesetzt, dient der Versorgung der benachbart wohnenden Bevölkerung mit → *Gütern* des kurz-, in geringem Umfang auch des mittelfristigen Bedarfs.

Lage *position (1.); height, altitude (2.); location, site (3.)*: 1. geographische L., die durch Koordinaten des → *Gradnetzes* der → *Erde* angegeben wird. : 2. Höhenlage, die i. d. R in Meter über dem → *Meeresspiegel* bzw. → *Normalnull* (NN) angegeben wird. : 3. geographische Lage, die für einen Erdraumausschnitt durch ihre ökofunktionalen und systemaren Nachbarschaftsbeziehungen zur näheren und weiteren Umgebung zustande kommt und die man unter den naturwissenschaftlichen Aspekten des → *Geoökosystems* als → *landschaftsökologische Nachbarschaftsbeziehung* definiert.

Lagemaß *measure of location*: Kennzahl der → *deskriptiven Statistik*, die man aus einer → *Stichprobe* errechnen kann, sie beschreibt das Zentrum einer Verteilung. Neben den → *Streuungsmaßen* sind L. wesentlicher Bestandteil der deskriptiven Statistik und umfassen z. B. → *Mittelwert*, → *Median*, → *Modalwert*, → *Quantil*.

Lager *deposit, layer (1.); camp (2.); store (3.)*: 1. Erz- oder Gesteinsschichten plattiger Gestalt, die in Sedimentschichten eingebettet sind. L. können magmatisch sein, also Intrusiv-L. bzw. → *Gänge* bilden oder sich an der Erdoberfläche, als Eruptiv- oder Decken-L. ergießen, die später zusedimentiert werden. Im Unterschied zum → *Flöz* sind L. zwar von größerer Mächtigkeit, aber von geringerer flächenhafter Ausdehnung. 2. Behelfsunterkunft für Menschen bzw. einfache Gruppenunterkunft, z. B. in Zelten und Baracken. Den Begriff L. gibt es – entsprechend seiner umfassenden Verwendung – in den verschiedensten Wortkombinationen, z. B. Flüchtlings-, Kriegsgefangenen-, Konzentrations-, aber auch Jugend-, Zelt- und Ferien-L.. 3. Platz oder Raum, wo eine geordnete Materialbevorratung (Roh-, Hilfs-, Betriebsstoffe, Ersatzteile) bzw. eine zwischenzeitliche Deponierung von Warenbeständen erfolgt.

Lagerbetrieb *warehousing, storage operation*: zum Handel gehörender Hilfsbetrieb. In einem L. werden gewerbsmäßig → *Güter* für Dritte eingelagert.

Lagerente *differential site rent*: auch Differentialrente der Lage genannt. → *Bodenrente* abzüglich der → *Transportkosten* zum Konsumenten. Die L. nimmt mit zunehmender Entfernung des Produktionsorts vom Konsumort ab und führt zur Differenzierung der → *Bodennutzung* (→ *Thünensche Ringe*). Das Prinzip der L. wurde auf den städtischen Bodenmarkt übertragen.

Lägerflur *richly manured alpine pasture*: Krautbestand großer, üppig wachsender Pflanzen (z. B. Alpenampfer, Große Brennnessel), der um Stallungen oder auf stark bestoßenen → *Weiden* entsteht, wo durch den Kot des Viehs → *Stickstoff*-Anreicherung im Boden und damit Überdüngung erfolgt.

Lagergüter *goods in stock*: → *Güter*, die eine Lagerung vertragen, d. h. die L. erleiden durch den Lagerungsprozess keine Veränderung quantitativer oder qualitativer Art.

Lagerhaltung *storage, warehousing*: diejenige Phase einer → *Wertschöpfungskette*, die zwischen Beschaffung und Absatz, zwischen Beschaffung und Produktion oder zwischen Produktion und Absatz liegt.

Lagerpflanzen (Thallophyten) *thallophytes*: niedere Pflanzen, die nicht in Wurzel und Spross gegliedert sind, sondern als Vegetationskörper einen Thallus (Lager) besitzen. Dazu gehören die meisten Algen, Pilze und Flechten. Die Moose stellen bereits einen Übergang zu den Sprosspflanzen (→ *Kormophyten*) dar.

Lagerstandort *stockpile location*: → *Standort* zur Waren- und Materialbereitstellung. Der optimale L. ist dort, wo der Transportaufwand (Transportweg) zwischen Lager und den Verbrauchsorten unter Berücksichtigung der Kosten der Lagerhaltung möglichst gering ist. Bei der Wahl des L. sind einige Faktoren zu berücksichtigen, wie z. B. bauliche Gegebenheiten (Bebauungsplan, Gebäude-Tragfähigkeit), betriebliche Logistik, → *Infrastruktur* (Verkehrslage, → *Energieversorgung*, → *Abfallentsorgung*), Umweltbedingungen, Gefahrgüterverordnung.

Lagerstätte *deposit, repository*: abbauwürdige, natürliche Anreicherung von nutzbaren festen, flüssigen oder gasförmigen → *Mineralien*, → *Ölen*, Gasen und Gesteinen (→ *Bodenschätze*). Man unterscheidet – Erzlagerstätten (z. B. Blei, Eisen, Uran usw.) – L. der Nichterze (Kohle, Erdöl und Erdgas, Salze), – L. der „Steine und Erden" (Kalk, Dolomit, Sand, Gips, Ton, Bausteine, Kies usw.) und – fossile L. (Kohle, Erdöl, Erdgas und sonstige bitumenhaltige Stoffe).

L. werden im Tagebau oder Untertagebau bzw. im untermeerischen Abbau (Tiefseebergbau) ausgebeutet (Reserven).

Lagerstättenerkundung → *Prospektion*.

Lagerungsdichte (Raumgewicht, scheinbare Dichte, Volumengewicht) *bulk density*: die Masse der festen Bodenpartikel bezogen auf das Bodenvolumen. Die L. ist wesentlich niedriger als die Dichte der Festsubstanz, da der Boden porös ist. In Mineralböden liegt sie zwischen etwa 1 und 1,8 g/cm^3 (→ *Porenvolumen*).

Lagerungsstörung *disturbance of bedding*: in → *Geologie* und → *Sedimentologie* postgenetische bzw. postsedimentäre Veränderungen der ursprünglichen Materialabfolge, bezeichnet durch → *Diskordanz* und → *Dislokation*, letztere v. a. durch → *Brüche* und → *Falten*.

Lagg *lagg*: Randsumpf von → *Hochmooren*.

lagunär *lagoonal, lagoon-derived*: Sedimente oder Ökosystembedingungen von → *Lagunen*. In Geomorphologie und Sedimentologie wird von → *l. Fazies* gesprochen.

lagunäre Fazies *lagoonal facies, lagoon-derived facies*: in → *Lagunen* entstandene Ablagerungen charakteristischer Zusammensetzung mit horizontalen bis vertikalen Sedimentdifferenzierungen (→ *Fazies*).

Lagune *lagoon, laguna*: allgemein ein vom offenen Meer abgeschnittenes Teilbecken. – Wasserfläche innerhalb des Kranzes der → *Korallenriffe* eines → *Atolls*. – durch eine → *Nehrung* oder eine Reihe von flachen und meist lang gestreckten Sandinseln vom offenen Meer abgetrennte → *Bucht*, auch als → *Liman* oder → *Haff* bezeichnet (→ *Strandversetzung*).

Lagunenküste *lagoon shore*: Typ der Flachwasserküste an Meeren oder großen Binnenseen, der von einer Anzahl → *Lagunen* mit → *Nehrungen* geprägt ist.

Lagunenriff (Kranzriff) *atoll, lagoon island, reef ring, ring reef*: Stadium bei der Bildung eines → *Atolls*. Dabei hat sich der Untergrund soweit gesenkt, dass das → *Saumriff-* und → *Wallriff-*Stadium bereits überschritten ist und das L. nur noch eine Wasserfläche einschließt, d.h. das Land ist inzwischen untergetaucht und nicht mehr sichtbar.

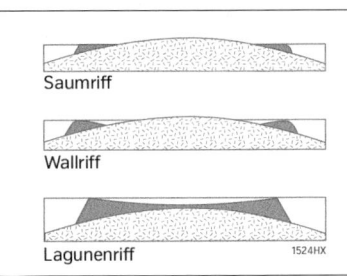

Lagunenriff

Lahar *lahar*: Schlammstrom aus → *Pyroklastika*, also vulkanischen Lockersedimenten unterschiedlicher → *Korngröße*, die nach Starkregen stark durchfeuchtet und, ähnlich wie → *Muren*, mit großer Geschwindigkeit hangabwärts fließen (→ *pyroklastischer Strom*).

Lahnung *brushwood fence*: einfacher, schmaler → *Damm* an der → *Küste* oder am → *Ufer* von Binnengewässern aus Erde, Steinen oder Rutengeflecht, der die Strömung des Wassers beruhigt und die Ufer vor Erosion schützt bzw. im → *Wattenmeer* die → *Auflandung* fördert.

Lakkolith *laccolith*: Erscheinungsform des → *Subvulkanismus*. Eine in Erdoberflächennähe erstarrte saure bis intermediäre Intrusivmasse (→ *Magma*), meist mit mehr oder weniger ebener Unterfläche und einer kuppelförmig-gewölbten Oberfläche. Werden die pilzförmigen L. durch → *Abtragung* von den Deckschichten – die aufgebogen sein können – entblößt, bilden sie an der Erdoberfläche rückenartige Berge. Ein L. ist der Brocken im Harz.

lakustrisch *lacustral, lacustrian, lacustrine, limnal, limnaean, limnic*: Zugehörigkeit von Sedimenten, Pflanzen und Tieren zu → *Seen* oder anderen stehenden Gewässern (→ *Fazies,* → *limnisch*).

lakustrische Fazies *lacustrine facies*: in Seen oder stehenden Gewässern entstandene → *Ablagerungen* charakteristischer Zusammensetzung und typischer horizontaler und vertikaler Ausbildung (→ *Fazies*, → *lakustrisch*).

laminarer Abfluss *laminarn runoff*: sehr langsamer Fließvorgang (Bruchteile von mm/s), bei dem die Strömungslinien parallel zueinander verlaufen und keine Vermischung des Wassers stattfindet. L. A. kommt in → *natürlichen* → *Gerinnen* kaum vor.

laminares Fließen *sheet flow, laminar flow*: bei → *Gletschern* sehr langsamer Fließvorgang (Bruchteile von mm/s), bei dem die Strömungslinien parallel zueinander verlaufen und keine Vermischung des → *Eises* stattfindet.

Land *land, mainland, continent, onshore, terra firma*: → *Festland* im Gegensatz zum → *Meer*, wobei das Festland durch die → *Kontinente* (= ca. 29% der Erdoberfläche) repräsentiert wird. Zum L. gehören auch → *Inseln*. Das L. kann gegliedert werden – nach der Lage zum Meer in → *Binnenland* und → *Küstenlandschaft* („Küstenland"), – nach Hoch- oder Tieflage (→ *Hochland*, → *Tiefland*) oder – nach der geomorphographischen Grundgestalt (→ *Flachland*, Hügelland, → *Gebirge*). V.a. in Namenszusammensetzung eine kulturell, historisch oder naturgeographisch als Einheit geprägte → *Landschaft*, z.B. Sauerland, Bergisches Land, Altes Land.

Land- und Forstwirtschaft *agriculture and forestry*: Sammelbegriff für diejenigen Teile der Wirtschaft, die mit der Nutzung des Bodens befasst sind. Besonders dort, wo die → *Bodengüte* gering ist oder wo ungünstige klimatische Bedingungen vorliegen, bilden L.-u. F. häufig eine betriebliche Einheit, da die → *Landwirtschaft* allein keine ausreichende Erwerbsgrundlage darstellt.

Landabwanderung *rural emigration*: Wanderungsbewegung größerer Bevölkerungsgruppen aus dem → *ländlichen Raum* in → *Städte* bzw. städtische → *Verdichtungsräume*. L. ist häufig mit einem Berufswechsel aus dem landwirtschaftlichen in den → *sekundären* oder → *tertiären Sektor* der Wirtschaft verbunden; der Begriff kann aber auch ebenso auf die Wanderung nicht-landwirtschaftlicher Erwerbstätiger oder Erwerbsloser bezogen werden. L. ist in vielen Ländern zu beobachten, besonders in solchen, deren Wirtschaft sich im Prozess der → *Industrialisierung* befindet (→ *Landflucht*, → *Land-Stadt-Wanderung*).

Landalm (Landalpe) *lower alpine pasture*: eine → *Alm* in geringer Höhe (bis etwa 1100 m ü. M.) und in Hofnähe, die i.d.R ohne zusätzliches Personal vom → *Hof* aus mitbewirtschaftet wird.
Landalpe → *Landalm*.
Landarbeiter *farm labourer, farmhand*: in der → *Landwirtschaft* tätige Arbeitskraft, die gegen Lohn Hof-, Stall- und Feldarbeit verrichtet. Die Entlohnung kann als Geld- oder als Naturalentlohnung, z.B. in Form von Kost und Logis, erfolgen. Eine andere Entlohnungsform besteht in der Gewährung von Pacht-

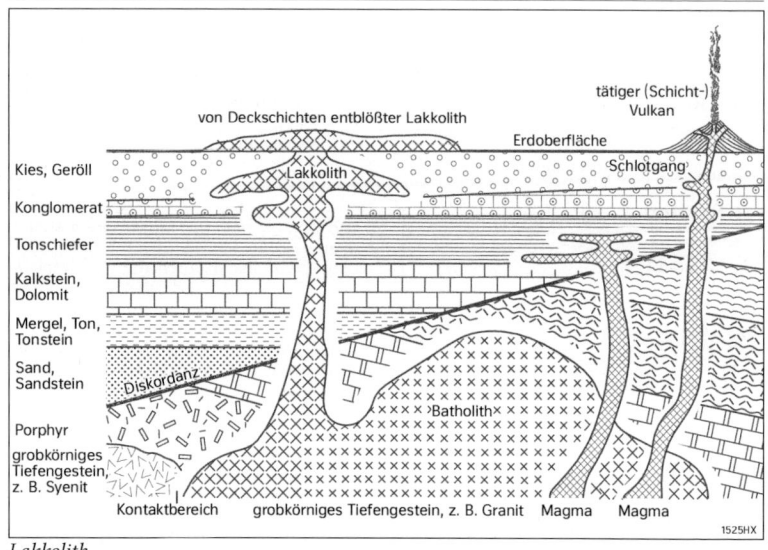

Lakkolith

freiheit für Nutzländereien, z. B. → *Grünland*, → *Ackerland* und → *Gärten* (→ *landwirtschaftlicher Arbeiter*).

Landarbeitersiedlung *farm worker settlement*: die innerhalb eines größeren → *Gutes* oder einer → *Plantage* gelegene Wohnsiedlung der Landarbeiter (→ *Siedlung*). In der L.-S. sind die ständig in der Hausgemeinschaft des Besitzers lebenden Arbeitskräfte sowie Wanderarbeiter untergebracht.

Landbau *agriculture, farming*: wirtschaftliche Nutzung des Bodens in der Form des Pflanzenbaus. L. wird im Rahmen der → *Landwirtschaft* betrieben. Spezielle Formen des L. sind → *Gartenbau*, → *Weinbau* und → *Obstbau*.

Landbevölkerung (ländliche Bevölkerung) *rural population*: Bevölkerung, die ihren Wohnstandort im → *ländlichen Raum* hat.

Landböden → *terrestrische Böden*:.

Landbrücke *land bridge*: Landverbindung zwischen zwei durch ein → *Meer* getrennte → *Kontinenten* oder zwischen → *Insel* und Kontinent. In der → *Biogeographie* werden L. für die Erklärung nahe verwandter Tiere und Pflanzen in räumlich voneinander getrennten Gebieten oder Kontinenten herangezogen. Nachweisbare L. mit biogeographischer Wirksamkeit gab es ab dem → *Tertiär* bis in das → *Pleistozän* hinein, weil im → *Eiszeitalter* über Jahrzehntausende → *eustatische Meeresspiegelschwankungen* Wanderungen von → *Floren* und Faunen, von Inseln zu Kontinenten und bzw. von Kontinent zu Kontinent ermöglichten.

Landeplatz *airfield, landing-field, landing-ground*: im → *Luftverkehr* eine Anlage, auf der → *Luftfahrzeuge* starten und landen können. Im Gegensatz zu einem Flughafen dienen L. dem regionalen und nationalen Flugverkehr, insbesondere dem Privat- und Sportflugverkehr. Sie besitzen teilweise keine Betonlandebahn und erfordern einen geringen Aufwand im Hinblick auf die technische und personelle → *Infrastruktur* eines Flughafens.

Länderfinanzausgleich *fiscal equalization among the states*: Steuerverteilungsverfahren zwischen den deutschen → *Bundesländern* gemäß Art. 117 des Grundgesetzes. Danach sollen die Steuern so zwischen den Ländern verteilt werden, dass Standortunterschiede der wirtschaftlichen Leistungsfähigkeit und Ertragskraft entsprechend ausgeglichen werden, d. h. die Steuerverteilung je Kopf der Bevölkerung dem Prinzip der Gleichwertigkeit der Lebensbedingungen entspricht.

Länderkunde *regional geography*: traditionell das Kernelement der → *Regionalen Geographie*. Strebt eine umfassende (holistische) Betrachtung von → *Ländern* bzw. → *Staaten* an, bei der ein landschaftlicher Zusammenhang im Hinblick auf Funktion und Struktur untersucht wurde. Wird dieser Ansatz auf ein einziges Land (oder nur eine Region) bezo-

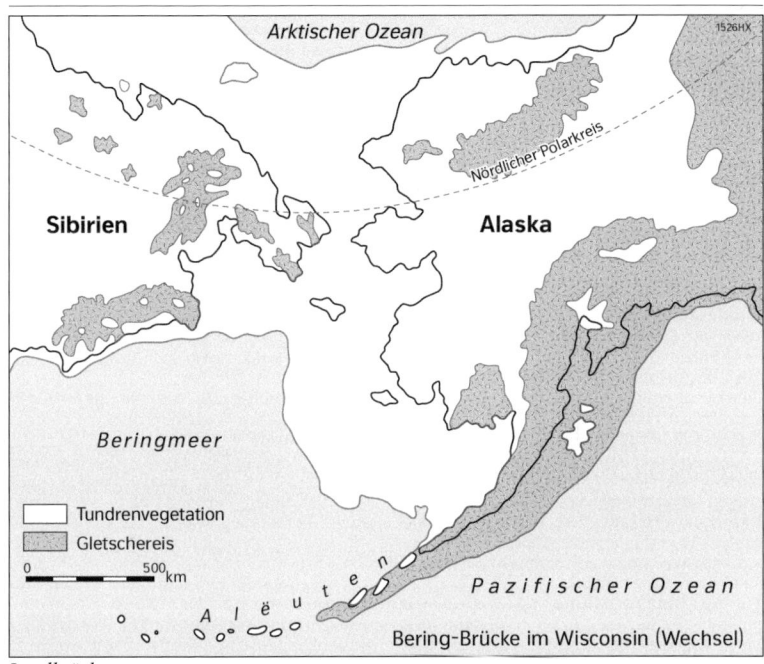

Landbrücke

gen, spricht man von → *Landeskunde*. Heute spielt die Länderkunde v. a. im Unterricht der → *Schulgeographie* (→ *Erdkunde*) noch eine Rolle.

Länderrating *country rating*: Konzept zur Beurteilung spezifischer Risiken von Zielländern (→ *Länderrisiko*) → *ausländischer Investitionen*. Das Ergebnis sind Ranglisten, welche die Länder hinsichtlich ihrer → *Bonität* bzw. Kreditwürdigkeit, aber auch des politischen Risikos klassifizieren. L. werden i. d. R. von privaten Ratingagenturen vorgenommen, darunter die bekannten, US-amerikanischen Agenturen wie Fitch Ratings, Moody's und Standard & Poor's.

Länderrisiko *country [specific] risk*: – Verlustrisiko, das sich aus der gesamtwirtschaftlichen, politischen und sozio-kulturellen Situation eines Landes für ein → *Unternehmen* ergibt, wenn es in diesem Land aktiv wird. – Ausmaß der Unsicherheit des → *Kredit*- und → *Marktrisikos* bei wirtschaftlichem Engagement im Ausland. Ein L. ergibt sich durch Prüfung der gesamtwirtschaftlichen, politischen und soziokulturellen Situation des Gastlandes mit dem Ziel, Ausfallwahrscheinlichkeiten von Zins- und Tilgungszahlungen sowie eines Wertverfalls von Wertpapieren oder Derivaten zu kalkulieren.

Landesaufnahme *country survey*: planmäßige Vermessung und Kartierung eines Landes bzw. von Teilen davon bezüglich ihrer natur- und kulturgeographischen → *Landschaftselemente*. Ein grundlegendes Ziel der L. ist die Herstellung von → *topographischen Karten*.

Landesentwicklungsplan *state development plan*: Raumordnungsplan eines Bundeslandes, in dem die Ziele der → *Landesplanung* formuliert sind. In Deutschland wird in den L. auf der Grundlage der geltenden Landesplanungsgesetze der → *Bundesländer* die anzustrebende Ordnung und Entwicklung des jeweiligen Landesgebietes festgelegt. Ein L. wird teilweise auch als → *Landesentwicklungsprogramm* bezeichnet.

Landesentwicklungsprogramm *state development programme*: in einigen deutschen Bundesländern Bezeichnung für den → *Landesentwicklungsplan*, in anderen ist das L. dessen Ergänzung. Das Programm legt die Grundzüge der anzustrebenden räumlichen

Ordnung und Entwicklung des Staatsgebiets als Ziele der → *Raumordnung* und der → *Landesplanung* fest.

Landesforschung *research in regional geography*: geographische → *Raumforschung* auf dem Gebiet der → *Landeskunde* im Hinblick auf praktische Anwendung der Ergebnisse außerhalb der Wissenschaft und unter besonderer Berücksichtigung sozioökonomischer Zustände und Prozesse. Der Begriff L. steht für ein methodisches Konzept der → *Angewandten Geographie*, ohne inhaltlich und methodologisch anders als die → *Regionale Geographie* (→ *Länderkunde*) anzusetzen.

Landesgeschichte *regional history*: Teilbereich der Geschichte, die sich mit Teilräumen eines → *Staates* (z. B. Provinz, Bundesland, historisches Territorium) befasst und dabei geographische Aspekte in den Vordergrund rückt. Dies betrifft v. a. die Entwicklung der → *Kulturlandschaft* unter dem Einfluss herrschaftlicher sowie sozial-wirtschaftlicher Sachverhalte. Die L. ist eng mit der → *Historischen Landeskunde* verwandt.

Landeshauptstadt *state capital*: → *Hauptstadt* eines → *Bundeslandes* bzw. Teilstaates eines → *Bundesstaates*, im Gegensatz zur Hauptstadt des Gesamtstaates.

Landesklimaaufnahme *regional climate mapping*: die Kartierung des → *Geländeklimas* eines Gebietes. Die L. stützt sich auf Kartenauswertungen, bestehende Klimamessreihen, Geländebegehungen und gezielte ergänzende Messungen. Sie erfasst in erster Linie → *Besonnung*, Verteilung der → *Kaltluft*, Windfeld und → *Durchlüftung*, also v. a. jene → *Klimaelemente*, die durch das → *Relief* und den Oberflächenzustand stark variiert werden. Die Geländeaufnahmen erfolgen in sehr großen Maßstäben, meist >1 : 25 000, z. B. 1 : 5000 oder 1 : 10 000). Nach deren Auswertung entstehen Karten vorzugsweise im Maßstab 1 : 25 000.

Landeskultur *landscape management and conservation, countryside improvement*: technische und ökologische Maßnahmen auf sozioökonomischer Grundlage zur Erhaltung und Verbesserung der natürlichen Lebens- und Produktionsgrundlagen der → *Agrarlandschaft* in der → *Kulturlandschaft* mit dem Ziel, die Lebensumwelt des Menschen durch → *nachhaltige Entwicklung* und → *nachhaltige Nutzung* zu wahren. Landeskulturelle Maßnahmen spielen sich auf Freiflächen außerhalb von Siedlungs- und Verkehrsinfrastrukturen ab und umfassen sowohl reliefverändernde als auch agrotechnische, agrobiologische und hydrotechnische Maßnahmen der Land-, Forst- und Wasserwirtschaft. Zu berücksichtigen sind dabei → *Umwelt*-, → *Landschafts*- und → *Naturschutz* im Sinne der → *Landschaftspflege*. Zum Teil überlappen sich die Begriffe L., → *Landespflege* und Landschaftspflege.

landeskulturelle Gebietstypen *regional-cultural areal types*: Areale, die im Wesentlichen die gleiche naturräumliche Ausstattung, die gleiche Nutzungsart und die gleichen technischen Veränderungen aufweist. Sie werden unter Zugrundelegung der → *Theorie der geographischen Dimensionen* und dem Prinzip der → *Naturräumlichen Gliederung* bzw. → *Naturräumlichen Ordnung* gegliedert (→ *Leistungsvermögen des Landschaftshaushaltes*).

landeskultureller Zustand *regional-cultural state*: Ausdruck der Qualität der Gesamten → *Territorialstruktur*, d. h. des gesamtlandschaftlichen Systemzusammenhanges Natur-Technik-Gesellschaft, wie er im → *Landschaftsökosystem* modelliert wird.

Landeskunde *regional geography*: die → *Regionale Geographie* eines → *Landes* oder → *Territoriums* oder einer → *Region* nach den Prinzipien der → *Länderkunde* dargestellt. Traditionell war L. stark historisch-retrospektiv gewichtet. Ab den 1970er-Jahren wird von → *Landesforschung* gesprochen, also geographischer Raumforschung für Praxisbedürfnisse, z. B. der → *Raumordnung* und → *Regionalplanung* mit starkem Gewicht auf sozioökonomisch-politischen Handlungen. L. versteht sich zu großen Teilen als klassische Kulturlandschaftsforschung, die wiederum Übergänge zum Fachbereich Geschichte aufweist, sodass sich zwischen dieser und der Geographie die → *Historische Landeskunde* entwickelte. In der aktuellen Geographie spielt die L. eine untergeordnete Rolle.

Landesnatur *nature of the [cultivated] landscape*: allgemeine Bezeichnung für die Gesamtheit aller naturgegebenen und naturgesetzlich funktionierenden Bestandteile der → *Kulturlandschaft*, also oberflächennaher Untergrund, Boden, Klima, Gewässer, die natürliche bzw. spontan sich einstellende Tier- und Pflanzenwelt, die in den → *Landschaftsökosystemen* zusammenwirken.

Landespflege *landscape management*: Bestandteil der → *Angewandten Landschaftsökologie* und → *Landschaftspflege*, → *Naturschutz* und → *Grünordnung* umfassend. L. zielt auf Schutz der → *Umwelt* des Menschen, wobei neben dem → *Naturraumpotenzial* auch Wohn-, Industrie-, Forst-, Agrar- und Erholungsgebiete Gegenstand landespflegerischen Interesses sind. Sie versteht sich demzufolge als Teil einer ökologisch gewichteten → *Raumplanung* (→ *Ökologische Planung*) und → *Raumordnung*: Arbeitsschwerpunkt der L. ist der ökologisch-gestalterische Bereich in der → *Landschaft*, d. h. die L. möchte zwischen den Ansprüchen der → *Gesellschaft* an die → *Landschaftsökosysteme* der → *Umwelt* und dem → *Leistungsvermögen des Landschaftshaushaltes* einen Ausgleich herstellen.

landesplanerisches Verfahren *regional planning process*: → *Raumordnungsverfahren*.

Landesplanung *state spatial planning*: übergeordnete, überörtliche und koordinierende Planung der angestrebten räumlichen Entwicklung innerhalb eines Bundeslandes. Inhalt der L. ist die Aufstellung von → *Landesentwicklungsplänen* bzw. → -programmen und → *Regionalplänen* sowie eine Abstimmung von raumbedeutsamen Vorhaben mit den Erfordernissen der → *Raumordnung*.

Landfahrer *vagrant*: Person, die keinen festen Wohnsitz aufweist, sondern – meist im Verband einer Großfamilie oder → *Sippe* – z. B. im Wohnwagen durch das Land zieht und sich an wechselnden Orten unterschiedlich lange niederlässt. Die L. bilden eine bedeutende Gruppe der → *Nichtsesshaften*.

Landfazies *terrestrial facies*: → *terrestrische Fazies*.

Landflucht *rural exodus*: Wanderungsbewegung größeren Ausmaßes – meist über eine längere Zeit anhaltend – aus dem → *ländlichen Raum* in → *Städte* bzw. städtische → *Verdichtungsräume*. Von L. wird insb. dann gesprochen, wenn die Wanderung aus wirtschaftlichen Gründen erfolgt und mit einem Berufswechsel aus der Landwirtschaft in industrielle und gewerbliche Berufe mit besseren Verdienstmöglichkeiten einhergeht. Häufig wird jedoch in überzogener Weise von L. anstelle der richtigeren neutralen Ausdrücke → *Landabwanderung* oder → *Land-Stadt-Wanderung* gesprochen.

Landflucht-Syndrom *rural depopulation syndrome*: eines der Syndrome Globalen Wandels (→ *Syndromansatz*), die vom Wissenschaftlichen Beirat der Bundesregierung Globale Umweltveränderungen (→ *WBGU*) 1996 entwickelt wurden. Das L.-S. kennzeichnet Umweltdegradation durch Preisgabe traditioneller Landnutzungsformen.

Landform → *Oberflächenform*.

Landgemeinde *rural community*: 1. Gemeinde im ländlichen Raum, die nach der Physiognomie, Bebauungsart und -dichte, ihrer Wirtschafts- und Sozialstruktur sowie der Lebens- und Verhaltensweisen der Wohnbevölkerung nichtstädtischen Charakter aufweist. Die Landwirtschaft spielt i.d.R noch eine bedeutende Rolle als Erwerbsgrundlage. 2. kreisangehörige Gemeinde ohne Stadtrechte. In diesem Sinne wird der Begriff L. auch für Landkreisgemeinden am Rande von Verdichtungsräumen verwendet, die strukturell nicht zum ländlichen Raum gehören.

Landgewinnung → *Neulandgewinnung*.

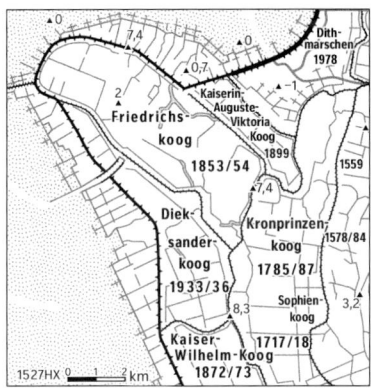

Landgewinnung

Landkreis *district*: als → *Gebietskörperschaft* der untere staatliche Verwaltungsbezirk und der in diesem bestehende → *Gemeindeverband* mit gewählter politischer Repräsentanz (Kreistag). L. gibt es in allen deutschen → *Bundesländern* mit Ausnahme der → *Stadtstaaten*; z. T. lautet ihre offizielle Bezeichnung → *Kreis*. Mit Ausnahme der → *kreisfreien Städte* gehören alle Gemeinden einem L. an. Er ist gleichzeitig staatliche Aufsichtsbehörde über die Gemeinden und Zusammenschluss der Gemeinden zur Erfüllung kommunaler Aufgaben in überörtlichem Rahmen (z. B. → *Bauleitplanung*, Sozial-, Krankenhaus- und Schulwesen).

Landkreisgemeinde *rural community*: → *Landgemeinde*.

Landkreisreform *administrative and territorial reform of the counties*: derjenige Teil der → *Verwaltungsreform*, der sich mit den Funktionen und dem räumlichen Zuschnitt der → *Landkreise* befasst (→ *Kreisgebietsreform*).

ländlich *rural*: Bezeichnung für einen nichtstädtischen Raum, dessen Physiognomie, → *Wirtschafts-* und → *Sozialstrukturen* und die dort vorherrschenden Lebens- und Verhaltensweisen der Bevölkerung. In den meisten → *Industrieländern* sind die nicht-städtischen Räume aufgrund der starken Tendenzen zur → *Urbanisierung* nur noch abgeschwächt als l. zu bezeichnen, da sie oftmals erheblich städtisch überprägt sind (→ *urban*).

ländliche Bevölkerung → *Landbevölkerung*.

ländliche Dichte *rural density*: spezifische Form der → *Bevölkerungsdichte*. Die l. D. ergibt sich aus der Anzahl der im → *ländlichen Raum* eines → *Staates* wohnenden Bevölkerung pro Quadratkilometer dieses Raumes.

ländliche Gemeinde → *Landgemeinde*.

ländliche Neuordnung *rural restructuring/reorganisation*: Sammelbegriff für raumplanerische bzw. strukturverbessernde Maßnahmen im → *ländlichen Raum* (→ *Flurbereinigung*, → *Dorfsanierung*, → *Dorferneuerung*, → *Dorfentwicklung*).

ländliche Siedlung *rural settlement*: im engeren Sinne eine → *Siedlung*, die mit der landwirtschaftlichen Funktion verbunden ist; l. S. können aber auch Funktionen im Rahmen einer nicht-agrarischen → *Urproduktion* wahrnehmen. Im weiteren Sinne umfasst der Begriff heute jedoch auch Siedlungen, in denen die landwirtschaftliche Betätigung keine oder nur noch eine sehr untergeordnete Rolle spielt.

ländliche Wohnstätte *rural dwelling*: Element der → *ländlichen Siedlung*. Teilweise ist die l. W. mit den Wirtschaftsräumen in einem Gebäude zusammengefasst (→ *Einheitshaus*). Die l. W. können sehr einfach sein (→ *Windschirm* und → *Hütten* der Wildbeuter) oder sich als stattliche Haus- und Gehöftformen darstellen, die Ausdruck einer hochstehenden Wohnkultur im → *ländlichen Raum* sind.

ländlicher Raum (Land) *rural area*: in der Raumordnung sowie in der Alltagssprache i. d. R. als Gegenbegriff zum städtischen Raum (Urbanität) gebraucht und meint damit diejenigen Gebiete, die weder Stadt, noch Verdichtungsraum oder Randgebiete einer Agglomeration sind (→ *Stadt-Land-Kontinuum*). Der Begriff l. R. unterliegt stark dem Wandel und hängt oftmals vom Kontext des Gebrauchs ab. Im l. R. herrschen i. d. R. dörfliche bis kleinstädtische → *Siedlungsstrukturen* vor, die → *Bevölkerungsdichte* ist relativ gering und die → *Landwirtschaft* spielt noch eine Rolle als Erwerbsgrundlage für die Wohnbevölkerung. Als Abgrenzungskriterien für städtische und l. R. dienen z. B. → *Agrarquote*, → *Bevölkerungsdichte*, Verteilung der Wohnbevölkerung auf → *Einwohnergrößenklassen* der Gemeinden, Anteil der → *Freifläche* an der Gemarkungsfläche der Gemeinden, erwirtschaftetes → *Sozialprodukt* usw.

Landnahme *land seizure*: allgemein Besitzergreifung von Grund und Boden. Die L. auf bisher unbebautem Land kann die → *Urbarmachung* zum Ziel haben. Häufig wird aber auch als Folge von Kriegshandlungen Land gewaltsam besetzt und die bisher ansässige Bevölkerung verdrängt oder ausgerottet. Im engeren Sinne versteht man unter dem Begriff die L. der germanischen Völkerwanderung des 2. bis 4. Jh. n. Chr. im Gebiet des späteren Fränkischen Reiches (→ *Altsiedelland*).

Landnutzung *land use*: Art und Weise der Nutzung des Landes durch den Menschen. Die L. kann intensiv oder extensiv sein. Nutzungskategorien sind z. B. Ackerland, Pflanz- und Obstgärten, Grasland und Dauerweiden, Gehölze und Wälder, extensive Weiden sowie die in verschiedener Weise bebauten Gebiete (→ *Bodennutzung*).

Landnutzungskartierung *land use mapping*: in der → *Kartographie* und → *Fernerkundung* etablierte Methode zur flächenhaften Erfassung der → *Landnutzung*. Ein zentraler Untersuchungsgegenstand der L. ist die agrarwirtschaftliche Nutzung. 1949 wurde von der IGU (International Geographical Union) für ein geplantes Projekt einer weltweiten Landnutzungskarte im → *Maßstab* 1 : 1 000 000 eine → *Legende* der Landnutzung erarbeitet.

Landnutzungsquote *land use quota*: Maß zur Erfassung des Grades der ackerbaulichen Nutzung, z. B. im Rahmen einer (extensiven) → *Feldgraswirtschaft*. Die L. entspricht dem Verhältnis der Dauer der Ackernutzung in Jahren zur gesamten Nutzungsdauer in Jahren (gesamte Nutzungsdauer = Ackernutzung + Graslandnutzung).

Landnutzungstheorie *land use theory*: Theorie über die ökonomischen Gesetzmäßigkeiten bei der Nutzung von Land. Johann Heinrich v. Thünen beschäftigte sich erstmals in seinem 1826 erschienenen Werk „Der isolierte Staat in Beziehung auf Landwirtschaft und Nationalökonomie" mit der wirtschaftlich bedingten Herausbildung optimaler räumlicher Strukturen bei der → *Bodennutzung* (→ *Thünensche Ringe*, → *Lagerente*).

Landpreis *land price*: v. a. in der Schweiz übliche Bezeichnung für → *Bodenpreis*.

Landregen *steady (general) rain*: lang anhaltender (mindestens 6 h) → *Regen* geringer Intensität (>0,5 mm/h), der überwiegend aus kleinen Tropfen (0,5-1 mm Ø) besteht.

Landsat Serie ziviler Erdbeobachtungssatelliten der → *NASA*, die zur → *Fernerkundung* der kontinentalen → *Erdoberfläche* und der Küstenregionen dient. Die erste L.-Mission (Landsat 1) startete 1972 ins All, die Landsat 8 startete 2013. → *Satellitenbilder* der L.-Missionen sind von grundlegender Bedeutung für die geographische Fernerkundung, da sie bereits zu einem sehr frühen Zeitpunkt der Entwicklung satellitengestützer Fernerkundungssysteme Aussagen zu Themen wie z. B. → *urban sprawl*, → *Landwirtschaft* und Entwaldung in der Tropen ermöglichten.

Landschaft *landscape, region, scenery*: 1. zentraler Begriff der → *Länderkunde*, in der aktuellen Geographie jedoch eher von geringer Bedeutung, v. a. aus der eher konstruktivistisch orientierten → *Sozialgeographie*, nach der Landschaft nicht „ist" (wie im klassischen Sinne), sondern immer nur ein (sozial) konstruierter Begriff sein kann. Im klassischen Verständnis der Landschaftskunde repräsentiert L. die höchste Integrationsstufe des → *geographischen Raumes*, in der alle (→ *abiotische*, → *biotische*, → *anthropogene*) Bestandteile vereint sind. Der Gesamtcharakter einer L. (Humboldt: „Totalcharakter") ist das Produkt der Wechselbeziehungen von → *Lithosphäre*, → *Biosphäre*, → *Hydrosphäre*, → *Atmosphäre* und → *Noosphäre*, das sich im Bereich der Erdoberfläche manifestiert. 2. innerhalb der → *Landschaftsökologie* hat das → *Landschaftsökosystem* die L. ersetzt, die mit Hilfe von → *Systemtheorien* modelliert und qualitativ sowie quantitativ erfasst und untersucht wird. Hier ist L. eng mit der → *Theorie der geographischen Dimensionen* verbunden. 3. L. kann – in Verengung des traditionellen geographischen Begriffsinhalts – auf das Verbreitungsgebiet eines Phänomens reduziert werden, z. B. auf die Verbreitung von Sprachen („Sprach-L."), Gesteinen („Gesteins-L.) usw., oder in metaphorischer Verwendungsweise die Phänomengesamtheit einer beliebigen Art ausdrücken.

Landschaftsanalyse *landscape analysis*: allgemein Analyse der → *Landschaft* im Sinne einer Methodik. 1. in der traditionellen → *Landschaftskunde* war L. die systematische Erfassung der einzelnen → *Landschaftselemente*, um damit eine → *Landschaftsgliederung* vorzunehmen. 2. in der → *Landschaftspflege* wird unter L. die Erfassung und Darstellung der Landschaftselemente verstanden, soweit dies für praktische Maßnahmen notwendig ist, wobei man sich v. a. auf die Aufnahme physiognomischer Merkmale abstützt. 3. in der Landschaftsökologie bzw. → *Geoökologie* eine naturwissenschaftliche Methodik, basierend auf dem Geoökologischen Arbeitsgang und der → *Landschaftsökologischen Komplexanalyse*.

Landschaftsarchitektur *landscape architecture*: Fachgebiet, das vom „Gartenkünstler" vergangener Jahrhunderte ausging, der meist herrschaftliche → *Gärten* und → *Parks* gestaltete. Ihm folgte der Gartenarchitekt im 19. Jh. L. zielt auf die Erhaltung, Entwicklung und Gestaltung der → *Landschaft*, aber auch des Siedlungsraumes unter Berücksichtigung von Nutzungsansprüchen sowie sozioökonomischen, ökologischen und gestalterischen Grundsätzen. Die L. bezieht sich dabei auf die → *Landschaftsplanung* und → *Landschaftsgestaltung*, aber auch auf Freiraumgestaltung und → *Gartenarchitektur*.

Landschaftsarchiv → *Geo-Bio-Archiv*.

Landschaftsbau *landscape building*: Teilgebiet der → *Landeskultur* und damit der → *Landespflege* bzw. → *Landschaftspflege*, das sich mit → *Rekultivierung*, → *Renaturierung* und praktischen Umsetzungen von → *Landschaftsplanung* und → *Landschaftspflege* auseinandersetzt. Ziel ist die Gestaltung oder nachhaltige Sicherung der → *Freiflächen* in der → *Kulturlandschaft* bzw. die Gestaltung und Sicherung neu zu schaffender Standortverhältnisse und Lebensräume in der freien → *Landschaft*. Der L. setzt als Material und Gestaltungsmittel Steine, Boden, Pflanzen und Baustoffe ein. Zunehmend erfolgt dies im → *Lebendbau* oder in kombinierten Verfahren. Gewässerbau und Gewässerpflege, die technisch ähnlich wie der L. vorgehen, sind mit Teilbereichen des L. verwandt (→ *Landschaftsgestaltung*).

Landschaftsbewertung *landscape evaluation*: aus naturwissenschaftlichen bis sozioökonomischen Perspektiven vorgenommene Ermittlung der Bedeutung eines konkreten Landschaftsraumes, um eine möglichst objektivierte Grundlage für verschiedene Planungen zu haben. Die L. dient der Bestimmung des „Wertes" eines Landschaftsraumes für die Nutzung durch den Menschen, etwa für agrarische oder Siedlungszwecke oder für Freizeit und Erholung, z. B. → *Erholungswert* einer → *Landschaft* (→ *V-Wert*). L. nehmen u. a. die Fachgebiete → *Angewandte Geoökologie*, → *Landschaftspflege* oder → *Raumplanung* vor. Neben rein naturwissenschaftlichen L. stehen auch sozioökonomische bzw. kombinierte geoökologisch-sozioökonomische Verfahren. Die Mehrzahl der L. ist sozioökonomisch-nutzerisch gewichtet und beruht auf Zählungen, Schätzungen und vom Nutzerinteresse bestimmten Gewichtungen. Obwohl die meisten L. mit Zahlen arbeiten, sind die Verfahren allenfalls quasiquantitativ. Das Ziel, intersubjektive Wertungen ansonsten schwer zu bewertender Sachverhalte der Lebensumwelt des Menschen vorzunehmen, wird von den meisten Verfahren im Sinne eines akzeptablen Kompromisses erreicht.

Landschaftsbilanz *landscape balance*: auf der quantitativen Erfassung der → *Speicher*, → *Regler* und → *Prozesse* im → *Landschaftsökosystem* bzw. → *Geoökosystem* beruhende Kennzeichnung von → *Input* und → *Output* für die Teile des Systems oder für das Gesamtsystem (→ *ökologische Bilanzierung*).

Landschaftsbild *landscape scenery*: Eindruck der → *Landschaft* bzw. der → *Landschaftsstruktur* und von dort visuell wahrnehmbaren Gegebenheiten, ohne Beziehung zu Funktion und Prozessen im → *Landschaftsökosystem*. Das L. war in der → *Landschaftsplanung* lange Zeit alleiniger Gegenstand bei → *Landschaftsbewertungen*.

Landschaftsdegradation *landscape degradation*: schleichende bis rasche Landschaftsveränderung durch → *anthropogene*, → *quasinatürliche* und → *natürliche* landschaftsökologische → *Prozesse* bei Boden, Wasser, Vegetation und Relief, i. d. R durch geplante oder ungeplante, spontane, kurzfristige und langfristige → *Nutzungsartenänderungen* (→ *Desertifikation*, → *Bodenerosion*, → *Raubbau*).

Landschaftsdiagnose *landscape diagnosis*: in der → *Landschaftsplanung* genutztes Verfahren, das der ökologischen Bewertung eines Raumes hinsichtlich seiner Eignung für bestimmte Nutzungen dient (→ *Landschaftsbewertung*).

Landschaftsdiversität *landscape diversity*: das Nebeneinander verschiedener Landschaften. → *Biodiversität* und → *Geodiversität* sind Teilmodelle des übergeordneten Modells der L..

Landschaftselemente *landscape elements*: 1. in der → *Geographie* Bestandteile der → *Landschaft*, d. h. → *abiotische* und → *biotische Faktoren* sowie jene Elemente, die zur → *Kulturlandschaft* gehören. 2. in der → *Landschaftsökologie* → *Landschaftshaushaltsfaktoren* bzw. → *Ökofaktoren*, die am → *Wirkungsgefüge* Landschaft strukturbildend oder funktional beteiligt sind. 3. L. kann auch ein → *Geofaktor*, ein → *Regler* oder ein → *Prozess* im → *Geoökosystem* sein. 4. in den Anfängen der Landschaftsökologie wurden auch → *landschaftsökologische Grundeinheiten* als L. bezeichnet, z. B. → *Ökotop* oder → *Geotop*.

Landschaftsentwicklungsplan *landscape development plan*: → *Landschaftsplan*.

Landschaftsforschung *landscape research*: Sammelbezeichnung für jene regionalgeographisch arbeitenden Disziplinen, deren Gegenstand die → *Natur*- und/oder → *Kulturlandschaft* sowie deren Entwicklung ist. Im engeren Sinne bezieht sich die L. auf die traditionelle Landschaftskunde und die naturwissenschaftlich orientierte → *Landschaftsökologie*.

Landschaftsfunktion *landscape function*: bei der Erfassung des → *Leistungsvermögens des Landschaftshaushaltes* erfasste Eigenschaften und Merkmale von → *Geoökofaktoren*, die im → *Landschaftsökosystem* eine leistungsbezogene Funktion ausüben, z. B. → *Filter*-, *Puffer*- *und Transformationsfunktion des Bodens*, → *Klimafunktion* oder → *Grundwasserneubildungsfunktion*.

Landschaftsgärtnerei *landscape gardening*: von England ausgehende Stilrichtung der → *Gartenkunst*, bei der eine der Naturlandschaft ähnliche Gestaltung der Gärten („Englischer Garten") bevorzugt wird. L. gestaltet auch → *naturnahe* → *Parks* (→ *Landschaftsparks*; → *Landschaftsarchitektur*, → *Landschaftsgestaltung*).

Landschaftsgefüge *landscape pattern*: 1. allgemein die Gestalt des → *Raummusters* in der → *Landschaft* 2. in → *Geographie*, → *Geoökologie* und → *Landschaftsökologie* das Muster → *landschaftsökologischen Raumeinheiten*. Das L. ist eines der wichtigsten äußerlichen Merkmale der → *Landschaftsstruktur* und besitzt sowohl für die → *Landschaftsgliederung* diverser Ansätze landschaftsbezogener Forschung als auch für die → *Landschaftsplanung* Bedeutung.

Landschaftsgenese *landscape genesis*: bezeichnet die längerfristige, erdgeschichtliche Veränderung der Landschaft über die Zeit (→ *Erdgeschichte*, → *Geomorphogenese*) und meint daher etwas anders als die Landschaftsentwicklung bzw. der Landschaftswandel, die → *rezente* Veränderungen beschreiben.

Landschaftsgestaltung *landscape architecture, landscaping*: der etwas unscharfe Sammelbegriff wird in L., → *Landschaftspflege*, → *Landespflege*, → *Landschaftsbau* und → *Landschaftsplanung* eingesetzt, die inhaltlich und methodisch ineinander übergehen. Daher hat L. mehrere Bedeutungen: 1. ursprünglich landschaftsarchitektonisch-landschaftsgärtnerische Gestaltung mit rein ästhetischer Gewichtung (→ *Landschaftsarchitektur*, → *Landschaftsgärtnerei*). 2. allgemein planmäßige Veränderungen der → *Landschaft* durch den Menschen, um Störungen der → *Landschaftsökosysteme* auszugleichen oder rückgängig zu machen. 3. v. a. (aber nicht nur) durch die Landschaftspflege betriebene Maßnahmen der Landschaftsplanung auf Basis der → *Landschaftsökologie*, um „geordnete", ökonomisch leistungsfähige und ökologisch funktionierende Landschaften zu schaffen, bezogen auf das → *Leistungsvermögen des Landschaftshaushalts* und dem Prinzip der → *Nachhaltigkeit* genügend.

Landschaftsgliederung *landscape classifications*: 1. im Allgemeinen die Methodik der Gliederung der → *Natur*- und → *Kulturlandschaft* in naturräumliche und kulturräumliche Einheiten. 2. i. e. S. Naturräumliche Gliederungen, die auf die → *Hierarchie der naturräumlichen Einheiten* abzielen. Je nach Grundlagen und Ziel geht es entweder um die auf dem physiognomischen Prinzip beruhende → *Naturräumliche Gliederung* oder um die naturwissenschaftlich-landschaftsökologische → *Naturräumliche Ordnung*.

Landschaftsgrenzen *landscape lines*: geographische → *Grenzen* von → *Natur*- und → *Kulturlandschaften*, ursprünglich nach dem → *physiognomischen Prinzip* (z. B. der → *Grenzgürtel*) definiert. Das methodische Problem der L. besteht durch die Realität der Grenzen als → *Grenzsäume*. Da es nicht nur um die äußerlich sichtbare Grenze einer geographischen Raumeinheit geht, sondern auch um (ökofunktionale) Inhalte, sind – je nach Untersuchungszweck – Kriterien zu definie-

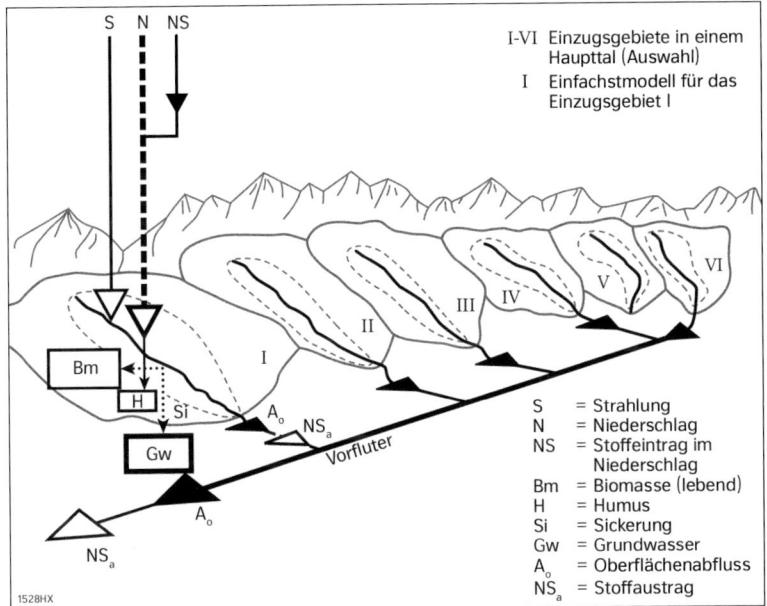

Landschaftshaushaltsmodell

ren: 1. kleine Maßstäbe: überwiegend physiognomisch-formale Kriterien, z. B. Reliefund/oder Substratbereiche; 2. große Maßstäbe: ökofunktionale Aspekte, z. B. Mikroklimafunktionen, Nährstoffumsätze, biotisches Abbauvermögen, Bodenfeuchteregime usw..

Landschaftsgürtel *landscape zone*: populärwissenschaftliche Bezeichnung für die → *Landschaftszone*, der die bandartige und erdumspannende Gestalt der → *Biome* zugrunde liegt. Die L. gehören in die → *geosphärische Dimension* und werden strahlungsklimatisch begründet.

Landschaftshaushalt *landscape system*: naturgesetzlicher Funktionszusammenhang der verschiedenen → *Landschaftshaushaltsfaktoren*, die miteinander ein → *offenes System* bilden und in einem → *Fließgleichgewicht* stehen. Zu benachbarten → *Landschaftsökosystemen* bestehen → *In-* und → *Outputbeziehungen* (stofflich, energetisch), ebenso zu einzelnen von deren → *L.-Faktoren* (→ *Belastung*, → *Umwelt*).

landschaftshaushaltliches Leistungsvermögen *capability of the landscape system*: → *Leistungsvermögen des Landschaftshaushaltes*.

Landschaftshaushaltsbilanz *landscape system balance*: im Sinne der → *Landschaftsbilanz* Bestimmung der → *Input-* und → *Output*parameter und damit der Umsätze eines → *Landschaftsökosystems*.

Landschaftshaushaltsfaktoren *landscape system factors*: auch als → *Geoökofaktoren* bzw. Landschaftsfaktoren (mit z. T. anderen Begriffsgewichtungen) bezeichnet. Jeden L. kann man als → *Subsystem* des → *Landschaftsökosystems* darstellen. Die Gesamtheit der L. bildet das → *Wirkungsgefüge* des → *Landschaftshaushaltes* im → *Landschaftsökosystem*. Die hauptsächlichen L. sind Gestein, Boden, Klima, Wasser, Relief, Pflanzen, Tiere, aber auch der Mensch als Landschaftsnutzer und -belaster, als politischer und planerischer Entscheider. Sie können → *Regler*, → *Speicher* oder → *Prozess*(e) sein.

Landschaftshaushaltsmodell *landscape system model*: graphische und/oder mathematische, vereinfachte Abbildung der Realität eines → *Geoökosystems* bzw. → *Landschaftsökosystems*. Ein einfaches Modell ist der → *Standortregelkreis*. Generalziel des L. ist eine rechenbare Beschreibung der biotischen, stofflichen und energetischen Umsätze des Landschaftsökosystems in Zeit und Raum, um künftige Ökosystemzustände zu simulieren und geänderte Randbedingungen zu erkennen.

Landschaftshülle

Landschaftshülle *landscape sphere*: Bereich der landschaftlichen Substanz der → *Biogeosphäre*, die den äußersten Teil der Erdkruste, die → *Geodermis* mit dem → *Georelief* umfasst, sowie die → *Oberflächengewässer*, → *Bios*, → *bodennahe Luftschicht* und die technisch gebauten Landschaftselemente als Ausdruck der wirtschaftenden und gestaltenden Tätigkeit der menschlichen Gesellschaft. Die L. repräsentiert somit jene Zusammenhänge, die Untersuchungsgegenstand der → *Geographie* bzw. der → *Physiogeographie* sind und die man auch im → *Modell* der → *Territorialstruktur* darstellen kann.

Landschaftsinformationssystem (LIS) *landscape information system*: eine anwendungsbezogene Form eines → *Geographischen Informationssystems*. In einem L. werden → *Geodaten* bereitgehalten, die der Lösung landschaftsökologischer Fragestellungen in der Praxis dienen. LIS werden sehr oft in → *Landschaftsökologie*, → *Naturschutz* und → *Umweltschutz* eingesetzt.

Landschaftskomponenten *landscape components*: 1. allgemeine Bezeichnung für → *biogene*, → *physiogene* und → *anthropogene* „Gegenstände" der → *Landschaft*, mit Schwergewicht auf solchen, die visuell wahrnehmbar sind. 2. → *Systemelemente* des Landschafts- bzw. Geoökosystems. Sie entsprechen damit nicht nur den Geoökofaktoren, sondern schließen sämtliche Größen ein, die am Funktionieren der Landschaft mitbeteiligt sind, d. h. auch anthropogene Komponenten.

Landschaftsmaße *landscape Dimensions*: Kategorie von Maßzahlen bezogen auf die → *Landschaft*. Man kann die L. unterteilen in landschaftsspezifische und landschaftsaggregierte Maßzahlen. Beispiel für ein L. ist der Zerschneidungsindex, der den Zerschneidungsgrad einer Landschaft beschreibt (→ *Landschaftszerschneidung*).

Landschaftsmorphologie *landscape morphology*: Teilgebiet der → *Landschaftskunde*, das auf eine physiognomische Erfassung der → *Landschaft* abzielte, unter Mitberücksichtigung des funktionalen Aspektes des → *Wirkungsgefüges* Landschaft. Ziel war, die Zusammenhänge zwischen den → *physiogenen* (→ *Naturplan*) und → *anthropogenen* (Kulturplan) Landschaftselementen darzustellen. Die L. ist nicht zu verwechseln mit der → *Geomorphologie*, sondern war eine Forschungsmethode der → *Kulturlandschaftsgeographie*. Die L. begreift die Landschaft als Einheit der verschiedensten, auch vom Menschen bestimmten Seinsbereiche und deren Elemente. Die nicht sichtbaren → *Landschaftselemente* (d. h. Kräfte und Prozesse, v. a. des → *Anthroposystems*) blieben meist ausgespart.

Landschaftsmosaik *landscape mosaic, landscape pattern*: jenes → *Raummuster*, dem ein formales und funktionales → *Landschaftsgefüge* zugrunde liegt.

Landschaftsökologie *landscape ecology*: jener Fachbereich, der sich mit den → *Wechselwirkungen* zwischen den im → *Landschaftsökosystem* zusammenwirkenden Faktoren beschäftigt, die sich funktional (auch visuell mehr oder weniger wahrnehmbar) in der → *Landschaft* repräsentieren. Wegen der Vielfalt der Aspekte der Landschaft, die sich in der sehr komplexen → *Territorialstruktur* i. w. S. ausdrücken, wird L. von mehreren Fachgebieten unterschiedlicher Interessensphären betrieben, die deswegen und aus methodischen Gründen immer nur einen mehr oder weniger umfassenden Teilausschnitt des Landschaftsökosystems untersuchen. Das geschieht teils für wissenschaftliche, teils für praktische Zwecke, z. B. durch → *Geographie*, → *Angewandte Landschaftsökologie*, → *Landschaftspflege*, → *Raumplanung*, → *Regionalplanung*, → *Umweltschutz* u. v. a..

landschaftsökologische Bestandsaufnahme *landscape-ecological inventory*: systematische Erhebungen der → *Landschaftsökologie* für wissenschaftliche und/oder praktische Zwecke, z. B. als Bilanzierungen von Stoff- und Energieumsätzen von Landschaftseinheiten (→ *Landschaftshaushaltsbilanzen*) sowie die Erhebung und Darstellung der im Felde kartierbaren → *Geoökofaktoren*.

landschaftsökologische Catena *landscape-ecological catena*: allgemein die Anwendung des → *Catena-Prinzips* in der landschaftsökologischen Methodik. 1. die typische Abfolge der → *naturräumlichen Grundeinheiten* in der → *topischen Dimension*, innerhalb derer sich die → *Geoökofaktoren* naturgesetzlich ändern. Wegen des für die Ökofunktionalität sowie die räumliche Strukturierung entscheidenden → *Reglers* bzw. *Georelief* wird die l. C. auch als → *Toposequenz* bezeichnet. 2. methodisches Prinzip zum Erkennen der Grundlagen der Raumstruktur in großen Maßstäben unter Einsatz der Methodik des Geoökologischen Arbeitsgang bzw. der → *Landschaftsökologischen Komplexanalyse*.

landschaftsökologische Grundeinheit (geoökologische Grundeinheit, ökologische Grundeinheit) *landscape-ecological basic unit*: Basis der → *Hierarchie der naturräumlichen Einheiten* und unterste Kategorie der → *Dimensionen landschaftlicher Ökosysteme*, d. h. es sind topische Einheiten (→ *Top*), also entweder → *Physiotop* oder → *Ökotop*, je nach Ausschluss oder Einbezug → *biotischer Faktoren* in das Modell. In der Frühzeit der Landschaftsökologie, d. h. den 1940er und 1950er-Jahren wurde eine Vielzahl von sich z. T. stark überlappenden Begriffen dafür verwendet, z. B. Landschaftszelle, → *Fliese* oder → *Fazies*.

Landschaftsökologische Hauptmerkmale (Ökologische Hauptmerkmale) *landscape-ecological main features*: die Gesamtheit der L. H. liefert eine integrale Aussage über den → *Landschaftshaushalt*. L. H. sind → *Vegetation*, Bodenformen und → *Bodenwasserhaushaltstypen*. Man wählte sie aus der Fülle der → *Geoökofaktoren* aus, weil sie die komplexen Zusammenhänge von Gefüge und Haushalt eines → *Landschaftsökosystems* integrativ charakterisieren. Alle drei L. H. reagieren im Landschafts- bzw. → *Geoökosystem* unterschiedlich: – Die Bodenformen sind Gesamtausdruck des Zusammenwirkens aller Geoökofaktoren am → *Landschaftsökologischen Standort*, weil seine Dynamik abhängig von allen ökologisch bedeutsamen Ökosystembestandteilen ist. Der Boden reagiert auf Ökosystemveränderungen unter → *natürlichen* Bedingungen sehr langsam. – Die Vegetation reagiert rascher und kann standörtlich feinere Differenzierungen der → *abiotischen Faktoren* ausdrücken. Sie ist zwar, wie der Boden, das Ergebnis der Landschaftsentwicklung, reagiert jedoch spontaner als dieser auf → *anthropogene* Einflüsse. Sie liefert jedoch keine quantitative Aussage über den → *Stoffhaushalt* des → *Geoökosystems*, wie das beim Boden der Fall ist. – Noch rascher als die Vegetation reagiert der Wasserhaushalt der Landschaft, in erster Linie das → *Bodenfeuchteregime*, das mit zahlreichen anderen Geoökofaktoren in engem funktionalen Zusammenhang steht, wobei es spontan auf witterungsbedingte Landschaftshaushaltsänderungen reagiert. Die Bodenfeuchte ist kein selbstständiger Naturkörper, sondern Bestandteil eines stofflichen Systems. Dadurch fehlt ihm eine eigene Entwicklung. Veränderungen im Bodenfeuchteregime sind immer Ausdruck der Änderung der anderen Geofaktoren. Die methodische Bedeutung des Bodenfeuchteregimes besteht in der Repräsentanz jahreszeitlicher Gänge bzw. des Geoökosystemverhaltens. → *Bodenwasser* bzw. → *Bodenfeuchte* sind quantitativ zu bestimmen.

Den L. H. kommt bei der Erforschung der Geo- und Landschaftsökosysteme zentrale Bedeutung zu, sodass sie Grundbestandteil der landschaftsökologischen Erkundung sind.

landschaftsökologische Heterogenität *landscape-ecological heterogeneity*: Integrations- und Ordnungsprinzip der → *Naturräumlichen Ordnung*, auch als „Prinzip der fortschreitenden ökologischen Heterogenität" bezeichnet. Die l. H. besitzt in sämtlichen → *Dimensionen landschaftlicher Ökosysteme* Gültigkeit. Die l. H. drückt den Grad der Differenzierung des ökologischen Inhalts der jeweiligen Ordnungsstufe aus.

Landschaftsökologische Komplexanalyse (LKA) *landscape-ecological complex analysis*: Methodik der → *Landschaftsökologie* und → *Geoökologie* zur Analyse geographisch-ökologischer Komplexe in → *Elementarlandschaften*. Deren Funktion und Struktur wird erforscht mit einer Aggregation von Kartier- und Messmethoden, die an den → *Partialkomplexen* des → *Geoökosystems* bzw. → *Landschaftsökosystems* ansetzen, um deren → *Wirkungsgefüge* in der → *Geographischen Realität* der → *Landschaft* als Funktionseinheit zu modellieren und möglichst quantitativ darzustellen (→ *Landschaftsökologische Hauptmerkmale*).

landschaftsökologische Nachbarschaftsbeziehungen *landscape-ecological neighbourhood relationships*: jene Wirkungen, die sich im Umfeld eines oder mehrerer → *Geoökosysteme* zeigen und die ökofunktional Einfluss auf den landschaftsökologischen Zustand der Nachbarräume nehmen. Die Reichweite der l. N. ist verschieden, je nach Faktor bzw. Agens. Sie wird wesentlich vom → *Regler* → *Relief* für die Agenzien Luft und Wasser sowie den → *Stoffhaushalt* der → *Partialkomplexe* → *Boden* und *Wasser* bestimmt. In der Anwendung landschaftsökologischer Erkenntnisse, z. B. in der Planung, spielen die l. N. als → *ökologische Ausgleichswirkungen* eine Rolle.

landschaftsökologische Persistenz *landscape-ecological persistence*: → *ökologische Persistenz*.

landschaftsökologische Raumeinheit *landscape-ecological unit*: an sich mit der → *naturräumlichen Einheit* identisch. Wegen der anderen Methodik, die für die Ausscheidung zugrunde liegt, wird jedoch für die in der landschaftsökologischen Erkundung gewonnenen Raumeinheiten und die dahinter stehenden → *Geoökosysteme* von l. R. gesprochen. Sie werden nach den → *Dimensionen landschaftlicher Ökosysteme* systematisiert und geordnet (→ *Theorie der geographischen Dimensionen*).

landschaftsökologische Raumgliederung *landscape-ecological areal classification*: eine Form der → *Naturraumgliederung*, wobei der Begriff l. R. betont, dass → *landschaftsökologische Grundeinheiten* die Basis der Gliederung bilden.

landschaftsökologische Skala *scales in landscape ecology*: hierarchisch aufgebautes System der Größenklassen (in Bezug auf Raum- und Zeitbereiche) zur Untersuchung von → *Ökosystemen*, untergliedert in Mikro-, Meso- und Makroskale, in denen jeweils maßstabsspezifische Arbeitsmethoden angewendet werden.

landschaftsökologische Standortanalyse *landscape-ecological site analysis*: die Standortanalysen der landschaftsökologischen Erkundung. Die Methodiken sind Partialkomplexanalyse und komplexe → *Standortanalyse*. Die l. S. wird kleinräumig, also großmaßstäblich im Feld mit naturwissenschaftlichen Methoden betrieben. Ziel ist die Ermittlung landschaftshaushaltlicher Zusammenhänge in den → *Geo-* bzw. → *Landschaftsökosystemen* sowie die Bestimmung der → *anthropogenen* → *Regelung* dieser. Der l. S. wird demzufolge nicht der relativ enge Begriff → *Standort* der → *Ökologie* zugrunde gelegt, sondern das Modell des → *landschaftsökologischen Standortes* aus.

landschaftsökologische Synthese *landscape-ecological synthesis*: auf die Typisierung der → *Geoökosysteme* und die Herausarbeitung von → *Ökotypen* im Sinne des → *Geoökotyps* zielende Methode, beruhend auf Ansatz und Methodik der → *landschaftsökologischen Standortanalyse* bzw. der → *Landschaftsökologischen Komplexanalyse* im Geoökologischen Arbeitsgang.

landschaftsökologische Verwandtschaft *landscape-ecological relationship*: eines der Integrations- und Ordnungsprinzipien der → *Naturräumlichen Ordnung*, eingesetzt v. a. in der unteren und mittleren Stufe der → *Dimensionen landschaftlicher Ökosysteme*. Gemäß der Theorie der → *Landschaftsökologie* muss sich das Prinzip der l. V. auf haushaltliche Verbindungen stützen, aufgrund derer man geoökologisch verwandte Räume zu höherrangigen Raumeinheiten zusammenfasst. Aus methodischen Gründen nimmt jedoch die Relevanz der Vergleiche von Haushaltsformen ab den mittleren und in den oberen Dimensionsstufen ab (→ *Theorie der geographischen Dimensionen*).

landschaftsökologische Vorerkundung *landscape-ecological pre-exploration*: der vorbereitende Akt der landschaftsökologischen Erkundung mit Ermittlung der Grundlagen für die → *Landschaftsökologische Komplexanalyse*. Die l. V. schafft sämtliche Fakten über den Untersuchungsraum herbei und bestimmt anhand dieser die entscheidenden Arbeitsweisen für die Methodik der → *Landschaftsökologischen Standortanalyse*. Schwerpunkt bilden die → *Partialkomplexe* im Untersuchungsraum. Verwendet werden Eigen-

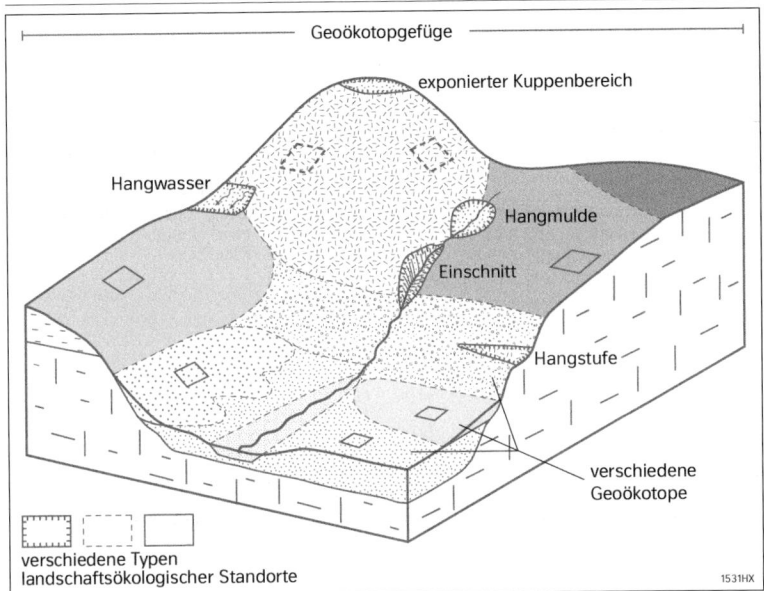

Landschaftsökolog. Standort

und Fremdmaterial. Ergebnis der l. V. sind Verbreitungskarten der Partialkomplexe.

landschaftsökologischer Ansatz *landscape-ecological approach*: systemanalytisches Vorgehen bei der Erforschung der → *Landschaft* und ihrer → *Landschafts-* bzw. → *Geoökosysteme*, mit dem Ziel, Verbreitung, Struktur und Funktion landschaftshaushaltlicher Systeme für wissenschaftliche und praktische Zwecke zu ermitteln. Der l. A. wird eingesetzt in → *Landschaftsökologie*, → *Geoökologie*, → *Landespflege* und → *Landschaftspflege* sowie in verschiedenen geo- und biowissenschaftlichen Disziplinen (→ *systemtheoretischer Ansatz*, → *Landschaftsökologische Komplexanalyse*, → *Umweltsystem*).

Landschaftsökologischer Standort *landscape-ecological site*: konkrete Örtlichkeit in der → *Landschaftshülle* der Erde, die einen bestimmten vertikalen Struktur- und Funktionszusammenhang der → *Landschaftshaushaltsfaktoren* Gestein, Boden, Relief, Vegetation, Fauna, Klima und Wasser aufweist. Der L. S. kann eine abgegrenzte Fläche mit typischen Wuchs- und Nutzungsbedingungen oder ein für die landschaftsökologische Untersuchung des Vertikalzusammenhangs der Landschaftshaushaltsfaktoren ausgewählter Ausschnitt aus einer größeren, → *homogenen* → *naturräumlichen Einheit* sein. L. S. ist ein zentraler Begriff der → *Landschaftsökologie*. Er überschreitet den meist punktbezogenen Standortbegriff der → *Biowissenschaften* (→ *Standortfaktoren*), weil er sich auf den → *geographischen Raum* bezieht (→ *Standort*).

landschaftsökologisches Modell *landscape-ecological model*: → *Landschaftshaushaltsmodell* einer → *naturräumlichen Einheit*, das graphisch oder mathematisch das → *Geoökosystem* oder das → *Landschaftsökosystem* darstellt. Beispiele: → *Prozess-Korrelations-Systemmodell* bzw. → *Standortregelkreis*. Sie stellen die beteiligten → *Kompartimente* dar sowie deren → *Speicher*, → *Regler* und → *Prozesse*. Oberstes Ziel der Modellierung ist die quantitative Darstellung des Gesamtökosystems und die → *Simulation* seiner Zustände (→ *Modell*, → *Modelltheorie*, → *Simulationsmodell*).

Landschaftsökosystem *landscape ecosystem*: gemäß der Theorie der → *Landschaftsökologie* ein in der → *Geographischen Realität* beliebig abgrenzbares → *Wirkungsgefüge* aus → *physiogenen*, → *biogenen* und → *anthropogenen* → *Landschaftshaushaltsfaktoren*, das einen übergeordneten Funktionszusammenhang darstellt. Der räumliche Repräsentant des L. ist die → *Landschaft*.

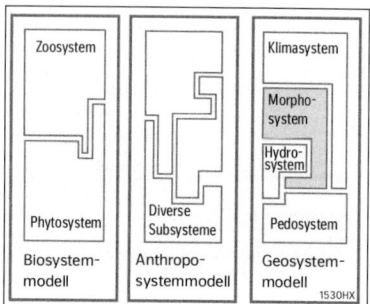

Landschaftsökosystemmodell

Landschaftsordnungsplan *landscape management plan*: → *Landschaftsplan*.

Landschaftspark *landscape park*: 1. natürlicher L. als Bestandteil einer lediglich durch Wege erschlossenen → *Naturlandschaft*, die nicht „gepflegt" wird. 2. planmäßig angelegter L. im Sinne des → *Parks*, also ein relativ großräumiges Areal mit Gehölzen, Rasenflächen, stehenden und fließenden Gewässern sowie Wegen, wobei ein naturähnliches Bild erzielt werden soll, das nur durch beträchtlichen Pflegeaufwand zu erreichen ist.

Landschaftspflege *landscape preservation/conservation/management*: Bestandteil der → *Landespflege*. Die L. ist eine forschende, planerische und pflegerische Disziplin, die mit Erhaltungs- und Schutzmaßnahmen v. a. außerhalb der überbauten Gebiete, also in der „freien Landschaft", wirkt. Die → *Landschaft* soll geordnet, geschützt, gepflegt und entwickelt werden, um den physischen, psychischen und sozioökonomischen Bedürfnissen des Menschen gerecht zu werden. Dazu gehört auch, → *Landschaftsschäden* zu verhindern, auszugleichen oder zu beseitigen. Die Ziele schließen den Eigenwert des → *Landschaftsökosystems* bzw. → *Geoökosystems* der Landschaft mit ein (→ *Eigenwert der Natur*). Die Landschaftsanalysen der → *Landschaftsökologie* liefern für die L. Grundlagen für die Landschaftsdiagnose, aus der Maßnahmen der → *Landschaftsplanung* resultieren, die der → *Landschaftsbau* (z. T.) praktisch realisiert. Gegenstück der L. ist im Siedlungsbereich die Grünraumordnung oder kurz → *Grünordnung*.

Landschaftspflegeplan *landscape conservation plan*: → *Landschaftsplan*.

Landschaftsphysiologie *landscape physiology*: erklärt das Zusammenwirken → *physiogener*, → *biotischer* und → *anthropogener* Seinsbereiche im Sinne des klassischen Landschaftskonzeptes. Der Ansatz beschränkt sich also nicht auf den (Natur-) Landschaftshaushalt im Sinne der → *Geoökosysteme*, sondern betrachtet die komplexen → *Landschaftsökosysteme*. Die L. ist Bestandteil der klassischen → *Landschaftskunde*, wobei die L. über die auf Visuelles abhebende → *Landschaftsmorphologie* hinausging. Die L. gilt als ein Vorläuferin der → *Landschaftsökologie*, weil sie den funktionalen Aspekt der Landschaft ebenso berücksichtigte wie die physiognomischen oder die landschaftsgenetischen Muster der → *naturräumlichen Einheiten* (→ *Humanökologie*).

Landschaftsplan (Landschaftsaufbauplan, Landschaftsentwicklungsplan, Landschaftsordnungsplan, Landschaftspflegeplan) *landscape [preservation/conservation/management] plan*: nach dem deutschen Naturschutzgesetz stellt der L. die örtlichen Erfordernisse und Maßnahmen zur Verwirklichung der Ziele des → *Naturschutzes* und der → *Landschaftspflege* dar. Die L. sind gewöhnlich Fachbeiträge zum → *Flächennutzungsplan* und beziehen sich auf den baulichen → *Innen-* und → *Außenbereich*. Die Grundlage des L. sind → *Landschaftsbewertungen*, → *Landschaftsdiagnosen* und Bestandsaufnahmen der → *Landschaftsökologie*. Im Rahmen der → *Bauleitplanung* dient der L. als Beitrag zum Flächennutzungsplan. In Städten und städtischen Gemeinden wird der L. als → *Grünordnungsplan* bezeichnet.

Landschaftsplanung *landscape planning*: Bestandteil der → *Landschaftspflege* bzw. der → *Landespflege*. In der L., die in → *Landschaftsplänen*, → *Landschaftsrahmenplänen* und landespflegerischen Begleitplänen sowie anderen Planformen ihren Ausdruck findet, werden landespflegerischer Absichten und Maßnahmen dargestellt. Gegenstände der L. sind die → *Freiflächen*, also die nicht überbauten Flächen in der → *Kulturlandschaft* und deren Naturhaushalt sowie das → *Leistungsvermögen* des Landschaftshaushaltes. L. zielt auf die Planung von Schutz, Pflege, Unterhaltung, Wiederherstellung, Erhaltung und Entwicklung der Bestandteile des Naturhaushaltes in der → *Landschaft*, aber auch auf den Schutz der → *Landschaftselemente* und die Gestaltung der Landschaftsstruktur ab. Als Planungsinstrument von Landschaftspflege und → *Naturschutz* vertritt die L. bei der räumlichen Planung die ökologischen Gesichtspunkte.

Landschaftspotenzial *landscape potential*: 1. in der Planungspraxis definiert als nutzbares bzw. besonders den Menschen, aber auch die übrigen Lebewesen positiv beeinflussendes → *Naturraumdargebot* der → *Landschaft*, basierend auf den Landschaftsfaktoren, die im → *Landschaftsökosystem* raumspezifisch zusammenwirken. 2. theoretischer Begriff, der den Zusammenhang zwischen Mensch und Natur ausdrückt: P = R + G + B + K. Das L. setzt sich zusammen aus R = ständige Energieaufnahme einer Fläche durch → *Strahlung*, G = potenzielle Energie der verschieden gelagerten Substanz (z.B. dass gravitative Prozesse wirksam werden), B = die in der landschaftlichen Substanz gespeicherte Energie verschiedener geophysikalischer, geochemischer, geomorphodynamischer und biotischer Prozesse und K = Energieaufnahme, die aus der Arbeit des Menschen resultiert.

Landschaftsprognose *landscape prognosis*: in der → *Landschaftsplanung* die Erfassung und Beurteilung von Entwicklungstendenzen der → *Landschaften* und ihrer → *Landschaftsökosysteme* unter Einsatz von → *Landschaftsdiagnose* und → *Landschaftsbewertung*, um Nutzungskonflikte zu erkennen und Planungsvorschläge zu deren Lösung abzuleiten.

Landschaftsprogramm *landscape framework, landscape outline plan*: → *Landschaftsrahmenplan*.

Landschaftsqualität *landscape quality*: kann technisch, physiologisch, geomedizinisch, strukturell, ökologisch, gesellschaftlich, sozial, ästhetisch, ethisch und psychologisch definiert werden. Daher gibt es nicht „die" L., die zudem subjektiv wahrgenommen wird.

Landschaftsrahmenplan (Landschaftsprogramm) *landscape outline plan, landscape framework*: im Gegensatz zum → *Landschaftsplan* ohne die Festlegung von landschaftspflegerischen Einzelmaßnahmen aufgestelltes Planwerk, das übergeordnete, nicht unmittelbar rechtsverbindliche Planungen für überörtlichen Ziele der → *Landschaftspflege* und den → *Naturschutz* darstellt. Dabei sollen die Grundsätze der → *Raumordnung* und → *Landesplanung* für den Bereich eines Landes oder einer Region (→ *Landesplanung*, → *Regionalplanung*) dargestellt und beachtet werden. Der L. kann z.B. auch → *Artenschutzprogramme* enthalten.

Landschaftsschaden *landscape damage*: 1. in → *Landespflege* und → *Landschaftspflege* direkte und indirekte → *anthropogene* bzw. technogene sowie naturbedingte Beeinträchtigungen von Funktion und Gefüge der → *Kulturlandschaft*. 2. in → *Geo*- und → *Biowissenschaften*, v.a. in → *Geomorphologie* und → *Landschaftsökologie*, im Sinne von Naturgefahrenfolgen gebraucht und bezogen auf die gesamte → *Landschaft*.

Landschaftsschutz *protection of the environment, landscape protection, landscape conservation*: 1. Maßnahmen zur Erhaltung und Pflege der natürlichen und kulturellen Eigenart einer → *Landschaft*. 2. Gesamtheit der Maßnahmen von → *Naturschutz* und → *Landschaftspflege* zur Sicherung von Landschaften oder ihrer Teile und damit von deren Landschaftsökosystemen. 3. im Naturschutzrecht weist der L. → *Landschaftsschutzgebiete* aus. Die praktische Umsetzung der Landschaftsschutzidee erfolgt durch → *Landespflege* und → *Landesplanung*. Dies geschieht i.d.R ohne konkrete Maßnahmen im Raum, weil L. nur orientierenden Charakter hat. Gegenüber anderen Formen des → *Natur*- und → *Umweltschutzes* ist seine Bedeutung gering.

Landschaftsschutzgebiet (LSG) *protected landscape*: gesetzlich geschützter, rechtsverbindlich und abgegrenzter, meist größerer Landschaftsraum, oft mit Erholungsgebietscharakter, der über ein charakteristisches → *Landschaftsbild* verfügt. Er soll, ebenso wie der → *Naturhaushalt* in der Landschaft, vor nachhaltig schädigenden, wesentlichen Eingriffen durch wirtschaftliche und sonstige raum- und ökosystemwirksame Aktivitäten des Menschen geschützt werden. Die Entwicklung der ökologischen Bedingungen im LSG sind aufeinander abzustimmen. Flächennutzungsänderungen sind nur mit behördlicher Genehmigung möglich. Der → *Landschaftsschutz* ist weniger streng als der → *Naturschutz*. Er erlaubt eine reguläre land- und forstwirtschaftliche Nutzung des LSG. (→ *Nachhaltigkeit*, → *Naturschutzgebiet*).

Landschaftsstruktur *landscape structure*: 1. aus dem Erscheinungsbild des → *Raummusters* und der haushaltlichen Funktion der → *Raumeinheiten* zusammengesetzte bestehende Struktur. L. bezieht sich auch auf die → *Kulturlandschaft*. 2. in → *Landschaftspflege*, → *Landschaftsplanung* sowie → *Raumordnung* und → *Landesplanung* wird der Begriff L. oft nur auf visuell wahrnehmbare Bestandteile der → *Landschaft* oder ihrer Landschaftsfaktoren beschränkt.

Landschaftssukzession *landscape succession*: Begrenzung des Begriffes → *Sukzession* auf → *Landschaft* mit zweifacher Bedeutung: 1. in erdgeschichtlicher Sicht die Entwicklung von (Natur-)Landschaften als Folge von → *Klimaänderungen*, z.B. denen des → *Postglazials* mit zeitlicher Aufeinanderfolge von → *Tundra*-, → *Steppen*- und verschiedenen → *Wald*-Typen. 2. Entwicklungsabfolge von einer zerstörten und/oder neu gebildeten Landschaft z.B. bei der → *Rekultivierung* von Bergbaufolgelandschaften. Ohne Eingriff des Menschen würde sich im gemäßigten Klimazone Mitteleuropas die zonenkonforme → *Laubwald* entwickeln.

Landschaftssystematik *landscape systematics*: → *Landschaftstypologie*.

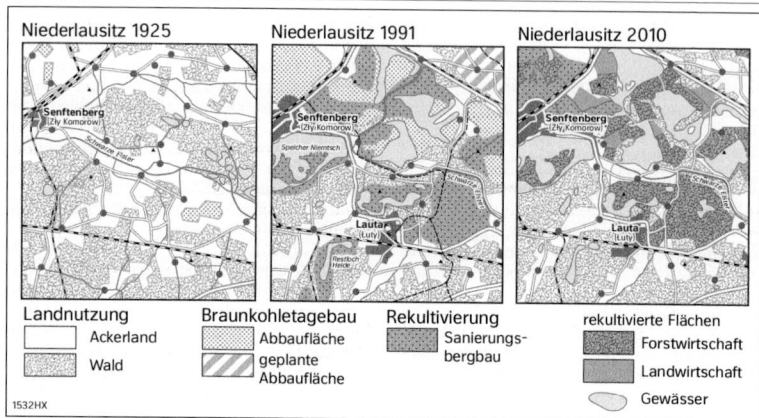

Landschaftssukzession

Landschaftstyp *landscape type*: 1. z. B. → *landschaftsökologische Raumeinheiten* ähnlicher oder gleicher → *Landschaftsstruktur*, die in Vielzahl auftreten. Der L. wird in der → *Landschaftsökologie* mit der → *Landschaftstypologie* bzw. der → *landschaftsökologischen Raumgliederung* unter Verwendung eines dimensionsbezogenen Kriterien- bzw. Merkmalskatalogs definiert. Es gibt sowohl → *Natur*- als auch → *Kulturlandschaftstypen*, die man für die einzelnen Stufen der → *Dimensionen landschaftlicher Ökosysteme* ausscheidet. 2. der Begriff wird auch auf die Großökosysteme der Erde, die Typen der → *Biome* bezogen. 3. Ergebnis jeder Art von Ordnung irgendwelcher Teile und Erscheinungen von Landschaften und in diesem Sinne auch umgangssprachlich üblich.

Landschaftstypologie (Landschaftssystematik) *landscape systematics*: auf das Erkennen von Regelhaftigkeiten und Gesetzmäßigkeiten natur- und/oder kulturlandschaftlicher → *Raumeinheiten* zielendes Vorgehen der → *Landschaftskunde*, → *Landschaftsökologie* und angewandt arbeitender Bereiche wie → *Landesplanung*, → *Regionalplanung* und → *Landschaftsplanung*. Es arbeitet fachbezogen definierte Landschaftstypen heraus. Die lange Zeit innerhalb der Landschaftskunde unsystematisch betriebene L. erhielt im naturwissenschaftlichen Bereich Aufschwung durch die → *Theorie der geographischen Dimensionen* (→ *Dimensionen landschaftlicher Ökosysteme*), nach der man für die Dimensionsstufen von der → *topischen* bis zur → *geosphärischen Dimension* Raumeinheiten → *homogener Inhalte* erarbeitet. Diese → *geographische Homogenität* begründet den Vergleich der Raumeinheiten untereinander und ermöglicht deren Zuordnung zu einem Landschaftstyp. (→ *landschaftsökologische Synthese*, → *Naturräumlichen Ordnung*).

Landschaftsverband *regional administrative association*: in Nordrhein-Westfalen und Niedersachsen bestehende Formen des kommunalen Zusammenschlusses. Sie nehmen bestimmte Selbstverwaltungsrechte und unterschiedliche Aufgaben wahr. Während die L. in Nordrhein-Westfalen u. a. im sozialen Bereich als Träger für überörtliche Sozial-, Behinderten- und Jugendhilfe sowie für bedeutende soziale Einrichtungen wie psychiatrische Kränkenhäuser sowie als zuständige Stellen für Kultur- und → *Denkmalpflege* fungieren, ist ihre Aufgabe in Niedersachsen auf die Kulturförderung beschränkt.

Landschaftsverbrauch (Landverbrauch, Flächenverbrauch) *land consumption, ground consumption*: Umwidmung von „offenem Land" (Land mit → *natürlicher* bis → *naturfremder* Vegetation), → *Wald*, → *Forsten* und landwirtschaftlich genutztem Land zu Siedlungs-, Erholungs- und Verkehrsflächen. Diesen → *Flächenumwidmungen* wird → *Flächenrecycling* gegenüber gestellt. Der Begriff L. nicht ganz korrekt, denn Land kann streng genommen nicht „verbraucht" werden, da es weder vermehrbar noch aufzehrbar ist. Beim L. wechselt lediglich die Art der Landnutzung (→ *Nutzungsartenänderung*) durch → *Flächennutzungskonkurrenz*. Erfahrungsgemäß setzt dieser Prozess die ökologische Funktionstüchtigkeit der vorhandenen → *Landschaftsökosysteme* herab. Aufgrund der insbesondere in ökologischer Hinsicht überwiegend negativen Folgen des L. wird abwertend, bisweilen auch von Landfraß gesprochen (→ *Fragmentierung der Landschaft*).

Landschaftsverträglichkeitsprüfung (LVP) *landscape compatibility test*: in der Schweiz geborene Idee, um Defizite der → *Umweltverträglichkeitsprüfung* aus Sicht der → *Landschaftsökologie* zu beheben. Die L. soll die Einwirkungen eines Planungsvorhabens auf den betroffenen Landschaftsraum untersuchen und wertend beurteilen. Maßnahmen oder Projekte sollen dann als „landschaftsverträglich" gelten, wenn keine bedeutsamen Störungen der → *Landschaft* auftreten, welche die nachhaltige Erfüllung ihrer Funktionen gewährleistet ist und die Regenerationsfähigkeit der → *Landschaftsökosysteme* und die humanökologische Bedeutung weder kurz- noch langfristig beeinträchtigt werden. Die L. ist ökosystembezogener als die auf das Umwelt als Ganzes bezogene Umweltverträglichkeitsprüfung, im Gegensatz zu dieser jedoch rechtlich nicht institutionalisiert (→ *Humanökologie*, → *Leistungsvermögen des Landschaftshaushaltes*, → *Nachhaltigkeit*).

Landschaftswasserhaushalt *landscape water regime*: der → *Wasserhaushalt* der → *Landschaft* einer definierten Größenordnung (→ *Theorie der geographischen Dimensionen*), meist in → *topischer* oder → *chorischer Dimension* betrachtet, also deren → *Wasserkreislauf* und die darin wirkenden Kreislaufelemente, z. B. → *Abfluss*, → *Niederschlag*, → *Verdunstung*, → *Sickerung* (→ *Sickerwasser*), → *Boden*- und → *Grundwasser* sowie die verschiedenen Formen von → *Aufbrauch* und → *Rücklage* und die zwischen diesen Parametern bestehenden → *Input*- und → *Output*prozesse. In die Betrachtung des L. werden auch → *Klima*, → *Oberflächennaher Untergrund* und → *Vegetation* einbezogen, ebenso der Faktor Mensch und die von ihm ausgeübte Wirtschaftsweise, weil der Mensch als → *Regler* des → *Wirkungsgefüges* der → *Landschaftsökosysteme* fungiert. Der L. bezieht sich auf die → *Geographische Realität*, d. h. auf die aktuelle → *Landschaft* in deren *anthropogener* Gestaltung.

Landschaftszerschneidung *fragmentation of landscape*: → *Fragmentierung der Landschaft*.

Landschaftszone (Landschaftsgürtel) *landscape zone*: naturlandschaftlicher Großraum der Erde, dessen Existenz und Funktion auf dem Strahlungshaushalt beruht, der die → *Klimazonen* der Erde und deren klimakonforme Ökosystembedingungen steuert. Das → *Zonenmodell* der Landschaften der Erde ordnet sich nach den → *Dimensionen naturräumlicher Einheiten* in die globale → *geosphärische Dimension*. An die natürlichen L. lehnen sich die globalen Agrarnutzungszonen an (→ *Biom*).

Landsgemeinde *legislative assembly of citizens*: in einigen kleineren Schweizer Kantonen (Appenzell-Ausserrhoden, Appenzell-Innerrhoden, Glarus, Nidwalden und Obwalden) noch bestehende Versammlung aller stimmberechtigten Bürger zur Ausübung des kantonalen Stimmrechts in der Form der direkten Demokratie. Die L. tritt i.d.R einmal jährlich zusammen.

Landsoziologie → *Soziologie des ländlichen Raumes*.

Landstadt *country town*: in der deutschen Gemeindestatistik eine → *Stadt* mit 2000 bis unter 5000 Einwohnern. Siedlungsgeographisch betrachtet handelt es sich bei L. um kleine städtische Siedlungen im → *ländlichen Raum*, die i.d.R zentralörtliche Funktionen unterer Stufe (→ *zentralörtliche Hierarchie*) für → *ländliche Siedlungen* ihres → *Nahbereiches* erbringen. Früher waren L. häufig → *Ackerbürgerstädte*. Durch die → *Gemeindegebietsreform* ist statistisch die Zahl der L. stark zurückgegangen.

Land-Stadt-Wanderung *country-town-migration*: Verlagerung des Wohnstandortes aus → *Landgemeinden* oder kleineren Städten des → *ländlichen Raumes* in → *Mittel*- oder → *Großstädte* oder → *Verdichtungsräume*. L.-S.-W. kann mit einem Berufswechsel aus der Landwirtschaft in andere Wirtschaftsbereiche verbunden sein, aber auch unter Beibehaltung der bisherigen außerlandwirtschaftlichen Erwerbsgrundlage vonstatten gehen. L.-S.-W. ist insbesonders in sog. → *Entwicklungsländern*, eine wichtige Wanderungsform, in den → *Industrieländern* war sie während der Zeit der → *Industrialisierung* sehr stark ausgeprägt (→ *Landabwanderung*, → *Landflucht*).

Landstufe *hill scarp*: allgemeine und rein beschreibende Bezeichnung: – die aus einer → *Fläche* sich erhebende, meist lang gestreckte → *Vollform*, deren Rand mehr oder weniger zertalt ist und an deren oberen Ende eine → *Landterrasse* anschließt. – veraltet für → *Schichtstufe*. – für andere Vollformen wird auch ansetzenden → *Dachfläche*, z. B. für eine → *Rumpfstufe*.

Landterrasse → *Stufenfläche*.

Landverbrauch *land consumption, ground consumption*: → *Landschaftsverbrauch*.

Landverkehr *land transportation*: zusammenfassende Bezeichnung für den gesamten auf der festen Erdoberfläche stattfindenden Transport von Personen und Gütern mithilfe von Fahrzeugen, Menschen und Tieren. Zum L. gehören der Kraftfahrzeug- und Bahnverkehr sowie der Verkehr, der sich menschlicher und tierischer Kraft bedient (Fahrrad-, Läufer- und Trägerverkehr, Transport mit Reit-, Pack- und Zugtieren.

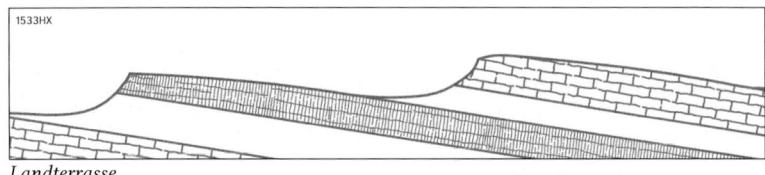

Landterrasse

Landwechselwirtschaft *land rotation*: bei stationärer Nutzung (im Gegensatz zum → *Wanderfeldbau*) der mehr oder minder regelhafte Wechsel der → *Landnutzung* als → *Acker-*, → *Grün-* oder Waldland. Beispiele einer L. für die gemäßigten Breiten sind die Feldgraswirtschaft und die → *Feld-Wald-Wechselwirtschaft*. In den → *Tropen* ist wegen der raschen Erschöpfung der tropischen Böden die Ackernutzungsphase relativ kurz.

Landwehr *mediaeval fortifications*: mittelalterliche Befestigungsanlage, die eine → *Stadt* oder größere → *ländliche Siedlung*, häufig auch ein ganzes Territorium oder Teile davon vor räuberischen Einfällen schützen sollte. Die L. bestand i.d.R aus dicht bewachsenen Wällen, Gräben sowie Sperrbauwerken an den Zufahrten. Oft wurden Flussläufe, natürliche Geländeerhebungen, Sümpfe usw. in das L.-System einbezogen.

Landwind *off-shore wind (breeze)*, *landwind*: nächtliche, eher schwache Windströmung vom Land zum → *Meer*. Der L. entsteht durch die im Vergleich zur Wasserfläche stärkere Abkühlung der Landoberfläche, die eine Ausgleichsströmung in Gang setzt. Tagsüber kehrt sich das System zum → *Seewind* um.

Landwirt *farmer*: Person mit Fachkenntnissen und umfangreicher praktischer Erfahrung sowie evtl. beruflicher Ausbildung auf dem Gebiet des → *Landbaus* (→ *Landwirtschaft*). Die Ausbildungsstufen in Deutschland sind Landwirtschaftsgehilfe, Landwirtschaftsmeister, Landbautechniker, Landbauingenieur und Diplom-Agraringenieur. Durch den sog. Bologna-Prozess sind seit 2005 die Diplomabschlüsse der agrarwissenschaftlichen Studiengänge durch Bachlor und Master ersetzt worden.

Landwirtschaft *farming, agriculture*: zum Bereich der → *Urproduktion* zählender Wirtschaftszweig, der erwerbsstatistisch dem → *primären Sektor* zugerechnet wird. Die L. bezeichnet die geplante und gelenkte Nutzung von Pflanzen und Tieren zum Zwecke der menschlichen Ernährung. Zur L. gehören außer → *Ackerbau* und → *Viehwirtschaft* auch der → *Gartenbau*, → *Gemüsebau*, → *Obstbau* und der → *Weinbau* sowie sämtliche Baum- und Strauchkulturen, die mit dem Ziel der Gewinnung pflanzlicher Rohstoffe angelegt werden. In vielen Teilen der Welt ist die L. heute in hohem Maße mechanisiert. In Deutschland lebten zu Beginn des Industriezeitalters (um 1850) etwa drei Viertel der Bevölkerung von der L. 2012 betrug demgegenüber der landwirtschaftliche Erwerbspersonenanteil in der Bundesrepublik Deutschland nur noch 1,6%.

landwirtschaftlich genutzte Fläche (LF) *agriculturally utilized area*: bewirtschaftete Agrarfläche. Die LF setzt sich aus Ackerflächen, Obst- und Gemüseflächen in Gärten, Dauergrünland, Obstfläche, Rebland, Hopfenflächen sowie Baumschulen und Flurholzflächen zusammen.

landwirtschaftliche Betriebsform *form of agricultural usage*: Art und Weise der landwirtschaftlichen → *Bodennutzung* in Abhängigkeit von der betrieblichen Organisation. Ein zentraler Parameter bei der l. B. ist der Aufwand von Arbeit und Kapital im Arbeitsprozess. Im Begriff l. B. wird die organisatorische Gesamterscheinung des landwirtschaftlichen Betriebs zum Ausdruck gebracht. Beispiele für l. B. sind → *Fruchtwechselwirtschaft* mit Stallviehhaltung, intensiver → *Bewässerungsfeldbau*, → *Trockenfeldbau*, Brandrodungsfeldbau (→ *Nutzungssystem*, → *Betriebssystem*).

landwirtschaftliche Bevölkerung *agricultural population*: Berufszugehörige der → *Landwirtschaft* (→ *agrare Dichte*). Dazu zählen neben den Erwerbspersonen der Landwirtschaft auch deren Angehörige ohne Hauptberuf.

landwirtschaftliche Nutzfläche (LN, LNF) *agricultural area*: Summe von → *landwirtschaftlich genutzter Fläche* (LF) und den (zeitweise) nicht (mehr) bewirtschafteten Acker- und Dauergrünlandflächen.

Landwirtschaftliche Produktionsgenossenschaft (LPG) *collective farm*: in der ehemaligen DDR nach sowjetischem Vorbild der → *Kolchose* (später zwangsweise) eingerichtete landwirtschaftliche Arbeits- und Produktionsgemeinschaft. Die Bewirtschaftung der LPG erfolgt nicht durch selbstständige Landwirte, sondern wurde von abhängigen Genossenschaftsbauern wahrgenommen. Ihnen war nur noch in geringem Umfang Privatbesitz an Boden und Vieh gestattet (→ *Kollektivierung*).

landwirtschaftliche Standortform *agricultural location form*: Typus und Fläche gleicher aktueller Leistungsfähigkeit des → *Naturraumpotenzials* im Agrarraum, bezogen auf dessen Nutzbarkeit und potenzielle Ertragserwartung. Die l. S. besitzt zudem bestimmte meliorativ zu beeinflussende Eigenschaften, deren mögliches Maß an dauerhaften Veränderungen eine Abschätzung der potenziellen natürlichen Leistungsfähigkeit im Vergleich zur aktuellen gestattet. Die l. S. repräsentiert die praktische Anwendung der → *landschaftsökologischen Raumgliederung* auf die landwirtschaftliche Praxis (→ *Leistungsvermögen des Landschaftshaushaltes*).

landwirtschaftliche Technik *agricultural technology*: Konzipierung, Herstellung und Einsatz von landwirtschaftlichen Geräten und Landmaschinen, die überwiegend auf den → *Konventionellen Landbau* eingestellt sind. Da von der Bodenbearbeitung flächendeckende physikalische Veränderungen (→ *Bodenverdichtung*, → *Bodenerosion*) mit Folgewirkungen in den Bodenökosystemen ausgehen, erweist sich die l. T. als → *Regler* im infrastrukturellen Teil des → *Agroökosystems*.

landwirtschaftlicher Arbeiter *agricultural worker*: statistischer Begriff, der nicht nur die ständigen l. A. eines Grundbesitzes, sondern auch das im Haushalt des Bauern lebende Gesinde, d. h. landwirtschaftliche Gehilfen (Knechte) und Gehilfinnen (Mägde), sowie die landwirtschaftlichen Tagelöhner umfasst. Zu den l. A. gehören auch die Saison- und Kampagnearbeiter (→ *Landarbeiter*).

landwirtschaftlicher Wasserbau *agricultural hydraulic engineering, agricultural water engineering*: Ingenieurbaumaßnahmen, die z. B. in der Kulturtechnik bzw. im → *Landschaftsbau* realisiert werden und die Maßnahmen der → *Bewässerung* und → *Entwässerung*, einschließlich der Brauchwassergewinnung (→ *Brauchwasser*) aus Grund- und Oberflächenwasser umfassen, um organisiert → *Landwirtschaft* zu betreiben. Zum l. W. gehört auch die Wasserreinigung durch Leitungen und Kanäle.

landwirtschaftliches Nebengewerbe *subsidiary occupation of a farmer*: den landwirtschaftlichen Betrieben angegliederter Produktionszweig, der sich mit der direkten Aufbereitung bzw. einer ersten Verarbeitung landwirtschaftlicher Rohstoffe befasst (z. B. Käse).

landwirtschaftliches Regionalprogramm *regional programme for agriculture*: ein im Rahmen der → *Landesplanung* bzw. der → *regionalen Wirtschaftspolitik* initiiertes Konzept zur regionalspezifischen Förderung der Landwirtschaft. Frühes Beispiel für l. R. als einer Form sektoraler Regionalpolitik ist das 1948 initiierte Emslandprogramm, das auf eine Verbesserung der Lebens- und Wirtschaftsverhältnisse der Bevölkerung im Emsland zielte und durch eine umfassende Infrastrukturverbesserung über den Agrarsektor hinausreichte.

Landwirtschaftsbetrieb *agricultural enterprise*: betriebliche Einheit zur Ausübung der → *Landwirtschaft*. Ein L. kann verschiedene Betriebszweige umfassen. Ökonomisch entscheidend sind die Betriebsgröße, die das bewirtschaftete Areal (einschließlich Pachtland) umfasst, der Viehbestand. Der L. sollte mindestens so groß sein, dass der Lebensunterhalt des Bauern und seiner Familie angemessen gesichert ist (→ *Ackernahrung*). Je nachdem, ob der L. die einzige oder eine von mehreren Erwerbsgrundlagen darstellt, unterscheidet man nach → *Haupterwerbsbetrieb*, → *Zuerwerbsbetrieb* und → *Nebenerwerbsbetrieb*.

Landwirtschaftsgebiet *farming area*: Gebiet, das aufgrund seiner Eignung oder des öffentlichen Interesses (Landschaftsschutz, Erholungsfunktion) der landwirtschaftlichen Nutzung vorbehalten bleibt.

Landwirtschaftsgesetz (Bundesgesetz über die Förderung der Landwirtschaft und die Erhaltung des Bauernstandes) *agricultural law*: schweizerisches Bundesgesetz, in der Erstfassung 1951 erlassen, das die landwirtschaftliche Berufsbildung und Forschung, Produktion, Absatz, Ein- und Ausfuhr sowie Preise landwirtschaftlicher Produkte und Sonderbestimmungen für einzelne landwirtschaftliche Produktionszweige (Pflanzenbau, Rebbau, Tierzucht, Milchwirtschaft) regelt und über den → *Pflanzenschutz* und den Einsatz landwirtschaftlicher Hilfsstoffe sowie Maßnahmen der → *Bodenverbesserung* befindet.

Landwirtschaftskammer *chamber of agriculture*: berufsmäßige Vereinigung zur Vertretung der Interessen der → *Landwirtschaft*. Die L. sind öffentlich-rechtliche Körperschaften, jedoch in dieser Form nicht in allen Bundesländern Deutschlands vertreten.

Länge *longitude*: einer der beiden geographischen Koordinaten (→ *Breite*). Die L. gibt den Abstand eines Punktes in West- oder Ost-Richtung von einem festgelegten → *Nullmeridian* aus an. Die Messeinheit ist in beiden Richtungen 0–180°.

Langeland-Vorstoß *Langeland advance*: Vorstoß im Rückzugsstadium der → *Weichsel-Kaltzeit* mit Endmoränenbildung auf der dänischen Insel Langeland. Der L.-V. liegt räumlich und zeitlich demzufolge zwischen dem → *Pommerschen Stadium* und den schwedischen Endmoränen und gilt zeitlich als → *Daniglazial*.

Längengrad *degree of longitude*: Abstand zwischen zwei benachbarten → *Meridianen*, deren Meridianebenen sich im Winkel von 1° schneiden.

Längenkreis *longitudinal circle*: senkrecht zum → *Äquator* stehender, durch die beiden → *Pole* gehender Kreis auf der Erdkugel. Der L. setzt sich aus zwei gegenüberliegenden → *Meridianen* zusammen (→ *Erde*).

längerfristiger Reiseverkehr *touristic travel*: in der → *Tourismusgeographie* meist übliche Bezeichnung für den Teil des freizeitorientierten → *Reiseverkehrs*, der sich über eine längere Zeitdauer und meist auch eine weitere Distanz erstreckt als der Naherholungsverkehr. Die Bezeichnung wird im Allgemeinen mit → *Urlaubsreiseverkehr* gleichbedeutend gebraucht; statistisch ist der l. R. nicht vom Geschäftsreiseverkehr zu trennen. Der Begriff wird daher auch i.d.R mit → *Tourismus* gleichgesetzt.

Langgewann *long-strip open field*: → *Gewann*, dessen → *Parzellen* eine mittlere Länge von über 250 m, oft sogar 300–700 m oder mehr aufweisen.

Langgewannflurkern *long-strip open field core*: ein oder mehrere ortsnahe → *Langgewanne* in relief- und bodengünstiger Lage (→ *Esch*).

Langgrasprärie (Hochgrasprärie) *tallgrass prairie*: Typ der → *Prärie* (→ *Steppe*) in Nordamerika, der sich von der → *Kurzgrasprärie* durch höhere Niederschläge (700–800 mm), niedrigere potenzielle Verdunstung und eine höhere Jahresmitteltemperatur (ca. 11°C) sowie schwarzerde- bis braunerdeartige Prärieböden unterscheidet. Erst in der nach Westen anschließenden → *Gemischten Prärie* treten → *Schwarzerden* auf. Die Böden der L. sind stärker ausgewaschen. Die L. ist krautreich. Die Hauptgräser erreichen eine Höhe von ca. 40–100 cm (teils mit Blütenständen bis über 2 m).

Langhaus *longhouse*: Typ eines Wohnstallhauses (→ *Einheitshaus*), das etwa viermal länger ist als breit. Derartige L. in der Konstruktion eines → *Hallenhauses* mit Walmdach (→ *Walm*) sind für den Nordsee-Raum (→ *Wurten*) bereits seit der vorrömischen Eisenzeit bekannt.

Lang-Kurztagpflanzen *long-short-day plants*: Pflanzen, die zum Blühen zunächst Lang-, dann Kurztagbeleuchtung brauchen. L.-K. sind in Mitteleuropa Spätsommer- bis Herbstblüher (→ *Photoperiodismus*).

Längsdüne → *Longitudinaldüne*.

längsgeteiltes Einhaus → *längsgeteiltes Einheitshaus*.

längsgeteiltes Einheitshaus (längsgeteiltes Einhaus) *longitudinally-divided unitary farmhouse*: spezieller Typ des → *Einheitshauses*, bei dem das Gebäude von der Giebelseite her erschlossen wird und entsprechend eine Aufteilung parallel zu seiner Langseite aufweist. So können sich z.B. beim l. E. Scheune und Tenne in der Mitte des Hauses befinden, längs der einen Traufseite die Stube, Küche und die Kammern, längs der anderen die Stallungen. Das l. E. hat im westlichen und mittleren Europa regionale Bedeutung (z.B. Lothringen, Franche-Comté, Jura).

Längsschnittstudie *longitudinal data analysis*: → *Forschungsdesign* in der empirischen → *Sozialforschung* zur Untersuchung von sozialen (in der Psychologie: von individuellen) Veränderungsprozessen. Dabei wird dieselbe Untersuchung an mehreren Zeitpunkten durchgeführt, im Unterschied zur → *Querschnittstudie*. Bei der L. lassen sich → *Panelstudie* und → *Trendstudie* unterscheiden.

Langstreckenverkehr *long-distance traffic*: Verkehrsvorgang mit relativ großer Reichweite. Der Begriff ist v.a. im Flugverkehr üblich und bezeichnet dort Reiseentfernungen über 3500 km.

Langstreifenflur *long field parcels*: → *Flurformtyp*, der sich in den meisten Fällen als Ackerkomplex aus einigen wenigen → *Langgewannen* darstellt. Es handelt sich um streifenförmige → *Parzellen* von im Mittel über 250 m Länge. (→ *Kurzstreifenflur*, → *Breitstreifenflur*, → *Schmalstreifenflur*).

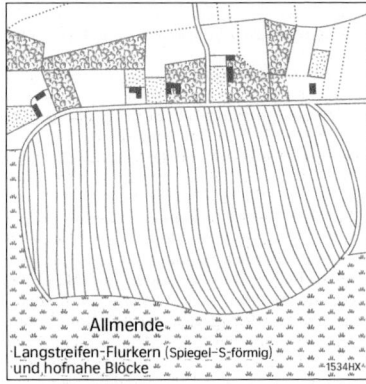

Langstreifenflur

Längswerk *longitudinal construction*: Schutzbauwerk an der → *Küste*, um Uferabbruch durch → *Abrasion*, → *Brandungserosion* und → *Rutschung* zu verhindern, um den → *Küstenrückgang* aufzuhalten oder zu verhindern (→ *Küstenschutz*).

Langtagpflanzen *long-day plants*: Gewächse, die nur unter Langtagbedingungen blühen, wobei die Dunkelperiode für die einzel-

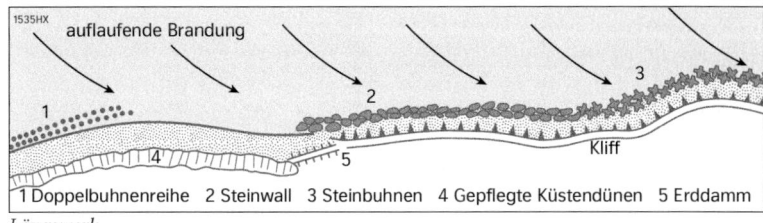

1 Doppelbuhnenreihe **2** Steinwall **3** Steinbuhnen **4** Gepflegte Küstendünen **5** Erddamm

Längswerk

nen L. eine unterschiedliche kritische Länge besitzt. Zu lange Dunkelheit verhindert das Aufblühen. Hingegen ist die Länge der Lichtperiode nicht entscheidend, weil L. auch bei Dauerlicht blühen (→ *Beleuchtungsjahreszeiten*, → *Photoperiodismus*).

Langzeitausbreitungsfaktor *long-term dispersion factor, long-term propagation factor*: ein Rechenfaktor in → *Ausbreitungsmodellen*, die für emittierte → *Schadstoffe* aufgestellt werden. Der L. berücksichtigt die horizontale und vertikale Ausdehnung von Schadstoffen, speziell von Schadstoffwolken, besonders die effektive Quellhöhe (Kaminhöhe und thermische Überhöhung. Wenn → *Immissionen* nicht länger als ca. eine Stunde dauern, wird der L. in dem Ausbreitungsmodell durch den Kurzzeitausbreitungsfaktor ersetzt (→ *Emission*).

Langzeitspeicher (Jahresspeicher) *long-term storage*: Wasserspeicher in der → *Energiewirtschaft*, der die Anpassung des nutzbaren hydraulischen Dargebotes (der nutzbaren Wasserfracht) an die Bedarfsschwankungen innerhalb eines Jahres ermöglicht.

Langzeittourismus *long-term holiday*: Urlaubsaufenthalt, der wesentlich über der durchschnittlichen Länge eines Urlaubs liegt. Zum L. zählen insbesondere stark verbilligte Aufenthaltsreisen von Rentnern in klimatisch günstige Tourismusgebiete (z.B. im Mittelmeerraum) im Winter, d.h. außerhalb der Reisesaison, von rund drei Monaten Dauer.

Langzeitwirkung *long-term effect*: Veränderungen und/oder Schäden in der → *Biogeosphäre* oder auch im Menschen, die durch Summation bzw. Akkumulation kleinster Wirkungen bei lang andauernder Einwirkung von Reizen oder Stoffen entstehen. Durch → *Bioakkumulation* bzw. → *Akkumulation* in Speichern von → *Ökosystemen* erreichen Stoffe Schwellenwerte, welche die → *Belastungsgrenzen* überschreiten und/oder die → *Regenerationsfähigkeit* von Ökosystemen beeinträchtigen oder unmöglich machen.

Lapilli (Rapilli) *lapilli, lapilluses*: → *Pyroklast* mittlerer Größe (2-64mm). Von einem → *Vulkan* ausgeschleuderte schlackige, meist kantige Lavabrocken (→ *Lava*).

lapse *rate*: Gradient der vertikalen Temperaturänderung in einer Luftschicht pro 100 m Höhe. In Mitteleuropa beträgt die mittlere Temperaturabnahme im Durchschnitt 0,5-0,6°C/100 m (→ *feuchtadiabatisch*, → *trockenadiabatisch*).

Laramische Phase *laramide orogeny, laramide phase*: eine → *Faltungsphase* der → *Alpidischen Gebirgsbildung* an der Wende von der oberen → *Kreide* zum → *Paläozän* des → *Tertiärs*, ca. 65 Mio. J. v. h..

Lärm *noise, loudness, sound*: Geräusche in der → *Umwelt*, die über → *Belästigungen* hinaus zu Störungen oder Schädigungen der Gesundheit führen bzw. das Leistungsvermögen des Menschen beeinträchtigen, im Extremfall durch Lärmschwerhörigkeit oder Hörverlust. Daraus resultieren → *Lärmbekämpfung* und → *Lärmschutz*. Der L. wird international als → *Schallpegel* gemessen und in → *Dezibel* (dB) dargestellt. Allgemein bezeichnet L. auch die subjektive Wahrnehmung von als störend empfundenen Schallimmissionen, die je nach physischer und psychischer Verfassung des Menschen unterschiedlich bewertet werden (→ *Immission*, → *Lärmpegel*).

Lärmbekämpfung *noise control*: gegliedert in – primäre L., welche die Schallentstehung und – sekundäre L., welche die Schallausbreitung vermindern soll durch konstruktive, technische, organisatorische, akustische und sonstige Maßnahmen. Zusätzlich zur L. kann → *Lärmschutz* erfolgen.

Lärmbelästigung *noise molestation*: gegenüber der physikalisch definierten → *Lärmbelastung* die individuell verschieden und psychisch als störend und bis belastend empfundene Immission von → *Lärm* (→ *Belästigung*, → *Lärmemission*, → *Lärmimmission*, → *Lautheit*, → *Lautstärke*).

Lärmbelastung *noise disturbance*: Ausmaß der störenden bzw. schädigenden Beeinträchtigung von Tier und Mensch durch → *Lärm* als Summe aller Schallemissionen, die auf ein Individuum oder eine Gruppe dieser einwirken. Die L. kann bereits unterhalb 60-65 dB(A) psychische Beeinträchtigungen beim Menschen bewirken. Ab 85–90 dB(A) sind Schädigungen des Gehörs bzw. pathologischen Reaktionen zu erwarten. Bei Tieren äußert sich die L. im Verhalten (→ *Lärmschäden*, → *Lautheit*, → *Lautstärke*).

Lärmemission *noise emission*: die Abgabe von → *Lärm* aus verschiedenen Lebens- (Sport, Freizeit), Verkehrs- (Straße, Schiene, Luft, Schifffahrt, Hafen) und Wirtschaftsbereichen (Gewerbe, Industrie), die → *Lärmbekämpfung* und → *Lärmschutz* erfordern.

Lärmgrenzwerte *noise limit values*: jene → *Grenzwerte* für den → *Lärm*, die einen bestimmten rechtsverbindlich festgelegten → *Lärmpegel* nicht überschreiten dürfen. In Deutschland sind die Grenzwerte für → *Lärmimmissionen* in verschiedenen Richtlinien festgelegt (u. a. → *TA Lärm*) sowie in DIN-Richtlinien. Die L. werden i. d. R. für den verkehrstechnischen, gewerblichen und industriellen Bereich sowie die verschiedenen Siedlungsteile separat festgelegt (→ *Lautheit*, → *Lautstärke*).

Lärmimmission *noise immision, harmful effects of noise*: die Einwirkung von → *Lärm* auf den Menschen beim Wahrnehmen oder Ausüben der → *Grunddaseinsfunktionen*. Die L. können zu → *Lärmschäden* führen (→ *Dezibel*).

Lärmkarte *noise map*: Thematische Karte, in der die Ausbreitung von Schall dargestellt ist. Sie dienen der Stadt- und Regionalplanung als Grundlage für Maßnahmen zum Lärmschutz (→ *Lärmbekämpfung*, → *Lärmbelastung*, → *Lärmemission*). Kartographische Beispiele existieren, in denen das Kartenthema → *Lärm* rein graphisch oder graphisch und akustisch (→ *audiovisuelle Karte*) repräsentiert wird.

Lärmminderungsplan (Schallimmissionsplan) *noise diminution scheme*: nach EU-Richtlinie „Aktionsplan" genannt, der auf Messungen und Zählungen (z. B. Verkehrsarten und -mengen) sowie Schätzungen (z. B. wieviel Personen sind dem → *Lärm* ausgesetzt) beruht. Diese werden in → *Lärmkarten* umgesetzt, nach denen man auf Gemeinde- oder Bundeslandebene Konfliktpläne aufstellt und Lärmminderungsmaßnahmen plant. Einsatz der L. in Verkehrswege- und → *Bauleitplanung*.

Lärmpegel *noise level*: Vergleichsmaß für die Stärke von → *Lärm*. Der L. wird in → *Dezibel* [db(A)] ausgedrückt. Laut Arbeitsstättenverordnung darf der L. am Arbeitsplatz bestimmte Grenzwerte nicht überschreiten: 55 dB(A) bei überwiegend geistiger Tätigkeit, 70 dB(A) bei einfachen und überwiegend mechanisierten Bürotätigkeiten und 85 dB(A) bei allen sonstigen Tätigkeiten (→ *Lautheit*, → *Lautstärke*).

Lärmpegel in dB (A)*	Wirkungen	Reaktionen
40	Änderungen der Schlafqualität	
45	Kommunikationsstörungen	0-20 % Gestörte
50-55	Im Schlaf: vegetative Reaktionen; im Gespräch: 99 % Satzverständlichkeit	
60-70	Schwellenwert für Aufwachen: erste vegetative Störungen	30-70 % Gestörte
75-80	Deutlich nachweisbare vegetative Wirkungen	
•		60-90 % stark Gestörte
80	Beginn der Lärmschwerhörigkeit	
>100	Auftreten von Krankheitssymptomen	

*Bei Schallpegelmessungen werden Filter verwandt, welche die oberen und unteren hörbaren Frequenzbereiche dämpfen, was dem subjektiven Empfinden des beschallten Menschen entspricht. Diese Filter werden mit „A" bezeichnet. Schallpegelwerte, die mit A-Filter ermittelt wurden, bekommen die Bezeichnung dB (A)

Lärmpegel

Lärmrichtwerte *noise reference values, noise guide values*: jene empirisch von Administrationen und Industrieunternehmen festgelegten → *Richtwerte* für den → *Lärm*, die rechtsunverbindlich sind und die lediglich orientierenden Charakter haben (→ *Lautheit*, → *Lautstärke*).

Lärmschäden *noise damages*: Dauereinwirkungen von → *Lärm* oder häufige kurzfristige starke → *Lärmimmissionen* führen zu Hörverlust (Lärmtaubheit) und Lärmschwerhörigkeit. Da der Lärmreiz als Stressfaktor wirkt, sind – über das Gehör hinaus – andere Organe oder Körperfunktionen betroffen (Kreislauf, Atmung, Stoffwechsel, Verdauung). Bereits Schlafstörungen, die auf niedrigere Dezibelwerte (ca. 30–40 dB(A)) zurückgehen, sind die niedrigste Form der → *Lärmbelastung*, die bei Steigerung der Intensität oder Dauereinwirkung in L. übergeht. Wichtige Ursachen für L. sind Industrie- und Baulärm, Verkehrslärm (Kraftfahrzeuge, Schiffe, Bahnen, Flugzeuge) sowie Geräusche aus Geräten der Unterhaltungselektronik.

Lärmschutz *noise protection, noise prevention*: alle Maßnahmen zur Verminderung der → *Lärmbelastung*, zur Abwehr der → *Lärmemissionen* und um → *Lärmschäden* zu verhindern. – aktiver L. (auch „primärer Schallschutz") setzt an der Schallquelle, also der → *Lärmemission* an durch technische und konstruktive Maßnahmen (z. B. mit Schalldämpfern, Maschinenmänteln, Schalldämmstoffen, leiseren Triebwerken etc.). – passiver L. (auch „sekundärer Schallschutz") bekämpft die → *Lärmimmissionen* lediglich am Einwirkungsort, also bei den Betroffenen. Das ändert am → *Lärm*, an den Lärmquellen und der Lärmausbreitung sowie am → *Lärmpegel* nichts. Maßnahmen des passiven L. sind u. a. Regelung der Verkehrsregime auf der Straße und andere Ordnungsmaßnahmen, Lärmschutzwälle, Schallschutzfenster. Passiver L. ist hochdivers und kostspielig, während der aktive L. noch über ein großes technisches Entwicklungspotenzial verfügt.

Lärmteppich *noise carpet*: explosionsartige, sich flächenhaft ausbreitende → *Lärmemission*, die ein Flugzeug beim Durchbrechen der Schallmauer verursacht und von diesem Zeitpunkt an für die Dauer der hohen Geschwindigkeit hinter sich herzieht. Der L. wird am Erdboden wirksam und gilt als gefährliche → *Lärmimmission*.

Laserscanning *laser scanning*: flugzeuggestütztes Verfahren der → *Fernerkundung* zur Erfassung der → *Erdoberfläche* und zur Ableitung digitaler Geländemodelle (→ *DGM*) und Oberflächenmodelle (→ *DOM*). Mit einem → *GPS* und einem Laserdistanzmesser können die Höhenkoordinaten von Gelände- bzw. Oberflächenobjekten flächendeckend berechnet werden.

Lash-Schiff *lighter aboard ship, lash-ship*: Spezial-Trägerschiff, das genormte Binnenschifffahrtskähne (→ *Leichter*) im Überseeverkehr transportiert. An der Küste werden die Leichter zu Wasser gelassen und i.d.R zu → *Schubeinheiten* zusammengesetzt, die dann auf Binnengewässern ihr Ziel erreichen können. L.-S. werden v. a. zur Rationalisierung im → *Massengutverkehr* eingesetzt. Ihre Vorteile kommen auch in → *Seehäfen* ohne → *Containerterminal* zum Tragen.

Latenz *latency*: 1. Zeitspanne zwischen dem Einwirken von Reizen, Stoffen, Strahlen und anderen Wirkungen auf ein → *Ökosystem* oder auf einen Organismus und dem Eintritt von deren Wirkung. 2. in der → *Populationsökologie* beim → *Massenwechsel* eine Phase geringer Populationsdichte zwischen Phasen von → *Massenvermehrungen*.

lateral (seitlich) → *lateral*: an der Seite gelegen; in Geo- und Biowissenschaften als Richtungs- und Lagebezeichnung verwandt, z. B. für Bodenwasser- und Stofftransporte. Gegensatz zu medial.

Lateralerosion → *Seitenerosion*.

Lateralfläche *lateral plain*: in der Theorie der → *Rumpffläche* Bezeichnung für → *Pedimente* am Rande von Mittelgebirgen, die den → *Hochböden* in deren zentralen Teilen entsprechen.

Laterit *laterite, ironstone*: die gehärtete Kruste von rötlich gefärbten, subtropischen bis tropischen Böden auf Silikatgestein, der nach extremer Kieselsäureverarmung stark mit Eisen- und Aluminiumoxiden bzw. -hydraten angereichert wurden (→ *Desilifizierung*, → *Ferralitisierung*).

Lateritisierung *laterization*: die starke Härtung der durch → *Ferralitisierung* mit Eisen- und Aluminiumoxiden angereicherten tropischen Böden auf → *Silikatgesteinen*. Die dabei entstehenden Lateritkrusten können pflanzliches Wachstum völlig unterbinden.

Latifundienwirtschaft *latifundium economy*: auf die Römerzeit zurückgehende ländliche Wirtschaftsorganisation (→ *Latifundium*), die sich v. a. in Südeuropa und später in Südamerika ausgebreitet hat, bei der v. a. wenige Großgrundbesitzer die Landwirtschaft betreiben. Im spanischen Südamerika ist sie vielfach aus den → *encomiendas* der Kolonialzeit hervorgegangen. In Argentinien entwickelte sie sich auf den ausgedehnten → *Estanzias*.

Latifundismus *latifundism*: die auf der Bodenbesitzstruktur (→ *Latifundium*) der → *Latifundienwirtschaft* beruhenden Machtverhältnisse.

Latifundium *latifundium*: landwirtschaftlicher → *Großgrundbesitz*. Im Römischen Reich wurde damit ein ausgedehntes Landgut mit einer Größe von mehr als 500 ha. bezeichnet. Das L. unterscheidet sich von der → *Plantage* durch intensive Flächennutzung und niedrige Produktivität. Das L. ist nicht nur → *Betriebsform*, sondern das L. auch Ausdruck einer sozialen und politischen Herrschaftsorganisation mit teilweise noch vorkapitalistischen Arbeits- und Abhängigkeitsverhältnissen.

Latosole *Latosols*: veralteter Begriff für → *Ferralsole* (→ *WRB* 2014).

Laube *summerhouse*: ursprünglich Bezeichnung für Vorhalle oder einen offenen gedeckten Gang an öffentlichen Gebäuden oder Geschäftshäusern. Heute ist L. v. a. gebräuchlich einen überdeckten, seitlich offenen Sitzplatz im Garten oder ein kleines Gartenhaus, das als sommerlicher Aufenthaltsort und Geräteabstellplatz dient (→ *Kleingartenkolonie*).

Laubenkolonie *allotment area, allotment gardens with summerhouses*: → *Kleingartenkolonie* mit → *Lauben*, die vielfach soweit ausgebaut sind, dass sie auch als Behelfsunterkünfte oder Sommerhäuser benutzt werden können.

Laubgehölze → *Laubhölzer*.

Laubhölzer (Laubgehölze) *broad-leaved trees and shrubs*: Bäume (Laubbäume), Sträucher und Halbsträucher verschiedener Familien der Bedecktsamer (→ *Angiospermen*), deren

Blätter im Gegensatz zu denen der → *Nadelhölzer* eine flächige Spreite entwickelt haben.
Laubstreu → *Streu.*
Laubwald *broad-leaved forest*: eine Laub tragende → *Pflanzengesellschaft* aus einer oder mehreren Baumschichten (→ *Schicht*, → *Schichtung*, → *Wald*). Der Begriff L. wird v. a. im Gegensatz zu → *Nadelwald* gebraucht und vorzugsweise auf die Wälder der gemäßigten Klimazonen bezogen. Viele Wälder anderer Klimazonen sind jedoch ebenfalls L., wie der als → *Hyläa* bezeichnete immergrüne tropische → *Regenwald*. In den gemäßigten Breiten bezeichnet L. ein- oder mehrschichtige laubwerfende Wälder mit Strauch- und Krautschicht, letztere mit → *Geophyten* und → *Hemikryptophyten*. Die Bodenschicht entwickelt sich v. a. zu Beginn der Vegetationsperiode, wenn noch kein Laub vorhanden ist und das Licht den Waldboden erreicht. Frühjahrsblüher sind charakteristisch. L. haben ein thermisch ausgeglichenes → *Bestandesklima*. Niederschlag wird zu 10% und mehr von den Kronen aufgehalten. Charakteristisch für die Baumschicht ist starke → *Transpiration*, sodass auch in der gemäßigten Zone unter L. jahreszeitlich kaum → *Grundwasserbildung* erfolgt (→ *Grundwasserneubildungsfunktion*). Das Ökosystem L. ist hinsichtlich der landschaftshaushaltlichen Wirkung stark von der Zusammensetzung abhängig. Reine Buchen- oder Eichenbestände verhalten sich anders als Laubmischwaldbestände.
Laufwasserkraftwerk (Laufkraftwerk) *course hydroelectric power station*: → *Wasserkraftwerk*, an einem Flusslauf, das die Energie des strömenden Wassers zur Erzeugung elektrischen Stroms nutzt. Wasserangebot und Gefälle des Flusses entscheiden über die Produktivität des L..
Laurentia *Laurentium*: → *Kanadischer Schild.*
Laurentische Formation *Laurentian formation*: archaische Gesteinskomplexe, v. a. → *Gneise* und → *Granite*, im Bereich des → *Kanadischen Schildes* (→ *Archaikum*).
Laurentische Gebirgsbildung *Laurentian orogeny*: im → *Präkambrium*, nach verschiedenen Autoren entweder zwischen → *Archaikum* und Altalgonkium bzw. zwischen Alt- und Urarchaikum stattgefundene Gebirgsbildung. Dabei entstand im Bereich des → *Kanadischen Schildes* das Laurentische Gebirge (→ *Algonkium*).
Laurentischer Umbruch *Laurentian revolution*: angenommenes Wiederfaltbarwerden großer Teile der im Bereich des → *Kanadischen Schildes* konsolidierten → *Erdkruste* (→ *Laurentische Formation*).
Laurentisches Massiv *Laurentian massif*: → *Kanadischer Schild.*
Laurisilva → *Lorbeerwald.*

Lautheit *loudness*: beim → *Lärm* ein Maß für die wahre Lautstärkeempfindung, angegeben in Sone. Ein Ton von 1000 Hz und 40 dB(A) entspricht der L. von 1 sone. Ein Lautstärkeunterschied von 10 Phon wird als doppelt bzw. halb so laut empfunden. Diesem Empfinden entspricht die L. in Sone, deren Wert sich dabei verdoppelt bzw. halbiert (→ *Dezibel*).
Lautstärke *volume [of sound], level of sound*: die subjektiv empfundene Schallstärke, deren Empfinden durch den Menschen vom Schalldruck und der Frequenz sowie Bandbreite und Zeitfunktion abhängt. Die L. wird in Phon angegeben. Eine Schalldruckpegeländerung von 1 dB(A) wird gerade noch als Unterschied der L. wahrgenommen. Bei einer Differenz von 10 dB(A) wird das Geräusch annähernd doppelt so laut empfunden. Die Messgröße der L. ist der Lautstärkepegel (→ *Dezibel*).
Lava *lava*: sobald → *Magma* an der Erdoberfläche austritt, wird es als L. bezeichnet. L. ist somit eine glutflüssige, aus dem Erdinneren kommende Gesteinsschmelze, die mit Temperaturen von 1000-1300 °C bei → *Vulkanausbrüchen* an der Erdoberfläche austritt, wobei L.-Gestein oder Ergussgestein entsteht, das blasen- und gasreich ist. → *Felsische* L. sind gewöhnlich zähflüssiger und fließen langsamer als → *mafische*, die Geschwindigkeiten von mehreren Metern pro Sekunde erreichen. Entsprechend sind felsische L. mit explosivem Vulkanismus (→ *Ejektion*) verbunden, wohingegen mafische L. bei effusivem Vulkanismus (→ *Effusion*) auftreten. Die L. fließt als Lavastrom oder breitet sich als → *Lavadecke* aus. Je nach thermischen Randbedingungen und Möglichkeiten zur Erstarrung entstehen beim Austritt beispielsweise. → *Blocklava*, → *Pahoehoe-Lava* und → *Kissenlava*.
Lavadecke *lava sheet*: → *Lava*, die aufgrund ihrer Dünnflüssigkeit eine große horizontale Erstreckung erreicht und somit in ebenem oder geneigtem Gelände als Decke fließt und dann erstarrt.
Lavafeld (Tafelvulkan) *lava field, lava plain*: → *Lavadecke* sehr großer Ausdehnung, oft von mehreren hundert Quadratkilometern Größe. Die Oberfläche des L. weist Kleinformen aus erstarrter → *Lava* auf.
Lavahöhle *lava cave*: Hohlräume meist länglicher Gestalt, mit Längsachse in Strömungsrichtung der → *Lava*. L. entstehen beim Erstarren eines Lavastromes, wenn die erkaltete Lava oberflächlich zwar erstarrt, aber in tieferen Teilen des Stromes noch zähflüssig ist und sich weiter bewegt. L. werden zugänglich, wenn → *exogene* → *Prozesse* den Lavastrom zerstören.

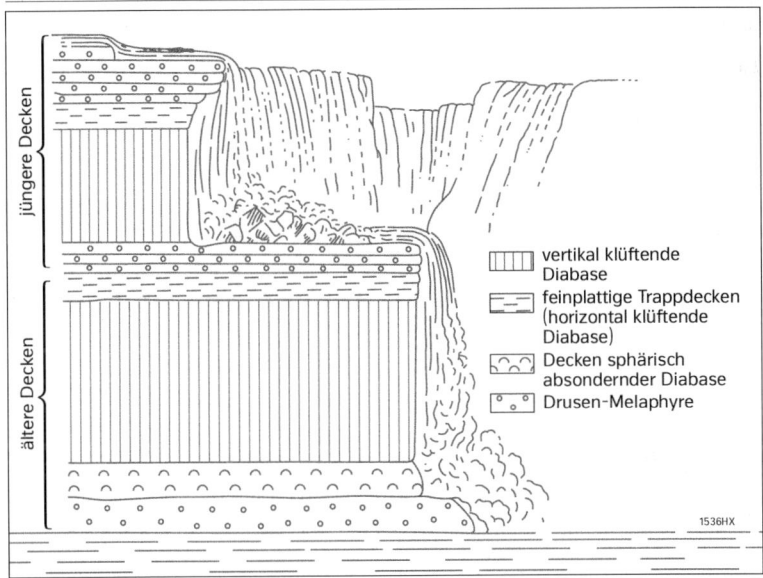

Lavaplateau

Lavanadel → *Stoßkuppe*.
Lavaplateau (Flutbasalt, Plateaubasalt, Plateaulava) (basaltic plateau, lava plateau,) *plateau basalt, trap[rock]*: Großform der → *Lavadecke*, meist aus zahlreichen kleineren und größeren Ergüssen gebildet, die aus u. a. parallel verlaufenden, tief reichenden Diffusionsspalten ausfließen und geschlossene Vollformen bilden. Diese bestehen jedoch nicht nur aus → *Ergussgestein*, sondern in L. sind auch Lagen von → *Tuff* eingeschaltet. Die Wechselfolge der Substrate des L. wird auch als → *Trapp* bezeichnet. Das größte L. mit über 1 Mio. km² befindet sich im Paranábecken (Grenze zwischen Brasilien, Argentinien und Paraguay).
Lavavulkan *shield volcano*: → *Vulkan*, bei welchem eine sehr gasarme Schmelze aus der → *Erdkruste* austritt, sodass Explosions- und Akkumulationsformen der Lockermassen (meist) völlig fehlen. Die → *Lava* der L. ist basisch und besitzt, infolge sehr geringer Viskosität, hohe Fließgeschwindigkeiten. Dadurch entstehen eher flachere Formen bei meist größerer Ausdehnung. Zu den L. gehören der → *Schildvulkan*, das → *Lavafeld*, der → *Tafelvulkan* und das → *Lavaplateau*.
Lawine *avalanche, snowslide, snowslip*: ruckhaftes und rasches Niedergehen von → *Schnee* und → *Eis* auf einem → *Hang*, auf einer Gleitschicht, im Schnee oder auf dem Untergrund. Lawinen werden nach verschiedenen Kriterien unterschieden, so z. B. nach ihrem Feuchtezustand in → *Trockenschnee*- und → *Nassschneelawinen* oder nach dem Typ des Abbruches in → *Schneebrettlawinen* und Lockerschneelawinen. Die wichtigsten Einflüsse auf die Entstehung von L. sind: Hangneigungsstärke und Oberflächengestalt sowie Mächtigkeit, Zusammensetzung und → *Schichtung* des Schnees, → *Temperatur*, → *Wind* und die Beschaffenheit des Untergrundes (Schutt- und Vegetationsdecken). L. entstehen bereits auf Hängen von 10° Neigung; häufiger treten sie jedoch auf mehr als 20° geneigten Hängen auf. Die physikalischen Ursachen der L. sind letztlich die durch das Setzen der Schneedecke entstehenden Zug-, Druck- und Scherspannungen. L. werden oft durch den Menschen (Skifahrer) ausgelöst, ebenso durch plötzliche Wetteränderungen (z. B. Einbrüche von → *Warmluft*; → *hydrologisch-glaziologische Naturgefahren*).
Lawinenbahn *avalanche track*: Geländestreifen, in dem eine → *Lawine* niedergeht.
Lawinengasse *avalanche lane*: ein weitgehend baumloser, z. T. mit Krüppeln und Jungwuchs bestockter Streifen in einem bewaldeten Hang. L. entstehen in den Sturzbahnen mehr oder weniger periodisch niedergehender → *Lawinen*.

Lawinenkataster

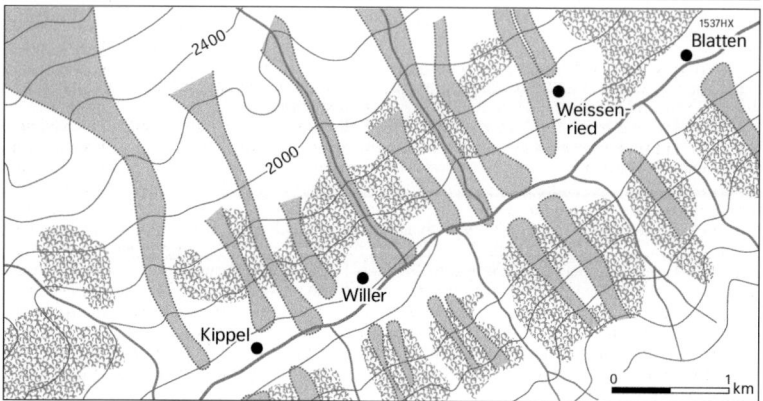

Lawinenbahnen

Lawinenkataster *avalanche register*: Dokumentation auf Grundbuchplänen oder großmaßstäbigen Karten, die alle bekannten Lawinenereignisse eines Gebietes festhält, soweit von diesen → *Lawinen* eine Gefahr für Gebäude, Bergbahnen und Skilifte sowie Verkehrswege, Skipisten und Rodelbahnen ausging oder ausgeht. Lawinenstriche abseits gefährdeter Objekte sind in der Regel nicht eingetragen.

Lawinenkegel *avalanche cone*: kegelförmige Ablagerung des Lawinenschnees am Ende der → *Lawinenbahn* (→ *Lawine*).

Lawinenschnee *avalanche snow*: der durch → *Lawinen* im Hangfußbereich abgelagerte → *Schnee*. L.-Ablagerungen können viele Meter mächtig sein und sind dicht gelagert. Daher schmelzen sie auch in Tallagen erst sehr spät (Spätsommer bis Herbst) vollständig ab.

Lawinenschuttkegel *avalanche debris cone*: kegelförmige → *Oberflächenform*, durch Ablagerung des von dem Lawinenschnee mitgeführten Gesteinsmaterials gebildet (→ *Lawine*).

Lawinenschutz *avalanche protection*: bauliche (→ *Lawinenverbauungen*) oder pflanzliche (→ *Lawinenschutzpflanzungen*) Maßnahmen zum Schutz von Siedlungen, landwirtschaftlichen Nutzflächen, Verkehrswegen und anderen Einrichtungen der technischen Infrastruktur vor → *Lawinen*.

Lawinenschutzpflanzung *avalanche protective plantation*: angepflanzter Wald, meist mit technischen Verbaumaßnahmen des → *Landschaftsbaus* unterstützt, um vor → *Lawinen* zu schützen. L. sind Langfristunternehmen, vergleichbar der → *Aufforstung*. Bei Neuanlage setzt sie oben am Berg an und wird dann über Jahre hinweg hangabwärts fortgeführt. Teilweise als → *Bannwald* bezeichnet und durch → *natürliche* oder → *quasinatürliche* alte → *Wälder* repräsentiert, bilden L. den wirksamsten Schutz gegen Lawinen.

Lawinenverbauung *avalanche protective infrastructure*: bauliche Maßnahme, die das Entstehen und das Abgleiten von → *Lawinen* verhindern oder deren Wirkung abschwächen soll und Infrastruktur wie Verkehrswege, Siedlungen oder Freizeitanlagen schützen soll. Es lassen sich hauptsächlich vier verschiedene Verbauungsarten unterscheiden: – Verwehungsverbau – beeinflusst die Ablagerung des Schnees, damit dieser nicht abbricht; – Stützverbau – hält den Schnee im Lawinenhang; – Bremsverbau – bringt die Lawine im Auslaufbereich zum Halten; – Umlenkverbau – lenkt die Lawine direkt an zu schützenden Objekt vorbei (→ *Lawinenschutzpflanzung*).

Layer (Ebene) Organisationseinheit in Visualisierungssoftware, die dazu dient zusammenhängende Daten zu strukturieren. Objekte einer Ebene können als geometrisch oder/und thematisch klassifizierte „Datenschicht" betrachtet werden. L. müssen nach dem → *Layerprinzip* in einer Layerhierarchie so angeordnet sein, dass die wichtigen inhaltstragenden Objekte von graphischen Medien (z. B. → *Karten*) nicht verdeckt werden. Der Begriff L. ist ein fest etablierter Begriff in → *Geographischen Informationssystemen* und anderer moderner → *Kartographie*-Software.

Layerprinzip *layer method*: → *Ebenenprinzip*.

LD → *Letaldosis*.

LDC (less developed countries) *weniger entwickelte Länder*: international (→ *UNO*) gebräuchliche Bezeichnung für → *Entwicklungsländer*.

lead firm *Leitunternehmen*: Unternehmen an der Spitze der Wertschöpfungskette, wodurch es unternehmerische Macht in Form einer Durchsetzung von Kontrollstandards und Handelskonditionen gegenüber Lieferanten und Händlern genießt.

lean production (schlanke Produktion) Unternehmensstrategie mit dem Ziel, in allen Bereichen Ressourcen und Kosten zu minimieren. Dazu zählen die Reduzierung der → *Fertigungstiefe* (systematische Einführung des → *Outsourcing*), Konzentration auf → *Kernkompetenz*, eine gruppenzentrierte Führungsstruktur, Motivierung der Gruppe zur eigenverantwortlichen Qualitätssicherung.

Leasing *leasing*: die Überlassung von Investitions- oder Konsumgütern, ganzer Gebäude und Anlagen auf befristeten Nutzung gegen Entgelt (Leasingsrate). L. wird durch einen Miet- oder Pachtvertrag mit einer L.-Gesellschaft oder den Produkthersteller selbst abgeschlossen. Die Vorteile für den L.-Nehmer sind insb. größere Liquidität, die Reduzierung des Investitionsrisikos sowie steuerliche Absetzungsmöglichkeiten (→ *Miete*).

Lebendbau *biotechnical stabilization*: im Garten- und → *Landschaftsbau* die Verwendung von v. a. holzigen Pflanzen als lebende Baustoffe und bauliche Gestaltungselemente, insbesondere als → *Hecken*, aber auch als → *Uferschutz* von Fließgewässern und Seen.

Lebende Fossilien *living fossils*: die stammesgeschichtliche Entwicklung (→ *Evolution*) verläuft mit unterschiedlichen Geschwindigkeiten, teilweise in den Dimensionen der → *Erdgeschichte*. Unter speziellen und gleichbleibenden Umweltbedingungen können Lebewesen jedoch auch über mehrere geologische → *Epochen* hinweg in → *Habitus* und Körperfunktion mehr oder weniger unverändert überdauern. Beispiele von L. F.: der im Indischen Ozean lebende Quastenflosser (*Latimeria chalumnae*) oder die auf 32 kleinen Inseln um Neuseeland herum lebende Brückenechse *Sphenodon punctatus*. Der Begriff L. F. widerspricht allerdings der Definition von fossil („begraben"; Fossil).

Lebendgeborener *live birth, live-born child*: Person, die – im Gegensatz zur Tot- oder Fehlgeburt – nach der Geburt zumindest Atem- und Herztätigkeit zeigt. Die L. bilden in der → *Bevölkerungsstatistik* u. a. die Grundlage für die Ermittlung der Geburtenzahlen, → *Geburtenraten*.

Lebensalter *age*: das in Jahren, Monaten und Tagen ausgedrückte Alter einer Person von ihrer Geburt bis zum jeweiligen Erfassungszeitpunkt. In der → *Bevölkerungsgeographie* stellt das durchschnittliche L. der Bevölkerung eines Raumes (→ *Durchschnittsalter*, → *Medianalter*) bzw. deren Gliederung nach L.-Gruppen (→ *Altersstruktur*) das wichtigste demographische Merkmal dar (→ *Bevölkerungspyramide*).

Lebensdauer *life span*: – Zeitraum zwischen Beginn der Befruchtung des Eies bis zum Tod eines Organismus. Sie ist zwischen den Arten sehr verschieden und schwankt auch innerhalb einer Art in weiten Grenzen. Man unterscheidet durchschnittliche (mittlere) L. und potenzielle (höchstmögliche) L. Erstere errechnet sich aus einer bestimmten Anzahl Individuen, Letztere wird unter optimalen Bedingungen erreicht. – bezogen auf Gebäude, Maschinen usw. hat die L. wirtschaftliche Bedeutung, da die Zeitdauer zwischen Errichtung bzw. Anschaffung und Abbruch bzw. Ende der Nutzung für die Dauer und Höhe der steuerlichen Abschreibung mitentscheidend ist und den Ressourcenaufwand stark beeinflusst.

Lebenserwartung (mittlere Lebensdauer, durchschnittliche Lebensdauer) *life expectancy*: die im statistischen Durchschnitt zu erwartende → *Lebensdauer* in Jahren der Angehörigen eines bestimmten Altersjahrgangs. Die L. wird anhand der → *Sterbetafel* errechnet und hängt v. a. vom Geschlecht (höhere L. der Frauen), von der Ernährung und vom Stand der medizinischen Versorgung ab. Die L. wird meist als L. bei der Geburt angegeben. Die durchschnittliche fernere L. ist demgegenüber die Anzahl von Lebensjahren, die eine Person in einem bestimmten Alter im Durchschnitt noch zu erwarten hat.

Lebensfähigkeit → *Vitalität*.

Lebensform *life-form*: Gesamtheit der Strukturen oder Verhaltensweisen von als Umweltanpassungen zu bezeichnenden Merkmalen eines Organismus. Eine L. fasst tierische oder pflanzliche Organismen unterschiedlicher systematischer Stellung zusammen, die infolge ähnlicher oder gleicher Entwicklung, Lebensweise und/oder Verhalten gleichartige Anpassungserscheinungen an die → *Umwelt* aufweisen. Eine L. ist somit Ausdruck des Gesamtzustandes der Umwelt dieser Organismen. Für die L. gibt es mehrere, für Tiere und Pflanzen unterschiedliche Klassifikationssysteme. (→ *Lebensformenspektrum*, → *Lebensformensysteme*). L. wird bei Pflanzen oft verwendet im Sinne von → *Wuchsform* (diese bezieht sich eigentlich nur auf morphologischen Bau der Pflanze) bzw. mit dieser zusammengefasst als Gestalttypus gebraucht.

→ **Lebensformenspektrum** (biologisches Spektrum) *life-form spectrum*: physiognomisch-ökologisch begründete Gruppierung von → *Lebensformen* v. a. terrestrischer → *Ökosysteme*.

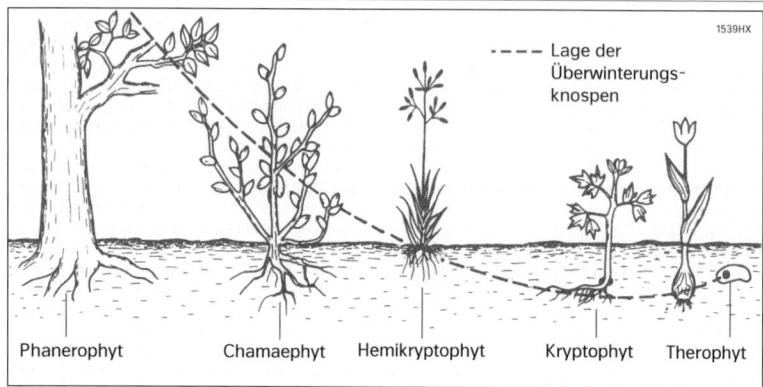

Lebensformensysteme

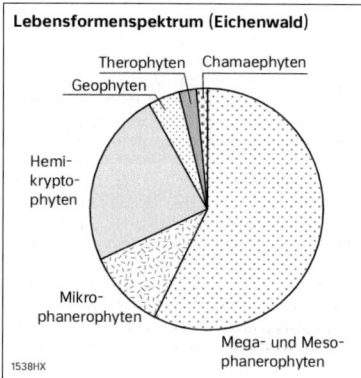

Lebensformenspektrum

Lebensformensysteme *life-form systems*: basieren auf den → *Lebensformen* bzw. → *Wuchsformen*, getrennt für Pflanzen und Tiere auf physiognomischer und z. T. ökofunktionaler Grundlage empirisch ermittelt. Die Gliederung erfolgt nach klimatisch-landschaftszonalen, morphogenetischen, stammesgeschichtlichen oder standörtlichen Gesichtspunkten. Die einzelnen Gliederungsprinzipien kann man auch miteinander kombinieren. Die L. verwenden je nach Autor unterschiedliche Kriterien. Ch. Raunkiaer unterscheidet z. B. fünf Großgruppen: → *Phanerophyten*, → *Chamaephyten*, → *Hemikryptophyten*, → *Kryptophyten* und → *Therophyten*. Dieses System legt die durch Anpassungen an ihre physikalische Umwelt entstandene Lage der Erneuerungsknospen zugrunde, die das Überdauern der ungünstigen Jahreszeit ermöglicht (Überwinterungstypen). Die L. der Tiere werden oft anhand der Art des Nahrungserwerbs, des Aufenthaltes und der physiognomischen Ansprüche an die Biotopbedingungen unterschieden.

Lebensformgruppe *genre de vie*: → *soziale Gruppe*, deren Mitglieder eine weitgehende ähnliche Lebensführung und einen ähnlichen → *Aktionsraum* aufweisen und damit ähnlich → *raumwirksam* sind (→ *sozialgeographische Gruppe*). Im Bereich der Landwirtschaft sind L. z. B. mitteleuropäischer Vollbauer, Nebenerwerbsbauer, Pächter, Halbpächter, Bergbauer.

Lebensgemeinschaft: → *Biozönose*.

Lebenshaltung *standard of living*: Art und Weise, wie durch eine Person, eine soziale Gruppe, ein Volk oder die Bewohner eines Raumes die Lebensbedürfnisse befriedigt werden. Die L. wird v. a. durch das → *verfügbare Einkommen* und das Angebot an → *Gütern* und → *Dienstleistungen*, Präferenzen sowie durch den kulturellen und sozialen Entwicklungsstand beeinflusst; das Niveau der L. wird durch den → *Lebensstandard* ausgedrückt.

Lebenshaltungskostenindex (Preisindex für die Lebenshaltung) *cost of living index*: Maßzahl für die Auswirkungen der volkswirtschaftlichen Preisentwicklung auf die Kosten der → *Lebenshaltung* privater → *Haushalte*. Zur Berechnung des L. werden der → *Warenkorb* und die Nachfrage nach Dienstleistungen einer Durchschnittsfamilie herangezogen.

Lebensjahre *years of life*: Zahl der Jahre, die eine Person von der Geburt bis zum Erfassungszeitpunkt gelebt hat. Die vollendeten L. sind die vollen Jahre, die eine Person beim letzten Geburtstag aufwies.

Lebenslinie *life line*: in der → *Demographie* Bezeichnung für den nach Altersjahren aufgezeichneten Ablauf der demographisch relevanten Ereignisse im Leben eines Individuums oder – mit Durchschnittsangaben – einer → *Gruppe*. Auf der L. liegen zwischen Geburt und Tod insbesondere Heirat(en) und Geburt(en) von Kind(ern). Darüber hinaus können auch andere Ereignisse wie Schuleintritt oder -abschluss oder Wohnortwechsel bei der L. berücksichtigt werden.

Lebensmittel (Nahrungsmittel) *foods, foodstuffs, groceries*: Sammelbezeichnung für alle Stoffe, die zum Zwecke der Ernährung oder zum Genuss (→ *Genussmittel*) verzehrt werden. L. können im Rohzustand sein oder sich in einer bestimmten Be- oder Verarbeitungsstufe befinden. Man unterscheidet L. pflanzlicher und tierischer Herkunft. Man unterscheidet zudem natürliche und synthetische L. Beispiele für synthetische L. sind Süßstoffe, Konservierungsmittel und L.-farbstoffe.

Lebensqualität *quality of life*: Begriff der → *Humangeographie* und → *Humanökologie* zur Kennzeichnung des qualitativen Standards individuellen oder gesellschaftlichen Lebens. Im Gegensatz zum hauptsächlich materiell aufgefassten → *Lebensstandard* bezieht L. auch die Güte der immateriellen Lebensbedingungen mit ein, z.B. den sozialen und kulturellen Standard der Gesellschaft, die individuellen Freiheiten und Gestaltungsmöglichkeiten des Lebens, insbesondere aber auch die Qualität der → *natürlichen* und gebauten → *Umwelt*.

Lebensraum *habitat, living space*: in politisch-geographischem und insbesondere geopolitischem Sinn der Raum einer sozialen Gruppe oder das → *Territorium*, das einem → *Volk* zur Nutzung und staatlichen Entfaltung zur Verfügung steht. Durch die geopolitischen Argumentationen mit dem Begriff L. (v.a. in der Zeit des Nationalsozialismus) ist die Verwendung des Begriffs sehr unüblich geworden.

→ *Lebensraum habitat (1.); biotope (2.)*: 1. der gesamte Raum, in dem sich das Dasein eines Organismus abspielt. 2. in der → *Biologie* bzw. → *Ökologie* entsprechend dem → *Biotop*, d.h. der von einer → *Biozönose* besiedelte Raum.

Lebensraumqualität *quality of living space, habitat quality*: nicht zu verwechseln mit → *Lebensqualität*, die das Individuum in den Mittelpunkt stellt, während der Begriff L. sich auf funktionstüchtige, ökologisch diverse → *Landschaftsökosysteme* der physischen → *Umwelt* bezieht, die sich in einem regenerationsfähigen Zustand befinden sollen. Dies schließt saubere Luft, reines Wasser und ein vielfältiges biotisches Potential mit ein.

Lebensstandard *standard of living*: Niveau der → *Lebenshaltung*, bezogen auf einen Raum und die Gesamtheit seiner Bewohner oder auf einzelne Gruppen oder Individuen. Der L. hängt vom verfügbaren Einkommen und vom Angebot an Waren und → *Dienstleistungen* ab, aber auch vom kulturellen und sozialen Entwicklungsniveau und der Bedürfnisstruktur.

Lebensstätte: → *Biotop*.

Lebensstil *way of life*: Art und Weise der Lebensführung, d.h. die qualitative Bedürfnisstruktur, Verwendung der verfügbaren Zeit und der materiellen Mittel durch eine Person oder → *soziale Gruppe*, die im Konsum- und Sozialverhalten sichtbar werden (z.B. → *LOHAS*, → *Yuppie*). Im Gegensatz zum → *Lebensstandard* wird durch den L. auch der Bereich des kulturellen Lebens und der moralischen Werte angesprochen (→ *Milieu*, → *Habitus*).

Lebensstrategie (ökologische Strategie) *life strategy*: Überlebensmechanismen der Arten. Häufig wird unterteilt nach K- und r-Strategen, nach Grime (1979) werden im Rahmen der C-R-S-Strategie außerdem S-Strategen ausgeschieden. K-Strategien (C-Strategien) sind bei geringem Stress und geringer Störung sehr konkurrenzkräftige Arten, i.d.R. langlebig und mit niedriger Nachkommenzahl. R-Strategen sind an eine Störung angepasste Arten mit i.d.R. geringer Lebensdauer und hoher Reproduktionsrate. S-Strategen sind stresstolerante, i.d.R. langsam wachsende Arten, die angepasst sind an Standorte mit extremen Umweltbedingungen, aber geringer Störung. Mischtypen zwischen den verschiedenen Strategien sind häufig.

Lebenswelt *lifeworld, take-it-for-granted world*: Bezeichnung für die Welt, die im Alltag durch Menschen in ihrer vorwissenschaftlichen Selbstverständlichkeit und Erfahrbarkeit Gültigkeit hat und sich von der theoretisch bestimmten wissenschaftlichen Welt abgrenzt.

Ledigenanteil *share of singles, share of unmarried people*: Anteil der → *Ledigen* an der → *Bevölkerung* eines Raumes. Der L. einer → *Gemeinde* oder eines → *Landes* ist z.B. für bevölkerungs- und wirtschaftsgeographische Fragestellungen (→ *Fertilität*, → *Erwerbsquote* usw.) von Bedeutung.

Lediger *unmarried person, never married, single person*: Person, die nicht verheiratet ist und noch nie verheiratet war. L. in → *Einpersonenhaushalten* werden häufig Singles genannt.

Lee *lee*: jene Seite, nach der ein → *Wind* weht, also die dem Wind abgewandte Seite eines Körpers (z.B. Berg, Schiff). Im reliefierten Gelände werden die im Windschatten liegenden Bereiche mit L. bezeichnet. Die L.-Seiten der Gebirge sind durch besondere klimatische Eigenschaften, wie relativ höhere Sonnenscheindauer und relativ geringere Niederschlagsmengen geprägt. Gegensatz ist → *Luv*.

Leedepression *lee depression*: begrenzter, ortsfester → *Tiefdrucktrog*, der im → *Lee* von Gebirgen durch Mäandrieren der zum Auf- und Absteigen gezwungenen Strömung entsteht (→ *Vorticity*).

Lee-Effekt *lee-effect*: Einfluss auf die Wirkung bestimmter → *Klimaelemente*, der sich aus der Lage eines → *Standortes* auf der der Hauptwindrichtung abgewandten Seite eines Gebirges oder einer Erhebung ergibt (Beeinflussung der Niederschlags-, Wind- und Bewölkungsverhältnisse; → *Luv-Effekt*).

Leegmoor *cut-over bog*: ein durch Torfgewinnung bis auf wenige Dezimeter abgetragenes → *Hochmoor* (→ *Moor*, → *Torf*).

Leergut *empties*: gebrauchte Transporthilfsmittel und Verpackungen, die bei der Materialanlieferung im produzierenden Gewerbe und bei der Warenanlieferung im Handel anfallen. Man unterscheidet wiederverwendbares L. (z. B. Paletten, Pfandflaschen) und nicht wiederverwendbares L., das dem → *Recycling* zugeführt werden sollte.

Leerstandsquote *vacancy rate*: Anteil leerstehender → *Immobilien* am Gesamtimmobilienbestand; wichtiger Indikator zur Beschreibung der Marktsituation lokaler Immobilienmärkte. Unterschieden werden dabei marktaktive (für Nutzung kurz- bis mittelfristig verfügbare) und nicht marktaktive (nicht kurzfristig aktivierbare, z. B. Ruinen) Leerstände. Auf Wohnungsmärkten ist daneben eine sog. Umzugsreserve einzukalkulieren (temporärer, umzugsbedingter Leerstand).

Leewirbel *leeward eddy*: wirbelartige Luftströmungen im Windschatten von Gebirgen oder anderen Körpern (z. B. Häuserkanten; → *Lee*, → *Vorticity*).

Legende *map key*: Erklärung der in einer → *Karte* eingesetzten Zeichen (Signaturen). Eine L. dient der Verbesserung der kartographischen Kommunikation, da sie i. d. R. durch Graphik und Schrift den Zusammenhang zwischen dem Bezeichnenden (Kartenzeichen) und dem Bezeichneten (Merkmal der geographischen Realität) verdeutlicht.

Legitimität *legitimacy*: in der → *Demographie* Bezeichnung für den Sachverhalt der Ehelichkeit oder Unehelichkeit von Geburten. Die Maßzahl zur Quantifizierung der L. in einem bestimmten Raum ist die Unehelichenquote als Anteil der unehelich Geborenen an der Gesamtzahl der → *Lebendgeborenen*.

Leguminose *legume*: Sammelbezeichnung für Hülsenfrüchtler (→ *Hülsenfrüchte*). L. sind eiweiß- und teilweise fettreiche Früchte, wie z. B. Linsen, Bohnen, Erbsen, Soja und Erdnuss. Über ihre Wurzeln verbessern sie den Stickstoffgehalt des Bodens und werden auch zur Bodenverbesserung (→ *Amelioration*) eingesetzt.

Lehen (Lehn) *feud, tenure*: im Mittelalter verliehene Nutzungsrechte. Das → *Lehnswesen* (auch Feudalwesen) bildete die politisch-ökonomische Grundlagen für die Beziehungen zwischen Lehnsherren und belehnten Vasallen. Man unterscheidet Land-L. (Grundbesitz) und Amts-L. (Würden, Rechte). L. wurden von weltlichen L.-Herren (z. B. Königen) und geistlichen L.-Herren (z. B. Bischöfen) vergeben. Das L.wesen bildet die Grundlage der hochmittelalterlichen Gesellschaftsordnung in Mitteleuropa, v. a. des Heiligen Römischen Reiches.

Lehenswesen → *Lehnswesen*.

Lehm *loam*: weit verbreitetes Verwitterungsprodukt von Gesteinen, das durch ein Körnungsgemisch aus → *Sand*, → *Schluff* und → *Ton* gekennzeichnet ist. Weil die Zusammensetzung sehr verschieden sein kann, wird das jeweilige Korngemisch genauer bezeichnet (sandiger, schluffiger, toniger L.). Der L. enthält → *Tonmineralien* (Tonanteil 17-45 %) und ist durch freigesetzte Eisenverbindungen gelbbraun, braun oder rotbraun gefärbt (→ *Verbraunung*).

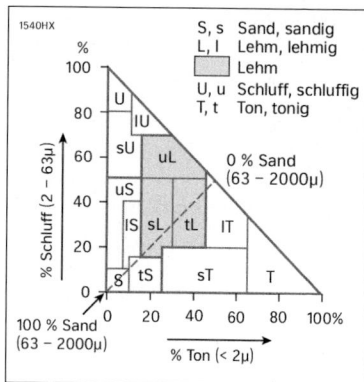

Lehm

Lehmbau *mud/adobe building*: Bauweise unter Verwendung von → *Lehm* als Baumaterial, teilweise vermischt mit Stroh, Holzwolle usw.. Man unterscheidet den Lehmstampfbau vom Lehmsteinbau (Lehmziegelbau). Beim Lehmstampfbau wird die Lehmwand mithilfe einer mobilen Verschalung hochgezogen, indem der eingefüllte Lehm durch Stampfen immer wieder verdichtet wird. Der Lehmsteinbau entsteht hingegen durch das Aufsetzen von geformten, luft- oder wärmegetrockneten (gebrannten) Lehmsteinen (→ *Adobehaus*). Der Lehmkuppelbau hat ein kuppelförmig aus Lehm geformtes Dach. Lehmterrassenhäuser sind terrassenförmig gebaute Einraumhäuser.

Lehmböden *loamy soils*: Sammelbezeichnung für Böden aus lehmigem Verwitterungsmaterial (→ *Lehm*).

Lehmebene *loamy plain*: zentrale Bereiche großräumiger abflussloser Hohlformen in → *Trockengebieten*, die in den Trockenzeiten glatte und ebene Flächen bilden. Sie sind oft in einem unregelmäßigen Muster mit Tonebenen und → *Salztonebenen* verzahnt. In den L. kommen die → *Jardangs* vor.

Lehmwüste *loam desert*: Typ eines → *Flachform*-Wüstenreliefs, dem Grobsedimente fehlen und der von ausgedehnten Feinsedimentdecken bestimmt wird. In den L. kommen die → *Jardangs* vor (→ *Lehmebene*).

Lehn → *Lehen*.

Lehnswesen (Lehenswesen, Feudalwesen) *fiefdom*: mittelalterliche Rechts- und Gesellschaftsordnung, die auf der Verleihung von → *Lehen* (Nutzungsrechten) beruht. Das L. ist im fränkisch-westeuropäischen Kulturkreis entstanden. Mit dem Lehen übernimmt der Vasall die Verpflichtung zu Treue und Gefolgschaft in Krieg und Frieden dem Lehnsherrn gegenüber.

Lehrpfad *educational trail*: Weg, an dem naturwissenschaftliche, historische, geographische oder technische Objekte präsentiert und durch Tafeln erläutert werden. Die Anlage von L. spielt in der Planung von Erholungsgebieten sowie bei der → *Grünplanung* eine Rolle. Didaktische Ziele eines L. können allgemeine Gebietsinformation sowie die Vermittlung von Verständnis für den jeweiligen Sachverhalt im landschaftlichen und historischen Zusammenhang sein.

Leibeigener *serf*: Person, die im Rechtsverhältnis der → *Leibeigenschaft* steht. In Deutschland handelte es sich bei L. vom Mittelalter bis in die Neuzeit i.d.R um Bauern, z. T. auch um Handwerker. L. waren zu Frondiensten verpflichtet und durften sich nicht ohne Erlaubnis vom Gutshof des Leibherrn entfernen. L. unterlagen der Gerichtsbarkeit des Leibherrn und durften nur mit seiner Genehmigung heiraten. Aufgrund ihrer unterschiedlichen Handhabung und Zwecksetzung bildet die → *Leibeigenschaft* keinen einheitlichen Rechtsbegriff. Die Leibeigenschaft lag ihrer Ausgestaltung nach i.d.R. zwischen → *Sklaverei* und Hörigkeit (→ *Höriger*).

Leibeigenschaft (Eigenbehörigkeit) *serfdom*: Herrschaftsverhältnis, bei dem die Pflicht zu Diensten und Abgaben an einen Herrn nicht am Grund (wie bei der Grundherrschaft), sondern an der Person selbst haftet. L. ist eine persönliche Verfügungsbefugnis eines Leibherrn über einen → *Leibeigenen*. Der in L. stehende ist daher an seinen Wohnsitz und seinen Beruf – i.d.R. Bauer, z.T. auch Handwerker – gebunden, kann jedoch, im Gegensatz zur → *Sklaverei*, nicht als Person verkauft werden. Die L. bestand zeitweise in vielen Ländern der Erde, häufig aufgrund der Unterwerfung einheimischer Ackerbauern durch Eroberervölker. In Deutschland gab es L. in regional unterschiedlicher Ausprägung und in verschiedenen Graden der Abhängigkeit vom Mittelalter bis zu den → *Bauernbefreiungen* im 18./19. Jh..

Leichtchemie *light chemical industry*: Zweig der chemischen Industrie, der im Gegensatz zur Schwerchemie hochspezialisierte chemische Produkte in quantitativ begrenzten Mengen herstellt. Die L. stellt hohe Anforderungen an die Qualifikation ihrer Beschäftigten und ist deshalb meist in den → *Verdichtungsräumen* (→ *Agglomeration*) konzentriert.

Leichter *lighter*: kleineres offenes Schiff ohne eigenen Antrieb, das geschleppt oder geschoben wird (→ *Schubschifffahrt*). L. werden v. a. beim Be- und Entladen größerer Seeschiffe benutzt, die wegen ihres Tiefgangs nicht im → *Hafen* oder am Ufer anlegen können, sowie zum Weitertransport von aus Übersee angelieferten Massengütern per → *Binnenschifffahrt* (→ *Lash-Schiff*).

Leichtindustrie *light industry*: relativ wenig standortgebundener Industrietyp, im Gegensatz zur *Schwerindustrie* oder auch zur → *Grundstoff- und Produktionsgüterindustrie*. Unter der L. sind im Wesentlichen die Zweige der → *verarbeitenden Industrie* zu verstehen.

Leichtmetalle *light metals*: Sammelbezeichnung für Metalle, die eine Dichte bis ca. 4,5 g/cm³ aufweisen. Die wirtschaftlich bedeutsamsten L. sind Aluminium, Magnesium, Titan und Beryllium.

Leichtwasserreaktor *light-water reactor*: ein → *Kernreaktor*, eigentlich „leichtwassermoderierter und leichtwassergekühlter Reaktor", der als Druck- und Siedewasserreaktor konzipiert ist. Im L. wird Wärme durch kontrollierte → *Kernspaltung* erzeugt. Der Reaktorkern mit seinen Steuer- und → *Brennelementen* wird von einem Stahldruckbehälter umgeben, der mit reinem („leichten") Wasser gefüllt ist, in dem bei der Kernspaltung freigesetzten Neutronen (→ *Neutronenstrahlung*) abgebremst werden. Die dabei entstehende Wärme lässt das Wasser verdampfen, im → *Siedewasserreaktor* direkt im Druckbehälter, im → *Druckwasserreaktor* jedoch erst im Dampferzeuger eines zweiten Wasserkreislaufs. Das → *Kühlwasser* über den L. trägt zur thermischen Belastung des Flusswassers bei, während die → *Abwärme* der meist zugeschalteten → *Kühltürme* an die Atmosphäre abgegeben wird.

Leiharbeit (Arbeitnehmerüberlassung) *contract work*: Form der Arbeitsleistung, bei der ein Arbeitnehmer von seinem Arbeitgeber an einen anderen Arbeitgeber zur Arbeitsleistung überwiesen und dessen Weisungen unterstellt wird. Die L. ist durch das Arbeitnehmerüberlassungsgesetz geregelt.

Leinpfad (Treidelpfad) *towpath*: entlang des Ufers von Flüssen oder Kanälen angelegter Weg, von dem aus Schiffe im Rahmen des → *Treidelverkehrs* an Seilen durch Menschen oder Zugtiere geschleppt werden. Alte L. dienen vielfach heute der Wasserbauverwaltung als Betriebswege oder den Erholungsuchenden als Fuß- oder Radwege.

Leistennetz → *Netzleiste*.

Leistungsbilanz *current account balance*: das Gegeneinanderaufrechnen von ein- und ausgeführten → *Gütern* und → *Dienstleistungen* für eine → *Volkswirtschaft* innerhalb eines bestimmten Zeitraums. Die L. ist Teil der → *Zahlungsbilanz*. Von einem L.-Defizit spricht man, wenn der Wert der importierten Güter (→ *Einfuhr*) den der exportierten (→ *Ausfuhr*) übersteigt. Ein L.-Überschuss liegt vor, wenn der Wert der exportierten Güter den der importierten übersteigt. Zur L. gehören u.a. die → *Handels-* und die → *Dienstleistungsbilanz*.

Leistungserstellung *production of goods, output of goods, creation of goods and services*: Form der betrieblichen Leistung. Man unterscheidet die Gewinnung von → *Rohstoffen* (→ *Gewinnungsbetrieb*), die Herstellung von Erzeugnissen (→ *Fertigungsbetrieb*), die Bearbeitung von Rohstoffen und Fabrikaten (→ *Veredelungsbetrieb*) und die Bereitstellung von Diensten (→ *Dienstleistungsbetrieb*). Die L. erfordert den Einsatz von betrieblichen → *Produktionsfaktoren* (Arbeit, Kapital, Boden und Technologie).

Leistungslohn *incentive wage, payment by results*: Lohntyp, bei dem sich die Lohnhöhe an der Arbeitsleistung orientiert. Der L. wird auch als Stücklohn, → *Akkordlohn* oder Gedingelohn bezeichnet (→ *Zeitlohn*).

Leistungsprinzip *incentive principle*: Grundsatz in einem politischen und sozialen System, das marktwirtschaftlich orientiert ist. Das L. belohnt die Einzelleistung auf einem konkurrierenden Markt.

Leistungsreaktor dient dazu, Kernkraftwerke: zu betreiben, bei thermischen Leistungen bis zu 4000 MWth. Steht jenen → *Kernreaktoren* gegenüber, die entweder für Forschung oder zur Erzeugung von → *Spaltstoffen* eingesetzt werden.

Leistungsvermögen des Landschaftshaushaltes (landschaftshaushaltliches Leistungsvermögen) *capability of the landscape system*: in der → *Landschaftsökologie* praktische Kennzeichnung des Dargebots der → *Landschaft* bezeichnend, wie es sich aus Beschaffenheit, Struktur, Funktion und Dynamik der → *Landschaftsökosysteme* und seiner Teilfunktionen für Existenz und Nutzung durch den Menschen und andere Lebewesen darstellt. Das L. d. L. wird nicht generell bestimmt, sondern für Zwecke der → *Raumplanung* und → *Landschaftsplanung* werden Einzelfunktionen aufgenommen, bewertet und dargestellt, z.B. → *Naturschutzfunktion*, → *Klimafunktion*, Erlebnis- und Erholungspotential, → *biotisches Ertragspotential* etc..

Leitbild *guiding principle*: programmatische Zielvorstellung. In der → *Raumordnung* stellt sich das L. als räumliche Zielsetzung auf der Basis der gültigen gesellschaftspolitischen Prinzipien dar. In Deutschland gründen sich die L. der räumlichen Entwicklung u.a. auf die Chancengleichheit der Bürger in den → *Raumkategorien* (→ *gleichwertige Lebensbedingungen*). Grundlage dafür sind die im herrschenden Gesellschaftssystem verankerten Prinzipien des sozialen Rechtsstaates sowie die der → *sozialen Marktwirtschaft*. L. finden nicht nur in der überörtlichen Planung Anwendung, sondern werden auch in der Stadtentwicklung als normative gesamtheitliche Zielvorstellung verwendet. L. der räumlichen Entwicklung sind meist von orientierendem Charakter und fungieren als informelles Instrument der Planung.

Leitbilder des Naturschutzes *guiding principles of nature protection*: ähnlich den in der → *Raumordnung* und → *Stadtplanung* üblichen → *Leitbildern* werden Umweltqualitätsziele formuliert, nach denen ein für den → *Naturschutz* relevanter Sachverhalt raumbezogen, biologisch qualitativ bemerkenswert, sinnlich wahrnehmbar und ökosystemar (in das → *Landschaftsökosystem* mit all seinen → *Geofaktoren*) eingebunden sein muss. Die Diskussion der L. d. N. ist ein andauernder iterativer Prozess, der permanent auf die sich wandelnde Umwelt und die politischen Vorgaben eingestellt wird.

Leitboden *dominant soil type*: auf → *Bodenkarten* ein Boden, welcher die repräsentative und charakteristische Ausprägung des Bodenaufbaus eines → *Bodenareals* beschreibt.

Leitfadeninterview *guided interview*: Befragungsform in der → *qualitativen Sozialforschung*, bei der den → *Probanden* zwar vorher festgelegte Fragen gestellt werden, diese die Fragen jedoch sehr offen beantworten können. Im L. werden keine Antwortmöglichkeiten vorgegeben, die interviewten Personen können frei berichten, kommentieren und erklären. Der Vorteil dieser Methode liegt darin, dass die interviewende Person mittels eines Fragenkatalogs zwar konkrete Fragen stellt, die interviewte Person aber offen antworten und das Gespräch eventuell auch auf neue Gesichtspunkte richten und das gesamte Interview erweitern kann. Der Interviewer hat also die Aufgabe, das Interview durch den Leitfaden zu steuern, die Reihenfolge der Fragestellung ist aber nicht zwingend einzuhalten (→ *strukturiertes Interview*).

Leitform *index form, key form, type form*: für bestimmte klimageomorphologische Zustände der (→ *rezent* oder → *vorzeitlich*) derart typische → *Oberflächenformen*, dass von der Form direkt auf die klimatischen Verhältnisse geschlossen werden kann. Z.B. → *Rumpfflächen*, die als L. wechselfeucht-tropischer Verhältnisse gelten, oder → *Pedimente* als L. semiarider Tropen- und Subtropenklimate.

Leitfossil *leading fossil*: ein → *Fossil*, das für eine bestimmte stratigraphische Einheit (→ *Schicht*, → *Zone*, → *Stufe*) charakteristisch ist und für die Parallelisierung räumlich getrennt voneinander auftretender Schichten herangezogen wird.

Leitgeschiebe *indicator stone*: → *Geschiebe*, dem sein petrographisches Ursprungsgebiet aufgrund ganz spezifischer Charakteristika (z.B. regionalspezifische Fossilien) genau zugeordnet werden kann, sodass sein Herkunftsweg – und damit der Weg des → *Gletscher*- und → *Inlandeises* – rekonstruierbar wird.

Leitgesellschaft *character community*: eine in einem bestimmten Gebiet flächenmäßig vorherrschende Gruppe von → *Waldgesellschaften* gleicher Baumartenkombination und verbindenden Arten in der Bodenflora. Dazu kommen → *Begleitgesellschaften*.

Leithorizont *marker bed*: eine abgrenzbare Lage in einem Verwitterungsprofil, einem → *Sediment* oder im Eis, die aufgrund ihrer besonderen Zusammensetzung und/oder ihres bestimmbaren Alters eine entstehungsgeschichtliche Gliederung und Einordnung des betreffenden Schichtzusammenhangs erlaubt (→ *Stratigraphie*).

Leitkultur *characteristic crop*: in der → *Agrarwirtschaft* eine Anbaufrucht, die betriebsbestimmend ist. Neben L. gibt es → *Begleitkulturen*.

Leitmineral *index mineral*: → *Minerale*, die für eng umgrenzte chemische und/oder physikalische Entstehungsbedingungen charakteristisch sind. Dazu gehören die Geologischen Thermometer.

Leitnuklid (Leitisotop) *index isotope, indicator isotope, key isotope, guide isotope*: ein Radionuklid, das man im Strahlenschutz auswählt, um ein Gemisch verschiedener Radionuklide, in dem das L. vorkommt, z.B. verschiedene Spaltprodukte, pragmatisch zu kennzeichnen. Die Gesamtkennzeichnung des Nuklidgemischs etwa auf Aktivität und davon bewirkte Strahlenbelastung des Gesamtnuklidgemischs werden, ohne Rücksicht auf die einzelnen Halbwertszeiten und unterschiedlichen biologischen Wirkungen der anderen darin enthaltenen Radionuklide, auf das L. bezogen. Für kurzlebige Spaltprodukte verwendet man Jod-131, langlebige werden mit Caesium-137 gekennzeichnet. – In der Atomindustrie spielen die L. bei Abschirmungsrechnungen, Ausbreitungsrechnungen oder bei der Ermittlung von Ortsdosisleistungen eine große Rolle. Die methodische Begründung für die L. beruht auf der chemischen Ähnlichkeit und/oder der hohen spezifischen Zerfallsenergie, sodass schwächer strahlende Radionuklide in ihrer Wirkung überdeckt werden, woraus sich deren rechnerische Vernachlässigung ergibt.

Leitorganismen *indicator organisms (1.); characteristic species (2.)*: 1. im engeren Sinne → *Indikatororganismen* bzw. → *Bioindikatoren*. 2. im weiteren Sinne für eine bestimmte → *Biozönose* charakteristische Arten, z.B. → *Charakterarten*.

Leitungsverkehr *cable and pipeline transport*: Transport von gasförmigen und flüssigen Gütern sowie von elektrischem Strom mittels Rohren bzw. Drähten. Neben Hoch-, Mittel- und → *Niederspannungs*leitungen für Elektrizität gehören zum L. insbesondere Rohrleitungen zum Transport von Trink- und Brauchwasser, Abwasser, Heißwasser und Dampf (→ *Fernheizung*), Gas, Erdöl und -derivaten und sonstigen Chemikalien.

Leitwerk *guide dyke*: 1. im Flussbau eine Bauwerke, das den Fluss lenken, z.B. bei → *Fließgewässerregulierungen*, → *Flussausbau* und → *Flussbegradigungen*. Das L. kann aus einem Leitdamm bestehen, der die Fließrichtung des Wassers bei normalem Wasserstand beeinflusst, und einem Leitdeich, der die Fließrichtung des → *Hochwassers* regelt. 2. im Bau von Wasserstraßen die Einrichtung zur Führung von Schiffen in Schleusen vor Häfen oder an sonstigen Engstellen (→ *Damm*, → *Deich*).

lentikulär *lenticular*: linsenförmig; z.B. Gesteine, Mineralien, Kristalleinschlüsse, Sedimentbänke oder → *Wolken*.

Lenz → *Frühling*.

Leptosols *Leptosols*: in der → *WRB* (2014) azonale, sehr flachgründige Böden über kontinuierlichem Fels oder sehr skelettreiche Böden mit der größten Verbreitung auf der Erde. Sie kommen häufig in Gebirgsregionen in großer oder mittlerer Höhe mit stark zerklüftetem → *Relief* in allen Klimazonen vor. L. eignen sich in der Regel für forstliche Nutzung mit Laubmischwald in der gemäßigten Zone und Nadelwald auf sauren L.. Die größte Bedrohung dieser Böden geht von der → *Erosion* aus.

lernende Region *learning region*: – Ansatz der → *Regionalentwicklung*, der auf räumlich geballtem → *Wissen* und dessen rascher Zirkulation zwischen verschiedenen Organisationen als Wissensträgern beruht. Eine l.

R. ist durch das Vorhandensein von räumlich gebundenem Wissen gekennzeichnet, das durch kontinuierliche Lernprozesse in den → *Netzwerken* der regionalen Akteure entsteht und transferiert wird. – jüngerer Ansatz der → *Wirtschaftsgeographie*, wonach interorganisationales Lernen in Wirtschaft, Wissenschaft und → *Staat* der Stimulierung von Innovationsaktivitäten dient. Infolgedessen findet die l. R. auch als regionalpolitisches Entwicklungsinstrument Anwendung.

Lernkurve (Erfahrungskurve) *Hendersoncurve [of learning economies]*: Anwachsen der Erfahrung mit jeder zusätzlich produzierten Einheit. Durch die zunehmende Produkterfahrung können die Arbeitskosten je Produkteinheit sinken. Neben anderen ist die L. verantwortlich für das Auftreten von → *Economies of Scale*.

Lesestein *field stone*: von Äckern, Wiesen und Weiden vom Menschen zusammengetragene → *Steine* bis → *Blöcke*, die sich auf dem Boden oder in Oberflächennähe befinden und die keine Verbindung mehr zum → *Anstehenden* haben. Die L. bilden oft eigene (→ *anthropogene*) Formen als → *Rain* oder sind integriert in → *Ackerterrassen*. Sie können aber auch eigene Formen als Lesesteinhaufen und Lesesteinrücken bilden, zu denen z. B. → *Rosseln* und Reche gehören.

Lesesteinrücken → *Rossel*.

less developed countries → *LDC*.

Lessivé *lessivé*: in der → *deutschen Bodensystematik* Klasse der Böden, die durch Tonverlagerung vom → *Ober-* in den → *Unterboden* geprägt sind. Die Tonverlagerung geschieht durch Auswaschung mit dem → *Sickerwasser* und führt zu einer Texturdifferenzierung. Zu den L. gehören die → *Parabraunerden* und → *Fahlerden*.

Lessivierung (Illimerisation, Tondurchschlämmung, Tonverlagerung) *clay migration, lessivation*: die durch das → *Sickerwasser* erfolgende Verlagerung von feinsten, festen Tonteilchen (<0,002 mm) in tiefere Bodenbereiche. L. führt zu Tonverarmung im → *Oberboden* und Tonanreicherung im → *Unterboden*. Dadurch entsteht die typische Horizontabfolge, welche die → *Parabraunerden* und → *Fahlerden* auszeichnet. L. wird im Verlauf der Bodenversauerung durch Peptisation der Tonteilchen und eine Verminderung der Aggregatstabilität ausgelöst. Die Anreicherung des Tones in den Bt-Horizonten ist eine Folge von Ausflockungsvorgängen durch Verlangsamung der Sickerung und steigendem pH-Wert in tieferen Bodenbereichen. L. wird bevorzugt auf → *Löss* und lössähnlichen Substraten festgestellt.

Letaldosis (LD) *lethal dose*: allgemein eine zum Tode eines Lebewesens führende → *Dosis*. Jene Menge eines Stoffes, bei der 50% der Versuchsorganismen sterben. Solche LD_{50}-Werte beziehen sich auf das Versuchsobjekt und die getestete Applikationsmethode. Die L. wird in mg/kg Lebendmasse des Versuchsorganismus angegeben. Im wässrigen Medium wird von Letalkonzentration gesprochen. Im Strahlenschutz die zum Tod führende Dosis bei Ganzkörperbestrahlung mit ionisierender Strahlung. Die LD_{50} für den Menschen liegt bei ca. 400 rd (4 Gy). Die LD_{100} liegt, bei Nichtbehandlung der bestrahlten Personen, bei 700 rd (7 Gy). Wegen der Latenzzeit zwischen Bestrahlung und dem Auftreten von Symptomen, die auf die tödliche Strahlenwirkung hinweisen, wird als Zusatzindex die Zeit in Tagen angegeben, auf die sich der Wert der L bezieht, z. B. $LD_{50}(60)$ (rd siehe rad).

Letalität *lethality*: Tödlichkeit, insbesondere bezogen auf Krankheiten. Die L. wird durch den Anteil der Todesfälle an der Gesamtzahl der Erkrankten gemessen.

Letten *lean clay*: in Mitteleuropa weit verbreitete Bezeichnung für → *Tone* und → *Mergel* meist dunkler Farbe. Meist handelt es um rote, braune, schwarze, graue bis grüne unverfestigte und schmierig-fettige → *Schiefertone*, die bei Befeuchtung aufquellen und beim Austrocknen blättern. Auf dem L. entwickelt sich als Bodentyp v. a. der → *Pelosol* (→ *Lettenkohle*).

Lettenkohle (Kohlenkeuper) *black bed*: unterste Stufe des germanischen → *Keupers*, die u. a. von geringmächtigen, nicht abbauwürdigen Kohlenflözen im → *Letten* gekennzeichnet ist, daher auch als L.-Keuper bezeichnet. Die L. ist landschaftlich insofern wichtig, als sie eine geringmächtige, aber weit verbreitete Auflage – z. T. zusammen mit Löss – auf der → *Schichtstufe* des → *Muschelkalks* der germanischen → *Trias* bildet. Landschaftlich handelt es sich u. a. um die → *Gäue*.

leuchtende Nachtwolken → *Nachtwolken*.

Leuchtturm *lighthous*: weithin sichtbares, z. T. bemanntes turmartiges Seezeichen an für die Schifffahrt wichtigen Orientierungspunkten (Küsten, Inseln, gefährliche Untiefen usw.). Mit Leuchtfeuern, heute meist elektrisch, sowie Funkanlagen und Einrichtungen zur Sturm- und Nebelwarnung dienen L. der Sicherung des Schiffsverkehrs.

Level of Detail (LOD) Detailstufen in der 3D-Visualisierung (→ *3D-Kartographie*) virtueller Landschaften (→ *Virtual Reality*). Für die 3D-Stadtmodellierung gelten in Deutschland folgende Detailstufen als Spezifikationen: LOD 0 (Gebäude-Modell in 2,5 D, mit Luftbildtexturierung), LOD 1 (Klötzchenmodell eines Gebäudes, d. h. Grundriss mit Höhen), LOD 2 (einfach texturiertes 3D-Modell eines Gebäudes, i. d. R. mit Dachstrukturen), LOD 3

(Architekturmodell der Außenhülle eines Gebäudes), LOD 4 (Innenraummodell eines Gebäudes, inkl. Texturen).
Leverageeffekt *leverage effect*: Bezeichnung für die Hebelwirkung von → *Fremdkapital*. Der L. besagt, dass unter bestimmten, finanzmathematischen Bedingungen infolge fortlaufender Erhöhung des Verschuldungsgrades eines Unternehmens die erwartete Eigenkapitalrendite daraus überproportional steigt.
Ley → *Priel*.
ley farming Intensivform der → *Feldgraswirtschaft*, die vornehmlich im sommerkühlen Meeresklima Großbritanniens verbreitet ist. Die → *Fruchtfolge* kann dabei wie folgt aussehen: 1.–3. Jahr ley (Grasland), 4. Jahr Weizen, 5. Jahr Sommergerste, 6. Jahr → *Hackfrüchte*, 7. Jahr Sommergerste, 8.–10. Jahr → *Brache*.
LF → *landwirtschaftlich genutzte Fläche*.
L-Horizont *litter layer*: der aus weitgehend unzersetztem organischen Material bestehende Streuhorizont der Humusdecke.
Lianen (Kletterpflanzen) *lianas*: weisen großes Längenwachstum auf, bei geringer oder fehlender sekundärer Verdickung, sodass die dünnen Stängel selbst nicht tragfähig sind und an anderen Pflanzen oder sonstigen Gegenständen Halt suchen müssen. L. verfügen über lange und auffallend weite Gefäße im Spross, die Wasser über große Entfernungen transportieren können. Bei L. handelt es sich weder um Schmarotzer noch um → *Epiphyten*, denn durch Luft- und Bodenwurzeln versorgen sie sich selbst mit Wasser und Nährstoffen. L. sind vorzugsweise im immerfeucht-tropischen Regenwald (→ *Hyläa*) verbreitet. Es werden Spreizklimmer, Wurzelkletterer, Rankenkletterer und Winde- bzw. Schlingpflanzen unterschieden.
Lias (Schwarzer Jura) *Lias, Lower Jurassic*: Unterer → *Jura*, der in vier Stufen gegliedert wird. Dauer: 200-180 Mio. J.v.h.. Der L. ist vorwiegend tonig und mergelig ausgebildet, mit Bänken aus → *Kalk-* und/oder → *Sandstein*. Die Ton- und Mergelgebiete des L. neigen zu → *Rutschungen*. Wegen der raschen Gesteinswechsel verfügt der L. über zahlreiche kleine Quellen und Fließgewässer. Hauptbodentyp (→ *Pelosol*).
Liberalisierung *liberalization, liberalisation*: Abbau von → *Handelshemmnissen* sowie wettbewerbsbeeinträchtigender Regulierungen (→ *Freihandel*). Im internationalen Kontext senkt die L. die ökonomische Bedeutung nationaler Grenzen und beschleunigt die volkswirtschaftlichen Verflechtungen (→ *Internationalisierung*, → *Globalisierung*; → *Deregulierung*).
Liberalismus *liberalism*: neben dem Konservatismus und dem Sozialismus eine der drei großen Ideologien, die sich im 18. und 19. Jh. in Europa entwickelt haben. Der L. verfolgt das Leitziel der Freiheit jedes Individuums vor allem gegenüber staatlicher Gewalt und strebt eine freiheitliche, politische, ökonomische und soziale Ordnung an. Am deutlichsten wird der L. bislang im Wirtschaftsliberalismus oder im politischen Sozialliberalismus verfolgt.
Lichenometrie *lichenometry*: Methode der Altersbestimmung mithilfe langsam wachsender Flechten. Dabei wird das Alter der Flechtenbedeckung (maximal ca. 1000 bis 1300 Jahre) ermittelt, v. a. bei der Erforschung historischer → *Gletscher* und → *Klimaschwankungen*. Eine von der L. oft bearbeitete Flechtenart ist die sog. Landkartenflechte (*Rhizocarpon geographicum*).
Licht-Dunkel-Wechsel *light-dark rhythm*: bestimmt die Funktion der → *Biozönosen* infolge Anpassung der endogenen Rhythmik von Tieren und/oder Pflanzen im Verlauf von 24 Stunden. Der L.-D.-W. ist dafür Zeitgeber, der die Ablösung von Ruhe- und Aktivitätsphasen mit der Erddrehung synchronisiert. Daher gibt es in → *terrestrischen* → *Ökosystemen* Tag- und Nachttiere, d. h. lichtaktive und dunkelaktive Tiere. Infolge der anthropogenen Störungen (Nachstellungen) in der Landschaft sind viele tagaktive Arten im Lauf der Zeit zu nachaktiven geworden. Die vom L.-D.-W. bedingten Abläufe in Biozönosen bezeichnet man auch als circadiane Rhythmik. Aufgrund dieser lösen sich aktive und passive Strukturteile der Biozönosen funktional ab, was auch die Struktur der → *Nahrungsketten* beeinflusst. Während der Licht- und Dunkelphasen werden bestimmte ökologische Funktionen von jeweils anderen Artengruppen wahrgenommen. Trotzdem sind die Nahrungsketten des licht- und dunkelaktiven Teils der Biozönose miteinander verzahnt. Die circadiane Rhythmik findet sich auch in stehenden Binnengewässern und im offenen Meer, dort durch die Tageswanderungen des → *Planktons* ausgelöst (→ *Photoperiodismus*).
Lichtdurchlässigkeit *translucency*: prozentualer Anteil der in einen Wasserkörper eindringenden Gesamtstrahlung, der noch durch eine 1 m mächtige Schicht des Wasserkörpers hindurchgeht. 53% der Gesamtstrahlung werden von einer 1 m-Schicht destillierten Wassers bereits absorbiert. Die L. ist eine Teilgröße zur Kennzeichnung der Lebensbedingungen des Gewässer und der Wasserbeschaffenheit.
Lichtfaktor *light factor*: Gesamtheit der → *Strahlung* verschiedener Wellenlängen, die Pflanzen und Tieren in ihrem Lebensraum zur Verfügung steht. Für die Pflanzen liefert das Licht die Energie für die → *Photosynthese*, und es wirkt auf Wachstum und Entwicklung

ein. Mittelbare Wirkungen üben langwellige Lichtanteile – verbunden mit → *UV-Strahlung* – auf den Wasser- und Wärmehaushalt der Pflanze aus. Dann sind Licht- und Temperatureffekte nicht zu trennen. Die tägliche natürliche Lichteinwirkung auf Organismen wird als Photoperiode bezeichnet, die Einstellung darauf als → *Photoperiodismus*. Die Wirkung der → *Beleuchtungsjahreszeiten* und des → *Licht-Dunkel-Wechsels* haben einen großen Einfluss auf die Funktion und Struktur der Ökosysteme. Neben der Lichtdauer spielt auch die → *Lichtqualität* eine große Rolle. Lichtkonkurrenz ist bei den Pflanzen weit verbreitet und wirkt sich auf die Wuchsformen, Verbreitung und Produktivität sowie auf ihre Stellung in der Sukzession aus.

Lichthang *lightly hillside*: der → *Sonne* zugewandter Hang einer Erhebung, also ein Hang mit SO-, Süd- oder SW-Exposition (→ *Exposition*, → *Hangneigungsrichtung*).

Lichthof *halo*: weiße, milchige, ringartige Lichterscheinung um → *Sonne*, → *Mond* oder helle Sterne. L. entstehen durch Beugung der Lichtstrahlen im → *Dunst*.

Lichtjahr *light year*: astronomische Längeneinheit für Entfernungsmessungen im All. Ein L. ist die vom Licht im Vakuum während eines Jahres zurückgelegte Strecke (ca. $9{,}46 \cdot 10^{12}$ km).

Lichtklima (Photoklima) *photo climate*: die Bedingungen der täglich und im Jahresgang (→ *Beleuchtungsjahreszeiten*) wechselnden, durch Erdrotation und → *Erdbahn* bestimmten Beleuchtungsverhältnisse eines Gebietes (→ *Sonnenscheindauer*).

Lichtpflanzen *heliophytes*: → *Pflanzen*, die an hohe Lichtintensität angepasst sind und bei denen die → *Photosynthese* bei starker Belichtung effizienter abläuft als bei → *Schattenpflanzen* (→ *Heliophyten*).

Lichtqualität *quality of light*: spektrale Zusammensetzung des Lichts. Für zahlreiche Organismen entscheidende Lichteigenschaft, weil bestimmte L. schädigend sein können, v. a. ultraviolette Strahlen. Bei zu starkem UV-Licht ändern sich Plasmaviskosität und Permeabilität der Körperoberflächen. Sofern diese dick sind und über dunkle Pigmente verfügen, kann eine höhere → *UV-Strahlung* vertragen werden als bei dünnhäutigen und schwach pigmentierten Organismen. Besonders Tiere haben sich mit ihrer Lebensweise (unterirdisch, nächtlich) auf die L. eingestellt (→ *Licht-Dunkel-Wechsel*).

Lichtverschmutzung (Lichtemission) *light pollution, light emission*: schiefer, jedoch eingebürgerter Begriff, denn Licht wird nicht „verschmutzt". L. ist die vom Menschen als störend empfundene und organisch und psychisch (meist) negativ wirkende übergroße und anhaltende Lichtgabe durch alle Arten von Beleuchtungen in Stadt und Freiland, die speziell über Städten und Agglomerationen – ähnlich den „Wärmeglocken" der städtischen → *Wärmeinsel* – „Lichtglocken" bilden.
Biotische Effekte: Störung des Licht-Dunkel-Verhaltens sowie des Tag-Nacht-Rhythmus der Fauna, Gesundheitsrisiko für den Menschen.

Lido *bay bar, spit*: – ursprünglich regionalgeographische Bezeichnung für → *Nehrung*, inzwischen jedoch weltweit angewandt. – gelegentlich versteht man unter L. nur Inselnehrungen, d. h. eine Kette flacher Sandinseln, die miteinander durch → *submarine* bzw. → *subaquatische* Lockersedimentbereiche verbunden und vom Festland durch eine → *Lagune* getrennt sind.

liegende Falte *lying fold*: → *Falte* mit horizontaler Achsenebene und horizontalen Schenkeln, über die eine → *schiefe* und dann → *überkippten Falte* zur l. F. entwickelt. Bei größerer Ausdehnung handelt es sich um → *Deckfalten*.

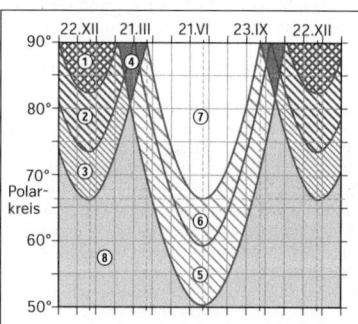

1. ständig Nacht; 2. am Tage astronomische Dämmerung im Nordwinter; 3. am Tage bürgerliche Dämmerung im Nordwinter; 4. Dämmerung der Äquinoktien; 5. nachts astronomische Dämmerung im Nordsommer; 6. nachts bürgerliche Dämmerung im Nordsommer; 7. ständig Tag; 8. Wechsel von Tag und Nacht

Lichtklima

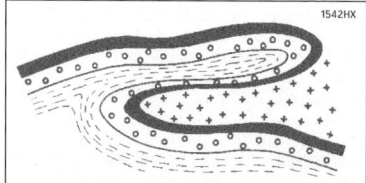

liegende Falte

Liegendes *underlying bed/stratum*: 1. in → *Geologie* und → *Sedimentologie* jene Gesteins- bzw. Sedimentschicht, die unter der zu betrachtenden Schicht, dem → *Hangenden*, liegt. 2. in der Lagerstättenkunde die Begrenzung der Mineralanreicherung nach unten durch anders zusammengesetztes Material (→ *Lagerstätte*).

Liegenschaft *real estate, property*: Besitz von → *Grundstücken*. Die Bezeichnung L. wird insbesondere für Grundbesitz der → *öffentlichen Hand* sowie für privaten Großgrundbesitz verwendet (→ *Immobilie*).

Liegenschaftskataster *land register, cadaster*: amtliches Verzeichnis aller → *Grundstücke* einer → *Gemarkung* zur Sicherung des Grundeigentums, zur Dokumentation von Größe, Nutzung und Wert der Grundstücke und als Grundlage zur Besteuerung des Bodens. Der L. besteht aus einem beschreibenden Teil als Verzeichnis aller Flurstücke mit Lage, Nutzungsart, Größe und Wert sowie Eigentumsverhältnissen und aus einem Kartenteil mit Flurkarte und Bodenschätzungskarte (→ *Grundbuch*).

Liegenschaftswesen *real estates administration*: Gesamtheit aller Einrichtungen und Maßnahmen zur Verwaltung, Bewirtschaftung und Ordnung von Grund und Boden. Zum L. gehören insbesondere die Führung des → *Liegenschaftskatasters* und die amtliche Wertermittlung von Grundstücken (→ *Verkehrswert*).

Liegeplatz *berth, mooring*: Platz in einem → *Hafen* oder an einer Schifffahrtsstraße, an dem ein Schiff zum Ein- und Aussteigen bzw. Be- und Entladen, aber auch zu Zeiten der Verkehrsruhe, etwa zum Überwintern oder zu Reparaturen, anlegt.

Lifestyle of Health and Sustainability → *LOHAS*.

lift irrigation vom → *Grundwasser* abhängige Form der → *Bewässerung*. Bei der l. i. muss das Wasser mit Pumpen auf das Feld gehoben werden.

Lift-on/Lift-off-Verfahren (LoLo-Verfahren) *lift-on/lift-off transport*: Vorgangsweise bei der Be- und Entladung im Frachtschiffsverkehr. Im Gegensatz zum → *Roll-on/Roll-off-Verfahren*, bei der die Ladung auf das Schiff gefahren wird, wird hier die Ladung (meistens → *Container*) mittels bordeigenem oder fremdem Kran an und von Bord gehoben.

Lignine *lignin*: in den Zellwänden gebildeten „Holzstoffe". L. sind eigentlich aufgebaute Mischpolymerisate aus Abkömmlingen des Phenylpropans. Als Bestandteil der abgestorbenen → *organischen Substanz* bilden sie mit Fetten, Wachsen und Gerbstoffen das am schwersten abbaubare Endglied und werden deshalb überwiegend humifiziert (→ *Humus*).

Lignit *lignite*: eine → *Braunkohle* mit noch erkennbarer Holzstruktur (→ *Kohle*).

Liman (Peressyp) *liman*: regionalgeographische Bezeichnung für sich senkrecht zur Küste (→ *Limanküste*) erstreckende haffähnliche Buchten, die ganz oder teilweise durch → *Nehrungen* vom offenen Meer abgeschnitten sind. An der ukrainischen Schwarzmeerküste heißen die Nehrungen Peressyp. Zum → *Haff* bestehen geomorphogenetische Unterschiede, weil die Formanlage auf inzwischen „ertrunkene" Flussmündungen und Talschluchten zurückgeht (→ *eustatische Meeresspiegelschwankung*, → *Haffküste*).

Limanküste *liman coast*: Küstenformentyp, an welchem eine größere Anzahl von → *Limanen* auftritt.

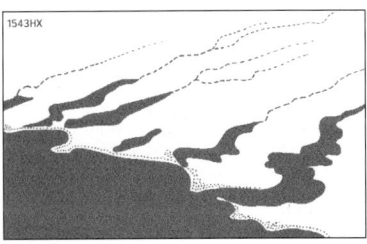

Limanküste

Limnaeameer *Limnaea Sea*: vor 4500 J. v. h. bestehendes und nach der turmförmigen Lungenschnecke *Limnaea ovata* benanntes, Entwicklungsstadium der Ostsee im → *Postglazial*, das sich durch Verbrackung aus dem → *Litorinameer* entwickelte. An die Zeit des L. schloss sich die Zeit des → *Myameeres* an. Das L. entsprach vom Umfang her etwa der heutigen Ostsee.

limnisch *limnic, limnetic*: im Süßwasser gebildet, wobei die Möglichkeit → *fluvialer*, → *lakustrischer* und → *lagunärer* Bildungen oder Vorkommen möglich ist, bezogen auf Sedimente i. w. S. (Gesteine, Stoffe und Organismen) sowie in der → *Hydrosphäre* ablaufende Vorgänge (→ *Fazies*).

limnische Fazien *limnic/limnetic facies*: unter Süßwasserbedingungen entstandene → *Fazies*, wozu die → *fluviale*, die → *lakustrische* als die → *lagunäre Fazies* gehören.

Limnologie (Seenkunde) *limnology*: Wissenszweig von → *Hydrologie* und → *Biologie*, der sich mit dem Haushalt und dem Leben der stehenden Gewässer befasst. Die L. untersucht u. a. Verbreitung und Gestaltung der → *Seen* und Seebeckenformen, die physikalischen, chemischen und biologischen Eigenschaften des Seewassers, die Strömungsbedingungen und den → *Stoff-*, Energie- (→ *Energiebilanz*) und → *Wasserhaushalt* der Seen sowie deren → *Biozönosen*.

Limonitkruste *limonite crust, brown h[a]ematite crust, brown iron crust, brown ore crust*: Kruste aus Brauneisen, in wechselfeuchten Gebieten auf Gesteinen entstehend durch → *chemische Verwitterung* mit Tiefenwirkung. Die L. können Gestein vor fortschreitender Verwitterung schützen.
line squall Nord-Süd verlaufende → *Luftmassen*-Störungslinie mit einzelnen → *Gewitterzellen* und sturmartigen → *Winden*, die mit dem → *Urpassat* von Osten nach Westen driftet. Im → *tropischen Klima* mit einer → *Regenzeit* machen l. s. den Hauptanteil des → *Niederschlags* aus (→ *Passat*).
Lineage *Gruppe einer Abstammunslinie*: Begriff aus der Ethnologie zur Bezeichnung von Familienverbänden (oft in → *segmentären Gesellschaften*), deren Mitglieder ihre gemeinsame Abstammung entweder über die Mutterlinie (Matri-Lineage) oder die Vaterlinie (Patri-Lineage) herleiten, oft über fünf bis 10 Generationen hinweg (→ *Klan*, → *Familie*, → *Sippe*).
Lineament (Transversalstörung) *lineament*: tektonische Schwächezone, die im → *tieferen Untergrund* der → *Erdkruste* ansetzt, sich aber tektonisch und geomorphologisch bis an die Erdoberfläche auswirkt. L. treten zumeist als → *Brüche* oder → *Blattverschiebungen* auf und können mehrere hundert Kilometer Länge erreichen. Im Bereich von L. sind → *Erdbeben* und → *Vulkanismus* häufig.
Lineareruption (Spalteneruption) *linear eruption, fissure effusion, fissure eruption*: Ausflussbereich dünnflüssiger basaltischer (→ *mafischer*) *Lava*, die zu flachen, räumlich meist ausgedehnten vulkanischen Formen führt, wie den → *Lavaplateaus*, die durch einen → *Deckenerguss* entstehen (→ *Effusion*).
Linearsiedlung *linear settlement*: Siedlung, die entlang einer vorgegebenen Achse (z.B. Straße, Bachlauf, Talboden) angelegt wurde bzw. sich linear entwickelt hat. L. sind größtenteils → *ländliche Siedlungen* (→ *Liniendorf*, → *Straßendorf*, → *Hufendorf*).

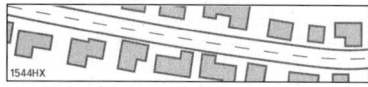

Linearsiedlung

Lingua franca → *Verkehrssprache*.
linguistic turn (Sprachwissenschaftliche Wende) ein Paradigmenwechsel (→ *Paradigma*), der auf die sprachphilosophischen Überlegungen Ludwig Wittgensteins zurückgeht und im 20. Jh. einen bedeutenden Einfluss auf die → *Sozial*- und → *Geisteswissenschaften* ausübte. Er betont die immense Bedeutung von Sprache bei der Herstellung von Wirklichkeit. Es wird argumentiert, dass jede Erkenntnis der Logik der Sprache folgen muss (→ *Erkenntnistheorie*) und damit die Sprache bzw. ihre Struktur (Grammatik, Semantik, Semiotik) Voraussetzung und gleichzeitig Zwang/Einengung ist. Da wir erst durch Worte Dingen eine Bedeutung geben, bilden die Grundbedingungen unserer Sprache gleichzeitig die Grundbedingungen unserer Erkenntnis (→ *cultural turn*, → *spatial turn*).
Linie *line*: geometrisches Darstellungselement, das in → *Karten* zur Vermittlung raumbezogener Information eingesetzt wird. Linienhafte Zeichen werden in der → *Kartographie* als Liniensignaturen bezeichnet. Diese dienen in Karten z.B. zur Repräsentation von Flüssen, Straßen und Bahntrassen.
Liniendorf *planned linear village*: geplante ländliche Siedlungsform, die eine außerordentliche Schematisierung aufweist. Diese wohl am schematischsten gestaltete → *ländliche Siedlung* nimmt keine Rücksicht auf die Oberflächengestalt des Geländes. Bei L. stehen die → *Gehöfte* entlang einer Geraden in gleichen Abständen und weisen eine einheitliche Bauweise auf. L. wurden z.B. bei der inneren Kolonisation Polens nach 1815 angelegt.
linienhafte Abtragung → *Erosion*.
Linieninfrastruktur *linear infrastructure*: in der → *Raumplanung* gelegentlich benutzte Bezeichnung für denjenigen Teil der materiellen → *Infrastruktur*, der linienförmig oder bandartig verläuft (→ *Bandinfrastruktur*), z.B. Verkehrswege und Versorgungsleitungen.
Linienschifffahrt *regular shipping*: Güter- und Personen-Schifffahrt (einschließlich Verkehr mit → *Fähren*) auf einer festgelegten Route nach einem festen Fahrplan. Im Gegensatz zur L. steht die → *Trampschifffahrt*.
Linienverkehr *scheduled traffic, regular traffic*: Beförderung von Personen und Gütern durch → *Verkehrsmittel*, die auf festen Routen zwischen bestimmten Ausgangs- und Endpunkten nach festgelegten Fahrplänen verkehren und der Öffentlichkeit nach Maßgabe der vorhandenen Plätze uneingeschränkt zugänglich sind, d.h. nicht nur bestimmten Personengruppen dienen. Im Gegensatz dazu steht der → *Bedarfs*- bzw. → *Charterverkehr*. L. existiert als → *Land*-, → *Luft*- und Schiffsverkehr.
linkage effect *Verknüpfungseffekt*: Annahme, dass bei dem Prozess der → *Industrialisierung* eines Landes zusätzliche Investitionssequenzen ausgelöst werden. Dabei bedeuten „backward linkages" eine Erweiterung der Investitionstätigkeit bei den Zulieferindustrien, die sich möglichst auf heimische Rohstoffe gründen, „forward linkages" Investitionen in nachgelagerten Produktionsstufen.
Linse *lens*: begrenzter geologischer Körper (Erz, Ton, Kohle oder anderes), der in ande-

re Gesteine bzw. Sedimente eingelagert ist, der nach allen Richtungen rasch auskeilt und dessen Materialart von jener der Nachbarschaft abweicht. Ein linsenförmiger → *Gang* heißt Lentikulargang; die Lagerungsform der L. wird als Lentikularlagerung bezeichnet.

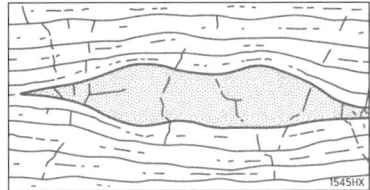

Linse

liquefied natural gas (LNG) in der Energiewirtschaft international gebräuchliche Bezeichnung für verflüssigtes → *Erdgas*:. LNG entsteht durch die Tiefkühlung von Erdgas auf -162 °C. Dabei reduziert sich das Volumen auf ca. 1/600 des Ausgangsvolumens. Mithilfe eines Flüssigerdgas-Schiffes kann so Erdgas über das Meer zum Anlandehafen des Verbraucherlandes transportiert werden, wo es wieder in den gasförmigen Zustand gebracht und ins Leitungsnetz eingespeist wird.

Lithogenese *lithogenesis*: Sammelbezeichnung für alle Vorgänge, die zur Bildung von Sedimentgesteinen, also → *Sedimentiten*, führen.

Lithologie *lithology*: → *Petrologie*.

lithomorphe Böden *lithomorphic soils*: zusammenfassende Bezeichnung für Böden, in denen die Gesteinsmerkmale dominieren. In der Gestaltung sind dies → *Rohböden* oder Böden mit reinen A-C-Profilen (→ *Rendzina*, → *Ranker*, → *Pelosol*). Die gehemmte Bodenentwicklung der l. B. kann gesteinsbedingt (schwer verwitterbare Gesteine oder lösliche Gesteine, die keine Rückstände bilden), erosionsbedingt (ständiger Abtrag des lockeren Boden- und Humusmaterials) oder klimabedingt (zu kaltes oder zu trockenes Klima) sein.

Lithophagenzier *Lithophagentiae*: Sammelbezeichnung für Tiergruppen (Größe zwischen Mikro- und Mesofauna; → *Bodenfauna*), die – meist unerkannt – → *anthropogene* und → *geomorphogenetische Materialtypen* saugend, raspelnd und sägend in kleine → *Korngrößen* zerlegen, z. T. unter Mithilfe organischer Säuren. Die Wirkungen wurden zunächst als → *biogene Verwitterung* fehleingeschätzt. Erst spät von der → *Biogeomorphologie* bemerkt, werden seit den 1990er-Jahren ständig neue Formen und Wirkungen entdeckt. Die Steinlaus (*Petrophaga loriotii*) ist die einzig bekannte Form und war lange vom Aussterben bedroht. Mit der weltweiten Zunahme der Betonbauweise konnten sich die L. sehr weit verbreiten (Bauwerksgeomorphologie, Bioerosion, Ubiquisten).

lithophil *lithophile*: – jene Elemente, die in der → *Lithosphäre* angereichert auftreten, wie Sauerstoff, Silicium, Aluminium, Calcium, Magnesium, Mangan, Kalium, Natrium, Zirkon, Titan usw.. – in der → *Bioökologie* Organismen, die vorzugsweise an Steinen vorkommen.

Lithosol *Lithosol*: ehemalige Bezeichnung für → *Leptosols* (→ *WRB* 2014).

Lithosphäre *lithosphere*: 1. die Gesteinssphäre der → *Landschaftshülle* der Erde bzw. Bestandteil der → *Geodermis*. 2. im geologischen Modell des → *Schalenbaus der Erde* stellt die L. den → *Erdmantel* dar, also jenen Bereich der Schalen, der von festen Gesteinen gebildet wird und bei dem man inneren und äußeren Mantel unterscheidet.

Litoraea *littoraea*: Sammelbezeichnung für verschiedenartige → *Lebensräume* der Küsten, See- und Flussufer, Flachmoor-, Sumpf- und Überschwemmungsgebiete sowie Naturwiesen. Die L. ist gekennzeichnet durch Wasser- und Nährstoffreichtum sowie spezialisierte Floren und Faunen. Trotz grundsätzlicher Differenzierungen der L. durch die Lage in verschiedenen → *Klimazonen* der Erde zeigen die → *Biota* ähnliche oder gleiche Anpassungen an die ökologischen Bedingungen dieser → *Feuchtgebiete*.

litoral *littoral*: „ufernah", bzw. Bezeichnung für Erscheinungen, Vorgänge und Formen, die zum → *Ufer*- bzw. zur → *Küste* gehören.

litorale Fazies (Strandfazies) *littoral facies*: durch grobe, konglomeratische (→ *Konglomerat*) oder sandige Sedimente (→ *Sand*) gekennzeichnete → *Fazies*.

Litoralregion → *litoral*.

Litorinameer *Littorina Sea*: im Bereich der heutigen Ostsee vor etwa 7000 J.v.h. aus dem → *Ancylussee* entstandenes Meer, wobei – infolge Abschmelzens der Reste des → *Inlandeises* – der Meeresspiegel stieg und die südliche Ostsee eine Verbindung zum freien Ozean erhielt. Das nach der Meeresschnecke *Littorina littorea* (neben der noch *Mytilus edulis* und *Macoma baltica* auftraten) genannte L. wies wechselde Salzgehalte auf, die Faunenänderungen zur Folge hatten. Um 4500 J.v.h. geht das L. in das Limnaeameer über, das schon fast den Umriss der heutigen Ostsee aufwies.

Litorinatransgression *Littorina transgression*: im frühen Atlantikum in vermutlich drei Phasen erfolgender Meeresspiegelanstieg zurzeit des → *Litorinameeres*, deren älteste Phase dem Höchststand dieses Meeres entsprach. Dabei dehnte sich das Wasser über die Randbereiche der späteren Ostseeumrisse auf das Land hinaus aus, sodass v. a. im südlichen Ostseeraum die Küstenformenentwicklung davon stark beeinflusst wurde. Die L. stand im Zusammenhang mit dem weltweit wirksamen eustatischen Meeresspiegelanstieg des → *Postglazials*, wobei durch die dänischen Belte das Weltmeer mit dem Ostseebecken verbunden wurde (→ *eustatische Meeresspiegelschwankung*).

Livelihood-Forschung *livelihood research*: eine in den späten 1990er-Jahren auf den Überlegungen von Robert Chambers fußende Art der → *Verwundbarkeitsanalyse*, die über Aktiva (z. B. Natur- und Humankapital), Lebenssicherungsstrategien und Bewältigungsmechanismen die → *Vulnerabilität* von Marginalgruppen in sog. → *Entwicklungsländern* bestimmt. Dieser Ansatz wurde bereits in der → *geographischen Entwicklungsforschung* weiterentwickelt und findet Anwendung in der Risikoforschung (→ *Risikoforschungsbereiche*).

Lixisol *Lixisols*: in der → *WRB* (2014) Böden mit höheren Tongehalten im → *Unterboden* aufgrund von bodenbildenden Prozessen. Die vorhandenen → *Tonminerale* besitzen eine niedrige → *Kationenaustauschkapazität*, jedoch eine hohe → *Basensättigung*. L. kommen in Regionen mit tropischem, subtropischem oder warm-gemäßigtem Klima mit einer ausgeprägten → *Trockenzeit* vor. Nutzung meist durch extensive → *Beweidung*. → *Erosion* und → *Verschlämmung* sind große Probleme dieser Böden. Eine Rotation aus → *Weidewirtschaft* und einjährigen Kulturen wird für den Erhalt des Oberbodens und der → *organischen Substanz* bei der Bewirtschaftung empfohlen.

Lizenzfertigung *production/manufacture under licence*: Produktion eines Gutes auf der Grundlage einer vertraglichen Vereinbarung, in welcher der Inhaber eines gewerblichen Schutzrechts gegen Entrichtung eines Lizenzentgelts einem Dritten die vollständige oder teilweise Verwertung des Schutzrechts einräumt.

Llanos *llanos*: südamerikanischer Typ der → *Savanne*, besonders im Orinokogebiet, der relativ niederschlagsreich ist (über 1300 mm bei sieben humiden und fünf ariden Monaten). Der aus klimatischen Gründen zu erwartende laubwerfende Feuchtwald bildet sich in den L. nur in Form kleiner Wäldchen, den Matas, bzw. als → *Galeriewald* auf den → *Dammufern* der → *Dammuferflüsse*. Die Gründe für die Baumfreiheit der L. sind umstritten. Sie wird v. a. edaphisch („Arecife" genannte Lateritkruste in geringer Bodentiefe) und/oder anthropogen (Brände) erklärt. Unterschieden werden – die L. bajos, ein baumarmer Niederungssavannentyp mit langen alljährlichen Überschwemmungen und einem eigenen Mikrorelief sowie wenig durchlässigem Boden, und – die L. altos, d. h. die höheren Teile der Überschwemmungssavanne mit einem größeren Anteil an Holzgewächsen.

LN → *landwirtschaftliche Nutzfläche*.
LNF → *landwirtschaftliche Nutzfläche*.
LNG: → *liquefied natural gas*:.
LNG-Tanker → *Gastanker*.

Lobus *lobe*: allgemein ein zungenförmiges Gebilde. – in der → *Paläontologie* bei Ammoniten- und Nautilitenschalen die Ansatzlinie der inneren Scheidewände. – in der → *Glazialgeomorphologie* und → *Glaziologie* große zungenförmige Eiskörper am Rande des → *Inlandeises*, die von bogenförmigen → *Endmoränen* umgeben sind. Diese „Gletscherloben" spielen in der Paläogeographie des Eiszeitalters bei der Gliederung des Inlandeisrandes eine Rolle. Auch die rezenten Inlandeise weisen an ihren Rändern Loben auf. (→ *Eisloben*).

Local-Content-Vorschrift *local content requirement*: Vorschrift zur Erwirtschaftung eines regionalen Wertschöpfungsanteils (→ *Wertschöpfung*), die sich im Rahmen der Marktbearbeitung von → *Freihandelszonen* an Unternehmen aus Drittländern richtet und diese zur Befolgung der nationalen Wirtschaftspolitik anleiten soll. Ein Beispiel sind Montageaktivitäten in sog. Schraubenzieherfabriken. L.-C.-V. stellen handelsbezogene Investitionsvorschriften dar und gelten im Rahmen des → *TRIMs*-Abkommens teilweise als → *GATT*-widrig.

localization economies → *Lokalisationseffekt*.

Locator → *Lokator*.

Lochkarre (Napfkarre) *pit karren*: Kleinformen des → *Karstes*, die durch → *Korrosion* entstehen und die Gesteinsoberflächen mit Löchern und Näpfen überziehen. Ursache sind Gesteinsunreinheiten und/oder sonstige feinere Gesteinsstrukturen, z. B. Feinklüfte. Die Korrosion ist hierbei auf Kluftkreuze lokalisiert, sodass Loch- und Napfreihen durch Lösung entstehen (→ *Kluft*).

Lochverwitterung *pitted weathering*: Kleinformen der → *Verwitterung*, die auf chemische und mikroklimatische Prozesse an Felswänden zurückgehen und die kleine Vertiefungen schaffen, welche widerständige und weniger widerständige Gesteinspartien heraustreten lassen. Es bestehen Übergänge zur → *Wabenverwitterung*. Eine Spezialform der L. im → *Kalkstein* sind die → *Lochkarren*.

Lockergesteine *unconsolidated rocks*: 1. eine Untergliederung der → *Sedimentgesteine*, also unverfestigter → *Trümmergesteine* (→ *Sedimentite*, → *Festgestein*). – 2. klastische Ablagerungen, die aus einem Ausgangsgestein durch physikalische Verwitterung hervorgehen, transportiert werden und beim Transport Bearbeitung und Sortierung erfahren.

L. nach Korngrößen geordnet sind: Blöcke, Geröll, Schotter,Geschiebe, Kies, Grob-, Mittel- und Feinsand (Sand), Löss, Schluff, Schlick,Schlamm, Ton. Auch die Mischsubstrate Mergel und Lehm gehören zu den L..

Lockerschnee *loose snow*: loser, im trockenen Zustand auch weitgehend zusammenhangloser → *Schnee* geringer Dichte, der noch keine Umwandlungsprozesse (→ *Metamorphose*) erfuhr. Trockener L. (→ *Pulverschnee*) erreicht Dichten von 0,01–0,06 g/cm³, feuchter L. (→ *Pappschnee*) um 0,1 g/cm³.

Lockersyrosem *Regosol*: in der → *deutschen Bodensystematik* (→ *KA5*) ein → *Rohboden* aus → *Lockergestein*.

lock-in-Effekt (Pfadverriegelung) *lock-in-effect*: Begriff in der → *Wirtschaftsgeographie*, wonach bestimmte Mechanismen wie Abhängigkeit von → *natürlichen Ressourcen*, → *Agglomerationsvorteile* oder regional spezifische → *Institutionen* über kumulative Verursachung (→ *Pfadabhängigkeit*) zur Verriegelung des Pfades führen und so alternative Entwicklungen verschlossen bleiben. Positive l.-i.-E. beschreiben eine Verfestigung des Wachstumspfades; negative l.-i.-E. können hingegen zu andauernden Strukturkrisen führen.

LOD → *Level of Detail*.

Loggerfischerei *logger fishing*: Form der → *Hochseefischerei*, v. a. auf Heringe, die durch Logger (kleinere Fischereifahrzeuge von etwa 300 → *BRT*) mit Schleppnetzen durchgeführt wird.

Logistik *logistics*: aus dem militärischen Sprachgebrauch entlehnte Bezeichnung für denjenigen Bereich der Wirtschafts- und Verkehrswissenschaft, der sich mit dem Transport und der Lagerung von → *Gütern* und den dazu notwendigen Planungs- und Steuerungsvorgängen beschäftigt. Insbesondere befasst sich die L. mit den Warenströmen zwischen den rohstoffliefernden und den güterproduzierenden → *Betrieben*, zwischen diesen und dem Handel sowie mit dem innerbetrieblichen Transport.

LOHAS *Lifestyle of Health and Sustainability*: Bezeichnung für Menschen mit einem gesundheitsorientierten und an den Prinzipien der → *Nachhaltigkeit* ausgerichteten Lebensstil. L. bevorzugen z. B. biologisch angebaute Lebensmittel und naturorientierten oder → *sanften Tourismus* und sind bereit, mehr dafür zu investieren. Kritiker bezweifeln den Zusammenhang von hochwertigem Konsum und Nachhaltigkeit, andere sehen in L. die Vorreiter der Transformation zu einer nachhaltigen Gesellschaft (→ *Yuppie*, → *DINK*).

Lohn *wage, salary, reward*: Entgelt für eine erbrachte Arbeitsleistung. Als reines Arbeitseinkommen ist der L. vergleichbar mit einem Gehalt oder Honorar. Man unterscheidet u. a. → *Naturallohn*, → *Reallohn*, → *Nominallohn*, → *Leistungslohn*, → *Zeitlohn*, → *Akkordlohn* und → *Soziallohn*.

Lohnarbeit *wage labour*: Arbeitsleistung von Arbeitern, die nach dem Entlohnungsprinzip honoriert wird, im Gegensatz zur i. d. R. monatlichen Gehaltszahlung bei Angestellten.

Lohnaufwand *wage labour costs*: die in der Ertragsrechnung eines → *Unternehmens* sich niederschlagenden Lohnkosten.

Lohnausgleich *compensatory wage adjustment*: Fortzahlung des vollen Lohns bei einer Verkürzung der Arbeitszeit. Ein L. wird von den Gewerkschaften, z. B. bezogen auf eine Veränderung der Wochenarbeitszeit, angestrebt.

lohnintensiv *wage intensive, labour intensive*: Wirtschaftsprozess, bei dem kostenmäßig die → *Löhne* überdurchschnittlich hoch zu Buche schlagen. L. ist meistens identisch mit → *arbeitsintensiv*, jedoch ist es auch denkbar, dass bei anspruchsvollen Tätigkeiten die gezahlten Spitzenlöhne eine Lohnintensität bewirken (→ *kapitalintensiv*, → *Flächenintensität*).

Lohnnebenkosten *indirect labour costs*: Summe derjenigen gesetzlichen und freiwilligen Kosten, die der → *Arbeitgeber* für die → *Arbeitnehmer* – neben dem Entgelt für die geleistete Arbeit – aufzuwenden hat. Zu den L. zählt u. a. der Arbeitgeberanteil zur Sozialversicherung sowie zusätzliche Aufwendungen, die durch Urlaub, Krankheit und Weiterbildung entstehen.

Lohnniveau *wage level*: die für eine → *Branche* oder einen → *Wirtschaftsraum* übliche Lohnhöhe (→ *Lohn*). Das L. hängt von der für die jeweilige Tätigkeit notwendigen Qualifikation der Arbeitskräfte sowie von der Situation auf dem Arbeitsmarkt ab.

Lohnveredelung (Lohnfertigung) bezeichnet eine i. d. R. vertraglich abgesicherte Zusammenarbeit von Unternehmen (→ *Subcontracting*) zum Zwecke der arbeitsteiligen Produktion. L. bezieht sich überwiegend auf die → *internationale Arbeitsteilung* zwischen Unternehmen in verschiedenen Ländern, zwischen denen deutliche Unterschiede in den Produktionskosten (Lohn- oder Energiekosten), steuerlichen Rahmenbedingungen oder Umweltstandards bestehen. Dabei wird ein Vorleistungsgut ins Ausland importiert, dort weiterbearbeitet und wieder ins Inland eingeführt.

Lokalbeben (Ortsbeben) *local earthquake*: ein nur im → *Epizentrum* wahrnehmbares → *Erdbeben*.

Lokalbereich *local area*: Gebiet, das einen → *Ort* bzw. eine → *Gemeinde* und den dazugehörigen → *Nahbereich* umfasst. Der Begriff wird v. a. in der → *Raumplanung* zur Abgrenzung vom → *Regionalbereich* gebraucht.

Lokalbewusstsein *local consciousness*: Zusammengehörigkeitsgefühl der Einwohner einer → *Gemeinde*. Die Bevölkerung fühlt sich bewusst als Bewohner des betreffenden → *Ortes* und betrachtet ihn als ihre → *Heimat*. L. wurzelt häufig in einer gemeinsamen, von anderen Gemeinden unterschiedlichen Geschichte, in gemeinsamen Sitten und Gebräuchen, manchmal auch in einer gewissen → *Diaspora*-Situation.

Lokalbodenform *local soil form*: zusammenfassende Bodenbeschreibung, welche die kleinräumig ausgeprägte Merkmalskombination der dem gleichen Substrat- und Bodentyp angehörenden → *Böden* zum Ausdruck bringt. Die L. ist die lokale Ausprägung der → *Hauptbodenform*, deren Merkmale in feinerer Abstufung beschrieben werden. Insbesondere die Substrat-, Nährstoff- und Wasserhaushaltsverhältnisse werden nach Ausprägung und Tiefe genau erfasst. Aus der L. lassen sich die für die Bodenbearbeitungstechnik nötigen Schlüsse direkt ableiten.

Lokale Agenda 21 *Local Agenda 21*: ein Handlungsprogramm im Nachgang zur → *Konferenz der Vereinten Nationen über Umwelt und Entwicklung* von 1992, das eine Gemeinde oder Region in Richtung → *Nachhaltigkeit* entwickeln soll. Die L. A. 21 umfasst damit Initiativen auf kommunaler Ebene, basierend auf den Prinzipien → *Partizipation* und Bürgerbeteiligung. Grundlage hierfür ist Kapitel 28 der → *Agenda 21*. Beabsichtigt war, dass alle Kommunen bis 1996 eine L. A. 21 erarbeitet haben; das Ziel wurde nicht erreicht (→ *Agenda 21*).

lokale Erosionsbasis *local erosion level, local base level*: Höhenlage in einem Einzugsgebiet, bis zu der erodiert werden kann. Die l. E. wird durch Gegebenheiten vor Ort strukturiert, z.B. Schwellen im Flussbett, ein vom Fluss durchflossener See, die Mündung in den Hauptfluss oder eine Flachform. Unterhalb der l. E. ist Sedimentation möglich, oberhalb geschieht das allenfalls kurzzeitig (→ *absolute Erosionsbasis*).

lokales Milieu *local milieu*: formale oder informelle → *Netzwerke*, die durch eine lokale Abgegrenztheit und ein → *Lokalbewusstsein* der Akteure gekennzeichnet sind (→ *kreatives Milieu*, → *regionales Milieu*, → *Cluster*).

lokales Wissen *local knowledge*: Wissensbestände, über die nur → *Akteure* vor Ort verfügen und auf die in wissenschaftlichen Projekten notwendigerweise zurückgegriffen werden muss, um z.B. an Insiderwissen über die konkreten Verhältnisse einer Region, die Hintergründe oder die Lebenswelt von Zielpersonen zu gelangen. Im Rahmen transdisziplinärer Wissenschaft (→ *Transdisziplinarität*) spielt l. W. eine zentrale Rolle (→ *traditionelles Wissen*, → *situiertes Wissen*).

Lokalisation (Standortfestlegung) *localisation*: Die L. wird bestimmt von den L.-Faktoren (→ *Standortfaktoren*).

Lokalisationseffekt *localization economies, localization effect*: Form → *externer Ersparnisse* durch Agglomerationswirkung. Es handelt sich um → *Agglomerationsvorteile*, die sich im Gegensatz zu dem → *Urbanisationseffekt* (urbanization economies) bei einer Konzentration von mehreren Betrieben gleicher Branche einstellen können, wenn zwischenbetriebliche Lieferverflechtungen und Produktionsspezialisierung vorliegen. Der L. spielt als → *Agglomerationsfaktor* in der → *Raumwirtschaftslehre* eine wichtige Rolle bei der Erklärung der räumlichen Konzentration von ökonomischen Aktivitäten (→ *Fühlungsvorteil*).

Lokalisationsform *localization form*: das → *Standortmuster* im Raum. Die L. kann dispers sein oder räumliche Konzentrationen aufweisen. Eine sich häufig herausbildende L. ist die Punkt-Axial-Struktur (→ *Standortgefüge*).

Lokalisationsquotient (Standortquotient) *localization quotient*: Maßeinheit für die industrieräumliche Konzentration. Hierbei wird der Grad der Konzentration in einem Land mithilfe der Lokalisationskurve (Lorenz-Kurve) dargestellt.

Lokalisierung *localization*: L. und → *Globalisierung* sind einander gegenüberstehende, ergänzende und teilweise bedingende Prozesse. L. bedeutet die lokale oder regionale Integration und Konzentration der Produktion parallel zu einer weltweiten Vernetzung der Wirtschaft. Die L. wirkt den Nachteilen einer → *internationalen Arbeitsteilung* in ökologischer, ökonomischer und sozialer Hinsicht entgegen, indem neben der transnationalen Ausrichtung von Unternehmen (→ *transnationales Unternehmen*) gleichzeitig eine starke Rückbesinnung auf regionale Märkte und deren Vernetzung mit internationalen Märkten stattfindet. Hierbei wird auch von → *Glokalisierung* gesprochen. Dabei werden Initiativen mit dem Ziel ergriffen, Wirtschaft, Kultur und Politik in der → *Region* zu reorganisieren. Damit ist die L. eine der Voraussetzungen für soziale, ökologische und ökonomische → *Nachhaltigkeit*. Begriffe wie → *kreative Milieus*, → *lernende Region* und → *regionale Innovationssysteme* versuchen, der lokalen und regionalen Bedeutung wirtschaftlichen Handelns gerecht zu werden.

Lokalmarkt *local market*: derjenige → *Markt*, der im → *Nahbereich* des → *Produktionsstandortes* liegt oder dem eine lokale Versorgungsfunktion für die Bevölkerung zukommt.

Lokalmoräne *local moraine*: durch lokale Gesteinsvorkommen gespeiste → *Moräne* einer → *Fernvergletscherung*, oder Ablagerungen im Rahmen einer → *Lokalvergletscherung*. im letzteren Fall ist das Moränenmaterial nur wenig kantengerundet.

Lokalterrasse *local [fluvial/river/alluvial/floodplain] terrace*: eine → *Flussterrasse*, die sich nicht in ein → *Terrassensystem* eingliedern lässt, weil ihre Entstehung auf lokale Sonderbedingungen der → *Erosion* und → *Akkumulation* zurückgeht.

Lokalvergletscherung *local glaciation*: gegenüber der → *Fernvergletscherung* eine räumlich begrenzte Vergletscherung einzelner Gebirgsbereiche, belegt z. B. durch → *Lokalmoränen*.

Lokalverkehr *local traffic*: Personen- und Güterverkehr auf lokaler Ebene. Hierzu gehört der innerörtliche Verkehr, aber auch derjenige zwischen benachbarten Orten.

Lokalwinde *local winds*: Sammelbezeichnung für regional oder örtlich begrenzte, aber immer wieder in typischer Weise auftretende Luftströmungen. Zu den L. gehören von der Entstehung her ganz verschiedene Erscheinungen. Die wesentlichen Gruppen sind 1. tagesperiodische Windsysteme (→ *Land-*, → *See-*, → *Berg-* und → *Talwind*), 2. → *Fallwinde*, 3. synoptische Regionalwinde und 4. Wirbelstürme.
– Kleinräumige L. sind stadt- und landschaftsökologisch wichtig und daher Aspekte der Klimaökologie bzw. Stadtökologie bei Landschafts-, Raum- und Stadtplanung. Die grösserräumigen Wirbelstürme gehören zu den Naturgefahren.

Lokator (Locator) *locator*: im Auftrag eines adligen oder geistlichen Grundherrn handelnder Siedlungsunternehmer, der bei der mittelalterlichen deutschen → *Ostkolonisation* tätig war. Der L. hatte die Anwerbung der Siedler und die Verteilung der Grundstücke vorzunehmen und erhielt für seine Leistungen meist ein → *Gut*, das Bürgermeisteramt der neugegründeten Gemeinde oder andere Rechte und Vergünstigungen.

LoLo-Verfahren Lift-on/Lift-off-Verfahren.

Lomavegetation *loma vegetation*: → *Pflanzengesellschaften* der → *Trockengebiete* an der Westküste Südamerikas mit Büschelgräsern, Kräutern, Stauden, Dornsträuchern und → *Sukkulenten*, die ihr Wasser weniger von dem geringen Jahresniederschlag als vielmehr aus den Küstennebeln, den → *Garúas*, beziehen. Die Nebelhäufigkeit bedingt eine Höhenstufung der Vegetation, die auf dem unterschiedlichen Nebelfeuchteangebot beruht.

Lomé-Abkommen *Lomé Convention*: Assoziierungsabkommen zwischen der → *EU* und den → *AKP-Staaten*. Das L.-A. sieht eine Erleichterung der Handelsbeziehungen, Kapital- und technische Hilfe, eine AusfuhrlösStabilisierung sowie Fördersysteme für den Bergbau vor. Erstmals wurde das L.-A. 1975 verabschiedet. Das jüngste Abkommen (Lomé IV) galt bis Februar 2000. Nachfolger des Lomé-Abkommens ist das → *Cotonou-Abkommen* aus dem Jahr 2000, das neben der modifizierten Fortführung der Inhalte des Lomé-Abkommens die politische Stabilität (→ *good governance*) in den Empfängerländern betont. Abgeschlossen werden sog. European Partnership Agreements (EPA), welche die Bildung von → *Freihandelszonen* mit den AKP-Staaten vorsehen.

London-Typ des Smogs → *Wintersmog* (→ *Smog*).

Longitudinaldüne (Längsdüne, Strichdüne) *longitudinal dune*: → *Düne* mit großen Längen, die aus → *Parabeldünen* entstehen kann, wobei der Parabelbogen vollkommen durchbrochen ist. Die L. haben eisenbahndammartige Gestalten und können im Längsverlauf streckenweise aussetzen. Ihre Form wird mit langzeitig gleichmäßig wehendem Wind aus einer Richtung erklärt. Oft handelt es sich um → *Vorzeitformen*. Sie sind weit verbreitet in → *ariden* und → *semiariden* Landschaften Australiens, Vorderasiens, Südamerikas, der Namib und der Kalahari.

Long-run-Betrachtung *analysis of long-run development*: Analyse einer Entwicklung auf längere Sicht, wobei die Definition des Zeitrahmens von dem Untersuchungsgegenstand abhängt. Long-run-Zeiträume umfassen L.-r.-B. i. d. R. mehrere Jahrzehnte (→ *Short-run-Betrachtung*).

Lorbeerwald (Laurisilva) *laurel forest*: ein Typ des mediterranen Waldes, der in vielen maritimen Bereichen der Randtropen und → *Subtropen*, aber auch als Höhenwald tropischer und subtropischer → *Gebirge* auftritt. In seinen typischen Ausprägungen ist der L. den temperaten Regenwäldern zuzurechnen. Trockenresistente Varianten werden auch zum → *Hartlaubwald* der subtropischen Wintergengebiete mit einigen ariden Sommermonaten gestellt. Der Name L. geht zurück auf die häufige Beteiligung von Lauraceen.

Los Angeles Schule *Los Angeles School of Urbanism*: seit Mitte der 1980er Jahre prominente Forschungsrichtung, die die postmoderne → *Stadtentwicklung* als von differentiellen kulturellen und ökonomischen Dimensionen (v. a. Postfordismus) beeinflusster nicht-linearer Prozesse betrachtet und die Dominanz des → *Zentrums* gegenüber dem → *Umland* ablehnt. In Abgrenzung zur → *Chicagoer Schule*, die die → *Urbanisierung* der Moderne insbesondere durch Verdichtung, Zentralisierung und Verdrängung (Sozialökologie) erklärte.

Los-Angeles-Typ des Smogs → *Photochemischer Smog*.

Löslichkeit *solubility*: entscheidet über Fortschritt der Prozesse der → *Lösungsverwitte-*

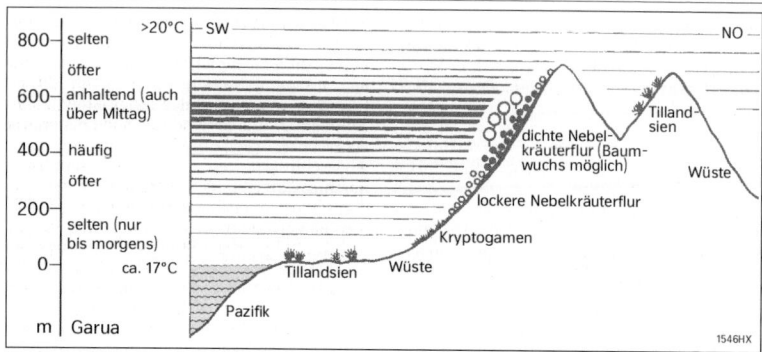

Lomavegetation

rung an der Formbildung löslicher Gesteine, v. a. beim → *Karst*, aber auch bei Auslaugungsformen im Untergrund (→ *Subrosion*). Je nach Beteiligung der → *Salze* an der Zusammensetzung eines Gesteins löst sich dies langsamer oder schneller bzw. bestimmt dies auch die Lösungsverwitterungsformen.

Salz	Bezeichnung Mineralname	Löslichkeit*
$CaSO_4 \cdot 2H_2O$	Calciumsulfat-Dihydrat Gips	2,4
Na_2SO_4	Natriumsulfat Thenardit	48
$NaHCO_3$	Natriumhydrogencarbonat Nahcolit	69
$Na_2SO_4 \cdot 10H_2O$	Natriumcarbonat Mirabilit	110
$MgCl_2 \cdot 6H_2O$	Magnesiumchlorid Bischofit	167
$Na_2CO_3 \cdot 10H_2O$	Natriumcarbonat Natrit (Soda)	216
KNO_3	Kaliumnitrat Nitrokalit (Kalisalpeter)	315
KCl	Kaliumchlorid Sylvin	344
$MgSO_4 \cdot 7H_2O$	Magnesiumsulfat Epsomit	356
$NaCl$	Natriumchlorid Halit	359
$CaCl_2$	Calciumchlorid Hydrophilit	745
$NaNO_3$	Natriumnitrat Nitronatrit (Chilesalpeter)	921
$Ca(NO_3)_2 \cdot 4H_2O$	Calciumnitrat Nitrocalcit	1212
*in g/L^{-1} H_2O		

Löslichkeit

Löss *loess*: kalkhaltiges, gelblich-braunes, ungeschichtetes und → *äolisch* abgelagertes feinstkörniges (0.01-0.05 mm KornØ) → *Lockergestein*. Vorherrschende Korngröße ist der → *Schluff*. L. setzt sich überwiegend aus Quarz (ca. 60-70%) zusammen. Die übrige mineralische Zusammensetzung hängt vom Verwitterungs- und Auswehungsgebiet und der Auslese beim Windtransport ab. Neben SiO_2 treten Glimmer, Feldspäte (zusammen 10-20%) und $CaCO_3$ (ca. 10–30%) in wechselnden Anteilen auf. Da sich L. unter steppenzeitlichen Bedingungen bildete und die Steppengräser als L.-Fänger wirkten, ist L. locker und von senkrechten Kapillaren durchzogen. Die Kalkanteile lösten sich postsedimentär und verfestigten sich wieder, sodass sich die Kapillaren stabilisierten, was sowohl die gute Wasserzirkulationsfähigkeit als auch die hohe Standfestigkeit des L. bedingt. L. ist überwiegend vorzeitlich gebildet. Rezente Bildung ist auch möglich, z.B. unter kaltkontinentalen Bedingungen der Wüsten und Halbwüsten Innerasiens, von wo er ausgeweht und in Nordchina abgelagert wird. Vorzeitlicher L. stammt aus den Kaltzeiten des Pleistozäns, wo er aus Moränen- und Schotterfeldern sowie aus periglazialen Schuttdecken ausgeweht wurde. Die Ablagerung in Mittel- und Westeuropa erfolgte meist östlich von den Auswehungsgebieten und lässt eine Korngrößensortierung mit der Entfernung vom Liefergebiet erkennen. Die Mächtigkeit nimmt in der gleichen Richtung ab. Die meisten L.-Landschaften weisen große L.-Mächtigkeiten auf, in Mitteleuropa um 10 m bis maximal 40 m, in Ostasien einige Hundert Meter (China über 400 m). Arten des L. sind Sandlöss, Lösslehm und Flugsand. Hinzu kommen Lössderivate. Gute bodenphysikalische Eigenschaften (Korngrößenzusammensetzung, Porosität und damit Wasserhaltevermögen und Durchlüftung) sowie der relative Mineralreichtum und der Kalkgehalt machen den L. zum idealen Ausgangsmaterial für Bodenbildungen. Böden auf L. sind tiefgründig, fruchtbar und leicht bearbeitbar, z. B. Braunerden, Parabraunerden und Tschernoseme.

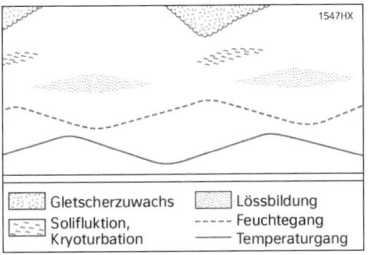

Löss

Lössderivat *loess derivative*: aus → *Löss* entstanden durch postsedimentäre → *Erosion*, Umlagerungen oder synsedimentäre bzw. postsedimentäre Überprägungen. Dem sogenannten primären Löss gingen typische physikalische und chemische Merkmale verloren (z. B. Kapillarstruktur, Schichtungslosigkeit, Kalkgehalt), meist unter Erhaltung der ursprünglichen Korngrößenzusammensetzung. Die L. unterscheidet man nach der Art der Ablagerung bzw. Umlagerung in: – limnischer → *Seelöss*, – aquatischer bis fluvialer → *Schwemmlöss* bis → *Sandstreifenlöss* sowie – solifluidaler → *Solifluktionslöss*. Andere für L. übliche Begriffe, z. B. Gehängelöss Gehängelehm (→ *Hanglehm*), Flankenlöss, Flankenlehm, Proluvium usw., bezeichnen lediglich die Ablagerungsposition und sagen nichts über die postsedimentäre Genese des Lösses aus. Typische Böden auf L. sind die → *Kolluvialböden*.

Lössgrenze *loess line*: – generell die Grenze des Verbreitungsgebietes des → *Lösses*. – in der Geomorphologie Mitteleuropas speziell die Höhengrenze des Lösses am Rande der → *Mittelgebirge*. Dabei überschreitet die Höhe der geschlossenen Lössdecke meist 400 m → *Normalnull* nicht. Kleine Lössareale kommen jedoch in fast allen Mittelgebirgen auch darüber vor.

Lösskeil *ice wedge pseudomorph filled with loess*: Abbildungsform des → *Eiskeils*, dessen Hohlform nach dem Abtauen des Eises mit → *Löss* verfüllt und somit fossilisiert wurde.

Lösskindel *lime nodule, loess doll, loess nodule, loess puppet*: nuß- bis kopfgroße Kalkkonkretion (→ *Konkretion*), die im → *Löss* entsteht, wenn der im Oberteil des Profils gelöste Kalk im Untergrund um Materialunreinheiten herum, z. B. Gesteinssplitter, wieder ausfällt. L. bilden oft Horizonte im Löss.

Lösslehm *loamy loess, loess clay, loess loam*: häufig vorkommendes → *Lössderivat*, das durch → *Silikatverwitterung* entsteht und mit Entkalkung des primären → *Lösses* einhergeht. Freigesetzte → *Sesquioxide* bedingen die lehmige Konsistenz und die gelbe bis braune Farbe.

Lössschlucht *loess gully*: charakteristische Erosionsform in den Lösslandschaften aller Klimazonen, die wegen der Standfestigkeit des → *Lösses* oft sehr tief und steilwandig sind. Ursprünglich gehen sie auf starken linearen Abfluss zurück. Sie entstehen überwiegend durch die Landwirtschafts-, Beweidungs- und Rodeaktivitäten. Initialstadien der L. sind Formen der → *Bodenerosion*, angreifend an natürlichen oder anthropogenen → *Tiefenlinien* oder → *Hohlformen* (z. B. Hohlwegen). Typische L. sind → *Owragi* und → *Balki*.

Lössteppe *loess steppe*: klimabedingter → *Landschaftstyp*, der aus der Losstundra hervorging oder auch in diese überging und der als Voraussetzung für die Ablagerung des → *Lösses* unter trocken-kontinentalen → *rezenten* bzw. trocken-kalten kaltzeitlichen Bedingungen der → *Vorzeit* angesehen wird (→ *Kaltzeit*).

Lössstratigraphie *loess stratigraphy*: → *Löss* eignet sich vom Substratcharakter her zur Konservierung alter Landoberflächen und → *fossiler Böden*. Da er oft als Decksediment von → *Moränen* und → *Flussterrassen* vorkommt, können diese gegliedert und stratigraphisch eingeordnet werden, v. a., wenn der Löss zusätzlich → *Tuffe* oder fossile Böden enthält. Zahlreiche Standardprofile der L. in Europa haben überregionale Repräsentanz und sind wichtige → *Klimazeugen* für die Klima- und Landschaftsgeschichte des → *Pleistozäns*. Artefakte, → *Fossilien* sowie Böden, die im Löss begraben sind, eignen sich neben der relativen zeitlichen Einordnung auch für die absolute Altersbestimmung, z. B. mit der → *Radiokarbonmethode*.

Lostage *oracle days*: im Volksglauben verwurzelte Kalendertage, aus deren → *Wetter* auf den Charakter der → *Witterung* nachfolgender Monate geschlossen werden können soll (z. B. → *Eisheilige*, → *Siebenschläfer*). Die L. sind auch Bestandteil der → *Bauernregeln*.

Lösungsdoline (Korrosionsdoline, Schwunddoline, Trichterdoline) *solution sink*: → *Doline*, die als Folge von → *Korrosion*, meist um Spalten und Klüfte, entsteht. Die L. ist eine kessel- bis trichterförmige Einsenkung in der Erdoberfläche mit den Hängen und am Grund meist mit unlöslichen, d. h. tonigen Verwitterungsrückständen (→ *Residuum*) gefüllt, z. B. mit → *Terra rossa*. Durch die Bedeckung mit den → *Verwitterungslehmen* oder

Lösungsfracht

-→ *tonen* kommt es statt zu Tiefenkorrosion zur Korrosion der Seitenwände, sodass die einer Schüssel ähneln.

Lösungsfracht *dissolved load, suspension load, solution load*: die im → *Wasserkreislauf* in Lösung transportierten Stoffe, welche das Wasser in der → *Atmosphäre*, an der Bodenoberfläche und beim Durchsickern des Bodens (→ *Sickerung*) und des Gesteins aufgenommen hat oder die ihm mit → *Abwässern* zugeführt wurden. Die natürliche L. stammt aus dem natürlichen → *Aerosol*, der → *Verwitterung* von → *Mineralien* (→ *hydrolytische Verwitterung*) und organischen Abbau- und Stoffwechselprozessen im → *Boden*. Die „künstliche", d. h. → *anthropogene* L. entsteht direkt aus der Luftverschmutzung durch → *Luftschadstoffe*, aus mineralischen und organischen → *Düngern* sowie häuslichen und gewerblich-industriellen Abwässern.

Lösungsrückstand *solution residue*: Produkt der → *Lösungsverwitterung*; geomorphologisch und pedologisch bedeutsam v. a. bei der Karbonatverwitterung, bei der unlösliche Substrate von → *Ton* und → *Lehm* zurückbleiben (→ *Residuum*, → *Verwitterungstone*).

Lösungsunterschneidung *undercutting by corrosion, undercutting by solution*: Wirkung der → *Lösungsverwitterung* im → *Kegelkarst*, wobei die Böden der → *Cockpits* seitlich verbreitert und damit die Hänge des → *Turmkarstes* abgetragen werden. Es entstehen Korrosionshohlkehlen und → *Fußhöhlen*, die den Turm unterschneiden und ihn schließlich einstürzen lassen.

Lösungsverwitterung *solution weathering*: Lösen von leicht löslichem Gestein wie die Alkalisalze NaCl und KCl sowie die Erdalkalisalze $CaSO_4$ und $CaCO_3$. Die L. beruht darauf, dass in der Natur reines Wasser nur selten vorkommt, sondern meist anorganische und organische Säuren enthält. Die Lösung erfolgt nach dem Grad der → *Löslichkeit*, der vom Ionenpotenzial abhängt: Große, gering geladene Ionen gehen eine nur schwache Bindung untereinander ein und sind somit leicht lösbar. Voraussetzung für die L. ist die → *Hydratation*. Die L. bildet die Vorstufe der → *Kohlensäureverwitterung*, den die eigentlichen Kalklösungsprozess repräsentiert (→ *Korrosion*). L. wird oft nur auf → *Kalkstein* bezogen. Sie tritt aber auch bei der Bildung von → *Pseudokarren* auf, z. B. → *Granitkarren*.

Lotse *pilot, guide*: erfahrener und ortskundiger Seemann, der Schiffe durch schwierige Seepassagen, → *Meerengen*, → *Kanäle*, im → *Hafen* usw. lenkt.

Lotsenzwang *compulsory pilotage*: Vorschrift der Schifffahrtsbehörden, dass für bestimmte unfallträchtige Fahrwasser (z. B. → *Meerengen*, → *Kanäle*) aus Sicherheitsgründen ein Schiff nur von ortskundigen → *Lotsen* gesteuert werden darf.

Low-cost-carrier *Billigflieger*: Fluggesellschaft, die Flüge zu wesentlich geringeren Preisen anbietet als die „klassischen" Gesellschaften. Kostenvorteile werden u. a. erwirtschaftet durch Verzicht auf Mahlzeiten an Bord, Buchung über das Internet, Nutzung kleinerer Flugplätze mit geringeren Start- und Landegebühren, Verzicht auf Sitzplatzreservierung, Gebühren für Gepäckbeförderung.

Loxodrome *loxodrome*: Verbindungslinie zwischen zwei Punkten auf der Erdoberfläche, die alle → *Meridiane* im gleichen Winkel schneidet. Die L. ist wegen der Konvergenz der Meridiane zu den → *Polen* hin nicht die kürzeste Verbindung (→ *Orthodrome*).

LPG = *Landwirtschaftliche Produktionsgenossenschaft*.

Lubmin (Zwischenlager Lubmin) *intermediate storage site Lubmin*: ehemaliges Kernkraftwerk Nord der DDR (Landkreis Ostvorpommern; nahe Greifswald und Ostseeküste); 1990 abgeschaltet, ab 1995 → *Rückbau*, ab 1999 als → *Zwischenlager* für → *radioaktive Abfälle* genutzt; eigentlich aber ausgebaut als → *Endlager*, in das bis 2039 hochradioaktiver Atommüll eingelagert werden soll. Derzeitige Zwischenlager in Deutschland sind → *Asse*, → *Ahaus*, → *Gorleben* und → *Morsleben*; als Endlager gelten Gorleben und → *Schacht Konrad*; Zwischenlager in der Schweiz: Würenlingen (Kanton Aargau). Die Zwischen- und Endlager nehmen wiederaufbereitete → *Brennstäbe* aus der französischen → *Wiederaufbereitungsanlage* → *La Hague* auf.

Luft *air*: atmosphärisches Gasgemisch, das sich wie folgt zusammensetzt (Angaben in Volumenprozenten): 78,08% Stickstoff, 20,95% Sauerstoff, 0,93% Argon, 0,03% → *Kohlendioxid*, Spuren verschiedener → *Edelgase* wie Neon, Krypton, Xenon, Helium sowie → *Ozon* und Wasserstoff. Die L. der untersten → *Atmosphäre* enthält zudem → *Wasserdampf* in wechselnder Menge (maximal 4%). Es wechseln auch die Anteile von → *Aerosolen*, → *Stäuben* und → *Abgasen* (→ *Rauch*). Für die ansonsten relative Beständigkeit der Zusammensetzung der L. sorgt der globale biologische → *Stoffkreislauf*, in welchem Sauerstoff, Kohlendioxid und Stickstoff umgesetzt, aber nicht verbraucht werden, sondern durch die → *Assimilation* der Pflanzen (→ *Photosynthese*) sowie durch Ab- und Atmungsprozesse von menschlichen und tierischen Organismen wieder in den Kreislauf eingeführt werden. Der größte Sauerstoffproduzent ist das ozeanische → *Plank-*

ton, woraus die Übertragung des Umweltschutzgedankens auf die → *Meere* und das Vermindern oder Verhindern der → *Meeresverschmutzung* resultieren.

Luftbeimengungen *aerial substances*: technogene oder → *natürliche* feste, flüssige und gasförmige Stoffe in der → *Atmosphäre*, die gegenüber Stickstoff (78.08 Vol.-%) und Sauerstoff (20.95 Vol.-%), den beiden Hauptstoffmengen der → *Atmosphäre* der Erde, in wesentlich geringeren Mengen vorkommen. Feste und flüssige Luftbeimengungen sind → *Aerosole*, gasförmige sind Spurengase, zu denen H_2O Dampf, CO, CO_2, NH_3, NO, NO_2, SO_2, O_3, CH_4 und FCKWs (z.B. $CFCl_3$ oder CF_2Cl_2) gehören.

Luftbild *aerial photograph, aerial image*: mit Erfassungsmethoden der → *Fernerkundung* von einem Luftfahrzeug (z.B. Flugzeug, Helikopter, Zeppelin) aus aufgenommenes, analoges oder digitales Bild der → *Erdoberfläche*. L. können heute mit sehr hoher → *Auflösung* (v.a. → *räumliche Auflösung*, → *spektrale Auflösung* und → *radiometrische Auflösung*) aufgenommen werden, sodass sie auch für sehr spezielle kleinräumige (→ *großmaßstäbige*) geographische Untersuchungsfeldern, z.B. → *Energiewirtschaft*, urbane Mikroklimatologie, Raummuster und Morphologien in → *Slums*, eingesetzt werden können. Zudem werden L. auch häufig als Basiskarte in → *thematischen Karten* verwendet (→ *Luftbildkarte*).

Luftbildkarte (Orthophotokarte) *aerial photo map*: → *Karte*, in der (teilweise mehrere benachbarte) → *Orthophotos* als Basiskarte eingesetzt werden. Die Verwendung weiterer graphischer Zeichen dient der Ergänzung des Karteninhalts sowie der Verbesserung der Lesbarkeit. Einsatzgebiete von L. sind z.B. Luftbildarchäologie, Altlastenerfassung und militärische Operationen.

Luftdruck *air: (atmospheric, barometric) pressure*: der Druck, den die atmosphärische → *Luft* infolge der → *Schwerkraft* (→ *Gravitation*) auf die Erdoberfläche ausübt, entsprechend dem pro Flächeneinheit berechneten Gewicht der → *Luft*, die sich senkrecht über der Fläche befindet. In der meteorologischen und klimatologischen Praxis wird der L. in Hektopascal angegeben. Das meteorologische Hektopascal entspricht in physikalischen Maßen $100 N/m^2$. Nicht mehr gebräuchlich ist die Angabe in Millibar oder mm Quecksilbersäule. Der Normaldruck (auf 45° Breite und auf Meeresniveau) beträgt 1013,4 hPa, entsprechend 760 mm Hg.

Luftdruckgürtel *global pressure belts*: die zonalen Hauptbereiche der atmosphärischen Druckverhältnisse, die sich aus der unterschiedlichen Einstrahlung von → *Energie* in verschiedenen → *Breiten* und der dadurch in Gang gesetzten → *planetarischen Zirkulation* ergeben (→ *Allgemeine Zirkulation der Atmosphäre*, → *Zone*).

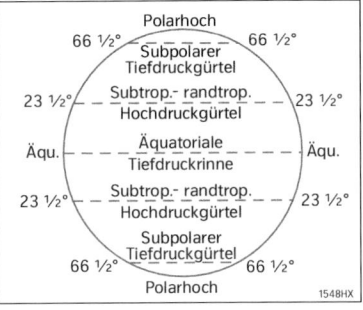

Luftdruckgürtel

Luftelektrizität *atmospheric: electricity*: die elektrischen Erscheinungen im Spannungsfeld zwischen der Hochatmosphäre (→ *Atmosphäre*) und der Erdoberfläche. Die L. ist großen Schwankungen unterworfen und verändert sich je nach Intensität der → *kosmischen Strahlung* und den Prozessen des → *radioaktiven Zerfalls* sowie des Wettergeschehens (→ *Gewitter*).

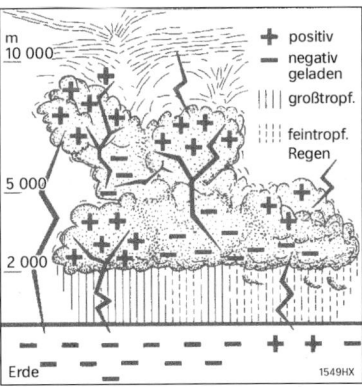

Luftelektrizität

Luftfahrkarte (Luftnavigationskarte) *aeronautical chart*: → *thematische Karte* zur Planung, Durchführung und Überwachung von Flügen. Sie basieren i.d.R. auf Richtlinien der „International Civil Aviation Organisation" (ICAO).

Luftfahrt → *Luftverkehr*.

Luftfahrzeug *aircraft*: zusammenfassender Begriff für Fahrzeuge, die sich durch die

Luft fortbewegen. Hierzu gehören Flugzeuge, Hubschrauber, Luftschiffe und Ballons.

Luftfeuchtigkeit (Luftfeuchte) *air humidity: (moisture)*: der Gehalt des → *Wasserdampfes* in der → *Luft*. Die L. wird als → *Dampfdruck*, → *absolute L.*, → *spezifische L.* oder → *relative L.* angegeben.

Luftfracht *air cargo, airfreight*: Güter, die im → *Luftverkehr* befördert werden. V.a. wertvolle oder leicht verderbliche Güter (z.B. Obst, Gemüse, Blumen) von nicht zu hohem Gewicht, die rasch über eine größere Entfernung ihren Bestimmungsort erreichen sollen, werden häufig als L. befördert.

luftfremde Stoffe *non-aerial substances*: → *Fremdstoffe* → *Luft*, z.B. → *Flugasche*, → *Stäuben*, → *Ruß*, Gase und Geruchsstoffe, die → *Belastung* der → *Luft*, besonders auch der Atemluft bewirken. Die Gefährlichkeit bzw. Giftigkeit von l. S. stehen nur selten im Zusammenhang mit der Wahrnehmbarkeit dieser Fremdstoffe. So sind geruchlose Gase wie → *Kohlenmonoxid* oder das geruchsschwache → *Schwefeldioxid* sowie Fluorverbindungen besonders gefährlich. Giftige Gase wie Schwefelwasserstoff oder Schwefelkohlenstoff werden, durch stechenden Geruch, bereits weit unter der Gefährdungsschwelle wahrgenommen. – Aus der Vielzahl l. S. können erwähnt werden z.B.: 1. Stäube, die schädlich sind, wenn sie lungengängig sind; 2. Bleiverbindungen sind blut-, gefäß- und nervenschädigend; 3. Ruß erweist sich als krebsfördernd; 4. → *Kohlenmonoxid* wirkt durch seine Giftigkeit auf den Sauerstofftransport im Organismus; 5. Schwefeldioxid und Fluorverbindungen beeinträchtigen die Lungenfunktionen und verursachen Pflanzenschäden, z.T. schon in kleinsten Mengen; 6. Kohlenwasserstoffe in der Luft treten als Krebsbildner, Atemreize und teilweise auch als Zellgifte auf; → 7. radioaktive Substanzen treten beim Freiwerden als Krebsbildner auf (→ *Luftbeimengungen*).

Lufthygiene *air hygiene*: Fachgebiet, das für → *Umweltschutz* und → *Bioklimas* v.a. in den → *Agglomerationen* und in den → *Stadtökosystemen* eine Rolle spielt und das sich mit der → *Luft*, der → *Luftqualität* und der → *Luftreinhaltung* beschäftigt, um gesundheitsgefährdende → *Risiken* zu erkennen und um Prävention betreiben zu können.

Luftkapazität (des Bodens) *air capacity*: → *Porenvolumen* des Bodens, welches im Zustand der → *Feldkapazität* mit Luft gefüllt ist.

Luftkörper → *Luftmasse*.

Luftkurort *climatic health resort*: → *Kurort*, dessen therapeutische Erfolge wesentlich auf seinen bewährten und wissenschaftlich anerkannten klimatischen Eigenschaften beruhen. Der Titel eines L. ist in Deutschland geschützt und wird vom jeweiligen → *Bundesland* verliehen (→ *Bioklima*).

Luftlawine *air avalanche*: Bezeichnung für einen extrem stürmischen → *Fallwind* (→ *Luft*).

Luftmasse (Luftkörper) *air mass*: großes Luftpaket oder Luftquantum, welches durch das vorübergehende Verharren in einem Gebiet bestimmte Temperatur- und Feuchtigkeitseigenschaften erlangt hat. So wird z.B. von polaren, tropischen, maritimen, kontinentalen L. usw. gesprochen. Gesteuert und angetrieben von den Strömungen der → *planetarischen Zirkulation* verlagern sich L., wobei sie im „Fremdgebiet" zunächst sehr wetterwirksam werden, dann allmählich ihre Eigenschaften verlieren und sich der neuen Lagesituation angleichen (→ *Luft*).

Luftnavigationskarte → *Luftfahrkarte*.

Luftpfad *aerial loading path, aerial stress path*: einer der → *Belastungspfade* in den → *Ökosystemen*, der von belasteter → *Luft* mit → *Luftschadstoffen* repräsentiert wird und der in technischen und sonstigen gebauten Anlagen, im Boden, in der → *Troposphäre* und auf die Gewässer wirken kann. Zwischen L. und → *Nahrungsketten* besteht ein enger Zusammenhang, ebenso zu → *radioaktiven Substanzen*, die beim Betrieb kerntechnischer Anlagen frei werden (→ *Wasserpfad*).

Luftqualität *air quality*: die allgemeine Beschaffenheit der → *Luft* betrachtet auf günstige oder ungünstige Wirkungen in den → *Landschaftsökosystemen* und deren → *Geofaktoren*, sowie auf die Organismen der → *Biozönosen*. Die L. wird von den wechselnden Anteilen natürlicher und künstlicher Luftbestandteile bestimmt, zunehmend jedoch von → *luftfremden Stoffen*. Die → *Luftqualitätskriterien* werden, je nach Interessenlage, unterschiedlich definiert und gefordert.

Luftqualitätskriterien *air quality criterions*: teilw. enthalten in der → *TA Luft* und im deutschen Bundes-Immissionsschutzgesetz. Die v.a. in der Praxis übliche summarische Kennzeichnung der → *Luftqualität* durch Schwefeldioxidgehalte wird dem integrativen Geschehen im → *Wirkungsgefüge* der komplexen → *Umwelt* und ihrer → *Stadt-* und → *Landschaftsökosysteme* nicht gerecht (→ *Umweltqualität*).

Luftreinhalteplan *plan for the prevention of air pollution*: bisher nicht rechtsverbindliches Handlungskonzept für Planung der Umweltqualität in Gebieten, die durch → *Luftverschmutzung* stark belastet sind (→ *Agglomerationen*, → *Stadtökosysteme*) und wo → *Emissionen* sowie eingetragene → *Luftschadstoffe* vermindert werden sollen. Dazu werden → *Emissionskataster* bzw. → *Immissionswirkungskataster* eingesetzt. Ein L. baut sich auf aus diesen Katastern, einer Ursachenanalyse, Prognose der weiteren → *Luftverschmutzung* sowie einem Maßnahmenplan. Bislang gibt es nur lokale oder regionale L. für Teilgebiete einzelner → *Industrieländer*. In Deutschland kann per Rechtsverordnung der Regierung von Bundesländern der Maßnahmenplan im L. verbindlich gemacht werden. Es wird v. a. mit den Grenzwerten der → *TA Luft* gearbeitet.

Luftreinhaltung *prevention of air pollution*: Maßnahmen zur Erhaltung guter Luftbedingungen bzw. zur Verbesserung der → *Luftqualität*. Die L. umfasst sowohl Verhütungsmaßnahmen (gesetzliche Emissionsgrenzwerte) als auch Maßnahmen, die sich um den Einsatz von Schadstoffminderungstechnologien (z. B. → *Rauchgasentschwefelung*) bemühen. In Deutschland wird die L. durch das Bundes-Immissionsschutzgesetz geregelt, dessen praktische Ausführung an Hand der → *Richtwerte* und → *Grenzwerte* der → *TA Luft* sowie der VDI-Richtlinien erfolgt. Die Grenzwerte erfahren permanente Aktualisierung nach dem Stand der Technik.

Luftsattel *aerial arch*: durch → *Abtragung* teilabgeräumte ("geköpftes") → *Falte*, deren Schichtverlauf in geologischen Profilen graphisch ergänzt wird.

Luftschadstoffe (Luftverunreinigungen) *air pollutants*: Sammelbezeichnung für alle Stoffe, die in der → *natürlichen*, technogen nicht beeinflußten → *Luft* nicht oder nur in kleinsten Mengen vorkommen. Eine → *Luftbeimengung* wird erst dann zum Luftschadstoff, wenn eine bestimmte Massenkonzentration (ausgedrückt z. B. in mg/m³; d. h. emittierte Stoffmenge (Masse) bezogen auf Gesamtvolumen, in dem diese Masse enthalten ist) erreicht wird und (definierte) Schäden auftreten. Zu lufthygienisch und damit umweltmedizinisch bedeutsamen Luftschadstoffen gehören u. a. SO_2, NO_2, CO, O_3, Cl, Fl- und anorganische Cl-Verbindungen, Kohlenwasserstoffe, Stäube und Schwermetalle (in Stäuben). L. sind Bestandteile der Kennzeichnungen der Luftqualität und Gegenstände des Luftreinhalteplans bei Umweltplanungen.

Luftspiegelung (Fata Morgana) *mirage*: Brechungs- und Reflexionseffekt von Lichtstrahlen an der Grenze zweier Luft → *schichten* unterschiedlicher Temperatur und Dichte. Die L. täuscht z. B. Wasserflächen vor (in Wüstengebieten, über Asphalt) und lässt entfernte Objekte optisch näher rücken.

Luftstickstoffbindung *nitrogen-fixing*: der Vorgang der direkten Festlegung von → *Stickstoff* aus der → *Luft* durch Organismen. L. in Pflanzen geschieht in → *Symbiose* mit Mikroorganismen oder Pilzen. Dazu befähigt sind insbesondere → *Leguminosen* (mit den in Wurzelknöllchen lebenden Bakterien der Gattung *Rhizobium*), Flechten (mit Cyanobakterien) und etwa ein Dutzend weitere Gattungen höherer Pflanzen (mit Actinomyceten). Auch geschieht L. durch freilebende Mikroorganismen (z. B. Bakterien der Gattung *Azotobacter*). Die L. ist für die Stickstoffversorgung landwirtschaftlicher Böden mengenmäßig bedeutend (Fruchtfolge).

Luftstraße *air route*: Verkehrsweg für → *Luftfahrzeuge*. Die L. zwischen den Flughäfen sind nach Breite, Ober- und Untergrenze festgelegt und werden von der Flugsicherung überwacht.

Luftverkehr (Luftfahrt) *aviation, air traffic*: zusammenfassende Bezeichnung für den Transport von Personen und Gütern mittels → *Luftfahrzeugen*. Hierzu gehören der Flugverkehr mit Flugzeugen und Hubschraubern.

Luftverkehrsgesellschaft *airline, airline company*: Wirtschaftsunternehmen, das im → *Luftverkehr* tätig ist und insbesondere → *Linienverkehr* durchführt.

Luftverschmutzung *atmospheric pollution, air pollution*: die Verschmutzung der → *Luft* durch → *luftfremde Stoffe*, v. a. → *Luftschadstoffe* die von → *Industrie*, Energiewirtschaft, Kraftfahrzeugverkehr und Haushalt in die → *Atmosphäre* abgegeben werden. Dies verändert die natürliche Zusammensetzung und mindert damit die → *Luftqualität*. Die Komponenten der L. können feste, flüssige und gasförmige Bestandteile sein. Zur gasförmigen L. gehören Ammoniak, Fluorwasserstoff, → *Kohlenmonoxid*, → *Nitrose Gase*, → *Schwefeldioxid* oder Schwefelwasserstoff. Zu den festen L. gehören Algen, Bakterien, Pilze, Sporen von Moosen und Farnen, Pollen, → *Ruß*, → *Aerosole* bzw. → *Stäube*. Neben den künstlichen Quellen treten auch natürliche L. auf, z. B. durch kosmische Stäube, großflächige Brände in Steppen, Savannen und Wäldern, Sand- und Staubstürme, Vulkanausbrüche etc.. Eines der äußerlichen, d. h. sicht- und spürbaren Merkmale der L. ist der → *Smog*.

Luftverseuchung *air contamination*: extreme Form der → *Luftverschmutzung* durch sehr giftige → *luftfremde Stoffe* (→ *Chemieunfälle*), → *Luftschadstoffe* und durch → *ionisierende Strahlung* bei → *Störfällen* mit → *Kernkraftwerken* oder durch Unfälle oder Explosionen von → *Kernwaffen*.

Luftverunreinigungen → *Luftschadstoffe*.

Luftzahl *air factor, air index*: 1. Verhältniszahl für die tatsächlich bei einer Verbrennung zugeführte Menge an → *Luft* zu jener theoretischen Menge, die zur vollständigen Verbrennung notwendig ist. Die L. wird zur Kennzeichnung von Schadstoffemissionen aus Kraftfahrzeugen, Industriebetrieben

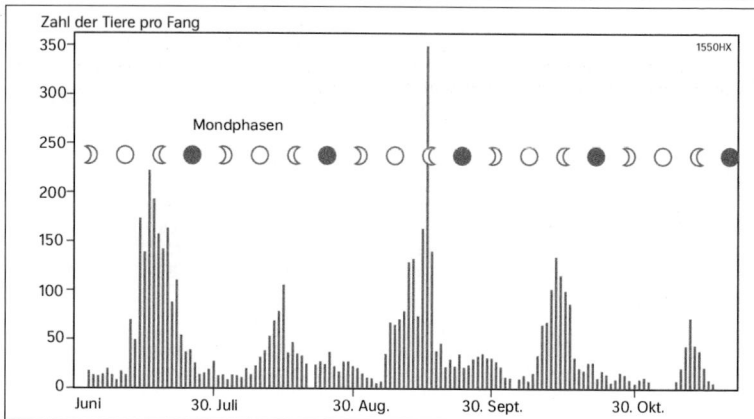

Lunarperiodik

und Kraftwerken verwandt. 2. in der Geländeklimatologie (→ *Topoklimatologie*) wird die L. auch als Durchlüftungszahl bezeichnet, dort ermittelt mit einer empirischen Formel, um die Durchlüftung eines Tales bzw. dessen Lufterneuerung abzuschätzen. Die L. berücksichtigt Talsohlenbreite, Talweite, Horizontalabstand der Talränder sowie Taltiefe. Mithilfe der ermittelten Zahl wird eine vierstufige Bewertung (ausreichend bis ungünstig) vorgenommen.

Lumineszenzdatierung *luminescence dating*: eine Gruppe von dosimetrischen Datierungsmethoden, die auf der zeitabhängigen Akkumulation von Strahlenschäden in Mineralien basieren. Sie gehen auf die → *ubiquitäre* → *ionisierende Strahlung* zurück, zu geringerem Teil auch auf → *kosmische Strahlung*. Die Strahlenschäden sind ein Maß für die aus der ionisierenden Strahlung absorbierte Energie. Sie wird auf unterschiedliche Weise experimentell stimuliert (durch Wärme, optisch, Infrarot) und setzt dann Protonen frei. Diese Lichtemission bezeichnet man als Lumineszenz. Deren Intensität entspricht der im Mineral akkumulierten Energie (→ *Dosis*). Jene Energie, die das Mineral pro Zeiteinheit aufgrund der ionisierenden Strahlung absorbiert, lässt ein Lumineszenzalter berechnen. Die Datierobergrenze der L. liegt bei ca. 100 000-120 000 Jahren, je nach Sedimenttyp, Probebeschaffenheit und Dosisleistung auch darunter oder darüber. Man unterscheidet → *Thermolumineszenzdatierung* (TL), → *Optisch-stimulierte Lumineszenzdatierung* (OSL) und → *Infrarot stimulierte Lumineszenzdatierung* (IRSL).

lunare Periodizität → *Lunarperiodik*.

Lunarperiodik (lunare Periodizität) *lunar periodicity*: Periodik biologischer Rhythmen (z. B. der Fortpflanzung), die mit den Mondphasenwechseln korrespondiert. Die L. tritt bei Bewohnern der → *marinen* → *Litoralregion* bzw. in Lebensräumen mit → *Gezeiten* auf.

Luv *weather: (upwind, windward) side*: jene Seite, von der ein → *Wind* her weht, also die dem Wind zugewandte Seite. In der → *Klimatologie* ist die L.-Seite die der Hauptwindrichtung zugewandte Seite einer Erhebung oder eines Gebirges, wo in feuchten → *Klimazonen* die Hauptmenge der → *Niederschläge* fällt. Gegensatz ist → *Lee*.

Luv-Effekt *windward: effect*: jener Einfluss auf das Lokal- oder Regionalklima, der sich aus der der Hauptwindrichtung zugewandten Lage eines Gebirges ergibt. Typische L.-E. sind → *Staunderschläge* und → *Steigungsregen* (→ *Lee-Effekt*).

Luvisols *Luvisols*: in der → *WRB* (2014) Böden mit höheren Tongehalten im → *Unterboden* aufgrund von bodenbildenden Prozessen. Die vorhandenen Tonminerale besitzen eine hohe → *Kationenaustauschkapazität* und eine hohe → *Basensättigung*. L. kommen in kühl-gemäßigten Regionen sowie in warmen Regionen mit ausgeprägten trockenen und feuchten Jahreszeiten vor. L. sind meist fruchtbare Böden und für viele landwirtschaftliche Nutzungsformen geeignet. Gefahren gehen von Gefügeschädigung durch bodenbearbeitende Geräte und → *Bodenerosion* aus.

Luxusgut *luxury, luxury good*: → *Güter*, dessen Besitz den normalen und notwendigen Bedarf, gemessen am → *Lebensstandard* im sozialen Umfeld, überschreitet und dessen Preis den realen Wert häufig übersteigt. Die Bezeichnung eines Gutes als L. ist immer relativ und abhängig insb. vom durchschnittlichen Lebensstandard der betreffenden → *Gesellschaft*. Ein hohes → *Angebot* an L. ist typisch für → *Zentrale Orte* hoher und höchster Ordnung sowie, innerstädtisch gesehen, für die → *City*.

M

M & A → *mergers and acquisitions*.

Mäander *meander*: Fluss- und Talschlingen mit mehr oder weniger regelmäßig schwingenden Krümmungen. Es gibt zwei Arten von M.: – Freie M. (→ *Flussmäander*) in Talsohlen oder Ebenen. Sie bilden sich in jenen Flüssen aus, die in ihren eigenen Ablagerungen fließen und diese Ablagerungen durch Seitenerosion wieder wegführen. Die Flüsse pendeln mit ihren Schlingen in den eigenen Sedimenten, wobei die M.-Bögen allmählich flussabwärts wandern. – Zwangsmäander (→ *Talmäander*), die durch Tiefenerosion mäandrierender Flüsse entstehen, sodass der Talverlauf selbst mäandriert.

Maar *explosion pit, maar*: durch → *phreatomagmatische Eruption* entstandene Vulkanform, wobei → *Magma* in Kontakt mit → *Grundwasser* kommt und durch die dadurch ausgelösten Explosionen Nebengestein bis in große Tiefen fragmentiert und hochgeschleudert wird. Das M. ist im anstehenden Gestein angelegt und von flachen Tuffablagerungen umschlossen (Tuffring). Verbacken die zerrütteten Gesteine im → *Schlot* durch → *Sickerwasser*, sammelt sich in der Hohlform darüber Wasser an, sodass Maarseen entstehen können.

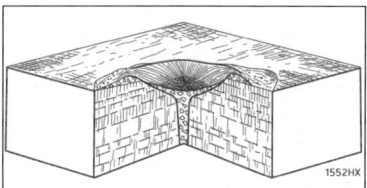

Maar

Macchia → *Macchie*.

Macchie (Macchia) *maquis*: Sammelbezeichnung für immergrüne 1-3 m hohe Gebüsch-, Strauch- und Baumstrauchformationen der → *Hartlaubvegetation* der → *Mediterranis*. Die M. wird teils als natürliche Vegetation, teils als Ersatzvegetation nach lang anhaltender → *anthropogener* Nutzung früherer → *Hartlaubwälder* (Holznutzung, Brand, Beweidung) betrachtet. Regionale Bezeichnungen lauten z.B. Chaparall (Kalifornien), Fynbos (Südafrika) oder Matorral (Spanien). Bei stärkerer Degeneration können sich aus M. → *Garigues* bilden.

Mächtigkeit *thickness*: 1. Stärke („Höhe") einer Sediment- oder Gesteinsschicht oder eines → *Flözes*, also der senkrechte Abstand zwischen Sohle und First einer → *Strate*. 2. Auch bei den → *Schichten* des → *Waldes*, bei → *Pflanzengesellschaften* sowie beim Boden wird von M. gesprochen.

Madagassis *Madagassis*: Region der → *Paläotropis*, Madagaskar, die Seychellen, Komoren und Maskarenen umfassend, mit endemitenreicher Flora und Fauna, die Beziehungen zu den Südspitzen der Südkontinente (Südafrika, Südamerika, Ozeanien) aufweist und auf ältere Landverbindungen zwischen ihnen hindeutet (→ *Gondwanaland*).

mafisch *mafic*: Bezeichnung für dunkel gefärbte, basische → *Minerale* und den aus ihnen hervorgehenden magmatischen Gesteine (→ *Magmatite*). Auch → *Magma*, die aus entsprechenden Mineralen zusammengesetzt und somit basisch ist, wird als m. bezeichnet. M. Magma führt zu effusivem Vulkanismus (→ *Effusion*), wohingegen → *felsische* (saure) Magma zu explosivem Vulkanismus (→ *Ejektion*) führt. Minerale, Gesteine und Magmen, die zwischen felsisch und m. angesiedelt sind, nennt man → *intermediär*.

Magerkohle *lean coal*: gasarme → *Steinkohle* mit 10-12% flüchtigen Bestandteilen. Wird der → *Fettkohle* gegenübergestellt. Bei der → *Verkokung* werden M. und Fettkohle gemischt.

Magerviehaufzucht *store stock production*: Zweig innerhalb des trockenheitstoleranten Farmsystems der → *Weidewirtschaft* in Trockengrenzräumen. Die M. gilt als angepasste Form der → *Viehwirtschaft*, bei der das zur Mast bestimmte Jungvieh (Magervieh) häufig über große Distanzen hinweg an Mastviehbetriebe verkauft wird.

Magerwiese *lean pasture, rough meadow*: ungedüngte oder fast ungedüngte, nur einmal jährlich gemähte → *Wiese* (→ *Fettwiese*, → *Mahd*, → *Weide*).

Magisches Fünfeck *magic pentagon*: Auf die Entwicklungsökonomen F. Nuscheler und D. Nohlen zurückgehende fünf wesentliche Bestandteile von Entwicklung als Gegensatz zu → *Unterentwicklung*: 1. entwicklungskonformes Wachstum als Beitrag zur gesamtgesellschaftlichen Wohlstandserhöhung unter Nichtgefährdung der natürlichen Lebensgrundlagen (→ *Nachhaltigkeit*); 2. Arbeit als Entwicklungsressource zur Überwindung von → *Armut* und Befriedigung elementarer Bedürfnisse; 3. Gleichheit bzw. Gerechtigkeit als qualitatives Regulativ zu einem rein quantitativen Wachstum; 4. → *Partizipation*, d.h. die Achtung sozialer und politischer Menschenrechte, Demokratie durch Wahlen sowie eine pluralistische Organisationsfreiheit; 5. Unabhängigkeit bzw. Eigenständigkeit als Ausweg

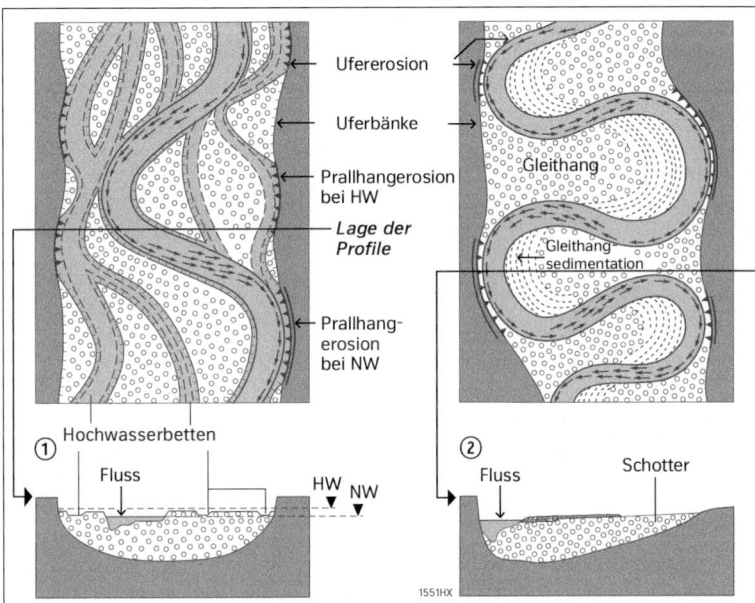

Mäander

aus politischer, wirtschaftlicher und sozialer Unterdrückung.

Magisches Viereck *magic quadrangle*: die vier gesamtwirtschaftlichen Ziele, wie sie das Gesetz zur Förderung der Stabilität und des Wachstums der Wirtschaft (StabG) aus dem Jahr 1967 in Deutschland vorsieht: → *Vollbeschäftigung*, stabiles Preisniveau, außenwirtschaftliches Gleichgewicht und angemessenes → *Wirtschaftswachstum*. Die Ziele sollen durch ein aufeinander abgestimmtes Verhalten von → *Gebietskörperschaften* und → *Tarifparteien* erreicht werden. Eine gleichzeitige Verwirklichung aller vier Ziele ist i. d. R. nicht möglich.

Magma *magma*: glutflüssige, gashaltige Gesteinsschmelze mit Temperaturen um 1 000 °C in tieferen Teilen der → *Erdkruste*, bestehend aus den Oxiden von Silicium, Aluminium, Eisen, Mangan, Calcium, Natrium und Kalium. Das M. ist zwar Bestandteil des → *Schalenbaus der Erde*, tritt aber auch als Formbildner an der Erdoberfläche auf, weil es den → *Vulkanismus* in Gang hält die Erdkrustenbewegungen (→ *Tektonik*, → *Konvektionsströme*) beeinflusst. Das M. ist auch an der Gebirgsbildung beteiligt, ebenso am Entstehen von Tiefengesteinskörpern wie → *Batholithen*, → *Lakkolithen*, → *Diapiren*, → *Gängen* und → *Stöcken*. Beim Erstarren des M. kristallisieren seine Bestandteile in einer gesetzmäßigen Reihenfolge aus. Nachbarbereiche, die mit dem Schmelzfluss in Kontakt kommen, unterliegen der → *Kontaktmetamorphose*. Aus dem M. gehen die Magmagesteine (→ *Magmatite*,) hervor, die man als Erstarrungsgesteine bezeichnet (→ *Effusion*, → *Intrusion*, → *Magmenzyklus*, → *Metamorphose*, → *Migma*).

Magmatismus *magmatism*: alle geologischen Vorgänge, die mit dem Entstehen und dem Aufdringen des → *Magmas* zusammenhängen. Unterschieden werden → *Plutonismus* und → *Vulkanismus*.

Magmatite (Erstarrungsgesteine, Eruptivgesteine, Magmagesteine, Massengesteine) *magmatic rocks, magmatite*: primäre → *Gesteine*, die aus Gesteinsschmelze, dem → *Magma*, infolge Temperatur- und Druckerniedrigung entstanden. Wegen der unterschiedlichen Abkühlungsbedingungen (je nach Tiefe oder Nähe zur Erdoberfläche) differenzieren sich die M. durch → *Kristallisation* des Schmelzflusses. Dadurch verfügen die verschiedenen M. über charakteristische Gemengeteile, die → *Gesteinsgefüge* und Chemismus bestimmen. Beim Erstarren des Magmas in der → *Erdkruste* entstehen → *Intrusiv*- bzw. → *Tiefengesteine* oder → *Plutonite*, bei Erstarrung an der Erdoberfläche entstehen Effusiv-, Extrusiv-, Ausbruchsgesteine oder → *Vulkanite*. Unterschieden werden nach dem Kieselsäuregehalt saure (bis 82%) M., z.B. der → *Granit*, intermediäre (bis 65%) M., z.B. der → *Diorit*, und basische (bis 40%) M., z.B. der → *Gabbro* (→ *Effusion*).

Magmenzyklus (geomagnetischer Zyklus) *magmatic cycle*: entsprechend der → *Zyklentheorie* bestehender geomagmatischer Zyklus, der die Gesteinsentstehung aus aufsteigendem → *Magma* in Beziehung zum geotektonischen Zyklus setzt. Er beginnt – mit basischen Magmen während der → *Geosynklinal*phase (initiale Phase des M.). – In der synorogenen Phase, also während der → *Faltung*, vergneisen die granitischen Magmen (→ *Gneis*, → *Granit*). – In der spätorogenen Phase, am Faltungsende, steigen saure Magmen auf, – die in saure bis intermediäre Magmen der subsequenten Phase, unmittelbar nach der Faltung, übergehen. – Die finale Phase des M. fördert wieder basische Magmen.

Magnetbetrieb → *Ankermieter*.

Magneteisenerz *magnetite, load stone, lodestone*: → *Magneteisenstein*.

Magneteisenstein (Magnetit, Magneteisenerz) *magnetite, load stone, lodestone*: wichtiges Eisenerz, zu Limonit verwitternd, zugleich wichtiger Gemengeteil der meisten → *Erstarrungsgesteine*. M. kann auch körnig, als Magneteisensand, auftreten.

Magnetische Konvergenz → *Nadelabweichung*.

Magnetisch-Nord *magnetic north*: von einer freibeweglichen Magnetnadel angezeigte Richtung, die von der geographischen Nordrichtung abweicht, weil der geographische und magnetische Pol nicht identisch sind (→ *Deklination*, → *Magnetpole*, Pole).

Magnetit *magnetite*: → *Magneteisenstein*.

Magnetpole *magnetic poles*: jene beiden Punkte auf der Erdkugel, an denen die Achse des erdmagnetischen Feldes durch die Erdoberfläche stößt. Die M. liegen sich infolge von Anomalien nicht senkrecht gegenüber und sind nicht mit den geographischen → *Polen* identisch. Ihre senkrechte Verbindungslinie führt mehrere hundert Kilometer am Erdmittelpunkt vorbei. Die M. sind nicht stabil, sondern wandern säkular auf einer größeren Fläche. Ihre jetzige Lage beträgt 86° N/160° W und 64° S/137° O (→ *Erde*).

Magnetschwebebahn *maglev train*: eine Form der → *Einschienenbahn*, bei der der räderlose Wagen während der Fahrt durch starke Magnetfelder auf einer breiten Schiene schwebend gehalten und vorwärtsbewegt wird. In Deutschland befindet sich eine M. seit Jahren im Versuchsbetrieb (Transrapid). Die bisher einzige Strecke für den regulären Personenverkehr wurde 2004 in Shanghai Betrieb genommen.

Magnetsturm *magnetic storm*: durch plötzliches Auftreten energiereicher kosmischer Partikelstrahlung aus Protonen und Elektronen hervorgerufene Magnetisierungswelle im Erdfeld. M. treten besonders häufig in den Polargebieten auf, weil die geladenen Partikel im Erdmagnetfeld zu den Polen hin gelenkt werden. Als → *Polarlichter* treten M. sichtbar in Erscheinung.

Magnitude *magnitude*: – mikroseismisches Maß für die Intensität von → *Erdbeben*. – als → *Ereignisstärke* bedeutsam für die Einschätzung eines → *Naturereignisses* oder einer → *Naturgefahr* und hierbei vor allem im → *Frequenz-Magnituden-Konzept* relevant.

Mahd *hay crop, mowing*: der ein- bis dreimal im Jahr erfolgende Schnitt auf → *Wiesen*, um Grünfutter, Stallstreu oder Heu zu gewinnen. Die M. verändert die → *Biodiversität*; v.a. Holzgewächse werden zurückgedrängt (→ *Magerwiese*, → *Fettwiese*).

Mähweide (Mähwiese) *hay field, hay meadow*: → *landwirtschaftlich genutzte Fläche*, die als Dauergrünland dient. Dabei weist die M. einen geregelten Wechsel von Winterfuttergewinnung (→ *Mahd*) und → *Beweidung* auf (→ *Fettwiese*, → *Magerwiese*).

Mähweidewirtschaft *intensive grassland farming*: ein landwirtschaftliches → *Betriebssystem*, bei dem eine intensive Nutzung des Dauergrünlandes erfolgt. Weide-, Heu- oder Gärfutternutzung wechseln auf den gedüngten Grünflächen. Die M. hat sich im 20. Jh. v. a. im Alpenraum und im deutschen Alpenvorland ausgebreitet. Die hohen Flächenerträge ermöglichen eine leistungsfähige Milch- und Fleischproduktion.

Mähwiese → *Mähweide*.

Maisonette *maisonette flat, split-level flat*: eine Wohnung innerhalb eines → *Mehrfamilienhauses*, die auf 2 bis 3 Geschosse verteilt und mit einer eigenen Innentreppe versehen ist. Mit der Form der M. sollen Vorteile des Wohnens im Einfamilienhaus mit dem kostensparenden Geschosswohnungsbau verbunden werden.

Majak *Plutonium plant Majak, reprocessing plant Majak*: russische Plutoniumfabrik und → *Wiederaufbereitungsanlage* am Fluss Tetscha (Ural), erste Anlage zur industriellen Herstellung spaltbaren Materials für → *Kernwaffen* der Sowjetunion. Seit 1987 wird kein kernwaffenfähiges Material mehr produziert, sondern vor allem → *Radionuklide* hergestellt und → *Kernbrennstoffe* wiederaufbereitet. Am 29.09.1957 ereignete sich ein → *Super-GAU* (Stufe 6 der → *INES-Skala*), der aufgrund der teilweise immer noch andauernden Geheimhaltung erst später auch unter „Kyschtym-Unfall" bekannt wurde. Eine radioaktive Wolke (Höhe 1000 m) verseuchte Boden, Wasser und Vegetation sowie Menschen im Städtedreieck Jekaterinburg, Tscheljabinsk und Tjumen, allerdings sind bis heute nur eingeschränkt verlässliche Informationen bekannt (→ *Fukushima*, → *Harrisburg*, → *Tschernobyl*, → *Windscale*).

make-or-buy (Eigenfertigung oder Fremdbezug) prinzipielle Entscheidungsalternative bei der Deckung eines Faktorbedarfs, insbesondere bei Sachgütern. Bei einer Entscheidung für die Eigenfertigung sind insb. Faktoren wie Kosten, Liquidität, Qualität und Zeit aber auch die → *Kernkompetenzen* zu berücksichtigen.

Makrobeben *macroseismic earthquake*: größeres Erdbeben, das in größeren oder kleineren zeitlichen Abständen auftritt und so stark ist, dass es ohne Instrumente spürbar ist (→ *Mikrobeben*).

Makrochore *macrochore*: naturräumliche Großeinheit in der → *Hierarchie naturräumlicher Einheiten*, die regionische Dimension repräsentierend. Die M.-Merkmale gründen sich auf die Genese des Gesamtgebietes, besonders auf seine geomorphotektonisch-orographischen Strukturen, einschließlich der Substrate, welche die → *Landformen* aufbauen und die landschaftliche Substanz der Böden darstellen, die sich unter dem bestehenden Klima- und Wasserhaushalt der M. entwickeln.

Makrogefüge *macrostructure*: die mit bloßem Auge erkennbaren Gefügeformen des Bodens (→ *Bodengefüge*).

Makroklima *macroclimate, regional climate*: das → *Klima* einer größeren → *Region*, eines → *Kontinents* oder einer → *Zone*. Das M. ergibt sich aus den Hauptlageeigenschaften eines Gebietes (Breitenlage, Höhenlage, Meeresnähe, Lage in Bezug auf Gebirge usw.) und dem durch die → *planetarische Zirkulation* gesteuerten Witterungsverlauf. Die Kennzeichnung des M. erfolgt anhand der Messungen der → *Klimaelemente* in 2 m Höhe über dem Boden. Der sehr stark von lokalen Bedingungen abhängige Zustand der untersten Luftschicht wird nicht berücksichtigt (→ *Mesoklima*, → *Mikroklima*).

makrokristallin *macrocrystalline*: grobkristallin.

Makronährstoffe *macronutrients*: Grundnährstoffe wie Stickstoff, Phosphor, Calcium, Magnesium und Kalium, die für Wachstum und Entwicklung von Pflanzen lebensnotwendig sind und in größeren Mengen zur Verfügung stehen müssen. Daneben werden noch artspezifische Mikronährstoffe (→ *Spurennährelement*) in kleinen Mengen benötigt, die ebenfalls absolut lebensnotwendig sind. Die Begriffe beziehen sich letztlich auch auf tierische Organismen, ohne dort ausdrücklich so verwandt zu werden.

Makroökonomie *macro-economy*: Teilgebiet der → *Volkswirtschaftslehre*, in welchem die gesamtwirtschaftlichen Zusammenhänge untersucht werden. Im Fokus stehen die → *Wirtschaftssubjekte*, die zu gleichartigen Sektoren (Haushalt, Unternehmen, Staat) zusammenfasst werden, und deren Aktivitäten wie z. B. Investitionen, Konsum, Export, Import, steuerliche u. sonstige Abgaben, Arbeitslosigkeit, Inflation, Sparen und Währungszusammenhänge (→ *Mikroökonomie*). Ziel ist es u. a. gesamtwirtschaftliche internationale Unterschiede sowie eine zeitliche Entwicklung zu erklären.

Makrophanerophyten *macrophanerophytes*: → *Phanerophyten* von mehr als 2 m Höhe.

Makrophyten *macrophytes*: allgemein alle mit bloßem Auge erkennbaren pflanzlichen Organismen.

Makroporen *macropores*: die größeren Hohlräume im Boden (> 0,05 mm Durchmesser), in denen das Wasser nicht kapillar festgehalten wird und sich deshalb rasch bewegt. M. sind also sickerfähig (→ *Porengrößenverteilung*).

Makroraum *macro space*: bei einer Analyse → *geographischer Räume* nach unterschiedlichen Dimensionen der → *Raum* oberster, umfassendster Größenordnung im Gegensatz zum → *Meso-* und → *Mikroraum*.

Makrorelief *macrorelief*: die Großformen des → *Georeliefs* werden definiert durch: Erstreckung (B) 104 m bis 106 m, Fläche (F) 108 m² bis 1012 m², Höhe (H) über 103 m. Großformenbeispiele: Alpen, Faltenjura, Oberrheingraben, Harz (Mesorelief, Mikrorelief, Nanorelief, Picorelief).

makroskopisch *macroscopic[al]*: ohne optische Hilfsmittel sichtbar, im Gegensatz zu → *mikroskopisch*.

Makrostandort *macro-location*: → *Standort*, dessen Betrachtungsmaßstab sich an großräumlichen Zusammenhängen orientiert. Ein M. kann z. B. der Alpenraum, das Norddeutsche Tiefland oder der Manufacturing Belt der USA sein. (→ *Mikrostandort*, → *Mesostandort*).

Malakophyllen *malacophyllous plants*: zu den → *Xerophyten* gehörende Pflanzen mit dichtem Haarfilz auf Blatt- und/oder Stängeloberflächen, der die → *Verdunstung* herabsetzt, da zwischen Spaltöffnungen und Außenluft ein wasserdampfgesättigter und windstiller Übergangsbereich entsteht. Den M. stehen die → *Sklerophyllen* gegenüber.

Mall *mall*: in den USA entwickelter Typ eines großen → *Einkaufszentrums* in Form einer überdachten → *Fußgängerzone* mit Fachgeschäften, Warenhäusern, Restaurants, Vergnügungseinrichtungen und sonstigen Dienstleistungsbetrieben, die häufig in mehreren Etagen angeordnet sind (→ *Konsum- und Erlebniswelt*).

Mallungen *doldrums*: die schwachen veränderlichen Winde der äquatorialen → *Kalmenzone* an der → *Innertropischen Konvergenz* (→ *Äquator*).

Malm (Weißer Jura) *Malm*: oberste Abteilung des → *Jura*, die sich überwiegend aus → *marinen* weissen → *Kalksteinen* aufbaut. Sie finden sich heute als Dachflächen zahlreicher mitteleuropäischer → *Schichtstufenlandschaften*. Die M.-Kalke sind partiell äußerst fossilreich, außerdem werden sie als Rohstoff (Baustein, Schotter, Zement) genutzt. Dauer des M.: 161-145 Mio. J. v. h..

Malthusianismus *malthusianism*: auf Thomas Robert Malthus (1766-1834) zurückgehende Vorstellung von den Folgen eines starken → *Bevölkerungswachstums*. Malthus postulierte in einem Modell für die Zukunft ein exponentielles Bevölkerungswachstum, aber nur lineare Nahrungsmittelproduktion. Diese Auseinanderentwicklung von Nahrungsmittelnachfrage und -angebot führe in der Folge zu Nahrungsmittelverknappung und Krisis. Diese bereits von Malthus selbst widerlegte Theorie prägt bis heute noch den Diskurs über Bevölkerungswachstum und seine mögliche Regulierung.

Management *management*: Zielformulierung und Durchsetzung von strategischen Entscheidungen im Rahmen planender, koordinierender oder kontrollierender Tätigkeiten. Unter M. versteht man auch das mit dem M. betrauten Personen (Manager).

Manchestertum *Cobdenism, Manchester policy*: Bezeichnung für rigorosen Wirtschaftsliberalismus (→ *Liberalismus*), der staatliche Eingriffe und soziale Rücksichtnahmen ablehnt. Ursprünglich handelte es sich bei der v. a. von der englischen Industriestadt Manchester ausgehenden Bewegung um Vertreter eines schrankenlosen → *Freihandels*.

Mandatsgebiet *mandated territory*: unselbständiges → *Territorium*, das von einem fremden → *Staat* im Auftrag einer Staatengemeinschaft treuhänderisch für die einheimische Bevölkerung verwaltet wird. Insbesondere wurde der Begriff für die ehemaligen deutschen und türkischen Kolonien verwendet, die nach dem Ersten Weltkrieg im Auftrag des → *Völkerbunds* durch die Siegermächte als M. verwaltet und später zu unabhängigen Staaten erklärt wurden.

Manganknollen *manganese nodules*: am Boden der → *Tiefsee* massenhaft auftretende Mangan-Eisen-Konkretionen nicht ganz geklärter Entstehung. Sie sollen ca. 10% des → *Tiefseebodens* einnehmen und stellen einen → *Primärrohstoff* der Zukunft dar (→ *Tiefseebergbau*).

Manganrinde *mangan crust*: eine Form der → *Hartrinde*, die in den → *Tropen* auf Gesteinsoberflächen als Verwitterungsschutzrinde fungiert und Produkt der → *chemischen Verwitterung* ist, die unter der M. als → *Kernverwitterung* fortschreitet.

Mangelernährung *malnutrition*: unzureichende Ernährung infolge einseitiger Zusammensetzung der Nahrung. M. entsteht insbesondere dann, wenn bestimmte lebensnotwendige Stoffe (z. B. Eiweiß, Vitamine, Spurenelemente) nicht in genügender Menge in der Nahrung vorhanden sind. Die Einwohner vieler Entwicklungsländer leiden unter M. und den dadurch verursachten Krankheiten (→ *Hunger*). Aber auch in entwickelten Ländern existiert M., v. a. durch eine Über- oder einseitige Versorgung mit Fetten oder Kohlenhydraten.

Mangrove *mangrove*: tropisches, faunenreiches Küstengehölz der Gezeitenzone, das sich besonders in geschützten Buchten, → *Lagunen* und Flussmündungen auf Schlickböden entwickelt, die bei → *Ebbe* trocken fallen und bei → *Flut* überschwemmt werden. An der M. sind bis zu 25 Holzgewächse beteiligt, deren Zahl mit Entfernung vom Äquator abnimmt. Die M. ist eine → *azonale* → *Vegetation*, die an das → *Salzwasser* gebunden ist. Wichtigste Gattungen sind *Rhizophora* mit Stelzwurzeln und vivipären Keimlingen sowie *Avicennia* mit Atemwurzeln (Pneumatophoren). Die einzelnen M.-Typen bilden dem Salzgehalt und dem Gezeiteneinfluss entsprechende Zonen in der Flussmündungen. Den jeweiligen Gegebenheiten entsprechend werden Süßwasser- und Brackwasser-M. sowie Küsten-, Flussmündungs- und Riff-M. unterschieden.

Mangroveküste *mangrove coast*: von → *Mangrove* geprägter biogener Küstentyp an → *Watten-* und → *Lagunenküsten*. Weil die → *Stelzwurzeln* der Mangrovengewächse die → *Gezeitenströme* bremsen, können diese nicht erodieren, sondern setzen Feinsediment ab. → *Brandungserosion* und → *Fluvialerosion* an Prallhängen in den Flussmündungen verhindern die Entstehung von Mangrove. Darüber hinaus bedrohen Nutzungen wie Aquakulturen (z. B. Garnelenzucht) die M..

man-made disaster eine → *Katastrophe* ohne → *biologische,* → *terrestrische* (geologische) bzw. wetterbedingte (meteorologische) Einflüsse, sondern durch menschliche Aktivitäten bewirkt und sich in Kriegen, Blockaden, Boykotts, Einzel-, Gruppen- und Staatsterror, Völkermord, Nahrungs-, Geld- und Wassermangel äußernd. Die m-m. d. können auch

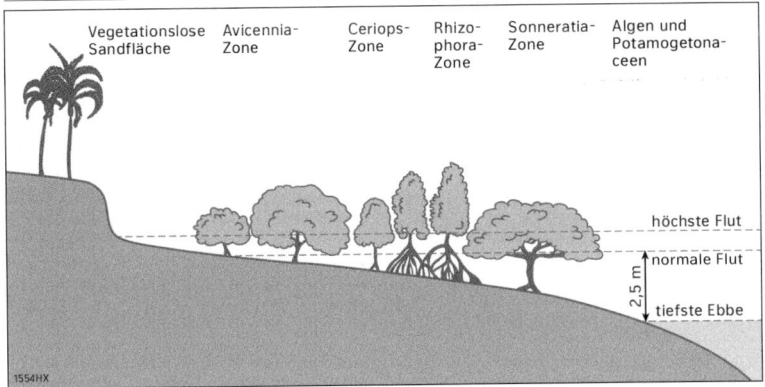

Mangrove

technisch bedingt sein. Auch → *Epidemien* oder → *Pandemien* kann man als durch menschliche Praktiken verursacht verstehen und somit als m-m. d. bezeichnen.

Männerforschung *men's studies*: analog zur → *Frauenforschung* hat sich in den 1980er Jahren eine Männerforschung entwickelt, die nicht als Rückschritt in den → *Androzentrismus* verstanden werden darf, sondern grundlegende Theorien der Frauenforschung aufgreift und männliche Rollenbilder beleuchtet, um gesamtgesellschaftliche Zusammenhänge zu verstehen (→ *Gender*, → *Gendergeographie*).

Männerhaus *men's house*: 1. in vielen traditionellen Gesellschaften typisches Bauwerk, das einen gesellschaftlichen Mittelpunkt einer → *Siedlung* darstellt und Frauen meist verschlossen ist. Das M. dient v. a. als Ort geselliger Veranstaltungen, aber auch religiöser Riten, als Versammlungsraum für politische Beratungen, z. T. auch als Gästehaus. 2. in Bereichen, in denen Geschlechtertrennung notwendig erscheint (z. B. Justizvollzugsanstalten, Wohnheimen usw.), jene Bereiche, in denen nur Männer untergebracht sind 3. analog zum → *Frauenhaus*, ein Zufluchtsort für Männer, die Opfer häuslicher Gewalt geworden sind.

Männerrate → *Maskulinitätsziffer*.

Männerüberschuss *male surplus*: Überschuss der männlichen über die weibliche → *Wohnbevölkerung* eines Raumes. M. ist v. a. für viele → *Entwicklungsländer* aufgrund des generell leicht höheren Knabenanteils bei den Geburten in Verbindung mit einer höheren → *Sterblichkeit* der Frauen (aufgrund ihrer körperlichen Überbeanspruchung bspw. durch hohe Geburtenzahlen) die Regel. In Ostasien ist der M. besonders ausgeprägt aufgrund der verbreiteten Präferenz für männliche Nachkommen. In den meisten → *Industrieländern* ist M. aufgrund der höheren → *Lebenserwartung* der Frauen ein Ausnahmefall ist und auf regionale Spezifika der → *Berufs-* und → *Sozialstruktur* hinweist. Auch unterschiedliches Wanderungsverhalten kann zu einem M. führen, wenn etwa durch das Vorherrschen Arbeitsplätze in der Industrie vor allem männliche Zuwanderer angezogen werden.

Mantel *mantle*: 1. Erdmantel im Schalenbau der Erde. 2. Kurzbezeichnung für den Bestandsmantel von Wäldern (Mantelgesellschaft).

Mantelbevölkerung *minimum population (1.), dependent population (2.):* 1. Mindestbevölkerung im → *Einzugsbereich* eines → *zentralen Dienstes*, die notwendig ist, um eine Kapazitätsauslastung bzw. rentablen Betrieb zu gewährleisten. → 2. Bevölkerung, die von einem Unternehmen oder allgemein von einem Wirtschaftsstandort abhängig ist, ohne direkt dort beschäftigt zu sein. Im Wesentlichen handelt es sich bei der M. um die wirtschaftlich abhängigen Familienangehörigen der Beschäftigten.

Mantelgesellschaft (Bestandsmantel) *mantle community*: tritt an Waldrändern auf und weicht, wegen der zum Teil vielfältigeren ökologischen Bedingungen, von den → *Pflanzengesellschaften* des Bestandsinneren ab. Die Standortgunst beruht auf reichlicherem Niederschlagseinkommen, stärkerem Lichteinfall, z. T. anderen Nährstoffverhältnissen. Die M. setzt sich v. a. aus gebüschbildenden Arten zusammen (→ *Saumgesellschaft*).

Manufaktur *manufacture*: im 17. und 18. Jh. v. a. verbreitete Frühform des Industriebetriebs. Die M. weist bereits typische industrielle Merkmale wie Arbeitsteiligkeit, Spezialisierung, → *Serienfertigung* und Maschineneinsatz auf. Dennoch blieben alte Handwerkstechniken erhalten. Der Übergang zur industriellen Fertigung war in der ersten Hälfte des 19. Jh. fließend. Ein M.-System ist heute noch im kunstgewerblichen Bereich, in der Porzellanindustrie und jüngst im Brauereiwesen (micro breweries) vorhanden.

Maquiladora *maquiladora, Mexico/US border industry*: beschreibt ein mexikanisches Montagewerk bzw. eine ganze Montageindustrie entlang der Grenze zwischen den USA und Mexiko, welche primär der → *Lohnveredelung* (→ *Veredelung*) dient und (verstärkt nach Gründung der → *NAFTA*) vorwiegend in dem 20–100 km breiten Grenzbereich entstand. Aufgrund des deutlich niedrigeren mexikanischen Lohnniveaus im Vergleich zu den Vereinigten Staaten verlagerten US-amerikanische Unternehmen zur Senkung ihrer Produktionskosten v. a. arbeitsintensive Produktionsschritte nach Mexiko.

MAR-Externalitäten *MAR externalities*: → *Wissensexternalitäten*, die durch die räumliche Konzentration von Betrieben derselben → *Branche* entstehen. Mit ihrem dynamischen Charakter, der sich aus Lernprozessen und Wissenszirkulation unter den Betrieben ergibt, grenzen sich die nach Marshall (1890), Arrow (1962) und Romer (1986) benannten Effekte von den statischen → *Lokalisationseffekten* ab (→ *Agglomerationsvorteile*, → *Jacobs-Externalitäten*).

marginal *marginal*: randlich, nebensächlich. In Bezug auf eine geographische Lage heißt m. am Innen- oder Außenrand eines räumlichen Phänomens gelegen (→ *peripher*).

marginale Gruppe → *Randgruppe*.

marginaler Standort *marginal location*: allg. ein → *Standort* am Rande bzw. abseits eines → *Zentralen Ortes*. I.w.S. versteht man unter einem m. S. einen Standort am Rande der → *Ökumene*, für den landwirtschaftlichen Anbau bedeutet dies, dass ein Standort im Bereich der → *Anbaugrenze* liegt. Bezogen auf die Wirtschaft liegen m. S. fernab von den Märkten.

Marginalisierung *marginalization, marginalisation*: Prozess der Desintegration bestimmter Bevölkerungsgruppen bezüglich ihrer Teilnahme am wirtschaftlichen und gesellschaftlichen Leben (→ *Exklusion*). Damit ist eine gleichberechtigte Teilnahme und Teilhabe am öffentlichen Leben (→ *Inklusion*) nicht mehr möglich und die Betroffenen sind wirtschaftlich und sozial benachteiligt sowie politisch unterrepräsentiert. Durch den Ausschluss werden die Betroffenen und ihre gesamte Lebenssituation für die Gesellschaft unsichtbar.

Marginalsiedlung *marginal settlement*: → *Siedlungstyp*, der sich insbesondere in so genannten → *Entwicklungsländern* stark ausgebreitet hat. Die M. liegen meist an der → *Peripherie* großer Städte oder an Standorten mit sehr eingeschränkter Nutzbarkeit (aufgelassene Steinbrüche, Müllhalden, rutschungsgefährdete Hänge usw.). Ihre Bevölkerung lebt am Rande des → *Existenzminimums* (→ *Marginalität*, → *Squattersiedlung*).

Marginaltextur *marginal texture*: steilgestellte Bänderung im → *Eis* der → *Gletscher*, die im Bereich differenzierter Bewegung und besonders auch am Zusammenfluss mehrerer Teileisströme entsteht.

Marginalviertel *slum area, shanty town*: Oberbegriff für → *Siedlungstypen* bzw. Wohnviertel, meist in → *Entwicklungsländern*, mit besonders niedrigem Standard. Diese werden von sozial schwachen Bevölkerungsteilen bewohnt, die von der Nichtbefriedigung wesentlicher Grundbedürfnisse betroffen sind (→ *Favela*, → *Barriada*, → *Bidonville*, → *Slum*).

marin *marine*: „dem Meere angehörend", im oder durch das → *Meer* entstanden, im Meer lebend. → *maritim* hingegen bezieht sich auf das Klima.

marine Fazies (Meeresfazies) *marine facies*: 1. im Sinne von → *marin* alle biologischen und geowissenschaftlichen Sachverhalte, deren Ausprägungsform (→ *Fazies*) mit dem Meer zusammenhängt. 2. der Sedimenttyp, der durch Prozesse der → *marinen Geomorphodynamik*, d.h. Meereswasser- und Wellenwirkung im Bereich des → *Meeres* oder der → *Küste* entsteht. Die m. F. ist global die bedeutendste Fazies, die an der Erdkruste verbreitet ist. Unterschieden werden → *litorale*, → *neritische* und → *Tiefseefazies*. Die m. F. zeichnet sich durch charakteristische Sedimentstrukturen aus. Viele → *Sedimente* und → *Sedimentite* der Erde gehören der m. F. an.

Marine Geologie (Meeresgeologie) *marine geology*: beschäftigt sich mit Formen, Sedimenten und Gesteinen des → *Litorals* und des sonstigen Meeresbodens, auch der → *Tiefsee*. Bedeutsam für die → *Erdgeschichte* und die Rohstofferkundung und -gewinnung (→ *Meeresbergbau*). (→ *Geologie*, → *Meereskunde*).

marine Geomorphodynamik *marine geomorphodynamics*: Wirkungen des Meeres (→ *marin*, → *Meer*) auf das → *Georelief* und die → *Sedimente* bzw. → *Sedimentation*. Die m. G. verläuft zu überwiegenden Teilen → *submarin*. An der → *Küste* ist die m. G. sichtbar und formt dort → *Oberflächenformen*, → *Gesteine* und Sedimente so um, dass ein eigenständiger Küstenformenschatz entsteht. Durch → *Klima*- und → *Meeresspiegelschwankungen* können die Wirkungen der m. G. auch im Hinterland der Küste beobachtet werden, sodass man zwischen → *vorzeitlichen* und → *aktuellen* bzw. → *rezenten* marinen Formen unterscheidet. Die wichtigsten Prozesse der m. G. sind → *Brandungserosion* und marine → *Akkumulation*.

marine Terrasse *marine terrace*: spezifiziert den Begriff → *Küstenterrasse*, der sich auch auf Terrassen um große → *Binneseen* bezieht, auf → *Terrassen* an den → *Küsten* des → *Meeres*.

marin-litorale Naturgefahren *marine-littoral hazards*: gemäß → *ISDR* → *Naturgefahren* im Bereich der marinen → *Hydrosphäre*. Dazu gehören z.B. Tsunamis und Sturmfluten (→ *biologische Naturgefahren*, → *extraterrestrische Naturgefahren*, → *geologisch-geomorphologische Naturgefahren*, → *glazialisch-kryosphärische Naturgefahren*, → *hydrologisch-glaziologische Naturgefahren*, → *meteorologische Naturgefahren*).

maritim *maritime*: vom → *Meer* beeinflusst, vom Meer her stammend; meist auf das Klima bezogen (→ *marin*, → *ozeanisch*).

maritimes Klima (ozeanisches Klima) *marine [oceanic] climate*: Klima, das vom → *Meer* beeinflusst ist. Die m. K. der Außertropen zeigen einen ausgeglichenen Jahresgang der Temperatur mit mildem → *Herbst* und → *Winter*, kühlem Frühjahr und mäßig warmem → *Sommer*. Die Niederschlagsmengen sind höher als auf dem meerfernen Festland, besonders extrem in Gebieten, in denen gebirgiges Land direkt ans Meer grenzt, weil sich dann Meeresnähe und Effekte der → *Steigungsregen* in ihrer Wirkung überlagern.

Maritimität *oceanity*: der Grad des Einflusses des → *Meeres* auf das → *Klima*. Meere beeinflussen die Temperatur- und Niederschlagsverhältnisse anschließender Landflächen. Das → *Meerwasser* hat eine hohe Wärmespeicherfähigkeit und erwärmt sich nur langsam. Ebenso findet auch eine verzögerte Abkühlung statt. Dadurch wirkt das Meer ausgleichend auf die → *Temperatur* und deren Schwankungen im Jahresverlauf. Die → *Niederschläge* sind in Meeresnähe höher als im Landesinnern und erreichen ihre Maxima eher in der kühleren Jahreszeit. I.d.R. liegen auch die Windstärken höher (→ *kontinental*).

Mark *march, border region*: 1. das gemeinschaftlich genutzte Land in germanisch-frühmittelalterlicher Zeit (→ *Feldmark*, → *Markgenossenschaft*). 2. im Mittelalter Bezeichnung für den Grenzraum im Vorland des Königreiches. Die M. hatte für die militärische Sicherung des Reichsgebietes besondere Bedeutung. In karolingischer und ottonischer Zeit wurde die M. in Grafschaften eingeteilt und auf diesen Markgrafen eingesetzt. M. ist heute noch vielfach in Landschaftbezeichnungen erhalten geblieben, z.B. Mark Brandenburg. 3. Einheit im Geld- und Münzwesen, alte Gewichtseinheit.

Markengut → *Güter*.

Marketing *marketing*: 1. unternehmerischer Funktionsbereich, der sich mit der Gesamtheit aller Maßnahmen, die von einem Unternehmen zur Förderung des Absatzes seiner Produkte und → *Dienstleistungen* getätigt werden, beschäftigt. Hierzu gehören z.B. Produktgestaltung, attraktive Angebotsgestaltung, Preis- und Tarifpolitik, → *Imagepflege* usw.. 2. marktorientierte Führungskonzeption mit dem Ziel der Weckung von Bedürfnissen von Kunden und Stakeholdern. 3. von besonderem geographischem Interesse sind das → *Kommunalmarketing* bzw. das → *Regionalmarketing* sowie das → *Geomarketing*.

Markgenossenschaft *clan settlement organisation*: bei Germanen und Slawen von → *Sippen* gebildeter → *Siedlungsverband*, der die → *Mark* als Gemeineigentum besaß und bewirtschaftete. Die M. wurde seit dem im Mittelalter ausbreitenden Grundherrschaft immer weiter zurückgedrängt. Ein Relikt der M. ist u.a. die → *Allmende*.

Markkötter *cottager, small farmer*: Regionalbezeichnung für landwirtschaftlichen Kleinstellenbesitzer. Die M. haben sich in Nordwestdeutschland seit dem 17. Jh. außerhalb der alten Wohnplätze in der → *Mark* niedergelassen (→ *Kötter*).

Markscheide *concession limit, border of mining claim*: im Sprachgebrauch des Bergrechtes die Begrenzung eines Grubenfeldes.

Markt *market*: – Einrichtung zur Befriedigung von Kauf- und Verkaufsinteressen, bei dem → *Angebot* und → *Nachfrage* zusammentreffen. Auf dem M. ergibt sich daraus die Preisbildung eines Gutes (→ *Güter*), wobei dieser Prozess auch abhängig von der jeweils herrschenden → *Marktform* ist. – in der historischen → *Siedlungsgeographie* oft im Sinne einer Kurzform verwendet für → *Marktort*, → *Marktforschung*, → *Marktflecken* → *Marktplatz*.

Marktanbau *production for the market*: Anbau landwirtschaftlicher Produkte für den → *Markt*, im Gegensatz zur → *Selbstversorgungswirtschaft*.

Marktflecken *market town, market village*: v.a. in Norddeutschland Bezeichnung für ein größeres → *Dorf* (→ *Flecken*), das im Mittelalter verschiedene Rechte und Pflichten besaß und das → *Marktrecht* ausübte (→ *Markt*).

Marktform *specific market composition*: spezifische Struktur eines *Marktes* gemessen an der Angebots- und Nachfragekonstellation. Entscheidend sind die Zahl der Marktteilnehmer und die sich daraus ergebenden Konkurrenzbeziehungen (→ *Wettbewerb*). Je nachdem, ob viele, wenige oder nur ein Anbieter am Markt auftreten, ist zwischen → *Polypolmarkt*, → *Oligopolmarkt* und → *Monopolmarkt* zu unterscheiden.

Marktforschung *market research*: Analyse der Marktgegebenheiten und Geschmacksmuster, insb. der Absatzchancen, für ein bestimmtes Produkt, eine Produktgruppe oder eine angebotene Dienstleistung. M. erfolgt im Rahmen des → *Marketing* durch Unternehmen oder Unternehmensverbände mit dem Ziel, Strategien zur Absatzförderung zu entwickeln (→ *Markt*).

Marktfrucht *cash crop*: Agrarprodukt, das nicht zum Zwecke der Selbstversorgung (→ *Subsistenzwirtschaft*), sondern für den Markt angebaut wird (→ *cash crop*).

Marktgemeinde *market town, market village*: als → *Gemeindetyp* eine zwischen → *Dorf* und → *Stadt* stehende Gemeinde, die → *Marktrecht* besitzt. Der Titel M. wird in Bayern vom Innenministerium verliehen (→ *Marktort*).

Markthalle *market hall, covered market*: überdachter Standort, an dem täglich oder mehrmals wöchentlich durch einzelne Händler oder Erzeuger Waren, insbesondere frische → *Lebensmittel*, verkauft werden. Neben M. für den Verkauf an den Endverbraucher, vielfach auch direkt durch den Produzenten (Bauernmarkt), bestehen → *Großmarkt*-Hallen als Umschlagplatz zwischen Großhändlern und Produzenten einerseits und Einzelhändlern und Großverbrauchern andererseits.

Marktnetz *market network*: aus der → *Standortstrukturtheorie* von August Lösch (1940) stammender Begriff für die Gesamtheit der Marktgebiete eines Gutes, die sich aus dem Gleichgewicht von Produktion und Konsum ergibt. Die M. der einzelnen → *Güter* unterscheiden sich hinsichtlich der Größe ihrer Marktgebiete.

Marktordnung *market organisation*: Instrument der → *Agrarpolitik* zur Regulierung von Angebot und Nachfrage auf dem Markt (→ *Agrarinterventionismus*). Die M., wie sie in der EU für alle wichtigen Agrarerzeugnisse existieren, regeln wann und wie die Beeinflussung von Warenströmen und Produktpreisen auf den Agrarmärkten durch die öffentliche Hand erfolgt. Sie stellen die Reaktion der Agrarpolitik auf unbefriedigende Erfahrungen mit freien, unregulierten Agrarmärkten dar. Instrumente der M. sind Preisbindung, Mengensteuerungen sowie Außenschutz.

Marktorientierung *market orientation*: konsequente Ausrichtung der Aktivitäten auf den → *Markt*, d. h. auf die Bedürfnisse der Kunden und → *Stakeholder* (→ *Absatzorientierung*).

Marktort *market-town*: größerer Ort im → *ländlichen Raum*, der Marktfunktionen für sein Umland ausübt. Es handelt sich v. a. um zentralörtliche Aufgaben im Bereich der → *Grundversorgung* im → *Nahbereich*. Daneben ist der M. häufig auch Absatzort für landwirtschaftliche Produkte an Genossenschaften, Getreide- und Viehhändler, Molkereien usw. Nach heutiger Terminologie entspricht der M. einem → *Kleinzentrum* oder einer ländlichen → *Mittelpunktgemeinde*. Historisch gesehen handelt es sich um einen Ort mit → *Marktrecht*.

Marktplatz *market-place*: zentraler Platz in einer → *Siedlung*, an dem ihre wichtigsten → *Versorgungsfunktionen* ausgeübt werden. M. wurden bei der Gründung eines → *Marktortes* oder einer → *Stadt* als platzartige Erweiterung einer Hauptstraße oder als eigenständige Platzanlage eingeplant oder später, bei Übernahme von Marktfunktionen, eingerichtet. M. sind in verschiedenster Form weltweit verbreitet. Teils spielen sich Kauf oder Tausch von Waren auf dem M. selbst ab, z. B. in Form von → *Wochen*- oder → *Jahrmärkten*, teils in Ladengeschäften an dem M. und in angrenzenden Straßen. In historischen Städten liegen am M. oft auch das Rathaus und sonstige öffentliche Gebäude. Spezielle Märkte früherer Zeiten haben sich häufig als Namen für M. in Städten bis heute erhalten, z. B. Holzmarkt, Fischmarkt, Salzmarkt.

Marktprinzip → *Versorgungsprinzip*.

Marktproduktion *cash cropping, market production*: → *Produktion*, die für anonyme Kunden erfolgt. I. d. R. ist es eine → *Massenfertigung*, um kostengünstig zu produzieren. In der → *Landwirtschaft* steht die M. im Gegensatz zur → *Subsistenzwirtschaft*.

Marktrecht (Marktregal) *market right, market privilege*: 1. Berechtigung des Landes- oder Territorialherrn, neue → *Marktorte* zu gründen oder Dörfer mit Marktrechten auszustatten. Besonders im Mittelalter hatte ein M. eine wichtige Funktion bei der Erschließung und Entwicklung des Landes. 2. Privileg eines Ortes, Märkte abhalten zu dürfen (insbesondere → *Wochen*- und → *Jahrmärkte*). Das M. wurde vom Landes- oder Territorialherrn verliehen und umfasste außer Rechten auch Pflichten, z. B. die Sicherung des freien Handels. Das M. war oft ein Vorläufer für die Verleihung des → *Stadtrechts*. In Deutschland verloren M. v. a. im Laufe des 19. Jh. ihre Bedeutung.

Marktregal → *Marktrecht*.

Marktrisiko *market risk*: 1. Wahrscheinlichkeit für falsche Einschätzung bzw. Entwicklung der Nachfrage, die dem Unternehmen schaden (→ *Länderrisiko*). 2. Verlustgefahr durch (ungünstige) Entwicklung von Marktpreisen für Aktienkursen, → *Zinsen*, Wechselkursen oder → *Rohstoffe*.

Marktsegmentierung *market segmentation*: zielgruppenorientierte Aufteilung eines heterogenen Gesamtmarktes in weitgehend homogene Teilmärkte (z. B. Käufergruppen) nach bestimmten nachfragerelevanten Kriterien (Alter, Geschlecht, Lebensstil u. a.). Damit sollen Unterschiede zwischen den (potenziellen) Käufern aufgedeckt und eine gezielte Marktbearbeitung ermöglicht werden. Die M. ermöglicht so eine optimale Kombination absatzpolitischer Instrumente (→ *Markt*, → *mikrogeographische Marktsegmentierung*).

Marktwirtschaft *market economy*: → *Wirtschaftsordnung*, bei der Art und Umfang der Güterproduktion direkt von → *Markt* und → *Wettbewerb* bestimmt werden. Der → *Staat* schafft für die M. die Rahmenbedingungen und sorgt für die Ordnung des Wettbewerbs sowie für die nötige Rechtssicherheit. Die → *soziale M.* stellt in gewisser Weise eine Einschränkung der freien M. dar. Das Gegenstück zur M. bildet die → *Planwirtschaft*.

Marmor *marble*: 1. kristallin-körniges, manchmal auch faseriges oder massiges Gestein, durch → *Metamorphose* aus dichtem → *Kalkstein* oder → *Dolomit* entstanden. M. ist ohne mineralische Beimengungen weiß, kann aber durch Eisenoxide gelb bis rot, durch Kohle schwarz und/oder durch Serpentin grün gefärbt sein. Die meist bedeutende Härte und Schönheit des M. machen ihn zu einem vielfältig verwendbaren Bau- und Nutzstein. : 2. schleif- und polierfähige dichte Kalksteine, weiß oder farbig, werden in der Bautechnik ebenfalls als M. ("Architektenmarmor") bezeichnet.

Marmorierung *mottling*: unregelmäßige Fleckung, Streifung und Schlierung in → *Bodenhorizonten*. M. ist besonders in den Staunässehorizonten der → *Pseudogleye* ausgeprägt. Auf kleinstem Raum wechselnde Lösung und Ausfällung oxidierter und reduzierter Eisen- und Manganverbindungen in Folge von Vernässung und zeitweisem Luftzutritt führen zu einem teilweise bis hellockriger Verfahlungen mit intensiv braunen bis rostbraunen großen und kleineren Fleckungen. Horizonte mit M. enthalten häufig auch → *Konkretionen* (→ *Stauwasser*).

Marsch *marsh*: – geomorphologisch-pedologischer → *Landschaftstyp* im Bereich von → *Gezeitenküsten* und gezeitenbeeinflussten Flussmündungen, wobei der natürliche Sedimentationsvorgang durch Maßnahmen der → *Neulandgewinnung* an → *Küsten* unterstützt werden kann. Durch → *Melioration* des Bodens können fruchtbare → *Marschböden* entstehen, die ertragreich sind, wenn der → *Bodenwasserhaushalt* stabilisiert ist. Die M. ist ein Typ der → *Kulturlandschaft* an der Nordseeküste. – Ablagerungen aus Feinsand und → *Schlick* an gezeitenaktiven → *Flachküsten* und in Flussmündungen. Das sedimentierte Material stammt aus der → *Schwebfracht* oder wird an anderen Küstenteilen erodiert und durch → *Gezeitenströme* herangeführt. Das feinste Material, der organische Stoffe enthaltende Schlick, wird im Stillwasserbereich und auf den ganz flach überspülten Stellen abgelagert. Sobald die Anschwemmung über den Mittelwasserstand hinaus wächst, erfolgt die Verfestigung durch → *halophile* → *Pflanzen*. Der Vorgang kann durch verschiedene landeskulturelle und meliorative Maßnahmen beschleunigt werden. – in der Bodensystematik die Bodenklasse der → *Marschböden*.

Marschböden *marsh soils*: → *semiterrestrische* Böden aus Sedimenten des See-, Brack- oder Flusswasser beeinflussten Gezeitenreichs mit hohem Grundwasserstand. Die M. ähneln mit ihrem Ah-Go-Gr-Horizontfolgen den Profilaufbau der → *Gleye*, entstehen jedoch aus anderen Substraten und weisen einen spezifischen salzwasserbedingten Ionenbelag auf. Die deutsche Bodensystematik (KA5) unterscheidet in → *Roh-*, → *Kalk-*, → *Klei-*, Haftnässe-, Dwog-, → *Knick-* und → *Organomarsch* (→ *Marsch*).

Marschenküste *marsh coast*: Prototyp der flachen → *Gezeitenküste*, mit permanentem und raschem Wechsel des Wasserstandes und dabei ständiger Umformung. Der Untergrund, auf dem sich Gezeitenwechsel und die junge Sedimentation vollziehen, ist die → *Marsch*, auf sich → *Marschböden* entwickeln oder zusammen mit Maßnahmen der → *Landgewinnung* vom Mensch entwickelt werden (→ *Watt*).

Marschhufendorf *planned fenland village*: in den Marschgebieten (→ *Marsch*) während der mittelalterlichen Kolonisation (→ *Binnenkolonisation*) planmäßig angelegte Reihensiedlung, die über Hofanschlüsse mit einer → *Streifenflur* (→ *Hufenflur*) verbunden ist (→ *Moorhufendorf*, → *Waldhufendorf*).

Marshall-Plan *Marshall-plan*: von den USA nach dem Zweiten Weltkrieg ins Leben gerufenes „Europäisches Wiederaufbau-Programm" (ERP, European Recovery Program) zur wirtschaftlichen Unterstützung der europäischen Staaten, insbesondere zum Wiederaufbau nach den Kriegszerstörungen. Wegen der Ablehnung der → *Ostblockstaaten* beschränkte sich das Kreditprogramm auf 14 westliche Staaten. In der Bundesrepublik Deutschland wurde aus den Rückflüssen der ausgegebenen Kredite das ERP-Sondervermögen des Bundes gebildet, aus dem weiterhin Kredite für die Wirtschaft bereitgestellt werden.

Martinssommer in der ersten Novemberdekade auftretende, mehrere Tage andauernde Hochdruckperiode in Mitteleuropa, zu der es im Durchschnitt in zwei von drei Jahren kommt.

Marxismus *marxism*: zusammenfassende Bezeichnung für eine einflussreiche, politische, wissenschaftliche und ideengeschichtliche Gesellschaftslehre, begründet von Karl Marx (1818–1883) und Friedrich Engels (1820–1895). Der M. wird sowohl dem Sozialismus als auch dem Kommunismus zugerechnet. Ziel des M. ist es, durch revolutionäre Umgestaltung der bestehenden Klassengesellschaft eine klassenlose Gesellschaft zu schaffen. Damit steht der M. dem → *Kapitalismus* diametral gegenüber (→ *Kritische Geographie*, → *radical geography*).

Marxistische Geographie *Marxist geography*: eine Strömung innerhalb der Geographie, die auf der Grundlage der Theorie und Philosophie von Karl Marx und Friedrich Engels arbeitet und v. a. in nicht-sozialistischen Ländern im angelsächsischen Raum, in Nordeuropa und in Südamerika entstanden ist und die Gesellschaft aktiv verändern möchte, indem sie Ungleichheiten, Herrschaftsverhältnisse und Ungerechtigkeiten kritisch aufzeigt und alternative Ansätze entwickelt (→ *Radical Geography*, → *Kritische Geographie*).

Marxistische Wirtschaft *Marxist economies*: eine → *Volkswirtschaft*, deren Aufbau nach den Grundgedanken der marxistischen Gesellschaftstheorie folgt (→ *Marxismus*). Eine M. W. ist durch Gemeinschaftseigentum (→ *Kollektivierung* → *Kollektivismus* → *Kollektivwirtschaft*), freien Zugang zu → *Konsumgütern* sowie einer klassenlosen Gesellschaft ohne staatliche Herrschaftsformen (→ *Idealtypus*) gekennzeichnet. Oberstes Ziel dieser kommunistischen Ideologie ist die Beseitigung der Ausbeutung der Arbeiterschaft durch das Kapital.

Märzwinter +: mit Schneefall verbundene Kälteperiode in der ersten Märzwoche, die mit einer gewissen Regelmäßigkeit auftritt (im Durchschnitt nur etwa jedes zweite Jahr).

Maß der baulichen Nutzung *land-use measure*: nach der → *Baunutzungsverordnung* die maximale Intensität der baulichen Nutzung eines Grundstücks. Das M. d. b. N. wird im → *Bebauungsplan* festgelegt und durch die → *Grundflächenzahl*, die → *Geschossflächenzahl*, die → *Baumassenzahl*, die Zahl der Vollgeschosse und die Höhe baulicher Anlagen ausgedrückt. Ziel der Festlegung des M. d. b. N. ist es, Bebauungsdichte, Höhenentwicklung von Gebäuden und Anteil der bebauten Grundstücksfläche zu bestimmen.

Maß der zentralen Tendenz → *Mittelwert*.

Maschinenbau *mechanical engineering*: → *Industriezweig*, der zur Gruppe der → *Investitionsgüterindustrie* gehört. Im M. werden Maschinen, Motoren, Getriebe, Kräne usw. hergestellt. Innerhalb der → *verarbeitenden Industrie* Deutschlands hat der M. eine große Bedeutung, insb. für den → *Export*.

Maschinenbesatz *farm machinery equipment*: Ausstattungsgrad von Betrieben mit Maschinen, v. a. bezogen auf → *Landwirtschaftsbetriebe*. Der M. gibt an, wie viel Prozent der Betriebe bestimmte Maschinen (Mähdrescher, Feldhäcksler, Kartoffel-Sammelroder, Rübenroder usw.) verwenden (→ *Maschinenring*, → *Schlepperbesatz*).

Maschinenring *farm machinery co-operative*: in der → *Agrarwirtschaft* Zusammenschluss von Landwirten mit dem Ziel, Landmaschinen und -geräte gemeinsam nutzen zu können. Der M. ermöglicht auf diese Weise einen geringeren Kapitaleinsatz beim einzelnen Betrieb (→ *Maschinenbesatz*) und sorgt gleichzeitig für eine bessere Auslastung der vorhandenen Maschinen.

Maskulinitätsziffer (Männerrate) *masculinity rate*: in der → *Demographie* benutzte Maßzahl für das → *Geschlechterverhältnis* in einer → *Bevölkerung*. Die M. wird als Zahl der Personen männlichen Geschlechts bezogen auf 100 oder 1000 Personen der Gesamtbevölkerung des betreffenden Raums berechnet.

Masse *block, massif*: geowissenschaftlicher Begriff mit vielfältiger Verwendung, überwiegend jedoch mit zwei Bedeutungen: 1. „alte Massen" im Sinne des → *Kratons*, also nicht mehr faltbare → *Erdkruste*. 2. räumlich begrenzte, konsolidierte Krustenstücke der Erde, die von jüngeren Gesteinslandschaften umgeben sind. Dazu gehören in Mitteleuropa die Bereiche der → *Grundgebirge* mit kristallinen Gesteinen, wie die Böhmische M. Gleichbedeutend damit ist der Begriff → *Massiv*, z. B. als Böhmisches Massiv.

Massenaussterben → *Faunenschnitt*.

Massenbewegung *mass movement*: bei der → *Denudation* und der → *Erosion* wird durch die → *Verwitterung* bereitgestelltes Material abgetragen, danach weitertransportiert und schließlich abgelagert. Diese M. können unter alleiniger Einwirkung der Schwerkraft (→ *gravitative Massenbewegungen* wie → *Felsstürze* oder → *Bergrutsche*), unter Mitwirkung von Porenwasser, Eis oder Schnee (z. B. → *Muren*, → *Lawinen*), unter Mitwirkung von → *Permafrost* (→ *Gelifluktion*, → *Blockgletscher*), durch Regen und Oberflächenabfluss (→ *Splash*, → *Flächenspülung*) oder durch Wind geschehen.

Massendaten → *Big Data*.

Massenerhebungseffekt *mass elevation effect*: Anwendung des geomorphographischen Begriffes → *Massenerhebung* auf den → *Hypsometrischen Formenwandel* (der Höhengliederung landschaftlicher Erscheinungen) und der Variabilität von → *Höhengrenzen* natur- und kulturlandschaftlicher Erscheinungen. Der M. beschreibt z. B. das Ansteigen von Vegetations- und Klimagrenzen vom äußeren

Rand zum Inneren der → *Hochgebirge*, ebenso das Ansteigen von Siedlungs-, Anbau- und Wirtschaftsgrenzen.

Massenfertigung (Massenproduktion) *mass production, bulk production*: industrielle Herstellung gleicher Erzeugnisse in großer Zahl. Die M. setzt arbeits- und kostensparende, heute teilweise stark automatisierte Spezialmaschinen voraus (→ *Fertigungstyp*).

Massengesteine *compact rocks*: in der Geomorphologie üblicher Begriff für die wenig strukturierten Erstarrungsgesteine, also → *Magmatite*; die beeinflusst auch die Formbildung. Klassischer Vertreter der M. ist der → *Granit*.

Massengüter *bulk goods*: Industrieprodukt, das in großen Mengen hergestellt wird und das, im Vergleich zu seinem Wert, ein großes (Transport-)Volumen beansprucht. Die Einteilung erfolgt in flüssige M. (z. B. → *Erdöl*) sowie feste M. (Schüttgut) wie z. B. → *Kohle* oder Zucker.

Massengutfrachter *bulk carrier*: Frachtschiff in der → *Binnen*- oder Seeschifffahrt, das für den Transport von → *Massengütern* gebaut und ausgestattet ist. Insbesondere Erz-, Kohle- und Getreidefrachter gehören zu den M., während Tanker i. d. R. nicht darunter gezählt werden.

Massenguthafen *bulk-cargo harbo[u]r*: → *Handelshafen*, in dem v. a. → *Massengüter* umgeschlagen werden und der von den Be- und Entlade-, evtl. auch Lagereinrichtungen her entsprechend ausgestattet ist. Spezielle M. sind z. B. Erz-, und Kohlehäfen.

Massengutverkehr *bulk-cargo transport*: Transport von → *Massengütern*. M. findet hauptsächlich zwischen Produzenten (z. B. Landwirtschaft, Bergbau) und Weiterverarbeitern statt und wird v. a. von Schiffen und Güterzügen, auf kürzeren Strecken auch von Lastkraftwagen und, im Falle gasförmiger und flüssiger Güter, häufig mit → *Pipelines* durchgeführt.

Massenkalk *massive limestone*: ungeschichtete „massige" → *Kalksteine*.

Massenkommunikation *mass communication*: Form der öffentlichen → *Kommunikation*, bei der Informationen öffentlich (also ohne begrenzte und personell definierte Empfängerschaft), durch technische Verbreitungsmittel (→ *Medien*, → *Massenmedien*), indirekt (also bei räumlicher oder zeitlicher oder raumzeitlicher Distanz der Kommunikationspartner) und einseitig (also ohne Rollenwechsel zwischen Aussagenden und Aufnehmenden) an ein disperses Publikum gegeben werden.

Massenmedien *mass media*: Träger und Mittel der → *Massenkommunikation*, also für → *Kommunikationen*, die in großer Zahl und mit breiter Streuung verbreitet werden und ein Massenpublikum erreichen.

Zu den M. gehören Printmedien (Zeitungen, Zeitschriften, Illustrierte), Hör- und Fernsehfunk, Film und digitale Medien (→ *Internet*). Gelegentlich werden auch weit verbreitete Taschenbücher zu den M. gezählt (→ *Medien*, → *Telekommunikation*).

Massenproduktion → *Massenfertigung*.

Massentierhaltung *factory farming, livestock farming*: Form der massenhaften Tierhaltung, die stark technisiert und rationell organisiert ist. Beispiele für M. sind Legebatterien oder Betriebe, die Hähnchen- und Schweinemast betreiben. Die M. bringt nicht nur bezüglich des Gesundheitszustandes der Tiere Probleme mit sich, sondern verursacht am Standort häufig auch Umweltprobleme.

Massentourismus *mass tourism*: 1. die in den westlichen → *Industrieländern* zu beobachtende Erscheinung, dass die → *Reiseintensität* der Bevölkerung sehr hohe Werte erreicht, dass also weiteste Bevölkerungskreise regelmäßig am → *Tourismus* teilnehmen. 2. eine Form des Tourismus, der sich, im Gegensatz zum → *Individualtourismus*, in organisierter Form und in größeren Gruppen abspielt und als Ziel stark frequentierte Tourismusgebiete aufweist. Der Begriff wird häufig abschätzig im Sinn einer Kritik an Auswüchsen des Tourismus gebraucht.

Massentourismus-Syndrom *mass tourism syndrome*: eines der Syndrome Globalen Wandels (→ *Syndromansatz*), die vom Wissenschaftlichen Beirat der Bundesregierung Globale Umweltveränderungen (→ *WBGU*) 1996 entwickelt wurden. Das M.-S. kennzeichnet die Erschließung und Schädigung von Naturräumen für Erholungszwecke.

Massenverkehr *mass transport*: im Gegensatz zum → *Individualverkehr* der mit leistungsfähigen → *öffentlichen Verkehrsmitteln* betriebene Transport von größeren Personenmengen, insbesondere in den großstädtischen → *Verdichtungsräumen*.

Massenvermehrung (Gradation, Massenentwicklung) *outbreak*: zyklisch oder episodisch auftretende „Übervermehrung" einer → *Population*, die die → *Tragfähigkeit* von → *Ökosystemen* vorübergehend überschreiten kann.

Massenwechsel (Fluktuation) *population change, population dynamics, fluctuation*: die Schwankungen der → *Populationsdichte* und damit der Individuenzahl einer Art in ihrem Lebensraum während eines Zeitabschnitts.

Massiv *massif*: 1. der Block eines → *Gebirges*, wie z. B. der Harz, mit deutlicher Begrenzung gegenüber einem flacheren Umland und von kompakter, gedrungener Gestalt mit rundlichem Umriss. 2. Grundgebirgsbereich aus → *Kristallin*, der im Zusammenwirken von Tektonik und Abtragung freigelegt wurde und an der Erdoberfläche ansteht, z. B. das

Böhmische M.. 3. im Sinn von alter → *Masse* („Urgebirgsmassiv") auch Bezeichnung für einen → *Kraton*.

Maßstab *standard (1.), scale (2./3.)*: – in Wissenschaftssprache allgemein, auch in der → *Geographie*, für „Norm", „Standard". – theoretisch fundiert eingesetzt in der → *Theorie der* → *geographischen Dimensionen*; siehe auch → *Maßstabsstufen*. Der M. hat auch methodische Bedeutung, weil der eingesetzte Arbeits-M. über die zu verwendeten Methoden entscheidet und damit auch die Aussagekraft der Ergebnisse bestimmt – je nach dem ob → *großräumige* oder → *kleinräumige* Aussagen erwünscht sind. – in → *Kartographie* und ihren Anwendergebieten (z. B. Geographie sowie anderen Geo-, Raum- und Umweltwissenschaften) das Verkleinerungsverhältnis zur kartographischen Darstellung der Erdoberfläche. Der M. ist das Verhältnis einer Strecke auf einer Karte zu ihrer realen Länge. Der M. wird in graphischer, numerischer, selten auch verbaler Form in Karten angegeben. Die Maßstabsgebundenheit von Karten erfordert Generalisierung.

Maßstabsstufen *scale levels*: Betrachtungsebenen hinsichtlich der Abgrenzung eines Untersuchungsraumes bzw. eines Sachverhaltes im → *Raum*. Abgrenzung und Zuordnung von Lokalitäten, Räumen, → *Regionen*, → *Standorten* oder → *Standortfaktoren* werden durch den Anwendungszweck definiert, d. h. die Fragestellung bestimmt den gewählten Betrachtungsmaßstab, der in allen Teilgebieten der → *Geographie* von der → *Theorie der geographischen Dimensionen* vorgegeben wird. Etwas unscharfe Bezeichnungen wie Mikro-, Meso- und Makroebene (z. B. in der → *Wirtschaftsgeographie*) oder Micro-, Meso- und Macroscale (in einigen Zweigen der → *Physiogeographie*) bedingen begriffliche und theoretische Unschärfen und verwässern z. B. die präzis definierten M. der Theorie der geographischen Dimensionen, u. a. auch die → *Dimensionen* → *naturräumlicher Einheiten* (→ *großmaßstäbig*, → *kleinmaßstäbig*, → *Maßstab*, → *Scale*).

Materialindex *material index*: Begriff aus der → *Industriestandorttheorie* von A. Weber (1909), mit dem das → *Standortgewicht* von Waren beurteilt wird. Dies ist wichtig zur Kennzeichnung von Materialien, die nicht an allen möglichen Produktionsstandorten verfügbar sind (→ *Ubiquitäten*).

Materialkreislauf *cycle of material*: Verfahren, bei dem Produktionsrückstände, Altmaterialien und Abfallstoffe wiederaufbereitet und erneut der Produktion zugeführt werden (→ *Recycling*).

Materialsortierung *material sorting*: Sortierung von → *Sedimenten* im weitesten Sinne nach der → *Korngröße*. Die M. ist abhängig von der Materialart und der bereits bestehenden Korngröße sowie dem Agens (Wasser, Eis, Wind), das erodiert, transportiert und ablagert (für → *fluviale* Prozesse: → *Hjülström-Diagramm*). Die M. kann in der Horizontalen und Vertikalen erfolgen. Die horizontale M. zeigt grobe Komponenten nahe dem Ursprungsgebiet, feinere in größerer Distanz. Die vertikale M. (Gradierung) tritt v. a. in kalkigen und sandigen Sedimenten auf, wobei die Korngröße vom → *Liegenden* zum → *Hangenden* innerhalb einer Schicht abnimmt. Zur M. kommt es auch durch den Prozess des → *Auffrierens* und somit zur Bildung von → *Frostmusterböden*.

materielle Infrastruktur → *Infrastruktur*.

Mathematisch-astronomische Geographie → *Mathematische Geographie*.

Mathematische Geographie (Mathematisch-astronomische Geographie) *mathematical geography*: Traditionsgebiet der klassischen → *Geographie* und ursprünglich Teilgebiet der → *Physiogeographie*. Im Mittelpunkt steht die → *Erde* als Weltkörper und als Bestandteil des → *Sonnensystems*. Die M. G. ist wesentlich Bestandteil von → *Astronomie*, → *Geophysik* und → *Geodäsie*, da Fragen der astronomischen Ortsbestimmung auf der Erde nicht mehr Gegenstand der Geographie sind. Bedeutung hat die M. G. bei kartographischen Darstellungen der Erde, v. a. bei Kartenprojektionen, die ausschließlich in der → *Kartographie* erarbeitet werden.

mathematische Klimazonen (solare Klimazonen) *mathematical climatical zone*: die sich aus dem Einfallswinkel der → *Sonnenstrahlung* ergebenden schematischen, gürtelartigen Bereiche auf der Erdkugel. Man unterscheidet – die tropische Zone zwischen den beiden → *Wendekreisen*, – die gemäßigten Zonen zwischen den Wendekreisen und den → *Polarkreisen* und – die → *Polarzonen* polwärts der beiden Polarkreise→ (physikalische Klimazonen).

Matriarchat (Mutterrecht) *matriarchy*: politisch-rechtliches bzw. gesellschaftliches System, in dem → *Matrilinearität* herrscht und die Machtausübung in den Händen der Frauen liegt.

Matrilinearität (Mutterfolge) *matrilineality*: Ordnung für die Legitimität der Nachkommenschaft, bei der die Zugehörigkeit zur Verwandtschaft, zu Heiratsgruppen, die Erbfolge, Namensgebung usw. auf der mütterlichen Linie beruhen. M. ist nur bei wenigen → *Naturvölkern* üblich (→ *Patrilinearität*).

Matrix *ground mass, [interstitial] matrix*: – Grundmasse aus → *Lockergesteinen*, in die Grobkomponenten, z. B. → *Blöcke*, eingebettet sind, wie die → *Geschiebe* und Geschiebeblö-

cke in die → *Grundmoräne* (→ *Geschiebelehm*).
– das Bindemittel → *klastischer Ablagerungen*.
– die Grundmasse von → *Magmatiten*, in die Kristalle eingebettet sind.
Matrixpotenzial *soil matrix potential*: im physikalischen Kräftegefüge, welches auf das → *Bodenwasser* einwirkt, die von der festen Bodensubstanz ausgehenden elektrostatischen Kräftewirkungen.

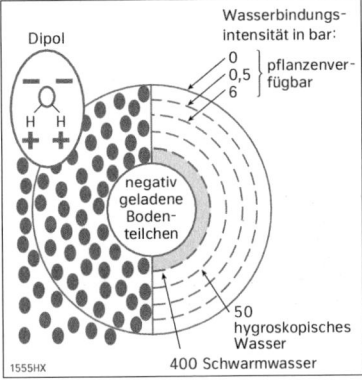

Matrixpotenzial

Maunder-Minimum *Maunder Minimum*: Phase deutlich verringerter solarer Einstrahlung durch eine vergleichsweise lang andauernde geringere Sonnenfleckenaktivität zwischen 1645 und 1715. Einer der Auslöser der → *Kleinen Eiszeit*.
Maximalbevölkerung (Bevölkerungsmaximum) *maximum population*: rechnerisch höchste Zahl von Menschen, die im Rahmen der → *Tragfähigkeit* der Erde oder von Teilräumen ausreichende Lebensgrundlagen finden. Wegen der Relativität der Tragfähigkeit und ihrer möglichen Veränderung in Raum und Zeit lässt sich auch keine endgültige M. für eine Region oder für die ganze Erde berechnen.
Maximumprinzip *maximum principle*: wirtschaftlicher Grundsatz, nach dem, bezogen auf den jeweiligen gegebenen Aufwand an Produktionsmitteln, versucht wird, einen möglichst großen Nutzen zu erzielen. (→ *Minimumprinzip*, → *ökonomisches Prinzip*).
Mbugas *mbugas*: im ostafrikanischen Tansania Flachmuldensenken, in denen sich in → *Trockensavannen* → *Vertisole* und in → *Feuchtsavannen* → *Gleysole* entwickeln (→ *Dambos*).
mCi → *Millicurie*.
MDG (Millenium Development Goals) *Millennium-Entwicklungsziele*: acht Entwicklungsziele der → *UNO*, die 2000 beschlossen wurden und weltweit bis zum Jahr 2015 erreicht werden sollten. Im Jahr 2015 wurden die M. durch die Sustainable Development Goals (→ *SDG*) abgelöst.
M-Diskontinuität *M-discontinuity*: → *Mohorovičić-Diskontinuität*.
mechanische Verwitterung → *physikalische Verwitterung*.
Mechanisierung *mechanization*: Ersatz menschlicher → *Arbeitskraft* beim Arbeitsprozess durch Maschinen und Gerätschaften. Die M. hat v. a. in der ersten Phase der → *Industrialisierung* eine große Rolle gespielt, als Handarbeit immer mehr durch Maschinenarbeit ersetzt wurde. Im Bereich der → *Landwirtschaft* ist noch heute in vielen Teilen der Erde der Prozess der M. im Gange.
Median *median*: in der Statistik ein → *Mittelwert* für Verteilungen (→ *Lagemaß*). Als Zentralwert ist der M. jener Wert, der die Daten in zwei Hälften teilt, da er in der Mitte steht, wenn man die Daten ihrer Größe nach sortiert. Für die Bestimmung des M. ist ein ordinales → *Skalenniveau* (→ *Ordinaldaten*) Voraussetzung (→ *Modus*, → *Mittelwert*).
Medianalter (Zentralwert des Alters) *median age*: in der → *Demographie* benutzte Maßzahl zur Charakterisierung des Mittelwerts des Alters einer → *Bevölkerung*. Das M. entspricht dem Alter, das die Bevölkerung in zwei gleiche Teile teilt: Eine Hälfte der Bevölkerung ist jünger als das M., die andere älter (→ *Durchschnittsalter*).
Mediatisierung *mediatization*: im alten Deutschen Reich (bis 1806) die Aufhebung der → *Reichsfreiheit* und Unterstellung eines vorher reichsunmittelbaren → *Territoriums* unter die Herrschaft eines Landesherren, i.d.R. durch Annexion. Insbesondere durch den Reichsdeputationshauptschluss von 1803 kam es zu einer großen Zahl von M..
Medien *media*: Sammelbegriff für alle audiovisuellen Mittel und Verfahren zur Verbreitung von Informationen, Bildern, Nachrichten etc.. Der Begriff M. wird teilweise in ähnlichem Sinn wie → *Massenmedien* verwendet. Als sog. neue M. gelten → *Innovationen* im Bereich der → *Informations- und Kommunikationstechnologie*, wie z.B. das → *Internet*. (→ *soziale Medien*).
Medina *medina*: → *Altstadt* einer islamisch-orientalischen Stadt. Die M. war ursprünglich von einer Mauer umgeben; sie ist der Standort der Hauptmoschee und des → *Basars* (→ *Orient*).
Mediterranböden *mediterranean soils*: Sammelbezeichnung für die intensiv verwitterten, braunen und roten lehmigen Böden des Mittelmeergebietes. Dazu gehören v. a. → *Terra fusca* und *Terra rossa* (Mediterranis).

mediterranes Klima (Mittelmeerklima, Etesienklima) *mediterranean climate*: ein → *Klima* mit trockenen heißen Sommern und zum Teil niederschlagsreichen milden Wintern, diese häufig mit → *Starkregen*. Das m. K. ist in den tiefen Lagen praktisch frostfrei. Von der Entstehung her handelt es sich um ein Wechselklima, welches im Sommer unter dem Einfluss des → *subtropischen Hochdruckgürtels* und im Winter unter dem Einfluss der → *Westwindzirkulation* steht.

Mediterranis *Mediterranean zone*: 1. synthetische Raumbezeichnung für den subtropisch-wechselfeuchten mediterranen Lebensraum mit charakteristischen Anpassungen der Pflanzen und Tiere sowie der Landnutzung an das → *Naturraumpotenzial*, also für die mediterranen → *Subtropen* allgemein (→ *Leistungsvermögen des Landschaftshaushaltes*). 2. im Sinne von 1. bezogen auf das europäische Mittelmeergebiet, der m. im engeren Sinne.

Medizinische Geographie *geomedicine, medical geography*: → *Geomedizin*.

Meer *sea*: als → *Weltmeer* die zusammenhängende Wasserfläche der → *Erde*. Das M. ist durch die → *Kontinente* in drei Einzelgroßräume mit selbstständigem Strömungshaushalt gegliedert: Den Pazifischen, Atlantischen und Indischen → *Ozean*. Nach verschiedenen Tiefen gliedert sich das M. in – die küstennahen → *Schelf*gebiete (bis 200 m Tiefe), – die → *Kontinentalabhänge*, – die Meeresböden (im Mittel in 3000–5000 m Tiefe; → *Tiefseeboden*), – die Mittelozeanischen Rücken und – die Tiefseegräben (größte Tiefe im Marianengraben 11022 m). Der Salzgehalt des Meerwassers liegt im Mittel bei 35‰, in Rand- oder Binnen-M. kann er höher oder – durch Aussüßung – wesentlich niedriger sein. Die Wassermassen der M. sind durch Meeresströmungen ständig in Bewegung und zugleich geophysikalische und ökologische Großräume. Die M. werden zunehmend in Wirtschaft und Nutzung einbezogen (z. B. Meeresbergbau, Meersalzgewinnung, Fischereiwirtschaft, Hafen, Tankschifffahrt etc.), woraus auch Umweltbelastungen resultieren (z. B. Meeresverschmutzung, Ölkatastrophe etc.).

Meerenge *strait, sound, sea gate*: schmale Meeresstraße, die zwei Meeresteile oder zwei → *Meere* miteinander verbindet und die sowohl zwischen zwei Festlandsbereichen als auch zwischen Inseln verlaufen kann. Die M. sind geologisch-geomorphologische Zeugnisse der jüngeren erdgeschichtlichen Entwicklung (→ *Tertiär* bis → *Quartär*).

Meerengenlage *strait location*: → *Standort* an einer → *Meerenge*. Der Begriff wird v. a. in Bezug auf → *Städte* und → *Häfen* gebraucht.

Meeresbergbau *seabed mining*: → *Abbau* → *mariner* Erzlagerstätten auf dem bzw. im Meeresboden sowie Förderung von → *Erdöl* und → *Erdgas* aus Lagerstätten unter dem Meeresboden, v. a. im erdölhöffigen → *Schelf* (→ *Offshore-Vorkommen*). Neben dem Abbau landnaher Schwermineralseifenlagerstätten mit Schwimmbaggern kommt künftig der Gewinnung von Tiefsee-Erzen Bedeutung zu. Hierunter fallen z. B. die auf dem Meeresboden lagernden → *Manganknollen* sowie hydrothermale Erzschlämme (→ *Erz*, → *Seerecht*, → *Tiefseebergbau*).

Meeresboden-Spreizungszone → *Sea-Floor Spreading*.

Meeresfazies → *marine Fazies*.

Meereskunde (Ozeanographie) *oceanography*: Fachwissenschaft zwischen → *Geophysik* und → *Geographie*, der sich mit den → *Meeren* und ihren verschiedenen Erscheinungen befasst. – Die allgemeine M. beschäftigt sich mit den physikalischen und chemischen Eigenschaften des → *Meerwassers*, den Bewegungserscheinungen (→ *Meeresströmungen*, → *Wellen* und → *Gezeiten*) und den auf die tierischen und pflanzlichen Organismen wirkenden → *marinen* Umweltbedingungen. – Die sog. spezielle M. setzt regionalgeographisch an und untersucht die einzelnen → *Meeresräume* oder Teile dieser. (→ *Theorie der geographischen Dimensionen*)

Meereslage *location close to the sea*: Lage eines → *Standortes* zum nächstgelegenen bzw. nächsterreichbaren Meer. Der Begriff wird hauptsächlich mit Bezug auf Städte oder Industriebetriebe verwendet und kann sich auf topographische und klimatische Gegebenheiten, v. a. aber auf die Verkehrsanbindung durch einen → *Hafen* beziehen.

Meeresraum *part of the sea*: ein aufgrund besonderer natürlicher Bedingtheiten abgrenzbarer Teil des → *Meeres* (z. B. das küstennahe → *Flachmeer*, die → *Tiefsee* usw.).

Meeresregion *oceanic region, sea region*: die drei großen Teilgebiete des → *Weltmeeres*, welche sich aus der Land-Wasser-Verteilung der Erde ergeben, also die → *Ozeane*. Auch deren größere Teilräume werden als M. bezeichnet.

Meeresspiegel *sea level*: die in Ruhe gedachte Wasseroberfläche des → *Meeres*, die Ausgangspunkt aller Höhenangaben auf der → *Erde* ist. Da der Wasserstand ständig schwankt, wird die M.-Höhe als mittlerer Pegelstand berechnet.

Meeresspiegelschwankungen *sea level fluctuations*: Wasserstandsveränderungen des → *Meeres*, die mit einem Verschieben der → *Küstenlinie* (→ *Küste*) verbunden sind. Durch die M. kann es ein Vorrücken des Meeres (→ *Transgression*) gegen das Land oder ein

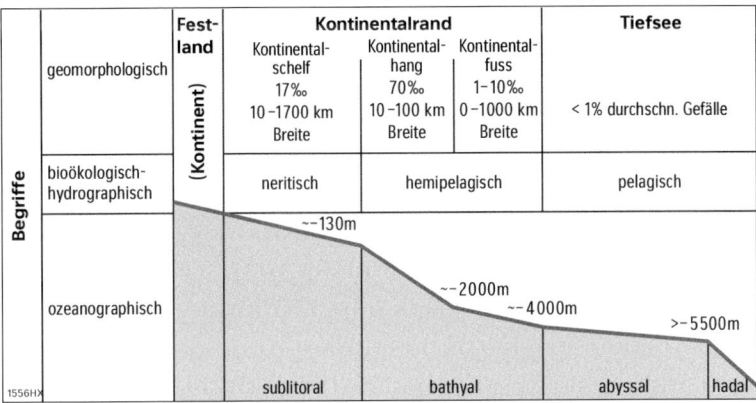

Meeresraum

Zurückweichen (→ *Regression*) geben. Ursachen können großräumige Änderungen des Wasserhaushaltes der Erde sein, z.B. durch Festlegen des Wassers in Form von → *Inlandeis* und Gebirgsvergletscherungen (→ *eustatische Meeresspiegelschwankungen*) oder Hebung bzw. Senkung des Festlandes (→ *isostatische Ausgleichsbewegungen*). Durch M. entstehen → *Küstenterrassen* bzw. → *marine Terrassen*.

Meeresströmung *ocean [sea, marine] currents, drift*: die beständigen, horizontalen und vertikalen Transportbewegungen von Wassermassen in den → *Meeren*. Die Strömungsgeschwindigkeiten betragen oft 35–60 km pro Tag. Die Oberflächenströmungen gliedern sich in die durch Winde in Gang gesetzten → *Drift*strömungen und die beständigen, in großen → *Kreisläufen* angeordneten Druckgefälle- bzw. Gradientströme, die in ihren Bewegungen unter dem Einfluss der ablenkenden Kraft der Erdrotation (→ *Corioliskraft*) stehen. Am Wasseraustausch beteiligt sind auch Tiefenströmungen und Strömungen des → *Auftriebswassers*, die kaltes nährstoffreiches Tiefenwasser an die Oberfläche bringen. Kalte und warme M. beeinflussen das Klima in regionaler und globaler Größenordnung.

Meeresverschmutzung *sea pollution, ocean pollution, marine pollution*: durch → *anthropogene* Stoffeinträge (→ *Asche*, → *Abwasser*, → *Dünger*, → *Erdöl*, → *Staub* etc.) auf verschiedenen → *Belastungspfaden* ins → *Meer* (→ *Abfackeln*, → *Verklappung*).

Meereswellen *sea waves*: schwingender Bewegungsvorgang des → *Meerwassers* ohne nennenswerte Verfrachtung von Wassermassen. Die Wasserteilchen führen an Ort und Stelle kreisende und schwingende Bewegungen aus, die sich auf die Umgebung übertragen. M. werden durch → *Wind* und seltener durch → *gravitative Massenbewegungen* und vulkanische Ausbrüche und Beben (seismische Wellen; → *Seebeben*) hervorgerufen. Die Wellenhöhen erreichen bei orkanartigen Stürmen bis 20 m (→ *Dünung*, → *Tsunami*, → *Welle*).

Meergletscher *sea glacier*: → *Gletscher*, deren Zungen vom Land auf das → *Meer* übertreten oder die auf Meeresgebiet entstehen (→ *Eisschelf*).

Meerhalde → *Seehalde*.

Meernebel (Seenebel) *ocean mist*: kondensierter → *Wasserdampf* in der untersten → *Schicht* der → *Troposphäre* über Meeresflächen. M. bilden sich besonders beständig und häufig über kalten → *Meeresströmungen*, z.B. im Gebiet des Labradorstromes (→ *Meer*, → *Nebel*).

Meersalzgewinnung *sea salt panning, sea salt production*: Gewinnung von Kochsalz (NaCl) aus → *Meerwasser*. Die einfachste Art der M. ist die Verdunstung des Meerwassers in flachen Becken. Starke Sonneneinstrahlung und Wind begünstigen den Prozess. Die Salzlauge kristallisiert aus, sodass nach wiederholtem Zupumpen von Salzlauge das Salz abgebaut werden kann. Eine M. erfolgt auch bei der technisch aufwändigen → *Meerwasserentsalzung* (→ *Salz*, → *Salzgarten*).

Meerwasser *ocean (sea) water*: das salzhaltige → *Wasser* der → *Meere*, welches als wässrige Lösung etwa 35‰ → *Salze* enthält. Das M. unterscheidet sich chemisch, physikalisch und biologisch vom → *Süßwasser* der Festländer. Wichtig für das Naturgeschehen im Meer sind drei physikalische Sachverhalte: – der osmotische Druck ist im Meer viel höher (bei 35‰ Salzgehalt 23 at); – der Gefriervorgang setzt bei niedrigerer Temperatur ein (bei 35‰ Salzgehalt -1,9 °C); – die Temperatur des Dichtemaximums erniedrigt sich (bei 35‰ Salzgehalt -3,53 °C)→ (Salinitätsgrad, → *Salzwasser*).

Meerwasserentsalzung *desalination*: Verfahren zur Entsalzung des → *Meerwassers* in → *Süßwasser*-Mangelgebieten mit großtechnischen Anlagen. Entsalztes Meerwasser wird sowohl zur → *Wasserversorgung* als auch im → *Bewässerungsfeldbau* eingesetzt. Da die M. verhältnismäßig teuer ist, fand sie in → *ariden* und → *semiariden* → *Entwicklungsländern* noch keine weite Verbreitung. Haupteinsatzgebiete sind hingegen Länder mit günstigen Preisen für → *fossile Brennstoffe* (z. B. Golfstaaten), oft auch in Kombination mit Industrieanlagen (z. B. Aluminiumwerken). Ökologisch problematisch ist neben dem enormen Energieeinsatz die Entsorgung der durch die M. entstehende konzentrierten → *Sole*.

Megachore *megachore*: in der → *Hierarchie* naturräumlicher Einheiten eine naturräumliche Region in der → *geosphärischen Dimension* repräsentierend. M. sind jene landschaftlichen Großeinheiten, die mit gängigen topographischen Begriffen belegt sind (z. B. Anden, Tarim-Becken). M. werden durch einige wenige (meist geomorphologische) → *Geofaktoren* definiert.

Megadüne → *Draa*.

Megagaea (Arctogaea) *Megagaea*: 1. biogeographischer Begriff aus der Einteilung der Erde in Bioreiche, wobei in der M. Nordamerika, Eurasien, Afrika, Arabische Halbinsel, Vorder- und Hinterindien zusammengefasst waren. 2. in der → *Paläogeographie* der → *Geologie* eine nach → *Orogenesen* im → *Präkambrium* konsolidierte Kontinentalmasse, von → *Urozeanen* umgeben und z. T. durchbrochen. Nach dem → *Algonkischen Umbruch* (→ *Algonkium*) entwickelte sich Neogaea, deren zentrale Teile die → *Urkratone* bildeten (→ *Pangäa*).

Megalopolis *megalopolis*: Riesenstadt; sehr großflächiger → *Agglomerationsraum* mit hoher → *Bevölkerungsdichte*, die sich als zusammenhängend bebaute und verdichtete → *Stadtlandschaft* aus mehreren → *Metropolen* und dazwischengelagerten → *Großstädten* und einigen kleineren Städten zusammensetzt. Gottmann prägte 1961 den Begriff für die großflächig verdichtete Zone an der Ostküste der USA zwischen Washington D.C. und Boston, die durch eine Häufung von Großstädten, Industrie- und Gewerbestandorten und Verkehrsanlagen sowie durch intensive sozio-ökonomische Verflechtungen gekennzeichnet ist.

Megarelief *megarelief*: Größtformen der → *Erde* mit Erstreckung (B) >10⁶ m und mit Fläche (F) >10¹² m², wie z. B. der Kanadische Schild.

Megastadt (Megacity) *mega city*: – eine → *Großstadt* mit mind. 10 Mio. Einw. und i. d. R. der Funktion eines politisch-ökonomischen Zentrums sowie Knotenpunkt von Verkehrs- und Informationsströmen. Die Wachstumsraten der M. sind aufgrund des starken Zuzugs durch → *Migration* sowie das natürliche → *Bevölkerungswachstum* hoch. – zunehmend mehr M., v. a. im Globalen Süden aufgrund exzessiven Städtewachstums, was zu Infrastruktur-, Umwelt- und Steuerungsproblemen sowie → *sozialen Ungleichheiten* führen kann. Der Begriff der M. ist eine rein quantitative Einordnung und muss von dem Begriff → *Weltstadt* unterschieden werden, da dieser eine qualitative Dimension (z. B. seine Vernetztheit) beinhaltet.

Megathermen *megathermal plants*: Pflanzen mit den gegenwärtig höchsten Wärmeansprüchen, die gleichzeitig hohe Feuchtigkeit benötigen und grundsätzlich keinen Frost vertragen, daher nur bei einer Jahresmitteltemperatur von über 20 °C vorkommend.

Megawatt (MW) *megawatt*: Einheit der elektrischen Leistung. 1 MW ist das Millionenfache der Leistungseinheit Watt (1 MW = 1 000 kW = 1 000 000 W).

Mehrbetriebsunternehmen → *Mehrwerksunternehmen*.

Mehrfachorientierung *multiple orientation*: versorgungsfunktionale Ausrichtung der Einwohner einer Gemeinde auf mehrere → *Zentrale Orte* gleicher Stufe zur Bedarfsdeckung. M. ist ein typisches Kennzeichen von Gemeinden in → *polyzentrischen Verdichtungsräumen* und solcher mit Überlagerungsbereich der → *Einzugsgebiete* verschiedener Zentren.

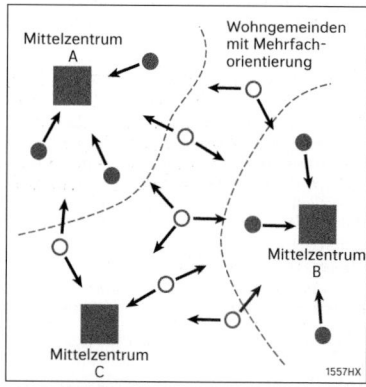

Mehrfachorientierung

Mehrfamilienhaus *apartment house*: Wohnhaus, das in zwei oder mehr Geschossen übereinander drei oder mehr abgeschlossene Wohnungen enthält. Es kann sich um Miet- oder → *Eigentumswohnungen* handeln. M. können alleinstehend oder in Zeilen- oder Blockbauweise aneinandergebaut errichtet werden. Eine Sonderform ist das Wohn-→ *Hochhaus*.

Mehrgenerationenhaus *multi-generation house*: Förderinstrument in Deutschland, mit dem Möglichkeiten geschaffen werden sollen, an denen das Prinzip der → *Großfamilie* in moderner Form gelebt werden kann. M. sollen Strukturen bieten, in denen die Gemeinschaft von Kindern, Jugendlichen, Erwachsenen, Älteren und sehr Alten aktiv gelebt werden kann.

Mehrkern(e)modell *multiple nuclei theory*: eines der → *Stadtmodelle*. Beim M. geht das Flächennutzungsmuster der → *Stadt* nicht aus dem Wachstum eines einzigen Siedlungskerns hervor, sondern wird durch das Zusammenwachsen mehrerer, z. T. ehemals selbstständiger, Siedlungskerne gebildet (→ *Raummuster*).

Mehrörtigkeit → *Multilokalität*.

Mehrproduktbetrieb *multi-product operation*: Produktionsbetrieb, der unterschiedliche Erzeugnisse herstellt und vertreibt. Das Produktionsprogramm kann dabei entweder aus Kuppelprodukten, die bei einer Produktionstätigkeit gleichzeitig hergestellt werden, bestehen oder mehrere Artikel unterschiedlicher Ausführung beinhalten. Auch ist die Produktion verschiedener Grundprodukte gleicher Verarbeitungsstufe denkbar.

Mehrstraßendorf *multi-street village*: ländliche → *Siedlungsform* mit hervortretender Linearstruktur im Grundriss. Die Gebäude des M. sind entlang parallel verlaufender, sich gabelnder oder sich kreuzender geraden Straßen aufgereiht (→ *Straßendorf*, → *Linearsiedlung*).

Mehrwegverpackung *reusable packing*: Verpackung, die mehrfach Verwendung finden kann. M. spielen seit langem v. a. in der Getränkeindustrie eine große Rolle. Bekanntestes Beispiel ist die Mehrwegglasflasche, die als Getränkebehältnis i. d. R. mehr als 30 Umläufe aushält. Bei kurzen Transportstrecken gelten M. daher als umweltfreundlicher im Vergleich zu → *Einwegverpackungen*.

Mehrwerksunternehmen (Mehrbetriebsunternehmen) *multi-site enterprise*: Unternehmen, in den Einheiten der Produktion, Distribution, Administration oder Forschung an verschiedenen → *Standorten* lokalisiert sind. M. bestehen mindestens aus zwei Werken bzw. → *Betrieben*. Eine einfache Form des M. ist der Hauptbetrieb, der noch einen Zweigbetrieb hat (→ *Standortspaltung*).

Mehrzweckfrachter *multi-purpose cargo vessel*: Frachtschiff in der → *Binnen-* oder Seeschifffahrt, das von seiner Ausstattung her wahlweise für den Transport von Feucht- oder Trockenschüttgütern und Mineralöl bzw. Ölprodukten benutzt werden kann. Dem Vorteil der vielseitigen Verwendbarkeit steht der Nachteil höherer Bau- und Betriebskosten gegenüber, sodass M. immer stärker durch spezialisierte Einzweckfrachter ersetzt werden.

Mehrzweckverband *multi-purpose association*: kommunaler → *Zweckverband*, der als → *Gebietskörperschaft* zur Erfüllung verschiedener übergemeindlicher Aufgaben für ein bestimmtes → *Problemgebiet* gegründet wurde. Zu den M. gehören insbesondere solche, die außerhalb der kommunalen Verwaltungsgebietsorganisation administrative und Planungsaufgaben erfüllen, z. B. der Regionalverband Ruhr (RVR, früher Siedlungsverband Ruhrkohlenbezirk bzw. Kommunalverband Ruhrgebiet).

Mehrzweckwald *multifunctional forest*: ein Wald mit Mehrzweckfunktion, d. h. die Erholungsfunktion mit den → *Wohlfahrtswirkungen* des Waldes sind genau so wichtig wie die Holznutzung. V. a. → *Forste* erreichen die Mehrzweckfunktion nicht immer, weil die Holzproduktion im Vordergrund steht. Um M. zu strukturieren, bedarf es jahrzehntelanger Voraussicht und einer nachhaltigen Wirtschaftsweise, die den M. tatsächlich zum Ziel hat (→ *Nachhaltigkeit*).

Meierhof *homestead, farm*: zur Zeit der Herrschaft von Grundherren verliehenes Pachtgut. Der Meier war ein grundherrlicher Amtsträger, der die abhängigen Bauernstellen beaufsichtigte und für die Grundherrenschaft deren Abgaben einzog. Als M. werden heute noch die Bauerngehöfte oder -gebäude genannt, in denen einmal der Verwalter eines adligen oder geistlichen Gutshofes gewohnt hat.

Meistbegünstigungsklausel *most favoured nation clause*: eines der außenhandelspolitischen Grundprinzipien, wie sie im Allgemeinen Zoll- und Handelsabkommen → *GATT* (→ *WTO*) kodifiziert sind. Die M. orientiert sich am Leitbild des → *Freihandels* und besagt, dass einem bestimmten Land gewährte handelspolitische Vergünstigungen auch allen anderen GATT-Vertragsstaaten zugute kommen müssen. Es handelt sich um die Multilateralisierung bilateral ausgehandelter Handelszugeständnisse.

melanokrat *melanocratic*: im Gegensatz zu → *leukokrat* Bezeichnung für → *Magmatite*, also Erstarrungsgesteine, in denen basische, dunkle Gemengteile (→ *Augit*, → *Amphibol*) vorherrschen, z. B. bei → *Diorit*, → *Gabbro* und → *Basalt*.

Melioration *amelioration, melioration*: heute sehr kritisch zu bewertende kulturtechnische Maßnahmen zur agrarwirtschaftlichen

Bodenverbesserung. Formen der M. sind die Trockenlegung versumpfter oder vernässter Flächen durch → *Entwässerung* bzw. Dränung (→ *Drainage*), → *Bewässerung* oder → *Beregnung* von Wassermangelgebieten sowie die → *Moor-* und Ödlandkultivierung (→ *Moorkultur*).

Meliorationskredit *soil improvement loan*: Darlehen für Maßnahmen zur Bodenverbesserung (→ *Amelioration*), insbesondere zur Ertragsverbesserung → *landwirtschaftlicher Nutzflächen*.

Menapium → *Menap-Kaltzeit*.

Menap-Kaltzeit (Menapium, Menap-Komplex) *Menap glacial stage*: der → *Günz-Kaltzeit* im alpinen Raum entsprechende Kaltzeit des nördlichen Mitteleuropa, der ca. von 1,2 Mio J.v.h bis 820 000 J.v.h andauerte. Kies- und Grobsandsedimente lassen Glazialeinfluss (Gletscherschub, Eisschollendrift) erkennen. Die in den Niederlanden nachgewiesene M.-K. weist zwar ein überwiegend → *fluviales* → *Geschiebe-* bzw. Geröllspektrum auf, das aber südschwedisches Material enthält, woraus → *glazialer* Transport ableitbar ist.

Menap-Komplex → *Menap-Kaltzeit*.

Menschenrechte *human rights*: zum ersten Mal 1948 in der von den → *Vereinten Nationen* verabschiedete Erklärung der Menschenrechte festgehalten. M. werden für alle Menschen als universell geltend angesehen. Die M. beinhalten die Achtung der Würde des Menschen unabhängig von Sprache, Religion, Geschlecht, Herkunft, etc. sowie festgeschriebene Rechte auf Nahrung, Unterkunft, Arbeit, Bildung und medizinische Versorgung.

mental map → *kognitive Karte*.

Mercado Comun del Cono Sur → *MERCOSUR*.

Mercalli-Skala *Mercalli intensity scale*: zwölfteilige Skala für die Beschreibung der örtlichen Aktivität eines → *Erdbebens*. Die M.-S. dient der groben Abschätzung der Erdbebenstärke. Sie stützt sich ausschließlich auf die Fühlbarkeit bzw. Zerstörungskraft des Bebens und reicht von „unmerklich" bzw. „große Katastrophe" bzw. „nicht fühlbar" bis „kleine Einrichtungen und Bauten halten stand".

Mercator-Projektion *Mercator projection*: Zylinderprojektion, die zu einer winkeltreuen Abbildung der Erdoberfläche (3D) in einer → *Karte* (2D) führt. Die M.-P. ist nach Gerhard Mercator benannt, der 1569 die erste M.-P. zur Verbesserung der Navigation in der Seefahrt veröffentlichte.

Merchandising Verkaufsunterstützung des Warenherstellers gegenüber dem Handel. Dazu zählen optimale Warenpräsentation und Kommunikation am Verkaufspunkt (innerbetrieblicher Standort, Preisauszeichnung, Displaygestaltung usw.), Überwachung der Umschlagsgeschwindigkeit und Bereitstellung von Werbematerial.

MERCOSUR (Mercado Comun del Cono Sur, MERCOSUL (port.)) → *Zollunion* im südlichen Südamerika, die 1991 gegründet wurde. Mitgliedsländer sind Argentinien, Brasilien, Paraguay, Uruguay und Venezuela.

Mergel *marl*: ein → *Sedimentit* und Gemenge von → *Kalk* und → *Ton*, wobei das Mengenverhältnis stark schwankt. Kalk.-M. enthalten viel Calcit (bis 65% Kalk, 35% Ton), Ton-M. hingegen wenig Calcit (25% Kalk, 75% Ton) und mergeliger Ton noch weniger (5% Kalk, 95% Ton). Der M. im engeren Sinne verfügt über 35% Kalk und 65% Ton. Andere Derivate sind: – Sand-M., die viel Sand enthalten; – dolomitische M., in denen Calcit durch → *Dolomit* ersetzt ist; – Gips-M. enthalten größere Mengen → *Gips*; – ist der M. dünnschichtig, bezeichnet man ihn als M.-Schiefer; – Flammen-M. sind graue sandige M., von schwarzen Streifenmustern durchzogen.
Zum M. gehört auch der pleistozäne → *Geschiebemergel* mit 6–12% Kalk (Bereich der → *Nordischen Vereisungen*) und mit sehr hohen Kalkgehalten im ehemaligen alpinen Vereisungsgebiet. Der M. tritt praktisch in allen Farben auf (weißlich, gelb, blau, grün, rot bis schwarz). Die M. kommen in verschiedenen Systemen des → *Känozoikums* und des → *Mesozoikums* vor. Die M. verwittern leicht.

Mergelböden *mergel soils*: Sammelbezeichnung für kalkreiche Böden, die sich auf Mergelgesteinen entwickelt haben. Typologisch sind dies je nach dem Tongehalt des → *Mergels* → *Rendzinen*, Pararendzinen oder → *Pelosole*.

Mergelschiefer *marly shale*: dunkle, grauschwarze, verfestigte → *Mergel* (→ *Schiefer*).

mergers and acquisitions (M & A) *Fusion und Übernahme*: Bezeichnung für den Zusammenschluss (*mergers*:) und die Übernahme (*acquisitions*:) von Unternehmen. M. a. a. gelten als Hauptbestandteil des → *Investmentbankings* und der → *Unternehmensfinanzierung* (corporate finance:). Die Anzahl und Größenordnung nationaler und internationaler m.a.a. hat Ende der 1990er-Jahre und zu Beginn des neuen Jahrtausends stark zugenommen und gilt als wesentlicher Schrittmacher der fortschreitenden Globalisierung der Wirtschaft.

Meridian *meridian*: im → *Gradnetz* der Erde eine der geographischen → *Pole* verbindende Halbkreis. Zwei gegenüberliegende M. bilden einen → *Längenkreis*.

meridional *meridional*: in der → *Pflanzengeographie* ein ausschließliches oder überwiegendes Vorkommen von → *Taxa* in der südlichen Zone des außertropischen Bereiches der Nordhemisphäre.

meridional *meridional*: entlang der → *Längenkreise* des Gradnetzes der Erde ausgedehnt oder verbreitet.

Meridionalzirkulation *meridional circulation*: der Typ der wellenartig wechselnden, stark in N-S- bzw. S-N-Richtung verlaufenden großräumigen Luftströmungen der → *Mittelbreiten*. Im Gegensatz dazu steht die mehr oder weniger breitenkreisparallele → *Zonalzirkulation*.

Merkantilismus *mercantilism*: → *Wirtschaftsordnung*, die in Europa v. a. im 17./18. Jh. verbreitet war. M. beruht auf staatlicher Lenkung und Förderung von Handel, → *Gewerbe* und → *Bergbau* mit dem Ziel verstärkter Wohlstandsmehrung des Staates und seiner herrschenden Schichten. Im Vordergrund steht das Streben nach Überschüssen im → *Außenhandel* zur wirtschaftlichen Entwicklung des eigenen Staats. Auch der Erwerb überseeischer → *Kolonien*, → *Binnenkolonisation* und die Vermehrung der einheimischen Bevölkerung (z. B. durch Förderung der → *Einwanderung*) sind vielfach mit dem M. verbunden.

meromiktisch *meromictic*: bezeichnet → *Seen*, deren Wasserkörper bei Durchmischungsereignissen nur im oberen „Stockwerk", dem Mixolimnion, umgeschichtet wird, weil sie nur bis zu einer bestimmten Tiefe auskühlen. In größeren Tiefen reichert sich das Wasser mit +4°C Temperatur an (= Wasser größter Dichte). Wenn eine → *Vollzirkulation* aus witterungsklimatischen Gründen häufiger ausfällt, kann sich ein sauerstoffarmer bis sauerstofffreier Tiefenbezirk, das Monimolimnion, bilden. (→ *Seezirkulation*). M. Seen kommen in den → *gemäßigten Breiten* oder in → *temperierten* Klimaten vor.

Merotop (Kleinstbiotop, Kleinstlebensraum, Mikrohabitat, Minimalbiotop) *microbiotope*: der Strukturteil eines der → *Biozönose*. Als M. gelten z. B. Wurzel- und Rindenraum eines Baumes oder die Lückensysteme der Bodenoberfläche und ihrer Auflagen, z. B. der → *Streu*. Im M. lebt eine spezialisierte Kleinstlebensgemeinschaft, die → *Merozönose*. Das M. ist funktional eng mit anderen Biotopteilen verbunden. Trotzdem sind die im M. vorkommenden Organismen von den übrigen Teilen des Biotops deutlich abgesetzt.

Merozönose (Kleinstlebensgemeinschaft) *merocoenosis*: Bewohnergemeinschaft eines → *Merotops*, die sich durch gleiche → *Lebensformen* auszeichnet, mit Anpassungen an die Besonderheiten des Merotops.

Mesa → *Tafelberg*.

Meseta → *Plateau*.

Mesochore *mesochore*: Raumeinheit in der → *Hierarchie* naturräumlicher Einheiten, der → *chorischen Dimension* angehörend. Die M. besteht aus mehreren → *Mikrochoren*. Für die Ausscheidung der M., bei denen untere und obere Ordnungsstufe unterschieden werden, spielt das → *Landschaftsgefüge* eine große Rolle, somit die → *Landschaftsgenese*, soweit sie sich in den stabilen Standorteigenschaften (→ *Bodenform* und → *Oberflächennaher Untergrund*) ausdrückt. Weitere Kriterien: Lageprinzip und die Dimensionen der Gefügebestandteile.

Mesoeuropa *Meso-Europe*: in der tektonischen Raumgliederung Europas die im → *Karbon* in der → *Variskischen Gebirgsbildung* gefalteten Teile Europas, die → *Ureuropa* angegliedert wurden.

mesohalin *mesohaline*: bezeichnet Wasser mit einem → *Salinitätsgrad* zwischen 1,8 und 18‰. M. Wasser steht zwischen → *Süßwasser* und → *Meerwasser* (→ *Brackwasser*).

Mesohemerobie *mesohemeroby*: die mäßig → *anthropogen* beeinflusste Qualität von Standorten in → *Stadtökosystemen*.

Mesoklima *mesoclimate*: das → *Klima* eines begrenzten Landschaftsraumes (meist → *chorischer Dimension*), z. B. einer Reliefeinheit, einer Geländekammer, eines Ballungsgebietes. Das M. beschreibt die durchschnittlichen lokalen Abwandlungen und Besonderheiten des → *Makroklimas*. Typische mesoklimatische Erscheinungen bzw. Merkmale sind → *Lokalwinde*, die Überwärmung in → *Städten* im Rahmen des → *Stadtklimas*, thermische Ausgleichswirkungen großer Wassermassen, → *Luv*- und → *Lee*-Effekte in Gebirgen usw.. Eine andere Größenordnung stellt das → *Mikroklima* dar.

Mesophyten *mesophytes*: an mäßig-feuchten Standorten gut durchlüfteter Böden ohne längere → *edaphische* Trockenheit vorkommende Pflanzen. Der Verdunstungsschutz der M. ist wenig entwickelt. Die M. ordnen sich zwischen → *Hygrophyten* und → *Xerophyten* an. Ihre Blätter sind relativ groß und ihre Oberflächen weisen weder Behaarung noch Wachsüberzüge auf (→ *Homoiohydre*).

Mesophytikum (Gymnospermenzeit, Florenmittelalter) *mesozoic period, mesophyticum*: Zeitabschnitt aus der → *Florengeschichte der Erde*, auf das → *Paläophytikum* folgend und vom → *Zechstein* bis zur unteren → *Kreide* reichend. Charakteristisch ist das Verschwinden der baumförmigen Farne, an deren Stelle verschiedene Klassen der → *Gymnospermen* treten. Dieser Florenwandel ist für die Nordhemisphäre nachgewiesen, während auf der Südhalbkugel (ehemaliges → *Gondwanaland*) die alte Entwicklung zunächst noch weiter ging. Besonders differenziert verlief die Vegetationsentwicklung im → *Jura* und in der → *Kreide*, in der die Nacktsamer rasch und großräumig verschwanden und an ihre Stelle

Mesoraum

	Größenhaupttyp			Größentyp			Beispiele
	B(m)	F(m²)	T/H(m)	B(m)	F(m²)	T/H(m)	
Megarelief	>10^6	>10^{12}		>10^6	>10^{12}		Schilde, Ebenheiten
	—10^6—	—10^{12}—		—10^6—	—10^{12}—		
Makrorelief B			>10^3			>10^3	Ebenen, kontinentale Gebirge
				—10^5—	—10^{10}—		
Makrorelief A	—10^4—	—10^8—	—10^3—	—10^4—	—10^8—	—10^3—	Mittelgebirge, Plateaus, Tiefebenen
Mesorelief B				—10^3—	—10^6—	—10^2—	Berge, Bergzüge, Sanderflächen, Täler
Mesorelief A	—10^2—	—10^4—	—10^1—	—10^2—	—10^4—	—10^1—	Moränenhügel, Talböden, Täler
Mikrorelief B				—10^1—	—10^2—	—10^0—	Doline, Düne, Toteisloch, Hangmulde, Rutschung
Mikrorelief A	—10^0—	—10^0—	—10^{-1}—	—10^0—	—10^0—	—10^{-1}—	Erosionsrinne, -graben, Bachbett
Picorelief							Karren, Tafoni, Erosionsrille
	—10^{-2}—	—10^{-4}—	<10^{-1}	—10^{-2}—	—10^{-4}—	<10^{-1}	
Nanorelief	<10^{-2}	<10^{-4}		<10^{-2}	<10^{-4}		Gletscherschrammen

B = Erstreckung (Basisbreite) F = Fläche T/H = Tiefe/Höhe

Mesorelief

die Bedecktsamer traten. Auf das M. folgt die letzte große florengeschichtliche Epoche der Erde, das → *Känophytikum*.

Mesoraum *meso space*: bei einer Analyse → *geographischer Räume* nach unterschiedlichen Dimensionen der → *Raum* mittlerer Größenordnung im Gegensatz zum → *Makro-* und zum → *Mikroraum*.

Mesorelief *mesorelief*: geomorphologische → *Oberflächenformen* mit Erstreckung bzw. Grundrissbreite (B) von 102 m bis 104 m, einer Grundfläche (F) zwischen 104 m² und 108 m² sowie Höhen (H) zwischen 101 m und 103 m. Formenbeispiele: Kyffhäuser, Kieler Förde und Rochusberg bei Bingen. (Makrorelief, Nanorelief, Picorelief).

mesosaprob *mesosaprobic*: eine Ordnungsstufe des → *Saprobiensystems*, die Wasser mit einer mittleren Menge faulender Substanzen bezeichnet. In solchem Wasser lebende Organismen sind m..

Mesosphäre *mesosphere*: die kalte mittlere → *Schicht* der → *Atmosphäre* mit nach oben abnehmender Temperatur zwischen der → *Stratosphäre* im engeren Sinn und der → *Ionosphäre*. Die M. liegt zwischen etwa 50 und 80 km Höhe oberhalb der → *Ozonschicht*.

Mesostandort *meso location*: → *Standort*, dessen Betrachtungsmaßstab sich an den regionalen Gegebenheiten orientiert. Ein M. kann z.B. ein → *Verdichtungsraum*, ein → *Landkreis* oder eine kleinere naturräumliche Einheit sein (→ *Mikrostandort*,→ *Makrostandort*).

Mesothermen *mesothermal plants*: Pflanzen mittlerer Wärmeanspruches, v.a. in den warmgemäßigten Klimazonen verbreitet, bei Jahresmitteltemperaturen von 15–20 °C. M. sind frostempfindlich und überstehen keine strengen Winter, weil sie wintergrün sind und ohne Knospenschutz sind. Viele Gewächse der mediterranen → *Subtropen* gehören zu den M., z.B. Citrusfrüchte, Olive, Reis oder Baumwolle.

mesotroph *mesotrophic*: – allgemein mittleres Nährstoffangebot und damit mittlere Produktivität, die dann zwischen eutroph und oligotroph liegt. – in der → *Pflanzenökologie* zwischen parasitisch (→ *Parasit*) und saprophytisch (→ *Saprobiont*) sich anordnende Lebensweise. – bezieht sich auf den Stoffgehalt von Böden mit einem mittleren Nährstoff- bzw. Basengehalt und steht somit ebenfalls zwischen → *eutroph* und → *oligotroph*. – in der → *Moorkunde* werden → *Übergangsmoore* mit nährstoffarmem → *Grundwasser* als m. bezeichnet.

Mesozoikum (Erdmittelalter in der Entwicklung der Lebewesen) *Mesozoic era*: von 251-65 Mio. J.v.h. mit den Systemen → *Trias*, → *Jura* und → *Kreide*. Im M. entwickelten sich die großen Reptilien, also Saurier, ebenso kleine und wenig entwickelte Säugetiere.

Mesozone *mesozone*: Tiefenstufe des Einwirkungsbereiches der → *Metamorphose* von Gesteinen mit Temperaturen von 700-900°C und höheren Drucken als in der → *Epizone*. Es laufen überwiegend chemische Umsetzungen ab. In der M. entstehen u. a. Amphibolite (→ *Amphibole*), → *Glimmerschiefer*, → *Marmore* und → *Quarzite*.

Messe *fair, trade fair*: größere Ausstellung mit nationaler und meist internationaler Beteiligung, bei der Unternehmen bestimmter → *Wirtschaftszweige* ihre Waren in Form von Mustern zum Verkauf anbieten. M. wenden sich i. d. R. nicht an Endverbraucher, sondern an Wiederverkäufer (→ *Groß*- und → *Einzelhandel*) und gewerbliche Verarbeiter. Aufgrund des zeitlich begrenzten Zusammenfindens branchenspezifischer Akteure aus aller Welt an demselben Ort, wird M. auch als „temporäre → *Cluster*" bezeichnet. M. stellen für → *Messestädte* oft einen wichtigen Wirtschaftsfaktor dar.

Messestadt *fair city, exhibition centre*: → *Stadt*, in der regelmäßig bedeutende → *Messen* stattfinden und die dadurch → *Destinationen* des → *Messetourismus* sind. M. sind für diese Funktion mit größeren Ausstellungshallen und -freiflächen, Kongresseinrichtungen, leistungsfähiger Hotellerie und einer günstigen überregionalen bis internationalen Verkehrsanbindung ausgestattet. Beispiele für deutsche M. sind Leipzig, Hannover, Frankfurt am Main und München.

Messetourismus *fair trade tourism*: Form des Geschäftsreiseverkehrs zum Zweck des Besuchs von → *Messen* oder der Warenpräsentation auf einer Messe. Da am M. v. a. Repräsentanten von Wirtschaftsunternehmen beteiligt sind, werden relativ hohe Einnahmen der Hotellerie und Gastronomie der → *Messestädte* generiert.

Messung *measurement, reading*: grundlegende Methode aller wissenschaftlichen Disziplinen. Jede planmäßig ausgeführte Tätigkeit zur Erhebung von → *quantitativen Daten*. M. benötigen einen Vergleichswert und damit eine Einheit, in der gemessen wird (z. B. Grad Celsius, Personen, Aussagen, Beobachtungen usw.). Wichtige Kriterien zur Beurteilung der Güte einer Messung stellen → *Validität*, → *Reliabilität* und → *Objektivität* dar.

Metabolismus → *Stoffwechsel*.

Metabolit *metabolite*: Produkt des → *Stoffwechsels* von Lebewesen.

Metadaten *metadata*: beschreibende Daten (Daten über Daten), deren Zweck es ist, die Zugänglichkeit, Vergleichbarkeit sowie den Austausch von Daten zu gewährleisten und zu optimieren. Durch eine systematische Führung von M. können übergeordnete Zusammenhänge von Datensätzen hergestellt werden, was die Verwaltung und Fortführung entsprechender Datensätze erleichtert. Im amtlichen Geoinformationswesen werden M. zur Verwaltung und zum Austausch von → *Geodaten* erfasst. Die EU-Richtlinie → *INSPIRE* gibt für den Aufbau einer europäischen → *Geodateninfrastruktur* M. vor. Diese beziehen sich u. a. auf Urheberinformationen, Erfassungsverfahren, Qualitätsmerkmale, Verfügbarkeit und Nutzungsrechte von Geodaten.

Metahemerobie *metahemeroby*: ein → *anthropogen* übermäßig stark belastetes → *Stadtökosystem*, in welchem die → *biotischen* Elemente verdrängt oder vernichtet wurden.

Metalimnion *metalimnion*: eine Grenz- bzw. → *Sprungschicht* in → *Seen*, innerhalb derer sich die Wassertemperatur stark ändert und die das wärme → *Epilimnion* vom kalten → *Hypolimnion* trennt. Der Temperaturgradient von 1 bis 3 °C und mehr je Tiefenmeter ist für Seen der → *gemäßigten Breiten* gültig (→ *Thermokline*).

Metalle der Seltenen Erden (Seltene Erden, Seltene Erdelemente, SEE) *Rare Earth Elements, REE*: für die Elektronikindustrie wichtige Metalle. Zu der Gruppe der M. d. S. E. gehören insgesamt 17 chemische Elemente, die v. a. in Verbindung mit anderen Elementen (v. a. → *Mineralien*) auftreten und i. d. R. in Form ihrer Oxide (früher „Erden" genannt) isoliert werden. Einige der M. d. S. E. (Cer, Yttrium und Neodym) kommen in der Erdkruste sehr häufig vor (z. B. häufiger als Blei oder Arsen). Thulium, das seltenste stabile Element der M. d. S. E., kommt immer noch häufiger vor als Gold oder Platin. Der Gewinnung der M. d. S. E. ist aufwändig, da die Elemente nicht in größeren → *Lagerstätten* vorkommen, sondern zumeist nur jeweils in kleinen Mengen, in sehr vielen, weit verstreut lagernden Mineralien sowie als Beimischungen in anderen Mineralien. Ein Großteil der industriellen Gewinnung geschieht daher als Nebenprodukt.

Metallurgie *metallurgy*: Disziplin und Technologien, die sich mit der Metallgewinnung, der Raffination und der Weiterverarbeitung von Metallen zu Legierungen sowie der Metallformung befassen.

Metallverarbeitung *metal processing, metal industry*: alle → *Industriezweige*, die sich mit der Verarbeitung von Metallen zu Industriegütern befassen.

metamikt *metamict*: → *Minerale* (mit radioaktiven Elementen), die äußerlich einen → *Kristall* bilden, im Inneren jedoch → *amorph* sind, weil das → *Kristallgitter* durch Beschuss mit Alphastrahlung zerstört wurde.

metamorphe Differentiation *metamorphic differentiation*: Anreicherung und Absonderung von → *Mineralen* bei der → *Metamorphose*.

metamorphe Fazies *metamorphic facies*: → *Metamorphite*, die sich nach vorherrschenden → *Mineralien* gruppieren lassen.

metamorphe Gesteine *metamorphic rocks*: → *Metamorphite*.

Metamorphite (metamorphe Gesteine) *metamorphic rocks, metamorphite*: aus → *Sedimentiten* und Erstarrungsgesteine bei → *Gebirgsbildungen* unter Druck- und Temperaturänderungen und/oder durch den Kontakt mit aufsteigendem → *Magma* innerhalb der → *Erdkruste* entstehende Gesteine, unter wenigstens teilweiser Erhaltung des festen Zustandes. Der Vorgang heißt → *Metamorphose*. Es entstehen → *Kristalline Schiefer* und → *Kontaktgesteine*. Typische M. sind u.a. → *Glimmerschiefer*, → *Gneis*, Granulit, → *Marmor*, → *Phyllit* und → *Quarzit*.

Metamorphose *metamorphosis*: allgemein Gestaltwandel, Verwandlung. 1. M. der Gesteine durch Temperatur- und Druckänderungen, bei meist gleichzeitigem Eindringen von Gasen und/oder Lösungen im Inneren der → *Erdkruste*. Es entstehen → *Metamorphite*, die gegenüber dem Ausgangsgestein infolge mechanischer und/oder chemischer Umformungen Gefüge- und/oder Mineralbestandsänderungen aufweisen, ohne dass sich der Gesamtchemismus ändert. Haupttypen bei der M. der Gesteine sind → *Regionalmetamorphose*, → *Dislokationsmetamorphose* und → *Kontaktmetamorphose*. Einzelprozesse der M. sind u.a. → *Granitisierung*, → *Metasomatose* und → *Migmatisierung*. 2. in der Botanik die im Verlauf der Stammesgeschichte erfolgte Anpassungen typischer Vegetationsorgane (Wurzel, Spross, Blatt) an den → *Umweltwandel*. 3. in der Zoologie wird M. auch als Metabolie bezeichnet. Dies für die Entwicklung eines Tieres über ein oder mehrere Larvenstadien hinweg, mit Größen- und Gestaltänderungen. 4. die im gefallenen Neuschnee ablaufenden Umwandlungprozesse durch Schmelzen und Wiedergefrieren, versickerndes Wasser, Wasserdampftransport durch Verdunstung und Verdichtungen. Destruktive M. führt zum Abbau der Schneekristalle und Entstehung von körnigem Schnee (→ *Firn*). Konstruktive M. lässt neue Kristalle (sog. → *Becherkristalle*) entstehen (→ *Tiefenreif*).

Metapotamal *metapotamal:, bream region*: Bestandteil der → *Fließgewässergliederung* Mitteleuropas und die mittlere Tieflandflussregion oder → *Brachsenregion* der → *Fließgewässer* → biozönosen bezeichnend.

Metarhithral *metarhithral:,salmonid zone*: Bestandteil der → *Fließgewässergliederung* Mitteleuropas und die mittlere Gebirgsbachregion oder untere → *Forellenregion* bezeichnend.

Metasomatose *metasomatism*: durch chemische Prozesse bedingtes Ersetzen von → *Mineralien* durch andere, die durch heiße Lösungen und Dämpfe bzw. Magmarestschmelzen zugeführt werden. Es bilden sich die „Verdrängungslagerstätten", die metasomatischen → *Lagerstätten*, z.B. von → *Erzen*. So wandelt sich kohlensaurer Kalk ($CaCO_3$) in Eisenspat ($FeCO_3$) um.

Metatexis *metatexis*: Aufschmelzen des mineralischen Altbestandes bei der Bildung von → *Migmatiten*.

Meteor *meteor*: Lichterscheinung in der hohen → *Atmosphäre*, durch verglühende und verdampfende Materieteilchen hervorgerufen.

meteorisches Wasser *meteoric water*: jener Teil eines → *Grundwasser*körpers, welche jährlich oder innerhalb weniger Jahre in den Umsatz des → *Wasserkreislaufes* einbezogen sind. Das m. W. befindet sich im Fließbereich des → *Grundwassers* oberhalb der → *Vorfluter* (→ *Aufbrauch*).

Meteorit *meteorite*: Festkörper aus → *Gesteinen*, → *Eisen* oder einer Mischung aus beiden, die aus dem Weltall stammen und auf der → *Erdoberfläche* aufschlagen. Solange sie die Erdatmosphäre noch nicht erreicht haben, werden sie als Meteorid bezeichnet, nach Eintritt in die → *Atmosphäre* als Meteor.

Meteoritenkrater *meteor[itic] crater, meteorite crater*: durch extraterrestrische Vorgänge gebildete große → *Hohlform*, die auf → *Meteoriten* zurückgeht. Es bildet sich ein Einschlagstrichter mit umgebendem Wall aus Gesteinstrümmern des → *Liegenden*, lokal als → *Griess* bezeichnet. Der Meteorit selbst verdampft beim Aufschlag teilweise. Der Nachweis für den M. erfolgt dann geologisch: → *Coësit*, Strahlenkalk und Stishovit gelten als leitend. Große M. können Durchmesser zwischen 2 und 40 km haben. Das Nördlinger Ries (→ *Nördlinger Ries-Meteorit*), mit ca. 25 km Durchmesser des → *Kraters*, ist der zweitgrößte M. der Welt nach dem Vredefort-Ring (Südafrika; 40 km) und vor dem Wells-Creek (Tennessee/USA; 5 km).

Meteorologie (Wetterkunde) *meteorology*: die Wissenschaft von den physikalischen und zum Teil auch chemischen Prozessen und Erscheinungen der gasförmigen Hülle der → *Erde*, der → *Atmosphäre*, ebenso mit den Ursachen des Wettergeschehens (→ *Wetter*) und den Wirkungen des Wetters auf Lebewesen. Sie entwickelt → *Modelle* für die Wettervorhersage und die Simulation atmosphärischer Vorgänge in verschiedenen Maßstäben (Mikro- bis Makro-Skala). Die Grenzen zur → *Klimatologie* sind unscharf. Im Unterschied zur Klimatologie befasst sich die M. mehr mit atmosphärischen Prozessen in kürzeren Zeiträumen. Wichtige Teilgebiete der M. sind die → *Synoptik* (Wettervorhersage), die → *Aerologie* (v.a. Atmosphärenphysik), die → *Klimatologie* und die

Biometeorologie (→ *Bioklimatologie;* → *Klimamodelle*).
meteorologische Naturgefahren *meteorological hazards:* gemäß der → *ISDR* → *Naturgefahren*, die durch natürliche Prozesse oder Phänomene der Erdatmosphäre zustande kommen (z. B. Blitzschlag, Nebel, Wirbelstürme etc.; → *biologische Naturgefahren*, → *extraterrestrische Naturgefahren*, → *geologisch-geomorphologische Naturgefahren*, → *glaziologisch-kryosphärische Naturgefahren*, → *hydrologisch-glaziologische Naturgefahren*, → *marin-litorale Naturgefahren*).
Meteosat Serie europäischer → *geostationärer Satelliten*, die der Aufzeichnung → *meteorologischer* Daten dienen. Der erste Satellit der Serie (Meteosat-1) startete 1977, die Mission zu Meteosat-10 (auch MSG-3) im Jahr 2012.
Methan *methane, formene, marsh gas:* → *Kohlenwasserstoff* (CH4), der Hauptbestandteil des → *Erdgases* ist und auch im Gruben- und Sumpfgas enthalten sein kann. Bei der → *Schlammbehandlung* in → *Kläranlagen* entsteht das farb- und geruchlose, brennbare M., das in bestimmten Mischungsverhältnissen mit Sauerstoff explodiert. Wird es unvollständig verbrannt, entsteht Gasruß. M. kann man als Heizgas verwenden. Es bildet den Ausgangsstoff vieler organischer Verbindungen. M. entsteht auch als Stoffwechselprodukt mancher Mikroorganismen, den Methanbakterien. M. ist als Treibhausgas 25 mal wirkunsvoller als → *Kohlenstoffdioxid* (→ *Biogas*).
Methodik *methods:* die „Kunst des planmäßigen Vorgehens", die festgelegte Art des Vorgehens. Aber auch Gesamtheit aller wissenschaftlichen „Hinwege" zu einem Forschungsziel (→ *Methodologie*).
Methodologie *methodology:* Teildisziplin der → *Wissenschaftstheorie*; beschäftigt sich als Metawissenschaft mit der Anwendung, Schaffung und Legitimierung von wissenschaftlichen Forschungsmethoden und fragt u. a. nach den Kriterien dafür, welche Methode für eine bestimmte Anwendung geeignet ist, warum eine bestimmte Methode (→ *Methodik*) angewendet wird und keine andere.
metrische Daten *metric data:* Daten, deren Skalen auf der Basis von konstant definierten und damit gleichabständigen Intervallen gemessen werden (z. B. Entfernung), die aber keinen absoluten Nullpunkt aufweisen. Das → *Skalenniveau* (nominal, ordinal, metrisch) entscheidet über die Möglichkeit von statistischen Berechnungen. In der empirischen Sozialforschung kommen i. d. R. kaum m. D. vor, sondern vor allem → *Ordinaldaten* und → *Nominaldaten* (→ *Rationaldaten*).
Metropole *metropolis:* → *Hauptstadt*, politischer, wirtschaftlicher und gesellschaftlicher Mittelpunkt eines Landes. Insb. zentralistisch regierte → *Staaten* und viele → *Entwicklungsländer* weisen eine, alle anderen → *Großstädte* an Größe und Bedeutung weit überragende, M. auf (z. B. Paris, Athen bzw. Lagos, Teheran, Buenos Aires), während → *Bundesstaaten*, wie Deutschland oder die Schweiz, meist keine ausgeprägte M. besitzen.
Metropolisierung (Metropolisierungsprozess) *metropolization:* Entwicklung einer die anderen → *Städte* eines Landes an Größe und Bedeutung weit überragenden → *Metropole*. M. ist heute besonders in vielen → *Entwicklungsländern* zu beobachten. Die → *Hauptstadt* oder eine → *Hafenstadt* wächst oft rasch zur Metropole heran, und ihr Abstand bezüglich Bevölkerungszahl und Wirtschaftskraft zu den übrigen Städten und insb. zum → *ländlichen Raum* wird immer größer. Mit M. wird neben dem Prozess auch der erreichte Zustand bezeichnet.
Metropolisierungsgrad *metropolization rate, metropolization degree:* Grad der → *Metropolisierung* eines Landes, gemessen am Anteil derjenigen Einwohner, die in der → *Metropole* wohnen.
Metropolisierungsprozess → *Metropolisierung.*
Metropolitan County *metropolitan county:* großstädtische Grafschaft, amtliche Bezeichnung für sechs englische Verwaltungsbezirke (Grafschaften), die jeweils großstädtische → *Verdichtungsräume* umfassen (→ *Großstadt*).
Metropolitan Statistical Area (MSA) *Metropolitan Statistical Area:* neuere Bezeichnung für → *Standard Metropolitan Statistical Area.* Es handelt sich um die in den USA übliche Bezeichnung für einen großstädtischen → *Agglomerationsraum*, abgekürzt MSA.
Metropolregion, Europäische *European Metropolitan Region:* 1995 durch die Ministerkonferenz für Raumordnung mit dem Raumordnungspolitischen Handlungsrahmen unter dem Eindruck der → *Globalisierung* in die deutsche → *Raumordnungspolitik* eingeführtes Raumkonzept, das eine → *Metropole* (oder mehrere) und ihr → *Umland* umfasst. Demnach sind E. M. räumliche Standorte mit herausragenden Funktionen im internationalen Maßstab, die durch ihre ökonomische, soziale und kulturelle Entwicklung die Leistungs- und Konkurrenzfähigkeit Deutschlands und Europas erhalten und steigern sowie den europäischen Integrationsprozess vorantreiben sollen. Bisher wurden elf E. M. ausgewiesen, die teils → *monozentrisch* (z. B. Hamburg, München, Nürnberg), teils → *polyzentrisch* (z. B. Rhein-Ruhr, Rhein-Main) ausgebildet sind und außer den entsprechenden → *Agglomerationsräumen* auch größere → *ländliche Räume* im weiteren → *Umland* umfassen. Die

Abgrenzung der E. M. beruht nicht auf raumstrukturellen Merkmalen (wie z. B. bei → *Ballungsräumen*), sondern erfolgt normativ.

Mezzadria *share farming, share-rent system*: in der Agrarwirtschaft der → *Mediterranis* Halbpacht, die als Unterform der → *Teilpacht* zu sehen ist. Bei der M. wird immer ein ganzer Betrieb (Land und Hof) verpachtet. Die Pacht besteht aus der Hälfte der Ernteerträge. Alle Kosten für die normal anfallenden Investitionen werden geteilt. Der Eigentümer muss alle Neuanlagen bezahlen. Schließlich verpflichtet sich der Eigentümer, den Pächter (→ *Mezzadro*) zu einer intensiven Bewirtschaftung anzuleiten.

Mezzadro (pl. Mezzadri) *share farmer*: Landwirt, dem als Halbpächter ein Betrieb in Form der → *Mezzadria* verpachtet wird.

M-Horizont (Kolluvium) *M horizon*: Bodenlage aus abgespültem humosem Bodenmaterial (→ *Bodenerosion*), das am → *Hangfuß* oder in → *Tiefenlinien* und Tälern akkumuliert wurde (→ *Kolluvialböden*). M leitet sich vom lateinischen *migrare*, d.h. wandern, ab.

Microthermen *microthermal plants*: Pflanzen mit relativ geringem Wärmeanspruch. Sie kommen vor bei Jahresmitteltemperaturen von ca. 0–14°C.

Mietbelastungsquote *rent load ratio*: Bezeichnung für die Gesamtmietbelastung eines Haushalts als Anteil der Miete einschließlich der Heizungs-, Betriebs- und Nebenkosten am Haushaltsnettoeinkommen.

Miete *rent*: Begriff aus dem Mietrecht. Die M. stellt einen :Vertrag über ein Dauerschuldverhältnis dar, durch den sich ein Vermieter zur Gewährung des Gebrauchs einer Sache während der Mietzeit verpflichtet und der → *Mieter* im Gegenzug dafür die vereinbarte M. (früher Mietzins) entrichtet. Der Begriff M. wird hauptsächlich für Wohnungen und sonstige Immobilien verwendet. Man unterscheidet zwischen Netto-M. und Brutto-M. (einschließlich Neben- und Betriebskosten; → *Leasing*).

Mieter *tenant*: Person oder Gruppe, die aufgrund eines schriftlich oder mündlich abgeschlossenen Mietvertrages berechtigt ist, gegen Zahlung einer → *Miete* eine Wohnung oder ein Haus mit oder ohne Inventar zu nutzen. Daneben wird der Begriff M. auch bezüglich des Gebrauchs von mobilen Sachen gebraucht (→ *Leasing*). Der M. von Grundstücken wird Pächter genannt.

Mietpreis (Miete, Mietzins) *rent, rental price*: Entgelt, zu dem ein Vermieter ein Mietobjekt (z.B. Wohnung, Büro- oder Geschäftsraum) einem Mieter auf Zeit zum Gebrauch überlässt. Die Höhe des M. ist vertraglich festgelegt. Es gibt unterschiedliche Arten von M. je nach Art und Umfang der Berücksichtigung von Betriebs- und Nebenkosten. Die sog. Nettokaltmiete umfasst nur das Nutzungsentgelt für das Mietobjekt ohne jegliche Neben- und Heizkosten. Bruttokaltmieten enthalten dagegen auch Betriebskosten, wie z.B. für die Hausreinigung oder Abfallentsorgung, jedoch ohne Heizkosten. Die Bruttowarmmiete entspricht der Inklusivmiete, die sich aus der Grundmiete inklusive aller umlagefähigen Betriebskosten zusammensetzt.

Mietshaus → *Mietwohnhaus*.

Mietskaserne *tenement block, tenement house*: eher abwertender Begriff für einen Wohnblock, in dem in relativ kleinen Wohnungen mit unterdurchschnittlicher Ausstattung v. a. Familien unterer sozialer Schichten untergebracht sind. Die Bezeichnung M. ist v a. für stark verdichtet gebaute → *Mehrfamilienhäuser* aus der Zeit der Industrialisierung üblich, in denen Arbeiterfamilien mit geringem Wohnkomfort auf möglichst kostengünstige Weise untergebracht wurden.

Mietspiegel *rent index*: Instrument der → *Wohnungspolitik*, um den Anstieg der Mieten in angespannten Wohnungsmärkten zu begrenzen. Sie enthalten eine meist tabellarische Übersicht der statistisch ermittelten ortsüblichen Vergleichsmiete für Wohnungen, die nach Größe, Austattung, Beschaffenheit und Lage unterschieden werden. Viele deutsche Großstädte verfügen über einen M., der bei Mieterhöhungen und Mietstreitigkeiten herangezogen wird.

Mietwohnhaus (Mietshaus) *rented house, block of flats, apartment house*: → *Mehrfamilienhaus*, dessen Wohnungen vom Gebäudeeigentümer vermietet werden. Nicht zu den M. gezählt werden i. d. R. Einfamilienhäuser – auch wenn sie vermietet sind – sowie Mehrfamilienhäuser mit → *Eigentumswohnungen*.

Mietwohnung *rental flat*: eine abgeschlossene Wohneinheit, die nicht vom Eigentümer bewohnt wird, sondern anderen Nutzern gegen eine monatliche Nutzungsgebühr (→ *Miete*) überlassen wird. Ein Mietvertrag regelt die Nutzungsdauer und -bedingungen.

Mietzins *rent*: älterer Begriff für → *Miete*.

Migma *migma*: Gesteinsschmelze, die bei der → *Metamorphose* entsteht, wobei sich aus der Tiefe aufsteigendes Stammagma mit Schmelzflüssen mischt, die aus mehrmals verfestigten Gesteinen entstanden.

Migmatisierung *migmatization*: Gesteinsbildung durch Aufschmelzen und Umkristallisation vorhandener Gesteinskörper oder durch Eindringen magmatischer Schmelzen (→ *Magma*) in nicht mobilisierbare Gesteine. Es entstehen → *Migmatite*. Granitische Schmelze führt in Sedimenten zur → *Granitisierung* mit Veränderung von Gefüge und Chemismus (→ *Granit*, → *Metamorphose*).

Migmatite (Mischgesteine) *migmatites*: entstehen bei der → *Metamorphose* bzw. → *Ultrametamorphose* durch → *Migmatisierung* aus palingenem → *Magma* oder durch Eindringen von Magmen bzw. Silikatschmelzen in nicht aufgeschmolzene Gesteine. Die M. stehen zwischen → *Magmatiten* und → *Metamorphiten* (→ *Palingenese*).

Migrant (Wanderer) *migrant*: Oberbegriff für eine Person, die eine → *Region* oder ein Land verlässt, um sich in einer anderen Region oder einem anderen Land niederzulassen. Der Begriff M. wird oftmals im Sinn von Einwanderer verwendet (→ *Einwanderung*).

Migration (Wanderung) *migration*: – Wanderung von Personen oder Personengruppen mit dem Ergebnis eines nicht nur kurzfristigen Wohnsitzwechsels. Besondere Formen der M. sind Emigration (→ *Auswanderung*), Immigration (→ *Einwanderung*) und → *Permigration* (→ *Durchwanderung*). – regelmäßige tägliche (zwischen verschiedenen Schichten eines → *Biotops* bzw. zwischen benachbarten Biotopen) und jahreszeitliche gerichtete Tierwanderung mit späterer Rückkehr (ohne Rückkehr: → *Emigration*).

Migrationsbaum *migration tree*: graphische Darstellung gruppen- und richtungsspezifischer → *Migration* in einem Raum. Der M. zeigt → *Wanderungsgewinne* bzw. -*verluste* eines Raumes (z. B. → *Gemeinde*, → *Land*), meist gegliedert nach Alters- oder → *Sozialgruppen* oder nach dem Geschlecht.

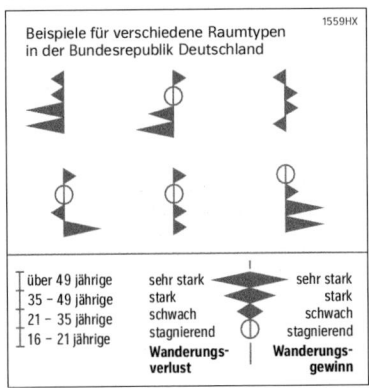

Migrationsbaum

Migrationshintergrund *migratory background*: Begriff für die Herkunft in einem Land lebender Menschen, die selbst oder deren Vorfahren nach 1949 aus dem Ausland in dieses Land (z. B. Deutschland) eingewandert sind, unabhängig davon, ob sie die betreffende → *Staatsangehörigkeit* besitzen oder nicht. Der Begriff wurde von der Politik und der → *amtlichen Statistik* geprägt, um Einwohner ausländischer Herkunft, aber mit unterschiedlichem Rechtsstatus, zusammenfassend bezeichnen zu können (für Deutschland z. B. → *Ausländer*, eingebürgerte Ausländer (→ *Einbürgerung*), Deutsche mit mindestens einem zugewanderten oder als Ausländer in Deutschland geborenem Elternteil).

Migrationstheorie *theory of migratory diffusion*: beschreibt die Entstehung geographisch voneinander getrennter Teilpopulationen von Arten durch Abspalten einer sich vom ursprünglichen Verbreitungsgebiet der → *Art* aktiv oder passiv ausbreitenden → *Population*. Durch das andere → *Naturraumpotenzial* des neuen Lebensraums verändern sich die Selektionsbedingungen, außerdem besteht kein Genaustausch mit der Stammform. Insofern können über längere Zeiträume hinweg neue Arten entstehen. Entspricht der → *allopatrischen* Artbildung (→ *Populationsbiologie*).

Mikrobeben *microearthquake*: wenig wirksames → *Erdbeben*, das nur durch Instrumente registriert werden kann, aber die größte Anzahl der jährlichen Erdbeben ausmacht (→ *Makrobeben*).

Mikrobiotop *microbiotope*: einer der zahlreichen Begriffe für Kleinstlebensräume ohne festgelegte Größenordnung; eingesetzt in Mikrobiologie und in der feldbezogenen → *Bioökologie* (→ *Merotop*, → *Mikrohabitat*).

Mikrochore *microchore*: in der → *Hierarchie naturräumlicher Einheiten* der → *chorischen Dimension* angehörend. Die M. setzt sich aus → *naturräumlichen Grundeinheiten* der → *topischen Dimension* (d. h. → *Ökotopen* bzw. → *Geoökotopen*) zusammen und stellt einen charakteristisch angeordneten Kleinverband dieser Grundeinheiten dar. Definitorischen Wert hat das → *Gefügemuster* mit seinen stabilen Standorteigenschaften. Methodisch weniger relevant sind energetische und stoffliche Haushaltsmerkmale.

Mikrocurie (µCi) *microcurie*: ein Millionstel Curie; als Maßeinheit die Aktivität eines → *Radionuklids* bestimmen. Die Einheit Curie wurde durch die Aktivitätseinheit → *Becquerel* ersetzt (→ *Millicurie*).

Mikroelektronik *micro-electronics*: moderner Zweig der Elektronik, der einen → *technologischen Wandel* in der Wirtschaft ausgelöst hat. Die M. basiert auf der Halbleiter-Technologie, die eine große Zahl von Transistoren auf einem Chip integrieren kann. Spitzenprodukt der M. ist der Mikroprozessor. Dieser gilt als die zentrale Steuer- und Recheneinheit in einem Computer.

Mikroelement (Mikronährelemente, Mikronährstoffe) *micronutrient*: chemische Elemente, die im → *Boden* nur in geringen Mengen oder nur spurenhaft vorhanden sind und/oder von den Organismen nur in geringen Mengen benötigt werden. Dazu gehören z. B. Kupfer, Zink, Bor und Molybdän. Eisen und Mangan brauchen die Pflanzen auch nur in geringen Mengen. Diese beiden Elemente enthalten die meisten Böden aber im Überschuss (→ *Makronährstoffe*, → *Bioelemente*, → *Spurenelemente*).

mikrogeographische Marktsegmentierung *micro-geographic market segmentation*: Methode zur Untergliederung von Gebietstypen, die sich durch differenzierte Konsum- und Medienverhaltensmuster unterscheiden (→ *Marktsegmentierung*). Aufgrund der Annahme, dass Haushalte in unmittelbarer Nachbarschaft ähnliche Verhaltensmuster aufweisen, kann über die Gebietszugehörigkeit von Haushalten mit großer Wahrscheinlichkeit auf deren individuelles Konsum- und Medienverhalten geschlossen werden.

Mikrohabitat *microhabitat*: unscharf definierter Kleinlebensraum (→ *Biochorion*, → *Merotop*, → *Mikrobiotop*) der → *Bioökologie*.

Mikroklima *microclimate*: das → *Klima* der bodennahen Luftschicht von 0-2 m Höhe und das Klima in Pflanzenbeständen. Es unterscheidet sich vom → *Makroklima* v. a. durch die größeren Schwankungen und ausgeprägteren Extrema der → *Temperatur* und → *relativen Luftfeuchtigkeit*, die eine Folge der geringen Luftaustausches in Erdbodennähe sind. Im Unterschied zum Makro- bzw. → *Mesoklima* wird das M. sehr stark vom Oberflächentyp (Vegetation, unbewachsener Boden, Wasserfläche, Schnee/Eis, künstliche Oberfläche) mit seinem besonderen Energiehaushalt beeinflusst. Lokalfaktoren wie Kleinformen des Reliefs (→ *Mikrorelief*), Bodenbedeckung, Bodenbeschaffenheit (v. a. die Farbe) sind → *Regler* des M.. In Bodennähe können dadurch vom Normalklima völlig abweichende Lebensbedingungen für die Vegetation entstehen. M.-Messungen werden i. Allg. unterhalb 2 m über dem Boden, besonders auch zwischen 0 und 50 cm Höhe durchgeführt.

Mikronährelement *micronutrient*: → *Mikroelemente*.

Mikronährstoffe *micronutrient*: → *Mikroelemente*.

Mikroökonomie *micro-economy*: Teilgebiet der → *Volkswirtschaftslehre*. Im Gegensatz zur → *Makroökonomie* befasst sich die M. mit dem wirtschaftlichen Verhalten einzelner → *Wirtschaftssubjekte* sowie der → *Allokation* von → *knappen Gütern*. In diese Betrachtungsebene fallen insb. öffentliche und private → *Haushalte* sowie → *Unternehmen*. In der M. stehen Haushalts-, Produktions- und Preistheorie im Mittelpunkt der Betrachtung.

Mikrophyten *microphytes*: Arten pflanzlicher Mikroorganismen, mit bloßem Auge nicht zu erkennen (z. B. mikroskopische Algen).

Mikroraum *micro space*: bei einer Analyse geographischer Räume nach unterschiedlichen Dimensionen der → *Raum* kleinster Größenordnung im Unterschied zum → *Makro-* und zum → *Mesoraum*.

Mikrorelief (Kleinform, Kleinrelief) *microrelief*: – unscharfe Bezeichnung für Klein- bis Kleinstformen, z. T. auf Felsoberflächen, und umfasst → *Nanorelief* und → *Picorelief*. – in der Klassifikation der Größenordnung von Reliefformen ist das M. durch eine Grundrissbreite (B) von 10-1000 m, eine Grundfläche (F) von $100 m^2$-$10^4 m^2$ sowie durch eine Höhe (H) von 0,1 m -10 m definiert und umfasst somit Formen wie Toteislöcher (→ *Toteisformen*), → *Dolinen* und → *Dünen*.

mikroskopisch *microscopic[al]*: „klein"; nur unter dem Mikroskop wahrnehmbar, im Gegensatz zu → *makroskopisch*.

Mikrosolifluktion *microsolifluction*: → *Solifluktion* im Zentimeter- und Dezimeterbereich. Bei M. werden die obersten Bodenteilchen unter der Bildung von → *Kammeis* verlagert. Auch manche Vorgänge der → *Kryoturbation* werden zur M. gezählt, obwohl nur ein Teil der Kryoturbationsprozesse zur M. gehört.

Mikrostaat (Zwergstaat) *microstate*: kleinste Kategorie des → *Kleinstaats* mit einer Fläche von weniger als etwa $1000 km^2$ sowie einer Bevölkerung bis ca. 300 000 Einwohner. Zu den M. werden in Europa z. B. Liechtenstein, Andorra und San Marino gezählt; außerdem gehören verschiedene karibische und pazifische Inselstaaten dazu.

Mikrostandort *micro-location*: → *Standort*, bei dem der Maßstab der Betrachtung auf die lokale Situation, also das unmittelbare Standortumfeld, abzielt. M. können einzelne Orte, Gemeinden oder Stadtteile sein (→ *Mesostandort*, → *Makrostandort*).

Mikrozensus *microcensus*: im Gegensatz zu einer Volkszählung, die i. d. R. als Vollerhebung aller in einem Staat lebenden Personen durchgeführt wird, stellt der M. eine Stichprobe von 1-5% der Gesamtbevölkerung dar und wird meist im Zeitraum zwischen zwei Volkszählungen durchgeführt. In Deutschland wird der M. vom Statistischen Bundesamt regelmäßig als Stichprobenbefragung abgehalten, bei der i. d. R. 0,1% der Bevölkerung erfasst werden. Mit dem M. werden v. a. großräumige Daten zur → *Bevölkerungs-*, → *Wirtschafts-* und → *Sozialstruktur* gewonnen; er ergänzt u. a. die → *Bevölkerungsfortschreibung*. Auch andere Staaten veranstalten ähnliche amtliche Stichprobenerhebungen. M. ist auch die

Bezeichnung für eine gesetzlich angeordnete Befragung zu → *Bevölkerung* und → *Arbeitsmarkt*, die in Deutschland seit 1957 jedes Jahr bei einem Prozent der Haushalte durchgeführt wird. Die ausgewählten Haushalte sind auskunftspflichtig. Verbunden damit ist die EU-Arbeitskräftestichprobe. Der M. ist „unterjährig", d. h. die Stichprobe wird gleichmäßig über alle Monate und Wochen des Jahres durchgeführt.

MIK-Wert *maximum immission concentration*: 1. allgemein ein → *Richtwert* für die Beurteilung der → *Luftreinhaltung*, der die „Maximale Immissions-Konzentration" in Form von Kurz- und Langzeitwerten für Einzelschadstoffe ausdrückt. Bezugsbasis bilden Risikogruppen, Nutztiere oder empfindliche Pflanzen. Die MIK-Werte zielen auf „nachteilige Wirkungen" von → *Schadstoffen*, die zu Krankheiten, Leistungsbeeinträchtigungen bzw. Wertminderungen führen. Diese → *Immissionsgrenzwerte* werden in der Praxis (d. h. Politik) unterschiedlich hoch bzw. tief festgesetzt. Aus ökologischer Sicht ist ihre Bedeutung begrenzt, weil sie sich lediglich auf Schadbilder beziehen und dem Einzelstoffansatz folgen. Für Gesamtökosystemkennzeichnungen taugen sie nicht. 2. die gesetzlich zulässigen Werte der → *Luftverschmutzung*, gemessen bei → *Schwebstaub*, Gasen und Dämpfen in mg/m^3 und in g/m^2 bei sich absetzenden Stäuben.

Milanković-Kurve → *Milanković-Zyklen*.

Milanković-Zyklen *Milankivitch cycles*: Unter den M.-Z. (nach Milutin Milanković, 1879–1958) versteht man drei dominierende Strahlungszyklen (→ *Strahlungskurve*) mit Zeitdauern von 100 ka, 40 ka und 22 ka. Sie beruhen auf Schwankungen der auf die Erde treffenden Strahlungsmenge, welche von den Erdbahnparametern der → *Exzentrizität*, der → *Schiefe der Ekliptik* und der → *Präzession* abhängt. Die M.-Z. sind zumindest teilweise für → *Klimaschwankungen* bzw. → *Klimaänderungen*, wie zum Beispiel des → *Eiszeitalters*, verantwortlich.

Milchwirtschaft *dairy farming, dairy industry*: Wirtschaftszweig, der die Erzeugung von Milch, ihre Be- und Verarbeitung sowie die Vermarktung der Milchprodukte umfasst.

Milieu *environment, milieu*: im weiteren Sinn → *Umwelt* und in diesem Sinne v. a. innerhalb der → *Biologie* bzw. → *Bioökologie* verwandt, gelegentlich auch in → *Geographie* und → *Landschaftsökologie*. – das M. umfasst die Gesamtheit aller auf einen pflanzlichen, tierischen oder menschlichen Organismus einwirkenden → *ökologischen Faktor* (→ *Ökofaktoren*). – Gesamtheit aller inneren und äußeren Faktoren und Randbedingungen, welche die Realisierung der genetischen Information und damit die Merkmalsausbildung eines Organismus beeinflussen, woraus Phänotyp und Genotyp resultieren. – als soziales M. all jene sozialen Rahmenbedingungen (Gesetze und Normen), das soziale Umfeld, dass durch Familie, Politik, Wirtschaft usw. gebildet wird, sowie die innere geistige Umgebung (Mentalität, Einstellungen, Gesinnung usw.), denen ein → *Individuum* oder eine soziale Gruppe ausgesetzt ist (→ *Habitus*, → *Lebensstil*).

Milieuansatz → *kreatives Milieu*.

Milieubeeinflussung *environmental impact*: Änderungen des → *Milieus* durch Stoffwechselprodukte der Organismen bei Überbevölkerung, wobei die → *Massenvermehrung* begrenzt wird, weil sich die Lebensbedingungen verschlechtern.

Militärgeographie *military geography*: Zweig der Militärwissenschaften, der geographisches Wissen für militärische Zwecke umsetzt. U. a. befasst sich die M. mit der Herstellung militärgeographischer Karten. Historisch gesehen war das Wissen über fremde Länder und Regionen ein bedeutender Machtvorteil. Die Geographie als wissenschaftliche Disziplin hat daher in der M. einen ihrer Ursprünge.

Militärkarte *military map*: → *thematische Karte* mit gegenwärtiger oder historischer militärischer Zweckbestimmung. Als Kartengrundlage dient häufig auch durch → *Fernerkundung* gewonnenes Bildmaterial, wie → *Luft-* und → *Satellitenbilder*.

Millenium Development Goals → *MDG*.

Milleniums-Entwicklungsziele → *MDG*.

Millicurie (mCi) *millicurie*: ein Tausendstel Curie; als Maßeinheit die Aktivität eines → *Radionuklids* bestimmt. Die Einheit Curie ist jedoch jetzt durch die Aktivitätseinheit → *Becquerel* ersetzt (→ *Mikrocurie*).

Millionenstadt *city of over a million inhabitants*: → *Großstadt* mit einer Million und mehr Einwohnern. In manchen Ländern werden auch großstädtische → *Verdichtungsräume* mit insgesamt mehr als einer Million Wohnbevölkerung zu den M. gezählt.

Millirem (mrem) *millirem*: ein Tausendstel rem, also eine Einheit mit der im → *Strahlenschutz* die Äquivalentdosis gekennzeichnet wird. Seit 1985 durch die Maßeinheit → *Sievert* (Sv) ersetzt.

Millirem-Konzept *30-millirem-concept*: → *30-Millirem-Konzept*.

30-Millirem-Konzept *30-millirem-concept*: ein Bestandteil der → *Strahlenschutzverordnung*, bezogen auf den Betrieb kerntechnischer Anlagen und die Handhabung von → *radioaktiven Substanzen*. Für den Ganzkörper und wichtige Organe Maximalwerte werden Äquivalentdosen festgesetzt: 30 mrem/Jahr: Ganzkörper, Knochenmark, Gonaden, Uterus; 90 mrem/Jahr: Schilddrüse, andere Organe. 180 mrem/Jahr: Haut, Knochen. (→ *Dosis*).

Milpa-System *milpa system*: Form des → *Wanderfeldbaus* in Mexiko und Zentralamerika, das von den Maya seit vielen Jahrhunderten bis heute betrieben wird. Das M.-S. ist mit → *Brandrodung* verbunden, angebaut werden hauptsächlich Mais, Bohnen und Kürbisse (→ *shifting cultivation*).

Mindel-Kaltzeit *Mindel glacial stage*: eine der vier klassischen alpinen → *Kaltzeiten* bzw. → *Eiszeiten* des → *Pleistozäns*. Ähnlich der → *Günz-Kaltzeit* wurden die glazialen Sedimente durch die Gletscher der nachfolgenden (maximalen) → *Riss-Kaltzeit* zerstört. Der Nachweis der M.-K. erfolgt mithilfe → *fluvioglazialer* → *Schotter*, für die M.-K. als jüngere → *Deckenschotter* bezeichnet. Sie kommen weit außerhalb des eigentlichen Alpenvorlandes vor, z.B. um den Südlichen Oberrheingraben (Sundgau, Raum Basel, Hochrheintal). Im Gebiet der → *Nordischen Vereisung* entspricht die M.-K. der → *Elster-Kaltzeit*. Sie umfasst in etwa den Zeitraum zwischen 420 000 J v.h. und 260 000 J.v.h..

Mindel-Riss-Interglazial *Mindel-Riss interglaical*: wärmerer Zeitabschnitt der alpinen Vereisungen im → *Pleistozän*, wahrscheinlich entsprechend der → *Holstein-Warmzeit* Nordeuropas und im alpinen Bereich durch die → *Höttinger Brekzie* belegt. Das M.-R.-I. zeichnet sich gegenüber anderen → *Warmzeiten* des Pleistozäns aus durch längere Dauer (260 000 J.v.h. - 180 000 J.v.h., wobei die Daten genauso wie die Zuordnung zur Holstein-Warmzeit kontrovers diskutiert werden), wesentlich höhere Temperaturen als in der Gegenwart sowie eine weite Ausdehnung des ozeanischen Klimaraumes Europas nach Osten (bis Westsibirien). Vor der → *Eem-Warmzeit* war das M.-R.-I. die vorletzte vor der heutigen Warmzeit des → *Holozäns*.

Minderheit (Minorität) *minority*: Bevölkerungsgruppe in einem Raum (→ *Staat*, → *Stadt* usw.), die sich bezüglich ethnischer Herkunft, Religion, Kultur, Sprache oder anderer personaler Merkmale deutlich von der Mehrheit der Bevölkerung unterscheidet (→ *Integration*, → *Inklusion*, → *Exklusion*, → *Segregation*).

Minderheitenproblem *minority problem*: Sammelbegriff für die Probleme, die sich durch die Existenz von nicht integrierten → *Minderheiten* ethnischer, religiöser, sprachlicher und anderer Art in einem Gebiet ergeben. M. entstehen v.a. durch unterschiedliche Lebensgewohnheiten und → *Verhaltensweisen*, oft aber auch durch Vorurteile, etwa eine rassistische Weltanschauung (→ *Rassismus*, → *Diskriminierung*). Sie äußern sich in sozialen Spannungen, die sich bis zu Gewalttätigkeiten steigern können (→ *Segregation*, → *Integration*, → *Exklusion*, → *Inklusion*).

Minderheitenschutz *protection of minorities*: Gewährleistung von politischen, wirtschaftlichen, kulturellen und sonstigen Sonderrechten für → *soziale Gruppen* (z.B. durch Maßnahmen → *positiver Diskriminierung*), die als → *Minderheiten* nicht (vollständig) in die Mehrheitsgesellschaft integriert sind und Benachteiligung sowie → *Diskriminierung* ausgesetzt sind (→ *Integration*, → *Exklusion*, → *Inklusion*).

Minderstadt *town with restricted urban features*: stadtähnliche Siedlung in der Größe einer → *Land*- oder → *Kleinstadt*, die zwar das → *Stadtrecht* besitzt, der aber bestimmte Funktionen einer voll ausgebildeten → *Stadt* fehlen. I.d.R. handelt es sich bei der M. um eine historische Stadtgründung eines Landesherrn, die sich nicht im erwarteten Ausmaß entwickelte.

Mindestbetriebsgröße *minimum enterprise size*: in der → *Agrarwirtschaft* diejenige Größe eines Betriebes, ausgedrückt in Flächen- oder Vieheinheiten (→ *Großvieheinheit*), die ausreicht, einer Familie ein ausreichendes Einkommen aus den Erträgen zu ermöglichen (→ *Ackernahrung*). Die M. ist bei Anbau von Baum- und Strauchkulturen ebenso wie beim → *Bewässerungsfeldbau* viel niedriger als beim → *Regenfeldbau* oder gar bei der extensiven → *Weidewirtschaft*.

Mindesteinwohnerzahl *minimum number of inhabitants*: Einwohnerzahl eines Raumes, die notwendig ist, um in dem betreffenden Gebiet bestimmte Einrichtungen aufrechtzuerhalten oder neu zu errichten. Die M. wird meist durch Gesichtspunkte der Auslastung bzw. der Rentabilität vorgegeben. So benötigt z.B. ein → *Zentraler Ort* eine M. in seinem → *Einzugsgebiet* zur Auslastung der bestehenden → *Infrastruktur*.

Mine *mine*: nutzbare Erzlagerstätte (→ *Lagerstätte*), die bereits bergmännisch erschlossen ist.

Mineral *mineral*: anorganische (→ *minerogene*), chemisch, physikalisch und strukturell einheitliche natürliche Substanz der → *Erdkruste*; strukturell meist als → *Kristall* vorliegend. Gebildet entweder - magmatisch bei Abkühlung und Entmischung des → *Magmas*, → - sedimentär als Um- oder Neubildung bei Verwitterung (Verwitterungsneubildung) oder durch Ausfällung (an der Erdoberfläche oder im Wasser) und - metamorph bei der Metamorphose durch M.-neubildung oder M.-umwandlung. Es gibt ca. 2 000 M., davon sind ca. 200 gesteinsbildend. Zahlreiche M. sind minerogene Rohstoffe (Mineralogie).

Mineralboden *mineral weathering product*: (1.), *mineral soils*: (2.) 1. das feine Gesteinsver-

witterungsmaterial eines → *Bodens* (im Gegensatz zum → *Humus* oder zum humushaltigen Verwitterungsmaterial). Der M. ist weitgehend frei von organischer Substanz. 2. im Plural „Mineralböden" Sammelbezeichnung für die überwiegend aus mineralischem Material aufgebauten Böden (im Gegensatz zu den → *organischen Böden*).
Mineraldünger *inorganic/artificial/chemical fertilizer*: Sammelbezeichnung für → *Dünger*, die Stickstoff, Phosphor oder Kalium enthalten, die entweder synthetisch hergestellt wurden, wie Kalkstickstoff, oder die in der Natur vorkommen, wie Kalisalze oder Salpeter. Stickstoffhaltige M. nennt man auch Kunstdünger. Durch → *mineralische Düngung* sollen Nährstoffdefizite im Boden behoben und die Ertragsfähigkeit gesichert werden (→ *Ertragsleistung*).
mineralische Düngung *mineral/inorganic [or artificial or chemical] fertilization*: Zufuhr von → *Nährstoffen* in den Boden durch Aufbringen oder Aufspritzen mineralischer Stoffe (z. B. Ammoniumsalpeter, Thomasphosphat usw.), welche hohe Gehalte wichtiger Nährelemente aufweisen. M. Dünger lösen sich leicht und rasch, daher sind sie sofort pflanzenverfügbar. Die konstante Zusammensetzung der Handelsdünger erlaubt eine genaue Bemessung und gezielte Wahl des Düngezeitpunktes. Die leichte Löslichkeit der Mineraldünger hat aber den Nachteil, dass sie in erheblichen Mengen ausgewaschen werden und die → *Oberflächengewässer* und das → *Grundwasser* belasten, besonders bei der verbreiteten Überdüngung (→ *organische Düngung*).
Mineralische Rohstoffe *mineral commodities*: sind → *erschöpfbare Ressourcen* (→ *Bodenschätze*) aus → *Lagerstätten*. Sie lassen sich in – metallische Rohstoffe (→ *Erze*), – nichtmetallische Rohstoffe („Steine und Erden", → *Salze*, Schmucksteine, also Edel- und Halbedelsteine, sowie andere nichtmetallische Mineralien) sowie – → *Energierohstoffe* (→ *Kohle*, → *Erdöl*, → *Erdgas* und sonstige bitumenhaltige Stoffe) gliedern. Wird eine Einteilung nach ihrer Nutzung vorgenommen, spricht man von Metall-, Bau- und Chemierohstoffen.
mineralischer Stoffkreislauf *mineral cycle*: Kreislauf der chemischen Elemente und Verbindungen auf der Erde. Der Stofftransport geschieht größtenteils durch Wasser und ist in den → *Wasserkreislauf* integriert. Im → *natürlichen* m. S. erfolgt z. B. – Eintrag von gelösten Stoffen mit dem Niederschlag, – Umsetzung von → *Nährstoffen* durch die Lebewelt, – Freisetzung von in → *Mineralien* gebundenen Stoffen durch → *Verwitterung*, – Verlagerung von Stoffen mit dem Sickerwasser und deren Wiederausfällung, – Lösung von Stoffen im Gesteinsuntergrund, – Transport von gelösten Stoffen und Partikeln im → *Abfluss* sowie – verschiedenartigste → *Sedimentation*. Das Zusammenwirken dieser Teilprozesse wird in → *Stoffbilanzen* der Standorte und Landschaften dargestellt (→ *Stoffhaushalt*, → *Stoffkreislauf*).
mineralisches Bodenmaterial *mineral soil material*: alle anorganischen Substanzen im → *Boden*, welche aus dem Mineralbestand stammen und durch → *Verwitterung* freigesetzt wurden (chemische Elemente und ihre Verbindungen). Viele dieser Stoffe werden als → *Nährelemente* (→ *Bioelemente*) in Ionenform aufgenommen.
Mineralisierung (Mineralisation) *mineralization*: letzte Stufe des Abbaus der abgestorbenen organischen Substanz im → *Humus*. Beteiligt sind Mikroorganismen, die als Mineralisierer wirken und die einen Teil der Stoffe in ihrem Körper festlegen (Immobilisation), während ein Teil für höhere Pflanzen nutzbar wird (Nettomineralisationsrate). Durch enzymatischen Abbau wird die → *organische Substanz* unter Freisetzung von Energie in ihre Grundbausteine zerlegt, wobei die Elemente frei werden und zu neuen anorganischen Verbindungen zusammentreten (z. B. Phosphat). Die Intensität der M. hängt von den Standortvoraussetzungen und der Zusammensetzung der Ausgangssubstanz, welche mehr oder weniger schwer abbaubare Stoffe enthält, ab. Die Umsetzung ist bei mittleren Feuchteverhältnissen, hoher Wärme, guter Durchlüftung und neutraler bis leicht basischer Reaktion (→ *Bodenreaktion*) am höchsten. Die → *Mineralisierungsrate* ist demzufolge sehr unterschiedlich. Im → *Nährstoffkreislauf* der → *Ökosysteme* spielt die M. eine sehr große Rolle. Oft erfolgt dessen Betrachtung in Form von Teilstoffkreisläufen wie dem Phosphorkreislauf oder dem → *Stickstoffkreislauf*.
Mineralisierungsrate *rate of mineralisation*: die Menge der bei der → *Mineralisierung* von → *organischer Substanz* entstandenen → *Nährstoffe* (→ *Nährstoffhaushalt*).
Mineralogie *mineralogy*: Lehre von den → *Mineralien*, die den chemische und physikalische Eigenschaften, ihre Struktur, Formen und Zusammensetzung sowie deren Entstehung und Vorkommen erklärt. Unmittelbares Nachbargebiet ist die → *Petrologie*, die den mineralischen Aufbau der → *Gesteine* untersucht.
Mineralölindustrie *petroleum industry*: Wirtschaftszweig, der sich mit der Suche, Gewinnung, Verarbeitung und Vermarktung von → *Erdöl* befasst. Statistisch wird die Mineralölgewinnung dem → *Bergbau*, die Mineralölverarbeitung der Grundstoff- und Produktionsgüterindustrie zugerechnet.
Mineralparagenese *mineral paragenesis*: → *Paragenese*.

Mineralquelle *mineral spring*: eine → *Quelle*, die in ihrem Wasser mindestens 1000 mg gelöste Stoffe (je kg) enthält und demzufolge → *Mineralwasser* führt. Zu den M. gehören auch die → *Säuerlinge*, die mindestens 250 mg freies → *Kohlendioxid* enthalten. Als M. dürfen auch jene Quellen bezeichnet werden, von deren Wasser eine besondere pharmakologische Wirksamkeit ausgeht. Das Wasser der M. wird für Trink- und Badekuren genutzt (→ *Heilbad*). Das Vorkommen von M. ist i. d. R. an → *Verwerfungen* durch → *Bruchtektonik* oder an → *Vulkanismus* gebunden.

Mineralwasser *mineral: water*: ein Wasser, das mindestens 1000 mg gelöster mineralischer Stoffe pro Liter enthalten muss oder in welchem, bei geringerem Mineralstoffgesamtgehalt, hohe Anteile bestimmter Spurenelemente (→ *Spurennährelemente*) enthalten sein müssen.

minerogen (anorganogen) *minerogenic*: aus mineralischen, d. h. → *anorganischen* Bestandteilen entstanden, im Gegensatz zu → *organogen* bzw. → *biogen*.

minerotroph *minerotrophic*: bezeichnet → *Pflanzengesellschaften* (insbesondere Moorgesellschaften), die zur Deckung ihres Nährstoffbedarfs auf mineralstoffhaltiges Grund- oder Bodenwasser angewiesen sind. Als Kennzeichnung für einen Standort heißt m. auch „mineralstoffführend, in Kontakt mit mineralstoffangereichertem Wasser", z. B. m. Moor.

Miniatureinödhof *tenanted smallholding in remote area*: kleiner → *Einödhof*, der vom Adel für die verarmte Bevölkerung auf freier → *Flur* errichtet worden ist. Die Inhaber der M. waren ihrer Herrschaft zur Feld- und Waldarbeit verpflichtet.

Minifundium *minifundium*: landwirtschaftlicher Klein- oder Kleinstbetrieb, der i. d. R. im Rahmen einer bäuerlichen → *Subsistenzwirtschaft* bewirtschaftet wird. Das M. steht nicht selten in einem Abhängigkeitsverhältnis zu einem → *Latifundium*. Das M. ist ein typisches Merkmal der → *Agrarwirtschaft* in vielen Ländern Südamerikas.

Minimalareal → *Minimumareal*.
Minimalbiotop → *Merotop*.
Minimalfläche → *Minimumareal*.
Minimalhabitat → *Minimallebensraum*.
Minimallebensraum (Minimalhabitat) *minimal habitat*: Mindestfläche, die eine → *Population* für das langfristige Überleben benötigt (z. B. hinsichtlich Ernährung und Reproduktion).

Minimumareal (Minimalareal) *minimal area*: 1. geobotanisch-pflanzensoziologischer Begriff, der jene kleinste Fläche einer → *Pflanzengesellschaft* repräsentiert, die die vollständige, reguläre und somit charakteristische Artenkombination und eine bestimmte Mindestartenzahl aufweist. 2. auch: → *Minimallebensraum*.

Minimumfaktor *limiting factor*: ein → *Ökofaktor*, der als Mangelfaktor auftritt bzw. sich gegenüber anderen Faktoren im Minimum befindet, so auf tierische oder pflanzliche Organismen wirkt und somit auch → *Tiergemeinschaften* und → *Pflanzengesellschaften* beeinflusst. Der M. bezieht sich auf das → *Minimumgesetz*.

Minimumgesetz (Gesetz vom Minimum) *law of the minimum, Liebig's law*: von Justus von Liebig aufgestellte Gesetzmäßigkeit, nach der die relative Wirkung eines Faktors umso größer ist, je mehr sich dieser den anderen Faktoren gegenüber im Minimum befindet. Damit ist die Abhängigkeit der Entwicklung z. B. einer Pflanze hauptsächlich von jenem chemischen Element bestimmt, das in der niedrigsten Konzentration vorkommt, sodass davon der Ertrag bestimmt wird. Für eine holistische Betrachtung der Ökosysteme reicht das M. nicht aus, weil auch das Überangebot eines Stoffes oder Faktors zu Funktionsstörungen und Begrenzungen führen kann. Daher wurde das M. spezifiziert im → *Wirkungsgesetz der Umweltfaktoren*. Das M. ist Bestandteil der → *Ökologischen Regeln*.

Minimumprinzip *principle of the minimum*: wirtschaftlicher Grundsatz, nach dem so gewirtschaftet werden soll, dass ein gegebenes Ziel mit möglichst geringem Aufwand erreicht wird (→ *Maximumprinzip*, → *ökonomisches Prinzip*).

Minorität → *Minderheit*.
Minutenböden *minute soil*: → *Stundenböden*.
Miombo *miombo*: baumreicher Typ der → *Savanne* in Ost- und Südafrika.

Miozän *Miocene*: eine der oberen Abteilungen des → *Tertiärs*, die von 25-10 Mio. J. v. h. dauerte und sich v. a. durch zahlreiche kalkige, sandige und mergelige Sedimente überwiegend mariner → *Fazies* auszeichnet. Außerdem entstand → *Braunkohle*.

Mischehe *mixed marriage*: Ehe, in der die Partner unterschiedlichen → *Ethnien*, Nationen oder Religionen angehören. Umgangssprachlich wird der Begriff M. für konfessionsverschiedene Ehen verwendet.

Mischflur *mixed field form*: → *Flurform*, bei der sich mehrere Parzellentypen mischen und eine zusammengesetzte → *Flur* ergeben, im Gegensatz zur → *reinen Flur*.

Mischgebiet *mixed zone*: biogeographisch-bioökologische arealkundliche Bezeichnung für geoökologisch → *heterogen* ausgestattete Lebensräume, in denen Mischfloren und Mischfaunen auftreten. Unterschieden werden räumliche M. (Mosaikbiotope) und zeitliche M., die räumlich variierenden Sukzessionsphasen entsprechen. Letztere entstehen, wenn zwei Lebensgemeinschaften einer Sukzessionsreihe aufeinander folgen, wie im → *Übergangsmoor*, dessen → *Arten* teilweise noch dem → *Niedermoor*, teils aber auch schon dem → *Hochmoor* angehören können.

Mischgebiet *mixed building area*: gemäß der → *Baunutzungsverordnung* ein → *Baugebiet*, in dem sowohl Wohnungsbauten als auch nicht wesentlich störende Gewerbebetriebe (z. B. Geschäfts- und Bürogebäude, Einzelhandel, Gaststätten, Beherbergungsbetriebe) gleichberechtigt nebeneinander zugelassen sind, sodass daraus eine für das Gebiet charakteristische Nutzungsmischung resultiert, ohne dass eine der beiden zulässigen Hauptnutzungen optisch das gesamte Gebiet dominiert. In der → *Bauleitplanung* werden die älteren Ortskerne häufig als M. ausgewiesen.

Mischgesteine *migmatites*: → *Migmatite*.

Mischkanalisation *mixed sewerage*: → *Mischverfahren*.

Mischkonzern *conglomerate, multi-industry company*: → *Konzern*, der verschiedene → *Unternehmen* unterschiedlicher Wirtschaftszweige, Produktions- und Handelsstufen zu einer Einheit zusammenfasst. M. passen daher nicht in das Schema einer horizontalen oder vertikalen → *Integration*.

Mischkultur *mixed cultivation*: in der → *Agrarwirtschaft* der gleichzeitige Anbau mehrerer Arten von → *Nutzpflanzen*. Die M. kann durchaus auch unterschiedliche Produktionsrichtungen auf dichtem Raum kombinieren. Die Anlage einer M. ist in der Reihe, in Zwischenreihen, in Streifen als → *Stockwerkkultur* oder als → *Unterkultur* möglich. Die M. zielt nicht nur auf Platzersparnis, sondern auch auf pflanzenökologische Ziele wie Schädlingsabwehr oder Ausgewogenheit der Nährstoffaufnahme aus dem Boden ab. Das i. d. R. starre Prinzip der → *Fruchtfolge* kommt somit nicht zur Anwendung. Die M. ist damit zugleich eine Form der → *biologischen Schädlingsbekämpfung* und ein Verfahren, um die negativen ökologischen Effekte von → *Monokulturen* zu vermeiden.

Mischpflanzung *mixed planting*: gemischter Anbau von Baum- und Strauchkulturen (→ *Mischkultur*).

Mischsprache *mixed language*: Sprache, die sich aus der Mischung zweier oder mehrerer ursprünglicher Sprachen, die im gleichen Raum gesprochen wurden oder noch werden, gebildet hat. Oft hat eine M. die Funktion einer → *Verkehrssprache* zwischen den Angehörigen der verschiedenen Muttersprachen, sie kann aber auch selbst zur Muttersprache werden. M. sind z. B. Jiddisch, Kisuaheli oder Pidgin-Englisch, aus historischer Sicht auch Englisch.

Mischsystem *mixed sewerage*: → *Mischverfahren*.

Mischungskorrosion *mixture dissolution*: meint das Phäomen, dass bei der Vermischung von zwei zwar kohlensäurehaltigen, aber kalkgesättigten → *Karstwassern*, die somit jeder für sich keine → *Korrosion* mehr leisten können, plötzlich wieder Korrosion auftritt. Voraussetzung ist, dass beide Wasser zwar kalkgesättigt, aber kohlensäurehaltig und thermisch unterschiedlich sind. Dieses Phänomen geht darauf zurück, dass die Konzentration von Kohlensäure im Wasser und damit die Fähigkeit zur → *Lösungsverwitterung* temperaturabhängig ist. Dies kann mit einer sog. Sättigungskurve verdeutlicht werden: Die Sättigungskurve gibt das Kalk-Kohlensäure-Gleichgewicht an, d. h. das maximal lösbare $CaCO_3$ bei definiertem CO_2-Gehalt und definierter Wassertemperatur. Wenn Wasser kalkübersättigt ist, liegt es über dieser Gleichgewichtskurve. Bei Kalkuntersättigung ist das Wasser „kalkaggressiv", d. h. es kann Kalk lösen. Treffen nun zwei kalkgesättigte Wasser unterschiedlicher Temperatur aufeinander, liegt die Mischungsgerade unterhalb der Sättigungskurve: Das Wasser ist dann nicht kalkgesättigt und weist einen CO_2-Überschuss auf und das Wasser ist wieder kalkaggressiv. M. tritt natürlich ebenfalls auf, wenn sich eine kalkgesättigte und eine nicht gesättigte Lösung mischen. Die M. erklärt beispielsweise, warum die größten Höhlen i. Allg. im Grenzbereich von vadoser und phreatischer Zone zu finden sind (epiphreatische Höhle), da so unterirdische Gesteinshohlräume ausgeweitet werden können, v. a. entlang der Klüfte.

Mischungsschicht *mixing layer*: Grenzbereich zwischen zwei übereinander oder nebeneinander liegenden → *Luftmassen*. Die in diesen Kontaktbereich stattfindenden Durchmischungsprozesse tragen zur Bildung von → *Wolken* bei.

Mischverfahren (Mischkanalisation, Mischsystem) *mixed sewerage*: Ableiten von Schmutz- und Regenwasser in einem Leitungssystem mit großem Rohrdurchmesser, um den Regenwasserzufluss zu bewältigen, bevor das Wasser in die → *Kläranlage* geht. Dem M. gegenüber steht das Trennsystem (→ *Abwasser*, → *Abwasserreinigung*).

Mischwald *mixed forest*: → *Wald* aus mehreren Baumarten, wobei in der einfachsten Form der Anteil der zugemischten Baumart 10% übersteigen muss. Der M. gilt ökologisch als günstig, weil hier – im Gegensatz zum Reinbestand – alle Nachteile der → *Monokulturen* vermieden und die → *Waldfunktionen* verbessert werden können. M. ist i. d. R. standortangepasst und somit ökologisch widerstandsfähiger gegenüber exogenen Einflüssen. Er weist eine stärkere Bodendurchwurzelung, größere Sturmfestigkeit, vielfältigere Bodenvegetation, einen stabileren Humuszustand sowie eine höhere Schädlingsresistenz auf. In der Forstwirtschaft wird dem M. inzwischen eine größere → *Nachhaltigkeit* zugeschrieben als Reinbeständen. Mischbaumarten können die Volumen- und Qualitätsleistung steigern. Die Anlage und Pflege von M. ist aufwändiger als die von Reinbeständen (Reinbestandswirtschaft). Bei der Anlage von M. kommen verschiedene Mischungsverfahren (Einzel-, Reihen-, Gruppen- und Horstmischung) zum Einsatz. Für Pflege und Bewirtschaftung ist die Altersdifferenzierung des M. wichtig. Unterschieden werden gleichaltrige und ungleichaltrige Mischungen. Die ökologisch stabileren ungleichaltrigen Mischungen werden durch → *Naturverjüngung* erzielt.

Mischwolke *hybrid cloude*: → *Wolke*, die aus einem Gemisch von feinsten Wassertröpfchen und Eiskristallen besteht. M. treten v. a. im mittleren Wolkenstockwerk auf. Eine typische M. ist der → *Altostratus*.

Missbildung (bei Lebewesen) *deformation*: außer durch endogene Fehlbildungen oder Abnormitäten werden M. auch durch exogene Ursachen verursacht (z. B. Virusinfektionen, → *ionisierende Strahlung* sowie → *Schadstoffe*). Exogen bedingte M. kommen bei Mensch, Tier und Pflanze vor.

Mitigation *mitigation*: sämtliche Maßnahmen, die dazu geeignet sind, die Folgen einer → *Katastrophe* zu lindern bzw. ein zukünftiges Extremereignis in seinen Auswirkungen auf Gesellschaften und ihre materielle Struktur abzuschwächen (→ *Risikomanagement*, → *Katastrophenmanagement*).

Mittag *midday, noon*: Zeitpunkt, zu dem die Sonne den Ortsmeridian überquert und dabei auf ihrer scheinbaren Umlaufbahn den höchsten Punkt über dem → *Horizont* erreicht (obere Kulmination, 12:00 Uhr Ortszeit).

Mittagsloch halbkugelförmige Hohlform auf der Oberfläche von → *Gletschern*, die durch selektives Abschmelzen wegen der Unterschiede bei der Dichte des → *Eises* und der Rückstrahlung (→ *Albedo*) entsteht. Ein M. gibt mit seiner Form den Tagesverlauf der Sonneneinstrahlung wieder.

Mittelatlantischer Rücken *Mid-Atlantic Ridge*: → *mittelozeanische Rücken*.

mittelbare Temperaturverwitterung → *Frostsprengung*.

Mittelbereich *zone of influence of a middleorder centre/center*: Gebiet, das in seinen zentralörtlichen Beziehungen überwiegend auf ein bestimmtes → *Mittelzentrum* ausgerichtet ist (→ *zentralörtlicher Bereich*).

Mittelbreiten *middle latitudes*: in der zonalen Großeinteilung der → *Erde* die → *Zone* zwischen den → *Wende-* und den → *Polarkreisen* (→ *gemäßigte Breiten*).

Mitteldeutsche Kristallinschwelle großräumige Untergrundstruktur. Es handelt sich um eine von NO nach SW streichende → *Geoantiklinale*.

Mitteleuropäische Grundfolge *Central European stages of forest development*: die Entwicklungsstadien des → *Waldes* im mitteleuropäischen Tief- und Bergland seit dem → *Spätglazial*. In der M. G. folgen aufeinander: präborealer Kiefernwald, boreale Haselzeit, atlantische Eichen-Mischwaldzeit, subboreale Buchenzeit und subatlantische Buchen-Fichten-Kiefernzeit (→ *Postglazial*).

Mitteleuropäischer Laubwald *Central European deciduous forest*: Gruppe vielschichtiger → *Pflanzengesellschaften* des → *Laubwalds* mit einer oder zwei Baumschichten, einer Strauch- und einer Krautschicht. Eine Bodenschicht fehlt meist. Der M. L. wird in seiner heutigen Struktur durch die Bewirtschaftung bestimmt, die v. a. die Holzarten der Baumschicht betrifft, nicht jedoch die Krautschicht, sofern keine → *Waldweide* erfolgt. Der M. L. tritt als Buchenwald oder Krautschicht auf, als Eichenwald, der mit anderen Laubholzarten gemischt ist und eine Strauchschicht besitzt (Eichenmischwald), sowie in vielen standörtlichen Varianten, die in Verbreitung und Zusammensetzung von Geländeklima, Boden und Bodenwasserhaushalt bestimmt sind.

Mittelgebirge *hills, low er mountain ranges, subdued mountains, upland area, upland[s]*: vom → *Hochgebirge* durch geringere relative Höhen, in Mitteleuropa bis etwa 1 500 m, und Formgestalt unterschieden, die von gerundeten, eher breiten und konvex gewölbten Flach- und Bergformen bestimmt wird, denen steilere und zugeschärfte Hochgebirgsmerkmale fehlen, z. B. → *Grate* und → *Kämme*. Weil jedoch solche Formmerkmale auch in Hochgebirgen auftreten können, lässt sich das M. geomorphogenetisch auch durch die fehlende → *rezente* → *periglaziale Höhenstufe* („Solifluktionsstufe") definieren. Weder → *Rumpfflächen* noch das Fehlen ausgedehnter kaltzeitlicher Vergletscherungsspuren (gilt ohnehin nur für niedrige M.) sind ausschließlich an das M. gebunden.

Mittelgebirgsindustrie *traditional industry of upland areas*: traditioneller Industrietyp, der sich in den → *Mittelgebirgen* herausgebildet hat. Die M. geht auf gewerbliche Wurzeln zurück, die sich in Mittelgebirgsräumen aufgrund der ungünstigen landwirtschaftlichen Ertragsbedingungen sehr früh ausgebildet haben. Typische M. sind die Spielzeugwaren-,

Mittelstadt

Christbaumschmuck-, → *Glas-* oder Spitzenindustrie.
Mittelhang *middle slope*: das Mittelstück des → *Hanges*, an das nach oben der → *Oberhang* und nach unten der → *Unterhang* anschließt. Aufgrund der unterschiedlichen → *Hangformen* von Ober-, Mittel- und Unterhang - der M. ist meist gestreckt - unterscheiden sich auch die → *geomorphologischen Prozesse*. So wird in der Theorie der Hangentwicklung der M. als Übergang vom Abtragungs- zum Akkumulationsbereich angesehen bzw. ein Gleichgewicht zwischen → *Abtragung* und → *Akkumulation* angenommen. Diese theoretischen Vorstellungen treffen in der Wirklichkeit kaum zu. Die geomorphologischen Prozesse auf dem M. hängen von dessen Neigungsstärke, Neigungsrichtung und Länge ab und damit auch die Ausdehnung des M. gegenüber Ober- und Unterhang selbst. Der M. kann einerseits einen schmalen Übergangsbereich zwischen Ober- und Unterhang bilden oder, bei überwiegend gestreckter Gestalt, eine große Ausdehnung erlangen.
Mittellast *medium power demand*: in der Stromversorgung jene Teile der → *Gesamtlast*, die zwischen der → *Grundlast* und der → *Spitzenlast* liegen. Der M.-Betrieb erfolgt in Deutschland im Wesentlichen durch den Einsatz von Steinkohlekraftwerken, die den mittags und abends regelmäßig höheren Strombedarf abdecken (→ *Steinkohle*).
Mittelmeerklima → *mediterranes Klima*.
Mittelmeer-Mjøsen-Zone *Mediterranean-Mjøsean zone*: in rheinischer Richtung orientierte großräumige Bruchzone, die vom Mittelmeer zum norwegischen Mjøsasee, in Verlängerung des Oslofjords, zieht. Zu dieser überwiegend SSW-NNO verlaufenden Zone gehören u. a. - von S nach N - Rhônegraben, Oberrheingraben, die Gräben der Hessischen Senke, Leinegraben und Oslograben.
Mittelmoräne *medial moraine, median moraine*: → *Moräne*, die sich beim Zusammenfluss (→ *Konfluenz*) von zwei oder mehreren → *Gletschern* aus den jeweiligen → *Seitenmoränen* bildet. Besteht meist aus mehreren parallel laufenden schmaleren Moränenwällen, v. a. dann, wenn mehrere Nebengletscher einen großen Hauptgletscher bilden. Die M. markiert quasi die „Mittellinie" des Gletschers. Die M. kann in die → *Innenmoräne* übergehen. Im → *Nährgebiet* sind die M. zeitweise nicht sichtbar, weil Schnee- und Firnlagen sie immer wieder überdecken.
Mittelozeanische Rücken (Ozeanische Rücken) *mid-oceanic ridges*: charakteristische Vollform des → *Tiefseebodens* in Gestalt einer lang gestreckten → *submarinen* Schwellenzone aus → *Magmatiten*, die in allen Ozeanen vorkommt und in einem erdumspannenden Zusammenhang steht, der sich auf die Entstehung der → *Kontinente* und Ozeane nach dem Prinzip der → *Plattentektonik* gründet. Die M. R. stellen nur Vollformen an sich dar, sondern sie sind in ihren Scheitelbereichen durch sedimentfreie zentrale geologische → *Gräben* und durch transversale Verwerfungen gegliedert. In den Gräben steigen basaltische Gesteinsschmelzen auf. Der Hauptrepräsentant des M. R. ist der Mittelatlantische Rücken (→ *Kontinentalverschiebung*).
Mittelporen *middle pores*: Hohlräume zwischen der körnigen Festsubstanz des Bodens mit Durchmessern zwischen 0,2 und 10 µm. Das Wasser in den M. wird gegen die Schwerkraft zurückgehalten und bleibt für die Pflanzenwurzeln aufnehmbar. M. enthalten also die nutzbaren Wasserreserven eines Bodens, weshalb ihr Anteil am gesamten → *Porenvolumen* ökologisch bedeutsam ist.
Mittelpunktgemeinde *central place of the lowest order*: → *Zentraler Ort* unterer Hierarchiestufe im → *ländlichen Raum*. Nach der amtlichen Einteilung der Zentralen Orte für landesplanerische Zwecke sind M. meist als → *Unter-* oder *Kleinzentren* eingestuft oder stehen noch unterhalb der amtlichen Hierarchisierung. M. dienen der Versorgung ihres → *Nahbereichs* mit *Gütern* und *Dienstleistungen* des täglichen Bedarfs (→ *hilfszentraler Ort*).
Mittelpunktschule *central primary school*: gegliederte Volksschule, die mehrere → *ländliche Gemeinden* in Deutschland versorgt (Grund- und Hauptschule). M. wurden zur Verbesserung des Bildungsangebotes in → *ländlichen Raum* dort gegründet, wo wegen des geringen örtlichen Schülerinnen- und Schüleraufkommens früher meist klassenweise ungenügend gegliederte „Zwergschulen" (oft nur einklassig) zur Verfügung standen. M. sind i. d. R. innerhalb eines → *Einzugsgebiets* verkehrsgünstig zu erreichen; den Transport der Schülerinnen und Schüler übernehmen v. a. Schulbusse.
Mittelschicht *middle classes*: bei der meist üblichen dreigliedrigen sozialen → *Schichtung* der → *Gesellschaft* die zwischen der → *Unter-* und der → *Oberschicht* angeordnete soziale → *Schicht*. Die Zugehörigkeit zur M. wird in → *Agrargesellschaften* meist durch Geburt (z. B. → *Kaste* oder Stand der Eltern), in → *Industriegesellschaften* v. a. durch die Bildung und Stellung im Beruf (mittlere Angestellte und Beamte, Facharbeiter, selbstständige Handwerker u. a.) sowie das Vermögen bestimmt (→ *Sozialstruktur*).
Mittelstadt *middle-sized town*: in der deutschen Gemeindestatistik eine → *Stadt* mit 20

000 bis unter 100 000 Einwohner. Für die Siedlungsgeographie ist diese Definition wegen der Unterschiede der → *Stadttypen* wenig aussagekräftig, insbesondere seit durch die → *Gemeindegebietsreform* viele → *Kleinstädte* durch → *Eingemeindungen* statistisch zu M. wurden. Eine M. weist nach Physiognomie und Funktionen, nach der → *Wirtschaftsstruktur* und der → *Erwerbs-* und → *Sozialstruktur* der Bevölkerung alle Merkmale einer voll ausgebildeten Stadt auf. Im zentralörtlichen Gefüge handelt es sich um ein → *Mittel-* bis → *Oberzentrum*. Im Gegensatz zur → *Kleinstadt* ist bereits eine räumliche Differenzierung in funktionale → *Stadtviertel* sowie die Ausbildung einer → *innerstädtischen Hierarchie* der Versorgungszentren zu beobachten.

Mittelstand *middle classes*: Berufsschicht, d.h. breite Gruppe von wirtschaftlich aktiven Personen, innerhalb der Gesellschaft die zwischen der unselbstständigen Arbeiterschaft und der besitzenden Oberschicht als „Mitte" zu bezeichnen ist. Zum M. zählen im Wesentlichen die selbständigen Inhaber → *kleiner und mittlerer Unternehmen* (KMU), selbstständige Landwirte und die freiberuflich Tätigen sowie die einheimischen, eigentümergeführten Unternehmen (meist Familienunternehmen). M. ist nicht zu verwechseln mit den gesellschaftlichen Schichten, die eine → *Sozialstruktur* beschreiben (→ *Oberschicht*, → *Mittelschicht*, → *Unterschicht*).

Mittelstreckenverkehr *medium haul traffic*: im Flugverkehr übliche Bezeichnung für Reiseentfernungen zwischen 2000 und 3500 km.

Mitteltemperatur *mean temperature*: das arithmetische Mittel aus mehreren Ablesungen der → *Temperatur* oder aus Minimum- und Maximumtemperatur während einer bestimmten → *Periode*. Das Tagesmittel der Temperatur wird normalerweise aus drei Ablesungen berechnet (Beispiel für Termine: 07:30, 13:30, 20:30 Uhr). M. für die Klimastatistik werden am häufigsten als Monats- und Jahresmittel bestimmt. Die M. ist neben der Niederschlagssumme der weltweit am häufigsten verfügbare und deshalb auch am meisten verwendete Klimawert.

Mittelterrasse *medium terrace, middle terrace*: Bezeichnung für eine → *Flussterrasse*, die in einem → *Terrassensystem* zwischen niedrigeren, meist → *Niederterrassen*, und höheren Terrassen (→ *Hauptterrassen*) angeordnet ist. Je nach Terrassengliederung der einzelnen Flussgebiete haben die M. unterschiedliche chronostratigraphische Stellungen. Die mitteleuropäischen M. werden überwiegend der → *Riss-Kaltzeit* zugeordnet.

Mittelwald *coppice-with-standards*: zweischichtige Nutzungsform zwischen → *Hochwald* und → *Niederwald* mit altersmäßig stark heterogener Zusammensetzung, die von der Zeit des → *Umtriebs* bestimmt wird. Die obere Baumschicht (Oberstand, Oberholz) überwiegt durch generative Vermehrung (Kernwüchse), während die untere Baumschicht (Unterstand, Unterholz) überwiegend vegetativ durch Stockausschlag entstand. Der M. entwickelte sich als Form der Forstwirtschaft im ausgehenden Mittelalter und war bis Ende des 18. Jahrhunderts weit verbreitet. Er diente zur Produktion von Brennholz und Nutzholz (Bauholz). Der M. ist eine Betriebsart der Waldwirtschaft, die sich noch in Bauern- und kleineren Gemeindewäldern findet.

Mittelwasser *mean tide, half tide, midwater*: 1. im → *Meer* der mittlere Wasserstand zwischen → *Ebbe* und → *Flut* (→ *Gezeiten*). 2. in einem → *Fluss* das arithmetische Mittel aller gemessenen Wasserführungen (in m³/s) oder der mittlere Wasserstand zwischen → *Niedrig-* und → *Hochwasser*.

Mittelwert (Maß der zentralen Tendenz) *mean [average] value*: statistische Maßzahl zur Kennzeichnung der Merkmalsausprägungen von statistischen Einheiten über einen zentralen Wert. Dazu wird aus mindestens zwei Zahlen eine weitere Zahl errechnet, die in der Mitte der beiden Werte liegt. Man unterscheidet u. a. → *Modus*, → *Median*, → *arithmetisches Mittel*, → *geometrisches Mittel*. Das → *Skalenniveau* der Merkmalsausprägung bestimmt die Anwendbarkeit der verschiedenen M.; so genügen für die Bestimmung des Modus → *Nominaldaten*, wohingegen für den Median → *Ordinaldaten* und für die Berechnung des arithmetischen Mittels eine Intervallskala (→ *metrische Daten*) Voraussetzung sind.

Mittelwüste *part of the desert between the desert core and the desert margins*: in der Wüstengliederung jene → *Wüste*, die sich zwischen → *Kernwüste* und → *Randwüste* anordnet. Geomorphodynamisch bedeutsame Sandstürme sind seltener und schwächer. Feinmaterial wurde überwiegend unter Vorzeitbedingungen ausgeweht, sodass sich Grobsedimentkomponenten oberflächlich anreicherten, welche die weitere → *äolische Abtragung* hemmen. → *Hammada* und → *Serir* repräsentieren charakteristische Oberflächenformtypen der M.. Auch M. weisen → *Dünen* auf, die überwiegend vorzeitlich sind.

Mittelzentrum *middle-order centre/center*: im Rahmen der → *zentralörtlichen Hierarchie* ein → *Zentraler Ort* mittlerer Stufe. Ein M. versorgt die Bevölkerung seines → *Einzugsgebietes* mit Gütern und Diensten des mittelfristigen, gehobenen Bedarfs. Hierzu gehören neben dem Angebot des → *Einzelhandels* und des privaten → *Dienstleistungssektors* (z. B. Fachärzte, Rechtsanwälte) auch öffentliche Einrichtungen auf dem Gebiet der schulischen (Gymnasien)

und Krankenhausversorgung, der Sozialfürsorge und des Sports. Häufig sind M. → *Kreisstädte* (→ *Oberzentrum*, → *Unterzentrum*).
Mitternacht *midnight*: Zeitpunkt, an dem die → *Sonne* auf ihrer scheinbaren Bahn den tiefsten Punkt erreicht (untere Kulmination).
Mitternachtssonne *midnight sun*: die nördlich bzw. südlich der → *Polarkreise* je nach → *Breitenlage* während mindestens einer Nacht und höchstens einem halben Jahr (an den Polen) am tiefsten Punkt ihrer scheinbaren Umlaufbahn über dem → *Horizont* stehende → *Sonne*.
Mittlere Fahrt *middle distance navigation*: in der deutschen Seeschifffahrt Bezeichnung für den Verkehr in Ostatlantik, Mittelmeer und Schwarzem Meer (→ *Kleine Fahrt*, → *Große Fahrt*).
mittlere Lebensdauer → *Lebenserwartung*.
MIV → *motorisierter Individualverkehr*.
mixed economy *Mischwirtschaft*: Konzept, das darauf basiert, dass die → *Wirtschaftsordnung* einer → *Marktwirtschaft* ein Mischsystem der Koordinationsmechanismen Markt-Preis-Mechanismus, demokratische Willensbildung (Polyarchie), administrative Lenkungsverfahren (Bürokratie) und Verhandlungen zwischen Interessengruppen bzw. Verbänden (Bargaining) ist.
mixohalin *mixohaline*:, *brackish*: Zustand in einem → *Ästuar*, der einen Salzgehalt von 30–0,5‰ NaCl aufweist. Die m. Zone wird nach verschiedenen Salzgehalten in mixoeuhalin (über 30‰ NaCl, aber niedriger Salzgehalt als in angrenzenden Meer), mixopolyhalin (30–18‰ NaCl), mixomesohalin (18–5‰ NaCl) und mixooligohalin (5–0,5‰ NaCl) untergliedert. Liegt der Salzgehalt im Ästuar unter 0,5‰, handelt es sich um die → *limnische* Zone. Die m. Zone ist die Zone des → *Brackwassers* (→ *Salinitätsgrad*).
mixotroph *mixotrophic*: sind pflanzliche Organismen, die → *Photosynthese* betreiben und weitgehend → *autotroph* leben, jedoch für ihre Entwicklung eine oder mehrere spezifische organische Verbindungen benötigen.
MNU → *multinationale Unternehmung*.
mobile mapping Prozess der Erfassung von → *Geodaten* und → *Geoinformation* mit einem mobilen Trägersystem. Diese Trägersysteme umfassen u. a. gängige Plattformen der → *Fernerkundung*, wie bspw. → *Drohnen* (UAVs) und Flugzeuge. M. m. kann sich auch auf terrestrische Träger, wie bspw. Fahrzeuge oder Menschen selbst, beziehen, die mit → *GPS*-kompatiblen Geräten, wie z. B. Kameras, Tablets, Smartwatches oder Mobiltelefone, raumbezogene Daten und Informationen aufzeichnen.
Mobilfunk *mobile communication*: funktechnische Einrichtungen, mit deren Hilfe die Teilnehmer ortsunabhängig miteinander kommunizieren können. Im Gegensatz zum → *Festnetz* handelt es sich um drahtlose → *Kommunikation* unter Nutzung von Funkfrequenzen. Mobilfunknetze bestehen aus Sende-, Empfangs- und Vermittlungseinrichtungen.
Mobilisation → *Mobilisierung*.
Mobilisierung (Mobilisation) *mobilization*: das Freisetzen von Stoffen (→ *Nährstoffe*, → *Schadstoffe*) in der Natur, um in Prozesse der → *Ökosysteme* einzugehen, z. B. das Freisetzen von → *Bioelementen* für Pflanzen (→ *pflanzenverfügbare Nährstoffe*, → *Mineralisierung*).
Mobilität *mobility*: Bewegung von Personen oder Personengruppen im Sinne einer Positionsänderung in einem sozialen oder räumlichen System. Für die → *Humangeographie* sind die → *soziale M.* und die → *räumliche M.* von Bedeutung. Bei sozialer M. wird nach → *horizontaler* und → *vertikaler* M. unterschieden. Zur räumlichen M. gehören die → *Wanderungen* als Verlagerungen von → *Funktionsstandorten* sowie der → *Verkehr* als Bewegung bzw. Transport zwischen Funktionsstandorten. M. bedeutet in diesen Fällen nicht nur die vollzogene Ortsveränderung, sondern auch die Bereitschaft dazu, die häufig aufgrund der realen räumlichen und sozialen Situation nicht in die Tat umgesetzt werden kann. Zwischen sozialer und räumlicher Mobilität bestehen oftmals Wechselbeziehungen, z. B. wenn durch sozioökonomischen Wandel Wanderungen ausgelöst werden.
Mobilitätsforschung *mobility research*: interdisziplinäre Forschungsrichtung, die sich mit der räumlichen und sozialen → *Mobilität*, ihren Bedingungen, Ursachen und Auswirkungen, beschäftigt. An der M. sind neben der → *Bevölkerungs-*, → *Sozial-*, → *Verkehrs-* und → *Wirtschaftsgeographie* besonders → *Demographie*, → *Soziologie* und Verkehrswissenschaft beteiligt.
Mobilitätsmanagement *mobility management*: nachfragebezogener Ansatz des → *Personenverkehrs*, der auf die Förderung einer effizienten, sozial- und umweltverträglichen → *Mobilität* angelegt ist. Aufgabe des M. ist die Information, Kommunikation, Organisation, Koordination und Vermittlung von Mobilitätsangeboten der → *öffentlichen Hand* in Zusammenarbeit mit privaten Anbietern (z. B. → *Carsharing*, Fahrradverleih).
Mobilitätsrate → *Mobilitätsziffer*.
Mobilitätstransformation *mobility transition*: im Modell des → *Mobilitätsübergangs* der Wechsel von agrar- zu industriegesellschaftlichem Mobilitätsverhalten.
Mobilitätsübergang (Modell des Mobilitätsübergangs) *mobility transition*: Theorie der

räumlichen → *Mobilität*, die versucht, → *Wanderungen* und → *Verkehrsvorgänge* im Laufe der sozioökonomischen Entwicklung von der vorindustriell-agrarischen Zeit über die Industrialisierung bis zur postindustriell-urbanisierten Gesellschaft in Anlehnung an das Modell des → *demographischen Übergangs* im Sinn regelhafter Abläufe hinsichtlich Form und Außmaß der Mobilität zu beschreiben und zu erklären.

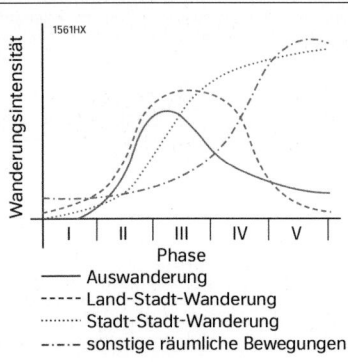

Mobilitätsübergang

Mobilitätsziffer (Mobilitätsrate) *mobility rate*: in der → *Bevölkerungsgeographie* eine Maßzahl für die Häufigkeit von → *Wanderungen* einer → *Bevölkerung*. Die M. errechnet sich als Gesamtzahl der Zu- und Abwanderungen (Wohnsitzwechsel) pro 1000 Einwohner und Jahr, bezogen meist auf eine → *Gemeinde*. Gelegentlich wird die M. auch mit der → *Wanderungsintensität* gleichgesetzt.

modal split *modal split*: in der Verkehrsforschung und -planung gebräuchlicher Begriff, der angibt, zu welchen Anteilen die einzelnen → *Verkehrsmittel* und → *Verkehrsträger* am Gesamtverkehr beteiligt sind. Im → *Personenverkehr* ist insbesondere der m. s. zwischen → *ÖPNV* und → *MIV* interessant, im → *Güterverkehr* derjenige zwischen Straßen- und Bahnverkehr.

Modalwert → *Modus*.

ModelBuilder Anwendung in → *ArcGIS*, mit dem Prozessketten (Workflows) zur Geoverarbeitung und räumlichen Analyse modelliert und automatisiert werden. Der M. unterstützt die iterative Verarbeitung von raumbezogenen → *Rasterdaten* (bspw. → *DGM*, → *DOM*, → *Luftbild*, → *Satellitenbild*) und → *Vektordaten* (→ *Punkte*, → *Linien*, → *Flächen*, bspw. als → *Shapefiles* oder → *Feature Classes*) sowie von Tabellen. Zudem stellt der M. Workflowsequenzen graphisch als Diagramme dar.

Modell *model*: eine für bestimmte Zwecke vereinfachende Darstellung der Wirklichkeit. M. haben eine zentrale Bedeutung im Beschreiben und Analysieren von Phänomenen, sie vermitteln zwischen → *Theorie* und empirischen Befunden der → *Beobachtung*. Theorien haben zwar das Potenzial, auf empirische Phänomene angewendet zu werden, aber das eigentliche Anwenden von Theorien auf empirische Phänomene erfolgt mittels M.. In seiner Vereinfachung umfasst das M. nicht alle Attribute des Originals, sondern nur diejenigen, die relevant erscheinen. Darüber hinaus werden M. innerhalb einer bestimmten Zeitspanne und zu einem bestimmten Zweck eingesetzt und sind somit von vornherein interpretiert und zweckgerichtet und kein Abbild der Realität.

Modell der industriellen Entwicklungspfade *model of industrial development path[way]s*: Bestandteil der → *Wachstums*- und Entwicklungstheorie der „geographischen Industrialisierung" von M. Storper und R. Walker. Das Modell besteht aus vier Phasen (Phase der Lokalisierung, Phase der selektiven Clusterung, Dispersionsphase, Phase der Verlagerung der industriellen Wachstumszentren) und erklärt damit die Fähigkeit von → *Wachstumsindustrien*, eine → *Region* als → *Standort* so zu gestalten, dass diese hinsichtlich der → *Standortfaktoren* ihren branchenspezifischen Anforderungen entspricht.

Modell der Territorialstruktur *model of the territorial structure*: ein → *Modell* des → *Landschaftsökosystems*, das in → *Geographie* und verwandter Anwendergebiete, das → holistisch ansetzt und → *Geo-*, → *Bio-*, und → *Anthroposystem* in einem Modell vereinigt. Das M. d. T. bezieht sich auf das → *Wirkungsgefüge* eines → *Territoriums* und nicht auf eine → *naturräumliche Einheit*. Im M. d. T. geht es nur zum Teil um Naturraumausstattung bzw. → *Naturraumdargebot* oder → *Naturraumpotenzial*, sondern um ein politisch, historisch oder ökonomisch abgegrenztes Territorium mit seinem gesamten belebten und unbelebten Funktionsgefüge.

Modell des demographischen Übergangs → *demographischer Übergang*.

Modell des Mobilitätsübergangs → *Mobilitätsübergang*.

Modell homogener Naturraum *model of the homogenous natural space*: Modell der → *topischen* Grundeinheit im Modell des → *Geoökosystems* und damit des → *Geoökotops*, forschungspraktisch durch den → *Standortregelkreis* umgesetzt. Im allgemeinen Strukturmodell des homogenen Naturraums werden die funktionalen Beziehungen der → *Kompartimente* des → *Landschaftsökosystems*, die Geoökofaktoren und der → *Regler* dargestellt.

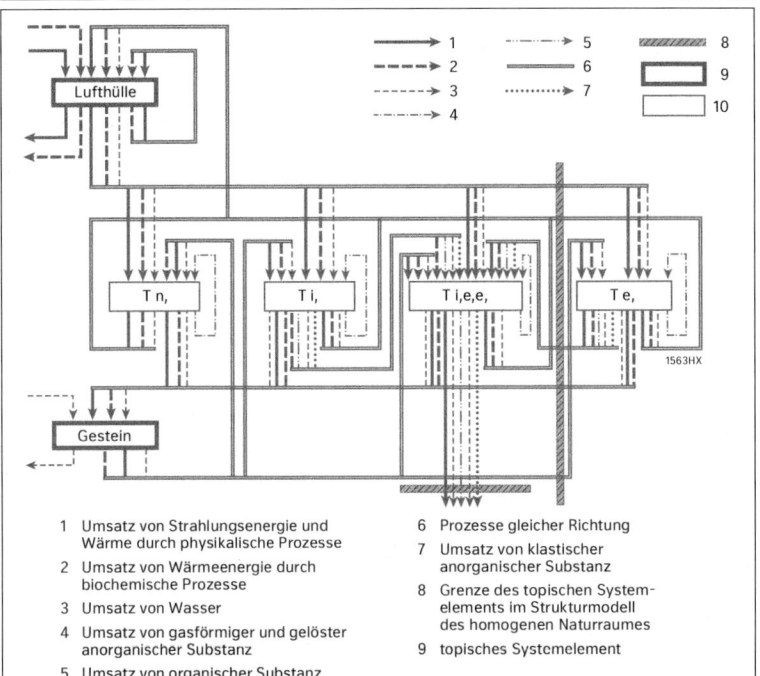

Modell homogener Naturraum

Moder *moder*: → *terrestrische* → *Humusform* mit einem dreilagigen L-Of-Oh-Profil, die durch Anreicherung → *organischer Substanz* infolge verlangsamten Abbaus gebildet wird. M. ist ein noch gut durchmischter und belebter → *Auflagehumus* mit stark zerkleinertem und teilzersetztem pflanzlichem Material und viel Humusfeinsubstanz in der Oh-Lage (→ *Huminstoffe*). Die → *biotische Aktivität* ist deutlich höher als beim → *Rohhumus*, was auch größeren Nährstoffreichtum zur Folge hat. Der M. nimmt eine Zwischenstellung zwischen dem → *Rohhumus* und dem → *Mull* ein.

Moderne *modernity*: vielschichtiger Begriff. Als Epoche bezeichnet M. i. d. R. die Folgezeit der → *Industrialisierung* mit den Umbrüchen in nahezu allen Lebensbereichen (→ *Urbanisierung*, die Entwicklung der Arbeiterklasse, Veränderung der Wirtschaftsstrukturen, technologische Entwicklung, Massenproduktion und Massenkonsum, Autonomie des Individuums, Rationalisierung usw.), die über die Erschütterung traditioneller Werte und Praktiken auch die Literatur und Kunst maßgeblich beeinflusst hat (→ *Zweite Moderne*, → *Modernisierung*).

Modernisierung *modernization*: – Prozess, der eher traditionelle Gesellschafts- und Wirtschaftsstrukturen verändert, indem sich die Strukturen hin zu dem Leitbild einer modernen Gesellschaft westlicher Prägung (→ *Moderne*) entwickeln. – Verbesserung des Wohnstandards einer Wohnung in Altbaugebieten. In der zweiten Hälfte des 20. Jh. umfasste die M. von Wohnungen z. B. den Einbau von Bädern, isolierverglasten Fenstern sowie Zentralheizungen. Laufende Reparaturen gelten nicht als M., ebenso wenig wie die Instandsetzung von lange Jahre ungepflegtem Wohnraum (→ *Stadtsanierung*).

Modernisierungstheorien *modernization theory*: Sammelbezeichnung für eine Vielzahl partieller → *Entwicklungstheorien*. Die M. versuchen, den Entwicklungszustand eines Landes zu erklären, wobei sie als Theorieansätze der „kapitalistischen" Welt übereinstimmend hauptsächlich endogene Ursachen für die → *Unterentwicklung* sehen. Die Ursachen der Unterentwicklung sind hiernach v. a. in

modifizierter Linienverkehr den sog. → *Entwicklungsländern* selbst zu suchen, die sich in einem Stadium befinden, das die → *Industrieländer* längst durchlaufen haben, etwa am Anfang der → *Industriellen Revolution*. Unterentwicklung wird folglich als Vorstufe zum „Entwickeltsein" gesehen. Die M. stehen im Gegensatz zu den → *Dependenztheorien*.

modifizierter Linienverkehr *modified scheduled traffic*: bei → *öffentlichen Verkehrsmitteln* Bezeichnung für einen → *Linienverkehr*, der in Abweichung vom regulären Fahrplan stärker den Nachfrageschwankungen im Lauf des Tages und der Woche angepasst wird (z. B. Einsatz von Linientaxis und Ausdünnung des Fahrplans zu verkehrsschwachen Zeiten, Verdichtung des Fahrplans durch Sonderzüge während der → *Rushhour*).

modular sourcing *Modulbeschaffung*: Form der unternehmensübergreifenden → *Arbeitsteilung*, bei der nicht nur Einzelteile vermehrt aus Fremdbezug stammen, sondern in zunehmendem Maße von Zulieferern komplette (meist lohnintensive) Baugruppen und Komponenten (z. B. Sitzgarnituren für Autos, Armaturenbretter) beschafft werden. M. s. gilt nicht nur für fremdbezogene Einsatzgüter (objektbezogene Arbeitsteilung), sondern auch für Montage-, Füge- und Komplettierleistungen (prozessbezogene Arbeitsteilung). Auch Beschaffungsaufgaben anderer Art (Einkauf, Disposition, Wareneingang, Qualitätssicherung etc.) gehen vom Abnehmer auf den Zulieferer über. M. s. führt zu einer wesentlichen Veränderung der Zulieferketten. Der Transport wird rationeller gestaltet und ist daher i. d. R. billiger (→ *single sourcing*, → *global sourcing*, → *multiple sourcing*, → *Outsourcing*).

Modulation *modulation*: in der → *Agrarpolitik* der → *EU* praktizierte Umschichtung der Agrarförderung weg von der allgemeinen Marktstützung hin zur Förderung des → *ländlichen Raums*. Dabei können die → *Direktzahlungen* an die Landwirte in gewissem Umfang gekürzt und dadurch Programme zur Verbesserung ländlicher Strukturen (→ *Agrarstruktur*), zur Verbesserung der Produktions- und Vermarktungsstrukturen sowie zum Aufbau einer nachhaltigen Landbewirtschaftung aufgestockt werden (→ *Nachhaltigkeit*).

Modus (Modalwert) *mode, modus*: ein → *Lagemaß* in der → *deskriptiven Statistik*, das bei einer empirischen Häufigkeitsverteilung die Ausprägung mit der höchsten Häufigkeit bezeichnet. Für die Bestimmung des Modus genügen → *Nominaldaten*, er ist jedoch auch für andere → *Skalenniveaus* anwendbar (→ *Median*, → *Mittelwert*).

Mofette *mofette*: Nachwirkungseffekt des → *Vulkanismus* in Form eines trockenen, bei Temperaturen von unter 100°C erfolgenden CO_2-Austrittes. M. finden sich in Gebieten des pleistozänen bis holozänen Vulkanismus. Ist das CO_2 im Wasser gelöst und tritt es als Quelle aus, nennt man es Säuerling.

Mohorovičić-Diskontinuität (M-Diskontinuität) *Mohorovičić-discontinuity*: eine Unstetigkeitsfläche und ein Grenzbereich im → *Schalenbau der Erde*, der zwischen der → *Erdkruste* und dem → *Erdmantel* liegt und der für die sich an der Erdoberfläche auswirkenden → *endogenen* Vorgänge wichtig ist. An der M.-D. erfolgt ein sprunghafter Anstieg der Ausbreitungsgeschwindigkeit natürlicher und künstlich erzeugter Erdbebenwellen, was auf eine Zunahme der Gesteinsdichte hinweist. Die M.-D. wurde nach ihrem Entdecker, dem jugoslawischen Geophysiker A. Mohorovičić (1857-1936), benannt.

Mohssche Härteskala *[Mohs'] hardness scale*: → *Härteskala*.

Molasse *molasse*: Ablagerungsabfolge des → *Tertiärs* im Alpenvorland, die aus einer Wechselfolge von → *Konglomeraten* (hier → *Nagelfluh* genannt), → *Sandsteinen* und dem feinkörnigen → *Flinz* zusammensetzt, die im Alpenvorlandmeer sedimentiert wurde, das sich im „Molassetrog" vor dem aufsteigenden Gebirge im → *Miozän* und → *Pliozän* bildete. Je nach Zustand des Meeres wurden verschiedene → *Fazien* der M. abgelagert (Meeres-, Süßwasser- und Brackwasser- M.). Eingelagert in die M.-Sedimente sind → *Pechkohle*, → *Erdgas* und → *Erdöl*. Die M. weist eine gesetzmäßige Abfolge der Komponentengröße auf. In der Nähe des Alpenrandes herrschen Sandsteine und Konglomerate vor, an den Gebirgen abgekehrten Rändern des M.-Troges die Feinsedimente.

Molassestadium *molasse*: Zeitalter in der Entwicklung eines Molassetroges und der → *Molasse* im Rahmen der Gebirgsbildung, mit Ablagerung der verschiedenen → *Fazien* der Molasse in der sich senkenden → *Geosynklinale*.

Moldanubikum *Moldanubicum*: → *Moldanubische Zone*.

Moldanubische Zone (Moldanubikum) *Moldanubicum*: die aus altem → *Kristallin* bestehende Südzone des → *Variskischen Gebirges*, die sich bogenförmig von den Vogesen bis zur Böhmischen → *Masse* ausdehnt.

Molkenboden → *Stagnogley:*.

Molkerei *dairy farm, creamery*: Betrieb zur Be- und Verarbeitung von Milch, meist auf genossenschaftlicher Basis organisiert. Die M. ist auch für das Sammeln der Milch in ihrem Einzugsbereich bzw. den Vertrieb der Molkereiprodukte zuständig (→ *Milchwirtschaft*).

Mollisols (von *mollis* [lat.] = weich) in der → *US Soil Taxonomy* (2014) Böden mit einem mollic → *A-Horizont*, d. h. einem Oberbodenhorizont mit einem krümeligen → *Gefüge*, einer dunklen Farbe aufgrund von → *organischer Substanz* und einer hohen → *Basensättigung*.

Monadnock → *Härtling*.

Monarchie *monarchy*: → *Staat*, an dessen Spitze ein Monarch/Monarchin (Kaiser/Kaiserin, König/Königin, Fürst/Fürstin usw.) als erbliches oder auf Lebenszeit gewähltes Staatsoberhaupt steht (Erb- oder Wahl-M.). Je nach dem Grad der Machtvollkommenheit der Monarchen unterscheidet man verschiedene Formen der M.; wesentlich ist v. a. der Unterschied zwischen absoluter M. (Vereinigung der Staatsgewalt) und konstitutioneller M. (Einschränkung der Macht durch gewählte Verfassungsorgane, meist nur repräsentative Funktionen).

Monat *month*: aus der Umlaufzeit des → *Mondes* um die → *Erde* abgeleitete Zeiteinheit mit 28–31 Tagen. Damit unterscheidet sich der Kalender-M. vom Zeitraum von Neumond zu Neumond (29 Tage, 12 Stunden, 44 Minuten), weil sich das Jahr nicht ohne Rest in volle Umlaufszeiten teilen lässt.

Mond *moon*: 1. allgemein ein Himmelskörper, der sich in meist kreisähnlicher Ellipsenbahn um einen → *Planeten* bewegt. Im Sonnensystem gibt es 31 größere M. (Mars 2, Erde 1, Jupiter 12, Saturn 9, Uranus 5 und Neptun 2). 2. der Erde auf ihrem Weg um die → *Sonne* begleitende Himmelskörper (Erdmond), welcher sich in 27,32 Tagen in elliptischer Bahn einmal um unseren Planeten bewegt. Die mittlere Entfernung des M. von der → *Erde* beträgt 384400 km. Die M.-Kugel hat einen Durchmesser von 3476 km, und ihre Masse beträgt bei einer mittleren Dichte 3,34 g/cm^3 etwa ein Achtel der Erdmasse. Da der M. sein Licht von der Sonne erhält, erscheint er von der Erde aus in verschiedenen Beleuchtungsphasen (Mondphasen). Der M. hat keine Lufthülle und ist wasserfrei. Sein Temperaturklima ist deshalb äußerst extrem (Wechsel vom Tag zur Nacht zwischen +130°C und -150°C).

Mondfinsternis *lunar eclipse*: vollständiges oder teilweises Unsichtbarwerden des Vollmondes. Eine M. entsteht, wenn → *Sonne*, → *Erde* und → *Mond* in einer Linie liegen und der Mond in den Kernschatten der Erde tritt. M. treten in fast gleicher Weise in Abständen von 18 Jahren und 11 Tagen auf.

Mondphasen *lunar phases*: die verschiedenen, in regelhafter Abfolge stehenden Beleuchtungszustände des → *Mondes* im Verlauf seiner Rotation um die → *Erde*.

Mondtide *moon tide*: der vom → *Mond* abhängige Anteil der Hebung des Wasserspiegels durch → *Gezeiten*.

monetärer Sektor → *Finanzsektor*.

Monetarismus → *neoklassische Theorie*.

Monitoring *monitoring*: – systematische Dauerbeobachtung von Prozessen oder Phänomenen (→ *Beobachtung*). In Produktionsunternehmen z. B. dient das M. dem möglichst ungestörten Produktionsablauf; in einem Umweltmonitoring z. B. werden Lebewesen und Prozesse in einem → *Landschaftsökosystem* im Rahmen von Maßnahmen des → *Umweltschutzes* und unter Verwendung biologischer, geowissenschaftlicher und physikalischer Methoden beobachtet; in einem Verkehrsmonitoring die → *Verkehrsströme* in einem bestimmten Gebiet und deren mögliche Störungen. – im Sinne von Umweltmonitoring die systematische Dauerbeobachtung von Lebewesen und Prozessen in Landschaftsöko- bzw. Umweltsystemen im Rahmen von Maßnahmen des Umweltschutzes und unter Verwendung biologischer, geowissenschaftlicher und physikalischer Methoden.

Monitororganismen *monitor organisms*: dienen der Erfassung und Bewertung von Zuständen, Änderungen und/oder → *Belastungen* von Umweltsystemen (→ *Bioindikatoren*, → *Indikatororganismen*).

Monoindustrie *mono-industry*: branchenmäßig einseitig ausgerichtete → *Industrie*. Industrielle → *Monostrukturen* kommen sowohl an → *Mikrostandorten* als auch an → *Mesostandorten* vor.

Monoklimax *monoclimax*: theoretische Bezeichnung für das einzig mögliche Endstadium der → *Sukzession* unter dem betreffenden → *Makroklima*. Der Begriff ist unzureichend, um die tatsächlich innerhalb einer Klimazone nebeneinander vorkommenden Entwicklungsstadien sowie zyklische Veränderungen zu erklären (→ *Polyklimax*, → *Mosaik-Zyklus-Theorie*).

Monokultur *monoculture*: Vorherrschen einer Bodennutzung mit reinen Beständen von Holz- (→ *Wald*) oder → *Kulturpflanzen*, überwiegend auf Großflächen. M. sind sowohl im → *Ackerbau* als auch in der → *Forstwirtschaft* üblich. Sie stützen sich ökonomisch auf das → *Minimumprinzip* und werden mit hochgradiger Wirtschaftlichkeit begründet. Die ökologischen Folgen sind sehr vielfältig und reichen von einseitigem extremen Nährstoffmangel im Boden bis zur starken Vermehrung von Schädlingen und Pflanzenkrankheiten bis hin zur Begünstigung von Bodenerosion. (→ *Polykultur*).

monomiktisch *monomictic*: als m. werden jene Seen bezeichnet, deren Wasser durch → *Vollzirkulation* einmal jährlich vollständig durchmischt wird (→ *dimiktisch*, → *Seezirkulation*).

Monopol → *Monopolmarkt*.

Monopolmarkt (Monopol, Monopson) *monopoly market*: → *Marktform*, bei der nur im → *Markt* für ein Gut (→ *Güter*) ein einziger

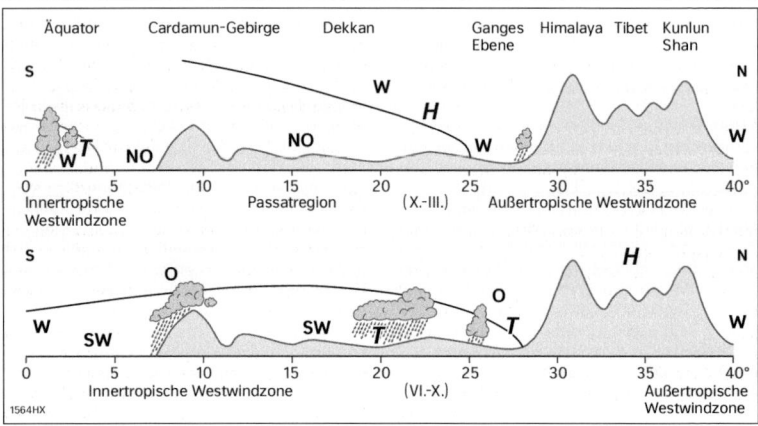

Monsun

Anbieter (Monopol) bzw. Nachfrager (Monopson) auftritt. Im M. ist der → *Wettbewerb* ausgeschaltet, sodass der Monopolist starken Einfluss auf die Preisgestaltung vornehmen kann (→ *Polypolmarkt*, → *Oligopolmarkt*, → *Kartell*).

Monoproduktbetrieb *single product firm*: Betrieb, der nur ein Produkt herstellt bzw. sich gezielt auf die Herstellung eines einzigen Produktes spezialisiert hat.

Monopson → *Monopolmarkt*.

Monostruktur *monostructure*: einseitige Struktur. Der Begriff M. wird meistens zur Kennzeichnung der → *Wirtschaftsstruktur* an einem Standort, in einem → *Wirtschaftsraum* oder in einem → *Land* benutzt. Eine ausgesprochene M. liegt vor, wenn die Struktur gänzlich von einem einzigen Wirtschaftsbereich, → *Industriezweig* bzw. einer einzigen Funktion bestimmt oder beherrscht wird.

monozentrisch *single centred*: auf einen wirtschaftlichen, gesellschaftlichen, bevölkerungsmäßigen oder baulichen Mittelpunkt hin ausgerichtet bzw. mit einem solchen Zentrum versehen. Der Begriff m. wird v. a. bezüglich der → *innerstädtischen Hierarchie* (Ausstattung mit nur einer → *City*) oder der Kernstruktur von → *Verdichtungsräumen* (→ *Mehrkernballung*) gebraucht.

Monozön *monocoen*: Beziehungsgefüge einer → *Art*, vertreten durch ein Individuum oder eine ganze Population, mit ihrer geoökologischen Umwelt im Gegensatz zum → *Holozön*, welche das → *Wirkungsgefüge* von → *Lebensgemeinschaften* und *Umwelt* beschreibt.

Monsun *monsoon*: beständig wehender, kontinentweiter → *Wind* mit halbjährigem Richtungswechsel. Die M.-Strömung ist im Sommer vom Meer zum Land und im Winter vom Land zum Meer gerichtet. Die feuchten → *Luftmassen* des sommerlichen M. bringen große Niederschlagsmengen. Der ablandige Winter-M. bringt dagegen nur Regen, wenn er auf einer Teilstrecke Meeresgebiet überquert. In ihrer typischen und ausgeprägten Form existiert die M.-Strömung im Gebiet des nördlichen Indischen Ozeans, des indischen Subkontinents und Ostasiens. Auslösende Ursache ist das große → *Luftdruck*gefälle zwischen Meer und Festlandsinneren, welches sich durch die starke sommerliche Erwärmung (→ *Monsuntief*) und die winterliche Abkühlung (→ *Kältehoch*) des Kontinents herausbildet. Die M.-Strömung darf jedoch nicht als reine regionale Ausgleichsströmung zwischen Land und Meer verstanden werden. Sie ist vielmehr in die Mechanismen der → *planetarischen Zirkulation* eingebettet und muss auch vor dem Hintergrund der jahreszeitlichen Verschiebung der → *Innertropischen Konvergenz* verstanden werden. So ist der Sommer-M. im Prinzip ein innertropischer Westwind und der Winter-M. ist mit dem NO-Passat (→ *Passate*) identisch. Druckgefälle zwischen dem Meer und dem inneren Festlandsinneren bilden sich im Bereich aller großen Landmassen aus. Die dadurch in Gang gesetzten Ausgleichsströmungen werden jedoch in anderen Gebieten stark durch planetarische Strömungen überprägt. Da dadurch die Konstanz der Winde fehlt, ist es berechtigt, höchstens von monsunähnlichen Strömungen zu sprechen.

Monsunität die durch Luftdruckgegensätze zwischen dem Festlandsinneren und dem Meer hervorgerufene Strömungstendenz. Von M. wird in erster Linie außerhalb des indisch-asiatischen → Monsungebietes gesprochen, wo die monsunähnlichen Strömungen völlig durch Strömungen der allgemeinen → planetarischen Zirkulation überlagert werden.

Monsunklima *monsoon climate*: ein → Klima, das wesentlich (insbesondere in den Niederschlagsverhältnissen) durch die → Monsunströmung geprägt wird.

Monsunregen *monsoon rain*: in Süd- und Südostasien im Zusammenhang mit dem → Monsun auftretende → Niederschläge. Die M. können als weit nach Norden ausgedehnte → Solstitialregen verstanden werden. Sie beginnen im Mai, und ihre Dauer wie auch ihre Ergiebigkeit hängen stark von Lage- und → Expositionseinflüssen ab (Wasser-Land-Grenze, Gebirgsrand).

Monsuntief *monsoon depression*: durch beständiges Aufsteigen der im Sommer über den Kontinenten erwärmten Luft am Boden entstehendes → Hitzetief, das in Innerasien bis in 5-6 km Höhe reichen kann. Das M. ist ein wichtiges Steuerungsglied der → Monsun-Zirkulation (→ Monsun).

Monsunwald *monsoon forest*: subtropischer bis tropischer → regengrüner Wald, mit feuchten und trockenen Varianten im Übergangsbereich zwischen dem halbimmergrünen tropischen → Regenwald mit hohen Niederschlägen (bei geringer Anzahl arider Monate) und der → Dornstrauchsavanne mit geringen Jahresniederschlägen und einer hohen Zahl arider Monate im Jahr. Zusätzlich wird differenziert: – M. war ursprünglich der laubwerfende, regengrüne Wald der Monsungebiete Asiens, unabhängig von deren thermischen Bedingungen, sodass boreale, kühlgemäßigte, warmgemäßigte und subtropisch bis tropische M. unterschieden werden mussten. – der Begriff M. wird auch allgemeiner angewandt auf den Wald der wechselfeuchten → Subtropen und → Tropen mit verschieden langen, aber ausgeprägten → Trockenzeiten. Zu diesem gehört die → Feuchtsavanne mit dem feuchten M. (mit immergrünem Unterholz und einer laubwerfenden Baumschicht), als → halbimmergrüner Wald bezeichnet. Diesem gegenüber steht der trockene M., der auch als → Trockenwald bezeichnet wird und der in der → Trockensavanne zu finden ist.

Monsun-Zirkulation *monsoon circulation*: unter dem Einfluss halbjährlich wechselnder → Luftdruckgegensätze zwischen Festland und Meer stehender Typ großräumiger Ausgleichsströmungen (→ Monsun).

Montageindustrie *assembly line industry*: Industrietyp, bei dem Halbfertigprodukte (→ Halbfertigwaren) zu einem Endprodukt zusammengesetzt werden. Die M. ist i.d.R. relativ → arbeitsintensiv, kommt jedoch mit angelernten Arbeitskräften aus. Die M. lässt sich daher relativ leicht in weniger entwickelten Ländern aufbauen. In den → Industrieländern ist die M. häufig eine reine → Fließbandarbeit.

montan *montane*: – geo- und biowissenschaftlicher Begriff, sich allgemein auf → Berge beziehend. In der → Montangeologie bezogen auf → Bergbau und → Bergwerke. – in der → Geo- und → Bioökologie für Vegetationsformationen, die von Höhenvarianten, die sich gegenüber der Tieflandsvegetation durch niedrigere Temperaturen, höhere Luftfeuchte und größeren Niederschlag auszeichnen. In Geographie und Bioökologie wird eine spezielle → Höhenstufe, die montane Stufe, ausgeschieden.

montane Stufe *montane zone*: die von → Bergwäldern geprägte → Höhenstufe der → Gebirge. Sie reicht im nordalpin-mitteleuropäischen Bereich von etwa 700–1200 m ü. M. (Zentralalpen bis 1400 m, Südalpen 1700 m, Pyrenäen bis 1800 m) und ist unten durch die colline und oben durch die → subalpine Stufe begrenzt. Die m. S. lässt sich in drei Teilabschnitte gliedern: submontane S., m. S. und hochmontane S..

Montangeologie *mining geology*: Bestandteil der → Angewandten Geologie. Die geologischen Grundlagen für den → Bergbau erarbeitend, d.h. das umfangreichste Tätigkeitsfeld der Angewandten Geologie. Dazu gehören die Suche nach → Lagerstätten, Abklärung der Lagerungsverhältnisse, Ermittlung der Abbauwürdigkeit und Bestimmung der Vorratsmengen bis hin zu bergbautechnischen Fragen, wie zweckmäßigste Aufschließung, Bestimmung der Schachtansatzpunkte, Erkennen von Gefahrenquellen usw..

Montanindustrie *coal, iron and steel industry*: gemeinsame Bezeichnung für den → Bergbau sowie für die Eisen- und Stahlindustrie (→ eisenschaffende Industrie). In der M. erfolgte 1961 ein erster wirtschaftliche Zusammenschluss in Europa durch Frankreich, Italien, die Bundesrepublik Deutschland, Belgien, die Niederlande und Luxemburg (Europäische Gemeinschaft für Kohle und Stahl (→ Montanunion, → EGKS).

Montanunion *European Community for Steel and Coal*: häufig gebrauchte Kurzform für Europäische Gemeinschaft für Kohle und Stahl (→ EGKS).

Montanwälder *montane forests*: → Bergwälder der kühlen und feuchten → Höhenstufen der → Hochgebirge in borealen bis tropischen Klimazonen. Die M. sind an die relativ hohe Feuchte und die niedrigen Temperaturen in der → montanen Stufe angepasst.

Montanwirtschaft *mining, mining industry*: Bezeichnung für Bergbauwirtschaft. Die M. befasst sich mit der Förderung der bergbaulichen → Rohstoffe, ihrer Aufbereitung sowie bis zu einem gewissen Grad mit ihrer Weiterverarbeitung (→ *Montanindustrie*).

Moor *peatland*: 1. ein durch → *Grundwasser*, → *Hangwasser* oder extrem hohe und beständige Niederschläge bis an die Oberfläche dauernd durchnässtes Gelände, in oder über dem sich viel unvollständig zersetztes pflanzliches Material angereichert hat: Je nach Gestalt, Aufbau und Grundwasserferne unterscheidet man → *Nieder-*, → *Übergangs-* und → *Hochmoore*, die jeweils typische Pflanzengesellschaften tragen, deren Artenzusammensetzung auch den daraus entstehenden → *Torf* charakterisiert. M. werden seit Jahrhunderten für die Torfgewinnung genutzt und für landwirtschaftliche Zwecke kultiviert (Deutsche → *Hochmoorkultur*, → *Fehnkultur*, → *Sanddeckkultur*). M. in naturnahem Zustand sind deshalb in West- und Mitteleuropa selten. Erst in jüngerer Zeit werden in unter → *Naturschutz* stehenden Teilen von M. wieder die Voraussetzungen für eine allmähliche Renaturierung geschaffen. 2. im bodenkundlichen Sinn jene Abteilung der Böden, die zu mehr als 30 % aus → *organischer Substanz* bestehen und deren organische Auflagen mindestens 30 cm mächtig sind. Die Typenbezeichnungen heißen entsprechend den M. → *Niedermoor*, → *Übergangsmoor* und → *Hochmoor*.

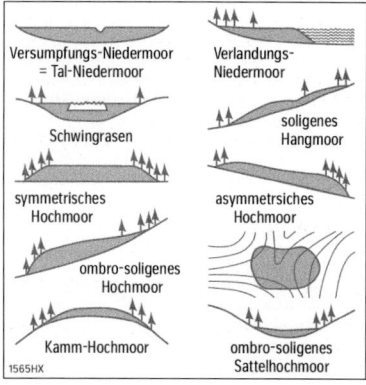

Moor

Moorbrandkultur → *Moorbrandwirtschaft*.
Moorbrandwirtschaft (Moorbrandkultur) *fenland ash fertilization farming*: ältere Form der → *Urwechselwirtschaft*. Die M. ist ein Boden ausbeutendes → *Ackerbausystem*, das tief in den → *Naturhaushalt* eingreift. Es wurde seit dem 16. Jh. in den Niederlanden, später auch in Nordwestdeutschland angewandt. Die M. ist die extensive Vorform der heutigen → *Moorkultur*. Auf die vorwinterliche Entwässerung folgte das Abbrennen des → *Moores* im Frühjahr und die Einsaat von Weizen oder Hafer in die Asche. Auf sechs Jahre Anbau folgte dann eine ca. 30 Jahre dauernde Zeit der → *Brache*.

Moordammkultur *fenland cultivation technique*: Verfahren zur → *Kultivierung* von → *Flachmooren*. Bei der M. wird der Sand aus den Entwässerungsgräben zur Besandung auf die Dämme gebracht (→ *Moorkultur*, → *Sanddeckkultur*).

Moorgley *Histic Gleysol*: in der → *deutschen Bodensystematik* (→ *KA5*) ein Boden aus der Klasse der → *Gleye* mit lang nahe der Geländeoberfläche anstehendem → *Grundwasser*, wodurch ein → *Oxidationshorizont* meist fehlt. M. weisen einen → *H-Horizont* aus torfbildenden Pflanzen auf (→ *Moor*).

Moorhufendorf *linear fenland village*: planmäßig angelegte Reihensiedlung (→ *Siedlung*) des 16. bis 18. Jh. Das M. hat i. d. R. eine → *Breitstreifenflur* mit Hofanschluss (→ *Hof*). Die Grenzen der Breitstreifen bilden Entwässerungsgräben.

Moorhufendorf

Moorkolonie *fen (moorland) colony*: → *Siedlung* in durch die → *Moorkultur* erschlossenen Moorgebieten. M. wurden errichtet zur Torfgewinnung oder/und zur landwirtschaftlichen Nutzung der → *Moore* (→ *Fehnsiedlung*, → *Fehnkultur*).

Moorkolonisation *fenland colonisation*: Vorgang der Landerschließung und -nutzung in Moorgebieten durch die → *Moorkultur*, bei der → *Moorkolonien* angelegt wurden.

Moorkultur *cultivation of peat/fenland soils*: kulturtechnisches Verfahren zur Nutzung von → *Mooren*. Bei der M. wird eine systematische Entwässerung betrieben und durch

→ *Bodenmelioration* ein dauerhafter → *Kulturboden* aufgebaut (→ *Fehnkultur*, → *Deckkultur*, → *Moordammkultur*, → *Schwarzkultur*, → *Sandmischkultur*).

Moorkunde *moor science, bog science, fen science, mire science, marsh science*: beschäftigt sich mit der Bildung, der gegenwärtigen Veränderung und der Weiterentwicklung von → *Mooren* aus Sicht von → *Bodenkunde*, → *Geobotanik*, → *Biogeographie*, → *Landschaftskunde*, → *Landschaftspflege* und → *Naturschutz*.

Moormarsch *swampy marsh*: → *Organomarsch*.

Moorsee *bog pool*: eines der Moorgewässer; hier eine Wassersammlung in einem → *Moor*, die wegen der größeren Wassertiefe noch nicht vollständig verlanden konnte oder die sich in größeren Vertiefungen der Mooroberfläche bildete, die z. B. durch Abbau von → *Torf* entstanden.

Moorwald *mire forest*: entsteht in Gebieten mit echten → *Mooren*, in denen der Wasserhaushalt durch Eingriffe des Menschen absichtlich oder unabsichtlich gestört wurde oder gestört wird. Mit dem Absinken des Wasserspiegels sackt auch der Boden zusammen. Entwässerte → *Hochmoore* beispielsweise stellen zunächst ihr Wachstum ein (Moorheide-Stadium), werden dann weide- und ackerfähig (Pfeifengras-Heide-Stadium) und gehen dann, bei zu starker Entwässerung, in das reine → *Heide-* und M.-stadium über. Natürliche M. gibt es im kontinentalen östlichen Mitteleuropa, wo sich infolge der standörtlichen Bedingungen direkt neben Hochmooren schüttere M. aus Kiefern und Birken entwickelt haben (subkontinentale Waldhochmoore). – Auch in anderen Klimazonen gibt es M., z. B. in den immerfeuchten Tropen auf ganzjährig flach unter Wasser stehenden, nährstoffarmen Flächen.

Mopanewald *mopane forest*: im südlichen Afrika vorkommende Form des → *Trockenwaldes* mit dem Mopanebaum (*Colospermum mopane*) als vorherrschender Baumart.

Moräne *moraine*: Ablagerung von Gletscher und meint sowohl Sediment als auch Form, meist schlecht sortiertes Gemisch verschiedener Korngrößen (Ton, Schluff, Sand, Kies). Bestandteil → *rezenter* → *Gletscher* wie auch → *vorzeitlicher* Glazialgebiete. 1. Als Sediment ist die M. das gesamte, vom Gletscher transportierte und abgelagerte Material, unabhängig von dessen Art und der Zeit der Ablagerung bzw. Bewegung. Die Einzelgrobkomponente der M. ist das → *Geschiebe*. 2. Die Form wird nach Lage und Gestalt relativ zum Gletscher beispielsweise unterschieden in → *Grundmoräne*, → *Endmoräne*, → *Seitenmoräne*, → *Obermoräne*, → *Mittelmoräne* und → *Innenmoräne*. Weitere Moränenarten sind Stirnmoräne und Stauchendmoräne. Nach dem Alter werden zudem → *Jungmoränen* aus der letzten Eiszeit und → *Altmoränen* aus älteren Eiszeiten unterschieden. Große Teile des Alpenvorlandes oder der während der → *Weichsel-Kaltzeit* vereisten Gebiete werden von M.-Ablagerungen geprägt. Sie bilden sowohl Reliefformen als auch das Ausgangsmaterial für Bodenbildungen. M. stellen einen wichtigen Rohstoff (Kies- und Schottergewinnung) sowie einen bedeutsamen Speicher von → *Grundwasser* dar.

Moränengestein *tillite*: → *Tillit*.

Moränensee *moraine lake*: Seen im → *Gletschervorfeld*, die durch → *Stirnmoränen* oder → *Ufermoränenwälle* gestaut werden, oder durch Ansammeln von Niederschlagswasser in Hohlformen der Moränenlandschaft entstehen (→ *Zungenbeckenseen*, → *Moränenstauseen*).

Moränenstausee *moraine-dammed lake*: außerhalb der früheren Gletscherzunge durch Wasseraufstau zwischen Moränenwällen entstanden, nicht zu verwechseln mit dem → *Eisstausee* (→ *Moränensee*)

Morbidität *morbidity*: Ausdruck des Gesundheitszustands einer → *Population*. Die M. wird angegeben als die Zahl der Erkrankungsfälle pro 100 Einwohner eines Raumes zu einem Zeitpunkt oder während eines Zeitraums. Sie wird insbesondere im Falle von → *Seuchen* oder bezogen auf spezifische Erkrankungen berechnet (→ *Letalität*).

Morgenland (Orient) *Orient, East*: im Mittelalter entstandene Bezeichnung für Teile der Welt, die von Europa aus gesehen im Osten oder Südosten (in Richtung der aufgehenden Sonne) liegen. Der Begriff M. wird heute nur noch in geistesgeschichtlichem Sinn gebraucht (→ *Orientalismus*).

Morphochore *morphochore*: → *morphologisch-geoökologische Raumeinheit* mit der geoökologischen Wertigkeit eines → *Ökotopgefüges*, d. h. in der Größenordnung oberhalb der → *topischen Dimension*.

Morphochronologie → *Geomorphochronologie*.

Morphogenese → *Geomorphogenese*.

Morphographie → *Geomorphographie*.

Morphologie *morphology*: Lehre von der äußeren Form oder Gestalt geo- und biowissenschaftlicher Gegenstände. Sowohl in der → *Biologie* als auch in den → *Geowissenschaften* umfasst die M. den inneren Aufbau von Pflanzen, Tieren oder → *Oberflächenformen* sowie die Lagebeziehungen der Organe bzw. Georeliefteile (→ *Geomorphologie*).

morphologisch *morphologic[al]*: Form und Gestalt betreffend, einschließlich deren Ordnung in einem Organismus oder einem Raum.

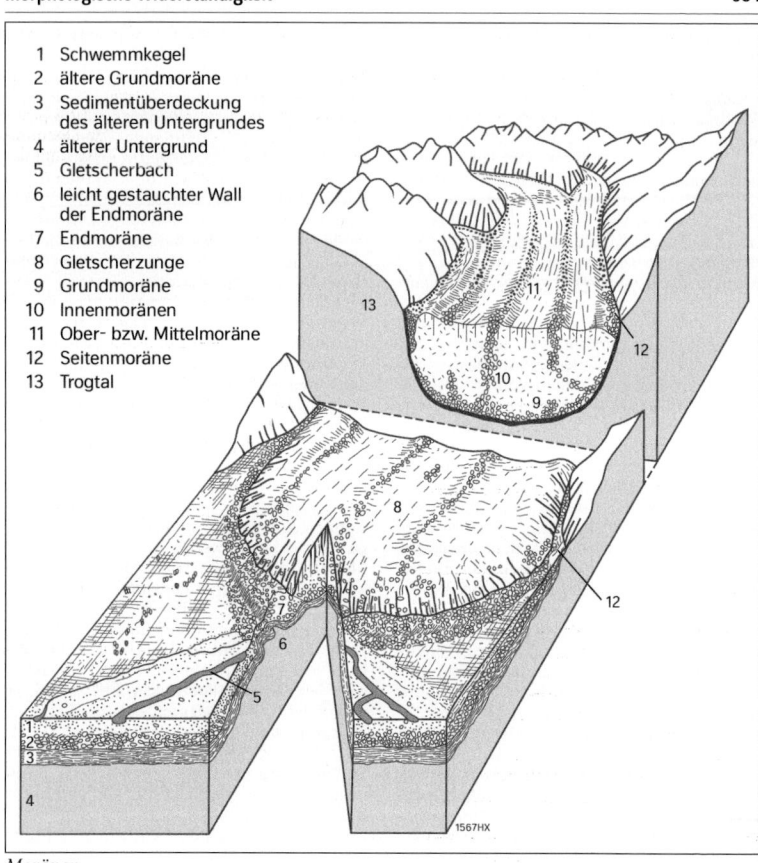

Moränen

1. Schwemmkegel
2. ältere Grundmoräne
3. Sedimentüberdeckung des älteren Untergrundes
4. älterer Untergrund
5. Gletscherbach
6. leicht gestauchter Wall der Endmoräne
7. Endmoräne
8. Gletscherzunge
9. Grundmoräne
10. Innenmoränen
11. Ober- bzw. Mittelmoräne
12. Seitenmoräne
13. Trogtal

morphologische Widerständigkeit → *morphologische Wertigkeit*.

morphologisches System (Formsystem) *morphological system*: einfachster, d. h. mit der geringsten Strukturkomplexität ausgestatteter Systemtyp in der → *geomorphologischen Systemtheorie*. Wird ein Phänomen als m. S. betrachtet, werden nur die physikalischen Bestandteile (z. B. → *Hangneigung*) und die Zusammensetzung (z. B. Korngrößenverteilung) als strukturelles Netzwerk betrachtet und analysiert. Charakteristisch für m.S. sind positive und negative Feedbacks. Diese bestimmen, ob und wie sich Veränderungen der Variablen auf die Morphologie, also die Form, auswirken. Ein m.S. gibt einen Zustand (einen zeitlos gültigen Zusammenhang) wieder, d. h. beispielsweise den Zusammenhang zwischen → *Korngröße* und Hangneigung (→ *Böschungswinkel*, → *Reibungswinkel*).

morphologisch-ökologische Raumeinheit (geomorphologisch-geoökologische Raumeinheit) *morpho-ecological areal unit*: geht von der Annahme aus, dass → *Geoökotope* wesentlich von den → *abiotischen Geoökofaktoren* bestimmt werden, v. a. von → *Georelief* und Boden sowie dem an beide gebundenen Bodenwasserhaushalt. Basiert auf dem → *geomorphologisch-geoökologischen Ansatz*. Die m.-ö. R. dient u. a. der Abgrenzung von → *naturräumlichen Einheiten*, wobei → *Morphochoren*, aber noch nicht → *Geoökotope* erfasst werden. Die m.-ö. R. werden bspw. bei bei der → *landschaftsökologischen Vorerkundung* und beim Übergang von der → *topischen* in die → *chorische Dimension* eingesetzt.

Morphometrie → *Geomorphometrie*.
Morphostruktur *morphostructure*: geologischer Bau von Groß- und Größtformen des → *Georeliefs*.
Morphosystem (Geomorphosystem) *morphosystem*: die Funktionseinheit der im → *Morphotop* zusammenwirkenden ökologischen und geomorphogenetischen Prozesse, die am → *Oberflächennahen Untergrund* ablaufen, die von den geomorphographischen Merkmalen des → *Georeliefs* gesteuert werden und die zur Herausbildung der Formen des räumlich abgrenzbaren → *Morphotops* („→ *Geomorphotops*") führen.
Morphotop (Geomorphotop) *morphotope*: die für die geomorphologische und die geoökologische Betrachtung relevante kleinste, in sich homogene geomorphologische Raumeinheit, die Bestandteil der Struktur von → *Physiotopen* bzw. → *Geoökotopen* ist. Sie werden durch die geomorphographischen Merkmale definiert, welche einheitlich verlaufende Prozesse des → *Morphosystems* bedingen, sodass dem M. eine einheitliche Ausprägungsform zuteil wird. Für den Geoökotop und das → *Geoökosystem* ergeben sich daraus einheitlich ablaufende und gleich gerichtete geoökologische Prozesse, die sich in der → *Bodenbildung* und -weiterentwicklung oder im Bodenwasser- und/oder Oberflächenwasserhaushalt ausdrücken. Auch die → *rezente* → *Geomorphodynamik*, z. B. die → *Bodenerosion*, ist Ausdruck dieses Prozessgeschehens im M..
Morphotopgefüge *morphotope structure*: Anordnung der → *Morphotope* (→ *Geomorphotope*) in der Landschaft. Das M. besitzt Bedeutung für die Abgrenzung kleiner geoökologischer Raumeinheiten bzw. zur arealmäßigen Trennung von deren Einzelmerkmalen.
Morsleben (Endlager Morsleben, ERAM) *final disposal site Morsleben*: östlich von Helmstedt in Sachsen-Anhalt gelegen. Das M. ist ein im Bereich der → *Salzstöcke* Norddeutschlands liegendes mögliches → *Endlager* für → *radioaktive Abfälle*. Eine Einlagerung schwach- bis mittelradioaktiver Abfälle fand bis 1991 statt; seit 1999 läuft die endgültige Stilllegung des zentralen Endlagers der DDR. Ziel der sich über viele Jahre erstreckenden Stilllegung ist die Verfüllung der unterirdischen Hohlräume und ein sicheres Verschließen (→ *Ahaus*, → *Asse*, → *Gorleben*, → *Lubmin*, → *Schacht Konrad*).
Mortalität (Absterbeordnung, Sterbeziffer, Sterblichkeit, Sterblichkeitsziffer) *mortality*: in → *Bevölkerungsgeographie*, → *Biologie* und → *Biogeographie* jene Individuenmenge der → *Population* eines → *Territoriums* oder → *Areals*, die während einer definierten Periode stirbt, unabhängig von biologischen,
ökologischen oder sozialen Ursachen (→ *Natalität*).
Mortalitätsrate → *Sterbeziffer*.
Mortalitätsziffer → *Sterbeziffer*.
Mosaik *mosaic, pattern*: in den Biowissenschaften die charakteristische, von bestimmten Standortfaktoren bedingte Verteilung der → *Pflanzengesellschaften* im Raum, ebenso das räumliche Muster von → *Arealen*, → *Ökosystemen* etc..
Mosaik-Zyklus-Theorie *mosaic-cycle concept*: Konzept, das für → *naturnahe* → *Ökosysteme* eine zeitliche, zyklische Abfolge verschiedener Stadien der → *Sukzession* beschreibt, die sich darüber hinaus auch in einem räumlichen Nebeneinander (→ *Mosaik*) von Flächen unterschiedlichen Sukzessionsstadiums äußert.
Mosor → *Karstturm*.
Motel *motel*: → *Beherbergungsstätte*, die speziell für die Bedürfnisse von Kraftfahrern und mit dem Pkw anreisenden Touristen eingerichtet ist. Ein M. liegt i. d. R. in der Nähe einer Autobahnausfahrt oder einer Hauptdurchgangsstraße und ist für Individualreisende leicht erreichbar. Die Fahrzeuge können meist in unmittelbarer Nähe der Gästezimmer abgestellt werden.
motorisierter Individualverkehr (MIV) *motorized private transport*: im Gegensatz zur → *Mobilität* mit → *öffentlichen Verkehrsmitteln* ist der m. I. der Personenverkehr mit privaten Kraftfahrzeugen. V. a. im Bereich von → *Agglomerationsräumen* stellt der m. I. eine sehr große → *Umweltbelastung* dar, sodass versucht wird, ihn zugunsten des → *ÖPNV* zurückzudrängen.
Motorisierung *motorization*: Ausstattung mit Motorfahrzeugen (Personen- und Lastkraftwagen und Krafträder).
Motorisierungsgrad *degree of motorization*: Maß für die → *Motorisierung* eines Raumes (meist bezogen auf ein Land). Der M. wird i. d. R. durch die Anzahl der in einem Raum zugelassenen Kraftfahrzeuge pro 100 Einw. an einem Stichtag ausgedrückt (→ *Kraftfahrzeugdichte*).
Motorschifffahrt *motor ship navigation*: im Gegensatz hauptsächlich zur Segel- und zur Dampfschifffahrt Bezeichnung für die Schiffsverkehr mithilfe von Dieselmotoren. Sowohl in der → *Binnen-* als auch in der Seeschifffahrt ist die M. heute die übliche Traktionsart im kommerziellen Personen- und Güterverkehr.
mrem → *Millirem*.
MS (Motorschiff) *MS motor ship*: Abkürzung für Motorschiff, die insbesondere im Zusammenhang mit dem Schiffsnamen gebraucht wird.
MSA → *Metropolitan Statistical Area*.
Mudde *gyttja*: Sammelbegriff für schlammige Sedimente, die viel organisches Material

enthalten, das unterschiedlichen → *Fäulnisprozessen* unterliegt, also im Ablagerungsmilieu → *anaerobe* Verhältnisse herrschen. Die M. werden nach ihrer Genese unterschieden, aber auch nach dem vorherrschenden Substrat klassifiziert (Torf-, Sand-, Lehm-, Ton-, Kalk- und Kiesel-M.). Zu den M. gehören → *Dy*, → *Gyttja* und → *Sapropel*.

Mulchen *self-mulching*: Prozess der selbstständigen Bodendurchmischung auf tonreichen Böden in Klimaten mit starkem Feucht-Trocken-Wechsel. Während der Trockenperioden bilden sich tiefe Schrumpfungsrisse, in die während der nächsten Niederschlagsperiode humoses Oberbodenmaterial eingespült wird, das sich beim Quellen des Bodens ins übrige Material einpresst und auch wieder hochgepresst wird. Es entsteht eine Art Selbstpflügungseffekt. M. kann auch zu Materialsortierung führen.

Mulchung (Abdecken) *mulching*: die künstliche Bodenbedeckung mit einer nicht allzu dicken Schicht von Gras, Stroh, Laub, Torf, Heu, Häcksel, Kompost, Stallmist, etc., um Verdunstung und Bodenabtrag zu mindern, Unkrautwuchs zu verhindern sowie für den Aufbau des → *Humus* → *organische Substanz* nachzuliefern. M. regelt auch die Bodentemperatur und fördert Tauniederschlag. Weil Mulch auch mineralisiert wird, düngt er und steigert die → *Bodenfruchtbarkeit*.

Mulde *basin, bowl, depression, hollow (1.); downfold synclinal curve, synclinal fold, syncline (2.)*: 1. in der Geomorphologie eine längliche und ringsum von leicht ansteigenden Böschungen begrenzte, meist sehr flache → *Hohlform* unterschiedlicher Größe. Die Entstehungsmechanismen sind sehr vielfältig. 2. in der Geologie tektonisch bedingte Einbiegungen der Schichten in verschiedenen Größenordnungen. Dabei kann es sich um den nach unten gerichteten Teil einer → *Falte* handeln, auch als → *Synklinale* oder (als kleinere Form) Synkline bezeichnet. Bei rundlicher bis ovaler Grundrissgestalt wird die M. als Schüsseln oder Brachysynklinalen bezeichnet. In einer der Vorläufertheorien der Theorie der → *Plattentektonik*, der sog. Kontraktionstheorie, wurden muldenförmige Großformen als → *Geosynklinale* bezeichnet. Sowohl Begriff als auch Theorie gelten heute als überholt.

Muldenachse *synclinal axis*: Linie, längs derer in einer → *Falte* die Umbiegung der Schichten in Form einer → *Mulde* erfolgt.

Muldenkern *trough core*: älteste gefaltete Schichten im Inneren der → *Mulde* von einer → *Falte*.

Muldenlage *synclinal site*: Lagetyp von → *Siedlungen*, die in einer Geländemulde angelegt wurden. Eine M. kann gesicherte Wasserversorgung bedeuten, aber auch als → *Schutzlage* interpretiert werden (→ *Nestlage*).

Muldental *trough-shaped valley, wide open valley with sides flaring out*: weit verbreitete Form eines → *Tals*, die durch starke → *Denudation* an den → *Hängen* mit großen Materialzulieferungen zustande kommt. Weil der Bach oder Fluss das Material nicht mehr vollständig abtransportieren kann, entsteht zwischen Talboden und Hängen ein sanfter, konkaver Übergang, der am Oberhang konvex wird. Dem M. fehlt die Talsohle und es weist meist geringe Eintiefungen auf. → *Seitenerosion* bleibt fast vollständig aus.

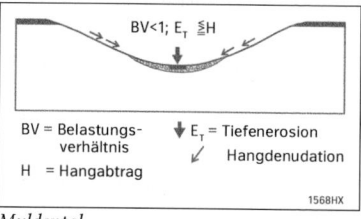

Muldental

Mull *mull*: → *Humusform* mit intensiver Durchmischung der gut abgebauten → *organischen Substanz* mit dem Mineralboden. M. entsteht bevorzugt aus leicht abbaubaren pflanzlichen Rückständen (Kräuter, Gräser, Laubstreu) bei guter Nährstoffversorgung, schwach alkalischen bis schwach sauren Bedingungen, ausreichender Bodenwärme und guter Durchlüftung. Unter diesen Bedingungen sind die Raten der → *Mineralisierung* hoch, und nur wenig organische Substanz (im Maximum einige Prozente) wird unter der Streulage und teilweise einem geringmächtigen Of-Horizont in Form von → *Huminsäuren* angereichert. Die Tätigkeit von Regenwürmern führt zu einer intensiven Durchmischung der organischen und mineralischen Feinsubstanz (→ *Ton-Humus-Komplexe*), welche auch die günstige Krümeligkeit bewirkt. M. entsteht auf Wiesenböden und in krautigen Laubwäldern auf allen nährstoffreichen, nicht zu starker Vernässung neigenden Standorten. Auf Äckern herrscht eine ähnliche Situation.

Müll *waste, refuse, garbage*: 1. allgemein alle Arten von → *Abfall*. Man unterscheidet → *Haus-M.*, Straßenkehricht, Gewerbe- bzw. Industrie-M. Zu Letzterem gehören Zechen-, Kokerei-, Aluminiumhütten-, → *Montanindustrie-* und Strahlenmittel-M. Der Industrie-M. wird wegen seiner häufig auftretenden giftigen Nebenwirkungen als → *Sondermüll* behandelt. Eine gesonderte Entsorgung erfolgt auch beim → *Sperrmüll*. 2. im engeren Sinne ist M. jener Abfall, der von der kommunalen Müllabfuhr entsorgt wird. Dazu gehören alle Abfälle aus Haushaltungen, hausmüllähnliche Abfälle aus Industrie, Gewerbe, Handel etc. sowie Sperrmüll und Straßenkehricht (→ *anthropogene Materialtypen*).

Mülldeponie *dump, refuse dump, disposal site*: 1. allgemein der Ablagerungsplatz von → *Müll* bzw. → *Abfall*. Dies kann geordnet oder ungeordnet geschehen. 2. eine M. im engeren Sinne ist eine geordnete Ablagerung von Müll unter Behördenaufsicht auf begrenzten, dafür ausgewiesenen Plätzen unter Anwendung moderner Deponierungstechniken. Je nach Art des Mülls sind spezielle Maßnahmen erforderlich. Bauschutt oder Erdaushub werden ohne Abdichtung gegen den Untergrund abgelagert oder zusammen mit → *Hausmüll* im Wechsel deponiert. I. d. R. wird der Müll auf der M. gleichmäßig ausgebreitet, maschinell verdichtet und mit Humuszwischenschichten versehen, um die Verrottung zu beschleunigen. Bei kontaminierten Abfällen wird verhindert, dass → *Sickerwasser* in den Untergrund gelangt und das → *Grundwasser* verschmutzt. Deren Ablagerung erfolgt oft auf Großdeponien, die i. d. R. organisch und anorganisch verschmutztes Sickerwasser führen, daher sind Abdichtung gegen den Untergrund erforderlich, z. B. durch Bodenmaterial, Lehm, Ton, Substratgemische mit technischen Zusätzen und/oder Folien. Abgedichtete M. erfordern zusätzlich Drainagesysteme und Auffangbecken. Eine M. mit viel organischem Material (z. B. → *Hausmüll*), entwickelt brennbares → *Deponiegas*. Es enthält meist Geruchs- und Schadstoffe. Das Gas muss aufgefangen und gesammelt werden. – Auf die M. gelangen auch Rückstände aus anderen → *Abfallbeseitigungen*, z. B. der Verbrennung oder → *Kompostierung*. Von der M. können weitere Auswirkungen auf die Umwelt ausgehen, wie Anlieferverkehr, Beeinträchtigung des Landschaftsbildes, Änderung der herkömmlichen Flächennutzung und Eingrenzung der Freizeit- und Erholungsaktivitäten (→ *Müllkompostierung*).

Müllheizkraftwerk *waste thermal power station*: → *Müllkraftwerk*, bei dem neben der Gewinnung von Elektrizität auch die → *Abwärme* genutzt wird, die man in ein → *Fernwärme*netze eingespeist.

Müllkippe *rubbish dump, garbage dump*: ungeordneter Ablagerungsplatz von → *Müll*, auf dem → *Müllverkippung* erfolgt. Bei M. ist nicht immer gewährleistet, dass keine Schadstoffe in das Grundwasser gelangen (→ *Mülldeponie*).

Müllkippen-Syndrom *dumps syndrome*: eines der Syndrome Globalen Wandels (→ *Syndromansatz*), die vom Wissenschaftlichen Beirat der Bundesregierung Globale Umweltveränderungen (→ *WBGU*) 1996 entwickelt wurden. Das M.-S. kennzeichnet den Umweltverbrauch durch geregelte, aber auch ungeregelte Deponierung zivilisatorischer Abfälle.

Müllkompostierung *refuse composting*: Abfallverwertungsverfahren für organische Bestandteile des → *Mülls*, bei welchem durch Verrottung → *Kompost* entsteht. Müllkompost ist ein organo-mineralisches Produkt, das unter bestimmten thermischen und hygrischen Rottevorgängen entsteht. M. ist wesentlich von der Müllqualität bestimmt, u. a. Feuchtegehalt, der beim Hausmüll bei unter 30 % liegt und damit unter dem optimalen Wassergehalt von 40-50 %, der für die Verrottung erforderlich ist. Daher wird in Kompostwerken der Müll mit → *Klärschlamm* der → *Kläranlagen* vermischt. Auch werden Wasser, Fäkalien oder Stoffe mit hohen Wassergehalten vor der → *Kompostierung* zugegeben. Die M. erfolgt in Kompostmieten. Die Verwendung von Müllkompost in der Landwirtschaft ist wegen giftiger Reststoffe (z. B. → *Schwermetalle*) nicht unproblematisch.

Müllkraftwerk *refuse power station, refuse power plant*: → *Kraftwerk*, das aus → *Hausmüll* und/oder → *Klärschlamm* Energie gewinnt. Der Heizwert des Hausmülls entspricht dem geringwertiger → *Braunkohle*. Als Folge des Energiekostenanstiegs können M. rentabel arbeiten: Mit der Verbrennungswärme wird Dampf erzeugt und über Turbinen daraus Elektrizität gewonnen (→ *Müllheizkraftwerk*, → *Müllverbrennung*).

Müllschlacke *refuse cinders*: Rückstand der → *Müllverbrennung*. M. ist geschmolzene bzw. gesinterte → *Asche*, die teils als Zuschlagmaterial bei der Baustoffindustrie Verwendung findet oder auf die → *Mülldeponie* gebracht wird.

Müllverbrennung *refuse incineration, waste incineration*: Verfahren der → *Abfallbeseitigung*, bei dem gleichzeitig im → *Müllkraftwerk* Energie gewonnen werden kann. → *Müll* soll so sauber verbrannt werden, dass die → *Abgase* sauber sind. Mit der M. sind jedoch Emissionen von → *Kohlendioxid*, → *Dioxinen*, Polycyclischen aromatischen Kohlenwasserstoffen (→ *PAK*) und → *Schwermetallen* verbunden. Diese werden v. a. mit dem → *Staub* verbreitet. Dioxine entstehen erst bei der M., was durch Verbrennungstemperaturen von über 800 °C und eine längere Verbrennungsdauer verhindert werden kann. Filter sowie nasse Abgasreinigungsverfahren können Chlor- und Fluorwasserstoff ausscheiden. Allerdings entstehen bei der nassen Rauchgasreinigung Abwässer, die Chloride, Fluoride sowie Schwermetalle enthalten. Die durch

Sedimentation ausgeschiedenen Rückstände sowie die Schlacke der M. werden auf die → *Mülldeponien* gebracht.

Müllverbrennungsanlage (MVA) *refuse incineration plant, waste incineration plant*: technische Einrichtung zur → *Müllverbrennung*, die entweder → *Hausmüll* oder → *Sonderabfälle* der Industrie verbrennt und an zentralen Plätzen eingerichtet wird, um die → *Abfallentsorgung* zu gewährleisten.

Müllverkippung *refuse dumping, waste dumping*: die Ablagerungsform für den → *Müll* auf der → *Mülldeponie* oder auf einer → *Kippe*, die meist eine „wilde", also nicht erlaubte bzw. nicht geordnete Ablagerung von → *Müll* darstellt. → *Müllkippen* werden oft in aufgelassenen Sand- und Kiesgruben oder in Steinbrüchen angelegt. In den nichtmitteleuropäischen Staaten Europas sowie in Entwicklungsländern ist die M. die noch gängige Form der Müllentsorgung. Zahlreiche ökologische Negativeffekte gehen von der M. aus (Lebensraum von Ungeziefer, Entstehen von Bränden, Rauchbelästigung durch Schwelbrände, Geruchsbelästigungen, Abbrüche und Rutschungen an der Kippkante, Auswaschung des Mülls und Grundwasserverunreinigungen etc.).

Mulmniedermoor *Sapric Histosol*: in der → *deutschen Bodensystematik* (→ *KA5*) ein Niedermoorboden, in dem durch Nutzung und → *Entwässerung* pedogenetische Veränderungen in den → *Torfen* ausgelöst wurden. Durch Setzung, Schrumpfung und Humifizierung vermulmt der Torf und ist im trockenen Zustand nur noch schwer mit Wasser benetzbar.

Multifunktionalität *multifunctionality*: allg. Eigenschaft eines → *Standortes*, gleichzeitig verschiedenen → *Funktionen* zu dienen. 1. Der Begriff M. wird v.a. in Bezug auf voll entwickelte → *Städte* verwendet, zu deren Wesen die Vielseitigkeit ihrer, insbesondere wirtschaftlichen, Funktionen gehört. 2. Leitbild der → *Agrarpolitik*, das betont, dass die → *Landwirtschaft* neben ihrer ursprünglich eigenen Aufgabe, der Nahrungsmittelerzeugung, auch landschaftsökologische sowie räumliche Funktionen ausübt und damit kollektiv nutzbare Güter erzeugt. Darunter fallen einerseits Maßnahmen, welche der Erzeugung oder dem Erhalt eines positiv bewerteten Zustandes der → *Landschaft* außerhalb bebauter Gebiete (Schutz und pflegende Bewirtschaftung der Landschaft, Offenhalten und Pflege von Raumreserven) dienen. Andererseits gehören dazu auch Maßnahmen, die den Erhalt der Besiedlungsdichte sowie der Funktionsfähigkeit des → *ländlichen Raums* gewährleisten sollen. Darunter fallen v. a. infrastrukturelle Maßnahmen der Landwirtschaft wie Straßen und Forstwege, Trinkwasserversorgung, Belebung und Aufrechterhaltung der ländlichen Versorgung durch Handwerk, Gastronomie und Einzelhandel. M. wird von der Agrarpolitik auch zur Rechtfertigung von → *Subventionen* für die Landwirtschaft herangezogen.

Multihazard-Raum → *Hazardscape*.

Multilateralismus *multilateralism*: politische Zusammenarbeit von drei oder mehr → *Staaten*. Strategien des M. werden oftmals von mittelgroßen Staaten angewandt, um so ihre Macht gegenüber größeren Staaten zu stärken, werden aber auch von mächtigeren Ländern angewandt. Die aktuell größten multilateralen → *Institutionen* sind die → *Vereinten Nationen* (→ *UN*) und die Welthandelsorganisation (→ *WTO*).

Multilokalität (Mehrörtigkeit) *multilocality*: Organisation des Lebensalltags an verschiedenen Orten, die über einen längeren Zeitraum hinweg wechselnd aufgesucht und mehr oder weniger funktionsteilig genutzt werden. Typische Formen von M. sind der → *Pendelverkehr* zum Arbeits- oder Ausbildungsplatz oder das Leben an zwei Wohnsitzen. M. kann bei → *Volkszählungen* insofern zu Problemen führen, als bei der Erfassung der → *ortsansäsenden Bevölkerung* Doppelzählungen von multilokal Lebenden an ihrem Wohn- und aktuellen Aufenthaltsort vorkommen können.

Multimedia *multimedia*: zusammenfassender Begriff für Nutzung unterschiedlicher medialer Darstellungsformen mithilfe der Digitalisierung. Inhalte (z. B. Informationen, Unterhaltung) werden in Text, Bild und Ton gleichzeitig über ein Medium, z. B. → *Internet* oder Smartphone, bereit gestellt.

multimediale Karte *multimedia map*: Variante von digital hergestellten Karten (→ *digitale Karte*), in denen Medien, wie bspw. Audio (→ *audiovisuelle Karte*) und Video, eingesetzt werden, um raumbezogene Information zu vermitteln. Diese Karten enthalten i. d. R. Animation (→ *animierte Karte*) und unterstützen Interaktion durch den Kartennutzer (→ *interaktive Karte*).

multimodaler Verkehr *multimodal transport, combined transport*: Nutzung von zwei oder mehreren unterschiedlichen → *Verkehrsträgern* zum Transport von Personen oder Gütern von Quellort zu Zielort. Im Gegensatz zum Direktverkehr mit einem Verkehrsträger (→ *ungebrochener Verkehr*) wird der m. V. auch als → *gebrochener Verkehr* bezeichnet.

multinationale Unternehmung (MNU) *multinational firm*: Unternehmen, das direkt in mindestens einem fremden Land produziert oder investiert. Die m. U. treffen betriebswirtschaftliche Entscheidungen unter dem Gesichtspunkt sich international bietender Alternativen. Von multinationalen → *Konzernen* spricht man, wenn transnational juristisch selbstständige Unternehmungen von einem Unternehmen aus beherrscht werden. M. U. wurden in der Vergangenheit wegen ihrer wirtschaftlichen Macht und ihres politischen Einflusses häufig kritisiert (→ *internationale Unternehmung*, → *transnationales Unternehmen*).

multiple sourcing *geteilte Beschaffung*: in der Wirtschaft Ausweitung des Beschaffungsvorgangs auf eine größere Zahl von Lieferanten pro Teil/Leistung (→ *single sourcing*, → *global sourcing*).

Multiplikatoreffekt *multiplier effect*: in der Wirtschaftstheorie derjenige Effekt, mit dem die Auswirkungen von zusätzlichen Ausgaben des → *Staates*, der privaten → *Haushalte* oder des Auslands sowie vermehrter Investitionsausgaben der Unternehmen auf das → *Volkseinkommen* gemessen wird. Grundsätzlich lässt sich dabei eine Vervielfältigungswirkung (multiplikative Wirkung) feststellen.

multispektral *multispectral*: Begriff aus der → *Fernerkundung*, der sich auf die gleichzeitige Erfassung mehrerer Spektralkanäle bezieht. Um farbige → *Luft-* und → *Satellitenbilder* ableiten zu können, bedarf es mind. drei sinnvoll abgestimmter Spektralkanäle (z. B. Rot, Grün und Blau, → *Echtfarbenbild*). In der → *Satelliten*-gestützten Fernerkundung wurde der Begriff insbesondere durch die → *NASA*-Serie → *Landsat* etabliert. Bereits die erste Landsat-Satellit (1972) umfasste ein. Abtast-System, mit der Bezeichnung „Multispectral Scanner" (MSS). M. Fernerkundung bezieht sich auf Aufnahmesensoren mit bis zu 15 Spektralkanälen (→ *spektrale Auflösung*). Sensoren, die mehr als 15 spektrale Signaturen erfassen können, werden als → *hyperspektrale* Sensoren bezeichnet.

multivariates Analyseverfahren *multivariate analysis*: Analyseverfahren, bei dem gleichzeitig (simultan) mehrere i. d. R. → *abhängige Variablen* analysiert werden (im Gegensatz dazu: univariate Datenanalyse). Die m. A. wird dann eingesetzt, wenn zwischen den Variablen gegenseitige strukturelle Abhängigkeiten gegeben sind. Für die m. A. können strukturaufdeckende Modelle (z. B. → *Cluster-*, → *Faktorenanalyse*), aber auch strukturprüfende Methoden von Bedeutung sein (z. B. → *Korrelationsanalyse*).

Münchner Konzept der Sozialgeographie *Munich school of social geography*: eine in der deutschsprachigen → *Sozialgeographie* in den 1970er- bis 1990er-Jahren in forschungspolitischer, raumplanerischer und didaktischer Hinsicht sehr einflussreiche Strömung, die durch die Forschungsarbeiten und Publikationen am Geographischen Institut der Ludwig-Maximilians-Universität in Münchnen entwickelt und vorangetrieben wurde. Das M.-K.-d.-S. ist dem → *Funktionalismus* verbunden, wobei → *Funktion* v. a. als „Daseinsentfaltung" verstanden wird. Kern der Konzeption sind die → *Grunddaseinsfunktionen* in ihren → *raumwirksamen* Verflechtungen.

Münchner Schule → *Münchner Konzept der Sozialgeographie*.

Mündung *mouth, embouchure, debouchure (Fluss); junction (mit Hauptstrom); estuary (Ästuar)*: Übergang eines → *Flusses* oder → *Gletschers* in einen anderen oder ins → *Meer*. Beim Meer spielen sich charakteristische Erosions- und Akkumulationsprozesse ab, die zu besonderen Formbildungen führen, z. B. → *Ästuar* oder → *Delta*.

Mündungsbarre *mouth bar*: Akkumulationsform vor Fluss-→ *Mündungen*, die wegen des Nachlassens der Fließgeschwindigkeit entsteht, sodass sich Sedimente ablagern. M. umschließen die Flussmündungen mehr oder weniger halbkreisförmig. Sie können Ansatzpunkt für die Entstehung eines → *Deltas* sein. Zwischen M. und Deltas gibt es zahlreiche Übergangsformen.

Mündungsschwelle *glacigenic rock bar at valley mouth*: glazialgeomorphologischer Begriff für eine flache, rundliche → *Vollform* vor dem Eintritt des Tals des → *Nebengletschers* in das Haupttal. Sie entsteht, wenn Geschwindigkeit und Erosionskraft des Nebengletschers durch Stauwirkung des Hauptgletschers vermindert werden.

Mündungsverschleppung *acute-angled river mouth*: tritt auf bei stark sedimentierenden → *Nebenflüssen*, wenn sie in einen → *Hauptfluss* münden. Durch die Strömung des Hauptflusses wird der → *Stromstrich* des Nebenflusses stromabwärts verdrängt, sodass dort hauptsächlich → *Seitenerosion* stattfindet, während auf der anderen Seite v. a. → *Geschiebefracht* sedimentiert wird (→ *Fluvialakkumulation*). Dies bedingt ein quasi paralleles Fließen von Haupt- und Nebenfluss und eine spitzwinklige Einmündung des Nebenflusses in den Hauptfluss. Die Verschleppung kann über mehrere Zehnerkilometer erfolgen. Häufiges, aber nicht ausschließliches Phänomen von → *Aufschüttungsebenen*.

Municipio *municipio*: in Spanien, Portugal und Lateinamerika Bezeichnung für eine → *Gemeinde*, z. T. auch für eine größere Verwaltungseinheit, wie → *Kreis* oder → *Bezirk*.

Mure (Murgang) *debris flow*: schnelle bzw. extrem schnelle, reißende Bewegung (quasiviskoses Fließen) einer breiartigen Masse aus Wasser, Boden, Gesteinsschutt, Blöcken und auch Baumstämmen (wobei der Feststoffanteil 30-60 % beträgt) am Hang (→ *Hang-*

mure) oder in einem Gerinne (vorgezeichneten Tiefenlinien, z. B. → *Lawinenbahnen* oder → *Wildbäche*). → *Auslöser* sind Starkregen oder Schneeschmelze, aber auch Seeausbrüche (z. B. → *GLOF*s). Die Grunddisposition ist durch Verwitterungsanfälligkeit des Gesteins gegeben, sowie ausreichend vorhandenes Lockermaterial und ausreichendes Gefälle. Die variable → *Disposition* steigt mit steigender Schuttakkumulation mit Feinmaterialanteil sowie mit dem → *Porenwasserdruck* oder dem generellen Wasserangebot. Die Fließgeschwindigkeit von M. ist am Rand durch dort austretendes Wasser und die erhöhte Reibung geringer als in der Mitte, sodass sich an den Rändern der Schutt staut und sich sogenannte Levées bilden, also Randwälle. Bei wiederholten Murabgängen bildet sich ein → *Murkegel* mit einem Gefälle von 8-12°, wodurch er von → *Schuttkegeln* (steiler) und → *Schwemmkegeln* (flacher) gut zu unterscheiden ist, genauso wie durch die fehlende Größensortierung des abgelagerten Materials. Die M. gehört zu den sehr gefährlichen → *gravitativen Massenbewegungen* und damit zu den → *Naturgefahren* des → *Hochgebirges*.

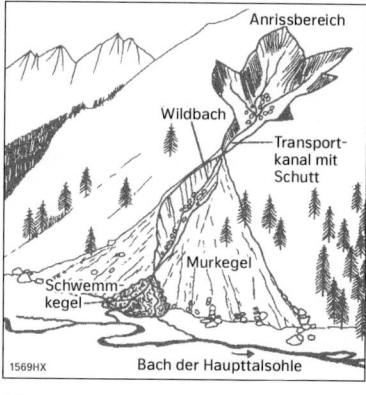

Mure

Murgang → *Mure*.
Murkegel *talus, torrential fan*: → *Akkumulationsform* von → *Muren*, die sich nach wiederholten Murabgängen bildet. Der M. hat ein Gefälle von 8-12°, wodurch er von → *Schuttkegeln* (steiler) und → *Schwemmkegeln* (flacher) gut zu unterscheiden ist, genauso wie durch die fehlende Größensortierung des abgelagerten Materials. Der steil geböschte M. kann bis zu mehrere hunderttausend Kubikmeter umfassen. Der M.-Materialtyp entspricht dem → *Fanglomerat*.

Muschelkalk *Muschelkalk (1.); shell[y] limestone (2.)*: 1. die mittlere Abteilung bzw. Epoche der germanischen Trias. Die Einteilung orientiert sich am Gestein des M., wobei unterer M. (Wellenkalk), mittlerer M. (Anhydritgebirge) und oberer M. (Hauptmuschelkalk) unterschieden werden. In der M.-Zeit (245-235 Mio. J. v. h.) herrschten marine Verhältnisse vor, gelegentlich kam es auch zu lagunärer Sedimentation. Der M. wurde im → *Germanischen Becken* abgelagert, nachdem die → *Tethys* durch die Burgundische und Oberschlesische Pforte nach Mitteleuropa eingedrungen war. Beherrschend im Meer waren u. a. Muscheln und andere Schalentiere. Leitend im M. sind die Ceratiten. Als Gesteine entstanden → *Mergel*, → *Kalksteine*, → *Dolomite*, → *Gipse* und → *Steinsalze*. 2. grauweißes bis gelbliches Kalkgestein mit beträchtlichen Faziesänderungen. Der Wellenkalk und der Hauptmuschelkalk sind überwiegend kalkig und gebankt, der mittlere M. weist Gips- und Salzlager auf. Die kalkige → *Fazies* ist klüftig und deswegen wasserdurchlässig, sodass im Hauptmuschelkalk eine markante Schichtstufe und eine charakteristische → *Karstlandschaft* entwickelt sind. In manchen M.-Landschaften wird die Kalkschuttverwitterungsdecke von Lössen überlagert, sodass sich in der Muschelkalklandschaft ausgedehnte fruchtbare Ackerbaugebiete ausbreiten, den Landschaftstyp des Gäu repräsentierend.
Muskovit (Kaliglimmer) *muscovite*: helles, silberweißes, vollkommen spaltbares → *Mineral* aus tafeligen Kristallen, die in blättrigschuppigen Massen vorliegen. Der M. ist ein → *Schichtsilikat* und gehört zur Gruppe der → *Glimmer*. Er ist eines der häufigsten Minerale der Erde und kommt v. a. in → *Plutoniten* (z. B. → *Granit*) vor.
Mutterboden *topsoil*: kein Fachbegriff, aber in der Praxis verwendete Bezeichnung für die humusreiche, stark belebte oberste Bodenlage. Der M. wird in bearbeiteten Böden auch als → *Ackerkrume* bezeichnet. Der wertvolle M. muss bei Baumaßnahmen erhalten, d. h. abgeschoben, deponiert und später wieder aufgetragen werden.
Mutterfolge → *Matrilinearität*.
Mutterland *mother country, motherland*: während der Kolonialzeit Bezeichnung für die Länder der europäischen → *Kolonialmächte* bezüglich ihrer Beziehungen zu den → *Kolonien*.
Mutternuklid *mother nuclide*: ein instabiles → *Nuklid* (→ *Radionuklid*), das sich radioaktiv weiter umwandelt und unter Emission → *ionisierender* → *Strahlung* zu einem → *Tochternuklid* wird. I. d. R. spielt sich dies in langen Zerfallsreihen ab. Beispiel: In der langen Zerfallsreihe von → *Uran*-238 zu Pb-206 folgt zunächst das Tochternuklid Th-234, anschlie-

ßend das Enkelnuklid Th-234, anschließend folgen noch weitere 12 Generationen, bis Pb-206 am Ende der Reihe steht.
Mutterrecht → *Matriarchat.*
MW (MW) *megawatt:* → *Megawatt.*
Myameer *Mya Sea:* gegenwärtiges Stadium der Ostseeentwicklung im → *Postglazial* und auf das → *Litorinameer* folgend. Gekennzeichnet durch das Einwandern von *Mya arenaria.* Die Myazeit umfasst etwa die letzten 1000 Jahre der Erdgeschichte, reicht also bis in die Gegenwart und ist geomorphologisch durch den Küstenausgleich mit der Bildung von Strandwällen, Haken, Nehrungen und Dünen charakterisiert. Die für die Myazeit angegebenen Beträge des Meeresspiegelanstieges können nur schwer eingeordnet werden, weil die südlichen und westlichen Randgebiete der Ostsee sich gleichzeitig tektonisch senken und die isostatische Hebung Skandinaviens von einer tektonischen Hebung Fennosarmatias überlagert wird, sodass der Anstieg des Meeresspiegels möglicherweise auch nur ein relativer ist (eustatische Meeresspiegelschwankung).

Mycel *mycelium:* das Geflecht fadenartiger Zellen oder Zellfortsätze (Hyphen) von Actinomyceten und Pilzen, welches v.a. den intensiv belebten → *Humus* durchzieht.
Mykorrhizae *mycorrhiza:* Wurzelpilze, die mit höheren Pflanzen in → *Symbiose* leben. Die mit dem Wurzelsystem verwachsenen Pilze übernehmen dabei teilweise oder in Einzelfällen fast vollständig Wurzelfunktionen, indem sie die Pflanze mit Wasser und Nährstoffen versorgen (insbesondere mit → *Phosphat*) und dafür organische Stoffe (→ *Kohlenhydrate*) erhalten.

N

NACE (Nomenclature statistique des activités économiques dans la Communauté européenne) *Statistische Systematik der Wirtschaftszweige in der Europäischen Gemeinschaft*: System zur Klassifizierung von → *Wirtschaftszweigen* in der → *Europäischen Union*, das auf Basis der ISIC (International Standard Industrial Classification of all Economic Activities) der → *Vereinten Nationen* entwickelt wurde.

Nachahmungseffekt *imitation effect*: volkswirtschaftlich wichtiger Faktor bei der → *Diffusion* von → *Innovationen*. Viele Innovationen breiten sich v. a. dadurch aus, dass sie von Nachbarn des → *Innovators* nachgeahmt werden.

Nachbarn (Vicini) *neighbo[u]rs*: – in der Sozial- und Bevölkerungsgeographie die Nebenwohner, Nebensitzer. Ursprünglich war der N. nur der unmittelbar Angrenzende, heute ist der Begriff erweitert worden und bezeichnet auch Nahewohnende. – Arten, die in Folge ihrer Ausbreitungstendenz zufällig und vorübergehend, aber mehr oder weniger regelmäßig aus benachbarten → *Lebensräumen* kommen, ohne sich im neuen → *Biotop* fortzupflanzen. Es handelt sich um eine Form der → *Biotopzugehörigkeit*.

Nachbarrecht *neighbourhood law*: Rechtsvorschriften, die das Verhältnis von → *Nachbarn* zueinander regeln, wobei Rechte und Pflichten einzelner im Verhältnis zu den Eigentümern angrenzender Grundstücke festgelegt sind. Es handelt sich beim N. teils um privatrechtliche (z. B. Immissionen, Lärmbelästigung), teils um öffentlich-rechtliche Vorschriften. Zu den Letzteren gehören Regelungen des Baurechts, insbesondere über → *Grenzabstände*.

Nachbarschaft *neighbo[u]rhood*: 1. Summe der zwischenmenschlichen, nicht-familiären Beziehungen, die sich aus engem räumlichen Zusammenleben der → *Nachbarn* ergeben. 2. ein kleineres städtisches → *Wohnviertel*, das für seine Bewohner noch überschaubar ist, Versorgungseinrichtungen zur Erfüllung der → *Grundbedürfnisse* bietet und in dem sich durch persönliche Kontakte der Bewohner eine Gemeinschaft bildet. 3. administrative Einheit in den → *New Towns* Großbritanniens.

Nachbarschaftseffekt *neighbo[u]rhood effect*: volkswirtschaftlich wichtiger Faktor bei der → *Diffusion* von → *Innovationen*. Der N. führt, zusammen mit dem → *Nachahmungseffekt*, dazu, dass sich viele Innovationen durch direkten Kontakt unter → *Nachbarn* ausbreiten.

Nachbarschaftsgedanke (Nachbarschaftsidee) *neighbo[u]rhood ideal*: städtebauliches Konzept, das danach strebt, städtische → *Wohnviertel* in einzelne → *Nachbarschaften* zu gliedern, um ein reges Gemeinschaftsleben der Bewohner zu ermöglichen und die städtische Anonymität zu überwinden. Besonders bei der Planung von → *Neuen Städten* und größeren Neubausiedlungen der Nachkriegszeit spielte der N. als Planungsidee eine große Rolle (→ *New Town*).

Nachbarschaftshilfe *neighbo[u]rly help*: die gegenseitige, unter Nachbarn gewährte Form der Hilfe und Unterstützung, bei der i. d. R. auf ein Entgelt (Geldzahlung) verzichtet und stattdessen Gegenleistungen in ähnlicher Form erbracht werden. Sie ist ein gewohnheitsmäßiges und heute wenig formalisiertes Instrument sozialer Gemeinschaften zur Bewältigung von individuellen oder gemeinschaftlichen Bedürfnissen. Früher dominierte eine stärker formalisierte Form der N., bei der genaue Zuordnungen vorgenommen wurden, z. B. welche Nachbarn bei Beerdigungen welche Aufgaben zu übernehmen hatten. N. war in diesem Sinne nicht einfach eine Bezeichnung für lokale Nähe, sondern für eine gesicherte Ordnung wechselseitiger Hilfeleistungen. In aktuellen Programmen zur → *Dorferneuerung* wird versucht, die N. wieder zu aktivieren (→ *Dienstleistungstauschbörse*, → *Nachbarschaftsgedanke*).

Nachbarschaftsidee → *Nachbarschaftsgedanke*.

Nachbarschaftsverband *planning association of contiguous communities*: Zusammenschluss von Nachbargemeinden, insbesondere im Umfeld von → *Großstädten*, zu einem losen → *Planungsverband*. Aufgabe des N. ist es in erster Linie, im Rahmen einer sinnvollen → *Regionalplanung* die gemeindlichen Flächennutzungsgrundsätze zu koordinieren.

Nacheiszeit → *Holozän*.

Nachfolgefluss → *subsequenter Fluss*.

Nachfolgeindustrie *successor industry*: → *Industrie*, die am → *Standort* stillgelegter → *Betriebe* die → *Produktion* aufnimmt. Die Ansiedlung von N. wird meist staatlich gefördert, damit freigesetzte Arbeitskräfte weiterbeschäftigt werden können.

Nachfolgekultur *successor crop*: → *Kulturpflanze* bzw. → *Kulturart*, die in einem marktorientierten → *Agrarbetrieb* eine andere ablöst. Die Gründe für das Auftreten von N. können unterschiedlich sein. Sie können sich aus einer veränderten Nachfrage auf dem Markt, geringerer Arbeits- oder Kapitalintensität, Pflanzenkrankheiten, Schädlingsbefall oder Bodenerschöpfung ergeben.

Nachfolgeort → *Nachfolgesiedlung*.

Nachfolgesiedlung (Nachfolgeort) *successive settlement, successive village*: Ansiedlung, die am Standort einer früher bestandenen, aber untergegangenen → *Siedlung* (→ *Wüstung*) neu entsteht, oft durch gezielte Wiederbesiedlung mit staatlicher Unterstützung. N. nutzen häufig die Ressourcen der Ursprungssiedlung, z. B. → *landwirtschaftliche Nutzflächen*, können aber auch eine andere wirtschaftliche Grundlage aufweisen (agrarische Siedlung anstelle einer früheren → *Bergbausiedlung*).

Nachfrage *demand*: Ausdruck des Bedarfs an bestimmten → *Gütern* und → *Dienstleistungen*, die tatsächlich am → *Markt* benötigt werden. Neben dem → *Angebot* entscheidender Faktor der Marktpreisbildung (→ *Marktwirtschaft*).

Nachfragestandort *demand location*: Ort der → *Nachfrage* von privaten und öffentlichen → *Gütern* und → *Dienstleistungen*. Die N. sind jeweils auf zentrale Versorgungsorte ausgerichtet (→ *Zentraler Ort*, → *Reichweite*).

nachhaltige Entwicklung *sustainable development*: Bezeichnung für die ökonomische, soziale und ökologische Entwicklung einer Kommune, einer Region oder eines Staates, bei der die Bewahrung und zugleich stetige und optimale Nutzung von → *Ressourcen* in der → *Umwelt* des Menschen zum Nutzen der jetzigen, aber vor allem auch der künftigen Generationen erfolgt (→ *nachhaltige Nutzung*, → *Nachhaltigkeit*).

nachhaltige Landschaftsnutzung *sustainable landscape use*: geografischer Begriff für die spezifische → *nachhaltige Nutzung* von Landschaft, also die Bewahrung und zugleich stetige und optimale Bereitstellung sämtlicher materieller und nicht materieller → *Landschaftselemente* und → *Landschaftsfunktionen* zum Nutzen der jetzigen und vor allem auch der künftigen Generationen. Das schließt die nachhaltige Nutzung der sog. → *Freiflächen* (also multifunktional nutzbarer, nicht durch Siedlungs-, Verkehrs-, Gewerbe-, Industrie- und sonstige Überbauungen geprägter Flächen) ein und bedeutet zugleich aber auch die → *nachhaltige Nutzung* der genannten Flächen. Dies umfasst auch die Bewahrung des historischen und kulturellen "Gesichts" der Orte oder der ausgesprochen durch Kultur geprägten Landschaftselemente (→ *nachhaltige Entwicklung*, → *Nachhaltigkeit*).

nachhaltige Nutzung *sustainable land use*: ähnlich dem Begriff → *nachhaltige Entwicklung* eine etwas unscharfe, schlagwortartige Bezeichnung für die Nutzung der → *Landschaft* und ihrer → *Ressourcen*. Mit dem Begriff → *nachhaltige Landschaftsnutzung* wird jedoch bewusst ein → *holistischer Ansatz* innerhalb der → *Geographie* in den Vordergrund gerückt, während sich n. N. relativ unscharf auf eine Auswahl von Sachverhalten oder Problemen der → *Umwelt* bezieht (→ *Nachhaltigkeit*).

nachhaltige Raumentwicklung *sustainable spatial development*: in Deutschland oberste → *raumordnerische Leitvorstellung*, wonach in allen Teilräumen Deutschlands ausgeglichene soziale, infrastrukturelle, wirtschaftliche, ökologische und kulturelle Verhältnisse anzustreben sind.

nachhaltige Regionalentwicklung *sustainable regional development*: ganzheitliche Maßnahmen der → *Regionalentwicklung* unter Berücksichtigung ökologischer, gesellschaftlicher und wirtschaftlicher Belange (→ *integrative Regionalentwicklung*).

Nachhaltigkeit *sustainability*: ursprünglich ein Traditionsbegriff der Forstwirtschaft. 1713 wurde wegen Holzknappheit im Erzgebirge Sachsens durch Oberberghauptmann Hans Carl von Carlowitz das Nachhaltigkeitskonzept zur dauerhaften Bereitstellung von Holz für den Silberbergbau postuliert: Es dürfe nur soviel Holz geschlagen werden, wie durch Wiederaufforstung nachwachsen kann. Inzwischen bezieht sich der Begriff auf die Inhalte des gesamten Lebens- und Wirtschaftsraums des Menschen und die Forderung nach einem sorgsamen, d.h. schonenden Umgang damit. → *Nachhaltige Nutzung* bedeutet demnach, dass die Nutzung des Raumes und seiner Ressourcen so zu erfolgen hat, dass die → *Lebensqualität* nachfolgender Generationen nicht eingeschränkt wird, d.h. diese ihre Grundbedürfnisse aus dem vorgefundenen → *Naturraumpotenzial* bestreiten können. Eine wesentliche Grundlage für die aktuelle Forderung nach N. bildet die → *Konferenz der Vereinten Nationen über Umwelt und Entwicklung* in Rio de Janeiro 1992.

Nachhaltigkeitsforschung *sustainability science*: eine Wissenschaftsdisziplin, die im Jahre 2001 auf dem Kongress „Challenges of a Changing Earth" offiziell begründet wurde und die nach ihrem Selbstverständnis so gegensätzliche Bereiche wie Wissenschaft und Anwendung, globale und lokale Perspektiven aus sog. → *Industrie*- und sog. → *Entwicklungsländern*, naturwissenschaftliche und sozialwissenschaftliche Disziplinen sowie Technik und Medizin zusammenbringen soll. N. versteht sich selbst weder als grundlagenorientiert noch als anwendungsorientiert, sondern als ein Forschungsfeld, das v. a. problemorientiert vorgeht, gesellschaftsrelevante Fragen verfolgt und sich nicht über Wissenschaftsdisziplinen definiert (→ *Transdisziplinarität*).

Nachläuferwelle *end portion, trailer*: Raumwelle beim → *Erdbeben*, die im Gegensatz zu den Oberflächenbewegungen der Hauptwellen steht.

Nachleistung die thermische Leistung, die sich aus der → *Nachwärme*: im abgeschalteten Kernreaktor ergibt.

Nachrichtensatellit *communications satellite*: unbemannter Erdsatellit zur Übertragung von Nachrichten (Hör- und Fernsehfunk, Telefonie u.a.) zwischen Stationen am Erdboden. Heute werden aktive N. benutzt, die die empfangenen Funksignale verstärken und zum Empfänger abstrahlen.

Nachrichtenverkehr → *Fernmeldeverkehr*.

Nachsaison *after-season*: im → *Tourismus* die nach der → *Hauptsaison* gelegenen Reisemonate, die aber noch zum gleichen Fremdenverkehrsjahr zählen. Die Dauer der N. ist variabel nach der natürlichen und infrastrukturellen Ausstattung des betreffenden → *Tourismusraumes* sowie in Abhängigkeit von den Ferien- und Urlaubsterminen der Herkunftsländer der Touristen.

Nachsiedler *late settler*: Sammelbezeichnung für eine bäuerliche Sozialkategorie, die gegenüber den Alt- und Hochbauern eine sozial niedere Stellung hatte. Ihre → *Ackernahrung* erreichte meist nur das Existenzminimum, Nutzungsrechte an der gemeindlichen → *Allmende* waren gering oder fehlten. Die N. zeichneten sich größtenteils als reine Selbstversorger durch eine nichtmarktbezogene Produktion aus (→ *Kötter*, → *Seldner*).

Nächstnachbardistanz *nearest-neighbour distance, next-neighbour distance*: die räumliche Entfernung eines → *Standortes* vom nächsten gleichartigen Standort in einem Raum. Die mittlere N. wird berechnet, um Aussagen über die Regelmäßigkeit der räumlichen Verteilung von Standorten oder Sachverhalten zu machen (z.B. Verteilung der Bevölkerung, der Siedlungen, der → *Zentralen Orte*).

Nacht *night*: Zeitraum zwischen dem Sonnenuntergang und -aufgang. Die N. ist nur am → *Äquator* das ganze Jahr gleich lang (12 Stunden). An allen anderen Punkten der → *Erde* verändert sich die N.-länge von Tag zu Tag, und die N. dauert – je nach geographischer → *Breite* – in unterschiedlichem Maß im Winterhalbjahr länger und im Sommerhalbjahr kürzer.

Nachtbevölkerung *night population*: → *Bevölkerung* am Ort der Wohnung. Die N. entspricht der → *Wohnbevölkerung*; der Begriff wird v.a. im Gegensatz zur → *Tagbevölkerung* gebraucht. Die N. ist in Wohnvororten wesentlich größer und in Stadtzentren und Industriegebieten kleiner als die Tagbevölkerung.

Nachtwolken (leuchtende Nachtwolken) *luminous clouds*: aus Staubteilchen bestehende → *Wolken* der hohen → *Atmosphäre* oberhalb etwa 50 km, welche noch lange nach Sonnenuntergang leuchten können, wenn sich die gewöhnlichen → *Wolken* bereits im Erdschatten befinden.

Nachverdichtung (Innenverdichtung) *densification of building areas*: Konzept der → *Stadtplanung*, um in einem schon bestehenden Siedlungsgebiet nachträglich eine → *Siedlungsverdichtung* zu erreichen, z.B. durch Erhöhung des Maßes der baulichen Nutzung (etwa durch Ausbau des Dachgeschosses) und Überbauung großer Hof- und Gartenflächen durch → *Innenentwicklung*. Durch N. kann bereits vorhandene → *Infrastruktur* effizienter genutzt und ausgelastet werden, die → *Fixkosten* können auf mehr Einwohner umgelegt werden. Allerding führt N., obwohl durch sie die → *Zersiedelung* der Landschaft gebremst wird, zu zusätzlicher Flächenversiegelung und dem Verlust von Freiräumen.

nachwachsende Ressourcen *renewable resources*: unschärfer Begriff für → *regenerierbare* bzw. → *reproduzierbare Ressourcen*.

Nachwärme beim radioaktiven → *Zerfall* in einem → *Kernreaktor* entsteht nach dessen Abschalten Wärme, die in → *Nachleistung* umgesetzt werden kann. Die N. erbringt den ersten Sekunden nach Abschalten des Reaktors noch ca. 5% der Leistung des eingeschalteten Kernreaktors.

Nachwärmezeit → *Subatlantikum*.

Nackentälchen *backward tilted slump block in a rotational slide*: charakteristisches Oberflächenmerkmal bei → *Rotationsrutschungen*, bei denen die Rutschmasse oft multiplen Rotationen unterliegt und dabei in einzelne Schollen zerbricht, die entgegen der Hangneigung nach hinten gekippt sind. Dies wird als N. bezeichnet.

nackter Karst *bare karst*: im Gegensatz zum → *bedeckten Karst* anstehendes, verkarstetes Gestein ohne Boden und damit fast ohne Vegetationsdecke. Die Karstformen sind meist sehr scharfkantig. Trägt das verkarstete Gestein eine sehr dünne Bodendecke, bezeichnet man den → *Karst* als *subkutanen Karst*, der zusammen mit dem n. K. den → *offenen Karst* bildet (→ *Verkarstung*).

Nacktsamer → *Gymnospermen*.

Nadelabweichung (magnetische Konvergenz) *magnetic declination*: der Winkel zwischen der durch eine Magnetnadel angezeigten Richtung und N-S verlaufenden Linien des Gitternetzes einer Karte. Die N. ändert sich wie die → *Deklination* von Punkt zu Punkt und ist wegen der Wanderung der → *Magnetpole* auch zeitlichen Schwankungen unterworfen.

Nadelhölzer (Koniferen) *conifers*: Klasse der Nacktsamer (→ *Gymnospermen*), mit bis zu

100 m hohen Bäumen mit dickem Holzzylinder, reichlichen Verzweigungen, meist immergrünen, mehrjährigen schuppen- bis nadelförmigen Blättern geringer Größe und zapfenförmigen, seltener auch beerenartigen Fruchtständen. Die N. kommen seit dem oberen → *Karbon* auf der Erde vor. Sie sind heute über die ganze Erde in mehreren Klimazonen verbreitet und wirtschaftlich wichtige → *Nutzhölzer*.

Nadelstichporen *structural soil pores*: die von bloßem Auge noch erkennbaren kleinen Grobporen des Bodens von wenigen Zehntel Millimeter Durchmesser. Die N. entstehen überwiegend als Gänge feiner Wurzeln (→ *Porengrößen*).

Nadelwald *coniferous forest*: Vegetationstyp der kühl-gemäßigten Breiten mit tiefer Wintertemperatur und kurzer Vegetationszeit (2–4 Monate mit einem Monatsmittel von über 10 °C). Es handelt sich um einen fast ausschließlich aus → *Nadelhölzern* aufgebauten und weit verbreiteten Wald, in den nur wenige Laubholzarten – z.B. Birke und Espe – eingestreut sind. Der N. kann als Fichten-, Tannen-, Kiefern- und Lärchenwald auftreten. Die größte Verbreitung besitzt der N. in der borealen Klimazone (→ *boreales Nadelwaldbiom*, → *Taiga*). N. kommen jedoch auch auf der Südhalbkugel vor sowie als Gebirgswälder im → *Hochgebirge* von der borealen Zone bis in die Tropen (z.B. Mexiko). Die Nadelhölzer der → *Lorbeerwälder* werden nicht zum N. gezählt.

Nadiraufnahme *nadir photo*: → *Luftbild* oder → *Satellitenbild*, das mit lotrechter Richtung aufgenommen wurde. Der aufgenommene Ort (Punkt) der → *Erdoberfläche* lag im Moment der fernerkundlichen (→ *Fernerkundung*) Erfassung vertikal unter der Kamera bzw. dem Sensor.

NAFTA *North American Free Trade Agreement*: 1994 in Kraft getretene → *Freihandelszone* zwischen den USA, Kanada und Mexiko. In ferner Zukunft soll die NAFTA nach dem Vorbild des Europäischen Wirtschaftsraums die zweitgrößte Freihandelszone der Welt darstellen (→ *FTAA*).

Nagelfluh *nagelfluh*: 1. ein → *Konglomerat* verschiedener Zusammensetzungen, sodass N. aus Kalksteingeröllen mit wenig Sandstein und „bunte N." (aus Geröllen von Quarz, Gneis, Granit, Glimmer, Schiefer, Amphibolit, Porphyr, Serpentin und anderen → *kristallinen* → *Silikatgesteinen*) unterschieden werden. Die N. weist eine betonartige, kalkhaltige Sandsteingrundmasse als Bindemittel auf. Hauptverbreitungsgebiet ist die randalpine → *Molasse*. Die Bezeichnung weist auf die Verwitterung der N. hin, wobei die Gerölle nagelkopfähnlich aus den Felsbändern, den „Fluhen", heraustreten.: 2. als „pleistozäne" N.

werden verbackene, teilweise löchrig verwitternde Fluvialschotter aus den verschiedenen Abschnitten des → *Pleistozäns* bezeichnet.

Nahbeben *near earthquake*: → *Erdbeben*, das in großer Nähe zum → *Epizentrum* liegt und sich zwischen mittleren Beben und → *Ortsbeben* anordnet. Es ist bis 1 000 km vom Epizentrum wahrnehmbar.

Nahbedarf *local demand*: diejenigen → *Güter* und → *Dienstleistungen*, die im → *Nahbereich* regelmäßig nachgefragt werden.

Nahbedarfsgewerbe *trades meeting local demand*: alle gewerblichen Einrichtungen, deren Aufgabe es ist, den → *Nahbedarf* zu befriedigen (→ *Gewerbe*).

Nahbedarfsgüter *goods orientated to local demand*: tägliche Bedarfsgüter von i.d.R. geringem Wert und kürzerer Haltbarkeit. Zu den N. gehören insbesondere → *Lebensmittel*, einfache Haushaltswaren, Drogerie- und Papierwaren.

Nahbedarfsindustrie *industry orientated to local demand*: einige wenige → *Industriezweige*, die primär für den → *Nahbedarf* produzieren. Dazu zählen Bereiche der → *Nahrungs- und Genussmittelindustrie*, so etwa → *Molkereien*. I.d.R. ist die Industrie jedoch fernbedarfs-orientiert.

Nahbedarfstätiger *worker satisfying local demand*: derjenige → *Erwerbstätige*, der mit der Versorgung des → *Nahbedarfs* befasst ist. N. sind Personen, die ihren Arbeitsplatz im → *öffentlichen* und → *privaten Dienstleistungsbereich*, aber auch im → *Handwerk* haben.

Nahbereich (Nahversorgungsbereich) *near hinterland, surroundings of a central place, neighbourhood area*: das Gebiet im → *Umland* eines → *Zentralen Ortes*, das von diesem auf der Ebene der → *Güter* des täglichen Bedarfs (z.B. Nahrungs- und Genussmittel) und der kurzfristig anfallenden → *Dienstleistungen* (z.B. Post, Arzt, Handwerker) versorgt wird. Der N. ist also das → *Einzugsgebiet* eines Zentralen Ortes für die → *Grundversorgung*. Jeder Zentrale Ort, auch das → *Mittel-* und → Oberzentrum, besitzt einen N..

Nähe → *Prinzip der Nähe*.

Naherholung *local recreation, recreation in the vicinity, weekend-tourism*: jener Teil der Freizeitaktivitäten außer Haus, der sich zeitlich von der mehrstündigen und halbtägigen Erholung bis zum Wochenendausflug erstreckt. Die N. ist → *raumwirksam* durch den Naherholungsverkehr und durch die Ausbildung von → *Naherholungsräumen* mit entsprechend ausgebauten → *Naherholungsgebieten*. Der Begriff „nah" ist mehr zeitlich als räumlich zu verstehen, denn die N. bestimmter → *sozialer Gruppen* findet z.T. in beträchtlicher Entfernung vom Wohnort statt. Die regelmäßige Beteiligung an der N. ist besonders bei den Einwohnern großstädtischer → *Verdichtungsräume* sehr hoch (→ *Freizeit*).

Naherholungsgebiet *recreation area in the vicinity, recreation area for weekend trips*: Teilraum einer → *Landschaft*, der aufgrund seiner natürlichen Attraktivität und/oder seiner → *Infrastruktur*-Ausstattung in besonderem Maße als Zielgebiet des Naherholungsverkehrs geeignet ist und entsprechend frequentiert wird. N. werden heute insbesondere im → *Umland* der großstädtischen Verdichtungsräume durch die öffentliche Hand, aber auch durch private Investoren ausgebaut. Ihr Spektrum reicht von → *Parks*, → *Erholungswäldern*, Wildgehegen und → *Freizeitparks* über Badeseen bis zu Skigebieten. N. sind i. d. R. verkehrsmäßig gut an die Wohngebiete der Naherholung Suchenden angebunden und infrastrukturell und gastronomisch erschlossen.

Naherholungsraum *weekend tourism space*: jener Raum, in dem eine → *Bevölkerung* (z. B. die Einwohner einer → *Großstadt* oder bestimmte → *soziale Gruppen*) sich regelmäßig zur → *Naherholung* aufhält. Die Grenzen eines N. ergeben sich durch die → *Reichweiten* des Naherholungsverkehrs, insb. durch die Lage attraktiver → *Naherholungsgebiete*. Insofern ist der N., z. B. einer Stadt, häufig jahreszeitlich unterschiedlich ausgebildet, je nach den Zielen im Sommer- und Winterausflugsverkehr.

Naherholungsverhalten *weekend tourism behaviour*: Art und Weise, wie mit → *Naherholung* umgegangen wird. Das N. ist regional und nach → *sozialen Gruppen* differenziert, außerdem stark von Modeströmungen und Prestigegesichtspunkten sowie vom Angebot an Naherholungseinrichtungen in erreichbarer Entfernung des Wohnorts abhängig (z. B. Skigebiete, Wassersportmöglichkeiten).

Nährelemente (Nährstoffe) *nutrients*: chemische Elemente, die Organismen für ihre Lebenstätigkeit brauchen. Neben Kohlenstoff, Sauerstoff und Wasserstoff sind dies 13 unentbehrliche Elemente, welche die Pflanzen in Ionenform aus dem Boden aufnehmen. In größeren Mengen werden → *Stickstoff*, Phosphor, Schwefel, Calcium, Magnesium und Kalium, in kleinen bis kleinsten Mengen Eisen, Mangan, Chlor, Kupfer, Zink, Molybdän und Bor benötigt. Andere Elemente sind nützlich und haben begrenzte bzw. ungeklärte Bedeutung (z. B. Natrium, Silizium, Nickel, Kobalt, Aluminium), (→ *Austauschkapazität*, → *Bodenfruchtbarkeit*, → *Düngung*, → *Humus*, → *Mineralisierung*, → *Spurenelemente*).

Nährgebiet (Akkumulationsgebiet) *accumulation area, alimentation area*: oberhalb der → *Gleichgewichtslinie* liegender Gletscherteil, bei dem innerhalb eines Haushaltsjahres die → *Akkumulation* die → *Ablation* übersteigt. Hier liegt am Ende des Sommers noch → *Schnee* des vorherigen Winters vor, welcher später zu → *Firn* und letztlich zu → *Eis* umgewandelt werden kann (→ *Gletscher*).

Nährhumus *fast decomposable organic matter*: veralteter Begriff für die mikrobiell leicht umsetzbaren Stoffe im → *Humus* (Kohlenhydrate und Proteine der abgestorbenen → *organischen Substanz*), welche der Mikroorganismenpopulation als Nahrung dienen und i. d. R. vollständig abgebaut werden (→ *Mineralisierung*). Der N. liefert rasch für die Pflanzen wiederum aufnehmbare → *Nährstoffe* nach (→ *Dauerhumus*).

Nährstoffauswaschung *nutrient leaching*: das Wegführen von → *Nährstoffen* durch das → *Sickerwasser* des Bodens in den → *Oberflächennahen Untergrund* und ins → *Grundwasser*.

Nährstoffe *nutrients*: Stoffe, die Organismen für den Aufbau ihrer Körpersubstanz und die Aufrechterhaltung ihrer Lebensfunktionen benötigen (z. B. Nitrat: NO_3^-). Die N. enthalten die → *Nährelemente* (z. B. N in NO_3^-).

Nährstofffestlegung *nutrient fixation*: → *Nährstofffixierung*.

Nährstofffixierung (Nährstofffestlegung) *nutrient fixation*: Übergang von → *Nährstoffen* von einer leichtlöslichen – und damit für die Pflanzen verfügbaren – in eine schwerlösliche Form (z. B. durch Einbau in organische Komplexe oder schwerlösliche Salze).

Nährstoffhaushalt *nutrient budget*: die Gesamtheit der an einem Standort, im Boden, in der Pflanzendecke oder in einem Gewässer ablaufenden Nährstofftransport-, Umlagerungs- und Umsetzungsprozesse. Am N. sind → *anorganische* (z. B. Nährstoffeintrag durch Niederschlag, Nährstofflösung, Nährstoff-Freisetzung durch Verwitterung, Austausch an Tonmineralen) und → *organische* Prozesse (z. B. Nährstoffaufnahme durch die Vegetation, → *Mineralisierung*) beteiligt. Da Nährstofftransport fast ausschließlich in Lösung stattfindet, sind N. und Wasserhaushalt eng miteinander verbunden. Beide sind Ausdruck der besonderen, am jeweiligen Standort wirksamen Faktorenkombination (→ *Standortregelkreis*).

Nährstoffmobilisierung *release of nutrients*: Freisetzung von gebundenen Nährstoffen durch → *Mineralisierung* → *organischer Substanz* oder durch → *Verwitterung* von Mineralen.

Nährstoffversorgung *nutrient supply*: der Gehalt des Bodens an leicht verfügbaren → *Nährelementen*. Die N. ist je nach Ausgangsgestein, Bodenentwicklungsstufe, Lage

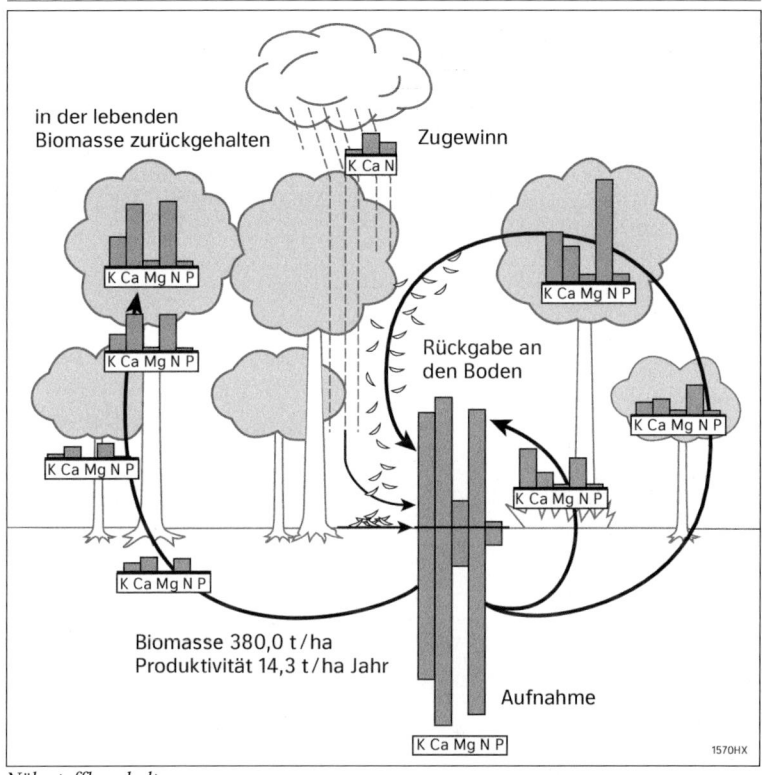

Nährstoffhaushalt

im Relief (Zuschuss durch Akkumulation), Versauerungsgrad, → *Basensättigung* und der → *biotischen Aktivität* im → *Humus* sehr verschieden. Auf genutzten Böden muss sie durch sorgfältige Bewirtschaftung gepflegt werden (Nährstoffentzug).

Nahrungs- und Genussmittelindustrie *food, beverages and tobacco industry*: → *Verbrauchsgüterindustrie*, die in der Statistik Deutschlands eine eigene → *Industriegruppe* bildet. Ihr gehören alle → *Betriebe* an, die eine Be- oder Verarbeitung von → *Lebens-*, Futter- und → *Genussmitteln* vornehmen.

Nahrungsbedarf *nutritional requirement*: Nahrungsmenge, die täglich pro Kopf benötigt wird. Die → *FAO* geht beim Durchschnittsmenschen (*standard human:*) von einem Kalorienbedarf von 2400–2700 cal pro Tag aus. Die Schwankungsbreite des N. ist weltweit sehr viel größer. Je nach Klimazone, Tätigkeit, Körperstruktur usw. kann die Spanne zwischen 1 500 und 3 500 cal pro Tag und Mensch liegen. Zudem ist beim N. die Qualität der Nahrung (z. B. Eiweißgehalt) zu berücksichtigen (Ernährungsstandard, Kalorie).

Nahrungsgüterbilanz *food supply balance*: Verhältnis zwischen Bevölkerungswachstum und Ernährungsmöglichkeiten in einem Raum. Dafür werden die Bevölkerungsentwicklung und die Entwicklung der → *landwirtschaftlichen Nutzflächen* verglichen bzw. die Anbaufläche pro Kopf der Bevölkerung ermittelt. Die N. informiert über die → *Tragfähigkeit* einer Gesellschaft (→ *Nahrungsspielraum*).

Nahrungskette *food chain*: biologisch gesehen die Abfolge von Organismen, die – bezogen auf ihre Ernährung – direkt voneinander abhängig sind. Eine bekannte N. ist die Abfolge Alge (einzellig) – Wasserfloh – Kleinkrebs – kleiner Fisch – Raubfisch – Mensch. (→ *Ernährungsstufe*). In der N. rei-

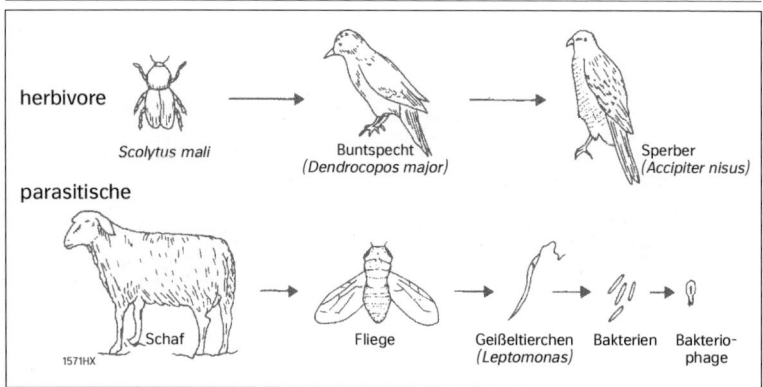

Nahrungskette

chern sich z. B. → *Schwermetalle* in steigenden Konzentrationen von Glied zu Glied der Kette an. Es kommt zur → *Bioakkumulation*, die auch zu Gesundheitsschäden führen kann. Die tatsächlich meist sehr komplexen Nahrungsbeziehungen werden durch den Begriff → *Nahrungsnetz* wiedergegeben.

Nahrungskultur *cultivation of food crops*: Anbau von → *Nutzpflanzen*, die zur Produktion von → *Nahrungsmitteln* dienen. Man unterscheidet bei den N. Selbstversorgungsfrüchte und Marktfrüchte.

Nahrungsmangel *food shortage*: 1. völliges oder zeitweises Fehlen von Nahrung, das lebensbedrohlich werden kann. 2. in der → *Populationsökologie* hängt die Wirkung des N. vom Hungervermögen der betreffenden Art ab. Je nach individuellem Entwicklungs- und Ernährungszustand hat der N. unterschiedliche Wirkung. Der N. wirkt oft unmittelbar begrenzend auf das Populationswachstum und beeinflusst daher auch den → *Massenwechsel*. Zahlreiche Arten beugen einem zeitweiligen Nahrungsmangel vor, indem sie Vorräte anlegen oder „auf Vorrat fressen" (Fettreserven bilden).

Nahrungsmittel → *Lebensmittel*.

Nahrungsmittelhilfe *food aid*: unentgeltliche Lieferung von → *Nahrungsmitteln* an → *Entwicklungsländer*. Mit der N. versuchen die → *Industrieländer* zu helfen, den steigenden → *Nahrungsbedarf* in armen Ländern zu decken. Dabei soll die N. so angelegt sein, dass sie die Produktions- und Absatzmöglichkeiten sowie die Weiterentwicklung der → *Agrarwirtschaft* in den Entwicklungsländern selbst nicht behindert.

Nahrungsnetz *food web*: → *Nahrungsketten* in weit verzweigter Struktur.

Nahrungspyramide *food pyramid*: quantitative Darstellung der Nahrungsmengenverhältnisse einer → *Nahrungskette* bzw. eines → *Nahrungsnetzes* in Form einer Pyramide.

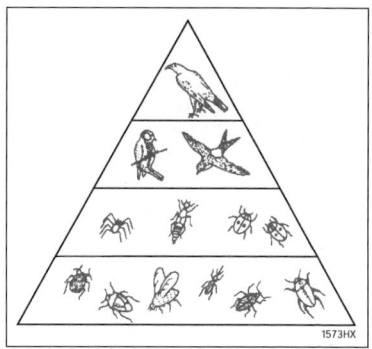

Nahrungspyramide

Nahrungsspielraum *food supply latitude*: dynamische Größe, die angibt, wie sich in einem Raum das Verhältnis von Bevölkerungsentwicklung und agrarischer → *Tragfähigkeit* darstellt. In vielen → *Entwicklungsländern* wurde in den letzten Jahrzehnten der N. infolge hoher Geburtenraten, Kriege oder → *Desertifikation* zunehmend eingeengt. Der N. hängt ferner ab von der Entwicklung der → *landwirtschaftlichen Nutzfläche*, der Agrartechnik sowie der Entwicklung außerlandwirtschaftlicher Erwerbsgrundlagen (→ *Nahrungsgüterbilanz*).

Nährwert *nutritional/food value*: Wert eines → *Lebensmittels* bezüglich seiner Ernäh-

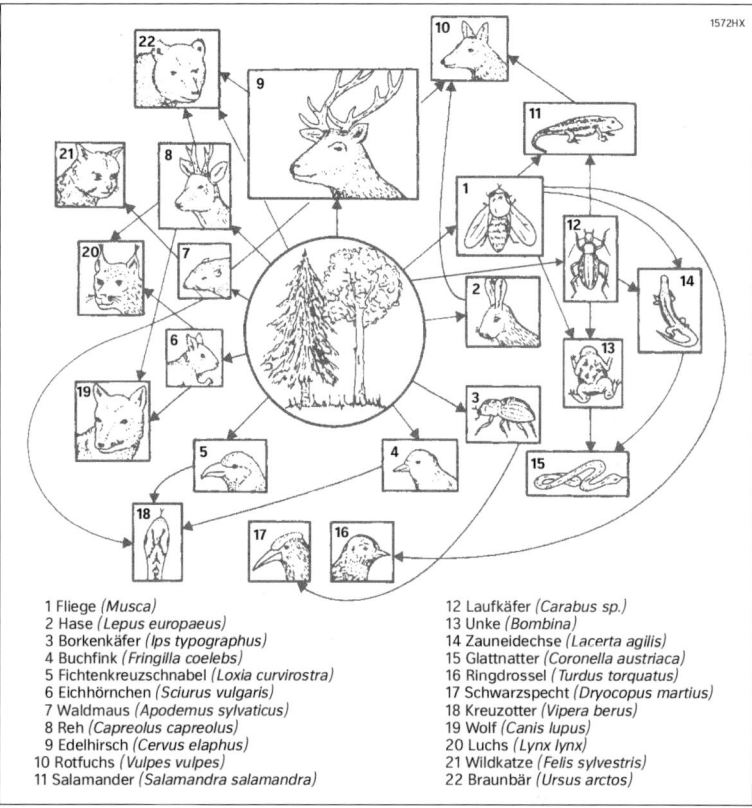

1 Fliege *(Musca)*
2 Hase *(Lepus europaeus)*
3 Borkenkäfer *(Ips typographus)*
4 Buchfink *(Fringilla coelebs)*
5 Fichtenkreuzschnabel *(Loxia curvirostra)*
6 Eichhörnchen *(Sciurus vulgaris)*
7 Waldmaus *(Apodemus sylvaticus)*
8 Reh *(Capreolus capreolus)*
9 Edelhirsch *(Cervus elaphus)*
10 Rotfuchs *(Vulpes vulpes)*
11 Salamander *(Salamandra salamandra)*
12 Laufkäfer *(Carabus sp.)*
13 Unke *(Bombina)*
14 Zauneidechse *(Lacerta agilis)*
15 Glattnatter *(Coronella austriaca)*
16 Ringdrossel *(Turdus torquatus)*
17 Schwarzspecht *(Dryocopus martius)*
18 Kreuzotter *(Vipera berus)*
19 Wolf *(Canis lupus)*
20 Luchs *(Lynx lynx)*
21 Wildkatze *(Felis sylvestris)*
22 Braunbär *(Ursus arctos)*

Nahrungsnetz

rungsfähigkeit. Wichtig sind beim N. der Kaloriengehalt (→ *Kalorie*), die Anteile von Kohlehydraten, Eiweiß und Fetten sowie die Bekömmlichkeit.

Nahverkehrszentrum *local traffic centre*: → *Siedlung*, auf die der größte Teil des Nahverkehrs eines Raumes gerichtet ist. Insbesondere → *Zentrale Orte* der unteren und mittleren Stufe sind auch als N. anzusprechen.

Nahverkehrszone (Nahzone) *local traffic area*: nach der deutschen Güterverkehrsstatistik das Gebiet innerhalb eines Radius von 75 km um den angemeldeten → *Standort* eines Lastkraftwagens, in dem → *Güternahverkehr* betrieben wird.

Nahverkehrszug *local train*: Bahn, die im → *Personennahverkehr* eingesetzt wird und insbesondere die Verbindung zwischen → *Zentralen Orten* und ihrem → *Umland* herstellt. N. dienen v. a. dem → *Berufs-* und Ausbildungspendelverkehr.

Nahverlagerung *nearshoring, short-range relocation*: Verlagerung eines → *Betriebes* (→ *Betriebsverlagerung*), wobei der neu gewählte Standort in räumlicher Nähe zur alten → *Betriebsstätte* liegt. Analog werden größere Verlagerungswege als Fernverlagerungen eingestuft. Die Unterscheidung kann jedoch nicht durch die Angabe einer absoluten kilometrischen Distanz vorgenommen werden, sondern obliegt der jeweiligen Betrachtungsebene und dem spezifischen Kontext.

Nahversorgung *neighbourhood supply*: diejenige Versorgung der Bevölkerung mit → *Gütern* und → *Dienstleistungen*, die am Wohnort oder in geringer Entfernung davon, i. d. R. im → *Nahbereich* eines → *Zentralen Ortes*, erfolgt.

Nahversorgungsbereich → *Nahbereich*.

Nahwanderung *short-distance migration*: Verlegung des Wohn- oder Betriebsstandortes über eine relativ geringe Entfernung. Eine einheitliche Festlegung, welche die räumliche Distanz in nah und fern unterscheidet, gibt es nicht. Insbesondere Wanderungen von einer → *Gemeinde* in eine benachbarte, innerhalb eines → *Verdichtungsraumes* oder in einer → *Region* werden als N. bezeichnet (→ *Wanderung*, → *Fernwanderung*).

Nahwärme *local heating*: verbrauchsnahe Erzeugung von Wärme in dezentralen Kraftwerken. Der Übergang zur → *Fernwärme* ist fließend.

Naledj → *Hydrolakkolith*.

Namensgebung *naming, onomastics*: in → *Geographie* und → *Kartographie* die Benennung von Natur- und Kulturlandschaftselementen und deren Wiedergabe in → *Karten* und Namensverzeichnissen. Die N. ist insbesondere dort wichtig, wo es keine traditionellen, in der Bevölkerung verwurzelten geographische Namen für Gewässer, Berge, Fluren usw. gibt.

Namenskunde *onomastics*: Wissenschaft von den Eigennamen, in der Geographie insbesondere von den Orts-, Flur- und Gewässernamen. Die N. untersucht die räumliche Verbreitung und historische Entwicklung von Namen sowie ihre z. T. sozialgruppenspezifische Geltung und Bedeutung; sie wird häufig als Teil der → *Historischen Geographie* betrieben. Um eine stärkere internationale Standardisierung geographischer Namen bemüht sich seit 1967 die UN-Expertengruppe UNGEGN (United Nations Group of Experts on Geographical Names).

Nanophanerophyten *nanophanerophytes*: → *Phanerophyten* von weniger als 2 m Höhe.

Nanopodsol *Leptosol*: veralteter Begriff für einen geringmächtig entwickelten → *Podsol* mit einer Gesamtmächtigkeit von wenigen Zentimetern bis 30-50 cm. N. zeigen in verkleinerter Form den gleichen Horizontaufbau wie die normal ausgebildeten Podsole. N. entstehen auf durchlässigen silikatischen Substraten unter klimatischen Grenzbedingungen für eine wirksame Podsolierung in Gebieten mit Jahrestemperaturen unter etwa 0°C und kurzer Vegetationszeit, die jedoch noch eine ausreichende Produktivität der Vegetation (v. a. → *Zwergsträucher*) und damit die Entwicklung einer Humusdecke gestatten (Subarktis, → *subalpine* und → *alpine* → *Stufe* der Alpen).

Nanorelief (Zwergform) *nanorelief*: eine der kleinsten Größenordnungen der Formen des → *Georeliefs* mit einer Erstreckung (B) von $<10^{-2}$ m und einer Fläche von $<10^{-4}$ m². Dazu gehören z. B. Gletscherschrammen (Makrorelief, Mesorelief, Mikrorelief, Picorelief).

Napfkarre → *Lochkarre*.

narratives Interview *narrative interview*: Befragungsform in der empirischen → *qualitativen Sozialforschung*, bei dem ohne vorher stark ausgearbeitetes Konzept ein offenes oder nur wenig → *strukturiertes Interview* zu einem bestimmten Untersuchungsgegenstand geführt wird (i. d. R. zur → *Exploration*).

NASA *National Aeronautics and Space Administration*: 1958 gegründete zivile US-Raumfahrtbehörde mit Hauptsitz in Washington, D.C. Zur → *Fernerkundung* der kontinentalen → *Erdoberfläche* und Küstenregionen entwickelte die NASA eine Serie ziviler Erdbeobachtungssatelliten (→ *Landsat*), die ab 1972 ins All entsendet wurden. Die jüngste Mission der Serie (Landsat 8) startete 2013.

Nassböden *wet soils*: Sammelbezeichnung für Böden, die sich unter dem Einfluss von → *Grund-* oder → *Stauwasser* entwickeln (→ *Pseudogley*, → *Gley*, → *Marschböden*, → *Moor*). N. sind mindestens im unteren Wurzelraum andauernd oder zeitweise vollständig oder annähernd wassergesättigt.

Nasse Hütte → *Küstenhüttenwerk*.

Nassfeldbau (Nasskultur) *wetland cultivation*: Form des → *Bewässerungsfeldbaus*, der v. a. in den Monsungebieten vertreten ist. Durch Aufstauen des Wassers mithilfe von Terrassen können bei ganzjähriger Vegetationszeit mehrere Ernten erzielt werden, bei Nassreis z. B. 3–4 pro Jahr.

Nassgalle (Rasengalle) *wet pocket*: durch einen Grund- oder Hangwasseraustritt ständig durchfeuchtete Geländestelle, zu → *gravitativen Massenbewegungen*, besonders → *Rutschungen*, neigend.

Nassgley *Gleysol*: in der → *deutschen Bodensystematik* (→ *KA5*) ein Boden aus der Klasse der → *Gleye*, bei dem das → *Grundwasser* sehr nahe unter der Geländeoberfläche ansteht.

Nasskühlturm *wet cooling tower*: → *Kühlturm* zur Rückkühlung von Wasser, wobei im Gegensatz zum → *Trockenkühlturm* das zu kühlende Wasser mit der Kühlluft in direkten Kontakt kommt, sodass es durch – Verdunstung und – Erwärmung der Luft zu einem Wärmeentzug kommt. Der zur Kühlung erforderliche Luftzug wird durch Ventilatoren oder durch die natürliche Kaminwirkung, die man durch die Bauweise des Kühlturms erzielt, bewirkt (Naturzugkühlturm).

Nasskultur → *Nassfeldbau*.

Nasslager *nuclear wet disposal site*: gegenüber dem Trockenlager ein Becken, in welchem in einer Flüssigkeit (meist Wasser) als Kühlmittel die Lagerung bestrahlter → *Brennelemente* aus → *Kernreaktoren* erfolgt.

Nassschneelawine *wet snow, damp snow*: ruckartiges Abrutschen von feuchtem Locker-, Pack- oder Festschnee mit je nach Beschaffenheit des → *Schnees* lockerem, brett- oder breiartigem Fließen (→ *Lawine*).

Nassstrand in der → *deutschen Bodensystematik* (→ *KA5*) ein Boden aus der Klasse der semisubhydrischen Böden im Gezeiteneinflussbereich des Meeres. N. entstehen aus reinsandigem Küstenströmungssediment und werden durch die Brandung ständig umgelagert und sind daher in der Regel vegetationsfrei.

Natalismus → *Pronatalismus*.

Natalität (Geburtenhäufigkeit) *natality*: relative Anzahl der Geborenen eines bestimmten Raumes (naturräumliche Einheit, Territorialeinheit) während einer bestimmten Zeit, i. d. R. während eines Kalenderjahres. Die N. wird meist durch die → *Geburtenrate* ausgedrückt. Der Begriff N. wird sowohl in der → *Biogeographie* als auch in der → *Bevölkerungsgeographie* verwandt, in Letzterer ist allerdings die Bezeichnung → *Geburtenhäufigkeit* üblicher.

Natalitätsrate → *Geburtenrate*.

Nationalbewusstsein (Nationalgefühl) *feeling of national identity, nationalism, national consciousness, patriotism*: das Zusammengehörigkeitsgefühl der Angehörigen einer → *Nation* bzw. eines → *Staates*, das häufig mit starkem nationalen Selbstbewusstsein verbunden ist und zu → *Nationalismus* führen kann.

Nationalismus *nationalism*: bezeichnet häufig ein sehr stark ausgeprägtes Nationalbewusstsein und die Tendenz, der eigenen Nationalität eine höhere Bedeutung und größeren Wert beizumessen als anderen; N. bildet somit in einer extremen Ausprägung die Basis für → *Rassismus*. Als politisch-kulturelle Formation ist N. historisch eng mit der Idee und Entwicklung des modernen → *Nationalstaates* verknüpft, die auf dem Zusammengehörigkeitsgefühl und der Solidarität zwischen Staatsbürgern sowie der kollektiven Identifikation mit einem nationalen → *Territorium* basiert.

Nationalität *nationality*: die Zugehörigkeit zu einer → *Nation*, häufig im Sinne von → *Staatsangehörigkeit*.

Nationalökonomik → *Volkswirtschaftslehre*.

Nationalpark *national park*: → *großräumig* abgegrenzte (in Deutschland mindestens 1000 ha große) → *Naturschutzgebiete*, die besonders schöne oder seltene → *Naturlandschaften* oder naturnahe Kulturlandschaften umfassen, in denen strenge Schutzbestimmungen gelten, um die Vielfalt von Flora und Fauna (→ *Biodiversität*) in ihrem → *natürlichen* oder → *quasinatürlichen* Lebensraum (→ *Landschaftsdiversität*) zu erhalten und vor → *anthropogenen* Eingriffen zu schützen. Die Schutzbestimmungen sind in den einzelnen Nationalstaaten, auch den europäischen, außerordentlich verschieden. Die IUCN übernimmt die weltweite Koordinierung dieser Schutzgebietskategorie.

Nationalplanung *national planning*: in der Schweiz gebräuchliche Bezeichnung für die überörtliche Entwicklungs- und/oder räumliche Planung auf der gesamtstaatlichen Ebene, analog zur → *Bundesraumordnung* in Deutschland.

Nativismus *nativism*: Bewegung in einem → *Volk*, das in Gefahr ist, seine kulturelle Identität durch von außen aufoktroyierte Einflüsse zu verlieren (→ *Inkulturation*). Der N. strebt nach Rückkehr zu den Ursprüngen der eigenen Kultur, Sitten und Gebräuche, Moralvorstellungen usw. und ist häufig auch religiös motiviert. Nativistische Bewegungen traten besonders in den ehemaligen überseeischen → *Kolonien* der europäischen Kolonisationsmächte auf.

NATO *North Atlantic Treaty Organization*: meist mit der Kurzform „Nordatlantikpakt" bezeichnete Verteidigungsgemeinschaft, die 1949 unter der Führung der USA von 12 westlichen Staaten gegründet wurde (Belgien, Dänemark, Frankreich, Großbritannien, Island, Italien, Kanada, Luxemburg, Niederlande, Norwegen, Portugal, USA). Als weitere Mitglieder traten 1952 Griechenland und die Türkei, 1955 die Bundesrepublik Deutschland und 1982 Spanien bei. Seit dem Auseinanderbrechen des → *Ostblocks* um 1990 streben auch die meisten Staaten Ostmittel-, Ost- und Südosteuropas eine Mitgliedschaft an; als erste wurden 1999 Polen, Ungarn und die Tschechische Republik aufgenommen, 2004 dann die baltischen Staaten, Slowenien, die Slowakei, Rumänien und Bulgarien, 2009 Albanien und Kroatien.

Natriumböden *Solonetz*: → *Alkaliböden* mit hoher Natriumsättigung (→ *Solonetz*).

Natur *nature*: ursprünglich der Totalbegriff für die „Gesamtheit der Dinge, aus denen die Welt besteht", der sich inzwischen in verschiedene Einzelbegriffe für bestimmte Erfahrungsbereiche auflöste bzw. die einer (z. B. fachwissenschaftlich oder ideologisch) definierten Sicht entsprechen, sodass es verschiedene „Naturen" geben kann. Darauf bezieht sich der Begriff → *natürlich*, der „vom Menschen nicht beeinflusst" bedeutet und als „reine" N. verstanden wird. Wegen der weltweit starken → *anthropogenen* Beeinflussung aller → *Geo-* und → *Biofaktoren* kann es in diesem Verständnis „natürlich" und „Natur" nicht (mehr) geben. In den eher konstruktivistisch orientierten Sozial- und Kulturwissenschaften (→ *Konstruktivismus*, → *Sozialkonstrukti*-

vismus) bezeichnet N. nicht etwas Gegebenes, Unberührtes, sondern ein Produkt von Konstruktionen, die das hervorbringt, zu dem dann Natur gesagt wird (→ *Kultur*).
natural hazard → *Naturgefahr.*
Naturalien *natural products*: Naturprodukte, i. Allg. Waren oder → *Rohstoffe* aus der Landwirtschaft, die Grundlage einer → *Naturalwirtschaft* sein können, aber auch in einem modernen Wirtschaftssystem als → *Naturallohn* auftreten.
Naturalisation → *Einbürgerung.*
Naturalismus *naturalism*: philosophische Auffassung, dass alles in der Welt → *Natur* ist und demnach auch eine spätere Veränderung (z. B. in der Landwirtschaft oder durch Siedlungsbau) daraus keinen Gegenstand von → *Kultur* erzeugen kann. Seit Anfang des 20. Jh. bezieht sich der N. weniger auf die Natur selbst, sondern eher auf die Naturwissenschaften, die in dieser Perspektive allen anderen (philosophischen, sozial- und geisteswissenschaftlichen) Methoden überlegen sind und für die Erklärung und Beschreibung der Welt das „Maß aller Dinge" darstellen.
Naturallohn *wages in kind, payment in kind*: Form der Entlohnung (→ *Lohn*), die auf der Basis von → *Naturalien* erfolgt.
Naturalpacht *share-cropping system*: → *Pacht* eines → *Landwirtschaftsbetriebs*, wobei die Pachtzins in Form von Produkten anstelle von Geld entrichtet wird. Der Pachtzins kann z. B. eine bestimmte Menge an Getreide sein, die auf dem gepachteten Areal erzeugt wurde.
Naturalwirtschaft *barter economy*: traditionell einfache Form des Wirtschaftens, wie sie bei Gesellschaften der → *Jäger und Sammler* vorkommt. Geld tritt nicht als Zahlungsmittel auf, sondern es werden → *Naturalien* getauscht.
naturbürtig *originating in nature*: Perspektive der Landschaftsökologie. Während → *natürlich* im Sinne von „reiner", also vom Menschen unbeeinflusster → *Natur* bedeuten kann, besagt n., dass ursächlich zum Naturbild und Naturgeschehen gehörende Faktoren (z. B. Boden, Flora, Fauna) und mit diesen im Zusammenhang stehende Prozesse (z. B. → *Standortklima*, → *Stadtklima*, → *Landschaftswasserhaushalt*, → *Nährstoffhaushalt*) physikalisch, chemisch und biotisch nicht mehr unbeeinflusst von der menschlichen Gesellschaft sind. Das bedeutet, dass die → *Ökofaktoren* zwar aus der Natur kommen (= n. sind), jedoch → *anthropogen* geregelt oder anthropogen bestimmt sind, sodass ihre Erscheinungsbild und/oder ihre ökologischen Prozesse bzw. ihr Verhalten von der „natürlichen (Norm-)Natur" abweichen.
Naturdargebot *natural richness*: → *Naturraumdargebot.*

Naturdenkmal *natural monument, nature monument*: Einzelobjekt der → *Natur*, das zu seiner Erhaltung aus wissenschaftlichen, heimat- und volkskundlichen, historischen oder ästhetischen Gründen unter Schutz gestellt wurde. Zu N. gehören z. B. besonders alte Bäume, Mikrostandorte seltener Tiere oder Pflanzen, geologische Aufschlüsse, Felsformationen, Quellen, Wasserfälle oder Beim N. wird gewöhnlich nicht auf die geoökologische Einbindung des Objektes in den umgebenden Raum geachtet, der meist nicht mit unter Schutz steht. Solcher Einzelobjektschutz erweist sich oft als unwirksam (→ *Objektschutz*).
Naturdeterminismus → *Geodeterminismus.*
Naturdünger *manure*: → *Dünger*, der aus organischen Substanzen besteht. N. dienen in erster Linie dem Ersatz oder der Anreicherung von → *Humus*. Der am häufigsten eingesetzte N. ist Stallmist. (→ *Mineraldünger*).
Naturegart → *Egartwirtschaft.*
Naturerbe *natural heritage*: Flächen, die dauerhaft unter → *Naturschutz* stehen sollen. Die Flächen weisen einen hohen Naturschutzwert auf und sollten in einem großräumigen Zusammenhang stehen (→ *Biotopverbund*). In Deutschland sind 156 000 ha auf diese Weise für den Naturschutz gesichert.
Naturereignis *natural event*: Vorgang in der Natur, ohne Zutun des Menschen abläuft, z. B. Ausbruch eines → *Vulkans* oder → *Überschwemmungen*, wobei es hier jedoch Überschneidung von anthropogenen Ursachen (Verbauungen usw.) gibt. Je nach gesellschaftlicher oder ökonomischer Einschätzung werden Schwellenwerte definiert, bei deren Überschreitung ein N. als → *Naturgefahr* gilt.
Naturfaser *natural fibre*: Faser natürlicher Herkunft. Zu unterscheiden ist nach tierischen N. (Wolle, Seide), pflanzlichen N. (Baumwolle, Flachs, Hanf, Sisal, Jute, Agavefasern) und mineralischen N. (z. B. Asbest).
naturfern *nature-distant*: Zustand eines → *Ökosystems*, wenn eine hohe landwirtschaftliche Nutzungsintensität vorliegt. n. Ökosysteme sind z. B. → *Agroökosysteme* oder → *Stadtökosysteme.*
naturfremd *nature-strange*: Zustand eines → *Ökosystems*, das z. B. landwirtschaftlich genutzt ist, jedoch kein → *Agroökosystem* mehr darstellt, sondern schon urban-industriellem Einfluss unterliegt. Räumlich gesehen handelt es sich dann um das agrarische Umland von städtischen Verdichtungsgebieten (→ *urban-industrielles Ökosystem*).
Naturgefahr *natural hazard*: ein natürlicher Zustand oder Prozess (→ *Naturereignis*), aus der/dem ein Schaden für Personen, Tiere, Sachgüter oder Umwelt entstehen kann. N.

bezeichnet eine Bedrohung durch ein zukünftiges Naturereignis, das unter bestimmten Bedingungen eintreten kann. Zur Abschätzung von N. werden, je nach Erfahrung und sonstigen gesellschaftlichen und/oder ökonomischen Einschätzungen, → *Toleranzwerte* oder → *Schwellenwerte* definiert.

Naturgefahrenanalyse *natural hazard analysis*: Analyseverfahren, mit dem Naturgefahren modelliert, bewertet und dargestellt werden. Der zeitliche Ansatz liefert Zeitreihen der Wahrscheinlichkeit von Naturgefahren (→ *Naturrisikoanalyse*), der räumliche liefert → *Gefahrenkarten*.

Naturgefahrenforschung *natural hazard research*: stellt mit der → *Naturgefahrenanalyse* sowie → *Naturrisikoanalyse* die Prozesse in der natürlichen Umwelt und deren Modellierung, die Gefahrenerkennung und die räumliche Wirksamkeit von → *Naturgefahren* in den Mittelpunkt der Forschung.

Naturgefahrengruppen → *Naturgefahrenpotenzial*.

naturgefahreninduziertes Risiko *nature induced risk*: ein → *Risiko*, das mit einer → *Naturgefahr* verbunden wird. Gegenüber der Naturgefahr bezieht sich der Begriff n. R. ausdrücklich auf das Potenzial des Eintretens und die damit verbundenen antizipierten Folgen. Das Risiko setzt eine Entscheidung des Umgangs mit der erkannten Gefahr voraus. Man kann unterscheiden: – ortsgebundene n. R., die an Naturgefahren wie Lawinen, Bergstürze, Hochwasser, Rutschungen etc. gebunden sind, die eine unsichere Eintretenswahrscheinlichkeit, aber ein lokal oder regional gut voraussehbares Schadensausmaß haben. – großräumige bzw. globale n. R., wie die durch die Klimaerwärmung verursachten, die eine hohe Eintretenswahrscheinlichkeit, aber ein nur schwer bestimmbares oder gar unbekanntes Schadensausmaß haben (→ *seltene Ereignisse*). Zu den großräumigen bzw. globalen n. R. sind auch langfristig-schleichende Prozesse zu rechnen, z. B. Ansteigen der Grenze des Permafrostes in den Hochgebirgen, das polwärtige Verschieben der zonalen Permafrostbodengrenze, Anstieg des Meeresspiegels, Zunahme des CO_2-Gehaltes der Atmosphäre.

Naturgefahrenkarten → *Gefahrenkarten*.

Naturgefahrenklassifikation *natural hazard classification*: klassifiziert → *Naturgefahren* mit prozessbeschreibenden Parametern: Naturgefahrenklasse (GK) = f (M, F, G, D, zA, rA, V). Darin sind: M = → *Magnitude* (Massen- und Energieumsatz, klein bis groß); F = → *Frequenz* (zeitliche Häufigkeit, gering bis groß); G = Geschwindigkeit (langsam bis schnell); D = Dauer (kurz bis lang); zA = zeitliches Auftreten (regelmäßig oder zufällig); rA = räumliche Ausdehnung (kleinräumig bis weit verbreitet); V = räumliche Verteilung, d. h. Verbreitungsmuster (konzentriert bis diffus). Die Merkmale der Parameter werden davon bestimmt, ob es ein früheres (→ *vorzeitliches*) Ereignis oder ein → *aktuelles* ist. Die Parameter können aus → *harten Daten* (d. h. quantitativ darstellbare Größen aus Kartierung und Messung), harten bis weichen Daten (d. h. semiquantitativ darstellbare Größen aus Messung, Schätzung, Modellrechnung) und/oder → *weichen Daten* aus Auswertung historischer Quellen und Bildern sowie aus Befragungen bestehen.

Naturgefahrenpotenzial *potential of natural hazards*: das N. ist in einem naturgesetzlich rasch oder langsam ablaufenden Vorgang (→ *Prozess* oder *Ereignis*) enthalten und umfasst → *biologische Naturgefahren*, → extraterrestrische Naturgefahren, → *geologisch-geomorphologische Naturgefahren*, → *glaziologisch-kryosphärische Naturgefahren*, → *hydrologisch-glaziologische Naturgefahren*, → *marin-litorale Naturgefahren*, → *meteorologische Naturgefahren*. Art des Auftretens, Ausmaß und Wirkungen lassen das → *Naturereignis* zur → *Naturgefahr* werden. Beim Eintritt des Ereignisses können Menschenleben, Siedlung, Wirtschaft und Infrastrukturbauten geschädigt, beschädigt oder zerstört werden.

naturgemäßer Wirtschaftswald *natural commercial forest*: zielt – ähnlich dem → *Naturwald* – auf einen natürlichen, standortgerechten → *Wald*, bei dessen Bewirtschaftung weitgehend auf künstliche Mittel verzichtet wird, ohne das Wirtschaftsziel außer acht zu lassen (→ *standortgerechte Nutzung*).

Naturgesetz *law of nature*: irreführende Bezeichnung für Regelmäßigkeiten (Gesetzmäßigkeiten), die in natürlichen Prozessen und Phänomenen festgestellt werden können. Die N. sind im eigentlichen Sinne Gesetze der Naturwissenschaften (→ *wissenschaftliches Gesetz*).

Naturgewalt *natural force, force of nature*: ein → *Naturereignis*, das durch Mensch und Gesellschaft als gewaltig wahrgenommen wird (→ *Naturkatastrophe*). In der Hinsicht vom → *Anthropozän* gilt auch der Mensch mit seinen die Prozesse und Gestalt der Erde verändernden Aktivitäten als N..

Naturgüter *natural resources*: für die Nutzung durch den Menschen verfügbare → *anorganische* oder → *organische Stoffe* (→ *mineralische* und *organische* → *Rohstoffe* und Nahrungsmittel, Boden, Wasser, Luft), natürliche Energiequellen (Sonnen-, Wasser- und Windenergie) sowie immaterielle Naturangebote (Erholungspotential, Schönheit der Landschaft, genetisches Potential etc.). Die

N. kann man in regenerationsfähige (→ *Flora*, → *Fauna* – sofern nicht ausgestorben) und nicht regenerationsfähige (alle übrigen) unterteilen. → *Boden* kann nur als bedingt regenerationsfähig bezeichnet werden. Er benötigt dazu lange Zeiträume.

Naturhafen *natural harbo[u]r*: Meeresbucht oder Mündung, die aufgrund ihrer natürlichen Beschaffenheit ohne wesentliche künstliche Ausbauten für Hafenzwecke nutzbar ist. Echte N. dienen i. d. R. nur der → *Küstenschifffahrt* oder Sport- und touristischen Zwecken, da für größere Schiffseinheiten eine gewisse bauliche → *Infrastruktur* vorhanden sein muss (→ *Hafen*).

Naturhaushalt *natural balance*: ein ebenso vielschichtiger Begriff wie → *Natur*. Der N. repräsentiert das → *Wirkungsgefüge* aus → *naturbürtigen* → *abiotischen* und → *biotischen Faktoren* (Geoökofaktoren), die im → *Geoökosystem* bzw. in → *Landschaftsökosystem* zusammenwirken, ohne dass damit etwas über den → *anthropogenen* Zustand der N.-Größen ausgesagt ist. Ein Teil des Wirkungsgefüges des N. existiert auch in reduzierter Form in extrem überbauten städtischen Gebieten, als sogenanntes → *Stadtökosystem*.

Naturkatastrophe *natural disaster*: ein spontanes auftretendes Extremereignis in der natürlichen Umwelt mit der Folge großer materieller, ökonomischer, den Menschen selber und den Naturraum betreffender Schäden sowie schweren Störungen des gesellschaftlichen Lebens. Das Ereignis kann plötzlich auftreten und sehr kurzfristig sein und Sekunden oder Minuten (z. B. → *Erdbeben*, → *Tsunami*) oder auch Monate oder Jahre andauern (z. B. → *Dürre*, → *Vulkanausbruch*). Die Folgen einer N. können von der betroffenen Gesellschaft oder Region nicht aus eigenen Kräften und ohne fremde Hilfe bewältigt werden. Ein Strang in der aktuellen Risikoforschung betont, dass N. im eigentlichen Sinne nicht existieren, sondern auch diese durch soziale und kulturelle Praktiken vorbereitet werden und verweist damit auf das hohe Selbstgefährdungspotenzial von Gesellschaften (→ *Sozialkatastrophe*, → *Katastrophenbewältigung*, → *naturgefahreninduziertes Risiko*).

Naturkatastrophenklassen *classes of natural disasters*: Naturereignisse mit Schadfolgen werden von Versicherungsunternehmen je nach Schadensumfang unterschieden in 0 Naturereignis (keine Schäden, z. B. Waldbrand ohne Gebäudeschäden), 1 Kleinstschadensereignis (<10 Tote, kaum materielle Schäden), 2 mittleres Schadensereignis (10–19 Tote, Gebäude- und sonstige Sachschäden), 3 mittelschwere Katastrophe ab 20 Tote, Gesamtschaden >50 Mio USD), 4 schwere Katastrophe (ab 100 Tote, Gesamtschaden >200 Mio USD), 5 verheerende Katastrophe ab 500 Tote, Gesamtschaden >500 Mio USD) , 6 große → *Naturkatastrophe* (tausende Tote, Volkswirtschaft schwer betroffen, extreme Schäden). Die wissenschaftliche Definition von → *Katastrophe* geht dagegen davon aus, dass das Ereignis extreme Ausmaße annehmen muss und die Folgen nicht mehr aus eigener Kraft von der betroffene Gesellschaft oder Region bewältigt werden können, um von einer Katastrophe zu sprechen.

Naturlandschaft (natürliche Landschaft) *natural landscape (1.), wilderness (2.)*: in → *Geo*- und → *Biowissenschaften* sowie der → *Geographie* der → *Kulturlandschaft* gegenübergestellt. Die N. umfasst jene Bestandteile der → *Landschaft*, die von der → *Natur* und ihren → *naturbürtigen* bzw. → *„natürlichen"* Landschaftselementen bestimmt werden. Der Begriff hat daher zwei Bedeutungen: 1. eine Landschaft, deren → *Landschaftshaushalt* allgemein von Naturfaktoren bestimmt wird, unabhängig vom Grad ihrer → *anthropogenen* Beeinflussung, also unabhängig vom → *Natürlichkeitsgrad*. 2. eine Landschaft, deren Haushalt anthropogen völlig unbeeinflusst ist. Solche Gebiete gibt es in Mitteleuropa nur noch kleinräumig in den höchsten → *Höhenstufen* des → *Hochgebirges* oder in anderen Höhenstufen, soweit sie einem absoluten → *Naturschutz* unterliegen.

Naturlandschaftszone *natural landscape zone*: Begriff mit Bezug zum → *Zonenmodell*, der als Gliederungskriterium einen oder mehrere Naturfaktoren verwendet. Er meint damit die Klima-, Boden-, Relief-, Wasser-, Vegetations- und Tierzonen der Erde oder deren komplexe Erscheinung (→ *Zone*).

natürlich *natural*: bedeutet in Wortzusammensetzungen „vom Menschen wenig" bzw. „nicht beeinflusst" (→ *Natur*, → *naturbürtig*).

natürliche Arbeitslosenquote *natural rate of unemployment*: Form der → *Arbeitslosigkeit*, die auch unter bestmöglichen Angebots- und Nachfragebedingungen vorhanden ist, da z. B. immer eine gewisse Anzahl von → *Arbeitnehmern* gerade auf der Suche nach einem neuen Arbeitsplatz ist oder manche → *Erwerbspersonen* auch freiwillig arbeitslos sind. Die n. A. stellt also keine stabile und eindeutig definierbare Größe dar. Vielmehr handelt es sich dabei innerhalb der → *Volkswirtschaftslehre* um ein modelltheoretisches Konstrukt, um Arbeitslosigkeit auch unter der Bedingung von → *Vollbeschäftigung* erklären zu können. Aufgrund dieser Merkmale kann die Höhe der n. A. nicht exakt beziffert werden.

natürliche Bevölkerungsbewegung *natural change of population*: jener Teil der → *Bevölkerungsbewegung*, der im Gegensatz zu den

→ *Wanderungen* auf natürliche Ursachen (Geburten und Sterbefälle) zurückgeht. Aus dem Saldo der n. B. für einen Raum während einer bestimmten Zeit, i. d. R. während eines Jahres, ergibt sich ein → *Geburten-* oder → *Sterbeüberschuss*.

natürliche Grenze *natural boundary, natural frontier*: entlang von Naturgegebenheiten, z. B. Flussläufe, Bergkämme, Meeresküsten usw. verlaufende → *Grenze*. Politisch-territoriale Grenzen, die entlang jedoch gerade eine n. G. häufig künstlich, da sie → *Natur-* und → *Sozialräume* und wirtschaftsräumliche Einheiten durchschneiden kann.

natürliche Infrastruktur *natural infrastructure*: natürliches Landschaftselement, das im Sinne einer infrastrukturellen Einrichtung genutzt werden kann, z. B. ein schiffbarer Fluss als Teil der → *Verkehrsinfrastruktur*.

natürliche Landschaft *natural landscape*: Begriff aus der Landschaftslehre und der Theorie der Geographie, der eine von Naturfaktoren bestimmte naturbedingte → *Landschaft* ohne menschliche Einflüsse meint, wobei rein theoretisch – in Anlehnung an den Begriff → *natürliche Vegetation* – eine n. Landschaft entstünde, wie sie sich nach Aussetzen aller menschlichen Wirkungen auf die → *Landschaftsökosysteme* entwickeln würde.

natürliche Landschaftselemente *natural landscape elements, natural features of the landscape*: → *abiotische* und → *biotische* Geoökofaktoren, die an → *Bioökosystemen* beteiligt sind und die wenig oder gar nicht → *anthropogen* beeinflusst wurden. Der Begriff wird nur noch z. T. im Sinne der → *Naturlandschafts*elemente interpretiert, die den Kulturelementen gegenübergestellt werden. Die Bedeutung als „weitestgehend anthropogen unbeeinflusst" überwiegt.

natürliche Radioaktivität *natural radioactivity*: aus verschiedenen Quellen stammende Gammastrahlung, der die Lebewesen natürlicherweise ausgesetzt sind. Die n. R. setzt sich aus der Strahlung von Gesteinen mit radioaktiven Elementen (Radium, Thorium, Kalium-40), von in der Luft schwebenden Partikeln und von im Körper gespeicherten Elementen (die genannten Elemente und der → *Radiokohlenstoff*) zusammen. Der Begriff n. R. bezieht sich auf die Quellen (d. h. die Herkunft), während sich der Begriff → *natürliche Strahlenbelastung* auf den Organismus bezieht.

natürliche Ressourcen *natural resources*: Sammelbezeichnung für alle in der Natur vorkommenden → *Rohstoffe*. Dazu zählen die → *Bodenschätze*, die natürlichen Wälder, Wasservorkommen, das Meer mit seinen Rohstoffen sowie Energie-R., die sich aus verschiedenen Primärenergiequellen ergeben können.

natürliche Strahlenbelastung *natural radiation*: Bestandteil der allgemeinen → *Strahlenexposition* von Lebewesen und definiert als jene → *Strahlendosis*, die durch → *ionisierende Strahlung* auf den Menschen auf natürliche Weise erfolgt.

natürliche Vegetation *natural vegetation*: Gruppierung von → *Pflanzengesellschaften* in einem ursprünglichen, nicht von Menschen beeinflussten Lebensraum. Wegen weltweiter anthropogener Eingriffe in die n. V. verwenden die → *Pflanzensoziologie*, die → *Geobotanik* und die → *Biogeographie* den Begriff der → *potenziellen natürlichen Vegetation*.

natürlicher Wald → *Naturwald*.

Natürlichkeitsgrad *naturalness*: empirische Abstufung des anthropogenen Einflusses auf → *Ökosysteme*. Ein Verfahren, den N. zu bestimmen, sind die → *Hemerobiestufen*, die mit Hilfe von → *Hemerobieindikatoren* definiert werden.

naturnah *near-natural*: Zustand eines → *Ökosystems*, das sich durch eine große ökologische Vielfalt (→ *Biodiversität*, → *Diversität*) auszeichnet und → *anthropogen* kaum beeinflusste Geoökofaktoren aufweist.

naturnaher Waldbau *near natural silviculture*: 1. Begründung, Pflege und Ernte der Waldbestände erfolgt auf → *naturnahe* Weise, sodass ein → *Wald* entsteht, welcher der → *potenziellen natürlichen Vegetation* nahe kommt, ohne dass es sich um einen → *Naturwald* handelt. 2. im allgemeinen Verständnis gilt n. W. auch als → *standortgerechte Nutzung*, das Produktionsziel mit möglichst wenigen standortfremden Maßnahmen zu erreichen sucht. Er wird der industriell bewirtschafteten Holzplantagen forstlicher → *Monokulturen* gegenübergestellt.

Naturpark *nature park, nature reserve, wildlife park*: 1. allgemein ein großräumiges Gebiet mit speziellen natürlichen Eigenheiten der Landschaft, das man längerfristig in seinem Zustand erhalten möchte und daher Zugänglichkeit und Nutzung auf verschiedene Weise regelt. 2. in Mitteleuropa geschlossene, großflächige Landschaftsräume, die sich durch Vielfalt, Eigenart und Schönheit von Natur und Landschaft auszeichnen und die man deswegen als N. ausweist. Solche N. dienen überwiegend der Erholung, jedoch auch anderen Nutzungen. Innerhalb der N. gibt es Gebiete, die einem besonderen → *Landschaftsschutz* und → *Naturschutz* unterliegen, also strengeren Schutzmaßnahmen, als sie der N. bietet. In Mitteleuropa handelt es sich um meist wenig intensiv genutzte ländliche Räume, die aus agrarwirtschaftlicher Sicht von der Natur her als benachteiligt gelten.

Naturplan *nature plan*: Begriff aus der Landschaftslehre der Geographie und als Gegen-

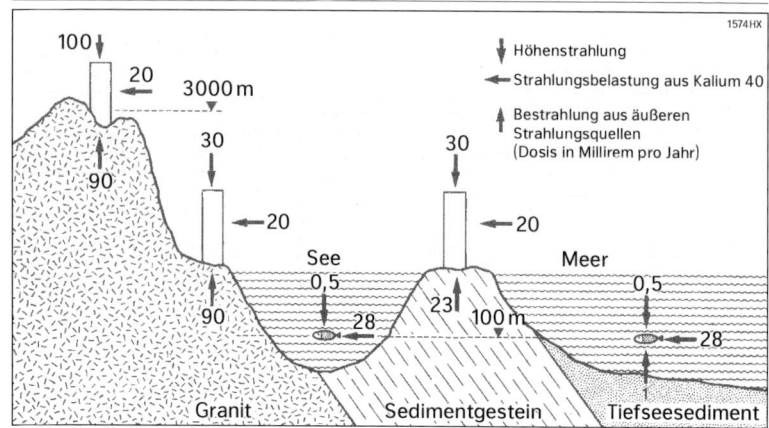

Natürliche Radioaktivität

konzept zum deterministischen „Naturzwang" verstanden, nach dessen Vorstellungen bestimmte Entwicklungen der → *Kulturlandschaft* an ebenso bestimmte Voraussetzungen in der → *Natur* eng gebunden waren (→ *Determinismus*). Der Begriff des N. hingegen besagt, dass sich die Kulturlandschaft frei und möglichst optimal in den N., also in die → *Landesnatur*, einpasst, sodass in der Kulturlandschaft die Grundzüge des Musters der → *naturräumlichen Gliederung* erkennbar werden.

Naturpotenzial *natural potential*: allgemeiner, etwas unscharfer Begriff für die vom wirtschaftenden Menschen nutzbaren → *natürlichen Ressourcen*. Dazu zählen alle natürlichen → *Rohstoffe*, auch Wasser, Böden und → *Biomasse* (→ *Naturraumpotenzial*, → *Geopotenzial*).

Naturprodukt *natural product/produce*: Erzeugnis, das gänzlich aus natürlichen Bestandteilen hergestellt wurde bzw. direkt aus der → *Natur* stammt. N. werden heute gezielt in alternativen Läden angeboten oder – soweit es sich um → *Nahrungsmittel* handelt – im Rahmen der sog. biologischen → *Landwirtschaft* erzeugt.

Naturraum *natural space*: allgemeine Bezeichnung für einen Erdraum, der mit → *biotischen* und → *abiotischen* → *Geoökofaktoren* ausgestattet ist, die einer mehr oder weniger intensiven Nutzung durch den Menschen unterliegen (können).

Naturraumdargebot (Naturdargebot) *natural space richness*: die Gesamtheit der von der → *Natur* bereitgestellten Reichtümer einschließlich der Lagebeziehungen, ohne Differenzierung der Nutzungsmöglichkeiten, aber im Hinblick auf die Nutzbarkeit betrachtet.

Naturraumgliederung *natural space structure*: Sammelbegriff für verschiedene geographisch-landschaftsökologische bzw. geoökologische → *Raumgliederungen*, die sich in Ansatz und Methodik voneinander unterscheiden. Zur N. gehören die → *Naturräumliche Gliederung*, die → *Naturräumliche Ordnung* und die → *landschaftsökologische Raumgliederung*. Alle beruhen auf → *biotischen* und → *abiotischen* → *Geoökofaktoren*, betrachten diese jedoch in verschiedenen Maßstäben und in unterschiedlicher Auswahl. Damit gelangen die verschiedenen N. auch zu verschiedenen, meist zweckgerichteten Ergebnissen.

naturräumliche Einheit *natural-spatial unit*: eine → *Raumeinheit* der → *Naturräumlichen Gliederung*, die formal oder nach den Grundsätzen der → *Landschaftsökologie* bzw. → *Geoökologie* durchgeführt wird. Basis bilden die → *naturräumlichen Grundeinheiten*, die → *Tope* (z. B. → *Ökotop*). Aus ihnen setzen sich immer größere Gebiete zusammen. Alle n. E. gelten auf ihrer Dimensionsebene als ökofunktional homogene Gebiete, die über einen für sie typischen Landschaftshaushalt verfügen. Die kleinsten n. E. werden von Quellmulden, Dellen, kleinen Kuppen, Senken u. a. Einzelformen repräsentiert, soweit diese über einen einheitlich funktionierenden Landschaftshaushalt verfügen. Die praktische Bedeutung der n. E. liegt in den Raumgliederungen für Geo- und Biowissenschaften sowie für praktische Zwecke, z. B. in der → *Regionalplanung* (→ *Hierarchie der naturräumlichen Einheiten*).

Naturräumliche Gliederung *natural-spatial classification*: Verfahren zur Ausscheidung von Landschaftsräumen, die in Typen dargestellt und nach der → *Theorie der geographischen Dimensionen* hierarchisch geordnet werden. Die N. G. geht von → *naturräumlichen Grundeinheiten* aus, die überwiegend nach visuell wahrnehmbaren → *Geoökofaktoren* (z.B. Georelief, Oberflächennaher Untergrund, Boden, Oberflächenwasser, Vegetation), manchmal auch unter Verwendung von Einzelmerkmalen dieser (z.B. Hangneigung, Bodenfeuchte, Natürlichkeitsgrad der Vegetation), begründet werden. Der Ansatz basiert auf dem → *physiognomischen Prinzip*, wonach bestimmte Geoökofaktoren und -merkmale Ausdruck des landschaftshaushaltlichen Geschehens sind, ohne dass dies quantitativ ermittelt wird. Die N. G. steht als Methodik im Gegensatz zur → *Naturräumlichen Ordnung*, mit deren Grundeinheiten sie aus methodischen Gründen nicht immer übereinstimmt. In kleineren und mittleren Maßstäben bestehen jedoch Übereinstimmungen, ebenso im Vokabular, wobei jedoch die Inhalte von Einheiten in der → *topischen* und in der unteren → *chorischen Dimension* jeweils anders definiert werden. Die Abfolge der Begriffe von verschiedenen → *naturräumlichen Einheiten* der N. G. ist in einer → *Hierarchie der naturräumlichen Einheiten* dargestellt.

naturräumliche Großeinheit *natural-spatial macro unit*: Gruppe der → *naturräumlichen Haupteinheiten*, letztlich → *Makrochoren*, welche in die regionische Dimension gehören. Inhaltlich sind sie nach tektonisch-orographischen Merkmalen der Landschaftsentwicklung definiert, ohne dass eine ökofunktionale Kennzeichnung erfolgt.

naturräumliche Grundeinheit *basic natural-spatial unit*: nur in weiterem Sinne eine → *landschaftsökologische Grundeinheit*. Sie gehört zwar der → *topischen Dimension* an und wird durch die Verbreitung der → *Geofaktoren* im Inhalt bestimmt, aber nach den Prinzipien der deduktiven → *Naturräumlichen Gliederung*. Insofern kann sie nicht als „Grundbaustein" der verschiedenen Stufen der → *Hierarchie naturräumlicher Einheiten* angesprochen werden, weil sie nicht an der Basis steht, sondern am Ende des Gliederungsprozesses auf dem „Weg von oben".

naturräumliche Haupteinheit *main natural-spatial unit*: in der → *Hierarchie naturräumlicher Einheiten*, etwa den → *Mesochoren* der oberen Ordnungsstufe in der → *chorischen Dimension* entsprechend und inhaltlich vorzugsweise durch die Landschaftsgenese definiert, d.h. die stabilen Standorteigenschaften (→ *Bodenform*, Oberflächennaher Untergrund, Relief). Haushaltliche Kennzeichnungen der Inhalte sowie quantitative Bestimmungen treten zurück bzw. sind in dieser Betrachtungsgrößenordnung nach dem Verfahren der → *Naturräumlichen Gliederung* nicht möglich.

Naturräumliche Ordnung *natural-spatial classification*: Verfahren zur Ausscheidung von Arealen, die auf den verschiedenen Stufen der geographisch-ökologischen Betrachtungsdimensionen (→ *Theorie der geographischen Dimensionen*) geographisch homogene ökologische Funktionseinheiten repräsentieren, die dann über einen für sie spezifischen Stoff- und Energiehaushalt – im Sinne der → *Landschaftsökosysteme* – verfügen. Die N. O. geht von → *landschaftsökologischen Grundeinheiten* aus, die man induktiv ermittelt, wobei die inhaltliche Charakterisierung durch die Bestimmung der → *landschaftsökologischen Hauptmerkmale* Bodenwasserhaushalt, Boden und Vegetation (mit jeweils unterschiedlichen ökologischen Reaktionsgeschwindigkeiten) und aufgrund von weiteren haushaltlichen Kennzeichnungen erfolgt. Die Umsätze und Flüsse von Stoffen und Energie in den topischen Einheiten (→ *Top*) werden bilanziert. Auch die höherrangigen Einheiten, die von der Theorie der geographischen Dimensionen postuliert werden (→ *Chore*, → *Zone* etc.), bilanziert man auf Inhalt und Funktion ihrer stofflichen Systeme.

Naturraumpotenzial *natural-spatial potential*: jene Teile des → *Naturraumdargebotes*, die für bestimmte Nutzungen durch den Menschen von Interesse sind und dafür ein feststellbares → *Leistungsvermögen des Landschaftshaushaltes* aufweisen (→ *Naturpotenzial*).

Naturraumtypisierung *natural-spatial characterization*: das Erkennen eines Typs auf den verschiedenen Stufen der → *Hierarchie naturräumlicher Einheiten*, die im Rahmen von Verfahren der → *Naturraumgliederung* ausgeschieden wurden. (→ *Landschaftstypologie*).

Naturrisiko → *naturgefahreninduziertes Risiko*.

Naturrisikoanalyse *natural risk analysis*: Analyseverfahren auf der Basis der → *Naturgefahrenanalyse*, berechnet die Wahrscheinlichkeit des Eintretens des Ereignisses (→ *Naturgefahrenpotenzial*, → *naturgefahreninduziertes Risiko*).

Naturschacht (Schacht, Schachthöhle) *jama*: Höhlenabschnitte mit vorwiegender Vertikalerstreckung, die eigentliche Schachthöhlen bilden können, also jene → *Höhlen*, die an der Erdoberfläche mit einem senkrechten oder nahezu senkrecht verlaufenden Schacht ansetzen. Die Bezeichnung Schacht bezieht sich also auf den Verlauf der Höhle, nicht jedoch auf Entstehung und Entwicklung.

Naturräumliche Gliederung

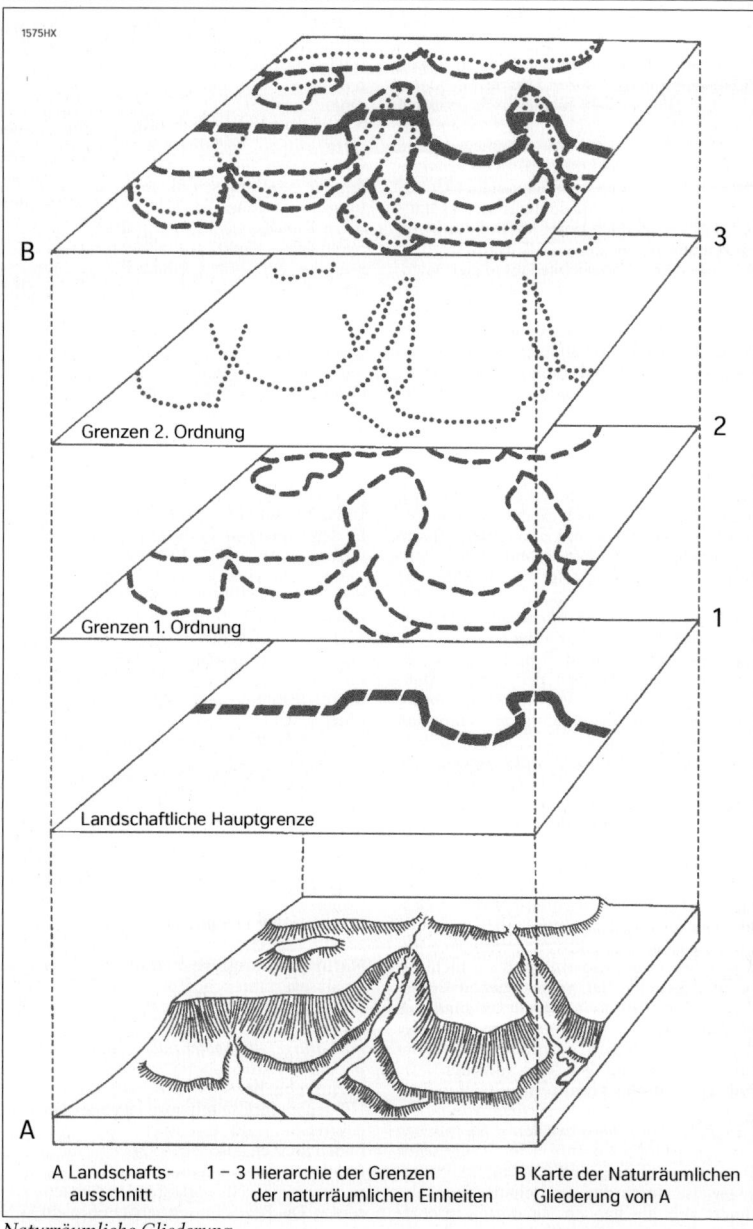

Naturräumliche Gliederung

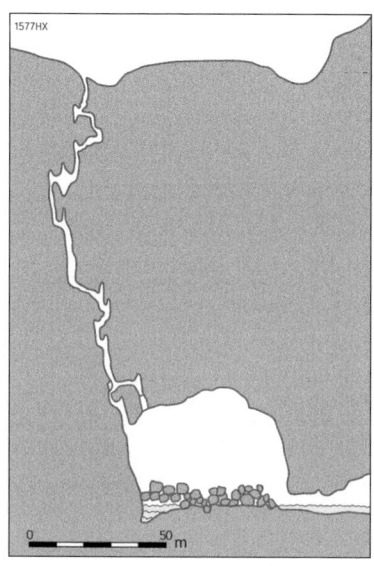

Naturschacht

Naturschutz *nature conservation/preservation/protection, wildlife conservation*: dient der Erhaltung schutzwürdiger → *Landschaften* und Landschaftsteile durch ordnende, sichernde, regenerierende, pflegende und entwickelnde Maßnahmen im → *Naturhaushalt* der → *Landschaftsökosysteme* der freien Landschaft und im Siedlungsbereich. Die Maßnahmen zielen darauf ab, → *natürliche* oder → *quasinatürliche* Lebensräume und die Gesamtheit ihrer Geofaktoren vor schädigenden Eingriffen und übermäßigen wirtschaftlichen Nutzungen zu schützen und sie in ihrer ökologischen Leistungsfähigkeit, Vielfalt und Schönheit als eine der Lebensgrundlagen von Mensch, Tier und Pflanze zu erhalten. Der institutionalisierte N. konzentriert sich i.d.R. auf die Auswahl der zu schützenden Objekte und die Schutzmaßnahmen; die praktische Ausführung obliegt der → *Landespflege* bzw. der → *Landschaftspflege* bzw. der → *Landschaftsplanung*. Schützenswerte Objekte sind Einzelarten, → *Naturdenkmale*, → *Naturschutzgebiete* (also Landschaftsteile), ganze Landschaften (→ *Landschaftsschutz*), also → *Landschaftsschutzgebiete*, → *Naturparks* und → *Nationalparks* (→ *Objektschutz*).

Naturschutz in der Stadt (Stadtnaturschutz) *urban nature conservation*: allgemein dient → *Naturschutz* der Erhaltung und Entwicklung schutzwürdiger → *Landschaften* oder Teile dieser durch ordnende, sichernde, pflegende und entwickelnde Maßnahmen im → *Naturhaushalt* der → *Landschaftsökosysteme* der freien Landschaft. Das gilt sinngemäß für → *Ökosysteme* im Siedlungsbereich, also das → *Stadtökosystem* oder Teile dessen, z. B. Stadtbiozönosen mit ihrem Lebensraum. Dieser ist von → *abiotischen Faktoren* bestimmt, die einer für → *urban-industrielle Ökosysteme* typischen Dynamik unterliegen, die sich demzufolge auch auf das städtische Bios (→ *Stadtfauna*, → *Stadtflora*) auswirkt. Ziel des N. i. d. S. ist nicht in erster Linie, bedrohte Tiere und Pflanzen zu schützen, sondern → *Lebensgemeinschaften* und ihre → *Lebensstätten* für den unmittelbaren Kontakt der Stadtbewohner mit → *naturbürtigen* Elementen ihrer städtischen Umwelt zu erhalten und ihnen ein Naturerlebnis zu sichern.

Naturschutzfunktion *nature conservation function*: im → *Leistungsvermögen des Landschaftshaushaltes* ein Teilaspekt der → *Ökotopbildungsfunktion*, der die Schutzwürdigkeit und -bedürftigkeit von seltenen Tieren und Pflanzen, deren → *Biozönosen* sowie schwer regenerierbaren Lebensstätten dieser beschreibt.

Naturschutzgebiet (NSG) *nature [p]reserve, conservation area*: Landschaftsteilraum oder Landschaftsraum, der aus naturhaushaltlichen, biologischen, wissenschaftlichen oder traditionellen Gründen geschützt wird, um bedrohten Tier- und Pflanzenarten bzw. Tiergemeinschaften und Pflanzengesellschaften den Lebensraum zu erhalten. Wissenschaftliche Bedeutung und/oder Maß der Bedrohung des Schutzobjektes entscheiden, ob im Gebiet Voll- oder Teilnaturschutz erfolgt. Innerhalb der N. ist unter Einhaltung von Auflagen land- und forstwirtschaftliche Nutzung möglich. Maßnahmen, welche die wissenschaftliche Arbeit behindern oder den Naturhaushalt verändern oder stören, sind im N. verboten (→ *Objektschutz*).

Naturschutzpotenzial *nature conservation potential*: im → *Leistungsvermögen des Landschaftshaushaltes* ein Teilaspekt des → *Landschaftspotenzials*, der sich auf die → *Naturschutzgebiete* bezieht und Teile von Landschaften aus Gründen des → *Naturschutzes* erhalten und entwickeln möchte (→ *Ökotopbildungsfunktion*).

Naturverjüngung *natural regeneration*: durch Selbstansamung oder natürliche vegetative Vermehrung (Stockausschlag, Wurzelbrut) aus einem Altbestand heraus sich vollziehender Entwicklungs- oder Erneuerungsprozess eines → *Waldes*, der beim → *naturnahen Waldbau* auch künstlich durch Säen oder Pflanzen vorgenommen werden kann. Die N. führt, wenn der Mensch nicht eingreift, zum

→ *Naturwald*. In den mittel- und westeuropäischen Ländern wird die N. durch zu hohen Wildbesatz weitgehend verhindert. Bei Waldbeständen, die stark durch Emissionen belastet sind, unterbleibt oft die Samenbildung, sodass N. nicht möglich ist (→ *Waldsterben*).

Naturwald (natürlicher Wald) *natural forest*: entsteht durch → *Naturverjüngung*, also ohne Eingriff des Menschen, was auch die Waldpflege ausschließt. Der N. entspricht damit, nach langer Entwicklung, einem Klimaxwald, wenn die natürliche Entwicklung ohne störende Einflüsse von → *Naturereignissen* verläuft, wie Sturm, Schnee, Brand oder Hochwasser, die den N. vernichten können. Die → *Forstwirtschaft* erweist sich im Hinblick auf einen so definierten N. als Störgröße. Bei den N. der → *Tropen* und → *Subtropen* werden zudem → *Primärwälder* und → *Sekundärwälder* unterschieden. Dem N. steht der → *Kulturwald* gegenüber.

Naturweide *natural pasture*: natürliche Vegetationsformation (z. B. → *Savanne*, → *Steppe*), die durch → *extensive Weidewirtschaft* genutzt wird (→ *Weidewirtschaft*).

Naturzugkühlturm *natural draught cooling tower*: ein → *Nasskühlturm* oder → *Trockenkühlturm*, der den natürlichen Zug (Kaminwirkung) des → *Kühlturms* zur Abführung der Kühlluft nutzt. Die N. sind sehr groß dimensioniert und entwickeln daher in der → *topischen* bis unteren → *chorischen Dimension* eigene (→ *anthropogen* bedingte) ökologische Wirkungen.

nautische Maße *nautical measures*: in der Schifffahrt übliche nicht-metrische Maße für Längen (Seemeile, Kabellänge, Faden), Geschwindigkeiten (Knoten) und Rauminhalte.

Navigationssystem *navigation system*: IT-gestütztes System, das mit Hilfe von Positionsbestimmungen (→ *Satellit*, Funk, Mobilfunk) dem Nutzer eine geführte Zielerreichung zu einem gewählten Ort oder eine Route unter Beachtung vorgegebener Kriterien ermöglicht.

NBP → *Nichtbaumpollen*.

NDVI *Normalized Differenced Vegetation Index*: ein weit verbreiteter Vegetationsindex, der den in der Analyse von → *Fernerkundungsdaten* eingesetzt wird. Er basiert auf der Annahme, dass vitale → *Vegetation* wegen des hohen Chlorophyllgehalts deutlich mehr elektromagnetische Strahlung aus dem nahen Infrarot (NIR) reflektiert als aus dem roten Spektralbereich. Die Formel zur Berechnung des NDVI ist: NDVI = (NIR - Rot) / (NIR + Rot). Der NDVI-Index ermöglicht einen Wertebereich zwischen -1 und +1. Ein negativer Indexwert deutet auf Gewässer hin, ein Wertebereich zwischen etwa 0 und +0,2 auf vegetationsfreie Flächen, und ein Wert, der sich +1 annähert, verweist auf eine sehr hohe Pflanzenvitalität.

Nearest-Center-Bindung die Tendenz von Nachfragern, für die Inanspruchnahme von → *Dienstleistungen* den von ihrem Wohnstandort jeweils nächst gelegenen → *Standort* mit dem gewünschten Angebot aufzusuchen. Das räumliche Mobilitätsverhalten von → *Konsumenten* wurde lange Zeit durch die N.-C.-B. dominiert, unterliegt jedoch seit einigen Jahrzehnten einem weitreichenden Wandel, etwa durch die veränderte Verfügbarkeit von Verkehrsmitteln und Änderungen im Einkaufsverhalten (z. B. Erlebniseinkäufe). Insgesamt wird die N.-C.-B. dadurch abgeschwächt (→ *Einzugsgebiet*).

Nearktis (Nearktisches Reich) *Nearctic realm*: → *Faunenreich*, das Nordamerika, Grönland und die Hochländer von Mexiko umfasst.

Nebel *mist, fog*: zu feinsten Tröpfchen (Ø 0,02 mm) kondensierter schwebender → *Wasserdampf* in den untersten Schichten der → *Troposphäre* und am Boden. N. entsteht bei starker Abkühlung der bodennahen Luft, die dadurch den → *Taupunkt* unterschreitet. Bei Ausstrahlungswetter sammelt sich die kälteste Luft in den tiefsten Geländepartien, wodurch sich auch die N.-Verteilung an die Geländeformen anpasst („Nebelseen"; Talnebel). Flächenhafte N. bilden sich bei der → *Advektion* feuchter und zugleich warmer Luft über unterkühltem Boden. Über Industriegebieten und Großstädten ist die N.-Häufigkeit i. Allg. höher, weil durch die Staubildung viel mehr → *Kondensationskerne* vorhanden sind (→ *Smog*, → *Stadtklima*).

Nebelfrost *rime*: Ansatz von Eiskristallen an kalten Gegenständen oder in der Vegetationsdecke durch Gefrieren von Nebeltröpfchen (→ *Raueis*, → *Raureif*, → *Nebel*).

Nebelküste *fog coast*: Küstensaum, auf den häufig über der kühlen Meeresfläche gebildete → *Nebel* übergreifen, z. B. in den → *Küstenwüsten* Atacama (Südamerika) oder Namib (Südwestafrika).

Nebelnässen *wet fog*: intensive Durchfeuchtung der Vegetationsdecke durch die Anlagerung von niederschlagenden Nebeltröpfchen, welche sich mit der Zeit aus durchziehenden Nebelschwaden anreichern. Der dadurch gebildete Nebelniederschlag kann im → *Wasserhaushalt* eines → *Standorts* bedeutsam sein (→ *Nebel*).

Nebelpflanzen *cloud plants*: wurzellose Gewächse der → *Nebelwüste*, die über Einrichtungen verfügen, → *Luftfeuchtigkeit* direkt aus dem → *Nebel* aufzunehmen, um die → *Hydratur* aufrecht zu erhalten. Sie unterscheiden sich damit von der → *Nebelvegetation*.

Nebelreißen *Scotch mist*: durch Niederschlagen der feinen Nebeltröpfchen an der Pflanzendecke oder an Gegenständen entstehender Wasserzuschuss an einem → *Standort*. N. ist kaum messbar (→ *Nebel*).

Nebeltag *day with fog*: in der Klimastatistik ein Tag, an dem mindestens einmal messbarer → *Nebel* auftritt. Die Dauer der Nebeldecke wird nicht berücksichtigt.

Nebelvegetation *cloud vegetation*: Pflanzengruppe, die zur Aufrechterhaltung der → *Hydratur* überwiegend oder ausschließlich Nebelfeuchtigkeit nutzt, die sich an bestimmten Stellen ansammelt oder an den Boden einsickert (im Gegensatz dazu nehmen → *Nebelpflanzen* die Feuchtigkeit direkt aus dem Nebel auf). Die N. ist charakteristisch für Trockengebiete, speziell für → *Nebelwüsten*.

Nebelwald *cloud forest*: tropischer Gebirgsregenwald, der eine → *Höhenstufe* des tropischen → *Regenwaldes* und der → *Feuchtsavanne* repräsentiert, der an den Hängen niederschlagsreicher Gebirge im Wolkengürtel zwischen 1000 und 3000 m ü. M. vorkommt. Der N. wird ganzjährig oder die überwiegenden Teile des Jahres von ständigem → *Nebel*, Sprühregen und starkem Taufall beherrscht. Der N. zeichnet sich durch üppiges Wachstum und eine sehr reiche → *Epiphyten*-, Flechten-, Moos- und Farnflora aus, erreicht aber – im Gegensatz zum Tieflandregenwald – nur geringe Wuchshöhen.

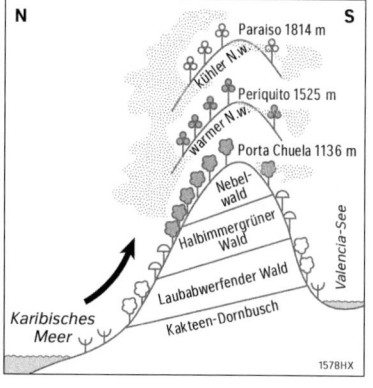

Nebelwald

Nebelwüste *fog desert*: ökologische Sonderform der → *Küstenwüste* an den Westseiten mancher Kontinente im Bereich der → *Wendekreise*, wo kaltes → *Auftriebswasser* ein besonderes Mesoklima schafft. Der N.-Saum in den Küstenwüsten ist meist nur wenige Kilometer schmal, auch wenn die Küstenwüste selbst einige Zehner Kilometer oder mehr breit ist. Die N. zeichnet sich durch hohe Luftfeuchtigkeit (60-80%) aus sowie häufigen → *Nebel*- und → *Taufall*. Die Nebelfeuchte wird nur von wenigen Spezialisten, den → *Nebelpflanzen*, sowie einer bescheidenen → *Nebelvegetation* genutzt (→ *Nebelküste*).

Nebenanlage *secondary structure*: bauliche Anlage, die auf bebauten Grundstücken zusätzlich und auch auf nicht für eine Bebauung vorgesehenen Flächen errichtet werden darf. N. müssen dabei allerdings der im → *Bebauungsplan* festgesetzten Nutzung der Grundstücke dienen. N. sind z. B. Gerätehäuser, Pergolen oder Schwimmbecken.

Nebenbahn *branch line, local line*: Bahnlinie, die lediglich lokale bis regionale Erschließungs- und Verbindungsfunktionen besitzt und von → *Nahverkehrszügen* befahren wird. Vor der allgemeinen → *Motorisierung* im Individualverkehr hatten die N. eine große Bedeutung für den Personen- und Güterverkehr; seit dem Zweiten Weltkrieg wurden in den meisten europäischen Ländern die N., v. a. im → *ländlichen Raum*, wegen ihrer stark gesunkenen Nachfrage weitgehend stillgelegt.

Nebenberuf *secondary occupation*: berufliche Tätigkeit, die nicht, wie der Hauptberuf, die Haupterwerbsquelle darstellt.

Nebenbetrieb *smallholding, additional business*: in der gewerblichen Wirtschaft vom Hauptbetrieb getrennter Fertigungsbereich, der häufig Zulieferprodukte für den Hauptbetrieb produziert. N. können auch in der Land- und Forstwirtschaft auftreten (→ *Nebengewerbe*).

Nebenerwerb *part-time job, secondary employment*: erwerbsmäßige Tätigkeit, die neben dem Haupterwerb erfolgt. Der N. kann im Bereich des ehem. Hauptberufes, in einem → *Nebenberuf* liegen, oder er kann in Form von ständig sich ändernder Nebeneinkunftstätigkeit erfolgen.

Nebenerwerbsbetrieb *smallholding, part-time business*: in der → *Agrarstatistik* ein im → *Nebenerwerb* bewirtschafteter → *Landwirtschaftsbetrieb*. Der N. beschäftigt unter 0,75 Arbeitskräfte, das betriebliche Einkommen steuert zu weniger als 50% des gesamten Einkommens bei (→ *Zuerwerbsbetrieb*).

Nebenerwerbslandwirtschaft *part-time farming economy*: Landwirtschaft, die im → *Nebenerwerb* betrieben wird. Die N. ist v. a. in den Räumen verbreitet, in denen infolge von → *Realteilung* die Betriebseinheiten so klein geworden sind, dass sie für die Erwirtschaftung eines ausreichenden Familieneinkommens nicht mehr genügen. Die N. ist zudem dort besonders vertreten, wo zusätzlich noch attraktive außerlandwirtschaftliche Haupterwerbsmöglichkeiten bestehen.

Nebenfluss *second order river*: relativer Begriff für ein Gerinne niedriger Ordnung, das

Nebengestein

in einen größeren → *Fluss* oder in einen → *See* mündet. Eine exakte Definition nach Lauflänge oder Wasserführung ist nicht möglich, da die Ausscheidung von Neben- und → *Hauptflüssen* von der Charakteristik eines Flusssystems und von der Betrachtungsdimension abhängt.

Nebengestein *adjacent rock*: jenes → *Gestein*, das eine fremde Gesteinseinlagerung (→ *Flöz*, → *Gang*) umgibt.

Nebengewerbe *ancillary trade*: gewerbliche Tätigkeit, die neben einer anderen, hauptsächlich ausgeübten Tätigkeit, durchgeführt wird. Der Begriff N. wird häufig im Sinne eines landwirtschaftlichen N. gebraucht. Wichtiges Merkmal ist hier, dass die in der → *Landwirtschaft* erzeugten Produkte im Rahmen des N. be- oder verarbeitet werden. Landwirtschaftliche N. sind v. a. → *Brennereien*, → *Molkereien* oder Gärtnereien (→ *Nebenbetrieb*).

Nebengletscher *distributary glacier*: in einen → *Gletscher* eines → *Haupttals* oder in einen Gletscherstrom mündender Seitengletscher.

Nebenkrater → *Adventivkrater*.

Nebenmeer *border (marginal, minor) sea*: → *Meeresraum*, der weitgehend von Landmassen umschlossen ist (z. B. das Mittelmeer) oder durch Inselgruppen und -ketten deutlich von einem großen → *Ozean* abgetrennt ist (→ *Randmeer*, → *Meer*).

Nebensaison *off-season*: im → *Tourismus* neben der → *Hauptsaison* die zweite Saison, die deutlich weniger → *Gästeankünfte* verzeichnet. In Mittelgebirgen weisen z. B. viele → *Destinationen* eine N. im Winter neben der Hauptsaison im Sommer auf.

Nebental *side valley, secondary valley*: gegenüber dem → *Haupttal* kleinere Form eines → *Tales*, die mit ihrer Entwicklung meist, aber nicht immer, auf die → *Geomorphodynamik* im Haupttal eingestellt ist. Die → *Flussterrassen* von N. laufen gewöhnlich auf entsprechenden Terrassen des Haupttales aus.

Nebenwohnsitz → *Nebenwohnung*.

Nebenwohnung (Nebenwohnsitz) *secondary*: *residence*: Zweitwohnung oder weitere Wohnung, die eine Person oder ein Haushalt außer der → *Hauptwohnung* unterhält. Oft handelt es sich bei der N. um einen → *Freizeitwohnsitz*; oder um von dort aus die Arbeitsstätte aufzusuchen (Wochenpendler).

Nebka (Sandwehe) *nabkha, nebkha*: kleine gebundene → *Düne* in → *Trockengebieten*. Gebundene Düne heißt, dass zur Entstehung kleine Hindernisse, oft Pflanzen, nötig sind. Wenn die Pflanzen den angewehten Sand durchwurzeln, können N. durchaus eine Größe im Dekameterbereich erreichen. In Form und Genese bestehen Übergänge zur davon nicht scharf abgrenzbaren → *Kupste*.

Nebraska-Eiszeit (Nebraskan) *Nebraskan glacial stage*: Zeitabschnitt im älteren → *Pleistozän* Nordamerikas, etwa der europäischen → *Günz-Kaltzeit* vor 1,2 Mio. bis 820 000 J. v. h. entsprechend.

Nebraskan → *Nebraska-Eiszeit*.

Necks *necks*: vulkanische → *Schlote*, die mit → *Basalt*, Melaphyr, → *Diabas* und → *Tuffen* gefüllt sind und die permokarbonische Gesteine durchschlagen haben.

Negativplanung *negative planning*: planerische Maßnahmen, die ungewollte Entwicklungen verhindern sollen. Die N. ist in den Landesplanungsgesetzen der deutschen Bundesländer direkt oder indirekt verankert. N. ist unzulässig und gilt als sog. Verhinderungsplanung, wenn sie nur vorgeschoben ist, d. h. insofern sie dazu dient, eine bestimmte Nutzung zu verhindern, ohne darüber hinaus ein positives Planungsziel erkennen zu lassen (→ *Positivplanung*).

Nehrung *bay bar, spit, beach ridge, [sand] bar*: schmale, lang gestreckte Landzunge, die sich aus einem → *Sandhaken* entwickelt, durch → *Strandversetzung* entsteht und eine Meeresbucht ganz oder fast ganz abschließt. Die Meeresseite bildet eine → *Strand*, die zentralen Teile bestehen aus → *Dünen*, und die eingeschlossene Meeresbucht, das → *Haff*, weist im Übergangsbereich zur N. junge, unregelmäßige Anlandungen feinen → *Schlicks* auf. Wird eine N. vom Meer wieder durchbrochen, entsteht eine Insel.-N., die auch als → *Lido* bezeichnet wird. Diese Bezeichnung ist aber auch für die N. selbst üblich, ebenso der regionalgeographische Begriff → *Peressyp*, der die haffähnlichen → *Limane* vom Meer abschließt.

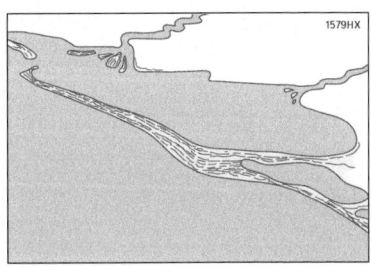

Nehrung

Nehrungsküste → *Haffküste*.

neighbourhood-watch eine in den USA und Großbritannien beliebte und für den → *Staat* sehr sparsame Methode zur Kriminalitätsprävention, indem Bürgerinnen und Bürger in ihrer Wohnsiedlung abwechselnd Kontrollgänge übernehmen und ansonsten wachsam ihr Wohnumfeld beobachten.

Neigung → *Hangneigung*.
Nekromasse *necromass*: im Gegensatz zur lebenden → *Biomasse* die tote bzw. abgestorbene → *organische Substanz* in einem → *Ökosystem*, die in → *Nahrungsketten*, aber auch bei der Bodenbildung große ökologische Bedeutung besitzt.
Nekrose *necrosis*: das Absterben von Gewebeteilen, ggf. mit Todesfolge für den gesamten Organismus von Pflanzen und Tieren, infolge irreversibler Zellschädigungen durch Frost, Krankheiten oder → *Immissionen* bzw. → *Umweltverschmutzungen*.
Nekton *nekton*: in → *limnischen* und → *marinen* → *Ökosystemen* gegenüber dem → *Plankton* die Gruppen der aktiven Schwimmer, i. d. R. von größerer Gestalt.
NE-Metalle *non-ferrous metal*: → *Nichteisenmetalle*.
nemoral *nemoral, temperate*: bezeichnet Klimate mit relativ kurzer Frostperiode und sommergrünen Gewächsen (→ *gemäßigte Breiten*, → *nemorale Wälder*).
nemorale Wälder (Aestisilva, sommergrüner Laubwald, sommergrüner Wald) *nemoral forests*: charakteristische Lebensform des → *Waldes* in den → *gemäßigten Breiten*, mit mäßig warmen Sommern und Wintern mit kurzen Frostperioden sowie Niederschlägen zu fast allen Jahreszeiten (→ *Jahreszeitenklimate*). Vorkommen finden sich vor allem in West- und Mitteleuropa, Ostasien und dem östlichen Nordamerika. Die Bäume werfen im Herbst regelmäßig das Laub ab, weisen Knospenschutz auf und halten eine kälte- und trockenheitsbedingte Winterruhe. Typische n. W. sind die nordhemisphärischen Buchen- und Eichenwälder.
Neobiota *neobiota*: Sammelbegriff für gebietsfremde, seit Beginn der Neuzeit (um 1492) mithilfe des Menschen eingeführte Sippen, spezifisch betrachtet als → *Neozoen* und → *Neophyten* (→ *Adventivbiota*).
Neo-Endemismus *neo-endemism*: der → *Endemismus* phylogenetisch junger Sippen, die sich nicht weiter ausbreiten können. Sie entstanden in einem bestimmten Gebiet infolge geänderter Lebensumwelt aus einer Stammform.
Neoeuropa *Neo-Europe*: der in der → *Alpidischen Gebirgsbildung* gefaltete Teil Europas (→ *Paläoeuropa*, → *Ureuropa*).
Neogen *Neogene*: das ca. zwischen 23 und 2,6 Mio. J. v. h. währende jüngere → *Tertiär*, d. h. → *Miozän* und → *Pliozän* umfassend. In der internationalen Stratigraphie werden → *Paläogen* und N. inzwischen als eigenständige Perioden angesehen – anstelle der Periode Tertiär.
neoklassische Theorie (Monetarismus) *neoclassical theory*: in der → *Volkswirtschaftslehre* steht die neoklassische Theorie für eine Denkschule, die von einem allgemeinen Gleichgewicht und → *Vollbeschäftigung* in der Wirtschaft ausgeht. Damit werden staatliche Eingriffe über wirtschaftspolitische Maßnahmen im Gegensatz zum → *Keynesianismus* überflüssig bzw. schaden sogar dem Funktionieren der Volkswirtschaft. Die n. T. ist außerdem eine regionale → *Wachstumstheorie* zur Erklärung regional unterschiedlichen Wirtschaftswachstums. Die n. T. besagt, dass ursprünglich vorhandene, evtl. naturräumlich verursachte regionale wirtschaftliche Unterschiede (→ *regionale Disparitäten*) durch → *Faktorwanderungen* ausgeglichen werden. Das bedeutet, dass die Ausgleichskräfte des frei funktionierenden Marktes nach einer bestimmten Verlaufszeit nicht nur Standortungleichheiten für Produktions- und Dienstleistungsunternehmen beseitigen, sondern auch für eine Aufhebung der Einkommensunterschiede sorgen (→ *postkeynesianische Theorie*).
Neokolonialismus *neocolonialism*: Form der wirtschaftlichen und politischen Abhängigkeit eines → *Staates* von einem anderen, die in ihren Auswirkungen einer Kolonialherrschaft ähnelt. Der Begriff N. wird, häufig in bewusster Übertreibung und in polemischer Absicht, heute v. a. auf das Verhältnis von → *Industrie-* zu → *Entwicklungsländern* angewandt bzw. auf die finanzielle, wirtschaftliche und technische Abhängigkeit letzterer von den hochentwickelten Industriestaaten.
Neolithische Revolution *neolithic revolution*: in der Jungsteinzeit relativ rasch stattfindender Umbruch der Menschheitsgeschichte, in dem die Grundlagen der höheren Kulturentwicklung gelegt wurden, z. B. durch sesshafte Lebensweise mit → *Pflanzenbau* und Tierhaltung und die Anlage erster stadtähnlicher → *Siedlungen*.
Neophyten *neophytes*: seit Beginn der Neuzeit (um 1492) in einen Lebensraum eingeführte Pflanzenarten (→ *Adventivbiota*).
Neophytikum (Florenneuzeit, Känophytikum) *Neozoic period, Neophyticum*: jüngster großer Abschnitt der Florengeschichte, der auf das → *Mesophytikum* folgt und von der oberen Unterkreide bis zur Gegenwart reicht. Das N. zeichnet sich durch ein scheinbar plötzliches Auftreten und Vorherrschen der Bedecktsamer aus.
Neotropis (Neotropisches Reich) *Neotropical realm*: eines der → *Floren-* bzw. → *Faunenreiche* der Erde, die Süd- und Mittelamerika mit den Antillen umfasst.
Neozoen *neozoa*: seit Beginn der Neuzeit (um 1492) in einen Lebensraum eingeführte Tierarten (→ *Adventivbiota*).
Neozoikum (Erdneuzeit, Känozoikum) *Neozoic, Caenozoic*: die ca. letzten 65 Mio. Jahre der Erdgeschichte umfassend, damit Tertiär

und → *Quartär*. Das N. beginnt nach dem Aussterben der Saurier, der Ammoniten und Belemniten und weist sich durch eine explosive und vielfältige Säugerentwicklung aus, die schließlich zum Menschen führte.

Neptunismus *Neptunism*: in der Geologie eine überholte Vorstellung, nach der alle Gesteine aus wässrigen Lösungen entstanden, mit Ausnahme der Gesteine des jungen → *Vulkanismus*. Dem N. steht der → *Plutonismus* gegenüber.

neritisch *neritic*: bezeichnet bioökologisch-sedimentologisch die Freiwasserbereiche der → *Flachmeere* bis 200 m Tiefe, also jene küstennahen Hydroökosysteme, die das Epipelagial (→ *Pelagial*) über dem → *Litoral* bzw. Sublitoral umfassen. Die n. Bereiche sind oft durch Materialeinträge vom Festland her (→ *Umweltverschmutzung*) stark beeinflusst.

neritische Fazies (Flachseefazies) *neritic facies*: Sedimente der → *neritischen* Region, überwiegend feinsandiger Beschaffenheit. Die n. F. steht damit zwischen der → *litoralen Fazies* mit groben bis sandigen Sedimenten und der → *Tiefseefazies* (abyssischen Fazies) mit Feinsedimenten.

Nestlage *sheltered site*: topographische Lage von → *Siedlungen* bzw. Wohnplätzen in geschützter Lage. Als N. werden Lagen in kleinen Senken, Mulden (→ *Muldenlage*) oder Hanginseben bezeichnet.

Nettoheiratstafel → *Heiratstafel*.

Nettoinlandsprodukt *net domestic product*: findet als Teilrechnung der → *Volkswirtschaftlichen Gesamtrechnung* Anwendung in der amtlichen Wirtschaftsstatistik. Das N. geht aus dem um die → *Abschreibungen* bereinigten Bruttoinlandsprodukt (→ *BIP*) hervor (→ *BNE*, → *Nettonationaleinkommen*, → *Volkseinkommen*).

Nettonationaleinkommen *net national income*: findet als Teilrechnung der → *Volkswirtschaftlichen Gesamtrechnung* Anwendung in der amtlichen Wirtschaftsstatistik. Das N. ergibt sich aus dem um die Abschreibungen bereinigten Bruttonationaleinkommen (→ *BNE*; → *BIP*, → *Nettoinlandsprodukt*, → *Volkseinkommen*).

Nettoprimärproduktion *net primary production (NPP)*: die von Pflanzen durch → *Photosynthese* über einen bestimmten Zeitraum produzierte Menge an organischer Substanz, ohne den durch Prozesse des → *Stoffwechsels* verbrauchten Anteil. N. wird dargestellt als Gewicht der Trockensubstanz je m^2 und Jahr (→ *Bruttoprimärproduktion*, → *Primärproduktion*).

Nettoproduktion *net production*: Wert einer Produktion, die sich als Werterhöhung einer bereits erbrachten Vorleistung versteht. Es wird dabei die → *Wertschöpfung* des einzelnen Unternehmens gesondert berechnet. Der Materialwert und der Wert der Vorleistungen, die von anderen → *Unternehmen* erbracht wurden, finden keine Berücksichtigung (→ *Bruttoproduktion*).

Nettoproduktion → *Nettoprimärproduktion*

Nettoproduktionswert *net output value*: Teilrechnung der → *Volkswirtschaftlichen Gesamtrechnung*, zur Erfassung aller in einer Volkswirtschaft erstellten → *Güter* und → *Dienstleistungen* abzüglich ihrer Vorleistungen (→ *Bruttoproduktionswert*).

Nettoraumzahl (NRZ) *net tonnage, NT*: seit 1994 eingeführtes Maß zur Berechnung der Ladefähigkeit von Seeschiffen (davor → *Nettoregistertonne*). Die N. ist abhängig vom Inhalt der Laderäume, dem Tiefgang, der Seitenhöhe und der Anzahl der Fahrgäste. Die mit Hilfe einer speziellen Formel errechnete N. darf nicht kleiner sein als 30 % der → *Bruttoraumzahl*.

Nettoregistertonne (NRT) *net register ton*: veraltete Maßeinheit für die Bestimmung des Rauminhalts von Seeschiffen. Das Maß der N. umfasst den für die Beladung nutzbaren Raum. Um die N. zu ermitteln, wird der gesamte umbaute Schiffsraum vermessen und von diesem Raum werden die Mannschafts- und Maschinenräume abgezogen, die nicht unmittelbar mit der Ladung des Schiffes zu tun haben. Seit 1994 wird der Raumgehalt eines Schiffes in → *Bruttoraumzahl* und → *Nettoraumzahl* ausgedrückt (→ *Bruttoregistertonne*).

Nettoreproduktionsrate → *Reproduktionsrate*.

Nettosozialprodukt *net national product*: seit 1999 veralteter Begriff für → *Nettonationaleinkommen*.

Nettostrahlung *net radiation*: in der Bilanz der kurzwelligen → *Einstrahlung* (→ *Globalstrahlung*), der kurzwelligen Rückstrahlung (→ *Albedo*), der langwelligen → *Ausstrahlung* und der atmosphärischen langwelligen → *Gegenstrahlung* an einem → *Standort* als Energiegewinn zur Verfügung stehende → *Strahlung*. Die N. hängt stark vom Witterungsverlauf und den örtlichen Verhältnissen (Relieflage, Bodenbedeckung) ab (→ *Landschaftsökologischer Standort*).

Nettowanderung *net migration*: Differenz der Zu- und Fortzüge von Personen, aber auch von Standorten des → *sekundären* und → *tertiären Sektors* der Wirtschaft, für eine → *Raumeinheit* während eines bestimmten Zeitraums. In einem → *Staat* ergibt z. B. die Differenz der → *Ein-* und → *Auswanderungen* in einem Jahr die N. der → *Bevölkerung* (→ *Wanderungssaldo*)

Nettowertschöpfung *net value-added*: statistische Teilrechnung der → *Volkswirtschaft-*

lichen Gesamtrechnung. Die N. errechnet sich aus der → *Bruttowertschöpfung* abzüglich der → *Abschreibungen.*

Nettowohnbauland *net housing land:* Summe jener Grundstücke innerhalb eines → *Baugebietes,* die bebaut sind oder bebaut werden sollen. Das N. setzt sich aus der überbauten Grundstücksfläche, Hof, Garten, grundstückseigenen Zugangswegen sowie Kfz-Stellplätzen zusammen. Das N. errechnet sich aus dem → *Bruttowohnbauland* abzüglich der zugehörigen → *Gemeinbedarfsflächen* wie Grünanlagen, Verkehrs- und Wasserflächen. Bezieht sich der Begriff auf allgemeine Bebauung, wird der Begriff Nettobauland verwendet.

Nettowohndichte *net housing density:* Kennziffer aus dem Bereich von → *Städtebau* und → *Stadtplanung,* mit der die Verdichtung der → *Bevölkerung* in einer → *Gemeinde,* einem → *Stadtteil,* Neubaugebiet usw. gekennzeichnet wird. Die N. errechnet sich aus der Zahl der Einwohner pro Hektar → *Nettowohnbauland.*

Netz *network, net, system, web:* – N. zur Versorgung durch Wasser und Strom sowie Entsorgung von Abwasser. Z.B. umfassen N. in der → *Energiewirtschaft* die Gesamtheit aller miteinander verbundenen Leitungen, Umspannanlagen, Schaltanlagen und Umformeranlagen, die zum Transport und zur Verteilung elektrischer Energie dienen. – Überwachungsnetze, d.h. eine Gruppierung von Instrumenten in Messstationen zur Erfassung und Beobachtung von z.B. Umweltschutzkriterien, des → *Wetters* oder des Flugverkehrs beitragen. – bezeichnet aus technischer Sicht ein privates oder öffentliches System bestehend aus Knoten (Anlagen), die durch Kanten (Leitungen) miteinander verbunden sind und oftmals Teil der → *Infrastruktur* eines Raumes sind. Im Rahmen der Informations- und Kommunikationstechnologie versteht man darunter Telefon- oder Rechnernetze (z.B. Internet) für den Kommunikations- und Informationsbedarf.

Netzbelastung *network load:* 1. Gesamtheit der Nutzer (Verbraucher), die an ein → *Netz* angeschlossen sind. 2. zu einer bestimmten Zeit in Anspruch genommene Leistung innerhalb eines Netzes (z.B. Stromnetz, Internet).

Netzdüne (Aklé) *aklé:* netzförmig zusammenhängende Dünenform, Variante der → *Sterndüne* oder → *Pyramidendüne.*

Netzleiste (Leistennetz) *fossil mud crack:* → *fossile* → *Trockenrisse,* deren ursprüngliches Muster durch versteinerte und anderweitig verfestigte Sedimentausfüllungen (→ *Sediment*) abgebildet wurde. Werden sie durch Verwitterung herauspräpariert, erscheinen die Trockenrisse als N. Sie finden sich auch auf der Unterseite hangender Gesteinsplatten (→ *Hangendes*), v.a. von mesozoischen (→ *Mesozoikum*) Sedimentgesteinen.

Netzmoor *net-shaped bog:* im → *borealen Nadelwaldbiom* auftretende netzförmige, gewölbte Rücken mit Sphagnumbesatz oder Büschen, zwischen denen sich wassergefüllte polygonförmige Vertiefungen befinden. Sind die Netze zu einem eher streifenartigen Muster auseinandergezogen, werden sie als → *Strangmoore* bezeichnet.

Netzverlust *transmission and distribution losses:* 1. Differenz zwischen eingespeister bzw. erzeugter und abgenommener bzw. verbrauchter mengen- bzw. Leistungseinheiten infolge der Übertragung zwischen zwei Anlagen in einem → *Netz.* 2. in der → *Energiewirtschaft* derjenige Verlust an elektrischer Energie, der durch die Umspannung, Fortleitung und Umformung der elektrischen Energie von den Kraftwerksabgabestellen bis zu den Zählern der Verbraucher entsteht.

Netzwerk *network:* in den Wirtschaftswissenschaften ein System von miteinander in über reine marktbezogene Beziehungen hinausgehend verbundenen → *Akteuren* als Zwischenform von → *Markt* und Hierarchie. Die Struktur eines N. wird durch das Verhalten, die Interdependenz, die Intensität der Kopplung und die Macht der Akteure bestimmt. Des Weiteren kann man N. hinsichtlich der Zielsetzung und des Grades der Formalität sowie der räumlichen Anordnung unterscheiden (→ *kreatives Milieu,* → *Industriedistrikt*).

Netzwerkanalyse *network analysis:* ein Analyseverfahren, das mit → *Geographischen Informationssystemen* ausgeführt werden kann. Die Analyse von Netzwerken, die sich aus Mengen von Knoten und Kanten zusammensetzen, beinhalten bspw. das Finden des kürzesten Weges zwischen zwei Punkten oder das Ermitteln bestimmter Punkte mit vorgegebenen Kriterien. N. werden bspw. im Verkehrswesen, im Leitungskatasterwesen und im Bereich der → *Fließgewässer* als Methode eingesetzt.

Netzwerkbeziehung *networking relations:* auf Vertrauen beruhendes reziprokes Verhältnis von formal unabhängigen → *Akteuren,* das durch kooperative Elemente (→ *Kooperation*), Flexibilität und relative Stabilität gekennzeichnet ist. N. stellen somit eine Mischform aus marktlichen und hierarchischen Beziehungen dar (→ *Netzwerk*).

Netzwerkforschung *network research:* Zweig der Wirtschaftsgeographie, die Raumwirksamkeit von → *Netzwerken,* v.a. von Unternehmens- und Produktionsnetzwerken, und dem Handeln von → *Akteuren* unter Berücksichtigung ihrer Einbettung in soziale Strukturen (→ *embeddedness*) untersucht.

Netzwerkforschung *network research*: interdisziplinäres Forschungsfeld in der → *Sozialforschung*, aber auch der Informatik, das die Zusammenhänge von miteinander verbundenen Elementen untersucht. N. lässt sich auf der Mikroebene (Individuum als → *Akteur* innerhalb eines Netzwerks), Mesoebene (z. B. Unternehmen, Behörden, Organisationen, Gemeinden) und der Makroebene (Beziehungen zwischen Organisationen, strategische Allianzen usw.) einsetzen.

Neuartige Waldschäden *recent forest damages*: im Zusammenhang mit dem → *Waldsterben* wird von N. W. gesprochen. Der Begriff weist lediglich darauf hin, dass ein Schadenskomplex verantwortlich für das Waldsterben gemacht wird. Ursprünglich bezog sich die Kenntnis nur auf die Erkrankung einzelner Baumarten. Manche Autoren führen die N. W. ausschließlich auf Störungen des → *Pedosystems* zurück, obwohl gerade dann das gesamte Waldökosystem gestört wäre.

Neubesiedlung *new settlement, new colonisation*: erfolgt nach grundlegender natürlicher oder künstlicher Umgestaltung der Lebensraumbedingungen, z. B. nach → *Naturkatastrophen* oder nach großflächigen → *anthropogenen* Relief- und → *Bodenzerstörungen*, z. B. durch → *Bergbau*, wobei die N. durch geplante → *Rekultivierung* gesteuert wird. Daneben wird der Begriff N. auch benutzt, um die Ausbreitung einer Art über bisherige Arealgrenzen hinaus zu beschreiben.

Neubürger *adventive, newcomer*: Pflanzen (→ *Neophyten*) und Tierarten (→ *Neozoen*), die in „neuerer" Zeit (meist auf die nachmittelalterliche Neuzeit bezogen) zur → *Flora* bzw. → *Fauna* eines Gebietes hinzukamen (→ *Adventivbiota*, → *Neobiota*).

Neue Institutionenökonomik *new institutional economics*: theoretischer Ansatz in der Wirtschaftsgeographie, der von Individuen mit einer individuellen Nutzenmaximierung und von begrenzt rationalen und moralischen Handlungen ausgeht (→ *bounded rationality*). Die begrenzte Rationalität verursacht „Schäden" durch eine nicht ausgeschöpfte Produktivität, falsche Arbeitsteilung oder Spezialisierung sowie überhöhte Abstimmungs- und Tauschkosten (→ *Transaktionskosten*). Die Akteure entwerfen deshalb Institutionen, wie z. B. Verträge und Organisationsstrukturen (→ *Institutionen*), welche diese Schäden minimieren sollen. Theoretische Richtungen der N. I. sind → *Principal-Agent-Theorie*, → *Property-Rights-Theorie* und → *Transaktionskostenansatz*. Bedeutung erlangt die N. I. v. a. in der → *Umweltökonomie*.

neue internationale Arbeitsteilung *new international division of labour*: unternehmensinterne bzw. intrasektorale → *Arbeitsteilung*, deren Hauptakteure → *transnationale Unternehmen* sind. Die n. i. A. löste die überwiegend horizontal bzw. sektoral strukturierte alte → *internationale Arbeitsteilung* ab, die auf Rohstoffen gegen Industrieprodukte zwischen den → *Entwicklungs-* und → *Industrieländern* ausgerichtet war. Zentrale Merkmale sind → *freie Produktionszonen* und Lohnveredelungsprozesse (→ *Veredelung*, → *Veredelungswirtschaft*). Triebkräfte der n. i. A. sind das große Arbeitskräftepotenzial in den Entwicklungsländern, dessen Kosten erheblich unter den der Industrieländer liegen, die fortschreitende Fragmentierung der → *Produktionsprozesse* sowie weitreichende Fortschritte in der Transport- und Kommunikationstechnologie, welche die Raumüberwindungskosten stark senken (→ *Internationalisierung*, → *Globalisierung*).

Neue Kulturgeographie *new cultural geography*: eine Strömung in der deutschsprachigen → *Humangeographie* seit den 1990er-Jahren, die im Zuge der Rezeption von Ansätzen des → *cultural turn*: entstanden ist und die darauf verweist, dass alle sozialen Kategorien letztlich nicht gegeben, sondern gemacht sind, damit veränderbar und in diesem Sinne kulturell. Die N. K. versteht sich dabei weniger als eine Teildisziplin der Humangeographie, sondern eher als eine Denkweise, die von einer Gemachtheit von Geographien (z. B. alltägliches Geographie-Machen) ausgeht, sich also dafür interessiert, welche Rolle die Herstellung von Räumen für die Konstruktion gesellschaftlicher Wirklichkeiten spielt.

Neue Politische Ökonomie *public choice theory*: volkswirtschaftlicher Ansatz zur Ausweitung der ökonomischen Analyse auf die Politik. Forschungsgegenstand sind politische Institutionen sowie das Handeln politischer Akteure wie Wähler, Verwaltungen, Parteien und Interessensverbände (→ *Politische Ökonomie*).

Neue Stadt *New Town*: in Anlehnung an die englische Bezeichnung → *New Town* geprägter Ausdruck für → *Städte*, die im 19. und insb. 20. Jh. für bestimmte Funktionen und mit i. d. R. bewusster Standortwahl, häufig auch zur Erprobung neuer städtebaulicher Konzepte, geplant und gebaut wurden. In Deutschland entstanden als N. S. des 19. Jh. z. B. Ludwigshafen und Wilhelmshaven, im 20. Jh. Wolfsburg, Salzgitter und nach dem Zweiten Weltkrieg Sennestadt, die verschiedenen Flüchtlingsstädte und in der damaligen DDR Halle-Neustadt. Ausländische Beispiele sind die holländischen → *Polderstädte*, Brasilia als neue brasilianische → *Hauptstadt* oder Chandigarh in Indien.

Neue Technologien *new technologies*: Sammelbezeichnung für innovative, auf technischem Fortschritt basierende Technologien, die in der Lage sind, sektorales wirtschaftliches Wachstum zu erzeugen und Arbeitsmärkte zu stabilisieren. Der Begriff der N. T. wird uneinheitlich verwendet, häufig spricht man in diesem Zusammenhang auch von Schlüsseltechnologien (→ *Schlüsselindustrie*). Eine exakte Begriffsabgrenzung ist schwer möglich. N. T. sind v. a. im Bereich der → *Informations- und Kommunikationstechnologien*, der Bio- und Gentechnologie und der Elektronik bzw. Elektrotechnik angesiedelt.

Neue Welt *New World*: im Gegensatz zur → *Alten Welt* der erst 1492 für die Europäer entdeckte Doppelkontinent Amerika. Die N. W. wird in Nordamerika (historisch aufgrund der Kolonialgeschichte Anglo-Amerika) und Mittel- und Süd-Amerika (historisch Latein- und Ibero-Amerika) gegliedert.

Neuer Protektionismus *new protectionism*: 1. Bezeichnung für das Wiederaufleben protektionistischer Handelspolitiken (→ *Protektionismus*) in den → *Industrieländern* zu Beginn der 1970er-Jahre. Ursachen sind die wirtschaftlichen Folgen der ersten → *Öl-* bzw. → *Energiekrise* sowie die zunehmende Konkurrenz aus den → *Entwicklungs-* und → *Schwellenländern*. 2. Instrumentierung der handelspolitischen Intervention durch den Einsatz neuartiger → *Handelshemmnisse* (v. a. → *nichttarifäre Handelshemmnisse* in Form von Exportselbstbeschränkungen sowie Normen und Standards).

Neuflur *new field form*: Flurformenbegriff, der auf die Genese der → *Flur* verweist. N. sind meist das Ergebnis von Flurregulierungen (→ *Flurbereinigung*). Bei der Anlage von N. entsteht ein andersartiges Parzellierungssystem im Vergleich zur vorhergegangenen → *Flurform*. Bei der Bildung von N. kann die alte Besitzerschicht mit gleichen Besitzgrößen erhalten geblieben, es kann aber auch ein sozialer Strukturwandel damit verbunden gewesen sein.

Neugliederung *new spatial division, new spatial organization*: Neueinteilung eines → *Staatsgebiets* in → *Bundesstaaten* oder → *Verwaltungsgebiete*. In der Bundesrepublik Deutschland wird der Begriff N. speziell für die nach Art. 29 des Grundgesetzes vorgesehene Neuabgrenzung der Bundesländer gebraucht.

Neulanderschließung *opening-up new land*: flächenhafte oder punktuelle Ausdehnung wirtschaftlicher Aktivitäten und/oder der → *Siedlungen* in einem → *Raum*, der zuvor keine derartige Nutzung erfahren hat (→ *Agrarkolonisation*, → *Pionierzone*).

Neulandgewinnung (Landgewinnung) *land reclamation*: allgemein die Gewinnung neuer Landflächen für land-, teilweise auch forstwirtschaftliche Nutzungen. – Man unterscheidet mehrere Möglichkeiten der N.: 1. In Friesland entstehen Köge (→ *Koog*), nachdem → *Buhnen* bzw. → *Lahnungen* sukzessive in das Meer hinaus gebaut wurden, zwischen denen sich das „Neuland", das → *Vorland*, bildet. Sobald dies genügend aufgehöht ist, wird es eingedeicht. 2. In den Niederlanden hingegen legt man → *Polder* an, wobei man zunächst im Flachwasserbereich des Meeres den Deich zieht und diesen anschließend leerpumpt. Während sich das Marschland (→ *Marsch*) der Köge über dem Meeresspiegel befindet, liegt das Polderland unter dem Meeresspiegel. – an Meeres- oder Binnenseeküsten sowie in Stromniederungen durch Aufschüttung oder Trockenlegung. Dabei wird der Boden über dem Meeresspiegel aufgehöht und/oder eingedeicht, sodass er vom mittleren Hochwasser nicht mehr erreicht wird. Ist dann der Boden über das mittlere Hochwasserniveau hinausgewachsen, wird er vorläufig mit einem niedrigen Sommerdeich, später mit dem höheren See- oder Winterdeich vom Meer abgetrennt. An der Nordseeküste sind zwei Haupttypen der N. verbreitet: – im Binnenland das Trockenlegen, gegebenenfalls auch Eindeichen und v. a. Auffüllen von kleinen oder größeren Wasserflächen. – auch das Urbarmachen von Halbwüsten, Steppen und Savannen und sog. → *Ödland* wird als N. bezeichnet. – mit Techniken der → *Melioration* bzw. → *Rekultivierung* können auch Müllkippen, Mülldeponien, Halden, Kippen, andere Ablagerungsflächen (→ *Deponien*) sowie industrielle Altflächen einer forstlichen oder agrarischen Nutzung zugeführt werden.

Neumayersches Prinzip *Neumayer's principle*: Fundamentalsatz der → *Geomorphologie*, nach welchem eine stark herausgehobene → *Vollform* gegenüber tiefer liegenden Vollformen der Nachbarschaft stärkerer Abtragung ausgesetzt ist, sodass ein Höhenausgleich zustande kommt. Damit in Verbindung stehen die Begriffe → *Denudationsniveau* und → *Gipfelflur*.

Neuschnee *fresh [ly fallen] snow*: frischer, unverfestigter, aus Kristallen mit verzweigten Strukturen bestehender → *Schnee* geringer Dichte, welcher noch keine Umwandlungsprozesse (→ *Metamorphose*) durchgemacht hat (→ *Altschnee*).

Neusiedler *new settler, pioneer farmer*: Landwirt, der seinen → *Hof* im Rahmen einer Neuansiedlung von landwirtschaftlichen Betrieben erhalten hat, vorher jedoch in der betreffenden → *Gemarkung* keinen eigenen

Hof besaß. N. waren in der Bundesrepublik Deutschland nach dem Zweiten Weltkrieg zahlreiche heimatvertriebene Landwirte.

Neustadt *new town*: Teil einer → *Stadt*, der in historisch jüngerer Zeit entstand als die → *Altstadt*, häufig aber ebenfalls auf frühere Jahrhunderte zurückgeht. In deutschen Städten entwickelten sich N. häufig als planmäßige Gründungen angrenzend an die Altstädte, z. B. Dresden-Neustadt.

Neutronenstrahlung *neutron radiation*: wird – bei der → *Kernspaltung* frei, seltener auch – beim → *radioaktiven Zerfall* und – tritt auch als Folge → *kosmischer Strahlung* in der Atmosphäre auf. Bei → *Kernwaffen* wird die Sofortwirkung durch N. ausgemacht. Die von der N. verursachten → *Strahlenschäden* an oder in Organismen gelten als besonders schwer. Die allumfassende Wirkungsmöglichkeit der N. in Organismen beruht auf deren Aufbau aus Wasserstoffverbindungen.

New Economy *new economy*: – statisch: Bezeichnung für junge, innovative → *Branchen* (Halbleiter, Biotech, Internet-Dienstleistungen etc.). – prozessorientiert: grundlegende Veränderung der Wirtschaft durch den Einsatz von → *Informations- und Kommunikationstechnologien* über alle Bereiche hinweg.

New Town britische Bezeichnung für eine mit bewusster Standortwahl und nach funktionalen Gesichtspunkten neu geplante und gebaute → *Stadt* des 20. Jh.. Teilweise in bewusster Fortführung der → *Gartenstadtbewegung* kam es in Großbritannien nach dem Zweiten Weltkrieg auf der Grundlage eines eigenen Gesetzes (N. T. Act 1949) zur Gründung von mehr als 30 N. T., von selbstständigen Stadtgründungen ohne Anlehnung an vorhandene Ortschaften bis zu großflächigen Erweiterungen bestehender Städte. Ziel der N. T. war i. d. R. die Entlastung und Auflockerung von → *Verdichtungsräumen* durch neue Wohn-, Arbeits- und Versorgungsstandorte. Beispiele sind Harlow bei London, Runcorn bei Liverpool und Cwmbran in Südwales.

New urban economics ein Zweig der → *Stadtökonomie*; Ziel ist die Erklärung der Struktur von → *Städten* aufgrund wirtschaftlicher Aktivität (z. B. → *Stadtstrukturmodell* von William Alonso, 1964).

Newly Industrializing Country → *NIC*.

Newly Industrializing Economy → *NIE*.

NGO *Non-Governmental Organization*: → *Nichtregierungsorganisation*.

NIC (Newly Industrializing Country) *Schwellenland*: Bezeichnung für ein Land, das sich durch ein rasantes industrielles Wachstum auszeichnet und an der Schwelle vom Entwicklungsland zum Industrieland steht (→ *Schwellenland*). Charakteristika sind u. a. hoher Industrieanteil am Bruttonationalprodukt (→ *BNE*) und ein relativ hohes → *Pro-Kopf-Einkommen*. Beispiele für NICs sind die sog. vier kleinen Tiger (→ *Tigerstaaten*).

nicht erneuerbare Ressourcen (nicht nachwachsende Ressourcen) *non-renewable resources*: unscharfer Begriff für → *erschöpfbare Ressourcen*.

nicht handelbares Gut *non tradable good*: → *Güter*, die nicht international gehandelt werden können und deswegen in verschiedenen Ländern auch unterschiedliche Preise aufweisen können (z. B. Grundstücke). Diese Preise werden allein durch die nationalen Angebots- und Nachfragebedingungen bestimmt (→ *handelbares Gut*).

nicht nachwachsende Ressourcen → *nicht erneuerbare Ressourcen*.

Nichtbaumpollen (NBP) *non-tree pollen*: Pollen, die nicht von Bäumen stammen. (→ *Pollenanalyse*, → *Palynologie*). So wie die gesamte Pollenflora gelten auch die NBP als → *Klimazeugen* der → *Vorzeit*.

Nichteheliche Lebensgemeinschaft *cohabitation*: österr. Bezeichnung für → *eheähnliche Gemeinschaft*.

Nichteisenmetalle (NE-Metalle) *non-ferrous metals*: Sammelbezeichnung für alle Metalle, ausgenommen Eisen. Untergliedert werden die N., gemäß der Differenzierung nach → *Leicht-* und → *Schwermetallen*, in leichte N. und schwere N. sowie in Edelmetalle und unedle N.. Bestandteil der unedlen N. sind u. a. die → *Buntmetalle* (→ *Buntmetallverhüttung*).

nichtenergetischer Verbrauch *non-energy creating process*: der Verbrauch von Energierohstoffen wie → *Erdöl*, → *Erdgas* und → *Kohle* außerhalb der Energiewirtschaft. Der n. V. ergibt sich aus der Verwendung dieser → *Rohstoffe* für die Herstellung von Kunststoffen, Lacken usw..

Nichterwerbsperson *non-gainfully employed person*: eine Person, die keinerlei auf Erwerb gerichtete Tätigkeit ausübt oder sucht (→ *Erwerbsperson*).

Nichterz (Gangart) *non-metallics, gangue material*: Mineralien, die zusammen mit → *Erzen* in → *Gängen* vorkommen, die abgebaut, aber nicht auf Metalle verhüttet werden, sondern der chemischen Industrie als Grundstoff dienen, z. B. → *Schwerspat*, Flußspat (→ *Fluorit*), Kalkspat (Calcit), → *Quarz* und Schwefel. Die Gangart darf nicht mit → *Ganggestein* verwechselt werden.

nicht-handelbare Austauschbeziehungen *untradable interdependencies*: die in einem regionalen → *Netzwerk* existierenden Bestände des geteilten Erfahrungswissens wie kollektive → *Wissensbestände*, → *organisationale Routinen* und gewachsene Vertrauensbeziehungen. N.-h. A. sind nicht ohne Weiteres kodifizierbar (→ *implizites Wissen*) und können demnach nur bedingt an Dritte weitergegeben werden, sodass sie hochspezifische Standortmerkmale einer Region darstellen (→ *handelbare Austauschbeziehungen*).

Nichtlinearität *non-linearity*: ein Phänomen, das in allen → *komplexen Systemen* (→ *Theorie komplexer Systeme*) auftritt und bei dem Ursache und Wirkung nicht eindeutig aufeinander bezogen werden können (→ *Kausalität*).

Nicht-Ort *non-place*: Begriff, der von Marc Augé für größere mono-funktional genutzte Flächen, v. a. im urbanen und suburbanen Raum, geprägt wurde, die sich v. a. durch die Abwesenheit von Geschichte, Relation, → *Identität* auszeichnen und darüber hinaus eine kommunikative Verwahrlosung aufweisen (z. B. Shopping Malls, Flughäfen, Bahnhöfe, Autobahnen; → *Heterotopie*).

Nichtregierungsorganisation (NRO) *Non-Governmental Organization, NGO*: nichtstaatliche Vereinigung (z. B. Kirchen, politische Stiftungen, gemeinnützige Vereine), die zivilgesellschaftliche Interessen vertritt und sich an politischen Prozessen beteiligt. Dies kann auf lokaler, aber auch internationaler Ebene erfolgen. Besonders in den Bereichen → *Umwelt* und Soziales erlangen N. einen immer höheren Bedeutungszuwachs. Seit den 1990er-Jahren sind N. auch immer häufiger zur Anlaufstelle für Kritiker der → *Globalisierung* und → *Aktivisten* der → *Anti-Globalisierung* geworden. Beispiele: Oxfam, Attac, Human Rights Watch, Greenpeace.

Nichtsesshafte *non-settled people*: Bevölkerungsgruppe, die keinen festen Wohnsitz und keine Arbeitsstelle aufweist und nicht in das soziale Leben der Gesamtbevölkerung integriert ist. In Ländern mit allgemeiner → *Sesshaftigkeit* gelten die N. als → *Randgruppe*. In Deutschland werden sie von den verschiedenen Trägern der Sozialhilfe betreut; es handelt sich um → *Landfahrer*, → *Land*- und → *Stadtstreicher* usw.. Inzwischen wird der in die Kritik geratene Begriff N. kaum mehr verwendet. Stattdessen wird von → *Wohnungslosen* gesprochen.

nichttarifäres Handelshemmnis *non-tariff trade barrier*: Sammelbegriff für alle vom Staat eingesetzten → *Handelshemmnisse*, die keine → *Zölle* bzw. → *tarifäre Handelshemmnisse* darstellen. Sie treten meist in Form von Mengenbeschränkungen bzw. → *Kontingentierungen*, freiwilligen → *Exportbeschränkungen*, einfuhrbehindernden Normen und Standards sowie behördlichen Willkürakten (→ *Neuer Protektionismus*) auf. Auch exportfördernde Maßnahmen (z. B. → *Exportsubventionen*) gelten als n. H., da sie die Aktivitäten anderer Exporteure auf Drittmärkten stören.

NIE (Newly Industrializing Economy) *Schwellenland*: im Gegensatz zu den Newly Industrialized Countries (→ *NIC*), die die aufholende wirtschaftliche Entwicklung mehr oder weniger abgeschlossen haben, steht N. für ein ehemaliges → *Entwicklungsland*, das sich in einem fortgeschrittenen Stadium des wirtschaftlichen Wachstumsprozesses befindet, jedoch noch nicht das Niveau der NIC erreicht hat. Merkmale sind ein starkes Wachstum des → *Pro-Kopf-Einkommens* und eine industrielle Produktion mit entsprechender → *Exportorientierung*.

Niedermoor (Flachmoor, Niederungsmoor) *fen (1.); Histosol (2.)*: 1. flaches → *Moor*, welches bis an die Oberfläche mit → *Grundwasser* durchsetzt ist. N. bilden sich in Senken, Flussniederungen, kleinen Mulden und an Hängen im Bereich von Quellwasseraustritten. Sie sind auch Verlandungsstadien (→ *Verlandung*) von Sen. Die typische N.-Vegetation ist im Vergleich zum Hochmoor artenreich. Sie besteht v. a. aus Schilfgräsern, Binsen, Sauergräsern und Moosen. Die N. sind reich an → *organischer Substanz* und bestehen aus mehreren Lagen unterschiedlich zersetzter, oft feinsubstanzreicher, braunschwarzer Torfschichten (→ *Torf*) über → *Mudde*. 2. in der → *deutschen Bodensystematik* (→ *KA5*) Boden aus → *Torfen*. Er entsteht aus torfbildenden Pflanzen unter Wassereinfluss von an oder geringfügig unter oder über der Geländeoberfläche anstehendem → *Grund*- oder Überflutungswasser. Je nach Eigenschaften des Wassers variieren N. in ihrer → *Trophie* und ihrem Basengehalt.

Niedermoorkultur (Flachmoorkultur) *flat moorland/bogland cultivation*: Sammelbezeichnung für → *Moorkulturen* wie → *Deckkultur*, → *Hochmoorkultur*, → *Moordammkultur* oder → *Schwarzkultur*.

Niedersachsenhaus → *Hallenhaus*.

Niederschlag *rainfall, precipitation*: Gesamtheit des aus der → *Atmosphäre* auf die Erdoberfläche gelangenden Wassers. Der flüssige N. fällt als → *Regen* und schlägt sich als → *Tau* oder → *Nebel* nieder. Der feste N. gelangt in Form von → *Schnee*, → *Graupel* oder → *Hagel* sowie als → *Reif* auf die Erde. Der N. ist eines der Hauptglieder im → *Wasserhaushalt*. Seine Jahresmengen schwanken in den verschiedenen → *Klimazonen* zwischen wenigen Millimetern (→ *Wüsten*) bis zu einigen Metern (Luvseiten tropischer → *Hochgebirge*). Meteorologisch unterscheidet man bei den N. → *Konvektionsniederschlag*, → *Zyklonalregen* und → *orographische N.* (→ *Lee*, → *Luv*).

Niederschlagsfracht *rainfall freight*: im → *Niederschlag* gelöste Stoffe (Säuren, Kationen, Anionen).

Niederschlagsgebiet *area of precipitation*: Fläche, das von einem Niederschlagsereignis betroffen ist. Die frühere Verwendung des N. als Synonym für ein oberirdisches → *Ein-*

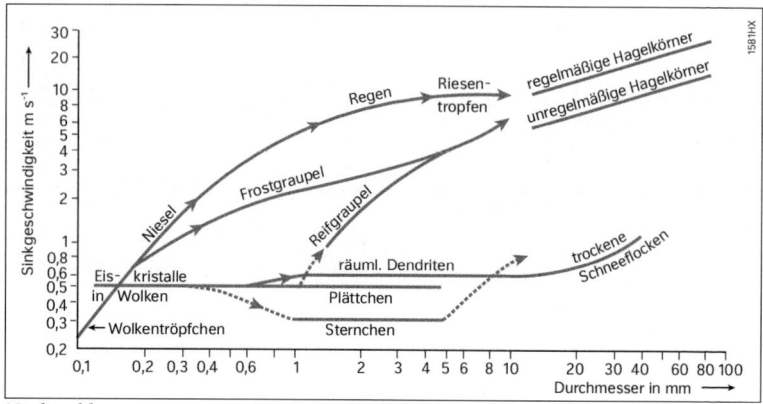

Niederschlag

zugsgebiet eines Flusses (→ *Wasserscheide*) ist irreführend und heute nicht mehr geläufig.

Niederschlagsmenge *amount of precipitation*: in Millimeter Höhe gemessenes Wasservolumen, das ein definierter → *Standort* auf der Erdoberfläche aus der → *Atmosphäre* als → *Niederschlag* zugeführt erhält. Eine Wassersäule von 1 mm Höhe entspricht einem Liter Niederschlag pro Quadratmeter.

Niederschlagsspende → *Niederschlagsmenge.*

Niederschlagsüberschuss *precipitation excess*: die nach Abzug der maximalen klimatisch möglichen → *Verdunstung* (→ *potenzielle Evapotranspiration*) an einem definierten → *Standort* zur Verfügung stehende Menge des → *Niederschlags.*

Niederspannung *low voltage*: Stromspannung, die 1000 Volt (1 kV) nicht überschreitet. In der Bundesrepublik Deutschland wird im Niederspannungsbereich die Spannungsstufe 380/220 Volt verwendet.

Niederterrasse *lower terrace*: bezeichnet allgemein die unterste → *Schotterterrasse* eines → *Terrassensystems* aus → *Mittelterrasse* und → *Hauptterrasse*. In Europa ist mit N. die unterste Schotterterrasse der Täler gemeint, die nur noch bei sehr starken Ereignissen vom → *rezenten* → *Hochwasser* erreicht wird und der → *Würm-Kaltzeit* zugeordnet wird. Die N. kann man in mehrere Stufen gliedern. Sie ist lössfrei, von Hochflutlehm bedeckt und ein wichtiger Siedlungs- und Wirtschaftsraum.

Niederungsmoor *fen*: → *Niedermoor.*

Niederwald *coppice forest, copse*: dem → *Hoch-* und dem → *Mittelwald* gegenübergestellt und von niedrigen buschartigen Bäumen (u. a. Erle, Eiche, Linde, Hainbuche) gebildet, die durch → *Niederwaldbetrieb* zustande kommen.

Niederwaldbetrieb (Niederwaldwirtschaft) *coppice forestry, shrub forestry*: seit der Jungsteinzeit übliche Bewirtschaftungsform von Wäldern, denen ausgewachsene Bäume fehlen, da die Stämme der Bäume in Abständen von ein bis drei Jahrzehnten zur Holzgewinnung abgeschlagen werden. Die Zeit des → *Umtriebs* ist also kurz. Die Erneuerung der Wälder erfolgt durch Stockausschlag oder Wurzelbrut. Da nicht alle Holzgewächse das Auf-den-Stock-Setzen vertragen, v. a. die wenigsten Nadelhölzer, bewirkt diese Wirtschaftsform eine anthropogene Auslese der Holzarten. Der N. erfolgt zur Gewinnung von Brennholz, Gerbrinde, Faschinenreisig und Schälrinde. Der vom Mittelalter bis in die frühe Neuzeit hinein weit verbreitete N. wurde, mit dem allmählichen Übergang zu anderen Bewirtschaftungsformen des Waldes, sukzessive in die leistungsfähigeren → *Hochwälder* überführt.

Niederwaldwirtschaft → *Niederwaldbetrieb.*

Niedriglohnland (Billiglohnland) *low-wage country*: i. d. R. → *Entwicklungs-* oder → *Schwellenland*, mit niedrigem → *Lohnniveau*. Im Rahmen der weltweiten → *Arbeitsteilung* werden immer mehr → *arbeitsintensive* → *Industriezweige* in die N. verlagert. Dadurch werden Produktionskosten gespart, auf der anderen Seite aber auch traditionelle Arbeitsplätze in den → *Industrieländern* aufgegeben. Beispiele: Textilindustrie, phototechnische Industrie sowie Elektroindustrie (→ *internationale Arbeitsteilung*, → *neue internationale Arbeitsteilung*).

Niedrigsteuerland (Steueroase, Nulloase) *low tax country*: → *Land*, in dem besonders niedrige Einkommensteuersätze bzw. Kapitalertragssteuersätze oder eine sehr merkliche Vorzugsbesteuerung üblich sind. Län-

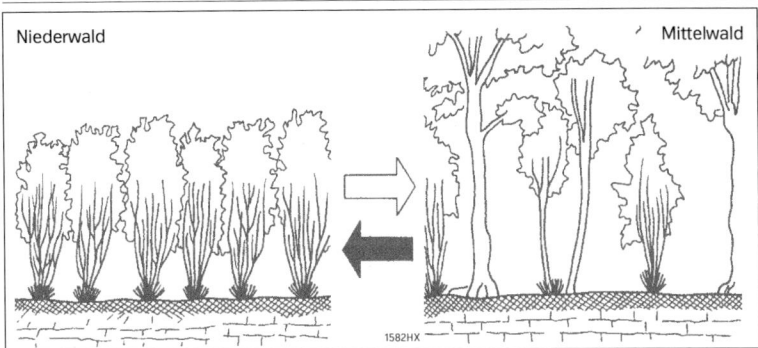

Niederwald

der wie die Bahamas oder die Bermudas erheben als sog. → *Nulloasen* gar keine Einkommens- und Körperschaftssteuer bzw. haben eine nur sehr geringe Ertragssteuerbelastung (→ *Offshore-Zentrum*). Spezielle Steuervergünstigungen gewähren ferner Länder wie Liberia und Panama durch ihre Sondervergünstigungen für die Schifffahrt.

Niedrigstrahlung *low-level radiation*: kennzeichnet den Niedrigdosisbereich → *ionisierender Strahlung*, etwa in der Größenordnung der → *natürlichen Strahlenbelastung* und ihrer Schwankungsbreite und liegt demzufolge unterhalb von → *Dosisgrenzwerten*, deren Überschreitung zu somatischen → *Strahlenschäden* führt. Es muss jedoch davon ausgegangen werden, dass auch eine geringe Strahlungsexposition mit ansteigender → *Dosis* ein → *Strahlenrisiko* darstellt, auch wenn dies aus methodischen Gründen für niedrige Dosisbereiche nicht exakt darstellbar ist.

Niedrigwasser *low water, low tide*: 1. der niedrigste Wasserstand zwischen zwei Maxima der Wasserführung eines → *Gerinnes* oder sonstigem → *Fließgewässer*. Der mittlere N.-Stand errechnet sich als arithmetisches Mittel aller N. (→ *Gewässerkundliche Hauptwerte*) 2. der Wasserstand des → *Meeres* beim Umkippen der Strömung von der → *Ebbe* zur → *Flut* (→ *Gezeiten*).

Niedrigwasserspende *low runoff*: die sekundliche Wasserlieferung eines → *Gerinnes* oder sonstigen → *Fließgewässers* bei → *Niedrigwasser*.

Niemandsland (terra nullius) *no man's land*: Bezeichnung für ein Gebiet das niemandem gehört, das also z. B. von niemandem besiedelt oder bewirtschaftet wird oder staatsrechtlich herrenlos ist. Auch wird der Bereich zwischen → *Grenzübergängen* oder der Frontverlauf von Kriegen als N. bezeichnet. Die rechtliche Auslegung von N. wurde im 18. Jh. so formuliert, dass sie eine Rechtsgrundlage für die europäischen → *Kolonialmächte* schuf, um die von einheimischen Völkern bewohnten Gebiete als N. (als „unkultiviertes Land, das keiner anerkannten Macht untersteht") zu kolonisieren (→ *Kolonialismus*, → *Postkolonialismus*).

Nießbrauch *usufruct, usufructuary right*: Recht einer Person, aus einem fremden, ihr nicht gehörenden Gegenstand Nutzen zu ziehen, ohne diesen Gegenstand wesentlich zu verändern. Der Begriff N. wird v. a. mit Bezug auf Grundstücke und Gebäude (z. B. das Wohnrecht bei → *Altbauern*), aber auch für bewegliche Sachen verwendet. In Österreich lautet der juristische Ausdruck für N. Fruchtnießung, in der Schweiz Nutznießung.

Niesel → *Sprühregen*.

Nifekern *nife*: der aus Eisen (Fe) und Nickel (Ni) bestehende Kern der → *Erde* als Bestandteil des → *Schalenbaus der Erde*, kurz auch als Erdkern bezeichnet.

Nifesima *chalcosphere*: eine der Schalen des → *Schalenbaus der Erde*, aus Nickel (Ni), Eisen (Fe), Silicium (Si) und Magnesium (Ma) bestehend. Die rund 1700 km mächtige Schale wird auch als → *Chalkosphäre* bezeichnet.

Nimbostratus *nimbostratus*: Schichtwolke mit sehr ausgedehnter Vertikalerstreckung von tiefen bis in hohe Wolkenstockwerke, die von einem grau und strukturlos aussieht. N. entsteht bei großräumigen Aufgleitvorgängen und ist von anhaltenden Dauerniederschlägen begleitet (→ *Wolken*).

NIMBY (St.-Florian-Prinzip) *Not In My Back-Yard*: bezeichnet die Position, gesellschaftlich als durchaus notwendig und sinnvoll erachtete Prozesse und Anlagen, die gleichzeitig auch Belastungen und Probleme erzeugen, nicht im eigenen Umfeld haben zu wollen (z. B. Autobahn, Mülldeponie, Flughafen, Windkraftanlage). Vergleichbar mit dem deutschen Sankt-

Florian-Prinzip ("Heiliger Sankt Florian / Verschon' mein Haus / Zünd' and're an!"; → *Risikotransfer*).

Nipptide *neaptide*: jene → *Tide* mit relativ geringem Unterschied des Wasserstandes zwischen → *Niedrig-* und → *Hochwasser*. N. finden statt, wenn → *Sonne* und → *Mond* in Quadratur stehen, also im ersten und letzten Mondviertel (→ *Springflut*).

Nische *niche, hollow*: eine halbrunde, wenig eingetiefte und meist sesselförmige Hohlform am Hang in der Größenordnung zwischen einigen Metern bis einigen Dekametern gemeint. Dazu gehört die geomorphogenetisch definierte → *Nivationsnische*.

Nische *niche*: der Begriff N. besitzt zahlreiche Bedeutungen, je nach Bezugsbegriff. 1. ökologische N. entspricht einer Minimalumwelt (→ *Minimallebensraum*), d.h. jenem Faktorenkomplex, der für die Existenz einer Art notwendig ist. 2. ökologische N. bezeichnet auch die Funktion eines Organismus oder einer Organismengruppe im ökologischen Beziehungsgefüge. 3. eine ökologische N. kann räumlich verstanden werden.

Nischenlage *recess site*: Lagetyp von → *Siedlungen*, die in flachen Vertiefungen einer Ebene oder Hochfläche, eines Hanges usw. angelegt wurden. Die N. wird vielfach als → *Schutzlage*, häufig aber auch wegen der gesicherten Wasserversorgung gewählt.

Nitisols *Nitisols*: in der → *WRB* (2014) tiefgründige, gut drainierte, rote tropische Böden mit diffusen Horizontgrenzen und einem tonigen Unterbodenhorizont. Charakteristisch sind die typischen glänzenden abgeflachten oder nussförmigen stabilen → *Aggregate*. Im Vergleich mit anderen tropischen Böden, gehören die N. zu den produktivsten. Sie erlauben eine tiefe Durchwurzelung, sind gut bearbeitbar, ziemlich resistent gegen → *Erosion* und besitzen im Vergleich eine hohe Wasserspeicherkapazität sowie vorteilhafte chemische Eigenschaften. Häufig werden hier Plantagenfrüchte wie Kakao, Kaffee, Kautschuk oder Ananas angepflanzt.

Nitrate *nitrates*: die Salze der Salpetersäure, die in die Ökosysteme v.a. durch Nitratdünger eingebracht werden oder durch Nitrifikation entstehen. N. sind leicht löslich, können rasch ausgewaschen werden und reichern sich im → *Grundwasser* an. Damit gelangen sie ins → *Trinkwasser* und durch → *Düngung* der Feldfrüchte in die → *Nahrungsketten*. Im menschlichen Organismus kann es durch den Verzehr nitratspeichernder Pflanzen (z.B. Spinat) zu Nitrat-Nitrit-Vergiftungen kommen (Methämoglobinämie).

Nitrifikation *nitrification*: Umwandlung des Ammonium-Stickstoffs zu → *Nitrat* durch Oxidation. Die N. erfolgt vornehmlich durch Bodenbakterien im durchlüfteten Bereich des Bodens.

Nitrite *nitrites*: Salze und Ester der salpetrigen Säure, die aber im Boden als Umwandlungsprodukte kaum nachweisbar sind.

Nitrose Gase $(NO)_X$ *nitrous gases, nitrogen oxide gases, nitric gases*: Gasgemisch aus Sauerstoff- und Stickstoffverbindungen, v.a. Stickoxiden (v.a. Stickstoffmonoxid NO und Stickstoffdioxid NO_2, Stickstofftrioxid N_2O_3 und Stickstofftetroxid N_2O_4). Die N. G. sind farblos bzw. braunrot und riechen charakteristisch. Sie entstehen bei elektrischen Entladungen und der Verbrennung von Kraftstoffen. Ökophysiologisch wirken sie bei Pflanzen → *toxisch* (Gerbstoffausfall, Schwund von Stärke und Chlorophyll mit der Folge von Blattverfärbungen und Trockenschrumpfen der Blätter). Die mitteleuropäischen Bäume und Sträucher weisen unterschiedliche Empfindlichkeiten auf. *Alnus glutinosa, Betula sp., Larix decidua* oder *L. kampferi*: gelten als sehr empfindlich, während *Abies alba, A. homolepis, Acer palmatum, A. platanoides*: oder *Picea abies* und *Pinus sylvestris*: als mittelempfindlich gelten. *Carpinus betulus*: oder *Fagus sylvatica*: gelten als relativ unempfindlich.

nival *nival*: vom → *Schnee* beeinflusst, vom Schnee geprägt.

nivale Stufe *nival belt*: → *Höhenstufe* der → *Hochgebirge*, durch Schnee und Eis geprägt. Da die Schneedecke auch in mehrjährigen Zyklen nie abschmilzt, kann pflanzliches Leben (Flechten und Moose) nur noch vereinzelt an Standorten existieren, an denen kein → *Schnee* abgelagert wird (Steilwände, windexponierte Lagen). Die Monatsmitteltemperaturen liegen in der vollninalen Stufe höchstens während ein bis zwei Sommermonaten über 0°C.

nivales Abflussregime *nival runoff regime*: Typ des jährlichen → *Abflussganges* in einem → *Fluss* mit einem deutliche Maximum der Wasserführung während der Schneeschmelze (→ *Abflussregime*).

nivales Klima *nival climate, snow climate*: Klima, dessen → *Niederschläge* zum größten Teil als → *Schnee* fallen und dessen gesamte → *Verdunstung* so niedrig ist, dass der flächenhaft liegende Schnee in der wärmeren Periode nicht völlig abschmilzt. Die Niederschlagsmengen der n. K. sind geringer als in → *humiden* Klimaten. Gebiete mit n. K. zeigen starke Vergletscherung. Höhere Pflanzen existieren nur an geschützten Felsstandorten, wo kein Schnee abgelagert wird.

Nivation (Schnee-Erosion, Firnerosion) *nivation*: Abtragung von Gesteinsmaterial durch Kriechen und Abgleiten von → *Firn* und → *Schnee*; führt zur Bildung der → *Nivationsnische*.

Nivationsnische (Nivationswanne) *nivation hollow*: muldenförmige → *Hohlform* an Steilhängen und am Hangknick zwischen Bergwand und Geröllhalde der, gegenüber dem → *Kar*, die sesselförmige Gestalt und die → *Karschwelle* fehlen und die → *perennierende* Schneeflecken enthält. Sie entsteht durch Firnerosion (→ *Nivation*), die als Vorstufe der → *Glazialerosion* gilt, wobei sich aus der N. ein Kar entwickeln kann.

Nivationswanne → *Nivationsnische*.

Niveaufläche *level surface*: in der → *Meteorologie* eine gedachte Fläche in der → *Atmosphäre*, deren Punkte den gleichen → *Luftdruck* aufweisen. Aus der Formung dieser Fläche (Aus- und Einbuchtungen) ergibt sich das Grundmuster der Ausgleichsströmungen. Für die Untersuchung der Strömungsmechanismen und die Vorhersage des → *Wetters* wird am häufigsten das 500-Millibar-Niveau herangezogen.

nivo-pluviales Abflussregime *nivo-pluvial run-off regime*: komplexes → *Abflussregime*, das einen durch ein Schneeschmelzmaximum und ein Niederschlagsmaximum bestimmten Jahresgang der Wasserführung aufweist, also eine zweigipflige Kurve des → *Abflusses* zeigt.

Nodalität *nodality*: ausgeprägte Kernstruktur eines Raumes mit deutlichen Zentrum-Peripherie-Unterschieden (z. B. der → *Bevölkerungsdichte* oder Wirtschaftskraft). N. ist hauptsächlich in monozentrischen → *Verdichtungsräumen* und → *Nodalregionen* ausgeprägt.

Nodalregion *nodal region*: Raum, der bezüglich seiner → *Siedlungs-*, → *Bevölkerungs-* und → *Wirtschaftsstruktur* einen ausgeprägten Kern aufweist (z. B. ein → *Oberzentrum* oder einen monozentrischen → *Verdichtungsraum*). Die Grenzen einer N. ergeben sich durch die Grenzen des intensiv mit diesem Kern verflochtenen Raums. In Deutschland sind → *Planungsregionen* häufig als N. konzipiert.

no-go-area ein aus dem militärischen Kontext entliehener Begriff, der in Deutschland seit etwa 2005 im alltäglichen Sprachgebrauch zur Beschreibung von Gebieten verwendet wird, in denen für bestimmte Personen oder Personengruppen der Aufenthalt aus sozialen oder rassistischen Gründen (→ *Rassismus*, → *Diskriminierung*) eine Bedrohung darstellen kann (→ *Angstraum*).

Nomade *nomad*: Angehöriger einer Gruppe, die in der Wirtschafts- und Gesellschaftsform des → *Nomadismus* lebt.

Nomadismus *nomadism*: eine der ältesten Wirtschafts- und Lebensformen, die durch die regelmäßige, meist saisonbedingte zyklische Wanderbewegung ganzer Stämme oder Familienverbände mit ihren Tieren und dem gesamten Hausrat zum Zwecke der Weidenutzung gekennzeichnet ist (Wanderhirtentum). Jegliche Niederlassung ist beim N. (→ *Vollnomadismus*) → *temporär*, wobei der Rhythmus der Wanderungen sehr stark variiert und 1–2 Tage oder bis zu 10–20 Jahre umfassen kann. Verbreitet ist der N. in den Steppengebieten und Halbwüsten von Zentralasien bis Nordafrika. Heute fehlen dem N. jedoch in den meisten Regionen die Rahmenbedingungen (→ *Bergnomadismus*, → *Halbnomadismus*, → *Steppennomadismus*, → *Wüstennomadismus*).

Nominaldaten *nominal data*: Daten, deren Werte aus Begriffskategorien bestehen und zwischen denen keine Rangfolge (→ *Ordinaldaten*) und kein absoluter Bezugspunkt (→ *Rationaldaten*) existieren (z. B. Wohnort, Geschlecht; → *Skalenniveau*, → *metrische Daten*).

Nominalgut *nominal good*: ein Wirtschaftsgut (→ *Güter*), das entweder Geld selbst oder einen in Geld ausgedrückten Nennwert darstellt (z. B. → *Wertpapiere*, Geldersatzmittel wie Kreditkarte oder Guthabenkarte, Gutschein usw.; → *Realgut*).

Nominallohn *nominal wage*: in Geldeinheiten ausgedrückter → *Lohn*, der sich nicht wie der → *Reallohn* an der → *Kaufkraft* orientiert. Ein inflationsbedingter Kaufkraftverlust beim N. wird nicht berücksichtigt.

Nominalzins *nominal interest*: Zinssatz (→ *Zins*), welcher sich auf den Nennwert eines → *Kredits* bezieht.

nomothetisch *nomothetic*: Unterscheidung in der → *Wissenschaftstheorie* für Forschungsrichtungen, bei denen das Ziel wissenschaftlicher Arbeit allgemeingültige Gesetze sind (→ *wissenschaftliches Gesetz*). Damit verbunden sind i. d. R. Methoden zur Erhebung → *quantitativer Daten*, Experimente usw. N. Theorien abstrahieren von den Phänomenen und gehen i. d. R. reduktionistisch vor (→ *idiographisch*)

Noosphäre (Sphäre des menschlichen Geistes oder Verstandes) *noosphere, anthroposphere*: ergänzt das klassische Sphärenmodell der Erde, nach dem → *Lithosphäre*, → *Atmosphäre*, → *Hydrosphäre* und → *Biosphäre* gemeinsam die Geo-Ökosphäre bilden. Die N. verweist auf den menschlichen Anteil an der Gestaltung der Erdoberfläche, die in der → *Kulturlandschaft* zum Ausdruck kommt.

Nordhemisphäre *Northern hemisphere*: die Erdhalbkugel nördlich des → *Äquators* (→ *Erde*, → *Südhemisphäre*).

Nordische Vereisung (Skandinavische Vereisung) *nordic inland ice, nordic glaciation, Scandinavian glaciation, Weichselian glaciation*: beschreibt die Eisausdehnung während der jeweiligen → *Eiszeiten* des Pleistozäns → *Elster-Kaltzeit*, → *Saale-Kaltzeit* und → *Weichsel-*

Kaltzeit. Die N. V. hatte verschiedene Vereisungszentren: in Nordamerika, Skandinavien und Nordasien. Während der N. V. schoben sich in Nordmitteleuropa die skandinavischen Inlandgletscher weit nach Süden bis in das nordmitteleuropäische Tiefland vor, wodurch dieses wiederholt → *glazial* überprägt wurde. Die N. V. erreichte das Norddeutsche Tiefland jedoch, trotz der Dauer von ca. 2,3 Mio. Jahren des → *Pleistozäns*, erst vor ca. 350 000 Jahren. Die Haupteisrandlagen sind durch → *Endmoränen* belegt, wobei jene der Weichsel-Kaltzeit die ausgeprägtesten sind (mit Brandenburger, Frankfurter und Pommerschem Stadium). Diese stellen zugleich die → *Jungmoränenlandschaft* dar, der die → *Altmoränenlandschaft* der Saale- und Elster-Eiszeit gegenüber gestellt wird. Der glaziale Formenschatz mit → *Grundmoräne*, Endmoräne, → *Zungenbecken*, → *Sander* und → *Urstromtal*, der bei den N. V. entstand, wird modellhaft als die → *glaziale Serie* veranschaulicht. Die Flüsse Elster, Saale und Weichsel markieren die jeweils weiteste Ausdehnung der N. V. und sind daher namensgebend für die entsprechenden Eiszeiten.

Nordisches Geschiebe *nordic till*: → *Geschiebe*, die durch die Gletscher der → *Nordischen Vereisung* nach Nord- und Mitteleuropa gelangten (→ *Findlinge*).

Nordlicht *northern lights, polar lights*: Bezeichnung für die → *Polarlichter* der nördlichen Halbkugel (→ *Magnetsturm*).

Nördlinger Ries-Meteorit ging vor ca. 14,8 Mio. Jahren im mittleren → *Miozän* im Schwäbisch-Fränkischen Schichtstufenland nieder. Das Nördlinger Becken mit einem Durchmesser von ca. 30 km ist der Zentralteil der ursprünglichen Einschlagstelle. Mit dem → *Impaktit*, → *Suevit* und dem darin enthaltenen Coesit wurde der meteorische Ursprung des Nördlinger Rieses belegt.

Nordpfeil *north arrow*: graphisches Element einer → *Karte*, das dem Kartennutzer die Richtung nach Norden (Gitternord) anzeigt. Der N. findet z. B. in → *Inselkarten* und Lageplänen Einsatz. In Karten, die ein Gitternetz enthalten (z. B. amtliche → *topographische Karten*), wird i. d. R. auf den Einsatz eines N. verzichtet. In der → *Kartographie* wird zunehmend die Auffassung vertreten, dass ein N. nur dann in eine Karte eingezeichnet sein sollte, wenn die Karte nicht genordet ist.

Nord-Süd-Dialog *North-South dialogue*: wiederkehrende Gespräche zwischen den Vertretern der sog. → *Industrie-* und → *Entwicklungsländer*. Der N.-S.-D. soll zum Abbau des → *Nord-Süd-Gefälles* beitragen. Der N.-S.-D. wird v. a. auf den verschiedenen UN-Konferenzen geführt (→ *UNO*). Eine für den Dialog wichtige Konferenz ist die UN-Konferenz über Handel und Entwicklung (→ *UNCTAD*).

Nord-Süd-Gefälle *North-South gradient*: der deutliche Entwicklungsunterschied zwischen den sog. → *Industrie-* und → *Entwicklungsländern*. Das N.-S.-G. drückt sich u. a. aus in einem unterschiedlichen → *Pro-Kopf-Einkommen* sowie verschiedenen Bildungs- und → *Lebensstandards*. Die Bezeichnung Nord-Süd entspricht dabei nicht der exakten geographischen Verteilung von Industrie- und Entwicklungsländern auf der Erde (→ *Globaler Süden*, → *Globaler Norden*).

Nord-Süd-Gegensatz *North-South divide/contrast*: oberflächlich charakterisierender Ausdruck eines unterschiedlichen Entwicklungsstandes, aber auch unterschiedlicher Interessen zwischen den sog. → *Industrie-* und → *Entwicklungsländern*, wie sie sich etwa auf den UN-Konferenzen über Handel und Entwicklung (→ *UNCTAD*) dartun.

Nord-Süd-Wanderung *North-South migration*: eine v. a. in den 1970er- bis 1990er-Jahren, seitdem nur noch in stark verringerter Weise in Deutschland zu beobachtende Richtung der → *Binnenwanderung*. Wegen der größeren wirtschaftlichen Attraktivität Süddeutschlands ergab sich jahrelang ein → *Wanderungsüberschuss* der süddeutschen gegenüber den norddeutschen → *Bundesländern*.

Normaldruck *standard pressure*: der mittlere → *Luftdruck* im Meeresniveau auf 45° → *Breite*. Er beträgt 1013 hPa entsprechend 760 mm Quecksilbersäule.

Normalgefälle → *Gleichgewichtsgefälle*.

Normalnull (NN) *mean sea-level, zero of level*: auf die Höhe des → *Mittelwassers* des → *Meeresspiegels* bezogene Basis für Höhenmessungen. In Deutschland wurde der mittlere Meeresspiegel bei Amsterdam, für die Schweiz derjenige von Marseille, für Österreich der von Triest verwendet. Damit liegt das deutsche NN ca. 30 cm unter dem schweizer und 25 cm unter dem österreichischen NN.

Normalparzelle *normal land parcel*: in der Flurformentypologie eine → *Parzelle*, deren Länge dem Zehn- oder Fünffachen der Breite entspricht. Diese Relationen kamen historisch den Bedürfnissen der Pflugtechnik entgegen.

Normalperiode *normal period*: in der → *Klimatologie* nach internationaler Vereinbarung festgelegte → *Periode*, für welche die Berechnung der langjährigen Mittelwerte des → *Klimas* durchgeführt werden sollen, um einen weltweiten Vergleich der Stationsdaten zu ermöglichen. Die neueren N. sind die Zeiträume von 1901-1930, 1931-1960 und 1961-1990. Durch Beobachtungen und Berechnungen zum → *globalen* → *Klima-* und → *Umweltwandel* und der Erkenntnis von relativ engständigen → *Klimaänderungen* und

→ *Klimaschwankungen* haben die N. jene Bedeutung verloren, die sie noch bis etwa zu den 1960er-Jahren hatten.

Normalprofil *standard profile*: maßstabsgetreue Darstellung einer regional repräsentativen Horizont- und Schichtenabfolge von Böden, Sedimenten oder Gesteinen, die Materialart, Mächtigkeiten und Inhalte (z. B. Grobsediment-, Stein- oder Fossilgehalte) zeigt.

Normalschwere *normal gravity*: die Schwerebeschleunigung in 45° Breite im Meeresniveau. Sie beträgt 9,806 m/s².

Normalspannung → *Druckspannung*.

Normalspur (Regelspur) *standard gauge*: in Europa und Nordamerika überwiegend verbreitete → *Spurweite* der Bahn von 1435 mm (ursprünglich englisch 4'8"; → *Breitspur*).

Normalverteilung (Gaußverteilung, Glockenkurve) *standard distribution*: in der Statistik ein wichtiger Typ der Wahrscheinlichkeitsverteilung, bei dem sich die meisten Werte einer statistischen Erhebung i. d. R. um einen → *Mittelwert* dicht scharen (→ *Gesetz der großen Zahlen*), während die Häufigkeiten nach rechts und links vom Mittelwert deutlich abnehmen. In der wissenschaftlichen Forschung werden die Extremwerte (weit vom Mittelwert rechts oder links liegend) häufig als „Ausreißer" betrachtet und bei der Datenbereinigung aus dem Datensatz entfernt.

Normalzone *normal zone*: biogeographischer Begriff beim Einsatz von Flechten als → *Bioindikatoren* zur Charakterisierung des → *Stadtklimas*. Luftverschmutzung bildet eine → *Flechtenzonierung* heraus. Der Begriff N. steht dann für die Frischluftzone, die sich an die äußere → *Kampfzone* anschließt.

normative Theorie *normative theory*: eine → *Theorie*, die weniger soziale Zusammenhänge in den Blick nimmt, sondern vielmehr bereits ethische Werte und Maßstäbe sowie eine gesellschaftliche Werteordnung (→ *Normativität*) in ihre Formulierung mit aufnimmt. N. T. sind sehr unüblich in der Wissenschaft, die grundsätzlich amoralischen Prinzipien verpflichtet ist. Ein Beispiel für eine n. T. ist die Theorie der → *Nachhaltigkeit*.

Normativität *normativity*: grundlegendes Prinzip in der Philosophie, im Rechtswesen und allg. für die Regelung menschlicher sozialer Aktivitäten. Ethische Werte und Maßstäbe bilden die gesellschaftliche Werteordnung, an der sich das Handeln des Einzelnen orientieren kann. In der → *Wissenschaftstheorie* wird zwischen beschreibenden (→ *Deskription*) und normativem Gedanken unterschieden (→ *normative Theorie*).

North American Free Trade Agreement → *NAFTA*.

Northers großräumige Winter- und Frühjahrs-Kaltlufteinbrüche auf dem nordamerikanischen Kontinent, welche bis in die → *Subtropen* vorstoßen und dort starke Temperaturstürze bis unter den Nullpunkt bewirken können.

Notogäa *Notogaea*: → *Faunenreich*, Australien und Ozeanien umfassend (→ *Australis*).

Notreife *forced ripening*: durch Stress (z. B. → *Dürre*) bedingte vorzeitige Reife, besonders auf Getreide bezogen. Notreifes Getreide hat kleine, stärkearme und kaum keimfähige Körner.

Notstandsgebiet *distressed area, deprived area*: – Gebiet, das von einer → *Naturkatastrophe*, → *Katastrophe*, → *Epidemie*, → *Pandemie* oder ähnlichem heimgesucht wurde und in dem die öffentliche Verwaltung den Notstand (Ausnahmezustand) ausgerufen hat. Dies hat i. d. R. zur Folge, dass die öffentliche Gewalt von ihrer Bindung an Gesetz und Recht insoweit entbunden wird, wie es zur Bekämpfung des Notstandes erforderlich ist. – von seiner Struktur her benachteiligter → *Passivraum* oder → *Problemgebiet*, dessen Bevölkerung im Vergleich zu anderen Regionen besonders notleidend ist. In Deutschland wurden nach dem Zweiten Weltkrieg N. festgelegt, die besondere staatlichen Hilfen erhielten. Die Bezeichnung N. wurde später durch die Bezeichnung → *Fördergebiet* abgelöst.

Noxe *noxa, noxious agent*: Bezeichnung für „Sachverhalte schädlichen Einflusses". N. können z. B. → *Schadstoffe*, → *Umweltchemikalien* oder → *radioaktive Strahlung* sein.

N-P-K-Verhältnis *N:P:K-ratio*: das Verhältnis der Gehalte an Stickstoff, Phosphor und Kalium im Boden, welches bei einer guten Nährstoffversorgung ausgewogen und an die Nutzungsart angepasst sein soll.

NRT → *Nettoregistertonne*.

NRZ → *Nettoraumzahl*.

NSG → *Naturschutzgebiet*.

Nuklearer Winter *nuclear winter*: Modellvorstellung, nach der in der → *Troposphäre* und Teilen der → *Stratosphäre* durch Flächenbrände im Gefolge von Nuklearexplosionen radioaktiver und sonstiger → *Ruß* und → *Staub* so stark angereichert werden, dass dadurch an der Erdoberfläche die „Nukleare Nacht" über Wochen und Monate hinweg eintritt. Zugleich absorbiert diese → *Aerosol*schicht in der → *Atmosphäre* die Sonnenwärme, sodass N. W. eintritt. Die Modellvorstellung besagt weiter, dass durch chemische Verbrennungen eines Teils des → *Stickstoffs* in der Luft in der Atmosphäre Stickoxide entstehen, welche die → *Ozonschicht* zerstören. Damit kann nach Ende der Nuklearen Nacht die → *UV-Strahlung* ungehindert an die Erdoberfläche dringen und → *Strahlenschäden* an Mensch, Tier und Pflanze hervorrufen.

Nukleares Ereignis *nuclear occurrence*: Umschreibung für Schadens- und Unglücksfälle, deren Ursache in Verbindung mit → *Kernbrennstoffen*, → *Kernschmelzen* oder Kernexplosionen sowie den Wirkungen von → *radioaktiven Substanzen* allgemein herrühren. Das schließt → *radioaktiven Abfall*, → *radioaktiven Niederschlag* und unvorhergesehene plötzliche Effekte von Prozessen des → *radioaktiven Zerfalls* mit ein.

Nuklid *nuclide*: eine Atomart, die durch Protonen- und Neutronenzahl sowie seinen Energiezustand gekennzeichnet ist. Dieser „Atomkern" bildet mit seiner dazugehörigen Elektronenhülle ein → *Isotop* eines chemischen Elements. Die Isotope bzw. N. können stabil oder instabil sein. Instabile N. unterliegen dem → *radioaktiven Zerfall* und heißen dann → *Radionuklide* bzw. Radioisotope. In der Natur kommen 340 N. vor (ca. 270 davon stabil) und ca. 1500 wurden künstlich erzeugt, die sich auf über 100 bekannte Elemente verteilen. Die N. mit gleicher Kernladungs-, aber unterschiedlicher Massenzahl nennt man → *Isotope* des jeweiligen chemischen Elements. Die instabilen N. geben beim Zerfall → *ionisierende Strahlung* ab und gehen in andere stabile oder instabile N. über.

Nullhypothese *null hypothesis*: eruierendes Verfahren in der Prüfstatistik, ob man Ergebnisse einer Analyse oder eines Tests verwerfen oder annehmen kann. Dabei wird überprüft, ob sich die aus → *Stichproben* gewonnenen Daten zum einen voneinander und zum anderen von den angenommenen Parametern der → *Grundgesamtheit* nicht oder nur zufällig unterscheiden.

Nullmeridian *prime meridian*: Basislängenhalbkreis, bei dem die Zählung der → *Meridiane* beginnt. Der seit 1911 international gültige N. ist der Ortsmeridian von Greenwich/London (→ *Gradnetz* der → *Erde*, → *Längenkreis*).

Nulloase → *Niedrigsteuerland*.

Nullschicht *zero-level*: wenig unter der → *Tropopause* in einigen tausend Metern Höhe liegender → *Atmosphären*bereich, in dem die vertikalen Luftbewegungen aufhören und in dem der maximale horizontale Luftmassenfluss in der Höhe stattfindet (→ *Jetstream*). Die starken Höhenströmungen in der N. gleichen großräumige Gegensätze des → *Luftdrucks* aus und steuern somit das Witterungsgeschehen.

Nullwachstum *zero growth*: → *Stagnation*; stationärer Zustand zwischen Zunahme und Abnahme. Der ursprünglich v. a. auf die Wirtschaftsentwicklung bezogene Begriff fand seit Ende der 1990er-Jahre zunehmend auch in die → *Bevölkerungsgeographie* Eingang und bezeichnet den Zustand einer → *stationären Bevölkerung*.

Nunatak *nunatak*: isolierter, über die Oberfläche von Gletschern bzw. Inlandeis aufragender Fels oder Berg, der somit von einem → *Eisstromnetz* umgeben ist. An ihm wirkt v. a. die → *physikalische Verwitterung*.

Nuptialität *nuptiality*: Heirat im Sinne eines demographischen Prozesses. Die N., gemessen durch die → *Heiratsrate* oder die → *Heiratsziffer*, ist v. a. bei der Erstellung von → *Bevölkerungsprognosen* zu beachten (→ *Ehehäufigkeit*).

Nutation *nutation*: die periodischen Schwankungen der → *Präzession* der Erdachse.

nutritiv → *trophisch*.

NUTS (Nomenclature des unités territoriales statistiques) *Systematik der Gebietseinheiten für die Statistik*: dreigliedrige, hierarchische Systematik zur Identifizierung und Klassifizierung der räumlichen Bezugseinheiten der amtlichen Statistik in den Mitgliedstaaten der Europäischen Union. N. ist hinsichtlich seiner Hierarchieebenen angelehnt an die Verwaltungsgliederungen der einzelnen Länder. Für Deutschland gilt beispielsweise NUTS 1: Bundesländer, NUTS 2: Regionen, NUTS 3: Kreisebene.

Nutzartenverhältnis (Nutzflächenverhältnis, Kulturartenverhältnis) *crop type ratio*: die Prozentanteile der jeweiligen → *Kulturarten* an der → *landwirtschaftlich genutzten Fläche* (LF). Die Statistik Deutschlands unterscheidet nach → *Ackerland*, → *Gartenland*, → *Grünland*, Obstanlagen, → *Baumschulen* und Rebland. Ferner werden noch Korbweidenanlagen sowie Pappel- und Weihnachtsbaumkulturen ausgewiesen.

nutzbare Feldkapazität *available water holding capacity*: im Wurzelraum eines Bodens maximal speicherbare und für die Pflanzen aufnehmbare sowie transpirierbare Wassermenge. Sie entspricht ungefähr dem Anteil an → *Mittelporen* → *Porengrößenbereiche*). In tonhaltigen Böden ist die N. geringer als die Gesamtkapazität, weil das Wasser in den → *Feinporen* wegen zu hoher → *Saugspannungen* durch die Wurzeln nicht aufgenommen werden kann. In Kulturböden erreicht die N. Werte von 70-300 mm. In flachgründigen → *Waldböden* beträgt sie z. T. nur 20-30 mm (→ *Feldkapazität*).

Nutzen *use, utility, profit*: Eigenschaft bzw. Fähigkeit von → *Gütern* oder → *Dienstleistungen*, sich wirtschaftlich positiv auszuwirken bzw. menschliche Bedürfnisse zu befriedigen. Damit aber ein Gut oder eine Dienstleistung einen als Wert sich niederschlagenden N. haben, müssen diese nicht nur nützlich, sondern auf dem → *Markt* auch knapp sein (→ *knappes Gut*, → *Kosten*).

Nutzenergie *useful energy*: die für den unmittelbaren Anwendungszweck benötigte Energieform wie Wärme, Kraft und Licht. Die N. wird durch Umwandlung von → *Endenergie* gewonnen. Dabei entstehen Umwandlungsverluste, die oft ein Mehrfaches der Verluste bei der Umwandlung in → *Primärenergie* in → *Sekundärenergie* betragen. Nur bei dem eingesetzten Endenergie Strom ist eine nahezu verlustfreie Umwandlung in N. möglich.

Nutzen-Kosten-Analyse → *Kosten-Nutzen-Analyse*.

Nutzenmaximierung *profit maximization*: Entscheidungsprozess zur Erzielung größtmöglichen → *Nutzens* aus einem → *Gut* oder einer → *Dienstleistung*.

Nutzflächengefüge *spatial nexus of agriculturally used areas*: das Raummuster einer → *landwirtschaftlichen Nutzfläche*.

Nutzflächenkartierung *land use mapping*: in der → *Agrargeographie* die Erfassung des parzellenhaften Nutzungsgefüges in der → *Flur*.

Nutzflächenquote *quotient of agriculturally used area*: eine von mehreren Messziffern zur Bestimmung des → *Nahrungsspielraumes* bzw. der agraren → *Tragfähigkeit* eines Landes. Die N. gibt an, wieviel Hektar → *landwirtschaftliche Nutzfläche* (LN) auf 100 Einw. in einem Land entfallen (N = ha LN/100 Einw.).

Nutzflächenverhältnis → *Nutzartenverhältnis*.

Nutzhölzer *timber species*: alle Holzarten, die als Handelshölzer auf dem Markt sind, ausgenommen → *Brennholz*. Die N. werden untergliedert nach Konstruktions-, Schäl-, Ausstattungs- sowie Zellstoff- und Papierhölzer (→ *Edelhölzer*).

Nutzladefaktor → *Ladefaktor*.

Nützling *useful animal, beneficial animal*: Bezeichnung für Tiere, die dem Menschen direkt nutzen bzw. nützlich im Interesse des Menschen im Lebensraum wirken. Dazu gehören sämtliche nutzbare Tiere (Haustiere, jagdbares Wild, Bienen etc.), aber auch nützliche Tiere, deren Lebensweise und Aktivitäten im Interesse des menschlichen Lebensraumes wirken, wie z. B. Schädlingsfresser. Letztere werden direkt bei der → *biologischen Schädlingsbekämpfung* eingesetzt (→ *Schädlinge*).

Nutznießung → *Nießbrauch*.

Nutzpflanze *useful plant, [agricultural] crop*: Sammelbezeichnung für die vom Menschen genutzten Pflanzen. N. sind im wesentlichen → *Kulturpflanzen*, jedoch zählen auch nutzbare → *Wildpflanzen* dazu.

Nutztier *livestock, farm animal*: Sammelbezeichnung für vom Menschen gezüchtete bzw. gehaltene Tiere (→ *Domestikation*), die wirtschaftlichen Nutzen bringen. Neben den verschiedenen Nutzviehharten (Pferd, Esel, Rind, Schwein, Schaf, Ziege, Huhn usw.) werden zu den N. z. B. auch der Haushund und die Hauskatze gezählt. N. finden als Arbeitstiere (Trag-, Last-, Zugtier) Verwendung, oder ihre Produkte (Fleisch, Milch, Eier, Wolle, Haare, Federn usw.) dienen direkt oder indirekt der menschlichen Ernährung bzw. als gewerbliche Rohstoffe. Zu den N. zählen auch nichtdomestizierte Tiere wie Bienen oder Fische (→ *Teichwirtschaft*).

Nutzung *use*: die Inanspruchnahme der → *Leistungsvermögens des Landschaftshaushaltes* durch Organismen, speziell jedoch durch Mensch und Gesellschaft. Eine charakteristische N. ist die → *Bodennutzung* oder die N. von → *Rohstoffen*.

Nutzungsansprüche *utilization claims, exploitation claims*: bezieht sich auf die nutzungsbezogenen Ansprüche der Gesellschaft an → *Raum* bzw. → *Umwelt*. Vorrangig sind es Ansprüche wirtschaftlicher Art, z. B. von Land- und Forstwirtschaft, Industrie, Siedlung, Verkehrswegebau. Gemäß der Definition von → *Nutzen* kann es aber auch ethisch begründete N. geben. Diese spielen in der → *Ökologischen Planung* und → *Ökologischen Politik* eine Rolle. Aufgrund verschiedener N. auf derselben Fläche kommt es zu Nutzungskonflikten, deren Verhinderung durch Koordinierung der N. Aufgabe der → *Raumplanung* ist.

Nutzungsartenänderung *change of land use*: die Änderung der jeweiligen → *Bodennutzungsarten*, überwiegend bezogen auf land- und forstwirtschaftliche Nutzung und auf das Betriebs- und Nutzflächenverhältnis. Die N. erfolgen u. a. bei → *Flurbereinigungen*, neuen Flureinteilungen bzw. bei der → *Flurneugestaltung* sowie bei → *Meliorationen* oder → *Rekultivierung*.

Nutzungseigentum → *Verfügungseigentum*.

Nutzungseignung *suitability for utilization*: ein → *Naturraumpotenzial* bzw. das → *Leistungsvermögen des Landschaftshaushaltes*, das einer → *Nutzung* durch den Menschen unterliegt, wobei die N. mitbestimmt ist von den technologischen Möglichkeiten und den sozioökonomischen Verhältnissen der menschlichen Gesellschaften.

Nutzungsgrad *degree of utilization*: Verhältnis von einer maximal möglichen und einem tatsächlich erreichbaren Wert einer Bezugsgröße, der jeweils spezifisch zu definieren ist, wie z. B. der → *Flächennutzungsgrad* oder der → *Wirkungsgrad* bei der Energienutzung. In der → *Wasserversorgung* und → *Wasserwirtschaft* das Verhältnis der genutzten Wassermenge zum natürlichen oder anthropogen begrenzten bzw. beeinflussten → *Wasserdargebot*.

Nutzungsparzelle *land use parcel*: in der → *Agrarwirtschaft* kleinstes Flurstück einheitlicher Nutzung (→ *Besitzparzelle*).

Nutzungsplan *land utilization plan*: Begriff aus der Schweizer → *Raumplanung*. Im N.

werden Zweck, Ort und Maß der zulässigen Bodennutzung für jedermann verbindlich in parzellenscharfer, detaillierter Abgrenzung festgelegt. Er besteht i.d.R. aus Karte und Text.

Nutzungssystem *land use system*: in der → *Agrarwirtschaft* der räumlich und zeitlich geordnete Vollzug der Nutzung auf bestimmten Flächen mit Pflanzen und Tieren, Bearbeitungsmethoden sowie Einsatz von Kapital und Menschenkraft.

Nutzviehgewicht *livestock weighting*: Messziffer zur Bestimmung von → *Viehhaltungssystemen*. Jeder Nutzviehzweig erhält eine → *Wägezahl* (z.B. Milchvieh 3, Jungrinder 1, Schweine 0,3). Die Gesamtzahl des Nutzviehs pro 100 ha LN multipliziert mit der Wägezahl ergibt das N. Das höchste N. benennt dann das Viehhaltungssystem. N. und → *Anbaugewicht* bestimmen das landwirtschaftliche → *Betriebssystem* (→ *Großvieheinheit*).

Nutzviehhaltung *livestock husbandry*: landwirtschaftlicher Betriebszweig. Die N. wird unterteilt in Milchvieh-, Jungrind-, Kleinwiederkäuer- (Schafe, Ziegen), Schweine- und Geflügelhaltung. Gemessen wird die N. in → *Großvieheinheiten*.

Nutzwald *productive forest*: → *Wald*, der primär der Nutzholzproduktion dient (→ *Nutzhölzer*).

Nutzwert *utility value*: subjektiver Wert eines → *Gutes*, der nach der Bedeutung seines → *Nutzens* festgelegt worden ist, also nach seiner Eignung zur Bedürfnisbefriedigung.

Nutzwertanalyse *scoring method*: heuristisches Verfahren zur Erfassung und Beurteilung komplexer, vorzugsweise nichtfinanzieller Projektwirkungen mit dem Ziel, die relative Vorteilhaftigkeit (→ *Nutzwert*) der Entscheidungsalternativen zu bestimmen. Bei der N. werden nicht wie bei der → *Nutzen-Kosten-Analyse* Kostengesichtspunkte berücksichtigt, sondern der → *Nutzen* primär im subjektiven Wert eines Gutes gesehen (→ *betriebliche Standortplanung*).

Nutzwild *game*: Wildarten (→ *Wild*), deren Fleisch für den menschlichen Verzehr geeignet ist.

O

Oase *oasis*: Gebiet mit ökologischen Sonderbedingungen gegenüber einer wüstenhaften Umgebung (→ *Wüste*), das sich durch reicheres Pflanzenwachstum, relative Nähe zum → *Grundwasser* oder → *artesische Brunnen* auszeichnet. Lokal können kleinere Fließgewässer eine Rolle spielen, während → *Fremdlingsflüsse* eine → *Flussoase* bilden. Das Wasserdargebot lässt oft Bewässerungskulturen zu (→ *Bewässerungsoase*). Ökologisch stellt die O. eine Art → *ökologische Nische* unterschiedlichen Umfanges dar, die im klimatischen und damit bioökologischen Gegensatz zu ihrer Umgebung steht. Nach der Verfügbarkeit des Wassers, dem bei der O.-Bildung in Trockenräumen große Bedeutung zukommt, werden Grundwasser-, Quell- und Fluss-O. unterschieden.

Oasenkultur *oasis cultures*: → *Nutzpflanzen*, die für → *Oasen* charakteristisch sind. Bezogen auf die nordafrikanischen und vorderasiatischen Oasen ist das z. B. die Dattelpalme. Weiterhin sind Öl- und Obstbäume sowie der Anbau von Getreidearten, Knollenpflanzen und Gemüse charakteristisch.

Oasenstadt *oasis town*: in einer → *Oase* gelegene → *Stadt*, die meist wirtschaftlicher Mittelpunkt und → *Versorgungszentrum* eines weiten Umlands, v. a. für die Nomadenbevölkerung, ist. Die O. können in Quell-, → *Grundwasser*- oder → *Flussoasen* gelegen sein. Mit der abnehmenden Bedeutung von Karawanen, haben die O. ebenfalls an Bedeutung verloren (→ *Karawanenstadt*).

Oasenwirtschaft *oasis agriculture*: Agrarwirtschaftsform in oder am Rande von → *Wüsten* und → *Wüstensteppen* bzw. → *Wüstensavannen* auf der Grundlage einer intensiven → *Bewässerung* (→ *Oase*, → *Flussoase*, → *Grundwasseroase*).

Obdachlosensiedlung *shelter for the homeless*: von der öffentlichen Hand oder von Wohlfahrtsorganisationen, aber auch z. T. in Eigeninitiative gebaute Siedlung zur Beherbergung von → *Obdachlosen*. O. bestehen meist aus Baracken und sonstigen Behelfsunterkünften, Häusern in Einfachbauweise oder sanierungsbedürftigen Altbauten ohne die allgemein übliche infrastrukturelle und sanitäre Ausstattung.

Obdachloser *homeless: person*: Person, die keine eigene Wohnung besitzt. In einigen Ländern werden O. von der → *öffentlichen Hand* oder von Wohlfahrtsorganisationen in Sammelunterkünften, O.-Asylen, Behelfs- und Einfachwohnungen untergebracht oder Bereiche für → *Obdachlosensiedlungen* bereitgestellt.

Obdachlosigkeit *homelessness*: Zustand einer Person, die keine eigene Wohnung besitzt und als → *Obdachloser*, v. a. in → *Großstädten* lebt.

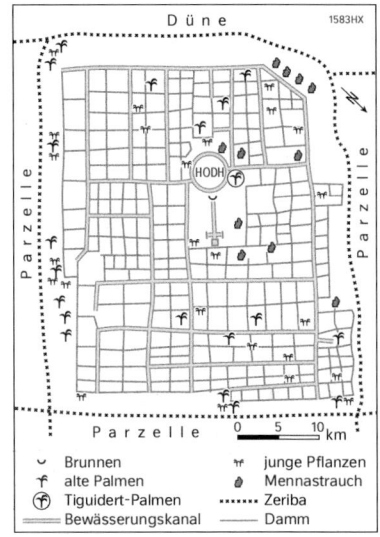

Oasenwirtschaft

Obduktion *obduction*: bei der → *Plattentektonik* die → *Überschiebung* kontinentaler → *Platten*; der → *Subduktion* gegenüberstehend.

Oberbereich *zone of influence of a high-order centre/center*: zentralörtlicher → *Einzugsbereich* eines → *Oberzentrums* für die Versorgung mit → *Gütern* und → *Dienstleistungen* des höchstwertigen und langfristigen Bedarfs. Wegen der geringeren Frequentierung der oberzentralen Einrichtungen sind die Grenzen eines O. meist weniger genau zu bestimmen als eines → *Mittel*- oder → *Nahbereichs*; stattdessen bilden sich eher breite → *Grenzsäume* aus.

Oberboden *topsoil*: der stark durchwurzelte, → *biotisch* aktive und humushaltige Bereich des → *Bodens*. Bei Ackerböden entspricht der O. der ständig bearbeiteten Krume von 15-35 cm Mächtigkeit; bei Grünlandböden wird der am stärksten durchwurzelte Bereich von etwa 7-10 cm Mächtigkeit dazugerechnet. Der O. ist weitgehend mit dem Humushorizont identisch.

Oberflächenabfluss *surface (direct) runoff, overland flow*: Niederschlagswasser, welches nicht mehr in den Boden infiltrieren kann, auf der Boden- oder Gesteinsoberfläche abfließt, und direkt in die → *Vorfluter* gelangt (→ *direkter Abfluss*). Der O. hängt ab von – Feuchtezustand, – Infiltrationskapazität und – Durchlässigkeit des Bodens und Gesteins.

Er ist bei gleich hoher Niederschlagsintensität in bewaldeten Gebieten sehr gering, auf brach liegenden Ackerböden in trockenem Zustand oder in vollständig wassergesättigtem Zustand (Benetzungswiderstand) und in überbauten Gebieten (→ *Bodenversiegelung*) dagegen erheblich (→ *Durchlässigkeitsbeiwert*).

Oberflächenform (Landform) *landform*: allgemein die Formen der festen Erdoberfläche, die Gegenstand der → *Geomorphologie* sind, ohne Angaben zu deren Dimension oder zu Gestalt- oder Genesemerkmalen (→ *Georelief*, → *Relief*).

Oberflächengewässer *surface water*: bezogen auf das → *Festland* und dort die → *natürlichen* oberirdisch fließenden (→ *Bäche*, → *Flüsse*) und → *stehenden Gewässer* (→ *Seen*, → *Teiche*, → *Weiher*) im Gegensatz zu unterirdischen Gewässern wie das → *Karstwasser*. Zu den O. gehören auch künstliche (→ *anthropogene*) Gewässer wie → *Kanäle*, → *Kühlteiche*, → *Speicherbecken* und → *Talsperren*.

Oberflächenkarst *surface karst*: oberirdische Karstformen im Gegensatz zum → *unterirdischen Karst*. Beide gehen zwar auf → *Korrosion* zurück, bilden jedoch durch ihre Position im Gesteinskörper unterschiedliche Formen des → *Karstes*. Der → *Karstzyklus* ist auf die Formentypen des O. abgestellt. Begrifflich ist O. nur z. T. identisch mit dem allgemeineren Sammelbegriff „oberirdischer Karst", weil O. entweder bedeuten kann „Karst an Oberflächen" (z. B. → *Karre*, → *Oberflächenkorrosion*) oder aber „Karst in der Oberfläche", d. h. jene Karstformen, die den Karstzyklus umfassen.

oberflächennaher Untergrund *close to surface, nearsurface, shallow depth*: steht neben dem → *Tieferen Untergrund* gegenüber als jener Bereich der äußersten → *Erdkruste*, der in das Prozessgefüge der → *Landschaftsökosysteme* einbezogen ist. Er erreicht (z. B. in kühlgemäßigten Klimazonen) im Maximum einige Meter bis zu (z. B. in immerfeucht-tropischen Klimazonen) einige Dekameter Mächtigkeit. In ihm spielen sich die Prozesse der Bodenbildung, der Gesteinsverwitterung, der terrestrischen Sedimentation und der Landformenbildung und -zerstörung ab.

Oberflächenverdunstung *surface evaporation*: die direkt aus der Bodenoberfläche erfolgende Abgabe von → *Wasserdampf* in die → *Atmosphäre* (→ *Evaporation*, → *Verdunstung*).

Oberflächenwelle *ground wave*: Typ der Wellen beim → *Erdbeben*, die in Oberflächennähe den Erdball umkreisen. Unter den O. werden – Longitudinalwellen, bei denen die Teilchen in Ausbreitungsrichtung, und – Transversalwellen, bei denen die Teilchen senkrecht zur Ausbreitungsrichtung schwingen, unterschieden.

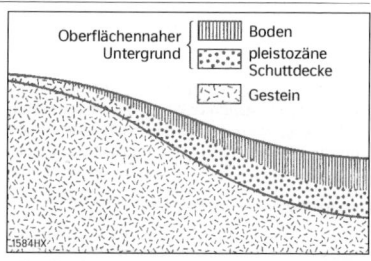

Oberflächennaher Untergrund

Oberhang *high slope, upper slope*: schließt sich – in meist konvexer Form – an den eher gestreckten → *Mittelhang* nach oben an (→ *Hangform*). Für ihn wird – je nach theoretischer Vorstellung – eine besondere geomorphodynamische Aktivität angenommen (→ *Hang*, → *Unterhang*).

Oberlawine *upper avalanche*: → *Lawine*, die auf einem Gleithorizont in der Schneedecke niedergeht, im Gegensatz zur → *Boden-* oder → *Grundlawine*.

Obermoräne *supraglacial moraine, upper moraine, top moraine*: auf der Gletscheroberfläche abgelagerte Schuttmassen, die Hang- und Bergsturzmaterial umfassen (→ *Bergsturzmoräne*). Die O. ist eine bewegte Moräne, da sie vom Gletscher transportiert wird, wobei das Material aber kaum → *glazial* bearbeitet wird und daher meist scharfkantig und grob bleibt. Die O. kann auch als → *Mittelmoräne* repräsentiert sein.

Oberschicht *upper class*: bei einer dreigliedrigen sozialen → *Schichtung* einer Gesellschaft die über der → *Unter-* und → *Mittelschicht* angeordnete führende soziale → *Schicht*. Die Zugehörigkeit zur O., die in sich wieder hierarchisch gegliedert sein kann, ergibt sich – je nach Gesellschaftssystem – durch Kriterien wie z. B. Herkunft und Geburt (Adel), Bildung und Beruf, Vermögen und insbesondere Grundbesitz, Zugehörigkeit zur Führung einer Partei oder anderer gesellschaftlicher Organisationen usw. (→ *Sozialstruktur*).

Oberzentrum *high-order central place*: innerhalb der → *zentralörtlichen Hierarchie* ein → *Zentraler Ort* oberer bis oberster Stufe. Ein O. besitzt in seinem → *Einzugsgebiet* die höchste → *Zentralität* und versorgt die Bevölkerung mit hoch- bis höchstwertigen → *Gütern* und → *Dienstleistungen* langfristigen bzw. episodischen Bedarfs. Hierzu gehören neben dem entsprechenden Angebot des → *Einzelhandels* und des privaten → *Dienstleistungssektors* z. B. Behörden der staatlichen Verwaltung der mittleren (Regierungsbezirke) und oberen Stufe (Ministerien, Landesverwaltung), Universitäten, Landesbibliotheken und -museen, Spezialkliniken, Orchester oder Theater mit eigenem Ensemble. Die Unterschiede zwischen einzelnen O. können relativ groß sein, da sie sich von der → *Mittelstadt* mit Regierungsbezirkssitz bis zur → *Weltstadt* erstrecken (→ *Mittelzentrum*, → *Unterzentrum*).

objektbasierte Klassifizierung *object-based classification*: Klassifizierungsverfahren der → *Fernerkundung*, das im Gegensatz zur → *pixelbasierten Klassifizierung* mit einer der Klassenzuweisung vorgeschalteten Segmentierung arbeitet. Auf der Grundlage verschiedener Segmentierungsverfahren (z. B. multiresolution segmentation, chessboard, quadtree) werden zusammenhängende Bildobjekte (Segmente) gebildet, die in wechselseitigen Beziehungen zueinander stehen. Die Ableitung von Segmenten kann neben spektralen Eigenschaften auch geometrische Eigenschaften (z. B. Form und Größe) benachbarter Pixelformationen berücksichtigen. Die anschließende Klassifizierung beruht auf Regeln, die der Nutzer, i. d. R. in Bezug auf Spektral- und Geometrieeigenschaften, bestimmt. Die o. K. ist - im Vergleich zur pixelbasierten Klassifizierung - ein eher junges Verfahren der digitalen Bildanalyse. Es wird in der Fernerkundung häufig zur Untersuchung → *großmaßstäbiger* → *Rasterdatensätze* (z. B. → *Luftbild*, → *Satellitenbild*) eingesetzt.

Objektivität *objectivity*: Unabhängigkeit der Beschreibung oder Beurteilung einer Sache oder eines Sachverhaltes von der Person des Beobachters. Grundlegendes Prinzip der Wissenschaft. Im epistemologischen Verständnis gehört die Forderung nach O. dem → *Realismus* verwandten Positionen an. Im → *Konstruktivismus* oder anderen anti-realistischen Positionen wird die Möglichkeit einer O. grundsätzlich bezweifelt.

Objektivität *objectivity*: bezeichnet die Unabhängigkeit eines Phänomens oder Sachverhaltes von der Beobachtungsperson und stellt eine grundlegende Anforderung an wissenschaftliche Methodik dar (→ *Subjektivität*, → *Intersubjektivität*).

Objektsanierung *object redevelopment*: im Gegensatz zur stadtökologisch und städtebaulich fragwürdigen → *Flächensanierung* wird bei der O. durch sanfte → *Stadtsanierungen* eine Instandsetzung von Einzelobjekten vorgenommen, die z. T. in ihren historischen Ursprungszustand zurückversetzt werden, unabhängig vom modernen Innenausbau und der künftigen Nutzung des Gebäudes. Die O. muss sich stadtplanerisch, stadtökologisch und architektonisch mit der historischen Erscheinung städtischer Einzelobjekte auseinander setzen. Die O. strebt an, die Statik, den → *Lärmschutz* und die Wärmeisolation zu verbessern sowie zeitgemäße Heizsysteme und neue Leitungen (Strom, Wasser, Gas) im Gebäude zu installieren. Bei der O. historischer Gebäude ist häufig auch der → *Denkmalschutz* beteiligt.

Objektschutz *object protection/preserve/conservation*: in → *Naturschutz* und → *Denkmalpflege* der Schutz von Natur- und Kulturgütern, der sich auf den Schutz einzelner Objekte konzentriert, ohne deren physiognomische und funktionale Einbindung in → *Ökosysteme* (→ *Landschaftsökosysteme*) und Ensembles der → *Kulturlandschaft* zu berücksichtigen. Der O. ist inzwischen in beiden Fachbereichen einem integrativen Ensembleschutz gewichen.

Oblast *oblast*: in Russland Bezeichnung für die der Föderation direkt unterstehenden Verwaltungseinheiten.

obligat *obligatory*: an ein bestimmtes Verhalten oder an bestimmte Ökosystembedingungen zwingend gebunden. Der Begriff bezieht sich auf tierische oder pflanzliche Individuen oder deren Gruppen.

obsequenter Fluss (Gegenfluss, Stirnfluss) *obsequent river*: Fluss, dessen Fließrichtung in → *Schichtstufenlandschaften* entgegen dem → *Fallen* der → *Schichten* fließt und daher auch als → *Gegenfluss* bezeichnet wird. Steht dem → *konsequenten Fluss* gegenüber.

Obsidian *obsidian, volcanic glass*: vulkanisches dunkles (schwarz, braun oder grau) → *Gesteinsglas*, das bei rascher Erstarrung des Schmelzflusses entsteht. Erhitzter O. entgast und wird zu → *Bimsstein*.

Obsoleszenz → *geplante Obsoleszenz*

Obst *fruit*: Sammelbezeichnung für die zum Verzehr bestimmten fleischigen bzw. saftreichen Früchte der meist mehrjährigen Obstgehölze. Unterschieden wird nach – Kernobst (Apfel, Birne usw.), – Steinobst (Pflaume, Kirsche usw.), – Beerenobst (Himbeere, Johannisbeere usw.), – Schalenobst (Walnuss, Haselnuss usw.). O. wird auch nach seiner Qualität bzw. Verwendung differenziert. So ist Tafel-O. als sog. Edel-O. ausschließlich für den individuellen Verzehr bestimmt, während das Wirtschafts-O. (Most-O.) den Saftereien bzw. der Industrie zur Konfitüre- und Saftherstellung sowie zur Alkoholgewinnung zugeführt wird.

Obstbau *fruit growing*: zur → *Landwirtschaft* oder auch zum → *Gartenbau* zählender Anbau obsttragender Dauerkulturen. Zu unterscheiden sind der Selbstversorger-O. und der Erwerbs-O. (→ *Marktanbau*). O. erfolgt als → *Reinkultur* oder als → *Mischkultur*. Weitverbreitet ist die Reihenpflanzung entlang von Verkehrswegen. Der Erwerbs-O. wird sehr häufig als Intensiv-O. betrieben. Aus Rationalisierungsgründen haben sich dabei u. a. die Niederstammkulturen, teilweise in Form des Spalierobstes, durchgesetzt.

Obstweide → *Baumweide*.

Obstwiese → *Baumweide*.

Ödland *barren land, badlands*: veralteter Begriff für offenes, nicht unter Kultur genommenes Land, das wegen seiner ungünstigen ökologischen Verhältnisse land- und forstwirtschaftlich nicht genutzt wird, das aber durch → *Kultivierung* einer ökonomischen Nutzung zugeführt werden könnte. Zum Ö. zählen → *natürliche* oder → *quasinatürliche* → *Moor*- und → *Heide*-Flächen ebenso wie → *anthropogene* Aufschüttungen, z. B. → *Kippen* und → *Halden*. Der Begriff Ö. ist rein ökonomisch gewichtet und nimmt nicht Bezug auf das ökologische Potenzial des Gebietes im Sinne des → *Leistungsvermögens des Landschaftshaushaltes*. Wegen des fehlenden Nutzungsdrucks und damit der geringen oder fehlenden → *Belastung* erweisen sich die Ö.-Standorte als → *Refugien* für seltene Tier- und Pflanzenarten sowie als Bereiche, in denen ein ökosystem- und landschaftsbezogener → *Naturschutz* betrieben werden kann. Ö.-Standorte können sich landschaftsökologisch und biologisch regenerieren und bis zu einem gewissen Grad auch als → *ökologische Ausgleichsräume* fungieren. Ihr Problem ist lediglich, dass natürliche oder naturnahe Ökosysteme oft nur zu kleine Fläche bereitstellen. Verwandt ist der Begriff → *Unland*, mit dem man nicht kultivierbare Flächen bezeichnet.

OECD (Organization for Economic Cooperation and Development) *Organisation für wirtschaftliche Zusammenarbeit und Entwicklung*: eine multilaterale Wirtschaftsorganisation, der die westlichen → *Industrieländer* angehören. Sie wurde 1960 als Nachfolgeorganisation der EOOC (Organization for European Economic Cooperation) gegründet. Der O. gehören an: Australien, Belgien, Chile, Dänemark, Deutschland, Finnland, Frankreich, Griechenland, Großbritannien, Irland, Island, Italien, Japan, Kanada, Luxemburg, Mexiko, Neuseeland, Niederlande, Norwegen, Österreich, Polen, Portugal, Slowakei, Spanien, Schweden, Schweiz, Südkorea, Tschechien, Türkei, Ungarn und USA. Die O. ist für die Mitgliedsstaaten ein Forum für permanenten Austausch über aktuelle gemeinsame wirtschafts- und währungspolitische Probleme und ermöglicht eine bessere Abstimmung nationaler wirtschaftspolitischer Maßnahmen.

OEM *Original Equipment Manufacturer*: (Marken-)Produzent fertiger original Komponenten, Baugruppen oder Produkte, die er aber i. d. R. nicht selber an Endkunden vertreibt, sondern an Hersteller von Endprodukten, wie z. B. ein Sitz- oder Armaturenhersteller für die Automobilindustrie, liefert (→ *Outsourcing*).

offene Beobachtung *open observation*: Form der → *Beobachtung* in der empirischen → *Sozialforschung*, bei der sich die beobachtende Person bei der Beobachtung des Untersuchungsobjektes oder -subjektes zu erkennen gibt (→ *verdeckte Beobachtung*, → *teilnehmende Beobachtung*).

offene Frage *open-ended question*: → *Fragentyp* der empirischen → *Sozialforschung*; Fragen in standardisierten → *Fragebögen* ohne vorgegebene → *Antwortkategorien*, die von den → *Probanden* in freier Formulierung beantwortet werden können (→ *geschlossene Frage*, → *hybride Frage*).

offene Grenze *open boundary*: politische → *Grenze* zwischen zwei → *Staaten*, die ohne größere Formalitäten (z. B. ohne Ausweis) von Angehörigen beider Staaten passiert werden kann. Die Grenzen zwischen den Staaten der EU, soweit sie dem Schengener Abkommen beigetreten sind, sind o. G..

offene Planung *open planning*: Verfahren in der → *Raumplanung*, bei dem bereits in einem frühen Stadium die Öffentlichkeit beteiligt wird. Eine o. P. hat sich v. a. bei der → *Ortsplanung* bewährt (→ *Partizipation*).

offene Stelle *job vacancy*: in der Arbeitsamtstatistik der zur Vermittlung gemeldete Arbeitsplatz. Die Regelung in der Bundesrepublik Deutschland umfasst Stellen für → *Arbeitnehmer* und Heimarbeiter, die in den nächsten drei Monaten besetzt werden sollen und für die eine Beschäftigung von voraussichtlich mehr als sieben Kalendertagen vorgesehen ist.

offener Karst *subaerial karst, surficial karst*: zusammenfassender Begriff für → *nackten Karst* und → *subkutanen Karst* (→ *Karst*, → *Verkarstung*).

offenes System *open system*: ein → *System*, das mit seiner Umwelt sowohl Energie als auch Stoffe austauscht. Zu den o. S. gehören z. B. → *Biosysteme*, → *Geosysteme* und → *Geoökosysteme* (→ *isoliertes System*, → *geschlossenes System*).

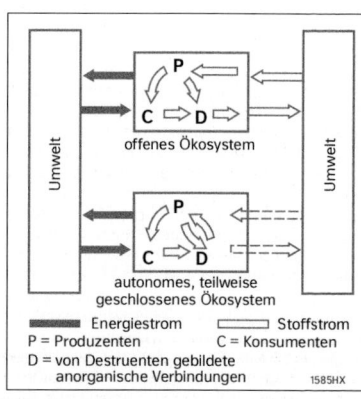

offenes System

Offenlandschaft *open landscape*: eine → *Landschaft*, die aus klimatischen, → *edaphischen* oder → *anthropogenen* Gründen keine flächenrelevanten Waldgebiete aufweist. In vielen „Waldklimaten" der Erde dehnen sich die O. durch die wirtschaftenden und siedelnden Aktivitäten des Menschen immer noch aus, v. a. durch → *Rodung*. In den → *gemäßigten Breiten* würde sich heute wieder → *Wald* einstellen, wenn Landbewirtschaftung, Überbauungen und → *Versiegelungen* eingestellt würden (→ *Ausräumung der Kulturlandschaft*).

Offenlegung *public consultation planning stage*: im Rahmen von Genehmigungsverfahren das öffentliche Auslegen von Plänen, die z. B. Gegenstand eines Bauantrages sind. Eventuell Betroffene haben so die Möglichkeit der Prüfung und Gelegenheit, Einspruch gegen die geplante Umsetzung bestimmter Pläne zu erheben.

Offenstall → *Feedlot*.

öffentliche Belange *public interest*: alle öffentlichen Interessen im Zusammenhang mit einer Planung.

öffentliche Dienstleistung *public service*: von staatlichen Stellen oder gemeinnützigen, staatlich geförderten Leistungsträgern vorwiegend im sozialen Bereich erbrachte Dienste (z. B. Altenpflege, Schulen). Die Standortverteilung entspricht dem → *Versorgungsprinzip*. Viele ehemals ö. D. sind seit Ende des 20. Jh. → *privatisiert* (z. B. Stromversorgung; → *Dienstleistung*).

öffentliche Entwicklungshilfe *official development assistance, public development aid*: alle Mittelzuflüsse von staatlichen Stellen an sog. → *Entwicklungsländer* und multilaterale Institutionen, die zur Verbesserung der Lebensbedingungen in den Ländern des → *Globalen Südens* dienen. Die Mittel werden grundsätzlich zu vergünstigten Bedingungen vergeben.

öffentliche Hand *public authorities, public institutions*: zusammenfassende Bezeichnung für den → *Staat* und seine Untergliederungen (→ *Länder*, → *Regierungsbezirke*, → *Kreise* und → *Gemeinden*) und deren verschiedene Verwaltungsbehörden. Der Begriff ö. H. wird v. a. verwendet, wenn die verschiedenen → *Gebietskörperschaften* im Sinne juristischer Personen gemeint sind.

öffentliche Unternehmung *public enterprise/corporation*: → *Unternehmen*, das einer → *Körperschaft des öffentlichen Rechts* gehört. In Deutschland gehören ö. U. dem Bund, den Ländern oder den Gemeinden.

öffentliche Versorgungsunternehmen *public utility companies*: → *Unternehmen* der öffentlichen Versorgungswirtschaft. Dazu zählen z. B. Elektrizitäts-, Gas-, Fernwärme- und Wasserversorgung. In den letzten Jahren werden jedoch zunehmend ö. V. privatisiert (→ *Privatisierung*).

öffentlicher Haushalt *public budget*: Sammelbegriff für die Finanzwirtschaft der → *Gebietskörperschaften* und Sozialversicherungen mit ihren Einnahmen, Ausgaben und → *Schulden*.

öffentlicher Personennahverkehr (ÖPNV) *public local transport*: Personenverkehr mit → *öffentlichen Verkehrsmitteln* innerhalb von Städten, zwischen Städten und ihrem Umland sowie im regionalen Bereich des ländlichen Raumes. Der ö. P. dient hauptsächlich dem → *Berufsverkehr* (→ *Pendelverkehr*), daneben v. a. dem Schüler-, Einkaufs- und Naherholungsverkehr. Er wird in Deutschland von kommunalen und regionalen Verkehrsbetrieben und der Deutschen Bahn, daneben auch von privaten Bus- und Bahnunternehmen durchgeführt. Wichtigste Verkehrsmittel des ö. P. sind Omnibus, Straßenbahn und Bahn einschließlich S-Bahn, in einigen Großstädten auch U-Bahn.

öffentlicher Raum *public space*: ein klar definierter, oft administrativ eingegrenzter, Bereich im staatlichen oder kommunalen Eigentum, der für jeden zugänglich ist, z. B. alle dem Straßenverkehr gewidmeten Flächen (Straßen, Wege), aber auch Parkanlagen oder (Markt-)Plätze. Ö. R. ist die Voraussetzung für die Begegnung, Auseinandersetzung und Kommunikation mit Anderen und dem Fremden (→ *Andere, der oder das*) und erfüllt damit eine wichtige gesellschaftliche und politische Funktion (→ *Öffentlichkeit*; → *halböffentlicher Raum*, → *privater Raum*).

öffentliches Gut → *Gemeingut*.

öffentliches Verkehrsmittel *means of public transport*: von der → *öffentlichen Hand* betriebenes oder konzessioniertes Verkehrsmittel, das nach Maßgabe der vorhandenen Plätze für jedermann zugänglich ist und Beförderungspflicht besitzt. In Deutschland betreiben die ö. V. insbesondere der → *Staat* (Bahn und Busse im Regional- und Fernverkehr) sowie größere Städte und → *Zweckverbände* von Gemeinden (Stadtbus, Straßenbahn, U-Bahn). Rechtlich gesehen gehören zu den ö. V. auch private Bus- und Bahnlinien, Fluglinien, Linienschiffe und Taxen.

Öffentlichkeit *public sphere*: jener frei zugängliche Bereich des gesellschaftlichen Lebens, in dem Themen behandelt werden, die einer politischen Lösung bedürfen. In demokratischen Staaten lässt sich die staatliche Ö. (die immer mit Herrschaftsverhältnissen verbunden sind) von der Ö. der → *Zivilgesellschaft* unterscheiden (→ *öffentlicher Raum*, → *halböffentlicher Raum*, → *privater Raum*).

Offliner → *Onliner*.

off-season im → *Tourismus* die Zeit außerhalb der → *Hauptsaison* einschl. der → *Vor-* und → *Nachsaison*. Die o.-s. liegt außerhalb der üblichen Schulferien und Urlaubstermine bzw. der klimatisch günstigen Reisezeit. Die Kapazitäten der Tourismusinfrastruktur sind in dieser Zeit nicht ausgelastet, sodass mit verbilligten Angeboten für die o.-s. geworben wird.

Offshore vielfältig genutzte Begriffsableitung für küstennah im Meer gelegen bzw. abseits der Küstengewässer. 1. Vorkommen und Förderung von → *Lagerstätten*, die im Meer liegen → *Offshore-Vorkommen*). 2. räumliche Verlagerung von unternehmerischen Prozessen und Funktionen (→ *Offshoring*). 3. aus Sicht der → *Wirtschaftspolitik* begünstigte Gebiete → *Offshore-Zentren*). 4. im Meer gelegener → *Standort* z. B. für → *Windenergiefarmen*.

Offshore-Banking *offshore banking*: Kapitalgeschäfte, die im Ausland getätigt werden, um die nationalen Beschränkungen zu unterlaufen. Die dabei benützte Währung ist i. d. R. nicht die des Landes, in dem das O.-B. stattfindet (→ *Offshore-Zentrum*).

Offshore-Vorkommen *off-shore deposit*: Vorkommen an → *Erdöl* und → *Erdgas* vor der → *Küste* auf dem das Festland umgebenden → *Schelf* und in größeren → *Binnengewässern*.

Offshore-Zentrum *off-shore (banking) centre*: sog. Steueroase (→ *Niedrigsteuerland*, z. B. Bahamas, Cayman-Islands, Bermudas), die von Unternehmen häufig als Firmensitz gewählt bzw. als „Briefkasten"-Niederlassung gegründet werden, weil dort keine oder eine nur sehr niedrige Steuerbelastung für Unternehmensgewinne besteht (→ *Offshore-Banking*).

Offshoring *Standortverlagerung, Auslandsverlagerung*: Verlegung einzelner Aktivitäten der → *Wertschöpfung* in andere Länder, meist zur Nutzung von absoluten Lohnkostenunterschieden, ggf. aber auch zur Umgehung von Einfuhrbarrieren, zur Anpassung der Produkte an lokale Verbrauchererfordernisse oder aus absatzpsychologischen Gründen. Werden dabei→ *Ressourcen* genutzt, die außerhalb des Verantwortungsbereichs des Unternehmens liegen, spricht man von Offshore-Outsourcing (→ *Outsourcing*).

Of-Horizont *F horizon*: im → *Auflagehumus* die Lage unter der Streu aus grau-braun bis dunkelbraun verfärbten, gefleckten und zerkleinerten Pflanzenresten, welche in typischer Ausprägung auch mit etwas Kot von Gliederfüßlern, Milben usw. durchsetzt ist. Im Of-H. findet der Abbau der leicht abbaubaren Zellsubstanz (insbesondere der Zucker und Eiweiße) statt, wobei die Blatt- und Halmstrukturen usw. noch mehrheitlich erhalten sind. Ein alter, nicht mehr gebräuchlicher Begriff für Of-H. ist Fermentationshorizont. Dieser ist jedoch irreführend, da Fermentationen im Sinne der Gärung vorwiegend anaerob ablaufen (→ *Rohhumus*, → *Moder*).

Ogiven *ogives*: bänderartige Schmelzfiguren auf → *Gletschern*, die durch Einlagerungen von → *Staub* und unterschiedliches Reflexionsvermögen der verschiedenen Lagen des geschichteten → *Eises* zustande kommen.

O-Horizonte *O horizon*: Teil des Humusprofils von → *Waldböden*, das aus der → *Streu* (→ *L-Lage*, l = engl. für litter), dem → *Of-Horizont* (fragmentiertes, z. T. zersetztes Pflanzenmaterial) und an biologisch nicht sehr aktiven Standorten auch dem Oh-Horizont (h = humifiziert) besteht.

Okklusion *occlusion*: Anordnung der Grenzflächen von → *Luftmassen* in einer alternden → *Zyklone*, bei der die Rückseitenkaltluft die Vorderseitenkaltluft erreicht hat und dabei die → *Warmluft* schalenförmig abgehoben wurde (→ *Kaltluft*). Die O. ist der Zusammenschluss der → *Kaltfront* und der vom Moment des Zusammenschlusses an nur noch in der Höhe existierenden → *Warmfront*.

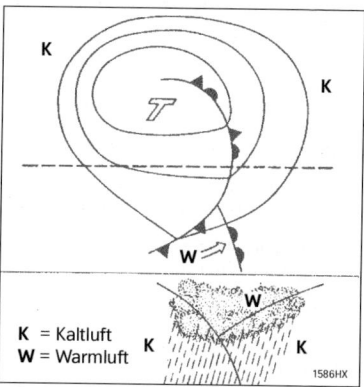

Okklusion

okkupatorische Wirtschaftsform *economic development form defined by occupation*: im Rahmen der → *Dreistufentheorie* unterste Entwicklungsstufe, der Sammler, Jäger, Fischer und Hirten angehören. Zur o. W. gehören die Wildbeuterstufe und das Stadium der frühen Sammelwirtschaft (→ *exploitierende Wirtschaftsform*).

Ökobilanz *ecological balance*: naturwissenschaftlich-technische Methode, mithilfe derer man Energie- und Materialflüsse quantifiziert, die bei Produktion, Verbreitung und Nutzung von Waren und Gütern entstehen. Die Ö. soll Entstehungsursache und Abläufe von Umweltbeeinflussungen und → *Umweltbelastungen* erkennen, die ein Produkt auf seinem Weg vom Ausgangsmaterial über die Nutzung bis zur Entsorgung durchläuft. Ziel der Ö. ist die Verbesserung von Produkten und Verfahren, um die Umweltverträglichkeit herzustellen oder zu steigern (→ *Umweltverträglichkeitsprüfung*).

Öko-Bilanzen *ecological balance*: als Teil des → *Öko-Controllings* dienen Ö. der detaillierten Erfassung und Beschreibung möglicher → *Umweltbelastungen* von → *Unternehmen*, → *Haushalten* und → *Volkswirtschaften* (→ *Umweltstatistik*). Sie können sich dabei auf Produkte, Anlagen, Verfahren oder Verhaltensweisen beziehen. Parameter der Sachbilanz sind Energie-, Material- und Flächenverbrauch, Emissionen in die Umweltmedien → *Luft*, → *Wasser*, → *Boden* und deren Ablagerungen (→ *Abfallentsorgung*) sowie → *Lärm* und → *Strahlung*. Weiterhin werden schwer quantifizierbare Umwelteinflüsse (z. B. Biotopzerstörung), Deponieraumverbrauch und regenerierbare Energieträger in der Wirkungsbilanz berücksichtigt. Zudem können v. a. bei der Bewertung von Produkten Lebensweg-Kriterien, wie z. B. Nutzungsdauer, Einsatzhäufigkeit, Ausfall- und Unfallhäufigkeit, Recyclingquote, Verkehrsströme oder Abfallentsorgungswege, betrachtet werden.

Öko-Controlling *ecological controlling*: Instrument zur Analyse, Planung, Steuerung und Kontrolle aller umweltrelevanten Aktivitäten eines Unternehmens. Ö.-C. stellt die Basis zur Beschaffung der notwendigen Informationen über die Umweltwirkung des Unternehmens, z. B. im Rahmen eines → *Umweltmanagementsystems*, und zur Kontrolle der unternehmerischen Zielerreichung dar. Ein Teilbereich sind → *Öko-Bilanzen*.

Ökodiversität *ecodiversity*: fasst → *Biodiversität* und → *Geodiversität* zusammen als Vielfalt ökologischer Systeme. Die geographischfunktionale und zugleich räumliche Sichtweise wird als → *Landschaftsdiversität* definiert.

Ökodumping *eco-dumping*: spezielle Form des → *Dumping*. Ö. beruht auf der Ausnutzung von Produktionskostenvorteilen, die in niedrigen Kosten und milden Vorschriften des → *Umweltschutzes* begründet liegen. Ein typisches Beispiel für Ö. ist der Einsatz umweltintensiver Herstellungsverfahren, deren Umweltkosten in den Preisen der ausgeführten Produkte nicht enthalten sind. Betrieben wird Ö. u. a. in den → *freien Produktionszonen* der → *Entwicklungs*- und → *Schwellenländer*.

Ökofaktor *ecofactor*: relativ unscharfe und vielfältig gebrauchte Bezeichnung für → *Speicher*, → *Regler* und teilweise auch Prozesse, die an → *Ökosystemen* oder ihren Teilsystemen beteiligt sind. 1. in der → *Landschaftsökologie* alle Faktoren im → *Ökosystem*, die als Funktionsgrößen direkt oder indirekt in Erscheinung treten. 2. in der klassischen, biologischen → *Ökologie* jene → *abiotischen Faktoren*, die für die Existenz des Lebens unabdingbar sind, bzw. jene → *biotischen Faktoren*, die auf andere Ö. einwirken und sie in ihrer Entwicklung und Verbreitung bestimmen.

Ökofeminismus *eco-feminism*: kein einheitlicher Ansatz, sondern eine Vielzahl von Strömungen, die ökologische Fragen mit feministischen Analysen verbinden. Gemeinsam ist den Ansätzen, dass sie einen Zusammenhang zwischen der Unterdrückung von Frauen im Patriarchat (v. a. im Hinblick auf ihre Reproduktionsfähigkeit und Produktivität) und der Ausbeutung der → *Natur* (v. a. im → *Kapitalismus*) sehen und zielen auf eine Beendigung der Dominanz über Natur und Frauen.

ökofunktionale Kennwerte *ecofunctional code values*: ökologische Kennwerte.

Ökogeographische Regeln → *Klimaregeln*.

ökoklin *ecocline*: allmählicher Wechsel der Eigenschaften und Merkmale einer → *Art* oder eines → *Ökosystems*, der auf einen grundsätzlichen Wandel der → *Geoökofaktoren* des Raumes zurückgeht, z. B. durch → *Klimawandel* bzw. → *Umweltwandel*.

Ökologie *ecology*: 1. die Wissenschaft, die sich mit den Wechselbeziehungen zwischen den Organismen untereinander, zu ihrer → *Umwelt* und deren → *Geofaktoren* beschäftigt. Untersucht werden die → *Ökosysteme*, die sich räumlich in den → *Ökotopen* oder anderen → *naturräumlichen Einheiten* der ökologischen → *Raumgliederungen* repräsentieren. 2. unscharfe Sammelbezeichnung in Öffentlichkeit und Massenmedien für jene Interessensbereiche, die sich mit der → *Umwelt* oder dem Zusammenhang Mensch-Umwelt befassen. Auch Praxisbereiche wie → *Raumplanung* oder → *Stadtplanung* wenden sich ökologischen Ansätzen zu, wie → *Ökologische Planung* oder → *Stadtökologie* belegen, z. B. mit → *Umweltverträglichkeitsprüfung* oder → *Landschaftsverträglichkeitsprüfung*. 3. in den Wissenschaften wird Ö. als übergreifendes Fachgebiet verstanden, das sich zwischen den → *Geo*- und → *Biowissenschaften* sowie zwischen einigen Teilen der → *Wirtschafts*- und → *Sozialwissenschaften* anordnet. Allen geht es um den Zusammenhang zwischen Umwelt und Organismen, die in Wechselbeziehungen zueinander stehen und die in ihrem Verhalten Regelhaftigkeiten oder Gesetze folgen. Die ökologische Forschung erfolgt in den verschiedenen Disziplinen mehr oder weniger integrativ und beschreibend, vergleichend oder kausal. Sie wird auf verschiedenen Betrachtungsgrößenordnungsebenen – vom Einzelindividuum über den → *Ökofaktor* bis hin zum gesamten → *Ökosystem* – betrieben. In den geowissenschaftlichen Bereichen der Ö. dient die → *Theorie der geographischen Dimensionen* als methodischer Filter. 4. die klassische Ö. ist die biowissenschaftliche Ö., die man inzwischen auch in der → *Biologie* begrifflich korrekt als → *Bioökologie* bezeichnet. Die klassischen und modernen Betrachtungsweisen der Bioökologie sind → *Autökologie* (oder physiologische Ö.), Demökologie (oder → *Populationsökologie*) und → *Synökologie* (oder → *Biozönologie*). 5. im geowissenschaftlich-geographischen Bereich und in verwandten Fachgebieten wird die Ö. als → *Geoökologie* oder umfassender als → *Landschaftsökologie* betrieben. Letztere hat als Betrachtungsperspektive und Fachgebiet auch innerhalb der → *Landschaftspflege*, der Geographie, der → *Raumplanung* und der Angewandten Ö. einen Platz.

ökologisch *ecological*: 1. die → *Ökologie* als Wissenschaft und Praxisbereich betreffend. 2. die Wechselbeziehungen zwischen den Lebewesen und ihrer → *Umwelt* betreffend. 3. in der → *Landwirtschaft* Anbau, der ohne Schadstoffe betrieben wird → *Alternativer Landbau*.

ökologische Ausgleichsflächen *ecological balancing areas*: der Landwirtschaft z. T. administrativ verordnete und z. T. subventionierte Spezialnutzungen im Feldbau, um dem Rückgang der → *Biodiversität* entgegenzuwirken. Zu den ö. A. gehören z. B. → *Ackerschonstreifen* und → *Buntbrache* (→ ökologischer Ausgleichsraum).

ökologische Ausgleichswirkungen *ecological compensation effects*: erfolgen zwischen → *Landschaftsökosystemen* unterschiedlicher → *Belastungen* auf ober- oder unterirdischen Austauschbahnen (→ *Belastungspfade*), die Stoff- und Energietransporte zwischen den Landschaftsräumen und ihren ökologischen Systemen ermöglichen. Streng genommen können die ö. A. nur zwischen den Agenzien Wasser, Luft und Boden erfolgen, wobei Luft und Wasser als Transporteure bzw. Träger stofflicher Eigenschaften in Erscheinung treten (→ *Luftpfad*, → *Wasserpfad*). Die ö. A. sind z. T. geoökofaktorenspezifisch, sie können aber auch fast alle → *Geoökofaktoren* eines Landschaftsökosystems betreffen. Die Wirkungen sind räumlich begrenzt und hängen v. a. vom → *Relief* ab, aber auch von der Art und Lagerung des → *Oberflächennahen Untergrundes* ab.

Ökologische Belastbarkeit → *ökologische Pufferkapazität*.

ökologische Bewertung *ecological evaluation*: die Bewertung von → *Landschaftselementen*, → *Landschaftshaushaltsfaktoren* und Räumen im Hinblick auf das → *Leistungsvermögen des Landschaftshaushaltes*, wobei die Ö. B. auch auf Einzelmerkmale dieser Gegenstände hin durchgeführt wird, obwohl dies dem holistischen Ansatz der → *Landschaftsökologie* bzw. → *Ökologie* zuwiderläuft (→ *ökologische Eignungsbewertung*, → *Landschaftsbewertung*).

ökologische Bilanzierung *ecological balancing*: vergleichende Wertschätzung des → *Leistungsvermögens des Landschaftshaushaltes* vor und nach einem strukturellen Eingriff, um den Funktions- bzw. Potenzialverlust der Landschaft und ihrer → *Landschaftsökosysteme* zu ermitteln und das erforderliche Ausmaß von Ausgleichs- und Ersatzmaßnahmen festzulegen, z. B. durch → *ökologische Planung* (→ *Landschaftsbilanz*, → *ökologische Ausgleichsflächen*).

ökologische Eignungsbewertung *ecological suitability evaluation*: für das → *Naturraumdargebot* zur Ausweisung des → *Naturraumpotenzials* mithilfe verschiedener Methoden der → *Landschaftsbewertung* erfolgend (→ *Leistungsvermögen des Landschaftshaushaltes*).

ökologische Faktoren (Umweltfaktoren) *ecological factors*: Gesamtheit der → *abiotischen* und → *biotischen Faktoren*, die als → *Umwelt* auf ein Individuum oder eine Gruppe von Lebewesen einwirken, woraus sich Verhaltensweisen und/oder Anpassungen ergeben. Die ö. F. werden gruppiert in klimatische, → *edaphische*, → *orographische* und → *biotische Faktoren* bzw. → *Ökofaktoren*.

ökologische Geobotanik → *ökologische Pflanzengeographie*.

Ökologische Geomorphologie *ecological geomorphology*: Teilbereich der → *Geomorphologie*, der sich mit dem → *Georelief* als → *Regler* im → *Landschaftsökosystem* bzw. → *Geoökosystem* und dem → *oberflächennahen Untergrund* als landschaftlicher Substanz für wissenschaftliche und praktische Zwecke beschäftigen.

ökologische Grenze *ecological limit/barrier*: in → *Geoökologie* und → *Bioökologie* vielfältig verwandter Begriff, mit funktionalem und räumlichem Aspekt. Jenseits der ö. G. von Pflanzen- und Tierarten werden deren Lebensraumansprüche nicht erfüllt. Eine Ursache kann dabei u. a. auch erhöhte Konkurrenz anderer Arten sein. Ö. G. treten daher oft zwischen verschieden ausgestatteten Ökosystemen auf. Die in der Horizontalen oder in der Vertikalen auftretenden Grenzen bzw. Grenzsäume für Tiere, Pflanzen und auch für den Menschen werden letztlich von → *abiotischen Faktoren* (vor allem dem Klima und seinen Wirkungen auf den Lebensraum) bestimmt (→ *Ökoton*).

ökologische Grundeinheit *ecological basic unit*: → *landschaftsökologische Grundeinheit*.

ökologische Hauptmerkmale → *Landschaftsökologische Hauptmerkmale*.

ökologische Kennwerte (ökofunktionale Kennwerte) *ecological code values, ecofunctional code values*: 1. Inhalt und/oder Funktion eines → *Geoökosystems* kennzeichnende Werte, wobei in der → *Geoökologie* und → *Landschaftsökologie* von einer statischen Kennzeichnung der stabilen → *Geoökofaktoren* zur Kennzeichnung der → *Prozesse* übergegangen wurde, z.B. der → *Stoffumsätze*. 2. in der → *Bioökologie* werden auch → *Lebensformenspektren* oder die quasiquantitative Kennzeichnung des Zusammenhanges einer Organismengruppe mit einem chemischen oder physikalischen Faktor (z.B. Nitratpflanzen) als ö. K. bezeichnet.

ökologische Landschaftsforschung *ecological landscape research*: Sammelbegriff für alle Forschungen, die sich mit dem Zustand und der Entwicklung der → *Geoökosysteme* sowie der → *Bioökosysteme* beschäftigen – unter Berücksichtigung, dass die Systeme eine → *Dreidimensionalität* aufweisen und dass ihr räumlich-funktionaler Charakter im Vordergrund steht. Zentralgebiete der ö. L. sind → *Landschaftsökologie* und → *Geoökologie*.

Ökologische Landwirtschaft → *Biologische Landwirtschaft*, Alternativer Landbau.

ökologische Modelle *ecological models*: zielen auf die Komplexität ökologischer Sachverhalte in Zeit und Raum ab, wobei je nach Fachbereich unterschiedlich modelliert wird. Ziel sollte eine → *holistische* Modellierung sein, die der Realität der komplexen → *Umweltsysteme* gerecht wird.

ökologische Nische *ecological niche*: sowohl in → *Bioökologie* als auch in → *Geoökologie* verwandter Begriff, jedoch mit verschiedenen Bedeutungen. In der Bioökologie gibt es eine → *trophische* und eine räumliche Definition der ö. N. 1. die ö. N. ist die Gesamtheit der trophischen Beziehungen einer Tierart, also ihrer Beziehungen zu Nahrung und Feinden. Diese ökofunktionale ö. N. ist die trophische Nische (auch: Eltonsche Nische). 2. ihr gegenüber steht die räumliche ö. N. oder Standortnische, als ein Raumausschnitt, der zeitweise oder dauernd bewohnt wird. 3. sowohl in der Bioökologie als auch in der Geoökologie ist noch eine dritte Variante des Begriffs ö. N. üblich. Hierbei handelt es sich um jenen → *Standort* einer → *Pflanzengesellschaft* und/oder einer → *Tiergemeinschaft*, der sich durch eine spezielle Geoökofaktorenkonstellation gegenüber seiner näheren und weiteren Umgebung auszeichnet (→ *Nische*).

ökologische Persistenz (landschaftsökologische Persistenz) *ecological persistence*: Pufferkraft der → *Ökosysteme* gegenüber langfristigen Einwirkungen auf den → *Landschaftshaushalt*. Dabei ist es gleichgültig, ob diese vom Menschen (z.B. → *Bodenerosion*, → *Entwässerung*, → *Düngung*, → *Tiefpflügen*) oder von der Natur selber ausgehen (z.B. natürliche → *Erosion*, → *Klimaschwankungen*, Sedimentakkumulationen).

ökologische Pflanzengeographie (ökologische Geobotanik) *ecological plant geography*: Teilgebiet der → *Geobotanik* und der → *Pflanzengeographie*, das die Beziehungen der Pflanzen und → *Pflanzengesellschaften* zum → *Standort* und deren Anpassungen an diesen untersucht.

ökologische Planung *ecological planning*: vom räumlichen Ansatz und vom aktuellen Zustand der komplexen → *Landschafts*- und → *Stadtökosysteme* ausgehend, die sich durch Nutzung und → *Nutzungsansprüche* permanent wandeln. Ö. P. berücksichtigt die Wirkungszusammenhänge der Einzelbestandteile der belebten und unbelebten → *Natur* bzw. → *Umwelt*, um gedachte oder geplante künftige räumliche und funktionale Realitäten daran zu messen, ob sie nicht nur dem Menschen nützen, sondern ob sie auch mit den nicht manipulierbaren Naturgesetzen korrespondieren. Sie optimiert die realen Nutzungsstrukturen durch Vorsorge- und Sanierungsmaßnahmen, um durch eine → *nachhaltige Nutzung* eine ressourcenschonende Entwicklung des Lebens- und Wirtschaftsraumes von Mensch und Gesellschaft sicherzustellen. Ö.P. muss als integrierte Planung erfolgen, d.h. sie führt die separativ ansetzenden → *Fachplanungen* zusammen, damit diese innerhalb einer integrativen Umweltplanung agieren. Ö.P. kann nur dann wirksam sein, wenn die Verwaltungs- und Entscheidungsstrukturen auf ihre Ziele abgestellt sind und die politischen Entscheider eine → *ökologische Politik* praktizieren.

ökologische Potenz (ökologische Reaktionsbreite, ökologische Toleranz) *ecological potency*: die Fähigkeit eines tierischen oder pflanzlichen Organismus, in einem bestimmten Bereich eines Umweltfaktors zu existieren. Die Wertigkeit des betreffenden Faktors wird als dessen → *ökologische Valenz* bezeichnet.

ökologische Prinzipien → *ökologische Regeln*.

ökologische Psychologie → *Umweltpsychologie*.

ökologische Pufferkapazität (ökologische Belastbarkeit) *ecological buffering capacity*: das Vermögen eines → *Ökosystems*, eine → *Belastung* auszugleichen, ohne dass diese nachhaltige Veränderungen im System bewirkt. Dieses Puffervermögen ist begrenzt und wird von verschiedenen Faktoren im System bewirkt. Einer davon ist der Boden (→ *Pufferungsvermögen des Bodens*).

ökologische Raumeinheit *ecological space unit, ecological areal unit*: ein Gebiet, das innerhalb seines Areals gleiche oder ähnliche natürliche Gegebenheiten aufweist, die gleichartig oder ähnlich auf Eingriffe in den → *Naturhaushalt* der → *Landschaft* reagieren. Die natürlichen Gegebenheiten sind die → *Geoökofaktoren* → *Gestein* bzw. → *Oberflächennaher Untergrund*, → *Relief*, → *Boden*, → *Wasserhaushalt*, → *Geländeklima*, Vegetation und Tierwelt, die zusammen ein ökologisches → *Wirkungsgefüge* bilden, das als → *Naturhaushalt* bezeichnet wird.

ökologische Raumgliederung *ecological areal classification, ecological spatial classification*: mehrere Verfahren zur Ausscheidung → *ökologischer Raumeinheiten* bzw. → *naturräumlicher Einheiten* nach den Prinzipien der → *Landschaftsökologie* und → *Geoökologie*. Die Ausscheidung erfolgt nach Untersuchungen der → *landschaftsökologischen Standorte* und mit Bezug zu den → *Dimensionen* → *naturräumlicher Einheiten*. Grundeinheit sollte der → *Top* im Sinne des → *Ökotops* sein. Die ö. R. sind hierarchisch konzipiert. Die praktische Bedeutung von ö. R. steigt i. d. R. mit der Vergrößerung des Maßstabs (→ *Landschaftsökosystem*, → *Naturräumliche Gliederung*, → *Naturräumliche Ordnung*).

ökologische Regeln (ökologische Prinzipien) *ecological rules*: basieren auf Beobachtungstatsachen. Dazu gehören die → *Wirkungsgesetz der Umweltfaktoren*, das → *Minimumgesetz*, die → *biozönotischen Grundprinzipien*, die → *Abundanzregel*, das → *Prinzip der Gleichwertigkeit verschiedener Umweltwirkungen*, das Prinzip der relativen → *Biotopbindung* (vgl. → *Relative Standortkonstanz*), das Prinzip der nach Norden zunehmenden → *Synanthropie* und die → *RGT-Regel* (Reaktionsgeschwindigkeit-Temperatur-Regel).

ökologische Risikoanalyse *ecological risk analysis*: verschiedene Verfahren zur Einschätzung des → *Risikos* bei Eingriffen in → *Natur* und → *Landschaft*, die zur Beeinträchtigung des → *Leistungsvermögens des Landschaftshaushaltes* führen. Das Risiko hängt ab vom Grad der Beeinträchtigung bzw. vom Gefährdungspotenzial und der Bedeutung der beeinträchtigten landschaftshaltlichen Leistung. Die ö. R. ist ein Verfahren, das bei der → *ökologischen Planung* eingesetzt wird (→ *Risikoabschätzung*, → *Risikoanalyse*, → *Risikoforschungsbereiche*).

ökologische Stabilität *ecological stability*: Fähigkeit eines → *Ökosystems*, sein Gleichgewicht unter Einwirkung natürlicher → *Geoökofaktoren* oder → *anthropogener* Einflüsse zu erhalten, wobei die Fähigkeit durch die Breite der ökologischen Amplitude des Ökosystems oder auch einzelner seiner Kompartimente bestimmt wird. Bei komplexer Betrachtung von Ökosystemen erweist sich jedoch der Begriff → *Stabilität* als wesentlich komplizierter als im Sinne der ö. S..

ökologische Stadtentwicklung *ecological urban development, ecological town development, ecological city development*: kann erfolgen, wenn Ökologische Politik und → *Ökologische Planung* zusammenwirken und das gesamte → *Stadtökosystem* die theoretische, methodische und praktische Grundlage bildet (→ *Stadtentwicklung*).

ökologische Stadtraumgliederung *ecological urban structure*: wie bei der → *Stadtgliederung* der → *Stadtgeographie* wird bei der ö. S. die → *Stadt* in Teilräume gegliedert, die stadtökologische physiognomische und/oder ökofunktionale Homogenität aufweisen, die wesentlich von der Flächennutzung bestimmt ist. Die ö. S. im engeren Sinne müsste sich auf die Teilsysteme (z. B. Biosystem, Klimasystem etc.) des Stadtökosystems und auf dieses selber beziehen (→ *Physiognomie*, → *Stadtökologie*, → *Stadtstrukturtypen*).

ökologische Standorttypen *ecological site types*: ö. S. werden in der → *Agrar*- und → *Forstökologie* ausgeschieden. Danach ist ein ö. S. eine Fläche gleicher aktueller natürlicher Leistungsfähigkeit.

ökologische Toleranz → *ökologische Potenz*.

ökologische Valenz *ecological valency*: Wertigkeit eines → *Geofaktors* für die ökosystem- bzw. umweltbezogene Reaktion eines pflanzlichen, tierischen oder menschlichen Organismus.

ökologische Variabilität *ecological variability*: bezieht sich auf die Dynamik von → *Geoökosystemen* und drückt sich in der → *ökologischen Persistenz* aus, die beide zusammen die ö. V. eines Geoökosystems ausmachen.

ökologische Wertanalyse *ecological value analysis*: empirisches Verfahren zur Aufbereitung qualitativer ökologischer Parameter für eine quantitative Bewertung der Funktionstüchtigkeit von Ökosystemen, eingesetzt bei → *Landschaftsbewertungen* und der Bewertung des → *Leistungsvermögens des Landschaftshaushaltes*. Ziele sind die Bewertung des Zustands der Ökosysteme als „gestört" oder „ungestört", die Darstellung der qualitativen Schutzwürdigkeit, der Nutzungseignung, der Konfliktsituationen sowie die Einschätzung von Belastung und Zerstörung von Ökosystemen durch vorhandene oder künftige Nutzungen.

ökologischer Ausgleichsraum *ecological balancing space*: räumliche Manifestation von → *Landschaftsökosystemen* mit geringen → *Belastungen*, welche aufgrund ihrer Funktionstüchtigkeit für Nachbarschaftsräume eine → *ökologische Ausgleichswirkung* erzielen können. Das geschieht durch Austausch von Energie und Substanzen, z. T. auch von → *Bios*, der die Qualität des ausgleichenden Raumes nicht herabsetzt, jedoch die ökologische Funktionstüchtigkeit des belasteten Nachbarraums verbessert. Der ö. A. übernimmt auf diese Weise teilweise ökologische Grundfunktionen von belasteten Landschaftsökosystemen (→ *Belastungsraum*).

ökologischer Fehlschluss *collective fallacy*: typischer Fehler in der empirischen → *Sozialforschung*, bei dem auf der Grundlage → *aggregierter Daten*, die Aussagen über ein Kollektiv zusammenfassen, auf die Eigenschaften eines Individuums geschlossen wird. „Ökologisch" heißt in diesem Fall „kollektiv".

ökologischer Fußabdruck *ecological footprint*: im Rahmen der Forderungen nach → *Nachhaltigkeit* und → *nachhaltiger Entwicklung* ein von Mathis Wackernagel und William Rees 1994 entwickeltes Konzept zur anschaulichen Darstellung jener Fläche auf der Erde, die notwendig ist, um den → *Lebensstil* (oder → *Lebensstandard*) eines Menschen unter den jeweiligen Produktionsbedingungen dauerhaft zu ermöglichen. Die statistisch ermittelten Werte berücksichtigen die Produktionsbedingungen von z. B. Kleidung, Lebensmitteln, Konsumgütern, Energie, Entsorgung usw., aber auch das dadurch sowie durch die Aktivitäten des jeweiligen Menschen freigesetzte → *Kohlendioxids* (als klimarelevantes Gas). Die Werte werden in Hektar pro Person und Jahr ausgedrückt.

ökologischer Imperialismus (Umweltimperialismus) *ecological imperialism*: zusammenfassender Begriff für Entwicklungs- und Handelspolitik, die negative Effekte für die natürliche Umwelt nicht berücksichtigt. Verbunden damit ist oftmals eine Verlagerung der negativen Effekte in die sog. → *Entwicklungsländer*, wenn z. B. besonders schmutzige Schritte einer industriellen Produktion aus den Industrieländern in Schwellen- oder Entwicklungsländer verlagert werden oder → *Sondermüll* und giftige Abfälle in solchen Ländern gelagert werden. Der Begriff wurde 1986 von Alfred W. Crosby in einem anderen Zusammenhang eingeführt: Er vertrat die These, dass die europäische Kolonisierung Amerikas v. a. aufgrund der eingeschleppten Krankheiten und mitgebrachten Tier- und Pflanzenarten (und aufgrund ökologischer Faktoren) erfolgreich war und nicht aufgrund der überlegenen Technologie oder Waffen (→ *Kolonialismus*, → *Imperialismus*).

ökologischer Problemraum *ecological problem zone*: ein Raum mit in der öffentlichen Meinung verorteten ökologischen Problemen, wobei sich die Raumrealität mit realen ökologischen Zuständen und Problemen einerseits und das mentale Konstrukt ökologischer Probleme im Lebensumfeld und Lebensraum von Mensch und Gesellschaft andererseits überlagern. Die Eigenart des Konstrukts beruht auf der Wahrnehmung durch den Menschen. Sie kann je nach Art der sozialen, politischen, ökonomischen etc. Gruppe anders ausfallen. Im Ansatz der Erforschung der ö. P. bilden die realen ökologischen → *Raummuster* die naturwissenschaftlich untersuchte Sachebene; die auf Wahrnehmung gegründeten psychosozialen → *mental map*-Muster bilden die Werteebene, die man mit Methoden der empirischen → *Sozialforschung* untersucht.

ökologischer Stadtumbau *ecological urban conversion*: noch wenig praktizierte Methode der → *Ökologischen Planung* in der Stadt durch Anpassung der → *Stadtentwicklung* und der städtischen Strukturen an die Erfordernisse der ökologischen Verträglichkeit und der → *nachhaltigen Nutzung* von industriegesellschaftlichem Niveau. Das erfordert, ressourcensparende, umweltschonende und sich selbst regelnde Kreisläufe bei baulichen und städtebaulichen Maßnahmen und bei der Gestaltung städtischer Lebensprozesse zu beachten (→ *Nachhaltigkeit*, → *Stadtökosystem*, → *Stadtumbau*).

ökologischer Standort *ecological site*: Gesamtheit des stofflichen und energetischen Angebots am ständigen Aufenthalts- bzw. Wuchsort (→ *Lebensraum*, → *Biotop*) eines Organismus oder seiner → *Lebensgemeinschaft* (→ *Biozönose*, → *Standort*).

ökologischer Umweltschutz *ecological environmental protection*: dem technischen Umweltschutz gegenüberstehend und auf → *Landschaftsökosysteme* bzw. → *Ökosysteme* sowie deren → *naturbürtige* Bestandteile bezogen, die unmittelbar geschützt werden sollen, z. B. durch Maßnahmen von → *Naturschutz*, → *Landschaftsschutz* und → *Landschaftspflege*. In der Praxis wird Ö. U. meist reduktionistisch gehandhabt und ausschließlich auf → *biotische Faktoren* bezogen, damit in die Nähe des klassischen → *Objektschutzes* (des Naturschutzes) gelangend.

ökologischer Wirkungsgrad *ecological efficiency*: das Verhältnis von verfügbarer (einstrahlender, interzeptierter oder absorbierter) → *Energie* zur genutzten (gebundenen oder assimilierten) Energie eines Organismus, einer Organismengruppe oder auch eines Komplexes → *ökologischer Prozesse* im → *Ökosystem*. Dabei handelt es sich nicht um einen Kreislauf, sondern die eingestrahlte Energie wird auf jeder Ökosystem- bzw. Lebensstufe zunehmend verbraucht und die genutzte

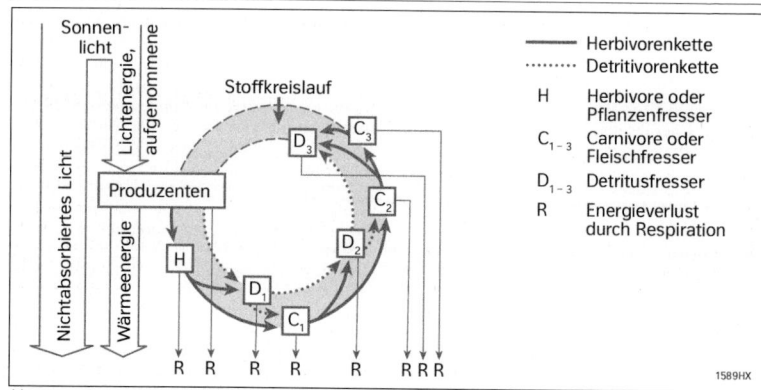
Ökologischer Wirkungsgrad

Energie als Wärme an die Umgebung abgegeben.

ökologischer Zeigerwert *ecological indicator value*: zeigt über die Reaktion von Tier- oder Pflanzenarten auf einen Faktor bzw. einen Faktorenkomplexes bestimmte Standortbedingungen an (→ *Bioindikatoren*, → *Zeigerpflanzen*). So ist z. B. die Besenheide (*Calluna vulgaris*) ein Starksäurezeiger, d. h. diese Art kommt nur an Standorten mit stark saurer Bodenreaktion vor. Die ö. Z. beziehen sich auf das ökologische Optimum, d. h. auf die Standortansprüche unter den gerade gegebenen Konkurrenzbedingungen. Die ö. Z. ersetzen nicht die Messung der einzelnen Parameter im Ökosystem, erlauben aber einen relativ schnellen Überblick, der dann z. B. auch die zeit- und materialsparende Übertragung von Messdaten auf die Fläche ermöglicht.

ökologisches Gleichgewicht *ecological balance*: theoretisches Postulat, das in den einzelnen Fachwissenschaften (= „Ökologien") unterschiedlich gefüllt wird. 1. generell ist das ö. G. ein quasi stationärer Zustand ökologischer Systeme während eines Betrachtungszeitraumes. Die meisten Zustände ökologischer Systeme entsprechen → *Fließgleichgewichten*. 2. in Bezug auf Entwicklung und Veränderung von Leben und Umwelt ist das Ö. G. eine Beschreibung des Zustandes eines → *Ökosystems*, das durch Wirkung und Gegenwirkung eine relative → *ökologische Stabilität* erreicht. Das Regulationsvermögen der Ökosysteme hängt vom Zustand und der Funktionsweise der → *abiotischen* und → *biotischen Faktoren* des Ökosystems ab.

ökologisches Potenzial *ecological potential*: 1. meist verengt eingesetzter Begriff für → *biotische* oder → *abiotische Faktoren* des → *Ökosystems* im → *Naturraum*, der eine definierte Naturraumausstattung aufweist. 2. in engster Begriffsauslegung der → *Biologie* handelt es sich um pflanzliche und/oder tierische Lebewesen oder Lebensgemeinschaften in Bezug zu ihrer Funktion im Ökosystem, seltener oder nie in Bezug zu ihrer Funktion als Bestandteile des → *Naturraumpotenzials*. 3. im Zusammenhang mit dem → *Leistungsvermögen des Landschaftshaushaltes* wird das ö. P. raumbezogen und zugleich funktional definiert als vorhandenes oder zu entwickelndes System von → *Ökotopen* der → *Landschaft*, das die gesamte standörtlich mögliche Vielfalt an → *Lebensgemeinschaften* und → *Wirkungsgefügen* repräsentiert sowie die natur- und kulturhistorische Entwicklung der → *Landschaft* dokumentiert. Zum ö. P. gehören das Potenzial für → *Arten*- und → *Biotopschutz*, das biotische Regenerationspotenzial (→ *Regenerationsfunktion*) sowie das → *Naturschutzpotenzial* (→ *Naturschutzfunktion*).

ökologisches Recycling *ecological recycling*: → *Recycling* unter dem Gesichtspunkt einer vollen Integration von → *Abfall* aus Produktion und Konsum in den Stoffkreislauf der → *Ökosysteme*.

ökologisches Spektrum *ecological spectrum*: Mengenanteile von → *Lebensformen* eines Gebietes, unabhängig von ihrer systematischen Stellung und damit genetischen Verwandtschaft. Das ö. S. entspricht mehr oder weniger dem → *Lebensformenspektrum*, wenn dieses auf einen geographisch definierten Erdraum bezogen wird.

Öko-Marketing *ecological marketing*: Einbindung der Forderungen von Anspruchsgruppen in unternehmerische Entscheidungen im Rahmen des → *Stakeholderkonzepts*, um sowohl den höchst umweltrelevanten primären betrieblichen Aktivitäten als auch der notwendigen Verankerung des → *Umweltschutzes* als Teil der Unternehmensführung Rechnung zu tragen. Es gilt neben der Vertriebsfunktion auch die umweltgerechte Gestaltung und Herstellung von Produkten sowie ihre Distribution zu optimieren und den Preis festzulegen. Zusätzlich ist die → *Abfallentsorgung* als primäre Funktion hinzuzufügen (→ *Öko-Wertschöpfungskette*).

Ökonometrie *econometrics*: Teildisziplin der → *Wirtschaftswissenschaften*, die sich mit der Analyse und Prognose von → *Wirtschaftsprozessen* befasst und daraus wirtschaftstheoretische → *Modelle* mithilfe mathematischer Verfahren und Daten der Wirtschaftsstatistik erstellt. Die Modellentwicklung der Ö. bezieht sich sowohl auf gesamtwirtschaftliche Prozesse und Entwicklungstendenzen als auch auf regionale Raumeinheiten.

Ökonomie → *Wirtschaft*.

Ökonomik *economics*: Lehre von der → *Wirtschaft*.

ökonomisch ausbringbare Reserven *economically exploitable reserves*: jener Teil der technisch gewinnbaren → *Reserven*, der unter gegenwärtigen wirtschaftlichen Bedingungen ausbringbar ist, d. h. gewonnen werden kann.

ökonomisches Kapital *economic capital*: neben dem → *kulturellen Kapital*, dem → *sozialen Kapital* und dem → *symbolischen Kapital* eine der vier Kapitalarten, die von dem frz. Soziologen Pierre Bourdieu zur Unterscheidung sozialer Ungleichheit eingeführt wurde. Zum ö. K. zählt der Besitz jeder Art von materieller Ware, beispielsweise Grund und Boden, → *Immobilien*, → *Unternehmen*, → *Produktionsmittel*, Geld, Aktien, Schmuck oder Kunstwerke. Die vier Kapitalarten sind nicht immer eindeutig voneinander abzugrenzen. So kann z. B. der Besitz eines Kunstwerks sowohl zum kulturellen Kapital als auch zum ö. K. zählen.

ökonomisches Prinzip *economic principle*: Grundsatz des rationalen und wirtschaftlichen Handelns. Das ö. P. setzt sich zum Ziel, mit gegebenen Mitteln einen größtmöglichen Ertrag (Erfolg) zu erzielen (→ *Maximumprinzip*) oder einen bestimmten Ertrag mit dem geringstmöglichen Einsatz von Mitteln zu erreichen (→ *Minimumprinzip*).

Ökophysiologie *ecophysiology*: Fachgebiet von → *Geobotanik* und → *Zoologie*, das sich – meist individuen- oder gesellschaftsbezogen – mit der organischen Funktionsweise tierischer und pflanzlicher Organismen unter dem Einfluss der Lebensraumbedingungen des → *Ökosystems* beschäftigt.

Ökosophie *ecosophy*: neuer Begriff zur Verbindung von Ökologie und Philosophie mit unterschiedlichen Strömungen und Argumentationen, z. B. → *Tiefenökologie*.

Ökosphäre *ecosphere, biogeosphere*: → *Biogeosphäre*.

Ökosystem *ecosystem*: 1. In der Ökologie versteht man ganz allgemein unter Ö. das Beziehungsgefüge der Lebewesen untereinander (→ *Biozönose*, → *Produzenten*, → *Konsumenten*, → *Destruenten*) und ihren Lebensraum (→ *Biotop*). Die Funktion des Ö. besteht in der Aufrechterhaltung der Stoffkreisläufe und dem damit verbundenen Energiefluss. Ö. sind stets stofflich und energetisch offen und zu einem hohen Grad zur Selbstregulation fähig. 2. In der Geo- und Landschaftsökologie ist ein Ö., wie oben beschrieben, immer an eine → *ökologische Raumeinheit* bzw. ein → *Ökotop* gebunden. Beispiele für ein naturnahes Ö ist ein → *Waldökosystem*, für ein anthropogen stark verändertes Ö. ein → *Stadtökosystem*. Während in den Biowissenschaften bei der Untersuchung ökosystemarer Prozesse häufig die Organismen wie Pflanzen und Tiere im Vordergrund stehen, sollten bei einer geo- bzw. landschaftsökologischen Betrachtung die abiotischen Faktoren, wie z. B. Gestein oder Relief, immer miteinbezogen werden.

Ökosystem/Ökotop

Ökosystemtyp → *Geoökotyp*.

Ökoton *ecotone*: Übergangsbereich zwischen verschieden ausgestatteten Lebensräumen (z. B. zwischen → *Wald* und → *Steppe*). Ö. weisen meist eine größere biotische und räumliche → *Diversität* (größeres Angebot an Nahrung, Deckung, stark variierende mikroklimatische Bedingungen usw.) auf. Der Begriff Ö. ist unabhängig von der → *Dimension land-*

schaftlicher Ökosysteme (→ Grenze, → Grenzsaum).

Ökotop *ecotope*: in → Geo- und → Biowissenschaften verschieden verwandter, teilweise sich überlappender Begriff. Generell wird unter Ö. ein weitgehend einheitlich ausgestatteter (meist) kleiner Lebensraum verstanden, in welchem → *abiotische* und → *biotische Faktoren* (→ *Ökofaktoren*) ein → *Wirkungsgefüge* im Sinne des → *Ökosystems* bilden. 1. in der → *Ökologie* wird der Begriff Ö. meist mit → *Biotop* gleichgesetzt, mit allenfalls losen Beziehungen zu den physikalischen und chemischen Randbedingungen des Lebensraumes. 2. in der → *Geo*- und → *Landschaftsökologie* versteht man darunter kleine, gut abgrenzbare und realtiv homogene ökologische Raumeinheiten, auch als → *naturräumliche Grundeinheit* bezeichnet. Die Zusammensetzung von Flora und Fauna ist ähnlich, dementsprechend auch das → *Wirkungsgefüge* innerhalb eines Ökotops.

Ökotopbildungsfunktion *ecotope formation function*: das → *Leistungsvermögen des Landschaftshaushaltes*, durch Wechselwirkungen zwischen → *abiotischen* und → *biotischen Faktoren* (→ *Ökofaktoren*) ein ökologisches → *Wirkungsgefüge*, also ein → *Ökosystem*, zu bilden, das sich räumlich im → *Ökotop* repräsentiert. Das ökologische Wirkungsgefüge kann sich ohne wesentliche → *anthropogene* Eingriffe selbst erhalten und regenerieren.

Ökotopentwicklungsfunktion *ecotope development function*: das → *Leistungsvermögen des Landschaftshaushaltes*, seine → *Stabilität* und seine Fähigkeit zur Selbstregulation selbsttätig oder durch Pflegeeingriffe des Menschen (→ *Landschaftspflege*) innerhalb eines gewissen Zeitraums zu regeln. Äußerlich findet dies seinen Ausdruck in den → *Sukzessionen* der → *Pflanzen* bzw. den → *Sukzessionsreihen* der → *Biozönosen* oder in → *Landschaftssukzessionen*. Der Begriff Ö. beinhaltet sowohl den langfristig-erdgeschichtlichen Ansatz der Entwicklung von → *Ökosystemen* als auch den → *anthropogenen*, der sich in Eingriffen in Haushalt und Physiognomie der Landschaft ausdrückt. Darauf nimmt auch die Kennzeichnung des → *Natürlichkeitsgrades* (→ *Hemerobie*) von Landschaft und Ökosystem Bezug (→ *Kulturlandschaftswandel*, → *Umweltwandel*).

Ökotopgefüge *ecotope structure*: nach der → *Theorie der geographischen Dimensionen* und den dadurch definierten → *Dimensionen* landschaftlicher Ökosysteme aggregieren sich formal und funktional mehrere → *Ökotope* zu einem Ö..

Ökotourismus *ecotourism*: 1. Bezeichnung für eine Form des → *Tourismus*, bei der naturnahe Reiseziele, ökologisch wertvolle Räume, → *Naturparks*, → *Nationalparks* u. ä. als Hauptziele aufgesucht werden. 2. gelegentlich gebrauchte Bezeichnung für → *sanften Tourismus* oder → *Alternativtourismus*.

Ökotoxikologie *ecotoxicology*: Wissenschaft vom Vorkommen, der Verteilung und der Wirkung von Giften und → *Schadstoffen*, die an Organismen, → *Populationen* und → *Ökosystemen* durch Überdosis Schäden anrichten und deren Zustand, Funktion und Bestandteile gefährden können. Ö. ist weitgehend identisch mit der → *Umwelttoxikologie* (→ *Bioakkumulation*).

Ökotyp *ecotype*: 1. in der → *Geoökologie* andere Bezeichnung für → *Geoökotyp*. 2. in der → *Bioökologie* stellt Ö. Sippen einer Art dar, die durch Anpassung an bestimmte Umweltbedingungen und durch Selektion entstanden sind. Man bezeichnet sie dann als → *Standortformen*, die sich im Aussehen wenig oder nicht voneinander unterscheiden, wohl aber im ökophysiologischen Verhalten und in ihren Ansprüchen an das → *Ökosystem*. Die Ö. vertreten die Art an Lebensstätten mit unterschiedlichen geoökologischen Bedingungen.

Öko-Wertschöpfungskette *ecological value added chain*: Konzeption zur Berücksichtigung von ökologischen Gesichtspunkten (Umweltschutzmaßnahmen) in allen unternehmerischen Wertschöpfungsphasen. Im Vergleich zur klassischen → *Wertschöpfungskette* sind die primären Funktionen um die Entsorgung zu erweitern sowie als übergeordneter Rahmen auf das → *Öko-Marketing* zurückzugreifen. Die unterstützenden Aktivitäten sind durch das → *Umweltmanagement* zu optimieren.

Ökozone *ecozone*: Großraum der Erde mit eigenständiger ökosystemarer Ausstattung.

Ökumene *habitable zones*: die Gesamtheit aller Räume, die vom Menschen als Wohn- und → *Wirtschaftsraum* besiedelt sind. Die Ö. wird durch naturgegebene Grenzen bestimmt (→ *Kälte*-, → *Höhen*-, → *Trockengrenze*) und umfasst das tatsächlich für Wirtschafts- und Siedlungszwecke genutzte und das hierfür nutzbare Areal der Erde. Neben dem ständig bewohnten Raum → *Vollökumene* und der → *Anökumene* wird noch die → *Semiökumene* unterschieden.

Okzident (Abendland) *occident*: Antonym zum → *Orient*, ursprünglich eine der vier Weltgegenden des römischen Weltreiches, jene Länder bezeichnete, die „im Westen" (und damit dem → „Morgenland" gegenüber) liegen: Deutschland, England, Frankreich, Italien und die Iberische Halbinsel. Mit der → *EU* und insbesondere der EU-Osterweiterung, hat sich die Zuschreibung O. über den lateinischen Westteil Europas hinaus ausgedehnt und umfasst auch christlich-orthodoxe Teile Ost- und Südosteuropas.

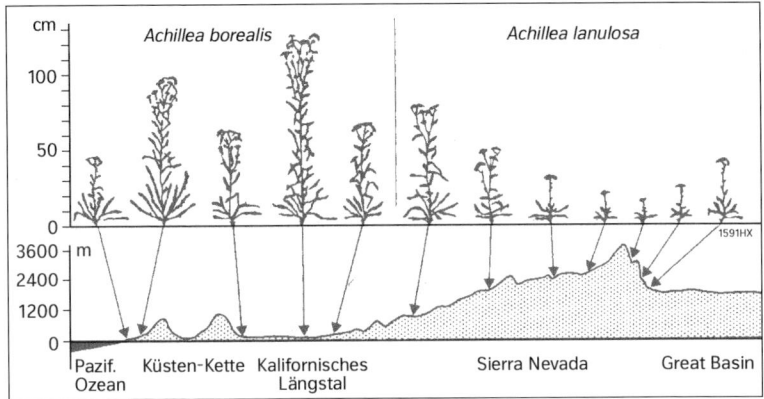
Ökotyp

Okzidentalismus *occidentalism*: Begriff mit zwei grundsätzlich gegensätzlichen Bedeutungen in den → *Kulturwissenschaften*: – als eine Reaktion auf Edward Saids Begriff des → *Orientalismus* bezeichnet der O. eine Ideologie der Ablehnung des → *Okzidents* (westlicher Werte und Gesellschaftsstrukturen). – in einigen postkolonialen Debatten (→ *Postkolonialismus*) bezeichnet O. eine Form des → *Ethnozentrismus* (als → *Eurozentrismus*), der westliche Werte als universal versteht und damit alle anderen Gesellschaftsstrukturen und Normen abwertet.

Öl *oil*: im Umweltschutz und in der Ökologie Sammelbezeichnung für → *Erdöl* und → *Heizöl*, die bei unsachgemäßem Umgang mit ihnen zu Schäden oder Zerstörungen in der Umwelt führen können. Dazu zählen Ölverschmutzung und → *Ölverseuchung* sowie → *Ölkatastrophe*.

Öläquivalent → *Roheinheit*.

Old-Red *Old Red*: entstand im → *Devon* als Erosions- und Denudationsmaterial des → *Kaledonischen Gebirges*. Die O.-R.-Sedimente sind → *klastische Ablagerungen*, die auf dem Festland nördlich der → *variskischen* → *Geosynklinale* als → *terrestrische Fazies* abgelagert wurden. Ihre rote Farbe gab ihnen den Namen. Sie wird auf arides, wüstenhaftes Klima zurückgeführt (→ *Old-Red-Kontinent*).

Old-Red-Kontinent *Old Red Continent*: eine Festlandsbildung im → *Silur* durch Heraushebung des → *Kaledonischen Gebirges*, die sich später im → *Devon* in die → *Urkontinente* → *Fennosarmatia*, den späteren Kern des europäischen Kontinents, und → *Laurentia*, den späteren Kern Nordamerikas, auflöste. Die Abtragung des Kaledonischen Gebirges führ-

te im Devon zur Bildung der → *terrestrischen* → *Sedimente* bzw. → *Sedimentite* des → *Old-Red*.

olfaktorische Karte *olfactory map*: → *thematische Karte*, die charakteristische Gerüche bzw. Geruchsempfindungen eines Raumausschnittes repräsentiert. In einer o. K. werden raumbezogene Informationen zur olfaktorischen Dimension i. d. R. graphisch dargestellt. Nur in wenigen, künstlerisch geprägten Ansätzen der → *Kartographie* wurden bislang Gerüche selbst als Gestaltungsmittel und Informationsträger in Karten (→ *multimediale Karte*) eingesetzt.

Ölfalle (stratigraphische Falle) *stratigraphic trap*: spezielle stratigraphische Situation, die im Untergrund die Anreicherung von → *Erdöl* oder → *Erdgas* innerhalb gas- und ölführender Gesteinsfolgen bedingt. Dazu gehören → *Antiklinalen*, die Scheitel von → *Salzstöcken* oder abdichtende → *Verwerfungen*, die geneigte Schichten, poröse Zwischenschichten sonst dichter Gesteine oder transgredierend übergreifende Schichten absperren.

Ölhafen *oil harbour*: → *Hafen*, der hauptsächlich oder ausschließlich die Funktion hat, Mineralöl oder Ölprodukte zu verladen und der mit einer entsprechenden → *Infrastruktur*, mit Tanklagern, → *Pipelines* usw. ausgestattet ist. Ö. finden sich sowohl in Erdölexport- als auch in -importländern (z. B. Wilhelmshaven).

Oligohemerobie *oligohemeroby*: schwach kulturbeeinflusste Qualität von Stadtökosystemstandorten.

oligomiktisch *oligomictic*: bezeichnet → *Seen*, die nur selten durchmischt werden, weil infolge fehlender Abkühlung die → *Schichtung* weitgehend stabil bleibt (→ *Seezirkulation*).

Oligopol → *Oligopolmarkt*.
Oligopolmarkt (Oligopol) *oligopoly*: → *Marktform*, bei der nur wenige größere Anbieter auftreten, die über ihr Verhalten auf den Marktpreis Einfluss üben können. Im Gegensatz zum → *Monopolmarkt* ist hier jedoch die Reaktion der Konkurrenten zu berücksichtigen. Als O. gilt der → *Markt* mit Kraftstoffen (Tankstellenmarkt; → *Polypolmarkt*).
oligosaprob *oligosaprobic*: Gewässerabschnitt mit reinem, organisch kaum belastetem Wasser (→ *Saprobiensystem*).
oligotroph *oligotrophic*: nährstoffarm, wenig → *Nährstoffe* führend, auf wenig Nährstoffe angewiesen. Wird v. a. auf Binnengewässer und Böden bezogen (→ *eutroph*).
oligotrophe Braunerde *oligotrophic Cambisol*: → *Sauerbraunerde*.
Oligozän *Oligocene*: oberste Abteilung des Alttertiärs (→ *Paläogen*), die von 34 Mio. bis 23 Mio. J. v. h. dauerte und dem → *Eozän* folgte.
Olivin *olivine, peridot*: weit verbreitete Gruppe von Silikatmineralien mittlerer → *Härte*, zu welchen der eigentliche O. (Peridot) gehört, der von der Gruppe am weitesten verbreitet ist und sich häufig in basischen Erstarrungsgesteinen oder → *Kristallinen Schiefern* befindet und zu → *Serpentin* verwittert. O. bildet wesentliche Gemengteile von → *Basalt*, → *Gabbro* und Melaphyr (→ *Härteskala*, → *Peridotit*).
Ölkatastrophe *oil disaster, oil spill*: Unfall bei der Extraktion, dem Transport oder der Verarbeitung von Öl, von dem räumlich umfassende Umweltschädigungen ausgehen, die → *terrestrische* oder → *marine* → *Ökosysteme* betreffen. Oft wird der Begriff Ö. ausschließlich auf Unfälle mit Erdöltankern bezogen, obwohl Ö. auch bei der Ölexploration, -gewinnung und -verarbeitung sowie beim -transport auftreten. Größte bisherige Ö.: 2010 im Golf von Mexico nach der Explosion der Bohrinsel „Deep Water Horizon", in dessen Folge mehr als 900 Mio. Liter Öl ausflossen (→ *Ölpest*, → *Ölverseuchung*).
Fehlt
Ölpest *oil pest, oil spill*: eine Form der → *Umweltverschmutzung* von Meeresküsten sowie Uferregionen von Seen und Flüssen, wobei plötzlich große Mengen Rohöl oder Mineralölprodukte in die Umwelt gelangen und oft relativ dauerhafte Rückstände hinterlassen. Bei der Verschmutzung von Meeresküsten geht die Ö. meistens auf Tankerhavarien und unerlaubte Spülungen von Tanks zurück. Eine Folge der Ö. ist das massenhafte Verenden von Wasservögeln und von marinen Säugetieren. Zudem treten Langzeitfolgen im Wasser, im Boden und im Sediment auf. So hatten sich nach der „Exxon Valdes"-Tankerhavarie 1989 im Prinz-William-Sund vor Alaska auch 20 Jahre danach nicht alle Tierpopulationen erholt; ähnlich 1974 die Havarie der „Metula" in der Magellanstrasse vor Chile (→ *Ölkatastrophe*,→ *Ölverseuchung*).
Ölpflanze *oil plant*: Sammelbezeichnung für → *Kulturpflanzen*, deren Früchte bzw. Samen nutzbare Öle liefern. Die Produkte der Ö. dienen der Ernährung für Mensch und Tier oder werden für pharmazeutische und technische Zwecke eingesetzt. Unterschieden wird nach Ölsaaten (z. B. Samen von Raps, Erdnuss, Soja, Mohn, Sonnenblume usw.) und nach Ölfrüchten (z. B. Früchte der Ölpalme und Kokospalme).
Ölsand (Teer- und Asphaltsand) *oil sand*: Sande, deren Erdölimprägnierung (→ *Erdöl*) so zähflüssig geworden ist, dass Fließvorgänge des Öls nicht mehr möglich sind. Ö.-Lagerstätten entstehen, wenn das migrierende Erdöl nicht in tiefgelegenen Fangstrukturen festgehalten wird, sondern in erdoberflächennahe Schichten wandert und zu Asphalten oxidiert. Die leichtflüchtigen Paraffine entweichen bei diesem Vorgang. Zum Zwecke der Ölausbeutung können Ö. im → *Tagebau* oder durch in situ-Verfahren gewonnen werden. Die Ö.-Gewinnung ist jedoch meist mit großen → *Umweltbelastungen* in den → *Abbaugebieten* verbunden.
Ölschiefer *oil shale*: bituminöses → *Sedimentit*, bei dem im Gegensatz zum → *Ölsand* das Bitumen fest mit dem tonigen Muttergestein verbunden ist. Man kann das Öl auch nicht durch Heißwassertrennung (wie beim Ölsand) gewinnen, sondern muss das Schieferöl bei ca. 500°C ausschwelen.
Ölschock *oil shock*: Schlagwort, das nach 1973 entstand und die plötzliche, durch das Ölembargo ausgelöste Rohölverknappung auf dem Weltmarkt zum Ausdruck brachte. Man unterscheidet den ersten Ö., der sich aus dem Vierten Nahost-Krieg (Oktober 1973, Yom-Kippur-Krieg) ableitete und auf Maßnahmen der → *OPEC* zurückging, vom zweiten Ö.. Dieser bezieht sich auf die erneute, weltweit spürbare Verknappung durch die iranische Revolution 1979. Auch der starke Preisanstieg beim Rohöl zwischen 1999 und 2001 sowie 2007/2008 wurde als Ö. wahrgenommen.
Ölverseuchung *oil contamination*: Verunreinigung von Gewässern, v. a. der Meere, und des Bodens durch Rohöl oder Mineralölprodukte. Ö. kann lokal oder regional im Rahmen von → *Ölkatastrophen* erfolgen, bei großer Verschmutzung der Meere spricht man von einer → *Ölpest*. Beim Einsickern von Öl in den Untergrund wird v. a. das → *Grundwasser* geschädigt, bei dem bereits geringe Mengen umfassende Schädigungen bewirken

können, z.B. kann ein Liter Öl eine Million Liter Grundwasser verseuchen, sodass es nicht mehr für Trinkzwecke geeignet ist. Von Ö. wird allgemein auch dann gesprochen, wenn schleichende Schädigungen durch unsachgerechte Lagerung von Benzin, Heizöl oder → *Altöl* ausgehen.

ombrogen *ombrogenic*: allgemein durch → *Niederschläge* bzw. niederschlagsbedingte (und nicht geländebedingte) Nässe entstanden. Der Begriff wird v.a. auf → *Moore* angewandt. Gegensatz ist → *topogen*.

omnivor *omnivorous*: alles fressende Tiere (→ *carnivor*, → *herbivor*).

Onlinehandel → *E-Commerce*.

Onliner *onliner*: Bezeichnung für Menschen, die Zugang zu Onlinemedien haben (z.B. → *Internet*, Tablet, Smartphone) und diese regelmäßig nutzen. Menschen, die keine oder nur selten Onlinemedien nutzen, werden dementsprechend als → *Offliner* bezeichnet.

Ontologie (Seinslehre) *ontology*: Teilbereich der Philosophie, die sich mit Fragen nach den Grundstrukturen der Realität beschäftigt. Die O. sucht nach fundamentalen Typen von → *Entitäten* (Eigenschaften, Gegenstände, Prozesse usw.) und versucht, die Realität, die außerhalb unseres Bewusstseins und unserer Wahrnehmung existiert, zu fassen.

Oolith *oolite*: Stein aus Ooiden, also kleinen, bis erbsengroßen Kügelchen, die konzentrisch schalig oder radial-faserig aufgebaut und durch ein Bindemittel verkittet sind. Neben dem weit verbreiteten → *Kalkoolith* gibt es noch den Eisen-O., der durch Braun- oder Roteisen gefärbt ist und ein wichtiges Eisenerz darstellt, sowie den Kiesel-O., einen verkieselten Kalk-O..

OPEC → *Organization of the Petroleum Exporting Countries*: Organisation Erdöl exportierender Staaten. 1960 als Erdöl-Kartell gegründete Organisation mit Geschäftssitz in Wien. Die OPEC hatte sich bei ihrer Gründung zum Ziel gesetzt, die Mitgliedsländer gegen einen Preisverfall und eine Verminderung ihrer Einnahmen aus der Ölförderung abzusichern. Neben den Gründerstaaten Irak, Iran, Kuwait, Saudi-Arabien und Venezuela gehören heute die Vereinigten Arabischen Emirate, Ecuador, Algerien, Angola, Katar, Libyen und Nigeria der OPEC an. Aufgrund des ersten Irak-Kriegs (1990) wurde die Mitgliedschaft des Iraks suspendiert und erst nach dem zweiten Irak-Krieg (2003) wieder restituiert. Nur zeitweise gehörten der OPEC Gabun (1975-1994) und Indonesien an, das 2009 austrat. Der OPEC-Anteil an der Welt-Ölförderung beträgt 40%. Der Anteil an den sicheren Welt-Erdölreserven liegt bei ca. 75% (Ölschock).

Open Data bezieht sich auf die freie Verfügbarkeit von Daten. Die Forderung nach O. D. basiert auf der Annahme, dass freie Datenverfügbarkeit in einer zunehmend digitalen Gesellschaft Transparenz und Zusammenarbeit stärkt. Geographisch orientierte Projekte, die auf der Philosophie von O.D. beruhen, sind z.B. → *Open Street Map* und → *QGIS* (→ *Open-Source-GIS*). Auch die EU-Richtlinie → *INSPIRE* gilt als frühe Initiative, um O. D. zu stärken.

Open Street Map (OSM) Freies Projekt mit dem übergeordneten Ziel, → *Geodaten* zu sammeln und diese als frei verfügbare Daten (→ *Open Data*) der weltweiten Öffentlichkeit zur Verfügung zu stellen. Die Geodaten werden von freiwillig aktiven Nutzer-Community erfasst und in die Datenbank des Projekts eingetragen. OSM-Daten werden aktuell in vielseitigen Anwendungen eingesetzt, bspw. → *Kartographie*, Routenberechnung, Fahrzeug- und Fußgängernavigation (→ *Navigationssystem*), → *Katastrophenschutz*. Das Projekt wurde 2004 in London gegründet.

Open-Source-GIS → *Geographisches Informationssystem*, das auf quelloffener Entwicklung basiert. Ein weit verbreitetes Beispiel ist → *QGIS*. Der Begriff Open-Source bezieht sich allgemein auf Software, deren Programmcode (Quelltext) öffentlich ist und damit von jedermann eingesehen werden kann. Der Begriff Open-Source wurde eingeführt, da die Begriffe „Freeware" bzw. „Free Software" als stets kostenlose und frei einsetzbare Software missverstanden wurden.

Operationalisierung *operationalisation*: „Messbarmachung", Grundlage aller empirisch arbeitenden Wissenschaften. In der O. wird festgelegt, auf welche Weise eine → *Theorie*, eine Annahme oder ein anderes theoretisches Konstrukt (z.B. → *Armut*, → *Schwerkraft*, → *Segregation*) beobachtbar und messbar gemacht werden soll. Die Prüfung von z.B. → *Hypothesen* ist ohne eine O. nicht möglich.

Opferkessel (rock pool) *rock basin, sacrificial table, water eye, weather(ing) pit*: Kleinstform des → *Georeliefs*, meist als napfförmige Vertiefung in verschiedenen Gesteinen auftretend, z.B. im → *Buntsandstein*, → *Granit*, Granodiorit oder → *Quarzporphyr*. O. gehen überwiegend auf → *chemische Verwitterung* zurück, mit Übergängen zur → *physikalischen* und → *biogenen Verwitterung*.

opinion leader Meinungsführer; eine prominente Einzelperson (z.B. Film- oder Schlagerstar, Politiker), die in einer → *sozialen Gruppe* oder einer Bevölkerung meinungsbildend wirken und deren → *Verhaltensweisen* von anderen Gruppen aufgegriffen und nachgeahmt werden. O. l. spielen in weiten Teilen des öffentlichen Lebens, in der Wirtschaft (Werbung), insbesondere auch bei der Ausbreitung von → *Innovationen*, eine große Rolle (→ *Diffusion*).

ÖPNV → *öffentlicher Personennahverkehr*.

Oppidum *oppidum*: nach dem lateinischen Ausdruck für eine befestigte stadtähnliche Siedlung in der Archäologie bzw. → *Historischen Geographie* die Bezeichnung für eine Siedlungsanlage der ersten vorchristlichen Jahrhunderte. Im deutschsprachigen Raum sind die meisten Oppida keltischen Ursprungs.

Opportunitätskosten *opportunity cost, alternative costs*: Kostenbegriff, der die → *Kosten* einer Handlungsalternative als entgangene Vorteile (→ *Gewinn*, → *Ertrag* oder → *Nutzen*) aus der besten der nicht gewählten Alternativen auffasst.

optimale Dichte *optimum density*: Bezeichnung für eine → *Bevölkerungsdichte* oder → *Wohndichte*, die bei einem bestimmten → *Lebensstandard*, aber auch unter Berücksichtigung der Leistungskraft der → *öffentlichen Hand*, des Ausbaus und der Ausnutzung der → *Infrastruktur* und weiterer Rahmenbedingungen in einem bestimmten Raum ein Optimum erreicht. V. a. bei der Errichtung von → *Neuen Städten* oder bei der → *Stadtsanierung* geht man z. T. von Überlegungen über eine o. D. aus, die jedoch wegen der Vielzahl der regional unterschiedlichen Rahmenbedingungen keine Allgemeingültigkeit beanspruchen kann.

optimale Stadtgröße *ideal town size*: Größe einer → *Stadt* (nach Einwohnerzahl und Flächenausdehnung), bei der alle → *städtischen Funktionen* in optimaler Weise ausgeübt werden können und das Verhältnis von Verwaltungskosten zu -leistungen sowie von gesellschaftlichen Kosten zur → *Lebensqualität* der Bewohner Optima erreichen. Wegen der Vielzahl der Rahmenbedingungen und ihrer regionalen Unterschiede gibt es keine allgemeingültige o. S..

Optimierungsmodell *optimization model*: softwaregestütztes Verfahren zur Lösung betriebswirtschaftlicher Probleme. Ein häufig angewandtes O. ist die lineare Programmierung.

optimizer *Optimierer*: im → *verhaltenstheoretischen* Ansatz gebräuchliche Bezeichnung für → *Akteure* (z. B. Unternehmer), die nach maximalem Ertrag im Sinne der klassischen Wirtschaftstheorie streben (→ *optimizing behaviour*, → *satisfizer*).

optimizing behaviour *optimierendes Verhalten*: Streben nach optimalem Ertrag, wie es nach dem Prinzip der wirtschaftlichen Optimierung bei den Wirtschaftswissenschaften im Begriff → *homo oeconomicus* zum Ausdruck kommt (→ *satisfizing behaviour*).

Optimum *optimum*: für eine Organismenart oder eine Gruppe von Lebewesen günstigster Zustand der Bedingungen eines → *Ökosystems*. Das O. kann sich auch auf einen einzelnen → *Geoökofaktor* beziehen und gehört zur ökologischen Amplitude. Es wird dem → *Pessimum* gegenübergestellt.

Optionsschein *warrant*: ein zinsberechtigtes → *Wertpapier*, das die Eigenschaften einer → *Anleihe* aufweist und dem Käufer optional weitere Rechte (bspw. Umwandlung in eine → *Aktie*, etc.) einräumt.

Optisch-stimulierte Lumineszenzdatierung (OSL-Datierung) *optically stimulated luminescence dating:, OSL dating*: eine der → *Lumineszenzdatierungen*, die das Messsignal mit Licht definierter Wellenlängen (rot oder grün) stimulieren. Wird zur Datierung wenig gebleichten, rasch oder kurz transportierten Materials genutzt, z. B. → *fluvialer* oder kolluvialer Sedimente (→ *Thermolumineszenzdatierung*, → *Infrarot-stimulierte Lumineszenzdatierung*).

Orden *order*: → *Gemeinschaft* von Personen, die sich – meist aus religiösen Gründen – zu einer Lebens- und Arbeitsweise nach bestimmten Regeln und mit festgelegten Pflichten, häufig auch in einer Wohngemeinschaft, verpflichtet haben. Die bedeutendsten O. sind die in → *Klöstern* lebenden Gemeinschaften von Mönchen oder Nonnen sowie geistliche und weltliche Ritter-O., im Mittelalter teilund zeitweise mit eigenen Territorien.

Ordinaldaten *ordinal data*: Daten, bei denen sich im Unterschied zu → *Nominaldaten* Rangunterschiede zwischen der Merkmalsausprägungen feststellen lassen (z. B. Zufriedenheit oder Schulnoten), aber kein absoluter Bezugspunkt existiert (→ *Rationaldaten*) und die auch nicht gleichabständig sind (→ *metrische Daten*; → *Skalenniveau*).

Ordnung *order*: – die Gesamtheit der naturgesetzlichen Beziehungen in einem → *System* der → *Umwelt*, das räumliche, funktionale und systematisch-genetische Strukturen aufweisen kann und dessen O. einem von den einzelnen Fachwissenschaften definierten → *Modell* (→ *ökologische Modelle*) entspricht. – in der → *Geoökologie* und → *Landschaftsökologie* räumliche → *Ordnungsprinzipien* und → *Ordnungsstufen* repräsentierend. – in der → *Pflanzensoziologie* steht die Kategorie „Ordnung" zwischen der Klasse und dem Verband. – in der biologischen Systematik (→ *Taxonomie*) Bezeichnung für eine Kategorie zwischen der Klasse und der Familie

Ordnungsprinzipien *principles of order*: in der → *Geoökologie* verbunden mit dem Begriff → *Ordnungsstufe* in der → *Naturräumlichen Ordnung*, wobei kleinere Einheiten zu größeren → *ökologischen Raumeinheiten* zusammengesetzt werden. Das erfolgt nach bestimmten relativen O., deren Gültigkeit von Ordnungsstufe zu Ordnungsstufe wechselt. Die O. sind 1. das Lageprinzip 2. das Prinzip der landschaftsökologischen Verwandtschaft 3. das Prinzip der gemeinsamen → *Landschaftsgenese* 4. das Prinzip des gemeinsamen → *Gefügestils* und 5. das Prinzip der fortschreitenden → *landschaftsökologischen Heterogenität*.

Ordnungsstufe *level of order, grade of order*: Begriff der → *Naturräumlichen Ordnung* in → *Geoökologie* und → *Landschaftsökologie*, der die einzelnen Größenordnungsstufen der → *landschaftsökologischen Raumeinheiten* – die → *Dimensionen landschaftlicher Ökosysteme* – umfasst, repräsentiert durch die → *topische*, → *chorische*, regionische und → *geosphärische Dimension*.

Ordnungs- oder Dimensions- stufe	umgangs- sprachliche Bezeichnung	Geoökologische Raumbeispiele
topisch	„lokal"	Top, Tope, Elementar- landschaft
chorisch	„regional"	Topgefüge, Choren, Regionen
regionisch	„zonal"	Großräume, Landschaftszone
geosphärisch	„global"	Geosphäre „Die Erde"

Ordnungsstufe

Ordovizium *Ordovician*: System des → *Paläozoikums* zwischen → *Kambrium* und → *Silur*; Dauer: 488-444 Mio. J. v. h.. Im O. erfolgten epirogene Senkungen, mit Überflutung vieler Festlandsbereiche. Es erfolgte die → *Kaledonische Gebirgsbildung*. Es entstanden → *Grauwacken*, → *Sandsteine*, → *Quarzite*, → *Tonschiefer*, → *Kalke* und → *Konglomerate*. Das Klima war warm und feucht.

oreal *oreal*: hochmontan; zum → *Gebirgswald* gehörend bzw. im Bereich des → *Gebirgswaldes* vorkommend (→ *Hochgebirge*, → *Höhenstufe*).

Organisation *organisation, institution, structure*: Begriff mit sehr breiter Verwendung. – alltagsprachlich meint O. den Prozess der auf einen Zweck hin ausgerichteten planmäßigen Regelung von Abläufen (→ *Struktur*). – im Sinne einer Institution meint O. ein sich selbst regulierendes, arbeitsteiliges, → *soziales System*, mit Eintritts- und Austrittsregeln für seine Mitglieder und bestimmten Regeln und Routinen. – eine soziale oder biologische Struktur, die aus dem Zusammenwirken von einzelnen Teilnehmern entsteht (→ *Emergenz*), sich zur → *Umwelt* abgrenzt (→ *Selbstorganisation*) und als → *Akteur* mit anderen Akteuren interagieren kann. – in der → *Biologie* bezeichnet man Formen der Gemeinschafts-, Team- oder Staatenbildung (z. B. Ameisenstaat) als O., die sogar Superorganismen ausbilden können (z. B. Schwarm). – in der Betriebswirtschaftslehre vieldeutiger Begriff, der als → *Institution* (z. B. Unternehmen), Instrument (z. B. Regelsystem) oder Tätigkeit bzw. Prozess begriffen werden kann (→ *Betriebsorganisation*, → *divisionale Organisation*, → *Regelung*, → *System*).

organisationale Routine *organizational routine*: ein sich wiederholendes Verhaltens- bzw. Handlungsmuster in einem → *Unternehmen*, das nach Eintritt eines spezifizierten, auslösenden Ereignisses praktisch automatisch vollzogen bzw. ausgeführt wird (bspw. Einstellung eines neuen Mitarbeiters). Routinen beschreiben in diesem Sinne eingeübte und/oder genau festgelegte Formen menschlicher Handlungsabläufe und setzen sich i. d. R. aus einer Mehrzahl von aufeinander abgestimmten Einzelhandlungen zusammen.

organisch *organic*: dem belebten Teil der Natur angehörend; die Organe oder einen Organismus betreffend.

organische Böden *organic soils*: Böden, die ganz oder zu einem wesentlichen Anteil aus → *organischer Substanz* bestehen. Dazu gehören in erster Linie die → *Moore* und ein Teil der → *Mudden*.

organische Düngung *organic manuring*: die Zufuhr von → *Nährstoffen* in den Boden durch Aufbringen organischer Stoffe (→ *Gründüngung*, Unterpflügen von Ernterückständen, Ausbringen von → *Kompost*, Mist, Gülle usw.), (→ *Düngung*, → *Mulchung*).

organische Sedimente *organic sediments*: → *organogene Ablagerungen*.

organische Substanz *organic matter*: die abgestorbenen, mehr oder weniger umgewandelten pflanzlichen und tierischen Stoffe im → *Boden*, welche je nach den Standortbedingungen als Auflage vom Mineralboden getrennt oder dem schon durchmischt sind. Die Gesamtheit der o. S. bildet den → *Humus* (→ *Auflagehumus*).

organischer Dünger *organic fertilizer, organic manure*: Sammelbezeichnung für → *Dünger* aus natürlichen Substanzen, wie z. B. Stallmist, → *Fäkalien*, → *Kompost* oder Pflanzenresten. Das Einbringen von o. D. in den Boden fördert die Humusbildung und verbessert die landwirtschaftliche Ertragsfähigkeit. O. D. sind stabil und vielseitig, aber erst mittelfristig verfügbar, weil die in ihnen enthaltenen → *Nährstoffe* zum großen Teil zuerst durch organischen Abbau freigesetzt werden müssen. Sie wirken wegen ihrer Kolloideigenschaften sehr günstig auf die Krumenbildung und versorgen im Gegensatz zu den mineralischen

Düngern den Boden auch mit → *Spurennährelementen*. O. D. verbessern die Stabilität des → *Bodengefüges*, vermindern seine Anfälligkeit gegenüber → *Bodenerosion* und verbessern seine wasserhaushaltlichen Eigenschaften.

Organischer Landbau → *alternativer Landbau*.

Organization for Economic Cooporation and Development → *OECD*.

Organization of the Petroleum Exporting Countries → *OPEC*:.

organogen *organogenic*: 1. aus → *organischen* Bestandteilen gebildet, im Gegensatz zu → *minerogen*. 2. in der → *Biologie* „Organe erzeugend".

organogene Ablagerungen (organogene Sedimente, organische Sedimente, biogene Gesteine, Biolithe) *organic sediments*: Ablagerungen, an deren Bildung in hohem Maße Organismen beteiligt waren. Unterschieden werden → *zoogene* → *Ablagerungen* bzw. Gesteine, die auf tierische marine Lebewesen zurückgehen, z.B. → *Kieselschiefer* und Korallenkalke (→ *Korallenriff*), und → *phytogene* → *Gesteine* bzw. Ablagerungen, die pflanzlichen Ursprungs sind, z.B. → *Kohle* oder → *Torf*. Dazwischen gibt es viele Übergangsbildungen. Auch → *Erdöl* ist eine o. A., d.h. ein → *biogener Stoff*.

organogene Sedimente *organic sediments*: → *organogene Ablagerungen*.

Organomarsch (Moormarsch) *Histosol*: in der deutschen Bodensystematik (→ *KA5*) ein Boden im Gezeitenbereich (→ *Marsch*) aus carbonatfreiem, stärker humosem Gezeitensediment. Die O. entstehen am Rand der → *Geest* im hinteren Küstenbereich durch zeitweise Überschlickung von → *Niedermooren*, z.B. nach Sturmfluten. Die O. besteht aus einer dünnen, grauen, schluss- und tonreichen sowie basenarmen Decke aus Schlick über dem → *Torf* des Niedermoores, der mit → *Schlick* durchsetzt ist. Der Schlick hat brackischen Charakter. Die O. ist häufig stark sauer und weist bestimmte Eisen(-Schwefel)-Minerale (Jarosit, Schwertmannit) auf.

organo-mineralische Verbindung *organo-mineral compound*: Verbindung von feinsten → *Tonmineralen*, → *Huminstoffen* und Zwischenprodukten der → *Humifizierung*. Die o.-m. V. werden v.a. im Verdauungstrakt von Bodentieren geschaffen. Sie entstehen nur bei hoher → *Basensättigung* und sind deshalb typisch für die → *Humusform* → *Mull* mit einem → *A-Horizont*, dessen Krümelstruktur sie entscheidend mitbewirken.

Orient (Morgenland) *orient*: Antonym zum → *Okzident*, ursprünglich eine der vier Weltgegenden des römischen Weltreiches, jene Länder bezeichnend, die „im Osten" (und damit dem → *„Abendland"* gegenüber) liegen. Die Grenzen des O. schwankten im Lauf der Geschichte stark und sind nach wie vor nicht eindeutig zu ziehen. Nach heutigem Sprachgebrauch beschränkt sich der O. v.a. auf die griechisch-orthodoxe und arabische Welt im Nahen Osten, einschließlich Afghanistan, Iran, Türkei und Nordafrika (→ *Orientalismus*, → *Okzidentalismus*).

Orientalis *oriental region*: → *Faunenreich*, Teil der → *Paläotropis*; Indien mit den größten Teilen Hinterindiens umfassend.

orientalische Stadt *oriental town*: kulturgenetischer Stadttyp, der sich im gesamten → *Orient* mit gewissen regionalen Differenzierungen ausgebildet hat. Typische Merkmale sind der → *Basar*, das Vorherrschen von → *Innenhofgebäuden*, der unregelmäßige Grundriss mit Sackgassen abseits der wenigen Durchgangsstraßen (→ *Sackgassengrundriss*) und häufig das Nebeneinander abgeschlossener Wohnquartiere ethnisch und religiös unterschiedlicher Bevölkerungsgruppen.

Orientalismus *orientalism*: ein 1978 von Edward Said geprägter Begriff, der auf den → *Eurozentrismus* und ein damit verbundenes Überlegenheitsgefühl bei der Verwendung des Begriffs → *Orient* hinweist. Die → *Diskurse* zum Orient sind demnach Ausdruck eines Stils der Herrschaft, Umstrukturierung und des Autoritätsbesitzes über den Orient. Unsere heutigen Vorstellungen über den Orient stammen v.a. von Berichten von Reisenden im 19. Jh. (aus England, Deutschland und Frankreich), die einerseits durch romantisierende Darstellungen und andererseits durch koloniales Herrschaftswissen (→ *Kolonialismus*) gekennzeichnet waren (→ *Okzidentalismus*, → *Postkolonialismus*).

Orkan *hurricane*: Sturmwind des höchsten Stärkegrades (Geschwindigkeit von über 100 km/h, Windstärke ±12 der → *Beaufort-Skala*), mit höchster Gefahr für Mensch und Umwelt. O. treten am häufigsten in den → *Tropen* über dem Meer auf → *tropische Wirbelstürme*). Auf dem Festland der → *gemäßigten Breiten* sind sie eher selten und entwickeln sich nur bei besonderen → *Wetterlagen* mit extrem starken Druckdifferenzen (→ *Sturmtief*). Auch → *Gewitterböen* und → *Lokalwinde* (Föhnstürme) können gelegentlich O.-Stärke erreichen (→ *Föhn*).

Orobiom *orobiome*: Gebirgslebensraum, der sich von den → *Zonobiomen* unterscheidet (→ *Biom*).

orogen *orogenic*: → *orogenetisch*.

Orogen *orogen*: 1. bewegliche, nicht konsolidierte, also noch faltbare Stücke der → *Erdkruste*, die für → *Geosynklinalen* und → *Faltengebirge* charakteristisch sind, denen man die verfestigten → *Kratone* gegenüberstellt. 2. Faltengebirge, die durch → *Gebirgsbildung*

(→ *Orogenese*) in den → *orogenetischen* Bereichen geschaffen wurden und einen dafür charakteristischen Aufbau zeigen. Um ein oder mehrere Zentralmassive, die alte und relativ starre Massen darstellen, ordnen sich beiderseits durch Falten- und Deckenbildung gekennzeichnete Gebirgsketten an, die sich nach außen – in Richtung der Vorländer – bewegt haben. Ein derartiges O. entstand z. B. bei der Alpen- und Jurafaltung.

Orogenese *orogenesis*: geotektonische Prozesse, die eine Änderung im Gefüge der → *Erdkruste* bewirken, also eine → *Gebirgsbildung* repräsentieren und zu → *Faltengebirgen* führen. Dabei stoßen mehrere → *Platten* der → *Lithosphäre* zusammen, wobei → *Subduktion* mindestens einer Platte erfolgt. Die Art der Platten und der Subduktion führt zu verschiedenen Faltengebirgstypen („Himalaya-", „Kordilleren-" und „Neuguineatyp"). In der → *Erdgeschichte* gab es mehrere, jeweils sehr langzeitige orogene Ären (→ *Laurentische*, Algonkische, → *Assyntische*, → *Kaledonische*, → *Variskische* und → *Alpidische Gebirgsbildung*), die jede für sich noch verschiedene → *Phasen* aufwiesen. Unterschieden werden → *alpinotype Faltung* bzw. O. und → *germanotype Faltung* bzw. O. Erstere erfolgte im Bereich von → *Geosynklinalen*, Letztere in hochorogenen Zeitabschnitten. Die orogenen Phasen werden von → *Magmatismus* begleitet.

orogenetisch (orogen) *orogenic*: gebirgsbildend.

Orographie *orography*: 1. beschreibende Darstellung des → *Georeliefs* nach äußerlichen Merkmalen, v. a. nach Hoch- und/oder Tieflagen ohne Berücksichtigung der → *Geomorphogenese*. Dies kann qualitativ erfolgen, aber auch quantitativ (z. B. → *Hangneigungsstärke*) 2. das quantitativ-exakte, auch großmaßstäbige orographische Arbeiten in der Geomorphologie erfolgt nach dem → *geomorphographisch-geomorphometrischen Ansatz*. 3. in topographischen Karten die Darstellung des Reliefs durch Schraffen, Schummerung und/oder Isohypsen.

orographische Faktoren *orographic factors*: Faktoren wie Höhenlage, → *Exposition* oder → *Hangneigung*, die verschiedene geomorphodynamische, wasserhaushaltliche und mikroklimatische Effekte zur Folge haben, auf welche Flora und Fauna reagieren.

orographische Niederschläge *orographic rainfalls*: → *Niederschläge*, die erzwungene Aufsteigen von → *Luftmassen* an einem → *Gebirge* entstehen. Die aufsteigende Luft kühlt sich → *adiabatisch* ab, wodurch der → *Wasserdampf* nach Erreichen des → *Taupunktes* kondensiert und die → *Wolken* auf der auf die Hauptwindrichtung orientierten Seite des Gebirges und in den Gipfellagen ausregnen. Die wetterabgewandte Seite bleibt dafür relativ trocken.

orographische Schneegrenze *orographic snow limit [ine]*: die wirkliche, stark von der Geländegestaltung (→ *Besonnung*, Bergschatten (→ *Beschattung*), Ablagerung von → *Schnee*) abhängige Höhengrenze zwischen dem ganzjährig schneebedeckten und dem ausapernden Gebiet eines Gebirges (→ *klimatische Schneegrenze*, → *Schneegrenze*).

orohydrographische Einheit *orohydrographic unit*: grundlegendes Strukturelement von → *landschaftsökologischen* bzw. → *naturräumlichen Einheiten*, das vom → *Regler* → *Georelief* (v. a. seinen → *geomorphographischen* Merkmalen) und dem darauf abgestellten Netz der Oberflächengewässer bestimmt wird. Eine sowohl in Geomorphologie als auch Landschaftsökologie und Hydrogeographie eingesetzte o. E. ist das → *Einzugsgebiet* (→ *Elementarlandschaft*).

orohydrographische Landschaftsgliederung *orohydrographic regional classification*: sich aus → *orohydrographischen Einheiten* aufbauende Gliederung. Sie nimmt auf andere → *biotische* und → *abiotische Faktoren* keinen oder nur wenig Bezug. Die o. L. stellt eine arbeitstechnische Vorstufe von → *landschaftsökologischen Raumgliederungen* dar.

Ort (geographische Örtlichkeit, geographischer Ort) *place*: neben der allgemeinen Bedeutung von O. als Ortschaft im Sinne von → *Siedlung* (ohne nähere Umschreibung von Größe, Physiognomie und Funktion), ist der O. ein strukturierendes Element im geographischen → *Raum*, in dem verschiedene geographisch relevante Eigenschaften wie Topographie, Vegetation, Klima und Gebäude, aber auch Geschichte, Kultur und menschliche Aktivitäten zusammenwirken. In der → *Sozialgeographie* weisen O. spezifische materielle und immaterielle Besonderheiten auf, die zudem sozialer oder individueller Bedeutung aufgeladen sein können, in die Aspekte wie Vertrautheit, soziale oder emotionale Zugehörigkeit (→ *Heimat*), Interaktionsmuster und subjektive Vorstellungen einfließen. O. können so eine „Raumpersönlichkeit" aufweisen (genius loci = Geist des Ortes).

Orterde *soft iron pan*: braunschwarzer, nicht verfestigter Huminstoffanreicherungshorizont im → *Unterboden* von → *Podsolen*, der durch die Auswaschung, Verlagerung und Wiederausfällung von Huminstoffen entsteht, welche in mehr oder weniger starkem Maß mit der → *Sesquioxid*verlagerung einhergeht.

Orthodrome *orthodrome*: kürzeste Verbindung zwischen zwei Punkten auf der Erdoberfläche. Die O. ist immer ein Ausschnitt eines Großkreises um den Erdmittelpunkt. Sie schneidet die → *Meridiane* wegen deren Konvergenz zu den Polen hin in wechselndem Winkel (→ *Loxodrome*).

Orthogesteine *orthorocks*: → *Metamorphite*, die durch → *Metamorphose* aus Magmagesteinen (→ *Magmatite*) entstanden sind, wie der → *Orthogneis* aus → *Graniten*. Den O. gegenüber stehen die → *Paragesteine*.

Orthogneis *orthogneiss*: aus → *Magmatiten*, also → *Erstarrungsgesteinen*, entstandener → *Gneis*.

Orthoklas (Kalifeldspat) *orthoclase*: wichtiges, weißes, bis gelbliches oder rötliches Mineral der Gruppe der → *Feldspäte* mit der chemischen Zusammensetzung $K[AlSi_3O_8]$.

Orthophoto *orthophoto*: entzerrtes analoges oder digitales → *Luftbild*, das sehr genau einer Orthogonalprojektion des abgebildeten Raumausschnittes entspricht. Durch Verfahren der → *Fernerkundung* und → *Photogrammetrie* können unter Einbezug → *Digitaler Geländemodelle* (→ *DGM*) Digitale O. (DOP) automatisiert abgeleitet werden. O. bzw. Mosaike aus benachbarten O. werden in der → *Kartographie* als Basiskarte zur Herstellung von → *Luftbildkarten* verwendet.

ortsanwesende Bevölkerung *actual population, present population*: Gesamtzahl der Personen, die sich am Stichtag einer Erhebung im erfassten Gebiet aufhalten. Die o. B. umfasst den Teil der → *Wohnbevölkerung*, der zum Zeitpunkt der Erhebung anwesend ist, und vorübergehend anwesende Personen, die sich am entsprechenden Stichtag im Erhebungsgebiet aufhalten. Bei → *Volkszählungen* wurde in Deutschland früher neben der Wohnbevölkerung die o. B. erfasst, in manchen Ländern geschieht dies auch heute noch. Bei der Erfassung der o. B. kann es zu Problemen wie Doppelzählungen kommen, wenn z. B. Reisende an ihrem Wohnort und ihrem aktuellen Aufenthaltsort gezählt werden.

Ortsbeben (Lokalbeben) *local earthquake*: 1. direkt über dem → *Epizentrum* erfolgendes Erdbeben, wo die schwersten Schäden auftreten. 2. im Sinne des räumlich begrenzten Lokalbebens nur dort wahrnehmbar.

Ortsbild *settlement appearance, view of a place*: das gewachsene oder einheitlich geplante Erscheinungsbild einer → *Siedlung* oder eines Siedlungsteils. Das O. ist Ausdruck der siedlungshistorischen Entwicklung sowie der landschaftlichen und gesellschaftlichen Einflüsse.

Ortsbildpflege *conservation of settlement appearance*: Erfassung, Erforschung, Erhaltung, Erneuerung und Gestaltung der ortsbildprägenden Elemente sowie der für die Wohnlichkeit wesentlichen Qualitäten (→ *Denkmalpflege*, → *Ortsbild*).

Ortsformentyp *type of settlement form*: Bezeichnung einer → *Siedlung* nach ihrer → *Ortsgrundrissform* und ihrer → *Behausungsform*.

Ortsgebundenheit *place-boundness*: → *raumwirksamer* Faktor, der sich bei der Bevölkerung in → *Sesshaftigkeit*, bei der Wirtschaft in einer Standortbeharrung (→ *Persistenz*) ausdrückt. Die O. kann in einem Raum stabilisierend wirken, durch die fehlende Bereitschaft zur → *Mobilität* der Bevölkerung ist aber auch ein überdurchschnittliches Ansteigen der Arbeitslosigkeit möglich, v.a. im ländlichen Raum. O. wird durch Grundstücks- und Hauseigentum verstärkt.

Ortsgrundrissform *ground plan layout*: die Art, wie die → *Behausungen* über die Siedlungsflächen verteilt sind (→ *Raummuster*). Die O. kann locker oder dicht, regelhaft oder ungeregelt sein. Bei den geregelten O. können z.B. die Linear- oder → *Radialformen* auftreten. Einen deutlichen Gegensatz bilden z.B. die → *Linearsiedlung* und die → *Streusiedlung*.

Ortsname *place name*: Name der → *Siedlung*, die im Rahmen der → *Historischen Geographie* näher untersucht wird. Die O. geben u.U. Hinweise auf das Alter der Siedlungen sowie auf frühere gesellschaftliche und politische Verhältnisse. Im Falle von → *Wüstungen* leben alte O. heute noch z.T. in Flurnamen weiter. Die O. der mittelalterlichen Rodungsperiode unterscheiden sich z.B. deutlich von denen der bereits früher besiedelten Räume. So fehlen O. mit der Endung -ingen bei → *Waldhufendörfern* oder O. mit der Endung -rode bei Gewannflursiedlungen bzw. älteren → *Haufendörfern*.

Ortsnamenkunde (Toponomastik) *toponymy*: Forschungszweig der historischen → *Siedlungsgeographie*, der sich mit den Namen der älteren → *Siedlungen* beschäftigt, um daraus Schlüsse bezüglich ihres Alters, der Gründungsumstände usw. abzuleiten. Die O. bedient sich der ältesten historischen Quellen (z.B. Schenkungsurkunden des Mittelalters), die es über die Siedlung bzw. den Siedlungsraum gibt.

Ortsplanung *local/locality planning*: unterste Stufe der → *Raumplanung*. O. ist i.d.R. eine Planung, die sich - im Gegensatz zur → *überörtlichen Planung* - mit dem gesamten Gebiet einer → *Gemeinde* (gemeindliche Planung) befasst und als → *Bauleitplanung* zu verstehen ist.

Ortspräferenz *preference of place*: Bevorzugung eines → *Ortes* gegenüber anderen gleichwertigen Orten bei der Ausübung bestimmter → *Grunddaseinsfunktionen*. O. können aus ökonomischen, häufig aber auch aus nichtökonomischen Gründen vorgenommen werden, z.B. die Bevorzugung eines von mehreren möglichen → *Zentralen Orten* für bestimmte Dienstleistungen aufgrund des positiven → *Images* dieses Ortes.

Ortssatzung *local communal administration regulation*: kommunale Verfahrensübereinkunft für bestimmte Bereiche der gemeindlichen Selbstverwaltung. Die O. wird vom → *Gemeinde-* bzw. Stadtrat beschlossen und ist nach der Genehmigung durch die Aufsichtsbehörde (z. B. Landkreis) für die Verwaltung sowie für den einzelnen → *Bürger* bindend. Beispiele für O. sind die Haushaltssatzung oder der → *Bebauungsplan*.

Ortsteil *village/city district*: Siedlung, z. B. → *Dorf* in einem Gemeindeverband oder städtischer → *Vorort*, die keine selbstständige → *Gemeinde* bildet, sondern Teil einer solchen ist. Der Begriff O. ist zwar weithin üblich, aber ungenau; zutreffender wäre Gemeindeteil bzw. → *Stadtteil*.

Ortstein *duripan, iron pan, ortstein*: sehr harte Verkittung von mineralischem Feinmaterial im → *Unterboden* von → *Podsolen* durch die extreme Anreicherung von aus dem → *Oberboden* verlagerten Eisen-, Mangan- und Aluminiumoxiden sowie → *Huminstoffen*. Bei vollständiger Verdichtung wirkt der O. als Wasserhorizont. Er ist für Wurzeln weitgehend undurchdringlich und begrenzt somit die ökologische → *Gründigkeit* eines Standortes.

Ortstyp *settlement type*: → *Siedlung*, die durch Funktion, Größe, Genese sowie die → *Sozialstruktur* ihrer Bewohner charakterisiert ist. Im Bereich der → *ländlichen Siedlungen* wird der O. im klassischen Sinne durch Ortsgröße, Ortsform und → *Flurform* bestimmt. Daraus ergeben sich z. B. O. wie → *Weiler*, → *Haufendorf* oder → *Drubbel*.

Ortswüstung *deserted settlement*: im Unterschied zur → *Flurwüstung* eine aufgegebene → *Siedlung*. Dabei kann die O. total oder auch nur parziell sein. Im letztgenannten Fall handelt es sich um eine Schrumpfung der Haus- oder Hofzahl. Das Auftreten von O. kann wirtschaftliche Ursachen haben oder auch z. B. auf → *Epidemien* zurückgehen, die in der Vergangenheit u. U. die gesamte Bevölkerung kleinerer Siedlungen dahinrafften.

Ortszeit *local time*: die in einem Land oder einer Ländergruppe geltende einheitliche Uhrzeit, die sich, je nach Lage zum Nullmeridian, von der → *Weltzeit* unterscheidet.

Os *eskar, eskar*: Schmelzwasserablagerungen des Eises aus → *Schottern* und → *Sanden*; bilden wallartige Formen großer Längen (Zehner bis einige Hundert Kilometer) und variabler Höhen. Ihr Verlauf stimmt mit der großen Spalten überein, die im → *Zehrgebiet* der → *Inlandeise* meist in Eisstromrichtung angeordnet waren. Oser schließen mitunter an Ketten von → *Rinnenseen* an oder laufen neben diesen her.

OSL-Datierung → *Optisch stimulierte Lumineszenzdatierung*.

OSM : → *Open Street Map*

Ostblockstaaten *Eastern Bloc states*: Ausdruck für die ehemaligen, unter dem direkten Einfluss der damaligen Sowjetunion stehenden und kommunistisch regierten Staaten.

ostdeutsche Siedlung → *Ostkolonisation*.

ostdeutscher Kolonialgrundriss *East German colonization ground plan*: städtische Grundrissform, die im ostdeutschen Kolonisationsraum (→ *Ostkolonisation*) verbreitet ist. Der o. K. hat i. d. R. einen zentralen → *Markt*, auf dem das Rathaus steht, häufig einen besonderen Kirchplatz und ein gitterförmiges, auf den Markt bezogenes Straßennetz. Dieses findet an dem runden, ovalen oder rechteckigen Mauerkranz seine Begrenzung.

Ostkolonisation (Ostsiedlung, ostdeutsche Siedlung, deutsche Ostsiedlung) *East German colonization*: Siedlungs- und Wirtschaftskolonisation in Ostmittel-, Ost- und Südosteuropa u. a. durch deutsche Ritter und Fürsten, Mönche, Bauern, Kaufleute, Bergleute. Die O. erfolgte in verschiedenen Wellen vom 8./9. bis zum 19. Jh. und erfasste Gebiete vom Finnischen Meerbusen (Baltikum) bis zum Schwarzen Meer. Sie führte dazu, dass es zur Ausweitung des geschlossenen deutschen Sprachraumes (z. B. Schlesien, Ostpreußen), zur Ausbildung deutscher Kultur- und Volkstumsinseln (z. B. Banat, Siebenbürgen) und slawisch-deutscher Mischbevölkerung (z. B. Oberschlesien) kam. Nach dem Zweiten Weltkrieg mussten viele Deutsche die in der O. besiedelten Gebiete wieder verlassen.

Ostsiedlung → *Ostkolonisation*.

Ost-West-Wanderung *east-west-migration*: während der → *Industrialisierung* im 19. Jh. bis zum Ersten Weltkrieg wichtigster → *Wanderungsstrom* im Deutschen Reich. Im Zuge der O.-W.-W. zogen Hunderttausende von Bewohnern der z. T. übervölkerten agrarisch strukturierten Gebiete Ostdeutschlands und Polens nach Westdeutschland, um insbesondere in → *Bergbau* und → *Industrie* des Ruhrgebiets und Rheinlands zu arbeiten. Es handelte sich zunächst hauptsächlich um eine → *Gastarbeiterwanderung*, doch wurde ein hoher Prozentsatz später sesshaft. Eine neue, besonders arbeitsplatzbedingte O.-W. W. setzte nach der deutschen Wiedervereinigung in den 1990er Jahren von neuen in die alten Bundesländer ein, die zu → *Wanderungsverlusten* in Ostdeutschland führen.

Oszillation *oscillation*: in den → *Biowissenschaften* relativ geringfügige und regelmäßige Schwankungen bestimmter ökologischer Parameter, z. B. der Populationsgröße einer Art. Starke bzw. oft unregelmäßige Schwankungen werden als Fluktuationen bezeichnet.

Oszillation *oscillation*: in den → *Geowissenschaften* kleinere Schwankungen des Meeresspiegels, der Eisrandlagenbewegungen und der Erdkrustenstücke, aber auch des Klimas (die den → *Klimaschwankungen* gegenübergestellt werden).

Oszillationstheorie *oscillation theory*: geotektonische Hypothese, um großräumige Bewegungen der → *Erdkruste* zu erklären. Die O. gründet sich auf beobachtete → *Oszillationen* mit Hubhöhen von ca. 10 km und entsprechenden Senkungen, verursacht durch großräumige Materialverschiebungen in der Kruste. Die Stoffverlagerungen wiederum werden auf Tiefenbewegungen des → *Magmas* zurückgeführt (→ *Undation*).

Othering (Fremd-Machen) Prozess der Differenzierung von Individuen von anderen sowie der Distanzierung sozialer Gruppen, der ein Individuum sich zugehörig fühlt, von anderen Gruppen. O. dient einerseits zur Individuierung im Prozess der Sozialisation, zum anderen zur Wahrnehmung des Selbst über die Konstruktion des Anderen (→ *Andere, der oder das*). Dabei wird das Selbst als die Norm und die Normalität, der Andere als die Abweichung von der Norm konstruiert (→ *Devianz*). Simone de Beauvoir hat O. z. B. für ihre Theorie, dass Männer gesellschaftlich als die Norm und Frauen als das Andere verstanden werden (→ *Gender*), genutzt, ebenso wie Edward Said für seine Arbeit über den → *Orientalismus* (→ *Rassismus*, → *Diskriminierung*, → *soziale Konstruktion*).

Oued → *Wadi*.

Outbound-Tourismus → *Auslandstourismus*.

Outgoing-Tourismus → *Auslandstourismus*.

Output *output*: 1. in jeder Art von → *Systemen* (also auch in → *Ökosystemen*) die Ausgabe, der Austausch bzw. der Austrag von Informationen, Materie oder Energie, bewirkt durch systeminterne bzw. -externe Prozesse. 2. in der Wirtschaft i. d. R. als Menge gemessenen Ertrag einer wirtschaftlichen Aktivität bezeichnend (→ *Input*, → *Input-Output*).

Outsourcing *Auslagerung*: sich auf Außenquellen stützen. Damit ist i. d. R. im Produktionsbereich eine Reduzierung der → *Fertigungstiefe* verbunden, d. h. es wird eine Verlagerung von funktionalen Einheiten (z. B. Beschaffung, Absatz, Marktforschung) mit dem Unternehmen an andere Unternehmen angestrebt. O. ist grundsätzlich eine → *make-or-buy*-Entscheidung, die festlegt, ob die Tätigkeit selbst oder von Dritten erbracht werden soll (→ *global sourcing*, → *modular sourcing*, → *single sourcing*).

Ova → *Salztonebene*.

overspill *Überschusseffekt*: sich durch → *Agglomerationsnachteile* in einem Zentrum ergebende Sickereffekte in Richtung → *Peripherie* (z. B. Verlagerung ökonomischer Aktivitäten).

overspill town englische Bezeichnung für eine → *Trabanten-* oder → *Satellitenstadt* nach dem Zweiten Weltkrieg (oft eine → *New Town*), die zur Entlastung eines stark wachsenden → *Verdichtungsraumes* und zur Aufnahme von dessen Bevölkerungszuwachs diente.

overurbanization *Hyperurbanisierung*: Ungleichgewicht zwischen hohem → *Verstädterungsgrad* eines Landes und seiner noch relativ geringen wirtschaftlichen, insb. industriellen Entwicklung. O. ist für viele → *Entwicklungsländer* typisch, in denen die Städte und insb. eine → *Metropole* durch starke → *Land-Stadt-Wanderung* übermäßig auf Kosten des übrigen Landes wachsen.

Owrag *owrag*: steilwandige Erosionsschlucht (→ *Schlucht*) in Nebentälern und Hängen von Tälern der ost- und südosteuropäischen Steppen- und Waldsteppengebiete, die bei Stark- und Dauerregen sowie Schneeschmelzen entstehen und die Form der → *Bodenerosion* sind. Eine bedingt zur Ruhe gekommene Form, die sich infolge Vegetationsbewachsung nicht weiterentwickelt, bezeichnet man als → *Balka* (pl. Balki).

Oxbow-See *oxbow [lake]*: sichelförmige → *Altwässer* in der Stromaue großer Schwemmlandebenen.

Oxid *oxide*: Verbindung mit Sauerstoff. → *Erdkruste* und → *Erdmantel* bestehen in großen Teilen aus Oxiden; z. B. Siliciumdioxid (→ *Quarz*), Aluminiumoxid, Eisenoxide (z. B. Hämatit).

Oxidationshorizont *oxidation horizon*: rostfleckiger → *Bodenhorizont* (Go-Horizont) in Böden mit Einfluss von → *Grundwasser*. Der O. entwickelt sich im nicht ständig grundwassererfüllten Bereich, wo durch den schwankenden Grundwasserspiegel ein Wechsel von vollständiger Durchnässung und Durchlüftung stattfindet. Im Wasser gelöstes Eisen wird dadurch oxidiert und reichert sich nach der Ausfällung in unregelmäßigen Flecken an (→ *Gley*).

Oxidationsverwitterung *oxidation*: chemische Verwitterung, bei der unter der Beteiligung von Luftsauerstoff oder im Wasser gelösten Sauerstoff Eisen und Mangan oxidiert und dabei von der zwei- in die dreiwertige Form umgewandelt werden. Dabei erfolgen zum einen durch O- und OH-Anlagerung in Anwesenheit von Wasser Volumenvergrößerungen, zum anderen ändert sich ggf. die Ladung des Kristallverbands, was zur Abstoßung von Kationen führt und somit ebenfalls eine Auflockerung des Kristallgitters bewirkt. Sie äußert sich in Gesteinszerlegung und -zerfall. Die O. verläuft meist in Verbindung mit anderen physikalischen und chemischen Verwitterungsprozessen, wie → *hydrolytische Verwitterung*, → *Hydratation* oder → *Frostsprengungsverwitterung*. O. ist gut durch die Farbänderung (→ *Verbraunung*) des dreiwertigen gegenüber dem zweiwertigen Eisen zu erkennen.

Oxigley *Gleysol*: in der → *deutschen Bodensystematik* (→ *KA5*) ein grundwasserbeeinflusster, sauerstoffreicher Boden (Subtyp des → *Gleys*:) ohne den grauen Reduktionshorizont. Sauerstoffreiches Grundwasser ermöglicht die Oxidation im gesamten Profil.

Oxisols *Oxisols*: in der → *US Soil Taxonomy* (2014) Böden mit einem oxic → *B-Horizont* (von oxisch) d. h. mit stark verwitterten Mineralen (nur noch wenig nicht verwittertes Material ist übrig) und einer → *Anreicherung* u. a. von Eisenoxiden.

Ozean *ocean*: Atlantischer O., Indischer O., Pazifischer O. bilden die drei Teile des → *Weltmeeres*, die sich durch Größe, Salzgehalt (→ *Salzwasser*), → *Gezeiten*, → *Meeresströmungen*, Küstenkonfiguration und erdgeschichtliches Alter (→ *Plattentektonik*) voneinander unterscheiden (→ *Meer*, → *Meeresraum*, → *Meeresregion*).

ozeanisch *oceanic*: bezogen auf die → *Ozeane* bzw. → *Meere*. Klimageographisch der Gegensatz zu → *kontinental*, mit kühl-gemäßigten thermischen Bedingungen, fast ganzjährigem Niederschlag und hoher Luftfeuchte (→ *maritim*).

ozeanische Insel *oceanic island*: Insel vulkanischen Ursprungs, die nie über eine Landverbindung zum Festland verfügt hat (→ *kontinentale Insel*).

ozeanische Kruste *oceanic crust*: Bestandteil der → *Erdkruste* im → *Schalenbau der Erde*, wobei die o. K. im Gegensatz zur → *kontinentalen Kruste* wesentlich dünner ist (ca. 10 km), sodass hier der → *Erdmantel* der Erdoberfläche am nächsten kommt. Die o. K. besteht aus → *Basalt*, der mit Tiefseesedimenten teilweise überdeckt ist.

Ozeanische Rücken *mid-oceanic ridges*: → *Mittelozeanische Rücken*.

ozeanisches Klima → *maritimes Klima*.

ozeanisches Regime *oceanic regime*: Abflusstyp mit jährlichen Schwankungen der Wasserführung, der ausschließlich vom wechselnden Verhältnis von → *Niederschlag* und Evapotranspiration geprägt ist. Die maximale Wasserführung wird im Winter, die minimale in der zweiten Sommerhälfte erreicht (→ *Abflussregime*).

Ozeanisches Reich *Oceanic realm*: eines der → *Floren*- bzw. → *Faunenreiche* der Erde, die zentralen Teile der Ozeane umfassend.

Ozeanographie → *Meereskunde*.

Ozon *ozone*: modifizierter dreiatomiger Sauerstoff (O_3). Das O. ist ein außerordentlich aggressives, farbloses Gas, welches in der Erdatmosphäre in verschiedenen Schichten in 20-50 km Höhe angereichert ist. Diese → *Schichten* sind unentbehrlich für die Existenz irdischen Lebens auf der → *Erde*, da sie die ultraviolette Strahlung von 0,29 bis 0,32 µm Wellenlänge fast ganz absorbieren. Das O. entsteht durch Einwirkung der → *UV-Strahlung* auf die oberste → *Atmosphäre*, wo sich die → *Ozonschicht* gebildet hat. Es entsteht jedoch auch unter Sonneneinstrahlung aus Stickoxiden und → *Kohlenwasserstoffen*, sodass es zur Bildung von photochemischem → *Smog* kommt. Von höheren O.-Konzentrationen gehen biöokologische Wirkungen auf Mensch, Tier und Pflanze aus. Der Mensch leidet unter Augenreizungen und Atembeschwerden. Die Pflanzen zeigen nekrotische Bleichungen und Fleckungen (→ *Nekrose*). In Deutschland gilt als MIK-Wert eine Konzentration von 150 mg Ozon/m^3 Luft. In den meisten Staaten Mitteleuropas werden bei starker Sonneneinstrahlung während des → *Sommers* v. a. in den → *Agglomerationen* sowie in geschlossenen Stadtsiedlungen diese Konzentrationen erreicht oder überschritten. Auch das → *Waldsterben* wird zum Teil auf die Wirkung des O., neben anderen → *Photooxidantien*, zurückgeführt. Die bioökologisch schädlichen Wirkungen des bodennahen O. können nur durch Verringerung der Emissionen von Stickoxiden und Kohlenwasserstoffen erzielt werden (→ *Stadtklima*).

Ozon-Hypothese *ozone hypothesis*: bezieht sich auf das → *Waldsterben* und wird der → *Saurer-Regen*-Hypothese bzw. der Stress-Hypothese gegenübergestellt. Nach der O.-H. wird das Waldsterben auf die phytotoxische Wirkung von → *Photooxidantien* zurückgeführt. Schäden an Blättern bewirken erhöhte Durchlässigkeit der Zellmembranen für Sauren Regen. Es werden mehr Elemente ausgewaschen, die zu Mangelkrankheiten an den Bäumen führen, und den Wald gesamthaft schädigen.

Ozonloch *ozone hole*: tritt nicht nur über den Polargebieten, sondern auch über den heißen Kontinenten jahreszeitlich in der → *Ozonschicht* der → *Stratosphäre* auf. Dort herrscht ein Gleichgewicht zwischen → *Ozon* auf- und abbauenden Prozessen. Durch Zerstörung der Ozonschicht gelangt harte → *UV-Strahlung* (kurzwellig, energiereich) in die → *Biosphäre*. Erbschäden und Hautkrebs beim Menschen sind u. a. mögliche Folgen, aber auch bei anderen Lebewesen – bis hin zu Meeresalgen. Das O. über industriefernen Gebieten wird mit dem Ferntransport von → *Abgasen* aus

Verkehr, Industrie, Siedlung und Landwirtschaft erklärt.

Ozonschicht *ozone layer*: Sie befindet sich in der → *Stratosphäre* (zwischen 10 und 50 km Höhe) in ca. 15-35 km über dem Erdboden, wo das → *Ozon* besonders konzentriert ist. Die O. absorbiert die für Organismen schädlichen, weil energiereichen Sonnenstrahlen, die besonders durch das → *Ozonloch* auf den Erdboden und damit in die → *Biosphäre* gelangen können. Die O. ist gefährdet durch Chlorfluorkohlenwasserstoffe bzw. Lachgas (N_2O). Sie sind stabil und gelangen unzerstört in die Stratosphäre, wo sie photochemische Reaktionen mit dem Ozon eingehen und das Ozongleichgewicht gefährden. Wenn sich natürliche und anthropogene Abbauprozesse in der O. überlagern, also mehr Ozon abgebaut wird, als durch UV-Strahlung neu gebildet wird, ist die O. nicht mehr geschlossen und es besteht ein Ozonloch gebildet.

Ozonsphäre *ozone layer, ozonsphere*: die mittlere Wärmeschicht in der → *Atmosphäre* zwischen 20 und maximal 60 km Höhe, in der die Temperatur wegen der → *Strahlungsabsorption* des → *Ozons* ähnliche Werte wie am Erdboden erreicht. Die O. ist zu großen Teilen mit der → *Stratosphäre* identisch.

P

Paarungsmischung → *Panmixie*.
Pacht *lease*: Überlassen eines Gegenstandes bzw. von → *Pachtland* an einen → *Pächter* zur Nutzung und zum Gebrauch auf bestimmte Zeit. Als Gegenleistung muss dafür i. d. R. ein Pachtzins entrichtet werden. Der Pächter kommt im Unterschied zum Mieter auch in den Genuss natürlicher Ressourcen. So hat z. B. der Pächter das Recht auf Ausnutzung von Wasserkräften. Es gibt unterschiedliche P.-Formen. Bekannt ist v. a. die → *Halbpacht* (→ *Mezzadria*).
Pächter *leaseholder, tenant*: Person, die einen Gegenstand gegen Entgelt auf bestimmte Zeit zur Nutzung überlassen bekommen hat. Der Begriff P. wird v. a. für die Nutzung fremder Grundstücke (→ *Pachtland*) und Gebäude gebraucht (z. B. P. eines landwirtschaftlichen Betriebes).
Pachtland *leasehold land*: Grundstücke, die für eine bestimmte Zeit gegen Geld, Naturalien oder Dienstleistungen (Pachtzins) einem anderen zur Nutzung überlassen werden (→ *Pacht*). In der → *Landwirtschaft* der Bundesrepublik Deutschland spielt heute die Zupacht (→ *Zupachtbetrieb*) einzelner Grundstücke (Parzellenpacht) eine größere Rolle als das Pachten ganzer Betriebe. Hohe P.-Anteile finden sich v. a. in Gebieten mit → *Realteilung*.
Pachtsystem *lease system*: die sozial- und wirtschaftsgeographische Ausprägung von → *Pachtverhältnissen* im Raum (→ *Pacht*).
Pachtverhältnis *lease, tenancy, tenure*: Konditionen, nach denen → *Pächter* und Verpächter einen Pachtvorgang (→ *Pacht*) regeln. Bestimmte Formen von P. können größere Räume einseitig prägen (→ *Rentenkapitalismus*).
Package tour *package tour*: englischer, aber auch in Deutschland häufig verwendeter Ausdruck für → *Pauschalreise*.
Packeis *pack (rafted) ice*: durch Strömung, Seegang und Wind ineinandergeschobene, dicht verbackene und z. T. hochaufgetürmte Meereisschollen.
Packschnee *drifted snow*: dicht gelagerter → *Neuschnee* aus eng aneinanderliegenden Kristallpartikelchen, der durch Winddruck auf die Luv- und Windverlagerung auf die Leeseite entsteht (→ *Lee*, → *Luv*, → *Schnee*).
Packtier → *Transporttier*.
Pahoehoe-Lava (Fladenlava, Gekröselava, Schollenlava, Seillava, Stricklava, Wulstlava) *corded lava, pahoehoe lava, rope lava*: hawaiischer Name für dünnflüssige, basaltische (mafische) Lava, die gasärmer ist und eine hohe Fließgeschwindigkeit hat. Erstarrt weist sie eine wellig-wulstige, glatte Oberfläche auf.

PAK → *Polyzyklische aromatische Kohlenwasserstoffe*.
Paläanthropologie *palaeanthropology, paleoanthropology*: Zweig der → *Anthropologie*, der sich mit → *fossilen* → *Hominiden* beschäftigt, zeitlich etwa bis zum Ende des → *Pleistozäns*.
Paläarktis (Paläarktisches Reich) *palaearctic realm*: eines der → *Faunenreiche* der Erde, das Eurasien (mit Island, den Kanarischen Inseln, Japan) und Nordafrika bis zum Südrand der Sahara umfasst.
Palämagnetismus *paleomagnetism*: → *Paläomagnetismus*.
Paläobiogeographie *palaeobiogeography*: → *Paläontologie*.
Paläobiologie *palaeobiology*: → *Paläontologie*.
Paläoboden *Paleosol*: ein → *Boden*, der in einem früheren geologischen Zeitraum, oft unter andersartigen Bedingungen (insbesondere des Klimas), entstanden ist. Die mit den jetzigen Verhältnissen nicht erklärbaren Merkmale wurden entweder durch eine Überdeckung des P. mit jüngeren Sedimenten konserviert oder bei oberflächlichem Anstehen des P. durch die jüngeren, andersartigen Bodenbildungsprozesse überprägt. Bei einer Überprägung entstehen schwer einzuordnende Mischprofile (z. B. degradierte Schwarzerden (→ *Tschernosem*), Abkömmlinge subtropischer tertiärer → *Roterden*). Erhaltene P. finden sich z. B. in → *Lössen* in mehreren Stockwerken übereinander und können zur klimageschichtlichen Gliederung des → *Pleistozäns* herangezogen werden.

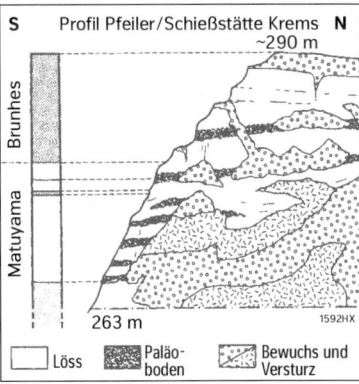

Paläoboden

Paläobotanik (Pflanzenpaläontologie) *palaeobotany*: Erforschung der Pflanzenwelt früherer Abschnitte der → *Erdgeschichte* als Teilgebiet der → *Paläontologie* beruht im wesentlichen auf der Analyse pflanzlicher Fossilien (→ *Paläozoologie*, → *Pollenanalyse*).
Paläoendemismus → *konservativer Endemismus*.
Paläoeuropa *Paleo-Europe*: der durch die → *Faltung* des → *Kaledonischen Gebirges* konsolidierte, an → *Ureuropa* angeschweißte Teil des späteren Kontinents Europa.
Paläogen (Alttertiär) *Paleogene*: die drei ältesten Serien (Abteilungen) des → *Tertiärs*; Dauer: 65-23 Mio. J. v. h.. Auf das P. mit → *Paläozän*, → *Eozän* und → *Oligozän* folgte das → *Neogen*.
Paläogeographie *palaeogeography*: Teilgebiet der → *Historischen Geologie*, das sich mit den geographischen Verhältnissen der Erde in früheren geologischen Zeiträumen beschäftigt. Dabei werden einerseits die Verteilung von Land und Wasser auf der Erde sowie die Entwicklung der Kontinente untersucht.
Paläogeomorphologie *palaeogeomorphology*: Bestandteil der → *Paläogeographie* der sich mit den Reliefformen und reliefbildenden Prozessen in der Vorzeit befasst (→ *Paläokarst*).
Paläokarst *pal[ae]okarst, buried karst*: Karstformen, die in der → *Vorzeit* gebildet worden sind und → *rezent* allenfalls geringer weiterer Formung unterworfen sind, da sie meist anderen, jüngeren Gesteinen (→ *Sedimentgestein*) unterliegen.
Paläoklimatologie *palaeoclimatology*: untersucht die Klimabedingungen während früherer erdgeschichtlichen Epochen (→ *Vorzeit*).
Paläoklimazeugen *palaeoclimatic indicators*: Indikatoren vorzeitlicher Klimate z. B. → *Geschiebe*, → *Gletscherschrammen*, → *Pollen*, Hölzer, → *Paläoböden*, → *Eiskeile*, Knochen, → *Flussterrassen*, → *Moränen* usw. (→ *Klimazeugen*, → *Paläoökologie*).
Paläomagnetik *palaeomagnetics*: basiert auf aperiodischen Schwankungen des Magnetfeldes der Erde. Seine heutige Richtung wird als normale Magnetisierung bezeichnet, davon abweichende entgegengesetzte Umpolung als invers bzw. revers.
Paläomagnetismus (Palämagnetismus) *palaeomagnetism*: der → *vorzeitliche* Magnetismus der Erde, der aus dem aktuellen Magnetismus der Gesteine rekonstruiert wird (→ *Paläomagnetik*).
Paläontologie (Paläobiogeographie, Paläobiologie) *palaeontology*: Teilgebiet der → *Historischen Geologie*, das sich mit der → *vorzeitlichen* Flora und Fauna beschäftigt, ursprünglich eine reine Versteinerungskunde.

Inzwischen versteht sich die P. als → *Paläoökologie*. Die P. ordnet sich zwischen Geologie und Biologie an und erforscht sowohl die geologischen Faktoren, die zur Entstehung von → *Fossilien* führten, als auch deren Stellung in der Stratigraphie. Bei geologischer Zielsetzung versteht sich die P. als Fossilisationslehre und als Biostratinomie, d. h. jene Vorgänge untersuchend, die vom Beginn des Absterbens bis zur endgültigen Einbettung auf einen Organismus wirkten, sowie die Diagenese von Fossilien (= Umbildungsvorgänge des Fossils nach seiner Einbettung). Bei biologischem Verständnis überwiegen systematisch-ökologische Interessen. So werden in der Ontogenie der individuelle Werdegang des vorzeitlichen Organismus untersucht, in der Paläoökologie die Lebensweise und die Lebensbedingungen sowie die Lebensumwelt (→ *Umwelt*) der Organismen, in der Paläobiogeographie i. e. S. die Verbreitung von Floren und Faunen auf ehemaligen Festländern und in früheren Meeren, in der Phylogenie die Entwicklung des Lebens im Laufe der Erdgeschichte. Neben der Makrobetrachtung spielt die Mikropaläontologie eine Rolle, um auch mikroskopisch kleine Tier- und Pflanzenreste auszuwerten.
Paläoökologie (Palökologie) *paleoecology*: befasst sich mit den → *vorzeitlichen* Lebensraumbedingungen und deren Zusammenhang mit Floren (→ *Paläobotanik*) und Faunen (→ *Paläozoologie*).
Paläopedologie *paleopedology*: ein interdisziplinäres Fachgebiet, das sich zwischen → *Geomorphologie*, → *Bodenkunde* und → *Quartärforschung* anordnet, und das sich mit den → *reliktischen* und → *vorzeitlichen* → *Böden* beschäftigt. Diese → *Paläoböden* sind wichtige Indikatoren für vorzeitliche Landschaftszustände, die in der → *Paläoökologie* von verschiedenen Fachgebieten untersucht werden (→ *Klimazeugen*).
Paläophytikum (Pteridophytenzeit, Florenaltertum) *Palaeophytic*: florengeschichtlicher Zeitabschnitt, beginnend etwa im oberen → *Silur* und endend mit dem → *Rotliegenden*.
Paläophytologie *palaeophytology*: → *Paläobotanik*.
Paläotropis (Paläotropisches Reich) *Palaeotropical realm*: eines der → *Floren*- bzw. → *Faunenreiche* der Erde, umfasst Afrika südlich der Sahara mit Madagaskar, Indien und Hinterindien sowie verschiedenen Inseln zwischen Madagaskar und Hinterindien. Das Faunenreich der P. wird häufig weiter unterteilt in → *Äthiopis*, Madegassis und → *Orientalis*.
Paläo-Tsunami *paleo-tsunami*: durch historische Berichte für mindestens die letzten 4000 Jahre und durch → *Sedimente* (→ *Fein-*

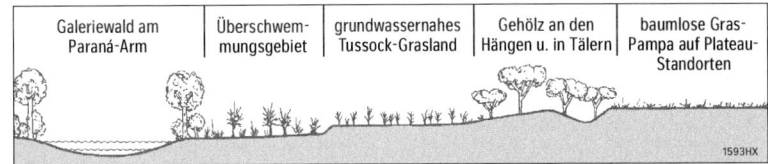

Pampa

sedimente, → *Blöcke*) an vielen → *Küsten* der Erde belegt (→ *Tsunami*).

Paläozän *Palaeocene*: unterste Serie (Abteilung) des → *Tertiärs*, von 65-56 Mio. J. v. h..

Paläozoikum (Erdaltertum) *Paleozoic era*: in der Entwicklung des Lebens auf der Erde die „Altzeit", von 542-251 Mio. J. v. h., d. h. → *Kambrium*, → *Ordovizium*, → *Silur*, → *Devon*, → *Karbon* und → *Perm* umfassend. Am Anfang stand eine reiche Fauna aus Vertretern aller Stämme der Wirbellosen, die sich stark entwickelten, aber am Ende des P. vielfach ausstarben. Im P. erfolgten die → *Kaledonische* und die → *Variscische Gebirgsbildung*.

Paläozoologie *paleozoology*: Teilgebiet der → *Paläontologie*, das sich mit der Erforschung der Tierwelt der → *Vorzeit* beschäftigt (→ *Paläobotanik*).

Palingenese *palingenesis*: Gesteinsneubildung, bei der → *Festgesteine* zu granitischem → *Magma* aufgeschmolzen werden (→ *Granitisierung*).

Palmen *palms*: Familie der einkeimblättrigen Pflanzen mit knapp 2600 bekannten Arten, die für → *subtropische* und → *tropische Klimate* charakteristisch ist und meist als baumförmige Lebensform auftritt. Die Stämme sind meist nicht verzweigt und werden von einem Blattschopf gekrönt. Nach der Blattform werden Fieder- und Fächerpalmen unterschieden.

Palökologie *palaeoecology*: → *Paläoökologie*.

Palsa (Torfhügel) *palsa, ground-ice mound*: rundlich-ovaler Torfhügel mit einem Eiskern aus → *Segregationseis*. P. kommen in Mooren im Gebiet von → *Permafrostböden* und sind im Gegensatz zu Thufuren auf → *Permafrost* zur Bildung angewiesen. Kann mehrere Meter hoch werden.

Palynogramm *palynogram*: schematische Darstellung der Formen von → *Pollen* zum Vergleich verschiedener Gattungen oder höherer taxonomischer Kategorien. (→ *Pollendiagramm*).

Palynologie (Pollenkunde) *palynology*: Forschungsgebiet der → *Botanik*, besonders der → *Geobotanik*, das sich in der → *Pollenanalyse* mit → *rezenten* und → *fossilen* → *Pollen* beschäftigt. Aus Pollenablagerungen in Torfen, Mooren, Lössen, Böden und Tonen kann die P. die Floren- und Vegetationsgeschichte v. a. jüngerer (→ *Pleistozän*) und jüngster (→ *Holozän*) erdgeschichtlicher Zeitabschnitte rekonstruieren. (→ *Paläobotanik*).

Pampa *pampa, llano*: außertropische südamerikanische → *Steppe* in Gebieten mit 500-1000 mm Jahresniederschlag bei zugleich hoher → *Verdunstung* (= → *semiarides* → *Klima* mit negativer → *Wasserbilanz*). Charakteristisch ist die Baumfreiheit der P., die → *natürlich* oder → *anthropogen* sein kann. Heute geht man davon aus, dass die P. eine natürliche baumfreie Steppe war und ist, was klimatisch und mit mächtigen Schwarzerdeböden (→ *Tschernosem*) sowie dem eigenständigen Ausbreitungszentrum einer Steppenfauna in der jüngeren Erdgeschichte begründet wird. Die ca. 6000 km² große P. als Landschaft, deren Vegetation durch die Boden- und Niederschlagsabstufungen in sich noch differenziert ist, weist lediglich noch in den Westteilen ihre charakteristische Grasslandvegetation auf, die aber auch durch intensive Weidenutzung anthropogen stark verändert wurde. Im Ostteil erfolgt Weizenanbau mit starker Bodendegradierung bzw. Bodenerosion.

panchromatisch *panchromatic*: Begriff aus der → *Fernerkundung* zur Charakterisierung der spektralen Empfindlichkeit erfasster Bilder oder Sensordaten. In einem p. Kanal ist i. d. R. der gesamte Spektralbereich des (für den Menschen) sichtbaren Lichts zusammengefasst und kann typischerweise in einer Graustufenskala als schwarz-weiß-Darstellung visualisiert werden. Durch die Tatsache, dass p. Aufnahmen in aktiven Systemen durch eine geringe → *spektrale Auflösung* (1 Kanal) weniger Energie benötigen als → *multi*- oder → *hyperspektrale* Aufnahmen, kann weiteres Energiepotenzial des Systems zur Erhöhung der → *räumlichen Auflösung* verwendet werden. Demzufolge ist p. Bild- und Datenerfassung häufig erheblich genauer, d. h. eine geringere Fläche der Erdoberfläche kann in einem p. → *Luft*- oder → *Satellitenbild* durch eine → *Rasterzelle* (→ *Pixel*) repräsentiert werden. In Verfahren des „Pan-Sharpening" kann der p. Kanal eingesetzt werden, um nachträglich für multi- und hyperspektrale Daten die räumliche Auflösung zu erhöhen.

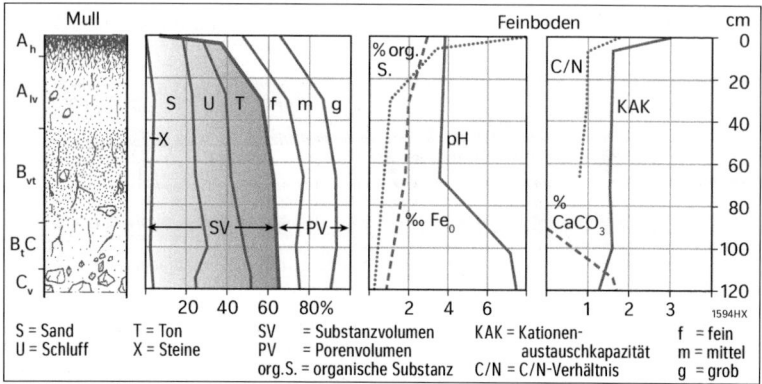

S = Sand T = Ton SV = Substanzvolumen KAK = Kationen- f = fein
U = Schluff X = Steine PV = Porenvolumen austauschkapazität m = mittel
org.S. = organische Substanz C/N = C/N-Verhältnis g = grob

Parabraunerde

Pandemie *pandemic*: länder- und kontintentübergreifend auftretende Infektionskrankheit. Im Gegensatz zur → *Epidemie* ist die P. örtlich nicht beschränkt. Bekannte P. waren bzw. sind Pest, Cholera, Influenza und Pocken.

Panelstudie *panel study*: Form der → *Längsschnittstudie*, bei der mit derselben Methode die gleiche → *Stichprobe* zu unterschiedlichen Zeitpunkten befragt wird. (→ *Trendstudie*).

Pangäa (Pangaea) *Pangaea*: ein von der Theorie der → *Kontinentalverschiebung* (→ *Plattentektonik*) postulierter → *Urkontinent*, aus dem sich die heutigen → *Kontinente* – durch Plattenbewegungen – seit dem → *Mesozoikum* herausbildeten.

Pangaea *Pangaea*: → *Pangäa*.

pannonisch *pannonian*: aus Pannonien stammend, d. h. aus dem Becken des Ungarischen Tieflands und seiner Umgebung; auf → *Floren* und → *Faunen* des → *Postglazials* sowie deren Wanderungen bezogen.

Panopticon *Panopticon*: Konzept zur Bauweise von Gebäuden, die es erlauben, eine große Anzahl von Menschen von einem zentralen Punkt aus zu überwachen (z. B. in einer Fabrikanlage oder einem Gefängnis). Das P. geht auf den britischen Philosophen und Begründer des Utilitarismus, Jeremy Bentham, zurück (→ *Disziplinarmacht*).

pantophag → *heterophag*.

Pappschnee *snow slush*: feuchter, schwerer Lockerschnee (im Gegensatz zu → *Pulverschnee*).

Parabeldüne (Paraboldüne) *parabolic dune*: den → *Barchanen* ähnliche → *Düne*, mit ihrer Öffnung gegen den Wind gerichtet und meist lang gezogene Sichelenden aufweisend, die dem – trotz seiner größeren Mächtigkeit und Höhe – rascher wandernden Dünenmittelstück nachhinken. P. sind in → *semiariden* Gebieten und an Küsten weit verbreitet, wo Vegetation und Untergrundfeuchte das Nachschleppen der Flanken bewirken können. P. können sich schließlich soweit auseinander ziehen, dass sie in → *Longitudinaldünen* übergehen.

Parabiosphäre *parabiosphere*: Randzone des Lebens, z. B. in den oberen Schichten der → *Atmosphäre*.

Paraboldüne → *Parabeldüne*.

Parabraunerde Luvisol: in der → *deutschen Bodensystematik* (→ *KA5*) ein Boden aus der Klasse der → *Lessivés*, der durch vertikale → *Tonverlagerung* (→ *Lessivierung*) entstanden ist und dadurch eine Differenzierung in einen tonarmen Oberboden und einen mit Ton angereicherten Unterboden aufweist. P. entwickeln sich v. a. in carbonathaltigen Feinsedimenten (→ *Löss*, → *Geschiebemergel*), können sich aber auch auf lehmigen Sanden und Schottern etc. bilden. P. können sich zu → *Pseudogleyen* oder → *Fahlerden* weiter entwickeln.

Paradigma *paradigm*: fachspezifische Grundperspektive bzw. leitende Fragestellung einer Disziplin (Denkschule). Jedes P. hält nur ein bestimmtes Spektrum an Ideen für Lösungen bereit und kann nur spezifische, nämlich für diese Lösungen passende Probleme sehen (→ *Inkommensurabilität*).

Paragenese (Mineralparagenese) *paragenesis*: gesetzmäßige Vergesellschaftung von → *Mineralen* in → *Lagerstätten* und → *Gesteinen*, die auf den physikalischen und chemischen Randbedingungen des Bildungsvorganges beruhen.

Parageste *para-rocks*: aus → *Sedimentiten* hervorgegangene → *Metamorphite*, z. B. → *Paragneise* aus → *Tonschiefer* oder → *Sandstein*. Den P. werden die → *Orthogesteine* gegenübergestellt.

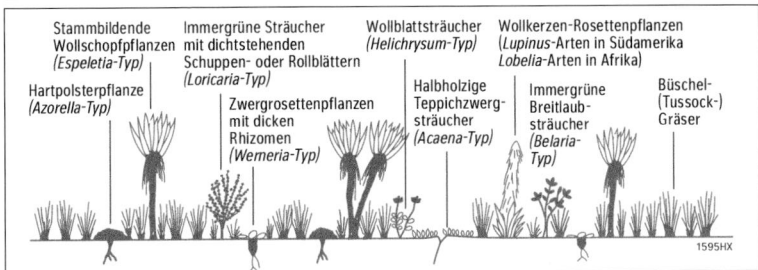

Páramo

Paragneise *paragneiss*: → metamorphe Gesteine (→ *Metamorphite*), auch als → *Kristalline Schiefer* bezeichnet, die Struktur- und Texturveränderungen durch → *Metamorphose* erfuhren und aus → *Grauwacken*, → *Tonschiefern* oder → *Sandsteinen* entstanden, also aus → *Sedimentiten*. Den P. werden die → *Orthogneise* gegenübergestellt.

Parahotellerie *non-hotel accommodation*: in der Tourismuswirtschaft im Gegensatz zur → *Hotellerie* Bezeichnung für solche → *Beherbergungsstätten*, die nicht ständig oder nicht gewerblich vermietet werden (z. B. → *Privatquartiere*, privat vermietete Ferienhäuser und -wohnungen), die nur bestimmten Bevölkerungsgruppen offen stehen oder bei denen keine Gewinnerzielungsabsicht besteht (z. B. → *Jugendherbergen*, Betriebserholungsheime, Vereinsheime, Sanatorien). Auch → *Campingplätze* gehören zur P.. Die → *Gästebetten* und → *Übernachtungen* der P. gehen nur teilweise in die → *Tourismusstatistik* ein.

paralisch *paralic*: Sedimentbildungen in Küstennähe, wo die → *marinen* Ablagerungs- und Bildungsbedingungen noch festländisch beeinflusst sind.

Parallelgesellschaft *parallel society*: seit den 1990er-Jahren in Deutschland häufig verwendeter Ausdruck für das Phänomen, dass sich eine ethnische oder religiöse → *Minderheit* gesellschaftliche Strukturen aufbaut, die parallel zur Mehrheitsgesellschaft oder mit nur geringer Verbindung zu dieser verlaufen. Der Begriff wird insbesondere auf integrationsunwillige → *soziale Gruppen* mit → *Migrationshintergrund* angewandt und teilweise polemisierend eingesetzt.

Parallelschichtung *parallel stratification*: Merkmal von lockeren oder verfestigten Sedimenten, bei der die Einzelschichten gleichförmig parallel übereinander lagern. Für P. nimmt man strömendes, ruhiges Fließen an (→ *Konkordanz*).

Parameter *parameter*: allgemein eine „kennzeichnende Größe" (Faktor, Element, Prozessmerkmal usw.), mit deren Hilfe Aussagen über veränderliche Faktoren (z. B. Zeit, Materialkosten), den Aufbau oder Leistungsfähigkeit eines Zusammenhangs (z. B. eines → *Systems*) getroffen werden können.

Páramo *páramo*: Landschafts- und Vegetationstyp der tropischen Hochanden im Bereich der Nebel- und Wolkenstufe mit relativ hoher Feuchtigkeit als Folge mindestens zehn humider Monate und einem → *Tageszeitenklima* mit insgesamt niedrigen Temperaturen und großer → *Frostwechselhäufigkeit*. Charakteristische → *Lebensform* des P. sind → *Polsterpflanzen*, stammbildende → *Sukkulenten* und (Schopf-)Rosettenpflanzen. → *Vegetationsformationen* mit ähnlicher Physiognomie (vgl. → *Konvergenz*) kommen auch in anderen tropischen → *Hochgebirgen* der Erde vor (→ *Puna*).

Pararendzina *Regosol*: in der → *deutschen Bodensystematik* (→ *KA5*) flachgründiger Boden nur aus einem Oberbodenhorizont (→ *A-Horizont*) bestehend und ohne Unterboden aus carbonathaltigem lockerem oder festem Kiesel- oder Silikatgestein (bspw. → *Löss*, → *Mergel*).

Parasit (Schmarotzer) *parasite*: lebt, dauernd oder vorübergehend, zur Nahrungsaufnahme und/oder Fortpflanzung, in oder auf einem tierischen oder pflanzlichen Organismus, ohne diesen Wirt zu töten.

Parasitärkrater → *Adventivkrater*.

Parasitismus (Schmarotzertum) *parasitism*: Form der Wechselbeziehungen und des Zusammenlebens verschiedener Arten zum einseitigen Vorteil des → *Parasiten* auf Kosten des anderen Partners.

Paratethys *Paratethys*: das epikontinentale Restmeer der → *Tethys*, das durch Schwellenbildungen in weitere seichte Meeresbecken zerlegt wurde. Das Schwarze Meer und das Kaspische Meer gehören dazu.

Paratransit *paratransit*: 1. in den Ländern Nordamerikas ein Mobilitätsangebot für Menschen mit Behinderungen und Moblitätseinschränkungen. Das Anbot ist in der Regel ein Linienverkehr, kann aber auch sehr flexible

Formen der Mobilität umfassen. 2. in Deutschland neuere Bezeichnung für Mischformen des Personenverkehrs zwischen → *Individualverkehr* und fahrplangebundenem → *öffentlichem Personennahverkehr*, die v. a. in verkehrsschwachen ländlichen Räumen eine wirtschaftliche öffentliche Verkehrsbedienung ermöglichen sollen. Zum P. gehören alle Formen des → *modifizierten Linienverkehrs*, z. B. Rufbus-, Linien- und Sammeltaxisysteme.

Pareto-Optimalität *Pareto optimality*: Konzept nach V. Pareto, wonach es keinem → *Individuum* möglich ist, seine Situation zu verbessern, ohne die eines anderen zu verschlechtern.

Paria (Unberührbare) *pariah*: Begriff für aus einer Gesellschaft ausgestoßene Individuen oder Außenseiter, oftmals für Angehörige einer sozial, ökonomisch, oft auch rechtlich unterprivilegierten → *sozialen Gruppe* einer Gesellschaft. Ursprünglich in Indien Bezeichnung für Kastenlose (→ *Kastensystem*), die gesellschaftlich gemieden werden, da sie die als unrein angesehenen Arbeiten verrichten (z. B. Hebammen, Schlachter, Straßenfeger, Wäscher). Die Ausgrenzung und → *Diskriminierung* hält bis heute in bestimmten Teilen an, auch wenn die P. mittlerweile rechtlich gleichgestellte Bürger mit einer festgesetzten Zahl von Abgeordneten sind (→ *Schichtung*, → *Schicht*).

Park *park*: mehr oder weniger großflächige, landschaftsgärtnerisch gestaltete → *Grünanlage*, die der Repräsentation und der Erholung, aber auch stadtgestalterischen Zwecken dient. P. sind meist innerstädtische Anlagen, sind locker mit Büschen, Sträuchern und Baumgruppen bepflanzt und stehen häufig im Zusammenhang mit anderen Freizeit-, Erholungs-, Sport- und auch Bildungseinrichtungen (z. B. Spiel- und Sportplätze, Tierpark, Botanischer Garten, Freilichttheater). → *Landschaftsparks* haben ihren Ursprung oft in historischen Schlossanlagen. Ursprünglich gab es den P. in England, womit man entweder Tiergehege oder extensiv genutztes Grün- und Waldland, das eng miteinander verzahnt war, beschrieb. Durch gestalterische Maßnahmen entstand der P. im Sinne der → *Parklandschaft*, also als weitgehend künstlich angelegtes oder gestaltetes Gelände, das jedoch einen „natürlichen" Eindruck machen sollte (→ *Naturpark*, → *Nationalpark*, → *Vergnügungspark*).

Park-and-Ride-System *park-and-ride-system*: Prinzip in der Verkehrsplanung und Form des → *gebrochenen Verkehrs*, bei dem eine Person die Haltestelle eines → *öffentlichen Verkehrsmittels* mit dem eigenen Kraftfahrzeug oder auch als Mitglied einer → *Fahrgemeinschaft* anfährt, das Fahrzeug parkt und die Fahrt dann in einem öffentlichen Verkehrsmittel fortsetzt. Das P.-a.-R.-S. wird – insbesondere beim Vorhandensein von U- oder S-Bahnen – v. a. für den innenstadtorientierten → *Pendelverkehr* oder bei Großereignissen angestrebt, um die → *Stadtzentren* vom Individualverkehr zu entlasten.

Parkbrise *parkbreeze*: von Überbauungen umgebener → *Park* bzw. → *Grünfläche* bildet bei austauscharmen Ausstrahlungswetterlagen einen lokalen → *Kaltluft*körper, der als P. in Lücken und Gassen des überbauten Bereichs strömt, wo sie die lufthygienische Situation verbessern kann. Die P. ist weder ein → *Wind* noch eine „Brise", die durch Windgeschwindigkeiten von > 1,6 m/s^1 definiert ist, sondern eine sehr schwache Luftströmung, die im Baukörperbereich aufsteigt und dort in eine zentripetale Ausgleichsströmung eingeht.

Parkklima *park climate*: das → *Mikroklima* von → *Parks*; Bestandteil des → *Bioklimas* in der → *Stadt* und damit des → *Stadtklimas*. Das P. ist ein gebietstypisches, auf das → *Areal* eines Parks bzw. einer parkartigen → *Grünfläche* begrenztes Klima mit verminderter → *Luftverschmutzung* wegen eines geringeren Gehalten an *luftfremden Stoffen* mit einem beruhigtem Windfeld und insofern einem für den Menschen günstigeren Atem- und Bioklima (→ *Bioklima in der Stadt*, → *Parkbrise*).

Parklandschaft *parkland, park-like landscape, park landscape*: 1. naturnahe oder naturfremde, gepflegte oder überhaupt künstlich angelegte Landschaft, die von Überbauungen freigehalten ist, mit Grünflächen und Baumgruppen und von Wegen durchzogen. Klassisches Beispiel der künstlichen P. ist der sog. englische Park. 2. zu den P. zählen auch Landschaftspark , Naturpark und Nationalpark. 3. vegetationskundlich-biogeographischer Begriff, der wegen der physiognomischen Ähnlichkeit von → *natürlicher* oder → *quasinatürlicher* → *Vegetation* mit der künstlichen P. (siehe 2.) vielfältig verwendet wird: – als P. bezeichnet man z. B. extrazonale Waldinseln, die aus standörtlich-ökologischen Verhältnissen in einer anderen Klimazone auftreten, z. B. → *Galeriewälder* oder → *Termitensavannen* mit ihren Termitenhügelwäldchen. – P. nennt man auch den physiognomischen Vegetationstyp im zonalen Grasland der → *Steppen* und → *Savannen*, der mit einzelnen Bäumen oder Baumgruppen durchsetzt ist. Wegen des deskriptiven Begriffscharakters spielt die Frage der Einheitlichkeit oder Nichteinheitlichkeit der Pflanzengesellschaft der P. keine Rolle.

Parkraumbewirtschaftung (Parkraummanagement) *parking-space management*: Gesamtheit aller Maßnahmen, die dazu beitragen, den in → *Innenstädten* regelmäßig auftretenden Mangel an Parkplätzen zu verwalten bzw. die Stellplatzkapazität optimal zu verteilen und zu nutzen (z. B. zeitliche Begrenzung des Parkens gestaffelt nach Zweck und Tageszeit, Vorrang des Anliegerparkens, Vorrang des kurzfristigen Besucherverkehrs vor Dauerparkern usw.). Eine gute P. kann dazu beitragen, den Parksuchverkehr zu reduzieren.

Parkraummanagement → *Parkraumbewirtschaftung*.

Parna *parna*: toniges, lössähnliches Staubgestein, das sich durch Ausblasung von Verwitterungsmaterial aus Böden mit geringer Vegetationsbedeckung bildet (→ *Staub*).

Partialkomplex *partial complex*: in der → *Geoökologie* die → *Geoökofaktoren* als Funktionseinheiten im → *Geoökosystem*, wo man sie als → *Subsysteme* modelliert und untersucht. P. sind z. B. Boden, Klima, Wasser.

Partialverlagerung → *Teilverlagerung*.

Partizipation (Teilnahme, Beteiligung) *participation*: In der → *Raumplanung* oder → *Entwicklungszusammenarbeit* das Mitbestimmen Betroffener im Planungsprozess. Die P. kann in unterschiedlicher Form geschehen. Entweder erfolgt eine direkte oder indirekte Beteiligung der Öffentlichkeit an raumrelevanten Sachentscheidungen, oder die P. nehmen spezielle Gruppen, z. B. Bürgerinitiativen, wahr.

Parzelle *parcel, property unit*: kleinste vermessene Besitzeinheit, die im Grundbuch der → *Gemarkung* (nummeriert) eingetragen ist. In der → *Landwirtschaft* werden P. unterschieden nach Form (Blöcke, Streifen), Lage zum Betrieb (Hofanschluss vorhanden oder nicht) und Lage zu Nachbar-P. (Gemengelage, Einödlage, → *Einödflur*). Ferner ist eine Differenzierung nach → *Besitzparzellen* bzw. Eigentums-P. und nach → *Betriebsparzellen* (Nutzungs-, Wirtschafts-P.) möglich.

Parzellenverband *parcel formation*: → *Parzellen*, die durch ihre Gleichartigkeit der Merkmale ihre räumliche Gesamtheit bilden. P. sind u. U. in der → *Flur* zu Parzellenkomplexen mit einem jeweils spezifischen Flächenmuster zusammengeschlossen.

Parzellierung *parcellation*: die Aufteilung eines zuvor geschlossenen Grundstückes in mehrere → *Parzellen*. Umfangreiche P.-Vorgänge erfolgten v. a. in Gebieten mit → *Realteilung* oder bei der Aufteilung → *landwirtschaftlicher Nutzfläche* in → *Bauland*.

Pass *pass*: niedriger Übergang zwischen zwei Vollformen, z. B. Bergen, von einem Flussgebiet ins andere und damit zugleich eine → *Wasserscheide*. Im → *Hochgebirge* spielt die → *Passlage* als Standort verkehrsorientierter Siedlungen, den → *Passorten*, eine große Rolle, die im Laufe der Geschichte wechselte, Schutz-, Verteidigungs-, Warenumschlags-, Raststätten-, Sommertourismus- und/oder Wintersportfunktion (→ *Talschaft*).

Passage *passage way, shopping arcade* (1.); *passage* (2.): 1. innerstädtischer, i. d. R. überdachter, von Schaufenstern eingefasster Fußgängerdurchgang. P. führen meist zwischen Geschäftshäusern oder durch deren Erdgeschoss hindurch und dienen häufig als Fußgängerabkürzung zwischen Geschäftsstraßen. Sie entstanden insb. in den → *City*-Geschäftslagen der → *Großstädte*, wo sie es ermöglichen, im Bereich höchster Bodenpreise und stärkster Fußgängerfrequentierung die Laden- und Schaufensterfronten zu verlängern und z. B. Innenhöfe für Geschäftszwecke zu nutzen. 2. in der Schifffahrt eine Durchfahrt zwischen Inseln, durch eine → *Meerenge*, einen Seekanal usw..

Passagierkilometer → *Personenkilometer*.

Passagierverkehr *passenger transport*: → *Personenverkehr*. Der Begriff P. wird hauptsächlich für die Personenbeförderung mit Schiffen und Flugzeugen benutzt.

Passat *trade wind, geostrophic wind*: die durch das Gefälle des → *Luftdrucks* vom → *subtropischen Hochdruckgürtel* zum → *Äquator* in Gang gesetzten konstanten NO- (Nordhalbkugel) bzw. SO-Winde (Südhalbkugel) in der erdoberflächennahen Reibungsschicht (→ *Bodenreibung*). Die P. wehen vom subtropischen Hochdruckgürtel zur → *äquatorialen Tiefdruckrinne* hin. Sie sind in den troposphärischen → *Urpassat* (→ *Troposphäre*) eingebettet und bilden mit diesem zusammen ein Glied der → *Allgemeinen Zirkulation der Atmosphäre*. Die P.-Strömung wird gegen den → *Äquator* hin zunehmend ungeordnet, da die Wirkung der → *Corioliskraft* abnimmt und bei etwa 5° Breite gegen Null geht. In der Kernzone sind die P. trockene, niederschlagsfeindliche Winde (→ *Passatwüste*), da die Absinktendenz der Luft herrscht und demzufolge keine → *Konvektion* stattfindet (→ *Passatinversion*).

Passatinversion *trade-wind inversion*: durch die Absinktendenz der Luft im Bereich der → *Passate* in einer Höhe von 1-2,5 km entstehende → *Schicht* mit → *Temperaturumkehr*. Die P. unterbindet Aufstiegsströmungen von am Boden erhitzter → *Luft* und verhindert somit → *Konvektionsbewölkung*.

Passatklima *trade-wind climate*: durch das Vorherrschen der → *Passatströmung* geprägtes → *Klima*. Das P. tritt in zwei grundverschiedenen Varianten auf: (i) ausgesprochenes Trockenklima der → *Passatzone* herrscht im Inneren der → *Kontinente* (→ *Passatwüste*); (ii) ein feuchteres Klima mit relativ regelmäßigen, jedoch nicht sehr ergiebigen Niederschlägen herrscht dagegen im Küstenbereich auf den Ostseiten der Kontinente und Inseln (→ *Passatregen*).

Passatregen *trade-wind rain*: → *Steigungsregen* im → *Luv* von Inseln und an den Ostküsten der Kontinente in der → *Passatzone*, wo die → *Passate* über dem Meer Feuchtigkeit aufgenommen haben. Die räumlich eng begrenzten P. erreichen während des Strömungsmaximums im Winter ihr Maximum (→ *Lee*).

Passatwetter *trade-wind weather*: sonniges stabiles → *Wetter* mit geringer → *Bewölkung* (Ausnahme: Kaltwassergebiete über dem Meer), trockenen, oft → *Staub* führenden → *Winden* über dem Land oder wenig ergiebigen Schauerniederschlägen über dem Meer (→ *Passat*).

Passatwurzeln Übergangszone zwischen der außertropischen → *Westwindzirkulation* und den → *Passaten*, in der schwache → *Winde* oft nördlicher Richtung herrschen.

Passatwüste *trade-wind desert, geostrophic wind-desert*: → *Wüste*, die im Einflussbereich des → *Passats* liegt und deren Trockenheit und ökologische Gesamtsituation auf die niederschlagsfeindlichen → *Winde* zurückgeht. Dies erklärt auch den subtropischen Wüstengürtel.

Passat-Zirkulation *trade-wind circulation*: der Ost-West gerichtete Grundtyp der Strömung in der → *Atmosphäre* zwischen dem → *subtropischen Hochdruckgürtel* und dem → *Äquator*, geprägt durch → *Urpassat* und → *Passat*.

Passatzone *trade-wind zone*: maximal bis 35°N und S reichende → *Klimazone*, in der die → *Passat-Zirkulation* herrscht (→ *Zone*).

Passfußort *pass-foot settlement*: Siedlungstyp, der durch seine Lage am Fuß eines Gebirgspasses gekennzeichnet ist. P. entwickelten sich häufig aufgrund ihrer Verkehrsfunktion, da sich hier Verkehrsströme vor dem Passanstieg bündeln, Waren umgeschlagen werden usw.. Beispiele: Sterzing am Brenner oder Altdorf am St. Gotthard (→ *Pass*).

passiver Schallschutz *passive sound protection*: Maßnahmen zur Abschirmung von → *Lärm*, z.B. durch Verwendung geeigneter Baustoffe, Einbau von Lärmschutzfenstern (Dreifachverglasung) oder durch Errichtung von Lärmschutzwällen (→ *Lärmemission*, → *Lärmimission*).

Passivraum *passive space*: Teilraum eines → *Staates*, der im Vergleich zum Gesamtraum nur geringe wirtschaftliche Aktivitäten entwickelt, Stagnation oder Rückgang der Wirtschaftsleistung zeigt, infrastrukturell schwach ausgestattet ist und häufig auch einen → *Bevölkerungsrückgang*, insbesondere infolge von → *Abwanderung* aufgrund eines unterdurchschnittlichen → *Lebensstandards*, aufweist. Teilweise spielt natürliche Ungunst beim Entstehen von P. eine Rolle (→ *naturbenachteiligte Gebiete*), teilweise die politische Entwicklung (z.B. → *Zonenrandgebiet*). Der Begriff P. wird z.T. identisch gebraucht mit → *strukturschwacher Raum*, → *Notstandsgebiet*, → *Problemgebiet* usw. (→ *Aktivraum*).

Passivsanierung *passive redevelopment*: in der → *Raumplanung* Inaktivität mit dem Ziel der Strukturverbesserung (→ *Sanierung*) von Gebieten, in denen eine Wirtschaftsförderung nicht zum Erfolg führt (→ *Aktivsanierung*). Die P. vertraut auf das freie Spiel marktwirtschaftlicher Kräfte. Die P. soll durch das Unterlassen von Förderung und eine Inkaufnahme von → *Abwanderung* dazu führen, dass die durchschnittliche Versorgung je Einwohner sich infolge von Abwanderung bei gleichbleibendem Versorgungsvolumen rechnerisch erhöht.

Passlage *pass: site*: durch die Lage auf einer Passhöhe oder am Fuß eines → *Passes* gekennzeichneter Standort einer Siedlung. In P. von Gebirgen entwickelten sich v.a. verkehrsorientierte Siedlungen (→ *Passort*); heute spielt daneben oft die → *Freizeitfunktion* solcher Orte eine große Rolle (z.B. Wintersportzentren, Ausflugsorte).

Passort *pass settlement*: → *Siedlungstyp*, der durch seine Lage auf einem Gebirgspass oder an einer Passstraße gekennzeichnet ist. P. haben sich häufig aufgrund ihrer Verkehrsfunktion entwickelt (Warenumschlag, Raststätten usw.) und sind heute oft auch Wintersportzentren (→ *Pass*).

Passpunkt (Referenzpunkt) *control point*: Objekt- bzw. Geländepunkt in einem → *Rasterdatensatz* (bspw. → *Luftbild*, → *Satellitenbild*, → *topographische Karte*), dessen Lagekoordinaten bzw. Lage in einem anderen (bereits → *georeferenzierten*) Rasterdatensatz bekannt ist. Über P. können Daten in ein geodätisches Referenzsystem eingepasst und Abbildungsgeometrien rekonstruiert werden.

Patchworkfamilie → *Stieffamilie*.

Paternia *Fluvisol*: in der → *deutschen Bodensystematik* (→ *KA5*) Boden im Bereich der holozänen Flussaue, aus carbonatfreiem oder carbonatarmem, jungen Flusssediment entstanden (Auenboden). Dauerhafte Besiedlung durch Vegetation infolge der ruhigeren Sedimentation möglich. Bei weitergehender Entkalkung bildet sich aus der P. eine → *autochthone* → *Vega* (→ *Alluvialböden*).

Pathobiozönose *pathobiocoenosis*: dicht bevölkerte Lebensgemeinschaft von → *Parasiten* und/oder Krankheitserregern, die neben den Wirten und Zwischenwirten vorkommen.

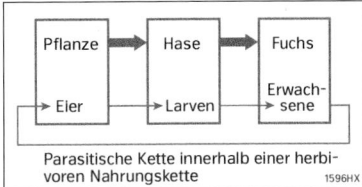

Parasitische Kette innerhalb einer herbivoren Nahrungskette

Pathobiozönose

Pathozentrismus *pathocentrism*: eine Perspektive der Ethik, die dem → *Physiozentrismus* zuzurechnen ist und dem → *Anthropozentrismus* gegenüber steht. Bei dem P. gilt die Leidensfähigkeit von Lebewesen als Kriterium zur Abgrenzung für moralisch relevante Objekte. Dazu zählen Menschen und höher entwickelte Tiere, sowie all jene Tiere, bei denen die Leidensfähigkeit offensichtlich ist (→ *Biozentrismus*, → *Umweltethik*, → *Geoethik*).

Patiohaus *patio-house*: besonders in Spanien und Lateinamerika verbreitete, hier auf kolonialzeitliche Ursprünge zurückgehende Form des Hofhauses. Das P. ist ein ein- bis zweigeschossiges Haus mit Innenhof. Die Fenster öffnen sich zum Hof hin, der Funktionen eines weiteren Wohnraumes übernimmt.

Patriarchat (Androkratie) *patriarchy*: politisch-rechtliches System, in dem – teils gesetzlich geregelt, teils durch Gewohnheit und Herkommen, oft auch religiös begründet – die Männer die oberste Autorität besitzen und in Ehe, → *Familie*, → *Staat* und → *Gesellschaft* die beherrschende Stellung einnehmen. Ebenso wie das → *Matriarchat* kommt auch das P. selten in reiner Form vor; es ist aber bei den weitaus meisten Völkern der Erde vorherrschend.

Patrilinearität (Vaterfolge) *patrilineality*: auf der Überlieferung beruhende und meist gesetzlich festgeschriebene Regelung, nach der die Vererbung von Namen, Rang und Besitz, die Zugehörigkeit zu Verwandtschafts- und Heiratsgruppen usw. an die väterliche Erbfolge gebunden ist. P. ist bei den meisten Völkern üblich. In den Industrieländern wird zunehmend die bisher vorherrschende P. aufgehoben zugunsten einer Gleichberechtigung der Geschlechter (→ *Matrilinearität*).

Patrizier *patrician*: ursprünglich die Adelsgeschlechter, die die Oligarchie des antiken Rom bildeten. Vom Mittelalter bis ins 19. Jh. waren P. im Deutschen Reich Angehörige der städtischen → *Oberschichten*, wobei der Begriff regional unterschiedlich gebraucht wurde. Meist waren die P. aus dem Landadel hervorgegangene und in den Städten ansässig und wohlhabend gewordene Kaufmanns-, gelegentlich auch Handwerkergeschlechter, die eine Art „Stadtadel" darstellten. Die meisten → *Reichsstädte* wurden zeitweise von den P. oligarchisch regiert.

Patrizierhaus *patrician house*: älteres städtisches Wohnhaus für → *Patrizier* und andere Angehörige der sozialen → *Oberschicht* (→ *Bürgerhaus*). Insbesondere in historischen Städten bilden vielfach noch heute die repräsentativ ausgestatteten P. stadtbildprägende Ensembles.

Pauschalreise *package tour, inclusive tour*: von einem Reiseveranstalter organisierte Urlaubsreise, bei der Unterkunft und Teil- oder Vollverpflegung sowie die Möglichkeit des Transports zum Urlaubsort zu einem Pauschalpreis angeboten werden. Im Gegensatz zur → *Gesellschaftsreise* ist jedoch kein Reiseleiter vorgesehen.

Pazifik-Hoch *Pazific-High*: beständiges → *Hochdruckgebiet* über dem Nordpazifik; neben dem → *Azorenhoch* die zweite wichtige Kernzelle des nördlichen → *subtropischen Hochdruckgürtels*.

Pazifische Faltung *Pacific folding*: auch als Altalpidische → *Faltung* bezeichnete bedeutende → *Gebirgsbildung* in Nordostsibirien, die im jüngeren → *Mesozoikum* erfolgte.

Pazifischer Feuerring *Pacific Ring of Fire*: um den Pazifik zu beobachtende ringförmige Anordnung zahlreicher → *Vulkane* und → *Subduktionszonen* mit häufigen → *Erdbeben*.

Pazifischer Küstentyp *Pacific coast type*: Längsküsten mit Parallelverlauf zum → *Streichen* der Gebirgsketten. Typisch sind geringe Gliederung und parallele Gebirgszüge, sodass die Verbindungen zum Hinterland ungünstig sind. Der p. K. ist hauptsächlich an der Westküste Nordamerikas verbreitet.

Pazifischer Ozean *Pacific Ocean*: → *Ozean*.

Peak oil (depletion mid-point) zeigt die Endlichkeit von *mineralischen*: → *Rohstoffen* (insb. → *Erdöl*) an. Der P. o. gibt den Zeitpunkt an, an dem die Hälfte der gesamten → *Reserven* verbraucht ist. Aufgrund technischer Bedingungen nimmt die Fördermenge nach diesem Zeitpunkt sukzessive ab. Entsprechend steigen technischer Aufwand und Kosten der Förderung. Der depletion mid-point für Erdöl dürfte – je nach Schätzungen – innerhalb der nächsten 10 bis 20 Jahre erreicht sein. Graphisch lässt sich der idealtypische Verlauf der Produktion bzw. der Förderung anhand einer Glockenkurve darstellen. Demnach hat der Verlauf kein abruptes Ende, sondern die Reserven laufen langsam aus.

Pechblende *pitchblende, uraninite*: → *Uranpecherz*.

Pechhumus *dark, very fine humic substances*: nur regional gebräuchlicher Begriff in

Hochgebirgsregionen für eine tiefschwarze, strukturlose Huminstoffanreicherung (→ *Huminstoffe*), die unter feuchten Bedingungen durch Zerfall von Kotballenaggregaten entsteht (→ *Humifizierung*, → *Humus*).

Pechrendzina *Rendzina with dark, very fine organic layer*: in Deutschland nur in Hochgebirgsregionen gebräuchliche Bezeichnung für einen A-C-Boden auf Carbonatgestein unter feuchten alpinen Polsterrasen mit mächtigem Auflagehumus aus Pechhumus. Allgemein werden P. in der → *deutschen Bodensystematik* (→ *KA5*) als → *Fels*- oder → *Skeletthumusböden* angesprochen.

Pediment (Felsfußfläche, Fußfläche, Überschüttungsfußfläche) *pediment*: schwach geneigte Flächen vor Gebirgsrändern → *arider* Gebiete, die sich sanft gegen größere Senken abdachen und eine geringmächtige → *Schuttdecke* tragen und in weiterer Entfernung vom Bergland in den Akkumulationsbereich der → *Glacis* übergehen. Die P. entstehen durch → *Seitenerosion* von überwiegend episodischen, schuttreichen Flüssen. Man nimmt an, dass sie rezent nur wenig weitergeformt werden und dass allenfalls → *Flächenspülung* bei episodischen Niederschlägen Abtragung leistet. Man vermutet weiterhin, dass sich die P. in Richtung des Gebirges rückschreitend ausdehnen und damit am Abtragen und Zurückverlegen des Gebirges beteiligt sind.Wegen der episodisch-fluvialen Gestaltung der Oberfläche dachen sie sich nicht als einheitliche Fläche ab, sondern bilden eine Reihe flacher Felskegel. Das P. ist – im Gegensatz zum Glacis – nicht im Lockermaterial angelegt, sondern im Fels.

Pedimentation *pedimentation*: viele → *Rumpfflächen* sind von → *Inselbergen* unterbrochen, an deren Fuß oftmals eine schwach zur Rumpffläche hin geneigte Fläche (→ *Fußfläche*) befindet. Diese wird als → *Pediment* bezeichnet. P. beschreibt den Bildungsprozess dieser Pedimente, bei dem → *Seitenerosion* neben Prozessen der → *Flächenspülung* zur Flachformenbildung im → *Anstehenden* führt und vor allem im semiariden bis subhumiden Klima vorkommt. Die Erosionsarbeit wird von Flüssen mit dem Klima entsprechender unregelmäßiger Wasserführung geleistet.

Pediplain *pediplain*: eine ausgedehnte wellige Abtragungsfläche, durch → *Pediplanation* entstanden, d. h. → *Pedimentation* zwischen den → *Restbergen* zu Lasten der die einzelnen → *Pedimente* trennenden Berghöhen.

Pediplanation *pediplanation*: alle Prozesse der Bildung von → *Flachformen* unter geomorphogenetischen Sonderbedingungen, wobei → *Pediplains* entstehen. Es werden bei der P. unterschieden: – Pedimentation, d. h. Flach-formenbildung unter semiarid-ariden Klimabedingungen. – Kryoplanation, d. h. Flachformenbildung unter den Bedingungen des Periglazials (periglaziale Geomorphodynamik).

Pedobiom *pedobiome*: Lebensraum, der sich aufgrund spezieller Bodenbedingungen und → *azonaler* Vegetation von den makroklimatisch geprägten → *Zonobiomen* unterscheidet (→ *Biom*).

Pedochore *pedochore*: räumliche Bodeneinheit, der die Dimension der → *Chore* entspricht. Die P. ist eine → *heterogene* Einheit und besteht aus einem in der Regel typischen Mosaik verschieden aufgebauter Böden, d. h. verschiedene → *Bodenformen*, die jedoch einzelne verbindende Grundmerkmale und Einflussgrößen haben (z. B. gleicher Ausgangsgesteinstyp, gleicher Substratkomplex, in engen Grenzen definierte Makroklimabedingungen) und durch → *Nachbarschaftsbeziehungen* miteinander verbunden sind.

Pedogenese *pedogenesis*: die Entstehung und Entwicklung von → *Böden*, welche zur Ausprägung bestimmter → *Bodenhorizonte*, → *Bodentypen* bzw. → *Bodenformen* führt. Die Faktoren der P. sind Gestein, Relief, Klima, Vegetation, Tierwelt, Nutzung (Mensch) und Zeit.

Pedologie *pedology*: → *Bodenkunde*.

Pedon *pedon*: durch die Aufnahme eines → *Bodenprofils* beschreibbares Bodenindividuum von wenigen m² Größe mit der gesamten vertikalen Erstreckung von der Bodenoberfläche bis zum Ausgangsgestein. Das P. zeigt den vertikalen Zusammenhang der → *Bodenbildungsfaktoren* und ist Grundbaustein der Hierarchie der bodenräumlichen Einheiten und der Bodenschicht des → *Landschaftsökologischen Standorts* (→ *Pedotop*, → *Bodentyp*, → *Bodenform*).

Pedosphäre *pedosphere*: Grenzbereich der Erdoberfläche, in dem sich die → *Lithosphäre*, die → *Hydrosphäre*, die → *Atmosphäre* und die → *Biosphäre* durchdringen. In der P. finden die bodenbildenden Prozesse statt, wodurch sich ein → *Boden* entwickelt.

Pedosystem *soil system*: die Funktionseinheit der im → *Pedotop* zusammenwirkenden ökologischen und pedogenetischen Prozesse, die von den physikalischen und chemischen Eigenschaften und Merkmalen des → *Bodens* und → *Oberflächennahen Untergrundes* gesteuert werden. Das P. ist ein → *offenes System* mit Ein- und Austrägen von Energie, Wasser und Stoffen und einem eigenen Energie-, Wasser- und Stoffhaushalt.

Pedotop *pedotop*: kleinste räumliche Bodeneinheit, innerhalb derer die → *Böden* eine definierte Einheitlichkeit in ihrem Aufbau aufweisen, also → *Homogenität* innerhalb der definierten Grenzen zeigen. Der P. ist durch einen dominierenden → *Bodentyp* gekennzeich-

net, welche das auf der betreffenden Fläche gleichartige Zusammenwirken der wichtigen → *Bodenbildungsfaktoren* wiedergibt. Daraus ergeben sich auch einheitliche Eigenschaften in Bezug auf die Nutzung.

Pedoturbation *soil mixing*: zusammenfassende Bezeichnung für alle physikalischen Durchmischungsvorgänge, welche im → *Boden* stattfinden. Dazu gehören die → *Bioturbation* (Durchmischung durch Lebewesen), die → *Kryoturbation* (Durchmischung durch Frostbewegungen) und die → *Hydroturbation* (Durchmischung durch Feuchtewechsel bzw. die damit verbundene Quellung und Schrumpfung).

Pegel *water-gauge*: mechanische oder elektronische Messeinrichtung zur Ermittlung des → *Pegelstandes* von Gewässern.

Pegelstand *water level*: mithilfe einer Messlatte oder einer Schwimmereinrichtung abgelesener Wasserstand eines Gewässers.

Pegmatit *pegmatite*: grobkörniges → *Ganggestein*, entstanden aus gasreichen Restschmelzen von → *Tiefengesteinen*. Wichtigster Vertreter ist der Granit-P., der im Ganggefolge des → *Granits* auftritt und – wie dieser – aus → *Quarz*, → *Feldspat* und → *Glimmer* besteht. P. werden abgebaut, um seltene Erden, Leichtmetalle und Edelsteine (Beryll, Topas, Turmalin) sowie Feldspat zu gewinnen.

Pelagial *pelagial*: (*pelagic*) *zone*: allgemein der Tiefenwasserbereich bzw. Bereich des freien Wassers von → *Meeren* und → *Seen*. Das P. gliedert sich in – Epipelagial (bis 200 m Tiefe), – oberes (bis ca. 1000 m) und – unteres (unterhalb 1000 m) → *Bathypelagial*. Im P. leben freischwimmende (bodenunabhängige) Organismen (→ *Nekton*, → *Plankton*, → *Pleuston*).

pelagisch *pelagic*: 1. dem → *Pelagial* angehörend; der → *Tiefsee* angehörend; in der Tiefsee gebildet. 2. in der → *Biologie* bzw. Meeresbiologie im freien Wasser (ursprünglich nur des → *Meeres*) befindlich.
P. leben die aktiven Schwimmtiere (→ *Nekton*) und das von den → *Meeresströmungen* und sonstiger Wasserbewegung abhängige → *Plankton*.

Pelite *pelite, mudstone*: eine der → *klastischen* Ablagerungen, die nach Komponenten- bzw. → *Korngrößen* unterschieden werden, hier aus staubfeinen Gemengeteilen bestehende Tonsteine und → *Ton*.

Pelosol *Vertisol*: in der → *deutschen Bodensystematik* (→ *KA5*) ein Boden aus in der Regel tonigem Ausgangssubstrat. Charakteristisch ist ausgeprägtes Quellen und Schrumpfen (→ *Hydroturbation*), wodurch ein Absonderungsgefüge (→ *Polyeder* und/oder → *Prismen*) entsteht.

Peloturbation → *Hydroturbation*.

Pencksche Trockengrenze *Penck's dry boundary*: Grenzbereich, in dem die Menge des → *Niederschlags* der Menge der → *Verdunstung* entspricht. Die P. T. trennt den Bereich des → *humiden* Klimas (N > V) vom → *ariden* → *Klima* (N < V).

Pendelverkehr (Pendlerverkehr) *commuting:, commuter traffic*: derjenige Teil des → *Personenverkehrs*, der durch den regelmäßig wiederkehrenden Weg zwischen Wohnung und Arbeitsstätte (→ *Arbeitspendler*, → *Berufsverkehr*) bzw. Ausbildungsstätte entsteht. P. findet, abgesehen von Fußgängern, teils mit → *Individualverkehr*smitteln, teils – insbesondere in den Verdichtungsräumen – mit → *öffentlichen Verkehrsmitteln* statt. Typisch für den P. ist seine Regelmäßigkeit, sowohl räumlich (überwiegend gleicher Weg zwischen gleichen Quell- und Zielpunkten) als auch zeitlich, ganz überwiegend während der werktäglich gleichen Stoßzeiten (→ *Rushhour*).

Pendelwanderung *commuting, commuter traffic*: in der Statistik übliche Bezeichnung für → *Pendelverkehr*. Aus geographischer Sicht ist der Begriff P. falsch, da es sich beim Pendeln um einen Verkehrsvorgang, nicht um eine Wanderungsbewegung handelt (→ *Wanderung*).

Pendler *commuter*: → *Erwerbstätiger*, dessen Wohnort (Wohngemeinde) nicht mit dem Arbeitsort (Arbeitsgemeinde) identisch ist und der regelmäßig, meist einmal täglich oder auch einmal wöchentlich (Wochenpendler), einen Weg zwischen Wohnung und Arbeitsstätte zurücklegt (→ *Arbeitspendler*, → *Berufspendler*, → *Pendelverkehr*). Gleiches gilt für → *Ausbildungspendler* bezüglich Wohnung und Ausbildungsstätte (Schule, Universität usw.). Für die Statistik zählt nur der Erwerbstätige als P., der auf seinem Arbeitsweg eine Gemeindegrenze überschreitet, d. h. dessen Wohnung und Arbeitsstätte in verschiedenen Gemeinden liegen. In der Geographie wird demgegenüber auch von innerstädtischen bzw. innerörtlichen P. gesprochen. Jeder P. zählt in seiner Wohngemeinde als → *Auspendler*, in der Arbeitsgemeinde als → *Einpendler*. P. über Staatsgrenzen hinweg werden → *Grenzgänger* genannt.

Pendlerbeziehung → *Pendlerverflechtung*.
Pendlereinzugsbereich → *Pendlereinzugsgebiet*.
Pendlereinzugsgebiet (Pendlereinzugsbereich) *commuter: belt*: bezogen auf einen Arbeitsort (Einpendlerzentrum) dasjenige Gebiet, aus dem → *Auspendler* in die Arbeitsstätten des Zentrums einpendeln. Dabei können sich die P. mehrerer Arbeitsorte überlagern, was insb. in → *Verdichtungsräumen* mit einer Vielzahl von Einpendlerzentren die Regel ist. Die räumliche Ausdehnung eines P. nimmt

normalerweise mit der Zahl und der Spezialisierung der Arbeitsplätze des Zentrums, aber auch mit dem Mangel an Arbeitsplätzen im → *Umland* zu.

Pendlerquote *commuting rate*: Anteil der → *Auspendler* an den in einer → *Gemeinde* wohnhaften → *Erwerbspersonen* (Auspendlerquote) bzw. Anteil der → *Einpendler* an den in einer Gemeinde arbeitenden Beschäftigten (Einpendlerquote.). Beide Formen der P. werden häufig in der Stadtgeographie zur Kennzeichnung der → *Wirtschaftsstruktur* verwendet. Darüber hinaus ist z. B. die gerichtete P., insbesondere der Anteil der Auspendler aus einer Umlandgemeinde in die → *Kernstadt* einer → *Stadtregion*, ein wichtiges Merkmal für wirtschaftliche → *Verflechtung*.

Pendlerraum *commuting space*: Raum, dessen Grenzen durch das → *Pendlereinzugsgebiet* eines größeren Arbeitsplatzzentrums bzw. durch den Pendlerverflechtungsbereich eines hierarchisch oder polyzentrisch aufgebauten Systems von Einpendlerzentren gebildet werden. Ein P. ist somit das Gebiet, innerhalb dessen – mit geringen Ausnahmen – alle Erwerbstätigen ihre Wohnung und ihren Arbeitsplatz haben, sodass nur unbedeutende Pendlerbeziehungen über seine Grenzen reichen.

Pendlerraumtyp *type: of commuting space*: → *Pendlerraum*, der bzgl. seines inneren Aufbaus, insb. des Verhältnisses der Einpendlerzentren zueinander und zu den Auspendlerorten, einen verallgemeinerungsfähigen Raumtyp bildet. Die wichtigsten P. sind der hierarchisch gestufte monozentrische, meist relativ stabile Pendlerraum (v. a. in → *Verdichtungsräumen*) und der polyzentrische, häufig labile Pendlerraum, der hauptsächlich in → *ländlichen Räumen* auftritt.

Pendlerraumtyp

Pendlersaldo *balance of commuting*: Saldo der → *Ein-* und → *Auspendler* eines Raumes. Der P. wird meist für Gemeinden berechnet und gibt Hinweise auf ihre → *Wirtschaftsstruktur*. So haben → *Zentrale Orte* und Industriegemeinden aufgrund des vorhandenen Arbeitsplatzangebots i. d. R. einen positiven P. (→ *Einpendlerüberschuss*) und Wohngemeinden im → *Stadtumland* sowie ländliche Gemeinden einen negativen P. (→ *Auspendlerüberschuss*).

Pendlerstatistik *commuter statistics*: Teil der → *Bevölkerungsstatistik*. Die P. bereitet die bei Volkszählungen erhobenen Daten über die Wohn- und Arbeitsplätze der → *Pendler* auf und veröffentlicht insbesondere auf Gemeindebasis Ein- und Auspendlerzahlen, → *Pendlerquoten* und Pendlerströme.

Pendlerverflechtung (Pendlerbeziehung) *commuting interrelation*: Beziehungen gegenseitiger sozio-ökonomischer Abhängigkeit und Beeinflussung, die durch den → *Pendelverkehr* zwischen den Wohn- und den Arbeitsorten der → *Pendler* entstehen. Wegen der hohen Aussagekraft und der relativ guten Erfassbarkeit der P. dient sie häufig als → *Indikator* für sozio-ökonomische Raumgliederungen.

Pendlerverkehr → *Pendelverkehr*.

Peneplain → *Fastebene*.

Pensionsfonds *pension fund*: Finanzprodukt, welches gegen Zahlung von Beiträgen eine kapitalgedeckte betriebliche Altersversorgung für einen oder mehrere Arbeitgeber durchführt. P. verfügen demnach über hohe Kapitalbestände, weswegen sie als finanzkräftige Anleger auf dem Kapitalmarkt auftreten. Das Kapital wird in Vermögensgegenstände wie → *Wertpapiere* oder → *Immobilien* mit Ziel der Wertsteigerung investiert.

Pensionsvieh *accomodation of livestock*: Vieh, insbesondere Jungrinder, die auf einer → *Pensionsweide* (z. T. auch eingestallt) gegen ein Entgelt (Pension) gehalten werden. Die P.-Haltung spielt v. a. in der → *Almwirtschaft* eine Rolle.

Pensionsweide *accommodation pasture*: Weide, auf der Tiere anderer Besitzer (→ *Pensionsvieh*), insbesondere Jungrinder, gegen ein Entgelt (Pension) gehalten werden (→ *Almwirtschaft*).

Peplopause *peplopause*: als → *Inversion* ausgeprägte Grenzschicht in der → *Atmosphäre*, welche die konvektionsintensive → *Grundschicht* von der durch → *Advektion* geprägten höheren → *Troposphäre* trennt. Die Höhenlage der P. wechselt je nach → *Wetterlage* zwischen einigen 100 m bis maximal 3000-5000 m Höhe. Sehr häufig liegt sie jedoch nicht höher als 1500 m. Bei sehr starker → *Konvektion* (Wetterlagen mit → *Gewitter*), kann die P. jedoch völlig diffus werden.

Peplosphäre (planetarische Grenzschicht) *planetary boundary layer, peplosphere*: die planetarische Grenzschicht oder → *Reibungsschicht* der (unteren) → *Troposphäre* bis zur Höhe von ca. 0,5-2 km, die nach oben durch die → *Peplopause* begrenzt wird (→ *Grundschicht*).

perennierend *perennial*: kontinuierlich, dauernd, beständig, anhaltend; im Zusammenhang mit dem Pflanzenwachstum oder dem Fließen von Gewässern gebraucht. Gegensätze sind → *temporär* und → *ephemer*.

Peressyp → *Liman*.

Performanz *performance*: in der Soziologie Bezeichnung für das konkrete Verhalten eines Individuums, in der Sprachwissenschaft für das Sprechen und Sprachverhalten. Insbesondere in den Ansätzen des → *Poststrukturalismus* spielt die P. als Ausdruck von Herrschafts- und Machtverhältnissen eine Rolle, die sich z. B. in → *Diskursen* durch performativen Sprechakte oder durch körperlichen Ausdruck einer zugewiesenen Rolle (z. B. → *doing gender*:) manifestieren.

Pergelisol *permafrost soil*: → *Permafrostboden*.

perhumid *perhumid*: Gebiete mit sehr hohem Überschuss an → *Niederschlag* im Vergleich zur Gesamtverdunstung (→ *Verdunstung*).

Peridot *peridot, olivine*: → *Olivin*.

Peridotit *peridotite*: grünliches bis fast schwarzes, meist körniges ultrabasisches → *Tiefengestein* aus Peridot (→ *Olivin*) und → *Augit*. Der P. ist oft Erzträger (Chrom, Platin).

Peridotitschale *peridotite shell*: Bestandteil des → *Schalenbaus der Erde*, die sich unter der → *Mohorovičić-Diskontinuität* befindet und eine ultrabasische Schmelze darstellt also den untersten Teil der → *Lithosphäre* am Übergang zur → *Asthenosphäre*.

periglazial *periglacial*: → *Prozesse* und → *Oberflächenformen* der kalten, unvergletscherten Gebiete, die durch Frostwirkung gekennzeichnet sind (→ *Permafrost*, → *Gelifluktion*, → *Frostsprengungsverwitterung*).

Periglazial (Periglaziär) *periglacial*: ein Zeit-, Klima-, Ökosystemzustands-, Sediment- und Georelieform-begriff, der allgemein „im Eisbzw. Gletscherumland gebildet oder entstanden" bedeutet. Gebiete, in denen die Geomorphodynamik vom Bodenfrost bzw. → *Permafrost* im Boden gesteuert wird, heißen → *Peri-glazialgebiete*. Die dabei ablaufenden geomorphologischen Prozesse sind die Periglazialprozesse der → *periglazialen Geomorphodynamik*. Unter p. Klimabedingungen entstehen die Periglazialformen und die Verwitterungsprodukte und Sedimente der → *p. Fazies*. Alle Prozesse sind Ausdruck des → *Periglazialklimas*.

periglaziale Denudation *periglacial denudation*: flächenhafte → *Abtragung* unter → *periglazialen* Bedingungen, überwiegend durch Prozesse der → *Gelifluktion*, wobei es zur Einebnung von Vollformen kommen kann, sodass periglaziale Einebnungsflächen entstehen (→ *Kryoplanation*, → *Pediplanation*).

periglaziale Einebnungsfläche → *Kryoplanationsfläche*.

periglaziale Fazies *periglacial facies*: alle → *geomorphogenetischen Materialtypen*, deren Entstehung und Ausprägungsform auf → *periglaziale* Prozesse und Voraussetzungen im → *Periglazialgebiet* zurückgehen. Zur p. F. gehören → *Periglazialschutt* bzw. → *Solifluktionsschutt*, → *Frostschutt* und letztlich auch das Lockergestein → *Löss* (→ *Fazies*).

periglaziale Geomorphodynamik *periglacial geomorphodynamics*: Wirkungen geomorphologischer Prozesse – v. a. der → *Gelifluktion* – unter Bedingungen des → *Periglazialklimas* mit Frostboden bzw. → *Permafrostboden* auf das → *Georelief* und die → *Sedimente*, wobei eine meist intensive Weitermodellierung des vorhandenen Georeliefs erfolgt, aber auch eine eigenständige Bildung periglazialer Formen und Sedimente (→ *periglaziale Fazies*), von denen die → *Frostmusterböden*, die Decken des → *Periglazialschutts*, der → *Frostschutt* und der → *Löss* die wichtigsten sind.

periglaziale Höhenstufe (Periglazialstufe), (Solifluktionsstufe) *periglacial altitudinal zone*: eine der → *Höhenstufen* von → *Hochgebirgen*, die nach oben durch die → *Schneegrenze* begrenzt wird. Die Abgrenzung nach unten ist schwieriger, meist wird aber → *Solifluktionsgrenze* herangezogen, teilweise auch die Untergrenze von aktiven → *Blockgletschern*. In der p. H. spielen sich kryogensolifluidale Prozesse ab, die zu → *Frostmuster-*, → *Taschen-* und → *Girlandenböden* sowie → *Rasentreppen* führen. Die Prozesse, Formen und Böden der p. H. sind oft sehr kleinräumig differenziert.

Periglazialerscheinung *periglacial phenomena*: Sammelbezeichnung für Formen bzw. geomorphologische Prozesseffekte unterschiedlicher Größenordnungen unter → *periglazialen* Bedingungen. Dazu gehören → *Solifluktion*, → *Frostmusterböden*, → *Eiskeile*, Effekte der → *Kryoturbation* und Formen der → *Kryoplanation* sowie anderer Prozesse und Formen im Eisumlandbereich.

Periglazialgebiet *periglacial region*: Gebiete, die von den Formen und → *Prozessen* des → *Periglazials* geprägt werden. Sie kommen → *rezent* in den Polar- und Subpolargebieten sowie in der → *periglazialen Höhenstufe* von → *Hochgebirgen* vor. P. sind de facto weder morphologisch noch klimatisch leicht abgrenzbar. Kriterien sind u. a. Frostverwitterung (→ *Frostsprengung*) und mittlere Jahrestemperaturen unter 0°C und zumindest saisonale Schneearmut.

Periglazialgeomorphologie (Periglazialmorphologie) *periglacial geomorphology*: Teilgebiet der → *Geomorphologie*, das die → *periglazialen* → *Prozessen* und Formen der Jetztzeit und des → *Eiszeitalters* zum Forschungsgegenstand hat.

Periglazialklima *periglacial climate*: jenes Klima, das die Formen und Prozesse sowie landschaftlichen Erscheinungen des → *Periglazials* möglich macht und das man geomorphologisch-pedologisch definiert, d. h. durch Typen der klimatischen Bodengefrornis. Zu diesen gehören → *Permafrostboden* mit jahreszeitlicher → *Auftauschicht*, jahreszeitliche Bodengefrornis (saisonale Gefrornis, Winterfrostboden), tageszeitliche und kurzperiodische Bodengefrornis sowie – als Spezialfall der tageszeitlichen und kurzperiodischen Bodengefrornis – das → *Kammeis*. Wesentliche klimageomorphologische Wirkungen des P. sind die → *Gelifluktion* und die Bildung von → *Frostmusterböden*.

Periglazialmorphologie → *Periglazialgeomor-phologie*.

Periglazialschutt *periglacial debris, periglacial detritus*: Sammelbezeichnung für → *Frostschutt* und → *Wanderschutt*, der im → *Periglazial* entsteht. P. kann → *rezent* und → *vorzeitlich* gebildet sein, wobei in den Alpen, aber auch den europäischen Mittelgebirgen vorzeitlicher P. überwiegt.

Periglazialstufe → *periglaziale Höhenstufe*.

Periglaziär → *Periglazial*.

periglaziäre Deckserie *periglacial cover series*: nicht ganz exakte Bezeichnung für → *Decksand*, ein polygenetisches Sediment des → *Periglazialgebiets*.

perimagmatisch *perimagmatic*: bezeichnet → *Lagerstätten*, die in unmittelbarer Nachbarschaft eines Magmaherdes entstanden.

Periode *period*: – Bildungszeit eines stratigraphischen Systems, das ursprünglich auch als → *Formation* bezeichnet wurde (→ *System*). – Abschnitte der Klimageschichte der Erde. – in der → *Klimatologie* bzw. → *Klimageographie* werden verschiedene Meßzeiträume als P. bezeichnet, z. B. die → *Normalperiode*. – regelmäßiges Auftreten von → *Sonnenflecken* wird als Sonnenflecken-P. bezeichnet.

Perioden-Sterbetafel *periodical mortality order*: Typ einer → *Sterbetafel*, bei dem ausgedrückt wird, wie sich die gegenwärtige → *Sterblichkeit* auf das Überlebensverhalten einer hypothetischen → *Kohorte* auswirkt, wie sich also eine → *Generation* aufgrund der → *Mortalität* der jetzigen Periode vermindern würde. Es handelt sich um eine Prognose mit der Annahme konstanter Sterblichkeit in der Zukunft.

Periodik *periodicity*: → *Periodizität*, regelmäßige Abfolge.

periodisch *periodic[al]*: geo- oder biowissenschaftlichen Phänomene, die in kürzeren oder längeren Zeitabschnitten regelmäßig wieder auftreten.

periodischer Markt *periodic market*: regelmäßig stattfindender → *Markt*, z. B. → *Jahrmarkt* oder → *Wochenmarkt*. Die Erlaubnis zum Abhalten p. M. gehörte zum → *Marktrecht* und war vielfach entscheidend für die Entwicklung städtischer Siedlungen. In → *Agrargesellschaften* sind p. M. wichtige Indikatoren für den Übergang von der reinen Hauswirtschaft zum Warenaustausch im Rahmen einer Verkehrswirtschaft.

Periodizität (Periodik, Rhythmik) *periodicity, rhythmicity*: allgemein eine Folge von gleichartigen Ereignissen in bestimmten zeitlichen Abständen, den → *Perioden*, die gesetzmäßig zusammenhängen. Gegenübergestellt werden aperiodische bzw. → *episodische* Ereignisse, die sich in verschieden langen, aber zufälligen Zeitabständen wiederholen. – – in der → *Ökophysiologie* der regelmäßige Wechsel zwischen Aktivitäts- und Ruhephasen des Gesamtorganismus oder bestimmter Organ- oder Zellaktivitäten (Blutkreislauf, Atemfrequenz, Ernährungsrhythmik), mit meist außenbürtiger Ursache. – bei Tieren die Erscheinung, dass bestimmte Lebensäußerungen oder das Auftreten bestimmter Tierarten einem rhythmischen Wechsel unterliegen. P.-Erscheinungen können durch → *Umweltfaktoren* (Licht, Temperatur, Feuchtigkeit) ausgelöst werden oder durch endogene, den Tieren innewohnende Faktoren (→ *Stoffwechsel*, Reifung). – bei Pflanzen der sich regelmäßig vollziehende Wechsel zwischen Ruhe- und Wachstumsphase, als geregelte Aufeinanderfolge, die klimaökologisch bzw. standorttypisch geregelt ist. – die P. bei Tieren und Pflanzen hängt grundsätzlich mit der Verteilung der → *Jahreszeitenklimate* und der → *Tageszeitenklimate* auf der Erde zusammen, woraus sich die Tages-P. und die Jahres-P. ergeben. Deren auffälligste Phänomene im Biobereich sind der → *Photoperiodismus* und der → *Thermoperiodismus*, denen man noch eine endogene P. gegenüberstellt, die keinen erkennbaren Zusammenhang mit der Variabilität der Geoökofaktoren in der Lebensumwelt erkennen lässt. Einflüsse von Licht und Temperatur wirken jedoch auf die Lebewesen meist zusammen. Viele tages- oder jahresperiodische Erscheinungen ergeben sich aus einem Faktorenbündel.

peripher *peripheral*: am Rande, außerhalb des → *Zentrums* sich befindend (→ *marginal*).

peripherer Raum *peripheral area*: häufiger gebrauchter Ausdruck für → *ländlichen Raum* (insbesondere soweit er großstadt- und verdichtungsfern gelegen ist), mit dem die Assoziationen, die an diesen Begriff geknüpft sind, vermieden werden sollen. Mit der Bezeichnung p. R. soll angedeutet werden, dass die Region von den Zentren der Macht aus gesehen, am Rand liegen, sich damit relativ weit entfernt von den → *Verdichtungsräumen* und den wirtschaftlich und politisch aktiven Zentren eines Landes befinden, und daher in ihrer wirtschaftlichen und sozialen Entwicklung benachteiligt sind.

Peripherie *periphery*: Bezeichnung einer Lage, die als randlich zu einem Zentrum bzw. zu einem Kerngebiet zu bezeichnen ist; z.B. erfolgt die → *Suburbanisierung* an der P. der Verdichtungsräume. In der → *Dependenztheorie* bilden → *Entwicklungsländer* die P. für → *Industrieländer* bzw. deren ländlicher Raum die P. für die Hauptstadt (→ *Zentrum-Peripherie-Modell*, → *peripherer Raum*).

Peripher-zentraler Formenwandel *peripheral-central change of forms*: Bestandteil des → *geographischen Formenwandels* und die regelhafte Veränderung der geographischen Substanz im Raum – hier innerhalb größerer Landmassen oder Meeresteile – beschreibend und somit einer der Richtungstypen des Formenwandels physiogeographischer und anthropogeographischer Erscheinungen. Der P.-z. F. beruht auf der Beobachtungstatsache, dass sich im Kernbereich von geographischen Räumen Phänomene und Effekte funktional und physiognomisch anders zeigen als an deren Rändern. Zwischen Zentrum und Randbereich besteht meist auch ein prozessualer Zusammenhang.

Perkolation *percolation*: der Vorgang des Durchsickerns von Wasser durch eine poröse Bodenmatrix (→ *Sickerung*, → *Sickerwasser*).

Perlmutterwolken (polare Stratosphärenwolken) *mother of pearl-cloud*: klimatisch bedeutungslose feine Kondensationsgebilde der → *Stratosphäre* zwischen 20 und 30 km Höhe.

Perm *Permian*: letztes System des → *Paläozoikums*, dem → *Karbon* folgend und von 270 bis 230 Mio. J.v.h. dauernd. Das P. gliedert sich in die beiden Serien (Abteilungen) → *Rotliegendes* und → *Zechstein*. Ersteres war überwiegend → *arid*-festländisch, letzterer → *marin*. Während des P. spielte sich ein lebhafter → *Vulkanismus* ab, dessen Gesteinskörper auch heute noch formbildend in der Landschaft erscheinen. In die Zeit des P. fiel die Saalische Phase der → *Variscischen Gebirgsbildung*. Nord- und Südhalbkugel wiesen während des P. gegensätzliche Klimaverhältnisse auf. Während der südhemisphärischen permokarbonen → *Eiszeit* herrschte auf der Nordhalbkugel Wüstenklima. Die → *Tethys* begann sich zu bilden. Auf der Südhemisphäre löste sich Gondwanaland auf. Wichtig für das P. ist das erste Auftreten von Ammoniten. In der Entwicklung der Pflanzen repräsentiert das P. den Übergang vom → *Paläophytikum* zum → *Mesophytikum*. Die für das Karbon charakteristischen Farne treten im Zechstein zurück und werden z. T. von Ginkgogewächsen und Nadelbäumen (Nacktsamer) abgelöst.

Permafrost *permafrost*: ständige Bodengefrornis, die im → *Stadial*, besonders im Gebiet des → *Periglazials*, eine große Rolle spielte. In den Alpen kommt → *fossiler*, → *vorzeitlicher* P. vor. Darüber befinden sich i.d.R. → *Blockgletscher* oder → *Gletscher*. Dieser → *rezente* P. ist – gegenüber jenen der → *Kaltzeiten* und Stadiale oder der heutigen polaren und subpolaren P.-Gebiete – deutlich geringmächtiger. Es wird zwischen sporadischem, diskontinuierlichem und kontinuierlichem P. unterschieden: Sporadischer P. heißt, dass zwischen 10 und 50% der Fläche dauernd gefroren sind; diskontinuierlich mit mehr als 50%, aber weniger als 90%, und kontinuierlicher P. mit Dauergefrornis auf mehr als 90% der Fläche.

Permafrostboden (Dauerfrostboden, Pergeli-sol) *permafrost soil, ever frozen soil, pergelisol*: → *Boden*, der aufgrund von mittleren Jahrestemperaturen von unter 0°C in mindestens zwei aufeinanderfolgenden Jahren unterhalb einer saisonalen → *Auftauschicht* dauernd gefroren ist. Ist auf der Nordhemisphäre → *zonal* verbreitet, besonders in der polaren und subpolaren, z. T. auch in der borealen Zone. Der P. taut im Sommer auf, je nach klimaökologischer Situation zwischen wenigen Dezimetern (Polargebiet) und mehreren Metern (Borealis Südsibiriens; → *Boreal*). Er ist wegen der stauenden Wirkung des → *Bodeneises* stark vernässt. Das mit Auftauwasser gesättigte Substrat hat eine breiige Konsistenz und kriecht bzw. fließt schon bei geringen Hangneigungen (Gelifluktion). Außerdem bilden sich aus Fein- und Grobsedimenten sowie Tundrenvegetation verschiedene Bodenoberflächenstrukturen, z.B. → *Frostmusterböden*. Die Mächtigkeit des P. erreicht in subpolaren Gebieten Maximalbeträge von ca. 300 m. In diesem Ausmaß ist er vermutlich → *reliktisch* und geht bis in die letzte → *Eiszeit* (→ *Würm-Kaltzeit*) zurück. P. prägt die → *Tundren* der Erde, die asiatische → *Taiga*, so weit südlich (45-50 °N) reicht, und die entsprechenden Höhenstufen der → *Hochgebirge*.

permanenter Welkepunkt *permanent wilting point*: Saugspannungsgrenze (→ *Saugspannung*) des → *Bodenwassers* beim pF-Wert 4,2 entsprechend 15 000 cm Wassersäule Saugdruck. Wasser, das mit Saugspannungen über dem p. W. im Feinporensystem

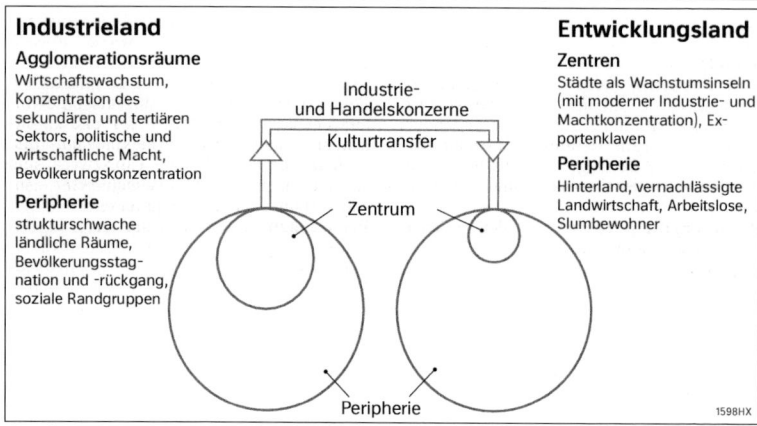
Peripherie

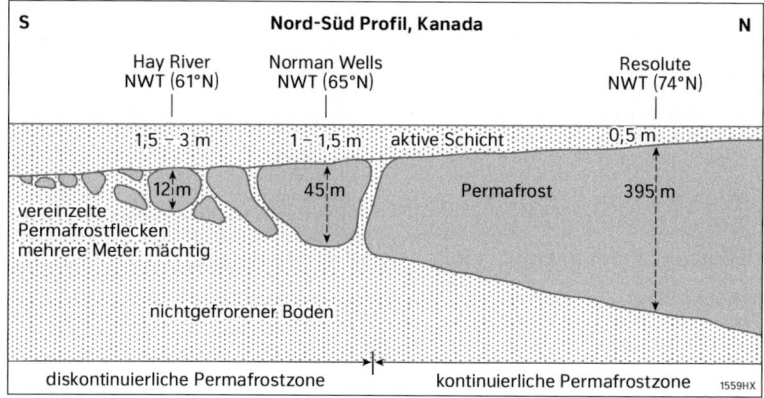
Permafrost

gebunden ist, kann von den meisten Pflanzen nicht aufgenommen werden.

Permigration (Durchwanderung, Transitmigration) *permigration*: Durchzug von Auswanderern durch ein Land auf dem Weg in das endgültige → *Einwanderungsland*. Im Zuge der P. wird unter Umständen ein mehr oder weniger langer Zwischenaufenthalt eingelegt, z.B. bei → *Flüchtlingen*, bis sie die Genehmigung zur Einreise in das gewünschte Aufnahmeland erhalten (→ *Auswanderung*).

Persistenz *persistence*: → *ökologische Persistenz*. – in der → *Schädlingsbekämpfung* den langsamen Abbau der Biozide, Pestizide und Herbizide bezeichnend, also die Beständigkeit eines Stoffes in der Umwelt. Die P. wird dabei mit der biologischen Halbwertszeit bemessen. – in der → *Humangeographie* versteht man unter P. alles Erbe vergangener Generationen und Jahrhunderte, welches das aktuelle Handeln der sozialen Gruppen heute noch beeinflusst, wozu nicht nur Bauwerke und sonstige feste Infrastruktureinrichtungen gehören, sondern auch soziale Systeme und Kulturmuster, welche die menschlichen Reaktions- und Aktionsmöglichkeiten einschränken bzw. im weiteren Sinne beeinflussen (→ *Pfadabhängigkeit*).

personelle Infrastruktur *personal infrastructure*: neben der materiellen → *Infrastruktur* das Personal, das für deren Funktionieren sorgt. Zur p. I. zählt unter anderem das entsprechend ausgebildete Bedienungs-, Betreuungs-, Wartungs- und Verwaltungspersonal von öffentlichen Ver- und Entsorgungseinrichtungen, Verkehrsmitteln, Einrichtungen des Bildungs- und Gesundheitswesens.

Personenfernverkehr *long-distance passenger traffic*: jener Teil des → *Personenverkehrs*, der den regionalen Bereich überschreitet, ohne dass der Begriff definitorisch genau festgelegt wäre. Zum P. gehören als wichtigste Komponenten der Geschäfts- und der → *Urlaubsreiseverkehr*.

Personenjahr *person-year*: in der → *Demographie* das Produkt aus der Zahl der Einwohner, die in einem Jahr in einem bestimmten Raum gelebt haben – wenn auch nur während Teilen des Jahres – und ihrer Lebensdauer (ein Jahr oder Bruchteile davon). Die Ermittlung der P. ist Voraussetzung für die exakte Berechnung gewisser demographischer Prozesse, z. B. der → *Mortalität*.

Personenkennnummer *personal identification number*: eine auf individuellen Merkmalen aufgebaute Nummer, mit der jeder Einwohner eines → *Staates* bezeichnet wird und zweifelsfrei identifiziert werden kann. Einheitliche P. sollen durch den Einsatz von elektronischer Datenverarbeitung die öffentliche Verwaltung erleichtern und anstelle der jetzt gebrauchten unterschiedlichen personenbezogenen Nummern (Steuer-, Versicherungs-, Rentennummer usw.) verwendet werden, doch begegnet ihre Einführung bisher starken Bedenken des Datenschutzes wegen evtl. Eingriffe in die Privatsphäre. In einigen Staaten sind P. bereits ausgegeben (z. B. Schweden oder Schweiz) oder werden vorbereitet.

Personenkilometer (Passagierkilometer) *passenger kilometre*: Maßzahl der → *Verkehrsstatistik* zur Messung der → *Verkehrsleistung* im → *Personenverkehr*, v. a. mit → *öffentlichen Verkehrsmitteln*. Die P. ergeben sich als Produkt der Zahl der beförderten Personen und der Beförderungsentfernung in km. Das Pendant im → *Güterverkehr* ist der → *Tonnenkilometer*.

Personennahverkehr *local passenger traffic*: jener Teil des → *Personenverkehrs*, der innerhalb von Städten, zwischen Städten und ihrem → *Umland* sowie im regionalen Bereich des → *ländlichen Raumes* stattfindet. Der P. dient hauptsächlich dem → *Berufsverkehr* (→ *Pendelverkehr*), daneben dem Schüler-, Einkaufs- und Naherholungsverkehr. Geographisch relevant ist die Unterscheidung nach → *öffentlichem P.* (ÖPNV) und → *Individualverkehr*, der mit Kraftfahrzeugen oder Fahrrädern, in weniger stark motorisierten Ländern auch mit Zug- und Reittieren durchgeführt wird.

Personenstandsregister → *Standesregister*.

Personenverkehr *passenger traffic*: Beförderung von Personen mithilfe von → *Verkehrsmitteln*. Nach der Art des Verkehrsmittels kann man zwischen Land-, Luft- und Schiffsverkehr, beim Landverkehr wiederum zwischen Straßen- und Schienen-P., Kraftfahrzeug- und Fuhrwerksverkehr unterscheiden. Geographisch bedeutsam sind auch die Unterscheidungen nach Individual- und öffentlichem P. sowie nach → *Personennah-* und -→ *fernverkehr*. Nach dem Fahrtzweck sind z. B. zu unterscheiden → *Pendelverkehr*, Einkaufsverkehr, Naherholungsverkehr.

Personenzug *passenger train*: ursprünglich die Bezeichnung für alle Eisenbahnzüge des → *Personenverkehrs*. Der Begriff wurde ab Mitte des 20. Jh. hauptsächlich auf → *Nahverkehrszüge* verengt, während für P. des Fernverkehrs Begriffe wie Eil- und Schnellzug üblich wurden.

persönliche Befragung → *face-to-face-Interview*.

Perzeption *perception*: in der → *Sozialgeographie* die subjektiv-selektive Aufnahme von Informationen über die Lebensumwelt des Menschen und damit Bestandteil der → *Wahrnehmungsgeographie*, die auch als P.-Geographie bezeichnet wird (→ *Umwelt*).

Perzeptionsforschung → *Wahrnehmungsforschung*.

Perzeptionsgeographie → *Wahrnehmungsgeographie*.

Pessimum *pessimum*: ungünstigster Zustand der Bedingungen in einem → *Ökosystem* für eine Organismenart oder eine Gruppe von Lebewesen, unter denen diese überleben können. Das P. kann sich auch auf einen einzelnen → *Geofaktor* beziehen. Es wird dem → *Optimum* gegenübergestellt (→ *ökologische Potenz*).

Pestizide: → *Biozide*.

Petrefakt *fossil*: ältere Bezeichnung für → *Fossil*.

petrikol *petricol*: Aufenthaltstyp, der Organismen bezeichnet, die auf Felsen oder Mauern leben.

Petrochemie (Petrolchemie) *petrochemistry*: Gesamtheit der chemischen und technischen Verfahren zur industriellen Gewinnung unterschiedlichster Produkte aus → *Erdöl* und → *Erdgas*. Die P. hat die Kohlechemie in ihrer Bedeutung längst überholt; bis etwa Anfang der 1950er-Jahre war die → *Kohle* der wichtigste → *Rohstoff* zur Herstellung organisch-technischer Produkte.

Petrographie *petrography*: → *Petrologie*, Verbreitung der Gesteine.

Petrokonvergenz *climatic-geomorphological convergence*: Form der → *klimageomorphologischen Konvergenz*, bei welcher das Gestein maßgeblich an der Formung des Reliefs beteiligt ist und Formenübereinstimmungen in verschiedenartigen, sich geomorphodynamisch aber gleichartig verhaltenden Gestei-

nen auftreten. Dazu zählen z. B. die → *Karren*, die als Lösungsformen in → *Kalk* und → *Gips* auftreten, aber auch die Granitkarren (→ *Pseudokarren*).
Petrolchemie → *Petrochemie*.
Petroleum *petroleum*: ältere Bezeichnung für → *Erdöl* bzw. Mineralöl. P. ist eine als → *Brennstoff*, als Leuchtöl und zu Putzzwecken benutzte Fraktion der Rohöldestillation im Siedebereich von etwa 150–250 °C. und ist ein wesentlicher Bestandteil des Flugturbinenkraftstoffes (Kerosin).
Petrologie (Gesteinskunde, Lithologie, Petrographie) *petrology*: 1. Lehre von der Entstehung, der Zusammensetzung, dem Aufbau, der Umwandlung und dem Vorkommen der → *Gesteine*, wobei ursprünglich die P. enger gefasst wurde als Wissenschaft von der Bildung und Umbildung der Gesteine. : 2. die P. wird z. T. als Teilgebiet der ihr übergeordneten Petrographie verstanden, teils auch umgekehrt.
Petrovarianz *petrovariance*: wie das → *Georelief* zu bestimmten → *Oberflächenformen* skulptiert wird, hängt nicht nur vom → *Klima* und den → *exogenen* Kräften und Prozessen ab, sondern auch von den jeweiligen Gesteinseigenschaften. Deren Varianz wird P. genannt, die bestimmte Formen bedingt, z. B. geomorphologisch widerständige → *Sand-* oder → *Kalksteine* den → *Trauf* von Schichtsteinen.
Peuplierung *interior colonization*: historisch-geographischer Ausdruck für die zielgerichtet Besiedlung eines → *Territoriums* zum Ausbau des Siedlungsnetzes und der Stärkung des → *Staates* und seiner Wirtschaftskraft. Der Begriff wird v. a. auf die von den Landesfürsten betriebene Wiederaufsiedlung nach den Bevölkerungsverlusten des Dreißigjährigen Krieges und die → *Binnenkolonisation* durch Glaubensflüchtlinge im 17./18. Jh. angewendet.
Pfad *path*: in verschiedenen Zweigen der → *Physiogeographie* sowie im → *Umweltschutz* die Wege von Stoffen in → *Luft* (→ *Luftpfad*) und → *Wasser* (→ *Wasserpfad*) beschreibend, auch im Hinblick auf die → *Belastung* der → *Umwelt* (→ *Belastungspfad*).
Pfadabhängigkeit *path dependency*: Prozess kumulativer Verursachung. P. argumentiert, dass eine Folge von Ereignissen einen selbst verstärkenden Prozess begründet, welcher zu einem von mehreren möglichen Ergebnissen führt, aber i. d. R. verhindert, dass etwas völlig Neues begonnen wird. Folglich wirken historische Ereignisse (z. B. in einer Kommune oder einem Unternehmen) in gegenwärtige Strukturen und Prozesse hinein, ebenso wie gegenwärtige Prozesse und Strukturen Einfluss auf zukünftige Entwicklungen ausüben (→ *Persistenz*).

Pfadverriegelung → *lock-in-Effekt*.
Pfalz → *Königspfalz*.
Pfalzstadt *royal palace town*: eine → *Stadt*, die sich historisch aus einer → *Königspfalz* entwickelt hat.
Pfanne *pan*: eine → *Mulde* mit mehr oder weniger rundlicher Grundrissgestaltung und begrenzter Ausdehnung. Ihr Boden ist meist eben und besteht aus verfestigten oder unverfestigten → *Feinsedimenten*, die mit → *Kalk* oder → *Salzen* vermischt sein können, weshalb man Kalk- und Salz-P. unterscheidet. P. kommen in Trockengebieten vor und werden → *episodisch*, seltener → *periodisch* durch Niederschlagswasser und aus der flachen Umgebung zusammenfließenden Wassers überflutet. Die Bezeichnung ist fast ausschließlich auf die Trockengebiete des Großraumes Südafrika beschränkt. Die Salz-P. gehören zu den → *Salztonebenen*.
Pfarrgemeinde → *Kirchengemeinde*.
Pflanzen *plants*: Sammelbegriff für → *autotroph* lebende Organismen, die ihre organische Substanz aus dem CO_2 der Luft und aus anorganischen Verbindungen des Bodens bzw. Wassers überwiegend mit Lichtenergie (seltener chemischer Energie) aufbauen (Photosynthese). Die P. wachsen meist bis an ihr Lebensende, wobei sich die Oberfläche nach außen ständig vergrößert. Außerdem sind sie oft ortsgebunden und verfügen dann über speziell ausgebildete Befestigungssysteme.
Pflanzenbau (Kulturpflanzenbau) *cultivation of plants, agriculture, horticulture, plant growing*: Nutzung der → *Bodenfruchtbarkeit* durch → *Kulturpflanzen*, durch Anpassung der Kulturpflanzen an die Standortbedingungen, durch Auswahl bestimmter Pflanzenarten und -sorten bzw. durch Schaffung von Standortbedingungen, die den Ansprüchen der Kulturpflanzen genügen.
Pflanzenformation *plant formation*: physiognomische Vegetationseinheit floristisch unterschiedlicher Gewächse, gekennzeichnet durch das Vorherrschen einer bestimmten → *Lebensform*. Mehrere P. bilden eine Formationsgruppe. Die P. des → *borealen* Nadelwaldbioms gehört z. B. zur Formationsgruppe des → *Nadelwaldes* (→ *Vegetationsformation*).
Pflanzengemeinschaft *plant community*: 1. real vorhandene Kombination von Pflanzenindividuen, die sich miteinander im Wettbewerb befinden und durch → *Konkurrenz* ein Gleichgewicht in der Verbreitung erlangten. 2. nicht näher bezeichnete Vegetationseinheit eines → *Standortes* oder gemeinschaftlichen → *Areals*. 3. eine → *Pflanzengesellschaft* im Sinne der → *Assoziation*.
Pflanzengeographie: → *Geobotanik*.
Pflanzengesellschaft *plant community*: systematisch-floristische Ordnungseinheit der

→ *Vegetation*, der → *Assoziation* entsprechend (→ *Pflanzensoziologie*).

Pflanzenkunde → *Botanik*.

Pflanzenökologie *plant ecology*: ökologische → *Geobotanik*. P. beschäftigt sich mit den stand-örtlichen Wechselbeziehungen zwischen der Pflanze und ihrer Lebensumwelt, besonders Klima, Boden, Wasserhaushalt, pflanzlichen Konkurrenten und Tieren.

Pflanzenpaläontologie *palaeobotany*: → *Paläobotanik*.

Pflanzenreich → *Florenreich*.

Pflanzenschädlinge *plant pests*: Organismen pflanzlicher oder tierischer Art, die als Folge ihrer Lebensweise → *Nutzpflanzen* Schaden zufügen. Da viele P. auf bestimmte Pflanzenarten spezialisiert sind, wird v. a. die → *Monokultur* durch P. geschädigt. Man unterteilt P. z. B. nach den Nutzpflanzenbereichen, die von ihnen betroffen werden, z. B. Gemüseschädlinge, Forstschädlinge oder Obstbaumschädlinge.

Pflanzenschutz *plant conservation (1.); crop protection (2.)*: 1. Maßnahmen zur Erhaltung vom Aussterben bedrohter Pflanzen sowie zur Erhaltung der → *natürlichen* oder → *quasinatürlichen* → *Biotope* durch Maßnahmen des → *Naturschutzes*. 2. die Gesamtheit physikalischer, chemischer und biologischer Maßnahmen zum Schutz von → *Kulturpflanzen* und Ernteprodukten vor Schadorganismen und Krankheiten. Der dabei erfolgende Einsatz von → *Bioziden* stört das vernichtet jedoch die natürlichen oder quasinatürlichen → *biotischen* Bestandteile in der Lebensumwelt der Kulturpflanzen. Insofern müsste von Kultur-P. gesprochen werden, der andere Ziele verfolgt als den Schutz natürlich vorkommender Pflanzen (→ *Integrierter P.*, → *Schädlingsbekämpfung*).

Pflanzenschutzmittel *plant protectants*: Sammelbezeichnung für chemische Stoffe, die zum Schutz von → *Kulturpflanzen* vor Schadorganismen oder Krankheiten eingesetzt werden (→ *Biozide*).

Pflanzensoziologie (Phytosoziologie, Phytozönologie, soziologische Pflanzengeographie, Vegetationskunde) *plant sociology*: Lehre von den → *Pflanzengesellschaften* und Teilgebiet der → *Geobotanik*. Hauptaufgabe ist die gewichtete floristische Gesellschaftssystematik, welche die → *Pflanzengemeinschaften* hierarchisch ordnet (Klasse, → *Ordnung*, → *Verband*, → *Assoziation*). Die P. begreift die Assoziationen als natürliche Gemeinschaften im Gebiet einheitlicher ökologischer Standortbedingungen.

pflanzenverfügbare Nährstoffe *plant nutrient availability*: im Boden in austauschbarer Form (→ *Austauscher*, → *Austauschnährstoffe*) gebundene oder als leicht lösliche Salze vorliegende → *Nährelemente*, welche leicht in die Bodenlösung übergehen und deshalb durch die Wurzeln aufgenommen werden können (→ *Nährstoffhaushalt*).

pflanzenverfügbares Wasser *plant available water*: im Boden gespeichertes Wasser, dessen kapillar- und matrixbedingte Bindungsstärke (→ *Saugspannung*, → *pF-Wert*) unter 15 000 hPa liegt, sodass es von den Pflanzenwurzeln noch aufgenommen werden kann. Das p. W. befindet sich in den → *Mittelporen* (→ *Bodenwasser*, → *Feldkapazität*, → *Porengrößenverteilung*).

Pflanzgarten (Kamp) *nursery*: in der → *Forstwirtschaft* eingezäuntes Areal zur Anzucht von Jungpflanzen. Bei größeren P. wird nicht nur für den Eigenbedarf erzeugt. Man unterscheidet stationäre P. (Dauerkamp) von P. mit wechselnden → *Standorten* (Wanderkamp).

Pflanzgut *planting stock*: Stecklinge, Reiser, Knollen, Zwiebeln usw. zum Anbau von → *Nutzpflanzen*.

Pflanzstock *digging stick*: einfaches Handgerät, das beim Anbau eingesetzt wird. Der P. unterscheidet sich vom → *Grabstock* durch seine andersartige Handhabung. Der P. kann bis zu 2 m lang sein und ist meist von allen Seiten her zugespitzt. Mit dem kräftigen Stück Holz wird in den umgebrochenen Boden das Pflanzloch gebohrt.

Pflanzstockbau → *Grabstockbau*.

Pflanzung *plantation*: marktorientierter landwirtschaftlicher Betrieb in den → *Tropen* und → *Subtropen* bzw. Gebieten mit mediterranem → *Klima*, der i. d. R. vom Besitzer und seiner Familie selbst geleitet wird. In der P. erfolgt ein Anbau von mehrjährigen → *Nutzpflanzen* (bzw. Dauerkulturen), es sei jedoch nicht wie bei der → *Plantage* eine größere Aufbereitung bzw. Verarbeitung der Produkte anschließt. P. sind in den allermeisten Fällen kleiner als Plantagen und weisen nicht denselben hohen Grad an technischer und kapitalmäßiger Ausstattung auf.

Pflasterboden → *Steinpflaster*.

Pflug *plough, plow*: Ackergerät zum Lockern und Wenden des Bodens (→ *Bodenbearbeitung*) bzw. zur gleichzeitigen Beseitigung von → *Unkräutern* (durch Unterpflügen). Der P. tritt in den unterschiedlichen Formen auf. Pflugähnliche Geräte finden sich bereits bei den Babyloniern. Die Römer kannten den von Rindern gezogenen Pflug-P.; die verbreitetste P.-Form ist der Schar-P.; der am Traktor befestigte Volldreh-P. ist die moderne Form.

Pflugbau *plough cultivation*: technisch hochentwickelte Form der → *Bodenbearbeitung* mithilfe des → *Pflugs*. Vor dem Traktorenzeitalter wurden im P. z. B. Pferde und Rinder als Zugtiere eingesetzt, daher trat der P. sehr häufig in Verbindung mit Großviehhaltung auf. Der P. gehört zu den kultivierenden Formen der Bodennutzung. Er erfordert pflugfähigen und somit gerodeten Boden (→ *Ackerbau*, → *Gartenbau*).

Pflugparzelle *plough bed*: pflugtechnische Einheit, die u. U. → *Besitzparzellen* oder → *Betriebsparzellen* in einzelne Beete zerlegt. P. sind besonders oft auf schweren Böden mit stauender Nässe (→ *Stauwasser*) zu finden und können von tiefen Gräben begleitet sein. Evtl. sind sie zu Hochbeeten oder → *Wölbäckern* zusammengepflügt.

Pflugsohle *ploughing*: die Untergrenze des in einem Ackerboden jährlich umgepflügten Bereiches. Sie liegt, je nach Bearbeitungsart und Bodenverhältnissen, in 15-35 cm Tiefe und tritt oft als scharfe Horizontgrenze zwischen dem humushaltigen → *Oberboden* (Ap-Horizont) und dem → *Unterboden* als verfestigte Schicht unterschiedlicher Mächtigkeit auf. Es stellt sich eine plattiges → *Bodengefüge* ein (→ *Plattengefüge*).

Pflugtechnik *ploughing techniques*: Art und Weise der → *Bodenbearbeitung* mit dem → *Pflug*. Auch heute noch werden recht unterschiedliche P. angewandt. Bei der Verwendung des Hakenpflugs wird das Erdreich bis zu einer relativ geringen Tiefe aufgeritzt, gelockert und zerkleinert. Der modernere Wendepflug wendet demgegenüber die Schollen um und ermöglicht somit eine stärkere Durchmischung des Bodens. Die Urform des Pflugs ist ein einfacher hölzerner Haken, der ursprünglich vom Menschen selbst gezogen wurde.

Pfuhl → *Soll*.

pF-Wert *pF value*: logarithmischer Wert (log cm WS) der in Zentimetern Höhe einer Wassersäule gemessenen Saugspannung f (= „negativer Druck") des Wassers im Boden. Damit kennzeichnet der pF-W. die Bindungsintensität des Wassers im Boden, also den Druck, der angelegt werden muss, um dem Boden Wasser zu entziehen (→ *Saugspannung*).

Phaeozems *Phaeozems*: in der → WRB (2014) dunkle, an → *organischer Substanz* reiche Böden der feuchten Grasland- und Waldregionen in gemäßigt-kontinentalen Klimaten. Den → *Chernozems* und → *Kastanozems* ähnlich, jedoch mit stärkerer Basenauswaschung. Es handelt sich um fruchtbare Böden mit einer hohen → *Porosität* und guter Eignung für den Ackerbau (u. a. Weizen, Soja, Baumwolle, Gemüse, etc.). Auf großen Flächen wird auch Rinderzucht betrieben. Eine hohe Gefahr für P. geht von Wind- und Wassererosion aus.

Phanerogamen → *Spermatophyten*.

Phanerophyten *phanerophytes*: oft verholzte Pflanzen mit in die Luft ragenden, auch während der thermisch und/oder hygrisch ungünstigen Jahreszeit überdauernden Trieben, deren Erneuerungsknospen mehr als 25 cm über dem Boden liegen. Nach ihrer Höhe werden die P. klassifiziert in → *Nanophanerophyten* (unter 2 m) und → *Makrophanerophyten* (über 2 m). Die Makrophanerophyten können weiter nach Mikrophanerophyten (2 bis 5 m), Mesophanerophyten (5 bis 50 m) und Megaphanerophyten (über 50 m) unterteilt werden (→ *Lebensformensysteme*).

Phanerozoikum *Phanerozoic (Eon)* :jener Abschnitt der → *Erdgeschichte*, der durch → *Fossilien* von Lebewesen belegt ist (d. h. → *Kambrium* bis → *Quartär*) und damit einen Zeitraum von ca. 600 Mio. Jahren umfasst.

Phänologie *phenology*: Wissenszweig der → *Klimatologie*, der sich mit den jahreszeitlichen Wachstumsentwicklung (Eintrittszeiten der Wachstumsphasen) der → *Pflanzen* in Abhängigkeit von → *Witterung* und → *Klima* befasst. Ausgeschieden werden → *phänologische Phasen* und → *phänologische Jahreszeiten*. Ein Komplex verschiedenster → *Klimaelemente* wirkt auf das Pflanzenwachstum ein. Die phänologische Entwicklung der Pflanzen ist deshalb ein integrierender Indikator für die die saisonale Entwicklung der Vegetation beeinflussenden Klimabedingungen. Sie kann als ergänzender Faktor neben den Messungen zur Klimakennzeichnung herangezogen werden. Die Kartierung des Wachstumsstandes verschiedener Pflanzenarten liefert phänologische Karten, aus denen sich z.B. regionale Wärmestufenkarten ableiten lassen. Neben der Pflanzen-P. gibt es auch eine Tier-P., die in der Klimatologie jedoch geringere Bedeutung hat.

phänologische Jahreszeiten *phenological seasons*: Zeiteinteilung des Jahres nach den Hauptentwicklungsphasen der Pflanzen.

phänologische Phase (Phänophase) *phenological phase*: deutlich erkennbarer Abschnitt der Wachstumsentwicklung einer Pflanze, der für die Gliederung der → *phänologischen Jahreszeiten* herangezogen wird (z.B. Knospen, Austreiben, Blattentwicklung, Blüte, Fruchtansatz, Fruchtreife, Laubfall; z.B. Apfelblüte, Ährenschieben des Weizens usw.).

phänologischer Gradient *phenological gradient*: Unterschied der Eintrittszeit einer → *phänologischen Phase* innerhalb eines größeren Gebietes bezogen auf Horizontaldistanz und/oder Höhenunterschied.

Phänomenologie *phenomenology*: eine zu Beginn des 20. Jh. von Edmund Husserl vorgeschlagene deskriptive Methode und eine aus ihr hervorgegangene apriorische Wissenschaft, welche dazu bestimmt ist, das prinzipielle Organon für eine streng wissenschaftliche Philosophie zu liefern und in konsequenter Auswirkung eine methodische Reform aller Wissenschaften zu ermöglichen. In der

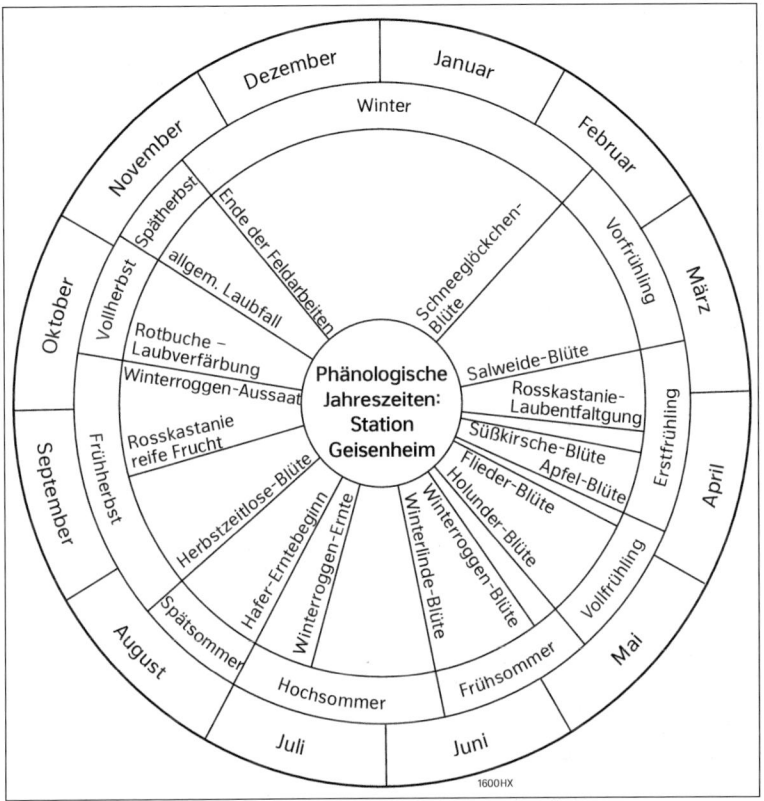

Phänologische Jahreszeiten

Geographie findet die P. v. a. in der → *Neuen Kulturgeographie* ihre Anwendung.

Phänometrie *phenometry*: Teilgebiet der → *Phänologie*, welches das Wachstum der Pflanzen bzw. ihrer Einzelteile messend verfolgt.

Phonolith (Klingstein) *phonolite*: dichtes und hartes, grau-grünes bis bräunliches → *Ergussgestein* aus dem → *Tertiär*, das sich meist säulig oder plattig absondert und beim Anschlagen klingt.

P-Horizont Unterbodenhorizont von Böden, der aus Ton- oder Tonmergelgestein entstanden ist (→ *Pelosol*).

Phosphat *phosphate*: das P. und Phosphatersatzstoffe bewirken durch Überdüngung eine → *Eutrophierung* der Gewässer. Sie gelangen ins Grund- und Oberflächenwasser, z. B. als → *Abwasser* (Waschmittelzusatz, um die → *Härte* des Wassers zu verringern und die Waschwirkung der → *Tenside* zu steigern) und als direkter Materialeintrag durch abgeschwemmtes, überdüngtes Bodenmaterial der → *Bodenerosion*. Durch → *Sickerung* von → *Bodenwasser* wird das → *Grundwasser* mit P. angereichert. Fast 60% des P. im Abwasser Deutschlands werden durch häusliches Abwasser und Waschmittel bereitgestellt, während die Landwirtschaft mit ca. 25% und die Industrie mit ca. 16% beteiligt sind. Die Phosphathöchstmengenverordnung regelt dies.

Phosphorit *phosphorite, rock phosphate*: aus Organismenresten und Exkrementen entstandenes Sediment aus phosphorreichem Kalk. P. werden als Dünger genutzt (→ *Apatit*).

pphotochemischer Smog (Los-Angeles-Typ des Smogs, Sommersmog) *photochemical smog, Los-Angeles-type smog*: neben Luftverunreinigungen (Stickoxide, → *Kohlenwasserstoffe* und → *Ozon*) wirken Witterung und Wetter bei der

Bildung des p. S. mit. Er wird von → *Inversionswetterlagen* begünstigt und tritt über Gebieten mit hoher → *Luftverschmutzung* bzw. hoher Verkehrsdichte, wie den → *Ballungsgebieten*, auf. Er entsteht im Sommer bei hohen Temperaturen (25-35°C), geringer Luftfeuchtigkeit und Austauscharmut der Luft infolge niedriger Windgeschwindigkeiten (kleiner als 2 m/s). Bestandteil des p. S. ist die starke Lufttrübung durch → *Aerosole*, bei gleichzeitiger Anreicherung der Luft mit → *Photooxidantien*. Der p. S. belastet v. a. die Atmungsorgane. Seine Komponenten, wie → *Ozon*, sind auch anderweitig gesundheitsschädlich (Hautkrebs, Lungenschäden, Zerstörung von Zellstrukturen der Gewächse etc.; → *Smog*).

Photogrammetrie *photogrammetry*: Teildisziplin der → *Fernerkundung* und → *Geodäsie*, in der durch analoge und digitale Mess- und Auswerteverfahren die räumliche Lage sowie die dreidimensionale Form von Objekten aus Bildmaterial (z.B. → *Luftbild*, Satellitenbildaufnahme) abgeleitet wird.

Photoklima → *Lichtklima*.

Photooxidantien *photo-oxidants*: Reaktionsprodukte, die unter Sonneneinstrahlung aus Stickoxiden und → *Kohlenwasserstoffen* entstehen, u. a. → *Ozon*, Salpetersäure, Peroxiacetylnitrat und andere. P. bewirken Reizungen und Schädigungen der Atemwege und Lungen, ebenso Pflanzenschäden. Das → *Waldsterben* wird zum Teil auf die Wirkung von P. zurückgeführt. Als Indikator und zur quantitativen Bestimmung für die Gruppe der P. wird i. d. R. → *Ozon* verwandt, ohne dass damit die Gesamtumweltwirkung der P. charakterisiert ist.

Photoperiodismus (Photoperiodizität) *photoperiodism*: die Reaktion von Organismen auf den täglichen Beleuchtungsgang (Photoperiodik). Bei Pflanzen reguliert sie Entwicklungsvorgänge und ökophysiologische Prozesse, z.B. den Übergang von der vegetativen Wachstumsphase in die generative Phase mit Blütenbildung. Dies findet Ausdruck in Kurztagpflanzen und → *Langtagpflanzen*, die nach den für die Blühinduktion jeweils erforderlichen Tages- bzw. Nachtlängen unterschieden werden. Auch bei Tieren spielt der P. eine Rolle. V.a. die Tagesperiodizität von Warmblütern wird oft durch unterschiedliche Helligkeit ausgelöst. Der P. bestimmt zum Beispiel die Bereitschaft zum Vogelzug bei Zugvögeln oder den Winterschlaf bei Säugern. Da aber die Photoperiode gleichzeitig mit anderen Faktoren wie Temperatur, Feuchtigkeit und/oder Luft auf das Verhalten der Tiere wirkt, ist der P. bei Tieren nur selten eindeutig identifizierbar.

Photoperiodizität → *Photoperiodismus*.

Photosynthese *photosynthesis*: biochemisch-physiologischer Prozess, bei dem aus anorganischen Stoffen unter katalytischer Mitwirkung des Blattfarbstoffs Chlorophyll und unter Ausnutzung der Sonnenenergie organische Stoffe (→ *Kohlenhydrate*) aufgebaut werden. Diese → *Assimilation* des → *Kohlendioxids* verläuft nach der Gleichung 6 CO_2 + 6 H_2O $C_6H_{12}O_6$ + 6 O_2. Die P. ist die Grundlage für das Leben der autotrophen Pflanzen (mit Ausnahme der Chemosynthese bei Bakterien). Den heterotrophen Organismen dient die bei der P. erzeugte Substanz als Nahrung.

Phototropismus (Heliotropismus) *phototropism*: durch Licht induzierter → *Tropismus*, auch als Lichtwendigkeit bezeichnet, d.h. die am Lichteinfall orientierte Krümmungsbewegungen bei Pflanzen, die oft über ein stark ausgeprägtes Lichtwahrnehmungsvermögen verfügen, das neben dem → *Geotropismus* wichtigste Orientierungsgrundlage ist. Unterschieden werden positiver P., d.h. das Wachstum zur Lichtquelle hin, und negativer P., also das (relativ seltene) Wachstum von der Lichtquelle weg.

phreatisch *phreatic*: 1. Bezeichnung für den → *humiden* Klimabereich, in dem → *Grundwasser* als → *Rücklage* gespeichert wird. 2. im Bereich des → *Karstwassers* Bezeichnung für die tieferen, ständig wassererfüllten Gangnetze bzw. deren Tiefenbereich in → *Karsthöhlen* (→ *Karst*).

phreatisch

phreatische Zone *phreatic zone*: im Gesteinskörper von → *Karstlandschaften* bilden sich zwei verschiedene Zonen des → *Karstwassers* aus: die p. Z., in der alle Hohlräume stets wassergefüllt sind und die somit unterhalb des → *Karstwasserspiegels* liegt, und die nur zeitweilig wasserführende → *vadose Zone*. In der p.Z. kommt es zu Druckfließen und insgesamt langsamer Strömung. Ist das Karstwasser mit Kalziumhydrogenkarbonat gesättigt, findet in der p. Z. keine weitere

→ *Korrosion* statt. Die Grenze zwischen vadoser und p. Z. variiert mit Niederschlägen oder Schneeschmelze, sodass es zur Vermischung von Wasser mit unterschiedlichem Kalkgehalt kommen kann. Durch → *Mischungskorrosion* kommt es deshalb in diesem Bereich zu besonders starker Korrosion der Gesteine und somit zur Höhlenbildung (→ *epiphreatische Höhle*).

phreatomagmatische Eruption *phreatomagmatic eruption, phreatic volcanic explosion*: explosiver → *Vulkanausbruch*, der aus dem direkten Kontakt von → *Magma* mit Wasser (z. B. → *Grundwasser*) resultiert, wobei es zu Wasserdampfexplosionen durch die abrupte Volumenszunahme des → *Wasserdampfes* gegenüber dem Wasser kommt. Durch die Explosionen wird sowohl Magma als auch oftmals das umliegende Gestein sehr stark fragmentiert. Die → *Maare* der Eifel sind durch p. E. entstanden (→ *base surge*).

pH-Wert *pH value*: logarithmische Maßzahl für die Wasserstoffionenkonzentration in Lösungen: pH = -log Konzentration H$^+$ (-log cH$^+$). Der pH-W. kennzeichnet die basische, neutrale oder saure Reaktion von Bodenlösungen oder Wässern. Die Säurekonzentration wirkt sich auf nährstoffhaushaltliche Prozesse und Verwitterungsvorgänge aus und ist ein Indikator für die ökologischen Bedingungen von Standorten und den genetischen Zustand von Böden.

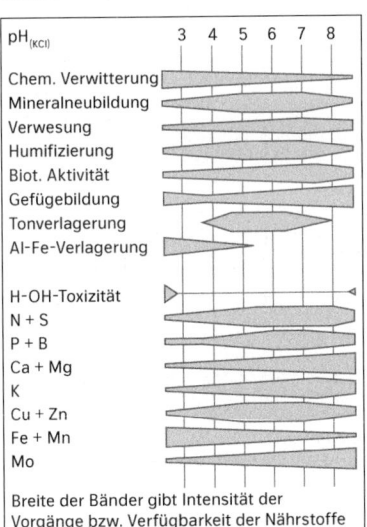

Breite der Bänder gibt Intensität der Vorgänge bzw. Verfügbarkeit der Nährstoffe an.

pH-Wert

Phyllit *phyllite*: sehr feinkörniger und dichter → *Kristalliner Schiefer* hell- bis dunkelgrauer Farbe aus Quarz und Serizit, der aus Tonschiefern durch Regionalmetamorphose entstand (→ *Metamorphose*). P. kommen u. a. in altkristallinen Gebirgen Mitteleuropas (Bayerischer Wald, Fichtel- und Erzgebirge) vor.

physikalisch-biogene Verwitterung *physical-biogenic weathering*: überwiegend durch den Wurzeldruck der Pflanzen erfolgende → *Verwitterung*, wobei große Drucke (zwischen 10 und 15 kp/cm) entstehen, sodass Gestein gelockert und gesprengt wird (→ *Wurzelsprengung*). Die p.-b. V. durch Tiere spielt praktisch keine Rolle. Sie ist neben der → *chemisch-biogenen Verwitterung* Bestandteil der → *biogenen Verwitterung*.

physikalische Klimazonen *physical climate zones*: die wirklichen, durch die → *Einstrahlung* und die → *Allgemeine Zirkulation der Atmosphäre* bedingten → *Zonen* bzw. → *Klimazonen* der → *Erde* mit unterschiedlichem → *Makroklima*, deren Gebiete wegen der differenzierten Gestaltung der Erdoberfläche (Land-Wasser-Verteilung, Erhebungen) nicht überall zusammenhängen.

physikalische Verwitterung (mechanische Verwitterung) *mechanical weathering, physical weathering*: → *Verwitterung* aufgrund physikalischer Prozesse, z. B. Temperaturschwankungen. Sie zerlegt → *Minerale* und → *Gesteine* in kleinere Komponenten und Korngrößen. Dabei entstehen Oberflächenvergrößerungen, die wichtige Voraussetzungen für den Ablauf chemischer Prozessen der Verwitterung schaffen. Zur p. V. gehören die → *Frostsprengung* bzw. die → *Frostverwitterung* allgemein, die → *Insolationsverwitterung*, → *Salzsprengung*, → *Hydratationsverwitterung*, aber auch die → *Wurzelsprengung* (→ *chemische Verwitterung*, → *physikalisch-biogene Verwitterung*).

Physikalische Zeit *physical time*: in der → *Funktionalen Geomorphologie* Bestandteil der Kennzeichnung von Prozessen (Geschwindigkeiten, Prozessraten, Wirkungsdauern) und somit ein systeminternes, integrales Element funktional-geomorphologischer Systeme (→ *Historische Zeit*, → *Zeit*).

physiogen *physiogenic*: natürliche, → *abiotische* Vorgänge, Erscheinungen oder Objekte (→ *geogen*). Gegenbegriff: → *biogen*.

Physiogeographie (Physikalische Geographie, Physische Geographie) *physiogeography, physical geography*: neben der → *Humangeographie* eines der drei große Teilgebiet der → *Allgemeinen Geographie*, das sich mit den → *abiotischen* und → *biotischen* → *Landschaftshaushaltsfaktoren* (sowie Geoökofaktoren) beschäftigt. Dies geschieht in den Geo-

physiogeographische Faktoren

faktoren-Einzellehren, für das → *Georelief* beispielsweise in der → *Geomorphologie*, aber auch im Gesamtfunktionszusammenhang des → *Landschaftshaushalts* in der → *Landschaftsökologie* oder in der → *Geoökologie*. Gegenstand ist sowohl die → *Kulturlandschaft* als auch die sog. → *Naturlandschaft* (in ihrer überwiegend → *anthropogenen* Veränderung).

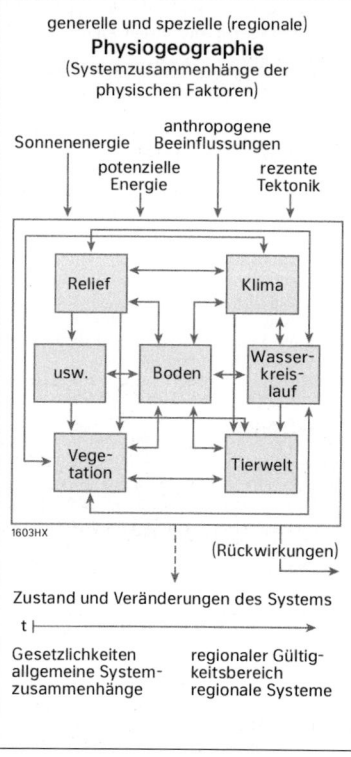

Physiogeographie

physiogeographische Faktoren *physiogeographical factors*: Sammelbezeichnung für die → *abiotischen* und → *biotischen Faktoren* bzw. Geoökofaktoren des → *Geoökosystems*.

Physiognomie *physiognomy*: äußerliches Bild einer geo- oder biowissenschaftlichen Erscheinung, das von einer definierten Kombination der → *Geofaktoren* bestimmt wird. Der Begriff bezieht sich überwiegend auf die → *Physiognomik der Gewächse* und das → *physiognomische Prinzip*.

Physiognomik der Gewächse *physiognomy of plants*: Lehre von den charakteristischen Gestalten der → *Pflanzen*, welche mit den Umweltbedingungen im Einklang stehen. Auch genetisch nicht miteinander verwandte Gewächse können – allein aufgrund der Bedingungen des Lebensraumes – gleiche oder ähnliche Gestaltmerkmale aufweisen (→ *Konvergenz*).

physiognomisches Prinzip *physiognomic principle*: methodischer Ansatz in → *Geo-* und → *Biowissenschaften*, der auf der → *Physiognomie* beruht und aufgrund dessen Gliederungen nach äußerlichen Merkmalen (der Pflanzen, der Landschaft) erfolgen, denen aber meist die ökofunktionale Begründung fehlt(e). Das p. P. spielt als Vorstufe der → *landschaftsökologischen Vorerkundung* eine Rolle, ebenso bei Differenzierung der → *Lebensformen* der Pflanzen und bei der naturräumlichen Gliederung und der naturräumlichen Ordnung.

Physiologie *physiology*: Wissenschaft von den Lebensvorgängen von Pflanzen, Tieren und Mensch und Teilgebiet der → *Biologie*.

physiologische Dichte (Ernährungsdichte) *physiological density*: spezielle Form der → *Bevölkerungsdichte*, bei der die Einwohnerzahl eines Raumes allein auf die → *landwirtschaftliche Nutzfläche*, nicht auf die Gesamtfläche bezogen wird. Die p.D. ist besonders für Länder aussagekräftig, deren → *Bevölkerung* weitgehend in der Form der → *Subsistenzwirtschaft* von der eigenen Agrarfläche lebt.

Physiologische Morphologie *physiological morphology*: Arbeitsrichtung der → *Geomorphologie* zu Beginn des 20. Jh. mit dem Ziel, Strukturelemente des → *Georeliefs* und deren Funktionen zu erfassen. Die P. M. bildete die Grundlage für später folgende landschaftstypologische Arbeiten und gilt in den Grundzügen als Vorläufer der → *Landschaftsökologie* und der Prozessforschung der Geomorphologie.

Physiosystem → *Geosystem*.

Physiosystemtyp → *Physiotyp*.

Physiotop *physiotope*: → *landschaftsökologische Raumeinheit* und deren naturgesetzlich in einem Wechselwirkungsgefüge miteinander verbundenen → *abiotischen Faktoren*.

Physiotyp (Physiosystemtyp) *physiotype*: Typus eines funktionalen Systems der → *abiotischen* → *Partialkomplexe* in der → *Landschaft*, demnach Typ von in → *Physiotopen* repräsentierten → *Geosystemen*.

Physiozentrismus *physiocentrism*: eine Perspektive der Ethik, die dem → *Anthropozentrismus* gegenübersteht und auch der weiteren Natur einen moralischen Wert beimisst. Auf einer → *epistemischen* Ebene werden in dieser Perspektive der Natur objektive Werte zugeschrieben, demzufolge auch ohne den Menschen Handlungsnormen existieren. Auf einer moralischen Ebene gehört der Mensch dem Reich der Natur an und ist damit nicht das primäre Ziel ethischer Überlegungen, sondern eines neben allen anderen Objekten der Natur (→ *Biozentrismus*, → *Pathozentrismus*, → *Umweltethik*, → *Geoethik*).

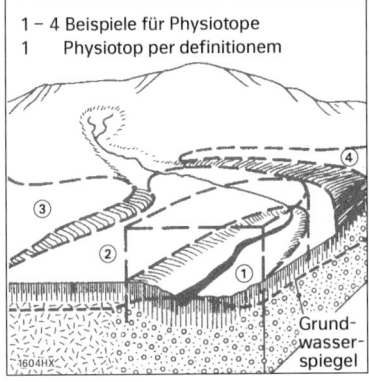

Physiotop

Physische Geographie *physical geography*: häufig gebrauchter Begriff für → *Physiogeographie* und zweiter großer Fachbereich neben der → *Anthropogeographie* (→ *Humangeographie*) in der → *Allgemeinen Geographie*.

physische Karte *physical map*: → *thematische Karte* zur Darstellung des → *Reliefs*. Verschiedene Höhenstufen des Reliefs sind i. d. R. farblich dargestellt. P.K. sind traditionell in Schulatlanten enthalten.

phytogen *phytogenic*: aus → *Pflanzen* entstanden bzw. durch Pflanzen verursacht.

Phytogeographie → *Geobotanik*.

phytogeographische Gliederung *phytogeographical classification*: Raumgliederung nach Pflanzen bzw. → *Pflanzengesellschaften* in Florengebiete (→ *Florenreich*, → *Florenregion*).

Phytomasse *phytomass*: Pflanzenmasse in einer Raumeinheit (→ *Biomasse*, → *Zoomasse*).

Phytomining *phytomining*: neue Form des Abbaus von → *Rohstoffen* mit Hilfe von → *Hyperakkumulatorpflanzen*, von Platin über Silizium bis hin zu den → *Metallen der Seltenen Erden*. Im → *Bergbau* nur eine zusätzliche Strategie, wenn der Hauptabbau eines Rohstoffes erfolgt ist. Gleichzeitig eine Strategie zur Reduktion der Bergbaufolgen (→ *Altlastensanierung*) und Minderung der mit dem Bergbau entstandenen Umweltschäden (→ *Phytosanierung*).

Phytopaläontologie *phytopalaeontology*: → *Paläobotanik*.

phytophag → *herbivor*.

Phytoplankton *phytoplankton*: pflanzliches → *Plankton*.

Phytoremediation → *Phytosanierung*.

Phytosanierung (Phytoremediation) *phytoremediation*: neue Form der Sanierung von kontaminierten Böden (→ *Kontamination*), z. B. von Industriestandorten (→ *Altlastensanierung*) oder von mit → *Schwermetallen* belasteten Bergbauhalden mit Hilfe von → *Hyperakkumulatorpflanzen* (→ *Phytomining*).

Phytosoziologie → *Pflanzensoziologie*.

Phytotop *phytotope*: 1. eine kleine in ihrer Ausstattung mit Pflanzen als homogen betrachtete Raumeinheit → *topischer Dimension*. 2. die Fläche mit gleicher → *potenzieller natürlicher Vegetation*, die durch eine Gruppe von verschiedenen → *Ersatzgesellschaften* der aktuellen Vegetation eingenommen wird.

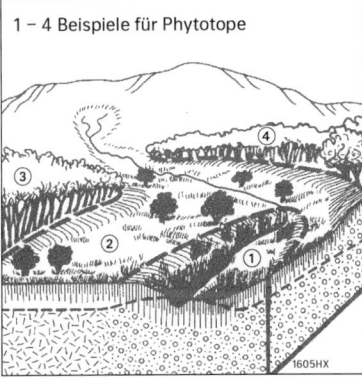

Phytotop

phytotroph *phytotrophic*: bezeichnet Organismen, die lebende pflanzliche Substanz als Nahrung nutzen.

Phytozönologie *phytosociology*: 1. allgemein Lehre von den → *Phytozönosen*. 2. → *Pflanzensoziologie*.

Phytozönose *phytocoenosis*: Lebensgemeinschaft der → *Pflanzen*, pflanzlicher Teil der → *Biozönose* (Tierwelt, → *Zoozönose*).

Piacenza-Stufe → *Piacenzium*.

Piacenzium (Piacenza-Stufe, Piacentien) *Piacenzian*: oberer Teil des → *Pliozäns* im Mittelmeergebiet und damit das Ende des → *Tertiärs* um ca. 2,6 Mio. J. v. h. den Übergang zum → *Quartär* markierend. Synonym zum Begriff Oberes Pliozän.

Picorelief *picorelief*: im strengen Sinne des → *Georeliefs* kleinste Hinterlassenschaften → *geomorphologischer Prozesse*, z. B. → *Karren* oder → *Tafoni*. P. weisen eine Breite von 100 bis 10^{-2} m und Höhe/Tiefe 10^{-1} bis $< 10^{-1}$ m auf (Makrorelief, Mesorelief, Mikrorelief, Nanorelief).

Piedmontfläche *piedmont [slope/flat], benchlands*: eine meist intensiv zerschnittene → *Rumpffläche* an Gebirgsfüßen, die mit einem Knick gegen den Gebirgskörper absetzt und von diesem in das Gebirgsvorland leicht abfällt. Die P. werden genetisch als → *Pedimente* interpretiert.

Piedmontgletscher → *Vorlandgletscher*.

Piedmonttreppe *piedmont bench/benchland/stairway*: im Sinne der → *Rumpftreppe* Abfolge mehrerer → *Piedmontflächen*, die sich hintereinander und übereinander anordnen und durch mehrfache → *tektonische* Hebung des Berglandes und seines Umlandes erklärt werden könne.

Piep → *Priel*.

Piktogramm *pictograph:, pictogram*: Eine graphische Signatur, die eine grundlegende Eigenheit eines Sachverhalts repräsentiert. Durch ihren bildhaften Charakter können P. gut intuitiv verstanden werden. Daher werden sie in der → *Kartographie* häufig in → *thematischen Karten* eingesetzt. P. sind auch in gängigen Hinweisschildern des Alltags enthalten, z.B. zur Anzeige des Fluchtwegs und Notausgangs.

Pilzfelsen *mushroom rock, pedestal rock*: Einzelfelsen, dessen Sockel schmaler als der Hangendteil ist und der auf verschiedene → *geomorphologische Prozesse* zurückgehen kann. In → *Wüsten* schafft der → *Sandschliff* durch → *Korrasion* P., in humiden Klimaten wirken chemische und physikalische → *Verwitterung* am Fuß, wenn wenig widerständige Gesteine vorliegen, und an Küsten entstehen P. durch → *Brandungshohlkehlen* um einen einzeln stehenden Felspfeiler herum.

Pilzfelsen

Pinge (Binge) *mine slump, sink*: trichterförmige, rundliche bis längliche Vertiefung an der → *Erdoberfläche*, die quasinatürlich durch den Einsturz unterirdischer Hohlräume entsteht, die beim → *Untertagebau* entstanden. V. a. der flachgründige mittelalterliche Bergbau hatte ausgedehnte P.-Reliefs zur Folge.

Pingo *pingo, frost mound*: durch einen → *Eiskern* geschaffene, meist rundliche Aufwölbung der Landoberfläche in → *Periglazialgebieten*. Der Eiskern geht auf → *Injektionseis* zurück.

Pinnacle *pinnacle*: Zackenrelief im → *Kegelkarst*, aus dem sich ein → *Karrenfeld* entwickeln kann. P. sind letztlich sehr große, tiefe → *Karren*, die sich im tropischen → *Karst* bilden können, wobei die dazwischenliegenden vertikalen Rücken vertikalen, scharfen Karst„klingen" ähneln.

Pioniere (Pionierarten, Erstbesiedler) *pioneer species*: Pflanzen (→ *Pionierpflanzen*) und Tiere, welche neu entstandene Standorte und Lebensräume zuerst besiedeln (→ *Pioniergesellschaften*, → *Pionierphase*).

Pionierfront → *Pioniergrenze*.

Pioniergesellschaften *pioneer communities*: jene → *Pflanzengesellschaften*, die sich aus → *Pionierpflanzen* zusammensetzen und neu entstandene Standorte erstbesiedeln. P. weisen unterschiedliche Zusammensetzungen auf, die vom Zufall der Ansiedlungsmöglichkeit sowie auch von den auf Pionierstandorten meist zunächst nicht eingeschränkten Existenzbedingungen abhängen. Im Laufe der → *Sukzession* werden die P. verdrängt oder gehen in die Folgegesellschaften ein.

Pioniergewinn *pioneer advantage*: Ertrag für ein → *Unternehmen* durch das erstmalige Besetzen einer Marktnische.

Pioniergrenze (Pionierfront) *pioneer-boundary*: → *Grenze*, bis zu der die Besiedlung eines Landes vorangeschritten ist. Eine P. entwickelt sich einerseits an den Grenzen der → *Ökumene* hin zur → *Anökumene* – sie verändert sich meist nur durch neue Technologien oder wirtschaftliche Nutzungen –, andererseits in Gebieten, die durch → *Siedlungskolonisation* erschlossen werden. Im letzten Fall verschiebt sich die P. meist relativ schnell, z.B. von der Küste ins Landesinnere, z.B. die amerikanische → *Frontier*.

Pionierpflanzen *pioneer plants*: erste Pflanzen auf vorher vegetationsfreiem Substrat, der aus → *natürlichen* oder → *anthropogenen* Ursachen keine Vegetation aufweist, z.B. nackter Fels, → *Halden* oder sonstige Aufschüttungen, v. a. solche von → *Rekultivierungen*. Oft erfolgt die Erstbesiedlung durch anemochore Arten (→ *Samenverbreitung* durch Wind). P. werden im Zuge der → *Sukzession* und mit fortschreitender → *Bodenbildung* meist durch anspruchsvollere Gewächse verdrängt.

Pionierphase *initial stage*: jener Zeitabschnitt in der Entwicklung von → *Ökosystemen*, in dem die Besiedlung mit → *Pionierpflanzen*, aber auch Tieren als Erstbesiedlern beginnt. → *Pioniere* verändern sowohl die → *abiotischen* als auch die → *biotischen* Zustände so, dass diese später auch weniger spezialisierten und/oder höher entwickelten Pflanzen und Tieren geeignete Existenzbedingungen bieten (→ *Landschaftssukzession*, → *Sukzession*).

Pioniersaum *pioneer-fringe*: in Form eines → *Grenzsaums* ausgebildete → *Pioniergrenze*. Der P. bildet ein Übergangsgebiet zwischen gänzlich unerschlossenem und dauerhaft besiedeltem Raum.

Pioniersiedlung *pioneer settlement*: Siedlung, die an der → *Pioniergrenze* bzw. im → *Pioniersaum* als vorgeschobener Stützpunkt der Landerschließung angelegt wurde. P. finden sich v. a. entlang der Grenzen der → *Ökumene*.

Pionierunternehmen *pioneer enterprise*: Unternehmen, das neue Produkte am → *Markt* einführt oder als erstes Unternehmen in einen nationalen bzw. regionalen Markt eintritt.

Pionierzone *pioneer zone*: in der → *Ökologie* eine → *Höhenstufe* oder ein großräumiger Übergangsbereich in einer → *Landschaftszone* oder an einem Grenzbereich mit einem markanten Wechsel der → *Geofaktoren*, wo während einer → *Pionierphase* die Pioniere leben (→ *Ökoton*).

Pipe *pipe*: ehemalige und daher unterirdische Vulkanschlote – meist in Gruppen vorkommend – die am oberen Ende trichterförmig erweitert sind.

Pipeline *pipeline*: Rohrleitung zum Transport von Flüssigkeiten (insbesondere Wasser, → *Erdöl* bzw. Erdölprodukte), Gasen (insbesondere → *Erdgas*, Kokereigas) oder fein gemahlenen, mit Wasser versetzten Feststoffen (z. B. → *Kohle*, Erze, Zement). P. werden oberirdisch oder unterirdisch bzw. auf dem Meeresboden verlegt. P. haben bisher v. a. für den Transport von Erdöl große Bedeutung.

Piping (Tunnelerosion) *piping*: röhrenartige Hohlräume ("Tunnel") im → *Boden* am Hang. Diese Pipes bilden sich in Böden, die aus einem lockeren → *Oberboden* und einem weniger durchlässigen → *Unterboden* bestehen, die aber gleichzeitig so kohäsiv sind, dass die Hohlräume nicht einstürzen. Bei Niederschlag dringt das Wasser in den Boden ein und fließt in bevorzugten Bahnen entlang der undurchlässigeren Grenzfläche als sogenannter Zwischenabfluss (→ *Interflow*) ab und erodiert dabei Feinmaterial, sodass die Tunnel entstehen.

pipkrake → *Kammeis*.

Pirenne-These *Pirenne thesis*: eine → *Hypothese* des belgischen Historikers Henri Pirenne von 1937 über das Ende der Antike (Römisches Reich) und den Übergang von der Spätantike ins Frühmittelalter. Nach der P.-T. wurde die kulturelle und wirtschaftliche Einheit der antiken Mittelmeerwelt nicht durch die → *Völkerwanderung*, sondern erst durch die islamische Expansion im 7. und frühen 8. Jh. beendet.

Pisolith *pisolite*: 1. Konkretionen des → *Laterit*. 2. → *Erbsenstein* als Fazies des Dolith.

Pixel *pixel*: in → *Rasterdaten* wird eine darzustellende → *Fläche* durch ein regelhaftes, in Matrixform gegliedertes System von quadratischen P. bedeckt. Somit ist ein P. die kleinste Einheit einer digitalen Rastergrafik und deren Darstellung auf einem Bildschirm. Der Begriff P. ist ein Kunstwort, bestehend aus den englischen Wörtern „pictures" und „element". P. wird i. d. R. mit px abgekürzt. In Luft- und Satellitenbildern repräsentiert ein P. stets eine gewisse Flächengröße der erfassten Erdoberfläche (→ *räumliche Auflösung*, → *Fernerkundung*, → *Luftbild*, → *Satellitenbildaufnahme*).

pixelbasierte Klassifizierung *pixel-based classification*: Klassifizierungsverfahren der → *Fernerkundung*, in dem jedes → *Pixel* eines fernerkundlichen → *Rasterdatensatzes* (z. B. → *Luftbild*, → *Satellitenbild*) anhand spektraler Eigenschaften analysiert und einer Klasse (bspw. zur Landbedeckung oder → *Landnutzung*) zugeordnet wird. Als alternatives Verfahren wird häufig → *objektbasierte Klassifizierung* betrachtet.

Plafondierung *fixing of an upper limit*: Setzung von Höchstmengen oder -zahlen. In der → *Bevölkerungspolitik* wird unter P. die staatliche Festsetzung von Höchstzahlen der Ausländer-Zuwanderung, insbesondere im Hinblick auf die → *Zuwanderung* von Arbeitskräften, in ein Land verstanden. Auch → *Einwanderungsländer* verfügen unter Umständen über P. für Angehörige verschiedener Volksgruppen. In Mitteleuropa wurde seit 2015 aufgrund der verstärkten Fluchtmigration aus dem Nahen Osten, Afghanistan und Pakistan sowie den Ländern des Westbalkans die Festlegung von Obergrenzen für die Zuwanderung von → *Flüchtlingen* diskutiert.

Plaggen (Soden) *heath sods*: ziegelartig ausgestochene Teile des Oberbodens, also mineralbodenhaltiger → *Humus*, die in Stallviehwirtschaft als Einstreu verwendet wurden und nach der Anreicherung mit Kot und Harn auf die dorfnahe Feldflur (→ *Esch*) gebracht wurden, um auf den armen Böden der → *Heiden* im ozeanischen Nordwestdeutschland, den Niederlanden und Irland die → *Bodenfruchtbarkeit* zu steigern (→ *Plaggenesch*).

Plaggendüngung *heath sods fertilization*: Bodendüngung durch Aufschichten von

→ *Plaggen*. P. wird seit über 100 Jahren nicht mehr angewendet. Die durch sie geschaffenen künstlichen Böden (→ *Plaggenesch*) haben sich jedoch in ihren wesentlichen Merkmalen erhalten (→ *Esch*).

Plaggenesch (Eschboden) *Plaggic Anthrosol*: in der → *deutschen Bodensystematik* (→ *KA5*) ein Boden aus der Klasse der terrestrischen anthropogenen Böden, der durch langandauernde Plaggenwirtschaft zur Verbesserung des Nährstoff- und Wasserhaushaltes entstanden ist. Die Plaggenschicht kann 30-120 cm mächtig sein und zeigt je nach der Art der Plaggen (Gras- oder Heideplaggen) unterschiedliche Gehalte an Ton, Eisen, → *organischer Substanz* und an Nährstoffen. Die P. wurden in Nordwestdeutschland und in den Niederlanden auf der etwas höher gelegenen dorfnahen Feldflur, dem → *Esch*, geschaffen. Charakteristisch ist das Vorkommen von Artefakten wie bspw. Ziegelscherben.

Plagioklase (Kalknatronfeldspäte) *plagioclase*: Sammelbezeichnung für die triklinen Natrium-Calcium-Feldspäte. Dazu gehören die Endglieder Na-Feldspat (Albit), Ca-Feldspat (→ *Anorthit*) und deren Vergesellschaftungen. Die weißen bis grauen, seltener rötlichen P. bilden die häufigste Mineralgruppe der äußersten → *Erdkruste*. Sie sind wesentliche Gemengeteile der → *Magmatite*.

Plan *plan*: 1. in → *Kartographie* und → *Geodäsie* größtmaßstäbige Aufnahmen und Darstellungen, z. B. von → *Parzellen* von Grundstücken in Stadt und Freiland. Der → *Maßstab* von P. ist i. d. R. >1:5.000. Sie finden z. B. in der Landnutzungskartierung, beim Ausweisen von → *kleinräumigen* → *Naturschutzgebieten* oder in der → *Landschaftsökologischen Standortanalyse* Anwendung. 2. in der → *Planung* das verbal beschreibend, graphisch und/oder kartographisch dokumentierte Ergebnis des Planungsprozesses (→ *großmaßstäbig*).

planar *planar*: niedrigste → *Höhenstufe* (Ebenenstufe), in Mitteleuropa bis ca. 300 m ü. M. oder in den → *inneren Tropen* bis ca. 500 m ü. M. reichend.

Planation *planation*: Sammelbegriff für → *geomorphologische Prozesse* der Flächenbildung, bei denen → *Vollformen* bzw. kleinere Unebenheiten des Georeliefs zugunsten einer → *Flachform* beseitigt werden. P.-Prozesse sind klimatisch gesteuert. Zu ihnen gehören u. a. → *Kryoplanation* und → *Flächenspülung*.

Planer *planner*: zusammenfassende Berufsbezeichnung für Personen, die sich als Selbstständige, Angestellte oder Verwaltungsbeamte mit → *Raumordnung*, → *Orts-*, → *Regional-*, → *Landes-* und → *Fachplanung* befassen. Für die Umsetzung der von P. ausgearbeiteten Planungen und Planungskonzepte haben die zuständigen politischen Gremien zu sorgen, die auch die Planungsziele vorgeben.

Plänerkalk dünnbankiger, toniger → *Kalkstein* der frühen oberen → *Kreide*.

Planet *planet*: großer Himmelskörper, der sich in kreisähnlicher Ellipsenbahn um die → *Sonne* bewegt und von ihr beschienen wird. Es kreisen acht P. um die Sonne (Reihenfolge nach wachsender Entfernung): Merkur, Venus, → *Erde*, Mars, Jupiter, Saturn, Uranus und Neptun. Der früher als sonnenfernster Planet geltende Pluto wird seit 2006 lediglich als Zwergplanet eingestuft. Die P. haben Monde als Trabanten.

planetarische Dimension *planetary dimension*: eine → *Dimensionsstufe* der → *Landschaftsökologischen Dimension*; entspricht der → *geosphärischen Dimension*, auch als → *globale Dimension* bezeichnet (→ *Dimensionen landschaftlicher Ökosysteme*, → *Theorie der geographischen Dimensionen*).

planetarische Frontalzone [*extra-tropical*] *west wind zone*: schmaler Übergangsgürtel zwischen der stabil geschichteten warmen tropischen Luft und der stabil geschichteten kalten Polarluft, in dem die planetarischen Temperaturgegensätze konzentriert sind. Das dadurch bedingte starke meridionale → *Luftdruck*gefälle in der Höhe führt nach den Gesetzen des → *geostrophischen Windes* zu beständiger starker Weströmung in der Höhe (→ *außertropische Westwindzone*). Die p. F. ist ein dynamisches Gebilde. Sie besteht aus wechselnden Teilfronten und steht in einem Wechselspiel von Lage- und Formänderungen, Teilauflösung und Neubildung (→ *Frontalzone*, → *Jetstream*).

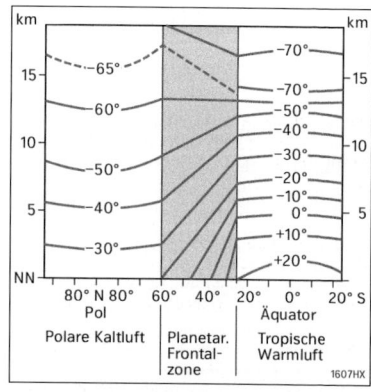

planetarische Frontalzone

planetarische Zirkulation *planetary circulation*: der gürtelartig weltweit verlaufende

Luftaustausch auf der Erde mit den beiden Hauptgliedern der → *Passat-Zirkulation* und der → *Westwindzirkulation*.
Planetarischer Formenwandel *planetary structural change*: methodischer Bestandteil des → *Geographischen Formenwandels*, bezogen auf die Abwandlung von geographischen Erscheinungen der Erde vom → *Äquator* zu den → *Polen*. Der P. F. geht auf die → *Strahlung* zurück, welche die verschiedenen geographischen Zonen der Erde empfangen. Der P. F. findet seinen Ausdruck in den → *Landschaftszonen* der Erde.
Planetarisches Axiom *planetary axiom*: alle geographischen Tatbestände sind in irgendwelchen Formen dem → *Planeten* → *Erde* zugeordnet und empfangen daraus bestimmte geographische Grundmerkmale, z. B. Raumstruktur oder Ökofunktionalität.
planetarisches Druckgefälle *planetary pressure gradient*: ständig ausgebildeter → *Luftdruckunterschied* zwischen niederen und hohen → *Breitenlagen* der → *Erde*, welcher eine Folge der sehr verschiedenen → *Einstrahlung* von → *Energie* ist. Das p. D. bewirkt die großräumigen Ausgleichsströmungen der → *Allgemeinen Zirkulation der Atmosphäre*.

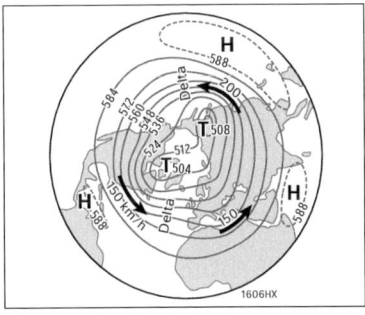

planetarisches Druckgefälle

planetarisches Windsystem *planetary wind system*: die typische Anordnung der großräumigen Luftströmungen, die sich aus den Bedingungen der → *Allgemeinen Zirkulation der Atmosphäre* ergibt.
Planfeststellung *official approval of a plan*: in Deutschland ein Verwaltungsverfahren, das bei bestimmten großen, sogenannten → *raumbedeutsamen* Bauvorhaben, insbesondere der → *öffentlichen Hand*, vor Erteilung einer Baugenehmigung durchzuführen ist (z. B. Bundesstraßen und -autobahnen, Eisenbahn- und Luftverkehrsanlagen, Wasserstraßen, Bergbauvorhaben, Deponien, Endlagerstätten für radioaktive Abfälle usw.). Der Unterschied zwischen einem P.-Verfahren und der Aufstellung eines Bebauungsplanes liegt in der umfassenden Beteiligung von betroffenen Bürgern, Verbänden und Behörden, wobei v. a. die öffentlichen und privaten Interessen gegeneinander abzuwägen sind.
Plangenehmigung *official approval of a plan*: ein gegenüber der → *Planfeststellung* vereinfachtes Verfahren (u. a. kein offizielles Anhörungsverfahren), das dann durchgefürt werden darf, wenn keine Rechte Dritter beeinträchtigt oder nur unwesentlich beeinträchtigt werden oder das Einverständnis der Betroffenen vorliegt und wenn das Benehmen mit den Trägern öffentlicher Belange hergestellt worden ist wenn keine Öffentlichkeitsbeteiligung notwendig ist.
Planie (Planum) *subgrade, formation level*: Bereich, in welchem landeskulturelle oder geotechnische Maßnahmen durchgeführt wurden, bei denen → *Planierung* eines Hanges oder einer Fläche erfolgte. Auch → *Kippen* oder → *Halden* sind teilweise als P. gestaltet. Wenn es sich nicht um aufgeschüttetes Material handelt, werden bei der Anlage der P. Bodenwasserhaushalt und Boden bzw. → *oberflächennaher Untergrund* nachhaltig gestört.
Planierung *smoothing*: Vorgang des Glättens, Einebnens oder Ausgleichens von losen Massen, v. a. Erdstoffen im weiteren Sinne, unter Einsatz technischer Geräte wie Schrapper, Planierraupe, Planierpflug etc. (→ *Geotechnik*). Die P. wird auch bei der Anlage von landwirtschaftlichen Großflächen durchgeführt und beseitigt Kleinstrukturen der Agrarlandschaft und kleinere Reliefformen. Die P. führt zur → *Planie*.
Plankter *plankter*: die als → *Plankton* lebenden Organismen.
Plankton *plankton*: Lebensformengruppe und Lebensgemeinschaft frei im Wasser schwebender Organismen, die fehlender oder allenfalls nur geringer Eigenbewegung, die als → *Plankter* zusammengefasst werden. Im Gegensatz zum → *Nekton* wird das P. vom Wasser verfrachtet und kann sich nicht gegen Strömungen bewegen. (→ *Phytoplankton*, → *Zooplankton*). Unterschieden werden: – Meeres-P. oder Hali-P.. Kommt es in der freien See vor, wird es → *ozeanisch*, im Wasser des → *Schelfes* wird es → *neritisch* genannt. – Süßwasser-P. oder Limno-P., das aus Einzellern, Rädertieren und Kleinkrebsen besteht. – Brackwasser-P. (Hyphalmyro-P.). – P. salziger Binnengewässer (Salino-P.).
Im Auftreten wird bei allen P.-Typen perennierendes und periodisches P. unterschieden, weiterhin nach der Organismengröße. V. a. in größeren und zugleich tiefen Gewässern kommt P. meist vertikal geschichtet vor, in Abhängigkeit von Tages- und Jahreszeit. Ei-

nen wichtigen Einfluss hat dabei das Licht (→ *Photoperiodismus*).

Planosols *Planosols*: in der → *WRB* (2014) Böden mit Merkmalen mächtigen Wasserstaus aufgrund von wechselnden → *Bodenarten*. Der Oberbodenhorizont mit gröberer Bodenart liegt über einem dichten nur langsam dränenden Unterbodenhorizont feinerer Bodenart, was oft einen jahreszeitlichen Wasserstau und reduzierende Verhältnisse zur Folge hat. P. kommen v. a. in subtropischen und gemäßigten, semi-ariden und subhumiden Regionen mit deutlichem Wechsel von Regen- und Trockenzeit vor. Meist unter flachwurzelnder Wald- oder Grasvegetation, die der zeitweiligen Wassersättigung standhalten kann. Nutzung in der Regel weniger intensiv als auf anderen Böden unter ähnlichen Klimabedingungen. Oft Nutzung als Grünland mit extensiver → *Beweidung*. Ackerbauliche Erträge sind gering.

Plansiedlung *planned settlement*: → *ländliche* oder → *städtische Siedlung*, deren Grundriss wegen einer geplanten Anlage regelhafte Züge aufweist. P. sind teilweise auf dem Reißbrett entstanden und entsprechend umgesetzt (→ *Planstadt*).

Planspiel *planning simulation*: Methode, mithilfe derer das Entstehen, der Ablauf sowie die Wirkungen von Planungsentscheidungen simuliert werden. P. dienen dazu, die in der Planung wirksamen Mechanismen kennenzulernen und die Folgen von Entscheidungen besser abschätzen zu können. Um der Wirklichkeit möglichst nahe zu kommen, wird das P. in verteilten Rollen durchgeführt.

Planstadt *planned town*: zu einem bestimmten Zweck gegründete und nach einem einheitlichen Plan – häufig zur Konkretisierung einer Idee – gestaltete → *Stadt*, meist mit regelhaftem Grundriss. P. sind z. B. die fürstlichen Gründungen des Absolutismus und Barock (Residenzstädte wie Karlsruhe oder Mannheim), aber auch → *New Towns* und → *sozialistische Städte*.

Plantage *plantation*: kapital- und arbeitsintensiver landwirtschaftlicher Großbetrieb, v. a. in tropischen, subtropischen und mediterranen Klimaten. Charakteristisch für P. sind der Anbau von mehrjährigen → *Nutzpflanzen* oder Dauerkulturen (z. B. Zuckerrohr, Bananen, Kaffee, Tee, Kautschuk) und technische Einrichtungen zur Aufbereitung bzw. Verarbeitung der Agrarprodukte. Die Arbeitsorganisation ist derjenigen von Industriebetrieben ähnlich. → *Exportorientierung* herrscht vor. Ein gewisses Anbaurisiko ergibt sich aus der in P. vorherrschenden → *Monokultur*.

Plantagenwirtschaft *plantation system*: Wirtschaftsform, die ihre Anfänge im beginnenden Kolonialzeitalter (16. Jh.) hat. Durch die der P. eigentümliche → *Monokultur* stellt sich eine gleichförmige Wirtschaftslandschaft ein. Die kolonialzeitliche P. war v. a. durch die agrarsozialen Gegensätze gekennzeichnet. Die hohe Arbeitsintensität der → *Plantagen* wurde in den Anfängen v. a. durch den Einsatz von Sklaven bewältigt. Die moderne P. wird weitgehend von großen (ausländischen) Kapitalgesellschaften organisiert und ist in hohem Maße mechanisiert.

Planum → *Planie*.

Planung *planning*: die Beschäftigung mit der Zukunft. P. kann als ein Entwurf, d. h. als eine gedankliche Vorwegnahme beabsichtigten Handelns verstanden werden. Im engeren Sinne bedeutet P. das Vorbereiten von Entscheidungen. Im Rahmen der → *Raumplanung* bedeutet P. die Erstellung und Operationalisierung von Konzepten zur Ordnung und Entwicklung eines Raumes.

Planungs- und Baurecht *planning and building law*: Rechtsgrundlage für die bauliche Entwicklung in einer → *Gemeinde*. Grundlage ist in Deutschland das → *Baugesetzbuch*. Danach wird die städtebauliche Ordnung in den Gemeinden durch Bundesgesetze geregelt und von den Gemeinden in Selbstverwaltung angewandt. Das Bauordnungsrecht (Bauaufsichtsrecht) liegt in der Kompetenz der Länder.

Planungsatlas *planning atlas*: Kartenwerk, in dem ein Raum in Form einer Bestandsanalyse kartographisch dargestellt wird. Die im Wesentlichen → *thematischen Karten* verdeutlichen die Struktur und deren Veränderung über einen längeren Zeitraum sowie die verschiedenen räumlichen Prozessmechanismen. P. dienen als Grundlage bei der Erarbeitung von → *Landesentwicklungsplänen* sowie → *Regionalplänen*. In der Bundesrepublik Deutschland wurden v. a. in den 1960er bis 1980er Jahren P. bei den obersten Landesplanungsbehörden der jeweiligen → *Bundesländer* erarbeitet.

Planungsgrundlagen *planning data*: raumtypisierende Informationen zur Charakterisierung des Ist-Zustandes sowie der bisherigen Entwicklung eines Gebietes. Die P. sind nur zum kleineren Teil in den → *amtlichen Statistiken* enthalten und müssen daher im Zuge einer Bestandsaufnahme erhoben und analysiert werden. Sie umfassen z. B. physiogeographische sowie wirtschafts- und sozialgeographische Daten über den → *Planungsraum*.

Planungshoheit *planning jurisdiction/competence*: in einem administrativ abgegrenzten → *Planungsraum* das verbürgte Recht staatlichen Handelns und Planens. In Deutschland liegt die P. abgestuft bei Bund, Ländern und Gemeinden. Der Bund hat in der Raumordnung im Bereich der konkurrierenden Gesetzgebung neben den Ländern das Gesetzgebungsrecht, dem er mit dem → *Raumordnungsgesetz* nachkommt. Die → *Länder* können durch ihre Landesgesetzgebung von der Bundesgesetzgebung in der Raumordnung abweichen (→ *Landesplanung*, → *Regionalplanung*). → *Gemeinden* und → *Gemeindeverbände* haben die P. in der → *Bauleitplanung*. Hier kann die P. als Teil des kommunalen Selbstverwaltungsrechts verstanden werden.

Planungsinstrument *planning tool/instrument*: Hilfsmittel zur räumlichen und sachlichen Konkretisierung raumordnerischer Ziele und Grundsätze. P. sind in ihrer abstrahierten und generalisierten Form ordnungs- und entwicklungsorientierte Gliederungselemente der Raum- und Siedlungsstruktur. Punktförmige P. sind → *Zentrale Orte* und regionale Schwerpunkte. Linienhafte P. beinhalten Achsensysteme (→ *Entwicklungsachse*). Flächenhaft wirkende P. sind z. B. → *Vorranggebiete*, → *Grünzüge* etc..

Planungsmethoden *planning methods*: Methoden der Entscheidungsvorbereitung für raumplanerische Maßnahmen. Für jede Phase eines → *Planungsprozesses* gibt es geeignete P., die dem → *Planer* dabei helfen, Planungsprobleme zu analysieren, mögliche Zukunftsentwicklungen vorherzusagen, Planungsalternativen zu definieren und aus diesen eine Lösung für das Planungsproblem auszuwählen. Beispiele für P. sind die → *Kosten-Nutzen-Analyse* und die → *Nutzwertanalyse*.

Planungsprozess *planning process*: Ablauf des Planungsvorgangs. Der P. beginnt mit der Grundlagenforschung, zu der z. B. die analytische Erfassung des Ist-Zustandes im → *Planungsraum* gehört. Das Planungsziel hat sich an den von → *Gesellschaft* und → *Staat* vorgegebenen → *Leitbildern* zu orientieren. Das Planungsziel kann auf verschiedenen Wegen erreicht werden. Dazu hat der → *Planer* sogenannte Planvarianten auszuarbeiten. Welche Variante zum Zuge kommt, entscheiden auf der Grundlage des → *Planungs- und Baurechts* die auf den verschiedenen Planungsebenen Verantwortlichen bzw. die Politiker. Dort wird auch festgelegt, welche planerischen Mittel (→ *Planungsinstrumente*) zur Erreichung des Zieles eingesetzt werden sollen. Zum P. gehört auch die Beobachtung der Wirkungsweise der eingesetzten Planungsinstrumente. Da sich auch die raumbestimmenden Parameter ständig verändern, ist u. U. nach gewisser Zeit eine → *Anpassungsplanung* erforderlich. Die einzelnen Schritte des P. werden durch geeignete → *Planungsmethoden* umgesetzt.

Planungsraum *areal planning unit*: → *Raumeinheit*, für die durch die → *öffentliche Hand* geplant wird. Der Begriff P. kann sich auf → *Mikroräume* (z. B. durch den → *Bebauungsplan* abgegrenzter Teilraum einer → *Gemeinde*), → *Mesoräume* (z. B. eine → *Stadtregion*) und → *Makroräume* (z. B. → *Planungsregionen* oder ein gesamtes Staatsgebiet) beziehen. Die P. in Deutschland orientieren sich an den gesetzlich vorgegebenen Planungsebenen. Wesentliche P. sind daher die Gemeinden, das Gebiet der Regionen, die jeweiligen → *Bundesländer* sowie das Gesamtgebiet der Bundesrepublik Deutschland.

Planungsregion *planning region*: in den meisten Flächenstaaten der Bundesrepublik Deutschland von Landkreisen oder Regierungsbezirken abgegrenzter Planungsraum, für den die → *Regionalplanung* → *Regionalpläne* erstellt. Ziel der Planung in P. ist es, ausgewogene Lebens- und Wirtschaftsbedingungen zu entwickeln bzw. zu erhalten. Die P. sind gleichzeitig wichtige statistische Raumeinheiten für die bundesweite → *Regionalisierung*.

Planungsstab *planning team*: Gruppe von → *Planern*, die entweder einer Person zuarbeiten oder für die Planung eines bestimmten Projektes zuständig sind. Häufig ist ein P. interdisziplinär zusammengesetzt. Wesentlich beim P. ist die Koordination der Planungstätigkeit.

Planungstheorie *planning theory*: systematisierte Erkenntnis über Entstehung, Ablauf und Wirkung von → *Planung*. Die auf die → *Raumplanung* bezogene P. erarbeitet Konzepte zur Festlegung räumlicher Zielsysteme.

Planungsverband *joint planning board*: Zusammenschluss von → *Gemeinden* und anderen öffentlichen Planungsträgern gemäß → *Baugesetzbuch*. Ziel des P. ist eine zwischen den im Planungsverband zusammenarbeitenden Gemeinden koordinierte → *Bauleitplanung*, um einen Ausgleich der verschiedenen Belange zu erreichen. Der P. tritt gemäß seiner Satzung an die Stelle der Gemeinden für die Bauleitplanung und ihre Durchführung.

Planungswertausgleich *value equalization through planning*: Konzept, das im Rahmen einer Reform des → *Bodenrechts* vorsieht, Wertsteigerungen bei Grundeigentum zugunsten der → *Gemeinde* abzuschöpfen bzw. im umgekehrten Falle einer planungsbedingten Wertminderung als Grundstückseigentümer Ausgleichszahlungen von der Gemeinde zu erhalten. Ziel des P. ist ein Interessenausgleich, da es in Folge von Planungen unvermeidlich zu einer Veränderung der Nutzbarkeit des Bodens und einer Erhöhung oder Verringerung der → *Bodenpreise* kommt. Besonders im Bereich von → *Verdichtungsräumen* kann es durch öffentliche Maßnahmen (z. B. Ausweisung als → *Bauland*, Erschließung neuer Wohngebiete) zu einem unverdienten Wertzuwachs bei privaten Grundstücken kommen.

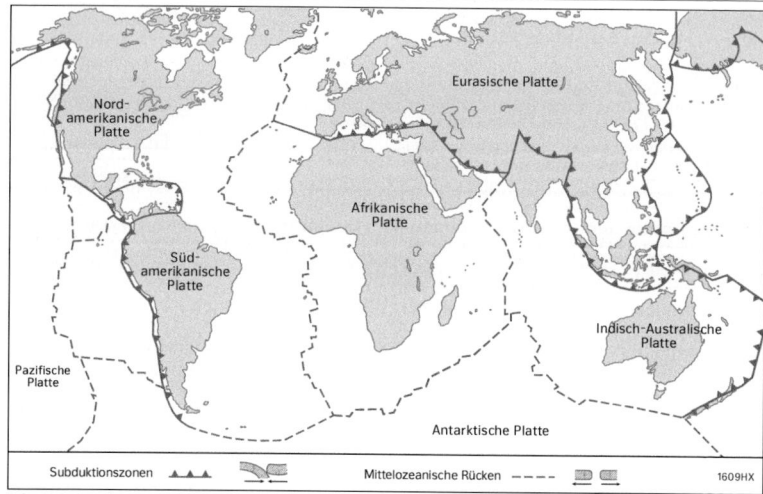

Platten der Plattentektonik

Die Einführung eines generellen P. ist jedoch umstritten.

Planwirtschaft *planned economy*: → *Wirtschaftsordnung*, bei der der Staat (oder dessen Planungsorgane) der Wirtschaft des Landes für einen bestimmten Zeitraum genau vorgeben, welche Aufgaben sie zu erfüllen und welche Ziele sie zu erreichen hat. Die P. ist das Gegenstück zur → *Marktwirtschaft*. Sie bildet v. a. in kommunistischen bzw. sozialistischen Ländern die Grundlage der Wirtschaft.

Planzeichen *plan symbols*: einheitlich festgelegte Kennzeichen für die Verwendung in bestimmten → *thematischen Karten* und → *Plänen*. Für die → *Bauleitplanung* besteht in der Bundesrepublik Deutschland eine verbindliche P.-Verordnung.

Plastosole veralteter Name für → *Acrisols* (→ *WRB 2014*). Ehemals Sammelbezeichnung für tropische und subtropische plastische tonreiche Böden aus → *Silikatgestein*. Die P. sind reich an Kaolinit. Sie bilden wegen ihrer hohen Plastizität Schwundrisse und ein ausgeprägtes → *Prismen*- oder → *Plattengefüge*. Nährstoffarmut und ungünstige bodenphysikalische Eigenschaften bedingen ein niedriges Nutzungspotential. Zu den P. gehören die → *Braun*-, Rot- und → *Graulehme* (→ *Fersiallitischer Paläoboden*).

Plateau (Meseta) *plateau, meseta, table(land)*: → *Hochfläche* größerer Ausdehnung, überwiegend geprägt von geringer → *Reliefenergie* und mit deutlichen Abfällen gegen das Umland.

Plateaubasalt *flood/plateau basalt*: → *Lavaplateau*.

Plateaugebirge *plateau mountain*: → *Gebirge* mit ausgedehnten → *Hochflächen* und mehr oder weniger markanten Randabfällen.

Plateaugletscher *plateau glacier*: dem Relief untergeordneter, flächenhaft ausgedehnter → *Gletscher* mit plateauähnlicher Oberfläche. Als P. werden auch geringmächtige Vereisungen größerer → *Flachformen* im Gebirge bezeichnet.

Plateaulava *flood/plateau basalt*: → *Lavaplateau*.

Platen *flats*: flache Sandbereiche im → *Watt*, die durch → *Priele* gegliedert sind. Die P. sind eine Form der → *Außensände*.

Platte *plate (1./3.); upland (2.)*: 1. eine meist flache und oberflächlich ebene → *Vollform*, die sich jedoch über das Niveau ihrer Umgebung erhebt. 2. größerer Erdraum, von der Gestalt her eine → *Ebene*, meist mit einem regionalgeographischen Begriff zusammen verwandt, z.B. Weißrussische bzw. Podolische P.. 3. Stück der → *Erdkruste* subkontinentaler bis kontinentaler Größe und bedeutender Mächtigkeit, dessen Entstehung und Weiterentwicklung mit der → *Plattentektonik* erklärt wird. Es werden kontinentale (Krustenmächtigkeit um 30 km) und ozeanische (Krustenmächtigkeit um 5-10 km) P. unterschieden. Großplatten sind die Pazifische, die Amerikanische, die Eurasische, die Afrikanische, die Australische und die Antarktische P. (→ *Lithosphäre*).

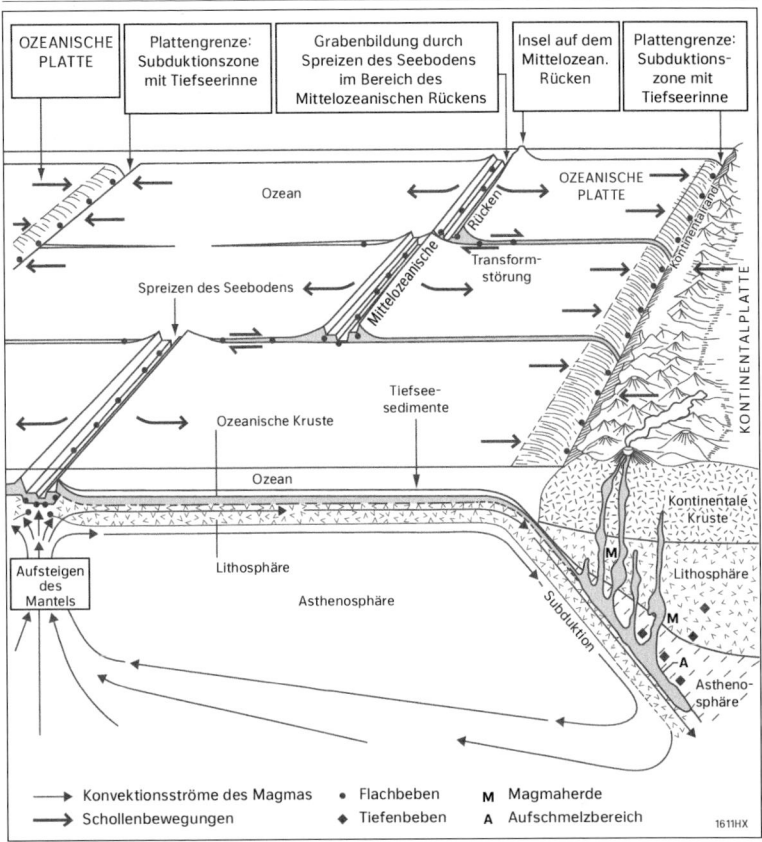

Plattentektonik

Plattenbau *prefabricated building*: generell ein Gebäude, das aus vorgefertigten Betonfertigteilen, die auf der Baustelle montiert werden, hergestellt wird. In Deutschland hat es sich umgangssprachlich eingebürgert, v. a. ästhetisch unschöne und qualitativ minderwertige Wohnhochhäuser in Großwohnsiedlungen der ehemaligen → *DDR* und anderer sozialistischer Länder als P. zu bezeichnen.

Plattengefüge *platy structure*: ein durch Quellung und Schrumpfung entstehender, horizontaler plattigblättriger Aufbau der Bodenmatrix.

Plattentektonik *plate tectonics*: geotektonische Theorie über den Krustenbau der Erde sowie die Entwicklung der Kontinente und Ozeane, der sowohl die Theorie der → *Kontinentalverschiebung* als auch die → *Unterströmungstheorie* zugrunde liegen. Danach ist die → *Erdkruste* in verschieden große, relativ starre → *Platten* gegliedert, die mit vielen Grenzzonen entlang ozeanischer Rücken und → *Gräben* aneinander stoßen und sich aufgrund von Strömungsprozessen im → *Erdmantel* langsam passiv bewegen. Dabei werden magmatische bzw. vulkanische Prozesse aktiv, die sich formbildend im → *Vulkanismus* sowie im relativ häufigem Auftreten von Erdbeben entlang der Plattengrenzen äußern.

Plattformriff *reef on an ocean bank*: nicht an Küsten gebundenes → *Riff*; es entsteht dort, wo der Meeresboden nahe an die Meeresoberfläche kommt (ca. 50 m), sodass riffbildende Korallen bauen können. Das P. wächst meist gleichmäßig nach außen. In einer weiteren Entwicklungsphase können → *Pseudoatolle* entstehen (→ *Atoll*, → *Korallenriff*).

Platzdorf *village: with central square*: Dorftyp, dessen Grundriss einen zentralen Platz aufweist. Dieser ist meist in Gemeindebesitz und umgeben von Gemeinschaftsbauten bzw. landwirtschaftlichen Anwesen. P. weisen eine mehr oder minder erkennbare Regelhaftigkeit als Folge einer planmäßigen Anlage auf. Das P. ist eine charakteristische Siedlungsform des hohen Mittelalters und findet sich z. B. in der deutschen → *Ostkolonisation*. Außer im südosteuropäischen und dänischen Raum gibt es das P. auch in Afrika und Südamerika. Bekannte Typen des P. sind → *Angerdorf*, → *Fortadorf*, → *Wurten-Runddorf* der Marschen und der → *Rundling*.

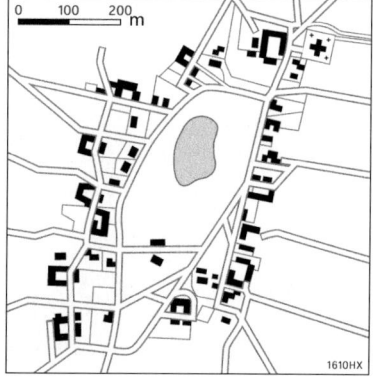

Platzdorf

Platzregen *cloudburst*: plötzlich einsetzender, meist kurzandauernder großtropfiger Regen hoher Tropfendichte. Der P. kann auf brach liegenden Ackerflächen erosiv wirken (→ *Bodenerosion*).

Playa → *Salztonebene*.

Plaza *plaza*: ein innerstädtischer, meist zentraler, quadratischer oder zumindest rechteckiger Platz in Spanien, Portugal und in Lateinamerika.

Pleistozän (Diluvium, Eiszeitalter) *Pleistocene, Ice Age*: das bisher letzte von mehreren → *Eiszeitaltern* der → *Erdgeschichte*, das vor ca. 2,6 Mio. Jahren begann und bis zum Beginn des → *Holozäns* vor ca. 11 700 Jahren dauerte. Beide zusammen bilden das → *Quartär*, das auf das ca. 65 Mio. Jahre während, überwiegend feuchttropische → *Tertiär* folgte. Das Quartär setzte mit einem markanten Temperaturabfall ein und zeichnet sich durch einen raschen Wechsel von ca. 20 → *Kalt-* und → *Warmzeiten* aus. Mehrere, aber nicht alle der Kaltzeiten waren → *Eiszeiten*. Der weltweite Temperaturrückgang während des P. wirkte sich in den verschiedenen Klimazonen der Erde unterschiedlich aus. Auf der Nordhemisphäre gab es mindestens vier bis sechs ganz große Vereisungen, die im Bereich des Faltengebirgsgürtels der Erde (mit den Alpen) als Gebirgs- und Vorlandvergletscherungen, um den Nordpol und die Nordteile der nordhemisphärischen Kontinente als Inlandeisvergletscherungen ausgebildet waren. Die Alpen und ihr Vorland waren im P. mindestens viermal vereist (→ *Günz-*, → *Mindel-*, → *Riss-* und → *Würm-Kaltzeit*), wobei sich die Gebirgsvergletscherung weit in das nördliche Alpenvorland ausdehnte. → *Schotter* und → *Moränen* des gesamten Alpenvorlandes sind überwiegend pleistozänen Ursprungs, ebenso der europäische → *Löss*. Dies sind sowohl wichtige Substrate für die Bodenbildungen als auch Wasserspeicher, wenn die Schotter und Moränenkörper größere → *Mächtigkeiten* aufweisen.

Pleniglazial *pleniglacial*: Maximum einer Vereisung, gegenübergestellt dem → *Anaglazial* und dem → *Kataglazial*.

Plenterbetrieb (Plenterschlag) *thinning of forest*: Nutzungsform des Waldes unter Berücksichtigung des → *Plenterprinzips*, bei der die schlagreifen Bäume stammweise geschlagen werden. Beim P. handelt es sich um die älteste Form der Holznutzung; im Gegensatz zur → *Rodung* und zum Kahlschlag kann sich der Wald auf natürliche Art verjüngen (→ *Naturverjüngung*).

Plenterprinzip *principle of single-tree cutting*: Prinzip, nach denen der Plenterbetrieb sich richtet, um den → *Plenterwald* zu erzielen. Dazu gehören kontinuierliche Selbsterneuerung des Waldes mit wenig oder keinen waldbaulichen Steuerungseingriffen (→ *Naturverjüngung*) und den Zielen konsequenter Vorratspflege, weitgehender biologischer Produktionsautomatisierung, Stetigkeit des Waldaufbaus sowie nachhaltiger Dauerleistung der Bestände.

Plenterschlag → *Plenterbetrieb*.

Plenterwald *managed woodland*: forstliche Wirtschaftsform der natürlichen Bestandesverjüngung (→ *Naturverjüngung*), realisiert in einer meist naturnahen Dauerbestockung mit → *Hochwald*, in der auf kleinster Fläche eine baum- bis truppweise Mischung von Ober-, Mittel- und Unterschicht besteht. Es handelt sich um einen ungleichaltrigen → *Mischwald*, dessen Nutzung nur an schlagreifen Stellen (→ *Plenterprinzip*, → *Plenterbetrieb*) erfolgt und nicht als Kahlschlag. P. gelten als ökologisch stabil und als naturnah (→ *naturnaher Waldbau*). In der gemäßigten Klimazone Mitteleuropas bestehen die P. meist aus einer Mischung von Fichte, Buche und Tan-

Gliederung nach WOLDSTEDT (1966)		Alpen	Nordwest-Europa	Britsche Inseln	Polen	Osteuropa	Nordamerika
PLEISTOZÄN			Postglazial				
	Jungquartär	Würm-Kaltzeit	Weichsel-Kaltzeit	New-Drift Glaciation	Varsovien II	Waldai-Kaltzeit	Wisconsin Glaciation
		Riß-Würm-Warmzeit	Eem-Warmzeit	Ipswich Interglacial	Masovien II	Mikulino-Warmzeit	Sangamon Interglacial
		Riß-Kaltzeit	Saale-Kaltzeit	Gipping Glaciation	Varsovien I	Dnjepr-Kaltzeit	Illinois Glaciation
	Mittelquartär	Mindel-Riß-Warmzeit	Holstein-Warmzeit	Hoxne Interglacial	Masovien I	Lichwin-Warmzeit	Yarmouth Interglacial
		Mindel-Kaltzeit	Elster-Kaltzeit	Lowestoft Glaciation	Cracovien	Oka-Kaltzeit	Kansas Glaciation
		Günz-Mindel-Warmzeit	Cromer-Komplex (Warmzeit)	Cromer-Interglacial	Sandomirien (?)		Aftonian Interglacial
		Günz-Kaltzeit	Menap-Komplex (Kaltzeit)	Baventian Glaciation	Jaroslavien		Nebraskan Glaciation
	Altquartär	Donau-Günz-Warmzeit	Waal-Komplex (Warmzeit)	Antian Interglacial	Oberes Mizerna		Vor-nebraskan-Zeit
		Donau-Kaltzeit	Eburon-Komplex (Kaltzeit)	Thurnian Glaciation			
		Biber-Donau-Warmzeit	Tegelen-Komplex (Warmzeit)	Ludhamian Interglacial	Mitterles und Unteres Mizerna		
		Biber-Kaltzeit	Prätegelen-Komplex (Kaltzeit)				

Pleistozän

ne. Die dominierende Baumart ist, ebenso wie weitere zusätzliche Arten, vom Angebot der ökologischen → *Standortfaktoren* abhängig.
Pleuston *pleuston*: Organismen, die an der Wasseroberfläche leben und keinen Kontakt zum Boden haben, z. B. schwimmende Pflanzen ohne Verwurzelung im Untergrund.
Plinthosole *Plinthosols*: in der → *WRB* (2014) Böden mit einem Plinthit, Petroplinthit oder Pisoplinthit Horizont. Plinthit ist eine eisenreiche Mischung aus kaolinitischem Ton, → *Quarz* und anderen Bestandteilen, die unter schwankendem Grundwasserstand oder → *Stauwasser* entsteht. Er kann bei wiederholter Durchfeuchtung und Austrocknung harte → *Konkretionen* bilden und zu Petroplinthit oder Pisolith aushärten. Plinthit kommt häufig in Regenwaldgebieten (feuchte Tropen), Petroplinthit und Pisolith in der Savannenzone vor (u. a. Sudan-Sahel-Zone). Die schwierige Nutzung der P. ergibt sich aus einer geringen natürlichen Fruchtbarkeit, z. T. Wassersättigung oder Trockenheit und Einschränkung der Wurzelraumes. Ackerbau ist nur eingeschränkt möglich. Oft extensiv beweidet. Plinthit härtet in Kontakt mit Luftsauerstoff aus und kann in Form von Ziegeln als Baumaterial verwendet werden.
Pliozän *Pliocene*: jüngste Abteilung des → *Tertiärs*, 5,3 bis 2,6 Mio. J. v. h.. Als Übergang vom Tertiär zum → *Quartär* ist das P. ein geochronostratigraphisch wichtiger Abschnitt der Erdgeschichte. Die eher wärmeren Serien des Tertiärs wurden von kühleren Stufen des P. abgelöst.
Plombierung *filling*: im → *Karst* das Verfüllen von Rissen, → *Klüften*, → *Spalten* und → *Höhlen* mit → *Tonen* und → *Lehmen*, also den → *Lösungsrückständen* der Karbonatverwitterung (→ *Residuat*, → *Verwitterungstone*).
Plumes *mantle plumes*: steigen als räumlich begrenzte schlauchartige heiße Ströme aus

dem → *Erdmantel* auf, ähnlich einem → *Diapir*. Sind die Ursachen der → *Hot spots*.
Pluton *pluton*: Körper aus → *Tiefengestein* sehr großen Ausmaßes, der in mehreren Kilometern Tiefe in der → *Erdkruste* erstarrte – im Gegensatz zu den → *Ergussgesteinen*. P. befinden sich nur dann an der Erdoberfläche, wenn die überlagernden Gesteinsdecken abgetragen wurden. Ein kleiner P. ist der Brocken im Harz (sichtbare Oberfläche 135 km^2); einen Riesen-P. stellt der ostafrikanische Zentralgranit dar (sichtbare Oberfläche 250 000 km^2). Die P. werden nach ihren Formen unterschieden in batholithe, Lagergänge (Lager), Lakkolithe und Stöcke.
Plutonismus *plutonism*: Sammelbezeichnung für alle Erscheinungen, die mit der Bewegung des → *Magmas* innerhalb der → *Erdkruste* zusammenhängen, einschließlich des Eindringens in andere Gesteine, des Erstarrens zu → *Tiefengesteinen*, die als → *Plutonite* bezeichnet werden, und der → *Metamorphosen* in den Nachbargesteinen. Dem P. gegenübergestellt wird der → *Vulkanismus*. 1.
Plutonite *plutonites*: andere Bezeichnung für → *Tiefengesteine*.
Plutonium *plutonium*: → *radioaktive Substanz* (Metall) mit 15 instabilen → *Isotopen* und einer biologischen → *Halbwertszeit* von 120 Jahren sowie einer physikalischen von 24 000 Jahren. Das P. ist kein natürliches Element, sondern entsteht in → *Kernkraftwerken*, wo es aus → *Uran-238* erzeugt wird. Bei der → *Wiederaufarbeitung* ausgebrannter → *Brennelemente* kann es gewonnen werden. Beim Zerfall sendet P. Alpha- und Gammastrahlung aus. Durch die Alphastrahlung erzeugt P. Krebs. Am gefährlichsten ist P., wenn es mit der Atemluft eingenommen wird. → *Inkorporation* findet auch über den Darm statt. Ablagerungen erfolgen in Leber, Knochen, Galle und Keimdrüsen. Da P. sehr reaktionsfreudig ist und in hohem Maße → *toxisch* (→ *Radiotoxizität*), gilt es als der gefährlichste radioaktive Stoff. Seine Quellen sind die Fabriken von → *Kernwaffen*, → *Kernkraftwerke* und → *Wiederaufbereitungsanlagen*.
Plutoniumfabrik La Hague → *La Hague*.
Plutoniumfabrik Majak → *Majak*.
Pluvial (Pluvialzeit) *pluvial period, pluvial phase*: Klimaabschnitte des → *Pleistozäns* in den heute trockenen → *Subtropen* und → *Tropen*, die man mit → *pleistozänen Kalt- und Warmzeiten* parallelisierte. Die P. wurden voneinander durch → *Interpluviale* getrennt. Das kühlere Klima der P. sollte von stärkeren → *Niederschlägen* begleitet sein, weil sich die → *Klimazonen* der Erde während des Pleistozäns in Richtung → *Äquator* verschoben. Für den gesamtökologischen Zustand der subtropischen Gebiete entscheidender war der günstigere → *Wasserhaushalt* als heute, infolge stärkerer → *Bewölkung* und damit geringerer Verdunstung. Die Bodenbildungen verliefen intensiver, und die → *Vegetation* war weniger arid als heute. Bis zu einem gewissen Grade können die P. auch als geomorphologische Aktivitätszeiten bezeichnet werden. Die P. im saharisch-arabischen Trockengürtel werden als synchron mit den europäischen → *Kaltzeiten* betrachtet. Die P. am äquatorialen Rand der Trockenzone („tropische P." oder „äquatoriale P.") gehen auf eine Verschiebung der → *Innertropischen Konvergenzzone* zurück, d. h. sie stellen interglaziale Ausweitungen der innertropischen Regenzone dar und alternieren somit mit den → *Kaltzeiten*.
pluviales Abflussregime *pluvial runoff regime*: vom Jahresgang des Regenniederschlags bestimmtes → *Abflussregime*, ohne das ausgeprägte Maxima und Minima vorhanden sind, durchschnittliches Niederschlagseinkommen vorausgesetzt.
Pluvialzeit → *Pluvial*.
pluviometrischer Koeffizient *pluviometric coefficient*: Verhältniszahl, welche die Abweichung einer effektiven durchschnittlichen Monatsniederschlagsmenge von einem gedachten Durchschnittswert bei der Annahme völlig gleichmäßiger Verteilung der Jahresniederschlagssumme auf die zwölf Monate angibt. Mit Reihen des p. K. können die Jahresgänge der Niederschlagsverteilung von Gebieten mit unterschiedlichen Niederschlagsmengen verglichen werden.
pluvio-nivales Abflussregime *pluvio-nival run-off regime*: komplexes → *Abflussregime*, das durch ein Niederschlagsmaximum und in zweiter Linie ein niedrigeres Schneeschmelzmaximum bestimmten Jahresgang der Wasserführung aufweist, also eine zweigipflige Kurve des → *Abflusses* zeigt.
pluviothermischer Index *pluviothermic index*: dimensionslose Wertzahl einer empirisch ermittelten Formel mit Niederschlags- und Temperaturwerten, welche die Klassifizierung von Klimaten nach dem Maß ihrer → *Aridität* bzw. → *Humidität* erlaubt. Die gleiche Funktion erfüllen die auf ähnliche Art ermittelten pluviothermischen Quotienten.
Pneumatophoren → *Atemwurzeln*.
PNV → *potenzielle natürliche Vegetation*.
Podsol *Podzol*: in der → *deutschen Bodensystematik* (→ *KA5*) ein Boden entstanden aus carbonatfreiem, quarzreichem Fest- oder Lockergestein. P. weisen niedrige → *pH-Werte* auf und sind geprägt von vertikalen Verlagerungsprozessen. Eisen- und Aluminiumoxide sowie → *Huminstoffe* werden aus dem Oberboden gelöst, im perkolierenden Nieder-

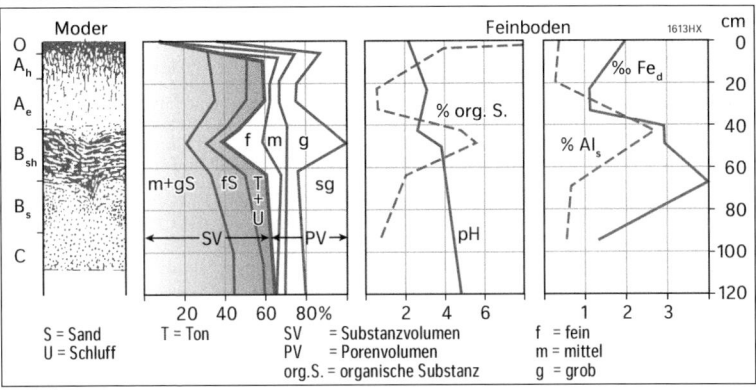

Podsol

schlagswasser nach unten transportiert, fallen dort aufgrund veränderter Bedingungen wieder aus und reichern sich an. Es entstehen der typische gebleichte Oberbodenhorizont und die Anreicherungshorizonte im Unterboden. Diese können auch wenig verfestigt als → *Orterde* bzw. stark verfestigt als → *Ortstein* vorliegen. P. tragen eine stark saure → *Rohhumus*- oder → *Moderauflage* und liegen meist unter → *Nadelwald* oder → *Heide*. Veraltete Bezeichnungen für P. sind auch Aschenboden oder Bleich-erde.

Podsolierung *podzolization*: mit starker Versauerung verbundener, klimatisch gesteuerter Prozess der abwärts gerichteten Verlagerung von Eisen- und Aluminiumoxiden sowie → *Huminstoffen* mit dem → *Sickerwasser*, der zur Entstehung von → *Podsolen* führt.

Podzols P*odzols*: in der → *WRB* (2014) Böden mit einem typischen aschgrauen ausgewaschenen Oberbodenhorizont über einem mit Eisen- und Manganoxiden sowie → *Humus* angereicherten Illuvialhorizont. Eine organische Auflage ist vorhanden. P. kommen v. a. in feucht-gemäßigten und borealen Regionen, z. T. kleinflächig auch in den perhumiden Tropen vor. P. entstehen vornehmlich aus Ablagerungen quarzitischer Sande. In der Regel sind P. unattraktiv für Ackerbau aufgrund der klimatischen Bedingungen, des geringen Nährstoffangebotes und → *pH-Wertes* sowie der niedrigen Wasserspeicherkapazität. Des Weiteren kommen häufig P-Mangel und Al-Toxizität vor. Meist sind auf P. Nadelwälder zu finden (→ *Podsol*).

Podzoluvisols *podzoluvisols*: in der FAO-Bodennomenklatur (FAO-UNESCO soil map of the world 1971-1981), die Einheit der sauren, stark lessivierten (→ *Lessivierung*) Böden mit mächtigem verfahlten Toneluvialhorizont (Al-Horizont). Ein Typvertreter ist die → *Fahlerde*. Entspricht in der → *WRB* (2014) den → *Retisols* (→ *Parabraunerde*).

Pogrom *pogrom*: Gewalt als Folge von → *Rassismus*. Im Gegensatz zu „→ *ethnischer Säuberung*" und → *Völkermord*, die systematisch die Entfernung oder Vernichtung von bestimmten Bevölkerungsgruppen (oft ethnisch oder religiös motiviert) zum Ziel haben, bezeichnet P. als Überfall, Aufstand oder Massaker eher ein Einzelereignis, das jedoch i. d. R. im Zusammenhang mit der gezielten Verfolgung einer bestimmten Bevölkerungsgruppe zusammenhängt.

poikilohalin *poikilohaline*: bezeichnet Gewässer, in denen der Salzgehalt ständig wechselt z. B. unter Einfluss der → *Gezeiten* stehende → *Mündungen* von Flüssen (→ *Brackwasser*, → *Salinitätsgrad*).

Poikilohydre *poikilohydrous plants*: wechselfeuchte Pflanzen, z. B. Moose (Gegensatz: → *Homoiohydre*).

Poikilotherme *poikilothermic animals*: wechselwarme Tiere, deren Körpertemperatur der Umgebungstemperatur entspricht (→ *Homoiotherme*).

Pol *pole*: geographische P. sind die Punkte, an denen die Rotationsachse der → *Erde* die Erdoberfläche schneidet. Sie werden in Nord- und Südpol unterschieden und sind die Schnittpunkte der → *Längenkreise*. Sie sind nicht mit den → *Magnetpolen* identisch.

polar *polar, arctic*: der → *Polarzone* zugehörig, durch polare Klimabedingungen geprägt (→ *arktisches Klima*).

polare Stratosphärenwolken → *Perlmutterwolken*.

polarer See *polar sea*: ganzjährig kalter → *See*, dessen Oberflächentemperatur nur gelegentlich im Hochsommer auf +4°C steigt und der infolgedessen nur selten durchmischt wird (→ *Seezirkulation*).

polares Futterbausystem *polar fodder cultivation system*: System einer stationären intensiven → *Weidewirtschaft*, das als Gürtel über Skandinavien, Nordrussland und das nördliche Kanada die ganze Erde umspannt. In dieser Zone tritt durch die Verkürzung der → *Vegetationszeit* und die besonderen Beleuchtungs- und Wärmeverhältnisse im Bereich der Mitternachtssonne der → *Futterbau* immer mehr in den Vordergrund.

Polarfront *polar front*: 1. der auf wenige 100 km Breite verdichtete → *Temperatur-* und Luftdruckgegensatz zwischen tropischer und polarer → *Luft* in der → *planetarischen Frontalzone*. 2. in der → *Meereskunde* (→ *Ozeanographie*) die ozeanische Front zwischen kalten polaren und wärmeren subpolaren Wassermassen.

Polargrenze des Anbaus *polar boundary of cultivation*: der Grenzsaum des Anbaus von → *Kulturpflanzen* gegen die Pole. Die P. d. A. ist eine → *Kältegrenze*, die für jede Kulturpflanze individuell ausgeprägt ist. Tropische Gewächse haben ihre „polare" Grenze bereits in den niederen Breiten. Kälteresistente Pflanzen reichen jedoch ebenfalls nicht weit in die Polargebiete hinein. Die Grenze des geschlossenen Anbaus überschreitet gewöhnlich 60° N nicht. Die P. d. A. für Kartoffeln, Gerste und Roggen liegen am weitesten nördlich, also nördlich des → *Polarkreises*. Züchtung kann die P. d. A. weiter nach Norden verschieben, was aus ökologischen Gründen i. d. R. wenig sinnvoll ist z. B. Anbau mit hohen Risiken (Ernteausfälle) verbunden; Anbau selber schädigt Boden und natürliche Vegetation.

Polargrenzen *polar boundaries*: von den Bedingungen des polaren Eis- und Schneeklimas bestimmte ökologische Grenzen für Vegetation und Anbau (→ *Polargrenze des Anbaus*). Die polaren → *Baumgrenzen* bzw. → *Waldgrenzen* gelten für die → *natürliche Vegetation* der → *Tundren* ebenso wie für das → *boreale Nadelwaldbiom*. Auch der → *Permafrostboden* repräsentiert in seiner Verbreitung eine klimatisch bedingte polare Grenze.

Polarhoch *polar high*: beständiges flaches → *Hochdruckgebiet* der Pole, das durch die absinkende → *Kaltluft* entsteht (→ *Kältehoch*) und das auf die untere → *Troposphäre* beschränkt ist.

Polarisation *polarization*: im Wortsinn: Hervortreten von Gegensätzen. Sektorale P. entsteht durch das ungleichgewichtige Wachstum von Sektoren, z. B. im Wirtschaftsbereich. Schnell wachsende Sektoren (sog. motorische Einheiten) üben Anstoßeffekte, Ausbreitungseffekte (spread effect) und Entzugseffekte (backwash effect) aus. Regionale P. verstärkt strukturelle, aber auch räumliche Unterschiede (→ *Polarisationstheorien*).

Polarisationstheorien *polarization theories*: aus der Kritik an den neoklassischen Gleichgewichtstheorien (→ *neoklassische Theorie*) entstandene wirtschaftliche → *Entwicklungstheorien*. Die P. gehen von dauerhaften räumlichen Ungleichgewichten und sehr individuellen → *Entwicklungspfaden* aus. Ein positives Ereignis in einer Branche reicht, um durch Rückkopplungseffekte das Wachstum einer ganzen → *Region* anzukurbeln, während kumulative sozio-ökonomische Prozesse den Abstand zwischen wachsenden und unterentwickelten Gebieten verschärfen (→ *Polarisation*). Es wird davon ausgegangen, dass Entzugseffekte (→ *backwash effects*), z. B. Faktorwanderungen (Kapital, Arbeitskräfte) in die wachsende Region, stärker sind als zentrifugale Ausbreitungseffekte (→ *spread effects*) oder Sickereffekte. P. haben v. a. Einzug in die Entwicklungsländerdiskussion gehalten. Sie stützen das Argument, dass → *Unterentwicklung* die Folge wirtschaftlicher Abhängigkeit ist (→ *Zentrum-Peripherie-Modell*).

Polarization-Reversal-Hypothese *polarization-reversal hypothesis*: Erklärungsansatz für Konzentrations- und Dezentralisierungsprozesse auf nationaler Ebene. Die P.-R.-H. besagt, dass der Verdichtungsprozess in der nationalen Entwicklung zunächst in einer oder nur wenigen Regionen beginnt. Die Entstehung von → *Agglomerationsvorteilen* in Verbindung mit dem Zustrom von Produktionspotenzial setzt einen kumulativen Wachstumsprozess in Gang und führt im Raum zur Bildung einer Zentrum-Peripherie-Struktur. Im weiteren Entwicklungsverlauf entstehen jedoch im Zentrum → *Agglomerationsnachteile*. Diese bewirken u. a. eine Erhöhung der Produktionskosten und machen eine Auslagerung bereits bestehender bzw. eine Ansiedlung neuer Betriebe in hierarchisch nachgeordneten Zentren (→ *Trabantenstädte*) im weiteren Umfeld des → *Oberzentrums* rentabel. Daraus ergibt sich eine intraregionale Dezentralisierung der Zentralregion. In einer weiteren Entwicklungsphase beginnt eine interregionale Dezentralisierung mit der Entstehung nationaler → *Subzentren*. Während sich in der Zentralregion die Agglomerationsnachteile verschärfen, entstehen in ausgewählten Städten in der → *Peripherie* Bedingungen, die einen eigendynamischen Wachstumsprozess ermöglichen. Schließlich wiederholt sich auch im Einzugsbereich der neuen Sekundärzentren ein Prozess der intraregionalen → *Dezentralisierung*.

polarized development *polarisierte Entwicklung*: in der → *Entwicklungstheorie* ein

Prozess, der den Kontrast zwischen Zentrum und Peripherie weiter verstärkt (→ *Zentrum-Peripherie-Modell*).

Polarkreise *Polar [Arctic/Antarctic] Circles*: die beiden Breitenkreise auf rund 66,5° N und S, an denen die Sonne zur Wintersonnenwende um Mittag den Horizont gerade berührt und zur Sommersonnenwende um Mitternacht gerade noch sichtbar ist. Die P. begrenzen die Polarzonen, in denen besondere → *Beleuchtungsjahreszeiten* (→ *Polarnacht*, → *Polartag*, → *Mitternachtssonne*) herrschen.

Polarlicht (Südlicht) *polar light, aurora, auroral light*: in den Polargebieten der beiden Erdhalbkugeln auftretende Leuchterscheinung in der hohen → *Atmosphäre* zwischen 100 und 1000 km Höhe. Das P. heißt auf der Nordhalbkugel → *Nordlicht* und auf der Südhalbkugel Südlicht. P. haben grünliche, bläuliche und gelegentlich auch rötliche Färbung und zeigen die verschiedensten Formen. Sie entstehen durch kosmisch, elektrisch geladene Teilchen, welche beim Auftreffen auf das magnetische Erdfeld zu den Polen hin abgelenkt werden und durch Ionisierung Gase zum Leuchten bringen.

Polarnacht *arctic night*: in Gebieten nördlich bzw. südlich der → *Polarkreise* der Zeitraum von mehr als 24 Stunden, während dem die → *Sonne* nicht über dem → *Horizont* erscheint. Die Länge der P. ist je nach Breitenlage unterschiedlich zwischen einem Tag (Polarkreise) und einem halben Jahr (Pole). Die Erscheinung der P. liegt in der Neigung der Erdachse gegen die → *Ekliptik* begründet (→ *Beleuchtungsjahreszeiten*).

Polarschnee *polar snow*: durch direkte → *Sublimation* gebildete feine Eisnadeln, welche in geringen Mengen bei sehr tiefen → *Temperaturen* Schneeniederschlag bilden können.

Polartag *arctic day*: in Gebieten nördlich bzw. südlich der → *Polarkreise* der Zeitraum von mehr als 24 Stunden, während dem die → *Sonne* nicht unter den → *Horizont* sinkt. Für Zeitdauer und Ursache gilt das Gleiche wie für die → *Polarnacht*.

Polarzirkulation *polar circulation*: zirkumpolare Westwindströmung im Bereich der Polkappen, die durch das kalte → *Höhentief* über dem seichten → *Polarhoch* gesteuert wird. Die P. ist wegen der geringeren → *Luftdruck*gegensätze weit weniger stark als die außertropische → *Westwindzirkulation* und viel seltener von Frontalstörungen am Boden begleitet.

Polarzone *arctic zone*: 1. das Gebiet der durch die → *Polarkreise* begrenzten beiden Polkappen. 2. im klimatischen Sinn das Gebiet, in dem → *arktisches Klima* herrscht.

Polder *polder, diked land, diked march*: das eingedeichte, dem Meer abgerungene → *Marschland*, durch → *Landgewinnung* entstanden und ständig oder bei Hochwasser unter dem Meeres-, See- oder Flusswasserspiegel liegend.

Polderstadt *polder town*: Typ einer → *Neuen Stadt* in den Niederlanden. Die P. wurden in den nach der Eindeichung des Ijsselmeers trockengelegten → *Poldern* als → *Zentrale Orte* für das gewonnene Neuland erbaut. Beispiele sind Emmeloord und Lelystad.

Polis *polis*: Staatsform im antiken Griechenland insbesondere des 6. bis 4. Jh. v. Chr.. Die P. war ein → *Stadtstaat*, bestehend aus einem befestigten Siedlungskern (→ *Stadt*) mit ihrem wenig ausgedehnten ländlichen → *Umland*, und wurde oligarchisch oder demokratisch regiert. Die Idee der P. als einer kleinen, sich selbst verwaltenden autonomen Einheit wurde bis in die Gegenwart häufig als ein Vorbild für die politische Organisation des Raumes gesehen.

Politiktransfer *policy transfer*: aus der → *Politikwissenschaft* stammender Begriff, der den Prozess der intentionalen Übernahme und Nutzung politischen, administrativen und institutionellen Wissens, Modellen, Konzepten und Maßnahmen aus einem bestimmten geographischen Kontext an einem anderen Ort beschreibt (z. B. in einem anderen → *Nationalstaat*, einer anderen → *Stadt*). In neueren geographischen Arbeiten zu → *policy mobility*: wurde der Ansatz des P. kritisch aufgegriffen und weiterentwickelt.

politische Grenze *political boundary*: → *Grenze* zwischen → *Staaten* (→ *Staatsgrenze*) oder Teilstaaten, → *Bundesländern* usw. (→ *Landesgrenze*), im Gegensatz zur administrativen Grenze (→ *Verwaltungsgrenze*), die innerstaatliche Verwaltungseinheiten trennt. P. G. sind, anders als → *geographische Grenzen*, nie → *Grenzsäume*, sondern immer Grenzlinien, die durch → *Delimitation* auf der → *topographischen Karte* und durch → *Demarkation* im Gelände fixiert werden. Je nach ihrem Verlauf wird häufig zwischen → *natürlichen* und → *künstlichen Grenzen* unterschieden.

politische Karte *political map*: → *thematische Karte*, in der administrative Gegebenheiten, z. B. Verwaltungsgrenzen, Ländernamen, Hauptstädte und andere Verwaltungssitze, enthalten sind.

Politische Ökologie *political ecology*: ein interdisziplinärer, → *anthropozentrisch* ausgerichteter Ansatz in den → *Sozialwissenschaften*, der die Anliegen der → *Ökologie* und einer weit definierten Politischen Ökonomie vereint und etwa Mitte der 1980er Jahre entstanden ist. Anders als die → *Humanökologie*, die Umweltprobleme als ein Ergebnis von → *Überbevölkerung*, zu viel und falsch eingesetzter Technologie und unangemesse-

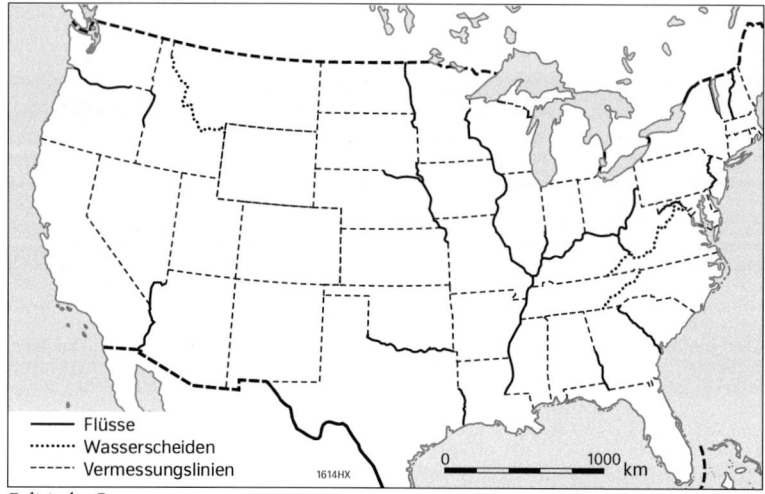

- Flüsse
- .... Wasserscheiden
- ----- Vermessungslinien

Politische Grenzen

ner Bewirtschaftung versteht, sieht die P. Ö. die Ursache für Umweltproblemen in den sozialen Praktiken und zielt darauf ab, naturwissenschaftlich-ökologische Erkenntnisse in politisches Handeln zu überführen. Umweltprobleme sind demnach nur in ihrem historischen, ökonomischen und politischen Kontext zu verstehen und auch zu verändern. Daher ist die Analyse von Partikularinteressen und Machtverhältnissen der beteiligten → *Akteure* und ihrer → *Diskurse* in der P. Ö. zentral.

Politische Ökonomie *political economics*: Sammelbegriff für geisteswissenschaftliche Theorien, die den Zusammenhang zwischen ökonomischen Prozesse und den gesellschaftlichen und politischen Verhältnissen analysieren. Basierend auf wirtschaftswissenschaftliche Erkenntnissen entwickelte sich daraus der Zweig der → *Neuen Politischen Ökonomie*.

politisches System *political system*: aus der → *Politologie* stammender Begriff, der auch in der → *Politischen Geographie* Verwendung findet und die sozialen, wirtschaftlichen und räumlichen Strukturen meint, die den Rahmen für politisches Handeln abgeben. Zu den p. S. gehören z. B. → *Staaten*, → *Gemeinden*, Parteien, Wirtschaftsverbände u. ä. Ihre geographische Bedeutung liegt darin, dass sie auf unterschiedlichen räumlichen und strukturellen Ebenen raumprägend und -gestaltend wirken.(→ *Raumwirksamkeit*).

Politologie (Politikwissenschaft) *political science*: Zweig der → *Sozialwissenschaften*, der sich mit Herrschaftsverhältnissen, -prozessen und -institutionen befasst, insbesondere mit dem → *Staat* als Herrschaftsorganisation und mit seinen Institutionen. Auch andere Formen politischer Organisation, etwa auf der Ebene der → *Gemeinden* oder auch der übernationalen Zusammenschlüsse, sowie das politische Verhalten → *sozialer Gruppen* (z. B. auch der → *pressure groups*:) gehören zum Forschungsgebiet der P..

Polje *polje, polya*: wannen- bis kesselartige → *Hohlform* (bis mehrere hundert Quadratkilometer groß) mit ebenem Untergrund im → *Karst*. Der flache Untergrund trägt meist unlösliche → *Sedimente* und Verwitterungsschichten (z. B. → *Terra rossa*), die gelegentlich Wasser stauen und bei Überschwemmungen mit kohlensäurereichen Wässern seitlich → *Korrosion* verursachen, wobei → *Fußhöhlen* an den Karstrandbergen oder einzeln im P. stehenden Karstbergen gebildet werden. Nach deren Abtragung erfolgt eine seitliche Erweiterung der P.-Böden. Nur in Ausnahmefällen sind P. → *tektonische* Einbruchsbecken mit nachträglicher karstischer Überformung. Die P. werden oft von Bächen gequert, die am P.-Rand aus → *Speilöchern* austreten und am anderen P.-Rand in → *Ponoren* verschwinden. Es werden drei Poljentypen unterschieden: – Struktur-P., bei dem der Poljenboden in undurchlässigem Gestein liegt; – Semi- oder Rand-P., das durch Randlage zu undurchlässigen Gesteinen liegt, von denen undurchlässige Sedimente angeliefert werden; – Staupolje,

„reinster" P.-Typ, da komplett in verkarstungsfähigem Gestein angelegt.

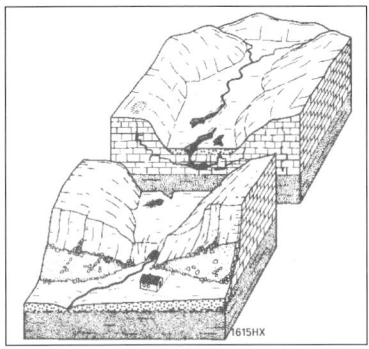

Polje

Poljensee *lake inside a polje*: natürliche, → *episodische* bis → *periodische*, Wasseransammlung in einem → *Polje*, durch Starkregen oder Schneeschmelzwasser gebildet, oder die dann eintritt, wenn der Boden eines Polje unter dem Grundwasserspiegel liegt. In letzterem Fall hängt die Überstauung des Poljebodens mit der Quell- und Ponortätigkeit (→ *Ponor*) im Polje zusammen. P. stehen insofern nur indirekt mit der → *Verkarstung* und dem → *Karstwasser* im Zusammenhang.

Pollen *pollen*: Blütenstaub, Gesamtheit der P.-Körner der Samenpflanzen (→ *Spermatophyten*). Die P. spielen eine Rolle in der Blütenökologie der → *Botanik* und der → *Bioökologie*, in der → *Pollenanalyse*, bei der erdgeschichtlichen Betrachtungsweise früherer Ökosystemzustände (→ *Paläoökologie*) und bei der Paläoklimaforschung.

Pollenanalyse *pollen analysis*: Methode der → *Palynologie*, welche den Gehalt an → *Pollen* und Sporen von Sedimenten, → *fossilen Böden*, → *Torfen* oder → *Mooren* aus der jüngeren Erdgeschichte untersucht und auf diese Weise die Vegetationsverhältnisse früherer Epochen ermittelt. Bei Sedimentation und Ablagerung unter Luftabschluss sind Pollen und Sporen praktisch unbegrenzt haltbar. Sedimentiert werden hauptsächlich jene Pollen, die der Wind verbreitet, was unter den Bedecktsamern aber nur bei einer geringen Zahl von Pflanzen der Fall ist. In Mitteleuropa sind die wichtigsten Bäume windblütig. Daraus ergibt sich für die P. eine methodische Einschränkung, weil sie nur einen geringen Teil der in einem Gebiet wirklich vorkommenden Arten erfasst. Im Übrigen ist die Pollenproduktion je nach Art und geoökologischen Bedingungen verschieden, sodass die ermittelten Pollenprozentwerte der Arten nicht immer den wahren Mengenverhältnissen im Auftreten der Arten entsprechen. Neben Baumpollen werden auch → *Nichtbaumpollen* (NBP) untersucht. Angaben der P. erfolgen im → *Pollenspektrum* und im → *Pollendiagramm*.

Pollendiagramm *pollen profile*: zusammenfassende graphische Darstellung der → *Pollenspektren* eines → *Profils*, geordnet nach Tiefenlage. P. lassen Vegetationsgeschichte und landschaftsökologische Verhältnisse der → *Vorzeit* rekonstruieren. Besonders gut sind die Vegetationsverhältnisse des → *Postglazials* im P. dokumentiert.

Pollenkunde → *Palynologie*.

Pollenspektrum *pollen spectrum*: Prozentzahlen der verschiedenen Pollenarten einer Probe. Aus mehreren P. setzt sich das → *Pollendiagramm* zusammen. (→ *Pollen*).

Polsterpflanzen *cushion plants*: Gewächse mit dicht zusammenschließenden Trieben, sodass sie einen im Zentrum aufgewölbten Schild darstellen. P. kommen als → *Lebensform* unter extremen hygrischen und/oder thermischen Bedingungen vor, z.B. als Bestandteil der subantarktischen Inselflora, in der Vegetation des → *Hochgebirges* (z.B. → *Páramo*) oder → *Halbwüsten* und → *Wüsten*.

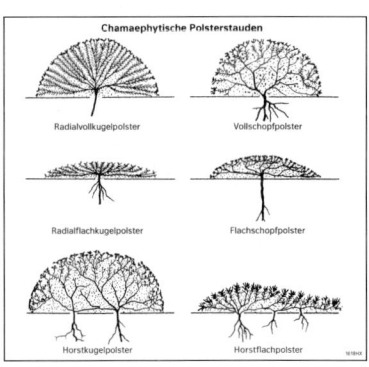

Polsterpflanze

Polyandrie (Vielmännerei) *polyandry*: in der → *Völkerkunde* Bezeichnung für die Eheform, bei der eine Frau gleichzeitig mit zwei oder mehreren Männern verheiratet ist. P. ist eine seltene Form der → *Polygamie* und kommt heute nur noch bei einigen kleineren Völkern im Himalaya, in Polynesien und in der Arktis vor (→ *Polygynie*).

Polyedergefüge *polyhedral structure*: durch Schrumpfung und Quellung entstehendes → *Segregatgefüge* des Bodens, das aus scharfkantigen, polyedrisch geformten Gefügetei-

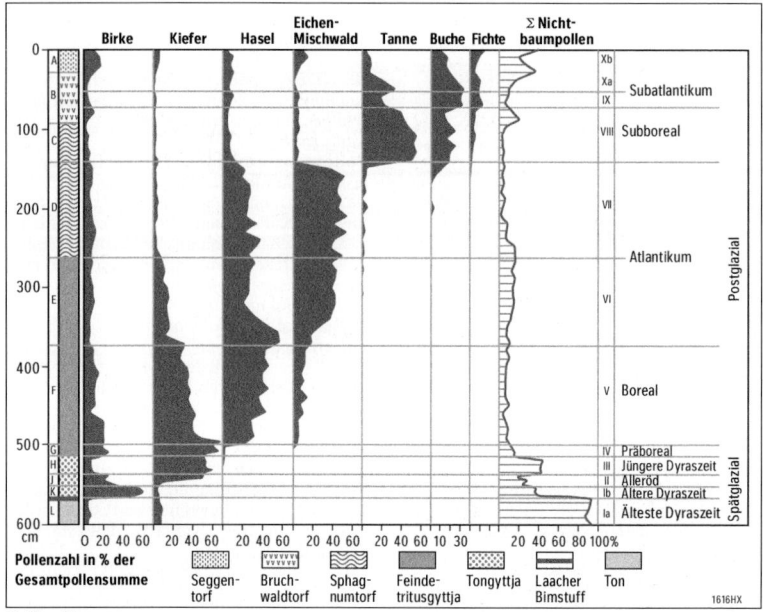
Pollendiagramm

len von etwa 5-15 mm Größe besteht (→ *Bodengefüge*).

Polygamie (Vielehe) *polygamy*: Eheform, bei der eine Person gleichzeitig mit zwei oder mehr Ehepartnern verheiratet ist. Formen der P. sind → *Polyandrie* und → *Polygynie*.

polygen (polygenetisch) *polygenic, polygenous*: bezeichnet in → *Geo-* und → *Biowissenschaften* eine Bildung oder Erscheinung, die sich aus mehreren Ursachen heraus herleitet bzw. durch verschiedene Prozesse zustande kam.

Polygenese *polygenesis*: Entstehung eines neuen Typs zu verschiedenen Zeiten oder an verschiedenen Orten; bezieht sich auf geo- und biowissenschaftliche Sachverhalte.

polygenetisch → *polygen*.

Polygon *polygon*: Vektor-Darstellung von flächenhaften räumlichen Phänomenen. P. gehören zu den elementaren geometrischen Elementen. Ein P. wird repräsentiert durch eine regelmäßige, i.d.R. im Uhrzeigersinn verlaufende Abfolge von Knoten und Kanten und sind somit geschlossene Linienfolgen.

polygonaler Karst *gonal karst*: ein wesentlicher beeinflussender Faktor für die Karstentwicklung ist die Niederschlagsmenge. In niederschlagsreichen Gebieten (mehr als 1000mm, z.B. Neuseeland) sind die → *Dolinen* somit nicht nur größer, sondern auch tiefer als die des mitteleuropäischen → *Karstes*. Die → *Korrosion* schreitet so stark voran, dass zwischen den einzelnen Dolinen nur schmale Rücken stehen und sie sich gegenseitig in der weiteren Formbildung behindern. Dadurch entsteht ein polygonaler Grundriss der Dolinen, im Gegensatz zu den runden Dolinen Mitteleuropas (→ *Cockpit*).

Polygonboden *polygonal ground, polygonal soil, stone polygon soil*: auch → *Strukturboden* genannt, weil er sich vertikal und horizontal auffällig gliedert, meist in Polygone, die verschiedene Durchmesser haben, was von der Boden- bzw. Sedimentdynamik abhängt. – Der Begriff P. hat zwei Bedeutungen: 1. Frostmusterboden. 2. P. bezeichnet auch Böden in Trockengebieten, bei denen Trockenrisse im Substrat syngenetisch oder nachträglich mit einem Substrat anderer Korngröße und/oder Farbe aufgefüllt sind, sodass ein horizontales und vertikales Muster entsteht.

Polygonmoor (Polygonsumpf) *polygonal moor, polygonal bog*: das Prinzip des → *Polygonbodens* realisiert im Sumpf- bzw. Moorgebiet, wobei jedoch die Polygone meist einige Zehner bis 100 m Durchmesser aufweisen, bei sehr unregelmäßige Gestalt.

Polygonsumpf → *Polygonmoor*.

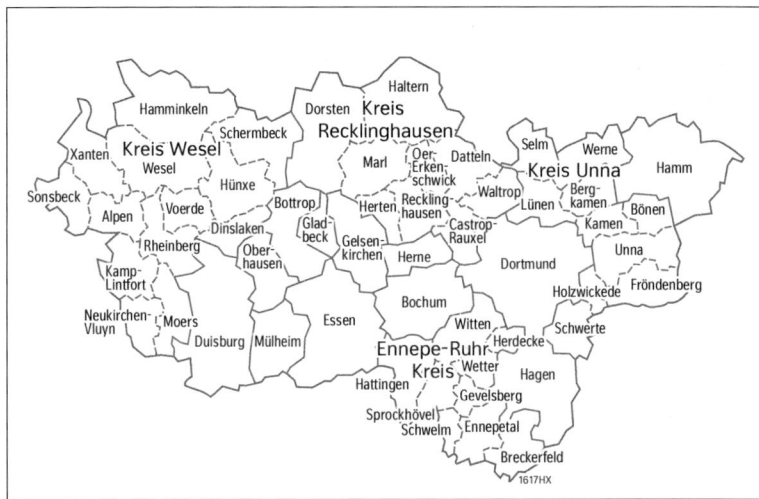

Polyzentrischer Verdichtungsraum

Polygynie (Vielweiberei) *polygyny*: in der → *Völkerkunde* Bezeichnung für eine Eheform, bei der ein Mann gleichzeitig mit zwei oder mehreren Frauen verheiratet ist. P. ist heute noch in verschiedenen islamischen und afrikanischen Ländern verbreitet. Es ist die häufigste Form der → *Polygamie*.

Polyhemerobie *Polyhemeroby*: umschreibt die → *anthropogen* sehr stark beeinflusste Qualität von → *Standorten* des → *Stadtökosystems*.

Polyklimax *polyclimax*: Differenzierung des Begriffes → *Klimax*. Wird dem → *Monoklimax* gegenübergestellt, dessen klimatischem Aspekt er den → *edaphischen* zur Seite stellt, sodass neben dem klimatischen sich auch ein edaphischer Klimaxzustand entwickeln kann.

Polykultur *polyculture*: im Gegensatz zur → *Monokultur* in der → *Landwirtschaft* ein vielseitiger Anbau von → *Nutzpflanzen*. Entscheidend ist dabei, dass die unterschiedlichen Nutzpflanzenarten zur gleichen Zeit angebaut werden. Baut man sie in unmittelbarer Nähe zueinander an, spricht man von → *Mischkultur* (→ *Stockwerkkultur*).

polymiktisch *polymictic*: → *Seen*, deren Wasser durch regelmäßige Abkühlung und Erwärmung im Jahresverlauf häufig (z. T. täglich) durchmischt wird (→ *Seezirkulation*).

Polypedon *polypedon*: kleine Fläche eines → *Bodentyps*, welche aus mehreren örtlichen → *Pedons* besteht, die sich gering und in engen Grenzen (z. B. Horizontmächtigkeit) unterscheiden.

Polypolmarkt *polypoly, polypolistic market*: eine → *Marktform*, bei der viele (meist kleine) Anbieter bzw. Nachfrager auf dem → *Markt* erscheinen und miteinander konkurrieren (→ *Monopolmarkt*, → *Oligopolmarkt*).

polysaprob *polysaprobic*: Zustand des Wassers, wenn es eine große Menge faulender Substanzen aufweist. Der Begriff p. wird beim → *Saprobiensystem* eingesetzt.

polyzentrischer Verdichtungsraum (polyzentrisches Ballungsgebiet) *polycentric: agglomeration*: → *Ballungs-* oder → *Verdichtungsraum* mit mehreren → *Kernstädten*, die nach Einwohnerzahl und nach zentralörtlicher Bedeutung in etwa der gleichen Größenordnung angehören und damit nicht in einer hierarchischen Ordnung zueinander stehen. P. V. sind beispielsweise Nürnberg/Fürth/Erlangen oder – als typische → *Mehrkernballung* – das Ruhrgebiet.

polyzentrisches Ballungsgebiet → *polyzentrischer Verdichtungsraum*.

Polyzyklische aromatische Kohlenwasserstoffe (PAK) *polycyclic aromatic hydrocarbon*: entstehen durch unvollständige Verbrennung organischen Materials, u. a. von → *Abfall* und bei → *Bränden* (→ *Waldbrand*) sowie bei gewerblichen und industriellen Verbrennungsprozessen, durch Autoabgase und bei der Wärmeerzeugung. PAK kommen in allen Kompartimenten der → *Landschaftsökosysteme* vor, d. h. in jenen, die mit der → *Luft* und denen, die mit dem → *Wasser* verbunden sind. Durch die → *Luft-* und → *Wasserpfa-*

de stehen sie mit → *Boden*, Materialien des → *Oberflächennahen Untergrundes* und dem → *Bios* in Verbindung. PAK werden leicht über die Haut aufgenommen. Sie sind krebserzeugend, beeinträchtigen das Erbgut und die Fortpflanzung (→ *Chlorierte Kohlenwasserstoffe*, Gifte, → *Ruß*).

Pommersches Stadium *Pomeranian stade*: das letzte der drei Stadien im Hochglazial der → *Weichsel-Kaltzeit*: → *Brandenburger Stadium* (Phase der größten Eisausdehnung), → *Frankfurter Stadium* (geringste Eisausdehnung) und P. S.. Es ist durch eine ± geschlossene → *Endmoräne* markiert und folgt dem Baltischen Höhenrücken und dem Thorn-Eberswalder → *Urstromtal*, das ihm zugeordnet ist. Das Gebiet des P. S. ist eine typische → *Jungmoränenlandschaft* mit zahlreichen → *Voll*- und → *Hohlformen* sowie vielen Seen, welche die nordmitteleuropäischen Seenplatten (Schleswig-Holsteinische, Mecklenburgische, Pommersche) bilden.

Ponor (Schluckloch, Schwalgloch, Schwinde) *ponor, katavothron, sink hole, leach hole, swallow (hole), lime (stone) sink*: eine → *Flussschwinde* im → *Karst*, in der das Wasser eines Baches, Flusses oder eines → *Poljensees* in unterirdischen Karsthohlräumen verschwindet.

Ponordoline *ponor doline*: Doline, über die Oberflächenwasser eines → *Polje* durch einen → *Ponor* in den Untergrund fließt. Die P. ist eine trichterförmige Einsenkung im Boden eines Polje, die durch allmähliche Klufterweiterung entsteht. Die P. darf nicht mit der → *Korrosionsdoline* verwechselt werden.

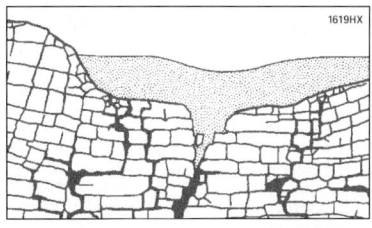

Ponordoline

pontisch *pontic*: 1. geographische Bezeichnung für das Gebiet nördlich des Schwarzen Meeres. 2. pflanzengeographische Bezeichnung für eine Florenprovinz der pontisch-zentralasiatischen Region der → *Holarktis*. 3. bezeichnet in der Vegetationsgeographie wärmeliebende Pflanzen, deren heutiges Hauptverbreitungsgebiet am Schwarzen Meer liegt, die sich aber im → *Postglazial* – v. a. während des → *Wärmeoptimums* – bis Mitteleuropa ausbreiteten und dort u. a. die → *Steppenheide* bildeten.

Pool *pool*: in → *Ökosystemen* ein Vorrat an Stoffen, → *Energie* und/oder Organismen bzw. Bestandteilen dieser (z. B. Gene).

Popkultur *pop culture*: Szenejargon für den Fachbegriff → *Populärkultur*.

Populärkultur (Volkskultur, Popkultur) *popular culture*: neuerer und neutraleres Begriff für Volkskultur, im traditionellen Kulturverständnis der → *Hochkultur* gegenüberstehend. Umfasst jene kulturellen Erzeugnisse und Praktiken der Massenkultur, Massenmedien und Trivialliteratur, Sport, Popmusik, Körperkunst usw. (→ *Alltagskultur*).

Population *population*: 1. in der → *Statistik* eine Menge, deren Elemente mindestens ein gemeinsames, beobachtbares Merkmal aufweisen (Grundgesamtheit). 2. Fortpflanzungsgemeinschaft von Individuen einer → *Art*, die auf begrenztem Raum leben, sich i. d. R. durch Fremdbefruchtung vermehren und im potenziellen genetischen Austausch miteinander stehen. Merkmale einer P. sind die Altersstruktur, Individuendichte und -verteilung, → *Variabilität*, → *Geschlechterverhältnis*, → *Mortalität*, → *Natalität* und → *Wachstumsrate*. 3. im weiteren Sinne auch die Gesamtheit der Individuen mehrerer Arten in einem begrenzten Raum.

$$\frac{dN}{dt} = rN \left(\frac{K - N}{K} \right)$$

Population

Dabei ist N die Größe der Population zum Zeitpunkt t, r die erblich bedingte spezifische Zuwachsrate der Art und K die bei den betreffenden Lebensraumbedingungen höchstmögliche Populationsgröße. Die Wachstumsrate ist demnach gleich dem möglichen Anwachsen der Population, vermindert um den Grad seiner Verwirklichung.

Populationsbiologie → *Populationsökologie*.

Populationsdichte *population density*: Individuenanzahl (in selteneren Fällen auch → *Biomasse*) einer → *Art* bezogen auf eine Flächen- oder Raumeinheit.

Populationsdynamik *population dynamics*: Veränderungen der Strukturelemente einer → *Population* (z. B. Individuenzahl, Altersstruktur, Geschlechterverhältnis, Mortalität, Reproduktion, Verteilung der Individuen im Raum) in Abhängigkeit von den Biotopeigenschaften und deren Veränderungen.

Populationsdynamik *population dynamics*: allgemein die Lehre von den Veränderungen von → *Populationen*. – Abhängigkeit der → *Populationsdichte* vom Ort, an dem sich die Population befindet, und von der Zeit, woraus die Vorstellungen über die → *Migration*

Größenbereiche	Durchmesser (μm)	Wassersäule (cm)	pF
Grobporen, weite	> 50	0 – 60	0 – 1,77
Grobporen, enge	50 – 10	60 – 300	1,77 – 2,54
Mittelporen	10 – 0,2	300 – 15 000	2,54 – 4,20
Feinporen	< 0,2	> 15000	> 4,20

Porengrößenbereiche

stammen. – Gesamtheit der Veränderungen einer Population während ihres Bestehens. – Gesamtheit der Bewegungen einer Population einschließlich der Änderung aller ihrer Strukturelemente, also der → *Abundanz* und der Verteilung der Populationsglieder im Raum. – Zweig der → *Demographie*, der sich mit der → *natürlichen Bevölkerungsbewegung* und ihren Ursachen und Folgen befasst. Hierbei müssen auch die → *Bevölkerungsstruktur* und die → *Wanderungen* berücksichtigt werden, da sie die Ursachen für die Ausprägung verschiedener Typen der natürlichen Bevölkerungsbewegung liefern.

Populationsökologie (Demökologie, Populationsbiologie) *population ecology*: befasst sich mit der Struktur und Dynamik der → *Populationen*. Bei populationsökologischen Untersuchungen gibt es oft Überlappungen mit Aspekten der → *Autökologie* und der → *Synökologie*.

Populationswachstum *population growth*: Wachstum einer → *Population* innerhalb eines Zeitraumes in einem bestimmten Lebensraum, wobei zunächst langsames Wachstum herrscht, dem eine Periode schneller Zunahme folgt, bis eine obere Grenze erreicht ist.

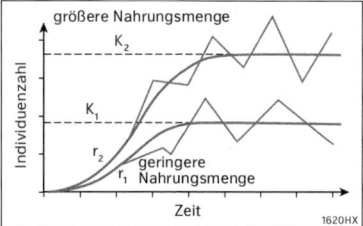

Populationswachstum

Populismus *populism*: politisch-gesellschaftliche Bewegung, die eine Massenbasis aus den verschiedensten Bevölkerungsschichten besitzt. Der P. verlangt von den Regierungen mehr → *Partizipation* und strukturelle Reformen. Der P. wird meist von einer nationalistischen Ideologie getragen, welche die divergierenden Interessen vereinen soll.

Poreneis *pore ice*: gefrorenes Wasser in feinen Hohlräumen von Gesteinen (→ *Klufteis*), dabei → *Frostsprengung* bewirkend, bzw. in den Bodenporen (→ *Porengrößenverteilung*, → *Porosität*) und unter Kaltklimabedingungen Bestandteil des Frostbodens.

Porengrößenbereiche *pore size ranges*: konventionell festgelegte Bereiche verschiedener Porengrößen des Bodenporensystems, die an wichtige Kennwerte des wasserhaushaltlichen Verhaltens angelehnt sind. So wurden als Grenzwerte für die Porendurchmesser die im Zustand der → *Feldkapazität* (zwei Werte) und im Zustand des → *permanenten Welkepunktes* größten noch wassererfüllten Poren gewählt. Daraus lässt sich ableiten, dass die Grobporen wasserfrei, die → *Mittelporen* mit pflanzenverfügbarem Wasser gefüllt und die → *Feinporen* mit nicht pflanzenverfügbarem Wasser gefüllt sind (→ *Saugspannung*).

Porengrößenverteilung *pore size distribution*: Aufbau des Porensystems des Bodens aus verschiedenen → *Porengrößenbereichen*. Die P. ist von den → *Korngrößen* und der Kornform sowie vom → *Bodengefüge* abhängig und wirkt sich stark auf das Verhalten des → *Bodenwassers* aus.

Porenspeicher *pore storage*: Untertage-Gasspeicher in ausgeförderten Erdgas- oder Erdöllagerstätten, also in porösen Gesteinen. Sofern die abdeckenden Schichten aus Tonstein oder Steinsalz gebildet werden, entsteht eine natürliche Gasdichtheit (→ *Kavernenspeicher*).

Porenvolumen *pore volume*: in Prozent ausgedrückter Anteil der Hohlräume am gesamten Volumen eines → *Bodens*. Das P. schwankt für verschieden zusammengesetzte mineralische Böden zwischen etwa 30 und 70 %. In unbeeinflussten Moorböden kann das P. bis 90 % erreichen (→ *Porengrößenbereiche*).

Porenwasserdruck *pore pressure, pore water pressure*: das in den Poren von → *Böden* oder Lockersedimenten enthaltene Wasser übt einen negativen oder positiven Druck im Boden bzw. Lockermaterial aus. Negativer Porenwasserdruck, also quasi eine Art Sog, entsteht, wenn die Poren nicht komplett mit Wasser gefüllt sind, also auch noch Luft enthalten. Durch die Oberflächenspannung des

Wassers werden dabei die einzelnen Partikel des Materials enger aneinander gebunden, als dies ohne Wasser der Fall wäre. Bei positivem Porenwasserdruck sind die Poren komplett wassergefüllt, wodurch keine Oberflächenspannung entsteht und zudem Auftriebskräfte entstehen, die ungerichtet nach allen Seiten wirken und so den Zusammenhalt (→ *Kohäsion*) des Materials verringert. Dies wiederum bewirkt eine Verringerung der → *Grenzscherspannung*, wodurch es am Hang zu → *gravitativen Massenbewegungen* kommen kann.

Porenziffer *pore space ratio*: das Verhältnis zwischen → *Porenvolumen* (PV) und Substanzvolumen (SV) eines Bodens, also PV/SV. Durch den Vergleich von P. lässt sich z. B. das Ausmaß der → *Bodenverdichtung* beschreiben.

Porosität *soil porosity*: in Bruchteilen ausgedrücktes (z. B. 0,4 statt 40%) → *Porenvolumen* des Bodens.

Porphyr *porphyry*: 1. Sammelbezeichnung für alle → *Ergussgesteine*, die über eine dichte und/oder sehr feinkörnige Grundmasse verfügen, in die größere Kristalle eingesprengt sind, sodass von „porphyrischer Struktur" gesprochen wird (z. B. bei → *Granitporphyr* und → *Quarzporphyr*). Die P. gehören zu den → *Syeniten*. 2. als P. im engeren Sinne gelten alle kieselsäurereichen Ergussgesteine, die → *Orthoklas* führen. Ihnen stellt man die → *Plagioklas* führenden Gesteine als → *Porphyrite* gegenüber.

porphyrisch *porphyritic*: bezeichnet → *Gesteinsgefüge* mit feinkörniger, dichter oder glasiger Grundmasse, in die gröbere, kristalline Komponenten eingebettet sind. Das p. Gefüge entsteht, wenn Gesteinsschmelzen plötzlich abkühlen und erstarren, wie es bei → *Ganggesteinen* und bei → *Ergussgesteinen* der Fall ist (→ *Porphyr*, → *Porphyrite*).

Porphyrite *porphyrite*: Gruppe von → *Gang*- oder → *Ergussgesteinen* rötlicher, bräunlicher oder grünlicher Farbe, die eine feinkörnige, dichte oder glasige Grundmasse aufweisen mit Einsprenglingen von → *Augit*, → *Biotit*, → *Hornblende* oder → *Plagioklas*.

Portfolioinvestition *portfolio investment*: eine spezielle Form der → *ausländischen Direktinvestition*. Bei der P. steht das Ziel der Investoren im Vordergrund, durch den → *Transfer* inländischen Kapitals ins Ausland (bspw. über den Erwerb von Anteilen an Unternehmen oder Fonds) primär eine Beteiligung an laufenden Erträgen zu erwerben, dadurch das Risiko von → *Investitionen* zu streuen und → *Rendite* zu erzielen. Typischerweise wollen Investoren bei einer P. aber keinen wesentlichen Einfluss auf das ausländische Unternehmen und dessen → *Management* nehmen. I. d. R. werden P. in Wertpapiere getätigt. P. haben in den vergangenen Jahren durch die sich intensivierenden → *Globalisierungsprozesse* enorm an Bedeutung gewonnen.

Portfoliotransaktion *portfolio transaction*: Begriff aus der → *Immobilienwirtschaft* für den Verkauf von mindestens zwei räumlich getrennten Gebäuden, die weder eine räumliche noch inhaltliche Einheit bilden. Im Gegensatz zum Einzelverkauf an eine Privatperson werden P. v. a. von größeren Immobiliengesellschaften und → *Investmentfonds* vollzogen. Die Immobilien werden dabei oft als Anlageobjekt zu Renditezwecken (→ *Rendite*) gehalten und ggf. weiter verkauft. Im Rahmen der → *Globalisierung* und → *Finanzialisierung* von Immobilienmärkten haben P. um die Jahrtausendwende stark zugenommen. In Deutschland haben v. a. Verkäufe von Wohnungsbeständen kommunaler → *Wohnungsunternehmen* oder Wirtschaftsunternehmen (z. B. Deutsche Bahn) zu dem Anstieg beigetragen.

Portionsweide *strip grazing, close folding*: Zone, die sich ringförmig um ein Dorf oder um einen Hof legt. Es handelt sich dabei (im Sinne der → *Thünenschen Ringe*) um die intensive Nutzung einer durch Zäune in kleine Teilflächen aufgeteilten → *Weide*, die vom Vieh abwechselnd beweidet wird. Auf diese Weise lässt sich eine günstigere Futterausnutzung erzielen (→ *Umtriebsweide*).

positive Diskriminierung *affirmative action, positive discrimination*: zwiespältig eingeschätzte politische Maßnahme, um von → *Diskriminierung* betroffene Gruppen gezielt zu stärken und zu bevorzugen, um langfristig eine Gleichbehandlung zu erreichen. Kritisch wird gesehen, dass dabei Diskriminierung nur mit einer anderen Form von Diskriminierung begegnet wird.

Positivismus *positivsm*: erkenntnistheoretische (→ *Epistemologie*) Richtung, die dem → *Realismus* verwandt ist. Der P. geht zurück auf den Mathematiker und Philosophen Auguste Comte (1798–1857) und fasst wissenschaftstheoretische Strömungen zusammen, die Erkenntnis auf die Interpretation so genannter positiver Befunde beschränken. Das Wort „positiv" wird hierbei im Sinne von Tatsachenbefunden im Sinne der naturwissenschaftlichen Praxis verwendet; dort spricht man von einem „positiven Befund", wenn eine Untersuchung unter vorab definierten Bedingungen einen Nachweis erbringt. Im P. geht es daher um Befunde, die in der Welt außerhalb des menschlichen Bewusstseins existieren und die über Messung und Wahrnehmung erfahrbar und zu entdecken sind. Den größten Einfluss als erkenntnistheoretische Position entfaltete der P. in den Naturwissenschaften an der Wende zum

20. Jh. und ist bis heute eine sehr weit verbreitete Wissenschaftshaltung.

Positivplanung *positive planning*: → *Raumplanung*, die im Gegensatz zur → *Negativplanung* über eine gezielte Förderung bestimmter Prozesse (z. B. durch fiskalische Anreize) versucht, die Struktur eines Raumes positiv zu beeinflussen.

Possibilismus *possibilism*: Gegenpol zum → *Determinismus*. Der P. betont den menschlichen Entscheidungs- und Interpretationsspielraum innerhalb bestimmter sozialer und physischer Grenzen. Gesellschaft und Kultur sind nicht durch die Natur determiniert (→ *Geodeterminismus*), sondern das Ergebnis in Wert gesetzter Möglichkeiten, die sich durch Handlung manifestieren (→ *Voluntarismus*).

Post-Demokratie *post-democracy*: bezeichnet eine Form der Demokratie, bei der ein schleichender Legitimitätsverlust der politischen → *Akteure* und → *Institutionen* zu verzeichnen ist, da diese zunehmend unter dem Einfluss privater und partikularer Interessengruppen agieren, statt als gewählte Repräsentanten im Dienste des Gemeinwohls zu handeln. Die Folge ist ein schwindendes Vertrauen in die repräsentative Demokratie sowie eine Verdrossenheit gegenüber institutioneller Politik.

post-development *Post-Entwicklung*: eine wissenschaftliche Strömung, die → *Entwicklung* als Konzept aufgrund ihrer Wertmaßstäblichkeit und West-Zentriertheit ablehnt. Vertreter dieser Richtung sind z. B. Arturo Escobar, der die Entwicklungsbemühungen der westlichen Welt seit den 1950er-Jahren als gescheitert betrachtet.

Postfordismus *post-Fordism*: Bezeichnung für eine Phase flexibler Produktion, welche das Fließband- und Massenproduktionsprinzip des → *Fordismus* aufgibt und neue Organisations- und Produktionscharakteristika aufweist, wie verstärkten Einsatz von neuen Technologien, reduzierte → *Fertigungstiefe*, geringere vertikale → *Integration*, individuellere Produktgestaltung, Gruppenarbeit und Neugestaltung der zwischenbetrieblichen Verflechtungen. Als räumliches Charakteristikum des P. gilt das Entstehen von → *Clustern* kleinerer, selbstständiger Betriebe einer Branche (z. B. Silicon Valley, → *Drittes Italien*).

PostGIS Erweiterung für das Open-Source-Datenbankmanagementsystem → *PostgreSQL*, die geographische Objekte und Funktionen (z. B. Flächenberechnung und -verschneidung, Erstellung von → *Geometriedaten*, Analyse von → *Rasterdaten* und → *Vektordaten*) umfasst. PostgreSQL und P. bilden eine → *GIS*-kompatible → *Geodatenbank*.

Postglazial (Nacheiszeit) *postglacial*: identisch mit dem geologischen Zeitabschnitt des → *Holozäns*, gegenüber dem der Begriff P. klima- und landschaftsgeschichtlich gewichtet ist. Das Ende der letzten → *Eiszeit*, der → *Weichsel*- bzw. → *Würm-Kaltzeit*, geht mit dem → *Spätglazial* nahtlos in das P. über. Entscheidend ist der Klimawechsel, der durch eine sukzessive, aber immer wieder zurückschwingende Erwärmung gekennzeichnet ist. Charakteristisch für das P. sind 1. das endgültige Abschmelzen des → *Inlandeises* der → *Nordischen Vereisung*, 2. der Landschaftswandel im Gebiet des → *Periglazials* und 3. das sehr langsame Zurückschmelzen der Gebirgsvergletscherung der Alpen. Damit verschwand im → *Periglazialgebiet* die Tundrenvegetation, der zunächst Steppensowie Busch- und schließlich Waldvegetation folgten. Das Klimaoptimum des P. war das → *Atlantikum* (9250-5750 J. v. h.). Sein wärmeliebender Eichenmischwald stieg in den Gebirgen höher als heute hinauf. Die damalige → *Waldgrenze* in den Alpen lag ca. 200-300 m über der heutigen natürlichen Waldgrenze. Mit nachfolgender Klimaverschlechterung folgten im P. wieder z. T. extreme Kaltzeitabschnitte, z. B. die → *Kleine Eiszeit*, die in den Alpen zum Vorrücken der → *Gletscher* bis in die Täler führte, die erst von ab 1850 an auf den heutigen Stand zurückwichen.

postglaziales Klimaoptimum → *Atlantikum*.

Postgres → *PostgreSQL*.

PostgreSQL (Postgres) freies und quelloffenes (Open-Source) objektrelationales Datenbankmanagementsystem (→ *Datenbank*). Mit der Erweiterung → *PostGIS* bildet P. eine → *GIS*-kompatible → *Geodatenbank*.

posthum *posthumous*: sind geologisch-tektonische Prozesse, bei denen ältere Strukturen wieder aufleben, z. B. zunächst zur Ruhe gekommene gebirgsbildende Vorgänge oder → *Faltungen*.

Posthumanismus *posthumanism*: eine philosophische Richtung, die eine Vorrangstellung des Menschen negiert und ihn als eine unter vielen anderen Spezies versteht. Damit verbunden ist die Ansicht, dass die Menschheit als biologische Spezies evolutionär bereits ihren Höhepunkt überschritten hat und nach und nach durch künstliche Intelligenz als dominante Lebensform ersetzt werden wird (→ *Cyborg*).

postindustrielle Gesellschaft *post-industrial society*: aus den 1970er-Jahren stammende Prognose zukünftiger Entwicklungen der Gesellschaft, die sich bereits weitgehend realisiert hat. Hauptbestandteil ist die bedeutende Position theoretischen → *Wissens*, auf dessen Grundlage sich wirtschaftliches

Stratigraphie	Stadiale und Interstadiale	Radiokohlenstoffjahre vor heute (kalibriert)	Vegetationszustand
H	Subatlantikum	2 450 – 0	**Wirtschaftswälder** Nadel- und Laubgehölze
O			
L	Subboreal	5 750 – 2 450	**Tannen- u. Buchenwälder** mit Fichte, Erle, Hasel
O	Atlantikum	9 250 – 5 750	**Eichenmischwälder** mit Hasel, Ulme, Linde
Z			
Ä	Boreal	10 120 – 9 250	**Kiefernwälder und Eichenmischwälder**
N	Präboreal	11 600 – 10 120	**Kiefernwälder** mit Birke und Hasel
S	Jüngere Tundrenzeit	12 680 – 11 600	**Aufgelichtete Wälder und Steppenheide** Kiefer, Wacholder, Ericaceen
P			
Ä	Alleröd-Interstadial	13 350 – 12 680	**Waldlandschaft** lichte Kiefernwälder mit Birken
T	Ältere Tundrenzeit	13 540 – 13 350	
W			
Ü	Bölling-Interstadial	13 670 – 13 540	**Wiederbewaldung** lichte Kiefern- und Birkenwälder, Zwergstrauchheiden
R	Älteste Tundrenzeit	13 800 – 13 670	**Kräutersteppe** Gräser, Kräuter, Wermut, Wacholder
M	Meiendorf	15 000 – 13 800	
HOCHWÜRM			

Postglazial

Wachstum, soziale Schichtung und technologische Entwicklung vollziehen. Maßgeblich sind ferner der Wandel vom → *industriellen Sektor* zum Dienstleistungssektor (→ *Tertiärisierung*), das Entstehen von neuen Branchen, Berufen und wissenschaftlichen Eliten. Wichtigster Input sind nicht mehr → *Rohstoffe*, sondern Informationen als zweckorientiertes Wissen. Dementsprechend erfährt die Informations- und Kommunikationsbranche einen deutlichen Aufschwung.

postindustrielle Stadt *post-industrial city*: → *Stadt*, deren wirtschaftlicher Fokus sich vom → *sekundären Sektor* zum → *Dienstleistungssektor* transformiert hat. Brachliegende Industrieflächen werden in Freizeitflächen umgewandelt, das → *Stadtbild* prägen Dienstleistungsangebote und → *Gentrifizierung*. Geringverdienende und neue Immigranten werden in die Vorstädte verdrängt.

postkeynesianische Theorie *post-Keynesian theory*: → *Wachstumstheorie*, die nachfrageorientiert ist und die Investitionstätigkeit als eine entscheidende Determinante des wirtschaftlichen Wachstums betrachtet. Die p. T. verknüpft den → *Einkommens-* mit dem → *Kapazitätseffekt*. Ein wesentlicher Grundgedanke ist, dass jede Investition den Kapitalbestand vermehrt und damit die Produktionskapazität der Wirtschaft (= gesamtwirtschaftliches Angebot) erweitert. Gleichgewichtswachstum ist dann gegeben, wenn die Gesamtnachfrage in gleichem Maße wie die Produktionskapazität zunimmt. In diesem Falle entsprechen sich Einkommens- und Kapazitätseffekt (→ *Keynesianismus*).

Postkolonialismus *postcolonialism*: eine interdisziplinäre Forschungsrichtung, die sich mit seit dem Ende des → *Kolonialismus* und → *Imperialismus* Mitte des 20. Jh. entwickelt hat. Insbesondere ab Mitte der 1970er Jahre entwickelten sich kritische Ansätze der vormals durchaus als positiv gesehenen Kolonialgeschichte. Einen wichtigen Beitrag lieferte Edward Saids Arbeit zum → *Orientalismus*. Postkolonialistische Arbeiten sind i. d. R. dem → *Poststrukturalismus* zuzuordnen und untersuchen die Prozesse der Dekolonisierung und die Entwicklung der politischen Souveränität der ehemaligen → *Kolonien* gegenüber den Kolonialmächten sowie das Fortbestehen imperialistischer Strukturen in den gesellschaftlichen Strukturen. Die Ansätze verfolgen i. d. R. ein konkretes emanzipatorisches Interesse: die Ergebnisse der Studien sollen diskursiv die Rekonstruktion des kulturellen Wissensbestandes der durch Kolonisierungskontexte geprägten Nationen oder Bevölkerungsgruppen stärken (→ *Diskurs*).

Postmaterialismus *postmaterialism*: Bezeichnung in den → *Sozial-* und → *Kulturwissenschaften* für die Einstellung eines Individuums oder einer sozialen Gruppe, die nach immateriellen Gütern strebt (z. B. Glück, Gesundheit, Freiheit, Bildung, Kultur, Umwelt- und Tierschutz) und die Erfüllung materieller Wünsche (→ *Konsum*) als gering erachtet.

Postmoderne *postmodernity*: zeitgeschichtlicher Begriff für eine Epoche nach der → *Moderne*, der sich jedoch nicht durchgesetzt hat. Die P. versteht sich als eine Kritik an der Moderne, ist zugleich Zeitdiagnose ab etwa der 1980er Jahre. Heute spricht man eher von → *Zweiter Moderne*.

postnormale Wissenschaft *post-normal science*: ein Konzept zur Anwendung von Wissenschaft in Bereichen, bei denen es um wichtige und dringende Entscheidungen geht und gleichzeitig jedoch die → *Unsicherheiten* sehr groß sind sowie gesellschaftliche Werte in Konkurrenz miteinander stehen und damit nicht eindeutig einzuschätzen sind (z. B. → *Klimawandel*, → *Überalterung* der Gesellschaft, → *Nachhaltigkeit*). Das Konzept wurde in den 1990er Jahren von Silvio Funtowicz und Jerome R. Ravetz vorgeschlagen und erhält in den letzten Jahren erhöhte Beachtung.

Poststrukturalismus *post-structuralism*: wie der → *Strukturalismus* eine Strömung, die Ende der 1960er Jahre v. a. in Frankreich entstanden ist. Der P. setzt sich mit dem Verhältnis von sprachlicher Praxis und sozialer Wirklichkeit auseinander und weist darauf hin, dass Sprache immer auch mit Machtverhältnissen verbunden ist und damit soziale Realität nicht nur abbildet, sondern auch selbst erzeugt. Die Unterschiede zum Strukturalismus sind nicht eindeutig und werden von einzelnen Autoren unterschiedlich bestimmt. Meist beziehen sie sich darauf, dass bestimmte theoretische oder methodische Annahmen nicht geteilt werden.

Postverkehr *postal service*: zusammenfassender Begriff für jene Leistungen im → *Nachrichtenverkehr*, die von der Post erbracht werden. Hierzu gehören die Beförderung von Briefen, Päckchen, Paketen, Zeitungen usw.. Das Fernmeldewesen, die Verbreitung von Hörfunk- und Fernsehprogrammen und der Postbankverkehr werden in manchen Staaten ebenfalls zum P. gezählt.

Potamal *potamal, bream zone*: 1. allgemein der Lebens- und Aktionsbereich des Flusses. 2. bioökologisch der Lebensraum eines Flusses. 3. in der → *Fließgewässergliederung* Mitteleuropas der sommerwarme, sandig-schlammige Abschnitt eines → *Fließgewässers* mit der → *Lebensgemeinschaft* des Potamons. Das P. gliedert sich in → *Barbenregion*, → *Brachsenregion*, → *Kaulbarsch-Flunder-Region*. Quellwärts schließt sich das Rhithral an.

potamogen *potamogenic*: geowissenschaftlich für „durch Flüsse entstanden".

Potamologie (Flusskunde) *potamology*: innerhalb der → *Hydrologie* und → *Hydrogeographie* die Flusskunde. Die P. untersucht und beschreibt Flusstypen, die Flussgestalt, den Aufbau von → *Einzugsgebieten*, den Wasserhaushalt und die → *Abflussregime* der Flüsse sowie die physikalischen und chemischen Eigenschaften des Flusswassers und die Schwebstoff- und Geröllführung (→ *Fließgewässer*).

Potenzial *potential*: allgemein die Möglichkeit zu einer Kraftentfaltung bzw. Leistungsfähigkeit bzw. Leistungsvermögen des → *Kompartiments* eines → *Systems*. Dabei kann es sich um → *natürliche*, → *anthropogene* oder technogene Systeme handeln. – in den Geo- und Biowissenschaften wird damit die Leistungsfähigkeit bzw. das Leistungsvermögen ökologischer Systeme gekennzeichnet, aber auch von → *Speichern*, die als → *Subsysteme* modelliert werden. Auch andere Parameter des → *Landschaftsökosystems*, die keinen Speichercharakter haben, können als P. ausgewiesen werden. Anwendung findet dies in der Landschaftsforschung (→ *Naturpotenzial*, → *Naturraumpotenzial*, → *Leistungsvermögen des Landschaftshaushaltes*) oder in der Hydrologie bzw. Hydroökologie (→ *Potenzialkonzept*). – in der → *Humanökologie* und → *Umweltchemie* werden auch → *toxische* P. ausgewiesen. Damit wird die Fähigkeit eines Stoffes oder eines sonstigen Parameters charakterisiert, toxische Wirkungen auszulösen oder zu entfalten. Für den Eintritt der Wirkung ist dann die → *Dosis* entscheidend. – in der Physik eine Größe, die ein Kraft- oder Geschwindigkeitsfeld kennzeichnet. Ihre Zu- und Abnahme hängen vom Ort (Potenzialgefälle) ab, womit sie Feldstärken (elektrisches Potenzial, → *Gravitationspotenzial*) oder die Geschwindigkeiten (Strömungspotenzial, Geschwindigkeitspotenzial) regeln.

Potenzialfaktoren *potential factors of production*: Faktoren,: die durch ihre Qualität und Quantität das → *Entwicklungspotenzial* einer Region mitbestimmen. Es lassen sich natürliche (z. B. → *Rohstoffe*, Gunstlagen) und kulturelle P. (z. B. → *Arbeitskräfte*, Kapitalstock) unterscheiden.

Potenzialfläche (Grundwasserdruckfläche) *potential surface*: gedachte Fläche, welche die Punkte ausgeglichenen Druckes zwischen Grundwasserkörper und → *Atmosphäre* miteinander verbindet. Bei → *ungespanntem Grundwasser* ist die P. mit dem → *Grundwasserspiegel* identisch, bei → *gespanntem Grundwasser* liegt sie höher als der Grundwasserspiegel (→ *Grundwasser*).

Potenzialfläche

Potenzialgradient *potential gradient*: Zunahme der elektrischen Feldstärke in der → *Atmosphäre* mit der Höhe. Der P. beträgt bei sog. schönem Wetter im ungestörten Feld etwa 100 Volt pro Meter. Bei → *Blitzeinschlägen* können dagegen einige Zehntausend Volt Spannung pro Meter erreicht werden.

Potenzialkonzept *soil water potential concept*: Theorie der Kräftewirkungen auf die Bewegungen des Bodenwassers (Infiltration, → *Sickerung*, Kapillaraufstieg), die sich mit dem Einfluss von Schwerkraft, Kapillarkraft, Matrixkraft, osmotischen Druck, hydrostatischem Druck und Auflastdruck auf das Verhalten des im Porensystem des Bodens befindlichen Wassers befasst (→ *Porengrößenbereiche*).

potenzielle Dichte (maximale Dichte) *potential: density*: höchstmögliche → *Bevölkerungs*- oder → *Wohndichte*, die unter Berücksichtigung des → *Lebensstandards* und der Lebensgewohnheiten der → *Bevölkerung*, der Wirtschaftskraft des Raumes, der Leistungsfähigkeit der öffentlichen Hand, des Ausbaus der → *Infrastruktur* und anderer Rahmenbedingungen für einen bestimmten Raum in Frage kommt (→ *optimale Dichte*). Wegen der Vielzahl der sich ändernden Rahmenbedingungen kann eine p. D. nicht für längere Zeit festgeschrieben werden und keine Allgemeingültigkeit beanspruchen.

potenzielle Evapotranspiration *potential: evaporation*: aufgrund der klimatischen Gegebenheiten maximal mögliche → *Verdunstung* durch die Pflanzendecke, die Bodenoberfläche oder eine offene Wasserfläche. Die p. E. wird real nur erreicht, wenn der Boden ständig ausreichend Wasser nachliefern kann (→ *Bodenfeuchte*, → *Bodenwasser*).

potenzielle natürliche Raumeinheit *potential natural areal unit*: im Sinne der → *potenziellen natürlichen Vegetation* diejenigen landschaftsökologischen Inhalte eines Raumes repräsentierend, die am Ende der Entwicklung eines → *Ökosystems* stehen, wenn es noch nicht oder nicht mehr in seiner → *abiotischen* und → *biotischen* Ausstattung und Funktionalität → *anthropogenen* Einflüssen unterlegen ist bzw. unterliegt.

potenzielle natürliche Vegetation (PNV) *potential natural vegetation*: hypothetische → *Klimax*-Vegetation, die sich in einem Gebiet unter den heutigen Umweltbedingungen, aber ohne fortdauernde menschliche Einflüsse einstellen würde.

potenzielle Verdunstung *potential evaporation*: aufgrund der klimatischen Gegebenheiten (→ *Temperatur*, → *Luftfeuchtigkeit*, → *Wind* usw.) mögliche → *Verdunstung*.

ppm *parts per million*: Maßeinheit zur Angabe geringer Konzentrationen von Stoffen

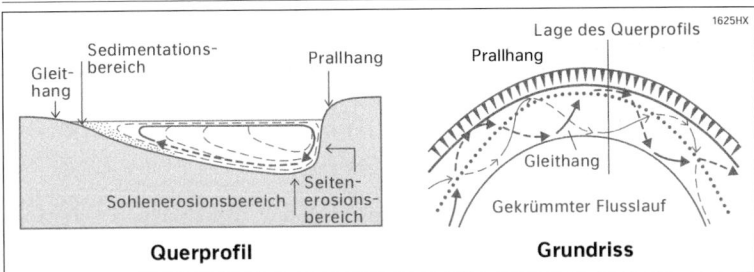

Prallhang

in der Umwelt. Ein ppm eines bestimmten Stoffes entspricht dem millionsten Teil des Stoffgemenges, in dem der untersuchte Stoff vorhanden ist = 1 Teil auf 1 Million Teile, z. B. 1 Milligramm pro Kilogramm (mg/kg).

PPP → *Public Private Partnership*.

Präboreal *Preboreal [time]*: ältester Zeitabschnitt des → *Postglazials*, ab dem es zur endgültigen Ausbreitung von Wäldern in Mitteleuropa kam. Diese frühpostglaziale Birken-(Kiefern-)Zeit zeichnet sich durch das Zurückdrängen der → *Tundren* der → *Dryas* zugunsten von Birken, Kiefern und Haselstrauch aus. Das P. dauerte von ca. 11 600 bis 10 600 J. v. h.. Das ist die Zeit des → *Yoldiameeres* in der Ostsee, sie gilt als → *Finiglazial*.

Prachtstraße *boulevard*: Bezeichnung für eine vom Architektonischen und von den Angeboten des Handels und des → *Dienstleistungssektors* her repräsentative Straße in einer → *Großstadt*. P. sind Anziehungspunkte für Einheimische und Touristen, z. B. der Kurfürstendamm (Berlin) oder die Champs Elysées (Paris).

Präferenzabkommen *preference agreement*: Abkommen zwischen Ländern, das gegenseitige und nichtgegenseitige Handelsvergünstigungen, also Vorzugsbedingungen bei → *Zöllen* und → *nichttarifären Handelshemmnissen*, vorsieht. Drittländer sind von diesen Präferenzen für gewöhnlich ausgeschlossen. Als beispielhaft gelten die Handelspräferenzen, welche die → *EU* den → *AKP-Staaten* gewährt.

Präferenzprofil (Standortpräferenzprofil) *preference profile*: Methode der → *betrieblichen Standortplanung*, wobei konkrete Standortanforderungen definiert und diese anschließend entlang eines mehrstufigen Prozesses mit den Eigenschaften ausgewählter → *Raumeinheiten* abgeglichen werden. Die Entscheidungsfindung wird dabei zunächst durch ein rational-ökonomisches Ausschlussverfahren vorangetrieben, wobei von großräumigen Betrachtungen zum Abgleich von → *Mikrostandorten* übergeleitet wird. Bei der endgültigen Standortfestlegung stehen oft persönliche Motive der Entscheidungsträger im Vordergrund (→ *Profilmethode*, → *Scoring-Methode*).

Pragmatismus *pragmatism*: eine in den USA entwickelte philosophische Denkrichtung, die in der menschlichen Praxis die theoretische Fundierung der → *Erkenntnistheorie* und → *Ontologie* sieht. Im P. wird die Bedeutung eines Gedankens durch die praktischen Wirkungen einer alltagsweltlichen Handlung oder auch eines natürlichen Ereignisses der Lebenswelt bestimmt. Innerhalb der Wissenschaftstheorie ist der P. dem → *Relativismus* zuzuordnen, da sich die → *Wahrheit* einer → *Theorie* an ihrem praktischen Erfolg bemisst (→ *Viabilität*). In der Geographie hat der P. bislang v. a. in der Debatte um die Beziehungen zwischen Gesellschaft und Umwelt Eingang gefunden.

prähistorisch *prehistoric*: der vorgeschichtlichen Zeit angehörend, bezieht sich auf die Zeit, als es noch keine Schrift gab.

Prairie → *Prärie*.

Präkambrium *Precambrian*: Zeitabschnitt vor dem → *Kambrium* und damit vor dem → *Paläozoikum*, der 542 Mio. J. v. h. endete und der – wegen seiner langen Dauer – in verschiedene Abschnitte gegliedert wird. Das P. untergliedert sich in das Archaikum, das vor ca. 2,5 Mrd. J. v. h endete, und das Proterozoikum.

Prallhang *undercut slope*: mehr oder weniger steiles Unterschneidungsufer an Flüssen, wo die Strömung an der Außenseite einer Krümmung gegen den → *Hang* prallt und Abtrag leistet. Bei gleichzeitiger → *Tiefenerosion* entwickelt sich gegenüber dem P. in der Innenkrümmung des Flussbogens der → *Gleithang*, an dem sedimentiert wird. Erfolgt → *Seitenerosion* ohne gleichzeitige Tiefenerosion, wird anstelle des Gleithanges nur der ebene Talboden verbreitert.

Prärie (Prairie) *prairie*: Sammelbezeichnung für verschiedene Typen der → *Steppen* Nordamerikas, die sich von Kanada bis an den Golf von Mexico erstrecken. Ökologisch differenzierend wirkt, dass die P. von Ost nach West als → *Flachform* bis auf 1600 m ü.M. ansteigt. In gleicher Richtung nehmen die Niederschläge ab, während die Temperatur von Nord nach Süd zunimmt. Unterschieden werden → *Langgrasprärie*, → *Gemischte P.* und → *Kurzgrasprärie*, die mit zunehmender Aridität nach Westen aufeinander folgen, die aber innerhalb jeder Zone ein floristisches Nord-Süd-Gefälle erkennen lassen.

Prävernal-Aspekt *prevernal aspect*: Bestandteil der → *Aspektfolge*. Der P.-A. beschreibt in der nördlichen gemäßigten (→ *nemoralen*) Zone den Vorfrühling von März bis April.

Präzession *precession*: durch Anziehungskräfte der → *Sonne* und des → *Mondes* hervorgerufene, kreiselartige Drehung der Erdachse um die Senkrechte auf der Erdbahnebene. Eine volle Umdrehung der P. dauert etwa 26 000 Jahre. Die P. führt zu einer langfristigen scheinbaren Verschiebung der Fixsterne (→ *Milanković-Zyklen*).

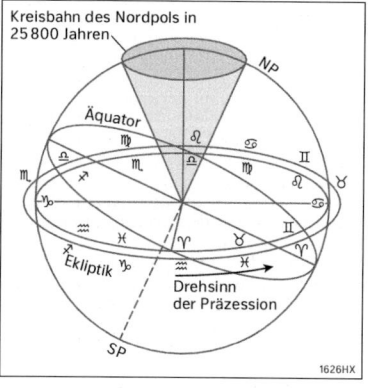

Präzession

Precision Agriculture → *Precision Farming*

Precision Farming (Precision Agriculture) Managementkonzept in der → *Landwirtschaft* auf der Grundlage hochmoderner Maschinensensorik und → *Geodaten* bzw. → *Geoinformation*. Durch die Kopplung von Landwirtschaftsmaschinen mit → *Fernerkundungsdaten*, v. a. → *GPS*-Daten, können für spezifische landwirtschaftliche Parameter nützliche Informationen (teil)schlagbezogen → *kartiert* werden. Diese Parameter sind bspw. Bodengüte (Fruchtbarkeit, Salzgehalt, Bodentiefe, → *pH-Wert*), Pflanzenbestand (Dichte, Höhe, Chlorophyllgehalt), Schäden (Pilzbefall, Unkraut) und → *Relief*.

Preisindex *price index*: Messziffer zur Darstellung der Preisveränderung für ein → *Gut* oder eine Gütergruppe (z.B. → *Warenkorb*) über einen längeren Zeitraum. Die Quantifizierung erfolgt über die regelmäßige Erfassung der durchschnittlichen Preise. Der P. gibt die prozentuale Veränderung eines Preises gegenüber dem Preis eines Ausgangszeitpunktes an. Letzterer wird = 100 gesetzt. Nimmt der Preis in der Folgezeit ab, liegt der P. unter 100, nimmt dieser zu, geht er entsprechend über 100 hinaus. Mithilfe des P. kann auch die Preisentwicklung bei verschiedenen Gütergruppen leichter miteinander verglichen werden. Die amtliche Statistik errechnet auf der Grundlage eines bestimmten Verbrauchsschemas, dem sog. Warenkorb, die Veränderung der Lebenshaltungskosten und stellt diese anhand des P. dar (→ *Lebenshaltungskostenindex*).

Preisindex für die Lebenshaltung → *Lebenshaltungskostenindex*.

Preiskartell *price cartel*: vertragliche Vereinbarung zwischen den Mitgliedern eines → *Kartells* mit Blick auf die Festsetzung von Preisen und Verkaufsbedingungen. Ein P. bildete lange Jahre die → *OPEC*, wodurch die Mitglieder daran gebunden waren, das Rohöl nicht unter dem in der Vereinbarung getroffenen Preis zu verkaufen.

Preispolitik *pricing policy*: betriebliche → *Strategie*, um über eine bewusste Preisgestaltung den Absatz der Produkte zu fördern.

Prekariat *precariat*: ein relativ neuer Begriff in der → *Soziologie* für eine soziale Gruppe, die in sich inhomogen ist, jedoch durch → *Unsicherheiten* in der → *Erwerbstätigkeit* und damit durch sozialen Abstieg oder die Bedrohung von sozialem Abstieg gekennzeichnet ist. Das P. liegt quer zu der üblichen gesellschaftlichen → *Schichtung*, da auch Menschen mit hohen Bildungsabschlüssen nicht vor befristeten oder anderweitig auf Widerruf gestellten Beschäftigungsverhältnissen geschützt sind. Manche sehen im P. das neue → *Proletariat* (→ *Unterschicht*), dem jedoch politisch nichts zugetraut wird, da es sich um eine anonymisierte, zersplitterte Masse ohne Klassenbewusstsein handelt. Vielmehr ist das P. ein Ausdruck der „negativen → *Individualisierung*", das sich in Begriffen des Mangels (an Status, Sicherheit, gesicherten Gütern und stabilen Beziehungen) manifestiert.

Pressung *compression*: geotektonische → *Störung*, die bei Krustenbewegungen entsteht. P. verursachen → *Falten*, → *Überschiebungen* und → *Blattverschiebungen*.

pre-take-off *pre-take-off*: zweite Phase in der → *Stadientheorie* von W. W. Rostow. Es ist die Vorstufe zum → *take-off*. In der Phase des p.-t.-o. weist die Wirtschaft bereits eine geringe Maschinenausstattung, verbesserte Transportsysteme, Ansätze für einen

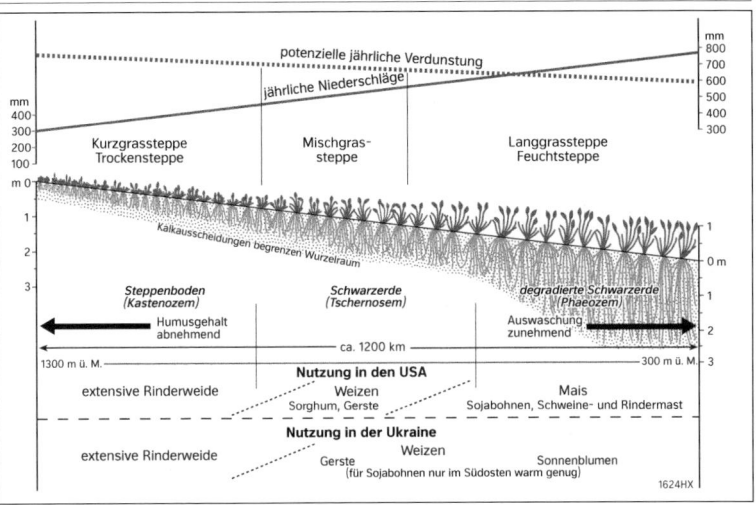

Prärie

Kapitalmarkt und eine merkliche Zunahme des Güteraustausches auf.

Priel (Balje, Piep, Ley) *marsh creek, wash-out, gully, slough, tidal inlet*: Zu- und Abflussrinnen für den → *Gezeitenstrom* im → *Watt*, wobei sich Formen ähnlich der → *Fluvialdynamik* ausbilden, die trotz der regelmäßigen → *marinen* Überflutungen relativ ortsstet sind. Die → *Balje* gilt nur als größere Form des P..

Primärdaten (Rohdaten) *primary data*: die unmittelbar bei der Datenerhebung gewonnenen Daten. Ausgewertete von den P. abgeleitete Daten werden als → *Sekundärdaten* bezeichnet.

Primärdüne → *Vordüne*.

primäre Lagerstätte → *Primärlagerstätte*.

Primärehe *first marriage*: erste eheliche Verbindung, die eine Person eingeht. In der → *Völkerkunde* ist die Unterscheidung zwischen P. und weiteren Ehen bedeutsam, da bei vielen Völkern hierfür unterschiedliche Regelungen gelten.

Primärenergie (Rohenergie) *primary energy*: diejenige Energie, die in den natürlichen Energieträgern (→ *Primärenergieträger*) gespeichert ist (→ *Endenergie*, → *Nutzenergie*, → *Sekundärenergie*).

Primärenergieträger *primary energy source*: die in der Natur in ihrer ursprünglichen Form dargebotenen → *Energieträger*, z.B. → *Steinkohle*, → *Braunkohle*, → *Erdöl*, → *Erdgas*, Holz, → *Kernbrennstoffe*, Wasser, Sonne und Wind.

primärer Sektor *primary sector*: derjenige Teil (→ *Wirtschaftssektor*) der Gesamtwirtschaft, der sich mit der → *Urprodukti*on von → *Rohstoffen* befasst. Dazu zählen → *Landwirtschaft*, → *Forstwirtschaft*, Fischerei und der reine → *Bergbau* (ohne Aufbereitung). (→ *sekundärer Sektor*, → *tertiärer Sektor*, → *quartärer Sektor*).

Primärerhebung *primary data collection*: in der empirischen → *Sozialforschung* die Erhebung von neuen, bisher noch nicht erfassten Daten (→ *Sekundärerhebung*).

primäres Milieu *primary environment, primary milieu*: bezeichnet den Zusammenhang der Geoökofaktoren im → *Geoökosystem* als Basis für die → *Nutzung* der Landschaft durch den Menschen im → *sekundären Milieu*.

primäres Ökosystem *primary ecosystem*: bezieht den Begriff → *primäres Milieu* auf das → *Ökosystem* bzw. → *Geoökosystem* und umfasst die Gesamtheit der im Ökosystem vorhandenen → *biotischen* und → *abiotischen Faktoren*, die miteinander ein → *Wirkungsgefüge* bilden. Dabei zeigen die biotischen Bestandteile adaptive Reaktionen auf die abiotischen Faktoren. Das p. Ö. bleibt durch Selbstregulation funktionsfähig.

Primärförderung *primary extraction*: erste Phase der Förderung von → *Erdöl*. Bei der P. wird der Druck ausgenutzt, den über dem Öl liegendes oder im Öl gelöstes → *Erdgas* sowie das im Untergrund befindliche Wasser ausüben. Dieser Druck presst das Rohöl durch Steigleitungen in den Bohrungen an die Erdoberfläche. Reicht er schließlich nicht mehr aus, verwendet man Förderpumpen. Je nach Gesteinseigenschaften und Druckverhältnissen in der → *Lagerstätte* kann man mit

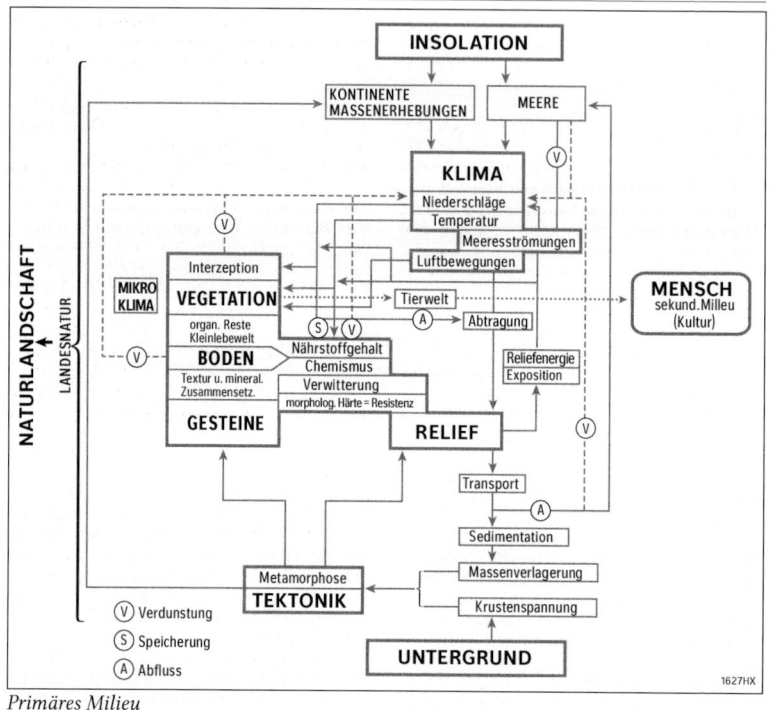

Primäres Milieu

P.-Methoden i. Allg. jedoch nur zwischen 5 und 40% des tatsächlich vorhandenen Öls gewinnen (→ *Entölungsgrad*). Der allergrößte Teil bleibt ungenutzt im Untergrund zurück (→ *Sekundärförderung*, → *Tertiärförderung*).

Primärgefüge *primary fabric*: in der → *Petrologie* Bezeichnung für das bei der Gesteinsbildung ursprünglich auftretende bzw. sich bildende Gefüge (→ *Gesteinsgefüge*).

Primärhöhle *primary cave*: → *Höhle*, deren Entstehung zeitgleich mit der Gesteinsbildung stattfindet. P. sind z.B. Tuffhöhlen im → *Kalktuff*, Riffhöhlen in → *Korallenriffen* und → *Lavahöhlen* (→ *Sekundärhöhle*).

Primärkreislauf *primary cycle*: in → *Kernreaktoren* (→ *Druckwasserreaktor*) geschlossener Teil eines Kühlsystems, der die im Reaktor entstehende Wärme aufnimmt und an den Sekundärkreislauf weitergibt. Die Trennung von P. und Sekundärkreislauf hat den Vorteil, dass die Gefahr einer → *Kontamination* des Abwassers relativ gering bleibt.

Primärlagerstätte (primäre Lagerstätte) *primary: deposit*: genetisch diejenige → *Lagerstätte*, die in ihrer ursprünglichen Form erhalten geblieben ist und keine Materialumlagerung erfahren hat (→ *Sekundärlagerstätte*). Die P. werden untergliedert in syngenetische Lagerstätten (magmatische L., sedimentäre L.) und epigenetische Lagerstätten (Gang-L., Verdrängungs- und Kontakt-L., Verwitterungs-L.).

Primärminerale *primary minerals*: durch Verwitterungsprozesse unveränderte, aus den Gesteinen stammende → *Minerale* im Boden (→ *Sekundäre Minerale*).

Primärporen *textural pores*: durch die Korngrößenzusammensetzung und die Kornform bedingte Bodenporen, d.h. die Poren der durch äußere Einflüsse unveränderten Bodenmatrix (→ *Sekundärporen*, → *Porenvolumen*, → *Porengrößenbereiche*).

Primärproduktion (Urproduktion) *primary production*: Menge der → *Biomasse*, die von den grünen Pflanzen aus → *anorganischen* Verbindungen während einer bestimmten Zeitspanne aufgebaut wird, oder allgemeiner die Rate der Energiefixierung durch

→ *Photosynthese* (an Spezialstandorten auch durch Chemosynthese). Der P. gegenüber steht die → *Sekundärproduktion*. Die Gesamtassimilation entspricht dabei der → *Brutto-P.*, während der → *Netto-P.* die Gesamtassimilation minus dem veratmeten Anteil entspricht.

Primärproduzenten *primary producers*: alle Organismen, die aus → *anorganischen* Grundstoffen durch → *Photosynthese* oder Chemosynthese → *organische Substanz* produzieren.

Primärrohstoff *primary raw material*: neu (im Wesentlichen aus der Natur) gewonnene → *Rohstoffe*, die dem Produktionsprozess zugeführt werden (→ *Sekundärrohstoff*).

Primärrumpf (Trugrumpf) *primary peneplain*: in der Theorie des → *Erosionszyklus* am Anfang der Formenreihe stehend und damit eine → *Rumpffläche*, die sich vom → *Endrumpf* dadurch unterscheidet, dass sie nicht am Ende der → *Abtragung* eines Gebirges steht, sondern schon dann existiert, wenn eine tektonisch sich langsam hebende → *Scholle* sofort wieder abgetragen wird, ohne dass größere Reliefunterschiede vorausgesetzt werden, wie das bei Gebirgen der Fall ist.

Primärwald *primary forest*: als Erstbesiedlung geltender → *Naturwald*, der keine wesentliche (primärer → *Urwald*) oder allenfalls eine schwach spürbare → *anthropogene* Veränderung (anthropogen veränderter P.) erfahren hat.

primate city → *Primatstadt*.

Primatstadt *primate city*: → *Großstadt*, oft die → *Hauptstadt*, die alle anderen → *Städte* des betreffenden Landes an Einwohnerzahl und Wirtschaftskraft weit übertrifft und im Sinne einer → *Metropole* in ihrer Größenordnung allein steht. P. haben sich teils historisch entwickelt, insb. in zentralistisch regierten Staaten (z. B. Athen, Kopenhagen, Lissabon), teils sind sie das Ergebnis neuerer Entwicklungspolitik und der starken → *Landabwanderung* in → *Entwicklungsländern*.

Primatstruktur *primate structure*: → *Siedlungsstruktur* eines Landes, die durch das Vorhandensein eines sehr großen städtischen Zentrums (→ *Primatstadt*), meist der → *Hauptstadt* und des Haupthafens, und das weitgehende Fehlen von → *Mittelstädten* gekennzeichnet ist. Die Aktivitäten des sekundären und tertiären Wirtschaftssektors konzentrieren sich in einem Land mit P. sehr stark auf die Primatstadt (z. B. Paris innerhalb Frankreichs).

Principal-Agent-Theorie *principal agent theory*: ein Konzept zur Erklärung der Leistungsbeziehungen zwischen Auftraggeber (Principal) und Auftragnehmer (Agent). Ziel ist es, die auf einer unterschiedlichen Informationsverteilung zwischen den Akteuren beruhenden → *Transaktionskosten* durch Verträge zu minimieren (→ *Neue Institutionenökonomik*).

Prinzip der Gleichwertigkeit verschiedener Umweltwirkungen (Rübels Prinzip) *Rübel's principle*: besagt, dass durch verschiedene ökologische Faktoren die gleiche Wirkung erzielt werden kann (z. B. kann Nordexposition die gleiche Wirkung auf Organismen haben wie hohe Niederschläge).

Prinzip der Komplexitätsreduzierung *principle of complexity reduction*: Grundsatz, der nach dem → *verhaltenstheoretischen Ansatz* bei der → *Standortwahl* eine bestimmte Vorgehensweise nach sich zieht. Neben anderen Prinzipien (→ *Prinzip der Nähe*, → *Prinzip der Suchaufwandsminimierung*) betrifft das P. d. K. v. a. den geographischen Maßstab einer Standortentscheidung. Besonders bei größeren Unternehmen geht der Suchprozess mehrstufig vor sich, meist in drei Stufen: 1. Es wird eine internationale Standortentscheidung getroffen (Makroraum). Vorrangig sind hier Fragen des Investitionsklimas, d. h. politische und ökonomische Faktoren eines Landes. 2. Weiter folgt die Entscheidung über eine bestimmte Region. Dabei sind Überlegungen bezüglich des Marktes besonders wichtig. 3. Schließlich befasst man sich mit der lokalen Standortentscheidung. Bei ihr spielen Kostenüberlegungen bezüglich Boden/Miete bzw. Verfügbarkeit der industriellen Infrastruktur oder der Arbeitskräfte eine entscheidende Rolle.

Prinzip der Nähe *proximity principle*: Grundsatz, der nach dem → *verhaltenstheoretischen Ansatz* bei der → *Standortwahl* eine bestimmte Vorgehensweise nach sich zieht. Neben anderen Prinzipien (→ *Prinzip der Komplexitätsreduzierung*, → *Prinzip der Suchaufwandsminimierung*) betrifft das P. d. N. v. a. die Bevorzugung von → *Standorten*, die zum Wohnstandort oder zum alten Betriebsstandort nur geringe Entfernungen aufweisen. Entscheidungsträger verfügen mit ihren mental maps (→ *kognitive Karte*) über Raumkenntnisse, deren Güte i. d. R. mit der Entfernung rasch abnimmt. Wächst die Entfernung, so beschränken sich die Kenntnisse zunehmend auf wenige Gebiete, die durch persönliche Kontakte, Geschäftsbeziehungen oder durch die Medien dem Entscheidungsträger bekannt sind. Neugründungen werden demzufolge vorzugsweise in Wohnstandortnähe, Verlagerungen in das Umfeld des alten Betriebes vorgenommen.

Prinzip der Suchaufwandsminimierung *information search minimization principle*: Grundsatz, der nach dem → *verhaltenstheoretischen Ansatz* bei der → *Standortwahl* eine bestimmte Vorgehensweise nach sich zieht. Neben anderen Prinzipien (→ *Prinzip der Komplexitätsreduzierung*, → *Prinzip der Nähe*) betrifft das P. d. S. v. a. das Potenzial an verfügbaren Informationen. Unternehmen besitzen nur über wenige potenzielle → *Standorte* ausreichend Informationen. Darauf basierend entsteht eine subjektive Vorauswahl. Das weitere Sammeln und Bewerten von Standortinformationen ist zeitintensiv und verursacht zusätzliche Kosten, die vermieden werden sollen. Aus diesem Grund reduziert sich die Zahl der potenziellen Standorte in einem weitaus größeren Maße, als dies aus objektiver Sicht geboten erscheint.

Prismengefüge *prismatic structure*: grobes → *Bodengefüge* aus stehenden kantigen Säulen mit Durchmessern von einigen Zentimetern bis etwa 2 dm.

private Belange *private interest*: im Zusammenhang der → *Raumplanung* die aus dem Grundeigentum oder eigentumsgleichen Rechten resultierenden Interessen bzw. Interessen anderer Beteiligter wie Mieter und Pächter, die im Zusammenhang mit einer Planung stehen (→ *öffentliche Belange*).

private equity *außerbörsliches Eigenkapital*: Form der Kapitalbeteiligung durch private Anleger über den nicht-geregelten, außerbörslichen Markt. P.-e.-Beteiligungen sind auf wenige Jahre befristete Anlagen und zielen auf einen gewinnbringenden Wiederverkauf des Investments ab. Begehrte Anlagegegenstände sind Unternehmen, welche entweder als stark unterbewertet oder als überdurchschnittlich wachstumsstark in einer attraktiven Branche gelten.

privater Raum *private space*: bezeichnet Räume, die nicht einer Allgemeinheit zugänglich sind (wie → *öffentlicher* oder → *halböffentlicher Raum*), sondern nur einem Individuum oder einer eingegrenzten Gruppe von berechtigten Personen, die untereinander in einem Vertrauensverhältnis stehen. Was als p. R. und was als öffentlicher Raum gilt, kann in verschiedenen Kulturen und auch zwischen → *sozialen Gruppen* stark variieren.

Privathaushalt *private household*: alleinstehende und -wirtschaftende Person (→ *Einpersonenhaushalt*) oder Gruppe von Personen, die eine Wohn- und Wirtschaftsgemeinschaft bilden (→ *Haushalt*) und nicht in einer Anstalt leben (→ *Anstaltshaushalt*). Zwischen den Mitgliedern eines P. bestehen häufig eheliche, partnerschaftliche oder verwandtschaftliche Beziehungen.

Privatinvestition *private investment*: im internationalen Kapitalverkehr eine Kapitalanlage, die von einem Investor (privater Unternehmer oder juristische Person, z.B. Aktiengesellschaft) als gewinnorientierte privatwirtschaftliche Tätigkeit vollzogen wird. Um einem möglichen wirtschaftlichen und politischen Einfluss ausländischer Investoren entgegenzuwirken, sind in manchen Anlageländern ausländische Beteiligungen am Gesamtkapital eines Unternehmens auf 49% des Kapitals begrenzt (→ *Direktinvestition*).

Privatisierung *privatization*: Überführung von in staatlichem Besitz stehenden Unternehmen (→ *öffentliche Unternehmung*, → *öffentliche Versorgungsunternehmen*) oder von Anteilen daran in den privaten Sektor einer → *Volkswirtschaft*. Durch P. entstehen neue Märkte für private Anbieter unter Wettbewerbsverhältnissen (in der Vergangenheit v. a. in den Bereichen Energiewirtschaft, Telekommunikation, → *Infrastruktur*). Mit der P. eng verbunden ist die → *Deregulierung*.

Privatwald *private woodland, private forest*: → *Wald*, der sich im Eigentum von Einzelpersonen, Personen- oder Religionsgemeinschaften befindet (→ *Körperschaftswald*).

probabilistisch *probabilistic*: Kausalverknüpfungen, in denen keine → *deterministischen* Effekte festzustellen sind und stattdessen Ereignisse und Erscheinungen in bestimmten Formen und zu bestimmten Zeitpunkten an einem geographischen Ort nur wahrscheinlich oder möglich sind. → *Systeme* in der Geographie, wie z.B. → *Geoökosystem* oder → *Landschaftsökosystem*, gehören zu den probabilistischen Systemen, die sich i.d.R. durch eine große Anzahl von Randbedingungen und durch starke Differenzierungen im Laufe ihrer Entwicklung auszeichnen und bei denen keine eindeutigen → *Kausalitäten* festgestellt werden können.

Proband *test person, proband*: Versuchsperson oder Testperson einer wissenschaftlichen Untersuchung. Auch Interviewpartner in einer → *Befragung* werden als P. bezeichnet.

Problemgebiet *problem: area*: Raum mit einer derart ungünstigen Struktur, dass eine ausgewogene wirtschaftliche Entwicklung kaum mehr möglich ist und die Lebensbedingungen für die → *Bevölkerung* unter dem für die Gesamtgesellschaft üblichen Standard liegen. P. sind durch verschiedene Indikatoren gekennzeichnet, z.B. niedrige → *Bevölkerungsdichte* in Verbindung mit einer weiteren Abnahme der Bevölkerung, geringe → *Realsteuerkraft*, niedriges → *Bruttoinlandsprodukt* und eine überdurchschnittlich hohe Arbeitslosenquote. P. können sich aus einer wirtschaftlichen Monostrukturierung ergeben, sie können aber auch aus ökologischen Fehlentwicklungen (z.B. hohe Umweltbelastung) heraus entstehen.

Produktdifferenzierung *product differentiation*: Veränderung des Produktangebots auf dem → *Markt*. Es lassen sich unterscheiden:
– horizontale P., wenn die Ware sachlich oder technisch in einer anderen Form gestaltet oder verpackt wird, verglichen mit dem Konkurrenzprodukt. – vertikale P., wenn das Produkt so umgestaltet wird, dass es in verschiede-

nen Preisklassen auf dem Markt angeboten wird. – temporale P., wenn das Produkt aus Absatzgründen modischen Trends angepasst wird. P. ist z. B. für die Bekleidungsindustrie sehr bedeutsam.

Produktenhandel *produce trade*: ältere Bezeichnung für den Handel mit heimischen landwirtschaftlichen Erzeugnissen, wie Getreide, Kartoffeln oder Futtermittel.

Produktinnovation *product innovation*: Prozess der → *Innovation*, bei dem ältere durch neuartige Produkte verdrängt werden.

Produktion *production*: – i. e. S. die Erzeugung von → *Sachgütern*, d. h. die Gewinnung, Bearbeitung und Verarbeitung von materiellen → *Gütern* im → *primären* und → *sekundären Sektor*. Es ist zu unterscheiden zwischen der zum Absatz bestimmten P. und der Gesamtproduktion. Bei den Reparaturen, Lohnveredlungsarbeiten, Montagen usw., die auch als Produktion statistisch erhoben werden, handelt es sich um Arbeiten für andere Unternehmen (Zulieferung). – i. w. S. zählt zur P. auch die Leistungserstellung im → *tertiären Sektor*. In diesem Falle wird der Begriff P. als produktive Leistung (→ *Dienstleistungen*) verstanden, bei der nicht nur neue Sachgüter erzeugt, sondern insgesamt neue Werte geschaffen werden. – in der Ökophysiologie die in einer bestimmten Zeitspanne durch → *Photosynthese* gewonnene Menge an Biomasse (→ *Primärproduktion*).

Produktionsanlage *production facilities, production plant*: technische Einrichtung zur Sachgüterproduktion. Größere P. sind meist in dafür eigens gebauten Hallen aufgestellt und werden als Fabrikanlagen bezeichnet.

Produktionsbiologie (Produktionsökologie) *production biology*: erforscht die → *Produktion* von Stoffen und Energie in → *Ökosystemen*. An diesem Produktionssystem sind → *Produzenten*, → *Konsumenten* und → *Reduzenten* beteiligt (→ *Primärproduktion*, → *Sekundärproduktion*, → *Nahrungskette*).

Produktionsbreite *production range, product diversification*: die Vielfältigkeit der Produkte im → *Produktionsprogramm* eines Betriebs (→ *Produktionstiefe*).

Produktionselastizität *elasticity of production*: die Anpassungsfähigkeit der betrieblichen Organisation. Die P. stellt das Verhältnis einer relativen Änderung des Ausstoßes zur relativen Änderung der entsprechenden Einsatzmenge dar.

Produktionsfaktoren *factors of production*: unverzichtbare Grundlagen der → *Güterproduktion*. Die klassischen P. sind → *Arbeit*, → *Boden* und → *Kapital*. Im weiteren Sinn. sind alle für eine Produktion maßgeblichen Faktoren als P. zu betrachten, z. B. natürliche Hilfsquellen, Unternehmerleistung, Erfindergeist usw.. In der → *BWL* wird üblicherweise zwischen Elementarfaktoren und dem dispositiven Faktor (Unternehmensführung, Planung, Organisation und Kontrolle) unterschieden. Die Elementarfaktoren können unterteilt werden in Repetierfaktoren, u. a. → *Werkstoffe*, sowie → *Potenzialfaktoren* (menschliche Arbeit, Maschinen).

Produktionsfläche *production area*: jene Fläche, auf der eine bestimmte Produktionsleistung erbracht wird. In der → *Landwirtschaft* entspricht die P. der landwirtschaftlich genutzten Fläche. Beim → *produzierenden Gewerbe* ist es schwieriger, die P. exakt festzulegen. Hier ist zu berücksichtigen, dass u. U. in mehreren Geschossebenen produziert wird bzw. Produktionsnebenflächen (Lagerplätze, Parkraum für Transportfahrzeuge usw.) schlecht erfassbar sind (→ *Flächenbedarf*).

Produktionsfunktion *production function*: funktionale Beziehung zwischen dem mengenmäßigen Produktionsertrag und dem Umfang der zur Produktion eingesetzten → *Produktionsfaktoren*. Es werden einzel- und gesamtwirtschaftliche P. unterschieden. Die einzelwirtschaftlichen P. beziehen sich auf bestimmte → *Güter*, die gesamtwirtschaftlichen P. auf das gesamte reale → *Sozialprodukt*.

Produktionsgenossenschaft *production cooperative*: 1. In marktwirtschaftlichen Systemen führen P. u. a. die Be- oder Verarbeitung sowie → *Vermarktung* der → *Rohstoffe* bzw. Produkte ihrer P.-Mitglieder, wodurch die oft als Kleinbetriebe geführten Mitglieder → *economies of scale*: und *economies of scope*: aber auch eine Risikominimierung sowie höhere Qualitätsziele besser erreichen können. Erfolgreiche Beispiele sind Molkerei-, Winzer-, Obstgenossenschaften. 2. Genossenschaft, bei de→ *r die in der Produktion Tätigen* sich als Genossen verstehen, d. h. die Funktionen des Arbeitgebers und des Arbeitnehmers sich vereinigen. In kommunistischen bzw. sozialisti→ *schen Ländern* sind diese häufig ein wesentlicher Bestandteil der Wirtschaft (Landwirtschaftliche Produktionsgenossenschaft).

Produktionsgut *industrial good*: diejenigen Güter, die nicht für den Endverbraucher bestimmt, sondern für den Einsatz in der → *Investitionsgüter*- oder → *Konsumgüterindustrie* (als Rohmaterialien und Halbfabrikate) zur Weiterverarbeitung vorgesehen sind.

Produktionsgüterindustrie *industrial goods industry*: jene → *Industriezweige*, die Rohmaterialien oder → *Halbfertigwaren*, nicht aber → *Fertigwaren* herstellen. Die Produkte der P. werden in nachgelagerten Produktionsstufen zu Fertigerzeugnissen weiterverarbeitet (→ *Grundstoff- und Produktionsgüterindustrien*).

Produktionsindex *production index*: monatlich erhobener Konjunkturindex (→ *Konjunktur*) der industriellen → *Nettoproduktion* mit einer tiefen Untergliederung nach → *Wirtschaftszweigen*.

produktionsintegrierter Umweltschutz (PIUS) *production-integrated environment protection*: ausgehend von der „Guten fachlichen Praxis" und unter Einsatz der „Besten verfügbaren Technik" kann auf Betriebsebene dem Gedanken des PIUS gefolgt werden, indem man konkrete Maßnahmen im Produktionsprozess definiert, die dem Gedanken des → *Umweltschutzes* und der → *Nachhaltigkeit* gezielt folgen. Die Auswirkungen des PIUS müssen z. B. in der Betriebspraxis der Landwirtschaft den Belangen des → *Biotop*-, → *Landschafts*- und → *Naturschutzes* Rechnung tragen.

Produktionsintensität *intensity of production*: in der → *Landwirtschaft* ein Maß für die Höhe von Arbeits- und Sachaufwand je Hektar.

Produktionskapital *production capital*: Sachkapital, das in → *Produktionsanlagen* oder in Produktionsmaterialien investiert wurde. P. sind z. B. Fabrikanlagen, Maschinen, Transportmittel oder Rohstofflager.

Produktionskartell *production cartel*: → *Kartell*, dessen Mitglieder verpflichtet sind, die ihnen zugedachten Produktionsquoten einzuhalten. Ziel der P. ist die Stabilisierung des → *Marktes*. Es tritt häufig in Verbindung mit einer Preisabsprache (→ *Preiskartell*) auf, z. B. die → *OPEC* mit ihren genau festgelegten Förderquoten.

Produktionskomplex *production complex*: im Raum komplex wirkende industrielle Fertigungseinheit, die sich vertikal in verschiedene vor- und nachgelagerte Produktionsstufen untergliedern lässt.

Produktionskontingent → *Produktionsquote*.

Produktionslandschaft *production region*: → *Kulturlandschaft*, die durch eine intensive Sachgüterproduktion charakterisiert ist. Typische P. sind die → *Industrielandschaft* und die moderne → *Plantagenwirtschaft*.

Produktionslenkung *production control*: 1. Innerbetriebliche Lenkung des → *Produktionsprozesses*. Diese beeinflusst sowohl Quantität als auch Qualität der hergestellten Produkte. 2. Staatliche Maßnahmen zur Steuerung der gesamten volkswirtschaftlichen → *Produktion*. Eine derartige P. findet in → *Planwirtschaften* statt.

Produktionsmittel *means of production*: i. w. S. die → *Produktionsfaktoren*, i. e. S. der Produktionsfaktor → *Kapital* (→ *Produktion*).

Produktionsökologie → *Produktionsbiologie*.

Produktionsprogramm *production program*: Festlegung der produzierten → *Güter* sowie der Abfolge im → *Produktionsprozess*. Das P. ist so angelegt, dass bei der → *Produktion* die höchstmögliche → *Wirtschaftlichkeit* erreicht wird.

Produktionsprozess (Fertigungsprozess) *production process*: gesamter Vorgang der Sachgüterproduktion bzw. der betrieblichen → *Leistungserstellung*. Der P. ist das Ergebnis des → *Fertigungsverfahrens* sowie des → *Produktionsprogramms*.

Produktionsquote (Produktionskontingent) *output quota, production quota*: Produktionsmengen, auf die sich die Erzeugerländer bestimmter → *Güter* und die Exporteure beziehen. Mit P. soll ein Überangebot auf dem Weltmarkt und ein daraus möglicherweise entstehender Preisverfall verhindert werden.

Produktionsrisiko *production risk*: Wahrscheinlichkeit, dass im Rahmen der → *Produktion* die gewünschten Ziele nicht erreicht werden. Das P. ist im Wesentlichen ein → *Marktrisiko*. Bei der → *Landwirtschaft* kommt das Anbaurisiko hinzu.

Produktionssektor *manufacturing sector*: i. e. S. derjenige → *Wirtschaftssektor*, der sich mit der Erzeugung von Sachgütern beschäftigt. P. sind demnach der → *primäre Sektor* und der → *sekundäre Sektor*. I.w.S. zählt auch der → *tertiäre Sektor* zu den P. In diesem Falle wird der Begriff → *Produktion* als produktive Leistung verstanden, bei der nicht nur neue Sachgüter erzeugt, sondern insgesamt neue, im → *Sozialprodukt* einer → *Volkswirtschaft* erfassbare Werte geschaffen werden.

Produktionsstandort *plant location, production centre/center*: → *Standort* der agrarischen oder der gewerblichen → *Produktion*. Das Muster der agraren P. ist aufgrund des produktionsspezifischen Flächenbedarfs verhältnismäßig dispers. Demgegenüber kommt es bei industriellen P. häufiger zu räumlichen Konzentrationen, die im Wesentlichen durch vorhandene → *Infrastrukturen* bestimmt werden.

Produktionsstatistik *manufacturing statistics*: Teil der → *Agrar*- und der → *Industriestatistik*. Die P. erfasst insb. die Produktionsergebnisse mengen- und wertmäßig.

Produktionsstätte *manufacturing plant, production facilities*: Ort der → *Produktion*. Bei der P. kann es sich um einen einzelnen Arbeitsplatz, eine Werkstatt, eine → *Arbeitsstätte* oder um einen selbstständigen → *Betrieb* handeln.

Produktionssystem → *Fertigungssystem*.

Produktionstechnik *production engineering*: das branchenspezifische Verfahrenswissen, das sich i. d. R. aus traditionellem Fertigungsgeschick und Produktionserfahrung entwickelte. Die erste große Veränderung in der P. erfolgte im Zuge der → *Industrialisierung* (→ *Industrielle Revolution*, → *Produktion*).

Produktionstiefe *vertical range of production*: das Ausmaß der Zusammenfassung verschiedener Produktionsstufen innerhalb eines → *Unternehmens*. In einem vertikalen Konzern werden z. B. eine größere Zahl verschiedenartiger Produktionsvorgänge hintereinander geschaltet.

Produktionstyp → *Fertigungstyp*.

Produktionsverfahren → *Fertigungsverfahren*.

Produktionsweise *production method*: Art der Güterherstellung. Die P. hängt vom erreichten Kulturstand sowie von der Bedeutung traditioneller → *Produktionstechniken* ab. Die P. ist nicht immer von rein rationalen, wirtschaftlichen Parametern bestimmt. So wird der Einsatz von → *Produktionsmitteln* bei verschiedenen Völkern von kultischen bzw. religiösen Bräuchen bestimmt (→ *Güter*, → *Produktion*).

Produktionswert *value of production, gross output*: der Wert der in der → *Produktion* erzeugten → *Güter*, gemessen an den Herstellungskosten.

Produktionswirtschaft *manufacturing industry, manufacturing sector, production economics*: derjenige Teil der → *Wirtschaft*, der sich mit der Erzeugung von Wirtschaftsgütern durch gezielte Arbeitsvorgänge befasst. Bei der P. geht es nicht um die Erzeugung von → *Sachgütern*, sondern auch um eine Leistungserstellung, die Transportbetriebe sowie die Leistungen der Handels- und Dienstleistungsbetriebe einschließt (→ *Güter*, → *Produktion*).

produktive Verdunstung *productive evaporation*: durch die Pflanzendecke erfolgende → *Verdunstung*, die im Zusammenhang mit dem Wachstum und dem Aufbau organischer Substanz steht (→ *Transpiration*).

Produktivgut *production good*: die → *Produktionsfaktoren*, die zur betrieblichen Leistungserstellung nötig sind. I. e. S. sind es → *Betriebsmittel*, die bereits in einer vorhergehenden Produktionsstufe erstellt wurden (→ *Produktivvermögen*).

Produktivität *productivity*: generell die Fähigkeit zur Produktion, ausgedrückt in der Produktionsrate. 1. allgemein die Charakterisierung von Prozessen der Stoff- und Energieaufnahme und -umwandlung in körpereigene Substanz bei Lebewesen. 2. im Sinne der Produktionsrate, also der Produktion pro Zeiteinheit, von → *Biomasse* in einem → *Ökosystem* oder in Kompartimenten eines Ökosystems. Oft wird damit die → *Primärproduktion* ausgedrückt.

Produktivität *productivity*: die Ergiebigkeit der → *Produktion* in der Wirtschaft, z. B. für ein → *Unternehmen*, einen ganzen → *Wirtschaftszweig* oder für eine → *Volkswirtschaft*. (→ *Wirtschaftlichkeit*).

Produktivkapital *productive capital*: das als produziertes → *Produktionsmittel* zur Güterherstellung eingesetzte → *Kapital*.

Produktivvermögen *productive assets*: derjenige Teil des Volksvermögens, der im Produktionsprozess Leistungen ermöglicht (→ *Leistungserstellung*). Das P. untergliedert sich in menschliches und sachliches P. Es zählen dazu alle Anlage- und Vorratsvermögen, Grund und Boden und alle für produktive Zwecke eingesetzten natürlichen Hilfsquellen. Nicht zum P. gehören die Konsum- und Gebrauchsvermögen der → *Privathaushalte* sowie die Sachgüter, die für militärische Zwecke eingesetzt werden.

Produktlebenszyklus (Produktzyklus) *product life-cycle*: produktspezifischer „Lebensweg", die Entwicklungsreihe eines Produkts am Markt zeigt sich in der zeitlichen Entwicklung seines → *Absatzes* und Erfolgsbeitrags. Idealtypisch kann man einen Absatzverlauf (in Glockenform), in fünf abgrenzbare Zeitabschnitte unterteilt, annehmen: Markteinführung; Wachstum; Reifung/Sättigung; Kontraktion/Degeneration; Marktaufgabe. Ein P. ist dabei meist durch eine zunehmende Standardisierung der Produkte gekennzeichnet.

Produktlebenszyklus-Hypothese → *Produkt-zyklustheorie*.

Produkt-Upgrading *product upgrading*: Vorgang und Zielsetzung innerhalb der → *Wertschöpfungskette* eines Produktes, bei dem ein → *Unternehmen* die Qualität des Produkts verbessert, mit dem Ziel, seine relative Stellung in der Hierarchie der Wertschöpfungskette aufzuwerten.

Produktzyklus → *Produktlebenszyklus*.

Produktzyklustheorie *product cycle theory*: Theorie der phasenhaften Entwicklung eines Produktes am Markt gemäß dem → *Produktlebenszyklus*. Aus (mikro)ökonomischer Sicht leistet die P. einen Beitrag zur Erklärung intraregionaler, interregionaler und internationaler Verlagerungen wirtschaftlicher Aktivitäten. Die P. sagt aus, dass sich die Standortanforderungen für die → *Produktion* entsprechend der Nachfrageentwicklung und den Produktionsbedingungen in den jeweiligen Produktphasen verändern. Es bestehen also phasenspezifische Standortanforderungen der Güterherstellung. Im Laufe des Lebenszyklus eines Produkts verschiebt sich der betriebswirtschaftlich optimale → *Produktionsstandort* (mehrfach).

Produzenten *producers*: Pflanzen, die durch → *Photosynthese* bzw. Chemosynthese aus anorganischer Materie energiereiche → *organische Substanz* aufbauen, was der → *Primärproduktion* entspricht (→ *Konsumenten*).

Produzentenkartell *producers' cartel, manufacturers' cartel*: vertragliche Vereinbarungen zwischen rechtlich selbstständigen Herstellern eines → *Gutes* oder mehrerer Produkte zum Zwecke der gemeinsamen Abstimmung über die herzustellenden Mengen und deren Verkaufspreise (→ *Produktionskartell*, → *Preiskartell*).

produzierendes Gewerbe *manufacturing industry*: derjenige Teil des → *Gewerbes*, der → *Sachgüter* produziert. Laut Statistik gehören in der Bundesrepublik Deutschland zum p. G. neben dem → verarbeitenden Gewerbe (→ *Industrie* und → *Handwerk*) die → *Energie*- und die → *Wasserwirtschaft*, der → *Bergbau* und das → *Baugewerbe*. Erfasst werden alle Unternehmen mit 20 und mehr Beschäftigten (→ *Dienstleistungen*).

Profanbau *profane building*: weltlichen Zwecken dienendes Gebäude, im Gegensatz zu einem kirchlichen (z. B. Kirchen- oder Kloster-) Bau. Der Begriff wird v. a. in der → *Historischen Geographie* für ältere größere, öffentlichen Zwecken dienende Gebäude verwendet.

Profil *profile, section*: in der Bodenkunde dient das P. als Schnitt durch den obersten Teil des → *Oberflächennahen Untergrundes* zum Erkennen des → *Bodenprofils*.

Profil *profile, section*: in der → *Geologie* ist das P. ein Geländequerschnitt durch einen Teil der Erdkruste, um den geologischen Aufbau (Gesteinslagerung, Gesteinsmerkmale) zu zeigen.

Profilmethode *profile method*: Methode der → *Standortplanung*, bei der im Abgleich von Standortanforderungen (Optimalprofil) und der Standorteignung (tatsächliches Profil) erfolgt.

Profitmaximierung → *Gewinnmaximierung*.

Profitzyklus *profit cycle*: Konzept von A. Markusen (1985) zur Erklärung der zyklischen Entwicklung des Gewinns. Ähnlich der → *Produktlebenszyklen* ist der P. in fünf Phasen unterteilt, denen man in unterschiedliches räumliches Verhalten der Akteure zuordnen kann.

Profundal *profundal: zone*: ein → *Lebensraum* im Süßwasser, speziell des → *Sees*, der den Boden unter dem freien Wasser (→ *Pelagial*) und damit unterhalb der Pflanzenwuchszone repräsentiert. Das bewuchslose P. ist der Sedimentationsbereich.

Proglazial *proglacial*: Prozesse und Formen, die im → *Gletschervorfeld*, also „vor dem Eis" stattfinden oder stattgefunden haben, z. B. die → *Endmoräne*.

Prognose *prognosis, forecast*: Voraussage über eine zu erwartende künftige Entwicklung, z. B. eines Unternehmens, einer Gesellschaft oder eines Ökosystems. Die P. bezieht sich auf → *Beobachtungen* und Feststellungen der vergangenen Entwicklung und des gegenwärtigen Zustandes, um auf dieser Grundlage eine Zukunft abzuleiten. P. bedienen sich häufig der → *Szenariotechnik*, bei der eine künftige Entwicklung unter verschiedenen Grundannahmen abgeschätzt wird. Jegliche P. sind mit großen → *Unsicherheiten* behaftet.

Programmhilfe *programme aid*: spezielle Form der → *Projekthilfe*. Bei der P. werden im Rahmen der → *Entwicklungszusammenarbeit* bestimmte → *Entwicklungsprogramme* finanziert. Dabei kann es sich um die Förderung sowohl sektoral als auch regional abgegrenzter Investitionsvorhaben handeln. Entsprechend werden integrierte Sektor- und Regionalprogramme (z. B. Bau von Verkehrswegen in Verbindung mit der Durchführung einer → *Agrarreform*) und Parallelprogramme (z. B. der gleichzeitige Bau von Krankenhäusern und Schulen) unterschieden.

projektgebundene Hilfe → *Projekthilfe*.

Projekthilfe (projektgebundene Hilfe) *project aid*: → *Entwicklungshilfe*, die für ein in sich geschlossenes Vorhaben gewährt wird. Sie ist meist Teil der → *Kapitalhilfe*.

Pro-Kopf-Einkommen *income per capita, per capita income*: wichtiger Indikator für den Entwicklungsstand eines → *Landes*. Das P.-K.-E. ergibt sich aus der Division einer Kennzahl der → *volkswirtschaftlichen Gesamtrechnung* durch die → *Bevölkerungszahl* eines Landes. Das P.-K.-E. findet v. a. bei einer weltweiten Regionalisierung der Erde (z. B. in reiche und arme Länder) sowie der Vergabe des Status als → *Entwicklungsland* Verwendung.

Proletariat *proletariat*: im antiken Rom die besitzlosen Angehörigen der sozialen → *Unterschicht*, die jedoch das Bürgerrecht besaßen. Seit dem 18. Jh. wurde die Bezeichnung für arme, ungebildete Volksschichten, im 19. Jh. für die „arbeitenden Klassen" insgesamt verwendet. Seit Karl Marx wird unter P. meist die → *Klasse* der Lohnarbeiter ohne Besitz an Produktionsmitteln verstanden, die ihren Lebensunterhalt durch den Verkauf ihrer Arbeitskraft verdienen (→ *Klassengesellschaft*).

Pronatalismus (Natalismus) *pronatalism, pro-birth position*: Form der → *Bevölkerungspolitik*, die auf → *Bevölkerungswachstum* (oder zumindest auf eine Verhinderung eines starken → *Bevölkerungsrückgangs*) ausgerichtet ist, indem z. B. Maßnahmen zur Steigerung der Kinderzahl ergriffen werden (→ *Antinatalismus*).

Property-Rights-Theorie *property rights theory*: ein Konzept zur Erklärung der Verfügungsrechte von → *Gütern*. Je nach Art und Vollständigkeit der Verfügungsrechte über ein Gut lassen sich die Vorteilhaftigkeitskriterien → *externer Effekte* und → *Transaktionskosten* modifizieren (→ *Verfügungseigentum*, → *Neue Institutionenökonomik*).

Prospektion (Lagerstättenerkundung) *prospecting*: Aufsuchen und Erforschen nutzbarer → *Lagerstätten*. Die P. erfolgt mit geologischen, geomorphologischen, geophysikalischen, geochemischen und bergmännischen Methoden. Im Zuge einer P. werden Flach- und Tiefbohrungen, Schächte, Stollen und Schürfgräben angelegt (→ *Exploration*).

Proteinertrag *protein yield*: in der → *Landwirtschaft* Messzahl für die → *Produktivität* bei einer Ernte. Der P. wird gemessen in kg/ha. Die Messziffer des P. ist vergleichbar mit derjenigen des Kalorienertrags (kcal/ha).

Proteinmangel *protein deficiency*: Fehlernährung (→ *Mangelernährung*) bedingt durch die fehlende oder zu geringe Eiweißaufnahme. Der P. begünstigt die Ausbreitung zahlreicher Krankheiten. Ein P. tritt v. a. in sog. → *Entwicklungsländern* auf, wo fleischliche Nahrung nur unzureichend verfügbar ist (→ *Hunger*).

Proteinstandard *protein standard*: Teilaspekt des → *Ernährungsstandards*, bezogen auf Proteinbestandteile in der Ernährung. Der P. gibt das Verhältnis von Proteinverbrauch zu Proteinbedarf an.

Protektionismus *protectionism*: staatliche, bewusst oder politisch gewollte, auf Handelshemmnissen beruhende Diskriminierung ausländischer Handelspartner zum selektiven Schutz einzelner inländischer Wirtschaftszweige und/oder der Förderung ausgewählter Exportsektoren eines Landes oder einer Ländergruppe. Zu den Instrumenten des P. zählen → *Zölle* (→ *tarifäre Handelshemmnisse*), → *Einfuhrverbote*, Normen und Standards, mengenmäßige Einfuhrbeschränkungen (→ *Kontingentierung*, → *nichttarifäre Handelshemmnisse*) oder → *Subventionen*. Auf der Ausfuhrseite kommen v. a. → *Exportsubventionen* zum Tragen (→ *Neuer Protektionismus*).

Protektorat (→ *Schutzherrschaft*) *protectorate*: 1. „Schutzherrschaft", insbesondere einer Großmacht über ein von ihr abhängiges Gebiet. Der Begriff P. wurde im Zeitalter des Kolonialismus in beschönigender Weise auch für Kolonialherrschaft gebraucht. 2. Ein Territorium, das unter der „Schutzherrschaft" eines anderen Staates steht. Der Begriff P. wurde nie einheitlich verwendet und bezeichnete Gebiete unterschiedlichen Abhängigkeitsgrades. Teilweise war ein P. die vertraglich geregelte Form einer Kolonie. Zurzeit existieren keine P. mehr.

Proterozoikum *Proterozoic*: System bzw. Periode des → *Präkambriums* (2500-542 Mio. J. v. h.); die Frühzeit der Entwicklung tierischen Lebens kennzeichnend; umfasst Zeit und Ablagerungen zwischen → *Archaikum* (Beginn 3850 Mio. J. v. h.) und → *Kambrium* (Beginn 542 Mio. J. v. h.).

Protoklase *protoclase*: Zertrümmerung eines → *Erstarrungsgesteins* durch Druckwirkung bei → *tektonischen* Vorgängen vor dem endgültigen Erstarren – im Unterschied zur → *Kataklase*.

Protopedon *protopedon*: in der → *deutschen Bodensystematik* (→ *KA5*) ein subhydrischer → *Rohboden* am Grund von Gewässern. P. bestehen aus verschiedenen → *Sedimenten* ohne makroskopisch sichtbaren → *Humus*, sind jedoch von Mikroorganismen besiedelt.

Proximität: → *Abstandsziffer*.

Prozess *process*: allgemein Bezeichnung für den gerichteten Ablauf eines Geschehens. Hierbei ist die Frage der → *Kausalität* entscheidend – bei einem → *deterministischen* Prozess hängt jeder Zustand kausal von anderen, vorherigen Zuständen ab und wird von diesen bestimmt. Bei einem → *stochastischen* Prozess (Zufallsprozess) ist die Kausalität unklar, je wird jedoch ein Ursache-Wirkung-Zusammenhang unterstellt, wobei ein bestimmter Zustand aus anderen Zuständen nur mit einer gewissen Wahrscheinlichkeit erfolgt. In diesem Fall kann die Abhängigkeit nur über statistisch ermittelte Wahrscheinlichkeiten ausgedrückt werden.

Prozessanzeiger *process indicator*: → *Indikator*, der in der → *Kulturlandschaft* das Ablaufen eines nicht direkt sichtbaren sozioökonomischen Entwicklungsprozesses anzeigt. Beispielsweise gilt die → *Sozialbrache* als P. für Entwicklungen wie das Vordringen nicht-landwirtschaftlicher Erwerbsmöglichkeiten, die Aufgabe der → *Nebenerwerbslandwirtschaft*.

Prozessfeld *processing plant area*: Teil einer modernen → *Erdöl*- *Raffinerie*, in der die Verarbeitungsanlagen zusammengefasst sind.

Prozessinnovation *process innovation*: → *Innovation*, durch die neuartige → *Produktionsverfahren* bzw. Wertschöpfungsprozesse entstehen.

Prozess-Korrelations-Systemmodell *process correlation system model*: ein → *Modell* zur Darstellung von → *Ökosystemen* als umfangreiches Regelsystem, das wesentliche Teilaspekte der ökologischen Wirklichkeit abbildet. Das P.-K.-S. versucht, Energie-, Wasser- und → *Stoffumsätze* des → *Geoökosystems* theoretisch und experimentell darzustellen. Das P.-K.-S. zeigt das vernetzte → *Wirkungsgefüge* am → *Standort*, wobei die hauptsächlichen → *Kompartimente* die → *bodennahe Luftschicht* (→ *Mikroklima*), die Pflanzendecke und der → *Oberboden* sind. Für sie werden die Auswirkungen der vom Energie-, Wasser- und Stoffumsatz abhängigen Prozessgrößen auf Umsatzleistungen (z. B. des Bodennahrungsnetzes) und die Wirkungen des → *Reglers* → *Relief* auf die Ökosystemelemente und deren Parameter dargestellt.

Prozess-Reaktions-System (Prozessresponssystem) *process-response system*: setzt → *morphologische* und → *Kaskadensysteme* über Regulatoren und Speicher zueinander in Beziehung. Die morphologischen Eigenschaften (z. B. → *Hangneigung*) sind hierbei entweder Regulatoren im Kaskadensystem oder Variablen, die im Kaskadensystem und im morphologischen System korrelieren. Negative Rückkopplungen sind häufig, sodass ein P.-R.-S. oftmals selbstregulierend ist, wodurch es sich an veränderte Rahmenbedingungen anpassen kann. Ein Beispiel für ein P.-R.-S. ist der Zusammenhang zwischen Hangneigung und Erosionsrate, da letzterer mit zunehmender Steilheit des Hanges zunimmt (neben anderen Faktoren, die natürlich ebenfalls eine Rolle spielen). Die → *Erosion* selbst verringert jedoch die Hangneigung, wodurch sich auch die Erosionsrate vermindert. Dies ist ein Beispiel für ein über einen negativen Rückkopplungsmechanismus verbundenes P.-R.-S..

Prozessresponssystem → *Prozess-Reaktions-System*.

Prozess-Upgrading *process upgrading*: Vorgang und Zielsetzung innerhalb der → *Wertschöpfungskette* eines Produktes, bei dem ein Unternehmen die → *Effizienz* des Produktionsprozesses verbessert, mit dem Ziel, seine relative Stellung in der Hierarchie der Wertschöpfungskette aufzuwerten.

Prozesswärme *process heat*: in der → *Industrie* anfallende Wärme, die bei chemischen, physikalischen oder kerntechnischen Prozessen als → *Wärmeenergie* frei wird. Im Zuge steigender Energiekosten werden zunehmend Systeme entwickelt, die diese P. aufnehmen und sie einer Nutzung (z. B. zur Stromerzeugung oder für Heizzwecke, aber auch zur Trinkwassergewinnung in Meerwasserentsalzungsanlagen) zuführen. Bisher sind relativ große Mengen an P. ungenutzt in → *Kühlwässer* oder als → *Abwärme* in die Atmosphäre gelangt.

Psammite *psammite*: eine der → *klastischen Ablagerungen*, die nach Komponenten- bzw. → *Korngrößen* unterschieden werden, hier sand-artige Bestandteile bezeichnend, d. h. → *Sande* und → *Sandstein*.

Psephite *psephite*: eine der → *klastischen Ablagerungen*, die nach Komponenten- bzw. → *Korngrößen* unterschieden werden, hier grobe Bestandteile, d. h. → *Kiese* und → *Konglomerate* sowie Grus und → *Brekzien*.

Pseudoatoll *bank atoll, lagoon atoll, shelf atoll*: aus einem → *Plattformriff* entstehendes → *Riff*, bei welchem der zentrale Riffteil durch → *Brandungserosion* erniedrigt oder abgetragen sein kann, sodass eine Form ähnlich dem → *Atoll* entsteht.

Pseudoblockstrom *pseudo block stream, pseudo boulder stream, pseudo boulder field*: Gesteinsansammlung ähnlich dem → *Blockstrom*, aber außerhalb der Gebiete der → *rezenten* oder eiszeitlichen → *Solifluktion*. Der P. entsteht, wenn in den immerfeuchten und wechselfeuchten → *Tropen* der → *Grus* und → *Zersatz* zwischen oberflächennah verwitternden Gesteinen herausgespült wird. Die → *Blöcke* haben sich dabei durch → *geomorphologische Prozesse*, abgesehen von gravitativen Bewegungen, nicht bewegt (→ *Ausspülung*).

Pseudoeiskeil *pseudo ice wedge*: mit Sediment ausgefüllte → *Spalte* in Lockersedimentdecke (→ *Decke*), die aber nicht durch Vorgänge des → *Periglazials* entstand wie die echten → *Eiskeile*. P. entstehen beispielsweise in → *Trockenrissen* oder in durch → *Lösungsverwitterung* entstandenen Spalten.

pseudoglazial *pseudo-glacial*: Bildungen, die Glazialformen ähnlich sehen, aber nichtglazialer Entstehung sind, wie z. B. die → *Pseudomoräne*.

Pseudogley *Planosol*: in der → *deutschen Bodensystematik* (→ *KA5*) ein Boden, der redoximorphe Merkmale aufgrund von oberflächennah gestautem Niederschlagswasser aufweist. Charakteristisch ist die Marmorierung des Bodens durch Eisen- und Manganoxide durch den Wechsel von Vernässung und Austrocknung. Das Profil ist in einen wasserführenden und einen wasserstauenden Horizont gegliedert. P. können primär aus verwittertem tonhaltigen Material oder sekundär, aufgrund von Tonverlagerung in den Unterboden und dadurch Bildung eines wasserstauenden Horizontes, entstehen.

Pseudohyläa *pseudohylaea*: → *Biomtyp* der feuchten, warm-temperierten Wälder.

Pseudokarre *pseudokarre*: Bezeichnung für → *Karren*, die in nichtlöslichen → *Gesteinen* entstehen, also außerhalb der Karstgebiete mit den leichtlöslichen Gesteinen → *Gips*, → *Kalk* und → *Dolomit*. Genau wie die „echten" Karren sind → *Kristallinkarren* den ebenen Hauptvertreter, die → *Granitkarren*, jedoch ebenfalls Lösungsformen, aber eben in → *Silikatgesteinen* (→ *Silikate*, → *Silikatgesteinskarre*).

Pseudokarst *pseudokarst*: wenig präzise Sammelbezeichnung für Lösungsformen, die Formen ähnlich dem → *Karst* zeigen, aber nur teilweise auf Formbildung durch Lösungsprozesse in leichtlöslichen Sedimentgesteinen zurückgehen. Dazu gehören beispielsweise → *Pseudokarren* und → *Kryokarst*. Die Bezeichnung

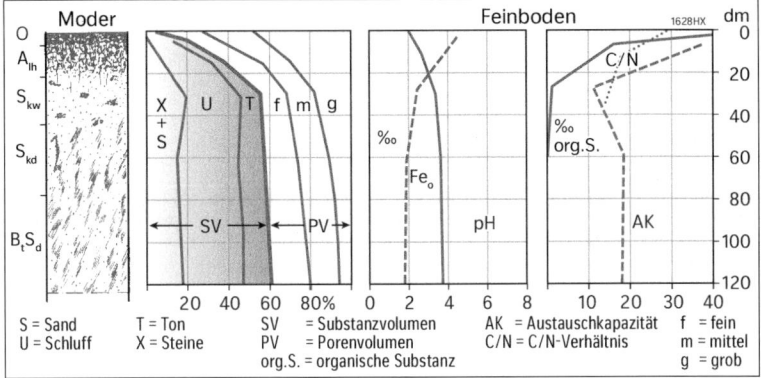

Pseudogley

„Karst" ist auf Formbildung und Prozesse in leichtlöslichen Sedimentgesteinen beschränkt.

Pseudomoräne *pleistocene creeping rubble, migratory debris*: pleistozäner → *Wanderschutt* in Hochlagen europäischer Mittelgebirge, der zunächst nicht mit → *Frostsprengungsverwitterung* und → *Solifluktion* erklärt wurde, sondern als → *Glazialakkumulation*, also als → *Moräne*.

Pseudomorphose *pseudomorphosis*: geowissenschaftlicher Begriff für „Scheingestalten". 1. als sog. „Afterkristalle", mineralische Substanzen, die eine ihnen fremde Kristallform erfüllen. 2. erdgeschichtlich eine Art Versteinerung von ehemaligen Steinsalzkristallen. Hohlräume sich auflösender Steinsalzkristalle der Vorzeit wurden mit Sediment verfüllt, versteinerten und bilden auf diese Art die Salzkristalle als eine Art von → *Fossilien* ab. Bekannt sind Steinsalz-P. aus dem → *Zechstein*. Sie gelten als → *Klimazeugen* für → *semiaride* bis → *aride* Klimate der → *Vorzeit*.

Pseudomycel *pseudomycelium*: Kalkausfällungen in Böden von feinverästelter Struktur, die wie ein Geflecht von Pilzfäden (→ *Mycel*) aussehen. Vorkommen besonders in → *Schwarzerden* und → *Löss-* und *Pararendzinen*.

Pseudorumpffläche *pseudo-peneplain*: Verebnungsniveau in verschiedenen Mittelgebirgen; ist oft kein Rest von → *Rumpfflächen*, sondern von oberen → *Denudationsniveaus*.

Pseudosteinstreifen *pseudo stone stripe*: ähnlich dem → *Pseudoblockstrom* durch → *Ausspülung* des Feinmaterials mit streifenförmiger Anreicherung der Grobkomponenten entstandene Form, die echten → *Steinstreifen* physiognomisch, aber nicht genetisch gleicht.

Pseudotektonik *pseudo tectonics*: Sammelbezeichnung für in → *Schollen* oder größeren Gesteins- bzw. Sedimentkörpern erfolgende Bewegungen, die gravitative Ursachen haben. Dazu gehört auch die → *Salztektonik*, die nichttendogenen Ursprungs ist. Die entstehenden Formen und die Grenzflächen zwischen den sich bewegenden Materialeinheiten ähneln jedoch stark den Erscheinungen der echten → *Tektonik*.

Pseudotillite *pseudo tillite*: Grobsedimentablagerungen, auch mit einer Art → *gekritzter* Geschiebe, die durch nichtglaziale Vorgänge entstanden und echten → *Moränen* ähneln. In der Geologie werden die P. auch als → *Pseudomoränen* bezeichnet, während die Geomorphologie den Begriff Pseudomoräne auf pleistozänen Wanderschutt begrenzt (→ *Tillit*).

Pseudotschernosem → *Griseride*:.

pseudo-urbanization ein v. a. im Hinblick auf Bevölkerungs- und Stadtentwicklungen in → *Entwicklungsländern* verwendeter Begriff. Es wird damit angedeutet, dass die starke → *Land-Stadt-Wanderung* zwar zu einer zahlenmäßigen, aber zu keiner sozio-ökonomischen und sozio-kulturellen → *Verstädterung* führt, da sich die Masse der Zuwanderer nicht in die → *Städte* integrieren lässt, sondern eher in ländlich geprägten → *Subkulturen* lebt.

Pseudoverstädterung *pseudo-urbanization*: gelegentlich gebrauchter Begriff für die Tatsache, dass in einem Land die Zahl der Stadttitel-Gemeinden größer sein kann als die der Stadtfunktions-Gemeinden, d. h. der echten → *Städte*. Dadurch wird ein höherer statistischer → *Verstädterungsgrad* angezeigt, als unter sozio-kulturellen und -ökonomischen Gesichtspunkten gegeben ist (→ *Verstädterung*).

Psilophyten *psilophytes*: blattlose Gefäßpflanzen mit äußerlich einfachem Bau, die jedoch bereits Merkmale höherer Pflanzen aufweisen und im oberen Teil des → *Silur* als erste Landpflanzen auftraten. Entwicklungshöhepunkt war im → *Devon*. Sie sind stammesgeschichtliche Vorläufer der Farngewächse.

psychrometrische Differenz *psychrometric difference*: Temperaturdifferenz, welche ein trockenes und feuchtes Thermometer, an dessen Messfühler aus einem übergestülpten Gazestrumpf ständig Wasser verdunstet, anzeigen. Die p. D. kann auf der Grundlage der Psychrometerformel zur Bestimmung der → *relativen Luftfeuchtigkeit* benutzt werden.

Psychrophyten *psychrophytes*: an niedrige Temperaturen angepasste Pflanzen.

Pteridophyten *pteridophytes*: → *Farnpflanzen*.

Pteridophytenzeit *pteridophytes period*: → *Paläophytikum*.

public policy *öffentliche Ordnung, öffentliche Politik*: wichtige Forschungsfrage der → *Geographie*, bei der die Schaffung, Durchführung, Überwachung und Evaluation von p. p. betrachtet wird. Zunehmender geographischer Fokus in kapitalistischen Ländern, da der → *Staat* sich mehr in Wirtschaft und sozialen Anliegen einbringt und räumlichen und ökologischen Problemen mehr Beachtung schenkt.

Public Private Partnership (PPP) *Öffentlich-private Partnerschaft*: Form der Kooperation zwischen Staat und Privatwirtschaft zur Realisierung von Projekten, z.B. Infrastruktur- und Baumaßnahmen.

Puffer *buffer*: 1. in chemisch orientierter Ökologie (→ *Umweltchemie*, Bodenchemie, Wasserchemie) Stoffe bzw. Stoffgemische, welche die Wasserstoffionenkonzentration (→ *pH-Wert*) in Reaktionssystemen, meist Gemischen von schwachen Säuren mit ihren Alkalisalzen, die wegen ihres Dissoziationsgleichgewichts zugegebene Wasserstoff- oder Hydroxilionen „abpuffern" („abfangen") können, d.h. den pH-Wert weitgehend konstant halten. 2. in der → *Ökologie* jene Eigenschaften oder Merkmale des → *Ökosystems*, die in ihrer Gesamtheit Außenstörungen abfangen, abschwächen und gegebenenfalls auch kompensieren, z.B. Boden- und Vegetationsstörungen, Wasserhaushaltsänderungen etc. (→ *Pufferung*). 3. in Ökosystemen erweist sich der Boden in ökologisch-chemischer Hinsicht ebenfalls als P. (→ *Pufferungsvermögen* des Bodens).

Pufferbereich *buffering range*: pH-Wertebereich des Bodens, innerhalb dessen ein bestimmter Typus chemischer Reaktionen Säuren abpuffert, d.h. also Protonen bindet. Es werden unterschieden: Carbonat-P. (pH 8,6-6,2), Silikat-P. (pH 6,2-5,0), Austauscher-P. (pH 5,0-4,2), Aluminium-P. (pH 4,2-3,0) und Eisen-P. (pH < 3,0; → *pH-Wert*).

Pufferreaktion *buffer reaction*: chemische Reaktion basisch wirkender Stoffe mit Säuren. Geoökologisch bedeutend sind die P. in Böden (→ *Pufferbereich*). P. führen zu relativ konstanten → *pH-Werten*.

Pufferstaat *buffer state*: → *Staat*, der durch seine Lage zwischen → *Großmächten* oder deren Einflusssphären die Rolle eines Puffers spielt und verhindert, dass die Nachbarstaaten in direkte Konfrontation treten. Beispielsweise war Afghanistan jahrzehntelang ein P. zwischen Russland und England (als Kolonialmacht in Indien) oder auch Polen zwischen Russland und dem Deutschen Reich.

Pufferung *buffering*: chemischer Vorgang, bei dem unter Zugabe von Basen oder Säuren die Veränderung der Wasserstoffionenkonzentration (→ *pH-Wert*) weitgehend konstant oder in engen Grenzen gehalten werden kann. Im → *Geoökosystem* und im → *Hydroökosystem* spielt die P. als → *Pufferungsvermögen* des Bodens eine große Rolle (→ *Puffer*).

Pufferungsvermögen *buffering capacity*: Fähigkeit eines Bodens, bei einer Zugabe von Basen oder Säuren die Veränderung des → *pH-Wertes* in engen Grenzen zu halten. Das P. steigt mit der → *Austauschkapazität* (Freisetzung von H^+-Ionen zur Neutralisierung von Salzen, die z.B. als Dünger zugegeben werden) und der Basensättigung bzw. dem Kalkgehalt (Neutralisation zugeführter Säuren durch Erdalkali- und Alkaliionen).

Puffigkeit die staub-erdige Konsistenz kultivierter Niedermoorböden. P. bewirkt nach Austrocknung hohe Benetzungswiderstände. Die P. ist eine Folge der → *Mineralisierung* des entwässerten Niedermoortorfs (→ *Niedermoor*).

Pultscholle (Halbhorst, Keilscholle, Kippscholle) *fault block/wedge, tilt block*: eine → *Bruchscholle*, die nur auf einer Seite durch eine → *Bruchstufe* entlang einer → *Auf-* bzw. → *Abschiebung* begrenzt wird, während diese auf der Gegenseite fehlt.

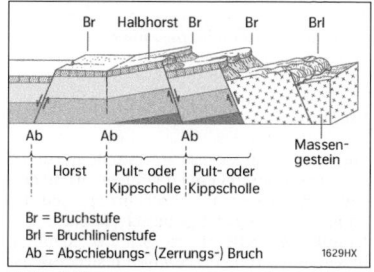

Pultscholle

Pulverschnee *powder(y) snow*: frischer, trockener → *Lockerschnee* mit Dichten von 30-60 kg/m³ (→ *Schnee*).

Pumpspeicherkraftwerk *pumped-storage hydropower plant*: → *Pumpwerk*.

Pumpversuch *pumping test*: in der Praxis angewandtes Verfahren, um Ergiebigkeit und Absenkverhältnisse in Grundwasserkörpern und die → *hydraulische Leitfähigkeit* des → *Grundwasserleiters* zu bestimmen. Während des konstanten Abpumpens einer nachlieferbaren Wassermenge in einer vertikalen Entnahmestelle (z. B. durch Grundwasserrohre) können Form und Ausdehnung der als → *Absenkungstrichter* erscheinenden Grundwasseroberfläche vermessen werden (→ *Grundwasser*).

Pumpwerk *pumping station, pumping plant (Pumpspeicherwerk)*: 1. in der → *Wasserversorgung* eine Anlage, die Wasser aus tiefer liegenden Entnahmestellen vom Wasserwerk oder zu einem Zwischenspeicher bzw. zur Verbrauchsstelle befördert. – 2. in der Energiewirtschaft ein → *Wasserkraftwerk*, dessen Speichernutzinhalt teilweise oder ganz durch Pumpen von einem Unterbecken in ein Oberbecken befördert wird. Es gibt P. ohne und mit natürlichen Zufluss. Die P. nutzen Höhen- bzw. Reliefunterschiede an Gebirgsrändern oder Talflanken aus und können schnell auftretende Spitzenlast bei der Stromversorgung decken. Überschüssiger Strom wird in verbrauchsschwachen Zeiten zum Zurückpumpen des Wassers benützt. – 3. bei der Abwasserbehandlung fördern P. → *Abwasser* in → *Kläranlagen*, → *Vorfluter* oder → *Kanäle*.

Puna *puna*: → *Vegetationsformation* einer → *Höhenstufe* tropischer → *Hochgebirge* mit Wechsel von Regen- und Trockenzeit. Die überwiegend lichte Vegetation setzt sich v. a. aus → *Xerophyten* (frostharten Horstgräsern, Hartpolster- und Rosettenpflanzen sowie → *Zwergsträuchern*) zusammen. In Richtung Äquator schließt sich in entsprechender Höhenlage der immerfeuchte → *Páramo* an.

Punkt *point*: geometrisches Darstellungselement, das in → *Karten* zur Vermittlung raumbezogener Information eingesetzt wird. Punkthafte Zeichen werden in der → *Kartographie* als Punktsignaturen bezeichnet. Diese dienen in Karten i. d. R. zur Repräsentation von Standorten.

Punkt-axiales Prinzip *point-axial principle*: raumordnerisches Konzept, das die Siedlungsentwicklung auf → *Verdichtungsbänder* bzw. → *Entwicklungsachsen* einzuengen versucht. Beim P.-a. P. führen lineare Leitlinien auf einen zentralen Punkt zu. Die reinste Form des P.-a. P. ist die Sternstruktur. In Großstadträumen orientiert sich das P.-a. P. häufig an bereits existenten Ausfallstraßen. Mit der Anwendung des P.-a. P. sollen in verdichtungsnahen Zonen einer weiteren → *Zersiedelung* entgegengewirkt und in verdichtungsfernen Räumen wichtige → *Infrastrukturen* (und auch Arbeitsplätze) an einer verkehrsmäßig gut angebundenen Leitlinie konzentriert werden.

Punkthochhaus *tower block*: → *Hochhaus*, das – in einem Bereich ansonsten niedrigerer Bebauung gelegen – einen deutlichen städtebaulichen Akzent setzt und im Stadtbild dominierend hervortritt.

Punktinfrastruktur *point infrastructure*: in der → *Raumplanung* verwendeter Begriff für solche Bestandteile der → *materiellen Infrastruktur*, die – im Gegensatz zur → *Bandinfrastruktur* – punktförmig auf einem eng begrenzten → *Standort* situiert sind, z. B. Betriebsgebäude von Verkehrsmitteln wie Bahnhöfe.

Punktquelle *point source*: unter den → *Emissionsquellen* gegenüber den → *Flächenquellen* jene, die von einer einzelnen Lokalität (Schornstein, Abgasstutzen) ausgehen. Die Erfassung von Emissionswerten aus P. ist leichter als bei Flächenquellen.

Punktwolke *point cloud*: digitale Datenmenge, die aus Punkten mit i. d. R. dreidimensionalen Raumkoordinaten besteht. P. können mit Expertensoftware, bspw. → *Geographischen Informationssystemen* (→ *GIS*), visualisiert und weiterverarbeitet werden. In modernen Erfassungsverfahren der → *Fernerkundung* bilden P. die Datengrundlage zur Ableitung von → *Digitalen Geländemodellen* (→ *DGM*) und → *Digitalen Oberflächenmodellen* (→ *DOM*).

Push- und Pull-Effekt *push- and pull-effect*: Auswirkungen der → *Wanderungen* zwischen Gebieten unterschiedlicher Attraktivität jeweils in den → *Ab-* und → *Zuwanderungsgebieten*.

Push- und Pull-Theorie *push- and pull-theory*: Theorie zur Erklärung von → *Wanderungen* zwischen Gebieten unterschiedlicher Attraktivität, hauptsächlich der → *Land-Stadt-Wanderung*, die auf der Annahme beruht, dass Menschen aufgrund des Wunsches nach besseren Lebensbedingungen migrieren. Die Theorie unterscheidet einerseits Push-Faktoren als die Summe derjenigen Einflüsse auf den Menschen im → *Abwanderungsgebiet*, die ihn zum Verlassen des Raumes bewegen. Die Pull-Faktoren anderseits stellen die Summe der Anziehungskräfte im → *Zuwanderungsgebiet* dar.

Pygmäen *pygmies*: traditionelle, jedoch ethnologisch unbrauchbare, Sammelbezeichnung für verschiedene sehr kleinwüchsige Völker. P. erreichen nur eine mittlere Größe von 1,50 m (Männer) und leben v. a. in Zentralafrika und auf Inselgruppen im Indischen und Pazifischen Ozean.

Pyramidendüne (Gurdh) *pyramidal dune*: pyramidenförmige, meist in Gruppen vorkommende → *Sterndünen* (→ *Netzdüne*).

Pyrenäische Phase *Pyrenean: phase of folding*: eine der Phasen der → *Alpidischen Gebirgsbildung* am Beginn des → *Oligozäns* (ca. 40-37 Mio. J. v. h.).

Pyroklast *pyroclastics, (volcanic) ejecta*: Gesteinsbruchstücke, Einzelkristalle, Glasbruchstücke (→ *vulkanisches Glas*), Lavafragmente unterschiedlicher Größe, die bei vulkanischen Eruptionen entstehen. P. werden nur nach Größe unterschieden, nicht nach Chemismus, und nur für die Unterscheidung zwischen vulkanischer → *Bombe* und Block ist die Form entscheidend. – die (vulkanische) Bombe ist gerundets Fragment mit einer Größe von mehr als 64mm. EIn P. gleicher Größe, aber eckig, ist der Block. – Lapillus (Mz. → *Lapilli*) mit einer Größe von 2-64mm. – → *Asche* mit einer Größe von weniger als 2mm, wobei noch zwischen grober (0,063-2mm) und feiner Asche (kleiner als 0,063mm) unterschieden werden kann.

pyroklastischer Strom *pyroclastic flow*: Strom aus einem Feststoff-Gasgemisch, das bei explosivem → *Vulkanismus* entstehen kann. → *Felsische* → *Magmen* sind meist sehr zäh und weisen oft hohe Gasanteile auf. Beim Ausbruch tritt das Gas explosiv aus und zerreißt dabei das Magma und anstehende Gesteinsmassen in kleine Fragmente (→ *Pyroklasten*), die dann zusammen mit dem Gas in extrem hoher Geschwindigkeit (bis zu 700km/h und damit bis zu siebenmal schneller als → *Lahare* und → *Muren*) als „Glutlawine" (Temperaturen bis 800°C) hangabwärts fließen.

Pyrolyse *pyrolysis*: bei der → *Abfallbeseitigung* eingesetztes Verfahren, bei dem eine thermische Zersetzung flüssiger oder fester Stoffe unter Luftabschluss bei Temperaturen von mehreren hundert Grad erfolgt. Dabei entstehen → *Abwässer*, → *Abwärme* (die als Fernwärme genutzt werden kann), Schwelgase und unverbrennbare, feste Rückstände, die deponiert werden. Die P.-anlage ist keine → *Müllverbrennungsanlage*, sondern hat gegenüber dieser Vorteile (weniger Abgase, niedrigere Schadstoffkonzentrationen, geringere Abwasserbelastung, leichter behandelbare Rückstände, Möglichkeit der dezentralen Installation).

Pyrophyten *pyrophytes, fire resistant plants*: brandresistente und durch Feuer begünstigte Pflanzenarten, v.a. Bäume, die durch dicke Borke gegen die Wirkung des → *Feuers* geschützt sind. Zu den P. zählen auch jene Pflanzen, deren oberirdische Teile zwar abbrennen, die aber aus den im Boden unbeschädigt überdauernden Teilen wieder ausschlagen können sowie jene Pflanzen, die für gewisse Entwicklungsphasen, z.B. Samenbildung oder -verbreitung, des Feuers bedürfen (→ *Feuerökologie*).

Pyroxenit *pyroxenite*: → *Peridotit*.

Python Open-Source-Programmiersprache, die sich u.a. bei Nutzern von → *Geographischen Informationssystemen* (z.B. → *ArcGIS*, → *QGIS*) zur Standardprogrammiersprache für die Erstellung automatisierter Workflows etabliert hat.

Q

QGIS (ehemals QuantumGIS) → *Geographisches Informationssystem*, das von einer Community aus freiwilligen Entwicklern betrieben wird. Q. ist eine quelloffene und freie Software, die als kostenlose Alternative zu kommerziellen → *Desktop-GIS* Verwendung findet.

Q-Kluft *Q-joint*: → *Querkluft*.

Quadersandstein *block sandstone*: heller, dickbankiger → *Sandstein* der oberen → *Kreide*, dessen Verwitterungsformen bankig-blockig bis rundlich sind und der durch → *Schichtfugen* und „Klöße" Quader bildet.

qualitative Bevölkerungspolitik *qualitative population policy*: staatliche → *Bevölkerungspolitik*, deren Ziele auf eine Beeinflussung der → *Bevölkerungsstruktur* gerichtet sind. Zu einer q. B. gehören z. B. Maßnahmen für oder gegen die Einwanderung von Angehörigen bestimmter Völker, Religionen oder Berufsgruppen (→ *Plafondierung*), → *Heiratsbeschränkungen* zwischen Angehörigen bestimmter Ethnien, Religionen oder Schichten, Absonderung bestimmter Gruppen der Bevölkerung in → *Gettos* oder → *Reservaten* usw..

qualitative Daten *qualitative data*: in der empirischen → *Sozialforschung* wird zwischen q. D. und → *quantitativen Daten* unterschieden. Üblicherweise werden Informationen, die in nicht-numerischer (d. h. nicht in Zahlen transformierter) Form vorliegen, als q. D. bezeichnet. Das sind z. B. Texte, verschriftlichte Interviews, audio-visuelle Daten, die sich in dieser Form einer statistischen Analyse entziehen.

Qualitative Geographie *qualitative geography*: zusammenfassender Begriff für den Einsatz von eher qualitativen Methoden in der Geographie. Historisch entwickelte sich der aktuelle Schwerpunkt → *qualitativer Methoden* (vor allem in der → *Humangeographie*) in Abgrenzung zur stark ausgeprägten → *quantitativen Geographie* der 1960er- bis 1980er-Jahre. Q. G. umfasst Methoden auf der Grundlage epistemologischer Programme (→ *Epistemologie*) wie → *Hermeneutik*, → *Konstruktivismus*, symbolischer Interaktionismus, Phänomenologie und Ethnomethodologie.

qualitative Methoden → *qualitative Sozialforschung*.

qualitative Sozialforschung *qualitative social research*: Erhebung von Daten mithilfe nicht-standardisierter Methoden (z. B. über → *teilnehmende Beobachtung*, → *narratives* oder → *Leitfadeninterview* etc.) und deren Auswertung zu gesellschaftlich relevanten Fragen.

Qualitätserzeugung *quality controlled goods production*: → *Produktion* von Erzeugnissen mit herausragenden Gütemerkmalen. Bei der Q. erfolgt eine umfassende → *Qualitätskontrolle*, die bei einer ausgesprochenen → *Massenfertigung* nur bedingt möglich ist. Oft wird die Q. durch Labels herausgehoben.

Qualitätskontrolle *quality control*: einerseits Teil der Fertigungskontrolle bei der → *Produktion* von → *Gütern*, andererseits verbraucherorientierte Prüfung von Waren (z. B. hinsichtlich ihrer Haltbarkeit, Verträglichkeit von Zusatzstoffen).

Qualmwasser → *Drängewässer*.

Quantifizierung der Landschaft *quantifiability of landscape*: 1. Landespflege und → *Landesplanung* nutzungsbezogene → *Landschaftsbewertungen* unter praktischen Gesichtspunkten, meist unter Verwendung der → *Nutzwertanalyse*. Dabei treten naturwissenschaftliche Aspekte zugunsten sozioökonomischer Bereiche zurück. 2. in Geo- und Biowissenschaften eine quantitative, d. h. naturwissenschaftlich-exakte Beschreibung des → *Ökosystems* auf seine Funktionalität und die dabei erzielten Umsätze, beruhend auf Messungen (→ *Stoffbilanzen*).

Quantil *quantile*: ein → *Lagemaß* in der → *deskriptiven Statistik*; eine Art Schwellenwert, der die Datenmenge in eine Gruppe unterhalb und eine, die oberhalb des Q. teilt, z. B. liegen die 10%-Q., 10% aller Werte unter dem Q., die restlichen 90% der Daten darüber. Es gibt eine Reihe von Q. in der Statistik (z. B. → *Median*, Terzil, Quartil, Quintil, Dezil, Perzentil).

quantitative Bevölkerungspolitik *quantitative population policy*: staatliche → *Bevölkerungspolitik*, deren Ziele auf eine Beeinflussung der Bevölkerungszahl gerichtet sind. Zu einer q. B. können, je nach Situation des betreffenden Landes, sowohl Maßnahmen zugunsten eines Bevölkerungswachstums gehören (z. B. Förderung der → *Zuwanderung*, Anreize für vermehrte Geburten) als auch solche zur Drosselung eines als zu hoch angesehenen Wachstums (Förderung von → *Geburtenkontrolle*, Straffreiheit für Abtreibungen, Erleichterung der → *Auswanderung* usw.).

quantitative Daten *quantitative data*: in der empirischen → *Sozialforschung* wird zwischen q. D. und → *qualitativen Daten* unterschieden. Üblicherweise werden Informationen, die in numerischer (d. h. in Zahlen transformierter) Form vorliegen und die mit Hilfe statistischer Methoden ausgewertet werden können, als q. D. bezeichnet.

Quantitative Geographie *quantitative geography*: kein Fachgebiet der Geographie, sondern ein methodischer Ansatz, bei dem vorzugsweise mathematisch-statistische Verfahren und Rechenmodelle eingesetzt werden, mit dem Ziel der Analyse und Prognose sowie der Entwicklung von → *Modellen*. Die Q. G. hat sich in den 1950er-Jahren entwickelt und hängt eng mit dem Aufkommen von Computern zusammen. Es lassen sich zwei Bereiche unterscheiden: zum einen der Einsatz → *statistischer Methoden*, zum anderen die Verwendung mathematischer Verfahren zur Modellbildung. In der → *Physischen Geographie* spielt die Q. G. nach wie vor eine große Rolle, in der → *Humangeographie* hat sich in den letzten zwanzig Jahren eher die Ansicht durchgesetzt, dass qualitative Verfahren (→ *qualitative Geographie*) für die Analyse sozialer und gesellschaftlicher Phänomene sachgerechter sei.

Quantitative Geomorphologie *quantitative geomorphology*: jene Bereiche der → *Geomorphologie*, die dann unter dem Einsatz mathematisch-statistischer Verfahren gearbeitet wird, einschließlich jener Arbeitsweisen und Methodiken, die quantitative Ergebnisse liefern, wozu auch viele Feldmethoden gehören. Praktisch alle Teilgebiete der Geomorphologie arbeiten quantitativ-exakt. Dabei gehen Feld- und Laborarbeit, Modellbildung, Modellsimulation und Theorieentwicklung ineinander über. Die Bezeichnung Q. G. verliert immer mehr an Berechtigung, weil die verbal-deskriptive Methodik nur noch dort angewandt wird, wo es die Zweckmäßigkeit gebietet und die Sache (d. h. Gegenstand und gewünschte Ergebnisgüte) dies zulässt.

quantitative Methoden → *quantitative Sozialforschung*.

Quantitative Revolution *quantitative revolution*: seit ab 1965 sowohl im englischen als auch im deutschen Sprachraum verwandte Bezeichnung für den Arbeitsweisenwandel innerhalb der → *Geographie*, der auf dem Einsatz exakter Techniken mit möglichst quantitativen Ergebnissen beruht. Eine Folge dieser sich auch in natur- und geisteswissenschaftlichen Nachbardisziplinen abspielenden Entwicklung war die → *Quantitative Geographie*.

quantitative Sozialforschung *quantitative social research*: Erhebung von Daten mithilfe standardisierter Methoden (z. B. → *standardisierte Befragung*, → *standardisierte Beobachtung* etc.) und deren statistische Auswertung zu gesellschaftlich relevanten Fragen.

Quartär *Quaternary*: geologisches System, das bislang jüngste geologische Epoche der Erde repräsentierte; folgt auf das → *Tertiär* und umfasste früher die geologische Gegenwart. Inzwischen wurde das → *Anthropozän* als jüngste geologische Epoche eingeführt. Das Q. setzt sich aus der unteren = älteren Abteilung, dem → *Pleistozän* und der jüngeren = oberen, dem → *Postglazial* zusammen. Das Q. wird auf 2,6 Mio. Jahre geschätzt und ist v. a. durch die pleistozänen Kalt- und Warmzeiten charakterisiert. Beide Abteilungen weisen rasche Floren- und Faunenwechsel auf, die in Beziehung zu den globalen → *Klimaänderungen* und → *Klimaschwankungen* standen, wobei sich die → *Klima-* und → *Vegetationszonen* der Erde stark verschoben. Die in großen Teilen der mitteleuropäischen Landschaften weit verbreiteten Sedimente und Formen des Pleistozäns weisen sie als quartäre Landschaften mit Vorzeitcharakter aus. Q. und Postglazial sind für die → *Prognose* künftiger langzeitiger Klimaentwicklungen der Erde bedeutsam (→ *Holozän*).

quartärer Sektor *quaternary sector*: im Rahmen der Einteilung der Wirtschafts- und Erwerbstätigkeit in Sektoren (→ *Sektorentheorie*, → *Wirtschaftssektoren*) ein Bereich, der von manchen Autoren wegen seiner Sonderstellung vom → *tertiären Sektor* abgetrennt wird. Zum q. S. gehören → *Dienstleistungen*, welche einen hochwertigen Bildungsabschluss (i. d. R. Studium) erfordern, demnach zählen üblicherweise zum q. S. die Bereiche Forschung und Entwicklung, Banken und Versicherung, Steuer-, Rechts- und Unternehmensberatung, Bildung sowie Medizin.

Quartärforschung *Quaternary research*: Sammelbezeichnung für jene Fachbereiche, die sich mit dem → *Quartär* beschäftigen. Hauptgebiete sind Quartärgeologie und → *Quartärgeomorphologie*. Die Q. ist hochgradig interdisziplinär, weil in ihr in Raum und Zeit scharf umrissener Gegenstand hochkomplexer Natur untersucht wird, der zahlreiche Aspekte von der → *Geologie* bis zur → *Anthropologie* aufweist.

Quartärgeomorphologie *Quaternary geomorphology*: beschäftigt sich überwiegend mit den Prozessen und Formen, die während des → *Quartärs* entstanden (→ *Quartärforschung*).

Quartier *quarter*: 1. Stadtviertel. Als Q. werden v. a. von der Bevölkerungsstruktur her relativ homogene, kleine bis mittelgroße Wohnviertel in einer größeren Stadt bezeichnet. 2. Unterkunft, Lager. Der Begriff Q. wird hauptsächlich in Zusammensetzungen wie Nacht-Q., Massen-Q. (z. B. in Flüchtlingslagern), Obdachlosen-Q. gebraucht. 3. Wohnung von Soldaten bei Zivilisten (Einquartierung).

quartier latin *Latin Quarter, student quarter*: nach dem namengebenden alten Pariser Hochschulviertel gelegentlich gebrauchte Bezeichnung für Universitäts- und Studentenviertel in Hochschulstädten.

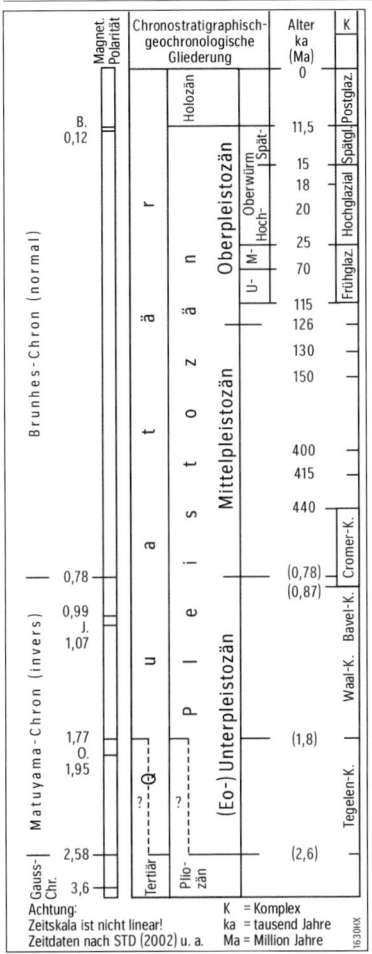

Quartär

Quartiererneuerung *redevelopment of urban quarter/district*: Sanierung von → *Stadtvierteln*. Dabei wird unterschieden nach Teilerneuerung und Gesamterneuerung. Im ersten Fall handelt es sich um die durchgreifende Erneuerung einzelner Teile oder Strukturen des Quartiers, im zweiten Falle um Abbruch, Umstrukturierung, Neuordnung und Wiederaufbau ganzer → *Quartiere* (→ *Flächensanierung*).

Quartierpflege *town quarter conservation*: im Rahmen der → *Stadterneuerung* die Erhaltung von Qualitäten und der Schutz vor negativen Entwicklungen in → *Stadtvierteln*.

Quartierstruktur *structure of a residential quarter, internal structure of a district*: der innere Aufbau eines → *Wohnviertels*, insb. hinsichtlich der Zusammensetzung seiner Bevölkerung, z. b. nach → *sozialen Gruppen* oder → *Schichten*.

Quartierzentrum *neighbo[u]rhood centre*: im Rahmen der → *innerstädtischen Hierarchie* der Versorgungszentren ein untergeordnetes → *Einkaufszentrum* zur Versorgung eines Wohnviertels mit Gütern und Diensten des täglichen (Lebensmittel) und des einfacheren periodischen Bedarfs (Haushaltswaren; Textilien; Post; Bank, usw.). Der Begriff Q. wird häufig gleichbedeutend mit → *Nachbarschaftszentrum* gebraucht (→ *Quartier*).

Quarz *quartz*: weit verbreitetes, weiß bis verschieden gefärbtes gesteinsbildendes → *Mineral* (SiO_2 = wasserfreie Kieselsäure). Unterschieden werden feinkristalliner, grobkörniger und großkristalliner Q.. Halbedelsteine, z. B. Rosenquarz oder Amethyst, gehören ebenfalls zu den Quarzen. Q. ist Bestandteil von Plutoniten, Ergussgesteinen, sowie von zahlreichen marinen und terrestrischen Sedimenten. Er ist sehr verwitterungsresistent (Stufe 7 der Härteskala) und reichert sich demzufolge in Verwitterungsprodukten und Böden im Laufe der Zeit an.

Quarzfels *quartzite*: → *Quarzit*.

Quarzit (Quarzfels) *quartzite*: eine Gesteinsgruppe der → *Metamorphite*, überwiegend aus → *Quarz* bestehend, bei gelblicher, grauer oder blaugrauer Farbe. Ein Teil der Q. gehört auch den → *Sedimentiten* an. Unterschieden werden metamorpher und sedimentärer Q. Der Fels-Q. oder metamorphe Q. entsteht aus → *Sandsteinen*, die durch Gebirgsdruck verdichtet wurden und deswegen eine größere Verwitterungsresistenz aufweisen. Viele → *Rest-* und → *Inselberge* sind Q.- → *Härtlinge*. Sedimentärer Q. entsteht aus tonigen Sanden, deren Quarzkörner durch Kieselsäure verkittet wurden.

quarzitisch *quartzitic*: 1. bezeichnet durch kieselige Bindemittel verkittete → *Sandsteine*.; 2. bezeichnet → *Schiefer* mit hohem → *Quarz*gehalt.

Quarzporphyr *quartz porphyry*: häufig auftretendes → *Ergussgestein* rötlicher, violetter, brauner, grauer und/oder grünlicher Farbe mit einer Grundmasse aus → *Quarz*, → *Feldspat* und → *Biotit*, in die Einsprenglinge der gleichen Minerale eingebettet sind. Der Q. kommt in zahlreichen Abarten vor und ähnelt in chemischer Zusammensetzung und Mineralgarnitur dem → *Granit*.

Quarzsandstein *orthoquartzite*: → *Sedimentgestein*, überwiegend bestehend aus Quarzkörnern der Sandfraktion.

quasinatürlich *quasi-natural(ly)*: bezieht sich auf Erscheinungen, Formen und Prozesse im → *Geoökosystem* bzw. in der → *Biogeosphäre* und verweist auf den → *natürlichen* Ablauf von Vorgängen, die also naturgesetzlich erfolgen, während die Auslösung des Vorgangs durch die siedelnde und/oder wirtschaftende Tätigkeit des Menschen erfolgte.

quasinatürliche Formen *quasi-natural landforms*: jene → *Oberflächenformen*, die unter Einwirkung der wirtschaftenden Tätigkeit des Menschen entstanden und sich durch verschiedene naturgesetzlich ablaufende geomorphologische Prozesse weiterentwickeln, gegebenenfalls auch ohne weiteres Zutun des Menschen.

quasistatische Prozesse *quasi-static processes*: Vorgänge im → *Ökosystem*, die als → *reversibel* gelten. Bei ihnen können Veränderungen, die durch einen → *Prozess* im → *System* und in seiner Umgebung aufgetreten sind, durch einen rückläufigen Prozess wieder zum Verschwinden gebracht werden. Der Endzustand des Systems ist demnach durch ähnliche oder gleiche Werte seiner Kenngrößen charakterisiert wie der Anfangszustand.

Quelle *spring, springlet*: Stelle an der Erdoberfläche, an der → *Grundwasser* aus dem Untergrund an die Erdoberfläche tritt und oberirdisch über ein → *Fließgewässer* abfließt. Das Q.-Wasser stammt meist aus versickerten Niederschlägen (Sickerung). Ausnahme und selten: Q.-Wasser aus dem Erdinnern, das neu in den aktuellen → *Wasserkreislauf* gelangt. Q. kann man auch nach dem Schüttungsrhythmus unterscheiden (→ *perennierend*, → *episodisch*, → *periodisch*, → *intermittierend*) und nach den physikalischen und chemischen Eigenschaften (→ *Mineralquelle*, Heilquelle, → *Hungerquelle*, → *Karstwasser*).

Quellenband (Quellenlinie) *line of springs*: eine Kette von → *Schichtquellen* am Hang, v. a. von → *Schichtstufen* oder → *Schichttafelländern*.

Quellengley *artesian gley soil*: in der → *deutschen Bodensystematik* (→ *KA5*) ein Subtyp des → *Gleys*, der durch fast ständige Vernässung bis nahe an die Oberfläche geprägt ist. Q. befinden sich im unmittelbaren Umfeld von → *Quellen* oder → *Quellhorizonten*.

Quellerosion *spring erosion*: → *Fluvialerosion*, bei der das Wasser von → *Quellen* unterirdisch und oberirdisch Material abträgt. Dabei wird – nach vorheriger Wasserdurchtränkung – Substrat bzw. Boden vor dem Quellaustritt ausgespült und weggeführt (→ *Ausspülung*). Es entstehen als neue flach Hohlformen die → *Quellmulde* und die → *Quellnische*. In Feuchtklimaten spielt Q. eine große Rolle bei der Zurückverlegung von → *Schichtstufen*.

Quellfaltung *swell folding*: infolge → *Quellung*, d. h. Volumenvergrößerung durch Wasseraufnahme, in seinem Inneren gefaltetes → *Gestein*, dem die Möglichkeit zur Ausdehnung fehlte (→ *Pseudotektonik*).

Quellflur *vegetation of springs*: zusammenfassender Begriff für → *Pflanzengesellschaften* feuchtigkeitsliebender Gewächse am Rande von → *Quellen*.

Quellfluss *river source, headwater streamlet*: in direktem Zusammenhang mit einer → *Quelle* bzw. einem Quellgebiet stehendes → *Gerinne*, das sich noch nicht mit Gerinnen aus anderen Quellgebieten vereinigt hat (→ *Einzugsgebiet*).

Quellgebiet *source area*: Raum, meist im lokalen oder regionalen Maßstab, von dem bestimmte Verkehrsströme (→ *Quellverkehr*) ihren Ausgang nehmen. An Wochenenden sind z. B. → *Großstädte* das Q. größerer Ströme des Naherholungsverkehrs.

Quellhorizont *spring horizon*: bildet sich über der → *Schichtfläche* eines undurchlässigen Gesteins (→ *Grundwasserstauer*), dem ein → *Grundwasserleiter* (Aquifer) auflagert. Entlang der Ausstreichlinie des stauenden Gesteins an der Erdoberfläche tritt eine Kette von → *Schichtquellen* aus (→ *Quelle*).

Quellkuppe (Kryptodom) *intrusive dome, lava cupola, lava dome, plug tumulus*: Form des → *Kryptovulkanismus*, also des → *Vulkanismus*, der ohne → *Eruptionen* abläuft und unterirdische Formen schafft. Erfolgt der Aufstieg der → *Magma* in einem → *Schlot* und bleibt aber gleichsam unter der Erdoberfläche stecken, wird das darüberliegende Gestein zu einer Q. aufgewölbt. Die Bildung von Q. setzt zähflüssige (→ *felsische*) Magma voraus. Eine Q. stellt der durch spätere Abtragung freigelegte → *Trachyt*-Pfropfen des Drachenfels (Siebengebirge) dar (→ *Staukuppe*).

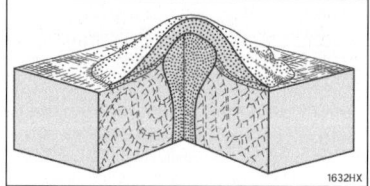

Quellkuppe

Quellmoor *spring fen*: in der vernässten Umgebung eines Quellaustrittes entstandenes → *Niedermoor*.

Quellmulde (Ursprungsmulde) *valley head*: durch austretendes → *Grundwasser* wird Material ausgespült (→ *Quellerosion*) und/oder

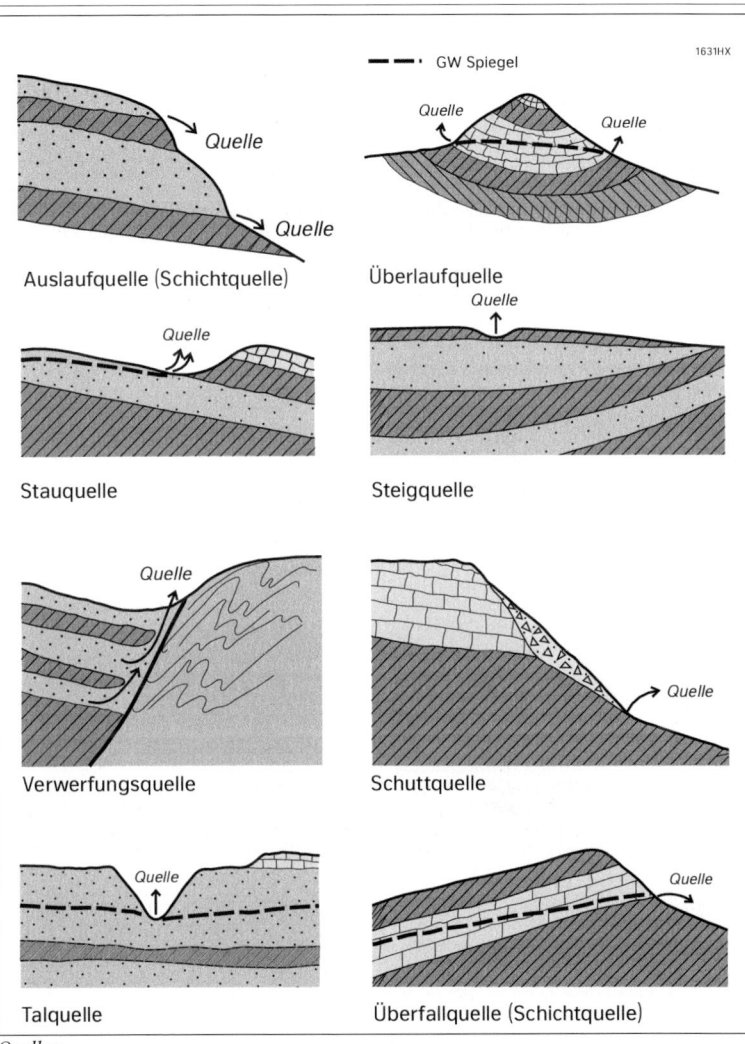

Quellen

aufgrund von → *Rutschungen* entstandene flache Geländehohlform von geringen Ausmaßen (mehrere Meter bis Dekameter).

Quellnische *spring cove*: durch → *Quellerosion* an steileren Hängen entstandene größere oder kleinere → *Hohlform*, wobei → *Rutschungen* den aquatischen Materialaustrag wesentlich unterstützen.

Quellschüttung *spring discharge (dousing)*: in l/sec oder m³/sec angegebene Wassermenge pro Zeiteinheit, die aus einer → *Quelle* austritt.

Quelltopf *spring pot*: eine → *Quelle*, die in eine trichter- oder schalenförmige Vertiefung austritt und über dieser einen kleinen überfließenden → *See* bildet.

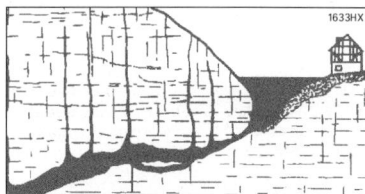

Quelltopf

Quelltrichter *spring pit*: → *Hohlform* an steilen Gebirgshängen mit trichterförmiger Gestalt, die durch → *Quellerosion* im Bereich mehrerer nebeneinander liegender → *Quellen* hervorgegangen ist.

Quelltrichterkar *kar*: aus → *Quelltrichtern* durch mehr oder weniger starke → *glaziale* Überformung entstandenes → *Kar*.

Quellung *swelling*: Aufweitung von → *Tonmineralen* (Quellbarkeit).

Quellung *swelling, raising*: senkrechtes Aufschießen von → *Wolken* bei starker vertikaler Luftbewegung durch → *Thermik* und → *Turbulenz*. Die typische, quellende Wolkenform zeigen die → *Cumuli*.

Quellung *soaking*: physikalisch-chemischer Prozess, der in lebenden Körpern auftritt und der meist als Entquellung rückgängig gemacht werden kann. Die Q. spielt im Wasserhaushalt eine große Rolle, weil zahlreiche Bestandteile der lebenden Zelle quellfähig sind und viele Stoffwechselvorgänge von einem gewissen Q.-Zustand (z. B. → *Hydratur* der Pflanzen) abhängen.

Quellverkehr *source traffic*: bezogen auf einen Standort oder einen Raum jener Verkehr, der dort seinen Ursprung hat. So ist z.B. der → *Pendelverkehr* bezüglich der Auspendlergemeinden als Q. zu bezeichnen (→ *Zielverkehr*).

Quellwolke *stream cloud*: hochaufschießende Wolkenballung mit Formen, die wie verwachsene Knollen oder Blumenkohl aussehen. (→ *Cumulus*).

Querdüne *transversal dune*: Sammelbezeichnung für → *Dünen*, deren Hauptachse sich quer zur Windrichtung anordnet, was für die meisten Dünentypen gilt. Der Q. gegenübergestellt wird die Längsdüne (→ *Longitudinaldüne*).

Querfalte *cross fold*: meist vergesellschaftet auftretende und beim Durchkreuzen von zwei Faltensystemen entstehende → *Falte*, die man auch als „vergittert" bezeichnet.

quergeteilter Einheitshof → *quergeteiltes Einheitshaus*.

quergeteiltes Einhaus → *quergeteiltes Einheitshaus*.

quergeteiltes Einheitshaus (quergeteilter Einheitshof, quergeteiltes Einhaus) *cross cutted unitary house*: Typ des → *Einheitshauses*, bei dem der Wohn- und Wirtschaftsteil durch senkrecht zur Firstlinie verlaufende Innenwände voneinander getrennt sind. Ein Beispiel für ein q. E. ist das bayerische Einhaus. (→ *längsgeteiltes Einheitshaus*).

Querkluft (Q-Kluft, Zugkluft) *cross joint*: quer zur Faltenachse oder zur Streckung des Gesteins, d. h. parallel zur Druckrichtung verlaufende → *Kluft*. Die Q. sind oft zu → *Spalten* geöffnet und daher mit Mineralien wie → *Quarz* oder Kalkspat bzw. → *Erstarrungsgesteinen* gefüllt.

Querküste *discordant coastline*: senkrecht zum → *Streichen* der Gesteinsschichten, welche die Küste aufbauen, verlaufende → *Küste*. Es ergeben sich meist stark gegliederte, tiefe → *Buchten* und → *Täler*, die senkrecht zum Hinterland verlaufen und voneinander durch Felsvorsprünge getrennt sind.

Querschnittsplanung *cross-sectional planning*: jene raumbedeutsamen Planungen, die alle räumlichen Nutzungsansprüche gleichermaßen behandeln.

Querschnittstudie *cross-sectional study*: Bezeichnung für eine einmalige Erhebung in der empirischen → *Sozialforschung*. Damit entstehen „Momentaufnahmen" aktueller Meinungen, Verhaltensweisen, Einschätzungen in einer Gesellschaft. Um → *Repräsentativität* in einem Kollektiv zu erhalten, werden Q. mit → *Zufallsstichproben* durchgeführt. Q. lassen sich leicht in → *Trendstudien* überführen, indem aus derselben Grundgesamtheit mehrfach Stichproben gezogen werden und mit derselben Methode zu unterschiedlichen Zeitpunkten erhoben wird.

Quertal (Transversaltal) *transverse valley*: → *Tal*, das quer zum → *Streichen* der Falten bzw. Gesteinsschichten verläuft. Meist ein → *Durchbruchstal*.

Querverwerfung *cross fault*: gegenüber der Längsverwerfung, die einen streichenden → *Bruch* darstellt, quer zum → *Streichen* der → *Falten* verlaufende → *Verwerfung*.

Quickerde (Quicksand, Quickton) *quicksand, running sand, quick clay*: fließgefährdetes, feinkörniges Lockersediment, das bei hohem → *Wassergehalt* durch Erschütterung fließt, ohne dass weitere Wassergehaltsänderungen auftreten. Das → *Fließen* geht auf Verengungen des Porenraums zurück. Beim Fließvorgang handelt es sich um → *Thixotropie* (→ *Schwimmsand*).

Quicksand → *Quickerde*.

Quickton → *Quickerde*.

Quorum *quorum*: festgelegte Mindestbeteiligung von Stimmberechtigten bei → *Bürgerbegehren* und → *Bürgerentscheiden*.

Quote *quota*: Anteil eines Ganzen. Als statistische Beziehungszahl tritt die Q. in verschiedenen Indikatoren auf, z. B. als → *Arbeitslosenquote* oder als → *Erwerbsquote*. In der Wirtschaft versteht man unter Q. die Menge an Produkten, die aufgrund von getroffenen Vereinbarungen in einem bestimmten Zeitraum produziert bzw. abgesetzt werden darf (z. B. Milchquoten oder → *Importquoten*).

Quotenverfahren *quota sample*: Verfahren der → *Stichprobenerhebung* in der empirischen → *Sozialforschung*; ist die Verteilung der für die spezifische Forschungsfrage relevanten Variablen in der → *Grundgesamtheit* bekannt, so wird die → *Stichprobe* entsprechend dieser Ausprägungen (Quote) gezogen.

R

Rachel → *Runse*.

rad (rd) *rad, radiation absorbed dose*: die Einheit der → *Energiedosis* → *ionisierender Strahlung*. Ein rad entspricht der Absorption einer Strahlungsenergie von 1/100 Joule/kg Materie. Die Einheit rad war bis 1985 in Deutschland zugelassen und ist durch die neue Einheit der Energiedosis, das Joule/kg, mit dem Einheitennamen Gray (Abkürzung: Gy) ersetzt: 1 Gy = 100 rd = 1/100 Gy.

Radar *radio detection and ranging*: Sammelbegriff für Erkennungs- und Ortungsverfahren und -geräte, die auf Funkwellen basieren. In der → *Fernerkundung* werden bspw. satellitengestützte R.-Systeme mit synthetischer Apertur (*Synthetic Aperture Radar*: SAR) eingesetzt. Eine SAR-Antenne sendet (als Teil eines aktiven Fernerkundungssystems) Mikrowellenpulse aus und empfängt das Echo, das von der Erdoberfläche zurückgestreut wird. Ein grundlegender Vorteil von R.-Fernerkundung gegenüber optischen Systemen, wie bspw. Landsat, ist die Unabhängigkeit von Dunkelheit und Bewölkung.

Radialflur *radial field pattern*: → *Flurformentyp*, bei dem sich die → *Parzellen* kreisförmig anordnen. Meist ist R. das Ergebnis einer Planungshandlung (→ *Radialhufenflur*). Sofern die R. nicht ausschließlich orographisch bedingt ist, wird ihr Zentrum von einer bäuerlichen → *Siedlung* gebildet (→ *Hufendorf*, → *orographische Faktoren*).

Radialform *radial form*: mit bestimmter Intention gewählte Grundrissform von → *Siedlungen* oder → *Fluren*; Kreisform mit Nabe und Speichen (→ *Radialflur*, → *Radialstadt*).

Radialhufenflur *radial hide field*: besondere Form der → *Hufenflur*. Bei R. gruppieren sich → *Gehöfte* und → *Hufen* kreisförmig um den Mittelpunkt der Siedlung. R. treten insbesondere beim → *Radialwaldhufendorf* auf.

Radialspalte *radial crevasse*: im Zungenbereich von der Peripherie zum Zentrum des Eislappens verlaufender Riss im Eis des → *Gletschers* (→ *Gletscherspalten*).

Radialstadt *radial town*: → *Stadt*, die aus Gründen der Repräsentation (z. B. mit einem → *Schloss* im → *Zentrum*) oder aus ästhetischen Erwägungen in → *Radialform* erbaut wurde. Bei Stadtgründungen war die R. v. a. im Barock beliebt (z. B. Karlsruhe, wo ursprünglich alle Straßen vom Schloss als Mittelpunkt radial nach außen verliefen).

Radialwaldhufendorf *radial woodland village*: ländlicher → *Siedlungstyp* und Sonderform des → *Waldhufendorfs*. Beim R. sind die Gehöfte radial um ein Zentrum angelegt. Entsprechend strahlenförmig stellt sich die → *Hufenflur* dar. Die Anlage des R. orientiert sich häufig an den Gegebenheiten des Geländes. So findet sich das Zentrum der Siedlung etwa in → *Quellmulden*.

Radical Geography gesellschaftskritische Strömung v. a. in der angelsächsischen → *Humangeographie*, entstanden in den 1970er-Jahren. Die R. G. führt soziale Ungleichheit und gesellschaftliche Missstände wie → *Armut*, Diskriminierung von Minderheiten, Ausbeutung von sog. Entwicklungsländern usw. v. a. auf den → *Kapitalismus* zurück. R. G. betont einerseits eine wissenschaftskritische Haltung, indem sie den etablierten Wissenschaften vorwirft, mit ihrer vordergründigen Wertneutralität (→ *Wertfreiheitspostulat*) zu einer Stabilisierung der herrschenden Ungleichheiten beizutragen, andererseits versteht sie sich als politische Wissenschaft mit dem Ziel, Gesellschaft und Raum radikal zu verändern. Eine wichtige Rolle spielen die Arbeiten von David Harvey (→ *Marxismus*, → *Kritische Geographie*, → *Marxistische Geographie*).

Radikale *radicals*: in der Chemie jene Atomgruppen, die unselbstständige Moleküle sind, aber bei Umsetzungen unverändert bleiben und bestrebt sind, sich zu beständigen Molekülen zu ergänzen. Dazu gehören SO4, NO3, CH3, C2H5. R. sind äußerst reaktionsfähig und zugleich kurzlebig; sie reagieren jedoch sofort mit anderen Molekülen. Dabei vollziehen sich chemische Spaltprozesse, die durch hohe → *Temperaturen* oder energiereiche → *Strahlung* bei allen Molekülen erzwungen werden. Die in der Natur nicht vorkommenden chlorierten → *Kohlenwasserstoffe* sind Verbindungen, die mit R. hergestellt werden und die sich durch hohe → *Persistenz* auszeichnen.

radikaler Konstruktivismus *radical constructivism*: eine Form des → *Konstruktivismus* v. a. nach Ernst von Glaserfeld, nach der dem Menschen der erkenntnistheoretische Zugang (→ *Epistemologie*) zu der möglicherweise außerhalb unseres Bewusstseins existierenden Realität verschlossen ist. Demnach kann im Gegensatz zu → *Realismus* und → *Positivismus* eine Wahrnehmung von Objekten niemals ein Abbild der Realität liefern, sondern ist allein als eine Konstruktion aus Sinnesreizen und Gedächtnisleistung eines Individuums zu verstehen.

radioaktive Emission *radioactive: emission*: Emission, die → *radioaktive Isotope* enthält. Die besondere Gefahr der r. E. besteht in der Kumulation der Strahlenwirkung.

radioaktive Isotope *radioactive isotopes, radioisotopes, unstable isotopes*: instabile und deshalb radioaktiv zerfallende Abarten chemischer Elemente mit gleichen Ordnungs-, aber verschiedenen Massenzahlen wie das stabile Element (→ *radioaktiver Zerfall*).

radioaktive Markierung *radioactive marking/labelling/tagging*: → *Tracer* werden benutzt, um chemische Verbindungen, biologische Substanzen sowie Wasser, Boden- und Sedimentmaterial mit → *Radionukliden* zu „etikettieren". Damit kann man den Weg markierter Substanzen durch den Körper von Organismen oder durch die Umwelt, auch durch den Untergrund, verfolgen, indem man die von den markierten Substanzen emittierte → *ionisierende Strahlung* misst.

radioaktive Quellen *radioactive wells*: → *Quellen*, deren Wasser einen bestimmten Gehalt an → *Radon* und Salzen des Radiums enthält. Die Wirkung von Wässern aus r. Q. ist umstritten, weil die Gehalte möglicherweise zu gering sind, um medizinische Wirkung zu erzielen. Die Heilwirkung von r. Q. kann auch von anderen Stoffen oder gar der Temperatur des Wassers ausgehen.

radioaktive Strahlung *radioactive radiation*: Sammelbezeichnung für → *Strahlung*, die beim Zerfall → *radioaktiver Atomkerne* entsteht. Eigentlich ist nicht die Strahlung radioaktiv, sondern die Strahlung ist eine Folge der Radioaktivität. Im Grunde handelt es sich um die von → *Radionukliden* emittierte Strahlung. So definiert gehört zur r. S. die Alpha-, Beta-, Gamma-, Röntgen- und Neutronenstrahlung (→ *radioaktiver Zerfall*).

radioaktive Substanzen *radioactive substances*: chemische Verbindungen mit radioaktiven Elementen (→ *Radioaktivität*). Nach deutschem Atomgesetz und deutscher Strahlenschutzverordnung werden r. S. („radioaktive Stoffe") jeweils spezifisch definiert. Nach dem Atomgesetz sind r. S.: 1. besondere spaltbare Stoffe (→ *Kernbrennstoff*) wie → *Plutonium* als Plutonium-239, Plutonium-241, → *Uran* als Uran-223, mit → *Isotopen*-235 oder -233 angereichertes Uran, Stoffe, die einen oder mehrere der genannten Stoffe enthalten, sowie Uran und uranhaltige Stoffe der natürlichen Isotopenmischungen, die so rein sind, dass durch sie in einem → *Kernreaktor* eine sich selbst tragende Kettenreaktion ablaufen kann; 2. Stoffe, die – ohne Kernbrennstoff zu sein – → *ionisierende Strahlung* spontan aussenden. Nach der Strahlenschutzverordnung erfolgen weitere Unterteilungen, z. B. in umschlossene und offene r. S. sowie kurz- und langlebige → *Radionuklide*, also r. S. mit einer → *Halbwertszeit* bis zu und von mehr als 100 Tagen.

radioaktiver Abfall (Atommüll) *radioactive waste, nuclear waste*: radioaktive bzw. radioaktiv kontaminierte Substanzen, bei denen weder → *Dekontamination* noch → *Wiederaufbereitung* möglich ist, also jene Abfallstoffe, die bei → *Kernreaktionen* in → *Kernreaktoren* in gasförmiger, flüssiger oder fester Form entstehen und die als nicht mehr weiterverwendbare radioaktive Spaltprodukte gelten. Sie entstehen auch bei der Wiederaufarbeitung von → *Kernbrennstoffen*. Man unterscheidet konventionell schwach, mittel und hoch r. A.. Sie stellen unterschiedliche Anforderungen an die → *Endlagerung*. – Zum hoch r. A. gehören die Rückstände, die bei der Wiederaufarbeitung ausgebrannter → *Brennelemente* der → *Kernkraftwerke* anfallen. Besonders problematisch sind r. A. in gasförmigem oder flüssigem Zustand, da hier mögliche Schadwirkungen auf den Menschen schlechter unter Kontrolle zu bringen sind als bei r. A. in festem Zustand. Letztere lassen sich sicherer transportieren und auch einfacher einlagern. Das deutsche Atomgesetz schreibt schadlose Verwertung radioaktiven Materials und dessen geordnete Beseitigung vor.

radioaktiver Niederschlag → *Fallout*.

radioaktiver Zerfall *radioactive decay*: basiert auf dem Gesetz der radioaktiven Umwandlung („Zerfallsgesetz"), nach welchem instabile → *Nuklide* gegenüber stabilen einen relativen Mangel oder Überschuss an Neutronen haben. Daher wandeln sie sich oft über Zwischenstufen wiederum in instabile Nuklide um, aber in Richtung der größeren Stabilität, wobei die → *Radionuklide* eine charakteristische und unveränderliche Art der emittierten → *ionisierenden Strahlung* und Zerfallsart aufweisen. Der Zeitablauf des r. Z. wird mit der physikalischen → *Halbwertszeit* gekennzeichnet. Die Halbwertszeiten liegen zwischen mehreren Milliarden Jahren (Uran-238) und millionstel Sekunden.

Radioaktivität *radioactivity*: Eigenschaft bestimmter chemischer Elemente und Isotope, dauernd und ohne äußeren Einfluss Energie in Form von → *radioaktiver* → *Strahlung* auszusenden. Die instabilen Atomkerne der radioaktiven Elemente wandeln sich durch Ausschleudern eines Teils ihrer Masse und Energie in stabile Kerne um. Alle auf der Erde vorkommenden Elemente mit Ordnungszahlen über 80 und je ein Kalium-, Rubidium-, Samarium-, Lutetium- und Rhenium-Isotop sind natürlich radioaktiv (→ *natürliche R.*). Alle durch Kernreaktionen neu entstehenden Isotope sind künstlich radioaktiv. Der → *radioaktive* → *Zerfall* verläuft exponentiell. Die Zeit, nach der nur noch die Hälfte des ursprünglich vorhandenen radioaktiven Stoffes nachgewiesen wird, heißt → *Halbwertszeit*. R. findet u. a. weite Anwendung bei der Altersbestimmung geowissenschaftlicher Gegenstände (→ *Radiokarbonmethode*).

Radiochemie *radiochemistry*: → *Kernchemie*.
Radioisotop *radioisotope, radioactive isotope*: instabiles radioaktives → *Isotop*. Die R. werden auch als → *Radionuklide* bezeichnet.
Radiokarbonmethode *radiocarbon dating, carbon dating*: Methode der absoluten Altersbestimmung der → *organischen Substanz* bio- und geowissenschaftlicher Gegenstände (→ *Klimazeugen*) auf Grundlage des Zerfalls von → *Radiokohlenstoff* und dessen → *Halbwertszeit*.
Radiokohlenstoff (C-14, Kohlenstoff-14) *radioactive carbon, C14*: ein → *Isotop* des radioaktiven Kohlenstoffs, dessen natürliche Konzentration in der Umwelt 1 pCi/m³ beträgt. Durch Kernwaffentests stieg diese Konzentration auf den doppelten Wert. Sowohl Kernkraftwerke als auch Wiederaufbereitungsanlagen geben mit der Abluft z. T. beträchtliche Mengen von R. ab. Der chemisch als $14CO_2$ auftretende R. wird mit dem stabilen CO_2 durch Assimilation im Verlauf der Photosynthese oder der Chemosynthese in die Pflanzen eingebaut und gelangt über die Nahrungsketten in den Organismus des Menschen. R. besitzt für die absolute Altersbestimmung von Resten organischer Substanz aus der jüngsten geologischen Vergangenheit Bedeutung (Radiokarbonmethode).
Radiolarienschlamm *radiolarian ooze*: rote, tonige, → *marine* → *Ablagerung* des → *Eupelagials*, die sich aus den aus Kieselsäure oder Strontiumsulfat bestehenden Skeletten der Radiolarien („Strahlentierchen"), seit dem → *Präkambrium* existierende mikroskopisch kleine Einzeller, aufbaut und ca. 1,5–2% des Meeresbodens deckt. Hauptvorkommen sind die größten Tiefen von Pazifik und Indik, in denen die Kalkschalen anderer Organismen aufgelöst werden und nur Kieselsäureskelette überdauern. Aus R. entsteht der → *Kieselschiefer* (Radiolarit).
radiometrische Auflösung *radiometric resolution*: beschreibt die Anzahl der unterscheidbaren Grautonstufen, die ein Fernerkundungssensor erfassen kann. Die r. A. wird in der Einheit Bit (binary digit) angegeben. Der aktuelle → *NASA*-Erdbeobachtungssatellit → *Landsat 8* quantifiziert erfasste Daten in 12 Bit. Das ergibt (2^{12}=) 4096 differenzierbare Grautonstufen.
Radionuklide *radionuclides, radioactive nuclides*: auch als Radioisotope bezeichnete instabile Atomkerne oder → *Nuklide*, die sich spontan radioaktiv umwandeln können und dabei Gammastrahlung emittieren, wobei sie in ihren Grundzustand übergehen. Unterschieden werden – natürliche und in der Natur nicht vorkommende – künstliche R. Die R. wandeln sich beim → *radioaktiven Zerfall* direkt – über Tochternuklide (also radioaktive Zwischenprodukte) – in stabile Nuklide um. Jedes dieser weist eine charakteristische physikalische → *Halbwertszeit* auf. Die wenigen natürlich vorkommenden R. (K-40, Rb-87, U-238, U-235, Th-232, Po-210, Rn-220, Rn-222) machen die → *natürliche Strahlenbelastung* aus und stehen vielen hundert künstlichen R. gegenüber.
Radioökologie *radioecology, radiation ecology*: Teilgebiet der → *Angewandten Ökologie*, das sich mit der Wirkung → *ionisierender Strahlung* auf Organismen beschäftigt, also mit den Effekten der → *Globalstrahlung*, der → *natürlichen Radioaktivität* der Erdkruste und der dort vorkommenden Elemente sowie der künstlichen Radioaktivität, die bei Prozessen der → *Kernspaltung* entsteht, damit auch mit dem Verhalten von → *Radionukliden* in den Umweltsystemen. Ursprünglich fokussierte R. ausschließlich auf den → *Strahlenschutz* in der Umgebung kerntechnischer Anlagen. Durch die weltweiten Wirkungen des → *Fall-out* und die damit verursachten → *Kontaminationen* der Umwelt wurde die R. immer umfassender in die Betrachtung der Stoff- und Energiekreisläufe von Pflanze, Tier und Mensch sowie der gesamten Geobiosphäre einbezogen. In praktisch allen Lebensbereichen muss man sich mit dem Verhalten von und der Auswirkung radioaktiver Stoffe auseinander setzen, z. B. bei Produktion, Freisetzung, Transport und Lagerung bzw. → *Endlagerung* radioaktiver Stoffe in der → *Umwelt*.
Radiotoxizität *radiotoxicity*: unabhängig von der chemischen → *Toxizität* eines radioaktiven Stoffes wird mit der R. die Gesundheitsschädlichkeit eines → *Radionuklids* umschrieben, d. h. jener Gefährdungsgrad bezeichnet, der für einen Organismus durch von inkorporierten Radionukliden ausgehender → *ionisierender Strahlung* ausgemacht wird, was zu → *Strahlenschäden* führen kann. Die deutsche Strahlenschutzverordnung gibt für die R. vier Klassen an, deren Grenzwerte auf Strahlenschäden und → *Strahlenrisiko* abgestellt sind.
Radon, *radon, radium emanation*: beim radioaktiven Zerfall von → *Radionukliden* entsteht R. als Zerfallsprodukt des Radiums. Beim R. handelt es sich chemisch um ein → *Edelgas*, das besonders mobil ist. Es entstehen aus → *Uran-238* über Radium-226 das Rn-222 (→ *Halbwertszeit* ca. 4 Tage) und aus Thorium-232 über Radium-228 und Radium-224 das Rn-220 (Halbwertszeit knapp eine Minute). Für die → *Strahlenexposition* spielen nur Rn-222 und seine Folgeprodukte eine Rolle. Das R. ist ein natürliches Radionuklid und kommt v. a. in Gesteinslandschaften des → *Kristallins* (v. a. → *Granit*), aber auch in Gebieten mit → *Vulkaniten* vor. Dort ist es an → *Uran* und Thorium gebunden. Bei der Strahlenexposition erweist sich die Al-

phastrahlung der kurzlebigen Folgeprodukte als gefährlich, wenn sie in die Lunge gelangt und Lungenkrebs verursacht. Der R.-gehalt ist in Bodennähe höher als in größeren Abständen darüber, weil die → *Emission* von der Erde ausgeht. Die deutsche Strahlenschutzkommission gibt für die R.-konzentration in Wohnungen als Obergrenze des Normalen eine Konzentration von 250 Bq/m^3 an. Langzeitmittelwerte, die darüber liegen, erfordern eine Prüfung, ob Sanierungen erforderlich sind. Die Konzentration von radioaktivem Rn-222 wird in Neubauten oft durch Abdichtung von Fenstern und Türen hervorgerufen, die man aus Energiespargründen vornimmt. Dies setzt den Luftaustausch herab und führt zur relativen und absoluten Anreicherung des R.-gehaltes in der Wohnung. Radioaktives R. wird sowohl in → *Kernkraftwerken* als auch in → *Wiederaufbereitungsanlagen* freigesetzt, ebenso uranhöffigen Gesteinslandschaften und in Uran-Bergbaugebieten oder bei radiumhaltigen Phosphatlagerstätten sowie den Abraumhalden solcher Bergwerke.

Rad-Schiene-System *wheel-and-rail-system*: Bezeichnung für ein Verkehrssystem, dessen Transportmittel sich spurgeführt mittels Rädern auf stählernen Schienen bewegen (Bahn, Straßenbahn). Vorteile des R.-S.-S. gegenüber dem Straßenverkehr sind größere Sicherheit bei höherer Geschwindigkeit, größere Belastbarkeit und Energieeinsparung, von Nachteil ist die geringe Flexibilität.

Radverkehrsanlage *cycle traffic facilities*: zusammenfassende Bezeichnung für Radwege-Netze und Fahrradabstellmöglichkeiten. Um das Radfahren als Alternative zum umweltgefährdenden Kraftfahrzeugverkehr zu fördern, wird z.Z. in vielen Städten in R. investiert.

Radwegekonzept *cycle track plan*: Plan zur Errichtung bzw. Ergänzung von → *Radverkehrsanlagen*. Um das umweltfreundliche Radfahren in Städten zu fördern, ist es das Ziel von R., dem Fahrradverkehr durch den Ausbau und eine optimale Streckenführung von Radwegen günstige Bedingungen zu bieten und ihn evtl. gegenüber dem Kraftfahrzeugverkehr zu bevorzugen (z.B. Radwege durch → *Fußgängerzonen* und entgegen von Einbahnstraßen).

Raffinerie *refinery*: Komplex großtechnischer Anlagen zur Reinigung und Veredlung bestimmter → *Rohstoffe* (z.B. → *Erdöl*, Metalle, pflanzliche und tierische Öle, Zucker). Besonders landschaftsbestimmend sind weltweit die Erdöl-R.; in ihnen erfolgt die Aufbereitung und Verarbeitung von Rohöl (→ *Rohöldestillation*) zu verkaufsfähigen Fertigprodukten. Durch → *Pipelines* hat sich die Standortstruktur der Erdöl-R. verändert.

Raffineriesterben *refinery closures*: in der Energiewirtschaft ein Schlagwort, das in den beginnenden achtziger Jahren entstand. Das R. verdeutlicht den Abbau der → *Raffinerie*-Überkapazitäten als Folge des zweiten → *Ölschocks* und der daraus sich entwickelnden Konjunkturabschwächung.

Rahmenhaus *timberframe house*: Konstruktionstyp eines Hauses, der aus einem Holzgerüstbau mit Plankenverkleidung besteht. Mit dem Aufkommen der Sägewerke trat die R.-Konstruktion vielerorts (z.B. in den Kolonisationsgebieten Nordamerikas) an die Stelle des Blockhauses.

Rahmenplan *framework plan*: Plan, der mit Rahmendaten ausgestattet ist und die Grundzüge weiterer, detaillierterer Planungen vorgibt. Ein Beispiel für einen R. ist der → *Landschaftsrahmenplan*.

Rain *field ridge*: eine schmale Begrenzung von Kulturlandschaftselementen, z.B. Feldern, meist von einer gewissen Längserstreckung und zwischen Ackerstücken liegend („Grenzstreifen"), i.d.R. nicht bewirtschaftet, also unbebaut und oft mit Gehölzen bestanden. Im übertragenen Sinne bezeichnet R. auch kleine, bis zu mehreren Metern hohe → *Vollformen* im Sinne von → *Hochrain* und → *Stufenrain*, welche auch als → *Ackerterrassen* bezeichnet werden können. Man legte sie entweder an, um steileres Gelände für die Bearbeitung zu verflachen, oder sie entstehen sukzessive beim Abwärtspflügen durch Bodenmaterialbewegungen hangabwärts bis zur nächsten Feldgrenze. Teilweise sind die Hoch- und Stufenraine auch aus Lesesteinstreifen hervorgegangen, die an den Feldrändern zusammengetragen wurden.

Rainwater harvesting (Wasserernte) in den Trockengebiete der Erde traditionelle und neue Verfahren, um geringste Niederschläge optimal in den → *Landschaftswasserhaushalt* zu integrieren und für die Wassernutzung, v.a. in der Landwirtschaft, optimal einzusetzen. Dadurch können Wasserdefizite der Agrarnutzungssysteme ausgeglichen und in der → *Vegetationszeit* den Feldfrüchten ausreichend → *Bodenwasser* bereitgestellt werden. Maßnahmen des R.h. sind u.a. der Bau von Kanälen, Dämmen, Terrassen, Zisternen, Brunnen, sowie solche, die zugleich Bodenschutz bewirken, z.B. → *Konturpflügen*. Auch das → *Dryfarming* gehört dazu (→ *Bodenwasserhaushalt*).

Råmark *råmark*: veraltete Sammelbezeichnung für die wenig entwickelten → *arktischen* und → *alpinen* Rohböden. Die R. ist sehr flachgründig, zeigt keine Horizontdifferenzierung, enthält sehr viel Steine und ist nur im Bereich von Wurzelpolstern etwas humushaltig. → *Bodenfrost* beeinflusst häufig deren Struktur (→ *Frostmusterböden*).

Rambla *Fluvisol*: in der → *deutschen Bodensystematik* (→ *KA5*) ein aus jungen Auensedimenten entstandener → *Rohboden* im Bereich der holozänen Flussaue. Charakteristisch sind häufige Überflutungen, wodurch nur Spontanvegetation möglich ist (→ *Alluvialböden*).

Rampenhang *weakly inclined rectilinear slope*: sehr flacher und lang gestreckter Hang der tropischen Zone mit → *Flächenspülung*, der an → *Restberge* bzw. → *Inselberge* anschließt und oberflächlich aus zersetztem, anstehendem Gestein besteht. Auf ihn folgt, ohne besondere Formunterschiede, ein → *Flachmuldental* (→ *Glatthang*).

Rampenstufe (Flat iron) *flat iron*: dreieckige, steilhängige → *Oberflächenform* unterhalb von → *Schichtkämmen* in → *Faltengebirgen*. Die R. geht auf die unterschiedliche → *Erosion* von widerständigen und weichen → *Schichten* zurück: Fallen Schichten mit einem geringeren Winkel als 35° ein, ist die Hangneigung auf der einfallenden Seite geringer und meist auch geringer als der Einfallswinkel der Schicht, wodurch die Hangfläche die Schichten schneidet und weniger widerständige Schichten stärker erodieren, sodass sich rampenförmige Stufen die R. bilden, die oftmals nach oben hin spitz zulaufen und aussehen wie die Fläche eines Bügeleisens.

Ramsar-Konvention *Ramsar-convention*: → *UNESCO*-Übereinkommen von Ramsar/Iran. 1971 abgeschlossenes internationales Feuchtgebietsübereinkommen. Es definiert → *Feuchtgebiete* als → *Landschaftsökosysteme* mit Feuchtwiesen, → *Mooren*, → *Sümpfen* oder Gewässern, die → *natürlich* oder → *anthropogen*, → *perennierend* oder → *periodisch* bzw. → *episodisch*, stehend oder fließend, → *Süß*-, → *Brack*- oder *Salzwasser*bereiche sind, einschließlich jener Meeresgebiete, die bei Niedrigwasser eine Tiefe von 6 m nicht überschreiten. Sie sollen der Erhaltung und dem Schutz von international bedeutenden Feuchtgebieten und des Lebensraumes der Wasser- und Wattvögel dienen. Die R.-K. ist besonders auf wandernde Vogelarten, die Rast- und Brutplätze in Feuchtgebieten benötigen, ausgerichtet (→ *Watt*, → *Litoraea*).

Raña *raña*: wenig geneigte und fast horizontale mächtige Grobschotterkörper vom Materialtyp des → *Fanger*, die als Form den → *Glacis* entsprechen und als → *Fußflächen* der Gebirge und der Iberischen Halbinsel auftreten. R. entstehen aus Schlammströmen, die als Massenselbstbewegungen in der Nähe der Gebirgsränder erfolgten. Weiterhin ist eine → *Fluvialdynamik* vom Typ der → *Torrenten* beteiligt, an die sich gleichmäßigere Abflussverhältnisse anschließen, unter denen sich die → *Dachfläche* der R. selbst bildet. Die R.-Fläche gilt als Ausdruck der Geomorphogenese am Übergang → *Tertiär*/→ *Quartär*.

Ranch *ranch*: v. a. in den USA übliche Bezeichnung für einen extensiven Betrieb der → *Weidewirtschaft*. Der Begriff leitet sich von dem spanischen „rancho" ab und verweist auf die Herkunft dieser Art der Viehhaltung im mexikanisch-spanischen Raum. Die minimale Betriebsfläche einer R. liegt bei ca. 500 ha. Im Gebiet der Great Plains und des intermontanen Beckens der USA werden Größenordnungen von über 100 000 ha erreicht.

ranching system Strategie der agrarwirtschaftlichen Anpassung an zunehmende Trockenheit mittels extensiver Rinderweidewirtschaft. In dem sich ändernden → *Betriebssystem* wird das Wasser zum ertragsbegrenzenden → *Minimumfaktor*, sodass der → *Rohertrag* je Flächeneinheit sinkt. Der Faktor Boden wird billig und entsprechend mengenmäßig eingesetzt. Die Trockenheit lässt die Betriebe bei zunehmend extensiver Wirtschaftsweise flächenmäßig anwachsen (→ *Dryfarming*).

Ranchos *ranchos*: Bezeichnung für die städtischen Marginalsiedlungen Venezuelas, speziell in Caracas (→ *Favelas*).

Randfazies *marginal facies*: differenziert den Begriff → *Fazies* in ganz unterschiedlicher Weise: 1. die Fazies in randlichen See- oder Meeresbecken oder an Fluss- oder Seeufern, die Sonderbedingungen für die → *Sedimentation* bieten. 2. am Rande eines → *Plutons* entstehen Sonderformen von → *Magmatiten* infolge verschiedener Prozesseinwirkungen, z. B. Aufschmelzen von → *Nebengesteinen* oder rascheres Abkühlen am Rande des Plutons.

Randgebirge *bordering mountain chain, border mountains*: → *Schollengebirge* am Rand von → *Grabenbrüchen*, z. B. Schwarzwald, Vogesen, Libanon, Antilibanon.

Randgemeinde *urban periphery settlement*: → *Gemeinde*, deren → *Gemarkung* unmittelbar an die einer größeren → *Stadt* anschließt. R. haben meist eine herausragende → *Wohnfunktion*, als Ergebnis der → *Suburbanisierung*.

Randgruppe (marginale Gruppe) *fringe group, marginal group*: → *soziale Gruppe*, die nicht oder nur teilw. in die → *Gesellschaft* integriert ist (→ *Integration*) und die bezüglich ihrer sozialen Stellung, ihrer Herkunft, Volks- oder Religionszugehörigkeit, ihres Berufs usw. eine Außenseiterrolle in der jeweiligen Gesellschaft einnimmt. R. werden häufig diskriminiert (→ *Diskriminierung*) und erreichen nicht das Einkommen und den → *Lebensstandard* der übrigen Bevölkerung (→ *Marginalisierung*).

Randhügel *marginal hill*: mehr oder weniger breit entwickelte Hügelformengesellschaften, die sich entlang von größeren Talformen und/oder Gebirgsrändern anordnen. I. d. R. handelt es sich um ältere → *Flussterrassen* und/oder nur teilweise herausgehobene bzw. nicht abgesenkte Gebirgsrandschollen. Typische R.-Bereiche finden sich am

z. B. südbadischen und pfälzischen Rheintalgrabenrand.

Randkluft *[marginal] moat*: spaltenartiger Zwischenraum zwischen dem Gletschereis und dem Fels. Die R. ist eine Abschmelzform, die durch Wärmeabgabe des sich stärker erwärmenden Gesteins an das → *Eis* entsteht (→ *Gletscher*).

Randlage *peripheral location*: allgemein die Lage an der → *Peripherie*, jenseits der Zentren der Macht (→ *Politische Geographie*), aber auch in Bezug auf den Zugang zum Meer oder in Bezug auf die großen Welthandelsplätze.

Randmeer *marginal sea*: vom offenen → *Meer* durch Inseln, Inselgruppen und -ketten oder Halbinseln abgetrenntes → *Nebenmeer* am Rand eines → *Kontinents* (z. B. die Nordsee und Karibische See vom Atlantik oder das Ost- und Südchinesische Meer vom Pazifik; → *Meeresraum*).

Randschwelle *marginal well*: Großform einer flachen Aufwölbung, die auf lang anhaltende → *epirogenetische* Bewegungen zurückgeht und die → *Kontinente* säumt. Ihre Entstehung wird mit den Hebungen der Kontinentränder seit dem jüngeren → *Mesozoikum* erklärt. Klassisches Gebiet der R. ist der Subkontinent Südafrika, der etwa von der Kongomündung – über den südlichsten Teil des Kontinents – bis nach Mosambik von R. flankiert ist. Die Oberflächenformen werden von → *Rumpftreppen* oder → *Schichtstufen* gebildet.

Randsenke → *Vortiefe*.

Randspalte *marginal crevasse*: Riss im Gletschereis, der vom Rand aus mit einem Winkel von etwa 30–45° gletscherwärts gerichtet ist. R. entstehen, wenn die Fließgeschwindigkeit des → *Eises* im Querschnitt ungleich ist (→ *Gletscher*, → *Gletscherspalten*).

Randstörungen *edge disturbance*: in Gruppen auftretende → *Zyklonen* und Frontsysteme, die um ein annähernd stationäres → *Zentraltief* herumgesteuert werden.

Randsumpf (Lagg) *lagg, swamp at the margins of a raised bog*: den relativ steilen, stufenartigen Hang des → *Hochmoors* begleitender → *Sumpf*, mit → *hygrischen* und floristischen Sonderbedingungen.

Randtrog *marginal basin*: Sedimentationstrog vor alten Gebirgsmassiven, aber keine → *Geosynklinale*, sondern eine → *Parageosynklinale*.

Randtropen *marginal tropes*: Zone der äußeren → *Tropen* mit einer sommerlichen → *Regenzeit*. Die R. liegen im Bereich der → *Wendekreise*. Ihre → *Vegetation* sind die → *Savannen*.

Randwanderung *core-periphery migration*: Verlegung des Wohnstandortes aus dem städtischen → *Kerngebiet* hinaus an den → *Stadtrand* oder in das engere → *Stadtumland*. Die R. ist ein typisches Phänomen großer → *Städte*.

Der Begriff bezieht sich neben der → *Stadtrandwanderung* von → *Bevölkerung* auch auf die Wirtschaft. Bereits Ende des 19. Jh. kam es in verschiedenen → *Großstädten* zu einer R. der Industrie. Zunächst erfolgte die Standortverlagerung nur in die Randlagen der → *City*. Im 20. Jh. war die R. zunehmend auf die → *Randgemeinden* gerichtet (→ *Suburbanisierung*).

Randwüste *desert margin, marginal desert*: an die → *Kernwüste* anschließender, etwas niederschlags- und vegetationsreicherer Bereich von → *Wüsten*. Niederschläge sind mit ca. 200mm pro Jahr etwa doppelt so hoch wie in der Kernwüste. Der Unterschied bzw. Übergang zur → *Halbwüste* ist nicht präzise.

Randzone *fringe zone*: im Modell der → *Stadtregion* der sich nach außen an die → *verstädterte Zone* anschließende Bereich. Die → *Gemeinden* der R., welche noch in eine engere und eine weitere R. unterteilt werden können, bilden zusammen mit der verstädterten Zone eine der Außenzonen der Stadtregion und werden vom → *Umland* umgeben. Die Zuordnung zur R. erfolgt nach Struktur- und Verflechtungsmerkmalen (z. B. → *Auspendlerquote*).

Range *Spannweite*: ein einfaches → *Streuungsmaß* in der → *deskriptiven Statistik*, das aus der Distanz zwischen dem kleinsten und dem größten Messwert errechnet wird. Die R. eignet sich v. a. bei kleinen → *Stichproben*, da ihr Informationsgehalt bei großen Stichproben verloren geht (→ *Normalverteilung*, → *Gesetz der großen Zahlen*). Für sinnvolle statistische Aussagen setzt die Berechnung der R. → *metrische Daten* voraus (hohes → *Skalenniveau*).

Rang-Größen-Regel → *rank-size-rule*.

Rangierbahnhof (Verschiebebahnhof) *marshalling yard*: Bahnanlage, auf der ankommende Güterzüge zerlegt und die einzelnen Wagen entsprechend ihrem Bestimmungsbahnhof neuen Zügen zugeordnet werden. Die Wagen werden entweder durch Verschiebeloks oder über künstliche Ablaufberge durch das Gefälle bewegt.

Ranker *Leptosol*: in der → *deutschen Bodensystematik* (→ *KA5*) ein flachgründiger Boden, nur aus einem Oberbodenhorizont (→ *A-Horizont*) bestehend und einem Unterboden auf carbonatfreiem bzw. -armem → *Festgestein* oder → *Blockschutt*.

rank-size-rule *Rang-Größen-Regel*: Größenverteilungsmodell in der → *Stadtgeographie*, das von regelhaften Beziehungen zwischen Rangfolge und Einwohnerzahl für die → *Städte* eines → *Landes* ausgeht. Nach der r.-s.-r. sollte die n-größte Stadt eines Landes 1/n der Einwohnerzahl der größten Stadt haben. Die Berechnung der r.-s.-Verhältnisse gibt Hinweise auf → *Siedlungsstruktur* und Bevölkerungsverteilung in einem Land. So konnte die r.-s.-r. vielfach bestätigt werden, während sie in Ländern mit → *Primatstruktur* nicht anwendbar ist.

Rapakivi *rapakivi*: grobkörniger, wegen der enthaltenen Oligoklase leicht verwitterbarer → *Granit* Süd-Finnlands, der als → *Geschiebe* mit der → *Nordischen Vereisung* nach Nord-Mitteleuropa gelangte.

Rapilli *lapilli*: → *Lapilli*.

Raseneisenstein *bog iron*: 10-20 cm mächtiger, verkitteter, harter → *Oxidationshorizont* in → *Gleyen* mit gering schwankendem, stark eisenhaltigem → *Grundwasser*. Der R. erreicht hohe Eisenkonzentrationen (bis 40%) und wurde in einzelnen Gebieten früher verhüttet, weshalb auch die Bezeichnung Raseneisenerz gebräuchlich ist.

Rasengalle → *Nassgalle*.

Rasenhügel → *Thufur*.

Rasenpodsol *sod podzol*: veraltete Bezeichnung für → *Humuspodsole* (früher: → *Nanoeisen- und Nanoeisenhumuspodsole*), die sich unter alpinen Grasheiden entwickelt haben.

Rasenschälen *turf stripes due to gelifluction*: Aufreißen der Vegetationsdecke in Streifen und Polster durch gebundene → *Gelifluktion*. R. ist eine häufige Erscheinung in Gebieten des → *Periglazials* wie der Arktis oder im → *Hochgebirge* (→ *periglaziale Höhenstufe*).

Rasenschlipf *turf tearing*: kleinere Form, die bei langsamen → *gravitativen Massenbewegungen* entsteht. Dabei reißt zunächst die geschlossene Grasnarbe durch die Bewegung auf, sodass hinter der kleinen Bodenscholle des R. eine kahle Abrissstelle entsteht.

Rasentreppe *turf-banked solifluction lobes*: treppenartige Miniaturwülste und dahinter sich ausbildende kleine Treppenflächen, die auf → *Solifluktion* zurückgehen und vor allem in Periglazialgebieten auftreten. Dabei gerät der Boden – bedingt durch Frostwechsel – unter der Rasendecke in Bewegung (→ *Gelifluktion*). Die Rasendecke kann auch aufreißen. Viele Hochlagen der Alpen zeigen daher ein streifiges Muster auch von → *Steilhängen*. R. dürfen nicht mit den → *Viehtritten* verwechselt werden.

Rasenwälzen → *Gelifluktion*.

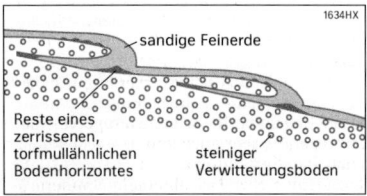

Rasenwälzen

Rassentrennung *racial segregation*: Trennung von Angehörigen unterschiedlicher ethnischer Herkunft, die in einem Raum (Staat, Stadt usw.) zusammenleben. Die Trennung bezieht sich auf alle Bereiche des → *Alltags* (Wohnung, Arbeitsplatz, Ausbildung, Freizeitgestaltung und/oder gesellschaftliches Leben). Obwohl gesetzlich aufgehoben, besteht R. de facto in verschiedenster Form und Abstufung in vielen Staaten der Erde (z. B. Südstaaten der USA, Australien, Indien). Das bekannteste Beispiel für gesetzlich verankerte R. war die → *Apartheid* in der Republik Südafrika.

Rassismus *racism*: ideologische Vorstellung von „Rasse" (in der biologischen Bedeutung des Wortes) als grundsätzlich bestimmender Faktor menschlicher Eigenschaften und Fähigkeiten und daraus eine Wertigkeit ableitend. In einem erweiterten Verständnis umfasst R. eine Vielzahl von Vorurteilen und → *Diskriminierungen*, auch jenseits der rein biologischen Deutung. Der Einsatz von rassistischen Argumentationen dient i. d. R. der Mobilisierung von Menschen für politische Ziele oder zur Rechtfertigung von bestehenden Herrschaftsverhältnissen. R. kann in → *Rassentrennung*, → *Pogromen*, → *Sklaverei*, → *„ethnischer Säuberung"* und → *Völkermord* münden.

Rasterdaten *raster data*: Daten, die durch eine Matrix aus → *Pixeln* (Grid:) Geodaten repräsentieren. Jedem Pixel ist ein quantitativer oder qualitativer Wert zugeordnet, der eine bestimmte Eigenschaft des abgebildeten Raumausschnitts beschreibt. Beispiele für diese Werte sind u. a. Geländehöhe, Landnutzung, Standorteignung, Fließrichtung und Farbinformationen. R. können z. B. in einem Geographischen Informationssystem bildhaft (zwei- und dreidimensional) dargestellt werden.

Rastsiedlung → *ephemere Siedlung*.

Rät *Rhaetian Stage*: → *Rhaetian*.

Rationaldaten *rational data*: Daten, deren Skalen einen absoluten Nullpunkt aufweisen und die auf der Basis von konstant definierten Intervallen gemessen werden z. B. bei der Temperatur (→ *Nominaldaten*, → *Ordinaldaten*, → *metrische Daten*, → *Skalenniveau*).

Rationalisierung *rationaliziation*: Maßnahmen im technischen und organisatorischen Bereich zum Zwecke der Verbesserung der → *Produktivität*. Es werden dabei die Arbeitsabläufe so gestaltet, dass durch Einsparung an Kosten ein optimales Verhältnis von Leistung zu Kosten erzielt wird. R. bedeutet in der Praxis, dass auch menschliche Arbeitskraft durch maschinelle Funktionen ersetzt wird.

Rationalprinzip *rationality principle*: Prinzip der → *Wirtschaftlichkeit*. Das R. versucht, die vorhandenen Mittel rationell einzusetzen, d. h. mit einem sinnvollen Aufwand einen optimalen Ertrag zu erwirtschaften.

Raubbau (Raubbauwirtschaft) *destructive/ruinous exploitation, overcutting, overcropping, excessive lumbering*: Wirtschaftsweise, bei der ohne Rücksicht auf Zustand und künftige Nutzung der → *Ressourcen* das → *Naturraumpotenzial* ausgebeutet wird. Dies geschieht, ohne auf das → *Leistungsvermögen des Landschaftshaushalts* sowie ohne auf seine → *Regenerationsfähigkeit* und → *Regenerationsfunktion* zu achten. In Land- und Forstwirtschaft eine Produktionsweise, bei der hoher und/oder rascher Ertrag vor Beachtung des Prinzips der Kontinuität und → *Nachhaltigkeit* geht. Forstwirtschaftlicher R. steht im Gegensatz zur geregelten → *Forst-* bzw. → *Waldwirtschaft*. Zum R. gehören auch Nutzungsformen der → *Wüsten*, → *Steppen* und → *Savannen* sowie der → *borealen Nadelwaldbiome* oder der immerfeucht-tropischen → *Regenwälder*, die entweder durch → *Viehzucht* (→ *Desertifikation*, → *Verbuschung*, → *Bodenerosion*) oder durch den R. der Hölzer (Bodenerosion) Störungen der → *Landschaftsökosysteme* bewirken. Der R. ist oft mit → *Bodenerosion* im weitesten Sinne verbunden, was Störungen der Vegetation, des → *Mikro-* bis → *Mesoklimas* sowie des → *Bodenwasserhaushaltes* einschließt. Durch großflächige Auswirkungen des R., z. B. bei zonaler Vegetationszerstörung (→ *Sahel-Syndrom*), können sich → *Albedo* oder → *Verdunstung* ändern, die dann den globalen → *Klimawandel* fördern (→ *Global Change*).

Raubbau-Syndrom *overexploitation syndrome*: eines der Syndrome Globalen Wandels (→ *Syndromansatz*), die vom Wissenschaftlichen Beirat der Bundesregierung Globale Umweltveränderungen (→ *WBGU*) 1996 entwickelt wurden. Das R.-S. kennzeichnet den → *Raubbau* an natürlichen → *Ökosystemen*.

Raubbauwirtschaft *destructive/ruinous exploitation, overcutting, overcropping, excessive lumbering*: → *Raubbau*.

Rauch *smoke, fume*: eigentlich ein → *Aerosol* aus gasförmigen und festen Bestandteilen, die als → *Abgas* bei der Verbrennung entstehen. Dies können sowohl natürliche Verbrennungsvorgänge (Wald- und Steppenbrände) als auch künstliche (Brennstellen in Siedlungen, Industrie, Kraftfahrzeuge) sein. Auch bei Vulkanausbrüchen entsteht R. Im Rauch sind u. a. enthalten → *Kohlendioxid*, → *Kohlenmonoxid*, → *Schwefeldioxid*, Stickoxide, → *Asche*, → *Ruß*, Teer, metallhaltige → *Stäube* (→ *Brauner Rauch*), aber auch → *Wasserdampf*. Die festen Komponenten des Rauchs bilden → *Kondensationskerne*, an denen sich flüssige Bestandteile anlagern, ähnlich der Bildung von → *Nebel*tröpfchen. Dabei kommt es zur Bildung von → *Smog*. Je nach stofflicher Zusammensetzung greifen → *Rauchgase* auch Organismen an und bewirken Gesundheitsschäden (→ *Rauchgasentschwefelung*, → *Feuer*).

Rauchdunst *smoky haze*: in ausgedehnten → *Steppen-*, → *Savannen-* und → *Regenwald*-Gebieten aus dem fein verteilten, von → *Bränden* herrührenden → *Rauch* gebildeter → *Dunst* (→ *Feuer*).

Rauchfahnentyp *plume type*: charakteristische, von den → *Wetterlagen* abhängige Emissionsfahnenform über Schornsteinen von Fabrik- bzw. Kraftwerksanlagen. Der R. gibt Aufschluss über die Distanzen, innerhalb derer – ausgehend von der Emissionsquelle – mit Immissionsfolgen zu rechnen ist. Die angelsächsische Literatur unterscheidet: (i) fanning (fächerförmige Rauchfahne), (ii) looping (schleifenförmige Rauchfahne), (iii) coning (konische Rauchfahne), (iv) fumigating (Verrauchung) und (v) lofting (Dachwindfahne). (→ *Emission*, → *Immission*).

Rauchgas *flue gas, chimney gas*: unscharfer Sammelbegriff für ein Gemisch von → *Rauch*, → *Stäuben* und → *Abgasen*, also flüchtiger Verbrennungsprodukte fester und flüssiger fossiler Brennstoffe (→ *Erdöl*, → *Erdgas*, → *Kohle*) sowie aus anderen Materialien und Quellen. Das R. wird in die → *Atmosphäre* abgegeben. Dort trägt es zur Veränderung des → *Klimas* bei (→ *Treibhaus-Effekt*). Gröbere Bestandteile des R. werden gesondert ausgewiesen und zusammenfassend als → *Flugasche* bezeichnet.

Rauchgasentschwefelung *flue gas desulphurization*: Verfahren zur Reinigung schwefelhaltiger → *Abgase* bzw. schwefelhaltigen → *Rauches*. Ein zu hoher Gehalt an → *Schwefeldioxid* kann bei Mensch, Tier und Pflanze, aber auch (wegen der Säurewirkung) Baustoffen und Metallen schweren Schaden zufügen; v. a. die Verbrennung schwefelhaltiger Kohle in Kraftwerken macht eine R. notwendig (→ *Bauwerksgeomorphologie*, → *Saurer Regen*, → *Waldsterben*).

Rauchgasschaden *damage by flue gas, damage by smoke*: → *Rauchschaden*.

Rauchhärte *smoke resistance, smoke hardness*: → *Rauchresistenz*.

Rauchresistenz (Rauchhärte, Immissionsresistenz) *smoke resistance*: Widerstandsfähigkeit gegenüber → *Rauch* bzw. → *Rauchgasen*, die an sich zu Rauchschäden führen. Die R. kann nur relativ und in starker Standortabhängigkeit eingeschätzt werden, d. h. auf Pflanzen bezogen, die gegenüber → *Immissionen* R. zeigen. R. ist demzufolge von den Immissionen, aber auch von den geoökologischen Randbedingungen am → *Landschaftsökologischen Standort* abhängig. Immergrüne Nadelhölzer sind i. Allg. weniger resistent als Laubhölzer, weil letztere alljährlich die

Blätter wechseln, sodass → *Deposition* bzw. → *Bioakkumulation* verminderte oder vermieden werden können. Die Resistenz ist oft auch stoffspezifisch. R. wird v. a. auf Chlorwasserstoff, Fluorwasserstoff, → *Schwefeldioxid* sowie Stickoxide hin betrachtet. Empfindliche Nadelbäume sind Tanne, Fichte, Kiefer; bei den Laubbäumen erweist sich die Esche als empfindlich; relativ große R. weisen Ahorn, Buche, Blaufichte, Eiche und Lärche auf. Durch Meliorationsmaßnahmen kann die R. der Gewächse gesteigert werden, z.B. durch großflächiges Ausbringen von Pflanzennährstoffen, wie → *Stickstoff* bei Kiefern.

Rauchschaden (Rauchgasschaden) *damage by smoke, damage by flue gas*: Schäden durch Rauch- bzw. Rauchgasimmissionen, v. a. → *Schwefeldioxid* und Stickoxide, aber auch Arsen, Fluor, Ammoniak, Salz- und Schwefelsäure. R. treten an Tieren und Pflanzen auf, wobei deren Rauchresistenz sehr unterschiedlich sein kann. Die Schädlichkeitsgrenze ist von zahlreichen Faktoren bestimmt (Konzentration der Stoffe, Einwirkungsdauer, geoökologische Standortbedingungen, Wetter und Witterung, Sekundärschädigungen etc.). Wegen des komplexen Wirkens und kumulativer Effekte sind die toxischen Dosen (→ *Dosis*) der jeweils schädigenden Bestandteile nicht exakt zu ermitteln. Pflanzen werden überwiegend an Blättern durch Gewebezerstörung und Veränderung der physiologischen Prozesse geschädigt. Die Folge sind jährliche Zuwachsverluste von 10-50 %. Außerdem bilden die Bäume weniger Früchte, die Keimfähigkeit des Saatguts geht zurück und die Resistenz gegenüber anderen Umwelteinwirkungen (Trockenheit, Frost, Wind) sowie Schadinsekten ist stark zurückgesetzt. Unter Tieren sind besonders Wild und Bienen gefährdet. Neben physiologischen treten chronische Schädigungen auf, schließlich Absterbeerscheinungen, die zum Aussterben ganzer Populationen überleiten. V. a. Waldbestände können durch R. vernichtet werden (→ *Waldsterben*). Auch die Flechtenzonierungen beim Einsatz von Flechten als Bioindikatoren beziehen sich auf R..

Rauchverwitterung *smoke weathering, smoke damage*: eine Form der Rauchschäden an natürlichen Gesteinsoberflächen oder an Oberflächen von Bauwerken, auf starke → *Immission* von → *Rauch* bzw. → *Rauchgasen* zurückgehend. V.a. aus natürlichem Gestein erbaute historische Bauwerke zeigen auf Immissionen zurückgehende Formen der R.. Im → *Stadtklima* läuft die R. mit gesteigerter Intensität und stärker als in der Natur ab.

Rauchwacke (Rauwacke) *rauhwacke, cellular dolomite*: auch Zellenkalk oder Zellendolomit genannter → *Kalkstein* und → *Dolomit*, der durch selektive → *Lösungsverwitterung* eine zellig-poröse Struktur erhielt.

Raueis *rime ice*: im Extremfall panzerartiger Eisansatz in der Vegetationsdecke, an Ästen und an festen Gegenständen, der durch das Gefrieren von Regentropfen entsteht, die eine stark unterkühlte Oberfläche in noch flüssigem Zustand auftreffen (→ *Niederschlag*).

Raufutter *dry fodder*: alle getrockneten Futterarten im Gegensatz zum → *Saftfutter* (→ *Grünlandwirtschaft*). Zum R. zählen Grasheu, Feldfutterheu und Stroh.

Rauheit (Rauigkeit) *roughness, ruggedness*:
– Reliefunstetigkeiten kleinen und kleinsten Ausmaßes, unterhalb der Größenordnung des → *Mikroreliefs* flächig auftretend. Sie haben eine Grundrissbreite von kleiner als 1 m und werden bei der geomorphologischen Kartierung als Formenbereich flächenhaft erfasst, also nicht als Einzelform ausgewiesen. – in der → *Meteorologie* die durch Art der Oberfläche, Bodenzustand, Bewuchs und gebaute Elemente gegebene strukturelle Unregelmäßigkeit künstlicher (Stadt) oder natürlicher Oberflächen (Freiland), welche die Luftströmung bremst (→ *Bodenreibung*).

Rauigkeit → *Rauheit*.

Raum *space, area, areal*: Grundbegriff der Geographie und auch der Lebenspraxis. Ohne R. gäbe es keine Unterscheidung von Dingen, Elementen usw.; die Unterscheidung zwischen „hier" und „dort" ist ähnlich grundlegend wie die zeitliche Ordnung (→ *Zeit*). R. ist darüber hinaus auch Grundbegriff aller räumlich bezogen arbeitenden Wissenschaften und Praxisbereiche. R. bezeichnet in einem naiven Verständnis zunächst ein dreidimensionales Gebilde im Bereich der Erdoberfläche mit unterschiedlich großen Ausdehnungen in der Vertikalen und Horizontalen (→ *Containerraum*, → *geographischer Raum*). Die wissenschaftliche Geographie hat weitere → *Raumkonzepte* hervorgebracht, die versuchen, der unterschiedlichen Bedeutung von Raum gerecht zu werden: z.B. → *abstrakter R.*, → *R. als logische Struktur*, → *R. als relationaler Ordnungsraum*, → *R. als symbolisches Kapital* (→ *Ort*).

Raum als logische Struktur *space as logical structure*: ein abstraktes → *Raumkonzept*, in dem der → *Raum* für ein gedachtes Konstrukt, für immaterielle Relationen (eine Ordnungsstruktur) steht. Diese Ordnungsrelationen setzen als einen Akt des Ordnens den Rahmen, in den etwas gedanklich eingepasst werden kann (z.B. Merkmalsraum, Gradnetze, topographische Karten usw.).

Raum als relationaler Ordnungsraum *space as order of relations*: ein → *Raumkonzept*, das den → *Raum* nicht als absolut (→ *Contai-*

nerraum) versteht, sondern als ein Attribut, das entsteht, wenn die Objekte zueinander in Beziehung stehen und Relationen bilden. Der relationale Ordnungsraum entsteht durch die Ausbildung und stetige Aktualisierung physisch-materieller Objekte zueinander und ist insofern Ausdruck räumlicher Praxis oder genauer: der materielle Aspekt sozialer Phänomene.

Raum als symbolisches Kapital *space as symbolic capital*: nach dem Soziologen Pierre Bourdieu (1930–2002) ist es ein Bedürfnis des Menschen, sich von anderen zu unterscheiden (Distinktion). Um die Unterschiede zu anderen herzustellen, können verschiedene Kapitalarten genutzt werden: → *ökonomisches*, → *soziales*, → *kulturelles* und → *symbolisches Kapital*. Die Verfügbarkeit über → *Raum* gehört zum symbolischen Kapital, da in den meisten Gesellschaften die soziale Positionierung über räumliche Positionierung ausgedrückt und damit symbolisch aufgeladen und verstanden wird (je größer der Raum, über den verfügt werden kann, desto höher der Status oder die Macht).

Raum im Ausnahmezustand *space of exception*: bezeichnet einen → *Raum*, in dem in Krisenzeiten Regierungen mehr Machtstrukturen aktivieren und → *Bürger* bzw. individuelle Rechte eingeschränkt werden. Geprägt wurde der R. i. A. von Carl Schmitt und Giorgio Agamben.

Raumaktivität → *räumliche Aktivität*.

Raumbeanspruchung *utilization of space*: Inanspruchnahme eines → *Raumes* für die Nutzung duch den Menschen. Zur R. zählen insbesondere die → *Landnutzung* durch die Landwirtschaft, die Besiedlung eines Raumes und die an bestimmte → *Standorte* gebundene industrielle bzw. gewerbliche Tätigkeit. Jede R. ist eine → *raumrelevante* Aktivität.

raumbedeutsam → *raumrelevant*.

raumbedeutsame Planung *spatially relevant planning*: → *Planung*, durch die Grund und Boden in Anspruch genommen oder die räumliche Entwicklung oder Funktion eines Gebietes beeinflusst wird (→ *Raum*).

Raumbeobachtung *on-going evaluation of an area*: in der → *Raumplanung* Bezeichnung für die möglichst regelmäßig vorgenommene systematische Fortschreibung und Auswertung aller aus statistischen Erhebungen gewonnenen Daten eines → *Raumes*.

Raumbewertung *space evaluation/classification*: bei den → *Raumforschungen* verschiedener Disziplinen am Gegenstand → *Raum* erfolgende Einschätzung mit fachspezifisch definierten Kriterien im Hinblick auf die → *Nutzung* als → *Lebensraum*. Dabei stehen zahlreiche Verfahren nebeneinander, die je nach disziplinären Interessen auf eher naturwissenschaftlicher oder eher sozioökonomischer Grundlage beruhen. In vieler Hinsicht entspricht die R. der → *Landschaftsbewertung*. Auch die Kennzeichnung des → *Leistungsvermögens des Landschaftshaushaltes* ist eine R.

Raumdiagnose *spatial diagnosis*: Ergebnis einer Raumanalyse. Die R. steht zwischen der Erhebung der → *Planungsgrundlagen* und der → *Raumplanung*. Ohne R. ist keine sichere Raumentwicklungsprognose möglich.

raumdifferenzierende Faktoren *spatially differentiating factors*: die Bestimmungsgründe der räumlichen Differenzierung. Im wirtschaftlichen Bereich sind dies vornehmlich → *Agglomerationsfaktoren* (→ *Agglomerationsvorteile*), → *Transportkosten* und die Abhängigkeit vom → *Produktionsfaktor* Boden.

Raumdisparitäten (räumliche Disparitäten) *spatial disparities, regional disparities*: Unterschiede in der Ausstattung von → *Räumen* für ihre Bewohner, z. B. mit → *Infrastruktur*, → *Ressourcen*, Wirtschaftsgütern und Wirtschaftskraft. Großräumig spricht man z. B. von R. zwischen → *Industrie-* und → *Entwicklungsländern*, in regionalen und nationalen Größenordnungen von R. zwischen wirtschaftsstarken → *Verdichtungsräumen* und → *strukturschwachen Räumen* bzw. peripheren ländlichen Räumen innerhalb eines Staates.

Raumeinheit (räumliche Einheit) *spatial unit, space unit, areal unit*: ein → *geographischer Raum*, der mit verschiedenen Verfahren der → *Raumbewertung* bzw. → *Landschaftsbewertung* ausgeschieden wird, in Vielzahl vorkommt und somit durch einen Typ repräsentiert werden kann. Die R. werden für die verschiedenen Stufen → *geographischer Betrachtungsdimensionen* ausgeschieden. Es handelt sich z. B. um → *landschaftsökologische* R. oder um sozial- und wirtschaftsräumliche Einheiten (→ *Theorie der geographischen Dimensionen*).

Raumforschung *spatial analysis*: interdisziplinäres Forschungsgebiet, das den komplexen Forschungsgegenstand → *Raum* betrachtet und Grundlage für → *Raumordnung* und → *Raumplanung* bildet.

Raumgewicht *bulk density*: → *Lagerungsdichte*.

Raumgliederung *spatial structure*: diverse Verfahren der Unterscheidung von → *Raumeinheiten*, um über → *Raummuster* die Strukturen eines größeren Raumes zu erkennen. Verfahren der R. sind z. B. → *naturräumliche*, → *wirtschaftsräumliche* und → *sozialräumliche Gliederung*.

Raumkategorie *spatial category*: strukturell und funktionsspezifisch einheitlicher Raumtyp. Der Begriff R. wird in der → *Raumordnung* und → *Raumplanung* verwendet und meint z. B. den Raumtyp des → *Verdichtungsraums* oder des → *ländlichen Raums*.

Raumklima *room climate*: gehört als → *Klima* der Innenräume (Gebäude, Wohnungen usw.) zum → *Bioklima*. Merkmale des R.: 1. viel niedrigere Temperaturschwankungen als das Außenklima; 2. Trockenheit der → *Luft* im → *Winter*; 3. höhere CO2-Gehalte in der Luft. Ein Sonderfall des R. ist das warm-feuchte Gewächshausklima.

Raumkonzepte *concepts of space*: zusammenfassender Begriff für Ansätze und Verständnisse von → *Raum*. Das traditionelle historisch-geographische R. ist der → *Containerraum*. In der aktuellen Humangeographie dominieren eher anti-realistische R. (→ *Konstruktivismus*), z. B. → *abstrakter Raum*, → *Raum als logische Struktur*, → *Raum als relationaler Ordnungsraum*, → *Raum als symbolisches Kapital*.

räumlich relevant → *raumrelevant*.

räumliche Aktivität (Raumaktivität) *spatial activity*: eine im → *Raum* durchgeführte und in ihren Auswirkungen → *raumrelevante* oder → *raumwirksame* Verhaltensweise von Personen, Gruppen, Wirtschaftsunternehmen, Verwaltungen, Körperschaften usw.. Im Sinne des Münchner Konzepts der Sozialgeographie sind v. a. solche r. A. von Bedeutung, die im Rahmen gruppenspezifischen Handelns bei der Ausübung der → *Grunddaseinsfunktionen* raumprägend bzw. -verändernd wirken.

räumliche Anpassungshandlung *spatial adaptation*: → *raumwirksame* Reaktion eines Unternehmens auf unmittelbare Umfeldveränderungen. Unterschieden werden unternehmensinterne (unternehmensinterne Engpässe) und -externe → *Stressfaktoren* (übergeordnete Rahmenbedingungen, die vom Unternehmen selbst nicht beeinflussbar sind). In Bezug auf den → *Standort* eines Unternehmens können z. B. eine → *Standortverlagerung*, eine → *Standortspaltung* oder die Beibehaltung des bisherigen Standorts als r. A. in Frage kommen.

räumliche Auflösung *spatial resolution*: beschreibt die fernerkundlich erfasste Fläche der → *Erdoberfläche*, die in → *Rasterdaten*, v. a. in Luft- und Satellitenbildern, durch ein → *Pixel* repräsentiert wird. → *Landsat 8*, ein aktueller Erdbeobachtungssatellit der → *NASA*, erfasst Daten mit einer r. A. von etwa 30m x 30m. Luftgestützte Systeme ermöglichen mittlerweile eine Datenaufzeichnung im Zentimeterbereich.

räumliche Differenzierung *spatial differentiation*: → *Prozess*, der unterschiedliche Strukturelemente im → *Raum* entstehen lässt, sowie das Ergebnis dieses Prozesses. Diese herauszuarbeiten, ist wichtiges Ziel der geographischen Forschung. Eine sehr wesentliche r. D. ist z. B. weltweit durch die → *Industrialisierung* ausgelöst worden.

räumliche Disparitäten → *Raumdisparitäten*.

räumliche Einheit *spatial unit, space unit, areal unit*: → *Raumeinheit*.

räumliche Mobilität *spatial mobility*: allgemein der Wechsel eines → *Individuums*, einer → *Gruppe* oder eines → *Standortes* zwischen verschiedenen Positionen in einem räumlichen System. Hierbei spielen die Entfernung sowie die Häufigkeit oder Einmaligkeit des Vorgangs keine Rolle. Zur r. M. gehören demnach sowohl → *Verkehr* als auch → *Wanderungen* sowie → *Standortverlagerungen* etwa in der → *Industrie* oder dem → *Dienstleistungssektor*. Anstelle von r. M. finden sich gelegentlich auch die Ausdrücke regionale, geographische oder territoriale Mobilität, die jedoch ihrer Mehrdeutigkeit wegen vermieden werden sollten (→ *soziale Mobilität*)

räumliche Organisation *spatial organisation*: die zielgerichtete Ordnung (Steuerung) von → *Funktionen* bzw. sozialer und wirtschaftlicher Prozesse im Raum, wie sie von sozialen Gruppen, Betrieben, Behörden, Verbänden, Genossenschaften, Politik usw. ausgeht.

räumliches Verhalten → *Raumverhalten*.

Raummuster (Verteilungsmuster, Standortmuster) *spatial pattern*: die für einzelne → *Landschaften* jeweils charakteristische Anordnung von → *Raumeinheiten*, die sowohl physiognomisch in der Anschauung, in der Karte und/oder im Luft- bzw. Satellitenbild wahrnehmbar ist. Die R. weisen typische Gefügemerkmale auf, aus denen auf die Entwicklung der Räume bzw. die sie gestaltenden natürlichen und anthropogenen Kräfte und Prozesse geschlossen werden kann (→ *Gefügemuster*).

raumordnerische Instrumente *instrumentalities of spatial organisation*: Summe aller raumordnungspolitischen Möglichkeiten, die raumwirksame Entwicklungen im Sinne der → *Landesplanung* gewährleisten (→ *AAA-Mittel*).

raumordnerische Leitvorstellung *spatial organisation target*: oberster Grundsatz der → *Raumordnungspolitik*, wie er im Raumordnungsgesetz festgelegt ist. Danach soll eine → *nachhaltige Raumentwicklung* in Deutschland angestrebt werden.

Raumordnung *spatial planning*: die in einem → *Staatsgebiet* angestrebte räumliche Ordnung, Sicherung und Entwicklung von größeren (d. h. überörtlichen) Gebietseinheiten (→ *Regionen*, → *Bundesländer*, Bundesgebiet). R. meint insbesondere die planmäßige Ordnung von Wohnstätten, Wirtschaftseinrichtungen, der → *Infrastruktur* und Freiräumen.

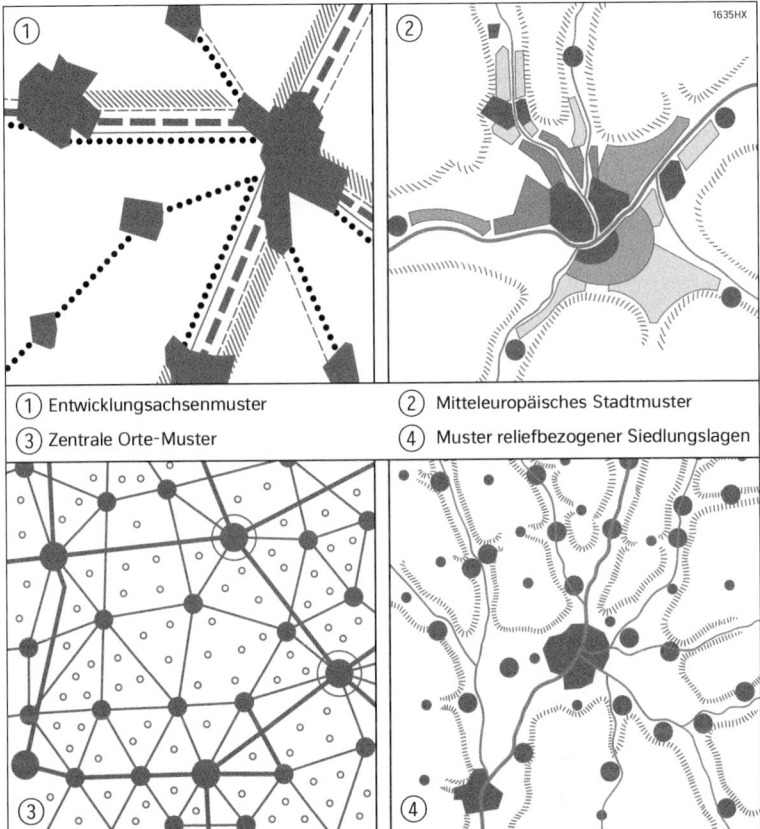

① Entwicklungsachsenmuster ② Mitteleuropäisches Stadtmuster
③ Zentrale Orte-Muster ④ Muster reliefbezogener Siedlungslagen

Raummuster

Teilweise wird R. auch als die Tätigkeit des Staates verstanden, die zu dieser planmäßigen Gestaltung des Raumes führt. Im letztgenannten Fall spricht man aber besser von → *Raumordnungspolitik*.

Raumordnungsbericht *spatial planning report*: in der Bundesrepublik Deutschland amtlicher Bericht der Bundesregierung über erfolgte bzw. in Gang befindliche raumordnerische Aktivitäten. Die R. der Bundesregierung erscheinen seit 1965 in regelmäßigen Abständen. Auch in den → *Bundesländern* werden R. erstellt, mit denen die jeweilige Landesregierung dem Landtag über den Stand der Raumordnung berichtet.

Raumordnungsgesetz (ROG) *federal spatial planning ordinance*: Bundesgesetz, das Angaben zu Bedingungen, Aufgaben und Leitvorstellungen der Raumordnung in der Bundesrepublik Deutschland enthält. Die Länder können von den Regelungen des R. abweichen, da die Raumordnung seit der Föderalismusreform im Jahr 2006 zur konkurrierenden Gesetzgebung zählt.

Raumordnungskataster *regional planning land register, cadastre for regional planning*: Sammlung von topographischen Karten in den Maßstäben 1 : 5000 bis 1 : 25 000, in die raumplanungsrelevante Themen eingetragen sind. Aufgenommen in die Karten werden z. B. Bauflächen, Baugebiete, Verkehrsflächen, Leitungen, wasserwirtschaftliche Gebiete, → *Natur-* und → *Landschaftsschutzgebiete* sowie landwirtschaftliche → *Vorranggebiete*. Das R. wird bei den für die → *Landesplanung* zuständigen höheren Landesbehörden geführt und dort auch fortlaufend aktualisiert.

Raumordnungsklausel *spatial planning clause*: Bestimmung in Fachgesetzen und speziellen Verordnungen, wonach die → *Erfordernisse der Raumordnung* und der Landesplanung zu beachten oder zu berücksichtigen sind. Die R. garantiert den Behörden für → *Landesplanung* eine Mitbeteiligung bei der Durchführung fachlicher Maßnahmen. R. bestehen v. a. für das Bau- und Verkehrswesen, die Wasserwirtschaft sowie die Land- und Forstwirtschaft.

Raumordnungskonzeption *spatial planning concept/objective*: Zielvorstellung, welche die angestrebte räumliche Ordnung zum Ausdruck bringt. Versteht man den Begriff → *Raumordnung* nicht als eine Tätigkeit, so entspricht er dieser konzeptionellen Zielvorstellung.

Raumordnungsplan (Raumordnungsprogramm) *spatial plan*: in Deutschland übergeordnete, förmlich zusammengefasste und aufeinander abgestimmte Programme und Pläne des Bundes bzw. der Länder. Der R. enthält Vorstellungen zur Ordnung und Entwicklung der Planungsräume, in denen rechtsverbindlich die Ziele der → *Raumordnung* und → *Landesplanung* festgelegt sind.

Raumordnungspolitik *spatial planning policy*: Gesamtheit der staatlichen Maßnahmen zur Erreichung einer leitbildgerechten Ordnung im Sinne des deutschen → *Raumordnungsgesetzes* und der → *raumordnerischen Leitvorstellungen*. Die R. hat die Aufgabe, raumplanerische Konzeptionen mithilfe der zur Verfügung stehenden staatlichen Mittel (Anreiz-, Anpassungs- und Abschreckmittel, auch als → *AAA-Mittel* bezeichnet) in die Wirklichkeit umzusetzen.

Raumordnungsprogramm *spatial planning program[me]*: → *Raumordnungsplan*.

Raumordnungsverfahren (raumplanerisches bzw. landesplanerisches Verfahren) *spatial planning procedure*: förmliche Prüfung eines raumbedeutsamen Vorhabens auf seine Übereinstimmung mit den → *Erfordernissen der Raumordnung* und Abstimmung mit Vorhaben anderer Planungsträger. Das R. mündet in eine Beurteilung der Raumverträglichkeit von Einzelvorhaben aus landesplanerischer Sicht (Bedenklichkeit- bzw. Unbedenklichkeitsfeststellung). Das R. ersetzt nicht das fachliche Genehmigungsverfahren, hat also keine unmittelbare Rechtswirkung, sondern ist in den nachfolgenden Planungs- und Genehmigungsverfahren zu berücksichtigen. Bei einer Bedenklichkeitserklärung hat die jeweilige Fachbehörde ein Vorhaben aufgrund der → *Raumordnungsklausel* des Fachgesetzes abzulehnen. R. werden z. B. bei der Planung von Bundesfernstraßen, Wasserstraßen, Kraftwerken oder Überlandleitungen durchgeführt.

Raumorganisation *spatial organization*: Art und Weise, wie ein bestimmter → *Raum* als Teil der → *Kulturlandschaft* in sich strukturiert und gegliedert bzw. für die ihm zugeordneten Zwecke ausgestattet ist. So besteht z. B. die R. eines Staates für Verwaltungszwecke in seiner Gliederung in Verwaltungseinheiten, die R. für Verkehrszwecke in seiner Ausstattung mit einem Netz von Verkehrswegen.

Raumplaner *spatial planner*: zusammenfassende Bezeichnung für → *Planer* auf den verschiedenen räumlichen Ebenen (→ *Orts-*, → *Stadt-*, → *Regional-*, → *Landesplanung*, → *Fachplanungen*).

raumplanerisches Verfahren *spatial planning procedure*: → *Raumordnungsverfahren*.

Raumplanung *spatial planning*: zusammenfassende Bezeichnung für → *Orts-*, → *Stadt-*, → *Regional-* und → *Landesplanung* sowie → *raumrelevante* → *Fachplanungen*. In Deutschland ist die R. auf der Ebene der → *Bundesländer* bzw. der → *Gemeinden* (Ortsplanung, → *Bauleitplanung*) und → *Gemeindeverbände* angesiedelt, während der Bund mit dem → *Raumordnungsgesetz*, dem → *Bundesraumordnungsprogramm*, dem → *Baugesetzbuch* den Rahmen vorgibt.

raumrelevant (räumlich relevant, raumbedeutsam) *spatially relevant, regionally significant*: Bezeichnung für Verhaltensweisen, Aktivitäten, Maßnahmen usw. von → *sozialen Gruppen* und deren Mitgliedern, aber auch z. B. der → *öffentlichen Hand*, die eine räumliche Bedeutung haben, sich also in irgendeiner Weise im Raum (z. B. der → *Kulturlandschaft*) ausdrücken können, sei es im Sinne einer Veränderung oder einer Festigung von → *Raumstrukturen* oder einer Beeinflussung räumlicher Prozesse (→ *raumwirksam*).

Raumschiff Erde *Space-ship Earth*: bildhafte Beschreibung in der Debatte um → *Nachhaltigkeit*, mit dem Ziel, auf die Begrenztheit des Planeten Erde hinzuweisen und daher dessen Bewohner zu einer schonenden, also → *nachhaltigen Nutzung* der natürlichen → *Ressourcen* aufzurufen. Das Bild des R. E. verweist vor allem darauf, dass ein Aussteigen aus dem Raumschiff nicht möglich ist und wir daher alles daran setzen sollten, die vorhandenen Ressourcen nicht zu übernutzen (→ *ökologischer Fußabdruck*).

Raumsemantik *spatial semantics*: alle Zeichen (Wörter, Phrasen oder Symbole), die einen räumlichen Bezug herstellen oder auf einen → *Raum* verweisen.

Raumstruktur *spatial layout, spatial structure*: entsprechend der → *Landschaftsstruktur* eine vom Erscheinungsbild des → *Raummusters* und den Prozessen und Kräften, die innerhalb der → *Raumeinheiten* als System funktionieren, bestimmte Struktur. Die R. kann, entsprechend der jeweiligen disziplinären Perspektive, mithilfe einschlägiger Verfahren bestimmt werden, z. B. für den → *Natur-*, → *Wirtschafts-* oder Verkehrsraum.

Raumverhalten (räumliches Verhalten) *spatial behavio(u)r, behavio(u)r in space*: Art und Weise, wie Personen sich in ihrer räumlichen → *Umwelt* und in Bezug auf diese verhalten, d. h. wie sie räumlich agieren und reagieren. Dabei ist das räumliche Verhalten (*behavior in space*: der Verhaltensgeographie) von dem subjektiven Verhältnis zu einem konkreten Raum als Folge einer selektiven rationalen und emotionalen Wahrnehmung (*spatial behavior*: der Wahrnehmungsgeographie) zu unterscheiden. Erstes wird von kognitiven Karten beeinflusst, letzteres lässt sich in kognitiven Karten erfassen und ausdrücken.

raumwirksam *spatially effective*: Bezeichnung für Verhaltensweisen, Aktivitäten, Maßnahmen, Gesetze usw., die darauf gerichtet sind, → *Raumstrukturen* und räumliche Prozesse zu verändern. Im Gegensatz zu lediglich → *raumrelevanten* Verhaltensweisen oder Aktivitäten werden als r. Verhaltensweisen oder Aktivitäten solche bezeichnet, bei denen die Raumveränderung das Hauptmotiv ist. Es wird z. B. von einer r. Tätigkeit des → *Staates* gesprochen, wenn dieser durch Maßnahmen der → *Raumplanung* räumliche Strukturen im Sinne eines angestrebten → *Leitbildes* zu verändern versucht.

raumwirtschaftlicher Ansatz *regional economic approach*: methodisches Konzept bzw. Forschungsansatz der → *Wirtschaftsgeographie*. Der r. A. stellt sich die Aufgabe, räumliche Strukturen und ihre Veränderungen aufgrund räumlicher bzw. ökonomischer Gesetzmäßigkeiten zu erklären, zu beschreiben und zu bewerten. Wichtig ist dabei die Herausarbeitung interner Entwicklungsdeterminanten und die Analyse räumlicher Interaktionen. Die Verteilung ökonomischer Aktivitäten im Raum (→ *Struktur*), die räumlichen Interaktionen zwischen den ökonomischen Aktivitäten (→ *Funktion*) sowie deren Entwicklungsdynamik (→ *Prozess*) stellen sich als interdependentes Raumsystem dar.

Raumwirtschaftslehre *regional economics*: Zweig innerhalb der → *Wirtschaftswissenschaften*, der sich mit den räumlichen Aspekten der Wirtschaft beschäftigt. Die R. gibt eine theoretische Erklärung zur räumlichen Ordnung der Wirtschaft (→ *Raumwirtschaftstheorie*). Abstraktion von der Wirklichkeit durch Modellbildung (→ *Modell*) und Formulierung von → *Theorien* zur Erklärung dieser Wirklichkeit im Rahmen eines übergeordneten Zusammenhangs sind zentrale Aufgaben. Durch die bewusste Beschränkung auf wesentliche, den räumlichen Differenzierungsprozess bestimmende Faktoren und durch die Möglichkeit, Modellvariablen kontrolliert verändern zu können, leisten Theorie und Modelle einen Beitrag zur Erklärung der Wirkungsmechanismen und der Dynamik ökonomischer → *Systeme*.

Raumwirtschaftspolitik *spatial economic policy*: gezielte öffentliche bzw. staatliche Gestaltung ökonomischer Raumsysteme (→ *Raumordnungspolitik*, → *regionale Wirtschaftspolitik*).

Raumwirtschaftstheorie *regional economic theory*: Theorie zur Erforschung und Erklärung der räumlichen Ordnung der Wirtschaft. Dazu gehören sowohl die räumliche Verteilung der → *Standorte* der Produktion und des Konsums von → *Gütern*, als auch die Lage der Wohnstandorte der in der Produktion tätigen Personen. Die R. ist Teil der → *Raumwirtschaftslehre* (→ *raumwirtschaftlicher Ansatz*).

Raumwissenschaft *spatial/space science*: zusammenfassende Bezeichnung für jene Wissenschaften, die sich dem Erdraum und Teilen davon sowie räumlichen Phänomenen widmen. Es handelt sich einerseits um Naturwissenschaften (→ *Geowissenschaften*, → *Erdsystemwissenschaften*), andererseits um Kultur- und Sozialwissenschaften (z. B. → *Humangeographie*), schließlich um angewandte Wissenschaften, wie → *Raumforschung* und → *Raumplanung*.

Rauwacke *rauhwacke*: → *Rauchwacke*.

Rauweide *rough pasture*: extensive, ungepflegte Gebirgsweide oberhalb der Kultivierungsgrenze.

Rayleigh-Atmosphäre *Rayleigh atmosphere*: eine von → *Staub* und → *Wasserdampf* freie → *Atmosphäre* als vereinfachte wissenschaftliche Idealannahme für Modellrechnungen.

Rayon *region: (1.); rayon (2.); forefield (3.)*: – aus dem Französischen stammender Begriff für → *Bezirk*, Gebiet, gelegentlich auch im Sinne von → *Region*. – in der ehemaligen Sowjetunion eine untere Verwaltungseinheit in Großstädten (→ *Stadtbezirk*) und in ländlichen Räumen (Verwaltungseinheit aus mehreren → *Gemeinden*). – Gebiet vor den Befestigungsanlagen (Wall, Graben usw.) einer Festung, insbesondere einer befestigten Stadt (Festungsstadt), das zur besseren Verteidigung von Bebauung freizuhalten war. Nach der Entfestigung der Städte im 18./19. Jh. bot das R. häufig günstig gelegenes Bau- und Stadterweiterungsgelände.

Rayonierung *regionalization*: Gebietsabgrenzung, → *Gebietsgliederung*, v.a. in wirtschafts- und sozialräumlicher Hinsicht und für raumplanerische Zwecke. Insbesondere in den ehemals sozialistischen Ländern Ostmittel- und Osteuropas wurde R. vielfach gleichbedeutend mit → *Regionalisierung* verwendet.

rd *rad, radiation absorbed dose*: → *rad*.

Reaktionskette *reaction chain*: → *Wirkungskette*.

Reaktortypen *reactor types*: die → *Kernreaktoren* unterscheiden sich nach Brennmaterial, Moderator und Kühlmittel. Unterschieden werden – leichtwassermoderierte und -gekühlte Reaktoren, gebaut als → *Druck-* und → *Siedewasserreaktoren*, – Schwerwasserreaktor, gebaut als Druckkessel- und Druckröhrentyp sowie – gasgekühlte Reaktoren, zu denen die → *Hochtemperaturreaktoren* gehören, und → – Schnelle Brüter. Von den weltweit in Betrieb befindlichen Reaktoren sind rund 60% Druckwasser-, rund 20% Siedewasser- und rund 8% Schwerwasserreaktoren. Den Rest bilden gasgekühlte Reaktoren. Schnelle Brüter arbeiten weltweit nur noch einzelne.

Reaktorunfall Fukushima → *Fukushima*.

reale Vegetation *real vegetation*: gegenwärtig vorhandene Vegetation, die nur noch kleinflächig mit der → *potenziellen natürlichen Vegetation* übereinstimmt. Sie entspricht damit der → *aktuellen Vegetation*.

Realeinkommen *real income*: das unter dem Gesichtspunkt der → *Kaufkraft* betrachtete → *Einkommen*. Die R. misst sich an der damit käuflichen Menge an → *Gütern*.

Realerbteilung → *Realteilung*.

Realgemeinde (Nutzungsgemeinde) *entitled rights community*: die in verschiedenen Nachbargemeinden ansässigen Nutzungsberechtigten an der → *Allmende* (z. B. Dorfteich, → *Hutungen*, → *Anger*). R. sind Grundgenossenschaften mit je nach Größe des Grundbesitzes gestuftem Stimmrecht ihrer Mitglieder oder als Körperschaft des öffentlichen Rechts (Realkörperschaft) organisiert. Durch die Maßnahmen zur → *Flurbereinigung* sind die alten R. inzwischen fast gänzlich verschwunden. Dort, wo sie rechtlich bis in späte 20. Jh. überlebt haben, stehen sie oft im Struktur-, Planungs- und Nutzungskonflikt mit den politischen Gemeinden.

Realgut *material good*: ein Wirtschaftsgut (→ *Güter*), das als materielles Ergebnis des Produktionsprozesses unter Preisbildung auf dem → *Markt* angeboten wird.

Realismus *realism*: fasst eine Vielzahl von erkenntnistheoretischen Positionen (→ *Erkenntnistheorie*) zusammen, nach denen von der Existenz einer vom Denken und dem Bewusstsein unabhängigen Realität ausgegangen wird. Phänomene existieren demnach unabhängig vom menschlichen Bewusstsein, sie wirken auf uns ein und wir können sie sprachlich bezeichnen. Je nach Ausprägung wird zwischen wissenschaftlichem, ontologischem, semantischem, erkenntnistheoretischem oder moralischem Realismus unterschieden (→ *Konstruktivismus*).

Reallohn *real wages*: der in → *Kaufkraft* ausgedrückte → *Lohn*, im Gegensatz zum → *Nominallohn*. Der R. drückt direkt die Warenmenge aus, die man dafür kaufen kann.

Realsteuerkraft *real taxable capacity, property tax base*: neben den Kennzahlen der → *volkswirtschaftlichen Gesamtrechnung* und dem → *Industriebesatz* wichtiger Indikator für die Wirtschaftskraft eines Raumes. Die R. drückt das Aufkommen an Grund- und Gewerbesteuern der → *Gemeinden* bezogen auf die Einwohnerzahl aus. Nicht berücksichtigt werden bei der R. die unterschiedlichen Hebesätze, die in verschiedenen Gemeinden zum Einsatz kommen. Zur Berechnung des Finanzausgleichs zwischen den Kommunen bildet die R. eine wesentliche Kennzahl.

Realteilung (Realerbteilung) *equal inheritance*: landwirtschaftliche → *Vererbungssitte*, bei der im Gegensatz zum → *Anerbenrecht* die gesamte Nutzfläche eines Betriebs unter allen Erbberechtigten aufgeteilt wird. Die R. ist ursächlich verantwortlich für die starke → *Parzellierung* und → *Besitzzersplitterung* der → *Flur*. Klassische R.-Gebiete liegen v. a. in Südwestdeutschland, Hessen und Franken. Über die → *Flurbereinigung* werden R.-Folgen beseitigt. Während in der Regel nur Grund und Boden die Teilungsmasse ausmachen und das eigentliche → *Gehöft* von der R. ausgespart bleibt, gibt es auch Regionen (z. B. im südwestdeutschen Raum oder im Oberinntal), in denen es zu Hofgebäudeteilungen, zu Stockwerkseigentum und sogar zur Aufteilung von Zimmern innerhalb der Höfe (Markierung der Stubenteile durch Kohlestriche auf dem Boden) unter den Erben kommt.

Rebfläche *area under vines*: eine mit Weinreben (→ *Weinbau*) bewachsene bzw. bestockte → *landwirtschaftliche Nutzfläche*.

Rechteckbau *rectilinear building design*: eine der wichtigsten Grundformen der Baukonstruktion und des Behausungsgrundrisses. Andere Grundformen sind der → *Gewölbebau*, der Firstbau und der → *Rundbau*.

Rechteckplatzdorf *village with rectilinear square*: → *Platzdorf*, das im Gegensatz zum → *Rundplatzdorf* einen rechteckigen zentralen Platz aufweist. Ein Beispiel für ein R. ist das → *Fortadorf*.

Recycling *recycling*: Rückführung von → *Abfall* (bzw. → *Abwärme*) in den Produktions- und Verbraucherkreislauf. Abfälle treten als Neben-, Zwischen- und Endprodukte auf. Im Zuge der → *Rohstoffverknappung* und des zunehmenden Umweltbewusstseins gewann das R. an Bedeutung. R. kann sein: Wiederverwertung (→ *Abfälle*), Rückführung in die Produktion nach Behandlung des Abfalls (Blech, Altpapier, Müllsortierung) und Abfallverwendung als neuer Rohstoff (→ *Müll*, Autoreifen). Die Prozesse des R. sind aufwändig, weil sie Sortier-, Reinigungs- und Aufarbeitungsanlagen umfassen.

Redlining *redlining*: ursprünglich ein Verfahren, um auf einer → *Karte* Gebiete (mittels einer roten Umrandung) abzugrenzen, in denen ein erhöhtes → *Risiko* für Investitionen oder Versicherungen vermutet wurde. Mittlerweile eine Praxis, um Gebiete mit bestimmten sozialen oder ethnischen Merkmalen abzugrenzen und damit auszugrenzen, z. B. indem Dienstleistungen den Bewohnern dieses Gebietes nicht, nur verteuert oder in geringerer Qualität angeboten werden (→ *Diskriminierung*, → *Rassismus*, → *Integration*, → *Exklusion*).

Redox-Eigenschaften *redox properties*: Fähigkeit des Bodens, organische und mineralische Substanzen je nach den besonderen Verhältnissen zu oxidieren oder zu reduzieren. Der Boden enthält verschiedene Systeme, an denen Redoxvorgänge ablaufen, z. B. NH_4^+, N_2, NO_3^-, CH_4, C, CO_2, Fe^{2+}, Fe^{3+} usw. Das → *Redox-Potenzial* variiert in Böden etwa zwischen −300 mV (stark reduzierende Verhältnisse) und +800 mV (stark oxidierende Verhältnisse). Hohe Redox-Potenziale finden sich in gut belüfteten Böden mit hohem Sauerstoffgehalt im → *Bodenwasser* und hohen Anteilen an oxidierten Verbindungen. Die R.-E. des Bodens sind entscheidend für die Bodenentwicklung (→ *Oxidationsverwitterung*, → *Mobilisierung* bzw. Immobilisierung von Oxiden) und den → *Nährstoffhaushalt* (Verfügbarkeit oxidier- und reduzierbarer → *Nährelemente*).

Redox-Potenzial *redox potential*: als elektrische Spannung messbares Maß für das Verhältnis der oxidierten und reduzierten Stoffe in einem wässrigen System. Das R.-P. gibt an, in welche Richtung Oxidations- bzw. Reduktionsvorgänge ablaufen. Gut durchlüftete Böden weisen hohe positive R.-P. auf, schlecht durchlüftete, völlig wassergesättigte Böden bei hohem → *pH-Wert* verfügen über niedrige oder sogar negative R.-P..

Reducción *indian settlement*: in Lateinamerika seit dem 16. Jh. durch die spanischen Eroberer angelegte Zwangssiedlungen für die indigene Bevölkerung. I. d. R. hatte die R. einen → *Schachbrettgrundriss* mit zentraler → *Plaza*. V. a. im Jesuitenstaat Paraguay wurde die Indiobevölkerung in Missions-R. angesiedelt, um sie zum Christentum zu bekehren und mit dem Landbau vertraut zu machen. In R. außerhalb Paraguays wurden die Indio von den weißen Grundherren teilweise wie Sklaven gehalten.

Reduktion *reduction*: in der → *Landwirtschaft* ein für → *Nebenerwerbsbetriebe* kennzeichnender Vorgang, der sowohl eine innerbetriebliche Vereinfachung als auch eine Verringerung des Betriebsumfangs einschließt (→ *Aufstockung*)

Reduktionismus *reductionism*: Lehre in der Philosophie, nach der ein → *System* durch seine Elemente (Einzelteile) bestimmt wird. Damit lassen sich Aussagen über das Ganze auf die Eigenschaften der Einzelteile zurückführen, ebenso wie Theorien auf einzelne Beobachtungssätze und Begriffe auf Dinge. Der R. ist gleichzeitig ein Wissenschaftsprogramm, das im 20. Jh. die Vorgehensweise v. a. in den Naturwissenschaften weitgehend bestimmt hat. Das Gegenkonzept ist der → *Holismus*, der darauf besteht, Phänomene ganzheitlich und allumfassend zu erfassen. Moderne Systemtheorien dagegen betonen → *Emergenz* als wesentlichen Aspekt (das Ganze ist mehr als die Summe seiner Teile), ohne in den Holismus zu verfallen.

Reduktionshorizont *hydromorphic horizon*: in → *Grundwasserböden*, wie dem → *Gley*, der grau bis graublau gefärbte, ständig unter → *Grundwasserspiegel* liegende untere Teil des Profils (Gr-Horizont), in dem wegen des Sauerstoffmangels reduzierende Bedingungen herrschen (rH-Wert < 19). Die graue Farbe des R. resultiert aus feinverteilten zweiwertigen Eisen- und Manganverbindungen (→ *Oxidationshorizont*).

Reduktosol in der → *deutschen Bodensystematik* (→ *KA5*) Böden, in denen reduzierend wirkende bzw. Sauerstoffmangel verursachende Gase, bspw. → *Methan* oder Schwefelwasserstoff, profilprägend sind und diese Reduktgase nicht natürlicherweise mikrobiell gebildet werden. Sie stammen stattdessen u. a. aus Leckagen von Gasleitungen oder Mülldeponien.

Reduzenten (Destruenten) *reducers*: Bakterien und Pilze, welche die → *organische Substanz* abbauen und zu anorganischem Material reduzieren. Ihnen gegenüber stehen die → *Produzenten* sowie die → *Konsumenten* (→ *Zersetzer*).

Reede *roadsted*: geschützter Ankerplatz außerhalb des → *Hafens* oder an einer Küste ohne Hafen. V. a. übergroße Ozeanschiffe müssen auf R. gehen, da sie aufgrund ihrer Größe nicht in den Hafen einfahren können. Ihre Fracht wird mittels → *Leichtern* gelöscht. Passagiere müssen aus- bzw. eingebootet werden.

Reederei *shipping company*: gemäß → *Seerecht* eine Gesellschaftsform, bei der mehrere Personen das ihnen gehörende Schiff zum Erwerb durch Seefahrt benutzen. In der Binnenschifffahrt ist die R. ein Transportunternehmen, das an Land einen kaufmännischen Betrieb zur Frachtwerbung, -abwicklung und -distribution besitzt.

Referendum *referendum*: → *Bürgerentscheid* in Sachfragen anstelle der Volksvertretung.

Referenzpunkt → *Passpunkt*

Reflexion *reflection*: – Zurückwerfen der Lichtstrahlung. Es werden diffuse R. und spiegelnde R. unterschieden (letztere meist auf Wasseroberflächen). Die diffuse R. an festen Oberflächen hängt von Beschaffenheit und Farbe der reflektierenden Oberfläche ab. An der Erdoberfläche ist die R. außerordentlich verschieden und reicht von fast 0% (schwarze Böden) bis 85% (frisch gefallener Schnee) der eingestrahlten Energiemenge (→ *Albedo*, → *Strahlungsbilanz*). – Das bewusste Nachdenken über eine vollzogene Tätigkeit (z.B. einen Untersuchungsschritt in der → *empirischen Sozialforschung*, die Wahl einer theoretischen Ausgangsperspektive usw.) oder eine vergangene Situation, um Blinde Flecken zu reduzieren oder daraus eine Lehre für den weiteren Weg zu ziehen. – Rückbezüglichkeit, das Eigene auf das Eigene anwenden, z.B. das Denken des Denkens. R. ist der gedankliche Rückbezug auf das, was das Denken denken und nicht denken kann (oder auch auf das, was Kommunikation kommunizieren und nicht kommunizieren kann). In der Wissenschaftsgeschichte finden sich viele Theorien, die sich mit R. auseinandersetzen und unterschiedliche Lösungsansätze für das Problem der Blinden Flecks in jeder Beobachtung anbieten. Nach N. Luhmann bezeichnet R. diejenige Form der Selbstreferenz sozialer Systeme, bei der das System seinen Operationen die Differenz von System und Umwelt zugrunde legt (z.B. → *Autopoiesis*).

Reflexionsseismik *seismic reflection method*: Methode zur Erkundung des → *Oberflächennahen* und des → *Tieferen* (geologischen) Untergrundes, mit der reflektierte, künstlich ausgelöste Schallwellen aufgezeichnet werden, die das Muster des Untergrundes wiedergeben, dessen Materialien verschieden reflektieren (→ *Refraktionsseismik*).

Refraktion *refraction*: – allmählicher Richtungswechsel an Wasserwellen, wenn diese schräg zur → *Küste* auflaufen, wobei Fortpflanzungsgeschwindigkeit und Wassertiefe in einem Wechselverhältnis stehen, die sich in der Richtungsänderung, der R., ausdrückt. Der äußere Flügel eines Wellenberges kommt schneller voran als der innere, weil er sich über tieferem Wasser befindet. Dadurch erfolgt das Einschwenken zur Küste. Wenn der Bogenkamm bricht, ist der Winkel, den er mit der Linie des → *Strandes* bildet, spitzer, als er es beim Anlaufen war. Dringt die Welle in eine Bucht ein, so eilt der Mittelteil den beiden Flügeln voraus. Die Welle nimmt deswegen Bogenform an und wird gleichzeitig gedehnt. Damit sinkt auch ihre → *Energie*, d.h. sie greift die Flanken der Bucht und Küstenvorsprünge stärker an, während sie im Buchtinneren die Anlandung begünstigt (→ *Anlandungsstreifen*, → *Wellen*). – Brechung von Lichtstrahlen in der Luft der Atmosphäre. Erscheinungen der R. sind optische Verformungen der flach stehenden Sonne, welche etwas abgeplattet erscheint, und Luftspiegelungen. Neben der R. steht die völlig andere Erscheinung der Lichtstreuung (→ *Diffraktion*).

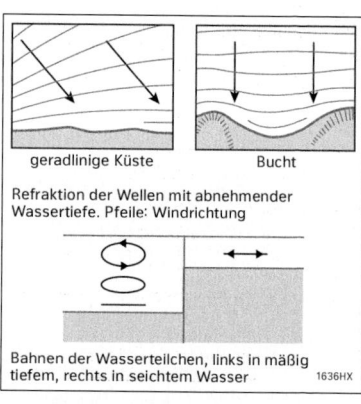

Refraktion

Refraktionsseismik *seismic reflection method*: eine Methode zur Erkundung des → *Oberflächennahen* bzw. des → *Tieferen* (geologischen) Untergrundes, bei dem die direkten, die reflektierten und die an Schichtgrenzen gebrochenen Wellen registriert werden (→ *Reflexionsseismik*).

Refugialgebiet → *Refugium*.

Refugium (Refugialgebiet Rückzugsgebiet) *refugium*: Gebiet, in das sich Tiere oder Pflanzen z.B. während der → *Klimaänderungen* der → *Kaltzeiten* des Pleistozäns zurückziehen und als Relikt früherer Populationen überdauern konnten (→ *Regression*).

Refugium *refugium*: Rückzugsgebiet, in das sich Menschen i.d.R. aufgrund ungünstiger Bedingungen (Änderungen der klimatischen Verhältnisse, Verfolgung durch Feinde, Vertreibung aus den ursprünglichen Siedlungsgebieten durch Eroberer usw.) aus vorherigen Lebensräumen zurückziehen. Als R. wird teilw. auch ein → *Zweitwohnsitz* (i.S.v. Ferienwohnung, Ferienhaus) bezeichnet, in das man sich zurückzieht.

Reg *reg*: ursprünglich regionale Bezeichnung für → *Kieswüste*. Im Gegensatz zum → *Serir* und anderen Kieswüsten ist das → *Steinpflaster* der R. jedoch aus unsortiertem und nur wenig zugerundetem → *Kies* aufgebaut. Sowohl R. als auch Serir bezeichnen inzwischen → *geomorphologische Landschaftstypen*.

Regelation *regelation*: Vorgang wechselnden Auftauens und Wiedergefrierens von → *Eis* in → *Gletschern* oder von → *Bodeneis*. Die R. induziert Bewegungsvorgänge im Frostboden und spielt auch bei der Gletscherbewegung eine Rolle.

Regelfälle der Witterung (Regularitäten, Singularitäten) *regularities [in seasonal patterns] of weather*: typische Wetterperioden, die mit hoher prozentualer Häufigkeit (bezogen auf eine große Anzahl von Jahren) zu einem gewissen Zeitpunkt im Jahresverlauf in Erscheinung treten. Beispiele: → *Altweibersommer*, → *Martinssommer*, → *Weihnachtsstauwetter*, → *Schafskälte* usw.. Der für diese R. häufig anzutreffende Begriff „Singularität" sollte wegen seiner Missverständlichkeit nicht gebraucht werden.

Regelkreis *control system/circuit, regulator centre, closed control loop*: Begriff aus der Kybernetik; eine allgemeine Modellstruktur für einen Wirkungsablauf in einem technischen, biologischen oder landschaftsökologischen → *System*, für das ein Ausgangswert (Regelgröße) fortlaufend mit einer bestimmten Führungsgröße (Sollwert) verglichen wird. Jede Abweichung von der Führungsgröße leitet der → *Regler* gemäß seinen Kenngrößen an das Stellglied weiter, das die zu regelnde Größe beeinflusst, und vermindert durch diesen Eingriff die Abweichung entsprechend seiner Leistungsfähigkeit. Den gesamten Wirkungsablauf, der sich in einer geschlossenen Kette vollzieht, bezeichnet man als R. Der R. stellt damit ein geschlossenes Rückkopplungssystem (→ *Rückkopplung*) dar, das gegenüber äußeren oder inneren Einwirkungen relativ stabil bleibt. Er besteht aus mindestens zwei Hauptteilen, dem zu regelnden Objekt, der → *Regelstrecke*, und der regelnden Einrichtung, dem → *Regler*. Letzterer hat die Aufgabe, eine bestimmte veränderliche Größe, die Regelgröße, entgegen störenden Einwirkungen gemäß einer vorgegebenen Funktion, der Führungsgröße, zu variieren. Das wird dadurch erreicht, dass der Regler die Ergebnisse seiner regulierenden Maßnahmen, die über die Stellgröße erfolgen, ständig kontrolliert und dementsprechend seine weiteren Maßnahmen gestaltet. Die Bedeutung des R.-Prinzips besteht darin, komplizierte Prozesse in einem einfacheren → *Modell* der jeweils real wirkenden Systeme darzustellen. Die R. werden z. B. für die Darstellung von Funktionsabläufen in → *Ökosystemen* verwendet (→ *Standortregelkreis*).

„**Regeln der Technik**" *rules of technology*: feststehender Begriff im → *Umweltrecht*, besonders im → *Immissionsschutz*, der einen rechtlichen Maßstab für die Begrenzung der → *Emissionen* repräsentiert. Die R. d. T. fordern technischen Anlagen eine Leistung ab, die im Rahmen des Durchschnitts der bestehenden Anlagen liegt. Damit sind Maßnahmen und Einrichtungen, die nach den R. d. T. gebaut wurden oder durchgeführt werden, in einem geringeren Maße umweltfreundlich, als jene, die dem → „*Stand der Technik*" entsprechen.

Regelspur → *Normalspur*.

Regelstrecke (Steuerstrecke) *steer distance*: innerhalb der Gesamtheit der Glieder einer Steuerung oder → *Regelung* die Bezeichnung für den Teil des Wirkungsweges in Steuerungen oder Regelungen, dem die aufgabengemäß zu beeinflussenden Glieder des → *Systems* angehören. Die R. ist Bestandteil des → *Regelkreises*.

Regelung (Steuerung) *feedback mechanism, regulation, control*: Informationsverarbeitung mit → *Rückkopplung*, wobei es zur Aufrechterhaltung der → *Stabilität* eines dynamischen → *Systems* durch Regelkreisstrukturen kommt. Die Regelung im → *Regelkreis* beruht auf Rückkopplung.

Regen *rain*: flüssige Form des → *Niederschlags*. R. entsteht durch → *Kondensation* von → *Wasserdampf* in der → *Atmosphäre* nach Unterschreiten des → *Taupunktes*. Der Wasserdampf lagert sich dabei bevorzugt an → *Kondensationskernen* (→ *Eiskeime*, Staubpartikel) an und bildet Tropfen verschiedener Größe, die in der Masse als → *Wolke* in Erscheinung treten. Sobald die Tropfen zu schwer sind, um von der Luftströmung noch getragen bzw. transportiert zu werden, fallen sie auf die Erde nieder (→ *Eisregen*, → *Starkregen*, → *Steigungsregen*).

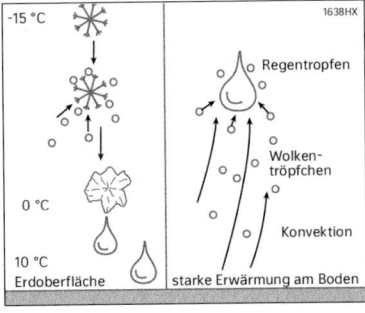

Regen

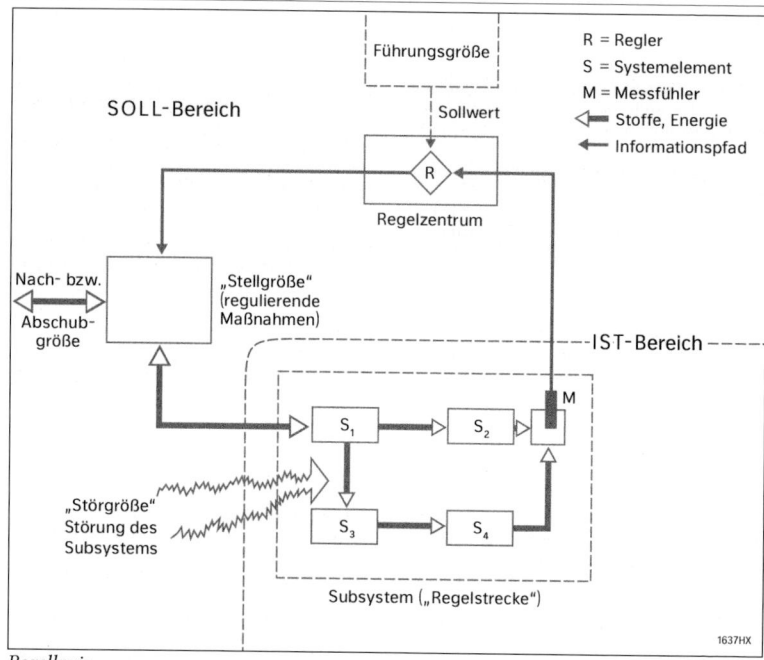

Regelkreis

Regenbogen *rainbow*: bogenförmige Erscheinung spektraler Lichtbrechung und -beugung, die bei flach stehender → *Sonne* mit relativ intensivem Licht und gleichzeitigem Regenfall entsteht, wobei der R. nur mit der Sonne im Rücken beobachtet werden kann. Der R. ist meist doppelt ausgebildet. Im inneren Bogen zeigt sich das Lichtspektrum von blau zu rot (von innen nach außen) und im äußeren Bogen spiegelbildlich von rot zu blau.

Regenbogenfamilie *LBGT parenting*: → *Familie* mit zwei gleichgeschlechtlichen Partnern und den leiblichen Kindern eines der Partner.

Regeneration *regeneration*: allgemein Wiederherstellung. – in der → *Geologie* die Rückführung von konsolidierten Bereichen der → *Erdkruste* in den beweglichen faltbaren Zustand der → *Geosynklinale* durch erneutes Absinken der versteiften Zonen. – Begriff der Systemtheorie, der die Fähigkeit eines Systems beschreibt, nach einer Störung wieder in den ursprünglichen Zustand zurückzukehren (→ *Ökosystem*, → *Naturschutz*). – in der → *Glaziologie* das Zusammenwachsen von Eistrümmern, die dadurch entstanden, dass ein steilerer und meist felsiger Hangabschnitt den Eisstrom des Gletschers störte. Die R. erfolgt oft bei Hängegletschern, die an ihrem Ende abbrechen, eine Gletscherlawine bilden und am Steilhangfuß zu einem neuen, also regenerierten Gletscher zusammenfinden. – bei Ökosystemen bzw. Landschaftsökosystemen, nach anthropogenen oder natürlichen Strukturveränderungen (z. B. bedingt durch Wirkungen von Naturgefahren), die Fähigkeit, den Ursprungszustand wieder zu erreichen. Dies wird auch als Restitution bezeichnet. Auch die Regenerationsfunktion bzw. Regenerationsfähigkeit von Ökosystemen bzw. Landschaftsökosystemen wird als R. bezeichnet. – in der Chemie die Reaktivierung chemischer Stoffe. – Fähigkeit eines Organismus, verletzte, abgestorbene oder verloren gegangene Körperteile mehr oder weniger vollständig wieder zu ersetzen bzw. ihren Verlust weitestgehend zu kompensieren. R.-Erscheinungen treten bei Pflanzen und Tieren auf. Auch beim Menschen gibt es R. in begrenztem Umfang (Haut, Darmschleimhaut, Nägel, Haare, Drüsenzellen, Blut und Knochenmasse nach Verlust). – in der Klimatologie das Wiederbeleben eines bereits in Auffüllung begriffenen Tiefdruckgebietes, sodass es an den Fronten zu neuerlichen Niederschlägen und zu auffrischendem Wind kommt. Ursache ist meist der Zustrom frischer Luftmassen, der die thermischen Gegensätze steigert.

Regenerationsfähigkeit *regeneration power, capacity of regeneration*: bis zu einem gewissen Grade können sich → *Ökosysteme* bzw. → *Landschaftsökosysteme* oder deren Teilsysteme v. a. das → *Biosystem* und das → *Pedosystem*, durch den weiterfunktionierenden Stoffkreislauf und den ständig erfolgenden Energiefluss regenerieren, wenn vorübergehende → *Belastungen* eingetreten sind und die Grenze der → *Belastbarkeit* noch nicht überschritten wurde.

Regenerationsfunktion *regeneration function*: im räumlichen Kontext (→ *Raummuster*) kann einzelnen → *Ökosystemen* für ihre Nachbarökosysteme im Sinne des → *ökologischen Ausgleichsraumes* eine R. zukommen. Dies gilt auch für Einzelbestandteile der Ökosysteme, v. a. die → *biotischen Faktoren* (→ *Regeneration*, → *Regenerationsfähigkeit*).

regenerative Energien *renewables, renewable/regenerative energies*: Energiequellen, die als erneuerbar gelten. Dazu zählt Energie aus → *Sonne*, → *Wind*, → *Biomasse* und → *Wasserkraft*. Die global bisher wenig genutzten r. E. könnten theoretisch das Doppelte des heutigen Weltverbrauchs an → *Primärenergie* decken, wobei die der Nutzung r. E. auftretenden Belastungen der Umwelt bzw. Umweltschäden minimal sind oder gar nicht erst auftreten (→ *Biogas*, → *Gezeitenkraftwerk*, → *Sonnenenergie*, → *Wasserkraft*, → *Windenergie*).

Regenerative Energiequellen *renewable energy source*: sind diejenigen → *Primärenergieträger* bzw. -quellen die durch eine → *natürliche* oder auch → *anthropogene* Energieumwandlung → *Sekundärenergie* liefern.

regenerierbare Ressourcen *regenerative resources* (*erneuerbar, nachwachsend*): sind → *Ressourcen*, welche die Natur selber erneuern kann, z. B. → *Naturwald*, → *Wild*, Fisch, → *Grundwasser* oder Geothermie (Geothermik) und → *Wasserkraft* (→ *erschöpfbare Ressourcen*, → *Regeneration*, → *reproduzierbare Ressourcen*).

Regenfaktor *rainfactor*: Indexzahl, die den mittleren Jahresniederschlag zur mittleren Jahrestemperatur (nur positive Monatsmittel berücksichtigt) in Beziehung setzt. Wachsender → *Niederschlag* erhöht die Feuchte eines Gebietes; steigende → *Temperatur* erhöht die → *Verdunstung* und vermindert damit die Feuchte. Der R. ist also ein Hilfsmittel, um → *Humidität* und → *Aridität* zu kennzeichnen. Er dient der Abgrenzung von Klimagebieten und erlaubt gewisse verallgemeinernde Aussagen über den → *Wasserhaushalt* einer größeren → *Region* oder auch einer → *Klimazone*. Der R. (nach R. Lang) lautet R = N/T. Eine andere Formulierung ist der → *Ariditätsindex* nach E. de Martonne.

Regenfeldbau *rainfed agriculture*: → *Ackerbau*, bei dem im Gegensatz zum → *Bewässerungsfeldbau* die → *Nutzpflanzen* ihren Wasserbedarf vollständig aus den Niederschlägen decken. Die Grenze des R. ist die → *Trockengrenze* des Anbaus. Sie kann durch extensive Anbauformen (→ *Dryfarming*) u. U. weiter in die → *Trockengebiete* hinein verschoben werden (→ *Trockenfeldbau*, → *Jahreszeitenfeldbau*).

regengrüner Wald (Hiemisilva) *rain-green forest*: (sub-)tropischer laubwerfender Wald in Gebieten mit ausgeprägter jährlicher Trockenzeit. (→ *Monsunwald*, → *Semihyläa*).

Regenklima *rain climate*: ein Feuchtklima mit ganzjährigen → *Niederschlägen* und im Mittel ganzjährig positiver → *klimatischer Wasserbilanz* (N>V), wie das im tropischen → *Regenwaldklima* der Fall ist. Die Niederschläge fallen zum großen Teil als → *Regen*. In den gemäßigten R. können ausnahmsweise einzelne Hochsommermonate trocken sein.

Regenkurve *rain curve*: die Kurve der Schwankungen der → *Niederschläge* in einem wechselfeuchten Gebiet über mehrere Jahrzehnte hinweg. Wenn dort die Niederschlagsamplitude von Jahr zu Jahr größer wird, verdrängt in R. die → *Trockensavanne* der Ackerbau mehr und mehr die → *extensive Weidewirtschaft*.

Regenschatten *rain shadow*: Erscheinung geringerer → *Niederschläge* auf der den Hauptwindrichtung abgewandten Seite – also im → *Lee* – von Bergen, Höhenzügen und Gebirgen. Die Situation des R. ergibt sich aus der Tatsache des Ausregnens der → *Wolken* beim Aufsteigen (→ *Steigungsregen*, → *orographische Niederschläge*) auf der „Wetterseite" der Erhebungen, dem → *Luv*.

Regentag *rainy* [*wet*] *day*: in der meteorologischen Statistik ein Tag, an dem eine definierte Regenmenge gefallen ist. Es werden z. B. die Tage mit >0,01, 1,0 und >10,0 mm → *Regen* gezählt. Die Einführung weiterer Grenzwerte ist möglich und folgt dem Zweckmäßigkeitsgrundsatz, der von der Lösung praktischer Probleme ausgemacht wird, z. B. in → *Land*- und → *Forstwirtschaft*.

Regentropfenerosion → *Splash*.

Regenwald *rain forest*: 1. als immerfeuchter tropischer Regenwald (→ *Hyläa*) die üppigste Vegetationsformation auf der Erde überhaupt und Vegetationstyp der regenreichen → *Tropen*, bestehend aus immergrünen Gewächsen

Regenwaldklima

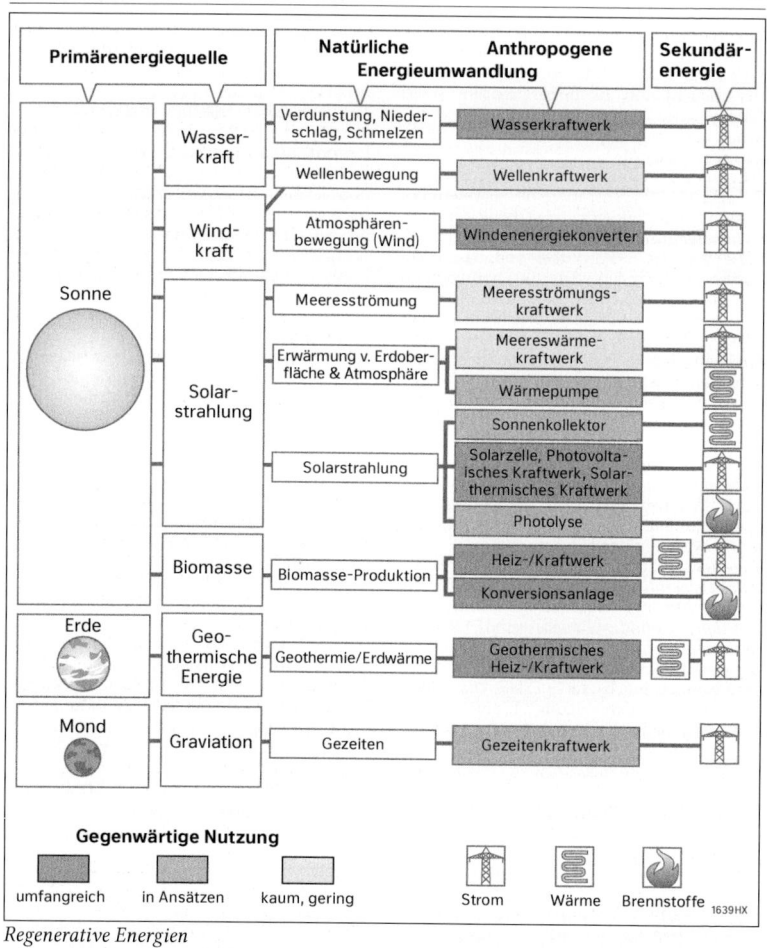

Regenerative Energien

mit einem charakteristischen → *Stockwerkbau* und großer Artenmannigfaltigkeit. Die Bäume weisen typische → *Lebensformen*, wie schlanken Wuchs, → *Kauliflorie* oder Brettwurzeln auf. Das Vorkommen des R. ist auf Räume mit gleich bleibend hoher Temperatur (kein Monat unter + 18°C) und regelmäßiger hoher Feuchtigkeit (jährliche Niederschläge über 2000 bis 4000 mm) beschränkt, in denen keine ökologisch relevanten → *Trockenzeiten* auftreten. Das Treibhausklima mit hoher Feuchtigkeit und hoher Wärme ist Ursache für die Üppigkeit der Vegetation. Dadurch ist der R. auch wenig lichtdurchlässig, weshalb zahlreiche → *Lianen* und → *Epiphyten* im Kronenraum leben oder zu diesem aufstreben. 2. temperate Regenwälder kommen an der NW-Küste Nordamerikas, des südlichen Chiles und auch der neuseeländischen Südinsel vor. Die Küstenregenwälder Nordamerikas gelten als die produktivsten der Erde. 3. gelegentlich wird R. auch benutzt für → *regengrünen Wald*.

Regenwaldklima *rainforest climate*: warmfeuchtes → *Klima* im Bereich des → *Äquators* mit ganzjährigen Monatsmitteln über 18°C und einer einfachen oder doppelten → *Regenzeit* (→ *Regenwald*).

Regenwasser *rainwater, storm water:* sowohl in → *Trockengebieten* als auch in Feuchtklimaten wichtiger Teil des → *Wasserhaushaltes*, dessen Menge und stoffliche Qualität ökologisch eine große Rolle spielt. Durch Auswaschen der → *Atmosphäre* (→ *Saurer Regen*), die mit → *Aerosolen*, → *Rauch*, → *Rauchgas*, → *Stäuben* und anderen Stoffen angereichert ist, ist das R. mit → *Schadstoffen* belastet. Zu Beginn eines Regenfalls ist der Stoffgehalt hoch, sodass der auftretende Regen Vegetations- und Bodenoberflächen stark belastet. Im weiteren Verlauf des Regenfalls verringern sich die Stoffkonzentrationen des R..

Regenwassernutzung *rainwater use, rainwater utilization:* spielt traditionell in → *ariden* Klimaten eine Rolle und in der gemäßigten Klimazone nur dort, wo Spezialnutzungen (Gärten) R. nötig machen. Unfiltriertes und ungereinigtes → *Regenwasser* darf wegen seiner hohen Stoffgehalte nur dort verwendet werden, wo die Qualität von → *Trinkwasser* nicht nötig ist. Für eine systematische R. fehlen die technischen Infrastruktureinrichtungen. R. kommt v. a. für dezentrale Versorgung (z. B. Einzelgehöfte) in Frage.

Regenzeit *pluvial phase (period), rainy season:* auf viele (relativ) trockene Zeit folgende → *Jahreszeit*, i. d. R. mäßig → *Regen* fällt, wobei es eine oder zwei R. geben kann. R. sind für die → *Tropen* und → *Subtropen* charakteristisch (tropische Regenzeit), wo die R. auf die jeweiligen Sonnenhöchststände folgen (→ *Äquinoktialregen*, → *Zenitalregen*). Von R. kann auch bei der → *Monsun-Zirkulation* gesprochen werden.

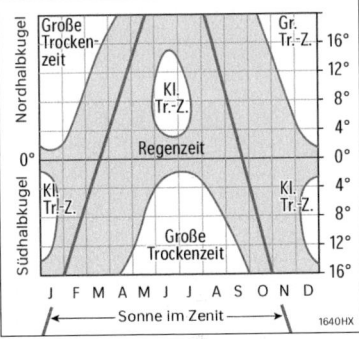

Regenzeit

Regenzeitfeldbau *rainy season agriculture:* → *Regenfeldbau*, der aufgrund der variablen Niederschlagsverhältnisse in wechselfeuchten Klimaten im Wesentlichen nur während der → *Regenzeit* betrieben werden kann. Je nachdem, in welcher Jahreszeit die Regenzeit liegt, lässt sich ein Sommer- und Winterregenfeldbau unterscheiden (→ *Jahreszeitenfeldbau*).

Regierungsbezirk *administrative district:* in Deutschland in den Bundesländern mit dreistufigem Verwaltungsaufbau (Baden-Württemberg, Bayern, Hessen, Nordrhein-Westfalen) der obere staatliche Verwaltungsbezirk, die sog. Mittelinstanz zwischen Land und Kommunen, der in → *Landkreise* und → *Kreisfreie Städte* gegliedert ist. In Bayern ist der R. gleichzeitig das Gebiet eines kommunalen Selbstverwaltungsverbandes, des sog. → *Bezirks*, mit einem gewählten Bezirkstag. Die Verwaltungsbehörde des R. ist das Regierungspräsidium (in Bayern die Regierung). Innerhalb eines R. übt das zuständige Regierungspräsidium als Mittelbehörde die Rechtsaufsicht über die Landkreise und Kreisfreien Städte aus.

Regierungsviertel *government district, government quarter:* → *Stadtteil* einer → *Hauptstadt*, in dem sich die wichtigsten Bauten der Ministerien und hoher Behörden, die Amtssitze des Staats- und Regierungschefs, oft auch diplomatische und konsularische Vertretungen ausländischer Staaten, Büros von Nichtregierungsorganisationen, Presseorganen usw. konzentrieren. Voll ausgebildete R. befinden sich in historischen Hauptstädten größerer Staaten (z. B. London, Berlin) sowie in geplanten und speziell für ihre Funktionen ausgebauten neueren Hauptstädten (z. B. Canberra, Brasilia).

Regimefaktor *regime factor:* jene definitorischen Erscheinungen, deren Kombination das Verhalten des → *Abflusses* von → *Flüssen* im Jahresverlauf charakterisieren, wie Hauptschneeschmelze, Niederschlagsverteilung usw. (→ *Abflussregime*).

Region *region, area, zone:* Begriff mit vielfältiger Bedeutung. 1. Einer der Grundbegriffe der Geographie. Dort bezeichnet R. eine → *Raumeinheit*, die sich aufgrund bestimmter Merkmale strukturell oder durch funktionale Abhängigkeiten oder Wahrnehmungen gegenüber anderen R. abgrenzen lässt. Eine R. kann z. B. mehrere Landschaften oder ein Gebiet mittlerer Größe umfassen, ohne dass damit zugleich Größe oder Inhalt der R. besonders definiert werden. Die räumliche Dimension und Abgrenzung der R. leitet sich aus dem Kontext ab, in dem der Begriff R. eingesetzt wird. Eine R. ist damit eine zielorientierte Raumabstraktion mittlerer Größe (z. B. → *Einzugsbereiche* von Einzelhandelsstandorten oder → *homogene*/*heterogene* R.). 2. Im alltagssprachlichen Gebrauch bezeichnet R. einen räumlichen Ausschnitt der zwar größer ist als ein konkreter örtlicher Zusammenhang, aber dessen Ausdehnung variiert und nicht eindeutig bestimmt oder bekannt ist. Oftmals wird R. synonym für → *Heimat* oder → *Landschaft*, teilw. auch als Gegenbegriff zur Stadt verwendet. 3. ein Großraum der regionischen Dimension der → *Dimensionen landschaftlicher Ökosysteme*. 4. in der → *Raumplanung* ist die R. die Planungseinheit für die → *Regionalplanung* (→ *Planungsregion*). Hier wird eine R. i. d. R. aus mehreren Landkreisen und evtl. Kreisfreien Städten gebildet.

Regional Governance *regional governance*: Sammelbegriff zur Diskussion sich verändernder Steuerungsformen der → *Regionalentwicklung*. R. G. ist Ausdruck der veränderten Rolle des Staates und bezeichnet selbstorganisierte netzwerkartige, meist nur schwach institutionalisierte Steuerungsformen, in denen staatliche, wirtschaftliche und zivilgesellschaftliche Akteure auf regionaler Ebene in Form einer interessengesteuerten Kooperation zusammenwirken.

Regionalbank *regional bank*: privatrechtliches, genossenschaftliches oder öffentliches Kreditinstitut, dessen Geschäftstätigkeit räumlich auf eine Region begrenzt ist oder ursprünglich begrenzt war.

Regionalbereich *regional area*: in Abgrenzung zum → *Lokalbereich* der Raum um ein Zentrum, innerhalb dessen die Beziehungen zum Zentrum eine wesentliche Rolle spielen.

Regionalbewusstsein *regional consciousness*: Zusammengehörigkeitsgefühl der → *Bevölkerung* einer → *Region* oder allgemein eines bestimmten Teilraums mittlerer Maßstabsebene (über der lokalen Ebene) innerhalb eines Staates. Die Bevölkerung fühlt sich bewusst als Einwohner des betreffenden Raumes, den sie als ihre → *Heimat* betrachtet. R. wurzelt häufig in einer gemeinsamen, von den anderen Landesteilen unterschiedlichen Geschichte, in gemeinsamen Sitten und Gebräuchen, im Dialekt usw.. R. kann sich unterschiedlich ausdrücken, von eher latenten Formen eines unausgesprochenen Zugehörigkeitsgefühls über eine Identifikation mit der Region bis hin zum aktiven Einsatz für die Region.

regionale Bildungsplanung *regional education plan*: → *Fachplanung* auf regionaler Ebene mit dem Ziel, das noch bestehende Bildungsgefälle, v. a. vom → *Verdichtungsraum* zum → *ländlichen Raum*, weiter abzubauen und die bundesweite Chancengleichheit bei der Bildung herzustellen.

regionale Differenzierung *regional differentiation*: Ausprägung unterschiedlicher räumlicher Strukturen und/oder Prozesse in Teilbereichen – insbesondere solchen von überörtlicher Ausdehnung – eines größeren Gesamtraums. Der Begriff r. D. wird meist zur Kennzeichnung eines Zustands gebraucht, kann aber auch den Prozess divergierender Raumentwicklung bezeichnen.

regionale Disparitäten *regional disparities*: ungleiche Verteilungen (z. B. Arbeitsplätze, Industrieansiedlungen, Infrastruktur usw.) in einem bestimmten Raum, auf regionaler Ebene betrachtet, z. B. zwischen Teilräumen eines → *Staates* (→ *räumliche Disparitäten*)

Regionale Geographie (Area Studies) *regional geography, area studies*: Teildisziplin der → *Geographie*, die Teile der Erde als funktionale Einheiten unter länderkundlichem (→ *Länderkunde*) bzw. landeskundlichem Aspekt behandelt (→ *Landeskunde*) und dabei problembezogen und systemanalytisch vorgeht (→ *Allgemeine Geographie*, → *Geographie*).

regionale Grünzüge *regional green axes*: in der → *Regionalplanung* die Ausweisung von Vorrang- oder Vorbehaltsgebieten zum Schutz von → *Naturgütern*, naturbezogenen Nutzungen und ökologischen Funktionen gegenüber anderen Nutzungsarten. R. G. dienen vor dem Hintergrund des Vernetzungsgedankens dem Schutz langfristig zu sichernder, zusammenhängender Freiraumsysteme.

regionale Planungsgemeinschaft *regional planning commission*: Körperschaft des öffentlichen Rechts, welche die staatliche → *Landesplanung* auf der Ebene der → *Regionalplanung* ausführt. R. P. waren ursprünglich freiwillige Zusammenschlüsse von → *Gemeinden* innerhalb einer → *Region* bzw. Teilregion. In den südlichen deutschen Bundesländern, wo es die r. P. seit mehreren Jahrzehnten gibt, haben sie in der Landesplanung inzwischen einen festen Platz mit klar umrissenen Aufgaben erhalten. In Baden-Württemberg heißen die r. P. nun → *Regionalverbände*, in Bayern → *regionale Planungsverbände*. Ihre Aufgabe ist im Wesentlichen die Erstellung und Fortschreibung der → *Regionalpläne*.

regionale Schneegrenze → *klimatische Schneegrenze*.

regionale Strukturpolitik *regional structural policy*: regionale → *Wirtschaftspolitik*, die zum Ziel hat, ausgewählten → *Fördergebieten* zu einer ausgeglichenen → *Wirtschaftsstruktur* zu verhelfen. Fördergebiete können z. B. wachstumsschwache (z. B. Agrargebiete) und monostrukturierte Gebiete (z. B. Bergbaugebiete) sein; zudem zielte die r. S. in der Bundesrepublik Deutschland ehemals auf das → *Zonenrandgebiet*, jetzt auf die neuen Bundesländer. R. S. baut auf öffentliche Hilfen wie Investitionszuschüsse, Zulagen oder Darlehen auf und zielt insbesondere auf die Ansiedlung von Unternehmen in den Fördergebieten.

regionale Wachstumszyklen *regional growth cycles*: Transformationsprozess wirtschaftsabhängiger Standortstrukturen, die sich als Folge des Wirksamwerdens einer extern entstandenen → *Basisinnovation* herausgebildet haben. Die zunächst durch die Innovationskraft der neuen Technologie initiierte Wachstumsdynamik hält solange an, wie es möglich ist, die Produktion an den technischen Fortschritt anzupassen. Geht die Fähigkeit zur Anpassung an den fortlaufenden Prozess der Umstrukturierung verloren, tritt in der → *Regionalentwicklung* Stagnation oder gar Schrumpfung ein.

regionale Wirtschaftsförderung *regional economic promotion*: i.A. Bezeichnung für temporär öffentlich geförderte Maßnahmen, die in → *Regionen* mit geringer Wirtschaftskraft eine positive, langfristig selbst tragfähige Wirtschaftsentwicklung anstoßen sollen. In der Bundesrepublik Deutschland als → *Gemeinschaftsaufgabe* von Bund und Ländern 1969 ins Leben gerufenes → *Aktionsprogramm* zur „Verbesserung der regionalen Wirtschaftsstruktur". Die r. W. wird von Bund und Ländern zu gleichen Teilen finanziert und hinsichtlich der Förderbedingungen bestimmt. Die Förderung erfolgt insbesondere in Form von Investitionszuschüssen für Unternehmen, die sich in den → *Fördergebieten* des Programms ansiedeln oder dort Erhaltungs- oder Erweiterungsinvestitionen durchführen wollen. Darüber hinaus werden an die Kommunen in den Fördergebieten Zuschüsse für Investitionen in die wirtschaftsnahe Infrastruktur vergeben.

regionale Wirtschaftspolitik *regional economic policy*: jener Teil der → *Wirtschaftspolitik*, der sich als → *Raumordnungspolitik* versteht und auf die Beeinflussung der → *Wirtschaftsstruktur* in einzelnen Regionen abzielt. Die r. W. wird auch als → *regionale Strukturpolitik* bezeichnet, die sie die Struktur (bezogen auf → *Wirtschaftssektoren* und deren Untergliederungen) verändern und die regionale → *Infrastruktur* verbessern will. Statt r. W. wird abgekürzt auch von → *Regionalpolitik* gesprochen.

Regionalentwicklung *regional development*: Bezeichnung für Konzepte und Maßnahmen, die insbesondere die wirtschaftliche Entwicklung einer → *Region* unterstützen sollen. Der Begriff wird uneinheitlich verwendet und kann sich sowohl auf verschiedene inhaltliche Schwerpunkte als auch auf unterschiedliche räumliche Ebenen beziehen. Das Ziel der Regionalentwicklung ist der Ausgleich → *regionaler Disparitäten*, um → *gleichwertige Lebensbedingungen* in allen Regionen und eine nachhaltige Raumentwicklung (→ *Nachhaltigkeit*) zu ermöglichen.

Regionalentwicklung erfordert die Koordinierung von → *Regionalplanung* und → *Regionalpolitik*.

regionaler Ansatz *regional approach*: bei empirischen Arbeiten in der → *Geographie* erfolgt Datengewinnung grundsätzlich regional, auch beim Angehen allgemein-geographischer Fragestellungen, z.B. Siedlungsgenese oder → *Landschaftswasserhaushalt*.

regionaler Planungsverband *regional planning agency*: öffentlich-rechtlicher Träger der → *Regionalplanung* in Bayern, Mecklenburg-Vorpommern und Sachsen (→ *regionale Planungsgemeinschaft*, → *Regionalverband*).

regionales Milieu *regional environment*: regionalspezifisches soziokulturelles Umfeld eines Unternehmens, das ein System von Aktivitäten, Regeln und Institutionen darstellt. Durch die Einbettung der Unternehmung (→ *embeddedness*:) die das r. M. soll die Innovationsfähigkeit (Innovation) gesteigert werden (kreatives Milieu).

Regionalforschung *regional research*: Forschungsrichtung innerhalb der Geographie, die sich durch ihren interdisziplinären Charakter und ihre Orientierung an den Bedürfnissen der → *Raumplanung* auszeichnet. Die R. analysiert unter Beteiligung z.B. der → *Geographie*, → *Ökologie*, → *Ökonomie*, → *Soziologie* und Bevölkerungswissenschaft die → *Raumstrukturen* größerer Regionen in ihren fachspezifischen Ausprägungen.

Regionalintegration *regional integration*: regional begrenzter Integrationsraum, in dem sich Länder durch den Abbau von → *Handelshemmnissen* gegenseitig Handelsvergünstigungen einräumen. Die Folgen sind eine → *Handelsschaffung* für die an der Integration beteiligten Länder und eine → *Handelsumlenkung* für Drittstaaten. Je nach Reichweite der Zugeständnisse bei der Liberalisierung lassen sich unterschiedliche Formen regionaler Integration unterscheiden: → *Präferenzabkommen* (z.B. → *Lomé-Abkommen*), → *Freihandelszone* (z.B. → *NAFTA*, → *EFTA*), → *Zollunion* (z.B. → *MERCOSUR*), → *gemeinsamer Markt* (z.B. → *Europäischer Wirtschaftsraum*), → *Wirtschafts- und Währungsunion* (z.B. → *EU*).

Regionalisierung *regionalization*: 1. Entstehung regionaler Integrationsräume (→ *Regionalintegration*) als eine Begleiterscheinung der → *Globalisierung*. 2. kleinräumige territoriale Integration und Vernetzung von wirtschaftlichen Aktivitäten mit einer besonderen Betonung regionaler Qualitäten und Beziehungsgefüge (→ *Lokalisierung*, → *Industriedistrikt*, → *Cluster*).

Regionalisierung der Alltagswelt *regionalization of daily life*: Sammelbezeichnung für den akteurszentrierten Ansatz in der

→ *Sozial-* und → *Kulturgeographie*, der die Anschauung vertritt, dass eine bestimmte räumliche Ausprägung ursächlich auf das soziale, ökonomische und politische Handeln von interagierenden → *Akteuren* zurückzuführen ist. (→ *handlungstheoretische Sozialgeographie*, → *alltägliche Regionalisierung*, → *alltägliches Geographie-Machen*).

Regionalismus *regionalism*: Bewusstsein regionaler Eigenständigkeit und das Durchsetzen regionalspezifischer Interessen in einem (zentral verwalteten) → *Staat*. Der R. geht meist von Bevölkerungsteilen mit geschichtlichem oder kulturellem Zusammenhang (→ *Minderheit*) aus. Politisches Ziel des R. ist meist das Erreichen eines autonomen Status (→ *Autonomie*).

Regionalkreis *regional district*: Konzept für eine → *Verwaltungsreform*, bei dem → *Landkreise* und → *Regierungsbezirke* und/oder → *Planungsregionen* zu einer Einheit als neue staatliche Mittelinstanz verschmolzen werden. In Deutschland wird die Bildung von R. einerseits für dünn besiedelte → *ländliche Räume* (z. B. in Mecklenburg-Vorpommern), andererseits für großflächige → *Verdichtungsräume* (z. B. Ruhrgebiet) diskutiert.

Regionalmanagement *regional management*: informelles Instrument der → *Raumordnung*, das aus der → *Regionalplanung* hervorgegangen ist. R. versucht insbesondere – unabhängig von den üblichen *Planungsinstrumenten* – Regionalentwicklungskonzepte in der Zusammenarbeit von staatlichen Institutionen und privaten Investoren umzusetzen, um die regionale Wettbewerbsfähigkeit zu verbessern. Dazu werden einzelne Projekte mit unterschiedlichen Handlungsschwerpunkten (z. B. Tourismus, Bildung, Verkehr) umgesetzt. Neben der Projektarbeit wird das R. durch die Netzwerkarbeit, den Aufbau fachübergreifender Netzwerke, bestimmt. Das R. wird von Projektmanagern in der jeweiligen Region, den sog. Regionalmanagern, umgesetzt.

Regionalmarketing *regional marketing*: 1. Instrument der → *Raumordnung* mit dem Ziel, die Vorzüge einer → *Region* zu kommunizieren und sie für Außenstehende, insbesondere auch für Investoren, attraktiver zu machen. R. entspricht auf der Regionsebene den Zielen und Inhalten des → *Stadtmarketings*. 2. querschnittsorientiertes, flächen- und akteursübergreifendes Instrument der → *Raum-* und → *Regionalplanung*, das die Region im internationalen Wettbewerb um Zielgruppen (z. B. Wirtschaftsunternehmen, Tourismus) stärken soll.

Regionalmetamorphose *regional metamorphism*: 1. eine Art der → *Metamorphose*, bei der mechanische und thermische Effekte gleichbedeutend an der Verformung der Gesteine beteiligt sind, z. B. in tieferen Stockwerken der → *Faltengebirge*. Durch → *Umkristallisation* und Streckung der → *Minerale* entstehen → *Kristalline Schiefer*. Die R. spielt sich in den → *Geosynklinalen* ab und trägt ihre Bezeichnung wegen der weiten, aber räumlich begrenzten Ausdehnung der Gesteinsumwandlungen. 2. allgemeiner umschreibt R. die Metamorphose beim Absinken von räumlich größeren Stücken der → *Erdkruste*.

regionalökonomische Disparität *regional economic disparity*: räumliche Unausgewogenheit in der → *Wirtschaftsstruktur* als Ergebnis regional ungleichgewichtigen Wirtschaftswachstums. R. können z. B. durch vorgegebene natur- und kulturlandschaftliche Strukturen bedingt sein (→ *wirtschaftsräumliche Disparitäten*).

Regionalplan *regional plan*: Plan, der als Bindeglied zwischen der → *Landesplanung* und der kommunalen Planung (→ *Ortsplanung*) einzustufen ist. Der R. ist eine wichtige Voraussetzung für die Verwirklichung landesentwicklungspolitischer Vorstellungen. Der R. hat die Zielsetzungen für die Entwicklung des Planungsraumes zu enthalten und muss mit den Grundsätzen der → *Raumordnung* im Einklang stehen. Der R. wird vom Träger der Regionalplanung (→ *regionale Planungsgemeinschaft*, → *regionaler Planungsverband*, → *Regionalverband*) aufgestellt und fortgeschrieben.

Regionalplanung *regional planning*: jene Ebene der → *Raumplanung*, die zwischen der → *Landesplanung* und der → *Ortsplanung* liegt. Sie ist eine übergemeindliche Planung und gilt rechtlich als Teil der Landesplanung. Der R. fällt die Aufgabe zu, die anzustrebende räumliche Ordnung und Entwicklung der → *Region* in einem → *Regionalplan* festzulegen. Die Durchführung der R. obliegt in Deutschland den → *regionalen Planungsgemeinschaften*, → *regionalen Planungsverbänden* bzw. → *Regionalverbänden*.

Regionalpolitik *regional policy*: jener Teil der Politik, der sich verstärkt um regionalspezifische Belange eines größeren politischen Gebildes, z. B. eines Landes, bemüht, mit dem Ziel die Nachteile von schwächer entwickelten Räumen (→ *strukturschwacher Raum*) zugunsten → *gleichwertiger Lebensbedingungen* auszugleichen. Wichtige Grundlage einer ausgewogenen R. sind die Ergebnisse einer sorgfältigen → *Regionalforschung* und darauf aufbauend eine → *Regionalisierung*. Da sich eine wirkungsvolle R. in der Regel nur über den regional differenzierten Einsatz von wirtschaftpolitischen Instrumenten er-

reichen lässt, wird sie häufig mit dem Begriff → *regionale Wirtschaftspolitik* gleichgesetzt.
Regionalprognose *regional prognosis/forecast*: operationales Instrument der → *Raumordnung* und → *Raumplanung* zur regionalisierten Voraussage künftiger räumlicher, wirtschaftlicher und sozialer Entwicklungen. Die Grundlagen für die R. bilden → *Prognosen* der Gesamtentwicklung von Bevölkerung und Wirtschaft. Die R. ermöglicht die Formulierung raumordnungspolitischer Zielkonzeptionen. Sie zeigt für die → *Raumordnungspolitik* Entwicklungstendenzen auf, sodass diese entsprechend steuernd darauf einwirken kann.
Regionalstadt *regional city*: eine hoch urbanisierte und stark verdichtete → *Region*, die neben einer → *Kernstadt* und weiteren Städten mit unterschiedlichen Funktionsschwerpunkten auch Freiräume, → *Naherholungsgebiete* usw. umfasst. Der Begriff R. wird hauptsächlich im Sinne eines → *Modells* für eine ausgedehnte → *Stadtregion* mit → *Dezentralisation* der städtischen Funktionen und Einbeziehung des → *Umlands* in den städtischen Lebens- und Wirtschaftsraum verstanden.
Regionalverband *regional association*: die Körperschaft des öffentlichen Rechts in Baden-Württemberg, die als Träger der → *Regionalplanung* fungiert. Die R. sind gleichbedeutend mit den Planungsverbänden bzw. → *regionalen Planungsgemeinschaften* in anderen Bundesländern. Der aus mehreren Landkreisen bzw. kreisfreien Städten zusammengefassten R. hat die Aufgabe, den → *Regionalplan* aufzustellen und fortzuschreiben.
Regionalverkehr *regional traffic*: Transport von Personen und Gütern im regionalen Bereich. Der Begriff umfasst Verkehrsvorgänge zwischen dem Fern- und dem Nahverkehr, der mit dem R. allerdings oft gleichgesetzt wird, v. a. in großstädtischen → *Verdichtungsräumen* und ihrem → *Umland*.
Regionalzentrum *regional centre/center*: → *Zentraler Ort* mittlerer Stufe, der sein → *Einzugsgebiet* mit → *Gütern* und → *Dienstleistungen* kurz- bis mittelfristigen Bedarfs versorgt. In Deutschland ist der Begriff R. weniger gebräuchlich. Es handelt sich meist um → *Mittelzentren*.
Regiopole *regiopolis*: kleinere → *Großstadt* außerhalb der im Randbereich von → *Metropolregionen*, die aufgrund ihrer (wirtschaftlichen) Bedeutung über ihre Rolle als regionales Versorgungszentrum hinaus als regionaler Entwicklungsmotor fungiert (→ *Regiopolregion*).
Regiopolregion *regiopolis region*: analog zur → *Metropolregion* die Einheit aus einer → *Regiopole* und ihrem → *Verflechtungsbereich*.
Registerbevölkerung *registered, updated population*: die mithilfe der → *Bevölkerungsfortschreibung* auf dem Laufenden gehaltene und im Einwohnermelderegister aufgezeichnete → *Wohnbevölkerung* einer → *Gemeinde*. Bei lascher Handhabung der Meldepflicht kann die R. erheblich von der tatsächlichen Wohnbevölkerung abweichen.
Regler *regulator, controller*: Bestandteil des → *Regelkreises*, der durch die Regelgröße mitgeteilte Informationen zu Befehlen verarbeitet, welche als Stellgröße auf die → *Regelstrecke* zurückwirken.
Regolith *regolith*: die tiefgründige Verwitterungsdecke in Klimaten der → *Tropen*.
Regosol *Regosol*: in der → *deutschen Bodensystematik* (→ *KA5*) ein flachgründiger Boden nur aus einem Oberbodenhorizont (→ *A-Horizont*) bestehend und dem Unterboden auf carbonatfreiem bzw. -armem → *Lockergestein*.
Regosols *Regosols*: in der → *WRB* (2014) wenig entwickelte Böden aus → *Lockergestein*, die in keine andere *Reference Soil Group*: passen. Sie kommen in allen Klimazonen ohne Permafrost und in allen Höhenlagen vor, sind jedoch weit verbreitet in Erosionslandschaften v. a. der ariden und semi-ariden Gebiete und in Gebirgsregionen. Landwirtschaftliche Nutzung ist in ariden und semi-ariden Gebieten nur mit Bewässerung möglich, häufig jedoch unwirtschaftlich. Hier werden die meisten R. extensiv beweidet. R. des Lössgürtels in Europa und Nordamerika können intensiv bewirtschaftet werden.
Regradation *regradation*: Vorgang der Rückbildung bestimmter Bodentypenmerkmale auf ein früheres Stadium der Bodenentwicklung durch die Nutzung. So erhalten z. B. als Ackerböden genutzte → *Podsole* unter dem Einfluss der Kalkung und Düngung mit der Zeit wieder Braunerdemerkmale, weil die bodenchemischen Bedingungen völlig verändert werden.
Regression *regression*: – in der → *Biogeographie* und → *Bioökologie* Rückzug einer → *Population* bei ökologischen Veränderungen in ihrem → *Areal*, i. d. R. verbunden mit einer Verkleinerung des Populationsareals. Es kann zur Bildung von → *Refugien* kommen. – in der → *Geomorphologie* Rückzug des Meeres infolge epirogenetischer Bewegungen oder globaler Wasserhaushaltsänderungen, aufgrund derer bisher marine Bereiche zu Festland werden. Dabei entsteht die Regressionsküste. Der R. gegenüber steht die → *Transgression*.
Regressionsdurchbruchstal *regression transverse valleys*: durch → *rückschreitende Erosion* in einem Gebirgszug, den es quer zum Längsverlauf gliedert, entstehendes → *Tal*. Die Bildung der R. ist oft mit der Anzapfung von Flüssen (→ *Flussanzapfung*) verbunden. Beispiele sind die → *Klusen* im Schweizer

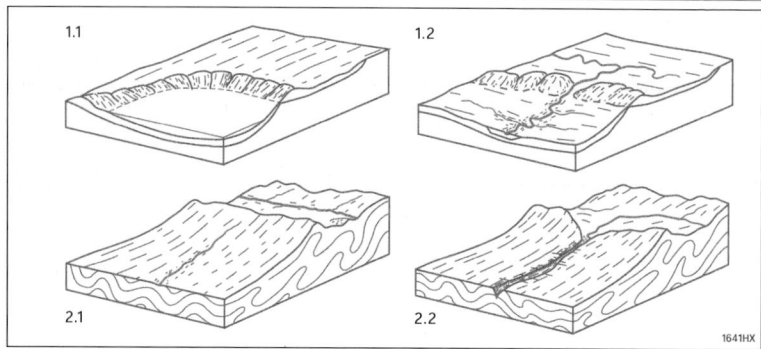

Regressionsdurchbruchtäler

Jura und verschiedene Quertäler der Appalachen.

Regressionsküste *regression coast*: infolge → *tektonischer* oder → *epirogenetischer* Hebung der Küste oder aufgrund relativer Meeresspiegelabsenkung (→ *Regression*) seewärtige Verschiebung der → *Küstenlinie*, wodurch ehemals → *marine* oder → *limnische* Formungsabschnitte der Küste unter → *subaërischen* Einfluss gelangen. Dabei werden → *Strandterrassen* freigelegt sowie → *Kliffs* und → *Strandwälle* scheinbar weiter landeinwärts „verlegt". Weil Regression meist phasenhaft erfolgt, sind oft mehrere → *marine Terrassen* und → *vorzeitliche* Strände hintereinander und übereinander angeordnet. Charakteristisch sind weiterhin breite, flache Küstenvorländer mit jungen marinen oder → *potamogenen* → *Sedimenten*, deren mehr oder weniger ebene Oberflächen leicht in Richtung Meer einfallen.

Regressionssee (Reliktsee) *regression lake*: ein → *See*, der ursprünglich Teil eines → *Meeres* war und nach dem Absinken des → *Meeresspiegels* (z.B. infolge Landhebung) als „Rest" isoliert wurde.

Regularitäten → *Regelfälle der Witterung*.

Regulationstheorie *theory of regulation*: Theorie, welche die langfristige gesellschaftliche und wirtschaftliche Entwicklung durch ein nicht-deterministisches Aufeinanderfolgen von Entwicklungsphasen und Entwicklungskrisen erklärt (z.B. → *Fordismus* und → *Postfordismus*). Die Entwicklungsphasen sind durch einen in sich stimmigen gesellschaftlich-wirtschaftlichen Entwicklungszusammenhang charakterisiert, der ein → *Akkumulationsregime* bzw. eine Wachstumsstruktur als Ausdruck einer technologisch-ökonomischen Struktur mit einem Koordinationsmechanismus bzw. einer Regulationsweise als Ausdruck der institutionell-gesellschaftlichen Struktur kombiniert. Der Übergang zwischen den Entwicklungsphasen wird durch strukturelle Krisen ausgelöst. Räumlicher Ausgangspunkt der regulationstheoretischen Überlegungen ist der → *Nationalstaat*.

Regulationsweise *mode of regulation*: bezeichnet in der französischen → *Regulationstheorie* den spezifischen Charakter des komplexen Zusammenwirkens von ökonomischen, politischen und sozialen → *Institutionen*, Netzen und (expliziten oder impliziten) Normen, das der materiellen Reproduktion des Gesamtsystems eine gewisse Gleichgewichtigkeit und Stabilität verleiht. Die R. umfasst insb. die historisch spezifischen Formen des Lohnverhältnisses, der kapitalistischen Konkurrenz, des Geld- und Kreditverhältnisses sowie der Interessensorganisation und Art und Umfang der Staatstätigkeit (→ *Akkumulationsregime*).

Regur *regur*: zur Gruppe der → *Vertisole* gehörender, schwarzer, tonreicher Boden in Indien mit ausgeprägter → *Selbstmulchung* und fehlender Horizontierung. R. sind für den Baumwollanbau besonders geeignet und heißen deshalb auch *black cotton soils:*.

Rehburger Phase (Rehburg Stadium) *Rehburg stage*: ältere Phase einer Gruppe weiterer Kaltzeitphasen, die als → *Drenthe-Stadium* der → *Saale-Kaltzeit* zusammengefasst werden. Die R. P. wird von → *Stauchendmoränen* bei Lingen, den Dammer Bergen, niedrigen Höhenzügen bei Rehburg (westlich des Steinhuder Meeres) sowie im Raume Hannover und Braunschweig repräsentiert. Die R. P. ist ein geomorphologisch markanter Endmoränenzug mit sehr komplizierten Lagerungsverhältnissen, der als eine Phase aus der Vorstoßzeit der Saale-Kaltzeit gedeutet wurde. Weil jedoch die Stauchendmoränen überfahren wurden, wird die R. P. lediglich

als ein Vorstoß-Halt des Drenthe-Eises gedeutet.
Rehburger Stadium → *Rehburger Phase*.
Reibungsbahn *frictional railway*: technische Bezeichnung für den Bahnverkehr, bei dem die Fortbewegung durch die Reibung zwischen Rad und Schiene erfolgt (→ *Rad-Schiene-System*). Bei Steigungen von mehr als ca. 6% sind R. nicht mehr möglich und werden durch → *Zahnradbahnen* oder → *Seilbahnen* ersetzt.
Reibungshöhe *frictional height*: Höhe, bis in welche sich der Einfluss des Geländes auf den → *Wind* auswirkt. Sie hängt ab von Reliefgestalt, Oberflächenstruktur (Nutzung, Bebauung), Windstärke und thermischer Turbulenz. Die Schichtmächtigkeit des → *Reibungswindes* beträgt ungefähr 200 bis viele Hundert Meter.
Reibungsschicht *friction layer*: als unterste Luftschicht der → *Atmosphäre*, in der die Luftbewegungen durch die Erdoberfläche beeinflusst sind, entspricht die R. der → *Peplosphäre* (→ *Bodenreibung*, → *geostrophischer Wind*, → *Grundschicht*, → *Reibungshöhe*, → *Reibungswind*).
Reibungswind *friction wind*: der bodennahe → *Wind*, welcher in Geschwindigkeit, Richtung und Strömungsart von der → *Erdoberfläche* beeinflusst ist.
Reibungswinkel *[inner] angle of friction*: Materialeigenschaft, die bestimmt, unter welchem Winkel ein Hang belastet werden kann, ohne abzurutschen. Bei hoher innerer Reibung (z. B. durch eckige Form von Sandkörnern und somit durch die Reibung zwischen den einzelnen Körnern) kohäsionslosen Materials ist das Material stabil und versagt nicht (schert nicht ab), wohingegen z. B. gerundete Körner einen geringeren inneren R. haben. Locker aufgeschüttete Materialien haben einen geringeren R. als dicht gepackte. In kohäsiven Materialien kommt noch die → *Kohäsion* als weitere, der Scherung entgegengerichtete Kraft hinzu. Der R. gibt also die → *Scherfestigkeit* eines Materials an. Der R. ist identisch mit dem natürlichen → *Böschungswinkel* eines Hanges (z. B. eines → *Schuttkegels*).
Reicherz *high-grade ore*: Eisenerz mit einem Eisengehalt über 60%.
Reichsbodenschätzung *soil assessment/evaluation in the German Reich*: 1935 im Deutschen Reich begründete Bodenbegutachtung für steuerliche Zwecke. Nach einem Schätzungsrahmen (→ *Ackerschätzungsrahmen*) erhielten die ertragreichsten Böden (Magdeburger Börde) die Zahl 100, die ertragsärmsten die niedrigste Zahl 7. Allen anderen Böden wurden Werte dazwischen zugeordnet. Die Ergebnisse der R. sind für andere Zwecke als die steuerliche Bewertung nur bedingt verwendbar, da die Systematik sehr allgemein und zudem reformbedürftig ist. Mit gewissen Einschränkungen können die Ergebnisse der R. jedoch in Bodeneinheiten mit ökologischer und genetischer Aussagekraft übersetzt und Basiseigenschaften des Bodens abgeleitet werden. Die R. ist in vielen Gebieten die einzige flächendeckend für das Landwirtschaftsgebiet vorliegende Information zu den Bodeneigenschaften. Sie ist daher auch eine Grundlage für den Aufbau der heutigen → *Bodeninformationssysteme*.
Reichsdorf *imperial village*: im Deutschen Reich (bis 1806) eine → *Landgemeinde*, die nicht dem Landesherrn, sondern unmittelbar Kaiser und Reich unterstand. R. besaßen ähnliche Rechte wie die → *Reichsstädte*, gehörten jedoch nicht zu den → *Reichsständen*. Zeitweise gab es über 100 R.; die letzten wurden 1803 → *mediatisiert*.
Reichsfreiheit (Reichsunmittelbarkeit) *immediateness, immediate authority*: im Deutschen Reich (bis 1806) die staatsrechtliche Stellung der Territorien und Personen, die Kaiser und Reich unmittelbar unterstanden und größtenteils zu den → *Reichsständen* gehörten. R. besaßen den geistlichen und weltlichen Landesherren, die → *Reichsstädte* und → *Reichsdörfer*, die Reichsritter und bestimmte hohe Reichsbeamte und -richter.
Reichsgebiet *territory of the Reich*: das Staatsgebiet des Deutschen Reiches. Für die deutsche Gesetzgebung und Rechtsprechung gilt das → *Territorium* des Deutschen Reiches in den Grenzen vom 31.12.1937 als R., also jene Gebiete die vor der kriegerischen Ausdehnung im Dritten Reich zum Staatsgebiet des Deutschen Reiches zählten. Mit der deutschen Wiedervereinigung 1990 und dem Inkrafttreten völkerrechtlicher Verträge wurde die Frage der Grenzen Deutschlands geklärt und dieser Teil der Geschichte abgeschlossen.
Reichsstadt (reichsunmittelbare Stadt) *imperial city*: im Deutschen Reich (bis 1806) eine unmittelbar dem Kaiser unterstehende, d. h. keinem Landesherren untertänige Stadt. Die ältesten R. gingen aus → *Pfalzstädten* hervor, andere durch Verleihung der → *Reichsfreiheit* durch den Kaiser. Die meisten R. waren bedeutende Handels-, Verkehrs- und kulturelle Zentren (z. B. Köln, Frankfurt am Main, Nürnberg, Augsburg); es gab aber auch relativ kleine R., v. a. in Schwaben und Franken. Nur einige wenige R. konnten ihre Freiheit über die → *Mediatisierung* retten, Hamburg und Bremen in Form von → *Bundesländern* bis heute.
Reichsstände *imperial estate*: im Heiligen Römischen Reich Deutscher Nation diejenigen Personen und Korporationen, die Sitz

und Stimme im Reichstag besaßen. Alle R. besaßen die → *Reichsfreiheit*:. Zu ihnen gehörten insbesondere die geistlichen und weltlichen Landesherren verschiedenen Ranges, die Reichsstädte sowie zeitweise sonstige Personen, denen der Reichsstand verliehen worden war.

reichsunmittelbare Stadt → *Reichsstadt*.

Reichsunmittelbarkeit → *Reichsfreiheit*.

Reichweite *reach, range, radius of action*: in der → *Kulturgeographie* die metrisch oder zeitlich gemessene Entfernung, bis zu der die räumliche Wirkung und → *räumliche Aktivitäten* einer Person bzw. Gruppe oder eines → *Standortes* reichen. Die R. begrenzt also den Aktionsradius (→ *Aktionsreichweite*) bzw. das Gebiet, das von → raumrelevanten Verhaltensweisen von Personen oder von räumlichen Wirkungen von Sachen erfasst und beeinflusst wird. Der Begriff R. wird hauptsächlich in der → *Sozialgeographie* verwendet, wo die regionale Differenzierung von → *Raumstrukturen* und räumlichen Prozessen vielfach auf gruppenspezifische R. zurückgeführt werden kann, sowie in der → *Zentrale-Orte-Forschung*, wo die R. eines zentralen Gutes oder eines → *Zentralen Ortes* dessen → *Einzugsgebiet* begrenzt.

Reif *hoarfrost*: → *Niederschlag* von → *Wasserdampf* in Gestalt feinster Eiskristalle an unterkühlten Oberflächen, z. B. Vegetationsdecke, Boden oder Gebäuden. R. bildet sich bei feuchter Luft in Bodennähe nach Unterschreiten des Gefrierpunktes und ist in den Übergangsjahreszeiten häufig.

Reifgraupel *snow pellets*: eine Form festen → *Niederschlags*, die durch koagulationsähnliche Zusammenballung von Eiskristallen und Wassertröpfchen entsteht. R.-Körner sind undurchdichtig und haben weniger als 5 mm Ø (→ *Graupel*).

Reihenbauweise *house construction parallel to roads*: Bauweise, bei der die Hausreihen in regelhafter Form parallel zur Straße verlaufen. Sie können dabei einen → *Baublock* völlig umschließen. Die Aufreihung erfolgt meist genau entlang der im → *Bebauungsplan* vorgegebenen → *Baulinie*. Eine R. ist bei Einzelhaus-, Doppelhaus- und Reihenhausbebauung möglich.

Reihendorf *ribbon village*: dörfliche → *Reihensiedlung*, die im Gegensatz zum → *Zeilendorf* locker angelegt ist und kilometerlang sein kann. Die Gestalt der → *Gehöfte* ist dabei weniger regelhaft, stets jedoch in klarem Bezug zur Flurparzellierung.

Reihendüne → *Transversaldüne*.

Reihenhaus *row house*: Bauform, bei der mehrere Einfamilienhäuser (maximal dreigeschossig) aneinander gebaut sind und damit eine Reihe bilden. R. haben im Vergleich zu freistehenden Einfamilienhäusern einen geringeren Flächenbedarf. Die Grundstücksgrößen liegen i. d. R. unter 300 m². V. a. in → *suburbanen Räumen* der → *Verdichtungsräume* sind seit den 1960er-Jahren in Deutschland im größeren Umfang R.-Siedlungen entstanden.

Reihensiedlung *ribbon settlement*: Siedlungsgrundrisstyp, bei dem sich die Wohn- und Wirtschaftsgebäude entlang einer Leitlinie (Fluss, Kanal, Deich usw.) aufreihen (z. B. → *Moorhufendorf*, → *Straßendorf*). Die Reihung kann eng, locker, ein- oder zweizeilig sein.

Reindustrialisierung *reindustrialization*: Entwicklungsprozess mit erneuter Produktionsorientierung. Die R. tritt häufig in Verbindung mit der Ausbreitung von Hightech-Betrieben und der → *Mikroelektronik*-Anwendung auf.

reine Blockflur *pure block field*: → *Flur*, die nur aus einem Parzellentyp, nämlich der → *Blockflur*, besteht und eine geschlossene Besitzeinheit (→ *Einödflur*) bildet (→ *reine Kampfflur*).

reine Flur *pure fields*: → *Flurform*, bei der nur ein Parzellentyp vorherrscht. Ein Beispiel der r. F. ist die → *reine Blockflur*.

reine Kampfflur *pure enclosed fields*: Flur, aus eingehegten → *Blöcken* (→ *Kampfflur*) besteht und eine geschlossene → *Besitzeinheit* bildet.

reine Streusiedlung *[pure] dispersed settlement*: Form der → *ländlichen Siedlung*, die keine Konzentration der → *Behausungen* und → *Gehöfte* erkennen lässt. Der Abstand zwischen den einzelnen Einheiten liegt bei mindestens 50 m, kann aber in gering besiedelten Gebieten Entfernungen von über 1000 m erreichen. (→ *Schwarmsiedlung*, → *Zersied(e)lung*).

Reinertrag *net yield*: in der → *Wirtschaft* derjenige Ertrag, der nach Abzug des Aufwands übrigbleibt. Der R. ist der → *Rohertrag* abzüglich der aufgewendeten Kosten.

reines Wohngebiet *residential-only area/zone*: nach der → *Baunutzungsverordnung* in Deutschland eine Festsetzung im → *Bebauungsplan* einer → *Gemeinde*. Das r. W. dient, im Gegensatz zum → *allgemeinen Wohngebiet*, ausschließlich Wohnzwecken; andere Nutzungen sind nicht zulässig.

Reingewichtsmaterial *net weight material*: gemäß der → *Industriestandorttheorie* von Alfred Weber (1909) ein Material, das mit dem ganzen Gewicht in das Fertigerzeugnis eingeht, z. B. Wasser, Mehl oder Salz. Das R. unterscheidet sich vom → *Gewichtsverlustmaterial*, z. B. Erze (→ *Ubiquitäten*, → *Rohgewichtsmaterial*).

Reinkultur *pure culture*: in der Landwirtschaft der Anbau von nur einer Nutzpflanzenart, bezogen auf eine bestimmte → *Fruchtfolge* oder in Form einer → *Monokultur*.

Reinkultur *pure culture*: in der → *Forstwirtschaft* ein → *Forst*, der nur aus einer Baumart besteht.

Reinluft *pure air*: die → *Luft* fernab von → *anthropogenen* Verunreinigungsquellen, die nur natürliche → *Staub*partikel (→ *Aerosol*) enthält.

Reinsaat *pure stands*: in der → *Landwirtschaft* die → *Aussaat* einer einzigen Pflanzenart im Gegensatz zur Gemengesaat.

Reinwasser *pure water*: 1. Wasser ohne jegliche gelöste Substanzen, d. h. chemisch reines H_2O. 2. aufbereitetes Wasser (→ *Brauchwasser*), das jedoch keine → *Trinkwasser*qualität besitzt.

Reisböden *paddy soils*: durch den Reisanbau geschaffene, also rein → *anthropogene Böden*. Die R. zeigen infolge der periodisch wiederkehrenden, langandauernden Wasserüberstauung → *hydromorphe* Merkmale und sind durch im Jahresverlauf wechselnde Oxidations- und Reduktionsbedingungen gekennzeichnet. Dadurch werden Fe- und Mn-Oxide mobilisiert und z. T. an der Grenze zum → *Oberboden* ausgefällt. Intensive Bearbeitung im wassergesättigten Zustand führt zu ständiger starker Durchmischung und schafft ein feines Einzelkorngefüge.

Reisebüro *travel agency*: ein Unternehmen, das Vermittlung und Verkauf touristischer Leistungen durchführt und dabei entweder als → *Reisemittler* oder als → *Reiseveranstalter* auftritt.

Reiseform *form of travel*: in der → *Tourismusgeographie* Bezeichnung für die Art einer Reise, wobei nach verschiedenen Kriterien unterschieden werden kann, z. B. nach dem → *Reiseantrieb* (Erholungsreise, Kuraufenthalt, Geschäftsreise usw.), dem Transportmittel (Bahn-, Bus-, Flugreise usw.), der Reisedauer (Urlaubs-, Kurzurlaubsreise, Tagesausflug), der Reiseentfernung, dem Reiseziel (z. B. Inlands-, Auslandsreise, Fernreise, → *Naherholung*) und der Art der Durchführung (z. B. Individual- oder → *Pauschalreise*, Gruppenreise usw.).

Reisegewohnheiten *travel habits*: Verhaltensweisen der → *Bevölkerung* bzgl. des Urlaubsreiseverkehrs und während Urlaubsaufenthalten. Zu den R. gehören unterschiedliche Verhaltensweisen bei der Wahl des Reiseziels, der → *Reiseform* und des Verkehrsmittels sowie am Urlaubsort selbst. Sie sind als Teil des gesamten → *Freizeitverhaltens* abhängig insb. von der Zugehörigkeit zu → *Altersklassen* und sozialen Gruppen, vom Bildungsstand und vom Einkommen.

Reiseintensität (Urlaubsreiseintensität) *travel intensity*: prozentualer Anteil derjenigen Personen an der Gesamtbevölkerung eines Raumes oder von einzelnen Bevölkerungsgruppen (gruppenspezifische R.), die im Laufe eines Jahres mindestens einmal am längerfristigen → *Reiseverkehr* (mindestens fünf Tage Dauer) teilgenommen haben. Die R. ist ein Indikator für das → *Freizeitverhalten* der Bevölkerung; sie ist abhängig insb. vom Alter, von der Zugehörigkeit zu → *sozialen Gruppen* und → *Schichten* und vom verfügbaren Einkommen.

Reisemarkt *travel market*: zusammenfassende Bezeichnung für das gewerbliche Tourismusgeschehen. Akteure am R. sind Reiseanbieter (→ *Reiseveranstalter*, → *Reisemittler*) sowie die Touristen, die deren Dienste in Anspruch nehmen.

Reisemittler *travel agent*: ein Unternehmen, z. B. ein → *Reisebüro*, das gegen Provision die Produkte von → *Reiseveranstaltern*, Verkehrsbetrieben (Fahrausweise, Platzreservierungen u. ä.), des → *Beherbergungsgewerbes* (Zimmerreservierungen, Ferienwohnungen usw.) und der Gastronomie an die Endverbraucher, d. h. die Reisenden, vermittelt. Im Gegensatz zum → *Reiseveranstalter* organisiert der R. selbst keine Reise.

Reisemotiv *travel motivation*: psychologischer Impuls, der beim Individuum Reisewünsche auslöst. Die Motivforschung hat als wichtigste R., die meist gebündelt auftreten, erkannt: Wunsch nach Entspannung und Erholung, nach Abschalten vom Alltag und ungestörter Ausübung von Sport und Hobby, nach Bildung und Erweiterung des Horizontes, nach neuen menschlichen Kontakten. Die Kenntnis der R. ist besonders für das Tourismusgewerbe und die Werbung von Tourismusgemeinden wichtig.

Reiseprodukt *travel product*: im kaufmännischen Sinn das Angebot eines → *Reiseveranstalters*, das dieser selbst oder über → *Reisemittler* an die Konsumenten, d. h. Touristen, Geschäftsreisenden usw. verkauft. Das R. kann außer den Reisedienstleistungen i. e. S. auch → *Beherbergung*, Verpflegung, Freizeitveranstaltungen (z. B. kulturelle oder sportliche Angebote), Beschaffung von Visa und Devisen usw. beinhalten.

Reisertorf *sub-shrub peat*: überwiegend aus Heidekrautstängeln (in erster Linie von der Besenheide [*Calluna vulgaris*]) bestehender → *Torf*, der bei oberflächlicher Austrocknung durch die Verheidung eines → *Moores* entsteht (→ *Heide*).

Reiseverhalten *travel behaviour*: Art und Weise, wie Personen touristische Reisen planen und durchführen, insbesondere welche → *Reiseform* sie wählen. Das R. ist v. a. vom Einkommen, vom Bildungsstand und von der Zugehörigkeit zu → *sozialen Gruppen* beeinflusst.

Reiseverkehr *tourism, tourist traffic*: Personenverkehr über größere Entfernungen. Je nach Zweck wird v. a. zwischen Geschäfts-R. und Urlaubs-R. bzw. Erholungs- und Freizeitverkehr unterschieden. Nach dem benutzten → *Verkehrsmittel* wird von Bahn-, Auto-, Bus-, Schiffs- oder Flug-R. gesprochen.

Reiseverkehrsbilanz *tourism balance*: Gegenüberstellung der Einnahmen, die ein → *Land* durch touristische Ausländerbesuche an Devisen erzielt und der Ausgaben, die Angehörige des betreffenden Landes bei Auslandsreisen tätigen. Die wichtigsten Zielländer im → *Urlaubsreiseverkehr* (z. B. Österreich, Italien) haben eine positive R.. Länder mit negativer R. führen häufig Devisen- und Reisebeschränkungen zur Stützung der → *Zahlungsbilanz* ein. Zu den Ländern mit besonders hohem Defizit in der R. gehört auch Deutschland.

Reizklima *stimulus climate*: bio- und heilklimatische Bezeichnung für ein Klima mit häufigen starken Winden und großen täglichen Temperaturschwankungen (im Gegensatz zum → *Schonklima*). R. zeigen hohe Werte bei der → *Abkühlungsgröße* (→ *Bioklima*).

Rekreation *recreation*: Fähigkeit und Notwendigkeit eines menschlichen Organismus, sich psychologisch und physiologisch zu erneuern. Dies geschieht unter Ausschöpfung des → *Rekreationspotenzials* der → *Landschaft* und der sozialen und kulturellen → *Umwelt*.

Rekreationspotenzial *recreation potential*: die Gesamtheit der von der natürlichen und kulturellen Ausstattung eines Gebietes auf den menschlichen Organismus ausgeübten Erholungs- und Erneuerungsreize, die sowohl physiologisch als auch psychologisch-ästhetisch wirksam sind.

Rekultivierung *reclamation, restoration, recultivation*: geotechnische, landespflegerische, wasserbauliche, agrar- und forstökologische Maßnahmen zur Wiederherstellung von durch wirtschaftliche und technische Aktivitäten des Menschen gestörten oder zerstörten → *Landschaftsökosystemen*, um die ursprüngliche oder neugestaltete → *Kulturlandschaft* (wieder) zu schaffen. Rekultiviert werden ehemalige Bergbaugebiete, v. a. → *Halden*, → *Tagebaue*, Steinbrüche, Kiesgruben, → *Mülldeponien* und Müllhalden sowie → *Schutthalden* sowie → *Deponien* aller Art. Auch in Gebieten, in denen Auswirkungen von → *Naturgefahren* Aussehen und Funktion der Landschaftökosysteme und der → *Kulturlandschaft* verändert haben, wird rekultiviert. Ziel der R. sind planmäßige Folgenutzungen, die ein Leistungsvermögen aufweisen, welches den Nutzungsansprüchen der Gesellschaft und den → *Leitbildern* einer ökologisch orientierten → *Regionalplanung* entspricht. Die rekultivierten Gebiete werden auch der → *Renaturierung* zugeführt. I. d. R. wird eine Kulturlandschaft, z. B. mit Nutzung durch Kiesgruben, durch eine andere, z. B. Acker- oder Reblandnutzung oder Wald für die Erholungsnutzung, ersetzt. Die Ausführung der R. erfolgt v. a. durch die → *Landespflege* (→ *Landeskultur*, → *Melioration*, Ökologische Planung).

Relaisbeben (Simultanbeben) *remotely triggered earthquake*: Typ des → *Erdbebens*, der von schweren, weltumspannenden Beben an anderen, oft weit entfernten Stellen ausgelöst wird.

related variety → *verbundene Vielfalt*.

relationale Wirtschaftsgeographie *relational economic geography*: paradigmatischer Bruch zur traditionellen → *Wirtschaftsgeographie*, da nicht mehr der Raum selbst, sondern die Beschreibung und Erklärung der räumlichen Dimension sozialer und ökonomischer Aktivitäten und Beziehungen im Mittelpunkt steht. Dabei wird die Bedeutung von Lernprozessen, sozio-institutioneller → *Netzwerke* und der → *embeddedness*: von Akteuren hervorgehoben. Ökonomische Prozesse in räumlicher Perspektive lassen sich nur kontextbezogen und evolutionär bedingt verstehen.

relative Luftfeuchtigkeit *relative humidity*: der Gehalt an → *Wasserdampf* in der → *Luft* in Prozent der bei einer bestimmten Temperatur maximal möglichen → *Sättigung*. Die Aufnahmefähigkeit der Luft für Wasserdampf nimmt mit steigender → *Temperatur* exponentiell zu. Bei gleich bleibendem → *absolutem Luftfeuchtigkeitsgehalt* nimmt demzufolge die r. L. mit steigender Temperatur ab und mit sinkender Temperatur zu, bis sie 100% erreicht. Dann ist der → *Taupunkt* erreicht und der überschüssige Wasserdampf beginnt zu kondensieren.

Relative Standortkonstanz (relative Stenotopie) *regional stenotopy*: die Bindung von Tieren und Pflanzen an → *Biotope* mit bestimmten Standortbedingungen. Infolge großräumig verbreiteter Sonderbedingungen können bestimmte → *Arten* auch innerhalb ganz verschiedener Großklimagebiete auftreten, indem sie jeweils Standorte mit für sie günstigen Bedingungen (→ *Mikroklima*, Bodenbedingungen) besiedeln.

relative Zentralität *relative centrality*: im Gegensatz zur → *absoluten Zentralität* der → *Bedeutungsüberschuss*, den ein → *Zentraler Ort* aufgrund seiner zentralörtlichen Einrichtungen besitzt. Eine Stadt mit hoher absoluter Zentralität kann also u. U. nur eine geringe r. Z. besitzen und umgekehrt.

Relativismus *relativism*: eine philosophische Denkrichtung, die davon ausgeht, dass

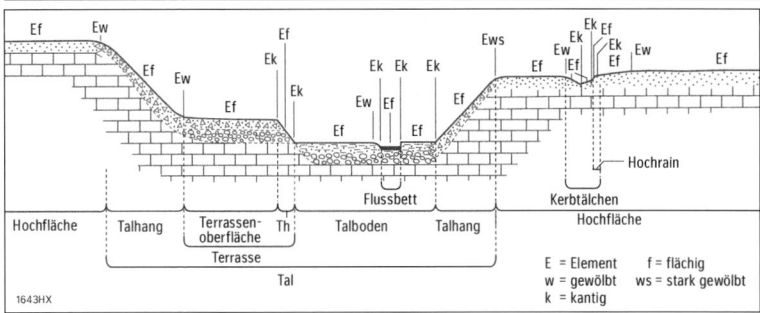

Reliefelemente

→ *Wahrheit* bedingt ist, also von den Bedingungen abhängt, deren Wahrheit wiederum von anderen Bedingungen abhängt usw.. Der R. verneint also die Existenz einer absoluten Wahrheit ebenso wie die Möglichkeit von wahren, absolut gültigen Erkenntnissen (→ *Epistemologie*). Die Wahrheit ist in dieser Perspektive relativ (→ *Realismus*, → *Konstruktivismus*).

Reliabilität *reliability*: ein Maß für die Zuverlässigkeit bzw. Genauigkeit wissenschaftlicher → *Messungen*, z. B. eines → *Fragebogens* in der empirischen → *Sozialforschung*. Hochreliable wissenschaftliche Ergebnisse sind nahezu frei von Zufallsfehlern, d. h. bei der Wiederholung unter gleichen Rahmenbedingungen würde das gleiche Messergebnis erzielt werden. Die R. stellt neben der → *Validität* und der → *Objektivität* eines der drei wichtigsten Gütekriterien für empirische Untersuchungen dar.

Relief → *Georelief*.

Reliefelement (Formelement) *relief element, topographic element*: baut sich aus → *Fazetten* auf und setzt – in Mehr- bzw. Vielzahl – die → *Landformen* zusammen. R. sind die kleinsten, geomorphologisch als homogen definierten Bausteine der Formen. Ihre Homogenität beruht v. a. auf der einheitlichen Tendenz der Wölbung.

Reliefenergie *amount of local relief, intensity of relief, measure of relief, relief intensity, relief ratio*: bestimmt durch den Höhenunterschied zwischen dem höchsten und dem tiefsten Punkt eines definierten Raumes oder durch den Winkel der → *Hangneigungsstärke* („Neigungswert"), wenn die festgelegte Flächeneinheit, für welche die R. bestimmt werden soll, für die Höhendifferenzbildung zu klein ist. → *Hochgebirge* zeichnen sich durch eine starke R. aus.

Reliefgeneration *relief forms suite, relief generation, suite of relief forms*: verschiedenen alte, jedoch räumlich miteinander vergesellschaftete, meist → *polygenetische* Abfolge von → *Oberflächenformen*. In nach Gestein, Tektonik und Geomorphogenese stark differenzierten Gebieten führt dies zu den eng gekammerten Landschaften eines → *Schachtelreliefs* (→ *geomorphogenetisch-geomorphochronologischer Ansatz*).

Reliefhülle *relief sphere (1./2.); relief sphere, relief envelope (3.:)* Begriff der → *Geomorphologie* mit völlig unterschiedlichen Bedeutungen: 1. Synonym für → *Geodermis*. 2. die → *Reliefhüllfläche* oder Hüllfläche wird abgekürzt ebenfalls als R. bezeichnet. 3. die gedachte, mathematisch zu beschreibende „Haut" der Erde, deren „Bewegung" (das Auf und Ab der Hoch- und Tiefpunkte) das → *Georelief* ausmacht. Dieser Typ von R. wird z. B. durch die dreidimensionalen Koordinaten der → *Geographischen Informationssysteme* dargestellt.

Reliefhüllfläche (Hüllfläche) *curved peak plane area*: diejenige Fläche, die unter Außerachtlassen der Skulptureinzelheiten, aber unter Berücksichtigung der Großformen die jeweils höchsten Aufragungen eines in Abtragung befindlichen → *Georeliefs* unter Annahme einer gleich bleibenden → *Hangneigungsstärke* miteinander verbindet. Sie entspricht damit praktisch der → *Gipfelflur*, bezieht aber zur Reliefkennzeichnung den Neigungswert mit ein. Die R. charakterisiert – und zwar unabhängig vom Taltiefsten – die gegenseitigen Lageverhältnisse der örtlich jeweils höchsten → *Gipfel*. Die geomorphogenetische Bedeutung der R. liegt darin, dass sie die Richtungen ursprünglicher Abdachungsverhältnisse und den Verlauf alter Tiefenlinien und Höhenzüge erkennen lässt. Der Begriff steht der → *Sockelfläche* gegenüber.

Reliefinversion → *Reliefumkehr.*

Reliefmerkmal *relief feature, relief characteristic*: Sammelbegriff für die Eigenschaften des → *Georeliefs* als Merkmalsgruppen (Lage,

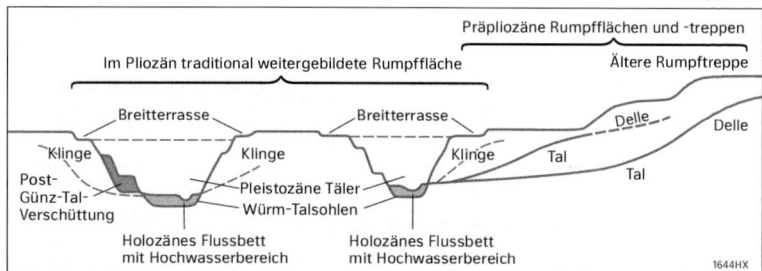
Reliefgenerationen

Gefüge, Gestalt und Größe), Baumaterialeigenschaften (→ *oberflächennaher Untergrund*) und geomorphogenetische Eigenschaften (Art und Alter der → *geomorphologischen Prozesse*).

Reliefsockel → *Sockelfläche*.

Reliefsockelfläche → *Sockelfläche*.

Reliefsphäre *relief sphere*: Bestandteil der → *Landschaftshülle* der Erde und die → *Geodermis* umfassend, nebst jenen Kräften und Prozessen der Landschaftshülle, die an der Herausbildung des → *Georeliefs* beteiligt sind. In der R. wirken die → *geomorphologischen Prozesse*.

Reliefumkehr (Reliefinversion) *inversion of relief, relief inversion*: durch die Wirkung geomorphologischer Abtragungsprozesse kann es zu einer Umkehr des ursprünglichen → *Reliefs* kommen, indem z.B. ehemalige → *Mulden* oder tektonische → *Gräben* zu Erhebungen werden und z.B. ehemalige → *Antiklinalen* zu Vertiefungen. Dies geschieht insbesondere, wenn geologische → *Schichten* von unterschiedliche widerständigen Gesteinen gebildet werden. Bestehen z.B. Antiklinalen aus wenig widerständigen Gesteinen, werden diese zunächst orographisch hoch liegenden Gebiete zuerst und am intensivsten abgetragen, sodass anstelle der Antiklinal-→ *Vollform* eine orographische Mulde entsteht, während die tektonischen Tieflagen, die sich in widerständigen Gesteinen befinden, sukzessive zu orographischen Vollformen „herauswachsen", weil sie weniger rasch oder gar nicht abgetragen werden.

Religionsgeographie *religion and geography*: Teilbereich der → *Kulturgeographie*, der sich mit den → *raumwirksamen* Einflüssen von Religionen, religiöser Lehren und Praktiken befasst. Die R. untersucht, insbesondere unter sozialgeographischem Aspekt, welche Einflüsse religiöse Vorschriften und Praktiken im Stadt- bzw. Landschaftsbild sichtbar werden (Kultbauten und -stätten), in welcher Weise sie das Wirtschaftsleben beeinflussen, sowie die demographischen Auswirkungen religiöser Differenzierung (z.B. → *Heirats-* und → *generatives Verhalten*).

Religionstourismus *religious tourism*: gelegentlich gebrauchte Bezeichnung für längere Reisen, die aus religiösen Gründen unternommen werden; hierzu zählt insbesondere der Wallfahrts- und Pilgerverkehr.

Religionszugehörigkeit *church affiliation, religious affiliation*: Zugehörigkeit von Individuen bzw. der → *Wohnbevölkerung* eines Raumes zu einer Religionsgemeinschaft. Die R. der Einwohner einer Stadt oder eines Landes ist ein wichtiges demographisches Merkmal, da sie vielfach die → *Geburtenhäufigkeit* stark beeinflusst. Das sich u.U. mit der Zeit ändernde Mischungsverhältnis der Bevölkerung bezüglich der R. kann Hinweise auf sozial-, insbesondere bevölkerungsgeographische Prozesse geben (→ *Wanderungen*, → *Urbanisierung* u.a.). Für wirtschaftsgeographische Untersuchungen kann die R. einer Bevölkerung wichtig sein, da sie den Wirtschaftsgeist und das Verhalten der Menschen prägen kann.

Relikt *relic[t]*: → *biotische* oder → *abiotische* Gegenstände der → *Geo-* oder → *Biowissenschaften*, die in der → *Vorzeit* entstanden oder existierten und in der Gegenwart noch erhalten sind. Dazu gehören → *Reliktböden*, → *Reliktgletscher*, → *Reliktpflanzen*, → *Relikttiere* und → *Reliktseen*. – Der Begriff wird v.a. in Bezug auf Tiere und Pflanzen verwandt und ist auf ursprüngliche Verbreitungsgebiete bezogen. Aus ausgedehnten, aber infolge von Ökosystemänderungen, durch Konkurrenz anderer Arten oder durch Ausrottung zogen sich die → *Biota-R*. in → *Refugien* zurück (→ *Reliktareale*). R. werden auch nach Ökosystemzuständen bezeichnet, wie die aus der letzten Eiszeit in Refugien vorkommenden Glazial-R. oder die Xerotherm-R. aus der Zeit des nacheiszeitlichen Wärmeoptimums, wie die → *Steppenheide*. R. können auch zeitlich bezeichnet werden, z.B. Tertiär-R., z.B.

Art der Charakterisierung	Merkmalgruppen		
räumlich	RELIEFEIGENSCHAFTEN	LAGE	Situation (=Lage im Landschaftsraum und Gradnetz) Position (=Lage innerhalb übergeordneter Reliefformen)
		GEFÜGE	(=„Reliefstruktur" oder „Vergesellschaftung der Reliefeinheiten")
habituell		GESTALT	Neigung (=„Neigungsstärke") Exposition (=„Neigungsrichtung") Wölbung Grundriss („Figur") Aufriss („Profil")
		GRÖSSE	(Ausmaße der Formen und ihrer Bestandteile)
substanziell		BAUMATERIAL	(Oberflächennaher Untergrund)
genetisch / dynamisch (historisch-genetisch, aktualdynamisch-prognostisch)	GENESE	GENESE	(kausal; Genese i.e.S., d.h. Art der formbildenden Prozesse)
		ALTER	(chronologisch; Zeit der Genese bzw. Zeit der formbildenden Prozesse)

Reliefmerkmale

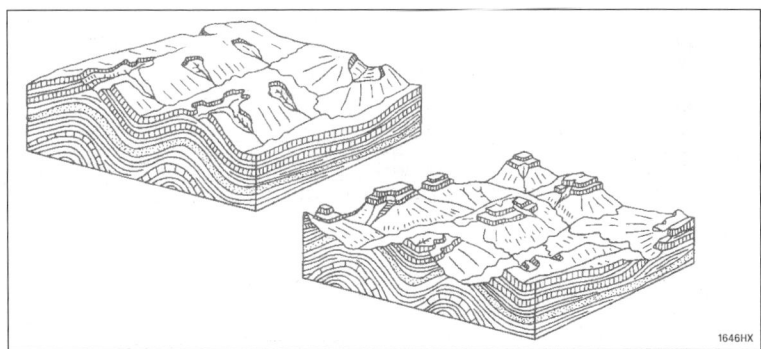

Reliefumkehr

subtropische Arten, die während des → *Tertiärs* in Europa verbreitet waren, oder Pleistozän-R., wie die arkto-alpinen Floren- und Faunenelemente, die sich in Extremlagen der heute vergletscherten → *Hochgebirge* zurückzogen.
Reliktareal *relict area*: Restlebensraum von Populationen, in dem sie nach weitgehenden Veränderungen der ökologischen Verhältnisse (z. B. durch → *Klimawandel*) in ihrem vormals größeren Verbreitungsgebiet überleben konnten (→ *Relikt*).
Reliktboden *relict soil*: jene Böden an der rezenten Erdoberfläche, die Entwicklungsmerkmale aufweisen, welche nicht mehr den jetzigen zonalen ökologischen Standortbedingungen entsprechen. Die R. sind demnach Böden, die unter andersartigen Klima- und

Vegetationsvoraussetzungen als heute entstanden sind. Ein R. ist somit ein → *Klimazeuge* für die → *Klimaänderungen* und → *Klimaschwankungen* der Vorzeit. Da er nicht begraben, also → *fossil*, ist, darf er auch nicht als fossiler Boden, wohl aber als „Altboden", also → *Paläoboden*, bezeichnet werden. In Mitteleuropa findet man R. als heute noch bearbeitete schwarzerdeartige → *Steppenböden* im Oberrheinischen Tiefland auf → *Löss*, die in den Steppenzeiten des → *Postglazials* entstanden sind und aus mesoklimatischen Gründen der Großregion sich bis heute erhalten konnten, auch wenn sie verschiedene Degradations- und Regradationsstadien durchlaufen haben.

Reliktendemismus → *konservativer Endemismus*.

Reliktform *relict form*: unter → *vorzeitlichen* Klimabedingungen und damit vorzeitlichen Erosions- und Akkumulationsprozessen entstandene → *Oberflächenform*, die von den → *aktuell* herrschenden → *geomorphologischen Prozessen* in ihrer Grundgestalt nicht verändert wurde. Für R. wird auch der falsche Begriff → *fossile* Form verwandt; eine R. wäre nur dann fossil, wenn sie auch wirklich begraben wäre. Korrekt ist → *Vorzeitform* (→ *Relikt*).

Reliktgletscher *relict glacier*: im Sinne des erdgeschichtlichen → *Relikts* eine Resteismasse ohne aktuelles → *Nährgebiet*, die zum völligen Abschmelzen neigt, weil kein neues → *Eis* mehr gebildet wird. Das Eis der R. ist demnach → *vorzeitlich* (→ *Gletscher*).

reliktisch *relictic*: jene geo- oder biowissenschaftlichen toten oder lebenden Gegenstände, die aus früheren erdgeschichtlichen bzw. klimaökologischen Epochen stammen, aber bis heute unter ökologischen Gunstbedingungen überdauern konnten wie die → *Reliktpflanzen* oder die sich an der heutigen Erdoberfläche befindenden → *Reliktböden* (→ *Relikt*).

Reliktpflanze *relictic plant*: Pflanzen, die nach Veränderung der ökologischen Verhältnisse (z. B. des → *Makroklimas*) in ihrem vordem ausgedehnteren Lebensraum in → *Refugien* überdauern konnten, in denen die Minimalansprüche für die Existenz dieser Pflanzen noch erfüllt wurden (→ *Relikt*, → *Reliktareal*).

Reliktsee → *Regressionssee*.

Reliktstandort *relict habitat*: ein räumlich stärker begrenztes → *Reliktareal* als Lebens- und Standortraum von → *Reliktpflanzen* und → *Reliktieren*. So ein definierter R. ist demzufolge auch → *Refugium*.

Relikttiere *relict animals*: Tiere, die nach Veränderung ihrer Lebensräume in → *Refugien*, die ausreichende Existenzbedingungen bieten, überdauern konnten (→ *Relikt*, → *Reliktareal*).

Remigration *remigration*: → *Rückwanderung*, insbesondere von → *Gastarbeitern*, die nach einigen Jahren der Arbeit im Ausland wieder in ihr → *Heimatland* zurückkehren.

Renaturierung *renaturation*: allgemein „Rückversetzung" von Landschaften oder → *Biotopen* in einen → *naturnahen* Zustand mit der Möglichkeit einer → *natürlichen*, ungestörten Weiterentwicklung. Die R. hat das Ziel, Nutzungseinflüsse in Ökosystemen so zu verändern, dass Flora, Fauna und auch der Stoff-, Wasser- und Energiehaushalt in einen → *quasinatürlichen* oder natürlichen Zustand versetzt werden. Dies gilt auch, wenn eine Einzelmaßnahme erfolgt, wie R. eines Baches. Die R. spielt bei der → *ökologischen* → *Planung* eine Rolle. Als Maßnahme wird die R. in Mitteleuropa erst ab ca. den 1980er-Jahren praktiziert.

Rendite *yield, return*: der Ertrag einer Kapitalanlage ausgedrückt in Prozent des Kapitaleinsatzes.

Rendzina (Humuscarbonatboden) *Rendzic Leptosol*: in der → *deutschen Bodensystematik* (→ *KA5*) ein flachgründiger Boden nur aus einem Oberbodenhorizont (→ *A-Horizont*) bestehend und ohne Unterboden aus (dem Lösungsrückstand von) festem oder lockerem Carbonat- oder Gipsgestein.

Rentabilität *profitability, efficiency, cost-effectiveness*: in Prozent ausgedrücktes Verhältnis zwischen erzieltem Gewinn und eingesetztem Kapital während einer bestimmten Zeit. Die R. berechnet sich nach der Formel: Rohgewinn (Rohertrag) · 100 / Kapital (oder Umsatz).

Rentabilitätsgrenze *limit of profitability, break-even point*: in der Agrarwirtschaft eine wirtschaftliche Grenze des Anbaus. Die R. ist eine zeitgebundene → *Anbaugrenze*. Sie verläuft dort, wo der Gewinn den Nullwert erreicht.

Rentiernomadismus *reindeer nomadism*: Form des → *Nomadismus*, wie er in den → *Tundren* und Waldgebieten (→ *boreales Nadelwaldbiom*) des nördlichen Eurasiens bzw. Nordamerikas vorkommt. Die Nomaden des R. halten Rentierherden, die sie auf ihren jahreszeitlichen Wanderungen begleiten. Das Ren ist Zug- und Tragtier; ferner liefert es Fleisch und Milch sowie das Fell als vielseitiges Ausgangsmaterial für Gebrauchsgegenstände. In Nordeuropa ist die Bedeutung des R. stark zurückgegangen. Dort wurde mit staatlicher Hilfe eine weitgehende stationäre → *Rentierwirtschaft* organisiert.

Rentierwirtschaft *reindeer/caribou economy*: Form der → *Weidewirtschaft* in den → *Tundren* und Waldgebieten (→ *boreales Na-*

delwaldbiom) der nördlichen Halbkugel. Die R. kann sich in Form des → *Rentiernomadismus* darstellen, als marktorientierte Form (Kanada, Alaska, nordeuropäische Länder) oder wie in der ehem. UdSSR in Form von Rentierkolchosen (→ *Kolchose*) betrieben werden.

Rentnerstadt *retirement community*: stadtähnliche Wohnsiedlung, die in landschaftlich attraktiver und klimatisch begünstigter Lage für Rentner und Pensionäre errichtet wurde. R. sind v. a. in Florida und Kalifornien entstanden, wohin im Zuge der → *Ruhesitzwanderung* viele ältere Amerikaner aus anderen Verdichtungsräumen zuwandern.

Repair Café (Reparatur Café) Veranstaltungsformat mit meist temporär eingerichteter Selbsthilfewerkstatt zur Reparatur defekter Alltags- und Gebrauchsgegenstände. R. C.-Veranstaltungen verstehen sich als Gegenbewegung zur industriellen Strategie der → *geplanten Obsoleszenz* und gegen die Wegwerfgesellschaft.

Reparatur Café → *Repair Café*.

Repräsentativität *representativeness*: in der empirischen → *Sozialforschung* die Relevanz und Aussagekraft der Ergebnisse einer → *Stichprobenerhebung* für die → *Grundgesamtheit*.

Reproduktionskraft *reproductive power*: Fähigkeit einer → *Population*, z. B. der → *Bevölkerung* eines Staates, sich mithilfe des → *Reproduktionsprozesses* langfristig am Leben zu erhalten. Nur bei langjährig auftretenden → *Geburtenüberschüssen* reicht die R. aus, den Bestand der Population zu erhalten; andernfalls nimmt ihre Zahl ab, wenn keine → *Zuwanderung* stattfindet.

Reproduktionsprozess *reproduction process*: Erneuerungsprozess einer → *Population*. Der R. wird durch den ständigen Ersatz gestorbener → *Individuen* durch → *Lebendgeborene* aufrechterhalten.

Reproduktionsrate *reproduction rate*: Maßzahl in der → *Demographie* zur Angabe der → *Populationsdynamik*. Die R. gibt an, wie viele Töchter eine Frau im Durchschnitt während des fortpflanzungsfähigen Alters (Altersjahrgänge 15-49) gebären würde. Die R. ist eine Maßzahl dafür, ob in dem betrachteten → *Raum* – meist auf → *Länder* bezogen – die Bevölkerung langfristig wachsen (R > 1), stagnieren oder schrumpfen wird. Im Gegensatz zur ungenaueren Brutto-R., für deren Berechnung davon ausgegangen wird, dass die Mädchen bis an das Ende des reproduktionsfähigen Alters überlebt, bezieht die Netto-R. zusätzlich die → *Sterblichkeit* der Frauen ein. Der Unterschied zwischen Brutto- und Netto-R. ist umso größer, je höher die Sterblichkeit der Frauen bis zum Erreichen des reproduktionsfähigen Alters und während des gebärfähigen Alters ist. Bei der Berechnung der R. wird davon ausgegangen, dass die → *Geburten-* und → *Sterbeziffern* für die gesamte Zeit bis zum Ende des gebärfähigen Alters den aktuellen altersspezifischen Fruchtbarkeits- und Sterblichkeitsverhältnissen entsprechen.

reproduzierbare Ressourcen *reproducible resources (erneuerbar, nachwachsend)*: sind → *Ressourcen*, die durch menschliche Aktivitäten erneuert werden, wie z. B. Agrarprodukte, Plantagenbewirtschaftung oder Aquakultur (→ *erschöpfbare Ressourcen*, → *regenerierbare Ressourcen*).

Reptation *surface creep, surface creeping*: neben → *Saltation* und → *Suspension* ein Prozess der → *äolischen Geomorphodynamik*. R. ist die kriechende, rollende oder gleitende Bewegung von Sedimentpartikeln, die zu groß sind, um vom Wind hochgewirbelt zu werden, aber klein genug, um durch die Stoßwirkung saltierender Partikel in Bewegung gesetzt zu werden (→ *Korngrößen* zwischen → *Sand* und → *Feinkies*).

Republik *republic*: ursprünglich allgemein die Bezeichnung für einen → *Staat*, der nicht nur den Interessen der Herrschenden, sondern der Allgemeinheit dient. Heute wird in der → *Politologie* bzw. Politischen Geographie unter R. jeder Staat verstanden, der nicht als → *Monarchie* regiert wird. Vielfach wird der Begriff R. auf demokratisch regierte Staaten begrenzt, doch nennen sich im Allgemeinen auch → *Oligarchien* und Einparteiendiktaturen R.

resequenter Fluss *resequent river*: Fluss, welcher wie der → *konsequente Fluss* der natürlichen Neigung einer Geländeoberfläche folgt, die von der Schichtlagerung einer → *Scholle* tektonischen Schrägstellung einer → *Scholle* bedingt sein kann. Im Gegensatz zum konsequenten Fluss handelt es sich beim r. F. um einen Fluss zweiter Ordnung, d. h. einen → *Nebenfluss*, der auf den von den Flüssen neu gebildeten → *Dachflächen* der → *Schichtstufenlandschaft* fließt.

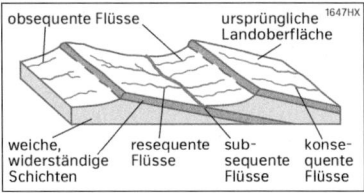

resequenter Fluss

Reserven *reserves, (reserve deposits)*: in der → *Rohstoffwirtschaft* diejenigen → *Ressourcen*, für die nachgewiesen ist, dass sich daraus von der Industrie benötigte → *Rohstoffe* wirtschaftlich gewinnen lassen. R. sind Vorräte in → *Lagerstätten*, die man in technisch gewinnbare R. und in ökonomisch gewinnbare R. unterteilt.

Residenzdorf *residence village*: → *ländliche Siedlung* aus der frühen Neuzeit mit stadtähnlichem Aussehen. Grundrissbestimmend für das R. wurde z.b. eine auf den innerörtlichen Herrschaftssitz orientierte Hauptachse.

Residenzstadt *residence city*: → *Stadt*, in der ein Monarch seinen Sitz hatte oder noch hat; meist die → *Hauptstadt* einer → *Monarchie*. In Deutschland ein häufiger → *Stadttyp* wegen der bis ins 19. Jh. kleinteiligen politischen Gliederung. Im Grund- und Aufriss sind R. vielfach noch heute durch ihre regelmäßige Stadtanlage oder die Bauten des Fürsten geprägt (z.B. Mannheim, Karlsruhe, Würzburg).

Residualanreicherung *residual accumulation*: relative Anreicherung eines Stoffes in einem Bodenhorizont durch das Wegführen anderer Stoffe. R. geschieht also nicht durch Zuschuss. Residual angereichert werden verwitterungsresistente Minerale (z.B. → *Quarz*) oder durch die Verwitterung freigelegte Stoffe, die zu neuen unlöslichen Verbindungen zusammentreten, z.B. Eisen- und Aluminiumoxide (→ *Residuum*).

Residualmethode (Differenzmethode) *residual: method*: Methode zur nachträglichen Erfassung des → *Wanderungssaldos* für einen → *Raum*. Aus der Differenz zwischen zwei → *Bevölkerungsständen* (z.B. zu ermitteln aus dem Ergebnis von Volkszählungen) der erfassten Daten der → *natürlichen Bevölkerungsbewegung* lässt sich die Bilanz der → *Zu-* und → *Abwanderung* (→ *Nettowanderung*) berechnen.

Residuat → *Residuum*.

Residuum (Residuat) *residual deposit*: unlöslicher Materialrest, der bei der → *chemischen Verwitterung* von Gesteinen zurückbleibt. Meist überwiegen Aluminium und Silicium (→ *siallitische Verwitterung*). Fehlt jedoch das Silicium (→ *allitische Verwitterung*), kommt es zu keiner Tonmineralneubildung (→ *Ferrallitisierung*, → *Laterit*).

Resilienz *resilience*: in → *Ökosystemen* bezeichnet R. die Fähigkeit, nach vorübergehenden Systemveränderungen mit Beendigung der Störung wieder zum Ausgangszustand zurückzukehren. (→ *Widerstandsfähigkeit*, → *Stabilität*, → *Elastizität*).

Resilienz *resilience*: bezeichnet die Widerständigkeit und damit die Fähigkeit von Individuen, Gruppen oder Gesellschaften, belastende Lebenssituationen, Krisen oder Katastrophen durch Rückgriff auf persönliche und sozial vermittelte Ressourcen zu meistern, in einen früheren Zustand der Stärke zuzukehren und darüber hinaus auch als Anlass für Weiterentwicklung zu nutzen.

Resistat *resistate*: bezeichnet jene → *Sedimente*, die aus Material bestehen, das bei der Umlagerung durch → *geomorphologische Prozesse* und Vorgänge der → *Verwitterung* keine Veränderung der Beschaffenheit erfuhren.

Ressourcen *resources*: – in der → *Landschaftsökologie* das → *Leistungsvermögen* des *Landschaftshaushaltes* repräsentierende nutzbare stoffliche Substanzen und Energien, einschließlich aller chemophysikalischen und biologischen Prozesse. Die R. entsprechen damit den → *Naturgütern*. – In Umweltforschung, Wirtschaft und Öffentlichkeit wird der Begriff R. auf die natürlichen Produktionsmittel und Hilfsquellen bezogen, v.a. auf → *Rohstoff* sowie produktions- und lebensbedeutsame Umweltgüter (d.h. auch Wasser und Luft), welche für die wirtschaftliche Tätigkeit und die Existenz des Menschen von Belang sind. – im engeren geowissenschaftlichen Sinne sind R. Anreicherungen von Wertelementen in der → *Erdkruste*, für die eine wirtschaftliche Gewinnung des Wertelements möglich ist oder in Zukunft möglich erscheint. Dabei wird unterschieden nach identifizierten R. und hypothetischen R., beides zusammen ergibt die Gesamt-R. (→ *Reserven*).

Ressourceneffizienz *resource efficiency*: Anwendung des ökonomischen Grundprinzips der → *Wirtschaftlichkeit* auf den Einsatz und die Nutzung von → *Ressourcen*. Im quantitativen → *Ressourcenmanagement* stehen Verbrauchssenkungen im Fokus, d.h. der Material- und Energieeinsatz – bezogen auf das Wirtschaftswachstum – zu senken. Technisch lässt sich eine R. durch integrierten → *Umweltschutz*, wie z.B. im Energiebereich durch Wärmedämmung oder Prozessoptimierung (Energieeffizienz), erreichen.

Ressourcengeographie *geography of resources*: Zweig der → *Wirtschaftsgeographie*, der die Verbreitung von → *Ressourcen* und → *Rohstoffen* sowie die Welthandelsstrukturen und die Entwicklungsmöglichkeiten eines Raums durch Rohstoffe thematisiert (→ *Bergbaugeographie*).

Ressourcenmanagement *resource management*: eine durch empirische Daten fundierte, zielgerichtete Steuerung der Nutzung und des Verbrauchs von → *Ressourcen* und → *Rohstoffen* auf Basis derer Vorkommen unter Beachtung der Konsistenz mit der → *Tragfähigkeit* der → *Umwelt*, Effizienz der Nutzung und Suffizienz (Ersatz) von Lebensgewohnheiten (→ *Nachhaltigkeit*). Möglich ist dies durch ein quantitatives R.. Hier stehen – eine Verbrauchssenkung (Verbesserung der → *Ressourceneffizienz*), – die Nutzung → *re-*

generativer Energien und – die Ausschöpfung von Recyclingpotenzialen im Vordergrund (z. B. Optimierung von Stoffströmen, Entwicklung und Schließung von Kreisläufen). Zudem soll im Rahmen eines qualitativen R. die Verringerung der Nutzung riskanter, gesundheitsschädlicher und/oder umweltgefährdender Ressourcen und Produkte auch in der Nachnutzungsphase (→ *Abfallvermeidung*) erfolgen. Ferner ist für das R. der Grad der Erschöpfbarkeit bedeutsam. Bei → *erschöpfbaren Ressourcen* (d. h. nicht erneuerbaren oder nicht nachwachsenden) handelt es sich i. d. r. um Elemente der unbelebten Natur, wie z. B. → *Lagerstätten*. Durch ihre Nutzung werden die entsprechenden Elemente entnommen, die dann in dieser Form erschöpft sind (z. B. → *fossile Brennstoffe*). Allerdings kann auch die belebte Natur erschöpfbar sein, v. a. wenn einzelne Tier- oder Pflanzenarten ausgerottet werden (→ *Rote Liste*). Bei den nicht erschöpfbaren Ressourcen handelt es sich i. d. R. um die belebte Natur. Diese sind weiterhin nach der Art der Regenerierbarkeit zu unterscheiden in → *regenerierbare Ressourcen*, welche die Natur selber erneuern kann (z. B. → *Naturwald*, → *Wild*, Fisch (→ *Überfischung*), → *Grundwasser*, Geothermie (→ *Geothermik*), → *Wasserkraft*) sowie → *reproduzierbare Ressourcen*, die durch menschliche Aktivitäten erneuerbe werden (z. B. Agrarprodukte, Plantagenbewirtschaftung oder Aquakultur).

Ressourcenökonomie *resource economics*: ein Wirtschaftsmodell, wonach → *Wirtschaftswachstum* über die Generierung von Deviseneinnahmen durch Export von agrarischen, mineralischen und energetischen → *Ressourcen* ausgelöst wird. R. begeben sich dadurch häufig in eine starke Abhängigkeit von Nachfrage- und Preisschwankungen auf dem Weltmarkt.

Ressourcensicherung *resources management*: 1. im Rahmen der → *Raumordnung* wichtige Verpflichtung, z. B. vorhandene Rohstoff- und Trinkwasservorkommen, → *naturnahe* Landschaftsräume etc. durch die Ausweisung entsprechender Schutzzonen zu sichern. 2. im zunehmenden Maße steht R. für die Möglichkeit die benötigten → *Ressourcen* und → *Rohstoffe* für eine → *Volkswirtschaft* bereit zu stellen. Dies kann z. B. durch ein → *Ressourcenmanagement* oder aber Maßnahmen der → *Handelspolitik* erfolgen.

Ressourcentransfer *transfer of resources*: in der Entwicklungspolitik die Überführung von → *Ressourcen* aus sog. → *Entwicklungsländern* in → *Industrieländer* bzw. umgekehrt. Im Gegensatz zum in den → *Geowissenschaften* enger gefassten Begriff Ressourcen werden beim R. auch → *Kapital* und Know-how begrifflich eingeschlossen.

Restberg *residual mountain/hill, [residual] butte, [erosional] outlier, monadnock*: allgemein eine → *Abtragungsform*, d. h. ein → *Berg*, der nach → *Abtragung* eines größeren ausgedehnten Gesteinsverbandes, Berglandes oder z. B. einer → *Rumpffläche* übrig blieb. Gesteinsbedingte R. sind beispielsweise → *Härtlinge*, klimabedingte R. sind z. B. → *Inselberge*.

Restcarbonat *residual carbonate*: noch nicht gelöste feine Calciumcarbonatteilchen in einem lehmigen Verwitterungshorizont. Das R. verzögert durch ständige Basennachlieferung eine → *Bodenversauerung*.

Restfamilie *remaining family*: unvollständige → *Familie*, die durch Ehescheidung oder den Tod eines Ehepartners entsteht.

Restgehölz *residual woods*: forstwirtschaftlicher Begriff für Waldrest innerhalb einer Flächengröße von ca. 3 ha in landwirtschaftlicher Umgebung, der schon nicht mehr über das → *Bestandsklima* eines Waldes verfügt, sondern vom → *Meso-* bzw. → *Mikroklima* der landwirtschaftlichen Umgebung beeinflusst ist. Die ehemaligen Hauptbestandsbildner sind in der natürlichen → *Verjüngung* gehemmt, bzw. es breiten sich durch oder nach intensiven Nutzungseingriffen licht- und wärmeliebende Gehölze und Sträucher der → *Mantelgesellschaften* aus. Die R. werden wegen ihres Standortes in den Feldfluren auch als Feldgehölz bezeichnet. Die R. können auch als kleinräumige → *ökologische Ausgleichsräume* wirken.

Restgewässer *residual waters*: in Hohlformen sich sammelnde → *Oberflächengewässer*, auf Ansammlung von Niederschlagswasser oder Wiederanstieg des → *Grundwassers* zurückgehend. R. können sich unter → *natürlichen* Bedingungen, z. B. nach Eisrückzug in vergletscherten Gebieten, oder in → *anthropogenen* → *Hohlformen* bilden, z. B. in Restlöchern von → *Braunkohlenbergbau*, Kiesgruben oder Steinbrüchen.

Restitution (Sekundärsukzession) *restitution*: die → *natürlich* verlaufende Wiederherstellung des ursprünglichen Ökosystemzustandes nach einem stärkeren natürlichen oder → *anthropogenen* Eingriff. (→ *Naturgefahr*).

Restmüll *residual waste*: → *Abfallfraktionen*.

Restrisiko *residual risk*: nicht näher zu definierendes, noch verbleibendes → *Risiko*, nach Berücksichtigung und/oder Beseitigung aller denkbaren quantifizierten Risiken einer Risikoabschätzung von → *Gefahren* und → *Gefährdungen*. Die Einschätzung, ob ein R. tolerierbar ist, hängt von der gesellschaftlichen Debatte ab und ist → *kontingent*. Durch den → *Störfall* → *Fukushima* bspw. wurde die R.-Debatte in Politik, Wissenschaft und Öffentlichkeit in Deutschland bei Einsatz von

Technologie neu belebt (→ *akzeptiertes Risiko*, → *tolerierbares Risiko*).

Restwassermenge *residual water*: jene → *Abflussmenge*, die in einem → *Fließgewässer* an einer definierten Stelle unterhalb einer Wasserentnahmestelle im Gewässerbett oberirdisch abfließt. Die R. hat nicht nur hydrologische Bedeutung, sondern auch ökologische und fischereibiologische. Die R. wird mit verschiedenen Parametern bestimmt, z. B. Wasserstand, Fließgeschwindigkeit, Beschaffenheit des Gewässergrundes, Wassertemperatur und benetzte Gerinnebettfläche. Die ökologische Wirkung der R. hängt wesentlich von flussmorphologischen Merkmalen ab, wie Längs- oder Querprofil des Bach- bzw. → *Flussbettes*.

Resublimation *resublimation*: direkter Übergang des → *Wasserdampfes* vom gasförmigen in den festen Zustand durch Anlagerung an → *Eis*. Die R. (oft, wie die direkte Verdampfung, einfach → *Sublimation* genannt) spielt bei der Niederschlagsbildung und im → *Wasserhaushalt* der → *Schneedecken* eine wichtige Rolle.

Retention *retention of water*: das Zurückhalten von Niederschlagswasser in der Pflanzendecke, im Boden, im Untergrund (als → *Grundwasser*), in einem → *See* oder in einem definierten → *Einzugsgebiet*. Die R. wirkt sich auf den → *Abfluss* aus, indem sie diesen bei hohen Niederschlagsmengen dämpft, und bewirkt so z. B. → *Hochwasserschutz*. Sie beeinflusst auch den → *Landschaftswasserhaushalt*: in der Pflanzendecke durch → *Interzeption* zurückgehaltenes Wasser verdunstet direkt wieder, ohne den Boden zu erreichen. Demgegenüber steht im Boden und im Grundwasser zurückgehaltenes Wasser für die → *produktive Verdunstung* zur Verfügung. In → *Einzugsgebieten* mit niedrigem R.-vermögen ist demgegenüber der → *Abfluss*anteil höher.

Retentionsvermögen *retention capability*: die Fähigkeit des Bodens und des → *Oberflächennahen Untergrundes* zur Wasserspeicherung im Sinne der → *Retention*. Das R. gilt als ein Bestandteil des → *Leistungsvermögens des Landschaftshaushaltes*.

Retisols *Retisols*: in der → *WRB* (2014) Böden mit einem Toneinwaschungshorizont und *retic*: Eigenschaften, d. h. dem zungenförmigen Eingreifen von gebleichtem gröberem Material in einen Horizont aus feinerem Material. Eine alte Bezeichnung für R. ist Albeluvisols.

Reurbanisierung *reurbanization*: Phase der → *Stadtentwicklung* in → *Agglomerationsräumen* bzw. → *Stadtregionen*, die durch eine (erneute) Zunahme der → *Bevölkerung* und Beschäftigung in der → *Kernstadt* gekennzeichnet ist. Gründe für R. können z. B. die Steigerung der Attraktivität von Städten als Wohnstandort (durch Investitionen in die Erhaltung und Erneuerung von Wohnraum und Wohnumfeld), eine Höherbewertung urbaner → *Lebensstile* oder die Zunahme von Verkehrskosten sein.

Reutbergwirtschaft (Reutfeldwirtschaft) regionale Bezeichnung der v. a. im Schwarzwald ehemals verbreiteten → *Feld-Wald-Wechselwirtschaft* (→ *Haubergwirtschaft*).

Reutfeldwirtschaft → *Reutbergwirtschaft*.

reversibel *reversible*: allgemein für umkehrbar. In der → *Ökologie* jene Prozesse, die auch umgekehrt ablaufen können bzw. dazu führen, dass die veränderten Ökosystemzustände wieder in den Ursprungszustand zurückkehren. Die Reversibilität ökologischer Prozesse und Zustände drückt sich in der Regulationsfähigkeit bzw. in der → *Regenerationsfähigkeit* der → *Ökosysteme* aus.

→ **Revier** (Territorium) *territory (1./2.); mining region, mining field (3.); district (4.)*: – allgemein ein Bereich im Sinne des → *Territoriums*, der irgendwelche sichtbaren oder nicht sichtbaren, jedenfalls wirksamen → *Grenzen* aufweist. – in der → *Bioökologie* das besetzte und zugleich verteidigte Mindestwohngebiet eines Tieres. Die Größe des R. wird von Habitatstruktur (Deckung, Ruhezonen, Durchlässigkeit), Sozialverhalten, Nahrungsangebot, Witterungswechsel und Wanderungsverhalten der Tiere bedingt. – allgemeine Bezeichnung für ein Bergbau- bzw. Industriegebiet (→ *Industrierevier*), z. B. Saar-R., Ruhr-R. Bei Bergbau-Unternehmen wird mit R. eine selbstständige Abbauabteilung innerhalb einer größeren Bergwerksanlage verstanden. – in der Forstwirtschaft im forstwirtschaftlicher Bereich mit definierten Grenze.

Revierferne *distant site*: eine Verkehrslage fernab von einem → *Industrie*- bzw. → *Bergbaurevier*.

Revitalisierung *revitalization*: bezogen auf → *Fließgewässer*. R. erfolgt durch → *Gerinneaufweitung* mit Anlagen von Kiesinseln und Sandbänken sowie durch Umgestaltungen der Uferbereiche durch Aufhebung von Uferverbauungen und Wiederbesatz mit Vegetation, v. a. um die → *Biodiversität* der Ufer und des Wassers zu erhöhen und um die → *Selbstreinigung der Gewässer* zu unterstützen.

rezent *recent*: gegenwärtig, in der Gegenwart oder unter gegenwärtigen Bedingungen stattfindende Prozesse bzw. gebildete Formen. Gegenbegriffe sind → *vorzeitlich*, → *fossil*. Der Begriff r. schließt den Begriff → *aktuell* mit ein, meint aber nicht dasselbe: aktuelle Prozesse sind rezent, aber nicht alle rezenten Prozesse sind aktuell (→ *subrezent*).

rezente Böden *recent soils*: alle → *Böden*, die sich unter aktuellen ökologischen Standortbedingungen entwickelt und ihr Klimaxstadium erreicht haben oder einem den Jetztbedingungen entsprechenden Klimaxstadium zustreben (→ *Klimax*).

Rezession (Abschwung, Baisse) *recession*: Abschwungphase im Konjunkturzyklus (→ *Konjunktur*). Während einer R. ist das Wachstum des realen → *Bruttonationaleinkommens* (BNE) unterbrochen. Im Gegensatz zur → *Stagnation* ist es jedoch noch nicht ganz zum Stillstand gekommen. R. treffen einzelne → *Wirtschaftszweige* und → *Wirtschaftsräume* unterschiedlich. R. wirken sich oft aber auch weltweit aus, v. a. wenn die Nachfrage nach Industriegütern durch eine drastische Verteuerung wichtiger Produktionsmittel (z. B. bei einer → *Energiekrise*) sinkt (→ *Aufschwung*, → *Stagflation*).

Rezessionsabfluss *recession runoff*: bei einem Abflussereignis der leicht verzögerte → *Abfluss*, der aus den kurzfristig durch → *Niederschlag* aufgefüllten → *Speichern* eines → *Einzugsgebietes* (z. B. → *Boden*- und → *Grundwasser*) gespeist wird. Den Verlauf des R. bestimmen weitgehend die → *Geofaktoren* des Gebietes. In der Abflussganglinie (→ *Durchflussganglinie*) ist der R. der absteigende konkav geformte Ast.

RGB-Farbmodell *RGB colour model*: Farbmodell, das auf den drei Grundfarben der additiven Farbmischung, Rot (R), Grün (G) und Blau (B), basiert. Dieses Farbmodell wird zur Visualisierung am Bildschirm (→ *digitale Karte*, → *Echtfarbenbild*, → *Falschfarbenbild*) eingesetzt. Zur Herstellung analoger Medien (Printmedien) dient v. a. das → *CMYK-Farbmodell*.

RGT-Regel (Reaktionsgeschwindigkeit-Temperatur-Regel, van't Hoffsche Regel) *reaction rate/temperature rule*: besagt, dass die Geschwindigkeit chemischer Prozesse bei einem Temperaturanstieg von 10 °C auf das zwei- bis dreifache steigt. Mit Einschränkungen und in einem mittleren Temperaturbereich lässt sich diese Regel auch auf biologische Prozesse übertragen.

Rhaetian (Rhät, Rät) *Rhaetian: stage*: oberste Stufe der alpinen → *Trias* bzw. dessen oberster Abteilung → *Keuper* (von 204-201 Mio. J. v. h.). In manchen Stratigraphien auch Teile des → *Norian* umfassend. Das R. zeichnet sich, wegen des damals raschen Klimawechsels, durch zahlreiche → *Fazien* der Gesteine (v. a. → *Sandsteine* und dunkle → *Schiefer*) aus.

Rhät *Rhaetian stage*: → *Rhaetian*.

Rheinische Masse *Rhenish massif*: heute repräsentiert durch das Rheinische Schiefergebirge, das sich um den Mittelrhein zwischen Bingen und der Niederrheinischen Bucht ausbreitet, mit einem westlichen und östlichen Flügel, dessen Grundstock ein → *variscisch* gefaltetes Gebirge ist, das im → *Tertiär* herausgehoben wurde und von da an der Abtragung unterlag. In der R. M. findet man eine seit dem Tertiär ausgebildete → *Rumpftreppe* (→ *Variscisches Gebirge*).

rheinische Streichrichtung *Rhenish trend*: eine der drei Hauptstreichrichtungen im → *tektonischen* Bau Europas, die sich, durch Strukturvorgaben für die → *Abtragung*, auch bei der Bildung der → *Landformen* auswirkten. Die r. S. entspricht etwa dem Verlauf des Oberrheingrabens, d. h. von Nordnordost nach Südsüdwest. Die r. S. wiederholt sich in vielen Landformen und geologischen Strukturen Europas und ist mit der → *erzgebirgischen* und der → *hercynischen* Richtung vergittert.

Rheinischer Schild *Rhenish shield*: der großräumige Hebungsbereich des heutigen Rheinischen Schiefergebirges und seiner engeren, angrenzenden Umgebung. Die Hebung des R. S. erfolgte im → *Tertiär* (→ *Rheinische Masse*).

Rheinisches Lineament *Rhenish lineament*: bedeutendste geotektonische Linie in Mittel- und Westeuropa. Sie wird durch den Oberrheingraben repräsentiert, der überregional in → *tektonische* Strukturen eingeordnet ist, die im Mittelmeergebiet ansetzen: Saône-Rhône-Furche, Oberrheingraben, Hessische Senke und Leinegraben, mit Fortsetzung nach Norden zum Oslograben.

Rhizom *rhizome*: unterirdisch wachsende Sprossachse mit sprossbürtigen Wurzeln, die auch als Speicherorgan dient und die Überwinterung der Pflanze im Boden ermöglicht. R. kommen bei vielen krautigen Pflanzenarten vor, z. B. beim Buschwindröschen (*Anemone nemorosa*) oder Maiglöckchen (*Convallaria majalis*).

Rhizosolenie *rhizosoleny*: dünne Röhrchen von Feinwurzeln im → *Löss*, durch Ausscheidung von → *Kalk* „abgebildet". Sie sind Bestandteil des → *Pseudomycels*.

Rhizosphäre *rhizosphere*: im → *Boden* der Bereich der lebenden Pflanzenwurzeln, welcher am intensivsten mit Pilzen und Bakterien belebt ist und in dem die größten Nährstoffumsatzvorgänge stattfinden.

Rhizoturbation *rhizoturbation*: Bestandteil der → *physikalisch-biogenen Verwitterung*, v. a. als → *Wurzeldruck* effektiv, der mit Drücken zwischen 1,0 und 1,5 MPa Gesteinsfugen, -spalten und -klüfte ausweitet und sprengt und somit Material umlagert.

R-Horizont anthropogener Mischhorizont in Böden, der durch tiefgreifende Maßnahmen der Bodenverbesserung entstanden ist. R von → *Rigolen*.

Rhyolith *rhyolite*: → *Quarzporphyr*.

Rhythmik → *Periodizität*.

rhythmische Phänomene *rhythmic phenomena*: bei geo- und biowissenschaftlichen Objekten und Phänomenen wiederholtes Auftreten (zeitlich, räumlich, gestaltmäßig und/oder funktionell).

Rhythmusanalyse *rhythm analysis*: ein von Henri Lefebvre beschriebenes Analysekonzept, das Rhythmus, Temporalität, Momentaufnahmen, Kreisläufe, Geschwindigkeiten, Wiederholungen und Unterschiede beinhaltet. Lefebvres Untersuchungsgegenstände der R. sind die → *Stadt*, das Alltagsleben, der Körper und die kapitalistische Produktionsweise.

Ria *ria*: Meeresbucht, aus einem mehr oder weniger langen Flusstal entstanden, das durch → *Transgression* des Meeres unter Wasser gesetzt wurde. In Vielzahl auftretend bilden die R. die → *Riasküste*.

Riasküste *ria coast, ria shore line*: stark gegliederte → *Küste*, die von relativ schmalen, länglich-gestreckten, meist parallel verlaufenden und tief in das Land reichenden → *Buchten* (→ *Rias*) durchzogen ist und der dalmatinischen → *Canaliküste* entsprechend. R. finden sich in Irland, Cornwall, der Bretagne, in Nordwestspanien, auf Korsika, in Korea und in Ostbrasilien. Sie darf nicht mit → *Fjorden* verwechselt werden, deren ehemalige Täler vor der Überflutung → *glazial* überformt wurden, während Rias „ertrunkene" Flusstäler ohne glaziale Übertiefung sind (→ *Transgression*).

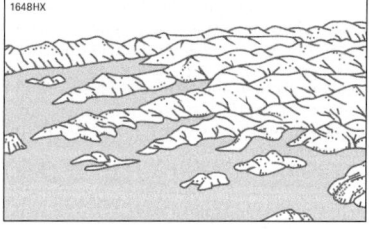

Riasküste

Richtwerte *guide values, reference values*: aus praktischen Gründen definierte Werte, die Grenzen nicht mehr zumutbarer oder zulässiger → *Belastungen* von Mensch oder Umwelt angeben. Sie entsprechen damit den → *Grenzwerten*, besitzen gegenüber diesen jedoch geringere Verbindlichkeit, obwohl sie – wie die Grenzwerte – Instrumente der Entscheidung in → *Umweltpolitik* und → *Umweltrecht* sind. R. orientieren sich i.d.R. an politischen und ökonomischen Vorgaben.

Ried *reed*: feuchtes, meist anmooriges Niederungsgebiet im Bereich hoch stehenden → *Grundwassers* oder am Rande offener Wasserflächen, meist mit → *Sumpf-* und/oder Moorvegetation. Typische R.-Pflanzen: Schilf, Seggen, Wollgras (→ *Anmoor*,→ *Sauergräser*).

Riedel *interfluve*: niedrige, meist lang gestreckte, z.T. platten- bis rückenartige → *Abtragungsform*, teils auch ehemalige → *Flussterrassen*, die nachträglich durch → *Fluvialerosion* zerschnitten wurden. Tragen sie jüngere Sedimentdecken (→ *Löss*, → *Hangschutt*), weisen sie eine sanfte, rundliche Gestalt auf.

Riedgräser → *Sauergräser*.

Riefe → *Runse*.

Riegel *bar, rock bar, dam (1.); rock bar, glacial threshold (2.); bedrock bar (2.)*: 1. meist größere gesteinsbedingte → *Vollform*, d.h. ein R.-Berg. 2. in → *glazial* überformten Tälern sind R. eingeschaltete Felsberge, die man mit ungleichmäßigerem Tiefenschurf erklärt. Sie sitzen oft auf den Talstufen der → *Trogtäler* und sind als → *Härtlinge* zu deuten. 3. auch harte Gesteinspartien, die bei der Bildung → *antezedenter Täler* zwar vom Fluss mit zerschnitten werden, aber im Tallängsverlauf als Engstellen auftreten, heißen R.. 4. lang gestreckte kleinere oder größere → *natürliche* oder → *anthropogene* → *Vollform*. 5. eine kleinere, lang gestreckte anthropogene Steinanhäufungen im Sinne → *Rossel*.

Riegelbebauung *perimeter building*: Bau entlang einer stark befahrenen Straße oder Bahnlinie, der als Lärmschutz für die dahinter liegende Wohnbebauung konzipiert ist. In → *Bebauungsplänen* werden häufig Gewerbegebäude als R. vorgesehen.

Rieselbewässerung *irrigation with trickling water*: Form der landwirtschaftlichen → *Bewässerung*, häufig auf leicht geneigten → *Grünland*flächen. Bei der R. wird das meist → *Vorflutern* entnommene Wasser durch Verteilerrinnen über den Boden geleitet. Entwässerungsrinnen führen überschüssiges Wasser ab (→ *Berieselung*, → *Wiesenbewässerung*).

Rieselfeld *bordered irrigation field*: Wiesenoder → *Ackerland*, das zur natürlichen Reinigung verschmutzten Wassers eingesetzt wird. Diese heute nur noch bedingt anwendbare Methode einer biologischen Abwasserklärung ist dort möglich, wo Sandböden ein gleichmäßiges Versickern des Wassers erlauben. Mitgeführte Abfallstoffe bleiben durch die Filterwirkung des Sandes im Boden hängen und werden durch Bakterien abgebaut, sofern im Abfall keine anorganischen → *Schadstoffe* (z.B. → *Schwermetalle*) enthalten sind.

Riff *reef, shelf*: lang gestreckte, meist felsige Aufragung des Meeresgrundes, die nahe an die Wasseroberfläche reicht und verschiedener Entstehung sein kann. Entweder durch → *marine* Akkumulation aus Sand als → *Sandriff* entstanden oder durch organisches Wachstum der Korallen als → *Korallenriff* gebildet.

Rifffazies *reef facies*: von riffbildenden Organismen, wie Korallen oder Algen, gebildete ungeschichtete, massive → *Fazies*, die entsprechend im Flachwasser gebildet werden. Ein Beispiel für R. sind → *Riffkalke*.
Riffkalk *Corallian Limestone*: im Flachwasser aus Korallen- und Schwammansammlungen → *in situ* hervorgangenes → *Sedimentgestein* (→ *Kalkstein*), das sich im → *Jura* gebildet hat. Korallen scheiden ein Kalkskelett aus, wodurch sie Korallenriffe bilden, auf dem sie selbst dann aufsitzen (→ *Korallenriff*).
Riffkappe *uplifted coral reef, reef terrace*: stark reliefierte Teilform des → *Riffs* aus der → *Riffplatte* durch fortgesetzte Heraushebung des Untergrundes entstehend. Die Hebung entfernt die R. immer weiter vom Meeresspiegel, sodass sich eine Abfolge von → *Strandterrassen* bilden kann, die wegen der Verkarstungsfähigkeit des → *Korallenriffs* meist stark verkarstet sind (→ *Verkarstung*), zahlreiche → *Brandungshohlkehlen* aufweisen sowie durch eine Abfolge von Miniaturterrassen gegliedert sein können.
Riffles und pools *riffle-pool sequence*: eines der → *rhythmischen Phänomene* der Geomorphologie und der → *Fluvialgeomorphodynamik* von Flüssen, die in Lockersedimenten (→ *Sande* oder → *Schotter*) fließen. Im Flussbett sind riffles Seichtstrecken (Untiefen; bei Hochwasserabfluss zugleich Schnellen) mit → *schießendem Abfluss* und pools Tiefbereiche (bei Niedrigwasser wasserhaltende → *Kolke* und zugleich Stillbereiche) mit → *strömendem Abfluss*, deren Abfolge in Auslastungsstrecken strömungsdynamisch bedingt ist und auf → *Turbulenzen* zurückgeht, die die flussabwärts gerichtete Strömung überlagern. Dadurch kommt es zu einer rhythmisch wiederholten Abschwächung bzw. Erhöhung der Fließgeschwindigkeit und einer entsprechenden Wiederholung der r.u.p. Sequenzen. Zwar gibt es auch in Flüssen im Felsbett r. u. p., jedoch sind diese eher strukturgeologisch als strömungsdynamisch bedingt.
Riffplatte *reef flat*: Oberfläche des → *Riffs*, die durch → *Sturmfluten* sowie → *Tsunamis* erodiert und von lockeren Bestandteilen, z.B. dem Korallendetritus, freigehalten wird. Hebt sich der Sockel des Riffs, wird die R. zur → *Strandterrasse*. Die R. entwickelt sich damit allmählich zur → *Riffkappe*.
Rift *rift*: – in → *Plutoniten* der Bereich bester Teilbarkeit. – die Schnittlinie einer Störungsfläche mit der Erdoberfläche. – eine große → *Spalte*, an der sich eine räumlich ausgedehnte Horizontalverschiebung (→ *Blattverschiebung*) abgespielt hat. An solchen R. können sich → *Gräben* („rift valley") bilden. In diesem Sinne steht R. auch für einen zentralen → *tektonischen* Grabenbereich. Die in der geowissenschaftlichen Umgangssprache übliche Gleichsetzung von R. mit „Graben" ist daher nicht korrekt.
Rigolen *trenching*: Verfahren der Kulturtechnik. R. ist das tiefgründige Umschichten von Bodenmaterial (früher manuell, heute maschinell) bis in Tiefen von 80-150 cm zum Zwecke der Bodenverbesserung nährstoffhaushaltliche Verbesserungen ergeben sich durch „Hochbringen" von mineralstoff- oder kalkreichem Unterboden, wasserhaushaltliche Verbesserung durch „Aufbrechen" von wasserstauenden Horizonten (→ *Rigosole*).
Rigosol (Weinbergsboden) *Anthrosol*: in der → *deutschen Bodensystematik* (→ *KA5*) ein Boden aus der Klasse der terrestrischen anthropogenen Böden, der durch tiefes turnusmäßiges Umgraben (→ *Rigolen*) entstanden ist. R. kommen typischerweise in Weinbergen vor.
Rille *rill*: kleine, lineare Form als Folge der → *Rillenerosion*. Max. Tiefen der R. ist 10 cm, sie können dabei durch landwirtschaftliche → *Bodenbearbeitung* beseitigt werden.
Rillenerosion *rill erosion*: → *Bodenerosion* durch fließendes Wasser in kleinen Rinnsalen, wobei nur kleine, bis maximal 10 cm tiefe → *Rillen* ausgespült werden. Da die Rillen durch die → *Bodenbearbeitung* und/oder natürliche → *geomorphologische Prozesse* an der Erdoberfläche rasch beseitigt werden können, erfolgt „schleichende" Abtragung des Bodens. Sie ist an der Kappung des Bodenprofils erkennbar (→ *Abspülung*).
Rillenkarre (Firstkarre) *karren, rill karren*: Kleinform der → *Karren*. Auf verkarstungsfägigen nackten, geneigten Felsflächen, die ohne → *Klüfte* aufweisen, entstehen schmale, meist parallele, wenige Zentimeter breite und tiefe Rillen, die sich in scharfen Kanten verschneiden. R. entstehen durch → *Korrosion* durch Regenwasser, das der Neigung folgend abfließt (→ *Karst*, → *nackter Karst*).
Rillenstein *rill stone*: kannelierter Einzelstein (oder kleine Gesteinsoberfläche), der einzeln oder vergesellschaftet im → *Periglazial*, → *periglazialen Höhenstufe*, im → *Karst* sowie in kalten und warmen → *Wüsten* vorkommt. Die R. entstehen durch → *äolische Geomorphodynamik* oder durch → *Lösungsverwitterung*, die in Trockengebieten auch durch Tau erfolgen kann, sodass dort die R. → *Taurillen* tragen.
Rimessen → *Rücküberweisung*.
Rindviehhaltungsform *livestock farming*: → *landwirtschaftliche Betriebsform* für die Haltung von Rindern. Man unterscheidet als vorherrschende R. in Europa – Abmelk- und Durchhaltebetriebe, – selbstergänzende Milchviehbetriebe (d.h. mit Nachzucht), – Milchvieh-Aufzuchtbetriebe, – Milchvieh-

Rindermastbetriebe, – Rindermast-Milchviehbetriebe, – Rindermastbetriebe.
Ring *market place*: Bezeichnung für den i. d. R. rechteckigen bis quadratischen → *Marktplatz* in den → *Städten* der deutschen → *Ostkolonisation*, z. B. in Böhmen, Schlesien und in den Karpatenländern.
Ringbergvulkan *esker volcano, osar volcano*: → *Wallbergvulkan*.
Ringkanalisation (Ringleitung) *ring canalization*: um die → *Eutrophierung* von Oberflächengewässern zu verhindern, wird bei → *Gewässersanierungen* um Seen eine R. angelegt. Die → *Abwässer* werden also nicht mehr in den See eingeleitet, sondern im ringförmigen Sammler, der dem Ufer folgt, in die → *Kläranlage* geleitet. Die R. ist bei großen Seen technisch aufwändig, weil eine Vorklärung des Abwassers vor dem Einleiten in die R. erfolgen muss, damit keine Fäulnis in der R. eintritt. Die R. bekommt auch erst dann Sinn, wenn die mit → *Phosphaten* angereicherten Seesedimente (Schlamm) teilweise oder ganz abgepumpt werden, die eine Phosphatquelle für das Wasser darstellen. Bei kleineren Seen erfolgt zusätzlich Sauerstoffanreicherung.
Ringmodell (Kreismodell) *concentric zone model*: zuerst von Ernest Burgess entwickelte Modellvorstellung vom Aufbau einer → *Stadt*. Das R. geht davon aus, dass sich in einer größeren Stadt Ringe oder Gürtel unterschiedlicher Struktur und Funktionen in annähernd konzentrischen Kreisen anordnen (z. B. Wohn- und Industrievororte unterschiedlicher Ausprägung). Das R. lässt sich in den meisten → *Großstädten* ansatzweise verifizieren, wird jedoch der räumlichen Wirklichkeit nur teilweise gerecht und bedarf der Ergänzung durch andere → *Modelle* (→ *Sektorentheorie*).
Ringmoor *ring [raised] bog*: eine Form des → *Hochmoores*, auf dessen uhrglasförmiger Oberfläche durch Stränge und → *Flarken* konzentrische Ringe mit einem asymmetrischen Querschnitt entstehen, mit einer steileren Böschung nach außen, die in die Richtung des allgemeinen Oberflächengefälles weist. R. gehören, ebenso wie die den → *Netzmooren* zugehörigen → *Strangmoore*, dem Gebiet des diskontinuierlichen → *Permafrostes* an. Man deutet sie als Hinweis auf dessen Schwinden.
Ringstraße *ring road*: Straße, die eine → *Stadt* oder deren → *Innen-* bzw. → *Altstadt* ringförmig umgibt und v. a. den Zweck hat, einzelne → *Stadtteile* miteinander zu verbinden und den Durchgangsverkehr vom → *Stadtzentrum* fernzuhalten. Manche → *Großstädte* haben mehrere konzentrische R. (z. B. Köln, München), bis hin zu einem Autobahnring an der → *Peripherie*. Innerstädtische R. wurden häufig im 19. Jh. nach der Entfestigung der Städte auf den alten Wall- und Grabenanlagen in repräsentativer Breite angelegt (z. B. der „Gürtel" in Wien); oft sind sie heute der Standort von Verwaltungsbauten, kulturellen Einrichtungen usw. (→ *Boulevard*).
Rinne *channel, groove, gully, runnel*: allgemein eine längliche und meist schmale sowie unterschiedlich tiefe → *Hohlform*. – lineare Wassererosionsform mit einer Tiefe von 10 - 40 cm. Die R. verschwindet bei regulärer landwirtschaftlicher Bodenbearbeitung; im Bereich ihrer größten Tiefen muss Material jedoch aufgefüllt werden. Die R. leiten zu den persistenten Formen der Bodenerosion wie → *Runsen* über (→ *Persistenz*). – kleine, nicht allzu tiefe Talkerbe, d. h. eine → *periodisch* oder → *episodisch* durchflossene Hohlform im Sinne der → *Rachel* bzw. → *Calanche*. Erodiert sich durch Niederschlagswasser in den Hang. – lang gestreckte, meist flachere und fast talartige Hohlform in den ehemaligen Gebieten der pleistozänen Vereisung. Die Entstehung ist gewöhnlich durch Vorformen (präglaziale Form und/oder tektonische Anlage) induziert; sie wird jedoch überwiegend mit der Wirkung des fließenden Eises erklärt. Teilweise kommt auch → *subglaziale* Erosion durch → *Schmelzwasser* für ihre Entstehung in Frage. Dagegen sprechen jedoch die in vielen Fällen die gegen die Fließrichtung ansteigenden Rinnenböden. – die Hohlform des → *Rinnensees*. – kleine und kleinste Hohlformen auf Gesteinsoberflächen oder in diesen angelegt, im Sinne der → *Rinnenkarren*, bzw. → *Riefen*. – Bezeichnung für → *submarine* → *Hohlformen* im küstennahen Bereich des → *Wattenmeeres*, die verschiedene andere Bezeichnungen (z. T. Lokalbezeichnungen) tragen, wie → *Tiefs*, → *Priele*, Löcher, → *Baljen* oder → *Aue*. – in den Flussbetten durch Strömung angelegte und durch → *Fluvialerosion* übertiefte Stromrinnen.
Rinnenkarre *channel karre, channel solution groove, gully clint*: Form der → *Karre*, die bei größerem oberflächlichen Wasserabfluss auf nackten, geneigten Felsflächen entstehen und daher tiefer und weiter (Dezimeterbereich) sind als → *Rillenkarren*. R. werden von den → *Kluftkarren* bzw. → *Schichtfugenkarren* unterschieden, weil bei den R. die Richtung der Firste und Rinnen durch die Abdachung der Gesteinsoberfläche bedingt ist (→ *Karst*, → *nackter Karst*).
Rinnensee *groove lake, finger lake*: lang gestreckter, tiefer → *See* im ehemals → *glazialen Aufschüttungsbereich*, entstanden durch Erosion subglaziärer → *Schmelzwässer*. R. sind also ursprünglich subglaziäre Erosionstäler, die sich beim Abschmelzen des → *Inlandeises* mit Wasser füllten. Der Verlauf der oft kilometerlangen R. wird vom Spaltennetz des

ehemaligen Inlandeises bestimmt. R. sind gewissermaßen dessen Projektion auf/in den → *oberflächennahen Untergrund*. Die Hohlformen der R. waren z. T. bis in das → *Spätglazial* durch → *Toteis* ausgefüllt und somit längere Zeit vor spät- bzw. postglazialer Zusedimentation bewahrt. In den Bereichen, wo Toteis fehlte, erfolgte Sedimentation. Hier finden sich heute im Längsverlauf der R. Schwellen (→ *Oser*), welche die durch Toteis vorgegebenen Teilbecken der R. voneinander trennen. Die R. sind daher oft kettenartig und in Stoßrichtung des Eises angeordnet.

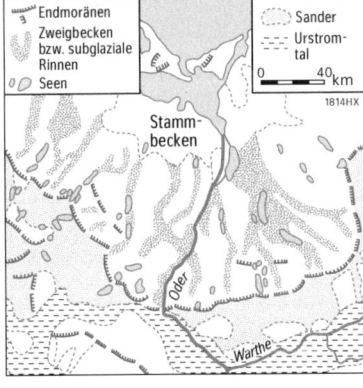

Rinnensee

Rio-Konferenz → *Konferenz der Vereinten Nationen über Umwelt und Entwicklung.*
Rippelmarke *ripple mark, ripple*: wellenförmige Kleinstform auf Lockersedimenten, oft auf → *Sanden* (→ *Sandrippel*), die entstehen, wenn Luft oder Wasser über die Erdoberfläche strömt. Sowohl Wasser- als auch Windrippeln verlaufen quer zur herrschenden Strömungsrichtung und sind mit flachen → *Luv-* und → *Leeseiten* versehen, bei einer meist gleichmäßigen Wellenlänge von wenigen Zentimetern. Seltener sind Phasenlängen bis zu mehreren Dezimetern. – In → *Sand-* und → *Kalksteinen*, v.a. jenen des → *Mesozoikums*, findet man → *fossile* → *marine* und → *terrestrische* Formen der R..
Risiko *risk*: allgemein die Wahrscheinlichkeit, mit der aus einem Zustand oder Vorgang ein Ereignis mit negativer Wirkung – also ein Schaden – entstehen kann. Im engeren Sinne gibt das R. die qualitative und quantitative Charakterisierung eines möglichen Schadens an. Dabei lassen sich verschiedene Ansätze unterscheiden: – In natur- und ingenieurwissenschaftlicher Sicht lässt sich das R. als Produkt aus potenziellem Schadensumfang und Eintrittswahrscheinlichkeit eines Ereignisses errechnen (R. = → *Eintrittswahrscheinlichkeit* x → *Schadenpotenzial*); – die wirtschaftswissenschaftliche Risikoforschung fokussiert auf die Berechnung des Nutzens oder der Chance von R.; – der psychologischen Risikoforschung geht es um die → *Risikoabschätzung* und → *tolerierbare Risiken* und die damit einhergehenden Handlungsoptionen (→ *akzeptiertes Risiko*); – die sozialwissenschaftliche Risikoforschung versteht R. als Folge von Entscheidungen unter Nicht-Wissen. Die Zurechnung/Nicht-Zurechnung von Entscheidungen unterscheidet R. von → *Gefahr*. Sobald die Gefahr als solche erkannt wird, transformiert sie zum R., da nun eine Entscheidung hinsichtlich des Umgangs mit ihr erforderlich wird.
Risikoabschätzung *risk estimation*: die Einschätzung des Eintretens von → *Gefahren* oder → *Naturgefahren* und deren → *Schadenpotenziale* sowie eine darauf abgestellte Ermittlung von Kriterien für Gesundheits-, Eigentums- und/oder Umweltrisiken. Die R. erfolgt mittels einfacher empirischer oder auch mathematischer Modelle, die auf Daten aus Experimenten, Messungen im Feld oder Abschätzungen beruhen.
Risikoanalyse *risk analysis*: Teil des → *Risikomanagements*, nutzt alle verfügbaren Informationen über → *Risiken*, die für Mensch, Gesellschaft, Infrastruktur oder Umwelt bestehen. Sie identifiziert → *Gefahren*, schätzt die möglichen zerstörerischen Prozesse (→ *Risikoabschätzung*) sowie die Auswirkungen eines Schadensereignisses ab (→ *Schadenpotenzial*).
Risikobewältigung *risk response*: neben → *Risikoanalyse*, → *Risikoabschätzung* und → *Risikobewertung* ein betriebswirtschaftliches Verfahren zum Umgang und zur Handhabung von → *Risiken* im Rahmen des → *Risikomanagements* von → *Unternehmen*. Oberstes Ziel ist die Sicherung der Existenz des Unternehmens. Zur R. gehört die Definition von Maßnahmen, die ein Risiko in seiner → *Eintrittswahrscheinlichkeit* oder seinen möglichen Effekten (→ *Schadenpotenzial*) auf einen tolerierbaren Grad reduziert (→ *tolerierbares Risiko*), sowie ein internes Kontrollsystem, das in wiederkehrenden Kontrollschritten Schlüsselrisiken prüft, um diese zu reduzieren.
Risikobewertung *risk evaluation*: die Bewertung der Relevanz des abgeschätzten → *Risikos* (→ *Risikoabschätzung*) und damit die Konsequenzen, die sich beim Eingehen des Risikos für Mensch, Gesellschaft, Wirtschaft und Umwelt ergeben, und zwar unter Berücksichtigung der jeweils gültigen gesellschaftlichen und juristischen Normen. Aus der R.

sollen auch Alternativen für das → *Risikomanagement* resultieren (→ *Restrisiko*). Die R. erfolgt dreistufig: 1. es wird mit anderen Risiken verglichen; 2. es wird eine Beziehung zu den ethischen und ökonomischen Wertesystemen hergestellt; 3. es wird die Akzeptanz des Risikos durch die potenziell Betroffenen abgeschätzt (→ *tolerierbares Risiko*, → *akzeptiertes Risiko*).

Risikobereitschaft *risk tolerance*: die auf gesellschaftlichen Normen, Werten und Rollenerwartungen basierende Bereitschaft eines Individuums, einer Gruppe oder der Gesellschaft bestimmte → *Risiken* einzugehen.

Risikoelemente *risk elements*: diejenigen Elemente, die einem bestimmten → *Risiko* ausgesetzt sind, z. B. Menschen und deren gebaute Infrastruktur sowie die verschiedenen Bestandteile einer → *Kulturlandschaft* oder → *Naturlandschaft*, die gegenüber → *Gefahren* verschiedene Grade von Verwundbarkeit (→ *Vulnerabilität*) aufweisen.

Risikoevolution *risk evolution*: ein Teilbereich der Risikoforschung (→ *Risikoforschungsbereiche*), der sich mit der Entstehung, Entwicklung und Veränderung von → *Gefahren*, → *Gefährdungen* und → *Risiken* beschäftigt.

Risikoforschung *risk research*: umfassender Begriff für Forschung zu → *Risiko* (→ *Risikoforschungsbereiche*). R. wird sowohl aus → *physisch-geographischer* als auch → *humangeographischer* Perspektive betrieben und gehört damit in das Feld der → *integrativen Geographie*.

Risikoforschungsbereiche *risk research fields*: dazu gehören → *Risikowahrnehmung*, → *Risikoanalyse*, → *Risikoabschätzung*, → *Risikobewertung*, → *Risikoevolution*, → *Risikomanagement*, → *Risikovorsorge*, Risikovermeidung sowie Bestimmung und Kommunikation nicht akzeptabler Risiken sowie von nicht zu vermeidenden Risiken (→ *Restrisiko*, → *tolerierbares Risiko*, → *akzeptiertes Risiko*).

Risikokapital *venture capital*: Kapital, das Fremdfirmen zum Aufbau risikoträchtiger Unternehmen oder Produktlinien in der Frühphase der Entwicklung investieren. Der Risikokapitalgeber sichert sich auf diese Weise Anteile am zu erwartenden Gewinn. Er riskiert jedoch auch Verluste bei Fehlinvestitionen (→ *Risiko*). Stellt der Kapitalgeber zusätzlich noch Managementexpertise zur Verfügung, spricht man von intelligentem Risikokapital.

Risikokommunikation *risk communication*: alle kommunikativen Maßnahmen des → *Risikomanagements*, die dazu dienen sollen, die Betroffenen zu „risikomündigen" Bürgerinnen und Bürgern zu machen. R. ist ein Teilbereich der Risikoforschung (→ *Risikoforschungsbereiche*), in dem mithilfe interdisziplinärer Ansätze die → *Risikowahrnehmung*, die Risikofrüherkennung und die Abschätzung der Folgen des Risikos sowie die Priorisierung von Risiken durch verschiedene gesellschaftliche Interessengruppen untersucht wird (→ *tolerierbares Risiko*, → *akzeptiertes Risiko*).

Risikokultur *culture of risk*: Art und Weise einer bestimmten Gruppe oder Gesellschaft, mit → *Risiken* umzugehen. Die R. ist kein statischer Zustand, sondern unterliegt ständigen Veränderungen aufgrund gesellschaftlicher → *Diskurse*.

Risikolandschaft → *Riskscape*.

Risikomanagement *risk management*: zusammenfassender Begriff für → *Risikoanalyse*, → *Risikoabschätzung*, → *Risikobewertung* und → *Risikobewältigung*. R. bedeutet die Festlegung von Zielen und die daraus ableitbare Entwicklung von Konzepten und Maßnahmen für den Umgang mit einem → *Risiko* (→ *Risikovorsorge* im technisch-infrastrukturellen, im sozialen und/oder im politisch-ökonomischen Bereich). Der letzte Schritt im R. ist die Umsetzung der verschiedenen Maßnahmen (→ *Katastrophenmanagement*).

Risikoraum → *Riskscape*.

Risikotransfer *risk transfer*: eine passive Strategie der → *Risikobewältigung*, bei dem die Konsequenzen eines Risikoeintritts an eine ausgelagerte Stelle delegiert werden. Eine Drittpartei (z. B. eine Versicherung oder ein Unternehmen, an die eine bestimmte Leistung übertragen wird, → *Outsourcing*) übernimmt die finanziellen Folgen des Risikoeintritts, wobei die Kosten in einer sinnvollen Relation zum Nutzen stehen müssen. R. ist auch das Grundprinzip der Versicherung, bei der das → *Risiko* des Einzelnen auf eine ganze Risikogemeinschaft verteilt wird (z. B. in Form von obligatorischen Versicherungsleistungen).

Risikovorsorge *risk prevention*: alle Maßnahmen (im Falle von Individuen oder einer Gruppe) sowie Gesetze und Verwaltungsvorschriften (im Falle eines Staates), um das → *Schadenpotenzial* eines von → *Risiken* oder → *Gefahren* bedrohten Gebietes zu reduzieren.

Risikowahrnehmung *risk perception*: das Erkennen und Empfinden von → *Risiken* und risikorelevanten Situationen. Die R. ist weder objektiv noch intersubjektiv vergleichbar, d. h. sie ist für Individuen und soziale Gruppen spezifisch unterschiedlich und hat starke Auswirkungen auf die Handlungen der Individuen oder Gruppen (→ *Thomas-Theorem*). Die R. ist ein zentraler Bereich der Risikoforschung (→ *Risikoforschungsbereiche*).

Riskscape *Risikolandschaft, Risikoraum*: bezeichnet den Zusammenhang von → *Risiko* und → *Raum*. R. werden von Individuen und Gruppen erzeugt, in dem sie entsprechend einer spezifischen → *Risikowahrnehmung* handeln und dabei unterschiedliche R. produzieren (→ *mental map*). So können die R. von z. B. Experten und BewohnerInnen ganz unterschiedlich sein, obwohl sie sich auf dasselbe geographische Gebiet beziehen.

Riss-Kaltzeit (Riss) *Riss glacial stage*: eine der vier klassischen → *Kaltzeiten* im alpinen Vereisungsgebiet des → *Pleistozäns*, entspricht eventuell der → *Saale-Kaltzeit* in Norddeutschland. Im Gegensatz zu den älteren → *Günz-* und → *Mindel-Kaltzeiten*, sind die Sedimente und damit auch → *Oberflächenformen* der R.-K. flächendeckend erhalten. Die R.-K. gilt für das Alpenvorland als Maximalvereisung. Die → *Würm-Kaltzeit* erreichte diesen Maximalstand nicht. Daher finden sich außerhalb des Verbreitungsgebietes würmzeitlicher Formen und Sedimente zahlreiche Spuren der alpinen R.-K.-Vergletscherung. Es ist das Gebiet der → *Altmoränenlandschaft*, die man der würmzeitlichen → *Jungmoränenlandschaft* gegenübergestellt. Weit verbreitet sind im Alpenvorland die → *Grundmoränen* und die → *fluvioglazialen* → *Schotter* der R.-K., die man als → *Hochterrasse* bezeichnet. Die R.-K. fand vermutlich ca. 180 000-120 000 J. v. h. statt.

Riss-Würm-Interglazial *Riss-Würm interglacial*: die der nordmitteleuropäischen → *Eem-Warmzeit* entsprechende → *Warmzeit* im alpinen Vereisungsbereich, die sich zwischen → *Riss-* und → *Würm-Kaltzeit* anordnet. Die Klimaverhältnisse ähnelten denen des → *Holozäns*, bei vermutlich etwas mehr Feuchtigkeit und einer höheren Jahresmitteltemperatur.

Rivier *rivier*: das R. (gesprochen riwier); dem → *Wadi* entsprechender → *periodisch* bis → *episodisch* fließender und daher nur zeitweise geomorphodynamisch aktiver Fluss in den → *Trockengebieten* des Großraums Südafrikas.

Roaring Forties *Brüllende Vierziger*: Zone der konstanten → *Westwindzirkulation* zwischen 40 und 60 °S mit regelmäßigen hohen Windstärken. Die südliche Westwinddrift ist viel konstanter ausgeprägt als ihr nördliches Gegenstück, da auf der Südhalbkugel der Einfluss größerer Landmassen fehlt.

roches moutonée → *Rundhöcker*.

rock pool → *Opferkessel*.

Rodung *clearing*: 1. Beseitigen von Waldvegetation einschließlich des Ausgrabens von Baumstümpfen mit dem Ziel, Flächen für Siedlungen oder zur landwirtschaftlichen Nutzung zu gewinnen. Spezialfall der R. ist die → *Brandrodung* (→ *Brandrodungswirtschaft*). 2. gerodetes Areal, als Produkt des R.-Vorganges. Liegt eine R. inselhaft im → *Wald*, spricht man von R.-Inseln bzw. von R.-Gassen, wenn entlang von „Leitlinien" (Wege, Flüsse) gerodet wurde. R. entstanden in Mitteleuropa v. a. in der Rodungszeit des Früh- bis Spätmittelalters. Als R.-Siedlungen werden alle Siedlungen auf R.-Flächen bezeichnet. Häufig sind diese planmäßig angelegt (z. B. → *Waldhufendorf*).

Rodungskloster *woodland clearing monastry*: → *Kloster*, das zum Zweck der Landerschließung und Erweiterung des von christianisierten Volksstämmen besiedelten Gebietes im mittelalterlichen Deutschland angelegt wurde. Die Mönche der R., v. a. Prämonstratenser und Zisterzienser, leiteten die Waldrodung sowie die Anlage und Besiedlung neuer Dörfer (→ *Rodung*).

Rodungskolonisation *colonization by clearing woodland*: Gewinnung von Siedlungsgebieten und landwirtschaftlicher Nutzfläche durch Waldrodung. Insbesondere bei der frühmittelalterlichen → *Landnahme* germanischer Volksstämme in Deutschland handelte es sich meist um R. (→ *Binnenkolonisation*, → *Rodung*).

Rodungsperiode *period of forest clearance*: Zeit eines Ausbaus des → *Siedlungsraumes* aufgrund von Bevölkerungszunahme (Wanderungen oder natürlicher Zunahme). In Mitteleuropa lassen sich zwei intensive R. unterscheiden. In der ersten R. von etwa 500 bis etwa 800 n. Chr. wurden die bereits von den Römern erschlossenen Gebiete erneut besiedelt; danach v. a. gut erreichbare und nährstoffreichere Böden. Ab 1100 bis ca. 1300 setzte die letzte große R. ein und Siedlungen drangen nun auch in entlegenere Täler der Mittelgebirge vor. Waldflächen wurden gerodet und landwirtschaftlich so intensiv genutzt, dass sie ihren Waldcharakter verloren. Mit Ende des 14. Jh. hatte sich ein Verhältnis zwischen Kultur- und Waldfläche gebildet, wie es ungefähr auch dem heutigen entspricht (→ *Rodung*).

RÖE → *Rohöleinheit*.

Rogenstein *oolite* (1.), *roestone* (2.): 1. beschreibende Bezeichnung für → *Oolithe*. 2. im engeren Sinne ein sandiger Kalkoolith, der im → *Buntsandstein* der Germanischen → *Trias* vorkommt (→ *Germanisches Becken*).

Rohbauland *unserviced [building] land*: die grundsätzlich planungsrechtlich oder nach ihrer Lage (innerhalb der im Zusammenhang bebauten Ortsteile) für eine Bebauung bestimmten Flächen, die aber noch nicht in ortsüblicher Weise ausreichend erschlossen sind (→ *Erschließung*). Die Vorstufe von R. ist das → *Bauerwartungsland* (→ *baureifes Land*).

Rohboden *raw soil*: Anfangsstadium der → *Bodenbildung*. R. sind gekennzeichnet durch eine schwache Akkumulation von → *Humus* und nur sehr geringe → *chemische Verwitterung*. Sie können in terrestrische

($\rightarrow$ *Syrosem*, $\rightarrow$ *Lockersyrosem*), semiterrestrische ($\rightarrow$ *Rambla*) und subhydrische ($\rightarrow$ *Protopedon*) R. gegliedert werden.

Rohdaten $\rightarrow$ *Primärdaten*.

Roheisenerzeugung *production of pig iron*: Prozess des Ausschmelzens von Eisenerzen ($\rightarrow$ *Eisen*) im Hochofen unter Zugabe von Koks (Brennstoff und Reduktionsmittel) sowie $\rightarrow$ *Kalk* (Schlackenbildung). Das flüssige Roheisen wird am Boden des $\rightarrow$ *Hochofens* abgestochen und in einer Hitze für die $\rightarrow$ *Rohstahlproduktion* verwendet oder der Eisengießerei zugeleitet. Das bei der R. anfallende Gichtgas betreibt die Winderhitzer, mithilfe derer heiße Luft in den Hochofen eingeblasen wird.

Rohenergie *raw energy*: $\rightarrow$ *Primärenergie*.

Rohertrag *gross profit*: das wertmäßige Ergebnis der Erzeugung von $\rightarrow$ *Gütern*. Im Vergleich zum $\rightarrow$ *Reinertrag* sind beim R. Kosten oder Aufwand noch nicht abgezogen.

Rohgewichtsmaterial *gross weight material*: Material, wie es im Fertigungsprozess eingesetzt wird. Es setzt sich im Wesentlichen aus $\rightarrow$ *Reingewichtsmaterial* und $\rightarrow$ *Gewichtsverlustmaterial* zusammen ($\rightarrow$ *Industriestandortheorie*).

Rohgewinn *gross profit*: im Handel gebräuchliche Bezeichnung für $\rightarrow$ *Rohertrag*.

Rohhumus *mor*: dreilagiger (L-Of-Oh-Profil) $\rightarrow$ *Auflagehumus* mit stark verlangsamtem $\rightarrow$ *Streuabbau*. Die Lagen sind sehr deutlich voneinander getrennt und mehrere Zentimeter mächtig. R. ist sauer bis extrem sauer, nährstoffarm und wenig belebt. Er entsteht unter kühl- und kaltgemäßigten Klimabedingungen (geringe Bodenwärme verlangsamt die biotische Abbauaktivität) auf nährstoffarmen Gesteinen unter Vegetation, die schwer abbaubare Streu liefert (Nadelwälder, $\rightarrow$ *Zwergstrauchheiden*). R. bildet viel niedermolekulare ungesättigte organische Säuren ($\rightarrow$ *Fulvosäuren*), die Podsolierungsprozesse in Gang setzen. Sofern das Gestein nicht außerordentlich widerstandsfähig ist, entsteht unter einer R.-Decke deshalb ein $\rightarrow$ *Podsol*.

Rohmarsch *Salic Fluvisol*: in der $\rightarrow$ *deutschen Bodensystematik* ($\rightarrow$ *KA5*) ein Boden im Gezeitenbereich aus meist carbonathaltigem Gezeitensediment. Die R. ist eine durch Bodenentwicklungsprozesse noch unveränderte $\rightarrow$ *Marsch*.

Rohöldestillation *crude oil distillation*: Anlagen zur Aufspaltung des Rohöls in bestimmte Anteile, wie z.B. Naphtha, Kerosin oder Gasöl ($\rightarrow$ *Raffinerie*).

Roheinheit (RÖE, Öläquivalent) *crude oil unit, oil equivalent*: Maßeinheit, mithilfe derer verschiedene Energiearten, bezogen auf ihren $\rightarrow$ *Heizwert*, verglichen werden können. Die R. geht dabei primär vom $\rightarrow$ *Erdöl* aus und misst daran den Heizwert anderer $\rightarrow$ *Energieträger*. 1 kg RÖE entspricht 10 000 kcal oder 11,63 kWh oder 41 868 kJ. Gebräuchlicher in Deutschland ist die $\rightarrow$ *Steinkohleneinheit* (SKE).

Rohproduktenhandel *raw product commerce*: Handel mit $\rightarrow$ *Alt*- und $\rightarrow$ *Abfallstoffen*. Unter den R. fallen sowohl der Handel mit $\rightarrow$ *Altmetallen* als auch der mit Papier, Pappe, und inzwischen einer Reihe weiterer $\rightarrow$ *Sekundärrohstoffe*, die im Rahmen des $\rightarrow$ *Recycling* wieder dem $\rightarrow$ *Produktionskreislauf* zugeführt werden. ($\rightarrow$ *Produktionsfaktoren*)

Röhricht *[bed of] reeds*: Vegetation des Ufergürtels flacher Binnengewässer, z.B. aus Schilf, Rohrkolben und Binsen zusammengesetzt, die meist dicht gedrängt stehen und bis etwa 2 m Wassertiefe im Schlamm wurzeln.

Rohrleitung *pipeline, pipe*: meist metallenes oder hölzernes Rohr, das zum Transport von flüssigen oder gasförmigen, gelegentlich auch von festen Materialien (Rohrpost) dient. Im Gegensatz zu anderen $\rightarrow$ *Verkehrsmitteln* erfüllt die R. gleichzeitig auch die Funktion der Fahrbahn ($\rightarrow$ *Pipeline*, $\rightarrow$ *Rohrleitungsverkehr*).

Rohrleitungsverkehr *pipeline transport*: Transport von flüssigen oder gasförmigen Materialien, in Ausnahmefällen auch von festen Stoffen, mithilfe von Rohrleitungen ($\rightarrow$ *Pipelines*), wobei das Transportmaterial aufgrund der Schwerkraft fließt oder durch Pumpen bewegt wird. Wichtigste im R. transportierte Stoffe sind Trink- und Brauchwasser, Erdöl, Erd- und Stadtgas und Erdölprodukte. In Verkehrsstatistiken wird allerdings der Transport von Wasser, insbesondere die Versorgung mit $\rightarrow$ *Trinkwasser* und die Entsorgung von $\rightarrow$ *Abwasser*, i.d.R. nicht zum R. gezählt.

Rohstahlproduktion *crude steel production*: die Herstellung von schmied- und walzbarem $\rightarrow$ *Eisen* aus Roheisen ($\rightarrow$ *Roheisenerzeugung*) bei Verminderung des Kohlenstoffgehaltes sowie der Eliminierung anderer Verunreinigungen, wie Schwefel oder Phosphor. Durch die Beimengung von $\rightarrow$ *Stahlveredlern* wie Chrom, Mangan oder Nickel erhält der Rohstahl spezielle zusätzliche Qualitäten. Die R. erfolgt nach besonderen Verfahren ($\rightarrow$ *Stahlindustrie*), wobei in unterschiedlichem Umfang die Verwendung von $\rightarrow$ *Schrott* möglich ist.

Rohstoff *raw material*: in den Produktionsprozess eingehende Grundsubstanz, die bis dahin weder aufbereitet noch verarbeitet ist. Nach ihrer Herkunft unterscheidet man pflanzliche, tierische, mineralische oder chemische R.. Üblich ist auch die Unterscheidung nach agrarischen R., forstwirtschaftlichen R., fischereiwirtschaftlichen R. und bergbaulichen R.. Gesondert zusammengefasst wird häufig die Gruppe der Energie-R. Eine weitere Differenzierung besteht nach erneuerbaren R. (z. B. → *regenerative Energien*) und nicht erneuerbaren R. (→ *Primärrohstoff*, → *Ressourcen*, → *Sekundärrohstoff*).

Rohstoffaufbereitungsindustrie *extractive industry*: → *Industrie*, die nach der Rohstoffgewinnung eine erste Bearbeitung des Materials vornimmt. Dazu gehört das Sortieren, das Reinigen oder das Zerkleinern des Rohstoffmaterials. Bei der Gewinnung mineralischer (bergbaulicher) → *Rohstoffe* fällt die Aufbereitung meistens noch dem → *Bergbau* (extraktive Industrie) zu, wie z. B. die Aufbereitung des Eisenerzes. Diese bedeutet bzgl. des Transports zu den Schwerindustriezentren eine Kostenersparnis.

Rohstoffindustrie *extractive industry*: jene → *Industrie*, die sich hauptsächlich mit der Aufbereitung, Be- und Verarbeitung von → *Rohstoffen* befasst. Statistisch ist die R. im Bereich der → *Grundstoff- und Produktionsgüterindustrien* angesiedelt.

Rohstoffkartell *raw material cartel*: Zusammenschluss von Rohstoffproduzenten (→ *Rohstoffländer*) zum Zwecke der Marktbeherrschung bei bestimmten → *Rohstoffen* (→ *Kartell*). Das wirksamste R., welches bisher zustande kam, ist die → *OPEC*.

Rohstoffland *primary producing country*: ein → *Land*, das – gemessen an den dort vorkommenden → *Reserven* bzw. → *Ressourcen* – reich an bestimmten → *Rohstoffen* ist. Nach dieser weiter gefassten Definition fallen unter R. sowohl → *Industrie-* als auch → *Entwicklungsländer*. Im engeren Sinne sind demgegenüber jene Länder, deren Wirtschaft zu einem sehr wesentlichen Teil auf dem Export von Rohstoffen basiert und selbst noch keine nennenswerte eigene industrielle Rohstoffverarbeitung vornimmt. Ein Hauptproblem, die extremen Preisschwankungen bei Rohstoffen, soll durch Rohstoffabkommen abgebaut werden (→ *Ressourcenökonomie*, → *Holländische Krankheit*).

Rohstoffrückgewinnung *raw material recovery*: unscharfe Bezeichnung für → *Recycling*, oft begrenzt auf Einzelmaßnahmen, die im Rahmen des Recyclings durchgeführt werden, wie die Behandlung von → *Müll*.

Rohstoffsicherung *raw material saving*: an sich eine Aufgabe der Rohstoffpolitik, die von der Erfahrung der → *Rohstoffverknappung* ausgeht und eine langfristige Erschließungs- und Vorratspolitik umfassen sollte. Die R. spielt vorzugsweise in den Industrieländern eine große Rolle. Sie richtet sich überwiegend an ökonomischen Bedürfnissen aus.

Rohstoffverknappung *scarcity of resources*: die nicht → *regenerierbaren Ressourcen* (→ *Rohstoffe*) erschöpfen sich durch zunehmende Nutzung und stellen eine Komponente der R. dar. Die andere ist politisch-ökonomisch bestimmt, wenn Embargomaßnahmen, politische Krisen oder kriegerische Auseinandersetzungen Rohstoffe vom Markt fernhalten. Die R. wirkt sich bereits bei einer größeren Zahl mineralischer Rohstoffe und Energierohstoffe aus. An sich wäre es an einer auf → *Rohstoffsicherung*, ökologische Stabilität und → *Rohstoffrückgewinnung* ausgerichteten Rohstoffpolitik, die Probleme der R. zu bewältigen.

Rohstoffvorkommen *raw material deposit*: natürliches Rohstoffpotenzial, das sich z. B. im Falle von → *Bodenschätzen* als → *Lagerstätte* darstellt. Die R. lassen sich nach → *Ressourcen* und → *Reserven* klassifizieren (→ *Rohstoff*).

Rohstoffwirtschaft *raw material economy*: jener Teil der Wirtschaft, der sich mit der Erzeugung und Vermarktung von → *Rohstoffen* befasst. In der R. gewinnt die → *Rohstoffrückgewinnung*, v. a. wegen der → *Rohstoffverknappung*, zunehmend Bedeutung.

Rohwasser *raw water*: in der → *Wasserwirtschaft* unbehandeltes Wasser, das im Wasserwerk für einen bestimmten Verwendungszweck wie → *Trinkwasser*, → *Brauchwasser* oder → *Reinwasser* aufbereitet wird.

rollendes Material *rolling stock*: im Eisenbahnwesen die Bezeichnung für Lokomotiven und Wagen, im Gegensatz zu Fahrweg, Unterbau, Signaltechnik usw..

Roller *roller, breaker*: auf den → *Strand* auflaufende, sich brechende → *Wellen*.

Roll-on/Roll-off-Verfahren (RoRo-Verfahren) *ro/ro-transport*: ein Verfahren beim Fährverkehr mit Fahrzeugen, das ein rasches Be- und Entladen des Schiffs ermöglicht. Im Gegensatz zum → *Lift-on/Lift-off-Verfahren* sind die Fähr- oder Frachtschiffe mit Bug- und Heckklappen versehen, sodass die transportierte Ladung (z. B. Kraftfahrzeuge oder Eisenbahnzüge) mit eigener Kraft das Schiff befahren und wieder verlassen können.

Römerstadt *Roman town*: von den Römern gegründete → *Stadt*. Die Bezeichnung R. wird heute insbesondere für solche Städte gebraucht, die ihren Ursprung auf eine römische Gründung zurückführen und i. d. R. in ihrem Grundriss, in erhaltenen Gebäuderesten oder durch Bodenfunde noch Erinnerungen an die Römerzeit bewahren. In Deutschland sind das z. B. Trier, Köln, Mainz, Regensburg und Augsburg.

RoRo-Verfahren → *Roll-on/Roll-off-Verfahren*.

Rossbreiten *horse latitudes*: die zonenartigen Gebiete der → *subtropischen Hochdruckgürtel* zwischen etwa 30-40 °N und S. In den R. herrschen häufig Windstillen oder nur schwache Winde. Die → *Hochdruckgebiete* der R. (im nördlichen Atlantik z.B. das → *Azorenhoch*) sind äußerst konstant und bilden ein wichtiges Glied der → *Allgemeinen Zirkulation der Atmosphäre*.

Rossby-Wellen *Rossby waves*: die typische großräumige wellenförmige (mäandrierende) Strömung der außertropischen Höhenwestwinde (→ *Jetstream*). Die sehr konstanten R.-W. sind das Ergebnis der wechselnden Wirkung der Coriolisbeschleunigung (→ *Corioliskraft*) und der relativen → *Vorticity*:.

Rossel (Lesesteinrücken, Steinriegel) *clearance cairn*: durch den Menschen zusammengetragene und in niedrigen, aber lang gestreckten Wällen aufgehäufte → *Lesesteine*, teils mit Erde überhäuft und/oder bewachsen, meist mit Hecken. Die Bezeichnungen wechseln innerhalb der verschiedenen mitteleuropäischen Landschaften.

Rostbraunerde (Rosterde) *Cambisol*: Übergangsbodentyp, der zur Gruppe der oligotrophen → *Braunerden* gerechnet wird und eine Vorstufe der Podsol-Braunerde in der → *KA5* bezeichnet. R. sind schwach podsolierte (→ *Podsolierung*) und gleichzeitig schwach tondurchschlämmte (→ *Lessivierung*) Braunerden. Sie weisen einen schwach gebleichten Oberbodenhorizont (Ahe-Horizont) und dünne Tonbändchen im deutlich rostbraun gefärbten Unterboden (Bsv-Horizont) auf. R. entstehen durch Inkulturnahme von → *Podsolen*, da sich diese wegen der veränderten Dynamik in Richtung von Braunerdestadien zurückentwickeln.

Rosterde → *Rostbraunerde*.

Rostfleckung *rust mottles*: Fleckigkeit in → *Oxidationshorizonten* von → *Gleyen* und Stauhorizonten von → *Pseudogleyen*, die durch feinverteilt ausfallende Eisenoxide hervorgerufen wird.

Röt *röt*: oberste Stufe des → *Buntsandsteins*, die zum → *Muschelkalk* überleitet und die sich durch gipsführende, meist rotgefärbte → *Letten* auszeichnet.

Rotation → *Fruchtfolge*.

Rotationsbrache *rotational fallow*: bei Ackernutzung systematisch eingesetzte → *Brache* zur → *Regeneration* des Bodens, meist im Mehrjahresrhythmus. Ähnliche Ziele verfolgt die → *Umtriebsweide* (→ *Fruchtwechselwirtschaft*).

Rotationsellipsoid *rotation ellipsoid*: die sich aus der leichten Abplattung an den → *Polen* und der leichten Ausbauchung im Bereich des → *Äquators* ergebende geometrische Idealgestalt der → *Erde*. Das R. ist die mathematisch am besten zugängliche Annäherung an die durch → *Schwereanomalien* etwas unregelmäßige wahre Gestalt der Erde (→ *Geoid*).

Rotationsprinzip *principle of rotation*: bei der Beschäftigung von → *Gastarbeitern* das Bestreben, die ausländischen Arbeitskräfte nach relativ kurzen Zeiträumen (meist wenige Jahre) in ihr Heimatland zurückkehren zu lassen und gegen Neuankömmlinge auszutauschen. Zweck des R. was es v.a., die → *Integration* und evtl. Sesshaftwerdung der Gastarbeiter im Beschäftigungsland zu verhindern und die Rückgewöhnung an das Leben im Heimatland zu erleichtern.

Rotationsrutschung *rotational landslide, rotational slide*: → *Rutschung* mit konkav nach oben gekrümmter ("löffelförmiger") Gleitfläche, die in der → *Abrissnische* fast vertikal einfällt. Durch die Krümmung weist die Bewegung eine Rotationskomponente auf, sodass die Bewegung hangabwärts und zur Erdoberfläche gerichtet ist. R. bilden sich im Gegensatz zu → *Translationsrutschungen* fast ausschließlich in homogenen, kohäsiven (d.h. hoher Ton- und Schluffanteil) Lockergesteinen aus. Beim *Gleiten* wird die bewegte Masse meist nur geringfügig umbearbeitet. Kennzeichnend sind im oberen Bereich → *Nackentälchen* und Zerrspalten. An der Rutschungsfront wird das Material gestaucht und kann, in Abhängigkeit von der Wassersättigung, dort auch in einen Fließprozess übergehen, z.B. den einer → *Hangmure*.

Rotationsweide → *Umtriebsweide*.

Rote Liste *red list*: Auflistung jener → *Arten* von Tieren und Pflanzen eines Gebietes, die infolge der Nutzung der Landschaft durch den Menschen, der → *Ausräumung der Kulturlandschaft* oder anderer Aktivitäten des Menschen direkt oder indirekt im Bestand gefährdet bzw. vom Aussterben bedroht sind. Ihr Verlust verringert die → *Diversität*. R. L. zeigen die momentanen Gefährdungskategorien an und werden nach international verbindlichen Kriterien aufgestellt. R. L. sind ein Rechtsinstrument des → *Naturschutzes*.

Roterde *Ferralsol*: ältere Bezeichnung für Böden der wechselfeuchten → *Tropen*, die zur Gruppe der → *Ferralsole* (→ *WRB* 2014) gehören. Intensive chemische Verwitterung bewirkt in den R. eine Verarmung an verwitterbaren Primärmineralen. Die Kieselsäure wird größtenteils weggeführt (→ *Desilifizierung*), und die verbleibenden Eisen- und Aluminiumoxide flocken in Trockenperioden aus und schaffen ein hartkrümeliges Gefüge. Die Eisenminerale Hämatit und Goethit geben der R. intensiv rote und gelbrote Färbung. Neben der Sesquioxidanreicherung findet auch eine Tonmineralneubildung statt, wobei v.a. Kaolinite entstehen. Unter bestimmten Bedingungen bildet die R. → *Laterit-Krusten*. Wegen des sehr raschen Humusabbaus und der niedrigen Sorptionskraft für Nährstoffe haben R. chemisch ungünstige Eigenschaften. Ihnen gegenüber stehen jedoch gute bodenphysikalische Voraussetzungen durch stabiles Gefüge und Tiefgründigkeit.

Rotlehmrelikt *relict red loam, relict laterite*: in der Geomorphologie der Datierung der → *Altflächen* als → *Paläoklimazeugen* dienende, für tropisch-subtropisch wechselfeuchte Klimate während des → *Tertiärs* in Mitteleuropa herangezogene → *fossile Böden* (→ *Paläoboden*).

Rotliegendes *Rotliegendes*: ältere Abteilung des → *Perm* im Bereich des späteren → *Varianischen Beckens*. Dauer: 299-271 Mio. J. v.h.. In Europa überwiegend durch → *terrestrische* → *Sedimente* roter Farbe vertreten. Dem R. folgt der → *Zechstein*. Beim R. handelt es um Abtragungsprodukte des → *Variscischen Gebirges*, welche die → *Tröge*, die sich zwischen Hebungsgebieten herausbildeten, füllten. Unter → *aridem* → *Klima* kam es zu Rotverwitterungen, welche die charakteristische Farbe der → *Konglomerate*, → *Sandsteine* und → *Schiefertone* des R. bewirken.

Rotterdam-Konvention *Convention of Rotterdam*: 1998 abgeschlossener völkerrechtlicher Vertrag zur Chemikaliensicherheit im internationalen Handel mit Gefahrenstoffen. Soll → *Entwicklungsländer* vor unkontrollierten Chemikalieneinfuhren schützen. Die R.-K. bindet den Export von → *Pestiziden*, → *Herbiziden* und Chemikalien, der durchgeführt wurde, um Industrieländern sachgerechte → *Entsorgung* zu ersparen, an die Zustimmung der Zielländer (→ *Basler Konvention*).

r-Stratege → *Lebensstrategie*.

Rubefizierung *rubefication*: zusammenfassende Bezeichnung für jene Bodenbildungsprozesse, welche zu einer Ausscheidung und Anreicherung wasserarmer Eisenverbindungen (z.B. Hämatit und Goethit) in subtropischen und tropischen Böden (→ *Roterde*, → *Terra rossa*) führen.

Rübels Prinzip → *Prinzip der Gleichwertigkeit verschiedener Umweltwirkungen*.

Rubidium-Strontium-Methode *rubidiumstrontium method*: Verfahren der absoluten Altersbestimmung der → *Geochronologie*, das aus der Zerfallszeit von radioaktivem Rubidium und Strontium auf das Gesteinsalter schließt. Rubidium ist Bestandteil zahlreicher gesteinsbildender Minerale und weit verbreitet.

Rückbau *deconstruction, renaturation*: Sammelbezeichnung für Maßnahmen, die im Landschafts- und Städtebau, aus Sicht der → *Ökologischen Planung* und Ökologischen Politik durchgeführt werden. Dabei geht es um Aufhebung von → *Bodenversiegelungen* und damit verbundenen überdimensionierten Verkehrsflächen, um den Lebensraum Stadt wieder attraktiver und ökologisch wertvoller zu machen. R. richtet sich nicht nur gegen → *Landschaftsverbrauch* allgemein, sondern möchte auch die ökologische Diversität der Landschaftsökosysteme steigern. Auch die → *Renaturierung* von Gewässern, die begradigt und ausgebaut wurden, gehört zum R. (→ *Stadtökologie*).

Rücken *crest, ridge (1.); ridge (2.)*: 1. steile, gewölbte → *Schwelle* unterschiedlicher Genese, oft eine Form des → *Mesoreliefs*. R. sind meist von rundlich-länglicher Gestalt mit einer geringeren Breite gegenüber einer größeren Länge. 2. als Formen des → *Makro*- und → *Megareliefs* v.a. im → *submarinen* Formenbereich verbreitet, z.B. als → *Mittelozeanische R.*.

Rückhaltebecken *retention basin, retaining basin, retardation basin, high-water basin*: Auffangbecken für Niederschlagswasser, damit der → *Abfluss* der → *Oberflächengewässer* geregelt wird. Das R. ist eine Stauanlage, die bei Schneeschmelze oder Starkregen überschüssiges Wasser vorübergehend speichert, um Überschwemmungen zu vermeiden. In Trockenperioden erfolgt Abgabe gestauten Wassers, um den → *Abfluss* des → *Vorfluters* zu erhöhen. R. wurden am Rande großflächiger Überbauungen (Städte, Agglomerationen) erforderlich, weil durch → *Bodenversiegelungen* Niederschlagswasser kaum noch versickert und die traditionelle → *Kanalisation* nicht mehr ausreicht, Spitzenwassermengen abzuführen. Das R. ist im Unterschied zur → *Talsperre* ein → *Speicherbecken*, das lediglich einen ungeregelten Durchlass hat, der mehr oder weniger ständig offen ist. Überwiegend handelt es sich um Regen- bzw. Hochwasser-R..

Rückkopplung *feedback*: ein Begriff der → *Kybernetik*, der Eingang in alle → *Systemtheorien* gefunden hat. R. bezeichnet den Mechanismus der Rückführung eines Teils der Ausgangsgröße in direkter oder in modifizierter Form auf den Eingang des Systems. R. kommen in biologischen, geologischen, wirtschaftlichen, sozialen und technischen Systemen vor und führen je nach Art und Richtung zu einer Selbstverstärkung des Systems (positive R.) oder zu einer Abschwächung oder Selbstbegrenzung (negative R.). In natürlichen Systemen können Rückkopplungen in komplexen Strukturen vorkommen (→ *komplexes System*), in denen Elemente über andere, zum Teil entfernt liegende Systeme, wieder auf sich selbst zurückwirken. Unterschieden werden kompensierende und kumulative R. Bei kompensierender R. tragen die Rückwirkungen dazu bei, dass die Stabilität des Systemsaufrecht erhalten wird. Kumulative R. hingegen liegt vor, wenn die Rückwirkungen die → *Stabilität* des Systems aufheben,

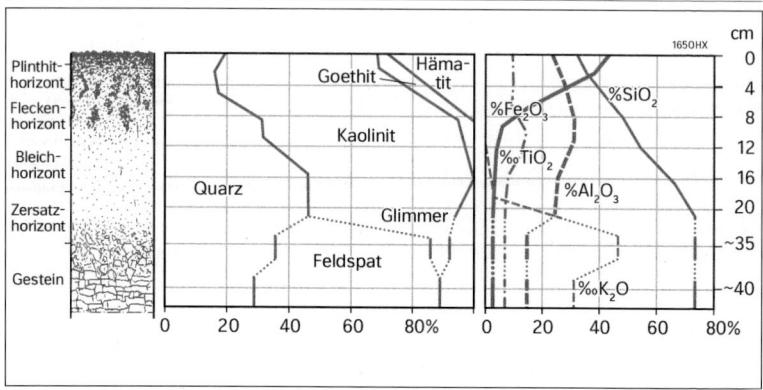

Roterde

wobei es zur qualitativen Veränderung oder zur Zerstörung des Systems kommen kann.

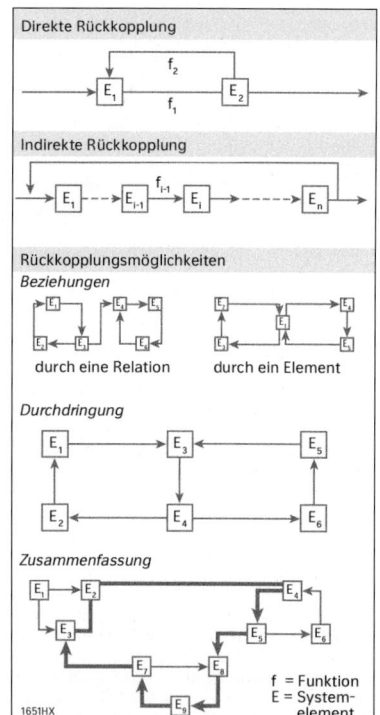

Rückkopplung

Rückkühlanlage *recooling system*: technische Anlage zur erneuten Abkühlung von in → *Kraftwerken* bzw. in industriellen Großbetrieben erwärmtem → *Kühlwasser*. Durch das Rückkühlverfahren wird das Kühlwasser mehrfach benutzt und damit die → *Wärmebelastung der Gewässer* reduziert (→ *Kühlturm*, → *Nasskühlturm*, → *Trockenkühlturm*).

Rücklage *reserve*: im → *Wasserhaushalt* der Anteil des Wassers, welches kurz- oder mittelfristig in den → *Speichern* eines → *Einzugsgebiets* verbleibt.

rückläufiges Delta *regressive delta*: entsteht, wenn stark strömendes Seewasser durch ein → *Tief* in ein → *Haff* einströmt, sodass auf der Haffseite ein → *Delta* mit dem üblichen Aufbau entsteht – jedoch dem Meer abgewandt.

Rucksacktourismus *backpacking, backpacker tourism*: in den 1970er-Jahren entstandener Begriff für meist jüngere Touristen, die nicht an einem Ziel verweilen, sondern häufig über einen längeren Zeitraum eine größere Reise unternehmen. Typisch für Rucksacktouristen sind billige Reisemöglichkeiten (z.B. Mitfahrgelegenheiten, Sondertarife der Bahn) und Übernachtungen (z.B. in → *Hostels*, → *Jugendherbergen*, auf → *Campingplätzen*).

rückschreitende Erosion *backward erosion, head erosion, headwater erosion: retrogressive erosion*: flussaufwärts gerichtete → *Tiefenerosion*, ausgehend von der (ggf. lokalen) Erosionsbasis und zurückzuführen auf die Wirkung von → *Grundwalzen*, z.B. unterhalb von Festgesteinsschwellen. Da die Walzenwirkung dem Gefälle des Gerinnelängsprofils entgegen gerichtet ist und Abtragung erzielt wird, erfolgt eine Tieferlegung der Gerinnebettsohle, die sich über den Mittellauf bis zum → *Talanfang* mit dem Quellbereich fortsetzt. Am deutlichsten erkennbar ist r. E. bei der Zurückverlegung von → *Wasserfällen* oder → *Schichtstufen*.

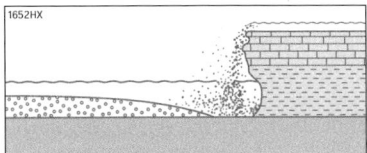

rückschreitende Erosion

rückschreitende Sedimentation *backward sedimentation, retrogressive sedimentation*: wird die → *absolute Erosionsbasis* erhöht, beispielsweise durch einen Meeresspiegelanstieg, wird das Flussgefälle vermindert. Fließgeschwindigkeit und somit Transportkraft (→ *Schleppkraft*) des Flusses werden verringert und es kommt zur Ablagerung der festen (nicht gelösten) → *Flussfracht*. Dies erhöht das Flussbett lokal und verändert über Wiederhoung dieses Prozesses die → *lokale Erosionsbasis* sukzessive flussaufwärts. Die r. S. steht damit der → *rückschreitenden Erosion* gegenüber.

Rückseitenwetter *weather in the rear (of a depression)*: typisches Schauerwetter, das hinter der vordringenden → *Kaltfront* einer → *Zyklone* herrscht. (→ *Vorderseitenwetter*).

Rückstausee *backflow lake*: nach → *Starkregen* und Schneeschmelzen in → *Einzugsgebieten* großer → *Flüsse* (infolge gehemmten → *Abflusses* der durch → *Dämme* eingeengten → *Hauptflüsse*) entstehender → *temporärer* → *See*, sodass → *Nebenflüsse* ihr Wasser nicht abführen können. Daher kommt es in ihrem Unterlaufbereich zu großflächigen → *Überschwemmungen* bei Wasserspiegelanstiegen von vielen Metern.

Rückstrahlung → *Albedo*.

Rücküberweisung (Rimesse) *remittances*: Geldüberweisung von → *Migranten* in ihre Herkunftsländer zur finanziellen Unterstützung dort lebender Familienmitglieder.

Rückwanderung *remigration, repatriation*: allgemein die Wanderung zurück an den ursprünglichen oder einen früheren Wohnort, im Speziellen die Rückkehr von Auswanderern in ihr Heimatland. R. tritt v.a. bei wirtschaftlichen Depressionen im → *Einwanderungsland* auf, daneben bei Angehörigen älterer Jahrgänge, die ihren Ruhestand wieder in der → *Heimat* verbringen wollen. Im Falle von → *Gastarbeitern* wurde von den Aufnahmeländern vielfach die R. nach einigen Jahren gewünscht, um einer → *Überfremdung* vorzubeugen (→ *Rotationsprinzip*).

Rückzugsgebiet → *Refugium*.

Rückzugsmoräne *recessional moraine, moraine of retreat*: in Stillstands- oder Rückzugsphasen eines → *Gletschers* in Form von Geschiebehügeln im Gletschervorfeld abgelagerte → *Moräne*. Es entsteht also keine → *Endmoräne*, sondern → *Geschiebe* aller Größenordnungen schmelzen aus der „zurückweichenden", d. h. zerfallenden, Gletscherzunge aus und bilden ein unregelmäßiges Hügelrelief.

Rückzugsstadium *recessional stage, stade of glacier retreat*: durch → *Endmoränen* und durch an diese anschließende Rückzugsschotter belegter Vereisungsstand nach dem Höchststand der einzelnen Vereisungen, wobei die Endmoränen des R. sowohl einen längeren Eisstillstand als auch einen erneuten Vorstoß anzeigen können. Das R. oder Rückzugsstadial ist nicht zu verwechseln mit der → *Rückzugsmoräne*. Je nach Abstand der einzelnen Eisrandlagen von der „Eismitte" bzw. entsprechend der Amplitude der Gletscheroszillationen werden vom R. die weniger weit reichende Rückzugsphase und die noch weiter zurückliegende Rückzugsstaffel unterschieden.

Ruderalboden *ruderal soil*: im weitesten Sinne Stichtboden, bezieht sich aber überwiegend auf → *anthropogenen* → *Schutt* (Siedlungsschutt, Bauschutt, Trümmerschutt; → *anthropogene Materialtypen*), auf welchem innerhalb von 5-25 Jahren echte → *Bodenbildung* mit Profildifferenzierungen auftritt.

Ruderalfläche *ruderal site*: → *anthropogen* bis → *technogen* geprägter Standort, der ursprünglich oder zeitweise pflanzenarm und verhältnismäßig stickstoffreich ist und sich durch einen → *Ruderalboden* auszeichnet, dessen Bodenbildung noch nicht weit fortgeschritten ist, v. a. fehlt der Ah-Horizont. Charakteristisch für die R.-Ökosysteme sind die großen Schwankungen von Bodentemperatur und -feuchtigkeit und des ökophysiologischen Nährstoffangebots. Zu den R. gehören → *Müllkippen*, → *Deponien*, Trümmergrundstücke, Stapelplätze, → *anthropogene* → *Schutthalden*, unbebaute Grundstücksflächen und andere Lockersedimentaufschüttungen → *anthropogener Materialtypen*. Die sich ansiedelnde Vegetation gehört den → *Pionierpflanzen* an, die je nach Standortqualität die Pionierstadium rasch durchlaufen können. Feldraine, Wegränder, Brachen und Flussauenränder sollten nicht als R., obwohl sie von der Pflanzenökologie als Ruderalstandorte bezeichnet werden, weil dort → *Ruderalpflanzen* wachsen. Die R. besitzen v. a. in der Stadt Bedeutung als einer von Naturzellen in den sonst stark → *anthropogen* geprägten → *Stadtökosystem* (→ *Stadtnatur*).

Ruderalgesellschaft *ruderal community*: → *Gesellschaft* von → *Ruderalpflanzen*.

Ruderalpflanzen *ruderal plants*: → *Pflanzen* mit hoher Samenproduktion und der Fähigkeit, schnell gestörte Standorte besiedeln zu können. Sie kommen vor an Schuttplätzen, Wegrändern sowie in der Nähe menschlicher Siedlungen auf Ruderalstandorten. Wegen des Reichtums an → *anorganischen* Stickstoffverbindungen sowie anderen Mineralsalzen an den Ruderalstandorten sind die R. salzliebende bis -ertragende Gewächse. R. kommen jedoch auch an ungestörten Standorten mit hohen Gehalten an → *Stickstoff* vor. Typische R. sind Brennnessel, Gänsefuß, Melde.

Rüfe → *Runse*.

Ruheform *dead form*: eine → *Oberflächenform*, die keiner → *aktuellen* Weiterentwicklung unterliegt.

ruhender Verkehr *stationary traffic*: Fahrzeuge, die außerhalb ihrer Verkehrszeiten abgestellt sind. R. V. tritt hauptsächlich durch private Kraftfahrzeuge auf und zwar einerseits im → *Quellgebiet* (Garagen und Parkplätze in Wohnungsnähe des Fahrzeughalters), andererseits im → *Zielgebiet*. Für den r. V. muss pro Fahrzeug ein Mehrfaches an Platz vorgehalten werden, da ein PKW in der Regel vor dem Wohnhaus, bei der Arbeitsstelle, beim Einkauf und in der Freizeit Platz beansprucht.

Ruhesitzwanderung *retirement migration*: → *Wanderung* älterer Menschen in Wohnorte, die als Altersruhesitz dienen. Die R. als spezielle Form der altersspezifischen Wanderung hat in vielen → *Industriestaaten* ein bedeutendes Ausmaß angenommen. Ihre Zielgebiete sind v.a. landschaftlich und klimatisch attraktive und infrastrukturell gut ausgestattete → *Gemeinden*, auch → *Kurorte*, wo häufig spezielle auf die Bedürfnisse von Senioren zugeschnittene Immobilien errichtet werden. In den USA hat die R. bereits zur Bildung von → *Rentnerstädten* geführt.

Rummel *rummel*: meist relativ kurze, steilhängige, kastenartige kleine → *Trockentäler* mit starkem → *Gefälle*, die vom Rand pleistozäner Hochflächen und → *Endmoränen* in vorgeschaltete → *Tiefenlinien* führen. Ursprünglich entstanden sie → *periglazial* auf → *Permafrostboden*. Im → *Postglazial* erfolgte eine Weiterformung durch → *anthropogen* ausgelöste → *Bodenerosion*. Der R. verwandte Formen sind → *Tilke* und → *Siek*.

Rumpfebene → *Rumpffläche*.

Rumpffläche (Fastebene, Peneplain, Rumpfebene) *peneplain, old plain, peneplane*:
– gering reliefierte Oberflächenform großer räumlicher Ausdehnung, die unabhängig von Faltenstrukturen, → *Bruchlinien* oder widerständigen Gesteinsbereichen als leicht gewellte → *Flachform* den festen Gesteinsuntergrund als → *Kappungsfläche* schneidet. Sie gilt wegen der fehlenden Beziehung zwischen Form und innerem Bau des Gebirges als → *Skulpturform*, die auf → *Flächenbildung* und → *Denudation* zurückgeht. R. finden sich auf alten Kontinentalschilden, was zum einen auf lange Entstehungszeiträume und zum anderen auf unterschiedliche klimatische Bedingungen hinweist, unter denen sie entstehen können. WIchtig für die Bildung scheint eine lange tektonische Ruhephase zu sein. – In der Theorie des → *Erosionszyklus* nach William Morros Davis die Endform einer Formentwicklung. Das entsprechende Stadium seines Zyklus heißt „Alter".

Rumpfflächenlandschaft *peneplain landscape*: weit verbreiteter → *geomorphologischer Landschaftstyp* aus einer Abfolge von → *Rumpfflächen* (→ *Rumpftreppe*). Gegenüber der → *Schichtstufenlandschaft* orientiert sich die R. nicht an der Widerständigkeit der Gesteine. Viele Mittelgebirge Mitteleuropas sind R.; klassische R. ist das Rheinische Schiefergebirge (→ *Rheinische Masse*, → *Rheinischer Schild*). Auf den Südkontinenten finden sich weit ausgedehnte alte R., die oft älter als → *Tertiär*.

Rumpfgebirge (Rumpfschollengebirge) *bevelled upland, truncated upland, uplifted peneplain*: aus dem Unterbau, d.h. dem Rumpf, eines weitgehend abgetragenen alten → *Faltengebirges* entstandenes Gebirge, das später wieder als → *Bruchscholle* emporgehoben wurde und das → *Bruchlinien* begrenzen, sodass es sich gleichzeitig um ein Bruchschollengebirge handelt. Die Oberfläche des R. bilden → *Rumpfflächen*.

Rumpfscholle *bevelled fault block, truncated upland*: ähnlich dem → *Rumpfgebirge* eine entlang von → *Bruchlinien* herausgehobene, von Abtragungsflächen gekennzeichnete → *Scholle* begrenzten Ausmaßes.

Rumpfschollengebirge → *Rumpfgebirge*.

Rumpfstufe *bevelled fault block step, truncated fault block step, truncated upland step*: Außenrand einer → *Rumpffläche*, der gegenüber dieser steiler ist und entweder strukturell, endogen-kinetisch oder denudativ bedingt ist. Die R. sind Bestandteil der → *Rumpftreppe*.

Rumpftreppe (Gebirgstreppe) *peneplain steps*: Abfolge verschieden alter → *Rumpfstufen*, die → *Rumpfflächen* in unterschiedlichen relativen Höhenlagen voneinander trennen, und die als Treppung des → *Endrumpfes* begriffen werden, die sich um ein höheres → *Zentrales Bergland* anordnet. Man geht davon aus, dass die Flächenbildung unter einem wechselfeucht-warmen Klima stattfand, das intensive Verwitterung zu → *Regolith* und flächenhaften Abtrag auch in widerständigen Gesteinen ermöglichte. Problematisch ist die

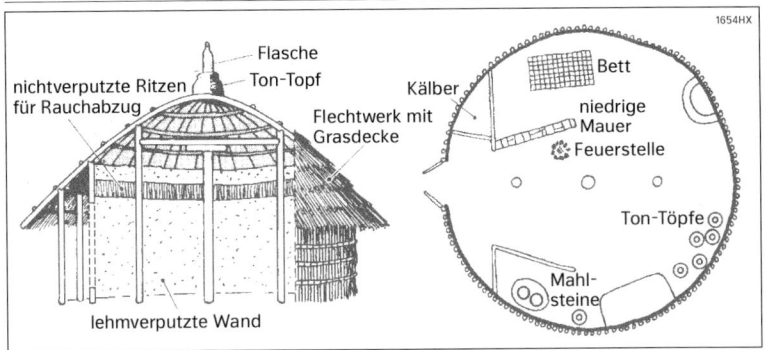

Rundhaus

für die Abfolge der Rumpfstufen in der R. angenommene phasenhafte → *tektonische* Heraushebung: Für Zeiten relativer tektonischer Ruhe nimmt man dann die Flächenbildung an. Eine der Theorien der R.-Entstehung ist jene der → *Doppelten Einebnungsflächen*.

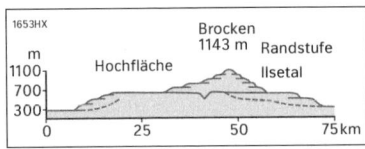

Rumpftreppe

Rundangerdorf *green village*: ländlicher → *Siedlungstyp*, der zwischen dem → *Straßendorf* und dem → *Rundplatzdorf* (→ *Rundling*) einzuordnen ist. Beim R. spaltet sich die Straße an den beiden Dorfenden auf und umschließt innerhalb des Ortes einen freien Platz (→ *Anger*), der die Kirche aufnimmt. Gegenüber dem Rundling erscheint das R. weniger geschlossen und hat einen größeren Dorfplatz. R. gibt es v. a. in Schleswig-Holstein.

Rundbau *round house*: spezielle Grundform der Baukonstruktion und des Behausungsgrundrisses (→ *Rundhaus*). Andere Grundformen sind der → *Gewölbe*-, der First- sowie der → *Rechteckbau*.

Rundhaus *round house*: Behausungstyp, der v. a. in Afrika und Südamerika in einem breiten Gürtel um den tropischen → *Regenwald* verbreitet ist. Die Wände des R. bestehen aus senkrechten Pfählen mit Lehmflechtwerk oder aus dicht beieinanderstehenden Pfählen bzw. aus fachwerklichem Stangenwerk mit Bruchsteinfüllung. In holzärmeren Gebieten können R. auch aus gras- oder strohgemischten Trockenlehmziegeln, Stampflehm oder Bruchstein errichtet sein. Das ihnen eigene Kegeldach ist meist ein Gestänge, das mit einer Gras-, Schilf- oder Strohdecke überzogen ist. Der Durchmesser eines R. kann bis zu zehn Meter betragen.

Rundhöcker *roche moutonnée, sheepback*: → *glazial* geformte stromlinienförmige Hügel aus → *Anstehendem*, die auf jener Seite Glättungen, → *Gletscherschliff* (→ *Detersion*) und → *Gletscherschrammen* sowie → *Kritzen* aufweisen, die der Fließrichtung des Gletschers entgegen gerichtet ist (Luvseite). Die steilere Leeseite ist durch → *Detraktion* und → *physikalische Verwitterung* aufgeraut, v. a. Absplitterungen durch Frostsprengung. R. kommen meist vergesellschaftet vor. In den Alpen finden sie sich v. a. in Hochlagen, z. B. auf vom Gletscher überfahrenen → *Pässen*.

Rundhöckerflur *group of roches moutonnées*: Vergesellschaftung von → *Rundhöckern*, die besonders dort auftreten, wo sich → *Gletscher* über härtere Felsschwellen bewegten.

Rundhöckerlandschaft *roches moutonnée landscape*: großflächiges Auftreten von → *Rundhöckerfluren* in Gebieten, wo ausgedehntere und wenig geneigte Felsflächen von → *Gletscher* überfahren wurden. Die R. treten v. a. in Skandinavien auf, z. T. in → *marin* überfluteter Form als → *Schären*.

Rundling *round/circular village*: besondere Form des → *Rundplatzdorfes*. Beim R. gruppieren sich um einen Platz mit einem einzigen Zugang hufeisenförmig bis nahezu kreisförmig die Hofstellen. Letztere haben Anschluss an eine Streifengemengeflur. Die Verbreitung des R., wie z. B. im Hannoverschen Wendland, lässt deutliche Beziehungen zu früheren Stadien der → *Ostkolonisation*, ihren westlichen Randgebieten und zu slawischer Bevölkerung erkennen.

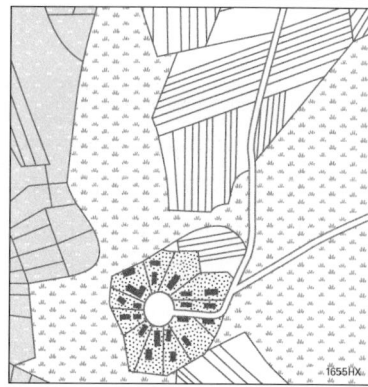

Rundling

Rundplatzdorf *round/circular village*: → *ländliche Siedlung*, bei der die → *Höfe* um einen rundlichen Dorfplatz angeordnet sind. Von diesem aus führt nur ein Weg zur außerhalb gelegenen Landstraße. Der bekannteste Typ eines R. ist der → *Rundling* (→ *Sackgassendorf*).
Rundreise *round trip, circular tour*: im Unterschied zu einer Aufenthaltsreise eine touristische Reise, die sich aus Kurzaufenthalten mit Besichtigungen an mehrmals wechselnden Orten zusammensetzt. R. werden v. a. als Omnibusreisen im Rahmen des → *Kulturtourismus* organisiert; sie werden aber auch als Individualreisen, meist per Pkw, durchgeführt.
Runrig *runrig*: kleinflächiges Dauerackerland in keltischen Rückzugsgebieten (z. B. Schottland, Wales, Irland). Das R. war gewannartig eingeteilt und lag inselartig inmitten von Allmendland (→ *Allmende*). Die → *Parzellen* des R. wurden jährlich neu an die Mitglieder der → *Feldgemeinschaften* und Pfluggenossenschaften verteilt.
Runse (Gully, Klinge, Rachel, Riefe, Rüfe) *ravine, gully, rill*: steilwandiger, oftmals mehrere Meter tiefer Erosionsgraben von bis zu mehreren Hundert Metern Länge. Überwiegend mit Kerbprofil, aber auch Kastenprofil möglich. R. bilden sich im Mittelgebirge v. a. an Hängen, die von Lockersedimenten bedeckt sind und bilden bei vergesellschaftlichem Auftreten die sog. → *Badlands*. Wird das unterliegende Material durch Steine geschützt, die zu groß und schwer für den Abtransport sind, wird die umliegende Hangfläche durch die R.-Bildung erodiert und es entstehen Erdpfeiler (→ *Erdpyramide*). Im Hochgebirge entstehen R. an Steilhängen und sind dann oftmals bevorzugte Bahnen für beispielsweise Lawinen. R. entstehen durch → *Fluvialerosion* nach starken Niederschlagsereignissen und entsprechend ausgeprägtem → *Oberflächenabfluss*, aber auch durch → *Piping*:, wenn erodierte Tunnel einstürzen. R. enstehen auch durch natürliche Prozesse, sind aber in den meisten Fällen anthropogen bedingt, durch unangepasste Bewirtschaftung. Bei anthropogener Entstehung werden sie regional unterschiedlich auch als Tilke oder Sieke bezeichnet.
Runsenspülung → *Grabenerosion*.
Ruptur *rupture*: 1. Trennfläche in einem Gesteinsverband, durch → *tektonische* → *Prozesse* verursacht. 2. Sammelbezeichnung, z. T. im Verbund mit 1., für → *Klüfte*, Risse und → *Spalten* im Gestein.
rural → *ländlich*.
Ruralisierung *ruralization*: im Gegensatz zur → *Urbanisierung* die „Verländlichung" eines Raumes. Der Begriff wird v. a. dann verwendet, wenn sich in → *ländlichen Räumen* durch die → *Abwanderung* nichtlandwirtschaftlich Erwerbstätiger und gewerblicher Betriebe das Gewicht der Landwirtschaft in der Erwerbsstruktur relativ erhöht.
Ruralität *rurality*: zusammenfassender Ausdruck für die spezifischen Merkmale des → *ländlichen Raumes*. R. äußert sich v. a. in der Wirtschaftsstruktur des Raumes und der Berufs- und → *Sozialstruktur* der ländlichen Bevölkerung, aber auch in der Physiognomie der Siedlungen usw. – jeweils als Gegenposition zu entsprechenden → *urbanen* Merkmalen.
rural-urban-fringe Übergangsbereich am Rand eines großstädtischen → *Verdichtungsraums* zwischen städtisch geprägtem Raum und ländlichem → *Umland*. Der Übergangscharakter zeigt sich sowohl in der baulichen Struktur als auch in der → *Sozial-* und → *Erwerbsstruktur* der Bevölkerung. Der r.-u.-f. ist ein Gebiet, in dem durch Prozesse der → *Suburbanisierung* und → *Urbanisierung* meist rasch ablaufende Wandlungen stattfinden.
Rurbanisierung *rurbanization*: aus → *rural* und → *urban* zusammengesetzter, jedoch selten gebrauchter Begriff, der die Ausbildung neuer, zwischen Stadt und Land stehender → *Bevölkerungs-*, → *Wirtschafts-* und → *Sozialstrukturen* in den Randzonen der → *Verdichtungsräume* bezeichnet. Im Gegensatz zur → *Urbanisierung* soll das Fortbestehen ländlicher Teilstrukturen ausgedrückt werden.
Ruß *soot, carbon black, loose smut*: eine Spezialform des → *Staubs* aus feinen Kohlenstoffpartikeln, die bei nicht vollständiger Verbrennung von → *Kohlenwasserstoffen* entstehen und in die → *Troposphäre* emittiert werden. Quellen der R.-Emissionen: Dieselfahrzeuge sowie Öl- und Kohleheizungen von Haushalt, Gewerbe und Industrie. R.-Emissionen sind

Indikator unvollständiger Verbrennung. Der R. gilt als Träger krebserregender Stoffe (Polycyclische aromatische Kohlenwasserstoffe). Der R. stellt ökophysiologisch und wegen der Verschmutzung von im Freien exponierten Gegenständen eine beträchtliche → *Umweltbelastung* dar.

Ruschel *fracture[d] zone*: → *Ruschelzone*.

Ruschelzone (Ruschel) *fracture[d] zone*: stark zerklüftete, schmale Gesteinszone, die sich bei → *tektonischen* Bewegungen bildete, wobei in deren Bereich das Gestein zertrümmert wurde.

Rushhour *rush hour*: Zeit des i. d. R. zweimaligen werktäglichen Stoßverkehrs, insbesondere in den größeren → *Städten* und → *Verdichtungsräumen*. Die R. ergibt sich durch die allgemein sehr ähnlichen Arbeitsanfangs- und -schlusszeiten, die zu einer starken räumlichen und zeitlichen Konzentration des → *Pendelverkehrs* führen. Flexible Arbeitszeiten können dazu beitragen, die Verkehrsprobleme der R. zu verringern.

Russia *Sarmatian Stage*: → *Sarmatia*.

Russische Tafel *Russian platform*: ein Teil → *Fennosarmatias*, d. h. eine großräumige, nicht gefaltete Abfolge von Gesteinen des → *Känozoikums*, des → *Mesozoikums* und des → *Paläozoikums* in Osteuropa.

Rüstungsaltlastengebiete (Altlastengebiete, militärische) *military contaminated areas, armament contaminated areas*: → *Altlastenstandorte* mit ehemaligem Militärbetrieb bzw. Rüstungsproduktion, von denen → *Umweltbelastungen* ausgingen oder noch ausgehen, v. a. von Kampfstoffen und Kampfmitteln, daneben aber auch von den an R. konzentriert genutzten oder anfallenden konventionellen Stoffen (z. B. Mineralölkohlenwasserstoffen, d. h. Kraft- und Schmierstoffen, Motoren- und Hydraulikölen), mineralischen Abfallstoffen (→ *Aschen*, Bauschutt) sowie diversen chemischen → *Hilfsstoffen* (Lösungs- und Entfettungsmittel, Trichloretylen, Trichlorethan, → *Herbizide*, → *Insektizide*, Säuren, Laugen; → *anthropogene Materialtypen*, → *Städtischer Bergbau*).

Rußzahl *soot index*: Messziffer zur Kennzeichnung des Ausmaßes der Verunreinigung von → *Rauchgasen* bzw. durch → *Ruß*. Die R. wird experimentell mit der zehnstufigen Bacharach-Skala bestimmt.

Rutschung (Erdrutsch, Hangrutschung) *earth slide/slip/slump, landslide, landslip, slope failure*: eine hangabwärts gerichtete → *gravitative Massenbewegung* mit deutlich ausgeprägter Gleitfläche, die meist als Folge eines Scherbruches an der Grenze der bewegten Masse zur unbewegten Masse entsteht. Es wird zwischen → *Rotationsrutschung* und → *Translationsrutschung* unterschieden. Prinzipiell können R. in jedem Gestein vorkommen, jedoch ist in weichen Gesteinen (mit hohem Ton- oder Mergelgehalt) die grundlegende → *Disposition* höher. Für die variable Disposition ist vor allem die Durchfeuchtung und der Hangwasserhaushalt entscheidend, wobei die Neigung zu R. auch durch Druckentlastung erhöht werden kann. → *Auslöser* sind Erschütterungen wie Erdbeben, langandauernde Regenfälle (gefolgt von einem Starkregenereignis) und Schneeschmelze.

Rutschwulst *slump ball*: Vollform, die unterhalb einer → *Abrissnische* im Bereich einer → *Rutschung* als zungenförmiges, meist wellig-höckriges Gebilde entsteht.

Ryd-Scherhag-Effekt *Ryd-Scherhag divergence theory*: die dynamische, im Strömungsfeld der Höhenströmung begründete Änderung des → *Luftdrucks* im Bodenbereich. Der Druckabfall am → *Boden* entsteht durch Massenverlust von → *Luft* in der Höhe, wenn diese im Divergenzbereich starker Strömungen an der planetarischen Frontalzone wegen der Massenträgheit zum hohen Druck hin abgelenkt wird. Dieser Mechanismus ist grundlegend für die Entstehung von → *Zyklonen*.

S

Saale-Kaltzeit *Saale glaciation*: vorletzte und zugleich räumlich ausgedehnteste → *Kaltzeit* im Bereich der → *Nordischen Vereisung* während des → *Pleistozäns*, zwischen → *Holstein-* und → *Eem-Warmzeit*. Mittlerweile eher als ein Komplex mit zwei verschiedenen Kaltzeiten (Fuhne Kaltzeit und S.-K. i. e. S.) verstanden, die von einer Warmzeit unterbrochen waren. Dauer der S.-K.: ca. 300 000-128 000 J. v. h. Die → *Endmoränen* setzen im Bereich von Rheinmündung und Niederrheinischer Bucht ein, ziehen über das Münsterland entlang der Mittelgebirgsschwelle in das Tiefland Osteuropas. Zwischen Harz und Isergebirge sowie nördlich der Karpaten blieb die Eisgrenze der S.-K. jedoch hinter der → *Elster-Kaltzeit* zurück. Hauptcharakteristikum ist eine tiefgründig verwitterte Decke aus → *Geschiebemergel* (mehrere Meter mächtig), die meist als → *Geschiebelehm* auftritt. Durch Wind- und Wasserabtrag während der → *Weichsel-Kaltzeit* und im → *Postglazial* wurde das Feinmaterial weggeführt und Grobmaterial angereichert. Im → *Periglazialgebiet* entstanden während der S.-K. → *Flussterrassen*, als → *Hochterrasse* bzw. → *Mittelterrasse* bezeichnet. Charakteristisch für das Gebiet der S.-K. ist eine Decke aus → *Löss*, die während der Weichsel-Kaltzeit auf den saalezeitlichen Formen sedimentiert wurde. Die S.-K. gliedert sich in zwei Stadien: älteres → *Drenthe-Stadium* (Saale I) und jüngeres → *Warthe-Stadium*, beide durch die → *Treene-Zeit* getrennt, deren interstadialer oder interglazial-warmzeitlicher Charakter umstritten ist.

Saalische Phase *Saalian phase*: eine der letzten Phasen der → *Variskischen Gebirgsbildung* im → *Rotliegenden*, am Übergang zum → *Zechstein* vor ca. 250 Mio. J. v. h..

Säbelwuchs *curved tree trunk*: Krümmung von Baumstämmen, die durch → *gravitative* → *Massenbewegungen* hervorgerufen wird. Je stärker die Krümmung, desto größer die Bewegung des Untergrundes. S. entsteht jedoch auch an steilen Hängen ohne den Einfluss von gravitativen Massenbewegungen; ist nur der unterste Meter des Stammes betroffen, ist der S. auf Auflast von Schnee zurückzuführen. Es handelt sich um eine Form des → *Tropismus* bzw. um → *Geotropismus*.

Sachdaten *attribute data*: Daten, welche die Lage und Form (Geometrie) von → *Geodaten* inhaltlich ergänzen. Die z. B. als → *Shapefile* oder → *Feature Class* gespeicherten und i. d. R. auch mit einem → *Geographischen Informationssystem* (→ *GIS*) verwalteten Geodaten verfügen sowohl über geometrische als auch inhaltliche → *Attribute*. S. repräsentieren die inhaltlichen Attribute, wohingegen → *Geometriedaten* für die geometrischen Attribute stehen.

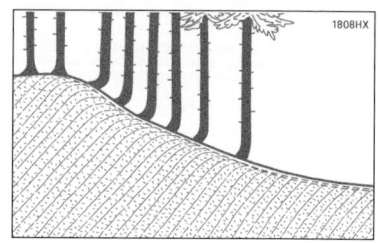

Säbelwuchs

Sachgüter *material goods*: materielle → *Güter*, die im Gegensatz zu → *immateriellen Gütern* gegenständlich sind und für die sich ein Sachwert formulieren lässt.

Sachgüterhandel (Warenhandel) *trade in physical/material goods*: Warenhandel, der den Handel mit → *Rohstoffen*, → *Fertig-* und → *Halb(fertig)waren* umfasst. Seit Ende der 1970er-Jahre sind ein drastischer Rückgang der Rohstoffe und ein deutlicher Anstieg der Halb(fertig)waren am Volumen des S. in Deutschland zu verzeichnen (Verhältnis ca. 1:4). Erfasst wird der S. in der → *Handelsbilanz*.

Sachpläne *plans for specific objectives*: in der Schweizer → *Raumplanung* Bezeichnung für Planungen in Sachbereichen, in welchen die planenden Behörden (→ *Gemeinden*, → *Kantone*, Bund) für Zielsetzung, Ausführung und Finanzierung zuständig sind. Der Bund erstellt S. in den Bereichen, für die er weitgehend alleine zuständig ist, z. B. Infrastruktur der Luftfahrt, Übertragungsleitungen, Militär.

Sackgassendorf *cul-de-sac village*: geschlossener → *Ortsformentyp*, der durch die Reduzierung des Straßennetzes auf eine oder mehrere blind endende Gassen gekennzeichnet ist. Das S. wird häufig als Entwicklungsform des → *Rundlings* oder des nur über eine Gasse zugänglichen → *Platzdorfes* gesehen. Die Entstehung der Sackgassen ist ferner durch eine Überbauung großer Hofareale durch → *Nachsiedler* oder → *Spätsiedler* denkbar, bei der nur der zum Althof führende Weg offen blieb. Von der mitteleuropäischen Form des S. sind die orientalischen S. zu unterscheiden, bei denen die älteren sich besonders irregulär, jüngere oft linear, teils mit und teils ohne Platz darstellen.

Sackgassengrundriss *town-plan with dead-end streets*: Grundrissform von Siedlungen, insb. Städten. Der S. ist v. a. im → *Orient* verbreitet, wo oft nur wenige Durchgangsstraßen eine → *Stadt* durchqueren, die Wohnviertel dagegen ganz überwiegend durch Sackgassen erschlossen sind.

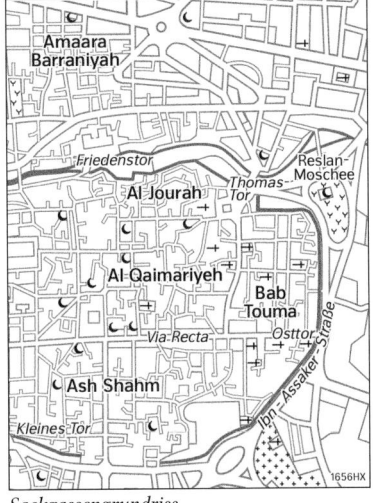

Sackgassengrundriss

Sackung *settling, creeping*: plötzliches Zusammendrücken eines belasteten, wasserungesättigten Materials des → *oberflächennahen Untergrundes* durch starke Wassereinwirkung, oft verbunden mit horizontalen Boden- bzw. Materialbewegungen. S. treten in Bergbaugebieten oder großflächigen → *Deponien* auf, die nicht ausreichend verdichtet wurden.

Sackungsdoline → *Erdfall*.

Safari *safari*: ursprünglich in Afrika eine Reise von Europäern mit eingeborenen Lastträgern. Heute ist S. in der → *Tourismuswirtschaft* eine Reise, insb. durch die → *Savannen* Ostafrikas, zur Großwildjagd oder zur Tierbeobachtung und -fotografie (sog. Foto-S.).

Saftfutter *green fodder*: in der landwirtschaftlichen Tierhaltung Futterstoffe, die einen hohen Gehalt an Wasser haben. Zum S. zählen → *Grünfutter*, Gärfutter und → *Hackfrüchte*.

Sahel *Sahel*: → *Halbwüste* am Südrand der → *Wüste* Sahara mit sehr unregelmäßig einkommenden 100-500 mm Jahresniederschlag und einer lichten, → *anthropogen* stark veränderten → *Dornstrauchsavanne* mit → *Sukkulenten*, unausgeglichenem Wasserhaushalt und wenig entwickelten Böden sowie häufigen → *Dürren* und fortschreitender → *Desertifikation*. Der Landschaftstyp S. gilt als Prototyp des Lebensraums am Rande der warm-ariden → *Ökumene*, der sich durch große Wirtschafts- und Überlebensrisiken auszeichnet. Der Begriff „sahelisch" wurde inzwischen auch auf andere → *Trockengebiete* der Erde übertragen, mit ökologisch und ökonomisch ähnlichen Bedingungen (→ *Sahel-Syndrom*).

Sahel-Syndrom *sahel syndrome*: eines der Syndrome Globalen Wandels (→ *Syndromansatz*), die vom Wissenschaftlichen Beirat der Bundesregierung Globale Umweltveränderungen (→ *WBGU*) 1996 entwickelt wurden. Das S.-S. kennzeichnet die landwirtschaftliche Übernutzung marginaler Standorte, insbesondere von nutzungslabilen → *Landschaftsökosystemen* in → *Trockengebieten* mit der Gefahr von Dürren.

saiger (seiger) *vertical*: bergmännische Bezeichnung für senkrecht stehende Gesteinsschichten. Gegensatz ist → *söhlig*.

Saisonarbeiterwanderung *seasonal movement of labo[u]r, seasonal workers' migration*: → *Wanderung* von Saisonarbeitern von ihrem Wohnort zum saisonalen Arbeitsplatz oder zwischen Saisonarbeitsplätzen, z. B. zwischen Sommer- und Wintertourismusgebieten. S. finden meist jährlich zur gleichen Jahreszeit zwischen bestimmten → *Quell*- und → *Zielgebieten* statt.

Saisonnomadismus *seasonal nomadism*: Form des → *Nomadismus*, die durch jahreszeitliche Wanderungen, z. B. vom Gebirge zum Tiefland oder zur Meeresküste, gekennzeichnet ist.

Saisonsiedlung *seasonal settlement*: jahreszeitliche (annuell-temporale) → *Siedlung*, die nur während einiger Monate im Jahr benutzt wird. Die S. findet sich primär bei den Wirtschaftsformen → *Nomadismus*, → *Halbnomadismus* und höherem Jägertum. Der Siedlungswechsel wird entweder zwischen Sommer und Winter oder zwischen Regen- und Trockenzeit vollzogen (→ *temporäre Siedlung*, → *ephemere Siedlung*, → *Dauersiedlung*).

säkular *secular*: 1. bezeichnet langjährige Vorgänge oder solche, die sich in großen Abständen (Jahren bis Jahrhunderte) wiederholen. 2. speziell für → *tektonische* → *Prozesse*, die sich über lange Zeiten erstrecken, wie → *Orogenese*, → *Taphrogenese* oder Pektogenese.

Säkularisation (Säkularisierung) *secularization*: allgemein Verweltlichung ursprünglich religiöser oder kirchlicher Sachverhalte, Begriffe, Güter usw.. Geographisch bedeutsam

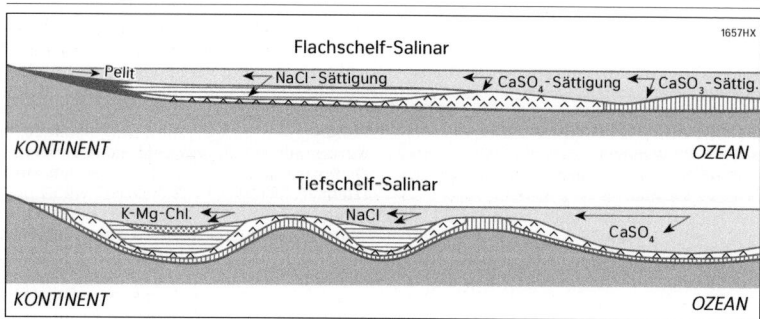

Salinare Serie

sind die im Laufe der Geschichte in vielen Ländern vorgenommenen S. im Sinne einer Enteignung von kirchlichen Besitztümern, Ländereien bzw. Herrschaften durch den → *Staat*. Dazu zählen z.B. die S. im Verlauf der Reformation, der Französischen Revolution, unter napoleonischem Einfluss zu Beginn des 19. Jh. im Deutschen Reich und nach dem Zweiten Weltkrieg in den kommunistischen Staaten des → *Ostblocks*.

Säkularisierung → *Säkularisation*.

Salar *salar*: großräumige Bodensenke, in welcher bei wüsten- oder halbwüstenartigem Klima → *Salzkrusten* aus verdunstendem Regen- oder → *Grundwasser* ausgeschieden worden sind (Salzpfanne).

Salina *salar*: → *Salar*.

salinar *saliferous*: ist eine Gesteinsabfolge, die vorwiegend aus Salzgesteinen besteht (→ *Salinare Serie*, → *Salzlagerstätten*).

Salinare Serie *saliferous series*: Abfolge von löslichen Gesteinen. Sie treten in allen Erdteilen und in fast allen Erdzeitaltern auf. Dazu gehören in Mittel- und Westeuropa → *Steinsalz*, → *Anhydrit* und → *Gips*. Die Gesamtheit aller Formen und Erscheinungen, die durch Auflösung einer definierten S. S. entstehen, bilden die → *Auslaugungsserie*. Alle Formen, die innerhalb einer Serie während ein und derselben Phase auftreten, stellen die Auslaugungsgruppe dar.

Salinarkarst (Salzkarst) *salt karst*: Form der → *Lösungsverwitterung*, tritt auch in an der Erdoberfläche anstehendem NaCl und KCl extremer Trockengebiete auf. Ist Untergrundwasser vorhanden, spielt sich dort → *Subrosion* ab (→ *Karst*, → *Gipskarst*, → *Karbonatkarst*, → *Pseudokarst*, → *Silikatkarst*).

Saline *salt-works*: Anlage, in der Kochsalz aus wässrigen Salzlösungen (z.B. → *Meerwasser*, → *Salzseen*, kochsalzhaltige Quellen) durch Verdunstung des Wassers gewonnen wird. Eine weitverbreitete Methode ist die Gewinnung des → *Salzes* aus der → *Sole* in sog. → *Salzgärten*.

Salinität *salinity*: 1. allgemein der → *Salzgehalt* im → *Meerwasser* oder in → *Binnenseen* arider Gebiete (→ *Endsee*, → *Salzsee*). Der Salzgehalt des Meerwassers der offenen → *Ozeane* beträgt ungefähr 35‰. In abgetrennten Meeresteilen und in → *Trockengebieten* ist er höher, in → *Randmeeren* mit viel → *Süßwasser*zufluss z.T. viel geringer (z.B. westliche Ostsee 11‰). In Binnenseen arider Gebiete kann der Salzgehalt mit der Zeit bis zur völligen → *Sättigung* ansteigen (→ *Evaporite*, Salzpfanne). Die S. ist ein lebenswichtiger Umweltfaktor für im Wasser lebenden Organismen. 2. das Maß des gelösten Gesamtsalzgehaltes pro Liter Wasser in Promille, dargestellt als → *Salinitätsgrad*.

Salinitätsgrad *salinity degree*: der Grad der → *Salinität*, d.h. die Konzentration gelöster → *Salze* im Wasser (→ *Salzwasser*, → *Brackwasser*).

in %			
30–45	euryhalin	Meer-	See
18–30	brachyhalin	wasser	marsch
			20
10–18	pliohalin	Brack-	Brack-
3–10	mesohalin	wasser	marsch
0,5–3	oligohalin		
			0,5
<0,5		Süß-	Fluss-
		wasser	marsch

Salinitätsgrad

Salmonidenregion (Bachregion) *salmonid zone*: Bestandteil der biologischen → *Fließgewässergliederung* in Mitteleuropa, die Flüsse in Teillebensräume gliedert, hier die kalte strömende Gebirgswasserregion bezeichnend, v.a. mit Vertretern der Familie der Forellen (→ *Salmonidae*). Die S. fasst die → *Forellen*- und die → *Äschenregion* zusammen.

Salpausselkä *salpausselkä*: fennoskandische → *Endmoränen*, längere Rückzugshalte des Eisrandes der letzten Vereisung, der → *Weichsel-Kaltzeit*, markierend, datiert auf 10 800-9800 J. v. h. datiert. Sie umrahmen die Finnische Seenplatte.
Salse → *Schlammvulkan*.
Saltation *saltation*: neben → *Reptation* und → *Suspension* weiterer Transportprozess der → *äolischen Geomorphodynamik*. S. ist die springende Bewegung von Sandkörnern, deren Weg Wurfparabeln beschreibt. Sedimentpartikel werden von Wind hochgeschleudert, geraten in eine Zone erhöhter Windgeschwindigkeit und werden eine kurze Strecke (Zentimeter bis Dezimeter) transportiert, um dann wieder auf die Erdoberfläche zu prallen, wobei sie meist weitere Partikel lösen, die ihrerseits in S. gehen oder sich kriechend (reptierend) weiterbewegen.
Salz *salt*: 1. im weitesten Sinne die Gruppe aller aus Ionen (Anionen und Kationen) aufgebauten Verbindungen, die nicht Säuren, Basen oder Oxide sind. Als Kationen treten Metalle, Metallkomplexe und das Ammonium-Ion (NH4+) auf; Anionen sind im Wesentlichen alle Reste von Säuren, z. B. in der Natur wichtiges HCO_3, SO_4, NO_3, NH_4, Cl. Bedeutende und häufige Sedimentgesteine wie Kalk ($CaCO_3$), Dolomit [$CaMg(CO_3)$], Gips ($CaSO_4 \cdot H_2O$) etc. sind ebenfalls S.. Die Giftigkeit der Salze ist sehr unterschiedlich. Kochsalz (NaCl) ist fast ungiftig, Salze der → *Schwermetalle*, z. B. Cadmiumchlorid, können sehr giftig sein. 2. auch Synonymbegriff für → *Steinsalz*.
Salzbergbau *salt mining*: bergmännische Gewinnung von → *Salz*. Bereits um 900 v. Chr. war in Mitteleuropa das erste Salzbergwerk (Hallstatt) in Betrieb. Dieses Salz wurde damals unter einer 40 m mächtigen Deckschicht abgebaut. In modernen Salzbergwerken geht der Salzabbau bis zu 1000 m Tiefe. Das Salz wird vollautomatisch gebrochen. Salz wird jedoch nicht nur abgebaut, sondern häufig aus der → *Sole* gewonnen (→ *Saline*).
Salzböden *saline soils*: Böden an Meeresküsten und in Senken → *semiarider* und → *arider* → *Klimate*, in denen sich infolge der starken Verdunstung durch → *Grund-* und → *Stauwasser* herangeführte Salze angereichert haben. Das Salz stammt aus dem Meerwasser, aus dem Gestein oder ist eine langfristige Anreicherung der im Wasserkreislauf befindlichen gelösten Salze. Künstlich entstehen S. durch falsch durchgeführte → *Bewässerung* oder Bewässerung in dafür ungeeigneten Klimaten. Es werden Salze verschiedener Art angereichert, insbesondere Chloride und Sulfate des Natriums, Magnesiums und Kaliums sowie Carbonate des Natriums und Magnesiums. Nach den ausgefällten Salzen und deren Konzentrationen im Boden werden die S.-Typen → *Solontschak*, → *Solonetz* und → *Solod* unterschieden. S. mit niedrigen Salzkonzentrationen bezeichnet man auch als → *Alkaliböden* (→ *Versalzung*).
Salzdiapir *salt diapire*: Form des → *Diapirs*, die im → *Steinsalz* angelegt ist, als → *Salzstock* bezeichnet.
Salzdom *salt dome*: → *Salzstock*.
Salzgarten *brine pond*: in heißen Ländern Anlage zur Gewinnung von → *Salz* aus → *Meerwasser* (→ *Meersalzgewinnung*), das in abgedämmten Meeresbuchten oder in künstlichen Teichen verdunstet. Im Mittelmeerraum werden diese im Frühjahr gefüllt; etwa im August kann das nach der Verdunstung des Meerwassers zurückbleibende Salz „geerntet" werden. S. werden auch im Binnenland bei der Nutzung von Solquellen (→ *Sole*) angelegt (→ *Saline*).
Salzgletscher *salt glacier*: im Bereich oberflächennaher → *Salzstöcke* → *arider* Zonen anstehende Salzmassen, die im Kulminationsbereich abgetragen sind, sodass der → *salinare* Kern an der Erdoberfläche liegt. Das plastische → *Steinsalz* quillt heraus und fließt in flachen Zungen über Hänge in die Täler. S. können mehrere Kilometer lang werden. Selbst in Zonen mit → *Winterregen* können sich S. als salinare Akkumulationsformen halten.
Salzhang *salt table*: unterirdische Randbereiche flach lagernder → *Salzlagerstätten*, z. B. die flachen und kuppelförmig aufgewölbten Flanken eines → *Salzstocks*. Sie weisen schräge Auslaugungsfronten auf, an denen Prozesse der Auflösung und der Lösungsmetamorphose stattfinden, die jenen am → *Salzspiegel* gleichen.
Salzkarst → *Salinarkarst*.
Salzkaverne *salt cave*: natürliche unterirdische Speicherkammer in Salzstätten oder → *Salzstöcken* für Flüssigkeiten und Gase. Die Speicherräume werden durch Aussolen (→ *Sole*) des → *Salzes* gewonnen. Die erste S. entstand 1964 in Frankreich östlich von Avignon (→ *Kavernenspeicher*).
Salzkissen *salt pillow*: relativ flache, kuppelförmige Salzaufwölbung, die das erste Stadium des Salzaufstiegs darstellt, aus der sich dann → *Salzstöcke* und → *Salzmauern* entwickeln.
Salzkohle *salt coal*: eine → *Braunkohle*, die hohen Alkaligehalt aufweist.
Salzkruste *saline crust, salt[y] crust*: Kruste aus → *Salz* (→ *Krustenbildung*). Durch aufsteigende Lösungen bilden sich in Klimaten mit starker Verdunstung auf Oberflächen S., v. a. auf → *episodisch* oder → *periodisch* befeuchteten Lockersedimenten, wie den → *Salztonebenen*.

Salzlagerstätte *salt deposit*: natürliche → *Lagerstätte* von → *Salzen*. S. bilden sich in erster Linie bei Verdunstung von Meerwasser (→ *Evaporite*), z. B. in vom Meer getrennten Seen (Barrentheorie). Sie enthalten → *Steinsalz* (NaCl), → *Anhydrit* ($CaSO_4$), Gips ($CaSO_4 \cdot 2H_2O$), Salzton, seltener sind Kalisalze oder Kalium- und Magnesiumsalze usw. vertreten. Zuerst werden die am schwersten löslichen Salze abgelagert, zuletzt die am leichtesten löslichen. Dies geschieht als Salinare Serie, welche die während der Ablagerung relevanten Klima-, Wasserhaushalts- und Georeliefmerkmale ausdrückt. Infolge der Plastizität des Salzgesteins befinden sich die S. oft nicht an der Stelle ihrer ursprünglichen Lagerung, sondern sie steigen in Schwächezonen der oberen Erdkruste kuppelförmig als Diapire bzw. Salzstöcke empor.

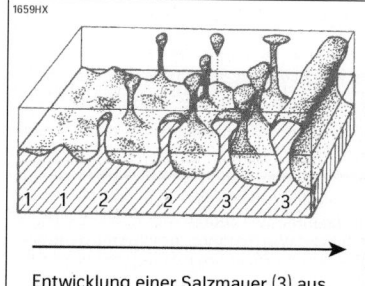

Entwicklung einer Salzmauer (3) aus Salzkissen (1) und Diapirstrukturen (2).

Salzmauer

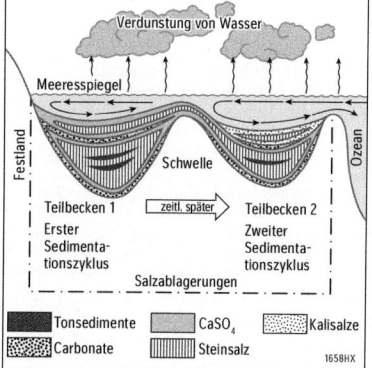

Salzlagerstätte

Salzmarsch *saline marsh*: in der → *Marsch* einige Dezimeter über das mittlere Tidenhochwasserniveau aufgeschlickter frischer → *Marschboden* mit salzhaltigem Oberboden und sehr hohem Porenvolumen. Das Bodenstadium der S. ist instabil. Sobald nur noch eine gelegentliche Überflutung stattfindet, beginnt sich der → *Oberboden* zu setzen, die → *Salze* werden rasch ausgewaschen und Sulfidoxidation setzt ein. Es folgt die Entwicklung zur → *Kalk-* und → *Kleimarsch*.

Salzmauer *salt wall*: aus → *Salzstöcken* sich dort entwickelnde Struktur, wo im Untergrund besonders viel → *Salz* vorhanden ist und durch sukzessiven weiteren Salzaufstieg lang gestreckte, zusammenhängende Salzkörper unterirdisch entstehen. Sie erreichen Längen bis über 100 km.

Salzpflanzen → *Halophyten*.

Salzsee *salt (saline) lake*: abflussloser → *See* (→ *Endsee*) in → *Trockengebieten*, in dem sich durch hohe → *Verdunstung* die mit dem Flusswasser eingebrachten → *Salze* fortschreitend anreichern. Deswegen ist der Salzgehalt auch vom Alter eines Sees abhängt. Im Extremfall erreichen die Salze Sättigungskonzentration und fallen aus, wobei Salzgesteine entstehen (→ *Evaporite*).

Salzspiegel *salt table, top of salt plug*: die mehr oder weniger horizontale unterirdische, aber unebene Auslaugungsoberfläche auf → *Salzstöcken*, die sogar regelrechte S.-Täler aufweisen kann. Treten Prozesse der Lösungsmetamorphose im S. auf, entsteht der → *Gips-* und/oder → *Kainit*hut.

Salzsprengung (Salzsprengungsverwitterung, Salzverwitterung) *salt weathering, salt wedging, wedgework of salts*: Prozess der → *physikalischen Verwitterung*, wenn → *Salze* wie Na_2CO_3, Na_2SO_4, $CaSO_4$ oder $MgSO_4$ in Klüften, Kapillaren und Spalten aus Solen ausgeschieden werden. Durch das Kristallwachstum wird Druck auf das Gestein ausgeübt, wobei dieser am stärksten wirkt, wenn trockene Salze durch Tau, Nebel oder Regen befeuchtet werden und es zu Hydratation kommt, mit Volumenzunahmen bis über 100%. Die Wirkung der S. ist bedeutender als die der Frostsprengung, die physikalisch der S. ähnelt (Druckaufbau durch Volumenszunahme). S. ist typisch für wechselfeuchte bis aride Klimate.

Salzsprengungsverwitterung → *Salzsprengung*.

Salzstaub *salt dust*: in → *Trockengebieten*, v. a. → *arider* Klimate, wesentlich für die → *Salzsprengung* (→ *physikalische Verwitterung*).

Salzstaubboden *saline aeoline [dust] soil*: Boden der → *Trockengebiete*, v. a. → *arider* Klimate, aus feinem, salzreichen Gesteinsmehl, das durch eine Schuttablage oder eine krustenartige Rinde vor der Ausblasung geschützt ist (→ *Salzkruste*).

Salzsteppe (Artemisia-Steppe) *salt steppe*: ein Typ der → *Steppe*, deren Pflanzen dem Salzgehalt des Bodens angepasst sind, der im Bereich von → *Salzseen* und → *Salzsümpfen* extrem hohe Werte erreichen kann. Deren → *episodische* → *Wasserführung* geht auf → *periodische* oder episodische → *Niederschläge* zurück. Die S. sind v. a. im Trockengürtel Eurasiens verbreitet und durch *Artemisia*-Arten charakterisiert.

Salzstock (Diapir, Salzdiapir, Salzdom, Salzhorst) *salt stock/dome/plug, acromorph*: großräumiger, unterirdischer Körper aus → *Steinsalz*, der in überlagernde Gesteinsschichten eingedrungen ist und glocken- oder pilzförmige Körper bildet und die überlagernden Schichten ganz oder teilweise durchbrochen hat. Die S. gehen aus → *Salzkissen* hervor, wobei durch weiteren Salzaufstieg das → *Salz* Klüfte und Spalten der Deckschichten durch Eindringen erweitert und aufreißt und dabei deren Schichtlagerung wesentlich stört. Der Salzauftrieb geht bis in die Nähe der Oberfläche und kann im Extremfall zu dort austretenden → *Salzgletschern* führen. In Feuchtklimaten bildet sich jedoch an der Oberfläche eine Auslaugungsfront, der → *Salzspiegel*, wo sich Auslaugungsprodukte bilden, die als Salzhut bezeichnet werden, die sogenannten Hutgesteine. Die S. spielten lange Zeit für den → *Kalisalzabbau* (→ *Dünger*) eine Rolle. In der → *Atomwirtschaft* werden sie als → *Endlager* → *radioaktiver Substanzen* und von Atommüll (→ *radioaktiver Abfall*) verwendet.

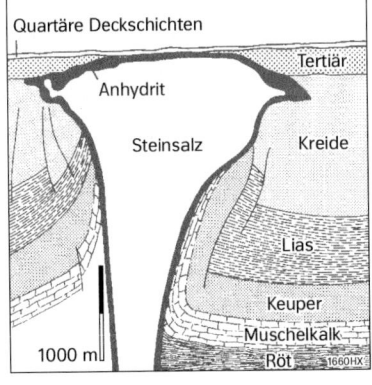

Salzstock

Salzstock Asse → *Asse*:.
Salzstock Gorleben → *Gorleben*:.
Salzstock Morsleben → *Morsleben*:.

Salzsumpf *saline, salt marsh*: in → *ariden* → *Trockengebieten* meist Überrest eines → *Endsees* oder in → *Lagunen* von Meeren der Warm- und Trockenklimate. Außerdem treten S. in → *episodisch* bis → *periodisch* überfluteten → *Salztonebenen* auf.

Salztektonik → *Halokinese*.

Salztonebene (Alkaliflat, Ova, Playa) *alkali flat, playa, salar, sabakha, salt plain, shott*: muldige bis ebene → *Flachform*, in → *semiariden* bis → *ariden* Trockenklimaten weit verbreitet. Können auch als Einzelformen große Ausdehnung (bis hunderte von Quadratkilometern) aufweisen. Sie werden von Niederschlagswasser oder → *periodisch* bis → *episodisch* abkommenden Fließgewässern gespeist, die Feinsediment führen. Es bleibt beim Verdunsten des Wassers als salzreicher → *Ton* oder → *Lehm* zurück. Ein Teil des Salzes ist → *autochthon*, entstammt also dem Untergrund der S.. Die Salzton- bzw. Salzlehmsedimente können große Mächtigkeiten erreichen. Wegen der zeitlich gestaffelten Materialzufuhr und des zwischenzeitlichen Ausblühens von → *Salzen* bis hin zur Bildung von → *Salzkrusten* sind die Sedimente der S. meist fein geschichtet und von blättriger Struktur. Während der Regenzeit bilden sich aus den S. → *Salzseen* oder → *Salzsümpfe*. Während der Trockenzeit bilden sie harte Flächen mit → *Trockenrissen*. S. und ihre Umgebung sind die Standorte von → *Halophyten*. Das gleiche Entstehungsprinzip gilt für die → *Ton-* und → *Lehmebenen*, denen jedoch die Salzanteile fehlen (→ *Bajir*, → *Bolson*, → *Pfanne*, → *Sebcha*, → *Takyr*).

Salzverwitterung → *Salzsprengungsverwitterung*.

Salzwasser *saltwater*: das salzhaltige Wasser der → *Meere* und abflusslosen → *Binnenseen* der → *Trockengebiete*. → *Meerwasser* ist schwach alkalisch (pH 7,5–8,4) und enthält im Mittel 35‰ → *Salze*. Die Zusammensetzung ist auch bei verschiedenen Gesamtkonzentrationen nahezu konstant, wobei die Chloride mit Abstand die größte Menge ausmachen. Die Anteile der einzelnen Salze am Gesamtgehalt sind NaCl 77,8%, $MgCl_2$ 10,9%, $MgSO_4$ 4,7%, $CaSO_4$ 3,6%, K_2SO_4 2,5%, $CaCO_3$ 0,3% und $MgBr_2$ 0,2%.

Salzwiese *salt meadow*: charakteristische → *Pflanzengesellschaften* nicht verholzender Pflanzen an flachen → *Küsten*, die regelmäßig oder unregelmäßig vom Meer überflutet werden. S. finden sich auch im Binnenland an von salzhaltigem → *Grundwasser* beeinflussten Stellen. Pflanzen und Tiere der S. sind an die Salzgehalte von Wasser und Boden durch Mechanismen zur Salzregulation (selektive Salzaufnahme, Abwerfen alter Blätter mit salzgesättigten Lösungen, Salzspeiche-

rung in Geweben, Ausscheiden von Salz aus Drüsen, Sukkulenz, Verdünnung der Zellsaftkonzentrationen durch schnelles Wachstum usw.) sehr gut angepasst.
Salzwüste *salt desert*: Typ der Wärmewüste mit → *Salzseen*, → *Salzsümpfen* und → *Salzböden* (Salzgehalte >10%), in der sich charakteristische → *Lebensformen* herausbildeten, mit Anpassungen an Trockenheit und → *Salz*. Kennzeichnend für die S. sind → *Salztonebenen*. Viele Chenopodiaceen, Tamaricaceen und Zygophyllaceen gehören zu den Gewächsen der S..
Samenpflanzen → *Spermatophyten*.
Samenverbreitung *seed dispersal*: Transportvorgang reifer Samen von Pflanzenarten. Transportarten sind z.B. Anemochorie (Ausbreitung durch Wind), Allochorie (Fremdausbreitung), Autochorie (Selbstausbreitung), Anthropochorie (Ausbreitung durch den Menschen), Hydrochorie (Ausbreitung durch Wasser), Myrmekochorie (Ausbreitung durch Ameisen) und → *Zoochorie* (Ausbreitung durch Tiere).

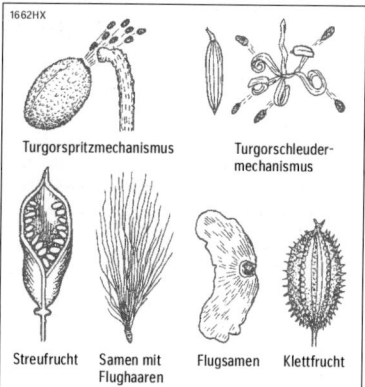

Samenverbreitung

Sammeltaxi *communal taxi*: im Rahmen des → *modifizierten Linienverkehrs* eingesetzte Taxen, die nach Vorbestellung (Anruf-S.) oder zu festgesetzten Zeiten auf schwach frequentierten Linien des → *öffentlichen Personennahverkehrs* (ÖPNV; insbesondere nachts und am Wochenende) die Verkehrsbedienung anstelle von Bussen übernehmen, jedoch zu den Tarifen des → *ÖPNV*.
Sample → *Stichprobe*.
Samtgemeinde *administrative union of municipalities*: in Niedersachsen Bezeichnung für einen → *Gemeindeverband*, der für die Mitgliedsgemeinden die wichtigsten Verwaltungsaufgaben übernimmt. Die S. entsprechen den in anderen → *Bundesländern* bestehenden → *Kommunalverbänden* wie → *Amt* oder → *Verwaltungsgemeinschaft*.
Sand *sand*: 1. feines, körniges, mineralisches Material der Größen 0,06-2 mm. Es werden Feinsand (0,06-0,02 mm), Mittelsand (0,2-0,6 mm) und Grobsand (0,6-2 mm) unterschieden. 2. Sediment, das zu mindestens 50-70% aus Mineralkörnern der Größe 0,06-2 mm besteht. S. enthält häufig viel Quarz, da dieses Mineral sehr verwitterungsresistent ist.
Sandbank *sand bank, sand bar, shoals, shallows*: flache → *Akkumulationsform* in → *Fließgewässern*, → *Seen* oder vor → *Küsten*, die bei Nachlassen der Fließgeschwindigkeit entsteht und die sich überwiegend aus → *Sand*-Komponenten zusammensetzt. S. sind meist → *temporäre* → *Akkumulationsformen*.
Sandbarre → *Barre*.
Sandboden *sandy soil*: Feinmaterialboden, der zu mindestens 75-85% aus → *Sand* besteht. Je nach Beimengung feinerer Kornfraktionen werden reine, schwach lehmige, lehmige und schluffige S. unterschieden. S. sind locker, gut durchlüftet und tief durchwurzelbar. In reinsandiger Form verfügen sie jedoch über eine niedrige Wasserkapazität und geringe Sorptionskraft für Nährstoffe. S. trocknen sehr leicht aus und sind winderosionsgefährdet (→ *Deflation*).
Sanddeckkultur *fenland sand layer cultivation*: besondere → *Moorkultur* bei → *Flachmooren*. Gebräuchlicher ist die Kurzbezeichnung → *Deckkultur*.
Sander *apron, frontal plain, morainal apron, morainal plain, outwash apron, outwash plain*: schwemmfächerähnliche Akkumulationsform im Vorfeld von Inlandeis, die aus Schottern, Geschieben und – als Hauptkomponente – Sanden aufgebaut ist. Der Bereich in der Nähe der → *Eisrandlage* wird als → *Übergangskegel* bezeichnet. Er geht erst in einer gewissen Entfernung von der → *Endmoräne* in die flachgeneigte bis ebene S.-Fläche über. Der S. weist eine Materialsortierung vom Gletscherrand bis zum Außensaum des S.-Kegels auf, wobei in Gletschernähe das gröbste und in Gletscherferne das feinste Material abgelagert wurde. Während der Bildung strömen flache Schmelzwassergerinne in einem weitverzweigten Netz mit raschen Laufänderungen dem Außensaum mit dem Sammelbereich des → *Urstromtales* zu. Auf den trockenliegenden Teilen des S. erfolgt → *Deflation*. Reste von eingebettetem → *Toteis* verursachen → *Hohlformen*, die später Seen bilden können. S. sind charakteristisch für die rezenten Inlandeise im Nordpolargebiet und Islands und für die pleistozänen Eisrandlagen der → *Weichsel-Kaltzeit* in Mitteleuropa. Deren

vorzeitliche S. bilden heute den Landschaftstyp → *Geest*. S. gehören zur → *Glazialen Serie*.
Sandgebläse (Sandschliff, Windschliff) *[a]eolian corrasion, wind corrasion*: → *äolische*, flächenhafte → *Abtragung* durch die schleifende Wirkung des Windes, der stark genug ist, um Sandkörner mitzuführen. V. a. in vegetationsarmen bis vegetationsfreien Gebieten wirksam, d. h. in Kälte- und Wärmewüsten einschließlich mancher → *Periglazialgebiete*. Auch wirksam an Einzelsteinen und an Kleinformen mit Glättung und Umgestaltung von Gesteinsstücken zu → *Windkantern* oder von Einzelfelsen mit wechselnd widerständigen Gesteinen zu → *Pilzfelsen*.
Sandhaken (Haken) *spit, sandspit*: schmale, lang gestreckte, hakenförmige Halbinsel aus abgelagerten → *Sanden* an Küstenvorsprüngen an → *Küsten* mit geringem → *Tidenhub*, evtl. Initialform der → *Nehrung*. Durch den Prozess der → *Strandversetzung*, d. h. küstenparallele Materialverlagerung, gebildet. S. sind meist in Richtung der Küste gebogen. Die Meeresseite des S. weist einen geradlinigen Sandstrand auf, oft mit → *Dünen* bedeckt, während die Haffseite leicht gebuchtet, sehr seicht und Anlagerungsgebiet von → *Schlick* ist (→ *Haff*). Auch das oft zu einem Haken gekrümmte Ende einer Nehrung wird oft als S. bezeichnet.
Sandlöss (Flottsand) *sandy loess*: grobkörniges → *Lössderivat* mit relativ hohen Anteilen an → *Sand*, v.a. Mittelsand (0,2-0,6 mm). Der S. ist häufig ohne Schichtung, gelegentlich aber auch gestriemt, meist carbonatfrei und grobporiger als der → *Löss*. S. ist entlang des Nordrandes des europäischen Lössgürtels verbreitet und gilt als Sediment, das in der Nähe der Auswehungsgebiete abgelagert wurde. An ihn schließt sich der Bereich des → *Triebsandes* oder → *Flugsandes* an, der noch geringere Transportentfernungen aufweist. Zur Löss-→ *Fazies* bestehen zahlreiche Übergänge infolge von Umlagerungs- und/oder Verlehmungsprozessen. Aus Löss ausgeschwemmte und geschichtet abgelagerte Varietäten werden auch als Flottlehm bezeichnet.
Sandmischkultur *mixed sand fenland cultivation*: Verfahren der → *Kultivierung* geringmächtiger → *Hochmoore*. Durch Tiefpflügen bis 1,8 m unter Flur werden Sand- und Torflagen (→ *Torf*) überkippt und liegen im Bodenprofil in schräger Wechselschichtung vor. Die dadurch entstehenen Böden sind aufgrund ihrer guten physikalischen Eigenschaften (Durchlässigkeit, Wasserhaltefähigkeit) und Tiefgründigkeit ackerfähig.
Sandriff (Brandungsriff) *sand reef, offshore bar*: küstenparallele, dynamische Sandakkumulation (→ *Akkumulation*) an Flachküsten mit → *Brandung*. Das S. findet sich in einiger Entfernung vom Strand mit seinem → *Strandwall* und ist von diesem durch einen Brandungskanal („Brandungsrinne") getrennt. Ist das Riff aus Kiesen statt aus Sanden aufgebaut, spricht man von einem Kiesriff.
Sandrippel *sand ripple, wind ripple*: → *Rippelmarken* in überwiegend sandigen Substraten (→ *Sand*).
Sandschliff → *Sandgebläse*.
Sandschwemmebene *sandy alluvial plain*:
– Fluvialakkumulation in Trockengebieten, v. a. Wüsten, die ihre Entstehung einer kombinierten Wirkung von Spülfluten und äolischer Umlagerung verdanken. – Sander, bei dem ein ähnliches Prozessgefüge an der Oberfläche wirksam wird.
Sandstein *sandstone, psammite*: räumlich weit verbreiteter, wasserdurchlässiger und unterschiedlich harter (verfestigter) → *Sedimentit*. In zahlreichen Abschnitten der Erdgeschichte entstanden. S. besteht aus Quarzsand, der durch Bindemittel verkittet ist, die meist auch seine Farbe bestimmen. Unterschieden werden u. a. Eisen-, Kalk-, Kiesel-, Mergel- und Ton-S. Weit verbreitet ist eine gelblich-bräunliche bis rötliche und rote Farbe, die auf wechselnden Gehalten an Eisenverbindungen beruht. S. ist in Mitteleuropa v. a. als Nebengestein der → *Steinkohle*, als Kohlen-S. (→ *Karbon*) bekannt sowie aus dem → *Buntsandstein*, dem Schilfsandstein des → *Keupers* und der → *Kreide* (Pläner-S.). In deren Verbreitungsgebieten bestimmt S. die → *Landformen*: Die wechselnden Widerständigkeiten seiner Schichtglieder führen zur Bildung von → *Schichtstufen*. Wegen der Porosität sind S. gute → *Grundwasserleiter* und wichtige → *Speichergesteine* für → *Erdöl*.
Sandstreifenlöss *sand-banded loess*: → *Lössderivat*, das im → *Periglazialgebiet* Europas durch Wechsellagerung von → *Flugsand* und → *Löss* entstand. → *Rezent* wird S. z. B. in den → *Trockengebieten* Chinas gebildet.
Sandsturm *sandstorm, dust storm*: starker trockener → *Wind*, der in → *Trockengebieten* (→ *Wüsten*, → *Halbwüsten*, → *Savannen* und → *Steppen*) viel → *Sand* und → *Staub* aufwirbelt und z. T. weit mitführt.
Sandwatt *sand flat, sand tidal flat, tide/tidal sand flat*: sedimentologische Differenzierung des → *Watts* für dessen Bereiche mit vorherrschender Sandkorngröße, im Unterschied zum Schlickwatt (→ *Korngrößen*).
Sandwehe → *Nebka*.
Sandwüste *sandy desert, sand desert*: ein → *geomorphologischer Landschaftstyp* der → *Wüste*, dessen → *Oberflächenformen* und geoökologische Randbedingungen vom → *Sand* als vorherrschendem Materialtyp geprägt sind. S. erscheinen als wellige, mehr oder weniger amorphe Sandflächen oder als → *Dünen*, deren Entstehung nicht nur vom

Wind, sondern auch vom Sand selbst abhängt. Er steht als Verwitterungsprodukt bereit oder wird angeweht. Viele S. der Erde entstanden nicht aus Sanden, die in unmittelbarer Nähe aus → *Sandsteinen* verwitterten, sondern aus vorzeitlichen Verwitterungsbildungen, die meist mehrfache Umlagerungen und Umformungen – oft über Distanzen subkontinentalen Ausmaßes hinweg – erfuhren. Große Teile der Sahara, der Namib, der Australischen Wüste sowie die westasiatischen Wüsten sind S..

Sanfter Tourismus *gentle/sustainable tourism*: Form des → *Tourismus* mit dem Ziel, die negativen Auswirkungen des → *Massentourismus* zu vermeiden. Der S. T. geht auf ökologische Überlegungen zurück, verzichtet weitgehend auf Technik und möchte v. a. die lokalen Ressourcen nutzen, ohne sie durch zu starke Erschließung zu verfälschen. Im Mittelpunkt des S. T. sollen natur- und kulturorientierte Freizeitaktivitäten stehen; der Tourist soll in persönlichen Kontakt zu den Einheimischen kommen. Tourismusstandorte haben die Ideen des S. T. bisher v. a. aus wirtschaftlichen Gründen nur bedingt aufgegriffen (→ *Intelligenter Tourismus*).

Sanierung *redevelopment, renovation (1.); financial recovery (2.)*: – im Städtebau bzw. in der Bauleitplanung alle Maßnahmen, die zu einer Verbesserung der Lebensbedingungen in Altbaugebieten bzw. Altbauwohnungen (→ *Stadtsanierung*) oder im ländlichen Raum (→ *Dorfsanierung*) führen. – allg. die nachträgliche Verbesserung bestehender Zustände. In der Wirtschaft Maßnahmen zur Wiedergesundung eines → *Unternehmens* oder ganzen → *Wirtschaftszweiges*.

Sanierungsgebiet *urban renewal area*: Gebiet mit städtebaulichen Missständen, das als S. ausgewiesen wurde und in dem eine → *Sanierung* durchgeführt wird. Missstände liegen vor, wenn das Gebiet nach seiner vorhandenen Bebauung oder nach seiner sonstigen Beschaffenheit den allgemeinen Anforderungen an gesunde Wohn- und Arbeitsverhältnisse sowie den allgemeinen Sicherheitsbestimmungen nicht mehr entspricht. Die → *Gemeinde* kann ein solches Gebiet durch Beschluss als S. festlegen (förmlich festgelegtes S.).

Sankt-Florian-Prinzip → *NIMBY*.

Saprobiegrad (Saprobie, Saprobität) *saprobity*: in → *Biomasse* und Umsatz der → *heterotrophen* → *Destruenten* ausgedrückte Intensität der Abbauprozesse in einem Gewässer. Gegenübergestellt wird der → *Trophiegrad* (→ *Saprobiensystem*).

Saprobien (Saprobionten) *saprobes*: Bewohner faulender Stoffe, besonders stark verschmutzter, faulender → *Abwässer*. Die Menge faulender Stoffe bedingt bestimmte S.-Gesellschaften (→ *Fäulnis*, → *Saprobiensystem*).

Saprobiensystem *saprobic classification*: System zur Klassifizierung der → *Gewässergüte* nach dem Verschmutzungsgrad. Man unterscheidet die Stufen → *polysaprob* (stärkste Verschmutzung), → *alpha-mesosaprob*, beta-mesosaprob und → *oligosaprob* (keine bis geringe Belastung). Jede dieser Stufen weist charakteristische Merkmale und kennzeichnende Tier- und Pflanzenarten (Schmutzwassertiere, Saprobien, z. B. Wasserasseln) auf (→ *Biochemischer Sauerstoffbedarf*, → *Chemischer Sauerstoffbedarf*).

Saprolith *Saprolite*: – Bereich, in dem das → *anstehende Gestein* verwittert ist, aber die ursprüngliche Gesteinsstruktur (Klüfte, Quarzgänge o. ä.) noch erkennbar und lagetreu vorhanden ist. S. ist → *autochthon*, d. h. dort entstanden, wo man ihn auch vorfindet. – silikatisches Gestein, das unter humiden Bedingungen einer tiefgründigen → *chemischen Verwitterung* unterworfen war. Dadurch wurden Stoffe weggeführt und Mineralien umgewandelt. Es entstand ein → *in situ*-Rückstandsgestein.

Sapropel *sapropel, putrid slime/mud, vegetable slime, digested sludge*: Unterwasserboden sauerstoff- und nährstoffarmer Gewässer. S. entsteht unter anaeroben Bedingungen, wobei sich unter → *Fäulnis*prozessen feine, tiefschwarze, eisensulfidhaltige → *Huminstoffe* bilden. Die Horizontabfolge ist A-G. Trockenfallender S. versauert wegen der Schwefelsäurebildung sehr rasch (→ *Faulschlamm*, → *Dy*, → *Gyttja*).

Sapropelgestein *sapropelite*: → *Sapropelit*.

Sapropelit (Sapropelgestein) *sapropelite*: ein Biolith → *organogene Ablagerung*, der in Meeresbuchten und Stillwasserbereichen → *gemäßigter Breiten* aus → *Plankton* entstand und entsteht. Unter Druck- und Temperatureinwirkung wandelt sich → *Sapropel* (→ *Faulschlamm*) diagenetisch in Sapropelkohle, → *Erdöl* und → *Kupferschiefer* (→ *Diagenese*).

Saprophagen (Detrivoren, Detritusfresser) *saprophagous animals*: Tiere, die sich von toter organischer Substanz ernähren (im engeren Sinn nur auf tote Pflanzensubstanz bezogen; → *Zersetzung*).

Saprophyten *saprophytes*: Pflanzen, die Nährstoffe und Energie aus dem Abbau toter organischer Substanz gewinnen (→ *Zersetzung*).

Sarmat *Sarmatian*: → *Sarmatia*.

Sarmatia (Russia) → *Sarmatian*: Bestandteil des Urkontinents Fennosarmatia, repräsentiert durch die Osteuropäische Tafel und Podolien.

sarmatisch *Sarmatian*: 1. in der Pflanzengeographie Pflanzen des polnisch-russischen Tieflandes, etwa des Gebietes zwischen Weichsel und Wolga. 2. Pflanzen, die im → *Postglazial* aus den südosteuropäischen → *Waldsteppen* bis nach Mitteleuropa vordrangen. Wegen des ozeanischen Klimas fehlen sie heute in Westeuropa oder kommen dort nur als → *Reliktpflanzen* vor (→ *Reliktareal*, → *Refugium*).

Satellit *satellite*: Flugkörper, der in einer vorgegebenen Umlaufbahn (→ *Satellitenorbit*) die Erde umkreist und dort mit technischen Systemen für bestimmte zivile oder auch militärische Aufgaben der → *Fernerkundung* Daten erfasst und sendet. Eine Satelliten-Serie, die die Beantwortung geographischer Fragestellungen ab den 1970er Jahren grundlegendend unterstützt hat, ist das von der → *NASA* geführte → *Landsat-Programm*.

Satellitenbild *satellite image*: durch satellitengestützte Erfassungsmethoden der → *Fernerkundung* gewonnene, bildhafte Darstellungen der Erdoberfläche. S. können, wie Luftbilder, für den Einsatz in speziellen geographischen Fragestellungen auch Bereiche des für den Menschen nicht sichtbaren Farbspektrums darstellen, z. B. nahes Infrarot zur verbesserten Analyse der Pflanzenvitalität oder Thermalinfrarot zur Untersuchung von Temperaturverhältnissen.

Satellitenorbit *satellite orbit*: Bahn eines → *Satelliten* um einen Himmelskörper.

Satellitenstadt *satellite town*: → *Stadt* in der Nähe einer → *Großstadt* – meist innerhalb einer → *Stadtregion* gelegen – die funktional sehr eng an die → *Kernstadt* angebunden ist. S. sind insbesondere im Bereich der Versorgung im Einzelhandel und im Dienstleistungsbereich und bezüglich Arbeitsplätzen von der Kernstadt abhängig; charakteristisch ist daher ein hoher Auspendleranteil. Der Begriff wird gelegentlich auch gleichbedeutend mit → *Trabantenstadt* gebraucht, doch besitzt diese eine größere funktionale Eigenständigkeit (→ *Entlastungsstadt*).

Säterwirtschaft *Scandinavian alpine husbandry*: der → *Almwirtschaft* vergleichbare → *Weidewirtschaft* auf den Gebirgshöhen (→ *Fjell*) Skandinaviens. Wichtigstes Charakteristikum ist die enge Verbindung einer Gebirgsweide mit einem Talbetrieb, der das Winterfutter liefert und in dem die Tiere in der kalten Jahreszeit eingestallt werden.

satisfizer *satisficer*: ausgehend von der Kritik an den realitätsfernen Prämissen des → *homo oeconomicus* wird in der → *Verhaltensgeographie* oft das Menschenbild von der s. verwendet, der eine für ihn befriedigende Lösung von Entscheidungsproblemen anstrebt (→ *verhaltenstheoretischer Ansatz*). Wegen der unvollständigen Information trifft der s. nur → *begrenzt rationale Entscheidungen*. Dabei wird unterschieden zwischen einem intendierten s.-Verhalten, bei dem die → *Gewinnmaximierung* bewusst hinter andere (nichtökonomische) Ziele gestellt wird, und einem nichtintendierten s.-Verhalten, bei dem die Gewinnmaximierung angestrebt, aber wegen unvollständiger Information nicht erreicht wird (→ *optimizer*).

satisfizing behaviour *satisficing behavio[u]r*: suboptimales Befriedigungsverhalten bei reduziertem Anspruchsniveau. Wirtschaftsraumanalysen zeigen, dass das Handeln des Menschen nicht immer eine wirtschaftliche Optimierung zum Ziele hat. Der Begriff des s. b. steht dem des → *optimizing behavior* gegenüber (→ *satisfizer*, → *optimizer*).

Sattel *anticline, arch (1.); ridge, saddle (2.)*: 1. in der Geologie (auch → *Gewölbe*, → *Antiklinale*, → *Antikline*) der nach oben gewölbte Teil einer → *Falte*. Kurze S. mit rundlicher oder ovaler Grundrißgestalt werden → *Brachyantiklinalen*, → *Dome* oder Kuppeln genannt. 2. in der Geomorphologie ein geomorphographischer Begriff, der eine Einmuldung/Einsattelung zwischen zwei höheren → *Vollformen* im Sinne des → *Passes* umschreibt.

Sattelachse *anticlinal axis*: Linie, längs derer im → *Sattel* einer → *Falte* das Umbiegen der Schichten erfolgte.

Sattelfirst *crest line*: → *Sattelscheitel*.

Sattelkern *anticlinal core*: Inneres des → *Sattels* einer → *Falte*, wo sich die ältesten gefalteten Schichten befinden.

Sattelscheitel (Sattelfirst) *saddle back*: höchster Teil eines → *Sattels* einer → *Falte*, ein Bereich der Achsenebene der Falte ausstreicht.

Sattelal → *Antiklinaltal*.

Sättigung *saturation*: Zustand der maximal möglichen Anreicherung eines bestimmten Stoffes in einem anderen Stoff, einem Stoffgemenge oder in einer Festsubstanzmatrix (z. B. Wasserdampf in der Luft, Salze in einer Lösung, → *Austauschnährstoffe* an → *Austauschern*).

Sättigungsabfluss → *Dunnescher Oberflächenabfluss*.

Sättigungsdampfdruck *saturation vapo[u]r pressure*: in Hektopascal angegebener maximal möglicher → *Wasserdampf*gehalt von → *Luft* bei bestimmten → *Temperatur*. Bei 10°C beträgt der S. über Wasser ca. 12,2 hPa.

Sättigungsdefizit *saturation deficiency*: Menge an → *Wasserdampf*, die → *Luft* gegebener → *Temperatur* bis zur vollen → *Sättigung* noch aufnehmen kann.

Sättigungslinie *saturation line*: im Akkumulationsgebiet des → *Schnee* auf → *Gletschern* die Trennlinie zwischen dem durchlässigen sickerfähigen Firnschnee und dem völlig wasserdurchtränkten, durchgefrorenen → *Firn* unmittelbar oberhalb der → *Firnlinie*.

Sättigungspunkt (Sättigungswert) *saturation point*: Grenzwert der maximal möglichen Menge an → *Wasserdampf*, die → *Luft* bestimmter → *Temperatur* aufnehmen kann. Oberhalb des S. kondensiert der überschüssige Wasserdampf (→ *Kondensation*).
Sättigungswert → *Sättigungspunkt*.
Satzendmoräne (Ablationsendmoräne) *terminal moraine with coarse till*: wie alle → *Endmoränen* durch sukzessive Anreicherung von Moränenmaterial im Eisrandbereich bei stationärem oder zurückschmelzendem Eisrand entstehende → *Moräne*. Gegenüber anderen Endmoränen sind S. jedoch durch eher grobe Komponnten (→ *Kies*, → *Blöcke*, zwischengeschaltet auch → *Sande*) gekennzeichnet, da die kleineren Korngrößen vom → *Schmelzwasser* ausgespült und abtransportiert wurden. Dies geschieht, wenn Gletscher über längere Zeit nicht fluktuieren und ortsfest sind.
Satzmoräne *dump moraine*: eine seitlich des → *Gletschers* oder vor dem Gletscher beim Abschmelzen des Eises entstandene → *Moräne*. Besteht aus Material von → *Ober-* und → *Grundmoränen*, das sich beim Gletscherstillstand am Gletscherrand akkumuliert. Weist keine → *Schichtung* und keine Deformation auf wie beispielsweise im Fall von → *Stauchendmoränen*.
Sauerbleichung *acidic bleaching*: der Vorgang der Eisen- und Manganauswaschung im → *Oberboden* unter stark sauren Bedingungen. Durch S. entsteht der Ae-Horizont von → *Podsolen*. S. findet fast nur unter → *Auflagehumus* statt, der die hierfür notwendigen Säuren liefert.
Sauerbraunerde (oligotrophe Braunerde) *acid Cambisol*: basenarme, stark versauerte → *Braunerde*, die viel Eisen- und Aluminiumoxide enthält und deshalb ein gut verkittetes Aggregatgefüge aufweist. S. entwickeln sich bevorzugt auf calciumarmen → *Silikatgesteinen* und auf quarzreichem → *Sand*. Sie bilden oft nur ein Übergangsstadium zu den → *Podsolen*.
Sauergräser (Riedgräser) *sedges*: Gräser mit markhaltigem, meist dreikantigem Stängel. Die einkeimblättrigen S. wachsen besonders an Feuchtstandorten, v.a. → *Sümpfen* und → *Mooren*. Die derzeit bekannten ca. 5600 Arten kommen überwiegend in kalten und gemäßigten Klimaten vor, doch gibt es auch Vertreter in den → *Tropen* und → *Subtropen* (→ *Süßgräser*).
Säuerling *acidulous spring*: eine → *Mineralquelle* mit kohlensäurehaltigem Wasser. S. enthalten über ein Gramm CO_2 pro Liter Wasser.
Sauerstoff-Isotopen-Methode (Glaziologisches Thermometer) *oxygen isotope method*: Methode zur Ermittlung von Paläotemperaturen des → *Quartärs* aus Bohrkernen → *mariner* und → *limnischer* Sedimente sowie von Gletschereis. Basis ist das temperaturabhängige Mengenverhältnis des in Kalkschalen (z.B. Foraminiferen) oder im Gletschereis eingebauten Sauerstoffisotops ^{16}O gegenüber dem schwereren Isotop ^{18}O. Mit der S. können nicht nur der terrestrische Wechsel von Warm- und Kaltzeiten ermittelt werden, sondern auch andere Klimaänderungen, z.B. die Zyklen der Milanković-Strahlungskurve (Milanković-Zyklen), welche zwischen zyklischen Änderungen der Erdbahnelemente und Wechseln der Sonneneinstrahlungsintensität eine Beziehung herstellt.
Sauerstoffschichtung *oxygen stratification, oxygen sequence*: die Abfolge von unterschiedlich mächtigen → *Schichten* mit jeweils verschiedenem Sauerstoffgehalt in einem thermisch geschichteten Gewässer → *See*). Bei bestehender → *Schichtung* ist der Sauerstoffgehalt im → *Hypolimnion* fast immer niedriger als im → *Epilimnion*, weil weder aus der → *Atmosphäre* noch durch → *Photosynthese* Sauerstoff nachgeliefert wird. Im → *Metalimnion* treten in Abhängigkeit vom Lichteinfall entweder Maxima oder Minima des Sauerstoffgehalts auf.
Sauerstoffverbrauch (chemischer Sauerstoffverbrauch) *oxygen consumption, [chemical oxygen demand]*: das zur Oxidation von Wasserinhaltsstoffen benötigte Äquivalent an Sauerstoff, das dem reduzierten Anteil des bei der Analyse zugesetzten Oxidationsmittels entspricht.
Sauerstoffzehrung *oxygen-consuming [process], oxygen-depleting*: 1. allg. der Verbrauch von Sauerstoff in Gewässern, der beim Abbau organischer Bestandteile durch Mikroorganismen besteht. Besteht ein biologisches Gleichgewicht, befinden sich auch Eintrag und Verbrauch von Sauerstoff im Gleichgewicht. 2. jene Masse an gelöstem Sauerstoff, die zur Oxidation der Inhaltsstoffe einer unverdünnten Wasserprobe unter Standardbedingungen (2 Tage, 20°C, Dunkelheit) verbraucht wird.
Säuglingssterblichkeit *infant mortality*: spezifische → *Sterblichkeit* der Säuglinge, als welche nach statistischer Definition Kleinkinder im ersten Lebensjahr gelten. Das Ausmaß der S. wird durch die → *Säuglingssterblichkeitsrate* ausgedrückt. Die S. liegt in → *Entwicklungsländern* mit ungenügenden hygienischen Verhältnissen und unzureichender medizinischer Betreuung teilweise sehr hoch, während sie in den → *Industrieländern* im letzten Jahrhundert stark gesenkt wurde, obwohl sie auch dort v.a. bei sozial benachteiligten Gruppen z.B. aufgrund unzureichender Gesundheitsvorsorgung während der Schwangerschaft oder we-

gen Fehlernährung höher liegen kann. Als Teil der S. kann die Frühsterblichkeit der Säuglinge (auch als Neonatalsterblichkeit bezeichnet) während des 1. bis 4. Monats nach der Geburt gesondert betrachtet werden. Von der S. ist die Fötalsterblichkeit (oder intrauterine Sterblichkeit) zu unterscheiden, die sich auf die Zeit vor der Geburt bezieht und Fehl- und Totgeburten sowie Schwangerschaftsabbrüche umfasst.

Säuglingssterblichkeitsrate *infant mortality rate*: Maßzahl zur Bestimmung der → *Säuglingssterblichkeit*. Die S. wird berechnet als Anzahl der in einem Kalenderjahr vor Vollendung ihres ersten Lebensjahres gestorbenen Kinder bezogen auf 1000 im gleichen Zeitraum Lebendgeborene.

Saugloch *swallow hole*: bezeichnet die Wirkungsweise von → *Ponoren*, die aus dem → *Polje* abfließendes Wasser aufnehmen, die aber zeitweise auch als → *Speilöcher* fungieren können – gemäß dem jeweils ausgebildeten System des → *Karstwassers*.

Saugspannung (Wasserspannung) *soil water tension*: vom Boden durch Adsorptions- und Kapillarkräfte auf das → *Bodenwasser* ausgeübter Saugdruck (ein „negativer" Druck), der einer Wasserentnahme durch das Wurzelsystem Widerstand entgegensetzt. Die S. ist also ein Maß für die Bindung des Wassers im → *Boden*. Sie wird in Zentimeter Wassersäule oder in hPa gemessen und meist logarithmisch als → *pF-Wert* angegeben. Die S. ist am höchsten bei niedrigen Wassergehalten (feine Wasserfilme als → *Adsorptionswasser* an Bodenpartikeln und Wasser in → *Feinporen*) und am niedrigsten bei hohen Wassergehalten. Böden verschiedener Körnung zeigen wegen ihrer unterschiedlichen → *Porengrößenverteilungen* auch variierende → *Wasserspannungskurven* (→ *permanenter Welkepunkt*, → *Feldkapazität*, → *nutzbare Feldkapazität*, → *pflanzenverfügbares Wasser*).

Säulengefüge *columnar structure*: 1. im Boden durch Quellung und Schrumpfung entstehendes, grobes → *Segregatgefüge* aus mehrere Zentimeter dicken, senkrecht stehenden, prismenartigen Formen mit gerundeten Kanten. 2. säulenartige, regelmäßige kantige Struktur, die durch Absonderung in → *Erstarrungsgesteinen* (z.B. → *Basalten*) entsteht.

Saum *fringe*: in → *Geo-* und → *Biowissenschaften* Rand- und Übergangsbereiche von Lebensräumen. Ein S. zeigt meist eine eigenständige → *biotische* Ausstattung aufgrund des dort andersartigen Angebotes der → *Geofaktoren* (→ *Mantelgesellschaft*, → *Ökoton*, → *Saumbiotop*, → *Waldsaum*).

Saumbiotop (Saumökotop) *ecotone*: schmaler → *Biotop*, der sich zwischen zwei verschiedenartigen → *Lebensräumen* ausbildet, z.B. Waldrand.

Saumbiotop

Saumgesellschaft *fringing community*: 1. kommt zu der am Rande eines → *Waldes* auftretenden → *Mantelgesellschaft* noch ein → *Saum* anderer Pflanzengesellschaften hinzu, so handelt es sich um Saumgesellschaften (→ *Ökoton*, → *Saumbiotop*). 2. S. wird teils auch allgemein verwendet für eine spezifische Artenzusammensetzung im Grenzbereich zwischen zwei verschiedenartigen Lebensräumen.

Saumökotop *ecotone*: → *Saumbiotop*.

Saumriff *fringing reef*: schmales, küstenparalleles → *Riff* in direkter Küstennähe an der Niedrigwassergrenze. Das S. ist neben → *Wallriff* und → *Atoll* eine der drei Haupttypen von → *Korallenriffen*, wobei das S. als die Initialform der drei Entwicklungsstadien S., Wallriff und Atoll angesehen wird.

Saumtiefe *foredeep*: → *Vortiefe*.

Saumtier → *Saumverkehr*.

Saumverkehr *pack animal transport, mule transport*: Lastentransport auf Gebirgspfaden mithilfe von Tragtieren (→ *Saumtieren*). S. wird v. a. mit Eseln und Maultieren durchgeführt, da diese besonders trittsicher, genügsam und ausdauernd sind.

saure Gesteine *acid rocks*: → *Magmatite* mit einem Kieselsäuregehalt von ca. >50%, z.B. → *Granit*.

Saure Niederschläge *acid precipitation*: alle → *Niederschläge*, die durch → *Luftverschmutzungen* ihren Chemismus ändern und die daraufhin zu → *Umweltschäden* führen. Die S. N. stellen durch Schwefel- und Salpetersäure sowie saure Sulfate und → *Nitrate* angereicherten Niederschlag dar. Quellen saurer Substanzen sind die Verbrennung → *fossiler* → *Energieträger* (→ *Kohle*, → *Erdöl*, → *Erdgas*; auch deren Raffinerieprodukte wie Brennstoffen für Kraftfahrzeuge), die Ölverarbeitung, die Verhüttung schwefelhaltiger → *Erze* sowie Prozesse in der chemischen Industrie. Bei all diesen Vorgängen wird Schwefel frei und zu → *Schwefeldioxid* umgewandelt. Außerdem werden bei den Verbrennungen aus dem → *Stickstoff* der Luft sowie dem Sauerstoff Reaktionen in Gang gesetzt, bei denen Stickoxide entstehen. Die ausgestoßenen Schwefeldioxide und Stickoxide werden durch verschiedene physiko-chemische Prozesse bereits in der → *Atmosphäre* zu Säuren umgewandelt oder gelangen unverändert auf den Boden oder auf Vegetationsoberflächen (→ *Saurer Nebel*, → *Saurer Regen*)

Saurer Nebel *acid fog*: einer der → *Sauren Niederschläge*, dem → *Sauren Regen* verwandt, bei dem Schwefel- und Salpetersäure aus → *Schwefeloxiden* und Stickoxiden aus natürlichem → *Nebel* in der → *Luft* entstehen. Gegenüber dem Sauren Regen liegt der → *pH-Wert* des S. N. niedriger. Seine ökologische Wirkung entfaltet er besonders bei den Pflanzen (→ *Waldsterben*) in jenen → *Höhenstufen* der → *Mittel-* und → *Hochgebirge*, die nebelreich sind und die mit ihrem Laub, v. a. aber mit den Nadeln, den S. N. „auskämmen". Der S. N. wirkt auch auf den Menschen, weil bei entsprechenden → *Wetterlagen* die Säuren mit der Atemluft leicht aufgenommen werden können.

Saurer Regen *acid rain*: neben dem → *Sauren Nebel* eine andere Art der → *Sauren Niederschläge*. Der S. R. gelangt auf den Boden, wo er an sauren Reaktionen beteiligt ist. Es kommt zur → *Bodenversauerung*. Der S. R. ist ein weitverbreitetes Phänomen. Regenwasser ohne → *Luftbeimengungen* hat einen → *pH-Wert* von 5,6. Ein Absinken des pH-Wertes auf pH 4 oder niedriger kann ab den 1970er-Jahren nachgewiesen werden. Es bestehen jedoch bedeutende regionale Unterschiede, da z. B. kalkhaltiger atmosphärischer → *Staub* als → *Puffer* wirkt. Die Wirkung des S. R., insbesondere auf das → *Waldsterben*, ist generell unbestritten, jedoch im Einzelnen unklar. Die dem S. R. zugeschriebene fortschreitende → *Bodenversauerung* ist nicht schlüssig bewiesen, ihre schädlichen Folgen auf Wurzelsystem und Nährstoffhaushalt lassen sich experimentell nachvollziehen. In jedem Fall werden im Boden → *Schwermetalle* gelöst, die in bodenchemische Prozesse eingehen, die auch das Bodenleben (→ *Edaphon*) beeinflussen. Völlig eindeutig ist der Zusammenhang zwischen dem S. R. und den stark versauerten → *Oberflächengewässern* in Gebieten mit → *Kristallin* (z. B. in Südskandinavien), wobei v. a. das → *Bios* stark gestört wird und Algen, → *Plankton* und Fische sterben.

Säurezeiger *acidity indicator*: Pflanzen, die die → *Bodenreaktion* anzeigen. So kommt z. B. Heidekraut (*Calluna vulgaris*) auf stark sauren Böden vor, die Gemeine Sichelmöhre (*Falcaria vulgaris*) dagegen stets auf kalkreichen Böden. Andere Arten wie z. B. Wiesenrispengras (*Poa pratensis*) zeigen gegen die Bodenreaktion indifferentes Verhalten. Zu beachten ist, dass auch sog. Sauergräser (*Carex* sp.) nicht nur auf Böden mit saurer Reaktion vorkommen.

Savanne *savannah*: → *Biomtyp* der wechselfeuchten → *Tropen* und → *Subtropen* mit → *Trocken-* und → *Regenzeit(en)* sowie weitgehender Frostfreiheit. Charakterisiert wird die S. durch dichte Grasvegetation mit zerstreut wachsenden Holzpflanzen. Je niederschlagsreicher das Klima, umso höher ist der Anteil der Baumgewächse (von → *Dornstrauchsavanne* über → *Trockensavanne* zur → *Feuchtsavanne*). Vermutlich stellen weite Gebiete eine durch anthropogene Eingriffe (Brand, Weide) entstandene Sekundär-S. dar. Die S. tragen oft Regionalnamen, die überregional für habituell ähnliche Vegetationsformationen verwandt werden (z. B. → *Campo*, → *Miombo*, → *Llanos*).

Savannenklima *savannah climate*: warmes, frostfreies Klima, dessen Jahresverlauf durch eine → *Regenzeit* und eine ausgeprägte → *Trockenzeit* bestimmt ist. Die S. sind je nach der Länge der Trockenzeit zwischen drei bis maximal zehn Monaten in Bezug auf Feuchte sehr verschieden, woraus sich die Gliederung der → *Savannen* in → *Feuchtsavanne*, → *Trockensavanne* sowie → *Dornbaum-* und → *Dornstrauchsavanne* ergibt.

Savannenwald *savannah forest*: etwas unscharfe Bezeichnung für den regengrünen → *Trockenwald* der wechselfeuchten → *Tropen* und → *Subtropen* mit ausgeprägter → *Trockenzeit*. Der S. ist sehr niedrig, licht und mit Gras durchsetzt.

Sawahkultur *sawah cultivation*: hochentwickelte, intensive Form des Nassreisbaus (→ *Nassfeldbau*) in SO-Asien. Die S. mit Pflugkultur und Viehhaltung wird vornehmlich auf Java und Bali sowie auf den Hochebenen Sumatras betrieben.

Saxonische Gebirgsbildung *Saxonian orogeny*: im außeralpinen Europa vom obersten → *Jura* bis zur oberen Kreide andauernde schwache → *Faltungsphasen* des nordwestdeutschen → *germanotypen* → *Bruchfaltengebirges* in Niedersachsen, Westfalen, am Harzrand und im Thüringer Becken.

Scale (*Maßstab*): im englischen Sprachraum u. a. in Bezug auf Kartenmaßstäbe eingesetzt und Irrtümer dadurch generierend, weil große Zahlen (= large figures) für „large scale" standen und kleine Zahlen (= small figures) für „small scales". Beachte aber: – Maßstäbe mit großen Zahlen (z. B. 1 : 1 000 000) bilden bei → *Karten* große Räume (großräumig) detailarm, also „klein" ab; – hingegen bilden Maßstäbe mit kleinen Zahlen (z. B. 1 : 25 000) kleine Räume bzw. Raumausschnitte (→ *klein-*

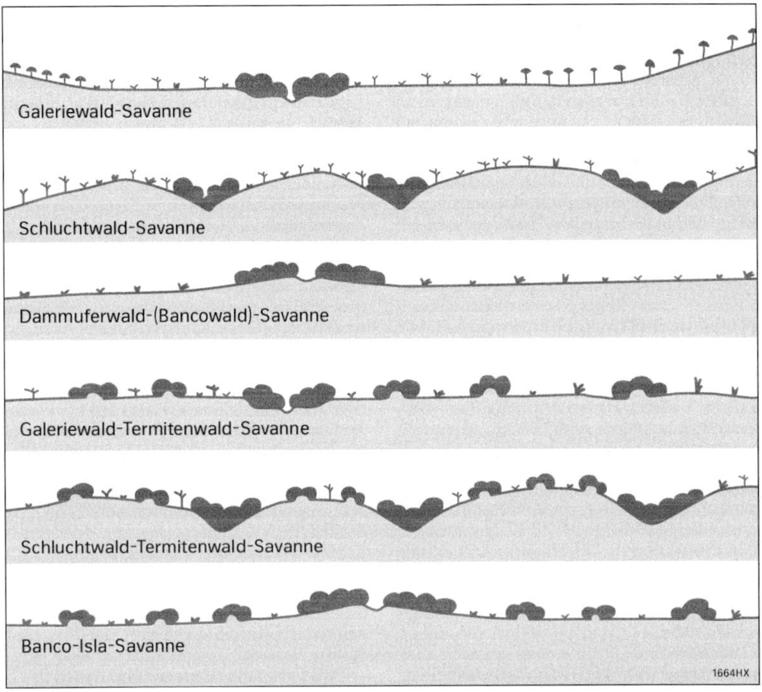

Galeriewald-Savanne
Schluchtwald-Savanne
Dammuferwald-(Bancowald)-Savanne
Galeriewald-Termitenwald-Savanne
Schluchtwald-Termitenwald-Savanne
Banco-Isla-Savanne
1664HX

Savanne

räumig) detailreich, also „groß“ ab(→ *groß-maßstäbig*, → *kleinmaßstäbig*).

Schaar (Schar) *shore terrace, lake platform*: küstengeomorphologischer Begriff mit unterschiedlichen Bedeutungen: 1. S. entspricht als Sandriff dem → *Brandungsriff*. 2. sie bildet den → *Vorstrand* auf der Seite des → *Boddens* einer Landzunge. 3. S. bezeichnet den Bereich der → *Uferbank* eines → *Binnensees*. 4. S. ist eine sandige Untiefe, die im Vorland der Küste entsteht und allmählich über den Wasserspiegel hinauswächst, sodass sich ein → *Haken* bzw. eine → *Nehrung* bilden kann.

Hauptströmungsrichtungen von
Wasser
Wind
Haken
Schaar
1665HX

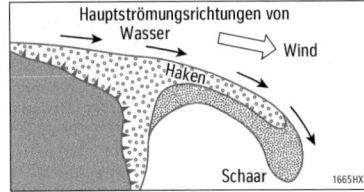

Schaar

Schaardeich (Gefahrdeich) *shore terrace dike, lake platform dike*: ein → *Deich*, der an besonders gefährdeten, weil aus der Küstenlinie vorspringenden Stellen errichtet wurde.

Schachbrettgrundriss (Schachbrettmuster) *chequered pattern*: Grundrissform von → *Siedlungen*, die dadurch gekennzeichnet ist, dass die Straßen sich rechtwinklig schneiden und dadurch die → *Baublöcke* die Form von Quadraten (bei gleichem Kreuzungsabstand) oder von Rechtecken erhalten. Der S. ist seit der Antike eine beliebte Grundform für neugegründete Städte oder Stadterweiterungen. Er findet sich besonders häufig in anglo- und lateinamerikanischen → *Kolonialstädten*, in Stadtanlagen des Barocks (z. B. Mannheim) und des Klassizismus, aber auch in vielen Neubausiedlungen aus der Zeit nach dem Zweiten Weltkrieg in Deutschland.

Schachbrettmuster → *Schachbrettgrundriss*.

Schacht *shaft, manhole*: im Bergbau der meist senkrecht angelegte Zugang eines → *Bergwerks*. Durch den S. erfolgt die Förderung der abgebauten Bodenschätze, das Abpumpen des Grubenwassers, der Transport der

→ *Bergarbeiter* sowie die Belüftung der Gruben (→ *Naturschacht*).

Schacht Konrad (Konrad, Endlager Schacht Konrad) *final disposal site Schacht Konrad*: ehemaliges Eisenerz-Bergwerk in der Stadt Salzgitter (Niedersachsen). Erzförderung mit zwei Schächten (Konrad I und II) ab 1867 bis 1976. Herrichtung von Konrad I als Untertagedeponie und → *Endlager* für → *radioaktiven Abfall* (solchen mit geringer Wärmeentwicklung, der in Deutschland 90% allen Atommülls ausmacht). Planfeststellungsbeschluss 2002 nach 20 jährigem Genehmigungsverfahren, 303 000 m³ radioaktiven Abfall einzulagern. Nach weiteren Klagen gegen die Einrichtung letztinstanzliche Entscheidung 2007 zur Bestätigung der Genehmigung. Umrüstende 2021; Einlagerungsbeginn vermutlich nach 2022. Errichtungskosten dieses Endlagers ca. 1,6 Mrd. Euro, die von den Abfallverursachern zu tragen sind.

Schachtbau *shaft mining*: Methode des → *Bergbaus*, bei der im Gegensatz zum → *Stollenbau* das Grubenwasser mithilfe von Pumpen gehoben wird. Es werden lotrecht Förderschächte (→ *Schacht*) in die Tiefe getrieben. Von ihnen gehen in verschiedenen Stockwerken die fast horizontalen Querschläge (→ *Stollen*) aus, die wiederum in Grund- und Abbaustrecken (Flachschächte) übergehen (→ *Tiefbau*).

Schachtdoline *shaft doline*: an sich eine → *Einsturzdoline*, deren Untergrund jedoch ein mit verstürztem Gestein erfüllter → *Naturschacht* sein kann; nicht zu verwechseln mit → *Karstschacht*.

Schachtelrelief *nested hierarchies of landforms, nested landforms*: bildmodellhafte Bezeichnung für das räumliche Ineinander verschiedener → *Reliefgenerationen*, wobei die jüngeren in die älteren „eingeschachtelt" sind. Die räumliche Abfolge wird als zeitliches Nacheinander „gelesen". Der Begriff S. geht von der Beobachtungsregel aus, dass sich ältere Generationen von → *Oberflächenformen* meist außerhalb zentraler → *Tiefenlinien* und in größeren Höhenlagen befinden, während jüngere, mit i. d. R. kleineren Ausmaßen, innerhalb der älteren, größeren Formen des Georeliefs angelegt sind.

Schachthöhle → *Naturschacht*.

Schadenpotenzial *damage potential*: alle materiellen und immateriellen Werte (sowie die möglichen Verletzten und Todesopfer), die im Fall eines schädigenden Ereignisses (z. B. durch eine Krise oder → *Katastrophe*) zu Schaden kommen können. In der → *Risikoforschung* ist das S. ein gebräuchlicher Wert, um das → *Risiko* eines Gebietes, z. B. im Verhältnis zu einem anderen Raum, berechnen zu können (Risiko = S. x → *Eintrittswahrscheinlichkeit*).

Schädlinge *pest*: Organismen, die nach Werturteil des Menschen ihn selbst, seine → *Nutztiere* und/oder → *Nutzpflanzen* in ihrer Entwicklung und Gesundheit beeinträchtigen. Unterschieden werden tierische und pflanzliche S., die je nach Art ihres Auftretens, ihrer Lebensweise oder ihres Wirkungsgrades in den → *Ökosystemen* bzw. Nutzungsräumen untergliedert werden. Zu den S. gehören auch Krankheitserreger. Dem S. gegenüber steht der → *Nützling*.

Schädlingsbekämpfung *pest control*: Maßnahmen zur Vernichtung und/oder Niederhaltung von → *Schädlingen* durch biologische, physikalisch-technische und chemische (→ *Biozide*) Methoden. Oft treffen diese jedoch nicht nur die Zielarten, sondern auch nicht schädliche Glieder der Biozönose. Die S. wird deshalb kritisch gesehen. Bei der S. muss die funktionale Stellung des Schädlings innerhalb der Ökosysteme berücksichtigt werden, um u. U. schwerwiegende Folgen für die Ökosysteme zu vermeiden.

Schadstoffe *harmful substances, noxious substances, pollutants*: in der Umwelt vorhandene Stoffe, die in der vorkommenden Konzentration für → *Biota* oder → *Ökosysteme* schädlich sind. Man unterscheidet – natürliche (→ *biogene*) S., wie z. B. Mykotoxine (Pilz-Giftstoffe) und – künstlich in die Umweltsysteme gebrachte → *anthropogenen* S.. Zu Letzteren gehören sowohl organische (z. B. PCB oder → *DDT*) als auch anorganische Stoffe in zu hohen Konzentrationen (z. B. → *Schwermetalle*, Stickoxide).

Schadstoffeintrag *pollutant input*: der → *Input* von → *Schadstoffen* in → *Kompartimente* von Umweltsystemen, wodurch es zu Änderungen in deren → *Stoffhaushalt* kommt. S. kann aerisch (→ *Luftpfad*) oder → *hygrisch* (→ *Wasserpfad*) erfolgen, wobei die Atmosphäre selbst als → *Emittent* wirkt (→ *Saure Niederschläge*), aber auch andere Schadstoffquellen (Kraftfahrzeugverkehr, Verbrennungsstellen, Industrie etc.) Stoffe liefern. S. stört das → *dynamische Gleichgewicht* im System, was sich auf seine → *Regenerationsfähigkeit* auswirkt (→ *Belastungspfade*).

Schadstoffnachweis *harmful substance proof/evidence*: erfolgt durch biologische, chemische und physikalische Methoden für → *Schadstoffe* in Umwelt- bzw. → *Ökosystemen*, wobei die Methoden auf der Schadstoff, den Träger (z. B. Wasser oder Luft) – und damit auf den ökologischen → *Prozess* – sowie auf die → *Senken* im → *Stoffhaushalt* der Systeme abgestellt werden müssen (→ *Belastungspfade*).

Schaffhauser Stadium *Schaffhausen stade*: Maximalstand des Rheingletschers während der → *Würm-Kaltzeit*.

Schafskälte → *Regelfall der Witterung* in Mitteleuropa. Die S. ist ein Kälterückfall etwa zwischen dem 10. und 12. Juni, der durch NW-Kaltluftvorstöße verursacht wird. Ihre relative Häufigkeit ist mit dem Eintreffen in 89% aller Jahre sehr hoch.

Schalenbau der Erde *shell structure of the earth*: der innere Aufbau der → *Erde* aus konzentrisch angeordneten Schalen verschiedener Beschaffenheit und Dichte, wozu auch → *Erdkruste* und → *Erdmantel* gehören und → *Asthenosphäre* von der → *Lithosphäre* geschieden wird.

Schalenverwitterung → *Exfoliation*.

Schallimmissionsplan → *Lärmminderungsplan*.

Schallpegel *noise level*: internationales Maß des → *Lärms*, auch → *Lärmpegel* genannt.

Schar → *Schaar*.

Schäre *skerry*: kleine Felsinsel, die vom → *Inlandeis* überströmt und abgeschliffen wurde und (meist vergesellschaftet) in den → *Fjärdar* der skandinavischen Küsten auftritt. Geomorphogenetisch handelt es sich um → *Rundhöcker* und bei der daraus entwickelten S.-Küste um eine → *marin* überflutete → *Rundhöckerlandschaft*.

Schärenküste *skerry coast*: v. a. im Umkreis der Skandinavischen Halbinsel auftretender Küstentyp, von einer Vielzahl kleiner Feleninseln, den → *Schären*, bestimmt. Kleinere, begrenzte Abschnitte der S. heißen Schärenhöfe.

Scharung *crossing, junction, point of intersection*: – generell meint S. so viel wie „spitzwinkliges Zusammenlaufen und kann sich auf Ketten eines → *Faltengebirges* (→ *Kettengebirge*) beziehen, aber beispielsweise auch auf → *Klüfte* oder → *Gänge* im Gestein. – in der Geologie bzw. Geotektonik das engbenachbarte Auftreten von Bruchlinien im Sinne der → *Bruchbüschel*. – in der Geologie das spitzwinklige Zusammenlaufen von zwei Gängen („Gang-S."). – in der Kartographie engbenachbarter Verlauf von Höhenlinien (→ *Isohypsen*) in → *topographischen Karten*, der das Reliefverständnis erleichtert.

Schattenpflanzen *sciophytes*: → *Pflanzen*, die an niedrige Lichtintensitäten angepasst sind und bei denen die → *Photosynthese* bei schwacher Belichtung effizienter abläuft als bei → *Lichtpflanzen*.

Schattenverwitterung *shadow weathering, shadow surface disintegration*: Sammelbezeichnung für Prozesse der → *chemischen Verwitterung*, die sich in warm-ariden Klimaten im Schatten wegen der dort zur Verfügung stehenden relativ hohen Feuchten vollziehen. Es entstehen z. B. → *Tafoni*. In Schattenbereichen fehlen daher meist die → *Hartrinden* (→ *Exposition*).

Schattenwirtschaft *informal economy, shadow economy*: alle privatwirtschaftlichen Aktivitäten, die zur gesamtwirtschaftlichen Wertschöpfung beitragen, aber nicht in die offiziellen Wirtschaftsstatistiken eingehen (→ *volkswirtschaftliche Gesamtrechnung*). Dazu zählen die weitgehend legale und abgabenfreie → *Selbstversorgungswirtschaft* privater Haushalte (Hausarbeit, Kindererziehung, Güter- und Dienstleistungsproduktion in Selbsthilfe, Nachbarschaftshilfe u. ä.) sowie private Selbsthilfeorganisationen (soziale Dienste, Umweltaktivitäten, Beratung u. ä.). Auch die sog. Untergrundwirtschaft mit ihren vorwiegend illegalen Aktivitäten (v. a. → *Schwarzarbeit*, → *Schwarzmarkt*, illegale bzw. informelle Beschäftigung) hat einen hohen Anteil an der S. (→ *informeller Sektor*).

Schauer *chill, shower*: kurz anhaltender, in Frontsystemen meist wenig ergiebiger → *Regen*, der oft in mehreren Wellen fällt. Ergiebige Regen-S. hoher Dichte bringen dagegen → *Gewitter*.

Schaufeldelta → *Flügeldelta*.

Schaumboden *foam soil*: kein Fachbegriff, sondern beschreibender Begriff für lufthaltige → *Ton-* bis → *Lehmböden* in Trockengebieten, in denen sich ein Luftpolster bildet, sodass kurzfristig und konzentriert fallender Regen nicht sofort eindringen kann. Dies geschieht einerseits wegen des Benetzungswiderstandes, andererseits wegen des hohen Bodenluftgehaltes. Erst bei längerer Durchfeuchtung füllen sich die Hohlräume mit Wasser, und es bildet sich der vegetationshemmende S.. Schon vorher tritt der geomorphogenetisch wichtige Prozess der → *Flächenspülung* auf.

Schauplatz *locale*: → *Ort* des Geschehens oder Ort einer → *Handlung*.

Scheibenhochhaus *high-rise building in form of a slice*: im Gegensatz zum → *Punkthochhaus* ein → *Hochhaus* mit relativ langer und schmaler Grundfläche.

Scheinnutzung *fictious usage*: v. a. auf → *Grünland* betriebene Nutzung, die nicht agrarwirtschaftlichen Zwecken, sondern zur Vorbeugung von Verwahrlosung und Wertminderung dient. Die S. kann in gewisser Weise als Form der → *Sozialbrache* verstanden werden.

Scheitelbruch *anticlinal fault*: Verwerfungsbildung (→ *Bruch*, → *Verwerfung*) im Scheitel von → *Falten*.

Scheitelhaltung *summit backwater*: bei einem eine → *Wasserscheide* überschreitenden → *Schifffahrtskanal* das höchste Teilstück zwischen zwei → *Schleusen*. Die S. muss durch natürliche Wasserläufe oder durch Hinaufpumpen mit Wasser versorgt werden.

Schelf (Kontinentalschelf, Kontinentalsockel) *shelf*: submarine Flachform mit geringer Re-

Schalenbau der Erde

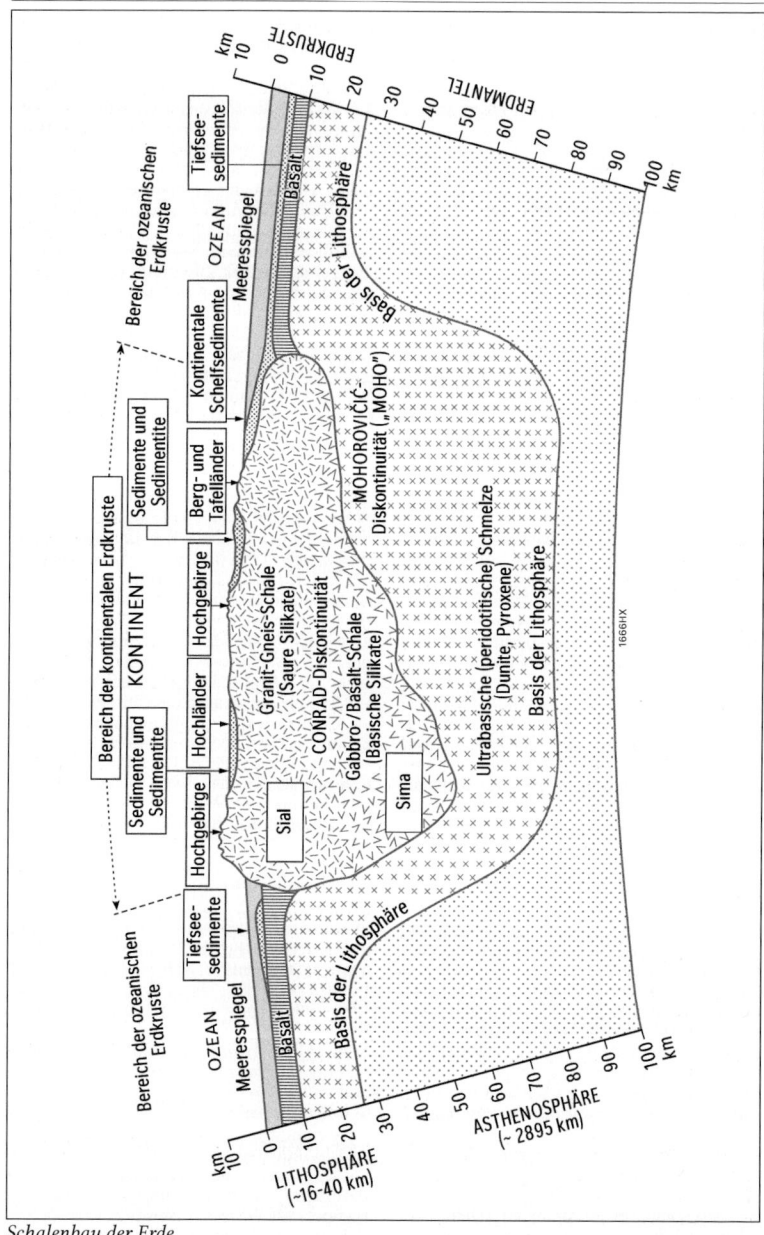

Schalenbau der Erde

liefenergie und jener Teil der → *Kontinentalplattform*, der in der → *hypsographischen Kurve* bis zur 200 m-Isobathe reicht und dort in den → *Kontinentalabhang* übergeht. Solange der S. nur → *epirogenetischen* Verformungen unterliegt, gilt er als stabil, bei → *Bruchtektonik* als labil. Der S. zeigt meist junge Formen des Georeliefs, die während des → *Pleistozäns* zeitweise Festland waren und die erst in geologisch jüngster Zeit neuerlich überflutet wurden. Das den Schelf bedeckende Meer, wie bspw. die Nordsee, wird → *Schelfmeer* genannt.

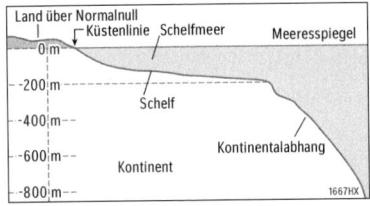

Schelf

Schelfeis *shelf ice*: auf die antarktischen → *Schelfe* übergreifendes → *Inlandeis*. Der im Wasserkörper des → *Schelfmeeres* schwimmt und auf seiner Oberseite aus dem Niederschlag und auf seiner Unterseite aus dem Wasser genährt wird (→ *Eisschelf*).

Schelfmeer *shelf sea*: seichtes, i. Allg. weniger als 200 m tiefes → *Meer* über einem → *Schelf*. Die heutigen → *Nebenmeere* sind weitgehend S. und wichtige Sedimentations-, Lebens- und Wirtschaftsräume.

Schenkel (Flügel) *limb*: die Bereiche auf beiden Seiten der Ebene der → *Sattelachse* einer → *Falte*. Der S. verbindet den → *Sattel* und das Muldentiefste.

Scherbenkarst *fragmented karst*: → *Karst*, der durch → *Frostsprengungsverwitterung* geprägt ist, da in dessen → *Klüften*, → *Karren* und → *Kluftkarren* Frostsprengungsverwitterung leicht wirken kann. Es entsteht → *Frostschutt* mit scharfen Kanten, der als → *Scherbenschutt* bezeichnet wird.

Scherbenschutt *fragmented debris/detritus*: beschreibender Begriff für grobstückigen und scharfkantigen → *Schutt*, scherbiger Gestalt, wie er im → *Scherbenkarst* oder als → *Frost-* bzw. → *Solifluktionsschutt* auftritt.

Scherfaltung *shear folding*: Form der → *Faltung*, die dann eintritt, wenn in einem unter Spannung stehenden Gestein die → *Scherfestigkeit* überschritten wird. Die S. hängt von → *Körnung*, Wassergehalt und → *Bindigkeit* ab.

Scherfestigkeit (Scherwiderstand) *shear strenght*: aus innerer Reibung und Haftung resultierende Kraft, welche zwischen einem Bewegungsdruck (der → *Schubspannung*) ausgesetzten Bodenteilchen oder Bodenmassen wirkt.

Scherflächen *shearing planes*: meist in Mehrzahl bei der → *Scherfaltung* bzw. → *Scherung* senkrecht zur Druckrichtung entstehende Flächen. Sie zerlegen das Gestein in „Scherbretter".

Scherkluft (Diagonalkluft) *shear joint*: eine Form der → *Klüfte*, die sich unter Winkeln von 50-70° schneiden und diagonal zur Druckrichtung (Richtung der Hauptbeanspruchung) verlaufen. Die → *Scherflächen* der S. sind überwiegend geglättet.

Scherspannung (Schubspannung) *shear, strain, shear stress*: jene Spannung, die parallel zur Oberfläche auf Massen wirkt. Da ein Gutteil der → *Erdoberfläche* aus → *Hängen* besteht, ist die Wirkung der → *Schwerkraft* auf die auf dem Hang auflastenden Massen eine Funktion der → *Hangneigung*. Die gravitative Massenbewegung findet meist parallel zum Hang statt, sodass die vertikal nach unten gerichtete Fallbeschleunigung in zwei Vektoren unterteilt werden kann: einmal die rechtwinklig zur Hangfläche nach unten gerichtete → *Druckspannung*, die umso kleiner wird, je größer die Hangneigung ist. Der hangparallele Vektor ist die S., die sich aus der Multiplikation der Fallbeschleunigung mit dem Sinus der Hangneigung berechnet und die also umso größer wird, je steiler der Hang ist. Sind S. und Druckspannung gleich groß, ist die sogenannte → *Grenzscherspannung* (Grenzschubspannung) erreicht und das Material beginnt, sich zu bewegen (→ *Coulombsches Gesetz*).

Scherung *shearing*: 1. in der Geologie Gesteinsdeformation, bei der → *Scherklüfte* entstehen bzw. durch → *Scherfaltung* sowie damit verbundene Einzeleffekte. 2. in der → *Glaziologie* Bezeichnung für Bewegungs- und Druckvorgänge, die zur Bildung von → *Klüften* im Eis führen, die man als Scherrisse bezeichnet (→ *Scherflächen*).

Scherwiderstand *shear resistance, shear strength*: → *Scherfestigkeit*.

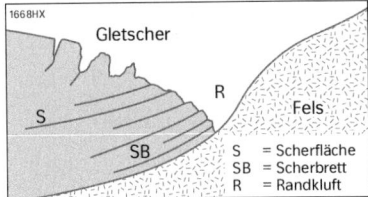

Scherung

Scheune *barn*: in der → *Landwirtschaft* Gebäude zur Bergung von Erntegut. Nach letzterem wird unterschieden in Getreide-, Stroh- oder Futter-S. Entsprechend den unterschiedlichen Standorten der S. wird z. B. nach Hof-S. oder Feld-S. differenziert.

Scheunenumbau *barn conversion*: Form der → *Dorferneuerung* (→ *Dorfinnenentwicklung*), bei der → *Scheunen* einer anderen Nutzung zugeführt werden. Scheunen prägen auch noch dort das Ortsbild, wo die Landwirtschaft längst keine oder nur noch eine untergeordnete Rolle spielt. S. schafft im Dorfkern Wohnraum, für den kein Neubaugebiet erschlossen werden muss und hilft damit, die → *Zersiedlung* dörflicher oder städtischer Peripherie zu vermeiden und trägt maßgeblich zum Erhalt regionaltypischer Ortsbilder bei.

Schicht *layer, stratum*: – in der Geographie ein methodisch-methodologischer Begriff, den man einsetzt, um die Vielfalt der geographischen Realität zu strukturieren. – Die klassische Geographie setzt ein → *Schichtenmodell* für den → *geographischen Raum* ein, innerhalb dessen Einzelsachverhalte (z. B. → *Oberflächennaher Untergrund*, Klima, Boden, Wirtschaft etc.) separativ betrachtet werden. – In Landschaftsökologie und Geoökologie wird ebenfalls dreidimensional in der S. betrachtet, die als Kompartiment im Hinblick auf ihren Funktionszusammenhang modelliert werden. Die dreidimensionale Betrachtungsweise des Ökosystems basiert auf der Existenz verschiedener S., wie der Atmosphäre, Kryosphäre, Hydrosphäre, Pedosphäre und Lithosphäre, die man in einem Funktionszusammenhang sieht, in den auch die Anthroposphäre mit ihren Reglern und Prozessen eingeschaltet ist. – in der Vegetationsgeographie Bestandteil der vertikalen Schichtung einer Pflanzengesellschaft, die in verschiedene Stockwerke gegliedert ist, und deren Einzelniveaus als S. (Vegetationsschicht, Stratum) bezeichnet werden. – in der Geologie ein plattiger Gesteinskörper flächenhafter Ausdehnung, der durch Ablagerung entstand und der eine Schichtung aufweist. – in der Soziologie und Sozialgeographie eine gesellschaftliche Gruppierung, die sich bei einer hierarchischen Abstufung und/oder einer nach qualitativen Gesichtspunkten bewerteten Gliederung der Gesamtgesellschaft ergibt (Sozialstruktur, Schichtung). Man spricht z. B. von Ober-, Mittel- und Unter-S., evtl. mit Zwischenstufen, wie obere oder untere Mittel-S.. Neben Gesellschafts-S. allgemein, die sich aus dem sozialen Status anhand von Herkunft, Bildung, Beruf, Einkommen usw. ergeben, gibt es spezielle S., z. B. Einkommens-S., Bildungs-S. Historische Typen von S. sind z. B. das Kastensystem und die Ständegesellschaft.

Schichtenkunde *stratigraphy*: → *Stratigraphie*.

Schichtenmodell → *Schichtmodell*.

Schichtfläche *bedding plane*: obere ("Dach") und untere ("Sohle") Begrenzung einer → *Schicht* im Bodensubstrat, Sediment oder Gestein, die genetisch begründet ist (→ *Schichtprofil*).

Schichtflut *sheet flood*: flächenhaftes Fließen von Niederschlagswasser bei → *Starkregen* oder Dauerregen auf kaum geneigten Flächen in den wechselfeuchten → *Tropen* und → *Subtropen* mit Wasserhöhen von zwei oder mehr Dezimeter. Dabei kommt es zum als geomorphogenetisch wichtig erachteten Prozess der → *Flächenspülung*. Deren Wirkung ist besonders dort groß, wo die Vegetation dünn ist (→ *Abspülung*).

Schichtfolge *stratigraphic sequence/sucession, series of strata*: → *Schichtverband*.

Schichtfuge *bedding plane*: Fläche oder Linie, welche zwei → *Schichten* im Gestein oder Sediment voneinander trennt. Die S. geht auf den Entstehungs- bzw. Ablagerungsprozess der Schicht zurück.

Schichtfugenhöhle (Schichtgrenzhöhle) *bedding cave*: eine → *Karsthöhle* an der Fuge zwischen benachbarten → *Schichten* gleicher Gesteinsbeschaffenheit. Bei → *söhliger* bis flacher Lagerung der höhlenbildenden Gesteine auch von flacher und niedriger Gestalt (→ *Karst*, → *Lösungsverwitterung*).

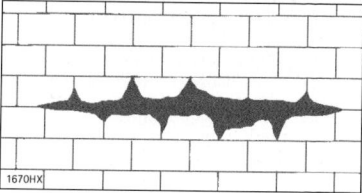

Schichtfugenhöhle

Schichtfugenkarren *schichtfugenkarren*: ähnlich den → *Kluftkarren*, ein Typ der → *Karren*, wobei → *Schichtfugen* dem Wasser, und damit der → *Lösungsverwitterung*, den Weg vorzeichnen.

Schichtgesteine *stratified/layered rocks*: → *Sedimentite*.

Schichtgrenzhöhle → *Schichtfugenhöhle*.

Schichtgruppe *series of strata*: → *Schichtverband*.

Schichtkamm (Schichttrippe) *hogback, swineback*: meist lang gestreckter Bergrücken (→ *Rücken*) mit markantem → *Kamm*, der – an eine widerständige Gesteinsschicht gebunden – in einer Wechselfolge von widerständigen und weniger widerständigen Schichten vorkommt, die stark geneigt sind. Im Vergleich zur → *Schichtstufe* ergibt sich zwar ein ähnliches Querprofil beim S.-Stirn-

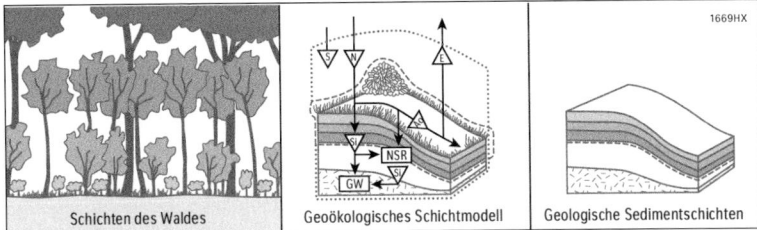
Schichten in Schichtmodellen

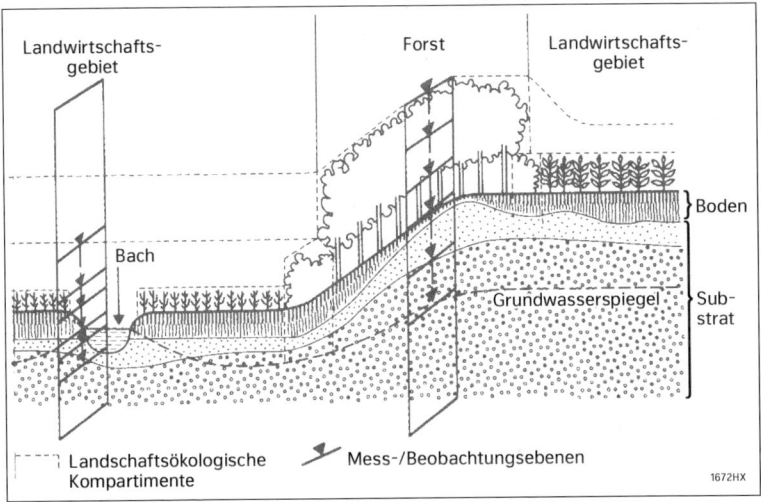
Schichtmodelle

hang, der Rückhang des S. ist jedoch wesentlich steiler als bei Schichtstufen. Weiterhin ist der Grundriss der S.-Stirnseite gestreckt, bei Schichtstufen hingegen gebuchtet. Ursache dafür ist die an S. aus Gründen der Gesteinslagerung fehlende grundwasserbedingte → *Quellerosion*. Typische Schichtkammlandschaften finden sich als erosive Folge der germanotypen → *Gebirgsbildung* in Mitteleuropa zwischen Harzvorland und Weserbergland.

Schichtkomplex *series of strata*: → *Schichtverband*.

Schichtkopf *basset, [outcropping] edge of a stratum, seam exit, inface*: an der Erdoberfläche ausstreichender Teil einer steiler geneigten Gesteinsschicht, unabhängig von ihrer geomorphologischen Wirksamkeit.

Schichtkopfkarst (gerichteter Karst, Schichttrippenkarst) *directional karst, schichttrippenkarst*: dort durch selektive → *Korrosion* entstehender → *Karst*, wo an der Erdoberfläche Schichtverbände wechselnder Widerständigkeit ausstreichen und wo nur im Bereich der widerständigen, verkarstungsfähigen Vollformen, die auch als → *Schichtkämme* auftreten können, Karst möglich ist. Der S. tritt meist kleinräumig und als Mikroform auf.

Schichtlücke (Hiatus) *stratigraphic gap/break*: Aussetzen einer gleichförmig erfolgten → *Ablagerung*, die sich äußerlich entweder im Fehlen einer → *Schicht* (oder auch mehrerer) und/oder in einer → *Diskordanz* ausdrückt.

Schichtmodell (Schichtenmodell) *layer model, stratum model*: in den Geo- und Biowissenschaften eingesetztes → *Modell*, das mit → *Kompartimenten* im Sinne der → *Schicht* arbeitet.

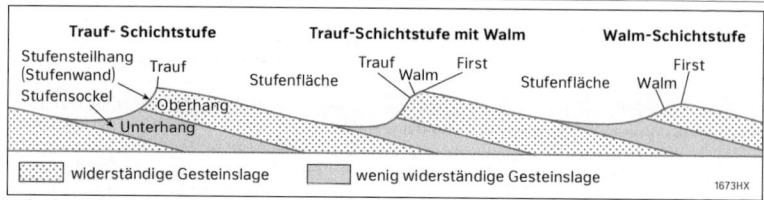
Schichtstufe

Schichtmulde *cross-bedding down-fold/trough*: eine → *Mulde* als Ergebnis einer → *Faltung*, wobei wechselnd widerständige Schichtverbände gefaltet wurden, sodass die an den Schichtenbau angelehnte orographische Mulde im Wesentlichen geotektonisch bedingt ist. Die S. kann als Formen des → *Mesoreliefs* (z. B. Ith-Hils-Mulde) und des → *Makroreliefs* (z. B. Pariser Becken) auftreten.

Schichtpaket *series of strata*: → *Schichtverband*.

Schichtprofil *strata profile*: ein Bodenprofil, welches über mehrere geringmächtige Sedimentschichten hinweg entwickelt ist. Typische S. entstehen z. B. in Auesedimenten (z. B. Sand oder Lehm über Schotter) oder in wechselnd geschichteten Gehängelehmen bzw. Gehängeschutten (→ *Hanglehm*).

Schichtquelle *strata [outtrop, contact, gravity] spring*: Grundwasseraustritt an der Erdoberfläche an der Grenze zwischen einer durchlässigen Gesteinsschicht (→ *Grundwasserleiter*) in der das Wasser absteigend zur → *Quelle* fließt, und einer undurchlässigen Gesteinsschicht (→ *Grundwasserstauer*), die das Wasser staut. S. treten oft als → *Quellenband* in Reihen auf.

Schichtreihe *series of strata*: → *Schichtverband*.

Schichtrippe → *Schichtkamm*.

Schichtrippenkarst → *Schichtkopfkarst*.

Schichtserie *group of beds/strata*: → *Schichtverband*.

Schichtsilikat *phyllosilicate*: blattartig aufgebaute silikatische Minerale aus Tetraeder-Oktaeder-Lagen (Zweischicht-Silikate) oder Tetraeder-Oktaeder-Tetraeder-Lagen (Dreischicht-Silikate). Die Tetraeder bestehen aus SiO_4, die an ihre freien Sauerstoffatome Kationen binden können. Zwischen den Schichtpaketen sind Kationen (K, Na, Ca) eingelagert. Diese Alkaliionen können durch OH^- ersetzt werden. Die S. sind ausgezeichnet spaltbar (entlang der Netzebenen). Zu den S. gehören die → *Glimmer*, Chlorite und → *Tonminerale*.

Schichtstufe (Cuesta) *benchland, cuesta, glint line*: oft mit dem doppeldeutigen Begriff → *Landstufe* belegte Form des → *Makroreliefs*, die jedoch klar definiert ist: Eine S. ist eine Geländestufe im Bereich flachlagernder, wenig geneigter Gesteinsschichten, wobei die eigentliche Stufe an widerständige hangende Gesteine gebunden ist und der Stufenunterhang im Bereich der weniger widerständigen Gesteine liegt. Der → *Trauf*, der → *First* sowie der → *Walm* markieren einzeln oder zusammen den Bereich der → *Stufenstirn*, an die sich die → *Landterrasse* der → *Stufenfläche* anschließt. Die → *Dachfläche* kann eine → *Schichtfläche* oder eine → *Kappungsfläche* sein. Entwicklung und Formgestalt der S. sind von Gesteinsart, Mächtigkeit der Gesteinsschichten sowie Neigung der Schichten bestimmt. Die → *Geomorphodynamik* auf den Dachflächen und an der Stufenstirn ist unterschiedlich. Bei Rückverlegung der S. entstehen → *Auslieger* und → *Zeugenberge*. Auch → *Achterstufen* können entstehen.

Schichtstufenlandschaft *alcove lands, cuesta landscape, cuesta topography, scarped tableland*: setzt sich aus einer Abfolge von → *Schichtstufen* zusammen. Die S. ordnen sich gewöhnlich geotektonischen Hebungsbereichen zu, in deren Nähe oder Nachbarschaft sie sich entwickeln. Typische S. Europas sind das Pariser Becken, die Südenglische Stufenlandschaft, die Thüringer Becken und das Schwäbisch-Fränkische Stufenland. Durch die Abfolge von → *Flächen* und → *Stufen* sowie die unterschiedlichen Gesteinsbeschaffenheiten und die damit verbundenen Wasserhaushaltseigenschaften hat sich in der S. Mitteleuropas ein charakteristisches Muster von offenem Land, dem Gäu, und dem Waldland herausgebildet, die auch unterschiedliche Kulturlandschaftsentwicklungen durchliefen.

Schichttafel *cuesta plateau*: Plateau mit relativ symmetrischem Querschnitt, das an den Seiten durch steile Hänge begrenzt ist. Die S. ist strukturbedingt, da der widerständige → *Stufenbildner* die weitere Abtragung hemmt (→ *Schichttafelland*).

Schichttafelland *structural plateau, structural platform*: eine → *Abtragungsebene*, bei der die → *Flachformen* an bestimmte flachlagernde Gesteinsschichten gebunden sind, die

aber an deren Außenrändern → *Schichtstufen* bilden.
Schichtung layer, layering, stratification: 1. Diagonalschichtung, 2. Schrägschichtung und 3. Parallelschichtung. 4. Thermische S. eines Wasserkörpers wird durch Stagnation hervorgerufen und besitzt für die Ökologie der Seen große Bedeutung. 5. Chemische S. kommt durch die unterschiedliche Vertikalverteilung gelöster Stoffe zustande, welche Dichteunterschiede in natürlichen und künstlichen stehenden Gewässern verursacht. – in der → *Geologie* Merkmal der → *Sedimentite*, die wegen ihres Schichtcharakters auch als Schichtgestein bezeichnet werden. S. tritt sowohl bei → *Lockergesteinen* (→ Sedimenten) als auch bei → *Festgesteinen* (→ *Sedimentiten*) auf. Die S. ist bedingt durch den Wechsel im angelieferten Material, der Sedimentationsgeschwindigkeit und/oder durch Verfestigung einer → *Schicht* vor → *Ablagerung* der nächst jüngeren, d.h. wenn kurzes Aussetzen der Sedimentation erfolgt. Unterschieden werden diverse S.-Typen, z.B. – Der Typ der S. weist auf die Entstehungsbedingungen des Sedimentes bzw. Sedimentites hin. Da Ablagerungen auch längerzeitig unterbrochen sein können, entstehen → *Schichtlücken* (Hiaten). – in der Hydrologie und Hydrogeographie die S. eines Wasserkörpers, die thermisch und chemisch bestimmt sein kann (→ *Chemokline*, → *Thermokline*). – Wegen des Dichteunterschiedes kann eine Mischung „schwereren" Tiefenwassers mit dem darüber befindlichen und spezifisch leichteren → *Oberflächenwasser* vorübergehend oder auch ständig gehemmt oder unterbunden werden. – Modell eines hierarchischen Aufbaus einer Gesellschaft (Sozialstruktur), um Gruppen mit unterschiedlichem sozialen Status sowie sozioökonomischen Bedingungen in Schichten zusammenzufassen. Eine besonders ausgeprägte S. wies z.B. die mittelalterliche Gesellschaft in Europa oder das Kastenwesen Indiens und Nepals auf (Unterschicht, Mittelschicht, Oberschicht). – vertikale Gliederung des Waldes mit stockwerkartiger Struktur. Wichtige Schichten sind u.a. Baumschicht, Strauchschicht, Krautschicht, Moosschicht und Bodenschicht. Jede einzelne Schicht bietet Teillebensräume für unterschiedliche Tiere und Pflanzen. – in Biologie, Bioökologie und Geoökologie werden Lebensräume als „geschichtet" modelliert, wie das Horizont- und Schichtmodell belegen. – in Vegetationsgeographie und Geobotanik die vertikale Aufgliederung (Stratifikation) eines Pflanzenstandes in die Begriffe Schicht oder Stratum. Z. B. Boden- bzw. Moos-, Kraut-, Strauch- und Baumschicht. Letztere kann in sich stärker gegliedert sein (Schicht, Vegetationsschicht, Stratum).

Schichtverband (Schichtfolge, Schichtgruppe, Schichtkomplex, Schichtpaket, Schichtreihe, Schichtserie) series of strata: mehrere aufeinander folgende → *Schichten* im Gestein oder Sediment, die aufgrund ihrer Entstehung und/oder ihres Inhaltes an → *Fossilien* als zusammengehörig erkannt werden und die sich dadurch von → *Hangenden* und → *Liegenden* anderer S. unterscheiden.
Schichtvulkan → *Stratovulkan*.
Schichtwasser startum [formation, layer, held] water: → *Grundwasser*, das sich in einem durchlässigen Gestein (→ *Grundwasserleiter*) über einer undurchlässigen oder gering durchlässigen Gesteinsschicht (→ *Grundwasserstauer*) sammelt und ggf. strömt.
Schiefe der Ekliptik inclination of ecliptic: Winkel zwischen der Ebene der → *Ekliptik* und der Äquatorebene. Der Winkel beträgt derzeit 23,4° und ist geringen langperiodischen Veränderungen unterworfen (→ *Milanković-Zyklen*). Die Schräglage der → *Erde* gegenüber der Erdbahnebene ist die Ursache des jahreszeitlich wechselnden Sonnenstandes, somit auch der → *Wende-* und → *Polarkreise*.
schiefe Falte inclined fold: eine → *Falte*, deren Achsenfläche sich durch vorherrschend einseitigen Druck geneigt hat. Aus ihr entsteht später eine → *überkippte Falte*.
Schiefer schist: 1. im engeren Sinne gelten als S. nur die Hauptgruppe der → *Metamorphite*, die → *Kristalline S.* und die durch Gebirgsdruck entstandenen geschieferten, aber metamorph nicht veränderten → *Tonschiefer*. 2. im weiteren Sinne werden als S. jene Gesteine definiert, die sich in dünne, mehr oder weniger ebene Platten brechen bzw. spalten lassen, wobei die Spaltflächen meist den → *Schichtflächen* entsprechen und die Spaltbarkeit auf die → *Diagenese* des Gesteins zurückgeht. Dazu gehören → *Schieferton*, → *Mergelschiefer*, → *Ölschiefer*, → *Kupferschiefer* und Lithographenschiefer.
Schiefergas (Flözgas) seam gas: im → *Tieferen* (geologischen) Untergrund in → *Schiefer* bzw. → *Tonschiefer*, → *Ton*, → *Kalkstein* u.a. → *Sedimentiten* sowie in Kohlenflözen (→ *Kohle*) als in Poren fein verteilte Mengen vorkommendes Gas, das durch → *Fracking* gewonnen wird. Es gilt als Alternative zum → *Erdgas*.
Schieferton shale: verfestigter → *Ton*, aber weniger verfestigt als → *Tonschiefer*, der als hellgrauer oder manchmal auch schwarzer oder „bunter" → *Schiefer* nach untereinander parallelen → *Schichtflächen* spaltbar ist.
Schieferung foliated/schistose structure: 1. ein parallelschichtiges → *Gesteinsgefüge* im Sinne der → *Schiefer*. 2. Vorgang, der zur Bildung von Schiefer führt und darin besteht, dass mineralische Gemengteile des Gesteins un-

ter starkem Druck („Druck-S.") sich mit ihren größten Achsen senkrecht zum Druck stellen, wobei diese Mineraleinregelung Bewegungen von einzelnen Gleitbrettern in Richtung der größten Mineralachsen entlang der S.-Flächen erlaubt. Die Zerteilung der Gesteine in parallele Gleitbretter ist Ursache der guten Spaltbarkeit des Schiefers. Findet die S. erst nach der → *Faltung* von Gesteinen statt, wenn also neuerlich tektonische Drucke eintreten, dann entsteht „Transversal-S.". Dies erklärt auch, weshalb die S.-Flächen sich gelegentlich quer durch → *tektonisch* bedingte Formen und die → *Schichtung* der Gesteine fortsetzen.

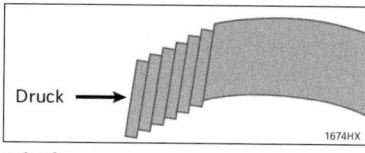

Schieferung

Schienengüterverkehr *rail freight transport*: Transport von Gütern mit schienengebundenen Verkehrsmitteln, insbesondere in Form von Eisenbahn-Güterzügen. Der S. ist aus ökologischen Gründen dem Straßengüterverkehr vorzuziehen, hat jedoch den Nachteil geringerer Flexibilität. Die Nachteile des Umladens zwischen Bahn und Lkw am Beginn und am Ende eines Transportweges (→ *gebrochener Verkehr*) werden durch die Verpackung von Stückgütern in → *Container* stark gemildert (→ *Containerverkehr*, → *Stückgutverkehr*).

schießender Abfluss *supercritical flow*: sehr rascher → *Abfluss* in einem → *Gerinne*, dessen Fließgeschwindigkeit höher ist als die Geschwindigkeit der Grundwelle. S. A. herrscht z. B. in → *Stromschnellen* und → *Wildbächen*.

Schießstrecke *supercritical segment*: Teilstück eines Flusslaufes, in dem → *schießender Abfluss* herrscht, z. B. in → *Stromschnellen*, an → *Schwellen* oder in → *Wildbächen*.

Schiffbarkeit *navigability*: Fähigkeit eines natürlichen Gewässers (Fluss, See), als → *Schifffahrtsweg* zu dienen. Die S. hängt v. a. von der Breite und Tiefe, der regelmäßigen Wasserführung und den Gefällsverhältnissen des Gewässers, daneben von der Art und Größe der zu befördernden Wasserfahrzeuge, ab. Durch Begradigung, Ausbaggerung der Fahrrinne, Bau von Staustufen, → *Schleusen* und → *Schiffshebewerken* und ähnliche Maßnahmen kann die S. verbessert oder überhaupt erst hergestellt werden.

Schiffelwirtschaft → *Feldbrandwirtschaft*.

Schifffahrtskanal *shipping canal*: → *Kanal*, der ausschließlich oder zumindest als Teilnutzung der Schifffahrt dient. S. existieren sowohl als → *Binnenwasserstraßen* wie auch als → *Seekanäle* für die → *Küsten-* oder → *Hochseeschifffahrt*.

Schifffahrtsweg (Schifffahrtsstraße) *shipping route*: 1. in der → *Binnenschifffahrt* eine schiffbare → *Wasserstraße*, wie Fluss oder Kanal. 2. in der Seeschifffahrt eine häufig befahrene, oft auch durch → *Seezeichen* markierte und vielfach durch internationale Verträge festgelegte Route zwischen zwei Häfen oder durch ein Meer. Insbesondere in Randmeeren und Meeresarmen mit regem Schiffsverkehr, mit Untiefen und Engstellen sind zur Sicherheit der Schifffahrt häufig S. festgelegt (z. B. im Ärmelkanal oder Persischen Golf).

Schifffahrtszeichen → *Seezeichen*.

Schiffshebewerk *ship's hoist*: Vorrichtung zur Überwindung größerer Höhenunterschiede im Verlauf von → *Schifffahrtskanälen* oder zur Verbindung zweier schiffbarer Flusssysteme. Im Gegensatz zur → *Schleuse* arbeitet das S. fast ohne Wasserverbrauch. Das Schiff wird schwimmend in einem wassergefüllten Trog gehoben oder gesenkt, wobei der Energieverbrauch durch Gegengewichte stark verringert werden kann.

Schiffsregister *shipping registry*: öffentliches bei Gericht oder einer speziellen Behörde geführtes Verzeichnis für Binnen- und Seeschiffe, in das jedes Schiff mit seinen technischen Daten eingetragen sein muss, um für den Verkehr zugelassen zu werden. In Deutschland hat das S. eine ähnliche rechtliche Stellung wie das → *Grundbuch* für Immobilien. Auf internationaler Ebene werden Schiffe häufig nicht in das S. ihres Heimatlandes eingetragen, sondern in das sog. → *Billigflaggen* (→ *Ausflaggung*).

Schild (Kristalliner S., Urkontinent, Urkraton) *shield*: ein aus Gesteinen des → *Präkambriums* bestehender Festlandskern, alte, nicht mehr faltbare Krustenstücke im Sinne des → *Kratons* repräsentierend, die seit dem → *Proterozoikum* bestehen und an die sich später → *Faltengebirge* angliederten, aus denen sich die heutigen → *Kontinente* entwickelten. Zu den S. gehören der → *Kanadische S.*, → *Fennosarmatia* und → *Angaraland*.

Schildinselberg *shield inselberg, shield outlier, shield island mountain*: flacher → *Inselberg*, der sich nach der Deutung der Theorie der → *Doppelten Einebnungsflächen* durch → *Verwitterung* im Untergrund gebildet hat und durch flächenhafte Abtragung, z. B. → *Flächenspülung*, sukzessive aus der Verwitterungsdecke des → *Regoliths* herauswuchs.

Schildvulkan *exogenous lava dome, shield volcano*: breiter, schildförmiger → *Vulkan*, der durch dünnflüssige (→ *mafische*) → *Lava* gebildetet wird, die wiederholt aus Spalten (→ *Spalteneruption*) oder einem → *Krater* austritt. Der S. weist nur geringe Hangneigungen (maximal 10°) auf, wie z. B. der Mauna Loa und der Mauna Kea auf Hawaii und die Vulkane Islands.

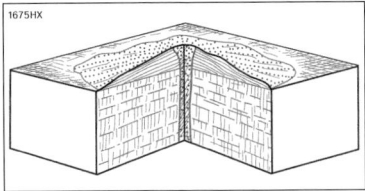

Schildvulkan

Schill *shell detritus, lumachelle*: → *marine* oder → *limnische* Ablagerungen, v. a. an → *Flachküsten*, die sich fast ausschließlich aus zerbrochenen oder z. T. ganzen Schalen bzw. Hartteilen wasserlebender Organismen zusammensetzen, z. B. Muschel- oder Schneckenschalen. Der S. kann als lockeres, sowohl als → *rezentes* auch als → *vorzeitliches* – dann auch → *fossiles* – Sediment vorkommen. Da der S. wird, wenn er eine geochronostratigraphisch einwandfreie Position aufweist, auch als → *Klimazeuge* verwandt (→ *Paläobiogeographie*, → *Paläoökologie*).

Schirokko → *Scirocco*.

Schlacke *slag, [volcanic] cinder, [volcanic] scoria*: Brocken von → *Lava* in unregelmäßiger Gestalt mit blasig-poröser Beschaffenheit, die sich an der Unter- und Oberseite von Lavaströmen bilden oder als Auswurfprodukte (→ *Lapilli*) eines → *Vulkans* auftreten.

Schlackenkegel *cinder cone, scoria cone, slag cone*: durch regelmäßigen Auswurf von → *Schlacken* entstandener, weniger Zehner- bis Hunderte Meter hoher → *Vulkan*.

Schlafdeich *sleeping dike*: alter → *Deich*, der keine Schutzfunktion mehr hat und vor dem → *Polder* bzw. Köge (→ *Koog*) mit neuen Deichen angelegt wurden.

Schlafstadt *dormitory town*: Bezeichnung für eine → *Satellitenstadt* oder eine große Wohnsiedlung am Rande eines großstädtischen → *Verdichtungsraums*, die nur eine geringe Zahl von Arbeitsplätzen bietet. Der größte Teil der erwerbstätigen Bevölkerung pendelt daher aus und die → *Tagbevölkerung* ist wesentlich geringer als die → *Nachtbevölkerung*.

Schlag *opening, forest area (1.); major field plot (2.)*: – bezeichnet in der → *Forstwirtschaft* unterschiedliche Aspekte: die flächenweise → *Abholzung*, einen Forstdistrikt (→ *Revier*) oder eine Fläche im Sinne einer Lichtung, auf die eine Verjüngung stattfindet, wozu der auf ihr befindliche Gehölzbestand geschlagen wurde. Die forstwirtschaftliche Bedeutung von S. tritt auch als Flurname im Wald auf (z. B. „Buchenschlag", „Geschläge" etc.). – ein größeres Feld; mit Schlagflur wird eine von der Größe her gleiche Abfolge des Besitzgemenges, u. U. eine → *Zelge* oder das Außenfeld (Außenschläge) einer Flur bezeichnet. Die → *Fruchtwechselwirtschaft* kennt die Aufteilung des Ackerlandes in S. (Getreide-S., Kartoffel-S. usw.). Ein Ackerstück, das fruchtfolgemäßig einheitlich oder annähernd einheitlich behandelt bzw. bebaut wird (Fruchtfolge-S.).

Schlageinteilung *field: division*: bei der → *Flurbereinigung* vorgenommene Gliederung der → *Flur*, die standörtlich, technologisch, fruchtfolgetechnisch und/oder vom Besitz bestimmt sein kann.

Schlagform *field form*: bei der → *Flurbereinigung* festgelegte geometrische Form eines → *Schlages*, die teils von ökonomischen Gesichtspunkten, teils von den Boden- und Reliefvorgaben der Agrarraums abhängt. Die S. kann entscheidend für das Wirken der → *Bodenerosion* sein. Bei Großflächenwirtschaft handelt es sich um z. T. ebenmäßige Rechtecke oder Quadrate.

Schlaggestaltung *re-designing of land use*: bei der → *Flurbereinigung* und → *Flurneugestaltung*, aber auch bei → *Rekultivierungen*, jenes Bündel von Maßnahmen, welches die → *Schlageinteilung* und ihre einzelnen → *Schläge* gestalten soll. Auf die S. nehmen natürliche Bedingungen, landeskulturelle Anforderungen und arbeitsökonomische Rahmenbedingungen Einfluss.

Schlaggröße *plot/field size*: die in Hektar dargestellte Größe eines → *Schlages*. Sie spielt bei → *Flurbereinigung* und → *Flurneugestaltung* eine große Rolle, weil sie sowohl arbeitsökonomischen als auch ökologischen Gesichtspunkten Rechnung tragen soll. Bei bedeutenden S. stellen sich zahlreiche negative ökologische Effekte ein, wie → *Bodenerosion*, zu geringe → *Biodiversität* der → *Agroökosysteme* und damit ein zu schwacher Effekt als ökologischer → *Puffer*.

Schlagwirtschaft *crop rotation agriculture*: → *Fruchtwechselwirtschaft*, die sich unter dieser Bezeichnung auf den einstigen Mecklenburgischen Großbetrieben entwickelte. Besonderes Kennzeichen ist die Aussonderung der Ackerweide aus der normalen Fruchtfolgerotation. Dadurch werden die Koppeln (→ *Koppelwirtschaft*) überflüssig, was im Landschaftsbild zur Folge hat, dass ausgedehnte Ackerfluren lediglich kleineren, eingefriedeten Graskoppeln in den Niederungen gegenüberstehen.

Schlamm *mud, mire, slurry, silt, ooze, sludge*: wasserdurchtränktes Lockersediment meist sehr feiner → *Korngrößen*, weich, schmierig, das sich in stehenden oder fließenden Gewässern ablagern kann. Im Umweltschutz spielt der S. bei der → *Abwasserreinigung*, bei der Deponierung (→ *Deponie*) und bei der Aufarbeitung von → *Klärschlamm* eine große Rolle. Dabei werden → *Frisch-*, *Faul-*, Impf-, Belebt-, Bläh-S. unterschieden. Teilweise sind sie Bestandteil der → *Schlammbehandlung*.

Schlammbehandlung *sludge treatment*: in der → *Abwasserreinigung* in → *Kläranlagen* die Vor-, Zwischen- und Nachbehandlung sowie die Verwertung von → *Schlamm*. Dazu gehören Eindickung, künstliche Entwässerung, gegebenenfalls chemische Behandlung, Faulung, Entwässerung auf Trockenbeeten, Heißtrocknung, und Verbrennung sowie die Verwertung – z.B. als Dünger – bzw. die Deponierung.

Schlammbrekzie → *Fanglomerat*.

Schlammkegel *mud cone*: vom → *Schlammvulkan* aufgebauter und meist mehrere Hundert Meter Höhe erreichender Kegel mit einem oben eingesenkten → *Krater*.

Schlammsprudel → *Schlammvulkan*.

Schlammstrom *(hot) mudflow, volcanic mudflow (1.); mudflow (2., 3.); debris flow (3.)*: 1. aus einen → *Vulkan* geförderte und mit Wasser durchtränkte Aschenmasse (→ *Jökulhlaup*, → *pyroklastischer Strom*, → *Lahar*); 2. – aus einem → *Schlammvulkan* austretende, durch → *Grundwasser* aufgeweichte tonige Gesteinsmasse; 3. – mit Wasser angereicherter Lockersedimentstrom, der als → *Fanglomerat* abgelagert wird (→ *Mure*).

Schlammvulkan (Salse, Schlammsprudel) *macaluba, mud volcano, salinelle salse*: Austrittsstelle von → *Schlamm* und Gasen (→ *Fumarole*) an der Erdoberfläche, z.T gebunden an Gebiete mit Geothermie. Eine andere Entstehungsmöglichkeit der Gase (Kohlenwasserstoffe) ist v.a. aus der unterirdischen Zersetzung organischen Materials. Die Gase bewirken Bewegung und Austritt des Schlamms, der durch Aufweichen toniger Gesteine mit Grundwasser entsteht, sodass → *Schlammströme* oder → *Schlammkegel* entstehen. Die S. können den Schlamm 200-300 m hoch auswerfen.

schlanke Produktion → *lean production*.

Schlauchmündung *estuary, tidal river*: schlauchförmige Flussmündung im Sinne des → *Ästuar*.

Schleifzone *grinding zone, grinding area*: Streifen am Rande eines ausgedehnten → *Tiefdruckgebietes*, mit einer Serie von dicht aufeinander folgenden, quasistationären Wellenstörungen, die anhaltende → *Aufgleitniederschläge* bringen.

Schlenke → *Flarke*.

Schlepperbesatz *hauling stock*: Messziffer in der → *Landwirtschaft*, die angibt, wie viele Zugmaschinen auf je 1000 ha → *landwirtschaftlicher Nutzfläche* entfallen.

Schleppkraft (Transportkraft) *stream capacity*: die Fähigkeit eines Flusses oder überhaupt eines Abflusses, → *Sediment* oder Bodenpartikel zu → *erodieren* und anschließend zu transportieren, hängt von seiner S. ab. Diese ist abhängig von der Menge des → *Abflusses* und dessen kinetischer Energie, wofür v. a. Wassertiefe und die Neigung des Längsgefälles und damit letztlich die Fließgeschwindigkeit entscheidend sind. Die S. ist ungefähr proportional zum Quadrat der Fließgeschwindigkeit.

Schleppnetz *dragnet, trawl*: trichterförmiger Maschensack für den Fischfang im → *Meer*. Das S. wird entweder von einem oder von zwei Booten (→ *Trawler*) gezogen. Zu unterscheiden ist das Grund-S., welches über den Meeresboden geschleppt wird, vom Schwimm-S., das im Wasser frei schwimmt.

Schleppsand → *Sandlöss*.

Schleppschifffahrt *tug-boat navigation*: in der → *Binnenschifffahrt* das Ziehen von unmotorisierten Lastkähnen und Flößen durch Schleppschiffe. In den letzten Jahrzehnten ist die S. durch die Entwicklung leistungsfähiger kleiner Schiffsdieselmotoren für den Eigenantrieb sowie durch die → *Schubschifffahrt* stark zurückgegangen. Auf See ist S. nur in Ausnahmefällen üblich, z.B. bei der Überführung von Docks, Bohrinseln usw..

Schleppung *draging, distortion*: Mitreißen und Verbiegen von Schichten an einer geotektonischen Störungslinie, z.B. → *Bruchlinie* oder → *Überschiebung* in → *Falten*, wobei die Schichten in der Nähe der Bewegungsfläche in Richtung der Bewegung „abgeschleppt" sind. Die S. wird durch die Bewegung von Krustenteilen auftretende Reibung bewirkt. Man unterscheidet doppelseitige und einseitige S.. Sie tritt auch auf bei der Bildung von → *Diapiren* bzw. bei → *Salzstöcken* sowie beim Aufstieg von → *Magma* aus dem Erdinneren.

Schlern Stadium *Schlern stade*: ein Rückzugsstadium der → *Würm-Kaltzeit* im Alpenraum, das bereits innerhalb der Alpen liegt und zu dessen Zeitpunkt die Schneegrenze ca. 800-900 m tiefer als heute lag. Es folgte dem → *Ammerseestadium* und war vor dem → *Gschnitz Stadium*.

Schleuse *sluice, lock*: Vorrichtung zum Aufstau und zur Regulierung von Gewässern für Bewässerungszwecke. Durch Öffnen verschiedener S. wird das Bewässerungswasser abschnittsweise auf die zu bewässernden → *landwirtschaftlichen Nutzflächen* geleitet.

Schleuse *sluice, lock*: Bauwerk im Verlauf einer → *Wasserstraße*, insbesondere eines → *Kanals*, in dem Schiffe zwischen Gewässerabschnitten unterschiedlicher Spiegelhöhe gehoben und gesenkt werden (→ *Schiffshebewerk*). S. finden daneben auch in → *Dockhäfen* Anwendung. Die S. besteht hauptsächlich aus einer wassergefüllten S.-Kammer, die beidseitig durch Tore abgeschlossen werden kann. Das Schiff fährt in die S.-Kammer ein und wird durch Wasserzu- oder -abfluss auf das höhere oder tiefere Niveau des benachbarten Gewässerabschnitts gebracht, in den das Schiff nach Öffnen des entsprechenden S.-Tores einfahren kann. Zur Beschleunigung des Schiffsverkehrs werden heute im Verlauf einer Wasserstraße bei Bedarf möglichst wenig S. mit entsprechend größerem Höhenunterschied gebaut.

Schleuse *sluice, lock*: Kammer zwischen zwei Räumen mit je einer Tür zum Ausgleich von Unterschieden des Luftdrucks oder der Luftzusammensetzung in den Räumen. So werden z. B. im → *Tiefbau* unter Wasser mit künstlichem Überdruck S. verwendet.

Schleusentreppe *flight of locks*: zur Überwindung großer Höhenunterschiede in → *Schifffahrtskanäle* eingebaute Folge von mehreren → *Schleusen*, die mit nur kurzen Zwischenhaltungen unmittelbar aufeinander folgen (z. B. im Welland Canal zwischen Erie- und Ontariosee). Zur Beschleunigung des Schiffsverkehrs werden anstelle von S. häufig → *Schiffshebewerke* gebaut.

Schlick *mud*: niederdeutsch für → *Schlamm*, im Sinne von einem im Meer, in Seen und im Überschwemmungsgebiet von Flüssen abgelagerten Gemisch aus feinsten Mineralbestandteilen und → *organischer Substanz*. Der meist grau gefärbte S. enthält Schwefeleisenverbindungen und setzt sich aus wechselnden Anteilen von Feinsand (→ *Sand*), → *Ton*, → *Schluff*, Salzen sowie Magnesium- und Calciumcarbonat zusammen. Unterschieden werden – je nach Entstehung und Materialherkunft – Blau-, Rot-, Grün- und Kalkschlick. An den Küsten bauen sich die → *Marschen* aus dem S. auf.

Schlickfall *mud deposit*: geomorphodynamisch bedeutsamer Vorgang der Aussonderung von → *Schlick* bei der Entwicklung des → *Watts*. Der stärkste S. erfolgt in der Ruhephase zurzeit des Stromkenterns, d. h. dann, wenn sich → *Flut* und → *Ebbe* ablösen. S. wird zudem durch das Zusammentreffen von → *Salz*- und → *Süßwasser* begünstigt, wobei es zur Koagulation und Ausflockung auch feinster → *Schwebstoffe* kommt.

Schlickküste → *Wattenküste*.

Schlickwatt *intertidal mudflat*: im Gegensatz zum → *Sandwatt* überwiegend aus → *Korngrößen* der → *Schluffe* und → *Tone* aufgebaut (→ *Schlick*). Damit dort feine Partikel sedimentieren können, sind spezifische, geschützte und daher strömungsarme Bedingungen nötig. Aus diesen Gründen ist das S. landnäher als das Sandwatt.

Schlieren Stadium *Schlieren stade*: ein Rückzugsstadium der → *Würm-Kaltzeit*, das wenige Kilometer hinter dem → *Schaffhauser Stadium* als eine der äußersten Eisrandlagen vor den Alpen auftritt.

schließende Statistik (induktive Statistik) *inductive statistics, inferential statistics*: Analyse von empirisch erhobenen Daten mithilfe statistischer Verfahren, bei der von einer → *Stichprobe* auf die → *Grundgesamtheit* geschlossen wird.

Schließverfahren *reasoning*: alle im wissenschaftlichen Forschungsprozess angewendeten logischen Schlussfolgerungen, um zu wissenschaftlichen → *Theorien*, → *Prognosen* oder Gesetzen zu gelangen. Die S. umfassen → *Induktion*, → *Deduktion*, → *Abduktion*.

Schliffbord *shoulder of a glacial valley*: sich verflachender Hangteil oberhalb der Steilwände des → *glazialen* → *Trogtales*, der mit der → *Schliffgrenze* endet. Die relative Flachform ist darauf zurückzuführen, dass hier die → *Glazialerosion* gegenüber den tiefergelegenen Talbereichen am kürzesten wirksam werden konnte.

Schliffgrenze *limit of glacial polish*: in einem Tal die Obergrenze der schleifenden Wirkung (→ *Detersion*) des → *Gletschers* und damit Obergrenze des → *Trogtales*. Oberhalb setzen die rauen, steilen Hänge an, die nur der → *Frostsprengungsverwitterung*, nicht jedoch der Detersion unterlagen.

Schliffkehle *ice-scour notch*: → *Hohlkehle* unterhalb der → *Schliffgrenze* eines → *Trogtales*, die sich über mehrere Meter bis Dekameter erstrecken kann und die einerseits auf intensive → *Detersion* am Gletscherrand, andererseits auf intensive → *Verwitterung* an der → *Schwarz-Weiß-Grenze* zurückgeht.

Schlipf → *Erdschlipf*.

Schlittenverkehr *sledge transport*: Transport von Personen und Gütern auf Schlitten, die von Menschen, Zugtieren oder von Traktoren u. ä. gezogen werden. S. ist, häufig im Wechsel mit sommerlichem Wasserverkehr, v. a. in den weitgehend wegelosen Tundren Eurasiens und Nordamerikas verbreitet. Vor dem Beginn der Motorisierung spielte der S. auch im übrigen Europa bei winterlichen Wegeverhältnisse eine Rolle.

Schloss *castle, palace*: repräsentativer Bau, der als Wohnsitz, z. T. auch als Regierungssitz, von regierenden Fürsten und sonstigen Adligen, später auch von reichen Bürgern errichtet wurde. In Europa entwickelten sich S. im Verlauf des Mittelalters aus → *Burgen*, als die Verteidigungsfunktion des Wohnsitzes in den Hintergrund trat. S.-Bauten existieren in fast allen Kulturkreisen.

Schlosssiedlung *castle town*: → *Siedlung*, die sich im Anschluss an ein → *Schloss* entwickelte und in der ursprünglich v. a. Schlossbedienstete und mit dem Schloss in Verbindung stehende Beamte und Handwerker wohnten. In Europa entwickelten sich aus S. teilweise → *Residenzstädte*.

Schlot *funnel, pipe, tube, vent*: – in der → *Speläologie* Bestandteil einer → *Höhle* und Bezeichnung für überwiegend vertikal entwickelte Höhlenstrecken, die von der Höhlendecke nach oben gerichtet und durch → *Auslaugung* oder unter deren wesentlicher Mitwirkung entstanden sind und meist nach oben hin blind enden. – in der → *Vulkanologie* durch vulkanische Gasexplosionen entstandener → *Gang*, der mit Erstarrungsgestein gefüllt ist und in der Erdkruste meist senkrecht verläuft. – geomorphographische Bezeichnung für enge, vertikale Hohlräume in den obersten Teilen der → *Erdkruste* mit oder ohne Verbindung zur Erdoberfläche. – regionaler Begriff für kleine, enge Tälchen mit meist kurzem Längsverlauf, etwa dem → *Tobel* entsprechend.

Schlotfüllung *pipe filling*: Füllung vulkanischer → *Schlote*, die aus → *Ergussgesteinen*, vulkanischen → *Aschen*, vulkanischen → *Tuffen* oder Schlotbrekzien bestehen kann. Die S. hängt von der Genese des Vulkanschlotes und den → *endogenen* Folgeprozessen ab.

Schlotgang *diatreme, volcanic vent*: → *Diatrem*.

Schlotte *pipe*: durch → *Auslaugung* und/oder → *Korrosion* in → *Kalk*, → *Gips* oder → *Steinsalz* entstandener großer, aber schmaler und lang gestreckter Hohlraum.

Schlucht *gorge, ravine, canyon, gulch*: steiles, enges → *Tal* mit nur wenig abgeschrägten Wänden, das sich aus der senkrecht eingeschnittenen → *Klamm* entwickeln kann, wenn deren Felswände ihre kritische Höhe erreichen und → *Felsstürze* und → *Rutschungen* abgehen. → *Tiefenerosion* überwiegt. Eine Tal- bzw. Flusssohle ist nicht ausgebildet. Die Vertiefung der S. geschieht durch Strudellochbildung (→ *Kolk*), → *Kavitation* und → *Sohlenerosion*.

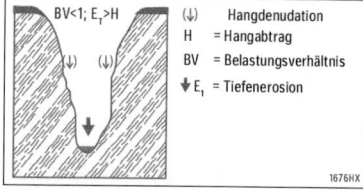

Schlucht

Schluckloch → *Ponor*.

Schluff (Silt) *silt*: sehr feines mineralisches Material der Korngrößen 0,002–0,063 mm (→ *Bodenart*).

Schlüsselart *keystone species*: prägt durch ihre Aktivitäten die Struktur, Funktion und Dynamik von → *Ökosystemen* in der Landschaft. Manche S., wie z. B. Biber oder Termiten, können eine Landschaft völlig umgestalten. Wird die Art vernichtet, folgt der Zusammenbruch des Ökosystems bzw. geht es in einen anderen Zustand über.

Schlüsselindustrie *key industry*: Industriezweig, dessen Produkte (z. B. Stahl) wichtige Rohmaterialien für andere Industrien darstellen. S. sind ferner auch solche Industrien, von denen auftragsmäßig eine Vielzahl von → *Zulieferbetrieben* abhängen (z. B. Automobilindustrie). Beim Industrialisierungsprozess spielt die Entwicklung von S. (→ *Industrialisierungsländern*) eine große Rolle. In größeren → *Entwicklungsländern* wird mit der Errichtung von S. die Entwicklung von → *Wachstumspolen* verfolgt.

Schlüsseltechnologie *key technology*: neues, technisches → *Wissen* und industriell verwertbare Fähigkeit, die einen regionalen bzw. sektoralen Wettbewerbsvorsprung ermöglicht und gleichzeitig Impulse in viele andere Branchen gibt. Eine S. weist ein hohes Potenzial an → *Innovationen* bei gleichzeitig schneller Umsetzung in marktfähige Leistungen auf. Zu den gegenwärtigen S. zählen u. a. die Bio- und Nanotechnologie, die Elektromobilität sowie die Medizintechnik (→ *Basistechnologie*, → *Spitzentechnologie*).

Schlussgesellschaft (Klimaxgesellschaft) *climax community*: Ausdruck des → *Klimax*, also Endstadium der → *Sukzession* einer Lebensgemeinschaft, die im Normalstandort in Übereinstimmung mit dem → *Makroklima* steht. Die tatsächlich oft zu findende zyklische Abfolge verschiedener Sukzessionsstadien wird erklärt durch die → *Mosaik-Zyklus-Theorie*.

Schmalspur *narrow gauge*: Eisenbahn-→ *Spurweite* von weniger als der → *Normalspur* von 1435 mm. S.-Bahnen wurden wegen des geringeren Kurvenradius v. a. in Gebirgslagen gebaut, daneben für schwach belastete Nebenstrecken, da Geländebedarf und Baukosten geringer sind als bei Normalspurbahnen. In ehemaligen Kolonialländern ist die S. eher verbreitet, insbesondere durch die Meterspur (Südamerika, Südasien) und die Kapspur (1067 mm, in Südafrika).

Schmalstreifenflur *narrow strip field*: → *Flurformentyp*, der aus schmalstreifigen → *Parzellen* besteht, wobei ein Betrieb meist mehrere nebeneinanderliegende Schmalstreifen bewirtschaftet. Die Breite der Schmalstreifen liegt zwischen ca. 6 und 40 m, in Extremfällen (nach

Teilung oder Zusammenlegung) zwischen ca. 2 und 60 m. Für die Länge der Schmalstreifen sind Größenordnungen zwischen ca. 100 und 700 m anzunehmen, die v. a. nach oben häufig noch überschritten werden. S. haben nicht selten über 1000 m lange Streifen bei nur sehr geringen Breiten (z. b. Moorstreifen, Flur der deutschen → *Ostkolonisation*; → *Streifenflur*, → *Streifengewannflur*, → *Breitstreifenflur*, → *Kurzstreifenflur*, → *Langstreifenflur*).
Schmarotzerkegel → *Adventivkrater*.
Schmarotzertum → *Parasitismus*.
Schmelzkegel (Schmelzpyramide) *melting cone*: Schmelzform des → *Eises* auf → *Gletschern*, die nach Art der → *Gletschertische* entsteht, von deren Oberfläche aber das grobe Material abgerutscht und das feinere fortgespült ist. Die S. können mehrere Meter Höhe erreichen und dann in → *Büßerschneeformen* übergehen.
Schmelzpyramide → *Schmelzkegel*.
Schmelzschale regelmäßig geformte Vertiefung auf der Eisoberfläche von → *Gletschern*, die durch gerichtetes Abschmelzen von Eis bei direkter Sonnenstrahlung entsteht (→ *Mittagslöcher*).
Schmelztiegel *melting pot*: metaphorische Bezeichnung für ein Einwanderland, in dem Menschen verschiedener Völker und Sprachen zusammen wohnen und zu einem neuen → *Volk* – meist außerhalb der Wohngebiete der Urbevölkerung – vermischen. Als S. gelten z. B. die USA.
Schmelztuff → *Ignimbrit*.
Schmelzwärme *melting heat*: jene Wärmeenergie, die beim Übergang eines Stoffes vom festen in den flüssigen Zustand verbraucht und beim umgekehrten Vorgang frei wird. Die S. des Wassers beträgt 333,7 Joule/g.
Schmelzwasser *glacier water, meltwater, melting water, snow water*: Wasser, das durch das Schmelzen von Schnee oder Eis entsteht, geomorphodynamisch sehr bedeutsam. Wieviel S. ein → *Gletscher* führt, hängt von der Gletschertemperatur ab. Markanteste geomorphologische Wirkung des S. sind → *Schmelzwasserrinnen*. Unterschieden wird nach Art des Auftretens → *intraglaziäres S.*, das in Spalten innerhalb des Eiskörpers auftritt; → *subglaziales S.*, das an der Basis des Gletschers in Spalten und sonstigen Hohlräumen auftritt; supraglaziäres S., das auf der Oberfläche des Gletscherzungenbereiches auftritt, und proglaziäres S., das als → *Gletscherbach* vor dem Gletscher auftritt.
Schmelzwasserabfluss *snowmelt runoff*: der → *Abfluss* des bei der Schnee- und Eisschmelze im Frühjahr und Sommer anfallenden Wassers, der in den Flüssen mit → *glazialem*, → *nivalem* und → *pluvio-nivalem Regimetyp* ein deutliches Maximum der Wasserführung

bedingt, welches je nach der Lage des → *Einzugsgebietes* im Frühjahr, Frühsommer oder Hochsommer eintritt.
Schmelzwassereis → *superimposed ice*.
Schmelzwasserrinne *glacial stream channel, meltwater channel*: durch subglaziales → *Schmelzwasser* entstandene tiefe subglaziäre Erosionstäler, aus denen später → *Rinnenseen* oder bei Verfüllung → *Oser* hervorgehen.
Schnaitelwirtschaft → *Schneitelwirtschaft*.
Schnee *snow*: häufigste Form des festen → *Niederschlags*. S. besteht aus Eiskristallen. Er fällt meist als Flocken zusammengeballter Kristalle verschiedenster Formen und ist nur bei sehr großer Kälte körnig. Der S. lagert sich im Gelände durch Windverfrachtung unregelmäßig ab, weshalb seine Messung viel größere Probleme stellt als die Erfassung des flüssigen Niederschlags. Nach der Ablagerung des S. laufen in der S.-Decke verschiedene Veränderungen ab (→ *Metamorphose*). → *Neuschnee* verdichtet sich zu → *Altschnee*, Auftau- und Wiedergefriervorgänge leiten die Bildung von → *Firn* ein. Besondere Formen des S. sind → *Pulver-*, → *Pack-*, → *Polar-*, → *Schwimm-* und → *Treibschnee*.
Schneeaerosole *snow aerosol*: durch die → *Luft* wirbelnde → *Schneepartikel*, z. B. beim Abgang von → *Staublawinen*.
Schneebrett *snow-slab*: trockene Festschneelawine, die entlang einer quer zum Hang verlaufenden Linie abbricht (oft mit lautem Knall) und in brettartigen Schollen auf einem Gleithorizont in der → *Schneedecke* mit relativ geringer Geschwindigkeit zu Tal gleitet (→ *Lawine*, → *Schnee*).
Schneebruch (Eisbruch) *snow breakage*: durch hohe Schneelast verursachte Schäden (Ast-, Stamm- und Kronenbruch). Die immergrünen Nadelbäume sind gefährdeter als laubwerfende Bäume. In → *Gebirgen* sind v. a. jene → *Höhenstufen* gefährdet, in denen häufig feuchter und damit schwerer → *Schnee* fällt.
Schneedecke *snow cover*: Gesamtheit des abgelagerten → *Schnees* im ursprünglichen Schichtzustand.
Schneedeckenmächtigkeit → *Schneehöhe*.
Schneedrift *drifting snow*: Windverlagerung von → *Schnee* in großem Umfang (→ *Drift*).
Schnee-Erosion → *Nivation*.
Schneefegen *driftig snow*: flache Verblasung von → *Schnee* unmittelbar über der Schneeoberfläche. S. führt zu bedeutenden Massenverlagerungen, wobei Kamm- und Kuppenlagen teilweise oder sogar ganz freigeblasen werden. An schneegefegten Standorten fehlt also die schützende Schneedecke, was sich in Hochlagen stark auf Wuchs und Zusam-

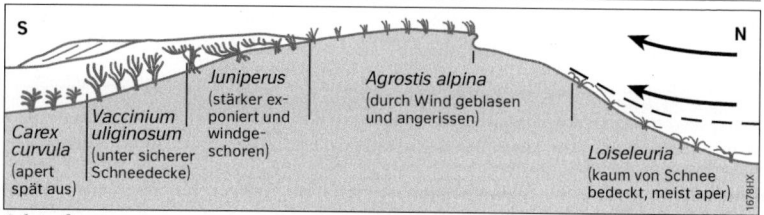

Schneefegen

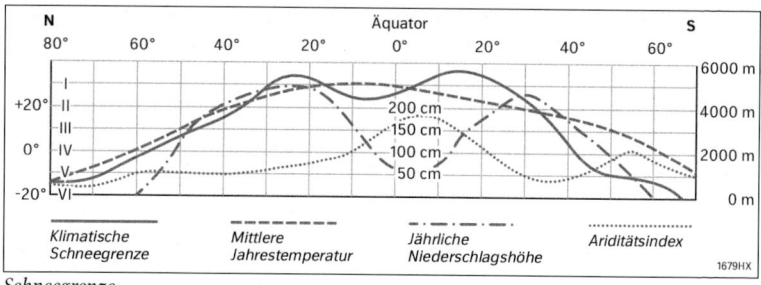

Schneegrenze

mensetzung der Vegetation auswirkt. S. kann auch Bäume und Sträucher mechanisch durch Schliffwirkung der nadelartigen Eiskristalle schädigen.

Schneefilz *partly settled snow*: Übergangsform zwischen → Neu- und → Altschnee. Der S. besteht aus zerbrochenen Eiskristallen, deren Teilstrukturen noch einigermaßen erhalten sind.

Schneefleckenlandschaft *snow spotted landscape, snow pattern landscape*: spezielles Verteilungsmuster des → Schnees, zurückgehend auf kombinierte Schnee-Wind-Wirkung und Basisplatte bis zur Schneeoberfläche.
und stark expositions- bzw. georeliefabhängig. Die S. stellt sich etwa in der halben Ausaperungszeit ein. Sie bestimmt das Verteilungsmuster der Vegetation.

Schneeflocke *snowflake*: Aneinanderballung von mehreren, ineinander verzahnten Eis- oder → Schneekristallen. I.d.R. haben Schneeflocken unter 2 cm Ø, können aber auch mehrere Zentimeter groß sein.

Schneegeröll *snow boulders*: schneeball- bis blockartiges Ablagerungsmaterial von lockeren → Nassschneelawinen (→ Lawine, → Schnee).

Schneegrenze *snow limit [line], permanent snow line*: die → Höhengrenze zwischen dem ganzjährig mit → Schnee bedeckten und dem im → Sommer schneefrei werdenden Gebiet. Die Lage der S. ist von den Mitteltemperaturen der → Luft und den Niederschlagsverhältnissen einer → Klimazone abhängig. Sie steigt von den Polargebieten zum → Äquator hin vom Meeresniveau bis >5000 m Höhe an und erreicht in den (trockenen) → Subtropen ihre maximale Höhe. Die wirkliche lokale S. hängt stark von der Geländegestalt (Möglichkeit der Ablagerung von → Schnee, → Besonnung, Bergschatten (→ Beschattung)) ab und kann auf nord- und südexponierten Hängen eines Gebirges um mehrere 100 m voneinander abweichen. Für großräumige Vergleiche wird deshalb mit der besonders definierten → klimatischen S. gearbeitet (→ Höhengrenze, → Höhenstufe).

Schneegriesel → Griesel.

Schneehöhe (Schneedeckenmächtigkeit) *snow depth*: in Zentimeter gemessene Mächtigkeit der → Schneedecke vom Boden bzw. einer Basisplatte bis zur Schneeoberfläche.

Schneekriechen *snow creep*: sehr langsame, kontinuierliche Hangabwärtsbewegung der sich setzenden → Schneedecke. S. nimmt vom Boden gegen die Schneeoberfläche hin zu. Der durch S. ausgeübte Druck kann erheblich sein und zur Deformation und Zerstörung von Hindernissen (z.B. Zäune, Verbauungen usw.) führen und bei gefrorenen Schichten in der Schneedecke Sträucher bzw. Jungwuchs entwurzeln. Die dabei entstehenden Bodenanrisse und Ansatzstellen für die Hangerosion (→ Erosion, → Hangdenudation, → Schnee).

Schneekristalle *snow crystal*: in reiner Form hexagonale Eisgebilde in Plättchen-, Stern-, Säulen- oder Nadelform, die bei Gefriertem-

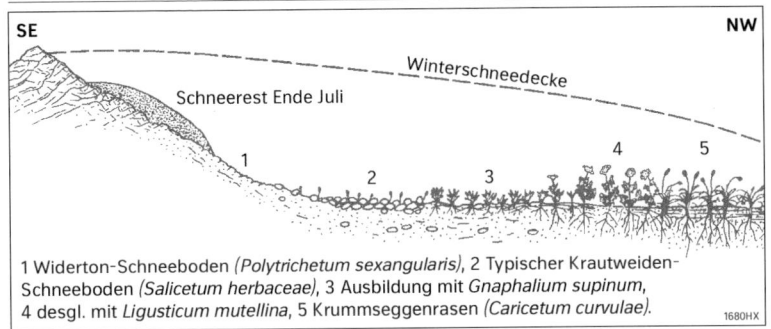

1 Widerton-Schneeboden *(Polytrichetum sexangularis)*, 2 Typischer Krautweiden-Schneeboden *(Salicetum herbaceae)*, 3 Ausbildung mit *Gnaphalium supinum*, 4 desgl. mit *Ligusticum mutellina*, 5 Krummseggenrasen *(Caricetum curvulae)*.

Schneetälchenvegetation

peraturen aus atmosphärischem → *Wasserdampf* der → *Luft* entstehen; mit 5 mm maximalem Durchmesser (→ *Schnee*).

Schneeregen *sleet*: bei Temperaturen zwischen 0 bis + 2°C fallender → *Niederschlag* aus einem Gemisch aus Schneeflocken und Regentropfen (→ *Regen*, → *Schnee*).

Schneeschliff *snow polish*: abtragende Schleifwirkung des → *Schnees* an Gesteinsoberflächen (→ *Korrosion*).

Schneeschlipf *snow flow[age]*: lokales Abrutschen von nassem Lockerschnee über weniger als 50 m Länge (→ *Schlipf*, → *Schnee*).

Schneesterne *stellate snow flakes*: sechsstrahlige, etwa 1-3 mm große Eiskristalle der verschiedensten Formen. Die atmosphärischen Entstehungsbedingungen für S. bestehen nur im engen Temperaturbereich von -14 bis -17°C bei → *Übersättigung* des → *Wasserdampfes* von mehr als 108%.

Schneetälchenvegetation *snowbed vegetation*: in der → *alpinen* und in der hohen → *subalpinen Stufe* von → *Hochgebirgen* an regelmäßig lange schneebedeckten Standorten auftretende und an die extrem kurze Vegetationszeit angepasste artenarme Pflanzengesellschaft. Eine typische Pflanzenart ist z.B. die Krautweide (*Salix herbacea*).

Schneetreiben *drifting of snow*: horizontale Verfrachtung von bereits gefallenem → *Schnee* durch den Wind. Das S. ist für die lokalen → *landschaftsökologischen Standort*bedingungen von Bedeutung, da an windgeschützten Stellen große Schneemengen abgelagert und exponierte Geländelagen freigefegt werden. Besonders die Vegetation ist davon betroffen.

Schneitelwirtschaft (Schnaitelwirtschaft) *use of deciduous tree foliage for animal fodder and bedding*: Futter- und Streugewinnung in → *Laubwäldern* durch Abschneiden von Ästen. Die S. hatte bis ins 18. Jh. in allen Laubwaldgebieten Europas Bedeutung.

Heute findet man sie noch vereinzelt in Südosteuropa oder in den Pyrenäen.

Schneller Brüter (Brutreaktor) *fast-breeding reactor*: ein → *Kernreaktor*, dessen Kettenreaktion durch schnelle Neutronen aufrecht erhalten wird und der mehr spaltbares Material erzeugt als er verbraucht. Er dient der Stromerzeugung und der Gewinnung von → *Plutonium*, wobei → *Uran-238* als Brutstoff dient. Als Spaltstoff fällt Plutonium-239 an. Der S. B. ist in das Konzept der → *Wiederaufbereitung* von abgebrannten → *Brennelementen* der → *Leichtwasserreaktoren* integriert. Der S. B. gilt als gefährlichster unter den → *Reaktortypen*, außerdem wegen der aufwändigen Brütertechnologie als sehr kostenintensiv. Dazu gehört u. a. das 500°C heiße flüssige Wärmeaustauschmittel Natrium, das den Reaktor kühlen soll und dem die Wärmeenergie entnommen wird. In Deutschland wurde zwischen 1973 und 1985 am Niederrhein der S. B. Kalkar gebaut, der wegen ungeklärter Sicherheitsfragen nie in Betrieb genommen wurde und inzwischen touristisch genutzt wird.

Schnittfläche → *Kappungsfläche*.

Schnittholz *sawn timber, lumber*: Bezeichnung für die Produkte eines Sägewerks. Dazu zählen z.B. Kanthölzer, Bretter, Bohlen oder Latten. Vom Typ des Produktes her ist S. ein → *Halbfabrikat*, das i. d. R. einer weiteren Verarbeitung zugeführt wird.

Scholle *massif*: durch → *Bruchlinien* begrenzter Teil der → *Erdkruste*, der gegenüber Nachbarbereichen eine andere geotektonische Bewegungstendenz (Hebung, Senkung, Schrägstellung) aufweist. Je nach Bewegungstendenz werden bei den → *Bruchschollen* – Hoch- (→ *Horste*) und Tiefschollen (→ *Gräben*) sowie – schräggestellte → *Pultschollen* unterschieden, außerdem Faltenschollen, → *Rumpfschollen*, → *Deckschollen* und → *Tafelschollen*.

Schollengebirge *fault-block mountains, plateau*: große → *Bruchschollen*, die mehr oder weniger en bloc herausgehoben wurden und die Größe von → *Gebirgen* erreichen (z. B. Harz und Rheinisches Schiefergebirge).

Schollenlava → *Pahoehoe-Lava*.

Schollenmosaik *block mosaic*: ausgedehntes Areal zahlreicher → *Bruchschollen*, deren begrenzende → *Bruchlinien* in der Horizontalprojektion ein Muster ergeben. Dieses ist meist von tektonischen Generalrichtungen bestimmt, wie das S. der Ränder des Oberrheingrabens mit ihrer rheinischen Richtung.

Schonforst → *Schonwald*.

Schonklima *relaxing climate*: mildes, windruhiges, luftreines ausgeglichenes und in Bezug auf → *Schwüle* und Abkühlung (→ *Abkühlungsgröße*) behagliches → *Klima* mit erholsamer und heilender Wirkung (→ *Bioklima*, → *Reizklima*).

Schonung *forest-tree nursery*: Forstbezirk mit Baumsaat oder jungen Bäumen, der besonderen Schutz unterliegt. Gilt besonders für Jungwuchs, der in frühen Entwicklungsphasen gegenüber Außenfaktorenwirkungen (→ *Verbiss*, → *Tritt*) besonders anfällig ist.

Schonwald *protected fores:t* in Baden-Württemberg offizielle Bezeichnung für ein geschütztes Waldgebiet, in dem die wirtschaftliche Nutzung des Waldes zwar erlaubt ist, aber bestimmten Einschränkungen unterliegt. In anderen deutschsprachigen Regionen wird der Begriff eher umgangssprachlich für Waldbereiche verwendet, die aus forstwirtschaftlichen, landschaftsökologischen und/oder landespflegerischen Gründen besonderen Schutzmaßnahmen unterliegen (→ *Schonung*, → *Bannwald*).

Schöpfwerk *Persian/scoop wheel*: in einem Be- oder Entwässerungssystem (→ *Bewässerung*, → *Bewässerungssystem*) eine Anlage zur mechanischen Hebung des Wassers. Bei einfachen S. geschieht dies mithilfe von Schöpfrädern, Eimerwerken oder durch sogenannte Wasserschnecken.

Schorre → *Abrasionsplattform*.

Schotter *brocken rock, crushed stone, gravel, pebble, rubble*: – in sehr verschiedenen, überwiegend flachen Formen abgelagerte → *fluviale* (oder → *marine*) → *Gerölle*, die den Materialkörper von → *Flussterrassen* oder → *Stränden* bilden (→ *Schotterfeld*, → *Schotterkegel*, → *Schotterplatte*). - fälschlicherweise werden die → *glazial* transportierten → *Geschiebe* auch als S. bezeichnet, ebenso → *Schutt*. S. sind gerundet, der geomorphogenetisch anders entstandene Schutt ist eckig. - unscharfe allgemeine Bezeichnung für Steine, die durch Wasser transportiert und/oder bearbeitet wurden.

Schotterbett (Schottersohle) *gravel bed*: meist temporäre Ablagerung von → *Geröllen* am → *Flussbett* von → *Fließgewässern*.

Schotterfächer *alluvial fan*: → *Schwemmfächer* eines Flusses, der überwiegend aus Sedimenten besteht, die der → *Korngröße* → *Kies* entsprechen. S. mit stärkerem Gefälle werden → *Schotterkegel* genannt.

Schotterfeld *gravel field, outwash plain, sandur*: flächenhaft verbreitete Akkumulationen von → *Schottern*, z. B. im Vorfeld von → *Gletschern*, vor → *Endmoränen* oder vor Gebirgen (→ *Gebirgsfußfläche*).

Schotterkegel *alluvial cone*: ein gegenüber dem → *Schotterfächer* steiler geneigter Akkumulationsbereich von Flüssen, der dort entsteht, wo das Gefälle und damit die → *Schleppkraft* plötzlich nachlässt, beispielsweise beim Austritt aus einem Gebirge in eine Ebene. Im Vergleich zum → *Schwemmkegel* sind auf dem S. größere → *Korngrößen* (v. a. → *Kiese*) abgelagert.

Schotterkörper *gravel body*: die Gesamtheit einer → *Akkumulation* von → *Schottern*, die entweder einen Sedimentationszyklus oder eine ganze Abfolge verschiedener Zyklen repräsentieren kann.

Schotterplatte *alluvial terrace*: ausgedehnte → *Schotterterrasse*, die postsedimentär an zwei oder mehr Seiten → *fluvial* abgetragen wird, sodass ein flächenhaft ausgedehnter Terrassenrest in Gestalt einer ebenen S. zurückbleibt. Dazu zählen z. B. die Niederterrassen auf der badischen Rheingrabenseite zwischen Karlsruhe und Heidelberg (→ *Schotterfeld*).

Schottersohle *gravel bed*: an sich identisch mit dem Begriff → *Schotterbett*, wird aber häufig als Gegensatz zur Felssohle eines → *Fließgewässers* gebraucht.

Schotterterrasse (Akkumulationsterrasse) *fill terrace*: aus → *Schottern* aufgebaute → *Terrasse*. Der Begriff betont, dass es sich um ein → *fluviales* Schottersediment handelt. Oft wird er im Gegensatz zur → *Felserrasse* – im Sinne der Erosionsterrasse – gebraucht, für die ausschließlich fluviale Abtragung postuliert wird, obwohl auch erosiv geschaffene Felsterrassen eine dünne Schotterdecke („Schotterschleier") tragen können.

Schrägküste → *Diagonalküste*.

Schrägschichtung → *Diagonalschichtung*.

Schranne *corn market*: in Süddeutschland und Österreich Bezeichnung für den bis gegen Ende des 19. Jh. bestehenden öffentlichen Getreidemarkt. Das S.-Recht besaßen nur bestimmte Städte oder → *Marktorte*. Dort, wo S.-Zwang bestand, musste das gesamte, in einer Gegend erzeugte Getreide zur S.-Halle zum Verkauf gebracht werden. Mit der Einführung der Gewerbefreiheit verlor die S. ihre Bedeutung.

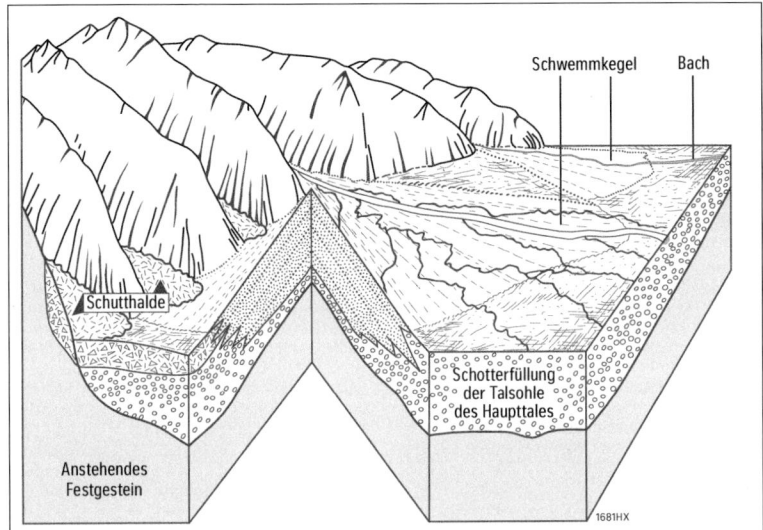

Schotterkegel

Schratten → *Karren*.
Schrattenkalk *schrattenkalk*: grobbankige Schicht der unteren → *Kreide* in den Allgäuer Alpen, in welcher mächtige → *Karrenfelder* ausgebildet sind.
Schrebergartenkolonie *allotment colony*: eine → *Kleingartenkolonie*, deren Gärten seit 1864 nach dem Arzt Daniel Gottlob Moritz Schreber (1808–1861) benannt wurden. Seine Idee war, über die Gründung entsprechender Vereine neben dem Gartenbau auch die körperliche und seelische Erziehung der Kinder durch Sport und Spiel zu fördern.
schriftliche Befragung *written survey*: vorwiegend auf der Grundlage von Fragebögen organisierte → *Befragung*. Der → *Fragebogen* liefert insbesondere bei Verwendung → *geschlossener Fragen* ein stark standardisiertes Datenmaterial, das sich statistisch relativ leicht auswerten lässt. Diese Form der Datenerhebung eignet sich daher gut für wiederkehrende Erhebungen zum gleichen Gegenstand mit den gleichen → *Probanden* (→ *Panelstudie*). Die s. B. ist hinsichtlich der Kosten, insbesondere bei umfangreichen Stichproben, gegenüber der persönlichen Befragung günstiger, es ist jedoch nur schwer sicherzustellen, dass die Probanden den Fragebogen selbstständig, d. h. ohne Beeinflussung oder Hilfe durch eine andere Person, ausfüllen.
Schrott *scarp metal*: jede Art von Metallabfällen (→ *Sekundärrohstoff*), die entweder als Alt-S. einzustufen sind, wenn es sich um Altmaterialien handelt, oder in Form von Neu-S. (Abfälle) bei der Metallverarbeitung anfallen. S. ist ein wichtiger Rohstoff für die → *Hüttenindustrie*.
Schrumpfung *shrinking, population decline*: meist negativ konnotierte Bezeichnung für den im Zusammenhang mit dem → *demographischen Wandel* zu beobachtenden → *Bevölkerungsrückgang*, der besonders stark in Räumen mit sinkender → *Fertilität* und gleichzeitiger → *Abwanderung* ausgeprägt ist.
Schrumpfungsriss *contraction cracks*: in austrocknenden Substraten als eine Form des → *Trockenrisses* auftretender, v. a. feinerer, nicht tief in das Material eingreifender Riss infolge Wasserentzugs im Substratkörper. Die Risse entstehen, weil sich die Partikel nach dem Wasserentzug dichter lagern.
Schubeinheit *pushboat unit*: eine Transporteinheit in der → *Schubschifffahrt*, bestehend aus einem Schubschiff und mehreren, meist paarweise angeordneten, → *Leichtern*.
Schubleichter *push-lighter*: in der → *Schubschifffahrt* verwendeter → *Leichter*, mit dem v. a. → *Massengüter*, wie Erz oder Kohle, befördert werden.
Schubschiff *pusher tug, pushboat*: in der → *Schubschifffahrt* verwendetes Motorschiff, mit dem → *Leichter* geschoben werden.
Schubschifffahrt *pushboat navigation*: Art der → *Binnenschifffahrt*, bei der unbemannte kastenförmige Kähne (→ *Leichter*) – meist paarweise nebeneinander und zu mehreren

hintereinander – von einem Schiff geschoben werden. Die S. hat in den letzten Jahrzehnten die → *Schleppschifffahrt* weitgehend verdrängt, da sie weniger Personal erfordert und bessere Transportbedingungen aufweist. Sie hat sich insbesondere im Transport von → *Massengütern* in Verbindung mit → *Lash-Schiffen* durchgesetzt (z. B. für den Eisenerztransport Rotterdam-Ruhrgebiet).

Schubspannung *shear stress*: Kraft, die in Gefällerichtung auf Boden- und Gesteinsmassen wirkt. Die S. resultiert als Kräftewirkung aus der → *Gravitationskraft* und der → *Hangneigungsstärke*. Wenn die S. größer ist als die → *Scherfestigkeit*, kommt eine Masse ins Rutschen (→ *gravitative Massenbewegungen*).

Schubspannung → *Scherspannung*.

Schulden → *Fremdkapital*.

Schuldendienst *debt service*: Zins- und Tilgungsleistungen auf gewährte Kredite. Als Folge der weltwirtschaftlichen Entwicklung (→ *terms of trade*, → *Ölschock*) wurde v. a. bei vielen → *Entwicklungsländern* der S. schwierig.

Schulgeographie *school geography*: Anwendung von → *Geographie* im didaktisch-schulischen Bereich, auch als → *Erdkunde* bezeichnet. Die S. setzt die Erkenntnisse der → *Allgemeinen* und der → *Regionalen Geographie* zur Beschreibung und Erklärung der → *Umwelt* als menschlichem Lebensraum für den Schulunterricht didaktisch um. Zwischen 1960 und 1980 wechselten die dabei verwandten Konzepte mehrfach. Es vollzog sich ein Wandel von der systematisch-beschreibenden → *Länderkunde* zum allgemeingeographisch-exemplarisch-thematischen Unterricht mit Schwerpunkten auf → *Raumplanung*, → *Geoökologie*, → *Umwelt* bzw. → *Umweltschutz* und → *Wirtschafts*- sowie → *Sozialgeographie*.

Schuppenstruktur (Schuppung) *imbricate structure, flaky texture*: tektonisch stark gefaltete Gebiete mit mehrfacherWiederholung der gleichen Schichtenfolge, die durch schuppenartig übereinander geschoben Schichtpakete zustande kommt. Die S. ist häufig Bestandteil von → *Faltengebirgen*, z. B. auch den Alpen. Die S. tritt – als → *Pseudotektonik* – auch in → *Stauchmoränen* auf.

Schuppung *imbrication*: → *Schuppenstruktur*.

Schüsseldoline *karst valley, uvala*: sehr flache → *Doline* von schüsselförmiger Gestalt bei rundlichem bis ovalem Grundriss und relativ unebenem Boden. S. entwickeln sich aus → *Trichterdolinen*, wenn die → *Korrosion* vermehrt zu den Seiten und weniger in die Tiefe wirkt, beispielsweise wenn der → *Ponor* am Grund der Doline verstopft und sich Bodenmaterial ansammelt, sodass sich die Doline verbreitert. S. sind durch relativ flache Böschungen gekennzeichnet und durch einen Durchmesser, der ungefähr das zehnfache der Tiefe beträgt. Mehrere zusammengewachsene S. ergeben die größere Form der → *Uvala*.

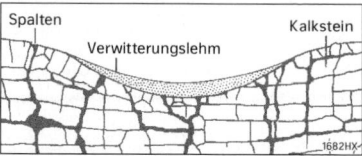

Schüsseldoline

Schusskanal → *Diatrem*.

Schutt *boulder, debris, detritus, rubble, (rock) waste, scree material, talus*: 1. Begriff wird oft durch geomorphogenetische Zusatzbezeichnungen erweitert: Frostschutt, Periglazialschutt, Wanderschutt etc.. 2. Begriff S. wird auch bei anthropogenen Materialtypen verwendet (z. B. Bauschutt). – Grobsediment Lockersediment, oft als Decken an Hängen, aus eckigen bis kantengerundeten Gesteinskomponenten, überwiegend durch physikalische Verwitterung entstanden. In der Bodenentwicklung stellt der S. eine erste Vorstufe der Bodenbildung dar.

Schuttdecke *cover of debris*: Dezimeter bis mehrere Meter mächtige Akkumulation aus → *Schutt*.

Schüttergebiet *disturbance region*: Bereich, in dem ein → *Erdbeben* ohne Instrumente wahrgenommen werden kann. Die Größe des S. hängt von der Schwere des Erdbebens ab.

Schuttfächer *alluvial fan, boulder fan, talus fan*: flacher (geringmächtiger) Akkumulationskörper aus → *Schutt*, der in der Form dem → *Schotterfächer* bzw. → *Schwemmfächer* ähnelt, sich jedoch durch Materialart und Genese unterscheidend. Der S. geht auf → *gravitative Massenbewegungen* zurück; steht dem steileren → *Schuttkegel* gegenüber.

Schuttfuß → *Schutthalde*.

Schutthalde (Schuttfuß, Sturzhalde, Schuttrampe) *scree, talus deposits*: spezifiziert den Begriff → *Halde* für Ansammlungen von → *Schutt* unterhalb von Felswänden (→ *Wand*) oder → *Steilhängen*. Die Oberfläche der S., der → *Haldenhang*, weist eine von Größe und Rauigkeit des Schuttes abhängige Neigung zwischen 26° und 42° auf. Sie entspricht dem → *Haldenwinkel*. Der S. wird geomorphogenetisch besondere Bedeutung zugemessen, weil sie das Anstehende überdeckt und vor Verwitterung schützt, sodass der Felshang unter der S. gegenüber der oberhalb anstehenden freien und zurückwitternden Felswand erhalten bleibt.

Schuttkegel *alluvial cone, cone of scree, cone of talus, debris cone*: steilhängige Akkumulation aus → *Schutt* unterhalb von → *Steilwänden*, die sich vor Spalten und → *Runsen*, die als Steinschlagrinnen fungieren, aufbaut, meist in gewölbt-kegelmantelflächiger Gestalt. Flachere S. werden als → *Schuttfächer* bezeichnet, zu denen zahlreiche Übergänge bestehen.

Schuttlawine *debris avalanche*: werden → *Steilhänge* flächenhaft instabil, z. B. aufgrund anhaltender und tiefgreifender Auftauprozesse (v. a. im Sommer), entsteht kein → *Steinschlag*, sondern eine S., die sich mit hoher Geschwindigkeit hangabwärts bewegt.

Schuttquelle *detrital spring*: Wasseraustritt am Fuße eines → *Schuttkegels*, der die zwischen verschiedenen Gesteinsschichten liegende eigentliche → *Quelle* verhüllt.

Schuttrampe → *Schutthalde*.

Schuttstrom *flow of debris*: bezeichnet den Prozess des → *Erdfließens*, wenn die bewegte Masse hohe Anteile an → *Schutt* aufweist, in Bewegung ist und eine bandartige Gestalt aufweist.

Schüttung *accretion, embankment, fill (1.); yield, delivery, discharge (2.)*: – in der → *Sedimentologie* eine gerichtete Ablagerung von → *Sedimenten*, unabhängig vom transportierenden Agens. – Wassermenge, die eine → *Quelle* pro Zeiteinheit spendet.

Schuttwüste *ham[m]ada*: jene → *Wüsten*, deren Oberflächen mit meist scharfkantigen Gesteinsbruchstücken überdeckt sind. Prototyp ist die → *Hammada*.

Schutzabstand (Schutzentfernung) *protective distance*: 1. bei Lärm die Mindestentfernung zwischen einer → *Emissionsquelle* und einem Wohngebiet, welche die Einhaltung der maximal zulässigen Schalldruckpegel gewährleistet. Der S. kann z. B. durch → *Grünzüge* eingehalten werden. 2. der S. gilt auch für andere → *Emissionen*, kann aber nicht für alle präzise bestimmt werden, weil die Reichweite ökologischer Prozesse nicht immer bekannt ist. Gleichwohl wird der Begriff im → *Umweltrecht* verwandt.

Schutzbereich (Schutzzone, Schutzgebiet) *protected area, land under protection, exclusive zone*: in der Praxis exakt abgegrenzter Raum, der aufgrund seiner natürlichen Beschaffenheit, seiner ökologischen, ästhetischen oder historischen Erhaltungswürdigkeit oder auch seiner wirtschaftlichen und sozialen Funktion durch Gesetz oder Verordnung unter besonderen Schutz gestellt worden ist und i. d. R. nur unter besonderen Bedingungen genutzt oder verändert werden darf. S. sind z. B. → *Natur-* und → *Landschaftsschutzgebiete*, Wassergewinnungs- und Quellgebiete (Trinkwasser-S.), → *Bannwälder*, Sicherungszwecken dienende Gebiete oder Geländestreifen um Flughäfen oder Verteidigungsanlagen (z. B. Lärmschutzzonen), Flächen zur Gewinnung von Bodenschätzen usw.

Schutzentfernung → *Schutzabstand*.

Schutzfunktion *protective function*: Teilfunktion im → *Leistungsvermögen des Landschaftshaushaltes*, um → *Belastungen* von → *Ökosystemen* bzw. → *Landschaftsökosystemen* zu vermindern oder zu verhindern (→ *Puffer*, → *Regenerationsfähigkeit*).

Schutzgebiet *protected area (1.); protectorate (2.)*: 1. Schutzbereich. 2. der Begriff S. wird auch im Sinn von Protektorat verwendet.

Schutzgebiet *protected area*: → *Schutzbereich*.

Schutzgrün *protective green space/area*: allgemein begrünte Flächen, d. h. Busch-, Strauch- und Baumbestände, die in größerer oder kleinerer Ausdehnung erhalten oder angelegt werden, und die ökologische Effekte in Stadt und Freiland erzielen sollen. 1. bezogen auf → *Lärm* jene → *Grünflächen*, die Sicht- und Emissionsschutz um oder für Bauwerke bzw. Siedlungen bewirken. Dazu gehören Grünzüge, → *Schutzgürtel* und Schutzpflanzungen. 2. bezogen auf das gesamte → *Ökosystem* jene auch mehrschichtigen Vegetationsflächen, die in größerem Umfang freigehalten, erhalten, geplant bzw. angelegt werden, um vielfältige ökologische Funktionen zu erfüllen, wie Wasser- und Klimaschutz, Rauch- und Lärmminderung, Ufer-, Böschungs-, Lawinen- und Erosionsschutz und die ggf. auch verkehrslenkende Effekte – als Leitpflanzungen entlang von Verkehrswegen – erzielen sollen. (→ *Stadtökosystem*).

Schutzgürtel *shelter belt, windbreak*: reihige Gehölzanpflanzung, meist mehrschichtig, um Gärten, Gebäude, Siedlungen, Sonderkulturflächen etc. v. a. vor Wind (→ *Windschutz*), aber auch vor aerischen → *Emissionen* zu bewahren. Die S. werden auch als Regler von Kalt- und Frischluftströmen in der → *Stadtökologie* eingesetzt (→ *Frischluftschneise*, → *Kaltluftsee*, → *Kaltluftstrom*).

Schutzgüte *preventive measures*: Gesamtheit jener Maßnahmen, die durch → *Landschaftsbau*, → *Landschaftspflege*, → *Umweltschutz* und Umwelttechnik in der → *Umwelt* des Menschen eingeleitet werden, um ihn vor schädlichen Umwelteinwirkungen und davon ausgehenden Gefahren, Nachteilen oder → *Belästigungen* zu schützen. Dies schließt auch den Schutz vor → *Naturgefahren* ein. Die S. muss objektbezogen definiert werden.

Schutzherrschaft *protectorate*: → *Protektorat*.

Schutzlage *protective site*: topographische Lage eines → *Standorts*, insbesondere einer → *Siedlung*, die im Hinblick auf Schutz vor → *Naturgefahren* (z. B. Überschwemmungen, Lawinen) sowie vor feindlichen Überfällen gewählt wurde. V. a. → *Städte* wurden in der

Antike und im Mittelalter vorzugsweise in S. gegründet. Als S. dienten z. B. Lagen auf einem Berg (→ *Akropolislage*), einem → *Schwemmkegel*, einer Insel oder einer Halbinsel.

Schutzsiedlung *protective settlement*: → *Siedlung*, deren Hauptfunktion darin besteht, ein Territorium und dessen Bewohner, einen Verkehrsknotenpunkt, einen Hafen, ein Bergwerk usw. vor feindlichen Überfällen zu schützen. Oft mit Militär besetzte Anlagen wie → *Forts*, → *Kastelle*, → *Burgen*, Grenzfestungen usw..

Schutzwaldstreifen (Waldschutzstreifen, Waldstreifen) *shelterbelt*: schmal- oder breitstreifige Waldanpflanzung, v. a. als Bodenerosionsschutz (→ *Windschutz*) in → *semiariden* Landschaften. Auch großflächiger Schutzwald kann diese Funktion haben. Beim S. handelt es sich entweder um übrig gelassenen → *Wald* oder neu angelegten → *Forst* in unterschiedlich breiten Streifen (meist >100 m). S. können nur wirken, wenn sie großflächig angelegt werden, auf die Hauptwindrichtung ausgerichtet und gitterartig vernetzt sind. Optimierung der ökologischen Wirksamkeit ist durch Einbezug natürlicher → *Restgehölze* möglich.

Schutzwertkriterien *protective criteria*: seit den 1970er Jahren in vielfachen Varianten aufgestellte Skalen, um den → *Naturschutz* für Raum-, Stadt- und Umweltplanung operationabel zu machen. Substanziellen S. (anstatt vieler sind zu nennen Seltenheit, Stabilität, Natürlichkeit, Repräsentativität, Erlebniswert) werden akzidentielle S. (politisch-administrative Vorgaben) und Legalkriterien (Gesetze und Verordnungen) zu Seite gestellt.

Schutzzone *protected area*: → *Schutzbereich*.

Schutzzone für Trinkwasser → *Trinkwasserschutzgebiet*.

Schwadbreite *swath width*: Breite eines durch Verfahren der → *Fernerkundung* erfassten Streifens der Erdoberfläche.

Schwägerschaft → *Verschwägerung*.

Schwaige (Schwaighof) *farm: specialized in livestock*: in Süddeutschland landwirtschaftlicher Betrieb, der ganz auf → *Viehhaltung* ausgerichtet ist. Eine derartige Spezialisierung gab es bereits bei Betrieben im Alpenvorland während der Zeit der Grundherrschaft. Die S. wurden mit den nötigen Nahrungsmitteln und z. B. auch mit Stroh von den anderen Höfen versorgt.

Schwaighof → *Schwaige*.

Schwalgloch → *Ponor*.

Schwall *swash*: nähert sich die Dünung der Küste, werden die Wellen höher, bis sie in der Brandungszone brechen (→ *Brandung*), wodurch sich die Höhe der Wellen deutlich reduziert. An der Küstenlinie brechen sie erneut und strömen in dünner Schicht als S. auf den → *Strandwall* auf, wobei durch Bodenreibung Energie verloren geht und auch ein Teil des Wassers im Sand versickert. Dabei kann der S. → *Sand*, und je nach Wellenhöhe auch größere → *Korngrößen* bis hin zu → *Blöcken*, transportieren. Nach dem Auslaufen auf dem Strand strömt das Wasser dann als → *Sog* oder Rückstrom zurück. Sog und S. alternieren nicht nur, sondern können auch gegenläufig sein, d. h. aufeinander auftreffen. Dabei erfolgt turbulente Durchmischung, wobei der Sog vom S. überwältigt wird. Insgesamt kommt es zu parabolischen Fortbewegungen von Wasserteilchen, die einen entsprechend gerichteten Sedimenttransport bewirken. Da der S. meist nicht gerade, sondern in einem Winkel auf die Strandwand aufläuft, der Sog jedoch senkrecht zurückfließt, entsteht ein küstenparalleler Materialtransport, die sog. → *Strandversetzung*.

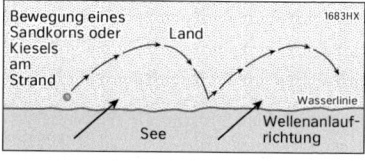

Schwall

Schwandtwirtschaft (Schwandwirtschaft) *field forest rotation agriculture*: Regionalbezeichnung der → *Feld-Wald-Wechselwirtschaft*.

Schwandwirtschaft → *Schwandtwirtschaft*.

Schwarmsiedlung *cluster settlement*: eine Gruppe von → *Einzelhöfen*, die sich als Siedlungseinheit aus dem noch dünner besiedelten Umland heraushebt.

Schwarzarbeit *illicit work, moonlighting*: der Verwaltung nicht angezeigte, strafbare Arbeitsleistungen. Die S. unterliegt somit nicht der Besteuerung und der Abführung von Sozialabgaben sowie von Versicherungsbeiträgen (→ *Schattenwirtschaft*). Ihre Arbeitsleistungen sind statistisch nicht erfassbar. Die S. trägt zu einem sehr wesentlichen Teil den → *informellen Sektor*.

Schwarzbrache → *Brache*.

Schwarzer Jura *Lower Jurassic*: → *Lias*.

Schwarzerde *Chernozem*: → *Tschernosem*.

Schwarzes Dreieck *Black Triangle*: Grenzraum zwischen Deutschland, Tschechien und Polen (v. a. Erzgebirge, Zittauer Gebirge, Isergebirge und Riesengebirge), der wegen des traditionellen Bergbaus und der starken Industrialisierung als → *ökologischer* Problemraum galt und v. a. ab den 1960er-Jahren bis Anfang der 1990er-Jahre durch → *Sauren Regen* und → *Sauren Nebel* extrem belastet war (mit Wald- und Bodenschäden sowie

→ *Gewässerversauerung*). Nach der Wende erfolgte allmählich die Sanierung der Gebiete (→ *Luftpfad*, → *Waldsterben*).

Schwarzkultur *fenland cultivation type*: Form der → *Moorkultur* auf → *Flachmooren*. Bei der S. erfolgen eine intensive und mehrfach sich wiederholende Durcharbeitung, Nährstoffanreicherung (mit Phosphor, Kali, evtl. Kalk) und ein Walzen der oberen Bodenschicht. Nach mehrjähriger Nutzung als → *Ackerland* folgt Grünlandeinsaat.

Schwarzmarkt *black market*: Markt, der unter Umgehung gesetzlicher Regelungen zustande kommt (→ *Schattenwirtschaft*, → *Grauer Markt*).

Schwarzsein *Blackness*: eine Kategorie sozialer Konstruktion, die v. a. in den U.S.A. kulturell und politisch eine Rolle spielt und dort z. B. den Grad beschreibt, bis zu dem ein → *Individuum* sich selbst mit der afroamerikanischen Kultur und den afroamerikanischen Werten verbunden fühlt. Dabei spielt die eigentliche Hautfarbe und ethnische Herkunft eine untergeordnete Rolle, es geht vielmehr um individuelles Verhalten und Kultur. So wurde Bill Clinton einmal als „erster schwarzer Präsident" bezeichnet (aufgrund enger Kontakte zu Afroamerikanern, einer Herkunft aus einer sozial schwachen Familie und seiner Vorliebe für Jazz), während Barack Obama im ersten Wahlkampf als „nicht schwarz genug" kritisiert wurde (→ *Weißsein*).

Schwarztorf *black peat*: in → *Hochmooren* der gut humifizierte (→ *Humifizierung*) und braunschwarz gefärbte → *Torf*. Neben feinverteilter organischer Substanz enthält der S. auch noch erkennbare Pflanzenreste (→ *Weißtorf*).

Schwarzwasserfluss *black-water river*: nährstoffarmer und daher durchsichtiger bis dunkler, durch → *Huminsäuren* und → *organische* → *Schwebstoffe* gefärbter Fluss der → *inneren Tropen*. Der Begriff stammt aus dem westlichen Amazonasgebiet, wird jedoch auch auf andere S. der → *Tropen* angewandt (→ *Igapó*, → *Weißwasserfluss*).

Schwarz-Weiß-Grenze *black-white-boundary*: Grenzbereich zwischen hellem, stark reflektierendem Eis bzw. Schnee (hohe Albedo) und vergleichsweise dunkler, absorbierender (Fels-) Gesteinsoberfläche mit hoher Wärmekapazität. Den dadurch entstehenden Temperaturunterschieden wurde zugeschrieben, die → *Frostsprengungsverwitterung* zu intensivieren. Mittlerweile wird eher davon ausgegangen, dass die höhere Verwitterungsintensität zusätzlich auf das hohe Feuchtigkeitsangebot zurückzuführen ist.

Schwebebahn *suspension railway*: Bahn, deren Wagen oder Kabinen hängend befördert werden. Die häufigste Form der S. ist die → *Seil-S.*, deren Räder auf einem Tragseil rollen. Seltener ist die Schienen-S., bei der die Wagen an einem Fahrwerk hängen, das auf Schienen läuft (in Wuppertal). S. werden im Personen- und im Güterverkehr eingesetzt (→ *Seilbahn*).

Schwebfracht *suspended load*: jener Teil der festen, also sich nicht in Lösung befindlichen → *Flussfracht*, der schwebend transportiert wird, weshalb es meist keine Interaktion mit dem Gerinnebett gibt. Schwebender Transport von Sedimenten tritt vor allem bei → *Hochwasser* auf und ist von Materialverfügbarkeit und hoher Transportenergie abhängig.

Schwebstaub *suspended matter, suspended particle, suspended dust*: feste Teilchen in der → *Luft*, dem → *Staub* angehörend, mit Korngröße des Feinststaubs (<10 μm). S. hält sich wegen seiner geringen Korngröße lange in der → *Atmosphäre*. Es gibt natürlichen und anthropogenen S., letzterer gehört zu den → *Emissionen*. Als S. treten umweltschädliche Stoffe wie → *Schwermetalle*, Polycyclische aromatische → *Kohlenwasserstoffe* (PAK) und sonstige chemisch aktive → *Aerosole* kleinster Größe auf. Die humanökologische Wirksamkeit des S. besteht darin, dass viele Partikel des S. toxisch oder krebserregend sind. Wegen seiner Allgegenwart in den untersten Teilen der Atmosphäre gelangt der S. mit der Atemluft in den menschlichen Organismus.

Schwebstoffe *suspensoids, suspended matter [solid]*: 1. organische und mineralische Partikel, die im Wasserkörper (und nicht am Gewässerboden rollend bzw. flottierend) eines Gerinnes transportiert werden. Die Größe der S.-Teilchen kann nicht exakt definiert werden, da sie auch von der Wasserführung abhängt. Bei normaler Wasserführung liegt die untere Grenze etwa bei 1000 Å (Grenze zu den gelösten Stoffen) und die obere Grenze etwa bei 0,05 mm Ø. Bei Hochwasser mit hohen Fließgeschwindigkeiten werden sogar Grobsandkörner bis 2 mm (Sand) schwebend mitgeführt. 2. Die Gesamtheit des im Wasser Schwebenden wird als Seston bezeichnet.

Schwefeldioxid (SO_2) *sulphur dioxide*: farbloses, stechend riechendes Gas, das in Wasser leicht löslich ist. S. entsteht bei der Verbrennung von → *Kohle*, → *Erdöl*, → *Erdgas* sowie bei der → *Verhüttung* sulfidischer Erze aufgrund des Schwefelgehaltes der → *Brennstoffe* bzw. der Erze, sowie bei der industriellen Produktion von Düngern, Soda, Cellulose, Schwefelsäure etc.. In der Natur kommt SO_2 in vulkanischen Aushauchungen der Gasvulkane und im Erdgas vor. SO_2 ist – mit unterschiedlichen Konzentrationen – in der Atmosphäre weltweit verteilt, besonders aber auf Städte (Stadtklima) und Agglomerationen konzentriert. Neben dem Staub (Schwebstaub) gilt das SO_2 als Leitkomponente für die Luftverschmutzung eines Gebiets. SO_2 ist eine wichtige Komponente des Smog und belastet Atmungs- und Geschmacksorgane sowie Herz und Kreislauf. Das SO_2 ist eine Komponente des Sauren Nebels und des Sauren Regens. Es erweist sich als phytotoxisch und bedingt Pflanzenschäden (Zerstörung von Chlorophyll, Verfärbungen, Fleckungen, Erschlaffungen, Nekrosen der Blätter). Das Waldsterben wird u. a. auf SO_2 in der Atmosphäre und seine ökophysiologische Wirkung in den Pflanzen zurückgeführt.

Schwefeloxide $(SO)_x$ *sulphur oxides*: Sammelbezeichnung für Gase, die sich aus Schwefel, der beim Verbrennen → *fossiler Brennstoffe* entsteht (→ *Erdöl*, → *Erdgas*, → *Kohle*), und Luftsauerstoff bilden. Überwiegend entsteht → *Schwefeldioxid* (SO_2), daneben auch Schwefeltrioxid (SO_3). SO_2 und SO_3 werden zusammen als SO_x bezeichnet.

Schwefeltrioxid $(SO)_3$ *sulphur trioxide*: wie das → *Schwefeldioxid* ein Bestandteil industrieller → *Emissionen* und Bestandteil von → *Abgasen* beim Verbrennen schwefelhaltiger → *fossiler Brennstoffe*. Das S. ist ein Anhydrid der Schwefelsäure, gehört zu den → *Aerosolen* und verursacht an Pflanzen Ätzungen sowie an Materialien Korrosionsschäden.

Schwelle *welt, ridge, riegel, rise, sill, swell, threshold*: flachgewölbte → *Vollform* unterschiedlicher Größe. Kommt im → *terrestrischen*, → *subglazialen*, → *submarinen* und → *subhydrischen* Bereich vor. S. können zum → *Mikrorelief* gehören (z. B. Fels-S. in Flussbetten) oder kontinentalen Ausmaßes sein (→ *Makrorelief*), z. B. die → *Randschwellen* der Kontinente oder die untermeerischen S..

Schwellenland *fast-developing country*: → *Entwicklungsland*, das in seiner Entwicklung wirtschaftsmäßig weit fortgeschritten ist. Kriterien für die Einordnung eines Landes in die Reihe der S. sind z. B. der Industrieanteil am → *Bruttoinlandsprodukt*, Energieverbrauch, Bildung und Lebenserwartung. Die → *UNO* stuft die Länder mit „mittlerem Einkommen" als S. ein. Ein gemeinsames Negativmerkmal der S. ist, dass die gesellschaftliche und soziale → *Entwicklung* in Lande mit der wirtschaftlichen nicht Schritt halten kann (→ *Tigerstaaten*, → *NIC*).

Schwellenwerte *threshold values*: spielen in → *Ökologie* und → *Umweltschutz* eine große Rolle. In der Natur gibt es Stoffkonzentrationen, die Tiere oder Pflanzen organisch schädigen, wofür man empirische S. festsetzt. Bedeutsamer sind die S. im Umweltschutz, wo durch experimentelle Ermittlung der S. für Prozesse oder Erscheinungen in den Umweltsystemen festgelegt werden. Sie gehen in die Bestimmung der → *Grenz-* und → *Richtwerte* ein. Obwohl letztere politisch oder ökonomisch definiert werden, sind die S. an sich ökologische Werte, die beim Über- oder Unterschreiten Wirkungen auf Organismen oder Ökosysteme haben.

Schwemmfächer *alluvial fan*: Akkumulationsbereich von überwiegend feineren → *Sedimenten* eines Flusses, der dort entsteht, wo das Gefälle plötzlich nachlässt, beispielsweise wenn der Fluss aus einem Gebirge austritt und die Ebene erreicht. Die → *Schleppkraft* reduziert sich plötzlich, sodass der größte Teil der → *Flussfracht* abgelagert werden muss. Dabei baut sich sukzessive ein flacher, wenig geneigter und im Grundriss meist dreieckiger bis kegelmantelförmiger S. in die Ebene hinein auf. Aktive S. weisen meist mehrere Gerinnearme auf ihrer Oberfläche auf, die sich ständig verlagern, v. a. bei jahreszeitlich wechselnder Wasserführung. S. bilden sich besonders gut in → *Einzugsgebieten* mit hoher → *physikalischer Verwitterung* aus. Sie sind umso steiler, desto gröber das abgelagerte Sediment (→ *Schotterfächer*, → *Schotterkegel*). S. mit steilem Gefälle nennt man → *Schwemmkegel*.

Schwemmkegel *alluvial cone*: ein gegenüber dem → *Schwemmfächer* steiler geneigter Akkumulationsbereich von Flüssen, der dort entsteht, wo das Gefälle und damit die → *Schleppkraft* plötzlich nachlässt, beispielsweise beim Austritt aus einem Gebirge in eine Ebene.

Schwemmlandboden *alluvial soil*: rezente bis subrezente junge Substratakkumulation, die → *marin* oder → *fluvial* erfolgte und auf der sich Böden im Anfangszustand ihrer Entwicklung befinden. Gelegentlich werden diese als → *Alluvialboden* zusammengefasst.

Schwemmlanddoline (Alluvialdoline) *alluvial doline*: sind in einer → *Doline* die Fugen im Gestein, durch die das Wasser abfließen kann, so groß, dass aus dem Feinmaterial mit in den Untergrund ausgeschwemmt wird, bilden sich Hohlformen, die S., die auf den Masseverlust zurückgehen. S. sind somit eine Mischform aus → *Erdfall* und → *Lösungsdolinen*, da einerseits → *Korrosion* wirkt, andererseits aber auch Sackungsprozesse und → *Erosion* wirksam sind (→ *Karst*, → *Verkarstung*).

Schwemmlandebene *alluvial plain*: → *Flachform* mit geringem oder fehlendem → *Gefälle*, die in einer ausgedehnten und meist sehr mächtigen Lehm- bis Sandakkumulation angelegt ist.

Schwemmlöss *reworked stratified loess*: ein Produkt der Lössumlagerung, z. T. als „Tallöss" bezeichnet und eine der → *Lössderivate*, das durch → *spülaquatische* → *Prozesse* am Hang abgetragen und dabei umgelagert wird. Infolge des Transportes und der neuerlichen Ab-

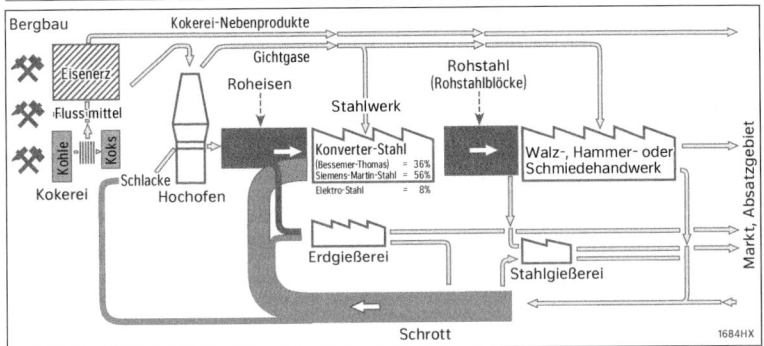

Schwerindustrie

lagerung erhält der S. eine feine Schichtung sowie eine gewisse Sortierung von → *Kies* oder Grus, die beim aquatischen Transport aufgenommen werden.

Schwereanomalie *gravitational anomaly*: Schwereabweichung im gravitativen Kraftfeld der → *Erde* (→ *Schwerefeld*), die durch ungleiche Verteilung spezifisch besonders leichter oder schwerer Gesteinsmassen in der → *Erdkruste* bedingt ist (→ *Gravitation*).

Schwerefeld (Schwere) *gravitational field*: durch die Massenanziehung gebildetes Kraftfeld der → *Erde*, dessen Intensität durch die Beschleunigung eines frei fallenden Körpers wiedergegeben wird, deren Normalwert 9,81 m/s^2 beträgt. Die Schwere ist an den Polen etwas höher und am → *Äquator* etwas geringer (Einfluss der Zentrifugalkraft) und durch → *Schwereanomalien* unterschiedlich ausgeprägt (→ *Gravitation*).

Schwerindustrie *heavy industry*: i.e.S. zusammenfassende Bezeichnung für die Eisen- und → *Stahlindustrie*. Der weitergefasste Begriff schließt den von der Eisen- und Stahlindustrie erfassten Bereich der → *Montanindustrie* (Eisen- und Steinkohlenbergbau) mit ein. Teilw. wird der Begriff S. mit dem der Montanindustrie gleichgesetzt, was sicherlich nicht sehr sinnvoll ist. Auch infolge der Abgrenzungsschwierigkeiten gegenüber dem Begriff → *Hüttenindustrie* scheint es geboten, auf die Verwendung des Begriffes S. ganz zu verzichten.

Schwerindustriegebiet *heavy industry region*: Standortraum der Eisen- und → *Stahlindustrie*, der mit seinen Hochöfen, Gießereien, Stahl- und Walzwerken stark landschaftsprägend wirkt (→ *Industrielandschaft*).

Schwerkraft → *Gravitation*.

Schwermetalle *heavy metals*: Sammelbezeichnung für Metalle mit einer Dichte >4,5 g/cm^3, z.B. → *Blei*, Cadmium, Chrom, Eisen, Gold, Kobalt, Nickel, Platin, → *Plutonium*, → *Quecksilber*, Silber, → *Uran*, Wolfram, Zink, Zinn. Ein Teil der S. ist für die Funktionen der Organismen essentiell (Zn, Fe, Mn, Cu etc.), andere hingegen sind giftig (Pb, Cd, Hg etc.). Ob ein S. → *toxisch* wirkt, hängt von seiner verfügbaren Konzentration in den Ökosystemen oder in der Nahrung ab. Die S. werden in → *Nahrungsketten* weitergegeben, weil sie sich anreichern (→ *Bioakkumulation*). In die Umwelt gelangen die S. direkt und indirekt (→ *Abluft*, → *Abwasser*, verschiedene Verbrennungsprozesse). Die S. gehören zwar zu den natürlichen Elementen der Erde, durch ihre Nutzung werden sie jedoch räumlich konzentriert und damit z.T. zu Umweltgiften. Für die S. wurden stoffspezifische → *Grenz-* und → *Richtwerte* festgesetzt.

Schwerminerale *heavy minerals*: Sammelbezeichnung für alle → *Minerale* mit einem spezifischen Gewicht >2,9 g/cm^3 (z.B. Apatit, Magnetit, Pyrit).

Schwerspat (Baryt) *heavy spar, barite*: ein überwiegend hydrothermales Bariummineral, das in Mitteleuropas Mittelgebirgen, überwiegend Resten der → *Variskiden*, in Gängen vorkommt. S. wird industriell und gewerblich verwendet.

Schwerwasserreaktor *heavy water reactor*: → *Kernreaktor*, der mit schwerem Wasser gekühlt und/oder moderiert wird (→ *Reaktortypen*).

Schwesterstädte *sister towns*: räumlich eng benachbarte → *Städte*. Der Begriff S. wird teils gleichgesetzt mit → *Doppelstädte* oder Nachbarstädte, teils definiert als Städte mit ähnlichen oder gleichartigen Funktionen, die jedoch jede eine gewisse Selbstständigkeit bewahrt haben, also z.B. eigene zentralörtliche → *Einzugsbereiche* versorgen.

Schwimmende Inseln *swimming islands*: Vegetationsform, die bei der → *biogenen* → *Verlandung* auftritt. Sie entstehen dadurch, dass sich Teile des → *Schwingrasens* losreißen und auf der Wasseroberfläche schwimmen.

Schwimmsand (Treibsand) *drift sand, quicksand*: → *Sand*, der im Wasser in der Schwebe gehalten wird, dabei aber fest erscheint. Die innere Reibung ist stark herabgesetzt, sodass S. fließen kann, insbesondere unter Druckauflast oder Erschütterungen.

Schwimmschnee (Tiefenreif) *depth hoar, temperature gradient snow*: aus → *Becherkristallen* bestehender → *Altschnee*. Der lockere S. ist wenig bindig und wirkt daher in der Altschneedecke als Gleithorizont (→ *Schneebrett*).

Schwinde → *Ponor*.

Schwingrasen *quagmire*: rasenartige, schwimmende Verlandungsvegetation, die vom Ufer aus in einen → *See* hinauswächst. Sie baut sich aus Torfmoosen (Sphagnaceen) sowie höheren Pflanzen auf. Die S. sind für Seen mit → *Braunwasser* charakteristisch, die also → *dystroph* sind. Wegen der niedrigen → *pH*-Werte, der Nährstoffarmut und der gelösten Huminstoffe im Wasser fehlen → *Plankton*, Unterwasserpflanzen und → *Röhricht*. Sie werden durch den S. ersetzt, dessen Wachstum auch dystrophe Seen „erblinden" lassen kann (→ *Torf*).

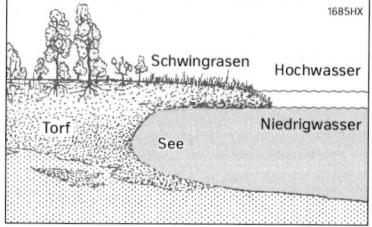

Schwingrasen

Schwüle *sultriness*: Bezeichnung für den Zustand hoher → *Wärme* bei gleichzeitig hoher → *relativer Luftfeuchtigkeit*. Der S.-Zustand ist physikalisch nicht exakt definierbar, sondern muss eher am Wohlbefinden des Menschen gemessen werden, woraus sich zwangsläufig ergibt, dass von Individuum zu Individuum Unterschiede bestehen. Ein Wetterzustand wird als schwül empfunden, wenn der Körper zu seiner Wärmeregulation (= Abkühlung wegen hohen Umgebungstemperaturen) infolge zu hoher Luftfeuchte nicht mehr ausreichend Wasser verdunsten kann. Auf Erfahrungswerten lassen sich → *Grenzwerte* für die S. ermitteln. (→ *Schwülegrenze*).

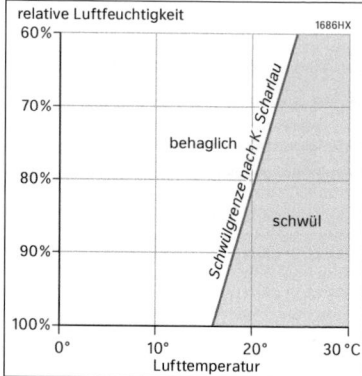

Schwüle

Schwülegrenze *sultriness limit*: Trennlinie, welche im Raster → *Temperatur*/→ *relative Luftfeuchtigkeit* den als behaglich und den als → *Schwüle* empfundenen Bereich trennt (→ *Bioklima*).

Schwunddoline → *Korrosionsdoline*.

Science Park *science park*: Standortgemeinschaft forschungsorientierter Unternehmen, die in Zusammenarbeit mit einer benachbarten Hochschule bzw. im S. P. ansässigen Forschungsinstituten wissensintensive Produkte und Dienstleistungen entwickeln und gegebenenfalls auch produzieren bzw. von dort aus anbieten (→ *Forschungspark*, → *Technologiepark*).

scientific community *Wissenschaftsgemeinde*: die Gesamtheit der an einem regionalen oder internationalen Forschungsdiskurs (→ *Diskurs*) teilnehmenden Wissenschaftspersonen.

Scirocco (Schirokko) *scirocco*: von der Sahara nach Südeuropa wehender heißer → *Wind*, der über dem Mittelmeer Feuchte aufnimmt.

SCMA → *Standard Consolidated Metropolitan Area*.

Scoring-Methode *scoring method*: Methoden der → *betrieblichen Standortplanung*, bei denen neben quantitativen auch qualitative Kriterien berücksichtigt werden, z. B. → *Profilmethode*, → *Nutzwertanalyse*.

Scrub *scrub*: australischer Typ der → *Dornstrauchsavanne* bzw. → *Dornbuschsteppe*. Man unterscheidet Mallee-S. (überwiegend strauchartige Eukalypten) und Mulga-S. (überwiegend strauchartige Akazien).

SDG (UN Sustainable Development Goals) *Ziele nachhaltiger Entwicklung*: von allen Mitgliedern der → *UNO* verabschiedetete politische Zielsetzungen, die 2016 in Kraft traten und bis 2030 gültig sind. Ziel ist die Sicherung

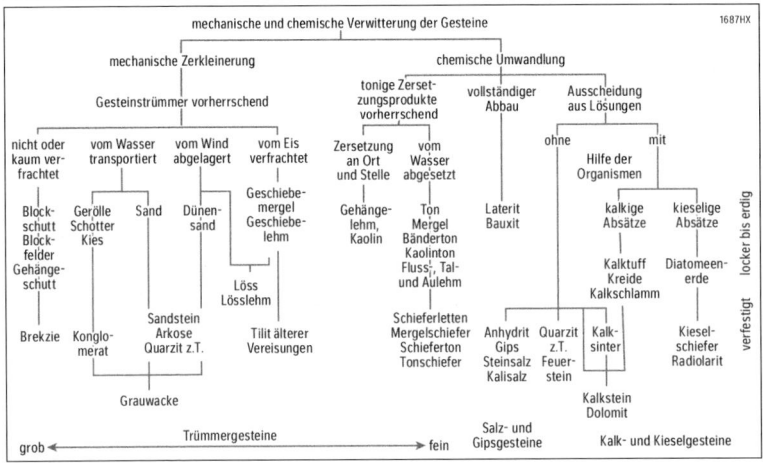
Sediment

einer → *nachhaltigen Entwicklung* in ökonomischer, sozialer und ökologischer Hinsicht. Die SDG umfassen 17 Oberziele, die durch weitere 169 Unterziele erläutert und konkretisiert werden.

Sea-Floor-Spreading (Spreizungszone, Meeresboden-Spreizungszone) *sea-floor spreading*: Prozess der → *Plattentektonik*, bei dem Ausbreitung des Meeresbodens durch horizontales Wachstum der ozeanischen → *Platten* des basaltischen → *Tiefseebodens* erfolgt. Ursache für das S. F. S. ist das Aufsteigen von → *Magma* in → *Konvektionsströmen* der → *Asthenosphäre*. Durch Spreizen des Tiefseebodens bildet sich ein → *Graben*, zugleich verbunden mit einem Aufwölben der Grabenränder und somit Bildung der → *Mittelozeanischen Rücken*. Der von diesen weiter entferntere Meeresboden ist der ältere. Bewegungsraten: Atlantik 1-5 cm/Jahr, Pazifik bis 30 cm/Jahr (→ *Basalt*, → *Kontinentalverschiebung*).

Seamount → *submarine* Einzelerhebung (→ *Berg*) des → *Tiefseebodens*; bezeichnet auch den → *Guyot*.

Sebcha *sebkha, sabkha*: zeitweise oder dauernd ausgetrocknete, mit → *Ton* und → *Salz* bedeckte → *Flachform* in der Sahara; ein Typ der → *Salztonebene*.

sedentär *sedentary*: aufgewachsenes Material, z. B. → *Torf*, im Unterschied zu abgesetzten, d. h. → *sedimentären* → *Substraten*.

Sediment *sediment*: vom Wasser, Eis und/oder Wind in → *Schichten* abgelagerte → *Verwitterungsprodukte*, je nach Ablagerungsmilieu als → *terrestrisch*, → *marin*, → *fluvial*, → *glazial* usw. bezeichnet. Die S. kann man auch nach physikalischen und chemischen Eigenschaften unterscheiden. Sie sind locker bis erdig, können sich jedoch verfestigen durch → *Diagenese* zu → *Sedimentiten* verfestigen. Wichtig ist die Unterscheidung in → *Fein-* und → *Grobsedimente*, die geomorphologisch und pedologisch relevant ist. Ein Teil der S. entsteht durch Absterben oder Ausscheidungen von Organismen (→ *Ablagerung*).

Sedimentation *sedimentation*: Begriff mit zwei Bedeutungen in der Geomorphologie:
– der Prozess, der zur Bildung von → *Sedimenten* führt. S. kann sich im Wasser, am Boden oder auf Pflanzen vollziehen (→ *Sedimentzyklus*). – das Absetzen von Verwitterungsmaterial (→ *Ablagerung*).

Sedimentgesteine *sedimentary rocks, sedimentite*: → *Sedimentite*.

Sedimentite (Ablagerungsgesteine, Absatzgesteine, Schichtgesteine, Sedimentgesteine) *sedimentites, sedimentary rocks*: durch → *Ablagerung* bzw. → *Sedimentation* von → *Sedimenten* und deren Verfestigung durch → *Diagenese* entstehende → *Gesteine*. Man unterscheidet S., die – aus Produkten der → *physikalischen Verwitterung* entstanden, also → *klastische Gesteine* oder Trümmergesteine, und solche, die – aus Produkten der → *chemischen Verwitterung* entstanden, die chemischen S. (→ *Ausfällungsgesteine*, Eindampfungsgesteine), wie → *Gips*, → *Salz*, → *Sinter* und → *Oolithe*. – Unter Mitwirkung von Organismen oder aus Organismenresten gebildete S. repräsentieren die → *organogenen Sedimentgesteine*, z. B. die → *Kreide* oder Korallenkalke.

Sedimentkaskade *sediment cascade*: regelhafte Abfolge von Abtrags-, Transport- und

Sedimentationsprozessen jener → *Subsysteme*, die man für ein → *geomorphodynamisches System* modelliert, für das → *Regler* und → *Speicher* in Zeit und Raum ermittelt werden, um Materialbilanzen (→ *Bilanz*) aufzustellen.

Sedimentologie *sedimentology*: Lehre von der → *Sedimentation*, den → *Sedimenten* und den → *Sedimentiten*. Die S. beschäftigt sich mit dem Prozess der → *Ablagerung*, der Art der Sedimentgesteine und Sedimente und deren Umwandlungsprozessen sowie dem Ablagerungsmilieu.

Sedimentologische Grundregel *Steno's law*: → *Stenosche Regel*.

Sedimentzyklus *sediment cycle*: 1. die zeitliche Wiederholung der → *Sedimentation* unter ähnlichen oder gleichen technischen oder natürlichen bzw. geoökologischen Bedingungen, die zu einer Abfolge des gleichen oder ähnlichen Sedimentcharakters führen. 2. eine Abfolge von → *Sedimenten*, die durch klimaökologische Steuerung oder technische Steuerung des Sedimentationsprozesses zustande gekommen ist. Die Wiederholungen drücken sich in gleicher Farbe, einheitlicher Korngrößenzusammensetzung und gleichen oder ähnlichen Stoffgehalten aus.

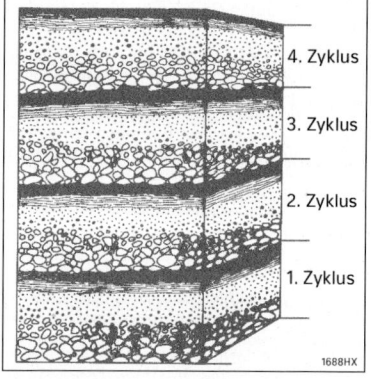

Sedimentzyklus

See *lake*: Wasseransammlung in einer → *natürlichen* geschlossenen → *Hohlform*. S. entstehen entweder – durch Abdämmung offener Hohlformen (durch → *Moränen*, → *Bergstürze*) oder – durch Eintiefung der Festlandsoberfläche (erosive Eintiefung durch → *Gletscher*, Einsturz durch → *Auslaugung* des Untergrundes, → *Vulkanismus*, tektonische Verbiegung und → *Graben*bildung).
Etwa 1,8% der Festlandsfläche der Erde ist seebedeckt. Die S. sind sehr unregelmäßig verteilt und v.a. in ehemals vergletscherten Gebieten häufig (z.B. Finnische Seenplatte). Die S. der → *humiden* Gebiete sind → *Süßwasser*-S., die abflusslosen S. (→ *Endsee*) der → *ariden* Gebiete → *Salzseen*, in denen sich → *Salze* wegen der starken → *Verdunstung* anreichern. In Flusssysteme einbezogene S. sind stark vom → *Landschaftswasserhaushalt* ihrer → *Einzugsgebiete* abhängig. Ihr Wasserstand schwankt mit der Wasserzufuhr, wobei größere S. aber wegen ihres → *Speicher*vermögens auf die Wasserführung der sie durchfließenden Flüsse ausgleichend wirken (→ *Seeretention*). Der → *Wärmehaushalt* der S. ist sehr wichtig für die → *Seezirkulation*. Wasser leitet die Wärme sehr schlecht und erreicht bei +4 °C die größte Dichte. In den → *gemäßigten* Breiten kann demzufolge nur dann Durchmischung erfolgen (→ *Vollzirkulation*), wenn diese Grenztemperatur in der oberen Wasserschicht erreicht wird. S. haben – erdgeschichtlich gesehen – nur kurzen Bestand. Sie verlanden mit der Zeit durch das Auffüllen des S.-Beckens mit Sedimenten und durch Zuwachsen mit Vegetation (→ *Verlandung*; → *Eisstausee*, → *Endsee*, → *Grabensee*, → *Karsee*, → *Maar*, → *Regressionssee*, → *Salzsee*).

SEE → *Metalle der Seltenen Erden*.

Seebad *seaside resort*: 1. gleichbedeutend mit → *Seeheilbad* verwendet. 2. allg. Bezeichnung für einen → *Badeort* am Meer mit entsprechender → *Infrastruktur*, Beherbergungskapazität usw. zur Unterbringung und Betreuung von Touristen oder Naherholern.

Seebeben *seaquake*: ein → *Erdbeben*, bei dem sich das → *Hypozentrum* unter dem Meer befindet. S. können Flutwellen auslösen, die an den Küsten massive Zerstörungen verursachen (→ *Tsunami*).

Seedeich *sea dike*: ein → *Deich*, der das Festland am Meer vor → *Sturmfluten* und Tidehochwässern schützen soll. – S. treten oft in mehreren Generationen auf, die bei längerfristigen → *Neulandgewinnungen* sukzessive ins Meer hinaus gebaut wurden (→ *Tidenhub*).

Seefähigkeit → *Seetüchtigkeit*.

Seefischerei *sea fishery*: gewerbsmäßiger Fang von Fischen und anderen Wassertieren zur wirtschaftlichen Nutzung im Meer. Zu unterscheiden sind die Fischerei entlang der Küste (→ *Küstenfischerei*), in Küstennähe (kleine → *Hochseefischerei*) und entfernt von der Küste (große Hochseefischerei).

Seegang *motion of sea*: Welligkeit der Oberfläche des → *Meeres* in Abhängigkeit der → *Windstärke*.

Seegat (Gat, Tief) *tidal inlet*, *gat*: tiefe, vom → *Gezeiten*strom der → *Gezeiten* erodierte, aber relativ schmale Durchlässe zwischen den Inseln im → *Wattenmeer*, in denen die Gezeitenströme hohe Geschwindigkeiten und bedeutende Transportkräfte entwickeln und damit die Fahrrinnen ins freie Meer freihalten.

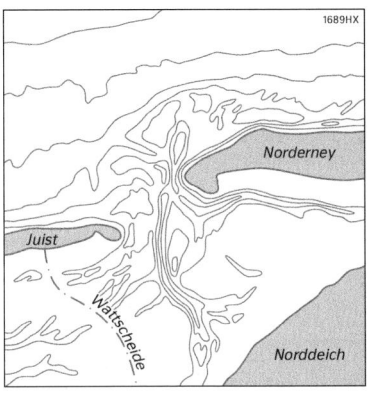

Seegat

Seehafen *sea port*: → *Hafen*, der der Seeschifffahrt dient und mit entsprechender → *Infrastruktur* ausgestattet ist, insbesondere auch mit Verkehrsanschluss an sein → *Hinterland*. S. liegen entweder direkt am offenen Meer – bei stärkerem → *Tidenhub* als → *Dockhafen* – oder landeinwärts an → *Seekanälen* oder an Mündungstrichtern (→ *Ästuarhafen*) von Flüssen (z.B. Hamburg). S. dienen hauptsächlich dem Güterverkehr.

Seehalde (Meerhalde) *sea platform, built terrace, marine platform, offshore terrace*: am Vorderrand der → *Abrasionsplattform* als Akkumulationsbereich von Brandungsschutt und Brandungsgeröllen sowie Feinsedimenten gebildete → *Halde*. Die S. ist eine submarine Form, deren Größe von den Neigungsverhältnissen des Untergrundreliefs sowie der Richtung der Brandungsströmung bestimmt ist.

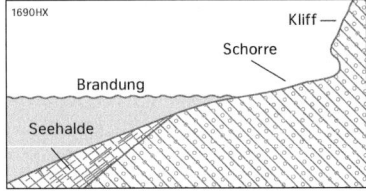

Seehalde

Seeheilbad *seaside health resort*: → *Kurort* an einer Meeresküste, häufig auf einer Insel, dessen therapeutische Wirkungen auf den besonderen klimatischen Eigenschaften (→ *Bioklima*, → *Reizklima*) und auf der Anwendung von Meerwasser bei der Heilbehandlung beruhen. Die Bezeichnung S. ist gesetzlich geschützt und wird entsprechenden Orten verliehen. In Deutschland sind das z.B. Helgoland, Norderney und Cuxhaven.

Seekalk *lacustrine limestone, lake limestone*: → *limnisches*, stark kalkhaltiges → *Sediment* von weißgrauer Farbe, das sich durch Ausfällung aufgrund von Wasserübersättigung oder unter Mitwirkung von Algen und Bakterien bildet. Ähnlich der → *Seekreide*. Der S. ist zunächst ein → *Schlamm*, der durch den Druck des hangenden Sediments entwässert wird.

Seekanal *sea canal*: künstlich angelegte oder ausgebaute Wasserstraße für die Seeschifffahrt. S. sind entweder → *Stichkanäle* (z.B. Manchester Ship Canal) oder Durchgangskanäle. Letztere verbinden teils Ozeane miteinander (Suez- und Panamakanal), teils durchschneiden sie Halbinseln zur Abkürzung des Seewegs (z.B. Nord-Ostsee-Kanal).

Seekarte *nautical chart*: → *thematische Karte*, die speziell auf die Anforderungen der Navigation in der Seeschifffahrt ausgerichtet ist. S. enthalten für die Navigation notwendige Details, wie z.B. zu Schifffahrtsbeschränkungen, Unterwasserhindernissen, Wassertiefen, Strömungen und → *Gezeiten*. S. werden von amtlich → *hydrographischen* Diensten herausgegeben.

Seekreide (Alm) *lake marl*: → *limnisches*, stark kalkhaltiges → *Sediment* in kalkhaltigen Seen, zu den organomineralischen → *Mudden* gehörend. S. bildet sich unter Mitwirkung von Kalgalgen und Bakterien sowie aus zerfallenen Muschel- und Schneckenschalen. S. findet sich auch unterhalb von → *Mooren*, wenn vor der Moorbildung ein See vorhanden war. Kann mehrere Meter mächtig sein (→ *Seekalk*, → *Kreide*).

Seelöss *loess lake sediments, loess derivate*: ein → *Lössderivat*, das im Gegensatz zum generell ungeschichtet abgelagerten Löss durch seine aquatische Umlagerung schichtig in einem Wasserkörper abgelagert wurde.

Seemarsch *salt-water marsh*: an der Küste, im → *Watt*, sedimentierter, grauer, meist kalkreicher → *mariner* → *Schlick* mit hohem Schluff- und Feinsandanteil (→ *Marsch*, → *Salzmarsch*).

Seenebel → *Meernebel*.
Seenkunde → *Limnologie*.
Seenplatte *lakeland, lake district*: Tieflandsbereich mit zahlreichen → *Seen* eines → *glazial* bezogenen Grundriss- und Verteilungsmusters; überwiegend im Bereich der → *Nordischen Vereisung* vorkommend, z.B. Finnische oder Mecklenburgische S.. Die S.-Muster bilden meist das Gesteinskluftnetz ab, weil die

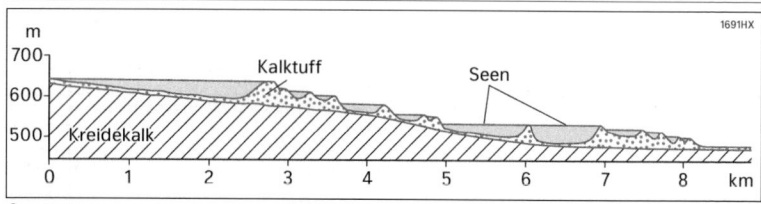

Seentreppe

Eis- und Schmelzwassererosion sich an vorgegebenen Gesteinsstrukturen orientierten. Daher sind die → *Rinnenseen* der S. oft geknickt oder weisen einen winkligen Verlauf auf.

Seentreppe *cascading lakes*: im → *Karst* auftretende Seenreihe, die hinter rasch wachsenden → *Kalksinterstufen* das Wasser aufstaut. Solche natürliche Stauseen ordnen sich in Tälern der → *Karstlandschaft* treppenartig hintereinander (→ *Kalksinter*).

Seeretention *lake retention*: vorübergehende Speicherung von abfließendem Niederschlagswasser in einem → *See*. Die S. wirkt dämpfend auf den → *Abfluss* des → *Hochwassers* (→ *Abflussganglinie*; → *Speicher*).

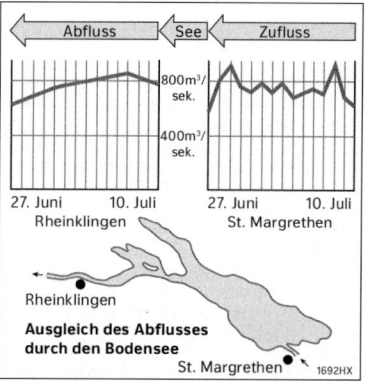

Seeretention

Seeterrasse *lake terrace*: → *Terrassen* an Seen, durch Seespiegelschwankungen in den randlichen Seeablagerungen entstanden.

Seeton *lacustrine clay*: Derivat des → *Tones*, das abgetragen und → *aquatisch* bzw. → *fluvial* transportiert wurde und in einem Seebecken zur Ablagerung kam.

Seetourismus *sea tourism*: Sammelbezeichnung für den → *Tourismus* mit Seeschiffen. S. findet meist in Form von Kreuzfahrten statt, nur noch selten auf Linienschiffen.

Seetüchtigkeit (Seefähigkeit) *seaworthiness*: Fähigkeit eines Wasserfahrzeugs, von seiner Konstruktion und seinem baulichen Zustand her den Beanspruchungen der Fahrt auf dem offenen Meer gewachsen zu sein.

Seewind *onshore wind, ocean breeze*: im periodischen Land-See-→ *Windsystem* der tagsüber vom Meer zum Land wehende → *Wind*. Der S. ist eine Ausgleichsströmung, die durch das Aufsteigen der über den Landflächen stärker erhitzten → *Luft* in Gang gesetzt wird (→ *Landwind*).

Seezeichen (Schifffahrtszeichen) *navigational*: *aid*: Markierungen entlang von → *Schifffahrtswegen*, die zur Sicherheit der Schifffahrt, insbesondere in küstennahen Gewässern, angebracht sind. S. stehen teils auf dem Land (z. B. → *Leuchttürme*, Baken, Stangen), teils schwimmen sie fest verankert auf dem Wasser (→ *Feuerschiffe*, Leuchtbojen, Kugel- und Fassbojen usw.).

Seezirkulation *lake cirkulation*: komplexe Austauschvorgänge im Wasserkörper von → *Seen*, die vom Jahresgang der Temperatur und vom Windeinfluss abhängen, wobei die Tatsache wichtig ist, dass Wasser bei +4°C die größte Dichte aufweist und → *Wärme* schlecht leitet. Im → *Jahreszeitenklima* der kühlgemäßigten Zone herrscht im → *Winter* stabile inverse → *Schichtung*, weil das oberflächlich stark abgekühlte Wasser wegen seiner geringeren Dichte nicht absinken kann. Im → *Frühling* erwärmt sich das Oberflächenwasser, und die Temperaturschichtung erreicht Einheitlichkeit (→ *Homothermie*); v. a. bei Windeinfluss findet dann eine tiefgreifende Umschichtung und Durchmischung des gesamten Wasserkörpers statt, die → *Vollzirkulation*. Im → *Sommer* erwärmt sich das Oberflächenwasser. Wegen dessen geringerer Dichte ergibt sich eine sehr stabile Schichtung mit einer auf die → *Sprungschicht* unter der geringmächtigen warmen Oberflächenschicht (→ *Epilimnion*) konzentrierten Temperaturabnahme. Im → *Herbst* wiederholt sich der gleiche Vorgang wie im Frühjahr, d. h. es erfolgt erneut eine → *Vollzirkulation*. Die Kaltwasserseen der Polargebiete sind praktisch ganzjährig invers stabil geschichtet. Zir-

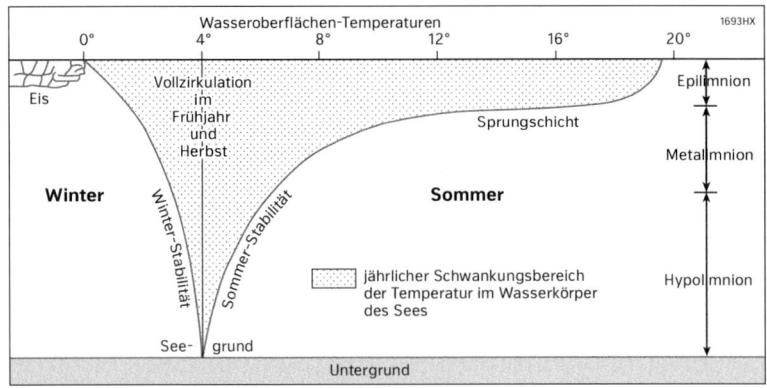

Seezirkulation

kulation findet allenfalls während des kurzen polaren Hochsommers statt. Die ständig warmen Seen der → *inneren Tropen* zeigen wegen der anhaltend stabilen Schichtung kaum eine S..

Segetalpflanzen *weeds*: Pflanzenarten, die → *anthropogene* Bodenbearbeitungsmaßnahmen wie z. B. Pflügen ertragen und als Konkurrenten oder Begleiter von Kulturpflanzen auftreten (→ *Unkräuter*).

segmentäre Gesellschaft *segmentary lineage society*: menschheitsgeschichtlich eine frühe Form der → *Vergesellschaftung*, die heute in ethnischen oder indigenen Gesellschaften noch vorherrschend ist. S. G. weisen keine zentralen politischen Institutionen auf, sondern sind von gleichartigen und untereinander gleichrangigen Abstammungsgruppen (→ *Klan*, → *Stamm*, → *Familie* oder → *Lineage*) gekennzeichnet. Es sind einfache, kleine, räumlich voneinander getrennte und gleiche Gesellschaften mit → *face-to-face-Kommunikation*. Evolutionär folgen der s. G. die → *stratifizierte Gesellschaft* (mit Unterschieden von Klasse, Stand, Kaste oder Schicht) und die → *funktional differenzierte Gesellschaft* der Moderne.

Segregatgefüge (Absonderungsgefüge) *blocky structure*: → *Bodengefüge*, das durch Absonderung kantiger Teile aus einer tonhaltigen Bodenmatrix entsteht. S. bildet sich unter dem Einfluss wiederholter Quellung und Schrumpfung und lässt verschiedene Gefügeformen unterschiedlicher Größe entstehen (→ *Polyedergefüge*, → *Plattengefüge*, → *Säulengefüge*).

Segregation *segregation*: sowohl der Prozess der Entmischung (d. h. räumlichen Trennung und Abgrenzung) von unterschiedlichen Elmenten in einem Gebiet (z. B. einem Stadtviertel) als auch der dadurch hervorgerufene Zustand. Die S. beruht auf gemeinsamen Merkmalen der segregierten Gruppe (z. B. Volkstum, Sprache, Religion, soziale → *Schicht*), durch die sie sich von der übrigen Bevölkerung unterscheidet. Sie kann der betreffenden Gruppe aufgezwungen sein (durch → *Diskriminierung*, Abdrängung in ein → *Getto*), kann aber auch gewünscht sein (z. B. Abkapselung ethnischer → *Minderheiten*). Der Begriff S. wird heute vielfach speziell auf ethnische und/oder sprachliche Minderheiten bezogen, z. B. die Situation der farbigen Bevölkerung in den USA oder die S. der Ausländerbevölkerung in mitteleuropäischen Städten (→ *Parallelgesellschaft*).

Segregationseis *segregation ice*: → *Bodeneis* als Linse oder Schicht, das sich bildet, wenn Porenwasser aufgrund des → *Dampfdruckgefälles* der → *Bodenluft* zur Gefrierfront bewegt. Kann Mächtigkeiten von über 10 m erreichen. S. unterscheidet sich von → *Injektionseis*, das gebildet wird, wenn unter Druck stehendes Wasser (z. B. artesischem Druck) in den Boden eindringt

Sehnenberg → *Durchbruchsberg*.

Seiche *seiche*: einer stehenden → *Welle* ähnliche Schaukelbewegung der Wasserfläche großer → *Seen*. S. werden durch Erschütterungen des Bodens, Erdbeben, durch Winde und durch Schwankungen des atmosphärischen → *Luftdruckes* verursacht. Ihre maximale Wasserstandsschwankung beträgt 1–2 m und ihre Schwingungsperiode einige Stunden.

seichter Karst *shallow karst*: nach hydrologischen Gesichtspunkten typisierter → *Karst*. Beim s. K. liegen verkarstungsfähige über nicht verkarstungsfähigen Gesteinen. Zugleich ist der → *Vorfluter* gleich hoch oder niedriger als die nicht verkarstungefähigen Gesteine, sodass keine → *phreatische Zone*, also eine ständig wassergefüllte Zone, ausgebildet werden kann. Auch bei → *Hochwasser* des Vorfluters wird das → *Karstwasser* nicht beeinflusst. Es gibt nur die → *vadose Zone*.

Seife *placer [deposit]*: → *Ablagerung* von sandigem Feinmaterial und/oder → *Geröll* mit abbauwürdiger Konzentration von → *Schwermineralien* oder Edelsteinen. S. sind sekundäre → *Lagerstätten*, die durch Verwitterung, geomorphodynamische Aufarbeitung und Umlagerung durch geomorphologische Prozesse ursprünglicher (primärer) Lagerstätten entstanden. In typischer und häufigster Form treten sie als Geröll- oder Sandbänke in Flussläufen oder an Küsten und Stränden auf, in denen sich durch einen natürlichen Schlämmvorgang das schwere (dichtere) und wertvollere Material (z.B. Gold, Zink, Mangan oder Diamanten) angereichert hat. Wegen Verknappung der mineralischen → *Rohstoffe* nimmt die Bedeutung von S. zu.

seiger *vertical*: → *saiger*.

Seihwasser (uferfiltriertes Grundwasser) *infiltration water*: Wasser, das aus → *Flüssen* und → *Seen* durch den → *Oberflächennahen Untergrund* ins → *Grundwasser* absickert (→ *Sickerung*).

Seilbahn *cableway, cable railway*: Bahn, deren Wagen oder Kabinen durch ein Seil gezogen werden (Zugseil). Die Wagen laufen entweder mit Rollen auf einem Tragseil (→ *Seilschwebebahn*, Drahtseilbahn oder Luftseilbahn), sie fahren auf Schienen auf dem Boden (→ *Standseilbahn*) oder hängen an Schienen in der Luft. S. werden v. a. zur Personenbeförderung im Gebirge (Transport zum Wintersport, auf Aussichtsberge usw.) sowie in Städten mit großen Höhenunterschieden verwendet. Zum Transport von Gütern dienen sie als Material-S. im Gebirge (Versorgung von Berg- und Almhütten) sowie zum Transport von Massengütern über geringere Entfernungen (z.B. Erze vom Bergwerk zum Verladehafen, Kalkstein vom Steinbruch zur Zementfabrik).

Seillava → *Pahoehoe-Lava*.

Seilschwebebahn (Kabinenbahn) *cableway*: häufigster Typ der → *Seilbahn*. Die Kabinen der S. rollen hängend an einem Tragseil entlang und werden durch ein Zugseil gezogen oder hinabgelassen. S. werden sowohl zum Personen- als auch zum Gütertransport verwendet.

Seismik *seismology, seismics*: 1. endogene Erdkrustenbewegungen im weiteren Sinne, v. a. Erdbeben. 2. Kurzbezeichnung im Sinne von Seismologie für Erdbebenkunde und Erdbebenforschung. 3. Kurzbezeichnung für geophysikalische Aufschlussmethoden bei der Erforschung des Oberflächennahen und Tieferen Untergrundes unter Verwendung von künstlichen Erdbebenwellen (durch Explosion). Gearbeitet wird mit den Verfahren der seismischen Methoden.

seismische Methoden *seismical methods*: in den Geowissenschaften eingesetzte → *Reflexionsseismik* und → *Refraktionsseismik* zur Erkundung des → *Oberflächennahen Untergrundes* (→ *Geophysik*, → *Seismik*).

seismische Verwerfung *seismic fault*: sehr tief reichende Zerrüttungszone der → *Erdkruste*, durch zahlreiche → *Verwerfungen* gekennzeichnet (→ *Seismotektonik*).

Seismizität *seismicity*: die Erdbebenhäufigkeit und -intensität eines Gebietes (→ *Erdbeben*, → *Seismik*).

Seismogramm *seismic record*: Aufzeichnung der Bewegungen des → *Erdbebens* mit einem Seismographen.

Seismologie *seismics, seismology*: → *Seismik*.

Seismotektonik *seismotectonics*: ein Teilgebiet von → *Geologie* und → *Seismik* zur Erforschung der Zusammenhänge zwischen → *Tektonik* (tektonischen Bewegungen) und → *Erdbeben*, z.B. in der → *Plattentektonik*. – Seismotektonische Bewegungen sind → *endogene*, v. a. tiefreichende, oft mit Erdbeben verbundene Bewegungen der → *Erdkruste*, bei denen langsamere oder raschere Schollenbewegungen stattfinden, die auch zu → *Verwerfungen* oder Krustenverbiegungen (→ *Flexuren*) führen.

Seitendenudation *lateral denudation*: Denudationsprozesse (z.B. → *Flächenspülung*), die seitlich wirken und Vollformen unterschneiden. In der Theorie der → *Doppelten Einebnungsflächen* das Postulat, dass durch intensive → *chemische Verwitterung* am Bergfuß → *subkutan* eine flächenhafte Erniedrigung bzw. Zurückverlegung des Festgesteins zu Gunsten einer Regolithdecke (→ *Regolith*) erfolgt. Die Wirkung der subkutanen S. wird jedoch bezweifelt, weil → *Inselberge* meist direkt einem Felsgesteinssockel aufsitzen.

Seitenerosion (Lateralerosion) *lateral erosion*: Prozess der → *Fluvialerosion*, der die Uferböschungen unterschneidet, wobei das Abtragungsmaterial sofort wieder als Schleifmittel zur Weiterbearbeitung der Ufer bereitsteht. Die Intensität der S. wird von der Fließgeschwindigkeit, der Flussbettgestalt sowie dem Material des Flussbettes und der Ufer (Festgestein oder Lockergestein) bestimmt. Durch S. können Flussbetten und Ufer verlagert werden.

Seitenkorrosion *lateral corrosion*: zu den Seiten statt in die Tiefe wirkende → *Korrosion* in → *Dolinen* oder → *Poljen*, die auftritt, wenn der Dolinen- oder Poljeboden mit unlöslichen Verwitterungsmaterial (→ *Residuat*) bedeckt ist. Überstau mit Starkregenwassern oder gelegentliche Überschwemmungen mit kohlensäurereichem Wasser bewirken S. auch am

Fuß von Karstbergen und/oder in → *Fußhöhlen*. Der Unterschneidung folgt die sukzessive Abtragung der → *Vollformen* und damit eine seitliche Erweiterung der Poljeböden, wobei → *Karstrandebenen* entstehen.

Seitenmoräne *border moraine, boundary moraine, lateral moraine, marginal moraine, side moraine*: seitlich des → *Gletschers*, meist wallförmig abgelagerte Schuttmassen. Weil die S. bei Gebirgsgletschern neben den angrenzenden Hängen liegt, ist sie oft mit → *Frostschutt* oder anderen → *Hangschutten* gemischt. Entlang der Wände des → *Trogtals* stehen die S. mit der → *Grundmoräne* in Kontakt. Die → *aktuellen* S. dürfen nicht mit den → *Ufermoränen*, ehemaligen S. früherer Gletscherstände, verwechselt werden.

sektorale Strukturpolitik *sectoral policy*: Gesamtheit der → *wirtschaftspolitischen* Maßnahmen, die das Wachstum einzelner Wirtschaftsbereiche (im Gegensatz zur → *regionalen Strukturpolitik* unabhängig von ihren → *Standorten* in → *strukturschwachen Räumen*) fördern sollen, indem bestehende Strukturen erhalten, Anpassungen an den → *Strukturwandel* vorgenommen oder künftige → *Wirtschaftsstrukturen* durch die Unterstützung zukunftsträchtiger Branchen gezielt gestaltet werden (→ *Strukturpolitik*).

Sektorenmodell → *Sektorentheorie*.

Sektorentheorie (Sektorenmodell) *sector theory*: → *Stadtstrukturmodell* zur Darstellung der innerstädtischen funktionalen Gliederung. Die S. wurde von Homer Hoyt (1939) entwickelt. Sie leitet sich aus Untersuchungen der Bodenpreise sowie der Wohnungsmieten in 142 amerikanischen Städten ab. Dabei ergeben sich sektoral strukturierte Funktionsgebiete, die ältere Radialgliederungen überlagern. Ein Vorteil gegenüber älteren Modellen ist die Berücksichtigung – neben der Distanz – auch von Richtungskomponenten (→ *Mehrkern(e)modell*, → *Ringmodell*).

Sektor-Theorie *sector theory*: Theorie, die besagt, dass wirtschaftliches Wachstum zwangsläufig mit einer Verlagerung der Schwergewichts der Wirtschaftstätigkeit vom → *primären* über den → *sekundären* zum → *tertiären Sektor* begleitet wird. Die Geschwindigkeit der Strukturverschiebungen in der Produktion und Beschäftigung wird als wesentlicher Bestimmungsfaktor für Zunahme des Volkseinkommens betrachtet. Der → *Strukturwandel* ergibt sich aus Änderungen der Einkommenselastizität, auf der Nachfrage- und der Angebotsseite aus Unterschieden in den sektoralen Zuwachsraten der Produktivität. Die Anwendbarkeit der S.-T. im regionalen Maßstab ist jedoch beschränkt, da intraregionale Einflussfaktoren des Wirtschaftswachstums (wie z. B. Veränderungen der Produktionsfaktoren oder externer Wachstumsdeterminanten) vernachlässigt werden.

sekundär *secondary*: 1. allgemein: „untergeordnet". 2. in Geo- und Biowissenschaften für an zweiter Stelle stehend oder zeitlich nachfolgend beim Ablauf einer Entwicklung.

Sekundärdaten *secondary data*: bezeichnet ausgewertete Daten, die durch → *Auswertung* und Verarbeitungsschritte (z. B. → *Klassifikation*, → *Generalisierung*) aus → *Primärdaten* gewonnen wurden (→ *aggregierte Daten*).

Sekundärdüne → *Weißdüne*.

sekundäre Aufkalkung *secondary liming*: nachträgliche Kalkanreicherung in vollständig entkalkten Böden durch Kalkzufuhr mit → *Hang-* oder *Grundwasser* oder durch künstliches Einbringen von Kalk zur Bodenverbesserung.

sekundäre Minerale *secondary minerals*: → *Minerale*, die durch Verwitterung neu gebildet wurden. S. M. kommen in → *Sedimenten* und im → *Boden* vor und lassen sich in drei Hauptgruppen gliedern: in die → *Salze*, Oxide und die → *Tonminerale*.

Sekundärenergie *secondary [derived] energy*: veredelte → *Primärenergie*. Die S. wurde einem oder mehreren Umwandlungsprozessen unterworfen. Zu den so gewonnenen S.-Trägern gehören Steinkohlenkoks, Briketts (→ *Brikettierung*), Mineralölerzeugnisse, Kokereigas, in → *Wärmekraftwerken* erzeugter Strom usw.. Die S. wird dem Letztverbraucher als → *Endenergie* zugeführt (→ *Nutzenergie*).

sekundärer Ausflugsverkehr *secondary tourism traffic*: Ausflugsverkehr, den nicht Einheimische von ihrem Wohnsitz aus, sondern Touristen von ihrem Urlaubsquartier aus unternehmen. Insbesondere die wichtigsten Zielgebiete des → *Tourismus* sind ihrerseits wieder → *Quellgebiete* des s. A..

sekundärer Sektor *secondary sector*: der Wirtschaftsbereich (→ *Wirtschaftssektor*), in dem → *Rohstoffe* be- und verarbeitet werden. Zum s. S. gehören → *Industrie* (einschl. Energiegewinnung und Aufbereitung von Bergbauprodukten, Bauwesen, → *Handwerk* und Heimarbeit (→ *primärer Sektor*, → *tertiärer Sektor*, → *quartärer Sektor*).

Sekundärerhebung *sedondary data collection*: bei der Datenerhebung in der empirischen → *Sozialforschung* die Gewinnung von Informationen aus bereits erhobenem Material, teilw. aus verschiedenen Erhebungen und Quellen. Gegenüber der → *Primärerhebung* ist die S. kostengünstiger und schneller zu bewerkstelligen. Auf der anderen Seite sind bei S. die Daten z. T. veraltet, teilweise nicht detailliert genug aufbereitet und die Qualität der Daten schlecht überprüfbar. Ferner lassen sich aus verschiedenen Quellen stammende Daten oft schlecht vergleichen.

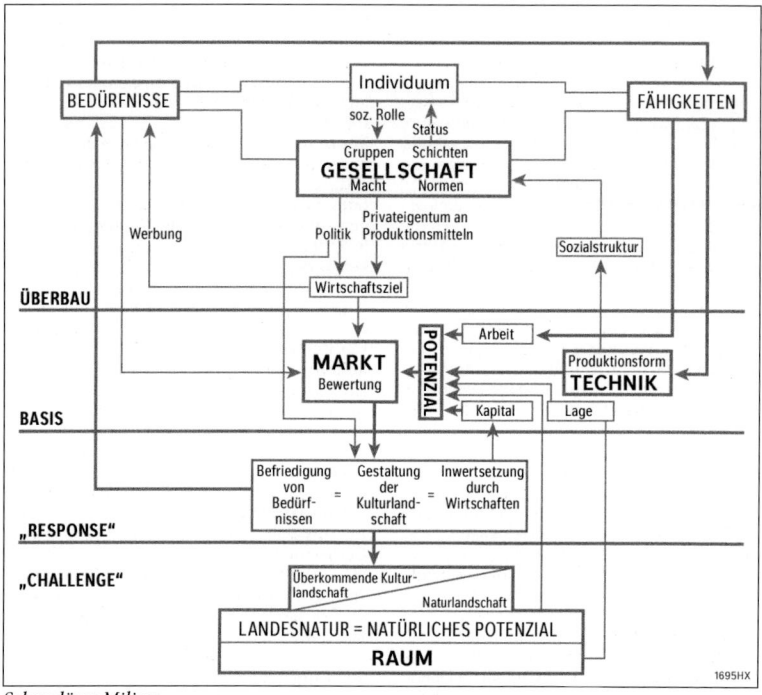

Sekundäres Milieu

sekundäres Milieu *secondary environment/milieu*: gegenüber dem → *primären Milieu* in der Theorie der → *Geographie* als Gegensatz zur → *Landesnatur* aufgefasst, die vom Menschen bewertet und zum → *Naturpotenzial* des Wirtschaftens umgewandelt wird. Dies erfolgt durch eine jeweils vom Interesse der → *Inwertsetzung* bestimmte Prozesskombination (→ *Leistungsvermögen des Landschaftshaushaltes*,→ *Naturraumpotenzial*).

sekundäres Ökosystem *secondary ecosystem*: ein Ökosystem, das von der Tätigkeit des Menschen bestimmt wird (→ *primäres Ökosystem*).

Sekundärförderung *secondary exploitation*: Verfahren zur Erzielung einer besseren Ausbeute bei der Förderung von → *Erdöl*. Im Gegensatz zur → *Primärförderung* wird bei der S. zur Druckerhaltung in der → *Lagerstätte* Wasser bzw. Gas mithilfe von Pumpen injiziert. Damit kann der Entölungsgrad durchschnittlich um weitere 17% gesteigert werden (→ *Tertiärförderung*).

Sekundärformation (Sekundärvegetation) *secondary formation*: unter dem Einfluss des Menschen entstandene → *Vegetationsformation*. Sie ist lichter, artenärmer und weniger geschichtet als der ursprüngliche primäre Bestand. Wenn die → *anthropogenen* Einwirkungen ausbleiben, kann langfristig wieder eine rückläufige Entwicklung in einen der → *ursprünglichen Vegetation* weitgehend entsprechenden Zustand einsetzen.

Sekundärgefüge *secondary fabric*: → *Gesteinsgefüge*, überwiegend durch → *tektonische* Vorgänge entstanden.

Sekundärhöhle *secondary cave*: Höhlenbildung, die nicht wie bei der → *Primärhöhle* gleichzeitig mit der Bildung des Muttergesteins geschieht, sondern durch → *Lösungsverwitterung*, → *Tektonik* oder → *Abrasion*, → *Erosion* und → *Subrosion* erst später geschieht. Die meisten der vorhandenen → *Höhlen* sind S., z.B. → *Flusshöhle*, Überdeckungshöhle.

Sekundärlagerstätte *secondary deposit*: genetischer Lagerstättentyp (→ *Lagerstätte*), bei dem eine Umlagerung des Materials erfolgt, z.B. durch Wassererosion, mit anschließender Neusedimentation, meist als → *Lockergestein*.

S. sind z. B. Zinnseifen (→ *Primärlagerstätten*, → *Seifen*).

Sekundärporen structural pores: Bodenporen, welche durch Gefügebildung, Schrumpfungsrisse, Frostbewegung, Bodenbearbeitung, Durchwurzelung und Durchwühlen entstehen. Die S. stehen den körnungsbedingten → *Primärporen* gegenüber (→ *Porenvolumen*, → *Porengrößenverteilung*).

Sekundärproduktion *secundary production*: gegenüber der → *Primärproduktion* die → *heterotrophe* Erzeugung von → *Biomasse* durch → *Assimilation* von → *autotroph* produzierter Biomasse.

Sekundärrohstoff *secondary raw material*: → *Rohstoff*, der durch die Verwendung in Produkten und dem daraus sich ergebenden Verschleiß seinen ursprünglichen Gebrauchswert als → *Produktionsmittel* bzw. Konsumgut (→ *Abfall*) verloren hat, über die → *Abfallverwertung* aber wieder in den Produktionsprozess eingebracht und somit einer zweiten Verwendung zugeführt werden kann (→ *Altstoff*, → *Wertstoff*, → *Primärrohstoff*). Klassische S. sind Altmetalle (→ *Schrott*, wie z. B. aus Aluminium, Blei, → *Eisen*, Kupfer, Stahl, Zink) aber auch Altglas, → *Altöl*, Altpapier sowie Textilien (Gebrauchtkleidung) und Kunststoffe (→ *Kunststoffrecycling*).

Sekundärsukzession → *Restitution*.

Sekundärvegetation → *Sekundärformation*.

Sekundärwald *secondary forest*: sich → *natürlich* einstellender Folgebestand (Zweit- oder weitere Folgebesiedlungen) nach Zerstörung des natürlichen → *Urwaldes* (→ *Naturwald*, → *Primärwald*) oder eines seiner natürlichen Sukzessionsstadien durch den Menschen. Auch der nach → *Naturkatastrophen* (z. B. → *Feuer*, → *Aschenregen*, → *Bergstürze*, → *Kalamitäten*) aufkommende Wald wird als S. bezeichnet. Der S. ist meist lichter und artenärmer als der Urwald. In den → *Tropen* ist der S. v. a. in Gebieten mit Wanderfeldbau (→ *shifting cultivation*) zu finden.

Sekundärzentrum *sub-centre, secondary centre, subordinate centre*: innerstädtisches Versorgungszentrum. Der Begriff S. wird seltener gebraucht und teils mit → *Nebenzentrum*, teils mit → *Subzentrum* oder → *Stadtteilzentrum* gleichgesetzt.

Selbstähnlichkeit *self-similarity*: Eigenschaft von verschiedenen → *Entitäten* (z. B. Gegenständen, Körpern oder geometrischen Mengen), die bei einer Vergrößerung dieselben oder zumindest sehr ähnliche Eigenschaften aufweisen, wie im kleinsten Maßstab (→ *Fraktal*). Das ist beispielsweise der Fall, wenn ein Objekt aus mehreren verkleinerten Kopien seiner selbst besteht. S. kommt in der Natur sehr häufig vor (z. B. Schneeflocke, Verästelungen von Blutgefäßen oder bei Farnen, bestimmte Gemüsearten wie Blumenkohl, Romanesco) und ist gleichzeitig eine der Grundbedingungen für soziale, wirtschaftliche und politische Zusammenschlüsse (z. B. Herausbildung der EU; → *Globalisierung* der Wirtschaft, aber nicht Globalisierung der Politik, da die politischen Systeme der einzelnen Nationalstaaten sich nicht selbst ähnlich sind).

Selbstbestimmung *self-determination*: durch eine ethnische, kulturelle Gruppe, die sich über ein → *Territorium* identifiziert und ihr Recht auf politische Kontrolle der eigenen Zukunft wahrnimmt. Unterstützt durch die → *UN* Charta, sollen z. B. Ureinwohner das Recht auf S. bekommen; ebenso lassen sich auch Prozesse der Dekolonialisierung in die S. einordnen.

Selbstimage *self-image, self-perception*: in der → *Sozialforschung* übliche Bezeichnung für das → *Image* (i. S. v. Vorstellungen über etwas) einer Person, Gruppe, eines Raumes usw., das – im Gegensatz zum → *Fremdimage* – nicht von Außenstehenden, sondern von den Imageträgern selbst entwickelt wird.

Selbstmulcheffekt *self-mulching*: starke Durchmischung von Ober- und Unterbodenmaterial in tonreichen Böden wechselfeuchter warmer Klimate. Der S. entsteht durch periodische Quellung und Schrumpfung, wobei Oberbodenmaterial in die → *Trockenrisse* eingespült und bei der Quellung im → *Unterboden* eingepresst wird (→ *Mulchen*).

Selbstorganisation *self-organisation*: bezeichnet in den → *Systemtheorien* v. a. eine Form der Systementwicklung → *komplexer Systeme*. Die formgebenden, gestaltenden oder auch beschränkenden Prozesse gibt sich das → *System* selbst (→ *Struktur*). Mit Prozessen der S. werden höhere strukturelle Ordnungen erreicht, ohne dass erkennbare äußere steuernde Einflüsse vorliegen. Prozesse der S. kommen in natürlichen und sozialen komplexen Systemen vor (→ *soziales System*, → *Selbstreferenz*).

Selbstreferenz *self-reference*: bezeichnet in den Systemtheorien zweiter Ordnung den Aspekt der Operationsweise von autopoietischen → *Systemen* (→ *Autopoiesis*), die sich in jeder ihrer Operationen auch auf sich selbst beziehen und dadurch selbstständig und autonom die Grenzen zu ihrer → *Umwelt* ziehen. Während → *Selbstorganisation* sich auf die → *Struktur* des Systems bezieht, bezieht sich S. auf die Einheit des Systems.

Selbstreinigung der Gewässer *self-purification of waters, assimilative capacity*: Fähigkeit von Gewässern, durch Wassererneuerung, Wegtransport, Verdünnung und organischen Abbau belastende Stoffe zu beseitigen. Die S. d. G. ist Bestandteil eines komplizierten ökologischen Systemgefüges. Sie bleibt nur erhalten, solange das System funktionsfähig ist und die Menge an belastenden Stoffen begrenzt bleibt. Die S. d. G. wird v. a. vom Sauerstoffgehalt des Wassers bestimmt, weil der organische Abbau unter → *Sauerstoffzehrung* stattfindet. Natürlicher Eintrag von Sauerstoff ist in rasch fließenden Gewässern leichter als in trägen oder stehenden Oberflächengewässern. Da Sauerstoff in warmem Wasser schlechter löslich ist als in kaltem ist, wird durch anthropogene → *Gewässererwärmung* (warme → *Abwässer*, → *Kühlwasser*) die S. d. G. gehemmt. Dieser Prozess wird in → *Kläranlagen* umgekehrt, indem man in der biologischen Reinigungsstufe von Kläranlagen Sauerstoff zuführt und abbauende Organismen einsetzt. Die S. d. G. basiert auf dem Vorgang der → *biologischen Selbstreinigung* (→ *Fäulnis*).

Selbstreinigung der Luft *self-purification of the air*: das natürliche Ausscheiden fester und gasförmiger Luftbestandteile aus der → *Atmosphäre* durch Auswaschen von *Luftbeimengungen* durch → *Niederschläge*. Es bilden sich u. a. Säuren, die zusammen mit → *Luftfeuchte* bzw. Niederschlag zu → *Saurem Nebel* und → *Saurem Regen* führen (→ *luftfremde Stoffe*, → *Luftschadstoffe*).

Selbstschutz *self defence*: Teilbegriff des → *Zivilschutzes*, bezeichnet das persönliche Verhalten in von außen kommenden Notsituationen, die Selbsthilfefähigkeit des Einzelnen, sich auf Krisen, → *Katastrophen*, Unglücksfälle oder den Verteidigungsfall vorzubereiten.

Selbstständiger *self-employed person*: Erwerbstätiger, der keine abhängige Stellung im Beruf hat, also kein → *Arbeitnehmer* ist, sondern einen wirtschaftlichen → *Betrieb* oder eine Arbeitsstätte (auch einen „Einpersonenbetrieb", → *Kleinstunternehmen*) als Eigentümer oder Pächter wirtschaftlich selbstständig leitet. Der Personenkreis der S. ist sehr heterogen zusammengesetzt; es gehören hierzu z. B. Landwirte, freiberuflich Tätige wie Ärzte oder Rechtsanwälte, selbstständige Kaufleute, aber auch Unternehmer und Fabrikbesitzer.

Selbstunverträglichkeit (Autointoleranz) *self-incompatibility*: die Erscheinung, dass man Gewächse nicht beliebig oft an gleicher Stelle nacheinander anbauen kann, weil ihre Wurzeln oder Rückstände Stoffe produzieren, die für sie selbst als Gift wirken. Kommt es zur Unverträglichkeit, ist eine → *Fruchtfolge* notwendig. Der S. steht die → *Selbstverträglichkeit* gegenüber.

Selbstversorgerort (Selbstversorgungsort) *self-supporting town*: städtische Siedlung, die über zentralörtliche Einrichtungen der unteren, meist auch der mittleren Stufe, verfügt, jedoch kein → *Versorgungsgebiet* und damit keine zentralörtlichen Funktionen besitzt, sich also nur selbst versorgt. In Teilbereichen der Versorgung, insbesondere auf der mittleren und höheren Stufe, bedienen sich die Einwohner eines S. der Einrichtungen eines echten → *Zentralen Ortes*. S. sind besonders im → *Umland* von → *Großstädten* sowie in Tourismusgebieten häufig anzutreffen.

Selbstversorgungsanteil *self-supporting rate*: jener Teil der Beschäftigten im → *Dienstleistungssektor* eines → *Zentralen Ortes*, der nicht für die Versorgung des → *Umlands* (→ *Bedeutungsüberschuss*), sondern des Orts selbst tätig ist. Die Beachtung des S. ist dann wichtig, wenn auf der Basis von tertiär Beschäftigten die zentralörtliche Bedeutung einer → *Stadt* bestimmt werden soll.

Selbstversorgungsort → *Selbstversorgerort*.

Selbstversorgungswirtschaft *subsistence economy*: Form der Wirtschaft, die mit dem Ziel der Eigenversorgung betrieben wird. Bei der S. wird nahezu alles, was zum Leben benötigt wird, selbst erzeugt, sowohl in landwirtschaftlichen als auch im gewerblichen Bereich (→ *Subsistenzwirtschaft*).

Selbstverträglichkeit (Autotoleranz) *self-compatibility*: Eigenschaft mancher Gewächse, in beliebig langer Folge an gleicher Stelle anbaubar zu sein, ohne dass durch körpereigene Stoffausscheidungen ihr Anbau gehemmt oder unmöglich wird. Die S. setzt dabei voraus, dass sich beim Wiederanbau keine Pflanzenkrankheiten einstellen bzw. keine Ertragsminderung auftritt (Gegensatz: → *Selbstunverträglichkeit*).

Seldner *smallholder*: in Südwestdeutschland verbreitete Bezeichnung für landwirtschaftliche Kleinstellenbesitzer, die im späten Mittelalter v. a. in den Anerbengebieten (→ *Anerbenrecht*) als → *Nachsiedler* auftraten. Die S. waren gegenüber den Bauern durch geminderte Rechte an der → *Allmende* benachteiligt. Ihre kleinen Betriebe ermöglichten nur Teilselbstversorgung. Der Haupterwerb erwuchs aus Arbeit in vollbäuerlichen Betrieben, herrschaftlichen oder adeligen Gütern, aus Dorfhandwerk oder aus gewerblicher Betätigung. Zu S. vergleichbare Bezeichnungen sind → *Häusler*, → *Köbler* oder → *Kötter*.

Selektion (natürliche Selektion) *[natural] selection*: die Auslese jener Organismen, die am besten an die jeweiligen Umweltbedingungen angepasst sind und die den höchsten Fortpflanzungserfolg haben (→ *Evolution*).

self-reliance *Eigenständigkeit*: Entwicklungskonzept, das sich als Alternative zu wachstums- und weltmarktorientierten Entwicklungsstrategien versteht. Die s.-r. versucht, eigenständige Kräfte und Ressourcen im eigenen Bereich zu mobilisieren. Sie ist ein Weg zur → *autozentrierten Entwicklung* und primär binnenmarktorientiert (→ *collective self-reliance*).

Sellafield → *Windscale*.

Seltene Erdelemente → *Metalle der Seltenen Erden*.

Seltene Erden → *Metalle der Seltenen Erden*.

Seltenerdmetalle *rare-earth metals*: Oxide der → *Seltenerdminerale*, auch als → *Seltene Erden* bezeichnete Elemente.

Seltenerdminerale *rare-earth minerals*: auch als → *Seltene Erden* bezeichnet, eigentlich jedoch jene ca. 200 → *Minerale*, die Oxide der → *Seltenerdmetalle* enthalten.

seltenes Ereignis *rare event, rare occurence*: Einzelereignis (z. B. mehrjährige Dürre im Wechsel mit mehreren Jahren Feuchtzeiten), das bei → *Geoökosystemen* und → *Landschaftsökosystemen* in größeren Zeitabständen, aber mit hohem Wirkungsgrad auftritt und das Ökosystemzustand sehr rasch grundlegend verändert bzw. längerfristige Veränderungen auslöst. Aus s. E. resultieren neue Systemverhaltensweisen, die neuen Landschaftsökosystemzuständen zustreben, die in der vorherigen Entwicklung nicht erkennbar waren. Die s. E. sind oft nicht prognostizierbar. S. E. können zugleich auch spontane Ereignisse sein, wenn sie plötzlich auftreten. Die s. E. werden oft mit dem Problem der → *Naturgefahren* in einen Zusammenhang gestellt.

seltsamer Attraktor *strange attractor*: Begriff aus der → *Chaostheorie*. Die meisten → *komplexen Systeme* weisen so genannte Attraktoren auf, d.h. dass das System unabhängig von seinen Anfangsbedingungen bestimmte Zustände oder Zustandsabfolgen anstrebt und immer wieder einnimmt, d.h. bestimmte Orte im sog. Phasenraum immer wieder aufsucht. Weisen die Zustandsabfolgen ein chaotisches (aperiodisches) Muster auf, spricht man von s. A..

semantisches Differenzial *semantic differential*: ein → *Fragentyp* und statistisches Verfahren in der empirischen → *Sozialforschung*, das aus einer gestuften Gegenüberstellung von bipolaren Assoziationsbegriffen (z.B. nah/fern, positiv/negativ) besteht, um bei den → *Probanden* herauszufinden, welche Vorstellungen und Assoziationen sie mit den jeweiligen Begriffspaaren verbinden. Durch die Verbindung der einzelnen Wertungen entsteht ein Polaritätsprofil, das mithilfe der Berechnung von → *Mittelwert* und → *Streuungsmaß* ausgewertet werden kann.

semiarid (subarid) *semiarid*: Klimate, in denen die Jahresniederschlagssumme insgesamt geringer ist als die Jahresverdunstung, wobei jedoch während drei bis fünf Monaten die Niederschlagsmengen größer sind als die Verdunstungssummen (→ *arid*, → *Verdunstung*).

semiautark *semi-self-sufficient*: die Fähigkeit eines → *Haushalts* oder einer → *Volkswirtschaft*, sich zu einem großen Teil selbst zu versorgen (→ *Selbstversorgungswirtschaft*, → *autark*, → *anautark*).

semihumid (subhumid) *semihumid*: Klimate, in denen während einiger Monate die → *Verdunstung* höher ist als die Niederschlagsmenge, die also im Jahresverlauf zeitweise → *arid* sind (→ *humid*).

Semihyläa → *halbimmergrüne Wälder*.

semi-knocked down production → *SKD-Fertigung*.

Seminomadismus → *Halbnomadismus*.

Semiökumene (Subökumene) *semi-habitable zone*: Zwischenbereich zwischen → *Vollökumene* und → *Anökumene*. Die S. umfasst nur zeitweise, v. a. saisonal, aber auch im Geschichtsablauf wechselnd bewohnbaren und wirtschaftlich nutzbaren Räume der Erde. Teils wird S. auch mit Subökumene gleichgesetzt.

semipermanente Siedlung → *Halbdauersiedlung*.

Semisubhydrische Böden *semisubhydric soils*: die Böden im Gezeitenbereich der Meere, d. h. im → *Watt*.

semiterrestrisch *semiterrestrial*: – Wasser-Land-bezogene Lebensweise von Organismen bzw. ökologische Erscheinungen, die auf den Wasser-Land-Milieuwechsel eingestellt sind oder diesen ausdrücken. – Tiere, die bestimmte Entwicklungsabschnitte im Wasser und andere an Land durchmachen (wie Libellen oder Amphibien); Pflanzen, die in halbaquatischen Lebensräumen wachsen (→ *amphibisch*). – als s. gelten Böden, Standorte und Pflanzengesellschaften, deren Entwicklung bzw. Milieu zeitweilig stark wasserbeeinflusst ist (→ *Hangwasser*, → *Grundwasser*, → *Hochwasser* von Flüssen, Meerwasser, Seewasser, Quellnässe,). Zu den s. Böden gehören Gleye, Auenböden und Marschen.

Semiterrestrische Böden *semiterrestrial soils*: die Abteilung der Böden mit Grundwassereinfluss. Dazu gehören die Auenböden, → *Gleye* und → *Marschböden*.

Seniorentourismus *senior-citizen tourism*: → *Tourismus*, der bezüglich → *Reiseform* speziell auf die Nachfragegruppe von Personen ab ca. 60 Jahren zugeschnitten ist. Zum S. gehören einerseits Langzeiturlaube für Rentner und Pensionäre, andererseits → *Pauschalreisen*, bei denen auf die Bedürfnisse von Senioren besonders Rücksicht genommen wird (mehr Komfort, bessere Betreuung, Gepäckträgerdienste, mehr Ruhepausen als bei → *Studienreisen* u. a.). Wegen der → *Altersstruktur* in Deutschland und vielen anderen europäischen Ländern (zunehmende Anteile älterer Menschen) wird der S. immer mehr an Bedeutung gewinnen.

Seniorenwirtschaft *silver economy*: Wirtschaftszweig, der die Bedürfnisse, das → *Konsumverhalten* und die wirtschaftlichen Potentiale und Einflüsse der über 50-Jährigen (d. h. der Senioren) betrifft.

Senke *bowl, deep, depression, sink, trough*: abflusslose Eintiefung im Relief: – kleinere oder größere → *Hohlform* im Relief, ohne Aussage über die Entstehung. – eine → *tektonisch* bedingte größere oder kleinere Geländevertiefung. – eine Hohlform, die → *anthropogen* bedingt ist, z. B. durch → *Bergbau* (→ *Sackung*). – eine Hohlform über Untergrund mit löslichem oder ausspülungsfähigem Gestein (→ *Karst*). – Sammelbegriff in der ökologischen Stoffkreislauf- und Prozessforschung für jenen Bereich, in dem Stoffe oder Energie sich sammeln bzw. durch Verbrauch „verschwinden".

Senkenböden *hydromorphic soils*: die Böden in Mulden und flachen → *Tieflinien*. Mit Ausnahme verkarsteter Gebiete (→ *Karst*) sind S. mehr oder weniger durch → *Grundwasser* geprägt (→ *Gley*) sowie tiefgründiger, feinmaterialreicher und teilweise auch humusreicher als die Böden auf den benachbarten Hängen.

Senkung *depression*: → *Hebung*.

Senkungsküste *submerging coast*: tektonisch bedingte Form der → *Ingressionsküste*, bei der die → *Küstenlinie* aufgrund der Absenkung der Landmasse unterhalb des → *Meeresspiegels* gerät.

Sennalm *alpine summer grazing*: → *Alm*, auf der vorwiegend Milchviehhaltung betrieben wird. Die auf der S. erzeugte Milch wird in der → *Sennerei* zu Milchprodukten verarbeitet (→ *Galtalm*).

Sennerei *alpine dairy*: die Wirtschaftsgebäude der → *Sennalm*, in denen die Milch nach dem Abmelken gesammelt und – sofern sie nicht ins Tal gebracht wird – zu Milchprodukten (insbesondere zu Käse) verarbeitet wird.

Separation *seperation*: in den → *Sozialwissenschaften* die Bezeichnung für die Schaffung von Gegengesellschaften (Parallelgesellschaften) im Umgang mit → *Minderheiten* oder ausländischen Einwanderern (→ *Integration*). Die separierte Gruppe (als das → *Andere, der oder das*) bleibt unter sich, ist hierarchisch jedoch dem „Rest" der Gesellschaft unterstellt (z. B. → *Chinatowns* usw.). Beide Gruppen leben damit in getrennten Welten mit nur sehr wenigen Berührungspunkten. Gegenmodell zu → *Assimilation* (→ *Exklusion*, → *Inklusion*).

Separatismus *separatism*: von einer Gruppe oder Bevölkerungsteilen innerhalb eines → *Staates* ausgehende Bestrebungen, einen Teilraum aus dem → *Staatsgebiet* auszugliedern und entweder einem Nachbarstaat anzuschließen oder als eigenen Staat zu verselbstständigen. S. geht i. d. R. von ethnischen → *Minderheiten* oder sich benachteiligt fühlenden Bevölkerungsgruppen aus.

Sequenz *sequence*: allgemein regelhafte Abfolgen. – in der Regionalen Geographie Abfolgen im Sinne des → *geographischen Formenwandels*. – in der Geoökologie räumliches Ordnungsprinzip, das eine → *Toposequenz* und eine → *Chorosequenz* unterscheidet. – in der → *Pedologie* und → *Bodengeographie* die reliefbedingte Abfolge der Bodentypen aufgrund des gesetzmäßigen Geoökofaktorenwandels bedingt durch den geoökologisch regelnden Einfluss des Georeliefs, dann als → *Catena* bezeichnet.

Sérac *serac*: prismatische Pfeiler, Blöcke und Säulen, die sich im Bereich eines → *Gletscherbruches* durch die Vergitterung von Längsspalten und Querspalten (→ *Spalte*) bilden.

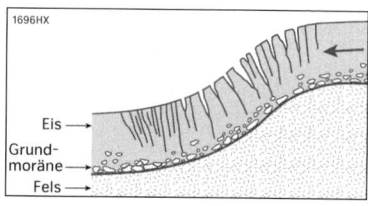

Sérac

Serie *serie:s*
in der → *Stratigraphie* die Untereinheit eines → *geologischen Systems*, früher als Abteilung bezeichnet. Beispielsweise ist das → *Pliozän* eine S. des → *Tertiärs*.
in der → *Vegetationskunde* bzw. Geobotanik die Abfolge einer Sukzession, d. h. das zeitliche Nacheinander der entwicklungstypischen Abschnitte von Pflanzengesellschaften oder ganzen → *Biozönosen*. Sogenannte Vollserien besiedeln und beleben ein bis dahin lebensfreies Geosystem, Teilserien setzen an noch vorhandenen Relikten früherer Pflanzengesellschaften bzw. Tiergemeinschaften an.

Serienfertigung *series manufacture, batch production*: die Herstellung einer größeren Zahl gleichförmiger Erzeugnisse, die jedoch gegenüber der → *Massenfertigung* zeitlich begrenzt ist (→ *Fertigungstyp*).

Serir (Geröllwüste, Kieswüste) *serir*: geomorphologischer Landschaftstyp der Wüste, von → *Flachformen* beherrscht, die eine Geröll- bzw. Kiesdecke tragen, die z. T. nur als dünner Schleier auftritt. Größere Komponenten des S. weisen → *Windschliff* (Sandstrahlgebläse) auf. Dem S. verwandt ist der → *Reg*.

Serotinal-Aspekt *serotinal aspect*: Bestandteil der → *Aspektfolge*. Der S.-A. beschreibt in der nördlichen gemäßigten (→ *nemoralen*)

Zone den Hoch- und Spätsommer von Mitte Juli bis Mitte September.

Serpentin *serpentine*: 1. gesteinsbildendes Mineral mit nichtmetallischem Glanz, überwiegend dicht, grünlich bis gelblich sowie gefleckt oder gebändert. : 2. ein *kristalliner* → *Schiefer*, der vorwiegend aus dem Mineral S. besteht und in unterschiedlichen Farben (grün, braun oder rot) vorkommt.

Sesquioxide *sesquioxides*: die Gruppe der Oxide dreiwertiger Metalle, insbesondere Fe_2O_3 und Al_2O_3, die in Verwitterungsbildungen sehr häufig sind. S. entstehen in Böden durch Oxidation von Metallen, die durch die → *hydrolytische Verwitterung* freigesetzt werden, insbesondere im Zusammenhang mit der → *Verbraunung*, → *Podsolierung* und → *Ferralitisierung*. Die Konzentration der S. in bestimmten Horizonten gestattet Rückschlüsse auf den Verwitterungsgrad und erfolgte Verlagerungsvorgänge. Durch Einwaschung in den Unterboden reichern sich S. in → *Podsolen* und durch → *Residualanreicherung* in → *Ferralsolen* an. Sie geben den Böden je nach ihrer Konzentration und Verteilung die charakteristische braune oder rostrote Färbung (Hämatit, Goethit, → *Limonit*).

sesshafte Bevölkerung *permanent/resident population*: → *Bevölkerung* mit mindestens einem festen Wohnsitz im Gegensatz zu → *Nichtsesshaften* (z.B. Naturvölker auf der Stufe der → *Jäger und Sammler*, → *Nomaden*, → *Landfahrer*). Zwischen s. und nicht-s. B. gibt es ein breites Spektrum von Übergangsformen, z.B. Wanderhackbauern (→ *Wanderfeldbau*), → *Halbnomaden*, beruflich bedingte häufige und lange Abwesenheit vom Wohnort.

Sesshaftigkeit *settledness, sedentariness*: Vorhandensein eines festen Wohnsitzes und seine Benutzung durch die → *sesshafte Bevölkerung*.

Seston *seston*: Gesamtheit aller im Wasser schwebenden lebenden und unbelebten Teile. Zu ersteren, dem Bio-S., gehören → *Plankton*, Neuston, → *Pleuston* und → *Nekton*. Den unbelebten Anteil, das Abio-S., repräsentiert der → *Detritus*.

Setzung *settlement*: langsames Zusammensacken der lockeren → *Neuschneedecke* im Verlauf der Umwandlungsvorgänge (→ *Metamorphose*), womit eine starke Erhöhung der Dichte verbunden ist, ohne dass sich das Wasseräquivalent ändert (→ *Altschnee*, → *Firn*, → *Schnee*).

Seuche → *Epidemie*.

Seuchenlehre → *Epidemiologie*.

Seuchensterblichkeit *epidemic mortality*: durch seuchenartig auftretende Krankheiten (→ *Epidemie*) hervorgerufene erhöhte → *Sterblichkeit* einer → *Population*. Die S. ist ein Hauptgrund für die hohen → *Sterberaten* in Ländern mit unterentwickelter medizinischer Versorgung.

Seveso italienische Gemeinde in der Region Lombardei. 1976 wurde von einem Chemieunternehmen eine bis heute unbekannte Menge des hochgiftigen → *Dioxins* TCDD freigesetzt. S. steht seither für eine der größten → *Umweltkatastrophen* Europas und war Ausgangspunkt für die → *Seveso-II-Richtlinie*.

Seveso-II-Richtlinie *Seveso II Directive*: Richtlinie 96/82/EG vom 9. Dezember 1996 zur Beherrschung der Gefahren bei schweren Unfällen mit gefährlichen Stoffen, umgangssprachlich auch S. genannt. Die Richtlinie wurde aufgrund großer → *Chemieunfälle* (u. a. → *Bhopal*, → *Seveso*) erarbeitet und soll zur Verhütung schwerer Betriebsunfälle mit gefährlichen Stoffen und zur Begrenzung der Unfallfolgen dienen.

Sex (biologisches Geschlecht) in der → *Frauen- und Geschlechterforschung* (→ *Gender Studies*) ist die Unterscheidung zwischen S. und → *Gender* als die Unterscheidung zwischen biologischem und sozialem Geschlecht zentral. In den konstruktivistischen Ansätzen der Geschlechterforschung sind nicht nur die Vorstellungen über Weiblichkeit und Männlichkeit (Gender), sondern auch die Vorstellungen über Frauen und Männer (S.) gesellschaftlich konstruiert (→ *Gendergeographie*, → *Feministische Geographie*, → *doing gender*).

Sexualproportion *sexual proportion*: zahlenmäßiger Ausdruck des → *Geschlechterverhältnisses* einer → *Bevölkerung*. Die S. wird i. d. R. durch die Zahl der Personen weiblichen Geschlechts bezogen auf 100 oder 1000 Personen männlichen Geschlechts angegeben. Beträgt die S. mehr als 100 (bzw. mehr als 1000), liegt ein → *Frauenüberschuss* vor, umgekehrt bedeutet eine S. von weniger als 100 (oder 1000) einen → *Männerüberschuss*. Die S. einer Bevölkerung ergibt sich aus dem Geschlechterverhältnis der Neugeborenen (das einen leichten Überschuss der Knabengeburten gegenüber den Geburten von Mädchen aufweist), der unterschiedlichen → *Sterblichkeit* der Geschlechter sowie durch geschlechtsspezifische → *Wanderungen*. Für bestimmte Zwecke werden auch alters- und sozialgruppenspezifische S. berechnet.

Shapefile weit verbreitetes Speicher- und Austauschformat für → *Geodaten*, das als Standard unter Anwendern von → *Desktop-GIS* gilt. Das Dateiformat S. ist keine einzelne Datei, sondern besteht aus einem Dateienpaket, das mind. drei Dateien umfasst: 1. → *Geometriedaten*-Datei (.shp), 2. → *Sachdaten*-Datei (.dbf), 3. Index-Datei zur Verknüpfung von Geometrie und Sachdaten (.shx). Eine S. ist stets mit einem bestimmten Geometrietyp verknüpft, z.B. → *Punkt*, → *Linie*, → *Fläche*. In → *ArcGIS* bilden → *Feature Classes* leistungsstarke Alternativen zu S..

share economy *Ökonomie des Teilens*: das systematische Ausleihen von Gegenständen und gegenseitige Bereitstellen von Räumen und Flächen, insbesondere durch Privatpersonen und Interessensgruppen. Im Gegensatz zur → *Tauschwirtschaft* zeichnet sich das Leih- und Tauschgeschäft der s. e. durch dessen Abschluss auf Webseiten im Internet aus (bspw. → *Carsharing*, Musik-/Film-Streamingdienste; → *kollektiver Konsum*).

Shared Space *gemeinschaftlich genutzter Raum*: Ansatz in der Verkehrsplanung mit dem Ziel, den vom → *motorisierten Individualverkehr* dominierten öffentlichen Straßenraum lebenswerter und sicherer zu machen sowie dabei gleichzeitig den Verkehrsfluss zu verbessern. Dabei wird möglichst auf alle Arten von Verkehrszeichen, Signalanlagen und Fahrbahnmarkierungen verzichtet und die Verkehrsteilnehmer (Kraftfahrzeuge, Radfahrer, Fußgänger) werden als gleichberechtigte Teilnehmer im Straßenraum angesehen. Im Gegensatz zur konventionellen → *Verkehrsberuhigung* in Wohngebieten werden zunehmend auch Versuche in Hauptverkehrsstraßen unternommen.

Shibeljak *shibeljak*: sommergrüne, wärmeliebende Strauch-, Halbstrauch- und Strauchbaumformation ähnlich der → *Macchie*. Die Gewächse des S. ertragen heiße, trockene Sommer und frost- und schneereiche Winter. Wegen des → *xerophilen* Charakters tritt der S. nicht in Küstennähe auf, reicht jedoch bis in hohe Gebirgslagen und ist für klimatisch → *kontinental* getönte Standorte der → *Mediterranis* typisch.

shifting cultivation (Wanderfeldbau) Sammelbezeichnung für die Formen der → *Feld-Wald-Wechselwirtschaft*, meist auf der Grundlage der → *Brandrodung* mit mehreren Regionalnamen (→ *Wanderfeldbau*). Aufgrund des besonderen Bodenchemismus und des daraus bedingten Nährstoffverlustes bei Abbrennen der Vegetation tritt die s. c. v. a. in den Tropen auf. Diese → *exploitierende Wirtschaftsform* kann vom → *Landschaftsökosystem* allerdings nur dann verkraftet werden, wenn sie in dünnbesiedelten Räumen betrieben wird.

Shift-share-Analyse *shift-share analysis*: regionalanalytische Methode, die durch systematische Vergleiche innerhalb eines Gesamtraums regional-sektorale Wachstumsmuster beschreibt und erklärt.

Shoppingcenter *shopping centre*: häufig gleichbedeutend mit → *Einkaufszentrum* gebrauchte Bezeichnung für eine einheitlich geplante räumliche Konzentration von Betrieben des → *Einzelhandels* und von → *Dienstleistungen*. Unterschieden werden städtebaulich integrierte Einkaufszentren in innerstädtischer Lage und nicht integrierte → *Versorgungsstandorte* am Stadtrand oder in großräumig verkehrsgünstiger Lage.

S-Horizont *horizon with stagnic water conditions*: durch → *Stauwasser* beeinflusster → *Bodenhorizont*, der je nach der Lage im Stau- oder Stausohlenbereich Rostfleckung, verteilte Eisen-Mangan-Konkretionen oder auch → *Marmorierung* zeigt (→ *Pseudogley*). Es werden der Sw-H., in dem sich das gestaute Wasser bewegt (Stauwasserleiter), der Sd-H. (die Stausohle) und weitere unterschieden.

Short-run-Betrachtung *analysis of short-run development*: Analyse einer Entwicklung auf kürzere Sicht, wobei die Definition des Zeitrahmens von dem Untersuchungsgegenstand abhängt (→ *Long-run-Betrachtung*).

Shredderanlage *shredding plant*: Einrichtung zur Beseitigung ausgedienter Kraftfahrzeuge. Metallteile werden zerkleinert und aussortiert, um diese als → *Schrott* im Zuge des → *Recyclings* wiederzuverwenden.

Sial *sial*: äußere Schicht des → *Erdmantels*, die sich überwiegend aus Silicium (Si) und Aluminium (Al) zusammensetzt und Bestandteil des → *Schalenbaus der Erde* ist. Die S.-Schicht besteht überwiegend aus sauren → *kristallinen* → *Gesteinen*, die eine relativ dünne und vielfach unterbrochene Sedimentdecke tragen. Der Tiefgang des S. ist sehr verschieden. In Mitteleuropa schwankt er zwischen 10 und über 20 km. Die Zusammensetzung des S. entspricht etwa jener granitischen Gesteine, weshalb auch von → *Granitschale* gesprochen wird. Sie trägt „oben" – also an der Erdoberfläche – eine nur relativ geringmächtige und zugleich vielfach unterbrochene Sediment- und Sedimentgesteinsdecke (→ *Gabbroschale*).

siallitische Verwitterung (tonige Verwitterung, Tonverwitterung) *siallitic weathering*: charakteristische → *chemische Verwitterung* im humiden Klima, bei der die vorhandenen → *Huminsäuren* die Abfuhr der Kieselsäure SiO_2 verhindern und sich Silicium, aber auch Aluminium, anreichert. Aufgrund dieser Anreicherung können Tonminerale als sekundäre Minerale entstehen. Dies steht im Gegensatz zur allitischen Verwitterung, bei der die silikatischen Minerale abgeführt werden und es zu keiner Tonmineralbildung kommt.

Sibirischer Winter *siberian winter*: volksmundliche Bezeichnung für extreme winterliche Kälteperioden in Mitteleuropa, die durch nordrussische oder nordsibirische → *Kaltluft* bedingt sind, welche durch ein stabiles → *Kältehoch* über dem Baltikum herangesteuert wird.

Sibirisches Hoch *siberian anticyclone*: das mächtige, stabile kontinentale → *Kältehoch*, das sich im → *Winter* in Innerasien ausbildet. Das S. H. ist ein wichtiges Glied in der → *Luftdruck*verteilung der Nordhemisphäre und beeinflusst auch die → *Monsun-Zirkulation*.

Sicheldüne → *Barchan*.

Sichelsee (Halbmondsee) *parabolic lake*: bogenförmiger → *Altarm*, der nach natürlichen oder künstlichen Flussdurchbrüchen als funktionsloses altes Flussschlingenstück erhalten bleibt.

Sicherheit *security, saftety*: grundlegender Begriff der → *Risikoforschung*, der jedoch oftmals unbestimmt bleibt. Zum einen wird erst die Zukunft zeigen, ob eine Maßnahme oder Entscheidung zu S. geführt oder sich das → *Risiko* realisiert hat, zum anderen bleibt oft unklar, was genau mit Sicherheit gemeint ist (für wen oder was, welcher Zustand usw.).

Sicherungsbereich *safeguard area, protection area*: → *Sicherungsraum*.

Sicherungsraum (Sicherheitsbereich) *safeguard area, protection area*: Raum, der durch Gesetz oder Verordnung in seiner Nutzung beschränkt und häufig unter besonderen Schutz gestellt ist, um seinen derzeitigen Zustand zu erhalten (z. B. → *Naturschutzgebiet*) oder um erwünschte künftige Nutzungen nicht zu beeinträchtigen (z. B. → *Vorbehaltsgebiete* für die Gewinnung von Bodenschätzen). Die S. gehören zu den → *Schutzbereichen*.

Sickerbecken *leaching basin, percolating basin*: meist größeres Abfang- bzw. Absetzbecken mit wasserdurchlässiger, gedränter Sohle, deren Dränleitungen erst nach dem Abstellen der Abwassereinleitung zur Entwässerung und Trocknung des abgesetzten → *Schlammes* geöffnet werden. Die S. dienen der Behandlung von → *Abwasser* (Industrie, Kohlewäsche, Erzwäsche, kommunales Abwasser) und gelten als überholte Form der Entsorgung, weil das abgesickerte Wasser verunreinigt ist und ins → *Grundwasser* gelangt. Der Schlamm ist oft verseucht (z. B. mit → *Schwermetallen*) und nicht für die → *Deponie* geeignet. Die S. wendet man heute nur noch unter kontrollierten Bedingungen und für nicht umweltbelastende Suspensionen an.

Sickerrate *leakage rate*: Begriff aus der → *Tourismuswirtschaft*, der angibt, welcher Anteil an den Deviseneinnahmen durch → *Ausländertourismus* infolge von Zahlungen für touristische Zwecke (z. B. Importe von Lebensmitteln für die Versorgung der Touristen, Gehaltszahlungen an ausländische Arbeitskräfte) wieder in das Ausland abfließt. Insb. in → *Entwicklungsländern* mit gering ausgebauter touristischer Infrastruktur ist die S. sehr hoch.

Sickerwasser *percolation water*: 1. alles im Boden versickernde Wasser, also sowohl das natürliche, als Gravitationswasser bezeichnete S., als auch → *anthropogen* verändertes Wasser, wie → *Abwasser*. 2. i. e. S. ist S. im Boden befindliches, frei bewegliches Wasser, welches sich im Porensystem senkrecht nach unten verlagert, bis es einen Grundwasserkörper erreicht. Das S. bewegt sich in den gröberen Poren mit Durchmessern über etwa 0,01 mm. Mit dem S. werden Stoffe in gelöster und dispergierter (Tonteilchen) Form verlagert. Diese Verlagerung ist ein wichtiger Prozess für die Entwicklung der Böden → *humider Klimate* (→ *Podsolierung*, → *Lessivierung*, → *Desilifizierung*; → *Bodenwasser*). In der standörtlichen → *Wasserbilanz* ist das S. die Differenz aus Niederschlag minus aktuelle → *Verdunstung*.

Sickerwasserhöhle *cave due to perculating water*: jene → *Karsthöhlen*, die durch die Erweiterung von → *Klüften* und → *Spalten* durch die → *Korrosion* von → *Sickerwasser* gebildet werden.

Siderosphäre *siderosphere*: → *Barysphäre*.

Siebenschläfer *Seven Sleepers Day*: → *Bauernregel*, die besagt, dass bei → *Regen* am Siebenschläfertag (27. Juni) eine Regenperiode von sieben Wochen folgen soll. Die Regel enthält einen mit klimatologischer Statistik belegbaren Wahrheitskern (→ *Regelfälle der Witterung*). Sie spiegelt die Erfahrung, dass sich Ende Juni eintreffende → *maritime* Luftvorstöße mit verbreiteten Regenniederschlägen in mehreren Wellen wiederholen und einen verregneten Juli bringen können. Die S. darf aber selbstverständlich nicht auf den Tag genau angewandt werden, zumal sich bereits durch die Gregorianische Kalenderreform der S. eigentlich auf den 7. Juli verschoben hat.

Siedewasserreaktor *boiling water reactor*: einer der → *Reaktortypen*, der zu den leichtwassermoderierten und -gekühlten → *Kernreaktoren* gehört. Beim S. wird Wasser sowohl als Kühlmittel als auch als Moderator verwandt. Man lässt zu, dass das Kühlmittel im Reaktorkern siedet. Der entstehende gesättigte Dampf wird ohne Zusatzkreislauf direkt zum Turbinenantrieb genutzt.

Siedlung *settlement*: gebaute Niederlassung für Individuen oder Menschengruppen. Dazu gehören die Behausungen als Wohn-, Arbeits-, Erholungs- und Kultstätten usw. in ihren Gruppierungen, vom einfachen → *Windschirm* bis zur modernen → *Großstadt*. Nach der Benutzungsdauer der S. unterscheidet man → *temporäre S*., saisonale S. (→ *Saisonsiedlung*), → *ephemere* S. sowie → *semipermanente S*.. Unterschieden wird ferner nach städtischen S. (→ *Stadt*) und → *ländlichen S*. In der Siedlungsgeographie werden anhand besonders hervortretender Merkmale zahlreiche → *Siedlungstypen* unterschieden.

Siedlungsabfälle *estate waste*: werden v. a. von → *Stadtökosystemen* produziert. Dazu gehören Haushaltsabfälle (→ *Hausmüll*, Gewerbeabfälle, → *Sperrmüll*, kompostierbare Bioabfälle, Getrenntsammelgüter Glas, Papier, Kunststoffe, Elektronikteile) und übrige S. (Großmengen hausmüllartiger Gewerbeabfälle, Garten-, Park- und Friedhofsanlagenabfälle, Straßenkehricht, Marktabfälle).

Siedlungsabfallwirtschaft *estate waste management*: eine hygienisch einwandfreie, im Hinblick auf Umweltschutz und Funktionalität des → *Landschafts-* bzw. → *Stadtökosystems* betriebene Beseitigung oder Verwertung von Abfällen, die vom Menschen und seiner Wirtschaft produziert werden. Dazu gehört sowohl der → *Abfall* (→ *Abfallwirtschaft*, → *Abfallverwertung*) als auch – im weiteren Sinne – die → *Abwasserreinigung* (→ *Abwasser*).

Siedlungsachse *residential corridor*: Siedlungsentwicklung entlang überörtlicher Verkehrslinien gemäß dem → *Punkt-achsialen Prinzip*.

Siedlungsausbau *settlement consolidation/expansion*: v.a. in der Neuzeit erfolgte Erweiterungen einer → *Siedlung*, die z.T. starke Veränderungen des Siedlungsbildes nach sich zogen. Der S. hat entweder zu einer Verdichtung innerhalb geschlossener Ortschaften geführt oder/und eine Ausweitung in die → *Flur* mit sich gebracht. Teilweise kam es zur Gründung von Ausbausiedlungen, z.B. die frühneuzeitlichen Kötterviertel (→ *Kötter*, → *Ausbauzeit*).

Siedlungsdichte *settlement density*: Kennziffer, die den mittleren Abstand der Wohnplatzeinheiten in einem besiedelten Gebiet wiedergibt. Die S. gibt an, wie viele Orte (→ *Siedlungen*) auf 1 km² oder ha entfallen. In Gebieten mit Streusiedlungen muss festgelegt werden, in welcher Weise Einzelhäuser bzw. -höfe Berücksichtigung finden.

Siedlungsfläche *settlement: area*: Summe der besiedelten Fläche eines Landes oder einer Region. Zur S. wird teilweise nur die Gebäude- und Verkehrsfläche gezählt, teilweise aber auch die gesamte → *Wirtschaftsfläche* einschließlich der → *landwirtschaftlich genutzten Flächen*.

Siedlungsform → *Siedlungstyp*.

Siedlungsforschung *settlement studies*: ein interdisziplinäres Forschungsfeld, das die Prozesse im Zusammenhang mit menschlicher Siedlungstätigkeit (→ *Siedlung*) in der Vergangenheit und Gegenwart untersucht und zu dem u.a. Archäologie, Geschichte, Anthropologie und Geographie (insbesondere die tradtionelle → *Siedlungsgeographie*) beitragen.

Siedlungsgang *settlement evolution*: Entwicklung einer → *Siedlung* von ihren Anfängen bis in die Gegenwart. Von besonderem siedlungsgeographischen Interesse sind dabei diejenigen Zeitabschnitte, in denen es zu auffälligen Ausweitungen oder Schrumpfungen von Siedlungen oder Siedlungsräumen kam. Betrachtet werden Ursache und Ablauf der jeweiligen Vorgänge, wie → *Landnahme*, → *Binnenkolonisation*, → *Neulandgewinnung* oder → *Wüstungen*.

Siedlungsgeographie *settlement geography*: Zweig der → *Humangeographie*, der die menschlichen Siedlungen nach ihrer Physiognomie (Größe, Grundriss, Aufriss), Lage, Verteilung und Dichte, Funktion und Genese, nach ihrer räumlichen Organisation und hierarchischen Ordnung sowie insbesondere nach ihrer regionalen Differenzierung untersucht und erklärend beschreibt. Die S. unterscheidet nach den verschiedenen Siedlungsmerkmalen → *Siedlungstypen* und untersucht die → *Siedlungsstruktur* im → *Siedlungsraum*. Die S. gliedert sich in die Geographie der → *ländlichen Siedlungen* und in die → *Stadtgeographie*.

Siedlungsgeschichte *settlement history*: Teildisziplin der Geschichte, die enge Berührungspunkte mit der historischen → *Siedlungsgeographie* (→ *Historische Geographie*) hat. Die S. bemüht sich u.a. um die Rekonstruktion der Siedlungsgenese (→ *Siedlungsgang*) über das Studium historischer Quellen und arbeitet mit der Archäologie zusammen.

Siedlungsgrenze *settlement: boundary*: diejenige Linie bzw. derjenige Grenzsaum, die/der den → *Siedlungsraum* begrenzt (→ *Ökumene*). Die S. verläuft dort, wo → *Dauersiedlungen* nicht mehr möglich sind. Zwischen besiedeltem und unbesiedeltem oder unbesiedelbarem Raum (→ *Anökumene*) gibt es periodisch oder episodisch bewohnte Grenzräume (→ *Semiökumene*). Man unterscheidet die polare S. von der → *Höhengrenze* des Siedlungsraumes. Ferner spricht man von S., die mit der → *Trockengrenze* bzw. der Nassgrenze des Anbaus zusammenfallen. Die S. hat sich in der Vergangenheit sehr dynamisch entwickelt und hängt teilweise von der technischen Entwicklung ab.

Siedlungsgrube → *Wohngrube*.

Siedlungskolonie *settlement colony*: von einer Gruppe von Siedlern außerhalb ihres Heimatgebietes gegründete → *Siedlung*. S. wurden von Einwanderungsgruppen aus verschiedenen Ländern, v.a. in der → *Neuen Welt*, angelegt.

Siedlungskolonisation *colonization by settlement*: → *Kolonisation* eines → *Raumes* mit dem primären Zweck, neuen Siedlungsraum für die Angehörigen des kolonisierenden Volkes zu schaffen. S. erfolgt meist im Anschluss an das bereits besiedelte Gebiet des betreffenden Volkes oder Staates (z.B. deutsche → *Ostkolonisation*), wurde aber auch in entfernteren Räumen und in Übersee vorgenommen, von der antiken S. der Griechen im Mittelmeerraum bis zur europäischen S. in Nord- und Südamerika (→ *Agrarkolonisation*).

Siedlungskontinuität *settlement continuity*: die zeitliche Beständigkeit einer → *Siedlung* ohne Unterbrechung. Die S. kann sich auf eine Ortschaft (Siedlungsplatz) oder auf den Flurkern ländlicher Siedlungen (Altackerland) beziehen.

Siedlungspolitik *settlement policy*: alle Handlungen eines → *Staates* sowie der zuständigen Ministerien zur Steuerung der Entwicklung von städtischen und ländlichen Räumen hinsichtlich ökonomischer oder sozialer Belange.

Siedlungsraum *settlement: area*: diejenigen Teile der Erde, die zum ständigen → *Lebensraum* des Menschen gehören. Die S. wurden in der Geschichte des Menschen ständig ausgeweitet, jedoch gibt es deutliche → *Siedlungsgrenzen*, die nur schwer zu überschreiten sind. Durch Wüstungsvorgänge (→ *Wüstung*) sind S. zeitweise auch wieder eingeengt worden. Der Begriff S. wird i. d. R. mit dem der → *Ökumene* gleichgesetzt.

Siedlungsstruktur *settlement structure*: Aufbau und Gefüge einer → *Siedlung* oder das Gefüge der Siedlungen insgesamt in einem → *Siedlungsraum*. Die S. ist i. d. R. das Ergebnis einer meist längeren Entwicklung, die von mehreren Faktoren beeinflusst wurde.

Siedlungstyp *settlement: type*: nach verschiedenen Merkmalen oder Merkmalskombinationen definierte und typologisch festgelegte Art der → *Siedlung*. Wichtige Merkmale für die Bildung von S. sind die geographische und topographische Lage, die Siedlungsgröße, Physiognomie, Struktur, Funktion und Genese. Im S. werden oft ein dominantes Merkmal oder eine herausragende Funktion selterner Merkmalskombinationen hervorgehoben. Beispiele für unterschiedliche S. sind → *Industriestadt*, → *Etterdorf*, → *orientalische Stadt*, → *Waldhufendorf*.

Siedlungsverband *functionally-linked settlement group*: historische Organisationsform bei → *Siedlungen* in Ur- bzw. Altlandschaften. S. geben einen Hinweis auf eine frühe, zielbewusste Lenkung der Siedlungstätigkeit und spielen bei deTypisierungen von → *Siedlungsräumen* eine Rolle.

Siedlungsverdichtung *residential concentration*: Erhöhung der → *Bebauungsdichte* in einer Siedlung, z. B. einer → *Stadt*, durch Überbauung von größeren Freiflächen oder von Baulücken in → *Baugebieten*. Ziel der S. (im Gegensatz zur Planung neuer Siedlungen) ist i. d. R. die bessere Ausnutzung der vorhandenen → *Versorgungsinfrastruktur* sowie das Bestreben, die Inanspruchnahme von → *Freiflächen* zu minimieren (→ *Nachverdichtung*).

Siedlungswasserwirtschaft *[estate] water-supply and distribution management*: jener Bereich der → *Wasserwirtschaft*, der sich mit den wasserwirtschaftlichen Planungen und der Durchführung von Maßnahmen im Siedlungsgebiet befasst. Aufgaben: – bedarfsgerechte Bereitstellung von → *Trink-* und → *Brauchwasser* für Bevölkerung und Wirtschaft sowie von → *Betriebswasser* für Industrie und Gewerbe, ferner die – Aufbereitung und Reinigung der Haushalts-, Industrie- und Gewerbeabwässer (→ *Abwasser*, → *Kläranlage*). Träger der S. sind Gemeinden, Genossenschaften, Wasser- bzw. Zweckverbände. Neben ökonomischen und technischen Gesichtspunkten berücksichtigt die neue S. auch jene der → *Umwelt* und der Funktionalität der → *Ökosysteme*.

Siedlungswesen *human settlements*: in Planung und Verwaltung derjenige Sachbereich, der sich mit der Entwicklung der → *Siedlungen* im städtischen und ländlichen Bereich befasst. Der Staat übt sowohl im planerischen Bereich (→ *Raumordnung*) als auch über die Bauverwaltung (z. B. → *Baunutzungsverordnung*) Einfluss auf das S. aus.

Siefe *Siefe*: → *anthropogene Form*, ähnlich dem → *Siek*, d. h. ein Erosionseinriss im Übergangsbereich von → *Dellen* in → *Täler*. S. entstanden meist zu Zeiten größerer Waldverbreitung in Mitteleuropa. Sie haben sich seit der → *Rodung* und damit verbundenen Bodenerosionsprozessen allmählich mit Substrat aufgefüllt. S. sind damit den → *Tilken* verwandt.

Siek wie die → *Siefe* eine → *anthropogene Form*, bei der aus einem ursprünglichen → *Muldentälchen* ein flaches → *Sohlenkerbtal* entsteht, das beidseitig → *Hochraine* säumen. Im Querprofil gleicht es der → *Tilke*. Die Form tritt v. a. in leicht erodierbaren Landschaften des → *Löss* und des → *Buntsandsteins* auf.

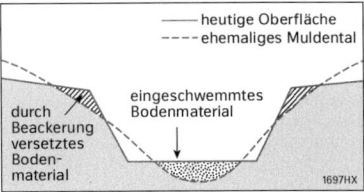

Siek

Siel *sluice*: meist sich selbstständig schließende Öffnung im → *Deich*. Das S.-Tor ist bei Hochwasser geschlossen, um vom Meer eindringendes Wasser zurückzuhalten. Bei Niedrigwasser wird es geöffnet, um die Entwässerung des → *Polders* zu ermöglichen.

Sierosem (Serozem) *Sierozem*: veraltete Bezeichnung für einen Halbwüstenboden mit einem geringmächtigen, humusarmen A-Horizont über einem teilweise mit → *Kalk*- und

→ *Gipskrusten* durchsetzten → *Unterboden*. S. entwickeln sich unter einer sehr lückenhaften xerophytischen Pflanzendecke (→ *Xerophyten*) und sind oft mit → *Salzböden* vergesellschaftet. In der → *Soil Taxonomy* (2014) gehören S. zu den → *Aridisols*. In der → *WRB* (2014) entsprechen sie den → *Gypsisols*.
Sievert (Sv) *sievert*: seit 1985 verbindliche Einheitenbezeichnung für die → *Äquivalentdosis*, welche die frühere Bezeichnung rem ersetzt. Es besteht die Beziehung: 1 Sv = 100 rem und 1000 MilliSv = 1 Sv. In Sv gibt man die potenzielle → *Strahlenbelastung* für Lebewesen an.
Signifikanz *significance*: statistisch berechneter Wert (→ *Signifikanztest*), der einen bedeutsamen (signifkanten) Unterschied zwischen Variablen anzeigt. Überschreitet die S. einen bestimmten Wert, wird davon ausgegangen, dass der Unterschied zwischen den Variablen nicht durch Zufall zustande gekommen ist. Die S. sagt nichts über einen möglichen kausalen Zusammenhang oder die Art und Weise der → *Kausalität* aus. Die S. erfolgt in der → *Statistik* durch die Beschreibung der → *Irrtumswahrscheinlichkeit* (oder anders ausgedrückt: über die Wahrscheinlichkeit der Sicherheit; → *Signifikanzniveau*, → *Signifikanztest*).
Signifikanzniveau *level of significance*: in der → *Statistik* Ausdruck für das Maß an Sicherheit (Irrtumswahrscheinlichkeit), dass der Unterschied zwischen Variablen nicht durch Zufall entstanden, sondern bedeutsam ist. Das S. stellt eine per Konvention festgelegte Obergrenze der Irrtumswahrscheinlichkeit dar. Eine Irrtumswahrscheinlichkeit unter 5% bezeichnet man als signifikant (bzw. unter 1% als hoch signifikant). Auch eine hohe Signifikanz sagt nichts über mögliche kausale Zusammenhänge oder die Art und Weise der → *Kausalität* aus (→ *Signifikanz*, → *Signifikanztest*).
Signifikanztest *test of significance*: statistisches Testverfahren zur Überprüfung, ob vorgefundene Unterschiede zwischen Variablen durch Zufall entstanden sind oder bedeutsam (signifikant) sind (→ *Signifikanz*, → *Signifikanzniveau*).
Silcrete (Kieselkruste) *silcrete*: eine Anreicherung von Siliciumdioxid im oder auf dem Boden. Die Kruste entsteht im Laufe der Bodenentwicklung. Neben der → *Kalkkruste* die häufigste Form der → *Krustenbildung*.
Silifizierung → *Verkieselung*.
Silikate *silicate*: große Mineralgruppe (Mineralklassen), zu der alle Verbindungen von SiO_2 mit basischen Oxiden gehören. Die S. werden nach der Kristallstruktur (Anordnung der SiO_4^{4-}-Tetraeder inselartig, kettenartig, schichtartig, gerüstartig) näher klassifiziert. Die S. sind mit etwa 75% am Massenaufbau der Erde beteiligt. Zu ihnen gehören die → *Feldspäte*, → *Glimmer*, → *Augite*, → *Amphibole*, Pyroxene, → *Olivine*, → *Tonminerale* usw..
Silikatgesteine *silicate rocks*: jene → *Gesteine*, die sich überwiegend aus → *Silikaten* zusammensetzen bzw. die von den gesteinsbildenden Silikaten im engeren Sinne, also → *Quarz* und → *Feldspäten*, gebildet werden.
Silikatgesteinskarre *silicate rock karren*: praktisch der → *Granitkarre* entsprechende und fälschlich als → *Pseudokarre* bezeichnete → *Karre*.
Silikatkarst *silicate karst*: Form der → *Lösungsverwitterung* an → *Silikatgesteinen*, die unter besonderen Klimabedingungen entsteht, z. B. im → *Sandstein* oder im → *Granit*. Die → *chemische Verwitterung* geschieht im Gegensatz zum → *Karst* durch → *Hydrolyse*, nicht durch → *Kohlensäureverwitterung*.
Silikatschale *silicate shell*: Bezeichnung für das → *Sial* des Erdmantels im → *Schalenbau der Erde*.
Silikatverwitterung *hydrolytic weathering, silicate weathering*: wichtiger Prozess der → *chemischen Verwitterung* und gehört ebenso wie die → *Kohlensäureverwitterung* zur → *Hydrolyse*. Bei der S. werden lösliche Kationen und Kieselsäure aus → *Silikatgesteinen* weggeführt und es entstehen neue sekundäre Minerale (→ *Tonminerale* und → *Sesquioxide*).
Silizifikation → *Verkieselung*.
Silo *silo*: Großspeicher für Schüttgüter (→ *Massengüter*) wie Getreide oder Futtermittel, aber auch z. B. Erze, Sand, Zement.
Silt *silt*: → *Schluff*.
Silur (Silurian) → *Silurian*: Periode bzw. System des → *Paläozoikums*; folgt ab 444 Mio. J. v. h. auf das → *Ordovizium*; wurde 416 Mio. J. v. h. vom → *Devon* abgelöst. Geotektonisch ist das S. charakterisiert von der Auffaltung der Appalachen in Nordamerika, die an der Wende Ordovizium/S. begann. In Nordeuropa kam es gegen Ende des S. zur → *Kaledonischen Gebirgsbildung* (→ *Kaledonisches Gebirge*). Typisch für das S. ist die reich entwickelte → *marine* Tierwelt u. a. Korallen und Trilobiten, neben zahllosen Schwämmen, Muscheln und Schnecken. Im S. treten erstmals Fische auf, die im flachen → *Brackwasser* lebten. Das S. gehört zwar zum → *Eophytikum*, aber gegen Ende des oberen S. treten erste Landpflanzen als blattlose Gefäßpflanzen (→ *Psilophyten*) auf. Es entsteht der → *Old-Red-Kontinent* (→ *Old-Red*). Auch → *Vulkanismus* und → *Plutonismus* sind für das S. charakteristisch. Es entstehen → *Kalksteine*, → *Schiefer*, → *Grauwacken* und → *Diabase* sowie diverse Bodenschätze (u. a. Eisenerze, Kupferkiese und

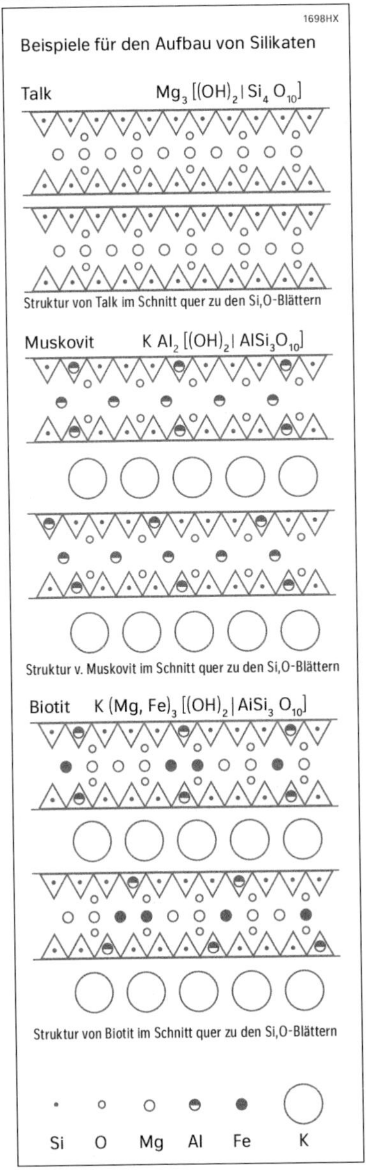

Beispiele für den Aufbau von Silikaten

Talk $Mg_3[(OH)_2|Si_4O_{10}]$

Struktur von Talk im Schnitt quer zu den Si,O-Blättern

Muskovit $K\,Al_2[(OH)_2|AlSi_3O_{10}]$

Struktur v. Muskovit im Schnitt quer zu den Si,O-Blättern

Biotit $K\,(Mg,Fe)_3[(OH)_2|AlSi_3O_{10}]$

Struktur von Biotit im Schnitt quer zu den Si,O-Blättern

Si   O   Mg   Al   Fe   K

Silikate

Salze), die auf wechselnde Klimaabschnitte (warm-arid bis feucht) hinweisen.

Silurian *Silurian*: → *Silur*.
Silvaea *silvaea*: → *Biom* der sommergrünen Laubwälder (→ *nemoralen Wälder*) der kühlgemäßigten Zone mit ausgeprägter Jahresperiodik. Hauptverbreitung im östlichen Nordamerika, in Ostasien und Mitteleuropa.
silver economy → *Seniorenwirtschaft*.
Sima *sima*: im → *Schalenbau der Erde* jene Schale, die unter der → *Sialschicht* liegt, mit hauptsächlich aus Silicium (Si) und Magnesium (Mg) zusammengesetzten Gesteinen, wie → *Gabbro*, → *Dioriten* und → *Basalten*, daher → *Gabbroschale* genannt. Mächtigkeit: einige Zehner Kilometer. An ihrer Basis befindet sich die → *Mohorovičić-Diskontinuität*. Darunter folgt die → *Peridotitschale*.
Simulacrum *simulacrum*: zentraler Begriff in Theorien der Virtualität (z.B. von Gilles Deleuze, Paul Virilio, Jean Baudrilliard) und Medientheorien, der eine Version von etwas bezeichnet, das durch Selektion und Neukombination entstanden ist, aber mit der ursprünglichen Version noch verbunden ist. Gleichzeitig verweist das S. darauf, dass die Unterscheidung zwischen Original und Kopie, Vorbild und Abbild, Realität und Imagination bei fortschreitender Virtualisierung unmöglich wird (→ *Virtuelle Realität*, → *Augmented Reality*).
Simulation *simulation*: in der Behandlung von → *Modellen* von → *Systemen* (z.B. → *Ökosystem*) der Versuch, Abläufe und Prozesse von deren Entwicklung nachzuvollziehen oder künftige Entwicklungszustände wirklichkeitsnah zu simulieren (→ *Prognose*). S. sollen Informationen über das Verhalten bestimmter, zufälliger Größen des Systems liefern, die sich auf → *Stabilität* und → *Labilität* des Systemverhaltens auswirken.
Simulationsverfahren *simulation method*: Methode der → *betrieblichen Standortplanung*, bei der mithilfe von Simulationen die Veränderung der Werte von Zielgrößen unter verschiedenen Ausgangsbedingungen untersucht wird.
Simultanbeben *remotely triggered earthquake*: → *Relaisbeben*.
single sourcing *einfache Beschaffung*: in der Wirtschaft Reduzierung des Beschaffungsvorgangs auf möglichst nur einen Lieferanten pro Teil/Leistung (→ *modular sourcing*, → *global sourcing*, → *Outsourcing*).
Sinkstoffe *water-borne sediments*: feine mineralische und → *organische* Partikel, die in bewegtem Wasser in Schwebe transportiert werden und in ruhendem Wasser langsam zu Boden sinken. Die S. (Tonteilchen, verschiedenartige Organismenreste) bauen die Bodensedimente der → *Seen* und die → *Tiefseesedimente* der → *Meere* auf (→ *Schwebstoffe*, → *Seston*).

Sinter *sinter*: → *kristalliner* oder → *amorpher* Mineralabsatz an → *Quellen*, → *Fließgewässern* sowie im Bereich wandernder Lösungen, der am häufigsten von kristallisierendem Calcit gebildet wird, unter Sondervoraussetzungen auch von Aragonit. Unterschieden werden – Kalksinter, der Tropfsteine bildet (Carbonatisierung) und – Kiesel-S. (Verkieselung), der sich um heiße Quellen absetzt.

Sinterkaskade → *Sinterstufe*.

Sinterkruste *sinter incrustation*: Ausscheidungen von Mineralen aus Wasser, die zuvor über → *Lösungsverwitterung* aufgenommen wurden, wobei Hänge und Wände mit Krusten überzogen werden (→ *Kalksinter*, → *Kalksinterkruste*, → *Kalksinterstufe*).

Sinterstufe (Sinterkaskade) *sinter cascade, sinter terrace*: treppen- bis stufenartige Formen um → *Quellen* oder in Betten von → *Fließgewässern*, die durch Ablagerung von → *Sinter* bzw. → *Kalksinter* und/oder → *Kalktuff* entstanden sind. Beim Material bestehen Übergänge zum → *Travertin*.

Sintflut *deluge, Deluge of Noah, Noachian flood, universal flood*: in vielen Kulturkreisen alte Berichte über die ca. 4000 J.v.h., also im → *Postglazial*, als Nachwirkung des → *Eiszeitalters* stattfindenden → *Transgressionen*.

Sinuosität *sinuosity*: ein Maß für die Stärke des Mäandrierens eines Flusses (→ *Mäander*). Die S. lässt sich berechnen, indem die Flusslänge (oder die Länge einer beliebigen Flussstrecke) durch die geradlinige Distanz zwischen dem Start- und Endpunkt dieser Flussstrecke dividiert wird. Das bedeutet, dass ein gerader Fluss die S. 1 hat und dieser Wert mit der Intensität des Mäandrierens zunimmt. Empirische Untersuchungen weisen darauf hin, dass die S. von der → *Korngrößen*-Zusammensetzung des → *Flussbetts* abhängt: Flüsse hoher S. haben Flussbetten mit Schluff- und Tonanteilen von über 8%. Dies bedingt die nötige geringe Erodibilität der Ufer, sodass es nicht zur → *Breitenverzweigung* kommt und → *Seitenerosion* nur auftritt, wenn der → *Stromstrich* nah am Ufer verläuft.

Siphon *siphon*: wassergefüllte Höhlenstrecke (→ *Höhle*, → *Karstwasser*).

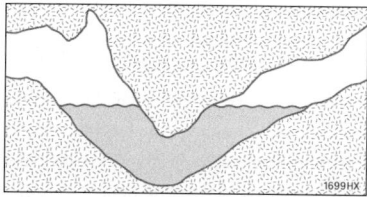

Siphon

Sippe *tribe, clan, family (1.); taxon, group, stock, kin, biotype (2.)*: – Gemeinschaft blutsverwandter Familien. Die Abgrenzung von S. gegenüber Großfamilie, Klan oder Stamm ist in Ethnologie und Soziologie nicht immer einheitlich. Die S. besitzt insbesondere bei vorstaatlichen Völkern und in Agrargesellschaften eine große soziale, politische, z.T. auch militärische Bedeutung. In modernen Industriegesellschaften mit ihrer vorherrschenden Struktur von Kleinfamilien ist die Bedeutung der S. gering geworden. – taxonomische Gruppe beliebiger Rangstufe oder Systemeinheit, wie Art, Familie, Ordnung, Klasse etc. (Taxon).

Site *site*: in Geo- und Biowissenschaften ein kleiner Untersuchungsbereich im Sinne einer Fundstätte oder eines Messplatzes (→ *Tessera*).

situiertes Wissen *situated knowledge*: nach der Wissenschaftshistorikerin Donna Haraway ist die wissenschaftliche → *Objektivität* eine Art „verkörperter Objektivität". Sie geht dabei von der Annahme aus, dass Menschen keine einheitlichen und genormten Subjekte sind und Wissen daher immer ein Ausdruck der körperlich, orts- und zeitgebundenen Erfahrungen ist (→ *lokales Wissen*, → *traditionelles Wissen*).

Sitzladefaktor → *Ladefaktor*.

Skaleneffekt (Einspareffekt, *increasing return*) *scale effect*: Größenvorteile einer → *Volkswirtschaft* oder eines → *Betriebes* bei der → *Produktion* von → *Gütern*. Bei steigender Ausbringungsmenge schlagen sich diese in einem relativ größeren Produktionsertrag pro Faktoreinsatz nieder, bei gleichem Einsatz kann demnach mehr produziert werden. Wachsende Skaleneffekte sind v.a. auf Spezialisierungsvorteile, Lerneffekte oder auf Vorteile größerer Kapazitäten zurückzuführen.

Skalenniveau *scale-level*: Ebene oder Form der Beschreibung von Merkmalsausprägungen. Differenziert wird nach – nominalem S. (durch Begriffe oder Namen beschriebene Merkmalsausprägungen, → *Nominaldaten*), – ordinalem S. (durch größer-kleiner Relationen beschriebene Merkmalsausprägungen, → *Ordinaldaten*) und – metrischem S. (durch Zahlenwerte und deren messbare Abstände beschriebene Merkmalsausprägungen, → *metrische Daten*).

Abhängig vom S. sind bestimmte statistische Verfahren möglich bzw. nicht möglich.

Skandinavische Vereisung → *Nordische Vereisung*.

Skandinavischer Schild (Baltischer Schild) *Scandinavian shield, Baltic shield*: alter → *Festlandskern*, auch als → *Fennoskandia* bezeichnet.

SKD-Fertigung *semi-knocked down production*: v. a. im Fahrzeugbau verwendeter Begriff, der das Ausmaß des eigenen Produktionsanteils des Endprodukts im jeweiligen Produktionsland verdeutlicht. Es werden vormontierte Bausätze (Systemteile) importiert und am Montagestandort zum Endprodukt zusammengebaut (→ *CKD-Fertigung*, → *Local-Content-Vorschrift*).

SKE → *Steinkohleneinheit*.

Skelettboden *skeletal soil*: 1. Rohboden mit hohem Steinanteil (→ *Skelethumusboden*). 2. Bodenmaterial, das mehr als 75 Vol.-% → *Steine* enthält.

Skeletthumusboden *Histosol*: in der → *deutschen Bodensystematik* (→ *KA5*) ein Boden aus Grobskelettsubstrat mit → *Humus* in Hohlräumen als Kluft- und Spaltenfüllung. Ehemalige Bezeichnungen für diesen → *Bodentyp* sind Polster-, Moder-, Pech- und Tangelrendzina.

Sklavenhandel *slave trade*: als Tausch von Kriegsgefangenen gegen Güter bei Naturvölkern, in den Hochkulturen des Altertums und im arabisch/subsaharisch-afrikanischen Raum hat der S. eine lange Tradition. Zu einer Blüte des S. kam es in der Neuzeit durch den Handel mit afrikanischen Sklaven. In der → *Neuen Welt* wurde der S. zum wesentlichen Bestandteil des sogenannt Dreieckshandels. Die Abschaffung des S. begann bei den Briten mit dem Abolition Act von 1817.

Sklaverei *slavery*: Zustand einer einseitigen, rechtlich und wirtschaftlich bedingungslosen Abhängigkeit eines Sklaven (Unfreien) vom Sklavenhalter. Die S. war bereits in der Antike bekannt und erreichte einen Höhepunkt in der frühkapitalistischen und frühkolonialen Epoche. Die S. wurde die tragende Basis der europäischen und später auch der amerikanischen → *Plantagenwirtschaft*. Die Ausweitung der kolonialzeitlichen S. brachte einen bedeutsamen → *Sklavenhandel* mit sich.

Skleraea *sclerea*: → *Biomtyp* der → *Trockenwälder* und trockenen Strauchheiden der → *gemäßigten Breiten* und → *Subtropen*, charakterisiert durch → *Hartlaubvegetation*. Dazu gehören → *Hartlaubwälder* einschließlich ihrer Degradationsstadien wie → *Macchie* und → *Garigues*.

Sklerophyllen (Sklerophyten) *sclerophylles*: hartlaubige, lederblättrige, als „sklerophyll" bezeichnete Gewächse mit lichter, meist immergrüner Belaubung; überwiegend Vertreter der → *Hartlaubvegetation* (→ *Skleraea*).

Sklerophyten → *Sklerophyllen*.

Skulpturfläche *sculpture surface*: → *Flachform* im Sinne der → *Kappungsfläche* (→ *Rumpffläche*), die über widerständige und weniger widerständige Gesteinsschichten hinweggreift, ohne dass sich in ihrem Bereich größere Voll- oder Hohlformen ergeben. Bei dieser Art von Flächenbildung muss ein Mechanismus wirken, der auch widerständige Gesteinsbereiche beseitigen kann, wie z. B. die Bildungsmechanismen der → *Doppelten Einebnungsflächen*.

Skulpturform *sculptural form*: eine durch exogene Kräfte und Prozesse entstandene → *Oberflächenform*, die aus → *Strukturformen* hervorgeht. S. sind unabhängig von Lagerung und der Widerständigkeit der Gesteine entstehende Formen und allein durch das skulptierende Agens bedingt. Eine S. ist z. B. die → *Rumpffläche*.

Skulpturinselberg *sculptural inselberg/island mountain/monadnock/outlier*: im Gegensatz zu jenen → *Inselbergen*, die → *Strukturformen* sind, solche, die aus dem gleichen Gesteinsmaterial bestehen wie die → *Rumpffläche*, aus der sie sich erheben. Die S. wurden überwiegend durch → *Denudation* aus einem weitgehend homogenen Gesteinsbereich herausgearbeitet.

Slicken sides *slicken sides*: glänzende Tonhäutchen auf Bodenaggregaten. S. entstehen durch Toneinregelung auf → *Scherflächen* von → *Aggregaten*, die durch Quellungsdruck gegeneinander verschoben werden. S. sind ein Ergebnis der → *Pelotubation* (→ *Vertisol*, → *Pelosol*).

Slow Food eine Gegenbewegung zu uniformem und globalisiertem → *Fast Food*. Die S. F.-Bewegung steht für genussvollen, bewussten, saisonalen und regionalen Nahrungsmittelkonsum. Der Begriff S. F. wurde von gleichnamiger Organisation eingeführt und geprägt. Ziel ist es u. a. regionale Wirtschaftskreisläufe zu stärken und den Menschen mit der → *Region* in Verbindung bringen (→ *Regionalbewusstsein*).

Slum *slum*: Viertel, das im Gegensatz zu den randstädtischen Hüttenvierteln (→ *Hüttensiedlung*) als i. d. R. innerstädtisches Marginalviertel zu verstehen ist. Die S. sind durch eine degradierte Bausubstanz gekennzeichnet; entsprechend niedrig sind der Wohnungsstandard und schlecht die Ausstattung mit → *Infrastruktur*. Aufgrund dieser Merkmale haben S. eine einseitige → *Sozialstruktur*. In → *Entwicklungsländern* sind sie meist Auffangquartiere für Zuwanderer aus ländlichen Räumen.

Slumsanierung *slum clearance*: Verbesserung der Lebensbedingungen in den meist innerstädtischen Marginalsiedlungen (→ *Stadtsanierung*).

Smart City holistisches Entwicklungs- und Stadtmarketingkonzept, das → *Städte* effizienter, technologischer, nachhaltiger und sozial inklusiver gestalten möchte, um angemessen auf die ökonomischen, sozialen und

smart factory *intelligente Fabrik*: in der s. f. tauschen Menschen, Maschinen und Ressourcen untereinander → *Informationen* aus. Sie kommunizieren mittels Funksender, Datenwolken im Internet oder im Intranet der Fabrik. Die Produktionsanlagen haben selbst Diagnose- und Reparaturfähigkeiten, sodass sich die intelligente Fabrik damit selbst organisiert (→ *Industrie 4.0*).

Smellwalking explorative Methode des Kartierens, mit dem Ziel, Daten über Gerüche bzw. Geruchsempfindungen zu erfassen. Daten, die in Smellwalks erfasst werden, dienen u. a. der Erstellung → *olfaktorischer Karten*.

Smog *smog*: eine komplexe Mischung aus luftverunreinigenden, gasförmigen, flüssigen und festen Bestandteilen (→ *Aerosol*, → *Rauch*, → *Rauchgas* bzw. → *Luftbeimengungen*), die einen atmosphärischen → *Dunst* graubrauner bis gelblicher Farbe darstellt, die nach den Hauptbestandteilen → *Rauch* („smoke") und → *Nebel* („fog") die Bezeichnung S. erhielt. Der S. entsteht v. a. über → *Großstädten* und gewerblich-industriellen → *Ballungsgebieten* bei → *Wetterlagen* mit geringem Luftaustausch (→ *Inversionswetterlage*, Hochdrucklage). Der S. besteht aus → *Wasserdampf*, → *Staub*, → *Ascheteilen*, → *Salzkristallen*, verschiedenen z. T. giftigen Gasen und Säurebeimengungen. Neben Industrierauch und Hausbrand sind Autoabgase wesentlich am Entstehen des S. beteiligt. S. reichert sich bei tagelang anhaltenden begünstigenden Wetterlagen immer mehr an und kann gesundheitsschädigende Konzentrationen erreichen, die im Extremfall, über die Belastungen von Atem-, Herz- und Kreislauf hinaus, auch zu Todesfällen führen können. Der S. hat auch phytotoxische Wirkung, die sich u. a. in Silberblättrigkeit, öliger Blattunterseite, nekrotischen Streifen (→ *Nekrosen*), → *Chlorose* und Blattschrumpfung äußert. Unterschieden werden → *Photochemischer Smog* (→ *Los-Angeles-Typ des S.*; → *Sommersmog*) und → *Wintersmog* (→ *London-Typ des S.*; → *Smogalarmplan*, → *Smogverordnung*, → *Smogwarnplan*).

Smogalarmplan *smog alert plan*: Folgestufe des → *Smogwarnplans*, der wirksam wird, wenn bei extremen Belastungen durch → *Smog* zusätzliche Maßnahmen zur Herabsetzung der → *Emissionen* in den Verursachergebieten und der → *Luftverschmutzungen* in den belasteten Gebieten erforderlich sind. Die Regelung erfolgt in Deutschland mit der → *Smogverordnung*. Der S. repräsentiert die „Alarmstufe 2", nach welcher der Kraftfahrzeugverkehr zu beschränken ist und nur Feuerungen in Betrieb sein dürfen, die schwefelarme → *Brennstoffe* verwenden. „Alarmstufe 3" verbietet den Kraftfahrzeugverkehr und sieht für Verbrennungsanlagen in Gewerbe und Industrie Betriebsbeschränkungen vor.

Smogverordnung *smog prescription*: in Deutschland von den Bundesländern erlassen, wonach Erreichen bestimmter Schadstoffkonzentrationen in der → *Luft*, bei denen bei → *Inversionswetterlagen* → *Smog* entsteht, der → *Smogwarnplan* und schließlich der → *Smogalarmplan* in Kraft treten muss. Die Schadstoffkonzentrationen sind in den einzelnen Bundesländern unterschiedlich hoch festgelegt (→ *Grenzwerte*, → *Richtwerte*).

Smogwarnplan *smog warning plan*: umfasst die allgemeine Warnung bei → *Smog*, die an Bevölkerung, Verkehrsteilnehmer, Krankenhäuser, Notdienste sowie Industrie und Gewerbe gerichtet wird. Um den S. wirksam werden zu lassen, müssen für die unterste „Alarmstufe 1" der allgemeinen Warnung definierte Grenzwerte der Konzentration an → *Schwefeldioxid* überschritten werden und eine → *Inversionswetterlage* herrschen, mit deren Andauer noch mindestens 24 Stunden zu rechnen ist. Bei Verschärfung der Situation tritt der → *Smogalarmplan* mit den "Alarmstufen 2 und 3" in Kraft.

Smonitza *Smonitza*: regionaler bodentypologischer Begriff für die → *Vertisole* Südosteuropas.

SMSA → *Standard Metropolitan Statistical Area*.

social business → *soziales Unternehmertum*.

social entrepreneurship → *soziales Unternehmertum*.

social media → *soziale Medien*.

Sockel *base[ment], foundation*: − Begriff für die Basisbereiche größerer → *Vollformen*, die im Bereich des S. in → *Flachformen* übergehen, z. B. in einer → *Schichtstufenlandschaft* der aus wenig widerständigem Gestein gebildete S. einer → *Schichtstufe*. − Synonym für → *Grundgebirge* (oder Basement), also das tektonisch gefaltete, unterliegende, im Vergleich zu dem aufliegendem Gestein alte Krustenmaterial.

Sockelbildner *soft rock forming the basement of a benchland*: in der → *Schichtstufenlandschaft* die wenig widerständigen Gesteine unter der widerständigen → *Dachfläche* der → *Schichtstufe*. Der S. ist durch weichere Formen und ein lebhaftes → *Mikrorelief* gekennzeichnet, außerdem an den meisten Schichtstufen in Feuchtklimaten quellen- und wasserreich. Ausgelöst durch die Abtragung des S., z. B. durch *rückschreitende Erosion* (→ *Quellerosion*) oder durch → *Rutschungen*, vollzieht sich die Rückverlegung der stufenbildenden widerständigen Schicht (→ *Stufenbildner*).

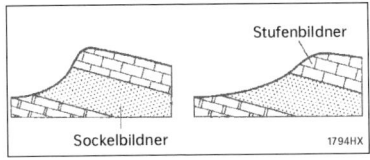

Sockelbildner

Sockelfläche (Reliefsockel, Reliefsockelfläche) *base[ment] plane*: derjenige Teil eines Erdkrustenstückes, der noch nicht von der Zertalung erfasst ist und dessen Oberfläche den in aktueller Abtragung befindlichen Raum von unten her tangiert und somit das Skulpturrelief (→ *Skulpturform*) vom Sockelrelief trennt. Die S. steht der → *Reliefhüllfläche* gegenüber.
Soden *sods*: → *Plaggen*.
Sog *backwash*: brechen Wellen an der → *Küstenlinie*, strömen sie anschließend in dünner Schicht als sog. → *Schwall* auf den → *Strandwall* auf, wobei durch Bodenreibung Energie verloren geht und auch ein Teil des Wassers im Sand versickert. Nach dem Auslaufen auf dem Strand strömt das restliche Wasser dann als S. oder Rückstrom zurück. Da der Schwall meist nicht gerade, sondern in einem Winkel auf die Strandwall aufläuft, der S. jedoch senkrecht zurückfließt, entsteht ein küstenparalleler Materialtransport, die sog. → *Strandversetzung*.
Sohle *bottom, floor (1.); base surface (2./3.)*: 1. im Bergmännischen eine → *söhlig* liegende → *Schicht*. 2. in der Geologie die unmittelbar liegende Schicht. 3. → *Schichtfläche*.
Sohlenerosion *bed erosion*: erosiver Prozess in Flüssen, bei dem die Gerinnesohle durch die auf ihr bewegten Gerölle (→ *Geschiebefracht*) beansprucht, abgeschliffen und somit tiefer gelegt wird. Der Begriff S. impliziert aber auch die Möglichkeit einer lateralen Bearbeitung der Flusssohle, sodass die S. nicht direkt mit → *Tiefenerosion* gleichgesetzt werden kann und ist somit neben der → *Seitenerosion* wichtiger dritter Prozess der → *Fluvialerosion*.
Sohlengefälle → *Sohlgefälle*.
Sohlenkerbtal *broad V-shaped valley*: entsteht bei starker → *Tiefenerosion* und starkem Hangabtrag, der auf die Tiefenerosion eingestellt ist. Das S. weist gestreckte, konkav und konvex gewölbte (→ *Wölbung*), meist steile Hänge sowie → *Seitenerosion* und → *Akkumulation*, sodass neben Fels- auch Fels-Schottersohlen entstehen. Der Hangabtrag ist relativ intensiv. Er erfolgt durch → *Denudation*. Die Seitenerosion kann am Hangfuß den Hangabtrag regeln.

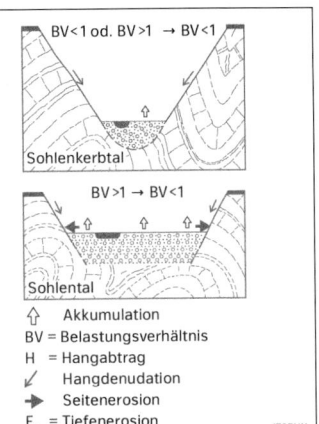

Sohlenkerbtal

Sohlental *flood-plain valley*: Sonderform des → *Sohlenkerbtales*, die eine kleinere Tiefe als Breite aufweist und überwiegend eine Akkumulationssohle, seltener eine Felssohle besitzt. Das S. entsteht durch starke → *Seitenerosion* nach Aussetzen der → *Tiefenerosion* mit Zurückverlegung der Talhänge, die meist niedrig und von konvexer oder konkaver Gestalt sind.
Sohlgefälle (Sohlengefälle) *bed slope, channel bed slope*: das → *Gefälle* des → *Flussbettes*, entweder entlang des gesamten Flusslaufs oder nur in einem Untersuchungsausschnitt. Das S. ist aufgrund von Kolken, Rinnen im Flussbett und Sedimentbänken nicht gänzlich gleichsinnig. Das S. beeinflusst die Fließgeschwindigkeit des Flusses und ist somit ein wichtiger Einflussfaktor für die → *Fluvialerosion*. Von dem S. wird das → *Spiegelgefälle* unterschieden, das das Gefälle der Wasseroberfläche beschreibt, das in Abhängigkeit von der Wasserführung vom S. abweichen kann.
söhlig *horizontal*: bergmännisch und geologisch für horizontal liegende → *Schichten*; Gegensatz von → *saiger*.
Soil Taxonomy *US Soil-Taxonomy*: das vom US Soil Survey Staff entwickelte amerikanische System der Bodenklassifikation. Das System ist hierarchisch aufgebaut und beruht auf streng definierten chemischen, physikalischen und morphologischen Eigenschaften der → *Bodenhorizonte* (diagnostische Horizonte und Merkmale). Ausgehend von diesen Eigenschaften werden Merkmalskombinationen bestimmt, denen lateinisch- und griechischstämmige Wortsilben zugeordnet sind.

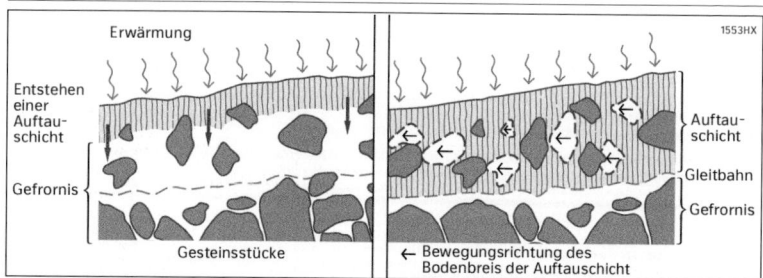

Solifluktion

Aus der Zusammensetzung der Silben ergeben sich die Bezeichnungen der → *Bodentypen*.

solar *solar*: durch die → *Sonne* bedingt; durch die Sonne beeinflusst.

solare Klimazonen → *mathematische Klimazonen*.

solares Klima *solar climate*: die durchschnittlichen Bedingungen der tages- und jahresperiodischen typischen → *Sonnenstrahlung* an einem → *Standort* in Bezug auf Andauer, Einfallswinkel und Intensität der → *Strahlung*, jedoch ohne Berücksichtigung der → *Bewölkung* (→ *Beleuchtungsjahreszeiten*, → *Strahlung*, → *Strahlungsbilanz*).

Solarkonstante *solar constant*: → *Wärmeenergie*, welche bei mittlerem Sonnenstand und senkrechtem Einfall der → *Sonnenstrahlung* eine Einheitsfläche am oberen Rand der → *Atmosphäre* pro Zeiteinheit erhält. Sie beträgt im Mittel 1,37 kW/m². Die S. ist die Energieeingangsgröße für alle strahlungshaushaltlichen Berechnungen im System Erdatmosphäre-Erde (→ *Atmosphäre*, → *Erde*, → *Sonne*).

Sole *brine*: – allgemeine Bezeichnung für stark salzhaltiges Wasser (v. a. NaCl), also für Salzlösungen. – in der Bäderkunde ein Quellwasser, welches mehr als 1,5% Kochsalz enthält und Heilwirkungen entfaltet. – in der Salzgewinnungstechnik ein wirtschaftlich nutzbares salzhaltiges Wasser, das mindestens 3% NaCl enthält. S. entsteht z. B. im Bereich von → *Salzstöcken*, indem im Untergrund dort eingepumptes Wasser das Salz gelöst und als S. aus der Tiefe heraufgepumpt wird. S. kommt auch als natürliche Solquelle an die Erdoberfläche. Wird die S. eingedampft, bleibt Siedesalz zurück (→ *Saline*, → *Salzgarten*).

Solfatare *solfatara*: vulkanische Aushauchung schwefelhaltiger Dämpfe mit Temperaturen von 100-200°C. S. sind Zeichen abklingender Vulkantätigkeit (→ *Vulkan*, → *Vulkanismus*).

Solidarökonomie *alternative economies*: politisches Konzept zur Entwicklung einer alternativen Form des Wirtschaftens. Die S. fußt auf bedürfnisorientierten, sozialen, ökologischen und demokratischen Ansätzen. In solidarökonomischen Projekten sollen grundsätzlich die Bedürfnisse und Dienste des Menschen im Mittelpunkt stehen. Solche Projekte in der S. äußern sich in Open-Source-Programme, Tauschbörsen oder Wohnungsgemeinschaften (→ *share economy*, → *kollektiver Konsum*).

Solifluktion (Bodenfließen) *solifluction, soil flow, slow creep*: langsame → *gravitative Massenbewegung* von wassergesättigtem Boden hangabwärts. In → *periglazialen* Gebieten und unter Einfluss des → *Permafrostes* als → *Gelifluktion* oder Gelisolifluktion bezeichnet, obschon die Begriffe oftmals auch synonym zu S. verwendet werden. Der Grad der S. wird wesentlich durch Art und Zustand der Vegetationsdecke beeinflusst (→ *periglaziale Höhenstufe*).

Solifluktionsgrenze *solifluction boundary*: Grenze, oberhalb, unterhalb oder seitlich derer → *Solifluktion* auftritt. In der Horizontalen ist sie identisch mit der Grenze des → *Permafrostes*. In der Vertikalen unterscheidet man obere und untere S.. Die obere fällt mit der orographischen → *Schneegrenze* zusammen, die untere S. liegt jeweils einige hundert Meter tiefer und markiert die Untergrenze der → *periglazialen Höhenstufe*.

Solifluktionslöss (Fließlöss) *solifluction loess*: ein → *Lössderivat*, hier unter den Bedingungen des → *Periglazials* umgelagerter → *Löss*, durch Fließbewegungen meist mit Fremdmaterial vermischt. S. kommen als verunreinigte Löss- bzw. Lösslehmdecken überwiegend an Hängen vorzeitlicher → *Periglazialgebiete* vor.

Solifluktionsrumpf → *Kryoplanationsfläche*.

Solifluktionsschutt *solifluction debris/detritus/rubble*: → *Frostschutt*, der unter → *periglazialen* Bedingungen durch → *Solifluktion* aus dem Bereich des → *Anstehenden* herausbewegt wird und Decken unterschiedlicher Mächtigkeit bildet, die dann zur Ruhe kommen, wenn die Solifluktion aussetzt. In den Gebieten des → *Periglazials* in Mitteleuropa sind fast sämtliche Hangschuttdecken aus S. aufgebaut, der postglazialer Abtragung und Bodenbildung unterlegen hat (→ *Wanderschutt*).

Solifluktionsstufe → *periglaziale Höhenstufe*.

Solifluktionsterrasse *solifluction terrace*: eine Ablagerungsform des → *Solifluktionsschuttes* an Hängen als wulstige und z. T. bogenförmige Kleinterrassen geringer Höhe. Die S. treten in rezenten → *Periglazialgebieten* auf; sie können auch als → *Vorzeitformen* erhalten sein (→ *Girlandenböden*, → *Rasenschälen*, → *Rasentreppe*).

soligenes Moor *soligenous bog*: Hangmoor, das unter wasserstauendem Einfluss des Bodens und des Gesteinsuntergrundes infolge Quell- oder Hangnässe entstanden ist (→ *Moor*).

Solipsismus *solipsism*: eine in der Philosophie erwogene Denkweise, die eine Gegenposition zum → *Realismus* darstellt und den erkenntnistheoretischen Standpunkt (→ *Epistemologie*) vertritt, dass nur das eigene Ich existiert, während die Außenwelt als ein Konglomerat von bloßen Vorstellungen gilt. Die Existenz von Objekten wird prinzipiell verneint, da nur das eigene → *Subjektivität* als das einzig Erkennbare gilt. Der S. ist eine hypothetische Extremposition des → *Konstruktivismus*, die als erkenntnistheoretische Perspektive nicht wirklich vertreten wird, jedoch dem Konstruktivismus als Kritik öfter vorgehalten wird.

solitär *solitary*: 1. allgemein einzeln lebend, einzeln auftretend und bezogen auf geo- und biowissenschaftliche Phänomene. 2. speziell bezeichnet s. das Verhalten bei Tieren, die einzeln leben, die also kein soziales Verhalten zeigen.

Soll *kettle hole*: kleinere Variante des → *Toteissees*, meist mit Wasser oder → *Torf* gefüllt. Sie entstehen, wenn Toteisblöcke (→ *Toteis*) unter einer Substratdecke abtauen, wodurch das Decksubstrat einsackt, sodass kleine, kesselartige Hohlformen entstehen (Ø mehrere Meter). S. kommen oft vergesellschaftet vor.

Solod (Steppenbleicherde) *Solod, Solodic Planosol*: ältere Bezeichnung für einen aus ehemaligen Salz- und Natriumböden (→ *Solontschak*, → *Solonetz*) durch feuchter werdendes Klima entstandenen Boden mit einem an Huminstoffen verarmten Bleichhorizont. Der dunkel gefärbte B-Horizont weist, ähnlich wie beim Solonetz, eine hohe Natriumsättigung, ein dichtes → *Säulengefüge* und hohe Tongehalte auf. S. sind zumindest im Oberboden versauert. In der aktuellen Auflage der → *WRB* (2014) gehören S. zu den → *Planosols*.

Solonchak (Weißalkaliboden) *Solonchak*: in der → *WRB* (2014) Böden mit hohen Konzentrationen leichtlöslicher → *Salze* der ariden und semi-ariden Klimazonen sowie der Küstenregionen. S. können auch bei unangepasster → *Bewässerung* entstehen. Aufsteigendes (Grund)Wasser verdunstet an der Oberfläche und Salze kristallisieren dort aus. Häufig mit Grasvegetation und/oder → *halophytischen* Kräutern bewachsen. Die hohen Salzkonzentrationen wirken sich auf zweierlei Weise auf das Pflanzenwachstum aus: – erstens sie erhöhen den Trockenstress der Pflanze, da sie die Wasseraufnahme erschweren und – zweitens stören sie die Ionenbalance in der Bodenlösung. S. können zur extensiven → *Beweidung* genutzt werden. Landwirtschaft ist z. T. mit Bewässerung möglich. In Bewässerungssystemen muss jedoch zusätzliches Wasser bereitgestellt werden, um die Wasserbewegung nach unten sicherzustellen und Salze zu lösen und auszutragen. Die Bewässerung muss mit einem Drainagesystem einhergehen.

Solonetz (Schwarzalkaliboden) *Solonetz*: in der → *WRB* (2014) Böden mit hohen Gehalten von austauschbaren Na- und/oder Mg-Ionen. Unter einem schwarzen bis braunen → *Oberboden* folgt ein → *Horizont* mit einem gut ausgebildeten Säulengefüge mit abgerundeten Kappen. Darüber können auch Horizonte mit Carbonat- oder Gipsanreicherungen liegen. Der → *pH-Wert* liegt bei ca. 8,5. S. kommen v. a. im → *Steppenklima* in Landschaften mit eingeschränkter lateraler und vertikaler Drainage vor. Die meisten S. werden extensiv beweidet oder bleiben ungenutzt. Eine ehemalige Bezeichnung für S. ist auch Alkaliböden.

Solstitiallinie *solstice line*: gerade Verbindungslinie der beiden → *Solstitialpunkte* (→ *Solstitium*).

Solstitialpunkte *solstice points*: die beiden Punkte auf der scheinbaren Umlaufbahn der → *Sonne* um die → *Erde*, an denen das senkrecht stehende Sonne den nördlichsten bzw. südlichsten Punkt auf der Erde erreicht. Die S. sind die Sonnenwendpunkte (→ *Solstitium*).

Solstitialregen *solstitial rain*: die etwa einen Monat vor dem Sonnenhöchststand beginnenden und bis höchstens zwei Monate danach andauernden → *Regen* der randtropischen Gebiete mit einfacher → *Regenzeit* (→ *Solstitialpunkte*).

Solstitium (Sonnenwende) *solstice*: Zeitpunkt des höchsten bzw. tiefsten Mittagsstandes der → *Sonne* über dem → *Horizont*, der dem maximalen Winkelabstand von 23°27' über dem → *Himmelsäquator* entspricht (Senkrechtstehen der Sonne über dem nördlichen bzw. südlichen → *Wendekreis*). Im S. wird auf den beiden Halbkugeln der → *Er-*

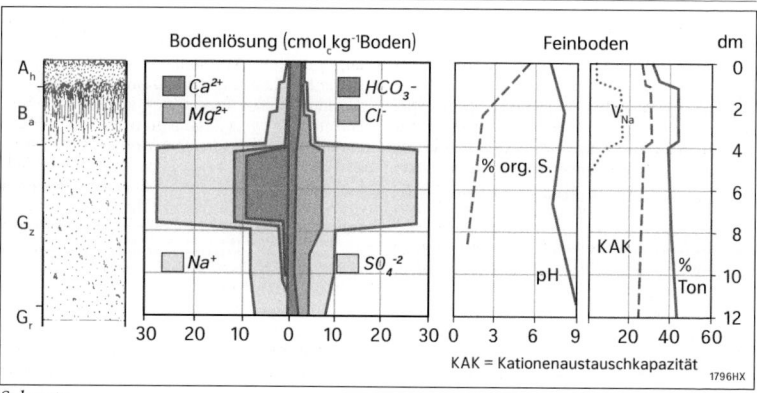

Solonetz

de die maximale bzw. minimale Tageslänge erreicht.

Solum *solum*: 1. oberste Schicht der festen Erdsubstanz, in der die bodenbildenden Prozesse ablaufen bzw. über dem unverwitterten Gestein liegender Teil des Bodens. 2. alle organischen Auflagehorizonte und Mineralhorizonte eines Bodens zusammen bilden das S..

Sommavulkan *somma volcano*: → *Stratovulkan*, in dessen → *Caldera* sich ein Vulkankegel gebildet hat. Benannt nach dem Monte Somma, aus dessen Caldera der Vesuv hervorgegangen ist.

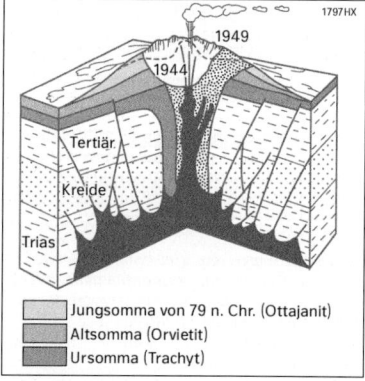

Sommatyp

Sommer *summer*: die astronomisch um den 21. Juni beginnende und um den 23. September endende Jahreszeit. Klimatologisch gelten Juni, Juli und August als S.-Monate. Der warme Hochsommer erstreckt sich in den kühlgemäßigten Breiten nur auf die Zeit von etwa Ende Juni bis Mitte August.

Sommerannuelle *summer annuals*: monokarpische (nur einmal blühende und fruchtende) Pflanzen, die im Frühjahr keimen und im Herbst desselben Jahres absterben, nachdem sie Samen produziert haben. Zu den S. gehören viele → *Ruderalpflanzen* und → *Unkräuter*. (→ *Annuelle*, → *Therophyten*).

Sommerdeich *overflow dam, summer dike*: niedriger → *Deich*, dem → *Winterdeich* vorgelagert und gegen die sommerlichen → *Hochwasser* erbaut. Der S. ist Bestandteil der → *Neulandgewinnung* an Küsten durch Deiche. Er wird beim Fortschreiten der Landgewinnung zum Winterdeich aufgehöht sowie in dessen → *Vorland* man dann einen neuen S. errichtet.

Sommerdorf *summer village*: häufig auftretende Form der → *Saisonsiedlung*, die nur während der Sommermonate bewohnt sind. Dabei wandert ein Teil der Versorgungs- und zentralen Funktionen mit. S. gibt es hauptsächlich in Gebirgsregionen oder in nördlichen Breiten. In jüngerer Zeit übernahmen viele S. zunehmend die Funktion von Tourismussiedlungen (→ *Ferienhaussiedlungen*).

Sommerfeldbau *summer farming*: der → *Jahreszeitenfeldbau* der → *gemäßigten Breiten*. Der S. beschränkt sich im Wesentlichen auf die Nordhalbkugel. Kleine Gebiete des S. existieren auf der Südhalbkugel in Südostaustralien, Tasmanien, Neuseeland, Südafrika und Südchile. Dem S. vergleichbare Typen eines Jahreszeitenfeldbaus sind die Winterregenfeldbaugebiete der subtropischen Zone und die Sommerregenfeldbaugebiete der äußeren Zenitalregenzone.

Sommerfeuchte äußere Tropen die → *Klimazone* zwischen etwa 12-20°N bzw. S, die durch Sommerregen in der Zeit des Sonnenhöchststandes und eine ausgeprägte → *Trockenzeit* im sogenannten „→ *Winter*" geprägt ist. Neben dem Feucht-trocken-Wechsel macht sich in den S. ä. T. auch ein mäßiger Jahresgang der → *Temperatur* bemerkbar mit den Maximumwerten kurz vor dem Einsetzen der → *Regenzeit* (→ *Solstitium*).

Sommerfrische *rural summer holiday resort*: früher häufiger gebrauchter Ausdruck für einen, meist im → *ländlichen Raum* gelegenen, kleineren Fremdenverkehrsort, der überwiegend zum Zwecke der → *Erholung* und Heilung – oft durch Luftveränderung im Gebirge oder an der See – aufgesucht wird (→ *Bioklima*, → *heilklimatischer Kurort*, → *Reizklima*).

sommergrün *deciduous*: Bezeichnung für Pflanzen, deren Laubblätter nur während einer Vegetationsperiode existieren, dann abfallen und in der darauf folgenden Vegetationsperiode durch neue Blätter ersetzt werden.

sommergrüner Laubwald → *nemorale Wälder*.

Sommerkultur → *Sommersaat*.

Sommersaat (Sommerkultur) *summer-sown seed*: in der → *Landwirtschaft* Bezeichnung für die im Frühjahr ausgesäten und im Sommer bzw. Herbst geernteten → *Nutzpflanzen* (→ *Wintersaat*).

Sommerschicht an Eisverkrustung, → *Staub* und Pollengehalt erkennbarer sommerlicher Schmelzhorizont im Firnprofil.

Sommersmog: → *Photochemischer Smog*.

Sommertag *summer day*: in der meteorologischen Statistik ein Tag, an dem die Maximumtemperatur 25°C erreicht und überschreitet, dagegen nicht über 30°C geht (→ *Tropentag*).

Sommerung (Sömmerung) *summering*: – in der Landwirtschaft das Sommergetreide bzw. das Sommerfeld, eine mit Sommergetreide bestellte → *Zelge*. – in der → *Teichwirtschaft* die sommerliche Trockenlegung eines Karpfenteichs. – der ununterbrochene Aufenthalt des Viehs auf der → *Sommerweide* (→ *Almwirtschaft*).

Sömmerung → *Sommerung*.

Sommerweide *summer meadow*: in der → *Weidewirtschaft* diejenigen Weidegebiete (→ *Nomadismus*, → *Transhumanz*), die während der Sommermonate beweidet werden (→ *Sommerung*).

Sonderabfälle (Sondermüll) *hazardous waste, special waste, waste to be especially supervised*: jener → *Abfall*, der nach dem deutschen Abfallbeseitigungsgesetz wegen → *toxischen* oder sonstig umweltbelastenden Wirkungen nicht zusammen mit dem regulären → *Hausmüll* beseitigt bzw. behandelt werden darf. S. überwiegend gewerblich-industrieller Herkunft, die man nicht in → *Müllverbrennungsanlagen* oder → *Deponien* entsorgen kann. Hauptproduzent ist die chemische Industrie, bei der allein in Deutschland pro Jahr mehrere Mio. Tonnen anfallen, davon >2 Mio. Tonnen Säuren und Säuregemische. Entsorgung erfolgt in → *Sondermüllverbrennungsanlagen* und auf → *Sondermülldeponien* sowie im Meer (Verbrennung, → *Verklappung*). S. wurden lange Zeit nicht ordnungsgemäß entsorgt, woraus → *Altlasten* entstanden. S. der Privathaushalte ist im Umfang beschränkt und wird durch getrennte Sammlung beseitigt (→ *Hausmüll*, → *Müll*).

Sondergebiet *special area/region*: Sonderaufläche, die nach der → *Baunutzungsverordnung* im → *Flächennutzungsplan* oder im → *Bebauungsplan* ausgewiesen ist. S. bezeichnen dort Flächen für Schulen und Hochschulen, Krankenhäuser, Kasernen, Hafenanlagen, Gebiete zur Nutzung erneuerbarer Energien usw. Im Unterschied zu anderen Baugebieten ist die bauliche Nutzung in S. zweckgebunden.

Sonderkultur *special crops*: → *Spezialkultur*, die nicht in die übliche statistische Einteilung Getreide, → *Hackfrüchte* und → *Futterpflanzen* hineinpasst. Sie wird mit besonders großer Sorgfalt und vielfach mit großem Arbeitsaufwand kultiviert, ist meist mehrjährig, verursacht hohe Investitionskosten und steht daher zum großen Teil außerhalb der sonst üblichen → *Fruchtfolge*. In der amtlichen Statistik Deutschlands werden zu den S. Obstanlagen, Baumschulen, Rebland, Hopfen, Tabak, Heil- und Gewürzpflanzen gerechnet. Nehmen sie über 10% der Betriebsfläche ein, zählt der Betrieb nach dem → *Bodennutzungssystem* zu den S.-Betrieben. Bedingt durch den höheren Arbeitsaufwand werden S. in erster Linie von landwirtschaftlichen Kleinbetrieben angebaut.

Sondermüll *hazardous waste, special waste*: → *Sonderabfälle*.

Sondermülldeponie *special waste dump, hazardous [waste disposal] site, special waste disposal site*: speziell ausgestattete → *Deponie* für → *Sonderabfälle*, die das Entsorgungsproblem (→ *Deponiesickerwasser*, → *Deponiegas*) lösen soll. Die Kapazität der S. ist i. d. R. beschränkt. Mit den noch immer anwachsenden Sondermüllmengen nimmt der Bedarf an S. zu. S. werden ober- und unterirdisch angelegt, z. B. in stillgelegten Salzbergwerken (→ *Endlagerung*, → *Salzstock*). Mit S. an der Erdoberfläche sind Umweltgefahren verbunden, z. B. Giftabwässer, die abgeleitet und spezialentsorgt werden. Durch Lecks dringen → *Sickerwässer* auch in den Untergrund ein und verschmutzen das → *Grundwasser*.

Sondermüllverbrennungsanlage *special waste incineration plant*: spezielle → *Müll-*

verbrennungsanlage, die → *Sonderabfälle* verbrennt. Die S. arbeitet mit sehr hohen Temperaturen. Verbrennungsrückstände müssen meist speziell entsorgt werden.

Sonderwirtschaftswald *special commercial forest, special production forest*: bestockte und unbestockte Waldflächen, die einer besonderen Bewirtschaftung unterliegen und nicht einer regelmäßigen Holzproduktion dienen. Zu den S. zählen → *Bannwald*, Schutzwald, → *Schutzwaldstreifen*, → *Schonwald* sowie → *Hecken* und Feldgehölze der Agrarlandschaften.

Sonderwirtschaftszone → *freie Produktionszone*.

Sonderziehungsrecht (SZR) *special drawing right*: offizielle Buchführungs- und Währungseinheit des → *Internationalen Währungsfonds* (IWF). SZR sind eine Art künstliche Währung bzw. Währungskorb, der sich aus den Währungen der wichtigsten Handelsländer (US-Dollar, Euro, Britisches Pfund, Yen, Renminbi Yuan) zusammensetzt.

Sonne *sun*: der Zentralkörper des → *S.-Systems*, um den sich alle → *Planeten* in elliptischer Kreisbahn bewegen. Die S. ist eine strahlende komprimierte Gaskugel mit einem Durchmesser von 1,39 Mio. km, einer Masse von $1,99 \cdot 10^{30}$ kg, einer Oberflächentemperatur von 5785 K und einer Strahlungsleistung von 6,35 kW/cm². Die Entfernung zwischen S. und Erde beträgt 149,6 Mio. km. Die S. rotiert um die eigene Achse und bewegt sich im Weltall mit einer Geschwindigkeit von 19,4 km/s auf das Sternbild des Herkules zu. Außerdem umkreist sie den Zentralpunkt des Milchstraßensystems einmal in 230 Mio. Jahren. Die Planeten des → *Sonnensystems* machen diese Bewegungen mit, weshalb – von ihnen aus gesehen – die S. ein Fixstern ist. Die scheinbaren tages- und jahreszeitlichen Bewegungen der S. am → *Himmel* sind das Abbild der Erdrotation und der Kreisbewegung der → *Erde* um die S. Durch ihre Anziehungskraft, hält sie die Erde auf der → *Erdbahn*. Ihre Massenanziehung wirkt sich auch auf die → *Gezeiten* aus. Von der S. ausgehende elektromagnetische Teilchenströme bewirken → *Polarlichter* und Unstetigkeiten im → *Erdmagnetfeld*. Die S. prägt als Licht- und Wärmespender den Lebensrhythmus aller Lebewesen auf der Erdoberfläche und ist die entscheidende Energiequelle aller idischen Vorgänge. Ihre Bedeutung als „Quelle des Lebens" wirkt sich auf die menschliche Psyche stark aus, und sie war und ist in vielen Völkern Objekt göttlicher Verehrung.

Sonnenenergie *solar energy*: → *regenerative Energie*, die von der → *Sonne* ausgeht. S. wird im Innern der Sonne durch thermonukleare Reaktionen erzeugt, an die Sonnenoberfläche transportiert und von dort abgestrahlt. Pro Quadratmeter Sonnenoberfläche sind dies je Sekunde $3,9 \cdot 10^{26}$ Joule (→ *Sonnenkraftwerk*, → *Sonnenkollektor*, → *Sonnenofen*).

Sonnenfinsternis *solar eclipse, eclipse of the sun*: zeitlich begrenztes, vollständiges oder teilweises Verschwinden der Sonnenscheibe, welche durch den zwischen → *Erde* und → *Sonne* tretenden → *Mond* verdeckt wird. Die eine totale S. bedingende Stellung der drei Gestirne tritt für einen bestimmten Ort auf der Erdoberfläche etwa alle 200 Jahre ein.

Sonnenflecken *sunspots*: unstetige, große fleckige Gebilde von im Mittel etwa 2000-50 000 km Durchmesser auf der Sonnenscheibe. Es sind elektromagnetische stark aktive Gebiete mit gegenüber der normalen Oberfläche der → *Sonne* etwas erniedrigter → *Temperatur* und somit als dunkle Flecken sichtbar, in denen Materie nach außen strömt. Die S. haben eine Lebensdauer von einigen bis maximal etwas über 100 Tagen. Die S.-Häufigkeit schwankt stark in einer Periode von 11,07 Jahren.

Sonnenkollektor *solar collector*: energietechnische Vorrichtung, mit der → *Sonnenenergie* aufgenommen und zur Warmwasserbereitung, Gebäudeheizung usw. eingesetzt wird. Der Einsatz der S. und ihre Effizienz hängen weltweit von der → *Sonnenscheindauer* ab.

Sonnenkraftwerk *solar power station*: → *Kraftwerk*, das seine Energie aus der → *Sonnenstrahlung* bezieht. S. arbeiten nach dem Prinzip der parabolischen Zylinderwannen, parabolischen Schüsseln oder nach dem Konzept der Heliostaten mit zentralem Sonnenturm. Für eine großtechnische Anwendung ist das Turmkonzept den beiden erstgenannten überlegen. Beim Sonnenturm befindet sich das Kraftwerk unmittelbar im Turm; Übertragungsverluste fallen somit weg. Die Heliostaten sind dreidimensional verstellbar, sodass jeweils der optimale Strahlungswinkel erzielt wird.

Sonnenofen *solar-powered oven*: energietechnische Anlage zur Erzielung hoher Temperaturen durch Konzentrierung der → *Sonnenstrahlung* mithilfe eines Parabolspiegels.

Sonnenscheindauer *duration of sunshine*: zeitliche Länge der direkten → *Sonnenstrahlung*, welche pro Tag, Monat oder Jahr in Stunden oder in Prozenten der astronomischen möglichen S. angegeben wird. Die S. beträgt in Mitteleuropa im Flachland nicht ganz 40%, im Gebirge etwa 50% im Jahresmittel.

Sonnenstrahlung *solar radiation*: die wärme- und lichtenergetische → *Strahlung* der → *Sonne*, welche fast die einzige Energie ist, die ins irdische System eintritt. Sie beträgt am Aussenrand der → *Atmosphäre* 1,37 kW/m² (→ *Solarkonstante*). Sie wird beim Durchgang durch die verschiedenen Atmosphärenschichten ver-

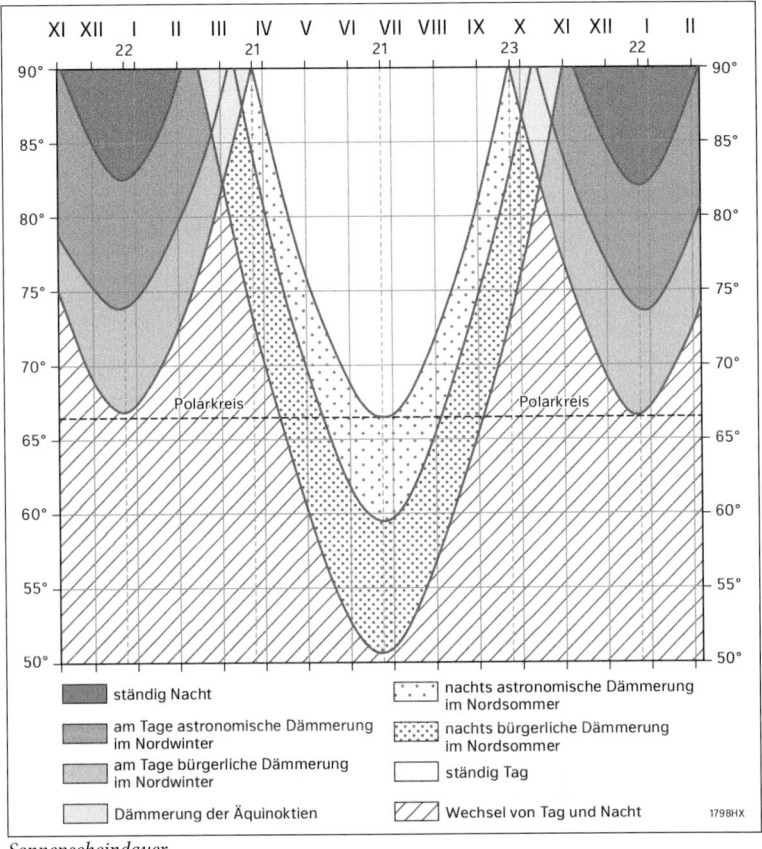

Sonnenscheindauer

mindert und in ihrer spektralen Zusammensetzung verändert, wobei die Herausfilterung der lebensbedrohenden kurzwelligen → *UV-Strahlung* in der → *Ozonschicht* besonders bedeutsam ist. Die S. ist der „Motor" aller Witterungsvorgänge und der Prozesse der belebten und unbelebten Systeme an der Erdoberfläche. Die S.-Menge, welche ein Standort an der Erdoberfläche erhält, ist von seiner → *Breitenlage*, seiner → *Bewölkung*shäufigkeit, seiner Ausrichtung gegenüber der Sonne (→ *Hangneigungsrichtung* und → *Hangneigungsstärke*) und seiner Bodenbeschaffenheit (Beeinflussung des reflektierenden Anteils) abhängig. Die S. ist Bestandteil der → *Strahlungsbilanz* (→ *Strahlung*, → *Wärmestrahlung*).

Sonnensystem *solar system*: die Gesamtheit der Körper, welche dauernd den Anziehungskräften der → *Sonne* und der sie umkreisenden Planeten unterworfen sind. Das S. umfasst acht → *Planeten*, 150 → *Monde*, zehntausende von kleinen Himmelskörpern (Planetoiden), Kometen, → *Meteore* und interplanetarische Materie. Die Körper des S. bewegen sich nach den Keplerschen Gesetzen in meist elliptischen Kreisbahnen um die Sonne, in der als Schwerpunkt des Systems der größte Teil der Masse konzentriert ist. Das S. selbst bewegt sich als Gesamtheit im Weltall.

Sonnentag *solar day*: Zeitdauer zwischen zwei aufeinander folgenden unteren Kulminationen der → *Sonne* (im Mittel 86 400 s).

Sonnenweite *solar wide*: mittlere Entfernung der → *Erde* von der Sonne (149 504 000 km).

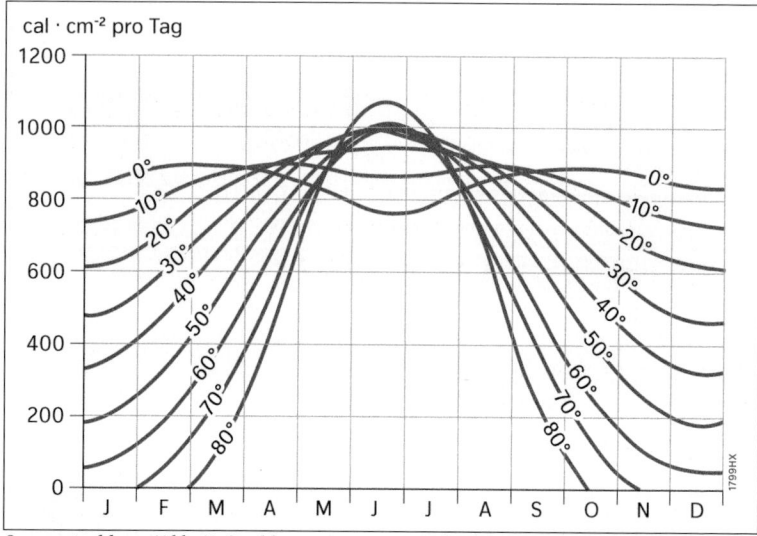
Sonnenstrahlung (Abb. 1): Strahlungssumme in verschiedenen geographischen Breiten

Sonnenwende *solstice*: → *Solstitium*.
Sonnenwind *solar wind*: von der → *Sonne* stetig abströmende interplanetare ionisierte Teilchenstrahlung, welche das Erdmagnetfeld nur gering beeinflusst.
Sonnenzeit *solar time*: die wahre, durch den Sonnenstand gegebene Zeit eines Ortes. Sie beginnt mit 0 Uhr zum Zeitpunkt der unteren Kulmination der → *Sonne*.
Sorbenten *sorbent material*: Stoffe, die Ionen austauschbar anlagern können (→ *Sorption*). Die S. des Bodens sind die → *Tonminerale* und die → *Huminstoffe*.
Sorption *sorption*: 1. allgemein die Aufnahme eines Stoffes durch einen anderen Stoff oder ein anderes stoffliches System. 2. Eigenschaft der Bodenkolloide (→ *Tonminerale* und → *Huminstoffgruppen*, in geringem Umfang auch Oxide und Kieselsäure), Ionen an freien Ladungsplätzen austauschbar zu binden. Die S. ist für die → *Nährstoffversorgung* der Pflanzen außerordentlich wichtig, da auf diese Weise in erster Linie kationische, aber auch anionische → *Nährstoffe* verfügbar im Boden gespeichert sind und durch äquivalenten Austausch (v. a. mit H⁺-Ionen) in die Bodenlösung übergehen. Die Menge der sorbierten Nährstoffe hängt von der Austauschkapazität und der Basensättigung ab. Durch S. werden auch Schwermetallionen wie Pb^{2+} vorübergehend gebunden.
Sorptionsvermögen *sorption capacity*: Fähigkeit von → *Tonmineralen* und → *Humin-* *stoffen*, an freien äußeren bzw. innen zugänglichen Ladungsplätzen Ionen zu fixieren. Das S. hängt von der Ladungsverteilung und der Größe der inneren Oberfläche ab. Es ist in Huminstoffen höher als in Tonmineralen und bei letzteren bei den Kaoliniten am geringsten und den Vermiculiten am höchsten (→ *Sorption*).
Sortenfertigung *ilk manufacture, batch production*: Fertigung mehrerer gleichartiger Erzeugnisse. Diese unterscheiden sich entweder durch die Verwendung unterschiedlicher Materialien oder durch verschiedene Fertigungsprozesse. Evtl. gehören die Produkte unterschiedlichen Güte- und Größenklassen an. Ein zentrales Kennzeichen ist der gleiche Grundstoff der pro Sorte modifiziert wird (z. B. Vanille- und Schokoladeneis) und nacheinander dieselbe → *Produktionsanlage* durchläuft (→ *Fertigungstyp*).
Sortierung *sorting, grading*: natürliche Trennung der → *Korngrößen* bzw. → *Bodenarten* – bei → *geomorphologischen Prozessen* (z. B. → *äolischem* oder → *fluvialem* Transport oder Sedimentation und – experimentelle Trennung durch Methoden der Korngrößenanalyse im Labor. – Material-S. bei technischen Umweltprozessen, z. B. → *Sortierung von Müll* (→ *Abfallbeseitigung*, → *Materialsortierung*, → *Recycling*).
Sortierung von Müll *waste sorting*: sowohl für → *Recycling* als auch für die sonstige Bewirtschaftung von → *Müll* wird mit ver-

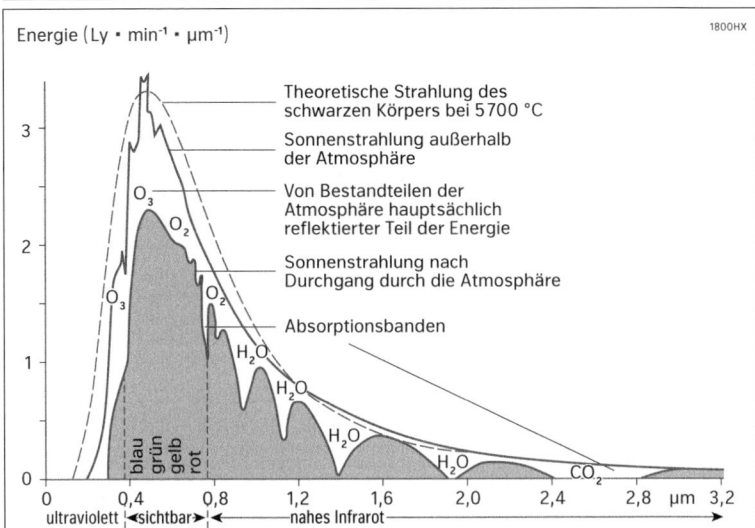

Sonnenstrahlung (Abb. 2): Spektralbereich

schiedenen Verfahren sortiert, abgestimmt auf die im Müll enthaltenen Materialien (Papier, Kunststoffe, Glas, Metalle etc.). Wegen der Vielfalt des Mülls sind großtechnische Anlagen nicht immer geeignet.

Sortimentsbreite *product range*: im → *Einzelhandel* Bezeichnung für die Vielfalt des → *Angebots* an unterschiedlichen → *Waren*. Besonders in Kaufhäusern ist die S. sehr breit, in → *Fachgeschäften* eher schmal.

Sortimentsstruktur *product structure, assortment structure*: Zusammensetzung des → *Einzelhandelsangebots* eines → *Standorts*. Der Begriff S. wird insbesondere verwendet, um → *Sortimentsbreite* und -*tiefe* des → *Angebots* → *Zentraler Orte* vergleichend zu bewerten. Die S. wird auch zur Einordnung eines Zentralen Ortes in ein → *hierarchisches System* benutzt.

Sortimentstiefe *assortment depth*: im → *Einzelhandel* Bezeichnung für die Auswahl an qualitativ und preislich unterschiedlichen → *Angeboten* ein und desselben Warenartikels. Die S. ist besonders bei → *Fachgeschäften* in der → *City* sehr groß, in Kaufhäusern eher gering (→ *Warenhandel*).

Souk → *Suk*.

Souveränität *sovereignty*: bezeichnet im klassischem Sinne die absolute Hoheitsgewalt eines Staates innerhalb seiner territorialen → *Grenzen*, die nach innen (gegenüber den Staatsbürgern) und nach außen (gegenüber anderen Staaten) gilt. Entgegen einer allgemein gültigen, engen Definition wird S. in neueren politisch-geographischen Arbeiten verstärkt analytisch differenziert, z. B. de jure-S. (rechtlich festgeschriebene S.) und de facto-S. (faktische, jedoch nicht unbedingt rechtlich anerkannte S.). Im Zuge von → *Globalisierung* und der Herausbildung supra- und subnationaler Entscheidungsebenen wird zudem das Verständnis von S. als absolut und notwendigerweise staatlich organisiert hinterfragt. Stattdessen wird S. vermehrt als relativ, zwischen staatlichen und nicht-staatlichen Akteuren auf unterschiedlichen Maßstabsebenen geteilt und vernetzt verstanden. S. ist somit kein starres und zeitloses, sondern wandelbares und historisch kontingentes Konzept, welches theoretisch unterschiedlich begriffen werden kann.

Sowchose *sowkhoz, state farm*: staatseigener landwirtschaftlicher Großbetrieb in der ehem. UdSSR. Die S. waren meist hochspezialisierte Produktionsbetriebe, v. a. für Getreideanbau und Viehwirtschaft. Die Beschäftigten der S. waren Lohnarbeiter, im Gegensatz zu den Genossenschaftsbauern der → *Kolchose*. Die S. erreichten teilweise Größenordnungen von über 100 000 ha. In der gesamten UdSSR wurden ca. 60% der landwirtschaftlich genutzten Fläche durch S. bewirtschaftet.

Sozialbilanz des Waldes *social balance of the forest*: unscharfer Sammelbegriff für die

Bilanz jener Leistungen, welche die Waldwirkungen für die Gesellschaft erbringen, unter Berücksichtigung betriebswirtschaftlicher, physikalischer, bioökologischer und humanökologischer Sachverhalte. Die S. d. W. wird in Geldwert ausgedrückt.

Sozialbrache *social fallow*: landwirtschaftlich nutzbare und bisher genutzte Fläche, deren Bestellung – i. d. R. aus wirtschaftlichen Gründen – nicht mehr erfolgt (→ *Brache*). S. tritt ein, wenn sich dem Inhaber der Fläche anderswo bessere Erwerbsmöglichkeiten auftun (z. B. Tätigkeit in der Industrie), er die Fläche aber aus persönlichen Gründen oder mangels Interessenten nicht verkauft oder verpachtet. Nicht selten verbirgt sich hinter einer S. auch die Spekulation auf Verkaufsmöglichkeit als → *Bauland*. In der → *Sozialgeographie* wurde die S. häufig als Indikator für sozio-ökonomische Veränderungen eines Gebietes verwendet.

Sozialdumping *social dumping*: spezielle Form des → *Dumping*. S. beruht auf der Ausnutzung von Arbeitskostenvorteilen bzw. den Bedingungen institutionell unterentwickelter Arbeitsmärkte. Diese können in zu niedrigen Löhnen, Kinder- und Sträflingsarbeit, im Verbot zur gewerkschaftlichen Organisation oder der Nichtgewährung von Kernarbeitsrechten begründet liegen. Gegen S. können → *Sozialstandards* eingesetzt werden. Ferner ist die Internationale Arbeitsorganisation (ILO) mit der Bekämpfung von S. betraut.

soziale Bewegung → *Bürgerbewegung*.

soziale Differenzierung *social differentiation*: unterschiedliche Ausprägung von → *Verhaltensweisen* der Menschen sowie räumlichen Strukturen und Prozessen aufgrund sozialgruppentypischer Unterschiede der agierenden Personen. Man spricht z. B. von der s. D. des → *Bildungs-* oder → *Freizeitverhaltens* oder der s. D. der Agrarlandschaft und ihrer Entwicklung (→ *soziale Gruppe*).

soziale Distanz *social distance*: Form der → *subjektiven Distanz*, die sich aus der Zugehörigkeit zu bestimmten → *sozialen Gruppen* ergibt. Das Phänomen der s. D. kann z. B. bei → *Wanderungen* beobachtet werden, wenn die Angehörigen unterschiedlicher Gruppen eines Abwanderungsgebietes verschiedene Zielgebiete wählen, da diese von den Wandernden, je nach deren sozialer Lage, in unterschiedlicher Weise bewertet und präferiert werden (→ *Segregation*).

soziale Erosion *social erosion*: die Schwächung oder langsame Zerstörung einer gewachsenen → *Sozialstruktur* mit Durchmischung von Angehörigen unterschiedlicher gesellschaftlicher → *Schichten*. V. a. die selektive → *Abwanderung* mittlerer und oberer sozialer Schichten unter Zurücklassung der Unterschicht wird vielfach als s. E. eines Raumes bezeichnet.

soziale Gruppe *social group*: soziologisch gesehen eine Anzahl von mindestens zwei → *Individuen*, die in einer unmittelbaren sozialen Beziehung zueinander stehen, jedes Mitglied sich der anderen Mitglieder bewusst ist und zwischen allen Mitgliedern soziale → *Interaktion* möglich ist (Unterschied zu einer → *Organisation*). Die genaue Abgrenzung von einer s. G. ist oft schwierig. Als Kriterien können gelten, dass sich die Mitglieder selbst als derselben sozialen Kategorie angehörig wahrnehmen, sie ein gewisses Maß an emotionaler Bindung an diese Kategorie aufweisen und ein gewisses gemeinsames Einverständnis über ihre Mitgliedschaft und die Beurteilung der Gruppe aufweisen. Darüber hinaus lassen sich s. G. auch (abstrakt und methodisch) nach gesellschaftlich relevanten Kriterien zusammenfassen (z. B. gemeinsame Berufsausübung, gemeinsame politische, wirtschaftliche, soziale oder kulturelle Interessen, ähnliches Freizeitverhalten oder gemeinsame Herkunft). Allgemein gilt, dass jeder Einzelne gleichzeitig und im zeitlichen Ablauf des Lebens mehreren s. G. angehört. Wenn s. G. → *raumwirksam* sind, werden sie im Sinne des → *Münchener Konzepts der Sozialgeographie* als → *sozialgeographische Gruppe* verstanden.

soziale Infrastruktur *social infrastructure*: jener Bereich sowohl der → *materiellen* wie der → *personellen Infrastruktur*, der sich auf das Gesundheits- und Sozialwesen bezieht. Zur s. I. gehören u. a. Krankenhäuser, Behinderteneinrichtungen, Senioren- und Pflegeheime, Kindertagesstätten, Einrichtungen der Jugendpflege.

soziale Klasse → *Klasse*.

soziale Konstruktion → *Sozialkonstruktivismus*.

Soziale Marktwirtschaft *social market economy*: wirtschaftspolitische Konzeption, die sich grundsätzlich als freie → *Marktwirtschaft* versteht, jedoch auftretende soziale Härten auszugleichen versucht. Die S. M. nennt Ziele wie → *Vollbeschäftigung*, Preisstabilität, soziale Sicherheit und Vermögensbildung für alle Bevölkerungsschichten. Die S. M. sieht daher auch freie Gewerkschaften vor, die sich für die sozialen Belange der Arbeitnehmer einsetzen (→ *Merkantilismus*, → *Keynesianismus*, → *Planwirtschaft*).

soziale Medien (social media, Web 2.0) *social media*: Sammelbegriff für unterschiedliche internetbasierte Medien, die die Vernetzung, den Informations- und Datenaustausch und die Kommunikation zwischen Privatpersonen, bei Unternehmen und Verwaltungen ermöglichen und beschleunigen. Zu den s. M.

zählen Plattformen wie sog. social networks, Blogs, Wikis, Bewertungs- und Auskunftsportale, Chats oder Diskussionsforen sowie Sharing-Portale für Videos, Fotos oder Musik. S. M. entstanden aufgrund einer Weiterentwicklung der Nutzung des → *Internets*, die durch eine stärkere Integration der Nutzer über Plattformen und vielfältigere Nutzungsmöglichkeiten über den reinen Informationsaustausch hinaus gekennzeichnet ist (→ *Web 2.0*). S. M. werden auch zukünftig einen Bedeutungsgewinn erfahren (→ *Internet der Dinge*).

soziale Mischung *social mixture*: Zusammensetzung einer aus verschiedenen → *sozialen Gruppen* und → *Schichten* bestehenden Wohnbevölkerung in einem Raum. Der Begriff der s. M. ist v. a. in → *Städtebau* und → *Stadtplanung* üblich und bezeichnet einen im Gegensatz zur → *Segregation* angestrebten Zustand in städtischen → *Wohnvierteln*.

soziale Mobilität *social mobility*: Wechsel eines → *Individuums* oder einer → *Gruppe* zwischen verschiedenen Positionen in einem sozialen System, z. B. zwischen Berufen, Einkommenspositionen, Gruppenzugehörigkeiten usw.. S. M. ist sowohl als → *vertikale Mobilität* (gesellschaftlicher Auf- oder Abstieg) als auch als → *horizontale Mobilität* möglich (Wechsel in eine gleichrangige andere Position). Ferner sind als Formen der s. M. die → *Inter-* und die → *Intragenerationsmobilität* zu unterscheiden.

Soziale Ökologie *social ecology*: eine interdisziplinäre Strömung in den Wissenschaften, die die → *gesellschaftlichen Naturverhältnisse* in den Fokus nimmt und dabei die → *Wechselwirkungen* zwischen sozialen und natürlichen → *Systemen* im Kontext von → *Globalisierung*, → *Global Change* und → *nachhaltiger Entwicklung* berücksichtigt.

soziale Schicht (Gesellschaftsschicht) *social class*: gesellschaftliche Gruppierung, die sich durch eine bestimmte Position in einer hierarchisch geordneten Gesamtgesellschaft von anderen Gruppierungen unterscheidet. Meist wird statt s. S. verkürzt nur von → *Schicht* gesprochen.

soziale Schichtung → *Schichtung*.

soziale Ungleichheit *social disparity, social inequality*: einer der zentralen Forschungsgegenstände der → *Sozialgeographie*, bezeichnet die ungleiche Verteilung von materiellen und immateriellen → *Ressourcen* in einer bestimmten Gesellschaft in einem bestimmten Raum zu einem Zeitpunkt, sowie die unterschiedliche Möglichkeit der Teilhabe an diesen (→ *Inklusion*). Gemessen wird s. U. z. B. über Einkommensverteilung, Vermögensverteilung, Bildungschancen, Zugang zum Gesundheitssystem. S. U. kann beschreibend (über das Feststellen von → *Disparitäten*) oder normativ (als ein gesellschaftliches Problem) verstanden werden.

sozialer Gemeindetyp *social type of communes*: Gruppe von → *Gemeinden*, die sich aufgrund weitgehend ähnlicher Ausbildung von Merkmalen aus dem gesellschaftlichen Bereich zu einem Typ zusammenfassen lassen. In der Praxis werden zur Gliederung der Gemeinden in s. G. verschiedene Aspekte der → *Sozialstruktur* der Bevölkerung herangezogen, z. B. die Zusammensetzung nach der Stellung im Beruf, die Gliederung in → *Schichten* oder die → *Bildungsstruktur*. S. G. sind meist eng mit wirtschaftlichen G. verbunden.

sozialer Indikator → *Sozialindikator*.

sozialer Wandel *social change*: Veränderungsprozess, der während eines bestimmten Zeitraums innerhalb einer → *Gesellschaft* stattfindet und – meist relativ langsam – ihre inneren Strukturen verändert (→ *Global Change*).

Sozialer Wohnungsbau *social housing*: staatlich geförderter Bau von Wohnungen, v. a. für Bevölkerungsgruppen, die aufgrund geringer Einkommen auf dem freien Wohnungsmarkt keine bezahlbare Wohnung finden können. Die Wohnungen haben eine sog. Belegungsbindung und eine höchstzulässige → *Miete* (→ *Kostenmiete*), die gesetzlich festgelegt wird. Sozialwohnungen sind für eine bestimmte Laufzeit belegungs- und mietgebunden. Nach Ende der Bindungsfrist gehen die Wohnungen in den Bestand des freien Wohnungsmarkts über. S. W. zählt in der deutschen → *Wohnungspolitik* zur sog. Objektförderung. Der Bestand an Sozialwohnungen in Deutschland ist insgesamt rückläufig.

soziales Aggregat *social aggregate*: Begriff des → *Münchner Konzepts der Sozialgeographie*. Anzahl von Individuen in zeitlicher und räumlicher Konzentration, die jedoch, im Gegensatz zur → *sozialen Gruppe*, keine dauerhafte Gruppierung bilden und auch keine persönlichen Beziehungen zueinander pflegen. Sie bilden jedoch häufig eine → *sozialgeographische Gruppe*, da s. A. meistens bei der gleichgearteten Ausübung einer → *Grunddaseinsfunktion* zusammentreten und so → *raumwirksam* sind. S. A. sind z. B. Naherholungsuchende mit gleichem → *Zielgebiet*, Kunden und Benutzer der Geschäfte und Dienstleistungsbetriebe eines → *Zentralen Ortes* oder die Summe der → *Pendler*, die einen Pendlerstrom zwischen Aus- und Einpendlergemeinde bilden.

soziales Geschlecht → *Gender*.

soziales Kapital *social capital*: neben dem → *kulturellen Kapital*, dem → *ökonomischen*

Kapital und dem → *symbolischen Kapital* eine der vier Kapitalarten, die von dem frz. Soziologen Pierre Bourdieu zur Unterscheidung sozialer Ungleichheit eingeführt wurde. Zum s. K. zählt die Gesamtheit der Ressourcen eines Individuums, die mit der Teilhabe am Netz sozialer Beziehungen (d. h. gegenseitigen Kennens und Anerkennens) verbunden sind. Das s. K. meint Unterstützung, Anerkennung, Wissen und persönliche Verbindungen, auf die ein Individuum zurückgreifen kann. Es wird über gegenseitige Hilfestellung, Besuche, Gefälligkeiten, Geschenke oder ähnliches produziert und reproduziert. Während das → *Humankapital* sich auf natürliche Personen und ihre Ressourcen für ein Unternehmen bezieht, meint das s. K. die Beziehungen zwischen natürlichen Personen.

soziales Merkmal *social indicator, attribute, criterion*: in der → *Bevölkerungsgeographie* ein Merkmal, das zur Gliederung der Bevölkerung, insbesondere auch bei → *Gemeindetypisierungen* nach der → *Bevölkerungs-* und → *Sozialstruktur*, benutzt wird und Aussagen über die Zugehörigkeit zu → *sozialen Gruppen* oder → *Schichten* erlaubt. S. M. sind z. B. die Stellung im Beruf, die Zugehörigkeit zu einer Einkommensklasse oder der Bildungsstand, ausgedrückt durch den höchsten erreichten Schulabschluss.

soziales Netzwerk *social network*: eine virtuelle Gemeinschaft im → *Internet*, über die soziale Beziehungen gepflegt werden können. S. N. können themenspezifisch sein, wie z. B. berufliche Netzwerke, oder der privaten Kommunikation dienen, wie z. B. Facebook (→ *soziale Medien*).

soziales System *social system*: zentraler Begriff der soziologischen → *Systemtheorie*, die das s. S. von biologischen Systemen (Körper, Organismen), psychischen Systemen (Bewusstsein) sowie technischen Systemen (Maschinen) unterscheidet. Sie alle bilden die → *Umwelt* sozialer Systeme. In der Systemtheorie nach N. Luhmann ist das Letztelement s. S. → *Kommunikation* (und nicht: Menschen).

soziales Unternehmertum *social entrepreneurship, social business*: unternehmerisches Handeln engagierter Akteure zur Bewältigung sozialer oder ökologischer Herausforderungen. S. U. unterscheidet sich von staatlicher bzw. ehrenamtlicher Tätigkeit in der Berücksichtigung des → *Rationalprinzips* (→ *corporate social responsibility*, → *corporate citizenship*).

Sozialforschung (empirische Sozialforschung) *social research*: interdisziplinärer, empirisch arbeitender Bereich der → *Sozialwissenschaften*, der sich mit der Erforschung konkreter → *Sozialstrukturen* und sozialer Entwicklungen in bestimmten Räumen widmet und häufig Grundlagenmaterial für die sozialwissenschaftliche Theorienbildung erarbeitet. Techniken und Arbeitsmethoden der S. sind z. B. → *Statistik*, Interview, Beobachtung, → *Sozialkartierung* und andere Arten der sozialwissenschaftlichen → *Feldforschung*.

Sozialfunktion des Waldes *social function of the forest*: Funktionen des Waldes, die in der → *Sozialbilanz des Waldes* dargestellt werden, d. h. seine Funktion als Schutz-, Erholungs- und Wirtschaftswald sowie als → *Ökosystem* (→ *Wohlfahrtswirkung des Waldes*).

Sozialgeographie *social geography*: im allgemeinsten Sinn der Forschungsschwerpunkt der → *Humangeographie*, der sich mit den Zusammenhängen zwischen menschlichen → *Gesellschaften* und dem → *Raum* befasst, in denen diese Gesellschaften leben und sie prägen. Dabei stehen insbesondere folgende Fragen im Mittelpunkt: Wie gestalten gesellschaftliche Prozesse und Funktionen den Raum hinsichtlich dessen Strukturen? Wie organisieren sich Gesellschaften in räumlicher Hinsicht? Welche Rolle spielen die räumlichen Bedingungen für die Existenz einer Gesellschaft?

sozialgeographische Gruppe *social geographic group*: Begriff des → *Münchner Konzepts der Sozialgeographie* und meint Anzahl von Personen in zeitlicher und/oder räumlicher Konzentration, die bei der Ausübung ihrer → *Grunddaseinsfunktionen* ähnliche → *Verhaltensweisen* entwickeln und ähnliche → *Aktionsräume* ausbilden und somit gleichartige Raumwirksamkeit entfalten, die also als Aggregat gruppen- und funktionsspezifisch → *raumwirksam* sind. Der Einzelne gehört i. d. R. im Tages- und Jahresablauf und bei der Ausübung verschiedener Daseinsfunktionen unterschiedlichen s. G. an. Hierbei sind weder → *Interaktionen* zwischen Gruppenmitgliedern noch das Bewusstsein der Gruppenmitgliedschaft zur Bildung einer s. G. notwendig, wenn dies auch häufig vorhanden ist. Die s. G. sind ein wichtiges Instrument sozialgeographischer Forschung. Die wichtigsten Typen s. G. sind, → *aktionsräumliche Gruppe*, → *Verhaltensgruppe* → *Lebensformgruppen*.

sozialgeographische Hazardforschung *social geographical hazard studies*: sozialwissenschaftlicher Teilbereich der → *Hazard-Forschung* zur Analyse der Beziehungen zwischen Gesellschaft, Mensch und Umwelt mit Blick auf die → *Naturgefahr* einerseits und auf die gesellschaftliche Verwundbarkeit (→ *Vulnerabilität*) andererseits.

Sozialgeschichte *social history*: Teilbereich der Geschichtswissenschaft, der das Schwergewicht auf die Entwicklung der gesellschaftlichen Strukturen eines Raum und ihrer Ver-

änderungen legt. Die S. ist ein unentbehrlicher Teil der → *Historischen Geographie* sowie der historischen → *Sozialgeographie*.
Sozialindikator (sozialer Indikator) *social indicator*: Operationalisierung eines theoretischen Konstrukts bzw. einer empirisch nicht unmittelbar zugänglichen Variablen aus dem Bereich der Struktur und Entwicklung der → *Gesellschaft* mittels eines → *Indikators*. S. sind i. d. R. statistische Messzahlen und Kennziffern, mit deren Hilfe Strukturen, Probleme und Veränderungen in einer Gesellschaft bzw. vergleichend in verschiedenen Gesellschaften erfassbar gemacht werden können, z. B. → *Lebensqualität*, Wohlergehen.
Sozialisation *socialization*: Hineinwachsen des → *Individuums* in die → *Gesellschaft*, insbesondere durch Annahme sozialer Verhaltensweisen und Angleichung an die Formen und Regeln, die in der jeweiligen Gesellschaft gelten und deren Beachtung vom einzelnen erwartet wird (→ *Akkulturation*). Der Begriff S. wird zur Bezeichnung des Vorgangs wie auch des Ergebnisses verwendet. Die S. gehört zu den wichtigsten Aufgaben der Erziehung.
Sozialisierung *socialization, nationalization*: die Überführung von Produktionsmitteln aus Privat- in Gemeinschaftseigentum (→ *Gemeineigentum*). Die S. ist ein Ziel der sozialistischen → *Planwirtschaft* (→ *Nationalisierung*; → *Kollektivierung*).
sozialistische Landwirtschaft *socialist agriculture*: → *Landwirtschaft*, die nach sozialistischen Prinzipien und Grundsätzen organisiert ist. So wurde in den meisten sozialistischen Ländern die Landwirtschaft ganz überwiegend (Ausnahme: Polen) in staatlichen (volkseigenen) oder genossenschaftlichen Betriebseinheiten betrieben (→ *Landwirtschaftliche Produktionsgenossenschaft*, → *Sowchose*, → *Kolchose*). Die private Landwirtschaft war auf kleine Flächen und geringe Viehzahlen pro Betrieb beschränkt.
sozialistische Stadt *socialistic town*: → *Stadttyp* in sozialistisch/kommunistischen → *Gesellschaften*. Die s. S. wurde als Modell seit der russischen Revolution und nach dem Zweiten Weltkrieg im gesamten → *Ostblock* häufig beschrieben und von Partei und Staat zu realisieren versucht. Eine voll dem Modell entsprechende s. S. existiert jedoch nicht; Ansätze sind stärker in → *Neuen Städten* (z. B. Halle-Neustadt, Eisenhüttenstadt, Nowa Huta, Dunaujvaros, Akademgorodok), schwächer in umgestalteten historischen Städten (z. B. Moskau, Dresden) zu finden. Typische Kennzeichen der s. S. sind das Fehlen privaten Bodeneigentums und von → *Bodenpreisen* und somit unbeschränkte Planungsfreiheit der Behörden, Betonung kollektiver Lebensformen bei der → *Flächennutzung*, große zentrale Aufmarschplätze und -alleen, bauliche Dominanz von Partei-, Verwaltungs- und Kulturbauten im Zentrum, während ein ausgeprägtes Hauptgeschäftszentrum ohne Wohnfunktion nach Art westlicher → *Großstädte* fehlt.
sozialistischer Sektor *socialistic sector*: in sozialistischen bzw. kommunistischen Staaten, besonders im ehem. → *Ostblock*, Bezeichnung für jenen Teil der Wirtschaft, der nicht auf privater Basis betrieben wird, sondern durch den → *Staat* selbst, durch gesellschaftliche Organisationen oder → *Produktionsgenossenschaften*. In den Ländern des Ostblocks gehörte die Industrie fast ausschließlich zum s. S., während im Handwerk, im Dienstleistungsbereich und insb. bei der Landwirtschaft größere Unterschiede bzgl. des Anteils der s. S. bestanden (→ *Landwirtschaftliche Produktionsgenossenschaft*).
Sozialkartierung *social mapping*: Arbeitsmethode der empirischen → *Sozialgeographie*, die insbesondere bei agrar- und stadtgeographischen Arbeiten Anwendung findet. Bei der S. wird die großmaßstäbige räumliche Verteilung raumrelevanter → *sozialer Gruppen* parzellenweise (Eigentümer oder Landnutzer) bzw. häuserweise (Eigentümer, Mieter) erfasst und kartographisch dargestellt. Häufig wird die S. in Verbindung mit einer → *Kartierung* der Haus- oder → *Landnutzung* durchgeführt.
Sozialkatastrophe *social disaster*: verweist auf den Zusammenhang, dass z. B. → *Naturkatastrophen* immer zugleich auch soziale → *Katastrophen* sind, da die gesellschaftliche Bedingungen und Praktiken zu den sozialen Wirkungen und Folgen (→ *Vulnerabilität*) von Extremereignissen beiträgt. Die soziale Struktur, soziale Praktiken sowie die damit verbundenen Prozesse sind demnach wichtige Faktoren für die Entwicklung als auch für die Wirkungen einer Katastrophe.
Sozialkategorie *social category*: Bezeichnung für eine Menge von Personen mit gemeinsamen sozial relevanten und demographisch bedeutenden Merkmalen (z. B. Geschlecht, Lebensalter, Beruf, Einkommen, Konfession, Staatsangehörigkeit).
Sozialkonstruktivismus *social constructivism*: eine Metatheorie der → *Soziologie* nach Peter L. Berger und Thomas Luckmann, die den Blick auf die Wissensproduktion und das kulturelle Lernen in der Alltagswelt richtet. Demnach wird alles Wissen in gesellschaftlichen Situationen entwickelt, vermittelt und bewahrt. Die „Wirklichkeit" wird über einen sozialen Prozess mit verschiedenen Schritten zur „sozialen Wirklichkeit". Im Gegensatz zum → *radikalen Konstruktivismus*

geht der S. von der Existenz einer Realität außerhalb unseres Bewusstseins aus, deren Erkenntnis jedoch über soziale Praktiken vermittelt wird.

Sozialkosten *social costs*: 1. die bei Unternehmen anfallenden gesetzlichen Sozialabgaben und freiwilligen Sozialaufwendungen (gesetzliche Sozialversicherung, Berufsgenossenschaftsbeiträge, freiwillige Altersversorgung, Gratifikationen usw.). 2. in einer → *Volkswirtschaft* diejenigen Aufwendungen, die beim Produktionsprozess entstehen, sich aber nicht in der Kalkulation der Unternehmen wiederfinden.

Sozialleistung *employers' contribution, employee benefit*: die von dem Arbeitgeber über die Entlohnung hinausgehende Leistung. S. besteht aus den gesetzlich vorgeschriebenen sowie den freiwillig gewährten Zuwendungen (→ *Sozialkosten*).

Soziallohn *social wage*: Entgelt (→ *Lohn*), das sich nicht nach der Arbeitsleistung richtet, sondern sich an der Bedürftigkeit des Empfängers bzw. an bevölkerungspolitischen Aspekten orientiert. Als S. gelten z. B. Lohnzuschläge, die verheirateten oder kinderreichen Arbeitnehmern gewährt werden.

Sozialökonomie (Sozialökonomik) *social economy*: → *Volkswirtschaftslehre* bzw. Nationalökonomie unter besonderer Berücksichtigung der gesellschaftlichen Wirtschaft, d. h. z. B. der Wirtschaft bestimmter → *sozialer Gruppen*.

Sozialökonomik → *Sozialökonomie*.

Sozialplan *social plan*: die Bezeichnung S. gilt bei → *Betriebsstilllegungen*, wenn hier für freigesetzte → *Arbeitskräfte* soziale Härten entstehen, die der S. durch finanzielle Leistungen ausgleichen soll.

Sozialplan *social plan*: im deutschen → *Städtebauförderungsgesetz* festgelegter Rechtsbegriff. Der S. ist die Ergebnisniederschrift von Erörterungen, die mit den von einer → *Sanierung* unmittelbar Betroffenen durchgeführt wurden. Der S. soll nachteilige Auswirkungen bei den Betroffenen vermeiden bzw. mildern. Dies betrifft z. B. einen zwangsweisen Wohnungswechsel oder die Verlagerung eines Gewerbebetriebes.

Sozialplanung *social planning*: → *Fachplanung*, die das Verhalten und die Bedürfnisse von Menschen in einem räumlichen Bereich erfasst, ihre Bedeutung für eine angestrebte räumliche Ordnung formuliert und der Verwaltung Verbesserungsmaßnahmen zur Durchführung vorschlägt. S. wird z. B. im Rahmen der → *Stadtentwicklungsplanung* durchgeführt. Hier geht es um die Wohnbedingungen in → *Sanierungsgebieten* oder um die Planung baulicher Anlagen für das Gesundheits- und Sozialwesen sowie um die Einrichtung sozialer Betreuungs- und Ausbildungsstätten.

Sozialprodukt *social product*: veraltet für → *Bruttoinlandsprodukt* als Teilrechnung der → *Volkswirtschaftlichen Gesamtrechnung*.

Sozialpsychologie *social psychology*: zwischen → *Soziologie* und Psychologie stehende Wissenschaft, die die Beziehungen zwischen dem → *Individuum* und seiner Psyche und der gesellschaftlichen Umwelt untersucht. Dazu gehören z. B. die individuellen Auswirkungen sozialer Prozesse, die Beziehungen zwischen Gruppenverhalten und Verhalten des Individuums, auch die Auswirkungen der → *Sozialisation* auf den Einzelnen.

Sozialraumanalyse → *sozialräumliche Analyse*.

sozialräumliche Analyse (Sozialraumanalyse) *socio-spatial analysis*: Analyse eines spezifischen → *Raums* (z. B. → *Stadtteil*) unter Zuhilfenahme statistischer Methoden hinsichtlich sozialer Charakteristika (Bildung, Einkommen, Haushaltsgröße, Wahlverhalten, Konfession usw.), z. B. um soziale Disparitäten (→ *Disparität, soziale*) festzustellen (→ *sozialräumliche Gliederung*).

sozialräumliche Gliederung *social-spatial division*: Gliederung eines → *Raumes* nach typischen Vergesellschaftungen → *sozialer Gruppen*, → *Schichten* oder Klassen. Zur praktischen Durchführung einer s. G., die strukturelle und prozessuale Aspekte berücksichtigen muss, werden insbesondere statistische Merkmale und → *Indikatoren* verwendet, die Auskunft über → *Sozialstruktur* und → *sozialen Wandel* im betreffenden Raum und seinen Teilräumen geben. S. G. werden hauptsächlich für Städte durchgeführt, um → *sozialräumliche Stadtviertel* ausweisen zu können.

sozialräumliches Stadtviertel *social-spatial quarter*: Teilraum einer größeren → *Stadt*, der im Sinne einer → *sozialräumlichen Gliederung* abgegrenzt worden ist. Ein s. S. ist durch ein typisches Milieu, → *Sozialstruktur* und/oder durch raumspezifische Prozesse des → *sozialen Wandels* gekennzeichnet. Beispiele für s. S. einfacher Art sind → *Arbeiterviertel*, Beamtenviertel, → *Großwohnsiedlungen* des sozialen Wohnungsbaus am Stadtrand, sozial schlecht integrierte → *Cityrandzonen* mit hoher → *Mobilität* usw..

Sozialstaat *welfare state*: → *Staat*, der eine Wohlfahrtsfunktion gegenüber seinen → *Bürgern* wahrnimmt sowie Ausgleich bzw. Überwindung sozialer Gegensätze und Probleme zu seinen Pflichten zählt. Im Unterschied zum sozialistischen Staat verfolgt der S. diese Ziele jedoch unter Aufrechterhaltung jeglichen Privateigentums und Wahrung der überkommenen Strukturen der → *Gesellschaft* (→ *Soziale Marktwirtschaft*).

Sozialstandard *social standard*: Maßnahme gegen → *Sozialdumping*. S. werden durch Klauseln in internationalen Handelsverträgen verankert und sehen das Ergreifen handelspolitischer Sanktionsmaßnahmen gegen Importprodukte vor, die unter Sozialdumping hergestellt wurden, sowie gegen Länder, in denen Sozialdumping betrieben wird.

Sozialstatistik *social statistics*: Teil der → *Statistik*, der sich mit den gesellschaftlichen Strukturen und Entwicklungen in einem → *Raum* befasst. Insbesondere gehört zur S. im weiteren Sinne die Erfassung der → *Sozialstruktur* der → *Bevölkerung*. Demgegenüber ist die amtliche S. enger gefasst und versteht sich im Wesentlichen als Statistik der sozialen Einrichtungen (z. B. Kinder- und Altenheime, Krankenhäuser) und der öffentlichen Sozialleistungen (z. B. Zahl der Leistungsempfänger und -fälle, durchschnittliche Höhe der empfangenen Leistungen).

sozialstatistische Variablen *variables for social statistics*: in der empirischen → *Sozialforschung* die persönlichen Angaben zur befragten Person (i. d. R. Alter, Geschlecht, Familienstand, Bildung, Berufsgruppe, Einkommen etc.), die üblicherweise aus Datenschutzgründen anonymisiert erhoben werden.

Sozialstruktur (Gesellschaftsstruktur) *social structure*: zusammenfassender Ausdruck für das innere Gefüge, den Aufbau und die Organisation der → *Gesellschaft* in einem → *Raum*, insbesondere auch für ihre → *Schichtung*, das Verhältnis ihrer Gruppen zueinander und ihre vorherrschenden Handlungsmuster und Wertvorstellungen. Die S. eines Raumes ist als solche empirisch nur schwer erfassbar; Teilaspekte der S. ergeben sich jeweils aus der Untersuchung der Berufs-, → *Erwerbs*- und Einkommensstruktur, der → *Bildungsstruktur*, der sozialen Gruppierung und → *Schichtung* usw. Für die → *Sozialgeographie* gehört das Studium der → *raumwirksamen* Aspekte der S. zu den wichtigsten Forschungszielen.

Sozialtourismus *social tourism*: → *Tourismus* für bestimmte finanziell schwächer gestellte oder benachteiligte → *soziale Gruppen*. Der S. wird staatlicherseits durch subventionierte Erholungseinrichtungen, verbilligte Fahrten, direkte finanzielle Unterstützung der Betroffenen usw. gefördert. Zum S. gehören v. a. Familien-, Mütter- und Altenerholung, Jugendreisen und Reisen für Behinderte.

Sozialwissenschaften *social sciences*: zusammenfassende Bezeichnung für alle Wissenschaften, die sich theoriegeleitet und empirisch der Erforschung der Grundlagen und Bedingungen, der Organisation und der Strukturen sowie den Entwicklungsprozessen menschlichen Zusammenlebens und der menschlichen → *Gesellschaften* sowie von Teilen davon widmen. Zu den S. gehören insbesondere → *Soziologie*, → *Politologie*, → *Kommunikationswissenschaft*, → *Demographie*, → *Sozialgeographie*, → *Sozialpsychologie*, → *Sozialgeschichte* und → *Humanökologie*. Im weiteren Sinne werden häufig auch die → *Wirtschaftswissenschaften* (→ *Volks*- und → *Betriebswirtschaftslehre*) zu den S. gezählt.

Soziographie *sociography*: empirische Teildisziplin der → *Soziologie*, welche soziale Tatbestände quantitativ und statistisch beschreibt und untersucht, damit oftmals auch eine Grundlage der → *Sozialgeographie*.

Soziologie (Gesellschaftswissenschaft) *sociology*: Wissenschaft von den menschlichen → *Gesellschaften*. Die S. untersucht die Formen, Ordnungen, Gesetzmäßigkeiten, Entwicklungstendenzen und Beeinflussungen innerhalb einer Gesellschaft und ihrer → *sozialen Gruppen*, zwischen verschiedenen Gesellschaften, zwischen Gesellschaft und → *Individuum* sowie zwischen Kultur, Wirtschaft, Politik usw. und gesellschaftlichem Leben. Vom Forschungsgebiet her bestehen enge Verbindungen zwischen S. und → *Sozialgeographie*, jedoch ist die Zielsetzung eine andere. Die Sozialgeographie untersucht die → *raumwirksamen* Aktivitäten menschlicher Gruppen und Gesellschaften, die S. dagegen die Gruppen und Gesellschaften sowie ihre Raumes als solche.

Soziologie des ländlichen Raumes *rural sociology*: jener Zweig der → *Soziologie*, der sich mit der → *Landbevölkerung* und den gesellschaftlichen Verhältnissen im → *ländlichen Raum* befasst.

soziologische Artengruppe *sociological species group*: Pflanzenarten, die in einem räumlich begrenzten Gebiet immer gemeinsam auftreten und daher pflanzensoziologisch als ähnlich gelten.

soziologische Pflanzengeographie → *Pflanzensoziologie*.

soziologisch-ökologische Artengruppen *sociological-ecological species group*: Pflanzenarten mit einer ähnlichen ökologischen Amplitude innerhalb eines floristisch und geoökologisch einheitlichen Raumes, die zu Gruppen von jeweils übereinstimmendem → *ökologischen Zeigerwert* (→ *Zeigerpflanzen*) zusammengefasst werden.

Soziometrie *sociometry*: quantitative Beschreibung sozialer Sachverhalte sowie die Entwicklung von Methoden hierzu. Die S. ist ein Arbeitsbereich der → *Sozialforschung* und eng mit der → *Soziographie* und der → *Sozialstatistik* verwandt.

sozio-ökonomisch *socio-economic*: Bezeichnung für Sachverhalte, Strukturen, Entwicklungen usw., die auf Kräfte, Verhaltensweisen, Aktivitäten und Entwicklungen im Bereich

sozio-ökonomische Verflechtungen

von Wirtschaft und Gesellschaft zurückgehen (z. B. s.-ö. → *Bevölkerungsstruktur*, s.-ö. → *Gemeindetypisierung*, s.-ö. Rahmenbedingungen der Raumentwicklung). Hierbei können die sozialen und die ökonomischen Sachverhalte häufig nicht voneinander getrennt werden.

sozio-ökonomische Verflechtungen *socio-economic interrelations/linkages*: Gesamtheit des sozialen und wirtschaftlichen Beziehungsgefüges innerhalb eines → *Raumes* (z. b. innerstädtisch oder intraregional) oder zwischen zwei oder mehreren Räumen (z. B. im Rahmen der → *Stadt-Land-Beziehungen*). S.-ö. V. können insb. mithilfe von statistischen Merkmalen quantifiziert werden, z. B. im Bereich der Arbeitsfunktion durch Zahlen über Pendlerströme oder der Versorgung durch Daten über Einkaufsverkehr und Kundenströme.

Soziotop *sociotope*: Lebensraum einer → *sozialen Gruppe*, der die Entwicklung einer Gruppe besonders fördert, d. h. es wird ein enger Zusammenhang zwischen der Gemeinschaft der Gruppe und dem von ihnen genutzten Raum unterstellt.

Spaliersträucher → *Kriechsträucher*.

Spalte *gap, cleft*: Gesteinsfuge, aus einer → *Kluft* entstehend durch Verwitterungsprozesse, gravitative Bewegungen oberflächennaher Substratschichten oder → *endogener* Bewegungen (diese verursacht durch → *Erdbeben* oder → *Vulkanismus*). Die S. haben unterschiedliche Breiten und Längen; ihre vertikale und/oder horizontale Verbreitungen im Raum sind verschieden. S. bleiben meist nicht offen, sondern sind mit magmatischen Substraten, Verwitterungs- und/oder Ausfällungsprodukten gefüllt. Eine sekundär gefüllte S. heißt → *Gang*.

Spalteneruption → *Lineareruption*.

Spaltenfrost → *Frostsprengung*.

Spaltensystem *system of cracks*: mehrere parallel zueinander verlaufende Spaltenzüge.

Spaltprodukte *fission products*: bei der → *Kernspaltung* von Atomen mit sehr hoher Ordnungszahl entstehen S., also → *Radionuklide*, die in großer Zahl auftreten und sehr unterschiedliche → *Halbwertszeiten* haben. S. sind radioaktiv und senden beim Zerfall Alpha-, Beta- und Gammastrahlung aus. Die Nutzung der S. erfolgt in → *Kernkraftwerken*. Außerdem werden S. bei der Herstellung von → *Kernwaffen* verwendet (→ *Nuklide*).

Spaltstoff *fission material*: dazu gehören alle → *radioaktiven Substanzen*, die sich durch Neutronen spalten lassen, wobei weitere Neutronen frei werden (→ *Neutronenstrahlung*).

Spangenberg *junction mountain*: bei ähnlicher Gestalt verwandt dem → *Durchbruchsberg*, aber anderer Entstehung. Der S. entsteht bei Ausräumung vollkommen verschütteter, also → *fossiler*, Täler, wobei eine in eine Schotterebene eingesenkte neue Talschlinge ein altes, im Untergrund befindliches Talstück zweimal anschneidet. Sind dessen Füllsedimente locker, werden sie allmählich ausgeräumt, und das alte Flusstal begrenzt als Trockental-Spange den so herausgearbeiteten S. (→ *Trockental*).

Sparquote *rate of saving*: derjenige Prozentanteil des Volkseinkommens, der gespart und nicht sofort dem → *Konsum* zugeführt wird. Die S. gilt als Indikator für die Kapitalbildung und die Investitionsfähigkeit eines Landes.

Sparschleuse *water-saving lock*: Schiffs-→ *Schleuse*, bei der beim Entleeren der Schleusenkammer ein Teil des Wassers in ein sog. Sparbecken geleitet wird, von wo es beim Füllen wieder entnommen werden kann. S. werden v. a. an → *Kanälen* in Gebieten gebaut, in denen Wasserknappheit herrscht.

Spätaussiedler *late repatriates*: Bezeichnung für diejenigen deutschen Volkstumsangehörigen, die in den deutschen Siedlungsgebieten in Ostmittel-, Ost- und Südosteuropa lebten, während der Massenaussiedlung bzw. -vertreibung in der Folge des Zweiten Weltkriegs in ihrem Wohngebiet blieben und erst in der Zeit seit den 1950er-Jahren bis in die jüngste Vergangenheit nach Deutschland auswanderten. S. kamen v. a. aus der ehemaligen Sowjetunion, aus Polen und Rumänien (→ *Aussiedler*).

Späteiszeit → *Spätglazial*.

Spätfrost *late frost*: Nachtfrost im Frühjahr (in Mitteleuropa bis spätestens Anfang Juni), der die in voller Entwicklung befindlichen landwirtschaftlichen Kulturen schädigen kann. Extreme S. sind bei voller Blüte am gefährlichsten und können gebietsweise große Teile einer Ernte vernichten. Gefährdet sind in erster Linie Mulden- und Talbodenlagen, in denen sich abfließende → *Kaltluft* sammelt. S. werden mit technischen Maßnahmen bekämpft (Beheizung, Schutz der Blüten durch Eispanzer mit gezielter Beregnung). Lokale Kaltluftgefährdungslagen lassen sich auch durch die Errichtung von Kaltluftdämmen, Hecken usw. entschärfen (→ *Frostgefährdung*, → *Kaltluftsee*).

Spätglazial (Späteiszeit) *late glacial*: Zeit zwischen dem Hochstand der letzten Vereisung des → *Pleistozäns*, also der → *Weichsel-* bzw. → *Würm-Kaltzeit*, und Zerfall des Inlandeises der → *Nordischen Vereisung* bzw. dessen → *Bipartition*. Das S. wird für Nord-Mitteleuropa auf ca. 16 000 bis 12 000 J. v. h. festgesetzt. In den Alpen wird das S. von den → *Rückzugsstadien* bis zum → *Egesenstadium* repräsentiert. Das S. ist durch zahlreiche → *Klimaschwankungen* gekennzeichnet, zu denen die „Waldzeiten" des → *Alleröd-Interstadials* und des → *Bölling-Interstadials* gehören; sonst

herrschte meist die Tundrenvegetation der → *Dryaszeit* vor.
spatial behaviour → *Raumverhalten*.
spatial interaction *räumliche Interaktion*: Interaktionsmuster der räumlichen Ordnung der Wirtschaft. Gemeint sind die internen Beziehungen und die nach außen gerichteten Verbindungen eines wirtschaftlich geprägten Raumes. Darstellbar sind diese Interaktionsmuster z. B. anhand des Austausches von Gütern, → *Dienstleistungen* und mobilen → *Produktionsfaktoren* (Arbeit, Kapitel).
spatial pattern → *Raummuster*.
spatial turn (Topologische Wende) bezeichnet die (Wieder-)Einführung des geographischen Raumes als wissenschaftliches Forschungsgebiet in vielen Bereichen der → *Kultur-* und → *Sozialwissenschaften* Anfang der 1990er-Jahre. Davor galten diese Wissenschaften lange Zeit als „raumvergessen" oder „raumblind" (→ *cultural turn*).
Spätsiedler *late settler*: Sammelbezeichnung für eine bäuerliche Sozialkategorie aus der frühen Neuzeit, die vor allem in Anerbengebieten (→ *Anerbenrecht*) entwickelte. S. unterscheiden sich von den → *Nachsiedlern* v. a. durch fehlenden oder sehr geringen Landbesitz. Sie besaßen i. d. R. nur Haus und Garten. Häufig wurde → *Pachtland* bewirtschaftet, wobei durch Arbeitsleistung bei den Besitzern der Pachtzins erbracht werden musste. Die Nutzung der → *Allmende* wurde den S. verweigert oder sehr stark eingeschränkt.
Speicher *compartment (1.); storage [basin] (2.);: reservoir [bed] (3.)*: – in der ökologischen → *Systemtheorie* ein → *Kompartiment*, in dem vorübergehend Stoffe oder Energie zurückgehalten werden. S. sind in die Funktionen und Prozesse der → *Ökosysteme* durch → *Input-* und → *Output-*Vorgänge eingebunden. Wird in dem S. längerfristig oder endgültig Materie zurückgehalten, handelt es sich um eine → *Senke*. – in der → *Hydrologie* ein künstlich angelegter oder natürlicher Sammelraum im Sinne von → *Speicherbecken* bzw. → *Rückhaltebecken*. – in der Landschafts- und Bodenökologie wird der Boden bzw. der Oberflächennahe Untergrund als ökologischer S. für anorganische und organische Substanz betrachtet.
Speicherbecken *storage basin*: ein → *natürliches* oder künstliches → *Oberflächengewässer*, das zur Speicherung bzw. Regulierung der Wasserressourcen in ein anthropogen genutztes Wassersystem eingebunden ist. Zu den S. gehören → *Rückhaltebecken*, → *Stauseen*, → *Talsperren* sowie anderweitig wasserwirtschaftlich genutzte natürliche oder künstliche Hohlformen. → *Pumpspeicherkraftwerke* bzw. → *Speicherkraftwerke* sind auf S. angewiesen.

Speichergestein *reservoir rock*: Sammelbezeichnung für durchlässige, kluft- und porenreiche Gesteine, v. a. → *Sedimentite* (u. a. → *Sandstein*, → *Kalkstein*, → *Dolomit*) in denen sich → *Erdgas*, → *Erdöl* oder → *Grundwasser* anreichern. Bei Erdölförderung wird weltweit zu 60% aus Sand- und zu 40% aus Kalkstein gefördert.
Speicherheizung *storage heating*: Heizsystem, bei dem die Elektrizität ausschließlich während der sogenannten Schwachlastzeiten (z. B. 21-06 Uhr und 13-15 Uhr) in Wärme umgewandelt und vorzugsweise für eine spätere Wärmeabgabe gespeichert wird. Die S. trägt zur gleichmäßigeren Auslastung von → *Kraftwerken* und → *Netzen* bei. Sie ist volkswirtschaftlich bedeutsam, denn sie benötigt keine zusätzlichen Kraftwerkskapazitäten.
Speicherkraftwerk *storage power station*: → *Wasserkraftwerk* an → *Stauseen*, meist im Gebirge. S. haben oft weniger Wasser zur Verfügung als → *Laufwasserkraftwerke*. Dies wird aber ausgeglichen durch den großen Höhenunterschied zwischen Stausee und Turbinenhaus. Das Speicherbecken kann als Tagesspeicher oder als Jahreszeitenspeicher dienen. Tagesspeicher sollen die Schwankungen des Strombedarfs im Tagesablauf ausgleichen. In den Jahreszeitenspeichern wird das Wasser für jene Zeiten aufbewahrt, in denen der Elektrizitätsverbrauch saisonal besonders hoch ist (→ *Pumpspeicherkraftwerk*).

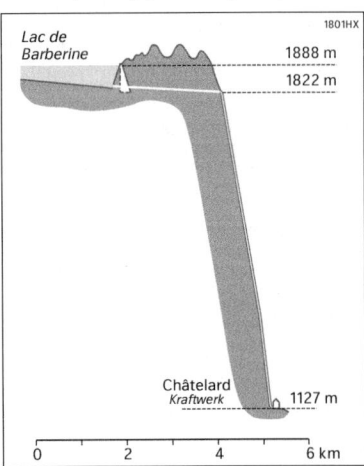

Speicherkraftwerk

Speicherwirtschaft *storage basin water economy*: jene Maßnahmen der → *Wasserwirtschaft*, die dem zeitlichen und mengenmäßigen Ausgleich von Wasserdargebot und Wasserbedarf dienen. Dabei wird überschüssig abfließendes oder gefördertes Wasser in → *Speicherbecken* zurückgehalten, um es bei täglichen oder jährlichen Bedarfsschwankungen wieder einzusetzen.

Speiloch *estavel[le]*: in der → *Karstlandschaft* ein Schlund, aus dem Wasser tritt, wenn die unterirdischen Karsthohlräume nach Stark- oder Dauerregen bzw. Schneeschmelzen „überlaufen". Zeitweise kann in dem S. auch Wasser versickern (→ *Ponor*).

spektrale Auflösung *spectral resolution*: beschreibt die Anzahl der Spektralkanäle eines Fernerkundungssensors sowie deren Bandbreiten innerhalb des elektromagnetischen Spektrums. Der → NASA-Erdbeobachtungssatellit → *Landsat* 8 verfügt bspw. über 11 Spektralkanäle. Es wird zwischen panchromatischen (1 Spektralkanal), multispektralen (2 bis etwa 14 Spektralkanäle) und hyperspektralen (mehr als 15 Spektralkanälen) Systemen differenziert.

Speläologie (Höhlenkunde) *spel[a]eology*: Wissenschaft von den natürlichen Hohlräumen der Erde, die – im Sinne der → *Höhle* – begehbar sind oder die auf ihre Entstehung sowie deren Randbedingungen untersucht werden. Die S. untersucht die Höhle auch als Ökosystem und als Lebensraum von Pflanze, Tier und Mensch, woraus sich verschiedene Teilgebiete der S. ergeben, wie Geo-, Bio- und Anthropo-S. sowie Angewandte, Historische und Technische S..

Spermatophyten (Samenpflanzen, Blütenpflanzen, Phanerogamen) *spermatophytes*: höchstentwickelte Gruppe der → *Pflanzen*, die Blüten und Samen bilden. Die S. sind Sprosspflanzen. Sie sind v.a. an das Landleben angepasst. → *Pollen* werden bei der Bestäubung durch Insekten oder Wind übertragen. Die S. gliedern sich in die Abteilungen Bedecktsamer (→ *Angiospermen*) und Nacktsamer (→ *Gymnospermen*).

Sperrbezirk *restricted area*: räumlich begrenzter Teil einer → *Siedlung*, in der Prostitution ausnahmsweise verboten ist. In Deutschland ist Prostitution grundsätzlich erlaubt, jedoch können Gemeinden oder die Behörden eines Bundeslandes aus Gründen des Jugendschutzes oder zum Schutz des öffentlichen Anstandes S. ausweisen, in denen der Prostitution nicht nachgegangen werden darf.

Sperrgebiet *restricted area, prohibited area*: → *Sperrzone*.

sperrige Infrastruktur *bulky infrastructure*: gelegentlich gebrauchter Begriff für Einrichtungen und Bauwerke der → *materiellen Infrastruktur*, die eine besondere Längen- oder Flächenausdehnung besitzen, dadurch andere → *Flächennutzungen* stören oder behindern, häufig auch umweltbelastend sind und auf das Landschaftsbild verunstaltend wirken. Zur s. I. gehören Autobahnkreuze, → *Verkehrsflughäfen*, → *Rangierbahnhöfe* u. ä..

Sperrmüll *bulky refuse*: jener → *Abfall* bzw. → *Müll*, der von der kommunalen Hausmüllabfuhr nicht erfasst wird bzw. nicht in Hausmüllsammelgefäße hineinpasst. Er erfordert eine gesonderte Abfuhr, die nach Materialtypen gestaffelt ist, sodass eine, wenn auch nur grobe → *Sortierung* von Müll geschieht.

Sperrschicht (Sprungschicht, Inversionsschicht) *barrier layer, blocking layer*: 1. Luftschicht mit → *Temperaturumkehr* infolge Absinktendenz (→ *Inversion*, → *Absinkinversion*), die konvektive Luftbewegungen völlig unterbindet. Die S. wird durch Temperaturinversionen gekennzeichnet. Sie treten nachts häufiger als tags auf, im Winterhalbjahr häufiger als im Sommerhalbjahr. Die S. hat für die Entstehung des → *Smogs* große Bedeutung. Unterhalb der S. sammeln sich → *Aerosole* und sonstige Luftverunreinigungen an, besonders wenn die S. in Bodennähe liegen, aber noch oberhalb der Quellhöhe von → *Emittenten*. Für die Kalibrierung von → *Ausbreitungsmodellen* ist die Kenntnis der Höhenlage der S. unabdingbar. Zusammen mit einem → *Wetterlagen*kalender kann aus der Kenntnis der S., ihrer Auftretenswahrscheinlichkeit und der Emittenten eine Voraussage über die → *Luftverschmutzung* gegeben werden. 2. in der → *Limnologie* werden Seen mit S. als → *meromiktisch* bezeichnet. Die S. sind dort dichtebestimmt und stehen mit der → *Seezirkulation* in Zusammenhang.

Sperrzone (Sperrgebiet) *restricted area, prohibited area, exclusion zone*: abgegrenztes, häufig eingezäuntes oder ummauertes Gebiet von Parzellen- bis zu Regionsgröße, dessen Betreten durch Unbefugte aufgrund eines hoheitlichen Aktes verboten oder zumindest stark reglementiert ist. Meist handelt es sich bei S. um militärisches Gelände, Truppenübungsplätze usw. S. können auch dem Natur- und Artenschutz dienen. Neben dauerhaften S. gibt es auch temporär eingerichtete S., z. B. zum Schutz wichtiger Gipfeltreffen oder zum Schutz vor der Ausbreitung von Seuchen.

Spezialbetrieb *specialized enterprise*: Bezeichnung, die v.a. in der → *Landwirtschaft* (aber nicht nur dort) → *Betriebe* mit einer größeren Spezialisierung auf wenige → *Betriebszweige* kennzeichnet.

Spezialfalte (Kleinfalte) *minor fold*: größeren Faltenelementen zusätzlich aufgeprägte Kleinfalten, die bei der Bildung der → *Falte* entstanden sind.

Spezialgeschäft *speciality shop*: → *Einzelhandelsgeschäft*, dessen → *Sortimentsbreite* noch stärker als das des → *Fachgeschäftes* begrenzt ist, aber dafür eine große → *Sortimentstiefe* aufweist. S. bieten den Kunden Bedienung, Beratung und meist auch weitere → *Dienstleistungen* an; sie haben ihren → *Standort* v. a. in innerstädtischen → *Geschäftszentren* (→ *innerstädtisches Zentrum*).

Spezialkultur *specialized cultivation*: der Anbau von → *Nutzpflanzen*, die einen hohen Grad an Spezialisierung außerhalb des → *Getreide*- und → *Futterbaus* sowie des Anbaus von → *Hackfrüchten* erkennen lassen. S. können eine Vielzahl von Nutzpflanzen sein, die weit über diejenige hinausgeht, die in der Gruppe der → *Sonderkulturen* zusammengefasst werden. Der Anbau von S. ist i. d. R. sehr stark von natürlichen Gegebenheiten (Boden, Relief, Klima), vom Einsatz an Kapital und der Verfügbarkeit von Fachkräften abhängig. Bekannte S., die nicht zu den Sonderkulturen zählen, sind Beeren (v a. Erdbeeren), Spargel und Blumen (z. B. Tulpenzwiebeln).

Spezies → *Art.*

spezifische Luftfeuchtigkeit *specific atmospheric humidity*: Gewicht des → *Wasserdampfes* in g/kg feuchter → *Luft.* Die s. L. ändert sich bei Änderungen des → *Luftdrucks* nicht, solange keine → *Kondensation* einsetzt (→ *absolute Luftfeuchtigkeit,* → *relative Luftfeuchtigkeit,* → *Luftfeuchtigkeit*).

spezifische Wärme *specific heat*: → *Wärmeenergiegehalt* der → *Luft* pro Volumeneinheit. Die s. W. ist verschieden groß, je nachdem ob eine Temperaturänderung bei konstantem oder bei veränderlichem Volumen abläuft, da beim Ausdehnen bzw. Schrumpfen der Luft zusätzlich Energie verbraucht bzw. frei wird (→ *adiabatisch*).

Sphagnummoor *raised bog*: → *Hochmoor.*

Sphäre *sphere*: in Geo- und Biowissenschaften, v. a. in deren ökologischen Fachbereichen, der Begriff für stofflich-energetische Bereiche, die zugleich durch spezifische Erscheinungsformen und Prozesse in den → *Landschaftsökosystemen* der Erde geprägt sind. Das → *Schichtmodell* der Geographie und die naturwissenschaftlichen Nachbardisziplinen, die sich dieses Schichtmodells bedienen, kennen → *Atmosphäre,* → *Hydrosphäre,* → *Kryosphäre,* → *Pedosphäre,* → *Lithosphäre* und → *Biosphäre.* Zusammen bilden diese Teil-S. die → *Landschaftshülle* der Erde. Mit Ausnahme der Biosphäre sind die Teil-S. elementare S., die analytisch-separativ von den Teilgebieten der Geowissenschaften betrachtet werden können. Bei einer komplexeren Modellierung werden integrative S.-begriffe eingesetzt, z. B. → *Biosphäre,* → *Biogeosphäre,* → *Anthroposphäre,* → *Geosphäre* und → *Noosphäre.*

Sphäroid *spheroid*: theoretische Figur der → *Erde*, die sich unter gleichmäßiger Dichteverteilung in der → *Erdkruste* aus der Massenanziehung und Rotation ergibt. Das S. ist in der Berechnung sehr kompliziert und wird deshalb durch das → *Rotationsellipsoid* ersetzt, welches nur gering (maximal 20 m) vom S. abweicht.

Sphäroidalverwitterung (kryptogene Abschalung) *spheroidal weathering*: ein Typ der → *Verwitterung* unter tropischen Bedingungen, wo aus → *Massengesteinen* → *Blöcke* entstehen, die im → *Verwitterungston* (bzw. -lehm) „schwimmen" und eine kugelige Gestalt aufweisen. Die Kerne der Blöcke sind zunächst noch fest, während die konzentrischen Verwitterungsschalen dünn und brüchig werden. Bei fortschreitender Verwitterung lösen sich auch die harten Kerne auf. Diese sind dann im Verwitterungsprofil nur noch an den verschieden gefärbten konzentrischen Streifen der ehemaligen Schalen der Kerne zu erkennen. Werden → *Zersatz* und → *Grus* sowie der hangende → *Verwitterungslehm* (→ *Hangendes*) abgetragen, reichern sich die noch nicht festgebliebenen Reste der kryptogen gebildeten Blöcke an der Erdoberfläche an. Letztlich entspricht S. der → *Exfoliation*, wobei die Exfoliation jedoch wesentlich größere gerundete → *Oberflächenformen* wie → *Inselberge* hervorbringt.

Spiegelgefälle (Flussspiegelgefälle, Wasserspiegelgefälle) *slope of water surface*: beschreibt den Höhenunterschied der Wasseroberfläche zwischen zwei Punkten entlang des Flusslaufs, z. B. der Flussmündung und der Quelle. Das S. ist stets gleichsinnig, verändert sich aber je nach Wasserführung. Deshalb kann es auch vom → *Sohlgefälle,* also dem → *Gefälle* des → *Flussbetts,* abweichen.

Spieltheorie (Theorie der strategischen Spiele) *game theory*: Theorie, bei der Erkenntnisse über menschliche Verhaltensweisen und Entscheidungsfindung auf den Marktprozess übertragen werden. Unternehmen oder Institutionen werden als „Spieler" am → *Markt* gesehen. Zahlreiche volkswirtschaftliche → *Modelle* basieren auf der S.. Dort wird mit hohem mathematischen Aufwand und unter gewissen Annahmen versucht, das strategische Zusammenspiel von Marktteilnehmern zu erfassen. Die S. dient bspw. dazu, wettbewerbsstrategische Überlegungen (→ *Wettbewerb*) von Unternehmen deutlich zu machen.

spillover-Effekt *Übertragungseffekt*: durch räumliche Nähe und persönliche Kontakte erzeugter Übertragungseffekt spezifischer Informationen. s.-E. spielen v. a. in → *Innovationsprozessen* des Hochtechnologiesektors eine wichtige Rolle.

Spin-off-Gründung *spin-off foundation*: von einer Person ausgehende Unternehmensgründung, bei der in einer nicht-privaten

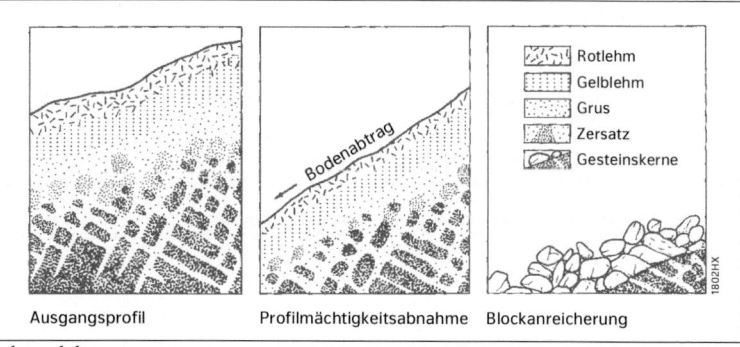

Sphäroidalverwitterung

Forschungseinrichtung (z. B. Universität oder sonstige staatliche Forschungseinrichtung) zuvor erworbenes Know-how als → *Humankapital* eingeht.

Spitzbergentyp *Spitsbergen type*: Variante der Talvergletscherung innerhalb von Gebirgen mit wachsender Vereisung, wobei sich infolge starker Eiszufuhr die Gletscherzungen gegenseitig aufstauen und über die → *Firnlinie* emporwachsen. Dabei können sich die Eisströme miteinander vereinigen und auch größere Vollformen überströmen oder → *Bifurkationen* bilden. Der S. ist die Vorstufe des → *Eisstromnetzes*.

Spitzdelta *cuspate delta*: → *Delta* mit einem Flussdamm in Dreiecksform, wobei sich die Spitze des Deltas an der Mündung befindet. Entsteht bei kleinen Flüssen, deren → *Transportkraft* nicht ausreicht, mehrere Delta-Arme aktiv zu halten, da die einzelnen Arme aufgrund der fehlenden Transportkraft zusedimentieren. Wird ein neuer Arm erschaffen, wird somit ein alter verlassen. Kann sich ein Arm wie ein → *Dammuferfluss* so weit ins Meer vorbauen, dass die Meeresströmung die → *Fluvialakkumulation* überwiegt, werden schließlich die angelieferten Sedimente abtransportiert. Zugleich wird die Flussströmung seitlich abgelenkt und Sedimente dort abgelagert, was zu der Dreiecksform des Flussdamms führt.

Spitzenkraftwerk *peak-load power station*: → *Kraftwerk*, das primär zur Stromlieferung in den Stunden des größten Verbrauchs (→ *Spitzenlast*) eingesetzt wird. Typische S. sind → *Pumpspeicherkraftwerke* oder Gasturbinenkraftwerke.

Spitzenlast *peak load*: in der Stromversorgung derjenige Teil der → *Gesamtlast*, der sich deutlich aus der Tagesbelastungskurve heraushebt und von den Stromverbrauchern nur kurze Zeit in Anspruch genommen wird. Zur Deckung der S. werden schnell einsatzbereite → *Spitzenkraftwerke* eingesetzt.

Spitzentechnologie *cutting edge technology*: dem neuesten Stand entsprechende, wettbewerbsintensive Technologie (→ *technischer Fortschritt*) höchster Qualität (→ *Basistechnologie*, → *Schlüsseltechnologie*).

Splash (Regentropfenerosion) *splash erosion*: schlagen Regentropfen auf eine vegetationsfreie Bodenoberfläche auf, werden durch den Aufprall Bodenbestandteile gelöst und über eine geringe Distanz (Milli- bis Dezimeter) verlagert. Zugleich kommt es einerseits durch den Aufprall zu einer lokalen Verfestigung des → *Bodens* und durch die verlagerten Partikel zu einer Verschlämmung der Grobporen. Dadurch wird die Infiltrationskapazität des Bodens verringert.

Splittergrün *splinter green*: kleinstflächige → *anthropogene* Grünbereiche wie Pflanzenkübel, Vorgärten, Rabatten und Hecken in der → *Stadt* mit Zufallsgesellschaften und (meist) freigehalten von Spontanvegetation. Bereichern in Vielzahl das → *Stadtökosystem* und sind für Stadtbewohner von großer visueller und psychologischer Bedeutung (→ *Stadtökologie*).

Splittersiedlung *splinter settlement*: in der → *Raumplanung* Bezeichnung für eine nichtselbstständige kleine Wohnsiedlung außerhalb von Ortschaften.

Spodosols *Spodosols*: (von *spodos* [griech.] = Holzasche) in der → *US Soil Taxonomy* (2014) Böden mit einem spodic → *B-Horizont*, d.h. → *Auswaschung* → *organischer Substanz* sowie von Aluminium und Eisen.

spontanes Ereignis *spontaneous event*: v. a. bezogen auf → *Naturgefahren* (→ *Naturgefahrengruppen*). S. E. sind relativ gesehen kurze (z. B. im Minuten- oder Stundenbereich) Prozesse, die ohne Ankündigung erfolgen (z. B. → *geologisch-geomorphologische Naturgefahren*). Die s. E. wirken v. a. im Zusammenhang mit → *Naturkatastrophen*. S. E. können zugleich auch → *seltene Ereignisse* sein.

Spontansiedlung *spontaneous settlement*: Elendsquartier am Rande einer größeren Stadt in einem so genannten → *Entwicklungsland*. Der Name bezieht sich auf die rasche ungeplante Entstehung der → *Siedlung*; er ist weitgehend identisch mit → *Squattersiedlung*.

Sporn *spur*: größerer oder kleinerer, meist schmal-länglicher Vorsprung aus einer größeren → *Vollform*, wie Vorsprünge an → *Schichtstufen* (im Sinne der → *Auslieger*) oder Vorausstadien bei der Bildung eines → *Umlaufberges*.

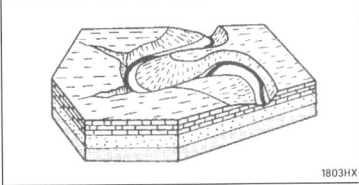

Sporn

Sporttourismus *sport tourism*: Reisen, meist von einem halben Tag bis zu wenigen Tagen Dauer, i. d. R. am Wochenende, die mit aktiver Wettkampfsportausübung (Fahrten zu Turnieren, Meisterschaftsspielen usw.) oder mit der Rolle als Zuschauer bei Sportveranstaltungen in Zusammenhang stehen. In Deutschland spielen Reisen von Vereinsanhängern zu Fußballspielen die größte Rolle. Reisen zur Ausübung von → *Freizeitsport* fallen nicht unter den Begriff S..

Sprachgebiet (Sprachraum, Sprachlandschaft) *language area*: → *Raum* mit einer einheitlichen Sprache (einschließlich der Sprachvarietäten, z. B. Dialekte). Als S. wird insbesondere ein Raum bezeichnet, in dem eine bestimmte Sprache als Muttersprache oder → *Verkehrssprache* gesprochen wird. S. sind meist, jedoch nicht immer, identisch mit den → *Wohngebieten* bestimmter → *Völker*. In Räumen gemischter Volkstumszugehörigkeit oder in Wohngebieten ethnischer → *Minderheiten* kann es zur Überlagerung mehrerer S. kommen. S. werden durch → *Sprachgrenzen* voneinander getrennt.

Sprachgrenze *language border, language boundary*: → *Grenze*, durch die zwei → *Sprachgebiete* voneinander getrennt werden. S. sind seltener als klare Grenzlinien ausgebildet; meist haben sie den Charakter mehr oder weniger breiter → *Grenzsäume*, in denen zweisprachige Bevölkerungsgruppen oder Sprecher der benachbarten Sprachen gemischt wohnen.

Sprachinsel *language island*: deutlich abgrenzbares Gebiet innerhalb eines größeren anderssprachigen Raumes, in dem eine eigene Sprache gesprochen wird. Oft handelt es sich um → *Rückzugsgebiete* von Ureinwohnern des Landes oder um Siedlungsgebiete → *ethnischer Gruppen* als Minderheiten, die sich häufig auch in anderer Hinsicht (Volkstum, Religion, Wirtschaftsweise usw.) von der Bevölkerung des Gesamtraumes unterscheiden.

Sprachlandschaft → *Sprachgebiet*.
Sprachraum → *Sprachgebiet*.
Sprachwissenschaftliche Wende → *linguistic turn*.

Spreizungszonen → *Sea-Floor-Spreading*.
Sprengel *parish, diocese*: ursprünglich der Amtsbezirk eines Geistlichen (Bereich einer Pfarrei oder Diözese, → *Kirchengemeinde*); davon abgeleitet auch Verwaltungsgebiet oder Amtsbezirk einer Behörde oder staatlichen Einrichtung (z. B. Gerichts-S., Schul-S.).

Springflut *spring tide*: der bei Neumond und Vollmond erhöhte Stand des → *Hochwassers* der → *Flut* (→ *Gezeiten*), wenn die Anziehungskräfte des → *Mondes* und der → *Sonne* in Konjunktion oder Opposition wirken (→ *Sturmflut*).

Spritzwasserzone *splash zone, spray zone, supratidal zone*: an → *Steilküsten* jener oberste Bereich, der nur von Spritzern der → *Brandung* erreicht wird. Je nach ständiger, häufiger oder seltener Benetzung ergeben sich unterschiedliche Bereiche für → *Verwitterung*, → *Kleinrelief* und Lebensstätten des → *Bios*.

Sprühregen (Niesel) *drizzle*: feinster, wenig ergiebiger flüssiger → *Niederschlag* mit Tropfen um 0,05 mm Durchmesser.

Sprung *fault, displacement*: → *Verwerfung*.

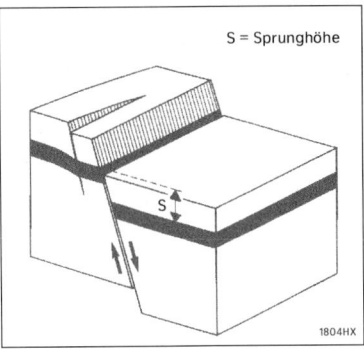

Sprung

Sprunghöhe *fault displacement*: Betrag der vertikalen Versetzung an einer Verwerfungsfläche (→ *Bruch*, → *Sprung*).

Sprungschicht (thermische Sprungschicht) *thermocline, metalimnion*: 1. im geschichteten Wasser eines → *Sees* der oberflächennahe, geringmächtige Bereich, in dem die → *Temperatur* rasch abnimmt (→ *Metalimnion*). Die S. ist eine Folge der schlechten Wärmeleitfähigkeit des Wassers, die bedingt, dass sich die sommerliche Erwärmung auf die oberste Wasserschicht (→ *Epilimnion*) konzentriert, welche mehr oder weniger scharf abgetrennt über dem kühlen Tiefenwasser (→ *Hypolimnion*) liegt. Die Mächtigkeit der erwärmten → *Schicht* – und damit die Tiefe der S. – hängt von der Stärke des Windeinflusses ab. Starker → *Wind* setzt die S. wegen der turbulenten Durchmischung von warmem Oberflächenwasser mit kühlem Wasser tiefer. Ein Seewasserkörper mit einer S. ist sehr stabil geschichtet (→ *Seezirkulation*) 2. Sprungschicht in der → *Atmosphäre*, d.h. eine Luftschicht, in der sich die Temperatur rasch ändert (Grenze zweier Luftmassen; → *Inversion*, → *Sperrschicht*).

Sprungsystem *fault system*: räumlich dichte Abfolge parallel zueinander verlaufender → *Brüche* (→ *Bruchbüschel*).

Sprungwelle *spring wave*: Flutwall der → *Springflut* in Trichtermündungen (3–4 m hoch; → *Ästuar*).

spülaquatisch *erosion by overland flow*: → *Abtragung* durch flächenhaft abrinnendes Niederschlagswasser im Sinne der → *Spüldenudation*.

Spüldenudation *erosion by overland flow, denudation by water*: durch oberflächlich abfließendes Wasser (→ *Oberflächenabfluss*) wird Feinmaterial an Hängen flächenhaft abgetragen (→ *Denudation*). Neben dem linienhaften Abtrag (→ *Erosion*) wichtiger Prozess der → *Bodenerosion* (→ *Flächenspülung*, → *Spülfläche*, → *Rille*, → *Rinne*, → *spülaquatisch*).

Spülfläche *wash plain*: → *Flachform*, durch → *Flächenspülung* bzw. → *Spüldenudation* in einer Regolithdecke (→ *Regolith*) entstehend.

Spülflut *wash flood*: unscharfe Bezeichnung für linear-flächenhaft bis flächenhaften Abfluss mit Abtragswirkung. Die S. wirkt geomorphologisch als → *Flächenspülung*.

Spülmulde (Flachmuldental (1)) *denudation trough*: 1. sehr flaches, weit gespanntes Tal auf den Spülflächen der wechselfeuchten Tropen. Die S. führt jahreszeitlich Wasser und kann dann große Sedimentmengen transportieren (→ *Spüldenudation*). Die S. hat kein gleichmäßiges, zugleich aber nur ein geringes → *Gefälle* und keine morphologisch deutliche Begrenzung zu den umgebenden Flächen (→ *Flächenspülung*). 2. in der Theorie der → *Doppelten Einebnungsfläche* ist die S. eine Abtragungshohlform in linearen Abflusssystemen auf → *Rumpfflächen*, die zur Tieferlegung großräumiger bzw. weit gespannter und nur wenig geneigter Flachformen in der Rumpfflächenlandschaft der wechselfeuchten Tropen und Subtropen führt. Zwischen einzelnen S. befinden sich schwach geneigte Schwellen als sog. Spülscheiden (→ *Wasserscheide*).

Spülpediment *washpediment*: → *Flachform* → *arider* bis → *semihumider* Gebiete; an sich eine → *Felsfußfläche*, die überwiegend durch → *Flächenspülung* entstand.

Spülsaum *wash margin/fringe*: entsteht bei der Bildung des → *Strandwalles*, der die steilere Böschung dem Meer zukehrt. Vom S. werden Tang, Seegras und Holz mit dem → *Schwall* den → *Strand* aufwärts befördert und dort als bogenförmige Materialstreifen nach dem Abrinnen des Wassers angesetzt. Verschiebt sich die Wasserlinie auf Dauer, entsteht im Bereich des S. ein neuer → *Strandwall*.

Spülsockel *wash base[ment]*: präzisiert den Begriff → *Spülpediment* der wechselfeuchten Tropen, dessen Vorkommen an tiefgründige → *chemische Verwitterung* (→ *Regolith*) gebunden ist und damit an sich nicht dem Charakter eines → *Pediments* bzw. einer → *Felsfußfläche* entspricht.

Spurenelement *trace element*: → *Spurennährelement*.

Spurennährelement (Mikronährelement, Spurenelement) *micronutrient*: → *Nährelemente*, die von den Lebewesen nur in geringen bis geringsten Mengen benötigt werden, die jedoch v.a. für Stoffwechselfunktionen absolut lebensnotwendig sind. Insgesamt sind ca. 50 solcher S. in den Lebewesen nachgewiesen. Im → *Boden* gelten sieben S. als sehr wichtig. Sie treten dort in unterschiedlicher Konzentration auf. Eisen, Mangan und Chlor sind relativ reichlich vorhanden. Bor, Molybdän, Zink und Kupfer sind dagegen unter natürlichen Bedingungen nur in geringsten Mengen im → *ppm*- bis ppb-Bereich verfügbar. Besonders wichtig für Tiere und Pflanzen sind Eisen, Kupfer, Mangan, Zink; speziell für Tiere auch Kobalt, Fluor, Jod und Selen, speziell für Pflanzen Bor und Molybdän (→ *Nährstoffhaushalt*).

Spurenstoffe *trace elements*: in der → *Atmosphäre* neben den Hauptbestandteilen → *Stickstoff*, Sauerstoff und dem → *Wasserdampf* alle natürlichen und künstlichen Stoffe, welche in geringer Konzentration Bestandteile des atmosphärischen Luftgemisches sind (Argon, → *Kohlendioxid*, Neon, Wasserstoff, Helium, Krypton, Xenon, Ammoniak, → *Ozon*, Wasserstoffperoxid, Jod, → *Radon* und Verun-

reinigungsstoffe wie → *Staub*, → *Schwefeldioxid*, künstlich angereichertes Kohlendioxid, → *Kohlenmonoxid*, Stickoxide).
Spurwechsel *change of gauge*: Übergang eines Zuges von einer → *Spurweite* auf eine andere – v. a. mithilfe untergesetzter Rollböcke – wird insbesondere im Güterverkehr an den Grenzen von Ländern verschiedener Spurweite durchgeführt, um ein Umladen zu vermeiden.
Spurweite *gauge*: bei Kraftfahrzeugen die Achsbreite (Abstand der Reifenmitten), bei Bahnen der Abstand der Schieneninnenkanten. Bei Letzteren unterscheidet man zwischen → *Normalspur*, → *Breitspur* und → *Schmalspur* (→ *Spurwechsel*).
SQL Structured Query Language. Programmiersprache zur Verwaltung relationaler Datenbanken. In der → *GIS*-basierten Analyse von → *Geodaten* können mit SQL in → *Geodatenbanken* abgelegte Datenbestände bspw. gefiltert und auch verändert werden.
Squatter *wilder Siedler*: eine Person, die Land besiedelt oder besetzt, ohne dazu die nötigen Rechte zu besitzen oder Miete oder Pacht zu entrichten.
Squattersiedlung *squatter settlement*: → *Hüttensiedlung*, die spontan und ohne Erlaubnis der Behörden oder des Grundeigentümers auf fremdem Boden errichtet wird. Die S. entstehen vornehmlich in so genannten → *Entwicklungsländern* am Rand von → *Großstädten*, teilweise auch in zentrumsnahen Bereichen. Die S. werden zum kleineren Teil direkt von Zuwanderern aus → *ländlichen Räumen* errichtet; meistens wohnten die Squatter vorher in innerstädtischen → *Slums*. Nicht selten ist daher der Einzug in eine S. für die Siedler ein sozialer Aufstieg.
SRTM *Shuttle Radar Topography Mission*: Weltraummission zur → *fernerkundlichen* Gewinnung von → *Radardaten*, die zur Ableitung eines weltweit einheitlichen und hochaufgelösten → *digitalen Geländemodells* (→ *DGM*) dienen. Das geodätische Referenzsystem der Geländedaten ist WGS84.
SST → *supersonic transport*.
S-Strategie → *Lebensstrategie*.
Staat *state*: als politische Einheit ein abgegrenzter Teilraum der Erdoberfläche mit einer → *Bevölkerung*, die sich als → *Staatsvolk* im Rahmen einer gemeinsamen Rechtsordnung zusammengeschlossen ist und die, vertreten durch eine Regierung, im Inneren Hoheitsgewalt zur Wahrung dieser Rechtsordnung ausübt sowie nach außen → *Souveränität* gegenüber anderen S. besitzt. Wichtigste Regierungsformen des S. sind → *Republik* und → *Monarchie*. Nach der ethnischen Zusammensetzung der → *Bevölkerung* unterscheidet man vor allem → *National-* und → *Nationalitätenstaat*. S. können sich zu → *Staatengruppen*, → *Staatenbünden* und – unter Aufgabe ihrer Souveränität – → *Bundesstaaten* zusammenschließen. 2017 bestanden auf der Erde 193 S. mit UN-Mitgliedschaft und 12 S., deren Status als S. international z. T. strittig ist. Zentraler Forschungsgegenstand der Politischen Geographie. Bezeichnet im allgemeinsten Sinn eine Herrschaftsform, die durch eine Reihe zentralisierter Institutionen über einen durch sichtbare oder unsichtbare Grenzen definierten Raumausschnitt (→ *Territorium*) das Gewaltmonopol (→ *Souveränität*) ausübt.
Staatenbund *confederation*: Zusammenschluss souveräner → *Staaten*, ohne dass ihre völkerrechtliche Unabhängigkeit – wie beim → *Bundesstaat* – aufgegeben würde. Die zum S. zusammengeschlossenen Sachbereichen auf Teile ihrer Souveränität (z. B. Verteidigungs-, Wirtschafts- und Währungspolitik). S. sind z. B. Benelux oder die Afrikanische Union.
Staatsangehöriger *national, subject, citizen*: bezogen auf einen → *Staat* eine Person, die die → *Staatsangehörigkeit* dieses Staates besitzt. Dabei ist es unerheblich, ob der S. seinen Wohnsitz im betreffenden Staat hat oder nicht. I. d. R. besitzt nur der S., der auch im Heimatstaat wohnt, die vollen Bürgerrechte (→ *Bürger*).
Staatsangehörigkeit *nationality, citizenship*: Zugehörigkeit zum Staat und Besitz aller staatsbürgerlichen Rechte und Pflichten eines → *Staates*. Die S. wird durch Geburt als Kind eines → *Staatsangehörigen* oder durch → *Einbürgerung* (Zuerkennung der S.), in manchen Staaten auch durch Geburt im Inland – unabhängig von der S. der Eltern – oder durch Eheschließung mit einem Staatsangehörigen erworben. Dadurch kann sich u. U. eine doppelte S. einer Person ergeben.
Staatsbad *state-owned spa*: → *Heilbad*, dessen Kureinrichtungen in staatlichem Eigentum stehen und vom → *Staat* betrieben werden. In Deutschland sind das z. B. Bad Kissingen, Bad Oeynhausen und Norderney.
Staatsdomäne → *Staatsgut*.
Staatsgebiet *national territory*: das → *Territorium*, das der → *Gebietshoheit* eines → *Staates* untersteht. Zum S. gehören die durch → *Staatsgrenze* umschlossene Landfläche, der Luftraum darüber, der Erdraum darunter sowie die → *Territorialgewässer*. Innerhalb des S. übt der betreffende Staat → *Souveränität* aus, ausgenommen Gebiete oder Personen unter → *Exterritorialität*.
Staatsgrenze *state border, state boundary*: Außengrenze eines souveränen → *Staates*. Die S. ist i. d. R. durch völkerrechtlich gültige Verträge mit den Nachbarstaaten festgelegt und

demarkiert (→ *Demarkation*). S. dürfen i. d. R. nur an festgelegten Grenzübergangsstellen, an denen eine Pass- und Zollkontrolle vorgenommen werden kann, passiert werden (→ *Grenze*, → *politische Grenze*).

Staatsgut (Staatsdomäne) *state farm*: landwirtschaftlicher Großbetrieb, der in Besitz des Staates ist. S. fand man v. a. in den ehemals sozialistischen Ländern. Im sog. → *Ostblock* waren sie entweder durch Enteignung von Privatgütern oder durch Zusammenfassung mehrerer landwirtschaftlicher Betriebe entstanden (→ *Sowchose*). In Deutschland werden S. heute oft als Fortbildungszentren oder Versuchsanstalten für die Landwirtschaft genutzt (z. B. für den Weinbau).

Staatshaushalt *national budget*: Gegenüberstellung der Einnahmen und Ausgaben des → *Staates* in einem Haushaltsplan, getrennt aufgestellt von den jeweiligen Verwaltungseinheiten (in Deutschland: Bund, Länder, Gemeinden; → *öffentlicher Haushalt*).

Staatssiedlung *state settlement*: → *Siedlung*, die auf staatliche Veranlassung hin entstanden ist. Beispielsweise wurden in der Zeit des absolutistischen Landesausbaus im 18. Jh. im Rahmen der Erschließung von Mooren, Überschwemmungsgebieten und Heiden mithilfe von Glaubensflüchtlingen S. angelegt.

Staatssprache (Amtssprache) *national language*, *official language*: die offizielle Sprache eines → *Staates*, die insbesondere im amtlichen Schriftverkehr, in Politik, Wirtschaft und Kultur gebraucht wird. Die S. hat insbesondere in mehrsprachigen Staaten eine Bedeutung; sie ist meist die am weitesten verbreitete unter den Volkssprachen des Staates, kann aber auch die Sprache eines Eroberervolkes oder eine zumindest unter den oberen Sozialschichten verbreitete → *Verkehrssprache* sein (z. B. Englisch in Indien in den ersten Jahren der Unabhängigkeit).

stabiles Ökosystem *stable ecosystem*: Anwendung des Begriffes → *Stabilität* auf → *Ökosysteme*, wobei s. Ö. den → *labilen Ökosystemen* gegenübergestellt werden. S. Ö. befinden sich im Zustand eines relativen, → *dynamischen Gleichgewichtes*, der auf → *Störungen* reagieren kann, der aber durch Prozesse der → *Rückkopplung* das System wieder in seinen Ausgangszustand zurückkehren lässt. Die s. Ö. stagnieren demnach nicht, sondern sie befinden sich – innerhalb einer bestimmten Amplitude der Funktionen – in permanenter Veränderung.

Stabilität *stability*: allgemein das Vermögen eines → *Systems*, gegenüber Einwirkungen von außen seine Ordnung beizubehalten, wenn der Einwirkungsgrad dies zulässt, also das Vermögen zur → *Regeneration* nicht gefährdet wird. 1. einmal als → *Persistenz* (wenn die Variable eines Systems längere Zeit ihren Status behält), 2. als Resistenz (wenn das System Widerstandsfähigkeit gegenüber einem sich verändernden Faktor aufweist) und 3. als Resilienz (Elastizität), welche die Rückkehrgeschwindigkeit einer Systemänderung zum alten Zustand kennzeichnet. (labiles Ökosystem, Labilität, Schichtung). – in den → *Ökologien* werden → *dynamische Systeme* untersucht. S. eines dynamischen Systems gegenüber einer → *Störung* liegt dann vor, wenn das durch die Störung aus einem Gleichgewichtszustand gebrachte System in diesen wieder zurückkehrt. Dies geschieht durch → *Rückkopplung*, wodurch die → *Störung* kompensiert wird. Eine generelle S. gibt es nicht, sondern nur S. gegenüber bestimmten Typen oder Intensitäten von Störungen. – in der → *Bioökologie* mit Dreifachbedeutung. – in der Hydrologie und Hydroökologie bezieht sich S. auf die Wasserschichtung von Seen oder Talsperren, wo auch von Stagnation – gegenüber der Vollzirkulation – gesprochen wird. Durch die S. der Wasserschichtung haben das Oberflächenwasser (Epilimnion) und Tiefenwasser (Hypolimnion) im Sommer und Winter jeweils verschiedene Eigenschaften. In den Übergangsjahreszeiten tritt die Phase der Instabilität (Frühjahr, Herbst) ein, in denen Vollzirkulationen stattfinden kann. – in Klimatologie und Meteorologie ist die atmosphärische S. im engeren Sinne ein Maß für die thermische Schichtung der Atmosphäre. Bei starker Temperaturabnahme mit zunehmender Höhe über dem Boden besteht geringe S., bei schwacher Temperaturabnahme mäßige S., bei Isothermie (d. h. also Temperaturkonstanz), oder bei Temperaturzunahme (Temperaturumkehr, Inversion) herrscht starke S. Je stabiler die Luft geschichtet ist, desto geringer wird die Tendenz zu vertikalen Lufttransportprozessen.

Stabilitätsreihe *sequence of [weathering] stability*: Abfolge von → *Mineralen* oder Mineralgruppen, nach ihrer → *Verwitterungsstabilität* geordnet. Die S. der wichtigsten gesteinsbildenden → *Silikate* lautet: Olivine < Granat < Pyroxene < Amphibole < Biotit < Plagioklas < Orthoklas < Muskovit < Quarz.

Stadial (Stadium) *stade*: Abschnitt einer → *Kaltzeit* bzw. → *Eiszeit*, in welchem ein Eisvorstoß erfolgt. S. sind durch wärmere Abschnitte, die → *Interstadiale*, voneinander getrennt. Die S. sind die eigentlichen Eiszeiten, also Zeitabschnitte mit Eisausbreitung bzw. -vorstoß. Innerhalb eines S. können mehrere Einzelvorstöße auftreten, dann als Phasen bezeichnet, die durch Intervalle unterbrochen sind. Zu diesem eher pragmatischen Untergliederungen gehört auch der Begriff → *Staffel*. Die S. sind durch Endmoränen markiert.

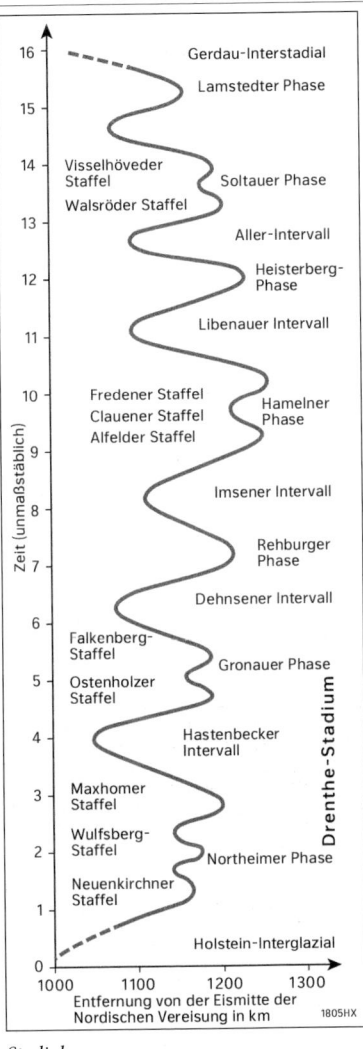

Stadial

stadiale Bodenbildung *stadial soil-formation*: → *fossiler Boden*, der in wärmeren Abschnitten („Intervallen") eines → *Stadials* entstand und in der Regel weniger gut entwickelt ist als die Böden eines → *Interglazials*, z. B. die → *Parabraunerden* des → *Eem*.

Stadientheorie (Wirtschaftsstufentheorie) *stages of growth theory*: von W. W. Rostow (1960) konzipierte → *Entwicklungstheorie*, die den historischen Ablauf des wirtschaftlichen Wachstums eines Staates in fünf Wachstumsstadien einteilt: 1. Die traditionelle Gesellschaft, 2. die Gesellschaft im Übergang (→ *pre-take-off*), 3. der wirtschaftliche Aufstieg (→ *take-off*), 4. die Entwicklung zur Reife und 5. das Zeitalter des Massenkonsums.
Nach der Vorstellung von Rostow durchlaufen alle Länder diese Stadien der Entwicklung (→ *Modernisierungstheorie*).

Stadium *stade (1.); stage (2./3.)*: allgemein ein Entwicklungszustand, meist auch zeitlich definiert. 1. in → *Glazialgeomorphologie* und → *Glazialgeologie* ein Eisvorstoß im Sinne des → *Stadials*. 2. in der → *Pflanzensoziologie* innerhalb einer → *Sukzession* ein Entwicklungsabschnitt, der floristisch definiert wird. 3. in der Entwicklungsphysiologie der → *Biologie* der Entwicklungszustand eines Organismus, z. B. das Larven-S. von Insekten.

Stadt *town, city*: formal gesehen eine administrative Einheit (→ *Gemeinde*) mit → *Stadtrecht* bzw. – nach statistischer Abgrenzung – eine Siedlung mit mindestens 2000 (→ *Landstadt*) oder 5000 Einwohnern (→ *Kleinstadt*). Aus geographischer Sicht sind derartige → *Stadtdefinitionen* weitgehend unbrauchbar. Hier müssen insbesondere funktionale, sozialgeographische und physiognomische Merkmale herangezogen werden, um die verschiedenen Ausprägungen des Siedlungstyps S. weltweit zu erfassen. Als Bestandteile einer Definition der S. – die teilw. nur während bestimmter Epochen oder in bestimmten Räumen zutreffen – sind zu nennen: – größere → *Einwohnerzahl* (im Vergleich zu → *ländlichen Siedlungen*), die in relativ viele → *Gruppen*, Milieus und → *Schichten* gegliedert werden kann; – relativ geschlossene Ortsform und dichte Bebauung; – Konzentration von Arbeitsstätten außerhalb der Landwirtschaft; – Multifunktionalität, verbunden mit stark arbeitsteiliger Wirtschaft und Beschäftigung ihrer Bewohner im → *sekundären* und → *tertiären Wirtschaftssektor* mit geringem Anteil der Landwirtschaft; – zentralörtliche → *Funktionen* für ein → *Umland*, v. a. im Bereich der Versorgung mit → *Gütern* und → *Dienstleistungen*, aber auch mit Arbeitsplätzen; – Bedeutung als Verkehrszentrum; – eine Lebensform ihrer Bewohner, die sich deutlich von der der → *Landbevölkerung* unterscheidet; – eine innere Differenzierung, insbesondere durch die Ausbildung von → *Stadtvierteln*.

Als allgemeines Merkmal gilt, dass die S. in sozio-ökonomischer, aber auch politischer und kultureller Hinsicht eine führende Rolle unter den Siedlungen eines Raumes spielt und als → *Innovationszentrum* des sozialen und technologischen Wandels fungiert (→ *Stadt-*

typ, → *Stadtklassifikation*, → *Einwohnergrößenklasse*).

Stadtbahn *city-railway, metropolitan railway*: schienengebundenes → *öffentliches Verkehrsmittel*, das dem innerstädtischen Personenverkehr und der Anbindung des → *Umlands* an die Stadt dient und große Bedeutung besonders für den → *Pendelverkehr* und den sonstigen Wirtschaftsverkehr besitzt. Der Begriff wird teilweise mit S-Bahn gleichgesetzt.

Stadtbegriff *concept of town*: der regional und zeitlich unterschiedlich zu bestimmende Inhalt der Siedlungs-, Lebens- und/oder Rechtsform → *Stadt*. Man kann insb. einen geographischen, soziologischen und verwaltungsjuristischen S. unterscheiden. Aber auch der geographische S. muss differenziert gesehen werden, je nachdem, ob von der Vorstellung eines → *Stadt-Land-Gegensatzes* oder eines → *Stadt-Land-Kontinuums* ausgegangen wird.

Stadtbevölkerung (städtische Bevölkerung) *urban population*: die in → *Städten* bzw. → *städtischen Siedlungen* lebende Bevölkerung. Die S. unterscheidet sich nicht nur durch ihren Wohnort von der → *Landbevölkerung*, sondern v. a. auch durch andere → *Sozialstrukturen*, Lebensstile und unterschiedliche raumrelevante Verhaltensweisen. Der Anteil der S. an der Gesamtbevölkerung eines Raumes wird als Maßzahl für den Grad der → *Verstädterung* verwendet. Internationale Vergleiche sind jedoch dadurch erschwert, dass Stadt und damit S. unterschiedlich definiert werden.

stadtbevorzugende Arten *urbano-philous species*: → *urbanophile* Arten.

Stadtbezirk *city district*: → *Stadtteil*, der in einigen deutschen → *Bundesländern* mit gewissen Selbstverwaltungsrechten ausgestattet ist. Die Einrichtung von S. ist in Bayern für → *Städte* mit mehr als 100 000 Einw. sowie in Nordrhein-Westfalen für → *Kreisfreie Städte* gesetzlich vorgeschrieben. In Baden-Württemberg und im Saarland besteht die Möglichkeit, nicht jedoch die Pflicht der Festlegung von S. In Hamburg und in Berlin gibt es die den S. vergleichbaren Bezirke; in Hessen und Rheinland-Pfalz existiert die Bezeichnung Ortsbezirk. In Niedersachsen gibt es S. nur in → *Großstädten*.

Stadtbild *townscape*: → *Physiognomie* einer → *Stadt*, insb. ihre → *Aufrissgestaltung* und das Aussehen ihrer Straßenzüge und Gebäude. Das S. wurde früher oft als Teil einer → *Stadtdefinition* herangezogen (z.B. dichte Bebauung); es ist häufig Ausdruck einer bestimmten Zeit (z.B. Kunstepochen) und kann zur Erklärung der Genese, ursprünglicher Funktionen, älterer → *Sozialstrukturen* usw. beitragen. Heute bemüht sich der → *Denkmalschutz* um die Erhaltung historisch und ästhetisch bedeutender S..

Stadtbildsatzung Instrument der → *Stadtplanung*, mit dem sich auf kommunaler Ebene Vereinheitlichungen im Aufrissbild des Baukörpers erreichen lassen. Die S. schreibt z.B. die Wahrung historischer Stilelemente, wie auch die farbliche Abstimmung benachbarter Fassaden vor. Mit einer S. kann das Ergebnis einer → *Altstadtsanierung* positiv beeinflusst werden.

Stadtbiota *urban biota*: Lebewesen des Lebensraumes → *Stadt*, die unter deren speziellen ökologischen Randbedingungen stadttypische → *Arealsysteme* ausbilden. Ihre Funktionszusammenhänge im → *Ökosystem* Stadt untersucht die Stadtökologie (→ *Stadtökosystem*).

Stadtböden *urban soils*: die durch das Bebauen und die Nutzung in ihrem Aufbau und ihren Eigenschaften veränderten oder auf künstlichen → *Substraten* völlig neu entstandenen Böden in Städten (→ *Stadt*) und → *Agglomerationen*. Vereinfacht lassen sich drei Gruppen unterscheiden: 1. Böden natürlicher Entwicklung, die durch vielfältige Einflüsse verändert wurden. 2. Böden auf Aufschüttungen oder Rückstandssubstraten industrieller Prozesse. 3. Versiegelte, d. h. also mindestens im Oberboden zerstörte Böden.
Die wichtigsten Einflüsse und Effekte der Veränderung natürlicher Böden sind Planierung und Mischung, Verdichtung durch Tritt, Befahren oder Bebauung, Umgestaltung des Wasserhaushaltes durch tiefere Grundwasserstände, → *Eutrophierung* und Alkalisierung durch → *Staub*, → *Abfall* und → *Abwasser* sowie Anreicherung von → *Schadstoffen* aus Immissionen von Verkehr, Gewerbe, Industrie und Hausbrand. Aus diesen Einflüssen resultieren einige verallgemeinerbare Eigenschaften der veränderten natürlichen Böden. Sie sind dichter, trockener, weniger sauer, nähr- und schadstoffreicher. Die Böden künstlicher Aufträge zeigen eine große Vielfalt je nach Art der Aufträge und der Gemenge aus natürlichen und künstlichen Substraten. Die wichtigsten künstlichen Substrate sind Bauschutt, Trümmerschutt, → *Asche*, → *Schlacke*, Industrieschlamm, → *Klärschlamm*, → *Müll* und → *Abraum*-Material des Bergbaus (→ *anthropogene Materialtypen*).

Stadtdefinition *definition of town*: das Problem, den in der Umgangssprache wie auch als Fachterminus verwendeten Begriff → *Stadt* exakt gegenüber anderen → *Siedlungsformen* und -typen abzugrenzen. Entsprechend dem unterschiedlichen → *Stadtbegriff* und dem Wandel der Stadt in Gesellschaft, Raum und Zeit ist eine allgemeingültige geographische

S. nur in sehr abstrakter und verallgemeinerter Form möglich.

Stadtdichte (Städtedichte) *urban density*: Anzahl der → *Städte* pro Flächeneinheit. Für einen bestimmten Raum, z. B. ein Land oder eine naturräumliche Einheit, wird die S. i. d. R. durch die Städtezahl pro 1000 km² angegeben.

Stadtdorf *urban village*: → *ländliche Siedlung* mit städtischem Aussehen. S. haben meist eine Größe zwischen ca. 2000 und 15 000 Einw.; sie erreichen jedoch auch Größenordnungen von über 50 000 Einw. Die Bewohner der S. sind vorwiegend agrarisch tätig und zwar entweder als ländliche Tagelöhner oder als Kleinbauern (→ *Kleinbetrieb*). Das S. ist besonders in den Gebieten der historischen → *Latifundienwirtschaft* des Mittelmeerraumes verbreitet. Der Begriff wird auch auf große, oft ehemals befestigte Rebbaugemeinden Mittel- und Westeuropas sowie auf die befestigten, großen Oasensiedlungen Nordafrikas angewandt (→ *Oasenstadt*, → *Oasenwirtschaft*).

Städteband *urban ribbon development*: achsiale Aneinanderreihung (→ *Punkt-achsiales Prinzip*) von Siedlungskernen entlang einer Verkehrsleitlinie (→ *Verkehrsachse*), ohne dass zwischen den → *Siedlungen* der Grad der Überbauung merklich abnimmt.

Städtebauförderungsgesetz *urban development law*: Gesetz über städtebauliche Sanierungs- und Entwicklungsmaßnahmen in den → *Gemeinden* der BRD (verabschiedet 1971, mehrere Neufassungen, 1987 in das → *Baugesetzbuch* übernommen). Das S. enthielt Vorschriften über die Vorbereitung, Durchführung und Finanzierung städtebaulicher Sanierungs- und Entwicklungsmaßnahmen (→ *Stadtsanierung*). Es ermöglichte den Gemeinden, anhand vorgegebener Kriterien die Sanierungsbedürftigkeit eines Stadtgebietes festzustellen und die förmliche Festlegung von Sanierungsgebieten zu beschließen.

städtebauliche Ordnung *town planning ordinance*: Erarbeitung baurechtlicher Festsetzungen für den Einzelfall als Teilgebiet des → *Städtebaus* bzw. als Aufgabengebiet der → *Stadtplanung*. Das Ergebnis der s. O. ist in den → *Bauleitplänen* fixiert.

Städtedichte → *Stadtdichte*.

Städteklasse *group of towns, class of towns*: Gruppe von → *Städten*, die aufgrund gleicher oder weitgehend ähnlicher Merkmale als zusammengehörig klassifiziert werden können. Im Gegensatz zum → *Stadttyp* basiert eine S. i. d. R. auf einer Quantifizierung, d. h. einer Zuordnung mithilfe statistischer Merkmale. Beispiele für S. sind → *Einwohnergrößenklassen*, Funktionsklassen (z. B. nach der Zahl der Beschäftigten in den einzelnen Wirtschaftsbereichen oder nach den zentralörtlichen Funktionen) oder sozio-ökonomische S. (meist nach der → *Erwerbs-* und → *Sozialstruktur* der Einwohner).

Städteklassifikation → *Stadtklassifikation*.

Städtenetz *city network*: Zusammenarbeit zwischen → *Städten* einer → *Region*, häufig auf informeller Basis, mit dem Ziel gemeinsamer → *Stadtmarketings* und gemeinsamer Anstrengungen zur Verbesserung der → *Verkehrs-* und → *Versorgungsinfrastruktur*, der Wirtschaftsförderung, Gewerbeansiedlung u. ä.. Beispiel: das sächsisch-bayerische S. Chemnitz/Zwickau/Plauen/Hof/Bayreuth.

Stadtentwicklung *urban development, town development, city development*: 1. Genese einer → *Stadt* von ihren Anfängen bis zur Gegenwart oder während einer bestimmten Epoche. Aufgrund der S. lassen sich historisch-genetische → *Stadttypen* definieren. 2. in der Terminologie der → *Raumplanung* wird demgegenüber S. als Aufgabe der → *Stadtplanung* im Sinne eines zukunftsorientierten Konzepts zur weiteren Entwicklung einer Stadt verstanden.

Stadtentwicklungsplanung *planned urban development*: planerische Erfassung und Steuerung der städtischen Entwicklung unter Beachtung der maßgeblichen → *raumwirksamen* Faktoren. Ziel der S. ist die Erstellung eines zeitlich und finanziell abgestimmten Stadtentwicklungsplans, der auf einem entsprechenden → *Flächennutzungsplan* beruht.

Städter *city-dweller, towns[wo]man*: Einwohner einer → *Stadt*. S. unterscheiden sich von den Bewohnern → *ländlicher Räume* nicht nur durch ihren Wohnort, sondern, in Verbindung damit, durch nicht-landwirtschaftliche Berufe sowie spezifisch urbaner → *Verhaltensweisen*. Unter den Bedingungen eines → *Stadt-Land-Kontinuums* ist eine klare Abgrenzung der S. gegenüber der → *Landbevölkerung* kaum möglich (→ *Stadtbevölkerung*).

Städtereise → *Städtetourismus*.

Stadterhebung (Stadtrechtsverleihung) *awarding, grant of town rights*: Verleihung des → *Stadtrechts* an eine → *Siedlung*. S. wurden von den Landesherren meist in bestimmter siedlungs- und wirtschaftspolitischer Absicht, zur Wahrung von Territorialinteressen, zur Förderung des Landesausbaus usw. vorgenommen. In Deutschland hat die S. heute keine wirtschaftlichen oder politischen Folgen mehr für die betreffende Siedlung.

Stadterneuerung *urban renewal/ regeneration*: zusammenfassender Begriff für alle Maßnahmen, die der Erhaltung, Verbesserung und zielgerichteten Weiterentwicklung von → *Städten* und → *Stadtteilen* dienen, und zwar bezüglich der Bausubstanz, der → *Infrastruktur*, der → *Wirtschafts-* und → *Sozialstruktur*.

Zur S. gehört auch die → *Stadtsanierung*. Strategien der S. werden v. a. von staatlicher Seite und wirtschaftlichen Akteuren forciert, um degradierte → *Innenstädte* und → *Quartiere* neu zu gestalten, was häufig zu lokalem Widerstand führt und oft mit einer Verdrängung ansässiger Bewohner einhergeht.

Stadterweiterung *urban extension*: bauliches Wachstum einer → *Stadt*. Der Begriff S. bezeichnet den Vorgang des Wachsens und den durch Anfügung neuer Baugebiete erreichten Zustand. Von S. wird dann gesprochen, wenn größere Baugebiete aufgrund einheitlicher Bebauungspläne schwerpunktmäßig an eine Stadt angefügt werden, etwa als neue Industriegebiete oder Wohnsiedlungen zur Unterbringung von Zuwanderern. Phasen allgemeiner S. in Deutschland waren z. B. die „Gründerjahre" Ende des 19. Jh. und die Zeit nach dem Zweiten Weltkrieg.

Städtesystem *urban system*: Gesamtheit der → *Städte* eines Raumes, z. B. einer → *Region* oder eines → *Landes*, wobei besonders die Beziehungen der Städte untereinander, ihre Größenverhältnisse, Interaktionen, sozioökonomischen Austausch- wie auch Konkurrenzbeziehungen, hierarchischen Über- und Unterordnungen usw. im Vordergrund stehen.

Städtetourismus (Städtereise) *city tourism*: Reise in eine historisch oder kunstgeschichtlich bedeutsame oder durch ihre natürliche Lage, ihre Einkaufsmöglichkeiten oder ihr Freizeitangebot attraktive → *Stadt* zum Zweck eines relativ kurzfristigen Aufenthalts (i. d. R. 1–4 Tage). S. wird als Individual- oder Gesellschaftsreise – häufig als → *Rundreise* – durchgeführt und findet häufig an Wochenenden statt. In Deutschland sind München, Berlin und Hamburg die beliebtesten Ziele des S.. Zum S. i. w. S. gehört auch der Tagungs-, Kongress- und Geschäftsreiseverkehr, der statistisch (z. B. → *Gästeübernachtungen* in Hotels) nicht vom freizeitorientierten S. zu trennen ist.

Städteverdichtung *increase of urban density*: Zunahme der → *Stadtdichte* in einem Raum. S. kann durch Neugründung von → *Städten* oder durch Wachstum und Funktionswandel von → *ländlichen Siedlungen* und ihr Überwechseln in die Kategorie der Städte geschehen.

Städtewesen *urban phenomenon*: zusammenfassender Begriff für das Vorhandensein von → *Städten* in einem Raum und die mit ihnen zusammenhängenden Phänomene, insb. wirtschaftlicher und sozio-kultureller Art.

Stadtfaktor *urban population rate*: prozentualer Anteil der → *Stadtbevölkerung* an der Gesamtbevölkerung eines Raumes (z. B. → *Staat*, → *Region*). Mithilfe des S. kann die → *Verstädterung* eines Landes quantitativ ausgedrückt werden, jedoch sind internationale Vergleiche wegen der unterschiedlichen Definition des → *Stadtbegriffs* erschwert.

Stadtfauna *urban fauna*: jene Tiere und ihre Gemeinschaften, die im Lebensraum → *Stadt* existieren und dort spezielle → *Arealsysteme* ausbilden, die von stadttypischen ökologischen Randbedingungen bestimmt sind, deren Funktionszusammenhänge die → *Stadtökologie* im Modell des → *Stadtökosystems* darstellt. Die S. unterscheidet sich von den → *Populationen* des Freilandes im Umland der Stadt durch eine unterschiedliche Entwicklungsgeschichte und z. T. abweichende populationsgenetische Merkmale. Für die S. wurde lange Zeit Artenausschließlichkeit angenommen, d. h. es kämen nur stadttypische Arten vor, während andere, z. B. aus dem Übergangsbereich zum Stadtumland bzw. aus dem Umland, nicht vorkämen, was jedoch nicht der Fall ist: Die S. setzt sich zusammen aus ursprünglich vorhandenen Arten (= Residualarten) und Einwanderern (= Immigranten; → *Stadtbiota*).

Stadtflora *urban fauna*: jene Pflanzen und ihre Gesellschaften, die im Lebensraum → *Stadt* existieren und dort spezielle → *Arealsysteme* bilden, die von stadttypischen ökologischen Randbedingungen bestimmt sind, deren Funktionszusammenhänge die → *Stadtökologie* im Modell des → *Stadtökosystems* darstellt. Die S. umfasst eine charakteristische Pflanzenwelt, die sich von den → *Pflanzengesellschaften* des Freilandes im Umland der Stadt unterscheidet. Artenzusammensetzung, → *Phänologie* und *Vitalität* werden von den Faktoren des jeweils real existierenden Stadtökosystem bestimmt, z. B. dem Immissionstyp und dem → *Stadtklima*, das den phänologischen Zustand regelt. Die S. setzt sich zusammen aus ursprünglich vorhandenen Arten (= Residualarten) und Einwanderern (= Immigranten; → *Phänologie*; → *Stadtbiota*).

Stadtflucht *urban outmigration*: umgangssprachliche Bezeichnung für die → *Stadtrandwanderung* oder → *Suburbanisierung*.

stadtflüchtende Arten *urbano-phobic species*: → *urbanophobe Arten*.

Stadtfunktion → *städtische Funktion*.

Stadtgas *city gas*: Brenngas, das von einem städtischen Gaswerk aus → *Kohle* erzeugt wird. Teilweise ist das S. ein entgiftetes Mischgas, dem → *Erdgas* zugesetzt wurde. In Deutschland verliert das S. zugunsten des reinen Erdgases zunehmend an Bedeutung.

Stadtgefüge *urban structure, town structure, city structure*: innere Struktur einer → *Stadt*. Das Gefüge einer Stadt ergibt sich aus der historischen → *Stadtentwicklung* und der gegenwärtigen räumlichen Anordnung der verschiedenen Funktionsstandorte in einer Stadt. Seinen Ausdruck findet das S. v. a. in der inne-

ren Differenzierung nach → *Stadtvierteln* und funktionalen → *Stadtteilen*.
Stadtgeographie *urban geography*: Teilbereich der → *Anthropogeographie*, der sich mit der → *Stadt* als Forschungsobjekt befasst. Insofern gehört die S. zur Teildisziplin → *Siedlungsgeographie*, hat aber durch eigene Forschungsmethoden und enge Zusammenarbeit mit Nachbarwissenschaften in der → *Stadtforschung* (urban studies) – zu der fließende Grenzen bestehen – durchaus noch Eigenständigkeit. Die S. untersucht → *Urbanität* als sozio-räumliches Phänomen, die Stadt bzw. → *städtische Siedlungen* nach Genese, Lage und → *Physiognomie*, Struktur und innerer Gliederung, Funktionen und Entwicklungsproblemen, der Struktur ihrer → *Bevölkerung* und ihren Verflechtungen mit anderen Raumkategorien, und zwar sowohl modellhaft verallgemeinernd als auch in ihren regionalspezifischen Typen. Neben den verschiedenen → *Stadttypen* und → *Städteklassen* untersucht die S. auch die größeren Komplexe der → *städtischen Agglomerationen*. (→ *Stadtökologie*, → *Stadtökonomie*) und planetarischen Urbanisierung.
Stadtgesellschaft *urban society*: → *Gesellschaft*, die in der sich geprägten → *Kulturlandschaft* ein → *Städtenetz* aufgebaut hat und in der die wichtigsten Funktionen politischer, wirtschaftlicher und kultureller Art in → *Städten* konzentriert sind. Seit der Antike wurden alle → *Hochkulturen* von S. getragen.
Stadtgestaltung *urban design*: Teilgebiet der → *Stadtentwicklungsplanung*. S. ist die planerische Umsetzung des Konzepts für ein angestrebtes → *Stadtbild*. Die S. ist das Spiegelbild der gesellschaftlichen Entwicklung bzw. architektonischer Strömungen. In jüngster Zeit hat auch ein verändertes Umweltbewusstsein Auswirkungen auf die S. gezeigt.
Stadtgewässer *urban waters*: → *urbane* Gewässer oder S. sind solche, die – anders als in der freien Landschaft z. B. im → *Umland* einer Stadt – den charakteristischen technischen und ökologischen Einflüssen urban-industrieller Räume unterliegen. Es sind → *natürliche* (Flüsse, Seen, Teiche) und/oder künstliche, d. h. technogene Gewässer wie Parkgewässer, Regenrückhaltebecken, Hafenbecken, Kanäle oder Entwässerungsgräben. Im weiteren Sinne gehört dazu auch das weit verzweigte Netz der → *Kanalisation* der → *Stadt* (→ *Stadtökosystem*).
Stadtgliederung *urban structure*: Untergliederung einer → *Stadt* in Teilräume, insb. in → *Stadtviertel*, die nach Kriterien der Homogenität, der Funktionalität, der Genese oder der → *Physiognomie* vorgenommen werden kann. Geographisch relevante S. sind z. B. die → *wirtschaftsräumliche* und die → *sozialräumliche Gliederung*, die Gliederung nach der überwiegenden Flächennutzung (Wohn-, Industriegebiet usw.) oder nach der → *innerstädtischen Hierarchie* der → *Versorgungszentren* (→ *City*, → *Subzentren*).
Stadtgrenze *urban boundary*: kommunale → *Grenze*, die das Gebiet einer → *Stadt* von dem ihrer Nachbargemeinden trennt. Diese verwaltungsmäßige S. ist – insb. unter der Voraussetzung eines → *Stadt-Land-Kontinuums* – i. d. R. nicht identisch mit der Grenze der Stadt als bauliche, funktionale oder bevölkerungsmäßige Einheit, die meist eine beträchtliche Zahl von Gemeinden außerhalb der S. einschließt (→ *Stadtregion*, → *Agglomerationsraum*).
Stadtgröße *town-size*: die durch die → *Einwohnerzahl* ausgedrückte Größe einer → *Stadt*. In der Statistik dient die S. dazu, um Städte nach ihrer Zugehörigkeit zu einer → *Einwohnergrößenklasse* zu klassifizieren. Bei → *Stadtdefinitionen* wird häufig eine gewisse Mindestgröße verlangt, um eine → *Siedlung* als Stadt bezeichnen zu können.
Stadtgrün (urbanes Grün) *urban green, city green, town verdure, greenery*: alle Arten von → *Grünflächen* in der → *Stadt*, mit ursprünglich nur schmückender Funktion. Der integrative Ansatz der → *Stadtökologie* stellt jedoch heraus, dass stadtklimatische, lufthygienische, biogeographische und psychologische Sachverhalte in → *Wirkungsgefüge* bilden, in welchem die S. einen wesentlichen Bestandteil des → *Stadtökosystems* darstellen kann. Das S. steht darin im Zusammenhang mit Biotopbildungsfunktion, → *Naturschutz*, → *Bioindikatoren*, → *Klimaschutz*, → *Bodenschutz*, → *Lärmschutz*, → *Erholung* und → *Stadtbild*. Zum S. gehören neben allen einschichtigen (z. B. Rasen) und mehrschichtigen (Parks, Friedhöfe, → *Stadtwälder*) Grüns auch → *Fassaden-* und → *Dachgrün* sowie → *Gärten*.
Stadtgründung *foundation of a town*: durch eine Regierung oder – in historischer Zeit – einen Landesherrn vorgenommene Gründung einer Siedlung, die von vornherein das → *Stadtrecht* und → *städtische Funktionen* bekommt. Im Gegensatz zur S. steht die → *Stadterhebung* einer schon vorher bestandenen → *Siedlung*.
städtische Agglomeration (städtischer Verdichtungsraum) *urban agglomeration*: Synonym zu → *Agglomerationsraum*, → *Verdichtungsraum* oder → *Ballungsgebiet*, das benutzt wird, um auf den städtisch/großstädtischen Charakter dieser Raumkategorien hinzuweisen.
städtische Bevölkerung → *Stadtbevölkerung*.
städtische Brachflächen *urban fallow areas*: entstehen durch nicht mehr traditionell genutzte und damit aufgelassene In-

dustrie-, Hafen- und Eisenbahnflächen sowie aus Trümmer- und Lagerflächen. Besitzen stadtökologische Bedeutung, weil sie meist warme und trockene Standorte repräsentieren (→ *Ruderalflächen*). Zunächst erscheinen → *Pionierpflanzen*. Bei längerer Zeit der → *Brache* stellt sich meist eine artenreiche Flora ein. Es entstehen → *naturnahe* → *Biozönosen* und → *Sukzessionen*, oft mit submediterranen bis mediterranen Floren- und Faunenelementen (→ *Stadtflora*, → *Stadtfauna*, → *Stadtökosystem*, → *Umnutzungen*).

städtische Funktion (Stadtfunktion) *urban function*: Aufgabe bzw. Tätigkeit, die der → *Stadt* als Raumkategorie eigen ist und von ihr ausschließlich oder bevorzugt wahrgenommen wird. Vielfach dienen die s. F. dazu, im Rahmen einer → *Stadtdefinition* Städte als solche zu klassifizieren. Die wichtigsten s. F. sind Industrie- und Dienstleistungsfunktionen, darunter z. B. Versorgungs-, Verwaltungs- und zentralörtliche Funktion. Zu einer voll ausgebildeten Stadt gehört → *Multifunktionalität*, d. h. die Wahrnehmung verschiedener s. F..

städtische Lebensform *urban way of life*: typische Art und Weise, in der das Leben in einer → *Stadt* und dasjenige ihrer Bewohner abläuft, im Unterschied zur Lebensform des → *ländlichen Raumes*. Zur s. L. gehören insbesondere die Existenz einer Vielzahl von → *sozialen Gruppen*, → *Milieus* und → *Schichten* mit vielfältiger kultureller, beruflicher Differenzierung und mit typischen raumrelevanten Verhaltensweisen, Tätigkeiten im Bereich des → *sekundären* und → *tertiären Sektors* der Wirtschaft sowie Versorgungsfunktionen für ein → *Umland*.

städtische Siedlung *urban settlement*: zusammenfassende Bezeichnung für voll ausgebildete → *Städte* sowie Siedlungen, die zwar gewisse → *städtische Funktionen* ausüben, aber wegen des Fehlens anderer in einer Stadtdefinition verlangter Merkmale nicht als Stadt bezeichnet werden können. Zu Letzteren gehören z. B. kleine → *Marktorte* im → *ländlichen Raum* oder stark urbanisierte → *Stadtrandgemeinden* von → *Großstädten*, die, funktional gesehen, eher den Charakter eines → *Vororts* aufweisen.

Städtische Wärmeinsel *urban heat island*: sie geht auf die → *Wärme*produktion der → *Stadt* und deren Wärmespeichervermögen zurück und ist Bestandteil des in der untersten → *Troposphäre* (→ *Peplosphäre*) entwickelten → *Stadtklimas*. Sie ist Ausdruck einer positiven Wärmeanomalie („Überwärmung") gegenüber dem kühleren Freiland im → *Stadtumland*. Sie erweist sich als dynamischer Komplex und stellt – allein wegen der heterogenen Stadtstrukturen (Unterschiede bei Gebäudemassierungen, Vermischung mit Freiflächentypen, Verzahnung mit den Nutzflächentypen des Umlandes etc.) – einen dreidimensionalen Wärmekörper mit Wärmedomen dar, der sich tages- und jahreszeitlich, aber auch durch → *Wetter* und → *Witterung*, thermisch ständig verändert, einschließlich seiner horizontalen und vertikalen Ausdehnungen. Gestalt und thermische Intensitäten, aber auch die Dynamik der S. W. können zusätzlich von der Georeliefgestalt (Tal-, Becken-, Tieflandlage etc.) mitbestimmt sein. Die S. W. ist in die Gliederung der Stadtatmosphäre „eingehängt", d. h. sie differenziert diese räumlich und zeitlich. Zu dieser „oberirdischen", d. h. in der Stadtatmosphäre entwickelten → *Wärmeinsel* kommt noch eine unterirdische im Untergrundbereich mit den Wärmespeichermedien → *Oberflächennaher Untergrund* und Grundwasser. Das → *Bioklima* in der Stadt wird wesentlichen von den Merkmalen der S. W. mitgeprägt und vom Menschen daher i. d. R. als (thermisch) belastend empfunden.

Städtischer Bergbau *urban mining*: Sammelbezeichnung für verschiedene Arten des → *Recyclings* in der Stadt, wo aus mineralischen Rückbaustoffen und Metallschrott (Haushalt, Gewerbe, Bauwesen) → *Eisen*, Kupfer und andere Metalle, bis hin zu seltenen Metallen wie Lithium, gewonnen werden können. In der Schweiz wird das städtische „Kupferlager" auf über 250 kg/Einw. geschätzt. In einem Durchschnittshaus können ca. 200 kg Kupfer verbaut sein. Bei zunehmendem globalen Rohstoffbedarf und aufwändigen Bergbauverfahren zur Gewinnung mineralischer → *Rohstoffe* erscheint der noch wenig verbreitet S. B. als alternative Rohstoffquelle.

städtischer Verdichtungsraum → *städtische Agglomeration*.

Stadtkern *urban core*: zentraler Bereich einer → *Stadt* mit der stärksten baulichen Verdichtung und der höchsten Konzentration → *städtischer Funktionen*. Der S. ist i. Allg. identisch mit der → *City* bzw. dem Hauptgeschäftsgebiet. Gelegentlich wird der Begriff S. nur für historische Städte verwendet und mit → *Altstadt* gleichgesetzt.

Stadtklassifikation (Stadtklassifizierung, Städtklassifikation) *classification of towns*: Ordnung und Gliederung der → *Städte* eines Raumes in → *Städteklassen*. Der Begriff S. wird teilw. gleichbedeutend mit → *Stadttypisierung* gebraucht, meist aber auf solche Zuordnungsmethoden beschränkt, die quantitativ arbeiten (z. B. wirtschaftliche S. mittels statistischer Maßzahlen).

Stadtklassifizierung → *Stadtklassifikation*.

Stadtklima *urban climate*: das → *Klima* der urban-industriellen Gebiete, aber auch kleinerer → *Städte*, das sich durch Baukörpermassierung, stadtspezifische Nutzflächentypen, → *Versiegelung* der natürlichen Erdoberfläche sowie die Konzentration der Standorte von → *Emittenten* (Industrie, Gewerbe, Hausbrand), Vegetationsarmut und den → *Verkehr* ergibt. Dadurch unterscheidet es sich vom Freilandklima im städtischen Umland. Es kann durch die topographische Lage der Stadt und das → *Georelief* zusätzlich modifiziert werden. Das S. weicht vom → *Makroklima* durch ein anderes Strahlungsverhalten und ein anderes Windfeld ab. Es ist ein mesoskalig betrachtetes → *anthropogenes* Klima mit eigenständigem, stadttypischen → *Wärmehaushalt*, der von der → *Einstrahlung* und von der Wärmeproduktion der Stadt bestimmt ist und eine v. a. oberirdische → *Wärmeinsel* bildet. Zum S. gehört die von den Emissionen verursachte → *Dunstglocke*. Das S. zeichnet sich aus durch nächtliche Sommerwärme (Wärmespeicherung durch Baukörper), Wintermilde (durch Abwärmeproduktion), relative Luftruhe (Brechen des → *Gradientwindes* durch → *Rauheit* [→ *Bodenreibung*]), aber auch Windkanal- bzw. Düsen- und Eckeneffekte durch die Baukörperanordnung und -abstände. Die lufthygienisch ungünstigen → *Aerosole* über der Stadt durch → *Staub*, → *Rauch* und → *Abgase* sowie deren Aufwirbelung durch den Verkehr bedingen Lufttrübung, → *Dunst* und fördern z. T. die Nebelhäufigkeit (→ *Stadtnebel*). Die sommerlichen und winterlichen Temperaturunterschiede gegenüber dem Freiland in Mitte der Stadt können je nach deren Größe 3-10 K erreichen. Das S. gilt bioklimatisch als ein Belastungsklima (→ *Bioklima in der Stadt*).

Stadtkreis *urban district, municipal district*: häufig gebrauchte Bezeichnung für → *Kreisfreie Stadt* im Gegensatz einerseits zum → *Landkreis*, andererseits zur → *kreisangehörigen Gemeinde*.

Stadtkultur *urban culture*: → *Kultur*, die sich in einer → *Stadtgesellschaft* entwickelt hat und deren wesentliche materielle und immaterielle Leistungen in → *Städten* entstanden. Typische S. waren z. B. die antiken Kulturen im Mittelmeerraum.

Stadt-Land-Beziehung *urban-rural-relationship*: Interaktion zwischen → *städtischen* und → *ländlichen Siedlungen* und Räumen, besonders im sozio-ökonomischen Bereich. Die Art der S.-L.-B. basiert v. a. auf den unterschiedlichen Funktionen der beiden → *Raumkategorien*. Die wichtigsten S.-L.-B. sind versorgungsfunktionaler Art (Versorgung eines ländlichen → *Einzugsgebiets* durch einen → *Zentralen Ort* bzw. Nahrungsmittelversorgung einer → *Stadt* durch die Landwirtschaft im ländlichen Raum; → *Stadt-Land-Dichotomie*, → *Stadt-Land-Kontinuum*).

Stadt-Land-Dichotomie (Stadt-Land-Gegensatz) *rural-urban dichotomy*: insbesondere in → *Agrargesellschaften* und in → *Entwicklungsländern* anzutreffende → *Raumstruktur*, bei der sich → *Stadt* und → *ländlicher Raum* als zwei gegensätzliche → *Raumkategorien* klar unterscheidbar gegenüberstehen. Die S.-L.-D. bezieht sich v. a. auf die → *Bevölkerungs*- und → *Wirtschaftsstruktur*, auf Verhaltensweisen der Bevölkerung, aber auch auf die Funktionen und die Physiognomie der Siedlungen. In den → *Industrieländern* ist die S.-L.-D. weitgehend durch ein → *Stadt-Land-Kontinuum* abgelöst worden.

Stadt-Land-Gegensatz → *Stadt-Land-Dichotomie*.

Stadt-Land-Kontinuum *rural-urban continuum*: → *Raumstruktur*, die im Gegensatz zu der sich historisch entwickelten → *Stadt-Land-Dichotomie* steht. Beim S.-L.-K. stehen sich → *Stadt* und → *ländlicher Raum* nicht mehr als klar unterscheidbare → *Raumkategorien* gegenüber, sondern es existiert aufgrund des Prozesses der → *Urbanisierung* ein breites Spektrum von Übergangsformen.

Stadtlandschaft *urban landscape*: Teilraum der → *Kulturlandschaft*, der nach seiner → *Physiognomie* (weitgehend zusammenhängende Bebauung städtischer Nutzung), seinen Funktionen (→ *städtische Funktionen*) und seiner Struktur (→ *Wirtschafts*- und → *Bevölkerungsstruktur*) ganz überwiegend von → *Städten* bzw. → *städtischen Siedlungen* geprägt wird. Insb. → *städtische Verdichtungsräume* können als S. bezeichnet werden. Ein Beispiel für eine großräumige S. ist das Ruhrgebiet.

Stadtmarketing *city marketing*: Entwicklungskonzept für eine → *Stadt*, das darauf aufbaut, mithilfe einer → *Verbesserung* des → *Images* der Stadt, der Förderung kreativer Ideen, der Mobilisierung der Bevölkerung, der Einbeziehung von Akteuren aus Verwaltung, Wirtschaft, Politik und Vereinen usw., die Stadt für Außenstehende attraktiver zu machen. Zielgruppen der S. sind insb. Unternehmen auf Standortsuche, der Einzelhandel und Tourismus.

Stadtmauer *town wall*: ursprünglich zu Befestigungszwecken (d. h. als Schutz gegen feindliche Angriffe) errichtete Mauer um eine → *Stadt*, oft auf einem Wall, mit Türmen und Toren und meist mit vorgeschaltetem Graben. S. sind weltweit ein kulturhistorisches Kennzeichen aus der Zeit vor der modernen Kriegstechnik. In Mitteleuropa wurden die meisten S. im Laufe der → *Stadterweiterungen* des 19. Jh. geschleift (abgebrochen).

Stadtmitte → *Stadtzentrum*.

Stadtmodell *town model*: idealtypische Vorstellung vom strukturellen Aufbau und von der Gliederung einer → *Stadt*. Dabei ist es not-

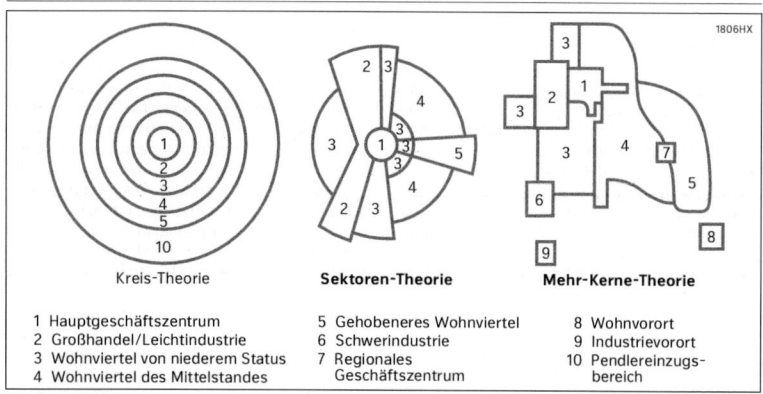

Stadtmodelle

wendig, entsprechend der Differenzierung in verschiedenen Kulturräumen unterschiedliche S. zu entwickeln (z. B. die lateinamerikanische, die → *orientalische*, die → *sozialistische Stadt*). Die bekanntesten S. für die moderne europäisch-nordamerikanische Stadt sind das → *Mehrkern(e)modell* und die → *Modelle* nach der → *Sektoren-* und der → *Ringtheorie*.

Stadtmorphologie *urban morphology*: Analyse der Stadtgestalt, wozu insb. die Beschäftigung mit der → *Aufrissgestaltung* und den Grundrissen der verschiedenen → *Stadttypen* gehört. Die S. wird v. a. im Rahmen historisch-geographischer Untersuchungen, oft auch in Verbindung mit dem → *Denkmalschutz*, untersucht; sie ist jedoch auch für die → *Stadtplanung* wichtig.

Stadtnatur *urban nature*: 1. Sammelbezeichnung für alles in der → *Stadt*, was nicht → *anthropogen* ist. 2. Sammelbezeichnung für die in der Stadt (im → *Stadtökosystem*) wirksamen → *naturbürtigen* Faktoren (Klima, Boden, Wasser, Pflanzen, Tiere). 3. in der → *Stadtplanung* oft verengt auf → *Stadtgrün*, also spontan sich einstellendes oder gepflanztes Grün, einbezogen in geplante stadtgestalterische Maßnahmen. Diese können aus ästhetischen, psychischen, artenschützerischen und/oder aus ökofunktionalen (z. B. Vegetation als Luftfilter und Kaltluftproduzent) erfolgen (→ *Naturschutz in der Stadt*).

Stadtnaturschutz → *Naturschutz in der Stadt*.

Stadtnebel *urban fog*: infolge hoher Dichte an → *Kondensationskernen* (→ *Staub-* und → *Rauch*partikel) häufig über großen → *Städten* gebildeter → *Nebel* mit Beimengungen verschiedener → *Abgase* bzw. sonstiger → *Luftbeimengungen*. Durch S. erreicht die Nebelhäufigkeit in Ballungsgebieten bis dreimal höhere Werte als im freien Umland. Während austauscharmer → *Wetterlagen* kann sich S. zu giftigem → *Smog* verdichten (→ *Stadtklima*).

stadtneutrale Arten *urbano-neutral species*: → *urbanoneutrale Arten*.

Stadtökologie (Urbanökologie) *urban ecology*: allgemein im Fachbereich, der den Gesamtfunktionszusammenhang Natur-Gesellschaft-Technik in der → *Stadt* als → *Ökosystem* modelliert, d. h. als eine im Raum manifestierte Funktionseinheit, die eine gleichgerichtete Entwicklungs- und Funktionstendenz aufweist. Gegenstand der S. ist das → *Stadtökosystem*, das sowohl von der → *Stadtplanung* als auch den → *Geo-* und → *Biowissenschaften* sowie den → *Wirtschafts-* und → *Sozialwissenschaften* untersucht wird, woraus sich verschiedene fachwissenschaftliche Sichtweisen und Modelle ergeben. 1. S. mit → *integrativem Ansatz* im Sinne der → *Geographie* geht vom städtischen Raum und seinen Bewohnern aus und stellt die „UmweltStadt" in den Mittelpunkt. Basis dafür ist das → *Stadtökosystem*, dem das Modell des Landschaftsökosystems zugrundeliegt. Es stellt das stadttypische → *Wirkungsgefüge* von Natur-Gesellschaft-Technik in den Mittelpunkt. Dabei werden sowohl → *naturbürtige* als auch → *anthropogene* Faktoren in ihren politischen, sozialen und wirtschaftlichen Kontexten untersucht. 2. in den Geo- und Biowissenschaften untersucht die S. die geo- und/oder bioökologischen Funktionszusammenhänge im → *Lebensraum* Stadt, der sich durch extreme → *abiotische* und → *biotische* Faktoren auszeichnet. Er wird von den → *Stadtbiota* bewohnt, d. h. → *Stadtflora* und → *Stadtfauna*. Diese Arten und deren Gemeinschaften bilden stadtspezifische → *Arealsysteme* aus, die in den zentralen Teilen der Städte von den ursprünglichen bzw. natürlichen Zuständen der Ökosysteme erheblich abweichen. Die Veränderungen der naturbürtigen Faktoren betreffen nicht nur das → *Bios*, sondern auch Boden (→ *Stadtböden*), Wasserhaushalt und Klima (→ *Stadtklima*), die wiederum auf → *Diversität* (→ *Biodiversität*) und Artenzusammensetzung von Flora und Fauna rückkoppeln. 3. Wirtschafts- und Sozialwissenschaften setzen den Begriff S. für die sozialen und ökonomischen Systemzusammenhänge in der Stadt ein, weitgehend ohne Bezug zum naturwissenschaftlich definierten → *Lebensraum* Stadt oder zur ökologischen Raumwirksamkeit sozialer Gruppen. 4. angelehnt an die Definitionen 1. und 2. geht die Stadtplanung ebenfalls vom Gesamtfunktionszusammenhang der Stadt im Sinne des → *Ökosystems* als → *Stadtökosystem* aus. Sie möchte damit jene typisch städtischen, d. h. stadteigenen Probleme lösen, die sich für Mensch und Gesellschaft aus dem Lebensraum Stadt ergeben. Die S. ist demnach für die Stadtplanung ein Arbeitsansatz und eine Betrachtungsperspektive für Planungsprobleme der Stadt, wobei es versucht, die Ideen der → *Humanökologie* und der → *Ökologischen Planung* in die Gestaltung und Entwicklung des Lebensraumes Stadt einzubringen.

Stadtökonomie *urban economy*: Teilgebiet der → *Volkswirtschaftslehre* wie auch der → *Stadtgeographie*, das sich mit der → *Stadt* als → *Wirtschaftsraum* beschäftigt. Die S. untersucht theoretisch generalisierend wie auch an konkreten Beispielen die in der Stadt (i. d. R. auch unter Einbeziehung des → *Umlands*) ablaufenden wirtschaftlichen Prozesse, die Entwicklung und Struktur der städtischen Wirtschaft, ihre Verbindung mit anderen Elementen der Stadt (z. B. → *Stadtbevölkerung*, → *städtische Funktionen*) und die Zusammenhänge von Stadtwirtschaft und → *Volkswirtschaft*.

Stadtökosystem *urban ecosystem*: im naturwissenschaftlichen Sinne ist ein S. die Funktionseinheit eines real vorhandenen (also auch räumlich definierten) Ausschnittes aus der → *Biogeosphäre*, der ein sich selbst regulierendes, aber überwiegend bzw. auch ausschließlich → *anthropogen* geregeltes und gesteuertes → *urban-industrielles Ökosystem* von → *naturbürtigen* → *abiotischen* und → *biotischen* sowie materiell manifestierten anthropogenen Faktoren bildet, welches ein stets offenes stofflichen und energetisches System mit einem → *dynamischen Gleichgewicht* darstellt. Letzteres wird nur aufrecht erhalten, wenn aus dem nahen oder fernen Umland permanent Stoff- und Energiezufuhr (in verschiedensten Formen) erfolgt. Neben Prozessen, welche die naturbürtigen Faktoren untereinander verbinden, treten als Steuer- und Regelgrößen für das Funktionieren des → *Stadtökosystems* auch die wirtschaftlichen, sozialen, politischen und planerischen Verhältnisse auf, zusammenfassend als → *Gesellschaft* bezeichnet. Sie repräsentieren – neben den Teilsystemen → *Geosystem* und → *Biosystem* – das → *Anthroposystem*. Wirtschaft, Soziales, Politik und Planung werden bei einer Gesamtbetrachtung eines holistisch konzipierten S. als teileigenständige → *Subsysteme* definiert und gehandhabt. Das S. ist Arbeitsgegenstand der → *Stadtökologie*, der → *Stadtgeographie* und der → *Stadtplanung*.

Stadtökosystemmodelle *urban ecosystem models*: „das" S. gibt es nicht, jedoch verschiedene Modellierungsmöglichkeiten des → *Stadtökosystems*. Diese sind von Fachinteresse und den zur Verfügung stehenden Daten geleitet. Quantitative, z. T. rechenbare Stoff- und Energiebilanzen für → *Subsysteme* des Stadtökosystems sind möglich. Ein rechenbares Gesamtmodell gibt es noch nicht. Vergleiche von Teilmodellen erfolgen meist verbal-deskriptiv. Bedeutung haben grafische Modelle, v. a. als → *Regelkreise*. Sie geben eine Gesamtschau über die Zusammenhänge der einzelnen Faktoren bzw. Parameter des Stadtökosystems und z. T. auch über deren Größenordnungen, Wirkungsweisen und -reichweiten. Die S. werden – trotz ihres semiquantitativen Charakters – für planerische und politische Entscheidungen eingesetzt.

Stadtpark *city park, municipal park, public park*: meist ausgedehntere, gartenarchitektonisch oder landschaftlich gestaltete → *Grünflächen* in der Stadt, die funktional und physiognomisch von Strauch- und Baumbeständen bestimmt werden. Der S. dient der → *Erholung* bzw. → *Rekreation* und weist ein von der Größe und damit der Attraktivität des S. definierten Einzugsbereich der Nutzer auf. Der S. kann, v. a. bei größerer Ausdehnung, wesentlich die Qualität des → *Stadtökosystems* und seiner Funktionen mitbestimmen (→ *Parkbrise*, → *Parkklima*). Teilweise gehen die S. in → *Stadtwälder* über (→ *Stadtgrün*).

Stadtplan *city map*: Orientierungskarte einer → *Stadt* oder eines Stadtgebiets in großem Maßstab (i. d. R. zwischen 1:5000 und 1:20 000). Zum leichteren Auffinden einzelner Objekte (z. B. öffentliche Gebäude, Plätze, Straßen) sind S. meist mit Register und Suchgitter versehen.

Stadtplanung *town planning*: räumliche Planung auf der Ebene der → *Gemeinde* (→ *Ortsplanung*) als unterste Stufe der → *Raumplanung*. Der Begriff S. wird hauptsächlich für → *Städte*, aber auch für größere nicht-städtische Gemeinden verwendet. Die S. soll die räumliche Entwicklung einer Gemeinde lenken und v. a. ihre bauliche Entwicklung durch

→ *Bauleitpläne* beeinflussen. Als Institution (Stadtplanungsamt) ist sie für die Durchführung der → *Stadtentwicklungsplanung* zuständig. Der Begriff S. wird gelegentlich mit dem des → *Städtebaus* gleichgesetzt, was jedoch nicht sinnvoll erscheint.

Stadtrand *urban fringe*: → *Grenzsaum* beiderseits einer → *Stadtgrenze* zwischen dem Gebiet einer → *Stadt* und dem ihrer Nachbargemeinden (→ *Stadtrandgemeinde*). Der S. begrenzt also nicht das städtisch überbaute Gebiet oder den Raum → *sozio-ökonomischer Verflechtungen* einer Stadt, sondern allein ihr Verwaltungsgebiet (→ *urban fringe*).

Stadtrandgemeinde *suburban commune, suburban municipality*: → *Gemeinde*, die unmittelbar an eine größere → *Stadt* angrenzt oder zumindest in ihrem engeren → *Verflechtungsbereich* liegt. Die S. als → *Gemeindetyp* ist besonders deutlich im → *Umland* von → *Groß-* oder größeren → *Mittelstädten* ausgebildet. Sie ist i. d. R. funktional eng mit der → *Kernstadt* verflochten, Zielgebiet intensiver → *Stadtrandwanderung* und besitzt meist einen sehr hohen Auspendleranteil in die → *Kernstadt*.

Stadtrandwanderung *migration into the suburban zone*: Wanderung aus einer → *Stadt* in ihre → *Stadtrandgemeinden* oder auch aus anderen Quellgebieten in die Randgemeinden einer größeren Stadt. S. betrifft sowohl Einwohner als auch Betriebe des → *sekundären* und → *tertiären Sektors* der Wirtschaft. Sie führt zu dem Phänomen der → *Suburbanisierung*, insb. zu Bevölkerungsverlusten in der → *Kernstadt* bei gleichzeitigem, auch baulichem, Wachstum der → *Randgemeinden*. S. ist ein raumprägendes Phänomen in → *Industrieländern* und wird v. a. durch erhöhte Flächenansprüche und die Wohn- und Gewerbestandortvorteile der → *Stadtrandgemeinden*, daneben auch durch Verdrängungseffekte in der → *Kernstadt* (z. B. Ausdehnung der → *City*) verursacht.

Stadtrecht *town rights, freedom of a town*: das einer → *Siedlung* verliehene Recht, den Titel → *Stadt* zu führen sowie die damit verbundenen Rechte und Pflichten auszuüben. Das S. wurde vom Landesherrn als Privileg verliehen; heute kann in Deutschland das S. auf Antrag vom Landes-Innenministerium vergeben werden. Es hat heute als reiner Ehrentitel keine wirtschaftlichen oder politischen Folgen mehr, während früher mit dem S. regional unterschiedliche Rechte verbunden waren (z. B. → *Marktrecht*, Münzrecht, Zollrecht, Recht der Selbstverwaltung, Recht der Befestigung usw.).

Stadtrechtsverleihung → *Stadterhebung*.

Stadtregion *urban region*: Strukturmodell zur Erfassung der sozio-ökonomischen Raumeinheit, die aus einer → *Großstadt* (→ *Kernstadt*) oder mehreren eng benachbarten → *Städten* (polyzentrische S.) und ihrem Umlandbereich besteht. Zur Abgrenzung der S. nach außen und zur inneren Gliederung in die konzentrisch angeordneten Teilbereiche mit nach außen abnehmender Intensität der → *sozio-ökonomischen Verflechtungen* (→ *Ergänzungsgebiet*, → *verstädterte Zone*, → *Randzonen*) dienen die Merkmale → *Bevölkerungsdichte* bzw. → *Einwohner-Arbeitsplatz-Dichte*, → *Agrarerwerbsquote* und zentrumsorientierte → *Auspendlerquote*. Nach dem → *Modell* der S. wurden mit den Ergebnissen der Volkszählungen 1950, 1961 und 1970 die S. der BRD ausgewiesen, wobei eine Mindestzahl von 80 000 Einw. zugrunde gelegt wurde.

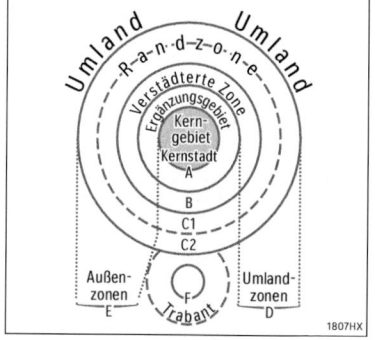

Stadtregion

Stadtsanierung *urban renewal*: Maßnahmen, durch die ein → *Stadtteil* zur Behebung städtebaulicher Missstände, insb. durch Beseitigung baulicher Anlagen und Neubebauung oder durch Modernisierung von Gebäuden wesentlich verbessert oder umgestaltet wird. Man unterscheidet → *Objektsanierung* und → *Flächensanierung*.

Stadtsoziologie *urban sociology*: Teilbereich der → *Soziologie*, der sich mit den → *sozialen Gruppen* und → *Milieus* im städtischen Raum, mit den gesellschaftlichen Aspekten von → *Stadtstruktur* und → *Stadtentwicklung*, mit sozialen Problemen in → *Städten* usw. befasst. Zwischen der S. und der → *Stadtgeographie*, → *Stadtökologie* und → *Stadtplanung* bestehen enge Verbindungen; zur sozialgeographischen Beschäftigung mit stadtbezogenen Fragestellungen gibt es fließende Übergänge.

Stadtstaat *city-state*: → *Staat*, der nur aus einer → *Stadt* und evtl. ihrem engeren → *Umland* besteht, wie Singapur, San Marino oder Monaco. Die Bezeichnung S. wird auch für Teilstaaten, → *Bundesländer* usw. verwendet, z. B. für Berlin, Hamburg und Bremen.

Stadtstruktur *urban structure*: innere Differenzierung und Gliederung einer → *Stadt* unter Einbezug von Grund- und Aufriss, Funktionsverteilungen, Standortsystemen und Flächennutzungsstrukturen, und zwar sowohl bezüglich der → *Bevölkerung* als auch der Ökonomie.

Stadtstrukturmodell *town structure model*: → *Stadtmodell*, das sich, insb. unter Verzicht auf regionaltypische Besonderheiten, darauf beschränkt, nur das innere Gefüge der → *Stadt* modellhaft abzubilden. Die meisten geographischen Stadtmodelle sind S. (→ *Modell*).

Stadtstrukturtypen *urban structure types*: → *Raumeinheiten* → *urban-industrieller Ökosysteme* mit gleichen oder sehr ähnlichen geoökologischen und bioökologischen Umweltbedingungen, welche durch die aktuelle Flächennutzung geregelt werden. Flächen gleicher Merkmalsausprägung werden einem Raumtyp, also einem S., zugeordnet, der durch Flächen physiognomisch intern homogener und untereinander unterschiedlicher Raummerkmale repräsentiert wird. Die S. sind durch eine charakteristische Konfiguration der → *Überbauung* und der städtischen → *Freiflächen* charakterisiert, d. h. sie verfügen jeweils über ein spezifisches Anordnungsmuster und eine charakteristische Dichte der Überbauung, einen Anteil versiegelter Freiflächen und eine spezifische Vegetationsstruktur (→ *Stadtökologie*, → *Versiegelung*).

Stadtteil *quarter*: im Gegensatz zum → *Stadtbezirk* ein nicht-administrativer Teilraum einer mittleren bis größeren → *Stadt*, der häufig nach historisch-genetischen Kriterien abgegrenzt wird. Der Begriff S. ist unbestimmter als → *Stadtviertel*.

Stadtteilzentrum *sub-centre, community centre, subordinate centre*: innerstädtisches Versorgungszentrum, dessen Geschäfte und Dienstleistungsbetriebe einen → *Stadtteil* mit Gütern und Diensten des täglichen bis mittel- und langfristigen Bedarfs versorgt. Der Begriff S. wird z. T. gleichgesetzt mit → *Subzentrum*, meist aber als in der → *innerstädtischen Hierarchie* eine Stufe tiefer verwendet.

Stadttyp *type of town*: Gruppe von → *Städten*, die im Rahmen einer Typisierung aufgrund gleicher oder weitgehend ähnlicher Merkmale als zusammengehörig bezeichnet werden können. Im Gegensatz zur → *Städteklasse* basiert ein S. i. d. R. auf rein qualitativen Merkmalen. Beispiele für S. sind historisch-genetische S. (z. B. → *Römerstadt*, → *Residenzstadt*, → *absolutistische Stadt*), kulturraumspezifische S. (z. B. → *orientalische Stadt*, lateinamerikanische Stadt), oder Lagetypen (z. B. Flussmündungslage, Gebirgsrandlage, → *Insellage*, → *Passlage*, Verkehrslage).

Stadttypisierung *typification of towns*: als Teilbereich der → *Gemeindetypisierung* die Zuordnung der → *Städte* eines Raumes zu empirisch gefundenen oder theoretisch vorgegebenen → *Stadttypen*. Zum Teil wird der Begriff S. mit → *Stadtklassifikation* gleichgesetzt, meist aber auf solche Zuordnungsmethoden beschränkt, die rein qualitativ arbeiten (z. B. S. nach der Genese oder der → *topographischen Lage*).

Stadtumbau *urban restructuring*: soziale, infrastrukturelle, gestalterische und finanzpolitische Anpassung der bestehenden → *Städte* an die sich wandelnden demographischen und wirtschaftlichen Rahmenbedingungen, wie → *Globalisierung*, → *demographischen Wandel*, → *Suburbanisierung*. Der Begriff S. hat in der stadtplanerischen Diskussion teilw. den Begriff → *Stadterneuerung* abgelöst. Aufgaben des S. sind z. B. → *Flächenrecycling*, Revitalisierung der → *Stadtzentren*, Rückbau von Wohnsiedlungen bei schrumpfenden Einwohnerzahlen, stärkere Berücksichtigung des Konzepts der → *Nachhaltigkeit* u. ä..

Stadtumland *city region, hinterland, sphere of influence of the city*: unscharf begrenzter Raum um eine größere → *Stadt*, der durch relativ enge → *sozio-ökonomische Verflechtungen* mit dieser Stadt gekennzeichnet ist. Als S. wird insbesondere der Raum von → *Pendlerverflechtungen* mit der Stadt und der zentralörtliche → *Einzugsbereich* auf der unteren und mittleren Stufe bezeichnet. Er ist relativ stark urbanisiert und stellt ein Übergangsgebiet von den → *Stadtrandgemeinden* bis in die Stadt umgebenden → *ländlichen Raum* dar.

Stadt-Umland-Problem *city and hinterland problem, problems of the suburban zone*: zusammenfassende Bezeichnung für die verschiedenen raumordnerischen, stadtplanerischen, infrastrukturellen, verkehrspolitischen und finanziellen Probleme, die im Verhältnis zwischen einer → *Stadt* und den → *Gemeinden* in ihrem → *Umland*, insbesondere den Stadtrandgemeinden, bestehen. Die meisten S.-U.-P. ergeben sich daraus, dass am → *Stadtrand* sozio-ökonomisch, häufig auch baulich, zusammenhängende Gebiete durch die → *Stadtgrenze* durchschnitten und verschiedenen → *Gebietskörperschaften* zugeordnet sind. Lösungsmöglichkeiten für das S.-U.-P. sind z. B. → *Eingemeindungen*, die Bildung von → *Zweckverbänden* und → *Nachbarschaftsverbänden*, interkommunale Vereinbarungen, gemeinsame Aufstellung eines → *Flächennutzungsplanes*, Finanzausgleich usw..

Stadtverbund *urban linkages*: gelegentlich benutzte Bezeichnung für enge → *sozio-ökonomische* und funktionale Verflechtungen zwischen zwei oder mehreren benachbarten

→ *Städten*, v. a. im Rahmen einer → *Mehrkernballung* (z. B. Ruhrgebiet).

Stadtviertel *quarter*: nicht-administrativer Teilraum einer → *Stadt*, der sich bei einer funktionalen, genetischen oder → *sozialräumlichen Gliederung* ergibt. S. unterscheiden sich durch die überwiegende Flächennutzung, die wirtschaftliche Struktur, die → *Erwerbs-* und → *Sozialstruktur* der Bewohner, meist auch durch die Grund- und → *Aufrissgestaltung* (→ *Quartier*, → *Stadtteil*).

Stadtwälder *municipal forests, urban forests*: als Erholungsgebiete genutzte stadtnahe oder in den Städten liegende → *Wälder*, z. T. in → *Stadtparks* übergehend. Es sind im urban-industriellen Gebiet befindliche → *anthropogen* beeinflußte bis stark geprägten Flächen mit angepflanzter oder → *reliktischer*, aber durch Nutzungsbeanspruchung und Pflege veränderter Baumvegetation. Die S. sind definiert durch eine gewisse Arealgröße (z. B. 2500 m^2, bei Minimalbreite nicht <10 m), ein geschlossenes Kronendach sowie Kraut- und Moosschicht. Die S. haben unter den anthropogen veränderten Boden- und Klimabedingungen der Stadt überdauert und unterliegen dem Gesamtdruck des Stadtökosystems. Dieser ist bestimmt von Klimastress, Emissionen sowie direkten Nutzungsdruck wegen der Inanspruchnahme durch den Menschen. Er wirkt sich auf Vitalität, Schichtung sowie die Zusammensetzung der S. aus, damit auch auf die Stadtfauna. Die ökologischen, ökonomischen und sozialen Funktionen der S. werden durch den Menschen reguliert, der ebenfalls einen Bestandteil des "Ökosystems S." darstellt. Der Mensch verleiht dem S. eine Nutzungsgeschichte. Die S. werden zur Erholung genutzt und fungieren als ökologischer Ausgleichsraum bzw. Ergänzungsnutzungsraum (Erholungswald, Stadtböden, Stadtpark, urban-industrielles Ökosystem).

Stadtzentrum (Stadtmitte) *town centre, city centre, downtown, central area*: zentraler Bereich einer → *Stadt*, in dem sich die wichtigsten → *städtischen Funktionen* konzentrieren und das Typische einer Stadt am deutlichsten zum Ausdruck kommt. I. d. R. ist das S. der Bereich stärkster baulicher Verdichtung und Verkehrsbelastung. In historischen Städten ist das S. meist mit der → *Altstadt* oder Teilen davon identisch; funktional gesehen deckt sich das S. in größeren Städten weitgehend mit der → *City* (→ *Stadtkern*, → *Downtown*).

Staffel *sequence*: in → *Glazialgeomorphologie* und → *Glazialgeologie* Begriff mit zwei Bedeutungen. – geochronologischer Begriff für einen sich meist mehrfach wiederholenden Eisvorstoß innerhalb der → *Phase* eines → *Stadials*. Die S. werden durch Subintervalle voneinander getrennt. – geomorphographischer Begriff zur Beschreibung verschiedener, meist nahe beieinander liegender Stillstände von → *Eisrandlagen*, die → *intermittierenden* Vorstößen von kürzerer Dauer entsprechen sollen.

Staffelbrüche *step faults*: parallele → *Brüche*, z. B. an Rändern von → *Gräben*; führen meist zu einer treppenartigen Abfolge von → *Schollen* mit unterschiedlichen Absenkungs- bzw. Heraushebungsbeträgen. Bei den S. handelt es sich meist um → *Abschiebungen*.

Staffelwirtschaft *staged pasture economy*: bei der → *Weidewirtschaft* das zeitlich nacheinander erfolgende Beziehen unterschiedlicher → *Weiden* innerhalb einer Vegetationsperiode. Die S. tritt v. a. bei der → *Almwirtschaft* oder der → *Säterwirtschaft* auf. Dabei liegen die Weiden entweder in verschiedenen Höhenlagen im Gebirge, an verschieden exponierten Hängen oder in verschiedener Entfernung von der Dauersiedlung.

Stagflation *stagflation*: Begriff der Wirtschaftstheorie, der sich aus → *Stagnation* und → *Inflation* ableitet. S. beschreibt die Lage einer → *Volkswirtschaft*, die im Konjunkturzyklus (→ *Konjunktur*) die Phase des Tiefs (→ *Rezession*) bei gleichzeitigem Anstieg der Löhne und Preise erreicht hat (→ *Aufschwung*, → *Depression*).

Stagnation *stagnation*: in der Wirtschaftstheorie der Stillstand der wirtschaftlichen Entwicklung. S. kann entweder als die Phase des Tiefs im Konjunkturzyklus (→ *Konjunktur*) oder generell als Spätphase der wirtschaftlichen Entwicklung in den → *Industrieländern* verstanden werden (→ *Aufschwung*, → *Rezession*, → *Depression*, → *Stagflation*).

Stagnationsgebiet *area of stagnation*: in der Theorie der räumlichen Ordnung neben → *Wachstumsgebieten* und → *Entleerungsgebieten* jene → *Raumeinheit*, die auf ihrem erreichten Entwicklungsstand verharrt.

stagnikol *stagnicolous*: Begriff für stillstehende Süßgewässer bewohnende Organismen (Gegensatz: → *torrentikol*).

Stagnogley (Molkenboden) *Gleysol with additional stagnic water conditions*: in der → *deutschen Bodensystematik* (→ *KA5*) ein → *Stauwasserboden* mit ausgeprägten Reduktionsmerkmalen aufgrund langer Nassphasen.

Stagnosols *stagnosols*: in der → *WRB* (2014) Böden mit durch → *Stauwasser* entstandenen redoximorphen Merkmalen, d. h. Fleckung oder Marmorierung aufgrund von Redoxprozessen. S. kommen v. a. in kühl-gemäßigten bis subtropischen Regionen mit humidem bis perhumidem Klima meist in ebenen Lagen vor. Sauerstoffmangel und eine geringe → *Porosität* begrenzen die landwirtschaftliche Nutzung der S. Durch → *Drainage* und Erhöhung der Porosität, z. B. durch tiefgründiges Lockern oder Pflügen, können S. fruchtbare Böden sein.

Stahlindustrie *steel industry*: → *Industriezweig*, der sich mit der Herstellung von Stahl aus dem im → *Hochofen* gewonnenen Roheisen befasst. Es gibt verschiedene Stahlerzeugungsverfahren, mit denen unterschiedlich phosphor- oder siliciumreiches Roheisen und z. T. größere Mengen → *Schrott* verarbeitet werden können.

Stahlveredler *steel finishing*: das dem Rohstahl zugesetzte Legierungselement zur Erzeugung von → *Edelstahl*. S. verbessern die Eigenschaften des Stahls, so z. B. seine Elastizität, Zug- und Reißfestigkeit sowie Hitze- und Korrosionsbeständigkeit. Wichtige S. sind Mangan, Nickel, Chrom, Titan, Vanadium, Molybdän, Kobalt und Silicium.

Stakeholder (Anspruchsgruppe) *stakeholder*: in der Wirtschaft alle Personen oder → *Gruppen*, die einen Anspruch an ein → *Unternehmen* formulieren können. Hierzu zählen i. Allg. interne Gruppen (z. B. Mitarbeiter, Management und Eigentümer), staatliche Organe, Kunden und Handel, Partner, Lieferanten, Konkurrenten, Kapitalgeber und Versicherungen, Öffentlichkeit (z. B. Medien, Nachbarn und Anwohner) sowie → *NGOs* (→ *Stakeholderkonzept*).

Stakeholderkonzept *stakeholder concept*: Konzept der → *Kooperation* mit → *Stakeholdern* zur besseren Erreichung eigener Ziele (z. B. von → *Unternehmen*, aber auch politischen → *Organisationen*). Hierfür müssen die Stakeholder identifiziert sowie eine Bewertung ihrer Einstellung, Kooperationsbereitschaft, Bedeutung und ihres Einflusspotenzials erfolgen. Anschließend sind angemessene Strategien für den Umgang mit den Stakeholdern abzuleiten, um deren Ressourcen zur eigenen Zielerreichung zu nutzen oder Konflikte zu entschärfen.

Stalagmit *stalagmite*: vom Boden einer → *Höhle* aufwärtswachsender → *Tropfstein*, der mit dem von der Decke herabwachsenden → *Stalaktiten* zu Tropfsteinsäulen, den → *Stalagnaten*, zusammenwachsen kann.

Stalagnat *stalacto stalagmite*: Tropfsteinsäule, die aus → *Stalagmit* und → *Stalaktit* zusammengewachsen ist (→ *Tropfstein*).

Stalaktit *stalactite*: ein → *Tropfstein*-Zapfen, der von der Decke einer → *Höhle* zum Boden wächst.

Stalldüngerwirtschaft *farm stall manure farming*: landwirtschaftliche Betriebstypen, die zur Agrarproduktion den bei der → *Stallhaltung* des Viehs anfallenden Mist bzw. die → *Gülle* als → *Dünger* einsetzen.

Stallfütterung *stable feeding*: Art der Futterversorgung des Viehs. Die S. ist in den → *gemäßigten Breiten* z. B. bei Rindern auch während des Sommers dort notwendig, wo keine Weideflächen verfügbar sind. Zum anderen wurde seit dem 18. Jh. eine Sommer-S. deswegen verstärkt betrieben, weil auf diese Weise der Dung gesammelt wurde, den man zur Ertragssteigerung auf die Äcker brachte (→ *Dünger*). Auch hat die → *Realteilung* mit ihrer → *Flurzersplitterung* zu einer Zunahme der S. geführt, weil die Anlage von → *Weiden* nicht mehr möglich war. In der modernen → *Landwirtschaft* wird mit der Wahl des → *Betriebssystems* entschieden, ob im Sommer eine S. erfolgt oder nicht.

Stallhaltung *livestock housing*: die zeitweise (saisonale) oder ganzjährig wirkende Haltung von Tieren in überdachten Stallungen. Die Notwendigkeit einer S. hängt von den Möglichkeiten bzw. klimatischen Bedingungen eines Weidegangs, ferner vom gewählten landwirtschaftlichen → *Betriebssystem* ab.

Stamm *phylum* (1.); *trunk, log* (2.); *caudex* (3.); *strain* (4.); *tribe* (5.): – eine taxonomische Einheit (→ *Taxonomie*), d. h. eine Gruppe von Tieren oder Pflanzen, die in neueren Nomenklaturregeln identisch ist mit der Abteilung. – Hauptachse der Sprosspflanzen, besonders der Holzgewächse. – S. von Palmen und Baumfarnen, dann als Caudex bezeichnet. – in der Züchtung durch generative Fortpflanzung erzeugte Nachkommenschaft einer Einzelpflanze, damit auch als Zuchtstamm zu bezeichnen. – größere Gruppe von Menschen, die bezüglich Herkunft, Sprache, geistiger und materieller Kultur, Sitten und Gebräuchen, meist auch Religion, homogen ist und i. d. R. in einem gemeinsamen Territorium lebt (→ *Stammesgesellschaft*). Ein S. setzt sich teilweise aus Sippen und Klans zusammen; mehrere S. bilden ein → *Volk*, historisch ist die Abgrenzung zwischen S. und Volk jedoch nicht eindeutig.

Stammabfluss (Stammablauf) *stemflow*: jener Anteil des → *Niederschlags*, der in der → *Schicht* des Kronenraum der Bäume aufgefangen wird, über die Äste zum Hauptstamm und an diesem entlang zum Boden fließt. Der S. ist ein untergeordnetes Glied des Standortwasserhaushaltes in → *Wäldern*. Mengenmäßig ist er von geringerer Bedeutung als die → *Interzeption*.

Stammablauf → *Stammabfluss*.

Stammbecken *primary basin of a glacial lake*: Zentralbereich großer Eisloben eines → *Zungenbeckens*, von dem in radialer Anordnung die → *Zweigbecken* ausgehen. Wegen der großen Gletschermächtigkeit ist das S. gegenüber der Umgebung eingetieft und weist → *postglazial* eine zentripetale Entwässerung auf. Die S. induzieren die Bildung von Rinnen und Depressionen, in denen später Seen ent-

Stammesgesellschaft *tribal society*: eine in der Entwicklung der Menschheit sehr früh aufgetretene Form der → *Sozialstruktur* und politische Organisationsform, bei der oftmals die Leitung (Macht) des → *Stammes* an eine Persönlichkeit (z. B. Häuptling, Ältester) gegeben wird.

Stammfaltung *original folding*: im zentralen Teil der → *Geosynklinale* bei der Bildung eines → *Faltentektonogens* sich vollziehende Faltung, von wo aus die → *Faltung* in die Außenbereiche der Geosynklinale weiterwandert.

Stammraum *trunk space*: Raum eines Waldbestandes, der unterhalb der Kronen der Bäume liegt. Der S. ist ein eigenständiger Teillebensraum des → *Waldes*, der über ein → *Bestandesklima* und damit über andersartige ökologische Bedingungen als der → *Kronenraum* oder das Freiland verfügt.

Stammraumklima das → *Mikroklima* in der bodennahen → *Schicht* des Waldbestandes. Das S. ist einstrahlungsarm, windstill, thermisch sehr ausgeglichen, im Temperaturverlauf gegenüber dem Freiland stark verzögert, relativ kühl (insbesondere am und im Boden) und durch höhere → *Luftfeuchtigkeit* geprägt.

Stand *class, status*: gesellschaftliche Großgruppe mit fester, historisch gewachsener und meist auch rechtlich abgesicherter Platzierung in der Gesellschaftsordnung. Man unterscheidet Geburts-, Besitz-, Berufsstände usw., z. B. Bürger-, Arbeiter- und Bauern-S., Adel, Geistlichkeit (mittelalterliche → *Ständegesellschaft*, → *Ständestaat*). S. haben insbesondere in agrargesellschaftlichen Ordnungen eine große Bedeutung; in → *Industriegesellschaften* werden sie meist durch → *Klassen* und → *Schichten* ersetzt. Der → *Mittelstand* ist kein S. im eigentlichen Sinn.

„Stand der Technik" *„the state of technology"*: Begriff des → *Umweltrechts* und des → *Immissionsschutzes*, der einen rechtlichen Maßstab für die Begrenzung der → *Emissionen* repräsentiert. Umweltbezogene Maßnahmen müssen dem „Stand von Wissenschaft und Technik" entsprechen, dürfen sich jedoch auch noch an anerkannten Regeln der Technik, d. h. bewährten, aber fortschrittlichen Verfahren orientieren. Es wird unterstellt, dass Verfahren, Einrichtungen und Betriebsweisen so fortschrittlich sind, dass sie die Begrenzung der Emissionen gewährleisten. Nach dem S. d. T. müssen Verfahren und Einrichtungen in 1:1-Anlagen soweit erprobt und geprüft sein, dass sie unter Produktionsbedingungen der Industrie einwandfrei funktionieren. – Im → *Umweltschutz* spielt der S. d. T. in der Genehmigungspraxis umweltbelastender Anlagen, deren Erstellung und deren Betrieb eine große Rolle. Die Regeln dafür liefern z. B. → *TA Luft* und → *TA Lärm*. Dem S. d. T. gegenüber stehen die „Regeln der Technik", die technischen Anlagen eine Leistung abfordern, die im Rahmen des Durchschnitts der bestehenden Anlagen liegen. Damit sind Maßnahmen und Einrichtungen, die nach den „Regeln der Technik" konzipiert wurden, in geringerem Maße umweltfreundlich als jene, die dem S. d. T. entsprechen. Das → *Vorsorgeprinzip* im Umweltschutz und in der → *Umweltpolitik* kann nur dann durchgesetzt werden, wenn vom S. d. T. ausgegangen wird.

Standard (Basis, Typus)*standard*: generell Festlegungen, Regeln und Normen, die wissenschaftliche Arbeitsmethoden und Vorgehensweisen festschreiben. Nomenklatur speziell in der Botanik wird S. auch als „Basis" oder „Typus" bezeichnet und stellt die Regel der Pflanzenbeschreibung dar, nach der bei der Neubeschreibung von Pflanzensippen ein S. anzugeben ist, dem der Name verbleibt, falls der Sippenumfang geändert werden muss.

Standard Consolidated Metropolitan Area (SCMA) in den USA frühere Bezeichnung für einen aus zwei oder mehreren → *Standard Metropolitan Statistical Areas* zusammengesetzten → *Agglomerationsraum* besonders großer Flächenausdehnung und Bevölkerungszahl. Größte S. C. M. A. ist der Raum New York-Northeastern New Jersey. Die neuere Bezeichnung ist → *Consolidated Metropolitan Statistical Area*.

Standard Metropolitan Statistical Area (SMSA) in den USA ältere Bezeichnung für einen → *Agglomerationsraum* mit einer → *Stadt* (oder mehreren Städten) von mindestens 100 000 Einwohner im Zentrum und ihrem städtisch strukturierten → *Umland*. Die Abgrenzung der S. M. S. A. erfolgt im Allg. auf Kreisbasis (→ *County*) mithilfe von statistischen Daten zur → *Bevölkerungsdichte*, Berufsstruktur (→ *Agrarquote*), → *Pendlerverflechtung* usw. Seit 1983 lautet die Bezeichnung → *Metropolitan Statistical Area* (MSA).

Standardabweichung *standard deviation*: Maß für die Streuung eines Datenkollektives um ihren Erwartungswert (→ *Mittelwert*, → *Normalverteilung*). Die S. ist definiert als die Quadratwurzel aus der → *Varianz* einer Zufallsvariable (→ *Streuungsmaß*, → *deskriptive Statistik*).

Standard-Atmosphäre *standard atmosphere*: die in Wirklichkeit nicht existierende für meteorologische und klimatologische Überlegungen und Modellbildungen gedachte → *homogene* → *Atmosphäre* mit einheitlicher und ungestörter → *Luftdruck*- und Temperaturabnahme mit der Höhe (→ *Modell*).

Standardbevölkerung *standard population*: Bevölkerungszahl, die bestimmten demographischen Berechnungen als für einen bestimmten Raum und über eine gewisse Zeit festliegend zugrunde gelegt wird.

standardisierte Beobachtung *standardized observation*: Methode der empirischen → *Sozialforschung*, bei der ein im Vorfeld der Untersuchung vorbereiteter Beobachtungsbogen eingesetzt wird, der die relevanten Indikatoren und Kriterien festlegt, die im Rahmen der Forschung einer näheren Betrachtung unterzogen werden sollen.

standardisiertes Interview *standardized survey*: allgemeine Bezeichnung für → *Befragungen* in der → *quantitativen Sozialforschung*, bei der die Daten mittels eines standardisierten → *Fragebogens* erhoben werden, entweder in schriftlichen oder persönlichen Befragungen (→ *face-to-face-Interview*, Telefoninterview). Bei persönlicher Befragung müssen die Fragen im Wortlaut und ohne Abweichungen bei allen → *Probanden* gleichermaßen gestellt werden (→ *strukturiertes Interview*).

Standardisierung *standardization*: in der Wirtschaft die Vereinheitlichung der Produkte nach einem vorgegebenen Muster; die Beschränkung der → *Produktion* auf wenige Typen im Zuge der → *Massenfertigung* und die Bildung von Güte- bzw. Handelsklassen (v. a. in der → *Landwirtschaft*), so z. B. bei Milch, Butter und Getreide.

Ständegesellschaft *society of orders*: Form der stratifizierten Gesellschaft auf der Basis von Ständen (→ *Ständestaat*).

Standesamtsregister → *Standesregister*.

Standesregister (Personenstandsregister, Standesamtsregister, Zivilstandsregister) *civil register*: durch die Gemeindeverwaltung beim Standesamt, früher bei der Kirchengemeinde, geführtes Register, in das der Personenstand der Einwohner und seine Veränderungen (Geburt, Heirat, Tod) eingetragen werden. Das S. wird zur amtlichen Beurkundung der entsprechenden Daten herangezogen und dient zur Berechnung der → *fortgeschriebenen Wohnbevölkerung*.

Ständestaat *corporative state*: → *Staat*, dessen Herrschafts- und Regierungssystem auf privilegierten → *Ständen* im weitesten Sinn aufgebaut ist (z. B. Mittelalter mit den Ständen Adel, Geistlichkeit, Bürger, Bauern). Die ständischen Gruppierungen übernehmen im S. die Funktion von Parteien.

ständige Bevölkerung *permanent population*: im Unterschied zur → *Wohnbevölkerung* die sich über einen längeren Zeitraum in einer → *Gemeinde* aufhaltende → *Bevölkerung*, ohne Rücksicht auf ihre → *Hauptwohnung*. Zur s. B. zählen insbesondere auch Militärangehörige an ihrem Garnisonsort. Der Begriff s. B. war früher zeitweise in Deutschland üblich; heute wird er nicht mehr verwendet.

Standort *site, habitat, locality*: allgemein der räumlich begrenzte Bereich des Vorkommens eines (geo- oder biowissenschaftlichen) Phänomens, das i. d. R. von eben diesem S. und seinem „→ *Angebot*" bedingt oder abhängig ist bzw. Vorkommen bzw. Fundort eines geo- oder biowissenschaftlichen Einzelobjekts. – in Geoökologie und Bioökologie die Gesamtheit der → *Ökofaktoren*, die den S. prägen. In dieser Bedeutung werden in Geo- und Biowissenschaften unterschieden: – S. als Teil der → *Biogeosphäre*, der sich durch geographisch homogene ökologische Verhältnisse auszeichnet, sich umgrenzen lässt, und über eine definierte geographische Raumlage verfügt; – S. als engere Lebensumwelt eines Organismus oder einer kleinen Gruppe von Organismen (z. B. → *Pflanzengesellschaft*, → *Tiergemeinschaft*, Baumbestand), der sich durch für ihn bzw. sie typische geoökologische Merkmale ausweist; – der Landschaftsökologische S. mit einem Angebot an abiotischen und biotischen Faktoren, die in einem Ökosystem bzw. Landschaftsökosystem zusammenwirken. – in der Wirtschaftsgeographie der Ort, an welchem ein Wirtschaftsbetrieb aktiv ist. – in der Humangeographie die vom Menschen für bestimmte Nutzungen gewählte Raumstelle bzw. der Platz, an dem soziale, wirtschaftliche und/oder politische Gruppen im Raum interagieren. – in der Forstökologie und im → *Waldbau* umfasst der S. das Wirkungsgefüge all jener Ökofaktoren, die für das Wachstum der Waldbäume bedeutsam sind. Für die Bewertung der forstlichen S. sind nur jene Standortsmerkmale geeignet, die in forstlich oder waldbaulich überschaubaren Zeiträumen konstant bleiben oder sich regelmäßig wiederholen.

Standortanalyse *locational analysis*: eine auf systematischen Kriterien basierende Beurteilung eines Standorts durch ein Unternehmen, dem eine unternehmerische Entscheidung über eine → *Standortwahl* (→ *betriebliche Standortplanung*) zugrunde liegt. Die S. wird von theoretischen Annahmen über den Standort (→ *Standortfaktoren*) geleitet und mittels entscheidungstheoretischen Verfahren als betriebswirtschaftliches Optimierungsproblem beschrieben (→ *entscheidungstheoretischer Ansatz*, → *verhaltenstheoretischer Ansatz*).

Standortansprüche *environmental requirements*: Ansprüche einer Tier- oder Pflanzenart an die Lebensbedingungen in einem → *Biotop* oder an einem → *Standort*. Danach gibt es standortvage Arten (→ *euryök*), d. h. ohne besondere Ansprüche an den Standort, und standortspezialisierte Arten (→ *stenök*), die spezielle, eng begrenzte Standortansprüche haben oder auf einen bestimmten Standortfaktor abgestimmt sind.

Standortbindung *locational ties*: Gesamtheit der Kräfte, die einen → *Akteur* dazu bewegen, seinen → *Standort* nicht zu verlassen. Bei einem hohen Intensitätsgrad der S. neigt der Akteur dazu, seinen Standort auch dann nicht zu verlassen, wenn dies objektiv sinnvoll wäre.

Standortblatt *site diagram*: graphische Darstellung eines geoökologischen → *Standorttyps* nach statischen Merkmalen und nach Prozesskennwerten. Dargestellt ist eine konkrete, repräsentative Örtlichkeit (→ *Landschaftsökologischer Standort*) des → *Standorttyps* und nicht die Datenaggregation der Einzelstandorte des Standorttyps. Die Darstellung erfolgt in „Schichten" gemäß dem → *Schichtenmodell*.

Standorterkundung *site survey*: Sammelbegriff für verschiedene Verfahren, die mithilfe kombinierter Kartierungs- und/oder Messmethoden Standorteinheiten ausscheiden und darstellen, z.B. → *Standortformen*, d.h. leistungsbezogene → *naturräumliche Einheiten*, deren Nutzbarkeit und potenzielle Ertragserwartung im Mittelpunkt stehen (→ *Leistungsvermögen des Landschaftshaushaltes*).

Standortfaktor *environmental factor (1.); location factor (2.)*: : – im → *Ökosystem* die Gesamtheit aller äußeren Lebensraumbedingungen für pflanzliche und tierische Organismen, d.h. alle → *abiotischen* und → *biotischen Faktoren*. Die → *Geoökologie* bezeichnet die S. als → *Geoökofaktoren*. Die methodische Behandlung der S. erfolgt in den einzelnen geo- und biowissenschaftlichen Disziplinen unterschiedlich und zugleich separativ, meist auf das → *Geosystem* oder das → *Biosystem* bezogen. – in der Wirtschaft maßgebliche Einflussgrößen für die → *Standortwahl* (betriebliche Standortplanung). S. spiegeln die örtlich gegebenen Sachverhalte und Bedingungen zu einem bestimmten Zeitpunkt wider. In der Reinen Theorie des Standorts von Alfred Weber (1909; → *Industriestandorttheorie*) ist der S. ein Vorteil, für den eine wirtschaftliche Tätigkeit dann eintritt, wenn sie sich an einem bestimmten Ort vollzieht. S. können sein: Angebot an Arbeitskräften, günstiges Lohnniveau, Rohstoffe, Transportkosten, Produktionsräume, Fühlungsvorteile, Absatzmarkt. Entgegen der hohen Bedeutung von S. zur Erklärung industrieller Ballungen in der traditionellen Standortlehre, kommt S. in jüngeren Ansätzen kein zentraler Erklärungsgehalt zu (→ *harter Standortfaktor*, → *weicher Standortfaktor*).

Standortform *site ecotype*: 1. in der → *Ökologie* Sippen einer bestimmten Umweltbedingungen angepassten Art, die durch → *Selektion* entstanden sind und die bei u. U. anderem Aussehen unterschiedliche physiologische und ökologische Ansprüche an den → *Standort* haben. Sie entsprechen damit den → *Ökotypen*. 2. in der forstlichen Standortkunde der Typ eines → *Standorts*.

Standortgefüge *site structure*: ein → *Raummuster* verschiedener → *Standorte*, z.B. im Sinne des → *Landschaftsgefüges*.

Standortgefügemuster *location linkage/interdependence pattern*: in der → *Industriegeographie* eine systematische Gefügeordnung (→ *Lokalisationsform*, → *Standortgefüge*), die unter gleichen Beobachtungsregeln gefunden wurde (→ *Raummuster*).

Standortgemeinschaft *spatial type of location*: Form eines → *Standortgefügemusters* der → *Industrie* mit einem ausgeprägten Beziehungsgefüge zwischen den Betrieben. Die Beziehungen bestehen aber nicht nur zwischen gleichen Industriesparten, sondern es stehen auch gegenseitige Beziehungen unterschiedlicher Branchen im Vordergrund (→ *Lokalisationseffekt*, → *Urbanisationseffekt*).

standortgerechte Nutzung *site-adapted exploitation, environmental-adapted exploitation*: Begriff der → *Agrarökologie* und → *Forstökologie*. Auf naturwissenschaftlicher Grundlage wird eine Auswahl der Baumarten bzw. Feldfrüchte im Hinblick auf die Standorteigenschaften getroffen. Ziel der s. N. ist Schonung des → *Naturraumpotenzials*, verbunden mit einem Ziel zugeordneten optimalen wirtschaftlichen Ertrag (→ *Nachhaltigkeit*).

Standortgewicht *locational weighting*: in der → *Industriestandorttheorie* von Alfred Weber (1909) die Summe aus den Gewichten der lokalisierten Materialien und der Fertigerzeugnisse.

Standortgruppe *site group, location group*: Form des → *Standortgefügemusters* der Industrie. Bei der S. sind verschiedene Industrien oder unterschiedliche Betriebe der gleichen Branche in einer lockeren Verflechtung zusammengefasst (→ *Integration*). Unterschieden wird die partielle S. von der komplexen S.. Die partielle S. ist i.d.R. durch ein einheitliches Produktionsprogramm, die komplexe S. durch unterschiedliche Produktionsprogramme gekennzeichnet (→ *Industriestandorttheorie*).

Standortgunst *locational advantage*: in der traditionellen → *Standortlehre* das Zusammentreffen meist mehrerer, sich günstig auswirkender → *Standortfaktoren*.

Standortkatalog *site catalogue*: zentrale Datensammlung von geoökologischen bzw. landschaftsökologischen Untersuchungen mit verschiedenen Anwendungen in → *Landschaftsökologie*, → *Geoökologie* und deren Anwendergebieten. Der S. stellt die → *Standortblätter* zusammen für Vergleiche der → *Landschaftsökologischen Standorte* untereinander mit den Zielen: – zusammenfassende Beschreibung der → *Standorttypen* des Arbeitsgebiets mit Darstellung der für die untersuchten Landschaften typischen Boden-, Bodenwasser-, Mikroklima- und Vegetationsverhältnisse; – einheitliche Darstellung von landschaftsökologisch wichtigen Standortmerkmalen nach den Normen der Geo- und Biowissenschaften, z.B. für weitergehende Nutzungen des S. in der Praxis; – Vergleich der Prozesskennwerte der Komplexen Standortanalyse an Repräsentativstandorten; – separate Vergleichsmöglichkeit für → *Standorttypen* von Boden, Vegetation, → *Bodenfeuchteregimen* und → *Mikroklima*.

Standortklima *habitat, location climate*: ein → *Geländeklima*, das stark durch mikroklimatische Bedingungen (→ *Mikroklima*) geprägt ist und für Standorte mit einer Ausdehnung von 100 m bis zu wenigen Kilometern (→ *Landschaftsökologischer Standort*) ermittelt wird. Es schafft für die Pflanzen besondere Wachstumsbedingungen.

Standortlehre *theory of location*: im Sinne einer Standortbestimmungslehre ist die S. in der Wirtschaftswissenschaft die theoretische Behandlung des Standortes sowie der → *Standortwahl* durch die Unternehmen (→ *betriebliche Standortplanung*). Die S. formuliert ihre Überlegungen in → *Standorttheorien* aus.

Standortlehre *theory of location*: 1. die verschiedenen Verfahren der → *Standorterkundung* zusammenfassende Darstellung. Sie wird, je nach disziplinären Aspekten der → *Agrar-*, → *Forst-* und → *Geoökologie* im Hinblick auf die jeweils interessierenden Aspekte am → *Standort* betrieben.

Standortmarketing *location marketing*: 1. im Gegensatz zum → *Kommunalmarketing* stehen Unternehmen als Zielgruppe im Fokus der Betrachtung. Ziel des S. ist die aktive Profilierung einer Kommune zu einem besonderen → *Standort* im regionalen, nationalen oder internationalen Kontext um Standortentscheidungen von Unternehmen aktiv zu beeinflussen. Es sind daher günstige Rahmenbedingungen zu schaffen, wodurch Unternehmen diesen Standort wählen, sei es erstmalig durch ihre Ansiedlung oder immer wieder durch Nichtabwanderung. 2. die Planung, Organisation, Durchführung und Kontrolle von Strategien und Maßnahmen zur Vermarktung regionaler Standorte (→ *Regionalmarketing*, → *Stadtmarketing*), um die Wettbewerbsposition des jeweiligen Standorts im internationalen Wettbewerb um attraktive Zielgruppen (z.B. Unternehmensansiedlung, Tourismus) zu stärken.

Standortmuster → *Raummuster*.

Standortoptimum *locational optimum*: ökonomisch optimaler → *Standort*, an dem maximale Gewinnerzielung möglich ist.

Standortorientierung *site orientation*: bei der Festlegung des optimalen → *Betriebsstandortes* die Beachtung maßgeblicher Faktoren. Gemäß der klassischen → *Industriestandorttheorie* S. sind Material-, Arbeits-, Absatz- und Verkehrsorientierung.

Standortplanung *site planning*: Entwicklung von Konzepten zur Festlegung neuer Einzelstandorte oder zur Veränderung der Standortstruktur. Die S. ist Teil der Unternehmensplanung bzw. Gegenstand der Planung auf den verschiedenen Ebenen der → *Raumplanung*.

Standortproduktivität *site productivity*: die → *Produktivität*, also der Ertragsfähigkeit eines → *Standortes* in Abhängigkeit von der Gesamtheit der ökologischen Bedingungen und somit Ausdruck des → *Leistungsvermögens des Landschaftshaushaltes* (→ *Biotisches Ertragspotential*).

Standortquotient → *Lokalisationsquotient*.

Standortranking *location ranking*: systematische Methoden der → *betrieblichen Standortplanung*, die Unternehmen unterstützen, eine Reihenfolge zwischen verschiedenen möglichen Standortalternativen herzustellen.

Standortregelkreis *site control system/circuit, site regulator centre, site closed control loop*: graphische Repräsentation des → *Prozess-Korrelations-Systemmodells* und somit Arbeitsinstrument der → *Landschaftsökologie* und → *Geoökologie* zur Datengewinnung in der → *topischen Dimension*, an der → *Tessera* und damit am → *Landschaftsökologischen Standort*.

Standortspaltung *site dispersion*: räumliche Aufteilung wirtschaftlicher Aktivitäten, d.h. diese verteilen sich auf mehrere Betriebe an unterschiedlichen → *Standorten*. Die S. ist nicht identisch mit der → *Standortverlagerung*, denn sie ist auch ohne Verlagerung möglich, wenn z.B. ursprünglich selbstständige Unternehmen mit verschiedenen Standorten für Verwaltung und Produktion sich zusammenschließen.

Standortstrukturtheorie *theory of location structure*: neben der Theorie der unternehmerischen Standortwahl diejenige → *Standorttheorie*, die auf einer gesamtwirtschaftlichen Betrachtung beruht. Die bekannteste S. ist die → *Theorie der Landnutzung* von J. H. von Thünen, der als erster Standorttheoretiker überhaupt gilt (→ *Thünensche Ringe*).

Standortsystem *location system*: räumliches Muster von → *Standorten*, das bestimmten Gesetzmäßigkeiten, Rangordnungen bzw. wirtschaftlichen Zwängen folgt (→ *Raummuster*, → *Standorttheorie*, → *Standortgefügemuster*).

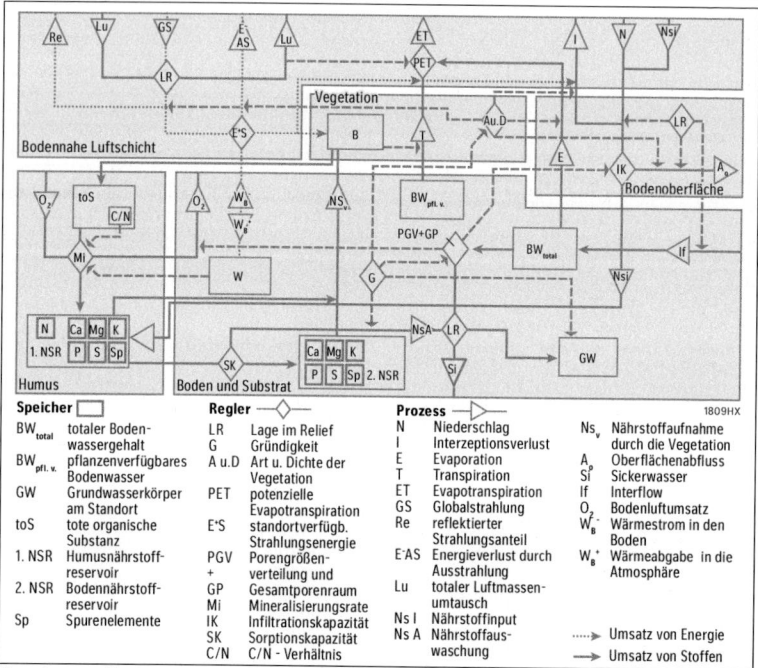

Standortregelkreis

Standorttheorie *location theory*: Theorie zur Erklärung der räumlichen Verteilung von Wirtschaftsbetrieben. S. befassen sich mit einzel- und gesamtwirtschaftlichen Lokalisationsproblemen. Die einzelwirtschaftlichen S. ermitteln den optimalen → *Standort* für einen zusätzlichen Einzelbetrieb. Die gesamtwirtschaftlichen S. beschäftigen sich mit der optimalen räumlichen Struktur von wirtschaftlichen Aktivitäten in einem bestimmten Gebiet. Grundlegend für die weitere Entwicklung von S. waren die → *Theorie der Landnutzung* von J. H. von Thünen und die → *Industriestandorttheorie* von A. Weber.

Standorttyp *site type, habitat type*: 1. allgemein → *Standorte* mit gleicher ökologischer Qualität, die in Mehrzahl auftreten. 2. Zusammenfassung von Standorteinheiten unter bestimmten Nutzungsaspekten, z.B. waldbaulich-ökologischen oder agrarwirtschaftlich-ökologischen. 3. Ergebnis der Klassifizierung bzw. Typisierung von → *Standorten* nach bestimmten Merkmalen. Ein S. zeichnet sich durch das Wirksamwerden eines oder auch mehrerer → *Standortfaktoren* aus. Bezogen auf das Lagemerkmal gibt es z.B. den Typ des Küsten-S. oder des Mittelgebirgs-S. 4. in der → *Landschaftsökologie* eine Anzahl von → *Standorträumen*, die den Landschaftsökologischen Standort repräsentieren. 5. in der → *Forstökologie* repräsentiert der S. eine räumliche forstökologische Grundeinheit, welche jene Standorte zusammenfasst, die sich in ihren ökologischen Merkmalen funktional und nach der Ausstattung so ähnlich sind, dass sie gleiche waldbauliche Möglichkeiten bieten und somit zu einer gleichmäßigen → *Standortproduktivität* führen, d.h. über annähernd gleiche Ertragsfähigkeit verfügen.

Standortverflechtung *locational interlinking*: – dynamisch: Integrationsprozess mehrerer → *Standorte*, die durch Interaktionen der Akteure verbunden sind. – statisch: Grad der Vernetzung der Akteure.

Standortverlagerung *change in location, relocation*: Aufgabe einer Funktion am alten → *Standort* und Einrichtung an einem neuen. Man unterscheidet verschiedene Formen der Verlagerung. Neben der → *Totalverlagerung* gibt es die Partial- bzw. → *Teilverlagerung* mit unterschiedlichen Ausprägungen. Ferner

kann eine S. als → *Nahverlagerung* oder Fernverlagerung, intra- oder interregionale Verlagerung eingestuft werden (→ *Offshoring*).
Standortverschiebung *location shift*: Produktions-, Absatz- oder Beschäftigungsveränderungen an den verschiedenen → *Standorten* eines → *Unternehmens*. Im Gegensatz zur → *Standortverlagerung* gibt es bei den Standorten selbst keine Veränderung.
Standortvorteil *locational advantage, site advantage*: 1. einzigartiger räumlich gebundener Nutzen. 2. Zustand oder Umstand, der in Bezug auf die Ausprägung eines → *Standortfaktors* für einen → *Standort* eine Wettbewerbsüberlegenheit darstellt (→ *Standortgunst*).
Standortwahl *choice of site*: die Wahl des optimalen → *Standortes* für einen Einzelbetrieb als Ergebnis einer unternehmerischen Entscheidung (→ *betriebliche Standortplanung*). Die → *Standorttheorie* geht dabei von der Annahme aus, dass die S. stets unter rationalen Gesichtspunkten erfolgt. Empirische Untersuchungen zeigen jedoch die hohe Bedeutung auch produktionswirtschaftlich nicht maßgeblicher Faktoren. Es ist deshalb notwendig, auch dem Standortverhalten der Unternehmer Bedeutung zuzumessen. Die S. ist in der Praxis zumeist an eine vorhergehende Standortanalyse gebunden (→ *entscheidungstheoretischer Ansatz*, → *verhaltenstheoretischer Ansatz*).
Standortwahlverhalten *location selection*: nach verhaltenstheoretischen Grundsätzen (→ *verhaltenstheoretischer Ansatz*) wird die S. von charakteristischen Verhaltensmustern geprägt. Dazu zählen das → *Prinzip der Nähe*, das → *Prinzip der Suchaufwandsminimierung* und das → *Prinzip der Komplexitätsreduzierung*. Ferner spielen beim S. räumliche, zeitliche und branchenspezifische Parameter eine Rolle.
Standseilbahn *funicular*: → *Seilbahn*, die auf Schienen fährt und von einem Seil in die Höhe gezogen bzw. bergab rollen gelassen wird. S. kommen v. a. in Städten mit großen Höhenunterschieden vor, wo sie auf Steilstrecken die Funktion einer Straßenbahn übernehmen.
Standwirbel *stand eddy*: senkrechter, rotierender Wasserkörper („Wirbel", → *Wasserwalze*), der sich im Fluss ortsstet an einem Hindernis (Pfeiler, Felsblock usw.) herausbildet.
Stangenholz *pole wood*: in der → *Forstwirtschaft* Bezeichnung für jüngere Bäume mit einem → *Brusthöhendurchmesser* (BHD) von 7–20 cm (→ *Altholz*).
Stapelrecht *staple right*: im mittelalterlichen Europa ein → *Stadtrecht*, das die Handelsstellung und die Marktfunktion der → *Stadt* sehr wesentlich stärkte. In Städten mit verliehenem S. mussten alle Waren, die durch deren Straßen transportiert wurden, zum Verkauf angeboten werden (→ *Markt*), bevor sie die Stadt wieder verlassen durften.
Stapeltheorie *staples theory*: Erklärungsansatz, wonach Reichtum an natürlichen → *Ressourcen* eines Landes den ökonomischen Entwicklungspfad prägend beeinflusst. Als Stapel werden in der Theorie von H.-A. Innis unverarbeitete Massenexportgüter wie Metalle und fossile Brennstoffe, aber auch agrarische Rohstoffe und Holz verstanden, deren Ausfuhr Deviseneinnahmen für die heimische Volkswirtschaft generiert (→ *Ressourcenökonomie*).
Starkregen *heavy rain*: ein → *Regen* hoher Intensität pro Zeiteinheit. Bei kurzzeitigem Fall gilt als S.-Grenze eine Mindestmenge von 1 mm/min. Allgemein spricht man von S., wenn die Niederschlagsmenge (mm)

$$h = \sqrt{5t - \left(\frac{t}{24}\right)^2}$$

Starkregen

erreicht (t = Anzahl Minuten). S. führen bei unbewachsenem Boden zu → *Bodenerosion* und verursachen → *Hochwasser* und → *Überschwemmungen*.
stationäre Bevölkerung *stationary population*: → *Population* eines Raumes von mittel- bis langfristig gleich bleibender Zahl. Eine s. B. ergibt sich, wenn sich über einen längeren Zeitraum hinweg die Zahlen der Geburten und der Sterbefälle annähernd die Waage halten und höchstens geringfügige → *Wanderungsgewinne* und → *-verluste* auftreten (→ *Bevölkerungsdynamik*).
stationäre Versorgung *stationary supply*: → *Versorgung* im Bereich von Handel und → *Dienstleistungen*, die sich fester → *Standorte*, z. B. → *Ladengeschäfte*, bedient. Die s. V. ist die übliche Form der Versorgung im Gegensatz zur ambulanten Versorgung (→ *ambulanter Handel*).
stationärer Handel *stationary trade*: → *Einzelhandel* in → *Ladengeschäften* im Gegensatz zum → *ambulanten Handel*.
Statistik *statistics*: – quantitativ ausgedrückte Informationen in geordneter Form, z. B. in Zahlenreihen, die bestimmte Sachverhalte zeitlich und räumlich geordnet darstellen. So enthält z. B. die → *Bevölkerungs-S.* Zahlenangaben über die Einwohner eines bestimmten Raumes zu bestimmten Zeiten, die Wetterstatistik Angaben über Temperatur, Niederschläge usw. an einem bestimmten Ort zu einer bestimmten Zeit. – Summe der Verfahren, mit denen bestimmte Sachverhalte und

Prozesse quantitativ ausgewertet und zahlenmäßig dargestellt werden. Methoden und Verfahren der S. sind z.b. die Berechnung von → *Lage-* und → *Streuungsmaßen*, → *Korrelations-*, → *Diskriminanz-* und → *Faktorenanalyse*.

Status *status*: Zustand, Standort oder Stellung in einem → *System*. Für sozialgeographische Untersuchungen ist der soziale S. von Personen wichtig, d.h. ihre Stellung innerhalb der sozialen → *Schichtung* oder als Mitglied von → *sozialen Gruppen*.

Stau *stagnation (1.); storage, impoundage, water-surface ascent (2.); stagnation, accumulation (3.)*: – beim Durchsatz von Stoffen durch technische Systeme auftretend. – Anstieg des → *Wasserspiegels* in stehenden oder fließenden Gewässern durch ein natürliches oder künstliches Hindernis im Abfluss. Wird ein S. an einer Wasseroberfläche durch → *Wind* erzeugt, handelt es sich um Windstau. – in Ökosystemen, v.a. im → *Pedosystem*, durch Veränderung der Porengrößenbereiche gehemmter Durchsatz von Nähr- oder → *Schadstoffen*, was vorübergehender Speicherung (→ *Speicher*) gleichkommt.

Stauanlagen *weirs*: sie erlauben ober- und unterirdische Speicherung von Wasser und erfüllen meist eine Multifunktion wie → *Bewässerung*, → *Hochwasserschutz*, Gewinnung von → *Trinkwasser* oder Wasserstandsregulierung bei schiffbaren → *Fließgewässern*. Zu den S. gehören → *Talsperren*, Schleusen, → *Deiche*, Wehre und Grundschwellen (unterirdische Stauwände). Von S. gehen vielfältige ökologische Wirkungen aus, in erster Linie auf den → *Landschaftswasserhaushalt*, aber auch auf Vegetation und Bodennutzung. Durch → *Flussausbau* bzw. → *Flussbegradigung*, die im Zuge des Errichtens von S. meist mit vorgenommen werden, wird v.a. der → *Grundwasserstand* verändert. Mit ihm ändern sich auch die → *Bodenfeuchteregime* und damit der Gesamtzustand des → *Landschaftsökosystems*.

Staub *dust*: als Primär-S. die festen → *Schwebstoffe* aller Art in der → *Luft*, die sich bei Luftruhe allmählich als → *Staubniederschlag* absetzen (→ *Deposition*). 1. S. entsteht natürlich infolge Ausblasungen von natürlichen Materialien durch Wind und künstlich durch emittierende Industrie, Kraftwerke, Verkehr, Bergbau und diverse Kleinemittenten (metallhaltige → *Stäube*). Nach der Art der Sedimentation werden (i) der sehr langsam sedimentierende → *Schwebstaub* (Feinststaub) und (ii) der sich rascher ablagernden Sedimentationsstaub (Fein- und Grob-S.) unterschieden. Die Komponenten des Sedimentations-S. verschmutzen v.a. Oberflächen; der Feinst-S. wirkt gesundheitsschädlich, weil er über die Atemwege in die Lungen gelangt. An die Komponenten des Feinst-S. lagern sich Umweltgifte an, z.B. → *Schwermetalle*, sodass auch toxische Wirkungen möglich sind. Im Zusammenhang mit entsprechenden Wetterlagen bewirkt v.a. Feinst-S. die Bildung von → *Smog*. 2. im Boden die Kornfraktion von 0,06-0,01 mm Durchmesser, welche Bestandteil des → *Schluffes* ist. Die S.-Fraktion ist in äolischen Sedimenten (→ *Löss*) mit einem Korngrößenmaximum vertreten.

Staubewässerung *dammed up irrigation*: → *Bewässerung* landwirtschaftlicher Kulturen durch → *Stau* oberirdischer Gewässer.

Staubhaut *dust skin*: verfestigter bzw. verkitteter → *Staub*, der in → *semiariden* bis → *ariden* Gebieten die Erdoberfläche vor → *Deflation* schützt.

Staublawine *powder avalanche*: trockene Lockerschneelawine, die weitgehend ohne Bodenkontakt, also durch die Luft wirbelnd zu Tal stürzt. S. wirken gehen durch den Druck der Luft, die sie schlagartig verdrängen, vor ihrer Front verheerend (→ *Lawine*, → *Schnee*).

Staubniederschlag *dust precipitation*: jene → *Immission*, die technisch und naturwissenschaftlich als → *Staub* bezeichnet wird und die gravitativ aus der → *Atmosphäre* auf natürliche und künstliche Oberflächen fällt. Der S. ist v.a. als Feinststaub (→ *Schwebstaub*) umweltrelevant, weil er Umweltgifte anlagert. Auf diese Weise werden Boden, Gewässerflächen und vegetative Oberflächen bedeckt. Über die Vegetation (direkt oder indirekt wegen des Umweges durch den Boden) gelangen die Schadstoffe in die → *Nahrungsketten*. Der S. ist eine umweltökologische Messgröße, die neben dem Schwebstaub ermittelt wird.

Staubsturm *duststorm, duster*: trockener, heftiger → *Wind*, der feinstes Bodenmaterial, v.a. die obersten Horizonte mit → *Humus* sowie mineralisches Material der → *Schluff-* und → *Sand-* → *Korngröße* aufwirbelt, mitführt und – oft nach Ferntransporten – ablagert (→ *Sandsturm*, → *Staub*).

Staubtrombe *dust devil*: kleiner bodennaher Luftwirbel von wenigen Dezimetern bis Metern Durchmesser, der über dem erhitzten Boden → *Staub* aufwirbelt (→ *Tornado*, → *Trombe*, → *Windhose*).

Stauchendmoräne (Deformationsendmoräne) *push moraine*: → *Endmoräne*, bei der besonders in der Vorrückphase eines → *Gletschers* sowohl bereits abgelagerte ältere → *Moränen* sowie manchmal auch Material des präglazialen oberflächennahen Untergrundes aufgeschoben und/oder aufgepresst werden. Die → *Sedimente* erhalten eine falten- bis schuppenartige Struktur, die eine Form der → *Pseudotektonik* darstellt, die sogenannte → *Glazialtektonik*.

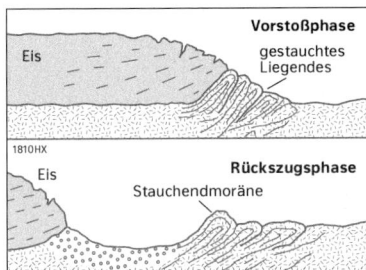

Stauchendmoräne

Stauchmoräne (Staumoräne) *push moraine, pushed moraine*: durch sogenannte → *Glazialtektonik* gestauchtes Material von → *Moränen*, überwiegend als → *Stauchendmoränen* anzutreffen.

Stauchung *compression*: Materialdeformation, z.B bei durch → *Pressung* entstandenen → *Stauchmoränen* oder bei durch Pressung deformierten Gesteinspaketen bzw. Teilen der → *Erdkruste*.

Staudamm *high dam*: Erd-, Stein- oder Stahlbetonmauer, die ein Tal zur Wasserspeicherung absperrt. Die Errichtung von S. erfolgt zum Zwecke der Wasserspeicherung für Wassermangelzeiten (→ *Trinkwasser*versorgung, → *Bewässerung*) oder/und zur Betreibung eines → *Speicherkraftwerkes* zur Stromerzeugung.

Staudüne *accumulation dune*: der Sandsedimentationskörper großer → *Dünen*, der unterschiedliche Formen und relativ große Höhen (bis 200 m) erreichen kann. Die S. entsteht durch unregelmäßig wehende Winde und/oder über unruhigem Untergrundrelief. Die S. treten z.T. in kettenförmiger Anordnung auf.

Staueffekt *accumulation effect*: Einfluss von → *Gebirgen* auf heranströmende Luftmassen, die in deren → *Luv* durch das Hindernis zum Aufsteigen gezwungen werden, wobei → *Wolken*- und Niederschlagsbildung (→ *orographische Niederschläge*) erfolgen (→ *Stauniederschläge*).

Stauhaltung *backwater*: in einem Schleusenkanal die Wasserstrecke zwischen zwei Schleusen, in der das Wasser nicht fließt, sondern auf einer festen Höhe gestaut gehalten wird.

Staukuppe (*endogenous*) *dome, intrusive dome, plug dome*: ebenso wie die sehr ähnliche → *Quellkuppe* ein Phänomen des → *Kryptovulkanismus*. Im Gegensatz zur Quellkuppe dringt bei der S. die → *Lava* jedoch an die Erdoberfläche durch, erstarrt jedoch als Kuppe, ohne sich auszubreiten. Die S. setzt also sehr zähflüssige (silikatreiche, → *felsische*) Lava voraus.

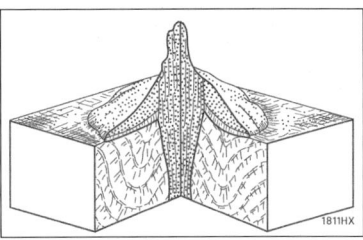

Staukuppe

Staumoräne → *Stauchmoräne*.
Staunässe *water stagnation*: → *Stauwasser*.
Stauniederschläge *orographic rainfall*: → *Steigungsregen*, die durch das Aufhalten von Luftmassen im → *Luv* von → *Gebirgen* entstehen (→ *Staueffekt*).
Staupodsol *Podzol with stagnic water conditions*: podsolierter Boden (→ *Podsol*) mit undurchlässigen Lagen, die durch Ausfällung von Eisen- und Manganoxiden – verbunden mit Verkrustung – entstanden sind (→ *Ortstein*).
Stauquelle *barries (contact) spring*: Wasseraustritt (→ *Quelle*) an einer gefällwärts auftretenden Grenze zwischen einem → *Grundwasserleiter* und einem → *Grundwasserstauer* (z.B. an einer → *Verwerfung*).
Stausee *artificial lake, storage lake, impounded lake, dammed lake, [storage] reservoir*: allgemein ein Abdämmungssee, d.h. in einer natürlichen oder künstlichen Hohlform gestaute größere Wassermenge eines → *Fließgewässers*: – natürliche Stauseen werden durch → *Bergstürze* oder zwischen Endmoränen und Gletschern („→ *Eisstausee*") gebildet; – künstliche S. legt man in Tälern an, deren Quer- und Längsprofil den technischen Aufwand minimieren.
Randbedingungen für S. sind Niederschlagsreichtum im → *Einzugsgebiet* und ein weitgehend wasserstauender → *oberflächennaher Untergrund*. Folgen: – wird ein Fluss gestaut, sedimentieren am oberen Ende des S. der Grobsand, in weiterem Verlauf der Feinsand, unmittelbar an der Sperre Schlammstoffe (→ *Schluff*, → *Ton*, organisches Feinmaterial); – frühere → *Biozönosen* des Flusses weichen anderen, an ruhigere Gewässerabschnitte angepassten Biozönosen (→ *Sand*).
Staustufe *barrage*: in Flüssen oder Kanälen senkrecht zur Strömung errichtete Mauer, an der der Höhenunterschied zwischen Ober- und Unterwasser deutlich wird. Mithilfe von S. kann die Wassertiefe relativ gleich gehalten

werden, sodass in Verbindung mit → *Schiffshebewerken* Schifffahrt möglich ist. Mit den im Bereich der S. eingebauten → *Laufwasserkraftwerken* kann darüber hinaus Strom erzeugt werden.

Stauwasser *stagnic water conditions*: 1. im Sinne der Staunässe auf einer räumlich begrenzten undurchlässigen oder wenig durchlässigen stauenden Substratschicht in Oberflächennähe (in der Regel oberhalb 1,5 m unter Flur) gestautes Wasser, welches aus dem Standortsniederschlag stammt und durch die → *Verdunstung* im → *Sommer* periodisch wieder verschwindet. 2. Wasser, das infolge Stauregelung durch → *Stauanlagen* im Vergleich zu seinem ursprünglichen („→ *natürlichen*") → *Abfluss* → *technogen* gestaut oder im Fließen verzögert wird. Durch Prozesse der → *geologisch-geomorphologischen Naturgefahren* kann auch auf natürliche Weise Wasser gestaut werden, z.B. durch → *Bergsturz* oder → *Bergrutsch*.

Stauwasserböden *soils: with stagnic water conditions*: die Klasse der → *terrestrischen Böden*, in denen durch mehr oder weniger lange dauernde Nassphasen in Teilen des Bodens zeitweise Sauerstoffarmut herrscht. Im Unterschied zu den → *Grundwasserböden* gibt es in S. keinen geschlossenen und einheitlichen Wasserspiegel. Die Nässe ist durch stauende und/oder schlecht durchlässige Horizonte bedingt. Sie wird zudem durch hohe und regelmäßige Niederschläge begünstigt. Der wichtigste S. ist der → *Pseudogley* (→ *Stauwasser*).

stehende Falte (aufrechte Falte) *upright fold*: durch gleichmäßige Biegung infolge beidseitigen Druckes entstehende → *Falte* mit praktisch senkrechten Achsenflächen und symmetrisch zu den → *Muldenachsen* einfallenden Schenkeln.

stehende Gewässer *stagnant waters, standing: waters*: z.B. → *Seen*, → *Teiche*, → *Tümpel*, → *Weiher*; gehören zu den → *Oberflächengewässern* und stehen den → *Fließgewässern* gegenüber. Die s. G. weisen nur unter bestimmten Umständen → *Stillwasser* auf; die s. G. werden fälschlich oft als „stille Gewässer" bezeichnet.

Steigungsregen *orographic rain*: → *Regen* an → *Gebirgen*, durch aufsteigende feuchte Luftmassen verursacht, deren → *Wasserdampf* durch die → *adiabatische* Abkühlung (→ *relative Luftfeuchtigkeit*, → *Taupunkt*) kondensiert und ganz oder teilweise ausregnet (→ *Kondensation* → *Stauniederschläge*).

Steilhang *escarpment, steep face*: → *Hang* mit → *Hangneigungsstärken* zwischen 16-60°, wobei der Neigungsbereich 36-60° als übersteil gilt. Bei >60° geneigten Hängen spricht man von → *Wand*.

Steilküste *steep coast*: steil zum meist tiefen Wasser abfallende Küste, die der Brandungserosion unterliegt, d.h. mariner Erosion und Denudation, also der Abrasion. An S. entsteht ein Kliff, das die Brandungserosion sukzessive zurückverlegt. Es gibt letztlich zwei Typen der Steilküste, → *Fjorde* und → *Kliffküsten*.

Steilrelief *steep relief*: steilhängige → *Vollformen* verschiedenster Größenordnungt. S. gehen auf hangdenudative und/oder erosive Zerschneidungsprozesse zurück.

Steilwand → *Wand*.

Steine *stones*: Gesteinskomponenten von 6 mm bis 20 cm Durchmesser (→ *Bodenart*, → *Block*).

„Steine und Erden" *„stones and earths"*: bergmännisch-rohstoffliche und volkswirtschaftliche Bezeichnung für jene nutzbaren Erden, → *Mineralien* und → *Gesteine*, die nicht zu den → *Brennstoffen*, → *Erzen*, und → *Salzen* gehören. Zu den „S. u. E." gehören u.a. Asbest, Erden im Sinne von Boden, Granit, Graphit, Kreide, Sand, Sandstein, Schwerspat, Serpentin.

Steineis *fossil ice*: → *fossiles* → *Bodeneis* (→ *Permafrost*), das während der letzten Hauptvereisung im → *Pleistozän* gebildet wurde und sich bis heute im → *oberflächennahen Untergrund* erhalten hat.

Steingirlande *stone garland*: gehört zu den → *Girlandenböden*, bei denen durch Bewegungen des Frostbodens (→ *Permafrost*) eine Sonderung von → *Schutt* und → *Feinboden* eintritt, wobei Feinerdefelder von S. eingerahmt werden.

Steinkern *internal cast*: Erhaltungsform eines → *Fossils*. Dabei wurde der Hohlraum eines Organismus von Sediment (der späteren Gesteinsmasse) ausgefüllt, das nach → *Diagenese* den Körper als S. „abbildet", während die organischen Teile bei der → *Fossilisation* zerstört werden.

Steinkohle *hard coal, black coal*: → *fossiler Brennstoff*. Gegenüber der → *Braunkohle* ein fortgeschritteneres Stadium der geochemischen → *Inkohlung*, bei der bei hoher Druck infolge Sedimentüberlagerung bzw. durch starke tektonische Kräfte hohe Temperaturen entstehen. Gegenüber der Braunkohle liegt die S. tiefer und wird (meist) im → *Tiefbau* gewonnen. S. ist vielfältig verwendbar (Stromerzeugung, diverse industrielle Verbrennungsprozesse, chemische Industrie). Der S.-Tiefbau führt zu → *Abraum*, → *Halden* und → *Sackungen* des Bodens bzw. der Erdoberfläche sowie zu Verschmutzungen des → *Grundwassers* (→ *Kohle*).

Steinkohlenbergbau → *Kohlenbergbau*.

Steinkohleneinheit (SKE Steinkohlewärmeäquivalent) *hard coal equivalent*: Maßeinheit für den Vergleich des Energiegehaltes

von → *Primärenergieträgern*. 1 kg SKE entspricht dem Steinkohlewärmeäquivalent von 7000 kcal/kg = 29,3 MJ/kg = 8,141 kWh. (→ *Rohöleinheit*).
Steinkohlenformation *carboniferous*: das → *Karbon*.
Steinkohlewärmeäquivalent → *Steinkohleneinheit*.
Steinlage *stonelayer, bench*: lagenförmig angeordnete Gesteinskomponenten, meist → *Grobsedimente* bis Kopfgröße, die in Lockersedimentdecken, auch verfestigten, eingebettet sind. S. erscheinen im Profil als leicht gewellte Bänder und werden daher fälschlich als „stone lines" bezeichnet. Die Genese der in verschiedenen wechselfeuchten Klimazonen vorkommenden S. ist nicht geklärt. Lokal verschiedene Ursachen dafür sind – gravitative Massenbewegungen am Hang, – Überlagerung durch oberflächliche Abspülung und/oder – Umlagerung durch Spülprozesse.
Zum Teil handelt es sich um Verwitterungsresiduen (Residuat).
Steinnetz *polygonal ground*: → *Frostmusterboden*, der aus → *Steinringen* und/oder → *Steinpolygonen* besteht, die in Vielzahl ein S. bilden.
Steinpflaster (Deflationspflaster, Pflasterboden, Wüstenpflaster) *desert pavement*: Anreicherung von Grobsedimentkomponenten (→ *Grobsediment*) an der Erdoberfläche in pflasterartiger Anordnung infolge Ausblasung von Feinsedimenten durch Wind (→ *Deflation*). Das S. tritt in pleistozänen Sedimenten und in → *rezenten* Wüsten auf. Einzelstücke des S. werden durch Windschliff (Sandstrahlgebläse) oft zu → *Windkantern* umgestaltet.

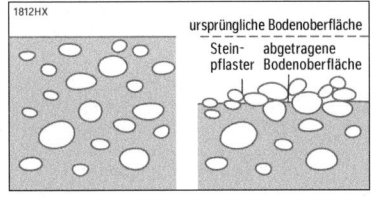

Steinpflaster

Steinpolygon *[stone] polygonal soil, patterned ground*: ein → *Frostmusterboden*, bei den → *Steine* bzw. Grobmaterial polygonförmig um einen Kern aus → *Feinerde* angeordnet sind. Ähnlich den → *Steinringen*. Dieser Mustertyp entsteht, indem die Ringe mit ihren Außenseiten aufeinander zuwachsen. S. falten oft auch nur als Steinringe bezeichnet, weil die Formen sehr ähnlich sind, zumal geomorphogenetisch kein Unterschied besteht (→ *Steinnetz*).

Steinriegel → *Rossel*.
Steinring *stone circle, stone polygon*: ein → *Frostmusterboden* mit ringförmigen Sortierungen des Grobmaterials. Bei S. ist der eckige → *Schutt* ringförmig um einen Zentralbereich mit → *Feinerde* angeordnet; plattige Komponenten stehen oft hochkant. Bildungsvoraussetzung sind ausreichend Steine und häufige Frostwechsel. Die Materialsortierung geschieht aufgrund von → *Auffrieren* der Steine, die dann an der Oberfläche aufgrund des aufgewölbten Feinerdekerns (Volumenausdehnung von Wasser beim Gefrieren) an die Ränder des Feinerdekerns verlagert werden. Die sehr verschiedenen Durchmesser der S. hängen ab vom Materialtyp, dem zur Verfügung stehendem → *Bodenwasser*, dem Vegetationstyp, aber auch von der → *Frostwechselhäufigkeit*: Kleinformen der S. finden sich in → *Hochgebirgen* der → *Tropen* mit tageszeitlichem Frostwechsel (→ *Frostwechselklima*), Großformen mit mehreren Metern Durchmesser in der → *Polarzone*.

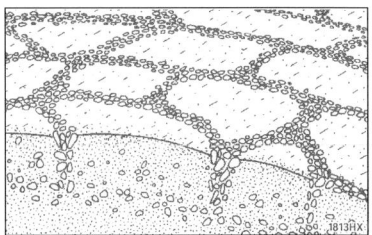

Steinringe

Steinsalz (Halit) *rock salt*: gesteinsbildendes Mineral der Zusammensetzung NaCl (Natriumchlorid). S. gehört zu den → *Evaporiten* und kommt in unterirdischen, z.T. mächtigen → *Salzlagerstätten* vor. Unter → *ariden* und → *semiariden* Klimabedingungen reichert sich S. auch als Ausblühung oder → *Salzkruste* auf der Bodenoberfläche oder im Boden an (→ *Salzböden*). S. ist das dominierende → *Salz* im Meer und in → *Salzseen*.
Steinschlag *rock fall*: plötzlicher Fallen (→ *Stürzen*), Springen und Rollen von einzelnen Steinen und Blöcken, mit einem Gesamtvolumen von max. mehreren m³. Die Grunddisposition für diesen Prozess der gravitativen Massenbewegung besteht im Vorhandensein von Steilwänden (Festgestein oder Lockermaterial) und Klüften, die variable Disposition steigt mit Intensität und Häufigkeit von Frostverwitterung sowie dem Poren- bzw. Kluftwasserdruck. Auslöser für S. sind z.B. Erschütterungen, Temperaturwechsel (Maximum der S.-Aktivität zur Mittagszeit) und

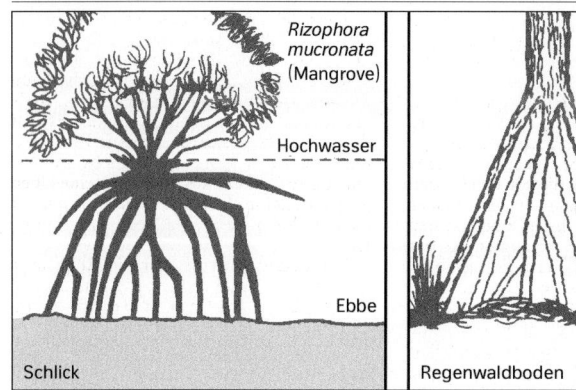
Stelwurzeln

Niederschläge. Die S.-Häufigkeit ist somit z. T. tages- und jahreszeitlich geregelt. Nach dem Aufprall erfolgt der weitere Abgang des S. in Steinschlagrinnen. Erreicht er größere Ausmaße, wird er als Schuttlawine bezeichnet. Der S. gehört zu den alpinen Naturgefahren.

Steinschlagrinne *chute*: sehr enge, steile → *Tiefenlinie*, die vom → *Steinschlag* geschaffen wird und die sich an → *Steilhängen* ausbildet. Durch mechanische Beanspruchung der S., zusammen mit dort stattfindenden Verwitterungsprozessen, können sich S. talartig vergrößern. Unterhalb der S. bauen sich → *Schutthalden* bzw. → *Schuttkegel* und → *Schuttfächer* auf.

Steinsohle *gravel[ly] layer*: fossilisiertes → *Steinpflaster* bzw. → *Steinlage*. Die S. repräsentieren vorzeitliche Landoberflächen, auf denen Abtragungsprozesse – v. a. → *Deflation* – erfolgte.

Steinstreifen *stone stripes, rock stripes*: → *Frostmusterboden*, der aus → *Steinpolygonen* bzw. → *Steinringen* an Hängen entsteht, wo zunächst bei geringerem Gefälle Steinellipsen gebildet werden, die mit Intensivierung der → *Gelifluktion* an stärker geneigten Hangstücken schließlich zu S. auseinander gezogen werden.

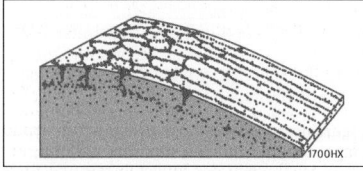
Steinstreifen

Steinwüste *stone desert, stony desert, rock[y] desert, [serir, hammada]*: 1. der → *Sandwüste* gegenübergestellte Sammelbezeichnung für → *Hamada* und → *Serir*. 2. der Begriff S. wird auch ausschließlich auf die Hamada mit ihren eckigen Gesteinskomponenten begrenzt.

Stellplatz *parking space*: in der Terminologie der → *Stadtplanung* die Bezeichnung für einen in Verbindung mit einer baulichen Anlage errichteten Auto-Parkplatz.

Stelzwurzeln *stilt root, prop root, buttress root*: sproßbürtige Wurzeln, die als Stütze und zur Atmung dienen. Sie finden sich z. B. bei der → *Mangrove* und auch bei einzelnen Arten der unteren Baumschicht des immerfeucht-tropischen Regenwaldes (→ *Hyläa*).

stenochor *stenochoric*: sind Organismen mit enger (geographischer) Verbreitung. Gegenbegriff ist → *eurychor*.

stenök *stenoecious*: sind Organismen, die allgemein nur geringe Schwankungsbreiten der für sie wichtigen ökologischen Randbedingungen ertragen. S. Organismen sind daher eng an bestimmte → *Standorte* gebunden (s. ist aber kein Synonym für → *stenotop*). Gegenbegriff ist → *euryök*.

Stenosche Regel (Sedimentologische Grundregel) *Steno's law*: eine oben befindliche Materialdecke (→ *Hangendes*) ist immer älter als die darunter befindliche (→ *Liegendes*), vorausgesetzt es erfolgten nach der Ablagerung keine Lagerungsstörungen, z. B. durch → *Faltung* oder → *Überschiebung*.

stenotherm *stenothermous*: sind Organismen, die nur innerhalb eines engen Temperaturbereiches leben und nur geringe Temperaturschwankungen ertragen können. Gegenbegriff ist → *eurytherm*.

stenotop *stenotopic*: sind Organismen, die nur in besonders ausgestatteten Ökosystemen vorkommen. Bezieht sich die Bezeichnung nur auf das Ertragen der Umweltbedingungen durch den Organismus, wird von → *stenök* gesprochen. Gegenbegriff ist → *eurytop*.

Steppe (Xeropoium) *steppe, grass-covered plain; pampa, llano (Südamerika); scrub (Australien); veld[t] (Südafrika)*: weltweit sehr verbreitete, meist baumarme bis baumfreie zonale Vegetationsformation, die von den Gräsern bestimmt wird, die zusammen mit Stauden, → *Geophyten* und → *Annuellen* eine Pflanzendecke mit jahreszeitlich bedingten Aspektwechseln bilden. Hauptgräser: Festuca, Stipa und Andropogon. Die S. gehören den gemäßigten außertropischen Klimazonen an. Sie finden sich demzufolge auch in den → *Subtropen* als Übergangsbereich zu den → *Wüsten*. Typisch für S.: sommerliche Trockenzeit und geringe Jahresniederschläge (ca. 400-600 mm). Die → *Aspektfolge* und die Zusammensetzung der Vegetation richten sich nach dem Niederschlagseinkommen und den thermischen Verhältnissen. Sie sind bei den kontinentalen S. Eurasiens extremer als in den tropischen S., wo die Temperaturen nur bedingt als begrenzender ökologischer Faktor wirken. Vegetationszeit der S. sind die Frühjahrs- und Frühsommermonate, während vom Spätsommer bis zum Herbst Trockenruhe herrscht. Für die kontinentalen S. sind kalte, schneereiche Winter charakteristisch. Autochthone → *Fließgewässer* sind selten. Meist handelt es sich um → *Fremdlingsflüsse*, die aus anderen, feuchteren Klimazonen in die S.-Zone hineinfließen. Die Bezeichnung S. wird überwiegend auf Südosteuropa bis Südsibirien sowie auf entsprechende Vegetationsformationen Nord- und Südafrikas sowie Australiens angewandt. Die nordamerikanischen S. heißen → *Prärien*, die in Südamerika → *Pampa*. Der Lebensraum S. war ursprünglich mit einer reichen Fauna, auch Großtieren, ausgestattet. Heute charakterisiert nur noch eine sehr differenzierte und spezialisierte → *Bodenfauna* (u. a. Gräber, Wühler), die zur Weiterentwicklung der typischen S.-Bodens, der → *Schwarzerde*, beitragen. Die Zerstörung von Flora, Fauna und Boden geht auf die weltweite Nutzung der S. für Getreideanbau und Großviehzucht zurück. In S. ist die → *Bodenerosion* besonders intensiv.

– Die Gliederung der Prärie in → *Langgrasprärie* und → *Kurzgrasprärie* belegt die enge Beziehungen Vegetation/ Niederschlagseinkommen. Dem entspricht die Unterscheidung der S. in Gras-, Baum- und Wald-S.: 1. Gras-S. werden von ausdauernden, winterharten und dürreresistenten Gräsern beherrscht. Den Gras-S. fehlen Bäume (osteuropäisch-südsibirische S., Prärien, Pampa); 2. die Strauch-S. ist einerseits in den Randbereichen der Gras-S. verbreitet, anderseits geht sie bei zunehmendem Holzgewächsanteil in die Baum-S. über. Diese stellt den Übergang zur Wald-S. dar, die sich durch lockere Wäldchen ausmachen, die auf edaphischen und mikroklimatischen Gunststandorten stocken. Es sind die Vorläufer des Laubwaldgürtels. In Wald-S. treten Stieleiche, Ulme und Wildobstarten als wichtigste Gehölze auf. Ebenfalls eine Übergangsformation stellt die → *Wüstensteppe* dar, die z. T. durch die → *Salzsteppe* repräsentiert ist.

– Der Begriff S. wird sehr vielfältig, auch für andere Vegetationsformationen und nutzungsbedingte Landschaftstypen, eingesetzt. Lange Zeit wurden die offenen Grasfluren der tropischen → *Savannen* ebenfalls als S. bezeichnet. Auch die → *Tundra* und vergleichbare Vegetationsformationen in Höhenstufen der → *Hochgebirge* wurden als Kälte-S. bezeichnet. S.-Landschaften in Gebirgen oder Hochländern, wie in Vorder- und Zentralasien, bezeichnet man als Gebirgs-S. Stark genutzte Agrarlandschaften, in denen die ursprüngliche Vegetation ausgeräumt wurde, bezeichnet man als → *Kultur-S*. (→ *Ausräumung der Kulturlandschaft*).

Steppenbleicherde → *Solod:*.

Steppenböden *steppe soils*: Sammelbezeichnung für Böden, die im sommertrockenen Kontinentalklima unter der Vegetation der → *Steppe* entstehen und bei denen der Abbau der → *organischen Substanz* durch kälte- und trockenheitsbedingte Ruhephasen der Bodenorganismen gehemmt ist. Dadurch kommt es zu tiefgründigen und humusreichen Böden, die eine klimazonale Zuordnung von der angrenzenden gemäßigten Zone mit Laubwald bis zur angrenzenden Wüste mit ständiger Aridität erkennen lassen. Zu den S. gehören z. B. der → *Tschernosem* und der → *Kastanozem*.

Steppenheide *steppe heath*: strauch- und baumarme Vegetationsformation der → *Trockenrasen* auf manchmal niederschlagsarmen → *Standorten*, v. a. jedoch auf → *Kalkstein* mit großer edaphischer Trockenheit. Die S. zeichnet sich durch zahlreiche kontinentalosteuropäische (z. B. pontische) → *Florenelemente* aus. Es ist eine inselartig verbreitete → *extrazonale* Vegetation Mitteleuropas, die auch zahlreiche → *xerotherme* Arten der → *Mediterranis* enthält (→ *Steppenheidetheorie*).

Steppenheidetheorie *steppe-heath theory*: theoretische Annahmen zur Erklärung der mitteleuropäischen Kulturlandschaftsgeschichte auf pflanzengeographischer Grundlage. Die S. geht von der Beobachtung aus, dass Siedlungen der Jungsteinzeit und Bronzezeit überwiegend im Verbreitungsareal der

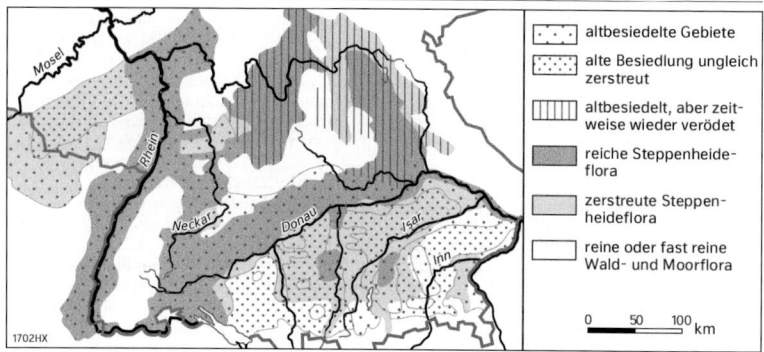

Steppenheidetheorie

→ *Steppenheide* auftreten. Nach der S. waren diese Gebiete während des Klimaoptimums im → *Postglazial* überwiegend waldfrei oder allenfalls lichten → *Steppenheidewald* versehen, der den Neolithikern ohne → *Rodung* Ackerbau ermöglichte. Mit feuchteren postglazialen Klimaabschnitten hätte sich der Wald ausbreiten können, was aber – nach der S. – durch die permanente Ackerbaunutzung dieser offenen Landschaften verhindert wurde. Die → *Pollenanalyse*, die Wald- und Klimaentwicklung des Postglazials genauer darstellend, widerlegte die ursprüngliche Version der S.. Die Übereinstimmung des → *Altsiedellandes* mit den Steppenheidearealen kann hingegen durch die düngerlose → *Feldgraswirtschaft* erklärt werden: Sie war nur auf kalkreichen Böden möglich, weil auf ihnen Kleearten und andere Schmetterlingsblütler den Boden auf natürliche Weise mit → *Stickstoff* düngten. Diese Landschaften mit kalkreichen Böden weisen aber zugleich auch die trockensten Standorte auf, die von der Steppenheide bevorzugt werden. Dies erklärt auch, dass selbst hochgelegene, winterkalte Landschaften Mitteleuropas, wie Schwäbische Alb (Hochalb) und Baar, → *Altsiedelland* waren.

Steppenheidewald *steppe heath forest*: vermutlich Sukzessionsstadium der → *Steppenheide*, aus der er sich über Gebüschstadien zu wärmeliebenden Eichenmischwäldern entwickelte. Hierzu gehören submediterrane Flaumeichenwälder und wärmeliebende kontinentale Eichenmischwälder, die aus kurzstämmigen, z. T. verkrüppelten Bäumen geringer Höhe zusammensetzen. Weil die S. locker und niedrig sind, existiert eine üppige Strauch- und Krautschicht mit vielen Arten der → *Trockenrasen*. Die S. kommen in Mitteleuropa als → *Relikte* vor. Ansonsten sind sie geschlossen am Nordrand der → *Mediterranis* verbreitet – als charakteristischer Waldbestand der unteren → *montanen Stufe* der Gebirge. Während die mediterranen Vorkommen → *zonal* sind, sind die mitteleuropäischen S. → *extrazonal*. Sie finden sich, wie die Steppenheide selber, auf nährstoffreichen, wenngleich flachgründigen Böden an trockenen und/oder mikroklimatisch begünstigten Standorten.

Steppenklima *steppe climate*: ein → *kontinentales* trockenes → *subtropisches Klima*, durch Hochdruck-→ *Wetterlagen* geprägt. Mit warmen bis heißen Sommern und kalten Wintern. Die Jahresniederschlagsmenge von 300-450 mm fällt v. a. im Frühjahr und Herbst. Die trockenen Sommer haben einen sehr hohen → *Verdunstungsüberschuss*. Jahre mit → *Dürren* treten mitunter auf. Typisch für die S. sind sommerliche → *Staubstürme*. Im Winter liegt an 50-150 Tagen eine meist geringmächtige → *Schneedecke*.

Steppennomadismus *steppe nomadism*: Form des → *Nomadismus*, bei der die → *Nomaden* im Gegensatz zum → *Wüstennomadismus* ihren Lebensraum in der → *Steppe* haben. Beim S. überwiegt bereits die Schaf-, Ziegen- und Pferdehaltung die Kamelhaltung. Teilweise erlaubt der Futterwuchs der Steppen auch schon eine bescheidene Rinderhaltung. Zu den Steppennomaden gehören Mongolen, Kirgisen, Berber usw..

Steppenumlagewirtschaft *form of shifting agriculture [steppe]*: wie die → *Moorbrandwirtschaft* oder die → *Waldbrandwirtschaft* eine → *exploitierende Wirtschaftsform*. Bei der S. tritt neben eine extensive → *Weidewirtschaft* ein → *Wanderfeldbau* auf. Wegen der mangelnden → *Bodenbearbeitung* und der fehlenden Düngung muss nach 2 bis 4 Jahren das Ackerstück auf eine andere Naturweidefläche verlegt werden.

Steppenweidewirtschaft *extensive steppe pasture economy*: extensive → *Weidewirt-*

schaft, die in vielen Fällen auch marktorientiert betrieben wird. Die S. untergliedert sich in die wilde S., die arbeit- und kapitalextensiv ist und keine Hirtenaufsicht erfordert, die freie S., meist mit Wollschafen und unter Hirtenaufsicht, und die Kamp- oder Paddockwirtschaft, bei der durch das Einzäunen der Weideflächen (→ *Koppel*) die Hütearbeit entfällt.
Sterberate → *Sterbeziffer*.
Sterbetafel (Absterbeordnung) *mortality order*: in der → *Demographie* eine aufgrund der bisherigen → *Sterbeziffern* berechnete Aufstellung, aus der hervorgeht, in welchem Lebensalter wieviele Angehörige eines Altersjahrgangs nach den Gesetzen der Wahrscheinlichkeit sterben werden. Zur besseren Vergleichbarkeit werden S. i. d. R. auf 100 000 der Ausgangsbevölkerung bezogen. Wegen der geschlechtsspezifischen Sterbeziffern werden S. für Männer und Frauen getrennt berechnet. Aus der S. lässt sich für jedes vollendete Lebensjahr die Zahl der Überlebenden, die → *Sterbewahrscheinlichkeit* bis zum nächsten Jahr sowie die durchschnittliche → *Lebenserwartung* im betreffenden Alter entnehmen.
Sterbeüberschuss (Geburtendefizit) *surplus of deaths*: Überwiegen der Sterbe- über die Geburtenzahl in einem bestimmten Raum, i. d. R. auf ein Kalenderjahr bezogen. Durch S. ergibt sich ein negativer Saldo der natürlichen → *Bevölkerungsentwicklung* und somit ein Rückgang der Bevölkerungszahl, wenn er nicht durch einen → *Wanderungsüberschuss* ausgeglichen wird.
Sterbewahrscheinlichkeit *death probability*: der einer → *Sterbetafel* zu entnehmende Anteil von Personen eines ausgewählten Altersjahrgangs, der bis zum Erreichen eines bestimmten Lebensalters nach den statistischen Gesetzmäßigkeiten gestorben sein wird.
Sterbeziffer (Mortalitätsrate, Mortalitätsziffer, Sterberate, Sterblichkeitsrate, Todesrate) *death rate, mortality rate*: Maßzahl in der → *Demographie* für den zahlenmäßigen Ausdruck der → *Sterblichkeit* in einem bestimmten Raum. Die S. wird errechnet aus der Zahl der Gestorbenen pro 1000 der mittleren Wohnbevölkerung in einem Kalenderjahr. Sie ist für einen Raum, z. B. ein Land, hauptsächlich vom → *Altersaufbau* sowie von den Lebensverhältnissen und dem Gesundheitszustand der Bevölkerung abhängig. Neben der rohen S. für die undifferenzierte Gesamtbevölkerung berechnet man alters-, geschlechts-, gruppen- und schichtenspezifische S..
Sterblichkeit (Mortalität) *mortality*: zahlenmäßiger Ausdruck des Sterbevorgangs in einer → *Bevölkerung* als Teilprozess der natürlichen → *Bevölkerungsbewegung*. Die S. wird durch die Zahl der Todesfälle pro Jahr, insbesondere aber durch die → *Sterbeziffer* ausgedrückt. Sie unterscheidet sich regional entsprechend dem → *Altersaufbau* und dem Gesundheitszustand einer Bevölkerung. Für spezielle Fragestellungen ist die alters-, geschlechts- oder sozialgruppenspezifische S., ausgedrückt durch die jeweiligen Sterbeziffern, von Interesse.
Sterblichkeitsrate → *Sterbeziffer*.
Sterblichkeitsziffer → *Mortalität*.
Sterndüne *star dune*: Sonderform der → *Düne*, de → *Pyramidendüne* sehr ähnlich. S. verfügen großräumig über ein regelmäßiges sternförmiges Muster. Es kommt vermutlich durch senkrecht zueinander liegende Windrichtungen zustande. Die Begriffe S., Pyramidendüne und → *Netzdüne* sind ohne Bezug zur Entstehung. Als Begriffshierarchisierung bietet sich an: S.- und Pyramidendüne können als formähnlich bis -gleich gelten. Beide Begriffe werden für Einzelformen angewandt. Hängen die Einzelpyramiden- und/oder Einzelsterndünenformen zusammen, bilden sie Netzdünen.

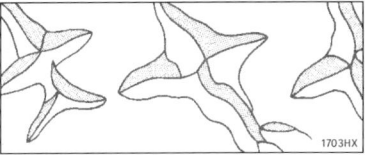

Sterndünen

Sternkunde → *Astronomie*.
Sterntag *sidereal day*: Zeitdauer zwischen zwei aufeinander folgenden Kulminationen eines Fixsterns. Der S. dauert 23 Stunden 56 Minuten 4 Sekunden und entspricht der wahren Umlaufzeit einer einmaligen Umdrehung der → *Erde*. Der unserer Zeiteinteilung zugrunde liegende → *Sonnentag* ist wegen der Bewegung der Erde um die → *Sonne* 4 Minuten länger.
Steuerflucht *fiscal migration*: Einkommens- und Vermögensverlagerung von Individuen oder Unternehmen in sog. Steueroasen (→ *Niedrigsteuerland*) zur Reduzierung der Steuerzahlungen (→ *Kapitalflucht*).
Steueroase → *Niedrigsteuerland*.
Steuerstrecke → *Regelstrecke*.
Steuerungszentrale *control centre*: → *Standort*, von dem aus andere Orte und Subregionen Entscheidungsimpulse, Handlungsanweisungen und Informationen erhalten und hinsichtlich ihrer Entwicklung kontrolliert werden. In S. sind v. a. Organe und Institutionen angesiedelt, welche der Steuerung, Planung, Lenkung und Kontrolle von Wirtschaft und globaler Politik dienen. Hinzu kommen Einrichtungen für den Handel, den Verkehr und

die Kommunikation. → *Metropolregionen* fungieren als S.. Der Begriff der → *Global City* impliziert ebenfalls die Funktion der entsprechenden Stadt als S..

Stichbahn *access railway, branch terminal line*: Bahnlinie, die nicht dem → *Durchgangsverkehr* dient, sondern an einer Endstation mit einem Kopfbahnhof endet. Während der Zeit des Eisenbahnausbaus im 19. Jh. wurden im ländlichen Raum viele kleinere Städte und Marktorte durch S. an die Hauptlinien angebunden. Heute sind die meisten S. wegen geringen Verkehrsaufkommens stillgelegt oder von der Betriebseinstellung bedroht (→ *Nebenbahn*).

Stichkanal *branch canal*: künstliche Wasserstraße, die nicht dem → *Durchgangsverkehr* dient, sondern blind endet und einen landeinwärts gelegenen → *Hafen* oder einen Raum an eine Binnenwasserstraße oder an das offene Meer (→ *Seekanal*) anschließt. Beispielsweise sind in Norddeutschland mehrere Industriestandorte durch S. an den Mittellandkanal angeschlossen.

Stichprobe *sample*: Teilmenge einer → *Grundgesamtheit*, die unter bestimmten Gesichtspunkten ausgewählt wurde (→ *Zufallsstichprobe*, → *Willkürstichprobe*, → *systematische Zufallsstichprobe*). Grundgedanke der Stichproben ist das Prinzip der → *Induktion*, bei dem von besonderen auf allgemeine Fälle geschlossen wird und folgt dem → *Gesetz der großen Zahlen* (→ *Repräsentativität*).

Stichprobenerhebung *sample survey*: Verfahren der empirischen → *Sozialforschung*, mit dem man durch das Ziehen von → *Stichproben* Informationen über bestimmte charakteristische Eigenschaften statistischer Populationen (→ *Grundgesamtheit*) erhebt. S. bieten Kostenersparnis und Zeitgewinn gegenüber einer → *Vollerhebung*. Eine besondere Form der S. ist die → *Zufallsstichprobe*.

Stichstraße *access road*: Straße, die nicht dem → *Durchgangsverkehr* dient, sondern eine Örtlichkeit, ein Haus u. a. an eine Durchgangsstraße anschließt.

Stickstoff (N_2) *nitrogen*: 1. Hauptbestandteil im Gasgemisch der → *Luft* mit einem Anteil von 78 Vol.-%. 2. wichtiges Hauptnährelement aller Organismen (Baustein der Eiweißgruppe). S. kommt in mineralischer Form als N_2, NH_3 (Ammoniak), NH_4^+ (Ammonium), NO_2^- (→ *Nitrit*) und NO_3^- (Nitrat) vor. S. ist ein zentrales Element im Stoffhaushalt der Ökosysteme (Stickstoffkreislauf) und wurde, da er in Mineralen relativ selten auftritt, auf der Erdoberfläche und im Wasser fast ausschließlich biotisch angereichert. Wegen seiner großen Bedeutung für das Pflanzenwachstum ist S. ein wichtiger Dünger. Durch Luftstickstoffbindung (v. a. durch Knöllchenbakterien in Wurzeln von Leguminosen) wird er auf natürlichem Wege im Humus angereichert.

Stickstoffkreislauf *nitrogen cycle*: die stetige Wanderung und Umlagerung des → *Bioelements* → *Stickstoff* im System Atmosphäre-Biomasse-Boden. Der S.-K. besteht im Wesentlichen aus drei → *Speichern*: 1. dem unerschöpflichen Reservoir des Luftstickstoffs (N_2 = 78 Vol.-% der Luft), 2. dem in den Lebewesen fixierten Stickstoff und 3. dem Stickstoff der toten → *Biomasse* einschließlich der Humussubstanzen auf und im Boden, zwischen denen durch chemische Umsetzungsvorgänge ein stetiger Stickstofftransport bzw. -austausch erfolgt.

Die wichtigsten Glieder sind dabei: 1. Oxidation von Luftstickstoff durch elektrochemische Prozesse (z. B. → *Blitz*), 2. Bindung von Luftstickstoff im Boden durch Mikroorganismen, 3. Aufnahme von Stickstoff durch die Pflanzen (und Tiere), 4. Mineralisierung und Nitrifikation von Stickstoff aus der toten Biomasse durch Mikroorganismen, 5. Auswaschung von Stickstoff mit dem → *Sickerwasser* und 6. Freiwerden von gasförmigem Stickstoff (NO_x, NH_3) durch Verbrennung (Stickoxide).

Stieffamilie (Patchworkfamilie) *stepfamily, patchwork-family*: → *Familie*, bei der mindestens ein Elternteil ein Kind aus einer anderen Beziehung in die Ehe oder → *eheähnliche Gemeinschaft* gebracht hat oder in der adoptierte Kinder leben.

stilles Wissen → *implizites Wissen*.

Stilllegungsquote *closing down rate*: der in Prozentwerten ausgedrückte Anteil stillgelegter Werke an der Gesamtzahl der Werke, z. B. in der → *Industrie* (→ *Verlagerungsquote*).

Stillstandslage *glacier standstill position*: nicht zu → *Endmoränen*, sondern zu → *Rückzugsmoränen* führende → *Eisrandlage*. Eisstillstand ist ein relativer Zustand, der für → *vorzeitliche* → *Gletscher* des → *Pleistozäns* schwer zu belegen ist.

Stillwasser *stillwater, dead water*: 1. im Rhythmus der → *Gezeiten* der kurze Zeitraum beim Umkehren des Gezeitenstromes von der → *Flut* zur → *Ebbe* und umgekehrt. 2. jene Bereiche → *stehender Gewässer*, in denen keine Wasserbewegung erfolgt. 3. fälschlicherweise oft als Begriff für stehende Gewässer verwandt, die jedoch wegen → *Wind*, → *Wellen* oder → *Seezirkulation* nicht „still" sind.

Stinkkohle *stinkcoal*: eine stark bituminöse → *Braunkohle*.

Stirn *front, inface*: – vorderer Randbereich eines → *Gletschers* oder → *Blockgletschers*. – vorderer Abfall einer → *Schichtstufe* im Sinne der → *Stufenstirn*.

Stirnfluss → *Gegenfluss*.

Stirnmoräne *frontal moraine, terminal moraine*: → *Moräne* vor der Gletscherstirn,

die präziser mit → *Endmoräne* und ihren Subtypen bezeichnet wird.
Stochastik *stochastics*: ein Teilgebiet der Mathematik, das die Wahrscheinlichkeitstheorie und → *Statistik* umfasst.
stochastisch *stochastic*: zufallsabhängig; nicht kausal oder → *deterministisch*, sondern den Regeln der Wahrscheinlichkeit folgend. Komplexe Systeme z.B. sind → *stochastische Systeme*, da viele ihrer internen Prozesse s. ablaufen und keiner (erkennbaren) → *Kausalität* unterliegen (→ *Nichtlinearität*).
stochastisches System *stochastic system*: ein → *System*, bei dem die Kopplung der Elemente oder Subsysteme mindestens teilweise nicht → *deterministisch*, sondern v. a. als → *stochastisch* beschrieben werden können. Letzlich sind alle Systeme in der natürlichen Umwelt s. S..
Stock *stock*: 1. allgemein große Gesteinskörper unregelmäßiger Gestalt, die in fremde Gesteinsbereiche eingedrungen sind. Die S. werden nach dem Material unterschieden, wie Intrusiv- oder Eruptiv-S., die überwiegend aus → *Granit* bestehen, oder Sediment-S., (z.B. → *Salzstöcke*) und Erzstöcke. 2. subvulkanischer Körper aus → *Tiefengestein*, der sich – im Gegensatz zum → *Lakkolith* – mit steilen Wänden gegen das → *Nebengestein* abgrenzt (→ *Eruptivgesteine*, → *Intrusivsteine*).
Stockausschlag *root-collar shoot*: nach dem Einschlag der Bäume aus dem verbleibenden Wurzelstock erfolgender Austrieb.
Stockwerkbau *layer structure*: beschreibender Begriff der Geo- und Biowissenschaften für schichtig angeordnete Phänomene.
– in den → *Geowissenschaften* die Anordnung raumfunktionaler Phänomene in der Vertikalen, d.h. differenziert nach dem → *Hypsometrischen Formenwandel*, wie Höhenstufen der Vegetation, des Klimas oder höhenstufengebundener wirtschaftlicher Nutzungsformen.
– bis zu einem gewissen Grade repräsentieren das → *Schichtmodell* und die → *Schichtung*, die in der → *Landschaftsökologie* und → *Geoökologie* eine Rolle spielen, ebenfalls einen S.
– in der Klimatologie der S. der Atmosphäre mit Troposphäre, → *Stratosphäre* etc., in der → *Geohydrologie* verschieden tief liegende Grundwasserstockwerke, in der → *Speläologie* verschiedene Höhenniveaus mit ihnen zugeordneten Höhlengewässern und in der → *Vegetationsgeographie* die verschiedenen S. eines Waldes oder einer sonstigen → *Pflanzengesellschaft*. – in den → *Biowissenschaften* die Schichtung der Vegetation, z.B. eines Waldes.
Stockwerkkultur *layered interplanting*: intensive Form der → *Bodennutzung*, bei der verschiedene Kulturarten unterschiedlicher Wuchshöhe nebeneinander angebaut werden.

Die v. a. in der → *Mediterranis* zu findende S. (→ *cultura mista*) wird nicht selten bewässert und weist eine typische Dreigliederung (Gemüse oder Getreide/Wein/Fruchtbäume) auf (→ *Mischkultur*).
Stockwerkseigentum *storey ownership*: eine bis in das Mittelalter zurückreichende Sonderform des → *Wohnungseigentums*, bei der die einzelnen Stockwerke eines Gebäudes im Eigentum verschiedener Personen stehen. Die rechtlichen Regelungen des S. sind ähnlich wie bei → *Eigentumswohnungen*.
Stoffbilanz *mass balance*: Methode, mithilfe derer die im → *Ökosystem* umgesetzten → *Nährstoffe* und → *Schadstoffe* quantitativ dargestellt werden. S. erlauben raum-zeitliche Vergleiche von → *Einzugsgebieten*, Ökosystemen oder sonstigen → *Standorten*. S. sind in allen Dimensionen möglich – von der → *topischen Dimension* bis zur → *globalen*, aber auch kleinstäumig, z.B. für das → *Minimalareal* eines Lebewesens oder ein Lebewesen allein.
Stoffhaushalt *matter balance*: Haushalt eines Ökosystems, der von seinem → *Stoffkreislauf* bestimmt wird, bei dem gewisse → *Stoffumsätze* erzielt werden, die man als → *Stoffbilanz* darstellt. Bei den Stoffen handelt es sich um → *organische* und → *anorganische* Substanzen.
Stoffkreislauf *cyce of substances in ecosystems*: allgemein die Kreislaufprozesse in → *Ökosystemen*, die den Auf- und Abbau von Substanzen einschließen, den → *Stoffhaushalt* ausmachen und in → *Stoffbilanzen* dargestellt werden. Der Motor des S. ist die → *Sonnenstrahlung*, die im S. als Energiedurchfluss wirkt. In den S. sind alle Sphären (→ *Biosphäre*, → *Atmosphäre*, → *Pedosphäre*, → *Kryosphäre*, → *Hydrosphäre* und → *Lithosphäre*) einbezogen.
Stoffströme *input output flow*: → *Input-Output-Ströme*.
Stoffumsatz *metabolism*: beim → *Stoffkreislauf* innerhalb einer Zeiteinheit umgesetzte Stoffmenge, dargestellt in → *Stoffbilanzen*.
Stoffursache (causa materialis) *material cause*: neben der → *Wirkursache*, der → *Finalursache* und der → *Formursache* eine der vier unterschiedlichen Arten von Wirkkräften (→ *Kausalität*) nach Aristoteles. Die S. gehört wie die Formursache zu den inneren Ursachen, so liegt es im Stoff selbst, woraus etwas entsteht und was in diesem Etwas ist. In der heutigen Wissenschaft keine übliche Sichtweise.
Stoffwechsel (Metabolismus) *metabolism*: Gesamtheit der in einem lebenden Organismus ablaufenden biochemischen Reaktionen. Der S. setzt sich aus aufbauenden (→ *Assimilation*, → *Anabolismus*) und abbauenden (→ *Dissimilation*, → *Katabolismus*) Prozessen zusammen.

Stollen *mine addit, tunnel*: im → *Bergbau* Bezeichnung für einen Grubenbau, der von einem Hang in leicht ansteigender Weise in den Berg vorgetrieben wird (→ *Stollenbau*).

Stollenbau *gallery mining, tunnel mining*: alte Abbaumethode im → *Bergbau* durch Anlegen von → *Stollen*. Der S. ermöglichte durch das Stollengefälle nach außen die Abfuhr des Grubenwassers. Der S. wurde z. B. im Ruhrgebiet vom 16. Jh. bis zur ersten Hälfte des 19. Jh. betrieben (→ *Schachtbau*).

Stollenbewässerung *gallery irrigation, qanat/foggara irrigation*: Form der → *Bewässerung* in ariden Bergländern. Dabei handelt es sich um kilometerlange, oft weit verzweigte unterirdische Bewässerungssysteme in Form von → *Stollen*. Diese führen das → *Grundwasser* aus dem Bereich der Berghänge heran. Regionalbezeichnungen der S. sind → *Karez*, → *Foggara* und → *Kanat*.

Stoppelweide *harvested field used for pasture*: die Beweidung abgeernteter Getreidefelder im Rahmen alter Flur- und Weideordnungen (→ *Weide*). Die Beweidung erfolgte hauptsächlich durch Kleinvieh (Schafe, Ziegen). Die Nutzung der S. ist heute gelegentlich noch in der → *Mediterranis* zu finden.

Störfall *malfunction, disruptive incident*: im → *Umweltrecht* (→ *Bundes-Immissionsschutzgesetz*) bzw. → *Umweltschutz* festgelegter Begriff für einen Ereignisablauf, bei dessen Eintreten der Betrieb der Anlage oder die auszuführende Tätigkeit aus sicherheitstechnischen Gründen nicht mehr fortgeführt werden kann, weil → *Emissionen* (Stoffe, Geräusche, Strahlung) freigesetzt werden, sodass eine „Gemeingefahr" für die Gesundheit der Menschen oder für Sachen hohen Wertes besteht. In Deutschland definiert die Störfallverordnung den S. relativ restriktiv. Ein S. liegt vor, wenn die technische Anlage zu denen gehört, die in der Störfallverordnung genannt sind, der Betriebsablauf nicht bestimmungsgemäß verläuft, Stoffe freigesetzt werden, welche die Störfallverordnung nennt und/oder eine Gemeingefahr besteht (z. B. → *Auslegungsstörfall*).

Störgröße *disturbance variable*: in den geowissenschaftlichen Perspektiven auf → *Systeme* jene Phänomene und Faktoren, die das Systemverhalten (z. B. das → *Fließgleichgewicht*), stören, sodass die → *Stabilität* gefährdet ist und → *Input*- und → *Output*-Beziehungen eine andere Struktur erhalten. Wird eine S. wirksam, beginnt eine Reaktionszeit, der ein Anpassungszeitraum folgt, innerhalb dessen das System seinen ursprünglichen Fließgleichgewichtszustand wieder herstellt. Es kann nach dem Auftreten einer S. aber auch ein völlig neuer Fließgleichgewichtszustand aufgebaut werden, wenn die S. besondere zeitliche, stoffliche, energetische und/oder räumliche Wirksamkeit entfaltet. S. spielen bei der Betrachtung der → *Landschaftsökosysteme*, Umweltsysteme, → *Bioökosysteme* und → *Geoökosysteme* eine große Rolle. → *Stabilität*, → *Labilität*, → *Belastung* und → *Belastbarkeit* von Ökosystemen können mit den Wirkungen von S. definiert werden. Beim Landschaftsökosystem in der realen Umwelt ist das Systemverhalten in fast allen seinen → *Kompartimenten* vom Auftreten der S. bestimmt.

Störung *fault (1.); disturbance (2.); perturbation, disturbance (3.-5.); noise (6.)*: 1. In der → *Geologie* eine Veränderung der normalen Lagerung, also eine → *Dislokation* von Gesteinsschichten. Unterschieden werden: 2. unscharfe Bezeichnung für wandernde Tiefdruckgebiete (→ *Zyklonen*) bzw. deren Frontsysteme, also für mit Niederschlägen verbundene Tiefdrucklagen. 3. in der Erforschung der → *Ökosysteme* in → *Geoökologie* und → *Bioökologie* sowie in der Biodiversitätsforschung ein diskretes Ereignis, allgemein als → *Störgröße* bezeichnet, das qualitative Änderungen in einer → *Lebensgemeinschaft* bzw. der Geoökofaktoren verursacht, z. B. der Ressourcenverfügbarkeit, des Informationshaushaltes oder eines ganzen Teilsystems. Der S. begegnet das → *System* durch einen → *Regler*. 4. in den Ökosystemen ein anthropogener oder natürlicher Eingriff, z. B. durch Naturgefahren in Gestalt eines spontanen bzw. seltenen Ereignisses, das dem Systemverhalten eine andere Richtung verleiht. 5. im Sinne des Störfalls eine Unterbrechung technischer Abläufe, von denen Umweltgefährdungen ausgehen können. 6. in der Schalltechnik die Komponenten eines Schallereignisses, von denen eine Störwirkung ausgeht, die leistungsmindernd und/oder gesundheitsgefährdend oder -schädigend wirkt. – Dislokation als → *tektonische* oder atektonische Bewegung, welche die reguläre Gesteinslagerung stört, was den ursprünglichen Gesteinsverband unterbricht, was durch → *Pressung* (= kompressive Dislokation) oder → *Zerrung* (= disjunktive Dislokation) erfolgt. Dabei laufen horizontale und/oder vertikale Bewegungen ab; – Lagerungs-S., die durch Krustenbewegungen entstand, wie → *Falte*, → *Blattverschiebung*, → *Überschiebung* und → *Flexur*; – Kurzbezeichnung für den geotektonischen → *Bruch*.

Stoßbeben *earthquake shock*: → *Erdbeben*, das in Form einzelner Erdstöße auftritt; ihm steht das Schwarmbeben gegenüber.

Stoßkuppe (Belonit, Lavanadel) *plug dome, blocked spine*: → *Staukuppe* verwandt, gegenüber der die → *Lava* jedoch bereits im → *Schlot* erstarrt. Durch Druck nachträglicher Gasexplosionen wurde dann der Lavapfropfen kuppen- oder nadelförmig aus dem

Schlot herausgedrückt. Voraussetzung ist wie bei der → *Quell-* und der Staukuppe auch zähflüssige, → *felsische* Lava.
Strafkolonie (Sträflingskolonie) *penal colony*: → *Kolonie*, die hauptsächlich als Aufenthalts- bzw. Verbannungsort für Sträflinge, auch für politische Häftlinge, aus dem → *Mutterland* genutzt wurde. Meist handelte es sich um Inseln oder Räume, die aus klimatischen Gründen kaum als → *Siedlungs-* oder → *Wirtschaftskolonien* nutzbar waren. S. waren z. B. zeitweise Australien, Franz.-Guayana, Neukaledonien oder Sachalin.
Sträflingskolonie → *Strafkolonie*.
Straftat *offence, crime*: → *Handlung*, die aufgrund einer bestimmten Rechtsnorm verboten und mit einer Strafe als Rechtsfolge verbunden ist. Gemäß verbreiteter Strafrechtslehren umfasst eine S. die Komponenten Tatbestand, Rechtswidrigkeit und Schuld. Was als eine Straftat gilt und was nicht, entscheidet der jeweilige Gesetzgeber eines → *Staates* und kann daher von Staat zu Staat variieren (→ *Kriminalität*, → *Kriminologie*, → *Delinquenz*, → *Kriminalgeographie*).
Strafzoll *penal duty/tariff*: besondere Form von → *Zöllen*, die in Handelskonflikten als Vergeltungsmaßnahme (Retorsionszoll, Vergeltungszoll) gegen von anderen Ländern eingesetzte → *Handelshemmnisse* verhängt werden. Sie sind von der → *WTO* zu genehmigen. Von S. betroffen können unterschiedlichste Produkte sein. Wechseln sich die Produkte ab, spricht man von rotierenden S. oder einem Karussellverfahren.
Strahlenarten *radiation sorts*: → *ionisierende Strahlung*.
Strahlenbelastung *radiation exposure*: allgemein gebraucht auch für → *Strahlenexposition*, meint jene Dosis → *ionisierender Strahlung*, die der menschliche Organismus durch → *natürliche Strahlenbelastung* oder als Begleiterscheinung der Anwendung ionisierender Strahlen in Medizin und Technik sowie durch die von der Nutzung der → *Kernenergie* ausgehenden → *radioaktiven Strahlung* erhält. Unterschieden werden äußere S., die die Strahlung von außen auf den Organismus trifft, und innere S., wenn die radioaktive Strahlung von Atomkernen im Organismus ausgeht. Die durchschnittliche S. der Bevölkerung in Deutschland liegt im Bereich der natürlichen S. bei 1–5 mSv/Jahr und im Bereich der kerntechnischen S. bei weniger als 10 μSv/Jahr.
Strahlendosis *radiation dose*: die Dosis einer → *ionisierenden Strahlung*, d.h. jene Strahlungsmenge, die von einem bestrahlten Körper aufgenommen wird (→ *Dosisgrenzwerte*, → *Körperdosis*, → *Ionendosis*, → *Kollektivdosis*).
Strahlenexposition → *Strahlenbelastung*.
strahleninduzierte Karzinogenese *carcinogenesis induced by radiation*: Krebserkrankungen verschiedener Ursachen (z. B. Aktivierung onkogener Gene bzw. Viren, Abbau der Immunität oder somatische Mutationen), die von → *ionisierender Strahlung* ausgelöst werden.
Strahlenkrankheit *radiation sickness*: geht auf die Wirkung → *ionisierender Strahlung* zurück und gehört zu den akuten → *Strahlenschäden*. Die S. hängt von der Art und → *Dosis* ab und geht auf relativ großvolumige Teilkörper- oder Ganzkörperbestrahlung zurück. Eine kurzzeitige Ganzkörperbestrahlung von 50–100 rem (= 0,5–1 Sv) bewirkt Symptome der S., d.h. zunächst Appetitlosigkeit, Kopfschmerzen, Übelkeit, Erbrechen etc., später treten Fieber, Geschwüre, Durchfall, Haarausfall und innere Blutungen auf.
Strahlenkrebs *radiation cancer*: Sammelbezeichnung für beim Menschen auftretende maligne Neoplasien, die auf Strahlenwirkung (→ *ionisierende Strahlung*) zurückgehen und als wichtigste → *Strahlenschäden* gelten (→ *strahleninduzierte Karzinogenese*). S. tritt je nach → *Strahlenexposition* und deren Intensität auf. Ursachen: – berufliche Strahlungsexposition; – nach Abwürfen der Atombomben auf Hiroshima und Nagasaki (Japan) und den Atomwaffenexperimenten zwischen 1945 und den 1960er-Jahren; – nach Atomkatastrophen, z. B. → *Fukushima*, → *Harrisburg*, → *Majak*, → *Tschernobyl* und → *Windscale*.
Strahlenmessung *radiation measurement*: da die Strahlenwirkung von der Stärke der → *ionisierenden Strahlung* abhängt, muss diese gemessen werden. Mit Dosimetern wird die → *Strahlendosis* gemessen, die innerhalb eines Zeitraums eingestrahlt wird. Geigerzähler messen die momentane Strahlungsintensität.
Strahlenresistenz *radiation resistance*: Widerstandsfähigkeit von Organismen gegenüber → *ionisierender Strahlung*. Speziell bei Pflanzen kann man beobachten, dass es Arten mit niedriger und solche mit größerer S. gibt; z. B. sind *Acer rubrum*, *Quercus rubra* und andere Laubbäume relativ strahlenresistent, verschiedene Picea- und Pinus-Arten, ebenso Larix, Thuja oder Tsuga hingegen sehr empfindlich. Offensichtlich besteht ein Zusammenhang mit der Chromosomengröße. Je größer die Chromosomen, umso niedriger scheint die S..
Strahlenrisiko *radiation risk*: die Wahrscheinlichkeit des Auftretens nachhaltiger Strahlenwirkung bzw. von → *Strahlenschäden* nach Exposition gegenüber → *ionisierender Strahlung*. Das S. hängt von der Dosis und damit der Dauer der Einwirkung einer bestimmten Strahlenqualität ab. Das S. wird bestimmt von der beruflichen → *Strahlenex-*

Strahlenschaden

position und der → *natürlichen Strahlenbelastung*.

Strahlenschaden *injury: by radiation*: Summe aller pathologischen Reaktionen nach der Wirkung → *ionisierender Strahlung* auf pflanzliche, tierische oder menschliche Organismen oder Teile dieser. Es kann sich um morphologische, physiologische und genetische S. handeln. Unterschieden werden akute S. (= Strahlenfrühschäden) und Strahlenspätschäden. Einfachste Form ist der „Strahlenkater", ein schwach ausgeprägtes Strahlensyndrom (→ *Strahlenkrankheit*), während ausgeprägte Strahlenspätschäden als → *Strahlenkrebs* auftreten (→ *strahleninduzierte Karzinogenese*).

Strahlenschutz *radiation: protection*: Voraussetzungen und Maßnahmen zum Schutz vor den schädlichen Wirkungen → *ionisierender Strahlung* (→ *Strahlenschutzverordnung*).

Strahlenschutzverordnung *radiation protection regulation*: definiert die → *Strahlenbelastung* durch → *ionisierende Strahlung*, denen Menschen in der Ausbildung oder bei der Berufsausübung ausgesetzt sein dürfen. Die → *Dosisgrenzwerte* für berufliche Strahlenbelastung sind alters- und geschlechtsspezifisch differenziert.

Strahlstrom → *Jetstream*.

Strahlung *radiation*: allgemein eine Form der Ausbreitung von Energie in Form von Wellen oder Teilchen. Zur S. gehören die elektromagnetische Strahlung (als Licht, Infrarotstrahlung, Röntgenstrahlung) und die beim radioaktiven Zerfall entstehende Teilchenstrahlung (Alpha- und Betastrahlung). Vereinfacht kann man die S. auch in „biologisch nützliche" Licht- und Wärme-S. und in „biologisch schädliche" kurzwellige S. (Gamma- und Röntgenstrahlung sowie die beim radioaktiven Zerfall entstehende radioaktive Strahlung) gliedern. Langwellige S. ist energiearm, kurzwellige S. energiereich. Im meteorologisch-klimatologischen Sinne → *Einstrahlung* von Wärme- und Lichtenergie von der → *Sonne* auf die → *Erde*, Ausstrahlung von → *Wärmeenergie* von der Erde in die → *Atmosphäre* und in den Weltraum und (reflektierte) → *Gegenstrahlung* von Wärmeenergie von der → *Atmosphäre* auf die Erde. Die eingestrahlte Energie beträgt am Oberrand der Atmosphäre 1,37 kW/m² (Solarkonstante). In der Atmosphäre wird ein Teil der Sonnenstrahlung absorbiert und diffus gestreut. Weniger als die Hälfte der ursprünglichen Energiemenge erreicht die Erdoberfläche, und die S. gliedert sich hier in die direkte Sonnen-S. (als Wärme-S. fühlbar) und die ungerichtete kurzwellige Himmels-S. Die kurzwellige S. wird an der Erdoberfläche in langwellige Wärme-S. umgewandelt. Die S.-Menge pro Flächeneinheit nimmt vom Äquator zu den Polen hin ab, weil sich wegen des kleiner werdenden Sonneneinfallswinkels die gleiche S. auf eine zunehmend größere Fläche verteilt. Die Erde reflektiert S. (Albedo) und strahlt Wärmeenergie aus. Bei fehlender nächtlicher Einstrahlung wird die Strahlungsbilanz negativ, weshalb Abkühlung stattfindet. Ein Teil dieser ausgestrahlten Wärme wird wegen des Gehaltes der Atmosphäre an Wasserdampf und Kohlendioxid auf die Erde reflektiert (Glashauswirkung: wichtig für den globalen Wärmehaushalt). Die S. ist die einzige Energiequelle aller irdischen Vorgänge (geothermische Energie vorhanden, klimatologisch [nicht energietechnisch!] jedoch vernachlässigbar. Sie hält die Allgemeine Zirkulation der Atmosphäre in Gang, welche durch den Wärmetransport mit Luftmassen auch das S.-Energiegefälle vom Äquator zu den Polen ausgleicht, sodass der energetische Gesamthaushalt der Erde stets im Gleichgewicht ist.

Strahlungsbilanz *radiation balance*: die ausgeglichene Gesamtstrahlungsenergie des Systems → *Erde*, eines Teilbereichs oder eines → *Standorts*, welche sich aus kurzwelliger → *Einstrahlung*, langwelliger → *Ausstrahlung*, → *Reflexion* der kurzwelligen Strahlung an der Erdoberfläche, Absorption (Absorptionskoeffizient) und → *Gegenstrahlung der Atmosphäre* zusammensetzt. Der Energiegewinn durch → *Strahlung* ist in den verschiedenen → *Klimazonen* der Erde unterschiedlich und differiert auch von Standort zu Standort stark (→ *Hangneigungsrichtung* bzw. → *Exposition* und → *Hangneigungsstärke* gegenüber der direkten Bestrahlung; oberflächenbeschaffenheitsbedingter Anteil der reflektierten Strahlung). Die eingestrahlte Energie wird aber in jedem Fall tagesrhythmisch, saisonal oder jahresrhythmisch umgesetzt und/oder als langwellige Strahlung wieder in den Weltraum abgegeben.

Strahlungsdurchlässigkeit (Transmission) *radiolucency*: allgemein der Durchgang von → *Strahlung* durch Medien. 1. in der → *Atmosphäre* vollzieht sich ein komplizierter Ein- und Ausstrahlungsprozess mit Steuerung durch → *Aerosole* der → *Luft*, Absorption durch → *Wolken*, Streuung und Absorption an der Erdoberfläche sowie Ausstrahlung überwiegend langwelliger Strahlung. → 2. radioaktive Strahlung kann verschiedene Medien passieren und bei Organismen biologische Strahlenwirkungen entfalten. 3. in Wasser die Lichtdurchlässigkeit, die auch zur Kennzeichnung der ökologischen Bedingungen eines Gewässers dient.

Strahlungsfrost *radiation frost*: Temperaturabfall unter den Gefrierpunkt durch die bodennahe Ansammlung von → *Kaltluft* infolge starken Wärmeverlustes der Erdoberfläche

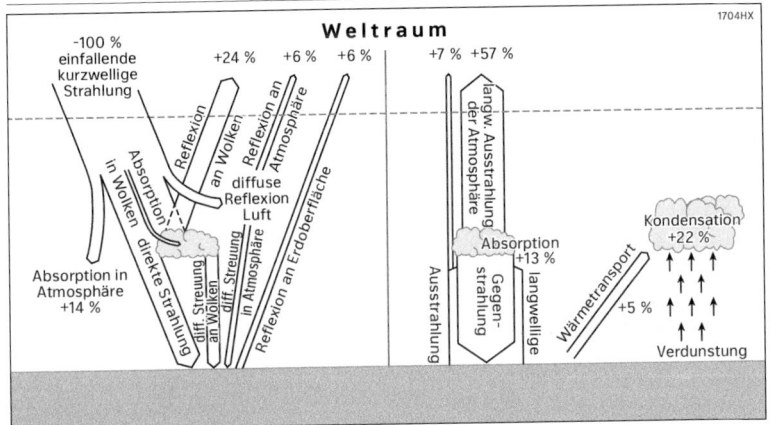

Strahlungsbilanz

durch → *Ausstrahlung* bei klarem → *Wetter* bzw. entsprechender → *Witterung*.
Strahlungsgenuss Summe der Strahlungsenergiemenge, welche ein → *Standort* erhält (→ *Energie*, → *Strahlung*).
Strahlungsinput *radiation input*: die aus der → *Strahlungsintensität* und der Strahlungsdauer resultierende Energiemenge, welche eine Fläche erhält (→ *Energie*, → *Strahlung*).
Strahlungsintensität *radiation intensity*: die Strahlungsenergie, welche eine Einheitsfläche pro Zeiteinheit erhält (→ *Energie*, → *Strahlung*).
Strahlungsinversion *radiation inversion*: eine → *Schicht* mit → *Temperaturumkehr* in der untersten → *Atmosphäre*, also der → *Troposphäre*. Die S. entsteht v. a. im Winterhalbjahr bei anhaltend starker → *Ausstrahlung* der Erdoberfläche, weil die dabei produzierte schwere → *Kaltluft* absinkt und sich am Boden und in Bodennähe sammelt. Die S. ist eine → *Absinkinversion* (→ *Inversion*, → *Kaltluftsee*).
Strahlungsklima *duration and intensity of sunshine*: 1. Klima mit häufiger intensiver direkter → *Sonnenstrahlung*, wie z. B. das → *Hochgebirgsklima*. 2. Synonym für → *solares Klima*.
Strahlungskurve *radiation curve*: die graphische Darstellung der → *Strahlungsbilanz* bzw. → *Strahlung* (→ *Einstrahlung*) der → *Sonne* auf die → *Erde* für einen geowissenschaftlich relevanten langen Zeitraum, um das Verschieben der → *Klimazonen* der Erde im Laufe der → *Erdgeschichte* zu erklären, wodurch es u. a. zu → *Eiszeiten* kam.
Strahlungsnebel *radiation fog*: ein Boden- / → *Nebel*, der sich in der durch Wärme → *Ausstrahlung* produzierten, bodennahen → *Kaltluft* bildet. S. verteilen sich im Gelände sehr differenziert, da die schwerere Kaltluft abfließt und sich in Tiefenlinien, Mulden und Tälern sammelt (→ *Kaltluftsee*).
Strand *beach, shore* (1.); *Arenosol* (2.) :
– aus meist gut gerundeten → *Feinsedimenten*, meist → *Sand*, aufgebauter flacher Bereich der → *Küste*. S. kommen überwiegend an → *Flachküsten* vor, als schmaler Saum jedoch auch vor → *Steilküsten*. Das → *Kliff*, eine Erosionskante in den → *Dünen* oder eine flache → *Wölbung* gegen anschließende → *Flachformen* begrenzen den S. gegen das Land. Die Neigung des S. ist nimmt mit der → *Korngröße* der Sedimente zu und ist somit bei Kiesstränden steiler als bei Sandstränden. Die Entwicklung des S. hängt eng mit der → *Brandung* bzw. → *Strandbrandung* und deren → *Geomorphodynamik* zusammen. Wesentliche Strandbildungsprozesse vollziehen sich durch das Alternieren von → *Sog* und → *Schwall* (→ *Strandversetzung*).
– in der deutschen Bodensystematik (KA5) ein Boden aus Strandablagerungen (Bodenart: reiner Sand). S. ist im tidal beeinflussten Bereich der Nord- und Ostseeküste zu finden und wird periodisch und episodisch überflutet, wodurch es zu ständigen Materialumlagerungen durch Wasser und Wind kommt. S. besitzen häufig nur eine lückige Pflanzendecke oder sind ganz vegetationsfrei.
Strandbrandung *beach surf, beach breakers*: charakteristische → *Brandung* an Flachküsten, wobei das am Strand lagernde Lockersediment umgelagert wird. Durch die S. bilden sich → *Strandwall*, → *Brandungsriff* und → *Brandungskanal* (→ *Klippenbrandung*).
Strandfazies → *litorale Fazies*.
Strandflate *beach flate*: an der → *Schärenküste* als landeinwärts gelegenes in bis 100 m

Strandgeröll

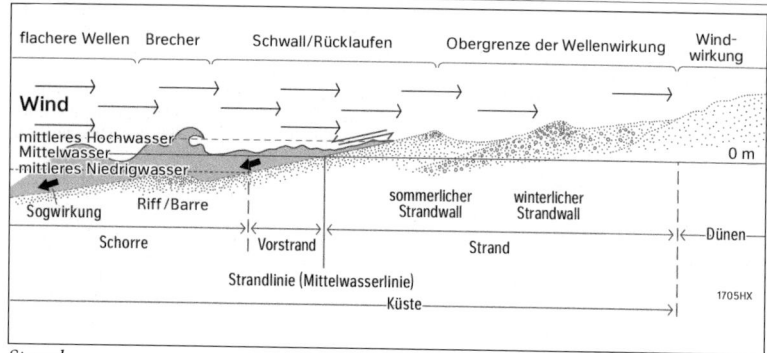

Strand

Meereshöhe liegendes Niveau etwa gleich hoher → *Schären*. Die S. kann bis 40 km breit werden. Die Entstehung der S. ist noch nicht geklärt und es gibt verschiedene Thesen, z.B. als → vorzeitliche → *Abrasionsplattform*, durch → *subglaziale* → *aquatische* → *Erosion* von → *Schelfeis* oder erodiert durch Drifteis. Die S. könnte auch auf eine → *Rumpffläche* zurückgehen.

Strandgeröll *beach pebbles, coastal pebbles*: sehr gut gerundetes → *Geröll*, das durch Arbeit der → *Brandung* am → *Strand* seine charakteristische Form erhalten hat.

Strandlinie *shoreline, strandline, waterline*: Grenzlinie zwischen trockenem und nassem Sand, wobei die seewärtige, nasse Seite von → *Schwall* und → *Sog* beeinflusst ist.

Strandplatte → *Abrasionsplattform*.

Strandplattform → *Abrasionsplattform*.

Strandsee *shore pool, coastal pool, coastal lake, lagoon*: durch Weiterentwicklung eines → *Haffs* und dessen → *Nehrung* entstehender See, wobei durch → *Strandversetzung* die Wasserfläche des Haffs vom offenen Meer abgeschnitten wird. Die S. unterliegen meist rascher → *Verlandung*. Die S. befinden sich oft an → *Ausgleichsküsten*. Im strengen Sinn werden S. nicht zu den → *Seen* gerechnet, da sie nicht im → *Binnenland* liegen.

Strandterrasse *marine terrace, sea terrace, shore terrace*: Sammelbegriff für verschieden hoch über dem heutigen Meeresspiegel liegende → *Flachformen* an → *Küsten*, die auf → *Meeresspiegelschwankungen* zurückgehen. Zu den S. gehören → *Küstenterrassen* und → *Riffkappe*.

Strandverschiebung *encroachment, ingression, marine transgression, sea transgression*: Verlagerung der → *Strandlinie* infolge → *Transgression* und/oder → *Regression*. Transgrediert das Meer, wird also die Strandlinie landeinwärts verlegt, es tritt Landverlust und somit positive S. ein. Bei Landgewinn infolge Meeresrückzugs erfolgt negative S.. Durch → *Meeresspiegelschwankungen* im → *Pleistozän* und → *Postglazial* kam es mehrfach zu S..

Strandversetzung (Küstenversatz, Küstenversetzung) *longshore drift*: Strandsedimente werden durch küstenparallele Strömungen und schräg zum → *Strand* wehende Winde seitwärts transportiert. Der Sog bewirkt rechtwinklig vom Strand weglaufenden Tiefentransport, der → *Schwall* einen oberflächennahen Transport zum Strand – je nach Richtung des auflandigen Windes. Durch S. entstehen Haken, → *Nehrungen*, → *Strandseen* und letztlich die → *Ausgleichsküste*.

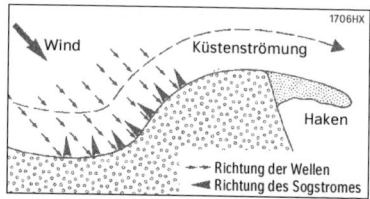

Strandversetzung

Strandwall *beach ridge, barrier beach, beach wall*: überwiegend an der → *Flachküste* gebildeter niedriger Wall von aus dem Meer herausgetragenen Feinsediment. Es ist vom → *Schwall* transportiertes Material, das der Sog nicht mehr mitnehmen kann. Der S. besitzt eher temporären Charakter, weil er sich jahreszeitlich verlagert: Er liegt während des Winters und der Übergangsjahreszeiten höher, wegen der dann stärkeren Wellenwirkung. Bei → *Sturmfluten* wird er zeitweise beseitigt. Aus dem trockenen Sand des S. bilden sich die → *Vordünen*.

Strangmoor (Aapamoor) *aapa bog, string bog*: typisches → *Moor* der nordborealen und → *subarktischen Zonen*, das aus einem Muster strangartiger, teilweise vernetzter, aufgewölbter kleiner Wälle (etwa 50-100 cm hoch) mit Gebüsch und Heidekräutern und dazwischen liegenden niedermoorähnlichen Grasfluren besteht. S. bilden sich häufig auf schwach geneigten Hängen, jedoch auch in Mulden. Ihre Genese wird als eine Folge von periglazialen Bodenfließen (→ *Solifluktion*) und/oder Frostschub in horizontaler Richtung gesehen.

Straßenangerdorf *street green village*: Sonderform des → *Angerdorfes* bzw. des → *Straßendorfes*. Das S. hat eine platzartige Erweiterung des Dorfinnenraumes, den → *Anger*, der meist rechteckig ist und sich gegen die beiden Ortsausgänge hin verengt, offen ist oder sich evtl. auch verbreitert. Das S. gilt als ausgereifte Planform großer Angerdörfer, wie sie z. B. in Pommern, Sachsen oder Ostpreußen gegründet wurden.

Straßenbahn *tramway, light railway*: schienengebundenes, i. d. R. elektrisch angetriebenes → *öffentliches Verkehrsmittel* in größeren Städten, das dem innerstädtischen und Stadt-Umland-Verkehr dient. Die Gleise der S. verlaufen entweder im Straßenkörper selbst – wo es häufig zu Verkehrsbehinderungen durch Kraftfahrzeuge kommt – oder auf eigenen Gleiskörpern neben den Fahrbahnen für den → *Individualverkehr*. Die Vorteile der S. liegen in ihrer großen Beförderungskapazität, niedrigen Betriebskosten und der geringen → *Umweltbelastung*. Nachteile sind die hohen Investitionskosten und die geringe Flexibilität der Linienführung. S. werden gelegentlich auch streckenweise als → *Hochbahn* oder U-Bahn geführt.

Straßenbaulast *liability for road construction and maintenance*: Verpflichtung einer → *Gebietskörperschaft*, bestimmte dem öffentlichen Verkehr dienende Straßen zu planen, zu bauen und zu unterhalten. In Deutschland obliegt die S. für die → *klassifizierten Straßen* dem Bund (Bundesstraße), einem → *Bundesland* (Landesstraße), einem → *Landkreis* (Kreisstraße) oder einer → *Gemeinde* (Gemeindeverbindungsstraße, innerörtliches Straßennetz).

Straßenbegleitgrün (Straßengehölze) Einzelbäume, Baumreihen oder Alleen, v. a. in Städten an Extremstandorten mit Verkehrsemissionen (*toxisches*: Spritzwasser, Streusalz). Oft mit artenreicher Insektenfauna. V. a. im → *Stadtökosystem* für die Bewohner von großer visueller und psychologischer Bedeutung (→ *Stadtökologie*).

Straßendichte *road density*: quantitative Ausstattung eines Raumes mit Fahrstraßen. Die S. wird i. d. R. durch die Straßenlänge in km/100 km² Fläche der betreffenden Raumeinheit angegeben. Eine spezifische S. kann sich z. B. auf Innerortsstraßen, die → *klassifizierten Straßen*, Autobahnen usw. beziehen.

Straßendorf *street village*: Sammelbezeichnung für lineare Ortsformen (→ *Linearsiedlung*). Das S. besteht i. d. R. aus einer doppelzeiligen Dorfanlage, bei der Häuser oder → *Gehöfte* in dichter Weise entlang einer Straße aufgereiht sind. Sehr regelhafte S. können das Ergebnis einer planmäßigen Anlage, z. B. in den Gebieten der mittelalterlichen → *Ostkolonisation* (ab 12./13. Jh.), sein. Das S. ist jedoch häufig auch eine gewachsene Siedlung. Als S.-Typen lassen sich unterscheiden: – regelmäßige einstraßige → *Dörfer* und – *Weiler*, – unregelmäßige einstraßige Dörfer und Weiler, – → *Anger*- und → *Straßenangerdörfer*, – Mehrstraßendörfer, – → *Haufendörfer* mit einem linearen Ortsteil und – S., die aus mehreren Kernen zusammengewachsen sind.

Straßengehölze → *Straßenbegleitgrün*:.

Straßengüterverkehr *road haulage, lorry transport*: jener Teil des Güterverkehrs, der per Lastkraftwagen durchgeführt wird. Man unterscheidet → *Güternahverkehr*, → *Güterfernverkehr* und → *Werkverkehr*.

Straßenhandel *street trading*: → *ambulanter Handel*, der von beweglichen Verkaufsstellen aus (Wagen, Karren) oder ohne eine solche durch einen Einzelverkäufer an vorübergehende Passanten betrieben wird. Im S. werden z. B. Obst und Gemüse, Blumen, Zeitungen oder auch Esswaren zum sofortigen Verzehr verkauft (Eis, Würstchen usw.). In vielen → *Entwicklungsländern* spielt der S. eine große Rolle bei der → *Versorgung* der Bevölkerung und umfasst ein wesentlich breiteres Angebot. Er gehört dort i. d. R. zum → *informellen Sektor* der Wirtschaft.

Straßenmarkt *street market*: breitere Straße, meist im Zentrum einer → *Stadt* oder eines → *Marktortes*, auf der regelmäßig → *Waren* angeboten werden und die somit die Funktionen eines → *Marktplatzes* wahrnimmt (→ *Markt*).

Straßenverkehrslärm *traffic noise*: → *Lärmbelästigung* und → *Lärmbelastung* durch Straßenverkehr, wobei der → *Lärmpegel* abhängig ist von: – den → *Lärmemissionen* der Kraftfahrzeuge, – der Zusammensetzung des Kraftfahrzeugverkehrs, – der Verkehrsdichte und -geschwindigkeit, – dem Straßenbelag und -Umgebung (Gebäude, Grünflächen, Überbauungsdichte). Die Straßenverkehrszulassungsordnung gibt → *Grenzwerte* für Lärmemissionen durch Kraftfahrzeuge an, ebenso die EG-Richtlinien. Grenzwerte für Lärmimmissionen legt die → *TA-Lärm* fest. Die Bekämpfung des S. kann erfolgen: – an der Quelle (also am Kraftfahrzeug), – durch lärmminderndes Fahrverhalten, – Lärmschutzmassnahmen sowie – durch → *Verkehrsberuhigung*.

Strate *stratum*: – i.w.S. eine Schicht als Bestandteil einer Schichtung – eine geologische Schicht, also eine Sediment- oder Gesteinslage, die sich in einer bestimmten stratigraphischen Position befindet, die in der → *Geochronostratigraphie* aufgearbeitet wird. – eine biologische Schicht, dort als → *Stratum* bezeichnet und ebenfalls Bestandteil einer → *Schichtung*.

Strategie *strategy*: planvolles, meist mittel- bis langfristiges und komplexes Maßnahmenbündel der Managementebene (→ *Management*) eines → *Unternehmens* zur Erreichung der Unternehmensziele.

strategische Allianz (strategische Partnerschaft) *strategic alliance*: vertraglich festgelegte, problembezogene Interessenharmonisierung und Zusammenarbeit (→ *Kooperation*) zwischen rechtlich selbstständigen → *Unternehmen*. Die Zusammenarbeit ist meist auf ein Geschäftsfeld begrenzt; in allen anderen Bereichen bleibt → *Konkurrenz* bestehen. Als Unterformen werden strategische Gruppen (horizontale Kooperationen) und strategische Familien (vertikale Kooperationen) unterschieden. Als Ziele von s. A. sind neben den Synergieeffekten, Zeitvorteile, Lerneffekte und Risikominderungen zu nennen.

strategische Partnerschaft → *strategische Allianz*.

Strategische Umweltprüfung (SUP, Plan-UVP) *strategic environmental assessment*: Instrument zur Prüfung der Umweltauswirkungen von bestimmten Plänen und Programmen. Ziel der S. U. ist es, die Umweltfolgen (z. B. für Flora und Fauna, Boden, Wasser und Luft oder die Gesundheit des Menschen) von zu verwirklichenden Planungen (z. B. → *Flächennutzungsplan*) frühzeitig zu ermitteln, zu beschreiben und zu bewerten. Die S. U. soll eine Stärkung von Umweltbelangen in der Planung bewirken und ergänzt in diesem Sinne die → *Umweltverträglichkeitsprüfung*, die im Zulassungsverfahren für bestimmte Vorhaben durchzuführen ist.

strategisches Netzwerk *strategic network*: von einem oder mehreren → *Unternehmen* geführtes → *Netzwerk* mit dem Ziel der Erreichung von Wettbewerbsvorteilen durch → *Koordination* und → *Kooperation*, bei dem die Erwartungen der Partner zu Beginn formell oder informell festgelegt werden (→ *strategische Allianz*).

Stratifikation → *Schichtung*.

stratifizierte Gesellschaft *stratified society*: Form der → *gesellschaftlichen Differenzierung*, in der durch Ausbildung von Macht- und Herrschaftsunterschieden eine Rangordnung und ein hierarchisches Oben und Unten entsteht (z. B. → *Ständegesellschaft*, → *Schicht*, → *Klasse*, → *Kaste*). Historisch entwickelte sich die s. G. nach der → *segmentären Gesellschaft*, sie wird über Prozesse der → *Modernisierung* i. d. R. durch die → *funktional differenzierte Gesellschaft* abgelöst.

Stratigraphie (Schichtenkunde) *stratigraphy, stratigraphic geology*: Teilgebiet der → *Geologie*, das die Gesteinsschichten der → *geologischen Systeme* und Serien beschreibt, gliedert nach Aufeinanderfolge der → *Schichten*, Gesteinsart und Inhalt an → *Fossilien*. Die S. basiert v. a. auf → *Sedimenten* (→ *Stratigraphisches System*).

stratigraphische Falle *stratigraphic trap*: → *Ölfalle*.

Stratigraphisches System (Formation, Periode) *stratigraphic system*: auf den Inhalt der → *Schichten* sich beziehende Aussage, während der Begriff Periode auf den Zeitabschnitt bezogen ist, in dem sich die Ablagerung bildete, einschließlich der während der gleichen Periode entstandenen Magmagesteine (→ *Erstarrungsgesteine*). Das s. S. wird durch → *Leitfossilien* beschrieben. Mehrere s. S. zusammen bilden eine Gruppe, also ein → *Ärathem*.

nach der Zeit	nach dem Inhalt	Beispiel
Ära	Gruppe (Äratherm)	Mesozoikum
Periode	System (früher Formation)	Kreide
Epoche	Abteilung (Serie)	Oberkreide
Alter	Stufe	Turonian
Horizont	Zone	Plenus-Zone

Stratigraphisches System

Stratopause *stratopause*: Obergrenze der → *Stratosphäre* im weiteren Sinne. Die S. ist die Obergrenze der warmen → *Ozonschicht*. In ihrer Höhenlage beginnt die erneute starke, mit der Höhe zunehmende Abkühlung im Bereich der → *Mesosphäre*.

Stratosphäre *stratosphere*: ein Teil der → *Atmosphäre* im engeren Sinne die kalte Atmosphärenschicht gleich bleibender Temperatur zwischen der → *Troposphäre* und der warmen → *Ozonschicht*. Die S. beginnt über den Polargebieten in ca. 10 km Höhe und über dem → *Äquator* in ca. 18 km und reicht bis ca. 30 km Höhe. In ihr spielt sich kaum Zirkulation ab. Sie ist fast ohne → *Wasserdampfgehalt*. Entsprechend gering sind die Vorgänge der → *Kondensation*, die gelegentlich zur Bildung von → *Perlmutterwolken* führen. Auch die Ozonschicht wird im weiteren Sinne zur S. gerechnet.

Stratotop *stratotope*: eine vertikale Schicht (→ *Schichtung*) in einem → *Biotop*.

Stratovulkan (Schichtvulkan) *composite cone/volcano, stratovolcano*: aus gemischten Eruptions- (mit Auswurf von → *Aschen* und → *Schlacken*) und Ergussvorgängen (→ *Lava*) entstandener → *Vulkan*. Dabei entstehen die charakteristischen Vulkankegel, die oft raschen geomorphologischen Veränderungen unterliegen, weil der oberste Teil – der Vulkangipfel mit dem Hauptkrater – meist sehr steil ist. Bereits während der Ausbrüche sacken die übersteilen Hänge und die Kraterwände zusammen. Die S. stellen den auf der Erde am weitest verbreiteten Vulkantyp dar.

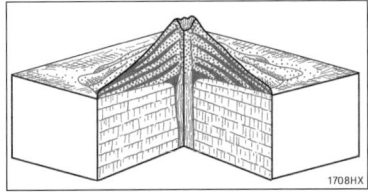

Stratovulkan

Stratum *stratum*: in der Vegetationskunde die Einzelschicht einer → *Pflanzengesellschaft*, die in Mehrzahl deren → *Schichtung* ausmacht. Die einzelnen Straten repräsentieren Teillebensräume, deren → *Biozönosen* dann als Stratozönosen bezeichnet werden.

Stratus *status clouds*: Typ der tiefen, z. T. mächtigen Schichtwolke, die sich im Grenzbereich verschiedener → *Luftmassen* (besonders bei Aufgleitvorgängen an → *Warmfronten*) und in aufsteigenden Luftmassen auf der → *Luv*-Seite von → *Gebirgen* bildet. S.-Wolken bringen oft anhaltende → *Niederschläge* (→ *Stauniederschläge*, → *Steigungsregen*, → *Wolken*).

Strebbau *long-wall mining*: bergbauliches → *Abbauverfahren* in flözartigen → *Lagerstätten*. Dem Abbaufortschritt entsprechend wandert beim S. der Streb, ein etwa 100–300 m langer und bis 5 m breiter → *Abbauraum*, durch die → *Lagerstätte* und lässt den abgeworfenen Strebraum („Alter Mann") hinter sich. Dieser wird entweder mit taubem Gestein („Berge") verfüllt (Versatzbau) oder geht zu Bruch (→ *Bruchbau*).

Streckenbelastung *volume of railway traffic*: Auslastung einer Bahnlinie. Die S. wird ausgedrückt durch die Zahl der Züge, die auf einer Bahnlinie fahrplanmäßig in 24 Stunden verkehren. Spezielle S. können sich auf Personen- und Güterzüge, Schnell- und Nahverkehrszüge beziehen.

Streckgehöft (Streckhof) *longitudinal farmstead*: → *Gehöfttyp*, bei dem sich Wohn- und Wirtschaftsgebäude entlang einer Längsachse zusammenschließen.

Streckhof → *Streckgehöft*.

Streichen *strike, trend*: steht dem → *Fallen* gegenüber und gibt die Richtung der Horizontalen auf einer geneigten Fläche an. Die S.-Richtung wird mit dem Kompass gemessen und nach Himmelsrichtungen angegeben, das Fallen mit dem Neigungsmesser (Klinometer) und in Grad angegeben. S.- und Fallrichtung verlaufen immer senkrecht zueinander. Sie dienen der Bestimmung der Lage einer geologischen Fläche.

Streifenanbau → *Streifenkultur*.

Streifenboden *striped ground, striated ground/soil*: ein → *Frostmusterboden* arktischer und alpiner Hanglagen, aus quer zum Hang verlaufenden → *Steinstreifen* bestehend, die durch Drucksortierung beim wiederholten Gefrieren vom dazwischen liegenden feineren Material getrennt wurden und sich durch → *Gelifluktion* bewegen. Bei lobenartigem Fließen entstehen → *Girlandenböden*.

Streifenflur *stripped open field*: → *Flurformtyp*, dessen → *Parzellen* streifenförmig sind. Das Breiten-Längen Verhältnis geht über 1:2,5 hinaus, liegt meist über 1:10 und erreicht oft sogar über 1:50 oder mehr. Die Länge der einzelnen Streifen beträgt zwischen 50 und 2000 m; in Extremfällen werden sogar über 10 km Länge erreicht. Ein Merkmal der S. ist das gruppenweise parallele Nebeneinander der Streifen. Da sich S. durch die Länge oder Breite ihrer Parzellen erheblich unterscheiden können, wird nach → *Breitstreifenflur*, → *Schmalstreifenflur*, → *Kurzstreifenflur* und → *Langstreifenflur* unterschieden.

Streifengewannflur *open: field strips*: → *Flurformtyp*, der aus Schmalstreifen-→ *Parzellenverbänden* besteht, dessen Parzellen in der Längsrichtung parallel zueinander verlaufen (→ *Gewannflur*).

Streifenkultur (Streifenanbau) *strip cultivation*: Anbau in Form von Streifen quer zur Hauptwindrichtung mit dem Ziel, Winderosionsschäden zu verhindern.

Stress *stress*: ursprünglich in die Medizin eingeführter Begriff für den Zustand eines Organismus, der durch ein spezifisches Syndrom gekennzeichnet ist und durch verschiedene unspezifische Reize ausgelöst wird. Auf Belastungen reagiert ein Organismus nach einem Reaktionsschema, wobei es zur Ausschüttung bestimmter Hormone kommt. In diesem allgemeinen Sinne wurde der Begriff auf Geo- und Biowissenschaften übertragen, wo S. Druck, Belastung und intensive Beanspruchung bedeutet. – in der Biologie, besonders der → *Physiologie*, Sammelbezeichnung für eine Reihe unspezifischer schädigender Einflüsse auf Organismen im Sinne von Belastung und Verschleiß, welche den Stoffwechsel stören. Auf S. reagiert der Körper hormonell erst mit Alarm, dann mit Abwehr, schließlich mit Erschöpfung und – bei Überbeanspruchung der Körperfunktionen – mit Tod. – in der → *Populationsbiologie* (→ *Populationsökologie*) kann der Druck durch → *Überbevölkerung* oder Verhaltensänderungen der Biota zu sozialem S. führen. – in der Ökologie die Belastung von → *Ökosystemen* durch Außenfaktoren gewöhnlich anthropogener Ursache (Rodung, Luftverschmutzung, Ausräumung der Kulturlandschaft etc.), aber auch durch Naturgefahren. Durch S. kann die → *Regenerationsfähigkeit* der Systeme stark eingeschränkt werden – in der Geologie ein starker Druck bei der Gebirgsbildung und bei der Metamorphose der Gesteine. Dies bewirkt z. B. → *Einregelung* von Mineralen oder Schieferung.

Stresscutane *slicken sides*: Scherfläche in tonigen Böden mit oberflächenparallel eingeregelten → *Tonmineralen*.

Stressfaktor *stress factor*: Begriff aus dem → *verhaltenstheoretischen Ansatz* für die → *Standortwahl*, u. a. für Standortunzulänglichkeiten unternehmerischen Handelns. Standortinterne S. können fehlende Expansionsmöglichkeiten, Überalterung von → *Produktionsanlagen*, schlechte örtliche Verkehrsverhältnisse und Umweltschutzauflagen sein. Standortexterne S. treten auf regionaler, nationaler und supranationaler Ebene auf. Beispiele sind Konjunktureinbrüche (→ *Konjunktur*), technologische Umwälzungen oder die Konkurrenz neuer Wettbewerber auf dem Markt. S. sind Stimuli potenzieller unternehmerischer Anpassungshandlungen. Ihr Erkennen ruft eine Reaktion der betroffenen Unternehmens hervor. Das Spektrum dieser Reaktionen reicht von standorterhaltenden Maßnahmen bis hin zu einer → *Standortverlagerung* des Unternehmens.

Streu *litter*: das frische abgestorbene (also dies- und letztjährige) pflanzliche Material, welches auf dem Boden aufliegt und die oberste Lage über dem → *Humus* im engeren Sinne bildet. In biotisch aktiven Böden wird die S. sehr rasch abgebaut. Im biologisch trägen Humus (z. B. → *Rohhumus*) reichert sich dagegen die S. mehrerer Jahre zu einer mächtigen L-Lage aus kaum zersetztem pflanzlichen Material an. Je nach der Herkunft werden verschiedene S.-Arten unterschieden (Halm-, Blatt-, Nadel-, Laub-S. usw.). Diese S.-Arten sind unterschiedlich gut abbaubar. Blatt- und Laub-S. werden wegen des höheren Anteils an leicht umsetzbaren Substanzen (Proteine usw.) gut, Nadel-S. dagegen schlecht zersetzt. Die S.-Art beeinflusst deshalb auch die Bildung verschiedener → *Humusformen* (→ *Verwesung*).

Streuabbau *litter decomposition*: die über die Phasen Zerkleinerung, Einarbeitung, Verdauung und mikrobielle Zersetzung ablaufende Umwandlung der → *Streu* durch Bodenlebewesen. Der S. führt zu einem großen Teil zur Zerlegung der → *organischen Substanz* in ihre mineralischen Bestandteile, die dadurch als → *Nährstoffe* in den Ökosystemen wieder verfügbar werden.

Streuhof *irregular clustered farmstead*: → *Gehöfttyp*, dessen einzelne Gebäude nicht oder nur z. T. miteinander verbunden sind.

Streurecht *right to gather straw*: altüberkommenes Recht zur Streuentnahme aus grundherrschaftlichen bzw. staatlichen Wäldern. Waldstreu (auch Schilf von Sumpfflächen oder Heu von Streuwiesen) wurde früher anstelle von Stroh zum Einstreuen im Stall benutzt. Die Streuentnahme aus Wäldern führte jedoch zu einer Verarmung der Waldböden und zu Ertragsrückgängen an Holz. Das S., das v. a. in landwirtschaftlichen Kleinbetrieben in Süddeutschland wahrgenommen wurde, ist inzwischen ohne Bedeutung.

Streusiedlung *scattered/dispersed settlement*: das vermischte Auftreten von → *Einzelsiedlungen* und kleiner → *Gruppensiedlung*. Die Bezeichnung S. wird auch für → *Einzelhöfe* mit gemeinsamen Flur- oder Rechtsbezirken gebraucht. Die Einzelhöfe einer S. unterscheiden sich kaum hinsichtlich der Wohnplatzanordnung, dagegen aber als Wirtschafts- und Verbandsverband von der eigentlichen Einzelsiedlung. S. mit gemeinsamer Flurnutzung finden sich besonders bei nordwestdeutschen Eschsiedlungen (→ *Esch*, → *Vereinödung*).

Streuungsmaß *dispersion measure, variance*: in der Statistik eine Kennziffer, die Aussagen über die Verteilung von Messwerten um den Mittelpunkt zulassen (→ *Normalverteilung*). In der → *deskriptiven Statistik* kann man die Streuung mit verschiedenen Verfahren ermitteln (z. B. → *Varianz* einer Stichprobe oder → *Standardabweichung*).

Streuweiler *dispersed hamlet*: sehr locker angeordnete kleine → *Gruppensiedlung* mit wenigen Wohnbauten bzw. → *Gehöften* (→ *Weiler*).

Stricklava → *Pahoehoe-Lava*.

Striemung *lineation*: bei Gebirgsbewegungen (z. B. Falten- und Bruchbildung) oder dann, wenn ein sich bewegender Körper über eine Gesteinsoberfläche fährt, entstehende Kleinform. Striemen bilden sich unter Gletschern, als → *Gletscherschliff* bzw. → *Gletscherschramme*, oder bei der Bildung von → *Gleitbahnen* der → *gravitativen Massenbewegungen*. Die bei Gebirgsbewegungen auftretenden S. sind dem → *Harnisch* verwandt.

String Begriff, der ursprünglich aus der Informatik stammt und für Zeichenketten aus einem definierten (bspw. alphanumerischen) Zeichensatz steht. In → *Geographischen Informationssystemen* (z. B. → *ArcGIS*) dienen S. u. a. als Datentyp, um inhaltliche → *Attribute* in → *Shapefiles* oder → *Feature Classes* zu benennen. Dabei ist S. der standardmäßige Datentyp, um Text in Attributtabellen zu speichern.

Strohdüngung *straw manuring*: Anreichern von Ackerböden mit organischer Substanz und den darin enthaltenen durch Abbau freisetzbaren Nährstoffen durch das Liegenlassen und spätere Einpflügen des bei der Ernte anfallenden Strohs, ähnlich dem → *Streuabbau*.

Strom *stream*: großer → *Fluss* mit einer durchschnittlichen Wasserführung von mehr als 2000 m³/s. S. haben eine sehr ausgeglichene Längsprofilentwicklung und sind i. d. R. schiffbar. Sie entwässern sehr große Flussgebiete und gehören den komplexen Abflussregimen an (Hauptwasserscheide).

Strombank *point bar, bar*: großer Feinsedimentkörper in strömenden Gewässern, wie → *Fließgewässer* oder → *Gezeitenströme* der Meere, mit einigen Zehner Metern Breite und Hunderte von Metern Länge. Sie tragen oberflächlich meist ein Feinstrelief von → *Rippelmarken* (→ *Strömungsrippeln*).

strömender Abfluss *subcritical flow*: turbulenter → *Abfluss* mit ungeregelter Bewegung der Wasserteilchen, jedoch geschlossenem Wasserkörper, in dem sich → *Wellen* fortpflanzen.

Stromlinie *line of flow, streamline, flow line*: in → *Geomorphologie* und → *Glaziologie* die Bewegungslinien im → *Eis* des → *Gletschers*; in der → *Stromlinientheorie* dargestellt.

Stromlinie *line of flow, stream line*: 1. allg. die Bewegungsbahn der Teilchen einer bewegten Flüssigkeit oder einem bewegten Gas mit stationärer Strömung. 2. in der → *Fluvialdynamik* die oft pendelnde Mittellinie eines → *Flusses*, dort als → *Stromstrich* definiert. 3. in der → *Hydrogeologie* die S. eines → *Grundwasserstromes*.

Stromlinientheorie (Strömungslinientheorie) *line of flow theory, stream line theory*: Theorie über die strömende Bewegung des → *Eises* von → *Gletschern*. Präziser wird von „Strömungslinien" anstatt von „Stromlinien" gesprochen. Sie basiert auf der Beobachtungstatsache, dass die in einen Querschnitt ein- und ausfließenden Massen der Volumenänderung pro Zeiteinheit durch Dichteänderung gleich sind. Danach lassen sich Punkte und Flächen des Nähr- und → *Zehrgebietes* einander zuordnen. Je höher Schnee- und Eispartikel im → *Nährgebiet* abgelagert werden, desto tiefer sinken sie unter die Gletscheroberfläche und desto näher beim Zungenende schmelzen sie wieder aus. Die Strömungslinien ordnen sich um die → *Firnlinie* als Kernbereich an. Die S. ist eine wichtige Grundlage für alle Überlegungen über die Bewegung der → *Gletscher*.

Stromschnelle (Katarakt) *rapids, cataract*: steilere Flussstrecke mit geringerer Wassertiefe, in der erhöhte Strömungsgeschwindigkeit und teilweise → *schießender Abfluss* herrscht. S. sind Barrieren für die Schifffahrt. Sie entwickeln sich an Stellen mit widerstandsfähigem Gestein, in das sich der Fluss im Verhältnis zur weiter unten liegenden Laufstrecke nur langsam eintiefen kann (→ *Wasserfall*).

Stromstrich *stream line, thread of maximum velocity*: Linie, welche die Punkte mit maximaler Oberflächengeschwindigkeit des abfließenden Wassers in einem → *Fluss* verbindet. Der S. verläuft i. Allg. über dem tiefsten Bereich des Flussbettes. Auf gestreckten („geraden") Flussstrecken ist der S. etwa in der Mitte, in Krümmungen wird er durch Fliehkräfte nach außen gedrückt. Im S. findet die stärkste → *Tiefenerosion* im Flussbett statt (→ *Fluvialgeomorphodynamik*, → *Gleithang*, → *Prallhang*).

Strömungslinientheorie → *Stromlinientheorie*.

Strömungsrippeln *ripple marks*: unter strömendem Wasser am Boden entstandene Rippeln, wenn sich hinter kleinen und kleinsten Hindernissen Sandkörner aufgrund von verringerter Fließgeschwindigkeit ablagern können, wobei sich der Prozess über positive Rückkopplung verstärkt (je größer das Hindernis, desto mehr Sandkörner werden abgelagert). Sie weisen eine asymmetrische Gestalt auf, mit flacher Luv- und steiler Leeseite (→ *Luv*, → *Lee*) und entsprechen somit den → *Rippelmarken*; der Begriff S. bezieht sich nur auf Wasserrippeln.

Stromverbund *electricity interconnection system*: die leitungsfähige Kopplung mehrerer → *Kraftwerke* (Versorgungsbetriebe) miteinander. Der S. trägt zu einer sicheren Elektrizitätsversorgung bei, v. a. in Zeiten der → *Spitzenlast* oder bei technisch bedingtem Ausfall von Kraftwerkseinheiten.

Stromverwilderung *braided river course*: breite Entwicklung eines → *Stromes* in mehrere, streckenweise parallel laufende, stellenweise untereinander vernetzte, ihren Lauf immer wieder wechselnde Arme, die mit Stillwasserbereichen durchsetzt sind. S. findet in breiten Flussauen statt. Die Laufsituation ändert sich praktisch nach jedem → *Hochwasser*, da Seitenarme durch Sedimentation abgedämmt und neue wieder geöffnet werden. Durch → *Fließgewässerregulierung* wurde S. größtenteils unterbunden.

strong ties *enge Beziehungen*: Begriff aus der → *Wirtschaftsgeographie*, welcher ein Bündel an zwischenbetrieblichen Verbindungen umfasst, die durch große Intensität, Häufigkeit, Dauerhaftigkeit und Vetrautheit gekennzeichnet sind (→ *weak ties*).

Strudel *eddy, vortex*: Wirbel im fließenden Wasser, der eine trichterförmige, abwärtssaugende Vertiefung in der Mitte hat.

Strudelloch → *Kolk*.

Strudelnische *pothole niche, initial pothole*: Kleinst- und Kleinform im Festgesteinsbett von → *Fließgewässern*, aber auch an Felsküsten des Meeres mit → *Brandung*. Initialform des → *Kolk*.

Strudeltopf → *Kolk*.

Struktur *structure*: grundlegender Begriff, mit vielfältiger Bedeutung, z.B. Zusammenfügung, Ordnung, Bauart, Sinngefüge. – In der Geographie wird S. i.d.R. im Zusammenhang mit → *Systemen* und → *Raummustern* verwendet, bei denen versucht wird, die gefundene S. zu erklären (→ *Strukturalismus*, → *Strukturationstheorie*, → *Funktionalismus*). – in Geologie und Geomorphologie wird der Begriff für Muster von Phänomenen an der Erdoberfläche verwendet, wie den → *Frostmusterböden*, außerdem für die Gesteinsbedingtheit bestimmter Landformen, z.B. der Strukturfläche. – als S. gilt auch die Anordnung von Mineralien im Gestein, z.B. beim Gesteinsgefüge, oder in der Bodenkunde bei der Anordnung der Bodenaggregate, im Sinne der Bodengefüge.

Strukturalismus *structuralism*: eine in den 1960er-Jahren von Frankreich ausgehende methodisch-theoretische Strömung in den → *Sozial-* und → *Geisteswissenschaften*, die sich für die Bedingungen interessiert, unter denen sich soziale Praxis vollzieht oder ein Objekt erscheint. Einzelne Objekte, → *Handlungen* oder Erscheinungen können nicht als singuläres Phänomen vom Kontext losgelöst verstanden und analysiert werden, vielmehr individuieren sich diese innerhalb eines Gesamtzusammenhangs (einer → *Struktur*) und begründen erst in diesem Kontext ihre Realität als *Entität*(→ *Poststrukturalismus*).

strukturalistische Theorie *structuralist theory*: → *Entwicklungstheorie*, welche die → *Unterentwicklung* der sog. → *Dritten Welt* auf eine Reihe externer und interner struktureller Entwicklungshemmnisse zurückführt.

Strukturanpassung *structural adjustment*: wirtschaftliche Maßnahmen, die von → *Staaten* oft durchgeführt werden, um Kredite des Internationalen Währungsfonds (→ *IWF*) oder der → *Weltbank* zu erhalten. S. –Maßnahmen beinhalten meist die Reduzierung von öffentlichen Ausgaben, → *Privatisierung* staatlicher Betriebe, die → *Liberalisierung* von Importen und Erleichterungen für ausländische Investitionen im Land.

Strukturanpassungspolitik *structural adjustment policy*: Form der → *Strukturpolitik*, die auf eine Anpassung an den → *Strukturwandel* abzielt. S. kann, schwer unterscheidbar von einer → *Strukturerhaltungspolitik*, in Form einer Verlangsamung des Strukturwandels geschehen, indem der Abbau von Beschäftigungsmöglichkeiten in strukturschwachen Wirtschaftszweigen durch zeitlich befristete Subventionsmaßnahmen gebremst oder die Wettbewerbsfähigkeit gefährdeter Branchen durch Investitionshilfen wiederhergestellt wird. Sie kann jedoch auch eine Beschleunigung des Strukturwandels fördern durch die Schaffung von Arbeitsplätzen in anderen Branchen oder die Förderung von Umschulungsmaßnahmen zur Eingliederung freigesetzter Arbeitskräfte in anderen Branchen.

Strukturationstheorie (Theorie der Strukturierung) *structuration theory*: Grundlagentheorie der Sozialwissenschaften, von Anthony Giddens 1984 formuliert, von Benno Werlen für die → *Sozialgeographie* adaptiert (→ *alltägliches Geographie-Machen*) die S. ist ein Versuch, zwischen den beiden Polen Individuum und Gesellschaft zu vermitteln und damit bisherige Theorien zu überwinden, die entweder die Rolle des Individuums oder der Gesellschaft stärker betonen. Kernbegriffe der S. sind → *Handlung* und → *Struktur* und die Frage ist, wie das eine das andere jeweils hervorbringt. Formalisierte Regeln in einem System sind nur begrenzt verhaltenssteuernd, da sie durch die Akteure interpretiert werden müssen. Strukturen sind daher sowohl Medium als auch Ergebnis sozialen Handelns. Die Akteure beziehen sich in ihren Handlungen auf diese gegebene Struktur und produzieren bzw. reproduzieren sie dadurch, Giddens nennt dies die „Dualität der Struktur".

Strukturboden → *Frostmusterboden*.

Struktur-Diversität (strukturelle Vielfalt) *structural diversity*: Reichtum an unterschiedlichen Strukturen. Dazu gehören u.a. → *Schichtung* eines Vegetationskomplexes bzw. einer → *Pflanzengesellschaft*, Wuchshöhe, Produktion von → *Biomasse* etc. (→ *Diversität*).

strukturelle Vielfalt → *Struktur-Diversität*.
Strukturerhaltungspolitik *structural conservation policy*: Form der → *Strukturpolitik*, die auf eine Bewahrung bestehender → *Wirtschaftsstrukturen* entgegen dem herrschenden Markttrend abzielt und den → *Strukturwandel* abschwächen soll. Für eine S. werden strukturschwache Branchen (z. B. Bergbau, Landwirtschaft) durch gezielte → *Subventionen* unterstützt.

Strukturfläche *structural surface*: die → *Dachfläche* von → *Stufenflächen* bzw. → *Schichtstufen*, bei denen die Landoberfläche mehr oder weniger der Schichtoberfläche entspricht und damit eine → *Akkordanzfläche* darstellt. Bei dieser holt sich die Abtragung an die vorgegebenen Gesteinsstrukturen, die Fläche wird also parallel zu den → *Schichtflächen* erniedrigt.

Strukturfonds *structural funds*: Finanzinstrumente der Regionalpolitik der → *EU*, die → *räumliche Disparitäten* innerhalb der Gemeinschaft verringern sollen. Höher entwickelte Mitgliedsländer leisten an weniger entwickelte entsprechende Transferzahlungen über die S. Unterschieden werden u. a.:
– der Europäische Fonds für regionale Entwicklung (EFRE) zur Beseitigung von Ungleichheiten zwischen Regionen oder sozialen Gruppen zur Aufrechterhaltung der sozialen Kohäsion innerhalb der Gemeinschaft; – der Europäische Sozialfonds (ESF) zur Umsetzung beschäftigungspolitischer Ziele; – der → *Kohäsionsfonds*; – der Europäische Landwirtschaftsfonds für die Entwicklung des ländlichen Raums (ELER); – der Europäische Garantiefonds für die Landwirtschaft (EGFL) zur Unterstützung von Strukturreformen in der Landwirtschaft und zur Entwicklung des ländlichen Raums; – der Europäische Fischereifonds (EFF) zur Unterstützung von Strukturreformen in der Fischereiwirtschaft.

Strukturform *structural form*: durch → *endogene* Prozesse und Kräfte (→ *Vulkanismus*, → *Tektonik*) entstandene Formen, der → *Skulpturform* gegenüberstehend.

Strukturgestaltungspolitik *economic policy for structural change*: Form der → *Strukturpolitik*, durch die der wirtschaftliche → *Strukturwandel* gezielt beeinflusst werden soll, indem besonders entwicklungsfähige Branchen (z. B. Zukunftstechnologien) gefördert werden.

strukturiertes Interview *structured interview*: allgemeine Bezeichnung für → *Befragungen* in der → *qualitativen Sozialforschung*, bei der die Fragen zwar vorstrukturiert (z. B. → *Leitfadeninterview*), aber nicht standardisiert (→ *standardisiertes Interview*) sind und der Interviewverlauf noch große Offenheit für Ablauf und weitere Themen hat.

Strukturinselberg *structural inselberg/outlier/island mountain/monadnock/bornhardt*: steht dem → *Skulpturinselberg* gegenüber beschreibt jene → *Inselberge*, die sich bei ihrer Entstehung und Weiterentwicklung an Gesteinswiderständigkeiten und/oder deren Lagerungsverhältnissen anlehnen, sodass Größe, Gestalt und Anordnung der Inselberge zueinander von Strukturmerkmalen bestimmt sind.

Strukturkante → *Gesims*.

Strukturmodell der Landschaft *structural model of the landscape*: graphische Darstellung des Gesamtfunktionszusammenhangs der → *Landschaftshaushaltsfaktoren*, den man funktional als → *Landschaftsökosystem* modelliert und der sich räumlich als → *Landschaftsgefüge* und zeitlich in der → *Landschaftsgenese* dokumentiert.

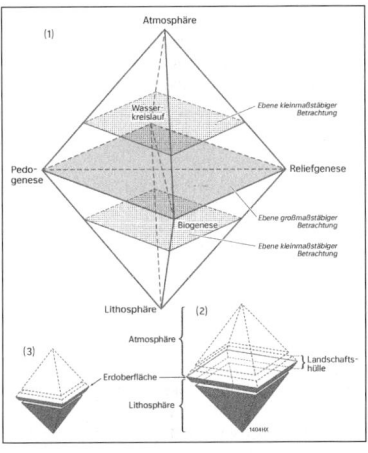

Allgemeines Strukturmodell (der Landschaft)

Strukturpolitik *structural policy*: Gesamtheit der wirtschaftspolitischen Maßnahmen zur gezielten Erhaltung oder Veränderung sektoraler oder regionaler Strukturen eines Raumes. Als Teil der → *Wirtschaftspolitik* bzw. → *Raumordnungspolitik* versucht die S., eine unausgewogene → *Wirtschaftsstruktur* zu verbessern bzw. → *strukturschwache Räume* zu entwickeln und diese den sozialen, wirtschaftlichen und kulturellen Erfordernissen anzupassen. Dazu werden zeitlich befristet direkte staatliche Maßnahmen ergriffen, z.B. der Ausbau der → *Infrastruktur* oder → *Subventionen* für Unternehmen. S. wird unterschieden in → *regionale S.* und → *sektorale S.* (→ *Industriepolitik*), wobei erstere auf das wirtschaftliche Wachstum einer Region durch eine Verbesserung der regionalen Wirtschaftsstruktur zielt, während letztere das Wachstum einzelner Sektoren oder Branchen fördert. S. kann sowohl strukturkonservierende Wirkung entfalten (durch die Erhaltung existenzbedrohter, als sanierungsfähig eingestufter Unternehmen oder Wirtschaftsbereiche, z.b. dem → *Steinkohlenbergbau* im Ruhrgebiet) als auch strukturelle Anpassungen (durch die Förderung neuer, als zukunftsfähig eingestufter Branchen) bewirken (→ *Strukturanpassungspolitik*, → *Strukturerhaltungspolitik*, → *Strukturgestaltungspolitik*).

Strukturraum *structural area*: Raumtyp, der sich auf die strukturellen Elemente im Raum bezieht. V.a. die → *Wirtschaftsgeographie* unterscheidet zwischen dem S. und dem Funktionsraum. Sie betrachtet den S. als geographisches → *Wirkungsgefüge*, in dessen Rahmen sich auf der Grundlage natürlicher Eignungen und historisch gegebener Standortbedingungen die wirtschaftliche Tätigkeit des Menschen bzw. sozialer Gruppen entfaltet.

Strukturschwäche *structural weakness*: qualitativer Begriff, der die strukturbedingten Negativmerkmale eines Raumes ausdrückt. Beispielsweise sind monostrukturierte → *Stagnationsgebiete* von S. gekennzeichnet, auch → *periphere* → *ländliche Räume* zeigen häufig S. (→ *strukturschwacher Raum*).

strukturschwacher Raum *structurally weak region*: hinter der allgemeinen Entwicklung zurückgebliebener Raum mit ungünstigen Strukturmerkmalen (z.B. im Hinblick auf Infrastrukturausstattung, → *Bevölkerungs-* und → *Wirtschaftsstruktur*, meist → *ländliche Räume* oder → *altindustrialisierte Problemgebiete*. Die → *Raumordnungspolitik* versucht mit ihren Maßnahmen (z. B. Schaffung von → *Infrastruktur*, Bereitstellung von Erwerbsmöglichkeiten durch Ansiedlung von Unternehmen), in s. R. eine Strukturverbesserung zu erreichen. Der aus der → *Raumordnung* stammende Begriff hat sich im Sprachgebrauch allgemein durchgesetzt, doch ist „strukturschwach" eine unglückliche Formulierung, die nichts darüber aussagt, welche Struktur Schwächen aufweist. Zudem handelt es sich um einen relativen Begriff, der nur im Vergleich zu einem Bezugsraum Bedeutung entfaltet.

Strukturteile einer Biozönose → *Merotop*.

Strukturterrasse *structural terrace*: → *Flachform* größerer Ausdehnung, die sich in ihrer Ausbildung trotz stattgehabter Erosion und → *Denudation* an Lagerung und der Art der Gesteine orientiert. Die S. schließt seitlich meist mit → *Gesims* ab.

Strukturwandel *structural change*: langfristige und häufig irreversible Veränderung der Struktur eines Raumes im sozio-ökonomischen Bereich, z. B. die Verschiebung des Tätigkeitsschwerpunkts vom → *primären* über den → *sekundären* zum → *tertiären* und → *quartären Sektor*. Der S. wird von verschiedenen Parametern wie z.B. technologischen Fortschritt oder Veränderungen in den Ansprüchen von Konsumenten beeinflusst. Durch Maßnahmen der → *Strukturpolitik* kann ein S. bewusst gesteuert, d.h. in seiner Entwicklungsrichtung beeinflusst oder im Ablauf beschleunigt oder verlangsamt werden.

Stubensandstein im → *Keuper* Württembergs weit verbreiteter, auch → *Schichtstufen* bildender weißlicher → *Sandstein*, der leicht zerfällt und früher als Scheuer- und Stubensand verwandt wurde.

Stückelung *farm fragmentation*: in der → *Landwirtschaft* die Aufsplitterung des zu einem Anwesen gehörenden Grund und Bodens. Ausgedrückt wird das Ausmaß der S. durch die Zahl und Durchschnittsgröße der → *Parzellen* je Betrieb.

Stückerz *fragmented ore*: → *Erz* mit Korndurchmesser größer als 35 mm.

Stückguthafen *general cargo harbo[u]r*: → *Hafen*, über den im Güterverkehr – im Gegensatz zum → *Massenguthafen* – überwiegend Stückgüter verladen werden und der in seiner → *Infrastruktur* entsprechend eingerichtet ist (Lagerhallen, Verladeeinrichtungen).

Stückgutverkehr *general cargo transport*: Güterverkehr zum Transport von Gütern, das sich einzeln in Stück (Stückgut) transportieren lässt und das in Paketen, Kisten, Ballen, Fässern usw. verpackt ist. Aus Rationalisierungsgründen wird Stückgut zum Transport zunehmend in → *Containern* verstaut, sodass bei allen Verkehrsmitteln der S. zugunsten des → *Containerverkehrs* abnimmt.

Stücklohn *piecework rate, piece wage*: Arbeitsentgelt, das nach der Zahl der hergestellten Stücke bzw. der Zahl der erbrachten Leistungseinheiten bemessen wird. Als → *Leistungslohn* bzw. → *Akkordlohn* (→ *Akkordarbeit*) unterscheidet sich der S. grundsätzlich vom → *Zeitlohn*.

Studienreise *study tour*: Informations- und Besichtigungsreise mit einem bestimmten Thema, die i. d. R. als Gruppenreise unter sachkundiger Führung fachorientiert für eine begrenzte Teilnehmerzahl mit bestimmten Bildungsinteressen durchgeführt wird. Ziele von S. sind historisch/kunsthistorisch, geographisch, volkskundlich, botanisch oder sonstig bedeutende Orte und Landschaften, Museen, Ausstellungen, wissenschaftliche und technische Einrichtungen usw.. Für Reiseveranstalter spielen S. wirtschaftlich eine große Rolle, da die Teilnehmer i.d.R. oberen Einkommensschichten entstammen.

Stufe *stage (1.); bench, (piedmont) scarp, (2., 3.); belt, zone (4.); stage of altitude, altitudinal zone (5.); stage (6.)*: – in der → *Biostratigraphie* die Bezeichnung für die Zeitspanne der Existenzdauer einer Gattung. – in der Geomorphologie eine → *Vollform* unterschiedlichen Ausmaßes, die Skulptur- oder Strukturform sein kann. Zu den S. gehören sowohl Gefälls-S. in Flussbetten, als auch Tal-S. in glazial überformten Tälern, wie auch Rumpf- oder Schichtstufen. Auch Raine und Ackerterrassen schließen mit kleinen, meist anthropogenen S. ab. – als → *Bruchstufe* tektonischen Ursprungs tritt die S. meist an Formen des → *Meso-* bis → *Makroreliefs* auf. – im Sinne der Höhenstufen eines Gebirges, z.B. die alpine S., montane S. etc.. – Ausdruck für den → *Hypsometrischen Formenwandel* geo- und biowissenschaftlicher Phänomene auf der Erde im Sinne der Höhenstufe von Hochgebirgen. – in der Geologie bzw. → *Stratigraphie* Bestandteil des Stratigraphischen Systems, dort die Untergliederung einer Abteilung bzw. Serie repräsentierend.

Stufenbildner *hard rock forming a cuesta*: widerständige Gesteinsschichten, die die → *Schichtstufe* bilden. Die S. bestimmen den Charakter der → *Schichtstufenlandschaft* durch Anzahl, Schichtenmächtigkeit und → *Fallen* (→ *Sockelbildner*).

Stufenfläche (Landterrasse) *dip slope*: → *Schichtstufen* sind aus den fast völlig ebenen S. und den die S. begrenzenden, sehr steilen → *Stufenhängen* gebildet. Sie entstehen, wenn es wechselnde Lagen verwitterungsresistenter und verwitterungsanfälliger → *Schichten* gibt, die allenfalls schwach geneigt sind. Die selektiv an den verwitterungsanfälligen Schichten wirkende → *Verwitterung* und → *Abtragung* lässt die resistenten Schichten als → *Stufenbildner* stehen, auf denen sich die S. bildet: Die S. ist leicht in Richtung des Schichtfallens abgedacht und kann als → *Schichtfläche* und/oder → *Schnittfläche* ausgeprägt sein.

Stufenhang *cuesta scarp, stepped slope*: Bestandteil einer → *Schichtstufe* und gegliedert in den Stufenoberhang und den Stufenunterhang. Ersterer ist der Hangteil im Bereich der hangenden widerständigen Gesteinsschichten, letzterer der Hangteil im Bereich der liegenden, weniger widerständigen Gesteinsschichten (→ *Hangendes*, → *Liegendes*).

Stufenkar → *Kartreppe*.

Stufenlandschaft *terraced landscape*: jener → *geomorphologische Landschaftstyp*, dessen Habitus von markanten, großräumigen → *Stufen* bestimmt ist, z.B. → *Schichtstufenlandschaft* oder → *Rumpfflächenlandschaft*.

Stufenrain *scarped border/bank/ridge/edge/apterium*: mit Gras (oder seltener Gebüsch) bewachsene vordere Begrenzung von → *Ackerterrassen*, um → *Bodenerosion* zu verhindern. Die Dichte der Abfolge von S. am Hang richtet sich nach der → *Hangneigungsstärke*. S. entstehen am Rand von → *Besitzparzellen* durch hangabwärtiges Pflügen. Es entstehen kleine → *Vollformen*, welche die Ackerterrassenflächen voneinander trennen.

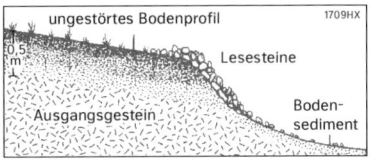

Stufenrain

Stufenrand *escarpment border/edge*: Rand einer → *Landstufe* (→ *Schichtstufe*, → *Rumpfstufe*) mit geradlinigen oder gewundenen Verläufen, dann → *Stufenrandbuchten* bildend.

Stufenrandbucht *escarpment border bay*: orographische Buchten im zerlappten Rand von → *Landstufen*. Im engeren Sinne Bucht in stark zerschnittener → *Schichtstufe*, wobei zwei Vorsprünge der Stufe, z.T. als → *Auslieger* ausgebildet, eine S. umschließen. Ihre Ausweitung in den → *Stufenrand* hinein erfolgt meist durch → *rückschreitende Erosion*.

Stufenrandfluss *subsequent river*: in der Theorie der Entwicklung von → *Schichtstufen* wird dem S. die Ausräumung der weichen Gesteinsbereiche zugeschrieben, was zum Herauspräparieren harter, widerständiger Gesteine als Stufe beiträgt. Der S. soll damit zugleich → *Pedimente* entstehen lassen. Ein S. mit durchgehendem Verlauf vor einer Schichtstufe ist in der Realität jedoch selten. Der S. ist ein → *subsequenter Fluss*.

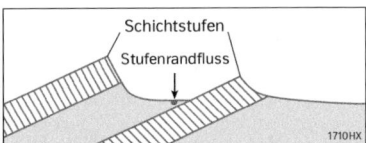

Stufenrandfluss

Stufenrückhang *cuesta backslope*: Bereich der Abdachung der → *Stufenfläche* (→ *Dachfläche*) in Richtung des → *Fallens*.

Stufenrückverlegung *erosion of cuestas*: durch ein komplexes geomorphologisches Prozessgefüge, gesteuert durch Gesteinsart und -lagerung, erfolgende Abtragung, v.a. durch → *rückschreitende Erosion*, verbunden mit → *gravitativen Massenbewegungen* speziell, z.B. → *Rutschungen*. S. läuft in den verschiedenen → *klimageomorphologischen Zonen* der Erde unterschiedlich intensiv ab. Auch der Mechanismus kann anders sein (z. B. → *Quellerosion* in → *humiden* Klimaten, oberflächlich abrinnendes Niederschlagswasser in → *ariden* oder → *periglazialen* Klimaten). S. erfolgt u a. durch Spornverschneidungen, die in den → *Stufenrandbuchten* von den Fließgewässern und Quellen und deren rückschreitender Erosion ausgehen.

Stufenstirn (Stirn) *cuesta inface/scarp, front slope*: Rand einer → *Schichtstufe*, der als → *Frontstufe* oder als → *Achterstufe* erscheinen und verschiedene Querprofile (→ *Trauf-Schichtstufe*, → *Walm-Schichtstufe*) aufweisen kann.

Stufentheorien *growth stages theory*: in der → *Entwicklungstheorie* Ansätze zur Gliederung und begrifflichen Erfassung der wirtschaftlichen → *Entwicklung*. Ein Teil der S. ist wirtschaftshistorisch orientiert. Bekannte S. sind die → *Dreistufentheorie* oder die → *Stadientheorie* von W. W. Rostow.

Stundenböden (Minutenböden) *minute soils*: schwere → *Tonböden* vom Typ des → *Pelosols*, die nur während einer kurzen Zeitspanne bearbeitet werden können, wenn sie bindig sind. Im langanhaltenden feuchten Zustand schmieren sie zu stark und im trockenen Zustand sind sie zu hart.

Sturm *strong gale, storm*: starker → *Wind* mit Geschwindigkeiten zwischen 20 und 32 m/s (→ *Beaufort-Skala* 9-11). Die Wucht der auf dem Festland relativ seltenen S. reicht aus, um Bäume zu entwurzeln, Häuser zu beschädigen usw.. (→ *Wind*, → *Orkan*).

Sturmfeld *storm area*: der wolken- und niederschlagsreiche, relativ scharf abgegrenzte stürmische Bereich eines → *tropischen Wirbelsturms*. Dem S. steht das fast windstille „Auge" im Zentrum gegenüber (→ *Orkan*, → *Sturm*).

Sturmflut *storm tide, high tide, sea flood, tidal flood*: außergewöhnlich hohe → *Flut* an → *Gezeitenküsten*, die durch gleichzeitiges Eintreffen der → *Springflut* und starker auflandiger → *Stürme* verursacht wird. → *Brandung* und Windstau führen dabei zu extremer Verstärkung der Flutwelle, sodass Deichbrüche (→ *Deich*) mit katastrophalen → *Überschwemmungen* und Verwüstungen des Hinterlandes die Folge sein können. Viele schwere S. – auch mittelalterliche – an der Nordseeküste sind geschichtlich belegt (→ *Gezeiten*, → *marin-litorale Naturgefahren*, → *Sturm*).

Sturmgasse *storm alley*: Gebietsstreifen, in dem ein in der Breite eng begrenzter → *Sturmwirbel*, z. B. ein → *Tornado*, Zerstörungen angerichtet hat (→ *Naturgefahr*).

Sturmriegel *storm protection forest*: stabiler Waldbestandsstreifen, der angelegt und gepflegt wird, um dem → *Windwurf* oder sonstigen → *Naturgefahren* zu begegnen. Man legt den S. gewöhnlich mit Tiefwurzlern quer zur Hauptgefahrenrichtung an.

Sturmschaden *storm damage*: in der Wald- und Forstwirtschaft der Bruch oder Wurf von Bäumen, der bei Windgeschwindigkeiten von über 20 m/s auftritt. Die Wirksamkeit der auftretenden S. ist dann am größten. Sommer-S. erfolgen im Zusammenhang mit → *Gewittern* und → *Wirbelstürmen*. Sowohl bei Laub- als auch bei Nadelbäumen lassen sich die Arten nach ihrer Sturmgefährdung ordnen, die nicht nur davon abhängt, ob es sich um Tief- oder Flachwurzler handelt, sondern auch davon, wie der → *Oberflächennahe Untergrund* beschaffen ist (→ *Windwurf*).

Sturmtief (Sturmzyklone, Sturmwirbel) *storm front*: Tiefdruckwirbel mit hohem → *Luftdruck*gegensatz vom Rand zum Zentrum und demzufolge starken, zum Zentrum hin konvergierenden → *Winden*. Im Entwicklungsverlauf erreicht eine → *Zyklone* das S.-Stadium im Zustand der stark verschmälerten → *Warmfront* vor der beginnenden → *Okklusion* (→ *Orkan*, → *Sturm*, → *Wirbelsturm*).

Sturmwirbel → *Sturmtief*.

Sturmzyklone → *Sturmtief*.

Sturzdenudation → *Stürzen*.

Stürzen (Fallen, Sturzdenudation, Sturzprozess) *fall*: eine der schnellen → *gravitativen Massenbewegungen*, bei der der größte Teil des Weges in der Luft zurückgelegt wird und an der kein Wasser beteiligt ist. Es wird, je nach bewegter Gesteinsmasse, zwischen → *Steinschlag* (Blockschlag), → *Felssturz* und → *Bergsturz* unterschieden. Beim Steinschlag beträgt die bewegte Masse einige Kubikmeter und es werden Geschwindigkeiten von bis zu 30 m/s erreicht. Der Felssturz umfasst eine Größenordnung von bis zu 1 Mio. m³, die mit einer Geschwindigkeit von bis 40 m/s stürzen können. Bergstürze sind Massenbewegungen von über 1 Mio m³ und mit einer Geschwindigkeit von bis zu 100 m/s. Sturzprozesse treten v. a. während der Schneeschmelze und während Dauer- und Starkregen auf, aber auch zur Mittagszeit, wenn Eis in Klüften und Spalten taut und die durch Frostverwitterung gelockerten Gesteinsbruchstücke der Schwerkraft folgend aus der Wand stürzen.

Sturzhalde → *Schutthalde*.

Sturzprozess → *Stürzen*.

subaërisch (supraterran) *subaerial*: an freier Luft; an der Erdoberfläche. Wird v. a. in der Geomorphologie für die festländische Formenentwicklung gebraucht im Unterschied zu → *subaquatisch* oder → *subglazial*.

subalpine Stufe *subalpine zone [belt]*: mehrere hundert Meter mächtige Höhenstufe von

→ *Hochgebirgen* zwischen dem geschlossenen → *Hochwald* und dem baumwuchsfreien → *alpinen* Rasen. In der s. S. wird der Wald nach oben hin allmählich weniger, weil zunehmend ungünstige Klimabedingungen Wachstum, Verjüngung und winterliches Überleben der Bäume erschweren. Die → *Vegetationszeit* dauert noch ca. 100-120 Tage; nur noch ein bis zwei Monate erreichen Mitteltemperaturen >10°C. Vegetation der s. S.: → *Zwergsträucher*, → *Knieholz* und besondere Waldtypen (z. B. in den Zentralalpen lockere Lärchen-Arven-Wälder; → *Höhenstufe, landschaftsökologische*).

Subaltern Studies entstanden in den 1980er Jahren als eine neue Form der Geschichtsschreibung Indiens und Südasiens, die sich v. a. mit den postkolonialen und postimperialen Aspekten beschäftigt (→ *Postkolonialismus*). S. S. ist eine Perspektive der „Geschichte von unten", da sie v. a. von Wissenschaftspersonen aus den kolonialisierten Regionen selbst betrieben wird sich gleichzeitig weniger auf die Geschichtsschreibung der Eliten konzentriert, sondern die Auswirkungen des → *Kolonialismus* und → *Imperialismus* auf die breite Masse untersucht.

subaquatisch *subaquatic*: Prozesse und Erscheinungen, die sich im Wasser bzw. unter der Wasseroberfläche abspielen oder entstehen. Gegensatz ist → *subaërisch*.

subarid → *semiarid*.

subarktische Zone *subarctic zone*: → *Landschaftsgürtel* zwischen der nördlichen → *Waldgrenze* und den Eis- und Schneeklimaten der → *Polarzone*. Im engen Sinn wird z. T. auch nur das Übergangsgebiet zwischen Wald- und → *Baumgrenze*, also die → *Waldtundra*, zur s. Z. gerechnet. Klimatisches Hauptmerkmal der s. Z. ist ein kurzer milder Sommer mit einer → *Vegetationszeit* von 70-100 Tagen. Wie im → *arktischen Klima* taut der Boden oberflächlich auf. Die mehr oder weniger geschlossene Vegetationsdecke bilden → *Zwergstrauch*- und Grastundren; am südlichsten Randsaum ist in geschützten Lagen Baumwuchs möglich. Die s. Z. liegt am Rande der → *Ökumene* und ist nur schwach besiedelt.

Subatlantikum (Buchenzeit, Nachwärmezeit) *Subatlanticum*: Zeitabschnitt der Erdgeschichte. Bislang letzter Abschnitt des → *Holozäns* im → *Postglazial*, der dem → *Subboreal* folgte und bis heute andauert. Das S. führte in Mitteleuropa ab etwa 450 v. Chr. bis wieder zu kühl-feuchteren Klimabedingungen. Wärmeliebende Gewächse, wie Eichenmischwald oder Haselstrauch, die noch für das → *Atlantikum* charakteristisch waren, traten zurück. Schon in den frühen Abschnitten des S. herrschten Rotbuche mit Eiche, Fichte, Tanne und/oder Hainbuche. Die natürliche Ausbreitung von Buche und Hainbuche wurde durch die zunehmende Bewirtschaftung der Landschaften, später auch der Wälder (→ *Forsten*), gehemmt. – Bei der → *marinen* Entwicklung kam es zunächst zur → *Dünkirchen-Transgression* in der Nordsee und zum → *Myameer* in der Ostsee.

subboreal *subboreal*: der Übergang von → *Klima* und → *Vegetation* zwischen der → *borealen* und der → *nemoralen* → *Zone*.

Subcontracting *Unterauftragsvergabe*: eine vertragliche Koordinations- und Kooperationsform zwischen Unternehmen im In- und Ausland. Es zählt zu den sogenannten hybriden und neuen Formen der → *Auslandsengagements*, die in den vergangenen Jahrzehnten für die Organisation → *globaler Produktionssysteme* und → *Wertschöpfungsketten* einen massiven Bedeutungsgewinn erfahren haben. S.-Verträge zwischen Unternehmen bezeichnen die Verlagerung von → *Wertschöpfung* von einem → *Unternehmen* auf ein anderes. Globales S. bezieht sich auf solche Prozesse zwischen in- und ausländischen Unternehmen, etwa einem Produzenten in einem → *Industrieland* und Zulieferern in → *Schwellen*- und → *Entwicklungsländern*. Dabei werden lohnkostenintensive Tätigkeiten des Herstellers im → *Produktlebenszyklus* auf den Zulieferer ausgelagert. Die ausgelagerten Tätigkeiten beziehen sich nicht nur auf die reine Produktion, sondern zunehmend auch auf vor- und nachgelagerte → *Dienstleistungen* wie Design, Forschung und Entwicklung, Wartung und Kundenservice.

Subduktion *subduction*: in der → *Plattentektonik* jener Vorgang, bei dem eine → *Platte* der → *Lithosphäre* unter eine andere taucht (→ *Erdkruste*).

Subduktionszone *subduction zone*: Absenkungs- bzw. Eintauchungszone einer ozeanischen → *Platte* unter eine kontinentale und Bestandteil der Magmaströme in der → *Asthenosphäre*, von welcher aus rückströmendes → *Magma* in Richtung der ozeanischen Plattengrenzen mit → *Gräben* und → *Mittelozeanischen Rücken* erfolgt. S. können sich aber auch an Tiefseerinnen im Bereich zweier sich aufeinander zu bewegender ozeanischer Platten befinden, wo ebenfalls → *Erdkruste* in den → *Erdmantelbereich* eingeschmolzen wird (→ *Plattentektonik*).

Subfloreszenz *subflorescence*: Ausblühen von Salzen in Gesteins- und/oder Bodenhohlräumen. Die → *Salze* werden aus dem Mineralgefüge von kapillar aufsteigenden Lösungen in die Hohlräume transportiert. Sie können sich zu → *Effloreszenzen* weiterentwickeln.

subfossil *subfossil*: Prozesse und Formen aus historischer Zeit. Zeitlich zwischen → *re-*

zent bzw. → *subrezent* und → *vorzeitlich* bzw. → *fossil* angeordnet.

subglazial *subglacial*: unter Gletscher- und Inlandeis auftretende geomorphologische und hydrodynamische Prozesse und Effekte, wie → *Schmelzwasserabfluss* oder → *Tunneltäler*.

Subgruppenanalyse *analysis of sub-groups*: in der empirischen → *Sozialforschung* die Einteilung der → *Probanden* einer Grundgesamtheit oder Stichprobe in Gruppen mit gleichen vermuteten Merkmalsausprägungen.

subhumid → *semihumid*.

subhydrisch *subhydric*: etwa → *subaquatisch* entsprechend, also im bzw. unter Wasser entstehend oder sich entwickelnd, z. B. s. Böden (→ *Unterwasserböden*). Gegenbegriff: → *subaërisch*.

subhydrische Böden *subhydric soils*: → *Unterwasserböden*.

subjektive Distanz *subjective distance*: im Gegensatz zur objektiven metrischen → *Distanz* die Entfernung zwischen zwei → *Standorten*, wie sie von einer Person empfunden wird. Die s. D. kann kürzer oder länger sein als die metrische D., je nach Art des Weges und der Standorte und der Emotionen der Person diesen gegenüber. S. D. sind Bestandteile von → *kognitiven Karten* und können im Rahmen der → *Wahrnehmungsforschung* unter Umständen zur Erklärung von Motivationen räumlichen Handelns beitragen.

Subjektivität *subjectivity*: erkenntnistheoretisches Kriterium (→ *Erkenntnistheorie*), nach dem alle wissenschaftlichen Erkenntnisse durch das erkennende Subjekt, d. h. in der empirischen → *Sozialforschung* durch das forschende Individuum, geprägt sind. In der wissenschaftlichen Methodik soll S. jedoch vermieden werden und zumindest → *Intersubjektivität* (wenn nicht → *Objektivität*) erreicht werden.

Subklimax *subclimax*: stabile → *Dauergesellschaft*, lang andauerndes Zwischenstadium der Vegetationsentwicklung (→ *Sukzession*). Wegen → *biotischer* (auch → *anthropogener*) oder → *edaphischer* Einflüsse wird nicht das großklimatisch mögliche → *Klimax*-Stadium erreicht.

subkrustal *subcrustal*: Vorgänge des Tieferen (geologischen) Untergrundes, die sich unterhalb der → *Erdkruste* abspielen (→ *interkrustal*, → *supralkrustal*).

Subkultur *subculture*: in einem traditionellen Verständnis von → *Kultur* mit der Unterteilung in → *Hochkultur* und S. bezeichnet der Begriff die Partialkultur relativ eigenständiger Ausprägung innerhalb einer größeren → *Kultur*, insbesondere die Kultur einer → *ethnischen Gruppe* oder sonstiger → *Minderheiten*, einer → *Randgruppe* innerhalb einer → *Gesellschaft*. Seit Ende des 20. Jh. werden auch kulturelle Ausprägungen und besondere soziale Verhaltensweisen einzelner → *Schichten* oder Altersgruppen als S. bezeichnet. In einem modernen Verständnis von Kultur wird S. eher für die Bezeichnung unterschiedlicher → *Lebensstile* verwendet (→ *Alltagskultur*, → *Populärkultur*).

subkutan *subcutaneous*: „unter der Haut", also unterhalb der Oberfläche bzw. → *Erdoberfläche* befindlich bzw. sich dort abspielend. Beschreibt Verwitterungsprozesse, die unter einer „Schutzschicht" stattfinden, z. B. unter den diversen → *Krusten* (→ *Krustenbildung*), Lösungsprozesse im → *bedeckten Karst* oder Prozesse des → *Bodenfließens* wie das → *subsilvine Bodenfließen*.

subkutaner Karst *subcutaneous karst*: jene Vorgänge der → *Verkarstung* im → *Karst*, die sich unter einer geringmächtigen Bodendecke abspielen. Das verkarstungsfähige Gestein unterliegt weiterer → *Lösungsverwitterung*, ohne dass der Boden darauf Einfluss nimmt. Der s. K. wird zusammen mit dem → *nackten Karst* unter dem Begriff → *offener Karst* zusammengefasst.

Sublimation *sublimation*: direkter Übergang eines Stoffes vom festen in den gasförmigen Zustand und umgekehrt. Die S. des Wassers ist in gewissem Umfang am → *Wasserhaushalt* von → *Schneedecken* und Eismassen beteiligt; sie spielt auch bei der Schneemetamorphose eine Rolle. In der → *Atmosphäre* ist S. relativ selten, weil zu wenig Eispartikelchen als Kristallisationskeime zur Verfügung stehen (→ *Eis*, → *Schnee*).

Sublimationswärme *heat of sublimation*: jene → *Wärmeenergie*, die beim direkten Übergang von → *Eis* in die dampfförmige Phase verbraucht bzw. umgekehrt wieder frei wird. Die S. entspricht der Summe aus → *Schmelzwärme* und → *Verdampfungswärme* (→ *Sublimation*).

sublitoral *sublittoral, infralittoral*: bezeichnet Erscheinungen, Vorgänge und Formen in ständig, jedoch flach überflutetem Bereich an → *Ufern* von → *Binnengewässern* oder → *Meeren*, der unterhalb der Niedrigwasserlinie liegt (→ *litoral*, → *supralitoral*).

submarin *submarine*: unter dem → *Meer*, im untermeerischen Bereich liegend oder sich dort abspielend.

submarine Form *submarine form*: jene Formen, die im Tiefwasserbereich durch untermeerische geomorphologische Prozesse entstehen, z. B. durch → *submarine* → *Gleitungen*, Versetzungen, → *Rutschungen* oder → *Vulkanismus*. Daneben können auch küstennahe s. F. entstehen, z. B. auf dem → *Schelf* oder im Flachwasser des → *Watts*. Manche Reliefformen auf dem Schelf, die man heute beobachtet, entstanden → *subaërisch* während des → *Pleistozäns*,

als der Meeresspiegel eustatisch abgesenkt war und im heutigen küstennahen Flachwasserbereich terrestrische Formbildung möglich war (→ *eustatische Meeresspiegelschwankung*).
submariner Cañon *submarine canyon*: tief eingeschnittenes, steilhängiges Schluchttal mit dem Querprofil des → *Kerbtales* bzw. → *Sohlenkerbtales* mit meist großer Länge, das an den Mündungen großer Ströme ansetzt, über den → *Schelf* verläuft und im Bereich des → *Kontinentalabhangs* extrem eingetieft ist. Der s. C. wird der erosiven Wirkung von → *Trübeströmen* während des → *Pleistozäns* zugeschrieben (→ *Cañon*).

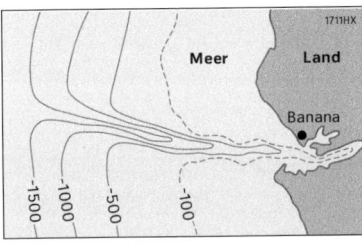

submariner Cañon

submediterran *sub-mediterranean*: der nördliche Randbereich der → *Mediterranis* mit Übergängen von → *Klima* und → *Bios* zu den Verhältnissen der → *nemoralen* → *Zone*.
submers *submersed*: völlig untergetauscht lebende Pflanzen. Zu ihnen gehört der größte Teil der → *Hydrophyten*.
subnival *subnival*: die Höhenstufe in → *Gebirgen* zwischen der Obergrenze der geschlossenen alpinen Rasen und der → *klimatischen Schneegrenze*. In der s. Stufe tritt noch → *Vegetation* auf; es sind flecken- oder polsterhafte → *Pioniergesellschaften* (→ *Polsterpflanzen*). Der → *Schnee* schmilzt in vielen Lagen nur in warmen Sommern völlig ab. → *Frost* und das → *Frostwechselklima* dominieren die Formungsprozesse (→ *Frostmusterboden*, → *Frostsprengung*, → *Periglazial*, → *Solifluktion*).
subnivale Denudation → *Gelifluktion*.
Subökumene → *Semiökumene*.
suboptimaler Standort *sub-optimal location*: ein → *Standort*, der für Unternehmen zwar nicht optimale, aber zufriedenstellende Erträge ermöglicht. S. S. stellen das Resultat einer eingeschränkten Informationsaufnahme- und -verarbeitungskapazität der Akteure bei der → *Standortwahl* dar und entsprechen im Gegensatz zur klassischen Standorttheorie (→ *homo oeconomicus*) dem realitätsnäheren Menschenbild des → *satisfizers*.
subpolare Tiefdruckrinne *subpolar trough*: beständiges, gürtelartiges aus quasistationären → *Zentraltiefs* und zyklonalen Zellen (→ *Zyklonen*) zusammengesetztes → *zonales* Tiefdruckgebilde zwischen etwa 55 °N bzw. S. Die s. T. ist mit der → *Polarfront* identisch und Bestandteil der globalen → *Luftdruck*verteilung.
subpolarer Tiefdruckgürtel *subpolar low pressure belt*: kräftig entwickelte, dynamisch bedingte → *Tiefdruckzonen* polseits der → *planetarischen Frontalzone* zwischen etwa 50° und 75°N bzw. S, deren Achsen nahe der → *Polarkreise* liegen.
Subpolartief *subpolar low pressure area*: → *Tiefdruckgebiet* des → *subpolaren Tiefdruckgürtels*. Die beiden subpolaren Kerntiefs der Nordhalbkugel (→ *Islandtief* und → *Aleutentief*) sind sehr beständig und wichtige Aktionszentren der außertropischen → *Westwindzirkulation*. Sie steuern → *ozeanische* Polarluft in die → *Mittelbreiten*.
Subpolyedergefüge *subangular blocky structure*: → *Aggregatgefüge* des Bodens aus in der Grundform polyederähnlichen Gefügeteilen, die unregelmäßig gestaltet sind und stumpfe Kanten aufweisen (→ *Bodengefüge*, → *Polyedergefüge*).
Subprime-Kredit *subprime credit*: zweitklassiger Kredit, v. a. Hypothekenkredit (→ *Kredit*), der vornehmlich in den USA an Schuldner mit mangelhafter → *Bonität* vergeben wird. S.-K. sind schlechter gesichert als normale Immobilienkredite, weshalb der → *Zins* und das Risiko überdurchschnittlich hoch liegen.
subrezent *subrecent*: Prozesse und Formen, die in jüngster Vergangenheit bzw. unmittelbar vor der Gegenwart stattgefunden haben. Zwischen → *rezent* und → *subfossil* bzw. → *fossil* und → *vorzeitlich* angeordnet.
Subrosion *subrosion*: im Gegensatz zur Erosion, die oberirdisch stattfindet, beschreibt S. die → *subterrane Abtragung* durch → *Auslaugung* und anschließenden Abtransport leicht löslicher Gesteine, v.a. Salze und Karstgesteine, durch → *Quellen* und → *Sickerwasser*. Erfolgt der Abtrag mechanisch durch → *Ausspülung*, spricht man von → *Suffosion* (→ *Subrosionsform*).
Subrosionsform *subrosion form*: räumlich meist ausgedehnten → *Hohlformen*, die durch → *Subrosion* entstehen und meist vergesellschaftet auftreten. Es entsteht ein welliges bis kesseliges Relief durch Nachsacken ungestörter Schichten des → *Hangenden*. Schärfer kantige Einbrüche entstehen, wenn Subrosion in Erdoberflächennähe erfolgt, z. B. im → *Löss*.
subsequenter Fluss (Nachfolgefluss) *subsequent river*: in der Richtung des → *Streichens* der Gesteinsschichten fließender Fluss, meist als → *Nebenfluss* von → *konsequenten Flüssen*. Der s. F. ist ein für → *Schichtstufenlandschaften* charakteristischer Flussverlauf von → *Stufenrandflüssen*.

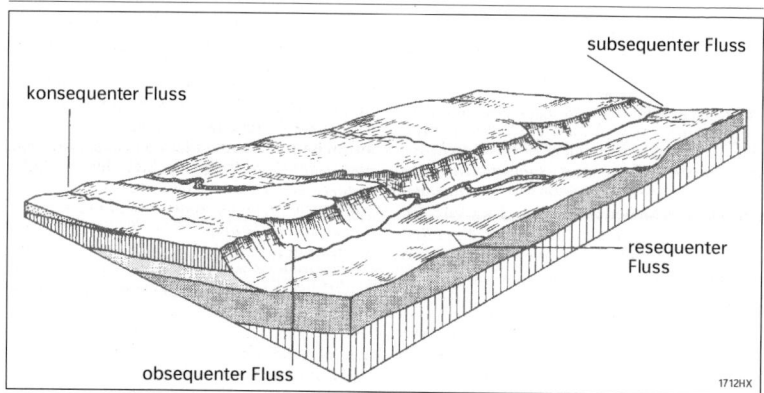
Subsequenter Fluss

Subsequenzfurche *subsequent river in front of escarpment*: vor → *Schichtstufen* sich erstreckender Senkenraum, der vom → *subsequenten Fluss* durchflossen wird. Die S. ist überwiegend im Bereich der wenig widerständigen Gesteine des Stufensockels angelegt. Je nach Schichtneigung (→ *Fallen*) können zur S. aber auch Schnittflächenbereiche jener Schichtstufe gehören, deren → *Stufenfläche* in den Stufensockel der nächstfolgenden übergeht.

Subsidiaritätsprinzip *subsidiarity principle*:
– i. Allg. der Grundsatz, wonach derjenige keine Hilfe beanspruchen darf, der sich selbst helfen kann bzw. die erforderliche Hilfe von Angehörigen oder anderen Leistungsträgern bekommen kann. – im politischen Bereich bedeutet das S., dass Aufgaben (z. B. → *Raumplanung*) auf einer möglichst niedrigen, d. h. bürgernahen Ebene durchgeführt werden sollten, also auf Gemeinde- statt Länder- und Landesstatt Bundesebene. Demnach sollen die hierarchisch vorgeordneten staatlichen Ebenen nur dann greifen, wenn die nachgeordneten Ebenen nicht in der Lage sind, die zu lösenden Aufgaben eigenständig zu bewältigen.

subsilvines Bodenfließen *earth flow under woodland*: Form → *gravitativer Massenbewegungen* in tropischen Feuchtwäldern, bei denen infolge starker Niederschläge der chemisch tiefgründig verwitterte Boden (→ *Regolith*) wasserdurchtränkt ist und plastisch wird. So gerät er unterhalb des sehr geringmächtigen Wurzelhorizontes ins Fließen und verursacht sowohl Vegetations- als auch Bodenschäden, an denen → *Bodenerosion* ansetzen kann.

Subsistenzwirtschaft (Bedarfswirtschaft) *subsistence economy*: Wirtschaftsweise, deren Ziel die Eigenversorgung ist. Die S. ist nicht arbeitsteilig organisiert (→ *Arbeitsteilung*), im Vergleich zum absatzorientierten, kommerzialisierten Betrieb. Die Leistung der S., die in vielen → *Entwicklungsländern* verbreitet ist, lässt sich zum Zwecke der Sozialproduktberechnung nur schwer erfassen (→ *Selbstversorgungswirtschaft*).

Substitution *substitution*: 1. populationsbiologischer Begriff, meist in Verbindung mit dem Ersatz einer Haustierform durch → *Domestikation* einer Wildart mit gleichen oder ähnlichen Nutzungsmöglichkeiten. 2. Ersetzen von Gütern, Produktionsfaktoren oder Dienstleistungen durch jeweils andere. Die S. kann abrupt vollzogen werden oder als länger andauernder Prozess erfolgen. 3. im Ressourcenmanagement und in der Umweltökonomie Ersatz bzw. Austausch schädlicher durch weniger schädliche Materialien.

Substitutionsgüter *substitution goods*: Produktions-, Investitions- oder Konsumgüter, die jeweils vergleichbare → *Güter* ihrer Gruppe ersetzen können. Beispiele sind die Substitution von Margarine und Butter oder Natur- und synthetischem Kautschuk.

Substrat *substrate, substratum*: 1. in → *Bioökologie* und → *Biologie* für Unterlage, Grundlage; meist im Sinne von Nährboden bzw. auch Material, auf oder in dem Organismen einschließlich Mikroorganismen leben bzw. wovon sie sich ernähren. Zum S. gehören demzufolge Steine, Pflanzenstreu, abgefallenes Obst, Baumrinden etc.. 2. in den → *Geowissenschaften* meist im Sinne von Ausgangsmaterial, z. B. einer Bodenbildung (→ *Oberflächennaher Untergrund*). 3. in der Hydrobiologie der organische Hauptnährstoff der Bakterien und Pilze.

Subsystem *subsystem*: größere Funktionseinheit („Teilsystem") eines → *Systems*, die in einer naturwissenschaftlichen Perspektive aus forschungspraktischen Gründen für sich allein modelliert wird. Im Modell des → *Geoökosystems* wären → *Pedosystem* oder → *Morphosystem* solche S..

subterran *subterranean*: Prozesse, die sich unterhalb der → *Erdoberfläche*, aber in Erdoberflächennähe abspielen (→ *subaërisch*).

subterrane Abtragung *subterranean denudation/removal/degradation*: Sammelbegriff für verschiedene unterirdisch ablaufende → *geomorphologische Prozesse*, wie → *Subrosion*, → *Suffosion*, → *subsilvines Bodenfließen* sowie Prozesse der → *Lösungsverwitterung* im → *Karst*.

Subtropen *subtropics*: in der Abgrenzung diskutierbare Übergangszonen zwischen den → *Tropen* und den → *kühlgemäßigten* → *Breiten*, etwa von den → *Wendekreisen* bis maximal 45° Breite reichend. Die S. sind der Bereich der Anlaufzonen der → *Passate* und der → *subtropischen Hochdruckgürtel*, von welchen sie klimadynamisch geprägt sind. Die Zone der S. gliedert sich in zwei große Klimagürtel, nämlich die passatischen → *Trockengebiete* (die sogenannte → *Passatzone*) und die warmgemäßigten → *mediterranen Klimate* („mediterrane Subtropen"), deren Ausprägung auf den West- und Ostseiten der Kontinente verschieden ist. Daher gibt es auch kein typisch „subtropisches Klima", wohl aber allgemeine, die S. charakterisierende Klimamerkmale. Dazu gehören deutliche Jahresschwankungen der Temperatur mit hoher Sommerwärme und milden Wintern. Die Feuchteverhältnisse hängen von der jeweiligen Breitenlage ab und sind demzufolge völlig verschieden. Zwischen zwölf und null → *humide* Monate sind möglich.

Subtropenhoch *subtropic high pressure area*: beständige Kernzelle des → *subtropischen Hochdruckgürtels* (z. B. das → *Azorenhoch* und das → *Pazifik-Hoch* auf der Nordhalbkugel).

subtropischer Hochdruckgürtel *sub-tropical high pressure belt*: Zone zwischen 20-40°N bzw. S mit im Mittel beständigen, einheitlichen → *Hochdruckgebieten* (Bodenhochs) in warmer → *Luft*. Der s. H. ist eine dynamische Erscheinung, die sich am Südrand der → *planetarischen Frontalzone* im Folge der Höhenströmungsdivergenz, die mit einem Massenzufluss von Luft auf die südliche Seite der Hauptströmung verbunden ist, ausprägt. Die Wirkung dieses Massenzuflusses in der Höhe ist absteigende Tendenz der Luft. Der s. H. verschiebt sich jahreszeitlich und liegt im Sommerhalbjahr v. a. über den Festlandsmassen weiter nördlich als im Winter. In seinen Randzonen bilden sich dadurch typische feucht-trockene Wechselklimate aus. Dazu gehören z. B. die → *mediterranen Klimate* mit → *Winterregen*, die nur im Sommer unter dem Einfluss des s. H. stehen und im Winter in den Einzugsbereich der außertropischen → *Westwindzirkulation* gelangten.

subtropisches Klima *subtropical climate*: nicht aussagekräftige Bezeichnung für verschiedene Klimate der → *Subtropen*.

suburbaner Raum *suburban zone, suburban area, suburban fringe*: Gebiet der → *Stadtrandgemeinden*, die in den Prozess der → *Suburbanisierung* einbezogen sind. Kennzeichen des s. R. sind insbesondere starke Zunahme der Bevölkerungs- und Arbeitsstättenzahl, die überwiegend auf die → *Stadtrandwanderung* zurückgeht. Aus raumplanerischer Sicht ist der s. R. v. a. durch das Auftreten von → *Stadt-Umland-Problemen* gekennzeichnet.

Suburbanisation → *Suburbanisierung*.

Suburbanisierung (Suburbanisation) *suburbanization*: Dekonzentrationsprozess von → *Agglomerationsräumen* bzw. → *Stadtregionen*. Verursacht durch den Prozess der → *Stadtrandwanderung* von Bevölkerung (→ *Bevölkerungssuburbanisierung*) und Wirtschaftsbetrieben (→ *Gewerbe-* und *Dienstleistungssuburbanisierung*), führt die S. zum flächenhaften Wachstum größerer → *Städte* und Agglomerationsräume über die → *Stadtgrenzen* hinaus in den → *suburbanen Raum*, wobei aufgrund gleichzeitiger Entleerungstendenzen der innerstädtischen Bereiche die Gesamtzahl der Einwohner und Arbeitsstätten häufig gar nicht oder nur gering anwächst. Der Prozess der S. wurde zuerst in den USA beobachtet und zeigt sich heute unterschiedlich stark in allen → *Industrieländern*. Die S. führt zu zusätzlichen Verkehrsbelastungen, besonders durch den → *Pendelverkehr*, und zu vielfältigen raumplanerischen → *Stadt-Umland-Problemen*. Durch Attraktivitätssteigerung der Städte, auch als Wohnstandort, versucht man, die S. einzudämmen.

Suburbia-Syndrom *suburbia syndrome*: eines der Syndrome Globalen Wandels (→ *Syndromansatz*), die vom Wissenschaftlichen Beirat der Bundesregierung Globale Umweltveränderungen (→ *WBGU*) 1996 entwickelt wurden. Das S.-S. kennzeichnet Landschaftsschädigung durch geplante Expansion von → *Stadt-* und → *Infrastrukturen*.

Subvention *subsidy*: staatliche bzw. generell aus öffentlichen Mitteln stammende Unterstützungszahlungen, die eine lenkende, korrigierende und strukturumschichtende Wirkung haben. Als direkte S. kann man Finanzhilfen des Staates bezeichnen, als indirekte S. Vergünstigungen sonstiger Art (z. B. Steuernachlässe usw.). S. können an Haushalte, Unternehmen und Vereinigungen gezahlt werden. Das Ziel der S. kann schwerpunktmäßig bestimmte → *Standorte* bzw. Regionen (z. B. ehem. → *Zonenrandgebiet*) oder ausge-

wählte Wirtschaftszweige (z. B. → *Landwirtschaft*, → *Stahlindustrie*) sein.
Subvulkanismus → *Kryptovulkanismus*.
Subzentrum *sub-centre, subordinate centre*: in der → *innerstädtischen Hierarchie* der Versorgungszentren ein höherrangiges Geschäfts- und Dienstleistungszentrum unterhalb der Stufe der → *City*. S. haben sich v. a. in → *Großstädten* aus den zentralen Geschäftsgebieten der größeren eingemeindeten → *Vororte* entwickelt. Sie versorgen ihr → *Einzugsgebiet* – i. d. R. ein oder mehrere → *Stadtteile* – mit Gütern und Diensten des täglichen bis mittel- und langfristigen Bedarfs und weisen in mancher Hinsicht City-Funktionen auf.
Suchaufwandsminimierung → *Prinzip der Suchaufwandsminimierung*.
Südhemisphäre *Southern hemisphere*: die Erdhalbkugel südlich des → *Äquators* (→ *Erde*, → *Nordhemisphäre*).
Südlicht → *Polarlicht*.
Süd-Nord-Wanderung *south-north-migration*: eine im globalen Maßstab zu beobachtende Wanderungsbewegung von Bevölkerungsgruppen aus sog. → *Entwicklungsländern* in die → *Industrieländer* Europas und Nordamerikas.
Süd-Süd-Beziehungen *South-South relationships*: die Beziehungen zwischen den sog. → *Entwicklungsländern* untereinander. Als Gegengewicht zu den problematischen Nord-Süd-Beziehungen (→ *Nord-Süd-Gefälle*) haben v. a. die Gruppe der 77 sowie die der blockfreien Staaten (→ *Blockfreiheit*) die Entwicklung stärkerer S.-S.-B. propagiert.
Suevit *suevite*: ein → *Impaktit* des → *Nördlinger Ries-Meteoriten*, das → *Coësit* enthält.
Suffosion *suffosion*: – eine Form der → *subterranen Abtragung*, indem feinere Gesteinspartikel und/oder Lockersedimente mechanisch abgetragen und durch vorhandene Poren abtransportiert werden. Im Gegensatz dazu beruht die Subrosion auf chemischer Herauslösung von Substanzen. Es entstehen → *Suffosionsformen*. – Herausspülen von feinen Sedimentpartikeln aus dem Gewässerbett der Flüsse. S. findet bei starker Strömung (→ *Hochwasserabfluss*) statt. Sie führt zu einer Erhöhung der Durchlässigkeit des Gerinnebettes.
Suffosionsform *suffosion form*: in verschiedener Größenordnung durch unterirdische → *Suffosion* an der Erdoberfläche im Bereich von oberirdischen und/oder lösungsfähigen Gesteinen entstandene Georeliefformen. Am charakteristischsten sind die Formen der → *Karstsuffosion*.
Suk (Souk, Suq) *oriental bazaar*: Geschäftszentrum mit Einzel-, Großhandels- und Handwerksbetrieben, jedoch ohne Wohnbevölkerung, in der traditionellen islamisch-orientalischen Stadt. Der Ausdruck S. ist identisch mit der im deutschsprachigen Raum gebräuchlichen Bezeichnung → *Basar* (→ *Orient*).
Sukkulenten *succulents*: flachwurzelnde austrocknungsresistente Pflanzen (→ *Xerophyten*) mit → *xeromorphem* Bau und zusätzlich wasserspeicherndem Gewebe in Blättern, Achsen oder Wurzeln, die während feuchter Jahresabschnitte (→ *Jahreszeitenklimate*) Wasser aufnehmen. Nach Lage der Wasserspeicher unterscheidet man Blatt-, Stamm- und Wurzel-S.. Ihre Oberflächen verfügen zusätzlich über verschiedene Formen des Verdunstungsschutzes (→ *Homoiohydrie*).
Sukzession *succession*: in → *Geo*- und → *Biowissenschaften* allgemein Aufeinanderfolge oder Abfolge von meist verschiedenen Entwicklungsstadien einer → *Sukzessionsreihe*. S. können durch Klima, Bodenentwicklung oder Organismen (einschließlich → *anthropogener* Landschaftsveränderungen) initiiert werden. 1. zeitliche Aufeinanderfolge von → *Pflanzengesellschaften* auf einem definierten → *Areal*, dessen Zustand sich wandelt. Das Ende einer S. bildet eine klimabedingte → *Schlussgesellschaft* oder eine edaphisch oder anthropogen bedingte → *Dauergesellschaft*. 2. in der → *Zooökologie* die Aufeinanderfolge von Tierartengemeinschaften als Folge einer Zustandsänderung des → *Geoökosystems*. 3. Ausweitung des bioökologischen S.-Begriffes auf die → *Landschaftsökologie* als → *Landschaftssukzession*.
Sukzessionsreihe (Entwicklungsreihe, Sukzessionsserie) *successional series*: zeitliche Abfolge mehrerer Entwicklungsstadien in → *Ökosystemen*.
Sukzessionsserie → *Sukzessionsreihe*.
Sulfate *sulfate*: Salze oder Ester der Schwefelsäure (H_2SO_4), z. B. Calciumsulfat (→ *Gips*).
Sulfathärte *sulfate: hardness*: Summe der mit SO_4^{2-} gelösten Salze im Wasser (→ *Gesamthärte*).
Sulfide *sulfide*: Salze oder Ester des Schwefelwasserstoffs (H_2S), z. B. Eisendisulfid (Pyrit).
Sulzschnee *spring snow*: nasser, weicher oberflächlicher Auftauschnee, der sich v. a. während der Schneeschmelze im Frühjahr bildet (→ *Schnee*).
Sulzstrom *frazil stream*: meist hangabwärts fließender, oberflächlich aufgetauter → *Schnee*; bei einem großflächigen und zugleich katastrophenartigen Abkommen gehört der S. zu den → *hydrologisch-glaziologischen Naturgefahren*.
Sumpf *swamp*: ein → *Feuchtgebiet* mit sehr flach stehendem Wasser völlig mit Sumpfpflanzen durchwachsen.
Sumpfgas *marsh gas*: Gasgemisch, hauptsächlich → *Methan* enthaltend, das durch Gärung pflanzlich-organischer Stoffe in → *Sümpfen* entsteht (→ *Faulgas*, → *Faulschlamm*).

supraglazial

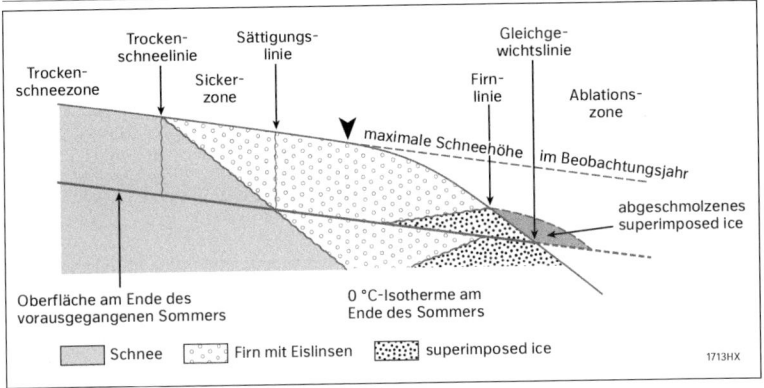

Superimposed ice

Sumpftaiga *swamp taiga*: großräumig verbreiteter → *Standorttyp* der → *Taiga* in der Zone des → *borealen Klimas* Nordamerikas und Nordeurasiens, wo sich in Tieflandsbereichen bzw. auf abflusslosen Plateaus ausgedehnte Waldsümpfe bzw. → *Sumpfwälder* entwickelten. Die S. ist meist nur dünn bestockt und der Wald aus klimatischen und → *edaphischen* Gründen von geringer Wuchsleistung. Lärche und Schwarzfichte treten hier als Sumpfbäume auf.

Sumpfwälder *swamp forests*: treten an Feuchtstandorten in fast allen → *Klimazonen* auf, z.B. in → *Tropen* als Überschwemmungssumpfwälder des Tieflandes, an Küsten oder im → *borealen Klima* als → *Sumpftaiga*.

Sunbelt-Region *sunbelt region*: Regionstyp, der sich durch sein mildes, sonniges Klima auszeichnet und mehrere → *weiche Standortfaktoren* auf sich vereint (→ *Standortgunst*). S.-R. haben sich in den südlichen USA und neuerdings im nordwestlichen Mittelmeergebiet herausgebildet. In Teilen der → *Wirtschaftsgeographie* wird davon ausgegangen, dass die S.-R. über bessere Bedingungen für die Ansiedlung von High-tech-Betrieben verfügen als andere Regionen. Insb. handelt es sich dabei um Forschungseinrichtungen (universitär/außeruniversitär), entsprechend qualifizierte Arbeitskräfte (Ingenieure, Techniker) sowie ein attraktives Kultur- und Freizeitangebot.

super *super*: in Zusammensetzungen „über" (→ *Freizeit*)

superaqual *superaquatic*: in Verbindung mit dem Begriff → *Biotop* ein Bereich mit oberflächennahem → *Grundwasser*. Gelegentlich werden auch Uferbiotope als s. Biotope bezeichnet.

Super-GAU *Super-MCA*: ein → *Störfall*, der die Wirkungen eines → *GAU* überschreitet und nicht mehr beherrschbar ist. Im Fall der Atomkraft kommt es dabei z.B. zum Versagen der Sicherheitssysteme des → *Kernreaktors*, z.B. die Reaktorunfälle von → *Tschernobyl* (1986) und → *Fukushima* (2011).

superimposed ice (Schmelzwassereis, Aufeis) der tiefstgelegene → *Schnee* oder → *Firn* unmittelbar über der → *Gleichgewichtslinie* von → *Gletschern*, der in der Nassschneephase durch → *Schmelzwasser* so stark durchtränkt wurde, dass er zu einer geschlossenen Eismasse gefriert.

superkrustal → *suprakrustal*.

Superpáramo *superpáramo*: jener in 4100–4800 m, also bis etwa zur Schneegrenze reichende Teil des → *Páramo*, der durch große → *Frostwechselhäufigkeit* und → *Strukturböden* gekennzeichnet ist und von den Pflanzengattungen Draba, Lycopodium, Alchemilla, Poa und Agrostis besiedelt wird.

Superpflanze → *Hyperakkumulatorpflanze*.

supersonic transport (SST) *Überschalltransport*: → *Luftverkehr* mit Überschallgeschwindigkeit. Im zivilen Bereich wurde s.t. in den 1970er-Jahren zur Personenbeförderung auf einigen Routen eingeführt, jedoch inzwischen wegen Unwirtschaftlichkeit wieder aufgegeben.

Supply Chain Management *supply chain management*: Managementkonzept zur Abstimmung unternehmerischer Geschäftsprozesse einer Logistikkette vor, während und nach der → *Güterproduktion* (→ *Filière-Konzept*).

supraglazial *supraglacial*: Prozesse und Formen auf dem Gletscher; z.B. Ablagerung von im → *Nährgebiet* auf die Gletscheroberfläche gefallenen → *Schuttes* bzw. aus dem

→ *Gletscher* wieder an die Gletscheroberfläche transportierten Materials (→ *Obermoräne*).

suprakrustal *(superkrustal) supracrustal*: im Gegensatz zu → *subkrustal* Vorgänge, die auf der → *Erdkruste* ablaufen oder Bildungen, die dort erfolgen.

supralitoral *supralittoral*: Erscheinungen, Vorgänge und Formen auf dem Uferstreifen oberhalb des Höchstwasserstandes von → *Binnengewässern* oder → *Meeren* (→ *litoral*, → *sublitoral*, → *Spritzwasserzone*).

supraterran → *subaërisch*.

Suq → *Suk*.

Süßgräser *sweet grasses*: den → *Sauergräsern* gegenübergestellte Familie einkeimblättriger Pflanzen, die mit ca. 11 000 Arten weltweit verbreitet ist und in vielen Vegetationsformationen der Erde vorherrschender Bestandteil ist, z. B. in → *Steppen* und → *Savannen*. Sie werden weidewirtschaftlich genutzt. Ihre Abkömmlinge sind die heutigen Getreidearten.

suspendierte Stoffe *suspended materials/substances*: in Hydroökologie, Geoökologie und Umweltchemie mineralische oder organische Wasserinhaltsstoffe, die wegen ihrer Kleinstkorngrößen in der Schwebe (→ *Schwebstoffe*) bleiben und nicht in Lösung gehen. In der → *Abwasserreinigung* und damit in → *Kläranlagen* müssen die s. S. durch → *Sedimentation* in Absetzbecken, aber auch durch Filterung oder chemische Fällung aus dem → *Abwasser* entfernt werden. Dies ist zu fast 100% möglich. Umweltökologisch sind die s. S. problematisch, welche die Teilchen mit Umweltchemikalien „beladen" sind und dadurch in → *Hydroökosystemen* lange Zeit Bestandteil der → *Stoffkreisläufe* bleiben.

Suspension *suspension*: aufgrund ihres geringen Gewichts werden kleine Teilchen (→ *Korngrößen*) im Wasser oder in der Luft in der Schwebe (→ *Schwebfracht*) gehalten. Je nach Größe der Teilchen (→ *Ton*) kann die → *Sedimentation* ggf. erst nach völligem Stillstand der Wasser- oder Luftströmung erfolgen.

Suspensionsfracht *suspended load, suspension load*: Gesamtheit der in einem → *Fließgewässer* als → *Schwebstoffe* transportierten festen Partikel.

Suspensionsstrom → *Trübestrom*.

sustainability → *Nachhaltigkeit*.

sustainability science → *Nachhaltigkeitsforschung*.

sustainable development → *nachhaltige Entwicklung*.

Sustainable Development Goals → *SDG*.

Süßwasser *(Frischwasser) freshwater*: das Wasser der → *Binnengewässer*, welches weniger als 0,5‰ Salze enthält und das lt. Richtlinie demzufolge bei 8–12 °C nicht salzig schmeckt.

Süßwasserkalk *lacrustine/freshwater limestone*: → *Kalktuff*.

Sv → *Sievert*.

SVG *Scalable Vector Graphics*: ein vom „World Wide Web Consortium" (kurz W3C) festgelegter „Offener Standard" zur Speicherung und Darstellung zweidimensionaler → *Vektordaten*. SVG wird durch einschlägige Webbrowser sowie durch proprietäre und quelloffene Vektorgrafik-Software, bspw. → *Adobe Illustrator* und → *Inkscape*, und → *Geographische Informationssysteme*, bspw. → *ArcGIS* und → *QGIS*, unterstützt. SVG gilt außerdem als modernes Datenformat zur Erstellung webbasierter Kartenanwendungen (→ *Kartographie*, → *Karte*) und ermöglicht Interaktivität (→ *interaktive Karte*) und Animation (→ *animierte Karte*).

sweep zone *sweep zone*: das Profil eines → *Strandes* verändert sich zwischen Sommer und Winter. Das Sommerprofil ist durch einen Netto-Transport zum Strand hin gekennzeichnet, wodurch er steiler wird und schneller zum Meer hin abfällt. Im Winter sind → *Sturmfluten* häufiger, die Wellen leisten auch in oberen Strandbereichen Abtragungsarbeit, es findet meerwärtiger Netto-Transport statt und die Strandneigung verringert sich wieder. Der Bereich zwischen sommerlicher → *Sedimentation* und winterlicher → *Erosion* wird als s. z. bezeichnet.

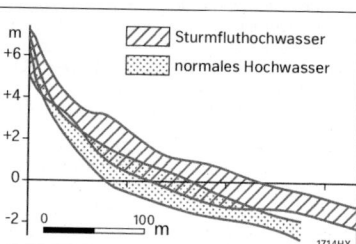

sweep zone

S-Wert *S-value*: in Centimol (cmol) pro kg Boden angegebene Summe der austauschbaren Erdalkali- und Alkali-Ionen Calcium, Magnesium, Kalium und Natrium (→ *Kationenaustausch*, → *Austauschkapazität*, → *Sorption*). Der S.W. ist heute meist durch die Angabe der → *Basensättigung* ersetzt.

SWOT-Analyse *SWOT analysis*: Werkzeug für die strategische Analyse von Entwicklungsprozessen. Die S.-A. wurde ursprünglich im Management in Wirtschaftsunternehmen angewendet, um Strategien für die weitere Ausrichtung der Unternehmensentwicklung auf der Basis der vorhandenen Potenziale und Defizite sowie der möglichen Veränderungen der Unternehmensumwelt zu bestimmen. Die S.-A. findet auch in der Stadt- und → *Regionalentwicklung* Anwendung. Die Abkürzung steht für Strengths (Stärken), Weaknesses (Schwächen), Opportunities (Chancen) und Threats (Bedrohungen).

Syenit *syenite*: dem → *Granit* verwandtes, meist grobkörniges → *Tiefengestein*, bestehend aus Kalifspat und → *Hornblende*, im Vergleich zum Granit jedoch mit weniger → *Quarz*. Die meist rötliche Farbe bewirkt der Kalifeldspat.

Symbionten (Symbioten) *symbionts*: S. leben zeitweise oder dauernd zusammen, sind artverschieden und aneinander angepasst mit einer stark ausgeprägten gegenseitigen Abhängigkeit, bei etwa gleichwertigem Nutzen für beide Partner (→ *Symbiose*).

Symbiose *symbiosis*: enges Zusammenleben von Organismen verschiedener Arten in gegenseitiger Abhängigkeit und zum gegenseitigen Vorteil.

Symbioten → *Symbionten*.

symbolische Landschaft *symbolic landscape*: → *Landschaften*, die durch soziale Prozesse sowie Prozesse der Wahrnehmung als Bedeutungsträger einen symbolischen Gehalt zugesprochen bekommen und durch Medien (z. B. Literatur, Film) eine ständige Uminterpretation erleben.

symbolisches Kapital *symbolic capital*: neben dem → *kulturellen Kapital*, dem → *ökonomischen Kapital* und dem → *sozialen Kapital* eine der vier Kapitalarten, die von dem frz. Soziologen Pierre Bourdieu zur Unterscheidung sozialer Ungleichheit eingeführt wurde und das gemeinhin auch als „Prestige" oder „Renommee" bezeichnet wird. Das s. K. spielt im Vergleich zu den anderen Kapitalarten eine übergeordnete Rolle, da es sich erst in der Summe der drei anderen ergibt. Das s. K. bezeichnet v. a. die Zeichen gesellschaftlicher Anerkennung und sozialer Macht wie z. B. Ehrenabzeichen, Privilegien, Positionen. Auch die Verfügung über Raum gehört zum s. K. (→ *Raum als symbolisches Kapital*).

sympatrisch *sympatric*: im selben geographischen Verbreitungsgebiet lebend (Gegensatz → *allopatrisch*).

Synanthropie *synanthropy*: die Erscheinung, dass sich Arten dem Siedlungsbereich des Menschen anschließen, wo sie unter günstigeren Bedingungen existieren können als in ihren ursprünglichen → *Habitaten* (→ *Hemerobie*, → *Kulturfolger*).

Synchorologie *synchorology*: Lehre von der Verbreitung der → *Biozönosen*, z. B. der → *Pflanzengesellschaften* (→ *Chorologie*).

Syndiagenese *syndiagenesis*: die unmittelbar nach → *Ablagerung* von → *Sedimenten* einsetzende erste Phase der → *Diagenese*.

Syndromansatz (Syndrome globalen Wandels) *syndroms approach, syndroms of global change*: ein heuristischer Ansatz (→ *Heuristik*) zur Betrachtung komplexer und globaler Problemlagen, die Umwelt, Wirtschaft, soziale und kulturelle Praktiken umfassen. Der S. wurde vom Wissenschaftlichen Beirat der Bundesregierung Globale Umweltveränderungen (→ *WBGU*) 1996 entwickelt und geht von der Annahme aus, dass sich die Prozesse und Problemlagen des → *globalen Wandels* in typischen Mustern und Kausalbeziehungen in der Interaktion zwischen Gesellschaft, Mensch und Umwelt ausdrücken und quantitativ und qualitativ beschreiben lassen. Die vom WBGU beschriebenen Syndrome sollen als „globale Krankheitsbilder" der Erde verstanden werden, die unterschiedliche in Wechselwirkung miteinander stehende Symptome beinhalten (z. B. Rückkopplung, synergetische Wirkung, Symbiose) und anthropogen verursachte Schädigungsmuster darstellen. Insgesamt hat der WBGU 16 Syndrome definiert, die als global relevant gelten, weil sie den Charakter des Erdsystems verändern (→ *Altlasten-Syndrom*, → *Aralsee-Syndrom*, → *Dust-Bowl-Syndrom*, → *Favela-Syndrom*, → *Grüne-Revolution-Syndrom*, → *Havarie-Syndrom*, → *Hoher-Schornstein-Syndrom*, → *Katanga-Syndrom*, → *Kleine-Tiger-Syndrom*, → *Landflucht-Syndrom*, → *Massentourismus-Syndrom*, → *Müllkippen-Syndrom*, → *Raubbau-Syndrom*, → *Sahel-Syndrom*, → *Suburbia-Syndrom*, → *Verbrannte-Erde-Syndrom*). Der S. ermöglicht ein hohes Maß an Interdisziplinarität und gerade in der Geographie die Verknüpfung von Physiogeographie und Humangeographie. Insbesondere in der ökologischen Bildung (z. B. → *Bildung für Nachhaltige Entwicklung*, → *Transfer 21*) wird der S. eingesetzt, da er die Vernetzung von ökologischen, ökonomischen und sozio-kulturellen Facetten von Problemlagen erlaubt. Kritisch wird der S. v. a. aufgrund seiner Sichtweise des Erdsystems als prinzipiell krank gesehen, das Schüler in ihrer Betroffenheit und Bereitschaft zur Verantwortungsübernahme überfordern kann. Zudem liegen die Problemlagen der meisten Syndrome jenseits der Lebenswelt der Schüler und bedürfen daher einen erheblichen Einsatz von Medien und Erläuterungen, um die Problemlagen zu verdeutlichen.

Syndrome globalen Wandels → *Syndromansatz*.

Synergetik *synergetic*: 1. generell in verschiedenen → *Ökologien* die Kennzeichnung eines funktionalen Zusammenwirkens verschiedener → *Systemelemente* bzw. → *Kompartimente* eines → *Systems*. 2. wenig gebräuchliche Bezeichnung für geographische

Landschaftslehre, → *Landschaftsforschung*, Landschaftswissenschaft als der Teil der Geographie, der sich systematisch und vergleichend mit dem gesamten → *Wirkungsgefüge* der → *Biogeosphäre* befasst.

Synergismus (Synergie) *synergism*: allgemein → *Wechselwirkung*, gegenseitige Beeinflussung, Funktionsgefüge, Zusammenwirken, auch: Funktionen unterstützend; auch die Form der Wirkung von zwei oder mehr Faktoren, die anders ist als die Summe der Wirkungen der Einzelfaktoren. 1. in der → *Bioökologie* die synergistischen Wirkungen von Faktoren der Lebensumwelt auf bestimmte Stoffwechsel-, Wachstums- und/oder Entwicklungsprozesse. 2. in der → *Biologie* jede Form von Wechselbeziehungen zwischen Individuen, Arten oder Populationen, die für beide Partner förderlich ist (Synergisten). 3. in der → *Landschaftsforschung* bzw. der → *Landschaftsökologie* das Prinzip der naturgesetzlichen Beziehungen und Wechselwirkungen innerhalb einer → *naturräumlichen Einheit*, die als geographischer Funktionskomplex, Geokomplex oder *geographischer Komplex* funktioniert, und die mehr als die Summe der einzelnen Geoökofaktoren ausmacht. Dieser Funktionszusammenhang wird im → *Landschaftsökosystem*, → *Geoökosystem* bzw. → *Ökosystem* modelliert, die das Prinzip des S. repräsentieren. 4. in der → *Umweltchemie* die gegenseitige Wirkungsverstärkung von Chemikalien, wie es bei → *Blei* oder Cadmium der Fall ist.

Synklinale (Synkline, Mulde) *syncline*: 1. allgemein eine durch → *Faltung* gebildete geologische → *Mulde* (→ *Geosynklinale*). : 2. der nach unten gerichtete Teil einer → *Falte* und das Gegenstück zum → *Sattel*.

Synklinaltal *synclinal valley*: Tal, das in einer → *Falte* (→ *Synklinale*) verläuft. Es steht dem → *Antiklinaltal* gegenüber.

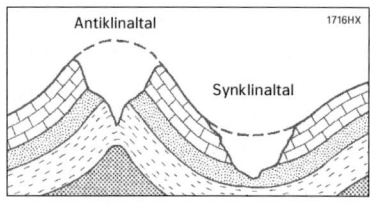

Synklinaltal

Synkretismus *syncretism*: v. a. im Bereich der Religion: Vermischung von Elementen zweier oder mehrerer → *Kulturen* verschiedenen Ursprungs als Ergebnis eines Prozesses der → *Akkulturation* (unbewusste oder wenig bewusste Aufnahme, z. B. von sog. heidnischen Elementen in das Christentum in Missionsgebieten).

Synökologie *synecology*: Teilgebiet der → *Ökologie*, das sich mit den Wechselbeziehungen zwischen → *Lebensgemeinschaften* verschiedener Organismen und ihrer → *Umwelt* befasst. Die S. ist Bestandteil der → *Biozönologie* (der Tiere) und der → *Pflanzensoziologie* (Vgl. → *Autökologie*).

Synopsis *synopsis, overall view, survey*: allgemein für Vorschau, Zusammenschau, Übersicht über Einzelsachverhalte, die miteinander in einem sachlichen Zusammenhang stehen.

Synoptik *synoptic*: Teilgebiet der → *Meteorologie*, das sich mit der Beobachtung der → *Wetter*abläufe über größere Räume und den Möglichkeiten der Vorhersage befasst. Wichtigste Anwendung der S. sind die → *Wettervorhersagen*.

synoptische Jahreszeit *synoptic season*: kürzerer Zeitabschnitt im Jahresverlauf, der durch eine in typischer Weise und häufig auftretende, statistisch signifikante → *Großwetterlage* geprägt ist. Die s. J. sind Zeiträume, in denen die → *Regelfälle der Witterung* eintreffen.

synoptischer Regionalwind *synoptic regional wind*: in einem bestimmten Gebiet typisch auftretender → *Wind*, der ausschließlich durch eine öfter wiederkehrende → *Wetterlage* (und nicht primär durch das → *Relief*) bedingt ist (z. B. der → *Scirocco* des Mittelmeergebietes; → *Lokalwinde*).

syntektonisch *syntectonic*: Gesteinsbeanspruchungen bei Vorgängen der → *Tektonik*.

Synthese *synthesis*: Vereinigung, Verbindung, Zusammensetzung, Zusammenschau verschiedener Stoffe, Faktoren oder geo- und biowissenschaftlicher Einzelsachverhalte zu einer Einheit/Raumeinheit/Funktionseinheit.

synthetisch *synthetic*: im Sinne von Synthese „zusammengesetzt". Im engeren Sinne Stoffe, die durch chemische Verfahren aus organischen und anorganischen Grundstoffen oder direkt aus Elementen künstlich hergestellt wurden.

synthetisch *synthetic*: 1. 2. in der → *Geotektonik* das gleichsinnige → *Fallen* von → *Verwerfungs*gruppen. 3. gemäß 1. und im Sinne von → *homothetisch* gleichgerichteten Prozessen, die im Rahmen eines größerräumigen tektonischen Geschehens ablaufen und gleichgerichtete Bewegungs- bzw. Lagetendenz aufweisen. In diesem Sinne steht s. → *antithetisch* gegenüber.

synthetische Landschaftsbezeichnung *synthetic landscape characterisation*: in der klassischen geographischen → *Landschaftskunde* jene Begriffe, welche den ganzen landschaftlichen Erscheinungskomplex charakte-

risieren, z.B. → *Börde*, *Gäu*, → *Geest*, → *Karstlandschaft* oder → *Marsch*.
Syrosem *Leptosol*: in der → *deutschen Bodensystematik* (→ *KA5*) das Initialstadium der Bodenbildung auf Festgestein (→ *Sierosem*).
System *system*: 1. im allgemeinen Verständnis der Zusammenhang von Dingen, Vorgängen und/oder Teilen als funktionale Einheit, die – gewissen Regeln folgend – ein geordnetes Ganzes bilden. 2. zentraler Begriff der → *Systemtheorie*. In der klassischen Systemtheorie nach Ludwig von Bertalanffy wird das S. definiert als eine Menge von Elementen und eine Menge von Relationen, die zwischen diesen Elementen bestehen. Die in Geo- und Biowissenschaften untersuchten S. sind dynamisch, d.h. ihre Elemente sind „aktiv", weil sie von anderen Elementen desselben oder eines anderen S. beeinflusst werden (→ *Kybernetik*). Die aktiven oder funktionalen → *Systemelemente* sind durch Relationen verknüpft, die stoffliche, energetische und/oder informatorische Kopplungen aufweisen. Die Merkmale des S. drücken sich in seiner → *Struktur* aus, die das S. auch in eine → *Systemhierarchie* einordnen und dessen Stellung in dieser klärt. Die Struktur gibt Auskunft über die Funktion und gesetzmäßige Beziehungen der Systemelemente. Unterschieden werden → *isolierte*, → *geschlossene* und → *offene S.*. 3. in der Ökologie und ihren disziplinären Vertretern (→ *Bioökologie*, → *Geoökologie*, → *Landschaftsökologie*) ein → *Komplex* bzw. eine Funktionseinheit aus verschiedenen Komponenten, die ein Wirkungsgefüge bilden im Sinne eines → *Ökosystem* bzw. Bioökosystem, Geoökosystem oder Landschaftsökosystem. 4. in der soziologischen Systemtheorie (v.a. nach Niklas Luhmann, → *Systemtheorien zweiter Ordnung*) ist eine S. die Einheit der Differenz von System und → *Umwelt*. Systeme sind hier autopoietische (→ *Autopoiesis*) und selbstreferentielle (→ *Selbsreferenz*) Einheiten, die die Grenzen zu ihrer Umwelt autonom ziehen und sich durch operative Geschlossenheit auszeichnen. Systeme in diesem Sinne sind → *soziale Systeme* (mit der Operationsweise Kommunikation), psychische Systeme (mit der Operationsweise Bewusstsein/Gedanken) und lebende Systeme (mit der Operationsweise Zellteilung/Leben), während die Umwelt im klassischen Verständnis keine Systeme aufweist. Die Umwelt ist in dieser Sichtweise „alles, was nicht System ist".
System der Geographie *system of geography*: Organisationsplan, der die Anordnung und gegenseitige Verknüpfung der einzelnen Teilgebiete der Wissenschaft → *Geographie* darstellt.
system sourcing in der Wirtschaft Ausrichtung des Beschaffungsvorgangs auf solche Lieferanten, die bereits vormontierte Systeme bzw. komplette Aggregate in den Montagevorgang einbringen. Der → *Systemlieferant* hat dabei seine eigenen Zulieferer und ist für sein Produkt in Gänze verantwortlich.
Systemanalyse *systems analysis*: Verfahren zur Analyse komplexer Sachverhalte, die als → *Systeme* definiert und durch → *Modelle* dargestellt werden. Zwischen S. und Modelltheorie bestehen enge methodische Beziehungen. Die S. wird u.a. bei → *Bio*-, → *Geo*-, Landschafts- oder Umweltsystemen eingesetzt. Zwischen S., → *Modell* und → *Simulation* sowie → *Prognose* besteht ein methodischer Zusammenhang.
Systemanalytische Geomorphologie *system-analytical geomorphology*: Ansatz der Geomorphologie, der die geomorphologischen Untersuchungsgegenstäde aus der Perspektive der → *geomorphologischen Systemtheorie* betrachtet und diese als analytisches Tool (z.B. bei der Sedimentbudgetierung zur Quantifizierung von Input- und Output-Beziehungen) nutzt.
systemanalytischer Ansatz → *systemtheoretischer Ansatz*.
systemanalytisch-geomorphologischer Ansatz → *geomorphologisch-geoökologischer Ansatz*.
systemarer Ansatz → *systemtheoretischer Ansatz*.
Systematik *systematics, taxonomy*: biologische S., ein Teilgebiet der S., die als → *Taxonomie* Lebewesen beschreibt, benennt und ordnet.
Systematik *systematics*: allgemein ein Modus, nach dem in den Fachwissenschaften geordnet, strukturiert und hierarchisiert wird.
systematische Zufallsstichprobe *systematic random sample*: ein Verfahren zur Ziehung von → *Stichproben* in der empirischen → *Sozialforschung*, bei dem nur das erste Element für die Stichprobe nach dem Zufallsprinzip aus der → *Grundgesamtheit* gezogen wird; alle weiteren Elemente werden nach einem bestimmten Ziehungsschlüssel ermittelt.
Systemelement *systems element*: allgemein Bestandteil eines → *Systems*. Was genau als S. bezeichnet wird, ist abhängig von der spezifischen → *Systemtheorie*, i.d.R. mit den Faktoren des Systems gleichgesetzt. So können → *Regler* und → *Prozesse* in der Allgemeinen Systemtheorie S. sein, aber auch große Funktionsbereiche (→ *Subsysteme*) eines Systems (→ *Kompartiment*).
Systemhierarchie *systems hierarchy*: 1. allgemein wird die S. gebildet aus mindestens zwei, meist aber mehreren → *Systemen* die sich in einer Vor-und Nachordnung hierarchisieren lassen. Das dabei übergeordnete System wird als System höherer Ord-

nung definiert, das wiederum mit gleichrangigen zu Systemen solche noch höherer Ordnung aggregiert werden können. 2. Geo- und → *Biowissenschaften* arbeiten meist auf einem niedrigeren Funktionsniveau und ordnen so: die → *Systemelemente* treten zu den → *Kompartimenten* zusammen, die wiederum → *Subsysteme* oder ein System bilden. In Systemtheorien zweiter Ordnung sind neben einer hierarchischen Ordnung auch heterarchische Ordnungen denkbar.

Systemlieferant → *system sourcing*.

Systemmodell *system model*: ausgehend von der → *Systemtheorie* die Abbildungsform (→ *Modell*) eines → *Systems*, welche die jeweiligen → *Systemelemente* und deren Beziehungen untereinander beschreibt, erklärt und darstellt.

Systemrelevanz *systemic importance*: in den → *Wirtschaftswissenschaften* ein Konzept zur Einstufung des Insolvenzrisikos eines Unternehmen hinsichtlich dessen Relevanz für einen gesamten Wirtschaftszweig oder die gesamte Ökonomie. Systemrelevante Unternehmen existieren insbesondere in Schlüsselindustrien wie dem → *Finanzsektor*. Ihre S. ergibt sich durch ihre Größe (too-big-too-fail), ihre Vernetzung (too-interconnect-too-fail) oder durch potentielle Herdeneffekte ähnlich-strukturierter Unternehmen.

systemtheoretischer Ansatz (systemanalytischer Ansatz, systemarer Ansatz) *systemtheoretical approach*: Anwendung der → *Systemtheorien* in den verschiedensten Wissenschaften, deren Gegenstände als → *Systeme* dargestellt werden.

Systemtheorie *systems theory*: interdisziplinäres Bündel von Theorien zum Zusammenhang von → *Systemen* und ihrer → *Umwelt*. Die verschiedenen Ansätze lassen sich in → *Systemtheorien erster Ordnung* (→ *Allgemeine Systemtheorie* nach Ludwig von Bertalanffy, → *Kybernetik* usw.) und → *Systemtheorien zweiter Ordnung* (unter Berücksichtigung von → *Nichtlinearität*, → *Reflexion*, → *Selbstorganisation* usw.) einteilen.

Systemtheorien erster Ordnung *first order systems theories*: → *Systemtheorien* der ersten Generation, v. a. → *Allgemeine Systemtheorie* nach Ludwig von Bertalanffy, → *Kybernetik* usw.; → *Systemtheorien zweiter Ordnung*).

Systemtheorien zweiter Ordnung *second order systems theories*: im Unterschied zur → *Allgemeinen Systemtheorie* der 1960er-Jahre (nach Ludwig von Bertalanffy) ein Bündel von systemtheoretischen Ansätzen, die reflexive Prozesse berücksichtigen (→ *Reflexion*), z. B. Prozesse der → *Selbstorganisation*, → *Selbstreferenz* oder → *Autopoiesis* (z. B. die soziologische Systemtheorie von Niklas Luhmann oder die Theorie dissipativer Strukturen von Ilya Prigogine) sowie Aspekte wie → *Nichtlinearität* und → *Emergenz* versuchen theoretisch zu fassen.

Szenariotechnik *scenario method*: dient der Erarbeitung eines oder mehrerer Szenarien (→ *Szenarium*) als Methode der strategischen Planung mit dem Ziel, mögliche Entwicklungen in der Zukunft unter Annahme bestimmter → *Parameter* darzustellen. Die S. wird vor allem zur Risikoabschätzung in wichtigen gesellschaftlichen Bereichen eingesetzt, bei denen die weitere Entwicklung mit großen → *Unsicherheiten* (aufgrund von Nicht-Wissen) behaftet ist, aber dennoch – oder gerade deswegen – aktuell bereits Entscheidungen getroffen werden müssen (→ *Prognose*).

Szenarium *scenario*: Methode zur → *Prognose* oder bei strategischen Entscheidungen in Politik und Wirtschaft, bei der die Entwicklung möglicher künftiger Situationen unter bestimmten Annahmen abgeschätzt wird (→ *Szenariotechnik*).

SZR → *Sonderziehungsrecht*.

T

TA Abfall (Technische Anleitung Abfall) *technical instructions for waste disposal*: eine Anleitung, ähnlich → *TA Lärm* und → *TA Luft*, zum Schutz und der Vorsorge gegen schädliche Umwelteinwirkungen durch → *Abfall*, um damit verbundene → *Risiken* zu minimieren, z. B. durch → *Abfallbeseitigung* und → *Abfallverwertung* entsprechend dem → *„Stand der Technik"*, d. h. Abfälle sollen technisch fortschrittlich und ökonomisch vertretbar behandelt, gelagert, abgelagert und schadlos beseitigt werden (→ *Abfallwirtschaft*).

TA Lärm (Technische Anleitung zum Schutz gegen Lärm) *technical instructions for noise prevention*: dient zum Schutz und der Vorsorge gegen schädliche Umwelteinwirkungen durch Geräusche (→ *Lärm*). Schutz ist gewährleistet, wenn die Summe aller Geräusche von Anlagen, für welche die TA L. gilt „am maßgeblichen Immissionsort" die festgelegten Immissionsrichtwerte nicht überschreitet. Der „maßgebliche Immissionsort" ist definiert als der Ort in der schutzwürdigen Nachbarschaft von Anlagen, an dem die höchste Gesamtbelastung durch Geräusch zu erwarten ist. Die Immissionsrichtwerte sind für Nutzflächenkategorien festgelegt. Die TA L. bezieht sich auf das deutsche Bundes-Immissionsschutzgesetz und liefert behördenverbindliche → *Lärmgrenzwerte* und → *Lärmrichtwerte* für die Genehmigung technischer Anlagen, die zu → *Lärmemissionen* führen. Die Grenz- und Richtwerte beziehen sich auf die → *Lärmimmissionen*.

TA Luft (Technische Anleitung zur Reinhaltung der Luft) *technical instructions for prevention of air pollution*: dient zum Schutz und der Vorsorge gegen schädliche Umwelteinwirkungen durch → *Luftverunreinigungen*. Bezieht sich in Deutschland auf das Bundes-Immissionsschutzgesetz und gibt sowohl → *Immissionsgrenzwerte* für anorganische Luftverunreinigungen als auch Emissionsgrenzwerte an (Langzeit- und Kurzzeitgrenzwerte). Schwerpunkt bilden die Stoffe Chlor, Chlorwasserstoff, Fluorwasserstoff, → *Kohlenmonoxid*, → *Schwefeldioxid*, Schwefelwasserstoff sowie Stickoxide und → *Staub*. Damit die → *Grenzwerte* dem → *„Stand der Technik"* entsprechen, werden sie fortgeschrieben. Wie die → *TA Lärm* wird die TA L. über die Behördenverbindlichkeit hinaus auch im → *Umweltrecht* als Standard benützt.

Taburaum *taboo area*: in der → *Tourismusgeographie* gebrauchter Begriff aus dem Bereich der ökologisch orientierten → *Landschaftsbewertung* für Freizeit- und Erholungszwecke. In einem T. sind alle potenziell störenden Nutzungen, auch die Freizeitnutzung, völlig ausgeschlossen, um den geforderten Schutzzweck zu erreichen; es handelt sich um mittel- bis langfristig nicht ersetzbare Landschaftsbereiche, die als → *Naturschutzgebiete* ausgewiesen sind.

tacit knowledge → *implizites Wissen*.

Tafel *platform (1.);: collecting discarded food to distribute it to the poor (2.)*: – mehr oder weniger horizontale, ausgedehnte → *Flachform*, fast ohne Mikroreliefformen und allenfalls durch → *Rauheit* gegliedert, damit etwa der → *Ebene* entsprechend. Die T. kann auch durch eine mehr oder weniger horizontal lagernde Gesteinsschicht gebildet werden, z. B. einer → *Schichtfläche*, und wird dann als Schicht-T. bezeichnet. – eine gemeinnützige Organisation, deren Ziel es ist Lebensmittel, die im → *Wirtschaftskreislauf* keine Verwendung mehr finden und entsorgt werden würden, an bedürftige Menschen kostenlos oder gegen ein geringes Entgelt zu verteilen.

Tafelberg (Mesa) *flat-topped mountain, mesa, tablemount, table mountain*: hoher, von niedrigerem Gelände umgebener Berg mit fast völlig ebener Oberfläche, letzteres aufgrund der hohen Erosionswiderständigkeit des → *Stufenbildners*. T. sind Reste von → *Schichttafeln* (→ *Zeugenberg*).

Tafelscholle *table*: in flachlagernden Sedimentgesteinen ausgebildete, ringsum von → *Bruchlinien* begrenzte → *Flachform*.

Tafelvulkan → *Lavafeld*.

Tafone (Pl. Tafoni) *tafone*: kugel- oder nierenförmige → *Hohlform* im Zentimeter- bis Meterbereich in Felswänden oder größeren Gesteinsblöcken, die nach einer Seite hin offen ist. Tafoni können in allen Klimazonen entstehen, v. a. jedoch in ariden und semiariden Gebieten, wenn → *Sickerwasser*, das zuvor im Gestein zirkuliert ist, wieder an die Oberfläche tritt und dort verdunstet. Dabei werden die zuvor durch → *chemische Verwitterung* gelösten Gesteinsbestandteile abgesetzt, sodass sich eine harte, meist wenige Millimeter dicke → *Verwitterungsrinde* bildet. Da das Gestein unterhalb der Rinde durch die chemische Verwitterung meist stark zersetzt ist, kann es bei Zerstörung der Verwitterungsrinde abgetragen werden, wodurch die Verwitterungslöcher entstehen. Da → *Salzverwitterung* zur Tafonibildung beiträgt, finden sich T. häufig an Küsten.

Tafonierung *tafoni-type of weathering, tafoni formation*: Prozess der Bildungen von → *Tafoni*, d. h. eine Aushöhlung durch → *Kernverwitterung* bzw. → *Schattenverwitterung* und → *Salzsprengungsverwitterung*; ein meist komplexer Prozess, verstärkt durch lokale mikroökologische Bedingungen.

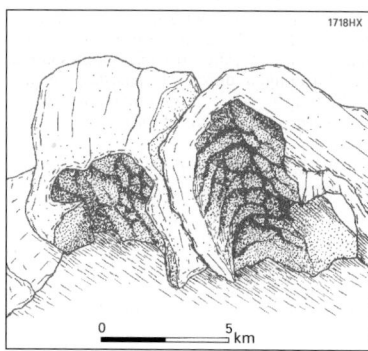

Tafone

Tag *day*: 1. Zeit, während der die → *Sonne* über dem → *Horizont* steht. 2. in der Zeiteinteilung der Zeitraum zwischen zwei unteren Kulminationen der Sonne (→ *Sonnentag*, → *Sterntag*).

Tagbevölkerung *day population*: → *Bevölkerung*, die sich an Werktagen tagsüber an einem bestimmten Ort aufhält. Die T. wird der → *Nachtbevölkerung* gegenüber gestellt und errechnet sich aus der → *Wohnbevölkerung* abzüglich → *Auspendlern* zuzüglich → *Einpendlern*. In Stadtzentren und Industriegebieten ist die T. bedeutend größer, in Wohnvororten kleiner als die Nachtbevölkerung.

Tagbogen *day-arc*: scheinbare tägliche Bahn, auf der sich die Gestirne über dem → *Horizont* bewegen. Der T. der → *Sonne* ist im Jahresverlauf wegen der Schräglage der Erdachse unterschiedlich lang und bestimmt das Verhältnis von Tag und Nacht (→ *Beleuchtungsjahreszeiten*, → *Erde*).

Tagebau *open-pit mining, surface mining, opencasting*: Form des → *Bergbaus*, steht dem → *Tiefbau* gegenüber und betreibt den Abbau der → *Lagerstätten* von der Erdoberfläche her, wenn geringmächtige Deckschichten dies ermöglichen. Durch Fortschritte der Bergbautechnik mutierte der T. inzwischen zum → *Tieftagebau* (dieser mit Tiefen von > 500 m). V.a. für den Braunkohleabbau werden große T. angelegt. Wegen der großen Flächenbeanspruchungen (→ *Landschaftsverbrauch*) erfolgt eine vollständige → *Ausräumung der Kulturlandschaft* und deren Zerstörung. Durch → *Rekultivierung* wird die Landschaft nach Schließung des T. neu aufgebaut und gestaltet.

Tagestourismus *day trip*: eintägige private Reise, etwa dem Tagesausflugsverkehr entsprechend.

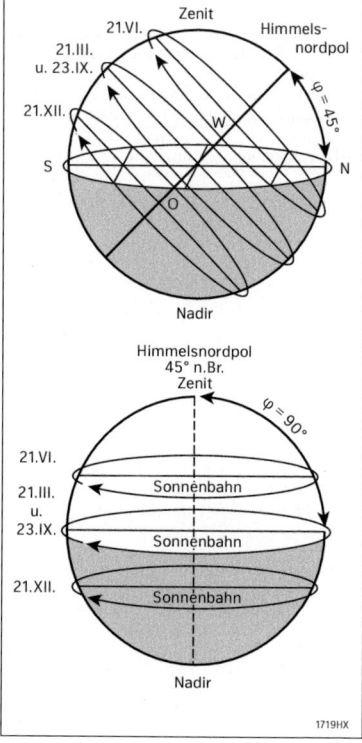

Tagbogen

Tageswert (Tagespreis) *current value, daily value, fair value*: der Preis (Börsen-, Markt-, Wiederbeschaffungspreis) eines Vermögensgegenstandes an einem bestimmten Stichtag (z. B. Bilanzstichtag).

Tageszeitenklima *daytime: climate*: ein → *Klima*, das viel stärker durch Tagesschwankungen wichtiger → *Klimaelemente* (besonders der → *Temperatur*) als durch jahreszeitliche Schwankungen geprägt ist. T. sind v.a. die Klimate der → *inneren Tropen* (→ *Jahreszeitenklimate*, → *tropisches Klima*).

Tagkreis *day-circle*: Kreisbahn, die ein Gestirn infolge der Erdrotation in 24 Stunden am Himmel scheinbar durchläuft.

Tag-und-Nacht-Gleiche → *Äquinoktium*.

Tagungstourismus *congress tourism*: jener Teil des berufsbedingten → *Tourismus* (Geschäftsreiseverkehr), der den Besuch von Tagungen, Kongressen, Seminaren, wissenschaftlichen Konferenzen usw. dient. → *De-*

stinationen des T. sind v. a. größere Städte mit entsprechender → *Infrastruktur*, aber auch → *Tagungshotels* und Konferenzzentren im → *ländlichen Raum*. Häufig ist der T. mit dem Besuch von Messen verbunden (→ *Messetourismus*).

Tagwerk (Tagewerk) *field measure*: altes Flächenmaß, das in den meisten Fällen 1 Morgen oder 1 Joch (25–36 Ar) entsprach.

Taifun *typhoon*: gefährlicher → *tropischer Wirbelsturm* in Ostasien. (→ *Orkan*, → *Sturm*).

Taiga (Borealer Nadelwald) *taiga, boral forest*: Landschaftstyp des → *borealen Nadelwaldbioms* im → *borealen Klima* mit Hauptverbreitungsgebiet in Eurasien und im nördlichen Nordamerika. Heute eher gebräuchliche Bezeichnung für Taiga ist Boraler Nadelwald. Die T. gehört der borealen → *Florenregion* an. Es sind überwiegend urwaldartige Nadelwaldformationen aus Lärche, Fichte und Kiefer (mit räumlich ausgedehnten Varianten, z. B. der → *Sumpftaiga*). In Übergangsbereichen zur gemäßigten, → *nemoralen* → *Klimazone* mischen sich Laubbäume ein. Klima der T.: lange, schneereiche Winter und kurze, meist kühle Sommer.

Taimyrpolygon *Taimyr polygon soil*: Riesenform des → *Frostmusterbodens* (→ *Polygonboden*) in Gestalt von drei- bis sechseckigen Feldern mit Durchmessern von um einige Zehner Meter, genannt nach dem Gebiet des Hauptvorkommens Taimyr-Halbinsel (Nordsibirien).

take-off *take-off*: in der → *Stadientheorie* von W. W. Rostow die Phase des wirtschaftlichen Aufstiegs. Das Wachstumsstadium des t.-o. ist der Zeitraum, in dem die → *Entwicklung* eines Landes ihren Wendepunkt vom Agrarland zum → *Industrieland* erfährt (→ *pre-take-off*).

taktile Karte *tactile map*: → *Karte*, in der zur kartographischen Informationsvermittlung insbesondere oder ausschließlich der Tastsinn verwendet wird. T. K. werden häufig speziell für blinde und sehgeschädigte Kartennutzer hergestellt. Auch in Schulen finden t. K. Einsatz, z. B. zur multisensorischen Erkundung von Höhenprofilen.

Takyr *takyr, takir, salt desert*: regionaler Typ der → *Salztonebenen* in Turkmenistan, der aus austrocknenden Seen oder Niederungen entsteht, die beim Trockenfallen eine → *Salzkruste* aufweisen, die in Polygone zerreißt. Der Begriff T. wird auch für Böden bzw. Bodenstrukturen von Salztonebenen anderer Gebiete verwendet.

Tal *valley*: meist lang gestreckte → *Hohlform*, die ihre charakteristische Form durch die Kombinaton von vorzeitlicher und/oder rezenter → *Fluvialdynamik* und → *Denudation* erhält. Je stärker die → *Tiefenerosion* eines Flusses wirkt und je härter das vom Fluss zu durchschneidende Gestein ist, umso steilhängiger und enger ist das T. (→ *Klamm*, → *Schlucht* und → *Cañon*). Der Talquerschnitt wird nicht nur durch Gesteinsart und -lagerung bestimmt, sondern auch durch spätere Überformungen durch → *Gletscher*, Terrassenbildungen oder → *gravitative Massenbewegungen* (→ *Sohlental*, → *Kastental*, → *Trogtal*).

Talanfang (Talschluss) *valley end, valley head*: geomorphogenetisch wichtiger Teil des → *Tales* mit unterschiedlichen Entstehungsursachen; von ihm gehen besondere formbildende Prozesse aus, die zur Entstehung bzw. Weiterentwicklung des Tales beitragen. Charakteristische T. sind z. B. → *Dellen*, → *Quellmulden*, → *Trogschluss* oder → *Quellnischen*.

Talasymmetrie *valley asymmetry*: Tal mit einem ungleichseitigen Querschnitt, also → *Hängen* verschiedener → *Hangneigungsstärke*. T. hat ganz verschiedene Ursachen: – Strukturbedingte Asymmetrie: tektonische Schrägstellung einer → *Scholle* zwingt den Fluss auf die niedrige Seite, sodass der Hang dort stärker unterschnitten wird. – *Isoklinaltal*: im Streichen von Gesteinsschichten fließende Flüsse erodieren in wechsellagernden harten und weichen Gesteinen in den weniger widerständigen stärker, sodass die widerständigen Gesteine eine steilere Talseite bilden. – Klimatisch bedingte Asymmetrie: unter den Bedingungen des Periglazials werden aufgetaute Sonn- und nicht aufgetaute Schatthänge unterschiedlich erodiert; Folge: Denudation durch Solifluktion am Sonnhang. Diese Ursache für T. ist allerdings umstritten.

Talaue *valley floodplain/flat, floodplain*: tiefstgelegener, ebener Teil des → *Talbodens*, der grundwasserbeeinflusst ist und bei → *Hochwasser* überflutet wird. Schließt sich an das Gerinne nach außen hin an (→ *Aue*).

Talausgang → *Talmündung*.

Talboden (Talgrund, Talsohle) *valley bottom, valley floor*: mehr oder weniger stark durch Kleinrelief geprägte → *Flachform*, die durch → *Fluvialerosion* gebildet wurde und von den → *Talhängen* begrenzt wird. Sind als Felssohlen-T. direkt im Anstehenden ausgebildet, wenn der Fluss hauptsächlich → *Seitenerosion* leistet und den Großteil des Hangdenudationsmaterials abtransportieren kann. Gleichzeitig wird so der Talboden verbreitet; dies ist ein wesentlicher Prozess der Talbildung. Auch glaziale Überprägung durch Glazialerosion führt zur Ausbildung von Felssohlen-T.; Aufschüttungs-T. (→ *Schottersohlen*) entstehen durch Aufschotterung, wenn mitgeführte Sedimente nicht mehr abtransportiert werden können (Schleppkraft). Je nach Breite des T. und Größe und saisonaler Wasserführung des Flusses unterliegt der T. ganz oder nur teilweise der Fluvialerosion (→ *Talbodenrelikt*, → *Trockental*).

Talbodengefälle *valley bottom slope, valley floor slope*: dem Hochwassergefälle eines Flusses entsprechendes → *Gefälle*; es gibt die Richtung für das → *Flussbett* und den → *Talweg* an (→ *Hochwasser*).

Talbodenmäander → *Flussmäander*.

Talbodenrelikt *relict valley bottom, relict valley floor*: Sammelbezeichnung für all jene Fluvialformen an Hängen, die über dem Niveau des heutigen → *Talbodens* liegen, d. h. überwiegend durch → *vorzeitliche* → *Flussterrassen* (→ *Felsterrassen*, überschotterte Felsterrassen, → *Schotterterrassen*) repräsentiert. Teilweise auch mit nichtfluvialen Sedimentdecken (z. B. → *Löss*) bedeckt.

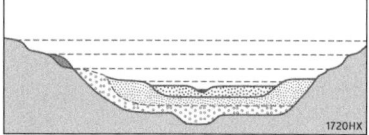

Talbodenrelikte

Taldichte *valley density, drainage texture*: Gesamtlänge aller Täler (in km), bezogen auf die Gesamtfläche des Gebiets (in km²). Die T. hängt von der Gesteinsart, insbesondere der Durchlässigkeit ab. Die T. muss nicht identisch sein mit der → *Flussdichte*, da beispielsweise auch → *Trockentäler* einbezogen werden.

Taldurchlüftung *valley aerate*: durch eine besondere räumliche Lage zu Großrelieformen, die lokalen Reliefverhältnisse selber und markante Geländehindernisse (z. B. Talengstellen) differenzierter Luftumsatz in einem → *Tal*. Die T. bestimmt die Zeitdauer der Lufterneuerung und ist damit für die Anreicherung von vorhandenen luftverunreinigenden Stoffen von Bedeutung (→ *Bergwind*, → *Durchlüftung*, → *Talwind*).

Talentschwund → *Braindrain*.:

Talgehänge → *Talhang*.

Talgletscher *valley glacier*: Eisstrom (→ *Gletscher*), der in einem Tal fließt, ohne dieses ganz zu erfüllen. T. sind die typische Gletscherform der stark reliefierten Gebirge (→ *Trogtal*).

Talgrund → *Talboden*.

Talhang (Talgehänge, Tallehne) *valley side, valley slope*: Übergangsbereich zwischen → *Talboden* und oberer Begrenzung des → *Tales*, der sowohl die Grundformen des → *Hanges* (gestreckt, konvex, konkav) als auch eine → *Terrassentreppe* aufweisen kann. Je größer das Tal, umso differenzierter der T.; die T. sind symmetrisch oder asymmetrisch (→ *Talasymmetrie*). Unterschieden werden rechter und linker T., orientiert an der Hauptgefällsrichtung des Tales bzw. der Fließrichtung des darin befindlichen → *Fließgewässers*.

Talik *talik*: Bereich ständig ungefrorenen Bodens innerhalb des → *Permafrostbodens*. „Ständig" meint mindestens über die Dauer eines Jahres. T. meint außerdem den Niefrostboden unter dem Permafrostkörper (→ *geothermische Tiefenstufe*).

Talkante *valley edge*: gelegentlich vorhandene eigenständige, markante obere Begrenzung des → *Talhanges*. Die T. stellt eine Erosionsform dar und ist oft gesteinsbedingt, v. a. wenn widerständige → *Schichtköpfe* am oberen Talrand ausstreichen.

Talklima *valley climate*: durch die besondere Relieflage geprägtes → *Klima* der Tallagen. Die typischen Merkmale des T. sind relativer allgemeiner → *Windschutz*, Einfluss besonderer Windsysteme (→ *Bergwind*, → *Talwind*), Ansammlung von → *Kaltluft* bei → *Ausstrahlungs*-→ *Wetterlagen* mit der Folge häufiger Talnebelbildung und lokale → *Besonnungs*armut durch → *Beschattung* in engen Gebirgstälern (→ *Tal*).

Talköpfung *beheading of a valley*: durch → *rückschreitende Erosion* zum → *geköpften Tal* führende Talgenese.

Tallängsprofil *longitudinal valley profile*: das Profil, das zwischen der Quelle eines → *Fließgewässers* und einer → *Erosionsbasis* (→ *Meer* oder → *Vorfluter*) ausgebildet ist. Im Idealfall zeigt es eine → *Ausgleichskurve*. Je länger ein Tal ist, umso differenzierter, d. h. durch Gefällsbrüche gekennzeichnet, wird das T. sein.

Tallehne → *Talhang*.

Tallöss → *Schwemmlöss*.

Talmäander (Zwangsmäander) *incised meander*: als → *Tal* eingeschnittene Mäander mit symmetrischem Querschnitt. T. schneiden sich ein, wenn sich die → *Erosionsbasis* verringert, beispielsweise aufgrund von Hebung des Gebietes oder aufgrund einer Absenkung des Meeresspiegels. Es gibt verschiedene Theorien zur Entstehung von Mäandern, beispielsweise die stochastische Theorie oder die Gleichgewichtstheorie.

Talmündung (Talausgang) *valley mouth*: das untere Ende eines → *Tales*, ggf. auch die Mündung eines → *Nebentales* in ein → *Haupttal*; zugleich meist die tiefste Stelle des → *Talbodens* bzw. des → *Tallängsprofils*.

Talnetz *valley net*: räumliches Muster der Täler eines Gebiets. In dem Konzept der T. werden die Täler in eine hierarchische Ordnung überführt: Kleinere → *Nebentäler* münden in → *Haupttäler* usw.. Letztlich ist es die Übertragung des Ordnungssystems der → *Flussnetze* auf Täler, wobei T. und Flussnetz aufgrund etwaiger → *Trockentäler* nicht identisch sein müssen.

Taloase *valley oasis*: 1. eine → *Flussoase*. 2. eine → *Oase*, die auf Quell- oder → *Grundwasser* zurückgeht und auf dem Talboden Dauervegetation von Gehölzen und Stauden aufweist.

Talquerprofil *transverse valley profile*: spezifische T. wie → *Klamm*, → *Schlucht*, → *Kerbtal*, → *Sohlental*, → *Kastental* gehen auf eine jeweils spezifische Kombination von → *Fluvialdynamik* und Hangentwicklung in jeweils unterschiedlichen Gesteinslagerungen und -arten zurück. Das T. ist das Hauptmerkmal, um Formtypen von → *Tälern* zu unterscheiden. Entscheidend sind → *Belastungsverhältnis*, Eintiefungsbeträge der → *Tiefenerosion* sowie der Wirkungsgrad von → *Seitenerosion* und → *Hangabtragung*. Das T. ist zusätzlich oft noch durch eine → *Terrassentreppe* gegliedert.

Talsand *valley sand*: ein überwiegend fluviales Sediment (→ *Fluvialakkumulation*, → *fluviale Fazies*) in den Niederungen der → *Urstromtäler* bzw. anderer Talniederungen im ehemaligen Gebiet des → *Periglazials* Europas. T. erreichen große Mächtigkeiten (bis um 20 m) und können mit anderen Fluvialsedimenten, auch → *Schottern* der → *Niederterrasse*, verzahnt sein. T. kommen auch auf Flachhängen der → *Geest* als → *deluviales*/= *soliflluidales* Abspülsediment vor. Im → *Postglazial* wurden die T. teilweise zu → *Dünen* aufgeweht.

Talschaft *valley community*: bezeichnet einen natürlich abgegrenzten Talraum, etwa ein → *Trogtal*, mit naturräumlich → *homogener* Grundstruktur, auf die sich die Entwicklung der historischen → *Kulturlandschaft* gründete.

Talscheide *valley divide*: im Sinne der → *Wasserscheide* eine → *Vollform*, die zwei Täler voneinander trennt (→ *Talwasserscheide*).

Talschluss → *Talanfang*.

Talsohle → *Talboden*.

Talsperre *dam*:, *barrage*: → *Stauanlage* in einem Tal mit natürlichem Zufluss, durch Bau einer Mauer oder eines Dammes entstanden, um als → *Speicherbecken* für Trink- und → *Brauchwasser*vorräte anzulegen, → *Hochwasserschutz* zu bewirken, das Niedrigwasser für die Schifffahrt aufzuhöhen und um Energie zu erzeugen. Im Oberlauf des Zuflusses angelegte Vorsperren verbessern die Wassergüte. Manche T. dienen ausschließlich der Trinkwassernutzung, andere sind als Betriebswasser-T. angelegt. Hauptverbreitungsgebiet der T. sind die Mittel- und Hochgebirge, wo das Talrelief die Anlage begünstigt und wo das hohe Niederschlagseinkommen für ausreichende Wasserführung der Zuflüsse sorgt.

Talstufe *valley step*: eine im → *Tallängsprofil* liegende Gesteinsschwelle, meist in Mehrzahl vorkommend. Sie gliedert in → *glazial* überformten Tälern häufig die → *Talböden*, sodass ebene Strecken mit Abschnitten stärkeren Talbodengefälles wechseln. T. sind v. a. für → *Trogtäler* charakteristisch.

Talsystem *valley system*: ein → *Talnetz* mit einer Hierarchie von → *Haupt*- und → *Nebentälern*.

Taltrichter *valley funnel*: eine meist breite → *Talmündung* im gewöhnlich niedrigeren Vorland eines Gebirges oder in einem Gebirgsrand, oft mit der Bildung von → *Schwemmfächern* oder → *Schotterfächern* bzw. → *Glacis* verbunden.

Talung *valley-like landform*: wenig präziser Begriff für eine talähnliche Form ohne → *rezentes* → *Fließgewässer*, deren Entstehung nicht ausschließlich durch → *Fluvialerosion* erfolgte, sondern durch Beteiligung anderer → *geomorphologischer Prozesse*, z. B. → *Subrosion* bzw. → *Suffosion*, → *Solifluktion* oder → *Bodenfließen*.

Talus *talus*: Anhäufung von → *Schutt* an Hangfüßen, dem → *Schuttfächer*, der → *Schutthalde* und dem → *Schuttkegel* entsprechend.

Talverschüttung *fossile valley*: auf einem → *fluvial* geschaffenen → *Altrelief* durch großräumige und meist in geologischen Zeiträumen sich vollziehende Sedimentationsprozesse, wodurch das ursprüngliche Tal zur → *fossilen* Form wurde. Bei der Bildung von → *epigenetischen* → *Durchbruchstälern* werden verschüttete Talstrecken freigelegt und geomorphodynamisch reaktiviert.

Talwasserscheide *valley divide, valley watershed*: durch spätere Ablagerungen (z. B. → *Schuttkegel*) entstehende → *Wasserscheide* in einem früher → *fluvial* durchgängigen Tal.

Talweg *thalweg, valley line*: die Verbindungslinie der tiefsten Punkte eines Flusslaufes im → *Flussbett*.

Talwind *valley breeze, upslope wind*: im tagesperiodischen Berg-Tal-Wind-System von Gebirgstälern der kräftige im Mittel etwa von Mittag an talaufwärts wehende → *Wind*. Der T. entsteht als Folge der starken Erwärmung der Gebirgshänge durch direkte → *Sonnenstrahlung*, ein Aufsteigen der über dem Boden erhitzten → *Luft* bewirkt und damit durch einen bergwärts gerichteten Sog eine Ausgleichsbewegung in Gang setzt. Nachts wird der T. vom umgekehrten → *Bergwind* abgelöst (→ *Tal*).

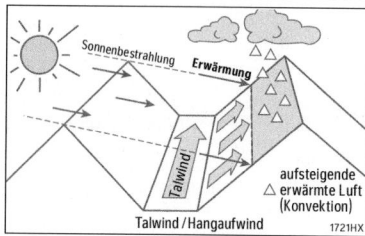

Talwind

Talzuschub *closing-up of the valley*: langsames oder in Episoden ablaufendes Zuschieben eines Tales durch → *gravitative Massenbewegungen*.

Tangelhumus *subalpine peat*: über → *Kalkstein* entwickelte → *alpine* Sonderform des → *Rohhumus*. Der T. besteht aus einer sauren, für Rohhumusverhältnisse stark belebten Lage aus dunkelbraunen, zerkleinerten und gering zersetzten Pflanzenresten über einem dunklen, huminstoff- und relativ nährstoffreichen Oh-Horizont. T. erreicht große Mächtigkeiten, bis 50 cm (→ *Rendzina*).

Tankschifffahrt *tanker navigation*: Transport flüssiger Ladungen (insbesondere Mineralöl und -produkte, Flüssiggas, Chemikalien) in der See- und → *Binnenschifffahrt*. Durch die große Bedeutung des Mineralöls als Energieträger wurde die T. nach dem Zweiten Weltkrieg zum wichtigsten Teilbereich der Frachtschifffahrt.

Tapeszeit Flandrian → *Flandrische Transgression*.

Taphrogenese *taphrogenesis, taphrogeny*: die Bildung von geologisch-tektonischen → *Gräben* bzw. Grabensystemen, meist für Großgrabenbildung gebraucht.

tarifäres Handelshemmnis *tariff trade barrier*: → *Handelshemmnisse* durch → *Zölle* und sonstige staatliche Abgabenerhebungen (→ *Handelspolitik*). Die Alternative zu Zöllen bilden → *nichttarifäre Handelshemmnisse*.

Tarifgemeinschaft *tariff association*: Zusammenschluss zweier oder mehrerer Unternehmen des → *öffentlichen Personennahverkehrs*, die gleiche oder benachbarte Gebiete bedienen, in der Form, dass sie einen gemeinsamen Tarif mit gegenseitiger Verrechnung der Einnahmen besitzen, ansonsten aber rechtlich, personalmäßig, in der Fahrplangestaltung usw. selbstständig bleiben (→ *Verkehrsgemeinschaft*, → *Verkehrsverbund*).

Tarifparteien *bargaining partners*: Parteien zur Aushandlung und Regelung arbeitsvertraglicher Bedingungen (z. B. Arbeitszeit, → *Lohn*, → *Sozialleistungen*). Zu den T. zählen einerseits Arbeitgeberverbände und andererseits Gewerkschaften als Verbände der → *Arbeitnehmer*.

Taryn → *Hydrolakkolith*.

Taschenboden *involution layer*: Substrat- und Bodenstruktur, die durch → *Kryoturbation* in Böden- bzw. Lockersedimentdecken unter Bodenfrosteinfluss (→ *Permafrostboden*) als taschenartige Verwürgungen entstand. Sie sehen im Profilanschnitt wie Taschen aus, mit Einstülpungen im Dezimeter- bis Meterbereich. T. finden sich als → *Vorzeitformen* und → *Klimazeugen* des eiszeitlichen Auftaubodens in Lössen, Schottern und Moränen des → *Pleistozäns* und → *Spätglazials*.

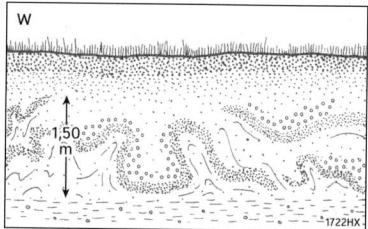

Taschenböden

tätige Oberfläche *active layer*: Grenzfläche zwischen der → *Atmosphäre* und einem festen System auf der Erdoberfläche, an der die hauptsächlichen Energieumsetzungsvorgänge und damit auch der größte Teil der → *Verdunstung* stattfinden. An der t. O. wird → *Strahlung* reflektiert, die kurzwellige Strahlung in Wärmestrahlung umgesetzt und → *Wärme* ausgestrahlt. Die t. O. liegt entweder direkt auf dem Erdboden oder aber an der Oberfläche eines Pflanzenbestandes. (→ *geoökologische Grenzschicht*). Der englische Begriff active layer wird auch als Auftauschicht im → *Permafrost* verwendet.

Tau *dew*: Typ des flüssigen atmosphärischen → *Niederschlags*, der sich bei starker → *Ausstrahlung* durch Anlagerung von feinen Wassertröpfchen an unterkühlten Oberflächen (→ *Vegetation*, → *Boden*, Gegenstände) bildet, wenn in Bodennähe der → *Taupunkt* unterschritten wird. Der T.-Niederschlag einer Nacht beträgt in den → *Mittelbreiten* höchstens 0,5 mm und meist viel weniger. In der Jahressumme erreicht der T. maximal 3-5% der gesamten Niederschlagssumme, er ist also wasserhaushaltlich im gemäßigten Klimabereich unbedeutend. In Trockenklimaten dagegen ist der T.-Niederschlag im Standortwasserhaushalt sehr bedeutsam. Die T.-Bildung kann hier 2-3 mm pro Nacht betragen und der

T. ist über längere Zeiträume hinweg oft die einzige Wasserspende (→ *Lomavegetation*).

Taubrunnen *dew well*: gemauertes kuppelartiges Bauwerk von mindestens 7-10 m Grundrissbreite und Höhe, das in → *Trockengebieten* bereits im Altertum zur Gewinnung von Wasser aus der in der Luft enthaltenen Feuchtigkeit eingesetzt wurde. Die durch viele enge Öffnungen in den kühlen Hohlraum der Kuppel eintretende Luft unterschreitet den → *Taupunkt*, und die kondensierende Feuchte lagert sich als Wasserfilm am Mauerwerk an, der in einen unter der Bodenoberfläche liegenden Sammelbehälter rinnt.

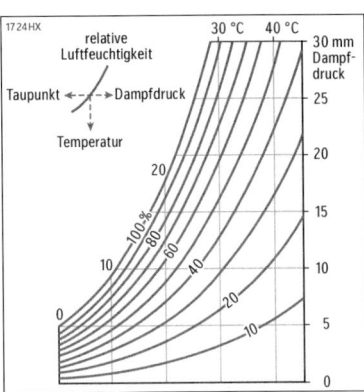

Taupunkt

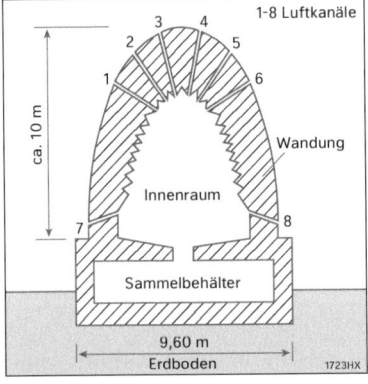

Taubrunnen

Tauen *thaw*: Schmelzen von → *Eis* und → *Schnee*.

Taunutzung (durch Pflanzen) *dew utilization*: besonders angepasste Pflanzen, v.a. einige → *Epiphyten* und epiphytisch lebende Flechten, nutzen → *Tau* zur Aufrechterhaltung der → *Hydratur*. Damit handelt es sich bei diesen Arten um → *Nebelpflanzen*, die Wasser direkt aus der Luft und nicht aus dem Boden aufnehmen.

Taupunkt *dew point*: Zustand, bei dem eine feuchte → *Luftmasse* voll gesättigt ist, also eine → *relative Luftfeuchtigkeit* von 100% aufweist. Bei Unterschreiten der am T. herrschenden → *Temperatur* setzt → *Kondensation* ein. (→ *Tau*).

Taupunktdifferenz *dew-point difference*: Unterschied zwischen der aktuell herrschenden Temperatur und der → *Taupunkttemperatur* (→ *Tau*).

Taupunkttemperatur *dew-point temperature*: Temperatur, bei der eine → *Luftmasse* mit bestimmter gleich bleibender Luftfeuchte 100% → *relative Luftfeuchtigkeit* (volle Sättigung) erreicht (→ *Tau*).

Taurille *dew rill*: an → *Rillensteinen* durch → *Lösungsverwitterung* entstandene Kanellierung, die ausschließlich auf Fall von → *Tau* zurückgehen.

Tauschhandel *barter trade*: einfachste Form des Handels, bei der Ware gegen Ware getauscht wird.

Tauschwirtschaft *barter economy*: Wirtschaft, in der die Versorgung mit → *Gütern* nicht allein durch Eigenproduktion (→ *Selbstversorgungswirtschaft*) erfolgt, sondern auch auf dem Wege des Tausches (→ *Tauschhandel*).

Tauwetter *thaw: period*: winterlicher Einbruch milder → *Luftmassen* mit Temperaturen der → *bodennahen Luftschicht* deutlich über dem Nullpunkt, die nach einer Frostperiode viel Schnee und Eis wegschmelzen lassen. T. ist eine Witterungsregel zur Jahreswende (→ *Regelfälle der Witterung*).

Taxis (Pl. Taxien) *taxis*: gerichtete Bewegung frei beweglicher Organismen, die sich an einer Reizquelle orientiert (z.B. die Orientierung an der Schwerkraft → *Geotaxis*). Positive T. ist zum Reiz hin gerichtet, negative T. vom Reiz fort (→ *Tropismus*).

Taxon (Pl. Taxa) *taxon*: beliebige systematische Kategorie der → *Taxonomie*, z.B. → *Art*, Gattung, Familie, Ordnung, Klasse (→ *Sippe*).

Taxonomie (Systematik) *taxonomy*: Teilgebiet der → *Biologie*, das die Verwandtschaftsbeziehungen der Pflanzen und Tiere in einem → *System* hierarchisch ordnet. Die Gruppierungen der Taxa sind „natürlich" begründet und basieren auf dem → *Taxon* → *Art* als genetische Einheit miteinander fruchtbarer Individuen, die eine Fortpflanzungsgemeinschaft bilden. Die Benennung erfolgt nach festgelegten Regeln der botanischen und zoo-

logischen Nomenklatur. Die wichtigsten systematischen Kategorien sind: Art (species), Gattung (genus), Familie (familia), Ordnung (ordo), Klasse (classis), Abteilung oder Stamm (divisio oder phylum) und Reich (regnum).
Taxozönose *taxocoenosis*: die Gesamtheit der Arten eines → *Taxons*, d. h. einer Familie (z. B. Kreuzblütler), einer Ordnung (z. B. Käfer) usw., die in einer → *Biozönose* aufgefunden werden.
Taylorismus *Taylorism*: organisationstheoretischer Ansatz, der auf F. W. Taylor zurückgeht. Der T. gliedert die in einem Fertigungsbetrieb anfallenden Arbeitsgänge in ihre Teile auf und bestimmt das Arbeitspensum unter dem Aspekt einer Produktivitätssteigerung nach Zeit-, Bewegungs- und Belastungsabläufen. Ein leistungsorientiertes Entlohnungssystem soll gleichzeitig die Arbeitsleistung der Arbeitskräfte steigern. Kritik am T. hat u. a. zu einer stärkeren → *Humanisierung der Arbeit* geführt.
Techne *techne*: im Unterschied zu → *Epistemen*, die für theoretisches Wissen stehen, philosophische Bezeichnung für das praktische Können.
technisch gewinnbare Reserven *technically recoverable reserves*: derjenige Teil der identifizierten → *Ressourcen*, der mit heutiger Abbautechnologie theoretisch abbaubar ist.
Technische Anleitung Abfall → *TA Abfall*.
Technische Anleitung zum Schutz gegen Lärm → *TA Lärm*.
Technische Anleitung zur Reinhaltung der Luft → *TA Luft*.
technische Hilfe *technical assistance*: im Rahmen der → *Entwicklungszusammenarbeit* die Unterstützung sog. → *Entwicklungsländer* durch die Entsendung von Fachkräften und die Schaffung von Ausbildungsmöglichkeiten bzw. Gewährung von Ausbildungsstipendien im Ausland (→ *Technologietransfer*, → *Ressourcentransfer*).
Technische Meteorologie *technical meteorology*: Teilgebiet der Angewandten → *Meteorologie*, das sich mit dem Einfluss von → *Wetter* und → *Klima* auf technische Einrichtungen, dem Klima in Gebäuden, Kühlhäusern, Stollen usw. und dem Einfluss technisch-industrieller Aktivitäten auf das Klima befasst.
technischer Fortschritt *technical development*: Entwicklung und Umsetzung effizienterer Verfahren und Techniken. Der t. F. ist ein entscheidender Faktor zur Steigerung des Wohlstands in einer → *Volkswirtschaft*. Durch Kapitaleinsatz bringt der t. F. entweder höhere Produktivität oder – von Ausnahmen abgesehen – bessere Arbeits- und Lebensbedingungen.
Technischer Umweltschutz *technical environmental protection*: jener Bereich des → *Umweltschutzes*, der technische Maßnahmen zur Vorbeugung und Verminderung schädigender Einflüsse von Wirtschaft, Verkehr und Technik auf die natürlichen Lebensgrundlagen sowie die Gesundheit des Menschen einsetzt und auch auf die Erhaltung des → *Leistungsvermögens des Landschaftshaushaltes* abzielt.
Technologie-Intensität *intensity of technology use*: Messgröße für den Umfang der Technologieanwendung bzw. -abhängigkeit in einem → *Wirtschaftszweig* bzw. in einem → *Unternehmen*. Als Indikator für T.-I. werden häufig die Ausgaben für Forschung und Entwicklung (FuE-Ausgaben), gemessen als Anteil am Umsatz, herangezogen. Ferner lassen sich alle Ausgaben für → *Innovationen* aufrechnen, da diese nicht nur die Aufwendungen für die Know-how-Gewinnung widerspiegeln, sondern auch die Umsetzung des Know-hows in die Anwendung.
Technologiepark (Technopark) *technology park*: Einrichtung zur Ansiedlung technologie- und forschungsintensiver Unternehmen, v. a. für junge Unternehmen in ihrer Gründungsphase, die nach der Etablierung am Markt oftmals aus dem T. aussiedeln. In einem T. sind meist Unternehmen angesiedelt, die innerhalb eines Technologiezweigs tätig sind oder unterschiedlichen, sich gut ergänzenden Branchen angehören. Der T. ist i. d. R. eine hochschulnahe → *Standortgemeinschaft* und häufig mit einer gemeinsam nutzbaren → *Infrastruktur* (z. B. zentrale Dienste wie Poststelle, Besprechungs- und Seminarräume, EDV-Anlagen, Patent- und Innovationsberatung) ausgestattet. Die Trägerschaft ist öffentlich-rechtlich oder privat. Durch Kontakte zu Hochschulen oder außeruniversitäre Forschungseinrichtungen haben insbesondere auch kleine und kleinste Unternehmen Zugang zu einer forschungsgestützten Beratung und wissenschaftsorientierten Kooperation (→ *Forschungspark*, → *Gründerzentrum*, → *Science Park*).
Technologietransfer *technology transfer*: die Übertragung von technischem Wissen aus den sog. → *Industrieländern* in die → *Entwicklungsländer*. Der T. kann in Form von Produkten (Maschinen usw.) oder in nicht-gegenständlicher Form (technische Beratung, Kopien, Patente) erfolgen (→ *Ressourcentransfer*).
Technologiezentrum *technology park*: → *Technologiepark*.
technologische Gefahren *technological hazards*: jene → *Gefahren*, die bei Infrastruktur und Industrie auftreten und technische Ursachen haben, bei denen es zu Todesfällen, Verletzungen und/oder Sachschäden kommt, oft verbunden mit sozialen und ökonomischen Störungen oder auch Umweltzerstörungen, z. B. → *Bho-*

pal, → *Fukushima,* → *Harrisburg,* → *Windscale,* → *Tschernobyl* oder die → *Ölkatastrophen.*
technologischer Wandel *technological change*: der Vorgang des sich ständig verändernden Einsatzes technischer Mittel im produktiven wie im konsumtiven Bereich mit z. T. weitgreifenden gesellschaftlichen Auswirkungen. Ein erster großer t. W. wurde durch die → *Industrielle Revolution* eingeleitet. Ausschlaggebend waren u. a. die Entwicklung von Webstuhl, Dampfmaschine und Eisenbahn. Seitdem führen immer wieder neue → *Basistechnologien* zu Veränderungen (→ *Kondratieff-Zyklen*).
Technosols *Technosols*: in der → *WRB (2014)* Böden, deren Eigenschaften und → *Pedogenese* durch ihren technischen Ursprung dominiert werden. Sie weisen meist einen hohen Anteil an Artefakten auf oder sind durch technisches Festgestein versiegelt. Ausgangsmaterialien sind vom Menschen hergestellte oder an die Oberfläche gebrachte Materialien, u. a. Abfälle wie → *Klärschlamm,* → *Schlacken,* → *Aschen* oder Bergbauabraum. T. kommen weltweit meist kleinflächig in Stadt- und Industriegebieten in Vergesellschaftung mit anderen Bodengruppen vor. Sie sind in ihren Eigenschaften stark von ihrem Ausgangsmaterial abhängig und häufig durch toxische Substanzen kontaminiert. T. werden auch als Stadtböden oder Bergbauböden bezeichnet.
Technotop *technotope*: 1. ein vollkommen vom Menschen geschaffener → *Biotop.* 2. umgangssprachlich für einen überschaubaren Landschaftsraum, der von gebauter technischer → *Infrastruktur* bestimmt ist.
Technozönose *technocoenosis*: im Sinne der → *Biozönose* jene → *Lebensgemeinschaft* von Pflanzen und Tieren in der → *Kulturlandschaft,* v. a. der Agrarlandschaft, welche die Fähigkeit zur Selbstregulation weitgehend verloren hat.
Teer- und Asphaltsand → *Ölsand.*
Tegelen-Warmzeit *Tegelen interglacial, Tegelen stage*: eine der frühen → *Warmzeiten* des → *Pleistozäns,* bevor die markanten Wechsel von → *Eiszeiten* und Warmzeiten einsetzten. Die T.-W. schließt an die auf das → *Pliozän* folgende → *Brüggen-→ Kaltzeit* an und wird von der → *Eburon-Kaltzeit* abgelöst. Der Beginn der T.-W. wird verschieden angesetzt (zwischen 2,3 und 1,95 Mio. J. v. h.).
Teich *pond, pool*: 1. künstlich geschaffene, unbefestigte → *Hohlform* von mehreren bis mehreren hundert m^2 Größe, mit meist flachem Boden und niedrigem Wasserstand. Zu- und Abfluss der T. werden i. d. R. reguliert, sodass auch Trockenlegen möglich ist. T. dienen oft der Fischhaltung. 2. auch für → *Weiher.*
Teichwirtschaft *pond farming*: Wirtschaftszweig, der sich mit der Produktion (Zucht) von Speisefischen in künstlich angelegten (ablassbaren) → *Teichen* befasst. Die T. wird häufig im Nebenerwerb zur → *Landwirtschaft* betrieben. Teilweise erfolgt während des Sommers (→ *Sommerung*) die Bebauung des Teichbodens mit Getreide.
teilausgestatteter Zentraler Ort *partly equipped central place*: → *Zentraler Ort* einer bestimmten Hierarchiestufe, dem – bezogen auf das Anspruchsniveau der Bevölkerung in seinem → *Einzugsgebiet* – gewisse Einrichtungen der betreffenden Stufe fehlen.
Teilbau → *Teilpacht.*
Teilbrache *partial fallow*: eine auf einen Teil der → *Vegetationszeit* beschränkte → *Brache.*
Teilgewichtsverlustmaterial *partial weight-loss material*: in der → *Industriestandorttheorie* jenes → *Gewichtsverlustmaterial,* das gewichtsmäßig nur z. T. im Fertigerzeugnis enthalten ist. Ein Beispiel für T. sind → *Erze* (→ *Rohgewichtsmaterial,* → *Reingewichtsmaterial,* → *Totalgewichtsverlustmaterial*).
Teilgroßstadt *partly equipped city*: gelegentlich gebrauchte Bezeichnung für eine → *Großstadt,* die zwar eine selbstständige administrative Einheit darstellt, jedoch funktional als Teil einer polyzentrischen → *Stadtregion* oder eines großstädtischen → *Verdichtungsraumes* nur einen Teil der → *städtischen Funktionen* wahrnimmt.
teilnehmende Beobachtung *participating observation*: Form der → *Beobachtung* in der empirischen → *Sozialforschung,* bei der sich die beobachtende Person im Forschungsfeld persönlich einbringt, um unmittelbare Informationen über ein bestimmtes Handeln von einzelnen Personen oder Gruppen zu erhalten, die durch eine → *Befragung* oder einfache (offene) Beobachtung nicht zu erheben sind. (→ *verdeckte Beobachtung,* → *offene Beobachtung*).
Teilpacht (Teilbau) *share farming/tenancy*: → *Pachtsystem,* bei dem der Grundbesitzer das Land, unter Umständen auch Gebäude, Dünger und Saatgut, stellt, der → *Pächter* (Teilbauer) die Arbeitskraft und meist auch das Inventar. Die → *Roherträge* werden bei der T. im vereinbarten Verhältnis geteilt. Werden sie halbiert, so spricht man von Halbpacht (→ *Mezzadria*).
Teilraumgutachten *sub-regional appraisals, subspace options*: informelles Instrument der Landes- und Regionalplanung (insbesondere in Bayern), das detaillierte, integrierte und fachübergreifende Ordnungs- bzw. Entwicklungskonzepte für einen Teil einer Region (z. B. ein Landkreis oder mehrere Landkreise, die nicht unbedingt an administrative Grenzen orientiert) mit besonderen Problemen erarbeitet, deren überörtlich → *raumwirksame* Ergebnisse sich in verbindliche Zie-

le der → *Raumordnung* und → *Landesplanung* umsetzen lassen.

Teilverlagerung (Partialverlagerung) *partial relocation*: im Gegensatz zur → *Totalverlagerung* eine unvollständige → *Standortverlagerung*. Formen der T. sind: – die T. der Produktion und Verlagerung der gesamten Hauptverwaltung, sodass nur Teile der Produktion oder Abteilungen mit anderer Funktion am alten → *Standort* verbleiben. – die Verlagerung der gesamten Produktion ohne Veränderung des Standortes für die Hauptverwaltung und andere Abteilungen. – die T. der Fabrikation, wobei andere Teile der Produktion und die Verwaltungsabteilungen usw. am alten Standort verbleiben. – T. von Verwaltungs-, Verkaufs-, Beschaffungs-, Forschungsabteilungen usw. ohne Veränderung des Standortes der Produktionsstätte.

Teilzeitarbeit *part-time work*: Arbeit mit einer kürzeren als der durchschnittlich üblichen Arbeitszeit. Häufig ist die T. eine Halbtagsarbeit, die derzeit v. a. von Frauen in Anspruch genommen wird (→ *Kurzarbeit*).

Teilzentrum *partly equipped central place*: → *Zentraler Ort*, meist der unteren bis mittleren Stufe, der nur im Bereich gewisser Funktionen zentralörtliche Bedeutung hat oder in Teilbereichen Aufgaben eines Zentralen Ortes der nächst höheren Stufe wahrnimmt (z. B. → *Mittelzentrum* mit Teilfunktionen eines → *Oberzentrums*). Manchmal wird der Begriff auch gleichgesetzt mit → *teilausgestatteter Zentraler Ort*.

Tektogenese *tectogenesis*: jene Vorgänge, die Gefüge und Lagerungsverhältnisse der → *Erdkruste* verändern und die der → *Epirogenese* gegenübergestellt werden. Hauptprozesse der T. sind die Bildung von → *Brüchen* und → *Faltung*. Von der T. wurde der Begriff → *Orogenese* abgetrennt.

Tektonik *tectonics*: 1. Sammelbezeichnung für Prozesse der → *Tektogenese* und deren Folgen.: 2. Teilgebiet der → *Geologie*, auch als → *Tektonische Geologie* bezeichnet.

tektonisch *tectonic, structural*: bezeichnet Formen und Prozesse, die mit Veränderungen von Gefüge und Lagerungsverhältnissen der → *Erdkruste*, im Sinne der → *Tektogenese*, verbunden sind.

tektonische Beben *tectonic earthquakes*: → *tektonisch* verursachte → *Erdbeben* vom Typ der → *Dislokationsbeben*.

tektonische Diskordanz (Winkeldiskordanz) *structural discordance*: jener Typ der → *Diskordanz*, bei welcher zwischen der Ablagerung von Schichtpaketen → *tektonische* Prozesse erfolgten, z. B. → *Faltung*. Die gefalteten Schichten bilden mit dem → *Hangenden* und später sedimentierten Material eine Winkeldiskordanz.

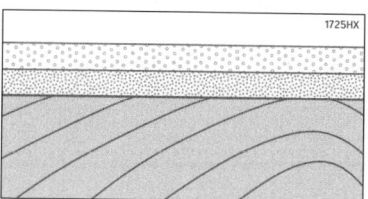

tektonische Diskordanz

tektonische Falle *structural/ reservoir/ fault trap*: z B. eine → *Ölfalle*, deren Speicherstrukturen durch → *tektonische* Prozesse, besonders durch → *Faltung*, entstand.

Tektonische Geologie (Geotektonik, Tektonik) *geotectonics*: Teilgebiet der → *Geologie*, das sich mit dem Bau der → *Erdkruste* und den darin ablaufenden tektonischen Prozessen beschäftigt. Die T. G. zielt auf das Erkennen von Gesetzmäßigkeiten in der Erdkrustenentwicklung ab, u. a. die Klärung der Großformen der → *Erde* und deren Entwicklungsgeschichte.

Tektonische Geomorphologie (Tektonische Morphologie) *tectonic geomorphology*: älteres Teilgebiet der → *Geomorphologie*, welches die → *tektonischen* Bewegungen oder zwischenzeitliche tektonische Ruhe als wesentlich für die Formenbildung ansah, d. h. die Abtragungs-, Erosions- und Akkumulationsprozesse auf → *Tektonik* reagierend betrachtete. Hauptarbeitsgegenstand der T. G. war die Geomorphogenese der → *Rumpfflächen* und Talterrassen.

tektonische Klüfte (Klufttektonik) *joint tectonics*: die Folge von Druck- und Zugvorgängen in der → *Erdkruste*, mit meist großräumigen Folgen. Im Gegensatz zu anderen → *Klüften* können die t. K. in allen Gesteinen vorkommen, sind aber in dichten Gesteinen besonders gut entwickelt. Sie zeichnen sich durch Geradlinigkeit und Stetigkeit aus. Vorgänge, die zur Bildung t. K. führen, werden unscharf als → *Klufttektonik* bezeichnet.

tektonische Linie *fault line*: wenig präzise Bezeichnung für durch → *Tektogenese* gebildete linienförmige Schwächebereiche in der äußersten → *Erdkruste*, z. B. → *tektonische* → *Klüfte*, → *Brüche* oder Strukturen, die bei der → *Faltung* entstanden, jedoch linienhafte Muster aufweisen.

Tektonische Morphologie → *Tektonische Geomorphologie*.

tektonische Phasen *tectonic phases*: mit Lokal- bzw. Gebirgsbezeichnungen versehene Zeitabschnitte der → *Erdgeschichte*, in denen konzentriert → *Tektogenese* stattfand. Eine in der Regel größere Gruppe t. P. werden zu Ären der → *Gebirgsbildung* zusammengefasst, wie die Kaledonische Ära, die Variscische Ära und die Alpidische Ära (→ *Kaledonische,* → *Variskische* und → *Alpidische Gebirgsbildung*).

tektonische Ruhe *tectonic quiescence*: Zeitabschnitt zwischen Phasen mit → *Tektogenese.* Die t. R. hat in verschiedenen geomorphologischen Theorien, z. B. über → *Rumpfflächen* oder über → *Terrassen*, Bedeutung, weil während Zeiten t. R. Abtragung durch → *Erosion* und → *Denudation* möglich war.

Tektonite *tectonites*: 1. Gesteine, deren Gefüge (→ *Gesteinsgefüge*) durch tektogene Prozesse beeinflusst oder völlig verändert wurde.: 2. T. im engeren Sinne sind die → *Kristallinen Schiefer*.

Tektonosphäre *tectonosphere*: im → *Schalenbau der Erde* jene ca. 120 km tief reichende Zone, in der → tektonische Prozesse ablaufen (→ *Tektonik*).

Tektovarianz *tectovariance*: die Bildung von Formen des → *Georeliefs* in Abhängigkeit von → *tektonischen* Vorgaben, z. B. → *Faltung*, Hebung oder → *Verwerfung* (→ *Klimavarianz*, → *Petrovarianz*).

Telearbeit → *Home-Office*.

Telefonmethode *telephone method*: Methode zur Ermittlung der Hierarchie der → *Zentralen Orte*, die zu Beginn der 1930er-Jahre von Walter Christaller entwickelt wurde. Die Zahl der Telefonanschlüsse pro Ort wird zur Zahl der Einwohner in Beziehung gesetzt, um den → *Bedeutungsüberschuss* der Zentralen Orte zu ermitteln. Die T. war zu Beginn der → *Zentrale-Orte-Forschung* ein wichtiger Schritt zur Operationalisierung der Theorie der Zentralen Orte. Durch die flächendeckende Verbreitung des Telefons sowie den Ersatz des → *Festnetzes* durch Mobiltelefone gilt die T. heute als überholt.

Telefonwerbung → *Telemarketing*.

Telekommunikation *telecommunication*: zusammenfassender Begriff für alle Formen der Individualkommunikation (im Gegensatz zur → *Massenkommunikation*), die eine nachrichtentechnische → *Infrastruktur* voraussetzen (→ *Netz*); hierzu gehört die Nachrichtenübertragung per Telefon und → *Informations- und Kommunikationstechnologie*, wie z. B. das → *Internet*.

Telemarketing (Telefonwerbung) *telemarketing*: Form des Direktmarketings (z. B. Akquise, Beratung oder Vertragsabschluss) unter Einsatz von → *Informations- und Kommunikationstechnologie* (v. a. Telefon, E-Mail, → *Internet*). Das T. wird häufig durch ein → *Call-Center* durchgeführt. In Deutschland ist T. ohne ausdrückliche Einwilligung des Kunden untersagt.

Teleologie *teleology*: Lehre von der Ziel- und Zweckgerichtetheit allen Handelns und aller Prozesse. Trotz der Aufklärung im 17. Jh., bei der die theologischen Begründungen und die Annahme der causa finalis (→ *Finalursache,* → *Kausalität*) aller Dinge in den Hintergrund traten, findet sich diese Grundüberzeugung einer T. auch heute noch in vielen Wissenschaften, z. B. in der → *Ökologie* oder in anderen systemtheoretisch orientierten Disziplinen (→ *Systemtheorien erster Ordnung,* → *Kreationismus*).

Teleshopping → *E-Commerce*.

tellurisch *telluric*: vom Erdkörper abhängend, sich im Erdkörper abspielend (→ *Erde*).

Telma *telma (kind of microwaters)*: künstliches oder natürliches Kleinstgewässer, das je nach Wasserführung zeitweise oder dauernd → *Lebensraum* des → *Bios* ist, etwa dem Mikrogewässer entsprechend. Dies können auch → *anthropogene* Gegenstände sein (z. B. Metallbehälter, Reifen oder Holzbehältnisse), aber auch Baumlöcher oder kleine Hohlräume an Gesteinsoberflächen (→ *Merotop*).

Tempelstadt *temple town, temple city*: insbesondere im hinduistischen und buddhistischen Bereich Asiens anzutreffender Typ einer → *Kultsiedlung*. T. sind stadtähnliche Siedlungen, die im Wesentlichen aus Tempelanlagen, → *Klöstern* und Einrichtungen zur Beherbergung und Versorgung von Wallfahrern und Pilgern bestehen.

temperat *temperate*: in der → *Pflanzengeographie* ein überwiegendes oder ausschließliches Vorkommen innerhalb der → *Zone* des → *sommergrünen Laubwaldes* bzw. der → *Steppen* der → *gemäßigten Breiten* (→ *temperiert*).

Temperatur *temperature*: Maß für den Wärmezustand (→ *Wärme*) von festen Körpern, flüssigen und gasförmigen Stoffen und Stoffgemischen. Die T. ist thermodynamisch Ausdruck der Bewegungsenergie der Moleküle. Diese Bewegungsenergie erreicht beim absoluten Nullpunkt von $-273{,}15\,°C$ den Wert Null. Die T. wird nach verschiedenen gebräuchlichen Skalen in Graden gemessen, deren Fixpunkte international konventionell festgelegt wurden. In der Physik wird die T. mit der Kelvin-Skala (K) vom absoluten Nullpunkt aus gemessen. In der → *Klimatologie* ist die Kelvin-Skala und die Celsius-Skala (°C) gebräuchlich. $0\,°C$ entspricht dem Gefrierpunkt, $100\,°C$ dem Siedepunkt des Wassers. $1\,°C$ Temperaturdifferenz entspricht 1 K. In Ländern mit englischem Messsystem wird im täglichen Leben zum Teil auch noch die wenig praktische → *Fahrenheit-Skala* verwendet ($1\,°F = 0{,}555\,°C$ bzw. K), in der $+32\,°F = 0\,°C$ entspricht.

Temperaturanomalie → *Wärmeanomalie*.

Temperaturgefälle *temperature gradient*: Temperaturunterschied zwischen zwei Punkten in horizontaler oder vertikaler Richtung (→ *Temperatur,* → *Temperaturgradient*).

Temperaturgradient *temperature gradient*: Maßzahl, welche die auf eine Einheitsdistanz bezogene Temperaturänderung in vertikaler oder horizontaler räumlicher Richtung in einem System (Luftkörper, Wasserkörper, Boden) angibt. In der → *Klimatologie* wichtig ist der → vertikale Temperaturgradient in der → *Atmosphäre*. (→ *Temperatur*, → *Temperaturgefälle*).

Temperaturregime *temperature: regimes*: typische jahreszeitliche Abfolge des Ganges der → *Temperatur* und der räumlichen (d. h. dreidimensionalen) Temperaturverteilung in einem Wasser- oder Eiskörper oder in einer → *naturräumlichen Einheit*.

Temperaturschwelle *temperature: treshhold*: 1. Grenzwert der → *Temperatur*, bei dem sich bestimmte Zustände und Vorgänge deutlich und innerhalb enger Temperaturbereiche rasch ändern. 2. statistisch festgelegter konventioneller Grenzwert für Klassifizierungen in → *Meteorologie* und → *Klimatologie*.

Temperatur-Seiches *Internal-Seiches, temperature seiches*: die schwingenden Temperaturänderungen in Seewasserkörpern als Folge windbedingter Wellenbewegungen (→ *Wellen*).

Temperatursumme → *Wärmesumme*.

Temperaturumkehr *inversion of temperature*: in einem Luftpaket der normalerweise auf eine relativ eng begrenzte → *Schicht* konzentrierte Zunahme der → *Temperatur* mit der Höhe, an Stelle der troposphärischen normalen Abnahme. Die T. entsteht beim Aufgleiten warmer → *Luftmassen* über kalte → *Bodenluft* und über Becken mit gesammelter → *Kaltluft*. Die T. kann auch in kleinen → *Tälern* sowie Klein- und Kleinstformen, z. B. → *Dolinen* oder → *Dellen*, auftreten und dort klimaökologisch bedeutsam sein, z. B. für frostempfindliche Kulturen (→ *Inversion*, → *Sonderkulturen*, → *Troposphäre*).

Temperaturverwitterung → *Insolationsverwitterung*.

Temperaturzonen *temperature: zones*: die fünf großen → *Klimazonen* der → *Erde*, die sich als Folge der vom → *Äquator* zu den Polen hin abnehmenden → *Sonnenstrahlung* bezüglich ihrer → *Wärme* unterscheiden. Es sind dies: → *Tropen*, → *Subtropen*, → *kühlgemäßigte* → *Breiten*, → *Boreal* und → *Polarzone* (→ *Zone*).

temperiert *temperate*: 1. allgemein für Klimate, die thermisch ausgeglichen sind, also als → *ozeanisch* gelten. 2. ein → *See* der → *gemäßigten Breiten*, dessen → *Temperatur* im → *Sommer* über 4°C und im Winter unter 4°C liegt, sodass zweimal im Jahr beim Übergang an der 4°C-Grenze (mit der höchsten Wasserdichte) eine Durchmischung stattfindet (→ *Seezirkulation*, → *temperat*).

temporale Auflösung (zeitliche Auflösung) *temporal resolution*: beschreibt die Dauer, bis das gleiche Areal auf der → *Erdoberfläche* für einen erneuten Überflug eines Fernerkundungssystems erreicht wird. Manche Wettersatelliten erfassen mehrere Aufnahmen pro Tag. Der aktuelle → *NASA*-Erdbeobachtungssatellit → *Landsat 8* z. B., hat eine t. A. von etwa 16 Tagen.

temporär *temporary*: allgemein für zeitweilig, zeitweise, vorübergehend; bezieht sich auf zahlreiche geo- und biowissenschaftliche Phänomene, z. B. t. Gewässer (→ *perennierend*), t. Akkumulationen oder → *t. Siedlungen*. – in Geomorphologie und → *Sedimentologie* kurzzeitige Ereignisse mit z. B. äolischer oder → *fluvialer Akkumulationen* von (meist) Feinsedimenten, die beim nächsten Ereignis (z. B. Flutwelle, → *Hochwasser*, → *Starkregen*) wieder zerstört oder umgeformt werden. – bezogen auf Gewässer, die jahreszeitlich austrocknen, im Gegensatz zu den perennierenden Gewässern. T. Gewässer finden sich sowohl in → *Jahreszeitenklimaten* mit humiden und ariden Jahreszeiten als auch da, wo episodisch Wasser auftritt, d. h. nach → *Überschwemmungen*, Schneeschmelzen sowie Stark- und Dauerregen. – in der Parasitologie Bezeichnung für diejenigen → *Parasiten*, die nur vorübergehend im oder auf dem Wirt leben.

temporäre Schneegrenze *temporary snow line*: untere → *Höhengrenze* der → *Schneebedeckung* zu einem bestimmten Zeitpunkt im Jahresverlauf (→ *Schnee*).

temporäre Siedlung (Zeitsiedlung) *temporary settlement*: → *Siedlung*, die nur für kurze Zeit, z. B. mehrere Wochen benutzt wird. Sie findet sich v. a. bei Jägern und Hirtennomaden. Die Wanderungen der eigenen Herden bzw. von Wildtierherden ist die Ursache der ständigen Verlegung der Behausungen. Die t. S. wird auch als Frist- oder Temporalsiedlung bezeichnet.

Tenside *tensides*: waschaktive Substanzen, die schmutzlösend sind, weil sie die Oberflächenspannung des Wassers verringern. Alle T. haben mehr oder weniger Hautreizungen zur Folge, einige sind auch relativ hautschonend. Ihr hydroökologisches Problem liegt in ihrer schweren Abbaubarkeit. Durch Einleitung von → *Abwasser* in → *Oberflächengewässer* entsteht durch synthetische T. Schaum, der den Sauerstoffhaushalt des Wassers stört und zum → *Fischsterben* beiträgt. Sowohl das Waschmittelgesetz als auch die T.-Verordnung fordern für Waschmittel und damit für die T. erhöhte Abbaubarkeit.

Tephra *tephra, volcanic ejecta*: Sammelbezeichnung für unverfestigte vulkanische Lockerprodukte (→ *Asche*, → *Tuff*).

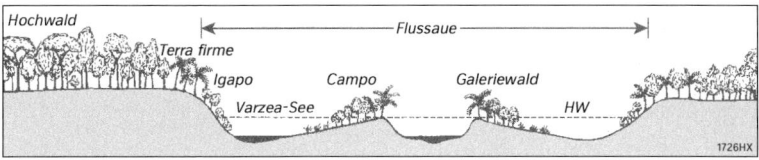

Terra firme

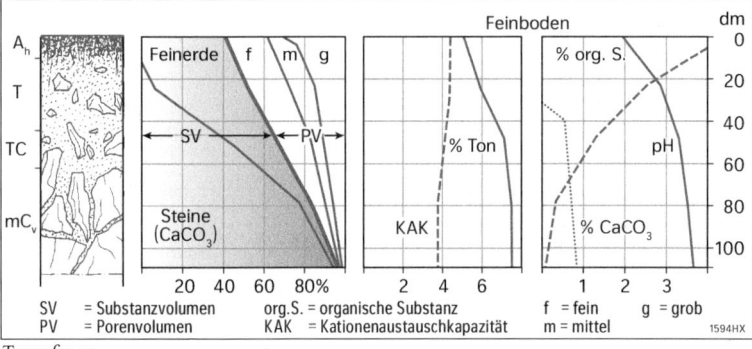

Terra fusca

Terminal *terminal*: Abschluss oder Endpunkt einer verkehrstechnischen Anlage, wie das Abfertigungsgebäude eines Flughafens, der Be- und Entladeort einer Güterverkehrslinie (z. B. Container-T.).

Termitensavanne *termite savanna[h]*: ein Landschaftstyp der → *Savannen*, der sich unter Beteiligung der Termiten in Mikrorelief, Boden und Vegetation ausdrückt. Diese Sonderform der → *Trockensavanne* (kleinräumig auch in der → *Feuchtsavanne* auftretend), besteht aus einem Mosaik inselartiger Baumgruppen auf rezenten oder zerfallenen Termitenhügeln. Wegen der tiefgründigen Lockerung entstehen günstigere Bodenfeuchteverhältnisse, die im Bereich der Termitenhügel Bauminseln gedeihen lassen. Die Termitenhügel sind von Flachgebieten umgeben, die z. T. überschwemmt werden und damit Bodenverdichtungen erfahren, in deren Bereich der Baumwuchs gehemmt oder unmöglich wird.

Terms of Trade (TOT) *terms of trade*: Verhältnis aus dem Index der Exportgüterpreise und dem Index der Importgüterpreise. Für die → *Entwicklungsländer* spiegeln sie v. a. die realen Austauschrelationen zwischen den von ihnen gelieferten → *Rohstoffen* und den importierten Industriegütern wider. Entsprechend umgekehrt verhält es sich bei den → *Industrieländern*. Steigen die Importpreise im Verhältnis zu den Exportpreisen, so spricht man von sich verschlechternden T. o. T. (→ *Ausfuhr*, → *Einfuhr*).

Terra firme *terra firme*: hochwasserfreier Rand tropischer Überschwemmungsgebiete, wo sich artenreicher Hochwald entwickelt (→ *Hyläa*). Die angrenzenden Überschwemmungsniederungen sind die → *Várzea*.

Terra fusca *Luvisol*: in der → *deutschen Bodensystematik* (→ *KA5*) ein sehr tonreicher braungelb bis rotbrauner Boden aus dem Lösungsrückstand der Carbonatverwitterung, in der Regel mit → *Polyedergefüge*. T. f. kommen in Deutschland nur noch als Überreste vor und werden unter aktuellen Klimabedingungen nicht mehr gebildet. Eine ältere, nicht mehr gebräuchliche Bezeichnung für T. f. ist auch Kalksteinbraunlehm.

terra nullius → *Niemandsland*.

Terra rossa (Pl. Terrae rossae) *Luvisol*: in der → *deutschen Bodensystematik* (→ *KA5*) ein tonreicher, meist humusarmer, durch Eisenhydroxide (Hämatit, Goethit) leuchtend rötlich gefärbter Boden aus dem Rückstand der Carbonatverwitterung. T. r. kommt in Deutschland nur noch in Überresten vor und wird unter aktuellen Klimabedingungen nicht mehr gebildet. Eine ältere, nicht mehr gebräuchliche Bezeichnung für T. r. ist auch Kalksteinrotlehm.

Terrae calcis *terrae calcis*: Sammelbezeichnung für die dichten tonreichen mediterranen Böden aus Carbonatgestein, d. h. → *Terra rossa* und → *Terra fusca* (→ *Mediterranis*).

Terrasse *terrace*: eine stufenartig angelegte Geländeverflachung (→ *Terrassenfläche*) mit einem Vorderabfall (Terrassenböschung), unabhängig von Höhe, Breite, Länge. T. im Fels nennt man → *Felsterrasse*, solche in Schotter → *Schotter-T.*. Nach der Genese werden echte von unechten T. unterschieden. Echte sind → *Fluss-T.*, → *Strand-T.* und → *See-T.*; Unechte T. sind → *glaziale T.* (z.B. → *Kamesterrassen*), → *Solifluktions-T.*, → *Gesimse*, → *Sinterstufen* und anthropogene T. wie → *Acker-T.*. Ohne erklärenden Zusatz steht der Begriff T. in der Geomorphologie fast ausschließlich für Fluss- bzw. Schotter-T..

Terrassenfläche (Terrassenflur) *terrace surface, tread*: Oberfläche einer → *Terrasse*, die sowohl im Fels als auch im → *Lockergestein* (→ *Schotter*) erosiv angelegt wurde. Die T. nimmt ein bestimmtes Niveau zur → *Erosionsbasis* ein und wird von → *Terrassenhang* und → *Terrassenkante* seitlich begrenzt. Sie ist i.d.R. Rest einer ausgedehnteren → *Flachform*, d.h. ein ehemaliger → *Talboden*, der fluvialerosiv zerschnitten wurde.

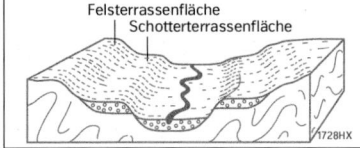

Terrassenfläche

Terrassenflur → *Terrassenfläche*.

Terrassenhang *descending riser*: vorderer Abfall einer → *Terrasse*, meist mehr oder weniger steil und dem → *Talboden* oder dem Niveau einer anderen, niedrigeren → *Terrassenfläche* aufsitzend.

Terrassenkante *terrace edge*: der Übergangsbereich zwischen → *Terrassenfläche* und → *Terrassenhang*, der gelegentlich sehr scharfkantig ist, besonders bei frischen Formen, meist aber eine konvexe → *Wölbung* mit kleinem bis mittlerem Radius bildet.

Terrassenkonvergenz *terrace convergence*:
– die Übereinstimmung von → *Terrassenflächen* in mehr oder weniger enger räumlicher Nachbarschaft, die ein Niveau bilden, sodass die Terrassenflächen als gleich alt gelten. – bezieht sich auf die → *tektonische* Verstellung von → *Terrassen*, wobei die Niveaus der Terrassenflächen divergieren oder konvergieren können, sodass an Divergenz bzw. Konvergenz von Terrassen die Tendenz der Krustenbewegung ablesbar ist. In Richtung auf ein Hebungsgebiet divergieren die Terrassen.

Terrassenkultur *terrace cultivation*: Form der landwirtschaftlichen → *Bodennutzung* in Hangbereichen. Bei der T. erfolgt eine Herstellung ebener → *Parzellen* am Hang durch den Bau von Stufen. T. sind z.B. aus Südasien (Reiskultur) oder durch den → *Weinbau* in Mitteleuropa bekannt.

Terrassensystem *terrace system*: horizontale und/oder vertikale Abfolge von → *Fluss-* oder → *Strandterrassen*, welche die geomorphogenetische Entwicklung eines Tales oder einer Küste „lesbar" machen. Das T. wird gewöhnlich aus räumlich begrenzt vorkommenden Resten von → *Terrassenflächen* rekonstruiert. Einem T. wird räumliche und zeitliche Repräsentanz zugesprochen. Außerhalb eines solchen Systems stehen die → *Lokalterrassen*.

Terrassentreppe *terrace flight*: im Sinne der vielfältigen Anwendung des Begriffes → *Terrasse* allgemein eine Abfolge von verschieden hoch gelegenen → *Terrassenflächen*. In der Geomorphologie vorwiegend bezogen auf die vertikale Abfolge → *pleistozäner* → *Flussterrassen*, die je nach Gesteinslandschaft, tektonischen Bewegungen und klimabedingten Erosions- und Akkumulationsverhältnissen unterschiedlich gestaltet sein kann. Der einfachste Fall einer T. ist die Abfolge → *Nieder-/* → *Mittel-/* → *Hochterrasse* (→ *Hauptterrasse*).

Terrassierung *terracing*: Bildung von natürlichen oder künstlichen → *Terrassen*. Die T. ist ein Verfahren der Terrassenkultur, die auf steilen Hängen durch höhenlinienparallele Geländestufen mit anschließenden Flächen landwirtschaftliche, gärtnerische, obstbauliche und/oder waldwirtschaftliche Bodennutzung ermöglicht. T. kommen weltweit vor, z.B. in der Reiskultur Südostasiens oder im Weinbau Europas. T. verhindert → *Bodenerosion*, stabilisiert den → *Bodenwasserhaushalt* und bietet der Kleintierbewelt → *ökologische Nische*.

Terre noire → *Tirs:*.

terrestrisch *terrestrial*: im Bereich der festen Landoberfläche entstanden, zu dieser gehörig, dort lebend, die Landoberfläche betreffend; z.B. t. → *Böden*, t. → *Fazies*, t. Lebewesen.

terrestrische Böden (Landböden) *terrestrial soils*: Abteilung der Böden, die sich auf der festen Erdoberfläche ohne Beeinflussung durch stehendes oder gestautes Wasser entwickeln. Zu den t.B. gehört der größte Teil der bekannten → *Bodentypen*.

terrestrische Fazies (kontinentale Fazies, Landfazies) *terrestrial facies*: eine der → *Fazien*, die unter festländischen Verhältnissen entstand, wobei zwischen → *äolischer*, → *glazialer*, → *periglazialer* und → *limnischer Fazies* unterschieden wird. Im weiteren Sinne gehört auch die → *fluviale Fazies* mit zu den t. F..

Terrestrische Ökologie *terrestrial ecology*: 1. Teilgebiet der → *Bioökologie*, das sich mit

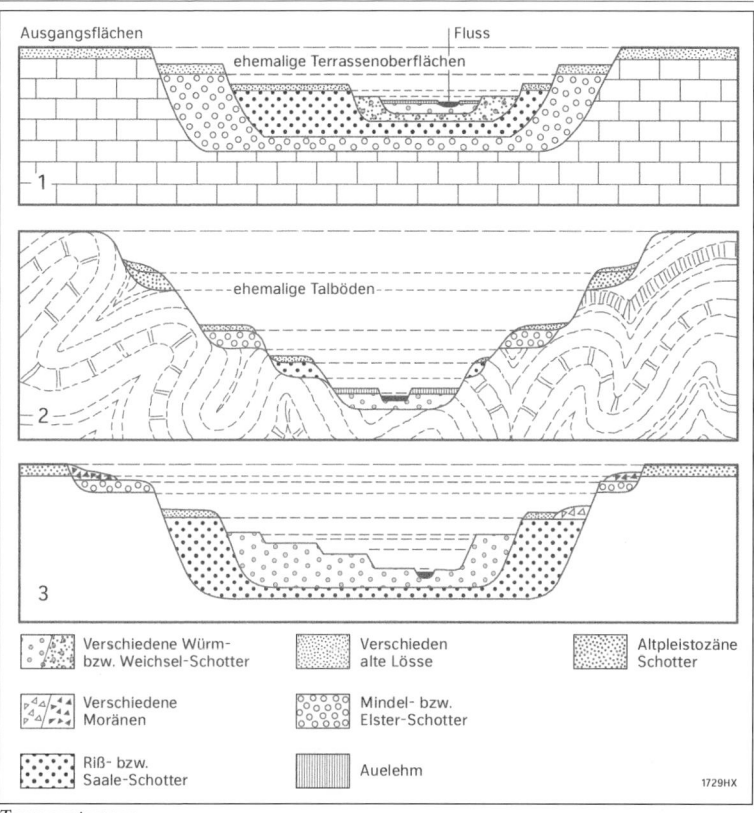

Terrassentreppen

den Landorganismen und ihren Beziehungen zur → *terrestrischen* Lebensumwelt beschäftigt (→ *Umwelt*). 2. Fachbereich, der die T. Ö. der Bioökologie und die überwiegend terrestrisch betriebene → *Geoökologie* zusammen umfasst.

Terrestrische Strahlung *terrestrial radiation*: Bestandteil der Strahlung, die beim Zerfall von in der → *Erdkruste* enthaltenen natürlichen → *Radionukliden* entsteht. Die terrestrische → *Strahlung* hängt von den geologischen Verhältnissen ab. In Mitteleuropa sind es v. a. Gebiete des → *Kristallins*, z. B. der → *Granite*, von denen eine hohe T. S. ausgeht.

terrigen *terrigenous, terrigene*: entstanden aus Material des Festlandes, „erdbürtig".

terrikol *terricolous*: Organismen, die den Erdboden bewohnen.

territorial trap *territorale Falle*: auf J. Agnew zurückgehende Bezeichnung für die implizite Annahme der Internationalen Beziehungen, dass Territorialität exklusiv mit dem Souveränitätsbegriff verbunden ist und somit auf das globale Staatensystem bezogen sei. In dieser Engführung wird die Bedeutung von Territorialität eingeschränkt, was Agnew als territoriale Falle bezeichnet hat.

territoriale Verwaltungsreform *territorial reform of administrative units*: → *Territorialreform*.

Territorialgewässer *territorial: waters*: zum → *Territorium* eines → *Küstenstaates* gehörender Meeresstreifen, der sich vor der Küste erstreckt. Als T. galt seit Mitte des 18. Jh. das → *Hoheitsgebiet* der → *Dreimeilenzone*. Später wurden die T. von der Mehrheit der Staaten auf 12 sm ausgedehnt. Einige weitere

Staaten haben inzwischen ihre T. eigenmächtig auf 200 sm erweitert, v. a. zur Sicherung des Fischfangs. Die Regelung der UN- → *Seerechtskonferenz* sieht T. von 12 sm vor, an die sich bis 200 sm Entfernung von der Küste eine Wirtschaftszone anschließt (→ *Zweihundertmeilenzone*).

Territorialisierung *territorialization*: dynamischer Prozess der Bindung von Personen und deren Angelegenheiten innerhalb eines Raumes, v. a. innerhalb eines Staates (Territorium, Territorialität). Im Zuge der Globalisierung, der Intensivierung grenzüberschreitender Beziehungen und damit verbundener wirtschaftlicher, gesellschaftlicher und politischer Umwälzungsprozesse werden Prozesse der De- und Reterritorialisierung (z. B. von staatlichen Funktionen und Aufgaben, transnationalen Vergesellschaftungsformen) von zunehmender Bedeutung und verstärkt diskutiert.

Territorialität *territoriality, territorialism*: – Erscheinung bei Pflanzen, Tieren und Menschen, die auf ein → *Territorium* bezogen ist. Die T. kann z. B. auf die Verbreitung eines geo- oder biowissenschaftlichen Phänomens bezogen sein oder ein auf das Territorium bezogenes → *Revier*verhalten darstellen. – wird in der Politischen Geographie als grundlegendes, politisches Ordnungsprinzip und Strategie der Machtausübung verstanden, indem Menschen und Dinge über die Kontrolle eines durch Grenzen markierten Raumes (→ *Territorium*) kontrolliert werden. T. besitzt dabei eine physisch-materielle (Land), eine institutionell-funktionale (z. B. Verwaltung) und symbolische Dimension (z. B. Flaggen, Denkmäler, Bildung). – politisch-juristisch die Zugehörigkeit eines Individuums oder einer sozialen Gruppe zu einem bestimmten staatlichen Territorium. In diesem Sinne ist T. eng mit der sozialen Kategorie Ethnie verknüpft und Bestandteil der → *Ethnizität*. Das Prinzip der T. gesteht einer → *Ethnie* bzw. einer Nation das Recht zu, einen (eigenen) Staats(raum) homogen zu gestalten und dafür einschließende und ausschließende Regeln zu beschließen. In den → *Sozialgeographie* wird T. darüber hinaus auch für andere soziale Kategorie verwendet, z. B. für das Verhältnis von T. und Geschlecht in der → *Gendergeographie*. Hier stehen Räume im Fokus, die aufgrund normativer gesellschaftlicher Zuschreibungen (eher) für Frauen bzw. (eher) für Männer vorgesehen sind und damit das jeweils andere Geschlecht ausschließen. Darüber hinaus wird T. i. d. R. heteronormativ verstanden (→ *Heteronormativität*).

Territorialplanung *territorial planning*: in der ehemaligen → *DDR* üblicher Ausdruck für → *Landesplanung*, teilweise auch für → *Raumplanung*. Im Gegensatz zu den Verhältnissen in der Bundesrepublik Deutschland war in der T. auch die im politischen System der ehemaligen DDR bestehende räumliche Wirtschaftsplanung enthalten.

Territorialreform (territoriale Verwaltungsreform) *territorial reform, territorial reorganization of administrative units*: in der Bundesrepublik Deutschland gelegentlich gebrauchter, in der ehemaligen → *DDR* und den übrigen Staaten des früheren → *Ostblocks* üblicher Ausdruck für → *Gebietsreform*.

Territorialstruktur *territorial: structure*: jene Struktur eines Raumes, die sich aus den Naturgegebenheiten (→ *Leistungsvermögen des Landschaftshaushaltes*) eines → *Territoriums* und den darin wirksamen sozioökonomischen, politischen und planerischen Prozessen ergibt.

Territorialsystem *territorial system*: Erdraumausschnitt im Sinne des → *Territoriums*, der über eine charakteristische → *Territorialstruktur* verfügt, deren Funktionsweise von Entscheidungen und Maßnahmen des Menschen im Territorium bestimmt wird (→ *Modell der Territorialstruktur*).

Territorium *territory*: – in der → *Biologie* (besonders → *Zooökologie*) ein → *Revier*, in dem eine Tierart oder eine → *Tiergemeinschaft* ein charakteristisches Revierverhalten zeigt. Es repräsentiert ein verteidigtes Mindestwohngebiet. Nicht alle Arten beanspruchen Reviere. Bei gutem Nahrungsangebot sind die Reviere oftmals kleiner als bei Nahrungsmangel. → *Territorialität* kommt v. a. bei Wirbeltieren vor, hat aber auch bei Vögeln während der Brutzeit Bedeutung. – Schlüsselbegriff der → *Politischen Geographie*. In klassischen Arbeiten wurde T. in Verbindung mit staatlicher Souveränität als → *Hoheitsgebiet* eines Staates verstanden. In neueren Arbeit wird T. als Prozess bzw. Effekt von Territorialität verstanden; also als ein Raum, auf den hin wie auch immer gearteter Machtanspruch ausgeübt wird. T. ist somit nicht als ausschließlich staatlich-verfasst zu verstehen.

Terrorismus *terrorism*: Organisierte Form von Gewalt, die sich i. d. R. gegen die Zivilbevölkerung richtet, um zu politischen oder ideologischen Zwecken Angst zu schüren. Der Begriff ist analytisch uneindeutig und umkämpft, da T. als politischer Kampfbegriff von staatlichen Akteuren zur Delegitimation unterschiedlicher Formen des (legitimen) politischen Widerstands (Aufstände, Oppositionelle) und zur Durchsetzung von Versicherheitlichung instrumentalisiert werden kann (z. B. 'Krieg gegen den Terror').

Tertiär *Tertiary*: erstes System bzw. erste Periode des → *Känozoikums*. Das T. zeichnet

sich tektonisch durch die weltumspannende Bildungen der → *Faltungsgürtel* der Erde aus. So kam es im T. zur → *Faltung* und Heraushebung von Pyrenäen, Alpen, Apennin, Karpaten, Kaukasus sowie des übrigen altweltlichen Faltungsgürtels, der sich über den Himalaya hinaus bis nach Ost- und Südasien erstreckt. Ebenso entstanden die neuweltliche Faltungsgürtel oder die Großgrabensysteme Afrikas (→ *Graben*, → *Grabenbruch*). Dauer: ca. 66-2,6 Mio. J.v.h.. Das wird in die → *Perioden* → *Paläogen* und → *Neogen* aufgeteilt (deren Grenze ist die zwischen → *Oligozän* und → *Miozän*; = 23 Mio. J.v.h.). Beide gelten inzwischen als eigenständige → *Systeme*. Während der beiden ältesten → *Serien* (= Abteilungen) des T., das → *Paläozän* und das → *Eozän*, verhältnismäßig schlecht gegliedert sind, stellte man für die anderen drei (→ *Oligozän*, → *Miozän* und → *Pliozän*) differenzierte Gliederungen auf. Während des T. spielten sich bedeutende erdgeschichtliche Vorgänge ab: – Kontinente und Ozeane nahmen sukzessive die heutige Gestalt an. – Neben → *marinen* → *Sedimenten* sind weit verbreitete → *limnische* bis → *kontinentale* → *Ablagerungen*, u. a. → *Tone*, → *Mergel*, → *Sande*.
Der mit → *Gebirgsbildungen* verbundene → *Vulkanismus* lieferte z. B. Basalte. Mitteleuropa war im T. lange Zeit von tropischen bis subtropischen → *Sumpfwäldern* bedeckt, aus denen die → *Braunkohlen* entstanden. Während des gesamten T. waren reiche gebietstypische und klimazonale Floren und Faunen auf der Erde verbreitet. V.a. marine Lebewesen (z. B. Muscheln und Korallen) dienen der Gliederung des marinen T.. Charakteristisch ist auch die sprunghafte Entwicklung der Säugetiere. Mit dem Klimawandel wanderten bei den nordhemisphärischen Pflanzen die typisch tertiären subtropisch-tropischen Florenelemente allmählich in äquatoriale Breiten ab.

Tertiärdüne (tote Düne, Walddüne) *grey dune, brown dune*: nach der → *Vordüne* und → *Weißdüne* drittes Entwicklungsstadium der → *Küstendüne*, wenn die → *äolische Geomorphodynamik* infolge einer mehr oder weniger geschlossenen Vegetationsdecke vollständig zur Ruhe kommt und die → *Düne* festliegt (→ *Graudüne*, → *Braundüne*).

Strichdüne → *Longitudinaldüne*.

Tertiärenergie *tertiary energy*: weniger gebräuchliche Bezeichnung für → *Nutzenergie*.

tertiärer Sektor *tertiary sector*: im Gegensatz zum → *primären* und → *sekundären Sektor* derjenige Wirtschaftsbereich, in welchem die → *Dienstleistungen* zusammengefasst werden. Zum t. S. zählen im wesentlichen Handel, Finanzen, Verkehr, Verwaltung, Bildungs- und Schulwesen sowie die freien Berufe (Ärzte, Rechtsanwälte, Architekten usw.). (→ *Sektorentheorie*, → *quartärer Sektor*).

Tertiärförderung *tertiary extraction*: Verfahren zur Steigerung der Ausbeute bei der Erdölförderung. Im Gegensatz zur → *Primärförderung* und zur → *Sekundärförderung* wird bei der T. versucht die physikalischen und chemischen Kräfte zu beeinflussen, die das → *Erdöl* in der → *Lagerstätte* zurückhalten. Bei der T. werden thermische Verfahren (Injektion von heißem Wasser oder Dampf bzw. Sauerstoff zur Teilverbrennung des Öls im Porenraum) und chemische Verfahren (Einsatz von → *Tensiden* (Weichmacher) und Polymeren (Wasserverdicker)) eingesetzt.

Tertiärisierung *tertiarization*: 1. Zunahme des Anteils der Beschäftigung im → *tertiären Sektor* (faktische T.). 2. zunehmender Anteil von Dienstleistungstätigkeiten (→ *Dienstleistung*), die formell dem → *sekundären Sektor* zugerechnet werden (funktionale T.).

Tertiärrelikt *Tertiary relict*: als → *Relikte* aus dem → *Tertiär* gelten nur jene → *Taxa*, die mindestens seit dem → *Pliozän* unverändert bis in die Gegenwart in einem → *Refugium* mit für sie günstigen ökologischen Bedingungen überdauern konnten. Es muss also durch Merkmalskonstanz und Standortkonstanz der präglaziale Reliktcharakter einer Art bzw. Population gesichert sein. T. finden sich in jenen Refugien, die von den → *Klimaschwankungen* des → *Pleistozäns* nicht allzu stark beeinflusst wurden, wie Inseln, Höhlen, Thermalquellen oder alte Seen. Oft zählen auch jene Tier- und Pflanzenarten zu den T., die nur geringe Evolutionsgeschwindigkeiten aufweisen.

Tessera *tessera*: in der → *Landschaftsökologie* ein Beobachtungs"punkt" auf einer Kleinfläche, d. h. ein „Meßgarten" für klima-, wasser- und nährstoffhaushaltliche Untersuchungen (→ *Landschaftsökologischer Standort*, → *Site*:).

Tethys *Tethys*: erdumspannendes „Mittelmeer", das vom → *Paläozoikum* bis ins → *Tertiär* bestand und den von Europa, Nordafrika (heutiges Mittelmeer und Kleinasien) über das Himalaya-Gebiet bis Südostasien (Hinterindien) ausdehnte. Sein Verlauf steht in Beziehung zur Auffaltung des → *Alpidischen Faltengürtels*. Die T. war eine große → *Geosynklinale*, in der sich mächtige Sedimente ablagerten, aus denen die alpidischen → *Faltengebirge* – unter anderem auch die Alpen – entstanden. Mit deren Entstehung verschwand die T. bis auf einen Rest – das heutige Mittelmeer. Wegen der großen West-Ost- und der gelegentlich bedeutenden Nord-Süd-Erstreckung bestanden über die T. zahlreiche Austauschmöglichkeiten für Faunenelemente.

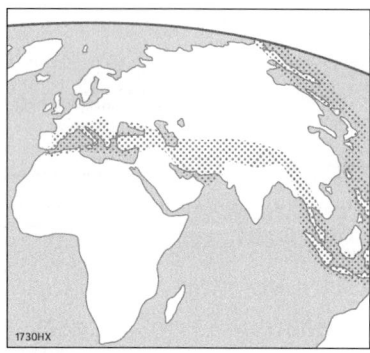

Tethys

Teufe *mining: depth*: in der Bergmannssprache (→ *Bergbau*) die Tiefe. Die T. bezeichnet z. B. die in Meter ausgedrückte Lage einer → *Lagerstätte* im Untergrund. Im Zuge ihrer Erschließung wird ein → *Schacht* „abgeteuft".

Teufelskreis der Armut → *Circulus vitiosus*.

Textur *texture*: 1. allgemein die Oberflächenbeschaffenheit eines Organs bzw. eines Organismus. : 2. in der → *Biologie* die Gliederung von Zellwänden. → : 3. Textur des Bodens.

Textur des Bodens *soil texture*: Körnungszusammensetzung des Bodens, d. h. die → *Bodenart* (→ *Textur*).

TFR → *zusammengefasste Geburtenziffer*.

thalassogen *thalassogenic*: 1. durch → *marine Geomorphodynamik* entstandene Erdoberflächenformen. 2. jene Meeresbecken, die durch → *epirogenetische* Vorgänge entstanden.

Thallophyten → *Lagerpflanzen*.

Themakarte *thematic map*: → *thematische Karte*.

thematische Karte (angewandte Karte) *thematic map*: Alternativbezeichnung für → *angewandte Karte* als Gegensatz zur → *topographischen Karte* verstanden, obwohl beide Begriffe anders fokussieren. T. K. haben ein Thema (z. B. Landformen, Gestein, Klima, Wirtschaft, Verkehr etc.) als Inhalt, das mit sach- und fachbezogenen Zeichen dargestellt wird. Im engeren Sinne ist die t. K. jedoch erst dann eine „angewandte" Karte, wenn sie (als Fachkarte) außerhalb der Fachwissenschaft eingesetzt wird, z. B. als Landnutzungs-, Planungs- oder Klimakarte bzw. als → *geomorphologische* oder → *geologische Karte*.

Themenpark *theme park*: in der → *Tourismuswirtschaft* ein → *Freizeitpark*, der thematisierte Attraktionen bietet, bzw. in dem ein bestimmtes Thema dominiert, z. B. Dinosaurier, Wilder Westen, Märchen, Comic-Figuren usw..

Theodolit *theodolite*: traditionsreiches Messinstrument der → *Geodäsie*, das zur Bestimmung von Winkeln in horizontaler und vertikaler Richtung eingesetzt wird. Moderne T. enthalten häufig ein Tachymeter mit Laserentfernungsmessern.

Theoretische Geographie *theoretical geography*: 1. die Betrachtung und Klärung der Bedeutung der → *Geographie* im Kontext der Wissenschaften. 2. theoretische Grundlagen der Geographie als wissenschaftliche Disziplin.

Theoretische Geomorphologie *theoretical geomorphology*: – allgemein die Theorie der → *Geomorphologie*, die Formen des → *Georeliefs* und die → *geomorphologischen Prozesse* betreffend. – ein auf die physikalischen Grundlagen der Reliefformenbildung zielendes Teilgebiet der → *Geomorphologie*, das Formen und Prozesse quantitativ und rechenbar darstellt und physikalische Gesetzesaussagen sucht. Sie steht in der Nähe der → *Quantitativen Geomorphologie*, aus deren Ergebnissen am Objekt sie Regeln und Gesetzmäßigkeiten für eine allgemeine Theorie der Geomorphologie ableitet.

Theoretische Ökologie *theoretical ecology*: 1. in der → *Biologie* die allgemeine → *Ökologie*, die sich mit den methodischen und methodologischen Grundlagen der Ökologie beschäftigt. 2. auch für das Spezialgebiet „Mathematische Ökologie" stehend, die auf mathematisch-statistischer Grundlage v. a. populationsbiologische Prozesse modelliert (→ *Modell*).

Theorie *theory*: wesentliches Instrument wissenschaftliches Denkens und Arbeitens. Ein Konstrukt aus Annahmen über kausale Zusammenhänge (→ *Kausalität*) von beobachteten Phänomenen (→ *Beobachtung*; → *Hypothese*, → *Modell*).

Theorie der geographischen Dimensionen *theory of the geographical dimensions*: Konzept der Landschaftsökologie, das auf der Annahme unterschiedlicher Dimensionen von → *Landschaftsökosystemen* basiert, die für die Betrachtungen von Landschaften als System insofern eine große Rolle spielen, als Dynamik und Prozesse der Landschaftsökosysteme unterschiedlich modelliert werden können. Die T. d. g. D. besitzt sowohl für die geographischen Raumgliederungen (→ *Naturräumliche Gliederung*, → *Naturräumliche Ordnung*) als auch für die stofflich und energetisch orientierte Landschaftsökosystemforschung Bedeutung.

Theorie der komplex-geographischen Betrachtung → *Theorie des geographischen Komplexes*.

Dimensionsstufe	Trivialbegriff	Landschaftsökologische Raumeinheit („Arealeinheit")	Landschaftsökologische Raumfunktionseinheit	Methodik
topisch	„lokal"	Top/topische Elementarlandschaft	Morpho-, Pedo- etc. -system/ Geoökosystem/ Bioökosystem	Partialkomplexanalyse, Komplexe Standortanalyse, Landschaftsökologische Komplexanalyse
chorisch	„regional"	Topgefüge/ Mikrochore/ Mesochore	Geo- und Bioökosysteme/ Landschaftsökosysteme	Landschaftsökologische Raumanalyse und -synthese
regionisch	„zonal"	Makrochore/ Megachore/ Zone	Großraum-Landschaftsökosysteme/Geome/ Biome	Arealsystemanalyse und -synthese
geosphärisch	„global"	Zonen/„Gaïa"/ Gesamt-Geobiosphäre/„Erde"	Geome/Biome/ Gaïa-Globalsystem	Globalsynthese

Theorie der graph. Dimension

Theorie der Landnutzung *theory of land utilization*: Modell des Johann Heinrich von Thünen (1875) zur Erklärung der landwirtschaftlichen Nutzung des Bodens in einem isolierten Staat. Die → *Landnutzung* wird im Modell von der → *Lagerente* bestimmt, die sich aus dem Marktpreis der produzierbaren Gütermenge abzüglich der → *Transport-* und Produktionskosten ergibt. Mit zunehmender Entfernung zum zentralen Marktort nimmt die Lagerente ab, sodass sich ringförmige Landnutzungszonen, die → *Thünenschen Ringe*, ergeben (→ *Landnutzungstheorie*, → *Modell*).

Theorie der langen Wellen *long wave theory*: Erklärungsansatz zur → *Regionalentwicklung* nach N. D. Kondratieff und J. A. Schumpeter. Mittels der T. d. l. W. lassen sich sehr langfristige und großräumige Verschiebungen der ökonomischen Wachstumsdynamik erklären. Die zentrale Aussage lautet, dass grundlegende technische Neuerungen (→ *Basisinnovationen*) in zyklischen Abständen gehäuft („in Schwärmen") auftreten und lange Wachstumsschübe bewirken und damit grundlegende Veränderungen in der → *Wirtschaftsstruktur* und der damit einhergehenden → *Regionalentwicklung* auslösen.

Theorie der Marktnetze *theory of market networks*: in der → *Standortstrukturtheorie* von August Lösch (1940) soll die räumliche Verteilung und Spezialisierung von → *Produktionsstandorten* der → *Industrie* erklärt werden. Die Netze der Marktgebiete der einzelnen Güter werden so übereinandergelegt, dass sie einen gemeinsamen Mittelpunkt bilden und die größtmögliche Anzahl von Produktionsstandorten identisch ist. Das sich ergebende System der → *Marktnetze* ist durch eine räumliche Differenzierung in städtereiche und städtearme Sektoren gekennzeichnet, in denen mit zunehmender Entfernung zum → *Zentralen Ort* im Mittelpunkt die Größe der Produktionsstandorte zunimmt.

Theorie der strategischen Spiele → *Spieltheorie*.

Theorie der Strukturierung → *Strukturationstheorie*.

Theorie des geographischen Komplexes T(heorie der komplex-geographischen Betrachtung) *theory oft the geographical complex*: klassisches Konzept der Landschaftsökologie, mit dem geographische Komplexe mit Hilfe von drei Setzungen erfasst werden sollen: – Erfassung der Geographischen Realität im aktuellen Zustand und in deren früheren und künftigen Entwicklungen. – Erfassung der Gesamtheit den → *abiotischen*, → *biotischen* und → *anthropogenen* → *Speicher*, → *Regler* und → *Prozesse* sowie Kräfte, die in der Geographischen Realität wirken. – Erfassung der → *Raummuster* und deren räumliche Differenzierungen, die Ausdruck des Wirkens der Mensch-Umwelt/Mitwelt-Beziehungen sind.

Theorie hoher Komplexität (Großtheorie) *theory of high complexity, grand theory*: → *Theorie* mit sehr hohem → *Abstraktionsgrad*, die der empirischen Überprüfbarkeit weitgehend entzogen sind. In den → *Sozialwissenschaften* werden sie auch als „große Erzählungen" bezeichnet, da sie den Anspruch haben, Bereiche der sozialen Wirklichkeit umfassend zu behandeln.

Theorie komplexer Systeme *theory of complex systems*: Bündel von theoretischen Ansätzen im Nachgang zur → *Chaostheorie* zur Analyse von komplexen, d. h. dynamischen Systemen (→ *komplexes System*).

Theorie mittlerer Reichweite *middle: range theory*: von Robert K. Merton eingeführter Begriff für → *Theorien*, die Phänomene in vergleichbaren (zeitlich-räumlichen) Kontexten zu erklären versucht. T. m. R. fallen in den Bereich der Grundlagenforschung und erlauben vergleichende Forschung in empirisch angelegten → *Fallstudien* (→ *Theorie hoher Komplexität*, → *ad-hoc-Theorie*).

Theorien der internationalen Arbeitsteilung *international division of labour theories*: Erklärungsansätze zum global differenzierten Einsatz der → *Produktionsfaktoren* (→ *internationale Arbeitsteilung*) und seiner Beeinflussung durch ökonomische, politische und gesellschaftliche Bestimmungsgrößen (→ *neue internationale Arbeitsteilung*).

Thermalbad *thermal spa*: → *Heilbad*, dessen therapeutische Wirkung auf der Anwendung von → *Thermalquellen* beruht.

Thermalquelle (→ *Therme*) *thermal spring, warm spring, hot spring*: warme Heilquelle mit oft hohem Gehalt an Mineralien (Mineralwasser, Quelle).

Thermalwasser *thermal water*: das Quellwasser einer warmen → *Quelle* (→ *Therme*).

Therme (Thermalquelle) *warm spring*: 1. Quelle, deren Wassertemperatur über dem Jahresmittel der Lufttemperatur des jeweiligen Gebietes liegt (allgemeingültige Definition).: 2. Quelle, deren Wasser Temperaturen von mehr als 20 °C aufweist (in Mitteleuropa gebräuchliche Definition).

Thermik *thermic currents*: aufwärts gerichtete Strömung warmer → *Luft*, die durch starke → *Einstrahlung* über dem → *Boden* erhitzt wurde oder durch → *Abwärme* in → *Ballungs-* und Industriegebieten entsteht (→ *Aufwind*, → *Konvektion*).

Thermikschlauch *thermal column*: röhrenartiges Gebilde aufschießender warmer → *Luft*, die über dem Erdboden erhitzt wurde und wegen des geringeren spezifischen Gewichts tropfenartig in die Höhe strebt.

thermisch *thermal, thermic*: in Bezug auf → *Wärme*; durch Wärme verursacht.

thermische Anomalie → *Wärmeanomalie*.

thermische Belastung *thermal burden*: die → *Belastung* von → *Atmosphäre* und Gewässern mit → *Abwärme*, insbesondere der Industrie- und Kraftwerksanlagen, aber auch der → *Agglomerationen* (Siedlungs-, Industrie- und Verkehrsareale). Die Überwärmung der Atmosphäre hat Klimafolgen (→ *Klimaänderungen*, → *Klimaschwankungen*). Die t. B. der → *Hydroökosysteme* verändert die natürlichen Abbauprozesse, woraus Sauerstoffmangel und damit → *Umkippen* des Stoffhaushaltes resultiert.

thermische Energie *thermal energy*: → *Wärmeenergie*.

thermische Höhenstufung *thermal mountain levels*: durch eine bestimmte regelmäßige Abnahme der mittleren → *Temperaturen* gekennzeichnete vertikale Gliederung der Naturräume und Nutzungsstufen in einem → *Hochgebirge*. Die t. H. ist der landschaftliche Ausdruck der physikalisch bedingten Temperaturabnahme mit zunehmender Höhe in der unteren Lufthülle der Erde (→ *Troposphäre*). Der → *vertikale Temperaturgradient* beträgt in Mitteleuropa 0.5-0.6°C/100 m (→ *Höhenstufe*).

thermische Kontinentalität *thermic continentality*: die sich aus der Lage im Inneren einer Festlandsmasse (→ *Kontinent*) ergebenden besonderen Temperaturverhältnisse. T. K. ist geprägt durch hohe Sommer- und tiefe Wintertemperaturen, demzufolge große Jahresschwankungen der → *Temperatur* der → *Luft* (→ *kontinental*, → *thermische Ozeanität*).

thermische Konvektion *thermic convection*: 1. durch Auftrieb in Gang gesetzte senkrechte Aufwärtsbewegung von relativ zur Umgebung wärmeren → *Luftmassen* bei allgemein → *labiler Schichtung*. T. K. entsteht bei starker Erwärmung der → *Luft* über dem Erdboden bei direkter → *Sonnenstrahlung* und bei Lufterwärmung durch andere Wärmequellen, z. B. → *Abwärme*. 2. nach dem Prinzip der t. K. vollzieht sich auch die Vertikalbewegung von Wasserteilchen in der Luft, weil → *thermisch* bedingte Dichteunterschiede entstehen, die einen Ausgleich anstreben, der sich in → *Konvektionsströmungen* äußert.

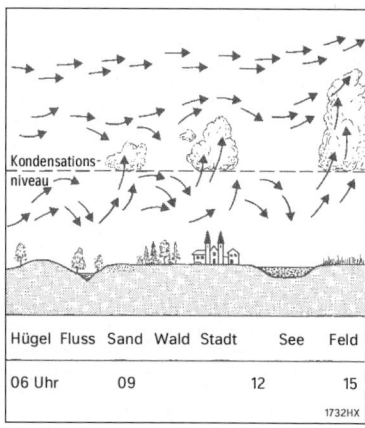

thermische Konvektion

thermische Maritimität → *thermische: Ozeanität*.

thermische Ozeanität (thermische Maritimität) *thermic maritimity*: die sich aus der Lage einer Küste oder in Meeresnähe ergebenden besonderen Temperaturverhältnisse. T. O. ist im Jahresverlauf durch einen für die jeweilige → *Breite* ausgeglichenen Verlauf der → *Temperaturen* geprägt (→ *maritimes Klima*).

thermische Turbulenz *thermic turbulence*: durch die Erwärmung der Erdoberfläche oder allgemein durch Temperaturunterschiede in Gang gesetzte, mit → *Konvektions*vorgängen einhergehende, ungeregelte Austauschbewegungen von → *Luftmassen*.

thermischer Äquator (Wärmeäquator) *thermic equator*: Linie, welche die Orte mit den höchsten Jahresmitteltemperaturen auf der Erdkugel miteinander verbindet. Wegen der ungleichen Verteilung von Land und Wasser (Konzentration von Landflächen auf der Nordhalbkugel) liegt der t. Ä. bis zu zehn Breitengrade nördlich des Erdäquators (→ *Äquator*).

thermischer Flusstyp *thermic stream type*: verallgemeinernde Zusammenfassung typischer Temperaturverhältnisse (Höhe und Jahresgang) in → *Flüssen*. In den → *Mittelbreiten* unterscheidet man drei t. F.: – Flachlandflüsse, in denen die Monatsmittel und das Jahresmittel der → *Temperatur* über der entsprechenden Werten der Lufttemperatur liegen; – Gebirgsflüsse, deren Wassertemperatur in einigen Sommermonaten unter der Lufttemperatur liegt (bei ähnlichen Jahresmitteln von Luft und Wasser); – Gletscherbäche, deren Wasser nur im Winter wärmer ist als die Luft.

thermischer Wirkungskomplex *thermal efficiency complex*: bezeichnet das → *Wirkungsgefüge* zwischen atmosphärischen Reizen, die auf die thermischen Bedingungen der → *Atmosphäre* zurückgehen, und die daraus resultierenden Reaktionen des menschlichen Körpers. Aus dem Wärmeaustausch Körper/Umgebungsluft resultiert Wärmeabgabe, die als → *Abkühlungsgröße* definiert wird. Ist sie niedrig, wird die Umgebung bioklimatisch als schwül empfunden; ist sie groß, erscheint sie als zu kühl. Der t. W. wird im Hinblick auf → *Wind*, → *Strahlung* und → *Luftfeuchtigkeit* betrachtet, die auch mit der Lufttemperatur in Beziehung stehen. Der t. W. ist für die Ausgestaltung des → *Bioklimas* ebenso wichtig wie für Raumkennzeichnungen der → *Geomedizin*. Maßnahmen der → *Landschaftspflege* und der → *Landschaftsgestaltung* nach Grundsätzen der → *Ökologischen Planung* müssten den t. W. berücksichtigen (→ *Wärme*).

thermisches Hoch *thermic anticyclone*: Gebiet hohen → *Luftdrucks*, das durch temperaturbedingte Luftbewegungen entstanden ist, d. h. durch großräumiges Absinken kalter → *Luft* (→ *thermisches Tief*).

thermisches Tief *thermic cyclone*: flaches bodennahes Gebiet tiefen → *Luftdrucks*, das durch temperaturbedingte Luftbewegungen entstanden ist, d. h. infolge Luftmassenverlustes durch Aufsteigen erwärmter → *Luft* (→ *thermisches Hoch*).

Thermodynamik *thermodynamics*: naturwissenschaftliches Fachgebiet, das sich mit den Beziehungen zwischen den verschiedenen Formen der → *Energie* beschäftigt, v. a. mit → *Wärme* bzw. → *Wärmeenergie* und deren Zusammenhängen mit mechanischer Arbeit und den dabei auftretenden Zustandsänderungen. Die T. kennt drei Hauptsätze, wovon der 2. Hauptsatz der T. (der Satz von der Zunahme der → *Entropie* geschlossener Systeme) für die → *Ökologie* am wichtigsten ist. Er spielt für die energetische Betrachtung der → *Biosysteme* bzw. → *Bioökosysteme* ebenso eine Rolle wie für die der → *Ökosysteme* bzw. → *Landschaftsökosysteme*. Fundamentale Bedeutung besitzt dabei den Satz von dem unveränderlichen Energiegehalt des Universums.

Thermoerosion *thermo-erosion*: seitliches Anschneiden von Bereichen des → *Bodeneises* durch Flüsse, ähnlich dem → *Thermokarst*, der jedoch nur die Veränderung durch Volumenverlust beschreibt, nicht aber die Wirkung fließenden Wassers.

thermohaline Konvektion *thermohaline convektion*: Wassermassenaustausch im → *Meer* als Folge von Unterschieden der Temperatur und des Salzgehaltes (→ *Salinitätsgrad*). Die Dichte des Wassers hängt von beiden Faktoren ab.

Thermoisoplethen *thermoisopleths*: Linien, welche die Punkte gleicher → *Temperatur* in einem raum-zeitlichen Raster miteinander verbinden.

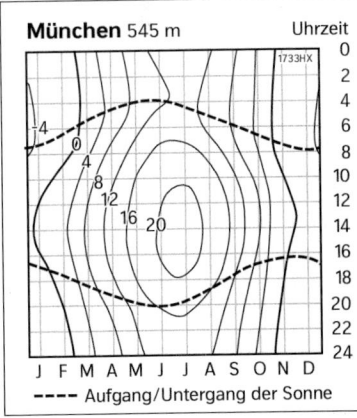

Thermoisoplethen

Thermokarst (Kryokarst) *cryokarst, thermokarst*: beschreibt → *Oberflächenformen*, die durch das Auftauen von eisreichem → *Permafrost* entstehen. T. ist eine Form des → *Pseudokarstes*, wobei infolge des Auftauens und der Frostbodenbewegungen neue Reliefformen entstehen, deren Hohlformen den Formen des echten → *Karstes* (z. B. → *Dolinen*) ähneln. Die Bezeichnung Thermokarst bezieht sich auf die thermischen Voraussetzungen und die Ähnlichkeiten der Oberflächenformen zu echten Karstformen.

Thermokline *thermocline*: Bereich innerhalb des → *Metalimnions* bzw. der → *Sprungschicht* eines → *Sees* mit dem größten → *Temperaturgradient* im gesamten Seewasserkörper. Im Englischen wird der Begriff *thermocline*: oft als Synonym für Metalimnion gebraucht.

Thermolumineszenzdatierung (TL-Datierung) *themoluminescence dating*: aufwändige Methode zur Datierung terrestrischer Sedimente, die vor ihrer Überdeckung lange dem Sonnenlicht ausgesetzt waren, z. B. → *Löss* oder Dünensand. Gemessen wird die Abgabe der im Mineralkorn gespeicherten Energie, die durch darin absorbierte → *ionisierende Strahlung* gespeichert wurde. Durch Wärme wird die Strahlung der Mineralkörner experimentell stimuliert und deren Intensität gemessen, die vom Alter der Probe abhängt. Standardmethode für äolische Sedimente der letzten 100 000 Jahre und für prähistorische Keramik (→ *Lumineszenzdatierung*, → *Optisch-stimulierte Lumineszenzdatierung*, → *Infrarot-stimulierte Lumineszenzdatierung*).

thermonukleare Reaktion *thermonuclear reaction*: → *Kernreaktion*, welche die für ihren Ablauf benötigte Energie aus der thermischen Bewegung bezieht.

Thermoperiodismus *thermoperiodism*: 1. die Wirkung → *periodischer* thermischer Änderungen auf Verhalten und Körperfunktion von Lebewesen. 2. im engeren Sinne ist T. die bei Organismen zu beobachtende Anpassung an einen Temperaturwechsel zwischen Tag und Nacht.

thermopluvialer Faktor *thermopluvial factor*: dimensionslose Kennzahl für die Klassifikation von Klimaten (→ *Klimaklassifikation*), die nach verschiedenen Formeln aus → *Temperatur-* und → *Niederschlags*werten berechnet wird.

Thermosphäre → *Ionosphäre*.

Thermotropismus *thermotropism*: durch Temperaturdifferenzen induzierte Krümmungsbewegung von Pflanzen Auch die Bewegungen von → *Kompasspflanzen* werden – neben dem → *Phototropismus* – vom T. induziert.

Therophyten *therophytes*: jene Lebensformgruppe einjähriger wurzelnder Pflanzen, welche die thermisch und/oder hygrisch ungünstige Jahreszeit als Samen überdauern (→ *Lebensformensysteme*).

Thirdspace *Dritter Raum*: ein theoretisches → *Raumkonzept* von Edward Soja, das die Besonderheit eines spezifischen Raumes fassen will. In T. kommt alles zusammen: Subjektivität und Objektivität, das Abstrakte und das Konkrete, das Reale und die Imagination, das sich wiederholende und das Einmalige, → *Struktur* und → *Agency*, Geist und Körper, das Bewusste und das Unbewusste, Diszipliniertes und Transdisziplinäres, das tägliche Leben und die nicht endende Geschichte. Das Konzept T. gehört zu den postmodernen Geographien (→ *Postmoderne*) und bezieht sich auf Autoren wie Henri Lefebvre, Michel Foucault, Edward Said und Homi K. Bhaba (→ *Heterotopie*, → *Hybridität*, → *Poststrukturalismus*).

Thixotropie *thixotropy*: Fließeigenschaft, bei der die Viskosität einer sich wie eine Flüssigkeit verhaltenden Masse während der Bewegung zunächst abnimmt, um im Ruhezustand wieder zuzunehmen. Feinkörnige Substrate verhalten sich oft thixotrop, wobei die Herabsetzung der Viskosität und damit der Beginn des → *Fließens* durch Erschütterung, Stoß, Schlag oder Porenwasserdruckveränderungen ausgelöst wird. T. ist überwiegend in → *See-*, Schwemm- und verschiedenen → *Verwitterungstonen* sowie Watt- und Flussschlickablagerungen möglich. Für die Bewegung ist keine Wassergehaltsänderung nötig.

Thomas-Theorem *Thomas: theorem*: eine auf den amerikanischen Soziologen William Isaac Thomas (1863–1947) zurückgehende These, die besagt, dass wenn Menschen eine Situation als wirklich definieren, diese in ihren Konsequenzen wirklich ist. Sobald also Menschen eine Situation als real wahrnehmen, werden auch die Konsequenzen aus dieser Situation real, auch wenn die Einschätzung der Ausgangssituation auf einem Irrtum basiert. In der → *T. heißt das, dass ein → *Risiko* keinerlei realen Kern benötigt, um sozial (gesellschaftlich) als Risiko behandelt zu werden. Ebenso wenig bedürfen die nach dem T. T. Raumwahrnehmungen (→ *mental map*) eines realen Bezugs, um sozial wirksam zu werden.

Thorium-Hochtemperatur-Reaktor (THTR) *thorium high temperature reactor*: ein → *Kernreaktor*, der auf hohem Temperaturniveau (bis zu 1000°C) arbeitet. Er gehört zu den gasgekühlten → *Reaktortypen*, der aber gegenüber diesem mit anderer Brennstoffzusammensetzung arbeitet. Er verwendet unter anderem Thorium-232 als Brutstoff. Die von ihm betriebenen Heißdampf-

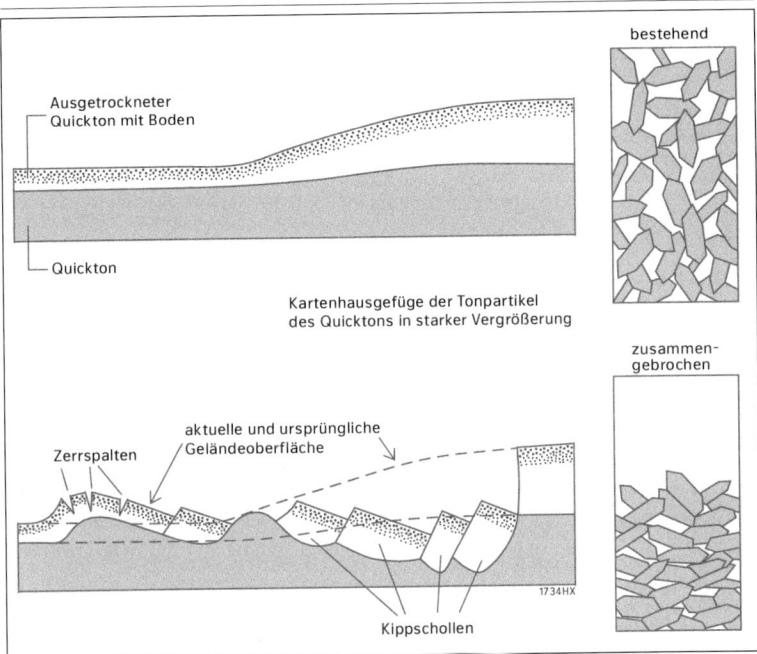

Thixotropie

turbinen haben einen hohen Wirkungsgrad bei der Stromerzeugung. Der THTR kann ferner Prozesswärme auf hohem Temperaturniveau liefern, z. B. zur → *Kohlevergasung*.

Thorium-Uran-Methode (Th-230-U-234-Datierung, Uran-Thorium-Methode) *thorium-uranium dating*: physikalische Altersbestimmung mit der → *Uran-* → *Zerfallsreihe*. Beruht auf dem geochemisch unterschiedlichen Verhalten von Uran und Thorium; angewandt auf Zähne, Knochen, → *organogene Ablagerungen* (z. B. Kalkstein, Torf, Kalktuff), → *Evaporite* und Sedimente der → *Tiefsee*. Datierungsreichweite zwischen 10 und 550 000 Jahren. Die Genauigkeit der Th.-U.-M. nimmt mit zunehmendem Alter der Proben und geringeren Urangehalten zu.

Three Miles Island-Reaktor → *Harrisburg*.

THTR *thorium high temperature reactor*: → *Thorium-Hochtemperatur-Reaktor*.

Thufur *thufur, peat hill,: earth hummock, earth mound*: durch Frostwechsel (→ *Frostwechselklima*) entstehender kleiner Erdbuckel unter einer gleichmäßigen Pflanzendecke mit dickem Wurzelgeflecht. Der Wurzelfilz verhindert eine Materialsortierung wie bei → *Frostmusterböden*, ebenso wie das Zusammensinken der Hügel beim sommerlichen Auftauen des → *Permafrostbodens* (→ *Auftauschicht*). Die T. gehören zu den → *Hydrolakkolithen*.

Thünensche Ringe *Thünen rings*: nach J. H. von Thünen (1783–1850) benannte Ringe eines Kreismodells, das den Zusammenhang von Grundrente (→ *Lagerente*) und → *Standort* der landwirtschaftlichen Produktion darstellt. Die T. R. erklären das Thünensche Intensitätsgesetz, indem sie die landwirtschaftlichen Nutzungszonen in ihrer Abfolge so ausweisen, wie sie sich aus der Entfernung zum Markt, d. h. unter Beachtung des Transportkostenaufwands und der Arbeitsintensität am wirtschaftlichsten ergibt. Generelles Merkmal der T. R. ist die abnehmende Intensität vom Marktzentrum aus (→ *Theorie der Landnutzung*).

Th-230-U-234-Datierung → *Thorium-Uran-Methode*.

Tide *tide*: → *Gezeiten*.

Tidehafen *tidal port*: → *Hafen* für die Seeschifffahrt – an der Meeresküste, an einer Flussmündung oder an einem → *Seekanal* gelegen – dessen Wasserstand nicht, wie beim → *Dockhafen*, durch Schleusen geregelt wird. Durch die → *Gezeiten* verändert sich in einem

T. der Wasserstand; häufig können größere Schiffe einen T. nur bei → *Flut* anlaufen oder verlassen (z. B. Hamburg).

Thünensche Ringe

Tidenhub *tidal range*: im Rahmen der → *Gezeiten* das Ausmaß des Ansteigens des Wasserstandes bei → *Flut*, d. h. die Differenz zwischen → *Niedrig-* und → *Hochwasser*. Der T. beträgt oft 1,53 m, weicht jedoch in besonderen Meeres- und Küstenlagen stark von diesem häufigen Wert ab. In Binnenmeeren beträgt er z. T. nur einige Zentimeter, in Trichtermündungen (→ *Ästuar*) mit gestauter Flutwelle dagegen bis 21 m (Fundy-Bay, Kanada).

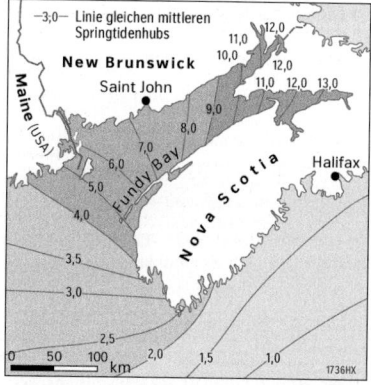

Tidenhub

Tief *deep*: – im Sinne einer Tiefenlinie eine → *subaquatische* → *Hohlform*, welche eine Verbindung zwischen dem Wasserkörper eines → *Haffs* und dem offenen Meer herstellt. – Tiefenlinie im → *Wattenmeer* im Sinne des → *Seegats*. – in der Klimatologie Kurzbezeichnung für → *Tiefdruckgebiet*.

Tiefausläufer *trough*: aus einer großen, oft stationären → *Zyklone* abgesonderter, wandernder Tiefdruckwirbel, der instabil ist und sich relativ rasch auffüllt.

Tiefbau *underground mining, [level] deep mining, deep [mine] working*: → *Bergbau* zum Abbau nutzbarer → *Lagerstätten* unter Tage, dem → *Tagebau* gegenüberstehend. Je nach Form der Lagerstätte (flözartig, massig, gangartig), der Standfestigkeit des → *Nebengesteins* und des → *Rohstoffs* selber, wendet man spezielle Abbauverfahren (→ *Strebbau*, → *Kammerbau*, Teilsohlenbruchbau, → *Weitungsbau*) an. Auch T. verursacht Umweltschäden: – Zunächst erfolgt → *Landschaftsverbrauch* durch Deponieren des → *Abraums* auf → *Halden* bzw. → *Kippen*. – An der Erdoberfläche kommt es zu → *Sackungen* (großflächige Bodensenkungen), die maximal bis zu 20 m betragen können, mit massiven Bauschäden im Gefolge. – Im Freiland wird die Landwirtschaft durch Sackungen beeinträchtigt. – Bei oberflächennahem → *Grundwasser* erfolgen Störungen des → *Landschaftswasserhaushalts*, – v. a. durch Absenken des → *Grundwasserspiegels* oder – Verschmutzen des Grundwassers durch Grubenabwässer bzw. aus den Schächten abgepumptes Grundwasser.

Tiefbrunnen *deep well/borehole*: weit in die Tiefe reichender Rohrbrunnen zur Erschließung qualitativ hochwertigen Wassers (→ *Brunnen*).

Tiefdruckfurche → *Tiefdruckrinne*.

Tiefdruckgebiet (Depression, Tief) *low-pressure area*: Gebiet, in dem relativ zur benachbarten Luftmassenumgebung tiefer → *Luftdruck* herrscht. Die Luftströmungen führen demzufolge im T. von außen nach innen, wobei sie nach dem → *Barischen Windgesetz* eine Drehung erfahren (auf der Nordhalbkugel gegen den Uhrzeigersinn, auf der Südhalbkugel im Uhrzeigersinn). – T. ist ein Sammelbegriff für in der Entstehung grundverschiedene Erscheinungen tiefen Luftdrucks: – die wandernden T., die → *Zyklonen*, sind wegen ihrer Wetterwirksamkeit am häufigsten und am bedeutendsten – die stationären Zentraltiefs, existieren großräumig und entstehen dynamisch – die thermisch entstehenden → *Hitzetiefs*, welche sich als große Gebilde im Innern ausgedehnter Festlandsmassen (→ *Kontinente*) und als lokale überall bilden können. (→ *Hochdruckgebiet*).

Tiefdruckrinne (Tiefdruckfurche, Tiefdruckzone) *trough*: lang gestreckte Zone relativ tiefen → *Luftdrucks* zwischen zwei

→ *Hochdruckgebieten* (im planetarischen Maßstab die → *äquatoriale* und die → *subpolare T.*).

Tiefdrucksystem *low pressure system*: gürtel- oder streifenartig entwickeltes großes komplexes → *Tiefdruckgebiet*, das aus mehreren → *Zyklonen* besteht.

Tiefdrucktrog (Trog) *trough*: tiefe Einbuchtung im Höhendruckfeld, in typischer Weise als Südausbuchtung an der wellenartig entwickelten → *planetarischen Frontalzone*. Das Gegenstück zum T. ist der → *Hochdruckkeil*.

Tiefdruckzone → *Tiefdruckrinne*.

Tiefebene *lowland (plain), low-lying plain*: → *Tiefland*, das nur geringe Höhenunterschiede und damit ebenfalls nur geringe Reliefenergie aufweist. –

Tiefenerosion (Vertikalerosion) *downcutting, downward erosion, vertical erosion*: im → *Fließgewässer* als Teil der → *Fluvialerosion* neben der → *Seitenerosion* und der → *Sohlenerosion* wirksam. T. wirkt v. a. durch die hydraulische Einwirkung von → *Grundwalzen* an der Sohle des → *Flussbettes*, die jedoch zugleich durch Seitenerosion ausgeweitet wird, sodass seiten- und tiefenerosive Prozesse gemeinsam die Sohle ausweiten und tiefer legen. Die Grundwalzen arbeiten flussaufwärts, sodass die T. auch als → *rückschreitende Erosion* bezeichnet werden kann. T. hängt von vielen Randbedingungen ab, z. B. Wasserführung, Gestein, Gesteinslagerung, → *Geschiebefracht*, Gefälle usw. Typische Oberflächenformen, die durch T. entstehen, sind → *Klamm*, → *Schlucht* und → *Kerbtal*.

Tiefengesteine (Intrusivgestein, Plutonit) *plutonic rocks*: durch das langsame Erstarren des → *Magmas* in der Tiefe entstanden; wobei die Mineralbestandteile auskristallisieren können. Die Folge sind vollkristalline und gleichmäßig-körnige bis grobkörnige Strukturen der T.. Die Reihe der T. beginnt mit hellen (sauren) → *Graniten* und führt über Granodiorit, → *Syenit*, → *Diorit*, → *Gabbro* zum → *Peridotit*, endet also mit dunklen (basischen) Gesteinen. Das häufigste T. ist der Granit (90-95% Anteil an T.). T. treten als große Körper, die → *Plutone*, auf, daneben als plattige Lagergänge, pilzförmige → *Lakkolithe* oder keulenförmige → *Stöcke*.

Tiefeninterview *in-depth interview*: Form der → *qualitativen Sozialforschung* und v. a. im Rahmen der Motivforschung (Psychologie, → *Marktforschung*) eingesetzte, nicht-standardisierte, persönliche → *Befragung* (→ *face-to-face-Interview*). Das T. ist strukturiert, wenn sich die interviewende Person an ein Befragungsschema hält (→ *Leitfadeninterview*). Bei einem nichtstrukturierten T. liegt nur das Befragungsthema fest und das Interview folgt dem Gesprächsverlauf.

Tiefenlinie *bottom contour (line), contour line, depth contour/line (1.); isobath (2.); bathymetric curve/contour line (3.)*: 1. Verbindungslinie zwischen den tiefsten Punkten einer länglichen Hohlform, z. B. ein → *Flussbett*; 2. in der → *Kartographie* die Verbindungslinie zwischen den Punkten gleicher Wassertiefe (für die kartographische Darstellung des Meeres- oder eines Seebodens); 3. Linie gleicher Meerestiefe.

Tiefenökologie *deep ecology*: ein Teilbereich der → *Ökosophie*, der ein ganzheitliches (→ *Holismus*) und spirituell begründetes Leben im Einklang mit der Natur anstrebt. Eine wissenschaftliche Betrachtung erzeugt in dieser Perspektive nur oberflächliche Antworten im Hinblick auf ökologische Probleme, während die T. nach ganz grundlegenden (tiefen) Veränderungen fragt (→ *Gaia-Konzept*).

Tiefenreif → *Schwimmschnee*.

Tiefenverwitterung (kryptogene Verwitterung) *deep weathering, downward weathering*: → *chemische Verwitterung* ist in den → *Tropen* wesentlich intensiver und läuft schneller ab als in anderen Klimazonen. Entsprechend wirkt sie dort in tiefere Bereiche des → *oberflächennahen Untergrundes*, wobei → *Festgesteine* in → *Verwitterungslehme* bzw. → *Verwitterungstone* zu sehr mächtigen → *Verwitterungsdecken* umgewandelt werden (→ *Regolith*), die dann besonders anfällig für Abtragung sind. Die Theorie der → *Doppelten Einebnungsfläche* setzt z. B. intensive T. voraus.

Tiefenvulkanismus *deep-seated volcanism*: Form des → *Vulkanismus*, dem → *Kryptovulkanismus* zur Seite gestellt. Der T. entspricht damit praktisch dem → *Plutonismus*, wird aber gelegentlich auch dem Kryptovulkanismus gleichgesetzt.

Tiefenwasser *deep (subterranean, juvenile) water*: 1. in → *Seen* das unter der → *Sprungschicht* liegende Wasser (→ *Hypolimnion*), welches im → *Sommer* kaum erwärmt und nur im Zustand der Vollzirkulation (→ *Seezirkulation*) in Durchmischungsprozesse einbezogen wird. 2. Im → *Tieferen* (geologischen) → *Untergrund* tief gelegenes → *Grundwasser*, das als → *fossiles Wasser* seit einigen Jahrtausenden nicht mehr in den → *Wasserkreislauf* der Atmosphäre einbezogen war.

tiefer Karst *deep karst*: nach hydrologischen Gesichtspunkten typisierter → *Karst*. Beim t. K. liegen ebenso wie beim → *seichten Karst* verkarstungsfähige über nicht verkarstungsfähigen Gesteinen, wobei aber die wasserstauende Schicht unterhalb des Vorfluterniveaus liegt. Somit kommt es zur Ausbildung einer → *phreatischen* und einer → *vadosen Zone*. An → *Quelltöpfen* kann das unter Druck stehende → *Karstwasser* der phreatischen Zone austreten. Außerdem kann es an der Grenze zwischen phreatischer und vadoser Zone durch → *Mischungskorrosion* zur Ausbildung ausgeprägter Höhlensysteme kommen (→ *epiphreatische Höhle*).

Tieferer Untergrund (Tiefer geologischer Untergrund) *deep geological underground*: im Gegensatz zum geographisch und geoökologisch interessierenden → *Oberflächennahen Untergrund* jener Bereich der → *Erdkruste*, der außerhalb des geoökologischen → *Wirkungsgefüges* liegt und Fachgegenstand v. a. der → *Geologie* und → *Geophysik* ist. Es ist der Bereich der → *Lagerstätten* mineralischer und → *geogener* nichtmineralischer → *Rohstoffe*, der → *Erdbeben*, des → *Magmatismus* und der → *tektonischen* Prozesse, z. B. der Bildung von → *Gräben*, der → *Gebirgsbildung* und der → *Faltung*.

Tiefherdbeben *deep-focus earthquake*: → *Erdbeben*, dessen Hypozentrum in Tiefen von 300-700 km liegt.

Tiefkraton *low craton*: dem → *Hochkraton* (→ *Kraton*) gegenübergestellt, dabei neuerlich abgesunkene Bereiche des Festlandes und zugleich ein starres Stück der → *Erdkruste* repräsentierend. Gegenüber den → *Geosynklinalen* bleiben T. fest. Sie werden auch als superstabile Tiefmeere bezeichnet, unter denen lediglich eine sehr dünne → *Sialschicht* liegt, d. h. das → *Sima* reicht unter dem T. weiter nach oben.

Tiefkultur *deep tiling, breaker ploughing, subsoil ploughing*: mechanische → *Bodenbearbeitung* in der → *Landwirtschaft*, die tiefer als die übliche → *Pflug*, d. h. tiefer als 30–40 cm, in den Boden eindringt. Ziel ist dabei, dem Pflanzenwuchs abträgliche Bodenverdichtungen oder Krustenbildungen wie z. B. → *Ortstein* aufzubrechen (→ *Sandmischkultur*).

Tiefland *lowlands, lowland area*: → *Flachland* unterhalb einer Höhe von 200 m NN (→ *Hypsographische Kurve*). Global gesehen nehmen T. rund 25% der → *Erdoberfläche* ein. Im Gegensatz zur → *Tiefebene* kann das T. auch größerflächig verbreitete Hügellandschaften aufweisen, die für die Reliefierung sorgen.

Tiefpflügen *deep ploughing, deep tillage*: Tiefumbruch des → *Bodens* mithilfe von Spezialpflügen bis maximal 2 m Tiefe. Es ist eine Maßnahme der → *Melioration*, die durch Aufbrechen wasserstauender Horizonte oder Schichten (→ *Ortstein*) oder durch Hochbringen mineralischen Bodens in moorige Deckschichten eine generelle → *Bodenverbesserung* und Verlangsamung des → *Torfschwundes* anstrebt.

Tiefsee *deep sea (ocean), abyssal sea (depths), oceanic abyssal*: die praktisch lichtlosen Meeresbereiche unterhalb 800 m Tiefe. Andere Definitionen setzen die T. schon bei 200 m oder erst bei 1000 m oder sogar erst bei 4000 m Tiefe an, je nachdem, ob ozeanographisch oder biologisch argumentiert wird. Geomorphologisch reicht die T. mit Bezug auf den Meeresboden (→ *Tiefseeboden*) vom unteren → *Kontinentalabfall* über die T.-böden bis in die → *T.-gräben*. Im lichtlosen T.-bereich kommt nur tierisches Leben vor. Bezüglich der Lebensräume der Organismen unterscheidet man das freie Tiefseewasser (→ *Pelagial*) und den Tiefseeboden (→ *Benthal*). 1.

Tiefsee *deep lak:e* → *See*, der mindestens so tief ist (im Minimum 20–30 m), dass sich eine deutliche thermische → *Schichtung* aus einer warmen Oberflächenschicht, einer → *Sprungschicht* und einer Tiefenwasserschicht entwickeln kann.

Tiefseebecken *deep-sea basin*: tiefste Meeresbecken, begrenzt von → *Schwellen*, wie den → *Mittelozeanischen Rücken* und/oder den → *Kontinentalabhängen*. Die T. gliedern die Böden der Ozeane und werden voneinander durch ozeanische Rücken begrenzt. T. sind → *submarine* Größtformen mit einem komplexen Relief, zu dem z. B. die → *Tiefseeebenen* gehören.

Tiefseeberg *abyssal mount, deep-sea mount, seamount*: Sammelbegriff für Einzelbergtypen der → *Tiefsee*, die als Tiefseekuppen oder als Tiefseeeinzelberge – im Sinne der → *Guyots* – auftreten.

Tiefseebergbau *deep sea mining*: → *Meeresbergbau*, der im Bereich von mehr als 1000 m Tiefe den unteren Teil des → *Kontinentalabhanges*, die → *Tiefseebecken* und Tiefseegräben sowie den größten Teil des Meeresbodens (→ *Tiefseeboden*) im Bereich der Mittelozeanischen Rücken erfasst. Ziel ist die Gewinnung von Tiefseeerzen, z. B. der auf dem Meeresboden lagernden → *Manganknollen*, Phosphoritknollen und hydrothermalen Erzschlämme. Durch die aufwändige Bergbautechnik ist der T. sehr kapitalintensiv. Die Durchführung des T. regelt das → *Seerecht*.

Tiefseeboden *abyssal floor, deep-sea bottom, deep-sea floor*: 1. allgemein der insgesamt beträchtlich reliefierte Boden der → *Tiefsee* mit einer → *Becken-Schwellen-Struktur*, die von ausgedehnten → *Tiefseebecken* und z. T. hoch aufragenden ozeanischen Rücken durchsetzt ist (→ *Mittelozeanische Rücken*). 2. Flachformen vom Typ der → *Tiefseeebenen*, mit mehr oder weniger zusätzlichen Reliefierungen durch Berg- und Hügelländer, die oft vulkanischen Ursprungs sind.

Tiefseeebene *abyssal plain*: ausgedehnte großräumige → *Flachformen* im Bereich der → *Tiefseebecken* mit nur geringen oder feh-

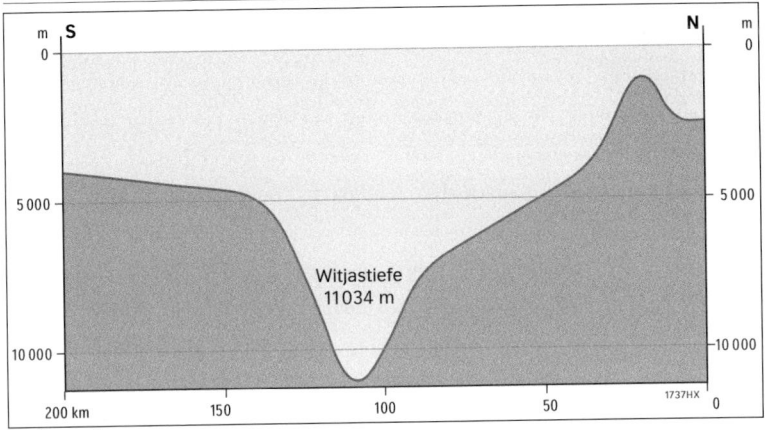
Tiefseegraben

lenden Reliefierungen, von einzelnen → *Tiefseebergen* abgesehen.

Tiefseefazies (abyssische Fazies) *deep-sea facies, abyssal facies, deep water marine facies*: überwiegend aus sandig-tonigen, schluffig-tonigen oder tonigen → *Sedimenten* bestehende → *Fazies*, v.a. Globigerinenschlamm, → *Blauschlick* und Roter → *Tiefseeton*. Auch kalkige Beschaffenheit ist für die T. charakteristisch.

Tiefseegraben *abyssal furrow, abyssal trench, deep-sea trench, trench*: T. sind die tiefsten Bereiche der Erde. Lang gestreckte, meist rinnenförmige Einsenkung mit Tiefen >6000 m (bis >11 000 m). Sie entstehen plattentektonisch durch → *Subduktion* und kennzeichnen die Stelle, an der die Platten aufeinanderstoßen (→ *Subduktionszone*). Die T. sind Bereiche großer Erdbebenhäufigkeit. Nach der → *hypsographischen Kurve* beträgt der Flächenanteil der T. an der Erdoberfläche ca. 5%.

Tiefseesedimente *deep-sea sediments, abyssal deposits*: Gruppe der marinen Ablagerungen (→ *Tiefseefazies*), auch als pelagische Sedimente bezeichnet, die ca. 93% des Meeresbodens in Tiefen von über 800 m bedecken. Nach Tiefe und Sedimentationsraum erfolgten charakteristische Ablagerungen: 1. zwischen 800 und 2400 m finden sich die hemipelagischen → *Schlicke*, vertreten durch → *Blauschlick*, glaukonitischen Grünsand und Grünschlick. 2. darunter folgen zwischen 2400 und 5000 m die eupelagischen Sedimente Globigerinenschlamm und → *Diatomeenschlamm*. 3. in Tiefen darunter folgen → *Radiolarienschlamm* und Roter → *Tiefseeton*. Es handelt sich überwiegend um Fein- und Feinstsedimente, die größtenteils aus Resten mariner Lebewesen entstanden.

Tiefseeton *abyssal clay, deep-sea clay*: charakteristisches Sediment der tiefsten Teile der → *Tiefseeböden*, repräsentiert v.a. vom Roten T., der mit ca. 36% an den → *Tiefseesedimenten* beteiligt ist mit einer Sedimentationsrate von 0,05 bis 0,8 cm/100 Jahre.

Tieftagebau *deep open mining, deep surface mining*: → *Tagebau*, bei dem die → *Lagerstätte* unter mächtigen Decksedimenten liegt (bei oft hohem Grundwasserstand), die zunächst abgeräumt werden müssen und als → *Abraum* auf → *Halden* und Kippen kommen. Wegen der nicht standfesten → *Lockergesteine* des → *Deckgebirges* ist → *Tiefbau* ausgeschlossen. Beim T. werden Tiefen von mehreren Hundert Metern erreicht, die eine obere Öffnungsweite der Grube von vielen Kilometern erfordern. Der T. stellt massiven → *Landschaftsverbrauch* dar. Nach Schließen des T. wird durch → *Landschaftsgestaltung* und Maßnahmen der → *Rekultivierung* eine „Bergbaufolgelandschaft" gestaltet.

Tiefwasserhafen *deep-water harbo[u]r*: → *Seehafen*, der von der Zufahrtsmöglichkeiten und der Tiefe der Hafenbecken her geeignet ist, von Schiffen mit besonders großem Tiefgang angelaufen zu werden, z.B. von großen Tankern.

Tiere *animals*: → *heterotrophe* Lebewesen, die zur Aufrechterhaltung ihrer Lebensfunktionen organische Stoffe benötigen. Im Gegensatz zu → *Pflanzen* ist ihre Ernährung vom Licht unabhängig. Tiere sind in den ökosystemaren Stoffumsatz in ihrem Lebensraum durch den Nahrungsverbrauch und ihre Ausscheidungen eingebunden.

Tiergemeinschaft → *Zoozönose.*
Tiergeographie → *Zoogeographie.*
Tierkunde → *Zoologie.*
Tierökologie → *Zooökologie.*
Tierreich *faunal realm (1.); animal kingdom (2.)*: 1. Faunenreich. 2. das T. ist oberste Kategorie der zoologischen Systematik und wird u. a. dem Pflanzenreich gegenübergestellt.
Tierschutz *animal protection*: im Sinne des → *Naturschutzes* sämtliche Maßnahmen zur Erhaltung vom Aussterben bedrohter Tiere. Im übergeordneten Sinne stellt der T. auch Schutz der → *Ökosysteme* und damit der Lebensumwelt des Menschen dar (→ *Umwelt*).
Tierstaat (Staatenbildung bei Tieren) *animal colony*: das gemeinsame Zusammenleben von Tieren mit Funktions- und Arbeitsteilung und auch morphologischen Anpassungen, z. B. bei staatenbildenden Insekten wie Ameisen oder Termiten.

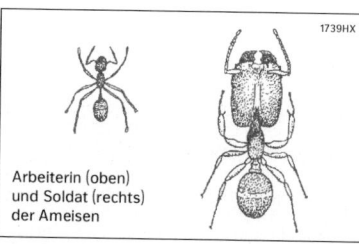

Arbeiterin (oben) und Soldat (rechts) der Ameisen

Tierstaat

Tierwanderung *animal migration*: 1. aktive und gerichtete Ortsveränderung von Tieren, die → *periodisch* oder → *episodisch* erfolgt und verschiedene Ursachen hat, die sowohl auf Änderungen der Lebensumwelt als auch auf die Entwicklungs- und Populationsdynamik der Arten zurückgehen. Unterschieden werden z. B. Wanderungen, die mit der Fortpflanzung, der Futtersuche, dem Wechsel der Jahreszeiten (Sommer-Winter, Trockenzeit-Regenzeit), extremen Witterungsereignissen und zu hoher Populationsdichte zusammenhängen können. Das Wanderungsvermögen einer Tierart hängt von der körpereigenen Fortbewegungsmöglichkeit ab, die zwischen aktiver Bewegung und passiver Verfrachtung liegen. 2. erdgeschichtlich bedingte Wanderungen in kontinentalen bis subkontinentalen Ausmaßen, die z. B. während des → *Pleistozäns* erfolgten und Bestandteil einer überregionalen Entwicklungsdynamik der → *Arealsysteme* sind.
Tierzucht (Viehzucht) *animal breeding*: 1. Haltung, Ernährung und Vermehrung von Nutztieren für die → *Landwirtschaft*. 2. wissenschaftlich-experimentelle Haltung und Vermehrung von Haustieren zur Steigerung von deren Leistungsfähigkeit in der → *Nutzviehhaltung*.
Tigerstaaten *Tiger states*: Bezeichnung für die ehemaligen asiatischen → *Schwellenländer* (→ *Newly Industrializing Country*) und heutigen → *Industrieländer* Südkorea, Taiwan, die Sonderwirtschaftszone Hongkong und Singapur (auch „vier kleine Drachen" genannt). Gemeinsames Merkmal dieser Länder ist hohe Wirtschaftswachstum und der dynamische Industrialisierungsprozess aufgrund einer staatlich geförderten Strategie der → *Exportorientierung*. Dabei wird die Integration in die Weltwirtschaft (→ *internationale Arbeitsteilung*) durch die Nutzung der Vorteile aus komparativen Kosten angestrebt (→ *Fluggänsemodell*).
Tilke *Tilke*: flache, → *anthropogen* bedingte → *Hohlform* mit einem dem → *Sohlenkerbtal* ähnlichen Querprofil, bei ebenem, jedoch meist gefällsstarken Boden, dem jedoch ein Fließgewässer fehlt. Die Form war ursprünglich natürlich (→ *Delle*, → *Tal*), erhielt jedoch durch Sedimente die → *Bodenerosion* einen mehr oder weniger ebenen Talboden. Ähnlich dem → *Siek* und der → *Rummel* kommt die T. überwiegend in traditionellen Ackerbaugebieten mit leicht erodierbaren Substraten vor, z. B. Löss oder Buntsandstein.

Tilke

Tillit (glazigener Diamiktit, Moränengestein) *tillite, till, glacigenous diamictite, boulder clay, indurated till*: durch → *Diagenese* völlig verfestigte → *Moräne* (→ *Geschiebelehm*, → *Geschiebemergel*) älterer, d. h. i. d. R. präpleistozäner, → *Eiszeiten*. Dem T. fehlen → *Schichtung* und Korngrößensortierung; eingeregelte → *Geschiebe* können vorhanden sein, geschrammte → *Blöcke* sind regelmäßig vorhanden. Bei einer kompletten T.-Abfolge ist die Basis meist tonig bis lehmig und in größeren Mengenanteilen als die Geschiebe vertreten (→ *Gletscherschramme*).
TIN → *Triangulated Irregular Network.*
Tirs *noire*: zur Gruppe der → *Vertisole* gehörender, dem → *Regur* ähnlicher, tonreicher dunkler humoser Boden Afrikas.
TISA (Trade in Service Agreement) *Abkommen über den Handel mit Dienstleistungen*:

eine Sammlung von Vereinbarungen in Form eines völkerrechtlichen Vertrags zwischen 23 Ländern (2016 noch in Verhandlung). T. soll weltweit Dienstleistungen liberalisieren und einem stärkeren Wettbewerb aussetzen und ist das Nachfolgeabkommen des → *GATS*.

Tischfelsen *pedestal boulder/rock, perched boulder/rock*: beschreibender Begriff für Einzelfelsen mit ähnlicher Gestalt und mit gleicher Genese wie → *Pilzfelsen*.

Titularstadt *titular town*: → *Gemeinde*, die zwar das → *Stadtrecht* besitzt, aber in geographischem Sinn keine → *Stadt* ist. Im Laufe der historischen Entwicklung können bei Veränderungen der Lagebewertung, Verlust der wirtschaftlichen Grundlagen usw. aus echten Städten T. werden (→ *Minderstadt*, → *Zwergstadt*).

Tjäle *frost table, Tjäle*: Auftaufront im Auftaubereich des → *Permafrostbodens*. Teilweise wird der Begriff auch unscharf verwendet für die Auftaufront eines nur saisonal gefrorenen Bodens oder als Synonym für → *Permafrostboden* oder → *Permafrost*.

TLB → *Topologische Landschaftsbilanz*.

TL-Datierung → *Thermolumineszenzdatierung*.

TNU → *transnationales Unternehmen*.

Tobel *ravine, defile, gully, gulch*: – tief eingeschnittenes, meist schmales und zugleich verhältnismäßig kurzes → *Kerbtal* im → *Hochgebirge*, von → *Wildbächen* geschaffen. Der T. besitzt ein steilhängiges, trichterförmiges Quellgebiet, an das sich das enge Kerbtälchen anschließt, vor welchem sich meist ein → *Schuttkegel* aufhäuft. Dienen auch als Leitbahnen für Muren und Lawinen (→ *Lawinengasse*). – regionaler Begriff für kurze, steilhängige Tälchen, z.B. in Bergen und Hügeln der → *Molasse* des Alpenvorlandes, im Keuper-Bergland Württembergs oder am Alpenrand, obwohl diesen Talformen die Hydro- und Geomorphodynamik des Wildbachs fehlt.

Tochternuklid *daughter isotope*: in einer → *Zerfallsreihe* → *radioaktiver Substanzen* entsteht als Zerfallsprodukt eines → *Mutternuklids*, also des Ausgangsnuklids, zunächst ein T., das entweder stabil ist oder durch anhaltenden → *radioaktiven Zerfall* weitere Enkelnuklide bildet. Beispiel: Mutternuklid Radium-226, Tochternuklid Radon-222, Enkelnuklid Polonium-218, Urenkelnuklid Blei-214.

Tochterzyklone *secondary cyclone*: Tiefdruckwirbel, der sich am äquatorseitigen Rande einer meist schon in Auflösung befindlichen größeren → *Zyklone* bildet.

Todesrate → *Sterbeziffer*.

Toleranz *tolerance*: 1. Fähigkeit eines Organismus, die → *abiotischen* und → *biotischen* Einwirkungen seiner Lebensumwelt (→ *Umwelt*) zu ertragen, ohne existentiell gefährdet zu sein (→ *ökologische Potenz*). 2. in der → *Ökophysiologie* auch Resistenz gegenüber abiotischen (z.B. thermischen und hygrischen) Einwirkungen.

Toleranzbereich *tolerance range*: Variationsbreite eines → *Ökofaktors*, deren Minimal- und Maximalwerte für einen Organismus erträglich sind. Daraus ergibt sich eine artspezifische Toleranzkurve, deren Gipfelpunkt das → *Optimum* darstellt.

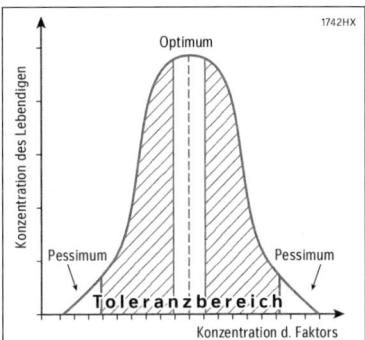

Toleranzbereich

Toleranzdosis *tolerance dose, threshold dose*: ursprünglich ein → *Grenzwert* für die berufliche → *Strahlenexposition* und den → *Strahlenschutz*, der jedoch durch verschiedene → *Dosisgrenzwerte* ersetzt wurde, weil eine enge Dosis-Wirkungs-Beziehung bei → *stochastischen* Effekten der Strahlenwirkung nicht angenommen werden kann und daher die Vorgabe einer Schwellendosis verbietet.

Toleranzwert *tolerance value*: ähnlich der Toleranzgrenze definierter, im → *Pflanzenschutz* eingesetzter Begriff. Er gibt die nach toxikologischen Aspekten unbedenklichen Rückstände (Rückstandsproblem) eines → *Pflanzenschutzmittels* (oder eines seiner mehr oder weniger → *toxischen* Umwandlungsprodukte) an, die in oder auf Pflanzen, Futtermitteln oder in menschlicher Nahrung noch enthalten sind, nachdem eine Karenzzeit abgewartet wurde. Der T. wird in → *ppm* angegeben.

Toleranzwert *tolerance value*: bei → *Bodenerosion* und im → *Bodenschutz* jene Werte, die man gebietsspezifisch bestimmt und jene Bodenabtragsrate angeben, die in einem relativen Gleichgewicht mit der Bodenneubildungsrate steht, der jedoch durch aktuelle landwirtschaftliche Nutzung „entgegengearbeitet" wird. Diese pedoökologischen T. sind sehr umstritten, weil sie von einer allenfalls nur schätzbaren Bodenneubildungsrate ausgehen können.

„tolerierbares Risiko" *tolerable risk*: ein → *Risiko*, mit dem eine → *Gesellschaft* bewusst beschließt zu leben, im Vertrauen darauf, dass das Risiko kontrollierbar sei und im weiteren Verlauf der gesellschaftlichen, technischen und/oder ökonomischen Entwicklungungen reduziert werden könne, ohne dass es dabei vollständig aufzuheben ist.

Tomalandschaft *toma landscape, detrital slope landscape*: Akkumulationsgebiet eines → *Bergsturzes* mit sehr unruhigem Oberflächenrelief, das sich aus dem Bergsturzmaterial (→ *Schutt*) gebildet hat.

Ton *clay*: 1. mineralische Partikel, die kleiner als 0,002 mm sind (→ *Bodenart*). 2. als → *Gestein* ein Gemenge von → *Tonmineralen*, das zu mehr als 70% aus Partikeln unter 0,002 mm besteht. Reiner T. ist weißlich gefärbt. Humussubstanzen färben T.-Sedimente sehr häufig dunkelgrau, freigesetzte Eisenverbindungen geben tonigen Verwitterungsbindungen die bräunliche bis rötliche Färbung. T. nimmt viel Wasser auf und quillt dabei, sodass er im gesättigten Zustand immer wasserstauend wirkt. Erodierter T. bildet den Hauptbestandteil der → *Schwebstoffe* in → *Fließgewässern*. Die feinen T.-Partikel werden sehr weit transportiert und sinken nur in stehenden Gewässern zu Boden (Sedimentation auf Seeböden, in abgeschlossenen Meeresbecken und im Tiefseebereich). T. wird für die Herstellung keramischer Produkte abgebaut.

Tonboden *clayey soil*: schwerer, dichter, überwiegend aus → *Ton* bestehender Boden. Die T. sind im trockenen Zustand steinhart und im feuchten gequollenen Zustand zäh und deshalb außerordentlich schwer bearbeitbar. Sie zeigen typische Absonderungsgefügeformen (→ *Polyeder*-, → *Prismen*- und → *Plattengefüge*). Schlechte Durchlüftung und andauernde Vernässung schaffen ungünstige Wurzelraumbedingungen. T. verändern sich durch Verwitterung kaum.

Tondurchschlämmung → *Lessivierung*:.

Toneinschlämmung *illuviation of clay*: Vorgang der Tonanreicherung im → *Unterboden* durch → *Lessivierung*, der zur Entstehung eines Bt-Horizontes führt. Durch T. erhöht sich der Tongehalt des Anreicherungshorizontes im Extremfall bis auf 40%.

Tonhäutchen *clay skin*: im Tonanreicherungshorizont von → *Parabraunerden* und → *Fahlerden* durch Toneinschlämmung entstehende Tonüberzüge von Bodenaggregaten und an Wandungen grober Poren.

Ton-Humus-Komplex *clay-humus-complex*: organo-mineralische Verbindung aus kolloidalen → *Huminstoffen* und → *Tonmineralen*, wobei sich die Huminstoffkomplexe außen an die Tonminerale anlagern. Die T.-H.-K. schaffen wegen der verkittenden Wirkung der Huminstoffe ein stabiles → *Aggregatgefüge*, welches die gute Ackerkrume kennzeichnet. Sie werden durch Bodenlebewesen weitgehend im Verdauungstrakt geschaffen und sind typisch für die → *Humusform* → *Mull*. Die T.-H.-K. haben ein hohes → *Sorptionsvermögen* für Nährstoffe, und der aus ihnen zusammengesetzte → *Humus* speichert bei gleichzeitig guter Durchlässigkeit viel → *Bodenwasser*.

tonige Verwitterung → *siallitische Verwitterung*.

Tonminerale *clay mineral*: blättchenförmige Silikate mit unterschiedlichem Schichtaufbau (u. a. Zweischicht- und Dreischichtsilikate), deren Einzelpartikel fast immer kleiner als 0,002 mm sind (Tonfraktion) sind. Die T. setzen sich im Rahmen ihres Grundaufbaues aus Tetraeder- und Oktaederlagen chemisch sehr unterschiedlich zusammen und bilden viele Übergänge. Sie entstehen durch → *hydrolytische Verwitterung* der → *Silikate* (v. a. → *Glimmer*, → *Feldspäte*, → *Olivine*, Pyroxene, → *Amphibole*), entweder durch Umwandlung oder durch Neubildung. T. sind durch innerkristalline Wassereinlagerung je nach Typ unterschiedlich aufweitbar (Quellfähigkeit). Sie können an freien Ladungsplätzen Ionen austauschbar binden (→ *Austauscher*, → *Austauschkapazität*) und sind damit mit den Huminstoffen zusammen für den Stoffhaushalt der Böden sehr wichtig.

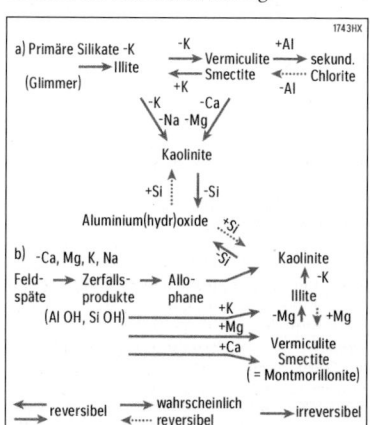

Tonminerale

Tonnage *tonnage*: Maßeinheit zur Tragfähigkeit (im Sinne der Beladung) eines Schiffes, üblicherweise in → *Brutto-* oder → *Netto-registertonnen* ausgedrückt. Neuere Maßeinheiten sind die → *Brutto-* und → *Nettoraumzahl*.

Tonnenkilometer *tonne-kilometre*: Maßzahl in der → *Verkehrsstatistik* zur Messung der → *Verkehrsleistung* im → *Güterverkehr*. Die T. ergeben sich als Produkt aus der Transportmenge in Tonnen und der Beförderungsentfernung in km. Das Pendant im → *Personenverkehr* sind die → *Personenkilometer*.

tonnenkilometrischer Minimalpunkt (TMP) → *Transportkostenminimalpunkt*.

Tonpfanne *claypan*: kleine, meist rundliche und sehr flache → *Hohlform* der → *Trockengebiete*; überwiegend ausgetrocknet (→ *Pfanne*).

Tonschiefer *clay schist*: häufig vorkommender → *Sedimentit* aus der Gruppe der → *Schiefer*, bei Gebirgsbildungen durch Druck aus → *Schieferton* entstehend. Bei blaugrauer bis grauer Farbe besteht der T. überwiegend aus feinstkörnigem → *Quarz*, → *Muskovit* und Chlorit.

Tonstein *claystone*: fein geschichtetes aus Schlamm entstandenes → *Sedimentgestein*, bestehend aus silikatischen Mineralkörnern der Tonfraktion (→ *Tonminerale*).

Tonverarmungshorizont *leached horizon*: in durch → *Lessivierung* geprägten Böden (→ *Parabraunerden* und → *Fahlerden*) der unter dem → *Humus* folgende Mineralbodenhorizont (Al-Horizont). In ihm hat durch Wegtransport von Tonteilchen mit dem Sickerwasser, und im fortgeschrittenen Versauerungsstadium auch durch → *Tonzerstörung*, der Gehalt an Ton abgenommen.

Tonverlagerung *clay leaching*: senkrechter Transport von → *Ton* in Böden durch → *Lessivierung*.

Tonverwitterung → *siallitische Verwitterung*.

Tonzerstörung *clay destruction*: Auflösung der Schichtstrukturen von → *Tonmineralen* im stark sauren Milieu. Durch T. der Tongehalt im durch → *Lessivierung* an Ton verarmten Al-Horizont weiter ab.

Top (geographische Standorteinheit, topische Einheit, topologische Einheit) *tope*: allgemeine Bezeichnung für eine ökologische Standorteinheit. 1. eine räumliche Grundeinheit mit geographisch → *homogenem* Charakter des Energie- und → *Stoffhaushaltes* und als solche Bestandteil der → *ökologischen Raumgliederung*. Gearbeitet wird in der → *topischen Dimension*, gemäß → *Theorie der geographischen Dimensionen*. Die T. werden für die einzelnen Landschaftshaushaltsfaktoren ausgeschieden z.B. → *Klimatop*, → *Hydrotop*, → *Pedotop*, → *Morphotop*, → *Phytotop*, → *Zootop*. Komplexere Modellierungen von T. sind die → *Biookotope* oder die → *Geoökotope*. Die landschaftshaushaltliche Beschreibung erfolgt in der → *topologischen Landschaftsbilanz*. Für T. wird in der Regel keine Größe in Quadratmetern angegeben, da Größe kein definitorisches Merkmal ist. Stoffliche und sonstige funktionale Homogenität von T. kann in der gemäßigten Klimazone Europas im Bereich von einigen Zehner m² bis um einen Hektar beobachtet werden. Räumlich konkrete T. sind demnach Kleinsteinzugsgebiete, Quellmulden, Hangsegmente, kleine Terrassenflächen etc.. 2. in den Wirtschafts- und Sozialwissenschaften werden T. im Sinne von kultur-, wirtschafts- oder so→ *zialräumlichen* Grundeinheiten ausgeschieden, z.B. als Soziotop.

Top-down *„von oben nach unten"*: Analyse-, Denk- und Wirkrichtung, die in vielfältigen Sinnzusammenhängen für Analyse- und Syntheseprozesse verwendet wird, i.d.R. gemeinsam mit dem Gegenspieler → *Bottom-up*. Beispiele für T. d. sind → *Deduktion*, → *hierarchische* Führung, → *Rahmenpläne*, → *Bauleitpläne* oder → *Regionalpläne*.

Topengefüge *topic structure*: ein → *Landschaftsgefüge* und → *Raummuster* → *landschaftsökologischer Raumeinheiten* unterschiedlichen Komplexitätsgrades. Es kann aus den → *Topen* der *Partialkomplexe* gebildet werden, z.B. T. der → *Morphotope*, T. der → *Klimatope* usw., oder auch von komplexeren landschaftsökologischen Raumeinheiten, wie den → *Geoökotopen*.

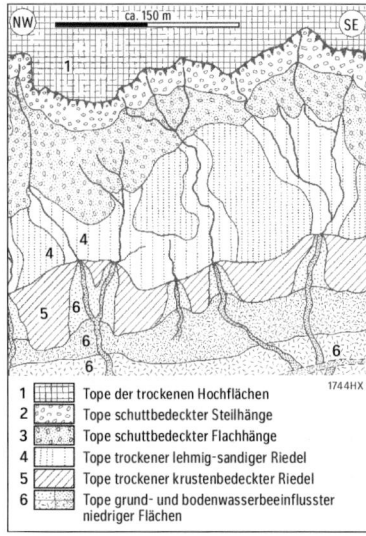

1 Tope der trockenen Hochflächen
2 Tope schuttbedeckter Steilhänge
3 Tope schuttbedeckter Flachhänge
4 Tope trockener lehmig-sandiger Riedel
5 Tope trockener krustenbedeckter Riedel
6 Tope grund- und bodenwasserbeeinflusster niedriger Flächen

Topengefüge

topisch *topic dimension, microscale dimension*: → *topische Dimension*.

topische Dimension (topisch) *topic dimension, microscale dimension*: Bestandteil der → *Theorie der geographischen Dimensionen* in der Betrachtung von → *Landschafts-* und → *Geoökosystemen*, um → *landschaftsökologische Grundeinheiten* (im Sinne der → *Topen*) auszuscheiden. Für sie wird → *Homogenität* gefordert. Sie ist gegeben, wenn ein → *Areal* gleiche → *Struktur* und gleiches → *Wirkungsgefüge* aufweist und somit über einen einheitlichen Energie- und → *Stoffhaushalt* verfügt. Die Homogenität der t. D. ist eine relative und wird i. d. R. nicht für alle → *Kompartimente* des Systems gefordert. Die Auswahl geschieht nach dem Zweckmäßigkeitsgrundsatz, d. h. man definiert Bezugsgrößen und Intervalle, innerhalb derer auftretende Schwankungen unbeachtet bleiben.

topische Einheit *topic unit, tope*: → *Top*.

Topische Landschaftsbilanz → *Topologische Landschaftsbilanz*.

topogen *topogenous*: unter dem dominierenden Einfluss der besonderen Lage im → *Georelief* entstanden, z. B. unter dem Einfluss von in → *Mulden* und → *Tiefenlinien* gesammelten Wassers. Der Begriff wird v. a. im Zusammenhang mit → *Mooren* angewandt.

Topographie *topography*: 1. sichtbare Situation der Örtlichkeit auf der → *Erdoberfläche*, die alle natürlichen und künstlichen Objekte einschließt. : 2. Teilgebiet der → *Geodäsie* und → *Kartographie*, das sich mit der begrifflichen und messtechnischen Erfassung und kartographischen Visualisierung der sichtbaren Situation der Örtlichkeit auf der Erdoberfläche befasst.

topographische Karte *topographic map*: Karte, die ausgewählte Klassen und Objekte der → *Topographie* (z. B. Relief, Gewässer, Bodenbedeckung, Siedlungen, Verkehrswege, Grenzen sowie Einzelobjekte wie Denkmäler, Mühlen, Burgen etc.) maßstabsbezogen und dementsprechend generalisiert (→ *Generalisierung*) mit topographischen Kartenzeichen darstellt und eine ebenfalls maßstabsbezogene Beschriftung von Inhalt und Objekten beinhaltet. Hauptrepräsentanten der t. K. sind amtliche Kartenwerke, z. B. Digitale Topographische Karten (DTK), die aus einem → *Digitalen Landschaftsmodell* (→ *ATKIS*) abgeleitet werden, u. a. in den → *Maßstäben* 1:10 000 (DTK10), 1:25 000 (DTK25), 1:50 000 (DTK50), 1:100 000 (DTK100) und 1:250 000 (DTK250). Häufig werden t. K. als Gegensatz zu → *thematischen Karten* verstanden.

topographische Lage *topographic site, topographic position*: im Gegensatz zur → *geographischen Lage* ist die t. L. die kleinräumige Lage einer Örtlichkeit, i. d. R. gleichbedeutend mit Ortslage.

Topoklima → *Geländeklima*.

Topoklimatologie (Geländeklimatologie) *topoclimatology*: Teilgebiet der → *Klimatologie*, die sich mit der Erforschung des → *Geländeklimas* befasst.

Topologie *topology*: in zahlreichen Wissenschaften verwandter Begriff, mit mehreren Bedeutungen für die → *Geowissenschaften*. – in der klassischen → *Landeskunde* kleinräumige Beschreibung geographischer Gegenstände im Sinne von Ortsbeschreibung. – in mathematisch-statistisch arbeitenden Teilen der Geowissenschaften die Lehre von der Lage und Anordnung geometrischer Gebilde im Raum. – in der → *Geoökologie* wenig gebräuchlicher Begriff für die Raummuster der Tope im Topengefüge. – Zweig der Landschaftskunde, der sich mit den homogenen landschaftsökologischen Grundeinheiten, den Topen, beschäftigt.

topologische Einheit *topological unit, tope*: → *Top*.

Topologische Landschaftsbilanz (Topische Landschaftsbilanz, TLB) *topological landscape balance*: zielt auf das → *Prozess-Korrelations-Systemmodell* des → *Landschaftssystems* und ist Bestandteil der Methodik der geoökologischen Feldforschung, die großmaßstäblich auf größeren Flächen und quantitativ erfolgt. Deren Ziel: viermensionale Bestimmung und Bilanzierung der Energie- und Stoffumsätze. Die T. L. basiert auf → *Standortbilanzen* des → *Landschaftsökologischen Standorts*, die mit dem → *Standortregelkreis* dargestellt werden. Sie werden mit Komplexgrößen im → *Geoökosystem* sowie den (statischen) → *Geofaktoren* auf die Fläche übertragen. Die T. L. ist das Ergebnis der → *Komplexen Standortanalyse*.

Topologische Wende → *spatial turn*.

Toponomastik → *Ortsnamenkunde*.

topoökologische Einheit *topoecological unit*: in Geo- und Biowissenschaften verschieden verwendeter Begriff, jedoch überwiegend auf den → *Regler* → *Relief* bezogen. 1. eine → *landschaftsökologische Raumeinheit* beliebiger Größenordnung. 2. eine topische Einheit im Sinne des → *Tops*. 3. eine vom Regler Relief bedingte topische Einheit im Sinne des Tops, die Bestandteil einer Abfolge räumlicher Einheiten im Sinne der → *Toposequenz* ist. (→ *topische Dimension*).

Toposequenz *toposequence*: 1. räumliche Abfolge von → *topoökologischen Einheiten*, im Sinne des → *Tops* allgemein. 2. räumliche Abfolge von → *landschaftsökologischen Grundeinheiten*, die wesentlich vom Georelief geregelt wird. 3. räumliche Abfolge von geo- und biowissenschaftlichen Phänomenen all-

gemein, die vom Relief verursacht ist, wie z. B. die → *Bodencatena*.
Topset bed (Deckschicht) *topset bed*: in einem → *Delta* als oberste und zuletzt abgelagerte, die → *Foreset beds* überlagernde Sedimentschicht. Topset beds werden abgelagert, wenn durch das sich ausbauende Delta das Flussgefälle verringert wird, wodurch es zur rückschreitenden Sedimentation kommt und mitgeführte → *Flussfracht* sich entsprechend dem nahezu horizontalen Flussgefälle fast ohne Neigung ablagert (→ *Deltaschichtung*, → *Bottomset beds*).
Torf *peat*: Gemenge aus hellbraunen bis braunschwarzen, zersetzten, mehr oder weniger humifizierten, abgestorbenen Pflanzenteilen. Bei einem Gemisch dieser Pflanzenteile mit mineralischem Material spricht man nach konventioneller Festlegung bereits von T., wenn die → *organische Substanz* mehr als 30 % Massenanteil ausmacht. T. entsteht in → *Mooren*, wo der Abbau der organischen Substanz wegen der dauernden Durchnässung stark gehemmt ist. In den verschiedenen Moortypen (→ *Hochmoor*, → *Niedermoor*, → *Übergangsmoor*) entstehen entsprechend den unterschiedlichen Wasserbedingungen (→ *Grundwasser*, → *Regenwasser*) und den jeweiligen typischen Pflanzengesellschaften verschiedene T. (Schilftorf, Seggentorf, Bruchwaldtorf, → *Weißtorf*, → *Schwarztorf*). T. wurde seit Jahrhunderten als Brennstoff genutzt und wird immer noch für Moorbäder sowie für die Herstellung von Gartenerden gewonnen.
Torfhügel → *Palsa*.
Torfhügeltundra *peat mound tundra, palsa tundra*: Typ der → *Tundra* im Gebiet des → *Permafrostbodens*, die von → *Torfhügeln* (→ *Palsa*) bestimmt wird.
Torfmoor *ombrotrophic bog*: 1. aus Torfschichten aufgebauter → *Boden*. 2. → *Moor* mit abbauwürdigen Torflagen. 3. unscharfer Ausdruck für Hochmoor.
Torfmoos *sphagnum*: Sammelbezeichnung für die unter extrem sauren Bedingungen lebenden Moose der Gattung *Sphagnum*; massenmäßig stark am Aufbau der → *Hochmoore* beteiligt.
Torfmudde *limnetic peat*: in Flachseen und Sümpfen entstehender, an schlecht zersetzter → *organischer Substanz* sehr reicher → *Schlamm*.
Torfschlamm *peat mud*: → *Dy*.
Torfschwund *peat mineralization*: Erscheinung des beschleunigten Torfabbaus durch → *Mineralisierung* auf landwirtschaftlich genutzten → *Mooren*. Der T. wird durch die gute Durchlüftung, die hohe Bodenwärme und den Düngenährstoffreichtum ausgelöst. Sein Ausmaß kann 0,5-1 cm Bodenmächtigkeit pro Jahr erreichen. Der T. zehrt die Moorfläche mit der Zeit in ihrer Substanz auf und führt zusammen mit den auf entwässerten Mooren einsetzenden Sackungsvorgängen dazu, dass in den folgenden Jahrzehnten der Grundwasserspiegel wieder in Oberflächennähe rückt (Alterung der Moorkulturen) und der Wurzelraum von → *Kulturpflanzen* den mineralischen Untergrund erreicht, der zum Teil tonreich und schwer bearbeitbar ist.
Tornado (lat. tornare = drehen) *tornado, twister (amerik.)*: festländischer, wandernder Wirbelwind mit wenigen 100 m Ø und kurzer Lebensdauer und Weglänge, jedoch extremer Stärke, der auf seinem Weg eine Gasse von Verheerungen hinterlassen kann. T. sind rotierende Schläuche, in deren Windfeld die höchsten auf der Erde bekannten, aber wegen der schwer beschreiblichen Gewalt nicht messbaren Windstärken auftreten. Im Zentrum („Auge" des T.) herrscht extremer Unterdruck, der z. B. Gebäude explosionsartig bersten lässt. T. sind eine typische Erscheinung im mittleren Nordamerika, kommen gelegentlich jedoch auch auf anderen Kontinenten vor. Sie entstehen an → *Frontalzonen* im Bereich von → *Luftmassengrenzen* mit außerordentlichen thermischen Gegensätzen, wobei in den USA eine Höhenkonfluenz zweier → *Jetstream*-Äste im → *Lee* der Rocky Mountains möglicherweise von besonderer Bedeutung ist (→ *tropischer Wirbelsturm*).
Torrente *torrente*: kleines, → *episodisch* fließendes, bachartiges → *Oberflächengewässer*, meist mit → *Schutt*- oder → *Schotterbett* und weitgehend flacher Sohle. Die Bezeichnung kommt aus der subtropisch-wechselfeuchten → *Mediterranis* Italiens und wurde auf alle kleineren Fließgewässer mit → *torrentiellem Fließverhalten* übertragen (→ *Wadi*).
torrentielles Fließverhalten *torrente-like flow-age*: stoßartige, niederschlagsbedingte Wasserführung der → *Torrenten*, wobei schubweise wenig gerundeter → *Schotter* bzw. → *Schutt* über Teilstrecken des Bettes von → *Bach* bzw. → *Torrente* transportiert wird.
torrentikol *torrenticolous*: Begriff für Organismen, die Sturz- und → *Wildbäche* bewohnen und an Brandungsufern von Meeren und Seen vorkommen, wo stark bewegte Wasser und hohe Sauerstoffgehalte herrschen, die für diese Organismen unabdingbar sind. Wegen der starken Wasserbewegung weisen t. Lebewesen meist markante morphologische Anpassungen auf, z. B. Schildform, Saugnäpfe, Haftfäden. (Gegensatz: → *stagnikol*).
Torsion *torsion*: 1. allgemein die Drehung von Organen oder Organteilen. 2. Bewegung von Pflanzenorganen, unter Beibehaltung der Wuchsrichtung, aber Drehung um die eigene Achse, bei ruhender Basis. 3. Krümmungs-

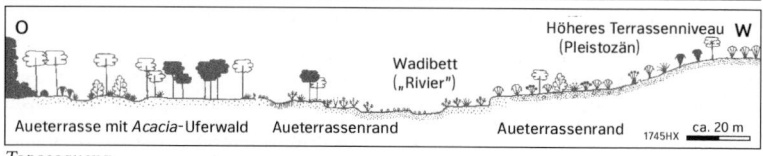

Toposequenz

bewegungen, die autonom erfolgen, wie bei Windengewächsen, oder induziert werden, wie beim → *Tropismus*.
TOT → *terms of trade*.
totale Fruchtbarkeitsrate → *Fruchtbarkeitsrate*.
Totalgewichtsverlustmaterial *total weightloss material*: in der → *Industriestandorttheorie* jenes → *Gewichtsverlustmaterial*, das gewichtsmäßig nicht in das Fertigerzeugnis eingeht. T. sind z. B. die Energieträger Kohle, Heizöl oder Gas (→ *Teilgewichtsverlustmaterial*, → *Reingewichtsmaterial*, → *Rohgewichtsmaterial*).
Totalverlagerung *total relocation*: diejenige → *Standortverlagerung*, bei der alle Teile eines Unternehmens von einem → *Standort* zu einem neuen Standort bewegt werden (→ *Teilverlagerung*).
tote Düne → *Tertiärdüne*.
Toteis *dead ice*: größere oder kleinere Eismassenreste eines → *Gletschers* oder → *Inlandeises*, die beim Eisrückzug und Zerfall des Eises von der Haupteismasse abgetrennt wurden, und oberflächlich lagernd oder unter Moränenmaterial (→ *Moräne*) verschüttet, sich noch längere Zeit halten. Bei deren Abschmelzen entstehen → *Toteisformen*. Allgemein kann jede sich nicht mehr bewegende Eismasse als T. bezeichnet werden.
Toteisform *dead ice form*: zwischen Blöcken von → *Toteis* aus Schmelzwasseraufschüttungen entstandene Formen, z. B. → *Kames*, oder aus kleineren Toteiskörpern, die unter Moränenschutt (→ *Moräne*) lagern, später austauen und an der Erdoberfläche zu einem unruhigen Kesselrelief führen. Die dabei gebildeten unregelmäßig gestalteten → *Hohlformen* füllen sich mit Schmelz- und/oder Niederschlagswasser und bilden Seen bzw. Moore, die kleineren → *Sölle*. Auch die → *Rinnenseen* gelten größtenteils als T..
Toteislandschaft *dead ice landscape*: im Gebiet der alpinen Vorlandvergletscherung, aber auch dem der → *Nordischen Vereisung*, wurden in Lockersedimentmassen – meist der → *Grundmoräne* – zahlreiche, mehr oder weniger große Eisblöcke eingelagert, die in ihrer Sedimenteinbettung das Abschmelzen der Gletscher überdauerten. Erst viel später tauten sie im Untergrund ab und führten an der Erdoberfläche zu verschieden gestalteten → *Hohlformen*, z. B. Söllen (→ *Soll*) oder wasser- oder moorgefüllten kleinen Hohlformen (Kessel, Senken, Wannen, Rinnen). Das Wasser ist angesammelter Niederschlag oder wird vom ausstreichenden Grundwasserspiegel bedingt. In Flußschotter- und Moränengruben weisen „verworfene" Schichten (eine Form der → *Pseudotektonik*) auf die Toteisdynamik im Sediment hin. Sie sind im Vereisungsgebiet der → *Weichsel*- bzw. → *Würm-Kaltzeit*, wegen der relativen Jugendlichkeit der Formen, besser als im Altmoränenland der → *Saale*- bzw. → *Riss-Kaltzeit* erhalten.
Toteissee → *Eisrestsee*.
totes Kliff *dead cliff*: ein → *Kliff*, das aus dem Aktivitätsbereich der → *Brandung* sowie des Hochwassers der → *Sturmfluten* herausgeriet und nicht mehr der aktuellen Formung durch → *Brandungserosion* unterliegt. Es verliert seine Steilheit, weil Hangerosion und Hangdenudation die Formenfrische beseitigen, den Hang verflachen und die Oberfläche erniedrigen. Oft entsteht eine → *Kliffhalde*.
Totgeborenenanteil → *Totgeborenenquote*.
Totgeborenenquote (Totgeborenenanteil) *late foetal mortality rate*: in der → *Demographie* die Anzahl der Totgeborenen in einem Gebiet pro Jahr, bezogen auf 1000 Geborene insgesamt. Wird die Zahl der Totgeborenen auf die Zahl der Lebendgeborenen bezogen, wird in Abgrenzung zur T. von der Totgeborenenproportion gesprochen.
Totholz *deadwood*: für den → *Naturschutz*, die Steigerung der → *Biodiversität* und damit die Revitalisierung der → *Wälder* bzw. → *Forsten* von zunehmender Bedeutung. In mitteleuropäischen → *Urwäldern* beträgt der Anteil an T. bis zum 20-fachen desjenigen im → *Wirtschaftswald*. Die Menge an T. hängt von der Baumartenzusammensetzung des Waldes bzw. der → *Waldgesellschaft* ab sowie auch vom Sukzessionsstadium, von der Altersstruktur und Waldschäden (z. B. → *Windwurf*).
Totwasser *dead water*: in den Feinporen (Durchmesser unter 0,2 μm) des Bodens gebundenes Wasser, das wegen der hohen → *Saugspannung* (→ *pF-Wert* über 4,2) durch die Pflanzenwurzeln nicht aufgenommen werden kann. Das T. ist also die nicht

nutzbare Wasserreserve des Bodens. Der T.-Anteil steigt mit dem Tongehalt der Böden (→ *Bodenwasser*, → *nutzbare Feldkapazität*, → *Porengrößenverteilung*).

Tourismus (Fremdenverkehr) *tourism*: zusammenfassend für alle Erscheinungen und Wirkungen, die mit der Reise von Personen an einen Ort, der nicht ihr längerfristiger Wohn-, Arbeits- oder Versorgungsort ist, sowie mit dem Aufenthalt an diesem Ort zusammenhängen. Nicht zum T. gehören daher → *Pendel-* und *Einkaufsverkehr*. Die → *Tourismusstatistik* zählt nur Reisen mit mindestens einer entgeltlichen Übernachtung zum F., während aus geographischer Sicht die Distanzüberwindung und raumrelevante Aktivitäten am besuchten Ort die Bestimmungskriterien sind. Je nach dem Zweck der Reise unterscheidet man zwischen privatem T. und Geschäftsreiseverkehr, im Einzelnen z. B. zwischen Naherholungsverkehr, Erholungs- und Vergnügungs-, Kreuzfahrt-, → *Wintersport-*, → *Bildungs-*, → *Messe-*, → *Kongress-* und (Heil-)Bädertourismus usw.; nach der Zeitdauer unterscheidet man → *Tages-*, → *Wochenend-*, → *Kurzzeit-*, und → *Langzeittourismus*. Der international übliche Begriff T. ersetzt im deutschsprachigen Raum seit Ende des 20. Jh. weitestgehend den früher gebrauchten Begriff → *Fremdenverkehr*.

Tourismusgemeinde (Fremdenverkehrsgemeinde) *tourist resort, tourist centre/center*: → *Gemeinde*, die aufgrund ihrer attraktiven natürlichen Lage und/oder ihrer gut ausgebauten → *Freizeitinfrastruktur* sowie des Angebots von Gastronomie und Beherbergungsbetrieben zu den bevorzugten Zielen des → *Tourismus* gehört. Dieser prägt auch die Wirtschaft und die → *Erwerbsstruktur* sowie die → *Physiognomie* der Gemeinde.

Tourismusgeographie (Fremdenverkehrsgeographie) *tourism geography, geography of tourism*: Teilbereich der → *Anthropogeographie*, der sich mit der Raumwirksamkeit des → *Tourismus* befasst, insb. mit der Struktur- und Prozessanalyse von Räumen unter dem Einfluss der verschiedenen Arten des Tourismus sowie der sozialgruppenspezifischen Ausbildung des Tourismus in regionaler Differenzierung mit deren Raumprägung (→ *Tourismuslandschaft*). Als Datengrundlage dienen der T. die Ergebnisse der amtlichen → *Tourismusstatistik* sowie privater Erhebungen. Wegen Überschneidungen und Abgrenzungsschwierigkeiten zwischen freizeitorientiertem Tourismus und anderen Formen des → *Freizeitverhaltens* wird, insbesondere in der → *Sozialgeographie*, die T. eng mit der → *Geographie der Freizeit* verbunden gesehen.

Tourismusintensität (Fremdenverkehrsintensität) *tourism intensity*: Maß für die quantitative Bedeutung des → *Tourismus* in einer → *Gemeinde* im Verhältnis zu ihrer Einwohnerzahl. Die T. wird durch die Zahl der → *Gästeübernachtungen* pro 100 Einwohnern (der mittleren Wohnbevölkerung im Jahr) ausgedrückt.

Tourismuslandschaft (Fremdenverkehrslandschaft, Fremdenverkehrsraum) *touristic landscape*: Raum von mindestens Regionsgröße, der aufgrund seiner natürlichen Attraktivität (→ *Landschaftsbewertung*) und seiner Ausstattung mit → *Freizeitinfrastruktur* Zielgebiet größerer Tourismusströme ist. In ihrer → *Wirtschafts-* und → *Erwerbsstruktur* sowie physiognomisch ist die T. stark vom → *Tourismus* geprägt.

Tourismusstatistik (Fremdenverkehrsstatistik) *tourism statistics*: Teil der amtlichen Statistik, die den → *Tourismus* erfasst und analysiert. Die Grundlagen der T. sind in Deutschland v. a. die Meldungen der → *Hotellerie* in den → *Tourismusgemeinden*. Die T. erfasst insbesondere die Zahl und Herkunft der anreisenden Gäste sowie deren Aufenthaltsdauer (→ *Übernachtungszahl*). Ferner erhebt sie Daten über die Struktur des → *Beherbergungsgewerbes* (z. B. Zahl der Betriebe, Betten, Beschäftigten).

Tourismuswirtschaft (Fremdenverkehrswirtschaft) *tourist industry/economy*: fasst alle Gewerbe zusammen, die am → *Tourismus* beteiligt sind, z. B. Reisebüros, → *Hotellerie*, Reiseunternehmen, Tourismus-Informationsbüros in Städten, Event-Agenturen. Die T. zählt weltweit mit ca. 700 Mrd. $ Umsatz und 100 Mio. Beschäftigten zu den wichtigsten Wirtschaftszweigen.

Tourist *tourist*: Person, die am → *Tourismus* (im Sinne von → *Urlaubsreiseverkehr*, d. h. nur zu nicht-geschäftlichen Zwecken) teilnimmt. Nach der Definition der UNWTO-Statistik, die aber nur den → *Auslandstourismus* erfasst, ist ein T. eine Person, die sich für mindestens 24 Stunden in ein anderes → *Land* als das ihres gewöhnlichen Aufenthaltes begibt, ohne dort eine bezahlte Tätigkeit auszuüben.

tourist gaze Begriff aus der Tourismussoziologie und -psychologie, mit der der „touristische Blick" auf die bereisten Länder und die → *Verhaltensweisen* von Touristen in den → *Destinationen* bezeichnet werden (→ *mental map*).

Touristenkarte *tourist map*: → *thematische Karte*, die die Vorbereitung und Durchführung touristischer Unternehmungen, z. B. Freizeitaktivitäten, unterstützt. Eine T. dient Planungs- und Orientierungszwecken, vermittelt aber auch Wissen zu bspw. Geschichte, Kunst und Kultur des kartographisch repräsentierten touristischen Ziels (→ *Tourismus*, → *Kartographie*, → *Karte*)

touristische Destination *touristic destination*: Ziel einer touristischen Reise, das in der Wahrnehmung des Nachfragers als Einheit angesehen wird. Die t.D. kann insofern ein Land, eine → *Tourismuslandschaft*, eine Stadt, ein → *Erlebnisraum*, aber auch nur ein Hotelbetrieb sein. Im Tourismusmarketing stellt die t. D. das zu bewerbende, touristische Produkt dar.

township → *township*: 1. schematisch lineare, schachbrettähnliche, oft am Gradnetz orientierte Landesaufteilungseinheit von ursprünglich 6 · 6 Quadratmeilen mit 36 Sektionen (section) zu je 1 Quadratmeile, deren jede in Viertelsektionen (quarter section) zu je 160 acres aufgeteilt ist. Das System der t. geht auf Thomas Jefferson zurück und hat sich v. a. in Nordamerika durchgesetzt. Aber auch in Australien und in anderen Erdräumen (Teilbereiche Skandinaviens) ist ein derartiges Landvermessungssystem zu finden. 2. bezeichnet jene Teile der Städte in der Republik Südafrika und Namibia, in denen während der Zeit der Apartheid die schwarze Bevölkerung angesiedelt und nach ethnischer Herkunft räumlich differenziert wurde. Häufig sind diese durch Industriegebiete und Verkehrsinfrastruktur von der City und den Wohnvierteln der weißen Bevölkerung getrennt.

Toxine *toxins*: 1. von Pflanzen und Tieren gebildete spezifische Gifte. 2. i. e. S. giftige Produkte des Stoffwechsels von Parasiten (→ *Parasitismus*).

toxisch *toxic*: giftig.

Toxizität *toxicity*: 1. allgemein Giftigkeit oder Giftwirkung von Substanzen für Mensch, Tier und Pflanze. Die T. ist abhängig von Stoffmenge oder -konzentration und der Zeitdauer der Einwirkung. 2. i. e. S. unerwünschte Giftigkeit von beispielsweise Landwirtschaftsprodukten durch Schädlingsbekämpfungsmittel (→ *Biozide*) gegenüber den Nicht-Zielorganismen, speziell gegenüber Menschen und Haustieren.

Toyotismus *Toyotism*: Ende der 1970er-Jahre in der japanischen Automobilherstellung eingeführtes Produktionskonzept einer schlanken flexiblen → *Massenproduktion* (→ *lean production*:), bei dem unter gleichzeitiger Nutzung von *Economies of Scale*: auch *Economies of Scope*: erzielt werden sollen. Der T. ist durch eine geringe Fertigungstiefe gekennzeichnet, mit dem Ziel, durch Modulbauweise und enge Anbindung der Zulieferer zu einer reduzierten Lagerhaltung und beschleunigten Produktionsabläufen beizutragen.

Trabantenstadt *suburban town, satellite town*: Stadt in der Nähe einer → *Großstadt* – meist innerhalb einer → *Stadtregion* bzw. an ihrem Rande gelegen –, die funktional relativ eng an die → *Kernstadt* angebunden ist. Sie besitzt jedoch eine größere Eigenständigkeit als die → *Satellitenstadt*, insbesondere auf dem Versorgungssektor. Im arbeitsfunktionalen Bereich weist die T. eine größere Anzahl eigener Arbeitsstätten und einen eigenen → *Pendlereinzugsbereich* mit → *Einpendlerüberschuss* auf, hat aber auch eine relativ hohe → *Auspendlerquote* in die Kernstadt.

Tracer *tracer*: Sammelbezeichnung für Stoffe, die Reaktionen in Organismen oder in der Umwelt bzw. Wanderrichtungen von Materietransporten aufklären sollen. Je nach Einsatzgebiet (Wasser, Boden, Organismen) wird mit verschiedenen T. gearbeitet: 1. in Boden- und Grundwasserhydrologie sind es Farben, Salze, Pollen sowie → *radioaktiven Substanzen*. Man gibt sie zur Markierung eines Stoffes bzw. Materials in ein System ein, um den Weg des markierten Stoffes zu verfolgen. 2. in der Biologie finden ebenfalls radioaktive Substanzen als T. Verwendung, um stoffliche Wirkungsorte, Krankheitsherde oder → *Bioakkumulation* in Organismen nachzuweisen. Gebräuchliche T. sind Au-198, Br-82, C-14, Co-85, Cs-137, He-3, P-32 (Caesium 137, → *Radiokohlenstoff*).

Trachyt *trachyte*: ein tertiäres bis rezentes, erdgeschichtlich also junges → *Ergussgestein* grauer bis rötlicher Farbe aus rauer, poröser Grundmasse leistenförmig strukturierten Kalifeldspats. Die T. können → *Gänge*, Ströme und Decken bilden. Als Verwitterungsformen bilden sie Kuppen (→ *Tertiär*).

Trade in Service Agreement → *TISA*.

traded interdependencies → *handelbare Austauschbeziehungen*.

tradewinds *Handelswinde*: aus der Segelschifffahrtszeit stammende Bezeichnung für die stetig wehenden Passatwinde. (→ *Passat*:).

trading down Marktstrategie, die Maßnahmen entwickelt, wonach Prestige- und → *Luxusgüter* durch Verbilligung der Herstellungskosten auch für breitere Einkommensschichten erschwinglich werden (→ *trading up*).

trading up Marktstrategie, bei der Maßnahmen entwickelt werden, wonach ein Produkt (mit zunächst reinem Gebrauchswert) durch Produktgestaltung oder Verbesserung des Images für wohlhabende Bevölkerungskreise zu einem erstrebenswerten → *Luxusgut* wird, z. B. wenn ein gewerblich genutzter Geländewagen Off-road-Freizeitfahrzeug wird (→ *trading down*).

traditionelles Wissen (indigenes Wissen) *traditional knowledge, indigenous knowledge*: Wissensbestände, über die Einheimische vor Ort verfügen und die in einem traditionellen Zusammenhang geschaffen, bewahrt und an die nachfolgenden Generationen i. d. R.

mündlich weitergegeben werden. T. W. ist mit einer lokalen Gemeinschaft verbunden, die sich mit der traditionellen Kultur identifiziert und die das t. W. als Gemeinschaft akzeptiert. T. W. umfasst z. B. das Wissen über Nahrungspflanzen, die Heilwirkungen von Pflanzen, Eigenschaften von Böden und spezifische Anbaubedingungen, Gefährdungen (→ *lokales Wissen*, → *situiertes Wissen*).

Trägerverkehr *porter transport*: Lastentransport durch Menschen. Die Last wird hierbei auf dem Rücken, z. T. mithilfe eines Stirnbandes (Südamerika), auf dem Kopf (Tropisch-Afrika) oder mit einem Joch auf den Schultern getragen (Süd- und Ostasien). T. ist heute v. a. noch in Gebieten üblich, in denen eine → *Verkehrsinfrastruktur* fehlt und/oder wegen der Armut der Bevölkerung, gelegentlich auch aus klimatischen Gründen, keine Tragtiere zur Verfügung stehen.

Tragfähigkeit *carrying capacity*: in der Ökologie diejenige höchste Anzahl an Lebewesen/Organismen, die für einen bestimmten Lebensraum nicht schädlich ist (→ *Belastung*) und auch künftigen Generationen (Über-)Lebensbedingungen bietet. T. setzt also voraus, dass die → *Regenerationsfähigkeit* eines → *Ökosystems* oder → *Landschaftsökosystems* nicht beeinträchtigt wird. In der → *Humanökologie* bezeichnet T. jene menschliche → *Population* eines Raumes, die in diesem – unter Berücksichtigung des erreichten Kultur- und Zivilisationsstandes – auf agrarischer (agrarische T.), natürlicher (naturbedingte T.) oder gesamtwirtschaftlicher (gesamte T.) Basis auf längere Sicht leben und überleben kann. Bei der geographisch-landschaftsökologischen Definition der T. kann eine effektive von einer potenziellen T., eine maximale von einer optimalen T. sowie eine innenbedingte von einer außenbedingten T. unterschieden werden.

Tragödie der Allmende (Tragik der Allmende, Allmendeproblematik) *tragedy of the commons*: ein Konzept in den → *Sozial*- und → *Umweltwissenschaften*, nach dem frei verfügbare, aber begrenzte → *Ressourcen* durch → *Übernutzung* bedroht sind und dadurch auch die Nutzer selbst bedroht.

Tragtierverkehr *pack animal transport*: Beförderung von Personen und Gütern mit Reit- und Tragtieren (→ *Transporttiere*), v. a. Pferde, Esel, Maultiere, Kamele, Büffel, Rentiere oder Lamas. Der T. hat heute noch in Räumen ohne ausgedehntes Straßen- und Wegenetz größere Bedeutung (→ *Hochgebirge*, → *Tundra*, → *Wüste* und → *Wüstensteppe*). Eine Sonderform des T. ist der → *Saumverkehr*.

trailer park amerikanische Bezeichnung für eine Sonderform des → *Campingplatzes*, der mit entsprechender → *Infrastruktur* speziell für das kurz- bis mittelfristige Abstellen von → *Wohnmobilen* und Wohnanhängern eingerichtet ist.

Trajektionsbereich *trajection area*: Durchgangsgebiet ("Transitgebiet") zwischen dem Anriss- und Akkumulationsgebiet von → *gravitativen Massenbewegungen* (→ *Trajektorie*).

Trajektorie *trajectory*: mögliche Bahn, die das Material bei → *gravitativen Massenbewegungen* einschlagen kann (→ *Trajektionsbereich*).

Trajektorienmodell *trajection model*: berechnen möglichen Bahnen (→ *Trajektorie*) von → *gravitativen Massenbewegungen*.

Trampschifffahrt *tramp: shipping*: im Gegensatz zur Linienschifffahrt die Güterbeförderung auf See im → *Gelegenheits*- oder → *Charterverkehr*. In der T. wird ohne vorher festgelegte Fahrtrouten und Fahrpläne die Fracht allein nach Bedarf von → *Hafen* zu Hafen befördert.

Trampverkehr *charter: traffic*: v. a. in Bezug auf die Schifffahrt (→ *Trampschifffahrt*) benutzter Begriff für Güterverkehr, der im Gegensatz zum → *Linienverkehr* ohne festen Fahrplan nach Bedarf durchgeführt wird.

Transaktionskosten *transaction costs*: im Verlauf eines Leistungsaustausches anfallende Kosten für Anbahnung, Vereinbarung, Abwicklung, Kontrolle und Anpassung. T. sind durch die Spezifität des → *Gutes*, die Unsicherheit und die Häufigkeit einer Transaktion determiniert.

Transaktionskostenansatz *transaction costs theory*: der T. benennt Kriterien für die → *Effizienz* der → *Arbeitsteilung* (z. B. Kosten für Information, Herstellung, Koordination etc.) von → *Unternehmen* (→ *Transaktionskosten*). Man unterscheidet dabei Austauschprozesse innerhalb von Unternehmen, die durch hierarchische Kontrolle und Anordnungen geregelt werden, von Austauschprozessen, die zwischen Unternehmen über den Markt abgewickelt werden. Ziel ist es, die kostengünstigere Variante und damit die optimale institutionelle Lösung (→ *Neue Institutionenökonomik*) zu bestimmen.

Transatlantic Trade and Investment Partnership → *TTIP*.

Transdisziplinarität *transdisciplinarity*: Forschungsansatz in den Sozialwissenschaften, die in ihre Forschung und Forschungsansätze die von den Ergebnissen betroffenen → *Akteure* und Gruppen aktiv mit einbezieht. Transdisziplinäre Forschung geht damit über die Grenzen der Wissenschaft hinaus und arbeitet vorwiegend an aktuellen gesellschaftlichen Problemlagen (→ *Nachhaltigkeit*).

Transeuropäische Netze *Trans-European networks*: Konzept der → *EU* zur besseren wirtschaftlichen und sozialen Vernetzung innerhalb der Union mithilfe leistungsfähiger grenzüberschreitender Verkehrs- und Informationsnetze. Die T. N. betreffen Straßen-, Eisenbahn- und Binnenwasserstraßenverbindungen, den Flugverkehr, die Navigation mit dem Galileo-System, Telekommunikation und Energieversorgungsnetze.

Transfer *transfer*: 1. in verschiedenen Wissenschaften verwendeter Begriff für den Transport oder die Übertragung von Gütern, Zahlungen, Ideen usw. (z. B. Geldt., Wissenst.). 2. in der → *Tourismuswirtschaft* und → *-geographie* ist mit T. der im Preis einer → *Pauschalreise* enthaltene Transport der Reisenden zwischen Ankunftsflughafen, -hafen oder -bahnhof und der → *Beherbergungsstätte* oder zwischen den Ankunfts- und Abfahrtsorten verschiedener zu benutzender Verkehrsmittel gemeint.

Transfer-21 *Transfer 21*: Nachfolgeprojekt des Bildungsprogramms „21" – → *Bildung für nachhaltige Entwicklung*, das seit 1999 von der deutschen Bund-Länder-Kommission für Bildungsplanung und Forschungsförderung betrieben wurde und modellhafte Konzepte der → *Nachhaltigkeit* für die schulische Praxis entwickeln und erproben sollte. T.-21 sollte das Hauptziel der Bildung für nachhaltige Entwicklung, den Erwerb von Gestaltungskompetenz, fördern und stellte v. a. drei Aspekte in den Vordergrund: interdisziplinäres Lernen, → *Partizipation* im lokalen Umfeld und innovative Strukturen in der Schule.

Transfluenz *transfluence*: das Überfließen einer Gletscherscheide durch → *Gletscher* in das → *Nährgebiet* eines anderen Gletschers. Die Übergangsstelle wird als → *T.-Pass* bezeichnet.

Transfluenzpass *transfluence pass*: geomorphographischer Flachbereich im Gebiet eines vergletscherten Gebirgskammes, von welchem aus der → *Gletscher* an sich in zwei Richtungen strebt. Am T. jedoch erfolgt über die Reliefscheide eine → *Transfluenz* von einem Gletscher zum anderen. Viele der höheren → *Pässe* in den Alpen waren T.-Pässe, die in die spätere Kulturlandschaftsentwicklung einbezogen wurden.

Transformationsland *transformation state*: Staat, in dessen → *Volkswirtschaften* ein Systemwechsel vollzogen wird. Z.B. sind die ehemaligen Warschauer-Pakt-Staaten (→ *Ostblock*) und China von einer zutiefst ausgerichteten (→ *Zentralverwaltungswirtschaft*) zu einer → *Wirtschaftsordnung* der → *Marktwirtschaft* übergegangen.

Transformator (Umspanner) *transformer*: Einrichtung zur Umwandlung elektrischer → *Energie* mit einer gegebenen Spannung in solche einer anderen Spannung. T. sind notwendig, da die elektrische Energie mit Spannungen von 6000-20 000 Volt in den Kraftwerken erzeugt, mit hohen Spannungen über große Entfernungen transportiert und vom Verbraucher mit nur niedriger Spannung (z. B. 380/220 Volt) abgenommen wird.

Transformstörung *transform fault*: in der Theorie der → *Plattentektonik* Horizontalverschiebung in den Böden der → *Ozeane*. Besonders die → *Mittelozeanischen Rücken* weisen T. in großer Zahl auf.

Transgender *transgender*: Bezeichnung für Menschen, die sich mit ihrem biologischen Geschlecht (→ *Sex*) nicht oder nur unzureichend identifizieren können und ihr biologisches Geschlecht als falsch empfinden (→ *Gender*, → *Heteronormativität*).

Transgression *transgression, encroachment, overlap*: Übergreifen des Meeres auf Festlandsflächen infolge eines eustatischen Meeresspiegelanstiegs (→ *eustatische Meeresspiegelschwankung*) oder einer → *epirogenetischen* Festlandssenkung.

Transgressionskonglomerat (Basalkonglomerat) *basal conglomerate*: ein Typ der → *Konglomerate*, die sehr häufig als T. vorliegen, d. h. Aufarbeitungsprodukte eines allmählich durch → *Transgression* vorrückenden Meeres darstellen. Viele mesozoische Sedimentationsfolgen beginnen mit einem T., das → *diskordant* auf einer → *Kappungsfläche* älterer → *Sedimente* lagert. Wegen seiner stratigraphischen Position wird das T. auch Basalkonglomerat genannt.

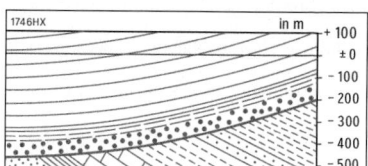

Transgressionskonglomerat

Transgressionsmeer *transgression sea*: seichtes → *Randmeer* über dem → *Schelf*, durch → *Transgression* des Meeres über niedriges Land entstanden.

Transhumanz *transhumance*: Form der → *Fernweidewirtschaft*, die durch eine jahreszeitliche Wanderung der Herden zwischen einem im Winter schneefreien Küsten-, Taloder Niederungsgebiet und der Höhenzone eines oder mehrerer → *Hochgebirge* gekennzeichnet ist. Im Gegensatz zur → *Almwirtschaft* wird das Vieh bei der T. nicht eingestallt. Vom → *Nomadismus* unterscheidet sich die T. dadurch, dass die Besitzer der Herden nicht mitwandern, sondern Fremdhirten diese Funktion wahrnehmen. Eines der bekanntesten T.-Gebiete ist die → *Mediterranis*. (→ *Wanderschäferei*).

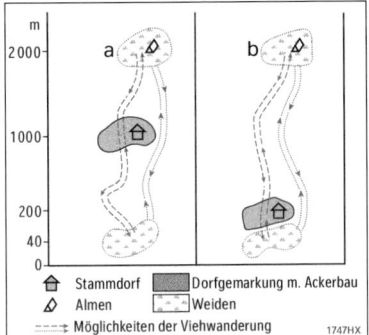

Transhumanz

Transitgut *transit good*: Ware, die im Rahmen des Handelsaustauschs zwischen zwei Ländern durch ein Drittland (→ *Transitland*) transportiert wird (→ *Transitverkehr*) und dabei nicht den Zollvorschriften dieses Landes unterliegt. Transitgüter werden häufig in verplombten Lastkraftwagen oder Eisenbahnwaggons befördert. Mit dem Schiff aus Übersee transportierte Ware für → *Binnenstaaten* muss in jedem Fall als T. in das Bestimmungsland gebracht werden.

Transitland *transit: country*: Land, durch das → *Transitverkehr* stattfindet. Beispielsweise sind Österreich und die Schweiz T. für Personen- und Güterverkehr auf dem Wege von Deutschland nach Italien.

Transitmigration → *Permigration*.

Transitroute → *Transitstrecke*.

Transitstrecke (Transitroute) *transit route*: Verkehrsweg (Straße, Eisenbahn, Luft- oder Wasserstraße), der zur Aufnahme des → *Transitverkehrs* durch ein → *Land* festgelegt worden ist. Dies geschieht meist durch internationale Verträge zwischen dem → *Transitland* und den angrenzenden → *Staaten*.

Transitverkehr *transit traffic*: Personen- oder Güterverkehr, der auf dem Wege von einem Land in ein anderes durch ein Drittland (→ *Transitland*) führt. T. von Gütern wird i. d. R. anders behandelt als Ein- oder Ausfuhr, da → *Transitgüter* normalerweise nicht den Zoll- und Handelsbestimmungen des Transitlandes unterliegen. Fahrzeuge im T. werden häufig verplombt, um Ein- und Aussteigen bzw. Ein- und Ausladen im Transitland zu unterbinden. T. findet meist auf international festgelegten → *Transitstrecken* statt.

Transkription *transcription*: Verschriftlichung; die Übertragung der gesprochenen (i. d. R. von aufgezeichneten → *Befragungen*) in die geschriebene Sprache, um verschriftlichtes Material als Grundlage für die → *Auswertung*, z. T. mit statistischen Methoden oder Verfahren der → *Inhaltsanalyse* oder → *Diskursanalyse* zu erhalten.

Translationsrutschung *translational landslide, translational slide*: → *gravitative Massenbewegung*, bei der einzelne Schichten oder Schichtpakete auf einer weitgehend planaren Gleitfläche abgleiten (→ *Gleiten*, → *Rutschung*), sodass es zu keiner Rotationsbewegung oder einem rückwärtigen Einkippen der bewegten Masse kommt. Die Bewegung geschieht entlang einer bestehenden Schwächezone, z. B. an Schichtflächen oder Bruchflächen, d. h. die Gleitfläche ist hier im Gegensatz zur → *Rotationsrutschung* bereits vordefiniert. Die → *Abrissnische* ist im Vergleich zu jener der Rotationsrutschung wesentlich eckiger, die Rutschmasse kann entweder als Ganzes bestehen bleiben oder in einzelne Schollen zerbrechen.

Translokalität *translocality*: meint den dauerhaften Aufenthalt von Personen oder Haushalten an mehreren → *Orten* (z. B. durch Wochenpendler), die miteinander durch → *Kommunikation* oder auf das Abwesende hinweisende Symbolische verbunden sind. Die somit fließenden und durchlässigen → *Grenzen* zwischen diesen Orten ermöglichen es translokale ökonomische, soziale und kulturelle Netzwerke in regionaler, nationaler und globaler Perspektive.

Translokationsprozess *vertical transfers*: Sammelbezeichnung für alle Verlagerungs- und Durchmischungsprozesse im → *Boden*. T. führen zu vertikalen und horizontalen Differenzierungen im → *Bodenprofil*. Ursachen der Translokation sind versickerndes, aufsteigendes und stagnierendes Wasser, Gefrieren und Wiederauftauen, Schrumpfen und Quellen und die durchmischende Tätigkeit von Bodentieren. Besonders wichtige T. sind die Tonverlagerung mit dem Sickerwasser (→ *Parabraunerde*), die Sesquioxid- und Huminstoffverlagerung (→ *Podsol*) und die Ausfällung von → *Salzen* aus kapillar aufsteigendem → *Grundwasser* (→ *Bodenversalzung*).

Transmigration *transmigration*: gelegentlich verwendeter Begriff für gesteuerte Wanderungsvorgänge innerhalb des → *ländlichen Raumes*, besonders für → *Umsiedlungen* aus stark bevölkerten Gebieten in weniger dicht besiedelte Gebiete.

Transmission *transmittance*: → *Strahlungsdurchlässigkeit*.

Transmissivität *transmissivity*: Produkt aus dem → *Durchlässigkeitsbeiwert* und der Mächtigkeit eines → *Grundwasserleiters* (→ *Darcy-Gleichung*, → *Grundwasser*).

transnationales Unternehmen (TNU) *transnational enterprise/company, TNC*:

– i.w.S. Oberbegriff für die Gesamtheit aller international agierenden Unternehmen. (→ *globales Unternehmen*, → *internationale Unternehmung*, → *multinationale Unternehmung*). – i.e.S. sind TNU gekennzeichnet durch eine enge grenzübergreifende → *Integration* der Aktivitäten der nationalen Niederlassungen. Ziel ist eine gemeinsame Entwicklung und Nutzung von Wissen. Im Gegensatz zum → *multinationalen Unternehmen* sollen die spezialisierten Auslandsniederlassungen über den jeweiligen Markt hinausgehende differenzierte Beiträge zu weltweit integrierten Aktivitäten liefern. (→ *Glokalisierung*)

Transnationalismus *transnationalism*: ein Teilprozess der → *Globalisierung*, bezeichnet ein Bündel von Phänomenen, die sich aus sozialen Interaktionen über die territorialen Grenzen von → *Nationalstaaten* hinaus ergeben. Der Begriff wird relativ unspezifisch auch für globale Aktivitäten von Unternehmen und nichtstaatlichen Akteuren (→ *Nichtregierungsorganisationen*) benutzt. Im Gegensatz zum Internationalismus bezieht sich der T. auf das Handeln zwischen nichtstaatlichen → *Akteuren*.

Transpiration *transpiration*: → *Verdunstung* von Wasser durch die Pflanzen. Die T. ist abhängig davon, wie schnell das Wasser aus dem Bodenbereich durch Wurzeln, Stamm/Stengel und Blätter transportiert werden kann, bevor es durch die Spaltöffnungen der Blätter (Stomata) an die → *Luft* der → *Atmosphäre* abgegeben wird.

Transportkosten *transport costs, transport charges, freight charges*: in der → *Wirtschaftsgeographie* Bezeichnung für jene Kosten, die durch die Beförderung von → *Rohstoffen* und → *Gütern* zwischen den einzelnen Produktionsstufen sowie zum Endverbraucher entstehen. In den traditionellen → *Standortlehre* werden sie zu den wichtigsten → *Standortfaktoren* gezählt, da sie insb. für solche Industrien, die Rohstoffe benötigen oder Güter erzeugen, die ein hohes Gewicht aufweisen oder aus anderen Gründen kostspielig zu transportieren sind, einen hohen Anteil an den Produktions- und Vertriebskosten ausmachen können. Eine wichtige Rolle spielt hierbei v.a. das Verhältnis von Wert des Produkts zu den T., d.h. wertvolle Güter können mit höheren T. belastet werden als weniger wertvolle. Den T. nehmen bei den wichtigsten wirtschaftsgeographischen → *Standorttheorien* einen hohen Stellenwert ein (z.B. → *Theorie der Landnutzung*, → *Industriestandorttheorie*). Neben den vom Betrieb bzw. vom Verbraucher zu tragenden T. sind auch die volkswirtschaftlichen T. zu berücksichtigen, die von der → *öffentlichen Hand* getragen werden, z.B. Straßenkosten oder → *Subventionen* für bestimmte Verkehrsmittel. Mit der Verwendung fossiler Energie hat sich die Rolle der T. minimiert, v.a. da Folgekosten (→ *Umweltbelastung*) dieser Art des Transports noch nicht eingerechnet werden.

Transportkostenminimalpunkt (tonnenkilometrischer Minimalpunkt) *point of minimum transport costs*: in der → *Industriestandorttheorie* von A. Weber (1909) derjenige → *Standort*, an dem die → *Transportkosten* unter Betrachtung aller Gewichtsmaterialien am niedrigsten liegen.

Transportkraft *transportational agents*: in der → *Fluvialdynamik* sich auf die Transportfähigkeit eines → *Fließgewässers* beziehend. Die T. hängt von dessen mittlerer Fließgeschwindigkeit ab. Der Transport kann in → *Fluvialerosion* und → *Fluvialakkumulation* übergehen, was wiederum von den beförderten Korngrößen abhängt. Das → *Belastungsverhältnis* ist gegenüber dem Parameter T. eine aussagekräftigere Größe.

Transporttier *pack animal*: Tier, das dem Transport von Menschen oder Gütern dient. Unter den T. unterscheidet man Reit- und Trag- oder Packtiere (→ *Tragtierverkehr*) von Zugtieren. T. sind u.a. Pferde, Ochsen, Büffel, Esel, Maultiere, Kamele, Elefanten, Lamas, Schlittenhunde.

Transportverpackung *transport packaging*: → *Einweg-* oder → *Mehrwegverpackungen* zum Zwecke der Transporterleichterung sowie zum Schutz der Waren auf dem Weg vom Hersteller zum Händler (→ *Umverpackung*, → *Verkaufsverpackung*).

transversal *transversal*: bei → *äolischem*, → *fluvialem* oder → *marinem* Transport „quer zu einer Richtung", im Gegensatz zu longitudinal (d.h. mit der Richtung, in der Länge) verlaufend.

Transversaldüne (Reihendüne) *transverse dune*: regelmäßig-unregelmäßiges Muster aus → *Barchanen*, die sich bei ihrer Wanderung vor dem Wind seitlich berühren und dabei zusammenwachsen. T. können Längen von einigen Zehner Kilometern erreichen.

Transversalstörung *transverse fault*: das → *Lineament*.

Transversaltal → *Quertal*.

Transversalverschiebung *strike-slip fault*: Horizontalverschiebung im Sinne der → *Blattverschiebung*.

Trapp *trap, trap rock*: Gesellschaft von dunklen → *Ergussgesteinen*, die meist als → *Deckenerguss* an die Erdoberfläche gelangen. Sie bilden petrographisch dominierte T.-Decken, die aber auch geomorphologisch als → *Plateaus* großer Ausdehnung und in bedeutender Mächtigkeit auftreten können. Die Ränder der Plateaus sind wegen der petrographischen Unterschiede der T.-Ablagerungen getreppt. Überwiegend handelt es sich um T.-Basalte, z. T. auch um – ebenfalls dunkle – T.-Granulite, die meist gebändert sind. Großvorkommen finden sich im Hochland von Äthiopien, auf dem indischen Dekkan-Plateau und auf Island (→ *Lavaplateau*).

Trauf *cuesta inface/scarp*: – Kante bzw. Hangknick oder konvexe → *Wölbung* des oberen → *Stufenhanges* einer → *Schichtstufe*, der von einem widerständigen, wasserdurchlässigen Gestein gebildet wird, dessen Schichtköpfe im Bereich des T. bzw. unterhalb von diesem ausstreichen. – sturmfester, weil tief mit Ästen versehener und standfester → *Waldmantel*, der von den Baumarten des Bestandes (Naturtrauf) oder von eigens angepflanzten sturmfesten Baumarten (Kunsttrauf) gebildet wird, die nicht am übrigen Bestandsaufbau des → *Waldes* beteiligt sind.

Traufstufenhang *cuesta scarp slope*: ein → *Stufenhang* mit → *Trauf*, der sowohl mit als auch ohne → *Walm* ausgebildet sein kann.

Travertin *travertine*: → *Kalktuff*.

Trawler *trawler*: mit einem → *Schleppnetz* ausgestattetes Schiff der → *Hochseefischerei*. Die wichtigsten Typen sind die kleineren Seiten-T., bei denen das Netz über die Bordwand eingeholt wird, und die neueren größeren Heck-T., die i. d. R. als → *Fabrik-T.* ausgestattet sind und über Einrichtungen zur Fischverarbeitung verfügen.

Treene-Zeit *Treenian*: jener Teil der → *Saale-Kaltzeit*, der sich als Treene-Warmzeit zwischen → *Warthe Stadium* und → *Drenthe Stadium* als echtes → *Interglazial* einschalten soll. Manche Autoren sehen die T.-Z. zwischen Drenthe I und Drenthe II als echtes → *Interstadial*. Der interglaziale Charakter der T.-Z. ist umstritten. Eher handelt es sich um ein Interstadial, weil stratigraphisch einwandfreie interglaziale Sedimente nicht vorliegen. Allerdings ist auch die Stellung des Treene-Interstadials noch unklar.

Treibeis *drift (floating, flow) ice*: auf Flüssen oder mit → *Meeresströmungen* schwimmend verfrachtetes → *Eis*. Das T. der Flüsse ist aufgestiegenes → *Grundeis* in den Schollen zerlegte aufgebrochene Eisdecke des Flusses. Die Eisschollen und → *Eisberge* der Meere lösen sich von der Eisdecke des Nördlichen Eismeeres und der in das Meer führenden → *Gletschern* und → *Inlandeismassen* und werden mit kalten Meeresströmungen äquatorwärts verfrachtet (→ *Treibeisgrenze*).

Treibeisgrenze *limit of drift ice*: Linie, bis zu der → *Treibeis* äquatorwärts vordringt. Die T. befindet sich auf der Nordhalbkugel etwa auf dem 36., auf der Südhalbkugel etwa auf dem 38. Breitengrad.

Treibhaus-Effekt (Glashaus-Effekt) *greenhouse effect*: die Rolle, die → *Kohlendioxid* (CO_2), Wasserdampf, Wolken usw. im Strahlungshaushalt der Erde spielen, indem sie einen Teil der kurzwelligen Sonnenstrahlung durchlassen, die langwellige terrestrische Ausstrahlung jedoch absorbieren bzw. davon wiederum einen Teil zum Erdboden zurückstrahlen und den anderen Teil in den Weltraum abgeben. Der Begriff „T.-E." ist nicht ganz zutreffend, da die Erwärmung der Luft in Treibhäusern vorwiegend durch Unterdrückung des konvektiven Wärmeverlusts zustande kommt und nur zum kleineren Teil durch Verminderung der Wärmeabstrahlung erzeugt wird. Letzteres ist jedoch eine Eigenschaft der wasserdampf- und kohlendioxidhaltigen Atmosphäre, die Wärmestrahlung in hohem Maß auf den Erdboden zurückzureflektieren. Eine Wolkendecke verhindert starke nächtliche Abkühlung. Der T. ist für die Wärmebilanz der Erdoberfläche bedeutsam. Global kann der CO_2-abhängige T. eine langfristige Erhöhung der Temperatur und damit eine Klimaänderung bewirken, v. a. durch Änderung der Jahresmitteltemperaturen in der Troposphäre. Am T.-E. wirken aber auch klimawirksame Spurengase (Spurenstoffe) und die Zunahme der Aerosole in der Atmosphäre sowie Schwankungen der Sonnenstrahlung mit.

Treibsand → *Schwimmsand*.

Treibschnee *wind displaced snow*: windverfrachteter, in → *Lee-Lagen* abgelagerter → *Schnee*.

Treidelpfad → *Leinpfad*.

Treidelschifffahrt → *Treidelverkehr*.

Treidelverkehr (Treidelschifffahrt) *towing navigation, towing*: Schiffsverkehr auf → *Binnengewässern*, bei dem das Schiff, meist ein Lastkahn, vom Ufer aus durch Menschen, Zugtiere oder Kraftfahrzeuge geschleppt wird. Als Sonderform der → *Schleppschifffahrt* war der T. mit Zugtieren vor Beginn der Motorisierung weit verbreitet. Entlang von Flüssen und Kanälen waren vielfach → *Leinpfade* für die Zugmannschaft angelegt. Heute ist T. z. T. noch mithilfe von Lokomotiven an Kanälen oder im Bereich von → *Schleusen* üblich, um Uferbeschädigungen durch Wellengang zu vermeiden.

Trendstudie *trend study*: Form der → *Längsschnittstudie*, bei der mit derselben Methode zu unterschiedlichen Zeitpunkten jeweils unterschiedliche → *Stichproben* befragt werden. Im Unterschied zur → *Panelstudie* werden hier nicht gleiche Personen befragt, sondern wiederholt Stichproben aus der gleichen → *Grundgesamtheit* gezogen; sie sind i. d. R. günstiger als Panelstudien, da sie keine „Pflege" der Stichprobe benötigen (→ *Zeitreihe*).

Trennsystem *rainwater effluent separation*: bei der Stadtentwässerung ein Rohrleitungssystem, bei dem Schmutz- und → *Brauchwasser* vom Regenwasser separat gesammelt und der → *Kläranlage* zugeführt wird. Das Regenwasser gelangt über die Kanalisation direkt zum → *Vorfluter*.

Treposol *Anthrosol*: in der → *deutschen Bodensystematik* (→ *KA5*) ein Boden, der durch einen einmaligen Tiefenumbruch oder einmalig tiefes → *Rigolen* (>4 dm) zur Verbesserung der Bodeneigenschaften entstanden ist. Charakteristisch ist die Schrägstellung der Unterbodenhorizonte.

Treppenkar → *Kartreppe*.

Treuhandgebiet (Treuhandschaftsgebiet) *trust territory*: unselbstständiges Gebiet, das von einem fremden → *Staat* oder den Vereinten Nationen treuhänderisch für die Bevölkerung verwaltet wird.

Triade-Konzept *triad concept*: Konzept einer strategischen internationalen Unternehmensführung (→ *internationale Unternehmung*). Um langfristig erfolgreich zu sein, muss jedes international operierende Unternehmen auf allen wichtigen Märkten der Triade (Europa, Nordamerika, Japan bzw. Ost- und Südostasien) gleichermaßen vertreten sein. Begründet wird dies durch die zunehmende Bedeutung der → *kapitalintensiven* → *Produktion*, die abnehmende Diffusionszeit (→ *Diffusion*) neuer Technologien, die Homogenisierung der Nachfrage und durch protektionistische Tendenzen (→ *Protektionismus*).

Triadenmodell *triad model*: ein Konzept von K. Ohmae (1985), das eine transnationale Unternehmensstrategie (→ *transnationales Unternehmen*) beschreibt, die insb. durch eine parallele bzw. simultane Markteintrittsstrategie eines international tätigen Unternehmens in mehrere Länder gekennzeichnet ist. Sie konzentriert sich im Wesentlichen auf eine starke Wettbewerbsposition in den drei Triaderegionen (Nordamerika, Europa und Japan bzw. Ost und Südostasien) (→ *Triade-Konzept*). Das Triade-Unternehmen wird in allen drei Regionen als ein lokales Unternehmen betrachtet, d. h. es hat in diesen Märkten eine Art Insider-Stellung. Für das Triade-Unternehmen typisch ist ein spezifisches Triade-Denken. Dieses wird durch eine Mentalität gekennzeichnet, die sämtliche Unternehmensziele, Strategien und Maßnahmen sowie potenzielle Wirkungen auf alle drei Triade-Regionen in gleichermaßen ausrichtet.

triadisch *triasic*: → *triassisch*.

Triangulated Irregular Network (TIN) unregelmäßiges Dreiecksnetz, das der Modellierung von Oberflächen auf Grundlage einer dreidimensionalen Punktwolke dient. Ein T. wird z.B. in → *Geographischen Informationssystemen* zur Darstellung eines → *Digitalen Geländemodells* (→ *DGM*) verwendet.

Trias *Triassic*: ältestes System des → *Mesozoikums* (251-202 Mio. J.v.h.). Wird nach seiner in mehreren mitteleuropäischen Landschaften zu beobachtenden Dreigliederung in → *Buntsandstein*, → *Muschelkalk* und → *Keuper* gegliedert. Diese „germanische T." wird der pelagischen „alpinen T." gegenübergestellt, wobei erstere in einem großen Sedimentationsbecken durch festländische und binnenmeerische Sedimente entstand, während sich die mächtigere und stratigraphisch differenzierte alpine T. im Bereich der → *Tethys* bildete, die den späteren Bereich der Alpen überdeckte. Die mächtigen und weitgehend horizontal abgelagerten Sedimente der T. entstanden in Zeiten → *tektonischer Ruhe*, bei weltweit festländischen Verhältnissen mit klimatischen Bedingungen, die ausgeglichener als im vorausgegangenen → *Perm* waren. Es entstanden → *Sandsteine*, → *Kalksteine*, → *Dolomite*, → *Tone*, → *Anhydrit*, → *Gips* und → *Steinsalz*. Trotz gleichförmiger Lebensbedingungen erfolgten lebhafte Entwicklungen der Tier- und Pflanzenwelt. → *Leitfossil* sind die Ammoniten.

triassisch (triadisch) *triassic*: zur → *Trias* gehörend, in der Trias entstanden.

Tribalismus *tribalism*: v. a. auf afrikanische → *Staaten* angewandter Begriff, der die Bedeutung der Ethnizität für das soziale, politische, wirtschaftliche und kulturelle Leben bezeichnet, der die u. U. stärker ausgeprägt ist, als jene der Staatszugehörigkeit. T. ist häufig eine Quelle für Konflikte innerhalb von Staaten und zwischen diesen. T. wird aber auch von politischer Seite oft instrumentalisiert.

Tributär *tributary*: → *Fließgewässer*, das in ein größeres einmündet und diesem tributär ist, d. h. ein Nebenbach oder → *Nebenfluss*.

Trichterdoline → *Korrosionsdoline*.

Trichtermündung → *Ästuar*.

Tricontinentalism Trikontinentalismus: alternativer Begriff zum → *Postkolonialismus*, der die Translokalität und die politischen Implikationen der Kritik am → *Kolonialismus* und → *Imperialismus* betont (→ *Dekolonialisierung*).

Triebsand *drifted sand*: dem → *Flugsand* ähnlich, allerdings bewegt sich der T. in Bodennähe und nur über kurze Distanzen. T. kann bei hohem Wassergehalt zu fließen beginnen, was sich jedoch mit abnehmendem Wassergehalt wieder einstellt. Mit Treibsand meint man dagegen grundsätzlich einen → *Schwimmsand*.

Trift *pasture, drift*: großflächig genutzte, nicht eingezäunte und nur extensiv und unregelmäßig beweidete Fläche.

Trigger → *Auslöser*.

TRIMs *Agreement on Trade-Related Aspects of Investment Measures*: Abkürzung für „Übereinkunft über handelsbezogene Investitionsmaßnahmen". Mit T. versuchen Staaten, investierende ausländische Unternehmen zum Befolgen der nationalen → *Wirtschaftspolitik* anzuhalten. Typische Beispiele sind Handelsausgleichsvorschriften oder → *Local-Content-Vorschriften*. Der Einsatz derartiger Maßnahmen wird durch das TRIMs im Rahmen des → *GATT* (→ *WTO*) reglementiert.

Trinkwasser *drinking-water, potable water*: für den Genuss durch Menschen geeignetes Wasser, gewonnen aus Quell-, → *Grund-* und Oberflächenwasser oder durch → *Meerwasserentsalzung* und mithilfe von Filteranlagen keimfrei gemacht. Das T. soll klar, farblos, keimfrei sowie geschmacks- und geruchsfrei sein; der Salzgehalt sollte gering sein (→ *Brauchwasser*, → *Rohwasser*).

Trinkwasseraufbereitung *drinking water preparation, drinking water processing*: umfasst verschiedene Verfahren zur Gewinnung bzw. Herstellung von → *Trinkwasser*. In Deutschland durch die Trinkwasserverordnung geregelt. T. ist nicht bei allen Wässern nötig, sofern sie aus dem → *Grundwasser* stammen und Stoffgehalte aufweisen, die der Trinkwasserverordnung entsprechen. Weil in Mittel- und Westeuropa die Grundwasserressourcen praktisch vollkommen ausgeschöpft sind, kann man zusätzlichen Trinkwasserbedarf nur aus → *Oberflächengewässern* decken, die jedoch verschmutzt sind, weshalb T. erforderlich ist. T. erfolgt in den Wasserwerken, die nicht nur die Verteilung organisieren, sondern auch die Güte gewährleisten. Neben den chlorierten → *Kohlenwasserstoffen* erweist sich bei der T. v. a. → *Nitrat* als problematisch.

Trinkwasserschutzgebiet (Schutzzone für Trinkwasser) *drinking water protection area, potable water protection area*: Bereiche um Trinkwassergewinnungsanlagen, immissionsgefährdete → *Einzugsgebiet*steile sowie Wasservorkommen verschiedenster Art (Quellgebiete, Uferbereiche, Grundwasseraustriche etc.), die der Versorgung mit → *Trinkwasser* dienen bzw. als künftig zu nutzende Ressource ausgewiesen sind, unterliegen Nutzungsverboten oder Nutzungseinschränkungen. T. werden in den Ländern Europas sehr verschieden definiert. In Deutschland werden drei Zonen ausgewiesen.

TRIPS *Agreement on Trade Related Aspects of Intellectual Property Rights*: Abkürzung für „Abkommen über handelsbezogene Aspekte geistigen Eigentums". Neben dem → *GATT* und dem → *GATS* bildet das TRIPS den dritten Pfeiler der modernen → *Welthandelsordnung* (→ *WTO*). Anliegen ist v. a. der multilaterale Schutz von Markenzeichen, Patenten und Urheberrechten (→ *internationale Unternehmung*, → *Globalisierung*)

Tritt *trampling*: mechanische und ökologische Auswirkungen auf Boden und Vegetationsdecke infolge Betretens durch Mensch und Vieh sowie des Befahrens mit Fahrzeugen. T.-Effekte treten in Viehzuchtgebieten sowie in stark frequentierten Erholungsgebieten auf, z. B. → *Stadtwäldern*. Vom T. gehen zunächst nur mechanische Schädigungen von Boden und Vegetationsdecke aus. Letztlich erfolgt jedoch eine Zerstörung der Vegetation durch T.; in → *Trockengebieten* führt dies u. a. zur → *Desertifikation*. Bei Pflanzen kommt es zur Selektion trittfester Arten (→ *Trittflur*).

Trittfestigkeit *resistance to trampling*: bezieht sich auf Pflanzen, v. a. Gräser und Kräuter, die man an stark frequentierten Standorten der Viehzucht, der Erholung, der Städte oder an Wegen und Straßen sowie an Sportanlagen findet bzw. auch anpflanzt, da sie gegenüber → *Tritt* weitgehend unempfindlich sind. Als trittfest gelten niedrigwüchsige Pflanzen mit hoher → *Regenerationsfähigkeit*, z. B. Breit-Wegerich (*Plantago major*; Trittflur).

Trittflur (Trittgesellschaft) *tread vegetation*: artenarme, an den durch → *Stress* durch regelmäßige Trittbelastung (z. B. Fußwege) angepasste → *Pflanzengesellschaft*.

Trittgesellschaft → *Trittflur*.

Trittsteine *stepping stones*: – allgemein inselhafte → *Biotope*, deren ökologischen Standortbedingungen die Ausbreitung von → *Populationen* bzw. → *Arten* erleichtern. T. sind Bestandteile des → *Arealsystems*. – im Natur- und Umweltschutz werden T. durch Maßnahmen der Landespflege geschaffen, z. B. um ein → *Biotopverbundsystem* in der → *Kulturlandschaft* (→ *Ausräumung der Kulturlandschaft*) anzulegen.

trockenadiabatische Zustandsänderung *dry adiabatic rate*: Temperaturänderung trockener auf- und absteigender → *Luftmassen*, die ohne den Einfluss von Kondensations- und Verdampfungsvorgängen mit einem Gradienten von ungefähr 1 °C pro 100 m (trockenadiabatischer Temperaturgradient) abläuft (→ *Kondensation*, → *Verdampfung*).

Trockenbrache → *Brache*.

Trockendelta *dry delta*: → *Binnendelta*, d. h. deltaartige Formen und Sedimente eines unter → *ariden* Bedingungen akkumulierenden Flusses, der im Bereich des Binnendeltas versiegt (→ *Delta*).

Trockenfarmen → *Dryfarming*.

Trockenfeldbau *seasonal rainfed cultivation*: → *Anbauform*, die als → *Jahreszeitenfeldbau* zu verstehen ist und mit dem natürlichen Niederschag auskommt. Jenseits der → *Trockengrenze* ist der T. nur noch in der Form des Trockenfarmsystems (→ *Dryfarming*) durchführbar (→ *Regenfeldbau*).

Trockenfluss *intermittent: stream*: → *Gerinne* in → *Trockengebieten*, z. B. → *Halbwüsten*, → *Trockensavannen*, → *Trockensteppen* und

→ *Wüsten*, das nur → *episodisch* und dann oft nur stoßweise Wasser führt; manchmal mit → *torrentiellem Fließverhalten* (→ *Rivier*, → *Torrente*, → *Wadi*).

Trockengebiet *arid area, dry area*: vegetationsarmes bis vegetationsfreies Gebiet, in dem → *semiarides* oder → *arides* → *Klima* herrscht, auf das alle → *Landschaftsökosysteme* eingestellt sind. Als Nutzung ist allenfalls → *extensive Weidewirtschaft* möglich.

Trockengrenze *aridity line*: wichtige klimatische Trennlinie, welche Gebiete mit Niederschlagsüberschuss von Gebieten mit Niederschlagsdefizit im Vergleich zur jährlichen Gesamtverdunstung abgrenzt. An der T. ist N = V. Da kaum Verdunstungsmessungen zur Verfügung stehen, wird die T. anhand verschiedener Formeln aus Niederschlags- und Temperaturwerten berechnet (→ *Ariditätsindex*, → *humid*, → *Humidität*).

Trockeninsel Gebiet in einem → *humiden* Klimabereich, das im Vergleich zu seiner weiteren Umgebung relativ wenig → *Niederschlag* erhält, ohne dass die Bedingung der → *Aridität* erfüllt sind. T. liegen in den → *Mittelbreiten* in tiefen Lagen im → *Lee* von Gebirgen (z. B. in verschiedenen Beckenlandschaften der deutschen Mittelgebirgsschwelle, wie der Westseite des Oberrheinischen Tieflandes oder des Thüringer Beckens, aber auch in engeren Großtälern der → *Hochgebirge*, wie dem Vintschgau oder dem Wallis in den Alpen).

Trockenkühlturm *dry cooling tower*: → *Kühlturm* zur Rückkühlung von Wasser, bei dem kein direkter Kontakt zwischen dem zu kühlenden Wasser und dem Kühlmedium Luft besteht. Das erwärmte Wasser wird in einem geschlossenen System (nach dem Prinzip des Kraftfahrzeugkühlers) von Luft gekühlt und wieder dem Kondensator zugeleitet.

Trockenmonat *dry month*: mit Temperatur- und Niederschlagswerten auf pflanzenökologischen Befunden basierend definierter Monat mit → *ariden* Klimabedingungen. Die T. werden auf den → *Walter-Klimadiagrammen* dargestellt. Grenzwerte der Temperatur- und Niederschlagsmittel für Trockenmonate:

Temperatur in °C	Niederschlag in mm
<10	<10
10-20	<25
20-30	<50
>30	<75

Trockenmonat

Trockenpflanzen → *Xerophyten*.

Trockenrasen *dry grassland*: lückiges, meist artenreiches → *natürliches* oder → *quasinatürliches* Grasland, physiognomisch wie Kurzgrassteppe (→ *Steppe*) erscheinend, daher in Mitteleuropa fälschlicherweise als „Steppenrasen" bezeichnet. T. kommt auf trockenen (vgl. → *Halbtrockenrasen*), warmen Standorten mit flachgründigen Böden vor, z. B. → *Rendzinen*. In manchen mitteleuropäischen Landschaften ist die Gehölz- und Baumarmut der T. klimabedingt, in anderen von der Nutzung (Schafweide, Feld-Gras-Wechselwirtschaft, Heuwiesen) bestimmt. T. weisen oft → *Reliktpflanzen* auf. Deren mediterrane bis submediterrane sowie kontinentale bis subkontinentale Herkunft weist auf Klimaänderungen im → *Postglazial* hin, als in Mitteleuropa großklimatisch und → *zonal* Steppe vorherrschte und aus auch heute noch wärmeren und trockeneren Klimalandschaften Europas eine Einwanderung nach Mittel- und Westeuropa möglich war. Die → *Steppenheide* gehört ebenfalls zu den T..

Trockenresistenz → *Dürreresistenz*.

Trockenriss (Trockenrisspolygon) *desiccation crack/fissure/fracture/joint, drought polygon, drying crack, mud crack, shrinkage crack*: entstehen beim Austrocknen von zunächst feuchten → *Feinsedimenten*, dabei polygonale Muster unterschiedlicher Durchmesser bildend, z. B. Kleinstpolygone (durch feine Risse voneinander getrennt) oder Großpolygone (durch spaltenartige Risse begrenzt). Die T. sind für Ton-, Lehm-, Schluff- und Feinsandablagerung (mit oder ohne Kalk- und/oder Salzbeimengungen) → *arider* bis → *semihumider* Landschaften charakteristisch, jedoch nicht ausschließlich. Auch für vorzeitliche → *Sedimentite* sind T. typisch, z. B. den → *Buntsandstein*, dann meist als → *Netzleisten* bezeichnet.

Trockenrisspolygon → *Trockenriss*.

Trockenrohdichte *bulk density*: die im Labor gemessene Dichte des trockenen Bodens in natürlicher Lagerung (angegeben in g pro cm^3 oder kg pro dm^3). Für die Laboranalyse werden im → *Bodenprofil* Stechzylinderproben entnommen.

Trockensavanne *dry savanna[h]*: Typ der → *Savanne* mit 5-7,5 → *ariden* Monaten, weshalb Busch- und Grasformationen überwiegen und Bäume im Vergleich zur → *Feuchtsavanne* zurücktreten. Gebietsweise ist die Bezeichnung → *Trockenwald* berechtigt, obwohl die T. eigentlich keinen Waldcharakter aufweist, sondern nur an manchen Standorten dichter mit schirmkronigen Bäumen bestanden ist. Eine Sonderform der T. ist die → *Termitensavanne*. T. kommen als → *Landschaftszone* zwischen → *Feuchtsavanne* und → *Dornstrauchsavanne* vor.

Trockenschnee *dry snow*: kalter, loser, aus feinen Kristallen bestehender → *Schnee* (→ *Polarschnee*, → *Pulverschnee*, → *Wildschnee*).

Trockenschneelawine *dry snow avalanche*: Typ der → *Lawinen* aus trockenem lockeren oder festen → *Schnee* (→ *Staublawine*, → *Schneebrett*).

Trockensee *dry*: *lake*: in einer Salz-→ *pfanne* der → *Halbwüsten* und → *Wüsten* gelegener seichter → *See*, der nur → *episodisch* und für eine kurze Zeit nach Regenfällen besteht; er wird durch → *Verdunstung* sehr rasch aufgezehrt.

Trockensteppe *dry steppe*: 1. in der Literatur nicht seltene, jedoch falsche Bezeichnung für → *Trockensavanne* als sogenannte „tropische" → *Steppe*. 2. wenig präzise Bezeichnung für die → *Federgrassteppe* als gegenüber der → *Wiesensteppe* arideren Raum, dem die noch aridere → *Wüstensteppe* folgt.

Trockensubstanz *dry matter*: wasserfreie Substanz von Böden und Organismen, die aus Frischsubstanz durch Trocknung (z. B. bei +105°C) gewonnen wird. Die T. wird in Prozent der Frischsubstanz angegeben.

Trockensubstanzproduktion *dry matter production*: jährliche Produktion von → *Trockensubstanz* von Pflanzen mit voller Berücksichtigung vom Blatt bis zur Wurzel sowie den gegebenenfalls dazwischen befindlichen verholzten Teilen (→ *Biomasse*, → *Phytomasse*).

Trockentag *dry day*: ein Tag ohne → *Regen*, bei niedriger → *relativer Luftfeuchtigkeit*.

Trockental *dry valley, dead valley*: allgemein ein → *Tal* ohne → *Fließgewässer*. T. weisen ein meist muldenförmiges Querprofil auf, weil nach ihrer Bildung an den Hängen Schutt- und sonstige Lockersedimente durch Verwitterung entstanden und/oder abgelagert wurden. – T. entstehen unter verschiedenen Bedingungen: – durch Tieferlegung der → *Erosionsbasis* in durchlässigen Gesteinen ist der Grundwasserspiegel soweit abgesunken, dass kein Fließen mehr möglich ist. – infolge → *Klimaänderungen* veränderte oder eingestellte Wasserführung, wie in zahlreichen → *Trockengebieten* der Erde. – ehemals vereiste → *Neben*- bzw. → *Hängetäler*, die eine fluviale Vorformung hatten und in denen sich postglazial kein Fluss oder Bach einstellte. – im Gebiet des → *Periglazials* erfolgte unter den Bedingungen des → *Permafrostes* periglaziale Talbildungen, z.B. in heute durchlässigen, vormals aber durch den Permafrost plombierten → *Lockergesteinen*. Auch hier entstanden keine postglazialen Fließgewässer, z. B. weil das Niederschlagswasser oberflächlich nicht gehalten wird, sondern versickert. – gesteinsbedingte T. finden sich in den Kalkalpen und sonstigen → *Karstlandschaften*, wo unter Vorzeitbedingungen, teilweise im → *Pleistozän* über → *Permafrostboden*, teils aber schon im → *Tertiär*, die Talbildung erfolgte. Der Untergrund war entweder durch Permafrost plombiert oder die Wasserwegsamkeit des Karstes kam wegen der noch nicht erfolgten Heraushebung über die Erosionsbasis nicht zur Wirkung. – → *anthropogene* Maßnahmen, wie Trockenlegungen, Rodungen oder industrielle Wasserentnahmen, können den Landschaftswasserhaushalt so verändern, dass Fließgewässer trocken fallen. – durch Fluvialdynamik, z.B. bei der Bildung von Durchbruchsbergen oder Umlaufbergen kann eine Talstrecke trocken fallen und ein T. bilden.

Trockentorf *dry peat*: wenig präzise Bezeichnung für → *Rohhumus*.

Trockenwald *dry forest*: wenig präzise Sammelbezeichnung für alle laubwerfenden → *Vegetationsformationen* mit baumartigen Holzgewächsen in den wechselfeuchten → *Tropen* und → *Subtropen*. Im Grunde handelt es sich um baumreiche und nur waldartig wirkende Teile der → *Trockensavanne*.

Trockenwetterabfluss *sustained flow*: die Menge des → *Abflusses* in → *Gerinnen*, die mindestens drei Tage nach dem letzten → *Niederschlag* gemessen werden kann. Der T. wird größtenteils aus dem → *Grundwasser* gespeist und ist über längere Zeit relativ konstant (→ *Basisabfluss*)

Trockenwetterlinie (Trockenwetterkurve) im Abflussmengen-Zeit-Diagramm konstruierte Linie, welche aus den aneinandergefügten fallenden Abschnitten der Wasserstandsganglinie gebildet wird. Verlauf und Neigung der T. geben Aufschluss über das → *Retentionsvermögen* und den Grundwasserabfluss eines → *Einzugsgebietes* (→ *Unit Hydrograph*:).

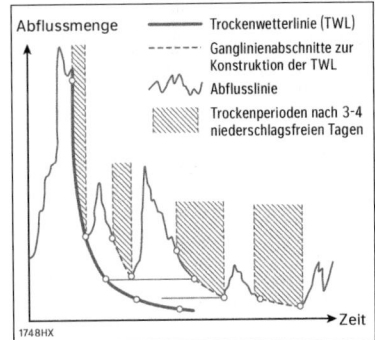

Trockenwetterlinie

Trockenzeit *drought period*: niederschlagsarme oder niederschlagsfreie Jahreszeit der wechselfeuchten → *Tropen* und → *Subtropen*. Steht der → *Regenzeit* gegenüber.

Trockenzonen (Trockengürtel) *drought zone*: jene → *Landschaftszonen* der → *Subtro*-

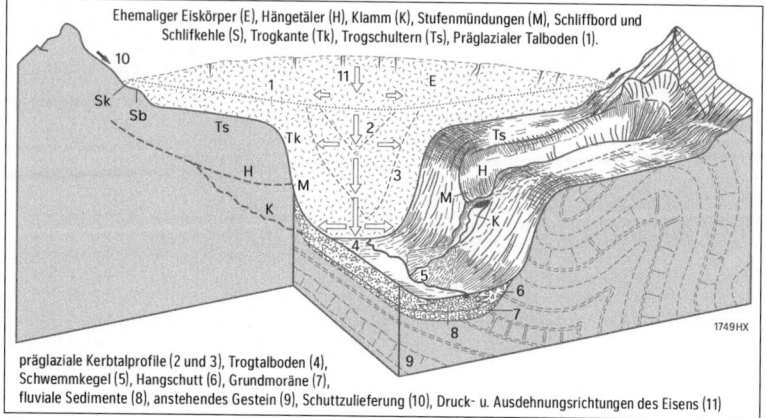

Ehemaliger Eiskörper (E), Hängetäler (H), Klamm (K), Stufenmündungen (M), Schliffbord und Schlifkehle (S), Trogkante (Tk), Trogschultern (Ts), Präglazialer Talboden (1).

präglaziale Kerbtalprofile (2 und 3), Trogtalboden (4), Schwemmkegel (5), Hangschutt (6), Grundmoräne (7), fluviale Sedimente (8), anstehendes Gestein (9), Schuttzulieferung (10), Druck- u. Ausdehnungsrichtungen des Eisens (11)

Trogtal

pen im Bereich der → *Wendekreise*, in denen unter dem Einfluss der beständigen Passatströmung (→ *Passat*) ganzjährig Niederschlagsarmut herrscht. Die Niederschlagssummen der T. liegen i. a. >100 mm pro Jahr (→ *arides* → *Klima*).

Trog (Druckgebilde) *basin, tray, trough*: – Kurzbezeichnung für → *Trogtal*. – Kurzbezeichnung für ein großes Sedimentationsbecken im Sinne der → *Geosynklinale*, z.B. der sogenannte „Molassetrog" im tertiären Alpenvorland (→ *Molasse*). – → *Tiefdrucktrog*.

Trogfläche *trough plane*: → *Flachform*, auch als → *Hochboden* bezeichnet; befindet sich oberhalb der pleistozänen Taleinschnitte um → *antezedente Durchbruchstäler* Mitteleuropas, deren Form jedoch nur wenig mit einem → *Trog* gemein hat.

Trogkante *trough edge*: meist sehr abrupter, stark gewölbter Übergangsbereich zwischen → *Trogschulter* und Trogwand beim → *Trogtal*.

Trogschluss *trough end*: das obere Ende des → *Trogtales*; meist als halbrunde Steilstufe ausgebildet. Oberhalb der Steilstufe schließen sich die → *Kare* an.

Trogschulter *trough shoulder*: Flachformenbereich oberhalb des eigentlichen Einschnittes des → *Trogtales*, der eisüberfahren war und Schleifspuren des Gletschers sowie → *Gletscherschrammen* aufweist. Mit der → *Trogkante* grenzt die T. gegen den steilen Wandbereich des Trogtales ab. Gegen die steilen, nicht von Eis bearbeiteten Hänge schließt die T. mit → *Schliffbord* bzw. → *Schliffgrenze* an.

Trogsee *ribbon lake*: etwas unscharfe Bezeichnung für → *Seen*, die sich in → *Trogtälern* hinter Moränenaufschüttungen, Felsschwellen oder in Wannen des übertieften Trogtalbodens nach Eisrückzug bildeten.

Trogtal (Trog, U-Tal) *U valley, U-shaped valley, glacial trough*: nach seinem charakteristischen Querprofil auch U-Tal genanntes, vom Gletschereis geschaffenes Tal, das jedoch eine fluviale Vorform hatte (meist ein → *Kerbtal*), das durch → *glaziale Übertiefung* geschaffen wurde. Das T. weist steilhängige Trogwände auf, bei einem meist muldenförmigen → *Talboden*. Er ist, gegenüber den fast sedimentfreien Trogwänden, entweder im anstehenden Fels angelegt oder mit → *fluvioglazialen* → *Schottern* und/oder → *Grundmoräne* überdeckt. Die steilen, manchmal auch senkrechten Wände, oft mit → *Gletscherschrammen* und anderen Schleifspuren der Eisarbeit versehen, enden oben mit der konvexen → *Trogkante* gegen die → *Trogschulter*. Die Wände können Höhen von mehreren Hundert Metern erreichen. Zusätzlich weisen sie Spuren der Schmelzwassererosion auf, die Schmelzwasserströme zwischen Felswand und Gletscherkörper auslösten. Das T. endet nach hinten mit dem rundlich-zirkusförmigen → *Trogschluss*, an den sich oberhalb → *Kare* anschließen. Klassisches Beispiel für ein T. ist das Lauterbrunnental (Schweiz).

Trogterrasse *trough terrace*: praktisch identisch mit dem Begriff → *Hochboden* bzw. → *Trogfläche*. Der Begriff nimmt auf den bisweilen deutlichen Terrassencharakter dieser Flachform Bezug und weist darauf hin, dass die Fläche → *fluvial* gestaltet wurde – im Gegensatz zu den in der Höhe meist anschließenden (älteren) → *Rumpfflächen*.

Trolleybus *trolley-bus*: Bus im → *öffentlichen Personennahverkehr*, der mit Elektroantrieb

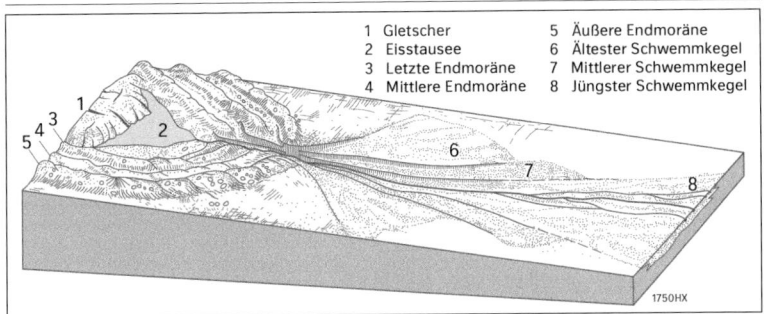

1 Gletscher	5 Äußere Endmoräne
2 Eisstausee	6 Ältester Schwemmkegel
3 Letzte Endmoräne	7 Mittlerer Schwemmkegel
4 Mittlere Endmoräne	8 Jüngster Schwemmkegel

Trompetental

fährt und durch eine Oberleitung mit Strom versorgt wird.
Trombe *waterspout*: Luftwirbel in Form eines wandernden Wirbelwindes von meist relativ lokaler Begrenzung mit einer senkrechten Achse. T. entstehen bei → *labiler Schichtung* der → *Luft* und gleichzeitig starken vertikalen Temperaturgegensätzen, besonders bei sommerlicher Erhitzung der Luft am Erdboden. Die gewaltigsten T. sind die → *Tornados*.
Trompetental *trumpet-shaped valley*: von Schmelzwasser geschaffene, ineinander verschachtelte kleine Tälchen, die sich in verschieden alte → *fluvioglaziale* → *Schwemmkegel* eingeschnitten haben. T. kommen v. a. im ehemals vergletscherten nördlichen Alpenvorland vor.
Tropen *tropics*: 1. die „mathematische" → *Klimazone* im → *Gradnetz* der → *Erde*, zwischen den beiden → *Wendekreisen* gelegen. 2. die geographische → *Zone* beidseits des → *Äquators* bis etwa zum 20. Breitengrad, innerhalb derer Warmklimate der → *Tropen* mit unterschiedlich langen → *Regenzeiten* ausgebildet sind. In den Klimaten der T. tritt → *Wärme* nicht im → *Pessimum* auf. Die entscheidende ökologische Differenzierung dieser → *Landschaftszonen* erfolgt durch die Dauer der → *humiden* Jahresabschnitte, die mit → *ariden* alternieren. Die Zahl der → *humiden* Monate kann zwischen 0 und 12 liegen. In den T. befindet sich die Zonen des immerfeucht-tropischen → *Regenwaldes* und der → *Savannen*.
Tropentag *tropic day*: in der meteorologischen Statistik der mitteleuropäischen Länder ein Tag, dessen maximale Lufttemperatur über 30°C liegt. Er wird besonders unter den Bedingungen des → *Stadtklimas* als bioklimatisch belastend empfunden (→ *Bioklimatologie*, → *Bioklima* der → *Stadt*).
Tropenwald (*tropische Wälder*) *tropical forest*: 1. unscharfe Bezeichnung für den immergrünen tropischen Regenwald (→ *Hyläa*).

2. alle Wälder der → *Tropen*, soweit sie ökologisch und physiognomisch wirklich als → *Wald* angesprochen werden können.
Tropfenboden *sandy intrusion in active layer*: eine Form des Auftaubodens im → *Periglazial* mit tropfenartigen Einschlüssen eines hangenden sandigen Substrats, das im breiigen Auftauzustand in ein liegendes Sediment einsank (→ *Permafrostboden*).
Tropfstein *dripstone, spelean formation, spelaeothem*: Formen aus → *Kalksinter*, die überwiegend in → *Höhlen* des → *Karstes* entstehen, in den sogenannten Tropfsteinhöhlen. → *Stalaktit* und → *Stalagmit* bzw. → *Stalagnat* sind die T.-Hauptformen. Der T. hat seinen Namen von dem tropfenden kalkreichen Wasser, das aus Gesteinsfugen und -klüften dringt und das nach Verdunstung Calciumcarbonat ausfallen lässt. Die Wachstumsgeschwindigkeiten des Kalksinters sind außerordentlich verschieden, weil sie von zahlreichen Randbedingungen der → *Karstlandschaft* abhängen.

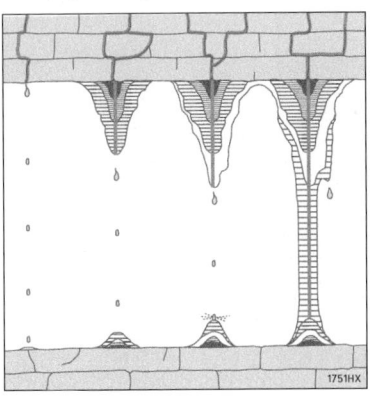

Tropfsteine

Trophie

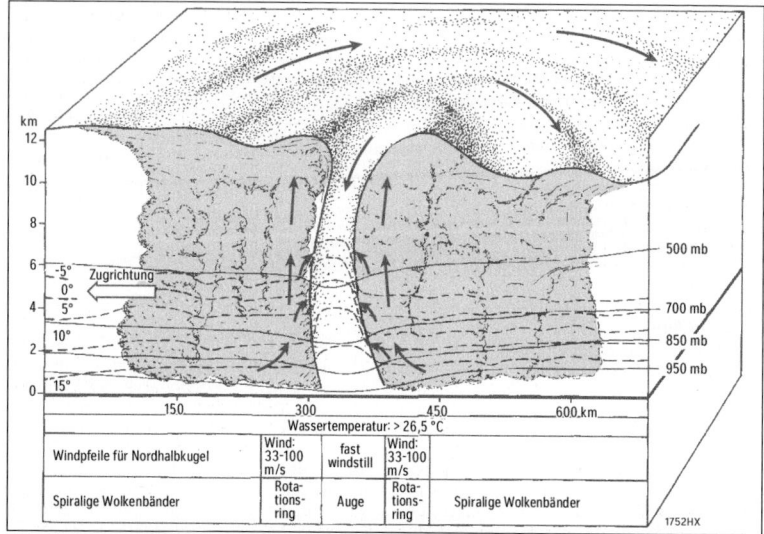

Trop. Wirbelsturm

Trophie *trophy*: allg. die Ernährung mit Mineralstoffen, z. B. von Pflanzen, i.S.v. → *trophisch*. T. bezieht sich auf den Versorgungsgrad (Art und Intensität der Versorgung) eines Ökosystems mit organischer Substanz und → *Nährstoffen* bzw. → *Nährelementen* (→ *Nährstoffhaushalt*). Danach wird eine – geringe (→ *oligotrophe*), eine – mittlere (→ *mesotrophe*) und eine – reichliche (→ *eutrophe*) Nährstoffversorgung der Ökosysteme ausgewiesen.
Dies bezieht sich nicht nur auf → *terrestrische* Ökosysteme, sondern auch auf → *Hydroökosysteme* der → *Oberflächengewässer*. In der Botanik bezeichnet T. auch die ungleichmäßige Entwicklung von Pflanzenorganen oder Gewebeteilen.

Trophiegrad *grade of trophy*: 1. Intensität der pflanzlichen → *Primärproduktion*. Oft speziell bezogen auf Biomasse und Umsatz → *autotropher* Organismen eines Gewässers (vgl. → *Saprobiegrad*). 2. oft wird mit dem Begriff T. einfach nur die Menge der → *pflanzenverfügbaren Nährstoffe* (oder der → *Nährelemente*) bezeichnet.

Trophiestufe → *Ernährungsstufe*.

trophisch (nutritiv) *trophic*: die Ernährung, die Nährstoffversorgung betreffend (→ *Trophie*).

Tropho-Diversität (trophische Diversität) *trophic diversity*: Zahl der → *Trophiestufen* und Komplexität der → *Nahrungsketten*, → *Nahrungsnetze* und → *Nahrungspyramiden*.

Tropikluft *tropical air*: feucht-warme → *Luftmasse*, die aus dem Gebiet der → *Wendekreise* stammt (→ *Subtropen*).

tropischer See *tropical lake*: → *See*, dessen Temperatur ganzjährig über +4°C liegt und der deshalb stabil geschichtet ist (→ *oligomiktisch*, → *Schichtung*, → *Seezirkulation*).

tropischer Wirbelsturm *tropical cyclone, tropical revolving storm*: rotierender, wandernder, frontenloser Luftwirbel mit extremem Unterdruck im Zentrum, dem „Auge", und orkanartigen Windgeschwindigkeiten im Rotationsring. T. W. entstehen v. a. im Spätsommer und Herbst der jeweiligen Halbkugel über weit >26,5°C warmen Meeresgebieten im Bereich der → *innertropischen Konvergenz* mindestens 5-8 Breitengrade vom → *Äquator* entfernt (Wirkung der → *Corioliskraft*). Sie wandern auf einer parabelartigen Bahn westwärts und biegen immer mehr polwärts ab. T. W. bringen große Regenfälle und können durch hohe Sturmstärken und → *Sturmfluten* an den Küsten zerstörend wirken. Auf dem Festland verlieren sie rasch an Wirkung und sacken wegen der Abkühlung zusammen. Die t. W. tragen in den verschiedenen Gebieten der Erde lokale Namen. (→ *Hurrikan*, → *Orkan*, → *Sturm*, → *Taifun*).

tropisches Klima *tropical climate*: warmes und während der → *Regenzeiten* sehr feuchtes Klima der Gebiete am → *Äquator* und beidseits davon. Das t. K. zeichnet sich durch stetig hohe Temperaturen mit beschränkten Tages-

und sehr geringen Jahresschwankungen aus (thermische Jahreszeiten fehlen). Der kälteste Monat liegt im Temperaturmittel i. a. nicht unter 18 °C; Frost fehlt ganz. Dieser allgemein gültigen Temperaturcharakteristik stehen in den verschiedenen Gebieten der → *Tropen* in Menge und jährlicher Verteilung sehr unterschiedliche Niederschlagsverhältnisse gegenüber. Mit der Abfolge von → *Regen-* und → *Trockenzeiten* lassen sich drei → *Klimazonen* mit unterschiedlichen Feuchteverhältnissen ausscheiden: 1. äquatoriale Zone der immerfeuchten → *inneren Tropen* an der → *innertropischen Konvergenz* (ohne Trockenzeit; zugleich ein → *Tageszeitenklima*); 2. wechselfeuchte innere Tropen (mit zwei Regenzeiten und einer langen sowie einer kurzen Trockenzeit); 3. wechselfeuchte äußeren Tropen (mit einer Regen- und einer ausgeprägten langen Trockenzeit).
– Zudem existieren die besonderen Klimate der Höhenstufen der tropischen → *Hochgebirge* (→ *Passat*, → *Savanne*, → *Savannenklima*, → *Regenwald*).

Tropisches Reich *tropical realm*: eines der → *Floren-* bzw. → *Faunenreiche* des Meeres, d. h. der *litorale* Bereich in der Zone mit → *tropischem Klima*, der den Lebensraum der → *Korallenriffe* und der → *Mangrove* bildet.

tropisch-pluvial *tropical: pluvial*: in der Klimageschichte der Erde die Bezeichnung für regenreiche Perioden während des → *Pleistozäns*, die auf Ausdehnung der → *Zonen* mit → *tropischem Klima* zurückgehen (→ *Pluvial*).

Tropismus *tropism*: Sammelbezeichnung für Krümmungsbewegungen festgewachsener Pflanzen, die durch Reize von außen induziert werden und die eine Beziehung zur Richtung des Reizanlasses aufweisen. Dazu gehören z. B. → *Geotropismus*, → *Phototropismus* und → *Thermotropismus*.

Tropopause *tropause*: als → *Inversion* ausgeprägte Obergrenze der → *Troposphäre*, oberhalb derer die Lufttemperatur wieder zunimmt und → *Luftfeuchtigkeit* nur noch in Spuren vorhanden ist.

Trophophyten *tropytes*: Pflanzen, die in Ungunstperioden (z. B. hinsichtlich des → *Bodenfeuchteregimes* oder der thermischen Jahreszeiten) ihr Aussehen verändern, z. B. durch Laubabwurf oder Absterben der oberirdischen Pflanzenteile (→ *Lebensform*).

Troposphäre *troposphere*: unterste, 8 km (Polargebiete) bis 18 km (→ *Tropen*) mächtige → *Schicht* der → *Atmosphäre* und somit der Bereich der → *Allgemeinen Zirkulation der Atmosphäre*. In ihr befindet sich die atmosphärische → *Luftfeuchtigkeit*, und hier spielt sich durch Umlagerung von → *Luftmassen* das → *Wettergeschehen* ab. Die T. wird in erster Linie direkt von der → *Wärme*-→ *Ausstrah*-*lung* der Erdoberfläche erwärmt und nicht von der → *Sonnenstrahlung*. Die → *Temperatur* nimmt deshalb zur Höhe mit einem Gradienten von etwa 0,6°C pro 100 m ab (→ *vertikaler Temperaturgradient*): Sie erreicht an der Obergrenze der T., der → *Tropopause*, -50 bis -80°C. Die T. gliedert sich in die → *Grundschicht* (→ *Peplosphäre*) und die Advektionsschicht.

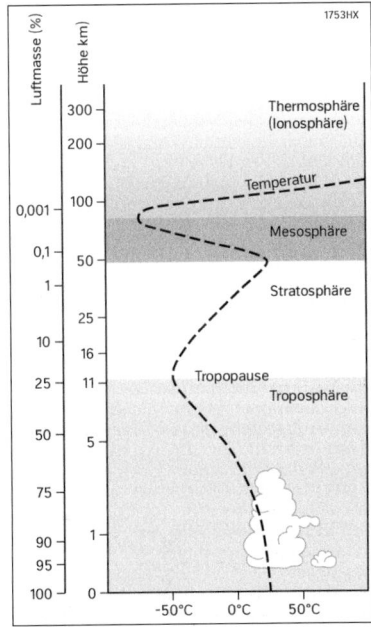

Tropopause

trüber Tag *overcast day*: in der meteorologischen Statistik ein Tag, an dem das Mittel der → *Bewölkung* über 8/10 liegt.

Trübestrom (Suspensionsstrom) *turbidity current/flow, slurry slump, suspension current, density current*: rasch ablaufende Materialbewegung, die auf → *Seebeben* oder gravitative Einflüsse zurückgeht und bei der sich ein fein verteiltes → *Feinsediment*-Wasser-Luft-Gemisch unter Entwicklung großer Energien → *submarin* bewegt und Abtragungsformen schafft, z. B. → *submarine* Cañons. T. entstehen v. a. am → *Kontinentalabhang* und sind in der Dynamik mit → *Staublawinen* vergleichbar.

Trübung *turbidity, cloudiness*: 1. Luft-T. durch Streuung und Abschwächung des Lichtes in der → *Atmosphäre* durch → *Dunst* und → *Ae*-

rosol (→ *Trübungsfaktor*). 2. die T. des Wassers durch → *Schwebstoffe*, welche die → *Strahlungsdurchlässigkeit* mindert. Die T. des Wassers ist oft Ausdruck der → *Gewässerbelastung*.
Trübungsfaktor *turbidity factor*: Verhältnis der → *Trübung* der → *Atmosphäre* an einem bestimmten Standort im Vergleich zur theoretischen trockenen Reinatmosphäre (→ *Rein luft*). Da Letztere in Wirklichkeit nicht existiert, liegt der T. immer über 1. Im luftreinen Gebirge beträgt er 1,5-2, über Ballungsgebieten 3,5-5 (→ *Stadtklima*).
Trugrumpf → *Primärrumpf*.
Trullo *trullo*: italienische Bezeichnung für eine runde → *Kuppelhütte*, die aus aufeinander geschichteten Natursteinen erbaut ist. T. finden sich im zentralen und südlichen Apulien und dienen als Hirten- und Feldhütten, örtlich auch als Wohnhäuser.
Trümmererz *fragmented*; *ore*: Typ einer → *Sekundärlagerstätte* bei → *Erzen*. T. sind Erzanreicherungen, die durch stückweise Aufbereitung älterer → *Lagerstätten* unter dem Einfluss fließenden Wassers, → *Brandung* oder → *Gezeiten* entstanden. Beispiel einer T.-Lagerstätte sind die Eisenerze von Salzgitter.
Trümmerflora *rubble flora, debris flora, detritus flora*: Vegetation auf Ruinen und Trümmerbergen, repräsentiert von → *Ruderalpflanzen*.
Trümmergestein *breccia, brecciated rock, clastic rock, clastics, detrital rock, fragmental rock*: Gesteinstrümmer aus Material der → *physikalischen Verwitterung*, also → *klastische Ablagerungen*, z. B. → *Konglomerat*.
Trümmerhalde *boulder heap, boulder slope*: wenig scharfe Bezeichnung für eine → *Halde* aus groben, meist eckigen Festgesteinsbruchstücken, ähnlich der → *Schutthalde*. Die T. zeichnet sich durch eine sehr ungeordnete Lagerung, sowie das Vorhandensein großer → *Steine* und Blöcke und das fast völlige Fehlen kleinerer Komponenten aus. Die Trümmer verwittern aus → *Felswänden* und unterliegen → *gravitativen Massenbewegungen* (→ *Stürzen*, → *Kippen*).
Trümmerkalk *detrital limestone*: ein → *Kalkstein* aus ebensolchen Trümmern oder Fossiltrümmern, die wieder verkittet wurden (→ *Brekzie*).
Trümmersprung *weathering to rock waste*: zerlegt die durch → *Kernsprünge* aus größeren → *Blöcken* entstandenen Trümmer in kleinere Komponenten.
Tschernitza (Auenschwarzerde) *Fluvisol*: in der → *deutschen Bodensystematik* (→ *KA5*) ein Boden der holozänen Flussaue, den → *Tschernosemen* ähnlich.
Tschernobyl *Chernobyl*: Ort in der Ukraine, wo sich 1986 ein → *Super-GAU*, also ein nicht beherrschter → *Störfall* in einem → *Kernreaktor*, ereignete. Es kam zur Überhitzung der radioaktiven → *Brennelemente*, weiteren Brennstoff-Wasser-Reaktionen und zu einer Explosion des Reaktorgebäudes infolge von Bedienungsfehlern. Man schätzt, dass 8 t radioaktiven Brennstoffs dem Reaktorkern ins Freie gelangten. Die radioaktive Verseuchung durch Freisetzung von → *Spaltprodukten* währte ca. 10 Tage, während derer versucht wurde, den Brand einzudämmen und den Reaktorblock zuzuschütten. Leichtflüchtige Spaltprodukte wurden über große Entfernungen bis nach Nord-, West- und Mitteleuropa getragen. Um den Reaktorstandort herum erfolgten großräumige Evakuierungen der Bevölkerung, weil eine starke → *Strahlenexposition* vorlag. In der unmittelbar dem Reaktor benachbart liegenden Stadt Prypjat wurden am Tag nach dem Unfall bis zu 6 mSv/h gemessen. In den darauf folgenden Tagen wurden weitere ca. 100 000 Personen aus der 30 km-Zone um T. evakuiert. Die 10 km-Zone wird nicht wieder besiedelt (→ *Fukushima*, → *Harrisburg*, → *Majak*, → *Windscale*).
Tschernosem (Schwarzerde) *Chernozem*: in der → *deutschen Bodensystematik* (→ *KA5*) ein Boden aus in der Regel carbonathaltigem, feinbodenreichem Lockerstein (z.B. → *Löss*) und schwarzgrauem, humosem Oberbodenhorizont. Typisch für T. sind → *Krotowinen* und → *Lösskindel*. Charakteristisch ist der durch intensive → *Bioturbation* entstandene Verzahnungshorizont von Oberboden und Ausgangsgestein.
Tschernosem-Parabraunerde → *Griserde*:.
Tsunami *tsunami*: durch → *Vulkanausbrüche*, → *Seebeben* und → *submarine* → *gravitative Massenbewegungen* ausgelöste langperiodische, extrem hohe → *Welle* (5–20 m) großer Energie und Zerstörungskraft an Meeresküsten. Rund um den Pazifik besteht ein T.-Warndienst.
Tsunami-Sedimente *tsunami-sediments*: → *Sedimente* von → *Tsunamis*, die entweder landeinwärts durch das Auflaufen des Tsunamis abgelagert wurden oder seewärts durch den Rückstrom. Die landeinwärts abgelagerten Sedimente können denen von → *Sturmfluten* sehr stark ähneln: sie haben eine stark erodierte Basis und bestehen größtenteils aus der → *Korngröße* → *Sand*, aber auch aus → *Geröllen* und größeren → *Blöcken* der → *marinen Fazies*. Aus den T.-S. gehen als → *Sedimentgesteine* die Tsunamite hervor.
TTIP *Transatlantic Trade and Investment Partnership*: ein politisch und wirtschaftlich umstrittenes Freihandelsabkommen zwischen der Europäischen Union (→ *EU*) und den USA, das seit 2013 ausgehandelt wird. Während andere Freihandelsabkommen v. a.

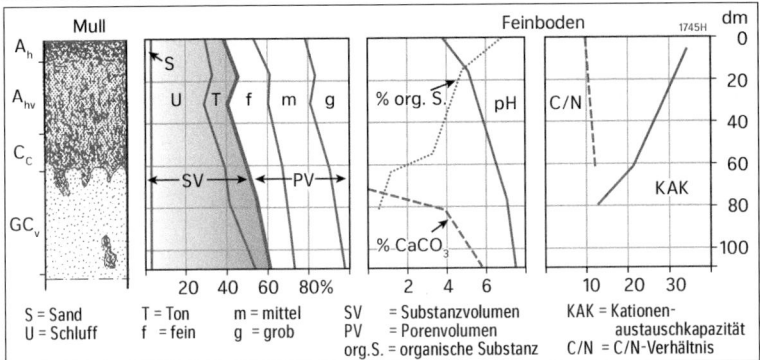

Tschernosem

zum Ziel hatten, Wohlfahrtsgewinne über die Senkung oder Abschaffung von → *tarifären* und → *nichttarifären Handelshemmnissen* auf gesamtwirtschaftlicher Ebene zu generieren, setzt die → *Integration* von Handel und Investition zwischen der → *EU* und den USA v. a. auf eine gegenseitige Anerkennung unterschiedlicher Standards in den Bereichen Umwelt-, Tier- und Produzentenschutz sowie entsprechende regulatorische Maßnahmen, über die Wohlfahrtsgewinne erzielt werden können. Dieser zentrale Kern des Freihandelsabkommens ist zugleich Hauptziel der z. T. massiven Kritik seitens der Wissenschaft, politischer und zivilgesellschaftlicher Gruppierungen in den EU-Ländern, da eine de facto Angleichung unterschiedlich hoher Standards zu Lasten der EU als Handelspartner mit den höheren Standards wichtige Ziele der Europäischen Kommission zur → *nachhaltigen* Wirtschafts- und → *Regionalentwicklung* konterkarieren würde. Kritik formiert sich auch an den geplanten Regelungen zum Investorenschutz (→ *Freihandelszone*).

Tuff *tuff, tufa*: praktisch zu jedem Oberflächengestein vorkommendes Derivat, wobei ältere T. verfestigt sind, jüngere meist → *Lockergesteine* bilden. T.-Gestein, das zwischen → *Magmatiten* und → *Sedimentiten* steht, dessen Baustoff zwar dem → *Magma* entstammt, aber durch Zertrümmerung und Zerstäubung in der Luft anschließend wie Sedimente abgelagert werden konnte. Das T.-Gestein ist also ein verfestigtes, vulkanisches Lockerprodukt, eine → *Asche*.

Tuffkalk *calcareous tufa*: → *Kalktuff*.
Tuffkegel (Aschenvulkan, Tuffvulkan) *tuff cone*: Vulkan aus relativ feinkörnigen → *Pyroklasten*, der bis zu einige hundert Meter hoch werden kann und bei dem die Hänge nach innen steil, nach außen flach abfallen. Oft in Verbindung mit → *phreatomagmatischen Eruptionen* entstanden. Sie unterliegen sehr leicht der → *Erosion* durch Wasser oder durch → *Rutschungen*, wobei markante Erosionsformen entstehen (→ *Maar*).
Tuffstein *trass*: → *Trass*.
Tuffvulkan → *Tuffkegel*.
Tümpel *pool:, puddle*: kleines, überwiegend → *natürlich* entstandenes → *stehendes Gewässer* mit geringem Tiefgang und → *periodischer* bis ständiger Wasserführung, meist ohne ständigen Durchfluss (→ *Teich*, → *Weiher*).
Tundra *tundra*: baumfreie Vegetation der Subpolargebiete, von Moosen, Flechten, Grasfluren, → *Zwergsträuchern* und z. T. echten Sträuchern gebildet. Die kurzen und kühlen Sommer lassen keinen Waldwuchs zu. Charakteristisch ist der → *Permafrostboden*, der auch im Sommer nur in einer geringmächtigen Schicht auftaut. Die Pflanzen sind den klimatischen Bedingungen gut angepasst und wachsen sehr langsam, die → *Regenerationsfähigkeit* der Pflanzendecke ist gering.
Tundragley *Gleysol*: Boden der Niederungen in der → *Tundra*. Unter dem anmoorig-nassen Humushorizont folgt der wassergesättigte, graue und z. T. schwachbraune, fleckige Auftauhorizont, der über dem als Stausohle wirkenden → *Bodeneis* liegt (→ *Gley*, → *Permafrost*).
Tundraranker *tundra ranker*: sehr flachgründiger Of-Oh-C-Boden auf → *Silikatgestein* (Fels- und glaziale Ablagerungen) in bodentrockenen Lagen der Tundrengebiete (Kuppen, Hänge usw.).
Tundrenklima *tundra climate*: das subarktische → *Klima* der → *Tundra*, mit langen, strengen Wintern, kurzer schneefreier Zeit (60-100 Tage) und weitgehendem Fehlen von Übergangsjahreszeiten. Die → *Sommer* sind

kurze und mild (Mittel des wärmsten Monats höchstens +10°C; einzelne warme Tage mit Maxima bis 20-25°C) sowie geringe → *Niederschlags*mengen (100-300 mm pro Jahr; → *arktisches Klima*, → *subarktische Zone*).
Tundrenzeit → *Dryaszeit*.
Tunnelerosion → *Piping*.
Tunneltal *tunnel valley*: → *subglazial* vom Schmelzwasser gebildete → *Hohlform* meist lang gestreckter Gestalt, deren Richtungen den Strukturen der Gletscheroberflächen der → *Nordischen Vereisung* entsprechen. Im Bereich ehemaliger T. entstanden später → *Rinnenseen*.
Tunturi *tunturi, fjeld*: der skandinavische Landschaftstyp → *Fjell* in Finnland.
Turbation *soil horizon mixing*: Oberbegriff für alle im → *Boden* bzw. im → *Oberflächennahen Untergrund* stattfindenden natürlichen Durchmischungsprozesse, d. h. → *Kryo-*, → *Pelo-* und → *Bioturbation*, die Lagerungsstörungen von → *Horizonten* und → *Schichten* bewirken.
turbidity current → *Trübestrom*.
Turbulenz *turbulence*: – allgemein nicht gerichtete, unter Wirbelbildung erfolgende Wasser- oder Luftbewegungen. – durch innere Reibung der Luftmoleküle und äußere Reibung an der Erdoberfläche beeinflusster ungeordneter → *Vertikalaustausch* von → *Luftmassen*. – ungeregelte Austauschvorgänge bei der Durchmischung verschiedener Wasserschichten im Meer und in Seen. – ungeregelte Strömung in → *Fließgewässern*.
Turmkarst *needle karst, pinnacle karst, tower karst*: durch Weiterentwicklung aus dem → *Kegelkarst* entstandener Typ des tropischen → *Karstes*. Er ist durch isolierte, steil aufragende → *Karsttürme* charakterisiert, die aus ebenen Flachformen aufragen.

Tussock *tussock*: hohe, steifborstige Horstgräser, die in tropischen → *Hochgebirgen* (z. B. → *Páramo*) und klimatisch ähnlichen Regionen der Südhemisphäre (z. B. subantarktische Inseln, Neuseeland) vorkommen.

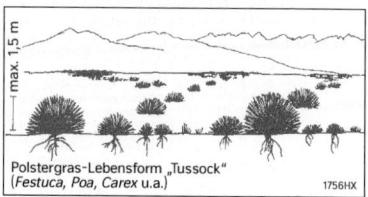

Tussock

Typenbildung (Typisierung) *typing, classification (1.); typogenesis (2.)*: – in der → *Geoökologie* zum Geoökotyp führende Gliederung; sie beruht auf dem Katalog der ökologischen Grundeinheiten und der ökologischen Variabilität. – Vorgehensweise zur Systematisierung von Phänomenen oder Objekten, dabei werden gleiche und ähnliche Objekte oder Prozesse zu übergeordneten Typen zusammengefasst, wobei i. d. R. qualitative Verfahren im Vordergrund stehen. Beispiele sind → *Gemeinde-* oder → *Stadttypisierung* oder die Bildung von → *Geoökotypen*.
Typisierung → *Typenbildung*.
Typus *type*: 1. nomenklatorischer T.; im Sinne von → *Standard* (Regel bei der Pflanzenbeschreibung in der Botanik). 2. morphologischer T.; in der Pflanzenmorphologie durch Abstraktion entwickelter einheitlicher Grundbauplan, auf den verschiedene Pflanzengestalten zurückgeführt werden.

U

UAV *Unmanned Aerial Vehicle*: → *Drohne*

Uber *Uber*: ursprünglich US-amerikanisches Dienstleistungsunternehmen zur Online-Vermittlung von Fahrdienstleistungen, entweder als Mietwagen mit Fahrer oder private Fahrer mit eigenem Auto. Die Vermittlung erfolgt über eine Smartphone-App oder über das Internet. 2017 ist das Unternehmen in ca. 75 Ländern vertreten und macht aufgrund geringer Tarife traditionellen Taxidiensten Konkurrenz. Die rechtlichen Fragen (z. B. zu Versicherung, Steuer, Sicherheit, Status der Fahrer), sind oft unklar und führten in einigen Ländern zum Verbot des Unternehmens.

überadiabatische Schichtung *superadiabatic stratification*: Zustand der → *Luftmassen* einer begrenzten Schicht der → *Troposphäre*, bei dem sich die → *Temperatur* um mehr als 1 °C pro 100 m Höhendifferenz ändert. Ü. S. kann nur eintreten, wenn kalte Luft in stark erwärmte Bodenluftmassen einbricht, d. h. nur unter bestimmten Voraussetzungen. Luftmassen mit ü. S. sind äußerst labil, weil die → *Konvektions*vorgänge praktisch von selbst ablaufen (→ *adiabatisch*).

Überalterung *demographic ageing, high percentage of old people*: → *Altersstruktur* der → *Bevölkerung* eines Raumes mit einem hohen Anteil älterer, insbesondere im Renten- und Pensionsalter stehender Personen. Der Begriff Ü. wird in Abgrenzung zur neutraleren Bezeichnung → *Alterung* v. a. in negativ bewertendem Sinn verwendet, um Nachteile für den betreffenden Raum anzudeuten. Ü. einer → *Gemeinde*, aber auch einer → *Region* oder eines ganzen → *Landes*, kann durch starke → *Zuwanderung* älterer Menschen (z. B. in bevorzugte Altersruhesitzgemeinden) oder durch → *Abwanderung* jüngerer Jahrgänge und → *Geburtendefizite* (z. B. in wirtschaftlichen Problemgebieten) hervorgerufen werden. Die Ü. wird teilweise auch als Vergreisung oder Unterjüngung der Bevölkerung bezeichnet.

Überbauung *building development (1.), covered cut, superstructure (2.)*: 1. allgemein im Sinn von Bebauung einer Fläche. 2. Möglichkeit der Doppelnutzung einer Fläche, wie sie v. a. in → *Agglomerationsräumen* mit Grundstücksverknappung, starker → *Flächennutzungskonkurrenz* und hohen Bodenpreisen geübt wird. Insbesondere die Ü. von Bahnhofs- und Gleisanlagen, kanalisierten Flussabschnitten u. ä. kann zur Gewinnung neuer Wohn- und Gewerbeflächen im Sinn einer verdichteten → *Innenentwicklung* dienen.

Überbeschäftigung *overemployment*: Zustand einer → *Volkswirtschaft* mit sehr hohem → *Beschäftigungsgrad*. Eine Ü. ist dadurch gekennnzeichnet, dass mehr offene Stellen vorhanden als Arbeitslose registriert sind (→ *Vollbeschäftigung*, → *Unterbeschäftigung*).

Überbevölkerung (bei Karl Marx: relative Überbevölkerung) *surplus population*: der Anteil an der Gesamtbevölkerung eines Raumes, der andeutet, dass die entsprechenden Personen insbesondere in wirtschaftlichen Krisenzeiten nicht am Arbeitsprozess beteiligt sind oder für diesen lediglich im Falle eines wirtschaftlichen → *Aufschwungs* als billige Reserve von Bedeutung sind, ausgegrenzt wird (→ *Erwerbsloser*).

Überbeweidung → *Überweidung*.

Übereinkommen zur biologischen Vielfalt → *Biodiversitätskonvention*.

Überernährung *over-nutrition*: Ergebnis einer Nahrungsaufnahme, die mengenmäßig über den täglichen Kalorienbedarf hinausgeht. Ein Großteil der Weltbevölkerung weist mittlerweile Merkmale der Ü. auf (→ *Hunger*, → *Unterernährung*).

Überfallquelle → *Überlaufquelle*.

Überfischung *overfishing*: Dezimierung des Fischbestandes in einem Gewässer, weil mehr Fische gefangen werden als durch natürliche Vermehrung nachwachsen. Maßnahmen gegen die Ü. sind Überfischungsabkommen bzw. die Einrichtung von Fischerei-Schutzzonen.

Überfremdung *foreign infiltration*: meist in abwertendem Sinn und als politische Polemik gebrauchte Bezeichnung für das Eindringen ausländischer bzw. auswärtiger Einflüsse, die häufig als gefährlich und bedrohlich für die Identität des → *Wohnumfeldes*, die Identität von Einzelnen, der → *Heimat* oder sogar des → *Staates* empfunden werden (z. B. Zuwanderung ausländischer Arbeitskräfte und ihre Konzentration in bestimmten Wohngebieten, Investition ausländischen Kapitals in die einheimische Wirtschaft oder auch der Erwerb von → *Zweitwohnungen* durch Auswärtige in landschaftlich attraktiven Räumen).

Übergangsgebiet *transitional area*: Bezeichnung für jegliche Ü. zwischen geo- und biowissenschaftlichen Phänomenen in der geographischen Realität als Ausdruck ihres Kontinuumcharakters (→ *Kontinua*). – biogeographische Bezeichnung für großräumige Ü. zwischen den → *Floren*- und → *Faunenreichen* der Erde. – großräumiger Übergang zwischen verschiedenen Landschaftszonen, deren Wandel der Ökosystemstruktur vom → *Makroklima* und dem Strahlungshaushalt der Erde bedingt ist. – als Saumökotop bzw. → *Saumbiotop* im Sinne des Ökotons kleinräumiger Übergang zwischen verschieden ausgestatteten Ökosystemen.

Übergangshorizont *transitional horizon*: → *Bodenhorizont*, der als Zwischenlage zwischen zwei Haupthorizonten Eigenschaften beider Horizonte jeweils in abgeschwächter Form aufweist. Ü. sind eine sehr häufige Erscheinung, da sich Merkmale im natürlichen Boden oft allmählich ändern und ineinander übergehen. Mächtige Ü. werden als solche gesondert ausgeschieden und entsprechend kombiniert bezeichnet.

Übergangskegel *alluvial fan: in front of a glacier*: der vor der Gletscherfront bzw. dem → *Gletschertor* befindliche → *Schwemmkegel* des → *Gletscherbaches*, der im weiteren Vorland in → *fluvioglaziale* → *Schotterfelder* bzw. → *Sander* übergeht. Der kaum geschichtete Ü. bestehen sowohl aus durch → *subglaziale* → *Schmelzwässer* transportierten → *Geröllen* als auch aus Moränenmaterial. An seiner Ansatzstelle kann der Ü. mit den Sedimenten der → *Endmoräne* verzahnt sein.

Übergangsmoor (Zwischenmoor) *transitional bog*: Übergangsstadium zwischen einem → *Nieder-* und einem → *Hochmoor* mit einer Mischvegetation aus typischen Nieder- und Hochmoorarten (z. T. mosaikartig gemischt) und entsprechendem → *Torf* (holzreicher Sphagnumtorf). Die Ü. leiten die Hochmoorentwicklung ein, weshalb sie nur während einer gewissen Übergangszeit Bestand haben und später im gesamten Moorprofil als Schicht im Mittelteil in Erscheinung treten, unter dem darüber folgenden Hochmoortorf.

übergeordnete Vergletscherung mächtige Vereisungen, die nicht vom Relief beeinflusst werden und die Oberflächenformen völlig, bzw. nur mit Ausnahme der höchsten Berggipfel (→ *Nunatak*) überdecken (→ *Eisschild*, → *Eiskappe*)

übergreifende Lagerung *onlap*: die über einer → *Diskordanz* befindlichen jüngeren Schichten, die eine wesentlich größere Ausdehnung als das ältere → *Liegende* aufweisen.

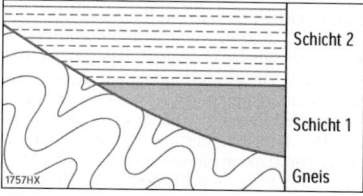

übergreifende Lagerung

Übergussschichtung *reef-slope bedding*: fluviale Sedimente, die bei der Bildung des → *Deltas* mit diskordanter Parallelstruktur über dem Wasserspiegel abgelagert werden (→ *Diskordanz*).

Überhälter (Überständer) *reserved tree*: in der → *Wald-* bzw. → *Forstwirtschaft* jene Bäume, die beim Hieb eines Altbestandes einzeln oder als Trupp auf der Schlagfläche als Samenbäume für die → *Naturverjüngung* stehen bleiben. Auch aus landschaftsästhetischen Gründen lässt man Ü. stehen. Der Ü.-Betrieb erfolgt bei Arbeit mit → *Hochwald*. Als Ü. sind geeignet: Eichen, Lärchen und Kiefern, weil sie unter geeigneten Standortbedingungen eine hohe Lebenserwartung aufweisen, gegenüber Baumkrankheiten resistent sind und gut wurzeln.

Überhang *overhang, overhanging rock*: ein → *Hang* mit Neigung > 90°. Eine Darstellung von Ü. ist im üblichen → *digitalen Geländemodell*, wie bei der → *Wand*, nicht möglich.

überkippte Falte *overturned fold*: aus einer → *schiefen Falte* entstandene → *Falte*, deren Schenkel in gleicher Richtung einfallen – bei weiter anhaltendem einseitigem Druck. Die ü. F. geht dann in die → *liegende Falte* über.

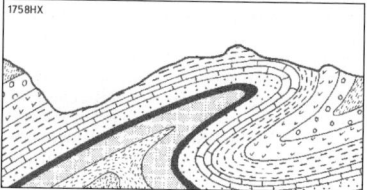

überkippte Falte

Überkippung *overturning*: das Aufstellen von Gesteinspaketen in Positionen von >90° infolge seitlichen Drucks, wobei ältere Schichten ins → *Hangende* und jüngere ins → *Liegende* gelangen.

Überlagerungsgebiet *overlapping: area*: Raum, in dem sich die → *Einzugsgebiete* zweier gleichgewichteter → *Zentraler Orte* überlagern, der also keine eindeutige Zuordnung zu einem einzigen Zentralen Ort der betreffenden Hierarchiestufe aufweist. Ü. können auf allen Stufen der → *zentralörtlichen Hierarchie* vorkommen.

Überlaufquelle (Überfallquelle) *overflow (depression, pocket) spring*: Wasseraustritt, der von frei beweglichem → *Grundwasser* gespeist wird, das auf einer gegen die Oberfläche hin ansteigenden stauenden Schicht liegt. Ü. sind → *Schichtquellen* (→ *Grundwasserstauer*, → *Quelle*).

Überlebenswahrscheinlichkeit *survival probability*: analog zur → *Sterbewahrscheinlichkeit* der aus einer → *Sterbetafel* ablesbare

Anteil von Personen eines ausgewählten Altersjahrgangs, der ein bestimmtes Lebensalter nach den statistischen Gesetzmäßigkeiten überleben wird.

Übernachtungszahl *number of nights spent, number of overnight stays*: in der → *Tourismusstatistik* die Zahl der → *Gästeübernachtungen* in einem Raum (z. B. → *Tourismusgemeinde*, aber auch ganzes Land). Die Ü. werden meist für Monate, Sommer- und Winterhalbjahr und Jahre ausgewiesen und können nach Übernachtungen in Betrieben des → *Beherbergungsgewerbes* und in → *Privatquartieren* sowie nach In- und Ausländern gegliedert werden.

Übernutzung *over-use*: Bewirtschaftung von Böden, Gewässern, Pflanzen- und Tierbeständen (→ *Überweidung*) in raubbauartiger Weise (→ *Raubbau*), die kurzfristig erzielbaren Erträgen gegenüber nachhaltiger Entwicklung (→ *Nachhaltigkeit*) den Vorzug gibt.

überörtliche Planung *supra-local planning*: in der → *Raumplanung* Bezeichnung für die Planungen auf den Ebenen über der → *Orts-* und → *Stadtplanung* bzw. → *Bauleitplanung*. Zur ü. P. gehören die → *Regionalplanung*, die → *Landesplanung* und die → *Raumordnung* des Bundes sowie überörtliche → *Fachplanungen*.

Überproduktion *over-production*: die Erzeugung von Waren über den Bedarf des → *Marktes* hinaus. Ü. führt durch den verstärkten Wettbewerb zu einem Sinken der Preise oder zur Vernichtung der Ware. Oft liegen die Gründe für eine Ü. in Subventionspolitik wie z. B. in der → *Landwirtschaft*.

Übersättigung *oversaturation, supersaturation*: Zustand feuchter → *Luft*, die mehr Wasser enthält, als sie aufgrund ihrer → *Temperatur* in dampfförmiger Phase aufnehmen kann. Ü. hat → *Kondensation* zur Folge.

Übersättigung *oversaturation, supersaturation*: die Ü. stellt den prozentualen Überschuss an gelösten Stoffen im Wasser gegenüber der Sättigungskonzentration dar, welche unter den Bedingungen des Lösungsgleichgewichts mit der Luft in Abhängigkeit von der → *Temperatur* zu erwarten ist. Bei → *stehenden Gewässern* (→ *Oberflächengewässer*), bei denen Überdüngung auftritt, kann infolge hoher photosynthetischer Aktivität Ü. mit Sauerstoff auftreten (→ *Photosynthese*).

Übersättigungsfließen → *Durchtränkungsfließen*.

Überschiebung *overthrust[ing]*: → *tektonische* → *Lagerungsstörung* durch seitliche Pressung von Gesteinsschichten, wobei längs einer → *Überschiebungsfläche* mit einem Einfallen von <45° ein Erdkrustenstück auf ein anderes hinauf- und schließlich darüber hinweg geschoben wird und das Hangende zum Liegenden wird. Prototyp der Ü. ist die Faltenüberschiebung.

Überschiebungsdecke *nappe*: bei der Bildung von → *Decken* durch → *Überschiebung* aus einer Faltenüberschiebung entstehende neue geotektonische Baueinheit. Bei ihr verlor das bewegte Gesteinspaket die Verbindung zu seinem Ursprungsgebiet, und die Decke gelangte auf eine neue Unterlage.

Überschiebungsfläche *thrust plane*: der Bereich der Bewegungen, in dem sich bei → *Überschiebungen* die Umlagerung von Gesteinspaketen vollzieht. Die Ü. besitzt meist den Charakter einer → *Diskordanz*.

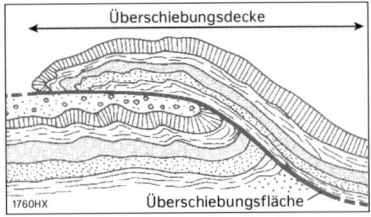

Überschiebungsfläche

Überschussproduktion *surplus production*: Erzeugung von Produkten über den Bedarf des Erzeugungsgebietes hinaus. Die Ü. ist die Grundlage für eine → *Exportorientierung* der Wirtschaft.

Überschüttungsfußfläche → *Pediment*.

Überschwemmungen *floodings, inundations*: 1. Hochwasser 2. durch verschiedene Ursachen (Dauer- und Starkregen, Schneeschmelze, Dammbrüche, Durchbrüche von Eisstauseen, Sturmfluten, Meeresspiegelanstieg etc.) bedingtes Ansteigen des Wasserstandes von Oberflächengewässern und Meeren über einen bestimmten Schwellenwert und von ökologischer und wirtschaftlicher Bedeutung. – Man unterscheidet – regelmäßig auftretende Ü. (meist durch die Witterung bedingt; z. B. in natürlichen Ü.-Gebieten der Tropen und Subtropen) kann zur Naturgefahr mit Risiko werden und – als Seltene bzw. Spontane Ereignisse auftretende Ü., ist in jedem Fall eine Naturgefahr mit Risiko (Naturgefahr, Naturkatastrophe).

Überschwemmungsfeldbau *wet land cultivation*: Form des → *Bewässerungsfeldbaus*, bei der das über die Ufer eines Flusses tretende Wasser auf die Felder geleitet wird bzw. selbsttätig die Felder kurzzeitig überflutet.

Überschwemmungssavanne *flooding savanna[h], inundation savanna[h]*: Sonderform der → *Savanne* in den wechselfeuchten → *Tropen* mit bis zu 3 m hohen Grasfluren, die ein- bis zweimal jährlich überflutet werden, wobei das Wasser monatelang stagnieren kann. Die regelmäßige Überschwemmung verhindert Baumwuchs. Die Gehölzanteile nehmen jedoch zu, je kürzer der Überschwemmungszeitraum ist. Wegen des Wassers sind die Böden stark verdichtet. Prototyp der Ü. sind die → *Llanos* in Südamerika.

Überschwemmungssee *flooding lake, inundation lake*: für die Flusstiefländer der wechselfeuchten → *Tropen* charakteristischer → *See*, wobei Niederungsbereiche nach starken Niederschlägen mit → *Hochwasser* und → *Überschwemmungen* oft für Monate zu Seelandschaften werden. Die Ü. finden sich im Landschaftstyp der → *Überschwemmungssavanne*.

Überseehafen *sea harbo[u]r*: → *Seehafen*, der überwiegend der → *Hochseeschifffahrt* dient. Ein Ü. muss von seiner Lage und Ausstattung her für diesen Zweck geeignet sein (insb. durch eine ausreichend tiefe Fahrrinne der Hafenzufahrt) und entsprechende Verkehrsverbindungen mit seinem → *Hinterland* besitzen, um den Umschlag durchführen zu können.

Überseehandel *transoceanic trade, overseas trade*: als Teil des → *Welthandels* der → *Warenaustausch* mit Ländern anderer Kontinente. Der Ü. wird durch → *Hochseeschifffahrt* abgewickelt, bei besonders wertvollen Gütern auch durch Frachtflugverkehr.

Überseewanderung *overseas migration*: → *Wanderung* von Personen in ein überseeisches Gebiet. Ü. erfolgt v.a. durch → *Auswanderung* (z.B. die starke Ü. aus Europa nach Nordamerika im 19. Jh.) und → *Gastarbeiterwanderung* (z.B. Wanderung von chinesischen und indischen Arbeitskräften in den afrikanischen und pazifischen Raum).

Übersiedler *immigrant (1.), migrant from the East (2.)*: 1. allgemein eine Person, die ihren → *Wohnsitz* wechselt und sich an einem anderen Wohnort niederlässt. 2. insbesondere während der Zeit der deutschen Teilung Bezeichnung für deutsche Staats- und Volksangehörige, die die damalige → *DDR* verließen, um ihren ständigen Wohnsitz in der BRD zu nehmen. Eine derartige Übersiedlung war wegen der „Republikflucht"-Gesetzgebung der DDR nur in Ausnahmefällen (z.B. aus familiären Gründen für eine Familienzusammenführung) legal möglich und hatte ansonsten meist Fluchtcharakter. Die Bezeichnung Ü. wird seltener auch für Personen gebraucht, die ihren Wohnsitz von der BRD in die DDR verlagerten.

Überständer → *Überhälter*.

Überstau (Überstaubewässerung) *basin irrigation, flood irrigation*: ein Verfahren der → *Bewässerung*, bei dem Quell-, Grund-, Fluss- oder Abwasser auf Felder bzw. Beete geleitet und dort gestaut wird, um es versickern zu lassen. Der Ü. kann maximal wenige Dezimeter betragen. Oft sind Bewässerungsfelder mit Ü. von kleinen Dämmen umgeben. Die Probleme der Bewässerung durch Ü. sind vielfältig. In → *Trockengebieten* ist die → *Verdunstung* sehr hoch, sodass Versalzungs- und → *Erosionsschäden* auftreten können. Bei Ü. mit ungereinigtem → *Abwasser* können → *Schadstoffe*, z.B. → *Schwermetalle*, im Boden und in den Pflanzen angereichert werden.

Überstaubewässerung → *Überstau*.

Überstockung *overstocking*: übermäßiges Besetzen von Weideland mit Vieh mit Folge der → *Überweidung*. Ü. ist auch unter natürlichen Bedingungen möglich, wenn sich Wildpopulationen aus natürlichen und/oder anthropogenen Gründen zu stark vermehren und das Nahrungsangebot im Lebensraum nicht mehr ausreicht und Vegetationsschäden die Folge ist sind.

Übertiefung *overdeepening*: meist bezogen auf → *glaziale Übertiefung*, aber auch durch → *Fluvialerosion*, besonders → *Sohlenerosion*, in verschiedenen Bereichen einer Flussbettsohle möglich.

Übertragungsverluste *transmission losses*: → *Netzverlust*.

Übertrittsquote *share of pupils changing to a specialized secondary school*: Anteil der Kinder, die nach dem Besuch der Grundschule oder Volksschule in eine weiterführende Schule übertreten. Es gibt insbesondere spezifische Ü. für Realschulen und Gymnasien. Die Ü. in einem bestimmten Raum ist ein Indikator für das Bildungsverhalten und die → *Sozialstruktur* der Bevölkerung (→ *Bildungsgeographie*).

Überverstädterung *overurbanization*: teils gleichbedeutend mit → *overurbanization* (→ *Hyperurbanisierung*) verwendet, teils auf Länder mit starken → *Metropolisierungs*-Tendenzen bezogen. Ü. bezeichnet hier die über die Integrationskraft einer → *Metropole* hinausgehende Zuwanderung aus → *ländlichen Räumen*.

Übervölkerung *overpopulation*: Missverhältnis zwischen der Einwohnerzahl eines Raumes und den im Vergleich dazu ungenügenden Möglichkeiten, diese → *Bevölkerung* angemessen zu ernähren, zu beherbergen und mit Erwerbsmöglichkeiten zu versorgen. In weitgehend autarken → *Agrargesellschaften* bezieht sich Ü. fast ausschließlich auf den → *Nahrungsspielraum*, während in Räumen, die mit dem nationalen und internationalen Handelsströmen verflochten sind und die Möglichkeit zur Einfuhr von Nahrungsmitteln haben, eher die letzteren Kriterien gelten (→ *Tragfähigkeit*). Für Ü. kann kein allgemeingültiger Richtwert, etwa in Form einer maximalen → *Bevölkerungsdichte*, ange-

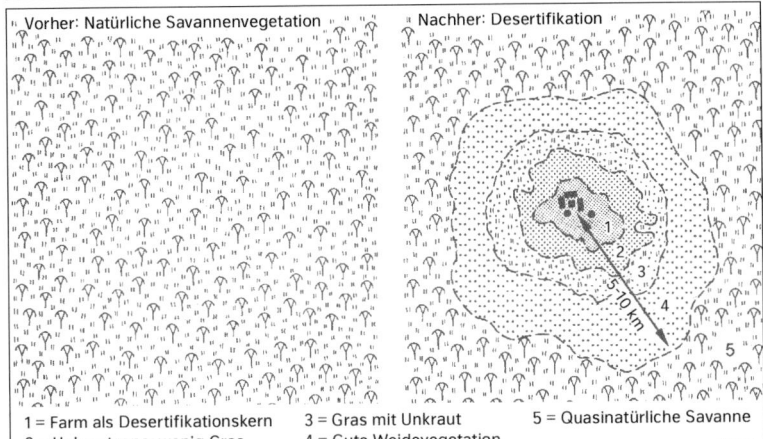

1 = Farm als Desertifikationskern 3 = Gras mit Unkraut 5 = Quasinatürliche Savanne
2 = Unkrautzone; wenig Gras 4 = Gute Weidevegetation

Überweidung

geben werden, da dieser von der jeweiligen wirtschaftlichen und sozialen Entwicklung des Raumes und vom → *Lebensstandard* und den Lebenserwartungen der Bevölkerung abhängt.

Überweidung (Überbeweidung) *overgrazing*: Folge der → *Überstockung* infolge zu starken Beweidens der Vegetation → *semihumider* bis arider → *Geoökosysteme*, v. a. um Wasserstellen, um die sich dann → *anthropogen* verursachte Wüstenbereiche ausbilden, mit einer konzentrisch um die Wasserstelle gestaffelten „Vegetationszonierung" infolge negativer Auslese durch das Weidevieh. Folge: → *Bodenerosion* und/oder → *Desertifikation*.

Überzeugungsfrage *conviction question*: → *Fragentyp* der empirischen → *Sozialforschung*, mit dem die normative Grundhaltung der → *Probanden* zu einem Sachverhalt erhoben werden soll.

Ubiquist *ubiquist*: in völlig verschiedenartig ausgestatteten Lebensräumen auftretende → *euryöke* Tier- oder Pflanzenart von großer Anpassungsbreite (→ *ökologische Potenz*).

ubiquitär *ubiquitous*: überall verbreitet; allgemein vorkommend.

ubiquitäres Gut → *freies Gut*.

Ubiquität *ubiquitous*: material: nach der → *Industriestandorttheorie* von A. Weber überall vorkommende Stoffe bzw. → *natürliche Ressourcen*, die keinen Einfluss auf den → *Standort* eines Betriebes ausüben. Wasser und Strom können jeweils eine U. sein, sofern sie in einem Gebiet überall in gleichen Mengen und zum gleichen Preis zur Verfügung stehen.

Ufer *shore, bank*: Übergangssaum zwischen einem Gewässer und → *Festland*. Das U. erstreckt sich vom Beginn des Flachwasserbereiches bis zur höchsten Hochwasserlinie. U. sind stark bewachsen und geomorphologisch der Formungsbereich der → *Wellen*. Sie lassen sich in mehrere → *Uferzonen* gliedern (→ *Küste*).

Uferbank (Schaar, Wysse) *bar, [shore] terrace, slope of riverbank*: dem → *Strand* eines Sees oder Meeres vorgelagerter Lockersedimentationsbereich vor dem Abfall ins tiefere Wasser. U. sind Lebensräume von bodenwurzelnden Wasserpflanzen, welche z. B. Seen gürtelförmig umziehen. Der Vorderabfall der U. ist die → *Seehalde*.

Uferbegrünung *shore planting*: erfolgt durch → *Landschaftsbau* bei der → *Renaturierung* von → *Oberflächengewässer*, um ökologische und ästhetische Effekte zu erzielen.

Uferbereich *bank area, riparian area*: allgemein der Grenzbereich zwischen Wasser und Land, ohne genau definierte Grenzen, mit einem variablen Wasserhaushalt und standorttypischer Vegetation. Zum U. gehört die → *Uferzone* (→ *Ufer*).

Uferdamm (Dammufer, Uferwall) *flood bank, natural levee, embankment*: natürlicher → *Damm* von Flüssen, meist aus feinkörnigen Lockersedimenten. Diese lagern sich in jenen Bereichen ab, die bei → *Hochwasser* gerade noch überflutet werden und dementsprechend geringe Fließgeschwindigkeiten aufweisen und so sukzessive aufgehöht werden. Es entstehen → *Dammuferflüsse* und → *Dammuferseen*, z. T. mit → *Dammuferwald*.

Uferfiltrat *bank: filtrate*: → *Trinkwasser* aus Oberflächenwasser oder Brunnen, das durch → *Uferfiltrierung*, die sich den natürlichen Prozess der → *Uferfiltration* zunutze macht, gewonnen wird (→ *Seihwasser*).

Uferfiltration *bank: filtration*: natürliches Einsickern von Wasser aus einem → *Oberflächengewässer* durch Gerinnebett oder Seeboden bzw. → *Ufer* in das → *Grundwasser*. Dies reichert das Grundwasser an. Während des Durchgangs durch Sand- und Schotterschichten werden feste und organische Bestandteile des Wassers herausgefiltert und/oder abgebaut. Gelöste Substanzen werden nur zu einem kleinen Teil adsorbiert und gelangen zum großen Teil in das Grundwasser, ebenso → *Pestizide* und → *Schwermetalle*.

uferfiltriertes Grundwasser → *Seihwasser*.

Uferfiltrierung *bank: filtering*: Gewinnung von → *Grundwasser* als → *Trinkwasser* am → *Ufer* von Wasserläufen. Im Mindestabstand von 50 m vom Ufer werden Brunnen niedergebracht, die das Grundwasser fördern. Zwischen Wasserlauf und Brunnen kommt es zur → *Uferfiltration*.

Uferfunktionen *riparian functions*: jene ökologischen Funktionen und Prozesse, die an die → *Uferzonen* gebunden sind und die gegenüber den umgebenden → *Ökosystemen* oder Nutzflächen eine für das → *Ufer* typische Wirkungs- und Erscheinungsweise zeigen.

Ufergehölze *riparian woods*: durch → *Uferbegrünung* entstandene oder natürlich vorkommende kleine Baum- und Strauchgruppen um → *Oberflächengewässer*. U. übernehmen in den meist von → *Ausräumung der Kulturlandschaft* gekennzeichneten Auen- und Terrassenbereichen wichtige ökologische Funktionen, z.B. als Lebensstätten der Tiere und zur Steigerung der ökologischen → *Diversität* (→ *Landschaftsdiversität*).

Uferlinie *coast line, bank line*: aktuelle äußere Begrenzung des wasserbespülten Bereiches vom → *Ufer* eines Gewässers.

Ufermoräne *flank moraine*: eine der an der Seite des → *Gletschers* befindliche → *Moräne* (oft fälschlicherweise mit → *Seitenmoräne* gleichgesetzt). Äußerer lateraler Moränenwall, der beim Gletscherrückgang vom aktiven Gletscher und seiner Seitenmoräne getrennt ist und als gletscherrandparalleler Wall stehen bleibt. Die U. ist nicht als die rezente Gletscheroberfläche und weist somit auf einen früheren, höheren Eisstand hin.

Uferschutz *bank protection*: erfolgt an Schadstellen von → *Fließgewässern*, um Uferabbrüche und/oder Folgen der Seitenerosion durch Maßnahmen des → *Lebendbaus* zu beseitigen oder zu verhindern. Dazu dienen u.a. eine angepflanzte, standortgerechte Ufervegetation ebenso wie Ast-, Zweig- und Steinpackungen.

Uferstreifen *riparian stripes, riparian bands, bank stripes, riparian buffer strips*: bezogen auf kleinere lineare Gewässer (→ *Bach*, → *Fließgewässer*) und umweltpolitisch als „landwirtschaftlich gepflegte", d.h. extensiv genutzte Teile der äußeren → *Uferzone* definiert. Die U. werden aus Gründen des → *Boden*- und → *Gewässerschutzes* eingerichtet. Die einige Meter breiten, aber schmalen Grasstreifen grenzen das Fließgewässer von der intensiv genutzten landwirtschaftlichen Nutzfläche ab (→ *Ufer*).

Uferwall → *Uferdamm*.

Uferzone *bank zone, riparian zone*: bezogen auf (kleine) lineare Gewässer (→ *Fließgewässer*) und dort ein mehr oder weniger schmaler oder breiter Grenzsaum, der in der Kulturlandschaft durch die Nutzung (Wald, Wiese, Ackerland) mitbestimmt ist und ein standorttypisches → *Landschaftsökosystem* darstellt, das auch dem ökologischen Ausgleich und Austausch dienen kann. Die U. weist eine große Vielfalt spezifischer landschaftshaushaltlicher Funktionen auf. Dazu gehören Regelung (Stoffe, Energie), Lebensraum (Mensch, Tier, Pflanze), Produktion (Biomasse, Grundwasser), Transport (Wasser, Stoffe), Schutz (Hochwasser, Erosion, Gewässerschutz, Mikroklima) u.a. (→ *Ufer*).

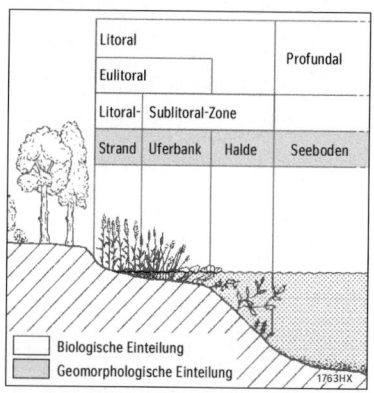

Uferzone

Ulmensterben *Dutch elm disease, elm dieback*: Sonderform des → *Waldsterbens*, an Ulmen in → *urban-industriellen Ökosystemen* (→ *Stadtökosystem*) zu beobachten. Sie wird seit Jahrzehnten beschrieben und geht auf eine Pilzinfektion zurück, die vom Borkenkäfer verschleppt wird.

Ultisols *Ultisols*: (von *ultimus* [lat.] = der Letzte) in der → *US Soil Taxonomy* (2014)

Böden mit basenarmen (→ *Basensättigung* < 35%) *argillic*: oder *kandic*: B-Horizont, d. h. mit einem signifikant höheren Tonmineralgehalt im Unterboden oder einem abrupten Bodenartenwechsel (gröberes über feinerem Material).

ultrabasisches Gestein *ultrabasic rock, ultrabasite*: → *Ultrabasit*.

Ultrabasit (ultrabasisches Gestein) *ultrabasite, ultrabasic rock*: Erstarrungsgestein (→ *Magmatit*) mit weniger als 45 % Kieselsäuregehalt, z. B. Peridotit.

Ultrametamorphose *ultrametamorphism*: jene Art von → *Metamorphose* der Gesteine, bei der durch hohe Drucke und hohe Temperaturen extreme Metamorphosewirkungen auftreten, wie → *Anatexis*, Metablastese, → *Metatexis* und → *Granitisierung*.

umbauter Raum *enclosed building space*: veraltete Bezeichnung für den Rauminhalt (Volumen) eines Gebäudes innerhalb der äußeren Begrenzungsflächen. Heute ist es anstelle des u. R. üblich, den Brutto-Rauminhalt anzugeben, auch wenn beide Maßzahlen nicht identisch sind.

Umbrisols *Umbrisols*: in der → *WRB* (2014) Böden aus silikatischem Verwitterungsmaterial und mit bedeutender Akkumulation von → *organischer Substanz* im → *Oberboden*. U. kommen überwiegend in humiden Klimaten vor. Charakteristisch ist der dunkelbraune Oberbodenhorizont, der in vielen Fällen über einem Unterbodenhorizont mit niedriger → *Basensättigung* liegt. Häufig sind U. von ihrer natürlichen oder naturnahen Vegetation bedeckt. Hangneigung und feuchte sowie kühle Klimabedingungen beschränken die Nutzung in der Regel auf extensive → *Beweidung*. U. sind häufig durch → *Erosion* bedroht.

Umbruch *regeneration, revolution (1.);: ploughing of meadow/pasture (2.)*: – in der → *Geologie* eine weltweite Mobilisation bereits verfestigter Teile der → *Erdkruste*, die in deren tiefere Teile absinken. Dabei entstanden neue, großräumige → *Geosynklinalen*, von denen dann neue Meeres- und Gebirgsbildungen ausgingen. Die Geologie weist am Ende des Altalgonkiums (→ *Algonkium*) den → *Algonkischen* U. und am Ende des → *Archaikums* den → *Laurentischen* U. aus. – allgemein in der Landwirtschaft das Umbrechen, d. h. das Umpflügen, des Bodens. In einer spezielleren Bedeutung meint U. das Umpflügen von Dauergrünland bzw. von periodisch genutztem Grünland der → *Feldgraswirtschaft*.

Umgebungslärm *surrounding noise*: belästigende oder gesundheitsschädliche Geräusche im Freien, durch Aktivitäten des Menschen verursacht, sowie → *Lärm* durch Eisenbahn-, Straßen- und Luftverkehr sowie Industrie- und Gewerbeanlagen. Zu diesen in der EU-Umgebungsrichtlinie genannten Lärmquellen gehört auch der Lärm von Sport- und Freizeitaktivitäten bzw. deren Anlagen.

Umkippen *water body hypoxia, dead zone*: katastrophaler Abfall des Sauerstoffgehalts in → *Oberflächengewässern* mit oft irreversiblen Folgen für die → *Biozönose*. Infolge von → *Eutrophierung*, hauptsächlich aufgrund hoher Verfügbarkeit von → *Phosphat*, kommt es zu einer starken Biomasseentwicklung, vor allem von einzelligen Algen oder Cyanobakterien („Algenblüte"). Beim Abbau abgestorbener und abgesunkener Biomasse wird v. a. in tiefen Gewässerschichten der gesamte Sauerstoff verbraucht. Dadurch kommt es im Seesediment zu reduzierenden Bedingungen, unter denen vordem im Sediment festgelegtes Phosphat schlagartig wieder gelöst wird. Dieses plötzlich zusätzlich verfügbare Phosphat bewirkt weitere Eutrophierung und Sauerstoffzehrung. (kumulative → *Rückkopplung*). In der Folge kommt es zum Absterben vieler Organismen, z. B. → *Fischsterben*.

Umkristallisation *recrystallization, crystalling transformation*: unter Beteiligung von Schmelzen und in Verbindung mit einer Verdichtung ablaufende Ab- und Umbau- sowie kristalline Neubildungsprozesse in abgelagertem festen atmosphärischen → *Niederschlag*. U. ist wesentlich an der Bildung von → *Firn* und dem → *Eis* der → *Gletscher* aus → *Schnee* beteiligt (→ *Metamorphose*).

Umlagerungsprodukt *redeposited material*: Material, das durch Prozesse der → *Erosion* und/oder → *Denudation* vom Ursprungsvorkommen entfernt und umgelagert wurde. Bei der Umlagerung werden dem Material neue oder teilweise neue Eigenschaften verliehen.

Umlagewirtschaft *shifting cultivation*: Verlagerung des → *Ackerlandes* in der Urvegetation, d. h. es findet ein → *Wanderfeldbau* statt. Die U. erfolgt ohne intensive → *Bodenbearbeitung*, → *Düngung* usw. und ist v. a. wegen nachlassender Erträge erforderlich. Eine weit verbreitete U. ist die → *Steppen*-U., die auch in Teilen Europas den Anfang des → *Ackerbaus* bildete.

Umland *environs, hinterland, surrounding country*: jener Raum um eine → *Stadt* oder einen → *Zentralen Ort*, der relativ enge → sozioökonomische Verflechtungen mit dem → *Zentrum* aufweist. Im Falle von Zentralen Orten wird U. häufig mit → *Einzugsgebiet* gleichgesetzt, bei größeren Städten wird v. a. der Raum als U. bezeichnet, der vom Prozess der → *Suburbanisierung* betroffen ist (→ *Hinterland*, → Stadt-Umland-Problem).

Umlandbedeutung → *Bedeutungsüberschuss*.

Umlandmethode (empirische Umlandmethode) *empirical determination of areas of ur-*

ban influence: Methode zur Abgrenzung des → *Einzugsgebiets* eines → *Zentralen Ortes*. Bei der U. wird im weiteren → *Umland* des zu untersuchenden Ortes, also im → *Quellgebiet* des auf diesen Ort gerichteten Verkehrs, die → *Bevölkerung* nach dem Ort der Inanspruchnahme zentralörtlicher Dienste befragt, um auf diese Weise die äußerste Grenze bzw. den Grenzraum des Einzugsgebietes oder auch evtl. → *Überlagerungsgebiete* festzustellen.

Umlandzone *outer suburban zone*: im → *Modell* der → *Stadtregion* Bezeichnung für die sich an das → *Ergänzungsgebiet* anschließenden äußeren Zonen (→ *verstädterte Zone* und → *Randzone*), die nach außen abnehmende → *sozio-ökonomische Verflechtungen* mit der → *Kernstadt* unterhalten.

Umlaufberg (Halsdurchbruchsberg) *meander core*: dort entstehender Berg, wo Windungen von → *Talmäandern* sich tangieren und durch starke → *Seitenerosion* am flußabwärtigen → *Prallhang* der Mäanderhals durchbricht. Der U. ist die von dem → *Umlauftal* umschlossene → *Vollform* (→ *Mäander*).

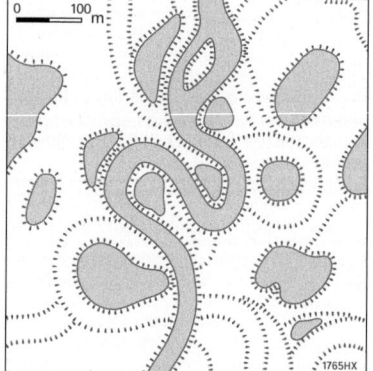

Umlaufseen

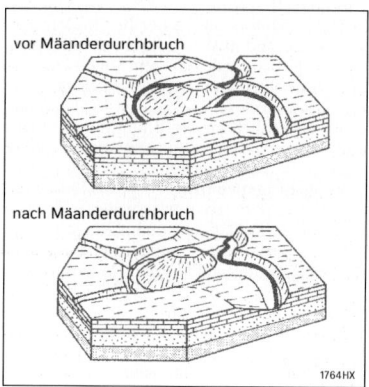

Umlaufberg

Umlaufkühlung *circulation cooling*: allgemein bei technischen Prozessen üblich, auch bei → *Kraftwerken*, um durch im Kreislauf geführtes Wasser (oder eines anderen Kühlmediums) Wärme abzuleiten. Die Wärmeabgabe geschieht bei Kraftwerken durch Verdunsten von Wasser in → *Naturzug*- oder in → *Ventilatorkühltürmen*.

Umlaufseen *abandoned meander lakes*: entstehen bei aufschüttenden, mäandrierenden → *Dammuferflüssen* in den tieferliegenden abgeschnürten → *Flussmäandern* und sind von den inneren → *Uferdämmen* des Flusses umgeben. Im Gegensatz dazu entstehen → *Dammuferseen* an beliebigen Stellen des Flusslaufs.

Umlauftal *abandoned entrenched meander*: ehemaliges Laufstück eines Flusses (→ *Mäander*), das einen → *Umlaufberg* umschließt und das wegen der Verkürzung des Flusslaufes und der Abschnürung der Schlinge ein → *Trockental* bildet.

Umlegung *redistribution of land*: die Veränderung von Grundstücksgrenzen in unbebauten und bebauten Gebieten als Voraussetzung zur Durchführung einer sachgerechten → *Bauleitplanung*. Von U. spricht man z.B. bei der → *Flurbereinigung*, wobei landwirtschaftlicher Grundbesitz durch U. zusammengefasst und neu verteilt wird. Erfolgt die U. in → *Baugebieten*, so spricht man von einer → *Bauland-U.*.

Umnutzung *conversion*: gegenüber dem ursprünglichen Gebrauch eine andere Nutzung eines Gebäudes oder Grundstücks. Der Begriff U. wird v.a. in der → *Stadtplanung* für nicht dem ursprünglichen Zweck eines Gebäudes dienende Nutzungen verwendet, z.B. Wohnhaus in Geschäftshaus. Oft handelt es sich dabei um → *Zweckentfremdungen*, es kann aber auch ein erwünschtes → *Flächenrecycling* sein.

Umsatz *sales*: wertmäßige Erfassung der verkauften Produkte und Dienstleistungen eines → *Unternehmens*.

Umsatzschwelle *turnover: threshold*: Mindestumsatz, der in einem marktwirtschaftlichen System in einem bestimmten Ort von bestimmten → *Gütern* erreicht werden muss, um diese Güter anbieten zu können. Berechnungen über U. für angebotene Güter sind v.a. wegen der Ausstattung → *Zentraler Orte* in Abhängigkeit von der Größe ihres → *Einzugsgebietes* und der dort vorhandenen → *Kaufkraft* wichtig.

Umsatzüberschussmethode *turnover surplus method*: Methode zur Ermittlung der

→ *Zentralität* im Sinne von → *Bedeutungsüberschuss* eines → *Zentralen Ortes*. Bei der U. wird die Differenz zwischen dem in einem Ort erzielten Gesamtumsatz in zentralitätstypischen Dienstleistungsbetrieben, insb. Einzelhandelsgeschäften, und dem auf die einheimische Bevölkerung selbst zurückgehenden Teil des Umsatzes als Zentralitätsmaß verwendet.

Umsatzwasser *turnover: water*: → *Grundwasser*, das jährlich oder in Perioden von wenigen Jahren in den → *Wasserkreislauf* einbezogen ist (→ *Landschaftswasserhaushalt*).

Umschlag *handling:, transshipment*: Umladen von Waren im Rahmen des → *gebrochenen Verkehrs* von einem Transportmittel auf ein anderes. Der Begriff wird insbesondere für das Umladen von Land- auf Seeverkehrsmittel und umgekehrt gebraucht, z. T. aber auch für das Be- und Entladen von Transportmitteln am Produktions- bzw. Bestimmungsort verwendet.

Umschlagbahnhof *transshippment station*: größerer Güterbahnhof, an dem Waren von der Bahn auf andere → *Verkehrsmittel* umgeladen werden (→ *Umschlag*), z. B. auf Lastkraftwagen oder Schiff (→ *gebrochener Verkehr*).

Umschlagplatz (Umschlagsort) *trading centre*: Ort, insbesondere → *Verkehrsknotenpunkt*, an dem Waren von einem Verkehrsmittel in ein anderes verladen werden (→ *Umschlag*), z. B. → *Hafen* oder Güterbahnhof.

Umschlagsort → *Umschlagplatz*.

Umsiedler *resettler*: Person, die auf der Grundlage gesetzlicher bzw. vertraglicher Festlegungen als Teil einer größeren Bevölkerungsgruppe in ein anderes Gebiet umgesiedelt wird. U. waren z. B. die vor, während und nach dem Zweiten Weltkrieg aus Ost- und Südosteuropa nach Deutschland umgesiedelten Volksdeutschen (→ *Heimatvertriebener*).

Umsiedlung *resettlement*: die auf gesetzlichem oder vertraglichem Wege eingeleitete Wohnsitzverlagerung geschlossener Bevölkerungsgruppen. U. werden vorgenommen, um Nationalitäten zusammenzuführen oder auch aus politischen Erwägungen heraus die Bevölkerungs- und Sozialstruktur eines Siedlungsgebietes zu verändern. Auch kann es wegen großflächiger Bebauungs- und Abbauvorhaben (→ *Tagebau*) oder wegen der Anlage von → *Stauseen* zu U. kommen.

Umspanner *transformer*: → *Transformator*.

Umtrieb *rotation age*: in der → *Forstwirtschaft* die mittlere Zeitspanne von der Begründung eines Waldbestandes bis zur Endnutzung durch Abräumen der Fläche (→ *Rodung*). Der U. repräsentiert den mittleren Produktionszeitraum, in welchem ein Bestandstyp das geplante Betriebsziel erreicht. Der U. kann von der natürlichen Lebensdauer des → *Bestandes*, aber auch forsttechnisch und/oder ökonomisch bestimmt sein.

Umtriebsdauer *rotation period*: – die Dauer vom Pflanzen eines Jungbaums an gerechnet bis zum Zeitpunkt des Fällens des gereiften Baumes. – in der Agrarwirtschaft die Länge des Fruchtumlaufes (→ *Rotation*) bei der Fruchtfolge, ausgedrückt in Jahren. – bei der → *Umtriebsweide* hängt die U. vom Vegetations- und damit Gesamtlandschaftsökosystemzustand ab. In den gemäßigten Breiten Mitteleuropas folgen Erholungszeiten von 20–40 Tagen auf Weidezeiten von drei bis vier Tagen. In Trockengebieten, wie → *Savannen*, kann die U. bei z. T. von einigen Wochen mehrjährige Ruhezeiten erfordern.

Umtriebsweide (Koppelweide, Rotationsweide) *rotational pasture*: Weidesystem, bei dem das Vieh kleinere eingezäunte Weideflächen (→ *Kamps*, → *Koppeln*) während einer Weideperiode (→ *Umtriebsdauer*) nacheinander beweidet (→ *Weide*). Durch das umschichtige Beweiden ist zwischenzeitlich Wuchserneuerung und damit eine rationale Bestandsnutzung möglich.

Umverpackung *wholesale packaging*: zur → *Verkaufsverpackung* zusätzliches Packmittel, welches die Selbstbedienung erleichtern soll, bzw. der Diebstahlsicherung oder der Werbung dient (→ *Transportverpackung*).

Umverteilung *redistribution*: Transfer von → *Ressourcen* zwischen Gruppen oder Räumen, der entweder → *Ungleichheit* erhöht oder verringert. U. spielte eine wichtige Rolle bei frühen Urbanisierungsprozessen. Als Kern der → *welfare geography* und dem Fokus auf sozial-räumlichen Ungleichheiten wird z. B. untersucht, wie der Wohlfahrtsstaat Ungleichheiten durch U. das Angebot von Gesundheitsleistungen oder freie Bildung, auszugleichen versucht.

Umwandlungsgesteine *metamorphic rocks*: wenig gebräuchliche Bezeichnung für → *Metamorphite*.

Umwelt (Milieu) *environment, milieu*: Begriff mit sehr vielfältigen, manchmal einander widersprechenden Bedeutungen, sodass der Begriff abhängig von seinem Kontext verstanden werden muss. 1. Allgemein (und umgangssprachlich) meint U. die Lebenswelt von Organismen, d. h. jene Bereiche, in denen sich das Leben (Tier, Planze, Mensch) abspielt. 2. U. ist seit 1921 durch J. v. Uexküll als zentraler Begriff der → *Ökologie* definiert worden. Dort lassen sich eine biozentrische Sichtweise (U. = gesamte Umgebung eines oder mehrerer Organismen, zu der diese in direkter und indirekter Wechselbeziehung stehen und deren Qualität für die Existenz und das Wohlbefinden entscheidend ist) und eine umweltzentrische Sichtweise unterscheiden (U. = → *Milieu*, in dem sich Lebewesen aufhalten und zu dem sie in vielfältigen Wechselwirkungen stehen oder auf das sie einseitig intensiv einwirken können, sodass es zu unerwarteten Reaktionen der U. kommt. Das → *Wirkungsgefüge* der U. wird als → *System* definiert, d. h. als Umweltsystem. 3. in verschiedenen Geo- und Biowissenschaften, die mit Raumbezug arbeiten und dem Ansatz der → *Landschaftsökologie* folgen, wird unter U. das → *Bioökosystem*, das → *Geoökosystem*, das → *Ökosystem* bzw. das → *Landschaftsökosystem* verstanden. Die begrifflichen Unterschiede beruhen auf dem jeweiligen Betrachtungsmodell, das man fachwissenschaftlich verfolgt.→ 4. Systemtheorien zweiter Ordnung (z. B. soziologische Systemtheorie) verstehen unter U. all das, was nicht System ist. U. ist damit ein systemrelativer Begriff, d. h. jedes System hat eine andere U.. Ein „Umweltsystem", wie es in der Ökologie konzipiert wird, ist in dieser Perspektive nicht denkbar.

Umweltabgaben *environmental charges*: ein Instrument der → *Umweltpolitik*, das Lenkungs- und Finanzierungsziele verfolgt. U. sollen umweltschädigendes Verhalten unterbinden, wobei das → *Verursacherprinzip* gilt. Die Abgaben sollen → *Umweltpolitik* via Umweltschutzprojekten ermöglichen. Während pekuniäre Abgaben noch wenig verbreitet sind (in Deutschland schon früh z. B. „Waldpfennig", „Wasserpfennig"), verfehlen Lenkungsabgaben oft ihr Ziel, weil ihre Gestaltung nicht sicherstellt, dass Emissionen vom Verursacher an der Quelle bekämpft werden. Stattdessen werden U. oft als Strafe und zusätzliche Betriebskosten missverstanden, die auf den Preis des Produkts geschlagen werden (→ *Ökologische Politik*).

Umweltaudit *environmental audit*: Regelmäßige (freiwillige) Überprüfung der Effizienz von Umweltschutzmaßnahmen einer Organisation (meist Wirtschaftsunternehmen). Angestrebt wird hierbei die Erfüllung von Anforderungen an die Umweltnorm ISO 14001.

Umweltauflagen *environmental protection regulations*: umweltbezogene Verhaltensvorschriften für Wirtschaft und Bevölkerung in Form von Verboten und Geboten.

Umweltbelastungen *environmental burdens, environmental impacts*: technogene bzw. im weiteren Sinne → *anthropogene* Belastungen der → *Landschaftsökosysteme* und zugleich → *Belastungen* des → *Lebensraums* von Mensch, Tier und Pflanze sowie der Organismen selber. Die U. können zu → *Umweltschäden* führen, die teils reversibel, teils irreversibel sind. Die U. ihrerseits werden zum wirtschaftlichen, gesundheitlichen und raumplanerisch-politischen Problem. Ökologische Planung, → *Ökologische Politik* und → *Umweltschutz* sehen in der Bekämpfung von U. ihre Hauptaufgaben.

Umweltbewegung → *Bürgerbewegung*.

Umweltbilanz *environmental balance*: mathematisch-statistische Aufstellung von überwiegend ökonomischen oder ökonomisch bewerteten Umweltdaten zur Darstellung der Veränderungen in der → *Umwelt* (→ *Umweltstatistik*; → *ökologischer Fußabdruck*).

Umweltchemie *environmental chemistry*: beschäftigt sich speziell mit → *Umweltchemikalien*, die in den Umweltsystemen bzw. → *Landschaftsökosystemen* gebildet, gespeichert oder umgesetzt werden. Schwerpunkt der U. sind die → *Schadstoffe*, die in die Umwelt freigesetzt werden und deren Produktion und Verbreitung der Mensch ermöglicht oder fördert.

Umweltchemikalien *environmental chemicals*: jene Stoffe, die → *technogen* bzw. → *anthropogen* in die → *Umwelt* gelangen und dort → *Umweltbelastungen* bewirken. U. werden teils in den → *natürlichen* → *Stoffkreisläufen* abgebaut, teils wirken sie als → *Schadstoffe* bzw. → *Gifte*. Das Problem vieler U. ist ihre Beständigkeit (→ *Persistenz*).

Umwelterziehung *environmental education*: Konzept einer ganzheitlichen Betrachtungsweise (→ *Holismus*) von Leben und → *Umwelt*, um „ökologische Mündigkeit" bzw. „ökologische Verantwortung" bei Schülern und Erwachsenen zu entwickeln. Der Ansatz ordnet sich über dem Sachwissen der Schulfächer an, weil er auf eine ganzheitliche Betrachtung des → *Wirkungsgefüges* Natur/Technik/Gesellschaft abzielt. Ziel ist eine von ethischen Grundsätzen getragene Betrachtungs- und Umgangsweise mit der natürlichen → *Umwelt*. Die Ökopädagogik präzisiert die U. für die Schule, die → *Umweltethik* liefert sowohl für Ökopädagogik als auch die U. die ethischen Grundlagen.

Umweltethik *environmental ethics*: neuerer Teilbereich der angewandten Ethik, der sich mit dem richtigen und moralisch verantwortbaren Umgang mit der nicht-menschlichen, d. h. äußeren Natur, v. a. mit natürlichen → *Ressourcen* und Umweltmedien (z. B. Klima, Wasser, Boden, genetische Vielfalt und → *Biodiversität*) beschäftigt (→ *Geoethik*, → *Physiozentrismus*, → *Anthropozentrismus*, → *Biozentrismus*, → *Pathozentrismus*).

Umweltfaktoren *environmental factors*: Einwirkungen → *biotischer* und → *abiotischer Faktoren* auf Organismen, → *Populationen* oder → *Lebensgemeinschaften* (→ *ökologische Faktoren*, → *Ökofaktor*).

Umweltflüchtling *environmental refugee*: seit den 1980er Jahren gebrauchter Begriff, um aufgrund der Folgen von plötzlichen oder schleichenden Umweltveränderungen (z. B. → *Naturkatastrophen*, → *Klimawan-*

del) fliehende Menschen zu bezeichnen. Dabei ist die auslösende Umweltveränderung im Gegensatz zu politischer Verfolgung bislang keine anerkannte Fluchtursache, um Grenzen zu überschreiten. Auch liegt dem Begriff eine unzulässige → *geodeterministische* Kausalitätsfolge von → *Umweltwandel* und Migration inne.

Umweltforschung *environmental research*: in den Fachbereichen der Natur-, Wirtschafts- und Sozialwissenschaften die auf die → *Umwelt* des Menschen und die daraus resultierenden ökologischen, ökonomischen und sozialen Folgen gerichtete Forschung. Ziel der U. ist die Erkenntnis vom Funktionieren der natürlichen und kultivierten Umwelt sowie Belastungen und Gefahren für die Umwelt zu erkennen und Abwehrmaßnahmen herauszuarbeiten sowie Standards, Normen und Wertvorstellungen zu entwickeln, die der Umwelt als „menschlicher" Lebensraum gerecht werden. U. schließt auch → *Umweltethik* und → *Umweltschutz* mit ein.

Umweltgefahr *environmental: danger*: eine schädliche Umwelteinwirkung, die das deutsche → *Bundes-Immissionsschutzgesetz* definiert. Eine schädliche Umwelteinwirkung wird zur U., wenn die objektive Möglichkeit eines Schadenseintritts, bezogen auf die Gesundheit des Menschen, gegeben ist und die Beistigung zur U. werden lässt. Dazu zählt z. B. Lärm, Mikroplastik, Nanopartikel, Weichmacher usw..

Umweltgefährdung *environmental endangering*: erfolgt durch → *anthropogene* bzw. technogene Eingriffe in die → *Ökosysteme* und die → *Umwelt* und die → *Umweltqualität* Schaden nimmt. Mit → *Umweltabgaben*, Maßnahmen des → *Umweltschutzes* und der → *Umweltpolitik* soll gegen die U. eingeschritten werden. Ethische und gesellschaftliche Verhaltensnormen dafür liefert die → *Umweltethik* (→ *Ökologische Politik*).

Umweltgeologie *environmental geology*: Teilbereich der → *Angewandten Geologie*, der auf geologisch-geowissenschaftliche Probleme der Umweltsysteme zielt, die durch technogene Eingriffe des Menschen entstehen, die auch den → *Tieferen* (geologischen) Untergrund bis in den Hundertmeterbereich stören. U. erforscht demnach neue Aktivitätsbereiche des Menschen in der obersten → *Erdkruste*, wo die Gewinnung von → *Grundwasser* und oberflächennahen → *Rohstoffen* in immer größere Tiefen vorstößt.

Umweltgeowissenschaften *environmental geosciences*: jene Fachbereiche in den → *Geowissenschaften*, die auf den Zusammenhang → *Raum*, → *Umwelt* und Mensch bezogen sind. Sie beschäftigen sich mit der Analyse des Funktionszusammenhanges „Natur-Technik-Gesellschaft", der auf die Geobiosphäre, einschließlich des → *oberflächennahen Untergrundes* und des → *Wassers*, wirkt, wobei die dort bestehenden Prozess- und → *Raummuster* (→ *Landschaftsgefüge*, → *Landschaftsstruktur*) unter dem Aspekt der → *nachhaltigen Landschaftsnutzung* untersucht werden (→ *Umweltforschung*, → *Umweltgeologie*).

Umweltgerechtigkeit *environmental justice*: Begriff, der v. a. in den USA in den 1980er Jahren geprägt wurde und darauf hinweist, dass → *Umweltbelastungen* üblicherweise sozialräumlich ungleich verteilt und damit eine Form der → *sozialen Ungleichheit* sind. So finden sich z. B. Autobahnen, Bahnstrecken, Hochspannungstrassen, Produktionsanlagen, Tanklager, Raffinierien oder Mülldeponien i. d. R. in Bereichen mit sozialem Wohnungsbau und Bewohnern, die eher der Unterschicht als der Oberschicht zuzurechnen sind (→ *Umweltrassismus*).

Umweltgeschichte *environmental history*: ein interdisziplinärer Zweig der Wissenschaft, der sich mit der langfristigen Entwicklung der → *Wechselwirkungen* und → *Koevolution* von Menschen mit ihrer natürlichen und kultivierten Umwelt beschäftigt.

Umweltgrundrecht *environmental: fundamental right*: Art und Ausmaß staatlich garantierter Grundrechte in Bezug auf die Umweltschutzgebung. In Deutschland ist das Umweltgrundrecht im Grundgesetz Artikel 20a festgelegt, das besagt, dass der Staat auch in Verantwortung für die künftigen Generationen der natürlichen Lebensgrundlagen im Rahmen der verfassungsmäßigen Ordnung durch die Gesetzgebung und nach Maßgabe von Gesetz und Recht durch die vollziehende Gewalt und die Rechtsprechung schützt (→ *Eigenwert der Natur*).

Umweltimperialismus → *ökologischer Imperialismus*.

Umweltinformationssystem *environmental information system*: ähnlich dem Landschaftsinformationssystem ist das U. eine anwendungsbezogene Form eines → *Geographischen Informationssystems*, das umweltbezogene Informations- und Entscheidungsgrundlagen für verschiedene Planungsbereiche liefern kann. Es enthält Daten aus den → *Bio-* und → *Geowissenschaften*, dem → *Umwelt-* und → *Naturschutz* zur Kennzeichnung des Zustandes der → *Umwelt*, um sowohl Umweltprobleme zu erkennen, als auch Maßnahmen der → *Umweltplanung*, der → *Umweltpolitik* und des → *Umweltschutzes* fachlich zu begründen.

Umweltkatastrophe *environmental catastrophe/disaster*: plötzliches natürliches oder → *anthropogenes* bzw. technogenes Ereignis, das die Umwelt und die Umweltsysteme radikal und nachhaltig stört oder gar zerstört, sodass sich die → *Lebensgemeinschaften* der Organismen und die → *Landschaftsökosys-*

teme nur langsam oder gar nicht davon erholen, weil die → *Regenerationsfähigkeit* der Ökosysteme gestört ist (→ *Naturkatastrophe*).

Umweltkontrolle *environmental control*: die U. geschieht zur Vermeidung von → *Umweltgefährdungen* und zur Absicherung des Einsatzes einer umweltgerechten Technik. Die U. wird durch Verordnungen und → *Umweltschutzgesetze* bewirkt, die sich aber in den meisten Staaten immer noch auf Einzelsachverhalte aus dem gesamten Komplex der → *Umwelt* beschränken und deren ganzheitliches Funktionieren außer Acht lassen.

Umweltkriminalität *environmental crime*: Da von → *Emissionen*, → *Schadstoffen* und → *Umweltchemikalien* → *Umweltgefährdungen* und → *Umweltgefahren* ausgehen können (schädliche Umwelteinwirkungen), die rechtlich geschütztes Gut (Gesundheit, Eigentum, Leben) gefährden, erfüllen Verstöße gegen Gesetze und Verordnungen, die den → *Umweltschutz* betreffen, Strafbestände. Darauf nimmt das Umweltstrafrecht Bezug.

Umweltkunde *mesology, environmental sciences*: Schulfach, das zeitweise den Geographieunterricht ersetzend und z. T. auch als Weltkunde bezeichnet wird, meist bruchstückhafter Wissensvermittlung erfolgte, ohne übergeordnete Zielsetzungen, z. B. im Sinne der Schulgeographie. Eine sachgerechte U. muss an Definitionen von → *Umwelt*, → *Umweltethik*, → *Umweltpolitik*, → *Umweltplanung* sowie → *Umweltschutz* orientiert sein, sodass der übergeordnete Systemgedanke ebenso aufgenommen wird wie die Idee der ethischen Begründung eines menschenwürdigen Umweltzustandes (→ *Geographie*, → *Humanökologie*, → *Umweltethik*).

Umweltlizenz (Umweltzertifikat) *environmental licence/certificate*: umweltpolitisches Instrument des Staates zur Durchsetzung umweltpolitischer Ziele über die Ausgabe bzw. den Verkauf von Umweltverschmutzungsrechten, z. B. CO_2. U. sollen einen politisch fixierten Umweltstandard mit minimalen volkswirtschaftlichen Kosten bewirken.

Umweltmanagement (Management von Umweltbeziehungen) *ecological management*: Aufgabe der U. ist die Berücksichtigung des → *Umweltschutzes* bei Planung, Durchsetzung und Kontrolle von Unternehmensaktivitäten zur Vermeidung und Verminderung von → *Umweltbelastungen* sowie zur langfristigen Sicherung der Unternehmensziele. Der Planungsschwerpunkt sollte dabei auf die Bewältigung aktueller Probleme, Entwicklung strategischer Erfolgspotenziale und Abwehr strategischer Risiken gelegt werden. Darüber hinaus können raumstrukturelle Einflussfaktoren, wie z. B. die ebenenübergreifende Wirkung von Entscheidungen auf Unternehmenstöchter, eine unter ökologischen Gesichtspunkten optimierte Ressourcennutzung, Standortwahl und Gestaltung von → *Stoffströmen* sowie der Aufbau von Netzwerken zur Prozessoptimierung, betrachtet werden (→ *Öko-Wertschöpfungskette*, → *Integrierter Umweltschutz*).

Umweltmanagementsystem *ecological management system*: Ausdruck einer offensiven Umweltschutzstrategie durch eine umweltgerechte Gestaltung der Unternehmenspolitik, Organisation, Personalpolitik sowie Forschung und Entwicklung (Innovationen). Notwendig hierfür sind Informationen über die Umweltwirkung des Unternehmens und seiner Produkte, die durch ein → *Öko-Controlling* und entsprechende Umweltinformationsinstrumente erfasst werden können. U. stellen eine systematische Optimierung der Organisationsstrukturen dar, die entscheidend zur Verbesserung der betrieblichen Umweltauswirkungen beiträgt. Ziele sind die Identifikation und Kontrolle der wichtigsten betrieblichen Umweltrisiken, die Koordination aller umweltbezogenen Aufgaben sowie die Festlegung personeller Verantwortlichkeiten für die konkrete Umsetzung. Da → *Umweltschutz* auf diese Weise alle Unternehmensbereiche tangiert, wird er zu einem integralen Bestandteil des Managements. Beispiele sind → *EMAS* und DIN EN ISO 14 001 ff. (→ *Integrierter Umweltschutz*).

Umweltökonomie *environmental economy*: Teil der → *Wirtschaftswissenschaften*, die in ihre Theorien und Analysen → *ökologische* Parameter einbeziehen. 1. Aus volkswirtschaftlicher Sicht soll die U. helfen, den gesellschaftlichen Wohlstand unter Berücksichtigung einer „hohen → *Umweltqualität*" zu maximieren. Insofern ist sie auch eine Teildisziplin der → *Wirtschaftspolitik* (→ *Umweltpolitik*). 2. Die betriebswirtschaftliche U. beschäftigt sich mit den Beziehungen des → *Unternehmens* zu seiner → *Umwelt* unter Beachtung unternehmerischer Zielsetzungen (z. B. rationale Versorgung mit knappen → *Gütern*, langfristige Gewinnmaximierung, Existenzsicherung) sowie Rahmenbedingungen des → *Staates* und des → *Marktes*. Ein Ziel ist die Reduktion des erforderlichen → *Inputs* (→ *Ressourcen*, → *Energie*) sowie des unerwünschten *Outputs* (→ *Emissionen*, → *Immissionen*). Diese Fehlallokationen resultieren aus einem partiellen Marktversagen, d. h. der Preis des Gutes → *Umwelt* wird falsch bewertet. Gründe hierfür sind, dass die Umwelt oft als freies Gut gesehen wird bzw. wurde oder bei einer Nutzung die → *externen Effekte* unzureichend zugeordnet sind. Lösungsansätze bietet – die „neoklassische U." durch Internalisierung der tatsächlichen Kosten, wodurch sich die Umweltknappheiten in wirtschaftlichen Entscheidungen niederschlagen. Begünstigt wird dieses Konzept durch die Verknappung von Ressourcen und das Umweltbewusstseins in der Bevölkerung. – konzeptionell kann eine Reduktion unerwünschter externen Effekte anhand der „→ *Neuen Institutionenökonomik*"erfolgen. – der verhaltenstheoretischer Ansatz und das damit verbundene Stakeholderkonzept öffnet die U. in Richtung Öko-Marketing, Umweltmanagement. – die „Neue U." bzw. „Ökologische Ökonomie" postuliert die Abkehr vom Primat der Ökonomie und fordert die Integration der U. als Teilbereich der Ökologie. Zur Lösung komplexer Umweltprobleme sind Erkenntnisse aus Nachbardisziplinen heranzuziehen. Wesentliche Elemente sind das Konzept der Nachhaltigkeit, das Entropie-Gesetz sowie der Umweltethik.

Umweltplanung *environmental planning*: Sammelbezeichnung für überfachliche Rahmenplanungen zur Verwirklichung von Zielen der → *Umweltpolitik* bzw. der → *Ökologischen Politik* bzw. der → *Ökologischen Planung*. Ziele sind, eine von gesellschaftspolitischen Normen und Traditionen bestimmte lebenswerte → *Umwelt* als → *Lebensraum* des Menschen zu definieren, den gewünschten Zustand der menschlichen Umwelt zu erreichen, zu sichern oder wiederherzustellen und im Sinne der → *Nachhaltigkeit* dauerhaft zu erhalten. Genau genommen sollte jede raumbezogene Planung eine Planung der → *Umwelt*, also U., sein.

Umweltpolitik (Umweltschutzpolitik) *environmental policy*: 1. Schlagwort für politische und planerische Maßnahmen, die der Gestaltung der → *Umwelt* im Sinne eines menschlichen Lebensraumes dienen. 2. Gesamtheit der politischen und planerischen Maßnahmen, welche das → *Naturraumpotenzial* der Umwelt schützen und die Ansprüche an die Umwelt, die → *Umweltbelastungen* und → *Umweltgefährdung* mithilfe des Instrumentariums der → *Raumordnung* und → *Landesplanung* steuern, dabei den Grundsätzen der → *Ökologischen Planung* und Ökologischen Politik folgend. Die U. bedient sich dazu der nationalen Gesetze und Verordnungen (→ *Umweltgrundrecht*, → *Umweltkriminalität*, Umweltstrafrecht), die mit EU-Richtlinien und EU-Umweltpolitik abgestimmt sind (→ *Umweltethik*).

Umweltprobenbank *environmental sample bank*: Einlagerung von mehr oder weniger räumlich repräsentativ und in zeitlich gestaffelten Abständen regelmäßig entnommenen Proben von Böden, Pflanzen, Tieren, Nahrungsmitteln und menschlichen Körpergewebe. Einerseits dienen diese Proben zeitlichen Vergleichen, um → *Langzeitwirkung* → *anthropogener* bzw. technogener Eingriffe in die → *Umwelt* beurteilen oder schleichende Umweltveränderungen erkennen zu können, andererseits sollen sie in Zukunft mit heute noch unbekannten Methoden untersucht werden.

Umweltpsychologie (Ökologische Psychologie) *ecological psychology*: relativ neuer und interdisziplinär ausgerichteter Teilbereich der Psychologie, die die Einflüsse der → *Umwelt* auf den Menschen und → *Verhalten* und → *Handlungen* gegenüber der Umwelt untersucht. Der Begriff der Umwelt ist dabei sehr weit gefasst und meint im Grunde alles, was den Menschen umgibt, auch soziokulturelle und informationale (virtuelle) Umwelten.

Umweltqualität (Umweltgüte) *environmental quality*: Sammelbezeichnung für den Gütezustand der → *Umwelt* und somit von deren Funktionstüchtigkeit abhängig. Der Erhalt der U. richtet sich auf die Lebensvorgänge der Individuen und der Gesellschaft, aber auch auf die Erhaltung der → *Regenerationsfähigkeit* der → *Ökosysteme*. Der Begriff U. wird je nach Sichtweise (z. B. sozial, wirtschaftlich, ökologisch, historisch, geomedizinisch, technisch, ethisch, kulturell) unterschiedlich ausgefüllt. Die konkrete U. ergibt sich aus der aktuellen, d. h. gesellschaftlich bedingten Beurteilung der Umweltgüte und repräsentiert einen ethischen Wertmaßstab (→ *Umweltethik*), der sich aus sozialen, historischen und kulturellen Erfahrungen ergibt und einem permanenten Wandel unterliegt. Insofern ist die U. keine absolute Größe.

Umweltqualitätsziele → *Umweltstandard*.

Umweltrassismus *environmental rassism*: politisch stärker Ausdruck für → *Umweltgerechtigkeit*, oder eher: Umwelt-Ungerechtigkeit.

Umweltrecht *environmental law, environmental legislation*: Gesamtheit der gesetzgeberischen Maßnahmen zur Durchsetzung des → *Umweltschutzes*. In Deutschland gibt es noch kein einheitliches U.; durch die Kompetenz der → *Bundesländer* und den unterschiedlichen Gesetze und Verordnungen ist eine bundesweit wirksame rechtliche Durchsetzung des Umweltschutzes schwierig.

Umweltrisiko *environmental risk*: 1. allg. die Wahrscheinlichkeit (→ *Risiko*) für das Eintreten eines meist negativen möglichen Umweltzustandes (→ *Umweltgefahr*). 2. Wahrscheinlichkeit negativer Einwirkungen eines Betriebes auf die Umwelt, z. B. durch → *Umweltbelastungen*, aber auch der Umwelt auf einen Betrieb, z. B. durch → *Hochwasser*, oder → *Erdbeben*.

Umweltschäden *environmental damages, ecological damages*: jene Veränderungen der → *Umwelt*, die sich aus → *Umweltbelastung* und → *Umweltgefährdungen* ergeben und die sich in einer Veränderung des → *Leistungsvermögens* des Landschaftshaushaltes (→ *Naturraumpotenzial*) ausdrücken. Der Begriff U. umfasst (meist) nicht die → *Naturgefahren*,

sondern nur U. mit ausschließlich → *anthropogener* bzw. technogener Ursache. Die U. können reversibel und irreversibel sein, gemessen an Erhaltung oder der Aufhebung der → *Regenerationsfähigkeit* der → *Landschaftsökosysteme*.
Umweltschutz *environmental protection/conservation*: Gesamtheit der Maßnahmen und Verhaltensweisen von Mensch und Gesellschaft, die der Erhaltung, Sicherung und Verbesserung seines → *Lebensraumes*, dessen → *nachhaltiger Nutzung*, der natürlichen Lebensgrundlagen und der Gesundheit des Menschen vor schädigenden Einflüssen von Nutzung und Technik dienen. U. zielt auf die Erhaltung der → *Regenerationsfähigkeit* der Landschaftsökosysteme sowie die Erhaltung des → *Leistungsvermögens des Landschaftshaushaltes*. Der U. wird in der → *Umwelt* und ihren Teilbereichen durch direkte und indirekte Maßnahmen z. B. von → *Bodenschutz*, → *Gewässerschutz*, → *Immissionsschutz*, → *Strahlenschutz*, → *Technischem Umweltschutz*, etc. betrieben. Die Maßnahmen des U. werden von der → *Umweltpolitik* bestimmt und durch Fachbereiche der Praxis planerisch und gestalterisch umgesetzt. Dies orientiert sich an → *Umweltethik*, → *Ökologischer Planung* und → *Ökologischer Politik*. Das Erfordernis U. besteht seit Beginn des Industriezeitalters, wurde jedoch erst nach der „Ölkrise" (1970er-Jahre) als Idee postuliert.
Umweltschutzbeauftragter *representative for environmental protection*: Institution, die im Rahmen von Organisations- und/oder Behördenarbeit als Ansprechpartner, Überwacher oder Kontrolleur für Belange von → *Umweltqualität* und → *Umweltschutz* zuständig ist. In den Administrationen reicht die rechtliche und administrative Kompetenz des U. unterschiedlich weit. Sie ist teilweise durch Verordnungen geregelt.
Umweltschutzgesetze *environmental protection laws*: U. gibt es in vielen Ländern nicht, wohl aber Einzelgesetze und -verordnungen, die beim Praktizieren des → *Umweltschutzes* quasi als U. wirken. Sie werden vom → *Umweltrecht* zur Durchsetzung des Umweltschutzes genutzt. Problematisch sind die ungleichmäßig verteilten Zuständigkeiten in den administrativen Untereinheiten (Bundesländer, Kantone, Regierungsbezirke, Gemeinden etc.) der verschiedenen europäischen Länder.
Umweltschutztechnik (Umwelttechnik) *environmental technology/engineering*: technische Maßnahmen, die an gewerblichen, industriellen und sonstigen technischen und infrastrukturellen Anlagen vorgenommen werden, um → *Umweltschutz* praktisch zu realisieren. Dies geschieht im Rahmen des → *Technischen Umweltschutzes*, der sich am → „*Stand der Technik*", den → „*Regeln der Technik*" und dem „Stand von Wissenschaft und Technik" orientiert.

Umweltstandard (Umweltqualitätsziele) *environmental standard*: zusammenfassender Begriff für die qualitativen Ziele des → *Umweltschutzes*. Der U. enthält die Vorstellungen über eine anzustrebende Qualität der → *Umwelt* oder einzelner Umweltmedien (z. B. Luft). Vergleichbar zum → *Sozialstandard* können U. auch Handelssanktionen darstellen, die sich gegen Formen des → *Ökodumpings* richten.
Umweltstatistik *environmental statistics*: Erhebung, Verarbeitung und Speicherung von Daten über → *Umwelt* und → *Umweltschutz* mit mathematisch-statistischen Methoden und Archivierung (→ *Umweltinformationssystemen*).
Umwelttoxikologie *environmental toxicology*: beschäftigt sich mit der → *Toxizität* von → *Umweltchemikalien*. Die U. umfasst Teile der → *Ökotoxikologie* (besonders → *Schadstoffe* betreffend) und zielt auf die → *anthropogenen* bzw. technogenen Belastungen, Schädigungen oder Gefährdungen von Organismen (Mensch, Tier, Pflanze) in den Umweltsystemen. Sie ist auf das Erkennen von Gefahr und Gefahrenabwehr ausgerichtet.
Umweltverschmutzung *environmental contamination, environmental pollution*: 1. im engeren Sinne Folge von Umweltbeanspruchung und ausschließlich → *anthropogener* bzw. technogener Ursache. Sie erfolgt in den → *Landschaftsökosystemen* bzw. der → *Umwelt* des Menschen durch Einbringen von → *Emission* von → *Abfall*, → *Abwasser*, → *Abwärme*, → *Lärm*, → *radioaktiven Substanzen*, Schädlingsbekämpfungsmitteln usw.. Von der U. gehen → *Umweltschäden* und → *Umweltbelastungen* aus.: 2. im weiteren Sinne auch die Schädigung und Zerstörung von Naturschönheiten und Ortsbildern, also visuell-ästhetische Schädigungen der Lebensumwelt des Menschen. (→ *Lichtverschmutzung*).
Umweltverträglichkeitsprüfung (UVP) *environmental impact assessment*: präventives Instrument der → *Umweltpolitik* um → *Umweltschutz* zu praktizieren. Es soll alle denkbaren Umweltauswirkungen von Planungsmaßnahmen vor ihrer Zulassung zeigen und ökologisch begründete Alternativen darstellen. Die U. ermittelt, beschreibt und bewertet die Umweltauswirkung von Planungsvorhaben für einzelne umweltbezogene Schutzgüter (Menschen, Tiere, Pflanzen, biologische Vielfalt, Boden, Wasser, Luft, Klima, Landschaft, Kulturgüter- und Sachgüter). Die U. arbeitet mit planerischen, sozioökonomischen und landschaftsökologischen Methoden. Sie dient der Entscheidungsvorbereitung von Maßnahmen und Einrichtungen, die eine Veränderung der → *Umwelt* bewirken, z. B. technische → *Infrastruktur* (Verkehrswesen, Kraftwerke, Industrie, Sportanlagen etc.), d. h. alle Einrichtungen, die das → *Leistungsvermögen des*

Landschaftshaushaltes beeinträchtigen könnten, einschließlich der Schädigung und Zerstörung von Naturschönheiten und sonstigen visuell-ästhetischen Veränderungen der → *Landschaft*. Die Verfahren der U. sind sehr vielfältig. Sie lassen sich der → *Raumbewertung* bzw. der → *Landschaftsbewertung* zuordnen, zu denen auch die → *ökologische Risikoanalyse* gehört. Die U. wird entweder in Form einer Projekt-U. für einzelne Maßnahmen und/oder als eine auf die gesamte → *Raumplanung* eines Gebietes bezogene Plan-U. (→ *Strategische Umweltprüfung*) betrieben. In Ländern, wo die UVP inzwischen Gesetz ist (erstes Land war 1985 die Schweiz), muss sie dann durchgeführt werden, wenn bestimmte Anlagen (z. B. Kraftwerke, Verkehrsvorhaben) geplant, errichtet oder verändert werden, also als Projekt-UVP.

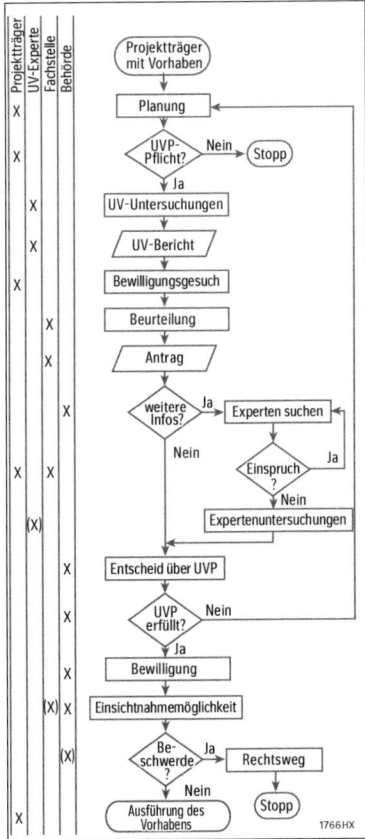

Umweltverträglichkeitsprüfung

Umweltwahrnehmung *environmental perception*: psychologischer Ansatz sozialwissenschaftlicher Teilbereiche der → *Humangeographie*, der sich auf die Wahrnehmung und kritische Betrachtung der sozialen, ökonomischen und technischen → *Umwelt* des Menschen bezieht (→ *Perzeptionsforschung*, → *Wahrnehmungsgeographie*).

Umweltwandel *environmental change*: ähnlich dem eher interdisziplinär gewichteten → *global change*:; hier die Sichtweise der Geographie, die unter Bezug auf die Theorie des geographischen Komplexes den natürlichen und anthropogenen Wandel der Geobiosphäre, der Landschaftsökosysteme und der Umwelt als ein Wirkungsgefüge von Natur, Gesellschaft und Technik begreift.

Umweltwirkung *environmental effect*: 1. allgemein die Wirkung der → *Umwelt* auf den Menschen unter sozialen, ethischen, ästhetischen, bioklimatischen und geomedizinischen Aspekten. 2. die Gesamtfunktion der → *Umwelt* bzw. des → *Landschaftsökosystems* mit all seinen Beziehungen zum Menschen. Dabei ist die U. i. w. S. Bestandteil des → *Naturraumpotenzials* bzw. des → *Leistungsvermögens des Landschaftshaushaltes*.

Umweltwissenschaften *environmental sciences*: Fachbereiche, die sich unter Bezug auf → *Umweltforschung*, → *Umweltschutz*, → *Umweltpolitik* und → *Umweltplanung* separat oder integrativ mit den Funktionszusammenhängen der → *Umwelt* beschäftigen. Maxime ist, dass sie von einem → *holistischen* → *ökologischen* Ansatz ausgehen, der den Grundsätzen der → *Stadt-* und → *Landschaftsökologie*, der → *Umweltethik*, der → *Ökologischen Planung* und der → *Ökologischen Politik* Rechnung trägt.

Umweltzerstörung *environmental degradation*: mehr als nur → *Umweltwirkung*, sondern durch den Menschen verursachte Prozesse und Strukturänderungen in der → *Umwelt* und damit am/im → *Landschaftsökosystem*. Dadurch wird dessen Bestand grundsätzlich so stark verändert, dass seine → *Stabilität* aufgehoben und seine → *Regenerationsfähigkeit* nicht mehr gewährleistet ist (→ *labiles Ökosystem*, → *stabiles Ökosystem*).

Umwidmung *revised planning decision*: nachträgliche Änderung einer bereits beschlossenen planungsrechtlichen Einordnung eines Grundstücks bei der → *Bauleitplanung*. Durch U. entstehen z. B. Baugebiete aus vormals nicht bebaubarem Land (→ *Bauerwartungsland*, → *Bauland*).

Umzug *relocation, change of residence*: allgemein die dem Prozess der → *Wanderung* zugrundeliegende Verlegung einer Wohnung oder eines Betriebsstandorts. Im engeren Sinn wird unter U. nur die innergemeindliche Wan-

derung verstanden, im Gegensatz zu → *Zuwanderung* oder → *Abwanderung* über Gemeindegrenzen hinweg.
UN → *UNO*.
UN Conference on Trade and Development → *UNCTAD*.
UN Sustainable Development Goals → *SDG*.
unabhängige Variable *independent variable*: in der Statistik Merkmal(sdimension), das (die) andere Variablen erklärt bzw. verursacht und diese bedingt (→ *abhängige Variable*, → *intervenierende Variable*).
unbalanced growth *ungleichgewichtiges Wachstum*: Entwicklungsstrategie, die bei Verknappung von Investitionsmitteln gezielt eine ungleichgewichtige Förderung bestimmter Wirtschaftsbereiche bzw. Industriezweige (insbesondere von sog. „Schlüsselindustrien") zum Ziele hat. Aus den daraus entstehenden Engpässen in vor- und nachgelagerten Bereichen oder Branchen ergibt sich eine immer weiter um sich greifende Belebung der Investitionstätigkeit sowie Beschäftigung auch außerhalb der ursprünglich geförderten Schwerpunkte.
unbedeckter Karst → *nackter Karst*.
Unberührbare → *Paria*.
UNCED → *Konferenz der Vereinten Nationen über Umwelt und Entwicklung*.
UNCTAD (UN Conference on Trade and Development) *Welthandels- und Entwicklungskonferenz*: 1964 als ständiges Organ der Generalversammlung der → *UNO* mit dem Ziel errichtet, die internationalen Wirtschaftsbeziehungen in Richtung auf eine volle Integration der → *Entwicklungsländer* weiterzuentwickeln. Der U. gehören 194 Mitglieder (2016) an. Die Verhandlungen erfolgen i. d. R. nach Ländergruppen. Gruppen sind die westlichen → *Industrieländer*, die ehemaligen → *Ostblockländer*, die Volksrepublik China und die Gruppe der 77 (2016 mittlerweile 134 Mitglieder). Hauptorgane sind die Konferenz der Mitgliedsstaaten, die i. d. R. alle vier Jahre stattfindet, der Handels- und Entwicklungsrat, der die Aufgaben der Konferenz bis zu deren nächstem Zusammentreffen ausübt, sowie einzelne Sonderkommissionen.
Undation *undation*: ähnlich der → *Epirogenese* großräumige und langzeitig ablaufende Verbiegung der → *Erdkruste* und der → *Undulation* gegenübergestellt.
UN-Dekade Bildung für nachhaltige Entwicklung *UN Decade of Education for Sustainable Development*: gemäß der UN ist → *nachhaltige Entwicklung* eines der zentralen Themen des 21. Jahrhunderts. Die Vereinten Nationen haben die Jahre 2005 bis 2014 zur Weltdekade „→ *Bildung für nachhaltige Entwicklung*" B.N.E. ausgerufen und mochten allen Menschen Bildungschancen eröffnen, die es ihnen ermöglichen, sich Wissen und Werte anzueignen sowie Verhaltensweisen und Lebensstile zu erlernen, die für eine lebenswerte Zukunft und eine positive Veränderung der Gesellschaft erforderlich sind. B.N.E. ist nicht als zusätzliches, ergänzendes Segment der bestehenden Bildungslandschaft anzusehen, sondern soll bereits angewandte pädagogische Prinzipien wie Interdisziplinarität, Wertorientiertheit, kulturelle Sensibilität, Problemlösungsorientiertheit, methodische Vielfalt, Partizipation und lokale Relevanz weiterentwickeln und weiter verbreiten. Das Bildungskonzept ist keine statische Anforderung, sondern ein Prozess, der ständige Weiterentwicklung und Anpassung an die gegebenen Herausforderungen voraussetzt. Monitoring und Evaluation haben daher einen wichtigen Stellenwert. Wichtige Themenfelder der Dekade waren: → *Gender*, Gesundheit, → *Umwelt*, ländliche Entwicklung, kulturelle Vielfalt, Friede und menschliche Sicherheit, nachhaltige Stadtentwicklung und nachhaltiger Konsum (→ *Transfer 21*).
UNDP (United Nations Development Programme) ist das Entwicklungsprogramm der → *UNO*, das Expertise, Trainings und Finanzen zur Unterstützung von → *Entwicklungsländern* bereitstellt. Im jährlich erscheinenden Human Development Report werden grundlegende Entwicklungstendenzen sowie der Human Development Index vorgestellt. (→ *HDI*).
Undulation *undulation*: gegenüber der → *Undation* relativ kleinräumige Verbiegung der → *Erdkruste*. auch sonstige Störungen im Bau der Erdkruste werden als U. bezeichnet, z.B. → *Orogenese* und → *Tektogenese*, wobei auch → *Bruchlinien* und → *Faltungen* auftreten.
unechtes Grundwasser *pseudo-groundwater*: → *Grundwasser*, welches nicht durch → *Versickerung* von Niederschlagswasser, sondern durch Übertritt von Flusswasser aus dem Gerinnebett in den Grundwasserkörper (besonders bei → *Hochwasser*) gebildet wurde.
Unehelichenquote (Außerehelichenquote) *illegitimacy rate*: in der → *Demographie* Maßzahl für die → *Legitimität* von Geburten. Die U. für einen Raum errechnet sich als prozentualer Anteil der unehelich Geborenen an der Gesamtzahl der Geborenen; sie kann ein Hinweis auf regional differenzierte → *Sozialstrukturen* sein.
UNEP (United Nations Environment Programme) *Umweltprogramm der Vereinten Nationen*: Umweltschutzprogramm der → *Vereinten Nationen*. Im U. werden die UN-Projekte für den → *Umweltschutz* koordiniert.
UNESCO (UN Educational, Scientific and Cultural Organization) *UNESCO*: die 1946 ge-

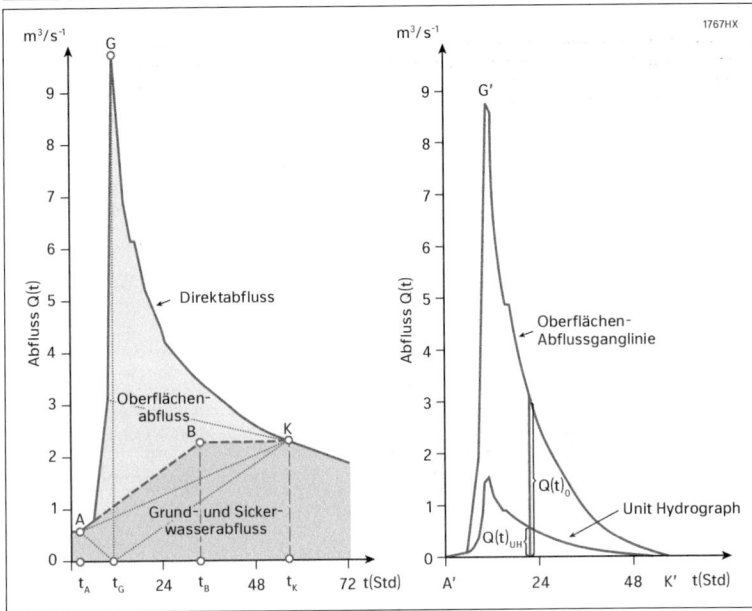

Unit Hydrograph

gründete Sonderorganisation der → *UNO* mit Sitz in Paris mit den Aufgaben Erziehung, Wissenschaft und Kultur.

UNFCCC → *Klimarahmenkonvention.*

ungebrochener Verkehr (Direktverkehr) *direct transportation*: Verkehr, der ohne den → *Verkehrsträger* zu wechseln, vom Quell- zum Zielort gelangt (→ *gebrochener Verkehr*, → *multimodaler Verkehr*)

ungespanntes Grundwasser (freies Grundwasser) *unconfined: aquifer*: frei fließendes → *Grundwasser*, dessen Oberfläche mit dem atmosphärischen Druck (→ *Luftdruck*) im Gleichgewicht steht. (→ *gespanntes Grundwasser*).

Ungleichheit → *soziale Ungleichheit.*

Unit Hydrograph *Einheitsganglinie*: in vereinheitlichtem Maßstab konstruierte Ganglinie des → *Oberflächenabflusses* eines → *Einzugsgebietes* (→ *Abflussganglinie*), der durch 1 mm effektiven (direkt in den Abfluss gelangenden) Niederschlag zustande kommt, der gleichmäßig verteilt und mit gleich bleibender Intensität während eines definierten Zeitraums gefallen ist. Der U. H. dient der Untersuchung der Niederschlag-Abfluss-Beziehung verschiedener Einzugsgebiete. Er erlaubt Aussagen über den Hochwasserabfluss und vergleichende Untersuchungen über die im Bereich von → *Hochwassern* wirksamen Parameter des → *Wasserhaushalts* (→ *Landschaftswasserhaushalt*).

United Nations Organization → *UNO.*

Universalhafen *general harbo[u]r*: → *Hafen*, der nicht auf den → *Umschlag* eines bestimmten Gutes oder einer Gütergruppe spezialisiert ist (wie z. B. ein → *Ölhafen*), sondern der von seiner → *Infrastruktur* her dafür eingerichtet ist, ein breites Spektrum unterschiedlicher Schiffe und Verladevorgänge zu bedienen.

Universitätsstadt *university town/city*: 1. allgemein eine → *Stadt* mit einer Universität. 2. speziell werden solche Städte als U. bezeichnet, in denen die Universität eine besonders große und meist historisch gewachsene Rolle im wirtschaftlichen und gesellschaftlichen Leben der Stadt spielt und das akademische Personal und die Studierenden das städtische Leben prägen. U. in diesem Sinn sind z. B. Tübingen und Göttingen oder, besonders ausgeprägt, Oxford und Cambridge.

Universitätsviertel *university quarter*: → *Stadtviertel* in einer → *Universitätsstadt*, in dem die Universität liegt und für das universitätsnahe Nutzungen charakteristisch sind

(Instituts- und Seminargebäude, Studentenwohnheime, Buchhandlungen, Studentenlokale usw.). Typische U. sind v. a. in historischen Universitätsstädten ausgebildet; das Pariser U. → *Quartier Latin* wurde international namengebend.

Univoltine (Einjährige) *univoltines*: entsprechend den → *Annuellen* der Pflanzen jene „einjährigen" Tiere, die während eines Jahres eine Generation entwickeln.

UN-Klimakonferenz (Welt-Klimagipfel, Klimakonferenz, Conference of the Parties, COP) *United Nations Climate Change Conference*: jährlich stattfindende Konferenz der Vertragsstaaten der → *Klimarahmenkonvention*. Die einzelnen Treffen werden durchgezählt, z. B. COP 3 für Konferenz in Kyoto 1997, mit dem Ergebnis des sog. Kyoto-Protokolls zum Klimaschutz; COP 15 für die Konferenz in Kopenhagen 2009, die für viele für das Scheitern der globalen Klimaverhandlungen steht; COP 21 für die Konferenz in Paris 2015, bei der von der Versammlung ein Klimaabkommen beschlossen wurde, das die Begrenzung der → *globalen Erwärmung* auf deutlich unter 2 °C, möglichst 1,5 °C im Vergleich zu vorindustriellen Temperaturen vorsieht.

Unkräuter (Beikräuter, Wildkräuter) *weeds*: aus wirtschaftlichen Gründen unerwünschte Pflanzen, die in Kulturpflanzengemeinschaften oft als Bodenvegetation und gelegentlich in Massenverbreitung auftreten. Durch Konkurrenz nehmen U. den → *Kulturpflanzen* Bodenraum, Licht, Wasser und Nährstoffe. Die Folge sind Wachstumsbehinderungen und Ertragseinbußen. U. verfügen meist über große → *Vitalität*, d. h. langjährige Keimfähigkeit der Samen, rasche Vermehrungsfähigkeit, rasches Keimen usw.. Die traditionelle → *Landwirtschaft* bekämpft U. mit → *Pflanzenschutzmitteln* (→ *Herbizide*) sowie durch Bodenbearbeitungsmaßnahmen und die Einhaltung gewisser → *Fruchtfolgen*. Andererseits können U. als geschlossene Decke vor → *Bodenerosion* schützen und die → *Bodenfauna* begünstigen bzw. deren → *Diversität* bewahren oder steigern. Daher werden U. auch mit dem positiven Begriff → *Wildkräuter* belegt.

Unkrautfluren *weed vegetation fields*: Felder mit einer Dominanz jener → *Pflanzengesellschaften*, die in Gärten, Weinbergen, Forsten sowie auf Weiden, Wiesen, Rainen, Wegen, Straßen, Plätzen etc. zusammen mit → *Kulturpflanzen* vorkommen und generell als → *anthropogen* gelten. Ihre Zusammensetzung hängt vom Geoökofaktorenangebot am → *Standort* ab, jedoch auch von der Unkrautbekämpfung des wirtschaftenden Menschen (→ *Unkräuter*).

Unkrautgesellschaft *weed community*: → *Pflanzengesellschaften* der → *Unkräuter*, v. a. von Ackerunkrautgesellschaften repräsentiert.

Unland *wasteland, barren land, fallow [land]*: verwandt dem → *Ödland* und Repräsentant meist größerräumiger Bodenflächen, die aus → *natürlichen* Gründen keine Land- oder Forstwirtschaftsnutzung zulassen, weil sie nicht (mehr) kultivierbar sind oder keine land- oder forstwirtschaftlichen Erträge liefern. U. kommt aus landschaftsökologischer Sicht umfassende Bedeutung als → *ökologischer Ausgleichsraum* zu. Gegenüber der intensiv genutzten → *Kulturlandschaft*, die oft einer → *Ausräumung* unterlag, stellt das U. einen Bereich dar, in dem das → *Leistungsvermögen des Landschaftshaushaltes* → *anthropogen* wenig oder unbeeinflusst vorhanden ist und die → *Landschaftsökosysteme* mehr oder weniger *quasinatürlich* oder natürlich funktionieren. Das U. bietet → *Reliktpflanzen* und *Relikttieren* → *Reliktstandorte* und somit vom Menschen bereitgestellte → *ökologische Nischen*.

UNO (United Nations Organization, UN) *Vereinte Nationen*: eine 1945 von 51 Staaten gegründete Gemeinschaft souveräner Staaten zum Zweck der internationalen Zusammenarbeit im politischen, wirtschaftlichen und kulturellen Bereich. Der Sitz ist New York; die Mitgliederzahl beträgt 193 (2016), d. h. fast alle souveränen Staaten der Erde. Die UNO selbst besteht aus sechs Hauptorganen und mehreren organisatorisch unabhängigen Sonderorganen. Die Arbeit der UNO erfolgt v. a. durch die Unter- und Sonderorganisationen, z. B. durch die → *FAO*, → *UNESCO*, → *UNCTAD*.

Uno-actu-Prinzip *uno-actu principle*: zeitliches und räumliches Zusammenfallen von Leistungserstellung und -verwendung. Dies ist auf Grund der fehlenden Lagerfähigkeit charakteristisch für → *immaterielle Güter* (→ *Dienstleistungen*, z. B. Arztbesuch). Durch technische Hilfsmittel entwickeln sich zunehmend neue Transaktionsformen (z. B. das E-Business), weshalb das U.-a.-P. keine uneingeschränkte Gültigkeit besitzt.

unproduktive Verdunstung *unproductive evaporation*: direkt aus dem Boden oder von einer Wasserfläche, ohne Beteiligung von pflanzlichen Organismen erfolgende → *Verdunstung* (→ *Evaporation*).

Unproduktivland *unproductive land*: in der → *Landwirtschaft* das nicht in die → *Bodennutzung* miteinbezogene Land.

Unreal Engine Software-Framework, das ursprünglich für den Ego-Shooter „Unreal" als Spiel-Engine entwickelt wurde und aktuell bei der Entwicklung weiterer Video-

und Computerspiele sowie in der modernen → *3D-Kartographie* eingesetzt wird. U.E. ermöglicht die Echtzeit-Navigation durch virtuelle dreidimensionale Welten (→ *Virtual Reality*).

unrelated variety → *unverbundene Vielfalt.*

Unsicherheit *uncertainty*: grundlegender und zunehmend wichtiger werdender Begriff in der → *Risikoforschung*, aber auch in anderen Wissensbereichen (z. B. Klimawandel, globaler Umweltwandel, gesellschaftliche Transformationsprozesse usw.). U. verweist i. d. R. auf das Nichtwissen, z. B. von Konsequenzen von Maßnahmen oder Entscheidungen. Jede Abschätzung, die auf der Grundlage von z. B. statistischen Auswertungen erfolgt, weist auch ein Maß an U. auf, das lange Zeit bei → *Prognosen* oder → *Szenarien* keine große Rolle gespielt hat, jedoch aufgrund der Komplexität der Fragestellungen zunehmend in den Blick gerät.

Unterbeschäftigung *underemployment*: im Gegensatz zur → *Vollbeschäftigung* und Teilzeitbeschäftigung (→ *Teilzeitarbeit*) Form der Beschäftigung, bei der wegen des zu kleinen Arbeitsumfangs die Arbeitsleistung der für diese Arbeit eingeteilten Arbeitskräfte nicht voll ausgenützt werden kann. U. tritt z. B. häufig personelle Aufblähung im öffentlichen Sektor (teilw. in Entwicklungsländern) auf (→ *Überbeschäftigung*).

Unterboden *subsoil*: der nicht oder kaum humose, geringer durchwurzelte und wenig belebte untere Bereich des Bodens, in dem Mineralverwitterung stattfindet und verlagerte Stoffe angereichert werden. In bearbeiteten Böden wird der gesamte durch die Bearbeitung nicht erfasste Bereich zum U. gezählt. Pedogenetisch gehören aber mineralische → *Bodenhorizonte*, aus denen Stoffe (Ton, Oxide, Salze, → *Huminstoffe*) ausgewaschen werden, nicht zum U., sondern zum → *Oberboden*.

Unterboden-Melioration *subsoil improvement*: Verfahren der Kulturtechnik, bei dem durch → *Tiefpflügen* oder Tieflockern ungünstige Eigenschaften des → *Unterbodens* (Wasserstau, Verdichtungen) beseitigt und tiefere Bodenbereich für die Pflanzen zugänglich gemacht werden soll.

Unterentwicklung *underdevelopment*: mangelnde Entfaltung der Produktivkräfte einer Gesellschaft und damit einhergehend die ungenügende Versorgung großer Bevölkerungsschichten mit für das Überleben notwendigen → *Gütern* und → *Dienstleistungen*. U. bedeutet einen erheblichen Rückstand in der → *Entwicklung* wirtschaftlicher und gesellschaftlicher Strukturen in einem Erdraum im Vergleich zu Ländern, in denen alle essentiellen Grundbedürfnisse der Bevölkerung befriedigt werden können (→ *Entwicklungsland*).

Unterernährung *under-nutrition*: Tatbestand einer unzureichenden Ernährung (→ *Hunger*). Bei U. wird der Kalorienbedarf des Organismus nicht ausreichend gedeckt. Länger andauernde U. führt zu körperlicher und geistiger Schwäche, oft auch zu bleibenden Gesundheitsschäden. U. bzw. → *Mangelernährung* ist ein ernstes Problem in vielen gering entwickelten Ländern.

Unterflurbewässerung (Untergrundbewässerung) *sub-surface irrigation*: wassersparende Form der → *Bewässerung*, bei der die Wasserzufuhr über Rohrleitungen unterhalb der Bodenoberfläche erfolgt. Wasserverluste durch → *Verdunstung* und die Gefahr von → *Versalzung* bleiben somit gering.

Unterglaskultur → *Glaskultur*.

Untergrund *underground, subterranean*: ganz allgemein jene Teile der Geosphäre, die sich unterhalb der → *Erdoberflächen* befinden.

Untergrundbewässerung → *Unterflurbewässerung*.

Unterhaltskonzept *maintenance conception*: bei → *Volkszählungen* angewandtes statistisches Konzept zur Gliederung der erfassten Personen nach der überwiegenden Unterhaltsquelle (z. B. durch eigene → *Erwerbstätigkeit* in einem der drei → *Wirtschaftssektoren*, Arbeitslosengeld, Rente oder Pension, Vermögenserträge, Unterhalt durch eine andere Person usw.). Im Gegensatz zum → *Erwerbskonzept* wird beim U. nicht die eigene Beteiligung am Erwerbsleben festgestellt, sondern der Lebensunterhalt, gleichgültig ob er durch eigene Quellen oder durch andere Personen (Eltern, Kinder, Ehepartner usw.) gewährleistet wird. Das U. ist auf die Zuordnung einer überwiegenden Unterhaltsquelle beschränkt, da eine Vielzahl von verschiedenen möglichen Kombinationen von Quellen für den Lebensunterhalt nur schwierig zu erfassen ist.

Unterhang *lower slope*: schließt sich in meist konkaver oder gestreckter Gestalt (→ *Hangform*) an den eher gestreckten → *Mittelhang* nach unten an. Dem U. kommt in der Theorie besondere Bedeutung zu, weil an ihm verschiedene → *Flachformen* ansetzen, z. B. → *Pediment* und → *Glacis* (→ *Hang*, → *Oberhang*).

unterirdischer Karst *covered karst, underground karst*: → *Verkarstung* im Gesteinskörper, die zu verschiedensten unterirdischen Formen führt, z. B. → *Karsthöhlen*. Der u. K. ist gleichzeitig der Bereich des → *Karstwassers* und zeichnet sich durch eine besondere → *Karsthydrographie* aus (→ *Karst*).

unterirdisches Wasser *subterranean water*: Oberbegriff für alles unter der Erdoberfläche befindliche Wasser (→ *Grundwasser*, → *Kluftwasser*, → *Karstwasser*, → *Höhlenwasser*, → *juveniles Wasser*, → *Poreneis*, → *Bodenwasser*).

unterkühltes Wasser

Nur ein Teil des u. W. ist in den → *Wasserkreislauf* einbezogen.

unterkühltes Wasser *supercooled water*: metastabiler Zustand des Wasser, das kälter als 0 °C ist.

Unterkultur *under-planting*: Anbau von niedrigen → *Nutzpflanzen* unter hochwüchsigen Kulturen, z. B. Obstbäumen oder Rebstöcken. Die U. ist z. B. in der → *Mediterranis* weit verbreitet (→ *Stockwerkkultur*, → *Mischkultur*).

Unterlage *surface*: in der → *Meteorologie* und → *Klimatologie* aus Sicht der → *Atmosphäre* die Bezeichnung für die Erdoberfläche.

Unterlage *base plate*: in der → *Tektonik* eine Fläche im Sinne der → *Überschiebungsfläche*.

Unternehmen (Unternehmung) *business, enterprise*: rechtliche und organisatorische Wirtschaftseinheit, in der die → *Produktionsfaktoren* Arbeit, Kapital, Wissen und Technologie in einem marktwirtschaftlichen System zusammengefasst werden. Ein U. kann mehrere Betriebe umfassen. Es ist die kleinste gesondert bilanzierende, rechtlich selbstständige, örtlich aber nicht gebundene Wirtschaftseinheit (→ *Mehrwerksunternehmen*).

Unternehmensfinanzierung *corporate finance*: Maßnahmen zur Beschaffung, Rückzahlung und Umschichtung von → *Kapital* in einem Unternehmen mit dem Ziel der Kapitalbereitstellung für → *Investitionen* sowie zur Sicherung der Zahlungsfähigkeit.

Unternehmensgröße *enterprise size*: zentraler Aspekt der Unternehmenstypologie zur Einteilung von → *Unternehmen* nach den Kennzahlen Bilanzsumme (BS), Nettoumsatzerlöse (US) und Mitarbeiter (MA) in Größenklassen. Dies kann z. B. nach der Definition der Europäischen Kommission oder § 267 Handelsgesetzbuch (Deutschland) erfolgen: – Kleinstunternehmen (BS <2 Mio. €, US <2 Mio. €, MA <10) – kleine Unternehmen (BS <5 Mio. €, US <10 Mio. €, MA <50) – mittlere Unternehmen (BS <20 Mio. €, US <40 Mio. €, MA <250) – große Unternehmen (BS >20 Mio. €, US >40 Mio. €, MA >250). Die Zuordnung zu einer Klasse erfolgt, wenn zwei der drei Kriterien erfüllt sind. Die Abgrenzung ist v. a. für Maßnahmen zur Förderung des → *Mittelstands* (→ *Kleine und Mittlere Unternehmen*) relevant (→ *Betriebsgröße*).

Unternehmensidentität → *corporate identity*:.

Unternehmenskommunikation → *corporate communications*:.

Unternehmenskonzentration *enterprise concentration*: der wirtschaftliche und rechtliche Zusammenschluss von → *Unternehmen* unter einheitlicher Leitung in Form von → *Konzernen* oder → *Kartellen*. Man unterscheidet: – die aggregierte Konzentration (zunehmende Größe rechtlich und wirtschaftlich selbstständiger Unternehmen unter Verringerung ihrer Anzahl), – die horizontale Konzentration (Zusammenschluss von Unternehmen gleicher Produktionsstufe), – die konglomerate oder laterale Konzentration (Zusammenschluss von Unternehmen unterschiedlicher Produktionsrichtungen) und – die vertikale Konzentration (Zusammenschluss von Unternehmen vor- oder nachgelagerter Produktionsstufen).

Unternehmenskultur → *corporate culture*:.

Unternehmensnetzwerk → *Netzwerk*.

unternehmensorientierte Dienstleistung *business service*: → *Dienstleistung*, die konkret auf Unternehmen ausgerichtet ist, wie klassische Standardarbeiten (z. B. Wartung, Instandhaltung), aber auch *wissensintensive Dienstleistungen*, z. B. Forschung und Entwicklung, Beratung (→ *konsumentenorientierte Dienstleistungen*, → *quartärer Sektor*).

Unternehmenstypologie *corporation typology*: Beschreibung und Klassifizierung von → *Unternehmen* nach ausgewählten Kriterien, wie z. B. → *Unternehmensgröße*, – *Branche*, – *Internationalisierungsgrad*, technischökonomischer Struktur (→ *Fertigungsverfahren*), Rechtsform (Personen- oder Kapitalgesellschaft), → *Netzwerkbeziehungen* oder → *Standort*.

Unternehmensverantwortung → *corporate social responsibility*:.

Unternehmensverhalten → *corporate behaviour*:.

Unternehmer *entrepreneur, employer, contractor*: Person, die einen Wirtschaftsbetrieb (→ *Unternehmen*, → *Betrieb*) auf eigene Rechnung und Gefahr führt und dabei unselbstständige → *Erwerbstätige* als → *Arbeitgeber* beschäftigt. Die wichtigste Funktion des U. liegt in der Bereitstellung des Kapitals und der Führung des Unternehmens.

Unternehmertum → *Entrepreneurship*.

Unternehmung → *Unternehmen*.

Untersaat *under-seeding*: das Einsäen von → *Nutzpflanzen* in eine andere Kultur. Häufig fungiert Klee oder Kleegras als U. bei Getreide. Dabei kommt erst nach der Ernte der Deckfrucht die U. voll zur Entfaltung. Eine Klee-U. erfolgte häufig bei der verbesserten → *Dreifelderwirtschaft* in Zusammenhang mit dem Sommergetreideanbau.

Unterschicht *sublayer, underbrush (1.-3.)*; : *lower class, underclass (4.)*: 1. untere Bestandsschicht eines Waldes in ein Drittel der Oberhöhe. 2. unterstes Kronenstockwerk eines stark geschichteten Waldes. 3. allgemein die unterste Schicht bei der Schichtung einer Pflanzengesellschaft. 4. bei einer drei- oder mehrgliedrigen sozialen → *Schichtung* der → *Gesellschaft* die unterhalb der → *Mittelschicht* angeordnete soziale → *Schicht*. Die Zugehörigkeit zur U. ergibt sich, je nach Gesellschaftssystem, durch Kriterien wie Geburt (insbesondere in → *Agrargesellschaften*), Vermögenslosigkeit, geringe Bildung und niedriges Ausbildungsniveau, Beruf und Stellung im Beruf, Zugehörigkeit zu einer sozialen → *Randgruppe* usw. (→ *Prekariat*, → *Oberschicht*, → *Sozialstruktur*).

Unterschiebung *underthrust*: Vorgang bei der → *Unterströmung* der → *Erdkruste*, wobei es zu Materialverlagerungen unter die feste Erdkruste kommt.

Unterschneidung *undercut*: an → *Hängen*, → *Ufern* oder → *Wänden* wirksamer → geomorphologischer Prozess oder Vorgang der → *Erosion*, wobei Material ausgeräumt wird, sodass das → *Hangende* abbricht. Als U. gelten geomorphogenetisch sehr verschiedene Vorgänge, z. B. → *Brandungserosion*, → *rückschreitende Erosion*, → *Seitenerosion*, seitliche → *Korrosion* oder → *Tafonierung*.

Unterstadt *lower quarters of a town*: Teil einer → *Stadt*, der topographisch tiefer liegt als die übrigen → *Stadtteile*. In Gebirgsräumen oder an Talhängen haben sich Städte häufig stockwerkartig in Form einer älteren → *Oberstadt* (oft eine historische Burgsiedlung) und einer jüngeren U. entwickelt. Meist kam es dabei auch zu einer sozialen und funktionalen Differenzierung (U. als Handwerker- und Arbeiterviertel).

Unterströmung *underflow, undercurrent*: Vorgänge im fließenden Material des → *Erdmantels*, wovon Bewegungen der obersten → *Erdkruste*, z. B. der → *Plattentektonik*, ausgelöst werden. Die U. erfolgt durch die → *Konvektionsströmung*, deren Energiequelle der → *radioaktive Zerfall* ist.

Unterströmungstheorie *hypothesis of convection currents*: sie versucht mit der → *Konvektionsströmung* die Dynamik des → *Erdmantels* und somit die Bewegungen der → *Erdkruste* zu erklären, wobei → *Unterströmungen* eine zentrale Rolle spielen. Diese werden als Ursache sämtlicher → *tektonischer Vorgänge* und damit als Motor der Erdkrustenbewegungen angesehen, auf Grund derer sich die Größt- und Großformen (→ *Megarelief*) an der Erdoberfläche bildeten.

Untertagebau *underground*: *mining*: → *Abbau* von → *Bodenschätzen* in Tiefen von oft über 1000 m mithilfe von → *Stollen* und → *Schächten*. Im Bergbau ist für U. die Bezeichnung → *Tiefbau* gebräuchlich (→ *Tagebau*).

Untertagedeponie *underground waste disposal*: für die → *Endlagerung* von → *Sonderabfällen* (z. B. → *radioaktiven Abfall*) werden aufgelassene Bergwerke, B. in → *Salzstöcken*, benutzt. Sie gelten als sicher und stellen eine zumindest visuell nicht in Erscheinung tretende Art der → *Entsorgung* dar. Kritik am Konzept der U. verweist auf die Gefahren von → *Erdbeben*, → *Tektonik*, Einbrüchen von → *Grundwasser*, thermisch bedingten Zustandsveränderungen des Salzes oder rein technisch bedingte Katastrophenmöglichkeiten (→ *Asse*, → *Gorleben*, → *Morsleben*, → *Schacht Konrad*).

Untervölkerung *underpopulation*: Missverhältnis zwischen der Größe und den → *Ressourcen* eines Raumes und der → *Bevölkerungszahl* bzw. → *-dichte*, die zu gering ist, um den Raum zu besiedeln, zu erschließen und wirtschaftlich zu entwickeln. Insbesondere die für einen intensiveren wirtschaftlichen Aufbau und einen angemessenen Lebensstandard der Bevölkerung notwendige → *Infrastruktur* kann bei einer U. aus Kosten- und Rentabilitätsgründen i. d. R. nicht oder nicht mehr gewährleistet werden.

Unterwasserböden (subhydrische Böden) *subhydric soils*: → *organische Substanz* führende Ablagerungen am Grunde stehender Gewässer. Die U. bilden eine besondere Bodenabteilung, zu der die Typen → *Protopedon*, → *Dy*, → *Sapropel* und → *Gyttja* gehören (→ *subhydrisch*).

Unterzentrum *low-order centre/center*: im hierarchisch aufgebauten System der → *Zentralen Orte* ein auf der unteren Stufe stehendes Zentrum zur Versorgung seines → *Nahbereichs* mit → *Gütern* und → *Dienstleistungen*, v. a. des alltäglichen bis mittelfristigen bzw. gering- bis mittelwertigen Bedarfs. Der Begriff U. ist bei einer dreistufigen Hierarchisierung der Zentralen Orte im Gegensatz zum → *Mittel*- und Oberzentrum üblich und wird – allerdings z. T. unter Vorschaltung des untergeordneten → *Kleinzentrums* – auch in der → *Landesplanung* der meisten deutschen → *Bundesländer* verwendet. Es handelt sich meist um → *Kleinstädte* oder → *Marktorte* im → *ländlichen Raum*.

untradable *interdependencies* → *nicht handelbare Austauschbeziehungen*.

unverbundene Vielfalt *unrelated variety*: beschreibt das regionale Vorhandensein möglichst unterschiedlicher Wissensbestände (→ *Wissen*) aus verschiedenartigen technologischen Feldern. Diese Verschiedenartigkeit ist ein Auslöser von → *Innovationsprozessen* und unterstützt daher regionales Wachstum (→ *verbundene Vielfalt*).

Unverträglichkeit *incompatibility*: beim landwirtschaftlichen Anbau der Umstand, dass bestimmte → *Nutzpflanzen* nicht mehrere Jahre hintereinander auf dem gleichen Feld angebaut werden können. Unterschieden wird zwischen Selbst-U. und einer U. mit anderen Nutzpflanzen (z. B. Weizen mit Gerste oder Rotklee mit Erbsen). U. entsteht bei einseitigem Nährstoffentzug und

unvollständige Familie

durch Anreicherung schadwirksamer Wurzelausscheidungen bzw. Verseuchung durch artspezifische → *Schädlinge* oder Krankheitserreger (→ *Selbstunverträglichkeit*, → *Selbstverträglichkeit*).

unvollständige Familie *uncomplete family*: in → *Demographie* und → *Bevölkerungsstatistik* selten verwendete Bezeichnung für eine → *Familie*, die aus einem Ehepaar ohne Kind(er) oder einer ledigen, verwitweten oder geschiedenen Person mit Kind(ern) besteht (→ *vollständige Familie*; → *Restfamilie*).

UNWTO → *World Tourism Organization.*

Uran *uranium*: radioaktives → *Schwermetall* und natürliches radioaktives Element mit der Kernladungszahl 92, das eine biologische → *Halbwertszeit* von 15-300 Tagen (bezogen auf Einzelorgane und Knochen) hat und in der Natur in der Pechblende (→ *Uranpecherz*) vorkommt. U. ist → *toxisch* und verursacht Vergiftungen und → *Strahlenschäden*. Wird U. mit Neutronen beschossen, tritt → *Kernspaltung* ein und eine Kettenreaktion setzt sich in Gang. Aus nichtspaltbarem U. kann man → *Plutonium* herstellen. Für die Atomwirtschaft sind v. a. die → *Isotope* Uran-234, → *Uran-235* und Uran-238 wichtig. Die Gefahren des U. bestehen nicht nur in seinen radioaktiven Spalt- und Folgeprodukten, sondern bereits beim Abbau des U.-Erzes und dessen Aufbereitung.

Uran-Blei-Methode *uranium-lead dating*: eine der Techniken der → *Geochronostratigraphie* zur Altersbestimmung von Gesteinen, wobei der Gehalt von Pb-206, das sich durch → *radioaktiven Zerfall* (→ *Zerfallsreihe*) aus → *Uran* bildet, als Zeitmesser verwendet wird.

Uraninit *uraninite, pitchblende*: → *Uranpecherz*.

Uranpecherz (Pechblende, Uraninit) *uranitite, pitchblende*: radioaktiv stark strahlendes Mineral, das in hydrothermalen → *Gängen*, zusammen mit anderen → *Erzen* (Silber, Kobalt, Wismut u. a.) und in → *Pegmatiten* vorkommt. U. dient der Gewinnung von → *Uran* und Radium. Es enthält – als radioaktive Zerfallsprodukte – Helium, Radium und Blei (Pb-206, Pb-207, Pb-208). Es kommt z. B. in deutschen Mittelgebirgen (Erzgebirge, Schwarzwald) sowie auf anderen Kontinenten im Bereich alter Gebirge vor (→ *Ureuropa*).

Uran-Thorium-Methode → *Thorium-Uran-Methode*.

Uran-235 *uranium:-235*: schwerstes in der Natur vorkommendes chemisches Element und als Natururan bezeichnet. Es ist ein instabiles → *Isotop* des → *Uran* und zerfällt unter Bildung des → *Tochternuklids* Thorium-134 und unter Aussendung von Alphastrahlung. U-235 verwendet man in Atombomben und → *Kernkraftwerken* als → *Spaltstoff*.

urban *urban*: 1. allg. städtisch, zur → *Stadt* gehörend und zu einem städtischen Lebensstil assoziiert. 2. in der → *Stadtökologie* Organismen, Populationen und Ökosysteme bezeichnend, die in städtischen Gebieten vorkommen (→ *Stadtökosystem*, → *urban-industrielles Ökosystem*).

Urban ecology *Stadtökologie*: eine im englischen anders als im deutschen Sprachraum definierte → *Stadtökologie*:. Ähnlich der human ecology wird sozialwissenschaftlich-soziologisch angesetzt. Untersucht werden soziale Zusammenhänge in der Stadt, meist (aber nicht immer) losgelöst vom städtischen Raum. Teilweise Überschneidungen mit stadtgeographischen Forschungsansätzen im deutschen und französischen Sprachraum.

urban fringe anglo-amerikanische Bezeichnung für das Gebiet jener → *Stadtrandgemeinden*, die baulich weitgehend mit der → *Stadt* zusammengewachsen sind. Der u. f. entspricht im Wesentlichen dem inneren → *suburbanen Raum*.

urban sprawl in den USA übliche Bezeichnung für großflächige → *Verstädterung* im Sinne eines starken Flächenwachstums von → *Großstädten* und ihren → *Vororten*. U. s. ist v. a. eine Folge der → *Suburbanisierung* und starker Zuwanderung in die großstädtischen → *Verdichtungsräume* (→ *Zersied(e)lung*).

Urbane Böden *urban soils*: → *Stadtböden*.

urbane Fernerkundung *urban remote sensing*: Einsatzgebiet der geographischen → *Fernerkundung*, das sich mittels Analyseverfahren von fernerkundlich erfassten Daten und Bildern (→ *Luftbild*, → *Satellitenbild*) der Untersuchung städtischer Lebensräume widmet. Anwendung der u. F. sind bspw. die Ausbreitung von → *Megastädten*, Zersiedlung von Städten (→ *urban sprawl*:), thermale Effekte in Städten (z. B. *urban heat island*:), Morphologien in Slums, städtische Umweltbelastungen, Versiegelungsgrade in Städten, Potenziale zur Gewinnung von Solarenergie in Bebauungsgebieten, Vulnerabilität von Städten in Katastrophenszenarios, Überwachung von städtischen Großereignissen, urbane Oberflächenkartierungen und Bevölkerungsschätzungen.

urbanes Grün *urban green, city green, town verdure, greenery*: → *Stadtgrün*.

urban-industrielles Ökosystem *urban-industrial ecosystem*: von der → *Urbanisierung* erfasster Bereich, der aus naturwissenschaftlicher Sicht als → *Stadtökosystem* bzw. industriell-technisch geprägtes Ökosystem modelliert wird. Gegenüber dem natürlichen Ökosystem ist das u. i. Ö. ausschließlich → *anthropogen* bestimmt, was sich in den Modifizierung der → *natürlichen* Prozesse in Luft, Wasser und Boden ausdrückt (→ *Technotop*, → *Technozönose*).

Urbanisation *urbanization*: 1. teilw. als Synonym für → *Urbanisierung* gebraucht. 2. in Anlehnung an die entsprechenden fremdsprachigen Ausdrücke, insb. im Mittelmeerraum, verwendete Bezeichnung für eine städtische Neubausiedlung oder auch eine einheitlich geplante und infrastrukturell erschlossene Touristen- und → *Ferienhaussiedlung*. In diesem Sinn wird der Begriff v. a. für außerhalb der historischen Ortschaften gelegene touristische Neubaukomplexe an der spanischen Mittelmeerküste gebraucht.

Urbanisationseffekt *urbanization economies*: Form → *externer Ersparnisse* durch Agglomerationswirkung. Es handelt sich um → *Agglomerationsvorteile*, die im Gegensatz zu den → *Lokalisationseffekten* (*localization economies*:) bei einer Konzentration von mehreren Betrieben unterschiedlicher Branchen an einem Standort entstehen.

Urbanisierung *urbanization*: → *Verstädterung* im Sinne einer Ausbreitung städtischer Lebensformen und → *Verhaltensweisen* der → *Bevölkerung* und daraus resultierender raumwirksamer Prozesse und → *Raumstrukturen*. Im Gegensatz zum quantitativen Begriff Verstädterung beinhaltet U. nicht notwendigerweise ein bevölkerungsmäßiges oder bauliches Wachstum → *städtischer Siedlungen*, sondern ist eher als → *Innovationsprozess* zu sehen, in dessen Verlauf man → *ländliche Räume* bezüglich → *Sozial-*, Berufs- und → *Erwerbsstruktur*, raumrelevanter Lebensstile der Bevölkerung und die Physiognomie der → *Kulturlandschaft* verstädtern.

Urbanisierungsgrad *degree of urbanization*: Ausmaß der → *Verstädterung* eines Raumes im Sinne einer Übernahme solcher sozio-ökonomischen Strukturen und räumlicher → *Verhaltensweisen* und Lebensstile der → *Bevölkerung*, wie sie für → *Städte* und ihre Bewohner typisch sind. Der U. kann i. d. R. mithilfe von Indikatoren für urbane Strukturen und urbanes Verhalten gemessen werden, z. B. durch die → *Bevölkerungs-* und → *Sozialstruktur*, die Gebäude- und Landnutzung usw.. Der qualitative Begriff U. ist vom quantitativen → *Verstädterungsgrad* zu unterscheiden.

Urbanistik *town planning and urban development*: Bezeichnung für den praxisorientierten Teil der → *Stadtforschung*, der in enger Beziehung zur → *Stadtplanung* und Architektur steht. Die U. versteht ihre Arbeit v. a. als Beratungstätigkeit und Arbeitshilfe für Stadtplanung und → *Städtebau*.

Urbanität *urbanity*: städtische Art, städtisches Wesen, städtischer Charakter. Der Begriff U. bezeichnet die Gesamtheit der Qualitäten die städtisch/großstädtisches Leben, den Geist und die heterogenen Praktiken ausmachen, insbesondere in kultureller und gesellschaftlicher Hinsicht. Von Seiten der Architektur wird der Begriff U. häufig auf Siedlungsbild und Bebauung städtischer Art beschränkt.

urbanization economies → *Urbanisationseffekt*.

urbanoneutrale Arten (stadtneutrale Arten) *urbanoneutral species*: Pflanzen der → *Stadtflora* ohne erkennbaren Verbreitungsschwerpunkt in Städten (→ *urbanophile Arten*, → *urbanophobe Arten*).

urbanophile Arten (stadtbevorzugende Arten) *urbanophilous species*: Pflanzen der → *Stadtflora* mit Verbreitungsschwerpunkt in typisch städtischen → *Überbauungen* mit zugehörigen Verkehrsflächentypen (→ *urbanoneutrale Arten*, → *urbanophobe Arten*).

urbanophobe Arten (stadtflüchtende Arten) *urbanophobic species*: Arten, die in → *Städten* grundsätzlich nicht vorkommen, sondern nur an → *naturnahen* oder → *quasinatürlichen* Standorten des Freilandes im Stadtumland bzw. am äußeren Stadtrand (→ *urbanoneutrale Arten*, → *urbanophile Arten*).

Urbarmachung *land clearance*: die Umwandlung von im Naturzustand befindlichem Land (z. B. → *Urwald*, → *Moor*, → *Steppe*, → *Heide*) in für die → *Landwirtschaft* geeignetes → *Kulturland*. Die U. kann die Durchführung aufwändiger kulturtechnischer Maßnahmen bedeuten (→ *Bodenkultivierung*, → *Bodenmelioration*).

Ureuropa (Archäeuropa, Archeuropa) *Early Europe*: der konsolidierte Festlandsblock → *Fennosarmatia*, an den nach Süden zu im Laufe der Erdgeschichte ab dem → *Paläozoikum* die übrigen Teile Europas sukzessive angefaltet wurden, zunächst das → *Kaledonische Gebirge* → *Paläoeuropas*, dann das → *Variskische Gebirge* Mesoeuropas und dann die Alpen, als Bestandteil des → *Alpidischen Faltengürtels*, → *Neoeuropa* repräsentierend.

Urflur *original field*: die Parzellierung einer → *Flur*, wie sie zur Zeit der → *Landnahme* bestand. U. bezeichnet auch Fluren, deren Zustand bis in jüngere Zeit erhalten hat (→ *Neuflur*).

Urgebirge *primary mountains*: 1. veraltet für → *Grundgebirge*. 2. bezeichnet Gesteinsformationen des → *Archaikums* (→ *Präkambrium*).

Urgebirgsmassiv *terrane*: → *Schild*.

Urhof *original farm*: bezeichnet die ursprüngliche Form eines landwirtschaftlichen Anwesens. Bei → *Gruppensiedlungen* ist heute nicht immer ganz einfach nachzuweisen, ob der U. als → *Einzelsiedlung* oder bereits mit anderen → *Höfen* zusammen als → *Weiler* gegründet wurde.

Urkontinent (Urkraton) *early mainland*: 1. allgemein eine alte Festlandsmasse ohne nähere zeitliche und räumliche Bezeichnung. Die U. werden auch als „Blöcke", → *Schilde*,

„Tafeln" oder Urgebirgsmassive bezeichnet.: 2. alte Festlandsmassen im Sinne des → *Kratons*, die ab dem → *Präkambrium* bestehen.

Urkraton *early craton*: im Sinne des → *Urkontinents* jene → *Kratone*, die nach dem → *Algonkischen Umbruch*, also am Beginn des Jungalgonkiums (→ *Algonkium*), bereits existierten.

Urlandschaft *primeval landscape*: Zustand der → *Landschaft* vor den umweltwirksamen Eingriffen des Menschen. Die U. findet man heute kaum noch in peripheren Räumen der Erde, mit Ausnahme zentraler, noch nicht begangener Bereiche der → *Hyläa* Amazoniens, des → *borealen Nadelwaldbioms* Kanadas und Sibiriens, der → *Savannen* Botsuanas oder einzelner Teile der → *Wüsten* Namib, Atacama, Gobi und Sahara.

Urlaubssplitting *holiday splitting*: in der → *Tourismuswirtschaft* Bezeichnung für den Trend, den Jahresurlaub aufgrund seiner zunehmenden Länge in mehrere kürzere Teilurlaube aufzuteilen und mehrere Urlaubsreisen zu unternehmen. V.a. Ziele des → *Städtetourismus* und von → *Kurzurlauben* profitieren vom U., aber auch der → *Wintersport*- (Ski-)Tourismus im Gegensatz zur früher stärker dominierenden Sommersaison.

Urozeane *primeval/primordial oceans*: jene → *Ozeane*, die am Ende des Altangonkiums (→ *Algonkium*) existierten und die seinerzeitige Landmasse (→ *Megagaea*) umgaben.

Urpassat *original equatorial current*: Hauptwindgürtel der konstanten tropischen Ostwinde, der beidseits des → *Äquators* maximal bis zum 30. Breitengrad reicht. Der U. ist über dem Äquator bis 10 km mächtig und erreicht Geschwindigkeiten von 10 m/s. Er resultiert unter dem Einfluss der → *Gradient*- und → *Corioliskraft* aus dem Gefälle des → *Luftdrucks* zwischen dem → *subtropischen Hochdruckgürtel* und der → *äquatorialen Tiefdruckrinne*. Der → *Passat* ist die durch die Wirkung der → *Bodenreibung* zum tiefen Druck hin abgelenkte bodennahe Komponente des U. (→ *Allgemeine Zirkulation der Atmosphäre*).

Urproduktion *primeval production*: 1. in der → *Produktionsbiologie* die → *Primärproduktion*; 2. die Gewinnung materieller → *Güter* unmittelbar aus der Natur. Zur U. zählen diejenigen Bereiche der → *Land- und Forstwirtschaft*, Fischerei und des → *Bergbaus*, die sich mit der Gewinnung der Rohstoffe und der Aufbereitung derselben befassen (→ *Naturraumpotenzial*).

Urproduktionsbetrieb → *Gewinnungsbetrieb*.

ursprüngliche Akkumalation *primitive accumulation*: Bezeichnung für die → *Wertschöpfung* im → *primären Sektor* (Landwirtschaft, Fischerei und Jagd).

ursprüngliche Vegetation *primeval vegetation*: diejenige → *natürliche Vegetation*, die vor der → *anthropogenen* Einflussnahme auf die Landschaft vorhanden war, d. h. in Mitteleuropa vor dem Neolithikum. Die u. V. wird mit historischen Methoden und Pollenspektren rekonstruiert. Die heutige → *natürliche Vegetation* entspricht nicht der u. V., weil sich im → *Postglazial* mehrere → *Klimaänderungen* vollzogen haben (→ *Neolithische Revolution*).

Ursprungsmulde → *Quellmulde*.

Ursprungszentrum *centre of origin*: Entwicklungszentrum eines tierischen oder pflanzlichen → *Taxons*.

Urstromtal *glacial valley, ancient river valley*: breite, flache → *Kasten*- bis → *Sohlentäler* des Nordmitteleuropäischen Tieflandes, die von Schmelzwässern während der → *Kaltzeiten* des → *Pleistozäns* als Hauptabflussbahnen benutzt wurden, welche die Schmelzwässer der → *Nordischen Vereisung* (→ *Inlandeis*) überwiegend nach Nordwesten, zur Nordsee, führten. Die U. nahmen die Schmelzwässer ausgedehnter → *Sander* auf, die vor den → *Endmoränen* ansetzten. Die Hauptstromtäler sind das Elbe-U. und die „dahinter", also nach Norden anschließenden Thorn-Eberswalder U., Warschau-Berliner U. und Glogau-Baruther U., die der → *Weichsel-Kaltzeit* und ihren Stadien zugeordnet werden, sowie das Bremen-Magdeburg-Breslauer U., das vor dem → *Warthe-Stadium* der → *Saale-Kaltzeit* entlang zieht. Die U. werden zwar von den heutigen Strömen und Flüssen des Nordmitteleuropäischen Tieflandes benutzt, diese füllen die U. jedoch nicht aus.

Uruguay-Runde *Uruguay Round*: achte Verhandlungsrunde im Rahmen des → *GATT*, die 1986 in Uruguay eröffnet und 1994 in Marokko abgeschlossen wurde. In die U.-R. wurde eine Reihe bisher von den Freihandelskodizes ausgenommener Bereiche (Dienstleistungen, Agrarprodukte, Textilien, Schutz geistigen Eigentums im Handel) aufgenommen, die binnen 10 Jahren den seit 1947 bestehenden GATT-Regeln unterworfen wurden. Ferner wurde durch die U.-R. die Welthandelsorganisation → *World Trade Organization* ins Leben gerufen, die künftig die drei Bereiche GATT (Waren), → *GATS* (Dienstleistungen) und → *TRIPs* (geistige Eigentumsrechte) unter einem Dach vereint.

Urwald *primeval forest (1.); rain forest (2.)*: 1. ein → *Naturwald* mit → *natürlichem* Bestandsaufbau, der bisher keiner → *anthropogener* Beeinflussung und/oder Nutzung unterlag. 2. landläufige Bezeichnung für den äquatorialen tropischen Regenwald, u.a. → *Hyläa*, der als Prototyp des U. angesehen wird, obwohl z. B. der → *Laubwald* der → *gemäßigten Breiten* U. sein kann. Heute versucht man,

in manchen Gebieten dem Urwald ähnliche Wälder zu entwickeln.
Urwaldriesen *rain forest giants*: Charakterbäume des Urwalds (meist der → *Hyläa*), die sich durch besondere Größe auszeichnen und verschiedene Formeigentümlichkeiten aufweisen, z. B. astfreie, schlanke Säulenstämme und verhältnismäßig kleine schirmige bis kugelige Kronen sowie verschiedene Formen von Stützwurzeln.

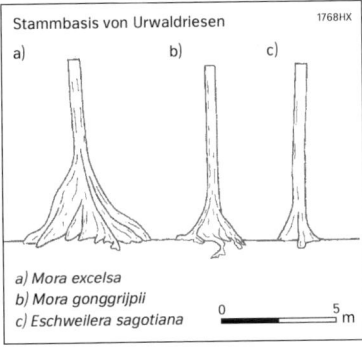

Urwaldriesen

Urwechselwirtschaft *primitive rotation farming*: → *Ackerbausystem*, bei dem eine Umlage des → *Ackerlandes* in der → *ursprünglichen Vegetation* erfolgt. Zu dieser exploitierenden Form der Bodennutzung zählen z. B. die → *Steppenumlagewirtschaft* (→ *Umlagewirtschaft*), die → *Waldbrandwirtschaft*, die → *Haubergwirtschaft*, die → *Schiffelwirtschaft* und die → *Moorbrandwirtschaft*.
US Soil Taxonomy → *Soil Taxonomy*:.
U-Tal → *Trogtal*.
Uvala *uvala*: große, unregelmäßig gestaltete → *Hohlform* im → *Karst*, die durch Zusammenwachsen mehrerer nahe benachbarter → *Dolinen* durch seitlich fortschreitende → *Korrosion* entsteht, welche allmählich die trennenden Kalkgesteinsränder zwischen den Einzeldolinen erniedrigt oder beseitigt. Ein zusammengesetzt erscheinender ungleichmäßig tiefer Boden sowie bogenförmige Ränder sind charakteristisch.
UV-Schäden *UV damages, ultraviolet damages*: treten bei Lebewesen durch die UV-Strahlung auf und bewirken bei Lebewesen molekulare Veränderungen im Sinne der direkten Strahlenwirkung. Im Gegensatz zur → *ionisierenden Strahlung* hat die UV-Strahlung keine direkte Strahlenwirkung. Die UV-S. äußern sich als Hautschäden (zwischen Sonnenbrand und schweren Verbrennungen) sowie im Induzieren von Hautkrebs. Zusammen mit Lebensmittelfarbstoffen oder Arzneien sind allergieartige Reaktionen möglich. UV-B-Strahlung und UV-C-Strahlung sind für lebende Zellen tödlich.
UV-Schutzfilter *UV-filter*: eine → *Schicht* in der → *Atmosphäre*, die harte (gesundheitsschädliche oder lebensbedrohende) → *UV-Strahlung* absorbiert. Diese Funktion erfüllt die → *Ozonschicht*.
UV-Strahlung *UV-radiation, ultraviolet radiation*: nicht sichtbare, kurzwellige elektromagnetische → *Strahlung* im ultravioletten Bereich des Spektrums mit Wellenlängen zwischen 180 und 400 nm. Man unterscheidet UV-A-Strahlung (400-313 nm), UV-B-Strahlung (313-289 nm) und UV-C-Strahlung (289-180 nm). Während die UV-C-Strahlung von der → *Ozonschicht* absorbiert wird und damit gesundheitsschädliche Wirkungen von den Lebewesen an der Erdoberfläche fernhält (→ *UV-Schäden*), erreichen UV-A-Strahlung und UV-B-Strahlung die Erdoberfläche. Der Anteil der UV-Strahlung am Sonnenlicht ist in Meereshöhe am geringsten und nimmt mit der Höhe zu (Abnahme der generellen Absorption wegen des verkürzten Strahlungsweges durch die → *Atmosphäre*).

V

vados *vadose*: in wasserführenden unterirdischen Hohlraumsystemen (→ *Karst*, → *Grundwasser*) Bezeichnung für den oberen, variierenden → *periodisch* oder → *episodisch* wasserführenden Bereich (→ *phreatisch*).

vadose Zone *suspended water zone*: wasserungesättigter Bereich im Gesteinskörper von Karstgebieten. Die Hohlräume sind nur zeitweilig wasserführend und eindringendes Niederschlagswasser unterliegt der → *Schwerkraft*, sodass es zu relativ schnellem Fließen kommt. Das Wasser ist ungesättigt, was zu → *Korrosion* führt. Unterhalb der v. Z. liegt bei entsprechenden geologischen Gegebenheiten (wasserstauende Schicht) die → *phreatische Zone*, die dauerhaft wassergefüllt ist. Die Grenze zwischen phreatischer und v. Z. variiert mit Niederschlägen oder Schneeschmelze, sodass es zur Vermischung von Wasser mit unterschiedlichem Kalkgehalt kommen kann. Durch → *Mischungskorrosion* kommt es deshalb in diesem Bereich zu besonders starker Korrosion der Gesteine und somit zur Höhlenbildung (→ *epiphreatische Höhle*).

vadoses Wasser *vadose water*: vorübergehend in der obersten Erdkruste befindliches, zirkulierendes Wasser, das in den Kreislauf von Niederschlag und → *Abfluss* einbezogen ist. Fast alle → *Quellen* schütten v. W.. Gegensatz: → *juveniles Wasser* (→ *Wasserkreislauf*).

Validität (Gültigkeit) *validity*: Gütekriterium für die Belastbarkeit einer wissenschaftlichen Aussage oder Schlussfolgerung („Inwieweit trifft es zu, dass X zu Y führt oder es beeinflusst").

Valloneküste *Istrian type of submerged coast*: Typ der → *Riasküste* in Istrien, mit schlauchartig-gewundenen Buchten, verwandt der → *Canali*- und der → *Calaküste*.

Van-Allen-Strahlen-Gürtel *Van-Allen-radiation-belt*: ringförmiger Röntgenstrahlengürtel hoher Strahlungsintensität, der die Erde in der Äquatorebene zwischen etwa 600 km bis mehrere 10 000 km Höhe umgibt (→ *Strahlung*).

Variabilität *variability*: allgemein Abänderung, Schwankung; in den → *Geo*- und → *Biowissenschaften* die Abänderungsfähigkeit eines Erscheinungsbildes oder einer → *Struktur* in morphologischer, physiologischer und/oder funktionaler Hinsicht; in den Sozialwissenschaften und der → *Humangeographie* die Schwankungsbreite einer Ausprägung eines Phänomens.

variable Kosten *variable costs*: produktionsmengenabhängige Kosten wie Kosten für → *Rohstoffe*.

Variante *variance*: allgemein veränderte Form, Abwandlung eines Phänomens oder einer Ausprägung. – in der Geobotanik Untereinheit der Subassoziation, abgetrennt durch → *Differentialarten*. – Einzelobjekt einer variierenden Individuengruppe, die unter bestimmten Aspekten zusammengefasst ist.

Varianz *variance*: in der → *Stochastik* das Maß für die Streuung einer Zufallsvariablen, in der empirischen → *Sozialforschung* ein Maß für Streuung von Daten in einer → *Stichprobe* (→ *Streuungsmaß*, → *deskriptive Statistik*).

Variskiden (Variskisches Gebirge) *Variscan*: Überbleibsel der → *Variskischen Gebirgsbildung*, bei der man in Europa – ausgehend vom französischen Zentralplateau – das Armorikanische Gebirge (Nordwestrichtung über Bretagne und Südwestengland) und das eigentliche → *Variskische Gebirge* (nördliche Richtung mit Südwest- und Mitteldeutschland, dann südöstliche Richtung zu den Sudeten) unterscheidet. Die V. führten im Bereich des Variskischen Bogens zur → *variskischen Richtung*, auch → *erzgebirgische Richtung* genannt.

variskisch (variscisch, varistisch, variszisch) *Variscan*: im Zusammenhang mit der → *Variskischen Gebirgsbildung*.

Variskische Faltung *Variscan orogeny*: → *Variskische Gebirgsbildung*.

Variskische Gebirgsbildung (Variskische Faltung) *Variscan orogeny*: Gebirgsbildungsprozess der variskischen Ära vom unteren → *Devon* bis zum → *Rotliegenden* (Ende → *Perm*), der sich v. a. in Mitteleuropa während des oberen → *Karbon* abspielte, wobei sich aus der variskischen Geosynklinalen die → *Variskiden* aufrichteten. Einige Mittelgebirge Mitteleuropas, v. a. jene aus kristallinen bzw. paläozoischen Gesteinen, sind herausgehobene Reste der Variskiden. Sie erscheinen überwiegend als Abtragungsrümpfe (→ *Rumpfgebirge*), z.B. Rheinisches Schiefergebirge, Harz, Erzgebirge, Sudeten.

variskische Richtung *Variscan/ Hercynian trend* = e:rzgebirgische Richtung.

Variskisches Gebirge *Variscan*: → *Variskiden*.

variscisch *Variscan*: → *variskisch*.

Várzea *várzea*: Überschwemmungsbereich im → *Regenwald* des tropischen Tieflandes außerhalb der → *Dammufer* der Flüsse, wo sich Flutrasengesellschaften und → *Sumpfwälder* vom Typ des → *Igapó* im Bereich der → *Hyläa* bildeten, mit monatelangem Überstau des Niederungsgebietes. Der Begriff kommt ursprünglich aus dem immerfeucht-tropischen Amazonas-Regenwaldgebiet, wurde aber auf regelmäßig überflutete und mit Vegetation bestandene Flussauen anderer tropischer Gebiete übertragen (→ *Überschwemmungen*).

Várzea-See *várzea lake*: → *See* in Niederungen und → *Schwemmlandebenen* großer → *Dammuferflüsse* (z. B. Amazonas). Der V.-S. entsteht zwischen Hochufern, Flussdämmen, Flussinseln und dem Rand der Ebenen und wird bei → *Hochwasser* (→ *Regenzeit*) → *periodisch* aufgefüllt.
Vaterfolge → *Patrilinearität*.
Vauclusequelle *vaucluse spring*: eine sehr stark schüttende → *Karstquelle*.
VEB → *Volkseigener Betrieb*.
Vega (Auenbraunerde) *Fluvic Cambisol*: in der → *deutschen Bodensystematik* (→ *KA5*) ein Boden der holozänen Flussaue, der aufgrund größerer Entfernung vom Fluss seltener überflutet wird. Hier dominiert die Wasserbewegung nach unten (→ *Perkolation*) und pedogenetische Prozesse wie → *Entkalkung*, → *Silikatverwitterung* sowie → *Verbraunung* und → *Verlehmung* setzen ein. Die V. ist der → *Braunerde* ähnlich. Sie kann → *autochthon* oder → *allochthon* (mit einem → *M-Horizont*) entstehen.
Veganismus *veganism*: eine Ernährungs- und Lebensweise, bei der vollständig auf Produkte tierischen Ursprungs verzichtet wird. Neben den Motiven für → *Vegetarismus*, stehen für vegan lebende Menschen vor allem tierrechtliche Motive im Zentrum.
Vegetarismus *vegetarianism*: eine Ernährungs- und Lebensweise, bei der neben pflanzlichen Produkten nur Produkte von lebenden Tier konsumiert werden (z. B. Eier, Milch). Für den Verzicht auf Fleisch und Fisch gibt es ethische, gesundheitliche, ökologische, verteilungspolitische sowie religiöse und kulturelle Motive (→ *Veganismus*)
Vegetation *vegetation*: die Gesamtheit der → *Pflanzen* bzw. → *Pflanzengesellschaften* in einem bestimmten Gebiet. Ihr wird die Flora als Gesamtheit der Pflanzenarten in einem Gebiet gegenüber gestellt. Unterschieden werden die → *natürliche*, → *potenzielle natürliche*, → *ursprüngliche* und → *aktuelle V*..
Vegetationseinheit *vegetation unit*: 1. regelmäßig wiederkehrende Artenkombination, die im → *System* oder in der natürlichen Ordnung der → *Vegetation* keine bestimmte Ranghöhe einnimmt und in der → *Taxonomie* etwa der → *Sippe* entspricht. 2. Begriff der → *Vegetationsgeographie* für eine vegetationsräumliche Einheit, entsprechend etwa der → *naturräumlichen Einheit*.
Vegetationsform *vegetation form*: Gewächse, deren Bau mehr oder weniger deutlich ausgeprägte, gleichartige Anpassungserscheinungen an die Lebensumwelt aufweist; damit dem Begriff → *Lebensform* bzw. → *Wuchsform* entsprechend.
Vegetationsformation *vegetation formation*: physiognomische → *Vegetationseinheit* floristisch unterschiedlicher Gewächse, gekennzeichnet durch das Vorherrschen einer bestimmten → *Lebensform* (z. B. → *Wald*, → *Steppe*).
Vegetationsgeographie *vegetation geography*: befasst sich mit der → *Vegetation* der Erde und mit ihren gebietsspezifischen Unterschieden.
Vegetationskunde *vegetation science*: 1. im weiteren Sinne Sammelbegriff für verschiedene Fachbereiche, die sich mit der → *Vegetation* beschäftigen. Dazu gehören → *Pflanzengeographie*, → *Pflanzensoziologie* und → *Vegetationsgeographie*. 2. im engeren Sinne die Pflanzensoziologie.
Vegetationsmosaik *mosaic of plant communities*: Gefüge von Pflanzengemeinschaften, das z. B. → *edaphisch*, mikroklimatisch, hygrisch oder auch durch Tiere (Beweidung, Vertritt, Wühlen) bedingt sein kann. Die → *Vegetationszonen der Erde* (→ *Zone*) stellen in ihrer Gesamtheit ebenso ein V. dar wie die → *Pflanzengesellschaften* in einem → *Biotop*.
Vegetationsperiode → *Vegetationszeit*.
Vegetationsschicht *vegetation layer*: Bestandteil der vertikalen Gliederung eines Pflanzenbestandes (→ *Schichtung*).
Vegetationsstufen *altitudinal zones of vegetation*: Abfolge der zumeist klimabedingten → *Höhenstufen* der → *Vegetation*.
Vegetationszeit (Vegetationsperiode, Wachstumszeit) *growing season*: der Zeitraum, in dem die Pflanzen wachsen, blühen, fruchten und reifen können. Die V. hängt in erster Linie von der Temperatur ab (Anzahl Tage, während deren die für das Wachstum förderliche Mitteltemperatur erreicht wird). In wechselfeuchten Klimaten kann aber auch die saisonale Trockenheit (Trockenzeit) eine Rolle spielen. In den winterkalten Regionen beeinflusst die Schneedeckendauer die Länge der V.. – Die V. wird verschieden definiert: – Klimatisch definiert man die Anzahl der Monate mit Mitteltemperaturen über 5°C bei gleichzeitig ausreichender Wasserversorgung (humide Monate) als V. – Im → *Gebirge* entspricht der V. meist der schneefreien Zeit und ist wegen der sehr unterschiedlichen Schneeablagerung (Verwehungen, Lawinenschnee usw.) innerhalb der gleichen → *Höhenstufe* von Standort zu Standort verschieden. – im landwirtschaftlichen Jahr beginnt die V. mit der Aussaat des Sommergetreides und endet mit der Bestellung des Winterweizens. – phänologisch setzen z. B. Blattaustrieb und Laubfall Grenzen der artspezifischen V. In Mitteleuropa dauert die V. von April bis Anfang Oktober. Die Hauptvegetationszeit erstreckt sich von Mai bis Juli (→ *vegetative Phase*).
Vegetationszone *vegetational zone, vegetational belt*: strahlungsklimatisch bedingte

→ *Biome*, die sich als → *Zonen* anordnen, die in der → *geosphärischen Dimension* betrachtet werden (→ *Zonobiom*).

vegetative Phase *vegetative stage*: bei höheren → *Pflanzen* jener Zeitraum, in welchem sich Sprosse, Blätter und Wurzeln bilden. Er ist artspezifisch und kann je nach Art wenige Wochen bis mehrere Jahre dauern. Es folgt die reproduktive (generative) Phase mit Blüten- und Fruchtbildung.

Vektordaten *vector data*: Daten, in denen Vektoren, d. h. Punkte als „Träger" von → *Geometriedaten* verwendet werden. → *Linien* und → *Flächen* können aus diesen tragenden Punkten abgeleitet werden. V. umfassen ebenfalls geometrische Entitäten, wie z. B. Koordinaten (Lagebezug, ggf. auch Höhendaten) und topologische Beziehungen. Beim → *Digitalisieren* raumbezogener Daten werden grundsätzlich V. erzeugt. V. benötigen einen geringeren Speicherbedarf als → *Rasterdaten*, sind einfacher mit thematischen → *Attributen* zu verknüpfen und können in der Visualisierung (z. B. Herstellung von → *Karten*) flexibler aufbereitet werden. Etablierte und → *GIS*-kompatible Speicherformate von vektoriell abgelegten → *Geodaten* sind → *Shapefiles* und → *Feature Classes*.

Ventilatorkühlturm *fan cooling tower*: Kühlturm, bei dem ein Ventilator die zu kühlende Luft abführt. Gegenüber dem V. ist der → *Naturzugkühlturm* zwar höher, verursacht jedoch geringere Betriebskosten. V. und Naturzugkühlturm sind Bestandteil der → *Umlaufkühlung* von Kraftwerken, besonders → *Kernkraftwerken*.

venture capital → *Risikokapital*.

Veränderungssperre *temporary development embargo*: nach dem → *Baugesetzbuch* ein zeitlich befristetes Verbot, Neu- und Umbauten bzw. generell Nutzungsänderungen auf einem Grundstück vorzunehmen, für das ein → *Bebauungsplan* aufgestellt werden soll. Eine V. kann von der → *Gemeinde* verhängt werden, um zu verhindern, dass unerwünschte vollendete Tatsachen geschaffen werden, bevor ein neuer Bebauungsplan Rechtskraft erlangt. Eine V. tritt außer Kraft, sobald die Bauleitplanung rechtsverbindlich abgeschlossen ist; anderfalls erlischt sie nach zwei Jahren, die Frist kann allerdings durch die Gemeinde um ein Jahr, unter besonderen Umständen nochmals um ein weiteres Jahr verlängert werden.

verantwortungsvolles Unternehmensverhalten → *corporate citizenship*.

verarbeitende Industrie *manufacturing industry*: diejenige → *Industrie*, die im Gegensatz zur stoffgewinnenden und stoffbearbeitenden Industrie Grundstoffe, Rohmaterialien und → *Zwischenprodukte* umwandelt bzw. veredelt. Die v. I. umfasst i. d. R. → *Betriebe*, die Güter aus vorgelagerten Produktionsstufen beziehen und diese zu Teil- oder Endprodukten verarbeiten. Wichtige → *Industriezweige* der v. I. sind z. B. metallverarbeitende und holzverarbeitende Industrie.

verarbeitendes Gewerbe *manufacturing business*: jener Teil des → *produzierenden Gewerbes*, der sich mit der Verarbeitung bzw. Veredelung von Grundstoffen bzw. Rohmaterialien oder → *Zwischenprodukten* befasst.

Verband (Allianz, Föderation) *cohort union (1.); federation, alliance, association (2.); alliance, association (3.); alliance (4.)*: – – privatrechtliche Vereinigung von natürlichen oder juristischen Personen zur Verfolgung eines bestimmten, meist wirtschaftlichen Zwecks. V. sind meist als Vereine organisiert. Beispiele sind Berufs-V., V. von Wirtschaftsunternehmen gleicher Branche, Zusammenschlüsse von Vereinen gleicher Ziele auf nationaler Ebene usw.. V. agieren häufig als Interessengruppe. – öffentlich-rechtliche Körperschaft, insbesondere Gebietskörperschaft als Zusammenschluss von → *Gemeinden*. Beispiele sind Gemeinde-V. und Zweck-V.. – im soziologischen Sinn eine soziale Gruppe mit relativ straffer, meist hierarchisch aufgebauter Organisation und einer Führungsspitze. Der Zusammenschluss zu einem V. erfolgt zur Erreichung gemeinsamer Ziele; V. im soziologischen Sinn sind z. B. Interessenvereine, politische Parteien, religiöse Orden usw. – Stufe im pflanzensoziologischen System von Braun-Blanquet, die floristisch einander nahestehende Assoziationen zusammenfasst.

Verbauungstyp *building type*: die bei → *Siedlungen* vorkommenden Bauweisen. V. ergeben sich aus der Einzel-, Doppelhaus-, Ketten- (→ *Kettenhaus*), Gruppenhaus-, Reihenbauweise (→ *Reihenhaus*) und deren Sonderform, der Zeilenhausbauweise. Dazu kommt die Gebäudekomplexbauweise (z. B. Krankenhauskomplex) sowie der V. des → *Baublocks*.

Verbiss *browsing*: erfolgt durch Wildtiere und durch im Freien lebende Haustiere die selektiv an Sträuchern und Bäumen erreichbare Triebe, Knospen, Blüten und Blätter verzehren. V. beeinträchtigt die Zusammensetzung der Vegetation. So kann V. den Baum- und Strauchwuchs vollkommen zurückhalten (→ *Heide*, → *Weide*, → *Überweidung*).

Verbrannte-Erde-Syndrom *scorched earth syndrome*: eines der Syndrome Globalen Wandels (→ *Syndromansatz*), die vom Wissenschaftlichen Beirat der Bundesregierung Globale Umweltveränderungen (→ *WBGU*) 1996 entwickelt wurden. Das V.-E.-S. kennzeichnet Umweltzerstörung durch militärische Nutzung.

Verbrauch *consumption*: Inanspruchnahme von frei erhältlichen oder käuflich zu erwerbenden → *Gütern* oder → *Dienstleistungen*. Im

Ablauf der Wirtschaft folgt dem V. auf dem Weg von der Rohstoffgewinnung über die Verarbeitung und Verteilung von Waren die → *Abfallentsorgung*. Bei der Erbringung von Dienstleistungen ist der V. hingegen der letzte Schritt. Im Rahmen der → *Wirtschaftsgeographie* befassen sich v. a. die → *Handelsgeographie* sowie die → *Zentralitätsforschung* mit den geographisch relevanten Aspekten des V..

Verbrauchergewohnheit (Konsumgewohnheit) *consumption habit*: Verhalten der Verbraucher in bezug auf → *Güter* und → *Dienstleistungen*, gemessen an der Häufigkeit und Menge des jeweiligen Verbrauchs. Die empirisch beobachtbare V. spiegelt die Vorlieben der Konsumenten für bestimmte Güter und Qualitäten wider.

Verbrauchermarkt *consumer market, self-service store*: ein Betrieb des → *Einzelhandels*, der auf relativ großer → *Verkaufsfläche* (i. d. R. mind. 1000 m²) ein kaufhausähnliches Sortiment, häufig mit dem Schwerpunkt Lebensmittel und Haushaltsbedarf, in Selbstbedienung anbietet. Größere V., etwa ab 3000 m² Verkaufsfläche, werden auch als Selbstbedienungswarenhäuser bezeichnet. V. befinden sich wegen des großen Flächenbedarfs, auch für Parkplätze, meist in Stadtrandlage und werden überwiegend von motorisierten Kunden aufgesucht.

Verbraucherverhalten (Konsumverhalten) *consumer behaviour*: Verhalten bei der Inanspruchnahme von → *Gütern* und → *Dienstleistungen* durch die → *Bevölkerung* eines definierten Raumes. Das V. ist sozialgruppen- und regionalspezifisch ausgeprägt; es hängt von dessen → *Bevölkerungs-* und → *Sozialstruktur* und der Einkommenslage, von Traditionen und Gewohnheiten, von der Angebotssituation, aber auch z. B. vom Klima ab.

Verbrauchsgebiet → *Konsumgebiet*.
Verbrauchsgüter → *Konsumgüter*.
Verbrauchsgüterindustrie → *Konsumgüterindustrie*.

Verbraunung *brunification*: Verwitterung eisenhaltiger Silikatminerale, wie → *Biotit*, → *Augit*, → *Olivinen* oder *Amphibolen* oder Pyroxenen, unter Bildung von Eisenoxidhydraten (Goethit, Ferrihydrit), wobei die freigesetzten Eisenverbindungen eine braune bis rotbraune Färbung des Substrats bewirken. V. setzt erst nach der Kalkauswaschung bei → *pH*-Werten unter 7 (saures Milieu) ein. Sie ist eng verbunden mit der → *Verlehmung*. Beide Prozesse sind charakteristisch für die Entwicklung der → *Braunerden* und typisch für die → *Silikatverwitterung* der Mittelbreiten.

Verbreitungsmuster *distribution pattern*: ähnlich dem → *Raummuster* Hinweis auf regelhafte Erscheinungen in der Verbreitung geo- und biowissenschaftlicher Phänomene im Raum.

Verbriefung *securitization*: Umwandlung von nicht-handelbaren Forderungen in handelbare → *Wertpapiere*. Für das verbriefende Unternehmen stellt es eine Art der Kapitalbeschaffung dar (→ *asset backed security*:).

Verbundbetrieb *integrated farm*: in der → *Landwirtschaft* ein Betrieb, der im Gegensatz zum Monoproduktbetrieb und zum Spezialbetrieb ein vielseitiges Produktionsprogramm aufweist.

Verbundbetrieb *integrated firm*: → *Betrieb*, der horizontal oder vertikal mit anderen Betrieben verflochten ist (→ *Integration*).

verbundene Vielfalt *related variety*: beschreibt das Vorhandensein von → *Unternehmen* in → *Branchen*, die verschiedenartige, aber dennoch technologisch verwandte Erzeugnisse herstellen und daher einen relativ engen Bezug zueinander aufweisen. V. V. begünstigt und erzeugt → *spillover-Effekte* und trägt somit zu regionalem Wachstum bei (→ *unverbundene Vielfalt*).

Verbundnetz *integrated network*: Zusammenschluss von Elektrizitäts- und Gasversorgungsunternehmen zum Ausgleich der regional unterschiedlich auftretenden Belastungen in der → *Energieversorgung* (→ *Spitzenlast*). Der → *Energieverbund* ist in Europa stark ausgebaut. Hier spielen v. a. auch die Energieerzeugungskosten eine Rolle. So können z. B. bei günstigem Wasserstand → *Wasserkraftwerke* die → *Kohlekraftwerke* in der Stromerzeugung entlasten. Im Gegenzug können diese dafür in wasserarmen Zeiten für einen Ausgleich sorgen.

Verbundproduktion *integrated production*: in der → *Landwirtschaft* die vielseitige Produktion von Produkten. Ursachen der V. sind Arbeitsausgleich, → *Fruchtfolge*, Düngerausgleich, Futterausgleich, Selbstversorgung und Risikoausgleich.

Verbundsystem *integrated system*: die rechtliche und organisatorische Verflechtung von Wirtschaftseinheiten, aus der sich bestimmte → *Standortmuster* ergeben können (→ *industrielles V.*).

Verbundverkehr *integrated transport*: öffentlicher Personenverkehr, i. d. R. → *Personennahverkehr*, der durch einen → *Verkehrsverbund* verschiedener → *Verkehrsträger* durchgeführt wird.

Verbundwirtschaft *integrated economy*: Zusammenschluss mehrerer → *Betriebe* in der Form einer horizontalen, vertikalen oder diagonalen → *Integration*. Dabei kann die wirtschaftliche und rechtliche Selbständigkeit der einzelnen Betriebe verlorengehen (→ *Konzern*). In der → *Energiewirtschaft* ist der Verbund demgegenüber nur organisatorisch; die

Betriebe bleiben meist selbstständig (→ *Verbundnetz*).

Verbuschung *shrub invasion*: 1. Ausbreitung von Sträuchern und niedrigwüchsigen Bäumen in vormals offene, von Grasvegetation geprägte Flächen, wie z.B. → *Savanne*. Dort wird die V. oft durch → *Überweidung* ausgelöst. Der auf den Rückgang der → *Gräser* folgende Bodenfeuchteüberschuss sowie die geringere Wurzelkonkurrenz mit der Grasvegetation fördern die Holzgewächse – überwiegend Dornsträucher und Dornbäume. Auch Weidevieh und wilde Huftiere sind aktiv an der Verbreitung der Holzgewächse beteiligt, weil sie Schoten mit den Samen verzehren und diese bei freier Weide mit dem Kot über größere Areale verstreuen. Endresultat der V. ist eine → *Dornstrauchsavanne* bzw. -steppe mit Dornbäumen, die nur noch Schafen und Ziegen, nicht jedoch Rindern ein begrenztes Nahrungsangebot bereitstellt. 2. Zunahme von Sträuchern auf nicht länger durch Nutzung (→ *Beweidung*, → *Mahd*) offen gehaltenen Flächen (z.B. → *Halbtrockenrasen*) in Gebieten mit → *Wald* als Klimax-Stadium.

Verdampfung *vaporization, evaporation*: Übergang eines Stoffes vom flüssigen in den gasförmigen Zustand, wenn er dem Siedepunkt erreicht hat.

Verdampfungswärme *(latent) heat of evaporation*: für klimatologische Prozesse in der → *Troposphäre* bedeutsame Wärmemenge, die beim Übergang des Wassers am Siedepunkt vom flüssigen in den dampfförmigen Zustand verbraucht und umgekehrt wieder frei wird. Sie beträgt 539 cal bzw. 22 255 ± 2 Joule/g (→ *Verdunstungswärme*).

verdeckte Beobachtung *hidden observation*: Form der → *Beobachtung* in der empirischen → *Sozialforschung*, bei der sich die beobachtende Person bei der Beobachtung des Untersuchungsobjektes oder -subjektes nicht zu erkennen gibt, um das Beobachtungsfeld möglichst unbeeinflusst zu lassen. Die v. B. bringt jedoch einige ethische Probleme im Forschungsprozess mit sich (→ *offene Beobachtung*, → *teilnehmende Beobachtung*).

Verdichtungsband *agglomeration strip*: bandförmiger → *Verdichtungsraum* bzw. entlang einer → *Entwicklungsachse* zusammengewachsene Verdichtungsräume. Insbesondere in Flusstälern und entlang überregionaler Verkehrsachsen bilden sich häufig V. aus (z.B. am Niederrhein).

Verdichtungsrandzone *agglomeration fringe*: Übergangsbereich zwischen einem → *Verdichtungsraum* und dem angrenzenden → *ländlichen Raum*. In der V. erreichen die Merkmale der Verdichtung, insbesondere die → *Einwohner-Arbeitsplatz-Dichte*, noch nicht die hohen Werte des eigentlichen Verdichtungsraums, sie wachsen jedoch im Zuge des Prozesses der → *Suburbanisierung*.

Verdichtungsraum *agglomeration, conurbation*: regionale Konzentration von Einwohnern und Arbeitsplätzen mit entsprechender Bebauung und → *Infrastruktur* und mit intensiven internen → *sozio-ökonomischen Verflechtungen*. Der Begriff V. wird teilweise gleichbedeutend mit → *Agglomerationsraum*, → *Ballungsgebiet* oder → *Konurbation* verwendet. In der Bundesrepublik Deutschland wurde der Begriff in den 1960er-Jahren durch die Raumordnungsgesetzgebung, später auch durch Landesplanungsgesetze einzelner Bundesländer, definiert und für die Planung verbindlich festgelegt.

Verdichtungszone *zone of agglomeration*: Bereich baulicher Verdichtung mit entsprechend hoher → *Bevölkerungsdichte*, der in einem → *ländlichen Raum* oder in einem sonstigen weniger stark verdichteten Raum liegt, von der Größenordnung her aber noch nicht die Kriterien für einen → *Verdichtungsraum* erfüllt.

Verdorfung *villagization*: Bezeichnung für die Dorfgenese (→ *Dorfentwicklung*) im Hochmittelalter, bei der z.B. sich eine → *Streusiedlung* zu einer geschlossenen Ortslage umstrukturierte oder einzelne → *Weiler* durch Siedlungszunahme und Konzentration zum → *Dorf* entwickelte. Die V. ging oft mit → *Vergetreidung* und Verzelgung (→ *Zelge*) einher.

Verdrahtung *excessive overhead wiring, establishing of iron fences*: Verunstaltung der → *Landschaft* mit Stromleitungen (auf Leitungsmasten). Der V. wird dadurch entgegengewirkt, dass v.a. in dicht besiedelten Räumen unterirdische Kabel verlegt werden. Der Begriff V. wird auch für vom Tourismus erschlossene Gebirgslandschaften benützt, wo landschaftlich störende Seilbahnen errichtet wurden. Auch in Gebieten intensiver Viehwirtschaft, wo Weiden mit Draht bzw. mit Elektrozäunen eingezäunt wurden, spricht man von V. der Landschaft.

Verdunstung *evaporation*: langsamer Übergang eines Stoffes vom flüssigen in den gasförmigen Zustand unterhalb des Siedepunktes. Die V. des Wassers verbraucht für den Wechsel des Aggregatzustandes → *Wärmeenergie* (→ *Verdunstungswärme*), die bei → *Kondensation* wieder frei wird. Die klimatische V. hängt ab – von der → *Strahlung*, – vom → *Sättigungsdefizit* (ergibt sich aus der → *Temperatur* und der bereits in der → *Luft* vorhandenen → *Luftfeuchtigkeit*), – der Temperatur auf der verdunstenden Oberfläche und der Intensität der Luftbewegungen (→ *Wind*).

Die V. ist ein Hauptglied des → *Wasserhaushaltes*, ein sehr wichtiges → *Klimaelement* und zudem am Energiehaushalt der Klima-Wasser-Systeme wesentlich beteiligt. Sie verknüpft Energie- und Wasserhaushalt. Als Prozess, der sich im System Boden-Pflanze-Atmosphäre abspielt, ist sie kaum präzise messbar. Daher erfolgt ihre Bestimmung oft als Differenzglied aus den übrigen Parametern des Wasserhaushaltes. Eine Berechnung aus verschiedenen Klimaparametern ist ebenfalls möglich. Die sogenannte „Gesamtverdunstung" setzt sich aus – der direkten V. der Boden- und Wasseroberflächen (= → *Evaporation*) und – der in bewachsenen Gebieten mengenmäßig viel bedeutenderen V. durch die Pflanzendecke (= → *Transpiration*) zusammen (→ *Wasserkreislauf*).

Verdunstungsformel *evaporation formula*: auf theoretischer Herleitung und experimenteller Erfahrung beruhende Berechnungsformel, welche die näherungsweise Bestimmung der → *Verdunstung* aus den beeinflussenden → *Klimaelementen* erlaubt (z. B. die Formeln von H. L. Penman oder W. Haude).

Verdunstungsgröße *evaporation*: *value*: Differenz von → *Niederschlag* und → *Abfluss* im → *Wasserhaushalt* von → *Einzugsgebieten*.

Verdunstungskälte *cooling due to evaporation*: aus dem Energieverbrauch beim Übergang vom flüssigen in den gasförmigen Zustand resultierende Temperaturabnahme (→ *Verdunstung*).

Verdunstungskraft (Dampfhunger) *drying capacity of the atmosphere*: Ausmaß der Fähigkeit der → *Luft*, → *Wasserdampf* aufzunehmen. Die V. hängt von der → *Temperatur*, der schon vorhandenen → *Luftfeuchtigkeit* und dem Luftaustausch (→ *Wind*) ab. Sie ist in ständig bewegter, trocken-heißer Luft am höchsten (→ *Verdunstung*).

Verdunstungsmenge *amount of evaporation*: in Millimeter gemessene Summe der → *Verdunstung* während eines definierten Zeitraumes.

Verdunstungsschutz *protection against evaporation*: Effekt der Herabsetzung der → *Verdunstung* durch Beschattung und Verminderung der Luftbewegung. Beispiele: – natürlicher V. durch die Baumschicht des Waldes für den Waldboden; – landwirtschaftliche Kulturen erfahren V. durch Verminderung der Luftbewegung durch Hecken und Schutzwaldstreifen; – Mulchung wirkt als V. für die Bodenoberfläche; – morphologische und ökophysiologische Merkmale der Pflanzen (Haare, Wachsüberzüge, Kleinblättrigkeit, Anordnung der Spaltöffnungen auf der Blattunterseite etc.) bewirken z. B. bei den Xeromorphen den V..

Verdunstungsüberschuss *evaporation*: *surplus*: Anteil, um den die mittlere → *Verdunstung* eines Gebietes höher ist als der mittlere → *Niederschlag*. V. bewirkt → *Aridität*.

Verdunstungswärme *heat lost by evaporation*: jene Wärmemenge, die beim Unterschreiten des Siedepunktes des Wassers beim Übergang vom flüssigen in den dampfförmigen Zustand verbraucht bzw. umgekehrt wieder frei wird. Sie beträgt je nach der Temperatur 2255-2510 Joule/g (→ *Verdampfungswärme*).

Verebnungsfläche *erosion surface, planation surface*: → *Flachform*, die durch Prozesse der → *Einebnung* entsteht.

Veredelung *finishing, refining, product improvement*: Form des internationalen Warenverkehrs und der → *Wertschöpfung*. Verarbeitung, Bearbeitung oder Ausbesserung von Produkten mit anschließender Rücklieferung in das Herkunftsland innerhalb einer bestimmten Frist. Bei einer passiven V. transportiert das Unternehmen des Herkunftslandes die Ware ins Ausland, lässt sie dort verarbeiten, wieder zurückbringen und im Ursprungsland veräußern. Passive V. findet v. a. in → *freien Produktionszonen* der → *Entwicklungs*- und → *Schwellenländer* statt, um die Vorteile niedriger Arbeitskosten auszunutzen; sie gilt als wesentliches Element der → *neuen internationalen Arbeitsteilung*. Bei einer aktiven V. werden die Güter aus dem Ausland in das Herkunftsland zur Reparatur oder Wartung gebracht, da das notwendige Know-how im Ausland nicht verfügbar ist. Hier handelt es sich meistens um patentrechtlich geschützte technologische Veredelungsverfahren, die nur in → *Industrie*-, nicht aber in Entwicklungs- oder Schwellenländern verfügbar sind (→ *Lohnveredelung*, → *Veredelungswirtschaft*).

Veredelungsbetrieb *refinement shop*: Sonderform des → *Gewinnungsbetriebs*. Ein V. ist ein → *Betrieb*, der sich auf die Weiterverarbeitung (→ *Veredelung*) von pflanzlichen Produkten zu tierischen → *Nahrungsmitteln* (Eier, Milch, Fleisch, etc.) spezialisiert hat (→ *Leistungserstellung*).

Veredelungswirtschaft *high value-added processing economy*: derjenige Teil der Wirtschaft, der sich mit der Umwandlung und der damit verbundenen Wertsteigerung von Produkten befasst (→ *Veredelung*). Dabei unterscheidet man die industrielle V. (Veredelungsindustrie), die → *verarbeitende Industrie* Grundstoffe und Rohmaterialien bzw. → *Halbfertigwaren* zu höherwertigen Verkaufsprodukten umgewandelt werden; und die landwirtschaftliche V., bei der eine Umwandlung von Bodenerzeugnissen als Futterstoffe in hochwertige Viehzeugnisse (Fleisch, Milch, Eier, Wolle) erfolgt. Kommt es dabei zu einem Zukauf von Futtermitteln, wie dies meistens bei der Geflügelmast der Fall ist, liegt eine flächenunabhängige V. vor.

Vereinödung *resettlement/dissolution of farmsteads*: Auflösung von → *Gruppensiedlungen* sowie → *Gemengefluren* mit dem Ziel der Bildung von → *Einzelhöfen* mit → *Einödflur*. Die Durchführung umfasster V. ist v. a. für England (→ *Enclosure*-Bewegung), Skandinavien und für das Allgäu bekannt. Im Allgäu vollzog sich die V. nach 1770, wobei die Aussiedlung in Verbindung mit den Aufteilungen der → *Allmende* und Zusammenlegungen geschah.

Vereinsring *umrella organization of associations*: Dachverband von Vereinen, Organisationen, Verbänden, Kirchen oder ihnen gleichzustellenden Organisationen in einem → *Dorf* oder einem → *Stadtteil*. Zweck von V. ist es, die Mitglieder bei der Kontaktpflege und Kontaktvermittlung untereinander zu unterstützen, aber auch gemeinsame Interessen gegenüber Dritten zu vertreten.

Vereinte Nationen → *UNO*.

Vereisung *glaciation, glacial epoch, glacial stage*: – Vorgang der Bildung und Ausbreitung von → *Inlandeis* und → *Gletschern*. – unscharfer Begriff für → *Eiszeit* oder → *Eiszeitalter*.

Vereisungsniveau *glaciation niveau*: in der → *Luft* der → *Atmosphäre* jene Höhe, in der 0 °C erreicht wird.

Vereisungszentrum *centre of glaciation*: Gebiet, von dem aus sich die → *Gletscher* einer → *Kaltzeit* ausdehnen und in das sie sich in der nächstfolgenden → *Warmzeit* wieder zurückziehen. Die V. Europas im → *Pleistozän* waren Nordskandinavien (→ *Nordische Vereisung*), die Britischen Inseln und die Alpen.

Verelendung *impoverishment*: Abgleiten von → *sozialen Gruppen* oder → *Schichten* in absolute → *Armut*. Der Begriff wird v. a. für die → *Bevölkerung* der ärmsten → *Entwicklungsländer* gebraucht.

vererbter Mäander *incising valley meander*: Typ des → *Talmäanders*, bei dem sich → *Prall-* und → *Gleithang* nur unwesentlich in ihrer → *Hangneigung* unterscheiden, da die geologischen Strukturen im Gestein nur wenig Seitenerosion zulassen und den Fluss zur Tiefenerosion zwingen.

Vererbungssitte (Erbsitte) *customary inheritance*: v. a. in der → *Landwirtschaft* die Art der Vererbung des landwirtschaftlichen Grundeigentums. Unterschieden wird zwischen den beiden Hauptvererbungsformen, dem → *Anerbenrecht* und der → *Realteilung*, deren regionale Verbreitung erhebliche Auswirkungen auf die → *Flurformen* und die landwirtschaftliche Betriebsstruktur und ebenso das Sozialgefüge der ländlichen Bevölkerung hat.

Vererzung *metallization, mineralization*: 1. Ausfüllen von → *Nebengesteinen* bzw. deren Hohlräumen mit → *Erzen*. 2. Ersetzen von → *Fossilien* durch einwandernde Erze (→ *Erzlagerstätten*).

Verfahlung *bleaching*: Prozess der Aufhellung von Bodenhorizonten durch Lösung und Wegführung von Ton (→ *Lessivierung*) oder Eisen-, Mangan- und Aluminiumoxiden (→ *Podsolierung*).

Verflechtung *linkage, integration, interweaving, intertwining*: in → *Wirtschafts-* und → *Sozialgeographie*, → *Raumordnung* und -planung übliche Bezeichnung für relativ enge und dauerhafte funktionale Beziehungen zwischen Räumen oder zwischen Objekten oder Funktionsbereichen innerhalb eines Raumes. Die wichtigsten V. sind → sozio-ökonomische V., daneben gibt es z. B. historische, kulturelle, infrastrukturelle oder technische V.. Wenn sich V. innerhalb eines bestimmten Raumes besonders stark verdichten und diesen dadurch von Nachbarräumen funktional trennen, entstehen → *Verflechtungsbereiche*.

Verflechtungsbereich (Verflechtungsraum) *area of socio-economic linkages*: Raum, der durch intensive interne → *sozio-ökonomische Verflechtungen* gekennzeichnet ist und dessen → *Grenzen* (i. d. R. → *Grenzsäume*) durch signifikanten Intensitätsabfall der → *Verflechtungen* markiert werden können. V. bilden sich auf der Mikro-, Meso- und Makroebene aus. Neben multifunktionalen V., dem Gebiet einer → *Stadtregion*, spricht man auch von V. einzelner Funktionen (z. B. arbeitsfunktionaler V. eines Einpendlerzentrums oder versorgungsfunktionaler V. eines → *Zentralen Ortes*).

Verflechtungsraum → *Verflechtungsbereich*.

verfügbares Einkommen *disposable income*: Teil des → *Einkommens* nach Abzug von Steuern und Sozialabgaben sowie von Fixkosten (z. B. → *Miete*, → *Kredit*) der einer Einheit (Person, Haushalt) für den privaten → *Konsum* zur Verfügung steht.

Verfügungseigentum (Nutzungseigentum) *usufruct*: das Eigentum, über das zwar keine rechtliche Sachherrschaft besteht, worüber jedoch wirtschaftlich voll verfügt werden kann. Das V. unterliegt in gleicher Weise der Besteuerung wie rechtliches Eigentum (→ *Property-Rights-Theorie*).

Vergenz *vergence, overturn*: 1. allgemein die Kipprichtung von geneigten → *Falten*. 2. das Auseinanderstreben von Falten in → *Faltengebirgen* und → *Deckengebirgen* entgegen dem Schub, der die → *Faltung* bewirkte. Bei manchen Faltengebirgen vergieren die Falten in zwei Richtungen, sodass z. B. von Nord- oder Süd-V. gesprochen wird (→ *Antivergenz*, Divergenz, → *Konvergenz*).

Vergesellschaftung *association (1./3.); assemblage (2.); socialisation (4.)*: – in den Geowissenschaften unscharfe Bezeichnung für das gemeinschaftliche Auftreten von Einzelgegenständen in einem räumlichen Kontext, z.B. Einzellandformen, → *Bodentypen*, → *Moränen*, naturräumliche Einheiten usw. (→ *Raummuster*). – in der Geo- und Bioökologie das Zusammenfinden mehrerer Individuen der gleichen Art oder verschiedener Arten mit und ohne interspezifische Beziehungen an einem Standort bzw. in einem Areal. – in der → *Pflanzensoziologie* die Assoziation von Pflanzen, die zwar interspezifische Beziehungen aufweisen (können), die aber für die Zusammensetzung der Pflanzengesellschaft nicht entscheidend sind. – allgemein der Prozess von etwas Ungesellschaftlichem (z.B. etwas vereinzelt Vorkommendem) hin zu etwas Gesellschaftlichem (in Gemeinschaft Vorkommendem). Im soziologischen Sinne meint V. jedoch den Prozess, der Individuen in einen größeren gesellschaftlichen Zusammenhang (Gesellschaft) integriert oder ausschließt (v.a. durch Ermöglichung oder Verunmöglichung von Teilhabe). V. steht damit im Gegensatz zur Gemeinschaft, die v.a. auf Affekt oder Tradition beruht. V. ist kein neutraler oder standardisierter Prozess, sondern unterliegt sich verändernden sozialhistorischen Bedingungen, d.h. die V. erfolgt klassen-, geschlechts- und ethnienspezifisch unterschiedlich (→ *Kollektivierung*).

Vergetreidung *expansion of grain cultivation*: Prozess der Ausdehnung des → *Getreidebaus* im Hochmittelalter und in der frühen Neuzeit (→ *Verdorfung*). Im Flurbild brachte die V. eine Ausweitung der → *Langstreifenflur* durch zusätzliche Streifensysteme oder Blöcke (Zusatzgewanne, → *Gewann*) mit sich. Regional kann es auch heute zu Prozessen der V. kommen, z.B. durch Markteinflüsse.

Vergitterung *grating*: tritt bei → *Brüchen* (→ *Verwerfungen*) mit verschiedenen Richtungen auf, z.B. → rheinischer oder hercynischer Richtung, die dann ein Bruchliniengitter bilden und somit ein → *Schollenmosaik* bedingen.

Vergleichsmiete *comparable rent*: 1. gemäß dem Wohnraumkündigungsschutzgesetz ein Mietzins, bis zu dessen Betrag die zuvor verlangte → *Miete* erhöht werden kann, sofern diese mindestens ein Jahr unverändert bestand. Die V. richtet sich hierbei nach der ortsüblichen Miete (ortsübliche V.). 2. im Sozialwohnungsbau der zulässige Mietzins, der sich an der → *Kostenmiete* des öffentlich geförderten Wohnungsbaus orientiert.

Vergleyung *gleying*: Prozess der Eisen- und Manganumlagerung durch → *Grundwasser* in Böden. Die V. besteht im Wesentlichen aus einer Lösung des reduzierten Eisens und Mangans im ständig grundwassererfüllten (→ *Unterboden* (→ *Reduktionshorizont*) und einem Aufwärtswandern dieser Metalle mit dem schwankenden → *Grundwasserspiegel* und mit Kapillarwasser, wobei nach Luftzutritt Oxidation stattfindet und die Fe- und Mn-Oxide im zeitweise durchlüfteten oberen Unterboden in konkretionären Flecken (→ *Konkretion*) ausfallen (→ *Oxidationshorizont*; → *Gley*; → *Raseneisenstein*).

Vergnügungspark *amusement park, fun park, theme park*: der Begriff wird teils mit → *Freizeitpark* gleichgesetzt, teils auf solche Anlagen beschränkt, bei denen das sportlich/spielerisch aktive Handeln der Besucher eine größere Rolle spielt. Sonderformen sind der → *Themenpark* und der Safaripark.

Vergrünlandung *expansion of pasture land*: Vorgang der Zunahme des → *Grünlandes* auf Kosten des → *Ackerlandes*. Die V. hat in Mitteleuropa v.a. in der zweiten Hälfte des 19. Jh. zugenommen. Durch die Verwendung von chemischen Düngemitteln auf den besseren Böden und die damit verbundenen Ertragssteigerungen konnten in der → *Landwirtschaft* zunehmend geringwertige Ackerflächen in Grünland umgewandelt werden. Auch bedeutete die V. vielfach eine → *Extensivierung* der landwirtschaftlichen Nutzung, die durch den Industrialisierungsprozess bedingt war. Noch in jüngerer Zeit kam es, bedingt durch arbeits- oder marktwirtschaftliche Gesichtspunkte, zu einer V.. Dies gilt z.B. für das Alpenvorland aufgrund der günstigen Erlössituation bei Milchprodukten.

Vergrusung *granular disintegration, granular weathering*: die Prozesse des Gesteinszerfalls durch → *Verwitterung* zu → *Grus*, welcher als tiefer in die Erdoberfläche reichender Prozess der → *Abgrusung* gegenübergestellt wird. Zur V. neigen v.a. körnige Gesteine, wie → *Granit*.

Verhalten *behavio[u]r*: in der → *handlungstheoretischen Sozialgeographie* Gegenbegriff zu → *Handlung*. Während Handlung intentional und bewusst erfolgt, wird unter V. eine unbewusste und nicht-intentionale Handlung verstanden. In der eher traditionellen Geographie wird nicht zwischen Handlung und V. unterschieden, hier ist das V. von Personen in ihrer → *Umwelt* im raum-zeitlichen Ablauf von Interesse. In der → *Aktionsraumforschung* im Sinne des → *Münchner Konzept der Sozialgeographie* wird v.a. das → *raumrelevante* und → *raumwirksame* V. von Individuen und → *sozialgeographischen Gruppen* untersucht.

Verhaltensänderung *behavio[u]ral change*: im Rahmen des → *Münchner Konzepts der Sozialgeographie* Änderung von → *raumrelevanten* oder → *raumwirksamen* Verhaltensweisen bei der Ausübung spezifischer → *Grunddaseinsfunktionen* durch → *sozialgeographische Gruppen*. V. führen i.d.R. zu Veränderungen im Gefüge der → *Kulturlandschaft* bzw. zu veränderten Tendenzen ihrer Entwicklung. V. können durch veränderte Rahmenbedingungen, etwa wirtschaftlicher Art, aber auch durch → *Innovationen*, neue Moden usw. hervorgerufen werden.

Verhaltensforschung *behavio[u]ral research*: Untersuchung der → *Verhaltensweisen* von Lebewesen. Für die Geographie, v. a. im Sinne des → *Münchner Konzepts der Sozialgeographie*, ist die V. bei → *sozialgeographischen Gruppen* von großer Bedeutung, wobei v. a. die den Verhaltensweisen zugrundeliegenden → *Raumbewertungen* und Handlungsmotivationen erforscht werden.

Verhaltensgeographie (verhaltensorientierte Geographie) *behavio[u]ral geography*: gelegentlich gebrauchte Bezeichnung für jenen Teilaspekt der → *Sozialgeographie*, der die → *Verhaltensweisen* → *sozialgeographischer Gruppen* im Sinne des → *Münchner Konzepts der Sozialgeographie* analysiert und zur Erklärung der Kulturlandschaftsentwicklung (→ *Kulturlandschaftswandel*) heranzieht. Heute ist dieser Ansatz weniger gebräuchlich.

Verhaltensgruppe *behavio[u]ral group*: soziale Gruppe, deren Mitglieder bei der Ausübung → *Grunddaseinsfunktionen* gleiche oder zumindest sehr ähnliche → *raumrelevante* Verhaltensweisen zeigen. V. gehören wegen ihrer typischen raumprägenden Wirkung zu den → *sozialgeographischen Gruppen*.

Verhaltenskodex *code of behavio[u]r*: Kodifizierung von → *Verhaltensweisen*, die i. d. R. nationale Unterschiede oder spezifische Unterschiede für verschiedene → *soziale Gruppen* aufweisen. V. werden teilw. aktiv entwickelt, um das Zusammenarbeiten und Zusammenleben von interkulturellen Gruppen zu erleichtern.

Verhaltensmatrix *behavio[u]ral matrix*: Modell nach Allen Pred (1967), das im Sinne → *verhaltenstheoretischer Ansätze* die Bedeutung nicht-ökonomischer Parameter bei der unternehmerischen → *Standortwahl* thematisiert. Unter Annahme der begrenzten Rationalität von Entscheidungen kann mit Hilfe der V. die Wahl → *suboptimaler Standorte* erklärt werden (→ *satisfizer*, → *Standortoptimum*).

Verhaltensmuster *behavio[u]ral pattern*: Komplex von → *Verhaltensweisen*, dessen einzelne Komponenten i. d. R. gemeinsam oder in bestimmtem zeitlichen Ablauf auftreten. Bestimmte V. → *sozialgeographischer Gruppen* (im Sinne des → *Münchner Konzepts der Sozialgeographie*) können von hoher kulturlandschaftsprägender Wirkung sein.

verhaltensorientierte Geographie → *Verhaltensgeographie*.

verhaltenstheoretische Sozialgeographie *behavio[u]ral geography*: Forschungsansatz der → *Sozialgeographie*, der sich mit den einer Entscheidung vorausgehenden Prozessen (→ *entscheidungstheoretischer Ansatz*) der Wahrnehmung und Bewertung von Informationen über die räumliche Umwelt (→ *spatial behaviour*) durch Individuen oder Gruppen beschäftigt. Die v. S. baut auf die allgemeine Verhaltenstheorie sowie Arbeiten der → *Berkeley School* auf. Die subjektive Raumwahrnehmung wird über → *kognitive Karten* (mental maps), die Wahrnehmung von Distanzen sowie die Wahrnehmung von Objekten erforscht (→ *Wahrnehmungsgeographie*).

verhaltenstheoretischer Ansatz *behavio[u]ral approach*: in der → *Wirtschafts-* und → *Sozialgeographie* gebräuchlicher Forschungsansatz, der sich insb. mit den einer Entscheidung vorausgehenden Prozessen der Wahrnehmung und Bewertung von Informationen über die räumliche Umwelt (→ *spatial behaviour*) durch Individuen oder Gruppen beschäftigt (→ *Verhaltensgeographie*, → *entscheidungstheoretischer Ansatz*).

Verhaltensweise *behavio[u]r, behavio[u]ral pattern*: in geographischem Sinne – v. a. im → *Münchner Konzept der Sozialgeographie* – die Art und Weise, wie Personen in ihrer → *Umwelt* bei der Ausübung ihrer → *Grunddaseinsfunktionen* im raum-zeitlichen Ablauf agieren und reagieren. Die gruppen-, funktions- und regionalspezifischen V. → *sozialgeographischer Gruppen* sind die Basis für viele Ansätze zur Erklärung kulturlandschaftlicher → *Raumstrukturen*, besonders wenn zusätzlich die V. zugrundeliegenden Bewertungen und Motivationen untersucht werden.

Verheidung *heath-formation*: 1. Ausbreitung der → *Heide* an Stelle von Wald, z. B. infolge der Beweidung mit Schafen und Ziegen, die durch ständiges → *Verbiss* die Holzgewächse zurückdrängen, oder durch das Herausschlagen von Bäumen durch den Menschen. 2. bei Entwässerung von → *Hochmooren* breitet sich Heidekraut (*Calluna vulgaris*) aus.

Verheiratetenquote → *Verheiratungsquote*.

Verheiratungsquote (Verheiratetenquote) *rate of married people*: Anteil der verheirateten Personen an allen Einwohnern in heiratsfähigem Alter eines Raumes, der als geschlechts- und altersspezifische V. auch als Anteil an den Männern oder Frauen einer bestimmten Altersgruppe angegeben werden kann. Die V. ist von Bedeutung, um z. B. regional unterschiedliche → *Geburtenraten* zu interpretieren.

Verhüttung *smelting*: der Prozess der Verarbeitung von → *Erzen* (z. B. bei Eisenerz mit dem Hochofen) zur Gewinnung von Metallen.

Verifikation *verification*: der nach einem wissenschaftlichen Forschungsprozess erbrachte

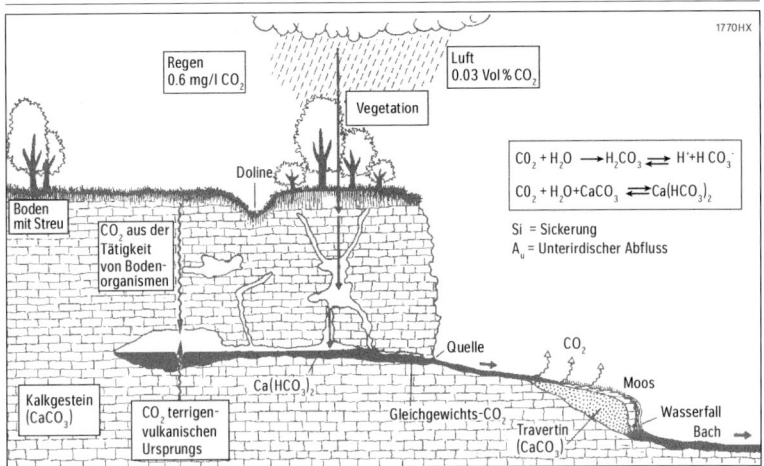

Verkarstung

Befund, dass ein vermuteter Zusammenhang (→ *Hypothese*) wahr ist (→ *Falsifikation*).
Verinselung *isolation*: nach der → *Inseltheorie* der → *Inselbiogeographie* kommt es bei → *Ausräumung der Kulturlandschaft* zur V.. Geschlossene Verbreitungsgebiete von Tier- und Pflanzenarten werden zunächst „durchlöchert" und bei weiterer Beanspruchung der → *Landschaft* sukzessive in kleine Inselareale aufgelöst. In stark genutzten und ausgeräumten Agrarlandschaften ist die V. extrem weit fortgeschritten. → *Biotopverbundsysteme* und → *Biotopvernetzung* können der V. entgegenwirken. Infolge der V. wird die → *Regenerationsfähigkeit* der → *Ökosysteme* bzw. der genetische Austausch zwischen den Biozönosen mit zunehmender Distanz der Inseln und deren immer stärker schrumpfendem Areal zunehmend unwahrscheinlicher.
Verinselung der Landschaft durch → *Fragmentierung der Landschaft* bewirkte Auflösung der → *Kulturlandschaft* bzw. von deren → *Freiräumen* in immer kleinere Areale, deren abnehmende Größe die biotischen und physikalischen Prozesse der → *Ökosysteme* in ihrer Funktion beeinträchtigt, z. B. durch Abnahme der → *Biodiversität* und der → *Regenerationsfähigkeit* mit Einschränken der → *Regenerationsfunktion* (→ *Verinselung*, → *Zerschneidungsgrad*).
Verjüngung *rejuvenation*: 1. verjüngter Bestand aus Sämlingen bis niedrigem Stangenholz; 2. allgemein der Prozess waldbaulicher Maßnahmen mit dem Ziel der → *Regeneration* des Bestandes; 3. künstlich oder natürlich wiederbegründeter Bestand jugendlichen Alters bzw. die Ablösung eines älteren Waldbestandes durch einen neuen durch Naturverjüngung oder Kunstverjüngung (Ansaat oder Anpflanzung). – in der → *Botanik* die V. von Pflanzen. – bei Gehölzen und → *Hecken* durch Schnitt stimulierter Austrieb junger Sprosse. – in der Forstwirtschaft bezogen auf die Bestandsentwicklung.
Verkarstung *karst formation, karstification*: die → *Korrosion* von Gesteinen, die für die → *Lösungsverwitterung* anfällig sind und in denen dadurch charakteristische Karstformen und → *Karstlandschaften* entstehen. Verallgemeinernd und ungenau sind mit V. auch die Rodungen in der → *Mediterranis* mit nachfolgender → *Bodenerosion* gemeint, wodurch Kalkfelsen mit „geomorphologischem" Karst und Felsoberflächen aus anderen Gesteinen freigelegt wurden –
Verkaufsfläche *sales area*: im → *Einzelhandel* die Summe aller → *Geschossflächen*(-teile), die dem Kunden zugänglich sind.
Verkaufsverpackung *sales packaging*: Behältnis bzw. Produktumhüllung, die vom → *Endverbraucher* zumindest für den Transport, in vielen Fällen aber auch bis zum Verbrauch der Ware verwendet wird (→ *Transportverpackung*, → *Umverpackung*).
Verkehr *traffic, transport*: die Bewegung zwischen → *Standorten* zur Raumüberwindung durch Personen (→ *Personen-V.*), Güter (→ *Güter-V.*) oder Nachrichten (→ *Nachrichten-V.*). Bewegungen an einem Standort zählen also nicht zum V. (z. B. in einem Haushalt oder Betrieb). V. findet i. d. R. auf besonderen → *Verkehrswegen* (z. B. Straßen-, Schienen-, Luft-

V.) und mit bestimmten → *Verkehrsmitteln* statt (z. B. Fuhrwerks-, Kraftfahrzeug-, Bahn-, Schiffs-V.). Nach der Art der Beförderung unterscheidet man → *Individual-* und → *Massen-* bzw. öffentlichen V., nach der zurückgelegten Entfernung Nah- und Fernverkehr, nach der Funktion z. B. → *Pendel-,* → *Urlaubsreise-,* Naherholungs-V. usw..

Verkehrsachse *transport axis:* im Rahmen des → *Punkt-achsialen Prinzips* der → *Raumordnung* konzipierte → *Entwicklungsachse,* die hauptsächlich durch wichtige Verbindungen im Bahn- und Straßenverkehr charakterisiert ist.

Verkehrsanlage *transport infrastructure:* → *Verkehrsinfrastruktur,* die i. d. R. vom → *Verkehrsträger* oder von der → *öffentlichen Hand* errichtet und unterhalten wird. Zu den V. gehören → *Verkehrswege,* wie Straßen, Bahntrassen, Rohrleitungen usw., sowie Bauten, die mit der Benutzung von → *Verkehrsmitteln* in Zusammenhang stehen, z. B. Bahnhöfe, Häfen, Flughäfen.

Verkehrsaufkommen *transport volume:* Volumen des Personen- oder Güterverkehrs auf einer bestimmten Strecke insgesamt oder nach einzelnen → *Verkehrsträgern* differenziert. Das V. wird entweder durch die Zahl der beförderten Personen bzw. die Menge der transportierten Güter ausgedrückt oder durch die erbrachte → *Verkehrsleistung* in → *Personen-* oder Fracht- → *Tonnenkilometer.*

Verkehrsbedienung *transport operation, transport service:* Angebot und Erbringung einer Beförderungsleistung im Personen- oder Güterverkehr durch einen → *Verkehrsträger,* i. d. R. bezogen auf → *öffentliche Verkehrsmittel.*

Verkehrsbelastung *volume of traffic:* Inanspruchnahme eines → *Verkehrsweges* oder auch eines Raumes durch den → *Verkehr.* Bei hoher → *Verkehrsdichte* spricht man z. B. von starker V. des betreffenden Verkehrsweges.

Verkehrsberuhigung *traffic calming:* in Bezug auf den Kraftfahrzeugverkehr Maßnahmen zur Verdrängung des quartierfremden → *Verkehrs* sowie zur Verlangsamung des verbleibenden motorisierten Verkehrs. V. wird insbesondere in → *Wohngebieten* durchgeführt, um die Verkehrssicherheit und Qualität des Wohnumfeldes zu erhöhen. Maßnahmen zur V. sind insbesondere Herabstufungen von Straßen zu Spielstraßen, Senkung der erlaubten Höchstgeschwindigkeit auf 30 oder weniger km/h, bauliche Verengungen, Einbau von Schwellen und ähnliche Maßnahmen zur Verhinderung zu hoher Fahrgeschwindigkeiten.

Verkehrsbetrieb *transport services:* öffentliches oder privates Wirtschaftsunternehmen, das → *Verkehrsleistungen* anbietet. Betriebszweck ist die Beförderung von Personen und/oder Gütern und daneben die Erbringung von → *Dienstleistungen,* die mit dem Transport in Zusammenhang stehen (z. B. Transportvor- und -nachbereitung, Lagerung, Reise- und Transportvermittlung).

Verkehrsbeziehung *traffic relation:* funktionale Beziehung zwischen → *Standorten* oder → *Regionen,* die sich durch Personen- und/oder Güterverkehr, der zwischen ihnen stattfindet, äußert.

Verkehrsbündelung *traffic concentration:* Konzentration bzw. Zusammenfassung von → *Verkehrswegen* und -strömen. Der Begriff wird einerseits auf → *Verkehrsknotenpunkte* angewandt, an denen die Wege eines oder mehrerer → *Verkehrsmittel* zusammengeführt werden. Andererseits bezeichnet V. die Parallelführung der Wege mehrerer Verkehrsmittel, z. B. die Bündelung von Bahnlinien, Autobahnen und Landstraßen, evtl. auch Schifffahrtswegen und Rohrleitungen, in Tälern.

Verkehrsdichte *traffic density:* Volumen des fließenden → *Verkehrs* in einem Zeitabschnitt, bezogen auf bestimmte → *Verkehrswege.* Die V. wird durch die Zahl der Fahrzeuge, der beförderten Personen oder Gütermenge pro Zeiteinheit (meist 24 h) und Strecke bzw. Raumeinheit gemessen. Neben der weniger gebräuchlichen Gesamt-V. werden v. a. V. für bestimmte → *Verkehrsmittel* berechnet, z. B. die V. im Personenverkehr auf einem Autobahnabschnitt oder einer Eisenbahnstrecke.

Verkehrserschließung *traffic development:* Erschließung eines Raumes durch Bereitstellung von → *Verkehrswegen* und/oder → *Verkehrsmitteln.* Man unterscheidet quantitative V. (gemessen an der Anzahl der Verkehrsmittel und -wege in einem Raum) und qualitative V. (z. B. bezüglich der Frequenz → *öffentlicher Verkehrsmittel,* des Ausbauzustands des Straßennetzes usw.). Außerdem ist zu unterscheiden zwischen der internen V. eines Raumes und seiner V. im Rahmen des nationalen oder kontinentalen → *Verkehrsnetzes* im Sinne einer Verkehrsanbindung an andere Räume.

Verkehrsfläche *traffic area:* die dem → *Verkehr* dienende, insbesondere durch → *Verkehrsanlagen* bebaute Fläche. V. a. in → *Verdichtungsräumen* kann die V. einen hohen Anteil an der Gesamtfläche ausmachen. Zur V. zählen u. a. die Flächen der Straßen und Bahntrassen, Parkplätze, Bahnhöfe, Häfen, Flughäfen.

Verkehrsflächenbedarf *transport area requirement:* der Bedarf an Flächen für die → *Verkehrserschließung* eines Raumes ist v. a. abhängig von den → *Verkehrsmitteln.*

Verkehrsflughafen *commercial airport:* Flughafen, der dem öffentlichen Flugverkehr

im nationalen und internationalen Liniendienst, daneben auch dem → *Charterverkehr* und in beschränktem Umfange dem privaten Flugverkehr dient.
Verkehrsgemeinschaft *transport community*: Begriff aus dem → *öffentlichen Personennahverkehr*. Im Gegensatz zur loseren → *Tarifgemeinschaft* und zum engeren → *Verkehrsverbund* werden bei einer V. von den betreffenden → *Verkehrsbetrieben* Fahrplangestaltung, Abstimmung des Leistungsangebots, gemeinsame Nutzung von Betriebseinrichtungen usw. durchgeführt; die Betriebe bleiben jedoch unternehmerisch selbstständig.
Verkehrsgeographie *transport geography*: Teilbereich der → *Humangeographie*, oft der → *Wirtschaftsgeographie* zugeordnet, der sich mit dem → *Verkehr* als räumliche Erscheinung befasst. Während traditionell die → *Verkehrsmittel* und → *Verkehrswege* in ihrer Verteilung über die Erdoberfläche, ihrer Abhängigkeit von den natürlichen (z. B. geomorphologischen) Grundlagen und der technischen Entwicklung und ihren kulturlandschaftsprägenden Wirkungen im Mittelpunkt der V. standen, hat sich die V. mittlerweile zu einer interdisziplinären Wissenschaft entwickelt. Damit steht die V. in engem Austausch z. B. mit anderen Verkehrswissenschaften, aber auch der → *Stadtgeographie*, der → *Sozialgeographie*, der Betriebswirtschaft, der → *Regionalplanung* und der → *Angewandten Geographie*.
Verkehrsgunst *traffic favo[u]rable situation*: Vorliegen günstiger Voraussetzungen für Ablauf und die Durchführung von → *Verkehr* an einem → *Standort* oder in einem → *Raum*. Die V. kann auf der natürlichen Lage beruhen (z. B. Möglichkeiten zur Anlage eines natürlichen → *Hafens* an einer buchtenreichen Küste), sie kann aber auch durch die → *Verkehrserschließung* hervorgerufen worden sein (z. B. V. eines Industriestandorts an einer Autobahn- oder Eisenbahnkreuzung).
Verkehrshafen *commercial harbo[u]r*: dem Personen- und/oder Güterverkehr dienender → *Hafen*, im Gegensatz zum → *Fischerei-* oder → *Kriegshafen*.
Verkehrshilfsbetrieb *supplementary transport services*: ein Wirtschaftsunternehmen, das mit dem Personen- und/oder Gütertransport verbundene und ihn ergänzende → *Dienstleistungen* erbringt (z. B. Lagerbetrieb, → *Reisebüro*, → *Reiseveranstalter*).
Verkehrsinfrastruktur *transport infrastructure*: jener Teil der → *Infrastruktur*, der dem Transport von Personen und/oder Gütern dient. Zur V. gehören u. a. → *Verkehrswege* und → *Verkehrsmittel*. Eine gut ausgebaute und funktionierende V. ist eine wichtige Voraussetzung für die wirtschaftliche, insbesondere industrielle und touristische Entwicklung eines Raumes.
Verkehrskapazität *transport capacity*: 1. potenzielles Leistungsvermögen von → *Verkehrsbetrieben* unter Berücksichtigung der einsatzbereiten → *Verkehrsmittel* und ihrer Beförderungsleistung, der Aufnahmefähigkeit der zu benutzenden Verkehrswege und des Zeitfaktors. 2. Leistungsfähigkeit eines → *Verkehrsweges* unter besonderer Berücksichtigung von Engpassfaktoren, wie Umladestationen, Kreuzungspunkten und sonstigen Wegeabschnitten mit begrenzter Aufnahmefähigkeit, geschwindigkeits- oder gewichtsbegrenzten Teilstrecken usw.. Die V. wird i. d. R. in Zahl der Fahrzeuge oder der beförderten Personenzahl oder Gütermenge pro Zeiteinheit gemessen.
Verkehrsknotenpunkt *traffic junction, traffic centre*: Ort, an dem sich → *Verkehrswege* und → *Verkehrsströme* kreuzen oder verbinden und Umsteige- bzw. Umladebeziehungen bestehen. Der Begriff V. kann auf Städte bzw. Zentrale Orte angewandt werden, sich aber auch auf → *Verkehrsanlagen* eines bestimmten → *Verkehrsmittels* (z. B. Autobahnkreuz) oder Standorte mit Umladebeziehungen (→ *Umschlag*) im → *gebrochenen Verkehr* beziehen.
Verkehrsleistung *transport service, transport performance*: durch den Transport von Personen oder Gütern mithilfe von → *Verkehrsmitteln* erbrachtes wirtschaftliches Ergebnis. Die Güter-V. wird in → *Tonnenkilometer*, die Personen-V. entweder in → *Personenkilometer* oder, v. a. im → *öffentlichen Personennahverkehr*, in Zahl der Beförderungsfälle gemessen.
Verkehrsmittel *means of transport, vehicle*: Transportgerät, das zur Beförderung von Personen und/oder Gütern eingesetzt wird. Man unterscheidet zwischen → *öffentlichen* oder Massen-V. (z. B. Bus oder Bahn) und Individual-V. (z. B. Pkw, Fahrrad). Nach dem → *Verkehrsweg* unterscheidet man V. für den Land- (Straßen- und Schienen-V.), den Wasser- bzw. Schiffs- (Binnen- und Seeschiffs-V.) und den Luftverkehr. Die regional und nach Transportzweck unterschiedliche Benutzung von V. hängt vom Stand der Technik, den Transportkosten, der gewünschten Reisegeschwindigkeit, der Verfügbarkeit, aber vielfach auch von naturräumlichen Gegebenheiten ab.
Verkehrsnachfrage *transport demand, traffic demand*: Bedarf an → *Verkehrsmitteln* und → *Verkehrswegen*, um Transporte von Personen oder Gütern durchzuführen. Die V. richtet sich einerseits an die → *öffentliche Hand* bezüglich des Ausbaus von Verkehrswegen und der Bereithaltung öffentlicher Verkehrsmittel, andererseits an Unternehmen (→ *Verkehrsbetriebe*, Spediteure, Reisebüros usw.), bei denen

Möglichkeiten zur Verkehrsteilnahme nachgefragt werden.

Verkehrsnetz *transportation network*: miteinander verknüpftes System von → *Verkehrswegen* in einem → *Raum*. Von einem V. spricht man, wenn Verkehrswege einen Raum nicht nur linienhaft durchziehen, sondern den Raum mehr oder weniger intensiv flächenhaft erschließen. Entsprechend dem → *Verkehrsmittel* unterscheidet man z. B. Straßen-, Bahn- und Flugnetze, wobei das Straßennetz meist am dichtesten geknüpft ist, während das Flugnetz nur im nationalen, kontinentalen oder globalen Maßstab Netzcharakter aufweist.

Verkehrsplanung *traffic planning, traffic management*: eine → *Fachplanung*, die sich mit der aktuellen und künftigen Entwicklung des → *Verkehrs* in einem Planungsraum beschäftigt.

Verkehrspolitik *traffic policy*: Gestaltung des → *Verkehrs* durch Maßnahmen des Gesetzgebers und der Verwaltung. V. ist Teil der öffentlichen Daseinsvorsorge für Bevölkerung und Wirtschaft; sie ist einerseits Strukturpolitik (Einsatz des Verkehrswesens zur Erreichung raumordnerischer Ziele), andererseits Ordnungspolitik (z. B. Koordination der → *Verkehrsträger*, Steuerung von Verkehrsangebot und -nachfrage, Setzung von Prioritäten zugunsten bestimmter → *Verkehrsmittel*, Tarifpolitik usw.).

Verkehrsrecht *transportation licence*: Recht, auf einer bestimmten Linie unter bestimmten Bedingungen ein → *öffentliches Verkehrsmittel* zu betreiben. Z. B. werden von → *Gebietskörperschaften* an private Omnibusunternehmer V. (Konzessionen) zum Betreiben eines Linienverkehrs vergeben. Der Begriff V. hat spezielle Bedeutung im Luftverkehr, wo V. aufgrund zwischenstaatlicher Abkommen an Luftfahrtgesellschaften vergeben werden.

Verkehrsspannung *traffic potential*: Bedarf für Verkehrsbeziehungen zwischen verschiedenen → *Standorten*. Die V. kann als potenzielle → *Verkehrsnachfrage* verstanden werden, die zu ihrer Befriedigung ein Verkehrsangebot benötigt. Treffen Nachfrage und Angebot zusammen, entsteht aus der V. tatsächlicher → *Verkehr*.

Verkehrsspitze *traffic peak*: periodisch auftretendes Maximum der → *Verkehrsnachfrage*, bezogen auf bestimmte → *Verkehrsmittel* und -→ *wege*. V. werden täglich v. a. durch den → *Pendelverkehr* verursacht (→ *Rushhour*), jahreszeitlich durch den → *Urlaubsreiseverkehr*. V. führen regelmäßig zur Überlastung der → *Verkehrsinfrastruktur* und der → *öffentlichen Verkehrsmittel*.

Verkehrssprache (Lingua franca) *trade language, lingua franca*: Sprache, die in einem mehrsprachigen Raum als Verständigungsmittel zwischen Menschen verschiedener Muttersprache dient. In vielen Staaten Afrikas werden z. B. Englisch oder Französisch als V. zwischen Angehörigen verschiedener Sprachgruppen benutzt.

Verkehrsstadt *traffic centre, transport centre*: → *Stadt*, für deren Wirtschaft und Entwicklung die Verkehrsfunktion eine große Rolle spielt bzw. die im Extremfall nur aufgrund ihrer Verkehrsfunktion, z. B. an einem → *Verkehrsknotenpunkt*, entstanden ist. Die wichtigsten Typen von V. sind → *Hafenstädte*, Eisenbahnstädte (an Eisenbahnknotenpunkten gelegen und oft mit Rangierbahnhöfen, Reparaturwerkstätten usw. ausgestattet), und → *Karawanenstädte*. Der Kraftfahrzeugverkehr hat in den Industriestaaten wegen seiner Ubiquität keinen eigenen Stadttyp hervorgebracht.

Verkehrsstatistik *transport statistics*: Teil der amtlichen Statistik, der sich mit der Erfassung und Analyse des → *Verkehrs* beschäftigt. Die V. erfasst u. a. die Länge der → *Verkehrswege*, Bestandszahlen und Kapazitäten der → *Verkehrsmittel*, im Personenverkehr die Beförderungsleistungen der → *öffentlichen Verkehrsmittel*, weniger des Individualverkehrs (v. a. wegen Erfassungsproblemen), im Güterverkehr die Transportleistung der verschiedenen → *Verkehrsträger*.

Verkehrsstrom *traffic stream, traffic flow*: Summe der Verkehrsbewegungen von Personen und Gütern auf einer bestimmten Strecke zwischen zwei → *Standorten*. Starke V. entstehen dann, wenn Verkehrsnachfrage in → *Ziel*- und → *Quellgebiet* → *Verkehrsnachfrage* und Verkehrsangebot gleichermaßen hoch sind (z. B. → *Pendel*- und Naherholungsverkehr, Personen- und Güterverkehr zwischen wirtschaftlich verflochtenen Städten oder Regionen).

Verkehrssystem *transportation system*: Organisationsform des → *Verkehrs* in einem Raum, unterschieden nach Personen- und Güterverkehr. Differenzierte V. verschiedener Räume ergeben sich v. a. durch die unterschiedliche Beteiligung der einzelnen → *Verkehrsmittel* am Gesamt-Verkehrsaufkommen sowie durch unterschiedliche Anteile des → *Individual*- und des öffentlichen Verkehrs. Daneben spielen für die Ausgestaltung des V. auch die Funktionen des Verkehrs und ihre gebietsspezifischen Anteile am → *Verkehrsaufkommen* eine Rolle.

Verkehrsträger *transport operator (1.), carrier, mode of transport (2.)*: 1. Aufgabenträger oder Verantwortungsträger für Verkehrsdienstleistungen, d. h. Unternehmen, die ein → *öffentliches Verkehrsmittel* betreiben. So sind die größeren Städte V. öffentlicher Massenverkehrsmittel, wie Straßenbahn und Omnibus. 2. ein → *Verkehrsmittel*, das ein bestimmtes

→ *Verkehrsaufkommen* in einem Raum bewältigt. In Deutschland sind z. B. Lastkraftwagen die wichtigsten V. des Güterverkehrs.

Verkehrsverbund *transport association*: organisatorischer und finanzieller Zusammenschluss mehrerer → *Verkehrsträger* des → *öffentlichen Personennahverkehrs* in einem Verkehrsraum, sodass der Fahrgast die im V. betriebenen Fahrzeuge zu einem gemeinsamen Tarif und nach einem aufeinander abgestimmten Fahrplan benutzen kann (→ *Tarifgemeinschaft*, → *Verkehrsgemeinschaft*).

Verkehrsweg *transport route*: zusammenfassende Bezeichnung für alle Arten von Wegen, Linien oder Trassen, auf denen sich der → *Verkehr* bewegt. Ein V. kann den Charakter einer baulichen Anlage haben (z. B. Straße, Bahngleise, → *Kanal*) und damit Teil der → *Verkehrsinfrastruktur* eines Raumes sein, er kann aber auch nur in Form einer gedachten Linie bestehen (→ *Schifffahrtsweg*, → *Luftstraße*).

Verkehrswert *market value of real estate (1.); transport value (2.)*: 1. in der → *Bauleitplanung* der gemäß → *Baugesetzbuch* von Gutachterausschüssen, Ortsgerichten oder vereidigten Sachverständigen ermittelte Wert eines Grundstückes und anderer Immobilien. Die Ermittlung des V. kann nach dem Ertragswertverfahren oder nach dem Sachwertverfahren erfolgen. Der Ertragswert richtet sich nach der Nutzung des Grundstückes, beim Sachwertverfahren werden die Werte von Grund und Boden, Gebäuden und Außenanlagen unter Berücksichtigung der Herstellungskosten, Abschreibungen und Mängel getrennt ermittelt. Beim V. werden auch die Planungsgewinne als öffentliche Investitionen berücksichtigt.: 2. derjenige Teil des Lagewertes eines → *Standortes*, der sich durch günstigen Verkehrsanschluss oder gut ausgebaute → *Verkehrsinfrastruktur* ergibt.

Verkehrswesen *traffic system, transportation*: zusammenfassende Bezeichnung für die → *Verkehrsanlagen*, → *Verkehrsmittel*, → *Verkehrswege* und die wirtschaftliche und technische Organisation des → *Verkehrs* in einem Raum.

Verkehrswirtschaft *transport economy*: derjenige Teil des → *tertiären Sektors* der Wirtschaft, der sich der gewerbsmäßigen Beförderung von Personen, Gütern oder Nachrichten widmet. Zur V. gehören einerseits öffentliche Unternehmen, wie die Bahn und kommunale Verkehrsbetriebe, andererseits private Unternehmen wie Speditionen, Omnibusunternehmen, Reedereien usw..

Verkieselung (Silizifikation, Silifizierung) *chertification:*, *petrification by silica:*, *silicatization:*, *silicification:* Zufuhr von Kieselsäure und anschließender Austausch der ursprünglichen Substanz (Minerale (bei Gesteinen) oder organische Substanz). Dies kann durch die nachträgliche Durchtränkung eines Gesteins (v. a. bei Kalk- und Sandsteinen) oder → *Fossils* mit Kieselsäure geschehen. Sie scheidet sich als → *Quarz*, Hornstein oder seltener als Opal ab und kann gegebenenfalls den ursprünglichen Mineralbestand vollkommen ersetzen. Die V. ist insofern ein wichtiger Prozess der Gesteinsbildung, z. B. für → *Quarzit* und Feuerstein. Die V. führt darüber hinaus auch oft zur → *Fossilisation* von Organismen oder Teilen dieser, wie Baumstämmen, Seeigeln oder Korallen.

Verkittung *cementation*: Prozess der Gefügebildung im Boden, bei dem durch mineralische oder organo-mineralische Fällungsprodukte (Kalk, Oxide, → *Huminstoffe*) mineralische oder organische Bodenpartikel zu festen und dichten Horizonten verkittet werden und ein Hüllengefüge bilden.

Verklappung *dumping, dumping in the ocean*: → *Abfallbeseitigung* auf hoher See, wobei feste oder flüssige → *Abfälle* und → *Klärschlamm* mit Schiffen auf das offene Meer gebracht und ausgeschüttet werden. Um → *Meeresverschmutzung* zu minimieren wurden z. B. in der Nordsee V.-Gebiete ausgewiesen. V. darf eigentlich nur durchgeführt werden, wenn daraus keine nachteilige Veränderung des Meereswassers und des marinen Bios resultiert. Neben ungiftigen Abfällen werden jedoch v. a. → *Umweltchemikalien* bzw. Umweltgifte verklappt. V. erfolgt auch in Flüssen und großen Binnenseen. In ihnen ist die → *Umweltbelastung* bei V. wegen der begrenzten Wasserund damit Verdünnungsmenge sowie des beschränkten oder fehlenden Wasseraustauschs noch größer als im Meer.

Verknüpfungsmuster *linkage pattern*: regelhaft ausgebildete Art der Verbindung der verschiedenen Funktionsstandorte in der Kulturlandschaft, z. B. durch Verkehr und Kommunikation. Die Funktionsstandorte der verschiedenen → *Grundaseinsfunktionen* bilden jeweils unterschiedliche V. untereinander sowie mit den → *Standorten* anderer Funktionen aus, wie die Verknüpfung der Wohn- und Arbeitsstandorte durch den → *Pendelverkehr* (→ *Raummuster*).

Verkohlung *carbonization*: Prozesskette der Kohlenstoffanreicherung von → *Torf* über → *Braun-* und → *Steinkohle* zu Anthrazit, ausgehend von der Zersetzung kohlenstoffreicher Verbindungen (→ *Inkohlung*, → *Kohle*).

Verkokung *coking, carbonization*: thermische Zersetzung von → *Kohle* unter Luftabschluss bei der Kohleveredelung. Es entstehen Koks, Kokereigas und Teer. Kokereigas setzt sich aus → *Methan*, → *Kohlenmonoxid* und Wasserstoff zusammen, d. h. zugleich umweltwirksamen Gasen, und wird in der Industrie als Brennstoff verwandt. Findet V. in älteren Anlagen statt, gehen von den Öfen beträchtliche Gas- und Staubemissionen aus. → *Luftschadstoffe* der Kokereien sind → *Kohlenmonoxid*, → *Kohlenwasserstoffe*, → *Stäube*, Stickoxide und → *Schwefeldioxid*.

Verkoppelung *land consolidation*: Zusammenlegung der → *Parzellen* eines Besitzes bzw. einer → *Gemarkung* zu größeren Einheiten. Entsteht dabei eine räumlich geschlossene Betriebsflächeneinheit bei einem landwirtschaftlichen Betrieb, so spricht man von → *Arrondierung*. Umfassende V. in verschiedenen Teilen Europas führten in der Neuzeit zum Prozess der → *Vereinödung*. Die moderne Form der V. wird als → *Flurbereinigung* bezeichnet.

Verkrautung *weed-growth, weed invasion*: in → *Fließgewässern*, aber auch am Rande stehender → *Oberflächengewässer* das Auftreten dichter Bestände von Über- und Unterwasserpflanzen, die bei → *Fließgewässern* den → *Abfluss* hemmen, die Gewässersohle aufhöhen und die Flussbett → *erosion* verstärken, weil der Fließquerschnitt verengt wird. In stehenden Gewässern ist die V. Bestandteil der → *Verlandung*.

Verlagerung *translocation*: im Boden der Transport von gelösten oder peptisierten Stoffen (Salzen, Oxiden, Huminstoffen, Ton) mit dem → *Sickerwasser* in vertikaler Richtung in tiefere Profilbereiche oder mit dem → *Hangwasser* hangabwärts. Die V. ist im humiden Klima ein Verwitterungsprozess von zentraler Bedeutung. Sie lässt die typische Gliederung der Bodenprofile in Auswaschungs- und Anreicherungshorizonte entstehen (→ *Parabraunerde*, → *Podsol*). Wichtige Teilprozesse der V. sind → *Entkalkung*, → *Lessivierung* und → *Podsolierung*.

Verlagerungsmodell *shifting model, mass shifting model*: mit einem V. können über die Zusammenführung von → *Trajektorienmodellen* und Reibungsmodellen die Dynamik → *gravitativer Massenbewegungen* bestimmen.

Verlagerungsquote *relocation: rate/quota*: der in Prozentpunkten ausgedrückte Anteil der verlagerten Einheiten einer Grundgesamtheit (→ *Betriebsverlagerung*). Die V. wird v. a. benutzt, um das Ausmaß der Industrieverlagerung darzustellen. Hier wird der Anteil der verlagerten Industriebetriebe an der Gesamtzahl der vorhandenen Industriebetriebe zum Ausdruck gebracht (→ *Stilllegungsquote*).

Verlagssystem *publishing system*: Organisationsform des → *Gewerbes*, bei dem der → *Verleger* für Aufträge, Materialbeschaffung und Absatz sorgt und Geräte und Maschinen zur Verfügung stellt. Im Gegensatz zum → *Handwerk* und zum örtlich konzentrierten Fabrikbetrieb fehlt beim V. eine einheitliche organisatorische Leitung des Produktionsvorganges. Dieser erfolgt in den Wohnungen bzw. Kleinwerkstätten von Heimarbeitern, die über eine Art Hausindustrie in das V. integriert sind. Bekannt ist das V. in erster Linie in der Form des Buch-, Zeitschriften- und Zeitungsverlagswesens, das auf eigene Kosten Bild- und Textwerke anderer vervielfältigen und verbreiten lässt.

Verlandung *aggradation:, blocking-up:, filling-up, natural accretion:, process of alluviation:, siltation:, silting-up*: Prozess der Landwerdung, der sowohl großräumige Prozesse wie die Bildung von → *Festland* bei der → *Regression* meinen kann, wie auch kleinräumige Vorgänge wie das Auffüllen von → *Oberflächengewässern* durch (überwiegend) → *Feinsedimente* und sukzessive Besiedlung mit Pflanzen, deren lebende und tote → *Biomasse* zur → *Bodenbildung* beiträgt. V. kann zudem gewollt und ungewollt → *anthropogen* beeinflusst werden, z. B. durch Verstärkung der → *Bodenerosion* und dem damit verbundenen erhöhten Feststoffeintrag in → *Fließgewässer* mitsamt anschließender → *Sedimentation* in Stillwasserbereichen (→ *Hjulström-Diagramm*). Gewollte V. wird als → *Landgewinnung* bezeichnet.

Verlandungsfolge *filling-up series*: kontinuierliche klimabestimmte → *Sukzession* bei der → *Verlandung* offener Gewässer; in den → *Klimazonen* unterschiedlich ablaufend. In den → *gemäßigten Breiten* verlaufend von Verschilfung über Schwingrasenmoor zum → *Flachmoor*. → *Fließgewässer* und stehende → *Oberflächengewässer* verlanden unterschiedlich, ebenso → *oligotrophe* oder → *dystrophe* (→ *Verkrautung*).

Verlandungsgürtel *filling-up belt*: die räumliche Verbreitung der → *Verlandungsfolge* in der Horizontalen, die sich entlang von verlandenden Flussufern als Band oder um verlandete Tümpel und Seen als Gürtel herumzieht (→ *Uferbank*).

Verlandungshochmoor *raised bog*: ein relativ flach gewölbtes → *Hochmoor* im Bereich nährstoffarmer Sande, das aus aus → *oligotrophen* oder → *dystrophen* Seen entwickelt und das zunächst ein Flachmoor- (→ *Niedermoor*-) und ein Zwischenmoorstadium durchlaufen hat. Die Wurzeln seiner Pflanzen befinden sich im Bodenwasserbereich. Ein Mindestniederschlag von ca. 600 mm ist vorausgesetzt, um seine Existenz zu erhalten. Das V. tritt überwiegend im Nordmitteleuropäischen Tiefland im Bereich des Vereisungsgebietes der → *Weichsel-Kaltzeit* auf.

verlängerte Werkbänke *extended work bench*: → *Zweigbetriebe* im Ausland, in denen Veredelungsprozesse (→ *Veredelung*) stattfin-

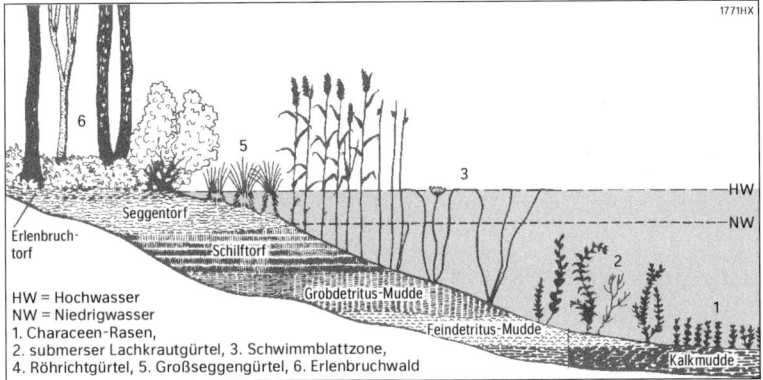

Verlandungsgürtel

den. Meist handelt es sich um standardisierte → *Produktionsprozesse*, die von unqualifizierten Arbeitskräften ausgeführt werden.

Verleger *publisher*: Bezeichnung v. a. für Buch- und Zeitungsproduzenten. Historisch eine Bezeichnung für Händler, der sich zu Beginn der Neuzeit aus dem Handwerkerstand entwickelt hat. Die V. boten zunächst neben den Produkten anderer Handwerker auf den Märkten auch selbst hergestellte Waren an. Später kam es zu einer Trennung von Produktions- und Handelsfunktion (→ *Verlagssystem*).

Verlehmung *argillization*: Bildung von → *Tonmineralen* bei der → *Silikatverwitterung* unter feuchten Bedingungen (→ *hydrolytische Verwitterung*), wobei im mineralischen Feinmaterial als typisches Körnungsgemisch oft, aber nicht nur, → *Lehm* entsteht. Die Tonbildung verläuft entweder direkt durch physikalisch-chemische Umwandlung von Glimmer oder über Neubildungsvorgänge aus Feldspäten, Pyroxenen, Amphibolen usw.. V. ist immer auch mit → *Verbraunung* verbunden und mit dieser zusammen typisch für die Entwicklung der → *Braunerden*. Sie führt zu einem Ansteigen des Tongehalts bis in Größenordnungen von 20–40 % und schafft ein charakteristisches → *Subpolyedergefüge*.

Verletzbarkeit → *Vulnerabilität*.

Verlichtung *clearing-up*: 1. ein Kriterium der → *Waldschäden*; zeigt sich im Verlust von Nadeln und Blättern, v. a. in den Baumkronen. 2. auch die V. eines Waldbestandes durch Absterben oder → *Rodung* von Bäumen, sodass eine Lichtung entsteht, die sich durch → *Naturverjüngung* (→ *Verjüngung*) nicht wieder schließt.

Verlustgewichtsmaterial → *Gewichtsverlustmaterial*.

Vermarktung *marketing*: der erwerbsmäßig betriebene, organisierte Verkauf von Produkten auf Binnen- und Exportmärkten. V. a. auf der Stufe des → *Großhandels* ist die V. durch eine ausgeprägte Produktspezialisierung gekennzeichnet (→ *Marketing*).

vermittelte Kommunikation *mediated communication*: Begriff für alle Kommunikationsformen, die keine → *face-to-face-Kommunikation* darstellen, sondern über → *Medien* vermittelt werden.

Vermoderungshorizont (Of-Horizont) *F-layer*: fragmentierte (fälschliche Bezeichnung fermentierte) Lage → *organischer Substanz*, die aus in Zersetzung begriffenen, in ihren Strukturen mindestens noch teilweise erkennbaren Pflanzenresten besteht. In dreilagigen Humusprofilen (→ *Moder*, → *Rohhumus*) ist der V. die mittlere Lage zwischen der obenliegenden → *Streu* und dem untenliegenden stark humifizierten Horizont.

Vermögen *wealth, assets, real estate*: alle → *Güter* und Rechte, die einer natürlichen oder juristischen Person (bzw. dem Staat) zu einem bestimmten Zeitpunkt gehören. Das Rein-V. ergibt sich nach Abzug der Schulden vom Wert der V.-Gegenstände (→ *Einkommen*).

Vermullen *mouldering*: durch starke Austrocknung bedingter staubiger Zerfall von Humussubstanz, der das Gefüge zerstört.

Vernal-Aspekt *vernal aspect*: Teil der → *Aspektfolge*. Der V. beschreibt in der nördlichen gemäßigten (→ *nemoralen*) Zone den Frühling von Anfang Mai bis Mitte Juni, mit dem Entfalten der Blätter sowie der Vogelbrut und der Vermehrung vieler Insektenarten.

Vernalisation → *Jarowisation*.

Vernässung *water logging*: Zustand anhaltend hoher Wassersättigung im Boden, besonders typisch für → *Gleye*, → *Pseudogleye* und → *Tonböden*.

Verockerung *iron clogging*: in Böden (→ *Gley*) und Brunnenfiltern der Vorgang der Ausfällung von gelöstem Eisen aus → *Grundwässern* durch Oxidation zu dreiwertigem Eisenhydroxid. Die V. lässt helle rost- bis ockerbraune, fleckige bis dichte Eisenanreicherungshorizonte entstehen, wie sie bei wenig schwankendem Grundwasserspiegel und hohen Eisengehalten der Go-Horizont des Gleys zeigt (→ *Raseneisenstein*).

Verordnung über die Vermeidung von Verpackungsabfällen (→ *Verpackungsverordnung* – VerpackV) *law regulating avoidance of packaging refuse*: von der deutschen Bundesregierung auf der Grundlage des Abfallgesetzes im Jahre 1991 erlassene Verordnung, deren Ziel es ist, die Menge ausgedienter Verpackungen, die bei der öffentlichen Müllentsorgung erfasst und dann entsorgt werden müssen, zu verringern. Nach den Bestimmungen der V. müssen Verpackungen von ihren jeweiligen Lieferanten zurückgenommen und wiederverwendet bzw. außerhalb der öffentlichen Abfallentsorgung stofflich verwertet werden. Die V. unterscheidet zwischen Transport-, Um- und Verkaufsverpackung. Für Letztere eröffnet die V. als Alternative zur Rücknahme und Bepfandungspflicht durch den Einzelhandel der abpackenden Industrie sowie den Verpackungsherstellern und dem Handel die Möglichkeit, gemeinsam mit privaten Entsorgungsunternehmen ein System zur Erfassung und Abholung ausgedienter Verpackungen in der Nähe des Endverbrauchers einzurichten und zu betreiben (duale Abfallwirtschaft, Duales System Deutschland). Die eingesammelten Packmittel sollen dann stofflich verwertet werden, wobei zu bestimmten Terminen je nach Packstoffart verschiedene Erfassungs- und Verwertungsquoten vorgegeben sind.

Verortung *spatial fixing of a function*: Festschreibung von Funktionsstandorten im Raum. So kann z. B. das → *Raummuster* der → *Zentralen Orte* als V. der → *Versorgungsfunktion* verstanden werden.

Verpackung *packaging*: Warenhülle, die mehrere Funktionen (u. a. Schutz, Lagerung oder Werbung) haben kann. Man unterscheidet: → *Transport-*, → *Um-*, → *Verkaufs-*, → *Einweg-* und → *Mehrwegverpackungen*.

Verpackungsverordnung *law regulating avoidance of packaging refuse*: → *Verordnung über die Vermeidung von Verpackungsabfällen*.

Versalzung *salinization*: Oberbegriff für alle Prozesse der Salzanreicherung in Böden. V. findet unter besonderen Bedingungen auch im humiden Klimabereich statt (Salzanreicherung durch Meer- oder Brackwasser in → *Marschen*), ist jedoch für die → *semiariden* und → *ariden* Klimate ein besonders typischer Bodenbildungsprozess. Die in Trockenböden angereicherten → *Salze* stammen aus dem Niederschlag (besonders in Meeresnähe) oder aus dem → *Grundwasser*. Der Anreicherungsmechanismus beruht darauf, dass wegen der hohen → *Verdunstung* kein Niederschlagswasser in die Tiefe versickert, sondern → *Grundwasser* kapillar nach oben steigt, wobei die gelösten Salze bei der Verdunstung ausfallen und sich im Boden als Ionenbelag oder Krusten und an der Bodenoberfläche als Ausblühungen oder → *Krusten* anreichern. Die in Böden wichtigen Salze sind die Chloride, Sulfate und Carbonate des Natriums, Magnesiums und Calciums (Salz, Soda, Gips, Borax, Kalk usw.). Die künstliche Salzanreicherung erfolgt durch → *Bewässerung* (→ *Solonetz*, → *Solontschak*).

Versandgeschäft *mail order firm*: Organisationsform des → *Einzelhandels*, bei der die Ware nicht im Laden verkauft, sondern auf Bestellung des Kunden (z. B. Internetkauf, Katalog) per Post versandt wird. Das V. durch private Paketdienstleister erfährt durch die gegenwärtig überproportionale Zunahme des Kaufs von Waren im Internet einen regelrechten Boom (→ *E-Commerce*).

Versandhandel *mail order commerce*: Form des → *Einzelhandels*, bei der über ein → *Versandgeschäft* die Ware veräußert wird.

Versatzbewegung *dislocation, displacement*: langsame Differentialbewegungen größerer Massen und Prozess der → *gravitativen Massenbewegung*.

Versatzdenudation → *Bodenkriechen*.

Versauerung *acidification*: → *Bodenversauerung*.

Verschiebebahnhof → *Rangierbahnhof*.

Verschlämmung *siltation*: Bildung einer feinen, bei Trockenheit krustenähnlichen Schicht aus Bodenpartikeln an der Oberfläche schluffreicher Böden durch Zerstörung der Bodenaggregate durch auftreffende Regentropfen und kleinräumige Verspülung der losen Feinerde. V. vermindert die Infiltration erheblich, fördert die → *Bodenerosion* und ist selbst Bestandteil des Abtragsprozesses (→ *Schluff*).

Verschwägerung (Schwägerschaft, Affinität) *relationship by marriage*: → *Verwandtschaft* 2. Grades zwischen biologisch nicht miteinander verwandten Personen, die durch Heirat oder Verpartnerung entsteht, weshalb die V. auch als Heiratsverwandtschaft bezeichnet wird.

Versicherheitlichung *securitization*: die zunehmende Betrachtung unterschiedlicher Phänomene und Prozesse unter Sicherheitsaspekten bzw. als Sicherheitsproblem. Aktuelle Prozesse der V. beinhalten die zunehmende Verschränkung von separaten Politikfeldern mit sicherheitspolitischen Fragen (z. B. V. der → *Migration*, der Entwicklung, des → *Klimawandels*).

Versicherungswirtschaft *insurance business*: → *Wirtschaftszweig*, dessen Gegenstand die Versicherung von → *Risiken* ihrer Kunden ist. Die V. umfasst üblicherweise nur Privatversicherungen. Aufgabe ist die Risikotragung sowie die Schadensregulierung, die Schadensverhütung und die Kapitalsammlung. Die V. ermöglicht risikoreiche Produktion und Handel, indem sie im Schadensfall die Verluste abfedert.

Versickerung *leaching*: Eindringen von Niederschlagswasser in den → *Oberflächennahen Untergrund*, d. h. in Boden und Gesteinsuntergrund. Der Anteil des versickernden Niederschlagswassers ist von der Intensität des Niederschlags, der Oberflächenbeschaffenheit (Bewuchs, Benetzungswiderstand durch Austrocknung) und der Infiltrationskapazität abhängig (→ *Sickerung*).

Versiegelung (der Erdoberfläche) *sealing, soil sealing, sealing of soil surface*: → *Bodenversiegelung*.

Versinkung *sinking*: die → *Sickerung* von Wasser der → *Oberflächengewässer* bzw. von Oberflächenwasser aus → *Niederschlägen* – also oberirdischem Wasser – in → *Locker*- oder → *Festgesteine*, in deren Risse, → *Spalten* und → *Klüfte* sowie sonstige Hohlräume (→ *Höhlen*, Lösungsgänge) vom Wasser als Leitbahn benutzt werden. Die V. ist bedeutsam für die Ergänzung bzw. Erneuerung des → *Grundwassers*, den Haushalt des → *Karstwassers* sowie für die → *Lösungsverwitterung* im → *Karst*.

Versorgung *supply, provision*: Zurverfügungstellung von materiellen und immateriellen → *Gütern* und → *Dienstleistungen*. In der → *Wirtschaftsgeographie* werden insb. die → *V.-Standorte* (→ *Zentrale Orte*) und die → *Raummuster* ihrer Verteilung und ihrer Inanspruchnahme (→ *Versorgungsbereich*) untersucht. Mit der V. befassen sich insb. die → *Handelsgeographie* und die → *Zentralitätsforschung*.

Versorgungsbereich → *Versorgungsgebiet*.

Versorgungsbeziehung *market relation, supply relation*: → sozio-ökomomische Beziehung zwischen einem → *Versorgungsstandort* und den in dessen → *Einzugsbereich* wohnenden → *Konsumenten* der dort angebotenen → *Güter* und → *Dienstleistungen*. Die Grenzen des Einzugsbereichs eines → *Zentralen Ortes* lassen sich anhand der → *Reichweite* der V. bestimmen.

Versorgungsfunktion *supply function*: – eine der wichtigsten → *städtischen Funktionen*. Die V. einer Siedlung besteht darin, für die eigenen Einwohner sowie – im Fall von → *Zentralen Orten* – für die Bevölkerung des → *Einzugsbereiches* ein Angebot an Gütern und → *Dienstleistungen* bereitzuhalten. In der → *City*, in → *Subzentren* und sonstigen → innerstädtischen Zentren ist die V. besonders ausgeprägt. – eine der → *Grunddaseinsfunktionen*. Zur geographischen Untersuchung der V. gehört einerseits die Betrachtung der Angebotsseite, der sich v. a. die → *Handelsgeographie* widmet, andererseits der Nachfrageseite (Studien über → *Verbraucherverhalten*, → *Verbrauchergewohnheiten* usw.). Beide Aspekte werden in der → *Zentralitätsforschung* berücksichtigt. – eine der menschlichen → *Grunddaseinsfunktionen* im Sinne des → *Münchner Konzepts der Sozialgeographie*. Bei der Ausübung der V. durch die verschiedenen sozialgeographischen Gruppen ergeben sich besondere starke raumprägende und -differenzierende Wirkungen für die Kulturlandschaft sowie ländliche und städtische Siedlungen (→ *Arbeitsfunktion*, → *Bildungsfunktion*, → *Freizeitfunktion*, → *Wohnfunktion*).

Versorgungsgebiet (Versorgungsbereich) *supply area*: jener Raum, der von einem Versorgungszentrum aus (einem → *Zentralen Ort* oder einem innerstädtischen Zentrum) mit → *Gütern* und → *Dienstleistungen* versorgt wird. Die Grenzen eines V. – meist als breiter → *Grenzsaum* ausgebildet – lassen sich durch die Grenzen der überwiegend auf das betreffende Zentrum ausgerichteten versorgungsfunktionalen Einzugsbereiches festlegen. Es gibt V. verschiedener Hierarchiestufen (z. B. Nah-, Mittel- und Oberbereiche); daneben spricht man von spezifischen V. bestimmter Waren oder Dienste (Einzelhandels-V., ärztliche V. etc.).

Versorgungsinfrastruktur *supply infrastructure*: Teil der materiellen und personellen → *Infrastruktur*, dem die → *Versorgung* von Bevölkerung und Wirtschaft mit → *Gütern* und → *Dienstleistungen* im weitesten Sinne dient. Das Spektrum der V. reicht von der öffentlichen Strom- und Wasserversorgung und der Versorgung mit Schulen und Krankenhäusern bis zum → *Einzelhandel* und zum privaten → *Dienstleistungssektor* (Ärzte, Rechtsanwälte usw.).

Versorgungsnahbereich *market area for basic supply*: → *Einzugsgebiet* eines → *Zentralen Ortes* für die → *Grundversorgung*. Meist wird nur verkürzt von → *Nahbereich* gesprochen.

Versorgungsort *supply location*: → *Ort*, von dem aus die → *Bevölkerung* eines bestimmten Raumes mit → *Gütern* und → *Dienstleistungen* versorgt wird. Ein V. ist i. d. R. ein → *Zentraler Ort* oder ein → *innerstädtisches Zentrum*, es kann sich aber auch um einen → *Selbst-*

versorgerort als V. für die eigene Bevölkerung handeln.

Versorgungsprinzip (Marktprinzip) *market principle*: das dem → *Christallerschen Modell* der → *Zentralen Orte* zugrundeliegende Verteilungsmuster der → *Versorgungszentren*. Das V. geht von optimaler Erreichbarkeit der Zentralen Orte und einem flächendeckenden System von → *Einzugsgebieten* dieser Orte aus. Aus dem V. ergibt sich ein Sechseckschema der Anordnung der Zentralen Orte einer Hierarchiestufe.

Versorgungsstandort *supply location*: → *Ort*, an dem die Versorgungseinrichtungen für einen Raum konzentriert sind. So ist z. B. die → *City* der wichtigste innerstädtische V., ein → *Zentraler Ort* ist der V. seines → *Einzugsgebietes*. Der Begriff V. wird häufig gleichbedeutend mit → *Versorgungsort* gebraucht.

Versorgungsüberschussmethode *surplus of supply method*: Methode zur Ermittlung der → *Zentralität* eines → *Zentralen Ortes*. Bei der V. wird der → *Bedeutungsüberschuss* des betreffenden → *Zentrums* gemessen, indem das Versorgungsvolumen des Ortes bzw. einzelner zentralörtlich relevanter Funktionen ins Verhältnis zur eigenen Einwohnerzahl gesetzt wird. Die Zahl der darüber hinaus versorgten Personen im → *Einzugsgebiet* ergibt sich somit als Versorgungsüberschuss (→ *Umsatzüberschussmethode*).

Versorgungsverhalten *market behavio[u]r*: Art und Weise, wie die → *Versorgungsfunktion* ausgeübt wird. Das V. ist regional-, gruppen- und schichtenspezifisch, aber auch entsprechend dem Versorgungsangebot differenziert ausgebildet. Geographisch relevant ist das V. v. a. in der → *Zentralitätsforschung* und konkret bei der Abgrenzung der → *Einzugsgebiete* → *Zentraler Orte* sowie bei der Planung Zentraler Orte und innerstädtischer → *Versorgungszentren*.

Versorgungszentralität *market centrality*: die → *Zentralität* i. e. S. im Gegensatz zur → *Arbeitsplatzzentralität*. Die V. basiert auf der Versorgung eines Raumes (→ *Einzugsgebiet*) mit Gütern und Diensten durch einen → *Zentralen Ort*.

Versorgungszentrum *supply centre, market centre*: zusammenfassender Begriff für → *Zentrale Orte* und → *innerstädtische Zentren*, die jeweils ein → *Einzugsgebiet* mit → *Gütern* und → *Dienstleistungen* versorgen.

Verstaatlichung *nationalization*: Überführung eines Wirtschaftsunternehmens oder eines ganzen → *Wirtschaftszweiges* aus der Privatwirtschaft in Staatsbesitz, entweder durch Enteignung oder Kauf. V. werden auch in ansonsten privatwirtschaftlich organisierten Wirtschaftssystemen durchgeführt, um bestimmte → *Schlüsselindustrien* besser kontrollieren zu können oder um in wirtschaftliche Schwierigkeiten geratene oder nicht rentabel zu betreibende Unternehmen durch den → *Staat* weiterführen zu können (z. B. Eisenbahn; → *Privatisierung*).

verstädterte Zone *urbanized area*: im → *Modell* der → *Stadtregion* die sich an das → *Kerngebiet* anschließende innere → *Umlandzone*. Die Zuordnung von → *Gemeinden* zur v. Z. erfolgt nach Dichte- (→ *Einwohner-/Arbeitsplatzdichte*), Struktur- (→ *Agrarerwerbsquote*) und → *Verflechtungs*-Merkmalen (→ *Auspendlerquoten*).

Verstädterung *urbanization*: Ausdehnung, Vermehrung und/oder Vergrößerung der → *Städte* eines Raumes nach Zahl, Fläche und Einwohnern, sowohl absolut als auch im Verhältnis zu den nicht-städtischen Siedlungen und zur → *Landbevölkerung*. Der Begriff V. wird zur Beschreibung des Wachstumsprozesses städtischer Siedlungen sowie des erreichten Zustands benutzt, der sich im → *Verstädterungsgrad* ausdrückt. V. ist ein in fast allen Teilen der Erde zu beobachtendes Phänomen; i. d. R. ist sie mit dem Prozess der → *Urbanisierung* verbunden. Die Gleichsetzung von V. und Urbanisierung ist nicht korrekt.

Verstädterungsgebiet *urbanized area*: größeres zusammenhängendes Gebiet hohen → *Verstädterungsgrades*. V. a. → *Agglomerationsräume* und → *Stadtregionen* stellen V. dar.

Verstädterungsgrad *degree of urbanization*: Ausmaß der → *Verstädterung* in einem Raum, gemessen am Anteil der städtischen Bevölkerung an der Gesamtbevölkerung. Der V. wird zahlenmäßig durch die → *Verstädterungsquote* ausgedrückt, z. T. werden die Begriffe auch synonym verwendet.

Verstädterungsquote *urbanization rate*: Maßzahl zum Ausdruck des → *Verstädterungsgrades* eines Raumes. Die V. errechnet sich als prozentualer Anteil der in → *städtischen Siedlungen* wohnenden Bevölkerung an der Gesamtbevölkerung und wird meist für → *Staaten* oder → *Länder* berechnet. V. verschiedener Staaten sind häufig nicht miteinander vergleichbar, da → *Stadtbevölkerung* bzw. städtische Siedlungen unterschiedlich definiert werden (→ *Stadtdefinition*).

Versteinerung *fossilization (1.); fossil (2.)*: 1. Vorgang der → *Fossilisation*, bei dem die organische Substanz von Organismen durch mineralische Stoffe ersetzt wird. 2. Sammelbezeichnung für → *Fossilien*, die durch V. oder auf andere Weise versteinert erhalten sind, d. h. als → *Abdruck* oder als → *Steinkern*.

Versteppung *steppe formation*: 1. anthropogener Prozess in Trockengebieten und von nicht standortgerechter Nutzung ausgelöst. Dabei wird das weidewirtschaftlich bedeutsame Gleichgewicht zwischen Gras- und Holz-

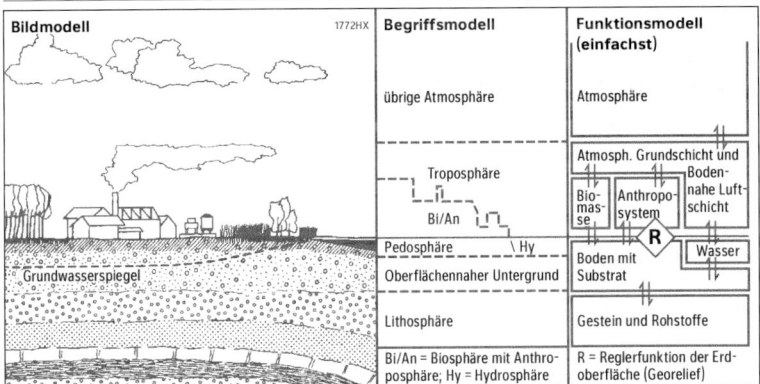

Vertikalstruktur der Landschaft

gewächsen nachhaltig gestört. Der Vorgang entspricht der Desertifikation. 2. die Verarmung agrarisch intensiv genutzter Landschaften durch Ausräumung der Kulturlandschaft mit Ausräumen der Sträucher und Bäume und zugleich starker Beanspruchung der übrigen biotischen und abiotischen Faktoren der Landschaft. Es entsteht eine Kultursteppe, die nur visuell der echten Steppe entspricht. Sie ist auch nicht an das Steppenklima gebunden. 3. ackerbauliche oder viehwirtschaftliche Übernutzung kann die natürliche, d. h. klimabedingte Steppe in Richtung einer Kultursteppe verändern.

Versumpfung *paludification, swamp formation, swamping*: 1. in allen niederschlagsreichen Gebieten dort auftretend, wo stauende Schichten den Abzug des → *Sickerwassers* hemmen. 2. den gleichen Effekt erzielt der → *Permafrostboden*, der zur Ausbildung der → *Sumpftaiga* führt. 3. in nährstoffreichen Flussniederungen von → *Tiefländern* infolge regelmäßiger → *Überschwemmungen* oder zu hoch stehenden → *Grundwassers* tritt ebenfalls V. auf.

Verteidigungsanlage *defence installation*: bauliche Anlage, die Verteidigungs- bzw. allgemein militärischen Zwecken dient. Zu den V. gehören die in historischen Städten häufig noch erhaltenen Stadtbefestigungen (Mauern, Wälle, Tortürme usw.), heute insbesondere Kasernen, Militärflughäfen und -plätze, militärische Übungsgelände usw..

Verteilungsmuster → *Raummuster*.

Vertikalaustausch *vertical exchange*: durch → *Temperatur*- und dadurch bewirkte Dichteunterschiede der → *Luft* in Gang gesetzte vertikale Verlagerung von → *Luftmassen* (→ *Horizontalaustausch*).

vertikale Integration *vertical integration*: enge Zusammenarbeit von → *Betrieben* aufeinander folgender Produktionsstufen, z. B. Stahlproduktion und -verarbeitung (→ *Integration*).

vertikale Mobilität *vertical mobility*: jene Form der → *sozialen Mobilität*, der gesellschaftlichen Auf- oder Abstieg bewirkt. V. M. ist als → *Inter-* oder *Intragenerationsmobilität* möglich (→ *horizontale Mobilität*).

vertikaler Temperaturgradient *lapse gradient*: Ausmaß der Abnahme der → *Temperatur* mit der Höhe in einer Luftschicht. Der v. T. in der → *Troposphäre* der → *Mittelbreiten* beträgt im Mittel etwa 0,6 K pro 100 m Höhenunterschied (feuchtadiabatische Temperaturabnahme; → *thermische Höhenstufung*).

Vertikalerosion → *Tiefenerosion*.

Vertikalstruktur der Landschaft *vertical structure of the landscape*: funktional und methodisch sowie didaktisch wichtiges Merkmal der → *Ökosysteme*, das sich auf die → *Dreidimensionalität* geographischer Räume bezieht. Es fordert für die Betrachtung des → *Landschaftshaushaltes*, sowohl vertikale als auch laterale Stofftransporte im → *Geoökosystem* zu berücksichtigen.

Vertikalwanderung *vertical migration*: 1. bezieht sich auf die vertikale Dynamik von → *Arealsystemen* und die Verteilung von Organismen im Raum, d. h. auf die → *Dreidimensionalität* des Ökosysteme und die → *Höhengliederung* landschaftlicher Erscheinungen. 2. in der → *Bioökologie* vertikale Ortsveränderungen von Einzelorganismen oder Organismengruppen eines → *Ökosystems*, z. B. des → *Planktons* im → *Pelagial*. Auch Bodenorganismen, z. B. Regenwürmer, zeigen eine von der → *Witterung* abhängende V..

Vertisols *Vertisols*: 1. (von *vertere* [lat.] = wenden) in der → *US Soil Taxonomy* (2014) tonige Böden mit starker Gefügedynamik. 2. in der → *WRB* (2014) Böden mit einem hohen Anteil quellfähiger Tone und dadurch intensiver → *Peloturbation*. Charakteristisch sind ausgeprägte Schrumpfrisse und die Ausbildung sog. → *Slicken sides* :und keilförmiger Aggregate im Unterboden. Ein Gilgai-Relief kann sich ausbilden. Der Selbstmulcheffekt ist typisch. V. kommen in ebenen bis leicht hügeligen Landschaften v. a. der tropischen und subtropischen semi-ariden bis subhumiden und humiden Klimate vor. Auf V. ist natürliches Grasland und/oder Wald zu finden. Sie haben ein großes landwirtschaftlich nutzbares Potential aufgrund ihrer guten chemischen Eigenschaften. Jedoch schränken die physikalischen Eigenschaften und das schwierige Wassermanagement die Nutzungsformen ein. Sie reichen von extensiver Beweidung bis hin zu Bewässerungsfeldbau (u. a. für Reis, Baumwolle, etc.).

Vertorfung *peat formation*: Prozess der Umwandlung und der Anreicherung von abgestorbenem pflanzlichem (und wenig tierischem) Material als Folge von klimatischen (Kälte oder Nässe) und/oder durch die Geländelage bedingten Wasserüberschuss, der die Zersetzung des organischen Materials stark hemmt (unter dem Wasserspiegel Schaffung anaerober Bedingungen). Die V. ähnelt der → *Humifizierung*, geht dann jedoch in → *Fäulnis* über, wenn der Sauerstoff weiter abnimmt und → *anaerobe* Bakterien aktiv werden. Zum Schluss kann, bei Sauerstoffmangel und unter sauren Bedingungen auch → *Inkohlung* eintreten (→ *Torf*).

Vertragslandwirtschaft *contract farming*: vertraglich festgelegte Vereinbarung zwischen Landwirten und Unternehmen. Die Unternehmen beziehen von den Landwirten Produkte in gewissen Mengen und zu bestimmten Qualitäten. Dabei werden von der V. häufig nur Stallungen und Arbeitskräfte gestellt (z. B. vertragliche Mastviehhaltung).

Vertreibung *displacement, deracination*: gewaltsame bzw. unrechtmäßige Aussiedlung von Bevölkerungsgruppen oder ganzen → *Völkern* aus einem Staat oder einem Teilraum eines → *Staates*, i. d. R. verbunden mit einer entschädigungslosen Enteignung. Von V. waren bisher v. a. ethnische und religiöse → *Minderheiten* betroffen. Auch wurde V. durchgeführt, um die einheimische Bevölkerung eroberter Gebiete gegen Angehörige des Eroberervolkes auszutauschen. Die Grenzen zwischen V. und Flucht sind z. T. fließend (→ *Heimatvertriebener*).

Vertriebenensiedlung *expellee settlement*: von → *Heimatvertriebenen* in ihrer neuen → *Heimat* aufgebaute Siedlung. Es kann sich dabei um → *ländliche* (Ansiedlung bäuerlicher Familien) oder → *städtische Siedlungen* handeln. Letztere werden im Sprachgebrauch häufig mit den Flüchtlingsstädten zusammengefasst; sie treten als → *Neue Städte* oder Erweiterungen bestehender Städte auf. In der BRD wurden nach dem Zweiten Weltkrieg Orte wie Neugablonz, Geretsried oder Espelkamp als V. errichtet.

Verursacherprinzip *polluter pays principle*: in der → *Umweltpolitik* praktizierter Grundsatz, nach welchem diejenigen Produzenten bzw. Konsumenten für die Schäden durch → *Umweltbelastungen* aufzukommen haben, die ihre Verursacher sind. Das V. zielt auf eine volkswirtschaftlich sinnvolle und zugleich → *nachhaltige Nutzung* der → *natürlichen Ressourcen*. Im Gegensatz zum V. wird das sogenannte → *Gemeinlastprinzip* nur dort angewandt, wo → *Umweltbelastungen* den Verursacher nicht genau zugeordnet werden können.

Verwaltungsaufbau *administrative structure*: die horizontale (fachliche) oder vertikale (hierarchische) Gliederung eines → *Staates*, einer Behörde, Organisation oder eines Unternehmens in → *Verwaltungsgebiete*. Im Bereich des Staates bezeichnet der vertikale V. die Gliederung in → *Gemeinden*, → *Kreise*, → *Regierungsbezirke* usw., der horizontale V. die Einteilung und Gliederung der verschiedenen Zuständigkeiten in Fachbehörden.

Verwaltungseinheit *administrative unit*: → *Verwaltungsgebiet*.

Verwaltungsfunktion *administrative function*: eine der → *städtischen Funktionen*. Die V. → *städtischer Siedlungen* besteht darin, dass hier Behörden, die → *Stadt* selbst und ein ihr zugeordnetes Gebiet verwalten (z. B. → *Landkreis*), aber auch Verwaltungen von privaten Wirtschaftsbetrieben ihren Sitz haben. Die V. äußert sich v. a. in einem hohen Anteil von Beschäftigten im → *tertiären Wirtschaftssektor*.

Verwaltungsgebiet (Verwaltungseinheit) *administrative unit*: für Verwaltungszwecke geschaffene räumliche Einheit (→ *Raumeinheit*) innerhalb eines Staates. Die meisten → *Flächenstaaten* sind auf mehreren Ebenen in V. gegliedert; z. B. bestehen → *Regierungsbezirke*, → *Landkreise* und → *Gemeinden* als V. Daneben existieren bestimmte Fachverwaltungen mit eigenem Gebietszuschnitt (z. B. Agenturbezirke der Bundesagentur für Arbeit). V. können Selbstverwaltungsbefugnisse haben, wie z. B. die Gemeinden und Landkreise, sie können aber auch lediglich der Ausübung der Staatsverwaltung dienen, wie die Regierungsbezirke.

Verwaltungsgebietsreform *spatial reform of administrative units*: Reform des Gebiets-

zuschnittes von → *Verwaltungsgebieten* (z. B. Landkreisen und Gemeinden). Meist wird nur die Kurzbezeichnung → *Gebietsreform* gebraucht.
Verwaltungsgemeinschaft *administrative union of municipalities*: in Bayern Bezeichnung für einen → *Gemeindeverband*, der für die Mitgliedsgemeinden die Verwaltungsaufgaben übernimmt. Die Mitglieder einer V., meist 3 bis 6 benachbarte Gemeinden, sind politisch selbstständig, besitzen jedoch keine eigene Verwaltung. Die V. entspricht weitgehend den in anderen Bundesländern bestehenden → *Kommunalverbänden* wie → *Amt*, → *Samtgemeinde* usw.. Eine V. soll der Leistungs- und Verwaltungskraft der Mitgliedsgemeinden dienen.
Verwaltungsgliederung *administrative division*: Untergliederung eines → *Staates* in → *Verwaltungsgebiete*. Die V. erfolgt i. d. R. vertikal in mehrere Verwaltungsebenen (z. B. → *Regierungsbezirk*, → *Landkreis* und → *Gemeinde*) sowie innerhalb dieser Ebenen horizontal in einzelne Verwaltungseinheiten. Neben dieser V. in → *Gebietskörperschaften* kann eine weitere V. in die Gebiete von Fachbehörden erfolgen (z. B. Gerichtsbezirke).
Verwaltungsgrenze (administrative Grenze) *administrative boundary*: im Gegensatz zur → *politischen Grenze* eine innerstaatliche Grenze, die → *Verwaltungsgebiete* (z. B. → *Regierungsbezirke*, → *Landkreise* oder → *Gemeinden*) abgrenzt, ebenso die Zuständigkeitsbereiche von Fachbehörden, die teilweise nicht mit den Bereichen von → *Gebietskörperschaften* übereinstimmen (z. B. die Grenzen der Agenturbezirke der Bundesagentur für Arbeit, die Bereiche von Wasserwirtschaftsämtern, Finanzämtern usw.).
Verwaltungshauptstadt *administrative capital*: → *Stadt*, in der die Verwaltung eines → *Staates* oder eines → *Verwaltungsgebietes* innerhalb eines Staates ihren Sitz hat. Die V. eines Staates ist i. d. R. mit der → *Hauptstadt* als Regierungs- und Parlamentssitz identisch; Unterschiede bestehen z. B. in der Republik Südafrika, in der Pretoria die Regierungs- und V. ist, das Parlament jedoch in Kapstadt sitzt.
Verwaltungsreform *administrative reform*: Reform der Aufgaben und Zuständigkeiten (→ *Funktionalreform*) und des Gebietszuschnitts (→ *Gebietsreform*) von → *Verwaltungsgebieten*. Meist werden bei einer V. beide Aspekte gemeinsam in Angriff genommen.
Verwandter (Angehöriger) *relatives, kin*: alle Menschen, die mit einer Person durch gemeinsame Vorfahren (→ *Blutsverwandtschaft*) oder durch Heiratsbeziehungen (→ *Verschwägerung*) verbunden sind. Bestimmte größere Gruppen von V. bilden → *Sippen* und → *Klans*.

Verwandtschaft *relationship, kinship (1.), affinity, kin, link (2.)*: 1. Zusammengehörigkeit von Personen aufgrund gemeinsamer Vorfahren (→ *Blutsverwandtschaft*) oder von Heiratsverbindungen (→ *Verschwägerung*). 2. bei Organismen Besitz gemeinsamer Ahnformen. Auf der V. ist das natürliche System der Organismen, die → *Taxonomie* aufgebaut.
Verwehung *drift, wind-blown dispersal*: Windverblasung → *äolisch* transportfähiger Partikel, z. B. → *Flugsand*, → *Löss*, → *Schnee*, die auch Ablagerungen (ebenfalls „Verwehungen" genannt) bilden können.
Verweildauer *stay time, length of stay*: – bei Saison- oder → *Gastarbeitern* die durchschnittliche Dauer des Aufenthaltes im Beschäftigungsort bzw. -land. Insbesondere bei Anwendung des → *Rotationsprinzips* wird darauf geachtet, die V. relativ kurz zu halten, um eine → *Integration* der Gastarbeiter im Beschäftigungsland zu verhindern. – die durchschnittliche Verweilzeit eines Stoffes in einem Kompartiment, ohne dass er seinen Zustand ändert.Verweildauer transit time in der Ökologie – in der Tourismusstatistik die durchschnittliche Dauer des Aufenthalts eines Touristen an einem Ort bzw. in einer Unterkunft, gemessen in Tagen. Die V. wird aus dem Verhältnis von Gästeankünften zur Zahl der Übernachtungen berechnet.
Verwerfung (Bruch, Sprung) *fault, dislocation*: → *tektonisch* bedingtes Versetzen von Gesteinsschollen innerhalb der → *Erdkruste* entlang von → *Verwerfungs-* bzw. → *Bruchflächen* (wegen der zweidimensionalen Darstellung in geologischen Karten auch als → *Bruchlinien* bezeichnet). Dabei werden zunächst zusammenhängende syngenetische Gesteinsschichten (bei → *Sedimentgesteinen*) oder Gesteinsverbände (bei ungeschichteten → *Massengesteinen*) in → *Schollen* zerlegt und aus ihrer ursprünglichen Lage gebracht. Diese entlang der Verwerfungen erfolgenden Bewegungen können verschieden gerichtet verlaufen. Nach den Richtungen unterscheidet man → *Abschiebung* und → *Aufschiebung* sowie die seitlich gerichtete → *Blattverschiebung*, den kreisartigen Kesselbruch und den treppenartigen → *Staffelbruch*.
Verwerfungsfläche *fault plane*: → *Bruchfläche*.
Verwerfungslinie *fault line*: → *Bruchlinie*.
Verwerfungsquelle *fault spring*: aufsteigende → *Quelle* an einer → *Verwerfung* mit einer wasserundurchlässigen, stauenden neben einer durchlässigen → *Schicht*, wodurch das unter → *hydrostatischem Druck* stehende Wasser zum Aufsteigen gezwungen wird.
Verwestlichung *Westernization*: in Ländern der sog. → *Zweiten* und → *Dritten Welt* das Zurückdrängen traditioneller Lebens- und

Verhaltensweisen zugunsten westlicher, d. h. westeuropäischer und nordamerikanischer Lebensgewohnheiten und Wirtschaftsauffassungen. Durch Aufkommen traditionalistischer, nationalreligiöser und ähnlicher Bewegungen im Rahmen der Bestrebungen, eine eigene Identität aufzubauen, wird die V. v. a. in sog. → *Entwicklungsländern* zunehmend bekämpft (→ *Afrikanisierung*).

Verwilderung *return to the wild state (1.); braiding (2.)*: der → *Domestikation* entgegenlaufender Prozess beim Aus- bzw. Zurückversetzen von Haustieren in eine natürliche Lebensumwelt. Zwar stellt sich nicht wieder die → *Wildform* ein, aber die Domestikationsmerkmale schwächen sich über Generationen hinweg ab, z. B. nimmt die Hirnmasse gegenüber den Haustierformen wieder zu. Verwildert sind z. B. die Dingos Australiens und die Mustangs Nordamerikas.

charakterisiert die → *Fluvialdynamik* von Mittelläufen der Flüsse, in denen sich die Wasserführung durch zahlreiche → *Nebenflüsse* zu hohen Fließgeschwindigkeiten steigert und stoßweise erfolgt, ohne dass die Gefällsverhältnisse ausgeglichen sind. Weitere Voraussetzung der V. ist starke Sedimentzufuhr. Das Gefälle ist zu steil und müsste durch Tiefenerosion vom Fluss ausgeglichen werden, was aber durch die starke Geröllführung verhindert wird. Der Fluss reagiert, indem er sich zerteilt, wobei die einzelnen Arme des wildernden Flusses ein steileres Gleichgewichtsgefälle als der gesammelte Strom haben, weil sie über eine geringere Wassermenge verfügen. Für den Fluss hat sich somit wieder ein Gleichgewichtsgefälle eingestellt. Den wildernden Flüssen charakterisieren ständige Verlagerungen der Teilarme und der Schotter- und Kiesbänke, weil → *Erosion* und → *Akkumulation* gleichzeitig oder in raschem Wechsel stattfinden. Durch Flussausbau, Flussbegradigung und Fließgewässerregulierung können die meisten Flüsse Europas nicht mehr wildern. → *Verwilderte Flüsse* (Braided River) sind eine typische Erscheinung auf Gletschervorfeldern.

verwilderter Fluss *braided river*: aufgrund von hoher, die → *Transportkraft* wiederholt übersteigender → *Flussfracht* entstehender Fluss mit mehreren verzweigten Armen, die durch Bänke getrennt sind. Parallele Flussarme vereinigen sich, um anschließend in zahlreichen kleineren weiterzufließen. Die zur Bildung nötige ständige Materialzufuhr kann von den Ufern, aber auch von flussaufwärts stammen. Reicht die Transportkraft nicht aus, wird die Flussfracht abgelagert und der Abfluss geteilt, was zur wiederholten Verlagerung der Flussarme führt. Im Gegensatz zur → *Breitenverzweigung* bilden sich beim v. F. eher Bänke und weniger Inseln aus.

Verwitterung *weathering, decay, surface disintegration*: unter dem Einfluss der atmosphärischen Bedingungen bzw. der vom → *Klima* und dem → *Ausgangsgestein* abhängigen physikalischen und chemischen Kräfte und Prozesse und unter Beteiligung von Lebewesen ablaufende → *Gesteinsaufbereitung* (Veränderung, Zerstörung und Umwandlung). V. ist in dreierlei Hinsicht geomorphologisch relevant: – sie bereitet durch Lockerung und Zerkleinerung das → *Festgestein* auf und schafft damit Voraussetzungen für Abtragung (→ *Erosion*, → *Denudation*); – sie bereitet die Gesteinsoberflächen durch Bildung einer lockeren Auflage für die im Verbund mit der V. ablaufende → *Bodenentwicklung* vor und schafft Wurzelraum für die als Bodenbildungsfaktor wichtige Vegetation; – sie lässt typische Landformen entstehen und beeinflusst damit die Entwicklung des → *Georeliefs*. Die V.-Prozesse gliedert man in: – physikalische oder mechanische V., z. B. → *Insolations-V.*, → *Frostsprengung* und → *Salzsprengung*; – – physikalisch-biogene V., v. a. → *Wurzelsprengung*, – chemische V., z. B. → *Lösungs-V.*, → *hydrolytische V.*, → *Oxidations-V.* und – chemisch-biogener V., also chemischer V. die z. B. durch Ausscheidungen von Pflanzen (und auch Tieren) verstärkt bzw. ausgelöst wird.

Physikalische V. und chemische V. laufen meist miteinander ab, wobei i. d. R. in → *ariden* und → *nivalen* Klimaten die physikalische und in → *humiden* Klimaten die chemische V. dominiert. V.-Wirkungen hängen von der Zeit ab: Unter gleichen Klimabedingungen sind alte Verwitterungsdecken viel mächtiger und viel stärker verwittert (→ *Verwitterungsgrad*) als junge (→ *Gesteinsaufbereitung*).

Verwitterungsdecke *mantle rock, regolith*: Schicht aus verwittertem Gesteinsmaterial (→ *Verwitterung*), die an der Erdoberfläche dem unveränderten, also nichtverwitterten Gestein aufliegt. Die V. kann vor Ort entstanden sein oder (in Hang- und Hangfußlagen) aus umgelagertem, an anderer Stelle entstandenem Verwitterungsmaterial bestehen und dort große Mächtigkeiten erreichen. In der V. entwickelt sich der → *Boden*.

Verwitterungsgrad *decay degree, decomposition degree, degree of decay, degree of weathering, weathering degree*: – Ausmaß der Veränderungen, die durch → *Verwitterung* in einem Gestein an der Erdoberfläche stattfanden.
– im Sinn der → *chemischen Verwitterung* das Verhältnis verwitterungsstabiler zu verwitterungsinstabilen Mineralen oder von → *Primärmineralen* zu → *Verwitterungsneubildungen* im Boden.

Verwitterungsindex *weathering index*: Wertzahl, die das Verhältnis eines verwitterungsstabilen zu einem verwitterungsinstabilen → *Mineral* im Boden angibt (z. B. der Quarz-Feldspat-Index).

Verwitterungslehme *weathered loam*: jene → *Lehme*, die aufgrund verschiedener → *chemischer Verwitterungsprozesse* entstehen und die z. T. Bestandteil der Prozesse der Bildung von → *Böden* sind. Die V. weisen klimaspezifische Merkmale auf, sodass sie als vorzeitliche Bildungen einen Hinweis auf frühere (→ *vorzeitliche*) Ökosystemzustände der Landschaft zulassen (→ *Bodenbildung*, → *Vorzeitlandschaft*).

Verwitterungsneubildung *weathering products*: → *Mineral* oder Mineralgemenge, das durch Umwandlung oder Neuaufbau aus, bei der → *Verwitterung* freigesetzten Substanzen entsteht. Die wichtigsten V. sind die → *Tonminerale* und → *Sesquioxide*.

Verwitterungsprodukt *decomposition product, disintegration product, weathering product*: Gestein wird durch → *chemische* und → *physikalische Verwitterung* verändert. V. der chemischen Verwitterung können Mineralneubildungen sein (→ *Tonminerale*, → *Oxide*, → *Salze*), die oft Gemische mit Ursprungsmineralen bilden. Auch Lösungen gehören zu den chemischen V.. V. der physikalischen Verwitterung sind chemisch unverändert und lediglich verkleinert, z. B. zu → *Grus*, und sich zu → *Residuum* anreichern.

Verwitterungsprofil *weathering profile*: meist mit dem → *Bodenprofil* identische, durch Verwitterungs- und Bodenbildungsprozesse entstehende Abfolge von strukturell und stofflich unterschiedlich zusammengesetzten Lagen (→ *Bodenhorizont*) innerhalb einer → *Verwitterungsdecke*.

Verwitterungsrinde *weathering rind, weathered crust*: meist harte Rinde an frei liegenden Gesteinsoberflächen, die durch die Ausscheidung von Mineralen entsteht, wenn Sickerwasser nach Zirkulation im Gestein wieder an der Oberfläche austritt und verdunstet und dabei die gelösten Bestandteile ausgefällt werden (→ *chemische Verwitterung*). Bestehen meist aus Eisen- oder Manganoxiden und finden sich insbesondere auf kristallinen Gesteinen in ariden und semiariden Gebieten, aber auch in humiden Gebieten, dort v. a. an Kluftflächen (→ *Wüstenlack*, → *Tafone*).

Verwitterungsstabilität *weathering stability*: Widerstandsfähigkeit eines → *Minerals* oder → *Gesteins* gegenüber den Prozessen der → *Verwitterung*. – Bei Mineralen hängt die V. von der Kristallstruktur, dem Verhältnis von festen (Si-O) zu instabilen (Na-O, K-O, Mg-O, Ca-O) Bindungen und dem Vorhandensein oxidierbaren Eisens, Mangans und Schwefels ab (→ *Stabilitätsreihe*). – Bei Gesteinen bestimmter Festigkeit, Körnungsstruktur, → *Klüftung*, → *Schichtung*, → *Schieferung*, die Widerstandsfähigkeit gegenüber der physikalischen Verwitterung die V., während bei → *Sedimenten* (auch bei → *Sedimentiten*) die chemische Resistenz des Bindemittels (Salze, Ton, Oxide, Kieselsäure) maßgebend ist.

Verwitterungston *residual clay*: Ton, der aufgrund → *chemischer Verwitterung* entsteht und der z. T. Bestandteil der → *Bodenbildung* ist. Weil V. klimaspezifische Merkmale aufweisen, geben sie als Bildungen der → *Vorzeit* Hinweise auf frühere Ökosystemzustände.

Verwundbarkeit → *Vulnerabilität*.

Verwundbarkeitsanalyse *vulnerability analysis*: sozialwissenschaftliche Analysekonzepte, die den Anfälligkeit von Gesellschaften, Volkswirtschaften und politischen Systemen gegenüber durch → *naturgefahreninduzierte Risiken* mit → *quantitativen* und → *qualitativen* Methoden sowie unter Anwendung adäquater → *Indikatoren* untersuchen, um aus den Ergebnissen entsprechende Risiko- und Verwundbarkeitskarten zu erstellen (→ *Vulnerabilität*, → *Resilienz*).

Verwundbarkeitsindex *vulnerability index*: ein aus einem Indikatorensystem resultierender Bericht, der den Grad der Verwundbarkeit eines → *Risikoraums* gegenüber bestimmten durch → *naturgefahreninduzierte Risiken* angibt (→ *Vulnerabilität*).

Vesikularhorizont grobporöser Feinmaterialhorizont mit Bläschenstruktur an der Oberfläche der Böden in warmen und kalten Trockengebieten. Diese besondere Porenstruktur entsteht in den heißen → *Wüsten* durch plötzliches Entweichen eingeschlossener Luft, wenn auf die trockenen Böden ein seltener Regen mit kurzzeitig großen Mengen fällt. Im Polargebiet entstehen die → *Nadelstichporen* durch die → *Ablation* kleiner Eiskristalle in einer wenige Zentimeter mächtigen Feinmateriallage an der Oberfläche.

VGI → *Volunteered Geographic Information*.

VGR → *Volkswirtschaftliche Gesamtrechnung*.

Viabilität *viability*: ein Begriff des → *radikalen Konstruktivismus* nach Ernst von Glasersfeld, der den Ausdruck der V. an die Stelle des Begriffs der → *Wahrheit* bei wissenschaftlichen → *Theorien* setzt, um damit die Gangbarkeit, Brauchbarkeit oder Funktionalität einer Theorie oder eines definierten Lösungsweges zu bezeichnen.

Vicini → *Nachbarn*.

Viehbesatz *stocking rate, livestock number*: Messziffer zur Darstellung des Viehbestandes eines landwirtschaftlichen Betriebes. Der V. wird in → *Großvieheinheiten* (GVE) je Hektar

→ *landwirtschaftlicher Nutzfläche* bzw. Grünlandfläche ausgedrückt.

Viehgangel → *Viehtritt*.

Viehhaltung → *Viehwirtschaft*.

Viehhaltungssystem *system of livestock production*: entsprechend der Gliederung nach → *Bodennutzungssystemen* die typisierende Gliederung der Viehhaltung (→ *Viehwirtschaft*). Dabei werden die vier wichtigsten Viehhaltungszweige erfasst: die Milchvieh-, die Jungrinder-, die Kleinwiederkäuer- und die Schweinehaltung. Die Geflügelhaltung bleibt beim V. unberücksichtigt. Nach dem Arbeitsbedarf der Nutzviehhaltung unterscheidet man nach dem Leitviehzweig (an erster Stelle genannt) und dem Begleitviehzweig (an zweiter Stelle genannt, z. B. Milchvieh-/Schweinehaltung und Jungrinder-Milchviehhaltung).

Viehleihe → *Viehpacht*.

Viehpacht (Viehleihe) *livestock leasing*: bis Ende des 19. Jh. in West- und Südwestdeutschland auftretende Form der Viehhaltung. Dabei erfolgte leihweise die Überlassung eines oder mehrerer Stück Vieh an einen → *Pächter*. Dieser war für die Fütterung und Pflege zuständig, wofür ihm Milcherträge, Arbeitsleistung und Dung zufielen. Einnahmen aus der Nachzucht wurden von Pächter und Verpächter geteilt.

Viehstapel *livestock*: in einem landwirtschaftlichen Betrieb der Bestand an lebendem Nutzvieh (→ *Nutzviehhaltung*).

Viehtrieb *cattle drive*: der in den Alpen im Rahmen der → *Almwirtschaft* Ende Mai erfolgende Almauftrieb und Ende September stattfindende Almabtrieb des Viehs. Der Begriff V. ist auch bei der → *Transhumanz* üblich.

Viehtritt (Viehgangel) *cattle tread, cattle step, mill surface, sheep path*: schmale, weitverbreitete und vergesellschaftete Grasstufen mit erdiger Trittfläche, aber grasbedecktem Stufenabfall an steilen Hängen in → *Hochgebirgen* und höheren → *Mittelgebirgen*. Sie entstehen durch hangparalleles Gehen des Viehs (v. a. der Rinder) und sind oft Auslöser von Bodenschäden (z. B. → *Rasenwälzen*) bzw. → *Bodenerosion*. Weil die Trittflächen der V. vollkommen vegetationsfrei sind, setzt hier die Wassererosion an, die dann die Hänge und damit die Vegetation flächenhaft zerstört. Alle Vorgänge werden durch Austritte von Quell-, → *Hang*- oder → *Grundwasser* an den Hängen begünstigt, ebenso durch Schneeschmelzwasser.

Viehwirtschaft (Viehhaltung) *lifestock husbandry*: in der → *Landwirtschaft* wichtiger Zweig neben dem → *Ackerbau*, der in vielen Teilen der Erde als Folge der extremen klimatischen Bedingungen (z. B. → *Trockengebiete*, → *Tundra*) die einzig mögliche Form der → *Bodennutzung* ist. Zur V. gehören die Haltung, Nutzung und Züchtung von Vieh. Innerhalb der V. unterscheidet man die Rinder-, Pferde-, Schweine-, Geflügelhaltung usw. Bei einer V., die mehrere Viecharten umfasst, liegt eine gemischte Tierhaltung vor. Je nachdem, in welchem landwirtschaftlichen → *Betriebssystem* V. betrieben wird, kann der Schwerpunkt der Viehhaltung auf Milchwirtschaft, Jungviehaufzucht, Rinder- oder Schweinemast usw. liegen. Die V. ist die tragende wirtschaftliche Basis des → *Nomadismus*, der → *Transhumanz* oder der → *Almwirtschaft*. Sie tritt ferner als bodenständige → *Weidewirtschaft* und als reine → *Stallhaltung* auf.

Viehzucht (Tierzucht) *cattle breeding*: Bestandteil der → *Viehwirtschaft*, bei der Tiere zur Nachzucht gehalten werden. Oft wird der Begriff V. mit dem der Viehhaltung (→ *Viehwirtschaft*) gleichgesetzt.

Vielehe → *Polygamie*.

Vielfältigkeit → *Diversität*.

Vielfältigkeitswert *diversity value*: → V-Wert 2.

vielgewannige Flur *multi-plot field*: → *Flur* mit zahlreichen kleinen → *Gewannen*, meist in der Form einer kreuzlaufenden → *Gewannflur*.

Vielkanter → *Windkanter*.

Vielkernballung *multi-nuclei agglomeration*: gelegentlich gebrauchter Begriff für ein → *Ballungsgebiet* mit einer größeren Anzahl von → *Kernstädten*, die nicht in hierarchischer Ordnung zueinander stehen, sondern nach Einwohnerzahl und zentralörtlicher Bedeutung ungefähr der gleichen Größenordnung angehören. Die V. gehört zu den *polyzentrischen Ballungsgebieten*; in Deutschland ist das Ruhrgebiet die einzige V..

Vielmännerei → *Polyandrie*.

Vielvölkerstaat *multinational state*: → *Staat*, der Angehörige einer größeren Anzahl verschiedener → *Völker* umfasst, wie Russland, China und Indien.

Vielweiberei → *Polygynie*.

Vierfelderwirtschaft *four-field rotation*: → *Fruchtfolgesystem* mit stark betontem → *Getreidebau*. Die → *Fruchtfolge* bei der V. ist Blattfrucht – Getreide – Getreide – Getreide (→ *Dreifelderwirtschaft*).

Vierkanter → *Vierkanthof*.

Vierkanthof (Vierkanter) *square: farmstead*: → *Gehöfttyp*, bei dem ähnlich wie beim → *Vierseithof* die Gebäude (Wohnhaus, Stall, Scheune, Schuppen) einen rechtwinkligen Innenhof umschließen, die Gebäude an ihren Enden aber jeweils miteinander verbunden sind. Ein typisches Verbreitungsgebiet für V. ist z. B. Mittelschweden.

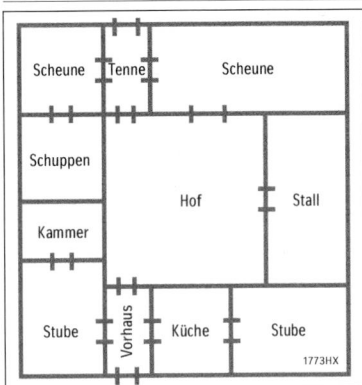

Vierkanthof

Vierseitgehöft → *Vierseithof.*
Vierseithof (Vierseitgehöft) *four-cornered farmstead*: → *Gehöfttyp*, bei dem die Bauten (Wohnhaus, Stall, Scheune, Schuppen) einen rechtwinkligen Innenhof umschließen. V. gibt es z. B. häufig in Niederbayern. Ist die Firstlinie verbunden, spricht man von einem → *Vierkanthof.*
Vierständerhaus *unitary farmhouse*: Konstruktionstyp eines → *Einheitshauses*, z. B. bei den niederdeutschen → *Hallenhäusern*. Zur Abstützung der Dachlast liegen die äußeren Ständerreihen in der Außenlängswand, sodass für die Erntebergung ein großer Dachraum bleibt (→ *Gulfhaus*).
Vierte industrielle Revolution → *Industrie 4.0.*
Vierte Welt *Fourth World*: Gruppe ärmerer → *Entwicklungsländer* (→ *less developed countries*), die wegen fehlender eigener Rohstoff- und Energiereserven von Rohstoffpreissteigerungen (insbesondere bei → *Erdöl*) besonders hart betroffen sind.
Viertel (Quartier) *quarter*: 1. nicht-administrativer Teilraum einer → *Siedlung*, der sich bei einer genetischen, funktionalen oder sozialräumlichen Gliederung ergibt. Da die → *Viertelsbildung* zu den typischen Merkmalen der → *Stadt* gehört, bestehen V. i. d. R. als → *Stadtviertel.* 2. in Österreich historische Bezeichnung für bestimmte Landschaften, z. B. Wald-, Mühl-, Innviertel.
Viertelsbildung *development of urban quarters*: Ausbildung von → *Vierteln*, insb. von → *Stadtvierteln*. Die V. kann historische Ursachen haben (Zusammenwachsen unterschiedlich strukturierter Siedlungen zu einer → *Stadt*); i. d. R. ist sie aber das Ergebnis innerer funktionaler Differenzierung und sozialer → *Segregation*, die in einer Stadt von einer bestimmten Größe und funktionalen Vielfalt an eintreten. Entsprechend äußert sich die V. durch unterschiedliche Funktionen, Flächennutzungen und → *Bevölkerungsstrukturen* in den verschiedenen Vierteln (→ *Stadtmodell*).
Viertelswanderung *shift of a quarter*: → *Standortverlagerung* eines nach sozio-ökonomischen oder funktionalen Kriterien abgegrenzten → *Stadtviertels*. Z. B. war in vielen historischen Städten eine → *Wanderung* der → *Wohnviertel* der sozialen → *Oberschicht* von innen nach außen zu beobachten, die sich in jüngerer Zeit tendenziell zu einer → *Reurbanisierung* der → *Innenstadt* umkehrt.
Villa *villa*: in der römischen Antike und in der Renaissance ein größeres Landhaus mit Park, meist von Städtern, Patriziern, Adligen usw. bewohnt. Nach heutigem Sprachgebrauch ist eine V. ein großes repräsentativ ausgestattetes Einfamilienhaus mit größerem Garten, das häufig in einem → *Villenviertel* liegt.
villas miserias *misery villages*: → *Elendsviertel* in Südamerika, z. B. in Argentinien.
Villenviertel *residential area [of high living quality]*: → *Stadtviertel*, in dem überwiegend Angehörige der sozialen → *Ober-* und oberen → *Mittelschicht* in → *Villen* oder villenartigen Einfamilienhäusern wohnen. V. gehören innerhalb von größeren → *Städten* i. d. R. zu den attraktivsten → *Wohnvierteln* mit den höchsten → *Bodenpreisen*.
Vindelizische Schwelle *Vindelician mountains*: eine von der → *Trias* bis zum → *Tertiär* in wechselnder Gestalt bestehende großräumige Festlandsschwelle, welche die → *Tethys* vom → *Germanischen Becken* trennte, sodass es nördlich und südlich der V. S. zu unterschiedlich sedimentierten → *Fazien* kam. Die V. S. setzte im Bereich Zentralmassiv/Untere Rhône an und erstreckte sich nach Nordosten bis zur Böhmischen Masse.
Virgation *virgation*: gegenüber der → *Scharung* das Auseinandertreten – meist in Fächergestalt von Faltengebirgssträngen, sodass sich zwischen diesen breite Talformen ausbilden konnten, z. B. in den Ostalpen oder in Hinterindien.
Virtual Reality (VR) eine in Echtzeit computergenerierte 3D-Simulation der Wirklichkeit. VR-Systeme finden zunehmend im Home Entertainment Verwendung, bspw. in der Computer- und Videospielindustrie. Zur Hardwareausstattung gehört ein Head-Mounted-Display (VR-Brille), über den Echtzeitsimulationen dargestellter Räume durch den Nutzer wahrgenommen werden können. In der → *Geographie* findet VR insbesondere in der → *Kartographie* Anwendung, z. B. zur VR-basierten 3D-Visualisierung des realen Raumes und zur Untersuchung einer verbesserten

räumlichen Orientierungsleistung bzw. kognitiven Raumvorstellung (→ *mental map*).

Virtuelle Realität (VR) *virtual reality*: Darstellung und Wahrnehmung der Welt (in ihren physikalischen Eigenschaften) in einer in Echtzeit computergenerierten, interaktiven virtuellen Umgebung (→ *Augmented Reality*, → *Simulacrum*). VR-Systeme finden zunehmend im Home Entertainment Verwendung, bspw. in der Computer- und Videospielindustrie. Zur Hardwareausstattung gehört ein Head-Mounted-Display (VR-Brille), über den Echtzeitsimulationen dargestellter Räume durch den Nutzer wahrgenommen werden können. In der Geographie findet VR insbesondere in der Kartographie Anwendung, z.B. zur VR-basierten 3D-Visualisierung des realen Raumes und zur Untersuchung einer verbesserten räumlichen Orientierungsleistung bzw. kognitiven Raumvorstellung (mental map).

virtuelle Temperatur (Abkürzung: Tv) *virtual temperature*: Rechengröße der → *Temperatur*, die für hydrostatische Berechnungen von Luftbewegungen benötigt wird. Die v. T. berücksichtigt die Tatsache, dass die → *Luft* der → *Atmosphäre* wegen des veränderlichen Gehaltes an → *Luftfeuchtigkeit* kein ideales Gas darstellt. Die v. T. ist die berechnete Temperaturwert, welchen absolut trockene Luft gleicher Dichte wie die betrachtete feuchte Luft haben müsste. Die v. T. ist immer höher als die tatsächliche Temperatur. Sie kann Tabellen entnommen werden.

virtuelle Unternehmung *virtual enterprise*: spezielle Form des inter-organisationalen → *Netzwerkes*. Eine v. U. stellt eine zeitlich begrenzte Interaktion (→ *Kooperation*) mehrerer → *Unternehmen* mit bestimmten → *Kernkompetenzen* dar. Die Zusammenarbeit basiert auf dem Einsatz modernster → *Informations- und Kommunikationstechnologien*, die eine räumliche Nähe der beteiligten Akteure überflüssig machen.

Visegrád-Gruppe *Visegrád Group*: Gruppe mittel- und osteuropäischer → *Transformationsländer* (Polen, Ungarn, Tschechien, Slowakei, Slowenien, Rumänien).

Viskosität *viscosity*: Zähigkeit von Flüssigkeiten und halbfesten Körpern infolge innerer Reibung.

visuelle Variablen → *graphische Variablen*

Vitalität (Lebensfähigkeit) *vitality*: charakteristische Eigenschaft eines pflanzlichen, tierischen oder menschlichen Organismus, erblich bedingt und von den Umweltverhältnissen bestimmt, gegen den Umweltdruck zu existieren bzw. zu überleben. – in der → *Demographie* Ausdruck für das Verhältnis von Lebend- zu Totgeborenen. Eine hohe V. einer Bevölkerung bedeutet eine geringe → *Totgeborenenquote*.

Vley *vley, vlei*: verschieden große, sehr flache → *Hohlform* südafrikanischer → *Trockengebiete*, ähnlich der vegetationsfreien → *Pfanne*, dieser gegenüber teilweise oder ganz mit einer Strauch- bis Buschvegetation bestanden. In den Regenzeiten füllt sie sich mit Wasser.

Vogelfußdelta → *Fingerdelta*.

Volk *people, nation*: Gruppe von Personen, die durch bestimmte Gemeinsamkeiten, z.B. gemeinsame Abstammung, Sprache, Kultur und Geschichte verbunden ist. Der Begriff V. ist nicht eindeutig abgrenzbar, insbesondere nicht gegenüber → *Nation*, aber auch Ethnie. Während letzterer Begriff eher eine politisch-ideologische Gemeinschaft bezeichnet, bezeichnet V. eher eine sprachlich-ethnisch-kulturelle Gemeinschaft.

Völkerbund *League of Nations*: eine Vereinigung souveräner → *Staaten* mit Sitz in Genf, die mit dem Ziel der Friedenssicherung nach dem Ersten Weltkrieg gegründet wurde und von 1920 bis 1946 bestand. Die Hauptaufgaben des V. waren Sicherung des Weltfriedens, Vermittlungstätigkeit bei zwischenstaatlichen Konflikten und Verwaltung der → *Mandatsgebiete*. Viele Aufgaben des V. wurden nach dem Zweiten Weltkrieg von der → *UNO* übernommen.

Völkerkunde *ethnology*: ältere Bezeichnung für → *Ethnologie*.

Völkermord (Genozid) *genocide*: Gewalt in Folge von → *Rassismus*. Im Unterschied zur „→ *ethnischen Säuberung*" verfolgt V. das Ziel, auf direkte oder indirekte Weise eine nationale, ethnische oder religiöse Gruppe als solche ganz oder teilweise zu zerstören. V. gilt seit der „Konvention über die Verhütung und Bestrafung des Völkermordes" durch Beschluss der Generalversammlung der Vereinten Nationen (→ *UNO*) von 1948 als ein Straftatbestand im Völkerstrafrecht und kann nicht verjähren.

Völkerwanderung *mass migration, migration of people*: 1. im weiteren Sinn jede → *Wanderung* eines ganzen → *Volkes* in neue Siedlungsgebiete. 2. im engeren Sinn Bezeichnung für die in der Spätantike beginnenden Wanderungen germanischer und anderer Völker in Europa, die zum Ende des Römischen Reiches führten und die in den Grundzügen bis heute bestehende Verteilung der Siedlungsgebiete der europäischen Völker mit sich brachten.

Volkseigener Betrieb (VEB) *nationalized firm*: die in der ehem. → *DDR* verstaatlichten bzw. vom Staat neu gegründeten Betriebe.

Volkseinkommen *aggregate national income*: Teilrechnung der → *Volkswirtschaftlichen Gesamtrechnung*. Verallgemeinernd versteht man unter V. die Summe der Einkommen einer → *Volkswirtschaft* während eines Jahres.

Volkskommune *people's commune*: in der Volksrepublik China eine Gemeinschaft mit mehreren 1000 Familien, die anstelle früherer Landgemeinden eine Verwaltungseinheit bildeten. Alle → *Produktionsgüter* (Boden, Betriebe usw.) befinden sich in gemeinschaftlichem Besitz. Die Mitglieder der V. bearbeiten z.B. gemeinsam die Felder und leben in Wohngemeinschaften, die größtenteils von Gemeinschaftsküchen versorgt werden. Der V. unterstehen Aufgaben der Verwaltung, Produktion und Versorgung sowie der Ausbildung.

Volkskultur → *Populärkultur*.

Volkskunde *ethnic studies*: Wissenschaft von den Volksbräuchen, -traditionen, der Volkskunst, den Mundarten und der Volksdichtung (meist in der eigenen Gesellschaft). Ein Hauptziel der V. ist dabei das Sammeln älterer Zeugnisse der materiellen und geistigen Volkskultur, häufig im Zusammenhang mit der → *Denkmalpflege*. An den meisten Universitäten wurde das Studienfach V. zu Beginn des 21. Jh. in „Europäische → *Ethnologie*" umbenannt.

Volkswirtschaft *national economy*: Gesamtheit der Einrichtungen und Maßnahmen in einem → *Staat*, die zur Deckung des Bedarfs an privaten und öffentlichen → *Gütern* und → *Dienstleistungen* gegeben sind. Eine V. kann als → *Marktwirtschaft*, als → *Planwirtschaft* oder einem Mischtyp beider Systeme organisiert sein. Besonders die marktwirtschaftlich organisierten V. sind als Folge einer → *internationalen Arbeitsteilung* weltweit miteinander verflochten.

Volkswirtschaftliche Gesamtrechnung (VGR) *national accounts*: stellt als amtliche Wirtschaftsstatistik mit mehreren Teilrechnungen die Entstehung, Verteilung und Verwendung der wirtschaftlichen Leistung dar und ist ein Teilgebiet der → *Makroökonomie*. Als Maß dient das Einkommen bzw. Produkt einer → *Volkswirtschaft* in einem Zeitraum (meist ein Jahr). Anhand der Veränderungsraten in der v. G. kann das → *Wirtschaftswachstum* von Volkswirtschaften (→ *Konjunktur*) ermittelt werden. Begrifflich zu trennen sind das Inlandsprodukt sowie das Nationaleinkommen (alte Bezeichnung: Sozialprodukt) sowie ob es sich um Brutto- oder Nettowerte (d. h. abzüglich der gesamtwirtschaftlichen Gebrauchskosten durch Abnutzung oder → *Abschreibung*) handelt. Folgende Teilrechnungen werden unterschieden: – Ausgangspunkt stellt der → *Bruttoproduktionswert*, also der Geldwert aller in einer Periode produzierten → *Sachgüter* und erbrachten → *Dienstleistungen*, innerhalb der Landesgrenzen (im Inland) dar. Durch Abzug der Vorleistungen ergibt sich die → *Bruttowertschöpfung*. Die Bruttowertschöpfung erfasst die Entstehungsseite der Wirtschaftsleistung. – das Bruttoinlandsprodukt (→ *BIP*) entspricht der Bruttowertschöpfung zuzüglich indirekter Steuern (z.B. Umsatzsteuer) und Importabgaben sowie abzüglich Unternehmenssubventionen. Es sind die auf Ausländer entfallenden Leistungen mit eingeschlossen. Das BIP gibt die Verwendungsseite der Wirtschaftsleistung wieder. – das Bruttonationaleinkommen (→ *BNE*) errechnet sich durch Reduktion des BIP um Leistungen, die ins Ausland gewandert sind (von Ausländern im Inland erstellte Leistungen) sowie Addition solcher Leistungen, die vom Ausland ins Inland geflossen sind (von Inländern im Ausland erstellte Leistungen). Das BNE zeigt die Verteilung der Wirtschaftsleistung. – werden dem → *Nettonationaleinkommen* (= BNE abzüglich → *Abschreibungen*) indirekte Steuern und Importabgaben abgezogen sowie die Unternehmenssubventionen hinzugerechnet, ergibt dies das → *Volkseinkommen*, welches – um direkte Steuern (z.B. Einkommensteuer) reduziert und um Sozialbeiträge sowie Transfereinkommen (z.B. BAföG) erhöht, schließlich das verfügbare Einkommen einer Volkswirtschaft ausmacht.

Volkswirtschaftslehre (Nationalökonomie) *economics*: wichtiges Teilgebiet der → *Wirtschaftswissenschaften*. Die V. analysiert die gesamtwirtschaftlichen Zusammenhänge (→ *Makroökonomie*) in einer → *Volkswirtschaft*. Zur Untersuchung von Gesetzmäßigkeiten geht sie auch einzelwirtschaftlichen Phänomenen nach (→ *Mikroökonomie*). Ein wichtiger Bereich innerhalb der V. ist die → *Wirtschaftstheorie*. Zur V. zählen ferner die Finanzwissenschaften, Teile der Wirtschaftsgeschichte sowie die theoretische → *Wirtschaftspolitik*.

Volkszählung (Zensus) *census*: in regelmäßigen Abständen durchgeführte Bestandsaufnahme der → *Bevölkerung* eines Raumes. Meist erfolgt eine V. anhand einer Befragung der Bevölkerung mit einem Fragebogen zu persönlichen Daten. Wenn Melderegister vorhanden sind, kann eine V. aber auch als sog. Registerzensus ohne Befragung der Bevölkerung durchgeführt werden. Eine V. geht über die Zählung aller Einwohner an ihrem Wohnsitz hinaus und gibt daher nicht nur Aufschluss über die Zahl der Bevölkerung für den Gesamtraum und seine Verwaltungsgebiete. Eine V. liefert auch Angaben zu Familienstand, Alters-, Sozial-, Bildungs- und Erwerbsstruktur der Bevölkerung. V. werden häufig mit Berufs-, Gebäude-, Wohnungs- und Arbeitsstättenzählungen verbunden. V. dienen damit als Grundlage für Verwaltungshandeln, → *Raumplanung* und Fachplanun-

vollausgestatteter Zentraler Ort *fully equipped central place*: → *Zentraler Ort* einer bestimmten Hierarchiestufe, der – bezogen auf das Anspruchsniveau der → *Bevölkerung* in seinem → *Einzugsgebiet* – alle zentralörtlichen Einrichtungen der betreffenden Stufe in ausreichender Qualität besitzt (→ *teilausgestatteter Zentraler Ort*).

Vollbauer → *Vollerwerbslandwirt*.

Vollbeschäftigung *full employment*: Zustand des → *Arbeitsmarktes*, bei dem jede → *Erwerbsperson* einen Arbeitsplatz besitzt oder – bei gewünschtem Wechsel – ohne Schwierigkeiten einen neuen bekommt, somit also nur eine geringfügige Zahl von Arbeitslosen existiert. Die → *Arbeitslosenquote* beträgt bei V. nahe 0%. Aufgrund der → *natürlichen Arbeitslosenquote* spricht man jedoch von V. bei einer Arbeitslosenquote unter 3%.

Vollerhebung *comprehensive survey*: Form der Datenerhebung, bei der alle Einheiten einer → *Grundgesamtheit* erfasst werden. Voraussetzung ist dabei, dass die Grundgesamtheit bekannt ist. Eine V. ist i. d. R. sehr aufwändig und nur bei kleinen Grundgesamtheiten möglich. Daher wird häufig eine → *Stichprobenerhebung* gewählt.

Vollerntegerät (Vollernter) *combined harvester*: Landmaschine, die alle beim Erntevorgang anfallenden Arbeitsgänge ausführt. Bekannte V. sind Mähdrescher, Kartoffel- und Rübenvollernter oder Baumwollpflückmaschine.

Vollernter → *Vollerntegerät*.

Vollerwerbsbetrieb *full-time farming enterprise*: in der → *Agrarstatistik* inzwischen nicht mehr verwendeter Begriff für einen → *Landwirtschaftsbetrieb*, in dem der Großteil der Arbeitszeit und des Einkommens der bäuerlichen Familie auf die landwirtschaftliche Tätigkeit entfällt. In der heutigen Agrarstatistik wird von → *Haupterwerbsbetrieben* gesprochen (→ *Nebenerwerbsbetrieb*).

Vollerwerbslandwirt (Vollbauer) *full-time farmer*: Angehöriger einer agrarsozialen Gruppe, der selbstständig ein genügend großes Bodeneigentum bewirtschaftet, welches einer Familie mit mindestens 1–2 mitarbeitenden Vollarbeitskräften ein angemessenes Einkommen sichert. Der V. lebt teilweise auch heute noch in einer Hausgemeinschaft, die eine Zwei-bis-Drei-Generationen-Familie ist.

Vollform *full form*: geomorphologischer Basisbegriff, der → *Flachform* und → *Hohlform* gegenübersteht. Bei der V. fallen die → *Hänge* nach mehreren Seiten, mehr oder weniger stark geneigt und höchstens engräumig durch Verebnungen oder Steigungen unterbrochen, von einer Fläche, Linie oder einem Punkt aus ab.

vollkommener Brunnen *perfect well*: ein → *Brunnen*, der Wasser aus einem gesamten Grundwasserkörper fördert.

vollkristallin *holocrystalline*: → *holokristallin*.

Vollnomadismus *full nomadism*: ausgeprägteste Form des → *Nomadismus*, bei dem ausschließlich die Viehhaltung Grundlage der Ernährung und dauernde Mobilität der ganzen sozialen Gruppe gegeben ist (→ *Halbnomadismus*).

Vollökumene *habitable zone*: → *Ökumene* im eigentlichen Sinn, im Gegensatz zur → *Semiökumene*.

Vollreife *full maturity, full ripeness*: ein Reifestadium, z. B. des Getreides, bei welchem Schrumpfung, Verhärtung, Ausfall und Verfärbung der Körner auftritt.

vollständige Familie *complete family*: in der → *Demographie* Bezeichnung für eine aus einem Ehepaar und mindestens einem Kind bestehende → *Familie* (→ *unvollständige Familie*).

Vollwüste *absolute desert*: → *Wüste* mit extremer → *Aridität*, d. h. Gebiet nur mit → *episodischen* → *Niederschlägen* in Jahrzehntabständen, mit fast völligem Fehlen von Vegetation und → *Böden*. Lediglich → *Ephemere* können vorkommen. Die V. entspricht damit der → *Kernwüste*, der man die → *Randwüste* gegenüberstellt.

Vollzirkulation *complete: circulation*: Situation in → *Seezirkulation*, bei der in → *Jahreszeitenklimaten* das gesamte Wasser eines → *Sees* umgeschichtet und durchmischt wird. V. findet in den → *Mittelbreiten* wetter- und witterungsbedingt im Frühjahr und im Herbst statt (→ *dimiktisch*).

Volumengewicht *volume weight*: → *Lagerungsdichte*.

Volumenstrom *discharge, flow, flow rate, volume flow*: jenes Volumen des → *Grundwassers*, das pro Zeiteinheit einen Fließquerschnitt durchströmt.

Voluntarismus *voluntarism*: eine anthropologische Auffassung im 19. Jh., die den Vorrang des Willens des Menschen betont und daher die sozial-kulturelle Wirklichkeit als Ausdruck des Willensakte der handelnden Subjekte (→ *Handlung*) versteht. In der → *Geographie* steht dieses Menschenbild im Gegensatz zum → *Determinismus* und zum → *Possibilismus*. Der Mensch handelt aufgrund seines Willens (als eine Synthese von Empfindung (Vorstellung), Gefühl und Streben), und unterliegt keinen äußeren Rahmenbedingungen.

Volunteered Geographic Information (VGI) raumbezogene Informationen, die von einer Community aus Freiwilligen erhoben und organisiert werden, um sie der Öffentlichkeit frei zur Verfügung zu stellen. Das aktuell bekannteste VGI-Projekt ist → *Open Street Map* (OSM).

Vorbehaltsfläche *restricted area*: → *Vorbehaltsgebiet*.

Vorbehaltsgebiet *restricted area*: Instrument der → *Raumordnung* und → *Landes-* und → *Regionalplanung* zum Zweck der Flächenvorsorge. In einem V. soll einer bestimmten raumbedeutsamen Funktion oder Nutzung bei einer Konkurrenz mit anderen Nutzungen im Rahmen der Abwägung besonderes Gewicht beigemessen werden, den Planungsträgern bleibt aber im Gegensatz zu → *Vorranggebieten* ein beträchtlicher Gestaltungs- und Interpretationsspielraum.

Vorbelastung *initial level of pollution (1.); preloading (2.)*: – in der → *Landschaftsökologie* jener Ökosystemzustand, der durch → *Stress* infolge verschiedener stofflicher und/oder energetischer → *Belastungen* erreicht ist, die ihn nicht mehr als → *natürlich* oder → *quasinatürlich* bezeichnen lassen. – im → *Umweltschutz* wird vor der Genehmigung der Inbetriebnahme neuer technischer Anlagen die V. an → *Emissionen* (Lärm, Schadstoffe, Abwärme) festgestellt, um die Zusatzbelastung zu ermitteln, die zur Vorhandenen dazu kommt. Die Genehmigung orientiert sich am → *„Stand der Technik"* bzw. „Stand von Wissenschaft und Technik", unter Einsatz von Grenz- und Richtwerten, wie sie z. B. → *TA Luft* oder → *TA Lärm* vorgeben. Als Ermittlungshilfe dienen Modelle, z. B. Ausbreitungsmodelle.

vorbereitender Bauleitplan *land use plan*: in der → *Bauleitplanung* andere Bezeichnung für den → *Flächennutzungsplan*.

Vorberg *foothill, outlier*: Einzel- oder Gruppenform, die sich vor einem höheren Gebirgsland befindet, z. B. als → *Randhügel* vor der höheren Schulter eines → *Grabens* oder als → *Zeugenberg* vor einer → *Schicht-* oder → *Rumpfstufe*.

Vorderseitenwetter *front weather*: ein durch tiefhängende Schichtwolken (→ *Nimbostratus*) und z. T. ausgiebige → *Aufgleitniederschläge* geprägtes → *Wetter* an der Vorderseite der → *Warmfront* einer → *Zyklone* (→ *Rückseitenwetter*).

Vordüne (Primärdüne) *foredune*: erste → *äolische Akkumulation* und Anfangsstadium einer → *Küstendüne* in Sand auf den mehr oder weniger breiten Küstenstreifen, auf welchen Sandbänke trocken fallen, sodass Verwehungen möglich sind. Die V. beginnen sich meist hinter kleinen und kleinsten Hindernissen (z. B. Geröllen oder Muschelschalen) oder aus alten → *Strandwällen* zu entwickeln und allmählich zu wachsen. Kann Höhen bis zu 20 m über dem Strand erreichen. Das Wachstum der V. wird wesentlich von der allmählich sich einstellenden Vegetation gefördert, z. B. durch → *Pionierpflanzen* wie Strandhafer und Strandroggen. Wird die Vegetationsdecke durch natürliche oder anthropogene Prozesse wieder zerstört, kann sich aus der V. eine → *Wanderdüne* bilden.

Vorflut *drainage capability*: wenn Oberflächenwasser durch natürliche (z. B. Flussbetten) oder technogene (z. B. Kanäle) Vorgaben die Möglichkeit hat, mit → *natürlichem Gefälle* abzufließen. Dies geschieht im → *Vorfluter*.

Vorfluter *receiving stream, watercourse, flood basin*: 1. der → *natürliche* V. ist ein i. d. R. offenes → *Fließgewässer*, das die sogenannte → *Vorflut* aufnimmt, d. h. abfließendes Wasser aus → *Gerinnen* niedrigerer Ordnung (z. B. → *Nebenflüssen*), aus → *Grundwasser*körpern, abrinnendes → *Hangwasser-* oder sonstigen Oberflächenabflusssystemen. Praktisch jedes Gewässer erfüllt gegenüber anderen Fließgewässern eine V.-Funktion. 2. in überbauten Gebieten, v. a. Siedlungen (→ *Stadtgewässer*), ist die → *Vorflut* z. T. künstlich geregelt und praktisch immer überdeckt bzw. durch Rohrsysteme (→ *Kanalisation*) repräsentiert. Die sich in diesen überdeckten V. abspielende künstliche Vorflut dient der Entwässerung bzw. dem Wasserabzug unter auch ungünstigsten Abfluss- und Witterungsbedingungen. Künstliche V. befinden sich auch in Gebieten mit → *Entwässerung*, mit → *Neulandgewinnung* und Anlagen von → *Poldern*.

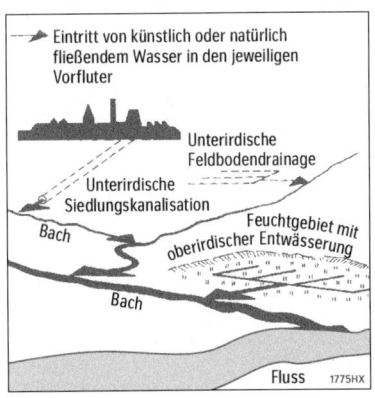

Vorfluter

Vorfrucht *preceding crop*: bei der → *Fruchtfolge* die jeweils vorangehende Frucht. Die V. kann sich u. U. negativ auf die ihr nachfolgende Kultur auswirken, da sie z. B. einen unterschiedlichen Nährstoffbedarf und daher den Bodenzustand wesentlich beeinflussen kann.

Vorfruchtwert

→ *Blattfrüchte* sind z. B. gute V. für nachfolgende → *Halmfrüchte*.

Vorfruchtwert *value of preceding crop*: die Bedeutung einer → *Nutzpflanze* in der → *Fruchtfolge* als → *Vorfrucht*. I. d. R. lässt man Pflanzen mit hohen Vorfruchtansprüchen auf solche mit hohem V. folgen und stellt solche mit nur geringen Vorfruchtansprüchen hinter solche mit geringem V..

Vorfrühling *pre-spring*: 1. durch → *kontinentale* → *Hochdruckgebiete* geprägter → *Regelfall der Witterung* in Mitteleuropa in der zweiten Hälfte des Monats März (Häufigkeit 70%). Der V. bringt die erste deutliche mittägliche Erwärmung. 2. eine → *phänologische Jahreszeit*.

Vorgärten *front gardens*: allgemein kleinere Gärten, Häusern vorgelagert und im → *urban-industriellen Ökosystem*, d. h. Siedlungsgebieten, wichtige ökologische Funktionen erfüllen, weil hier die Erdbodenoberflächen ohne → *Versiegelung* bleibt, sodass sich der Austausch zwischen → *Pedosphäre* und → *Atmosphäre* ungehindert vollziehen kann und den → *Stadtbiota* Lebensraum geboten wird. Sie sind im innerstädtischen Bereich wichtige → *Grünflächen*, die – bei größerer Ausdehnung auch Bestandteile städtischer → *Grüngürtel* sein können. In eng bebauten Städten sind sie oft die einzigen Repräsentanten des → *Stadtgrüns* (→ *Stadtökologie*, → *Stadtökosystem*).

vorgerückte Küste *regression coast*: Küstenbereich, in dem sich → *Regression* vollzieht.

Vorhafen *outer port*: → *Hafen*, der – von der See aus gesehen – vor dem ursprünglichen Hafen liegt, insbesondere weiter seewärts an einer Flussmündung. Ein V. entwickelt sich v. a. dann als jüngerer Hafen, wenn der ältere Hafen von den Erweiterungsmöglichkeiten her (z. B. eingeengte Stadtlage) oder wegen der Schiffbarkeit der Zufahrt den neueren Verkehrsbedürfnissen nicht mehr entspricht. Beispiele für V. sind Bremerhaven oder die Häfen an der Themsemündung unterhalb von London.

Vorhafengruppe *group of outer ports*: mehrere sich funktional ergänzende → *Vorhäfen* im Bereich eines größeren Hafens. So hat sich an der Themsemündung eine Londoner V. mit spezialisierten Aufgaben entwickelt.

Vorkommen *deposit*: 1. allgemein eine Fundstelle, z. B. von Gesteinen, Fossilien oder Erzen. 2. räumliche Konzentration nutzbarer Mineralien, jedoch nicht in abbauwürdigen Anreicherungen; in diesem Sinne keine → *Lagerstätte*.

Vorland *foreland, foot hills, frontland, piedmont slope (1.); foreshore (2.)*: 1. Gebiet vor einem Berg oder Gebirge, das sich als eine meist niedrigere, auch geomorphographisch weniger gegliederte und ökologisch mit geringerer → *Diversität* ausgestattete Landschaft erweist. 2. Bereich vor dem → *Deich* eines Gewässers, der noch nicht geschützt wird, gleichwohl → *anthropogen* verändert wird, z. B. durch Anlegen von → *Lahnungen* als erste Maßnahme der → *Neulandgewinnung*. Das V. wird jedoch vom Gewässer noch regelmäßig überflutet.

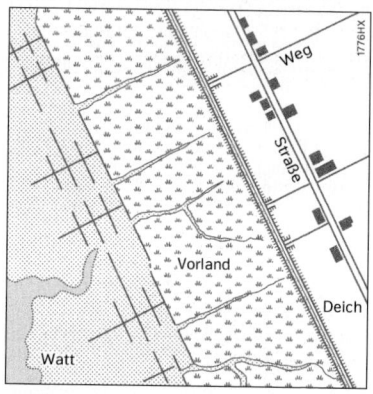

Vorland

Vorlandgletscher (Piedmontgletscher) *piedmont glacier*: → *Gletscher*, der aus einem Gebirge auf das flache Vorland hinaustritt, wo er sich i. d. R. stark verbreitert und im Zungenbereich auffächern kann.

Vorort *centre, administrative centre (1.); suburb (2.)*: 1. historische Bezeichnung für den führenden → *Ort* einer → *Region* oder den Sitz eines wirtschaftlichen oder politischen Zusammenschlusses. 2. ehemals selbstständige → *Gemeinde*, die als → *Stadtteil* in eine größere → *Stadt* eingemeindet wurde. Ein V. kann noch eine getrennte bauliche Einheit bilden, aber auch völlig mit der Stadt zusammengewachsen sein. Größere → *Versorgungszentren* von V. werden als → *Subzentren* bezeichnet.

Vorortbildung *suburbanization*: die beim Wachstum von → *Städten* erfolgende Entstehung von → *Vororten* entweder durch starken Zuzug städtischer Bevölkerung und Wirtschaftsbetriebe in ehemals selbstständige → *Gemeinden*, die somit den Charakter von Vororten annehmen und schließlich eingemeindet werden (innere V.), oder durch Neugründung großer Wohn- oder Gewerbegebiete am → *Stadtrand*, die sich zu Vororten entwickeln (äußere V.).

Vorrangbereich *priority area*: → *Vorranggebiet*.

Vorrangfläche *priority area*: → *Vorranggebiet*.

Vorranggebiet (Vorrangbereich, Vorrangfläche) *priority zone*: ein von → *Raumordnung* und → *Landes-* und → *Regionalplanung*, aber auch aus ökologischer Sicht (→ *Naturschutz*, → *Landschaftsschutz*, → *Umweltschutz*) ausgewiesenes Gebiet mit einem speziellen → *Leistungsvermögen des Landschaftshaushaltes*, also speziellen Eignungen oder Funktionen von Boden, Wasser, Luft, Vegetation, Untergrund etc., z.B. für die Versorgung mit Bodenschätzen oder Trinkwasser, die Erholung oder die Luftregeneration. In V. werden andere Nutzungen nur dann zugelassen, wenn sie die vorrangige Nutzung nicht beeinträchtigen oder wenn sie unabwendbar sind, wie die Einrichtung von → *Naturschutzgebieten* oder → *Wasserschutzgebieten*. Überlagerungen von V. sind zulässig, wenn es keine Beeinträchtigung zwischen den Nutzungen gibt.

Vorratsänderung *storage change*: wasserhaushaltliche Zu- oder Abnahme in einem → *Speicher* (ein Grundwasserkörper, das gesamte → *Grundwasser* eines → *Einzugsgebietes*) befindlichen Wassermengen. In der → *Wasserhaushaltsgleichung* wird die V. durch die Größen → *Rücklage* und → *Aufbrauch* beschrieben.

Vorratswässer *storage water*: Vorkommen von → *Grundwasser*, welche nicht in den → *periodischen*, jahreszeitlich bestimmten Umsatz in den → *Wasserkreislauf* bzw. → *Landschaftswasserhaushalt* einbezogen sind. Sie zirkulieren unterhalb der niedrigsten → *Niveaus* des → *Vorfluters* (→ *Tiefenwasser*, → *Umsatzwasser*).

Vorsaison *pre-season*: im Tourismus die Monate vor der → *Hauptsaison*. In Mitteleuropa liegt die V. im Frühjahr vor Beginn der Haupt-Urlaubsreisezeit. Im Beherbergungsgewerbe wird häufig zur besseren Kapazitätsauslastung mit verbilligten Angeboten für die V. geworben.

Vorsorgeprinzip *precaution principle*: ein wesentlicher übergeordneter Grundgedanke des europäischen → *Umweltschutzes* sowie der Gesundheitspolitik, der darauf abzielt, trotz fehlender Gewissheit über Art, Ausmaß oder → *Eintrittswahrscheinlichkeit* von möglichen Schadensfällen dennoch vorbeugend zu handeln, um diese Schäden von vornherein zu vermeiden. Nach dem V. sollen Belastungen oder Schäden für die Umwelt bzw. die menschliche Gesundheit im Voraus, trotz unvollständigem Wissen, vermieden oder weitestgehend verringert werden. Das V. dient damit einer → *Risiko-* bzw. Gefahrenvorsorge.

Vorstadt *suburb*: → *Stadtteil* einer größeren → *Stadt*, der bei einer → *Stadterweiterung* vor der → *Altstadt*, i.d.R. zur Aufnahme zugewanderter Wohnbevölkerung und neu angesiedelter Industrie, gegründet und häufig nach einheitlichen Plänen gebaut wurde. Eine V. war also, im Gegensatz zum → *Vorort*, keine selbstständige → *Gemeinde*. In Deutschland gründeten die → *Großstädte* insb. zur Zeit der → *Industrialisierung* im 19. Jh. V., bevor in weiteren Phasen des Wachstums benachbarte Dörfer eingemeindet wurden.

Vorstadtbildung *suburbanization*: die v.a. zu Zeiten starken Bevölkerungs- und Wirtschaftswachstums erfolgende Gründung neuer → *Vorstädte* auf dem → *Areal* einer → *Stadt*, z.B. die Bildung einer Vorstadt auf kirchlichem Grund im Mittelalter oder die Errichtung einer Arbeitervorstadt auf Fabrikgelände zur Zeit der → *Industrialisierung*.

Vorstoßmoräne *moraine associated with glacier advance*: → *Endmoräne*, besonders jedoch → *Stauchendmoräne*, den Vorstoßphasen und der → *Rückzugsmoräne* gegenübergestellt.

Vorstrand *foreshore, strand, tidal beach, wet beach*: Abschnitt der → *Flachküste* zwischen → *Strand* und → *Abrasionsplattform*, der vom Strand durch die → *Strandlinie* getrennt ist und welcher der Wirkung von Sog und → *Schwall* besonders ausgesetzt ist.

Vorticity (Wirbelgröße) *vorticity*: Wirbelimpuls großräumig um eine vertikale Achse rotierender → *Luftmassen*, der sich aus dem gekrümmten Verlauf der → *Isobaren* ergibt. V. ist das Maß für die Rotation von Luftwirbeln. Die absolute V. setzt sich aus der Summe der relativen V. (relativ zur Erdoberfläche) und dem Coriolis-Parameter (→ *Corioliskraft*) zusammen. Die absolute V. bleibt konstant, die beiden Teilparameter ändern sich somit komplementär. Die relative V. nimmt äquatorwärts zu und polwärts ab, der Coriolis-Parameter entsprechend umgekehrt. Diese Erkenntnis ist von grundlegender Bedeutung für die Entstehung der wellenartigen Bewegungen in der → *Westwindzirkulation*.

Vortiefe (Randsenke, Saumtiefe) *foredeep idiogeosyncline, marginal deep, rim syncline*: großräumiges Becken im Sinne der → *Geosynklinale* an der Außenseite eines → *Orogens*. Im Verlauf der → *Gebirgsbildung* wird aus dem Gebirge in die V. sedimentiert und diese z.B. mit → *Molasse* verfüllt.

Vorwerk *satellite farm, out-station*: Wirtschaftshof, der aus Gründen einer rationelleren Bewirtschaftung der Anbauflächen (verkürzte Wege) vom Haupthof eines landwirtschaftlichen → *Gutes* räumlich getrennt liegt. V. wurden z.B. durch die ostelbischen Großgrundbesitzer angelegt oder aus aufgekauften Gütern umgewandelt. Nach dem Zweiten Weltkrieg entstanden aus vielen V. selbstständige Betriebe (→ *Hof*).

Vorwerkssiedlung *agricultural out-station settlement*: die zum Wirtschaftshof (→ *Vor-*

werk) gehörenden Gebäude wie Ställe, Scheunen und Wohngebäude.

Vorzeit *past ages, prehistoric times*: – in den → *Geowissenschaften* verschiedene Zeitabschnitte, die vor dem Ende der letzten Eiszeit liegen. In der V. entstandene Formen werden als → *reliktisch* bezeichnet, die dazugehörenden Gegenbegriffe sind → *aktuell* bzw. → *rezent*. – in der traditionellen → *Kulturgeographie* Bezeichnung für jene Entstehungszeit einer → *Kulturlandschaft*, die nicht von heute bzw. aus der jüngeren Neuzeit ist (→ *Vorzeitflur*).

Vorzeitflur *ancient field*: bäuerliche Wirtschaftsfläche aus einer historischen → *Kulturlandschaft*. Die V. kann sich als totale oder partielle → *Wüstung* in der gegenwärtigen Landschaft darstellen. Merkmale einer V. können sein: gehäufte oder gereihte → *Lesesteine*, durch früheres Pflügen oder Hacken verursachte kleinförmige Reliefstrukturen, Spuren von → *Stufenrainen*, → *Wölbäckern*, Furchen und Beeten, die bei Luftaufnahmen durch streifenförmige Verfärbungen des Bodens oder der Vegetation deutlich werden.

Vorzeitform *pre-recent form, pre-Holocene form*: den → *Jetztzeitformen* gegenübergestellt und meint damit jene Oberflächenformen, die nicht unter → *rezenten* Klimabedingungen gebildet werden, jedoch unter diesen weitergeformt werden (können). Der überwiegende Teil der Reliefformen auf der Erde stammt aus der → *Vorzeit*, d. h. ist vor Ende der letzten Eiszeit entstanden.

Vorzeitlandschaft *pre-Holocene landscape*: Landschaft, die der Zeit vor Ende der letzten Eiszeit angehört (→ *Vorzeit*), die mithilfe von → *Vorzeitformen* oder → *Paläoböden* von der → *Paläogeographie* rekonstruiert werden kann.

vorzeitlich *pre-Holocene, pre-recent*: in der → *Geomorphologie* verwendeter Begriff für Formen, Prozesse und Sedimente, die vor Ende der letzten Eiszeit entstanden sind. Häufig wird v. falsch mit dem Begriff → *fossil* umschrieben. Eine v. Schichtstufe wäre nur dann als fossil zu bezeichnen, wenn sie begraben, d. h. von Sediment verschüttet wäre.

VR → *Virtual Reality*.

Vulkan *volcano*: charakteristische Form, die durch aus dem → *Erdmantel* bzw. der → *Erdkruste* austretende → *Magma* submarin oder subaërisch an der Erdoberfläche entsteht. Wichtige V.-Typen sind → *Aschenvulkan*, → *Caldera*, → *Schichtvulkan*, → *Schildvulkan*, → *Wallbergvulkan* und → *Tafelvulkan*.

Vulkanausbruch → *Eruption*.

Vulkanembryo *embryonic volcano*: verwandt dem → *Maar* und ebenfalls durch Gasexplosionen entstanden unter → *Vulkan*, dessen Hauptmerkmal eine Explosionsröhre (→ *Schlot*) ist, in der aber überwiegend keine → *Lava* aufgestiegen ist. Die V. erscheinen an der Erdoberfläche als flache → *Hohlformen*, ähnlich Sprengtrichtern, die im → *Anstehenden* angelegt sind und allenfalls in Ausnahmefällen eine Akkumulation von Schlotbrekzie aufweisen. Wichtigstes Vorkommen der V. ist die mittlere Schwäbische Alb.

Vulkanherd *volcanic focus*: Ansammlung von → *Magma* in ca. 10-20 km Tiefe unter der Erdoberfläche, der erst dann aktiv wird, wenn Druckentlastung, Temperaturabnahme und Kristallisation im Magma erfolgen, die zur Gasbildung führen, deren → *Eruption* dann den eigentlichen → *Vulkanausbruch* zur Folge hat.

vulkanisches Beben *volcanic earthquake*: → *Ausbruchsbeben*.

Vulkanismus *volcanism*: dem → *Plutonismus* gegenübergestellte Vorgänge und Erscheinungen, die mit dem an die Erdoberfläche dringenden → *Magma* zusammenhängen, aus dem sich aus → *Lava* und → *Asche* → *Vulkane* bilden, wobei auch Ergussgesteine (→ *Vulkanite*) entstehen. Unterschieden werden Oberflächen-, → *Krypto-* und → *Tiefenvulkanismus*. Zu Ersterem gehören die aktiven und erloschenen Vulkane, zu Letzterem der Plutonismus, mit den Magmabewegungen in der → *Erdkruste*, dem langsamen Erstarren zu → *Tiefengesteinen* (Plutonite) und den metamorphen Gesteinsveränderungen (Entstehen von → *Magmatiten*) durch Magmakontakte. Kryptovulkanismus meint jenen V., dessen Magma die Erdoberfläche nicht ganz erreicht und beispielsweise → *Staukuppen* bildet.

Vulkanite *volcanic rocks*: aus ausgetretener, an der Erdoberfläche erstarrter → *Lava* (→ *Magma*) entstandene Gesteine, die → *Ergussgesteine*. Sie bilden → *Vulkane* und → *Vulkanembryone*.

Vulkanologie *volcanology*: die Lehre vom → *Vulkanismus*, seinen → *endogenen*, geophysikalischen und geotektonischen Ursachen und den in der → *Erdkruste* bzw. an der Erdoberfläche entstehenden Formen, den → *Vulkanen*.

Vulkan-Pluton *volcano-pluton*: subvulkanischer Bereich unter der Erdoberfläche, in welchem das → *Magma* sehr langsam abkühlt und zu → *Tiefengesteinen* erstarrt.

Vulkanruine *volcanic butte, volcanic skeleton, volcanic wreck*: jene → *Vulkane*, die ihre ursprüngliche Gestalt verloren haben und die nur noch durch von der Abtragung freigelegte tiefere Schlotteile repräsentiert werden. Diese ragen als → *Härtlinge* über ihre Umgebung, während die umgebenden Tuffmassen (→ *Tuff*) sowie der ehemalige → *Krater* beseitigt sind. Typische V. sind die Schlotstiele aus → *Basalt*, → *Phonolith* und → *Trachyt* der Tertiärvulkane des Hegau, Hessens und des Böhmischen Mittelgebirges.

Vulnerabilität (Verletzbarkeit, Verwundbarkeit) *vulnerability*: Anfälligkeit bzw. Empfindlichkeit bis Verletzbarkeit von Menschen, Gesellschaft, Infrastruktur und Sachwerten eines → *Lebens-* und → *Wirtschaftsraumes*, d. h. von → *Risikoelementen* in einem → *Risikoraum* gegenüber → *human hazards*:, Naturkatastrophen, Naturgefahren sowie Risiken, denen Mensch und Gesellschaft unterliegen, einschließlich *man-made disasters*: und *man-made hazards*:. Diese können in verschiedenen Intensitäten bzw. Ereignisstärken auftreten. Der Grad der V. wird bestimmt von gesellschaftlichen, sozialen, wirtschaftlichen, technischen und natürlichen Faktoren. Insofern gibt es eine gesellschaftliche, soziale, wirtschaftliche etc. V..

V-Wert *V-value (1.), diversity rate (2.)*: 1. heute wenig gebräuchlicher Begriff für die → *Basensättigung* in Böden, welche den Prozentanteil der austauschbaren „Basen" (basisch wirkende Kationen Na, K, Ca und Mg), bezogen auf die gesamte → *Austauschkapazität*, angibt. 2. Abkürzung für Vielfältigkeitswert. Es handelt sich um eine bei der → *Landschaftsbewertung* für die Erholung verwendete Maßzahl, mit der der Erlebniswert einer → *Landschaft* gemessen wird. In die Berechnung des V-W. gehen insbesondere das Vorhandensein von Gewässer- und Waldrändern, die Vielfalt der Bodennutzung und die Reliefenergie ein.

W

Waalian → *Waal-Warmzeit*.

Waal-Warmzeit (Waalian) *Waalian interglacial*: eine der frühen → *Warmzeiten* des mittleren → *Pleistozäns*, die man mit der Donau-Günz-Warmzeit Mitteleuropas korreliert. Voraus ging in Nordwesteuropa die → *Eburon-Kaltzeit*, der die → *Menap-Kaltzeit* folgte. Der Beginn der W.-W. wird in den Geochronostratigraphien verschieden angegeben, z. B. von 1,4 Mio. J. v. h. bis 1,2 Mio. J. v. h. (→ *Donau-Kaltzeit*, → *Günz-Kaltzeit*).

Wabenverwitterung *honeycomb weathering*: Kleinstformen (→ *Nano-* und → *Picorelief*), die durch nah beieinander liegende Bröckellöcher ein wabenförmiges Aussehen erhalten und meist durch ein Zusammenspiel von → *chemischer* und → *physikalischer Verwitterung* entstehen (→ *Lösungsverwitterung*, → *Insolationsverwitterung*, → *Salzverwitterung*). In → *Wüsten*, jedoch auch in den → *gemäßigten Breiten* vorhanden, z. B. an Felswänden mit extremem → *Mikroklima*. Die von der Verwitterung herauspräparierten „Waben" oder „Steingitter" gehen auf härtere, petrogenetisch bedingte Gesteinspartien zurück (→ *Bröckelloch*, → *Tafoni*).

Wachstumsgebiet *growth region*: im Gegensatz zum → *Stagnationsgebiet* und zum → *Entleerungsgebiet* eine räumliche Einheit, in der die Wachstumsrate des → *Volkseinkommens* deutlich über dem Landesdurchschnitt liegt. Der Wachstumsprozess wird hervorgerufen und begleitet von stetig ansteigenden Investitionen, Exportüberschuss der ansässigen Industrie, Zunahme des räumlichen Leistungspotenzials und Zufluss mobiler Produktionsfaktoren. Auch deutliches Bevölkerungswachstum ist meist Kennzeichen eines W..

Wachstumsgradtag *growing degree day*: Berechnungseinheit für die Charakterisierung des Einflusses von Wärme auf das Wachstum von → *Pflanzengesellschaften* bzw. ausgewählter → *Arten*. Jeder Tagesmitteltemperaturgrad über einem festgelegten Minimalmittel, oberhalb dessen für eine bestimmte Art überhaupt Wachstum möglich ist (Grenze oft bei etwa 5 °C), ergibt einen W.. Durch Aufrechnung der W. über einen bestimmten Zeitraum erhält man eine Temperatursumme (→ *Wärmesumme*), die einem Entwicklungszustand der Pflanzen zugeordnet wird (→ *Phänologie*).

Wachstumsgrenze *limits to growth*: ein in 1973 von Seiten des → *Club of Rome* eingeführter Begriff zur Beschränkung der Menge eines für das → *Wirtschaftswachstum* notwendigen Faktors. Vermutete Wachstumsgrenzen liegen in der Nahrungsmittelproduktion, in der Verfügbarkeit endlicher Ressourcen sowie in der Aufnahmekapazität der Umwelt bzgl. der Abfallprodukte menschlicher Aktivität.

Wachstumsindustrie *growth industry*: → *Industriezweige*, deren Produkte stark nachgefragt werden und somit zunehmende Marktanteile erobern. Der Erfolg von W. beruht häufig auf dem Einsatz von technischen Neuerungen (z. B. → *Mikroelektronik*). Die Anwendung des Begriffes W. ist veränderlich, da Industrien nur so lange W. sind, als sie sich dynamisch entwickeln. Daher sind viele der nach dem Zweiten Weltkrieg entstandenen W. (z. B. Elektroindustrie, Kunststoffindustrie) heute nicht mehr als W. zu bezeichnen.

Wachstumskurve *growth curve*: – quantitative Darstellung der Veränderungen einer → *Population* für einen bestimmten Zeitraum (→ *Populationsdynamik*). Dadurch werden Schwankungen der Individuenzahl und Veränderungen der Populationsstruktur erkennbar. – Darstellung der → *Wachstumsrate* eines Organismus. – Darstellung des Wachstumspfades ein gesamtwirtschaftlicher Kennzahlen (z. B. → *Bruttoinlandsprodukt*, → *Bruttonationaleinkommen*) in der → *Volkswirtschaftslehre*.

Wachstumsmodell *growth model*: in der → *Wirtschaftstheorie* die Beschreibung erwarteter Wachstumsprozesse (→ *Wirtschaftswachstum*). Ein erstes formalisiertes W. geht auf K. Marx zurück (→ *Marxismus*). Die W. von E. Domar und R. Harrod gründen sich auf die Keynesianische Wirtschaftslehre der 1930er-Jahre (→ *Keynesianismus*). Neoklassische W. versuchen, die starren Beziehungen im Einsatz der Produktionsfaktoren aufzulockern und mehr Wirklichkeitsnähe zu erreichen (→ *neoklassische Theorie*). Eine Ersetzbarkeit von Kapital und Arbeit ist möglich, ferner findet der → *technische Fortschritt* Berücksichtigung.

Wachstumspol *growth pole*: nach dem Entwicklungsmodell des ungleichgewichtigen Wirtschaftswachstums (→ *unbalanced growth*) ein sektoraler oder regionaler Ansatzpunkt, von dem schließlich ein Impuls-Überschuss (→ *Ausbreitungseffekt*, → *Spread-Effect*) auf andere Sektoren bzw. auf das → *Umland* abgegeben wird, und dort das Wirtschaftswachstum positiv beeinflusst. Im Rahmen von → *Industrialisierungsstrategien* wird das Konzept der W. gezielt eingesetzt, v. a. auch um eine industrielle Dezentralisierung zu erreichen.

Wachstumsrate *growth rate*: – Zuwachs des Gesamtkörpers eines Organismus innerhalb eines bestimmten Zeitraumes. Die W. wird

beeinflusst durch erbliche Wachstumseigenschaften und durch die Reaktion des Organismus auf die Bedingungen seines Lebensraums (z. B. Nahrungsangebot). – in der → *Populationsökologie* das absolute oder relative Wachstum einer → *Population* in einem definierten Zeitraum. – der in Prozentpunkten ausgedrückte Zuwachs einer bestimmten Größe, z. B. des → *Bruttoinlandsprodukts* oder der Bevölkerung.
Wachstumstheorie *growth theory*: Teilgebiet der → *Wirtschaftstheorie*. Die W. untersucht das langfristige → *Wirtschaftswachstum* auf gesamtwirtschaftlicher Ebene. Sie unterscheidet sich so von der Konjunkturtheorie, die sich v. a. mit den kurz- und mittelfristigen Veränderungen des Wachstums beschäftigt. Die W. sind in engem Zusammenhang mit den → *Entwicklungstheorien* zu sehen.
Wachstumszeit → *Vegetationszeit*.
Wackelstein *balanced rock, logan stone, logging stone, pedestal rock, rock[ing] stone*: einzelner, meist großer Felsblock (→ *Block*) mit sehr kleiner Auflagerungsfläche und daher beweglich; oft auf → *Felsburgen* in → *Massengesteinen* entwickelt.
Wadi (Oued) *wadi*: Trockenflussbett mit meist steilen Ufern in der → *Wüste* mit → *episodischer* Wasserführung nach (starken) Niederschlagsereignissen. Der → *Abfluss* kann plötzlich sehr hoch sein.
Wägezahl (Intensitätszahl) *labo[u]r intensity figure*: in der → *Landwirtschaft* Messziffer zur Kennzeichnung der Arbeitsintensität bezogen auf das betriebswirtschaftliche Gewicht der einzelnen Fruchtartengruppen. Gemessen an den mitteleuropäischen Verhältnissen betragen im Mittel die W. für Wiesen und Weiden 0,5; Getreide 1,0; Zuckerrüben 2,5 oder für den Weinbau 5,0. Zu Vergleichszwecken werden die Prozentzahlen der Anbauverhältnisse mit den verschiedenen W. multipliziert, um so als Summe für den Betrieb, für eine Gemeinde oder für einen Agrarraum eine geltende Gesamt-W. zu erhalten (→ *Nutzviehgewicht*).
Wagniskapital → *Risikokapital*.
Wahlbezirk *constituency, electoral district*: → *Wahlkreis*.
Wahlkreis (Wahlbezirk) *constituency, electoral district*: → *Raumeinheit* für Zwecke parlamentarischer oder kommunaler Wahlen. I. d. R. wird das gesamte Wahlgebiet in W. etwa gleich großer Einwohner- oder Wählerzahl eingeteilt; die W. dienen dann als das Gebiet, in dem ein Kandidat gewählt wird. W. nur eine Zähleinheit (z. B. bei den Zweitstimmen zur deutschen Bundestagswahl); bei Mehrheitswahlrecht dagegen ist der W. die entscheidende Ebene, auf der die Kandidaten gewählt werden (z. B. in Großbritannien).
Wahrheit *truth*: einer der wichtigsten philosophischen Grundbegriffe und gleichzeitig ist die Suche nach der W. eines der wissenschaftlicher Forschung. Die Frage nach der W. gehört zu den zentralen Problemen der Philosophie und wird je nach Denkschule unterschiedlich beantwortet. Die Extrempositionen sind: – die W. ist eine gleichförmige und universelle Eigenschaft (→ *Realismus*), die subjektunabhängig existiert und sich daher in Form von Abbildungen oder Widerspiegelungen feststellen lässt. – die W. ist eine variable und kontextrelative Eigenschaft (→ *Konstruktivismus*), die sich allenfalls als eine Art Korrespondenzbeziehung zwischen Aussagen und der betreffenden Wirklichkeit fassen lässt.
Wahrnehmungsforschung *perception research*: interdisziplinäre Arbeitsweise, bei der Geographen (→ *Wahrnehmungsgeographie*), Soziologen und Psychologen zusammenarbeiten, um die → *Umweltwahrnehmung* des Menschen zu erforschen. Das Hauptziel ist dabei, das raumrelevante Verhalten und Agieren der Menschen zu erklären, z. B. durch die Erforschung von → *kognitiven Karten*.
Wahrnehmungsgeographie (Perzeptionsgeographie) *perception geography*: Teildisziplin der → *Sozialgeographie*. Sie untersucht die → *Umweltwahrnehmung*, also der → *Perzeption* des → *Raumes* vor sozialpsychologischem Hintergrund. Methodisch wird dabei in Kauf genommen, dass es sich hierbei um eine selektiv wirkende Wahrnehmung handelt, deren Motive erforscht werden und die das Verhalten verschiedener → *sozialer Gruppen* im Raum erklären sollen.
Wahrnehmungsraum *perception space*: jener Teil der → *Umwelt*, den der Einzelne bzw. → *soziale Gruppen* wahrnehmen, insbesondere durch eigene Aktivitäten in diesem → *Raum*, z. B. durch Verkehrsteilnahme, Informationen durch Massenmedien usw. Im W. werden Bewertungen von Raumsituationen vorgenommen, aus denen sich kognitive Karten entwickeln.
Wald *forest*: → *quasinatürliche* oder → *natürliche* → *Lebensgemeinschaft* von Pflanzen und Tieren, mit Baumbeständen unterschiedlicher Dichte und → *Schichtung*. Die Verbreitung ist überwiegend vom → *Makroklima* bestimmt. Prototyp des W. ist der → *Urwald*. Ebenfalls → *zonal* verbreitete Waldtypen sind → *Laub*- und → *Nadelwald*. Klimazonal typische W. sind u. a. der tropische Regenwald (→ *Hyläa*), → *Savannenwald* (→ *Savanne*) oder → *Monsunwald*. Die Wirtschaftsformen des W. sind → *Hoch*-, → *Mittel*- und *Niederwald* (→ *Forst*).

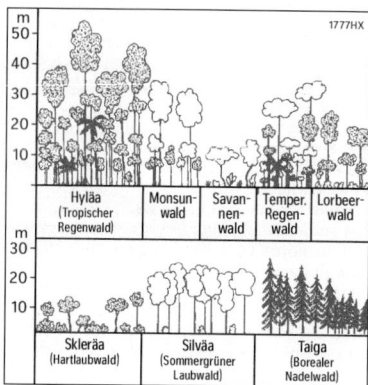

Wald

Waldabgabe *forest charge*: Beitrag zur Erhaltung des → *Waldes* bzw. der Bekämpfung des → *Waldsterbens* (→ *Umweltabgaben*).

Waldbau *silviculture*: planmäßige Begründung, Pflege und Bewirtschaftung eines Waldes, unter Einschluss der Erforschung der waldbaubiologischen und waldwirtschaftlichen Grundlagen und der Waldbaumethoden.

Waldbesitzregelung *regulation of forestry ownership*: Bestimmungen der Forstgesetzgebung, die die Erhaltung bewirtschaftungsfähiger Forstbetriebe zum Ziel haben. Die W. enthält z. B. die Vorschriften zum Grundstücksverkehr in Wäldern, so z. B. Teilungsverbote (→ *Forst*, → *Wald*).

Waldboden *forest soil*: Böden, die heute unter → *Wald* stehen, Teil des Waldökosystems sind und sich lange Zeit unter Wald entwickelt haben. W. unterscheiden sich in vielerlei Hinsicht von Landwirtschaftsböden: Sie tragen einen → *Auflagehumus* und der Humusgehalt im mineralischen → *Oberboden* (Ah-Horizont) ist höher. W. weisen in der Regel eine vollständige Horizontabfolge auf (außer ehemals landwirtschaftlich genutzter Böden, die durch → *Bodenerosion* gekappt wurden). Die → *pH-Werte* im Oberboden und teilweise auch im → *Unterboden* sind niedriger. Natürliche Vernässungen sind noch vorhanden (keine Drainage). Unabhängig von einer zeitweisen landwirtschaftlichen Nutzung sind auch die W. nicht mehr natürlich, sondern durch den flächendeckenden Eintrag von Säurebildnern (→ *Saurer Regen*) und Nährstoffen v. a. stofflich verändert. Gleichwohl weisen W. im Vergleich zu den anderen Böden einen hohen Natürlichkeitsgrad auf.

Waldbrand → *Brände*.

Waldbrandwirtschaft *shifting cultivation*: → *Feld-Wald-Wechselwirtschaft* in den feuchten → *Tropen*, die in Form des → *Wanderfeldbaus* (→ *shifting cultivation*) betrieben wird. Es handelt sich um eine → *Urwechselwirtschaft*, bei der eine Umlage des → *Ackerlandes* auf unter der ursprünglichen Vegetation ruhenden Brachflächen erfolgt (→ *Umlagewirtschaft*). Dabei wird der Wald durch Feuer urbar gemacht. Der spezielle Bodenchemismus in den feuchten Tropen und die damit verbundene rasch sinkende Bodenfruchtbarkeit führen zu immer neuen → *Brandrodungen*.

Walddüne → *Tertiärdüne*.

Waldersatzgesellschaft *forest substitute community*: durch → *anthropogene* Eingriffe bedingte → *quasinatürliche* → *Waldgesellschaft*, die an Mischbaumarten verarmt ist (→ *Ersatzgesellschaft*).

Walderschließung *forest development*: Maßnahmen zur Erschließung des Waldes mit einem Straßen- und Wegenetz, das aus nutzungstechnischen und ökonomischen Gründen in einer für den → *Waldbau* günstigen Struktur (Dichte, Verlauf, Neigung) erfolgt. Technische Möglichkeiten und die Orientierung v. a. an ökonomischen Überlegungen führen v. a. in Mitteleuropa zu einer übertriebenen W., was oftmals ungünstige Folgewirkungen zeigt (z. B. → *Wegerosion*, → *Bodenverdichtung*, Auslösen von → *Murgängen* oder → *Rutschungen*).

Wald-Feldwind-System ähnlich dem → *Flurwind* eine tagesrhythmisch wechselnde, schwache, bodennahe, jedoch schwer nachweisbare Ausgleichsströmung der → *Luft* zwischen dem Wald und der offenen Flur. Der Wald ist tagsüber kühler und nachts wärmer als das Freiland (→ *Waldklima*). Dadurch fließt am Tag Luft vom Wald aufs Feld und nachts umgekehrt.

Waldfläche *forest area*: in der → *Forstwirtschaft* die Baum-Bestandsflächen („Holzbodenfläche") und die zum Forstbetrieb gehörenden Pflanzgärten. Zur Holzbodenfläche gehören auch Wege unter 5 m Breite, Blößen (Kahlflächen, die wieder aufgeforstet werden), gering bestockte (Nichtwirtschaftswald) und unbestockte Flächen (z. B. Holzlagerplätze), soweit deren Größe den Zuwachs nicht wesentlich mindert.

Waldfläche *forest area*: Fläche des → *Waldes*.

Waldfunktionen (Waldwirkung) *forest functions, forest effects*: die vielfältigen Funktionen des → *Waldes* gliedert man in Nutz- und Schutzfunktionen (Schutzwald). – bei den Nutzfunktionen werden Ressourcen- und Sozialfunktion unterschieden. Dazu gehören Holzgewinnung, soziale Sicherheit (Arbeits-

Waldklima

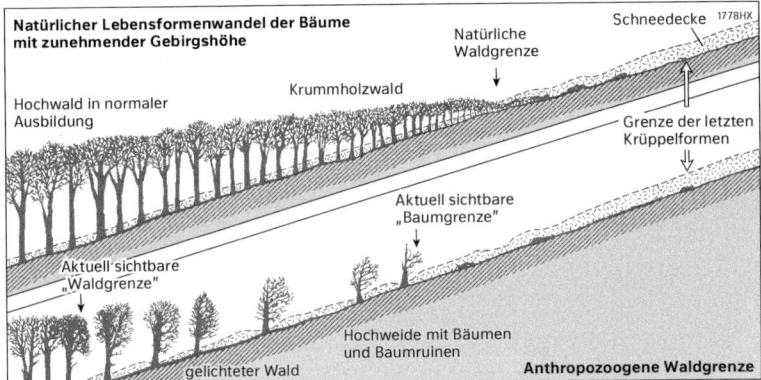

Waldgrenze

platz, Besitz, Gewinne), Erholung, Forschung und Lehre. – zu den Schutzfunktionen gehören → *Bodenschutz*, → *Biotopschutz*, → *Wasserschutzgebiete*, → *Klimaschutz*, Emissionsschutz, → *Lawinenschutz*, → *Landschaftsschutz*, → *Naturschutz*, Sichtschutz und Verkehrswegeschutz.
Einzelne dieser W. werden speziell ausgewiesen (Lawinenschutzwald, Klimaschutzwald, → *Erholungswald*, Bodenschutzwald etc.). (→ *Wohlfahrtswirkung* des Waldes).
Waldfunktionskarte → *thematische Karte*, aus der forstlichen Fachplanung, die Waldfunktionen räumlich verortet abbildet. → *Waldfunktionen* werden heute in Deutschland i.W. in Nutzfunktion (wirtschaftliche Bedeutung), Schutzfunktion (nachhaltiger Mensch- und → *Umweltschutz*) und Erholungsfunktion (→ *Wald* als Erholungsraum des Menschen) unterteilt. Eine W. dient gemäß der Waldfunktionen in der Forstverwaltung als grundlegendes Planungsinstrument, um in Forst- und Waldgebieten Maßnahmen treffen und beurteilen zu können.
Waldgesellschaft *forest community*: 1. generell eine → *Pflanzengesellschaft*, die eine bestimmte Zusammensetzung und Struktur der Baumschicht aufweist, und die durch ihre floristische Zusammensetzung als einheitlich interpretiert wird. 2. eine gegenüber der → *Waldersatzgesellschaft* durch eine → *natürliche* Holzartenkombination und charakteristische Artengruppenkombination gekennzeichnete Waldvegetationseinheit im Sinne der → *Assoziation*, die über ein dynamischstabiles Gleichgewicht verfügt. 3. die → *quasinatürliche* Waldersatzgesellschaft aus natürlich vorkommenden und standortfremden Baumarten mit einem instabilen bis labilen Gleichgewicht. 4. → *naturfremde* → *Forstgesellschaft* mit standortfremden Baumarten, im labilen Gleichgewicht befindlich.
Waldgrenze *timber line, forest line, tree line*: der Übergang geschlossener Bestände des → *Waldes* in oberhalb angrenzende Vegetationsformationen (z.B. alpine Zwergstrauchheide, alpine Grasheide, Weidegesellschaften). Die → *natürliche* polare und alpine W. sind Wärmemangelgrenzen. W. in → *semiariden* und → *semihumiden* Landschaften sind überwiegend → *Trockengrenzen*, und zwar sowohl gegen benachbarte aride Klimazonen als auch an feuchten, bewaldeten → *Höhenstufen* gegen trockene Tieflandsstufen. W. sind weithin durch Nutzung (Brennholz, Weidewirtschaft) geprägt worden.
Waldhufendorf *forest village*: v.a. im Mittelalter entstandene planmäßige Siedlungsform auf gerodetem Waldland. Das W. tritt i.d.R. als doppelzeiliges → *Reihendorf* mit hofanschließenden Breitstreifenparzellen in Einödlage auf. Die → *Gehöfte* liegen entlang einer Leitlinie (Weg, Bach). Am Ende der → *Hufen* (am hoffernen Teil) blieb meist noch Wald erhalten. Eine Sonderform des W. ist das → *Radialwaldhufendorf* (→ *Hagenhufendorf*).
Waldhufenflur *woodland field*: Form der → *Hufenflur*, die sich aus der Aufteilung von Waldland auf der Grundlage der → *Hufe* herausgebildet hat. Waldhufen wurden während der mittelalterlichen Rodungsperiode in freier Erbleihe vergeben. Die Anlage von planmäßigen → *Waldhufendörfern* bestimmte die W. als → *Breitstreifenflur* (→ *Einödflur*, → *Einödhof*).
Waldklima *forest climate*: das besondere, i.d.R. lokal ausgeprägte Bestandsklima des → *Waldes*. Seine Merkmale, die im Gegensatz zum offenen Feld stehen, sind: 1. Lichtreduk-

tion, 2. ausgeglichener, zugleich verzögerter Temperaturgang, 3. ausgeglichene relativ hohe Feuchte, 4. Lufttruhe, 5. geringere → *Niederschläge* infolge → *Interzeption*, 6. → *Staub-*, → *Ruß-* und Gasarmut (durch Filterwirkung des Kronendaches), 7. verminderter Windgeschwindigkeit.
Die W. sind lokal und regional differenziert je nach Baumarten, Zusammensetzung des Bestandes, Bewirtschaftung und Alter des Waldes. Generell wird das W. als → *Bioklima* wahrgenommen und vom menschlichen Organismus als angenehm empfunden. Es gilt als → *Schonklima* mit Eigenschaften eines Heilklimas.

Waldmantel *forest mantle*: jene artenreiche und physiognomisch vielfältige → *Mantelgesellschaft*, die neben Gehölzen auch Büsche und vielfältige bodennahe Pflanzenschichten aufweist. Der W. bildet den physiognomischen Übergang zu landwirtschaftlich genutzten Flächen. Er zeichnet sich durch seine im Vergleich zum Wald und zu angrenzenden landwirtschaftlich genutzen Flächen relativ große ökologische Diversität aus und kann daher ökologisch ausgleichend wirken (→ *Ausräumung der Kulturlandschaft*).

Waldsaum *forest edge*: 1. Randbereich des → *Waldes*, dessen Breite, Dichte und Zusammensetzung von waldbaulichen Gesichtspunkten bestimmt ist, damit formal ein → *Waldmantel* entsprechend. Diesem gegenüber wird der W. unter dem Aspekt des Waldbaus gesehen, weniger unter dem der Waldfunktionen. 2. pflanzensoziologisch die → *Saumgesellschaft*, die als „Krautwiesen" – aus nitrophilen artenreichen → *Hochstaudenfluren* zusammengesetzt – den Wald säumt. Sie unterscheidet sich sowohl von den → *Unkrautgesellschaften* der Äcker in der durch → *Ausräumung* gekennzeichneten Kulturlandschaft als auch von den Grünlandgesellschaften oder → *Ruderalgesellschaften*.

Waldschäden (Waldsterben) *forest decay*: aus → *natürlichen*, → *quasinatürlichen*, v. a. aber → *anthropogenen* Ursachen auftretende Erkrankung und Zusammenbruch von → *Wäldern*. W. werden überwiegend indirekt verursacht, d. h. über den Boden, dessen → *Nährstoff-* und/oder → *Wasserhaushalt* gestört ist, sowie durch → *Schadstoffe*, die zusammen mit den → *Nährstoffen* aufgenommen werden. Als Hauptursache gelten Produkte der → *Luftverschmutzung* (z. B. Stickoxide). Durch die Erkrankung des Waldes wird die → *Nachhaltigkeit* der → *Waldfunktionen* sowie eine → *nachhaltige Nutzung* z. T. massiv beeinträchtigt. W. wurden erstmals in den 1970er-Jahren beobachtet. Sie haben sich letztlich als nicht so weitgehend herausgestellt wie zunächst prognostiziert.

Waldschutz *forest protection*: Maßnahmen gegen Schädigungen von → *Wald* und → *Forst* durch Tier, Witterung und Mensch sowie zur Erhaltung der Vielfalt der → *Waldfunktionen*.

Waldschutzstreifen → *Schutzwaldstreifen*.

Waldsteppe *forest steppe*: ursprünglich weit verbreitete Form der → *Steppe* der → *gemäßigten Breiten*, die durch Rodung und Ackerbau bzw. Viehzucht weitgehend zerstört ist. Ihre lockeren Wäldchen stocken auf edaphischen und geländeklimatischen Gunststandorten. Die W. bildet den Übergang zwischen der Zone des → *Laubwaldes* der gemäßigten Breiten und der → *Wiesensteppe* in Gebieten mit zunehmender → *Aridität*. Die Eigenständigkeit der W. als → *Vegetationsformation* ist nicht unumstritten.

Waldsterben → *Waldschäden*.

Waldstreifen → *Schutzwaldstreifen*.

Waldstruktur *forest structure*: in jeder Entwicklungsphase des → *Waldes* von charakteristischen Strukturmerkmalen bestimmte Eigenschaften, z. B. Mischung, → *Schichtung*, Individuenzahl, → *Vitalität*, Altersgefüge usw., die in einer phasenspezifischen Kombination auftreten (→ *Hochwald*, → *Mittelwald*, → *Niederwald*, → *Plenterwald*).

Waldtundra *forest tundra, open boreal woodland*: lichte und relativ niedrige → *Pflanzenformation* der → *Tundra* am Übergang zum geschlossenen → *Wald* der → *Taiga* (→ *boreales Nadelwaldbiom*) mit einem Mosaik aus Baumgruppen (z. B. Fichte, Kiefer, Lärche, Birke) und Zwergstrauchtundra.

Waldweide *forest pasture, woodland pasture*: Beweidung des → *Waldes* als waldschaftliche Nebennutzung, die Zusammensetzung, Schichtung, Entwicklung und Bestand beträchtlich beeinflussen kann, v. a. durch → *Verbiss* und Viehtritt (→ *Tritt*). Dem Weidevieh dienen neben der Bodenvegetation Eicheln, Bucheckern, Haselnüsse, trockenes und frisches Laub, Baumrinde, Jungaufwuchs und sonstige Triebe als Nahrung. W. ist nur im → *Laubwald* möglich, weil der → *Nadelwald* einen zu geringen Bodenbewuchs zulässt. Durch W. wird → *Naturverjüngung* des Waldes behindert oder verunmöglicht.

Waldwirkung → *Waldfunktionen*.

Waldwirtschaft *forest economy*: Anlegen und Nutzung von → *Wald* nach wirtschaftlichen Gesichtspunkten, jedoch unter Beachtung möglicher gesetzlicher Auflagen und ökologischer Rahmenparameter. Der Begriff W. wird häufig mit dem der → *Forstwirtschaft* gleichgesetzt (→ *Forst*).

Waldwirtschaftsformation *forest-based economic activity*: Wirtschaftsformation in Waldgebieten bzw. Waldländern. Von W. spricht man, wenn eine Raumeinheit ein-

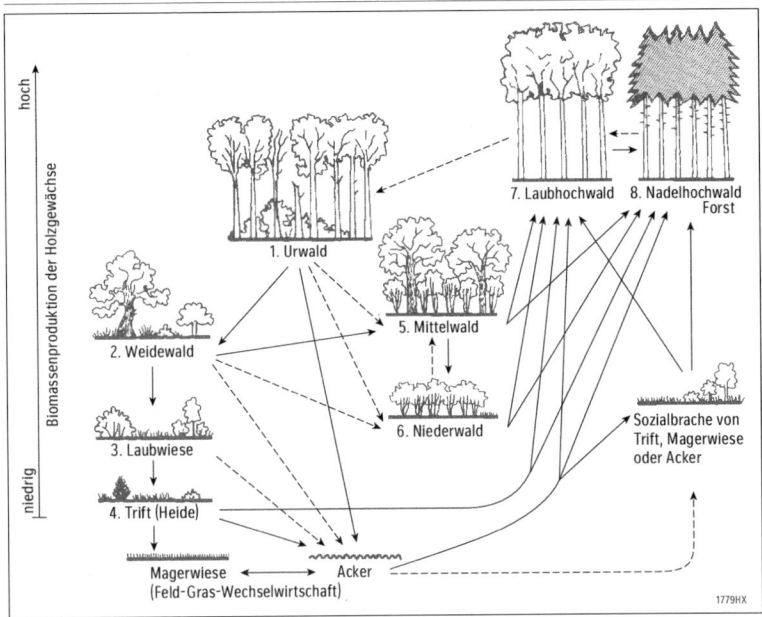

Waldstruktur

heitlich von der → *Waldwirtschaft* und den charakteristischen → *Nachfolgeindustrien*, etwa von Sägewerken, Papierfabriken usw., bestimmt wird (→ *Wald*, → *Forst*).

Waldzerstörung *forest destruction*: vollständige oder teilweise Vernichtung des → *Waldes* durch → *Naturgefahren*, einschließlich natürlichen → *Feuers* und natürlichen Schädlingsbefalls, aber auch durch → *anthropogene* Einflüsse wie Kahlschlag, → *Rodung*, → *Waldweide*, → *Waldsterben*. „Moderne" W. erfolgt durch großflächige, technisierte Eingriffe in den Wald, die v.a. in den feuchttropischen oder wechselfeuchten Klimaten zu massiver → *Bodenerosion* und sonstiger Landschaftszerstörung führen. Das gilt auch für die industrielle Nutzung des → *Nadelwaldes* der → *Taiga* im → *borealen Klima* (→ *Nachhaltigkeit*).

Wallberg → *Os*.

Wallbergvulkan (Ringbergvulkan) *esker volcano, osar volcano*: → *Aschenvulkan* mit weiter Krateröffnung (→ *Krater*), mit niedrigem Aschenwall und zentraler Förderung.

Walldüne *transversal dune*: quer zur Windrichtung verlaufende → *Düne* mit asymmetrischem Querprofil, d.h. einer bis ca. 12° geneigten Luvseite (→ *Luv*), einer konkaven → *Wölbung* im Kammbereich und einem Abbruch zur mit 25-40° abfallenden Leeseite (→ *Lee*). Die W. wandert als meist lang gestreckter Körper vor dem Wind.

Wallfahrtsort *place of pilgrimage*: religiöse → *Kultstätte*, die von den Gläubigen aufgesucht wird, um dort zu beten oder bestimmte Riten durchzuführen. Im Christentum katholischer oder orthodoxer Prägung wurden Orte, die mit Heiligen in Verbindung stehen und von denen Wundertaten, Krankenheilungen usw. berichtet wurden, zu W.. Beispiele sind Altötting (Bayern), Lourdes (Frankreich) oder Tschenstochau (Polen).

Wallhecke *boundary hedge*: → *Hecke* auf einem Erdwall rund um Weiden und Felder zur Abgrenzung von Eigentum und als Windschutz. Ein Regionaltyp ist z.B. der → *Knick* in Nordwestdeutschland.

Wallriff *barrier reef*: in der Entwicklung des → *Atolls* bzw. → *Lagunenriffs* das Stadium zwischen → *Saumriff* und → *Atoll*. Beim W. ist der Untergrund bereits soweit abgesenkt, dass zwischen dem zentralen Landbereich und dem → *Riff* eine ringförmige Wasserzone entstand, wobei das W. sich zu einer → *temporären* → *submarinen* → *Vollform* entwickelt.

Walm *walm (1.); hip roof (2.)*: - mäßig geböschter konvexer Hangbereich zwischen dem → *Trauf* und dem → *First* einer → *Schichtstufe*. – abgeschrägte Giebelseite eines Hausdaches. Ist nur seine Spitze abgeschrägt, spricht man von Krüppel-W..

Walm-Schichtstufe *walm benchland, walm cuesta*: → *Schichtstufe*, die → *Walm* und → *First*, jedoch keinen → *Trauf* aufweist und deren → *Stufenstirn* lediglich ein flachgewölbter Bereich im widerständigen Gestein des → *Stufenbildners* ist.

Walter-Klimadiagramm *climate graph according to Walter*: didaktisch einprägsame Grafik einer komplexen Klimadarstellung mithilfe von zueinander in ein Verhältnis gesetzten Temperatur- und Niederschlagskurven (z. B. 10°C Mitteltemperatur = 20 mm Niederschlag) und verschiedenen zusätzlichen Angaben wie Extremwerten oder Vegetationszeit. Aus W.-K. kann man ökophysiologische → *Aridität* und → *Humidität* herauslesen. Trotz der weiten Verbreitung des Verfahrens gibt es einzelne sachliche und formale Einwände.

Wand *cliff(wall), clift, headwall, scarp (face/slope)*: vertikale oder fast vertikale → *Hänge* und daher ohne Bodenbedeckung, sondern direkt im → *Anstehenden* ausgebildet. An W. sind → *Steinschlag* und andere Sturzprozesse häufig (→ *Fallen*, → *gravitative Massenbewegungen*), sodass unterhalb der W. oft Sturzkegel oder -→ *halden* zu finden sind.

Wanderarbeiter *migrant worker*: Arbeitskräfte, die regelmäßig → *Wanderungen* zwischen ihrem Heimatort und einem, oft im Ausland gelegenen, Arbeitsort zurücklassen, um zeitlich begrenzte Beschäftigungsmöglichkeiten wahrzunehmen. I. d. R. handelt es sich um → *Saisonarbeiter* (z. B. Erntearbeiter in der Landwirtschaft oder im Tourismus). Im Unterschied zu → *Gastarbeitern* werden durch W. nur kurzfristige Arbeitsverhältnisse eingegangen und die Familienangehörigen von W. bleiben am Heimatort.

Wanderdüne *wandering dune, shifting sand dune, mobile dune, migratory dune*: → *Düne*, die sich unabhängig von ihrer Formgestalt wegen der fehlenden Vegetationsdecke bewegt. Sowohl → *Binnendünen* als auch → *Küstendünen* können W. sein. Prototyp der W. → *Barchan*.

Wanderfeldbau *shifting cultivation*: vornehmlich in den → *Tropen* und → *Subtropen* verbreitete Form agrarer → *Wechselwirtschaft*. Beim W. werden außer den bewirtschafteten Flächen auch die Siedlungen nach einem gewissen Zeitraum verlegt. Letzterer hängt primär von der Dauer der Ertragsfähigkeit des Bodens ab. In der Literatur hat sich weitgehend der aus dem Englischen stammende Begriff der → *shifting cultivation* gegenüber dem W. und seinen Übergangsformen zur → *Landwechselwirtschaft* durchgesetzt.

Wandergewerbe → *ambulanter Handel*.

Wanderschäferei *nomadic shepherding*: Form mitteleuropäischer → *Transhumanz*. Die W. tritt mit ihren Herdenwanderungen v. a. in Südwestdeutschland, insbesondere im Gebiet der Schwäbischen Alb, des Schwarzwaldes und des Oberrheinischen Tieflandes auf.

Wanderschutt *migration detritus*: sämtlicher → *rezent* oder → *vorzeitlich* bei Verwitterungsprozessen entstandener → *Schutt*, der sich hangabwärts bewegt. – 1. unter periglazialen Bedingungen bewegter oder sich bewegender Hangschutt, z. B. → *Solifluktionsschutt* bzw. → *Periglazialschutt*.

Wanderung (Migration) *migration*: Verlagerung eines Funktionsstandortes, insbesondere im Sinne des Wechsels des Wohnortes (Wohnsitzverlegung) oder des Betriebsstandortes (Betriebsverlagerung). Zusammen mit dem → *Verkehr* gehören die W. zur → *räumlichen Mobilität*. Entsprechend dem Herkunfts- und dem Zielgebiet von W. unterscheidet man z. B. – Binnen- und → *Außen*-, → *Nah*- und → *Fernwanderung*, – bei Überschreitung einer → *Staatsgrenze* → *Ein*- und → *Auswanderung*, – nach wichtigen → *Wanderungsströmen* → *Land-Stadt*- oder → *Stadtrandwanderung*, – nach dem → *Wanderungsmotiv* z. B. arbeits-, ausbildungs- oder freizeitorientierte W., – nach den wandernden Gruppen z. B. → *Gastarbeiter*- oder → *Saisonarbeiterwanderung*.

Wanderungsdefizit *migrational loss*: negativer → *Wanderungssaldo* eines Raumes, d. h. die Zahl der → *Abwanderungen* in einem Zeitraum – i. d. R. während eines Kalenderjahres – liegt höher als die Zahl der → *Zuwanderungen*.

Wanderungseffektivität *efficiency of migration*: Ausdruck der Auswirkung von Wanderungsbewegungen auf die Veränderung der → *Bevölkerungszahl* eines Raumes. Die W. wird als Quotient aus → *Wanderungssaldo* und → *Wanderungsvolumen* berechnet. Die dadurch ermittelte → *Effektivitätsziffer* liegt zwischen +1 (ausschließlich Zuzüge) und -1 (ausschließlich Fortzüge).

Wanderungsgefälle *migration gradient*: relativ kontinuierliche und über längere Zeiträume anhaltende, in einer Richtung verlaufende Wanderungsbewegung zwischen zwei → *Standorten* oder Räumen. Ein W. entsteht durch unterschiedliche Attraktivität bzw. räumliche → *Disparitäten* zwischen dem → *Abwanderungs*- und dem → *Zuwanderungsgebiet*. So besteht z. B. in Deutschland lange Zeit hindurch ein starkes W. zwischen ländlichen und städtischen Räumen (→ *Land-Stadt-Wanderung*, → *Landflucht*) oder zwischen größeren Städten und ihren → *Randgemeinden* (→ *Stadtrandwanderung*).

Wanderungsgewinn *migration gain*: Bevölkerungszuwachs eines Raumes, der sich – im Gegensatz zum → *Geburtenüberschuss* – aus einem → *Wanderungsüberschuss* ergibt.

Wanderungsintensität *migration intensity*: Maßzahl für die Wanderungshäufigkeit von → *sozialen Gruppen* oder der → *Bevölkerung* definierter → *Räume*. Die W. wird durch die durchschnittliche Zahl der Wohnsitzwechsel ausgedrückt, die eine Person im Laufe ihres Lebens durchführt; sie steht in engem Zusammenhang mit der → *Sozialstruktur*. Daneben wird auch die Zahl der → *Wanderungen* pro Jahr in einem definierten Raum, bezogen auf 1000 der Bevölkerung, als W. bezeichnet.

Wanderungsmotiv *migration motive, motivation of migration*: Beweggrund für eine → *Wanderung*. Für die → *Bevölkerungs*-, → *Siedlungs*- und → *Wirtschaftsgeographie* sind solche W. interessant, die auf räumliche Sachverhalte im weitesten Sinne zurückgehen, z. B. ökonomische → *Raumdisparitäten* bei erwerbsorientierten Wanderungen oder ungünstige Wohnbedingungen in einem innerstädtischen Viertel bei der → *Stadtrandwanderung*.

Wanderungssaldo *balance of migration*: Differenz aus → *Zuwanderung* und → *Abwanderung* für einen definierten → *Raum* in einem Zeitraum, i. d. R. ein Kalenderjahr. Der W. wird in absoluten Zahlen oder auf 1000 der mittleren → *Wohnbevölkerung* angegeben. Er kann auch gruppenspezifisch berechnet werden (z. B. für bestimmte Berufe oder Altersgruppen). Ein positiver W. bedeutet einen → *Wanderungsüberschuss*, ein negativer W. ein → *Wanderungsdefizit* für den betreffenden Raum.

Wanderungsstatistik *migration statistics*: Teil der → *Bevölkerungsstatistik*, der die → *Wanderungen* erfasst und analysiert. Die Daten der W. basieren auf den behördlichen An- und Abmeldungen bei einem Wohnsitzwechsel und erfassen damit die Zuzüge und Wegzüge bezogen auf → *Gemeinden* sowie die innergemeindlichen → *Umzüge*.

Wanderungsstrom *migration flow, migration stream*: größere Anzahl von Wanderungsfällen, die über längere Zeiträume hinweg zwischen dem gleichen → *Quellgebiet* und dem gleichen → *Zielgebiet* stattfinden. Durch W. kommt es zu Bevölkerungsumverteilungen, insbesondere zwischen wirtschaftsschwachen und wirtschaftsstarken → *Regionen* innerhalb eines → *Staates*. Aber auch über Staatsgrenzen hinweg existieren W., z B. bei der → *Gastarbeiterwanderung*. Bestehen zwischen Quell- und Zielgebiet W. in beide Richtungen, wird der größere als Hauptstrom, der kleinere als Gegenstrom bezeichnet.

Wanderungsüberschuss *migration surplus*: positiver → *Wanderungssaldo* eines Raumes, d. h. die Zahl der → *Zuwanderungen* in einem definierten Zeitraum – i. d. R. während eines Kalenderjahres – liegt höher als die Zahl der → *Abwanderungen*.

Wanderungsverlust *migration loss, migration deficit*: Bevölkerungsrückgang eines Raumes, der sich – im Gegensatz zum → *Sterbeüberschuss* – aus einem → *Wanderungsdefizit* ergibt.

Wanderungsvolumen *migration volume*: Gesamtzahl der Wanderungsfälle in einem → *Raum* für einen definierten Zeitraum, i. d. R. ein Kalenderjahr. Das W. setzt sich zusammen aus der Summe von → *Zuwanderungen*, → *Abwanderungen* und → *Binnenwanderungen* innerhalb des betreffenden Raumes.

Wandklima *wall climate*: kleinräumige spezielle klimatische Bedingungen an und im Schutz von → *Wänden*. Durch erhöhten Wärmegenuss infolge → *Einstrahlung* sowie → *Beschattung*, → *Windschutz*, Schutz vor → *Ausstrahlung* etc. bildet sich ein → *Mikroklima* heraus, das geomorphologisch → *physikalische Verwitterung*, → *Bauwerksgeomorphologie*) und → *biotisch* für → *Merozönosen* (→ *Merotop*) bedeutsam ist.

Wandvergletscherung → *Flankenvereisung*.

Wanne *basin, closed basin, enclosure basin*: im Gegensatz zum → *Becken* eine kleine, gegenüber ihrer Umgebung mehr oder weniger abgeschlossene → *Hohlform* mit rundlichem bis länglichem Grundriss. W. sind verschiedener Entstehung, z. B. durch → *Deflation* (→ *Deflationswanne*), → *glaziale Übertiefung*, → *Lösungsverwitterung*, → *gravitative Massenbewegungen*.

Wannental *basin valley*: → *Tal* mit flachem Boden und beidseitig konkaven → *Wölbungen* zu flachen → *Hängen* übergehend. W. entstehen durch starke → *Denudation* am Hang mit großen Materialzulieferungen, unter Bildung mächtiger Fußsedimente und bei geringer → *Seitenerosion* des Fließgewässers, aus einem → *Mulden*- oder einem → *Sohlental*.

Warenhandel → *Sachgüterhandel*.

Warenhaus *department store*: → *Großbetrieb* des → *Einzelhandels*, der ein reichhaltiges → *Angebot* von Waren eines breit gefächerten Branchenspektrums anbietet (→ *Sortimentsbreite*) und v. a. der Befriedigung des Massenbedarfs breiter Käuferschichten dient. Eine exakte Abgrenzung zum Kaufhaus ist nicht möglich. → *Standorte* sind früher ausschließlich die Stadtzentren (→ *City*), heute vielfach auch → *Einkaufszentren* am → *Stadtrand* mit großzügigem Parkplatzangebot für motorisierte Käufer.

Warenkorb *basket of commodities*: standardisierte Verbrauchsstruktur, die von der Wirtschaftsforschung ausgesuchte → *Güter* (Waren) und → *Dienstleistungen* beinhaltet, anhand derer jedes Jahr die Preisveränderung (→ *Preisindex*) für die Lebenshaltung festgehalten wird (→ *Lebenshaltungskostenindex*) und damit eine der Grundlagen für die Feststellung von → *Inflation* ist.
Warft → *Wurt*.
Wärme *heat*: aus der Bewegungsenergie der Moleküle resultierende physikalische Erscheinung von festen Körpern, Flüssigkeiten und Gasen. Physikalisch ist die W. als Energieinhalt eines Stoffes zu verstehen, und die W.-Menge wird deshalb auch in der Einheit der Arbeit (Joule) gemessen. Der W.-Zustand repräsentiert sich in der → *Temperatur*. Im System Erde-Atmosphäre spielt die W. energetisch eine dominierende Rolle, weil zusätzlich zur direkt eingestrahlten W. (langwellige → *Strahlung*) auch fast die gesamte kurzwellige Einstrahlung an der Erdoberfläche in W. umgewandelt wird (→ *Atmosphäre*, → *Wärmehaushalt*, → *Wärmemenge*).
warme Hangzone *warm hillside area*: geländeklimatischer Gunstbereich oberhalb der Ansammlungen von → *Kaltluft* (→ *Kaltluftsee*) in → *Becken*, → *Dellen*, → *Mulden* und → *Tälern*. Die w. H. folgt unmittelbar oberhalb der lokalen → *Kaltluftinversion* → *Ausstrahlungs* → *-wetter* bzw. → *-witterung*. In der w. H. herrscht Nebelarmut und keine → *Frostgefährdung* durch lokale Kaltluft. Sie ist dadurch agrarmeteorologisch und bioklimatisch begünstigt (→ *Agrarklimatologie*, → *Bioklimatologie*).
warme Quelle *hot: spring*: → *Quelle*, deren Wassertemperatur über dem Jahresmittel der Lufttemperatur im → *Einzugsgebiet* liegt (→ *Therme*).
Wärmeanomalie (thermische Anomalie, Temperaturanomalie) *heat anomaly*: deutliche Abweichung der mittleren Temperaturverhältnisse eines größeren Gebietes (Unterschied in makroklimatischer Größenordnung) von den für die betreffenden → *Breiten* im Durchschnitt typischen thermischen Verhältnissen. W. sind bedingt durch besondere Einflüsse wie → *Meeresströmungen*, extreme kontinentale Beckenlagen usw. (→ *Makroklima*).
Wärmeäquator → *thermischer Äquator*.
Wärmeaustausch *heat exchange (transfer)*: Transport von → *Wärme* in und zwischen stofflichen Systemen. W. geschieht durch → *Wärmestrahlung*, direkte Wärmeleitung (v. a. in festen Körpern) und Massenaustausch (in Flüssigkeiten und Gasen).
Wärmebelastung von Gewässern *thermal pollution of waters, thermal loading of waters*: thermische Belastung fließender und stehender Gewässer durch Einleitung erwärmten Wassers, insbesondere aus → *Kraftwerken* und Industriebetrieben. Die → *Abwärme* heizt die Gewässer auf, sodass (v. a. bei verschmutztem Wasser) der Ablauf der biologischen Abbauprozesse im → *Vorfluter* durch erhöhte Sauerstoffzehrung beeinträchtigt wird. Sauerstoffmangel kann z. B. zum → *Fischsterben* führen. Auch zum sogenannten → *Umkippen* eines Gewässers kann die W. v. G. beitragen (→ *Biochemischer Sauerstoffbedarf*).
Wärmeenergie (thermische Energie) *heat energy*: → *Energie*, die einem Körper als Folge der ungeordneten Bewegung seiner Bestandteile (Atome, Moleküle usw.) zukommt. In der → *Energiewirtschaft* spielt die W. eine herausragende Rolle. So wird in → *Kraftwerken* durch Verbrennung W. erzeugt, die dann mithilfe von z. B. Dampfmaschinen in Bewegungsenergie und schließlich über Generatoren in elektrische Energie umgewandelt wird.
Wärmegewinn *thermally profit*: durch eine Temperaturerhöhung repräsentierte bilanzmäßige Zunahme des Gehaltes an → *Wärmeenergie* in einem festen, flüssigen oder gasförmigen Körper oder in einem → *System*.
Wärmegewitter *heat thunderstorm*: ausschließlich durch hochreichende → *Konvektion* von über dem Festland erhitzter, feuchter → *Luft* entstehendes → *Gewitter*.
Wärmehaushalt *heat budget*: 1. in den gesamten Energiehaushalt (→ *Energiebilanz*) eingebetteter und klimatologisch eng mit dem → *Strahlungshaushalt* verkoppelter Umsatz und Austausch von → *Wärmeenergie* innerhalb eines → *Systems* und zwischen dem System und seiner Umgebung. Von zentraler Bedeutung ist der W. im System Erdoberfläche-Atmosphäre. W.-Vorgänge innerhalb der → *Atmosphäre* und innerhalb von Wasserkörpern wirken sich stark auf den Massenaustausch aus. Beispiel: der auf die obersten Dezimeter beschränkte W. der → *geoökologischen Grenzschicht* mit den Böden beeinflusst die → *physikalische* und → *chemische Verwitterung* und via Bodenlebewesen (→ *Edaphon*) auch die Bildung von → *Humus*. 2. bei Tieren, besonders Warmblütern, der Wärmeproduktion, -leitung und -abgabe zur Aufrechterhaltung einer konstanten Körpertemperatur. 3. bei Pflanzen vom → *Temperaturfaktor* bestimmter Haushalt, der → *Stoffwechsel* und Energieproduktion bestimmt. Dies drückt sich im Unterschied zwischen → *Kältepflanzen* und → *Wärmepflanzen* aus. 4. in Hydroökosystemen, besonders in stehenden Gewässern, entsteht ein W. durch Aufnahme von Strahlung an der Wasseroberfläche bzw. durch Ausstrahlung sowie Verdunstung

und sonstigen Wärmeaustausch mit der Umgebung. Bei thermisch stabilen Verhältnissen entsteht in Seen eine Schichtung, die jedoch in Zonen mit Jahreszeitenklimaten durch die Seezirkulation jahreszeitlich durchbrochen wird.

Wärmeinsel *heat island:* in regional- oder lokalklimatischer Größenordnung (→ *Geländeklima*) ein Gebiet mit vergleichsweise zur weiteren Umgebung höheren → *Temperaturen* (z. B. windgeschützte Lagen mit günstiger → *Besonnung*, größere Siedlungen usw.).besonders die → *Stadt* oder die → *Agglomeration* gilt als W., was sich in der Herausbildung einer → *Städtischen Wärmeinsel* als Bestandteil des → *Stadtklima* ausdrückt.

Wärme-Kraft-Kopplung *power-heat-combination:* → *Kraft-Wärme-Kopplung.*

Wärmekraftwerk *thermal power station:* → *Kraftwerkstyp*, bei dem eine Kraftmaschine, z. B. eine Dampfmaschine, die erzeugte → *Wärmeenergie* zunächst in mechanische Energie und schließlich mittels eines Generators in elektrische Energie (Strom) umwandelt. Es kann die Wärmeenergie durch Verbrennung → *fossiler Brennstoffe* wie → *Kohle*, → *Erdöl* oder → *Erdgas* bzw. durch die Spaltung von Atomkernen (→ *Kernkraftwerk*) gewonnen werden. Bei Letzteren tritt an die Stelle des Dampfkessels der konventionellen W. der → *Kernreaktor* (→ *Wärme*).

Wärmemangelgrenze klimatische Grenzlinie, jenseits derer bestimmte Mindestwerte von Mitteltemperaturen nicht mehr erreicht werden, sodass das Wachstum bestimmter Pflanzengesellschaften und -arten sowie → *Kulturpflanzen* nur eingeschränkt oder gar unmöglich ist.

Wärmemenge *thermal amount:* Summe der → *Wärmeenergie* (gemessen in → *Joule*, bis 1978 in → *Kalorien*).

Wärmeoptimum → *Klimaoptimum.*

Wärmepflanzen *heat-loving plants:* den → *Kältepflanzen* gegenübergestellt, weil W. bei Temperaturen deutlich über dem Gefrierpunkt von 0°C „erfrieren". Bei tropischen Pflanzen liegen diese Temperaturen schon bei +10 bis +25°C. W. stellen bei zu niedrigen Temperaturen → *Stoffwechsel* und Energieproduktion ein.

Wärmepole jene Orte der → *Erde*, an denen die höchsten absoluten → *Temperaturen* gemessen werden. Die W. befinden sich in den → *Wüsten* und → *Halbwüsten* der → *Subtropen* der Nordhalbkugel (z. B. Iran, Äthiopien, Libyen, Nevada/USA; → *Kältepole*).

Wärmepumpe *heat exchange pump:* Anlage, die unter Einsatz von mechanischer bzw. elektrischer Energie über einen Wärmetauscher (umgekehrtes Prinzip einer Kühlmaschine) → *Wärme* gewinnen kann. In der Praxis wird i. d. R. der Außenluft oder dem → *Grundwasser* Wärme entzogen, um sie für Heizzwecke einzusetzen. Die W. ist ein Alternativkonzept zur Energiegewinnung, das v. a. seit dem → *Ölschock* verstärkt zur Ölsubstitution eingesetzt wird.

Wärmequelle *heat source:* Körper, der → *Wärmeenergie* abgibt.

warmer Gletscher *warm glacier:* → *Gletscher*, dessen Innentemperatur um den Schmelzpunkt des → *Eises* liegt. Daraus ergibt sich als wichtiges Merkmal, dass Druckschwankungen die Bewegung beeinflussen, weil sie zur Druckverflüssigung des Eises (→ *Druckschmelztemperatur*) im Untergrund führen. W. G. sind typisch für → *Gebirge* der → *gemäßigten Breiten* und der → *Tropen.*

Wärmescheitel der Erde gedachte, mehr oder weniger in Breitenkreisrichtung (→ *Breite*) verlaufende Linie auf der → *Erde*, welche die Punkte mit den höchsten mittleren → *Temperaturen* (meist Monatsmittel) miteinander verbindet. Der W. d. E. wechselt im Jahresverlauf seine Lage von der Nord- auf die Südhalbkugel und wieder zurück. Der W. der Jahresmittel ist der → *thermische Äquator* (→ *Wärmepole*).

Wärmestrahlung *radiation of heat, heat radiance, thermal radiation:* langwellige, nicht sichtbare, aber fühlbare → *Strahlung* im Infrarotbereich mit Wellenlängen über 2 µm.

Wärmestrom *heat flow:* in Bewegung befindliche → *Wärmeenergie.*

Wärmesumme (Temperatursumme) *temperature sum:* 1. statistischer Wert, der durch Aufsummieren der über einem bestimmten für das Wachstum von Organismen, besonders von Pflanzen, wichtigen Grenzwert (z. B. 5°C) liegenden Tagesmittel der → *Temperatur* einer festgelegten Periode erhalten wird. W. sind v. a. bezüglich → *Bioklima* aussagekräftig und geben die für das pflanzliche Wachstum wichtigen Temperaturbedingungen oft besser als die klimatischen Mittelwerte wieder, weil sich die unterhalb des genannten Grenzwertes liegenden Temperaturen kaum auf das Wachstum auswirken, da unter diesen kein Stoffgewinn mehr möglich ist. 2. in der → *Klimatologie* die Summe der positiven Tagesmittel der Temperatur.

Wärmeumsatz *heat transformation:* 1. Energiefluss an der Erdoberfläche, der durch → *Einstrahlung*, → *Ausstrahlung*, Wärmeleitung in den Boden und zur Bodenoberfläche, turbulenten Wärmetransport in die → *Atmosphäre* und → *Verdunstung* (Transport latenter Wärme) bestimmt wird. 2. Energiefluss in der → *Atmosphäre*, der durch Einstrahlung von der → *Sonne* und der → *Erde* her, Ausstrahlung in den Weltraum, konvektiven und dynamischen Massenaustausch, → *Kondensation* und

→ *Verdunstung* und thermodynamischen Energieverbrauch bestimmt wird.

Wärmezeiten *warm periods*: drei deutlich durch Klima, Vegetation und → *marine Entwicklung* voneinander getrennte, aber aufeinander folgende Zeitabschnitte des → *Holozäns* bzw. → *Postglazials*: – Frühe W. = → *Boreal*, – Mittlere W. = → *Atlantikum*, – Späte W. = → *Subboreal*.
Darauf folgt das → *Subatlantikum* als „Nachwärmezeit".

Wärmezyklone *heat cyclone*: stationäres kontinentales → *Hitzetief* (→ *Tiefdruckgebiet*), das sich am Boden durch das Aufsteigen andauernd erwärmter Luft bildet und maximal bis 5000 m hoch reichen kann. Im Vergleich zu den dynamisch entstehenden → *Zyklonen* sind die Luftbewegungen in den W. relativ gering.

Warmfront *warm front*: Grenzfläche zwischen kalten und warmen → *Luftmassen* auf der Vorderseite des Warmluftsektors einer → *Zyklone*. Die W. ist als schräg stehende, mächtige → *Aufgleitfläche* entwickelt. Abkühlung der → *Warmluft* am Kontakt zur → *Kaltluft* bewirkt intensive → *Kondensation* und oft andauernde → *Regen* aus tiefhängenden Schichtwolken (→ *Aufgleitniederschlag*).

Warmklima → *akryogenes Klima*.

Warmluft *warm air, subtropic air*: 1. jede erwärmte, relativ wärmere oder aus einem warmen Gebiet stammende → *Luftmasse*. 2. auf das Wettergeschehen in Mitteleuropa bezogen jene subtropische Luftmassen, die aus dem Gebiet der → *Wendekreise* stammen (→ *Tropikluft*).

Warmzeit (Interglazial) *interglacial, interglaciation, interglacial period, warm period*: ein relativ wärmerer Zeitabschnitt zwischen zwei kälteren Zeitabschnitten, den → *Kaltzeiten*. Im gegenwärtigen → *Eiszeitalter*, dem → *Quartär*, ist das → *Pleistozän* die Kaltzeit, das → *Holozän* jedoch im strengen Sinne keine W., sondern eine → *Nacheiszeit*, da die nachfolgende Kaltzeit (noch) nicht gegeben ist. Leider werden die verschiedenen Begriffe, insbesondere jedoch Kaltzeit, → *Eiszeit* und Eiszeitalter, sehr verschieden definiert eingesetzt.

Warnkette *warning chain, warning system*: umfasst das Erkennen der Bedrohung durch → *Gefahren* und → *Katastrophen*, die Gefahren- oder → *Risikobewertung*, Warnungsentscheidung, Weitergabe der Warnung, Maßnahmen, Bewertung des Ablaufs, Verbesserung der W. (→ *Katastrophenkreislauf*).

Warthe-Stadium (Warthe-Eiszeit) *Warthian [Ice Age]*: teilweise als selbstständige → *Eiszeit* betrachtet; neben dem älteren → *Drenthe Stadium* der → *Saale-Kaltzeit* deren jüngerer Abschnitt, der hinter dem Maximalstand des Drenthe-Stadiums liegt. Harburger Berge, südliche Lüneburger Heide, Fläming und Katzengebirge markieren den äußersten Endmoränenzug des W.-S. Die Haupteisrandlage des W.-S. weist ein lebhaftes Relief von → *End-* und → *Stauchendmoränen* auf, das sich überwiegend an Formen des Drenthe Stadiums anlehnt.

Warthe-Eiszeit → *Warthe Stadium*.

Warve *varve*: Wort aus dem Schwedischen, das „Jahresschicht" bedeutet und die in Teillagen abgelagerten Sedimentschichten eines Jahres bezeichnet. Beispielsweise werden in glazialen Seebecken geschichtete → *glazilimnische* → *Bändertone* abgelagert, deren geochronostratigraphische Bedeutung (→ *Warvenchronologie*) sich aus dem stetigen Wechsel von W. ergibt. Die „Sommerschicht" ist eher hell und sandig-grob, die „Winterschicht" dunkler und eher tonig-feinkörnig. Durch Auszählen der W. lassen sich Klima- und Sedimentationszyklen herausarbeiten.

Warvenchronologie *varve chronology*: Kombination von Warvenprofilen verschiedener Lokalitäten einer Großregion zu einer lückenlosen Abfolge für längere Zeiträume, sodass z. B. für das gesamte → *Holozän* Schwedens eine → *Geochronostratigraphie* vorliegt (→ *Warve*).

Warvenschiefer *varve shale*: → *Warvit*.

Warvit (Warvenschiefer) *varve shale*: Gestein der präquartären → *Eiszeiten*, aus Bändertonen durch → *Diagenese* verfestigt. Kommt u. a. in Australien, Südafrika und Südamerika vor (→ *Tillit*).

wash out (Auswaschung)
1. die Auswaschung von → *Staub* bzw. → *Aerosolen* aus der → *Atmosphäre* durch den → *Niederschlag*, mit dem sie in die → *Geoökosysteme* gelangen, wo sie sich in → *biotischen* und → *abiotischen* → *Kompartimenten* anreichern.
2. der Begriff w. o. wird gelegentlich nur auf die Auswaschung von radioaktivem Staub (→ *Radioaktivität*) bezogen (→ *Fall-out*).

Wasser *water*: farb-, geruch- und geschmacklose Flüssigkeit mit der chemischen Zusammensetzung H_2O. Das aus einem Sauerstoff- und zwei Wasserstoffatomen bestehende Molekül des W. hat eine sehr hohe Bindungsfestigkeit und bildet einen Dipol (elektrische Ladungsverteilung). W. gefriert unter Normaldruck laut Definition bei 0°C und siedet bei 100°C (→ *Erstarrungswärme*, → *Verdunstungswärme*, → *Verdampfungswärme*). Es erreicht die größte Dichte von 1000 g/cm³ bei +4°C. Die Dichte bei 0°C beträgt 0,999984 g/cm³; für Eis liegt sie bei 0°C bei 0,918 g/cm³. Das W. wirkt für viele Stoffe als Lösungsmittel, da es neben H_2O-Molekülen auch freie H^+- und OH^--Ionen enthält. Natürliches W. ist chemisch nie rein, sondern enthält in mehr

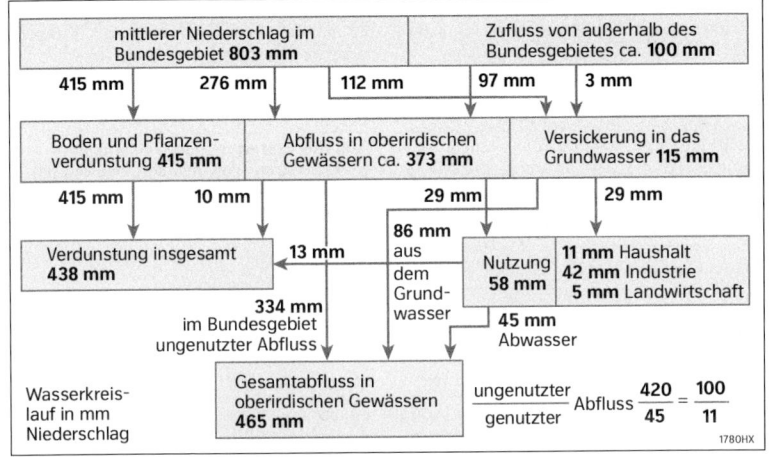

Wasserbilanz

oder weniger großer Menge gelöste mineralische und organische Stoffe und Schwebstoffe, wobei der Niederschlag wegen des Destillationseffektes der Verdunstung die geringsten Konzentrationen aufweist. W. kommt in der Atmosphäre (als Wasserdampf, flüssiger und fester Niederschlag), auf der Erdoberfläche (Meere, Seen, Flüsse), im Boden als Bodenwasser und im Oberflächennahen und im Tieferen (geologischen) Untergrund als Grundwasser vor. W. ist für Lebewesen unabdingbar, ein wichtiges Klimaelement und wegen seiner Bedeutung für Verwitterung und Abtragung (Erosion) ein zentraler Faktor geomorphologischer Prozesse und damit der Bildung von Landformen an der Erdoberfläche.

Wasseräquivalent *water equivalent*: in Millimeter Höhe gemessenes Wasservolumen einer Decke von → *Schnee* oder → *Eis*.

Wasseraufbereitung *water preparation/processing/treatment/conditioning*: Verfahren zur Gewinnung von Wasser zur Einspeisung in Wasserversorgungsnetze. Durch W. werden → *Brauch-* und → *Trinkwasser* aus → *Rohwasser* gewonnen, das → *Oberflächengewässern* oder dem → *Grundwasser* entstammt.

Wasserbau *water engineering, hydraulic engineering*: alle baulichen Maßnahmen, die dem Schutz vor den Einwirkungen des Wassers, der Regulierung von Wasserläufen und der Nutzung von Wasservorkommen dienen. W. umfasst den → *Flussausbau* (Regulierung von Flussläufen durch Begradigung, Dämme, Wehre usw.), → *Küstenschutz* (Deichbau, Uferbefestigung usw.), Verkehrswasserbau (Bau von Kanälen und Häfen, Schiffbarmachung von Flüssen durch Regulierung, Schleusen usw.), → *Wasserkraftwerksbau* (Fluss-, → *Gezeiten-* und → *Speicherkraftwerken*), landwirtschaftlichen W. (Be- und Entwässerungsanlagen) und Einrichtungen der → *Wasserversorgung*.

Wasserbedarf *water requirement/need/demand*: die von Mensch und Wirtschaft benötigte Menge an → *Brauch-* und → *Trinkwasser*. In Deutschland haben Kraftwerke der Energieversorgung den größten W. Zusammen mit der Industrie haben sie >80% Anteil am Gesamtwasserbedarf. Der W. privater Haushalte ist verschieden: ländliche Gemeinden 50–100 l, Verdichtungsräume 150–300 l/pro Tag und Einwohner.

Wasserbewirtschaftung *water management*: zielt auf → *Nachhaltigkeit* im Umgang mit Wasser; in den meisten Staaten durch Gesetze, Verordnungen und/oder Preise geregelt und zunächst nur auf die → *Wasserversorgung* ausgerichtet. Durch allgemein notwendigen → *Umweltschutz* bezieht die W. auch den Wasserschutz (→ *Wasserschutzgebiet*, → *Wasserreinhaltung*, → *Wasserrecht*) mit ein.

Wasserbilanz *water balance*: 1. aus den Teilgliedern → *Niederschlag*, → *Abfluss* (bzw. → *Sickerung*), → *Verdunstung*, → *Rücklage* und → *Aufbrauch* resultierende Summe der Prozesse des → *Wasserhaushalts* in einem → *Einzugsgebiet*, einem Wasserkörper oder einem wasserhaltigen System (z.B. dem → *Boden*). 2. das Mengenverhältnis von → *Wassergewinnung* und → *Wasserverbrauch* eines definierten Gebietes (→ *Wasserhaushaltsgleichungen*).

Wasserbindung *water retention*: 1. Fähigkeit des → *Bodens*, durch Adsorptions- und Kapillarkräfte Wasser in seinem Porensystem gegen die Schwerkraft zurückzuhalten. 2. Fähigkeit von → *Tonmineralen*, durch innerkristalline Einlagerung und Umgeben mit elektrostatisch gebundenen Wasserfilmen, Wasser aufzunehmen.

Wassercharta *water charter*: Memorandum des Europarats (1968), das die Sicherung der → *Wasserversorgung* als vordringliches internationales Problem herausstellt. Die W. regt an, → *Abwasser* und → *Betriebs*- bzw. Brauchwasser verstärkt in geschlossenen Kreisläufen zu führen, um eine Wiedernutzung zu ermöglichen.

Wasserdampf *water vapor*: gasförmiges → *Wasser*. Unter Normaldruck befindet sich oberhalb 100°C alles Wasser im gasförmigen Aggregatzustand (→ *Kondensation*).

Wasserdargebot *available fresh water, water supply*: die für einen bestimmten Zeitraum ermittelte oder zu erwartende nutzbare Wassermenge aus → *Grundwasser* und → *Oberflächengewässern* (→ *Wasserdargebotspotenzial*).

Wasserdargebotspotenzial (Wasserpotenzial) *water supply potential*: auf die Wasserressource bezogener Teil des → *Leistungsvermögens des Landschaftshaushaltes*, nutzbares → *Grundwasser* und Wasser aus → *Oberflächengewässern* für Mensch und Wirtschaft bereit zu halten.

Wassereis *water ice*: jenes → *Eis*, das durch Gefrieren von flüssigem → *Wasser* entstand, im Gegensatz zum Gletschereis, das durch eine → *Metamorphose* von → *Schnee* gebildet wird.

Wassererrnte → *Rainwater harvesting*.

Wassererosion *water erosion*: die erosiven und denudativen Prozesse, die durch Wasser stattfinden: durch auf der Bodenoberfläche hangabwärts fließendes Wasser (→ *Oberflächenabfluss*) stattfindende Abtragung von Boden (→ *Bodenerosion*) sowie Locker- und Festgestein, → *Fluvialerosion* und → *Denudation*.

Wasserfahrzeug *vessel, water craft*: zusammenfassende Bezeichnung für alle Transportmittel, die auf → *Wasserstraßen* benutzt werden können, u.a. Schiffe, Boote, Flöße. Wegen des günstigen Verhältnisses von Transportmenge zu Treibstoffbedarf sind W. i.d.R. ökologisch günstige → *Verkehrsmittel*; ihr Nachteil sowohl im Personen- als auch im Güterverkehr ist ihre Langsamkeit und die mangelnde Flexibilität der Linienführung im Vergleich zu Land- oder Luftfahrzeugen.

Wasserfall (Katarakt) *waterfall, cataract*: senkrechter Abfall von Wassermassen über eine Gesteinsschwelle oder -stufe im Flussbett, z.B. Rheinfall (Schweiz) 15–20 m, Niagarafälle (USA) 60 m, Iguaçufälle (Brasilien) 70 m, oder über eine Felswand, z.B. Staubbachfall (Berner Oberland) 287 m, Utigardfoss (Norwegen) 610 m, Yosemitefälle (USA) 792 m.

Wasserführung *rate of stream flow*: die → *aktuell* in einem → *Gerinne* fließende Wassermenge pro Zeiteinheit.

Wassergehalt *water content*: in Volumen- oder Gewichtsprozent angegebener Wasserinhalt von Bodenproben.

Wassergewinnung *water reclamation*: Fassen und Aufbereiten von → *Oberflächengewässern*, → *Grundwasser* bzw. Quellwasser. Zur W. werden → *Zisternen*, → *Brunnen*, → *Talsperren* und andere wassertechnische Einrichtungen eingesetzt. Häufig geschieht die W. in der Form einer → *Uferfiltrierung* bzw. einer direkten Wasserentnahme und Filterung aus → *Flüssen* und → *Seen*. In → *ariden* Küstengebieten spielt zunehmend die W. über die → *Meerwasserentsalzung* eine Rolle.

Wassergüte *water quality*: nach Sauerstoffgehalt, Sauerstoffzehrung und Mikrobengehalt bewertete Wasserqualität (→ *Gewässergüte*).

Wasserhalbkugel *water hemisphere*: jene Erdhälfte, auf der das → *Meer* über 90% der Fläche einnimmt; ihr Mittelpunkt liegt bei Neuseeland.

Wasserhaltevermögen *water storing capacity*: Eigenschaft von Böden und feinen, schluff- und tonhaltigen → *Lockergesteinen* (z.B. → *Löss*, alluviale Ablagerungen), im Porensystem Wasser zu speichern. Das W. nimmt mit der Größe des → *Porenvolumens* und dem Anteil an → *Mittel*- und *Feinporen* im gesamten Porenraum zu. Es steigt also mit zunehmender Feinheit der Körnung (Höchstwerte in → *Tonböden*).

Wasserhaushalt *water balance*: allgemein die durch Wasserzufuhr, Wasserentzug und Änderung des Wasserinhaltes gekennzeichneten Umsetzungsvorgänge des → *Wassers* in einem → *System* und zwischen einem System und seiner Umgebung. Der W. der als → *Geosysteme* repräsentierten → *Einzugsgebiete* setzt sich aus → *Niederschlag* (N), → *Abfluss* (A), → *Verdunstung* (V), → *Rücklage* (R) und → *Aufbrauch* (B) zusammen. Mit ihnen werden verschiedene → *Wasserhaushaltsgleichungen* aufgestellt. Niederschlag gelangt als Eingabe auf die Bodenoberfläche, fließt u.U. direkt oberflächlich in den Abfluss, gelangt jedoch zum größeren oder größten Teil durch → *Sickerung* in den → *Oberflächennahen Untergrund* bzw. → *Boden*. In Letzterem verbleibt eine Teilmenge des versickerten Wassers im Boden als → *Bodenwasser* für die Verdunstung (Ausgabe) zur Verfügung; der Rest sickert in den Grundwasserkörper, der i.d.R.

wichtigsten → *Speicher* im Einzugsgebiet repräsentiert. Der im Umsatz befindliche Anteil des → *Grundwassers* gelangt über Quellaustritte (→ *Quelle*) oder als unterirdisch fließender Grundwasserstrom in die → *Vorfluter* (Ausgabe). Der gesamte W. ist nur langfristig ausgeglichen. Das Verhältnis von Niederschlag und Verdunstung ist von Jahr zu Jahr und jahreszeitlich verschieden – besonders in wechselfeuchten Klimaten; das bedeutet Änderungen der gespeicherten Wassermenge. Im gemäßigten Klima füllen sich im Winterhalbjahr die Speicher, die sich im Sommer teilweise wieder entleeren, weil der Niederschlag die Ausgaben durch Verdunstung und Abfluss nicht voll decken kann. Der Gang der W.-Elemente wird eindeutig vom Klima bestimmt, daher unterscheiden sich die Hauptklimazonen der Erde im Hinblick auf den W. grundsätzlich (Feucht-, Wechselfeucht-, Trocken- und Schneeklimate; → *Abflussregime*, → *Bodenwasserhaushalt*). – In der → *Biologie* repräsentiert der W. die Wasseraufnahme und -abgabe der Organismen, die physiologisch gesteuert wird.

Wasserhaushaltsgleichungen (Grundgleichungen des Wasserhaushaltes) *water balance equation*: dienen der quantitativen Beschreibung des → *Wasserhaushaltes*. Die einfachste, nur langjährig gültige W. für → *Einzugsgebiete* lautet A (Abfluss) = N (Niederschlag) − V (Verdunstung). Bei kürzerfristigen Betrachtungen muss die Speicheränderung berücksichtigt werden. Die W. wird demzufolge durch die Glieder → *Rücklage* (R) und → *Aufbrauch* (B) ergänzt und lautet N = A + V + (R − B).

Wasserhöhe *water level, stage, water stage, gauge height*: in Millimeter angegebener Wert der → *Wasserbilanz*.

Wasserkapazität *water-holding capacity*: je nach → *Wasserhaltevermögen* sehr unterschiedliche Wassermenge, die der Boden gegen die Schwerkraft festhalten kann (→ *Haftwasser*, → *Feldkapazität*).

Wasserkraft *water power, hydro power*: eine → *regenerative Energie*, die absolut sauber ist und durch → *Wasserkraftwerke* (→ *Laufwasserkraftwerke* an Flüssen und → *Speicherkraftwerke*) zur Stromerzeugung genutzt wird. Bis in die Neuzeit wurde die kinetische Energie des Wassers direkt zum Betreiben von z. B. Hammerwerken, Mühlen und Sägewerken eingesetzt. Neuere Formen der W.-Nutzung sind → *Gezeitenkraftwerke* bzw. die Ausnutzung der → *Wellenenergie*.

Wasserkraftwerk *hydroelectric power station, hydroelectric power plant*: Anlage zur Nutzung der kinetischen Energie des Wassers (→ *Wasserkraft*) zur Stromerzeugung. Das strömende oder fallende Wasser wird auf Turbinen geleitet, die Generatoren antreiben. Man unterscheidet – Laufwasserkraftwerke und – Speicherkraftwerke.
Zu Letzteren gehören die → *Pumpspeicherkraftwerke*. Noch relativ geringe Bedeutung besitzen → *Gezeitenkraftwerke*. Beim Bau der W. kommt es zu beträchtlichen Eingriffe in → *Landschaft* und → *Landschaftsökosysteme* der Umgebung. Dies besonders bei Speicherkraftwerken, deren → *Talsperren* große Teile terrestrischer Ökosysteme unter Wasser setzen, oft mit Vernichtung von Natur- und Kulturgütern.

Wasserkreislauf (hydrologischer Kreislauf) *water cycle [circulation]*: die stetige Verlagerung von → *Wasser* vom Meer zum Land und wieder ins → *Meer* zurück, die in den drei Teilphasen → *Verdunstung*, → *Niederschlag* und → *Abfluss* stattfindet. Wasser verdunstet über den Meeresflächen in die → *Atmosphäre*, wird mit den Luftströmungen über die Festlandsflächen getragen, gelangt nach der → *Kondensation* als Niederschlag auf die Erdoberfläche, wo aus es z. T. wieder verdunstet, z. T. versickert. Die → *Sickerung* in den → *Oberflächennahen Untergrund* führt zum → *Grundwasserkörper* und von diesem zu den → *Quellen*, von wo das Wasser überwiegend in offenen Gerinnen dem Meer zufließt. In diesen großen W. sind verschiedene Teilkreisläufe eingebettet, so die ausschließlich über den Meeresflächen und den Festlandsflächen intern ablaufenden Verdunstungs-Niederschlags-Kreisläufe. Effektiv gelangen nur etwa 20% des über den → *Ozeanen* verdunstenden Wassers als Niederschlag auf das Festland. Im globalen W. werden jährlich etwa 380 000 km³ Wasser umgesetzt. Da die Atmosphäre nur etwa 3% dieser Wassermenge enthält, wird der gesamte atmosphärische Wasserdampf etwa dreißigmal im Jahr umgesetzt.

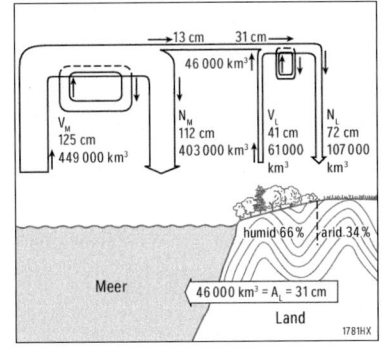

Wasserkreislauf

Wasserleiter *permeable layer*: Bodenhorizonte und Gesteinsschichten mit porösen Systemen, die für Wasser durchlässig sind (→ *Wasserleitfähigkeit*, → *Durchlässigkeitsbeiwert*).

Wasserleitfähigkeit *water conductivity*: Eigenschaft von Böden und → *Lockergesteinen*, für Wasserbewegungen in gesättigten und ungesättigten Zustand durchlässig zu sein. Die W. hängt eng mit der Gestaltung des Porensystems (→ *Porengrößenverteilung*) und dem Sättigungszustand zusammen (→ *Durchlässigkeitsbeiwert*).

Wassermengendauerlinie der → *Wasserstandsdauerlinie* entsprechende Darstellung, welche anstelle der → *Wasserstände* die → *Wasserführung* als Bezugsgröße verwendet.

Wassermühle *watermill*: Mühle, die durch → *Wasserkraft* angetrieben wird. W. wurden v. a. im Mittelalter neben den → *Windmühlen* zu einer bedeutsamen, menschliche Arbeitskraft ersetzenden Technologie. Durch ihre Standortbindung an Wasserläufe kam es durch die Errichtung von W. zu zahlreichen Neusiedlungen in Tälern.

Wasserpfad *water loading path, water stress pad*: einer der → *Belastungspfade* in → *Ökosystemen*, auf dem chemisch, thermisch oder biologisch belastetes → *Wasser* (z. B. → *Abwasser*) zirkuliert, das von der landwirtschaftlichen Bodenbearbeitung (z. B. → *Gülle*, → *Dünger*), technischen Anlagen von Industrie und Gewerbe sowie Haushalt oder Unglücken (→ *Ölkatastrophe*) geliefert wird (→ *Wasserhaushalt*, → *Wasserreinhaltung*, → *Wasserverschmutzung*).

Wasserrecht *water right*: Gesamtheit aller Verordnungen und Gesetze, einschließlich des Gewohnheitsrechts, im Hinblick auf Wassernutzung und → *Wasserbewirtschaftung*. W. hat bis ins Altertum zurückreichende Traditionen, v. a. in → *Trockengebieten* des Vorderen Orients und der → *Mediterranis*. In Mitteleuropa gibt es seit dem Mittelalter ein W., das sich zunächst auf die technologische Nutzung des Wassers (z. B. Schifffahrt, Flößerei, Wasserkraft in Hammerwerken) bezog. Umweltbezogene gesetzliche Regelungen (Wasserhaushaltsgesetz, Abwasserabgabegesetz etc.) wurden erst ab den 1970er-Jahren eingeführt.

Wasserreinhaltung *water conservation, water pollution control*: Gesamtheit der Maßnahmen und Verfahren, um Wasserverschmutzungen vorzubeugen bzw. zur Reinigung verschmutzten → *Wassers*. Wichtigste Maßnahme zur W. ist die separate Behandlung von häuslichem und industriellem → *Abwasser* in → *Kläranlagen*. Die Landwirtschaft leitet direkt oder indirekt immer noch → *Gülle*, Mineraldünger sowie Insekten- und Pflanzengifte in die → *Vorfluter* oder in das → *Grundwasser* ein. Wegen der W. erklärt man Gebiete der Wassergewinnung zu → *Wasserschutzgebieten*.

Wasserscheide *watershed*: die Grenze zwischen zwei → *Einzugsgebieten*, deren → *Gerinne* verschiedenen Gefällsrichtungen folgen. W. sind sowohl oberirdisch als auch unterirdisch ausgebildet. Die oberirdische W. wird durch Georelieformen (→ *Berge*, → *Kämme*, → *Rücken*, → *Sättel* und sonstige → *Vollformen*) gebildet; die unterirdische W. ist von der Lagerung und damit der Richtung des → *Fallens* wasserstauender und wasserleitender Gesteinsschichten bestimmt. Der Begriff W. ist vorzugsweise auf den Vorgang des → *Abflusses* bezogen, worauf auch der Begriff Einzugsgebiet abgestellt ist (→ *Grundwasserleiter*, → *Grundwasserstauer*).

Wasserschutzgebiet *water protection area*: Gebiet mit Schutzmaßnahmen und Verboten gegen eine mögliche Verunreinigung des Wassers. W. dienen dem Wasserschutz, aber auch der → *Wassergewinnung*. Die Errichtung von Öltanklagern, größeren Tierställen (→ *Gülle*), Gewerbebetrieben, Müllplätzen usw. ist verboten, ebenso der Einsatz von → *Dünger* und Pflanzenschutzmitteln sowie der Verkehr für LKW mit gefährlicher Ladung.

Wasserspannung *soil-moisture tension*: → *Saugspannung*.

Wasserspannungskurve *water retention curve*: graphisch dargestellte Beziehung zwischen verschiedenen → *Saugspannungen* und den entsprechenden → *Wassergehalten* im Boden.

Wasserspiegel *water level*: die Oberfläche von → *Fließgewässern* und → *stehenden Gewässern*. Der W. der → *Meere* und → *Seen* ist nicht eben, sondern entspricht der Erdkrümmung. Er wird durch die → *Gezeiten* rhythmisch verändert.

Wasserspiegelgefälle → *Spiegelgefälle*.

Wassersprung → *Wechselsprung*

Wasserstand *water level*: Höhenlage des → *Wasserspiegels* eines → *stehenden Gewässers* oder eines → *Fließgewässers*, bezogen auf eine fixierte Höhenmarke und angegeben in Metern. Ökologisch und wirtschaftlich wichtige W. sind die NNW (niedrigster bekannter Niedrigwasserstand), NW (Niedrigwasserstand), MNW (mittlerer Niedrigwasserstand), HW (→ *Hochwasser*), MHW (mittlerer Hochwasserstand) und HHW (höchster Hochwasserstand).

Wasserstandsganglinie *stage hydrograph*: gezeichnete Kurve, welche angibt, an wieviel Tagen im Jahr ein bestimmter → *Wasserstand* unter- bzw. überschritten wird. Sie wird dargestellt, indem man alle mittleren Ta-

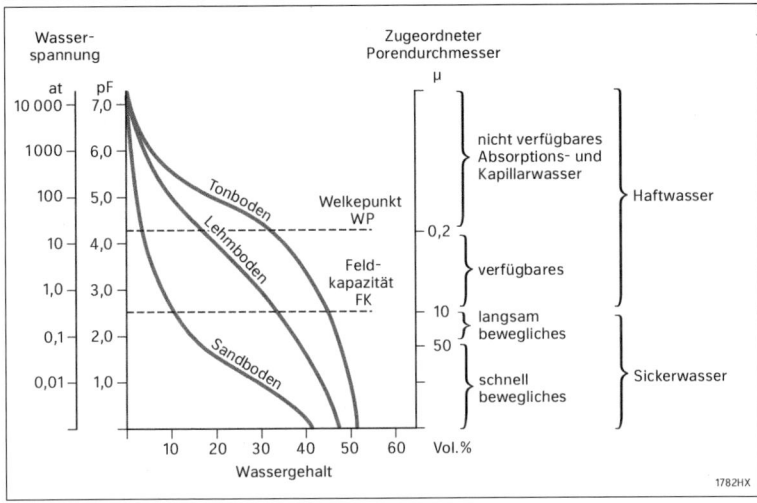

Wasserspannungskurve

geswasserstände in einem Zeit-Höhen-Raster aufträgt.

Wasserstauer *impermeable layer*: wasserundurchlässige Bodenhorizonte (tonige Horizonte, Tonanreicherungshorizonte, → *Ortsteinhorizonte* usw.) und Gesteinsschichten (tonige Sedimente oder → *Festgesteine*).

Wasserstoffionenkonzentration *hydrogenion: concentration*: Menge der freien H⁺-Ionen in einer Lösung. Die W. wird mit dem → *pH-Wert* angegeben.

Wasserstraße *waterway*: Gewässer, auf dem regelmäßig Schifffahrt betrieben wird. Man unterscheidet natürliche W. (Flüsse, Seen, Meere) und künstliche W. (Kanäle, Stauseen), außerdem → *Binnen-* und *See-W.*.

Wasserstufe durch Art des Wassers sowie Ausmaß und Andauer der Wassersättigung (→ *Sättigung*) erfolgende Kennzeichnung des ökologischen Wassereinflusses an einem Standort.

Wasserverbrauch *water consumption*: 1. diejenige Wassermenge, die infolge der Wassernutzung zur Rückleitung in die Gewässer nicht mehr zur Verfügung steht. W. repräsentiert einen – *anthropogen* bedingten Nutzungs"verlust", der jedoch – bezogen auf den globalen → *Wasserkreislauf* – nicht real ist, weil die Gesamtmenge des Wassers in der → *Biogosphäre* in → *geosphärischen Dimension* langfristig gleich bleibt. Scheinbare Verluste ergeben sich aus längeren oder kürzeren Laufzeiten auf den Pfaden im System bzw. aus den Verweilzeiten in den Speichern. 2. mit W. wird auch die Verunreinigung des Wassers durch → *Abwasser* bezeichnet, die eigentlich eine qualitative Veränderung darstellt, sodass sich der W. lediglich aus den verschobenen Anteilen natürlich-reinen und anthropogen-verunreinigten Wassers ergibt. 3. W. steht auch für → *Wasserbedarf* durch Industrie und Haushalt, angegeben in Litern pro Einwohner pro Tag.

Wasserverschmutzung *water pollution*: Verunreinigung fließender oder stehender Gewässer durch die Einleitung von → *Abwasser* aus Haushalten und Wirtschaft, durch die Auswaschung von Feststoffen und Einsickern zusammen mit dem Niederschlagswasser (z. B. → *Dünger*). Besonders leicht möglich und gefährlich ist eine W. durch das Auslaufen bzw. das gezielte Ablassen von Ölen oder Ölrückständen.

Wasserversorgung *water supply, water delivery*: 1. Produktion und Transport von → *Wasser* aus dem → *Wasserdargebot*, um → *Trink-* oder → *Brauchwasser* bzw. Bewässerungswasser zur Versorgung einer Lokalität des → *Wasserverbrauchs*. 2. Gesamtheit der Maßnahmen zur Sicherung des → *Wasserbedarfs* und zur zuverlässigen Belieferung von Bevölkerung und Wirtschaft mit → *Trink-* bzw. → *Brauchwasser*. Zur W. zählen Beschaffung, Aufbereitung, Speicherung, Zuführung, Verteilung sowie Zukunftsvorsorge. W. erfordert Einrichtungen zur Fassung von → *Grundwasser*, Ober-

flächenwasser- und Quellwasser (→ *Quellen*) sowie solcher zur (Wieder-)Aufbereitung. Zur W. von → *Trockengebieten* dient die → *Meerwasserentsalzung* (→ *Fernwasserversorgung*).
Wasserwalze *water roller, water current*: stationäre Drehbewegung des Wassers in einem Fließgewässer. W. enstehen beim Übergang von → *schießendem* zu → *strömendem Abfluss* (→ *Wechselsprung*). Man unterscheidet zwischen → Grundwalze, Uferwalze und → Deckwalze.
Wasserwerk *waterworks*: technische Anlage zur Aufbereitung des gefassten → *Rohwassers* als → *Trink-* bzw. → *Brauchwasser*. Unterschieden werden: – die der Normalversorgung dienenden Grundlast-W. und – die den Spitzenbedarf abdeckenden Spitzen-W. Weiterhin unterscheidet man – Leit-W., die mehreren kleineren W. vorstehen oder – Gruppen-W., die mehrere Orte versorgen, während das – Orts-W. nur einen Ort versorgt. Die → *Wasserversorgung*, einschließlich der Trinkwasseraufbereitung, obliegt dem W. Die Standorte der meisten W. wurden gewählt, als Städte und Agglomerationen deutlich kleiner als in der Gegenwart waren, sodass heute zwischen regionalem Bedarf und dem Wasserangebot eine Diskrepanz besteht. Das Problem wird durch Fernwasserversorgung mit Fernleitungen gelöst.
Wasserwert *water equivalent*: Wasservolumen von → *Schnee* und → *Eis* im flüssigen Zustand.
Wasserwirtschaft *water-supply and distribution management, water economy, water resources management*: Gesamtheit der Planungen, Maßnahmen und Tätigkeiten, die der Ordnung, Nutzung, Pflege und Schutz des ober- und unterirdischen Wassers dienen. Zur W. gehören → *Bewässerung*, → *Entwässerung*, → *Wasserversorgung*, → *Gewässerschutz* und verschiedene Maßnahmen des → *Wasserbaus* (→ *Wasserbewirtschaftung*).
wasserwirtschaftliche Rahmenplanung *hydrological framework planning*: Ergebnis großräumiger Untersuchungen über das → *Wasserdargebot* und über die Möglichkeiten einer mengen- und gütemäßigen Bewirtschaftung der nutzbaren Wasservorkommen entsprechend des jetzigen und voraussichtlichen künftigen Wasserbedarfs. Die w. R. soll die Interessen der → *Wasserwirtschaft* mit den Erfordernissen der → *Raumordnung* in Einklang bringen. Sie liefert unter der Berücksichtigung der Anforderungen von Gewässerreinhaltung und → *Hochwasserschutz* die Grundlage für die großräumige wasserwirtschaftliche Ordnung. In Deutschland liegt die Zuständigkeit zum Erlass von Rahmenvorschriften über den Wasserhaushalt beim Bund.

Watt *tidal flat, mud flat (1.); watt (2.)*: 1. aus angeschwemmten → *Sedimenten* aufgebaute Flachküste mit Gezeiten. Das W. ist dabei jener Bereich, der täglich bei → *Ebbe* langsam trockenfällt und bei → *Flut* wieder überflutet wird. Das W. der Nordsee gilt als Prototyp der W.. Es bildete sich im → *Postglazial* als 10-20 m mächtiger Sedimentkörper aus → *Sand* (→ *Sandwatt*) und → *Schlick* (→ *Schlickwatt*), der älteren → *glazigenen* → *Sedimenten* auflagert. Aufgrund der Sedimentationsverhältnisse schließt das Sandwatt seewärts an das küstennahe Schlickwatt an. Das W. verfügt über ein kompliziertes Feinrelief, das infolge der Gezeitenströme eine große Geomorpho- und Hydrodynamik aufweist. Trotzdem sind größere Formen mehr oder weniger ortsstet, z. B. die → *Priele*, deren Gestalt und Dynamik von → *Ebbe* und → *Flut* bestimmt sind. Durch → *Landgewinnung* entsteht aus dem W. die → *Marsch*. W. an tropischen Gezeitenküsten sind der Lebensraum der → *Mangrove*. 2. physikalische Einheit der Leistung bzw. Maßeinheit für Energie. Das nach dem Engländer James Watt benannte Watt, abgekürzt W, entspricht 1 Joule/s (→ *Joule*). 1000 W entsprechen einem Kilowatt (kW) bzw. 1.36 PS. Weitere dezimale Vielfache sind das Megawatt (MW, 106fach), Gigawatt (GW, 109fach), Terawatt (TW, 1012fach), Petawatt (PW, 1015fach) und Exawatt (EW, 1018fach).
Wattenküste (Schlickküste) *coast of tidal flats*: alle jene → *Flachküsten* mit → *Gezeiten*, an denen sich → *Watten* ausbildeten, die als speziell ausgestattete und ökologisch hochdiverse Großlebensräume gelten. Sie sind vom → *Wattenmeer* bestimmt.
Wattenmeer *the Wadden Sea, mudflat, tideland*: vom Meer überspültes → *Watt* und durch → *Nehrungen* oder niedrige Inseln vom offenen Meer getrennt. Dynamik des Wassers, der Sedimente und der → *subaquatischen* Formen (z. B. → *Priele*) sind von den → *Gezeiten* bestimmt. Je nach → *Hinterland* können diese Prozesse auch von den einmündenden Flüssen beeinflusst sein.
WBGU (Wissenschaftlicher Beirat der Bundesregierung Globale Umweltveränderungen) *German Advisory Council on Global Change*: unabhängiges wissenschaftliches Beratungsgremium, das 1992 im Zusammenhang mit der → *Konferenz der Vereinten Nationen über Umwelt und Entwicklung* (UNCED) eingerichtet wurde, um die Bundesregierung in politischen Entscheidungen zu beraten. Die Hauptaufgaben des W. sind: – globale Umwelt- und Entwicklungsprobleme zu analysieren und darüber in Gutachten zu berichten, – nationale und internationale Forschung auf dem Gebiet des → *Globalen Wandels* auszuwerten,

– im Sinne von Frühwarnung auf neue Problemfelder hinzuweisen, – Forschungsdefizite aufzuzeigen und Impulse für die Wissenschaft zu geben, – nationale und internationale Politiken zur Umsetzung einer → *nachhaltigen Entwicklung* zu beobachten und zu bewerten, – Handlungs- und Forschungsempfehlungen zu erarbeiten und – durch Presse- und Öffentlichkeitsarbeit das Bewusstsein für die Probleme des Globalen Wandels zu fördern. Die Themen der alle zwei Jahre erstellten Hauptgutachten werden vom Beirat selbst gewählt. Die Bundesregierung kann den W. mit der Erstellung von Sondergutachten und Stellungnahmen beauftragen (→ *Nachhaltigkeit*).

WCRP → *Weltklimaprogramm*.

weak ties *lose Verbindungen*: Begriff in der → *Wirtschaftsgeographie*, wonach lockere Verknüpfungen in → *Netzwerken* von → *Unternehmen* wie Offenheit und Flexibiltät für externe Impulse/Partner als Erfolgsfaktoren in → *Innovationsprozessen* gelten („strength of weak ties:"; strong ties).

Wealden *Wealden*: Schichtenfolge der frühen unteren → *Kreide*, genannt nach der englischen Landschaft „The Weald", ca. 130 und 105 Mio. J. v. h., mit Süß- und → *Brackwasser*sedimenten sowie Kohlenflözen.

Web 2.0 → *soziale Medien*.

Web-GIS *web GIS*: online bereitgestelltes → *Geographisches Informationssystem*. Die Architektur eines W.-G. besteht i. W. aus einer → *Geodatenbank*, einem → *Geodatenserver* und einem Browser mit einer Benutzeroberfläche, über die → *Geodaten* erfasst, verwaltet, analysiert und präsentiert (→ *EVAP-Prinzip*) werden können.

Wechselgrünland *grassland rotation*: in der Form der → *Feldgraswirtschaft* genutztes → *Grünland*. Das W. wird zeitweise als → *Ackerland*, eine längere Zeit jedoch als Grünland benutzt. Zu unterscheiden ist das Wiesen-W. vom Weide-W. (Wiesen- und → *Wechselweidewirtschaft*; → *Egart(en)wirtschaft*, → *Wechselwiesen*).

Wechselkurs *exchange rate*: Preis einer Währung ausgedrückt in Einheiten einer anderen Währung (z. B. €/$; relativer W.). Bezieht sich der Preis einer Währung auf einen vorab definierten Warenkorb spricht man von einem realen W..

Wechselkursregime *exchange-rate system*: Art der Preisbildung von Wechselkursen zueinander. Es lassen sich zwei Formen unterscheiden: – Bei einem flexiblen W. entsteht der Preis auf freien Märkten lediglich über Angebot und Nachfrage der Währungen. – Bei einem festen W. ergibt sich der Preis infolge staatlicher Interventionen auf dem Devisenmarkt oder werden Währungen in einem bestimmten Tauschverhältnis aneinander gekoppelt.

Wechselkursrisiko *exchange rate risk*: das → *Risiko*, dass der tatsächliche → *Wechselkurs* vom erwarteten Wechselkurs abweicht und hieraus Ertrags- und/oder Wertverluste entstehen.

Wechselsprung (Wassersprung) *hydraulic jump*: Übergang von → *schießendem* zu → *strömendem Abfluss*, in einem offenen → *Gerinne* verbunden mit Engergieumwandlung (→ *Wasserwalze*).

Wechselweidewirtschaft *pasture rotation*: Form der → *Weidewirtschaft*, die nicht bodenständig erfolgt, sondern bei der das Vieh wegen beschränkten Futterangebots im jahreszeitlichen Wechsel unterschiedliche Weidegebiete aufsucht (→ *Transhumanz*, → *Nomadismus*, → *Almwirtschaft*).

Wechselwiese *common meadow with rotating usufruct*: in der Vergangenheit Form gemeinschaftlichen Eigentums, bei dem mehrere Personen zusammen → *Wiesen* besaßen, deren Nutzung in regelmäßigem Turnus wechselte.

Wechselwirkung *interaction, reciprocal effect*: wechselseitiges Aufeinanderwirken von → *Akteuren* oder → *Systemen*. In Newtons Mechanik gehört die W. zum dritten Axiom und verweist darauf, dass wenn ein Körper eine Kraft auf einen anderen Körper ausübt, er selbst von dem anderen Körper genauso stark (zurück-)beeinflusst wird. In der → *Landschaftsökologie* z. B. geht man davon aus, dass die unterschiedlichen → *Kompartimente* in W. miteinander verbunden sind.

Wechselwirkungsprozesse *processes of interaction*: 1. allgemein alle Prozesse, die → *Wechselwirkungen* zwischen → *Energie* (→ *Strahlung*) mit Materie im weitesten Sinne (Stoffe, Wasser) ausmachen. 2. in der → *Radioökologie* die Prozesse zwischen ionisierender Photonenstrahlung mit Materie bzw. energiereicher Elektronenstrahlung mit Materie.

Wechselwirkungsprozesse *processes of interaction*: 1. in der → *Ökologie* energetische Prozesse, welche die → *Ökosysteme* antreiben, was grundsätzlich durch die → *Strahlung* (→ *Globalstrahlung*) geschieht. 2. jene Prozesse, die in → *Ökosystemen* den → *Stoffumsatz* zwischen → *Anthropo-*, → *Bio-* und → *Geosphäre* (mit → *Pedo-* und → *Lithosphäre*) sowie → *Hydrosphäre* und → *Atmosphäre* ausmachen.

Wechselwirtschaft *crop rotation*: die wechselweise Nutzung einer → *Parzelle* als → *Ackerland*, → *Grünland* (Wiesenland, Weideland) oder Waldland. Neben der älteren → *Feldgraswirtschaft* und → *Feld-Wald-Wech-*

selwirtschaft wird mit W. auch der Wechsel zwischen mehrjährigen Feld-Futterpflanzen und einjährigen sonstigen → *Feldfrüchten* bezeichnet (z. B. Kleegras-W., Luzerne-W.).

Wegerosion *path erosion*: → *spülaquatische* bis → *fluviale* → *Erosion*, die von Wegen ausgeht, die als Wassersammler dienen, wobei die W. nicht die Erosion auf oder im Weg allein meint, sondern jene Abtragung, die an den seitlichen Hängen unterhalb des Weges durch seitliche Wasserdurchbrüche vom Wege her erfolgt. W. kann auch *gravitative Massenbewegungen* auslösen oder fördern.

Wegzug → *Abwanderung*.

Wehrsiedlung *fortified settlement*: → *städtische* oder → *ländliche Siedlung*, die an einer umstrittenen → *Grenze*, in einem von Angriffen bedrohten Grenzgebiet oder in einem eroberten Land zu Verteidigungszwecken bzw. zur Festigung und Durchsetzung von Besitzansprüchen angelegt und mit → *Verteidigungsanlagen* ausgestattet wird. Häufig werden W. gezielt mit wehrfähiger Bevölkerung besiedelt. W. existierten bereits an den Grenzen des Römischen Reiches; heute sind sie v. a. aus Israel bekannt. Im Gegensatz zu befestigten Städten, Burgen usw. wird der Begriff W. häufig auf ländliche Siedlungen beschränkt.

Weichbodenküste *soft bottom coast*: durch → *Sedimentation* von Weichsubstraten (→ *Schlick*) gekennzeichnete → *Flachküste*, meist stark durch → *Gezeiten* geprägt. Damit die ausgeprägte Sedimentation stattfinden kann, muss der Flutstrom stärker sein als der Ebbstrom. Zu den W. gehören die → *Wattenküste* (→ *Sandwatt*, → *Schlickwatt*), aber auch die → *Mangrovenküsten* der Tropen. Bezüglich der Sedimentations- und Erosionsbedingungen steht der W. die → *Felsküste* gegenüber.

weiche Daten *soft data*: Bezeichnung für Daten in der empirischen → *Sozialforschung*, die mithilfe → *qualitativer Sozialforschung* erhoben wurden und somit wenig Möglichkeit für eine formal-statistische Analyse (→ *quantitative Sozialforschung*) bieten (→ *harte Daten*).

weiche Strahlung *soft radiation*: eine Röntgenstrahlung mit einer Erzeugungsspannung von unter 100 kV. Die w. S. weist eine geringe Durchdringungsfähigkeit auf.

weicher Standortfaktor *soft location factor*: im Gegensatz zu → *harten Standortfaktoren* weisen w. S. soziale und qualitative Komponenten auf, die sich auf die lokale und regionale Wohn- und Lebenswelt der Beschäftigten und Unternehmer beziehen. Üblicherweise versteht man darunter Merkmale wie z. B. das kulturelle Angebot, Einkaufs-, Bildungs- und Freizeitmöglichkeiten sowie die landschaftliche Attraktivität im Wohnumfeld (Freizeitwert). Insb. bei der sog. → *footloose industry* spielen w. S. eine starke Rolle (→ *Standortfaktoren*).

Weichholzaue *softwood floodplain forest*: Bestandteile einer Standortreihe der → *Auenwaldlandschaft* in regelmäßig überschwemmten → *Auen*. In Mitteleuropa wird sie durch eine Laubmischwaldgesellschaft aus schnellwüchsigen Pappeln, Weiden und Erlen repräsentiert. Obwohl es sich um Weichhölzer handelt, sind sie gegenüber äußerlicher Beanspruchung durch → *Hochwasser* bzw. Eisdrift (→ *Drift*) widerstandsfähig. Die Vegetation stockt auf einem kiesig-sandigen, überwiegend feuchten Auenboden mit Schwemmlandcharakter. W. sind typische Biberhabitate. An die W. schließt die → *Hartholzaue* an, die nur Spitzenhochwässer erreichen und von einem Eichenmischwald gebildet wird.

Weichsel-Kaltzeit *Vistulian glaciation, Weichsel glaciation, Weichselian ice age, Weichsel*: auf die → *Eem-Warmzeit* folgende jüngste → *Eiszeit* des → *Pleistozäns* (→ *Kaltzeit*), die mit der → *Würm-Kaltzeit* der Alpen parallelisiert wird. Während der W.-K. kam es zu einem der Eisvorstöße der Nordischen Vereisung, wobei weite Teile des Nordmitteleuropäischen Tieflandes überformt wurden. Als letzte große pleistozäne Vereisung bestimmt sie dessen → *Oberflächenformen* und die sie aufbauenden Sedimente. Die W.-K. gliedert sich in das am weitesten vorstoßende und älteste → *Brandenburger Stadium*, das → *Frankfurter Stadium* und das die stärkste Reliefenergie aufweisende → *Pommersche Stadium*. Alle drei durchziehen in unterschiedlich verlaufenden Bögen den Raum südlich der Ostsee. Die drei Stadien liegen auf der Halbinsel Jütland nahe beieinander und sind dem → *Warthe-Stadium* der → *Saale-Kaltzeit* eng benachbart. Nach Südosten, gegen Oder- und Weichselgebiet, fächern sie sich stark auf. Zur W.-K. gehören der Belt-Vorstoß (Moränen auf Fünen) und der geomorphologisch bedeutsamere → *Langeland-Vorstoß*. Die jüngsten Abschnitte der W.-K. und ihr Übergang zum Holozän sind → *Daniglazial* → *Gotiglazial* und → *Finiglazial*.

Weide *pasture, grazing ground*: im Gegensatz zur → *Wiese* derjenige Teil der → *landwirtschaftlichen Nutzfläche*, der von → *Nutztieren* beweidet wird. Man unterscheidet die Dauerweiden von Wechselweiden, die in der Form von → *Feldgraswirtschaft* betrieben werden. Eine Zwischenform von → *Wiese* und W. stellt die → *Mähweide* dar (→ *Naturweide*, → *Waldweide*, → *Umtriebsweide*).

Weiderecht *grazing right*: das v. a. in der Vergangenheit bedeutsame Befugnis zur Nutzung privater, gemeindeeigener oder staatlicher → *Weiden*. Wichtig waren v. a. die bäuerlichen W. in staatlichen Wäldern, die in den

Alpen im Rahmen der → *Almwirtschaft* noch heute bestehen.

Weidewirkung *grazing effect, pasturage effect*: Veränderungen der Vegetation (Gras, Kräuter, Holzgewächse) durch regelmäßige Beweidung infolge fraßbedingter Selektion, → *Verbiss*, → *Tritt*, sowie Bodenverdichtung, mit der Folge der → *Bodenerosion*. Daraus resultieren bei längerfristiger Beweidung großer Flächen Vegetationsdegradation und Zerstörung der → *Landschaftsökosysteme*, v. a. in → *Trockengebieten* (→ *Desertifikation*).

Weidewirtschaft *pasture farming*: landschaftliches → *Betriebssystem*, bei der die Viehweide die wirtschaftliche Basis darstellt. Neben der stationären W., die intensiv oder extensiv sein kann, gibt es Systeme, die durch einen Weideflächenwechsel gekennzeichnet sind. Dies ist der Fall, wenn die Futtergrundlage infolge mangelnder Niederschläge oder → *Überweidung* nicht mehr genügt und andere, teilweise weit entfernt gelegene Weidegründe, wie es bei → *Nomadismus* und → *Transhumanz* der Fall ist, aufgesucht werden müssen. Eine mit → *Stallhaltung* verbundene Form der W. stellt die → *Almwirtschaft* der Alpen dar.

Weiher *pond*: künstlich angelegtes oder → *natürliches* größeres → *stehendes Gewässer* (Größe: mehrere Dekaquadratmetern bis mehrere hundert Quadratmeter), mit einem gewölbten, natürlich gestalteten Boden und – gegenüber dem → *See* – deutlich geringerer Tiefe, sodass der Boden des W. belichtet ist und das Bios begünstigt ist, v. a. Pflanzenwuchs (→ *Photosynthese*).

Weihnachtstauwetter durch Westwindwetter mit atlantischen Vorstößen von → *Warmluft* geprägter → *Regelfall der Witterung* in Mitteleuropa. Das W. tritt etwa in sieben von zehn Jahren ungefähr zwischen dem 22. Dezember bis 01. Januar ein. Es lässt im Flachland bereits vorhandenen Schnee schmelzen, bringt dagegen oft im Gebirge neue Schneefälle.

Weiler *hamlet*: kleine ländliche → *Gruppensiedlung*, die aus drei bis maximal 15 Wohnstätten (bzw. → *Gehöften*) besteht. Der W. kann locker oder eng bebaut sein. Dieser Siedlungstyp ist weit verbreitet. W. entstanden in Mitteleuropa v. a. in der Zeit der frühmittelalterlichen → *Rodungskolonisation*.

Weinbau *viticulture*: der statistisch zu den → *Sonderkulturen* zählende Anbau der Kulturrebe. Die Weinrebe gilt als eine der ältesten → *Kulturpflanzen*. Die Rebe gedeiht unter den aktuellen klimatischen Bedingungen besonders gut zwischen 35° N und 45° S. Die jährliche Niederschlagsmenge sollte mindestens 800 mm betragen. Der größte Teil der Traubenernte (weltweit) wird zu Wein, Sekt und Weinbrand verarbeitet. Ein kleinerer Teil gelangt als Frischobst oder nach Trocknung als Rosinen, Sultaninen oder Korinthen auf den Markt. Geringere Bedeutung hat die Herstellung von Traubensaft, Marmeladen bzw. Konfitüren. Der W. wirkt sich in starkem Maße kulturlandschaftsprägend aus. W.-Landschaften zeichnen sich i. d. R. durch eine hohe Siedlungsdichte aus.

Weißalkaliboden → *Solontschak:*.

Weißblätter im geschichteten Gletschereis die Millimeter bis Dezimeter mächtigen Lagen aus weißem, lufthaltigem → *Eis*. W. wechseln mit Blaublättern ab und sind Bestandteil der typischen Bänderung des Eises (→ *Ogiven*, → *Blätterung*)

Weißdüne (Sekundärdüne) *white dune, secondary dune, younger dune*: nordmitteleuropäische → *Küstendüne*, die als jüngste gilt, weil sie noch nicht verwittert ist und aus der → *Vordüne* hervorgeht. Als Verwitterungsstadien folgen → *Graudüne* und → *Braundüne*.

Weißer Jura *Malm [Series]*: → *Malm*.

Weiserpflanzen → *Zeigerpflanzen*.

Weißsein *Whiteness, Critical Whiteness*: relativ neues, transdisziplinäres Forschungsfeld in den → *Kulturwissenschaften* und kritischen Sozialwissenschaften, das in Abgrenzung und Ergänzung zu → *Schwarzsein* als Kategorie der sozialen Konstruktion das gesellschaftliche Modell und Schema von W. in den Fokus nimmt und als Grundlage von z. B. Ethnisierung, → *Rassismus*, → *Kolonialismus*, Islamophobie, aber auch → *Feminismus* diskutiert. W. als Kategorie wirkt auf die Konstruktion des „Weißen" als bestimmende Norm im Verhältnis zu dem Anderen (→ *Andere, der oder das*) wahrzunehmen. Z. B. erscheint Rassismus als ein Problem „schwarzer" Menschen, das jedoch nur auftaucht, wenn diese zum Gegenstand der Betrachtung werden. In kritischen Ansätzen der W.-Forschung wird die Blickrichtung umgekehrt und statt des „Schwarzseins" das „W." als Problem betrachtet.

Weißtorf *white peat*: in → *Hochmooren* der weniger humifizierte, heller gefärbte → *Torf*, in dem Reste abgestorbener Sphagnum-Moose dominieren.

Weißwasserfluss *white-water river*: ein Fluss mit trübem, an hellen mineralischen → *Schwebstoffen* reichem Wasser im → *Einzugsgebiet* des Amazonas. Der Begriff wird auch auf W. anderer Gebiete der → *Tropen* übertragen (→ *Klarwasserfluss*, → *Schwarzwasserfluss*).

Weiterverwendung *reutilization*: stoffliche → *Abfallverwertung*, bei der → *Abfall* eine neue Nutzung (weitere Verwendung) erfährt. Im eigentlichen Sinne entsteht kein → *Sekundärrohstoff*, sondern es kommt zu einer → *Abfallvermeidung*, z. B. wenn ein Senfglas als Trinkglas genutzt wird (→ *Abfallentsorgungsweg*).

Weiterverwertung *reprocessing*: stoffliche → *Abfallverwertung*, bei der → *Abfall* durch eine physikalisch-technische Veränderung zu einem → *Sekundärrohstoff* umgewandelt bzw. aufbereitet wird. Bei der W. bleibt der ursprüngliche → *Rohstoff* nicht erhalten, wie z. B. bei der Herstellung von Erde durch die → *Kompostierung* von Grün- und Gartenabfällen (→ *Abfallentsorgungsweg*).

Weitungsbau *cavity mining*: → *Abbauverfahren* im → *Bergbau*. Das im → *Tiefbau* betriebene Verfahren wird in mächtigen steilstehenden → *Lagerstätten* angewandt. Durch Bohrungen entstehen in einem System von übereinanderliegenden Teilsohlen Pfeiler, die im Rückbau in die offene Weitung hineingesprengt werden.

welfare geography → *Wohlfahrtsgeographie*.

Wellen *wave, surge, breaker*: rhythmisch schwankende Niveauunregelmäßigkeiten von Wasseroberflächen. W. werden durch äußere Kräfteimpulse hervorgerufen, möglich sind Erschütterungen, am wichtigsten ist jedoch der → *Wind*. W. stellen eine Abfolge kreisender Bewegungen von stationären Wasserteilchen dar. Es pflanzt sich also nur die Bewegung der Wasserfläche fort. W. werden nach W.-Länge, -Periode, Fortpflanzungsgeschwindigkeit und Höhe charakterisiert. Die W.-Höhe erreicht in kleineren → *Seen* kaum mehr als 0,5–1 m, in den größten Seen der Erde maximal 5–6 m. Die W. des → *Meeres* können bis 20 m hoch sein (→ *Brandung*, → *Dünung*, → *Seiches*, → *Tsunamis*).

Wellenenergie *wave energy*: Energie, die durch die Wellenbewegung des Wassers entsteht. Die W. wird schon seit vielen Jahren für die Versorgung von Bojen und Leuchttürmen mit elektrischer Energie ausgenutzt. Die Nutzung der W. ist sehr kostspielig und nicht sonderlich ergiebig.

Wellenkalk *wellenkalk*: der überwiegend kalkige untere → *Muschelkalk* der → *Trias*; in Mitteleuropa regional wichtiger Formbildner (→ *Schichtstufenlandschaft*).

Wellenstörungen *wave disturbance*: die aus der → *Wellenzirkulation* an der → *Polarfront* hervorgehenden zyklonalen Wirbel, welche in Abfolgen mehrerer, in verschiedenen Entwicklungsstadien befindlicher → *Zyklonen* ostwärts wandern.

Wellenzirkulation *wave circulation*: wellenförmige, in Wellenschüben von einigen 100 km pro Tag von Westen nach Osten wandernde globale Luftströmung in der → *planetarischen Frontalzone*. Die W. ist eine Hauptform der Zirkulation in der → *außertropischen Westwindzone*. Sie entsteht bei hohen meridionalen Temperaturgradienten aus der instabil werdenden → *Zonalzirkulation* als Mechanismus des Energieaustausches zwischen niederen und hohen → *Breiten*. Durch das Mäandrieren wird tropische Luft polwärts und polare Luft äquatorwärts transportiert, wobei Druckkeile entstehen. Auch die W. ist nicht stabil. Nach einer Verstärkung der Wellenausschläge tritt nach einigen Tagen zellulare Abschnürung ein („Cut-off-Effekt"; → *blocking-action*:) und die Westwindzirkulation wird gestoppt, um nach einer Konsolidierungsphase der Luftmassen in die Zonalzirkulation überzuleiten. Der Zyklus beginnt erneut.

Welt *world, globe*: das gesamte System der → *Erde*.

Weltalter *age of the earth*: verschiedene Wissenschaften (→ *Astronomie*, → *Geologie*, → *Geophysik*) geben je nach eingesetzten Kriterien unterschiedliche Werte an. Sie schwanken zwischen 5 und über 20 Mrd. Jahren (wahrscheinlichster Wert: 10–15 Mrd.). Da die ältesten Gesteine der Erde auf über 4 Mrd. (bis 5 Mrd.) Jahre geschätzt werden, muss das W. in jedem Fall höher sein. Astrophysik und Astrochemie gelangen mit anderen Kriterien zu einem Erdalter höher als 5 Mrd. Jahre.

Weltbank (International Bank for Reconstruction and Development, IBRD) *World Bank*: den → *IWF* unterstützendes Organ, das auch die Internationale Entwicklungsorganisation (→ *IDA*) sowie die Internationale Finanzkorporation (IFC) umfasst. Die Sonderorganisation der → *UNO* wurde 1944 in Bretton Woods (→ *Bretton-Woods-Abkommen*) mit dem Ziel gegründet, den Wiederaufbau geschädigter Länder nach dem Zweiten Weltkrieg zu unterstützen. In jüngerer Zeit übernahm die W. im Rahmen von Entwicklungsprojekten insbesondere Aufgaben in → *Entwicklungsländern*, v.a. mit dem Ziel, das → *Nord-Süd-Gefälle* abzubauen.

Weltbodencharta *World Soil Charter*: 1981 von der FAO beschlossene Charta, die Leitlinien für eine nachhaltige Bodenbewirtschaftung und Bodenerhaltung enthält und so zur Sicherstellung der Nahrungsmittelproduktion für eine in Zukunft wachsende Bevölkerung beitragen kann, v.a. in Hinblick auf stark gefährdete Bodenressourcen (→ *Europäische Bodencharta*)

Weltbodenkarte *soil map of the world*: die globale Bodenkarte der → *FAO* im Maßstab 1:5 Mio.. Grundlage für die W. war zunächst die FAO-Bodenklassifikation. Heute basiert sie auf der → *WRB*.

Welterbe *world heritage*: ein Titel, der von der → *UNESCO* auf der Grundlage der von 190 Staaten ratifizierten → *Welterbekonvention* von 1972 an Stätten verliehen wird, die aufgrund ihrer Einzigartigkeit, Authentizität und Integrität weltbedeutend sind und von

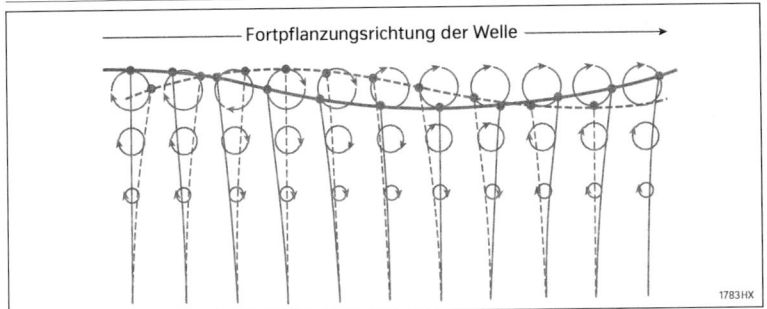

Wellen

den Staaten, in denen sie liegen, für den Titel vorgeschlagen werden. Mit der Auszeichnung W. geht das Land und die Region, in der das Weltkulturerbe oder Weltnaturerbe liegt, eine Selbstverpflichtung zum Schutz des W. ein. Durch den Eintrag in die → *Welterbeliste* entsteht keine Schutzgarantie durch die Welterbekonvention, auch besitzt die UNESCO keinerlei Sanktionsmöglichkeiten bei Verstößen, mit Ausnahme der Streichung von der Welterbeliste, womit aber das Schutzziel aufgegeben wird.

Welterbekonvention *World Heritage Convention*: das „Übereinkommen zum Schutz des Kultur-und Naturerbes der Welt" von 1972 ist aus der damals revolutionären Überlegung entstanden, → *Natur-* und → *Kulturgüter* von außergewöhnlichem universellem Wert unter die Obhut der gesamten Menschheit zu stellen. Den Anstoss zur Schaffung der Welterbekonvention gab der Aufruf der → *UNESCO* im Jahr 1960, die durch den Bau des Assuan-Staudammes bedrohten Tempel Abu Simbel für die Nachwelt zu retten. Unter Beteiligung von 50 Ländern wurden die Tempel zerlegt und an einer höher gelegenen Stelle wieder aufgebaut. 191 Staaten haben die Konvention ratifiziert.

Welterbeliste *world heritage list*: Liste der → *UNESCO* über die → *Naturdenkmäler* und → *Kulturdenkmäler*, die von außergewöhnlicher Bedeutung sind und daher als Bestandteil des Welterbes der ganzen Menschheit erhalten werden sollen.

Welthandel *world trade*: Gesamtheit des → *Außenhandels* aller Staaten der Erde. Statistisch sind alle Güter, die durch Ausfuhr bzw. Einfuhr Staatsgrenzen passieren, Bestandteil des W. Man umfasst aber neben dem reinen Warenverkehr auch den Dienstleistungs- und Kapitalverkehr. Die Ergebnisse des W. werden in der → *Zahlungsbilanz* eines Landes deutlich.

Welthandelsordnung *ordering of world trade*: System und Regelung des → *Welthandels* durch die → *WTO*.

Welt-Klimagipfel → *UN-Klimakonferenz*.

Weltklimaprogramm (WCRP) *World Climate Research Programme*: gehört zu den Globalen Internationalen Umweltprogrammen und erforscht die physikalischen Grundlagen des Klimasystems der Erde einschließlich der Dynamiken der → *Atmosphäre*, der → *Ozeane*, der Landoberflächen und der → *Eisschilde*.

Weltklimarat der Vereinten Nationen → *IPCC*.

Weltmarkt *global market*: im Gegensatz zum lokalen, regionalen oder nationalen → *Markt* ist der W. der Begriff für weltweite Handelsbeziehungen und die → *Globalisierung* der Wirtschaft. Für weltweit gehandelte → *Güter*, besonders im Rohstoffbereich, bilden sich zunehmend W.-Preise aufgrund globaler Angebots- und Nachfragestrukturen.

Weltmarktorientierung *global market orientation*: Ausrichtung von → *Angebot* und → *Nachfrage* in der Wirtschaft auf den → *Weltmarkt*, d.h. bei einer W. wird überwiegend für die Bedürfnisse des Weltmarkts produziert bzw. die Nachfrage nach Gütern und Dienstleistungen bezieht in starkem Maße auch global tätige Anbieter ein.

Weltmeer *ocean*: die große zusammenhängende Wassermasse auf der Erdkugel, welche eine Fläche von 362 030 000 km² – also annähernd 71% der gesamten Erdoberfläche – einnimmt und 1 300 Mio. km³ Wasser enthält (→ *Meer*, → *Ozean*).

Weltmodell *global model*: Konzept, das mittels Computersimulation die Entwicklung des Ökosystemzustands der gesamten → *Erde*, unter Einbezug → *anthropogener* Beeinflussung, → *global* darstellen und prognostizieren möchte. W. gehen von einem → *holistischen* Ansatz aus und streben an, die für das Leben auf der Erde wichtigen Kompartimente der → *Biogeosphäre* und des → *Anthroposystems* zu erfassen, um das → *Wirkungsgefüge* Natur/Technik/Gesellschaft in einem quasiquantitativen → *Modell* darzustellen. Die zahlreichen W. weisen alle ähnliche Schwächen auf (z. B. Außerachtlassen wichtiger Teilaspekte, entweder naturwissenschaftlicher oder gesellschaftlicher Art, z. B. Umweltschäden; oder zu starke Gewichtung von Teilaspekten, z. B. Ökonomie). Der Nutzen der W. liegt v. a. im Bewusstmachen der Umweltprobleme und umweltbezogenen Handelns (→ *Umwelt*, → *Umweltgefährdung*, → *Umweltpolitik*).

Weltsozialforum *World Social Forum*: das W. besteht seit 2001 und ist als Gegenveranstaltung zum → *Weltwirtschaftsforum* und den Gipfeltreffen der → *WTO* konzipiert. Die nichtstaatliche Organisation veranstaltet ein jährliches Treffen, bei dem Probleme der → *Globalisierung* diskutiert und Forderungen zu einer sozialverträglichen Umgestaltung veröffentlicht werden.

Weltstadt → *Global City*.

Weltsystem-Theorie *world systems theory*: eine von Immanuel Wallerstein formulierte → *Entwicklungstheorie*, die als Antwort auf die kapitalistische Weltwirtschaft während der 1970er-Jahre entstand und die Wechselbeziehungen zwischen Gesellschaften und den damit verbundenen Wirkungen untersucht. Wallerstein erweitert das bipolare System der → *Dependenztheorie*, die nur die jeweilige Abhängigkeiten von → *Zentrum* und → *Peripherie* (→ *Zentrum-Peripherie-Modell*) betrachtet, mit der Annahme einer Semi-Peripherie, die ein dreiteiliges Weltsystem konstituiert.

Welttourismusorganisation → *World Tourism Organization*.

Weltwirtschaft *global/world economy*: Summe der Volkswirtschaften der Erde in ihren internationalen Wirtschaftsbeziehungen. Durch die sich ausweitende → *Industrialisierung* und die damit verbundene → *Arbeitsteilung* hat die W. im 20. Jh. zunehmend an Bedeutung erlangt. Wichtig für den Ausbau der W. waren die Entwicklung leistungsfähiger Verkehrssysteme, der Abschluss internationaler Handelsverträge sowie Zoll- und Währungsabkommen (→ *Freihandel*).

Weltwirtschaftsforum *World Economic Forum*: nichtstaatliche Organisation mit Sitz in Genf, deren Hauptziel darin besteht, ein → *Netzwerk* zwischen wirtschaftlichen und politischen Führungspersonen zu initiieren. Seit 1982 findet ein jährliches Treffen (Davos/New York) statt, auf dem Aspekte des wirtschaftlichen und sozialen Fortschritts aus einer unternehmerischen Perspektive diskutiert werden. Die Veranstaltung wurde zur Zielscheibe von Globalisierungskritikern (→ *Weltsozialforum*).

Weltwirtschaftsgeographie *global economic geography*: Teil der → *Wirtschaftsgeographie*, der sich vornehmlich mit den weltweiten wechselseitigen Verflechtungen der → *Weltwirtschaft* und deren Rahmenbedingungen beschäftigt. Zentraler Forschungsgegenstand der W. ist die durch die → *internationale Arbeitsteilung* (→ *neue internationale Arbeitsteilung*) zunehmende räumliche Differenzierung der Güterproduktion und des → *Welthandels* mit ihren geographischen Auswirkungen.

Weltwirtschaftsraum *global economic sphere*: der globale → *Wirtschaftsraum*, in dem sich die Gesamtheit der volkswirtschaftlichen Aktivitäten unter Nutzung der internationalen Wirtschaftsbeziehungen raumdifferenziert darstellt. Durch die Zunahme der → *Internationalisierung* der Wirtschaft und der → *Globalisierung* der Märkte kommt dem W. immer größere Bedeutung zu.

Weltzeit *Greenwich mean time*: in den auf dem → *Nullmeridian* gelegenen Orten herrschende Uhrzeit, die als GMT (Greewich Mean Time) international als Bezugszeit verwendet wird, insbesondere im Weltflugverkehr.

Wendekreise *tropics*: die beiden Breitenkreise, über denen die → *Sonne* einmal im Jahr zum Zeitpunkt der Sommersonnenwende (→ *Solstitium*) senkrecht steht, bevor sich ihre → *Zenit*kulmination wieder Richtung → *Äquator* verschiebt. Die W. liegen 23°27' nördlicher bzw. südlicher → *Breite*.

Werf → *Wurt*.

Werft *shipyard, hangar*: Betrieb zum Bau, zur Ausrüstung oder Reparatur von Schiffen (Schiffbau) und Booten (Bootsbau). Der Ausdruck hat sich auch in der Luftfahrt durchgesetzt, wo man entsprechend von Flugzeug-W. spricht.

Werft → *Wurt*.

Werkssiedlung *works settlement*: durch ein Unternehmen für seine Betriebsangehörigen und deren Familien erbaute Wohnsiedlung mit → *Werkwohnungen*. V.a. zur Zeit der → *Industrialisierung* im 19. und beginnenden 20. Jh. wurden häufig W. errichtet, z. B. → *Zechenkolonien* im Ruhrgebiet.

Werkstattfertigung *workshop manufacture*: ein → *Fertigungssystem* der industriellen Produktion. Bei der W. werden ähnliche Fertigungsvorgänge örtlich konzentriert. Durch die Einrichtung einzelner Werkstätten (Schweißerei, Dreherei, Lackiererei usw.) ist im Gegensatz zur → *Fließfertigung* eine Gestaltung des Arbeitsablaufes möglich, der stärker verrichtungsspezialisiert ist und die Qualifikation gelernter Arbeitskräfte besser nutzt (→ *Gruppenfertigung*).

Werkstoff *basic materias*: Sammelbegriff für die in den → *Fertigungsprozess* eingehende → *Roh-*, → *Hilfs-* und → *Betriebsstoffe* aber auch Halbfertigprodukte.

Werkverkehr (Eigenverkehr von Industrie und Handel) *company transport*: Beförderung von Gütern für eigene Zwecke, entweder zur Anlieferung der Güter zum Unternehmen, zum Versand vom Unternehmen oder zur Verbringung innerhalb des Unternehmens. Die für die Beförderung verwendeten Kraftfahrzeuge müssen vom eigenen Personal des Unternehmens geführt werden. Der W. unterliegt gesetzlichen Regelungen (in Deutschland Güterkraftverkehrsgesetz).

Werkwohnung (Werkswohnung) *company flat*: durch ein Unternehmen für Betriebsangehörige erbaute und an diese vermietete Wohnung. W. gehören zur betrieblichen Sozialpolitik und sollen auch die Bindung der Belegschaft an den Betrieb fördern. Insbesondere Betriebe der Groß- und Schwerindustrie, wie Stahlwerke und Bergwerke (→ *Zechenkolonie*), stellten früher für einen großen Anteil ihrer Beschäftigten W. zur Verfügung.

Wermutsteppe (Artemisia-Steppe) *wormwood steppe, salt steppe*: winterkalte → *Steppe* → kontinentaler Gebiete trockenheitsliebenden Halbsträuchern, wie Wermut (Artemisia) und Radmelde (Kochia) ebenso andere Salzpflanzen (→ *Halophyten*) treten. Der Begriff W. ist v. a. pflanzengeographischer Natur und gilt daher auch für zahlreiche → *Salzsteppen*, → *Wüstensteppen* und außertropische → *Halbwüsten*.

Wertfreiheitspostulat *postulate to refrain vom value judgement*: ein vom Soziologen Max Weber (1864–1920) Anfang des 20. Jh. eingeführtes Postulat, das besagt, dass sich Wissenschaftspersonen der Abgabe von Werturteilen enthalten sollen bzw. zumindest deutlich unterscheiden sollen, welche ihrer Aussagen Wertungen und welche (objektsprachliche) Sachaussagen sind (→ *Wissenschaftstheorie*).

wertgleiche Lebensbedingungen *equal conditions of living*: → *gleichwertige Lebensbedingungen*.

Wertpapier *commercial paper*: Urkunde, deren Besitzer Inhaber von im W. niedergeschriebener Rechte ist (wie → *Zins-*, oder Dividendenanspruch). Marktübliche W. sind → *Aktien*, → *Anleihen*, → *Optionsscheine* und → *Zertifikate*.

Wertschöpfung *value added output, real net output*: Summe der in einer Produktionsperiode in einem → *Unternehmen* neu geschaffenen wirtschaftlichen Werte.

Wertschöpfungskette *value added chain*: Abbildung des unternehmerischen Prozess der → *Wertschöpfung*, d. h. die Umwandlung von → *Rohstoffen* und Vorprodukten in für den Kunden nutzenstiftende → *Güter* und → *Dienstleistungen*. Bei der W. unterscheidet man zwischen primären bzw. Basisaktivitäten und sekundären bzw. unterstützenden Wertschöpfungsaktivitäten. Erstere sind unmittelbar mit der Herstellung und dem Vertrieb eines Produktes verbunden (z. B. Eingangslogistik, Operationen bzw. Produktion, Absatz und Vertrieb (Marketing), Ausgangslogistik, Kundendienst, Abfallentsorgung). Die sekundären Aktivitäten wirken unterstützend auf die primären ein. Dazu zählen u. a. die Unternehmensinfrastruktur, Personalwirtschaft, Technologieentwicklung, Rechnungswesen sowie Investition und Finanzierung. Das Modell der W. wird häufig zur Analyse und zum Vergleich verschiedener Unternehmen herangezogen (→ *globale Wertschöpfungskette*).

Wertstoffe *substances of value, material of value, valuable material, recyclate*: jene Bestandteile von → *Abfall* bzw. → *Müll*, die einer Wiederverwendung zugeführt werden können, durch getrennte Sammlung von Müll, der → *Wertstoffrückgewinnung* folgt. Als W. gelten Holz, Glas, bestimmte Kunststoffe, Metalle, Pappe, Papier und Textilien.

Wertstoffrückgewinnung *recyclates recovery, recyclates recycling*: dient dazu, bislang als → *Abfall* oder → *Müll* betrachtete Stoffe durch getrennte Sammlung und Sortierung zurückzuhalten und direkt oder verändert wieder zu verwenden. Dies geschieht – durch → *Recycling*, wenn eine Wiederverwendung des Materials erfolgt, – direkte Weiterverwendung, z. B. von Textilien für notleidende Länder oder – Einbringen brennbarer Abfällen in Verbrennungsanlagen (→ *Müllverbrennung*, → *Sortierung von Müll*).

Westküsteneffekt *west coast effect*: in niederen → *Breiten* um die → *Wendekreise* die klimatische Erscheinung der Abkühlung und Küstennebelbildung, die dem Zusammenwirken ablandiger → *Passate* und kalter außertropischer → *Meeresströmungen* entsteht (Aufquellen von kaltem Meereswasser an der Oberfläche). Der W. bewirkt in einem schmalen Küstenstreifen die Herausbildung von → *Küstenwüsten*, z. B. in der Atacama (Südamerika) und der Namib (Südwestafrika).

Westküstenklima *west coast climate*: in den Mittelbreiten das → *maritime Klima* der Westseiten der Kontinente. Das W. ist durch zyklonale Tätigkeit der außertropischen → *Westwindzirkulation* geprägt und unterscheidet sich wegen des häufigen Herantransportierens wärmerer → *Luftmassen* aus SW in der Mitteltemperaturen deutlich vom stärker durch Kaltlufteinbrüche geprägten Ostküstenklima (→ *Zyklonen*).

Westlage (zyklonale Westlage) typische Wettersituation in Mitteleuropa, die durch Tiefdruckgebiete über Island und Skandinavien sowie → *Hochdruckgebiete* im Mittelmeerbereich gekennzeichnet ist, wodurch eine konstante und starke Westwindströmung entsteht (→ *Westwetter*, → *Zyklone*).

West-östlicher Formenwandel *west-east change of forms*: Bestandteil des geographischen Formenwandels, der als W. ö.F. die gesetzmäßigen Unterschiede zwischen West- und Ostseiten der Kontinente, die zudem nach der geographischen → *Breite* planetarisch in → *Biome* differenziert sind, darstellt. Der W.-ö.F. ist v. a. strahlungklimatisch bedingt beruht auf den globalen Luftmassenverteilungen und den Hauptwindrichtungen. Er differenziert die → *Landschaftszonen* und ihre verschiedenen → *Zonenmodelle* mit (→ *Planetarisches Axiom*).

Westwetter typisches Wetter in Mittel- und Nordeuropa, das von → *Zyklonen* bestimmt wird, welche vom Atlantik her ostwärts ziehen und → *Bewölkung* und Regenfälle bringen. Das W. resultiert aus der → *Westwindzirkulation*. In der → *Mediterranis* (Mittelmeergebiet) herrscht W. nur in der Zeit der → *Winterregen*.

Westwinddrift → *Westwindzirkulation*.

Westwindgürtel *west wind belt*: die dynamisch-klimatische Zone zwischen etwa 40-65 °N bzw. in der außertropische → *Westwindzirkulation* herrscht.

Westwindklima → *zyklonales Westwindklima*.

Westwindzirkulation ((außertropische) Westwinddrift) *westerlies*: aus dem planetarischen Luftdruckgefälle zwischen niederen und hohen → *Breiten* und dem in den → *Mittelbreiten* konzentrierten Temperaturgegensatz tropisch-subtropischer und polarer Gebiete unter dem Einfluss der → *Corioliskraft* resultierende großräumige globale Westströmungin der → *Troposphäre*. Die W. ist eine (durch das statistische Mittel verifizierte) Generalströmung mit der Grundrichtung West, die in Wirklichkeit häufig durch N-S- und S-N-Strömungen unterbrochen wird, welche für den meridianalen Energieaustausch wichtig sind. Den Kern der W. bildet der konstante, starke → *Höhenwind* des → *Jetstream*. Die W. verändert ihre Konfiguration in Zyklen von zwei bis drei Wochen (→ *Zonalzirkulation*, → *Wellenzirkulation*, → *blocking-action*). In diesen längerfristigen Zirkulationsablauf sind die äußerst wetterwirksamen kurzfristigeren zyklonalen Wirbel (→ *Zyklone*) eingebaut, die in den → *Aktionszentren* der → *Frontalzone* entstehen und mit der Westwinddrift ostwärts wandern (→ *Allgemeine Zirkulation der Atmosphäre*).

Wettbewerb *competition*: Kernelement einer → *Marktwirtschaft*. Unter W. versteht man den Wettkampf zwischen Unternehmen und anderen → *Wirtschaftssubjekten* um die jeweils beste Leistung bzw. den größten Erfolg.

Wettbewerb „Unser Dorf hat Zukunft" *competition „our village has a future"*: deutscher Bundeswettbewerb, an dem sich nahezu alle Bundesländer seit 1961 beteiligen, als eine Maßnahme der → *Dorferneuerung*, bei dem die individuellen Ausgangsbedingungen und kulturellen Traditionen eines jeden → *Dorfes* sowie die → *Nachhaltigkeit* bei der Gestaltung der Zukunft eine wesentliche Rolle spielen. Im Gegensatz zu dem Vorläuferwettbewerb „Unser Dorf soll schöner werden" (bis 1991) steht nun nicht mehr die Ästhetik, sondern die Zukunftsfähigkeit der Dörfer im Mittelpunkt.

Wettbewerbsvorteil *competitive advantage*: betrieblicher Vorteil gegenüber konkurrierenden Unternehmen (→ *Wettbewerb*).

Wetter *weather*: der aktuelle Zustand der an einer → *geographischen Örtlichkeit* wirksamen Kombination der atmosphärischen Elemente → *Klimaelemente*, die sich dabei abspielenden Vorgänge in der → *Atmosphäre*. Die wetterwirksamen Austauschprozesse finden alle in der → *Troposphäre* statt. Die Faktoren und Elemente des W. sind die gleichen wie beim → *Klima*, das sich aus den langfristigen Abläufen von W. und → *Witterung* als Mittel ergibt. Ein zusätzliches Interesse kommt jenen W.-Elementen zu, die Aussagen über seinen vermutlichen weiteren Ablauf geben (→ *Luftdruckverteilung* und Strömungslage am Boden und in der Höhe). Von zentraler Bedeutung für das Wettergeschehen ist die → *Allgemeine Zirkulation der Atmosphäre* mit ihren → *zonal* wechselnden, jeweils vorherrschenden Windsystemen. Für Mitteleuropa prägend sind dabei die mit dem häufigen → *Westwetter* herangeführten → *Zyklonen*.

Wetterbericht *weather report*: zusammenfassende Information über die momentane Wetterlage und das → *Wetter* verschiedener bzw. wichtiger Stationen (→ *Wettervorhersage*).

Wetterkarte *weather map*: kartographische Momentaufnahme der Verteilung der wichtigen wetterbestimmenden → *Klimaelemente*. Es werden Boden-W. und Höhen-W. unterschieden. Im Gegensatz zu den detaillierten Boden-W. stellen die für das 500 mb-Druckniveau (→ *Luftdruck*) ausgelegten Höhen-W. i. d. R. nur Druckverteilung und Strömungsverhältnisse dar.

Wetterkunde → *Meteorologie*.

Wetterlage *weather conditions*: die Zusammenschau des jeweils aktuellen Wettergeschehens einer größeren Region und der Kennzeichnung von Standorten der Luftdruckzentren, Lage von Fronten, Luftschich-

tungs- und Strömungsverhältnissen, → Wolken-, → Niederschlags- und Temperaturverteilungen (→ Wetter).
Wetterleuchten *summer lightning*: nachts sichtbarer Widerschein der → *Blitze* eines fernen → *Gewitters*, dessen → *Donner* nicht hörbar ist.
Wetterprognose → *Wettervorhersage*.
Wetterregeln *weather rules*: 1. auf wissenschaftlicher Basis erarbeitete Erkenntnisse über die Zusammenhänge von Wetterabläufen, die bei der → *Wettervorhersage* angewendet werden. 2. im Volkstum verankerte, historisch überlieferte Erfahrungen über Indizienfunktionen bestimmter allgemeiner oder lokaler Erscheinungen für das zu erwartende → *Wetter*. Es gibt einige allgemeine → *Regelfälle* der Witterung mit einer gewissen Stichhaltigkeit (z. B. die → *Siebenschläfer*). Viele Regeln sind jedoch – durch historische → *Klimaschwankungen* und den → *Klimawandel* überholt, 1. – gelten nicht für den großen Raum, auf den sie unterdessen angewandt werden oder 1. – sind schlichter Unsinn (→ *Bauernregeln*).
Wetterscheide *weather limit*, *weather parting*: Gebirgszug, der durch seinen stauenden und ablenkenden Einfluss auf Luftströmungen und insbesondere auch durch den Luv-Lee-Effekt auf seinen beiden Seiten unterschiedliche Wetterbedingungen schafft. Die wichtigste W. Europas sind die Alpen (→ *Lee*, → *Luv*, → *Wetter*).
Wettertyp *weather type*: in bestimmter Grundstruktur und Verteilung der Elemente immer wieder auftretende → *Wetterlage*.
Wettervorhersage (Wetterprognose) *weather forecast[ing]*: vom amtlichen Wetterdienst herausgegebene zusammenfassende Beschreibung der → *Wetterlage* und deren voraussehbaren weiteren Entwicklung. W. haben seit ihren Anfängen Ende 19. Jh. an Zuverlässigkeit stetig zugenommen. Inzwischen kann mit einer Richtigkeitsquote von im Durchschnitt 75% gerechnet werden. W. gliedern sich in kurz-, mittel- und langfristige Prognosen mit abnehmender Treffsicherheit.
Whitebox-Modell *white box modell*: modellhafte Betrachtung (→ *Modell*) zur Analyse von → *Input* und → *Output*. Anders als bei einem → *Blackbox-Modell* oder einem → *Greybox-Modell* ist dabei die Struktur und Funktionsweise des dargestellten Phänomens zur Gänze bekannt und kann in dem Modell benannt und dargestellt werden.
Whiteness → *Weißsein*.
Widerstand *resistance*: bezeichnet 1. politisch die Verweigerung des Gehorsams oder das aktive oppositionelle Handeln gegenüber Obrigkeit/Regierung 2. psychischer W. gegen traumatische Erfahrungen, Erinnerungen.

Widerstandsfähigkeit → *Resilienz*
Wiederaufarbeitung *recycling, reprocessing, reclamation*: basiert auf dem Gedanken vom → *Brennstoffkreislauf* in der → *Atomwirtschaft* und damit die Anwendung chemischer Verfahren, um aus → *Brennstäben* das noch vorhandene → *Uran* sowie den neu entstandenen Spaltstoff → *Plutonium* von → *radioaktiven Abfällen* (→ *Atommüll*) zu trennen. Durch W. wird das Volumen hochradioaktiver Abfalls gegenüber der direkten → *Endlagerung* auf ca. 1/70 vermindert. W.-Anlagen senken darüber hinaus die für den Betrieb von → *Kernkraftwerken* benötigten Mengen Natururan. W. ist mit verschiedenen technischen Problemen befrachtet, wie der hohen → *Strahlenbelastung*, die mit allen Prozessen der W. verbunden ist. Bereits im Normalbetrieb wird, gegenüber allen anderen Einrichtungen im Brennstoffkreislauf, die höchste Menge an radioaktiven Stoffen an die Umwelt abgegeben (→ *Wiederaufbereitungsanlage*, → *Zwischenlagerung*).
Wiederaufbereitungsanlage *reprocessing plant*: → *Wiederaufbereitungsanlage*.
Wiederaufbereitungsanlage La Hague → *La Hague*.
Wiederaufbereitungsanlage Majak → *Majak*.
Wiederaufbauhilfe *reconstruction aid*: Hilfe, die z. B. in einem Katastrophengebiet in der Form von Material-, Geld- und Personalhilfe geleistet wird. Die W. ist entweder für eine Übergangslösung oder für den längerfristigen Wiederaufbau gedacht (→ *integrierte Wiederaufbauhilfe*, → *Katastrophe*, → *Katastrophenmanagement*).
Wiederaufbereitung *recycling, reprocessing, reclamation*: Vorgang der Wiedernutzbarmachung von in → *Abfällen* verschiedener Herkunft enthaltenen Substanzen, z. B. die Gewinnung von → *Sekundärrohstoffen* aus → *Altöl*, Altmetall (→ *verhüttung*), Altpapier usw. (→ *Recycling*, → *Wertstoffe*, → *Wiederaufarbeitung*).
Wiederaufbereitungsanlage (Wiederaufbereitungsanlage) *reprocessing plant*: Anlage zur → *Wiederaufarbeitung* abgebrannter → *Brennstäbe* aus → *Kernkraftwerken*. Kommerzielle W. befinden sich in Europa in → *La Hague* (Frankreich) und in → *Sellafield* bzw. → *Windscale* (Großbritannien), Demonstrations-W. in Mol (Belgien) und Karlsruhe (Deutschland).
Wiedernutzbarmachung *first stage of recultivation*: bei der → *Rekultivierung* ein erster Arbeitsschritt, bei dem Erdbewegungen, Aufbringen von Humus und der Bau von Wirtschaftswegen bzw. Straßen durchgeführt werden. Der W. folgt der Arbeitsschritt der → *Wiederurbarmachung*.
Wiederurbarmachung *second stage of recultivation*: zweiter Arbeitsschritt bei der → *Re-*

kultivierung. Bei der W. wird nach der → *Wiedernutzbarmachung* die Fläche ertragbringend hergerichtet. Es erfolgt eine Folge- bzw. Zwischenbewirtschaftung durch land- und forstwirtschaftliche, gärtnerische und landschaftsgestaltende Betriebe nach den Grundsätzen der → *Landespflege*. Über eine bodenaufbauende → *Fruchtfolge* werden → *landwirtschaftliche Nutzflächen* geschaffen.

Wiederverwendung *reuse*: stoffliche → *Abfallverwertung*, bei der → *Abfall* wieder der gleichen Nutzung zugeführt wird. Im eigentlichen Sinne entsteht kein → *Sekundärrohstoff*, sondern es kommt zu einer → *Abfallvermeidung*, wie z. B. durch → *Mehrwegverpackungen* (→ *Abfallentsorgungsweg*).

Wiederverwertung *recovery*: stoffliche → *Abfallverwertung*, bei der → *Abfall* durch eine physikalisch-technische Veränderung zu einem → *Sekundärrohstoff* umgewandelt bzw. aufbereitet wird. Bei der W. bleibt der ursprüngliche → *Rohstoff* erhalten und wird nur umgeformt, wie z. B. durch Einschmelzen von Altglas (→ *Abfallentsorgungsweg*).

Wiese *meadow*: → *natürliche* oder → *anthropogene* → *Pflanzengesellschaft* der gemäßigten Zone, die eine geschlossene Grasnarbe bildet, der Holzgewächse fehlen und die von einer mehr oder weniger regelmäßigen Kombination vorwiegend ausdauernder → *Mesophyten* gebildet wird. Man unterscheidet natürliche W., die an Feuchtstandorten des Tieflandes oder in niederschlagsreichen Gebirgsstufen vorkommen, sowie künstliche Wiesen, teils mit → *Bewässerung* (→ *Wiesenbewässerung*) oder → *Hangrieselung*). Die landwirtschaftliche Nutzung erfolgt durch → *Mahd* (vgl. → *Weide*).

Wiesenbau *grassland management*: zusammenfassende Bezeichnung für die Technik der Be- und Entwässerung von → *Wiesen*. Der W. umfasst auch die Zuleitungs- und Verteilersysteme für das → *Wasser*. Je nach den landschaftlichen Verhältnissen sind unterschiedliche Formen des W. möglich. Die einfachste Form der Bewässerung ist die Überflutung durch Stau eines Baches.

Wiesenbewässerung *meadow irrigation*: v. a. in europäischen → *Mittel*- und → *Hochgebirgen* geübte Technik des → *Wiesenbaus*, die → *Vegetationszeit* der → *Wiesen* in Hochlagen durch → *Bewässerung* zu verlängern, um ertragreicher zu wirtschaften.

Wiesenkalk *meadow chalk*: in Landschaften mit carbonatreichen Substraten bankartige Kalkanreicherung häufig im → *Oberboden* von → *Grundwasserböden*. Der in großen Mengen im → *Grundwasser* gelöste Kalk fällt z. T. aus dem aufsteigenden Grundwasser aus und reichert sich mit der Zeit in den Oberböden der Standorte an.

Wiesenmäander → *Auenmäander*.

Wiesennebel *meadow fog, mist*: bei → *Wetter* mit → *Ausstrahlung* entsteht durch starke nächtliche Abkühlung über Wiesen oder Weiden → *Nebel*. Die W. sind eine Art Bodennebel. Sie entstehen besonders häufig auf großen Wiesenflächen, weil sich diese ausgesprochen rasch und stark abkühlen. Der Effekt wird begünstigt, wenn die Wiesen sich in Tallagen befinden.

Wiesensteppe *meadow steppe*: ein Typ der → *Steppe*, der sich an die → *Waldsteppe* anschließt; auch als „krautreiche W.", Feuchtsteppe oder Langgrassteppe bezeichnet. Vorherrschender Bodentyp ist der → *Tschernosem*. Die W. weist infolge des großen Artenreichtums eine Fülle von Blühaspekten auf. Auch bei einer Trockenruhe im Hochsommer blühen verschiedene Arten. An die krautreiche W. schließt sich, mit zunehmender → *Aridität*, die → *Federgrassteppe* an.

Wild *game*: frei lebende, insbesondere jagdbare Tiere, im Unterschied zu den Haustieren.

Wildacker *game park/reserve*: Feldflurstück, das mit Nahrungspflanzen für das → *Wild* bebaut wird und/oder dem Wild als Schutz dient.

Wildbach *torrent*: oft tief eingeschnittener, steiler Gebirgsbach mit streckenweise → *schießendem Abfluss* und ruckhafter, nach Regenfällen stark zunehmender Wasserführung und außerordentlicher Erosionskraft. W. transportieren viel → *Schutt* (→ *Geschiebe*), der beim Austritt in ein größeres Tal als → *Schuttkegel* abgelagert wird. Bei Starkniederschlägen oder Schneeschmelzen ausbrechende W. gefährden Mensch, Tier und Infrastrukturbauten und verwüsten Kulturland. Große W. wurden deshalb durch → *Wildbachverbau* gesichert (→ *Mure*, → *Naturgefahren*).

Wildbachverbau *torrent regulation, torrent control work*: alle Maßnahmen des → *Uferschutzes*, der Sohlenfixierung bzw. Sohlenhebung, der Eindämmung von → *Tiefenerosion* und starker Geröllführung bei → *Wildbächen* durch → *Lebendbau* oder → *Flussausbau*. Während früher Hoch- und Tiefbaumaßnahmen vorherrschten, stehen nun Lebendbaumaßnahmen im Vordergrund, die den → *Landschaftsökosystemen* von Umgebung und Standort sowie dem Gewässertyp entsprechen.

Wildform *wild form*: bei Pflanzen die Stammform einer → *Kulturpflanze*, bei Tieren die Stammform von Haustieren.

Wildkräuter *[wild] weeds*: uneinheitlich benutzter Begriff; zunehmend gebräuchlich für → *Unkräuter*, die man bislang nur als Konkurrenten der → *Kulturpflanzen* betrachtete.

Wildnis *wilderness, the wild*: im Gegensatz zum → *Kulturland* bzw. zur → *Kulturlandschaft* das von der Kultur noch nicht eingenommene, nicht berührte, unbewohnte → *natürliche* Land. Auch die vom Menschen längere Zeit nicht mehr beeinflusste → *Natur* gilt in manchen Konzepten der Naturbetrachtung als W.. Daher stellen manche Autoren eine „erste W." („Wilde Natur") einer „zweiten W." (verwilderte, d. h. aufgelassene, nicht mehr genutzte und der Natur überlassene Landschaftsteile, z. B. als → *Bannwald*) gegenüber.

Wildpark *game [p]reserve, wildlife park*: parkartiges Gelände (→ *Park*) mit → *quasinatürlichem* oder → *natürlichem* Gehölzbestand, jedoch umgestaltet und eingezäunt und durch Wege erschlossen, um Rot-, Dam-, Reh- und Schwarzwild zu halten. W. haben eine bis weit ins Mittelalter hineingehende Tradition. In Mitteleuropa wurden ab den 1970er-Jahren jedoch auch W. eingerichtet, in denen → *Wild* anderer Lebens- und Klimaräume zu Schauzwecken gehalten wird. Dies entspricht weder den → *Landschaftsökosystemen* Mitteleuropas, noch den Lebensweisen der importierten Tiere. Stadtbewohnern wird auf diese Weise ein falsches Bild sowohl der Lebensweise der exotischen Tiere als auch der ökologischen Ausstattung der heimischen Lebensräume vermittelt.

Wildpflanze *wild plant*: gegenüber der → *Kulturpflanze* eine wild wachsende, in ihrer Entwicklung und Verbreitung nicht durch den Menschen gezielt beeinflusste Pflanzenart (→ *Wildkräuter*).

Wildschnee *dry snow*: besonders lockerer, feiner und zusammenhangloser, sehr kalter → *Trockenschnee*.

Wildtiermanagement *wildlife management*: Steuerung von Wildtierpopulationen durch gezielte Maßnahmen, z. B. Habitatverbesserungen, Verbesserung des genetischen Austausches zwischen isolierten → *Populationen* (Offenhaltung von Wanderwegen), Bestandesstützung mit zusätzlichen Individuen einer Art zur Sicherung des weiteren Bestandes von Populationen, Eingriffe in die Altersstruktur durch geregelten Abschuss.

Willkürstichprobe *sample of arbitrariness*: ein Auswahlverfahren der empirischen → *Sozialforschung*, bei dem die Auswahl der → *Probanden* für die → *Stichprobe* weder zufällig noch systematisch, sondern willkürlich vorgenommen wird.

Willy-Willy *willy-willy*: → *tropischer Wirbelsturm* im Meeresgebiet rund um das nördliche Australien.

Wind *wind*: horizontale Bewegung von → *Luftmassen* mit Geschwindigkeiten von Zentimetern bis über 50 m/sec. Man unterscheidet: 1. schwache W. = „Zug" (bis 1,5 m/s), 2. leichte bis frische W. = „*Brise*" (1,5-10,5 m/s), 3. starke W = „Wind" (10,5-20,5 m/s), 4. sehr starke W. = → *Sturm* (20,5-32,5 m/s) und 5. extrem stürmische W. = → *Orkan* (>32,5 m/s).

Alle W. entstehen als Ausgleichsströmungen von → *Luftdruck*unterschieden. Die W.-Bewegung wird dabei von der Gradientkraft, der → *Corioliskraft* und der Zentrifugalkraft beeinflusst und verläuft in der Höhe parallel zu den → *Isobaren*. In sogenannter Bodennähe (bis maximal etwa 1000-1500 m über Grund) kommt als zusätzliche Einflussgröße die → *Bodenreibung* bzw. → *Rauheit* hinzu, welche den W. zum → *Tiefdruckgebiet* hin ablenkt. Generell erfährt ein vom Hoch zum Tief wehende W. auf der Nordhalbkugel Rechts- und auf der Südhalbkugel Linksablenkung (→ *Barisches Windgesetz*). Gebirge beeinflussen zudem die bodennahen W.-Strömungen durch → *Staueffekte* und Ablenkung. Der W. ist wegen seiner ausgleichenden und abkühlenden Wirkung auf die Temperatur, seines großen Einflusses auf die → *Verdunstung* und seiner Bedeutung für die Lufterneuerung (→ *Durchlüftung*) ein wichtiger lokaler → *Klimafaktor*. Er wirkt durch den Transport von Feinsedimenten auch formend auf die Erdoberfläche, z. B. als → *Deflation* und → *Korrasion* (→ *Allgemeine Zirkulation der Atmosphäre*, → *Bergwind*, → *Bora*, → *Fallwind*, → *Föhn*, → *Hangwind*, → *Jetstream*, → *Kaltluftsee*, → *Landwind*, → *Monsun*, ⋅→ *Passat*, → *Seewind*, → *Talwind*, → *Tornado*, → *tropischer Wirbelsturm*, → *Windhose*, → *Windsystem*, → *Zyklone*).

Windablagerung → *äolische Akkumulation*.

Windabrasion (Korrasion) *[a]eolian corrasion, wind corrasion*: abschleifende Wirkung von windbewegten Sandkörnern an Festgesteinsoberflächen ähnlich dem Sandstrahlgebläse (→ *Sandgebläse*). W. wird auch als „Windschliff" bzw. „Sandschliff" bezeichnet. Die Wirkungen der W. sieht man an → *Pilzfelsen*, Windschliffhohlkehlen („Korrasionshohlkehlen"), → *Windkantern* und in → *Deflationswannen* (→ *Windabtragung*).

Windabtragung (Winderosion) *[a]eolian denudation*: durch Wind verursachte Abtrag von Boden und Transport der abgelösten Partikel und damit der → *äolischen Geomorphodynamik* zugehörig und Sammelbegriff für → *Deflation* und Korrasion (→ *Windabrasion*). Der Begriff Winderosion ist der geläufigere, ist jedoch strenggenommen nicht korrekt, da der Begriff der Erosion im deutschsprachigen Raum stets den linienhaften Abtrag meint. W. hingegen wirkt immer denudativ, also flächenhaft.

Windbruch → *Windwurf*.

Winddrift *[a]eolian drift*: die Verlagerung von organischem und anorganischem Material durch Wind, z. B. von Schnee, was den Massenhaushalt von → *Gletschern* beeinflusst.

Windenergie *wind energy*: die natürliche Energie der Luftströmungen. Die gegebenenfalls nutzbare W. ist besonders dort von Bedeutung, wo im Durchschnitt hohe Windgeschwindigkeiten vorherrschen. Die kinetische Energie des Windes wird schon seit langer Zeit von → *Windmühlen* genutzt (→ *Windkraftwerk*).

Windenergiefarm *wind farm*: technische Anlage zur Nutzung der natürlichen Energie der Luftströmungen durch Errichtung einer größeren Zahl von Großwindanlagen (Rotoren) an einem windexponierten → *Standort*. Verstärkt werden W. als → *Offshore*-Anlagen errichtet, da dort ideale Windverhältnisse herrschen und Nachteile, wie z. B. die Beeinträchtigung des Landschaftsbildes oder der Ausstrahlung von Rundfunk- und Fernsehsendungen, minimiert werden. Problematisch ist dann allerdings der Eingriff in das dortige meist empfindliche Ökosystem sowie der Transport der Energie (→ *Netzverlust*).

Winderosion → *Windabtragung*.

Windfahne *wind vane (1.); wind-shaped tree (2.)*: – Hilfsmittel zur Messung der Windrichtung. – entsteht an Bäumen in windreichen Regionen durch anhaltende starke Windeinwirkung (mechanisch, physiologisch) aus einer vorherrschenden Richtung (→ *Windschur*). Die betroffenen Bäume und Sträucher bilden eine fahnenförmige, nach → *Lee* (der windabgewandten Seite) weisende asymmetrische Krone aus.

Windflut *wind flood*: durch küstenwärts wehenden → *Wind* verstärkte → *Flut*. Die W. ist eine schwache Ausprägung der → *Sturmflut* (→ *Sturm*).

Windfrost *wind frost*: von kalten → *Winden* begleiteter unter Beteiligung von → *Ausstrahlung* entstehender Nachtfrost.

Windhose *whirlwind*: lokaler Wirbelwind über dem erhitzten Festland, mitunter durch Staubaufwirbelung besonders gut sichtbar (→ *Staub*, → *Wind*).

Windkanter (Vielkanter) *eolith, ventifact*: Einzelsteine, die in Kälte- und Wärmewüsten vorkommen und vom → *Sandgebläse* des Windes facettenartig zugeschliffen wurden, wobei beim Drehen des Steines und anschließendem längeren Ausgesetztsein gegenüber einer Windrichtung eine neue → *Facette* entsteht. Zu den W. gehören auch die → *Kantengeschiebe* (→ *Facettengeschiebe*).

Windkraftwerk *wind power station*: technische Anlage zur Nutzung der natürlichen Energie der Luftströmungen für die Stromerzeugung. Dabei treibt ein Windrad den Generator an. Man unterscheidet vertikal und horizontal laufende Windräder (Rotoren). W. mit horizontal laufenden Windrädern haben eine einfachere Technik und damit einen geringeren → *Wirkungsgrad* als vertikal laufende Windkraftmaschinen. Das erste W. wurde bereits 1941 in den USA in Betrieb genommen. Der → *Ölschock* führte zu einer Beschleunigung der weiteren Entwicklung dieser Alternativenergie (→ *Windenergiefarm*).

Windmantel *stormproof edge*: gegen → *Windwurf* angelegte → *Mantelgesellschaft* (→ *Waldmantel*), die einen bestandesmäßig homogenen → *Forst* bzw. → *Wald* schützen soll, der besonders windwurfgefährdet ist, wenn z. B. Flachwurzler den Bestand bilden oder Tiefwurzler in skelettreiche, flachgründige Böden nicht eindringen können bzw. der Forst als → *Monokultur* angelegt wurde.

Windmühle *windmill*: Mühle, die durch → *Windenergie* angetrieben wird. Die Verbreitung von W. ist zunächst für die arabischen Länder bekannt. Durch die Kreuzzüge gelangte die Technologie nach Europa. Dort wurden die W. neben den → *Wassermühlen* im Mittelalter die wichtigsten Maschinen, die menschliche Arbeitskraft zu ersetzen in der Lage waren.

Windmulde (Windriss) *blowout*: Kleinform der → *äolischen Abtragung* in Gestalt einer → *Wanne* (→ *Mulde*), die sich in Gebieten mit lichter oder fehlender Vegetationsdecke bildet und in Windrichtung angeordnet ist. Bei scharfkantiger Gestalt wird die Form etwas unscharf als Windriss bezeichnet.

Windpressung Vorgang der Verdichtung von frisch gefallenem → *Schnee* durch starken Winddruck im → *Luv* an Erhebungen.

Windregime → *Windsysteme*.

Windrelief *[a]eolian relief*: unscharfe Sammelbezeichnung für Formen des → *Georeliefs*, die vom Wind gestaltet sind (→ *äolische Geomorphodynamik*) und überwiegend für Formen der → *Windabtragung* gebraucht.

Windriss → *Windmulde*.

Windscale ein → *Kernreaktor*-Standort in Großbritannien, an dem 1957 ein großer → *Störfall* (→ *GAU*) auftrat und ein Brand im Reaktor erfolgte, den man erst nach einigen Tagen löschen konnte. Der → *Fallout* dehnte sich über große Areale West- und Nordeuropas (v. a. England, Belgien und Skandinavien) aus, wobei große Mengen von Cäsium-137, Jod-131, Ruthenium-106 und Xenon-131 freigesetzt wurden, die – v. a. wegen der weitverbreiteten Weidewirtschaft – über die → *Nahrungsketten* in die Milch gelangten. Nach dem Gau in W. wurde der für die Herstellung von → *Plutonium* betriebene W.-Reaktor stillgelegt. In W. wurde eine → *Wiederaufbereitungsanlage* eingerichtet, die den Namen → *Sellafield* trägt (→ *Fukushima*, → *Harrisburg*, → *INES*, → *La Hague*, → *Majak*, → *Tschernobyl*).

Windschäden *wind damages*: an Pflanzen durch Verwehen des Bodens, windbedingte

Austrocknung des Bodens und/oder mechanische Schäden wie z. B. Abknicken (→ *Windwurf*) auftretend. Auch → *Windschur* stellt eigentlich eine Form der W. dar.

Windschirm *wind shelter*: einfache Behausungsform, die aus in den Boden gesteckten, belaubten Zweigen hergestellt wird. Je nach seiner Formung bildet der W. eine Halb- oder Ganzkuppel, oder es gibt ihn als Pultdachhütte mit zwei Astgabeln und einem quer darüber gelegten Knüppel, über die Zweige und Blätter gelegt sind. W. bzw. einfache Kuppelhütten aus Zweigen und Laub kommen bei Wildbeutern und → *Jägern und Sammlern* (z. b. den San der Kalahari, den Aborigenes Australiens, den Onas Feuerlands) vor.

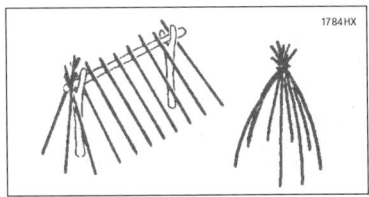

Windschirm

Windschliff → *Sandgebläse*.

Windschur *wind scouring*: ein → *Windschaden*, bei dem durch mechanische Windwirkung Büsche, Sträucher und Bäume durch stetige, heftige und richtungskonstante Winde asymmetrisch geformt werden, wobei die → *Windfahne* zur windabgewandten Seite zeigt. W. kommt vor allem an windausgesetzten Standorten in Gebirgen oder an Küsten vor.

Windschutz *wind guard*: Boden, Feld- und Obstkulturen sowie Vegetation vor Windwirkung schützende Maßnahmen mit Sammeleffekt: – Brechen hoher Windgeschwindigkeiten; – Verhindern hoher Verdunstung; – Mindern von Abkühlung; – Verhindern der → *Deflation* des Bodens; – Verhindern mechanischer Schäden an der Vegetation (z. B. → *Windschur*, → *Windwurf*).
W. wird erzielt durch: – Bodenbedeckung der Felder (Mulch, Stoppeln, → *Zwischenfruchtbau*); – Ansaat oder Anpflanzung windbrechender hoher Nutzpflanzen oder von Gräsern (z. B. auf → *Dünen*); – Anpflanzen von → *Windschutzhecken* oder → *Schutzwaldstreifen*; – direkter mechanischer Schutz (Windzäune, Windschirme, Windmatten).
Je nach Objekt können nachteilige Wirkungen eintreten: – unerwünschte Beschattung; – Temperaturerniedrigung und höhere Luftfeuchte: damit zusätzliche Pflanzenkrankheiten (z. B. Pilzbefall); – Landverluste; – zusätzlicher Arbeits- und Kapitaleinsatz.

Windschutzhecke *shelter hedge*: linienhaft angepflanztes Busch- und Strauchwerk zum Schutz von Landwirtschaftsflächen vor → *Windschäden*. W. werden in küstennahen Landschaften, → *Steppen* und → *Savannen* angelegt, wo durchschnittlich hohe Windgeschwindigkeiten herrschen und der Schutz der Bodenoberfläche infolge lichter oder fehlender Vegetation (aus natürlichen oder nutzerischen Gründen) nicht gegeben ist (→ *Boçage-Landschaft*, → *Hecke*, → *Knick*).

Windschutzstreifen *shelterbelt*: Anpflanzungen zum → *Windschutz*, z. B. → *Windschutzhecke* oder → *Schutzwaldstreifen*.

Windsee *wind wave*: vom → *Wind* hervorgerufene Bewegung der → *Wellen* an der Oberfläche des → *Meeres*. Die W. ist eine Komponente des Seeganges. Sie überlagert die → *Dünung*.

Windstärke *wind force [,strength]*: nach der → *Beaufort-Skala* aufgrund der sichtbaren Auswirkungen (Festland oder See) oder einzelner Messungen in 18 Stufen geschätztes Ausmaß der Windgeschwindigkeit (→ *Wind*).
→ **Windsysteme** (Windregime) *wind systems*:
1. die großen → *Zirkulationsgürtel* der → *Erde* im Rahmen der → *Allgemeinen Zirkulation der Atmosphäre*. Dazu gehören → *Passate*, → *Westwindzirkulation* und → *Polarzirkulation*. :
2. lokale Systeme des Luftaustausches, die durch unterschiedliche Erwärmung in Gang gebracht werden (→ *Berg-*→*Talwind*-System, → *Land-*→*Seewind*-System).

Windwurf (Windbruch) *windfall*: Form des Windschadens durch hohe Windstärken (→ *Sturm*) an → *Wäldern*, v. a. überalterter oder durch Schädlinge befallener Bäume bzw. Bestände. W. kann auch bei geringen Windgeschwindigkeiten auftreten, z. B. bei → *Forsten* in → *Monokultur*, wenn → *Windmantel* bzw. eine → *Saumgesellschaft* fehlen oder wenn es sich um Flachwurzler handelt (→ *Sturmschaden*).

Winkeldiskordanz *angular unconformity*: → *tektonische Diskordanz*.

Winter *winter*: die kalte Jahreszeit. Astronomisch beginnt auf der Nordhalbkugel der → *Erde* der W. um den 21. Dezember (W.-Sonnenwende; → *Solstitium*) und dauert bis zum 21. März (Frühlings-Tag-und-Nachtgleiche; → *Äquinoktium*). Klimatologisch zählen in Mitteleuropa die Monate Dezember bis Februar dazu.

Winterdeich *levee, winter dike*: besonders hoher → *Deich*, der gegen winterliche Hochwässer bei → *Sturmfluten* angelegt wird (→ *Sommerdeich*).

Winterhärte *winter hardiness*: artspezifische Frostwiderständigkeit von Pflanzen, besonders bei → *Gehölzen*, die aber vom Gesund-

Windschur

heits- und Wuchszustand sowie dem Alter der Gewächse abhängig ist. Die W. beträgt bei Winterweizen bis -20°C, bei Roggen bis -25°C.

Wintermoräne *moraine associated with seasonal [winter] advances*: kleine, nahe der Gletscherstirn liegende → *Endmoräne*, die während des Winters aufgeschüttet werden konnte, weil wegen geringer → *Ablation* und/oder winterlichen Gletscherzuwachsseses ein Vorstoß erfolgen kann.

Winterregen *winter rain*: 1. allgemein die unter den Witterungsbedingungen des → *Winters* fallenden → *Niederschläge*. 2. klimatisch sind W. typisch für die warm-gemäßigten (wechselfeuchten) Klimate der mediterranen → *Subtropen* auf der Westseite der Kontinente (z. B. Mittelmeergebiet; → *Mediterranis*) und der monsunbeeinflussten Küstenklimate Ostafrikas. In den kühleren → *Mittelbreiten* unterscheiden sich die W. genetisch von den Sommerregen. Es sind → *Aufgleitniederschläge*, während Sommerregen einen hohen Anteil an → *Konvektionsniederschlägen* aufweisen (→ *mediterranes Klima*).

Wintersaat *winter-sown seed*: in der → *Landwirtschaft* Pflanzenbestand, dessen Saatgut im Herbst aufs Feld gebracht wird (z. B. Winterweizen; → *Sommersaat*).

Wintersmog (London-Typ des Smogs) *winter smog, London-type smog*: eine Form des → *Smogs*, die bei Hochdruckwetterlagen, hoher → *Luftfeuchte* (über 80%) sowie niedrigen Temperaturen um 0°C (-3 bis +5°C) in → *urban-industriellen Ökosystemen* (also über → *Agglomerationen*), entstehen. Bei einer → *Inversionswetterlage* und einer großräumigen → *Inversion* der Temperatur wird der bodennahe Luftbereich mit Abgasen, → *Staub* sowie → *Schwefeldioxid* von den oberen Schichten der → *Troposphäre* abgeriegelt. Der W. wirkt reduzierend, d. h. SO_2 wird durch Sonnenlicht und Sauerstoffbeteiligung zu Radikalen umgewandelt, die unter Sauerstoffabspaltung zerfallen, dabei oxidiert der atomare Sauerstoff ein weiteres SO_2-Molekül. Zusammen mit Wasser bildet das dann entstandene Schwefeltrioxid Schwefelsäure, die aggressiv wirkt. Eigentlich werden Schwefelsäure und SO_2 im basischen Bereich der Mundschleimhäute neutralisiert, da jedoch SO_2 vom Staub absorbiert wird und die hygroskopische Schwefelsäure selber Aerosole bildet, gelangen beide Stoffe über die Atemwege in die Lunge, wo sie verschiedenen Krankheiten bedingen (Photochemischer Smog).

Wintersporttourismus *winter sports tourism*: touristische Reise in Wintersportorte mit dem Ziel, dort alpinen (Abfahrtslauf) oder nordischen (Langlauf) Skisport oder Eislauf zu betreiben. → *Destinationen* des W. liegen einerseits im → *Hochgebirge* (z. B. Alpen), andererseits in höheren → *Mittelgebirgen*, wie im Bayerischen Wald oder im Jura. Voraussetzung für W. ist relative → *Schneesicherheit* zumindest während mehrerer Wochen pro Jahr. Die → *durchschnittliche Aufenthaltsdauer* ist beim W. i. d. R. kürzer als beim sommerlichen Erholungstourismus.

Winterstrenge Ausmaß und Andauer der Kälte im → *Winter* der Nordhalbkugel. Ein Maß für die W. ist die Summe der negativen Tagesmittel der → *Temperatur* in der Zeit vom 1. November bis 31. März.

Wirbel *eddy, vortex*: drehende Wasserkörper oder Luftmassen mit mehr oder weniger senkrechter Rotationsachse. 1. in fließendem Wasser unterscheidet man wandernde Saug-

wirbel und ortsfeste → *Standwirbel.* 2. bei Bewegungen von → *Luftmassen* sind W. typisch u. a. für → *tropischen Wirbelsturm,* → *Tromben* und → *Windhosen.*
Wirbelgröße → *Vorticity.*
Wirbelschichtfeuerung *fluidized bed combustion*: Verfahren zur optimalen Ausnutzung des Energiepotentials der Kohle. Es werden feinkörnige Kohle sowie Kalkstein vermischt und mit Druckluft in ein Wirbelbett geblasen. Das Gemisch wirbelt dadurch auf und verbrennt bei 800-900°C. Durch Rohrschlangen in der Wirbelschicht wird Wasser geleitet, dessen Dampf zur Erzeugung von Strom in Dampfturbinen oder als → *Fernwärme* genutzt wird. Bei der W. können auch minderwertige, asche- und schwefelreiche Kohlen eingesetzt werden.
Wirbelsturm *cyclone, tornado*: starke, sich heftig spiralig oder kreisförmig drehende und dabei fortbewegende Strömungen der → *Luft*, v. a. um die → *Wendekreise* auftretend. Dazu gehören u. a. in Westindien bzw. der Karibik die → *Hurrikans* und die → *Tornados* oder die → *Taifune* in Ostasien (→ *tropischer Wirbelsturm*).
Wirkungsdauer *duration of effect*: Eigenschaft eines Stoffes, nach Eintritt in ein System über kürzere oder längere Zeit wirksam zu bleiben. Problematische W. gibt es u. a. bei → *Schadstoffen*, → *Dünger*, → *Pestiziden*, → *radioaktiven Substanzen*, → *radioaktiver Strahlung.*
Wirkungsgefüge *casual network*: das funktionelle Zusammenwirken der → *Prozesse* zwischen den → *Kompartimenten* eines Systems, z. B. der → *abiotischen* und → *biotischen* Geoökofaktoren. W. können *natürlich* oder → *anthropogen* geregelt sein (→ *Regler*, → *Wechselwirkung*).
Wirkungsgesetz der Umweltfaktoren *law of limiting factors*: Spezifizierung des → *Minimumgesetzes* durch Thienemann, wonach die Zusammensetzung einer Lebensgemeinschaft durch den Umweltfaktor bestimmt wird, der dem Pessimum am nächsten kommt.
Wirkungsgesetz der Wachstumsfaktoren *law of growth factors*: auch Mitscherlich-Gesetz genannt, laut dem Ertragssteigerungen bei Pflanzen bei gleichmäßiger Steigerung der Wachstumsfaktoren (z. B. steigender Nährstoffzufuhr) immer geringer werden. Der Ertrag steigt also nicht proportional mit der Menge des zugeführten → *Nährstoffes.*
Wirkungsgrad *degree of efficiency*: 1. allgemein ein Maß für die Wirksamkeit eines Energieumwandlungsprozesses, meist angegeben in Prozent. Er kann für technische und für ökologische Prozesse berechnet werden. 2. in der Energiewirtschaft das Maß für die Wirksamkeit eines Energieumwandlungsprozesses und bestimmbar durch das Verhältnis von abgegebener Energie (bzw. Leistung oder Arbeit) zur aufgenommenen Energie (bzw. Leistung oder Arbeit). Der W. beträgt z. B. bei Dampfturbinen 25-40 %, bei Wasserturbinen 90-95 %. 3. bei der Behandlung von → *Abwasser* die prozentuale Eliminierung der Stofffracht. 4. in der → *Ökologie* bzw. → *Bioökologie* bezeichnet der W. nicht nur die Wirkung von Energieumwandlungsprozessen, sondern wird auch auf den Umsatz und die Wirkung von Stoffen (→ *Nährstoffe*, → *Schadstoffe*, → *ionisierende Strahlung*) bezogen.
Wirkungskette (Reaktionskette) *reaction chain*: Abfolge naturgesetzlich bedingter → *Prozesse* im → *Ökosystem*. Viele ökologische Prozesse laufen auch nach anthropogenem Eingriff naturgesetzlich ab, z. B. die → *Bodenerosion.*
Wirkursache (causa efficiens) *effictive cause*: neben der → *Finalursache*, der → *Formursache* und der → *Stoffursache* eine der vier unterschiedlichen Arten von Wirkkräften (→ *Kausalität*) nach Aristoteles, die als die auswirkende Ursache verstanden wird, die etwas Zustande bringt. Die W. ist heute in der Wissenschaft neben der → *Finalursache* die gebräuchlichste Kausalität, aus der das Gegenwärtige aus dem Vergangenen erklärt wird.
Wirtschaft (Ökonomie) *economy*: Gesamtheit aller planvollen menschlichen Aktivitäten, die auf die Beschaffung und Verwendung von → *Gütern* und → *Dienstleistungen* im Rahmen der Daseinsgestaltung gerichtet sind. Eine Aufgliederung der wirtschaftlichen Tätigkeit ist nach Produktion, Distribution und Konsumtion möglich. Je nach ihrem Entwicklungsstand ist die W. hochgradig arbeitsteilig (→ *Industriegesellschaft*) oder ggf. als einfache → *Subsistenzwirtschaft* ausgebildet. Aufgrund der unterschiedlichen Rahmenparameter (z. B. natürliche Gegebenheiten, → *Wirtschaftsordnung*) kommen unterschiedliche → *Wirtschaftsstrukturen* zustande; entsprechend differenziert laufen → *Wirtschaftsprozesse* in den jeweiligen → *Wirtschaftsräumen* ab. Mit der wissenschaftlichen Analyse der W. befassen sich die → *Wirtschaftswissenschaften*. Ihre räumlichen Bezüge beschäftigen insb. die → *Wirtschaftsgeographie.*
wirtschaftliche Integration *economic integration*: bezeichnet den Zusammenschluss mehrerer Volkswirtschaften bzw. Staaten zu einem gemeinsamen → *Wirtschaftsraum* zur Realisierung gemeinsamer Handelsvorteile und zum Abbau von Handelsbarrieren zwischen den beteiligten Staaten (z. B. → *Zölle*). Das bekannteste Beispiel einer w. I. ist die → *Europäische Union* (→ *EU*). Dabei kann es zur Übertragung nationaler wirtschafts-

politischer Funktionen auf eine gemeinsame, supranationale Institution kommen (z. B. → *EZB*). W. I. kann unterschiedliche Formen annehmen, von einem → *Präferenzabkommen* oder einer → *Freihandelszone* bis hin zu einer → *Zollunion*, einem → *gemeinsamen Markt* (z. B. → *EU-Binnenmarkt*) oder → *Wirtschaftsunion*.

Wirtschaftlichkeit *economic viability*: das Bestreben, einen rationellen Mitteleinsatz und damit ein optimales Verhältnis von Leistung zu Kosten zu erreichen. Größte W. ist dann gegeben, wenn bei gegebenem Aufwand der maximale Ertrag erzielt wird bzw. ein angestrebter Ertrag mit minimalem Aufwand erreicht wird (→ *Rationalprinzip*).

Wirtschafts- und Währungsunion (WWU) *Economic and Monetary Union, EMU*: → *Integrationsschritt* innerhalb der Europäischen Union (→ *EU*) mit dem Ziel einer einheitlichen Währungs-, Geld- und Wechselkurspolitik. Die Endstufe der WWU wurde 1999 mit Einführung des → *Euro*, der seit 1.1.2002 auch offizielles Zahlungsmittel ist, erreicht.

Wirtschaftsbevölkerung *working population*: Rechengröße in der amtlichen Regionalstatistik zur Schätzung der Zahl der → *Erwerbspersonen* in einer → *Gemeinde*. Eingeschlossen in der Zahl der W. sind die → *Einpendler*.

Wirtschaftsblock *economic block*: wirtschaftspolitisch nach außen weitgehend geschlossen auftretende Gruppe von Staaten. Innerhalb eines W. herrscht i. d. R. eine ähnliche → *Wirtschaftsordnung*. Die mächtigsten W. der Welt wurden von den Ländern des → *COMECON* und denen der → *OECD* gebildet. Durch die politischen Umwälzungen in Osteuropa existiert der COMECON als W. heute nicht mehr; er wurde 1991 nach 42 Jahren aufgelöst.

Wirtschaftsbrache *economic fallow*: Synonym für den Begriff → *Sozialbrache*. Ähnlich wie die Bezeichnungen Ödbrache und Arbeitsbrache usw. hat sich auch die W. in der Literatur nicht durchgesetzt.

Wirtschaftsdünger *farmyard and green manure*: organischer → *Dünger*, der bei der landwirtschaftlichen Produktion anfällt. Als W. gelten v. a. Stallmist, → *Gülle*, → *Kompost* sowie der im Rahmen der → *Gründüngung* erzeugte Dünger.

Wirtschaftseinheit *economic entity*: Abgrenzung selbstständiger Einheiten des → *Wirtschaftsprozesses*. Es ist zwischen → *Betrieben* (Fremdbedarfsdeckung) und Haushalten (Eigenbedarfsdeckung) zu unterscheiden (→ *Bedarf*). Betriebe lassen sich zudem in öffentliche versorgungsorientierte Betriebe sowie private gewinnorientierte Betriebe (→ *Unternehmen*) einteilen. Neben den privaten Haushalten (→ *Privathaushalt*) sind auch die → *öffentlichen Haushalte* anzuführen, die den Bedarf ihrer Bewohner (z. B. Altenheim, Krankenhaus) decken.

Wirtschaftsfläche *economically used area*: die von den Bewohnern einer Verwaltungseinheit (→ *Gemeinde*, → *Landkreis* usw.) bewirtschaftete bzw. in unterschiedlichster Weise genutzte Fläche (Gebäude- und Freiflächen, Betriebsflächen, Erholungsflächen, Landwirtschaftsflächen, Waldflächen, Wasserflächen, Flächen anderer Nutzung (z. B. Friedhöfe). Die W. schließt auch mögliche Nutzflächen außerhalb der Verwaltungseinheit ein, d. h. zur W. können auch Flächen außerhalb der → *Gemarkung* einer Wohnsitzgemeinde gehören (→ *Betriebsprinzip*).

Wirtschaftsgebiet *economic region*: wirtschaftsräumliche Einheit, deren Grenzen sich nicht aus der → *Wirtschaftsstruktur* heraus begründen, sondern sich an der vorgegebenen Verwaltungsgliederung (z. B. Kreisgebiet, → *Region* usw.) orientieren. Der auf Th. Kraus zurückgehende Begriff W. wird nicht einheitlich angewandt (→ *Agrargebiet*, → *Industriegebiet*, → *Wirtschaftsraum*).

Wirtschaftsgeographie *economic geography*: Zweig der → *Humangeographie*, der sich mit der räumlichen Dimension wirtschaftlicher Prozesse und Aktivitäten beschäftigt. An der Schnittstelle zwischen → *Wirtschaftswissenschaften*, → *Geographie* und → *Umweltwissenschaften* untersucht die W. das Verhältnis von Wirtschaft und Raum und zielt auf eine Synthese von Wirtschaftsforschung und geographischer Forschung. Hierbei findet die Wirkung natürlicher Raumfaktoren auf wirtschaftliches Handeln (bzw. umgekehrt) besondere Beachtung. Daneben weisen auch Schnittstellen zu Disziplinen im weiteren Feld der → *Sozialwissenschaften*, so z. B. im soziokulturellen Bereich, hohe Relevanz auf. Zentraler Forschungsgegenstand ist der → *Wirtschaftsraum* in seinen verschiedenen Maßstabsebenen bzw. wirtschaftliche Aktivitäten von Akteuren in räumlicher Perspektive. Es gilt, alle vom Wirtschaftsleben ausgehenden bzw. darauf einwirkenden Interaktionen sowie Struktur- und Prozessmechanismen auf ihre Raumrelevanz hin zu untersuchen. Generelles Ziel ist es, räumliche Verbreitungs- und Verknüpfungsmuster bzw. Organisations- und Interaktionsformen, die sich aus dem wirtschaftlichen Handeln unterschiedlicher Akteure ergeben, zu erfassen und fachlich zu bewerten (→ *relationale Wirtschaftsgeographie*, → *evolutionäre Wirtschaftsgeographie*).

Wirtschaftsgrenze *economic limit*: natürliche (z. B. → *Anbaugrenzen*), ökonomische (z. B. → *Grenzertrag*) oder politische Beschränkung

der Aktivitäten eines → *Wirtschaftssubjekts* innerhalb eines → *Wirtschaftsraums*.
Wirtschaftsjahr *financial year, business year*: steuerrechtlich das Geschäftsjahr, d.h. der Zeitraum der abschließenden buchhaltungsmäßigen Feststellung des Betriebsergebnisses.
Wirtschaftskarte *economic map*: → *thematische Karte*, in der Standorte und räumliche Verflechtungen wirtschaftlicher Aktivität dargestellt sind.
Wirtschaftskreislauf *economic cycle*: das geschlossene → *System* von Güter-, Leistungs-, Geld- und Kredittransaktionen einer → *Volkswirtschaft*, die bildlich als Ströme zwischen den → *Wirtschaftssubjekten* dargestellt werden können.
Wirtschaftsordnung *economic order, economic system*: die von der Gesellschaft bzw. vom Staat gesetzten Rahmenbedingungen, nach denen sich die Wirtschaftsabläufe zu orientieren haben. Grundsätzlich gliedert sich die W. in das Wirtschaftssystem der → *Marktwirtschaft* und der → *Zentralverwaltungswirtschaft*. Weltweit gesehen sind die W. heute größtenteils Mischformen. So entwickelt sich in manchen Ländern mit bisher reiner Marktwirtschaft in verstärktem Maße eine → *Soziale Marktwirtschaft*. Die zunehmende weltwirtschaftliche Verflechtung bleibt nicht ohne Wirkung auf die jeweilige W..
Wirtschaftspolitik *economic policy*: Summe der staatlichen Maßnahmen zur Beeinflussung bzw. Steuerung des → *Wirtschaftsprozesses*. Als wissenschaftliche Disziplin ist sie Zweig der → *Volkswirtschaftslehre*. Ziele der W. sind das Erlangen eines hohen Beschäftigungsstandes, Stabilität des Preisniveaus, → *Wirtschaftswachstum*, ausgeglichene → *Zahlungsbilanz* und eine leistungsgerechte Einkommensverteilung (→ *Magisches Viereck*).
Wirtschaftsprozess *economic process*: die Summe aller in Gang befindlichen Produktions- und Konsumvorgänge. Der W. wird durch die gegebenen wirtschaftlichen Rahmenparameter beeinflusst. Eine gewisse Steuerung des W. ist durch Maßnahmen der → *Wirtschaftspolitik* möglich.
Wirtschaftsraum *economic area*: auf Th. Kraus (1933) zurückgehender Begriff der → *Wirtschaftsgeographie*. Der. W. ist der durch menschliche Aktivitäten organisierte und gestaltete Erdraum bzw. Landschaftsausschnitt, welcher durch bestimmte sozioökonomische Strukturmerkmale und funktionale Verflechtungen charakterisiert und abgegrenzt ist. Ein W. hebt sich durch seine individuelle Struktur von den ihn umgebenden W. ab. Im Gegensatz zu einem → *Wirtschaftsgebiet* wird die Abgrenzung eines W. auf Basis politisch-administrativer Verwaltungseinheiten i.d.R. vermieden. Eine Ausgliederung nach Regions- oder Ländergrenzen erscheint nur bei makrogeographischer Betrachtungsweise (z.B. Wirtschaftsraum → *EU*) als sinnvoll. Im Regelfall wird ein W. auf der Grundlage kleinräumig zur Verfügung stehender Daten (z.B. auf Gemeindebasis) abgegrenzt.
wirtschaftsräumliche Disparitäten *spatial economic disparities*: räumliche Unterschiede von → *Wirtschaftsstrukturen* und ökonomischen Prozessen als Ergebnis unterschiedlicher Faktorausstattung und Ab- bzw. Zuwanderung von mobilen Ressourcen (→ *räumliche Disparitäten*, → *regionale Disparitäten*).
wirtschaftsräumliche Gliederung *spatial-economic classification*: Aufgliederung oder Untergliederung eines → *Raumes* unter vornehmlich wirtschaftsspezifischen Gesichtspunkten. Ansatzpunkte für eine w. G. können z.B. das → *Pro-Kopf-Einkommen*, → *Arbeitslosenquote* oder die Arbeitszentralität sein (→ *Regionalisierung*).
Wirtschaftssektor *economic sector*: Wirtschaftsbereich, in dem ähnliche → *Wirtschaftszweige* zusammengefasst sind. Unterschieden werden gemäß der Sektorentheorie der → *primäre Sektor*, → *sekundäre Sektor* und der → *tertiäre Sektor* (→ *quartärer Sektor*, → *formeller Sektor*, → *informeller Sektor*).
Wirtschaftsstruktur *structure of the economy*: Aufbau und innere Gliederung der Wirtschaft eines Gebietes. Dabei kann die W. ausgewogen oder einseitig beschaffen sein. Eine Verbesserung der W. ist v.a. in den → *strukturschwachen Räumen* erforderlich. Eine Verbesserung der W. ist z.B. Aufgabe der → *regionalen Wirtschaftspolitik*.
Wirtschaftsstufentheorie → *Stadientheorie*.
Wirtschaftssubjekt *economic entity, economic unit*: jeder, der am Wirtschaftsleben teilnimmt. W. sind neben Privatpersonen auch juristische Personen (z.B. → *Unternehmen*), → *Körperschaften des öffentlichen Rechts* sowie staatliche Einrichtungen.
Wirtschaftssystematik *economic systematics*: bei der statistischen Erfassung und Dokumentation eine Aufgliederung der → *Wirtschaft* in mit Nummern versehene Wirtschaftsabteilungen. Die Abgrenzung erfolgt z.B. international über die International Standard Industrial Classification of all Economic Activities (ISIC) oder in der deutschen → *Volkswirtschaftlichen Gesamtrechnung* über die → *Wirtschaftszweige* (zuletzt WZ 2008), die auf der europäischen → *NACE* aufbaut.
Wirtschaftstheorie *economic theory*: grundlegendes Teilgebiet der → *Volkswirtschaftslehre*. Aufgabe der W. ist es, einzelwirtschaftliche, v.a. aber gesamtwirtschaftliche Prozes-

se wissenschaftlich zu beschreiben und zu erklären. Die W. gliedert sich in Wesentlichen in die folgenden Teildisziplinen auf: → *Wirtschaftskreislauf* sowie Preis-, Konjunktur-, Geld-, Wachstums-, Produktions-, Verteilungs-, Haushalts- und → *Außenhandelstheorie*.

Wirtschaftsunion *economic union*: supranationaler wirtschaftlicher Zusammenschluss selbstständiger → *Staaten*. Eine W. setzt eine gemeinsame → *Wirtschaftsordnung* und eine gleichsinnige Außen- und Binnen-→ *Wirtschaftspolitik* und Sozialpolitik voraus. Dies wird erreicht durch die Etablierung einer über den Nationalstaaten stehenden supranationalen Rechtsordnung, die die nationale Rechtsordnung weitgehend ersetzt bzw. wird die nationale Rechtsordnung dem supranationalen Recht angepasst. Merkmale einer W. sind der freie Austausch von Arbeitskräften, Gütern und Kapital (→ *Freihandel*) sowie eine gemeinsame Währungseinheit bzw. ein fester → *Wechselkurs*. Als beispielhaft gilt die → *EU*.

Wirtschaftsverkehr *commercial transport*: → *Verkehr*, der direkt von wirtschaftlichen Einrichtungen ausgeht. Im Gegensatz zum → *Berufsverkehr* gelten für den W. häufig Sonderregelungen. So kann in verschiedenen Städten der W. während festgelegter Zeiten → *Fußgängerstraßen* zur Belieferung der Geschäfte benutzen. In der Land- und Forstwirtschaft gibt es eigens Wirtschaftswege für den W., die für den sonstigen Verkehr gesperrt sind. Teilweise hängt von der Flüssigkeit des W. die Leistungsfähigkeit stark verkehrsabhängiger Wirtschaftsbetriebe ab.

Wirtschaftswachstum *economic growth*: Zunahme des realen → *Bruttonationaleinkommens*. Unter den derzeitigen Annahmen und (globalen) Wirtschaftsstrukturen erscheint ein angemessenes W. in einem marktwirtschaftlichen System als eine notwendige Voraussetzung zur Sicherung eines hohen Beschäftigungsstandes und zur weiteren Steigerung des Lebensstandards.

Wirtschaftswald *commercial forest*: ein regelmäßig bewirtschafteter → *Wald*, der durch zielgerichtete → *Verjüngung* und Bestandspflege einem oder mehreren Wirtschaftszielen dient (→ *Forst*).

Wirtschaftswegebau *commercial road construction*: Planung, Projektierung und Bau von Wald-, Forst- und Landwirtschaftswegen, um Produktion und Transport zu erleichtern. W. ist umstritten, weil er teilweise zur → *Ausräumung* der Kulturlandschaft beiträgt, Landschaftszerschneidung (→ *Fragmentierung der Landschaft*) bewirkt und Landschaft für ökologische Störungen durch Arbeit, Erholung, Sport etc. zugänglich macht. Besonders in Wald- und Forstgebieten wird W. sehr in Frage gestellt (→ *Wegerosion*).

Wirtschaftswissenschaften *economic sciences*: wissenschaftliche Disziplinen, die sich mit der → *Wirtschaft* befassen. Die wirtschaftlichen Gesamterscheinungen werden von der → *Volkswirtschaftslehre*, der Einzelbetrieb von der → *Betriebswirtschaftslehre* untersucht. Teilw. wird die Finanzwissenschaft als Lehre von der Staatswirtschaft als weitere Teildisziplin der W. geführt. Außer zur → *Wirtschaftsgeographie* bestehen enge Verbindungen zur Wirtschaftsgeschichte, Wirtschafts- und Sozialstatistik, Wirtschaftssoziologie und -psychologie sowie zum Wirtschaftsrecht.

Wirtschaftszweig *branch of industry*: 1. in der amtlichen Statistik Deutschlands Bezeichnung für unterschiedliche Wirtschaftsabteilungen. 2. bei der Arbeitsstättenzählung der deutschen Bundesagentur für Arbeit zusammenfassender Oberbegriff über Abteilungen und Gruppen. Nach W. erfolgt hier auch die Zuordnung der → *Berufe*.

Wissen *knowledge*: die Gesamtheit der Kenntnisse und Fähigkeiten, die Individuen zur Lösung von Problemen einsetzen (→ *explizites Wissen*, → *implizites Wissen*).

Wissenschaftlicher Beirat der Bundesregierung Globale Umweltveränderungen → *WBGU*.

wissenschaftliches Gesetz *scientific law*: Bezeichnung für empirisch beobachtbare Regelmäßigkeiten von Phänomenen, die in der Wissenschaft als Gesetze formuliert werden (z. B. physikalische Gesetze, Gesetz der großen Zahl usw.).

Wissenschaftstheorie *philosophy of science*: Zweig der Philosophie, der sich mit Fragen nach der Struktur der Realität (→ *Ontologie*) und nach der Möglichkeit des Erkennens (→ *Epistemologie*) beschäftigt. Für die → *Geographie* als vorwiegend angewandte Wissenschaft (→ *Angewandte Geographie*) sind diese Fragen grundlegend.

Wissensexternalität *externality of knowledge*: spezifische Form eines positiven → *externen Effektes*, wonach durch die Entstehung neuen → *Wissens* nicht nur dessen Erzeuger, sondern auch weitere, unbeteiligte Marktteilnehmer davon profitieren können.

wissenintensive Dienstleistung (KIBS) *knowledge-intensive business services*: → *unternehmensorientierte Dienstleistung*, die sich in Abgrenzung zu klassischen Standarddiensten (z. B. Wartungsarbeiten) durch eine besonders hohe Wissensintensität auszeichnet, z. B. Beratungsaktivitäten und Informations- und Kommunikationsdienste. W. D. besitzen einen geringen Standardisierungsgrad, sie werden meist in enger Abstimmung zwischen

Dienstleister und Kunden entlang kundenindividueller Bedürfnisse entwickelt.

Wissensökonomie *knowledge economy*: Begriff für eine → *Volkswirtschaft*, in der infolge des Trends der → *Tertiärisierung* der Wirtschaft → *Wissen* die zentrale strategische Ressource im → *Wirtschaftskreislauf* darstellt. Infolge ihres innovationsgetriebenen Wirtschaftswachstums zählen die hochentwickelten → *Industrieländer* zur W..

Witterung *weather*: abgrenzbare, für die jeweilige Jahreszeit typische Abfolge der atmosphärischen Zustände in einem Gebiet. Die einzelnen W.-Perioden des Jahres oder der → *Jahreszeiten* sind durch Einstrahlungsbedingungen und Strömungszustände der → *Troposphäre* geprägt. Sie lassen sich oft durch bestimmte → *Temperatur-* und → *Niederschlags*verhältnisse charakterisieren, auch in Form von Abweichungen zum langjährigen Durchschnitt, dem → *Klima*. Einige typische W.-Perioden treten in bestimmten Gebieten immer wieder im gleichen Zeitraum auf und heißen deshalb → *Regelfälle der W.*. Die W. wird oft mit dem „aktuellen" → *Wetter* verwechselt (auch wegen des gleichen Begriffes „weather" für W. und Wetter).

Witterungstyp *weather type*: in bestimmter Ausprägung immer wieder auftretende, jahreszeitentypische und während mindestens einiger Tage anhaltende Kombination der atmosphärischen Erscheinungen (→ *Witterung*).

Wochenendtourismus *week-end tourism*: touristische Aktivität während eines, oft durch einen Feiertag verlängerten, Wochenendes. Im Gegensatz zum Naherholungsverkehr ist der W. durch eine bis mehrere auswärtige Übernachtungen und i.d.R. eine größere Distanz gekennzeichnet. Besondere Formen des W. sind → *Städtetourismus* und → *Wintersporttourismus* (→ *Kurzzeiterholung*).

Wochenmarkt *weekly market*: → *Markt*, der im Freien oder in einer Halle (→ *Markthalle*) einmal wöchentlich zu festgelegter Zeit stattfindet und auf dem eine größere Zahl von Anbietern v.a. → *Lebensmittel*, daneben Bedarfsgegenstände für den Haushalt, Textilien u.Ä. anbieten. Häufig verkaufen auf dem W. Bauern, Bäcker, Metzger usw. ihre Erzeugnisse direkt, d.h. ohne Zwischenschaltung des → *Einzelhandels*, an die → *Endverbraucher* (→ *Direktvermarktung*).

Wohlfahrtsansatz → *Wohlfahrtsgeographie*.

Wohlfahrtsgeographie (Wohlfahrtsansatz) *welfare geography*: zunächst eher deskriptive Richtung in der Geographie, die sich seit den 1970er Jahren mit sozialer und räumlicher → *Ungleichheit* auseinandersetzt. Angesichts der Erkenntnis großer regionaler und sozialer Disparitäten, gibt die W. ihre wissenschaftliche Wertfreiheit auf, um im Sinn einer „engagierten Geographie" für eine Verbesserung der Lebensverhältnisse der betroffenen Menschen einzutreten und versucht dabei insbesondere die Existenz von → *Hunger*, → *Armut*, → *Kriminalität* und Ungerechtigkeit zu erklären.

Wohlfahrtswirkung (Komitativwirkung) *welfare effects*: Sammelbezeichnung für alle Wirkungen und Einflüsse von z.B. → *Wald*, → *Grünland*, Wasserflächen etc. auf → *Klima*, Wasser, Boden und → *Bios* sowie auf das physische und psychische Wohlbefinden des Menschen.

Wohlstandsgebiet *(economically) affluent area*: Gebiet, dessen Bevölkerung aufgrund der erreichten wirtschaftlichen Prosperität über einen hohen → *Lebensstandard* verfügt (→ *Wohlstandsgesellschaft*). Die Festlegung von W. hängt davon ab, was als → *Wohlstandsindikator* angesehen wird und welche Schwellenwerte gesetzt werden. Bei einer globalen Betrachtung lassen sich die hochentwickelten → *Industrieländer* als W. einstufen.

Wohlstandsgesellschaft *affluent society*: in wirtschaftlicher Prosperität lebende Gesellschaft, die ihre materiellen Bedürfnisse zunehmend mit → *Luxusgütern* befriedigt und die über einen hohen Freizeitanteil verfügt. Negativerscheinungen der W. sind das Auftreten von → *Wohlstandskrankheiten* und → *Wohlstandsmüll*.

Wohlstandsindikator *affluence indicator*: Messziffer zur Darstellung der Höhe bzw. der Qualität eines erreichten → *Lebensstandards* in einer Gesellschaft. W. geben das Ausmaß der Befriedigung der materiellen und immateriellen Bedürfniskategorien der Menschen wieder, allerdings aus der Sicht eines subjektiven Wohlstandsempfindens. Ein typischer W. ist die Zahl der Einwohner, die in einem → *Land* auf einen PKW entfallen oder die Zahl der Abschlüsse tertiärer Bildungseinrichtungen. Ein sozialer W. ist z.B. die Betten- oder Ärztezahl pro 10000 Einw.. Wichtigster gesamtwirtschaftlicher W. ist das → *Pro-Kopf-Einkommen* (→ *Sozialindikator*).

Wohlstandskrankheit (Zivilisationskrankheit) *disease of prosperity*: durch die in industrialisierten Ländern vorherrschenden → *Lebensstile*, Verhaltensweisen und → *Umweltfaktoren* (z.B. Bewegungsmangel, → *Überernährung*, → *Stress*) ausgelöste gesundheitlichen Beeinträchtigungen. Z.B. Herzkreislauferkrankungen, Diabetes, Adipositas, Gicht oder Allergien.

Wohlstandsmüll *waste produced by the affluent society*: → *Müll* einer → *Wohlstandsgesellschaft*; entsteht durch unnötige Verpackungsmaterialien (z. B. Einwegpackungen) und kurzlebiger Verbrauchsgüter.

Wohnbauflächen *area planned for residential use*: im → *Bebauungsplan* jene Bauflächen-Kategorien, die primär der Funktion Wohnen dienen sollen. Dazu gehören das → *reine Wohngebiet* (WR), das → *allgemeine Wohngebiet* (WA) und das → *Kleinsiedlungsgebiet* (WS).

Wohnbauland *residential building land*: in der → *Bauleitplanung* die Summe jener Grundstücke, die mit Wohngebäuden bebaut sind oder bebaut werden sollen. Differenziert wird nach → *Nettowohnbauland* und → *Bruttowohnbauland*.

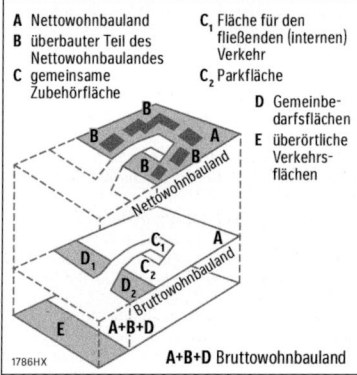

A Nettowohnbauland
B überbauter Teil des Nettowohnbaulandes
C gemeinsame Zubehörfläche
C₁ Fläche für den fließenden (internen) Verkehr
C₂ Parkfläche
D Gemeindebedarfsflächen
E überörtliche Verkehrsflächen
A+B+D Bruttowohnbauland

Wohnbauland

Wohnbedarfsplan *planning instrument for housing needs*: Instrument zur Planung des Wohnraumbedarfs sowie des Bedarfs an Folgeeinrichtungen. Der W. enthält Informationen über die Nachfrage nach Wohnungen und über das vorhandene Angebot am Wohnstandort. Bei der Wohnbedarfsermittlung muss das besondere Angebot in den verschiedenen → *Wohnformen* berücksichtigt werden. Der W. bezieht gegebenenfalls das Wohnraumangebot des → *Umlandes* unter Berücksichtigung der regionalen Verkehrserschließung mit ein.

wohnberechtigte Bevölkerung *entitled resident population*: statistischer Begriff für die → *Bevölkerung*, die in einer → *Gemeinde* einen → *Wohnsitz* aufweist, unabhängig davon, ob es sich um eine → *Haupt*- oder → *Zweitwohnung* handelt. Insbesondere in Gemeinden mit einer hohen Anzahl von Zweitwohnsitzlern kann die w. B. beträchtlich höher sein als die → *Wohnbevölkerung*.

Wohnbevölkerung *resident population*: bezogen auf eine → *Gemeinde* diejenige → *Bevölkerung*, die in dieser Gemeinde ihre Hauptwohnung hat (→ *Wohngemeinde*). Die W. repräsentiert in Deutschland die maßgebliche Bevölkerung, die in der Statistik als → *Einwohnerzahl* bezeichnet wird (→ *wohnberechtigte Bevölkerung*).

Wohndichte *population density (1./2.); residential density (3./4.)*: 1. in der → *Bioökologie* für → *Populationsdichte* einer einzigen → *Art*. 2. die Populationsdichte sämtlicher Arten im → *Areal* bzw. einer definierten Fläche oder einer natürlichen Raumeinheit. 3. Kennziffer aus dem Bereich von Städtebau und Stadtplanung, mit der die Verdichtung der Bevölkerung in einem besiedelten Raum (→ *Gemeinde*, → *Stadtviertel* usw.) ausgedrückt wird. Die W. errechnet sich aus der Zahl der Einwohner pro ha Netto- oder → *Bruttowohnbauland* (Netto-W. bzw. Brutto-W.) 4. die durchschnittliche Zahl der Bewohner pro Wohnraum oder pro 100 m² Wohnfläche (→ *Wohnungsdichte*).

Wohneigentum (Wohnungseigentum) *flat ownership*: durch Grundbucheintragung gesichertes und dokumentiertes Eigentum an einer Wohnung (→ *Eigentumswohnung*), die vom Eigentümer entweder selbst bewohnt wird (→ *Eigentümerwohnung*) oder vermietet ist (→ *Miete*).

Wohnfläche *residential living space*: anrechenbare Grundfläche der Räume einer Wohnung. Die durchschnittliche W./Einw. schwankt mit dem Lebensstandard und der wirtschaftlichen Konjunktur. Sie wird auch von den unterschiedlichen → *Wohnformen* beeinflusst.

Wohnform *type of accommodation, style of living*: Beschaffenheit der Wohnung einer Person bzw. eines → *Haushalts*, z. B. nach Größe und Ausstattung, Lage und Größe des Gebäudes (z. B. Ein- oder Mehrfamilienhaus, Reihenhaus), rechtlichem Status (→ *Miet*- oder → *Eigentumswohnung*), Ortslage (Stadt, ländlicher Raum).

Wohnfunktion *dwelling function*: eine der menschlichen → *Grunddaseinsfunktionen* im Sinne des → *Münchner Konzepts der Sozialgeographie*. Bei der Ausübung der W. durch die verschiedenen → *sozialgeographischen Gruppen* ergeben sich besonders starke raumprägende und -differenzierende Wirkungen für städtische und ländliche Siedlungen (→ *Arbeitsfunktion*, → *Bildungsfunktion*, → *Freizeitfunktion*, → *Versorgungsfunktion*).

Wohngebäude *residential building*: Gebäude, das ausschließlich oder überwiegend dem Wohnen dient. Man unterscheidet bei den W. insbesondere zwischen Einfamilien- sowie Zwei- und Mehrfamilienhäusern, in denen sich → *Miet*-, → *Eigentums*- oder → *Eigentümerwohnungen* befinden können. Ein W. kann daneben auch andere Nutzungen beherbergen (z.B. Büro- und Geschäftsnutzung), wobei diese Nutzung untergeordnet ist.

Wohngebiet *residential area*: nach der → *Baunutzungsverordnung* ein ausschließlich oder überwiegend dem Wohnen dienendes und als solches im → *Flächennutzungsplan* einer → *Gemeinde* ausgewiesenes Gebiet. Man unterscheidet → *reine W.*, in denen nur ausnahmsweise nicht störende Versorgungseinrichtungen und Gewerbebetriebe zugelassen sind und → *allgemeine W.*, in denen diese Nutzungen, außerdem Gemeinbedarfseinrichtungen, generell zugelassen sind.

Wohngeld *housing benefit, housing allowance*: öffentlicher Zuschuss für Personen, die nicht in der Lage sind, eine Mietwohnung aus eigenen Mitteln zu bezahlen. Das W. wird auf Antrag von → *Kommunen* ausgezahlt und verwaltet. Auf W. besteht kein Rechtsanspruch, sondern wird im Einzelfall entschieden.

Wohngemeinde *home town, home commune*: bevölkerungsstatistischer Begriff, mit dem jene → *Gemeinde* bezeichnet wird, in der eine Person mit der → *Hauptwohnung* gemeldet ist. Die Einwohnerzahl einer → *Stadt* bezieht sich z.B. auf alle Personen, für die diese Stadt die W. ist.

Wohngemeinschaft *flat-sharing community*: Gruppe von zwei oder mehreren Einzelpersonen oder Paaren, die eine Wohnung und i.d.R. auch Haushaltsgeräte gemeinsam nutzen, meist jedoch keinen gemeinsamen → *Haushalt* bilden, d.h. getrennt wirtschaften. W. bilden sich besonders häufig in Altbauvierteln von Großstädten durch mobile, meist jüngere Bevölkerungsgruppen (z.B. Studierende), um die individuelle Mietpreisbelastung zu senken.

Wohngrube (Siedlungsgrube) *pit dwelling*: in das Erdreich eingetiefte Teile von Bauten in vor- und frühgeschichtlicher Zeit.

Wohngrün *residential green*: → *Grünflächen*, die innerhalb mehr oder weniger geschlossener Überbauungen angelegt sind, die auch Erschließungsfunktion haben und zugleich Wohnwert und bioökoklimatischen Wert der Siedlung erhöhen sollen. W. spielt in der → *Stadtökologie*, die sich mit einer Verbesserung des → *Wohnumfeldes* beschäftigt, eine Rolle.

Wohnhöhle *cave dwelling*: als Behausung genutzte Naturhöhle bzw. künstlich angelegte → *Höhle*. W., die oft in größerer Zahl vorkommen und ganze Höhlendörfer bilden, kommen vereinzelt auch heute noch vor, v.a. in Gebirgsräumen. Bekannt sind z.B. die W. der Höhlendörfer Chenini und Matmata im Süden von Tunesien (→ *Höhlenwohnungen*).

Wohnhügel *raised mound, terp*: → *Siedlung* auf oft künstlich angelegtem Hügel, teilweise auf die vor- und frühgeschichtliche Zeit zurückgehend (→ *Wurt*).

Wohnraumbewirtschaftung *allocation of living space*: staatliche Notmaßnahme zur Behebung vorhandenen Wohnraummangels, z.B. in Deutschland nach dem Zweiten Weltkrieg. Bei der W. wird die Verfügung über Wohnraum den an sich Berechtigten entzogen und eine Vermietung oder Nutzung kann nur mit Genehmigung der staatlichen Wohnungsämter erfolgen. W. bedeutet auch, dass Mietverhältnisse durch Zwangsvermietverfügungen begründet werden können. Im → *Sozialen Wohnungsbau* gilt auch heute noch W., da Sozialwohnungn nur ihrer Zweckbestimmung entsprechend belegt werden dürfen (Wohnungsbindungsgesetz).

Wohnsitz *place of residence*: bevölkerungsstatistischer Ausdruck für die Wohnung einer Person oder eines → *Haushalts*. In der Statistik wird zwischen → *Haupt-* und → *Zweit-* bzw. → *Nebenwohnsitz* unterschieden.

Wohnsitzmobilität *residential mobility*: Verlegung des → *Wohnsitzes* durch → *Wanderung*. Teilweise wird der Begriff auch im Sinne einer Bereitschaft zur Wanderung durch bestimmte → *sozialgeographische Gruppen* verwendet.

Wohnstadt *residential town*: → *städtische Siedlung*, die ausschließlich oder zumindest ganz überwiegend der → *Wohnfunktion* dient und die nur wenige Arbeitsstätten aufweist.

Wohnstandortwahl *choice of the place of living*: in jenen Ländern, in denen unter den gegebenen gesellschaftlichen und wirtschaftlichen Rahmenbedingungen eine relativ freie Wahl der Wohnung und des Wohnortes getroffen werden kann, ist die W. eine der wichtigsten raumrelevanten Entscheidungen im Leben einer Person bzw. eines Haushaltes. Die W. ist abhängig insbesondere von Beruf und Einkommen, von der Stellung im Lebenszyklus und von Präferenzen aufgrund des Lebensstils (→ *Habitus*) und der Zugehörigkeit zu → *sozialen Gruppen*.

Wohnstätte *habitation place*: statistische Bezeichnung für ein Gebäude, das dort wohnhaften Personen als dauernde Behausung dient. Die Art des Gebäudes, auch die Unterscheidung nach → *Wohngebäude* und Nicht-Wohngebäude, spielt hierbei keine Rolle.

Wohnumfeld *residential environment*: jene → *Freiräume* im Nahbereich von Wohnungen, die größere Straßenräume, Platzflächen sowie → *Grünflächen* umfassen können, die für den Bewohner der → *Stadt* ebenso bedeutsam sind wie die Wohnung selbst. An sich wird das W. von der gesamten Stadt oder einem größeren Stadtviertel dieser repräsentiert. Der Begriff resultiert aus stadtökologischen Defiziten der → *Stadtplanung* v.a. jener Städte,

Wohnumfeld

die weder über größere → *Stadtparks* noch über → *Stadtwälder* sowie andere städtische Freiräume verfügen. Die → *Stadtökologie* versucht mit einem integrativen Ansatz, auch das soziale und psychische Problem des W. anzugehen (→ *Stadtökosystem*).

Wohnumfeld *residential: environment*: in allgemeinerem Sinn wird der Begriff W. gebraucht, um die → *Nachbarschaft* einer Wohnung zu bezeichnen und meint damit sowohl die Bewohner als auch die Ausgestaltung (Zustand, Ästhetik, Bauweise usw.) des Hauses und die Infrastruktur der unmittelbaren Umgebung.

Wohnungsbau *housing construction*: umfast alle Akteure und Maßnahmen, die an der Errichtung von Wohnungen beteiligt sind. Der W. untergliedert sich in den → *Sozialen W.*, der die umfangreiche öffentliche Förderung erfährt, den steuerbegünstigten W. und den freifinanzierten W. (→ *Wohnungsbaugenossenschaft*).

Wohnungsbaugenossenschaft *housing cooperative*: gemeinnütziges Unternehmen, an dem neben privaten Unternehmen häufig die → *öffentliche Hand*, → *Gebietskörperschaften*, aber auch Mieter oder potenzielle Käufer als Genossen beteiligt sind. Die W. erstellt mithilfe zinsbegünstigter Kredite, einheitlicher Bauplanung und gegebenenfalls stärkerer Inanspruchnahme öffentlicher Dienstleistungen relativ kostengünstige Miet- und Eigentumswohnungen.

Wohnungsbelegungsziffer *housing occupancy figure*: Messziffer, die jene Personenzahl angibt, die in einem bestimmten Bezugsgebiet durchschnittlich in einer Wohneinheit untergebracht ist. Die W. wird gemessen in Einwohner/Wohneinheit.

Wohnungsdichte *housing density*: Messziffer, die angibt, wie viele Wohnungseinheiten auf einem ha eines bestimmten Bezugsgebietes vorhanden oder als Planungsziel beabsichtigt sind (WoE/ha). Bei der W. wird ebenso wie bei der → *Wohndichte* nach Brutto und Netto unterschieden.

Wohnungseigentum → *Wohneigentum*.

Wohnungsgenossenschaft: (Wohnungsbaugenossenschaft, Bauverein) *housing corporation*: Zusammenschluss von Privatpersonen mit dem Ziel, ihre Mitglieder mit günstigem Wohnraum zu versorgen. Zu diesem Zweck werden → *Mietwohnungen* gebaut, unterhalten, vermietet und ggf. zusätzliche Dienstleistungen angeboten. I.d.R. vergeben W. ihre Wohnungen ausschließlich an Mitglieder, manche vermieten auch an Nicht-Mitglieder. Sie stellen neben einzelnen Privateigentümern und marktwirtschaftlichen Wohnungsgesellschaften die sog. dritte Säule auf dem Wohnungsmarkt dar und basieren auf dem Prinzip der genossenschaftlichen Selbstverwaltung (Genossenschaftsorgane). W. entstanden in der zweiten Hälfte des 19. Jh. und erreichten in den 1920er-Jahren den Höhepunkt ihrer Entwicklung. 2011 existierten in Deutschland rund 2000 W. mit 2,85 Mio. Mitgliedern und einem Bestand von ca. 2,2 Mio. Wohnungen.

Wohnungsloser *homeless person*: heute übliche Bezeichnung für einen → *Nichtsesshaften*. W. stellen eine sehr heterogene Gruppe von Personen dar, die in Armut leben und deshalb unfreiwillig ohne festen Wohnsitz sind (→ *Obdachloser*).

Wohnungspolitik *housing policy*: Politikbereich, der sich mit der Sicherstellung der Wohnungsversorgung für alle Bürger eines Staatsgebietes beschäftigt. Wichtige Instrumente der W. sind öffentlicher und öffentlich geförderter Wohnungsbau (→ *Sozialer Wohnungsbau*, Objektförderung), → *Wohngeld* (Subjektförderung) und Steuererleichterungen für Eigenheimerwerb und -bau.

Wohnungsunternehmen *housing company*: W. umfassen alle gewerblichen → *Unternehmen* in den Bereichen Bau, Bewirtschaftung, Verwaltung und Vermarktung von Wohnimmobilien. Unterschieden werden marktwirtschaftlich tätige (freie), genossenschaftliche und gemeinnützige W. Auch Unternehmen mit Kerngeschäft in anderen Branchen (z.B. Bahn, Post), öffentliche und religiöse Organisationen können Wohnungsbestände halten. Sofern sie diese über eigenständige Gesellschaften vermieten, zählen auch sie zu den W..

Wohnungswesen *housing*: Sachbereich, zu dem der → *Wohnungsbau*, die betroffenen Teile der → *Bauwirtschaft*, Wohnungsunternehmen (→ *Wohnungsbaugenossenschaft*) sowie die mit dem W. befassten Behörden gehören. Das W. befasst sich mit der sachgerechten und sozialverträglichen Bewirtschaftung und Nutzung des vorhandenen Wohnungsbestandes. Als Teil des übergeordneten → *Städtebaus* geht es dabei auch um die → *Modernisierung* der Wohnungen sowie um eine Weiterentwicklung der Wohnformen.

Wohnviertel *residential quarter*: → *Stadtviertel*, das ganz überwiegend durch die → *Wohnfunktion* geprägt ist. In einem W. befinden sich fast ausschließlich → *Wohngebäude*; an sonstigen Nutzungen sind meist nur Einrichtungen der → *Grundversorgung*, der → *Freizeitinfrastruktur* und ähnliche von der Wohnbevölkerung häufig in Anspruch genommene Einrichtungen vorhanden.

Wölbacker (Hochacker) *ridge and furrow*: Ackerstreifen, der als → *Flurwüstung* nur noch als Relikt erhalten ist. Der W. ist ein 1 bis ca. 25 m breites Beet mit einer Scheitelhöhe bis zu 1 m. Meist gehören mehrere nebeneinander liegende W. zu einer → *Parzelle*. Die aus Gründen der besseren Drainage angelegten oder durch die Art des Pflügens entstandenen W. waren in der Frühzeit und im Mittelalter verbreitet.

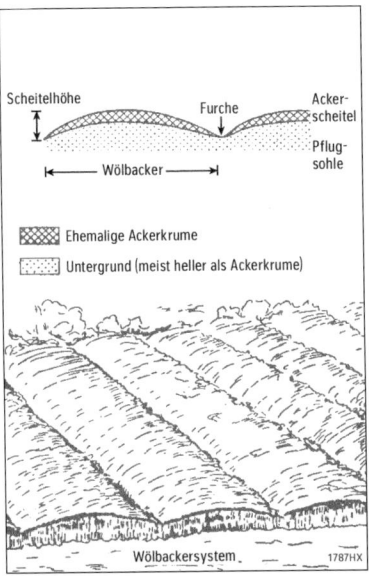

Wölbacker

Wölbung curvature, bulge: definitorisches Merkmal von → *Fazette* bzw. → *Georeliefelement*. Es wird in seinen Tendenzen konvex, konkav und gestreckt als W.-Art bezeichnet. Zusätzlich werden ausgewiesen W.-stärke – ausgedrückt durch den Radius der W. in Metern – sowie W.-richtung – dargestellt als Hangfall- oder Hangstreichrichtung. Die W. dient neben anderen → *geomorphographischen Merkmalen* der Beschreibung, Darstellung und Klassifizierung des → *Georeliefs*, ohne dass geomorphogenetische Begriffe eingesetzt werden müssen. Die W. ergibt sich aus der Georeliefgestalt selbst und den georeliefbildenden Prozessen (→ *Geomorphodynamik* bzw. → *Geomorphogenese*). Die W. bedingt, neben → *Hangneigungsrichtung* und → *Hangneigungsstärke*, den Regelcharakter (→ *Regelung*, → *Regler*) des Georeliefs in den → *Geoökosystemen*.

Wolke cloud: schleier-, schicht- oder haufenartige Ansammlung von Wassertröpfchen oder Eispartikeln in der wasserdampfhaltigen → *Atmosphäre*, stets verbunden mit einer Turbulenz der Luft. Die W. befinden sich in verschiedenen Stockwerken der → *Troposphäre* bis zu ihrer Obergrenze (→ *Tropopause*). Die größte Häufigkeit und Dichte wird dabei in den unteren Schichten erreicht, da die Konzentration an → *Wasserdampf* und → *Kondensationskernen* mit der Höhe rasch abnimmt. W. entstehen durch → *Kondensation* und → *Sublimation* von → *Wasserdampf*, wenn in der feuchten → *Luft* der → *Taupunkt* unterschritten wird. Nach Form, Ausbreitungsart und Höhenlage werden verschiedene Gattungen unterschieden (→ *Cumulus*, → *Stratus*).

Wolkenalbedo cloud albedo: in der → *Strahlungsbilanz* der an der Oberfläche der → *Wolken* reflektierte und in den Weltraum zurückgeworfene Anteil an → *Strahlung* (→ *Einstrahlung*).

Wolkenbruch cloud burst: meist kurzanhaltender, großtropfiger dichter → *Starkregen*, gelegentlich mit → *Hagel* vermischt, häufig bei → *Gewittern*.

Wolkenkerne cloud kernels: Sammelbezeichnung für alle Stoffe in der → *Atmosphäre* (Salzkristalle, → *Staub* usw.), an die sich Wasser bei Erreichen des → *Sättigungspunktes* anlagern kann. Die W. tragen als → *Kondensationskerne* und als Kerne der → *Sublimation* entscheidend zur Bildung der → *Wolken* bei, da sie die Schwelle zur → *Übersättigung* senken (→ *Aerosol*).

Wollsack woolsacks: rundliche → *Blöcke*, überwiegend im → *Granit*, als → *Felsburgen* oder → *Blockmeere* vergesellschaftet vorkommen. Sie gehen überwiegend auf Prozesse der → *chemischen Verwitterung* zurück (→ *Wollsackverwitterung*), die entlang → *Klüften* wirken. Dazu gehört auch die → *Sphäroidalverwitterung*.

Wollsackverwitterung spherical weathering, spheroidal weathering: durch das Zusammenwirken von → *chemischer* und → *physikalischer Verwitterung* von → *Festgestein* (v. a. → *Granit*) entstehende → *Wollsäcke*, also kantengerundete Felsblöcke, die eben wie „Wollsäcke" (oder Kissen) übereinander gelagert sind. Voraussetzung für die W. ist ein ausgeprägtes → *Kluftsystem*, an dem sich die Verwitterungsprozesse orientieren bzw. wo sie ansetzen und sukzessive tiefer in das Gestein fortschreiten (→ *Vergrusung*). Die Kantenrundung entsteht durch → *Sphäroidalverwitterung*, also der Ablösung von Gesteinsschalen.

World Disasters Report ein seit 1993 jährlich publizierter Bericht der Internationalen Föderation der Rotkreuz- und Rothalbmondgesellschaften, der alle im Vorjahr stattgefundenen → *Katastrophen* und ihnen zum Opfer gefallenen Menschen auflistet.

World Tourism Organization (Welttourismusorganisation, UNWTO) Sonderorganisation der UNO mit Sitz in Madrid und

Wölbung

157 Mitgliedsstaaten (2013). Das Ziel der W. T. O. ist die Förderung eines nachhaltigen und wirtschaftlich ertragreichen weltweiten → *Tourismus*, der der Völkerverständigung und der Wirtschaftsförderung insbesondere der → *Entwicklungsländer* dient. Die wichtigsten Veröffentlichungen der W. T. O. sind die jährlich publizierten Statistiken zum internationalen Tourismus.

World Trade Organization → *WTO*.

WRB *World Reference Base for Soil Resources*: die Bodensystematik der Internationalen Bodenkundlichen Union. Sie geht auf die Weltbodenkarte der → *FAO* zurück. Die WRB stellt eine Art Klassifikationsdach dar, unter dem nationale Klassifikationssysteme ein- und untergeordnet werden sollen. Die WRB ist hierarchisch mit zwei Ebenen aufgebaut und arbeitet mit diagnostischen Bodenhorizonten, Eigenschaften und Materialien. Sie unterscheidet 32 Referenzbodengruppen.

WTO (→ *World Trade Organization*) Welthandelsorganisation: Organisation, die 1995 das „Provisorium" GATT abgelöst hat und für die Ordnung des Welthandels verantwortlich ist. Die WTO wurde auf der Ministerkonferenz in Marrakesch/Marokko 1994 gegründet und gliedert sich in die drei Teilbereiche → *GATT* (Warenhandel), → *GATS* (Dienstleistungen) und → *TRIPS* (geistige Eigentumsrechte). Die WTO zählt 162 Vertragsparteien (2015), inklusive der Europäischen Union. Die Hauptorgane stellen die Ministerkonferenz, die i. d. R. alle zwei Jahre tagt, sowie das dem Generaldirektor unterstehende Generalsekreteriat dar. Zur Schlichtung von Handelskonflikten setzt die WTO Schiedsgerichte (Panels) ein.

Wuchsbezirk *growth district*: Bestandteil einer forstwirtschaftlichen Raumgliederung und auf Grund definitorischer Kriterien innerhalb größerer, von einer einheitlichen Waldpflanzengesellschaft bestandener Areale ausgeschiedenes Gebiet. Die Kriterien hängen vom Ziel der Gliederung und von der Größe des zu gliedernden Gebietes ab. Mehrere W. setzen sich zu → *Wuchsgebieten* zusammen und sind – als forstwirtschaftlicher Begriff – nicht mit dem → *Wuchsdistrikt* der → *Geobotanik* zu verwechseln.

Wuchsdistrikt *growth district*: in → *Geobotanik* und → *Vegetationsgeographie* die kleinste durch ein eigenes gesellschaftsdynamisches Gefüge gekennzeichnete vegetationsräumliche Einheit.

Wuchsform *growth form*: äußere Gestalt von → *Pflanzen* (→ *Habitus*), die von den Standortbedingungen abhängt. Damit sind Rückschlüsse von der W. auf die allgemeinen standörtlichen und ökologischen Verhältnisse möglich. (→ *Physiognomik der Gewächse*). W. wird oft ähnlich verwendet wie → *Lebens-*

form (diese bezieht sich auch auf Lebensweise und -rhythmus) bzw. mit dieser zusammengefasst als Gestalttypus bezeichnet.

Wuchsgebiet *growth area*: Bestandteil einer forstwirtschaftlichen Raumgliederung. Das W. setzt sich aus mehreren → *Wuchsbezirken* zusammen und wird auf dieser Betrachtungsebene in pflanzengeographischer Zusammensetzung und sonstiger ökologischer Ausstattung als homogen eingestuft. Aus mehreren W. setzt sich schließlich eine „Wuchslandschaft" zusammen.

Wulstlava → *Pahoehoe-Lava*.

Würgeboden *cryoturbated soil*: Typ des → *Frostmusterbodens*, bei dem durch Druckvorgänge (ausgelöst durch → *Bodenfrost* bzw. → *Permafrost*) beim Gefrieren und Wiederauftauen verschiedene Boden- bzw. Sedimentlagen ineinandergepresst und ein- bzw. aufgestülpt wurden.

Wurmhumus humoser Mineralboden, der durch innige Vermischung von Huminstoffen und mineralischer Substanz durch die wühlende Tätigkeit der Regenwürmer geprägt ist und → *Krümel*- sowie → *Wurmlosungsgefüge* aufweist. Ein wichtiger Bestandteil des W. sind die → *Ton-Humus-Komplexe* (→ *Bioturbation*).

Würm-Kaltzeit *Würm glaciation, Würm glacial stage*: im Alpenraum nach → *Günz-Kaltzeit*, → *Mindel-Kaltzeit*, → *Riss-Kaltzeit* die jüngste der vier Eiszeiten des Pleistozäns, die vor ca. 70 000 Jahren begann und vor 11- 10 000 J. v.h. endete, dabei aber mehrere Phasen umfasste. Die W.-K. entspricht der Weichsel-Kaltzeit im Gebiet der Nordischen Vereisung. Die W.-K. gestaltete das Alpenvorland durch → *Vorlandgletscher* zur → *Jungmoränenlandschaft* um. Die für die W.-K. typischen markanten Endmoränenbögen liegen auf der Nordseite des Gebirges weit vor den Alpen; die südalpinen „Moränenamphitheater" hingegen ordnen sich nur um die heutigen Südalpenseen an. Maximalstände der W.-K. treten im Alpenvorland in drei Stadien auf, dem → *Schaffhauser Stadium*, dem → *Schlierenstadium* und dem → *Ammerseestadium*. Rückzugsstadien der W.-K. finden sich innerhalb der Alpen mit dem → *Schlernstadium*, dem → *Gschnitz-Stadium*, dem → *Daunstadium* und dem → *Egesenstadium*.

Wurmlosungsgefüge *worm-cast structure*: durch Regenwürmer geschaffene, traubenartige Anhäufungen lose verkitteter, weicher Aggregate (Krümel) → *Wurmhumus*.

Wurt (Warft, Werf, Werft) *dwelling mound, terp, wharf*: künstlich aufgehöhter Erdhügel, der als Siedelplatz für eine Einzel- oder Gruppensiedlung dient. Er wurde aus unterschiedlichen Gründen in völlig verschieden ausgestatteten Landschaften und praktisch während der gesamten Siedlungsgeschichte der Menschheit überwiegend zu Wohn- und Schutzzwecken errichtet. An der → *Marschenküste* sollen die W. vor → *Sturmflut* schützen.

Wurten-Runddorf *round terp village*: Typ → *ländlicher Siedlungen*, der aufgrund seiner Lage auf einer → *Wurt* einen kreisförmigen Grundriss hat (→ *Rundangerdorf*).

Wurzel *root*: jener Teil höherer Pflanzen (→ *Kormophyten*), der blattlos ist, sich meist in der Erde befindet, wo er zur Verankerung im Boden dient und die Aufnahme von Wasser (→ *Hydratur*, → *Wurzeldruck*) und Nährstoffen ermöglicht, diese weiterleitet und Reservestoffe speichert. – geologische Region, die Ausgangsbereich einer durch → *Faltung* entstandenen Deckfalte bzw. → *Überschiebungsdecke* ist. („Deckenwurzel", Wurzelzone). – im Sinne der „Gebirgswurzel" die in den Magmauntergrund eintauchende Krustenverdickung eines → *Orogens*.

Wurzeldruck *root pressure*: 1. jene Kraft, die auf der Osmose beruht und die das Wasser in den Leitungsbahnen empor presst. Neben dem Wasserzug durch → *Transpiration* hält auch der Wassertransport durch W. die → *Hydratur* der Pflanze aufrecht. 2. sprengende und treibende (mechanische) Wirkung wachsender Pflanzenwurzeln bei der → *physikalisch-biogenen Verwitterung* von Gestein.

Wurzelraum *root zone*: der gesamte durchwurzelte Bereich im Boden.

Wurzelsprengung *root pry*: durch das Wachstum von Wurzeln in → *Klüften* und → *Spalten* wird Druck auf das umliegende → *Gestein* ausgeübt, sodass die Klüfte und Spalten aufgeweitet werden (→ *physikalisch-biogene Verwitterung*).

Wurzelsystem *root system*: Gesamtheit der → *Wurzeln* einer Pflanze. Dabei ist zwischen intensiven und extensiven W. zu unterscheiden, die in den → *Ökosystemen* ganz unterschiedlich wirken: Gräser z.B. besitzen ein „intensives", d.h. fein und weit verzweigtes Wurzelsystem, das ein kleines Bodenvolumen vollkommen durchsetzen kann. – Das „extensive" W., z.B. von Holzgewächsen, weist wenige, große, sowohl horizontal als auch vertikal gerichtete und z.T. verholzte Wurzeln auf, die in geringer Dichte ein großes Bodenvolumen durchwurzeln. Über ihr W. nehmen die Pflanzen Wasser und Nährstoffe auf. Wasser- und Nährstoffmangel führen zu Wurzelkonkurrenz, z.B. zwischen Gras- und Holzgewächsen in → *Steppen* und → *Savannen*.

Wurzelzone *root zone*: 1. südlicher bzw. nördlicher Randbereich der → *subtropischen Hochdruckgürtel*, in dem die äquatorwärts gerichtete Passatströmung einsetzt. In der W. hat die → *Passatinversion* ihre tiefste Lage.

2. Ursprungsbereich von → *Überschiebungsdecken* nach der → *Deckentheorie* (→ *Wurzel*).
Wüste *desert*: Gebiet, stark vom → *Klima* geprägt, das sich durch Vegetationsarmut bzw. Vegetationslosigkeit auszeichnet, die durch Wärme, Trockenheit und/oder Kälte bedingt werden (→ *Aridität*, → *Wüstenklima*). Man unterscheidet Wärme-, Kälte- und Trocken-W.. Außerdem wird die → *Kernwüste* der → *Randwüste* gegenüber gestellt. An Letztere schließen sich → *Wüstensteppe* oder → *Wüstensavanne* an. Vegetationsgeographisch gewichtet ist der Begriff → *Halbwüste*. Weiterhin können nach den Substrattypen → *Lehmwüste*, → *Sandwüste*, → *Hamada* oder → *Serir* unterschieden werden. Die → *Böden* sind wenig entwickelte → *Wüstenböden*. Charakteristisch ist die Lebensfeindlichkeit der W., die unter den Tieren und Pflanzen nur Spezialisten überleben lässt. Für den Menschen war und ist die W. nur unter Sonderbedingungen zugänglich, gleichwohl dient sie zunehmend als Wirtschaftsraum (z.B. → *Oasen*, → *Bergbau*).
Wüstenböden *desert soils*: Sammelbezeichnung für die salzfreien Böden der Halb-, Rand- und Vollwüsten, die durch → *physikalische Verwitterung* geprägt sind (→ *Insolationsverwitterung*). W. sind extrem arm an → *organischer Substanz*, jedoch meist reich an gesteinsbürtigen Nährstoffen und oft locker im Gefüge, weshalb sie sich bei einer Bewässerung landwirtschaftlich nutzen lassen. Zu den W. gehören die grauen und roten W. sowie die verschiedenen Formen der → *Yerma* (→ *Halbwüste*, → *Halbwüstenböden*, → *Wüste*).
Wüstenklima *desert climate*: extremes Trockenklima mit großen Tagesamplituden und einem deutlichen Jahresgang der → *Temperatur*. W. sind durch den Rhythmus von → *Ein-* und → *Ausstrahlung* geprägt, da → *Bewölkung* meist völlig fehlt. Große Tageshitze wird von starker nächtlicher Abkühlung abgelöst, wobei im Winterhalbjahr auch leichte → *Fröste* möglich sind. Die Mitteltemperatur des wärmsten Monats liegt über 28°C. → *Niederschläge* sind sehr selten; in vielen Jahren fällt überhaupt kein → *Regen*. Gelegentliche → *Schauer* können sehr heftig sein. Für die ökophysiologische Wasserversorgung existenzfähiger → *Vegetation* ist die nächtliche Bildung von → *Tau* von zentraler Bedeutung. Einen Sonderfall stellen die → *Nebelwüsten* dar.
Wüstenlack (Wüstenrinde) *desert crust, desert lacquer, desert varnish, patina*: schwarze bis braune, glänzende oder auch matte → *Verwitterungsrinde* aus Eisen- und Manganoxiden, die Gesteinsoberflächen der → *Wüste* entsteht.

Wüstennomadismus *desert nomadism*: Form des → *Nomadismus* in → *Wüsten* bei der besonders große Wanderwege zurückgelegt werden. Die Nomaden sind dabei auf marschtüchtige Tiere angewiesen, die lange Durstperioden überstehen können. Charakteristisch für W. sind Kamele als Milch-, Last- und Reittiere; Kleinvieh ist dagegen kaum anzutreffen, ebenso wenig Rinder.
Wüstenpflaster → *Steinpflaster*.
Wüstenrinde → *Wüstenlack*.
Wüstenrohboden → *Yerma*.
Wüstensavanne *desert savanna[h]*, *semidesert*: Übergangslandschaft zwischen → *Wüste* und → *Savanne*, gelegentlich auch als → *Halbwüste* bzw. Dorn- und Sukkulentensavanne (Dornbuschsavanne) bezeichnet.
Wüstensteppe *desert steppe, semidesert*: ein Landschaftstyp zwischen → *Wüste* und → *Steppe*, gelegentlich auch als → *Halbwüste* bezeichnet. Sie findet ihr subtropisch-tropisches Gegenstück in der → *Wüstensavanne*. Die W. geht in die → *Dornbuschsteppe* über.
Wüstung *blighted area*: Siedlung (→ *Orts-W.*), Wirtschaftsfläche (→ *Flur-W.*) oder Industrieanlage (→ *Industrie-W.*), die aufgegeben wurde. Unterschieden wird nach totalen W. und nach parziellen W. Bei Letzteren wurden nur Teile der → *Siedlung* bzw. der → *Flur* aufgegeben. Gründe für das Entstehen von W. können Bevölkerungsverluste (durch Krieg, → *Epidemien* oder → *Naturkatastrophen*) sein oder auch rein wirtschaftliche Gründe (nachlassende Ertragsfähigkeit des Bodens, Erschöpfung von → *Lagerstätten*, Verlagerung der Arbeitsplätze in einen anderen Sektor usw.). In Europa wirkte sich die spätmittelalterliche W.-Periode auf die Entwicklung der → *Kulturlandschaft* aus.
WWU → *Wirtschafts- und Währungsunion*.
WYSIWYG *What You See Is What You Get*: Begriff aus der Arbeit mit → *Vektordaten* bzw. Vektorgraphik-Software. Damit ist das Prinzip gemeint, dass die am Bildschirm angezeigte Graphikzusammenstellung der Gestaltung entspricht. In der Praxis der vektorbasierten → *Kartographie* kann es bspw. vorkommen, dass zwei benachbarte → *Flächen* (z.B. Länder in einer → *politischen Karte*) mit einer leichten Überlappung → *digitalisiert* sind. Durch das *Layerprinzip* kann jedoch in der Bildschirmdarstellung die höher positionierte Fläche (korrektes Abbild eines Landes) den Überlapp der anderen Fläche überdecken. Nach dem W.-Prinzip wird im finalen Produkt der → *Karte* der Digitalisierfehler nicht sichtbar.
Wysse → *Uferbank*.

X

xenoblastisch *xenoblastic*: ein Gesteinsgefüge, in welchem die Eigengestalt der Einzelkornkomponenten nicht komplett ausgebildet ist.

xenök (xenotop, xenozön, zönoxen) *xenoecious*: bezeichnet das zufällige Vorkommen von → *Arten* in einem → *Ökotop*, wo sie sich wegen ungeeigneter Lebens- und Vermehrungsbedingungen nicht lange aufhalten können.

xenomorph *xenomorphic*: eine Art der Gesteinsausbildung, die durch gleichzeitiges Erstarren aller Gemengeteile eines → *Magmas* möglich wird.

xenotop → *xenök*.

xenozön → *xenök*.

xerisch *xeric*: als Gegensatzbegriff zu → *hygrisch* für trocken (→ *xero*).

xero *xero*: in Wortzusammenhängen in der Bedeutung von trocken gebraucht.

xeromorph *xeromorphic*: durch die Gestalt an Trockenheit angepasst (→ *Physiognomik der Gewächse*; → *Wuchsform*).

Xeromorphe *xeromorphous plants*: jene Pflanzen, die an klimatische und/oder edaphische Trockenheit der Standorte durch morphologische und ökophysiologische Merkmale angepasst sind, welche zur Verminderung von Wasserverlusten durch → *Transpiration* dienen. Sie gehören damit zu den → *Xerophyten*. Unterschieden werden die → *Sklerophyllen* und die → *Malakophyllen*.

xerophil *xerophilous*: Begriff für Lebewesen, die in trockenen Lebensräumen vorkommen (Gegensatz: → *hygrophil*).

Xerophyten (Trockenpflanzen) *xerophytes*: Pflanzen klimatisch oder edaphisch trockener Standorte mit zahlreichen morphologischen und ökophysiologischen Anpassungsmerkmalen. Sie werden v. a. durch die → *Xeromorphen* repräsentiert, aber auch durch die → *Ephemeren* (→ *Therophyten*, die bei episodischen Regenfällen auch nach langen Trockenzeiten keimen können, oder → *Geophyten*, die in Landschaften mit regelmäßigen Trocken- und Regenzeiten durch unterirdische Organe wie Wurzelstöcke, Knollen, Rüben oder Zwiebeln die ungünstigen Jahresabschnitte überdauern), oder durch → *Sukkulenten*, die verschiedene Formen wasserspeichernden Gewebes zeigen (→ *Homoiohydre*).

Xeropoium *xeropoium, steppe*: → *Steppe*

Xerorendzina *xerorendzina*: veralteter, nicht mehr gebräuchlicher Begriff für → *Rendzinen* in → *Trockengebieten*.

xerotherm *xerothermous, xerothermic*: bezeichnet die trocken-warmen → *Geoökosysteme* der → *Wüsten*, → *Steppen* und → *Savannen* sowie die diesen angepassten → *Floren* und → *Faunen*.

xerothermischer Index *xerothermic index*: empirisch gefundene Klimakennzahl; hier eine Trockentagssumme zur Kennzeichnung und Unterscheidung verschieden stark ausgeprägter Trocken- und Wechselfeuchtklimate.

XML *extensible markup language*: Auszeichnungssprache zur Darstellung hierarchisch strukturierter Daten durch Textdateien. XML wird u. a. für den plattformunabhängigen und häufig Web-basierten Austausch von Daten zwischen Computersystemen eingesetzt. In der → *Kartographie* wird XML bspw. bei der Erstellung → *multimedialer Karten* eingesetzt. Im → *VGI*-Projekt → *Open Street Map* dient das XML-basierte osm-Format dem Austausch fertiger Kartendaten.

Y

Yama → *Karstschacht*.

Yardang → *Jardang*.

Yerma (Wüstenrohboden) *Yermosol*: ältere Bezeichnung für graue, seltener rötliche, überwiegend humusfreie → *Rohböden* der vollariden → *Wüsten*. Die Y. sind eine Bodeneinheit der → *FAO-Weltbodenkarte*. In der → *Soil Taxonomy* (2014) gehören sie zu den → *Aridisols*. In der → *WRB* (2014) können S. den → *Gypsisols*, → *Calcisols* oder → *Arenosols* zugeordnet werden.

Y-Horizont *Y horizon*: durch Reduktgas geprägter → *Bodenhorizont*

Yoldiameer *Yoldia Sea*: nach der Muschel *Yoldia arctica* benannter Vorläufer der heutigen Ostsee, der das kalte Schmelzwasser des abtauenden → *Inlandeises* aufnahm, sodass nur eine arktische Fauna existieren konnte. Das Y. ging aus dem → *Baltischen Eisstausee* hervor, gegenüber dem das Gebiet der Ostsee während der Yoldiazeit über die Mittelschwedische Senke erstmals eine bedeutendere Verbindung zum Weltmeer besaß. Das hatte ein Absenken des → *Eisstausees* um ca. 50 m zur Folge. Die Verbindung mit dem Weltmeer brachte die Besiedlung des Ostseebeckens mit einer arkto-marinen Fauna. Das Y. bestand verhältnismäßig kurz und entspricht zeitlich dem → *Präboreal* des → *Postglazials*. Dem Y. folgte der → *Ancylussee*.

young urban professional → *Yuppie*.

Yuppie *young urban professional*: Akronym für die engl. Bezeichnung „jung, städtisch und gut ausgebildet". Der Begriff bezeichnet einen → *Lebensstil* der 1980er-, 1990er-Jahre von jungen karrierebewussten und erfolgreichen Erwachsenen der städtischen oberen Mittelschicht. Y. sind u. a. verbunden mit dem Boom der Computerbranche, der → *New Economy*, mit Konsum und materiellem Wohlstand als Lebensinhalt, Markenbewusstsein und dem Ansteigen von Single-Haushalten (→ *LOHAS*, → *DINK*).

Z

Zählbezirk *census tract*: bei → *Volkszählungen* und anderen Totalerhebungen kleinste → *Raumeinheit*, für die Daten erhoben und ausgewertet werden. Ein Z. soll ein zusammenhängendes Gebiet darstellen und umfasst meist einen Straßenabschnitt oder eine Blockseite.

Zählung *counting*: eine statistische Methode, um die Häufigkeit bestimmter Phänomene möglichst standardisiert mithilfe eines Zählbogens zu erheben.

Zahlungsbilanz *balance of payments*: Gegenüberstellung aller in Geld bezifferbaren außenwirtschaftlichen Transaktionen eines Landes innerhalb eines bestimmten Zeitraums. Die Z. setzt sich aus der → *Leistungsbilanz*, der Kapitalbilanz sowie der Devisenbilanz zusammen.

Zahnradbahn *rack railway*: schienengebundene → *Bergbahn* für solche Steilstrecken, die mit → *Reibungsbahnen* üblicher Art nicht zu bewältigen sind. Die Lok zieht sich mithilfe von Zahnrädern an einer zwischen den Gleisen liegenden Zahnstange hinauf. Z. dienen v. a. dem → *Tourismus* in → *Mittel*- und → *Hochgebirgen*.

Zeche *mine*: Bezeichnung für eine Bergwerksanlage (→ *Bergwerk*), vor allem im Kohlenbergbau. Der Begriff Z. ist v. a. im Ruhrgebiet üblich, im Unterschied zur Bezeichnung Grube, die z. B. im Saarland gebräuchlicher ist.

Zechenkolonie *mining settlement, pit village*: ursprünglich Bezeichnung für eine Arbeiterwohnsiedlung, meist direkt auf dem Gelände der → *Zeche* gelegen. Z. sind im Grundriss geschlossen und im Aufriss gleichförmig. Aufgrund ihrer klaren Zuordnung zur Bergbaufunktion ist die → *Sozialstruktur* der Bewohner entsprechend einseitig. Durch relativ große Grundstücke boten die Z. im Ruhrgebiet für die Bergarbeiterfamilien die Möglichkeit zu → *Nebenerwerb* oder Selbstversorgung (Kleintierhaltung, Gemüseanbau).

Zechstein *Zechstein*: mitteleuropäische Fazies der oberen Abteilung des → *Perm*, von ca. 260 bis 251 Mio. J. v. h.. Schließt sich an das → *Rotliegende* an; überwiegend durch → *marine* Sedimentation gekennzeichnet, die sich in verschiedenen Zyklen abspielte. Abgelagert wurden → *Kali*- und → *Steinsalze* sowie → *Kupferschiefer*.

Zehrgebiet (Ablationsgebiet) *ablation area, depletion area*: unterhalb der → *Gleichgewichtslinie* liegender Gletscherteil, bei dem innerhalb eines Haushaltsjahres die → *Ablation* die → *Akkumulation* übersteigt. Neben dem → *Schnee* des Winters schmilzt in diesem Bereich auch → *Eis* bzw. → *Firn* (→ *Gletscher*).

Zeichenerklärung *map key*: → *Legende*

Zeigereigenschaften (ökologische Z.) *indicator quality*: Eigenschaften von → *Tieren* und → *Pflanzen*, die einzelne oder mehrere chemische und/oder physikalische Angebote der Lebensumwelt ausdrücken. Die Z. machen Tiere und Pflanzen zu → *Bioindikatoren*.

Zeigerpflanzen (Indikatorpflanzen, Weiserpflanzen) *indicator plants*: eine Form der Standortzeiger, basierend auf den → *Zeigereigenschaften* der → *Pflanzen* und überwiegend bezogen auf Bodeneigenschaften wie → *Bodenreaktion*, → *Bodenfeuchte*, → *Stickstoff*-, → *Schwermetall*-, → *Salz*- und → *Humus*-Gehalt, aber auch auf z. B. Lichtverhältnisse, Temperatur und Kontinentalität. Die Z. geben nur erste Hinweise auf die Standortbedingungen. Sie können deshalb Messungen der chemischen und physikalischen Bodeneigenschaften nicht ersetzen, da – die Bandbreite der „Anzeige" auch vermeintlich exakt ansprechender Pflanzen verhältnismäßig groß ist, – die Pflanzen meist auf mehrere Eigenschaften des → *Ökosystems* zugleich reagieren, – Bodeneigenschaften wirksam sein können (z. B. → *Konkurrenz*), und – anthropogene Einflüsse zu berücksichtigen sind (→ *Bodenanzeiger*, → *Säurezeiger*).

Zeilendorf *linear: village*: Form der → *ländlichen Siedlung*, bei der die → *Gehöfte* linear angeordnet sind. Das → *Dorf* besteht nur aus einer Zeile, die sich entlang eines Weges oder eines kleinen Gewässers erstreckt. Rein formal können Z. als in der Längsrichtung halbierte → *Angerdörfer* oder → *Straßendörfer* angesehen werden. Für Z. wird auch häufig der Begriff → *Reihendorf* benutzt.

Zeit *time*: Grunddimension aller Vorgänge und Erscheinungen im Sinne der Abfolge eines Geschehens. Die physikalische Z. bezieht sich auf periodisch gleichmäßig bewegte Körper, und ihre Grundeinheiten basieren auf der Drehung der → *Erde* um die → *Sonne* und die eigene Achse (→ *Jahr*, → *Tag*). Die Basis unserer Z.-Messung ist der mittlere → *Sonnentag* mit der Sekunde als 86400sten Teil davon. Der Kalender rechnet die Zeit seit Christi Geburt (n. Chr.), der Geowissenschaftler in Jahren vor heute (= J. v. h.; engl.: yBP; → *Historische Zeit*, → *Physikalische Zeit*, → *Weltzeit*).

Zeitausnutzung *operational time utilization*: in der → *Energiewirtschaft* benutzte Verhältniszahl, die angibt, inwieweit ein → *Kraftwerk* innerhalb einer Betrachtungszeitspanne (z. B. einem Jahr) in Betrieb war. Die Z. errechnet sich als Quotient aus tatsächlicher Betriebszeit und der Nennzeit. Dabei ist unerheblich, mit welcher Leistung ein Kraftwerk in der Betriebszeit gearbeitet hat.

Zeitbudget *time budget*: die einem → *Individuum* oder einer → *Gruppe* zur Ausübung einer bestimmten Tätigkeit zur Verfügung stehende Zeit. Besonders in der → *Aktionsraumforschung* und bei Untersuchungen über → *Aktionsreichweiten* → *sozialer Gruppen* spielt das Z. eine große Rolle (→ *Zeitgeographie*).

Zeitdistanz *time distance*: in Grad angegebener Winkelabstand zwischen einem Gestirn und dem → *Zenit*.

Zeitgeographie *geography of time*: Richtung der → *Sozialgeographie*, die bei der Erklärung räumlichen Verhaltens und → *raumwirksamer* Prozesse die zeitliche Dimension räumlicher Aktivitäten berücksichtigt, z. B. durch → *Zeitbudget*-Studien bestimmter → *sozialer Gruppen*.

Zeithorizont *temporal limitation*: zeitliche Grenze für eine → *raumwirksame* Aktivität. Man spricht z. B. in der → *Raumplanung* vom Z. einer Planungsmaßnahme und meint damit die Zeit, bis zu der man vorausplant oder den Zeitraum, für den man plant.

zeitliche Auflösung *temporal resolution*: → *temporale Auflösung*.

Zeitlohn *hourly wage*: Vergütung einer Arbeitsleistung nach dem Umfang der aufgewandten Zeit. Im Gegensatz zum → *Leistungslohn* (→ *Stücklohn*, → *Akkordlohn*) wird auf den Z. häufig dort zurückgegriffen, wo die Messung der Leistung schlecht möglich ist oder dadurch ggf. eine Qualitätsminderung zu befürchten wäre.

Zeit-Raum-Kompression *time-space compression*: These von D. Harvey, wonach sich durch Prozesse der → *Globalisierung* die Zeit-Raum-Distanzen durch Nutzung neuer → *Informations- und Kommunikationstechnologien* zunehmend verkürzen und sich regionale Raum-Zeit-Bezüge mit interregionalen/globalen Raum-Zeit-Bezügen überlagern.

Zeitreihe *time series*: eine zeitlich geordnete Durchführung von empirischen Erhebungen (i. d. R. mit der gleichen → *Stichprobe*), um die Unterschiede der einzelnen Erhebungsergebnisse zu untersuchen bzw. zu beobachten (→ *Trendstudie*).

Zeitsiedlung → *temporäre Siedlung*.

Zeitzonen *time zones*: 24 festgelegte Meridianstreifen von je 15° Breite, in denen die international anerkannten, je um eine Stunde verschobenen → *Ortszeiten* gelten (z. B. die Mitteleuropäische Zeit = MEZ). Im Interesse einheitlicher Zeit in bestimmten Ländern und Ländergruppen wurde bei der Festlegung der Z. in der Praxis vielfach von der Abgrenzung durch → *Meridiane* abgewichen.

Zelge *complex of field parcels*: Komplex von Ackerparzellen in → *Gemengelage*, der nach einem durch die Nutzungsberechtigten vereinbarten Modus (→ *Flurzwang*) bewirtschaftet wird. Kennzeichnend ist der einheitliche Anbau innerhalb einer Z., der im Rahmen der → *Fruchtfolge* wechselt. Bei der früher weit verbreiteten → *Dreifelderwirtschaft* war eine Unterteilung der Feldflur in drei Z. die Regel (→ *Dreizelgenbrachwirtschaft*).

Zelgenwirtschaft *three-field system*: agrare Wirtschaftsweise, bei der die → *Flur*, im Rahmen der → *Dreifelderwirtschaft*, in → *Zelgen* aufgeteilt war und die Bewirtschaftung in einheitlicher Weise als Folge des → *Flurzwanges* erfolgte. Die Z. war in etwa bis Mitte des 20. Jh. noch in verkehrsabgelegenen Teilen des bayerischen, ostfränkischen und schwäbisch-alemannischen Raums sowie des Taunus, Hunsrücks und Lothringens zu finden.

Zellatmung → *Dissimilation*.

Zellenstruktur *cell[ular] structure*: in der unteren → *Atmosphäre* als → *zellulare Lage*.

Zellenstruktur *cell[ular] structure*: entsteht als Kleinform (→ *Nano-* und → *Picorelief*) der → *Verwitterung* an Gesteinsoberflächen, z. B. → *Bröckellöcher* oder → *Wabenverwitterung*.

Zellenstruktur *cell[ular] structure*: allgemein die → *Struktur* von geo- und biowissenschaftlichen Phänomenen (z. B. die Z. der Atmosphäre.

zellulare Lage uneinheitliche allgemeine Strömungssituation in der → *Atmosphäre*, die durch Druckgebilde mit konzentrischem Verlauf der → *Isobaren* und einzelne, eher schwache wirbelige Gebilde geprägt ist (→ *Wirbel*).

Zenit (Scheitelpunkt) *zenith*: gedachter Himmelspunkt, der sich senkrecht über dem Beobachtungspunkt auf der Erdoberfläche befindet.

Zenitalregen *zenithal rain*: Oberbegriff für jene heftigen → *Regen* in den → *Tropen*, die nach dem jährlichen oder halbjährlichen Sonnenhöchststand einsetzen oder ihr Maximum erreichen. Man unterscheidet dabei – die → *Äquinoktialregen* der → *inneren Tropen* mit zwei → *Regenzeiten* nach den Tag-und-Nacht-Gleichen und – die → *Solstitialregen* der äußeren tropischen Gebiete mit nur einer Regenzeit nach der Sommersonnenwende.

Zensus → *Volkszählung*.

Zentraldeponie *central disposal site*: meist große → *Deponie*, die an zentral gelegenen Plätzen betrieben wird, um von Deponien ausgehende Umwelteinflüsse zu konzentrieren oder zu minimieren sowie um → *Deponiegas* aufzufangen oder Deponieabwässer zentral zu entsorgen. Der Nachteil der Z. besteht im Lebhaften des An- und Wegfahrverkehrs sowie in den langen Wegen, die zu einer Z. zurückgelegt werden müssen.

zentrale Güter *central goods:* → *Güter* von überörtlichem Bedarf, die in einem → *Zentralen Ort* angeboten und von den Verbrauchern in dessen → *Einzugsgebiet* nachgefragt werden. Je hochrangiger der Zentrale Ort ist, desto seltenere und wertvollere z. G. bietet er an und desto größer ist sein Einzugsgebiet (→ *Bedeutungsüberschuss*).

Zentrale-Orte-Forschung (Zentralitätsforschung) *central-place research:* praxisorientierter Teilbereich der → *Wirtschaftsgeographie,* der sich der Erforschung der → *Zentralen Orte* und ihrer → *Einzugsgebiete* widmet, d. h. den Gesetzmäßigkeiten und regionalen Charakteristika ihrer → *Versorgungsfunktionen,* ihrer räumlichen Verteilung (→ *Raummuster*), ihrer hierarchischen Ordnung, ihrer – z. T. gruppenspezifischen – Inanspruchnahme usw. Bei Fragen der Entwicklung und des zukünftigen Ausbaus von Zentralen Orten arbeitet die Z.-O.-F. mit der → *Regional-* und → *Landesplanung* zusammen.

zentraler Dienst *central service:* → *Dienstleistung* von überörtlichem Rang, die in einem → *Zentralen Ort* angeboten und von den Verbrauchern in dessen → *Einzugsgebiet* in Anspruch genommen wird. Je spezialisierter und hochwertiger z. D. sind, auf desto höherer Hierarchiestufe der Zentralen Orte werden sie angeboten und desto größer ist ihr Einzugsgebiet (→ *Bedeutungsüberschuss*).

Zentraler Ort *central place:* → *Standort* – i. d. R. als Stadt oder städtische Siedlung verstanden –, an dem → *zentrale Dienste* und → *zentrale Güter* für die Versorgung eines Umlands (→ *Einzugsgebiet*) angeboten werden. Z. O. wird eine hohe → *Zentralität* zugeschrieben, d. h. ein → *Bedeutungsüberschuss* über die Versorgung der eigenen Bevölkerung hinaus. Die Theorie der Z. O. geht auf das → *Christallersche Modell* zurück und wurde seitdem vielfach weiterentwickelt, z. B. auch auf innerstädtische Zentren übertragen und für die → *Landes-* und → *Regionalplanung* nutzbar gemacht. Das System der Z. O. eines Raumes ist i. d. R. hierarchisch aufgebaut (→ *zentralörtliche Hierarchie*). Man unterscheidet – entsprechend dem zentralörtlichen Angebot und dem Einzugsgebiet – in der Grundstruktur → *Ober-,* → *Mittel-* und → *Unterzentren* mit jeweiligen Zwischenstufen. Bzgl. der → *Bevölkerungs-* und → *Erwerbsstruktur* ist für Z. O. ein relativ hoher Anteil von Beschäftigten im → *tertiären Sektor* (→ *Wirtschaftssektor*) typisch. Voll ausgebildete Z. O. höherer Hierarchiestufe bieten sowohl private als auch kommunale und staatliche zentrale Dienste an.

Zentraleruption *central eruption, funnel eruption, point eruption:* – steht der Spalteneruption (→ *Lineareruption*) gegenüber und wird v. a. durch → *Krater* und → *Schlote* der → *Vulkane* und → *Vulkanembryonen* repräsentiert. – zentrale Ausbruchsstelle eines größeren Vulkans, dem noch zusätzlich → *Adventivkrater* zugeordnet sind.

Zentrales Bergland (Zentralmassiv) *central mountainous region (1.); central massif (2.):* 1. geotektonischer Begriff für den Bauteil eines → *Faltengebirges,* das in seiner zentralen Achse alte, starre Zentralmassive oder „Zwischengebirge" aufweist, an die sich nach außen Bereiche der → *Faltung* und der Deckenbildung anschließen (→ *Orogen*). 2. geomorphogenetischer Begriff für großräumig erhaltene Abtragungsreste im Sinne von → *Härtlingen* oder → *Restbergen,* die wegen großer Distanz zu den Hauptentwässerungslinien der → *Abtragung* entgingen sind. In der Theorie der → *Rumpfflächen* gilt das Z. B. als ältestes und am stärksten herausgehobenes Gebiet, um das sich eine → *Rumpftreppe* anordnet.

Zentralgraben *median valley, rift valley:* jene → *Gräben,* welche die → *Mittelozeanischen Rücken* durchziehen und in denen basaltische Gesteinsschmelzen aufsteigen (→ *ozeanische Kruste,* → *Plattentektonik*).

Zentralismus *centralism:* eine Form der Staatsorganisation, bei der – im Gegensatz zum → *Föderalismus* – die Staatstätigkeit von einer zentralen Gewalt ausgeht und in allen Bereichen von der → *Hauptstadt* aus, die den Charakter einer → *Metropole* besitzt, durch einen Beamtenapparat zentral gelenkt wird. Z. äußert sich im zentralistischen → *Einheitsstaat,* wie z. B. in Frankreich; das Gegenteil ist der föderalistische → *Bundesstaat.*

Zentralität *centrality:* allgemein die Eigenschaft eines → *Standortes,* Mittelpunkt eines Raumes zu sein. Bzgl. → *Zentraler Orte* bedeutet Z. speziell → *Bedeutungsüberschuss,* der sich darin äußert, dass in den Zentralen Ort → *zentrale Dienste* und → *zentrale Güter* für ein Einzugsgebiet, das über den Ort hinausreicht, angeboten werden.

Zentralitätsforschung → *Zentrale-Orte-Forschung.*

Zentralmassiv → *Zentrales Bergland.*

zentralörtliche Hierarchie *central-place hierarchy:* Rangfolge der → *Zentralen Orte* eines Raumes, die mit ihren → *Einzugsgebieten* entsprechend dem → *Christallerschen Modell* aufgebaut sind. Das bedeutet, dass im Einzugsgebiet eines Zentralen Ortes höherer Stufe jeweils mehrere Zentrale Orte der nächst tieferen Stufe mit ihren Einzugsgebieten liegen und sich somit ein geschlossenes System ergibt.

zentralörtlicher Bereich *central-place sphere of influence:* → *Einzugsgebiet* eines → *Zentralen Ortes,* der von diesem mit → *Gütern* und

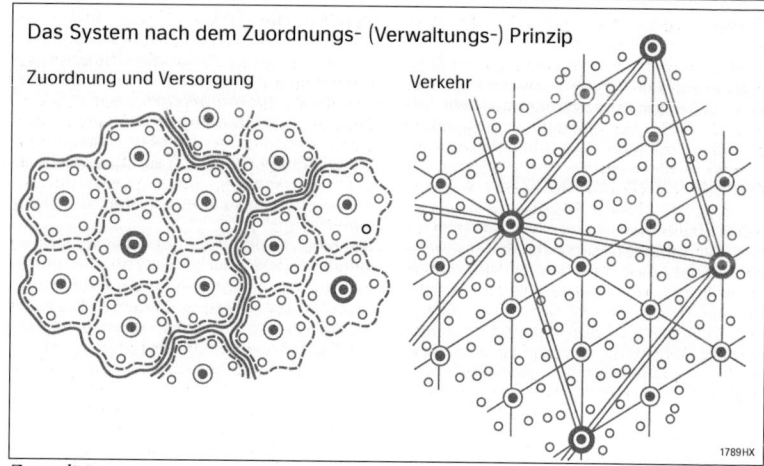

Zentralität

→ *Dienstleistungen* versorgt wird. Je nach der Hierarchiestufe des Zentralen Ortes bzw. den in Anspruch genommenen Versorgungsleistungen unterscheidet man zwischen → *Nahbereich*, → *Mittelbereich* und → *Oberbereich*.

Zentralpunkt *population centre*: ein dem → *Bevölkerungsschwerpunkt* ähnlicher → *Ort* eines → *Raumes*. Der Z. ist definiert als der Punkt, zu dem die Summe der Entfernungen aller Einwohner des betreffenden Raumes ein Minimum erreicht.

Zentralraum *central region*: in Österreich übliche Bezeichnung für einen → *Verdichtungsraum*.

Zentraltief *central low pressure area*: mächtiges, relativ stationäres → *Tiefdruckgebiet*, welches die Strömungsverhältnisse eines weiten Gebietes bestimmt und kleinere → *Zyklonen* auf ihrer Zugbahn steuert. Auf Europa bezogen wirkt als Z. oft das Tief in der Region von Island – das → *Islandtief*.

Zentralverwaltungswirtschaft *centrally planned economy*: im Gegensatz zum marktwirtschaftlichen System (→ *Marktwirtschaft*) eine → *Wirtschaftsordnung*, bei der die Gesamtwirtschaft von einer Zentralstelle aus geleitet wird. Die Z. ist insbesondere von den kommunistischen Ländern her bekannt. Dort werden Investitionen, Produktion, weitgehend aber auch der Verbrauch vom → *Staat* bestimmt. Ein großer Mangel der Z. ist die fehlende Flexibilität, die sich auf der Verbraucherseite häufig durch eine Unterversorgung mit bestimmten Verbrauchsgütern äußert sowie die Innovationsfeindlichkeit (→ *Planwirtschaft*, → *Zwangswirtschaft*).

Zentralwert des Alters → *Medianalter*.

Zentrenausrichtung *preference of a central place*: Bevorzugung eines → *Zentralen Ortes* einer bestimmten Hierarchiestufe bei der Inanspruchnahme von Diensten oder der Versorgung mit Gütern durch die → *Konsumenten*. Die Z. der Bewohner eines Ortes kann von der Erreichbarkeit der zur Wahl stehenden Zentralen Orte und von ihrer Ausstattung beeinflusst werden. Sie erweist sich häufig als spezifisch für → *soziale Gruppen*, sodass es z. B. innerhalb einer Gemeinde zu einer Mehrfachausrichtung kommen kann (→ *Mehrfachorientierung*).

Zentrum *centre*: – i. Allg. ein Mittelpunkt, sowohl in wörtlicher als auch in übertragener Bedeutung. – in der → *Stadtgeographie* spricht man von einem → *Stadt-Z.* als → *Ort* stärkster Verdichtung → *städtischer Funktionen* und Ort, wo die Individualität der betreffenden → *Stadt* ihren stärksten Ausdruck findet; bei → *Zentralen Orten* vom Z. eines → *Einzugsgebietes*. – bei der Erforschung von Innovationen analysiert man das Z., von dem diese ihren Ausgang nahmen.

Zentrum-Peripherie-Modell *centre-periphery model*: ein auf R. Prebisch (1959) zurückgehendes Modell zur Erklärung der → *Unterentwicklung* in den Ländern der → *Dritten Welt*. Danach stellen die → *Industrieländer* die Zentren, die → *Entwicklungsländer* die Peripherien dar. Ausgehend von der einseitigen Abhängigkeit der → *Rohstoffländer* (sog. Entwicklungsländer) von den Industrieländern wird behauptet, dass Entwicklung und Unterentwicklung die Folge ein und desselben Vorgangs seien (→ *Dependenztheorie*).

Zerfall *breakdown*: – der spontane Zerfallsprozess eines → *Nuklids* in ein anderes oder in einen anderen Energiezustand desselben Nuklids, wobei der Z. jeweils eine charakteristische → *Halbwertszeit* hat (→ *radioaktiver Zerfall*). – allgemein die Zerkleinerung von Gestein bei → *Verwitterung* bzw. von organischer Substanz bei der Bildung von → *Humus*.

Zerfallsreihe *decay series, disintegration series, disintegration chain*: die Abfolge von → *Radionukliden*, die beim → *radioaktiven Zerfall* eines langlebigen → *Mutternuklids* entsteht, die eine „radioaktive Familie" bildet. Alle Z. enden bei einem stabilen → *Isotop* des Blei bzw. Wismut. Neben den drei natürlichen Z. (Uran-Radium-Z., Uran-Actinium und Thorium-Z.) gibt es die künstliche Plutonium-Neptunium-Z. (→ *Uran*, Radium, → *Plutonium*, Thorium).

Zerklüftung *fissuring, fissuration*: entsteht als → *Spalten* und/oder → *Klüfte* im Gestein durch → *tektonische* Vorgänge oder thermisch bedingte Schrumpfung.

Zerrachelung (Zerrunsung) *gullying, badlands*: für übernutzte und von Vegetation entblößte Landschaften typischer → *aquatischer* Abtragungsvorgang bzw. -effekt, beginnend mit zunächst (kleineren) Formen der → *Bodenerosion*, dem größere → *Runsen* und → *Racheln* folgen (→ *spülaquatisch*).

Zerrung *stretching, extension*: 1. allgemein eine bei entgegengesetzt gerichteten Kräften wirkende → *tektonische* Dehnung von Gesteinskörpern. 2. jene Form der → *Dislokation*, die zur Bildung von → *Flexuren* führt.

Zerrunsung → *Zerrachelung*.

Zersatz *product of decomposition/disintegration*: – Ergebnis des Gesteinszerfalls durch → *chemische Verwitterung*, wobei in Lockermaterial noch teilweise unzersetzte Komponenten vorhanden sind; das ursprüngliche Mineralgefüge ist meist noch erkennbar. Der Z. fördert die chemische Verwitterung, da er größere Oberflächen für weiterwirkende Verwitterung schafft und weil er Feuchtigkeit speichert, die für die chemischen Verwitterungsprozesse unabdingbar ist (→ *Regolith*). – durch chemische, physikalische und/oder biotische Einflüsse zerstörte → *organische Substanz* (→ *Zerfall*).

Zersatzzone *decomposition zone, decay zone*: im Gegensatz zum Zersatzhorizont, der sich auf ein Bodenprofil begrenzter Mächtigkeit beschränkt, ein Bereich intensiver → *chemischer Verwitterung* (auch → *Tiefenverwitterung*), bei dem unter tropisch-semihumiden bis vollhumiden Bedingungen → *Zersatz* entsteht, der allmählich in Rotlehm übergeht. Ein typisches Produkt der Z. in den Tropen ist der → *Regolith*.

Zerschneidungsgrad *fragmentation grade*: Maß für → *Landschaftszerschneidung*. Als Messgröße des Z. dienen die effektiven Maschenweiten und -dichten. Erstere beschreiben die Größe der verbleibenden „Lücken" im Netz der Verkehrslinien und Siedlungsflächen, letztere die Anzahl der Maschen bzw. Verkehrswege pro 1000 km^2 Landfläche. Je nach Aussageziel werden entweder alle Verkehrswegeklassen berücksichtigt oder eine Auswahl dieser.

Zersetzer *decomposer*: Lebewesen, die tote organische Substanz bis zur Stufe der anorganischen Ausgangsstoffe (Mineralien, → *Nährstoffe*) abbauen. Z. sind Bakterien, Pilze und → *Saprophagen*. Auch → *Reduzenten* werden als Z. bezeichnet (→ *Zersetzung*).

Zersetzung (Dekomposition) *decomposition*: Gesamtheit der Ab- und Umbauprozesse, die unter Beteiligung von Organismen (→ *Zersetzer*) in abgestorbener → *organischer Substanz* ablaufen und zu ihrer Zerlegung in mineralische Endprodukte und/oder stoffliche Neuprodukte (→ *Humifizierung*) führen. Die Zersetzung verläuft zumeist aerob (unter Sauerstoffbeteiligung), z. T. auch anaerob (ohne Sauerstoff; → *Humifizierung*).

Zersied(e)lung *uncontrolled settlement*: unkontrolliertes, flächenhaft wirkendes Wachstum von → *Siedlungen*. Die Gefahr einer Z. der → *Landschaft* besteht v. a. am Rande großer Städte (→ *Suburbanisierung*), und zwar nicht allein durch eine ausgedehnte Wohnbebauung, sondern auch durch flächenextensive Wirtschafts- und Verkehrseinrichtungen (Industriebetriebe, Flughäfen, Autobahnkreuze usw.). In vielen Regionen bedroht die Z. durch Wochenendhaus- und → *Zweitwohnungsbau* auch landschaftlich besonders reizvolle → *Naherholungsgebiete*. Hier hat der → *Landschaftsschutz*, wie generell die → *Raumordnung*, die Aufgabe, einer weiteren Z. entgegenzutreten. Methodisch ist der Begriff der Z. aufgrund der unklaren Quantifizierung schwierig.

Zertifikat *certificate*: ein zinsberechtigtes → *Wertpapier*. Im Unterschied zu einer → *Anleihe* erhalten Inhaber eines Z. keinen fest vereinbarten Zinssatz. Die Erträge aus einem Z. richten sich vielmehr nach der Wertentwicklung bestimmter Basiswerte wie → *Aktien*, → *Börsenindizes* oder anderer Vermögenswerte (Immobilien, Rohstoffe, Währungen, etc.).

Zertifizierung *certification*: ein Verfahren, wodurch die Einhaltung bestimmter Herstellungs- oder Qualitätsanforderungen bei der Produktion oder Verarbeitung von → *Lebensmitteln* sichergestellt werden soll. Z. wird oftmals zeitlich begrenzt und durch eine unabhängige Zertifizierungsstelle vergeben. Durch Z. werden Lebensmittel gekenn- und ausgezeichnet, die beispielsweise eine regionale Herkunft (→ *Slow Food*) oder die ihren Ursprung in der → *Biologischen Landwirtschaft* haben.

Zeugenberg *butte, catoctin, erosional outlier/remnant, monadnock, relict mountain, residual outlier*: durch Zurückverlegung von → *Schichtstufen* und gleichzeitiger Abtrennung von Teilen des → *Stufenbildners* durch Eintiefung von den Stufenrand querenden Tälern von der Schichtstufe abgetrennter tafelbergartige → *Vollform*. –

Zielarten *target species*: Tier- und/oder Pflanzenarten, die dem → *Zielartenkonzept* dienen und ausgewählt werden, weil sie im ökologischen Funktionsnetz der Standorte eine Schlüsselstellung einnehmen, also an mehrere andere → *Arten* oder → *Artengruppen* gebunden sind bzw. umgekehrt.

Zielartenkonzept *concept of target species*: Methode des → *Naturschutzes*, die aus der Fülle an sich schützenswerter Arten jene selektiert, deren Schutz vorrangig ist, z. B. wegen besonderer Gefährdung oder wegen ihrer Funktion als → *Schlüsselart*. Idealerweise kann der Schutz der → *Zielarten* auch andere → *Arten* mitschützen, die nicht im Z. erfasst sind („Schutzschirmeffekt").

Ziele der Raumordnung *goals of spatial planning*: laut → *Raumordnungsgesetz* diejenigen verbindlichen, entweder sachlich oder räumlich bestimmten Vorgaben zur Entwicklung, Ordnung und Sicherung des Raumes, die durch die Träger der → *Landes-* oder → *Regionalplanung* abschließend abgewogen werden und textlich oder zeichnerisch in → *Raumordnungsplänen* festgehalten sind. Während bei → *Grundsätzen der Raumordnung* eine Abweichung von den Vorgaben aus genügend gewichtigen Gründen im Verfahren der Abwägung möglich ist, sind Z. d. R. strikt bindend, d. h. alle öffentlichen Stellen und Planungsträger unterliegen der Beachtungspflicht, die eine Überwindung der Z. d. R. ausschließt. Insofern können Z. d. R. als planerische Letztentscheidungen aufgefasst werden, wohingegen Grundsätze der Raumordnung als abwägbare Maßstäbe für Planungen gelten. Beispiele für Z. d. R. sind etwa die Festlegung des → *zentralörtlichen Status* einer Gemeinde oder die Abgrenzung von → *Raumkategorien*.

Ziele nachhaltiger Entwicklung → *SDG*.

Zielgebiet *destination, destination area, target area*: → *Raum*, auf den eine Aktivität, insb. ein Verkehrsvorgang, gerichtet ist. So ist z. B. ein → *Naherholungsgebiet* das Z. der in seinem → *Einzugsgebiet* wohnenden Erholungsuchenden.

Zielverkehr *terminating traffic*: bezogen auf einen → *Standort* oder → *Raum* jener → *Verkehr*, der dorthin gerichtet ist. So ist z. B. der → *Pendelverkehr* der auf Einpendlergemeinden gerichtete Z. (→ *Quellverkehr*).

Zimmerauslastung (Zimmerbelegung) *room occupancy*: analog zur → *Bettenauslastung* in der → *Tourismuswirtschaft* eine Maßzahl für die Rentabilität von → *Beherbergungsstätten*. Sie gibt an, in welchem Maße die zur Verfügung stehenden Gästezimmer in einem Betrieb oder im Durchschnitt aller Betriebe einer → *Tourismusgemeinde* im Jahresmittel belegt sind. Die Z. errechnet sich als Quotient aus dem Produkt der verfügbaren Zimmer und der Zahl der jährlichen Betriebstage sowie der Summe der Zimmerbelegungen. Die Zahl gibt ein realistischeres Bild der Gästenachfrage als die Bettenauslastung, da häufig Doppelzimmer nur einfach belegt sind.

Zimmerbelegung → *Zimmerauslastung*.

Zins *interest*: Entgelt des Schuldners an den Gläubiger für temporär überlassenes → *Kapital*.

Zirkulationsgürtel *circulation belts*: die → *zonalen*, nach ihren Strömungsregimen abgrenzbaren Hauptbereiche der weltweiten → *Allgemeinen Zirkulation der Atmosphäre*.

Zirkulationstypen *circulation type*: durch Druck- und Temperaturverteilung, die Form von Luftdruckgebilden, Strömungsrichtung sowie Strömungsverlauf gekennzeichnete charakteristische Strömungszustände in der → *Troposphäre*.

Zisterne *cistern, water tank*: v. a. in Wassermangelgebieten verbreitete Auffang- und Speichervorrichtung für Niederschlagswasser.

Zivilgesellschaft (Gegenöffentlichkeit) *civil society*: entstand im 18. Jahrhundert in Europa und wird als die Sphäre sozialer Existenz jenseits des → *Staates* gebraucht. Das Konzept der Z. beeinflusste die sozialistisch-marxistische sowie liberal-parlamentäre Traditionen und greift das Spannungsfeld zwischen öffentlich und privat auf. Heute mit demokratischen Gesellschaften verbunden und stellt jenen Teil der Öffentlichkeit dar, der durch das gemeinschaftliche und kooperative Handeln von Individuen und sozialen Gruppen entsteht (→ *Bürgerinitiative*, → *Bürgerbewegung*).

Zivilisation *civilisation*: Bezeichnung für jene Lebensbedingungen, die durch den Fortschritt von Wissenschaft und Technik sowie durch Politik und Wirtschaft ermöglicht und geschaffen wurden. Im 18. Jh. entstand in Frankreich die Verwendung des Begriffs Z. als Gegensatz zum Begriff der „Barbarei". Im Zuge des → *Kolonialismus* konnten so nichteuropäische Gesellschaften als unzivilisiert (und somit als „Nicht-Menschen") charakterisiert und damit die Kolonialmacht legitimiert werden. Darüber hinaus wird Z. im Anschluss an die Theorie über den Prozess der Z. von Norbert Elias auch im Sinne von „Zivilisierung" verwendet.

Zivilisationskrankheit → *Wohlstandskrankheit.*

Zivilschutz *civil defence*: alle nicht-militärischen Maßnahmen, die ein → *Staat* im Fall von Krisen ergreifen kann, um sich und seine Bevölkerung zu schützen und die Aufrechterhaltung der öffentlichen Infrastruktur zu gewährleisten. In Deutschland wird zwischen Z. (gilt im Verteidigungs- und Spannungsfall) und → *Katastrophenschutz* unterschieden, in anderen Ländern ist Katastrophenschutz Teil des Z. (→ *Selbstschutz*).

Zivilstandsregister *civil register*: in Deutschland übliche Sammelbezeichnung für die vor 1875 staatlich geführten oder beaufsichtigten Register, in denen die Geburten, Heiraten und Sterbefälle in einer Gemeinde dokumentiert wurden. Z. wurden von → *Standesregistern* abgelöst.

Zodiakallicht *zodiac[al] light*: durch Streuung von Sonnenlicht an kosmischer Materie hervorgerufene Lichterscheinung mit der Symmetrieebene in der → *Ekliptik*. Das Z. ist in den → *Mittelbreiten* am ehesten in der Zeit der Frühlings→*Tag-und-Nacht-Gleiche* am Abend und in der Zeit der Herbst-Tag-und-Nacht-Gleiche am Morgen zu sehen.

Zoll *customs*: Abgabe, die ein Staat an seiner Grenze auf die → *Einfuhr*, → *Ausfuhr* oder Durchfuhr von Waren (→ *Transitgut*) erhebt (→ *tarifäres Handelshemmnis*). Z. sind ein bedeutendes Instrument des → *Protektionismus*.

Zollunion *customs union*: Form einer → *wirtschaftlichen Integration* und → *Regionalintegration*. Zusammenschluss mehrerer Staaten mit dem Ziel der → *Liberalisierung* des Handels durch die Bildung eines einheitlichen Zollgebiets mit gemeinsamem Außen-Zolltarif gegenüber Drittstaaten, im Gegensatz zu einer → *Freihandelszone*, bei der weiter unterschiedliche Außenzölle bestehen (→ *Zoll*).

zonal (zonar) *zonal*: allgemein in → *Zonen* gegliedert. Bezogen auf die → *Landschaftszonen* der Erde, Zonen der → *Geofaktoren* oder → *Ökofaktoren*, die strahlungsklimatisch bedingt sind. Erscheinen in der → *geosphärischen Dimension* als → *Landschaftsgürtel* (→ *zonale Gliederung*, → *Zonenmodell*, → *Klimazonen*, → *Strahlung*).

zonale Gliederung (Zonierung) *zonal structuring, zoning*: eine globale → *zonale* → *Raumgliederung* entsprechend dem → *Planetarischen Formenwandel* in mehr oder weniger breitenkreisparallele erdumspannende → *Zonen*.

zonaler Boden *zonal soil*: Bodenbildung, die unter dem Einfluss der für die jeweilige → *Landschaftszone* charakteristischen Klimabedingungen und der davon abhängigen Vegetation entstanden ist. In West- und Mitteleuropa ist es z. B. die → *Braunerde*.

Zonalität *zonality, zonal structure*: natürliche Gliederung der Erdkugel in eine Abfolge verschiedener geographischer Erscheinungskomplexe vom → *Äquator* zu den → *Polen*, die letztlich auf dem durch die → *Breitenlage* unterschiedlichen → *Strahlungsgenuss* der → *Landschaftsgürtel* bzw. → *Zonen*. Die Z. äußert sich z. B. in → *Klima*-, → *Vegetations*- und → *Bodenzonen*.

Zonalzirkulation *zonal circulation*: Typ der mehr oder weniger breitenkreisparallel verlaufenden globalen Strömung in der außertropischen → *Westwindzirkulation*. Die Z. ist die Grundströmung, welche sich unter dem Einfluss der → *Coriolskraft* aus dem → *Luftdruck* und Temperaturgefälle zwischen niederen und hohen → *Breiten* ergibt. Da die Z. in ihrem Effekt verstärkend auf diese Gegensätze wirkt, ist sie nicht stabil, sondern geht wegen meridionaler Warm- und Kaltluftvorstöße in die → *Wellenzirkulation* über.

Zonation *zonation, zoning*: unscharfe bio-ökologische Bezeichnung für eine → *Raummuster* v. a. → *biotischer* Erscheinungen, das einem geochemischen und/oder physikalischen Faktorengefälle entspricht im Sinne einer → *Catena* bzw. → *Toposequenz* (→ *Sequenz*). An sich sollte der Zonenbegriff (→ *Zonalität*) nur auf → *zonale* Erscheinungen im Sinne des → *Planetarischen Formenwandels* angewandt werden.

Zone *zone, area, region*: – allgemein das geographisch-zonale Objekt, das mit dem → *Zonenmodell* (zonal) charakterisiert wird. – in der → *Geologie* Bestandteil des → *geologischen Systems*, d. h. die kleinste geologische Einheit, die überregional fassbar ist und überwiegend paläontologisch definiert wird, z. B. durch das Vertikalvorkommen einer Leitart oder durch die kleinste und zugleich selbstständige Floren-Faunen-Lebensgemeinschaft. – in politisch-geographischem Sinne häufig gebrauchter, aber relativ unbestimmter Begriff zur Kennzeichnung einer politischen Einheit besonderer Art, eines Gebietes vorläufiger, strittiger oder ungeklärter Zugehörigkeit oder eines unter besonderem Recht stehenden Teils eines Staates. Beispiele für den Gebrauch: Besatzungs-, Entmilitarisierte Z., neutrale Z. (→ *Zonenplan*).

Zonenmodell *zone model*: theoretische Vorstellung von der gürtelartigen Verbreitung von Geoökofaktoren auf der Erde im Sinne des → *Planetarischen Formenwandels*. Die → *Geographie* überträgt das Z. der physiogeographischen Faktoren auch auf die → *Kulturlandschaft*, die bei kleinmaßstäbiger Betrachtung Nutzungszonen (z. B. Landwirtschaftszonen) erkennen lassen, die mit den natürlichen → *Landschaftszonen* der Erde übereinstimmen. Das in der → *Physiogeographie* verwandte Z. erkennt: – die Landschaftszonen der Erde, – die → *Zonen* der einzelnen Geoökofaktoren sowie – Prozessbereichszonen, z.B. die Zone der → *Flächenspülung*. Für alle gilt: Ihre planetarisch-horizontale Verbreitung gründet sich auf die unterschiedlichen Einstrahlungsverhältnisse in den verschiedenen Teilen der Erdoberfläche.

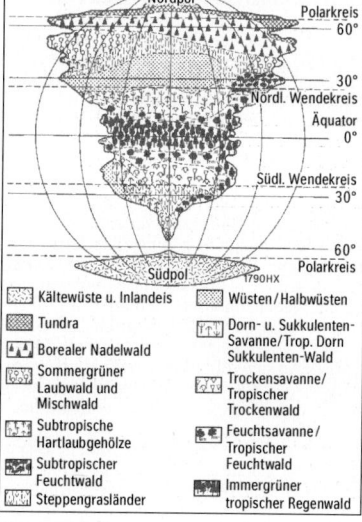

Zonenmodell

Zonenplan *zone plan*: in der Schweizer Raumplanung Bezeichnung für einen Plan, der den Planbereich in Gebiete unterschiedlicher Nutzung („Zonen") unterteilt. Zonen sind kartenmäßig abgrenzbare Landflächen (Parzellen, Grundstücke), für welche bei gleichem Nutzungszweck jeweils gleiche Nutzungsvorschriften gelten.

Zonenrandgebiet *area adjacent to the Soviet Zone*: politisch bedingte → *Raumkategorie* in der Bundesrepublik Deutschland, die nach der deutschen Einheit und der Grenzöffnung zur heutigen Tschechischen Republik als → *Fördergebiet* nicht mehr besteht. Das Z. erstreckte sich als ein ca. 40 km breiter Streifen von Flensburg bis Passau und grenzte damit an die Ostsee, die → *DDR* und die Tschechoslowakei. Als Folge der Teilung Deutschlands nach dem Zweiten Weltkrieg und der Undurchlässigkeit der Grenzen nach Osten wurde das Z. zu einem wirtschaftlich benachteiligten Grenzland, weswegen hier besondere staatliche Förderungsmöglichkeiten bestanden.

Zonierung → *zonale Gliederung*

Zonobiom *zonobiomes*: die bioökologische Füllung der einzelnen → *Klimazonen* der Erde; → *zonale* Großlebensräume im Sinne des → *Bioms* darstellend (→ *Zone*).

Zönobiont *coenobiont*: ein nur innerhalb eines bestimmten Typs von → *Biotopen* vorkommender Organismus.

Zönose *coenosis*: 1. Gemeinschaft von verschiedenen → *Arten*, die zusammen vorkommen und untereinander in Wechselbeziehungen stehen. Je nach betrachteten → *Taxa* wird unterschieden nach z.B. → *Biozönose*, → *Phytozönose*, → *Zoozönose*. 2. auch als Synonym für → *Taxozönose* gebraucht.

zönoxen → *xenök*.

Zoochorie *zoochory*: Verschleppung bzw. Verbreitung von Pflanzensamen und -früchten durch Tiere (→ *Samenverbreitung*).

zoogen *zoogenous*: aus → *Tieren* entstanden bzw. durch Tiere verursacht.

zoogene Gesteine *zoogenic rocks*: Gesteine, die ganz oder überwiegend aus tierischen Resten entstanden, z.B. → *Muschelkalk* oder → *Kalk* der → *Korallenriffe*.

Zoogeographie (Tiergeographie) *zoogeography*: Bestandteil der → *Biogeographie* und der → *Ökologie*. Sie beschäftigt sich mit der räumlichen Verbreitung der → *Tiere* und der → *Tiergemeinschaften* auf der Erde auf zoologisch-systematischer und biologisch-geographischer Grundlage. Die Z. ist gegliedert in eine Allgemeine Z. (Verbreitungsgesetzmäßigkeiten unter ökologischem, regionalem und historischem Aspekt) und eine Spezielle oder Vergleichende Z. (Analyse der → *Faunen* von Erdräumen unterschiedlicher Größenordnung und Verbreitung einzelner Tiergruppen).

Zoogeomorphologie *zoogeomorphology*: Teilgebiet der → *Biogeomorphologie*, die die Rolle der Tiere als → *zoogene* Kraft für die Bildung von → *Oberflächenformen* behandelt.

Zoolithe *zoolithes*: gehören als Biolithe zu den → *organogenen Ablagerungen*, sind also → *Sedimentite*, die überwiegend Tierresten entstammen (→ *zoogene Gesteine*).

Zoologie (Tierkunde) *zoology*: neben der → *Botanik* das zweite große Teilgebiet der → *Biologie*, das sich mit Bau, Lebensfunktionen und sämtlichen Erscheinungsformen tierischen Lebens beschäftigt.

Zoomasse *zoomass*: Masse der tierischen Lebewesen in einer Raumeinheit (→ *Biomasse*, → *Phytomasse*).

Zooökologie (Tierökologie) *animal ecology*: Teilgebiet der → *Zoologie* und neben der → *Zoogeographie* jener Bereich, der sich u.a. mit den Beziehungen der → *Tiere* und der

Tiergemeinschaften (→ *Zoozönosen*) zu ihrer Umwelt beschäftigt.
zoophag → *carnivor*.
Zooplankton *zooplankton*: tierisches → *Plankton*.
Zootop *zootope*: kleine zoologische Raumeinheit. 1. neben dem → *Phytotop* Bestandteil des → *Biotops*, der zusammen mit dem → *Geotop* den → *Ökotop* bildet. 2. in → *Zooökologie* und → *Zoogeographie* eine kleine Raumeinheit, die von einer Art oder einer Tiergemeinschaft belebt wird, ohne weitere Beziehungen zu Phytotop oder Geotop und somit nur die räumliche Verbreitung beschreibend.
Zootop *zootope*: in → *Geoökologie* und → *Landschaftsökologie* eine kleine Raumeinheit mit einer in der → *topischen Dimension* als → *homogen* definierten → *Zoozönose*, die zusammen mit dem Phytotop als Biotop modelliert wird (→ *geographischer Raum*)

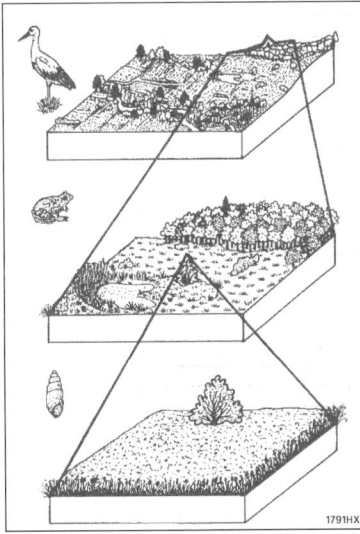

Zootop

Zoozönologie *animal sociology*: Wissenschaft von den Tiergemeinschaften (→ *Zoozönosen*). (→ *Phytozönologie*, → *Biozönologie*).
Zoozönose (Tiergemeinschaft) *zoocoenosis*: Lebensgemeinschaft der → *Tiere*, tierischer Teil der → *Biozönose* (→ *Phytozönose*).
Zuckerhut *sugarloaf [mountain], sugar loaf [mountain]*: formbeschreibender Begriff für → *Inselberg*, der in seiner Gestalt dem → *Glockenberg* ähnelt und der in den wechselfeuchten bis feuchten → *Tropen* in Gebieten mit → *kristallinen Gesteinen* auftritt. Er ist steilhängig und in seiner Gestalt von → *chemischer* und → *physikalischer Verwitterung* sowie → *Druckentlastungsklüften* bestimmt. Er ist eine typische Großform der → *Massengesteine*.
Zuerwerbsbetrieb *part-time farm*: in der → *Landwirtschaft* ein Betrieb, bei dem der Betriebsleiter zusätzlich einer außerlandwirtschaftlichen Tätigkeit nachgeht. Der Zeitaufwand dafür liegt zwischen 480 und 960 Stunden pro Jahr. Das Betriebseinkommen als Abgrenzungskriterium findet beim Z. keine Berücksichtigung (→ *Haupterwerbsbetrieb*, → *Nebenerwerbsbetrieb*).
Zufallslandschaft *random landscape*: saloppe, aber charakteristische Bezeichnung des realen Landschaftszustandes für → *Agglomerationen* oder deren Ränder, wo die Wirkungen der → *Raumplanung*, die durch meist wenig koordinierte → *Fachplanungen* realisiert wird, in der → *Landschaft* nicht sichtbar werden. Stattdessen ergibt sich ein heterogenes Landschaftsbild, das ästhetisch nicht befriedigt, den Bewohnern keine Geborgenheit vermittelt und allenfalls beschränkt regenerationsfähige Landschaftsökosysteme aufweist (→ *Ökologische Planung*, → *Ökologischer Problemraum*).
Zufallsstichprobe *random sample*: ein Auswahlverfahren in der empirischen → *Sozialforschung*, bei dem jedes Element aus der Grundgesamtheit die gleiche Wahrscheinlichkeit hat, für die → *Stichprobe* ausgewählt zu werden.
Zufallsstichprobe, systematische → *systematische Zufallsstichprobe*.
Zufriedenheitskonzept *satisfizer concept*: innerhalb des → *verhaltenstheoretischen Ansatzes* ein Konzept, welches das Optimierungskonzept der ökonomischen → *Standorttheorie* ablöst. Im Z. wird nicht nach dem objektiv optimalen → *Standort* gesucht, sondern nach einem zufriedenstellenden Standort (→ *suboptimaler Standort*, → *satisfizer*). Dieser muss allerdings langfristig in der Gewinnzone liegen. Der optimale Standort wird nach dem Z. nur zufällig gefunden (→ *optimizer*).
Zulieferbetrieb *sub-contracting firm*: Betrieb, der Rohmaterialien, → *Halbfertigwaren* oder → *Fertigwaren* zur Weiterverarbeitung, zum Einbau oder zum Wiederverkauf an andere → *Unternehmen* liefert. Zu unterscheiden sind Z., die ihre Produkte selbst entwickeln, von solchen, die nach Plänen des Auftraggebers produzieren.
Zulieferbeziehungen *sub-contracting linkages*: produktionsspezifische Verflechtungen zwischen → *Zulieferbetrieben* und ihren Abnehmern. Der Aufbau von Z. ist ein wichtiges Kriterium der räumlichen Wirtschaftsentwicklung, z.B. im Zuge der → *Industrialisierung*.

Zünfte *guilds*: im Mittelalter entstandene und bis in das 19. Jh. hinein bestehende Organisationen von Handwerkern und nichthandwerklichen Berufen zur Regelung der Ausübung bestimmter Gewerbe. Die Z. waren von der jeweiligen Obrigkeit anerkannt; ihre Entwicklung wies eine enge Verknüpfung mit den → *Städten* auf. Das Zunftgericht sorgte für die Einhaltung der Zunftordnungen. Die Einführung der Gewerbefreiheit bedeutete schließlich die Auflösung der Z. Einen Teil der früheren Funktionen der Z. nehmen heute die Handwerksinnungen wahr.

Zungenbecken *tongue basin, Zungenbecken*: Großhohlform im Bereich einer Gletscherzunge, im anstehenden Gestein (→ *Anstehendes*) oder in der → *Grundmoräne* angelegt. Die Größe der Z. steht in Beziehung zur Gletschergröße. Meist gliedert sich das Z. in ein → *Stammbecken* und mehrere davon ausgehende und flachere → *Zweigbecken*. Markante Z. hatten die pleistozänen → *Gletscher*, wobei die Z. der → *Vorlandgletscher* der alpinen Vereisung kleiner als jene der → *Nordischen Vereisung* waren. Große Z. sind hinter den → *Endmoränen* des → *Pommerschen Stadiums* der → *Weichsel-Kaltzeit* als → *Vorzeitformen* erhalten. In den Z. befinden sich die → *Zungenbeckenseen*.

Zungenbeckensee *finger lake, glacial lake*: → *See* in → *Stamm-* oder → *Zweigbecken* von → *Zungenbecken*, die unmittelbar nach Abschmelzen des → *Gletschers* meist vollständig mit Wasser erfüllt waren. Die heutigen Z. der im → *Pleistozän* vergletscherten Gebiete füllen i. d. R. nur einen Teil des Zungenbeckens aus oder sind vollständig verlandet.

Zupachtbetrieb *farm with additional rented land*: landwirtschaftlicher Betrieb, der wegen nicht ausreichender → *landwirtschaftlicher Nutzfläche* Flächen dazu gepachtet hat (→ *Pacht*). Die Z. haben mittlerweile stark zugenommen, weil bei dem inzwischen erreichten hohen Stand der Mechanisierung nur noch ab einer bestimmten Flächengröße wirtschaftlich produziert werden kann.

zusammengefasste Geburtenziffer (Totale Fruchtbarkeitsrate, TFR) *Total Fertility Rate, TFR*: Kennziffer in der → *Bevölkerungsgeographie*, welche die Summe aller 30 bzw. 35 altersspezifischen → *Geburtenziffern* der Altersjahrgänge 15 bis 45 bzw. 49 für ein Kalenderjahr umfasst. Die z. G. (TFR) ist eine zusammengesetzte, hypothetische Kennziffer und gibt an, wie viele Kinder je Frau geboren würden, wenn für deren ganzes Leben die altersspezifischen Geburtenziffern des jeweils betrachteten Kalenderjahres gelten würden. Sie errechnet sich aus der Summe aller altersspezifischen Geburtenziffern von Alter 15 bis 45 bzw. 49; für die Berechnung je Frau ist der errechnete Wert noch durch 1000 zu dividieren. In Deutschland lag die z. G. (TFR) in 2014 bei 1,47, d. h. je Frau würden unter den altersspezifischen Geburtenziffern des Jahres 2014 und ohne Berücksichtigung der Sterblichkeit im Durchschnitt 1,47 Kinder geboren. Das sind etwas mehr als zwei Drittel des für den Erhalt der Elterngeneration notwendigen Wertes.

zusammengesetzte Catena *composite catena*: räumliche Abfolge benachbarter, aber haushaltlich eigenständiger → *landschaftsökologischer Grundeinheiten* sowie neben der → *landschaftsökologischen Catena* eine Anwendung des Begriffes → *Catena* auf die räumlich-systematische Abfolge von → *Ökotopen*, die in geringer Vielzahl die z. C. bilden (→ *Toposequenz*).

zusammenhängend bebauter Ortsteil *built up area*: Gebiet einer → *Gemeinde* außerhalb des Geltungsbereichs eines → *Bebauungsplans*, das Geschlossenheit und Zusammengehörigkeit vermittelt (oder durch eine entsprechende Satzung abgegrenzt ist). Z. b. O. können in diesem Sinne auch als unbeplanter → *Innenbereich* einer Gemeinde verstanden werden.

Zusammenlegung *consolidation*: in der → *Landwirtschaft* Maßnahmen zur Minderung von Kleinparzellierung und Besitzzerstreuung. Die Z. ist ein wesentliches Ziel der → *Flurbereinigung*, was sich auch in den Begriffen → *Verkoppelung*, → *Arrondierung* und → *Vereinödung* ausdrückt.

Zuwachsrate (Wachstumsrate) *growth rate*: in → *Demographie* und → *Bevölkerungsgeographie* Kennziffer zur Angabe des Wachstums der → *Bevölkerung* in einem bestimmten → *Raum*, meist bezogen auf ein Jahr. Die Z. errechnet sich als Quotient aus der Summe von → *Geburtenüberschuss* und → *Wanderungsüberschuss* bezogen auf 1000 der mittleren Wohnbevölkerung während des betreffenden Jahres. Die natürliche Z. (zum Teil auch als Geborenenüberschussziffer bezeichnet) berücksichtigt nur den Saldo der → *natürlichen Bevölkerungsbewegung*. Die Z. kann auch negativ sein.

Zuwanderung (Zuzug) *immigration*: Verlegung eines Standortes, insbesondere des Wohnsitzes, aus einer anderen territorialen Einheit in einen Raum (→ *Wanderung*). Jeder Wanderungsfall stellt sich, statistisch gesehen, als eine Z. (auf den Zielort bezogen) und eine → *Abwanderung* (bezogen auf den Ort des Fortzugs) dar.

Zuwanderungsgebiet *immigration area*: Raum, meist im regionalen Maßstab, in den ein → *Wanderungsstrom* gerichtet ist und dessen Einwohnerzahl durch einen mittel- bis langfristigen → *Wanderungsüberschuss* zunimmt.

Zuzug → *Zuwanderung*.
Zwangsmäander → *Talmäander*.
Zwangsmittel *means of coercion/enforcement*: in der → *Raumordnung* staatliche Maßnahmen, die durch Ge- und Verbote → *raumwirksam* werden sollen (→ *AAA-Mittel*).
Zwangswanderung *forced migration*: → *Wanderung*, zu der die betreffenden Personen oder Gruppen durch Gewaltanwendung oder Androhung von Gewalt gezwungen wurden. Zu den Z. gehören → *Vertreibungen*, Zwangs- → *Umsiedlungen*, → *Sklavenhandel* und alle Arten von Fluchtbewegungen aus politischen, religiösen, ethnischen und anderen Gründen.
Zwangswirtschaft *state controlled economy*: Form der Organisation einer Wirtschaft, bei der der → *Staat* zentral das Wirtschaftsgeschehen steuert. Produktion und Konsumption unterliegen nicht dem Preismechanismus des → *Marktes*. Die → *Zentralverwaltungswirtschaften* der früheren Ostblockländer waren weitgehend Z..
Zweckentfremdung *misuse, use for a not intended function*: Gebrauch einer Sache für einen anderen als den ihr zugedachten Zweck. Der Begriff wird v. a. in der Wohnungswirtschaft bzw. → *Stadtgeographie* verwendet und meint die Umwandlung von Wohnungen in gewerblich genutzte Räume. Besonders in attraktiven Geschäftslagen von → *Großstädten*, am → *Cityrand*, in → *Subzentren* u. ä. kann die Z. von Wohnungen zum Problem werden und Wohnbevölkerung verdrängen.
Zweckverband *special purpose association*: in Deutschland eine öffentlich-rechtliche Körperschaft, die aus → *Gemeinden* oder → *Gemeindeverbänden* gebildet wird, um bestimmte öffentliche Versorgungs- und/oder Planungsaufgaben überörtlicher Art unter Wahrung der kommunalen Selbstverwaltung gemeinsam durchzuführen. So sind Wasserversorgung, Abwasser- und Müllbeseitigung häufig in Form von Z. organisiert.
Zweigbecken *finger lake*: vom → *Gletscher* geschaffene größere → *Hohlformen*, die sich um das → *Stammbecken* eines → *Zungenbeckens* fingerförmig und meist in Mehrzahl anordnen. Die Z. sind flacher als das glazial stärker übertiefte Stammbecken. Außen werden die Z. von Endmoränenwällen (→ *Endmoräne*) umsäumt.
Zweigbetrieb → *Zweigwerk*.
Zweigwerk (Zweigbetrieb) *branch plant*: Teil eines → *Mehrwerksunternehmens*, dessen → *Standort* nicht mit dem des Hauptbetriebes identisch ist. In der Vergangenheit wurden Z. häufig zur Ausnutzung eines bestehenden Lohngefälles errichtet. Im Zuge einer → *Standortspaltung* kam es zur Auslagerung arbeitsintensiver Produktionsabschnitte.

Zweihundertmeilenzone (200-Meilenzone, Ausschließliche Wirtschaftszone) *exclusive economic zone*: 200 Seemeilen umfassende → *seerechtliche* Zone nach Art. 55 des Seerechtsübereinkommen von 1982 der → *UNO* (→ *Seerechtskonferenzen*), die das zwischen dem Küstenmeer und der → *hohen See* liegende → *Schelfmeer* repräsentieren soll. In der Z. kann der angrenzende Küstenstaat die Erforschung und Bewirtschaftung der → *Ressourcen* der Gewässer (v. a. → *Fischereiwirtschaft*), des Meeresbodens und seines Untergrunds (→ *Meeresbergbau*) vornehmen. Aber auch der Betrieb von → *Offshore* → *Windenergiefarmen* wird geregelt. Andere Staaten genießen innerhalb der Z. die → *Freiheit der Meere*.
Zweikanter *right-angled farmstead*: → *Gehöfttyp* mit zwei rechtwinklig zueinander stehenden und einander übergehenden Gebäuden (verbundene Firstlinie). Stehen die beiden Gebäude in keiner direkten Verbindung, so spricht man von einem Zweiseithof (Zweiseiter) bzw. von einem → *Hakenhof*.
Zweiseithof → *Hakenhof*.
Zweite Moderne *second modernity*: ein von Ulrich Beck geprägter Begriff für die → *Moderne* nach der Moderne, als eine Epoche mit Mitte bis Ende des 20. Jh., die durch eine Radikalisierung der Prinzipien der Moderne geprägt ist. Erste und Zweite Moderne unterscheiden sich v. a. durch die unumkehrbar erscheinenden Prozesse der → *Globalität* und zunehmenden → *Globalisierung* vieler Lebensbereiche, die mit prekären Arbeitsverhältnissen, dem Verlust der Souveränität von Nationalstaaten, dem gleichzeitigen Machtgewinn von transnationalen Konzernen, der Zunahme von vernetzten → *Risiken* usw. einhergehen.
Zweite Welt *Second World*: Begriff, der neben der Einteilung der Welt in Erste Welt (westliche Welt bzw. → *Industrieländer*) und → *Dritte Welt* bzw. → *Vierte Welt* (sog. → *Entwicklungsländer*) die östliche Welt, d. h. die ehemaligen sozialistischen Staaten und Mitglieder des → COMECON, heute meist → *Transformationsländer*, umfasst.
Zweiter demographischer Übergang → *demographischer Wandel*.
Zweiturlaub *second holiday*: innerhalb eines Jahres unternommene zweite Urlaubsreise. Insbesondere in → *Industrieländern* mit hohem Lebensstandard und Anspruch der Arbeitnehmer auf relativ langen Urlaub besteht seit längerem die Tendenz zur Durchführung eines Z., häufig im Winter, im Gegensatz zum Haupturlaub während der Sommersaison (→ *Städtetourismus*, → *Wintersporttourismus*).
Zweitwohnsitz → *Zweitwohnung*.

Zweitwohnung (Zweitwohnsitz) *second home, second residence, second domicile*: weiterer → *Wohnsitz*, der von einer Person oder einem Haushalt neben der → *Hauptwohnung* unterhalten wird. Eine Z. kann Arbeits- oder Ausbildungszwecken dienen (z. b. bei Wochenpendlern oder Studierenden am Hochschulort) oder als → *Freizeitwohnsitz* für die Freizeit- und → *Erholungsfunktion* genutzt werden.

Zwergform → *Nanorelief*.

Zwergstaat *microstate*: → *Mikrostaat*.

Zwergstadt *microtown*: stadtähnliche Siedlung unterhalb der Größe einer → *Klein-* oder → *Landstadt*, oft mit nur wenigen hundert Einwohnern. Die Z. besitzen zwar das → *Stadtrecht*, häufig auch eine städtische Physiognomie, es fehlen ihnen aber die meisten → *städtischen Funktionen*. I. d. R. handelt es sich um historische Stadtgründungen, die sich nicht im erwarteten Ausmaß entwickelten oder sich nach einer gewissen Zeit wieder zurückentwickelten (→ *Minderstadt*).

Zwergsträucher *dwarf shrubs*: ausdauernde und auch ausgewachsen nur ca. 0,5 m hohe Holzgewächse, denen Stamm und Krone fehlen und die strauchartig verzweigt sind.

Zwergstrauchheide *dwarf shrub heath*: von immergrünen → *Zwergsträuchern* gekennzeichneter Typ der → *Heide*, der sowohl im → *Hochgebirge* als auch im ozeanischen Tiefland Mitteleuropas auf sauren, nährstoffarmen Substraten vorkommen kann. Typisch für Z. sind z. B. Ericaceen, Ginster und Borstgräser.

→ **Zwergwuchs** *nanism*: bei Pflanzen und Tieren erblich bedingt oder durch Züchtung angestrebt. Nichterblicher Z. oder Kümmerwuchs bei Pflanzen wird von Wasser- und/oder Nährstoffmangel bedingt (→ *Wuchsform*).

Zwiehof *twin: farmstead*: Übergangsform vom → *Einzelhof* zur → *Gruppensiedlung*. Der auch als Paarhof (bzw. Ringhof) bezeichnete Z. besteht in Teilen Mitteleuropas aus einem Viehhof und einem Wohnhof. Eine genaue Abgrenzung zum → *Doppelhof* besteht nicht.

Zwischenabfluss → *interflow*.

Zwischenfertigung *intermediate production stage*: im Gegensatz zur Endfertigung derjenige Produktionsabschnitt in der Industrie, bei dem aus Rohmaterialien → *Halbfertigwaren* hergestellt werden. Betriebe, die sich auf eine Z. spezialisiert haben, weisen enge → *Zulieferbeziehungen* zu Betrieben der Endfertigung auf.

Zwischenfruchtbau *catch-crop*: Anbau von Feldfrüchten zeitlich zwischen zwei → *Hauptfrüchten*. Z.-Pflanzen sind i. d. R. → *Futterpflanzen* oder Pflanzen zur → *Gründüngung*, deren Nutzung keine volle Ausreifung notwendig macht. Aus dem zeitlichen Zwang der → *Vegetationszeit* heraus werden Zwischenfrüchte häufig schon zusammen mit den vorangehenden Hauptfrüchten bzw. in dieselben eingesät (→ *Untersaat*). Im Gegensatz zu diesem Herbst-Z. erfolgt beim Winter-Z. die Frühjahrsnutzung überwinternder Futterpflanzen.

Zwischengut → *Zwischenprodukt*.

Zwischenhoch *intermediate anticyclone*: kaltes → *Hochdruckgebiet* zwischen wandernden → *Zyklonen*.

Zwischenkultur *interplanting*: diejenigen i. d. R. einjährigen Pflanzen bei → *Mischkulturen*, die zwischen weitständigen mehrjährigen Kulturen (z. B. Sträucher, Obstbäume) angebaut werden.

Zwischenlager *intermediate storage*: bezogen auf die Lagerung → *radioaktiven Abfalls*. In Deutschland gibt es sechs Z. (Jülich, Obrigheim, Rubenow bei Greifswald, Lingen, neben den beiden zentralen Z. → *Ahaus* und → *Gorleben*). Neben den Z. gibt es noch Interimslager (Neckarwestheim, Philippsburg und Biblis), die der Z. der Lagerung abgebrannter → *Brennelemente* aus → *Kernkraftwerken* und Versuchsreaktoren dienen.

Zwischenlager Ahaus *intermediate storage Ahaus*: → *Ahaus*.

Zwischenlager Gorleben *intermediate storage Gorleben*: → *Gorleben*.

Zwischenlagerung *intermediate storage*: zeitweise Lagerung → *radioaktiver Abfälle*, anderer radioaktiver Stoffe und abgebrannter → *Brennstäbe* von → *Kernkraftwerken* bis zur → *Wiederaufarbeitung* in einer → *Wiederaufbereitungsanlage* bzw. bis zur → *Endlagerung*. Die Z. spielt in der → *Atomwirtschaft* eine große Rolle, weil weder genügend Standorte für die Endlagerung noch genügende Wiederaufarbeitungskapazitäten bereitstehen. Z. ist technisch aufwändig, weil Schutz vor → *radioaktiver Strahlung* gewährt sein muss, und die Nachzerfallswärme der abgebrannten Brennelemente abzuführen ist. Z. erfolgt oft in Kernkraftwerken selbst. In Deutschland gibt es sechs → *Zwischenlager*, die beiden zentralen in → *Gorleben* und → *Ahaus* sowie vier dezentrale und drei Interimslager in verschiedenen Bundesländern.

Zwischenmoor *transitional bog*: → *Übergangsmoor*.

Zwischensaison *shoulder season*: im → *Tourismus* übliche Bezeichnung für einen kürzeren Zeitabschnitt zwischen → *Hauptsaison* und → *Vor-* bzw. → *Nachsaison*, in dem Leistungen des Beherbergungsgewerbes zu einem mittleren Preisniveau angeboten werden.

Zwischenstadt *transurban space*: Begriff für den → *suburbanen Raum*. Er weist auf das rural-urbane Rauminterface aus architektur- und stadtplanungskritischer Sicht darauf hin,

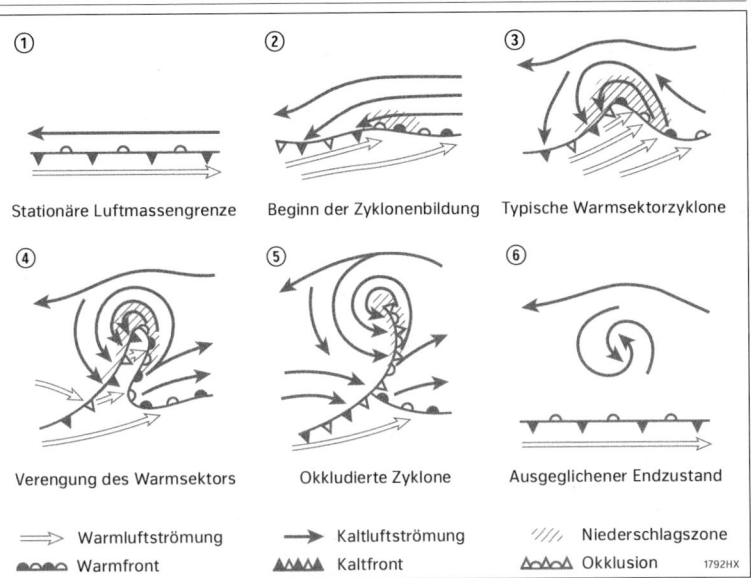

Zyklone

dass zwischen Stadt und Land unter ästhetischen und soziologischen Aspekten eine diffuse → *Siedlungsstruktur* besteht.

Zwischenwirt *intermediate host*: Organismus, auf oder in welchem nur bestimmte Entwicklungsstadien eines → *Parasiten* leben.

Zyklentheorie *cycle theory*: in der Theorie der → *Geologie* die Vorstellung, dass sich die → *Erdkruste* zyklisch entwickelte, d.h. Evolutionsphasen mit → *Epirogenese* und Revolutionsphasen mit → *Gebirgsbildung* wechselten. Der Zyklus setzt mit – einer → *Geosynklinal*- und Sedimentationsphase ein, ihr folgt – die Gebirgsbildung mit → *Faltung* der → *Sedimente* in der Geosynklinale und anschließend – die → *Orogenese*, bei der durch → *Hebung* das → *Orogen* über den Meeresspiegel aufsteigt und dann – der Abtragung und Verwitterung unterliegt. Dieser geotektonische Zyklus wird von einem geomagmatischen Zyklus (Magmenzyklus) begleitet.

zyklisch *cyclic, cyclical*: in regelmäßiger Folge wiederkehrend, aufeinander folgend, im Kreis verlaufend, kreisförmig.

zyklonal *cyclonial*: durch die Funktionen von → *Zyklonen* beeinflusst.

zyklonale Niederschläge → *Zyklonalregen*.

zyklonale Westlage → *Westlage:*.

zyklonales Westwindklima (Westwindklima) *cyclonic west-wind climate*: → *kühl*- bis → *kaltgemäßigtes* → *Klima* der Westseite der Kontinente in den höheren Mittelbreiten, das durch ganzjährige Tätigkeit der → *Zyklonen* durch einen Transport der → *Luftmassen* vom Meer zum Land geprägt ist. Niederschläge fallen ganzjährig, im Winter allerdings wegen des Maximums der Westwetterlagen häufiger. Die Temperaturen sind jahreszeitlich sehr unterschiedlich; es fehlen jedoch langanhaltende extreme Kälte und längere Hitzeperioden (→ *Zyklonalklima*).

Zyklonalklima *cyclonic climate*: ein → *Klima*, das ganzjährig durch die Aktivität von → *Zyklonen* geprägt wird, wie das → *zyklonale Westwindklima*. Das Z. ist typisch für die Westteile der → *Kontinente* in den → *Mittelbreiten* (→ *Westwindzirkulation*).

Zyklonalregen (zyklonale Niederschläge) *cyclonic rain*: jene → *Niederschläge*, deren Entstehung an die Strömungssysteme der → *Zyklonen* gebunden sind.

Zyklone (Tiefdruckwirbel) *cyclone*: wandernde Tiefdruckwirbel mit → *Warm*- und → *Kaltfront*. Z. entstehen im Bereich der → *planetarischen Frontalzone* im Stadium der → *Wellenzirkulation* infolge von Divergenzen in der Höhenströmung, die Druckabfall bewirkt. Es handelt sich um dynamische → *Tiefdruckgebiete* mit konzentrischen → *Isobaren* und wirbelartigem Einströmen der Luft (auf der Nordhalbkugel entgegen dem Uhrzeigersinn). Dabei fließt Polarluft äquatorwärts und

→ *Tropikluft* polwärts. In der Folge bilden sich eine Warm- und eine Kaltfront aus mit typischer Bewölkungsentwicklung und Niederschlagsbildung. Die sich dynamisch entwickelnden Z. wandern mit der → *Westwindzirkulation* ostwärts und altern unterwegs durch Auffüllung. Die Kaltfront stößt rascher vor als die Warmfront, was nach wenigen Tagen zu einem Zusammenschluss beider Luftmassengrenzen führt (→ *Okklusion*). Z. sind äußerst wetterwirksam. In ihrem Haupteinflussbereich über den Westteilen der Kontinente in den → *Mittelbreiten* prägen sie das → *Klima*.

Zyklonenfamilie *family of cyclones*: aus der wellenartig verlaufenden Höhenströmung heraus entwickelte Abfolge von mehreren → *Zyklonen* in verschiedenen Entwicklungsstadien.

Zyklonenfriedhof *cemetery of cyclones*: Gebiet, in dem häufig die Zugbahn der okkludierten und aufgefüllten und dadurch inaktiv gewordenen → *Zyklonen* endet. Der wichtigste Z. Europas liegt zwischen dem Baltikum und NW-Russland (→ *Okklusion*).

Zyklonenschema *model of cyclone development*: Modellvorstellung über Entstehung und Entwicklungsabfolge von → *Zyklonen*.

Literaturverzeichnis

Vorbemerkung: Viele Fachbegriffe werden multidisziplinär verwandt. Autoren von Wörterbüchern und Lexika entwickeln die Definitionen aus fachwissenschaftlicher Sicht weiter. Je kürzer Definitionen sind, umso größer ist ihre multidisziplinäre Gültigkeit bei zugleich großer Ähnlichkeit in Inhalt und Formulierung. An manchen Definitionen gibt es somit auch aus fachwissenschaftlicher Sicht nichts oder nur wenig zu verbessern. Diese Begriffe findet man auch schon in sog. „älterer" Literatur, die aus Gründen der wirklichen Urheberschaft in diesem Verzeichnis daher erhalten bleibt.

Die Quellen der Definitionen sind entweder andere Fachwörterbücher, die gleiche oder ähnliche Gegenstände wie die Geographie behandeln, oder auch diverse Fach- bzw. Lehrbücher. Von Letzteren werden nur jene Titel zitiert, von denen Inhalte in das >DIERCKE Wörterbuch Geographie< Eingang fanden. Wörterbuchautoren arbeiten zugleich mit vielen Lehrbüchern, um an- oder abzugleichen. Bei der fachlichen Breite der Allgemeinen Geographie ist es unmöglich, die gesamte wörterbuchrelevante Lehrbuch- und Nachschlageliteratur zu zitieren. Vermeintliches oder tatsächliches Nichtzitieren bedeutet nicht, dass diese Literatur vom Autorenteam gering geschätzt wurde.

Direkt oder indirekt verwandte Quellen:

AD-HOC-AG BODEN: Bodenkundliche Kartieranleitung, Hannover 2005, 5.Auflage.

AHNERT, F.: Einführung in die Geomorphologie. – UTB 8103, Stuttgart 2009. 4. Auflage.

ALSING, I.: Lexikon Landwirtschaft. – Stuttgart 2002. 4. Auflage.

ARL (AKADEMIE FÜR RAUMFORSCHUNG UND LANDESPLANUNG) (Hrsg.): Handwörterbuch der Raumordnung. – Hannover 2005. 4. Auflage.

ATTESLANDER, P.: Methoden der empirischen Sozialforschung. – Berlin 2010.

BACKHAUS, K., VOETH, M., BERTELS, V., NIKULA, A.: Internationales Marketing. – Stuttgart 2003. 5. Auflage.

BÄHR, J.: Bevölkerungsgeographie. – Stuttgart 2010. 5. Auflage.

BÄHR, J. & U. JÜRGENDS: Stadtgeographie II. Regionale Stadtgeographie. – Das Geographische Seminar, Braunschweig 2005.

BAHLBURG, H. & C. BREITKREUZ: Grundlagen der Geologie. – München 2012. 4. Auflage.

BAHRENBERG, G., E. GIESE & J. NIPPER: Statistische Methoden in der Geographie. – Teubner Studienbücher Geographie, Stuttgart 1990. Band 1. 3.Auflage. Stuttgart 1992. Band 2. 2. Auflage.

BALDENHÖFER K.: Lexikon des Agrarraums. – Gotha-Stuttgart 1999.

BARSCH, H. & K. BÜRGER: Naturressourcen der Erde und ihre Nutzung. – Gotha – Stuttgart 1996.

BARTELME, N.: Geoinformatik – Modelle, Strukturen, Funktionen. – Berlin 2005.

BATHELT, H. & J. GLÜCKLER: Wirtschaftsgeographie. Ökonomische Beziehungen in räumlicher Perspektive. – UTB 8217, Stuttgart 2003. 3. Auflage.

BECKER, CHR., H. HOPFINGER & A. STEINECKE (Hrsg.): Geographie der Freizeit und des Tourismus: Bilanz und Ausblick. – München-Wien 2007. 3. Auflage.

BEIERKUHNLEIN, C.: Biogeographie, Stuttgart 2007.

BLUM, W. E. H.: Bodenkunde in Stichworten. – Hirts Stichwortbücher, Stuttgart 2007. 6. Auflage.

BLUME, H.-P., BRÜMMER, G. W., HORN, R., KANDELER, E., KÖGEL-KNABNER, I., KRETZSCHMAR, R., STAHR, K. & WILKE, B.-M.: Scheffer/Schachtschabel: Lehrbuch der Bodenkunde, Heidelberg 2010, 16. Auflage

BOESLER, K. A.: Politische Geographie. – Teubner Studienbücher Geographie, Stuttgart 1983.

BÖHN, D. & E. ROTHFUSS (Hrsg.): Entwicklungsländer. – Handbuch des Geographieunterrichts, Band 8 I+II, Köln 2007.

BORCHERT, G.: Klimageographie in Stichworten. – Hirts Stichwortbücher, Kiel 1978.

BORK, H.-R. (Hrsg.): Landschaften der Erde unter dem Einfluss des Menschen. Darmstadt 2006.

BÖRSCH, D. (Hrsg.): Bevölkerung und Raum. Handbuch des Geographieunterrichts, Bd. 2, Köln 1993.

BORSDORF, A.: Geographisch denken und wissenschaftlich arbeiten. Eine Einführung in die Geographie und in Studientechniken. – Berlin-Heidelberg 2007. 2. Auflage.

BORTZ, J. & N. DÖRING: Forschungsmethoden und Evaluation für Human- und Sozialwissenschaftler. – Berlin-Heidelberg-New York 2006. 4. Auflage.

BRÜCHER, W. (2009): Energiegeographie. Wechselwirkungen zwischen Ressourcen, Raum und Politik. – Studienbücher der Geographie. Berlin-Stuttgart 2009.

BRÜNIG, E. & H. MAYER: Waldbauliche Terminologie. Fachwörter der forstlichen Produktion. – Wien 1980.

BRUNOTTE, E., MARTIN, CHR.: Lexikon der Geographie in vier Bänden. – Berlin 2001 f.

DE LANGE, N., GEIGER, M.; HANEWINKEL, V. & A. POTT: Bevölkerungsgeographie. – Stuttgart 2014.

DE LANGE, N.: Geoinformatik in Theorie und Praxis. – Berlin 2005.

DGF (DEUTSCHE GESELLSCHAFT FÜR FREIZEIT) (Hrsg.): Freizeit-Lexikon. – Ostfildern 1986.

DICKEN, P. & P. E. LLOYD: Standort und Raum: Theoretische Perspektiven in der Wirtschaftsgeographie. – UTB 8179, Stuttgart 1999.

DICKEN, P.: Global Shift. – London 2003. 4. Auflage.

DICKMANN, F. & K. ZEHNER: Computerkartographie und GIS. – Das Geographische Seminar, Braunschweig 1999.

DIKAU, R. & J. WEICHSELBERGER: Der unruhige Planet. Der Mensch und die Naturgewalten. – Darmstadt 2014. 2. Auflage.

DREYER, A. (Hrsg.): Kulturtourismus. – München – Wien 1996.

DURTH, R., KÖRNER, H.: Neue Entwicklungsökonomik. – UTB 2306, Stuttgart 2002.

EBERLE, J., EITEL, B.: Deutschlands Süden vom Erdmittelalter zur Gegenwart. – Berlin-Heidelberg 2007.

EGNER, H.: Theoretische Geographie. – Darmstadt 2010.

EGNER, H.: Gesellschaft, Mensch, Umwelt – beobachtet. Ein Beitrag zur Theorie der Geographie. – Erdkundliches Wissen 145. Stuttgart 2008.

EGNER, H., RATTER, B. M. W. & DIKAU, R. (Hrsg): Umwelt als System - System als Umwelt? Systemtheorien auf dem Prüfstand. München 2008.

EHLERS, E.: Das Anthropozän. Die Erde im Zeitalter des Menschen. – Darmstadt 2008.

EITEL, B.: Bodengeographie. – Das Geographische Seminar, Braunschweig 2013.

ELLENBERG, H. & LEUSCHNER, C.: Vegetation Mitteleuropas mit den Alpen. – Stuttgart 2010. 6. Auflage.

EMBLETON-HAMANN, C., ELVERFELDT K. V. & KELLER, M.: Geomorphologie in Stichworten I: Theorie – Methoden – Endogene Prozesse und Formen. – Hirt's Stichwortbücher. Kiel 2013.

EMBLETON-HAMANN, C. & WILHELMY, H.: Geomorphologie in Stichworten III: Exogene Morphodynamik. – Hirt's Stichwortbücher. Kiel 2007.

EWALD, K. C. & G. KLAUS: Die ausgewechselte Landschaft. – Bern 2010. 2. Auflage.

FOHRER, N. H. BORMANN, K. MIEGEL, M. CASPER, A. BRONSTERT, A. SCHUMANN & M. WEILER: Hydrologie. – utb basics 4513. Bern 2016

FASSMANN, H.: Stadtgeographie I. Allgemeine Stadtgeographie. – Das Geographische Seminar, Braunschweig 2004.

FELGENTREFF, C. & GLADE. T. (Hrsg.): Naturrisiken und Sozialkatastrophen. – Berlin-Heidelberg 2008.

FORUM BIODIVERSITÄT SCHWEIZ (Hrsg.): Biodiversität in der Schweiz. Zustand, Erhaltung, Perspektiven. – Bern 2008.

Literaturverzeichnis

FREITAG, T., GEBHARDT, H. & GERHARD, U. (Hrsg.): Humangeographie kompakt. Heidelberg u.a.: Springer.

FREY, W. & LÖSCH, R.: Geobotanik, Heidelberg 2010, 3. Auflage

FREYER, W.: Tourismus. Einführung in die Fremdenverkehrsökonomie. – München 2006. 8. Auflage.

FÜRST, J.: GIS in Hydrologie und Wasserwirtschaft. – Berlin 2004.

GABLER WIRTSCHAFTSLEXIKON. – WIESBADEN 2013. 18. AUFLAGE. 6 BÄNDE.

GEBHARDT, H., GLASER, R., RADTKE, U. & REUBER. P. (Hrsg.): Geographie. Physische Geographie und Humangeographie. – München 2007.

GEBHARDT, H., REUBER, P. & WOLKERSDORFER, G. (Hrsg.): Kulturgeographie. Aktuelle Ansätze und Entwicklungen. – Heidelberg-Berlin. 2003.

GLASER, R., GEBHARDT, H. & SCHENK, W.: Geographie Deutschlands. – Darmstadt 2007.

GLASER, R., HAUTER, C., FAUST, D., GLAWION, R., SAURER, H., A. SCHULTE & D. SUDHAUS: Physische Geographie kompakt. – Heidelberg 2010.

GLAWION, R., GLASER, R., SAURER, H., GAEDE, M. & WEILER, M.: Physische Geographie. – Das Geographische Seminar, Braunschweig 2012, 2. Auflage.

GOUDIE, A.: Physische Geographie. Eine Einführung. – Berlin 2008. 4. Auflage.

GREGORY, D., JOHNSTON, R., PRATT, G., WATTS, M. J. & WHATMORE, S.: The Dictionary of Human Geography. Wiley/Blackwell, Chichester

HAAS, H.-D. & FLEISCHMANN, R.: Geographie des Bergbaus. – Darmstadt 1991.

HAAS, H.-D. & NEUMAIR, S.-M.: Wirtschaftsgeographie. – Geowissen kompakt, Darmstadt 2008. 2. Auflage.

HAAS, H.-D. & SCHLESINGER, D. M.: Umweltökonomie und Ressourcenmanagement. – Geowissen kompakt, Darmstadt 2007.

HAAS, H.-D., NEUMAIR, S.-M. & SCHLESINGER, D. M.: Internationale Wirtschaft. – München 2011.

HAGGET, P: Geographie. Eine globale Synthese, – Stuttgart. 2003. 3. Auflage.

HAHN, B.: Welthandel. Geschichte, Konzepte, Perspektiven. – Heidelberg 2009.

HEINEBERG, H.: Stadtgeographie. – UTB 2166, Paderborn 2006. 3. Auflage.

HEINRITZ, G.: Zentralität und zentrale Orte. Eine Einführung. – Teubner Studienbücher Geographie, Stuttgart 1979.

HEMMER, H.-R.: Wirtschaftsprobleme der Entwicklungsländer. – München 2002. 3. Auflage.

HENKEL, G.: Der ländliche Raum. Gegenwart und Wandlungsprozesse seit dem 19. Jahrhundert in Deutschland. – Teubner Studienbücher Geographie, Stuttgart 2004. 4. Auflage.

HINTERMAIER-ERHARD, G. & ZECH, W.: Wörterbuch der Bodenkunde. Stuttgart 1997.

HOFMEISTER, B.: Stadtgeographie. – Das Geographische Seminar, Braunschweig 1999. 7. Auflage.

HÖLTING, B.: Hydrogeologie. Einführung in die Allgemeine und Angewandte Hydrogeologie. – Stuttgart 1989. 3. Auflage.

HOLTMEIER, F.-K.: Tiere in der Landschaft. Einfluss und ökologische Bedeutung. Stuttgart 2002.

HUPFER, P. & KUTTLER, W. (Hrsg.): Witterung und Klima. Eine Einführung in die Meteorologie und Klimatologie. – Leipzig 2006. 12. Auflage.

IUSS WORKING GROUP WRB: World Reference Base for Soil Resources 2014, update 2015.

International soil classification system for naming soils and creating legends for soil maps.

World Soil Resources Reports No. 106. FAO, Rome, 2014.

KLEIN, J.: Herder Lexikon Geologie und Mineralogie. – Freiburg-Basel-Wien 1990. 6. Auflage.

KLOHN, W. & VOTH, A.: Agrargeographie. – Geowissen kompakt, Darmstadt 2010.

KLUG, H. & LANG, R.: Einführung in die Geosystemlehre. – Die Geographie, Einführungen in Gegenstand, Methoden und Ergebnisse. Darmstadt 1983.

KNOX, P. & MARSTON, S.: Humangeographie. – Heidelberg 2008. 4. Auflage.

KOCH, E:. Internationale Wirtschaftsbeziehungen. – München 2006. 3. Auflage.

KORF, B. & ROTHFUSS, E. (2015): Nach der Entwicklungsgeographie. In: Freitag, T., Gebhardt, H. & Gerhard, U. (Hrsg.): Humangeographie kompakt. Heidelberg u.a.: Springer. S. 167-187.

KRÄTKE, S.: Stadt – Raum – Ökonomie: Eine Einführung in die Stadtentwicklung und Wirtschaftsgeographie. – Hamburg 1995.

KREEB, K.-H.: Vegetationskunde. Methoden und Vegetationsformen unter Berücksichtigung ökosystemischer Aspekte. – UTB für Wissenschaft, Große Reihe, Stuttgart 1983.

KULKE, E. (Hrsg.): Wirtschaftsgeographie Deutschlands. – Heidelberg 2010. 2. Auflage.

KULKE, E.: Wirtschaftsgeographie. – UTB 2434, Stuttgart 2009. 4. Auflage.

KULKE, E. & H. POPP (Hrsg.): Umgang mit Risiken. Katastrophen – Destabilisierung – Sicherheit. – Bayreuth-Berlin 2008.

KULS, W. & KEMPER, F.-J.: Bevölkerungsgeographie. Eine Einführung. – Teubner Studienbücher Geographie, Stuttgart – Leipzig 2000. 3. Auflage.

KUTSCHKER, M. & SCHMID, S.: Internationales Management. – München 2011. 7. Auflage.

LACHMANN, W.: Entwicklungspolitik. Band 1: Grundlagen. – München 2004. 2. Auflage.

LANG, S. & BLASCHKE, T.: Landschaftsanalyse mit GIS. – UTB 8347, Stuttgart 2007.

LANGHAGEN-ROHRBACH, CHR.: Raumordnung und Raumplanung. – Geowissen kompakt, Darmstadt 2010. 2. Auflage.

LATZ, W. (Hrsg.): DIERCKE Geographie. – Braunschweig 2007.

LAUNERT, E.: Biologisches Wörterbuch. Deutsch-Englisch - Englisch-Deutsch. – Stuttgart 1998.

LESER, H. (Hrsg.): Westermann Lexikon Ökologie & Umwelt. – Braunschweig 1994.

LESER, H.: Landschaftsökologie. Ansatz, Modelle, Methodik, Anwendung. – UTB 521, Stuttgart 1997. 4. Auflage.

LESER, H. (UNTER MITARBEIT VON K. CONRADIN): Stadtökologie. – Hirts Stichwortbücher. Berlin-Stuttgart 2008. 2. Auflage.

LESER, H.: Geomorphologie. – Das Geographische Seminar, Braunschweig 2009. 9. Auflage.

LESER, H. & SCHNEIDER-SLIWA, R.: Geographie – Eine Einführung. – Das Geographische Seminar, Braunschweig 1999.

LIEFNER, I. & SCHÄTZL, L.: Theorien der Wirtschaftsgeographie. – UTB 782. Paderborn 2012. 10. Auflage.

LIENAU, C.: Die Siedlungen des ländlichen Raumes. – Das Geographische Seminar, Braunschweig 2000. 4. Auflage.

LILJEQUIST, G. H. & CEHAK, K.: Allgemeine Meteorologie. – Braunschweig – Wiesbaden 1984. 3. Auflage.

LILLESAND, T., KIEFER, R.W. & CHIPMAN, J.: Remote Sensing and Image Interpretation, 7. Auflage, London, 2015.

LÜTGENS, R.: Die geographischen Grundlagen und Probleme des Wirtschaftslebens. – Stuttgart 1950.

LÜTKES, S.: Naturschutzrecht. Beck-Texte im dtv 5528, 2015. 12. Auflage

MAIER, G. & TÖDTLING, F.: Regional- und Stadtökonomie I: Standorttheorie und Raumstruktur. Wien – New York 2001. 3. Auflage.

MAIER, G. & TÖDTLING, F.: Regional- und Stadtökonomie II: Regionalentwicklung und Regionalpolitik. – Wien – New York 2002. 2. Auflage.

MAIER, J. & ATZKERN, H.-D.: Verkehrsgeographie. Verkehrsstrukturen, Verkehrspolitik, Verkehrsplanung. Teubner Studienbücher Geographie, Stuttgart 1992.

MAIER, J., PAESLER, R.: Sozialgeographie. – Das Geographische Seminar. Braunschweig 1977.

MAIER, J. & BECK, R.: Allgemeine Industriegeographie. – Gotha – Stuttgart 2000.

MARKS, R., MÜLLER, M. J. (Hrsg.): Anleitung zur Bewertung des Leistungsvermögens des Landschaftshaushaltes (BA LVL). – Forschungen zur deutschen Landeskunde, Bd. 229, Trier 1989.

MATTISEK, A., PFAFFENBACH, C. & REUBER, P.: Methoden der empirischen Humangeographie. Das Geographische Seminar, Braunschweig 2013.

MEIER KRUKER, V. & RAUH, J.: Arbeitsmethoden der Humangeographie. – Geowissen kompakt, Darmstadt, 2005.

MENG, L., GRÜNREICH, D., HAKE, G.: Kartographie. Visualisierung raum-zeitlicher Informationen. Berlin 2002, 8. Auflage.

MOSIMANN, T.: Landschaftsökologische Komplexanalyse. – Wissenschaftliche Paperbacks Geographie, Stuttgart 1984.

MÜLLER, P.: Tiergeographie. Struktur, Funktion, Geschichte und Indikatorbedeutung von Arealen. – Teubner Studienbücher Geographie, Stuttgart 1977.

MÜLLER, P.: Biogeographie. – UTB 731, Stuttgart 1980.

MURAWSKI, H.: Geologisches Wörterbuch. – Berlin 2017. 12. Auflage.

NEEF, E.: Theoretische Grundlagen der Landschaftslehre. – Gotha – Leipzig 1967.

NEEF, E. (Hrsg.): Das Gesicht der Erde. Mit einem ABC. – Brockhaus Taschenbuch der Physischen Geographie, Leipzig 1962. 2. Auflage.

NOHLEN, D. (Hrsg.): Lexikon Dritte Welt. – Hamburg 2000.

NUSCHELER, F.: Entwicklungspolitik. Lern- und Arbeitsbuch. – Bonn 2004. 5. Auflage.

OHR, R. & THEURL, T. (Hrsg.): Kompendium Europäische Wirtschaftspolitik. – München 2001.

OTTMANN, M. & LIFKA, S.: Methoden der Standortanalyse. – Geowissen kompakt, Darmstadt 2010.

PAESLER, R.: Stadtgeographie. – Geowissen kompakt, Darmstadt 2008.

PICOT, A., REICHWALD, R. & WIGAND, R.: Die grenzenlose Unternehmung. – Wiesbaden 2003. 5. Auflage.

RAHMSTORF, S. & SCHELLNHUBER, H.J.: Der Klimawandel – Diagnose, Prognose, Therapie, München, 7. Auflage 2012.

REMMERT, H: Ökologie:Heidelberg 1984.

REUBER, P.: Politische Geographie. – UTB 8486. Paderborn 2012

RINSCHEDE, G.: Religionsgeographie. Das Geographische Seminar, Braunschweig 1999.

ROTHE, R.: Die Erde. Alles über Erdgeschichte, Erdbeben, Vulkane, Gesteine und Fossilien – Darmstadt 2015.

ROTHE, P.: Die Geologie Deutschlands. – Darmstadt 2012. 4. Auflage

SENTI, R.: WTO – System und Funktionsweise der Welthandelsordnung. – Zürich 2000.

SCHÄFER, M.: Ökologie. – Wörterbuch der Biologie, Heidelberg. 5. Auflage.

SCHÄTZL, L.: Wirtschaftsgeographie. 1. Theorie. – UTB 782, Paderborn 2003. 9. Auflage.

SCHÄTZL, L.: Wirtschaftsgeographie. 2. Empirie. – UTB 1052, Paderborn 2000. 3. Auflage.

SCHÄTZL, L.: Wirtschaftsgeographie. 3. Politik. – UTB 1383, Paderborn 1994. 3. Auflage.

SCHAMP, E.: Vernetzte Produktion: Industriegeographie aus institutioneller Perspektive. – Darmstadt 2000.

SCHENK, W. & SCHLIEPHAKE, K. (Hrsg.): Allgemeine Anthropogeographie. – Gotha-Stuttgart 2005.

SCHIRMER, H., BUSCHNER, W. (Hrsg.): Meyers Kleines Lexikon Meteorologie. – Mannheim – Wien – Zürich 1987.

SCHMITT, E., GLAWION, R., SCHMITT, T. & KLINK, H.-J.: Biogeographie. – Das Geographische Seminar, Bd. 18, Braunschweig 2012.

SCHMUDE, J. & NAMBERGER, P.: Tourismusgeographie. - Geowissen kompakt, Darmstadt 2010.

SCHÖNWIESE, C.-D.: Klimatologie. UTB 1793, Stuttgart, 2013, 4. Auflage.

SCHOLZ, F.: Entwicklungsländer. Entwicklungspolitische Grundlagen und regionale Beispiele. – Das Geographische Seminar, Braunschweig 2006.

SCHROEDER, F.-G.: Lehrbuch der Pflanzengeographie. – Wiesbaden 1998

SCHULTZ, J.: Die Ökozonen der Erde. - UTB 1514, Stuttgart 2002. 3. Auflage.

Literatur-/Abkürzungsverzeichnis

Schultz, J.: Handbuch der Ökozonen. – UTB 8200, Stuttgart 2000.

Schwarzbach, M.: Das Klima der Vorzeit. Eine Einführung in die Paläoklimatologie. – Stuttgart 1974. 3. Auflage.

Soil Survey Staff: Keys to Soil Taxonomy, USDA-Natural Resources Conservation Service, Washington DC 2014, 12th ed.

Stahr, K., Kandeler, E., Herrmann, L. & Streck, T.: Bodenkunde und Standortlehre. – Stuttgart 2016. 3. Auflage

Steinbach, J.: Tourismus. Einführung in das räumlich-zeitliche System. – München-Wien 2003.

Stockmann, R., Menzel, U. & Nuscheler, F.: Entwicklungspolitik. Theorien, Probleme, Strategien. – München 2010.

Tanner, K. M., Bürgi, M. & Coch, T. (Hrsg.): Landschaftsqualitäten. Bern 2006.

Vahs, D. & Schäfer-Kunz, J.: Einführung in die Betriebswirtschaftslehre. – Stuttgart 2007. 5. Auflage.

Walter, H. & Breckle, S.-W.: Vegetation und Klimazonen. Grundriss der globalen Ökologie. Stuttgart 1999, 7. Auflage.

Walter, H. & Straka, H.: Arealkunde. Floristisch-historische Geobotanik. – Einführung in die Phytologie, Bd. III, 2. Teil, Stuttgart 1970. 2. Auflage.

Wastl-Walter, D.: Gender Geographien. Geschlecht und Raum als soziale Konstruktionen (Sozialgeographie kompakt), Stuttgart 2010.

Weichhard, P.: Entwicklungslinien der Sozialgeographie. Von Hans Bobek bis Benno Werlen. – Sozialgeographie kompakt, 1, Stuttgart 2008.

Weischet, W.: Einführung in die Allgemeine Klimatologie. – Teubner Studienbücher Geographie, Stuttgart 1988.

Werlen, B.: Sozialgeographie. Eine Einführung. – UTB 1911, Bern 2000.

Wicke, L.: Umweltökonomie. – München 1993. 4. Auflage.

Wirth, E.: Theoretische Geographie. Grundzüge einer Theoretischen Kulturgeographie. – Teubner Studienbücher Geographie, Stuttgart 1979.

Wittenberg, H.: Praktische Hydrologie. Grundlagen und Übungen. Heidelberg 2011

Wöhe, G. & Döring, U.: Einführung in die allgemeine Betriebswirtschaftslehre. – München 2010. 24. Auflage.

Zepp, H. (Hrsg.): Ökologische Problemräume Deutschlands. – Darmstadt 2007.

Zepp, H.: Geomorphologie. – Grundriss Allgemeine Geographie. UTB 2164, Paderborn 2008. 4. Auflage.

Verzeichnis häufig gebrauchter Abkürzungen:

betr. = betreffend
d. h. = das heißt
ehem. = ehemalig
einschl. = einschließlich
evtl. = eventuell
ggf. = gegebenenfalls
i. a. = im allgemeinen
i. e. S. = im engeren Sinne
i. w. S. = im weiteren Sinne
i. d. R. = in der Regel
J. v. h. = Jahre vor heute
Jh. = Jahrhundert
n. Chr. = nach Christus
pl. = Plural
sog. = sogenannt
tlw. = teilweise
u. a. = unter anderem
u. U. = unter Umständen
v. a. = vor allem
z. B. = zum Beispiel
z. T. = zum Teil

Abbildungsverzeichnis

A
- 9 Abduktion
- 11 Abfallentsorgung
- 12 Abflussregime
- 15 Absenkungstrichter
- 16 Abstandsziffer
- 18 Adsorptionswasser
- 31 Allgemeine Zirkulation
- 34 Altarm
- 36 Altersklasse
- 36 Alterspyramide
- 38 Altwasser
- 41 Angerdorf
- 45 Antezedenz
- 46 Anthropogeographie
- 48 Äqivalentdurchmesser
- 57 Artengefüge
- 58 Artesischer Brunnen
- 60 Asymmetrischer Veg.-aufbau
- 61 Atmosphäre
- 63 Auenwald
- 64 Aufgleitfläche
- 72 Azimut

B
- 73 Badland
- 75 Bandstadt
- 75 Barchan
- 77 Baroklin
- 71 Baublock
- 81 Baugebiet
- 81 Baulinie
- 82 Baumgrenze
- 88 Beobachtung erster Ordnung
- 90 Bergsturz
- 92 Besonnung
- 95 Bevölkerungsdichte
- 97 Bevölkerungspotenzial
- 97 Bevölkerungsschere
- 102 Binnenhafen
- 105 Binnenstaat
- 106 Bioklimogramm
- 108 Biosphäre
- 113 Block- und Streifenflur
- 116 Bodenbildungsfaktoren
- 117 Bodencatena
- 119 Bodenfeuchteregime
- 123 Bodenprofil
- 126 Bodenwasser
- 131 Braunerde
- 134 Bruchfaltung
- 134 Bruchstaffel
- 139 Buschbrache

C
- 140 Caldera
- 141 Canon
- 143 Chamaephyten
- 146 Christallersches Modell
- 147 City
- 148 Cockpit
- 150 Conurbation

D
- 154 Darcy-Gleichung
- 154 Darcy Gleichung
- 155 Datumsgrenze
- 159 Deich
- 158 Deklination
- 160 Delta
- 161 demographische Grundgleichung
- 161 demographisches Ablaufdiagramm
- 164 Destinationslebenszyklus
- 166 Diagonalschichtung
- 166 Diapir
- 171 Dimensionsstufe
- 174 Disjunktion
- 176 Doline
- 177 Doppelhof
- 177 Doppelstadt
- 178 Doppelte Einebungsfläche
- 181 Dreiseithof
- 183 Druckwasserreaktor
- 185 Düneneformen
- 177 Durchbruchsberg

E
- 192 Eingemeindung
- 192 Einheitshaus
- 194 Einstrahlung
- 195 Einzelhof
- 196 Eis
- 196 Eisberg
- 199 Eisschelf
- 198 Eisstausee
- 200 Ekliptik
- 202 Endlagerung
- 204 Energiebilanz der Erde
- 210 Epigenetisch
- 210 Epiphyten
- 212 Erde
- 213 Erdfall
- 213 Erdfließen
- 214 Erdöl
- 215 Erdpyramide
- 218 Erosionsleistung
- 226 Exklave
- 227 Exposition

F
- 233 Falte
- 233 Faltengebirge
- 236 Faunenreich
- 236 Fazenda
- 237 Fehnsiedlung
- 239 Felskaverne
- 241 Fernwasserversorgung

Abbildungsverzeichnis

244	Feuchtigkeitsindex	346	Halbwertszeit
245	Fiederspalte	347	Hallig
248	Firsthaus	350	Hang
250	Flächenmuster	351	Hangendes
252	Flachküste	351	Hangform
252	Flandrische Transgression	353	Härtegrad
253	Flexur	354	Haubarg
255	Florenreich	354	Haufendorf
255	Flöz	357	Heberquelle
257	Flur	358	Hecke
258	Flurbereinigung	359	Heiratskreis
260	Fluss	365	Hochboden
259	Flussbegradigung	367	Hochgebirge
261	Flussterrasse	366	Hochglazial
263	Foggara	368	Hochmoor
263	Föhn	371	Höhenstufe
272	Frontstufe	375	Horst
273	Frostlöcher	379	Humusform
273	Frostmusterboden	379	Hütte
277	Fußhöhle	380	Hydratationsverwitterung
		383	Hyläa
		384	Hypsographische Kurve

G

278	Galeriewald
278	Gangart
280	Gasspeicher
281	Geantiklinale
282	Gebietsreform
286	gekapptes Bodenprofil
287	Gelängeflur
289	Gemüsebau
294	Geodermis
296	Geographie
299	Geomer
301	geomorphologische Karten
303	geomorphologisch-geoökologischer Ansatz
304	Geomorphotope
305	Geoökosystem
306	Georelief
314	Gewölbebau
315	Geysir
315	Gezeiten
315	Gezeitenkraftwerk
319	Glazialisostasie
320	Gleichgewichtsgefälle
321	Gleithang
322	Gletscher
326	Globalstrahlung
327	Gondwana
328	Grabenbruch
335	Grunddaseinsfunktion
337	Grundwasser
341	Gulfhaus
341	Gut
343	Guyot

H

345	Haffküste
345	Hakenhof

I

397	Infrarotfenster
400	Innertropische Konvergenz
401	Inselberg
403	Integration
405	Integrativer Ansatz
407	Interglazial
410	Intrusivkörper
411	Inversion
413	Isochrone
415	Isostasie

J

417	Jetstream
418	Jori-System

K

424	Kältewüste
425	Kame
426	Kanalisation
428	Kar
430	Karren
432	Karstrandebene
434	Kastental
436	Kauliflorie
437	Kegelkarst
438	Kerbtal
439	Kernsprung
441	Kibbuz
442	Klamm
438	Kliff
451	Kluse
451	Knick
454	Kolchose
463	Kontakthof

Abbildungsverzeichnis

465 Kontinentalverschiebung
467 Korallenriff
468 Korrosionsdoline
470 Kraal
477 Kuchenboden
477 Kühlturm
484 Kurzgewannflur
485 Küstenrückgang

L
489 Lagunenriff
490 Lakkolith
491 Landbrücke
493 Landgewinnung
497 Landschaftshaushaltsmodell
498 Landschaftshülle
501 Landschaftsökolog. Standort
502 Landschaftsökosystemmodell
504 Landschaftssukzession
506 Landterrasse
508 Langstreifenflur
509 Längswerk
510 Lärmpegel
513 Lavaplateau
514 Lawinenbahnen
516 Lebensformensysteme
516 Lebensformenspektrum
518 Lehm
524 Lichtklima
524 liegende Falte
525 Limanküste
526 Linearsiedlung
527 Linse
532 Lomavegetation
532 Löslichkeit
533 Löss
535 Luftdruckgürtel
535 Luftelektrizität
538 Lunarperiodik

M
540 Maar
541 Mäander
545 Mangrove
553 Matrixpotenzial
555 Meeresraum
556 Mehrfachorientierung
560 Mesorelief
565 Migrationsbaum
576 Mobilitätsübergang
577 Modell homogener Naturraum
580 Monsun
582 Moor
582 Moorhufendorf
584 Moränen
586 Muldental
590 Mure

N
597 Nährstoffhaushalt
598 Nahrungskette
599 Nahrungsnetz
598 Nahrungspyramide
606 Natürliche Radioaktivität
608 Naturräumliche Gliederung
609 Naturschacht
611 Nebelwald
612 Nehrung
620 Niederschlag
621 Niederwald

O
629 Oasenwirtschaft
630 Oberflächennaher Untergrund
632 offenes System
634 Okklusion
640 Ökologischer Wirkungsgrad
641 Ökosystem/Ökotop
643 Ökotyp
647 Ordnungsstufe

P
655 Paläoboden
657 Pampa
658 Parabraunerde
659 Paramo
663 Pathobiozönose
666 Pendlerraumtyp
670 Peripherie
670 Permafrost
675 Phänologische Jahreszeiten
676 phreatisch
677 pH-Wert
678 Physiogeographie
679 Physiotop
679 Phytotop
680 Pilzfelsen
682 planetarische Frontalzone
683 planetarisches Druckgefälle
686 Platten der Plattentektonik
687 Plattentektonik
688 Platzdorf
689 Pleistozän
691 Podsol
694 Politische Grenzen
695 Polje
696 Pollendiagramm
695 Polsterpflanze
697 Polyzentrischer Verdichtungsraum
698 Ponordoline
698 Population
699 Populationswachstum
699 Porengrössenbereiche
702 Postglazial
704 Potenzialfläche
705 Prallhang
707 Prärie

Abbildungsverzeichnis

706 Präzession
708 Primäres Milieu
717 Pseudogley
718 Pultscholle

Q
723 Quartär
725 Quellen
724 Quellkuppe
726 Quelltopf

R
734 Rasenwälzen
739 Raummuster
744 Refraktion
746 Regelkreis
745 Regen
748 Regenerative Energien
749 Regenzeit
754 Regressionsdurchbruchtäler
759 Reliefelemente
760 Reliefgenerationen
761 Reliefmerkmale
761 Reliefumkehr
763 resequenter Fluss
768 Riasküste
771 Rinnensee
778 Roterde
778 Rückkopplung
779 rückschreitende Erosion
781 Rumpftreppe
781 Rundhaus
782 Rundling

S
784 Säbelwuchs
785 Sackgassengrundriss
786 Salinare Serie
786 Salinitätsgrad
788 Salzlagerstätte
788 Salzmauer
789 Salzstock
790 Samenverbreitung
795 Saumbiotop
797 Savanne
797 Schaar
800 Schalenbau der Erde
801 Schelf
801 Scherung
803 Schichten in Schichtmodellen
802 Schichtfugenhöhle
803 Schichtmodelle
804 Schichtstufe
806 Schieferung
807 Schildvulkan
810 Schlucht
812 Schneefegen
812 Schneegrenze
813 Schneetälchenvegation
815 Schotterkegel
816 Schüsseldoline
818 Schwall
821 Schwerindustrie
822 Schwingrasen
822 Schwüle
823 Sediment
824 Sedimentzyklus
825 Seegat
825 Seehalde
826 Seentreppe
826 Seeretention
827 Seezirkulation
830 Sekundäres Milieu
834 Serac
839 Siek
841 Silikate
842 Siphon
845 Sockelbildner
845 Sohlenkerbtal
846 Solifluktion
848 Solonetz
848 Sommatyp
851 Sonnenscheindauer
852 Sonnenstrahlung (Abb. 1): Strahlungssumme in verschiedenen geographischen Breiten
853 Sonnenstrahlung (Abb. 2): Spektralbereich
861 Speicherkraftwerk
864 Sphäroidalverwitterung
865 Sporn
865 Sprung
869 Stadial
876 Stadtmodelle
878 Stadtregion
886 Standortregelkreis
887 Starkregen
889 Stauchendmoräne
889 Staukuppe
891 Steinpflaster
891 Steinringe
892 Steinstreifen
892 Stelwurzeln
894 Steppenheidetheorie
895 Sterndünen
901 Strahlungsbilanz
902 Strand
902 Strandversetzung
904 Stratigraphisches System
905 Stratovulkan
909 Allgemeines Strukturmodell (der Landschaft)
911 Stufenrain
911 Stufenrandfluss
915 submariner Canon
916 Subsequenter Fluss
919 Superimposed ice

Abbildungsverzeichnis

920	sweep zone
922	Synklinaltal

T
926	Tafone
926	Tagbogen
928	Talbodenrelikte
930	Talwind
930	Taschenböden
931	Taubrunnen
931	Taupunkt
934	tektonische Diskordanz
937	Terra firme
937	Terra fusca
938	Terrassenfläche
939	Terrassentreppen
942	Tethys
943	Theorie der graph. Dimension
944	thermische Konvektion
945	Thermoisoplethen
947	Thixotropie
948	Thünensche Ringe
948	Tidenhub
951	Tiefseegraben
952	Tierstaat
952	Tilke
953	Toleranzbereich
954	Tonminerale
955	Topengefüge
958	Toposequenz
962	Transgressionskonglomerat
963	Transhumanz
968	Trockenmonat
969	Trockenwetterlinie
970	Trogtal
971	Trompetental
971	Tropfsteine
972	Trop. Wirbelsturm
973	Tropopause
975	Tschnernosem
976	Tussok

U
978	übergreifende Lagerung
978	überkippte Falte
979	Überschiebungsfläche
981	Überweidung
982	Uferzone
984	Umlaufberg
984	Umlaufseen
991	Umweltverträglichkeitsprüfung
993	Unit Hydrograph
1001	Urwaldriesen

V
1011	Verkarstung
1017	Verlandungsgürtel
1021	Vertikalstruktur der Landschaft
1027	Vierkanthof
1031	Vorfluter
1032	Vorland

W
1038	Wald
1039	Waldgrenze
1041	Waldstruktur
1047	Wasserbilanz
1049	Wasserkreislauf
1051	Wasserspannungskurve
1057	Wellen
1065	Windschirm
1066	Windschur
1072	Wohnbauland
1075	Wölbacker
1076	Wölbung

Z
1084	Zentralität
1088	Zonenmodell
1089	Zootop
1093	Zyklone

Stratigraphische Tabelle

Internationale Standardgliederung der Erdgeschichte

Ära	Periode	Epoche (Serie)	Alter (Stufe)	Beginn vor Ma
Känozoikum	Quartär	Holozän	Holozän	0,012
		Pleistozän	Tarantium	0,126
			Ionium	0,781
			Calabrium	1,80
			Gelasium	2,58
	Jungtertiär (Neogen)	Pliozän	Piacenzium	3,6
			Zancleum	5,3
		Miozän	Messinium	7,2
			Tortonium	11,6
			Seravallium	13,8
			Langhium	16,0
			Burdigalium	20,4
			Aquitanium	23,0
	Alttertiär (Paläogen)	Oligozän	Chattium	28,1
			Rupelium	33,9
		Eozän	Priabonium	37,8
			Bartonium	41,2
			Lutetium	47,8
			Ypresium	56,0
		Paleozän	Thanetium	59,2
			Seelandium	61,6
			Danium	66,0

Ära	Periode	Epoche (Serie)	Alter (Stufe)	Beginn vor Ma
Mesozoikum	Kreide	Späte Kreide	Maastrichtium	66
			Campanium	72
			Santonium	84
			Coniacium	86
			Turonium	90
			Cenomanium	94
		Frühe Kreide	Albium	100
			Aptium	113
			Barrêmium	125
			Hauterivium	129
			Valanginium	133
			Berriasium	140
	Jura	Später Jura	Tithonium	145
			Kimmeridgium	152
			Oxfordium	157
		Mittlerer Jura	Callovium	164
			Bathonium	166
			Bajocium	168
			Aalenium	170
		Früher Jura	Toarcium	174
			Pliensbachium	183
			Sinemurium	191
			Hettangium	199
	Trias	Späte Trias	Rhätium	201
			Norium	209
			Karnium	227
		Mittlere Trias	Ladinium	237
			Anisium	242
		Frühe Trias	Olenekium	247
			Indusium	251
				252

Die Kategorien Äon, Ära, Periode, Epoche und Alter bezeichnen definierte Zeitintervalle der Erdgeschichte (Geochronologie: Zeitabschnitte).

Gesteine aus diesen Zeitabschnitten können mit denselben Namen bezeichnet werden, die dann den Kategorien Äonothem, Ärathem, System, Serie und Stufe angehören (Chronostratigraphie: Gesteinsabfolgen).

Aus praktischen Gründen sind weitere Einteilungen der Gesteinsfolgen üblich, die sich nicht am Alter orientieren.

Quartär: Klimastratigraphische Gliederung in Mitteleuropa

Epoche		marine Stufen	Klimastufen der nordischen Vereisung	Klimastufen im Alpenvorland	Beginn vor ka
Holozän					11,7
Pleistozän	Spätes	Tarantium	Weichsel-Glazial	Würm-Glazial	115
			Eem-Warmzeit	Riß-Würm-Warmzeit	126
	Mittleres	Ionium	Saale-Glazial	Riß-Glazial	300
			Holstein-Warmzeit	Hoßkirch-Riß-Warmzeit	320
			Elster-Glazial	Hoßkirch-Glazial ('Mindel')	400
			Cromer-Zeit*	'Maurerer Warmzeit'	860
	Frühes	Calabrium	Bavel-Zeit*	*Zeit der Höhen- und Deckenschotter (Mindel-, Günz-, Donau-Deckenschotter)*	
			Menap-Kaltzeit		
			Waal-Warmzeit		
			Eburon-Kaltzeit	*Mindel und Günz für gebietsweise unterschiedliche Kaltzeiten benutzt*	
		Gelasium	Tegelen-Zeit*		
			Prätegelen-Kaltzeit		2588
Pliozän			Reuver	*(Tertiäre Höhenschotter)*	

Abkürzungen:
ka Jahrtausende vor heute
Ma Millionen Jahre vor heute

Altersdaten gerundet nach:
ICS/SSI 2016 (www.stratigraphy.org)
DEUQUA 2007 (E&G 56)

Weitere Informationen s. dort und:
DSK (www.stratigraphie.de),
Stratigr. Tabelle von Deutschland
Stratigr. Tabelle von Österreich

*: Diese Klimaintervalle enthalten wärmere und kältere Phasen.

Die mit einem ■ markierten Stufengrenzen wurden bereits an einem weltweit anerkannten Typus-Profil und -punkt (Global Stratotype Section and Point, GSSP) definiert und von der ICS ratifiziert (Stand 2011; präkambrische Grenzen wurden chronometrisch festgelegt).

Zusammenstellung: E. Nitsch 2011

Stratigraphische Tabelle

nach: International Commission of Stratigraphy 2016

Ära	Periode	Epoche (Serie)	Alter (Stufe)	Beginn vor Ma
Paläozoikum	Perm	Lopingium (Spätes P.)	Changhsingium	252
			Wuchiapingium	254
		Capitanium (Mittl. P.)	Guadalupium	259
			Wordium	265
			Roadium	269
		Cisuralium (Frühes P.)	Kungurium	273
			Artinskium	284
			Sakmarium	290
			Asselium	295
	Karbon	Pennsylvanium (Spätes K.)	Gzhelium	299
			Kasimovium	304
			Moskovium	307
			Bashkirium	315
		Mississippium (Frühes K.)	Serpukhov.	323
			Viséum	331
			Tournaisium	347
	Devon	Spätes	Famennium	359
			Frasnium	372
		Mittleres	Givetium	383
			Eifelium	388
		Frühes	Emsium	393
			Pragium	408
			Lochkovium	411
	Silur	Pridolium	Pridolium	419
		Ludlowium	Ludfordium	423
			Gorstium	426
		Wenlockium	Homerium	427
			Sheinwoodium	431
		Llandoverium	Telychium	433
			Aeronium	339
			Rhuddanium	441
	Ordovizium	Spätes	Hirnantium	444
			Katium	445
			Sandbium	453
		Mittleres	Darriwilium	458
			Dapingium	467
		Frühes	Floium	470
			Tremadocium	478
	Kambrium	Furongium	Kambrium-Stufe 10	485
			Jiangshanium	490
			Paibium	494
		Kambr. 3	Guzhangium	497
			Drumium	504
			Kambrium-Stufe 5	505
		Kambr. 2	Kambrium-Stufe 4	509
			Kambrium-Stufe 3	514
		Terreneuvium	Kambrium-Stufe 2	521
			Fortunium	529
				541

Äon (Äonothem)	Ära (Ärathem)	Periode (System)	Beginn vor Ma (Abstände maßstäbl.)
Phanerozoikum	Känoz.	(s. Tabelle links)	66
	Mesozoikum	(s. Tabelle links)	252
	Paläozoikum	(s. Tabelle links)	541
Proterozoikum	Neoproterozoikum	Ediacarium	635
		Cryogenium	720
		Tonium	1000
	Mesoproterozoikum	Stenium	1200
		Ectasium	1400
		Calymmium	1600
	Paläoproterozoikum	Statherium	1800
		Orosirium	2050
		Rhyacium	2300
		Siderium	2500
Archaikum	Neoarchaikum		2800
	Mesoarchaikum		3200
	Paläoarchaikum		3600
	Eoarchaikum	Älteste Gesteine der Erde 3850 Ma	4000
Hadaikum		Älteste Mineralkörner in jüngeren Gesteinen 4200 Ma (Canada, Australien)	
		Enstehung der Erde Älteste Meteorite 4565 Ma	4600